DICTIONNAIRE
UNIVERSEL
DE POCHE

DICTIONNAIRE
UNIVERSEL
DE POCHE

40 000 mots de la langue française
10 000 noms propres
Annexes grammaticales
et encyclopédiques

Le Livre de Poche

HACHETTE

Le **Dictionnaire Universel de Poche**

est édité sous la responsabilité de Mireille Maurin

Responsable d'édition : Jean-Pierre Mével

Direction de la rédaction : Jean Dubois

Rédaction : Françoise Dubois-Charlier, Alain Guillet,
René Lagane

Correction : Yolande Le Douarin

Saisie SGML : Patricia Gautier

Informatique éditoriale : Alain Pierrot
Jean-Marc Destabeaux

Le *Dictionnaire Universel de Poche* a été réalisé à partir de la base
lexicographique du *Dictionnaire de notre temps* (Hachette, 1988, nouvelle
édition, 1992).
L'éditeur remercie M. Jacques Capelovici, qui a accepté de relire les
épreuves de l'ouvrage.

NOTE DE L'ÉDITEUR

Le **Dictionnaire Universel de Poche** rassemble, eu égard à son format, une nomenclature exceptionnellement abondante : 40 000 mots de la langue et 10 000 noms propres, répartis en deux sections distinctes.

Dans la première section, nous avons fait figurer tous les noms communs dont peut avoir besoin un lecteur dans toutes les circonstances de la vie quotidienne : c'est pourquoi nous avons fait une place aussi bien à des mots très contemporains ou à des termes techniques et scientifiques qu'à des mots d'une langue un peu recherchée nécessaires à la compréhension des grands auteurs du XIXe et du XXe siècle. Soucieux de rendre service aux lecteurs étrangers qui apprennent notre langue, nous n'avons pas exclu les mots de la langue familière, voire très familière, pourvu qu'ils aient reçu une large diffusion dans la société contemporaine ; dans la même intention, nous avons mentionné les mises en garde des grammairiens attentifs à la préservation de la pureté de notre langue.

Le lecteur trouvera également des indications concernant la *prononciation* (quand celle-ci pose un problème particulier par rapport aux règles générales du phonétisme français) et la *conjugaison* des verbes (le numéro placé après l'entrée renvoie aux tableaux p. 730). Les *pluriels* irréguliers et ceux des noms composés sont systématiquement mentionnés en fin d'article. Les *niveaux de langue* (familier, littéraire, vieux, etc.) ont été indiqués avec soin, de même que les rubriques des *vocabulaires scientifiques et techniques* (biologie, informatique, linguistique, médecine, etc.).

Les noms propres, regroupés dans la deuxième section, ont été également choisis dans ce double souci de classicisme et de modernité, de culture générale et d'intérêt pour les réalités contemporaines : c'est ainsi qu'on trouvera aussi bien Omar Khayyam, le plus grand poète classique persan, que les principaux chefs d'État du monde contemporain.

Enfin, les dernières pages du dictionnaire sont consacrées à un certain nombre de renseignements pratiques présentés de façon synoptique : accord du participe passé, préfixes et suffixes, symboles mathématiques, unités de mesure, etc.

Ainsi conçu et réalisé, ce **Dictionnaire Universel de Poche** rendra, nous l'espérons, de nombreux services aux lecteurs pressés, mais aussi curieux et exigeants.

LES SONS DU FRANÇAIS

Nous n'avons indiqué la prononciation (entre crochets après l'entrée) que lorsqu'une difficulté se présentait par rapport aux règles générales du français. Dans ce cas, seul le point délicat a été mis en évidence : **abasourdir** [-zur-], **abdomen** [-men]. Les signes utilisés sont ceux de l'alphabet phonétique international.

	CONSONNES			VOYELLES	
b	de bal	[bal]	a	de patte	[pat]
d	de dent	[dã]	ɑ	de pâte	[pɑt]
f	de foire	[fwaʀ]	ã	de clan	[klã]
g	de gomme	[gɔm]	e	de dé	[de]
h	holà !	[hɔla]	ɛ	de belle	[bɛl]
	hourra !	[huʀa]	ɛ̃	de lin	[lɛ̃]
	(valeur		ə	de demain	[dəmɛ̃]
	expressive)		i	de gris	[gʀi]
k	de clé	[kle]	o	de gros	[gʀo]
l	de lien	[ljɛ̃]	ɔ	de corps	[kɔʀ]
m	de mer	[mɛʀ]	ɔ̃	de long	[lɔ̃]
n	de nage	[naʒ]	œ	de leur	[lœʀ]
ɲ	de gnon	[ɲɔ̃]	œ̃	de brun	[bʀœ̃]
ŋ	de dancing	[dãsiŋ]	ø	de deux	[dø]
p	de porte	[pɔʀt]	u	de fou	[fu]
ʀ	de rire	[ʀiʀ]	y	de pur	[pyʀ]
s	de sang	[sã]			
ʃ	de chien	[ʃjɛ̃]		SEMI-VOYELLES	
t	de train	[tʀɛ̃]			
v	de voile	[vwal]			
x	de buch (all.)	[bux]	j	de fille	[fij]
z	de zèbre	[zɛbʀ]	ɥ	de huit	[ɥit]
ʒ	de jeune	[ʒœn]	w	de oui	[wi]

Le *h* dit « aspiré », noté ['] devant la voyelle, ne se prononce pas mais empêche la liaison et l'élision.

ABRÉVIATIONS

Les catégories grammaticales, placées après l'entrée, sont en *italiques,* les marques de domaine scientifique ou technique sont en CAPITALES, les indications de niveau de langue sont en caractères étroits ; les autres abréviations apparaissent dans le courant du texte, dans la partie Noms Propres ou dans les annexes.

a	adjectif
a, n	adjectif et nom
abrév.	abréviation
Abusiv	abusivement
	(le mot, bien que d'emploi courant, est critiqué par certains grammairiens)
ADMIN	administration
admin.	administratif
AERON	aéronautique
affl.	affluent
aggl.	agglomération
AGRIC	agriculture
ANAT	anatomie
Anc	ancien
	(la notion désignée par le mot est sortie de l'usage actuel)
anc.	ancien, anciennement
ANTHROP	anthropologie
ANTIQ	antiquité
Ant	antonyme
apr.	après
ARCHEOL	archéologie
ARCHI	architecture
Arg	argot
ARITH	arithmétique
arr.	arrondissement
ASTRO	astronomie
AUDIOV	audiovisuel
auj.	aujourd'hui
AUTO	automobile
auton.	autonome
av	adverbe
av.	avant
BIOL	biologie
BOT	botanique
BX-A	beaux-arts
cant.	canton
cap.	capitale
ch.-l.	chef-lieu
CHIM	chimie
CHIR	chirurgie

CINE	cinéma
COMM	commerce
commun.	communauté
conj	conjonction
CONSTR	construction
COUT	couture
CUIS	cuisine
dém	démonstratif
dép.	département
Didac	didactique
	(terme savant commun à plusieurs disciplines)
DR	droit
E.	est
ECOL	écologie
ECON	économie
ELECTR	électricité
ELECTRON	électronique
ELEV	élevage
EMBRYOL	embryologie
env.	environ
EQUIT	équitation
ETHNOL	ethnologie
Fam	familier
	(le terme est courant dans la langue parlée mais on l'évite dans la langue écrite formelle)
FEOD	féodalité
FIN	finances
FISC	fiscalité
fl.	fleuve
FORTIF	fortification
GEOGR	géographie
GEOL	géologie
GEOM	géométrie
gr.	grec
GRAM	grammaire
HERALD	héraldique
HIST	histoire
HYDROL	hydrologie
h	habitants
impers	impersonnel

IMPRIM . . . . imprimerie
ind . . . . indicatif
indéf . . . . indéfini
INFORM . . . . informatique
inf . . . . infinitif
interj . . . . interjection
inv . . . . invariable
J.-C. . . . . Jésus-Christ
km . . . . kilomètres
lat. latin
LING . . . . linguistique
LITTER . . . . littérature
Litt . . . . littéraire
LITURG . . . . liturgie
LOG . . . . logique
m . . . . mètres
majusc . . . . majuscule
MAR . . . . marine
MATH . . . . mathématiques
MED . . . . médecine
MILIT . . . . militaire
MINER . . . . minéralogie
MUS . . . . musique
MYTH, myth. . . . . mythologie
N., N.-E., N.-O. . . nord, nord-est, nord-ouest
n . . . . nom
n, a . . . . nom et adjectif
nf . . . . nom féminin
nfpl . . . . nom féminin pluriel
nm . . . . nom masculin
nmpl . . . . nom masculin pluriel
num . . . . numéral
O. . . . . ouest
oppos. . . . . opposition
PALEONT . . . . paléontologie
part. . . . . participe
partic. . . . . particulièrement
PEINT . . . . peinture
Péjor . . . . péjoratif
pers . . . . personnel
PHARM . . . . pharmacie
PHILO . . . . philosophie
PHON . . . . phonétique
PHOTO . . . . photographie
PHYS . . . . physique
PHYSIOL . . . . physiologie
pl . . . . pluriel
POLIT . . . . politique
Pop. . . . . populaire
        (le terme est jugé contraire à
        la politesse ou fait l'objet d'un
        tabou)
poss . . . . possessif
préc. . . . . précédent
PREHIST . . . . préhistoire

pr . . . . pronom
prép . . . . préposition
princ. . . . . principal, principalement
prov. . . . . province
PSYCHAN . . . . psychanalyse
PSYCHIAT . . . . psychiatrie
PSYCHO . . . . psychologie
qqch . . . . quelque chose
qqn . . . . quelqu'un
qq part . . . . quelque part
Reg . . . . régionalisme
        (l'usage du mot est limité à une
        région de la France ou de la fran-
        cophonie)
rég. . . . . région
RELIG . . . . religion
rel . . . . relatif
rép. . . . . république
RHET . . . . rhétorique
riv. . . . . rivière
rom. . . . . romain
S., S.-E., S.-O. . . . sud, sud-est, sud-ouest
s. . . . . siècle
SC NAT . . . . sciences naturelles
SEXOL . . . . sexologie
SOCIOL . . . . sociologie
spécial. . . . . spécialement
SPORT . . . . sports
stat. . . . . station
STATIS . . . . statistique
subj . . . . subjonctif
SYLVIC . . . . sylviculture
Syn . . . . synonyme
TECH . . . . technique, technologie
TEXT . . . . textile
THEOL . . . . théologie
V. . . . . voir (renvoi)
v. . . . . ville ou (avant une date) vers
v . . . . verbe
VEN . . . . vénerie
VERSIF . . . . versification
VETER . . . . médecine vétérinaire
Vieilli . . . . vieilli
        (le terme tend à sortir de l'usage
        actuel)
VITIC . . . . viticulture
vi . . . . verbe intransitif
vpr . . . . verbe pronominal
vt . . . . verbe transitif
vti . . . . verbe transitif indirect
Vx . . . . vieux
        (le terme n'est plus utilisé dans
        la langue actuelle)
ZOOL . . . . zoologie

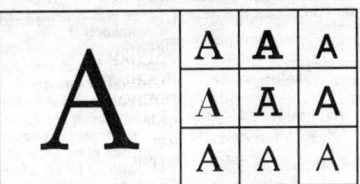

a nm Première lettre (voyelle) de l'alphabet.
Loc *De A à Z* : du début à la fin.

à prép (*à le* se contracte en *au* et *à les* en *aux*).
1 Introduit des compléments exprimant la
direction, la position, le moment, la simultanéité, l'origine, l'attribution, la manière, l'instrument, le moyen, le prix, l'évaluation. 2
S'emploie devant l'objet indirect d'un verbe,
devant certains compléments de nom et devant
le complément de certains adjectifs.

abaca nm Bananier des Philippines fournissant une fibre textile.

abaisse-langue nm inv Palette servant à
abaisser la langue.

abaissement nm Action d'abaisser, de
s'abaisser.

abaisser vt 1 Placer à un niveau inférieur. 2
Mener une perpendiculaire à une droite, à
un plan. 3 Avilir, humilier. ■ vpr S'humilier.
S'abaisser à des compromissions.

abajoue nf Extension de la joue chez certains mammifères.

abandon nm 1 Fait d'abandonner. 2 État de
la chose, de l'être abandonné. Loc *À l'abandon* : dans un état d'abandon, de délaissement.

abandonner vt 1 Renoncer à. *Abandonner un
projet.* 2 Laisser qqch à qqn. 3 Ne pas conserver, délaisser. *Abandonner sa voiture sur la voie
publique.* 4 Manquer, faire défaut. *Ses forces
l'abandonnent.* 5 Se séparer volontairement de.
Abandonner sa famille. ■ vi Quitter une compétition. ■ vpr Se livrer à une émotion, un
sentiment. *S'abandonner à la tristesse.*

abandonnique a PSYCHIAT Qui souffre d'une
profonde angoisse de se voir abandonné.

abaque nm 1 Graphique qui donne la valeur
d'une fonction. 2 Boulier compteur.

abasourdir [-zur-] vt 1 Rendre sourd ; étourdir par un grand bruit. 2 Frapper de stupeur.
Nouvelle qui abasourdit.

abasourdissant, ante a Qui abasourdit.

abâtardir vt Faire dégénérer. ■ vpr Dégénérer.

abâtardissement nm Action de dégénérer.

abat-jour nm inv Réflecteur qui rabat la
lumière.

abats nmpl Viscères comestibles des volailles
ou des animaux de boucherie.

abattage nm 1 Action de faire tomber ce qui
est dressé. 2 Mise à mort d'un animal de boucherie. Loc *Fam Avoir de l'abattage* : du brio, de
la vivacité.

abattant nm Partie d'un meuble qui se lève ou
s'abaisse.

abattement nm 1 Affaiblissement physique
ou moral. 2 FISC Partie des revenus imposables
exonérée d'impôt.

abattis nmpl Abats de volaille. Loc *Fam Numé-
rote tes abattis !* : prépare toi à te battre.

abattoir nm Établissement où se fait l'abattage
des animaux de boucherie.

abattre vt [77] 1 Mettre à bas, faire tomber ce
qui est dressé. *Abattre un mur.* 2 Tuer un
animal. 3 Tuer qqn avec une arme à feu.
4 Déprimer, affaiblir qqn. *Cette maladie l'a
abattu.* Loc *Abattre de la besogne* : faire
beaucoup de travail en peu de temps. *Abattre
son jeu* : montrer clairement ses intentions.
■ vpr Tomber brutalement.

abattu, ue a Découragé, déprimé.

abbatial, ale, aux [-sjal] a De l'abbaye. ■ nf
Église d'une abbaye.

abbaye [abei] nf 1 Communauté placée sous
l'autorité d'un abbé ou d'une abbesse. 2
Bâtiments de cette communauté.

abbé nm 1 Supérieur d'une abbaye. 2 Membre
du clergé séculier.

abbesse nf Supérieure d'une abbaye.

abc [abese] nm Connaissances de base.
Apprendre l'abc du métier.

abcès nm Accumulation de pus.

abdication nf Action d'abdiquer.

abdiquer vt, vi 1 Abandonner le pouvoir souverain. 2 Renoncer à. *Abdiquer tous ses droits.*

abdomen [-men] nm Partie inférieure du tronc
qui contient l'appareil digestif, le foie, la rate et
une partie de l'appareil génito-urinaire.

abdominal, ale, aux a De l'abdomen.
■ nmpl Les muscles de l'abdomen. Loc *Faire
des abdominaux* : des exercices de musculation
de ces muscles.

abducteur a, nm ANAT Muscle qui effectue le
mouvement d'abduction. Ant. adducteur.

abduction nf ANAT Mouvement par lequel un
membre s'écarte de l'axe du corps.

abécédaire nm Livre d'apprentissage de la
lecture.

abeille nf Insecte hyménoptère social vivant
dans des ruches et produisant le miel.

aber [aber] nm Petite ria, en Bretagne.

aberrant, ante a Contraire à la raison, au bon
sens. *Raisonnement aberrant.*

aberration *nf* **1** ASTRO, PHYS Déformation provoquée par des paramètres secondaires. **2** BIOL Anomalie de la constitution ou du nombre des chromosomes. **3** Écart de l'imagination, erreur de jugement ; absurdité.

abêtir *vt* Rendre bête, stupide.

abêtissant, ante *a* Qui abêtit.

abêtissement *nm* Action d'abêtir.

abhorrer *vt* Litt Détester.

abîme *nm* **1** Gouffre très profond. **2** Différence très importante. *Un abîme sépare ces deux propositions.*

abîmer *vt* Endommager. *Abîmer ses affaires.* ■ *vpr* Litt S'engloutir.

ab intestat *av* En l'absence de testament.

abiotique *a* Impropre à la vie.

abject, ecte *a* Ignoble, infect.

abjection *nf* État d'abaissement méprisable.

abjuration *nf* Acte par lequel on abjure.

abjurer *vt* **1** Renier publiquement une religion. **2** Litt Renoncer à une opinion, une pratique.

ablatif *nm* GRAM Cas de la déclinaison exprimant l'origine, la séparation.

ablation *nf* CHIR Enlèvement d'un membre, d'un organe, d'un tissu, d'une tumeur.

ablette *nf* Petit poisson d'eau douce aux écailles argentées.

ablution *nf* Toilette purificatrice rituelle. Loc *Faire ses ablutions* : se laver.

abnégation *nf* Renoncement, sacrifice de soi.

aboiement *nm* Cri du chien.

abois *nmpl* Loc *Bête aux abois* : cernée par les chiens qui aboient. *Être aux abois* : dans une situation désespérée.

abolir *vt* Faire cesser la validité de.

abolition *nf* Action d'abolir.

abolitionnisme *nm* Doctrine prônant l'abolition de l'esclavage ou de la peine de mort.

abolitionniste *n, a* Qui se réclame de l'abolitionnisme.

abominable *a* **1** Qui inspire l'horreur. **2** Très désagréable. *Un temps abominable.*

abominablement *av* De façon abominable.

abomination *nf* Litt Ce qui inspire l'horreur, le dégoût.

abominer *vt* Litt Avoir en horreur.

abondamment *av* En grande quantité.

abondance *nf* **1** Grande quantité. **2** Richesse, ressources considérables. *Vivre dans l'abondance.*

abondant, ante *a* Qui abonde, qui est en très grande quantité. *Récolte abondante.*

abonder *vi* Être, exister en très grande quantité. Loc *Abonder dans le sens de qqn* : soutenir la même opinion que lui.

abonné, ée *a, n* Qui a un abonnement.

abonnement *nm* Convention qu'un client passe avec un fournisseur pour bénéficier d'un service régulier.

abonner *vt* Prendre un abonnement pour qqn. ■ *vpr* Prendre un abonnement pour soi.

abord *nm* Loc *D'un abord facile* : qui fait bon accueil, avenant. *Dès l'abord* : dès la première rencontre. *D'abord, tout d'abord* : avant toute chose, en premier lieu. *Au premier abord, de prime abord* : à première vue. ■ *pl* Environs, alentours. *Les abords de la ville.*

abordable *a* Accessible.

abordage *nm* **1** Action de prendre d'assaut un navire. **2** Collision de deux navires.

aborder *vt* **1** Accoster un navire pour lui donner l'assaut. **2** Heurter un navire accidentellement. **3** Arriver à un endroit. *Aborder un virage.* **4** S'approcher de qqn pour lui parler. **5** Commencer à parler de qqch.

aborigène *a, n* Né dans le pays qu'il habite.

abortif, ive *a, nm* Qui fait avorter.

abouchement *nm* Action d'aboucher.

aboucher *vt* Appliquer un tube à un autre par l'extrémité. ■ *vpr* Entrer en relation avec qqn. *Il s'est abouché avec un grossiste.*

abouler *vt* Pop Donner, remettre.

aboulie *nf* PSYCHO Absence totale de volonté.

aboulique *a, n* Atteint d'aboulie.

abouter *vt* Joindre par le bout.

abouti, ie *a* Mené à bien, réussi. *Une œuvre aboutie.*

aboutir *vti* Arriver en bout de parcours à un lieu. *Cette route aboutit à la mer.* ■ *vi* Arriver à un résultat, réussir. *Ses démarches ont abouti.*

aboutissants *nmpl* Loc *Les tenants et les aboutissants d'une affaire* : ses implications.

aboutissement *nm* Résultat.

aboyer *vi* [22] Crier (chien).

abracadabrant, ante *a* Invraisemblable.

abraser *vt* User par abrasion.

abrasif, ive *a, nm* Qui use par frottement.

abrasion *nf* Usure par frottement.

abrégé *nm* **1** Discours, écrit réduit à l'essentiel. **2** Petit ouvrage exposant une science, une technique. Loc *En abrégé* : en peu de mots.

abrègement *nm* Action d'abréger.

abréger *vt* [13] Rendre plus court.

abreuver *vt* Faire boire un animal ou, fam, une personne. Loc *Abreuver qqn d'injures* : l'accabler d'injures. ■ *vpr* Boire (animaux).

abreuvoir *nm* Lieu conçu pour faire boire les animaux ; auge destinée à cet usage.

abréviatif, ive *a* Utilisé pour abréger.

abréviation *nf* **1** Retranchement de lettres dans un mot, de mots dans une phrase. **2** Mot, groupe de mots abrégés.

abri *nm* Lieu de protection, de refuge contre les intempéries ou le danger. Loc *À l'abri de* : protégé contre.

abribus *nm* (n déposé) Édicule servant d'abri à un arrêt de bus et comportant des panneaux publicitaires.

abricot *nm* Fruit de l'abricotier, comestible, jaune, à noyau.

abricotier *nm* Arbre fruitier à fleurs roses.

abri-sous-roche *nm* PRÉHIST Cavité naturelle à la base d'une falaise. *Des abris-sous-roche.*

abrité, ée *a* À l'abri du vent.

abriter *vt* **1** Mettre à l'abri. **2** Servir d'habitation à. ■ *vpr* Se mettre à l'abri des intempéries, du danger.

abrogation *nf* Action d'abroger.

abrogatoire *a* Qui abroge.

abroger *vt* [11] Rendre légalement nul. *Abroger une loi.*

abrupt, upte *a* **1** À pic. *Falaises abruptes.* **2** Rude, direct. *Manières abruptes.*

abruptement *av* De façon abrupte.

abruti, ie *a, n* Stupide.

abrutir *vt* Rendre stupide, hébété. *Le bruit nous abrutit.*

abrutissant, ante *a* Qui abrutit.

abrutissement *nm* Action d'abrutir.

abscisse *nf* MATH Nombre qui permet de définir la position d'un point sur une droite orientée.

abscons, onse *a* Litt Peu compréhensible.

absence *nf* 1 Défaut de présence, fait de ne pas être en un lieu donné. 2 Inexistence, manque. *Absence de goût.* 3 Défaillance de l'attention. *Avoir des absences.*

absent, ente *a, n* Qui n'est pas présent qqpart. ■ *a* 1 Qui manque. 2 Distrait.

absentéisme *nm* Fait d'être souvent absent du travail.

absentéiste *a, n* Fréquemment absent.

absenter (s') *vpr* S'éloigner momentanément.

abside *nf* Extrémité d'une église, derrière le chœur.

absidiole *nf* Chapelle attenante à l'abside.

absinthe *nf* 1 Plante à la saveur amère et aromatique. 2 Liqueur extraite de cette plante.

absolu, ue *a* 1 Sans limite. *Pouvoir absolu.* 2 Total, entier. *Impossibilité absolue.* 3 Intransigeant. *Un caractère absolu.* ■ *a, nm* Considéré en soi, sans référence à autre chose. Ant. relatif.

absolument *av* 1 Totalement, entièrement. *Je suis absolument décidé.* 2 Sans faute, de toute nécessité. 3 Abusiv Oui. Loc GRAM *Verbe transitif employé absolument :* sans complément d'objet.

absolution *nf* Pardon accordé au nom de Dieu par le confesseur.

absolutisme *nm* Exercice sans contrôle du pouvoir politique.

absolutiste *a, n* Qui relève de l'absolutisme.

absorbant, ante *a* 1 Qui absorbe. *Les poils absorbants des racines.* 2 Qui occupe entièrement l'attention.

absorber *vt* 1 Laisser pénétrer et retenir un fluide, un rayonnement. 2 Ingérer. *Absorber de la nourriture.* 3 Consommer entièrement. *Ces travaux ont absorbé ses crédits.* 4 Captiver, occuper totalement. *Ses activités l'absorbent.*

absorbeur *nm* Dispositif servant à absorber qqch (gaz, rayonnement, etc.).

absorption *nf* Action d'absorber.

absoudre *vt* [51] Accorder son pardon à qqn.

absoute *nf* RELIG Dernière prière du prêtre lors de la liturgie des funérailles à l'église.

abstenir (s') *vpr* [35] 1 Se garder de faire qqch. *S'abstenir de répondre.* 2 Ne pas prendre part à un scrutin. 3 Se priver volontairement de. *S'abstenir de fumer.*

abstention *nf* Action de s'abstenir, de ne pas participer à un scrutin.

abstentionnisme *nm* Refus de voter.

abstentionniste *a, n* Qui s'abstient à un vote.

abstinence *nf* Fait de se priver de qqch, pour des motifs religieux ou médicaux.

abstinent, ente *a* Qui pratique l'abstinence.

abstract *nm* Résumé d'un article de revue.

abstraction *nf* 1 Opération par laquelle l'esprit isole dans un objet une qualité particulière pour la considérer à part. 2 Idée difficile à comprendre. Loc *Faire abstraction de :* ne pas tenir compte de.

abstraire *vt* [74] Faire abstraction de qqch. ■ *vpr* S'isoler du réel.

abstrait, aite *a, nm* 1 Considéré par abstraction. Ant. concret. 2 Difficile à comprendre. Loc *Art abstrait :* qui ne cherche pas à représenter le réel (par oppos. à *figuratif*).

abstraitement *av* De façon abstraite.

abstrus, use *a* Litt Difficile à comprendre.

absurde *a* Contre le sens commun, la logique. *Une conduite absurde.* ■ *nm* Ce qui est absurde. Loc *Démonstration par l'absurde :* qui établit la vérité de qqch en montrant que son contraire ne peut être vrai.

absurdité *nf* 1 Caractère de ce qui est absurde. 2 Conduite, propos absurde.

abus *nm* 1 Mauvais usage ou usage excessif. 2 Injustice. *Combattre les abus.* Loc Fam *Il y a de l'abus :* la mesure est comble. *Abus de confiance :* commis par quiconque profite de la confiance d'un tiers. *Abus de biens sociaux :* délit commis par un dirigeant de société qui détourne à son profit les biens de celle-ci.

abuser *vi* 1 Faire un usage excessif. *Abuser du tabac, de la patience de qqn.* 2 Violer. *Abuser d'une femme.* ■ *vpr* Litt Se tromper.

abusif, ive *a* Qui constitue un abus, excessif.

abusivement *av* De façon abusive.

abyssal, ale, aux *a* 1 Des abysses. 2 Fam Considérable. *Une bêtise abyssale.*

abysse *nm* Fosse océanique.

abyssinien, enne ou **abyssin, ine** *a, n* De l'Abyssinie.

acabit [-bi] *nm* Loc Péjor *De cet acabit, du même acabit :* de ce genre, du même genre.

acacia *nm* Arbre épineux à fleurs blanches.

académicien, enne *n* Membre d'une académie, spécialement de l'Académie française.

académie *nf* 1 Société réunissant des savants, des artistes, des hommes de lettres. 2 École où l'on s'exerce à la pratique d'un art. 3 Circonscription universitaire. 4 Dessin, peinture exécuté d'après un modèle nu.

académique *a* 1 D'une académie, spécialement de l'Académie française. 2 Péjor Conventionnel.

académisme *nm* Attachement rigoureux aux traditions, aux conventions.

acadien, enne *a, n* De l'Acadie.

acajou *nm* Bois dur, de teinte brun rougeâtre, d'un arbre d'Afrique et d'Amérique.

acalculie *nf* MED Perte de la capacité de calculer.

acalorique *a* Qui ne contient pas de calories.

acanthe *nf* Plante ornementale à feuilles longues et découpées. Loc ARCHI *Feuille d'acanthe :* ornement imité de cette plante.

acanthoptérygien *nm* ZOOL Poisson à nageoire dorsale épineuse, tel le maquereau.

a cappella ou **a capella** *av* MUS Sans accompagnement instrumental.

acariâtre *a* De caractère querelleur.

acarien *nm* ZOOL Petit arachnide, à huit pattes (tiques, aoûtats, etc.).

accablant, ante *a* Qui accable.

accablement *nm* Abattement.

accabler *vt* 1 Faire supporter une chose fatigante, pénible. 2 Surcharger de. *Accabler d'impôts.*

accalmie *nf* Calme momentané dans une tempête, dans une activité.

accaparement *nm* Action d'accaparer.

accaparer *vt* 1 Acquérir en grande quantité une marchandise pour faire monter son prix. 2 Prendre, conserver pour son usage exclusif.

accapareur, euse *n* Qui accapare.

accastillage *nm* MAR Partie du gréement d'un voilier nécessaire à la manœuvre.

accastiller *vt* MAR Munir un navire de son accastillage.

accédant, ante *n* Loc *Accédant à la propriété* : qui est en train de l'acquérir.

accéder *vti* [12] 1 Parvenir à. *On accède à la cuisine par un couloir.* 2 Consentir à. *Accéder aux désirs de qqn.*

accélérateur, trice *a* Qui accélère, qui communique une vitesse élevée. ■ *nm* 1 Pédale qui commande l'admission du mélange combustible dans un moteur. 2 PHYS Dispositif qui permet d'étudier la structure de la matière en accélérant les particules élémentaires.

accélération *nf* Augmentation de vitesse.

accéléré *nm* Procédé cinématographique donnant l'illusion de mouvements plus rapides.

accélérer *vt* [12] 1 Augmenter la rapidité de. *Accélérer la marche.* 2 Faire évoluer plus rapidement. *Accélérer la décision.* ■ *vi* Agir sur l'accélérateur d'une automobile.

accent *nm* 1 Accroissement de l'intensité d'un son de la parole. 2 Signe graphique qui précise la valeur d'une lettre. 3 Modification expressive de la voix. 4 Prononciation particulière d'une langue. *L'accent du Midi.* Loc *Mettre l'accent sur qqch* : en souligner l'importance.

accentuation *nf* Fait d'accentuer.

accentué, ée *a* 1 Qui porte un accent. 2 Marqué, fort. *Pente accentuée.*

accentuer *vt* 1 Accroître l'intensité de la voix en prononçant. 2 Mettre un accent sur une lettre. 3 Renforcer. *Sa haute taille accentuait sa maigreur.*

acceptabilité *nf* Caractère acceptable.

acceptable *a* Qui peut être accepté.

acceptation *nf* Consentement.

accepter *vt* 1 Prendre, recevoir volontairement ce qui est proposé. 2 Supporter, admettre.

acception *nf* Sens particulier d'un mot.

accès *nm* 1 Voie pour se rendre dans, passage vers un lieu. 2 Possibilité de parvenir à. *Village d'un accès difficile.* 3 Brusque manifestation d'un phénomène pathologique ou émotionnel. *Accès de fièvre.*

accessible *a* 1 Que l'on peut atteindre. 2 Que tout le monde peut acheter, bon marché. 3 Qui se laisse toucher par un sentiment.

accession *nf* Action d'accéder à.

accessit [-sit] *nm* Distinction attribuée aux élèves les plus proches des premiers prix.

accessoire *a* Subordonné à ce qui est essentiel ; secondaire. ■ *nm* 1 Pièce qui ne fait pas partie intégrante d'un ensemble. 2 Petit objet conçu pour un usage précis. 3 Objet, élément mobile du décor, dans un spectacle.

accessoirement *av* De façon accessoire.

accessoiriser *vt* Assortir, agrémenter un vêtement grâce à des accessoires.

accessoiriste *n* Personne qui, au théâtre, au cinéma, s'occupe des accessoires.

accident *nm* 1 Simple péripétie, épisode sans réelle importance. 2 Événement imprévu, qui entraîne des dommages. Loc *Accident de terrain* : dénivellation.

accidenté, ée *a* Inégal, varié. *Terrain accidenté.* ■ *a, n* Qui a subi un accident. *Voiture accidentée.*

accidentel, elle *a* Fortuit, dû au hasard.

accidentellement *av* Fortuitement.

accidentologie *nf* Étude scientifique des accidents.

accises *nfpl* Impôt indirect sur les alcools.

acclamation *nf* Cri collectif en faveur de qqn.

acclamer *vt* Saluer par des acclamations.

acclimatation *nf* Action d'acclimater ou de s'acclimater à un nouveau milieu.

acclimatement *nm* Résultat de l'acclimatation.

acclimater *vt* Adapter à un climat, à un milieu différent, à de nouvelles conditions d'existence.

accointances *nfpl* Péjor Fréquentation peu recommandable, liaison familière.

accointer (s') *vpr* Litt Se lier avec qqn.

accolade *nf* 1 Action de mettre les bras autour du cou pour accueillir ou honorer. 2 Signe typographique ({) utilisé pour réunir plusieurs lignes.

accoler *vt* Joindre étroitement.

accommodant, ante *a* D'humeur facile.

accommodation *nf* PHYSIOL Variation de la courbure du cristallin qui permet la vision à des distances différentes.

accommodement *nm* Arrangement, accord à l'amiable.

accommoder *vt* 1 Préparer des aliments. 2 Adapter à. *Accommoder sa vie aux circonstances.* ■ *vpr* Se faire à, s'habituer à.

accompagnateur, trice *n* 1 Musicien qui assure l'accompagnement instrumental. 2 Celui qui accompagne, guide ou dirige un groupe.

accompagnement *nm* 1 Ce qui accompagne. 2 MUS Soutien de la mélodie d'une voix ou d'un instrument par un instrument secondaire.

accompagner *vt* 1 Aller avec qqn. 2 Joindre, ajouter. *Accompagner ses paroles d'un sourire.* 3 Soutenir le chant, un instrument par un accompagnement. ■ *vpr* Advenir en même temps.

accompli, ie *a* 1 Parfait en son genre. 2 Révolu. *Il a dix-huit ans accomplis.* Loc *Fait accompli* : sur lequel il n'y a plus à revenir.

accomplir *vt* Exécuter, réaliser entièrement.

accomplissement *nm* Fait d'accomplir, de s'accomplir.

accord *nm* 1 Entente entre des personnes. 2 Convention. *Signer un accord.* 3 Concordance de choses, d'idées entre elles. 4 Assentiment, approbation. *Donner son accord.* 5 MUS Combinaison d'au moins trois notes jouées simultanément. 6 Réglage d'un instrument de musique à un ton donné. 7 Concordance entre certains mots dans une phrase. Loc *D'accord* : manifeste l'approbation. *Être, tomber d'accord* : être du même avis. *D'un commun accord* : selon une décision prise en commun.

accordéon *nm* Instrument de musique portatif à soufflet et à anches métalliques, muni de touches. Loc *En accordéon* : qui forme de nombreux plis.

accordéoniste *n* Qui joue de l'accordéon.

accorder *vt* 1 Faire concorder. 2 Octroyer, concéder. *Accorder une autorisation.* 3 Régler un instrument de musique. 4 Appliquer les règles d'accord entre les mots. ■ *vpr* S'entendre pour. *Tout le monde s'accorde à le féliciter.*

accordeur *nm* Qui accorde certains instruments de musique.

accordoir *nm* Clef pour régler certains instruments de musique.

accort, orte *a* Litt Gracieux.

accostage *nm* Action d'accoster.

accoster *vt* 1 Aborder qqn pour lui parler. 2 Se ranger le long d'un quai, d'un autre bateau.

accotement *nm* Espace sur le côté d'une route, entre la chaussée et le fossé.

accoter *vt* Faire prendre appui contre. ■ *vpr* S'appuyer contre.

accotoir *nm* Partie d'un siège qui sert à accoter la nuque, la tête.

accouchement *nm* Action de mettre au monde un enfant.

accoucher *vi* Mettre au monde un enfant. ■ *vt* Aider une femme à mettre un enfant au monde.

accoucheur, euse *n* Spécialiste des accouchements.

accouder (s') *vpr* S'appuyer sur le coude.

accoudoir *nm* Appui pour s'accouder.

accouplement *nm* 1 Acte sexuel entre le mâle et la femelle. 2 Dispositif destiné à rendre solidaires deux pièces.

accoupler *vt* 1 Unir, réunir par deux. 2 Rendre solidaire une pièce, une machine d'une autre. ■ *vpr* S'unir sexuellement (animaux).

accourir *vi* [25] [aux *être* ou *avoir*] Venir en courant, en hâte.

accoutrement *nm* Habillement étrange ou grotesque.

accoutrer *vt* Habiller bizarrement.

accoutumance *nf* 1 Fait de s'accoutumer. 2 MED Phénomène se traduisant par la nécessité d'augmenter les doses d'une substance.

accoutumé, ée *a* Ordinaire, habituel. *Loc* Litt *À l'accoutumée :* d'habitude.

accoutumer *vt* Faire prendre une habitude à qqn, à un animal. *Loc Être accoutumé à :* avoir l'habitude de. ■ *vpr* S'habituer à.

accouvage *nm* Incubation des œufs par couveuse artificielle.

accréditation *nf* Action d'accréditer qqn.

accréditer *vt* Faire reconnaître officiellement la qualité de qqn. *Loc Être accrédité auprès d'une banque :* y avoir un crédit. *Accréditer une rumeur :* la rendre plausible, la tenir pour vraie.

accro *a, n* Fam 1 Qui est sous la dépendance d'une drogue. 2 Qui est passionné par qqch.

accroc [akro] *nm* 1 Déchirure faite en s'accrochant. 2 Difficulté imprévue.

accrochage *nm* 1 Action d'accrocher. 2 Accident matériel sans gravité entre deux véhicules. 3 Fam Querelle. 4 Exposition de peintures.

accroche *nf* Partie d'une annonce publicitaire qui est destinée à attirer l'attention.

accroche-cœur *nm* Boucle de cheveux plaquée sur la tempe. *Des accroche-cœurs.*

accrocher *vt* 1 Suspendre à un crochet. 2 Retenir au moyen d'un objet crochu. *Il a accroché ma veste avec son hameçon.* 3 Heurter un véhicule avec un autre. 4 Obliger des ennemis au combat. 5 Aborder et retenir qqn. ■ *vpr* 1 Se cramponner. 2 Fam Faire preuve de ténacité. 3 Fam Se disputer.

accrocheur, euse *a* Qui retient l'attention. ■ *a, n* Fam Tenace, obstiné.

accroire *vt Loc* Litt *En faire accroire à qqn :* le tromper.

accroissement *nm* Fait d'augmenter.

accroître *vt* [59]* Augmenter, rendre plus grand. ■ *vpr* Aller en augmentant.

accroupir (s') *vpr* Fléchir les genoux comme pour s'asseoir sur ses talons.

accu *nm* Fam Accumulateur.

accueil *nm* 1 Façon de recevoir qqn. 2 Lieu où l'on reçoit un client, un groupe.

accueillant, ante *a* Qui fait bon accueil.

accueillir *vt* [26] Recevoir d'une certaine manière.

acculer *vt* Pousser dans un endroit où il est impossible de reculer.

acculturation *nf* SOCIOL Changements résultant du contact entre des groupes de cultures différentes.

acculturer *vt* Adapter à une nouvelle culture.

accumulateur *nm* Appareil qui accumule l'énergie électrique et la restitue sous forme de courant.

accumulation *nf* Action d'accumuler.

accumuler *vt* Mettre ensemble en grande quantité, en grand nombre. ■ *vpr* S'amasser, s'entasser.

accusateur, trice *a, n* Qui accuse.

accusatif *nm* GRAM Cas de la déclinaison qui sert à exprimer l'objet direct.

accusation *nf* 1 Imputation d'un défaut, d'une faute. 2 Action en justice par laquelle on accuse qqn d'une infraction.

accusatoire *a* DR Relatif à l'accusation.

accusé, ée *n* À qui l'on impute une infraction aux lois. ■ *nm Accusé de réception :* avis que l'envoi a été reçu par le destinataire.

accuser *vt* 1 Présenter qqn comme coupable. 2 Faire ressortir, accentuer. *Loc Accuser le coup :* manifester sa douleur.

ace [es] *nm* Au tennis, service imparable.

acéphale *a* Sans tête.

acerbe *a* Caustique, blessant.

acéré, ée *a* 1 Tranchant ou pointu. 2 Blessant, caustique.

acétate *nm* Sel ou ester de l'acide acétique.

acétique *a Loc Acide acétique :* qui donne sa saveur au vinaigre.

acétone *nf* Liquide incolore, très volatil.

acétonémie *nf* Présence d'acétone dans le sang.

acétonurie *nf* Présence d'acétone dans les urines.

acétylcholine [-kɔ-] *nf* Médiateur chimique transmettant l'influx nerveux.

acétylène *nm* Hydrocarbure gazeux utilisé pour la chaleur qu'il dégage.

acétylénique *a* De l'acétylène.

acétylsalicylique *a Loc Acide acétylsalicylique :* aspirine.

achalandé, ée *a* 1 Abusiv Qui offre un grand choix de marchandises. 2 Vx Qui attire de nombreux clients.

achards *nmpl* Condiment fait de légumes et de fruits macérés dans du vinaigre.

acharné, ée *a* Qui manifeste de l'acharnement.

acharnement *nm* Ardeur opiniâtre, vive et soutenue. *Loc Acharnement thérapeutique :* maintien en vie d'un malade dont l'état est désespéré.

acharner (s') *vpr* 1 Continuer à exercer des violences sur. 2 S'attacher avec opiniâtreté, avec excès à. *S'acharner à réussir.*

achat *nm* 1 Action d'acheter. 2 Ce qui est acheté. *Loc Pouvoir d'achat :* quantité de biens qu'on peut obtenir avec ses revenus.

acheminement *nm* Action d'acheminer.

acheminer vt Faire avancer, diriger vers un lieu, un but. *Acheminer du courrier.* ■ vpr Se diriger vers un lieu.

acheter vt [17] 1 Acquérir avec de l'argent. 2 Corrompre qqn avec de l'argent.

acheteur, euse n Qui achète.

achevé, ée a Accompli, parfait dans son genre. *Un hypocrite achevé.*

achèvement nm Réalisation complète.

achever vt [15] 1 Mener à bonne fin, terminer ce qui est commencé. 2 Donner le coup de grâce. 3 Ôter tout courage à qqn. *Ce coup du sort l'a achevé.* ■ vpr Finir. *La nuit s'achève.*

achoppement nm Loc *Pierre d'achoppement :* cause d'échec.

achopper vi Être arrêté par une difficulté. *Il achoppe toujours sur ce mot.*

Achoura nf Fête musulmane de l'expiation.

achromatique a PHYS Qui laisse passer la lumière sans la décomposer.

achromatisme nm PHYS Propriété d'un système optique achromatique.

achromatopsie nf MED Non-perception des couleurs.

acide a 1 De saveur aigre, piquante. 2 Désagréable. *Ton acide.* ■ nm Composé hydrogéné qui fait virer au rouge la teinture de tournesol, réagit sur les bases et attaque les métaux.

acidifier vt CHIM Transformer en acide.

acidimétrie nf CHIM Mesure du titre d'une solution acide.

acidité nf Saveur acide. *L'acidité d'un citron.*

acidose nf MED Diminution de l'alcalinité du plasma sanguin.

acidulé, ée a Acide au goût, aigrelet.

acier nm Alliage de fer et de carbone contenant moins de 2 % de ce dernier.

aciérer vt [12] Recouvrir d'une couche d'acier.

aciérie nf Usine qui produit de l'acier.

acmé nm MED Période d'une maladie où les symptômes sont les plus aigus.

acné nf Maladie de la peau se traduisant par des boutons sur le visage.

acolyte n Péjor Compère, complice.

acompte nm Paiement partiel à valoir sur une somme due.

aconit nm Plante vénéneuse à fleurs bleues en grappes.

a contrario av Loc *Raisonnement a contrario :* qui, d'une opposition dans les hypothèses, conclut à une opposition dans les conséquences.

acoquiner (s') vpr Péjor Se lier avec qqn.

à-côté nm 1 Ce qui est secondaire, par rapport à l'essentiel. 2 Gain d'appoint. *Des à-côtés.*

à-coup nm Secousse, discontinuité dans un mouvement. Loc *Par à-coups :* sans régularité. *Des à-coups.*

acouphène nm MED Sensation auditive (bourdonnement, sifflement, etc.) qui n'est pas provoquée par une excitation extérieure.

acoustique a Relatif au son, à sa propagation. ■ nf 1 Branche de la physique qui étudie les vibrations sonores. 2 Qualité d'un lieu à laisser entendre les vibrations sonores qu'on y émet.

acquéreur nm Qui acquiert un bien.

acquérir vt [34] 1 Devenir possesseur de. *Acquérir une maison.* 2 Arriver à avoir. *J'ai acquis la certitude qu'il ment.*

acquêt nm DR Bien acquis après le mariage.

acquiescement nm Consentement.

acquiescer vti [10] Manifester son consentement à une proposition, à une requête.

acquis, ise a 1 Dont on est devenu possesseur. 2 BIOL Qui n'est ni congénital ni héréditaire. *Les caractères acquis.* ■ nm 1 Connaissances acquises. 2 Avantages obtenus.

acquisition nf Achat.

acquit nm DR Quittance, décharge. Loc *Par acquit de conscience :* pour ne pas avoir de doute ou de regret. *Pour acquit :* pour attester que le chèque a été payé.

acquit-à-caution nm Bulletin permettant de faire circuler des marchandises avant d'en avoir payé les taxes. *Des acquits-à-caution.*

acquittement nm 1 Action de payer son dû. 2 Fait pour un accusé d'être déclaré non coupable par un tribunal.

acquitter vt 1 Payer ce qui est dû. 2 Déclarer juridiquement un accusé non coupable. ■ vpr Se libérer d'une obligation, d'une dette.

acra nm Boulette de morue frite.

acre nf Mesure agraire qui valait 50 ares.

âcre a Piquant et irritant au goût, à l'odorat.

âcreté nf Caractère âcre.

acridien nm Criquet, sauterelle.

acrimonie nf Amertume qui s'exprime par des paroles blessantes.

acrimonieux, euse a Amer, blessant.

acrobate n Artiste qui exécute des tours de force et d'adresse.

acrobatie nf 1 Exercice qu'exécute un acrobate. 2 Procédé ingénieux et risqué.

acrobatique a De l'acrobatie.

acronyme nm Sigle que l'on prononce comme un mot, sans l'épeler, par ex. *Unesco* [ynɛsko].

acropole nf Partie fortifiée des cités grecques de l'Antiquité.

acrostiche nm Petit poème où les lettres initiales de chaque vers composent un mot.

acrotère nm ARCHI Piédestal au sommet d'un fronton pour recevoir une statue.

acrylique a, nm Composé chimique servant à la préparation de fibres textiles, de peinture.

acte nm 1 Ce qui est fait par une personne. *Acte volontaire.* 2 DR Document qui constate légalement un fait. *Acte d'état civil.* 3 Chacune des divisions principales d'une pièce de théâtre. Loc *Acte médical :* consultation, visite, intervention d'un médecin. *Prendre acte :* prendre bonne note de. *Faire acte de présence :* n'être présent que pour la forme. *Dont acte :* il est pris bonne note de ce qui précède. ■ pl Comptes rendus des séances d'une assemblée.

acteur, trice n 1 Comédien qui joue un rôle dans une pièce, un film. 2 Qui prend une part active à un évènement, à un processus social ou économique.

actif, ive a 1 Qui agit, qui a la propriété d'agir. *Produit actif.* 2 Vif, diligent, efficace. ■ nm 1 Population active : qui a une profession. *Verbe à la voix active :* dont le sujet est l'agent de l'action. ■ nm Ensemble des biens constituant un patrimoine. Loc *Avoir à son actif :* avoir réalisé.

actinidia nm Arbuste grimpant fournissant le kiwi.

actinie nf Anémone de mer, vivant fixée sur les roches.

action *nf* **1** Ce que fait une personne qui réalise une volonté, une pulsion. **2** Le fait d'agir (par oppos. à la pensée, à la parole). **3** Affrontement, lutte. *L'action a été chaude.* **4** Opération, fait dû à un agent quelconque et qui produit un effet. *L'action chimique d'un acide.* **5** Poursuite en justice. *Intenter une action.* **6** Déroulement des événements qui forment la trame d'une fiction. *L'action d'un roman.* **7** Titre négociable émis par une société. Loc *Action d'éclat* : acte de courage. *Mettre en action* : mettre en œuvre.

actionnaire *n* Qui possède des actions émises par une société.

actionnariat *nm* Ensemble des actionnaires.

actionner *vt* Faire fonctionner une machine, un mécanisme.

activation *nf* **1** Accélération. *Activation des travaux.* **2** PHYS Action de communiquer à une substance des propriétés radioactives.

activement *av* De manière active.

activer *vt* **1** Rendre plus rapide. *Activer des travaux.* **2** Rendre plus vif, plus intense. *Activer un feu.* ■ *vpr* S'affairer.

activisme *nm* **1** Attitude politique qui prône le recours à l'action violente. **2** Attitude qui privilégie l'action par rapport à la réflexion.

activiste *n, a* Partisan de l'activisme.

activité *nf* **1** Vivacité, diligence dans l'action. **2** Ensemble d'opérations humaines visant un but déterminé. *L'activité industrielle d'une région.* **3** Exercice d'une fonction, d'un emploi. Loc *En activité* : en service ; en fonctionnement. ■ *pl* Occupations. *Avoir de multiples activités.*

actuaire *n* Spécialiste chargé des calculs de statistique dans les finances, les assurances.

actualisation *nf* Action d'actualiser.

actualiser *vt* Donner un caractère actuel à. *Actualiser un dictionnaire, les prix.*

actualité *nf* **1** Nature de ce qui est actuel. *L'actualité d'un problème.* **2** Ensemble des événements récents. ■ *pl* Informations sur les événements récents, notamment au cinéma.

actuel, elle *a* **1** Qui existe dans le présent. **2** Qui concerne les contemporains.

actuellement *av* À l'heure actuelle.

acuité *nf* **1** Qualité de ce qui est aigu. *L'acuité d'un son.* **2** Pouvoir de discrimination. *Acuité visuelle.*

acupuncteur ou **acuponcteur, trice** *n* Médecin qui pratique l'acupuncture.

acupuncture ou **acuponcture** *nf* Procédé médical qui consiste à piquer avec des aiguilles certains points de la surface du corps.

acutangle *a* Loc *Triangle acutangle* : dont les trois angles sont aigus.

adage *nm* Maxime populaire, sentence.

adagio *av, nm* MUS D'un mouvement lent.

adamantin, ine *a* Litt Qui évoque le diamant.

adaptabilité *nf* Caractère adaptable.

adaptable *a* Qui peut s'adapter, être adapté.

adaptateur, trice *n* Qui adapte une œuvre littéraire. ■ *nm* Dispositif qui permet à un appareil de fonctionner dans des conditions particulières.

adaptatif, ive *a* BIOL Qui réalise une adaptation.

adaptation *nf* Action d'adapter ou de s'adapter.

adapter *vt* **1** Appliquer, ajuster. *Adapter un manche à un outil.* **2** Harmoniser, rendre conforme à. *Adapter sa conduite aux circonstances.* **3** Modifier une œuvre littéraire pour un usage différent. ■ *vpr* S'habituer.

addax *nm* Antilope aux cornes en spirale.

addenda *nm inv* Addition à la fin d'un ouvrage, d'un texte.

additif *nm* Substance ajoutée à une autre pour en modifier les propriétés.

addition *nf* **1** Opération qui ajoute des quantités arithmétiques. **2** Total des sommes dues, au restaurant, au café. **3** Fait d'ajouter qqch ; ce qui est ajouté. *Addition d'une clause à un contrat.*

additionnel, elle *a* Qui est ajouté.

additionner *vt* **1** Effectuer une addition. **2** Ajouter en mélant.

adducteur *nm* ANAT Muscle qui effectue un mouvement d'adduction. Ant. abducteur.

adduction *nf* **1** ANAT Mouvement qui rapproche un membre de l'axe du corps. **2** Action de conduire des eaux d'un point à un autre.

adénite *nf* Inflammation des ganglions lymphatiques.

adénocarcinome *nm* Tumeur maligne d'une glande.

adénoïde *a* ANAT Du tissu ganglionnaire.

adénome *nm* Tumeur développée aux dépens d'une glande.

adepte *n* **1** Qui adhère à une doctrine. **2** Qui pratique une activité, un sport.

adéquat, ate [-kwa-] *a* Bien adapté à son usage.

adéquatement [-kwa-] *av* De façon adéquate.

adéquation [-kwa-] *nf* Fait d'être adéquat.

adhérence *nf* **1** Fait, pour une chose, d'adhérer à une autre. **2** MED Réunion de deux organes normalement séparés. **3** Force de frottement qui s'oppose au glissement.

adhérent, ente *a, n* Qui adhère à une organisation.

adhérer *vti* [12] **1** Coller, être collé fortement à qqch. **2** Approuver une idée. **3** Devenir membre d'une organisation.

adhésif, ive *a* Qui adhère. *Bande adhésive.* ■ *nm* Tissu, papier collant.

adhésion *nf* Action d'adhérer à une organisation, à une opinion.

ad hoc *a inv* Qui convient à une situation.

adieu *interj* Formule de congé. ■ *nm* Séparation d'avec qqn, qqch.

adipeux, euse *a* **1** De nature graisseuse. **2** Gras, obèse.

adiposité *nf* Accumulation de graisses.

adjacent, ente *a* Situé auprès de, contigu. Loc *Angles adjacents* : qui ont un côté commun.

adjectif *nm* Mot variable adjoint à un nom, qu'il qualifie ou détermine.

adjectival, ale, aux ou **adjectif, ive** *a* GRAM De l'adjectif.

adjectivement *av* Avec la valeur d'adjectif.

adjoindre *vt* [62] Associer une personne, une chose à une autre comme auxiliaire.

adjoint, ointe *a, n* Associé comme auxiliaire. *Adjoint au maire.*

adjonction *nf* Action d'adjoindre.

adjudant *nm* Sous-officier de grade intermédiaire entre celui de sergent-chef et celui d'adjudant-chef.

adjudant-chef nm Militaire du grade le plus élevé des sous-officiers. *Des adjudants-chefs.*

adjudicataire n DR Bénéficiaire d'une adjudication.

adjudication nf DR Attribution d'un bien vendu aux enchères.

adjuger vt [11] 1 Attribuer par adjudication. 2 Attribuer qqch à qqn. ■ vpr S'attribuer. *Il s'est adjugé les meilleurs morceaux.*

adjuration nf Prière pressante, supplication.

adjurer vt Prier instamment de faire qqch.

adjuvant nm Ce qui renforce l'action de qqch.

ad libitum [-tɔm] av À volonté.

admettre vt [64] 1 Recevoir, laisser entrer qqn. *Admettre un adhérent dans une société.* 2 Accepter qqch pour valable, pour vrai ; tolérer. *Admettre une hypothèse.*

administrateur, trice n Personne chargée d'administrer des biens.

administratif, ive a Relatif à l'administration. ■ n Membre du personnel d'administration d'une entreprise.

administration nf 1 Gestion. *L'administration des biens d'un mineur.* 2 (avec majusc) Direction des affaires publiques. *Entrer dans l'Administration.* 3 Service public. *L'administration des Finances.* 4 Action de donner. *Administration des sacrements, de preuves.*

administrativement av Suivant les formes administratives.

administré, ée n Qui dépend d'une administration.

administrer vt 1 Gérer. *Administrer des biens.* 2 Diriger au moyen d'une administration. 3 Donner. *Administrer des preuves, une correction, des sacrements.*

admirable a Qui suscite l'admiration.

admirablement av De façon admirable.

admirateur, trice a Qui admire.

admiratif, ive a Qui exprime l'admiration.

admiration nf Sentiment que fait éprouver ce qui est beau, ce qui est grand.

admirativement av De façon admirative.

admirer vt Considérer avec approbation, enthousiasme.

admis, ise a, n Reçu dans un groupe.

admissibilité nf Situation d'un candidat admissible.

admissible a Qu'on peut admettre. *Conduite peu admissible.* ■ a, n Reçu à la première partie d'un examen ou d'un concours.

admission nf 1 Fait d'admettre, d'être admis. 2 Fait d'être reçu définitivement à un examen ou à un concours. 3 TECH Entrée des gaz dans le cylindre d'un moteur à explosion.

admonestation nf Litt Réprimande.

admonester vt Litt Faire une remontrance à.

a.d.n. nm Acide désoxyribonucléique, constituant fondamental de la cellule vivante.

ado n Fam Adolescent.

adolescence nf Âge compris entre la puberté et l'âge adulte.

adolescent, ente n Jeune garçon, jeune fille dans l'adolescence.

adonis [-nis] nm 1 Litt Jeune homme particulièrement beau. 2 Papillon diurne bleu vif.

adonner (s') vpr Se livrer à une activité, une pratique.

adoptable a, n Qui peut être adopté.

adoptant, ante a, n Qui adopte un enfant.

adopté, ée a, n Qui a été l'objet d'une adoption.

adopter vt 1 Prendre qqn pour fils ou pour fille dans les formes légales. 2 Choisir, admettre une idée. 3 En parlant d'une assemblée, approuver une proposition.

adoptif, ive a 1 Qui a été adopté. *Fils adoptif.* 2 Qui a légalement adopté. *Père adoptif.*

adoption nf Action d'adopter.

adorable a Qui plaît pour sa beauté, sa gentillesse, etc.

adorablement av De façon adorable.

adorateur, trice n 1 Qui adore une divinité. 2 Qui est épris avec passion.

adoration nf 1 Culte rendu à une divinité. 2 Passion, attachement extrême.

adorer vt 1 Rendre un culte à un dieu. 2 Aimer avec passion.

ados [ado] nm AGRIC Terre qu'on élève en talus le long d'un mur.

adossement nm État de ce qui est adossé.

adosser vt Faire prendre appui à. ■ vpr S'appuyer avec le dos contre.

adoubement nm HIST Cérémonie d'investiture du chevalier au Moyen Âge.

adouber vt HIST Au Moyen Âge, armer chevalier un bachelier.

adoucir vt 1 Rendre doux. *Le sucre adoucit le café.* 2 Atténuer l'âcreté, le piquant, la rudesse de. 3 Atténuer, tempérer. 4 Réduire la teneur d'une eau en calcaire. ■ vpr Devenir plus doux. *Le temps s'adoucit.*

adoucissant, ante a, nm 1 Qui calme l'irritation. 2 Qui assouplit le linge.

adoucissement nm 1 Action d'adoucir ; état d'une chose adoucie. *L'adoucissement de la température.* 2 Atténuation, soulagement. *Adoucissement d'une peine.*

adoucisseur nm Appareil pour adoucir l'eau.

ad patres [-tres] av Loc Fam *Envoyer ad patres* : tuer.

adrénaline nf Hormone sécrétée par les surrénales, qui accélère le rythme cardiaque. Loc Fam *Poussée d'adrénaline* : brusque accès d'excitation.

1. adresse nf 1 Habileté dans les gestes. 2 Habileté à obtenir un résultat.

2. adresse nf 1 Indication du domicile d'une personne. *Je n'habite plus à cette adresse.* 2 INFORM Numéro d'ordre d'une information dans une mémoire, permettant d'y accéder. Loc *À l'adresse de* : à destination de.

adresser vt 1 Dire, exprimer qqch à l'intention de qqn. 2 Envoyer vers qqn, faire parvenir à. 3 Envoyer une personne à une autre. ■ vpr 1 Parler à qqn. 2 Être destiné à. 3 Aller trouver, avoir recours à. *Adressez-vous au concierge.*

adret [-dre] nm GEOGR Versant d'une montagne exposé au soleil. Ant. ubac.

adroit, oite a 1 Qui a de l'adresse, habile. 2 Qui est fait avec habileté.

adroitement av Avec adresse.

adulation nf Louange excessive.

aduler vt Multiplier les éloges, les louanges, à l'adresse de qqn.

adulte a, n Arrivé au terme de sa croissance. Loc *L'âge adulte* : qui est adulte.

adultère a, n Qui a des rapports sexuels avec qqn d'autre que son conjoint. ■ nm Fait d'être adultère.

adultérer vt [12] Falsifier, altérer.

adultérin, ine a Né d'un adultère.

advenir vi [35] [aux *être*] Arriver, se produire. *Il advint que...*

adventice a Loc BOT *Plantes adventices* : mauvaises herbes.

adventif, ive a BOT Qui se forme en un point anormal de la plante. *Racine adventive.*

adventiste n Membre d'une secte chrétienne qui attend une seconde venue du Christ.

adverbe nm Mot invariable qu'on joint à un verbe, à un adjectif, à un autre adverbe pour en compléter ou en modifier le sens.

adverbial, ale, aux a Qui remplit le rôle d'un adverbe. *Locution adverbiale.*

adverbialement av Avec une valeur d'adverbe.

adversaire n Personne contre qui on lutte.

adverse a Contraire, opposé. Loc *Partie adverse* : l'adversaire, dans un procès.

adversité nf Sort contraire ; malheur.

aède nm Poète de la Grèce antique.

aérateur nm Appareil qui sert à renouveler l'air d'un local.

aération nf Action d'aérer.

aéré, ée a Où l'air circule librement.

aérer vt [12] Renouveler l'air de. ■ vpr Respirer, prendre l'air.

aérien, enne a 1 Qui appartient à l'air, à l'atmosphère. 2 Relatif au transport par air. *Lignes aériennes.* 3 Léger comme l'air. *Grâce aérienne.*

aérobic nm Gymnastique intensive.

aérobie a Didac Qui a besoin d'oxygène pour vivre, pour fonctionner. Ant. anaérobie.

aéroclub nm Club dont les membres pratiquent en amateurs les activités aéronautiques.

aérodrome nm Terrain aménagé pour le décollage et l'atterrissage des avions.

aérodynamique nf Science des phénomènes physiques liés au déplacement des corps solides dans l'atmosphère. ■ a Construit de façon à opposer à l'air une résistance minimale.

aérodynamisme nm Forme aérodynamique.

aérofrein nm Dispositif de freinage d'un avion utilisant la résistance de l'air.

aérogare nf Ensemble des installations d'un aéroport destinées aux voyageurs et au fret.

aéroglisseur nm Véhicule qui se déplace sur un coussin d'air.

aérogramme nm Lettre expédiée par avion.

aérolithe nf Météorite pierreuse.

aéromobile a MILIT Qui utilise l'espace aérien.

aéromodélisme nm Construction et utilisation des modèles réduits d'avions.

aéronautique nf Science de la navigation aérienne ; technique de la construction des aéronefs. ■ a De l'aéronautique.

aéronaval, ale, als a De l'aviation et de la marine.

aéronef nm Appareil capable de voler (avions, hélicoptères, aérostats, etc.).

aérophagie nf MED Déglutition d'air qui pénètre dans l'estomac et provoque des douleurs.

aéroplane nm Vx Avion.

aéroport nm Ensemble d'installations aménagées pour le trafic aérien.

aéroporté, ée a MILIT Transporté par voie aérienne et parachuté sur l'objectif.

aéroportuaire a D'un aéroport.

aéropostal, ale, aux a De la poste aérienne.

aérosol nm 1 Dispersion de particules microscopiques dans un gaz. 2 Système permettant la vaporisation de ces particules.

aérospatial, ale, aux a Qui relève à la fois de l'aéronautique et de l'astronautique. ■ nf Construction d'engins aérospatiaux.

aérostat nm Appareil qui se maintient en l'air au moyen d'un gaz.

aérostatique nf Science de l'équilibre des gaz. ■ a De l'aérostatique.

aérotransporté, ée a MILIT Transporté par avion ou hélicoptère.

affabilité nf Qualité de qqn d'affable.

affable a Qui accueille les autres avec amabilité, douceur.

affabulation nf Mensonge, invention.

affabuler vt Se livrer à des affabulations.

affadir vt Rendre fade, insipide.

affadissement nm Fait de s'affadir.

affaiblir vt Rendre faible. *La maladie l'a affaibli.* ■ vpr Devenir faible.

affaiblissant, ante a Qui affaiblit.

affaiblissement nm Diminution de la force.

affaire nf 1 Ce qui concerne l'intérêt personnel de qqn. 2 Ensemble de circonstances où des intérêts sont en jeu. 3 Ensemble de difficultés avec lesquelles une personne est aux prises. 4 Ensemble de faits dont la justice a à s'occuper. 5 Conflit. *L'affaire de Suez.* 6 Entreprise industrielle ou commerciale. Loc *Avoir affaire à qqn* : lui parler, négocier avec lui ; l'avoir comme adversaire. *C'est une affaire de* : c'est une question de. *Sortir qqn d'affaire* : le sauver. ■ pl 1 Objets personnels. *Ranger ses affaires.* 2 Opérations financières, commerciales. *Chiffre d'affaires.* 3 Ce qui concerne l'Administration et le gouvernement. *Les affaires de l'État.* Loc *Affaires étrangères* : relations extérieures d'un État.

affairé, ée a Qui a beaucoup à faire.

affairement nm Fait d'être affairé.

affairer (s') vpr S'empresser, se montrer actif dans l'exécution d'une tâche.

affairisme nm Préoccupation exclusive de gagner de l'argent, de faire des affaires.

affairiste n Homme d'affaires sans scrupule.

affaissement nm Fait de s'affaisser ; état de ce qui est affaissé.

affaisser (s') vpr 1 Plier, baisser de niveau sous l'effet d'un poids, d'une pression. *Le mur s'est affaissé.* 2 Tomber lourdement, sans forces (êtres vivants).

affaler vt MAR Faire descendre rapidement. ■ vpr Fam Se laisser tomber.

affamé, ée a, n Qui a faim.

affamer vt Priver de nourriture.

affameur, euse n Qui affame.

affect nm PSYCHO Charge affective, base de la névrose ou de l'angoisse.

affectation nf 1 Manque de naturel. *Parler avec affectation.* 2 Destination d'une chose à un usage. 3 Désignation à un poste, une fonction.

affecté, ée a 1 Qui manque de naturel, de simplicité. 2 Ému, affligé.

affecter vt 1 Feindre. *Affecter la modestie.* 2 Destiner qqch à un usage. 3 Donner un poste, une fonction à qqn. 4 Causer une impression pénible, de la peine.

affectif, ive *a* PSYCHO Relatif aux émotions.

affection *nf* **1** Attachement, tendresse. **2** MED Maladie.

affectionné, ée *a* Dévoué, attaché.

affectionner *vt* Avoir de l'affection, du goût pour qqch.

affectivité *nf* Ensemble des phénomènes affectifs (émotions, sentiments).

affectueusement *av* De façon affectueuse.

affectueux, euse *a* Qui manifeste de l'affection.

afférent, ente *a* **1** DR Qui revient à chacun dans un partage. **2** ANAT Qui arrive à un organe (vaisseau, nerf). Ant. efférent.

affermage *nm* DR Action d'affermer.

affermer *vt* DR Donner ou prendre à bail.

affermir *vt* **1** Rendre ferme, stable, solide. **2** Rendre plus fort, plus assuré. *Affermir sa voix.* ■ *vpr* Devenir plus ferme.

affermissement *nm* Action d'affermir.

affèterie ou **afféterie** *nf* Litt Affectation dans le comportement.

affichage *nm* Action d'afficher.

affiche *nf* Feuille fixée sur un mur et destinée à informer le public.

afficher *vt* **1** Publier, annoncer au moyen d'affiches. **2** Montrer ostensiblement, faire étalage de. **3** INFORM Présenter des données sur un écran. ■ *vpr* Se montrer avec ostentation.

affichette *nf* Petite affiche.

afficheur *nm* Qui pose des affiches.

affichiste *n* Qui conçoit des affiches.

affilée (d') *av* À la suite, sans discontinuer. *Dix heures d'affilée.*

affiler *vt* Aiguiser. *Affiler un rasoir.*

affiliation *nf* Action d'affilier ou de s'affilier.

affilié, ée *a, n* Membre d'une organisation.

affilier *vt* Faire entrer dans une association. ■ *vpr* Adhérer. *S'affilier à un parti.*

affinage *nm* **1** Action de rendre plus fin, de débarrasser des impuretés. **2** Dernière phase de la fabrication du fromage.

affiner *vt* **1** Purifier. **2** Améliorer, rendre plus fin. *Affiner l'esprit.* **3** Faire subir l'affinage à un fromage.

affineur, euse *n* Qui affine les fromages, les métaux, etc.

affinité *nf* **1** Attirance, sympathie ; **2** Analogie ; rapport d'harmonie. **3** CHIM Tendance qu'ont des corps à réagir les uns sur les autres.

affirmatif, ive *a* Qui exprime l'affirmation. ■ *nf* Loc *Répondre par l'affirmative :* donner une réponse positive.

affirmation *nf* **1** Action d'affirmer. **2** Chose affirmée. *Des affirmations inexactes.*

affirmativement *av* De façon affirmative.

affirmer *vt* Soutenir qu'une chose est vraie. ■ *vpr* Se manifester nettement, avec autorité.

affixal, ale, aux *a* LING D'un affixe.

affixe *nm* LING Élément qui s'ajoute au commencement (préfixe) ou à la fin (suffixe) d'un mot pour en modifier le sens.

affleurement *nm* État de ce qui affleure.

affleurer *vt* Arriver au niveau de. *L'eau affleure le quai.* ■ *vi* Être au niveau de la surface de l'eau, du sol. *Les rochers affleurent.*

affliction *nf* Peine morale, douleur profonde.

affligé, ée *a* Qui ressent de l'affliction.

affligeant, ante *a* Qui cause de l'affliction.

affliger *vt* [11] Causer de l'affliction à. ■ *vpr* Ressentir de l'affliction.

affluence *nf* Rassemblement d'un grand nombre de personnes dans un lieu.

affluent *nm* Cours d'eau qui se jette dans un autre.

affluer *vi* **1** Couler en abondance vers (sang). **2** Arriver en abondance, en nombre (personnes).

afflux [-fly] *nm* Fait d'affluer.

affolant, ante *a* Qui affole, provoque une émotion violente.

affolement *nm* Fait de s'affoler ; état d'une personne affolée.

affoler *vt* Troubler profondément, faire perdre la tête. ■ *vpr* Perdre la tête.

affranchi, ie *a* **1** Libéré de la servitude, de l'esclavage. **2** Libéré des traditions, des préjugés. ■ *n* ANTIQ Esclave affranchi.

affranchir *vt* **1** Rendre libre, indépendant. **2** Pop Renseigner, mettre au courant. **3** Payer le port d'un envoi postal.

affranchissement *nm* **1** Action d'affranchir, de rendre libre. **2** Paiement du port d'un objet confié à la poste.

affres *nfpl* Litt Angoisse, tourment.

affrètement *nm* Action d'affréter.

affréter *vt* [12] Louer un véhicule.

affréteur *nm* Qui affrète un véhicule.

affreusement *av* De façon affreuse.

affreux, euse *a* **1** Qui suscite la répulsion, l'effroi. **2** Désagréable. *Un temps affreux.*

affriolant, ante *a* Qui excite le désir sexuel.

affrioler *vt* Attirer, séduire.

affront *nm* Insulte publique.

affrontement *nm* Action d'affronter ou de s'affronter.

affronter *vt* Aller avec courage au-devant d'un ennemi, d'un danger. ■ *vpr* Combattre l'un contre l'autre.

affubler *vt* Habiller avec un vêtement ridicule. ■ *vpr* S'habiller de façon ridicule.

affût *nm* **1** Support d'une pièce d'artillerie. **2** Endroit où l'on se poste pour tirer le gibier. Loc *À l'affût :* en attente de.

affûtage *nm* Action d'affûter.

affûter *vt* Aiguiser un outil.

afghan, ane *a, n* De l'Afghanistan.

afghani *nm* Unité monétaire de l'Afghanistan.

aficionado *nm* Amateur de courses de taureaux.

afin de, afin que *prép, conj* Marquent l'intention, le but.

a fortiori [-sjɔri] *av* À plus forte raison.

africain, aine *a, n* De l'Afrique.

africaniser *vt* Rendre africain.

africanisme *nm* Tournure propre au français parlé en Afrique.

africaniste *n* Spécialiste des langues africaines.

afrikaans [-kans] *nm* Langue néerlandaise parlée en Afrique du Sud.

afrikaner ou **afrikander** *n* Habitant de l'Afrique du Sud parlant l'afrikaans.

afro-américain, aine *a, n* Noir américain.

afro-asiatique *a, n* De l'Afrique et de l'Asie.

after-shave [aftœrʃev] *nm inv* Après-rasage.

agaçant, ante *a* Qui agace, irrite.

agacement *nm* Énervement, irritation.

agacer *vt* [10] Énerver et impatienter, taquiner. Loc *Agacer les dents :* irriter les gencives.

agaceries *nfpl* Manières coquettes et provocantes.

agami *nm* Oiseau d'Amérique du Sud, à plumage noir à cri éclatant.

agapes *nfpl* Banquet entre amis.

agar-agar *nm* Substance extraite de certaines algues, utilisée comme produit d'encollage. *Des agars-agars.*

agaric *nm* Champignon sans volve ni anneau, à lamelles colorées.

agate *nf* 1 Minéral formé de silice en couches concentriques colorées. 2 Bille d'agate, ou de verre imitant l'agate.

agave *nm* Plante grasse qui produit le sisal et dont la sève donne une boisson alcoolisée.

âge *nm* 1 Période écoulée depuis la naissance ou le début de l'existence. *Quel âge avez-vous?* 2 Période de l'histoire de l'humanité. *L'âge de pierre.* Loc *Âge mental :* niveau d'aptitude intellectuelle mesuré par des tests. *Classe d'âge :* ensemble des individus nés du même année. *Retour d'âge :* ménopause.

âgé, ée *a* 1 Vieux. *Un homme âgé.* 2 Qui a l'âge de. *Âgé de vingt ans.*

agence *nf* 1 Établissement commercial qui propose un ensemble de services. 2 Succursale d'une société commerciale ou bancaire. 3 Organisme administratif. *Agence pour l'emploi.*

agencement *nm* Action d'agencer ; disposition, arrangement.

agencer *vt* [10] Disposer, arranger (les éléments d'un ensemble).

agencier *nm* Journaliste travaillant dans une agence de presse.

agenda [-ʒɛ̃-] *nm* Carnet sur lequel on note, jour par jour, les choses que l'on veut faire.

agenouillement *nm* Action, fait de s'agenouiller.

agenouiller (s') *vpr* Se mettre à genoux.

agent *nm* 1 Phénomène qui a une action déterminée. 2 Personne chargée d'agir pour le compte d'une autre ou pour le compte d'une administration, d'une société. Loc *Agent secret :* espion. *Agent de change :* chargé de certaines transactions financières. *Agent de police* (ou simplem. *agent*) : fonctionnaire chargé du maintien de l'ordre. *Complément d'agent :* complément d'un verbe à la voix passive, désignant la personne effectuant l'action.

aggiornamento *nm* Adaptation au progrès, au monde actuel.

aggloméra *nm* 1 Agrégat naturel de minéraux. 2 Assemblage hétéroclite.

agglomération *nf* 1 Action d'agglomérer. 2 Ensemble d'une ville et de sa banlieue.

aggloméré *nm* 1 Combustible formé de poussières de charbon réunies par un liant. 2 Bois reconstitué, fait de copeaux agrégés. 3 Matériau de construction moulé, prêt à l'emploi.

agglomérer *vt* [12] Former une masse compacte, de divers éléments. ■ *vpr* Se rassembler en une masse compacte.

agglutination *nf* Action d'agglutiner ; fait de s'agglutiner.

agglutiner *vt* Assembler de manière à former une masse compacte.

aggravant, ante *a* Qui rend plus grave. Loc *Circonstances aggravantes :* qui aggravent l'infraction.

aggravation *nf* Action d'aggraver ; fait de s'aggraver.

aggraver *vt* Rendre plus grave, plus pénible. ■ *vpr* Devenir plus grave, empirer.

agile *a* Dont les mouvements sont rapides, aisés.

agilité *nf* Légèreté, facilité à se mouvoir.

agio *nm* FIN Ensemble des taux de retenue (intérêt, commission, change) sur un escompte.

a giorno *a inv* Se dit d'un éclairage proche de la lumière du jour.

agiotage *nm* Spéculation sur les valeurs boursières.

agir *vi* 1 Faire qqch, accomplir une action. 2 Produire un effet. 3 Se comporter. *Agir en gentleman.* ■ *vpr* Loc *Il s'agit de qqn, qqch :* il est question de. *Il s'agit de* (+ inf) : il faut, il importe de. *S'agissant de :* au sujet de.

âgisme *nm* Discrimination à l'encontre des personnes âgées.

agissant, ante *a* Qui agit avec efficacité, actif.

agissements *nmpl* Façons d'agir, procédés condamnables.

agitateur, trice *n* Qui suscite des troubles politiques ou sociaux.

agitation *nf* 1 État de ce qui est parcouru de mouvements irréguliers. 2 Nervosité, émotion. 3 Mécontentement politique ou social.

agité, ée *a, n* En proie à l'agitation.

agiter *vt* 1 Remuer, secouer par des mouvements irréguliers. 2 Causer du trouble à. ■ *vpr* 1 Remuer, aller et venir. *Un malade ne doit pas s'agiter.* 2 Manifester du mécontentement.

agneau *nm* 1 Petit de la brebis. 2 Viande d'agneau. Loc *Agneau pascal :* immolé par les Juifs à la Pâque.

agnelage *nm* Mise bas, chez la brebis.

agnelet *nm* Petit agneau.

agnelle *nf* Agneau femelle.

agnosie [-gnɔ-] *nf* MED Trouble de la reconnaissance des objets, dû à une perturbation des fonctions cérébrales.

agnosticisme [-gnɔs-] *nm* Doctrine professée par les agnostiques.

agnostique [-gnɔs-] *a, n* Qui pense que la religion est inutile.

agonie *nf* 1 Moment qui précède immédiatement la mort. 2 Lente disparition.

agonir *vt* Loc *Agonir qqn d'injures :* l'accabler d'injures.

agonisant, ante *a, n* Qui est à l'agonie.

agoniser *vi* 1 Être à l'agonie. 2 Décliner, toucher à sa fin.

agoniste *a, nm* MED Qui concourt à l'effet désiré (substance).

agora *nf* Place publique et marché des anciennes villes grecques.

agoraphobie *nf* MED Crainte des espaces ouverts, des foules.

agouti *nm* Rongeur de l'Amérique du Sud.

agrafage *nm* Action d'agrafer.

agrafe *nf* 1 Crochet qu'on passe dans un anneau pour fermer un vêtement. 2 Pièce en plastique ou en métal permettant de réunir des papiers. 3 Petite lame de métal servant à joindre les bords d'une plaie.

agrafer *vt* Fixer à l'aide d'agrafes.

agrafeuse *nf* Machine à agrafer.

agraire *a* Des champs, de l'agriculture.

agrandir *vt* Rendre plus grand. *Agrandir une maison, une photographie.* ■ *vpr* Devenir plus grand, se développer, s'étendre.

agrandissement *nm* **1** Action d'agrandir. **2** PHOTO Épreuve plus grande que le négatif original.

agrandisseur *nm* Appareil qui permet d'agrandir des photographies.

agraphie *nf* Incapacité pathologique d'écrire.

agrarien, enne *a, n* Se dit des partis politiques qui défendent les propriétaires fonciers.

agréable *a* **1** Qui plaît. **2** Sympathique, avenant.

agréablement *av* De façon agréable.

agréer *vt* Accepter qqch. ■ *vti* Litt. Être au gré, à la convenance de.

agrégat *nm* Assemblage de diverses parties qui forment masse. *Un agrégat de molécules.*

agrégatif, ive *n* Qui prépare l'agrégation.

agrégation *nf* **1** Réunion de parties homogènes qui forment un tout. **2** Concours assurant le recrutement de professeurs du secondaire.

agrégé, ée *a, n* Reçu(e) à l'agrégation.

agréger *vt* [13] Réunir des solides en un bloc.

agrément *nm* **1** Approbation qui vient d'une autorité. **2** Qualité qui rend agréable. **3** Plaisir. *Voyage d'agrément.*

agrémenter *vt* Enjoliver par des ornements.

agrès *nmpl* Appareil de gymnastique.

agresser *vt* Attaquer de façon brutale.

agresseur *nm* Qui attaque brusquement qqn.

agressif, ive *a* **1** Qui a le caractère d'une agression. **2** Provocant. *Maquillage agressif.* **3** Qui recherche le conflit, l'affrontement.

agression *nf* **1** Attaque brusque et violente. **2** Atteinte à l'intégrité physique ou psychique des personnes par des agents nuisibles.

agressivement *av* De façon agressive.

agressivité *nf* Caractère agressif.

agreste *a* Litt. Champêtre, rustique.

agricole *a* De l'agriculture. *Matériel agricole.*

agriculteur, trice *n* Personne dont le métier est de cultiver la terre, de pratiquer l'élevage.

agriculture *nf* Travail de la terre pour la production de denrées alimentaires.

agripper *vt* Saisir avec force en s'accrochant. ■ *vpr* S'accrocher avec force.

agroalimentaire *a, nm* Se dit de l'industrie de transformation des produits agricoles.

agrochimie *nf* Chimie appliquée à l'agriculture.

agro-industrie *nf* Ensemble des industries dont l'agriculture est le fournisseur ou le client.

agronome *n* Spécialiste de l'agronomie.

agronomie *nf* Science de l'agriculture.

agronomique *a* De l'agronomie.

agropastoral, ale, aux *a* Qui pratique à la fois l'agriculture et l'élevage.

agrume *nm* Nom donné aux citrons, oranges, mandarines, clémentines, pamplemousses.

aguerrir *vt* Accoutumer à des choses pénibles, endurcir.

aguets *nmpl* Loc *Être aux aguets* : guetter, être attentif et sur ses gardes.

aguichant, ante ou **aguicheur, euse** *a* Qui aguiche.

aguicher *vt* Chercher à séduire par des agaceries, des manières provocantes.

ah ! *interj* **1** Exprime une vive émotion. **2** Renforce une négation, une affirmation.

ahuri, ie *a* Frappé de stupeur, hébété.

ahurir *vt* Rendre stupéfait.

ahurissant, ante *a* Qui ahurit.

ahurissement *nm* Stupéfaction, stupeur.

aï *nm* Mammifère arboricole, végétarien de la forêt brésilienne. Syn. paresseux.

aide *nf* **1** Action d'aider, d'unir ses efforts à ceux d'une autre personne. **2** Secours ou subside accordé aux personnes démunies. Loc *À l'aide !* : au secours ! *À l'aide de* : au moyen de. ■ *pl* Impôts perçus sous l'Ancien Régime. ■ *n* Personne qui en aide une autre. Loc *Aide de camp* : officier attaché à un chef militaire. Syn. officier d'ordonnance.

Aïd-el-Kébir *nf inv* Fête religieuse musulmane commémorant le sacrifice d'Abraham.

Aïd-el-Séghir *nf inv* Fête religieuse musulmane marquant la fin du ramadan.

aide-mémoire *nm inv* Résumé des renseignements sur un sujet déterminé.

aider *vt* Faciliter les actions, secourir d'une personne ; assister qqn. ■ *vti* Faciliter. *Aider à la manœuvre.* ■ *vpr* Se servir de, utiliser. *S'aider de ses mains.*

aide-soignant, ante *n* Qui seconde les infirmières dans un hôpital. *Des aides-soignant(e)s.*

aïe ! [aj] *interj* Exclamation de douleur, de désagrément.

aïeul, eule *n* **1** (pl *aïeuls*) Grand-père, grand-mère. **2** Litt. (pl *aïeux*) Ancêtre.

aigle *nm* Oiseau rapace de grande envergure. Loc *Ce n'est pas un aigle* : il n'est pas très intelligent. ■ *nf* **1** Femelle de l'aigle. **2** Emblème héraldique figurant un aigle.

aiglefin. V. églefin.

aiglon, onne *n* Petit de l'aigle.

aigre *a* **1** Qui a une acidité désagréable au goût. **2** Perçant, criard (sons). **3** Froid et vif. **4** Revêche, acrimonieux. *Un ton aigre.* ■ *nm* Loc *Tourner à l'aigre* : aigrir, s'envenimer.

aigre-doux, -douce *a* **1** Dont la saveur est à la fois douce et aigre. **2** Dont l'apparent perce sous une apparente douceur. *Paroles aigres-douces.*

aigrefin *nm* Individu sans scrupule, escroc.

aigrelet, ette *a* Légèrement aigre.

aigrette *nf* **1** Héron blanc dont la tête est pourvue de longues plumes. **2** Faisceau de plumes sur la tête de certains oiseaux. **3** Ornement qui rappelle l'aigrette des oiseaux.

aigreur *nf* Caractère aigre. Loc *Aigreurs d'estomac* : régurgitations acides après les repas.

aigri, ie *a, n* Que les épreuves de la vie ont rendu amer.

aigrir *vt* **1** Rendre aigre. **2** Rendre qqn aigre, amer. ■ *vpr, vi* Devenir aigre.

aigu, uë *a* **1** Terminé en pointe ou en tranchant. **2** D'une fréquence élevée. **3** Vif, intense. *Une douleur aiguë.* Loc *Accent aigu* : placé sur certains *e* (ex. : *été, fée*). *Angle aigu* : inférieur à 90°.

aigue-marine *nf* Pierre fine apparentée au béryl. *Des aigues-marines.*

aiguière *nf* Vase à anse et à bec.

aiguillage [-gɥi-] *nm* **1** Appareil reliant deux ou plusieurs voies de chemin de fer et permettant à un convoi de passer de l'une à l'autre. **2** Orientation dans une direction précise. Loc *Erreur d'aiguillage* : fausse manœuvre.

aiguille [egɥij] *nf* **1** Tige de métal fine et pointue servant à coudre, à tricoter. **2** MED Fine tige métallique creuse, utilisée pour les piqûres et les ponctions. **3** Tige qui se déplace devant le cadran d'un appareil de mesure et qui sert d'index. **4** Sommet très aigu d'un massif montagneux. **5** Feuille étroite et pointue d'un conifère. *Aiguilles de sapin.*

aiguillée [-gɥi-] *nf* Longueur de fil sur laquelle une aiguille est enfilée.

aiguiller [-gɥi-] *vt* **1** Diriger un train sur une voie par la manœuvre de l'aiguillage. **2** Orienter qqn dans une direction, vers un but.

aiguillette [-gɥi-] *nf* **1** Ornement militaire. **2** Tranche mince et longue de viande, de volaille.

aiguilleur [-gɥi-] *nm* Employé qui manœuvre les aiguillages d'une voie ferrée. Loc *Aiguilleur du ciel :* contrôleur de la navigation aérienne.

aiguillon [-gɥi-] *nm* **1** Dard d'insecte. **2** Bâton pointu pour piquer les bœufs. **3** Stimulant.

aiguillonner [-gɥi-] *vt* Stimuler.

aiguisage *nm* Action d'aiguiser.

aiguiser *vt* **1** Rendre tranchant, pointu. **2** Rendre plus vif, plus fin.

aïkido [aj-] *nm* Sport de combat japonais.

ail [aj] *nm* Plante dont le bulbe est utilisé comme condiment. *Des ails* ou *des aulx.*

aile *nf* **1** Partie du corps de certains animaux, qui leur permet de voler. **2** Morceau d'une volaille. **3** Partie plane d'un avion qui sert à voler. **4** Partie latérale d'un édifice, d'une armée, d'une équipe de football. **5** Élément de carrosserie recouvrant une roue. Loc *Avoir des ailes :* aller vite. *Voler de ses propres ailes :* être autonome. *Ailes du nez :* parties latérales inférieures des narines.

ailé, ée *a* Pourvu d'ailes. *Insecte ailé.*

aileron *nm* **1** Extrémité de l'aile d'un oiseau. **2** Nageoire d'un requin. **3** Volet mobile situé sur le bord de l'aile d'un avion. **4** Quille latérale sur certains bateaux.

ailette *nf* Petite branche proéminente de certains mécanismes.

ailier *nm* Au football, au rugby, joueur dont la place est à l'aile.

ailler *vt* Garnir, assaisonner, frotter d'ail.

ailleurs *av* En un autre lieu. Loc *D'ailleurs :* d'un autre endroit ; de plus, en outre. *Par ailleurs :* d'un autre côté, d'autre part.

ailloli ou **aïoli** *nm* **1** Mayonnaise à l'ail. **2** Plat de morue et de légumes servi avec cette sauce.

aimable *a* Affable, courtois.

aimablement *av* De façon aimable.

1. aimant *nm* Corps attirant le fer ou l'acier.

2. aimant, ante *a* Affectueux.

aimantation *nf* Action d'aimanter.

aimanter *vt* Communiquer des propriétés magnétiques à un corps.

aimer *vt* **1** Éprouver de l'affection, de l'attachement, de l'amitié, de l'amour, de la passion pour qqn. **2** Avoir un penchant, du goût pour qqch. **3** (+ inf) Prendre plaisir à. *Il aime rire.* **4** (+ subj) Trouver bon. *J'aime que vous veniez me voir.* Loc *Aimer mieux :* préférer.

aine *nf* Partie du corps comprise entre le bas-ventre et le haut de la cuisse.

aîné, ée *a, n* **1** Né le premier (parmi les enfants d'une famille). **2** Plus âgé qu'un autre.

aînesse *nf* Loc *Droit d'aînesse :* succession privilégiant l'aîné des enfants mâles.

ainsi *av* **1** De cette façon. **2** De même, de la même façon. Loc *Ainsi soit-il :* expression d'un souhait, à la fin d'une prière. *Pour ainsi dire :* en quelque sorte. *Ainsi donc :* par conséquent. *Ainsi que :* comme.

aïoli. V. ailloli.

1. air *nm* Mélange gazeux qui constitue l'atmosphère. Loc *En l'air :* vers le haut ; sans fondement ; sens dessus dessous. *Tête en l'air :* personne étourdie.

2. air *nm* Apparence, allure générale. *Avoir un drôle d'air.* Loc *Un air de famille :* ressemblance due à des liens de parenté. *Avoir l'air :* sembler, paraître. *N'avoir l'air de rien :* paraître à tort sans importance, sans valeur, sans difficulté. *Avoir des grands airs :* avoir des manières hautaines.

3. air *nm* Suite de notes formant une mélodie.

airain *nm* Litt Bronze. Loc *D'airain :* dur, impitoyable.

aire *nf* **1** Surface de terrain. **2** Domaine d'activité, d'influence. **3** Superficie. *Aire d'un triangle.* **4** Nid des grands oiseaux de proie. Loc *Aire de repos :* lieu où se reposent les automobilistes. *Aire de jeux :* lieu où les enfants peuvent jouer. *Aire de lancement :* d'où sont lancées les fusées spatiales.

airedale [ɛʀdɛl] *nm* Terrier anglais à poil dur.

airelle *nf* Arbrisseau portant des baies comestibles rouges ou d'un noir bleuté ; ces baies.

aisance *nf* **1** État de fortune qui permet une vie agréable. **2** Liberté de corps ou d'esprit dans la manière d'être. Loc *Lieux d'aisances :* W.-C.

aise *nf* Loc *Être à l'aise :* ne pas être gêné ; avoir suffisamment d'argent. *Mettre qqn à l'aise :* lui donner une impression de bien-être, de confiance. *Être mal à l'aise :* être gêné. ■ *pl* Loc *Prendre ses aises :* s'installer sans souci d'autrui. ■ *a* Loc Litt *Être bien aise de :* être content de.

aisé, ée *a* **1** Facile, qui se fait sans peine. *Un travail aisé.* **2** Qui vit dans l'aisance.

aisément *av* Facilement.

aisselle *nf* Cavité située au-dessous de la jonction du bras avec le tronc.

ajonc [aʒɔ̃] *nm* Arbrisseau épineux à fleurs jaunes.

ajour *nm* Petite ouverture par où passe le jour.

ajourer *vt* Percer de trous, orner de jours.

ajournement *nm* Action d'ajourner.

ajourner *vt* Renvoyer à une date ultérieure.

ajout [aʒu] *nm* Élément ajouté à un ensemble.

ajouter *vt* **1** Mettre en plus. **2** Dire en plus. ■ *vti* Augmenter qqch. *En parler ne ferait qu'ajouter au malaise.* ■ *vpr* Se joindre, s'additionner.

ajustage *nm* Action d'ajuster avec précision les pièces d'une machine.

ajustement *nm* Fait d'être ajusté ; adaptation.

ajuster *vt* **1** Réaliser l'adaptation d'une chose à une autre. **2** Mettre à une dimension précise. **3** Viser. *Ajuster la cible.* **4** Arranger un vêtement.

ajusteur *nm* Ouvrier spécialisé dans les travaux d'ajustage.

akène *nm* BOT Fruit sec à une seule graine (gland, noisette).

akkadien, enne *n* Du pays d'Akkad. ■ *nm* Langue sémitique ancienne.

alacrité *nf* Litt Enjouement, gaieté.

alaise ou **alèse** *nf* Pièce de toile, souvent imperméable, qui protège le matelas.

alambic *nm* Appareil de distillation de l'alcool.

alambiqué, ée *a* Compliqué, confus, maniéré.

alanguir *vt* Affaiblir, rendre languissant.

alarmant, ante *a* Inquiétant. *Des rumeurs alarmantes.*

alarme *nf* 1 Signal pour annoncer un danger. *Donner l'alarme.* 2 Dispositif qui produit ce signal. 3 Frayeur subite à l'approche d'un danger.

alarmer *vt* Inquiéter par l'annonce d'un danger. ■ *vpr* S'effrayer.

alarmisme *nm* Tendance à être alarmiste.

alarmiste *a, n* Qui répand délibérément des bruits alarmants.

albanais, aise *a, n* De l'Albanie. ■ *nm* Langue indo-européenne parlée en Albanie.

albâtre *nm* Pierre blanche, utilisée pour sculpter de petits objets.

albatros [-tros] *nm* Grand oiseau marin muni d'un bec robuste et de longues ailes.

albigeois, oise *n, a* D'une secte hérétique du midi de la France (XIIᵉ s). Syn. cathare.

albinisme *nm* Absence héréditaire de pigmentation de la peau, des cheveux.

albinos [-nos] *a, n* Atteint d'albinisme.

album [-bɔm] *nm* 1 Cahier destiné à recevoir des cartes postales, des photos, des timbres. 2 Livre de grand format illustré. 3 Disque.

albumen [-men] *nm* 1 BOT Tissu nourricier entourant la graine. 2 ZOOL Blanc de l'œuf.

albumine *nf* Substance organique contenue dans le lait, le blanc d'œuf, etc.

albuminoïde *a, nm* De la nature de l'albumine.

albuminurie *nf* MED Présence d'albumine dans l'urine.

alcade *nm* Maire, en Espagne.

alcali *nm* Oxyde des métaux alcalins. Loc *Alcali volatil* : ammoniaque.

alcalin, ine *a* CHIM Syn de *basique*. Loc *Métaux alcalins* : famille de métaux, dont le sodium et le potassium.

alcalinité *nf* CHIM Caractère alcalin.

alcaloïde *nm* CHIM Substance organique d'origine végétale (caféine, morphine, nicotine).

alcarazas [-zas] *nm* Vase de terre poreuse où l'eau reste fraîche.

alcazar *nm* HIST Palais fortifié de l'époque des rois maures, en Espagne.

alchimie *nf* Science occulte du Moyen Âge, qui cherchait la transmutation des métaux.

alchimique *a* De l'alchimie.

alchimiste *n* Qui s'occupe d'alchimie.

alcool [-kɔl] *nm* 1 Liquide obtenu par la distillation de jus sucrés fermentés (raisin, betterave, céréales). 2 Boisson alcoolisée, eau-de-vie.

alcoolat *nm* PHARM Préparation obtenue par distillation de l'alcool sur des substances aromatiques.

alcoolémie *nf* Taux d'alcool dans le sang.

alcoolier *nm* Industriel fabriquant de l'alcool.

alcoolique *a* Qui est à base d'alcool. ■ *a, n* Qui abuse de l'alcool, est atteint d'alcoolisme.

alcoolisation *nf* 1 Transformation en alcool. 2 Intoxication progressive par l'alcool.

alcoolisé, ée *a* Additionné d'alcool. *Boisson alcoolisée.*

alcooliser *vt* Mêler de l'alcool à. ■ *vpr* Consommer trop d'alcool ; être alcoolique.

alcoolisme *nm* Toxicomanie à l'alcool.

alcoologie *nf* Étude scientifique de l'alcoolisme.

alcoomètre *nm* Instrument mesurant la teneur des liquides en alcool.

alcoométrie *nf* Mesure de la teneur en alcool.

alcoopathie *nf* Maladie liée à l'alcoolisme.

alcootest *nm* (n déposé) Appareil servant au dépistage de l'alcool chez les conducteurs.

alcôve *nf* Renfoncement pratiqué dans une chambre pour y placer un lit.

alcyon *nm* MYTH Oiseau de mer dont la rencontre passait pour un heureux présage.

aldéhyde *nm* CHIM Liquide dérivé d'un alcool.

al dente [aldente] *a, av* Se dit d'un aliment cuit légèrement croquant (pâtes, légumes).

ale [ɛl] *nf* Bière anglaise légère.

aléa *nm* Risque, tournure hasardeuse que peuvent prendre les événements.

aléatoire *a* 1 Conditionné par le hasard, la chance ; incertain. 2 MATH Soumis aux lois des probabilités.

aléatoirement *av* De façon aléatoire.

alémanique *a* De la Suisse germanophone.

alène *nf* Poinçon d'acier pour percer le cuir.

alentour *av* Tout autour, dans les environs.

alentours *nmpl* Lieux environnants.

1. alerte *a* Vif, agile. *Vieillard alerte.*

2. alerte *nf* Signal qui avertit d'un danger imminent. ■ *interj* Attention !

alerter *vt* 1 Avertir d'un danger. 2 Attirer l'attention. *Alerter l'opinion publique.*

alésage *nm* TECH Diamètre d'un cylindre de moteur à explosion.

alèse V. alaise.

aléser *vt* [12] Opérer l'alésage de.

aleurite *nf* Plante oléagineuse d'Asie.

alevin *nm* Jeune poisson destiné à peupler les étangs, les rivières.

aleviner *vt* Peupler avec des alevins.

alexandrin *nm* Vers de 12 syllabes.

alexie *nf* Incapacité pathologique à lire.

alezan, ane *a* De couleur fauve (cheval).

alfa *nm* Herbe d'Afrique du Nord dont on fait de la pâte à papier.

algarade *nf* Querelle, altercation.

algèbre *nf* Partie des mathématiques qui a pour objet la généralisation du calcul des nombres représentés par des lettres affectées des signes + ou −.

algébrique *a* Qui appartient à l'algèbre.

algérien, enne *a, n* De l'Algérie.

algérois, oise *a, n* D'Alger.

algie *nf* MED Douleur.

algique *a* MED Qui concerne la douleur.

algologie *nf* BOT Étude des algues.

algonkin, e *a, n* Des Algonkins.

algorithme *nm* MATH Méthode de résolution d'un problème utilisant un nombre fini d'applications d'une règle.

algue *nf* Végétal aquatique généralement pourvu de chlorophylle.

alias [aljas] *av* Autrement appelé.

alibi *nm* 1 DR Défense qui consiste à invoquer le fait qu'on se trouvait ailleurs qu'à l'endroit où un délit a été commis. 2 Ce qui permet de se disculper.

aliénable *a* DR Qui peut être cédé ou vendu.

aliénant, ante *a* Qui prive de liberté, soumet à des contraintes.

aliénation *nf* 1 DR Transmission à autrui d'un bien ou d'un droit. 2 Asservissement de l'homme à des contraintes extérieures. Loc *Aliénation mentale* : démence.

aliéné, ée *a, n* Malade mental, fou.

aliéner *vt* [12] DR Céder ou vendre qqch. *Aliéner une terre.* ■ *vpr* Perdre la sympathie, l'affection de qqn.

alignement *nm* 1 Action d'aligner ; disposition sur une ligne droite. *Un alignement de chaises.* 2 Fait de s'aligner, de se conformer à une politique.

aligner *vt* Disposer, ranger sur une même ligne droite. ■ *vpr* 1 Se mettre sur la même ligne. 2 Se conformer à la politique d'un parti, d'un État.

aligot *nm* CUIS Purée de pommes de terre au fromage.

aligoté *nm* Cépage blanc de Bourgogne.

aliment *nm* Substance qui sert à la nutrition des êtres vivants.

alimentaire *a* 1 Propre à servir d'aliment. *Denrées alimentaires.* 2 Relatif à l'alimentation. *Régime alimentaire.* Loc DR *Pension alimentaire* : versée à une personne pour assurer sa subsistance.

alimentation *nf* 1 Manière de fournir ou de prendre de la nourriture. *Surveiller son alimentation.* 2 Commerce et industrie des denrées alimentaires. 3 Approvisionnement. *L'alimentation en gaz.*

alimenter *vt* 1 Fournir les aliments nécessaires à. 2 Approvisionner. ■ *vpr* Se nourrir.

alinéa *nm* Commencement en retrait de la première ligne d'un paragraphe.

alise *nf* Fruit rouge, comestible de l'alisier.

alisier *nm* Arbre qui fournit un bois très dur.

alitement *nm* Fait de rester au lit.

aliter *vt* Faire garder le lit à. ■ *vpr* Garder le lit par suite d'une maladie.

alizé *nm* Vent régulier soufflant toute l'année dans la zone intertropicale.

allaitement *nm* Action d'allaiter.

allaiter *vt* Nourrir de lait, de son lait, un nouveau-né, un petit.

allant *nm* Vivacité dans l'action, entrain.

alléchant, ante *a* Qui attire. *Offre alléchante.*

allécher *vt* [12] Attirer par l'odeur, les promesses.

allée *nf* 1 Chemin de parc, de forêt, de jardin. 2 Avenue plantée d'arbres dans une ville. Loc *Allées et venues* : fait de marcher alternativement dans un sens et dans l'autre, déplacements.

allégation *nf* 1 Citation d'une autorité. 2 Ce que l'on affirme. *Réfuter des allégations.*

allégé, ée *a, n* Qui contient peu de graisse ou de sucre (aliment).

allégeance *nf* HIST Fidélité de l'homme lige envers son suzerain. Loc *Faire allégeance* : manifester son soutien à qqn.

allégement ou **allègement** *nm* Action d'alléger ; diminution d'une charge, d'un poids.

alléger *vt* [13] 1 Rendre plus léger, diminuer le poids de. *Alléger un fardeau.* 2 Rendre moins pénible. *Alléger une douleur.*

allégorie *nf* Expression d'une idée par une histoire imagée.

allégorique *a* De l'allégorie. *Récit allégorique.*

allègre *a* Vif, plein d'entrain.

allègrement ou **allégrement** *av* De façon allègre, vivement.

allégresse *nf* Joie très vive. *Cris d'allégresse.*

allegretto *av, nm* MUS D'un mouvement un peu moins vif qu'allégro.

allégro *av, nm* MUS D'un mouvement vif et rapide.

alléguer *vt* [12] 1 Citer une autorité pour se défendre, se justifier. 2 Mettre en avant comme excuse. *Alléguer de bonnes raisons.*

alléluia [-luja] *interj* Marque l'allégresse dans la liturgie juive et chrétienne. ■ *nm* Pièce liturgique de la messe.

allemand, ande *a, n* De l'Allemagne. ■ *nm* Langue germanique parlée en Allemagne, en Autriche, en Suisse et en Belgique. ■ *nf* Air à quatre temps ; danse sur cet air.

aller *vi* [8] [aux *être*] 1 Se mouvoir. *Aller à pied.* 2 Se rendre qqpart. *Aller à la campagne.* 3 Mener. *La route va à Orléans.* 4 Se porter (du point de vue de la santé) ; fonctionner. *Comment allez-vous ? Les affaires vont mal.* 5 S'adapter, convenir à. *Ce manteau lui va bien.* 6 (suivi d'un inf) Marque le futur proche. *Je vais crier.* Loc *Aller de soi* : être évident. *Il y a de* : ce qui est en jeu, c'est. *Ne pas aller sans* : être inséparable de. *Vas-y, allez-y* : marquent un encouragement. ■ *vpr* Loc *S'en aller* : partir, disparaître. ■ *nm* Parcours effectué pour se rendre dans un lieu précis ; billet de transport valable pour une seule direction. Loc *Au pis aller* : dans le cas le plus défavorable.

allergène *nm* MED Substance provoquant une allergie.

allergie *nf* 1 MED Réaction anormale d'un organisme au contact d'une substance. 2 Fam Antipathie.

allergique *a* De l'allergie.

allergisant, ante *a* MED Susceptible de provoquer une allergie.

allergologie *nf* MED Étude de l'allergie.

allergologue *n* Spécialiste de l'allergologie.

alleu *nm* HIST Au Moyen Âge, terre franche de toute redevance.

alliacé, ée *a* Qui tient de l'ail.

alliage *nm* Corps obtenu par incorporation de plusieurs éléments à un métal.

alliance *nf* 1 Pacte entre plusieurs partis ou puissances. 2 Union par mariage. 3 Anneau de mariage porté à l'annulaire. 4 Rapport de parenté établi par le mariage. *Neveu par alliance.*

allié, ée *a, n* 1 Uni par un traité d'alliance, par des liens familiaux, par un mariage.

allier *vt* 1 Unir par une alliance. 2 Combiner des métaux. 3 Réunir des qualités. ■ *vpr* Contracter une alliance.

alligator *nm* Reptile proche du crocodile.

allitération *nf* Répétition d'une consonne ou d'un groupe de consonnes dans une phrase.

allô *interj* Appel ou réponse initiale dans une communication téléphonique.

allocataire *n* Qui bénéficie d'une allocation.

allocation *nf* 1 Action d'allouer. 2 Somme allouée. Loc *Allocations familiales* : sommes versées au chef de famille.

allocution *nf* Bref discours.

allogène a Se dit de populations étrangères mêlées récemment à la population du pays.

allonge nf 1 Pièce servant à allonger qqch. 2 Longueur des bras chez un boxeur.

allongé, ée a Dont la longueur l'emporte sur les autres dimensions.

allongement nm Action d'allonger.

allonger vt [11] 1 Augmenter la longueur ou la durée de qqch. 2 Fam Donner de l'argent. *Allonger cent francs.* 3 Diluer avec un liquide. *Allonger une sauce.* ■ vi Devenir plus long. *Les jours allongent.* ■ vpr 1 Devenir plus long. 2 S'étendre. *S'allonger sur le sol.*

allopathie nf Médecine qui emploie des médicaments tendant à contrarier les symptômes (par oppos. à homéopathie).

allopathique a De l'allopathie.

allotropie nf CHIM Propriété d'un corps qui peut exister sous plusieurs formes.

allotropique a De l'allotropie.

allouer vt Attribuer, accorder de l'argent.

allumage nm 1 Inflammation du combustible dans les moteurs à explosion. 2 Action d'allumer.

allume-cigare nm Dispositif pour allumer les cigares, les cigarettes dans une voiture. *Des allume-cigares.*

allume-gaz nm inv Appareil pour allumer le gaz d'une cuisinière.

allumer vt 1 Mettre le feu. 2 Faire fonctionner des lumières, le chauffage, un appareil. *Allumer ses phares.* 3 Litt Faire naître, provoquer. *Allumer la colère de qqn.*

allumette nf Petite tige de bois, dont une extrémité est enduite d'un produit inflammable par frottement, qui sert à mettre le feu.

allumeur nm 1 Dispositif destiné à mettre le feu à une charge explosive. 2 Système d'allumage d'un moteur à explosion.

allumeuse nf Fam Femme qui aguiche.

allure nf 1 Vitesse. 2 Aspect, apparence. 3 MAR Orientation d'un navire par rapport au vent. Loc *Avoir de l'allure :* être élégant, distingué.

alluré, ée a Qui a de l'élégance, de l'allure.

allusif, ive a Qui contient une allusion.

allusion nf Évocation non explicite d'une personne ou d'une chose.

allusivement av De façon allusive.

alluvial, ale, aux a Produit par des alluvions.

alluvionnaire a Des alluvions.

alluvions nfpl Dépôts de matériaux détritiques charriés par les eaux.

alma mater [-tɛr] nf L'université.

almanach [-na] nm Calendrier illustré.

aloès nm Plante des pays chauds qui fournit un purgatif.

aloi nm Loc Litt *De bon aloi, de mauvais aloi :* de bonne, de mauvaise qualité.

alopécie nf Chute des cheveux ou des poils.

alors av 1 Dans ce temps-là, à ce moment-là. 2 Dans ce cas-là. 3 Fam Ponctue une exclamation. *Ça alors !* Loc *Alors que :* marque le temps ou l'opposition.

alose nf Poisson marin à chair fine qui remonte les fleuves pour frayer.

alouate nm Singe hurleur.

alouette nf Oiseau passereau, au plumage terne, habitant les champs.

alourdir vt Rendre plus lourd. ■ vpr Devenir plus lourd.

alourdissement nm État de ce qui devient plus lourd.

aloyau [alwajo] nm Quartier de bœuf situé le long des reins et comprenant le filet.

alpaga nm 1 Lama dont on exploite la laine. 2 Tissu fait avec cette laine.

alpage nm Pâturage de haute montagne.

alpestre a Des Alpes.

alpha nm Première lettre de l'alphabet grec. Loc *Particule alpha :* noyau de l'atome d'hélium.

alphabet nm Ensemble ordonné des lettres servant à transcrire les sons d'une langue.

alphabétique a Selon l'ordre de l'alphabet.

alphabétiquement av Dans l'ordre alphabétique.

alphabétisation nf Enseignement de l'écriture et de la lecture à des analphabètes.

alphabétiser vt Procéder à l'alphabétisation.

alphanumérique a INFORM Qui utilise à la fois des chiffres et des lettres.

alpin, ine a Des Alpes. Loc *Plissement alpin :* plissement de l'écorce terrestre pendant l'ère tertiaire. *Chasseurs alpins :* soldats des formations opérant en montagne.

alpinisme nm Sport des ascensions en montagne.

alpiniste n Qui pratique l'alpinisme.

alsace nm Vin d'Alsace, le plus souvent blanc.

alsacien, enne a, n De l'Alsace. ■ nm Dialecte germanique d'Alsace.

altérable a Qu'on peut altérer.

altération nf 1 Modification qui dénature qqch. 2 MUS Signe qui modifie la hauteur d'une note (dièse, bémol, bécarre).

altercation nf Dispute, discussion vive.

altéré, ée a Assoiffé.

alter ego [-tɛʀego] nm Ami inséparable.

altérer vt 1 Provoquer la modification, le changement. 2 Modifier en mal. 3 Exciter la soif. ■ vpr Se modifier en mal.

altérité nf Caractère de ce qui est autre.

alternance nf Action d'alterner ; état de ce qui est alterné.

alternant, ante a Qui alterne.

alternateur nm Machine qui produit des courants alternatifs.

alternatif, ive a 1 Qui propose un choix ou qui résulte d'un choix. 2 Qui change périodiquement de sens. *Courant alternatif.* 3 Qui propose une issue à ceux qui refusent la société moderne. ■ nf 1 Situation dans laquelle on ne peut choisir qu'entre deux solutions. 2 Abusiv Solution de remplacement. 3 Cérémonie solennelle d'investiture d'un torero.

alternativement av Tour à tour.

alterne a Loc BOT *Feuilles alternes :* insérées sur une tige, à raison d'une seule par nœud.

alterné, ée a Qui alterne.

alterner vi Se succéder à tour de rôle. ■ vt Faire se succéder.

altesse nf Titre donné aux princes, aux princesses.

altier, ère a Qui marque de l'orgueil.

altimètre nm Appareil mesurant les altitudes.

altiport nm Aérodrome aménagé en montagne.

altiste n Qui joue de l'alto.

altitude nf Élévation d'un lieu par rapport au niveau de la mer.

alto *nm* 1 Instrument de musique proche du violon. 2 La plus grave des voix de femme et la plus aiguë des voix d'homme.

altocumulus *nm* Nuage à gros flocons.

altostratus *nm* Nuage en forme de voile.

altruisme *nm* Propension à aimer et à aider son prochain.

altruiste *a, n* Inspiré par l'altruisme.

alumine *nf* Oxyde d'aluminium.

aluminium [-njom] *nm* Métal qui entre dans la composition d'alliages légers.

alun [alœ̃] *nm* Sel de certains métaux utilisé en teinture, en tannerie, etc.

alunir *vi* Abusiv Se poser sur la Lune.

alunissage *nm* Abusiv Action d'alunir.

alvéolaire *a* Des alvéoles.

alvéole *nf* ou *nm* 1 Petite cellule de cire construite par les abeilles. 2 Cavité des maxillaires où se logent les racines des dents. 3 Cavité pulmonaire au niveau de laquelle s'effectuent les échanges gazeux avec le sang. 4 Petite cavité en général.

alvéolé, ée *a* Creusé d'alvéoles.

alvéolite *nf* MED Inflammation des alvéoles pulmonaires ou dentaires.

Alzheimer (maladie d') *nf* Atrophie cérébrale accompagnée de démence.

a.m. Abrév. de *ante meridiem* : avant midi.

amabilité *nf* Caractère d'une personne aimable ; manifestation de ce caractère.

amadou *nm* Combustible spongieux qu'on tire d'un champignon.

amadouer *vt* Flatter qqn pour obtenir qqch.

amaigrir *vt* Rendre maigre.

amaigrissant, ante *a* Qui fait maigrir.

amaigrissement *nm* Fait de maigrir, d'être plus maigre.

amalgame *nm* 1 Mélange hétéroclite. 2 Mélange du mercure avec un autre métal. 3 Assimilation abusive.

amalgamer *vt* Faire un amalgame.

amande *nf* 1 Fruit de l'amandier, riche en huile. 2 Graine contenue dans un noyau.

amandier *nm* Arbre fruitier dont le fruit est l'amande.

amandine *nf* Tartelette aux amandes.

amanite *nf* Champignon dont certaines espèces sont comestibles, d'autres vénéneuses (*amanite tue-mouches*), d'autres mortelles (*amanite phalloïde*).

amant *nm* Homme qui a des relations sexuelles avec une femme qui n'est pas son épouse.

amarante *nf* Plante ornementale à fleurs pourpres. ■ *a inv* De couleur pourpre.

amareyeur *nm* Ouvrier chargé de l'entretien des parcs à huîtres.

amaril, ile *a* Relatif à la fièvre jaune.

amarrage *nm* Action d'amarrer.

amarre *nf* Cordage pour amarrer. Loc *Larguer les amarres* : partir.

amarrer *vt* Fixer avec une amarre.

amaryllidacée *nf* BOT Plante telle que l'amaryllis, la perce-neige, la jonquille.

amaryllis *nf* Plante à grandes fleurs rouges.

amas *nm* 1 Accumulation de choses. 2 ASTRO Groupement d'étoiles.

amasser *vt* Faire un amas, accumuler, entasser. *Amasser du sable, de l'argent.*

amateur *nm* 1 Qui aime, qui a du goût pour qqch. 2 Qui pratique un sport, un art sans en faire sa profession. 3 Qui manque de compétence, de sérieux. 4 Disposé à acheter qqch.

amateurisme *nm* 1 Statut du sportif amateur. 2 Caractère d'une personne qui effectue une tâche avec négligence.

amazone *nf* Cavalière. Loc *Monter en amazone* : les deux jambes du même côté de la selle.

amazonien, enne *a* De l'Amazonie.

ambages *nfpl* Loc *Parler sans ambages* : sans détour ni faux-fuyants, franchement.

ambassade *nf* 1 Fonction d'un ambassadeur. 2 Mission diplomatique d'un gouvernement étranger. 3 Résidence, bureaux d'un ambassadeur.

ambassadeur, drice *n* 1 Personne qui représente un État auprès d'un autre. 2 Personne chargée d'une mission quelconque.

ambiance *nf* 1 Milieu physique ou moral. 2 Gaieté, entrain.

ambiant, ante *a* Qui entoure de toutes parts. *Air ambiant.*

ambidextre *a* Qui se sert des deux mains avec une égale facilité.

ambigu, uë *a* Dont le sens est incertain, qui peut avoir plusieurs sens. *Réponse ambiguë.*

ambiguïté *nf* Caractère ambigu.

ambitieux, euse *a, n* Qui a de l'ambition.

ambition *nf* 1 Désir de réussite sociale. 2 Aspiration, volonté marquée.

ambitionner *vt* Rechercher ardemment.

ambivalence *nf* Caractère de ce qui a deux valeurs opposées. *Ambivalence des sentiments.*

ambivalent, ente *a* Doué d'ambivalence.

amble *nm* Allure de certains quadrupèdes qui se déplacent en levant simultanément les deux membres d'un même côté.

amblyope *a, n* Qui a une mauvaise vue.

ambon *nm* Tribune élevée dans le chœur de certaines églises.

ambre *nm* Loc *Ambre gris* : substance parfumée fournie par le cachalot. *Ambre jaune* : résine fossile utilisée en bijouterie. ■ *a inv* Jaune.

ambré, ée *a* Qui a le parfum ou la couleur de l'ambre.

ambroisie *nf* MYTH Nourriture des dieux de l'Olympe, qui rendait immortel.

ambulance *nf* Véhicule pour le transport des malades, des blessés.

ambulancier, ère *n, a* Qui conduit une ambulance.

ambulant, ante *a* Qui se déplace. *Marchand ambulant.*

ambulatoire *a* MED Pratiqué sans hospitalisation. *Traitement ambulatoire.*

âme *nf* 1 En religion et en philosophie, principe de pensée qui s'oppose au corps. *L'immortalité de l'âme.* 2 Habitant. *Village de cent âmes.* 3 Élément essentiel. *L'âme d'une entreprise.* 4 Principe des qualités morales. Loc *Rendre l'âme* : mourir. *État d'âme* : disposition d'esprit. *Bonne âme* : personne compatissante.

améliorable *a* Qui peut être amélioré.

améliorant, ante *a* Qui améliore.

amélioration *nf* Action d'améliorer ; fait de s'améliorer.

améliorer vt Rendre meilleur, perfectionner. ■ vpr Devenir meilleur.

amen [amɛn] interj Mot qui termine une prière. Loc Dire amen : consentir.

aménageable a Qui peut être aménagé.

aménagement nm Action d'aménager. Loc Aménagement du territoire : mise en valeur harmonieuse du territoire national.

aménager vt [11] Préparer, organiser, rendre plus confortable.

aménageur nm Qui s'occupe de l'aménagement du territoire.

amende nf Sanction pécuniaire. Payer une amende. Loc Faire amende honorable : présenter des excuses.

amendement nm 1 Modification à un projet de loi. 2 AGRIC Substance mise dans le sol pour améliorer sa fertilité.

amender vt 1 Modifier un texte. 2 AGRIC Modifier par amendement. ■ vpr Se corriger.

amène a Litt Agréable, courtois.

amener vt [15] 1 Mener, conduire qqn qqpart. 2 Occasionner. Un malheur en amène un autre. 3 Pousser à, entraîner à. Cet incident l'a amené à partir. 4 Tirer à soi. Amener les voiles. ■ vpr Pop Venir, arriver.

aménité nf Litt Amabilité, charme.

aménorrhée nf MED Absence de menstruations.

amentifère a BOT Qui porte des inflorescences en chatons.

amenuisement nm Fait de s'amenuiser.

amenuiser vt Rendre plus menu, moindre. ■ vpr Devenir moins fort, diminuer.

1. amer, ère a 1 Qui a une saveur âpre, désagréable. 2 Pénible, douloureux.

2. amer nm MAR Point (clocher, balise) servant de repère.

amèrement av Avec amertume.

américain, aine a, n 1 De l'Amérique. 2 Des États-Unis. ■ nm Anglais parlé aux États-Unis.

américanisation nf Action d'américaniser.

américaniser vt Donner un caractère américain.

américanisme nm 1 Civilisation propre aux États-Unis. 2 Tournure anglaise spéciale aux Américains.

amérindien, enne a, n Des Indiens d'Amérique. Langues amérindiennes.

amerloque a, n Pop Américain des États-Unis.

amerrir vi Se poser sur un plan d'eau.

amerrissage nm Action d'amerrir.

amertume nf 1 Goût amer. 2 Aigreur, mélancolie, déception.

améthyste nf Variété violette de quartz, utilisée en joaillerie.

ameublement nm Ensemble du mobilier et des objets d'une pièce, d'une maison.

ameublir vt Rendre une terre plus meuble, plus légère.

ameuter vt Attrouper des personnes dans l'intention de susciter des réactions hostiles.

amharique nm Langue sémitique officielle de l'Éthiopie.

ami, ie n 1 Personne à laquelle on est lié par une affection réciproque. 2 Personne animée de bonnes intentions. Venir en ami. 3 Qui a du goût pour. Ami de la vérité. Loc Petit(e) ami(e) : flirt. ■ a 1 D'un ami. Une maison amie. 2 Allié. Des pays amis.

amiable a Qui se fait de gré à gré. Vente amiable. ■ nf Loc À l'amiable : par voie de conciliation.

amiante nf Silicate de calcium et de magnésium, résistant au feu.

amiante-ciment nm Syn de fibrociment.

amibe nf Protozoaire aquatique dont une espèce est parasite de l'homme.

amibiase nf Maladie intestinale due aux amibes.

amibien, enne a Dû aux amibes.

amical, ale, aux a Inspiré par l'amitié. ■ nf Association regroupant des personnes ayant une même activité.

amicalement av De façon amicale.

amide nm CHIM Composé organique dérivant de l'ammoniac ou des amines.

amidon nm Substance végétale glucidique, dont les granules fournissent un empois.

amidonnage nm Action d'amidonner.

amidonner vt Enduire d'amidon.

amincir vt 1 Rendre plus mince. 2 Faire paraître plus mince. Cette robe l'amincit. ■ vpr Devenir plus mince.

amincissant, ante a Qui amincit.

amincissement nm Action d'amincir ; fait de s'amincir.

amine nf CHIM Composé organique dérivant de l'ammoniac.

aminé, e a Loc Acide aminé : acide organique indispensable à la vie. Syn. aminoacide.

a minima av Loc DR Appel a minima : interjeté par le ministère public quand il estime trop faible la peine appliquée.

aminoacide nm Acide aminé.

amiral, aux nm Officier général de la marine militaire.

amirauté nf 1 État et office d'amiral ; résidence, services et bureaux de l'amiral. 2 Corps des amiraux.

amitié nf 1 Affection mutuelle liant deux personnes. 2 Témoignage d'affection bienveillante. Loc Amitié particulière : relation homosexuelle.

ammoniac nm Gaz incolore et d'odeur suffocante.

ammoniacal, ale, aux a Qui contient de l'ammoniac ou a ses propriétés.

ammoniaque nf Solution d'ammoniac. Syn. alcali volatil.

ammonite nf GEOL Mollusque fossile, à coquille spiralée.

ammonium [-njɔm] nm CHIM Radical classé parmi les métaux alcalins.

amnésie nf Perte de la mémoire.

amnésique a, n Frappé d'amnésie.

amniocentèse [-sɛ̃-] nf MED Prélèvement de liquide amniotique.

amnios [-njɔs] nm BIOL Poche emplie de liquide dans lequel baigne le fœtus. Syn. poche des eaux.

amnioscopie nf MED Examen du liquide amniotique.

amniotique a BIOL De l'amnios.

amnistiable a Qu'on peut amnistier.

amnistie nf Acte législatif qui annule des condamnations et leurs conséquences pénales.

amnistié, ée a, n Bénéficiaire d'une amnistie.

amnistier vt Accorder une amnistie à.

amocher vt Pop Abîmer, blesser.

amoindrir *vt* Diminuer, rendre moindre. ■ *vpr* Devenir moindre.

amoindrissement *nm* Diminution, affaiblissement.

amollir *vt* 1 Rendre mou. 2 Rendre plus faible, enlever de la force. ■ *vpr* Devenir mou.

amollissant, ante *a* Qui amollit.

amollissement *nm* Action d'amollir.

amonceler *vt* [18] 1 Entasser. *Amonceler des cailloux.* 2 Réunir, accumuler. *Amonceler des preuves.* ■ *vpr* S'accumuler.

amoncellement *nm* Choses amoncelées.

amont *nm* 1 Partie d'un cours d'eau comprise entre sa source et un point donné. 2 Partie d'un processus, d'une activité, qui se situe vers l'origine. *La sidérurgie est à l'amont de la métallurgie.* ■ *av, a inv* Vers l'amont. *Virer amont à skis. Industries amont.* Ant. aval.

amoral, ale, aux *a* Qui ignore les principes de la morale.

amoralité *nf* Caractère amoral.

amorçage *nm* Action d'amorcer.

amorce *nf* 1 Appât jeté dans l'eau ou disposé autour d'un piège pour attirer le poisson, le gibier. 2 Capsule servant à mettre à feu une charge d'explosif. 3 Pastille de fulminate servant de jeu. 4 Ébauche, début de qqch.

amorcer *vt* [10] 1 Garnir d'une amorce un hameçon, une charge de poudre. 2 Déclencher le fonctionnement d'une pompe. 3 Ébaucher, commencer. *Amorcer une affaire.*

amorphe *a* 1 Sans caractère, sans énergie. 2 PHYS Non cristallisé (corps).

amorti *nm* Fait d'arrêter le ballon ou la balle en accompagnant son mouvement.

amortie *nf* Balle résultant d'un amorti.

amortir *vt* 1 Diminuer la force, l'intensité d'un bruit. 2 Échelonner une dépense sur une certaine durée. 3 Utiliser jusqu'à récupérer l'achat d'un bien.

amortissable *a* Qu'on peut rembourser de façon échelonnée.

amortissement *nm* Action d'amortir. *Amortissement d'un emprunt.*

amortisseur *nm* Dispositif réduisant l'amplitude des oscillations d'une machine.

amour *nm* 1 Affection passionnée, attirance affective et sexuelle d'un être humain pour un autre. 2 Personne aimée. 3 Divinité antique qui avait le pouvoir de faire aimer. 4 Affection que ressentent les membres d'une même famille. 5 Attachement à un idéal moral, philosophique, religieux. 6 Goût, enthousiasme pour une chose, une activité. *Travailler avec amour.* Loc *Faire l'amour :* avoir des rapports sexuels. ■ *nfpl* Litt Passion, tendresse. *Les premières amours.*

amouracher (s') *vpr* S'éprendre soudainement de qqn.

amourette *nf* 1 Aventure sentimentale sans conséquence. 2 Graminée à groupes d'épis mobiles. ■ *pl* Moelle épinière des animaux de boucherie.

amoureusement *av* Avec amour.

amoureux, euse *a, n* Qui éprouve de l'amour. *Décevoir son amoureux.* ■ *a* Qui dénote l'amour. *Regards amoureux.*

amour-propre *nm* Sentiment que qqn a de sa propre valeur. *Des amours-propres.*

amovibilité *nf* Caractère amovible.

amovible *a* 1 Qui peut être déplacé, muté (fonctionnaire, magistrat). 2 Qui peut être démonté, enlevé (objet).

ampélographie *nf* Étude de la vigne, des cépages.

ampélopsis *nm* Vigne vierge.

ampère *nm* Unité d'intensité électrique.

ampère-heure *nm* Quantité d'électricité transportée en 1 heure par un courant de 1 ampère. *Des ampères-heures.*

ampèremètre *nm* Appareil de mesure de l'intensité d'un courant.

amphétamine *nf* Excitant du système nerveux central.

amphi *nm* Fam Amphithéâtre.

amphibie *a* 1 Qui vit dans l'air et dans l'eau. 2 Qui peut se déplacer sur terre et dans l'eau (véhicule).

amphibien *nm* ZOOL Vertébré à peau nue, ovipare, faisant partie d'une classe comprenant les grenouilles et les tritons. Syn. batracien.

amphibole *nf* Minéral composé de silicates, des roches éruptives et métamorphiques.

amphibolite *nf* Roche métamorphique constituée surtout d'amphibole.

amphibologie *nf* GRAM Construction qui donne un double sens à une phrase.

amphibologique *a* GRAM Ambigu.

amphigouri *nm* Litt Discours, écrit confus et obscur.

amphigourique *a* Litt Confus, embrouillé.

amphithéâtre *nm* 1 ANTIQ Vaste enceinte à gradins où se tenaient les jeux du cirque. 2 Salle de cours, garnie de gradins.

amphitryon *nm* Litt Hôte chez qui on dîne.

amphore *nf* Vase antique en terre cuite, à deux anses.

ample *a* Vaste, large. *Un vêtement ample.*

amplement *av* Abondamment.

ampleur *nf* 1 Caractère ample. 2 Importance, étendue.

ampli *nm* Fam Amplificateur.

amplificatif, ive *a* DR Qui complète un acte précédent.

ampliation *nf* DR Copie authentique de l'original d'un acte.

amplificateur *nm* Appareil qui amplifie un signal électrique, en particulier dans une chaîne haute-fidélité.

amplification *nf* Action d'amplifier.

amplifier *vt* Augmenter la quantité, le volume, l'étendue, l'importance de. *Amplifier le courant, le son, les échanges commerciaux.* ■ *vpr* Devenir plus important.

amplitude *nf* Écart entre deux valeurs extrêmes d'un signal, de la température, d'un mouvement.

ampli-tuner *nm* Élément d'une chaîne haute-fidélité regroupant un amplificateur et un tuner. *Des amplis-tuners.*

ampoule *nf* 1 Tube de verre, terminé en pointe et soudé, contenant un médicament liquide ; son contenu. 2 Enveloppe de verre enfermant le filament des lampes à incandescence et remplie d'un gaz inerte. 3 Petit gonflement de l'épiderme, rempli de sérosité.

ampoulé, ée *a* Emphatique, pompeux.

amputation *nf* Ablation d'un membre.

amputé, ée *a, n* Qui a subi l'ablation d'un membre.

amputer vt **1** Pratiquer l'amputation d'un membre. **2** Retrancher un passage d'un texte.

amulette nf Petit objet que l'on porte sur soi et auquel on attribue un pouvoir magique de protection.

amure nf Cordage maintenant au vent le coin inférieur d'une voile.

amusant, ante a Qui divertit.

amuse-gueule ou **amuse-bouche** nm inv Fam Petit hors-d'œuvre servi avec l'apéritif.

amusement nm Ce qui amuse ; distraction.

amuser vt Distraire, divertir. ■ vpr **1** Se distraire, se divertir. **2** Se moquer de qqn. Loc *Ne vous amusez pas à... :* ne vous avisez pas de...

amusette nf Bagatelle.

amuseur, euse n Qui amuse.

amygdale [amidal] nf ANAT Organe situé au fond de la gorge.

amygdalite nf Inflammation des amygdales.

amylacé, ée a, nm Qui contient de l'amidon.

amyotrophie nf MED Atrophie des muscles.

an nm Période correspondant à la durée d'une révolution de la Terre autour du Soleil ; année. Loc *Le jour de l'an :* le 1er janvier.

anabaptiste n Protestant qui dénie toute valeur au baptême des enfants et réserve ce sacrement aux adultes.

anableps nm Poisson de la mangrove respirant hors de l'eau.

anabolisant, ante a, nm MED Qui favorise l'assimilation.

anacarde nm Syn de noix de cajou.

anacardier nm Arbrisseau d'Amérique tropicale, qui donne la noix de cajou.

anachorète [-ko-] nm RELIG Ascète qui vit seul, retiré du monde.

anachronique a Entaché d'anachronisme.

anachronisme nm **1** Faute contre la chronologie. **2** Usage retardataire, dépassé.

anacoluthe nf Changement de construction au milieu d'une phrase.

anaconda nm Serpent des marais d'Amérique tropicale.

anaérobie a Didac Qui ne peut vivre, fonctionner au contact de l'air. Ant. aérobie.

anagramme nf Mot obtenu en transposant les lettres d'un autre mot (ex. : *chien, niche, chine*).

anal, ale, aux a De l'anus.

analgésie nf Abolition de la douleur.

analgésique a, nm Qui supprime la douleur.

anallergique a MED Qui ne provoque pas d'allergie.

analogie nf Rapport de ressemblance entre deux ou plusieurs objets.

analogique a Fondé sur l'analogie.

analogue a Qui présente une analogie.

analphabète a, n Qui ne sait ni lire ni écrire.

analphabétisme nm État de l'analphabète.

analysable a Qu'on peut analyser.

analyse nf **1** Opération par laquelle l'esprit, pour parvenir à la connaissance d'un objet, le décompose en ses éléments. Ant. synthèse. **2** Partie des mathématiques comprenant le calcul infinitésimal et ses applications. **3** Détermination de la composition d'une substance. **4** GRAM Décomposition d'une phrase en propositions (*analyse logique*), d'une proposition en mots (*analyse grammaticale*), dont on établit la nature et la fonction. **5** Psychanalyse.

analyser vt Procéder à l'analyse de.

analyseur nm Appareil servant à analyser un phénomène.

analyste n **1** Spécialiste de l'analyse. **2** Psychanalyste.

analyste-programmeur nm INFORM Spécialiste de l'analyse et de la programmation. *Des analystes-programmeurs.*

analytique a Qui procède par analyse. *Table analytique des matières.*

anamorphose nf PHYS Image d'un objet déformée par un dispositif optique.

ananas [-na] nm **1** Plante des pays chauds. **2** Gros fruit sucré de cette plante.

anapeste nm VERSIF Pied d'un vers composé de deux brèves et d'une longue.

anaphore nf **1** RHET Reprise d'un mot dans une série de phrases successives. **2** LING Fonction assurée dans l'énoncé par les anaphoriques.

anaphorique a, nm LING Qui renvoie à un mot apparu dans une phrase antérieure.

anaphylactique a MED Dû à l'anaphylaxie.

anaphylaxie nf MED Réaction violente d'un organisme sensibilisé à une substance.

anar n, a Pop Anarchiste.

anarchie nf **1** État de désorganisation qu'entraîne la faiblesse de l'autorité politique. **2** Désordre, confusion. **3** Anarchisme.

anarchique a Désorganisé, chaotique.

anarchiquement av De façon anarchique.

anarchisant, ante a Qui a des tendances anarchistes.

anarchisme nm Doctrine politique qui prône la suppression de l'État.

anarchiste a, n Partisan de l'anarchisme.

anarchosyndicalisme [-ko-] nm Mouvement syndical à tendance antiétatique.

anarchosyndicaliste [-ko-] a, n De l'anarchosyndicalisme.

anastomose nf ANAT Communication entre deux conduits anatomiques.

anastomoser vt CHIR Créer une anastomose.

anastrophe nf LING Inversion de l'ordre habituel des mots.

anatexie nf GEOL Fusion des roches, donnant naissance à un magma.

anathème nm **1** Sentence d'excommunication. **2** Litt Réprobation, blâme solennel.

anatife nm Crustacé marin fixé par un pédoncule. Syn. pouce-pied.

anatomie nf **1** Science qui étudie la structure des organes et des tissus chez les êtres organisés. **2** Fam Aspect extérieur du corps.

anatomique a De l'anatomie.

anatomiste n Spécialiste de l'anatomie.

anatomopathologie nf Étude des lésions provoquées par les maladies.

anatoxine nf Toxine atténuée, à propriétés immunisantes.

ancestral, ale, aux a Des ancêtres, transmis par les ancêtres.

ancêtre n **1** Personne de qui l'on descend, antérieure au grand-père. **2** Initiateur lointain. ■ pl Les hommes qui vécurent avant nous.

anche nf Languette placée dans le bec de certains instruments à vent (clarinette, saxophone).

anchois nm Poisson de mer de petite taille. Loc *Beurre d'anchois :* filets d'anchois pilés avec du beurre.

ancien, enne *a* 1 Qui existe depuis longtemps. *Coutume ancienne.* 2 Qui a de l'ancienneté dans un emploi, une fonction, un grade. *Être ancien dans une profession.* 3 (av. le n) Qui a cessé d'être ce qu'il était. *Un ancien juge.* ■ *nm* 1 Prédécesseur dans un métier, un service, une école, un régiment, etc. 2 Personne âgée (le plus souvent au pl). 3 (avec majusc) Les peuples, les auteurs de l'Antiquité.

anciennement *av* Autrefois.

ancienneté *nf* 1 Caractère de ce qui est ancien. 2 Temps passé dans une fonction, un grade.

ancillaire *a* Litt De la servante.

ancolie *nf* Plante aux fleurs diversement colorées, à pétales en éperon.

ancrage *nm* Fixation, attache à un point fixe.

ancre *nf* 1 Instrument de métal qui, au bout d'un câble ou d'une chaîne, accroche le navire au fond de l'eau. 2 Pièce réglant un mouvement d'horlogerie. 3 Pièce métallique bloquant deux éléments de construction.

ancrer *vt* 1 Retenir, fixer avec une ancre. 2 Fixer. *On a ancré cette idée en lui.*

andalou, ouse *a, n* De l'Andalousie.

andante *av, nm* MUS D'un mouvement modéré.

andantino *av, nm* MUS D'un mouvement moins modéré que celui de l'andante.

andésite *nf* Roche volcanique noire.

andin, ine *a* Des Andes.

andorran, ane *a, n* D'Andorre.

andouille *nf* 1 Boyau de porc farci de tripes et de chair. 2 Pop Individu stupide.

andouiller *nm* Ramification des bois des cervidés (cerf, daim, etc.).

andouillette *nf* Petite andouille qui se mange cuite.

androgène *a, nm* Se dit d'une hormone qui provoque l'apparition de caractères sexuels mâles.

androgyne *a, n* Qui tient des deux sexes ; hermaphrodite.

androïde *nm* Automate à forme humaine.

andrologie *nf* Étude de l'appareil génital masculin.

andrologue *n* Spécialiste d'andrologie.

andropause *nf* Chez l'homme, diminution des activités génitales après un certain âge.

androstérone *nf* Hormone sexuelle mâle.

âne *nm* 1 Mammifère domestique à longues oreilles, plus petit que le cheval. 2 Homme sot, borné et ignorant. Loc *Dos d'âne* : élévation arrondie, bosse.

anéantir *vt* 1 Réduire qqch à néant. 2 Plonger qqn dans un état d'abattement.

anéantissement *nm* 1 Destruction totale. 2 Abattement profond.

anecdote *nf* Bref récit d'un fait curieux.

anecdotique *a* Qui tient de l'anecdote.

anémiant, ante *a* Qui cause une anémie.

anémie *nf* Affaiblissement dû à la diminution du nombre des globules rouges.

anémier *vt* Rendre anémique.

anémique *a, n* Atteint d'anémie.

anémomètre *nm* Appareil servant à mesurer la vitesse du vent.

anémone *nf* Plante aux fleurs de couleurs vives. Loc *Anémone de mer* : actinie.

ânerie *nf* Acte ou propos stupide.

ânesse *nf* Femelle de l'âne.

anesthésie *nf* MED Suppression plus ou moins complète de la sensibilité.

anesthésier *vt* Rendre momentanément insensible à la douleur.

anesthésiologie *nf* Science de l'anesthésie.

anesthésique *a, nm* MED Qui provoque l'anesthésie.

anesthésiste *n* Médecin spécialiste qui dirige l'anesthésie.

aneth [anɛt] *nm* Plante aromatique, communément appelée fenouil.

anévrisme *nm* MED Dilatation localisée d'une artère. Loc *Rupture d'anévrisme* : éclatement de cette dilatation, généralement mortel.

anfractuosité *nf* Cavité sinueuse et profonde.

ange *nm* 1 Créature spirituelle, intermédiaire entre l'homme et Dieu. 2 Personne dotée de toutes les qualités. Loc *Être aux anges* : ravi. *Patience d'ange* : très grande patience. Fam *Faiseuse d'anges* : avorteuse. *Vous êtes un ange* : vous êtes très gentil.

1. angélique *a* Digne d'un ange.

2. angélique *nf* 1 Plante aromatique. 2 Tige confite de cette plante.

angélisme *nm* Attitude idéaliste, candide.

angelot *nm* Petit ange.

angélus *nm* 1 Prière qui commence par ce mot. 2 Son de cloche annonçant cette prière.

angevin, ine *a, n* De l'Anjou ou d'Angers.

angine *nf* Inflammation aiguë du pharynx et des amygdales. Loc *Angine de poitrine* : trouble cardiaque, insuffisance coronarienne.

angiographie *nf* MED Radiographie des vaisseaux sanguins.

angiologie *nf* Étude des vaisseaux sanguins et lymphatiques.

angiologue *n* Spécialiste d'angiologie.

angiome *nm* MED Malformation vasculaire. Syn. tache de vin.

angiosperme *nf* BOT Plante phanérogame dont les ovules sont protégés par un ovaire clos.

anglais, aise *a, n* De l'Angleterre. ■ *nm* Langue germanique, la plus répandue dans le monde. ■ *nf* Écriture cursive penchée. ■ *nfpl* Longues boucles de cheveux en spirale.

angle *nm* 1 Coin. *L'angle d'un mur.* 2 GEOM Figure formée par deux demi-droites de même origine, mesurée en degrés. Loc *Sous l'angle de* : du point de vue de.

anglican, ane *a, n* De l'anglicanisme.

anglicanisme *nm* Église officielle de l'Angleterre.

angliciser *vt* Donner un aspect anglais.

anglicisme *nm* 1 Locution propre à l'anglais. 2 Mot emprunté à l'anglais.

angliciste *n* Spécialiste de la civilisation et de la langue anglaises.

anglo-américain *nm* Anglais parlé aux États-Unis.

anglomanie *nf* Manie d'imiter les Anglais.

anglo-normand *a* Loc *Cheval anglo-normand* : issu du croisement des races anglaise et normande. ■ *nm* Dialecte d'oïl parlé anciennement des deux côtés de la Manche.

anglophile *a, n* Favorable aux Anglais.

anglophobe *a, n* Hostile aux Anglais.

anglophone *a, n* De langue anglaise.

anglo-saxon, onne *a, n* De la communauté culturelle de langue anglaise. *Des Anglo-Saxon(ne)s.*

angoissant, ante *a* Qui angoisse.

angoisse *nf* Appréhension, inquiétude profonde.

angoissé, ée *a, n* Qui éprouve de l'angoisse.

angoisser *vt* Causer de l'angoisse à.

angolais, aise *a, n* De l'Angola.

angor *nm* MED Angine de poitrine.

angora *a inv* 1 À poils longs (chats, lapins, chèvres). 2 Se dit de la laine faite de ces poils.

angström [-strœm] *nm* Unité de mesure de longueur d'onde.

anguille *nf* Poisson d'eau douce, effilé, à peau visqueuse. Loc *Il y a anguille sous roche* : il se prépare qqch qu'on nous cache.

angulaire *a* Qui forme un ou plusieurs angles. Loc *Pierre angulaire* : qui est à l'angle d'un édifice ; fondement, base de qqch.

anguleux, euse *a* Qui a des angles vifs.

anhydre *a* CHIM Dépourvu d'eau.

anhydride *nm* CHIM Corps qui donne un acide par combinaison avec l'eau.

anicroche *nf* Petite difficulté, contretemps.

ânier, ère *n* Conducteur d'ânes.

aniline *nf* CHIM Corps extrait du charbon par distillation.

animal, ale, aux *a* 1 Propre à l'animal. 2 Bestial. *Une fureur animale.* ■ *nm* 1 Être vivant, doué de sensibilité et de mouvement (opposé aux végétaux). 2 Être vivant privé du langage (opposé à l'homme). 3 Personne stupide ou grossière.

animalcule *nm* Animal microscopique.

animalerie *nf* 1 Annexe d'un laboratoire où l'on garde les animaux réservés aux expériences. 2 Magasin qui vend des animaux de compagnie.

animalier, ère *a* Relatif aux animaux. ■ *nm* Peintre ou sculpteur d'animaux.

animalité *nf* Caractère propre à l'animal.

animateur, trice *n* 1 Responsable des activités d'un organisme culturel. 2 Présentateur de radio ou de télévision.

animation *nf* 1 Caractère de ce qui vit, bouge ; activité. 2 Fait de créer dans un groupe une atmosphère vive, dynamique. 3 Procédé de cinéma simulant le mouvement à partir de dessins.

animé, ée *a* Où il y a de la vie. *Un quartier animé.* Loc *Être animé* : être vivant.

animelles *nfpl* CUIS Testicules d'animaux de boucherie.

animer *vt* 1 Donner de l'animation. 2 Être l'élément moteur d'une organisation, une entreprise. 3 Pousser à agir. *La passion l'anime.* ■ *vpr* Devenir vif, mouvementé.

animisme *nm* Croyance attribuant une âme aux choses.

animiste *a, n* Qui relève de l'animisme.

animosité *nf* Volonté de nuire à qqn, malveillance.

anion *nm* PHYS Ion possédant une ou plusieurs charges électriques négatives.

anis [ani] *nm* Plante aromatique utilisée pour parfumer certaines boissons (pastis).

aniser *vt* Parfumer à l'anis.

anisette *nf* Liqueur à l'anis.

anjou *nm* Vin d'Anjou.

ankylose *nf* Diminution plus ou moins complète de la mobilité d'une articulation.

ankyloser *vt* Causer l'ankylose. *Le froid ankylose les doigts.*

annal, ale, aux *a* DR Qui ne dure qu'un an. ■ *nfpl* 1 Ouvrage, récit qui rapporte les événements année par année. 2 Litt Histoire. *Il restera dans les annales.*

annamite *a, n* De l'Annam.

anneau *nm* 1 Cercle de matière dure qui sert à attacher. 2 Cercle de métal qu'on porte au doigt ; bague. 3 Ce qui a une forme circulaire. *Les anneaux des serpents.* ■ *pl* Agrès de gymnastique.

année *nf* 1 Durée d'une révolution de la Terre autour du Soleil. 2 Période de douze mois commençant le 1er janvier et finissant le 31 décembre. 3 Chacune de ces périodes datées. *L'année 1950.* 4 Période d'activité de moins de douze mois. *L'année scolaire, universitaire.*

année-lumière *nf* 1 Distance parcourue par la lumière en un an (env. 9 461 milliards de km). 2 Fam Distance considérable. *Des années-lumière.*

annelé, ée *a* Composé d'anneaux distincts.

annélide *nm* ZOOL Ver annelé (ver marin, lombric, sangsue).

annexe *a* Uni à la chose principale. *Les pièces annexes du dossier.* ■ *nf* Ce qui est adjoint à la chose principale. *L'annexe d'un groupe scolaire.*

annexer *vt* 1 Joindre, rattacher. *Annexer une procuration à un acte.* 2 Réunir à son territoire. *Annexer une province.*

annexion *nf* Action d'annexer ; chose annexée.

annexionnisme *nm* Politique visant à l'annexion de territoires voisins.

annexionniste *a, n* Partisan de l'annexionnisme.

annihilation *nf* Action d'annihiler.

annihiler *vt* 1 Réduire qqch à néant. *Annihiler un droit.* 2 Anéantir, briser qqn. *Le chagrin l'annihile.*

anniversaire *a* Qui rappelle le souvenir d'un événement antérieur arrivé à pareille date. ■ *nm* Jour anniversaire, en partic. celui de la naissance de qqn.

annonce *nf* 1 Avis par lequel on informe. *Annonce publicitaire, radiophonique.* 2 Signe, présage. *Le retour des hirondelles est l'annonce du printemps.* Loc *Petite annonce* : offre ou demande d'emploi, de location, etc. *Effet d'annonce* : retentissement dans l'opinion de l'annonce d'une décision politique.

annoncer *vt* [10] 1 Faire savoir, donner connaissance de qqch. 2 Publier. *Le journal a annoncé la nouvelle.* 3 Dire le nom d'un visiteur qui désire être reçu. 4 Faire connaître par avance, prédire. *Les astronomes ont annoncé le retour de cette comète.* 5 Être l'indice de, présager. *Nuages qui annoncent un orage.* 6 Signaler. *La cloche annonce la fin des cours.* ■ *vpr* Se présenter. *L'affaire s'annonce mal.*

annonceur *nm* Qui fait passer des annonces publicitaires.

annonciateur, trice *a* Qui annonce, présage.

Annonciation *nf* 1 Annonce faite à la Vierge Marie par l'ange Gabriel pour lui apprendre qu'elle serait mère de Jésus-Christ. 2 Fête commémorant cette annonce (25 mars).

annotateur, trice *n* Qui annote.

annotation *nf* Remarque explicative ou critique accompagnant un texte.

annoter *vt* Ajouter des annotations.

annuaire *nm* Recueil annuel de listes de noms. *Annuaires du téléphone, des avocats.*

annualiser *vt* Rendre annuel.

annualité *nf* Caractère annuel. *Annualité de l'impôt.*

annuel, elle *a* 1 Qui dure un an seulement. 2 Qui revient tous les ans. *Fête annuelle.*

annuellement *av* Chaque année.

annuité *nf* Paiement annuel.

annulable *a* Que l'on peut annuler.

annulaire *a* En forme d'anneau. ■ *nm* Quatrième doigt de la main.

annulation *nf* Suppression.

annuler *vt* 1 Rendre nul qqch. *Annuler un verdict.* 2 Supprimer. *Annuler une réception.* ■ *vpr* Se neutraliser. *Des forces contraires s'annulent.*

anoblir *vt* Conférer à qqn un titre de noblesse.

anoblissement *nm* Action d'anoblir.

anode *nf* PHYS Électrode positive d'un générateur électrique.

anodin, ine *a* Sans gravité, insignifiant. *Une grippe anodine.*

anomal, ale, aux *a* Didac Qui présente une anomalie ; exceptionnel.

anomalie *nf* Bizarrerie, particularité.

ânon *nm* Petit de l'ânesse.

anone *nf* Arbre tropical à fruits comestibles (corossol).

ânonnement *nm* Action d'ânonner.

ânonner *vi, vt* Parler, réciter avec peine, en balbutiant, en hésitant.

anonymat *nm* Caractère de ce qui est anonyme. *L'anonymat d'un don.*

anonyme *a, n* Dont on ignore le nom. ■ *a* 1 Sans nom d'auteur. *Lettre anonyme.* 2 Sans personnalité. *Décor anonyme.*

anonymement *av* De façon anonyme.

anophèle *nm* Moustique dont la femelle transmet le paludisme.

anorak *nm* Veste de sport à capuchon.

anorexie *nf* MED Absence, perte d'appétit.

anorexigène *a, nm* MED Qui coupe l'appétit.

anorexique *a, n* MED Atteint d'anorexie.

anorganique *a* MED Non lié à une lésion organique.

anormal, ale, aux *a* Contraire aux règles. *Un froid anormal.* ■ *a, n* Qui présente des troubles psychiques ou physiques.

anormalement *av* De façon anormale.

anormalité *nf* Caractère anormal.

anoure *n* ZOOL Amphibien dépourvu de queue au stade adulte (crapauds, grenouilles).

anoxie *nf* MED Privation d'oxygène.

anse *nf* 1 Partie saillante courbe par laquelle on saisit un objet (vase, panier). 2 GEOGR Petite baie.

antagonique *a* Contraire, opposé.

antagonisme *nm* Opposition, rivalité.

antagoniste *a, n* Adversaire, ennemi. ■ *a* Dont les effets, les actions s'opposent. *Muscles antagonistes. Substances antagonistes.*

antalgique *a, nm* Qui atténue la douleur.

antan (d') *a* Vx D'autrefois.

antarctique *a* Des régions polaires australes.

antécambrien *nm* Syn de *précambrien*.

antécédent *nm* Mot qui précède et auquel se rapporte le pronom relatif. ■ *pl* Actes du passé de qqn. *Avoir de fâcheux antécédents.*

Antéchrist *nm* Faux messie qui, d'après l'Apocalypse, paraîtra à la fin du monde pour prêcher une religion hostile au Christ.

antédiluvien, enne *a* 1 Antérieur au Déluge. 2 Fam Très ancien, démodé.

antenne *nf* 1 Organe situé sur la tête des insectes et des crustacés. 2 Conducteur capable d'émettre et de recevoir un signal radioélectrique. 3 Service dépendant d'un organisme principal. *Antenne chirurgicale.* Loc *Avoir des antennes* : de l'intuition, du flair. *Passer à l'antenne* : à la radio.

antenniste *n* Qui pose des antennes de télévision.

antépénultième *a, nf* Qui précède la pénultième, l'avant-dernière syllabe.

antéposer *vt* Placer devant. *Antéposer un adjectif.*

antérieur, eure *a* Qui précède dans le temps ou dans l'espace.

antérieurement *av* Précédemment.

antériorité *nf* Caractère de ce qui est antérieur.

anthémis *nf* Camomille.

anthère *nf* BOT Terminaison renflée de l'étamine, qui contient le pollen.

anthologie *nf* Recueil de pièces choisies d'œuvres littéraires ou musicales.

anthozoaire *nm* ZOOL Polype tel le corail, l'actinie, etc.

anthracite *nm* Charbon à combustion lente, qui brûle sans flamme. ■ *a inv* Gris foncé.

anthrax [ɑ̃tʁaks] *nm* MED Grave inflammation cutanée due à plusieurs furoncles.

anthrène *nm* Insecte dont la larve s'attaque aux fourrures.

anthropique *a* Causé par l'homme.

anthropocentrique *a* De l'anthropocentrisme.

anthropocentrisme *nm* Doctrine qui fait de l'homme le centre de l'univers.

anthropoïde *a, nm* ZOOL Qui ressemble à l'homme. *Singe anthropoïde.*

anthropologie *nf* 1 Étude de l'espèce humaine. 2 Étude des cultures humaines (institutions, structures familiales, croyances, technologies, etc.).

anthropologique *a* De l'anthropologie.

anthropologue *n* Spécialiste d'anthropologie.

anthropométrie *nf* Procédé de mensuration des diverses parties du corps appliqué à l'identification des délinquants.

anthropométrique *a* De l'anthropométrie. *Fiche anthropométrique.*

anthropomorphe *a* De forme humaine.

anthropomorphique *a* De l'anthropomorphisme.

anthropomorphisme *nm* 1 Représentation de Dieu sous l'apparence humaine. 2 Tendance à attribuer aux animaux des sentiments humains.

anthroponymie *nf* Étude des noms de personnes.

anthropophage *a, n* Qui mange de la chair humaine, cannibale.

anthropophagie *nf* Cannibalisme.

anthropozoïque *a* GEOL De l'ère quaternaire.

anthurium [-ʁjɔm] *nm* Plante ornementale à grandes feuilles.

antiadhésif, ive *a* Qui empêche les produits alimentaires de coller lors de la cuisson.

antiaérien, enne *a* Qui combat les attaques aériennes.

antialcoolique [-kɔ-] *a* Qui lutte contre l'alcoolisme.

antiallergique *a* Qui s'oppose aux allergies.

antiamaril, ile *a* Contre la fièvre jaune.

antiasthénique *a, nm* Qui combat l'asthénie.

antiatomique *a* Qui protège des rayonnements nucléaires.

antibactérien, enne *a, nm* Qui détruit les bactéries.

antibiogramme *nm* Test de sensibilité d'un germe microbien à divers antibiotiques.

antibiotique *nm* Substance qui détruit les bactéries ou empêche leur multiplication.

antibrouillard *a inv* Qui améliore la visibilité dans le brouillard.

antibruit *a* Qui protège du bruit.

anticalcaire *a* Contre les dépôts de calcaire.

anticalcique *a, nm* MED Qui combat la tension artérielle.

anticancéreux, euse *a* Qui lutte contre le cancer.

anticapitaliste *a* Hostile au capitalisme.

antichambre *nf* 1 Pièce qui est à l'entrée d'un appartement. 2 Salle d'attente dans un bureau.

antichar *a inv* Qui combat les chars.

antichoc *a* Qui amortit les chocs.

anticipation *nf* Action d'anticiper, de faire par avance. *Payer par anticipation.* Loc *D'anticipation* : qui décrit un futur imaginaire.

anticipé, ée *a* Fait à l'avance.

anticiper *vt* Faire par avance. *Anticiper un paiement.* ■ *vti* Faire qqch à l'avance. *Anticiper sur l'avenir.*

anticlérical, ale, aux *a, n* Opposé au clergé.

anticléricalisme *nm* Attitude, politique anticléricale.

anticlinal, aux *nm* GEOL Partie en relief d'un pli. Ant. synclinal.

anticoagulant, ante *a, nm* Qui empêche la coagulation du sang.

anticolonialisme *nm* Attitude anticolonialiste.

anticolonialiste *a, n* Hostile au colonialisme.

anticommunisme *nm* Attitude anticommuniste.

anticommuniste *a, n* Hostile au communisme.

anticonceptionnel, elle *a* Qui évite la grossesse.

anticoncurrentiel, elle *a* Opposé au libre jeu de la concurrence.

anticonformisme *nm* Opposition au conformisme, aux normes établies.

anticonformiste *a, n* Opposé au conformisme.

anticonjoncturel, elle *a* Qui vise à modifier une conjoncture économique défavorable.

anticonstitutionnel, elle *a* Contraire à la Constitution.

anticonstitutionnellement *av* Contrairement à la Constitution d'un pays.

anticorps *nm* Substance de défense, synthétisée par l'organisme en présence d'une substance étrangère (antigène).

anticyclique *a* Qui combat les effets des cycles économiques.

anticyclonal, ale, aux ou **anticyclonique** *a* D'un anticyclone.

anticyclone *nm* Centre de hautes pressions atmosphériques.

antidater *vt* Mettre une date antérieure à la date réelle.

antidémocratique *a* Opposé à la démocratie.

antidépresseur *nm* Médicament contre la dépression.

antidérapant, ante *a* Qui empêche le dérapage.

antidiabétique *a* Contre le diabète.

antidiphtérique *a* Contre la diphtérie.

antidopage *a inv* Opposé au dopage.

antidote *nm* 1 Substance qui s'oppose aux effets d'un poison. 2 Ce qui atténue une souffrance morale.

antiéconomique *a* Contraire aux lois de l'économie.

antienne *nf* 1 RELIG Verset chanté avant et après un psaume. 2 Litt Phrase répétée continuellement, de façon lassante.

antifascisme *nm* Opposition au fascisme.

antifasciste *a, n* Opposé au fascisme.

antifongique *a* Antimycosique.

antifriction *a* Qui résiste aux frottements.

antigang *a inv* Qui lutte contre les gangs.

antigel *nm* Additif qui empêche l'eau de geler.

antigène *nm* BIOL Substance étrangère (microbes, toxines) pouvant déclencher la formation d'anticorps spécifiques.

antigénique *a* D'un antigène.

antigivrant, ante *a, nm* Contre la formation du givre.

antigouvernemental, ale, aux *a* Opposé au gouvernement.

antigrippal, ale, aux *a, nm* Qui protège de la grippe.

antihéros *nm* Héros de roman, hors des normes habituelles.

antiinflammatoire *a, nm* Qui combat l'inflammation.

antijeu *nm* Fait de ne pas se conformer à la règle ou à l'esprit du jeu.

antillais, aise *a, n* Des Antilles.

antillanisme *nm* Terme propre au français parlé aux Antilles.

antilope *nf* Mammifère ruminant des steppes d'Afrique.

antimatière *nf* PHYS Ensemble d'antiparticules.

antimilitarisme *nm* Opinion, doctrine antimilitariste.

antimilitariste *a, n* Hostile à l'esprit ou aux institutions militaires.

antimissile *a inv* Qui neutralise le missile ennemi.

antimite *a, nm* Qui détruit les mites.

antimitotique *a, nm* MED Qui entrave la prolifération des cellules (mitose).

antimoine *nm* Métal blanc, cassant, proche de l'arsenic.

antimycosique *a, nm* Qui agit contre les mycoses. Syn. antifongique.

antineutron *nm* PHYS Antiparticule du neutron.

antinévralgique *a, nm* Qui combat les névralgies.

antinomie *nf* Contradiction entre deux systèmes, deux concepts.

antinomique *a* Qui présente une antinomie.

antinucléaire *a, n* Hostile à l'utilisation de l'énergie nucléaire.

antioxydant *nm* Produit qui combat l'oxydation des produits alimentaires, des matériaux.

antipaludéen, enne *a, nm* Qui s'oppose au paludisme.

antipape *nm* HIST Pape concurrent, non reconnu par l'Église.

antiparasite *a, nm* Qui réduit les parasites radioélectriques.

antiparasiter *vt* Pourvoir d'un dispositif antiparasite.

antiparlementaire *a, n* Hostile au Parlement, aux députés.

antiparlementarisme *nm* Opposition au régime parlementaire.

antiparticule *nf* PHYS Particule de même masse que la particule homologue de charge électrique contraire.

antipathie *nf* Aversion à l'égard de qqn.

antipathique *a* Qui suscite l'antipathie.

antipelliculaire *a* Qui agit contre les pellicules des cheveux.

antipersonnel *a inv* Se dit d'une arme visant les personnes. *Mines antipersonnel.*

antiphrase *nf* Figure de style qui consiste à employer un mot ou une phrase pour son contraire.

antipode *nm* Lieu de la Terre diamétralement opposé à un autre. **Loc** *À l'antipode de :* à l'opposé de.

antipoison *a inv* Qui agit contre les empoisonnements.

antipollution *a inv* Actif contre la pollution.

antiproton *nm* PHYS Antiparticule du proton.

antipsychiatrie [-kja-] *nf* Mouvement de libéralisation psychiatrique.

antipyrétique *a, nm* Actif contre la fièvre.

antiquaille *nf* Fam Objet ancien de peu de valeur.

antiquaire *n* Marchand d'objets anciens.

antique *a* 1 Très ancien. *Une antique demeure.* 2 Qui date de l'Antiquité. *Une statuette antique.* 3 Vieux, démodé.

antiquité *nf* 1 Grande ancienneté d'une chose. 2 Vieille chose démodée. 3 (avec majusc) Époque des plus anciennes civilisations, spécialement grecque et romaine. ■ *pl* 1 Monuments de l'Antiquité. 2 Objets d'art anciens.

antirabique *a* Contre la rage.

antiraciste *a, n* Hostile au racisme.

antiradar *a inv* Qui sert à brouiller la détection par radar.

antireflet *a inv* Qui évite les reflets.

antirides *a, nm* Qui combat les rides.

antirouille *a inv, nm* Qui préserve de la rouille ou l'enlève.

antisèche *n* Fam Notes destinées à frauder à un examen.

antisémite *a, n* Hostile aux Juifs.

antisémitisme *nm* Racisme à l'égard des Juifs.

antisepsie *nf* Ensemble des méthodes de destruction des bactéries.

antiseptique *a, nm* Qui détruit les bactéries.

antisismique *a* Qui résiste aux séismes.

antisocial, ale, aux *a* 1 Contraire à l'ordre social. 2 Contraire aux intérêts des travailleurs.

antispasmodique *a, nm* Qui combat les spasmes.

antisportif, ive *a* Contraire à l'esprit du sport.

antistatique *a, nm* Qui s'oppose à l'électricité statique.

antisyndical, ale, aux *a* Hostile aux syndicats.

antitabac *a inv* Opposé à l'usage du tabac.

antiterroriste *a* Qui lutte contre le terrorisme.

antitétanique *a* Contre le tétanos.

antithèse *nf* 1 Rapprochement de deux termes opposés. 2 Opposé de. *Il est l'antithèse de son frère.* 3 PHILO Deuxième temps du raisonnement dialectique (thèse, antithèse, synthèse).

antithétique *a* Qui forme antithèse.

antitoxine *nf* Anticorps qui neutralise les toxines.

antitrust [-trœst] *a inv* Opposé aux trusts.

antituberculeux, euse *a, nm* Actif contre la tuberculose.

antitussif, ive *a, nm* Qui calme la toux.

antiulcéreux, euse *a, nm* Qui combat les ulcères gastriques.

antivariolique *a* Actif contre la variole.

antivénérien, enne *a* Qui combat les maladies vénériennes.

antivenimeux, euse *a, nm* Qui combat les effets d'un venin.

antiviral, ale, aux *a, nm* Qui détruit les virus.

antivol *nm* Dispositif contre le vol.

antonomase *nf* Emploi d'un nom commun ou d'une périphrase à la place d'un nom propre ou inversement (ex. : *un Néron* pour *un tyran cruel).*

antonyme *nm* Mot de sens opposé à un autre. *Grand et petit sont des antonymes.* Syn. contraire.

antre *nm* Litt Cavité naturelle, servant de repaire à un fauve.

anurie *nf* MED Arrêt de la sécrétion urinaire.

anus *nm* Orifice du tube digestif par où sortent les excréments.

anxiété *nf* Grande inquiétude.

anxieux, euse *a* Qui exprime l'anxiété. *Regard anxieux.* ■ *a, n* Qui éprouve de l'anxiété.

anxiogène *a* Qui provoque l'angoisse.

anxiolytique *a, nm* MED Qui apaise l'anxiété.

aoriste *nm* Temps de la conjugaison grecque indiquant un passé indéfini.

aorte *nf* Artère principale de l'organisme, à la base du cœur.

août [u] ou [ut] *nm* Huitième mois de l'année.

aoûtat [auta] *nm* Acarien, dont la piqûre provoque de vives démangeaisons.

aoûtien, enne [ausjɛ̃] *n* Qui prend ses vacances au mois d'août.

apaisant, ante *a* Qui calme.

apaisement *nm* Retour à la quiétude, à la paix. *Politique d'apaisement.*

apaiser *vt* 1 Ramener qqn au calme. 2 Rendre qqch moins violent, moins vif. *Apaiser une douleur, la soif.*

apanage *nm* 1 HIST Portion du domaine royal attribué par le roi à ses fils puînés. 2 Ce qui est propre à qqn ou à qqch.

aparté *nm* 1 Ce qu'un acteur dit à part soi et qui est censé n'être entendu que des spectateurs. 2 Bref entretien particulier dans une réunion.

apartheid [-tɛd] *nm* Ségrégation raciale qui fut institutionnalisée en Afrique du Sud.

apathie *nf* Manque d'énergie, indolence, indifférence.

apathique *a, n* Sans énergie, indolent.

apatride *a, n* Personne sans nationalité.

apercevoir *vt* [43] Distinguer, entrevoir. *On aperçoit la côte.* ■ *vpr* Remarquer. *Je me suis aperçu qu'il était absent, de son absence.*

aperçu *nm* 1 Coup d'œil rapide. 2 Exposé sommaire.

apériodique *a* PHYS Dont les oscillations ne sont pas périodiques.

apéritif, ive *a* Qui ouvre l'appétit. ■ *nm* Boisson prise avant les repas.

apesanteur *nf* PHYS Absence de pesanteur.

apétale *a* BOT Qui n'a pas de pétales.

à-peu-près *nm inv* Approximation.

apeurer *vt* Effaroucher, effrayer.

apex *nm* 1 ANAT Extrémité d'un organe. 2 ASTRO Point de l'espace vers lequel le système solaire se dirige.

aphasie *nf* MED Perte de la parole ou trouble du langage consécutif à une lésion cérébrale.

aphasique *a, n* Atteint d'aphasie.

aphélie *nm* ASTRO Point de l'orbite d'une planète le plus éloigné du Soleil.

aphérèse *nf* LING Chute d'un ou de plusieurs sons au début d'un mot (ex. : *bus* pour *autobus*). Ant. apocope.

aphone *a* Qui n'a plus de voix.

aphorisme *nm* Phrase sentencieuse d'une concision frappante.

aphrodisiaque *a, nm* Qui stimule les désirs sexuels.

aphte *nm* MED Petite ulcération de la muqueuse buccale.

aphteux, euse *a* MED Accompagné d'aphtes. **Loc** *Fièvre aphteuse* : maladie éruptive du bétail, très contagieuse.

api *nm* **Loc** *Pomme d'api* : petite pomme dont une face est rouge vif.

à-pic *nm* Pente abrupte. *Des à-pics.*

apical, ale, aux *a, nf* PHON Prononcé avec la pointe de la langue contre le palais.

apicole *a* De l'apiculture.

apiculteur, trice *n* Éleveur d'abeilles.

apiculture *nf* Art d'élever les abeilles pour le miel.

apitoiement *nm* Fait de s'apitoyer.

apitoyer *vt* [22] Toucher de pitié. ■ *vpr* Éprouver de la pitié.

aplanir *vt* 1 Rendre plan, uni. 2 Atténuer. *Aplanir les difficultés.*

aplanissement *nm* Action d'aplanir.

aplat *nm* Surface d'une seule teinte dans un tableau, une gravure.

aplatir *vt* Rendre plat. ■ *vpr* 1 Plaquer son corps contre qqch. *S'aplatir au sol.* 2 Faire des bassesses. *S'aplatir devant son chef.*

aplatissement *nm* Action d'aplatir.

aplomb *nm* 1 Direction verticale indiquée par le fil à plomb. 2 Position d'équilibre du corps. *Perdre l'aplomb.* 3 Grande assurance proche de l'effronterie. *Ne pas manquer d'aplomb.* **Loc** *D'aplomb* : exactement vertical ; en bonne santé.

apnée *nf* Arrêt des mouvements respiratoires. **Loc** *Plongée en apnée* : sans scaphandre.

apocalypse *nf* Catastrophe épouvantable.

apocalyptique *a* Épouvantable et fantastique.

apocope *nf* LING Chute de sons à la fin d'un mot (ex. : *auto* pour *automobile*). Ant. aphérèse.

apocryphe *a, nm* Se dit d'un texte faussement attribué à un auteur. Ant. authentique.

apogée *nm* 1 ASTRO Point le plus éloigné de la Terre sur l'orbite d'un astre, d'un satellite. 2 Degré le plus élevé. *L'apogée d'une civilisation.*

apolitique *a, n* Qui se situe en dehors de la lutte politique.

apolitisme *nm* Attitude, caractère apolitique.

apologétique *a* Qui constitue une apologie.

apologie *nf* Justification ou éloge de qqn ou de qqch.

apologiste *n* Qui fait une apologie.

apologue *nm* Petit récit moralisateur.

aponévrose *nf* ANAT Membrane fibreuse qui enveloppe les muscles.

apophtegme *nm* Litt Maxime, sentence mémorable.

apophyse *nf* ANAT Partie saillante d'un os.

apoplectique *a, n* Relatif ou prédisposé à l'apoplexie.

apoplexie *nf* Brusque perte de connaissance, due le plus souvent à une hémorragie cérébrale.

aporie *nf* PHILO Contradiction sans issue.

apostasie *nf* Abandon public d'une religion, d'une doctrine, d'un parti.

apostasier *vi* Faire acte d'apostasie.

apostat *nm* Qui a apostasié.

a posteriori *av, a inv* À partir de l'expérience, des faits. Ant. a priori.

apostille *nf* DR Annotation en marge d'un acte.

apostolat *nm* 1 Mission d'un apôtre. 2 Tâche exigeant une générosité exceptionnelle.

apostolique *a* 1 Qui est propre à un apôtre. 2 Qui émane du Saint-Siège.

apostrophe *nf* 1 Interpellation brusque et désobligeante. 2 Signe qui marque l'élision d'une voyelle. *S'il le faut, j'irai.* **Loc** GRAM *Mot mis en apostrophe* : mot désignant la personne ou la chose à laquelle on s'adresse.

apostropher *vt* Interpeller qqn brutalement et sans égards.

apothème *nf* GEOM Perpendiculaire abaissée du centre d'un polygone régulier sur un des côtés ou hauteur d'un des triangles formant les faces d'une pyramide régulière.

apothéose *nf* 1 HIST Déification des empereurs romains après leur mort. 2 Honneurs extraordinaires rendus à qqn. 3 Partie finale la plus brillante de qqch.

apothicaire *nm* Vx Pharmacien. **Loc** *Comptes d'apothicaire* : très compliqués ou fortement majorés.

apôtre *nm* 1 Chacun des douze disciples que Jésus-Christ choisit pour prêcher l'Évangile. 2 Ardent propagateur d'une idée, d'une doctrine. **Loc** *Faire le bon apôtre* : contrefaire l'homme de bien.

apparaître *vi* [55] [aux être ou avoir] 1 Devenir visible, se manifeste. 2 Se faire jour, se découvrir. *Son hypocrisie apparaît enfin.* 3 (avec attribut) Sembler. *Le problème apparaît insoluble.* **Loc** *Il apparaît que* : il est clair que.

apparat *nm* Faste solennel. **Loc** *Apparat critique* : ensemble des notes et des variantes d'un texte.

apparatchik *nm* Membre de l'appareil d'un parti, d'un syndicat.

appareil *nm* 1 Ensemble de pièces organisées pour fonctionner ensemble. *Appareil photographique.* 2 Téléphone. 3 Avion. *L'appareil s'est écrasé.* 4 Ensemble des cadres administratifs d'un parti, d'une organisation. 5

Ensemble d'organes qui remplissent une fonction dans le corps. *Appareil respiratoire, digestif.* 6 Disposition des pierres dans un ouvrage de maçonnerie. Loc *Dans le plus simple appareil :* nu.

appareillage nm 1 Ensemble d'appareils, de dispositifs. *Appareillage électrique.* 2 Ensemble des manœuvres d'un navire qui appareille.

appareiller vt 1 Mettre ensemble des choses pareilles. 2 Pourvoir qqn d'une prothèse. ■ vi MAR Faire les manœuvres nécessaires pour quitter le mouillage.

apparemment [-ramã] av Selon les apparences.

apparence nf 1 Aspect extérieur de qqch ou de qqn. 2 Ce que qqch ou qqn semble être, par oppos. à la réalité. Loc *En apparence :* d'après ce que l'on voit.

apparent, ente a 1 Qui apparaît clairement. *Un détail apparent.* 2 Qui n'est pas tel qu'il paraît être. *Un calme apparent.*

apparenté, ée a Lié par le mariage, par un accord politique.

apparentement nm Alliance électorale permettant des reports de voix d'une liste sur une autre.

apparenter (s') vpr 1 S'allier par un mariage. 2 Conclure un apparentement. 3 Avoir des points communs, une ressemblance avec.

appariement nm Action d'apparier.

apparier vt Assortir par paires, par couples.

appariteur nm Huissier d'une université.

apparition nf 1 Action d'apparaître. 2 Vision d'un être surnaturel.

appartement nm Logement de plusieurs pièces dans un immeuble collectif.

appartenance nf Fait d'appartenir.

appartenir vti [35] 1 Être la propriété de qqn en vertu d'un droit, d'une autorité. 2 Faire partie d'un ensemble, d'un groupe. Loc *Il vous appartient de* (+ inf) : il est de votre rôle de. ■ vpr Loc *Ne plus s'appartenir :* ne plus pouvoir disposer de son temps, être débordé.

appas nmpl Litt Charmes d'une femme.

appât nm 1 Pâture employée pour attirer les animaux qu'on veut prendre. 2 Ce qui attire. *L'appât du gain.*

appâter vt 1 Attirer avec un appât. 2 Séduire par des offres alléchantes.

appauvrir vt Rendre pauvre. ■ vpr Devenir pauvre.

appauvrissement nm Action d'appauvrir ; fait de s'appauvrir.

appeau nm Instrument pour attirer les oiseaux en imitant leur cri.

appel nm 1 Action d'appeler par la voix, par un geste. 2 Action de convoquer des militaires. 3 Incitation à, invitation. *Appel à la révolte. Faire appel au bon sens.* 4 DR Recours à un tribunal supérieur. Loc *Appel d'air :* courant d'air facilitant la combustion. *Prix, produit d'appel :* destinés à attirer la clientèle.

appelé nm Jeune homme convoqué pour faire son service militaire.

appeler vt [18] 1 Inviter à venir par la voix ou le geste. 2 Désigner qqn pour qu'il occupe un poste. 3 Téléphoner à. *Je vous appellerai demain.* 4 Rendre nécessaire, entraîner. *Cette question appelle une réponse.* 5 Nommer, donner un nom à. *J'appellerai mon fils Jean.* Loc *Appeler qqn sous les drapeaux :* l'incorporer dans l'armée. ■ vti Loc *En appeler à :* recourir à, se réclamer de. ■ vpr Avoir pour nom. *Il s'appelle Jean.*

appellatif nm LING Mot pouvant servir à interpeller qqn (ex. : *monsieur, maman*).

appellation nf 1 Façon de nommer qqn ou qqch. *Une appellation injurieuse.* 2 Dénomination garantissant l'origine d'un produit. *Un vin d'appellation contrôlée.*

appendice [-pẽ-] nm 1 Prolongement d'une partie principale. 2 ANAT Petite poche allongée, au bout du gros intestin. 3 Supplément placé à la fin d'un livre.

appendicectomie [-pẽ-] nf CHIR Ablation de l'appendice.

appendicite [-pẽ-] nf Inflammation aiguë ou chronique de l'appendice.

appentis [apãti] nm 1 Toit d'un seul versant reposant sur des piliers. 2 Petite construction s'appuyant contre un bâtiment.

appenzell nm Variété de gruyère suisse.

appertisation nf Stérilisation par la chaleur des aliments dans un récipient clos.

appesantir vt Rendre plus pesant. ■ vpr 1 Devenir plus pesant. 2 Insister sur. *S'appesantir sur un sujet.*

appesantissement nm État d'une personne ou d'une chose appesantie.

appétence nf Litt Inclination qui pousse qqn à satisfaire un désir, un besoin.

appétissant, ante a Qui excite l'appétit, le désir.

appétit nm 1 Désir de manger. 2 Désir impérieux de qqch. *Appétit de savoir.*

applaudimètre nm Fam Appareil, souvent fictif, qui mesure le succès d'un spectacle à l'intensité des applaudissements.

applaudir vt Approuver en battant des mains. ■ vti Approuver qqch avec enthousiasme. *Applaudir à une initiative.*

applaudissement nm (surtout au pl) Battement répété des mains l'une contre l'autre en signe d'enthousiasme.

applicable a Qui doit ou qui peut être appliqué. *Loi difficilement applicable.*

applicateur nm Instrument qui permet d'appliquer un produit.

application nf 1 Action d'appliquer une chose sur une autre. 2 Emploi de qqch à une destination particulière. 3 Mise en pratique. 4 Attention soutenue à l'étude.

applique nf Appareil d'éclairage qui se fixe au mur.

appliqué, ée a Studieux, attentif. Loc *Sciences appliquées :* qui recherchent les applications des découvertes.

appliquer vt 1 Mettre une chose au contact d'une autre, de façon qu'elle la recouvre. 2. Réaliser, mettre en pratique. *Appliquer une théorie, un conseil.* ■ vpr 1 S'adapter à, être applicable. *La règle s'applique à tous.* 2 Mettre tout son soin à faire qqch. *S'appliquer au travail.*

appoint nm Complément exact en menue monnaie d'une somme que l'on doit. Loc *D'appoint :* qui s'ajoute à qqch, qui complète.

appointements nmpl Salaire attaché à un emploi.

appointer vt Rétribuer.

appontage nf Prise de contact d'un avion avec le pont d'un porte-avions.

appontement nm Construction qui permet l'accostage des bateaux.

apport nm 1 Action d'apporter. 2 Ce qui est apporté. *L'apport de la science à la technique.*

apporter vt 1 Porter à qqn. *Apportez-moi ce livre.* 2 Porter soi-même en venant. *Apporter ses outils.* 3 Fournir pour sa part. *Apporter des capitaux.* 4 Employer, mettre. *Apporter tous ses soins à une affaire.* 5 Causer, produire. *L'électricité a apporté de grands changements.*

apporteur nm DR Qui fait un apport de capitaux.

apposer vt Appliquer, mettre qqch sur.

apposition nf 1 Action d'apposer. 2 GRAM Mot ou groupe de mots qui, placé à côté d'un nom ou d'un pronom, lui donne une qualification sans l'intermédiaire d'un verbe (ex. : *Paris, capitale de la France*).

appréciable a 1 Dont on peut donner une estimation. 2 Important, digne d'estime.

appréciation nf 1 Estimation, évaluation. 2 Cas que l'on fait d'une chose.

apprécier vt 1 Estimer, évaluer le prix d'une chose. 2 Évaluer approximativement une grandeur. 3 Avoir de l'estime pour. *Apprécier qqn.* ■ vpr Prendre de la valeur. *Le franc s'est apprécié.*

appréhender vt 1 Prendre, arrêter qqn. *Appréhender un voleur.* 2 Craindre par avance, redouter. 3 Saisir par l'esprit. *Appréhender la réalité.*

appréhension nf Crainte, anxiété vague.

apprenant, ante n Qui apprend.

apprendre vt [70] 1 Acquérir des connaissances sur, étudier. 2 Se mettre dans la mémoire. *Apprendre une leçon.* 3 Acquérir les connaissances nécessaires pour. *Apprendre à lire.* 4 Être informé de. *J'apprends votre arrivée.* 5 Faire connaître, enseigner qqch à qqn. *Il lui apprend l'anglais.*

apprenti, ie n 1 Qui apprend un métier. 2 Personne qui est malhabile. Loc *Apprenti sorcier* : celui qui provoque des événements graves qu'il ne peut plus maîtriser.

apprentissage nm 1 Acquisition d'une formation professionnelle. 2 Litt Première expérience. *L'apprentissage de la vie.*

apprêt nm 1 Préparation des étoffes, des peaux pour leur donner un bel aspect. 2 Matériau dont on enduit un support avant de le peindre. 3 Litt Recherche, affectation du style, des manières.

apprêté, ée a Peu naturel, maniéré.

apprêter vt 1 Préparer, mettre en état. 2 Donner l'apprêt à un cuir, une étoffe. ■ vpr 1 Se préparer à, être sur le point de. *S'apprêter à partir.* 2 S'habiller, revêtir une toilette.

apprivoisement nm Action d'apprivoiser.

apprivoiser vt 1 Rendre un animal moins farouche, plus familier. 2 Rendre qqn plus sociable, plus doux. ■ vpr Devenir moins farouche, plus sociable.

approbateur, trice a, n Qui approuve.

approbatif, ive a Qui exprime l'approbation.

approbation nf 1 Agrément, consentement que l'on donne. 2 Jugement favorable, marque d'estime.

approchable a Dont on peut s'approcher.

approchant, ante a Qui se rapproche de qqch, qui lui est comparable.

approche nf 1 Action de s'approcher ; mouvement par lequel on se dirige vers qqn, qqch. 2 Abusiv Manière d'aborder une question, premier aperçu. 3 Arrivée, venue de qqch. *À l'approche de la vieillesse.* ■ pl Ce qui est à proximité ; les parages.

approché, ée a Approximatif. *Total approché.*

approcher vt 1 Mettre près de qqn ou de qqch. *Approcher une table du mur.* 2 Venir près de qqn. *Ne m'approchez pas.* 3 Avoir libre accès auprès de qqn. ■ vti, vi 1 Venir près de qqn, de qqch. *Nous approchons de Dijon.* 2 Être près de. *Approcher du but.* ■ vpr 1 Se mettre auprès de. 2 Avoir de la ressemblance avec.

approfondi, ie a Minutieux.

approfondir vt 1 Rendre plus profond. 2 Étudier à fond. *Approfondir une question.* ■ vpr Devenir plus profond.

approfondissement nm Action d'approfondir.

appropriation nf 1 Action de rendre propre à une utilisation. 2 Action de s'attribuer qqch.

approprié, ée a Qui convient.

approprier vt Rendre propre ou conforme à. ■ vpr S'emparer de, s'attribuer.

approuver vt 1 Donner son consentement à qqch. 2 Juger louable, digne d'estime.

approvisionnement nm 1 Action d'approvisionner. 2 Ensemble des provisions réunies.

approvisionner vt Fournir en provisions, en choses nécessaires.

approximatif, ive a Qui résulte d'une approximation ; peu précis.

approximation nf Estimation, évaluation peu rigoureuse.

approximativement av De façon approximative.

appui nm 1 Ce qui sert de soutien, de support. 2 Assistance matérielle, aide. Loc *À l'appui de* : pour appuyer une déclaration, une affirmation.

appuie-bras nm inv Support permettant de reposer l'avant-bras.

appuie-tête nm Dispositif réglable sur le dossier d'un siège pour maintenir la tête. *Des appuie-têtes.*

appuyé, ée a Qui insiste beaucoup.

appuyer vt [21] Soutenir par un appui. ■ vti 1 Exercer une pression sur. *Appuyer sur l'accélérateur.* 2 Insister avec force sur. *Appuyer sur un argument.* Loc *Appuyer sur la droite, sur la gauche* : se porter sur la droite, sur la gauche. ■ vpr 1 Se servir de qqch comme d'un appui. *S'appuyer sur son coude.* 2 Se fonder sur. *S'appuyer sur une théorie.* 3 Fam Accomplir une tâche désagréable.

apraxie nf MED Incapacité de coordonner des mouvements volontaires.

âpre a 1 Désagréable par sa rudesse. *Un froid âpre. Un goût âpre.* 2 Rude, violent. *Une discussion âpre.*

âprement av Avec âpreté.

après prép 1 À la suite de, dans le temps, l'espace ou le rang. Loc Fam *Être après qqn* : le harceler. *Attendre après qqch* : en avoir besoin. *D'après* : selon, suivant. *Après que* (+ ind) : une fois que. ■ av Ensuite. *Il est arrivé après.*

après-demain av Le second jour après aujourd'hui.

après-guerre *nm* ou *nf* Période qui suit une guerre. *Des après-guerres.*

après-midi *nm inv* ou *nf inv* Période de temps comprise entre midi et le soir.

après-rasage *nm* Produit de toilette (lotion, crème) destiné à adoucir la peau après le rasage. *Des après-rasages.*

après-ski *nm inv* Chaussure de repos à tige montante, que l'on met aux sports d'hiver quand on ne skie pas.

après-soleil *nm inv* Produit cosmétique que l'on applique après l'exposition au soleil.

après-vente *a inv* Loc *Service après-vente* : assuré au client après l'achat d'une machine ou d'un appareil.

âpreté *nf* Caractère de ce qui est âpre.

a priori *av* 1 D'après des principes antérieurs à l'expérience. 2 À première vue. Ant. *a posteriori.* ■ *nm inv* Position de principe, préjugé.

à-propos *nm inv* Ce qui convient bien aux circonstances.

apte *a* Propre à, qui réunit les conditions requises pour. *Apte à un emploi.*

aptère *a* ZOOL Dépourvu d'ailes.

aptéryx *nm* Nom scientifique du kiwi (oiseau).

aptitude *nf* 1 Don naturel. *Des aptitudes pour le dessin.* 2 Capacité, compétence acquise. *Certificat d'aptitude professionnelle.*

apurement *nm* Vérification d'un compte.

apurer *vt* Vérifier un compte, s'assurer qu'il est en règle.

aquacole [-kwa-] ou **aquicole** [-kɥi-] *a* De l'aquaculture.

aquaculture [-kwa-] ou **aquiculture** *nf* Élevage et culture des êtres vivants aquatiques (animaux et végétaux).

aquafortiste [-kwa-] *n* Graveur à l'eau-forte.

aquaplanage ou **aquaplaning** [akwaplaniŋ] *nm* Perte d'adhérence des roues d'une automobile sur sol mouillé.

aquaplane [-kwa-] *nm* Sport consistant à se tenir sur une planche tirée par un canot.

aquarelle [-kwa-] *nf* Peinture sur papier avec des couleurs délayées dans l'eau.

aquarellé, ée [-kwa-] *a* Colorié à l'aquarelle.

aquarelliste [-kwa-] *n* Peintre d'aquarelles.

aquariophilie [-kwa-] *nf* Élevage de poissons d'ornement en aquarium.

aquarium [akwaʁjɔm] *nm* Bassin ou bocal à parois transparentes où l'on élève des animaux et des plantes aquatiques.

aquatinte [-kwa-] *nf* Gravure à l'eau-forte imitant le lavis, l'aquarelle.

aquatique [-kɥi-] *a* Qui vit dans l'eau ou au bord de l'eau. *Plantes aquatiques.*

aquavit [akwavit] *nf* Eau-de-vie des pays scandinaves.

aqueduc *nm* Canal destiné à conduire l'eau d'un lieu à un autre.

aqueux, euse *a* Qui contient de l'eau. *Des fruits aqueux.*

aquifère [-kɥi-] *a* Qui contient de l'eau. ■ *nm* Nappe aquifère souterraine.

aquilin *am* Loc *Nez aquilin* : courbé en bec d'aigle.

aquilon *nm* Litt Vent du nord.

ara *nm* Perroquet d'Amérique du Sud.

arabe *a, n* D'Arabie et des pays qui parlent l'arabe. Loc *Chiffres arabes* : les chiffres de la numération usuelle (1, 2, 3, etc.) par oppos. aux chiffres romains. ■ *nm* Langue sémitique parlée de l'Afrique du Nord au Proche-Orient.

arabesque *nf* 1 Ornement formé de combinaisons capricieuses de fleurs, de fruits, de lignes, etc. 2 Ligne sinueuse, irrégulière.

arabica *nm* Variété de café très appréciée.

arabique *a* D'Arabie.

arabisant, ante *a, n* Spécialiste de la langue, de la civilisation arabe.

arabisation *nf* Action d'arabiser.

arabiser *vt* Donner le caractère arabe, des mœurs arabes à.

arabisme *nm* 1 Tournure propre à la langue arabe. 2 Nationalisme arabe.

arable *a* Labourable, cultivable.

arabophone *a, n* De langue arabe.

arachide *nf* Plante des pays chauds cultivée pour ses graines (cacahuètes) dont on extrait une huile.

arachnéen, enne [arak-] *a* Fin et léger comme une toile d'araignée.

arachnide [arak-] *nm* ZOOL Arthropode faisant partie d'une classe comprenant les araignées, les scorpions, etc.

arachnoïde [arak-] *nf* ANAT Une des membranes du cerveau.

araignée *nf* 1 Arthropode qui tisse des toiles, pièges à insectes. 2 Grand filet de pêche rectangulaire. 3 Morceau du bœuf utilisé en biftecks. Loc *Araignée de mer* : grand crabe à la carapace épineuse et aux pattes longues.

araire *nm* Charrue simple, dépourvue d'avant-train.

araméen, enne *a* Relatif aux Araméens. ■ *nm* Langue sémitique ancienne.

aramon *nm* Cépage rouge du Midi.

arasement *nm* Action d'araser.

araser *vt* 1 Mettre de niveau un mur, un terrain. 2 Réduire à ses dimensions exactes une pièce d'assemblage.

aratoire *a* Qui sert au labourage.

araucaria *nm* Conifère tropical, à usage ornemental en France.

arbalète *nf* Arc puissant monté sur un fût et bandé à l'aide d'un mécanisme.

arbalétrier *nm* 1 Qui était armé d'une arbalète. 2 Poutre inclinée supportant un toit.

arbitrage *nm* 1 Action d'arbitrer. 2 Règlement d'un différend par un arbitre. 3 Opération boursière de vente et d'achat simultanés, qui permet de réaliser un profit fondé sur la différence des cotes.

arbitragiste *n* Spécialiste des arbitrages en Bourse.

arbitraire *a* 1 Qui est laissé à la volonté de chacun. *Choix arbitraire.* 2 Qui dépend uniquement du caprice d'un homme ; despotique. ■ *nm* Autorité que ne borne aucune règle.

arbitrairement *av* De façon arbitraire.

arbitral, ale, aux *a* De l'arbitre.

arbitre *nm* 1 Personne choisie par un commun accord par les parties intéressées pour régler le différend qui les oppose. 2 Qui veille à la régularité d'une compétition sportive. Loc *Libre arbitre* : pouvoir qu'a la raison humaine de se déterminer librement.

arbitrer *vt* Régler en qualité d'arbitre. *Arbitrer un conflit.*

arbois nm Vin du Jura.

arboré, ée a Planté d'arbres dispersés.

arborer vt 1 Hisser un drapeau, le faire voir. 2 Porter sur soi avec fierté. *Arborer un insigne.*

arborescence nf État arborescent.

arborescent, ente a Dont la forme rappelle un arbre, qui présente des ramifications.

arboretum [-Retɔm] nm Parc botanique planté de nombreuses espèces d'arbres.

arboricole a Qui vit dans les arbres.

arboriculteur, trice n Spécialiste de la culture des arbres.

arboriculture nf Culture des arbres.

arborisation nf Dessin de forme arborescente.

arbouse nf Fruit de l'arbousier.

arbousier nm Arbrisseau du Midi.

arbovirose nf Maladie due à un arbovirus.

arbovirus nm Virus transmis par une piqûre d'insecte.

arbre nm 1 Végétal ligneux de grande taille, dont la tige (tronc), simple à la base, ne se ramifie qu'à partir d'une certaine hauteur. 2 Axe entraîné par un moteur et transmettant le mouvement de rotation à une machine. Loc *Arbre généalogique* : figure arborescente dont les rameaux, partant d'une souche commune, représentent la filiation des membres d'une famille.

arbrisseau nm Petit arbre au tronc ramifié dès la base.

arbuste nm Petit arbrisseau.

arbustif, ive a Relatif aux arbustes.

arc nm 1 Arme formée d'une tige de bois ou de métal, courbée par une corde tendue entre ses extrémités et servant à lancer des flèches. 2 Courbure d'une voûte, du sommet d'une baie. 3 GEOM Portion de courbe. Loc *Arc de triomphe* : portique monumental consacrant le souvenir d'un personnage ou d'un événement glorieux. *Avoir plusieurs cordes à son arc* : avoir des talents variés, plusieurs moyens d'arriver à son but.

arcade nf ARCHI Ouverture en forme d'arc dans sa partie supérieure. Loc *Arcade sourcilière* : partie courbe de l'os frontal, à l'endroit des sourcils. *Jeu d'arcade* : jeu vidéo installé dans un lieu public. ■ pl Galerie couverte.

arcanes nmpl Litt Secrets, mystères.

arc-boutant nm ARCHI Maçonnerie en arc, qui sert de soutien extérieur à un mur ou à une voûte. *Des arcs-boutants.*

arc-bouter vt Soutenir par un arc-boutant. ■ vpr Se caler solidement pour exercer un effort.

arceau nm 1 Partie cintrée d'une voûte. 2 Tige courbe formant un petit arc.

arc-en-ciel nm Phénomène lumineux en forme d'arc apparaissant dans le ciel et présentant les sept couleurs du spectre. *Des arcs-en-ciel.*

archaïque [-ka-] a 1 Qui n'est plus en usage ; démodé. 2 Qui a un caractère primitif.

archaïsant, ante [-ka-] a, n Qui affecte l'archaïsme. *Style archaïsant.*

archaïsme [-ka-] nm 1 Caractère de ce qui est désuet. 2 Mot, expression sortis de l'usage contemporain.

archange [-kɑ̃ʒ] nm Ange d'un rang supérieur.

arche nf 1 Voûte en arc soutenant le tablier d'un pont. 2 Vaisseau construit par Noé, selon la Bible, pour échapper au Déluge.

archéologie [-ke-] nf Étude des civilisations anciennes par leurs vestiges matériels.

archéologique [-ke-] a De l'archéologie.

archéologue [-ke-] n Spécialiste d'archéologie.

archéoptéryx [-ke-] nm GEOL Le plus ancien oiseau fossile connu, de l'ère secondaire.

archer nm Tireur à l'arc.

archet nm Baguette flexible tendue de crins, et qui sert à faire vibrer les cordes de certains instruments (violon, etc.).

archèterie nf Fabrication des archets.

archétype [-ke-] nm Type primitif ou idéal ; modèle originel.

archevêché nm 1 Étendue de la juridiction d'un archevêque. 2 Résidence d'un archevêque.

archevêque nm Prélat placé à la tête d'une circonscription ecclésiastique comprenant plusieurs diocèses.

archidiacre nm Dignitaire ecclésiastique qui visite les curés d'un diocèse.

archiduc, archiduchesse n HIST Prince, princesse de la maison d'Autriche.

archiépiscopal, ale, aux a De l'archevêque.

archipel nm Groupe d'îles.

archiprêtre nm Titre donnant une prééminence honorifique à certains curés.

architecte nm Professionnel qui conçoit des plans d'édifices et en dirige la construction.

architectonique nf Structure, organisation générale de qqch.

architectural, ale, aux a De l'architecture.

architecture nf 1 Art de construire des édifices. *Diplôme d'architecture.* 2 Disposition, ordonnance, style d'un bâtiment. *Architecture baroque.* 3 Structure, organisation de qqch. *Architecture d'un ordinateur.*

architrave nf ARCHI Partie inférieure de l'entablement reposant directement sur les chapiteaux des colonnes.

archivage nm Action d'archiver.

archiver vt Classer dans les archives une pièce, un écrit, un document.

archives nfpl 1 Documents anciens concernant une famille, une société, une entreprise, un lieu, un État. 2 Lieu où l'on conserve ces documents.

archiviste n Chargé de la conservation des archives.

archonte [-kɔ̃-] nm HIST Magistrat principal de certaines cités grecques antiques.

arçon nm 1 Armature d'une selle. 2 Rameau de vigne courbé en arc. Loc *Vider les arçons* : tomber de cheval.

arctique a Situé vers le pôle Nord.

ardéchois, oise a, n De l'Ardèche.

ardemment [-damɑ̃] av Avec ardeur.

ardennais, aise a, n Des Ardennes.

ardent, ente a 1 Qui brûle, qui chauffe vivement. 2 Plein d'ardeur, enthousiaste, fougueux. 3 Vif, violent.

ardeur nf 1 Chaleur vive. 2 Vivacité, entrain. *Travailler avec ardeur.*

ardillon nm Pointe de métal d'une boucle pour arrêter la courroie.

ardoise nf 1 Schiste à grain fin, habituellement gris foncé, qui se clive en plaques minces utilisées pour les toitures. 2 Tablette sur laquelle on écrit ou dessine. 3 Fam Total des sommes dues pour des marchandises achetées à crédit.

ardoisière *nf* Carrière d'ardoise.

ardu, ue *a* Difficile à résoudre.

are *nm* Unité de surface pour les mesures de terrains, valant 100 m^2.

arec ou **aréquier** *nm* Palmier qui fournit le chou-palmiste, le bétel, le cachou.

aréique *a* GEOGR Qui n'a pas d'écoulement régulier des eaux.

arène *nf* 1 Partie sablée au centre d'un amphithéâtre romain. 2 GEOL Sable grossier. Loc *Descendre dans l'arène* : s'engager dans des luttes politiques. ■ *pl* 1 Amphithéâtre romain. 2 Amphithéâtre où se déroulent des courses de taureaux.

arénicole *a* SC NAT Qui vit dans le sable.

aréole *nf* ANAT Cercle coloré qui entoure le mamelon du sein.

aréomètre *nm* Instrument indiquant la densité d'un liquide.

aréopage *nm* 1 HIST (avec majusc) Tribunal athénien qui siégeait sur la colline consacrée au dieu Arès. 2 Litt Assemblée de savants, de personnes compétentes.

aréquier. V. arec.

arête *nf* 1 Os long et mince propre aux poissons. 2 Ligne formée par la rencontre de deux versants, de deux plans.

arêtier *nm* Pièce de charpente inclinée formant l'arête d'un comble.

argent *nm* 1 Métal précieux blanc et peu oxydable. 2 Toute espèce de monnaie : billets de banque, pièces, etc. 3 Richesse.

argentan *nm* Alliage de cuivre, de nickel et de zinc.

argenté, ée *a* 1 Recouvert d'argent. 2 Qui évoque la couleur de l'argent. Loc Fam *Être argenté* : avoir de l'argent.

argenter *vt* Couvrir d'une couche d'argent.

argenterie *nf* Vaisselle, ustensiles d'argent.

argentier *nm* HIST Surintendant des Finances royales. Loc Fam *Le grand argentier* : le ministre des Finances.

argentifère *a* Qui contient de l'argent.

1. argentin, ine *a* Qui a le même son clair que l'argent.

2. argentin, ine *a, n* De l'Argentine.

argenture *nf* 1 Couche d'argent appliquée sur un objet. 2 Action d'argenter.

argile *nf* Roche terreuse (glaise), donnant une pâte plastique imperméable lorsqu'elle est imprégnée d'eau et qui, après cuisson, donne des poteries, des tuiles, etc.

argileux, euse *a* Qui contient de l'argile.

argon *nm* Gaz rare de l'air, incolore et inodore.

argonaute *nm* Mollusque céphalopode.

argot *nm* Langage particulier à une catégorie sociale ou professionnelle, en partic. langage des malfaiteurs, du milieu.

argotique *a* De l'argot.

argotisme *nm* Expression argotique.

argousin *nm* Vx Policier.

arguer [-gɥe] *vt, vti* Tirer un argument, un prétexte, une conséquence de qqch. *Que voulez-vous arguer de ce fait. Arguer de sa bonne foi.*

argument *nm* 1 Raisonnement tendant à établir une preuve, à fonder une opinion. 2 Résumé succinct du sujet d'un ouvrage littéraire, dramatique.

argumentaire *nm* Liste d'arguments.

argumentation *nf* 1 Le fait, l'art d'argumenter. 2 Ensemble des arguments tendant à une conclusion.

argumenté, ée *a* Justifié par des arguments.

argumenter *vi* Exposer des arguments.

argus [-gys] *nm* Publication qui fournit des renseignements spécialisés.

argutie [-si] *nf* Raisonnement exagérément subtil et minutieux.

1. aria *nf* Air, mélodie, accompagné par un ou plusieurs instruments.

2. aria *nm* Litt Souci, tracas, embarras.

arianisme *nm* Hérésie d'Arius qui niait le dogme de la Sainte-Trinité.

aride *a* 1 Sec, stérile, sans végétation. *Sol aride.* 2 Dépourvu de tendresse, de sensibilité. 3 Dépourvu d'attrait, qui engageant.

aridité *nf* 1 Sécheresse. 2 Manque d'attrait.

ariégeois, oise *a, n* De l'Ariège.

arien, enne *a, n* Partisan de l'arianisme.

ariette *nf* Petite mélodie, air de style léger, aimable ou timide.

aristocrate *n, a* Membre de l'aristocratie.

aristocratie *nf* 1 Classe des nobles. 2 Ensemble de ceux qui constituent l'élite dans un domaine quelconque.

aristocratique *a* De l'aristocratie.

aristoloche *nf* Plante grimpante aux fleurs en forme de cornet.

aristotélicien, enne *a, n* Qui concerne ou professe l'aristotélisme.

aristotélisme *nm* Doctrine d'Aristote.

arithmétique *nf* Partie des mathématiques consacrée à l'étude des nombres. ■ *a* Qui repose sur les nombres.

arithmétiquement *av* Selon l'arithmétique.

arlequin *nm* Personnage comique au costume bigarré.

arlésien, enne *a, n* D'Arles. Loc Fam *L'Arlésienne* : personne qu'on ne voit jamais.

armada *nf* Grande quantité de personnes, de véhicules.

armagnac *nm* Eau-de-vie de vin.

armateur *nm* Qui équipe et exploite un navire de commerce ou de pêche.

armature *nf* 1 Ensemble d'éléments destinés à accroître la rigidité d'une pièce, d'un ouvrage ou d'un matériau. 2 Ce qui constitue l'élément essentiel, le soutien, le cadre d'une organisation. 3 MUS Ensemble des altérations (dièses et bémols) placées à la clef et indiquant la tonalité d'un morceau de musique.

arme *nf* 1 Instrument qui sert à attaquer ou à se défendre. 2 Moyen employé pour combattre un adversaire. 3 Chacune des grandes divisions de l'armée correspondant à une activité spécialisée. Loc Fam *Passer l'arme à gauche* : mourir. ■ *pl* Armoiries. Loc *La carrière des armes* : le métier militaire. *Un fait d'armes* : un exploit guerrier. *Déposer les armes* : cesser le combat. *Prise d'armes* : parade militaire. *Passer qqn par les armes* : le fusiller. *Maître d'armes* : professeur d'escrime.

armé, ée *a* 1 Muni d'une arme. 2 Pourvu d'une armature. *Béton armé.*

armée *nf* 1 Ensemble des forces militaires d'un État. 2 Grande unité réunissant plusieurs corps. 3 Grand nombre, foule. *Une armée d'admirateurs.* Loc *Corps d'armée* : partie d'une armée comprenant plusieurs divisions avec des troupes de toutes armes.

armement nm 1 Action d'armer. 2 Ensemble des armes équipant qqn, qqch. 3 Action d'armer un navire.

arménien, enne a, n De l'Arménie. ■ nm Langue indo-européenne du Caucase.

armer vt 1 Pourvoir d'armes. 2 Garnir d'une armature. 3 Mettre en état de fonctionnement certains mécanismes. 4 Équiper un navire de tout ce qui lui est nécessaire pour naviguer. 5 Munir de qqch. ■ vpr 1 Se munir d'armes. 2 Se munir de qqch. *Armez-vous de patience !*

armistice nm Suspension des hostilités après accord entre les belligérants.

armoire nf Meuble haut destiné au rangement, fermé par une ou plusieurs portes. Loc Fam *Armoire à glace* : personne de forte carrure.

armoiries nfpl Emblèmes propres à une famille noble, à une collectivité.

armoise nf Plante aromatique.

armorial, aux nm Recueil d'armoiries.

armoricain, aine a, n De l'Armorique ; breton.

armorier vt Orner d'armoiries.

armure nf 1 Ensemble des pièces métalliques qui protégeaient autrefois les guerriers. 2 Mode d'entrecroisement des fils d'un tissu.

armurerie nf 1 Technique de la fabrication des armes. 2 Boutique, atelier d'un armurier.

armurier nm Qui fabrique, entretient ou vend des armes.

a.r.n. nm Sigle désignant l' *acide ribonucléique* qui joue un rôle dans le message génétique.

arnaque nf Pop Escroquerie, tromperie.

arnaquer vt Pop Escroquer, duper.

arnaqueur, euse n Pop Qui arnaque.

arnica nf Plante à usage médicinal.

aromate nm Substance odoriférante d'origine végétale.

aromatique a Qui dégage un parfum.

aromatisant, ante a, nm Qui sert à aromatiser.

aromatiser vt Parfumer avec une substance aromatique.

arôme nm Odeur agréable qui se dégage de certaines substances.

arpège nm MUS Exécution successive de toutes les notes d'un accord.

arpéger vt [13] MUS Exécuter un arpège.

arpent nm Ancienne mesure agraire qui valait de 20 à 50 ares.

arpentage nm Action d'arpenter.

arpenter vt 1 Mesurer la superficie d'un terrain. 2 Parcourir à grands pas.

arpenteur nm Spécialiste de la mesure des terrains et du calcul des surfaces.

arpète nf Pop Jeune apprentie.

arqué, ée a Courbé en arc.

arquebuse nf Ancienne arme à feu portative.

arquebusier nm Soldat armé d'une arquebuse.

arquer vt Courber en arc. ■ vi 1 Devenir courbe. 2 Pop Marcher.

arrachage nm Action d'arracher.

arraché nm Mouvement de l'haltérophile qui soulève l'haltère d'un seul mouvement. Loc *À l'arraché* : au prix d'un violent effort.

arrachement nm Douleur morale intense due à une séparation, à un sacrifice.

arrache-pied (d') av Avec acharnement.

arracher vt 1 Déraciner, extraire avec effort. *Arracher une dent.* 2 Ôter de force à une personne, à une bête, ce qu'elle retient. 3 Obtenir difficilement qqch de qqn. *Arracher une promesse.* ■ vpr 1 Se séparer à regret, se détacher avec effort de. *S'arracher du lit.* 2 Se disputer la compagnie de qqn.

arracheur, euse a Qui arrache. Loc *Mentir comme un arracheur de dents* : mentir effrontément. ■ nf Machine qui arrache les plantes, les tubercules.

arraisonnement nm Action d'arraisonner.

arraisonner vt Arrêter un navire en mer et contrôler son équipage et sa cargaison, etc.

arrangeant, ante a Disposé à la conciliation.

arrangement nm 1 Action d'arranger ; état de ce qui est arrangé. 2 Adaptation d'une œuvre musicale à d'autres instruments que ceux pour lesquels elle a été écrite. 3 Conciliation, convention amiable.

arranger vt [11] 1 Placer dans l'ordre qui convient. 2 Régler à l'amiable. *Arranger un conflit.* 3 Convenir à. *Cela m'arrange.* 4 Remettre en état. ■ vpr 1 Revenir en meilleur état, aller mieux. 2 S'accorder à l'amiable. Loc *S'arranger pour* : faire en sorte de. *S'arranger de qqch* : s'en accommoder.

arrangeur nm Adaptateur d'une œuvre musicale.

arrérages nmpl Termes échus d'une rente, d'une pension.

arrestation nf 1 Action de se saisir d'une personne pour l'emprisonner ou la garder à vue. 2 État de qqn qui est arrêté.

arrêt nm 1 Action d'arrêter ; fait de s'arrêter. 2 Endroit où s'arrête un véhicule de transports en commun. 3 Décision d'une juridiction supérieure. Loc *Mandat d'arrêt* : ordre d'arrestation. *Maison d'arrêt* : prison. *Sans arrêt* : continuellement. ■ pl Sanction prise contre un officier ou un sous-officier.

arrêté, ée a Décidé, définitif, irrévocable. *Une volonté bien arrêtée.* ■ nm Décision écrite d'une autorité administrative.

arrêter vt 1 Empêcher d'avancer. 2 Empêcher d'agir. 3 Interrompre, faire cesser. *Arrêter une hémorragie.* 4 Appréhender qqn. 5 Déterminer par choix, fixer. *Arrêter une date.* ■ vi 1 Cesser d'avancer. *Chauffeur, arrêtez !* 2 Cesser d'agir ou de parler. *Il n'arrête jamais.* ■ vpr 1 Cesser d'aller, d'agir, de fonctionner. *Ma montre s'est arrêtée.* 2 Fixer son attention sur. *S'arrêter à l'essentiel.*

arrhes nfpl Somme donnée comme gage ou dédit de l'exécution d'un contrat.

arriération nf Loc *Arriération mentale* : faiblesse intellectuelle par rapport à la norme.

arrière nm 1 Partie postérieure d'un véhicule. 2 Territoire, population d'un pays en guerre, qui se trouve hors de la zone des combats. 3 Au football, joueur placé derrière les autres joueurs de son équipe. Loc *En arrière de* : en reculant ; derrière. ■ pl Zone située derrière le front, où se trouvent les réserves et où l'on peut se replier. ■ a inv 1 Qui est à l'arrière. *Les roues arrière.* 2 Qui va vers l'arrière. *La marche arrière.* Loc *Vent arrière* : qui souffle de l'arrière.

arriéré, ée a Qui appartient à un passé révolu. *Idées arriérées.* ■ a, n Retardé dans son développement mental. ■ nm Ce qui reste dû.

arrière-ban. V. ban. *Des arrière-bans.*

arrière-boutique *nf* Pièce située derrière une boutique. *Des arrière-boutiques.*

arrière-cour *nf* Cour située à l'arrière d'un bâtiment. *Des arrière-cours.*

arrière-garde *nf* Partie d'une armée en mouvement chargée de protéger les arrières. *Des arrière-gardes.*

arrière-gorge *nf* Partie supérieure du pharynx. *Des arrière-gorges.*

arrière-goût *nm* 1 Goût que laisse dans la bouche l'absorption de certains aliments, de certaines boissons. 2 Impression laissée par un évènement. *Des arrière-goûts.*

arrière-grand-père *nm*, **arrière-grand-mère** *nf* Père, mère du grand-père ou de la grand-mère. *Des arrière-grands-pères, des arrière-grands-mères.*

arrière-grands-parents *nmpl* L'arrière-grand-père et l'arrière-grand-mère.

arrière-pays *nm inv* Partie d'un pays située en retrait de la zone côtière.

arrière-pensée *nf* Pensée, intention dissimulée, et différente de celle qu'on exprime. *Des arrière-pensées.*

arrière-petit-neveu *nm*, **arrière-petite-nièce** *nf* Fils, fille d'un petit-neveu ou d'une petite-nièce. *Des arrière-petits-neveux, des arrière-petites-nièces.*

arrière-petits-enfants *nmpl*, **arrière-petit-fils** *nm*, **arrière-petite-fille** *nf* Enfants, fils ou fille, d'un petit-fils ou d'une petite-fille. *Des arrière-petits-fils, des arrière-petites-filles.*

arrière-plan *nm* Plan d'une perspective le plus éloigné du spectateur. Loc *À l'arrière-plan* : à l'écart, dans une position peu en vue. *Des arrière-plans.*

arrière-saison *nf* Fin de l'automne. *Des arrière-saisons.*

arrière-salle *nf* Salle derrière une autre. *Des arrière-salles.*

arrière-train *nm* 1 L'arrière du tronc et les membres postérieurs d'un animal. 2 Fam Fesses de qqn. 3 Partie postérieure d'un véhicule à quatre roues. *Des arrière-trains.*

arrimage *nm* Action d'arrimer.

arrimer *vt* 1 Répartir et fixer un chargement dans la cale d'un navire, d'un avion, etc. 2 Abusiv Assujettir une charge, amarrer.

arrivage *nm* 1 Arrivée de marchandises sur le lieu où elles seront vendues. 2 Ces marchandises elles-mêmes.

arrivant, ante *n* Qui vient d'arriver.

arrivé, ée *a* Qui a réussi socialement. *Un artiste arrivé.*

arrivée *nf* 1 Action d'arriver. 2 Lieu ou moment où l'on arrive.

arriver *vi* 1 [aux *être*] Parvenir en un lieu. 2 S'élever socialement, réussir dans sa carrière, son métier. 3 Survenir, se produire. *Ce genre de choses arrive rarement.* Loc *Il arrive que* : il se produit que. ■ *vti* Parvenir à qqch, à faire qqch. Loc *En arriver à* : en venir à, finir par.

arrivisme *nm* Attitude de l'arriviste.

arriviste *n, a* Qui vise à la réussite sociale par tous les moyens.

arrogance *nf* Orgueil, morgue, manières hautaines et méprisantes.

arrogant, ante *a* Qui a de l'arrogance.

arroger (s') *vpr* [11] S'attribuer illégitimement un droit, un pouvoir. *Les fonctions qu'il s'est arrogées.*

arrondi, ie *a* De forme ronde. ■ *nm* Partie arrondie de qqch.

arrondir *vt* 1 Doter d'une forme ronde. 2 Augmenter sa fortune. 3 Supprimer les fractions pour faire une somme ronde, un poids rond. ■ *vpr* 1 Prendre une forme ronde. 2 Devenir plus important.

arrondissement *nm* 1 Action d'arrondir. 2 Division territoriale administrative d'un département, d'une ville.

arrosage *nm* Action d'arroser.

arrosé, ée *a* 1 Qui reçoit beaucoup de pluie. 2 Accompagné de vins, d'alcool (repas).

arroser *vt* 1 Humecter en répandant de l'eau ou un autre liquide. 2 Couler à travers. *La Loire arrose la Touraine.* 3 Fam Célébrer en buvant. *Arroser sa promotion.* 4 Fam Donner de l'argent à qqn pour obtenir de lui un avantage.

arroseur, euse *n* Qui arrose. ■ *nf* Véhicule qui sert au nettoyage des voies publiques.

arrosoir *nm* Récipient muni d'une anse et d'un bec, qui sert à arroser.

arsenal, aux *nm* 1 Lieu où se fabriquent, se conservent ou se réparent les navires de guerre. 2 Grande quantité d'armes. 3 Vaste ensemble de moyens d'action. *L'arsenal des lois.*

arsenic *nm* Élément chimique à la base d'un poison violent.

arsenical, ale, aux *a* De l'arsenic.

arsouille *n, a* Pop Voyou, débauché.

art *nm* 1 Activité aboutissant à la création d'œuvres de caractère esthétique (musique, peinture, sculpture, architecture, etc.) 2 Ensemble des œuvres artistiques d'une époque, d'un pays. 3 Ensemble des règles d'une activité professionnelle. 4 Manière de faire qqch, talent. *L'art de plaire.* Loc *Le septième art* : le cinéma. ■ *nmpl* Syn de *beaux-arts*. Loc *Arts décoratifs* ou *arts appliqués* : qui ont pour fin la décoration, l'embellissement des objets utilitaires. *Arts ménagers* : techniques concernant l'entretien de la maison.

artéfact *nm* Phénomènes artificiels apparaissant lors d'une expérience scientifique.

artère *nf* 1 Vaisseau sanguin conduisant le sang du cœur vers les organes et les tissus. 2 Grande voie de circulation.

artériel, elle *a* ANAT Des artères.

artériographie *nf* Radiographie des artères.

artériole *nf* ANAT Petite artère.

artériosclérose *nf* MED Sclérose des artères.

artérite *nf* MED Épaississement de la paroi artérielle.

artésien, enne *a, n* De l'Artois. Loc *Puits artésien* : duquel l'eau jaillit sous l'effet de la pression de la nappe souterraine.

arthrite *nf* Inflammation aiguë ou chronique des articulations.

arthritique *a, n* Qui souffre d'arthrite.

arthropode *nm* ZOOL Animal invertébré faisant partie de l'embranchement comprenant les insectes, les arachnides, les crustacés, etc.

arthrose *nf* Affection chronique dégénérative non inflammatoire des articulations.

arthrosique *a, n* Atteint d'arthrose.

artichaut *nm* Plante dont on mange le cœur (ou fond), une fois qu'on a ôté les feuilles. Loc Fam *Cœur d'artichaut* : personne volage.

article nm 1 Chaque partie d'une loi, d'une convention. 2 Texte formant un tout dans un journal, un dictionnaire, etc. 3 Marchandise vendue dans un magasin. 4 GRAM Mot précédant un nom qu'il détermine et dont il indique le genre et le nombre. *« Le » est un article défini.* Loc *À l'article de la mort :* au dernier moment de la vie. *Faire l'article :* vanter un produit.

articulaire a ANAT Des articulations.

articulation nf 1 Mode de jonction de pièces osseuses. 2 Assemblage de deux pièces permettant leur mouvement relatif. 3 LING Manière de prononcer.

articulatoire a Relatif à l'articulation des sons du langage.

articulé, ée a Qui a des articulations.

articuler vt 1 Joindre une pièce mécanique à une autre par un dispositif qui permet le mouvement. 2 Prononcer distinctement. ■ vpr 1 Être joint par une articulation. 2 Se rattacher à un ensemble complexe.

articulet nm Petit article de journal.

artifice nm Moyen peu naturel, visant à faire illusion. Loc *Feu d'artifice :* spectacle obtenu par la mise à feu de pièces pyrotechniques (fusées, feux de Bengale, etc.)

artificiel, elle a 1 Qui est le produit de l'activité humaine. *Fleurs artificielles.* Ant. naturel. 2 Qui manque de simplicité.

artificiellement av Par un moyen artificiel.

artificier nm Qui confectionne les pièces pour feux d'artifice ou les met en œuvre.

artificieusement av Litt De façon artificieuse.

artificieux, euse a Litt Empreint d'artifice, de ruse.

artillerie nf 1 Matériel de guerre comprenant les canons et leurs munitions. 2 Ensemble du personnel servant ces armes.

artilleur nm Militaire de l'artillerie.

artimon nm MAR Le plus petit des mâts, situé à l'arrière d'un navire.

artiodactyle nm ZOOL Mammifère tel que les porcins et les ruminants.

artisan, ane n 1 Qui exerce pour son propre compte. 2 Auteur, cause de qqch.

artisanal, ale, aux a Relatif à l'artisan.

artisanalement av De façon artisanale.

artisanat nm 1 Profession d'artisan. 2 Ensemble des artisans.

artiste n Créateur ou interprète d'œuvres d'art. ■ n, a Qui a du goût pour les arts, pour la beauté.

artistique a 1 Relatif aux arts. 2 Fait, présenté avec art.

artistiquement av De façon artistique.

artothèque nf Organisme qui prête des œuvres d'art.

arum [aʀɔm] nm Plante dont la fleur est entourée d'un cornet.

aryen, enne a, n Des Aryens.

arythmie nf MED Irrégularité du rythme cardiaque ou respiratoire.

as nm 1 Carte à jouer, face de dé, domino portant un seul symbole, un seul point. 2 Qui excelle dans un domaine, une activité. *Un as de l'aviation.* 3 Le numéro 1 au tiercé, au loto, etc. Loc Fam *Être fichu comme l'as de pique :* être très négligé dans sa tenue. Fam *Être plein aux as :* avoir beaucoup d'argent.

ascaris nm Ver parasite de l'intestin grêle.

ascendance nf Ensemble des ancêtres directs d'un individu, d'une lignée.

ascendant, ante a Qui va en montant. *Mouvement ascendant.* ■ nm Influence dominante, autorité exercée sur la volonté de qqn. ■ nmpl Les parents dont on descend.

ascenseur nm Appareil à déplacement vertical, servant au transport des personnes dans un immeuble.

ascension nf 1 Action de s'élever, de monter. *Ascension de l'air chaud.* 2 Élévation vers la réussite sociale. 3 (avec majusc) Montée au ciel miraculeuse du Christ ressuscité ; jour où l'on fête ce miracle (40 jours après Pâques).

ascensionnel, elle a Qui tend à monter, à faire monter.

ascèse nf Ensemble d'exercices de mortification visant à une libération spirituelle.

ascète n Personne qui s'impose des exercices d'ascèse.

ascétique a Propre à un ascète.

ascétisme nm Vie des ascètes.

ascidie nf Petit animal marin en forme d'outre, qui filtre l'eau.

ascii [aski] nm inv INFORM Code standardisé de représentation des caractères alphanumériques.

ascite nf MED Épanchement de liquide sous le péritoine.

ascomycète nm BOT Champignon tel que les morilles, les truffes, les levures, etc.

ascorbique a Loc *Acide ascorbique :* constituant de la vitamine C.

asepsie nf Ensemble des procédés utilisés pour éviter toute infection microbienne.

aseptique a Exempt de tout microbe.

aseptisé, ée a Impersonnel, sans originalité.

aseptiser vt Rendre aseptique.

asexué, ée a Privé de sexe.

ashkénaze n, a Juif originaire d'Europe centrale, par oppos. à séfarade.

ashram nm En Inde, lieu où vit une communauté groupée autour d'un maître spirituel.

asiago nm Fromage italien au lait de vache.

asiatique a, n De l'Asie.

asilaire a De l'hôpital psychiatrique.

asile nm 1 Lieu inviolable où l'on est à l'abri des poursuites de la justice, des persécutions, des dangers. 2 Demeure, habitation. 3 Ancien nom de l'hôpital psychiatrique. Loc *Droit d'asile :* protection accordée aux ressortissants étrangers persécutés dans leur pays.

asocial, ale, aux a, n Qui n'est pas adapté à la vie en société.

asparagus [-gys] nm Feuillage ornemental utilisé dans la confection des bouquets.

aspartam nm Succédané acalorique du sucre.

aspect [aspɛ] nm 1 Manière dont qqn ou qqch s'offre à la vue. 2 Point de vue sous lequel on peut considérer qqch. 3 LING Façon d'envisager l'action exprimée par le verbe, dans son déroulement temporel.

asperge nf 1 Plante potagère aux pousses comestibles. 2 Fam Personne grande et mince.

asperger vt [11] Arroser légèrement.

aspérité nf Petite saillie qui rend une surface inégale, rude.

aspersion nf Action d'asperger.

asphaltage nm Action d'asphalter.

asphalte nm Bitume utilisé pour le revêtement des chaussées.

asphalter vt Recouvrir d'asphalte.

asphodèle nm Plante herbacée à fleurs blanches.

asphyxiant, ante a Qui asphyxie.

asphyxie nf 1 Arrêt ou ralentissement de la respiration. 2 Diminution, arrêt de l'activité économique.

asphyxier vt Causer l'asphyxie.

aspic nm 1 Vipère brun-rouge. 2 Viande moulée dans une gelée.

aspidistra nm Plante d'appartement à grandes feuilles vert foncé.

aspirant, ante a Qui aspire. ■ nm Grade des élèves officiers.

aspirateur nm Appareil qui sert à absorber des poussières ou des vapeurs.

aspiration nf 1 Action d'aspirer. 2 Mouvement de l'âme vers un idéal.

aspiré, ée a Loc H aspiré : la lettre h empêchant la liaison.

aspirer vt 1 Attirer un liquide par un vide partiel. 2 Faire pénétrer de l'air dans les poumons. 3 Émettre un son en expirant. ■ vti Désirer fortement, ambitionner. Aspirer au repos.

aspirine nf Médicament utilisé contre la douleur, la fièvre, etc.

aspirobatteur nm Aspirateur pour les moquettes.

assagir vt Rendre sage. ■ vpr Devenir sage.

assagissement nm Action de rendre ou de devenir sage.

assaillant, ante a, n Qui assaille.

assaillir vt [27] 1 Attaquer vivement à l'improviste. 2 Harceler qqn par des questions, des réclamations.

assainir vt Rendre sain ou plus sain.

assainissement nm Action d'assainir.

assainisseur nm Appareil ou produit qui combat les odeurs désagréables.

assaisonnement nm 1 Action et manière d'assaisonner. 2 Ce qui sert à relever le goût.

assaisonner vt 1 Accommoder des aliments de façon à en relever le goût. 2 Litt Rendre plus vif, plus agréable. 3 Fam Maltraiter qqn.

assassin, ine a Qui blesse perfidement ; qui provoque. ■ nm Qui assassine, commet un assassinat.

assassinat nm Homicide volontaire.

assassiner vt Tuer avec préméditation.

assaut nm Attaque pour emporter de force une position. Loc Faire assaut de : rivaliser de.

assèchement nm Action d'assécher.

assécher vt [12] Mettre à sec.

assemblage nm 1 Action d'assembler, de monter. 2 Réunion de choses diverses qui forment un tout. 3 Mélange de vins dans la cuve.

assemblée nf 1 Réunion de plusieurs personnes en un même lieu. 2 Corps délibérant.

assembler vt 1 Mettre ensemble, réunir. 2 Réunir par convocation. 3 Joindre des pièces pour en former un tout. ■ vpr Se réunir.

assembleur, euse n Qui assemble. ■ nf Machine qui assemble les feuilles imprimées.

assener ou **asséner** vt [15] ou [12] Porter, donner un coup violent.

assentiment nm Accord, consentement.

asseoir vt [40] 1 Placer sur son séant. 2 Établir solidement. Asseoir sa réputation. ■ vpr Se mettre sur son séant, sur un siège.

assermenté, ée a Qui a prêté serment.

assertion nf Proposition avancée comme vraie.

asservir vt Rendre esclave, assujettir.

asservissant, ante a Qui asservit.

asservissement nm 1 Action d'asservir. 2 État de ce qui est asservi ; servitude.

assesseur nm 1 DR Magistrat adjoint à un juge principal. 2 Personne qui en seconde une autre dans ses fonctions.

assez av 1 Autant qu'il faut, suffisamment. 2 Passablement, moyennement. Loc Assez peu : pas beaucoup. En avoir assez : être excédé.

assidu, ue a 1 Qui se trouve constamment auprès de qqn ou dans un lieu. 2 Qui s'applique avec persévérance. Élève assidu. 3 Constant, fréquent. Soins assidus.

assiduité nf 1 Qualité de qqn qui est assidu. ■ pl Empressement auprès d'une femme.

assidûment av De façon assidue.

assiégé, ée a, n Qui subit un siège.

assiégeant, ante a, n Qui assiège.

assiéger vt [13] 1 Mettre le siège devant une place, une forteresse. 2 Se rassembler devant. 3 Litt Poursuivre, obséder.

assiette nf 1 Pièce de vaisselle dans laquelle on mange. 2 Syn de assiettée. 3 Manière d'être assis, de reposer sur sa base. 4 Répartition, base de calcul de l'impôt. Loc Fam Ne pas être dans son assiette : se sentir mal à l'aise.

assiettée nf Contenu d'une assiette.

assignat nm HIST Papier-monnaie émis pendant la Révolution française.

assignation nf DR Citation à comparaître en justice à un jour déterminé.

assigner vt 1 Attribuer qqch à qqn. 2 Fixer, déterminer. Assigner une date de livraison. 3 Affecter des fonds à un paiement. 4 Sommer à comparaître devant un tribunal. Loc Assigner à résidence : imposer de résider en un lieu.

assimilable a Qui peut être assimilé.

assimilateur, trice a Qui assimile.

assimilation nf Action d'assimiler, de s'assimiler. Loc BOT Assimilation chlorophyllienne : absorption du gaz carbonique par les végétaux.

assimilé, ée a, n Rendu semblable ; considéré comme semblable.

assimiler vt 1 Présenter, considérer comme semblable. 2 Faire adopter à un immigré les mœurs d'une population d'accueil. 3 Incorporer un aliment à son organisme. 4 Comprendre et retenir des faits, des connaissances. ■ vpr Se rendre semblable, s'intégrer.

assis, ise a 1 Posé sur son séant. 2 Solidement établi. Réputation bien assise. ■ nf 1 Rang de pierres qu'on pose horizontalement pour construire un mur. 2 Base, fondement. ■ nfpl Congrès. Assises de cardiologie. Loc (Cour d')assises : tribunal qui juge les crimes.

assistanat nm 1 Fonction d'assistant. 2 Fait d'être assisté.

assistance nf 1 Le fait d'assister, d'être présent. 2 Assemblée, auditoire. 3 Aide apportée à qqn. Loc Assistance publique : administration qui gère les établissements hospitaliers et l'aide sociale. Société d'assistance : qui assure dépannage et secours aux personnes qui voyagent.

assistant, ante n 1 Qui est présent en un lieu. 2 Qui seconde qqn. Loc Assistant(e) social(e) : personne dont le rôle est d'apporter une aide aux individus et aux familles dans le cadre des lois sociales. *Assistante maternelle :* nourrice.

assisté, ée *a, n* Qui bénéficie de l'assistance (publique, médicale, judiciaire).

assister *vti* Être présent. *Assister à un mariage.* ■ *vt* Aider, seconder qqn.

associatif, ive *a* Relatif aux associations.

association *nf* **1** Action d'associer des choses. *Association d'idées.* **2** Union de personnes dans un intérêt commun.

associationnisme *nm* PHILO Doctrine selon laquelle tous les phénomènes psychologiques résultent d'associations d'idées.

associé, ée *a, n* Lié par association avec une ou plusieurs personnes.

associer *vt* **1** Unir, joindre des choses. **2** Réunir des personnes dans une entreprise commune. **3** Faire participer qqn à. *On l'a associé à notre entreprise.* ■ *vpr* **1** S'unir à qqn dans une entreprise commune. **2** Former une association.

assoiffé, ée *a* **1** Qui a soif. **2** Avide de. *Assoiffé de vengeance.*

assoiffer *vt* Donner soif à.

assolement *nm* AGRIC Alternance des cultures sur un terrain.

assoler *vt* AGRIC Soumettre à l'assolement.

assombrir *vt* **1** Rendre sombre. **2** Attrister. ■ *vpr* **1** Devenir sombre. **2** Devenir triste, prendre une expression triste.

assombrissement *nm* Le fait de s'assombrir ; état de ce qui est assombri.

assommant, ante *a* Fam Accablant, ennuyeux.

assommer *vt* **1** Étourdir, faire perdre connaissance par des coups sur la tête. **2** Accabler. *La chaleur m'assomme.* **3** Fam Ennuyer, importuner.

assommoir *nm* Vx Débit de boissons alcoolisées. Loc *Coup d'assommoir :* nouvelle, événement qui stupéfie.

Assomption *nf* Montée au ciel de la Vierge ; célébration de cet événement (15 août).

assonance *nf* VERSIF Retour du même son dans la dernière syllabe accentuée de deux vers.

assorti, ie *a* **1** En harmonie. *Couple bien assorti.* **2** Pourvu en marchandises.

assortiment *nm* Ensemble de choses, de marchandises diverses unies en un tout.

assortir *vt* Mettre ensemble des choses, des personnes qui se conviennent.

assoupir *vt* Provoquer l'engourdissement. ■ *vpr* Commencer à s'endormir.

assoupissement *nm* État de demi-sommeil.

assouplir *vt* Rendre souple, flexible. ■ *vpr* Devenir souple.

assouplissement *nm* Action d'assouplir ; fait de s'assouplir.

assouplisseur *nm* Produit de rinçage qui donne de la souplesse au linge.

assourdir *vt* **1** Causer une surdité passagère à qqn. **2** Rendre moins sonore, moins éclatant.

assourdissant, ante *a* Qui assourdit.

assourdissement *nm* Action d'assourdir.

assouvir *vt* Litt Satisfaire. *Assouvir ses désirs.*

assouvissement *nm* Action d'assouvir.

assuétude *nf* MED Dépendance d'un toxicomane à une drogue.

assujetti, ie *n* DR Astreint à un impôt, à une obligation administrative.

assujettir *vt* **1** Litt Asservir, ranger sous sa domination. **2** Soumettre à. *Assujettir à l'impôt.* **3** Fixer solidement, immobiliser qqch. *Assujettir un chargement.* ■ *vpr* Litt S'astreindre, se soumettre.

assujettissement *nm* Litt Action d'assujettir ; asservissement.

assumer *vt* Prendre la charge, la responsabilité de qqch. ■ *vpr* S'accepter comme on est.

assurage *nm* Dispositif visant à préserver l'alpiniste ou le spéléologue en cas de chute.

assurance *nf* **1** Comportement confiant et ferme. *Agir avec assurance.* **2** Garantie certaine. *Donner des assurances.* **3** Contrat passé entre une personne et une société (compagnie d'assurances) qui la garantit contre des risques éventuels. Loc *Assurances sociales :* ensemble des organismes publics qui garantissent les travailleurs contre les divers risques qui les menacent.

assuré, ée *a* **1** Hardi, sans crainte. **2** Certain, inévitable, infaillible. **3** Garanti par un contrat d'assurance. ■ *n* Qui a contracté une assurance.

assurément *av* Certainement, sûrement.

assurer *vt* **1** Donner pour certain, garantir. **2** Garantir le maintien, le fonctionnement, la réalisation de qqch. **3** Garantir ou faire garantir d'un risque par contrat. **4** Préserver un alpiniste par une corde des risques de chute. ■ *vi* Pop Être à la hauteur de la situation. ■ *vpr* **1** Vérifier, contrôler. *S'assurer que tout va bien.* **2** Contracter une assurance couvrant tel ou tel risque.

assureur *nm* Qui garantit contre un risque par un contrat d'assurance.

assyrien, enne *a, n* De l'Assyrie.

assyriologie *nf* Étude de l'Orient ancien.

aster [-tɛʀ] *nm* Plante ornementale, à petites fleurs en forme d'étoiles.

astérie *nf* Étoile de mer.

astérisque *nm* Signe typographique (*) indiquant le plus souvent un renvoi.

astéroïde *nm* Petite planète.

asthénie *nf* MED Fatigue générale.

asthénique *a, n* MED Atteint d'asthénie.

asthmatique [asma-] *a, n* Sujet à l'asthme.

asthme [asm] *nm* Maladie caractérisée par des crises de suffocation.

asti *nm* Vin blanc mousseux d'Italie.

asticot *nm* Larve de la mouche à viande.

asticoter *vt* Fam Tracasser ; agacer.

astigmate *a, n* Atteint d'astigmatisme.

astigmatisme *nm* Défaut de vision dû à une mauvaise courbure du cristallin.

astiquage *nm* Action d'astiquer.

astiquer *vt* Frotter pour faire reluire.

astragale *nm* **1** ANAT Os du tarse. **2** ARCHI Moulure qui sépare le fût d'une colonne de son chapiteau.

astrakan *nm* Fourrure à laine frisée d'agneau nouveau-né.

astral, ale, aux *a* Relatif aux astres.

astre *nm* Corps céleste (Soleil, Lune, étoiles). ■ *pl* Corps célestes, considérés comme influant sur la destinée des hommes.

astreignant, ante *a* Qui astreint.

astreindre *vt* [69] Obliger, soumettre, assujettir. ■ *vpr* S'imposer qqch comme discipline.

astreinte nf 1 Obligation rigoureuse. 2 DR Obligation de payer une certaine somme par jour de retard. 3 Obligation d'être disponible à certaines heures pour les urgences (médecins, gendarmes, etc.).

astringent, ente a, nm MED Qui resserre les tissus vivants.

astrolabe nm Instrument qui permet de déterminer la latitude d'un lieu en observant la hauteur des étoiles.

astrologie nf Étude de l'influence attribuée aux astres sur les hommes et leur destinée.

astrologique a De l'astrologie.

astrologue n Spécialiste d'astrologie.

astrométrie nf Étude de la position des astres déterminée par des mesures d'angles.

astronaute n Pilote ou passager d'un véhicule spatial américain.

astronautique nf Ensemble des sciences et des techniques qui permettent à des engins propulsés de sortir de l'atmosphère terrestre. ■ a De l'astronautique.

astronef nm Véhicule spatial.

astronome n Spécialiste d'astronomie.

astronomie nf Étude scientifique des astres, de la structure de l'Univers.

astronomique a 1 De l'astronomie. 2 Fam Exagéré, démesuré. Des sommes astronomiques.

astrophysicien, enne n Spécialiste d'astrophysique.

astrophysique nf Partie de l'astronomie qui étudie la nature physique des astres. ■ a De l'astrophysique.

astuce nf 1 Esprit d'ingéniosité. 2 Procédé ingénieux. 3 Fam Trait d'esprit, jeu de mots.

astucieusement av Avec astuce.

astucieux, euse a Plein d'ingéniosité.

asymétrie nf Absence de symétrie.

asymétrique a Qui manque de symétrie.

asymptomatique a MED Qui ne présente pas de symptômes.

asymptote nf MATH Droite dont la distance à une courbe tend vers zéro quand cette droite s'éloigne vers l'infini.

asynchrone a Qui n'est pas synchrone.

asyndète nf Procédé stylistique consistant à supprimer des mots de liaison d'une phrase.

ataraxie nf PHILO Quiétude de l'esprit que rien ne peut troubler.

atavique a Qui a trait à l'atavisme.

atavisme nm Ensemble des caractères héréditaires.

ataxie nf MED Manque de coordination des mouvements due à une lésion organique.

atèle nm Singe d'Amérique du Sud.

atelier nm 1 Local où qqn exerce une activité technique ou artistique. 2 Subdivision d'une usine où s'exécute un type déterminé de travail.

atemporel, elle a Hors du temps.

atermoiement nm Action d'atermoyer.

atermoyer vi [22] Chercher des délais, remettre à plus tard une décision.

athanée nm Syn de funérarium.

athée a, n Qui nie l'existence de Dieu.

athéisme nm Opinion des athées.

athénée nm Établissement d'enseignement secondaire en Belgique.

athénien, enne a, n D'Athènes.

athérome nm MED Lésion de la tunique interne des artères.

athérosclérose nf MED Sclérose artérielle secondaire à l'athérome.

athlète n 1 Qui s'adonne à l'athlétisme. 2 Homme fort, bien bâti.

athlétique a 1 Relatif à l'athlétisme. 2 Propre à l'athlète.

athlétisme nm Ensemble des sports individuels de compétition (lancers, courses, sauts).

atlante nm ARCHI Statue qui soutient un entablement, figurant un homme robuste chargé d'un fardeau. Syn. télamon.

atlantique a 1 De l'océan Atlantique. 2 Du Pacte atlantique, de l'OTAN.

atlantisme nm HIST Politique des partisans du Pacte atlantique.

atlas [-las] nm 1 Recueil de cartes géographiques ou astronomiques. 2 Recueil de planches, de tableaux. 3 ANAT La première vertèbre cervicale, qui supporte la tête.

atmosphère nf 1 Enveloppe gazeuse qui entoure le globe terrestre ou une autre planète. 2 Air que l'on respire. 3 Milieu, ambiance morale et intellectuelle.

atmosphérique a De l'atmosphère. Loc Moteur atmosphérique : qui fonctionne à la pression atmosphérique normale.

atoll nm Île corallienne en forme d'anneau, entourant une lagune.

atome nm 1 La plus petite quantité d'un corps simple. 2 Quantité infime. 3 Énergie atomique.

atomicité nf PHYS Nombre d'atomes contenus dans une molécule.

atomique a Qui a trait à l'atome, au noyau de l'atome, aux réactions nucléaires.

atomisation nf Action d'atomiser.

atomisé, ée a, n Qui a subi les effets d'une explosion atomique.

atomiser vt 1 Réduire en particules extrêmement fines. 2 Détruire, ravager au moyen d'armes atomiques. 3 Morceler à l'extrême.

atomiseur nm Appareil servant à pulvériser très finement un liquide.

atomiste n Spécialiste de physique atomique.

atonal, ale, aux a MUS Qui n'obéit pas aux règles du système tonal de l'harmonie classique.

atonalité nf MUS Caractère de l'écriture musicale atonale.

atone a 1 Qui manque d'énergie, d'expressivité. 2 LING Dépourvu d'accent tonique.

atonie nf Manque de vigueur, d'énergie.

atours nmpl Éléments de la parure féminine.

atout nm 1 Dans les jeux de cartes, couleur qui l'emporte sur les autres au cours d'une partie ; carte de cette couleur. 2 Moyen de succès.

atoxique a Dépourvu de toxicité.

atrabilaire a, n Litt Coléreux.

âtre nm Litt Foyer d'une cheminée.

atrium [atrijɔm] nm ANTIQ Pièce centrale de la maison romaine, dont le toit ouvert permettait de recueillir l'eau de pluie.

atroce a 1 D'une cruauté horrible. 2 Extrêmement douloureux, désagréable.

atrocement av De façon atroce.

atrocité nf 1 Caractère de ce qui est atroce. 2 Action atroce.

atrophie nf 1 Diminution du volume ou du poids d'un tissu, d'un organe. 2 Affaiblissement d'une faculté, d'un sentiment.

atrophier vt 1 Diminuer ou faire disparaître par atrophie. 2 Empêcher de se développer, intellectuellement ou moralement. ■ vpr Cesser de se développer, se dégrader.

atropine nf Alcaloïde de la belladone, utilisé surtout comme dilatateur de la pupille.

attabler (s') vpr S'asseoir à table.

attachant, ante a Qui inspire un intérêt mêlé de bienveillance. Un enfant attachant.

attache nf Ce qui sert à attacher. Loc Port d'attache d'un navire : celui où il a été inscrit sur les documents de douane. ■ pl 1 Les poignets et les chevilles. Avoir des attaches fines. 2 Relations, liens.

attaché, ée n Qui appartient à une ambassade, à un ministère, etc.

attaché-case [atafekɛs] nm Mallette plate qui sert de porte-documents. Des attachés-cases.

attachement nm 1 Sentiment d'affection durable. 2 Goût persistant pour qqch.

attacher vt 1 Joindre, fixer à une chose à l'aide d'un lien. 2 Réunir les bouts d'un lien, les pans d'un vêtement, etc. 3 Lier qqn par devoir, sentiment, intérêt. 4 Attribuer, accorder. Attribuer de l'importance à qqch. ■ vi Rester collé au fond d'un récipient (aliment). ■ vpr 1 S'appliquer, s'intéresser fortement, se consacrer à qqch. 2 Éprouver une affection durable pour qqn, un intérêt soutenu pour qqch.

attaquant, ante n Qui attaque.

attaque nf 1 Action d'attaquer. 2 Accès soudain d'un mal. Une attaque d'épilepsie. Loc Fam Être d'attaque : être en forme.

attaquer vt 1 Agir avec violence contre qqn, contre une armée, une position, etc. ; engager le combat contre. 2 Critiquer âprement. 3 Ronger, détériorer, exercer une action néfaste ou corrosive sur qqch. 4 Commencer d'exécuter. 5 Intenter une action judiciaire contre qqn. ■ vpr 1 Engager une attaque contre. S'attaquer aux abus. 2 Détériorer, frapper. Maladie qui s'attaque au bétail.

attardé, ée a, n 1 Qui est en retard. 2 En retard par rapport à la norme, dans son évolution physiologique ou intellectuelle. 3 Qui a du retard sur son époque.

attarder (s') vpr 1 Se mettre en retard. 2 Prolonger sa présence qqpart. 3 Insister sur une question.

atteindre vt [69] 1 Toucher de loin avec un projectile, toucher un but. 2 Parvenir qqpart. 3 Porter atteinte à, léser. ■ vti Litt Parvenir avec effort à qqch.

atteinte nf Effet nuisible, dommage, préjudice. Loc Porter atteinte à qqn : lui nuire. Hors d'atteinte : impossible à atteindre.

attelage nm 1 Action ou manière d'atteler. 2 Ensemble d'animaux attelés.

atteler vt [18] Attacher des animaux de trait à une charrue, à une voiture ; attacher un wagon, une remorque à ce qui les tire. ■ vpr S'appliquer avec ardeur et persévérance à un travail.

attelle nf Lame rigide qui sert à maintenir immobile un membre fracturé.

attenant, ante a Contigu. Son jardin est attenant au mien.

attendre vt [71] 1 Rester en place pour la venue de qqn ou de qqch. 2 Différer d'agir jusqu'à un terme fixé. 3 Compter que qqn fera qqch. 4 Être prévu ou prévisible ; menacer. Des

ennuis vous attendent. ■ vti Loc Attendre après qqch : en avoir besoin. ■ vpr Compter sur, se tenir assuré de. Je m'attends à le voir.

attendrir vt 1 Rendre tendre. Attendrir un bifteck. 2 Émouvoir, exciter la sensibilité de. ■ vpr Être ému, ressentir de la pitié.

attendrissant, ante a Qui attendrit.

attendrissement nm 1 Action d'attendrir. 2 État d'une personne attendrie.

attendrisseur nm Appareil utilisé en boucherie pour attendrir la viande.

attendu, ue a Espéré, escompté. ■ prép Étant donné. Attendu les circonstances. ■ nmpl Loc Les attendus d'un jugement : les alinéas exposant ses motifs.

attentat nm Entreprise criminelle contre une personne, une institution. Loc Attentat à la pudeur : acte immoral constituant un délit.

attentatoire a Qui porte atteinte à qqch.

attente nf 1 Le fait d'attendre. 2 Temps pendant lequel on attend. 3 Espérance, prévision. Loc Salle d'attente : pièce où l'on attend (dans une gare, chez un médecin, etc.).

attenter vti Commettre un attentat sur. Attenter à la vie de qqn.

attentif, ive a Qui montre de l'attention.

attention nf 1 Tension de l'esprit qui s'applique à quelque objet. 2 Marque de prévenance. Une attention délicate. Loc Faire attention à (ou que, ou à ce que) : prendre garde à.

attentionné, ée a Qui est plein d'attentions, de prévenances.

attentisme nm Politique d'attente, de temporisation.

attentiste n, a Partisan de l'attentisme.

attentivement av Avec attention.

atténuant, ante a Propre à atténuer. Loc DR Circonstances atténuantes : qui diminuent la gravité de l'infraction.

atténuation nf Diminution de la force, de la gravité. Atténuation de la douleur.

atténuer vt Rendre moins fort, moins grave. Atténuer la gravité d'une faute.

atterrant, ante a Consternant.

atterrer vt Accabler, consterner.

atterrir vi Se poser sur le sol.

atterrissage nm Action d'atterrir.

attestation nf Certificat, témoignage écrit confirmant la vérité, l'authenticité de qqch.

attester vt 1 Affirmer, certifier la vérité d'une chose. 2 Servir de preuve à. 3 Litt Prendre à témoin. J'en atteste le ciel.

attiédir vt Rendre tiède.

attifer vt Fam Habiller d'une façon bizarre.

attique a D'Athènes ou de l'Attique.

attirail, ails nm Équipement compliqué, bagage encombrant ou inutile.

attirance nf Force qui attire moralement, affectivement.

attirant, ante a Qui exerce un attrait.

attirer vt 1 Faire venir à soi. Attirer les mouches. 2 Provoquer l'intérêt, le désir ; séduire. ■ vpr Être l'objet de. S'attirer des reproches.

attiser vt 1 Aviver, activer le feu. 2 Exciter, aviver. Attiser la haine.

attitré, ée a 1 Chargé nommément, par un titre, d'une fonction ou d'un office. 2 Que l'on préfère, habituel. Marchand attitré.

attitude *nf* 1 Manière de tenir son corps. 2 Conduite que l'on adopte en des circonstances déterminées.

attorney *nm* En Angleterre et aux États-Unis, homme de loi.

attouchement *nm* Action de toucher avec la main.

attractif, ive *a* Qui attire.

attraction *nf* 1 Action d'attirer ; effet produit par ce qui attire. *Attraction terrestre.* 2 Élément d'un spectacle, d'une exposition, spécialement destiné à attirer le public. *Parc d'attractions.*

attrait *nm* Ce qui attire, séduit.

attrape *nf* 1 Tromperie, mystification. 2 Objet destiné à mystifier.

attrape-nigaud *nm* Ruse grossière. *Des attrape-nigauds.*

attraper *vt* 1 Prendre à un piège. *Attraper un lapin.* 2 Atteindre et saisir. 3 Tromper, mystifier. 4 Être atteint par, subir. *Attraper la grippe.* 5 Fam Réprimander vivement.

attrape-tout *a inv* Dont le programme politique est assez vague pour attirer le maximum d'électeurs.

attrayant, ante *a* Qui exerce de l'attrait.

attribuer *vt* 1 Conférer, accorder, concéder. 2 Admettre, supposer chez qqn. *On lui attribue du courage.* 3 Rapporter à qqn ou à qqch considéré comme auteur, comme cause. *Attribuer un incendie à la malveillance.* ■ *vpr* S'adjuger plus ou moins abusivement.

attribut *nm* 1 Caractère particulier d'un être, d'une chose. 2 Emblème, signe distinctif d'une fonction, d'un personnage allégorique. 3 GRAM Mot exprimant une qualité, une manière d'être, attribuée à un nom (sujet ou complément d'objet direct) par l'intermédiaire d'un verbe comme *être, sembler.*

attribution *nf* Action d'attribuer. Loc GRAM *Complément d'attribution* : complément d'objet introduit par *à* (ex. : *Donner un livre à l'enfant*). ■ *pl* Droits et devoirs attachés à certaines charges ; compétence.

attristant, ante *a* Qui attriste.

attrister *vt* Rendre triste, affliger.

attroupement *nm* 1 Action de s'attrouper. 2 Groupe de personnes attroupées.

attrouper (s') *vpr* S'assembler en foule.

atypique *a* Différent du type normal.

au, aux *art* Forme contractée de l'article défini, pour *à le, à les,* qui ne s'emploie que devant des noms commençant par une consonne ou un h aspiré.

aubade *nf* Concert donné à l'aube sous les fenêtres de qqn pour l'honorer.

aubaine *nf* Avantage inespéré.

aube *nf* 1 Premières lueurs de l'aurore. 2 Litt Débuts, naissance. *À l'aube du siècle.* 3 Ample tunique liturgique de toile blanche. 4 Palette fixée sur une roue qui tourne dans un fluide.

aubépine *nf* Arbrisseau épineux à fleurs blanches ou roses, donnant des fruits rouges.

aubère *a, n* Cheval dont la robe est faite de poils blancs et alezans.

auberge *nf* Petit hôtel et restaurant de caractère rustique. Loc *Auberge espagnole* : endroit où l'on ne trouve que ce qu'on y apporte.

aubergine *nf* Légume violet de forme allongée. ■ *a inv* Couleur violet cramoisi.

aubergiste *n* Qui tient une auberge.

aubier *nm* BOT Partie tendre du tronc et branches d'un arbre qui se trouve entre le cœur du bois et l'écorce.

auburn [obœʀn] *a inv* Brun-roux (cheveux).

aucun, une *pr indéf, a indéf* 1 Nul, pas un seul. *Aucune erreur n'est permise.* 2 N'importe quel. *Il fait cela mieux qu'aucun autre.*

aucunement *av* Nullement.

audace *nf* 1 Tendance à oser des actions hardies en dépit des dangers ou des obstacles. 2 Innovation qui brave les habitudes.

audacieusement *av* Avec audace.

audacieux, euse *a* Qui a, qui dénote de l'audace.

au-dedans. V. dedans.

au-dehors. V. dehors.

au-delà *av* Plus loin. ■ *nm inv* L'autre monde, après la mort.

au-dessous. V. dessous.

au-dessus. V. dessus.

au-devant. V. devant.

audible *a* Susceptible d'être entendu.

audience *nf* 1 Intérêt que suscite auprès d'un public une œuvre, une pensée, etc. 2 Entretien accordé par un personnage de haut rang à des visiteurs. 3 Séance d'un tribunal.

audimat [-mat] *nm* (n déposé) Mesure de l'audience des émissions de télévision.

audimètre *nm* Dispositif servant à des mesures d'audimétrie.

audimétrie *nf* Mesure de l'audience des émissions de radio ou de télévision.

audio *a* Qui concerne l'enregistrement et la reproduction du son.

audiogramme *nm* 1 MED Courbe évaluant la finesse de l'audition. 2 Disque ou cassette audio.

audiologie *nf* MED Science de l'audition.

audiomètre *nm* Appareil qui sert à mesurer l'acuité auditive.

audiométrie *nf* Mesure de l'acuité auditive.

audionumérique *a* Se dit d'un disque sur lequel le son est enregistré par des méthodes informatiques.

audiophile *n* Passionné d'électroacoustique.

audiophone *nm* Amplificateur acoustique utilisé par les malentendants.

audioprothésiste *n* Spécialiste des prothèses auditives.

audiovisuel, elle *a, nm* Se dit des techniques de communication qui associent les images, les films, les enregistrements sonores.

audit [odit] *nm* 1 Opération consistant à contrôler la bonne gestion d'une entreprise. 2 Personne chargée de ce contrôle.

auditer *vt* Procéder à un audit.

auditeur, trice *n* 1 Qui écoute. 2 Fonctionnaire du Conseil d'État, de la Cour des comptes. Loc *Auditeur libre* : étudiant qui assiste à des cours sans l'obligation d'être soumis à l'examen.

auditif, ive *a* Propre à l'ouïe, à l'audition.

audition *nf* 1 Perception des sons par l'oreille. 2 Présentation par un artiste, à titre de démonstration, d'un morceau de musique, d'un tour de chant, etc.

auditionner *vi* Présenter un échantillon de son répertoire. ■ *vt* Assister au numéro d'un artiste pour le juger.

auditoire *nm* Ensemble des auditeurs.

auditorium [-ʀjɔm] *nm* Salle équipée pour l'écoute, l'enregistrement, la reproduction d'œuvres sonores.

auge *nf* 1 Bassin de pierre, de bois ou de métal servant à donner à boire ou à manger aux animaux. 2 Récipient utilisé par les maçons pour délayer le plâtre ou le ciment.

augment *nm* GRAM En grec, élément préfixé à certains temps verbaux du passé.

augmentatif, ive *a* GRAM Se dit d'un préfixe ou d'un suffixe renforçant le sens d'un mot (par ex. : *archi-*, *super-*).

augmentation *nf* 1 Action, fait d'augmenter. 2 Majoration d'appointements.

augmenter *vt* 1 Rendre plus grand, plus considérable. 2 Rémunérer davantage qqn. ■ *vi* Devenir plus important, croître en quantité, en prix, etc.

augure *nm* 1 ANTIQ À Rome, devin qui tirait présage du chant et du vol des oiseaux. 2 Personne qui prétend prédire l'avenir. 3 Ce qui semble présager l'avenir.

augurer *vt* Tirer des conjectures sur l'avenir.

auguste *a* Vénérable et solennel. ■ *nm* Type de clown au maquillage bariolé.

aujourd'hui *av* 1 Au jour où l'on est. 2 Au temps où nous sommes, à notre époque.

aulne ou **aune** *nm* Arbre des terrains humides.

aulx [o] *nmpl* V. ail.

aumône *nf* 1 Ce qu'on donne aux pauvres par charité. 2 Faveur parcimonieuse.

aumônerie *nf* 1 Charge d'aumônier. 2 Local où se tient un aumônier.

aumônier *nm* Prêtre, pasteur, rabbin qui exerce son ministère auprès d'une collectivité.

aumônière *nf* Vx Bourse attachée à la ceinture.

aune. V. aulne.

auparavant *av* Avant, antérieurement.

auprès de *prép* 1 Près de, à côté de. 2 Par comparaison, avec. 3 Aux yeux de, de l'avis de. ■ *av* Dans le voisinage, non loin.

auquel. V. lequel.

aura *nf* Influence mystérieuse qui semble émaner d'une personne.

auréole *nf* 1 Couronne lumineuse dont les peintres entourent la tête du Christ. 2 Prestige, gloire. 3 Trace circulaire laissée par une tache qu'on a nettoyée.

auréoler *vt* Parer d'une auréole.

auriculaire *a* De l'oreille ou de l'oreillette du cœur. Loc *Témoin auriculaire* : qui rapporte ce qu'il a entendu. ■ *nm* Le plus petit doigt de la main.

aurifère *a* Qui contient de l'or.

aurige *nm* ANTIQ Conducteur de char.

aurochs [-ɔk] *nm* Bovidé de grande taille qui vécut en Europe, à l'état sauvage.

aurore *nf* 1 Lumière rosée qui précède le lever du Soleil. 2 Litt Origine, début. Loc *Aurore polaire* ou *boréale* : phénomène lumineux observable dans le ciel des régions polaires.

auscultation *nf* Action d'ausculter.

ausculter *vt* Écouter, directement ou à l'aide d'un stéthoscope, les bruits de l'intérieur du corps, en vue d'un diagnostic.

auspice *nm* ANTIQ Présage tiré de l'observation des oiseaux. Loc *Sous d'heureux auspices* : dans des conditions qui présagent le succès. *Sous les auspices de qqn* : sous sa protection.

aussi *av* 1 Également, de même. 2 Devant un adjectif ou un adverbe dans une comparaison, exprime l'égalité. 3 C'est pourquoi, en conséquence. Loc *Aussi bien* : après tout, d'ailleurs.

aussitôt *av* Immédiatement, sans attendre. Loc *Aussitôt que* : dès que.

austère *a* 1 Qui présente un penchant pour la gravité, la sévérité morale. 2 Dénué d'agréments ou de fantaisie.

austérité *nf* Caractère austère.

austral, ale, als ou **aux** *a* Qui se trouve dans l'hémisphère Sud. Ant. boréal.

australien, enne *a, n* De l'Australie.

australopithèque *nm* PALEONT Hominidé fossile d'Afrique australe.

autan *nm* Vent du sud-est, dans le Midi.

autant *av* (suivi de *que*) Marque l'égalité entre deux quantités. Loc *Autant que possible* : dans la mesure du possible. *Autant en emporte le vent* : ce sont des choses sans lendemain. *D'autant plus* : à plus forte raison. *Pour autant* : malgré cela, néanmoins. *D'autant (plus, moins) que* : avec cette raison (en plus ou en moins) que. *(Pour) autant que* : dans la mesure où (avec indic ou subj).

autarcie *nf* Système économique d'une région qui peut suffire à tous ses besoins.

autarcique *a* De l'autarcie.

autel *nm* 1 ANTIQ Table destinée aux sacrifices. 2 RELIG Table consacrée sur laquelle se célèbre la messe. Loc *Le Trône et l'Autel* : le pouvoir temporel et le pouvoir spirituel.

auteur *nm* 1 Qui est la cause première de qqch. 2 Personne qui a fait un ouvrage de littérature, de science ou d'art.

authenticité *nf* Qualité de ce qui est authentique.

authentification *nf* Action d'authentifier.

authentifier *vt* Certifier authentique, conforme, certain.

authentique *a* 1 Se dit d'une œuvre qui émane effectivement de l'auteur auquel on l'attribue. 2 D'une vérité, d'une sincérité incontestables. Loc DR *Acte authentique* : dressé dans les formes exigées par la loi.

authentiquement *av* De façon authentique.

autisme *nm* PSYCHIAT Repliement sur soi-même et perte du contact avec la réalité extérieure.

autiste *a, n* Atteint d'autisme.

auto *nf* Fam Automobile.

autoadhésif, ive *a* Autocollant.

autoallumage *nm* Allumage spontané du mélange détonant dans le moteur.

autobiographe *n* Auteur d'une autobiographie.

autobiographie *nf* Biographie d'une personne écrite par elle-même.

autobiographique *a* De l'autobiographie.

autobronzant, ante *a, nm* Qui permet de bronzer sans soleil.

autobus *nm* Véhicule automobile pour transports en commun urbains.

autocar *nm* Véhicule automobile destiné au transport collectif interurbain ou de tourisme.

autocaravane *nf* Syn de *camping-car*.

autocariste *n* Entrepreneur de transports en autocar.

autocassable *a* Se dit d'une ampoule médicamenteuse qui peut se casser sans lime.

autocensure *nf* Censure préventive exercée par un auteur sur ses propres œuvres.

autocensurer (s') *vpr* Pratiquer l'autocensure.

autochenille *nf* Automobile montée sur chenilles.

autochtone [-kton] *a, n* Se dit des populations originaires des pays qu'elles habitent.

autoclave *nm* Récipient fermé hermétiquement, pour cuire, stériliser sous pression des substances diverses.

autocollant, ante *a, nm* Qui peut être collé par simple pression.

autoconsommation *nf* Consommation des produits par leur producteur.

autocontrôle *nm* FIN Contrôle exercé par une société sur son propre capital grâce à des filiales.

autocorrection *nf* Dispositif de contrôle des erreurs par le sujet lui-même.

autocrate *nm* 1 Souverain dont le pouvoir n'est limité par aucun contrôle. 2 Personne autoritaire, tyrannique.

autocratie *nf* Système politique dans lequel le monarque possède une autorité absolue.

autocratique *a* De l'autocratie.

autocritique *nf* Aveu de ses torts.

autocuiseur *nm* Autoclave de ménage pour la cuisson rapide des aliments.

autodafé *nm* 1 HIST Exécution solennelle d'une sentence prononcée par l'Inquisition. 2 Destruction par le feu.

autodéfense *nf* Défense assurée par ses propres moyens.

autodérision *nf* Faculté de rire de soi-même.

autodestructeur, trice *a* Qui se détruit lui-même.

autodestruction *nf* Destruction de soi-même.

autodétermination *nf* Action, pour un peuple, de déterminer librement son statut politique et administratif.

autodidacte *a, n* Qui s'est instruit seul, sans maître.

autodiscipline *nf* Maintien de la discipline au sein d'une collectivité par ses propres membres.

autodissolution *nf* Le fait pour une organisation de se dissoudre spontanément.

auto-école *nf* Entreprise qui dispense des cours de conduite automobile. *Des auto-écoles.*

autoérotisme *nm* Recherche solitaire d'une satisfaction sexuelle.

autofinancement *nm* Financement d'une entreprise par ses propres ressources.

autofinancer (s') *vpr* [10] Pratiquer l'autofinancement.

autofocus [-kys] *a, nm* PHOTO Se dit d'un système de mise au point automatique.

autogène *a* Se dit de la soudure de pièces d'un même métal sans apport d'un métal étranger.

autogéré, ée *a* Géré par autogestion.

autogestion *nf* Gestion d'une entreprise par les travailleurs eux-mêmes.

autogestionnaire *a* De l'autogestion.

autographe *a, nm* Écrit de la propre main de l'auteur.

autogreffe *nf* CHIR Greffe faite à partir d'un greffon prélevé sur le sujet.

autoguidage *nm* Système qui permet à un engin de se diriger automatiquement.

autoguidé, ée *a* Dirigé par autoguidage.

autolimitation *nf* Limitation volontaire de sa consommation.

autolyse *nf* BIOL Destruction d'un tissu par ses propres enzymes.

automate *nm* 1 Appareil présentant l'aspect d'un être animé et capable d'en imiter les gestes. 2 Personne dénuée d'initiative, de réflexion. 3 Appareil équipé de dispositifs qui permettent l'exécution de certaines tâches sans intervention humaine.

automaticité *nf* Caractère automatique.

automatique *a* 1 Se dit des mouvements du corps humain exécutés sans l'intervention de la volonté, de la conscience. 2 Se dit d'un dispositif qui exécute de lui-même certaines opérations définies à l'avance. *Distributeur automatique.* 3 Qui a lieu d'office. ■ *nm* Pistolet automatique.

automatiquement *av* De façon automatique.

automatisation *nf* Ensemble des procédés automatiques visant à supprimer l'intervention humaine dans la production industrielle et le traitement de l'information.

automatiser *vt* Doter d'un fonctionnement automatique.

automatisme *nm* 1 Comportement qui échappe à la volonté ou à la conscience réfléchie. 2 Dispositif dont le fonctionnement ne nécessite pas l'intervention de l'homme.

automédication *nf* Prise de médicaments sans avis médical.

automitrailleuse *nf* Véhicule blindé puissamment armé (canon, mitrailleuse).

automnal, ale, aux [otonal] *a* De l'automne.

automne [oton] *nm* Saison qui succède à l'été et qui précède l'hiver.

automobile *nf* Véhicule terrestre à moteur pour transporter des personnes. ■ *a* De l'automobile. *Industrie automobile.*

automobilisme *nm* Activités sportives utilisant l'automobile.

automobiliste *n* Conducteur d'automobile.

automoteur, trice *a* Se dit d'un véhicule équipé d'un moteur qui lui permet de se déplacer. ■ *nf* Voiture de chemin de fer à moteur.

autonettoyant, ante *a* Qui se nettoie automatiquement. *Four autonettoyant.*

autonome *a* 1 Se dit d'une collectivité qui s'administre librement. 2 Qui fait preuve d'indépendance.

autonomie *nf* 1 Indépendance dont jouit un groupe, un pays autonome. 2 Liberté, indépendance de comportement. 3 Distance maximale parcourue par un véhicule sans nouveau ravitaillement.

autonomisme *nm* Mouvement politique des autonomistes.

autonomiste *n, a* Partisan de l'autonomie d'un pays, d'une région.

autopompe *nf* Véhicule automobile portant une pompe.

autoportrait *nm* Portrait d'un artiste exécuté par lui-même.

autoproclamer (s') *vpr* Déclarer de sa propre autorité que l'on accède à un poste.

autopropulsé, ée *a* Qui possède son propre système de propulsion.

autopsie *nf* Dissection d'un cadavre en vue de déterminer les causes de la mort.

autopsier *vt* Faire l'autopsie de.

autoradio *nm* Poste de radio conçu pour être monté dans une voiture.

autorail *nm* Automotrice pour le transport des voyageurs.

autorégulation *nf* Régulation d'un système par lui-même.

autoreverse *nm* Dispositif qui permet d'écouter sans interruption les deux pistes d'une cassette.

autorisation *nf* 1 Action d'autoriser. 2 Permis délivré par une autorité.

autorisé, ée *a* 1 Pourvu d'une autorisation. 2 Permis. *Arrêt autorisé.* 3 Qui fait autorité.

autoriser *vt* 1 Doter du droit de. 2 Permettre, légitimer. ■ *vpr* Prendre qqch comme justification, qqn comme autorité.

autoritaire *a* 1 Qui veut toujours imposer son autorité. 2 Fondé sur l'autorité. *Un régime autoritaire.*

autoritairement *av* De façon autoritaire.

autoritarisme *nm* Caractère autoritaire d'un pouvoir, d'une personne.

autorité *nf* 1 Pouvoir de commander, d'obliger à qqch. 2 Crédit, influence. 3 Personne, ouvrage dont on reconnaît la compétence, la valeur. Loc *D'autorité* : en vertu du seul pouvoir qu'on s'attribue. *Faire autorité* : servir de règle en la matière. ■ *pl* Les dirigeants.

autoroute *nf* Route à deux chaussées séparées, sans carrefour à niveau, pour la circulation rapide.

autoroutier, ère *a* De l'autoroute.

autosatisfaction *nf* Contentement de soi.

autos-couchettes *a inv* Qui assure le transport des voyageurs en couchettes et celui de leur voiture.

autostop *nm* Pratique consistant à demander par signes à un véhicule de s'arrêter et de vous transporter gratuitement.

autostoppeur, euse *n* Qui pratique l'autostop.

autosuffisance *nf* Autonomie de ressources ou de moyens qui dispense d'une aide extérieure.

autosuffisant, ante *a* Dont les ressources suffisent à ses besoins.

autosuggestion *nf* Suggestion exercée sur soi-même.

autotracté, ée *a* À traction autonome.

autotransfusion *nf* Transfusion pratiquée avec le propre sang du sujet.

1. autour (de) *av, prép* 1 Dans l'espace qui environne, qui entoure. 2 (Suivi d'une quantité, d'une date.) Environ.

2. autour *nm* Oiseau de proie diurne.

autovaccin *nm* Vaccin issu du germe prélevé sur le sujet atteint.

autre *a, pr indéf* 1 Différent, dissemblable. 2 Second par la ressemblance. *Un autre moi-même.* 3 Opposé, dans un groupe de deux. Loc *Autre part* : ailleurs. *D'autre part* : d'un autre côté, en outre. *Nous autres, vous autres* : quant à nous, à vous. *Fam À d'autres !* : je ne crois pas ces sornettes. *Entre autres* : notamment. *L'un dans l'autre* : en compensant une chose par une autre.

autrefois *av* Dans un temps plus ou moins lointain ; jadis.

autrement *av* 1 D'une autre façon. 2 Sans quoi, sinon.

autrichien, enne *a, n* D'Autriche.

autruche *nf* Grand oiseau coureur des savanes africaines.

autrui *pr indéf* Litt Les autres, le prochain. *Le bien d'autrui.*

auvent *nm* Petit toit incliné au-dessus d'une porte.

auvergnat, ate *a, n* D'Auvergne.

auxiliaire *a, n* Qui aide accessoirement ou provisoirement. Loc *Maître auxiliaire* : professeur non titulaire. ■ *a, nm* GRAM Se dit des verbes *avoir* et *être* qui servent à former les temps composés.

auxiliariat *nm* Fonction de maître auxiliaire.

auxquels, auxquelles. V. lequel.

avachir *vt* Amollir ou déformer. ■ *vpr* Se déformer, se laisser aller.

avachissement *nm* État d'une chose ou d'une personne avachie.

1. aval *nm* 1 Engagement pris par un tiers de payer une somme au cas où le débiteur principal serait défaillant. 2 Caution, assentiment. *Donner son aval. Des avals.*

2. aval *nm* 1 Partie d'un cours d'eau comprise entre un point donné et son embouchure. 2 Partie d'une activité, d'un processus qui est la plus proche du point d'aboutissement. ■ *av, a inv* Vers l'aval. *Ski aval.* Ant. amont.

avalanche *nf* 1 Glissement d'une grande masse de neige sur la pente d'une montagne. 2 Grande quantité de choses.

avaler *vt* 1 Faire descendre par le gosier. 2 Lire avidement. 3 Croire naïvement.

avaliser *vt* Donner son aval à qqch.

à-valoir *nm inv* Règlement partiel d'une somme due.

avance *nf* 1 Progression. 2 Espace parcouru avant qqn. 3 Temps gagné sur qqn. 4 Somme d'argent donnée ou reçue à titre d'acompte. Loc *À l'avance, d'avance, par avance* : de façon anticipée, avant le moment fixé. *En avance* : avant le moment prévu. ■ *pl* Premières démarches pour nouer ou renouer des relations.

avancé, ée *a* 1 Qui est en avant, en avance. 2 Arrivé à un certain degré de perfection. 3 Dont une grande partie est écoulée ou qui touche à son terme. 4 Se dit d'un aliment proche de la décomposition.

avancée *nf* 1 Ce qui est en avant, qui fait saillie. 2 Progrès. *L'avancée des négociations.* 3 Partie terminale de la ligne de pêche.

avancement *nm* 1 Progrès, développement. 2 Promotion. *Obtenir de l'avancement.*

avancer *vi* [10] 1 Aller en avant, progresser. 2 Indiquer une heure plus avancée que l'heure réelle (montres). 3 Faire saillie, dépasser de l'alignement. ■ *vt* 1 Porter en avant. *Avancer un fauteuil.* 2 Faire progresser. *Avancer son travail.* 3 Payer par anticipation. 4 Mettre en avant, faire valoir. *Avancer des arguments.* 5 Faire advenir plus tôt que prévu. *Avancer son départ.* ■ *vpr* 1 Se porter en avant. 2 Faire saillie. 3 S'engager trop avant dans ses propos ou ses démarches.

avanie *nf* Vexation, affront public.

avant *av, prép* Marque l'antériorité, la priorité dans le temps, l'espace, le rang. Loc *Avant que* (+ subj) : avant le moment où. *En avant* : devant soi. *Mettre en avant qqch* : l'alléguer. *Se mettre en avant* : se faire valoir. ■ *nm* 1 Partie antérieure d'un véhicule, d'un navire, etc. Ant. arrière. 2 Front des combats. 3 Joueur placé devant tous les autres. **Loc** *Aller de l'avant :* progresser vivement. ■ *a inv* Placé à l'avant. *Les roues avant.*

avantage *nm* **1** Ce dont on peut tirer un profit, un succès ; supériorité. **2** Au tennis, point marqué par un joueur lorsque la marque est à quarante partout.

avantager *vt* [11] Favoriser.

avantageusement *av* De façon avantageuse.

avantageux, euse *a* **1** Qui procure des avantages. *Produit avantageux.* **2** Vain, présomptueux. *Air avantageux.*

avant-bras *nm inv* Segment du membre supérieur compris entre le coude et le poignet.

avant-centre *nm* Au football, au hand-ball, etc., joueur qui occupe la partie centrale de la ligne des avants. *Des avants-centres.*

avant-coureur *a* Précurseur. *Les signes avant-coureurs de la maladie.*

avant-dernier, ère *a, n* Qui précède immédiatement le dernier. *Les avant-derniers.*

avant-garde *nf* **1** Ensemble des éléments de reconnaissance qu'une troupe détache en avant d'elle. **2** Ensemble de ceux qui sont à la tête des innovations en matière littéraire, artistique. *Des avant-gardes.*

avant-gardiste *a, n* Qui est à l'avant-garde politique, culturelle. *Des avant-gardistes.*

avant-goût *nm* Impression, sensation qu'on a par avance. *Des avant-goûts.*

avant-guerre *nm* ou *f* Période qui a précédé la guerre. *Des avant-guerres.*

avant-hier *av* Le jour qui a précédé la veille. *Je l'ai vu avant-hier.*

avant-port *nm* Partie d'un port ouverte sur la mer. *Des avant-ports.*

avant-poste *nm* Poste militaire avancé. *Des avant-postes.*

avant-première *nf* Spectacle donné à l'intention des critiques avant la première représentation publique. *Des avant-premières.*

avant-projet *nm* Étude préliminaire d'un projet. *Des avant-projets.*

avant-propos *nm inv* Courte préface.

avant-scène *nf* **1** Partie de la scène comprise entre le rideau et la rampe. **2** Loge proche de la scène. *Des avant-scènes.*

avant-veille *nf* Jour qui précède la veille. *Des avant-veilles.*

avare *a, n* Qui a la passion de l'argent et l'accumule sans vouloir l'utiliser. ■ *a* Qui n'accorde pas facilement qqch.

avarice *nf* Amour excessif de l'argent pour lui-même.

avarie *nf* **1** MAR Dommage arrivé à un navire ou à sa cargaison. **2** Dommage, détérioration subie par un objet.

avarié, ée *a* **1** Qui a subi une avarie. **2** Détérioré, gâté. *Fruits avariés.*

avarier *vt* Endommager, abîmer.

avatar *nm* **1** RELIG Incarnation d'un dieu, dans le brahmanisme. **2** Métamorphose. **3** *Abusiv* Tracas, malheur, accident.

à vau-l'eau *av* À l'abandon, à la ruine.

Ave ou **Ave Maria** *nm inv* Prière à la Sainte Vierge.

avec *prép, av* Indique l'accompagnement, la relation, le moyen, la manière, l'opposition, la simultanéité.

aveline *nf* Fruit de l'avelinier.

avelinier *nm* Variété de noisetier.

aven [aven] *nm* Gouffre naturel creusé par les eaux d'infiltration.

1. avenant, ante *a* Affable.

2. avenant *nm* Addition, modification à un contrat en cours. **Loc** *À l'avenant :* à proportion, en conformité.

avènement *nm* **1** Venue du Messie. **2** Accession à la souveraineté.

avenir *nm* **1** Le temps à venir, les évènements futurs. **2** Situation de qqn dans le futur. **Loc** *À l'avenir :* désormais. *D'avenir :* dont on peut espérer la réussite.

Avent *nm* Temps de quatre semaines consacré par les chrétiens à se préparer à la fête de Noël.

aventure *nf* **1** Événement imprévu, extraordinaire. **2** Intrigue amoureuse. **3** Entreprise risquée. **Loc** *D'aventure, par aventure :* par hasard. *Aller à l'aventure :* sans but. *Dire la bonne aventure :* prédire l'avenir.

aventurer *vt* Litt Risquer, hasarder. ■ *vpr* Se risquer à.

aventureusement *av* De façon aventureuse.

aventureux, euse *a* **1** Qui aime le risque. *Esprit aventureux.* **2** Qui comporte des aventures, des risques. *Vie aventureuse.*

aventurier, ère *n* **1** Qui cherche les aventures. **2** Individu sans scrupules.

aventurisme *nm* Tendance à prendre des mesures aventureuses.

avenu, ue *a* **Loc** *Nul et non avenu :* considéré comme n'ayant jamais existé.

avenue *nf* Voie, rue large.

avéré, ée *a* Reconnu pour certain.

avérer (s') *vpr* [12] Se révéler, apparaître. *Il s'avère que cela est faux.*

avers *nm* Face d'une monnaie. Ant. revers.

averse *nf* Pluie soudaine et abondante.

aversion *nf* Violente antipathie.

averti, ie *a* **1** Informé, sur ses gardes. **2** Expérimenté, compétent.

avertir *vt* Attirer l'attention de qqn, le prévenir. *Avertir qqn d'un danger.*

avertissement *nm* **1** Appel à l'attention. **2** Courte préface. **3** Remontrance, rappel à l'ordre avant la sanction.

avertisseur *nm* Dispositif sonore qui avertit.

aveu *nm* Action d'avouer. *L'aveu d'un crime.* **Loc** *De l'aveu de :* selon le témoignage de.

aveuglant, ante *a* **1** Éblouissant. **2** Qu'on ne peut nier. *Vérité aveuglante.*

aveugle *a, n* Privé du sens de la vue. **Loc** *Jouer en aveugle :* sans regarder l'échiquier. MED *Test en aveugle :* avec des produits ne portant aucune mention. ■ *a* **1** Manquant de clairvoyance et de discernement. **2** Qui ne souffre pas l'examen ou la discussion. *Obéissance aveugle.*

aveuglement *nm* Manque de discernement.

aveuglément *av* Sans réflexion.

aveugler *vt* **1** Rendre aveugle, éblouir. **2** Priver de discernement. **3** Obstruer, boucher. *Aveugler une voie d'eau.* ■ *vpr* Se faire illusion, se cacher volontairement la vérité.

aveuglette (à l') *av* **1** Sans voir. **2** Au hasard.

aviaire *a* Des oiseaux. *Peste aviaire.*

aviateur, trice *n* Pilote d'un avion.

aviation *nf* **1** Navigation aérienne par avion. **2** Ensemble des avions.

avicole *a* De l'aviculture.

aviculteur, trice n Qui pratique l'aviculture.

aviculture nf Élevage des oiseaux et de la volaille.

avide a Qui désire ardemment se procurer qqch, cupide.

avidement av De manière avide.

avidité nf Désir immodéré, cupidité.

avilir vt 1 Déprécier. *Avilir une monnaie.* 2 Rendre méprisable. *Avilir son nom.* ■ vpr Se déprécier, se dégrader.

avilissant, ante a Qui avilit.

avilissement nm Action d'avilir ; état de ce qui est avili.

aviné, ée a 1 Ivre. 2 Qui dénote l'ivresse. *Démarche avinée.*

avion nm Aéronef plus lourd que l'air, pourvu d'ailes et d'un ou de plusieurs moteurs qui lui permettent de voler.

avion-citerne nm Avion transporteur de carburant. *Des avions-citernes.*

avionique nf Électronique appliquée à l'aéronautique.

avionnerie nf Usine de construction aéronautique.

avionneur nm Constructeur d'avions.

avion-radar nm Avion équipé d'un système de radars. *Des avions-radars.*

aviron nm 1 Rame d'une embarcation. 2 Sport du canotage.

avis nm 1 Opinion. *Donner son avis.* 2 Conseil. *C'est un avis amical.* 3 Annonce d'un fait qu'on porte à la connaissance du public. Loc *Avis au lecteur :* courte préface.

avisé, ée a Prudent, judicieux.

aviser vt 1 Informer par un avis. *Aviser la population.* 2 Litt Apercevoir. *Aviser un ami dans la foule.* ■ vi Prendre une décision. *Il va falloir aviser.* ■ vpr 1 Se rendre compte de qqch. *S'aviser de l'arrivée de qqn.* 2 Être assez audacieux pour. *Ne t'avise pas de me tromper.*

aviso nm Navire de guerre, d'escorte ou de lutte contre les sous-marins.

avitaminose nf MED Carence en vitamines.

aviver vt 1 Rendre plus vif, plus éclatant. 2 Exciter, irriter. *Aviver une douleur.*

1. avocat, ate n 1 Qui fait profession de défendre les causes en justice. 2 Personne qui prend fait et cause pour qqn, qqch. Loc *Avocat général :* magistrat du parquet, représentant du ministère public. *Avocat du diable :* personne qui prend la défense d'une mauvaise cause pour susciter des réfutations à ses objections.

2. avocat nm Fruit comestible de l'avocatier.

avocatier nm Arbre originaire d'Amérique du Sud dont le fruit est l'avocat.

avoine nf Céréale utilisée notamment pour la nourriture des chevaux.

avoir vt [7] 1 Posséder. 2 Bénéficier, jouir de. 3 Être doté de. 4 Fam Duper, dominer. 5 Éprouver, ressentir. *Avoir faim, chaud.* 6 Auxiliaire des formes composées actives de tous les verbes transitifs et de la plupart des verbes intransitifs. *J'ai écrit, j'ai eu, j'ai été.* Loc *En avoir à, après, contre qqn :* lui manifester de l'hostilité. *Il y a :* il existe. *Il y a cinq minutes :* cela fait cinq minutes. *Il n'y a qu'à :* il suffit de. *Avoir à* (+ inf) : exprime l'obligation. ■ nm 1 Biens, possession. 2 Somme due à une personne, crédit.

avoisinant, ante a Proche, voisin.

avoisiner vt Être voisin, proche de.

avorté, ée a Qui a échoué. *Plan avorté.*

avortement nm Action d'avorter.

avorter vi 1 Expulser le fœtus avant qu'il soit viable. 2 Ne pas aboutir, ne pas avoir le succès prévu.

avorton nm Individu difforme et chétif.

avouable a Qu'on peut avouer sans honte.

avoué nm Officier ministériel qui représentait les plaideurs devant certains tribunaux.

avouer vt Confesser, reconnaître. *Avouer ses erreurs.*

avril nm Le quatrième mois de l'année. Loc *Poisson d'avril :* plaisanterie, farce faite traditionnellement le 1er avril.

avunculaire [-v5-] a D'un oncle, d'une tante.

axe nm 1 Droite autour de laquelle un corps tourne. 2 Pièce cylindrique autour de laquelle tourne un corps. *Axe d'une roue.* 3 MATH Droite qui sert de référence. *Axe des abscisses.* 4 Ligne centrale. *L'axe d'une rue.* 5 Grande voie de communication. 6 Ligne directrice d'un projet, d'un plan. *Les axes d'une politique.*

axer vt 1 Diriger selon un axe. 2 Orienter un projet, une action selon telle direction.

axial, ale, aux a D'un axe.

axiologie nf PHILO Théorie des valeurs, plus partic. des valeurs morales.

axiomatique a PHILO 1 De l'axiome. 2 Qui raisonne sur des symboles, indépendamment de leur contenu. ■ nf Branche de la logique qui étudie les systèmes d'axiomes.

axiome nm PHILO Proposition générale reçue et acceptée comme vraie sans démonstration.

axis nm Deuxième vertèbre cervicale.

axolotl nm Amphibien du Mexique.

axone nm ANAT Prolongement du neurone qui conduit l'influx nerveux.

ayant droit nm Qui a droit ou qui est intéressé à qqch. *Des ayants droit.*

ayatollah nm Dignitaire musulman chiite.

aye-aye [ajaj] nm Mammifère arboricole de Madagascar. *Des ayes-ayes.*

azalée nf Arbuste ornemental cultivé pour ses fleurs colorées.

azéri, ie, a n De l'Azerbaïdjan. ■ nm Langue turque de ce pays.

azimut nm ASTRO Angle compris entre le plan vertical passant par l'axe de visée et le plan du méridien de l'observateur. Loc Fam *Dans tous les azimuts :* dans tous les sens.

azimuté, ée a Fam Un peu fou.

azoïque nm Composé utilisé comme colorant alimentaire.

azote nm Gaz incolore et inodore, peu réactif et peu soluble dans l'eau.

azoté, ée a Qui contient de l'azote.

AZT nm Médicament antiviral utilisé pour le traitement du sida.

aztèque a Relatif aux Aztèques.

azulejo [azuleʁo] nm Revêtement décoratif bleu au Portugal.

azur nm Litt Couleur bleu clair limpide.

azuré, ée a De la couleur de l'azur ; bleu.

azuréen, enne a De la Côte d'Azur.

azyme a Loc *Pain azyme :* pain sans levain.

B

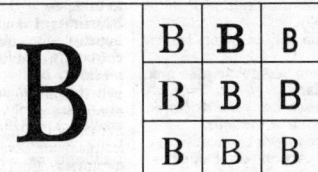

b *nm* Deuxième lettre (consonne) de l'alphabet.

B.A. [bea] *nf* Fam Bonne action.

b.a.-ba [beaba] *nm inv* Fam Notions élémentaires. *Le b.a.-ba du ski.*

1. baba *a inv* Fam Stupéfait.

2. baba *nm* Gâteau imbibé de rhum.

baba cool [babakul] ou **baba** *n, a* Qui reste attaché à la mode hippie. *Des babas cool.*

babeurre *nm* Liquide qui reste quand on fait le beurre.

babil *nm* Bavardage enfantin.

babillage *nm* Action de babiller.

babiller *vi* Bavarder futilement.

babines *nfpl* Lèvres pendantes de certains animaux. Loc Fam *S'en lécher les babines* : s'en délecter à l'avance.

babiole *nf* Fam Chose de peu de valeur, de peu d'importance.

babiroussa *nm* Sanglier d'Indonésie.

bâbord *nm* Côté gauche du navire lorsqu'on regarde vers l'avant. Ant. tribord.

babouche *nf* Pantoufle en cuir, sans talon.

babouin *nm* Singe cynocéphale d'Afrique, au museau allongé.

babouvisme *nm* HIST Doctrine de Babeuf, préconisant un communisme égalitaire.

baby-boom [bebibum] *nm* Accroissement brusque de la natalité.

baby-foot [bebifut] *nm inv* Jeu constitué d'une table qui représente un terrain de football et de figurines fixées sur des tringles.

babylonien, enne *a, n* De Babylone.

baby-sitter [bebisitœr] *n* Personne qui garde un jeune enfant en l'absence des parents. *Des baby-sitters.*

baby-sitting [bebisitiŋ] *nm* Activité de baby-sitter. *Des baby-sittings.*

1. bac *nm* **1** Bateau fluvial à fond plat transportant sur l'autre rive personnes et véhicules. **2** Cuve destinée à des usages variés.

2. bac *nm* Fam Baccalauréat.

baccalauréat *nm* Examen et diplôme sanctionnant la fin des études secondaires.

baccara *nm* Jeu de hasard qui se joue avec des cartes, entre un banquier et des joueurs (pontes).

bacchanale [-ka-] *nf* Litt Débauche bruyante. ■ *pl* Fêtes religieuses dédiées à Bacchus.

bacchante [-kãt] *nf* Femme participant au culte de Bacchus. ■ *pl* Fam Moustache.

bâche *nf* Forte toile imperméable ou plastifiée pour la protection des voitures, des chargements, des récoltes, etc.

bachelier, ère *n* Titulaire du baccalauréat. ■ *nm* HIST Au Moyen Âge, aspirant au rang de chevalier.

bâcher *vt* Couvrir d'une bâche.

bachique *a* De Bacchus.

bachot *nm* Fam Baccalauréat.

bachotage *nm* Fam Action de bachoter.

bachoter *vi* Fam Préparer un examen, un concours par un travail intensif.

bacillaire [-silεr] *a* Relatif aux bacilles. ■ *a, n* Atteint de tuberculose.

bacille [-sil] *nm* Bactérie en forme de bâtonnet.

backgammon [-mɔn] *nm* Jeu de dés proche du jacquet.

background [-graund] *nm* Arrière-plan, contexte d'un évènement, d'une situation.

bâclage *nm* Action de bâcler.

bâcler *vt* Fam Faire un travail trop rapidement et sans application.

bacon [bekœn] *nm* Tranche mince de viande de porc, salée et fumée.

bactéricide *a, nm* Qui tue les bactéries.

bactérie *nf* Être vivant unicellulaire se reproduisant par scissiparité.

bactérien, enne *a* Des bactéries.

bactériologie *nf* Étude des bactéries.

bactériologique *a* De la bactériologie.

bactériologiste *n* Spécialiste de bactériologie.

bactériostatique *a, nm* MED Qui bloque la multiplication bactérienne.

badaud *nm* Qui regarde en flânant le moindre spectacle de la rue.

baderne *nf* Loc Fam *Vieille baderne* : homme aux idées rétrogrades.

badge *nm* **1** Insigne publicitaire ou d'appartenance à un groupe, fixé sur un vêtement. **2** Document d'identité magnétique.

badiane *nf* Arbuste dont le fruit, l'anis étoilé, est aromatique.

badigeon *nm* Enduit liquide dont on revêt les murs ou les plafonds.

badigeonnage *nm* Action de badigeonner.

badigeonner *vt* **1** Recouvrir d'un badigeon. **2** Enduire d'un liquide médicamenteux.

badin, ine *a* Enjoué, plaisant. *Ton badin.*

badinage *nm* Action de badiner, de plaisanter.

badine nf Baguette mince et souple.

badiner vi Parler de manière enjouée et légère.
Loc *Ne pas badiner avec* (ou *sur*) *qqch* : être très strict là-dessus.

badinerie nf Ce qu'on dit, ce qu'on fait en badinant.

badminton [-minton] nm Jeu qui se joue avec des raquettes et un volant.

baffe nf Pop Gifle. *Recevoir une paire de baffes.*

baffle nm Syn de *enceinte acoustique.*

bafouer vt Traiter avec mépris ; ridiculiser.

bafouillage nm Fam Action de bafouiller ; propos confus, incohérents.

bafouiller vi, vt Fam S'exprimer de façon embarrassée et incohérente.

bâfrer vi Pop Manger goulûment.

bâfreur, euse n Fam Glouton.

bagage nm 1 Objet qu'on transporte avec soi en déplacement. 2 Ensemble des connaissances acquises. Loc *Partir avec armes et bagages* : en emportant tout ce qui peut être emporté. *Plier bagage* : partir.

bagagiste nm 1 Préposé aux bagages dans un hôtel, une gare. 2 Industriel du bagage.

bagarre nf Fam Rixe, querelle, lutte.

bagarrer (se) vpr Fam Se battre, lutter.

bagarreur, euse a, n Fam Qui aime se bagarrer.

bagatelle nf 1 Objet de peu de valeur. 2 Somme insignifiante. 3 Chose futile. 4 Fam L'amour, le plaisir physique.

bagnard nm Forçat.

bagne nm 1 Lieu où étaient détenus les condamnés aux travaux forcés. 2 Endroit où on est maltraité.

bagnole nf Fam Automobile.

bagou ou **bagout** nm Fam Grande facilité de parole pour amuser, duper.

bague nf 1 Anneau qu'on porte au doigt. 2 Objet en forme d'anneau.

baguenauder vi, vpr Fam Flâner.

baguer vt Garnir d'une bague.

baguette nf 1 Bâton mince. 2 Pain de 250 g, de forme allongée. 3 Moulure de menuiserie. Loc *Mener à la baguette* : avec fermeté.

bah ! interj Marque l'indifférence, le doute.

baht nm Unité monétaire de la Thaïlande.

bahut nm 1 Grand coffre. 2 Buffet bas. 3 Fam Camion, taxi. 4 Fam Lycée, collège.

bai, baie a Rouge-brun, en parlant de la robe d'un cheval.

1. baie nf Fruit charnu à pépins.

2. baie nf 1 Partie rentrante d'une côte occupée par la mer. 2 Large ouverture pratiquée dans un mur, servant de porte ou de fenêtre.

baignade nf 1 Action de prendre un bain. 2 Lieu où l'on se baigne.

baigner vt 1 Mettre dans un bain. 2 Toucher (mer, fleuves). *La Manche baigne le Cotentin.* ■ vi Être entièrement plongé dans un liquide. Loc Pop *Ça baigne* : tout va pour le mieux. ■ vpr Prendre un bain.

baigneur, euse n Personne qui se baigne. ■ nm Poupée nue représentant un bébé.

baignoire nf 1 Cuve servant à prendre des bains. 2 Loge de théâtre.

bail nm 1 Contrat de location pour une durée déterminée. 2 Fam Long espace de temps. *Ça fait un bail. Des baux.*

bâillement nm Action de bâiller.

bailler vt Loc Litt *La bailler belle à qqn* : vouloir le tromper.

bâiller vi 1 Faire, en ouvrant largement la bouche, une inspiration profonde. 2 Être entrouvert, mal joint.

bailleur, bailleresse n Qui cède un bien à bail. Loc *Bailleur de fonds* : qui fournit des capitaux.

bailli nm HIST Officier qui remplissait des fonctions judiciaires, militaires et financières.

bailliage nm HIST 1 Partie du territoire qui dépendait d'un bailli. 2 Tribunal du bailli.

bâillon nm 1 Étoffe qu'on met dans ou devant la bouche de qqn pour l'empêcher de crier. 2 Entrave à l'expression de la pensée.

bâillonnement nm Action de bâillonner.

bâillonner vt 1 Mettre un bâillon à qqn. 2 Forcer au silence. *Bâillonner la presse.*

bain nm 1 Immersion du corps ou d'une partie du corps dans l'eau, dans un liquide. 2 L'eau, le liquide dans lequel on se baigne. 3 Solution, liquide dans lequel on plonge un objet. Loc *Bain de soleil* : exposition du corps à l'action des rayons du soleil. *Bain de foule* : action de qqn qui recherche un contact direct avec une foule qui l'acclame. Fam *Se mettre dans le bain* : aborder une tâche nouvelle. ■ pl Établissement public où l'on peut prendre des bains.

bain-marie nm Eau bouillante dans laquelle on met un récipient contenant ce qu'on veut faire chauffer lentement. *Des bains-marie.*

baïonnette nf Arme blanche qui s'adapte au canon du fusil. Loc *Culot à baïonnette* : culot d'ampoule électrique muni d'ergots.

baisemain nm Geste de politesse consistant à saluer une dame en lui baisant la main.

baiser vt 1 Poser les lèvres sur. 2 Pop Avoir des relations sexuelles avec. 3 Pop Tromper, posséder. ■ nm Action de poser les lèvres sur.

baisse nf 1 Abaissement du niveau. 2 Diminution du prix, de la valeur.

baisser vt 1 Mettre plus bas. *Baisser un store.* 2 Diminuer la hauteur, l'intensité. *Baisser le son.* Loc *Baisser les yeux* : regarder vers le bas. ■ vi 1 Aller en diminuant de hauteur. 2 Aller en diminuant d'intensité. 3 Perdre ses forces. 4 Diminuer de prix, de valeur. ■ vpr Se courber vers l'avant.

bajoue nf 1 Joue, chez les animaux. 2 Fam Joue pendante, chez l'homme.

bakchich nm Fam Pourboire ou pot-de-vin.

bakélite nf (n déposé) Matière plastique.

baklava nm Gâteau oriental au miel et aux amandes.

bal nm 1 Réunion consacrée à la danse. 2 Local où se donnent des bals publics.

balade nf Fam Promenade.

balader vt Promener. ■ vpr Fam Se promener.

baladeur, euse n, a Fam Qui se balade, qui aime à se balader. ■ nm Lecteur de cassettes portatif relié à un casque d'écoute. ■ nf Lampe électrique munie d'un long fil souple qui permet de la déplacer.

baladin nm Comédien de place publique.

baladisque nm Baladeur à compacts-disques.

balafon nm Xylophone d'Afrique.

balafre nf Longue entaille faite au visage.

balafré, ée a, n Qui présente une balafre.

balafrer vt Blesser en faisant une balafre.

ballonnet

balai *nm* 1 Ustensile de ménage destiné au nettoyage du sol, composé d'une brosse ou d'un faisceau de brins et d'un manche. 2 Pièce qui, par frottement, transmet ou recueille le courant électrique sur un rotor. 3 Pop Année d'âge. *Loc Train, voiture balai* : le dernier train, la dernière voiture de la journée ou du convoi.

balai-brosse *nm* Brosse dure montée sur un manche. *Des balais-brosses.*

balaise. V. balèze.

balalaïka *nf* Petit luth à caisse triangulaire et à trois cordes (musique russe).

balance *nf* 1 Instrument qui sert à peser. 2 Filet rond et creux pour pêcher les petits crustacés. 3 ECON Bilan du crédit et du débit, des achats et des ventes. 4 Arg Délateur, mouchard. *Loc Mettre en balance* : comparer.

balancé, ée *a Loc Phrase balancée* : harmonieuse. *Fam Bien balancé* : bien bâti (personne).

balancement *nm* Mouvement d'oscillation d'un corps de part et d'autre de son centre d'équilibre.

balancer *vt* [10] 1 Mouvoir, agiter par balancement. 2 Faire un examen comparatif de. 3 Réaliser l'équilibre entre débits et crédits d'un compte. 4 Compenser. 5 Pop Lancer ou jeter qqch. 6 Pop Renvoyer qqn. 7 Arg Dénoncer qqn. ■ *vi* Être en suspens, hésiter. ■ *vpr* 1 Être agité d'un balancement. 2 Faire de la balançoire. *Loc Pop S'en balancer* : s'en moquer.

balancier *nm* 1 Pièce oscillante réglant le mouvement d'une horloge ou d'une montre. 2 Longue perche utilisée par les funambules pour garder l'équilibre. 3 Flotteur placé sur le côté d'une embarcation pour la stabiliser.

balançoire *nf* 1 Siège suspendu au bout de deux cordes et sur lequel on se balance. 2 Planche posée en équilibre, aux deux bouts de laquelle deux personnes se balancent.

balayage *nm* Action de balayer.

balayer *vt* [20] 1 Nettoyer avec un balai. 2 Chasser, écarter. *Balayer une objection.* 3 Parcourir méthodiquement les points d'une surface par un faisceau lumineux ou électronique.

balayette *nf* Petit balai à manche court.

balayeur, euse *n* Qui balaie. ■ *nf* Véhicule destiné au nettoiement de la voie publique.

balayures *nfpl* Ce qu'on enlève avec un balai.

balboa *nm* Unité monétaire du Panama.

balbutiant, ante *a* Qui balbutie.

balbutiement [-simã] *nm* Action de balbutier ; paroles balbutiées.

balbutier [-sje] *vi, vt* Articuler les mots avec difficulté ou hésitation, bredouiller.

balbuzard *nm* Grand oiseau de proie.

balcon *nm* 1 Terrasse entourée d'une balustrade, suspendue en encorbellement sur la façade d'un édifice. 2 Galerie d'une salle de spectacle.

baldaquin *nm* Tenture suspendue au-dessus d'un trône, d'un lit, etc.

baleine *nf* 1 Grand mammifère marin de l'ordre des cétacés. 2 Lame ou tige flexible servant d'armature (gaines, parapluies, etc.)

baleineau *nm* Petit de la baleine.

baleinier, ère *a* Relatif aux baleines. ■ *nm* Navire équipé pour la chasse à la baleine. ■ *nf* Petit canot à bord de tous les bâtiments de commerce et de guerre.

balénoptère *nm* Mammifère cétacé voisin des baleines.

balèze ou **balaise** *a, n* Pop Très fort, puissant.

balisage *nm* Action de baliser ; ensemble de balises.

1. balise *nf* 1 Marque apparente destinée à faciliter la navigation maritime ou aérienne. 2 Appareil émettant des signaux pour guider les navires ou les avions. 3 Signal qui matérialise le tracé d'une route.

2. balise *nf* Fruit du balisier.

baliser *vt* Munir de balises.

balisier *nm* Arbuste ornemental à belles fleurs jaunes ou rouges.

balistique *a* 1 Relatif au mouvement des projectiles. 2 Se dit d'un missile fonctionnant sous l'effet de la gravitation seule. ■ *nf* Science du mouvement des corps lancés dans l'espace, en partic. des projectiles d'armes à feu.

baliveau *nm* Jeune arbre réservé lors de la coupe d'un taillis.

baliverne *nf* Propos frivole ; sornette.

balkanique *a* Des Balkans.

balkanisation *nf* Fractionnement, éclatement d'un pays en unités autonomes.

balkaniser *vt* Morceler, fractionner par balkanisation.

ballade *nf* 1 Poème de trois strophes terminées par un refrain, clos par une strophe plus courte (envoi). 2 MUS Pièce vocale ou instrumentale.

ballant, ante *a* Qui pend et se balance. ■ *nm* Mouvement de balancement.

ballast *nm* 1 Réservoir de plongée d'un sous-marin. 2 Lit de pierres sur lequel reposent les traverses d'une voie ferrée.

ballastière *nf* Carrière d'où on extrait les pierres de ballast.

balle *nf* 1 Petite sphère de matière élastique qui sert dans certains jeux. 2 Projectile des armes à feu portatives. 3 Gros paquet de marchandises, souvent enveloppé et lié de cordes. 4 Fam Figure, physionomie. 5 Enveloppe du grain des céréales. *Loc Renvoyer la balle* : répliquer avec vivacité. *Se renvoyer la balle* : s'accuser réciproquement de qqch. *Prendre la balle au bond* : saisir l'occasion. *Enfant de la balle* : personne élevée dans un milieu de comédiens, d'artistes, etc. ■ *pl Fam* Francs. *T'as pas cent balles ?*

ballerine *nf* 1 Danseuse qui fait partie d'un ballet. 2 Chaussure légère de femme, sans talon.

ballet *nm* 1 Spectacle donné par un ensemble chorégraphique. 2 Troupe de danseurs et de danseuses. *Loc Ballet diplomatique* : période de grande activité diplomatique.

ballon *nm* 1 Grosse balle gonflée d'air servant à jouer, à pratiquer certains sports. 2 Vessie gonflée d'un gaz plus léger que l'air, qui sert de jouet aux enfants. 3 Aéronef constitué par une enveloppe contenant un gaz plus léger que l'air. 4 Verre à boire de forme hémisphérique. 5 Montagne au sommet arrondi, dans les Vosges. *Loc Ballon d'oxygène* : bouteille d'oxygène qu'on donne à respirer à un malade, un blessé ; aide précaire apportée à une personne ou à une entreprise en difficulté.

ballonnement *nm* État du ventre ballonné.

ballonner *vt* Gonfler le ventre, l'estomac.

ballonnet *nm* Petit ballon.

ballon-sonde *nm* Ballon équipé d'appareils de mesure pour explorer la haute atmosphère. *Des ballons-sondes.*

ballot *nm* 1 Petite balle, petit paquet de marchandises. 2 *Fam* Niais, lourdaud.

ballottage *nm* Résultat d'un scrutin où aucun candidat n'a obtenu le nombre de voix nécessaire pour être élu au premier tour.

ballottement *nm* Mouvement d'un corps qui ballotte.

ballotter *vi* Aller d'un côté et de l'autre, être secoué en tous sens. ■ *vt* Agiter en secouant de côté et d'autre.

ballottine *nf* Rouleau de viande, de gibier.

ball-trap *nm* Appareil à ressort lançant des disques d'argile sur lesquels on s'exerce au tir. *Des ball-traps.*

balluchon ou **baluchon** *nm* Fam Petit paquet.

balnéaire *a* Des bains de mer.

balnéothérapie *nf* Cure médicale par les bains.

1. balourd *nm* Défaut d'équilibrage d'une pièce tournant autour d'un axe.

2. balourd, ourde *n, a* Qui est sans finesse ; lourdaud.

balourdise *nf* Caractère ou action d'un balourd.

balsa *nm* Bois exotique très léger, utilisé notamment en modélisme.

balsamine *nf* Plante dont les fruits, à maturité, éclatent dès qu'on les touche.

balsamique *a* Qui a la propriété d'un baume.

balte *a, n* De la Baltique, des pays riverains.

baluchon. V. balluchon.

balustrade *nf* Rampe supportée par de petits piliers ou des colonnettes.

balustre *nm* Petit pilier d'une balustrade.

balzacien, enne *a* Relatif à Balzac.

balzane *nf* Tache blanche circulaire au-dessus du sabot et au-dessous du genou d'un cheval.

bambara *nm* Langue africaine du Sénégal.

bambin, ine *n* Fam Petit enfant.

bamboche *nf* Fam Ripaille, joyeuse vie.

bambocher *vi* Fam Faire bamboche.

bambocheur, euse *n* Fam Qui bamboche.

bambou *nm* 1 Plante arborescente aux longues tiges flexibles. 2 Canne, bâton fait avec une de ces tiges. Loc *Fam Coup de bambou* : brusque accès de fatigue, ou de folie.

ban *nm* HIST Au Moyen Âge, convocation de tous ses vassaux par le seigneur ; ensemble de ces vassaux. Loc *Le ban et l'arrière-ban* : tous ceux qu'on peut réunir. *Être au ban de la société* : être déclaré indigne d'y vivre. *Être en rupture de ban* : avoir enfreint un ordre d'assignation à résidence ; avoir rompu avec son milieu social. *Ouvrir, fermer le ban* : faire entendre une sonnerie ou un roulement de tambour avant et après une cérémonie militaire. *Fam Un ban pour qqn* : invitation faite à l'assemblée de l'applaudir en cadence. ■ *pl* Publication à la mairie, à l'église d'une promesse de mariage.

1. banal, ale, aux *a* HIST Dont l'usage était imposé aux vassaux d'un seigneur moyennant une redevance. *Four banal.*

2. banal, ale, als *a* Sans originalité, ordinaire.

banalement *av* Avec banalité.

banalisation *nf* Action de banaliser.

banalisé, ée *a* Loc *Véhicule banalisé* : voiture de police sans marque distinctive.

banaliser *vt* Rendre banal, dépouiller de son originalité.

banalité *nf* 1 Caractère banal. 2 Propos banal. *Débiter des banalités.*

banane *nf* 1 Fruit comestible du bananier, de forme allongée et courbe. 2 Sacoche oblongue portée à la ceinture. 3 *Fam* Grosse mèche enroulée au-dessus du front. Loc *Fam Peau de banane* : procédé déloyal.

bananeraie *nf* Plantation de bananiers.

bananier, ère *a* De la banane. *Cultures bananières.* Loc *République bananière* : État d'Amérique centrale dont les exploitations sont aux mains de compagnies étrangères. ■ *nm* 1 Plante à très grandes feuilles des pays chauds, qui produit les bananes. 2 Navire équipé pour le transport des bananes.

banc *nm* 1 Long siège sur lequel plusieurs personnes peuvent prendre place. 2 Couche naturelle, plus ou moins régulière et horizontale, de matières minérales. 3 Plateau sous-marin. 4 Masse de poissons qui se déplacent ensemble. Loc *Banc d'essai* : appareillage qui permet de procéder aux essais d'un matériel ; ce par quoi on évalue les capacités de qqn.

bancaire *a* De la banque. *Crédit bancaire.*

bancal, ale, als *a* Dont les pieds sont d'inégale longueur, boiteux. Loc *Fam Phrase bancale* : mal construite.

bancarisation *nf* Action de bancariser.

bancariser *vt* Équiper une région, une population d'un réseau bancaire.

banco *nm* Loc *Faire banco* : tenir seul l'enjeu contre la banque, au baccara ; décider de prendre un risque important.

bandage *nm* 1 Application d'une bande sur une partie du corps lésée. 2 Bande ou appareil maintenant un pansement, contenant une hernie, etc. 3 Bande de métal, de caoutchouc entourant la jante d'une roue.

bandana *nm* Petit foulard de couleurs vives.

1. bande *nf* 1 Morceau d'étoffe, de papier, de cuir, etc., beaucoup plus long que large. 2 Partie allongée et bien délimitée d'une chose. 3 Chacun des quatre côtés intérieurs d'un billard garni d'une substance élastique. 4 Ruban en matière plastique qui sert de support à des informations ou à l'enregistrement des sons ou des images. Loc *Bande dessinée* : suite d'images dessinées racontant une histoire.

2. bande *nf* Groupe de personnes, compagnie. Loc *Faire bande à part* : rester à l'écart.

3. bande *nf* Inclinaison permanente d'un navire sur un côté. *Donner de la bande sur tribord.*

bande-annonce *nf* Sélection d'extraits d'un film pour la publicité. *Des bandes-annonces.*

bandeau *nm* 1 Bande qui couvre les yeux ou le front. 2 Coiffure qui applique les cheveux de chaque côté du front.

bandelette *nf* Bande longue et très mince.

bander *vt* 1 Entourer d'une bande ou d'un bandeau. 2 Tendre avec effort. *Bander un arc, un ressort.* ■ *vi* Pop Être en érection.

banderille *nf* Petite lance ornée de rubans, que plante le torero dans la chair du taureau.

banderole *nf* 1 Étendard long et mince. 2 Longue étoffe qui qui sert à décorer, qui porte une inscription.

bandit *nm* 1 Malfaiteur dangereux. 2 Homme sans scrupules.

banditisme *nm* Activités des bandits.

bandonéon *nm* Petit accordéon.

bandothèque *nf* INFORM Collection de bandes magnétiques.

bandoulière *nf* Loc *En bandoulière :* se dit d'une arme, d'un sac tenus par une bretelle qui barre le corps en diagonale.

bang *nm* Bruit violent provoqué par un avion franchissant le mur du son.

bangladais, aise *a, n* Du Bangladesh.

banian *nm* Figuier de l'Inde aux nombreuses racines aériennes.

banjo *nm* Sorte de guitare ronde.

banlieue *nf* Ensemble des agglomérations qui entourent une grande ville.

banlieusard, arde *n* Fam Habitant d'une banlieue, spécialement de la banlieue de Paris.

banne *nf* 1 Grande malle d'osier. 2 Auvent en toile, qui protège des intempéries la devanture d'une boutique.

banneton *nm* Petit panier d'osier.

banni, ie *a, n* Exilé ou expulsé de sa patrie ; exilé, proscrit.

bannière *nf* Étendard, drapeau. Loc Fam *C'est la croix et la bannière :* c'est une entreprise compliquée, difficile.

bannir *vt* 1 Condamner qqn à quitter son pays ou son lieu de résidence. 2 Litt Repousser, exclure. *Bannir toute inquiétude.*

bannissement *nm* Peine de l'exil.

banque *nf* 1 Entreprise qui se consacre au commerce de l'argent en recevant et en gérant des fonds, en fournissant des prêts, etc. 2 Secteur économique constitué par ces entreprises. 3 Somme que l'un des joueurs tient devant lui pour payer les gagnants, à certains jeux de hasard. Loc *Banque du sang, d'organes :* établissements qui recueillent et conservent du sang, certains organes, pour les transfusions ou les greffes. INFORM *Banque de données :* ensemble d'informations réunies dans des fichiers.

banqueroute *nf* 1 Faillite frauduleuse ou due à l'imprudence. 2 Échec total d'une action.

banquet *nm* Festin, repas solennel.

banqueter *vi* [19] 1 Participer à un banquet. 2 Faire bonne chère.

banquette *nf* 1 Banc rembourré. 2 Siège à plusieurs places dans une automobile, un train.

banquier *nm* 1 Qui dirige une banque. 2 Qui tient la banque, dans certains jeux de hasard.

banquise *nf* Amas de glaces permanentes, formé par la congélation des eaux marines.

bantou, oue *a* Relatif aux Bantous. ■ *nm* Ensemble de langues apparentées parlées dans le sud de l'Afrique.

bantoustan *nm* En Afrique du Sud, territoire attribué à l'un des peuples noirs de l'État.

banyuls [banjuls] *nm* Vin doux du Roussillon.

baobab *nm* Arbre au tronc énorme des régions tropicales.

baptême [batɛm] *nm* Sacrement chrétien, le premier des sept sacrements de l'Église catholique. Loc *Nom de baptême :* prénom conféré lors du baptême. *Baptême d'une cloche, d'un navire :* cérémonie qui consiste à les bénir en leur donnant un nom. *Baptême du feu :* débuts d'un soldat au combat. *Baptême de l'air :* premier voyage en avion.

baptisé, ée *a, n* Qui a reçu le baptême.

baptiser [batize] *vt* 1 Conférer le baptême à. 2 Donner un nom, un sobriquet, à. 3 Couper d'eau. *Baptiser du vin, du lait.*

baptismal, ale, aux [batis-] *a* Du baptême. *L'eau baptismale.*

baptisme [batism] *nm* Doctrine religieuse selon laquelle le baptême doit être administré aux adultes par immersion complète.

baptiste [batist] *n, a* Adepte du baptisme.

baptistère [batis-] *nm* Petit édifice construit autrefois pour conférer le baptême.

baquet *nm* 1 Petit cuvier, généralement en bois. 2 Siège de voiture emboîtant bien les reins.

1. bar *nm* 1 Débit de boissons où le client consomme au comptoir. 2 Le comptoir lui-même. 3 Petit meuble contenant les bouteilles de boisson.

2. bar *nm* PHYS Unité de pression.

3. bar *nm* Poisson de l'Atlantique et de la Méditerranée, à chair estimée. Syn. loup.

baragouin *nm* Fam Langage incompréhensible.

baragouiner *vt, vi* Fam Parler une langue incorrectement, de façon inintelligible.

baragouineur, euse *n* Fam Qui baragouine.

baraka *nf* Fam Chance qui semble due à une protection surnaturelle.

baraque *nf* 1 Construction légère et temporaire. 2 Fam Maison mal bâtie, mal agencée ou mal tenue.

baraqué, ée *a* Pop De forte carrure.

baraquement *nm* Ensemble de baraques servant au logement provisoire à des soldats, des ouvriers, etc.

baratin *nm* Fam Discours abondant pour enjôler ou abuser

baratiner *vi* Fam Faire du baratin. ■ *vt* Fam Essayer de séduire par un baratin. *Baratiner une fille.*

baratineur, euse *a, n* Fam Qui baratine.

baratte *nf* Machine à baratter.

baratter *vt* Agiter de la crème dans une baratte pour en faire du beurre.

barbant, ante *a* Fam Ennuyeux, fastidieux.

barbare *a, n* 1 Étranger, chez les Grecs et les Romains. 2 Cruel, féroce. 3 Grossier, qui choque le goût. *Quelle musique barbare !* 4 Incorrect. *Un mot barbare.*

barbaresque *a* Se disait des régions d'Afrique du Nord placées sous la suzeraineté ottomane.

barbarie *nf* 1 État d'un peuple qui n'est pas civilisé. 2 Cruauté, inhumanité.

barbarisme *nm* Forme fautive d'un mot, d'une locution.

1. barbe *nf* 1 Poils du menton et des joues. 2 Tige très fine terminant l'enveloppe de chaque grain dans certains épis. Loc Fam *A la barbe de qqn :* en sa présence et malgré lui. *Rire dans sa barbe :* rire, se moquer sans le laisser paraître. Fam *La barbe ! Quelle barbe ! :* exclamations marquant l'ennui, l'impatience. ■ *pl* Filaments que portent les tuyaux des plumes d'oiseaux.

2. barbe *nm* Cheval d'Afrique du Nord.

barbeau *nm* 1 Poisson d'eau douce qui ressemble à une carpe. 2 Pop Souteneur.

barbecue [barbəkju] *nm* Appareil à charbon de bois avec une grille pour la cuisson en plein air.

barbe-de-capucin *nf* 1 Chicorée sauvage comestible, blanchie en cave. 2 Syn *de usnée. Des barbes-de-capucin.*

barbelé, ée *a, n Loc Fil de fer barbelé* ou *barbelés* : fil de fer garni de pointes, employé pour les clôtures.

barber *vt* Fam Ennuyer.

barbet *nm* Chien d'arrêt, griffon à poils longs.

barbiche *nf* Barbe qu'on laisse pousser à la pointe du menton.

barbichette *nf* Fam Petite barbiche.

barbichu, ue *a, n* Qui porte une petite barbe.

barbier *nm* Anc Celui qui par profession rasait, taillait la barbe.

barbillon *nm* ZOOL Filament tactile de la bouche de certains poissons.

barbiturique *nm* Médicament utilisé comme hypnotique, sédatif, anesthésique, anticonvulsif.

barbon *nm* Litt Homme d'âge mûr, peu séduisant.

barboter *vi* S'ébattre dans l'eau ; patauger. ■ *vt* Pop Voler, subtiliser. *On m'a barboté ma montre.*

barboteuse *nf* Vêtement pour enfants, d'une seule pièce, fermé entre les jambes et laissant celles-ci nues.

barbouillage ou **barbouillis** *nm* 1 Enduit de couleur fait rapidement à la brosse. 2 Fam Mauvaise peinture. 3 Écriture peu lisible.

barbouiller *vt, vi* 1 Salir, tacher grossièrement. 2 Fam Peindre grossièrement. *Loc Fam Barbouiller du papier* : écrire beaucoup. *Barbouiller le cœur, l'estomac* : donner des nausées.

barbouilleur, euse *n* Fam Peintre sans talent.

barbouze *nf* Pop Agent plus ou moins officiel d'un service de renseignements.

barbu, ue *a, nm* Qui a de la barbe.

barbue *nf* Poisson de mer plat voisin du turbot.

barda *nm* Fam Équipement, bagage encombrant.

bardane *nf* Plante à fleurs roses des lieux incultes, qui s'accroche aux vêtements.

1. barde *nm* 1 Poète celte. 2 Poète national épique et lyrique.

2. barde *nf* Tranche mince de lard dont on enveloppe certaines viandes à rôtir.

bardeau *nm* Planchette servant au revêtement des toits, des façades.

1. barder *vt* 1 Entourer de bardes. *Barder une volaille.* 2 Recouvrir d'une plaque métallique.

2. barder *v imp* Fam Tourner mal, se gâter, devenir violent. *Ça va barder.*

bardot *nm* Hybride d'un cheval et d'une ânesse.

barème *nm* Répertoire de données chiffrées ; liste de tarifs.

barge *nf* Embarcation à fond plat et à faible tirant d'eau.

barguigner *vi* Loc Vx *Sans barguigner* : sans hésiter.

barigoule *nf* Loc *Artichauts à la barigoule* : farcis de lard et de jambon hachés, puis braisés.

baril *nm* 1 Petit tonneau. 2 Unité de mesure du pétrole (0,159 m³).

barillet *nm* Dispositif mécanique de forme cylindrique. *Barillet d'un revolver.*

bariolage *nm* Assemblage disparate de différentes couleurs.

bariolé, ée *a* Dont les couleurs sont variées, vives et mal assorties.

barjo ou **barjot** *a, n* Fam Cinglé, toqué, fou.

barkhane *nf* Dune en forme de croissant.

barmaid [-mɛd] *nf* Serveuse d'un bar.

barman [-man] *nm* Serveur d'un bar.

bar-mitsva *nf inv* Dans le judaïsme, célébration de la majorité religieuse des garçons (treize ans).

barnum [-nɔm] *nm* Petit kiosque à journaux.

barographe *nm* Baromètre enregistreur.

barolo *nm* Vin rouge italien, très réputé.

baromètre *nm* 1 Appareil servant à mesurer la pression atmosphérique. 2 Ce qui sert à mesurer, à estimer un phénomène variable. *Les sondages, baromètre de l'opinion publique.*

barométrie *nf* Mesure de la pression atmosphérique.

barométrique *a* Relatif aux variations de la pression atmosphérique.

baron, onne *n* Titre nobiliaire immédiatement inférieur à celui de vicomte. ■ *nm* Personnage important dans le monde de la politique, de la finance, etc.

baronnet *nm* Titre de noblesse honorifique en Grande-Bretagne.

baronnie *nf* 1 HIST Seigneurie d'un baron. 2 Domaine réservé d'un personnage important.

baroque *a* D'une originalité peu étonne, qui choque. *Loc Perle baroque* : perle irrégulière. ■ *a, nm* Du style chargé d'ornements qui s'est développé surtout aux XVIIᵉ et XVIIIᵉ s.

baroquisant, ante *a, n* Qui tend vers le baroque.

baroquisme *nm* Caractère baroque.

baroud *nm* Pop Bataille, bagarre. *Loc Baroud d'honneur* : combat qu'on sait perdu d'avance, livré pour l'honneur.

baroudeur *nm, a* Pop Qui aime le baroud.

barouf *nm* Pop Grand bruit, tapage.

barque *nf* Petit bateau non ponté.

barquette *nf* 1 Tartelette en forme de barque. 2 Petit récipient. *Une barquette de fraises.*

barracuda *nm* Grand poisson très vorace.

barrage *nm* 1 Ce qui barre une voie. 2 Action de barrer une voie. 3 Ouvrage disposé en travers d'un cours d'eau pour créer une retenue. *Loc Tir de barrage* : tir d'artillerie destiné à interdire un accès.

barre *nf* 1 Pièce allongée et rigide de bois, de métal, etc. 2 Trait droit de plume ou de crayon pour biffer, souligner, séparer. 3 Niveau considéré comme une limite. 4 Levier ou mécanisme commandant le gouvernail d'un bateau. 5 Zone de hautes vagues qui viennent se briser en avant de certaines côtes. 6 Emplacement réservé dans les salles d'audience judiciaire aux dépositions des témoins, parfois aux plaidoiries. *Loc Avoir barre sur qqn* : exercer sur lui une domination. Fam *Coup de barre* : fatigue brutale. *Tenir la barre* : diriger, gouverner. ■ *pl* Anc Jeu de plein air entre deux équipes.

barreau *nm* 1 Barre de bois, de fer qui sert d'assemblage, de clôture, etc. 2 Emplacement réservé aux avocats dans les salles d'audience judiciaire. 3 La profession d'avocat, le corps, l'ordre des avocats.

barrement nm Action de barrer un chèque.

barrer vt 1 Fermer au moyen d'une barrière ; interdire à la circulation. 2 Tirer un trait sur ; biffer, rayer. 3 Tenir la barre d'un bateau, le diriger. ■ vpr Pop S'en aller, se sauver.

barrette nf 1 Petite barre formant un bijou, une broche. 2 Ruban de décoration monté sur une petite barre. 3 Petite pince pour tenir les cheveux.

barreur, euse n 1 Qui tient la barre d'une embarcation. 2 En aviron, personne qui rythme la cadence des rameurs.

barricade nf Retranchement élevé hâtivement avec des moyens de fortune pour barrer un passage, une rue.

barricader vt 1 Obstruer une voie de communication par des barricades. 2 Fermer solidement. ■ vpr S'enfermer.

barrière nf 1 Assemblage de pièces de bois ou de métal interdisant un passage. 2 Obstacle naturel important.

barrique nf Tonneau contenant 200 à 250 litres.

barrir vi Crier (éléphant, rhinocéros).

barrissement ou **barrit** nm Cri de l'éléphant, du rhinocéros.

bartavelle nf Perdrix du Jura et des Alpes.

baryte nf Oxyde de baryum.

baryton nm 1 Voix intermédiaire entre le ténor et la basse. 2 Chanteur qui a cette voix.

baryum nm Métal blanc et mou analogue au calcium.

barzoï nm Lévrier russe à poil long.

bas, basse a 1 Qui a peu de hauteur, de valeur, d'élévation sociale. *Table basse. Les bas salaires. Le bas peuple.* 2 Proche de la côte. *La basse Normandie. La basse Seine.* 3 D'une époque relativement récente. *Le Bas-Empire.* 4 Grave. *Une note basse.* 5 Vil, méprisable. *De basses calomnies.* Loc *Ciel bas* : ciel couvert de nuages. *Ce bas monde* : le monde terrestre. *Messe basse* : messe non chantée. *Faire main basse sur qqch* : le dérober. *Vue basse* : mauvaise vue. ■ av Sans élever la voix. *Parler bas.* Loc *Plus bas* : plus près du sol ; ci-dessous, ci-après. *Mettre bas les armes* : les déposer, cesser le combat. *Mettre bas* : faire des petits (animaux). *Mettre à bas* : renverser. *Être bien bas* : être très mal en point. *À bas !* : cri d'hostilité. ■ nm 1 La partie inférieure. 2 Vêtement qui couvre le pied et la jambe.

basalte nm Roche éruptive noire, compacte, très dure.

basaltique a Formé de basalte.

basane nf Cuir très souple obtenu à partir d'une peau de mouton tannée.

basané, ée a Brun, hâlé (teint, peau).

bas-bleu nm Femme pédante. *Des bas-bleus.*

bas-côté nm 1 Galerie ou nef latérale d'une église. 2 Accotement d'une route entre la chaussée et le fossé. *Des bas-côtés.*

basculant, ante a Qui peut basculer.

bascule nf 1 Pièce de bois ou de métal, qui oscille librement autour de son axe. 2 Balançoire faite d'une seule pièce en équilibre. 3 Machine à peser les lourdes charges.

basculer vi 1 Avoir un mouvement de bascule. 2 Perdre l'équilibre et tomber. ■ vt Renverser, faire tomber.

base nf 1 Partie inférieure d'un corps, sur laquelle ce corps repose. 2 Ensemble des militants d'un parti politique, d'un syndicat (par opposition aux dirigeants). 3 Principal ingrédient d'un mélange. 4 Principe, donnée fondamentale. 5 CHIM Corps qui, combiné avec un acide, le neutralise. 6 Dans un triangle, côté opposé au sommet ; dans un trapèze, chacun des côtés parallèles. 7 MATH Nombre de chiffres utilisés dans un système de numération. 8 MILIT Zone où sont rassemblés les équipements et les services nécessaires à une action offensive ou défensive.

base-ball [bezbol] nm Jeu de balle opposant deux équipes, pratiqué surtout aux États-Unis.

Basedow (maladie de) nf Maladie de la thyroïde caractérisée par un goitre.

baser vt 1 Prendre ou donner pour base. 2 Établir une unité dans une base militaire. Loc *Être basé qqpart* : y avoir son point d'attache, son siège social. ■ vpr S'appuyer, se fonder.

bas-fond nm 1 Terrain plus bas que ceux qui l'entourent. 2 Endroit peu profond dans un cours d'eau, un lac, une mer. ■ pl Couches les plus misérables, les plus dépravées d'une société. *Des bas-fonds.*

basic nm Langage de programmation informatique.

basidiomycète nm Champignon membre d'une classe très importante comprenant les champignons les plus courants.

basilic nm Plante aromatique, employée comme condiment.

basilique nf 1 Dans l'Antiquité romaine, vaste édifice servant de tribunal et de lieu de commerce. 2 Église chrétienne des premiers siècles. 3 Titre concédé par le pape à certaines grandes églises.

basique a 1 Fondamental, de base. *Français basique.* 2 Restreint à l'essentiel, rudimentaire. 3 CHIM Qui a les caractères d'une base. ■ nm Vêtement présent dans toute garde-robe.

basket ou **basket-ball** [basketbol] nm Sport d'équipe consistant à lancer un ballon dans un panier suspendu. ■ nf Chaussure de sport à lacet et montante.

basketteur, euse n Joueur de basket.

basmati nm Riz d'origine indienne, à grain long.

basoche nf HIST Au Moyen Âge, association des clercs du Parlement.

basquais, aise a Loc *Poulet basquaise* : poulet cuit au vin blanc, avec tomates, poivrons et champignons.

basque a, n Du Pays basque. ■ nm Langue parlée au Pays basque.

basques nfpl Pans de vêtement qui partent de la taille. Loc Litt *Se pendre aux basques de qqn* : le suivre partout.

bas-relief nm Sculpture faisant peu saillie sur le bloc qui lui sert de support. *Des bas-reliefs.*

basse nf 1 Partie la plus grave d'un morceau de musique polyphonique. 2 Chanteur capable de chanter ces parties. 3 Instrument de musique servant à exécuter la basse.

basse-cour nf 1 Partie d'une exploitation rurale, où l'on élève la volaille et les lapins. 2 Ensemble de ces animaux. *Des basses-cours.*

basse-fosse nf Cachot souterrain d'un château fort. *Des basses-fosses.*

bassement *av* De façon vile.

bassesse *nf* 1 Dégradation morale. 2 Action vile. *Faire des bassesses.*

basset *nm* Chien aux pattes très courtes, le plus souvent torses.

bassin *nm* 1 Grand plat creux, généralement rond ou ovale. 2 Pièce d'eau dans un jardin, un parc. 3 Partie plus ou moins profonde d'une piscine. 4 Plan d'eau d'un port, bordé de quais. 5 Territoire dont les eaux de ruissellement vont se concentrer dans une mer, un fleuve ou un lac. *Le bassin de la Loire.* 6 Vaste région en forme de cuvette. *Le Bassin parisien.* 7 Gisement de minerai de grande étendue. 8 Structure osseuse en forme de ceinture, qui constitue la base du tronc. Loc *Bassin d'emploi, d'audience :* zone géographique où l'on cherche un emploi, qui peut être touchée par un média.

bassine *nf* Grande cuvette servant à divers usages domestiques.

bassiner *vt* 1 Chauffer avec une bassinoire. 2 Humecter légèrement. 3 Pop Fatiguer, ennuyer.

bassinet *nm* Loc *Cracher au bassinet :* contribuer à quelque dépense, en général à contrecœur.

bassinoire *nf* Récipient métallique destiné à recevoir des braises pour chauffer un lit.

bassiste *nm* Syn. de *contrebassiste*.

basson *nm* 1 Instrument à vent en bois, la basse de la famille des bois. 2 Qui joue du basson.

basta ! *interj* Fam Marque l'impatience.

bastide *nf* 1 Ville médiévale fortifiée. 2 En Provence, maison de campagne.

bastille *nf* 1 Au Moyen Âge, ouvrage de fortification détaché en avant d'une enceinte. 2 Litt Symbole du pouvoir arbitraire.

bastingage *nm* Garde-corps sur le pont d'un navire.

bastion *nm* 1 Ouvrage fortifié formant saillie. 2 Solide point de résistance.

baston *nm* ou *nf* Pop Bagarre, rixe.

bastonnade *nf* Coups de bâton.

bastos *nf* Pop Balle d'arme à feu.

bastringue *nm* 1 Fam Tapage, vacarme. 2 Fam Attirail.

bas-ventre *nm* Partie inférieure du ventre. *Des bas-ventres.*

bât *nm* Harnachement des bêtes de somme pour le transport des fardeaux.

bataclan *nm* Fam Attirail embarrassant. Loc *Et tout le bataclan :* et cætera ; et tout le reste.

bataille *nf* 1 Combat général entre deux forces militaires. 2 Combat violent. *Bataille politique.* 3 Jeu de cartes très simple qui se joue à deux. Loc *En bataille :* en désordre. *Cheval de bataille :* idée favorite, sur laquelle on revient souvent.

batailler *vi* 1 Discuter avec âpreté ; contester. 2 Mener une lutte incessante.

batailleur, euse *a* Qui aime à se battre, à lutter.

bataillon *nm* 1 Subdivision d'un régiment d'infanterie, groupant plusieurs compagnies. 2 Troupe nombreuse et peu disciplinée.

bâtard, arde *a, n* 1 Se dit d'un enfant illégitime. 2 Qui n'est pas d'une race pure. *Lévrier bâtard.* ■ *a* Qui tient de genres, de types différents. ■ *nm* Pain court. ■ *nf* Écriture intermédiaire entre l'anglaise et la ronde.

bâtardise *nf* État de bâtard.

batavia *nf* Variété de laitue.

bâté *a* Loc *Âne bâté :* ignorant, imbécile.

bateau *nm* 1 Engin conçu pour naviguer. 2 Fam Lieu commu, banalité souvent ressassée. 3 Abaissement de la bordure d'un trottoir devant une porte cochère. Loc Fam *Mener qqn en bateau :* tenter de le tromper. ■ *a inv* Fam Banal, rebattu. *Idée bateau.*

bateau-citerne *nm* Bateau aménagé pour le transport des liquides. *Des bateaux-citernes.*

bateau-mouche *nm* Bateau de promenade sur la Seine, à Paris. *Des bateaux-mouches.*

bateleur, euse *n* Anc Comédien de place publique qui fait des tours, des pitreries, etc.

batelier, ère *n* Dont le métier est de conduire les bateaux sur les cours d'eau.

batellerie *nf* 1 Ensemble des bateaux assurant les transports sur les cours d'eau. 2 Industrie relative à ces transports.

bat-flanc *nm inv* 1 Planche de séparation entre deux chevaux dans une écurie. 2 Lit de planches.

batholite *nm* GEOL Massif granitique.

bathyal, ale, aux *a* GEOL Se dit des fonds océaniques compris entre 300 et 3 000 m de profondeur.

bathymétrie *nf* Mesure de la profondeur des mers, des lacs.

bathyscaphe *nm* Appareil autonome pour l'exploration des grandes profondeurs marines.

bâti, ie *a* Se dit d'un terrain sur lequel on a édifié un bâtiment. Loc *Être bien (mal) bâti :* être robuste (contrefait). ■ *nm* 1 Cadre d'une porte ou d'une croisée. 2 Ensemble de montants et de traverses servant de support à une machine. 3 Assemblage provisoire des pièces d'un vêtement avant couture.

batifoler *vi* Fam Folâtrer, s'ébattre.

batik *nm* Procédé de teinture utilisant de la cire pour masquer certaines parties du tissu ; tissu teint par ce procédé.

bâtiment *nm* 1 Toute construction à usage d'habitation ou d'abri. 2 L'ensemble des corps de métiers de la construction. 3 Bateau de dimensions assez importantes.

bâtir *vt* 1 Construire, édifier. 2 Établir, fonder. 3 Assembler à grands points les parties d'un vêtement.

bâtisse *nf* Grand bâtiment sans caractère.

bâtisseur, euse *n* Qui fait construire de nombreux bâtiments.

batiste *nf* Toile de lin très fine.

bâton *nm* 1 Morceau de bois long et mince, souvent fait d'une branche d'arbre. 2 Objet en forme de bâton. *Bâton de dynamite.* 3 Trait, barre que fait un enfant qui apprend à écrire, à compter. Loc *Bâton de maréchal :* insigne de la dignité de maréchal ; degré le plus élevé auquel qqn peut prétendre. *Parler à bâtons rompus :* bavarder de choses et d'autres. *Mettre des bâtons dans les roues :* susciter des difficultés.

bâtonnet *nm* Petit bâton.

bâtonnier *nm* Chef et représentant de l'ordre des avocats, dans le ressort de chaque barreau.

batracien *nm* Vx Syn de *amphibien*.

battage *nm* 1 Action de battre (les céréales, les tapis, l'or, etc.). 2 Fam Publicité tapageuse.

battant, ante *a* Loc *Pluie battante :* abondante et violente. *Porte battante :* qui se referme d'elle-même. *Tambour battant :* vive-

beau

ment, avec détermination. ∎ *n* Personne énergique, combative. ∎ *nm* **1** Marteau intérieur d'une cloche. **2** Vantail d'une porte, d'une fenêtre.

batte *nf* **1** Outil servant à frapper, à aplatir. **2** Bâton à bout renflé qui sert à renvoyer la balle au base-ball, au cricket.

battement *nm* **1** Choc, bruit de ce qui bat. **2** Mouvement de ce qui bat. **3** Intervalle de temps, délai.

batterie *nf* **1** Réunion de pièces d'artillerie. **2** Ensemble de piles, d'accumulateurs électriques associés. **3** Ensemble des instruments de percussion dans l'orchestre. Loc *Batterie de cuisine* : ensemble des ustensiles d'une cuisine. *Élevage en batterie* : élevage industriel. ∎ *pl* Plans, projets habiles. *Ne pas dévoiler ses batteries.*

batteur *nm* **1** Qui joue de la batterie dans un orchestre de jazz. **2** Instrument pour battre les œufs, la crème, etc.

batteuse *nf* Machine servant à séparer les grains de la balle et de la paille.

battle-dress [batəl-] *nm inv* Blouson de toile d'un uniforme militaire.

battoir *nm* **1** Instrument qui sert à battre le linge. **2** Fam Main grosse et large.

battre *vt* [77] **1** Donner des coups à, frapper. **2** Vaincre, surpasser. **3** Agiter vivement. *Battre des œufs en neige, de la crème.* **4** Parcourir en tous sens. *Battre les chemins.* Loc *Battre la campagne* : aller et venir de tous côtés ; divaguer. *Battre les cartes* : les mélanger. *Battre la mesure* : indiquer la cadence, le rythme. *Battre monnaie* : émettre des pièces de monnaie. *Battre la semelle* : frapper le sol avec chaque pied alternativement. *Battre pavillon français, etc* : arborer au mât ce pavillon de nationalité. *Battre froid à qqn* : lui témoigner de la froideur. *Battre son plein* : être en pleine activité. ∎ *vi* Être animé de mouvements répétés (cœur, balancier, etc). Loc *Battre de l'aile* : aller mal, péricliter. *Battre en retraite* : se retirer, céder. ∎ *vpr* Combattre, lutter.

battu, ue *a* Loc *Yeux battus* : cernés, qui marquent la fatigue. *Terre battue* : sol durci, foulé aux pieds. *Suivre les sentiers battus* : agir comme tout le monde, sans originalité.

battue *nf* Action de battre le terrain pour en faire sortir le gibier et le rabattre vers les chasseurs.

baud *nm* INFORM Unité de mesure valant une impulsion par seconde.

baudet *nm* Âne.

baudrier *nm* **1** Bande de cuir ou d'étoffe portée en écharpe et soutenant une arme, un tambour. **2** Harnais servant à un alpiniste, un spéléologue pour s'encorder.

baudroie *nf* Poisson marin à gueule énorme. Syn. lotte.

baudruche *nf* **1** Mince pellicule de caoutchouc dont on fait des ballons légers. **2** Fam Personne vaine et sotte.

bauge *nf* **1** Lieu fangeux où gîte le sanglier. **2** Habitation sale, mal tenue.

bauhinia *nm* Arbuste tropical à grandes fleurs.

baume *nm* **1** Substance résineuse et odorante qui coule de certains végétaux. **2** Médicament à odeur balsamique pour l'usage externe. **3** Litt Apaisement, consolation.

bauxite *nf* Minerai d'aluminium.

bavard, arde *a, n* **1** Qui parle beaucoup, qui aime parler. **2** Qui commet des indiscrétions.

bavardage *nm* **1** Action de bavarder. **2** Propos vains ou indiscrets.

bavarder *vi* **1** Parler familièrement avec qqn, causer abondamment. **2** Divulguer ce qu'on devrait taire.

bavarois, oise *a, n* De Bavière. ∎ *nm* ou *nf* Entremets froid à base de crème anglaise et de gélatine.

bavasser *vi* Fam Bavarder.

bave *nf* Salive visqueuse qui s'échappe de la bouche ou de la gueule d'un animal.

baver *vi* **1** Laisser couler de la bave. **2** Présenter des bavures. Loc Fam *En baver* : passer par de rudes épreuves. Fam *Baver sur qqn* : le dénigrer.

bavette *nf* **1** Syn vieilli de *bavoir*. **2** Partie supérieure d'un tablier de femme. **3** En boucherie, morceau situé au-dessous de l'aloyau. Loc Fam *Tailler une bavette* : bavarder.

baveux, euse *a* **1** Qui bave. **2** Se dit d'une omelette peu cuite.

bavoir *nm* Pièce de lingerie qui protège la poitrine des jeunes enfants.

bavure *nf* **1** Trace d'encre ou de couleur débordant d'un trait peu net. **2** Action policière, militaire comportant des incidents regrettables. Loc *Sans bavure* : irréprochable.

bayadère *nf* Danseuse sacrée de l'Inde.

bayer *vi* [20] Loc Fam *Bayer aux corneilles* : regarder en l'air niaisement.

bayou *nm* Partie de méandre occupée par un lac, ou bras mort d'un delta, en Louisiane.

bazar *nm* **1** Marché public, en Orient. **2** Magasin où l'on vend toutes sortes d'objets. **3** Fam Objets en désordre.

bazarder *vt* Fam **1** Vendre à bas prix. **2** Se débarrasser de, jeter.

bazooka [-zu-] *nm* Lance-roquettes antichar portatif.

B.C.B.G. [besebeʒe] *a, n* Fam Abrév de *bon chic bon genre*, qui est d'une élégance classique, de bon ton.

B.C.G. *nm* (n déposé) Vaccin antituberculeux.

B.D. *nf* Fam Abrév de *bande dessinée*.

beagle [bigl] *nm* Basset à jambes droites.

béant, ante *a* Largement ouvert.

béarnais, aise *a, n* Du Béarn. ∎ *nf* Sauce à base de beurre et d'œufs.

béat, ate *a* Qui exprime un contentement exagéré, un peu niais.

béatement *av* De façon béate.

béatification *nf* Acte du pape béatifiant une personne décédée.

béatifier *vt* Mettre au rang des bienheureux dignes d'un culte public.

béatitude *nf* **1** État de très grand bonheur. **2** Bonheur parfait de l'élu au ciel.

beatnik [bit-] *a* Jeune qui, vers 1960, manifestait par la singularité de sa tenue un certain refus de l'organisation sociale.

beau ou **bel, belle** *a* **1** Qui plaît à la vue, à l'oreille. *Un beau visage. Un bel homme.* **2** Qui plaît à l'esprit. *Beau roman.* **3** Qui mérite l'estime, l'approbation. *Belle action. Beau travail.* **4** Qui est important. *Belle fortune.* **5** Agréablement ensoleillé. *Belle journée.* Loc *beau monde* : la haute société. *Un beau par-*

leur : qqn qui séduit par la parole. *Un beau joueur* : qqn qui sait perdre avec bonne grâce. *Au beau milieu* : juste au milieu. *Il y a beau temps* : il y a longtemps. *Avoir la partie belle* : avoir tout ce qu'il faut pour gagner. *De plus belle* : encore bien plus. ■ *av* Loc *Bel et bien* : réellement. *Il ferait beau voir* : il serait étrange de voir. *Avoir beau faire, dire* : faire, dire inutilement. ■ *nm* Ce qui est beau. Loc *Vieux beau* : homme âgé qui cherche à séduire. *Faire le beau* : en parlant d'un chien, se dresser sur les pattes de derrière. ■ *nf* Partie décisive entre des joueurs à égalité. Loc Pop *Se faire la belle* : s'évader. Fam *En faire de belles* : faire de grosses sottises.

beauceron, onne *a, n* De Beauce.

beaucoup *av* 1 Une grande quantité, un grand nombre. *Beaucoup de personnes.* 2 Un grand nombre de personnes. *Beaucoup l'ont cru.* 3 En grande quantité ; très notablement. *Il a beaucoup plu.* Loc *De beaucoup* : nettement.

beau-fils *nm* 1 Fils que la personne qu'on a épousée a eu d'un précédent lit. 2 Gendre. *Des beaux-fils.*

beaufort *nm* Fromage de Savoie, voisin du gruyère.

Beaufort (échelle de) *nf* Échelle de 0 à 12 mesurant la vitesse du vent.

beau-frère *nm* 1 Frère du conjoint. 2 Mari d'une sœur ou d'une belle-sœur. *Des beaux-frères.*

beaujolais *nm* Vin du Beaujolais.

beau-père *nm* 1 Père du conjoint. 2 Second mari de la mère pour les enfants d'un premier lit. *Des beaux-pères.*

beaupré *nm* Mât oblique ou horizontal, à l'avant d'un navire.

beauté *nf* 1 Qualité de qqn ou de qqch qui est beau. 2 Femme très belle. Loc *En beauté* : avec noblesse, avec grande allure. ■ *pl* Les éléments de la beauté, les parties belles d'une chose.

beaux-arts *nmpl* 1 Les arts plastiques : peinture, sculpture, architecture, gravure, etc. 2 Les arts en général.

beaux-parents *nmpl* Les parents du conjoint.

bébé *nm* 1 Tout petit enfant. 2 Fam Problème embarrassant. *Se repasser le bébé.*

bébête *a* Fam Niais.

be-bop [bibɔp] *nm inv* Style de jazz marqué par des irrégularités rythmiques, des dissonances.

bec *nm* 1 Partie cornée et saillante qui tient lieu de bouche aux oiseaux. 2 Fam Bouche. 3 Partie pointue ou saillante de certains objets. 4 Pointe de terre au confluent de deux rivières. Loc *Bec de gaz* : autrefois lampadaire d'éclairage public. *Lutter bec et ongles* : de toute son énergie. *Rester le bec dans l'eau* : rester déçu, dans l'incertitude. *Clouer le bec à qqn* : le réduire au silence par des arguments péremptoires.

bécane *nf* Fam 1 Bicyclette, vélomoteur. 2 Appareil, machine, en général.

bécarre *nm* Signe de notation musicale qui annule l'effet d'un dièse ou d'un bémol.

bécasse *nf* 1 Oiseau migrateur échassier à long bec. 2 Fam Femme sotte.

bécasseau *nm* Petit de la bécasse.

bécassine *nf* 1 Oiseau migrateur plus petit que la bécasse. 2 Fam Jeune fille sotte et naïve.

bec-de-cane *nm* Poignée de porte en forme de levier horizontal. *Des becs-de-cane.*

bec-de-lièvre *nm* Malformation congénitale caractérisée par une fente de la lèvre supérieure. *Des becs-de-lièvre.*

bêchage *nm* Action de bêcher.

béchamel *nf* Sauce blanche faite de beurre, de farine et de lait.

bêche *nf* Outil de jardinage constitué d'un fer plat, large et tranchant et d'un manche.

bêcher *vt* Couper et retourner la terre avec une bêche. ■ *vi* Fam Se montrer hautain.

bêcheur, euse *n, a* Fam Hautain et prétentieux.

bécot *nm* Fam Petit baiser.

bécoter *vt* Fam Donner des bécots.

becquée *nf* Quantité de nourriture qu'un oiseau peut prendre avec son bec pour nourrir ses petits.

becquerel *nm* PHYS Unité d'activité radioactive.

becqueter *vt* [19] Piquer à coups de bec. ■ *vi, vt* Pop Manger.

bedaine *nf* Fam Panse, gros ventre.

bédé *nf* Fam Bande dessinée.

bedeau *nm* Laïc employé par une église.

bédéphile *n* Fam Amateur de bandes dessinées.

bedon *nm* Fam Ventre rebondi.

bedonnant, ante *a* Fam Qui a du ventre.

bedonner *vi* Fam Prendre du ventre.

bédouin, ine *a* Relatif aux Bédouins.

bée *af* Loc *Rester bouche bée* : être frappé de surprise, d'admiration, etc.

béer *vi* Litt 1 Être grand ouvert. 2 Rester la bouche ouverte. *Béer de surprise.*

beffroi *nm* Tour, clocher d'où l'on sonnait autrefois l'alarme.

bégaiement *nm* Façon de parler de qqn qui bégaie.

bégayer *vi* [20] Parler avec un débit irrégulier, en répétant certaines syllabes. ■ *vt* Balbutier, bredouiller.

bégonia *nm* Plante ornementale aux fleurs blanches ou vivement colorées.

bègue *a, n* Qui bégaie.

bégueule *nf, a* Femme d'une pruderie exagérée, ridicule.

béguin *nm* 1 Bonnet pour les enfants. 2 Fam Passion passagère ; personne qui en est l'objet.

béguinage *nm* Communauté de béguines.

béguine *nf* Religieuse vivant en communauté sans prononcer de vœux.

bégum [-gɔm] *nf* Princesse indienne.

béhaviorisme *nm* Doctrine fondant la psychologie sur l'étude du comportement.

beige *a, nm* Brun très clair tirant sur le jaune.

beigne *nf* Pop Coup, gifle.

beignet *nm* Pâte frite, seule ou enveloppant un petit morceau de fruit, de viande, etc.

béké *n* Créole martiniquais ou guadeloupéen.

1. bel. V. beau.

2. bel *nm* PHYS Unité utilisée pour exprimer la comparaison de deux grandeurs.

bel canto *nm inv* Technique du chant dans la tradition lyrique italienne.

bêlement *nm* Cri des moutons et des chèvres.

bélemnite *nf* GEOL Mollusque fossile du secondaire.

bêler *vi* 1 Faire entendre un bêlement. 2 Fam Chanter ou s'exprimer sur un ton mal assuré ou plaintif.

belette *nf* Petit carnivore brun sur le dessus, avec le ventre blanc.

belge *a, n* De Belgique.

belgicisme *nm* Tournure propre au français parlé en Belgique.

bélier *nm* 1 Mouton non castré. 2 Machine de guerre d'autrefois constituée d'une grosse poutre, pour abattre les murailles. Loc *Coup de bélier* : choc produit dans une conduite par un liquide dont l'écoulement est brusquement interrompu. *Bélier hydraulique* : appareil élévateur d'eau.

belladone *nf* Plante à fleurs pourpres, à baies noires, très toxiques.

bellâtre *nm* Homme d'une beauté fade et prétentieuse.

belle. V. beau.

belle-de-jour *nf* Liseron dont la fleur se ferme au coucher du soleil. *Des belles-de-jour.*

belle-de-nuit *nf* 1 Plante ornementale dont les fleurs ne s'ouvrent que le soir. Syn. mirabilis. 2 Prostituée. *Des belles-de-nuit.*

belle-famille *nf* Famille du conjoint. *Des belles-familles.*

belle-fille *nf* 1 Fille née d'un précédent mariage de la personne que l'on a épousée. 2 Bru, femme d'un fils. *Des belles-filles.*

belle-mère *nf* 1 Mère du conjoint. 2 Seconde épouse du père, pour les enfants du premier lit. *Des belles-mères.*

belles-lettres *nfpl* La littérature.

belle-sœur *nf* 1 Sœur du conjoint. 2 Épouse d'un frère ou d'un beau-frère. *Des belles-sœurs.*

bellicisme *nm* Attitude belliciste.

belliciste *n, a* Partisan de la guerre.

belligérance *nf* Situation d'un pays, d'un peuple en état de guerre.

belligérant, ante *a, n* Qui est en guerre.

belliqueux, euse *a* 1 Qui aime la guerre, pousse à la guerre. 2 Qui aime engager des polémiques, agressif.

belon *nf* Huître à coquille plate et ronde.

belote *nf* Jeu de cartes qui se joue avec 32 cartes.

béluga ou **bélouga** *nm* Cétacé des mers arctiques, appelé aussi *baleine blanche.*

belvédère *nm* 1 Petit pavillon construit au sommet ou à l'angle d'un édifice. 2 Lieu élevé offrant une vue dégagée.

bémol *nm* 1 Signe musical baissant une note d'un demi-ton. 2 Fam Atténuation de la violence, de l'ampleur de qqch.

bénédicité *nm* Prière dite avant le repas.

bénédictin, ine *n* Religieux, religieuse de l'ordre de saint Benoît. Loc *Travail de bénédictin* : travail long, exigeant une application minutieuse. ■ *a* Relatif à l'ordre bénédictin.

bénédiction *nf* Action de bénir. Loc *C'est une bénédiction* : c'est très heureux.

bénéfice *nm* 1 Gain constitué par l'excédent des recettes sur les dépenses. 2 Avantage tiré d'une action, d'une situation. *Être élu au bénéfice de l'âge.* Loc *Sous bénéfice d'inventaire* : sous réserve de vérifications favorables.

bénéficiaire *n, a* Qui tire un avantage de qqch. ■ *a* Qui produit un bénéfice.

bénéficier *vti* Tirer un avantage, un profit d'une chose.

bénéfique *a* Dont l'action, l'influence est favorable.

benêt *n, am* Niais, sot.

bénévolat *nm* Service assuré à titre bénévole.

bénévole *a, n* Qui fait qqch sans y être obligé et gratuitement. *Faire appel à des bénévoles.* ■ *a* Fait sans obligation, à titre gratuit. *Service bénévole.*

bénévolement *av* De façon bénévole.

bengali, ie *a, n* Du Bengale. ■ *nm* 1 Langue du Bengale, du Bangladesh. 2 Petit oiseau exotique au plumage coloré.

bénignité *nf* Litt Caractère bénin.

bénin, igne *a* 1 Qui est sans gravité. *Maladie bénigne.* 2 Litt Doucereux.

béninois, oise *a, n* Du Bénin.

béni-oui-oui *nm inv* Fam Approbateur empressé et inconditionnel.

bénir *vt* 1 Appeler la protection, la bénédiction divine sur. 2 Louer, rendre grâce avec reconnaissance à. *Bénir la mémoire de qqn.* 3 Se féliciter, se réjouir de. *Je bénis cette rencontre.*

bénit, ite *a* Qui a reçu une bénédiction liturgique. *Pain bénit, eau bénite.*

bénitier *nm* 1 Récipient à eau bénite. 2 Syn de tridacne. Loc Fam *Se démener comme un diable dans un bénitier* : faire tous ses efforts pour sortir d'une situation difficile. Fam *Grenouille de bénitier* : bigote.

benjamin, ine *n* Le plus jeune enfant d'une famille ; le plus jeune membre d'un groupe.

benjoin *nm* Résine utilisée en parfumerie et en pharmacie.

benne *nf* 1 Caisson pour la manutention des matériaux en vrac. 2 Cabine de téléphérique.

benoît, oîte *a* Litt Qui affecte une mine doucereuse.

benoîtement *av* Litt De façon benoîte.

benthique *a* GÉOL Du fond des mers.

benthos *nm* BIOL Organisme vivant au fond des mers.

benzène *nm* Liquide incolore extrait des goudrons de houille.

benzine *nf* Mélange d'hydrocarbures utilisé comme solvant.

benzodiazépine *nf* Substance utilisée comme tranquillisant.

benzol *nm* Liquide obtenu par distillation du goudron de houille.

béotien, enne *a, n* 1 De la Béotie. 2 Lourdaud, ignorant.

B.E.P. *nm* Brevet d'études professionnelles.

béquille *nf* 1 Support passant sous l'aisselle et muni d'une poignée pour aider un infirme à marcher. 2 Pièce destinée à soutenir, à étayer.

berbère *a, n* Relatif aux Berbères. ■ *nm* Langue sémitique des Berbères.

berbérisme *nm* Mouvement d'affirmation de l'identité berbère.

bercail *nm* Loc *Rentrer au bercail, ramener qqn au bercail* : parmi les siens.

berceau *nm* 1 Petit lit d'enfant en bas âge. 2 Lieu d'origine de qqch. 3 Voûte à simple courbure.

bercement *nm* Action de bercer.

bercer *vt* [10] 1 Balancer doucement un enfant. 2 Apaiser, calmer, endormir. *Bercer qqn de promesses.* ■ *vpr* Loc *Se bercer d'illusions* : se leurrer.

berceuse *nf* Chanson destinée à endormir les enfants.

béret nm Coiffure en étoffe, ronde et plate.

bergamote nf 1 Agrume dont on tire une essence parfumée. 2 Bonbon à la bergamote.

berge nf 1 Bord d'un cours d'eau. *Les berges de la Seine.* 2 Pop An, année.

berger, ère n 1 Qui garde les moutons. 2 Litt Chef, guide. Loc *L'étoile du berger :* la planète Vénus. ■ nm Nom de diverses races de chiens.

bergerac nm Vin rouge du Sud-Ouest.

bergère nf Fauteuil large et profond, garni d'un épais coussin.

bergerie nf Lieu où on parque les moutons.

bergeronnette nf Petit oiseau, dont la longue queue s'agite sans arrêt.

béribéri nm Maladie due à une carence en vitamines B1.

berk ! interj Pop Exprime le dégoût.

berline nf 1 Automobile à quatre portes. 2 Wagonnet assurant le transport des minerais.

berlingot nm 1 Bonbon de sucre en forme de tétraèdre. 2 Conditionnement (plastique ou carton) de certains liquides.

berlinois, oise a, n De Berlin.

berlue nf Loc Fam *Avoir la berlue :* être victime d'une illusion.

bermuda nm Short à jambes étroites descendant jusqu'aux genoux.

bernardin, ine n RELIG Cistercien.

bernard-l'ermite nm inv Syn de *pagure.*

berne nf Loc *Drapeau en berne :* hissé à mi-mât ou non déployé, en signe de deuil.

berner vt Tromper et ridiculiser.

bernique ou **bernicle** nf Syn de *patelle.*

bernois, oise a, n De Berne.

berrichon, onne a, n Du Berry.

bersaglier nm Soldat italien d'infanterie.

béryl nm Pierre précieuse de couleur variable.

béryllium [-ljɔm] nm Métal utilisé dans des alliages et dans l'industrie nucléaire.

besace nf Sac à deux poches, avec une ouverture au milieu.

bésef ou **bézef** av Pop Beaucoup.

bésicles nfpl Fam Lunettes.

besogne nf Travail, ouvrage.

besogneux, euse a, n 1 Qui est dans la gêne. 2 Qui fait un travail rebutant et peu rétribué.

besoin nm 1 Manque de ce qui est ressenti comme désirable ou nécessaire. 2 État de pauvreté. Loc *Avoir besoin de qqch, de qqn :* ressentir comme nécessaire qqch, la présence ou l'aide de qqn ; nécessiter qqch. *Au besoin, si besoin est :* si c'est nécessaire. ■ pl Ce qui est indispensable à l'existence matérielle. Loc Fam *Faire ses besoins :* uriner, déféquer.

bestiaire nm 1 Recueil, traité sur les animaux, généralement illustré. 2 ANTIQ Gladiateur qui combattait des bêtes féroces dans l'arène.

bestial, ale, aux a Qui ravale l'être humain au niveau de la bête.

bestialement av De façon bestiale.

bestialité nf État de qqn qui a les instincts grossiers de la bête.

bestiaux nmpl Troupeaux d'une exploitation agricole.

bestiole nf Petite bête ; insecte.

best-seller [-sɛlɛr] nm Livre à succès, qui a une grosse vente. *Les best-sellers de l'été.*

1. bêta nm inv Deuxième lettre de l'alphabet grec correspondant au b. ■ a inv Loc *Rayons bêta :* rayonnement constitué d'électrons émis par les corps radioactifs.

2. bêta, asse n, a Fam Sot, niais.

bêtabloquant nm Médicament qui bloque certains récepteurs du système sympathique.

bétail nm Animaux de pâture, dans une exploitation agricole.

bétaillère nf Camion utilisé pour transporter le bétail.

bête nf 1 Tout être animé, à l'exception de l'être humain. 2 Personne qui se livre à ses instincts. Loc *Bête à bon Dieu :* coccinelle. *Bête noire :* personne ou chose détestée. Fam *Chercher la petite bête :* faire preuve d'une minutie tatillonne. ■ nfpl Le bétail. ■ a Stupide, sot. *Il est bête et méchant.*

bétel nm 1 Plante grimpante de l'Inde. 2 Masticatoire préparé avec des feuilles de bétel.

bêtement av De façon stupide. Loc *Tout bêtement :* simplement.

bêtifiant, ante a Qui bêtifie.

bêtifier vi Dire des niaiseries.

bêtise nf 1 Défaut d'intelligence, de jugement. 2 Propos bête. 3 Chose sans importance, futile. 4 Action imprudente, dangereuse, maladroite. Loc *Bêtise de Cambrai :* berlingot à la menthe.

bêtisier nm Recueil de bêtises amusantes.

bétoine nf Plante à fleurs mauves.

béton nm Matériau de construction constitué de ciment, de sable, de gravier et d'eau. Loc *Béton armé :* coulé autour d'armatures métalliques. *Jouer le béton :* bétonner (football).

bétonnage nm Action de bétonner.

bétonner vt 1 Construire, recouvrir ou renforcer avec du béton. 2 Fam Bloquer qqch, l'immobiliser. ■ vi 1 Au football, grouper les joueurs d'une équipe en défense. 2 Fam Faire de l'obstruction.

bétonneuse nf Abusiv Bétonnière.

bétonnière nf Machine servant à préparer le béton.

bette nf ou **blette** nf Plante comestible voisine de la betterave, aux feuilles amples, aux côtes épaisses et tendres.

betterave nf Plante cultivée pour sa racine charnue, de forte taille.

betteravier, ère a Relatif à la betterave. ■ nm Producteur de betteraves.

beuglante nf Pop Chanson chantée d'une voix assourdissante.

beuglement nm 1 Cri des animaux qui beuglent. 2 Son intense et prolongé qui assourdit.

beugler vi Mugir, en parlant du taureau, du bœuf et de la vache. ■ vi, vt Fam Crier, chanter très fort.

beur n, a Jeune né en France de parents maghrébins immigrés.

beurre nm 1 Substance alimentaire onctueuse obtenue à partir de la crème du lait. 2 Substance grasse extraite de divers végétaux. *Beurre de cacao.* Loc Fam *Faire son beurre :* s'enrichir. Fam *Compter pour du beurre :* ne pas être pris en compte. Fam *Mettre du beurre dans les épinards :* améliorer sa situation matérielle.

beurré nm Variété de poire à chair fondante.

beurrer vt Recouvrir de beurre. Loc Pop *Être beurré :* être ivre.

beurrier nm Récipient servant à conserver ou à servir le beurre.

beuverie nf Réunion où on boit avec excès.

bévue nf Erreur grossière, commise par ignorance ou faute de jugement.

bey nm HIST Haut dignitaire de l'empire Ottoman ou vassal du sultan.

bézef. V. bésef.

bhoutanais, aise a, n Du Bhoutan.

biais nm 1 Ligne oblique. 2 Moyen détourné et ingénieux. Loc De biais, en biais : de côté.

biaisé, ée a Fam Décalé, trompeur. Une réponse biaisée.

biaiser vi 1 Être, aller de biais. 2 User de détours.

biathlon nm Épreuve olympique combinant le ski de fond et le tir.

bibelot nm Petit objet de décoration.

biberon nm Petite bouteille munie d'une tétine, avec laquelle on fait boire un nourrisson.

biberonner vi vpr Pop Boire avec excès.

bibi pr Pop Moi. Ça, c'est à bibi.

bibine nf Fam Mauvaise boisson.

bible nf 1 La Bible : v. partie noms propres. 2 Manifeste, ouvrage fondamental d'une doctrine. 3 Ouvrage qu'on consulte souvent. Loc Papier bible : très mince et opaque.

bibliobus [-bys] nm inv Véhicule servant de bibliothèque itinérante.

bibliographe n Auteur de bibliographies.

bibliographie nf Liste des écrits d'un auteur ou se rapportant à un sujet.

bibliographique a De la bibliographie.

bibliologie nf Science du livre, de l'écrit.

bibliophile n Qui aime les livres précieux et rares.

bibliophilie nf Amour des livres.

bibliothécaire n Personne préposée à l'entretien d'une bibliothèque.

bibliothéconomie nf Discipline qui s'occupe de la gestion et de l'organisation des bibliothèques.

bibliothèque nf 1 Meuble permettant de ranger les livres. 2 Pièce ou édifice où sont conservés des livres, mis à la disposition du public. 3 Collection de livres.

biblique a De la Bible. Loc Fam D'une simplicité biblique : très simple.

bic nm (n déposé) Stylo à bille.

bicamérisme ou **bicaméralisme** nm Système politique fondé sur un Parlement composé de deux chambres.

bicarbonate nm Carbonate acide.

bicarburation nf Possibilité pour un moteur d'utiliser deux types de carburants.

bicentenaire nm Deuxième centenaire.

bicéphale a Qui a deux têtes.

biceps nm Muscle long fléchisseur du bras.

biche nf Femelle du cerf.

bicher v impers Loc Pop Ça biche : ça va bien.

bichon, onne nm Petit chien à poil long.

bichonner vt Parer avec soin ; entourer de soins. ■ vpr Se parer avec coquetterie.

bichromate nm Sel de l'acide chromique.

bichromie nf Impression en deux couleurs.

bicolore a Qui est de deux couleurs.

biconcave a Qui présente deux faces concaves opposées.

biconvexe a Qui présente deux faces convexes opposées.

bicoque nf Fam Petite maison ou maison peu solide, inconfortable.

bicorne nm Chapeau à deux pointes.

bicross nm Vélo tout-terrain.

biculturalisme nm Coexistence de deux cultures nationales dans un même pays.

bicyclette nf Cycle à deux roues d'égal diamètre, dont la roue arrière est mise en mouvement par un pédalier.

bidasse nm Fam Soldat.

bide nm Pop 1 Ventre. 2 Échec.

bidet nm 1 Petit cheval de selle. 2 Cuvette utilisée pour la toilette intime.

bidoche nf Pop Viande.

bidon nm 1 Récipient métallique portatif destiné à contenir un liquide. 2 Pop Ventre. Loc Pop Du bidon : qqch de faux. ■ a Mensonger.

bidonner (se) vpr Pop Rire, bien s'amuser.

bidonville nm Agglomération d'habitations précaires, construites en matériaux de récupération, à la périphérie de certaines villes.

bidouillage nm Fam Action de bidouiller.

bidouiller vt Fam Bricoler.

bidule nm Fam Chose, objet quelconque.

bief nm 1 Canal conduisant l'eau sur la roue d'un moulin. 2 Espace entre deux écluses.

bielle nf Pièce de certains mécanismes qui transmet un mouvement.

biélorusse a, n De Biélorussie. ■ nm Langue slave parlée en Biélorussie.

bien av 1 De manière satisfaisante, agréable, habile. Je dors bien. Une lettre bien tournée. 2 De manière juste, honnête. Il a bien agi. 3 Beaucoup de. Il manque bien des choses. 4 Très, tout à fait ; beaucoup. C'est bien long. 5 Au moins. Il y a bien dix ans. 6 Certes, sans doute. Cela se peut bien. Loc Aussi bien : d'ailleurs, de toute façon. ■ interj Marque la satisfaction. Loc Et bien ! eh bien ? : marquent la surprise, l'interrogation. ■ a inv 1 Satisfaisant, convenable. C'est un garçon bien. 2 En bonne santé. ■ conj Loc Bien que : exprime la concession (quoique). Si bien que : introduit une conséquence (de sorte que). ■ nm 1 Ce qui est louable moralement. Discerner le bien et le mal. 2 Ce qui est profitable, avantageux. Il a agi pour votre bien. 3 Ce qu'on possède. Léguer tous ses biens à qqn. 4 Ce qui est produit par le travail. Les biens de consommation. Loc Faire du bien : être agréable, profitable. Mener qqch à bien : le conclure heureusement, réussir. En tout bien tout honneur : sans mauvaise intention.

bien-aimé, ée a, n Qui est tendrement aimé, particulièrement chéri. Des bien-aimés.

biénergie nf Système de chauffage utilisant alternativement deux types d'énergie.

bien-être nm inv 1 État agréable du corps et de l'esprit. 2 Situation aisée financièrement.

bienfaisance [-fə-] nf Action de faire du bien aux autres ; le bien que l'on fait dans un intérêt social. Société de bienfaisance.

bienfaisant, ante [-fə-] a Qui fait du bien, qui a une influence salutaire.

bienfait [-fɛ-] nm 1 Service rendu à qqn. 2 Avantage, utilité. Les bienfaits de la science.

bienfaiteur, trice n Qui fait du bien.

bien-fondé nm 1 DR Conformité d'une demande, d'un acte, à la justice ou au droit. 2 Conformité à la raison. Des bien-fondés.

bien-fonds nm Bien immobilier. Des biens-fonds.

bienheureux, euse a Très heureux. ■ n Dans l'Église catholique, personne qui a été béatifiée.

biennal, ale, aux *a* **1** Qui dure deux ans. **2** Qui a lieu tous les deux ans. ■ *nf* Manifestation artistique, culturelle, etc. qui a lieu tous les deux ans.

bien-pensant, ante *a, n* Attaché à des valeurs traditionnelles. *Des bien-pensants.*

bienséance *nf* Litt Conduite publique en conformité avec les usages.

bienséant, ante *a* Litt Décent, convenable.

bientôt *av* **1** Dans peu de temps. **2** Rapidement. *Ce fut bientôt fait.*

bienveillance *nf* Disposition favorable à l'égard de qqn.

bienveillant, ante *a* Plein de bienveillance.

bienvenu, ue *a, n* Qui arrive à propos, qui est accueilli avec plaisir.

bienvenue *nf* Loc *Souhaiter la bienvenue à qqn* : le saluer à son arrivée avec des mots accueillants.

1. bière *nf* Boisson alcoolique à base d'orge et de houblon.

2. bière *nf* Cercueil.

biface *nm* Outil préhistorique fait d'une pierre taillée sur deux faces.

biffer *vt* Rayer, barrer ce qui est écrit.

bifide *a* SC NAT Fendu longitudinalement.

bifidus *nm* Bactérie utilisée comme additif dans les produits laitiers.

bifocal, ale, aux *a* Qui a deux distances focales différentes.

bifteck *nm* Tranche de bœuf. Loc Fam *Gagner son bifteck* : gagner de quoi vivre.

bifurcation *nf* Endroit où une ligne, une voie se divise en deux parties.

bifurquer *vi* **1** Se diviser en deux branches. **2** Changer de direction à un croisement. **3** Prendre une orientation différente.

bigame *a, n* Qui est marié à deux personnes à la fois.

bigamie *nf* État d'une personne bigame.

bigarade *nf* Orange amère.

bigarré, ée *a* Qui a des couleurs, des dessins variés et disparates.

bigarreau *nm* Cerise rouge et blanche à chair ferme et sucrée.

bigarrer *vt* Revêtir de couleurs en opposition violente.

bigarrure *nf* Assemblage de couleurs, de dessins variés, disparates.

big bang *nm inv* ASTRO Gigantesque explosion qui serait à l'origine de l'Univers.

bigler *vi* Fam Loucher. ■ *vt* Fam Regarder.

bigleux, euse *a, n* Fam **1** Qui louche. **2** Qui ne voit pas bien.

bignonia *nm* Arbrisseau à fleurs orangées.

bigophone *nm* Pop Téléphone.

bigorneau *nm* Petit mollusque comestible à coquille en spirale.

bigot, ote *n, a* D'une dévotion étroite et pointilleuse.

bigoterie *nf* Dévotion de bigot.

bigouden, ène [-dɛ̃, -dɛn] *a, n* De la région de Pont-l'Abbé (Finistère).

bigoudi *nm* Rouleau, cylindre utilisé pour boucler les cheveux.

bigre ! *interj* Fam Marque la surprise.

bigrement *av* Fam Très, beaucoup. *Il était bigrement content.* Syn. bougrement.

bigue *nf* Appareil de levage pour charges importantes.

biguine *nf* Danse d'origine antillaise.

bihebdomadaire *a* Qui a lieu, qui paraît deu[] fois par semaine. ■ *nm* Publication bihebdo[] madaire.

bihoreau *nm* Petit héron de mœurs nocturnes[]

bijou *nm* **1** Petit objet de parure plus ou moin[] précieux (bague, collier, bracelet, broche, etc.)[] *Des bijoux en or.* **2** Chose très jolie, fabriqué[] avec grand soin.

bijouterie *nf* **1** Fabrication, commerce de[] bijoux. **2** Les bijoux, en tant qu'objets d'indus[] trie, de commerce. **3** Magasin où l'on ven[] des bijoux.

bijoutier, ère *n* Fabricant ou marchand d[] bijoux.

bikini *nm* (n déposé) Costume de bain pou[] femme, composé d'un slip et d'un soutien[] gorge de dimensions très réduites.

bilan *nm* **1** État comparatif de l'actif d[] passif d'une entreprise. **2** Résultats d'ensembl[] positifs ou négatifs, d'une action, d'une situa[] tion. Loc *Dépôt de bilan* : déclaration au tri[] bunal de commerce de cessation de paiements[]

bilatéral, ale, aux *a* **1** Des deux côtés. *Sta[] tionnement bilatéral.* **2** Établi entre entr[] deux partenaires. *Accord bilatéral.*

bilatéralement *av* De façon bilatérale.

bilboquet *nm* Jouet formé d'une boule percé[] d'un trou et reliée par une ficelle à un manch[] à bout pointu qu'il faut faire pénétrer dans l[] trou de la boule lancée en l'air.

bile *nf* Liquide amer sécrété par le foie. Lo[] *S'échauffer la bile* : se mettre en colère[] *Décharger sa bile sur qqn* : lui faire support[] sa mauvaise humeur. Fam *Se faire de la bile* [] s'inquiéter.

biler (se) *vpr* Fam S'inquiéter.

bilharzie *nf* Ver vivant en parasite dans diver[] organes.

bilharziose *nf* Maladie parasitaire provoqué[] par des bilharzies.

biliaire *a* Relatif à la bile.

bilieux, euse *a, n* **1** Coléreux. **2** D'un tempé[] rament inquiet, anxieux.

bilingue *a* Écrit en deux langues différentes[] *Un dictionnaire bilingue.* ■ *a, n* Qui parle deu[] langues.

bilinguisme [-gɥism] *nm* État de qqn, d'u[] pays bilingue.

bilirubine *nf* Pigment biliaire.

billard *nm* **1** Jeu où se joue avec des bille[] d'ivoire ou de plastique, qu'on frappe avec u[] bâton appelé queue, sur une table spéciale. [] Table rectangulaire, recouverte d'un drap de[] drap, sur laquelle on joue au billard. **3** Fam Tabl[] d'opération. **4** Salle où on joue au billard. Lo[] *Billard électrique* : syn. de *flipper*. Fam *C'est d[] billard* : c'est très facile.

bille *nf* **1** Boule pour jouer au billard. **2** Petit[] boule de pierre, de verre, d'acier, d'argile, ave[] laquelle jouent les enfants. **3** Pop Tête, figure. **4[]** Pièce de bois de toute la grosseur du tron[] destinée à être équarrie et débitée. Loc *Rou[] lement à billes* : muni de sphères métallique[] qui réduisent le frottement d'un axe tournant[] *Crayon, stylo à bille* : muni d'une petite bille d[] métal en contact avec de l'encre très grasse.

illet nm 1 Lettre très courte. 2 Engagement rit de payer une somme d'argent. 3 Papier-onnaie. *Un billet de cent francs.* 4 Petit papier nprimé établissant un droit (entrée, parcours, c). *Un billet de théâtre. Billet de train.*

illetterie nf 1 Lieu où on établit et vend des llets. 2 Distributeur automatique de billets de anque.

illevesée [bil-] nf Litt Chose, propos frivole.

illion nm Mille milliards (10^{12}).

illot nm 1 Bloc de bois posé verticalement et ui présente une surface plane à sa partie supé-eure. 2 Pièce de bois sur laquelle le condamné la décapitation posait sa tête.

imbeloterie nf 1 Fabrication, commerce de belots. 2 Ensemble de bibelots.

imensuel, elle a Qui a lieu, paraît deux fois ar mois. ■ nm Publication bimensuelle.

imestre nm Durée de deux mois.

imestriel, elle a Qui a lieu, paraît tous les eux mois.

imétallique a Constitué de deux métaux.

imétallisme nm Système monétaire à double alon, or et argent.

imillénaire a Qui a vingt siècles. ■ nm Deux illième anniversaires.

imoteur a, nm Qui a deux moteurs.

inage nm Action de biner.

inaire a 1 Composé de deux éléments. 2 MATH e dit de la numération à base deux. 3 MUS Se t d'un rythme à deux temps.

inational, ale, aux a, n Qui a une double ationalité.

inationalité nf Double nationalité.

inaural, ale, aux a Des deux oreilles (audi-on).

iner vt Ameublir et désherber la terre, avec ne binette.

inette nf 1 Petite pioche à manche court et r large et plat. 2 Fam Visage, tête.

ingo [bingo] nm Sorte de loto.

iniou nm Cornemuse bretonne.

inocles nfpl Fam Lunettes.

inoculaire a 1 Des deux yeux. *Vision bino-ulaire.* 2 Muni de deux oculaires.

inôme nm 1 MATH Somme algébrique de deux onômes. 2 Ensemble de deux éléments.

inominal, ale, aux a Loc SC NAT *Nomencla-re binominale* : qui utilise deux noms latins our désigner chaque être vivant.

intje [bintj] nf Variété de pomme de terre.

iochimie nf Science qui étudie les propriétés himiques de la matière vivante.

iochimiste n Spécialiste de biochimie.

iocide a, nm Qui détruit les microorga-ismes.

ioclimat nm Conditions climatiques d'une égion dans ses rapports avec la santé.

iodégradable a Qui peut être décomposé ar l'action de microorganismes.

iodégradation nf Décomposition d'un pro-uit biodégradable.

ioénergie nf Énergie renouvelable par trans-ormation de la biomasse.

ioéthique nf Étude des principes moraux qui oivent présider aux pratiques médicales et iologiques concernant l'être humain.

iogenèse nf BIOL Apparition de la vie sur Terre.

iogéographie nf Science qui étudie la répar-tion géographique des espèces vivantes.

biographe n Auteur d'une biographie.

biographie nf Histoire de la vie d'une per-sonne.

biographique a De la biographie.

bio-industrie nf Application industrielle des biotechnologies (agroalimentaire, pharmacie, etc.). *Des bio-industries.*

biologie nf Science de la vie, des êtres vivants.

biologique a 1 De la biologie. 2 Propre aux êtres vivants. 3 Obtenu sans engrais ni pesti-cides. Loc *Arme biologique* : utilisant des toxines, des microbes.

biologiste nm Spécialiste de biologie.

biomasse nf Masse totale des organismes vivant dans un biotope délimité.

biomatériau nm Substance susceptible de remplacer un organe, un tissu vivant.

biomédical, ale, aux a Qui concerne à la fois la biologie et la médecine.

bionique nf Étude des phénomènes et des mécanismes biologiques en vue de leurs appli-cations industrielles.

biophysicien, enne n Spécialiste de bio-physique.

biophysique nf Science qui applique les méthodes de la physique à la biologie.

biopsie nf BIOL Prélèvement d'un fragment de tissu vivant, aux fins d'examen histologique.

biorythme nm MED Variation périodique régu-lière du niveau d'énergie d'un individu.

biosciences nfpl Sciences de la vie.

biosphère nf Zone de la terre et de l'atmo-sphère où existe la vie.

biotechnologie ou **biotechnique** nf Ensemble des techniques appliquant la bio-chimie à des fins agricoles ou industrielles.

biotechnologique ou **biotechnique** a De la biotechnologie.

biotique a BIOL 1 Qui a pour origine un être vivant. 2 Qui permet la vie.

biotope nm BIOL Milieu physique propre au développement de telle ou telle espèce.

bip nm Signal acoustique bref et répété.

biparti, ie ou **bipartite** a 1 Divisé en deux parties. 2 Composé par l'union de deux partis politiques.

bipartisme nm Régime politique où deux partis seulement peuvent alterner au pouvoir.

bipartition nf Division en deux parties.

bipède a, nm Qui a deux pieds.

biphasé, ée a ELECTR Qui comporte deux phases.

biplace nm Avion à deux places.

biplan nm Avion dont les ailes sont formées de deux plans superposés.

bipolaire a Qui a deux pôles.

bipolarisation nf Tendance des courants poli-tiques à se rassembler en deux blocs opposés.

bipolarité nf Caractère bipolaire.

bique nf Fam Chèvre.

biquet, ette n Fam Petit de la chèvre.

biquotidien, enne a Qui a lieu deux fois par jour.

birbe nm Loc Pop *Vieux birbe* : vieil homme ennuyeux.

biréacteur a, nm Avion qui a deux réacteurs.

biréfringence nf PHYS Propriété des substances biréfringentes.

biréfringent, ente a PHYS Se dit d'un cristal qui produit une double réfraction.

birman, ane *a* De Birmanie. ■ *nm* Langue parlée en Birmanie.

birr *nm* Unité monétaire de l'Éthiopie.

1. bis, bise *a* Gris tirant sur le brun.

2. bis [bis] *av* Indique qu'un numéro d'une série est répété. *Il habite au 15 bis.* ■ *a inv* Qui double qqch. *Itinéraire bis.* ■ *interj* Cri qui demande à un artiste, un orchestre de redonner un morceau.

bisaïeul, eule *n* Litt Arrière-grand-père, arrière-grand-mère. *Des bisaïeuls.*

bisannuel, elle *a* 1 Qui a lieu tous les deux ans. 2 BOT Dont le cycle évolutif dure deux ans.

bisbille *nf* Fam Petite querelle pour des motifs futiles.

biscornu,ue *a* 1 De forme irrégulière. 2 Fam Surprenant, extravagant. *Quelle idée biscornue.*

biscotte *nf* Tranche de pain de mie recuite au four.

biscuit *nm* 1 Pâtisserie à base de farine, d'œufs, de sucre, de matières grasses. 2 Porcelaine ayant subi deux cuissons et laissée sans peinture.

biscuiterie *nf* Industrie et commerce des biscuits, des gâteaux ; usine de biscuits.

bise *nf* 1 Vent froid du nord. 2 Fam Baiser.

biseau *nm* Face oblique au bord d'une plaque dont une arête a été abattue.

biseautage *nm* Action de biseauter.

biseauter *vt* 1 Tailler en biseau. 2 Faire une marque en biais sur une carte, pour pouvoir la reconnaître et tricher.

biset *nm* Pigeon sauvage gris.

bisexualité *nf* 1 BIOL État des organismes bisexués. 2 Comportement des personnes bisexuelles.

bisexué, ée *a* BIOL Qui possède des organes sexuels mâles et femelles.

bisexuel, elle *a, n* Qui est à la fois hétérosexuel et homosexuel.

bismuth *nm* Métal voisin de l'antimoine, utilisé dans l'industrie et en médecine.

bison *nm* Grand bovin sauvage, bossu, à collier laineux.

bisou ou **bizou** *nm* Fam Baiser.

bisque *nf* Potage fait d'un coulis de crustacés ou de volaille.

bisquer *vi* Fam Éprouver du dépit.

bissectrice, trice *a* GEOM Qui partage en deux parties égales. ■ *nf* Demi-droite qui partage un angle en deux parties égales.

bisser *vt* 1 Crier «bis» à un artiste, un orchestre, etc. 2 Jouer un air une deuxième fois.

bissextile *af* Se dit de l'année de 366 jours, qui revient tous les quatre ans (29 jours en février).

bistouri *nm* Petit couteau ou appareil électrique pour incisions chirurgicales.

bistre, a *n* Couleur intermédiaire entre le brun et le jaune rouille.

bistro ou **bistrot** *nm* Fam Café, petit bar.

bistrotier, ère *n* Fam Tenancier de bistro.

bit *nm* INFORM Unité de la numérotation binaire.

bitension *a inv* ELECTR Qui peut fonctionner sous deux tensions différentes.

bitte *nf* 1 Pièce fixée sur le pont d'un navire qui sert à tourner les aussières. 2 Borne d'amarrage placée sur un quai. 3 Pop Pénis.

bitter [-tɛʀ] *nm* Boisson apéritive au goût amer.

bitture ou **biture** *nf* Loc Pop *Prendre une bitture* : s'enivrer.

bitume *nm* Mélange visqueux utilisé pour le revêtement des chaussées et des trottoirs.

bitumer *vt* Revêtir de bitume.

bitumineux, euse *a* Qui contient du bitume.

bivalence *nf* Caractère bivalent.

bivalent, ente *a* 1 Qui a deux fonctions, deux rôles. 2 CHIM Qui possède la valence 2.

bivalve *a, nm* ZOOL Se dit d'un mollusque dont la coquille a deux valves.

bivouac *nm* Campement temporaire en plein air (militaires, alpinistes, etc.).

bivouaquer *vi* Arg Camper en plein air.

bizarre *a* Étrange, surprenant.

bizarrement *av* De façon bizarre.

bizarrerie *nf* 1 Caractère bizarre. 2 Action, chose bizarre.

bizarroïde *a* Fam Assez bizarre.

bizness. V. business.

bizou. V. bisou.

bizut ou **bizuth** [bizy] *nm* Arg Élève de première année dans une grande école.

bizutage *nm* Arg Action de bizuter.

bizuter *vt* Arg Soumettre les nouveaux à des brimades traditionnelles.

blablabla ou **blabla** *nm* Fam Verbiage, bavardage oiseux.

black, a, n Fam Qui est de race noire.

blackbouler *vt* Fam 1 Faire échouer lors d'une élection. 2 Refuser à un examen.

black-jack [-dʒak] *nm* Jeu de cartes américain.

black-out [blakaut] *nm inv* Suppression de toute lumière extérieure, pour éviter qu'un objectif soit repéré par l'ennemi. Loc *Faire le black-out sur* : garder le secret à propos de.

blafard, arde *a* D'une couleur pâle, terne.

blague *nf* 1 Histoire plaisante, à ne pas prendre au sérieux. 2 Bêtise, erreur. *Il a fait une blague.* 3 Petit sac pour le tabac. Loc Fam *Sans blague !* : interjection exprimant la surprise.

blaguer *vi* Fam Dire des blagues, des plaisanteries. ■ *vt* Se moquer de qqn sans méchanceté.

blagueur, euse *a, n* Fam Qui dit des blagues.

blaireau *nm* 1 Mammifère carnivore à la fourrure épaisse. 2 Gros pinceau pour savonner la barbe avant de se raser.

blairer *vt* Loc Pop *Ne pas pouvoir blairer qqn* : avoir de l'antipathie pour lui.

blâmable *a* À blâmer, répréhensible.

blâme *nm* 1 Jugement défavorable. 2 Réprimande officielle administrative.

blâmer *vt* 1 Désapprouver. 2 Sanctionner d'un blâme officiel.

blanc, blanche *a* 1 De la couleur commune à la neige, à la craie, au lait, etc. 2 D'une couleur pâle, proche du blanc. *Avoir la peau blanche.* 3 De couleur claire. *Du vin blanc et du vin rouge.* 4 Innocent. *Il n'est pas blanc dans cette affaire.* Loc *Arme blanche* : poignard, sabre, etc. (par oppos. à arme à feu). *Examen blanc* : passé pour préparer l'examen officiel. *Nuit blanche* : passée sans dormir. *Voix blanche* : sans timbre. *Vers blancs* : en poésie, vers non rimés. *Mariage blanc* : non consommé. ■ *nm* 1 La couleur blanche. 2 Substance colorante blanche. 3 Espace sans inscriptions dans une page manuscrite ou imprimée. *Laisser une ligne en blanc.* 4 Partie blanche de certaines choses.

5 Moment de silence. *Un blanc dans la conver-sation.* 6 Linge de maison. 7 Maladie cryptoga-mique de certaines plantes. Loc *Blanc d'œuf :* l'albumine de l'œuf. *Le blanc de l'œil :* la cornée. *Blanc de baleine :* graisse extraite de la tête des cachalots. *De but en blanc :* directement. *Tirer à blanc :* avec une cartouche sans balle. *Chauffer à blanc :* jusqu'à l'incandescence. ■ *n* Personne de race blanche. ■ *nf* Note de musique dont la durée est égale à la moitié de celle de la ronde.

blanc-bec *nm* Péjor Jeune homme sans expé-rience. *Des blancs-becs.*

blanchâtre *a* D'un blanc indécis, sale.

blancheur *nf* Qualité de ce qui est blanc.

blanchiment *nm* Action de blanchir.

blanchir *vt* 1 Rendre blanc. 2 Donner aux légumes une première cuisson dans l'eau avant de les apprêter. 3 Rendre propre. *Blanchir le linge.* 4 Disculper. *Blanchir un accusé.* 5 Dissimuler la provenance d'argent gagné de façon illicite. ■ *vi* Devenir blanc. Loc Litt *Blanchir sous le harnais :* passer sa vie dans un emploi jusqu'à un âge avancé.

blanchissage *nm* Action de blanchir le linge, de le rendre propre.

blanchissant, ante *a* 1 Qui rend blanc. 2 Qui devient blanc.

blanchissement *nm* Fait de blanchir.

blanchisserie *nf* Entreprise spécialisée dans le blanchissage.

blanchisseur, euse *n* Qui blanchit le linge.

blanc-seing [blɑ̃sɛ̃] *nm* Papier signé en blanc, que peut remplir à sa convenance la personne à qui il est remis. *Des blancs-seings.*

blanquette *nf* 1 Vin blanc mousseux. 2 Ragoût de viande blanche à la sauce blanche.

blasé, ée *a, n* Dégoûté de tout.

blaser *vt* Rendre incapable d'émotions, de sentiments par l'abus de jouissance.

blason *nm* 1 Ensemble des pièces qui consti-tuent un écu héraldique. 2 Science des armoi-ries, héraldique.

blasphémateur, trice *n* Qui blasphème.

blasphématoire *a* Qui contient un blas-phème.

blasphème *nm* 1 Parole qui outrage la divi-nité, qui insulte la religion. 2 Paroles inju-rieuses.

blasphémer *vi, vt* [12] Proférer des blas-phèmes, des imprécations.

blastoderme *nm* BIOL Cellules embryonnaires de la blastula.

blastomère *nm* BIOL Première cellule de la division de l'œuf fécondé.

blastomycète *nm* BOT Champignon se repro-duisant par bourgeonnement.

blastula *nf* BIOL Un des stades du dévelop-pement de l'embryon.

blatte *nf* Insecte nocturne vivant dans les cuisines et les lieux où se trouvent des détritus. Syn. cafard, cancrelat.

blazer [-zɛʀ] *nm* Veste légère, bleue ou noire.

blé *nm* 1 Plante graminée dont le grain fournit la farine dont on fait le pain. 2 Les grains de cette plante. 3 Pop Argent. Loc *Blé noir :* sar-rasin.

bled *nm* 1 Pays, région de l'intérieur, en Afrique du Nord. 2 Fam Endroit isolé à la campagne.

blême *a* Pâle, livide.

blêmir *vi* Devenir blême.

blêmissement *nm* Fait de blêmir.

blende [blɛ̃d] *nf* Minerai de zinc.

blennie *nf* Poisson à grosse tête et à corps allongé.

blennorragie *nf* Maladie vénérienne due au gonocoque.

blépharite *nf* Inflammation des paupières.

blessant, ante *a* Qui blesse, offense.

blessé, ée *a, n* Qui a reçu une blessure.

blesser *vt* 1 Donner un coup qui fait une plaie, une fracture. 2 Causer une gêne doulou-reuse, une irritation de la peau. *Ses chaussures neuves la blessent.* 3 Causer une impression désagréable (à la vue, à l'ouïe). 4 Choquer, froisser, outrager.

blessure *nf* 1 Lésion comportant une plaie. 2 Atteinte morale. *Blessure d'amour-propre.*

blet, blette *a* Se dit des fruits trop mûrs.

blette. V. bette.

blettir *vi* Devenir blet.

bleu, eue *a* D'une couleur analogue à celle d'un ciel sans nuages, de la mer, etc. Loc *Zone bleue :* à stationnement réglementé. *Peur bleue :* grande frayeur. *Maladie bleue :* mal-formation cardiaque. ■ *nm* 1 La couleur bleue. 2 Matière colorante bleue. 3 Fam Recrue nouvel-lement incorporée. 4 Meurtrissure ayant déter-miné un épanchement sanguin sous-cutané. 5 Fromage à moisissure bleue. 6 Vêtement de travail, en grosse toile. Loc *Bleu de méthylène :* antiseptique de couleur bleue.

bleuâtre *a* Qui tire sur le bleu.

bleuet *nm* Plante à fleurs bleues.

bleuir *vt* Rendre bleu. ■ *vi* Devenir bleu.

bleuissement *nm* Passage à la couleur bleue.

bleusaille *nf* Fam Ensemble des jeunes recrues.

bleuté, ée *a* Teinté de bleu.

blindage *nm* 1 Action de blinder. 2 Épais revêtement métallique qui protège un navire, un véhicule, une place.

blindé *nm* Véhicule militaire muni d'un blin-dage.

blinder *vt* 1 Protéger par un blindage. 2 Endurcir moralement, fortifier.

blini *nm* Mets russe, crêpe salée épaisse, de petit diamètre.

blister [-tɛʀ] *nm* Coque de plastique collée sur un carton, servant d'emballage.

blizzard *nm* Vent très froid du grand Nord.

bloc *nm* 1 Masse, gros morceau pesant et dur. 2 Carnet de feuilles de papier détachables. 3 Assemblage d'éléments homogènes. 4 Ensemble de bâtiments et d'équipements. 5 Union politique, coalition. 6 Fam Prison. Loc *Faire bloc :* s'unir étroitement. *En bloc :* en gros, en totalité. *À bloc :* au maximum, à fond.

blocage *nm* 1 Action de bloquer. *Le blocage des freins, des prix.* 2 Inhibition psychologique, incapacité de surmonter une difficulté.

bloc-cuisine *nm* Éléments fabriqués consti-tuant un ensemble dans une cuisine. *Des blocs-cuisines.*

bloc-diagramme *nm* Représentation d'une région en perspective et en coupe. *Des blocs-diagrammes.*

bloc-évier *nm* Élément de cuisine préfabri-qué. *Des blocs-éviers.*

blockhaus [blɔkɔs] *nm* Réduit fortifié.

bloc-moteur *nm* Ensemble formé par le moteur, la boîte de vitesses et l'embrayage d'une automobile. *Des blocs-moteurs.*

bloc-notes *nm* Carnet de feuilles de papier détachables. *Des blocs-notes.*

blocus *nm* 1 Dispositif militaire en vue d'isoler par un siège une place forte, un port, un pays. 2 Mesures visant à l'isolement d'un pays sur le plan économique.

blond, blonde *a* Qui est d'une couleur proche du jaune, entre le doré et le châtain clair. *Des cheveux blonds. Bière blonde. Tabac blond.* ■ *n* Personne dont les cheveux sont blonds.

blondasse *a, n* D'un blond fade.

blondeur *nf* Couleur blonde.

blondinet, ette *n* Enfant blond.

blondir *vi* Devenir blond.

bloquer *vt* 1 Mettre en bloc. 2 Fermer par un blocus. 3 Obstruer. *La route est bloquée.* 4 Empêcher de bouger. *Bloquer un écrou.* 5 Arrêter net le ballon. 6 Empêcher, interdire toute variation, toute disponibilité. *Bloquer les salaires. Bloquer les crédits.* ■ *vpr* Se figer dans un refus systématique.

blottir (se) *vpr* Se ramasser sur soi-même.

blouse *nf* 1 Vêtement de travail en toile. 2 Corsage de femme en tissu léger.

blouser *vi* Avoir une ampleur donnée par des fronces retenues par une ceinture. ■ *vt* Fam Tromper, duper.

blouson *nm* Veste courte qui blouse.

blue-jean [bludʒin] *nm* Syn de *jean. Des blue-jeans.*

blues [bluz] *nm* 1 Chant populaire des Noirs américains, d'inspiration souvent mélancolique. 2 Fam Mélancolie, cafard.

bluff [blœf] *nm* Parole, action visant à faire illusion et impressionner.

bluffer [blœ-] *vt* Fam Tromper. ■ *vi* Se vanter, faire du bluff.

bluffeur, euse [blœ-] *n, a* Qui bluffe.

blutage *nm* Action de bluter.

bluter *vt* Séparer la farine du son par tamisage.

boa *nm* Grand serpent non venimeux d'Amérique.

boat people [botpipœl] *nm* Réfugié qui quitte son pays sur un bateau de fortune.

bob *nm* Petit chapeau rond en toile.

bobard *nm* Fam Histoire fantaisiste, mensonge.

bobèche *nf* Disque de verre ou de métal adapté sur un chandelier pour recevoir les gouttes de bougie fondue.

bobinage *nm* 1 Action de bobiner. 2 ELECTR Ensemble des fils enroulés.

bobine *nf* 1 Cylindre à rebords qui sert à enrouler du fil, un film, etc. 2 ELECTR Enroulement de fil conducteur. 3 Fam Tête, figure.

bobineau ou **bobinot** *nm* Rouleau supportant un film ou une bande vidéo.

bobiner *vt* Mettre sur une bobine.

bobineuse *nf* ou **bobinoir** *nm* TECH Machine à bobiner.

bobo *nm* Fam Douleur, blessure bénigne.

bobsleigh [-slɛ] *nm* Sorte de luge à plusieurs places pour glisser sur la glace.

bocage *nm* GEOGR Paysage de prairies et de cultures coupées de haies vives.

bocager, ère *a* Du bocage.

bocal, aux *nm* Récipient en verre ou en grès à large goulot.

boche *n, a* Pop, péjor Allemand.

bock *nm* Verre à bière, d'un quart de litre environ.

bodhisattva *nm* Dans le bouddhisme, individu sur la voie de la perfection.

body-building *nm* Syn de *culturisme.*

bœuf [bœf, au pl bø] *nm* 1 Bovin castré. 2 Viande de bœuf ou de vache. *Un filet de bœuf.* ■ *a inv* Fam Énorme. *Un effet bœuf.*

bof ! *interj* Exprime l'indifférence.

bogie *nm* Chariot à plusieurs essieux supportant un wagon, une locomotive.

1. bogue *nf* Enveloppe épineuse de la châtaigne.

2. bogue *nm* INFORM Syn de *bug.*

bohème *n, a* Qui mène une vie vagabonde, au jour le jour. ■ *nf* Artistes, écrivains qui mènent une vie désordonnée.

bohémien, enne *n, a* 1 De Bohême. 2 Nomade vivant dans une roulotte.

boire *vt* [52] 1 Avaler un liquide. 2 Absorber, s'imprégner de. *La terre boit l'eau.* *Il y a à boire et à manger :* du bon et du mauvais. Fam *Ce n'est pas la mer à boire :* ce n'est pas difficile. *Boire les paroles de qqn :* l'écouter avec avidité. *Boire du petit lait :* écouter avec plaisir des flatteries. *Avoir toute honte bue :* n'avoir plus honte de rien. ■ *vi* Absorber avec excès du vin, de l'alcool. ■ *nm* Loc *En perdre le boire et le manger :* être entièrement absorbé par une occupation. *Après boire :* après avoir trop bu d'alcool.

bois *nm* 1 Espace couvert d'arbres. 2 Substance solide et fibreuse qui compose les racines, la tige et les branches des arbres. Loc *Touchons du bois :* formule pour conjurer le sort. Fam *Ne pas être de bois :* insensible aux charmes de l'autre sexe. ■ *pl* 1 MUS Instruments à vent en bois. 2 Os pairs ramifiés du front des cervidés mâles.

boisage *nm* Action de munir un chantier, une galerie de mine d'un soutènement ; ce soutènement.

boisé, ée *a* Planté d'arbres.

boisement *nm* Plantation d'arbres.

boiser *vt* 1 Garnir d'une boiserie ou d'un boisage. 2 Planter d'arbres.

boiserie *nf* Revêtement d'un mur intérieur en menuiserie.

boisseau *nm* 1 Ancienne mesure de capacité. 2 Élément à emboîtement, pour les conduits de fumée ou de ventilation. Loc *Mettre qqch sous le boisseau :* empêcher sa diffusion.

boisson *nf* 1 Tout liquide que l'on peut boire. 2 Boisson alcoolique. *Débit de boissons.* 3 Alcoolisme. Loc Litt *Être pris de boisson :* ivre.

boîte *nf* 1 Récipient de bois, de métal, de plastique, de carton, généralement à couvercle, son contenu. 2 Fam École, lieu de travail. Loc Fam *Mettre qqn en boîte :* se moquer de lui. *Boîte crânienne :* cavité osseuse renfermant l'encéphale. *Boîte noire :* dispositif qui enregistre les circonstances du pilotage d'un avion, de la conduite d'un camion. *Boîte de vitesses :* organe qui sert à modifier le rapport entre la vitesse du moteur et celle des roues motrices. *Boîte de nuit :* cabaret ouvert la nuit, où l'on présente des spectacles et où l'on danse.

boitement *nm* ou **boiterie** *nf* Fait de boiter.

boiter *vi* 1 Incliner le corps plus d'un côté que de l'autre en marchant. 2 Être défectueux, en parlant d'un raisonnement, d'un plan.

boiteux, euse *a, n* 1 Qui boite. 2 Qui manque d'équilibre, de régularité.

boîtier *nm* Partie extérieure du corps d'une montre, d'un appareil, renfermant le mécanisme, les piles, etc.

boitillement *nm* Fait de boitiller.

boitiller *vi* Boiter légèrement.

bol *nm* Récipient hémisphérique, destiné à contenir des liquides ; son contenu. Loc *Pop Avoir du bol* : de la chance. Pop *En avoir ras le bol* : être excédé. *Bol alimentaire* : quantité d'aliments avalés en une fois.

bolchevik ou **bolchevique** *a, n* Partisan des positions radicales de Lénine.

bolchevisme *nm* Ensemble des positions et des pratiques des bolcheviks.

bolée *nf* Contenu d'un bol.

boléro *nm* 1 Danse espagnole de rythme ternaire ; air sur lequel elle se danse. 2 Veste sans manches, courte et ouverte.

bolet *nm* Champignon dont le dessous du chapeau est garni de tubes accolés.

bolide *nm* Véhicule allant à grande vitesse.

bolivar *nm* Unité monétaire du Venezuela.

boliviano *nm* Unité monétaire de la Bolivie.

bolivien, enne *a* De Bolivie.

bombage *nm* Action de bomber.

bombance *nf* Bonne chère, ripaille.

bombarde *nf* 1 Ancienne pièce d'artillerie à boulets de pierre. 2 Instrument à vent à anche double, ancêtre du hautbois.

bombardement *nm* Action de bombarder.

bombarder *vt* 1 Attaquer à coups de bombes. 2 Lancer des projectiles en grand nombre sur qqn, qqch. 3 Fam Assaillir, accabler. *Bombarder qqn de réclamations.* 4 Fam Nommer soudainement à un poste d'autorité. *On l'a bombardé président.*

bombardier *nm* Avion de bombardement.

bombe *nf* 1 Projectile explosif largué par avion. 2 Engin explosif. 3 Récipient contenant un liquide à projeter maintenu sous pression par un gaz. 4 Projection volcanique solidifiée. 5 Casquette rigide de cavalier. Loc *Bombe glacée* : glace moulée. Fam *Faire la bombe* : festoyer.

bombé, ée *a* Convexe, renflé.

bombement *nm* Renflement.

1. bomber *vt* 1 Rendre convexe. 2 Écrire, dessiner sur les murs avec une peinture en bombe. ■ *vi* 1 Devenir convexe. 2 Fam Aller à toute allure.

2. bomber [-bœʀ] *nm* Blouson d'aviateur, porté par un pilote.

bombyx *nm* Papillon nocturne. *La chenille du bombyx du mûrier est le ver à soie.*

bôme *nf* Longue pièce de bois horizontale à la base d'une voile, pivotant autour du mât.

bon, bonne *a* 1 Qui aime faire le bien, qui est bien disposé, bienveillant. *Un homme bon. Un bon accueil.* 2 Qui réussit bien dans son travail. *Un bon élève. Un bon ouvrier.* 3 Qui est d'une qualité satisfaisante. *Une bonne voiture. De bons yeux.* 4 Conforme aux règles morales ou sociales. *La bonne société.* 5 Agréable, savoureux. *La bonne cuisine.* 6 Favorable. *Une bonne journée.* 7 Juste, correct, approprié. *La bonne réponse. Au bon moment.* 8 Qui est important. *Attendre un bon moment.* Loc *Un bon mot* : un mot spirituel. *Être bon pour* : ne pas pouvoir échapper à. *Être bon premier* : être nettement le premier. ■ *av* Loc *Sentir bon* : avoir une odeur agréable. *Tenir bon* : résister fermement. *Il fait bon* : le temps, la température est agréable ; il est agréable de... *À quoi bon ?* à quoi cela servirait-il ? *Pour de bon* : réellement. ■ *interj* Marque la satisfaction, le consentement, la surprise. ■ *nm* 1 Ce qui est bon. 2 Qui fait le bien. *Les bons et les méchants.* 3 Autorisation écrite permettant à qqn de toucher de l'argent, de recevoir un objet.

bonapartisme *nm* Attachement au régime impérial fondé par Napoléon Bonaparte.

bonapartiste *a, n* Du bonapartisme.

bonasse *a* Bon jusqu'à la niaiserie.

bonbon *nm* Petite friandise à base de sucre.

bonbonne *nf* Grosse bouteille servant à garder et à transporter des liquides.

bonbonnière *nf* 1 Boîte à bonbons. 2 Petit appartement charmant.

bond *nm* 1 Saut brusque. 2 Rebondissement d'un corps. Loc *Faire faux bond* : manquer à une promesse.

bonde *nf* 1 Ouverture par laquelle s'écoule l'eau d'un étang, d'un réservoir ; pièce qui obture cet orifice. 2 Trou fait à un tonneau pour le remplir et le vider ; le bouchon en bois qui sert à le boucher.

bondé, ée *a* Rempli de gens.

bondieuserie *nf* Fam 1 Dévotion outrée. 2 Objet pieux de mauvais goût.

bondir *vi* 1 Faire des bonds. 2 S'élancer. 3 Tressaillir. *Bondir de joie.*

bondissement *nm* Mouvement de ce qui bondit.

bongo *nm* Instrument de percussion composé de deux petits tambours.

bonheur *nm* 1 État de bien-être, de félicité. 2 Événement heureux, hasard favorable, chance. Loc *Porter bonheur* : favoriser, faire réussir. *Au petit bonheur* : au hasard.

bonhomie *nf* Bonté et simplicité ; bienveillance.

bonhomme, nm 1 Fam Homme. 2 Terme d'affection (en parlant à un petit garçon). *Mon petit bonhomme.* 3 Fam Figure humaine grossièrement dessinée. Loc *Aller son petit bonhomme de chemin* : vaquer tranquillement à ses affaires. *Des bonshommes.* ■ *a inv* Simple, doux, naïf. *Un air bonhomme.*

boni *nm* Bénéfice, économie par rapport à la dépense prévue.

boniche *nf* Pop Bonne, employée de maison.

bonification *nf* 1 Avantage accordé sur le taux d'intérêt d'un emprunt. 2 SPORT Avantage accordé à un concurrent. 3 Amélioration. *Bonification d'une terre.*

bonifier *vt* 1 Accorder une bonification sur un taux d'intérêt. 2 Améliorer. ■ *vpr* Devenir meilleur.

boniment *nm* 1 Discours tenu en public par les camelots, les bateleurs, etc. 2 Fam Propos mensonger.

bonimenteur, euse *n* Qui fait des boniments.

bonite *nf* Thon de petite taille.

bonjour *nm* Mot de salutation adressé à qqn qu'on rencontre. Loc *Facile, simple comme bonjour* : très facile.

bonne *nf* Employée de maison nourrie, logée.

bonne-maman *nf* Terme affectueux pour grand-mère. *Des bonnes-mamans.*

bonnement *av* Simplement.

bonnet *nm* 1 Coiffure souple et sans rebord. *Bonnet en laine.* 2 ZOOL Deuxième estomac d'un ruminant. 3 Chacune des poches d'un soutien-gorge. Loc Fam *Un bonnet de nuit :* une personne triste, ennuyeuse. Fam *Un gros bonnet :* un personnage important. Fam *Avoir la tête près du bonnet :* être prompt à se fâcher. *Prendre sous son bonnet :* sous sa responsabilité. Fam *C'est bonnet blanc et blanc bonnet :* il n'y a pas de différence.

bonneteau *nm* Jeu prohibé consistant à faire deviner une carte à un adversaire.

bonneterie *nf* 1 Industrie ou commerce des articles en tissu à mailles (lingerie, sous-vêtements, chaussettes, etc.). 2 Marchandise vendue par le bonnetier. 3 Boutique d'un bonnetier.

bonnetier, ère *n* Qui fabrique ou vend de la bonneterie. ■ *nf* Petite armoire.

bon-papa *nm* Fam Grand-père. *Des bons-papas.*

bonsaï *nm* Arbre ornemental miniaturisé.

bonsoir *nm* Salutation employée le soir.

bonté *nf* Qualité qui pousse à faire le bien ; bienveillance. ■ *pl* Actes de bienveillance.

bonus *nm* 1 Réduction de la prime d'une assurance automobile accordée à de bons conducteurs. 2 Fam Chose accordée en plus ; amélioration.

bonze *nm* 1 Moine bouddhiste. 2 Fam Homme d'une solennité ridicule.

boogie-woogie [bugiwugi] *nm* Style de jazz proche du be-bop.

bookmaker [bukmekœr] *nm* Celui qui prend les paris sur les courses de chevaux.

booléen, enne [bu-] *a* De l'algèbre de Boole.

boom [bum] *nm* Forte hausse soudaine.

boomer [bumœr] *nm* Haut-parleur de graves.

boomerang [bumrãg] *nm* Lame de bois recourbée qui revient vers celui qui l'a lancée si elle ne rencontre pas d'obstacle.

booster [bustœr] *nm* Propulseur auxiliaire d'une fusée spatiale.

bootlegger [butlegœr] *nm* HIST Contrebandier d'alcool, aux États-Unis lors de la prohibition.

boots [buts] *nfpl* Bottes courtes.

boqueteau *nm* Petit bois.

borate *nm* Sel de l'acide borique.

borax *nm* Borate de soude.

borborygme *nm* Gargouillement intestinal. ■ *pl* Paroles incompréhensibles.

bord *nm* 1 Extrémité, limite d'une surface. 2 Ce qui borde. *Une capeline à larges bords.* 3 Le côté d'un navire. 4 Parti, opinion. *Être du même bord.* Loc *Au bord de :* très près de. *Virer de bord :* changer de direction. *Passer par-dessus bord :* tomber à la mer. *À bord :* sur le bateau, dans l'avion.

bordage *nm* MAR Revêtement appliqué sur les membrures d'un navire.

bordeaux *nm* Vin de la région de Bordeaux. ■ *a inv* Rouge foncé.

bordée *nf* MAR Chemin que parcourt un navire qui louvoie entre deux virements de bord. Loc Fam *Tirer une bordée :* courir les lieux de plaisir. *Bordée d'injures :* flot d'injures violentes.

bordel *nm* Pop 1 Lieu de prostitution. 2 Grand désordre.

bordelais, aise *a, n* De Bordeaux ou de sa région. ■ *nf* Bouteille mince utilisée pour le bordeaux.

bordélique *a* Pop Très désordonné.

border *vt* 1 Servir de bord, longer. *Le quai borde la rivière.* 2 Garnir le bord. 3 Rentrer le bord des draps et des couvertures sous le matelas.

bordereau *nm* État détaillé d'articles, de pièces d'un dossier.

borderline [bɔrdœrlajn] *nm* PSYCHO Cas limite entre névrose et psychose.

bordier, ère *a* GEOGR Qui borde. *Mer bordière.*

bordure *nf* Ce qui orne, marque, renforce le bord. Loc *En bordure de :* au bord de.

bore *nm* Corps simple ayant certaines analogies avec le carbone.

boréal, ale, aux *a* Du Nord. Ant. austral.

borgne *n, a* Qui n'a qu'un œil valide. ■ *a* Sans aucune ouverture. *Mur borgne.* Loc *Hôtel borgne :* hôtel mal famé.

borie *nm* En Provence, construction de pierres sèches.

borique *a* CHIM Dérivé du bore.

bornage *nm* 1 Délimitation des propriétés au moyen de bornes. 2 Navigation côtière.

borne *nf* 1 Marque qui matérialise les limites d'un terrain. 2 Pierre indiquant les distances en kilomètres sur les routes. 3 Fam Kilomètre. 4 Pierre à l'angle d'un bâtiment pour protéger des roues des voitures. 5 ELECTR Pièce de connexion. *Bornes d'une batterie.* ■ *pl* Limites, frontières. Loc *Dépasser les bornes :* exagérer.

borné, ée *a* 1 Limité, restreint. 2 Peu intelligent. *Un esprit borné.*

borner *vt* 1 Délimiter par des bornes. 2 Limiter. 3 Modérer, restreindre. ■ *vpr* Se contenter de ; se limiter à. *Se borner au nécessaire.*

borsalino *nm* (n déposé) Chapeau d'homme, en feutre mou, à larges bords.

bortch *nm* Potage russe.

bosco *nm* MAR Maître de manœuvre.

boskoop [-kɔp] *nf* Variété de pomme.

bosniaque *a, n* De Bosnie.

bosquet *nm* Petit groupe d'arbres.

boss *nm inv* Fam Patron.

bossage *nm* ARCHI Pierre en saillie sur un mur, servant d'ornement.

bosse *nf* 1 Tuméfaction due à une contusion. 2 Grosseur dorsale anormale. 3 Protubérance sur le dos de certains animaux. 4 Relief sur une surface. Loc Fam *Avoir la bosse des mathématiques, etc. :* être doué pour cette discipline.

bosseler *vt* [18] Marquer de bosses.

bosselure *nf* Déformation d'une surface par des bosses.

bosser *vi* Pop Travailler.

bosseur, euse *n* Fam Qui travaille dur.

bossoir *nm* MAR Appareil de levage des embarcations à bord d'un navire.

bossu, ue *a, n* Qui a une ou plusieurs bosses. Loc Fam *Rire comme un bossu :* rire fort.

bostryche *nm* Coléoptère à élytres brun rouge.

bot, bote *a* MED Contrefait. *Un pied bot.*

botanique *nf* Science des végétaux. ■ *a* Qui concerne cette science.

botaniste *n* Qui étudie les végétaux.

bothriocéphale *nm* Ver voisin du ténia.

botrytis *nm* Pourriture noble de la vigne.

bouffant

1. botte *nf* Réunion de végétaux de même nature liés ensemble.

2. botte *nf* **1** Chaussure qui enferme le pied et la jambe. **2** En escrime, coup porté avec un fleuret ou une épée. *Loc Fam Lécher les bottes de qqn* : le flatter avec bassesse. *Fam Être à la botte de qqn* : lui être entièrement soumis. *Bruits de bottes* : rumeurs de guerre.

botteler *vt* [18] Lier en bottes.

botter *vt* **1** Chausser de bottes. **2** *Pop* Convenir. *Ça me botte !* **3** *Fam* Donner un coup de pied.

botteur *nm* Au rugby, joueur tirant les pénalités, transformant les essais.

bottier *nm* Qui fait des bottes, des chaussures sur mesure.

bottillon *nm* Chaussure à tige montante, souvent fourrée.

bottine *nf* Chaussure montante serrée à la cheville.

botulisme *nm* Intoxication due à certaines conserves et charcuteries avariées.

boubou *nm* Tunique africaine ample et longue.

bouc *nm* **1** Mâle de la chèvre. **2** Barbe portée seulement au menton. *Loc Bouc émissaire* : personne que l'on charge des fautes commises par d'autres.

boucan *nm* *Fam* Tapage, vacarme.

boucaner *vt* Fumer de la viande, du poisson.

boucanier *nm* *HIST* Chasseur de bœufs sauvages dans les Antilles au XVIIᵉ s.

bouchage *nm* Action de boucher.

bouche *nf* **1** Ouverture mobile du visage permettant de manger, de parler, etc. **2** Organe analogue de certains animaux. **3** Personne à nourrir. **4** Ouverture d'une cavité, d'une canalisation. *Bouche d'égout. Loc Bouche d'incendie* : prise d'eau pour les pompiers. *Bouche à feu* : pièce d'artillerie. *Faire la fine bouche* : le difficile. *Garder qqch pour la bonne bouche* : réserver le meilleur pour la fin. *Faire venir l'eau à la bouche* : exciter l'appétit, les désirs. *S'ôter le pain de la bouche* : se priver du nécessaire pour secourir qqn. *Bouche cousue !* : gardez le secret ! *De bouche à oreille* : oralement. ■ *pl* Embouchure d'un fleuve.

bouché, ée *a* **1** Fermé, obstrué, encombré. **2** *Fam* Peu intelligent. *Loc Cidre bouché* : en bouteille et pétillant.

bouche-à-bouche *nm inv* Méthode de respiration artificielle consistant à insuffler de l'air par la bouche à un asphyxié.

bouchée *nf* **1** Morceau qu'on met dans la bouche en une seule fois. **2** Petit vol-au-vent garni. *Loc Pour une bouchée de pain* : pour une somme dérisoire. *Mettre les bouchées doubles* : redoubler d'activité. *Bouchée au chocolat* : gros chocolat fourré.

1. boucher *vt* Fermer une ouverture, un passage. *Boucher un trou, un tonneau. Boucher un chemin. Loc Boucher la vue* : empêcher de voir.

2. boucher, ère *n* Qui vend de la viande crue au détail. ■ *nm Litt* Homme sanguinaire.

boucherie *nf* **1** Commerce de la viande des bestiaux. **2** Boutique où se vend de la viande. **3** Massacre, carnage.

bouche-trou *nm* Personne, objet servant seulement à combler un vide. *Des bouche-trous.*

bouchon *nm* **1** Ce qui sert à fermer une bouteille, une carafe, un flacon. *Bouchon de liège, de cristal.* **2** Poignée de paille, d'herbe, de chiffon tortillé. **3** Jeu d'adresse où l'on emploie un bouchon et des palets. **4** Flotteur d'une ligne de pêche. **5** Ce qui obstrue ; embouteillage de voitures. *Loc Fam C'est plus fort que de jouer au bouchon* : c'est très surprenant. *Fam Pousser le bouchon trop loin* : exagérer.

bouchonné, ée *a* Qui sent le bouchon (vin).

bouchonner *vt* **1** Mettre en bouchon, chiffonner. **2** Frotter un cheval avec un bouchon de paille. ■ *vi* Former un embouteillage.

bouchot *nm* Ensemble de pieux servant à l'élevage des moules.

bouclage *nm* **1** Action de boucler. **2** Encerclement d'une région, d'une ville, d'un quartier par des troupes ou la police.

boucle *nf* **1** Agrafe, anneau, muni d'une ou plusieurs pointes mobiles (ardillons), servant à tendre une ceinture, une courroie. **2** Bijou porté à l'oreille. **3** Spirale formée par les cheveux frisés. **4** Courbe accentuée d'un cours d'eau. **5** Acrobatie aérienne, cercle vertical effectué par un avion. **6** *INFORM* Séquence d'instruction qui répète cycliquement.

boucler *vt* **1** Attacher par une boucle. *Boucler sa ceinture.* **2** *Fam* Fermer. *Boucler une chambre.* **3** *Fam* Enfermer. **4** Mettre en boucles les cheveux. **5** Achever, terminer. *Boucler un dossier. Loc Boucler la boucle* : faire le tour complet d'une question ; revenir au point de départ. *Pop La boucler* : se taire. ■ *vi* **1** Prendre la forme de boucles (cheveux). **2** *INFORM* Entrer dans un processus qui recommence indéfiniment.

bouclette *nf* Petite boucle.

bouclier *nm* **1** Grande plaque de protection portée au bras pour parer les coups. **2** Protection, défense. *Loc Levée de boucliers* : manifestation collective de protestation.

bouddha *nm* **1** Dans le bouddhisme, sage parvenu à la perfection. **2** Représentation du Bouddha.

bouddhique *a* Du bouddhisme.

bouddhisme *nm* Religion prêchée par le Bouddha.

bouddhiste *n* Adepte du bouddhisme.

bouder *vi* Témoigner de la mauvaise humeur par une mine renfrognée. ■ *vt* Laisser de côté par indifférence ou par dépit.

bouderie *nf* Action de bouder.

boudeur, euse *a, n* Qui boude.

boudin *nm* Boyau rempli de sang et de graisse de porc, qu'on mange cuit. *Loc Boudin blanc* : boyau farci avec du lait et du blanc de volaille. *Fam Clair comme du jus de boudin* : obscur. *Fam S'en aller en eau de boudin* : échouer lamentablement. *Ressort à boudin* : formé d'une hélice d'acier.

boudiné, ée *a* **1** En forme de boudin. *Doigts boudinés.* **2** Serré dans ses vêtements.

boudoir *nm* **1** Salon intime d'une habitation. **2** Petit biscuit allongé, saupoudré de sucre.

boue *nf* **1** Mélange de terre ou de poussière et d'eau. **2** Dépôt épais. *Loc Traîner qqn dans la boue* : le couvrir de propos infamants.

bouée *nf* **1** Engin flottant qui sert à signaler une position, à baliser un chenal ou à repérer un corps immergé. **2** Engin flottant qui maintient une personne à la surface de l'eau.

boueux, euse *a* Plein de boue. ■ *nm Abusiv* Éboueur.

bouffant, ante *a* Qui bouffe, qui gonfle.

bouffarde *nf* Fam Pipe.

1. bouffe *a* Loc *Opéra bouffe* : opéra sur un thème de comédie.

2. bouffe *nf* Pop Nourriture, repas.

bouffée *nf* 1 Souffle, exhalaison. 2 Accès passager. *Bouffées d'orgueil.*

bouffer *vi* Se gonfler. *Cheveux qui bouffent.* ■ *vt* Pop Manger.

bouffi, ie *a* Boursouflé, gonflé.

bouffir *vt, vi* Rendre, devenir enflé.

bouffissure *nf* Enflure des chairs. Loc *Bouffissure du style* : affectation, emphase.

bouffon, onne *a* Ridicule, grotesque. *Histoire bouffonne.* ■ *nm* 1 Anc Personnage grotesque chargé de divertir un seigneur. 2 Qui pratique un comique outré.

bouffonnerie *nf* Plaisanterie de bouffon.

bougainvillée [-ile] *nf* ou **bougainvillier** *nm* Plante grimpante, ornementale, aux bractées rouges ou violettes.

bouge *nm* Petit logement obscur et sale ; café mal famé.

bougé *nm* Mouvement intempestif de l'appareil photo, produisant une image floue.

bougeoir *nm* Petit chandelier.

bougeotte *nf* Fam Manie de bouger, de voyager.

bouger *vi* [11] 1 Faire un geste ; remuer. 2 Changer de place. 3 S'agiter de manière hostile. ■ *vt* Déplacer. *Bouger un meuble.* ■ *vpr* Fam Se remuer, s'activer.

bougie *nf* 1 Cylindre de cire, de stéarine, de paraffine, qui brûle en éclairant grâce à une mèche noyée dans la masse. 2 Dispositif d'allumage électrique dans un moteur à explosion.

bougnat *nm* Fam Marchand de charbon.

bougnoule *nm* Mot raciste désignant un travailleur immigré maghrébin ou noir.

bougon, onne *a, n* Grognon.

bougonnement *nm* Fait de bougonner ; paroles dites en bougonnant.

bougonner *vi, vt* Murmurer entre ses dents, dire en grondant des choses désagréables.

bougre, esse *n* Fam Individu, gaillard. Loc *Un bon bougre* : un brave homme. Fam *Bougre de* : espèce de. ■ *interj* Pop Exprime la surprise, l'admiration.

bougrement *av* Pop Bigrement.

boui-boui *nm* Fam Café, restaurant de qualité médiocre. *Des bouis-bouis.*

bouillabaisse *nf* Mets provençal, à base de poissons.

bouillant, ante *a* 1 Qui bout. 2 Très chaud. 3 Plein d'une ardeur impatiente.

bouille *nf* Pop Figure, tête.

bouilleur *nm* Loc *Bouilleur de cru* : propriétaire qui distille sa propre récolte.

bouilli, ie *a* 1 Porté à ébullition. 2 Cuit dans un liquide qui bout. ■ *nm* Viande bouillie. ■ *nf* 1 Aliment constitué de farine cuite dans le lait. 2 Substance ayant perdu toute consistance. Loc Fam *Mettre en bouillie* : écraser. *Bouillie bordelaise* : solution de sulfate de cuivre et de chaux servant à traiter les végétaux.

bouillir *vi* [30] 1 Être en ébullition. 2 Cuire dans un liquide qui bout. 3 Être dans un état d'emportement violent. *Bouillir d'impatience.* Loc *Faire bouillir la marmite* : procurer des moyens de subsistance.

bouilloire *nf* Récipient à bec et à anse servant à faire bouillir de l'eau.

bouillon *nm* 1 Aliment liquide obtenu en faisant bouillir dans de l'eau viande, poisson ou légumes. 2 Bulles d'un liquide en ébullition. 3 Remous à la surface d'un liquide. 4 Fronces d'étoffe bouffante. 5 Exemplaires invendus d'une publication. Loc Fam *Bouillon d'onze heures* : breuvage empoisonné. *Bouillon de culture* : milieu favorable au développement de micro-organismes ; terrain où peut se développer un phénomène néfaste. Fam *Boire un bouillon* : avaler involontairement de l'eau en nageant ; perdre de l'argent dans une entreprise.

bouillon-blanc *nm* Plante à fleurs jaunes, à feuilles velues. Syn. molène. *Des bouillons-blancs.*

bouillonnant, ante *a* Qui bouillonne.

bouillonné *nm* COUT Ornement d'étoffe froncé en bouillons.

bouillonnement *nm* État de qqch ou de qqn qui bouillonne.

bouillonner *vi* 1 Former des bouillons. 2 S'agiter sous le coup d'une émotion forte. 3 Avoir une partie du tirage d'un journal invendue. ■ *vt* COUT Froncer un tissu en bouillons.

bouillotte *nf* Récipient rempli d'eau chaude pour chauffer un lit.

1. boulanger, ère *nm* Qui fait, vend du pain.

2. boulanger *vi* [11] Pétrir et faire cuire le pain.

boulangerie *nf* 1 Fabrication du pain. 2 Boutique du boulanger.

boulangisme *nm* HIST Mouvement nationaliste et populiste du général Boulanger.

boule *nf* 1 Objet sphérique. 2 Fam Tête. *Coup de boule.* Loc *Jeu de boules* : jeu d'adresse où l'on lance des boules. Fam *Mettre qqn en boule* : le mettre en colère. *Faire boule de neige* : aller en grossissant.

bouleau *nm* Arbre à l'écorce blanche.

boule-de-neige *nf* Nom courant de la viorne obier. *Des boules-de-neige.*

bouledogue *nm* Chien aux pattes courtes et torses, au museau plat.

bouler *vi* Loc Fam *Envoyer bouler qqn* : le renvoyer brutalement.

boulet *nm* 1 Projectile sphérique dont on chargeait les canons. 2 Personne ou chose ressentie comme une charge. 3 Charbon aggloméré en boules ovoïdes. 4 Articulation de la jambe du cheval. Loc *Tirer à boulets rouges* : attaquer par des propos violents.

boulette *nf* 1 Petite boule. 2 Fam Sottise, bévue.

boulevard *nm* 1 Large voie urbaine. 2 Genre théâtral, illustré par des comédies légères.

boulevardier, ère *a* Dans l'esprit du théâtre de boulevard.

bouleversant, ante *a* Qui trouble, qui émeut profondément. *Un récit bouleversant.*

bouleversement *nm* Changement profond, perturbation radicale.

bouleverser *vt* 1 Mettre dans une confusion extrême. 2 Modifier totalement.

boulier *nm* Cadre contenant des boules glissant sur des tringles, et servant à compter.

boulimie *nf* Faim pathologique.

boulimique *a, n* Atteint de boulimie.

bouline *nf* MAR Cordage servant à manœuvrer une voile.

boulingrin *nm* Parterre de gazon.

bouliste *n* Joueur de boules.

boulocher *vi* Former de petites boules (lainage).

boulodrome *nm* Terrain aménagé pour le jeu de boules.

boulon *nm* Vis munie d'un écrou.

boulonnais, aise *a, nm* Race de chevaux puissants.

boulonner *vt* Fixer avec des boulons. ■ *vi* Travailler beaucoup.

1. boulot *nm* Fam Travail. **Loc** *Petit boulot* : travail non qualifié, précaire, peu payé.

2. boulot, otte *a* Petit et grassouillet.

boulotter *vi* Fam Manger.

boum *interj* Indique le bruit d'un choc, d'une détonation. ■ *nm* Bruit d'une explosion. **Loc** Fam *En plein boum* : en état d'activité intense.

bouquet *nm* 1 Assemblage de fleurs, d'herbes liées ensemble. 2 Parfum, arôme d'un vin, d'une liqueur. 3 Gerbe de fusées qui termine un feu d'artifice. 4 Crevette rose. **Loc** *Bouquet d'arbres* : petit groupe d'arbres. Fam *C'est le bouquet* : c'est le comble.

bouqueté, ée *a* Qui a du bouquet (vin).

bouquetière *nf* Marchande ambulante de fleurs.

bouquetin *nm* Chèvre sauvage des montagnes.

bouquin *nm* 1 Fam Livre. 2 Lièvre mâle.

bouquiner *vi, vt* Fam Lire.

bouquiniste *n* Marchand de livres d'occasion.

bourbe *nf* Boue des eaux croupies.

bourbeux, euse *a* Plein de bourbe.

bourbier *nm* 1 Lieu boueux. 2 Situation embarrassante et fâcheuse.

bourbillon *nm* MED Masse blanchâtre au centre d'un furoncle.

bourbon *nm* Whisky américain.

bourbonien, enne *a* Des Bourbons. **Loc** *Nez bourbonien* : long et busqué.

bourdaine *nf* Arbrisseau dont l'écorce a des propriétés laxatives.

bourde *nf* Fam Grosse erreur, bévue.

bourdon *nm* 1 Insecte hyménoptère velu. 2 Grosse cloche à son grave. 3 MUS Jeu de l'orgue rendant les sons graves. 4 IMPRIM Omission d'un passage lors de la composition. **Loc** *Faux bourdon* : mâle de l'abeille. Fam *Avoir le bourdon* : avoir le cafard.

bourdonnant, ante *a* Qui bourdonne.

bourdonnement *nm* 1 Bruit du vol de certains insectes. 2 Bruit qui rappelle le son de ce vol. **Loc** *Bourdonnement d'oreilles* : impression de bruit due à des troubles de l'oreille.

bourdonner *vi* Faire un bruit sourd.

bourg *nm* Gros village.

bourgade *nf* Village isolé.

bourgeois, oise *n* 1 De la bourgeoisie. 2 Qui est de mœurs rangées, d'opinions conservatrices. ■ *a* 1 Simple, familial. *Cuisine, maison bourgeoise.* 2 Traditionaliste, conservateur, conformiste. *Préjugés bourgeois.*

bourgeoisement *av* De façon bourgeoise.

bourgeoisie *nf* Classe sociale vivant dans une plus ou moins grande aisance, distincte de la paysannerie et de la classe ouvrière.

bourgeon *nm* Petite excroissance d'une plante, qui contient les organes embryonnaires (feuilles, fleurs, tige) de la prochaine végétation.

bourgeonnement *nm* Formation et développement des bourgeons.

bourgeonner *vi* 1 Produire des bourgeons. 2 Se couvrir de boutons (visage).

bourgeron *nm* Blouse de toile portée autrefois par les ouvriers.

bourgmestre *nm* Principal magistrat de certaines villes de Belgique, de Suisse.

bourgogne *nm* Vin de Bourgogne.

bourgueil *nm* Vin rouge de Touraine.

bourguignon, onne *a, n* De Bourgogne. ■ *nm* Ragoût de bœuf au vin rouge. ■ *nf* Bouteille utilisée pour le bourgogne.

bourlinguer *vi* 1 MAR En parlant d'un navire, rouler et tanguer violemment. 2 Fam Naviguer beaucoup. 3 Fam Mener une vie aventureuse.

bourlingueur, euse *a, n* Fam Qui bourlingue.

bourrache *nf* Plante à fleurs bleues utilisée en infusion.

bourrade *nf* Coup de poing, de coude, d'épaule. *Une bourrade amicale.*

bourrage *nm* Action de bourrer.

bourrasque *nf* Brusque coup de vent tourbillonnant.

bourratif, ive *a* Fam Qui bourre l'estomac (aliments).

bourre *nf* 1 Amas de poils, de fils, de chiffons, etc. qu'on tasse pour obturer, combler un vide, protéger, etc. 2 Duvet couvrant de jeunes bourgeons. **Loc** Pop *À la bourre* : en retard.

bourré, ée *a* 1 Plein à craquer. 2 Pop Ivre.

bourreau *nm* 1 Qui met à mort des condamnés. 2 Homme cruel, inhumain. **Loc** *Bourreau des cœurs* : séducteur. *Bourreau de travail* : travailleur forcené.

bourrée *nf* Danse régionale du centre de la France.

bourrelé, ée *a* **Loc** *Bourrelé de remords* : torturé par le remords.

bourrelet *nm* 1 Bande de feutre, de plastique, servant à calfeutrer, à préserver d'un choc. 2 Excès de chair, de graisse qui renfle la peau.

bourrelier *nm* Qui fabrique, vend ou répare des harnachements et autres articles en cuir.

bourrellerie *nf* Activité du bourrelier.

bourrer *vt* 1 Garnir de bourre. 2 Remplir complètement. *Bourrer une pipe.* **Loc** Fam *Bourrer le crâne à qqn* : chercher à le tromper par des propos mensongers réitérés. *Bourrer de coups* : frapper.

bourriche *nf* Panier servant à transporter des huîtres, du poisson, du gibier.

bourricot *nm* Petit âne.

bourrin *nm* Pop Cheval.

bourrique *nf* 1 Âne, ânesse. 2 Fam Personne têtue et stupide. **Loc** Fam *Faire tourner qqn en bourrique* : l'abrutir à force d'exigences contradictoires.

bourru, ue *a* D'humeur peu accommodante. **Loc** *Vin bourru* : qui est encore en train de fermenter.

1. bourse *nf* 1 Petit sac destiné à contenir de l'argent, de la monnaie. 2 Pension versée à un élève, à un étudiant, pendant ses études. **Loc** *Sans bourse délier* : sans avoir à payer. ■ *pl* ANAT Scrotum.

2. Bourse *nf* 1 Lieu public où s'assemblent les négociants, les agents de change, les courtiers, pour des opérations financières. 2 Marché des valeurs. **Loc** *Bourse du travail* : lieu où les syndicats ouvriers peuvent se réunir.

boursicotage *nm* Action de boursicoter.

boursicoter *vi* Jouer à la Bourse par petites opérations.

boursicoteur, euse *n* Qui boursicote.

boursier, ère *n* 1 Élève, étudiant qui bénéficie d'une bourse. 2 Professionnel de la Bourse. ■ *a* De la Bourse. *Marché boursier*.

boursouflage ou **boursouflement** *nm* Action de boursoufler.

boursouflé, ée *a* 1 Enflé, bouffi. 2 Ampoulé, emphatique. *Style boursouflé*.

boursoufler *vt* Rendre boursouflé.

boursouflure *nf* Enflure.

bousculade *nf* 1 Action de bousculer. 2 Mouvement produit par le remous d'une foule.

bousculer *vt* 1 Renverser, faire basculer. 2 Pousser, heurter qqn. *On se bouscule à l'entrée.* 3 Activer, presser. *Ne me bousculez pas.*

bouse *nf* Fiente des ruminants.

bouseux, euse *n* Fam, péjor Paysan.

bousier *nm* Coléoptère qui fait des boulettes d'excréments et pond ses œufs.

bousiller *vt* Fam 1 Faire précipitamment et sans soin. 2 Abîmer, démolir qqch, tuer qqn.

bousilleur, euse *n* Fam Qui bousille le travail.

boussole *nf* Instrument contenant une aiguille aimantée qui pivote librement en indiquant le nord.

boustifaille *nf* Pop Nourriture.

bout *nm* 1 Extrémité d'un corps ; limite d'un espace. *Le bout des doigts. Au bout de la ville.* 2 Ce qui garnit l'extrémité de certaines choses. 3 Petite partie, morceau. *Un bout de ruban, un bout de pain.* 4 Terme, fin. *Le bout de l'année.* Loc *Au bout du compte* : tout bien considéré. *À bout* : sans ressource, épuisé. *Pousser à bout* : faire perdre patience. *À bout de* : à la fin de. *Venir à bout de* : réussir, vaincre. *Mettre bout à bout* : joindre successivement. *De bout en bout* : d'une extrémité à l'autre. Pop *Mettre les bouts* : s'en aller, se sauver. Fam *Joindre les deux bouts* : boucler son budget.

boutade *nf* Plaisanterie originale.

bout-dehors *nm* MAR Espar servant à établir des voiles en saillie. *Des bouts-dehors.*

boute-en-train *nm* inv Qui sait amuser une assemblée.

boutefeu *nm* Litt Celui qui excite la discorde.

bouteille *nf* 1 Récipient à col étroit et à goulot destiné à contenir des liquides ; son contenu. 2 Récipient métallique pour gaz liquéfiés. Loc Fam *Aimer la bouteille* : aimer le vin, la boisson. *Avoir de la bouteille* : s'être amélioré, perfectionné en vieillissant. *C'est la bouteille à l'encre* : c'est une situation inextricable.

bouteur *nm* Bulldozer.

boutique *nf* Magasin de détail ou local d'un artisan. Loc Fam *Parler boutique* : parler de son métier.

boutiquier, ère *n* Qui tient une boutique.

boutoir *nm* Groin du sanglier. Loc *Coup de boutoir* : coup violent ; trait d'humeur, mots blessants.

bouton *nm* 1 Bourgeon. 2 Petite pièce, le plus souvent ronde, qui sert à attacher ensemble les parties d'un vêtement. 3 Pièce saillante et arrondie. *Bouton de porte.* 4 Petite pièce ou touche servant à la commande d'un appareil, d'un mécanisme. 5 Petit gonflement rouge de la peau.

bouton-d'or *nm* Renoncule des prés. *Des boutons-d'or.*

boutonnage *nm* Action ou manière de boutonner.

boutonner *vt* Attacher un vêtement avec des boutons.

boutonneux, euse *a, n* Qui a des boutons sur la peau, sur le visage.

boutonnière *nf* Fente dans laquelle on passe le bouton.

bouton-pression *nm* Bouton qui se fixe par pression dans une petite pièce métallique. *Des boutons-pression.*

boutre *nm* Petit navire à voile utilisé sur la côte orientale d'Afrique.

bout-rimé *nm* Pièce de vers composée sur les rimes imposées. *Des bouts-rimés.*

bouturage *nm* Action de bouturer.

bouture *nf* Fragment d'un végétal mis en terre pour y développer des racines.

bouturer *vi* Reproduire par bouture.

bouvier, ère *n* Qui garde les bœufs. ■ *nm* Chien de berger.

bouvillon *nm* Jeune bœuf.

bouvreuil *nm* Oiseau au plumage gris et noir, avec la poitrine rose vif.

bouzouki *nm* Luth grec à long manche.

bovarysme *nm* Insatisfaction romanesque amenant à se vouloir autre que l'on est.

bovidé *nm* ZOOL Mammifère ruminant tel que les bovins, les ovins et les caprins.

bovin, ine *a* Relatif aux bœufs. ■ *nmpl* Les bœufs, les vaches, les veaux.

bowling [buliŋ] *nm* 1 Jeu de quilles d'origine américaine. 2 Établissement où l'on y joue.

bow-window [bowindo] *nm* Balcon vitré en saillie sur une façade. *Des bow-windows.*

box *nm* 1 Stalle d'écurie pour un seul cheval. 2 Compartiment de garage pour une automobile.

boxe *nf* Sport du combat à coups de poing. Loc *Boxe française* : savate. *Boxe américaine* : full-contact.

1. boxer *vi* Pratiquer la boxe. ■ *vt* Fam Frapper qqn à coups de poing.

2. boxer [bɔksɛʀ] *nm* Chien de garde.

boxeur *nm* Qui boxe.

box-office *nm* Cote de succès d'un artiste, d'un spectacle. *Des box-offices.*

boy *nm* Domestique indigène dans les pays autrefois colonisés.

boyard *nm* Seigneur, dans l'ancienne Russie.

boyau *nm* 1 Intestin. 2 Corde faite avec des intestins de chat ou de mouton pour garnir les violons, guitares, etc., et les raquettes de tennis. 3 Conduit souple en cuir, en toile caoutchoutée. 4 Corridor long et étroit. 5 Chambre à air de bicyclette enfermée dans un mince enveloppe de caoutchouc.

boycottage ou **boycott** *nm* 1 Refus d'acheter des marchandises provenant d'une firme, d'un pays. 2 Refus collectif de participer à une manifestation, un événement publics.

boycotter *vt* Appliquer le boycott à.

boy-scout *nm* Syn anc. de *scout*. *Des boy-scouts.*

brabançon, onne *a, n* Du Brabant.

bracelet *nm* Ornement qui se porte autour du poignet, du bras.

bracelet-montre *nm* Montre que l'on porte attachée au poignet. *Des bracelets-montres.*

brachial, ale, aux [-kjal] *a* ANAT Du bras.

brachycéphale [-ki-] *a, n* ANTHROP Qui a le crâne arrondi, et non allongé.

braconnage *nm* Action de braconner.

braconner *vi* Chasser ou pêcher en contrevenant aux lois ou règlements.

braconnier *nm* Qui braconne.

bractée *nf* BOT Petite feuille simple fixée au pédoncule floral.

bradage *nm* Action de brader.

brader *vt* Vendre à vil prix.

braderie *nf* Vente au rabais.

bradeur, euse *n* Qui brade.

bradycardie *nf* Lenteur du rythme cardiaque.

braguette *nf* Ouverture sur le devant d'un pantalon d'homme.

brahmane *nm* Membre de la caste sacerdotale hindoue.

brahmanique *a* Du brahmanisme.

brahmanisme *nm* Système religieux et social de l'Inde, caractérisé par une division de la société en castes.

brahmine *nf* Femme d'un brahmane.

brai *nm* Résidu de la distillation du pétrole.

braies *nfpl* Pantalon des Gaulois.

braillard, arde ou **brailleur, euse** *n, a* Qui braille.

braille *nm* Écriture en relief à l'usage des aveugles.

braillement *nm* Cri de qqn qui braille.

brailler *vi, vt* Parler, crier, chanter trop fort.

braiment *nm* Cri de l'âne.

brainstorming [brɛnstɔrmiŋ] *nm* Recherche d'idées originales dans un groupe.

brain-trust [brɛntrœst] *nm* Groupe de spécialistes chargés d'élaborer un projet. *Des brain-trusts.*

braire *vi* [74] Pousser son cri (âne).

braise *nf* Charbons ardents.

braiser *vt* Faire cuire à feux doux et à l'étouffée. *Une viande braisée.*

brame ou **bramement** *nm* Cri du cerf, du daim.

bramer *vi* Pousser son cri (cerf, daim).

brancard *nm* 1 Chacune des deux barres entre lesquelles on attelle une bête de trait. 2 Civière à bras.

brancardier *nm* Porteur de brancard.

branchage *nm* Ensemble des branches d'un arbre. ■ *pl* Amas de branches coupées.

branche *nf* 1 Ramification du tronc d'un arbre, d'une plante. 2 Division, ramification. *Les branches d'une science.* 3 Domaine d'activité. 4 L'une des familles issues d'un ascendant commun. Loc *Être comme l'oiseau sur la branche* : dans une situation précaire.

branché, ée *a, n* Fam À la mode.

branchement *nm* 1 Action de brancher. 2 Organe de raccordement, canalisation. *Branchement de gaz.*

brancher *vt* 1 Relier à un circuit principal ; connecter. 2 Fam Mettre qqn en rapport avec qqn, l'orienter vers qqch, l'intéresser.

branchial, ale, aux *a* Relatif aux branchies.

branchie *nf* Organe de la respiration des animaux aquatiques.

brandade *nf* Morue pochée pilée avec de l'ail, de l'huile.

brandebourg *nm* Ornement de broderie ou de galon de certains vêtements.

brandir *vt* 1 Agiter en l'air. 2 Présenter comme une menace.

brandon *nm* Corps enflammé. Loc Litt *Brandon de discorde* : provocateur, cause de querelles.

brandy *nm* Eau-de-vie, en Angleterre.

branlant, ante *a* Qui branle, instable.

branle *nm* Mouvement oscillant d'un corps. Loc *Mettre en branle* : donner une impulsion, faire démarrer.

branle-bas *nm inv* Loc *Branle-bas de combat* : dispositions prises en vue d'un combat naval ; bouleversement, agitation.

branler *vi* Bouger, être mal assuré, fixé. *Dent qui branle.* Loc Fam *Branler dans le manche* : être peu stable, peu sûr (situation, fortune).

braquage *nm* 1 Action de braquer. 2 Fam Attaque à main armée.

braque *nm* Chien de chasse d'arrêt à poil court. ■ *a* Fam Un peu fou.

braquer *vt* 1 Diriger une arme, un appareil vers un point. 2 Fam Menacer d'une arme à feu ; attaquer à main armée. 3 Orienter de côté les roues avant d'un véhicule. 4 Provoquer l'opposition têtue de qqn. ■ *vi* Tourner à droite ou à gauche (véhicule). ■ *vpr* S'obstiner dans son opposition.

braquet *nm* Développement d'une bicyclette.

braqueur, euse *n* Pop Qui fait une attaque à main armée.

bras *nm* 1 Membre supérieur de l'homme. 2 Partie du membre supérieur comprise entre l'épaule et le coude. 3 Ce qui évoque plus ou moins un bras humain. *Les bras d'une croix. Bras de levier.* Loc *Baisser les bras* : abandonner. *Rester les bras croisés* : à ne rien faire. *Recevoir à bras ouverts* : chaleureusement. *Avoir sur les bras* : être responsable de, ou accablé par. *Manquer de bras* : de travailleurs. *Être le bras droit de qqn* : son principal collaborateur. Fam *Avoir le bras long* : avoir du pouvoir. *À bras* : en utilisant la force des muscles de l'homme. *À tour de bras, à bras raccourcis* : de toute sa force. *Bras dessus, bras dessous* : en se donnant le bras. *Bras de fer* : épreuve de force. *Bras de fauteuil* : accotoir. *Bras de mer* : étendue de mer resserrée entre les terres. *Bras de cours d'eau* : division de ce cours d'eau.

brasero [-zero] *nm* Récipient qu'on remplit de braises pour se chauffer.

brasier *nm* Feu très vif, violent incendie.

bras-le-corps (à) *av* En serrant fortement entre ses bras.

brassage *nm* Action de brasser, de remuer ; fait d'être brassé.

brassard *nm* Ornement ou signe de reconnaissance fixé au bras.

brasse *nf* 1 Nage sur le ventre dans laquelle les mouvements des bras et des jambes sont symétriques. 2 Distance parcourue par le nageur à chaque cycle de mouvement.

brassée *nf* Ce que peuvent contenir les deux bras. *Une brassée de bois.*

brasser *vt* 1 Opérer les mélanges pour la fabrication de la bière. 2 Remuer pour mélanger. Loc *Brasser des affaires* : traiter beaucoup d'affaires.

brasserie *nf* 1 Industrie de la bière. 2 Fabrique de bière. 3 Café-restaurant.

brasseur, euse *n* 1 Fabricant ou marchand de bière. Loc *Brasseur d'affaires* : qui traite beaucoup d'affaires.

brassicole *a* Relatif à la bière, à la brasserie.

brassière nf Petite chemise de bébé en toile fine ou en tricot. Loc *Brassière de sauvetage* : gilet de sauvetage.

brasure nf Soudure faite avec un métal ou un alliage plus fusible.

bravache a, n Faux brave.

bravade nf Défi, provocation.

brave a, n Vaillant, courageux. ■ a Honnête, bon, serviable.

bravement av Avec bravoure.

braver vt Résister à, affronter.

bravo ! interj Exprime l'approbation. ■ nm Cri d'approbation.

bravoure nf Courage, vaillance. Loc *Morceau de bravoure* : de virtuosité.

break [bʀɛk] nm 1 Automobile qui possède un hayon et dont la banquette arrière se rabat à plat. 2 Interruption momentanée.

breakfast [bʀɛkfœst] nm Petit déjeuner à l'anglaise.

brebis nf Mouton femelle. Loc *Brebis galeuse* : personne indésirable dans un groupe. ■ nm Fromage au lait de brebis.

brèche nf 1 Ouverture faite à un mur, une haie, etc. 2 Partie brisée d'un tranchant, du bord de qqch. Loc *Faire une brèche à qqch* : l'entamer. *Être sur la brèche* : lutter avec ardeur. *Battre en brèche* : attaquer vivement.

bréchet nm ZOOL Crête osseuse du sternum d'un oiseau.

bredouillage, bredouillement ou **bredouillis** nm 1 Action de bredouiller. 2 Paroles indistinctes.

bredouille a Qui n'a rien pris (à la chasse, à la pêche) ; qui a échoué.

bredouiller vi, vt Parler de manière précipitée et confuse.

bref, brève a 1 Qui dure peu. 2 Qui s'exprime en peu de mots, concis. ■ av En peu de mots, pour résumer. ■ nm Lettre du pape. ■ nf 1 Syllabe brève. 2 Information courte ou peu importante.

breitschwanz [bʀɛtʃvɑ̃ts] nm Fourrure d'agneau mort-né.

brelan nm Réunion de trois cartes ou coups de dés de même valeur.

breloque nf Menu bijou attaché à une chaîne, à un bracelet.

brème nf 1 Poisson d'eau douce. 2 Pop Carte à jouer.

brésilien, enne a Du Brésil.

bretelle nf 1 Sangle passée sur les épaules, servant à porter certains fardeaux. 2 (surtout pl) Bande passée sur chaque épaule et retenant un pantalon, une jupe, etc. 3 Tronçon de route reliant une voie à une autoroute.

breton, onne a, n De Bretagne. ■ nm Langue celtique parlée en Bretagne.

bretonnant, ante a, n Qui conserve la langue et les traditions bretonnes.

bretzel nm ou f Pâtisserie alsacienne salée.

breuvage nm Boisson quelconque.

brève. V. bref.

brevet nm Titre, diplôme officiel reconnaissant une qualification. Loc *Brevet d'invention* : titre protégeant une invention contre la concurrence.

brevetable a Que l'on peut breveter.

breveté, ée a 1 Qui a obtenu un brevet. 2 Qui a fait l'objet d'un brevet.

breveter vt [19] Protéger par un brevet.

bréviaire nm Livre contenant les prières que les prêtres catholiques doivent lire chaque jour.

briard, arde a De la Brie. ■ nm Grand chien de berger à poils longs.

bribe nf Petit morceau, fragment.

bric-à-brac nm inv Amas d'objets de peu de valeur et de toutes provenances.

bric et de broc (de) av De pièces et de morceaux, au hasard.

brick nm Voilier à deux mâts carrés.

bricolage nm 1 Action de bricoler. 2 Installation, réparation de fortune.

bricole nf Fam Petite chose sans valeur ; occupation futile.

bricoler vi Exécuter de menus travaux de réparation, d'agencement, etc. ■ vt Fabriquer, réparer avec des moyens de fortune.

bricoleur, euse n, a Qui aime bricoler.

bride nf 1 Harnais de tête du cheval servant à le conduire. 2 Rêne. 3 Pièce servant à attacher, à retenir. 4 Anneau de fil, de cordonnet, servant à boutonner, à agrafer. Loc *À bride abattue* : très vite.

bridé, ée a Loc *Yeux bridés* : dont les paupières semblent former une fente horizontale plus grande que la moyenne.

brider vt 1 Mettre la bride à un cheval, un mulet. 2 Serrer trop. *Ce veston le bride.* 3 Contenir, refréner.

bridge nm 1 Jeu de cartes. 2 Appareil de prothèse dentaire fixé par chacune de ses extrémités sur une dent saine.

bridger vi [11] Jouer au bridge.

bridgeur, euse n Qui joue au bridge.

brie nm Fromage de vache, fermenté, à pâte molle.

briefer [bʀife] vt Fam Informer brièvement.

briefing [bʀifiŋ] nm Courte réunion d'information.

brièvement av En peu de mots.

brièveté nf Courte durée.

brigade nf 1 Unité militaire composée de plusieurs régiments. 2 Unité spécialisée de la police. 3 Groupe d'ouvriers.

brigadier nm Chef d'une brigade.

brigand nm 1 Malfaiteur qui vole, pille, commet des crimes. 2 Homme malhonnête.

brigandage nm Action de brigands.

brigue nf Litt Manœuvres pour s'assurer un avantage.

briguer vt Litt Convoiter, solliciter.

brillamment av De façon brillante.

brillance nf Luminosité.

brillant, ante a Qui brille ; éclatant, remarquable. ■ nm 1 Éclat, lustre. *Le brillant d'une réception.* 2 Diamant taillé à facettes.

brillantine nf Huile parfumée utilisée pour lustrer les cheveux.

briller vi 1 Jeter une lumière éclatante, avoir de l'éclat. *Le soleil brille.* 2 Attirer l'attention, provoquer l'admiration ; exceller.

brimade nf 1 Épreuve plus ou moins vexatoire imposée aux nouveaux par des élèves, des soldats plus anciens. 2 Mesure désobligeante, mesquine.

brimbaler vi, vt Litt Brinquebaler.

brimborion nm Colifichet, babiole.

brimer vt Soumettre à des brimades.

brin nm 1 Mince pousse, tige d'une plante. *Brin d'herbe.* 2 Chacun des fils d'un cordage, d'un câble électrique, etc. 3 Très petite quantité. *Ajoutez un brin de sel.*

brindille nf Branche mince et courte. *Feu de brindilles.*

1. bringue nf Loc Pop *Grande bringue :* femme dégingandée.

2. bringue nf Pop Beuverie, fête, bombance.

brinquebaler ou **bringuebaler** vt Fam Ballotter. ■ vi Fam Cahoter, osciller.

brio nm Virtuosité.

brioche nf 1 Pâtisserie levée plus ou moins sphérique. 2 Fam Ventre rebondi.

brioché, ée a Confectionné comme la brioche.

brique nf 1 Parallélépipède rectangle de terre argileuse cuite. 2 Pop Un million de centimes. Loc Pop *Bouffer des briques :* n'avoir rien à manger. ■ a inv De la couleur rougeâtre de la brique.

briquer vt Faire briller en frottant.

briquet nm 1 Appareil servant à produire du feu. 2 Anc. Sabre court d'infanterie.

briqueterie nf Fabrique de briques.

briquette nf Aggloméré en forme de brique, fait de débris de combustibles.

bris nm Fracture de vitre, de clôture, etc.

brisant nm Écueil sur lequel la mer brise et écume.

brise nf Vent modéré et régulier.

brisé, ée a Loc *Être brisé de fatigue :* être épuisé. *Ligne brisée :* composée de segments de droites consécutifs qui forment des angles.

brisées nfpl Loc *Aller sur les brisées de qqn :* lui faire concurrence.

brise-glace nm Navire à étrave renforcée, construit pour briser la glace. *Des brise-glaces.*

brise-jet nm inv Dispositif adapté à un robinet, afin d'atténuer le jet.

brise-lames nm inv Ouvrage qui amortit les vagues devant un port.

briser vt 1 Rompre, casser. 2 Détruire, anéantir. 3 Fatiguer, abattre qqn. *La maladie l'a brisé.* ■ vi Loc *Brisons là :* ne poursuivons pas la discussion. *Mer qui brise :* qui déferle.

brise-tout n inv Maladroit.

briseur, euse n Loc *Briseur de grève :* qui ne s'associe pas à une grève.

bristol nm Carton mince utilisé notam. pour les cartes de visite.

brisure nf 1 Cassure. 2 Fragment.

britannique a, n De Grande-Bretagne.

broc [bʀo] nm Récipient à anse à bec évasé ; son contenu.

brocante nf Activité du brocanteur.

brocanteur, euse n Qui achète et revend des objets d'occasion.

brocard nm 1 Jeune chevreuil. 2 Litt Raillerie blessante.

brocarder vt Litt Railler, dénigrer.

brocart nm Étoffe de soie brodée d'or, d'argent.

broccio [-tʃjo] nm Fromage corse, au lait de chèvre ou de brebis.

brochage nm Action de brocher un livre ou une étoffe.

broche nf 1 Tige pointue sur laquelle on fait rôtir de la viande. 2 Bijou de femme muni d'un fermoir à épingle. 3 Tige servant à maintenir des os fracturés. 4 Tige conductrice d'un contact électrique.

broché, ée a Se dit d'un livre ayant une couverture souple au dos de laquelle les feuilles sont collées. ■ nm Étoffe présentant des dessins réalisés par un tissage spécial.

brocher vt 1 Assembler, coudre et coller les feuilles d'un livre. 2 Tisser des dessins sur une étoffe pendant sa fabrication.

brochet nm Poisson d'eau douce très vorace.

brochette nf 1 Petite broche à rôtir. 2 Les morceaux enfilés sur la brochette. 3 Petite broche qui réunit plusieurs décorations. 4 Fam Groupe de personnes alignées.

brocheur, euse n Qui broche.

brochure nf 1 Dessin broché sur une étoffe. 2 Publication mince brochée.

brocoli nm Variété de chou-fleur vert.

brodequin nm Grosse chaussure à tige.

broder vt 1 Orner une étoffe de dessins à l'aiguille. ■ vi Amplifier, embellir un récit.

broderie nf Ornement exécuté en brodant.

brodeur, euse n Qui brode.

broiement nm Syn de broyage.

broker [-kœʀ] nm Dans les pays anglo-saxons, courtier en valeurs mobilières.

brome nm Corps simple liquide proche du chlore.

broméliacée nf BOT Plante tropicale telle que l'ananas, la tillandsie.

bromure nm Combinaison du brome avec un métal ou une base.

bronche nf Chacun des conduits qui amènent l'air aux poumons.

broncher vi 1 Trébucher (cheval). 2 Manifester sa désapprobation, son impatience.

bronchiole nf Ramification fine des bronches.

bronchique a Des bronches.

bronchite nf Inflammation de la muqueuse des bronches.

bronchiteux, euse a, n Sujet à la bronchite.

bronchitique a De la bronchite. ■ a, n Atteint de bronchite.

bronchopneumonie [bʀɔko-] nf Inflammation des bronches et du poumon.

bronchoscopie [bʀɔko-] nf MED Examen visuel des bronches au moyen d'un tube muni d'une source lumineuse.

brontosaure nm GEOL Le plus grand des dinosaures.

bronzage nm 1 Action de bronzer. 2 Hâle.

bronzant, ante a Qui fait bronzer.

bronze nm 1 Alliage de cuivre et d'étain. 2 Objet sculpté, moulé en bronze. Loc *Âge du bronze :* époque où les hommes savaient fabriquer des outils en bronze mais non en fer.

bronzer vt 1 Donner l'aspect du bronze à un objet. 2 Hâler, brunir la peau. ■ vi Brunir de la peau.

bronzette nf Fam Action de se faire brunir.

bronzier nm Fondeur de bronze.

brossage nm Action de brosser.

brosse nf 1 Ustensile fait d'une plaque garnie de poils durs, de fils, etc., pour nettoyer ou lisser. 2 Pinceau pour étendre les couleurs. Loc *Cheveux en brosse :* courts et dressés sur la tête.

brosser vt 1 Frotter, nettoyer avec une brosse. 2 Décrire à grands traits.

brosserie *nf* Fabrique, commerce de brosses.

brou *nm* Écale verte et charnue des noix fraîches. **Loc** *Brou de noix :* teinture brun foncé faite avec l'écale des noix.

brouette *nf* Petit tombereau à une roue et deux brancards.

brouettée *nf* Charge d'une brouette.

brouetter *vt* Transporter dans une brouette.

brouhaha *nm* Bruit confus qui s'élève dans une assemblée nombreuse.

brouillage *nm* Perturbation d'une émission radiophonique.

brouillamini *nm* *Fam* Désordre, confusion.

brouillard *nm* Nuage de vapeur d'eau près du sol gênant la visibilité.

brouillasse *nf* Pluie très fine, comme du brouillard.

brouillasser *v impers* Tomber en brouillasse.

brouille ou **brouillerie** *nf* Fâcherie.

brouillé, ée *a* **Loc** *Œufs brouillés :* dont on a mélangé les blancs et les jaunes pendant la cuisson.

brouiller *vt* 1 Mettre pêle-mêle ; mélanger, mêler. *Brouiller des papiers.* 2 Troubler. *Brouiller la vue.* 3 Empêcher par le brouillage d'entendre clairement une émission de radio. 4 Désunir, mettre en désaccord des personnes. ■ *vpr* 1 Se troubler. 2 Se fâcher avec qqn. **Loc** *Le temps se brouille :* le ciel se couvre.

brouillon, onne *a, n* Qui n'a pas d'ordre, qui embrouille tout. ■ *nm* Ce qu'on écrit d'abord, avant de mettre au net.

brouilly *nm* Cru du Beaujolais.

broussaille *nf* Végétation inculte d'arbustes, de ronces, etc. entremêlés. **Loc** *Sourcils en broussaille :* durs et embrouillés.

broussailleux, euse *a* Plein de broussailles.

broussard *nm* Personne qui vit dans la brousse.

brousse *nf* 1 Végétation clairsemée, caractéristique de l'Afrique tropicale. 2 *Fam* Rase campagne. 3 Fromage frais de chèvre ou de brebis.

broutage ou **broutement** *nm* Fonctionnement saccadé d'une machine.

broutard *nm* Veau sevré.

brouter *vt* Paître de l'herbe, des feuilles vertes. ■ *vi* Fonctionner de façon saccadée (embrayage, frein, etc.).

broutille *nf* Chose insignifiante.

brownien, enne *a* **Loc** *Mouvement brownien :* mouvement désordonné des particules microscopiques en suspension dans un liquide.

browning [bronin] *nm* Pistolet automatique à chargeur.

broyage *nm* Action de broyer.

broyer *vt* [22] Réduire en poudre ou en pâte, écraser.

broyeur, euse *n, a* Qui broie. ■ *nm* Appareil à broyer.

brrr ! *interj* Exprime une sensation de froid, un sentiment de peur.

bru *nf* Femme du fils, belle-fille.

bruant *nm* Passereau, tel que l'ortolan.

brucellose *nf* Maladie infectieuse du bétail, transmissible à l'homme. *Syn.* fièvre de Malte.

bruche *nf* Coléoptère dont les larves dévorent les pois.

brugnon *nm* Hybride de pêche à peau lisse.

bruine *nf* Petite pluie fine.

bruiner *v impers* Pleuvoir en bruine.

bruire *vi* Litt Rendre un son confus et prolongé. *Le feuillage bruissait.*

bruissement *nm* Bruit confus et continu.

bruit *nm* 1 Sensation perçue par l'oreille. 2 Nouvelle qui circule, rumeur. **Loc** *Faire du bruit :* provoquer l'intérêt, l'émotion du public.

bruitage *nm* Reconstitution artificielle des bruits d'une scène (cinéma, radio, télévision).

bruiteur *nm* Qui fait les bruitages.

brûlage *nm* 1 Action de brûler. 2 Traitement des cheveux dont on brûle les pointes.

brûlant, ante *a* 1 Qui brûle, qui dégage une chaleur intense. 2 Ardent, fervent. *Désir brûlant.* 3 Qui risque de déchaîner les passions.

brûlé, ée *a* 1 Qui a brûlé. 2 *Une tête, une cervelle brûlée :* un esprit exalté, téméraire. 3 Démasqué, découvert. ■ *nm* **Loc** *Sentir le brûlé :* avoir l'odeur de ce qui a brûlé ; être dangereux.

brûle-gueule *nm inv* Pipe à tuyau court.

brûle-parfum *nm inv* Vase, réchaud dans lequel on brûle des parfums.

brûle-pourpoint (à) *av* Sans préambule, brusquement.

brûler *vt* 1 Consumer, détruire par le feu. 2 Utiliser comme combustible ou comme luminaire. 3 Causer une altération, une douleur, sous l'effet du feu, de la chaleur, d'un corrosif. 4 Torréfier du café. 5 Ne pas s'arrêter à un signal. **Loc** *Brûler les étapes :* progresser rapidement. *Brûler la politesse à qqn :* partir sans prendre congé de lui. ■ *vi* 1 Être consumé par le feu. 2 Subir une cuisson trop prolongée. 3 Être ardent, possédé d'un grand désir. *Brûler d'impatience.* 4 *Fam* Dans un jeu, être tout près du but.

brûlerie *nf* Lieu où l'on torréfie le café.

brûleur *nm* Appareil destiné à assurer une combustion.

brûlis *nm* Terrain dont on brûle la végétation pour le défricher ou le fertiliser.

brûlot *nm* 1 Navire que l'on chargeait de matières inflammables pour incendier les vaisseaux ennemis. 2 Écrit violemment polémique. 3 Punch flambé.

brûlure *nf* 1 Lésion tissulaire produite par le feu, par un corps très chaud ou par une substance corrosive. 2 Sensation douloureuse. *Brûlure d'estomac.*

brumaire *nm* Deuxième mois du calendrier républicain (octobre-novembre).

brumasser *v impers* Être un peu brumeux (temps).

brume *nf* Brouillard léger.

brumeux, euse *a* Marqué par la brume.

brumisateur *nm* (n déposé) Appareil qui pulvérise très finement un liquide.

brun, brune *a* De couleur jaune sombre tirant sur le noir. ■ *a, n* Dont les cheveux sont bruns. ■ *nm* Couleur brune. ■ *nf* Bière brune ; cigarette de tabac brun.

brunâtre *a* Tirant sur le brun.

brunch [brœnʃ] *nm* Petit déjeuner copieux, pris en fin de matinée.

brunet, ette *a, n* Qui a les cheveux bruns.

brunir *vt* 1 Rendre brun. *Le soleil l'a bruni.* 2 Polir un métal. ■ *vi* Devenir brun.

brunissage *nm* Action de brunir un métal.

brushing [brœʃiŋ] *nm* (n déposé) Mise en plis des cheveux mouillés avec une brosse ronde et en les séchant au séchoir.

brusque *a* 1 Qui a une vivacité rude, sans ménagement ; brutal. *Geste brusque.* 2 Subit, inopiné. *Changement brusque.*

brusquement *av* De façon brusque.

brusquer *vt* 1 Traiter sans ménagement. 2 Hâter, précipiter.

brusquerie *nf* Manières brusques.

brut, brute *a* 1 Qui est encore dans son état naturel, n'a pas été façonné. 2 Grossier, sauvage. Loc *Pétrole brut* : non raffiné. *Champagne brut* : très sec. *Salaire brut* : qui n'a subi aucune retenue. *Poids brut* : qui comprend le poids de l'emballage. ■ *nm* Pétrole non raffiné. ■ *av* Sans aucune défalcation. *Colis qui pèse brut vingt kilos.*

brutal, e, aux *a* 1 Violent, dénué de ménagements. *Geste brutal. Franchise brutale.* 2 Rude et inopiné. *Chute brutale de la Bourse.*

brutalement *av* De façon brutale.

brutaliser *vt* Traiter avec brutalité.

brutalité *nf* Caractère brutal. *Agir avec brutalité.* ■ *pl* Actes brutaux.

brute *nf* Personne grossière, violente.

bruxellois, oise [-selwa] *a, n* De Bruxelles.

bruyamment *av* Avec grand bruit.

bruyant, ante *a* 1 Qui fait du bruit. 2 Où il se fait beaucoup de bruit.

bruyère *nf* Plante à fleurs violacées poussant sur des landes ou dans des sous-bois siliceux. Loc *Terre de bruyère* : terre formée de sable siliceux mêlangé aux produits de décomposition des bruyères. *Coq de bruyère* : tétras.

bryologie *nf* BOT Étude des mousses.

bryophyte *nf* Plante sans racines ni vaisseaux, comme les mousses.

B.T.P. *nm* Secteur économique constitué par le bâtiment et les travaux publics.

B.T.S. *nm* Brevet de technicien supérieur.

buanderie *nf* Lieu où on fait la lessive.

bubale *nm* Antilope africaine.

bubon *nm* MED Tuméfaction ganglionnaire.

bubonique *a* Caractérisé par des bubons.

buccal, ale, aux *a* De la bouche.

buccin [byksɛ̃] *nm* 1 ANTIQ Trompette romaine. 2 Mollusque à coquille hélicoïdale.

bûche *nf* 1 Morceau de bois de chauffage. Loc *Bûche de Noël* : pâtisserie en forme de bûche que l'on fait pour Noël. Fam *Ramasser une bûche* : tomber.

1. bûcher *nm* 1 Lieu où on range le bois à brûler. 2 Amas de bois sur lequel on brûle un corps.

2. bûcher *vt, vi* Fam Travailler avec ardeur.

bûcheron, onne *n* Qui abat des arbres dans une forêt.

bûcheronnage *nm* Travail du bûcheron.

buchette *nf* Menu morceau de bois.

bûcheur, euse *a, n* Fam Qui bûche.

bucolique *a* De la poésie pastorale.

budget *nm* 1 État prévisionnel des dépenses et recettes, généralement pour une année. 2 Somme disponible pour qqn, un groupe.

budgétaire *a* Du budget.

budgétisation *nf* Inscription au budget.

budgétiser *vt* Inscrire au budget.

buée *nf* Vapeur qui se condense sur un corps froid.

buffet *nm* 1 Meuble où on range la vaisselle, l'argenterie. 2 Table couverte de mets, de rafraîchissements. 3 Restaurant de gare. 4 Ouvrage de menuiserie qui renferme un orgue.

buffle *nm* Grand bœuf d'Europe du Sud, d'Afrique et d'Asie.

bufflonne ou **bufflesse** *nf* Femelle du buffle.

bug [bœg] *nm* INFORM Erreur de programmation entraînant des anomalies de fonctionnement. Syn. bogue.

bugle *nm* Instrument à vent, en cuivre, à pistons.

building [bildiŋ] *nm* Vaste immeuble comptant de nombreux étages.

buis *nm* Arbrisseau toujours vert, à bois jaunâtre, dur et à grain fin.

buisson *nm* Touffe d'arbustes ou d'arbrisseaux épineux. Loc *Buisson d'écrevisses* : écrevisses disposées en pyramide sur un plat.

buissonneux, euse *a* Couvert de buissons.

buissonnier, ère *a* Loc *Faire l'école buissonnière* : aller jouer, se promener au lieu d'aller à l'école, au travail.

bulbaire *a* ANAT D'un bulbe.

bulbe *nm* 1 Oignon d'une plante. 2 ANAT Organe ou partie d'organe renflé ou globuleux. 3 ARCHI Coupole en forme de bulbe. Loc *Bulbe rachidien* : partie supérieure de la moelle épinière.

bulbeux, euse *a* 1 Pourvu d'un bulbe. 2 En forme de bulbe.

bulgare *a, n* De la Bulgarie. ■ *nm* Langue slave parlée en Bulgarie.

bulldog [buldɔg] *nm* Chien anglais proche du bouledogue, aux oreilles tombantes.

bulldozer [byldozɛr] *nm* Engin de terrassement.

bulle *nf* 1 Globule de gaz dans un liquide ou dans une matière fondue ou coulée. 2 Dans une bande dessinée, ligne courbe enfermant le texte des paroles des personnages. 3 Lettre publique du pape. Loc *Bulle de savon* : sphère remplie d'air dont la paroi est une pellicule d'eau savonneuse. ■ *a inv* Loc *Papier bulle* : papier grossier, beige ou jaune pâle.

bulletin *nm* 1 Avis communiqué par une autorité et destiné au public. 2 Rapport périodique sur la scolarité d'un élève. 3 Attestation, récipissé. *Bulletin de bagages.* 4 Revue périodique d'une administration, d'une société. 5 Papier spécialement destiné à exprimer un vote.

bulletin-réponse *nm* Imprimé à remplir et à renvoyer pour participer à un concours. *Des bulletins-réponses.*

bull-finch *nm* Obstacle de steeple-chase (talus surmonté d'une haie). *Des bull-finchs.*

bulot *nm* Buccin comestible. Syn. escargot de mer.

bungalow [bœgalo] *nm* 1 Habitation basse entourée d'une véranda. 2 Petite maison sans étage en matériaux légers.

1. bunker [bunkœr] *nm* Casemate.

2. bunker [bœnkœr] *nm* Fosse remplie de sable aménagée sur un parcours de golf.

bunraku [-ku] *nm* Marionnettes japonaises.

Bunsen (bec) *nm* Brûleur à gaz.

bupreste *nm* Coléoptère dont les larves rongent le bois.

buraliste *n* 1 Préposé à un bureau de recette, de poste, etc. 2 Qui tient un bureau de tabac.

bure *nf* Étoffe de laine, généralement brune.

bureau *nm* 1 Table de travail, ou meuble à tiroirs, à casiers, comportant une table pour écrire. 2 Pièce où se trouve la table de travail.

3 Lieu de travail des employés, des gens d'affaires, etc. 4 Établissement d'administration publique. *Bureau d'aide sociale.* 5 Subdivision dans un ministère, un état-major. 6 L'ensemble des membres directeurs élus d'une assemblée, d'une association.

bureaucrate *nm* Péjor Employé de bureau, d'une administration.

bureaucratie *nf* 1 Pouvoir excessif des bureaucrates. 2 L'Administration publique.

bureaucratique *a* De la bureaucratie.

bureaucratisation *nf* Action de bureaucratiser, de se bureaucratiser.

bureaucratiser *vt* Augmenter le poids de la bureaucratie.

bureauticien, enne *n* Spécialiste de bureautique.

bureautique *nf* (n déposé) INFORM Ensemble des techniques qui visent à automatiser les activités de bureau.

burette *nf* 1 Petit flacon à bec verseur. 2 Récipient à tubulure effilée, servant au graissage de pièces mécaniques.

burin *nm* Outil d'acier qui sert à entailler les matériaux durs.

buriné, ée *a* Loc *Visage buriné :* très ridé.

buriner *vt* Travailler au burin.

burkinabé *a, n* Du Burkina.

burlat *nf* Variété de bigarreau.

burlesque *a* D'une bouffonnerie outrée ; extravagant. ■ *nm* Genre, style burlesque.

burnous *nm* 1 Grand manteau de laine à capuchon porté par les Arabes. 2 Manteau à capuchon pour bébés.

bus *nm inv* Fam Autobus.

busard *nm* Oiseau rapace, diurne.

buse *nf* 1 Canalisation, tuyau. 2 Rapace courant en Europe, voisin du faucon. 3 Fam Personne ignorante et stupide.

bush [buʃ] *nm* Formation végétale broussailleuse des régions tropicales sèches.

business [biznɛs] ou **bizness** *nm inv* Fam 1 Les affaires. 2 Chose compliquée, situation embrouillée. 3 Chose quelconque, truc.

businessman [biznɛsman] *nm* Fam Homme d'affaires.

busqué, ée *a* Arqué (nez).

buste *nm* 1 La tête et la partie supérieure du corps humain. 2 La poitrine d'une femme. 3 Sculpture représentant un buste.

bustier *nm* Soutien-gorge ou corsage couvrant partiellement le buste.

but [by] ou [byt] *nm* 1 Point que l'on vise. *Toucher le but.* 2 Terme où l'on s'efforce de parvenir. *Le but du voyage.* 3 Fin que l'on se propose. *Avoir un but dans la vie.* 4 Endroit où il faut envoyer le ballon. 5 Point marqué en envoyant le ballon au but. *Gagner par trois buts à deux.* Loc *De but en blanc :* brusquement.

butane *nm* Gaz combustible.

butanier *nm* Navire transporteur de butane.

buté, ée *a* Obstiné, entêté.

butée *nf* 1 Massif de pierre aux extrémités d'un pont. 2 Pièce empêchant ou limitant le mouvement d'un organe mécanique.

buter *vi* Heurter du pied, trébucher contre un obstacle. ■ *vt* 1 Provoquer l'opposition têtue de. 2 Pop Assassiner. ■ *vpr* S'obstiner, s'entêter.

buteur *nm* SPORT Joueur qui marque des buts.

butin *nm* 1 Ce que l'on a pris à l'ennemi après une victoire. 2 Ce que rapporte un vol. 3 Ce qu'on amasse à la suite de recherches.

butiner *vi* En parlant des abeilles, recueillir sur les fleurs le nectar et le pollen.

butineur, euse *a, n* Qui butine.

butoir *nm* 1 Pièce contre laquelle vient buter une partie mobile. 2 Obstacle à l'extrémité d'une voie pour arrêter les locomotives.

butor *nm* 1 Échassier des marais. 2 Homme grossier, malappris.

butte *nf* 1 Petite élévation de terre. 2 Colline. Loc *Être en butte à :* être exposé à.

butter *vt* AGRIC Entourer de terre le pied d'un arbre, d'une plante.

butyrique *a* Loc *Acide butyrique :* présent dans de nombreux corps gras.

buvable *a* 1 Qui peut être bu. 2 Fam Acceptable.

buvard *nm* Papier qui absorbe l'encre.

buvette *nf* Endroit où on vend à boire, dans certains lieux publics.

buveur, euse *n* 1 Qui boit. 2 Qui s'adonne avec excès à la boisson.

byssus [-sys] *nm* Touffe de filaments constituant l'appareil de fixation des moules.

byzantin, ine *a, n* De Byzance. ■ *a* Qui fait preuve de byzantinisme.

byzantinisme *nm* Goût des discussions oiseuses, subtiles à l'excès.

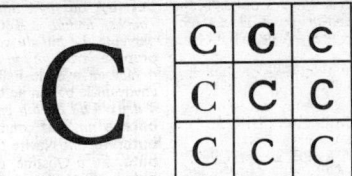

c *nm* 1 Troisième lettre (consonne) de l'alphabet. 2 C : chiffre romain qui vaut 100.

ça *pr dém* 1 Cela. *Donne moi ça !* 2 Renforce une interrogation. *Où ça ?* Loc *Sans ça* : sinon. *Comme ça* : de cette manière. *Comme ci, comme ça* : médiocrement. ■ *nm inv* PSYCHAN Ensemble des tendances refoulées dans l'inconscient.

çà *av* Loc *Çà et là* : de côté et d'autre. ■ *interj* Marque l'impatience, l'étonnement, etc.

cabale *nf* Menées concertées, intrigues occultes.

cabalistique *a* Mystérieux, obscur.

caban *nm* Veste de marin en drap.

cabane *nf* 1 Petite construction servant d'abri. 2 Pop Prison. Loc *Cabane à lapins* : où l'on élève des lapins ; (fam) grand immeuble.

cabanon *nm* 1 Petite cabane. 2 Cellule où on enfermait les déments.

cabaret *nm* Établissement qui présente un spectacle et où le public peut consommer.

cabaretier *nm* Vx Tenancier d'un cabaret.

cabas *nm* Panier à provisions.

cabernet *nm* Cépage rouge très répandu.

cabestan *nm* Treuil à tambour vertical.

cabiai *nm* Rongeur d'Amérique du Sud.

cabillaud *nm* Morue fraîche.

cabine *nf* 1 Chambre, à bord d'un navire. 2 Local exigu servant à divers usages. *Cabine téléphonique.* 3 Enceinte, espace aménagé pour le transport des personnes, pour un équipage, etc.

cabinet *nm* 1 Bureau destiné au travail. 2 Local où les membres des professions libérales reçoivent leurs clients. 3 Ensemble des ministres. 4 Meuble servant à ranger les bijoux. ■ *pl* Lieux d'aisance, W.-C.

câblage *nm* 1 Action de câbler. 2 Ensemble de conducteurs électriques.

câble *nm* 1 Gros cordage résistant. 2 Conducteur électrique ou servant aux télécommunications. 3 Dépêche télégraphique.

câbler *vt* 1 Réunir par torsion des cordes. 2 Connecter électriquement. 3 Équiper un lieu avec la télédistribution par câbles. 4 Télégraphier.

câblodistributeur ou **câblo-opérateur** *nm* Entreprise qui met en œuvre la télévision par câbles.

câblodistribution *nf* Diffusion de programmes de télévision par câbles.

cabochard, arde *a, n* Fam Entêté.

caboche *nf* Fam Tête.

cabochon *nm* Pierre précieuse non taillée.

cabosse *nf* Fruit du cacaoyer.

cabosser *vt* Déformer par des bosses.

cabot *nm* Fam 1 Chien. 2 Cabotin.

cabotage *nm* Navigation à faible distance des côtes.

caboter *vi* Naviguer au cabotage.

caboteur *nm* Navire qui fait du cabotage.

cabotin, ine *n, a* 1 Mauvais comédien prétentieux. 2 Vaniteux qui aime attirer l'attention.

cabotinage *nm* Manière d'agir d'un cabotin.

cabotiner *vi* Faire le cabotin.

caboulot *nm* Vx Petit café populaire.

cabrer *vt* 1 Faire se dresser un cheval sur ses pattes. 2 Provoquer l'opposition, la révolte.

cabri *nm* Chevreau.

cabriole *nf* Gambade, pirouette.

cabrioler *vi* Faire des cabrioles.

cabriolet *nm* 1 Automobile décapotable. 2 Fauteuil à dossier incurvé.

caca *nm* Fam Excrément. ■ *a inv* Loc *Caca d'oie* : verdâtre.

cacahuète ou **cacahouète** *nf* 1 Fruit de l'arachide, très riche en corps gras. 2 Graine de ce fruit, consommée torréfiée.

cacao *nm* Graine de cacaoyer, qui sert à fabriquer le chocolat.

cacaoté, ée *a* Contenant du cacao.

cacaoyer ou **cacaotier** *nm* Arbre cultivé pour ses fruits, les fèves de cacao.

cacatoès ou **kakatoès** *nm* Perroquet à plumage blanc rosé et à huppe érectile.

cachalot *nm* Grand mammifère marin carnassier.

cache *nf* Lieu où on peut cacher qqch, se cacher. ■ *nm* Feuille opaque pour soustraire partiellement une surface à la lumière.

cache-cache *nm inv* Jeu d'enfants où un des joueurs doit trouver les autres qui se sont cachés.

cache-col *nm inv* Écharpe portée autour du cou.

cachectique *a, n* Atteint de cachexie.

cachemire *nm* Laine mêlée de poil de chèvre.

cache-misère *nm inv* Fam Vêtement ample cachant des habits usagés.

cache-nez *nm inv* Longue écharpe pour se préserver du froid.

cache-pot *nm inv* Vase cachant un pot de fleurs.

cache-prise *nm inv* Dispositif pour éviter le contact avec une prise de courant électrique.

cacher *vt* 1 Soustraire à la vue. 2 Taire. *Cacher son âge.* ■ *vpr* 1 Se soustraire à la vue. 2 Cacher à qqn ce qu'on fait. *Se cacher de ses parents.*

cache-radiateur *nm inv* Panneau dissimulant un radiateur d'appartement.

cachère. V. casher.

cache-sexe *nm inv* Vêtement couvrant le bas-ventre.

cachet *nm* 1 Pièce gravée appliquée sur de la cire pour y faire une empreinte. 2 Marque imprimée apposée avec un tampon. 3 Caractère distinctif, original. *Village plein de cachet.* 4 Comprimé. *Cachet d'aspirine.* 5 Rétribution d'un artiste pour une séance de travail.

cachetage *nm* Action de cacheter.

cache-tampon *nm inv* Jeu où un des joueurs cache un objet que les autres doivent découvrir.

cacheter *vt* [19] 1 Fermer à la cire. 2 Fermer un pli par collage.

cachetier *nm* Artiste payé au cachet.

cachette *nf* Endroit où on peut se cacher, cacher qqch. Loc *En cachette :* en se cachant.

cachexie *nf* MED Altération profonde des fonctions de l'organisme.

cachot *nm* Cellule de prison, étroite et sombre.

cachotterie *nf* Mystère pour cacher des choses sans importance.

cachottier, ère *a, n* Qui fait des cachotteries.

cachou *nm* 1 Substance brune extraite de la noix d'arec ; petite pastille de cette substance.

cacique *nm* 1 Chef de tribu, chez les Indiens d'Amérique. 2 Fam Élève reçu premier à un concours.

cacochyme *a* Litt Faible.

cacophonie *nf* Rencontre de sons désagréables à l'oreille.

cacophonique *a* Qui fait cacophonie.

cactacée ou **cactée** *nf* BOT Plante grasse à tige charnue servant de réserve d'eau.

cactus *nm* Plante grasse épineuse.

c.-à-d. Abrév de *c'est-à-dire.*

cadastral, ale, aux *a* Du cadastre.

cadastre *nm* Répertoire des propriétés foncières d'une commune.

cadavérique *a* D'un cadavre.

cadavre *nm* Corps d'un mort.

caddie *nm* 1 Qui, au golf, porte les clubs des joueurs. 2 (n déposé) Petit chariot pour transporter les bagages, les achats dans les magasins.

cadeau *nm* Objet offert. Loc Fam *Ne pas faire de cadeau à qqn :* le traiter durement.

cadenas *nm* Serrure mobile.

cadenasser *vt* Fermer avec un cadenas.

cadence *nf* 1 Succession rythmique de mouvements, de sons. 2 Rythme de production dans le travail. Loc *En cadence :* en mesure ; avec un rythme régulier.

cadencé, ée *a* Rythmé. *Musique cadencée.*

cadet, ette *n, a* 1 Enfant né après l'aîné ou après un autre enfant de la famille. 2 Moins âgé qu'un autre. 3 Sportif entre 13 et 16 ans. Loc Fam *C'est le cadet de mes soucis :* le moindre.

cadi *nm* Juge musulman.

cadmium *nm* Métal blanc aux propriétés proches de celles du zinc.

cadrage *nm* Action de cadrer, de placer dans le champ d'un appareil.

cadran *nm* 1 Surface graduée sur laquelle se déplace l'aiguille d'un appareil de mesure. 2 Partie du téléphone qui porte les numéros. Loc *Cadran solaire :* où l'ombre portée donne l'heure. Fam *Faire le tour du cadran :* dormir 12 heures.

cadrat *nm* IMPRIM Bloc de plomb servant à former les blancs ; le blanc lui-même.

cadratin *nm* IMPRIM Cadrat ayant le même corps que le caractère du texte.

cadre *nm* 1 Bordure entourant un tableau, un miroir, etc. 2 Assemblage rigide de pièces formant un châssis, une armature. *Cadre de bicyclette.* 3 Ce qui délimite. *Cela sort du cadre de mes fonctions.* 4 Environnement ; décor. 5 Qui assure une fonction de direction, d'encadrement dans une entreprise, à l'armée.

cadrer *vt* Placer dans le champ d'un appareil photo, d'une caméra, etc. ■ *vti* Concorder avec. *Ceci cadre avec mon projet.*

cadreur, euse *n* Chargé des prises de vues d'un film.

caduc, uque *a* Désuet, périmé. Loc *Feuilles caduques :* qui se renouvellent chaque année.

caducée *nm* Baguette entourée de deux serpents, emblème des pharmaciens et des médecins.

caducité *nf* Caractère caduc.

cæcal, ale, aux *a* Du cæcum.

cæcum [sekɔm] *nm* ANAT Partie initiale du gros intestin.

cafard, arde *n* Fam Dénonciateur. ■ *nm* 1 Fam Idées noires, dépression. 2 Blatte.

cafardage *nm* Fam Action de cafarder.

cafarder *vi* Fam 1 Dénoncer. 2 Avoir des idées noires.

cafardeux, euse *a* Fam Qui a ou donne le cafard ; mélancolique.

café *nm* 1 Graine du caféier. 2 Infusion de cette graine torréfiée et broyée. 3 Lieu public où on consomme des boissons. ■ *a inv* Loc *Café au lait :* brun clair, beige.

café-concert *nm* Music-hall où on peut consommer. *Des cafés-concerts.*

caféier *nm* Arbuste qui produit le café.

caféine *nf* Alcaloïde du café, stimulant.

cafetan ou **caftan** *nm* Long manteau oriental, parfois richement brodé.

cafétéria *nf* Local dans un établissement, où on peut consommer des boissons, des repas légers.

café-théâtre *nm* Petit théâtre où on peut consommer. *Des cafés-théâtres.*

cafetier, ère *n* Qui tient un café. ■ *nf* Récipient dans lequel on prépare le café.

cafouillage ou **cafouillis** *nm* Fam Confusion, désordre.

cafouiller *vi* Fam Agir de façon brouillonne ; mal fonctionner.

cafouilleux, euse *a* Fam Brouillon.

caftan. V. cafetan.

cafter *vi* Pop Moucharder.

cafteur, euse *a, n* Pop Mouchard.

cage *nf* 1 Loge garnie de grillage ou de barreaux pour enfermer des oiseaux, des animaux. 2 Les buts, au football. 3 Espace à l'intérieur duquel se trouve un escalier, un ascenseur. Loc *Cage thoracique :* thorax.

cageot *nm* Petite caisse à claire-voie.

cagibi *nm* Fam Débarras.

cagneux, euse *a* Qui a les genoux tournés vers l'intérieur.

cagnotte *nf* **1** Boîte où on conserve les mises des joueurs. **2** Argent économisé par les membres d'un groupe.

cagoule *nf* **1** Vêtement de moine à capuchon et sans manches. **2** Capuchon percé à la hauteur des yeux. **3** Passe-montagne.

cahier *nf* Feuilles de papier réunies et liées ensemble. *Loc Cahier des charges* : conditions d'un marché.

cahin-caha *av Fam* Tant bien que mal.

cahors *nm* Vin rouge du Sud-Ouest.

cahot *nm* Saut d'un véhicule sur un terrain inégal.

cahotant, ante *a* Qui cahote.

cahotement *nm* Secousse.

cahoter *vt, vi* Secouer.

cahoteux, euse *a* Qui cahote.

cahute *nf* Bicoque, cabane.

caïd *nm Pop* Chef de bande.

caïdat *nm Pop* Domination exercée par un caïd.

caillasse *nf* Accumulation de gros cailloux.

caille *nf* Oiseau proche d'une petite perdrix.

caillé *nm* Lait caillé.

caillebotis *nm* Treillis posé sur le sol, laissant passer l'eau.

cailler *vi* **1** Coaguler, se figer (lait, sang). **2** *Pop* Avoir froid. **3** *Pop* Faire froid.

caillette *nf ZOOL* Quatrième poche de l'estomac des ruminants.

caillot *nm* Petite masse de sang coagulé.

caillou *nm* Petite pierre.

caillouter *vt* Couvrir de cailloux.

caillouteux, euse *a* Plein de cailloux.

cailloutis *nm* Amas de petits cailloux.

caïman *nm* Crocodile d'Amérique, aux mâchoires très larges.

caïque *nf* Embarcation du Moyen-Orient.

cairn *nm* Monticule de pierres élevé pour jalonner un itinéraire (alpinistes).

cairote *a, n* Du Caire.

caisse *nf* **1** Grande boîte en bois ; coffre. **2** Appareil où est déposé l'argent perçu pour chaque vente ; la recette elle-même. **3** Guichet où se font les paiements. **4** Établissement où des fonds sont déposés. **5** *TECH* Dispositif qui protège certaines pièces ; carrosserie d'une automobile. **6** *MUS* Corps d'un instrument à cordes. *Loc Grosse caisse* : gros tambour.

caissette *nf* Petite caisse.

caissier, ère *n* Qui tient la caisse dans un magasin, une banque.

caisson *nm* Grande caisse étanche immergée pour travailler sous l'eau.

cajoler *vt* Avoir des paroles, des gestes tendres pour qqn.

cajolerie *nf* Parole tendre, caresse.

cajoleur, euse *a, n* Qui cajole.

cajou *nm Loc Noix de cajou* : fruit de l'acajou à pommes ou anacardier.

cajun [-ʒœ] *n, a* Francophone de Louisiane.

cake [kɛk] *nm* Gâteau contenant des raisins secs et des fruits confits.

cal *nm* **1** Induration, durillon. **2** Cicatrice d'un os fracturé.

calage *nm* Action de caler.

calamar. V. calmar.

calamine *nf* Résidu charbonneux encrassant les cylindres d'un moteur à explosion.

calaminé, ée *a* Recouvert de calamine.

calamistrer *vt* Friser les cheveux.

calamité *nf* Malheur irréparable, désastre.

calamiteux, euse *a Litt* Piteux.

calandre *nf* **1** Machine composée de cylindres servant à lisser des étoffes ou à glacer du papier. **2** Garniture de tôle ou de plastique placée devant le radiateur d'une automobile.

calanque *nf* Crique rocheuse.

calao *nm* Oiseau d'Asie à gros bec.

calcaire *a* Qui renferme du carbonate de calcium. *Eau calcaire.* ■ *nm* Roche essentiellement faite de carbonate de calcium.

calcanéum [-neɔm] *nm ANAT* Os du talon.

calcédoine *nf* Quartz cristallisé (agate, cornaline, jaspe, etc.) utilisé en joaillerie.

calcémie *nf* Teneur du sang en calcium.

calcification *nf* Dépôt de sels calcaires intervenant dans la formation de l'os.

calcifié, ée *a* Recouvert de calcaire.

calciner *vt* Brûler, carboniser.

calcique *a CHIM* Du calcium.

calcite *nf* Carbonate de calcium.

calcium *nm* Métal blanc très abondant dans la nature.

calcul *nm* **1** Opération portant sur des combinaisons de nombres, sur des grandeurs. **2** Technique de la résolution des problèmes d'arithmétique. **3** Moyens prémédités pour le succès d'une affaire. **4** Concrétion pierreuse, qui se forme dans la vessie, la vésicule biliaire, etc.

calculable *a* Qu'on peut calculer.

calculateur, trice *a, n* **1** Qui sait calculer. **2** Habile à combiner. ■ *nm* Machine à calculer utilisée en informatique. ■ *nf* Machine à calculer électronique de petite dimension.

calculer *vt* **1** Déterminer par le calcul. **2** Prévoir, combiner. **3** Apprécier, supputer.

calculette *nf* Calculatrice de poche.

caldeira *nf GÉOL* Grande cuvette occupant le cratère effondré d'un volcan.

caldoche *n, a* Européen de Nouvelle-Calédonie.

cale *nf* **1** Partie du navire sous le pont le plus bas. **2** Ce qui sert à maintenir d'aplomb. *Loc Cale sèche* : fosse pour mettre les navires à sec.

calé, ée *a Fam* **1** Qui a beaucoup de connaissances. **2** Difficile.

calebasse *nf* Fruit d'une courge qui, vidé, sert de récipient.

calèche *nf* Voiture à cheval, à quatre roues, munie, à l'arrière, d'une capote repliable.

caleçon *nm* Sous-vêtement masculin à jambes courtes ou longues.

calembour *nm* Jeu de mots fondé sur une différence de sens entre les termes de même prononciation.

calembredaine *nf* Propos dénué de bon sens.

calendaire *a* Du calendrier. *Fêtes calendaires.*

calendes *nfpl* Premier jour de chaque mois chez les Romains. *Loc Renvoyer aux calendes grecques* : remettre à une date qui n'arrivera pas.

calendrier *nm* **1** Système de division du temps. **2** Tableau des jours de l'année. **3** Emploi du temps fixé à l'avance.

cale-pied *nm* Butoir maintenant le pied sur la pédale d'une bicyclette. *Des cale-pieds.*

calepin *nm* Petit carnet.

caler vt 1 Mettre qqch de niveau ou d'aplomb à l'aide d'une cale ; immobiliser. 2 Bloquer un moteur. ■ vi 1 S'arrêter brusquement. *Moteur qui cale.* 2 Fam Reculer, céder. *Il a calé devant la menace.*

calfatage nm Action de calfater.

calfater vt Boucher hermétiquement.

calfeutrage ou **calfeutrement** nm Action de calfeutrer.

calfeutrer vt Boucher les fentes pour empêcher l'air de pénétrer. ■ vpr S'enfermer qqpart.

calibrage nm Action de calibrer.

calibre nm 1 Diamètre d'un tube, d'un projectile, d'un objet cylindrique. 2 Pop Revolver. 3 Fam Importance, qualité, état. *Deux individus du même calibre.*

calibrer vt 1 Donner, mesurer le calibre. 2 Classer selon le calibre. *Calibrer des œufs.* 3 Évaluer la longueur d'un texte.

calice nm 1 Coupe contenant le vin du sacrifice de la messe. 2 Partie d'une fleur, constituée par les sépales. Loc *Boire le calice jusqu'à la lie* : endurer une douleur jusqu'au bout.

calicot nm 1 Toile de coton, moins fine que la percale. 2 Banderole.

califat nm Territoire gouverné par un calife.

calife ou **khalife** nm HIST Dirigeant de la communauté musulmane, successeur de Mahomet.

californien, enne a, n De Californie.

californen, enne a, n De Californie.

califourchon (à) av Assis avec une jambe de chaque côté de ce sur quoi on chevauche.

câlin, ine a Doux, caressant. ■ nm Caresse affectueuse.

câliner vt Caresser, cajoler.

câlinerie nf Tendre caresse.

calisson nm Friandise à la pâte d'amandes.

calleux, euse a Qui a des callosités. Loc ANAT *Corps calleux* : bande de substance blanche unissant les deux hémisphères cérébraux.

call-girl [kɔlgœʀl] nf Prostituée qu'on appelle par téléphone. *Des call-girls.*

calligramme nm Poème dont la typographie forme un dessin.

calligraphie nf Art de bien tracer l'écriture.

calligraphier vt Bien tracer l'écriture.

callosité nf Épaississement et durcissement d'une partie de l'épiderme.

calmant, ante a, nm Qui calme la douleur, la nervosité.

calmar ou **calamar** nm Mollusque céphalopode comestible. Syn. encornet.

calme nm 1 Absence de bruit, d'agitation, de mouvement. 2 Sérénité, absence d'énervement chez qqn. ■ a 1 Sans agitation, sans perturbation, de faible activité. *Avoir une vie calme.* 2 Tranquille, maître de soi.

calmement av Avec calme.

calmer vt 1 Apaiser qqn. *Calmer un bébé.* 2 Atténuer qqch. *Calmer une douleur.* Loc Fam *Calmer le jeu* : tenter d'atténuer les tensions.

calomniateur, trice n Qui calomnie.

calomnie nf Accusation mensongère.

calomnier vt Accuser à tort.

calomnieux, euse a Qui calomnie.

calorie nf Unité de valeur énergétique des aliments.

calorifère nm Appareil de chauffage.

calorifique a Qui fait de la chaleur.

calorifuger vt [11] Protéger contre la déperdition de chaleur.

calorimétrie nf Mesure de la chaleur.

calorique a De la calorie ; de la chaleur.

calot nm 1 Coiffure militaire. 2 Grosse bille.

calotin, ine n Fam Partisan du clergé ; dévot.

calotte nf 1 Petit bonnet rond. 2 Fam Petite tape donnée sur la tête. Loc *Calotte glaciaire* : région recouverte de glace. Pop *La calotte* : le clergé.

calque nm 1 Copie d'un dessin avec un papier transparent ; ce papier. 2 Imitation exacte d'un modèle.

calquer vt Faire le calque de.

calter (se) vpr Pop S'enfuir.

calumet nm Pipe à long tuyau des Indiens d'Amérique.

calvados ou **calva** nm Eau-de-vie de cidre.

calvaire nm 1 Monument commémorant la Passion. 2 Suite d'épreuves douloureuses.

calville nf Pomme blanche ou rouge.

calvinisme nm Doctrine religieuse de Calvin.

calviniste a, n Qui se réclame du calvinisme.

calvitie [-si] nf Absence de cheveux.

camaïeu nm Pierre fine taillée, de même couleur avec des nuances différentes.

camarade n Compagnon, ami.

camaraderie nf Familiarité, solidarité.

camarilla nf Coterie influente.

cambiste nm Qui s'occupe du change des devises.

cambodgien, enne a, n Du Cambodge.

cambouis nm Huile, graisse des moteurs, noircies par les poussières.

cambré, ée a Courbé, arqué.

cambrer vt Courber, arquer. *Cambrer la taille.* ■ vpr Redresser le torse.

cambrien nm GÉOL Première période de l'ère primaire.

cambriolage nm Action de cambrioler.

cambrioler vt Voler en s'introduisant dans une maison.

cambrioleur, euse n Qui cambriole.

cambrousse nf Pop Campagne.

cambrure nf Courbure. *Cambrure du pied.*

cambuse nm Magasin à vivres d'un navire.

came nf 1 Pièce arrondie avec une encoche pour imprimer un mouvement. 2 Pop Drogue.

camé, ée a, n Pop Drogué.

camée nm Pierre fine sculptée.

caméléon nm 1 Reptile changeant de couleur. 2 Qui change souvent d'opinion.

caméléonisme nm Litt Caractère changeant.

camélia nm Plante à fleurs blanches ou rouges.

camélidé nm ZOOL Mammifère ruminant tel que le chameau, le lama.

camelot nm Vendeur de menus objets.

camelote nf Fam Mauvaise marchandise.

camembert nm Fromage au lait de vache.

camer (se) vpr Pop Se droguer.

caméra nf Appareil de prises de vues.

cameraman [-man] nm Syn de cadreur.

camériste nf Litt Femme de chambre.

camerlingue nm Cardinal gérant les affaires de l'Église durant la vacance du Saint-Siège.

camerounais, aise a, n Du Cameroun.

caméscope nm (n déposé) Caméra munie d'un magnétoscope intégré.

camion nm Véhicule automobile pour le transport de grosses charges.

camion-citerne nm Camion transportant des liquides. *Des camions-citernes.*

camionnage *nm* Transport par camion.

camionnette *nf* Petit camion.

camionneur *nm* Qui conduit un camion.

camisard *nm* HIST Protestant révolté des Cévennes sous Louis XIV.

camisole *nf* Loc *Camisole de force* : combinaison servant à immobiliser les déments.

camomille *nf* Plante utilisée en infusion.

camorra *nf* Mafia napolitaine.

camouflage *nm* Action de camoufler.

camoufler *vt* Rendre méconnaissable ou moins visible.

camouflet *nm* Litt Mortification, affront.

camp *nm* **1** Lieu de stationnement des troupes. **2** Lieu d'internement. **3** Lieu de camping. **4** Parti. *Changer de camp.* **5** Équipe opposée à une autre. ■ Loc *Camp retranché* : place forte. *Lever, ficher* (fam), *foutre* (pop) *le camp* : s'en aller.

campagnard, arde *a, n* De la campagne.

campagne *nf* **1** Étendue de pays plat. **2** Régions rurales, par opposition à la ville. **3** Expédition, opérations militaires. **4** Opérations faites selon un programme. *Campagne électorale.* ■ Loc *Partie de campagne* : excursion, promenade. *Faire campagne pour* : s'activer pour. *Se mettre en campagne* : se mettre à la recherche de.

campagnol *nm* Rat des champs.

campanile *nm* Clocher d'église isolé de celle-ci.

campanule *nf* Plante à fleurs en forme de clochettes.

campé, ée *a* Loc *Bien campé* : vigoureux.

campêche *nm* Bois d'un arbre d'Amérique latine, fournissant un colorant.

campement *nm* Action de camper ; lieu où on campe.

camper *vi* [aux *avoir* ou *être*] **1** Établir un camp. **2** Faire du camping. **3** S'installer provisoirement. ■ *vt* **1** Poser hardiment. *Camper sa casquette sur l'oreille.* **2** Représenter avec relief. *Camper un personnage.* ■ *vpr* Se placer fièrement devant.

campeur, euse *n* Qui pratique le camping.

camphre *nm* Substance antiseptique et stimulante extraite du camphrier.

camphré, ée *a* Contenant du camphre.

camphrier *nm* Laurier d'Asie.

camping [-piŋ] *nm* **1** Activité touristique qui consiste à vivre en plein air, sous la tente. **2** Terrain aménagé spécialement pour cela.

camping-car *nm* Véhicule automobile habitable. *Des camping-cars.*

camping-gaz *nm inv* (n déposé) Réchaud portatif à gaz butane.

campus [-pys] *nm* Université comprenant des bâtiments d'enseignement et des logements.

camus, use *a* Court et plat (nez).

canada *nf inv* Pomme reinette.

canadair *nm* (n déposé) Avion de lutte contre les incendies de forêts.

canadianisme *nm* Terme propre au français parlé au Canada.

canadien, enne *a, n* Du Canada. ■ *nf* Veste doublée de fourrure.

canaille *nf* **1** Litt Ramassis de gens méprisables. **2** Individu malhonnête. ■ *a* Débraillé, polisson. *Un air canaille.*

canaillerie *nf* Acte méprisable.

canal, aux *nm* **1** Voie navigable artificielle. **2** Espace de mer assez étroit. *Canal de Mozambique.* **3** Tranchée pour la circulation des eaux. **4** Conduit, tuyauterie. **5** Voie par laquelle transitent des informations. **6** ANAT Conduit naturel. *Canal cholédoque.* ■ Loc *Par le canal de* : par l'intermédiaire de.

canalisable *a* Que l'on peut canaliser.

canalisation *nf* Conduit destiné à la circulation d'un fluide.

canaliser *vt* **1** Aménager un cours d'eau pour le rendre navigable. **2** Diriger dans le sens choisi. *Canaliser la circulation.*

canapé *nm* **1** Long siège à dossier. **2** Tranche de pain de mie avec garniture.

canapé-lit *nm* Canapé transformable en lit. *Des canapés-lits.*

canaque ou **kanak** *a* Relatif aux Canaques.

canard *nm* **1** Oiseau aquatique palmipède. **2** Morceau de sucre trempé dans le café ou l'eau-de-vie. **3** Fausse note. **4** Fausse nouvelle. **5** Fam Journal. ■ Loc *Froid de canard* : froid intense.

canarder *vt* Fam Faire feu sur.

canari *nm* Serin au plumage jaune.

canasson *nm* Pop Cheval.

canasta *nf* Jeu de cartes.

cancan *nm* Fam Bavardage malveillant. ■ Loc *French cancan* : quadrille acrobatique de girls.

cancaner *vi* Fam Médire.

cancanier, ère *a, n* Fam Qui aime à cancaner.

cancer *nm* Tumeur maligne caractérisée par la prolifération anarchique des cellules.

cancéreux, euse *a, n* Atteint d'un cancer.

cancérigène ou **cancérogène** *a* Qui provoque le cancer. Syn carcinogène, oncogène.

cancérisation *nf* MED Transformation en cellules cancéreuses.

cancérologie *nf* Étude du cancer. Syn carcinologie, oncologie.

cancérologue *n* Spécialiste du cancer.

cancoillotte *nf* Fromage à pâte molle.

cancre *nm* Fam Mauvais élève.

cancrelat *nm* Blatte, cafard.

candela *nf* PHYS Unité d'intensité lumineuse.

candélabre *nm* Grand chandelier.

candeur *nf* Naïveté, innocence.

candi *am* Loc *Sucre candi* : en gros cristaux.

candidat, ate *n* Qui postule un emploi, une fonction ou se présente à un examen.

candidature *nf* Fait d'être candidat.

candide *a* Naïf, pur.

candidement *av* Naïvement.

cane *nf* Femelle du canard.

caner *vi* Pop **1** Reculer, céder. **2** Mourir.

caneton *nm* Petit du canard.

canette *nf* **1** Petite cane. **2** Bobine de fil introduite dans la navette d'une machine à coudre. **3** Petite bouteille de bière.

canevas *nm* **1** Grosse toile pour les ouvrages de tapisserie. **2** Plan, ébauche.

caniche *nm* Chien à poil bouclé.

caniculaire *a* Très chaud. *Été caniculaire.*

canicule *nf* Période de fortes chaleurs.

canidé *nm* ZOOL Mammifère carnivore tel que le chien, le loup, le renard, etc.

canif *nm* Petit couteau de poche.

canin, ine *a* Du chien. *Races canines.* ■ *nf* Dent pointue entre les incisives et les prémolaires.

canisse. V. cannisse.

caniveau nm Rigole au bord de la chaussée pour l'écoulement des eaux.

cannabis nm Chanvre indien.

cannage nm Fond canné d'un siège.

canne nf 1 Bâton léger sur lequel on s'appuie en marchant. 2 Roseau, bambou. Loc *Canne anglaise* : munie d'un support pour l'avant-bras. *Canne blanche* : canne d'aveugle. *Canne à pêche* : gaule. *Canne à sucre* : graminée dont la sève donne le sucre.

canné, ée a Garni d'un cannage.

canne-béquille nf Canne anglaise. *Des cannes-béquilles.*

canne-épée nf Canne creuse contenant une épée. *Des cannes-épées.*

cannelé, ée a Qui a des cannelures.

cannelle nf 1 Écorce aromatique d'un laurier (cannelier). 2 Robinet adapté à un tonneau.

cannelloni nm Pâte alimentaire farcie.

cannelure nf Rainure, sillon longitudinal. *Meuble décoré de cannelures.*

canner vt Garnir de jonc tressé un siège.

cannibale nm, a Qui mange ses semblables.

cannibaliser vt Démonter un appareil hors d'usage pour en récupérer les pièces.

cannibalisme nm Habitude de manger ses semblables.

cannisse ou **canisse** nf Claie de roseau.

canoë nm Canot léger conduit à la pagaie.

canoéiste n Qui conduit un canoë.

canoë-kayak nm Discipline sportive sur canoë et sur kayak.

1. canon nm 1 Pièce d'artillerie servant à lancer des obus. 2 Tube d'une arme à feu.

2. canon nm 1 Règle religieuse ; liturgie de la messe. 2 Modèle idéal sur le plan esthétique. 3 Mélodie reprise successivement par une ou plusieurs voix.

cañon [kanjɔn] ou **canyon** nm Gorge profonde en terrain calcaire.

canonique a Conforme aux règles. Loc *Âge canonique* : âge assez avancé.

canonisation nf Action de canoniser.

canoniser vt Faire figurer au catalogue des saints.

cannonade nf Feu de canons.

canonner vt Attaquer au canon.

canonnier nm Servant d'un canon.

canonnière nf Petit navire armé de canons.

canope nm ANTIQ Urne funéraire égyptienne.

canopée nf BIOL Partie supérieure de la forêt tropicale humide.

canot nm Embarcation légère et non pontée.

canotage nm Navigation sur un canot.

canoter vi Manœuvrer un canot.

canotier nm 1 Qui manœuvre un canot. 2 Chapeau de paille à bords et à fond plats.

cantal nm Fromage à pâte ferme.

cantaloup nm Melon à côtes rugueuses et à chair rouge-orangé.

cantate nf Pièce musicale à une ou plusieurs voix avec orchestre.

cantatrice nf Chanteuse de chant classique et d'opéra.

cantilène nf Poème épique et lyrique du Moyen Âge.

cantine nf 1 Réfectoire pour des collectivités. 2 Malle robuste.

cantinier, ère n Qui tient une cantine.

cantique nm Chant religieux.

canton nm 1 Subdivision administrative d'un arrondissement. 2 Chacun des 23 États de la Confédération helvétique.

cantonade nf Loc *Parler à la cantonade* : sans s'adresser à un interlocuteur précis.

cantonais, aise a, n De Canton. Loc *Riz cantonais* : riz sauté à la chinoise. ■ nm Dialecte de la Chine du Sud.

cantonal, ale, aux a Du canton.

cantonnement nm Installation temporaire de troupes.

cantonner vt Établir des troupes dans une localité. ■ vpr Se borner, se limiter à.

cantonnier nm Chargé de l'entretien des routes.

canular nm Fam Mystification, farce.

canule nf MED Petit tube pour introduire ou drainer un liquide dans le corps.

canut, use n HIST Ouvrier de la soie à Lyon.

canyon. V. cañon.

caoutchouc nm 1 Substance élastique provenant du latex de certains végétaux ou du traitement d'hydrocarbures. 2 Bracelet élastique. 3 Syn de *ficus.*

caoutchouté, ée a Enduit de caoutchouc.

caoutchouteux, euse a De la consistance du caoutchouc. *Viande caoutchouteuse.*

cap nm 1 Partie d'une côte qui s'avance dans la mer. 2 Direction de l'axe d'un navire ou d'un aéronef. Loc *Passer le cap* : franchir une étape décisive. *De pied en cap* : des pieds à la tête.

C.A.P. nm Sigle de *Certificat d'aptitude professionnelle*, diplôme de l'enseignement technique court.

capable a 1 Susceptible d'avoir, apte à faire. *Il est capable de gentillesse.* 2 Habile, compétent. *Un professeur capable.*

capacité nf 1 Contenance d'un récipient ; quantité, volume. 2 Habileté, compétence.

caparaçon nm Housse d'ornement pour les chevaux.

caparaçonner vt Recouvrir entièrement.

cape nf Manteau ample et sans manche. Loc *Roman, film de cape et d'épée* : roman, film d'aventures. *Rire sous cape* : en cachette.

capeline nf Chapeau de femme à bords larges.

CAPES nm Sigle de *Certificat d'aptitude professionnelle à l'enseignement secondaire.*

capésien, enne n Titulaire du CAPES.

capétien, enne a Relatif aux Capétiens.

capharnaüm [naɔm] nm Endroit en désordre.

capillaire a Relatif aux cheveux. *Lotion capillaire.* ■ nm 1 ANAT Très fin vaisseau des artères et des veines. 2 Fougère.

capillarité nf PHYS Phénomène d'ascension des liquides dans les tubes fins.

capilotade nf Loc Fam *Mettre en capilotade* : mettre en pièces, écraser.

capitaine nm 1 Officier des armées de terre et de l'air, au-dessus du lieutenant et au-dessous du commandant. 2 Commandant d'un navire, d'un port. 3 Chef d'une équipe sportive. Loc *Capitaine de vaisseau, de frégate, de corvette* : grades successifs des officiers de marine.

capitainerie nf Bureau du capitaine d'un port.

1. capital, ale, aux a Principal, essentiel. *Découverte capitale.* Loc *Peine capitale* : peine de mort. ■ nf 1 Ville où siègent les pouvoirs publics d'un État. 2 Centre principal d'activité industrielle, commerciale. 3 Majuscule.

2. capital, aux nm **1** Biens, fortune. **2** Moyens financiers et techniques dont dispose une entreprise industrielle ou commerciale. ■ pl Fonds disponibles ou en circulation, liquidités.

capitalisable a Qu'on peut capitaliser.

capitalisation nf Action de capitaliser.

capitaliser vt **1** Accroître un capital par les intérêts. **2** Accumuler des avantages en vue d'une utilisation ultérieure. ■ vi Accumuler de l'argent.

capitalisme nm Régime économique et social fondé sur les capitaux privés.

capitaliste a ECON Du capitalisme. ■ a, n **1** Qui détient des capitaux. **2** Fam Qui est riche.

capitalistique a ECON Du capital.

capital-risque nm ECON Investissement dans un secteur de pointe, à risques et à profits élevés.

capitation nf HIST Impôt par tête sous l'Ancien Régime.

capiteux, euse a Qui enivre. *Un parfum capiteux.*

capiton nm **1** Rembourrage piqué à intervalles réguliers. **2** Amas graisseux sous-cutané.

capitonnage nm Garniture capitonnée.

capitonner vt Rembourrer.

capitulation nf **1** Reddition d'une troupe. **2** Cessation de toute résistance.

capitule nm BOT Inflorescence formée de nombreuses fleurs.

capituler vi Se rendre, se reconnaître vaincu.

caporal, aux nm Militaire qui a le grade le moins élevé.

caporal-chef nm Militaire du grade entre caporal et sergent. *Des caporaux-chefs.*

caporalisme nm Régime autoritaire.

1. capot nm Tôle protectrice recouvrant un moteur.

2. capot a inv Qui n'a fait aucune levée, aux cartes.

capote nf **1** Grand manteau militaire. **2** Couverture mobile d'une voiture. Loc Fam *Capote anglaise* : préservatif masculin.

capoter vi **1** Se retourner par accident. **2** Échouer. *L'entreprise a capoté.*

cappuccino [-putʃino] nm Café au lait mousseux.

câpre nm Bouton du câprier qui, confit dans le vinaigre, sert de condiment.

caprice nm Fantaisie, volonté soudaine et irréfléchie. ■ pl Changements imprévisibles. *Les caprices de la météo.*

capricieusement av Par caprice.

capricieux, euse a, n Qui a des caprices, fantasque.

capricorne nm Coléoptère aux antennes très longues.

câprier nm Arbuste épineux à grandes fleurs odorantes.

caprin, ine a De la chèvre.

capsule nf **1** BOT Fruit sec déhiscent contenant des graines. **2** Couvercle en métal ou en plastique d'une bouteille. **3** ANAT Enveloppe membraneuse de certains organes. Loc *Capsule spatiale* : habitacle hermétique d'un engin spatial.

capsule-congé nf Capsule fermant une bouteille de vin et attestant le paiement de la taxe. *Des capsules-congés.*

capsuler vt Boucher avec une capsule.

captage nm Action de capter des eaux.

captation nf DR Fait de s'emparer illégalement d'un héritage.

capter vt **1** Obtenir par ruse. *Capter la confiance.* **2** Recueillir une énergie, un fluide, canaliser des eaux. **3** Recevoir une émission sur un poste récepteur.

capteur nm Dispositif capable d'analyser une grandeur physique.

captieux, euse a Litt Qui tend à tromper.

captif, ive a, n Litt Prisonnier. ■ a Exclusif. *Marché captif.* Loc *Ballon captif* : aérostat retenu au sol par un câble.

captivant, ante a Qui charme.

captiver vt Séduire, charmer.

captivité nf État d'un prisonnier de guerre.

capture nf Fait de capturer ; ce qu'on a capturé.

capturer vt Prendre vivant qqn, un animal.

capuche nf Capuchon amovible d'un vêtement.

capuchon nm **1** Bonnet fixé à un vêtement, pouvant se rabattre sur la tête. **2** Bouchon d'un tube, d'un stylo.

capucin, ine n Religieux franciscain réformé. ■ nm Singe d'Amérique du Sud.

capucine nf Plante aux fleurs très colorées.

capverdien, enne a, n Du Cap-Vert.

caque nf Baril pour les harengs salés.

caquet nm Gloussement de la poule. Loc Fam *Rabattre le caquet* : faire taire.

caqueter vi [19] **1** Glousser (poules). **2** Fam Bavarder à tort et à travers.

1. car conj Indique la raison de qqch.

2. car nm Autocar.

carabe nm Coléoptère noir carnassier.

carabin nm Fam Étudiant en médecine.

carabine nf Fusil à canon court.

carabiné, ée a Fam Violent. *Rhume carabiné.*

carabinier nm Gendarme, en Italie.

caraco nm Corsage féminin.

caracoler vi Cabrioler. Loc Fam *Caracoler en tête* : se placer nettement devant ses concurrents.

caractère nm **1** Signe d'une écriture. **2** Signe d'imprimerie. **3** Marque distinctive, particulière, de qqn, de qqch. **4** Personnalité, originalité. *Avoir du caractère.* **5** Manière d'être, d'agir de qqn. *Avoir bon caractère.*

caractériel, elle a, n Qui présente des troubles du caractère.

caractérisation nf Manière dont qqch se caractérise.

caractérisé, ée a Nettement marqué.

caractériser vt **1** Décrire avec précision. **2** Constituer la caractéristique de. ■ vpr Avoir pour trait distinctif.

caractéristique a Qui distingue d'autre chose. ■ nf Caractère distinctif, trait particulier.

caractérologie nf Étude des caractères.

carafe nf Bouteille de verre à base élargie et à col étroit. Loc Fam *Rester en carafe* : rester en panne.

carafon nm Petite carafe.

carambolage nm Série de chocs répétés.

caramboler vt Heurter, bousculer, renverser.

carambouille nf Escroquerie qui consiste à revendre des marchandises non payées.

caramel nm **1** Sucre fondu au feu. **2** Bonbon au caramel.

caraméliser vt Transformer en caramel.
carapace nf 1 Tégument très dur qui protège le corps de certains animaux. 2 Ce qui protège de l'extérieur. *Carapace d'indifférence.*
carapater (se) vpr Pop S'enfuir.
carat nm 1 Vingt-quatrième partie d'or fin dans un alliage d'or. 2 Unité de masse pour les diamants (0,2 g). Loc Fam *Dernier carat :* jusqu'à la dernière limite.
caravane nf 1 Groupe de voyageurs pour franchir une contrée. 2 Roulotte de tourisme.
caravanier nm 1 Conducteur d'une caravane. 2 Utilisateur d'une caravane.
caravaning [-niŋ] nm Camping itinérant.
caravansérail nm Abri réservé aux caravanes, en Orient.
caravelle nf Navire de faible tonnage, utilisé au XVe et XVIe s.
carbochimie nf Chimie industrielle de la houille.
carbonaro nm Membre d'une société secrète, en Italie au XIXe s. *Des carbonari.*
carbonate nm CHIM Sel de l'acide carbonique.
carbonatite nf Roche magmatique à base de carbonates.
carbone nm 1 Corps simple non métallique, constituant fondamental de la matière vivante. 2 Papier pour exécuter des doubles.
carbonifère nm GEOL Période de l'ère primaire, pendant laquelle se constitua la houille.
carbonique a Loc *Anhydride* ou *gaz carbonique :* combinaison de carbone et d'oxygène. *Neige carbonique :* gaz carbonique solidifié.
carbonisation nf Réduction à l'état de charbon par la chaleur.
carboniser vt Réduire en charbon par la chaleur ; brûler complètement.
carbonnade nf Ragoût de viande de bœuf.
carburant nm Combustible utilisé dans les moteurs à explosion.
carburateur nm Appareil servant à la carburation.
carburation nf Mélange de l'air et du carburant d'un moteur à explosion.
carbure nm CHIM Combinaison du carbone avec un métal.
carburer vi 1 Effectuer la carburation. 2 Pop Aller bien, fonctionner.
carburol nm Carburant de synthèse, à base végétale.
carcajou nm Blaireau d'Amérique du Nord.
carcan nm 1 Collier attachant un criminel au poteau. 2 Ce qui entrave la liberté.
carcasse nf 1 Ossements d'un animal. 2 Fam Corps humain. 3 Assemblage, armature rigide.
carcéral, ale, aux a De la prison.
carcinogène a Syn de *cancérigène.*
carcinologie nf Syn de *cancérologie.*
carcinome nm Variété de cancer.
cardamome nf Plante d'Asie utilisée comme condiment.
cardan nm Dispositif à deux axes de rotation, constituant une liaison mécanique.
carde nf 1 Côte comestible de la bette. 2 Instrument pour carder.
carder vt Peigner le coton, la laine.
cardia nm Orifice œsophagien de l'estomac.
cardiaque a Du cœur. ■ a, n Qui souffre d'une maladie de cœur.
cardigan nm Veste tricotée, à manches longues, boutonnée sur le devant.

1. cardinal, ale, aux a Très important, principal. *Idée cardinale.* Loc *Points cardinaux :* nord, est, sud et ouest. *Nombres cardinaux :* désignant une quantité. Ant. ordinal.
2. cardinal, aux nm Membre du Sacré Collège, électeur du pape.
cardiogramme nm MED Tracé obtenu par cardiographie.
cardiographie nf Enregistrement des battements du cœur.
cardiologie nf Étude du cœur.
cardiologue n Spécialiste du cœur.
cardiopathie nf Affection du cœur.
cardiotonique a, nm Qui stimule le cœur.
cardio-vasculaire a Qui concerne le cœur et les vaisseaux sanguins. *Maladie cardiovasculaire.*
cardon nm Plante à cardes comestibles.
carême nm Période de pénitence de quarante jours, du mercredi des Cendres à Pâques, pour les catholiques et les orthodoxes.
carénage nm MAR Nettoyage, réparation de la carène.
carence nf 1 DR Fait de manquer à ses obligations. 2 Manque d'éléments indispensables ; insuffisance. *Carence en vitamines.*
carène nf Coque d'un navire en dessous de la ligne de flottaison.
caréner vt [12] 1 Procéder au carénage d'un navire. 2 Donner une forme aérodynamique.
carentiel, elle [-sjɛl] a Dû à une carence.
caressant, ante a Qui aime à caresser, à être caressé.
caresse nf Attouchement tendre ou sensuel.
caresser vt 1 Faire des caresses. 2 Frôler, effleurer avec douceur. 3 Cultiver complaisamment. *Caresser une idée.*
caret nm Grande tortue des mers chaudes.
car-ferry nm Navire aménagé pour le transport des véhicules et des passagers. *Des car-ferrys.*
cargaison nf Marchandises dont est chargé un navire, un avion ou un camion.
cargo nm Navire destiné au transport des marchandises.
cari, cary ou **curry** nm 1 Assaisonnement indien constitué d'un mélange d'épices. 2 Plat préparé avec cet assaisonnement.
cariatide ou **caryatide** nf Statue de femme soutenant une corniche sur la tête.
caribéen, enne a, n De la région de la mer des Caraïbes.
caribou nm Renne du Canada.
caricatural, ale, aux a Qui relève de la caricature.
caricature nf 1 Dessin satirique et outré de qqn. 2 Représentation déformée de la réalité.
caricaturer vt Faire en caricature.
caricaturiste n Artiste qui fait des caricatures.
carie nf Altération de la dent.
carié, ée a Atteint par la carie.
carieux, euse a De la carie dentaire.
carignan nm Cépage rouge du Languedoc.
carillon nm 1 Cloches accordées à différents tons ; sonnerie de ces cloches. 2 Sonnerie d'une horloge ; l'horloge elle-même.
carillonner vi 1 Sonner en carillon. 2 Faire résonner bruyamment la sonnette d'une porte. ■ vt Annoncer, répandre à grand bruit.
carillonneur nm Chargé du carillon d'une église.

carioca *a*, *n* De Rio de Janeiro.

cariste *n* Conducteur de chariots de manutention.

caritatif, ive *a* Qui se consacre à l'aide des plus démunis. *Association caritative.*

carlin *nm* Chien à poil ras.

carlingue *nf* Cabine d'un avion et poste de pilotage.

carliste *a*, *n* HIST Partisan de Don Carlos, prétendant au trône d'Espagne.

carme *nm* Religieux du Carmel.

carmélite *nf* Religieuse du Carmel.

carmin *nm*, *a inv* Rouge éclatant.

carminé, ée *a* Proche du carmin.

carnage *nm* Tuerie, massacre.

carnassier, ère *a*, *nm* Animal qui se nourrit de chair ; carnivore. ■ *nf* Sac pour porter le gibier.

carnation *nf* Teint, couleur de la peau.

carnaval, als *nm* 1 Période précédant le carême et commençant à l'Épiphanie. 2 Réjouissances pendant cette période.

carnavalesque *a* Du carnaval ; grotesque.

carne *nf* POP Viande dure.

carné, ée *a* Qui est à base de viande.

carnet *nm* 1 Cahier de petit format pour des notes, des adresses. 2 Feuillets, tickets assemblés et détachables.

carnier *nm* Carnassière.

carnivore *a* Qui se nourrit de viande. ■ *nm* Mammifère carnassier.

carolingien, enne *a*, *n* De la dynastie de Charlemagne.

caroncule *nf* Petite excroissance charnue.

caroténe *nm* Pigment jaune ou rouge des végétaux (carotte) et des animaux.

carotide *nf* Artère irriguant la face et le cerveau.

carotidien, enne *a* De la carotide.

carotte *nf* 1 Plante à racine pivotante rouge, comestible. 2 Enseigne rouge des bureaux de tabac. 3 Échantillon prélevé d'un sol par sondage. Loc *La carotte et le bâton* : la récompense et la sanction. Fam *Les carottes sont cuites* : le sort en est jeté.

carotter *vt* Fam Escroquer par ruse.

caroube *nf* Fruit sucré du caroubier.

caroubier *nm* Arbre méditerranéen à bois dur.

carpaccio [-pat∫jo] *nm* Fine tranche de bœuf arrosé d'huile et de citron.

1. carpe *nf* Poisson d'eau douce. Loc *Être muet comme une carpe* : ne pas dire un mot.

2. carpe *nm* ANAT Os du poignet.

carpelle *nm* BOT Pièce florale du pistil.

carpette *nf* Petit tapis.

carquois *nm* Étui à flèches.

carrare *nm* Marbre blanc veiné.

carre *nf* 1 Coin, angle saillant d'un objet. 2 Baguette de métal le long des bords d'un ski.

carré, ée *a* 1 De la forme d'un carré. 2 Dont les angles sont bien marqués. 3 Tranché, catégorique. ■ *nm* 1 Quadrilatère plan à quatre angles droits et à côtés égaux. 2 Partie de jardin où on cultive la même plante. 3 Salle à manger des officiers sur un navire. 4 Réunion de quatre cartes de même niveau. 5 Produit de deux facteurs égaux. 6 Côtelettes d'agneau.

carreau *nm* 1 Pavé plat pour le revêtement des sols, des murs. 2 Vitre. 3 Une des couleurs rouges des jeux de cartes. Loc Fam *Sur le*

carreau : au sol, à terre, en parlant d'une personne vaincue ou tuée. Fam *Se tenir à carreau* : sur ses gardes.

carrée *nf* POP Chambre.

carrefour *nm* 1 Endroit où se croisent plusieurs chemins, rues. 2 Réunion en vue d'un échange d'idées.

carrelage *nm* Surface carrelée.

carreler *vt* [18] Paver avec des carreaux.

carrelet *nm* 1 Poisson de mer plat. 2 Filet de pêche carré.

carreleur *nm* Qui pose le carrelage.

carrément *av* Sans détours, franchement.

carrer (se) *vpr* S'installer confortablement.

carrier *nm* Qui extrait la pierre.

carrière *nf* 1 Lieu d'où on extrait des matériaux pour la construction. *Carrière de marbre.* 2 Activité professionnelle impliquant des étapes. *Faire une brillante carrière.* Loc *Donner carrière à* : donner libre cours à.

carriérisme *nm* Activité professionnelle dictée par la seule ambition personnelle.

carriériste *n* Qui fait preuve de carriérisme.

carriole *nf* Petite charrette.

carrossable *a* Praticable pour les voitures.

carrosse *nm* Voiture de luxe à quatre chevaux. Loc *La cinquième roue du carrosse* : personne inutile.

carrosser *vt* Munir d'une carrosserie.

carrosserie *nf* Caisse recouvrant le châssis d'un véhicule.

carrossier *nm* Qui fabrique, répare les carrosseries.

carrousel [-zɛl] *nm* 1 Parade où des cavaliers exécutent des exercices. 2 Appareil transportant des objets en circuit fermé.

carroyage *nm* Quadrillage d'un dessin, d'une carte.

carrure *nf* 1 Largeur du dos aux épaules. 2 Envergure de qqn. *Une carrure d'homme d'État.*

cartable *nm* Sacoche d'écolier.

carte *nf* 1 Carton mince. 2 Carton portant une figure sur une face. 3 Document officiel à caractère de preuve. 4 Représentation conventionnelle d'un espace géographique, de données économiques, démographiques, etc. 5 Liste des plats. 6 Matériel adaptable à un microordinateur. Loc *À la carte* : selon un choix libre. *Brouiller les cartes* : embrouiller qqch. *Carte grise* : récépissé d'un véhicule. *Carte postale* : dont un côté est illustré. *Carte de visite* : qui porte le nom et l'adresse. *Jouer la carte de* : s'engager à fond sur. *Jouer sa dernière carte* : tenter une dernière fois. *Tirer les cartes* : prédire l'avenir.

cartel *nm* Union entre des organisations industrielles ou politiques.

carte-lettre *nf* Carte pliée et collée sans enveloppe. *Des cartes-lettres.*

cartellisation *nf* Regroupement en cartel.

carter [-tɛr] *nm* Enveloppe métallique protégeant un mécanisme.

carte-réponse *nf* Carte jointe à un questionnaire pour la réponse. *Des cartes-réponses.*

cartésianisme *nm* Rationalisme cartésien.

cartésien, enne *a*, *n* De Descartes ou du cartésianisme.

carthaginois, oise *a*, *n* De Carthage.

cartilage *nm* Tissu conjonctif dur, élastique.

cartilagineux, euse a Du cartilage.

cartographe n Spécialiste de la cartographie.

cartographie nf Établissement de cartes, de plans, de schémas représentant une réalité géographique ou autre.

cartographier vt Établir la carte de.

cartographique a De la cartographie.

cartomancie nf Divination par les cartes à jouer.

cartomancien, enne n Qui pratique la cartomancie.

carton nm 1 Feuille rigide, épaisse de pâte à papier. 2 Boîte, emballage de carton fort. 3 Modèle dessiné pour être reproduit (tapisserie, vitrail). Loc Fam *Faire un carton* : tirer sur une cible ; gagner facilement.

cartonnage nm 1 Emballage en carton. 2 Reliure en carton d'un livre.

cartonner vt 1 Garnir, relier avec du carton. 2 Fam Critiquer violemment. ■ vi Fam Obtenir un résultat remarquable.

carton-pâte nm Carton à base de fibres hachées. *Des cartons-pâtes.*

cartoon [-tun] nm Bande dessinée, film d'animation.

cartooniste [-tunist] n Dessinateur de cartoons.

cartothèque nf Lieu où l'on conserve les cartes géographiques.

1. cartouche nm Ornement sculpté portant une inscription, des armoiries.

2. cartouche nf 1 Étui de carton ou de métal contenant la charge d'une arme à feu. 2 Petit étui cylindrique, contenant un produit qui nécessite une certaine protection. 3 Emballage contenant plusieurs paquets de cigarettes.

cartoucherie nf Fabrique de cartouches.

cartouchière nf Sac ou ceinture pour porter les cartouches.

carvi nm Plante aromatique proche du cumin.

cary. V. cari.

caryatide. V. cariatide.

caryocinèse nf BIOL Mitose.

caryopse nm BOT Fruit sec des graminées, à graine unique.

caryotype nm BIOL Nombre de chromosomes contenus dans les cellules humaines.

cas nm 1 Ce qui arrive ou est arrivé ; problème, situation. *Juger cas par cas.* 2 Manifestation d'une maladie. 3 LING Chacune des formes prises par un mot dans une langue à déclinaisons selon sa fonction. Loc *Faire cas de* : accorder de l'importance à. *Cas de conscience* : difficulté sur ce que la conscience ou la foi permet ou défend. *En cas de* : dans l'hypothèse de. *En tout cas, dans tous les cas* : quoi qu'il en soit, quoi qu'il arrive. *En ce cas* : dans cette hypothèse. *Dans le cas où, pour le cas où* : s'il arrivait que.

casanier, ère a, n Qui aime rester chez soi.

casaque nf Veste de jockey. Loc *Tourner casaque* : changer d'opinion.

casbah nf Quartier ancien des villes d'Afrique du Nord.

cascade nf 1 Chute d'eau. 2 Numéro périlleux d'acrobatie. Loc *En cascade* : en série.

cascadeur, euse n Comédien spécialiste des scènes dangereuses.

case nf 1 Habitation des pays chauds. 2 Compartiment d'un tiroir, d'un meuble. 3 Division sur une surface. *Les 64 cases de l'échiquier.*

caséine nf Protéine du lait.

casemate nf Abri contre les tirs d'artillerie et les attaques aériennes.

caser vt Mettre à une place qui convient. ■ vpr Fam Trouver une place, un emploi, un conjoint.

caserne nf Bâtiment pour loger des troupes.

casernement nm Locaux d'une caserne.

cash [kaʃ] nm Argent liquide. ■ av Loc Fam *Payer cash* : comptant.

casher [-ʃɛr] ou **cachère** a Conforme aux prescriptions du judaïsme concernant les aliments. *Boucherie casher.*

cash-flow [kaʃflo] nm Capacité d'autofinancement. *Des cash-flows.*

casier nm 1 Meuble de rangement ; compartiment d'un tel meuble. 2 Nasse de pêche aux crustacés. Loc *Casier judiciaire* : relevé des condamnations de qqn.

casino nm Établissement de jeux, de spectacles.

casinotier nm Tenancier de casino.

casoar nm 1 Grand oiseau coureur d'Australie. 2 Plumet du shako des saint-cyriens.

casque nm 1 Coiffure rigide de protection. 2 Appareil constitué de deux écouteurs. 3 Appareil pour sécher les cheveux.

casqué, ée a Coiffé d'un casque.

casquette nf 1 Coiffure à visière. 2 Fam Fonction sociale incarnée par un individu.

cassable a Qui peut se casser.

cassage nm Action de casser.

cassant, ante a 1 Qui se casse facilement. 2 Autoritaire. Loc Pop *Pas cassant* : pas fatigant.

cassate nf Crème glacée aux fruits confits.

cassation nf 1 MIL Sanction privant du grade. 2 Annulation d'une décision juridique. Loc *Cour de cassation* : juridiction suprême.

casse nf Action de casser ; dommages en résultant. Loc *Haut de casse, bas de casse* : en imprimerie, les majuscules, les minuscules. ■ nm Pop Cambriolage.

cassé, ée a Usé, informe. Loc *Blanc cassé* : teinté de jaune, de gris. *Voix cassée* : éraillée.

casse-cou nm inv, a inv Qui prend des risques.

casse-croûte nm inv Fam Repas sommaire.

casse-gueule nm inv, a inv Endroit, entreprise qui présente des risques.

casse-noisette nm Instrument pour casser les noisettes. *Des casse-noisettes.*

casse-noix nm inv Instrument pour casser les noix.

casse-pieds a, n inv Fam Qui ennuie, dérange.

casse-pipes nm inv Pop La guerre, le front.

casser vt 1 Briser, réduire en morceaux, mettre hors d'usage. 2 Annuler un décret, un arrêté. 3 Priver qqn de son grade. Loc Fam *À tout casser* : extraordinaire. Fam *Cela ne casse rien* : cela ne sort pas de l'ordinaire. Fam *Casser le morceau* : avouer. *Casser les prix, les cours* : provoquer une baisse. *Casser la tête* : importuner. ■ vi, vpr Se rompre, se briser. *Le bois casse, se casse facilement.* ■ vpr Pop S'enfuir.

casserole nf 1 Ustensile de cuisine. 2 Fam Instrument désaccordé. Loc Pop *Passer à la casserole* : subir un traitement désagréable.

casse-tête nm inv 1 Massue. 2 Bruit fatigant. 3 Travail, problème difficile.

cassette *nf* 1 Coffret pour objets précieux. 2 Bande magnétique pour magnétophone ou magnétoscope.

casseur, euse *n* 1 Qui casse les objets pour les revendre au poids. 2 Pop Cambrioleur. 3 Qui se livre à des déprédations (au cours d'une manifestation).

1. cassis [-sis] *nm* Arbuste à baies noires comestibles ; ces baies ; liqueur tirée de ces fruits.

2. cassis [-si] *nm* Rigole, enfoncement, dans le sol d'une route.

cassolette *nf* 1 Brûle-parfum. 2 Petit récipient utilisé pour servir certains mets ; ces mets.

cassonade *nf* Sucre brut de canne.

cassoulet *nm* Ragoût aux haricots blancs.

cassure *nf* 1 Endroit cassé. 2 Rupture. *Une cassure dans la vie de qqn.*

castagne *nf* Pop Bagarre.

castagnettes *nfpl* Instrument fait de deux pièces attachées aux doigts, et qu'on fait résonner en les frappant l'une contre l'autre.

caste *nf* 1 Classe sociale dans la société hindoue. 2 Groupe social fermé qui cherche à maintenir ses privilèges.

castillan, ane *a, n* De Castille. ■ *nm* Langue officielle de l'Espagne. Syn. espagnol.

casting [-tiŋ] *nm* Ensemble des acteurs d'un film. Syn. distribution.

castor *nm* 1 Rongeur aquatique. 2 Fourrure de cet animal.

castrat *nm* Chanteur castré pour garder une voix aiguë.

castrateur, trice *a, n* Très autoritaire.

castration *nf* Ablation des glandes génitales mâles.

castrer *vt* Pratiquer la castration ; châtrer.

casuarina *nm* Arbre tropical, cultivé pour son bois, le filao.

casuel, elle *a* Accidentel, fortuit.

casuiste *n* Moraliste subtil.

casuistique *nf* RELIG Morale subtile portant sur les cas de conscience.

casus belli [kazysbeli] *nm inv* Fait pouvant provoquer une guerre.

cataclysmal, ale, aux ou **cataclysmique** *a* Du cataclysme.

cataclysme *nm* Grand bouleversement de la surface terrestre.

catacombes *nfpl* Cavités souterraines ayant servi de sépulture.

catadioptre *nm* Surface réfléchissante à l'arrière d'un véhicule.

catafalque *nm* Estrade destinée à recevoir un cercueil.

catalan, ane *a, n* De Catalogne. ■ *nm* Langue romane parlée en Catalogne.

catalepsie *nf* Perte du mouvement volontaire, avec conservation des attitudes.

cataleptique *a, n* Atteint de catalepsie.

catalogue *nm* 1 Liste énumérative. 2 Brochure d'objets à vendre.

cataloguer *vt* 1 Enregistrer et classer. 2 Classer qqn dans une catégorie.

catalpa *nm* Arbre ornemental à fleurs blanches.

catalyse *nf* Accélération d'une réaction chimique due à la présence de certains corps qui restent inchangés.

catalyser *vt* 1 Accélérer par catalyse une réaction chimique. 2 Entraîner une réaction par sa présence.

catalyseur *nm* Corps, élément qui catalyse.

catalytique *a* De la catalyse.

catamaran *nm* Embarcation faite de deux coques accouplées.

cataplasme *nm* Bouillie médicinale appliquée sur une partie du corps enflammée.

catapulte *nf* 1 Machine de guerre pour lancer des pierres ou des traits. 2 Appareil pour le lancement d'un avion sur le pont d'un navire.

catapulter *vt* 1 Lancer avec une catapulte. 2 Fam Envoyer qqn ou qqch avec force.

cataracte *nf* 1 Chute à grand débit sur le cours d'un fleuve. 2 Opacité du cristallin.

catarhinien *nm* ZOOL Singe à queue non prenante, tel le macaque, le babouin.

catarrhe *nm* Rhume de cerveau.

catastrophe *nf* Événement désastreux. Loc *En catastrophe* : à la hâte, sans préparation.

catastrophé, ée *a* Consterné, atterré.

catastrophique *a* Qui constitue une catastrophe. *Inondation catastrophique.*

catastrophisme *nm* Pessimisme excessif.

catatonie *nf* PSYCHIAT Schizophrénie caractérisée par des gestes stéréotypés.

catch *nm* Spectacle de lutte où tous les coups sont permis.

catcheur, euse *n* Qui pratique le catch.

catéchèse *nf* Enseignement religieux.

catéchiser *vt* 1 Enseigner la doctrine chrétienne à. 2 Faire la leçon.

catéchisme *nm* 1 Enseignement de la doctrine chrétienne. 2 Livre qui contient cet enseignement. 3 Principes d'une doctrine.

catéchiste *n* Qui enseigne le catéchisme.

catéchumène [-ky-] *n* Néophyte qui se prépare au baptême.

catégorie *nf* Classe d'objets, de personnes ayant des caractères communs.

catégoriel, elle *a* Qui concerne une catégorie. *Revendications catégorielles.*

catégorique *a* Clair, net, sans équivoque.

catégoriquement *av* De façon catégorique.

catégorisation *nf* Action de catégoriser.

catégoriser *vt* Ranger par catégories.

caténaire *nf* Câble distribuant le courant aux locomotives électriques.

catgut *nm* MED Lien pour suturer les plaies.

cathare *n, a* HIST Membre d'une secte du Moyen Âge.

cathédrale *nf* Église du siège de l'évêque.

catherinette *nf* Ouvrière de la mode, encore célibataire à 25 ans.

cathéter [-tɛʀ] *nm* MED Tube introduit dans un organe naturel, un vaisseau sanguin.

cathode *nf* Électrode reliée au pôle négatif d'un générateur électrique.

cathodique *a* 1 De la cathode. 2 Fam De la télévision. Loc *Tube cathodique* : tube à vide avec écran fluorescent.

catholicisme *nm* Religion des chrétiens reconnaissant l'autorité du pape.

catholicité *nf* Ensemble des catholiques.

catholique *a* Du catholicisme. *Culte catholique.* Loc Fam *Pas catholique* : louche. ■ *n* Adepte du catholicisme.

catimini (en) *av* Fam En cachette.

cation [katjɔ̃] *nm* PHYS Ion de charge électrique positive.

catogan *nm* Nœud retenant les cheveux sur la nuque.

cattleya *nm* Orchidée tropicale à grandes fleurs.

caucasien, enne *a, n* Du Caucase.

cauchemar *nm* **1** Rêve angoissant. **2** Chose obsédante, insupportable.

cauchemarder *vi* Fam Faire des cauchemars.

cauchemardesque *a* Du cauchemar.

caucus *nm* Aux États-Unis, comité électoral.

caudal, ale, aux *a* ANAT De la queue.

caulerpe *nf* Algue tropicale verte, vivace et toxique.

causal, ale, aux *a* Qui implique une cause.

causalité *nf* Rapport de cause à effet.

causant, ante *a* Fam Qui cause volontiers.

cause *nf* **1** Ce qui fait que qqch est ou se fait ; raison, motif. *Les causes d'une guerre.* **2** Parti à soutenir ; procès, intérêts. *Défendre sa cause.* Loc *À cause de* : par l'action de, en tenant compte de. Fam *Et pour cause !* : pour de bonnes raisons. *Être cause de* : être responsable de. *Être (en (hors de) cause* : être (n'être pas) concerné. *La bonne cause* : la cause juste. *Faire cause commune* : s'allier. *Prendre fait et cause* : défendre.

causer *vt* Être cause de, occasionner. ■ *vi* **1** Parler familièrement. *Causer avec ses voisins.* **2** Fam Parler inconsidérément.

causerie *nf* Exposé familier.

causette *nf* Fam Bavardage familier.

causeur, euse *n* Qui cause. *Un brillant causeur.* ■ *nf* Canapé à deux places.

causse *nm* GEOGR Plateau calcaire, dans le sud de la France.

causticité *nf* Caractère caustique.

caustique *a, nm* Corrosif, qui attaque les substances. ■ *a* Satirique et mordant.

cauteleux, euse *a* Rusé et hypocrite.

cautère *nm* MED Instrument porté à haute température ou produit pour brûler les tissus organiques. Loc *Cautère sur une jambe de bois* : remède inutile.

cautérisation *nf* Action de cautériser.

cautériser *vt* Appliquer un cautère sur.

caution *nf* Garantie d'un engagement ; personne qui en répond. Loc *Sujet à caution* : douteux, suspect.

cautionnement *nm* Garantie.

cautionner *vt* **1** Se porter caution pour qqch ou qqn. **2** Donner son appui.

cavalcade *nf* Course bruyante et tumultueuse.

cavale *nf* Pop Évasion. Loc Pop *Être en cavale* : être en fuite et recherché.

cavaler (se) *vpr* Pop Se sauver.

cavalerie *nf* **1** Troupes à cheval, aujourd'hui motorisées. **2** Fraude financière.

cavalier, ère *n* **1** Qui monte à cheval. **2** Avec qui on forme un couple dans un bal. ■ *a* **1** Militaire qui sert dans la cavalerie. **2** Pièce du jeu d'échecs. **3** Pièce de métal en U. Loc *Faire cavalier seul* : agir seul. ■ *a* **1** Réservé aux cavaliers. *Allée cavalière.* **2** D'une liberté excessive ; inconvenant. *Attitude cavalière.*

cavalièrement *av* De façon cavalière, inconvenante.

1. cave *nf* **1** Local souterrain servant de débarras. **2** Vins que l'on a en cave. **3** Coffret à liqueurs, à cigares. **4** Argent au jeu. ■ *a* Loc *Veines caves* : qui aboutissent au cœur.

2. cave *nm* Arg Qui n'appartient pas au milieu ; niais.

caveau *nm* Construction souterraine servant de sépulture.

caverne *nf* **1** Cavité naturelle dans le roc. **2** Cavité pathologique dans le poumon.

caverneux, euse *a* Grave et sonore. *Voix caverneuse.*

cavernicole *a, nm* ZOOL Animal qui habite dans les cavernes.

caviar *nm* Œufs d'esturgeon.

caviardage *nm* Action de caviarder.

caviarder *vt* Censurer un texte.

caviste *nm* Chargé d'une cave à vins.

cavitation *nf* PHYS Formation de bulles au sein d'un liquide en mouvement.

cavité *nf* Partie creuse à l'intérieur d'un corps, d'un organe.

C.C.P. *nm* Sigle de *compte courant postal.*

CD [sede] *nm* Abrév de compact-disque.

cd-rom *nm* Disque compact à grande capacité de mémoire.

1. ce, cet, cette, ces *a dém* **1** Désignent qqn ou qqch. **2** Peuvent être renforcés par *-ci* ou *-là. Ce livre-ci. Ce cahier-là.*

2. ce *pr dém* **1** Réfère à ce dont on parle. **2** Joue un rôle présentatif. *C'est mon frère. Ce sont eux qui me l'ont dit.* Loc *Est-ce que...?* : interroge. *Ce que* : combien. *Sur ce* : sur ces entrefaites. *Ce faisant* : de la sorte.

céans *av* Loc Litt *Maître de céans* : maître de maison.

ceci *pr dém* La chose la plus proche.

cécité *nf* État de qqn d'aveugle.

céder *vt* [12] Laisser, vendre. Loc *Le céder à* : être inférieur à. ■ *vi* Ne pas résister, ne pas s'opposer ; se soumettre à. ■ *vi* Rompre, s'affaisser. *La branche a cédé.*

cédétiste *a, n* De la C.F.D.T.

cedex [se-] *nm* Mention des distributions postales spéciales (administrations, entreprises).

cedi *nm* Unité monétaire du Ghana.

cédille *nf* Signe placé sous la lettre c devant a, o, u, quand elle doit être prononcée [s] (par ex. : *garçon*).

cédrat *nm* Gros citron du cédratier, que l'on consomme confit.

cédratier *nm* Citronnier méditerranéen.

cèdre *nm* Conifère de grande taille.

cégétiste *a, n* De la C.G.T.

ceindre *vt* [69] Litt Entourer une partie du corps.

ceinture *nf* **1** Bande dont on s'entoure la taille. **2** La taille elle-même. **3** Niveau atteint par qqn pratiquant les arts martiaux. **4** Ce qui entoure. *Ceinture de murailles.* Loc *Ceinture de sauvetage* : qui soutient sur l'eau. *Ceinture de sécurité* : sangle destinée à retenir sur son siège le passager.

ceinturer *vt* **1** Saisir avec ses bras pour maîtriser. **2** Entourer qqch.

ceinturon *nm* Large ceinture solide.

cela *pr dém* **1** Cette chose-là. *Cela dit.* Loc *Comment cela ?* : marque l'étonnement. *C'est cela* : marque l'acquiescement.

céladon *a inv* Vert pâle.

célébrant *nm* Qui célèbre la messe.

célébration *nf* Action de célébrer.

célèbre *a* De grand renom.

célébrer *vt* [12] **1** Fêter avec éclat. **2** Accomplir un office liturgique. **3** Litt Louer, exalter.

célébrité nf 1 Grande renommée. 2 Personne célèbre.

celer vt [16] Vx Cacher.

céleri ou **céléri** nm Plante potagère.

célérité nf Promptitude, diligence.

célesta nm Instrument de musique à percussion à clavier.

céleste a 1 Du ciel. 2 De Dieu, divin.

célibat nm État de qqn non marié.

célibataire a, n Non marié.

celle, celle-ci, celle-là. V. celui, celui-ci, celui-là.

cellier nm Pièce où on conserve le vin et les provisions.

cellophane nf (n déposé) Pellicule cellulosique transparente.

cellulaire a De la cellule. **Loc** Régime cellulaire : isolement des détenus. Fourgon cellulaire : servant au transport des prisonniers.

cellulase nf BIOL Enzyme permettant de digérer la cellulose.

cellule nf 1 Local étroit pour des prisonniers. 2 Petite chambre de religieux, de religieuse. 3 Alvéole d'une ruche. 4 BIOL Le plus petit élément organisé de tout être vivant. 5 Unité constitutive sociale, politique. 6 Groupement de base de certains partis politiques. 7 TECH Les ailes et le fuselage d'un avion. 8 Dispositif transformant un flux lumineux.

cellulite nf Inflammation du tissu cellulaire sous-cutané.

celluloïd nm (n déposé) Matière plastique.

cellulose nf Substance des parois cellulaires végétales.

cellulosique a De la cellulose.

celte ou **celtique** a Des Celtes. ■ nm Langue indo-européenne parlée par les Celtes.

celui, celle, ceux, celles pr dém Désignent personnes et choses.

celui-ci, celle-ci, ceux-ci, celles-ci pr dém Désignent personnes et choses proches.

celui-là, celle-là, ceux-là, celles-là pr dém Désignent personnes et choses éloignées.

cément nm Couche osseuse recouvrant la racine des dents.

cémentation nf Modification d'un métal par incorporation d'un autre corps.

cénacle nm Cercle d'écrivains, d'artistes.

cendre nf Résidu de matières brûlées. ■ pl Restes des morts. **Loc** Réduire en cendres : détruire. Renaître de ses cendres : reprendre vie.

cendré, ée a Grisâtre. ■ nm Fromage affiné dans la cendre.

cendrier nm 1 Récipient pour la cendre de tabac. 2 Partie inférieure d'un foyer.

cène nf Dernier repas de Jésus-Christ avec ses apôtres, la veille de la Passion.

cénobite nm Moine en communauté.

cénotaphe nm Tombeau à la mémoire d'un mort, ne contenant pas les restes.

cénozoïque a, nm GEOL Du tertiaire et du quaternaire.

cens [sɑ̃s] nm HIST Au Moyen Âge, redevance en argent payée au seigneur.

censé, ée a Supposé (suivi d'un infinitif). Nul n'est censé ignorer la loi.

censément av Apparemment.

censeur nm 1 Qui est d'une commission de censure. 2 Qui s'érige en critique implacable. 3 Chargé de la discipline dans les lycées.

censitaire a **Loc** Suffrage censitaire : réservé à ceux qui payaient un montant donné d'impôts.

censure nf 1 Contrôle exercé par un gouvernement sur les publications, les films pour les autoriser ou les interdire. 2 Désapprobation, votée par le Parlement, de la politique du gouvernement. 3 Contrôle des désirs inconscients.

censurer vt Exercer la censure sur ou contre qqch.

1. cent a num (Prend un s au pl sauf s'il est suivi d'un autre a num cardinal.) 1 Dix fois dix (100). Cent francs. Deux cents ans. Deux cent cinquante moutons. 2 Nombre indéterminé, assez élevé. Je l'ai dit cent fois. 3 Centième. Page cent. **Loc** Fam (A) cent pour cent : totalement, entièrement. ■ nm **Loc** Fam Gagner des mille et des cents : beaucoup d'argent.

2. cent [sɛnt] nm Centième du dollar.

centaine nf Nombre de cent ou environ.

centaure nm Monstre moitié homme (tête et torse) et moitié cheval.

centaurée nf Plante à fleurs bleues (bleuet).

centenaire a, n Qui a cent ans. ■ nm Centième anniversaire.

centésimal, ale, aux a Divisé en cent parties égales.

centième a num Au rang, au degré cent. ■ a, nm Contenu cent fois dans le tout.

centigrade nm Centième partie du grade (symbole : cgr).

centigramme nm Centième partie du gramme (symbole : cg).

centilitre nm Centième partie du litre (symbole : cl).

centime nm Centième partie du franc.

centimètre nm 1 Centième partie du mètre (symbole : cm). 2 Ruban divisé en centimètres.

centrafricain, aine a, n De la République centrafricaine.

centrage nm Action de centrer.

central, ale, aux a Au centre. Place centrale. Pouvoir central. ■ nm Poste assurant la centralisation des communications. ■ nf 1 Usine productrice d'énergie. 2 Établissement pénitentiaire.

centralisateur, trice a Qui centralise.

centralisation nf Action de centraliser.

centraliser vt Réunir en un même centre, sous une même autorité.

centralisme nm Tendance à centraliser l'autorité, les décisions.

centre nm 1 Point situé à égale distance de tous les points d'une circonférence, d'une sphère. 2 Milieu d'un espace quelconque. 3 Partie d'une assemblée qui siège entre la droite et la gauche. 4 Point principal. Centre d'intérêt. 5 Point caractérisé par une activité déterminée ou importante ; organisme, service, ville, etc. Centre commercial, culturel.

centrer vt 1 Déterminer le centre d'un objet. 2 Ramener au centre. 3 Orienter sur qqch.

centre-ville nm Quartier central d'une ville, le plus ancien et le plus animé. Des centres-villes.

centrifugation nf Séparation des constituants d'un corps par la force centrifuge.

centrifuge a Qui tend à éloigner du centre.

centrifuger vt [11] Soumettre à la centrifugation.

centrifugeur nm ou **centrifugeuse** nf Appareil utilisé pour faire du jus de fruits.

centripète *a* Qui tend à rapprocher du centre.

centrisme *nm* Position politique intermédiaire entre conservatisme et progressisme.

centriste *a, n* Qui se réclame du centrisme.

centrosome *nm* BIOL Granulation près du noyau des cellules.

centuple *a* Qui vaut cent fois. ■ *nm* Quantité cent fois plus importante. Loc *Au centuple :* beaucoup plus.

centupler *vt* Multiplier par cent. ■ *vt. vi* Rendre ou devenir beaucoup plus important.

centurie *nf* HIST Subdivision administrative romaine de cent citoyens ou unité militaire de cent soldats.

centurion *nm* HIST Officier d'une centurie.

cénure *nm* Ténia qui provoque le tournis des moutons.

cep *nm* Pied de vigne.

cépage *nm* Variété de vigne cultivée.

cèpe *nm* Bolet comestible.

cépée *nf* BOT Touffe de plusieurs tiges ayant poussé à partir d'une souche.

cependant *av* Néanmoins, toutefois.

céphalée ou **céphalalgie** *nf* Mal de tête.

céphalique *a* ANAT Relatif à la tête.

céphalopode *nm* ZOOL Mollusque tel que la seiche, le poulpe, et dont le pied est découpé en tentacules garnis de ventouses.

céphalorachidien, enne *a* ANAT Relatif à la tête et au rachis. Loc *Liquide céphalorachidien :* contenu dans les espaces méningés.

céphalothorax *nm* ZOOL Tête et thorax soudés des arachnides et de certains crustacés.

cérame *a* Loc *Grès cérame :* qui sert à faire des vases, des carrelages, etc.

céramique *nf* 1 Art de façonner des objets en terre cuite (faïence, grès, porcelaine). 2 Matière dont sont faits ces objets. ■ *a* De la céramique.

céramiste *n* 1 Fabricant de céramique. 2 Poseur de carreaux en céramique.

céraste *nm* Vipère saharienne et asiatique, appelée *vipère cornue.*

cerbère *nm* Litt Gardien intraitable.

cerceau *nm* Cercle de bois, de plastique, de métal servant de jouet ou d'armature.

cerclage *nm* Action de cercler.

cercle *nm* 1 Courbe plane fermée, dont tous les points sont à égale distance d'un point appelé centre ; surface délimitée par cette courbe. 2 Objet de forme circulaire. 3 Personnes ou choses disposées en rond. 4 Réunion de personnes, association. *Cercle littéraire.* 5 Étendue. *Le cercle de nos connaissances.* Loc *Cercle vicieux :* raisonnement défectueux ; situation sans issue.

cercler *vt* Garnir, entourer de cercles.

cercopithèque *nm* Singe d'Afrique à longue queue grêle.

cercueil *nm* Caisse dans laquelle on enferme un cadavre pour l'ensevelir.

céréale *nf* Graminée cultivée pour la production de grains (blé, maïs, etc.).

céréaliculture *nf* Culture des céréales.

céréalier, ère *a* De céréales. ■ *nm* Producteur de céréales.

cérébelleux, euse *a* Du cervelet.

cérébral, ale, aux *a* Du cerveau. *Hémorragie cérébrale.* ■ *a, n* Chez qui l'intellect prime la sensibilité.

cérébrospinal, ale, aux *a* Du cerveau et de la moelle épinière.

cérémonial *nm* Usage que l'on observe lors de certaines cérémonies.

cérémonie *nf* 1 Formes extérieures réglées pour donner de l'éclat à une solennité religieuse ou à un événement de la vie sociale. 2 Politesse exagérée, importune. Loc *Sans cérémonie :* en toute simplicité.

cérémoniel, elle *a* Relatif aux cérémonies.

cérémonieusement *av* De façon cérémonieuse.

cérémonieux, euse *a* Qui fait trop de cérémonies, affecté.

cerf [SER] *nm* Cervidé mâle.

cerfeuil *nm* Plante à feuilles aromatiques.

cerf-volant *nm* 1 Jouet de toile ou de papier qu'on fait planer en le tirant contre le vent avec une ficelle. 2 Lucane. *Des cerfs-volants.*

cerisaie *nf* Plantation de cerisiers.

cerise *nf* Fruit du cerisier. ■ *a inv* Rouge vif.

cerisier *nm* Arbre cultivé pour ses fruits et son bois rosé.

cerne *nm* 1 Cercle bleu ou bistre, qui entoure les yeux fatigués. 2 Cercle concentrique visible sur la section du tronc, des branches d'un arbre.

cerné, ée *a* Entouré d'un cerne.

cerneau *nm* Amande de la noix.

cerner *vt* 1 Entourer, encercler. 2 Préciser les limites d'une question, l'appréhender.

certain, aine *a* 1 Sûr, assuré, indubitable. *Une nouvelle certaine.* 2 Qui a la certitude de qqch. *Je suis certain de réussir.* 3 Indique une quantité ou une connaissance vagues. *Un certain temps. Un certain M. Dupont.* ■ *pr indéf pl* Quelques personnes. *Certains ont refusé.*

certainement *av* De façon certaine ; assurément, sûrement.

certes *av* Oui, assurément.

certificat *nm* 1 Écrit qui fait foi d'un fait, d'un droit. 2 Attestation, diplôme prouvant la réussite à un examen ; cet examen lui-même.

certification *nf* Action de certifier.

certifié, ée *n, a* Titulaire du *Certificat d'aptitude à l'enseignement secondaire.*

certifier *vt* Assurer, garantir la vérité, la validité de qqch.

certitude *nf* 1 Qualité de ce qui est certain. 2 Conviction qu'a l'esprit d'être dans la vérité.

céruléen, enne *a* Litt Bleuâtre.

cérumen [-men] *nm* Matière jaune sécrétée par le conduit auditif externe.

céruse *nf* Carbonate de plomb utilisé autrefois en peinture.

cerveau *nm* 1 Substance nerveuse contenue dans la boîte crânienne. 2 Facultés mentales, esprit. 3 Fam Personne très intelligente. 4 Centre intellectuel ; centre de direction.

cervelas *nm* Saucisson cuit, gros et court, assaisonné d'ail.

cervelet *nm* Partie de l'encéphale située au-dessous des hémisphères cérébraux et en arrière du bulbe.

cervelle *nf* 1 Substance nerveuse qui constitue le cerveau. 2 Facultés mentales, esprit.

cervical, ale, aux *a* ANAT Relatif au cou.

cervidé *nm* ZOOL Ruminant tel que le cerf, caractérisé par les bois pleins, caducs, portés sur le front.

cervoise *nf* Bière que les Anciens fabriquaient avec de l'orge ou du blé.

ces. V. ce.

C.E.S. *nm* Collège d'enseignement secondaire.

césar *nm* **1** Empereur romain. **2** Récompense cinématographique.

césarienne *nf* Extraction du fœtus vivant par incision de l'abdomen et de l'utérus.

césarisme *nm* Forme autoritaire de pouvoir politique très personnalisé.

césium [-zjɔm] *nm* Métal proche du potassium.

cessant, ante *a* Loc *Toutes affaires cessantes :* immédiatement.

cessation *nf* Le fait de mettre fin à qqch ; arrêt, suspension.

cesse *nf* Loc *N'avoir (point, pas) de cesse que... :* ne pas s'arrêter avant que... *Sans cesse :* continuellement.

cesser *vt* Arrêter, interrompre. *Cesser le combat.* ■ *vi* Prendre fin, s'arrêter. *Le combat a cessé.*

cessez-le-feu *nm inv* Armistice, suspension des hostilités.

cessible *a* Qui peut être cédé.

cession *nf* Action de céder un droit, un bien, une créance.

c'est-à-dire *conj* Annonce une explication (abrév : c.-à-d.). *Un mille marin, c'est-à-dire 1 852 mètres.*

cestode *nm* ZOOL Ver plat, tel le ténia.

césure *nf* Coupe, repos qui divise le vers après une syllabe accentuée.

cet, cette. V. ce.

cétacé *nm* Grand mammifère marin appartenant à un ordre qui comprend les baleines, les dauphins, les cachalots, etc.

céteau *nm* Petite sole (poisson).

cétoine *nf* Coléoptère vert doré.

cétone *nf* CHIM Composé organique ayant des propriétés voisines de celles des aldéhydes.

cétonique *a* CHIM De la cétone.

ceux. V. celui.

cévenol, ole *a, n* Des Cévennes.

cf. Abrév de *confer.*

C.F.A. *nm* Loc *Franc C.F.A. :* unité monétaire de nombreux pays africains francophones.

C.F.C. *nm* Abrév de *chlorofluorocarbone.*

C.G.S. Système d'unités fondé sur le centimètre, le gramme et la seconde.

chabichou *nm* Fromage de chèvre.

chablis *nm* Bourgogne blanc réputé.

chabot *nm* Poisson à grosse tête.

chacal *nm* Canidé d'Asie et d'Afrique se nourrissant surtout des restes laissés par les grands fauves. *Des chacals.*

cha-cha-cha [tʃatʃatʃa] *nm inv* Danse dérivée de la rumba.

chacun, une *pr indéf* Toute personne, toute chose faisant partie d'un ensemble. Loc *Tout un chacun :* n'importe qui.

chafouin, ine *a* Rusé, sournois.

1. chagrin, ine *a* LITT Porté à la tristesse ; maussade. *Esprit chagrin.* ■ *nm* Peine morale, affliction, tristesse. *Un chagrin d'amour.*

2. chagrin *nm* Cuir grenu de chèvre ou de mouton, utilisé en reliure. Loc *Peau de chagrin :* chose qui se réduit de plus en plus.

chagriner *vt* Causer du chagrin, contrarier.

chah. V. schah.

chahut *nm* Tapage, agitation, notamment en milieu scolaire.

chahuter *vi* Faire du chahut. ■ *vt* **1** Importuner qqn par des manifestations tapageuses. **2** Agiter qqch, le traiter sans ménagement.

chahuteur, euse *a, n* Qui aime chahuter, tapageur.

chai *nm* Entrepôt de fûts de vin, d'eau-de-vie.

chaîne *nf* **1** Suite d'anneaux, de maillons, généralement métalliques, servant de lien ou d'ornement, ou transmettant un mouvement. **2** Enchaînement, continuité, succession. *La chaîne des événements.* **3** Groupe d'établissements commerciaux. *Chaîne de supermarchés.* **4** Réseau d'émetteurs de radio ou de télévision diffusant simultanément les mêmes programmes. **5** Ensemble d'appareils de reproduction des sons. *Chaîne haute-fidélité.* **6** Suite de montagnes qui se succèdent dans une direction donnée. *La chaîne des Pyrénées.* **7** Ensemble des fils longitudinaux d'un tissu. Ant. trame. Loc *Réaction en chaîne :* succession de phénomènes dont chacun déclenche le suivant. *Chaîne de montage :* organisation de production industrielle programmant une série d'opérations successives. *Travail à la chaîne :* travail d'un ouvrier exécutant une seule opération sur chaque pièce de la chaîne de montage qui défile devant lui ; travail sans relâche, astreignant et monotone. *Faire la chaîne :* se disposer en ligne pour se passer des objets de main en main. ■ *pl* Dispositif articulé qu'on fixe aux pneus des voitures pour rouler dans la neige.

chaînette *nf* Petite chaîne.

chaînon *nm* **1** Anneau d'une chaîne. **2** Élément d'un ensemble.

chair *nf* **1** Substance fibreuse, irriguée de sang, située entre la peau et les os. **2** Viande hachée. *Chair à saucisses.* **3** Pulpe des fruits. **4** Le corps humain, par oppos. à l'âme. **5** Instinct sexuel. Loc *Être bien en chair :* être un peu gros, potelé. *En chair et en os :* en personne. *Chair de poule :* aspect grenu que prend la peau sous l'effet du froid, de la peur.

chaire *nf* **1** Dans une église, tribune élevée réservée au prédicateur. **2** Bureau surélevé d'un professeur. **3** Poste d'un professeur d'université.

chaise *nf* Siège sans bras, à dossier. Loc *Chaise longue :* siège à dossier inclinable où on peut s'allonger. *Chaise à porteurs :* véhicule à une place porté par des hommes. *Chaise électrique :* mode d'exécution de condamnés à mort. *Entre deux chaises :* dans une situation inconfortable. *Mener une vie de bâton de chaise :* mener une vie agitée.

chaisière *nf* Vx Loueuse de chaises.

1. chaland *nm* Bateau à fond plat pour le transport des marchandises.

2. chaland, ande *n* Vx Acheteur, client.

chalandise *nf* Loc *Zone de chalandise :* zone d'attraction commerciale d'un magasin.

chalazion *nm* Petit kyste au bord de la paupière.

châle *nm* Grande pièce d'étoffe dont les femmes se couvrent les épaules.

chalet *nm* Maison de bois des régions montagneuses.

chaleur *nf* **1** Qualité, nature de ce qui est chaud ; sensation produite par ce qui est chaud. **2** État des femelles de certains animaux quand elles recherchent l'approche du mâle. **3** Ardeur, impétuosité, véhémence. *Défendre qqn avec chaleur.* **4** Grande cordialité. *La chaleur de son accueil.* ■ *pl* Saison où le temps est chaud.

chaleureusement *av* De façon chaleureuse.

chaleureux, euse *a* Plein d'ardeur, d'animation, de cordialité.

châlit *nm* Bois de lit ou cadre métallique d'un lit.

challenge *nm* **1** Épreuve sportive où un titre est mis en jeu. **2** Fam Défi, gageure.

challenger [ʃalɛndʒœʀ] ou **challengeur** *nm* Concurrent disputant son titre à un champion.

chaloir *vti* Loc Litt *Peu me chaut, peu m'en chaut* : peu m'importe.

chaloupe *nf* Grosse embarcation non pontée. *Chaloupe de sauvetage.*

chalouper *vi* Marcher en se balançant.

chalumeau *nm* **1** Appareil destiné à produire une flamme à haute température à partir de gaz sous pression. **2** Flûte champêtre.

chalut *nm* Filet de pêche traîné sur le fond de la mer ou entre deux eaux par un ou deux bateaux.

chalutage *nm* Pêche au chalut.

chalutier *nm* Bateau équipé pour la pêche au chalut.

chamade *nf* Loc *Cœur qui bat la chamade* : qui bat précipitamment.

chamailler (se) *vpr* Fam Se disputer.

chamaillerie *nf* Fam Querelle bruyante.

chamailleur, euse *a, n* Fam Qui aime à chamailler.

chaman [-man] *nm* Prêtre, sorcier, guérisseur, principalement en Asie.

chamanisme *nm* Pratiques magiques du chaman.

chamarré, ée *a* Surchargé d'ornements.

chamarrure *nf* Ornement criard.

chambard *nm* Fam Vacarme accompagné de désordre.

chambardement *nm* Fam Bouleversement, désordre général.

chambarder *vt* Fam Apporter des modifications profondes à, bouleverser.

chambellan *nm* HIST Officier chargé du service de la chambre d'un prince.

chambertin *nm* Bourgogne rouge, très estimé.

chamboulement *nm* Fam Bouleversement.

chambouler *vt* Fam Bouleverser.

chambranle *nm* Encadrement de porte, de fenêtre, de cheminée.

chambray *nm* Tissu de coton.

chambre *nf* **1** Pièce où l'on peut coucher. **2** (avec majusc) Assemblée politique, professionnelle, syndicale. **3** Section d'un tribunal. **4** Enceinte close dans divers appareils. Loc *Musique de chambre* : musique classique écrite pour de petites formations musicales. *Garder la chambre* : ne pas sortir de sa maison. *Chambre froide* : pièce dotée d'installations frigorifiques. *Chambre à air* : tube de caoutchouc qu'on gonfle d'air dans un pneu.

chambrée *nf* **1** Ensemble des occupants d'une même chambre dans une caserne. **2** Cette pièce elle-même.

chambrer *vt* **1** Donner au vin la bonne température de dégustation. **2** Fam Se moquer de qqn.

chambrière *nf* Litt Femme de chambre.

chambriste *n* Musicien d'un orchestre de chambre.

chameau *nm* **1** Mammifère ruminant d'Asie à bosses dorsales graisseuses. **2** Fam Personne méchante, d'humeur désagréable.

chamelier *nm* Chargé de conduire et de soigner les chameaux.

chamelle *nf* Femelle du chameau.

chamois *nm* **1** Mammifère ruminant des montagnes d'Europe, à cornes recourbées vers l'arrière, à robe gris-beige en été ou noire en hiver. **2** Épreuve de ski servant de test de niveau. Loc *Peau de chamois* : cuir de chamois ou peau de mouton spécialement traités pour le nettoyage. ■ *a inv* D'un jaune clair, légèrement ocre.

chamoisage *nm* Tannage de peaux à l'huile de poisson.

chamoisine *nf* Tissu rappelant la peau de chamois.

champ *nm* **1** Pièce de terre cultivable. **2** Terrain. *Champ de bataille. Champ de foire, de courses.* **3** Domaine d'action. *Le champ d'une science, d'une recherche.* **4** Portion d'espace vue par l'œil immobile, ou visible à travers un instrument d'optique. **5** PHYS Portion de l'espace où s'exerce une action. *Champ électrique.* Loc *Laisser le champ libre* : laisser toute liberté d'action à qqn. *À tout bout de champ* : à chaque instant, à tout propos. *Champ opératoire* : zone concernée par une intervention chirurgicale ; linge stérile délimitant cette zone. ■ *pl* La campagne. *Les fleurs des champs.* Loc *Prendre la clé des champs* : s'enfuir. *À travers champs* : sans prendre les chemins.

champagne *nm* Vin blanc effervescent produit en Champagne.

champagnisation *nf* Action de champagniser.

champagniser *vt* Traiter un vin à la manière du champagne, pour le rendre mousseux.

champenois, oise *a, n* De la Champagne.

champêtre *a* Propre à la campagne. *Plaisirs champêtres.*

champignon *nm* **1** Végétal sans chlorophylle, au pied généralement surmonté d'un chapeau, qui pousse dans les lieux humides. **2** Fam Pédale de l'accélérateur d'une automobile. Loc *Champignon atomique* : nuage lumineux qui accompagne une explosion nucléaire.

champignonnière *nf* Lieu souterrain (cave, carrière), où l'on cultive des champignons.

champignonniste *n* Qui cultive des champignons.

champion, onne *n* **1** Défenseur d'une cause. **2** Vainqueur d'un championnat. **3** Sportif ou personne d'une qualité exceptionnelle. ■ *a* Fam Hors pair, excellent.

championnat *nm* Épreuve sportive organisée pour décerner un titre au vainqueur.

chance *nf* **1** Éventualité heureuse ou malheureuse. *Souhaiter bonne chance.* **2** Probabilité, possibilité. *Il a une chance sur deux de réussir.* **3** Hasard heureux. *Quelle chance !*

chancelant, ante *a* Qui chancelle, vacille.

chanceler *vi* [18] Être peu ferme sur ses pieds, sur sa base ; osciller.

chancelier *nm* **1** Titre de plusieurs grands dignitaires et de certains fonctionnaires dépositaires de sceaux. **2** Premier ministre, en Allemagne et en Autriche. Loc *Chancelier de l'Échiquier* : ministre des Finances, en Grande-Bretagne.

chancellerie nf 1 Bureaux, services d'un chancelier. 2 Administration centrale du ministère de la Justice. Loc *Grande chancellerie* : organisme chargé de l'administration de l'ordre de la Légion d'honneur.

chanceux, euse a, n Qui a de la chance.

chancre nm 1 MED Ulcération qui marque le début de certaines infections. 2 BOT Maladie des arbres qui provoque sa pourriture. 3 Litt Ce qui dévore, détruit. *Le chancre du chômage.*

chandail nm Gros tricot de laine.

chandeleur nf Fête catholique de la purification de la Vierge (2 février).

chandelier nm Support servant à porter une ou plusieurs bougies.

chandelle nf 1 Bougie. *Dîner aux chandelles.* 2 Figure d'acrobatie aérienne. 3 Ballon envoyé presque à la verticale. Loc *Devoir une fière chandelle à qqn* : lui être redevable d'un grand service. *Des économies de bouts de chandelle* : mesquines et inefficaces. *Brûler la chandelle par les deux bouts* : faire des dépenses exagérées ; abuser de sa santé. *Le jeu n'en vaut pas la chandelle* : le but ne justifie pas la peine. *Voir trente-six chandelles* : éprouver un éblouissement, par l'effet d'un coup. *Monter en chandelle* : presque verticalement.

chanfrein nm 1 Partie de la tête du cheval comprise entre les sourcils et le naseau. 2 Surface obtenue en abattant l'arête d'une pièce.

change nm 1 Action d'échanger, troc. 2 Conversion d'une monnaie en une autre ; taux de cette conversion. 3 Couche jetable pour bébé. Loc *Lettre de change* : écrit par lequel un souscripteur enjoint à une autre personne, dont il est créancier, de payer une somme à telle personne. *Donner le change* : mettre sur une fausse piste, tromper.

changeant, ante a Variable, inconstant, qui change facilement.

changement nm 1 Fait de changer, de passer d'un état à un autre ; modification, variation. 2 Transformation de ce qui est changé.

changer vt [11] 1 Convertir. *Changer des francs en dollars.* 2 Remplacer qqch, qqn par qqch, qqn d'autre. 3 Changer les couches d'un bébé. 4 Rendre différent. *Changer ses plans.* ■ vti 1 Quitter un lieu pour un autre. *Changer de place.* 2 Quitter une chose pour une autre. *Changer de chaussures.* ■ vi Évoluer, se modifier. *La situation a changé.* ■ vpr Changer de vêtements.

changeur nm 1 Personne qui change de l'argent. 2 Appareil qui, contre des pièces, des billets, fournit la même somme en pièces de valeur inférieure.

chanoine nm Dignitaire ecclésiastique faisant partie d'un chapitre.

chanson nf 1 Petite composition chantée ; texte mis en musique, divisé en couplets. 2 Propos futiles, sornettes. 3 LITTER Au Moyen Âge, poème épique.

chansonnette nf Petite chanson légère ou frivole.

chansonnier, ère n Auteur ou interprète de sketches satiriques.

1. chant nm 1 Succession de sons musicaux produits par l'appareil vocal ; musique vocale. 2 Composition musicale destinée à être chan-

tée. 3 Ramage des oiseaux. *Le chant du rossignol.* 4 Chacune des divisions d'un poème épique.

2. chant nm Partie la plus étroite d'une pièce.

chantage nm 1 Manière d'extorquer de l'argent par la menace de révélations scandaleuses. 2 Pression morale exercée sur qqn.

chantant, ante a 1 Qui chante. 2 Qui se chante aisément. 3 Mélodieux.

chantefable nf Récit médiéval comportant des parties récitées (fable), d'autres chantées.

chanter vi 1 Former avec la voix une suite de sons musicaux. 2 Produire des sons harmonieux (oiseaux). Loc *Faire chanter qqn* : exercer sur lui un chantage. Fam *Si cela vous chante* : si vous en avez envie. ■ vt Exécuter une partie ou un morceau de musique vocale. *Chanter des chansons.* Loc *Chanter les louanges de qqn* : faire son éloge.

chanterelle nf 1 MUS La corde d'un instrument qui a le son le plus aigu. 2 Syn de *girolle.*

chanteur, euse n Qui chante. Loc *Maître chanteur* : qui pratique le chantage.

chantier nm 1 Lieu où l'on entrepose des matériaux de construction, du bois de chauffage, etc. 2 Lieu où s'effectue la construction ou la démolition d'un ouvrage, d'un bâtiment. 3 Fam Lieu où règne le désordre.

chantilly nf Crème fouettée sucrée.

chantonner vi,vt Chanter à mi-voix.

chantoung. V. shantung.

chantourner vt TECH Découper une pièce selon un profil déterminé.

chantre nm 1 Qui a pour fonction de chanter aux offices, dans une église. 2 Litt Laudateur.

chanvre nm Plante cultivée pour ses fibres textiles. Loc *Chanvre indien* : plante dont on tire le haschisch. Syn. cannabis.

chaos [kao] nm 1 Désordre, confusion extrême. 2 GÉOL Amoncellement désordonné de blocs rocheux.

chaotique [ka-] a Confus, désordonné.

chaource nm Fromage au lait de vache.

chapardage nm Action de chaparder.

chaparder vt Fam Dérober de menus objets.

chapardeur, euse a, n Fam Qui chaparde.

chape nf 1 Long manteau sans manches, porté à l'occasion de certaines cérémonies religieuses. 2 Couche de ciment ou de mortier appliquée sur un sol pour le rendre uni. 3 Bande de roulement d'un pneu. Loc *Chape de plomb* : contrainte qui paralyse.

chapeau nm 1 Coiffure de matière variable, de consistance plus ou moins ferme, portée surtout au-dehors. 2 Partie de certains champignons, supportée par le pied. 3 Petit texte qui présente un article de journal, de revue. Loc Fam *Porter le chapeau* : endosser les responsabilités pour les autres. Fam *Tirer son chapeau à qqn* : reconnaître sa supériorité. *Chapeau de roue* : enjoliveur de roue. Fam *Partir sur les chapeaux de roues* : à toute allure.

chapeauter vt 1 Coiffer d'un chapeau (surtout pp). 2 Fam Contrôler, avoir sous sa responsabilité.

chapelain nm Prêtre qui dessert une chapelle privée.

chapelet nm 1 Objet de dévotion composé de grains enfilés que l'on fait passer entre les doigts, en récitant une prière. 2 Prières récitées en égrenant un chapelet. 3 Série, suite.

chapelier, ère *n, a* Qui fabrique ou vend des chapeaux.

chapelle *nf* 1 Partie d'une église comprenant un autel secondaire. 2 Petite église qui n'a pas rang d'église paroissiale. 3 Groupement fermé de personnes ayant les mêmes idées ; coterie, clan. Loc *Chapelle ardente :* salle où l'on veille un mort.

chapelure *nf* Miettes de pain séché, dont on saupoudre des plats.

chaperon *nm* 1 Capuchon. 2 Personne qui accompagnait une jeune fille quand elle sortait.

chaperonner *vt* Servir de chaperon à une jeune fille.

chapiteau *nm* 1 Partie supérieure d'une colonne, posée sur le fût. 2 Tente d'un cirque ambulant.

chapitre *nm* 1 Division d'un livre, d'un traité, d'un registre. 2 Matière, sujet dont il est question. 3 Corps des chanoines d'une église cathédrale ou collégiale.

chapitrer *vt* Adresser une remontrance à, sermonner.

chapka *nf* Coiffure en fourrure à rabats.

chapon *nm* Jeune coq châtré et engraissé.

chapska *nf* Coiffure militaire polonaise portée par les lanciers sous le Second Empire.

chaptalisation *nf* Opération consistant à sucrer le moût pour élever le degré d'alcool du vin.

chaptaliser *vt* Traiter par chaptalisation.

chaque *a indéf* 1 Indique que tout élément d'un ensemble est envisagé en soi, isolément. *Une place pour chaque chose.* 2 Abusiv Chacun, chacune. *Ces roses coûtent dix francs chaque.*

char *nm* 1 ANTIQ Voiture à deux roues tirée par des chevaux. 2 Voiture à traction animale servant dans les campagnes. 3 Voiture décorée pour les cortèges de carnaval. 4 Véhicule blindé, armé et monté sur chenilles. Loc Pop *Arrête ton char :* cesser de bluffer, de charrier.

charabia *nm* Fam Parler confus, inintelligible, incorrect.

charade *nf* Énigme constituée par une suite de mots à deviner formant phonétiquement un autre mot ou une phrase.

charançon *nm* Petit coléoptère qui ronge les graines, les fruits, etc.

charançonné, ée *a* Attaqué par les charançons.

charbon *nm* 1 Combustible solide, de couleur noire, contenant une forte proportion de carbone. 2 Morceau de charbon constituant un balai de dynamo, de moteur. 3 Maladie des céréales. 4 Maladie infectieuse, contagieuse, commune à certains animaux et à l'homme. Loc *Être sur des charbons ardents :* dans un état de grande tension.

charbonnage *nm* Exploitation d'une houillère.

charbonneux, euse *a* Qui a l'aspect du charbon.

charbonnier, ère *n* Qui vit du commerce du charbon. ■ *a* Relatif au charbon.

charcutage *nm* Action de charcuter.

charcuter *vt* Fam Opérer maladroitement un patient (chirurgien).

charcuterie *nf* 1 Commerce, boutique de charcutier. 2 Spécialité à base de porc faite par le charcutier.

charcutier, ère *n* Qui prépare et vend de la viande de porc, des boudins, des saucisses, du pâté, etc.

chardon *nm* Plante à tige et à feuilles épineuses.

chardonnay *nm* Cépage blanc très répandu.

chardonneret *nm* Petit oiseau au plumage très coloré (rouge et jaune).

charentais, aise *a* Des Charentes. ■ *nf* Chausson en étoffe.

charge *nf* 1 Ce qui est porté ; ce que peut porter une personne, un animal, un véhicule, un navire, etc. 2 Quantité de poudre, d'explosif qui propulse un projectile ou qui le fait exploser. 3 Quantité d'électricité portée par un corps, par une particule. 4 Attaque impétueuse d'une troupe. 5 Ce qui embarrasse, incommode. *Imposer une charge à qqn.* 6 Tout ce qui impose des dépenses. 7 Fonction d'officier ministériel. 8 Responsabilité, fonction, mission, travail donné à accomplir. 9 Indice, preuve qui s'élève contre un accusé. 10 Représentation caricaturale. Loc *À charge de :* avec obligation de. *Revenir à la charge :* réitérer ses démarches, ses reproches. *Témoin à charge :* dont le témoignage tend à prouver la culpabilité de l'accusé.

chargé, ée *n* Loc *Chargé de cours :* professeur non titularisé de l'enseignement supérieur. *Chargé d'affaires :* diplomate qui assure l'intérim d'une ambassade.

chargement *nm* 1 Action de charger. 2 Ensemble de ce qui est chargé, embarqué.

charger *vt* [11] 1 Mettre une certaine quantité d'objets sur un homme, un animal, un véhicule. 2 Placer comme charge. *Charger des bagages.* 3 Couvrir avec abondance, avec excès. *Charger les murs de tableaux.* 4 Approvisionner une arme en munitions, un appareil photographique en pellicules, etc. 5 Fournir à un accumulateur une charge électrique. 6 Peser sur, alourdir. *Plat qui charge l'estomac.* 7 Attaquer avec impétuosité. *Sanglier qui charge le chasseur.* 8 Faire des déclarations contre qqn. *Charger un accusé.* 9 Confier à qqn le soin, la responsabilité de qqch. ■ *vpr* Prendre le soin, la responsabilité de. *Je me charge de le prévenir, du ravitaillement.*

chargeur *nm* 1 Celui qui charge. 2 Dispositif approvisionnant en cartouches une arme à répétition. 3 Appareil servant à la recharge d'une batterie d'accumulateurs.

charia *nf* Loi canonique de l'Islam, touchant tous les domaines de la vie humaine.

chariot *nm* 1 Voiture à quatre roues pour le transport des fardeaux. 2 Pièce d'une machine qui se déplace sur des rails, des galets, etc.

charismatique [ka-] *a* Du charisme. Loc *Mouvement charismatique :* mouvement de renouveau de la vie religieuse.

charisme [ka-] *nm* 1 RELIG Grâce imprévisible et passagère accordée par Dieu à un chrétien. 2 Prestige, ascendant extraordinaire d'un chef.

charitable *a* 1 Qui a de la charité pour son prochain. 2 Qui part d'un principe de charité.

charitablement *av* De façon charitable.

charité *nf* 1 Amour de Dieu et du prochain, l'une des trois vertus théologales. 2 Bonté, indulgence. 3 Acte de bonté, de générosité envers autrui. *Faire la charité.*

charivari *nm* Bruit discordant, tapage.

charlatan nm 1 Guérisseur qui se vante de guérir toutes sortes de maladies. 2 Exploiteur de la crédulité d'autrui.

charlatanesque a De charlatan.

charlatanisme nm Comportement de charlatan.

charleston [-tɔn] nm Danse d'origine américaine.

charlot nm Pop Homme qui manque de sérieux.

charlotte nf Entremets fait de fruits ou de crème, et de biscuits ramollis dans un sirop.

charmant, ante a Plein de charme.

1. charme nm 1 Vx Enchantement magique. 2 Effet d'attirance, de séduction, produit sur qqn par une personne ou une chose. Loc Fam *Se porter comme un charme* : jouir d'une santé parfaite.

2. charme nm Arbre à bois blanc et dense.

charmer vt Plaire beaucoup, ravir par son charme.

charmeur, euse n, a Qui plaît, qui séduit.

charmille nf Allée bordée de charmes.

charnel, elle a Qui a trait à l'instinct sexuel.

charnier nm Amoncellement de cadavres.

charnière nf 1 Assemblage mobile de deux pièces enclavées l'une dans l'autre, jointes par une tige qui les traverse et forme pivot. 2 Point d'articulation, de jonction.

charnu, ue a 1 Formé de chair. *Les parties charnues du corps.* 2 Bien fourni de chair. Loc *Fruit charnu* : fruit à la pulpe épaisse.

charognard nm 1 Vautour. 2 Personne toujours prête à tirer parti du malheur d'autrui.

charogne nf 1 Cadavre en décomposition. 2 Pop Individu ignoble.

charolais, aise a, n Du Charolais.

charpente nf 1 Assemblage de pièces de bois ou de métal servant de soutien à une construction. 2 Ensemble des parties osseuses du corps humain. 3 Structure, plan d'un ouvrage. *La charpente d'un roman.*

charpenté, ée a Loc *Bien charpenté* : bien bâti, robuste.

charpenter vt Structurer, agencer.

charpentier nm Qui fait des travaux de charpente.

charpie nf Substance absorbante obtenue par effilement ou râpage de toile usée. Loc *Mettre en charpie* : mettre en pièces, déchiqueter.

charretée nf Charge d'une charrette.

charretier nm Conducteur de charrette. Loc *Jurer comme un charretier* : très grossièrement.

charrette nf Voiture à deux roues servant à porter des fardeaux.

charriage nm 1 Action de charrier. 2 GEOL Déplacement horizontal d'une partie d'un pli de terrain.

charrier vt 1 Transporter. *Charrier du fumier.* 2 Entraîner dans son courant, en parlant d'un cours d'eau. 3 Fam Tourner qqn en dérision. ■ vi Pop Exagérer.

charroi nm Transport par chariot, charrette.

charron nm Artisan qui fait des charrettes.

charrue nf Instrument servant à labourer la terre.

charte nf Écrit solennel établissant des droits ou servant de constitution.

charter [-tɛr] nm Avion spécialement affrété pour transporter un groupe à un tarif inférieur à celui d'un vol régulier.

chartreux, euse n Religieux, religieuse de l'ordre de saint Bruno. ■ nm Chat à poil gris cendré. ■ nf 1 Couvent de chartreux. 2 Liqueur fabriquée par les chartreux.

chas [ʃa] nm Trou d'une aiguille.

chassable a Qu'il est permis de chasser.

chassagne-montrachet nm inv Bourgogne blanc, très réputé.

chasse nf 1 Action de chasser. 2 Domaine réservé pour la chasse. 3 Le gibier pris ou tué. 4 Action de poursuivre. *Chasse à l'homme.* Faire *la chasse aux abus.* Loc *Aviation de chasse,* ou *la chasse* : aviation militaire chargée d'intercepter les avions ennemis, d'attaquer des objectifs terrestres, etc. *Chasse d'eau* : dispositif libérant une masse d'eau pour nettoyer un appareil sanitaire.

châsse nf 1 Coffre d'orfèvrerie où sont gardées les reliques d'un saint. 2 Cadre servant à enchâsser ou à protéger divers objets.

chasse-clou nm Poinçon pour enfoncer un clou. *Des chasse-clous.*

chassé-croisé nm Mouvement de personnes qui se cherchent et se croisent sans se rencontrer. *Des chassés-croisés.*

chasselas nm Raisin de table blanc.

chasse-neige nm inv 1 Engin qui sert à déblayer les routes ou les voies ferrées couvertes de neige. 2 Position des skis en V vers l'avant pour freiner en descente.

chasser vt 1 Poursuivre des animaux pour les tuer ou les prendre vivants. 2 Mettre dehors avec force ; congédier. 3 Repousser, écarter qqch. *Chasser les soucis.* ■ vi Déraper.

chasseresse nf. a Litt Chasseuse.

chasseur, euse n Qui pratique la chasse. Loc *Chasseur d'images* : photographe, reporter. *Chasseur de têtes* : professionnel qui se charge, pour le compte d'une entreprise, du recrutement des cadres. ■ nm 1 Groom qui fait les commissions dans un hôtel, un restaurant. 2 Soldat de certains corps d'infanterie ou de cavalerie. 3 Avion de chasse. ■ a inv CUIS Garni de champignons. *Du lapin chasseur.*

chasseur-cueilleur nm ETHNOL Qui tire sa subsistance de la chasse, de la pêche ou de la cueillette. *Des chasseurs-cueilleurs.*

chassie nf Matière visqueuse qui s'amasse sur le bord des paupières.

chassieux, euse a Qui a de la chassie.

châssis nm 1 Assemblage en métal ou en bois qui sert à encadrer ou à soutenir un objet, un vitrage. 2 Assemblage métallique rigide servant à supporter la carrosserie, le moteur.

chaste a Qui pratique la chasteté, plein de pudeur.

chasteté nf Vertu qui consiste à s'abstenir des plaisirs charnels jugés illicites.

chasuble nf Ornement liturgique que le prêtre met par-dessus l'aube et l'étole pour dire la messe. Loc *Robe chasuble* : sans manches et de forme évasée.

chat, chatte n 1 Petit mammifère domestique ou sauvage au pelage soyeux, aux pattes garnies de griffes rétractiles. 2 Jeu de poursuite enfantin. Loc *Appeler un chat un chat* : parler franchement, crûment. *Avoir un chat dans la gorge* : être enroué. *Acheter chat en poche* : sans voir l'objet que l'on achète. *Avoir d'autres chats à fouetter* : des choses plus importantes à faire.

Fam *Il n'y a pas un chat* : il n'y a personne. *Il n'y a pas de quoi fouetter un chat* : c'est une affaire sans importance. *Donner sa langue au chat* : déclarer que l'on renonce à trouver la solution d'une énigme. *S'entendre comme chien et chat* : ne pas pouvoir se supporter.

châtaigne *nf* 1 Fruit du châtaignier. 2 Pop Coup de poing.

châtaigneraie *nf* Lieu planté de châtaigniers.

châtaignier *nm* Arbre des régions tempérées produisant les châtaignes.

châtain, aine *a* Brun clair. *Cheveux châtains.*

château *nm* 1 Forteresse entourée de fossés et défendue par de gros murs flanqués de tours ou de bastions. 2 Habitation royale ou seigneuriale. 3 Demeure belle et vaste, à la campagne. 4 Superstructure dominant le pont d'un navire. **Loc** *Châteaux en Espagne* : projets irréalisables. *Vie de château* : vie oisive dans l'abondance. *Château d'eau* : réservoir surélevé d'un réseau de distribution d'eau.

chateaubriand ou **châteaubriant** *nm* Morceau de filet de bœuf grillé très épais.

châteauneuf-du-pape *nm inv* Cru réputé des Côtes du Rhône méridionales.

châtelain, aine *n* Propriétaire d'un château.

chat-huant *nm* Hulotte. *Des chats-huants.*

châtier *vt* 1 Litt Punir. *Châtier les coupables.* 2 Rendre plus pur. *Langage châtié.*

chatière *nf* Ouverture au bas d'une porte pour le passage des chats.

châtiment *nm* Correction, punition.

chatoiement *nm* Reflet brillant et changeant.

chaton *nm* 1 Jeune chat. 2 Bourgeon duveteux allongé de certains arbres. *Des chatons de noisetier.* 3 Partie saillante d'une bague, marquée d'un chiffre ou portant une pierre précieuse.

chatouille *nf* Fam Chatouillement.

chatouillement *nm* 1 Action de chatouiller. 2 Picotement désagréable.

chatouiller *vt* 1 Causer, par attouchement léger, un tressaillement spasmodique qui provoque un rire nerveux. 2 Produire une impression agréable. 3 Exciter. *Chatouiller la curiosité.*

chatouilleux, euse *a* 1 Sensible au chatouillement. 2 Susceptible.

chatouillis *nm* Fam Chatouille légère.

chatoyant, ante *a* Qui chatoie.

chatoyer *vi* [22] Avoir des reflets changeants.

châtrer *vt* Syn de *castrer*.

chatterie *nf* 1 Caresse féline. 2 Friandise.

chatterton [-ton] *nm* Ruban adhésif employé comme isolant en électricité.

chaud, chaude *a* 1 Qui a une température plus élevée que celle du corps humain. *De l'eau trop chaude.* 2 Récent. *Une nouvelle toute chaude.* 3 Ardent, sensuel, passionné. 4 Se dit d'une voix animée, bien timbrée. 5 Se dit de coloris qui évoquent le feu (rouge, orangé, etc.). ■ *nm* Chaleur. *Il ne craint ni le chaud ni le froid.* **Loc** *Un chaud et froid* : un refroidissement brusque alors que l'on est en sueur. *Avoir chaud* : éprouver une sensation de chaleur. *Avoir eu chaud* : avoir échappé de bien peu à un danger. *Il fait chaud* : on sent la chaleur. Fam *Cela ne me fait ni chaud ni froid* : cela m'est indifférent. ■ *av* **Loc** *À chaud* : en pleine crise. Fam *Coûter chaud* : coûter cher.

chaudement *av* 1 De façon à avoir chaud. 2 Avec ardeur, vivacité. *Il m'a chaudement défendu.*

chaud-froid *nm* Volaille ou gibier cuit, servi froid, en gelée. *Des chauds-froids.*

chaudière *nf* Appareil destiné à porter un fluide (généralement de l'eau ou de la vapeur) à une température élevée.

chaudron *nm* Petit récipient, muni d'une anse, destiné aux usages culinaires.

chaudronnerie *nf* 1 Industrie concernant la fabrication d'objets en métal. 2 Produit de cette industrie.

chaudronnier, ère *n* Qui fabrique ou vend des articles de chaudronnerie.

chauffage *nm* 1 Action de chauffer ; production de chaleur. 2 Mode de production de chaleur ; appareil destiné à chauffer.

chauffagiste *nm* Installateur de chauffage central.

chauffant, ante *a* Qui chauffe.

chauffard *nm* Automobiliste maladroit ou imprudent.

chauffe *nf* Action, fait de chauffer. **Loc** *Bleu de chauffe* : vêtement de travail en toile bleue. *Chambre de chauffe* : lieu où l'on brûle le combustible dans les fonderies, les navires.

chauffe-biberon *nm* Appareil électrique servant à faire chauffer les biberons au bain-marie. *Des chauffe-biberons.*

chauffe-eau *nm inv* Appareil de production d'eau chaude domestique.

chauffe-plat *nm* Plaque chauffante, réchaud de table. *Des chauffe-plats.*

chauffer *vt* 1 Rendre chaud, plus chaud ; donner une sensation de chaleur. 2 Mener vivement, activer qqch ; exciter, stimuler qqn. *Chauffer une affaire. Un chanteur qui chauffe son public.* ■ *vi* 1 Devenir chaud. 2 Dégager de la chaleur. **Loc** Fam *Ça chauffe, ça va chauffer* : cela va prendre une tournure violente. ■ *vpr* 1 S'exposer à la chaleur. 2 Chauffer son habitation.

chaufferette *nf* Appareil, dispositif pour chauffer les pieds.

chaufferie *nf* Local où sont installés des appareils de production de chaleur.

chauffeur *nm* 1 Ouvrier chargé de l'alimentation d'un foyer. 2 Conducteur d'un véhicule automobile.

chauffeuse *nf* Siège bas à dossier pour s'asseoir auprès du feu.

chauler *vt* 1 Amender un sol en y incorporant de la chaux. 2 Enduire de chaux.

chaume *nm* 1 Tige herbacée des graminées (blé, avoine, etc.). 2 Partie des céréales qui reste dans un champ après la moisson. 3 Paille qui sert de toiture.

chaumière *nf* Maison couverte de chaume.

chaussée *nf* Partie d'une route aménagée pour la circulation.

chausse-pied *nm* Lame incurvée, dont on se sert pour chausser plus facilement une chaussure. *Des chausse-pieds.*

chausser *vt* 1 Mettre à ses pieds des chaussures. *Chausser des bottes.* 2 Porter des chaussures de telle pointure. *Chausser du 41.* 3 Munir de pneumatiques un véhicule. 4 S'adapter au pied de telle ou telle façon. *Ce modèle vous chausse bien.*

chausses *nfpl* Culotte en tissu, portée jusqu'au XVIIe s.

chausse-trappe ou **chausse-trape** *nf* 1 Trou recouvert où est dissimulé un piège pour attraper les animaux sauvages. 2 Piège que l'on tend à qqn. *Des chausse-trap(p)es.*

chaussette *nf* Bas court porté par les deux sexes. Loc Pop *Jus de chaussette* : mauvais café.

chausseur *nm* Commerçant en chaussures, généralement sur mesure.

chausson *nm* 1 Chaussure d'intérieur souple et légère. 2 Chaussure souple de danse. 3 Chaussette tricotée pour nouveau-né. 4 Pâtisserie de pâte feuilletée fourrée de compote.

chaussure *nf* Partie de l'habillement qui sert à couvrir et à protéger le pied (sandales, souliers, bottes, etc.).

chaut. V. chaloir.

chauve *a.* Qui n'a plus de cheveux.

chauve-souris *nf* Mammifère muni d'ailes membraneuses, dont le corps rappelle celui d'une souris. Syn. chiroptère. *Des chauves-souris.*

chauvin, ine *a* 1 Qui professe un patriotisme exagéré. 2 Qui manifeste une admiration exclusive pour sa ville, sa région, etc.

chauvinisme *nm* Sentiments chauvins.

chaux *nf* Oxyde de calcium anhydre (*chaux vive*) ou hydraté (*chaux éteinte*) qui a de nombreuses applications dans l'industrie. Loc *Lait de chaux* : chaux éteinte étendue d'eau jusqu'à consistance de badigeon.

chavirement ou **chavirage** *nm* Fait de chavirer.

chavirer *vi* Se renverser. *Le voilier a chaviré.* ■ *vt* 1 Renverser, culbuter. 2 Émouvoir profondément, bouleverser. *Ce spectacle l'a chaviré.*

chéchia *nf* Calotte de laine portée dans certains pays d'islam.

check-list [tʃɛk-] *nf* Liste de contrôle des manœuvres à effectuer au décollage et à l'atterrissage d'un avion. *Des check-lists.*

check-point [tʃɛkpɔint] *nm* MILIT Poste de contrôle. *Des check-points.*

check-up [tʃɛkœp] *nm inv* Bilan de santé.

cheddar *nm* Fromage anglais, à pâte dure jaune.

cheddite *nf* Explosif à base de chlorate de potassium et de trinitrotoluène.

chef *nm* 1 Qui exerce le commandement suprême ou qui a une autorité subalterne. 2 Responsable de la cuisine d'un restaurant. Loc *En chef* : en qualité de chef suprême. *De son propre chef* : de sa propre initiative, de sa seule autorité. *Au premier chef* : au plus haut point. *Chef d'accusation* : point sur lequel porte une accusation.

chef-d'œuvre [ʃedœvr] *nm* Œuvre capitale, parfaite en son genre. *Des chefs-d'œuvre.*

chefferie *nf* Territoire dirigé par un chef coutumier.

chef-lieu *nm* Localité qui est le siège d'une division administrative. *Des chefs-lieux.*

cheftaine *nf* Dans le scoutisme, jeune fille chargée de la direction d'un groupe.

cheik, cheikh ou **sheikh** *nm* Chef de tribu dans certains pays arabes.

chélateur [ke-] *nm* MED Substance utilisée dans certains cas d'intoxication.

chelem ou **schelem** [ʃlem] *nm* 1 Réalisation de toutes les levées (*grand chelem*) ou de toutes les levées moins une (*petit chelem*), par un seul joueur ou une seule équipe, à certains jeux de cartes (tarot, bridge). 2 Suite ininterrompue de victoires, dans une série de compétitions.

chélidoine [ke-] *nf* Plante à latex et à fleurs jaunes.

chélonien [ke-] *nm* ZOOL Tortue.

chemin *nm* 1 Voie par laquelle on peut aller d'un point à un autre, généralement à la campagne. 2 Itinéraire à emprunter. *Ne pas retrouver son chemin.* 3 Distance, trajet. *Choisir le plus court chemin.* 4 Ce qui mène à une fin. *Les chemins de la réussite.* Loc *Ne pas y aller par quatre chemins* : aller droit au but, sans ménagements. *Barrer le chemin à qqn* : lui faire obstacle. *S'arrêter en chemin* : abandonner une entreprise commencée. *Faire son chemin* : progresser, parvenir, s'enrichir. *Chemin de table* : napperon long et étroit.

chemin de fer *nm* 1 Moyen de transport qui utilise les voies ferrées. 2 Administration qui exploite ce moyen de transport. 3 Jeu de casino, variante du baccara. *Des chemins de fer.*

cheminée *nf* 1 Construction à l'intérieur d'une habitation, aménagée en foyer et dans laquelle on fait du feu. 2 L'extrémité du conduit d'évacuation de la fumée qui dépasse du toit ; ce conduit lui-même. 3 Tuyau servant à l'évacuation des fumées dans les machines et dans certains foyers industriels. 4 Étroite fente rocheuse verticale.

cheminement *nm* 1 Action de cheminer. 2 Évolution, progression d'une idée, d'un sentiment.

cheminer *vi* 1 Faire du chemin ; aller à pied. 2 Évoluer, progresser, en parlant d'une idée, d'un sentiment.

cheminot *nm* Employé de chemin de fer.

chemisage *nm* Opération par laquelle on chemise.

chemise *nf* 1 Vêtement surtout masculin de tissu léger qui couvre le torse. 2 Couverture en papier ou en carton, renfermant des documents divers. 3 TECH Enveloppe métallique d'une pièce, destinée à la protéger. Loc *Chemise de nuit* : long vêtement de nuit. Fam *Changer de qqch comme de chemise* : en changer très souvent. Fam *Se soucier de qqch comme de sa première chemise* : ne pas s'en soucier du tout.

chemiser *vt* Garnir d'un revêtement. *Chemiser les cylindres d'un moteur.*

chemiserie *nf* Fabrique, magasin de chemises.

chemisette *nf* Chemise d'homme légère à manches courtes.

chemisier, ère *n* Qui confectionne ou vend des chemises. ■ *nm* Vêtement féminin analogue à la chemise d'homme.

chênaie *nf* Forêt plantée de chênes.

chenal, aux *nm* Passage étroit permettant la navigation entre des terres, des écueils.

chenapan *nm* Vaurien, garnement.

chêne *nm* Grand arbre forestier à feuilles lobées et à bois dur.

cheneau *nm* Conduit placé à la base d'un toit pour recueillir les eaux de pluie.

chêne-liège *nm* Variété de chêne qui fournit le liège. *Des chênes-lièges.*

chenet nm Support métallique sur lequel on place le bois, dans une cheminée.

chènevis nm Graine de chanvre que l'on donne à manger aux oiseaux.

chenil nm Lieu où on garde, où on élève des chiens.

chenille nf 1 Larve des papillons. 2 Bande métallique articulée, permettant aux véhicules automobiles de circuler sur tous terrains. 3 Cordon tors, de soie veloutée, utilisé en passementerie.

chenin nm Cépage blanc.

chénopode [ke-] nm Plante dont on tire un vermifuge.

chénopodiacée [ke-] nf BOT Plante sans pétales, sans fleurs. Chénopodiacées.

chenu, ue a Litt Que l'âge a rendu blanc.

cheptel nm Ensemble des troupeaux d'une propriété rurale, d'un pays. Cheptel bovin.

chèque nm Mandat de paiement servant au titulaire d'un compte à effectuer des retraits de fonds. Loc Fam Chèque en bois : sans provision. Chèque en blanc : signé sans indication de somme.

chéquier nm Carnet de chèques.

cher, chère a 1 Tendrement aimé, auquel on tient beaucoup. 2 S'emploie dans les formules par lesquelles on commence une lettre. Cher Monsieur. Cher ami. 3 Qui coûte un prix élevé. La viande est chère. 4 Qui vend à haut prix. Un couturier cher. ■ av À haut prix. Acheter, payer cher. Loc Il me le paiera cher : je me vengerai de lui durement. Il ne vaut pas cher : il est bien peu estimable.

chercher vt 1 S'efforcer de trouver, de découvrir ou de retrouver. 2 Tâcher de se procurer. Chercher un emploi. 3 S'efforcer de trouver par la réflexion, par l'analyse. Chercher la solution d'un problème. 4 S'efforcer, essayer de parvenir à. Chercher à nuire. 5 Quérir, aller prendre. Va chercher le médecin. 6 Pop Provoquer qqn. Loc Fam Aller chercher dans, aux alentours de : atteindre tel prix.

chercheur, euse n 1 Qui cherche. 2 Qui s'adonne à des recherches scientifiques. ■ a Loc Tête chercheuse : dispositif dirigeant automatiquement un missile vers l'objectif.

chère nf Litt Nourriture de qualité.

chèrement av Au prix de lourds sacrifices. Un succès chèrement acquis.

chéri, ie a, n Que l'on chérit.

chérifien, enne a Du Maroc.

chérir vt 1 Aimer tendrement. Chérir ses enfants. 2 Être très attaché à. Chérir la liberté.

cherry nm Liqueur de cerise.

cherté nf Prix élevé.

chérubin nm 1 Ange tutélaire des lieux sacrés. 2 Enfant beau et doux.

chester [-tɛʀ] nm Fromage de vache anglais à pâte dure.

chétif, ive a Faible, maigre et maladif.

chevaine. V. chevesne.

cheval, aux nm 1 Animal domestique utilisé comme monture ou comme bête de trait. 2 Équitation. Faire du cheval. 3 Syn de chevalvapeur. Loc À cheval : monté sur un cheval ; à califourchon ; à la fois sur deux domaines, deux périodes ; très strict. Fam Fièvre de cheval : violente. Fam Remède de cheval : très énergique. Fam Cela ne se trouve pas sous les pas d'un

cheval : cela ne se trouve pas facilement. Cheval de retour : délinquant récidiviste. Fam Monter sur ses grands chevaux : s'emporter. Chevaux de bois : manège de fête foraine. Chevaux de frise : obstacles mobiles garnis de pieux ou de barbelés. Cheval d'arçons : appareil qui sert pour des exercices de gymnastique.

chevaleresque a Digne d'un chevalier ; noble, généreux.

chevalerie nf HIST Institution militaire féodale propre à la noblesse ; ensemble des chevaliers. Loc Ordre de chevalerie : distinction honorifique instituée par un État (ex. : Légion d'honneur).

chevalet nm 1 Support en bois, sur pieds, que les peintres utilisent pour poser leur toile. 2 Pièce de bois qui soutient les cordes tendues de certains instruments de musique.

chevalier nm 1 Qui appartenait à l'ordre de la chevalerie. 2 Titulaire du grade le plus bas d'une décoration, d'un ordre de chevalerie. 3 Oiseau échassier à long bec. Loc Litt Chevalier d'industrie : qui vit d'affaires louches, d'expédients ; escroc.

chevalière nf Bague large et épaisse ornée d'un chaton gravé.

chevalin, ine a Du cheval. Races chevalines.

cheval-vapeur nm 1 Unité de puissance valant 736 watts. 2 Unité prise en compte pour taxer les automobiles en fonction de leur puissance fiscale (abrév : CV). Des chevauxvapeurs.

chevauchant, ante a Qui chevauche autre chose.

chevauchée nf Course, promenade à cheval.

chevauchement nm Disposition de pièces, d'objets qui se chevauchent.

chevaucher vi Litt Aller à cheval. ■ vt 1 Être à cheval sur. Chevaucher une mule. 2 Empiéter sur, recouvrir partiellement. Poutre qui chevauche un mur.

chevêche nf Chouette de petite taille.

chevelu, ue a, n Dont les cheveux sont longs et fournis.

chevelure nf 1 Ensemble des cheveux d'une personne. 2 Queue d'une comète.

chevesne, chevaine ou **chevenne** nm Poisson d'eau douce, très vorace.

chevet nm 1 Tête du lit. 2 Partie semicirculaire qui constitue l'extrémité du chœur d'une église. Loc Livre de chevet : livre de prédilection. Être au chevet de qqn : près de son lit pour le veiller ou le soigner.

cheveu nm Poil du crâne, dans l'espèce humaine. Loc Se faire des cheveux : se tourmenter. Faire dresser les cheveux sur la tête : épouvanter. Argument tiré par les cheveux : présenté de façon peu naturelle. Fam Se prendre aux cheveux : se battre. Saisir l'occasion aux cheveux : sans hésiter. Fam Venir comme un cheveu sur la soupe : hors de propos. Ne tenir qu'à un cheveu : ne s'en falloir d'un cheveu : dépendre de très peu de chose. Fam Couper les cheveux en quatre : user de subtilités excessives.

cheville nf 1 Petite pièce de bois, de métal ou de matière plastique, servant à réaliser un assemblage, à boucher un trou, etc. 2 Mot ou groupe de mots inutile quant au sens, servant de remplissage dans un vers. 3 Articulation de la jambe et du pied. Loc Cheville ouvrière :

agent principal, indispensable, dans une affaire. Fam *Se mettre en cheville* : s'associer dans une entreprise. Fam *Ne pas arriver à la cheville de qqn* : lui être très inférieur.

cheviller vt Assembler avec des chevilles.

cheviotte nf Laine d'Écosse.

chèvre nf 1 Mammifère ruminant à cornes recourbées en arrière, élevé pour son lait et son poil ; la seule femelle, par oppos. au *bouc.* 2 Appareil de levage à poulie. Loc Fam *Devenir chèvre* : s'énerver à en perdre la tête. *Ménager la chèvre et le chou* : ne pas prendre parti. ■ nm Fromage au lait de chèvre.

chevreau nm 1 Petit de la chèvre, cabri. 2 Le cuir de cet animal.

chèvrefeuille nm Liane aux fleurs odorantes, très répandue en France.

chevrette nf 1 Petite chèvre. 2 Femelle du chevreuil.

chevreuil nm Cervidé européen au pelage brun-roux l'hiver, plus gris en été.

chevrier, ère n Qui mène, qui garde les chèvres. ■ nm Haricot à grains verts.

chevron nm 1 Pièce de bois équarrie qui supporte les lattes d'une toiture. 2 Galon en forme de V renversé, insigne de grade militaire subalterne, ou d'ancienneté. 3 Motif décoratif en forme de V.

chevronné, ée a Ancien et compétent dans une activité. *Pilote chevronné.*

chevrotant, ante a Qui chevrote.

chevrotement nm Tremblement de la voix.

chevroter vi Parler ou chanter d'une voix tremblotante.

chevrotine nf Plomb de chasse de fort calibre pour le gros gibier.

chewing-gum [ʃwiŋɡɔm] nm Gomme à mâcher. *Des chewing-gums.*

chez prép 1 Dans la maison de. 2 Dans tel groupe de gens, d'animaux. *Chez les Anglais, chez les mammifères.* 3 En, dans la personne de, dans l'œuvre de. *C'est une manie chez lui.*

chez-soi nm inv Domicile, lieu où l'on habite.

chiader vt Pop Étudier à fond.

chialer vi Pop Pleurer.

chiant, ante a Pop Très ennuyeux.

chianti [kjãti] nm Vin rouge d'Italie (Toscane).

chiasme [kjasm] nm RHET Figure disposant en sens inverse les mots de deux propositions (ex. : *riche en qualités, de défauts exempt*).

chiasse nf Pop Diarrhée.

chic nm 1 Habileté, savoir-faire. *Il a le chic pour esquiver les réponses difficiles.* 2 Ce qui est élégant, de bon goût. Loc *De chic* : sans l'aide d'un modèle, d'inspiration. ■ a inv 1 Élégant, distingué. *Un dîner très chic.* 2 Amical et serviable. Loc *Bon chic bon genre* (souvent abrégé *B.C.B.G.*) : de bon ton. ■ interj Exprime la joie.

chicagoan, ane a, n De Chicago.

chicane nf 1 Querelle sans fondement, tracasserie déplacée. 2 Passage en zigzag installé sur une route.

chicaner vi Contester sans fondement et avec malveillance. ■ vt Critiquer, contredire qqn sur des vétilles.

chicanerie nf Le fait de chicaner.

chicaneur, euse ou **chicanier, ère** a, n Qui chicane. *Il est très chicanier.*

1. chiche a Parcimonieux, avare.

2. chiche am Loc *Pois chiche* : plante fournissant des graines ressemblant à de gros pois.

3. chiche interj Fam Marque le défi. ■ a Loc Fam *Tu n'es pas chiche de le faire !* : tu n'en es pas capable !

chiche-kebab nm Brochette de mouton préparée à l'orientale.

chichement av Avec parcimonie.

chichi nm Fam Comportement maniéré.

chichiteux, euse a, n Fam Qui fait, qui aime faire des chichis.

chicorée nf 1 Nom de diverses variétés de salade. 2 Poudre de racines torréfiées de chicorée que l'on mélange au café.

chicot nm 1 Reste dressé du tronc d'un arbre brisé ou coupé. 2 Reste d'une dent cariée ou cassée.

chien, chienne n Quadrupède domestique de la famille des canidés. Loc Fam *Mener une vie de chien* : une vie misérable. Fam *Garder à qqn un chien de sa chienne* : lui garder rancune. *Se regarder en chiens de faïence* : sans rien dire et avec une certaine hostilité. *Entre chien et loup* : au crépuscule. *Un temps de chien* : un très mauvais temps. *Un mal de chien* : beaucoup de difficulté. *Avoir du chien* : avoir de l'allure, de l'élégance, en parlant d'une femme. ■ nm Pièce d'une arme à feu portative, qui assure la percussion.

chiendent nm Herbe envahissante et difficile à détruire.

chienlit nf Fam Agitation, désordre, pagaille.

chien-loup nm Chien de berger qui ressemble au loup. *Des chiens-loups.*

chier vi Pop Déféquer. Loc Pop *Faire chier qqn* : l'ennuyer.

chiffe nf Personne sans énergie.

chiffon nm Morceau de vieux tissu. Loc *Chiffon de papier* : contrat, traité sans valeur.

chiffonner vt 1 Froisser. *Chiffonner sa robe.* 2 Fam Contrarier, chagriner.

chiffonnier, ère n Qui ramasse les chiffons, les vieux papiers, la ferraille. ■ nm Petit meuble à tiroirs, haut et étroit.

chiffrable a Qu'on peut évaluer.

chiffrage nm Action de chiffrer.

chiffre nm 1 Caractère dont on se sert pour représenter les nombres. *Chiffres romains. Chiffres arabes.* 2 Somme totale. *Le chiffre des dépenses.* 3 Code utilisé pour la transmission de messages secrets. 4 Initiales du nom d'une personne artistiquement disposées. Loc *Chiffre d'affaires* : montant total des ventes effectuées au cours d'une seule année.

chiffrer vt 1 Évaluer, fixer le montant de. 2 Numéroter. 3 Traduire en signes cryptographiques. ■ vi Fam Atteindre un coût élevé.

chignole nf 1 Perceuse mécanique. 2 Fam Mauvaise voiture.

chignon nm Masse de cheveux roulés au-dessus de la nuque.

chihuahua nm Petit chien d'origine mexicaine.

chiisme nm Courant musulman né du schisme provoqué par l'assassinat d'Ali, gendre de Mahomet.

chiite a, n Qui se réclame du chiisme.

chilien, enne a, n Du Chili.

chimère nf 1 Monstre fabuleux à tête de lion, corps de chèvre et queue de dragon. 2 Imagination vaine, illusion, projet sans consistance. 3 BIOL Organisme constitué de cellules ayant des origines génétiques différentes.

chimérique a 1 Qui se complaît dans des chimères. *Esprit chimérique.* 2 Qui a un caractère illusoire. *Projets chimériques.*

chimie nf Science des caractéristiques et des propriétés des corps, de leurs actions mutuelles et des transformations qu'ils peuvent subir.

chimiorésistance nf MED Résistance à la chimiothérapie d'un microorganisme ou d'une tumeur.

chimiosynthèse nf BIOL Synthèse organique réalisée par certaines bactéries.

chimiothérapie nf Traitement des maladies par des substances chimiques.

chimique a De la chimie.

chimiquement av D'après les lois de la chimie. *Corps chimiquement pur.*

chimiste n Spécialiste de chimie.

chimpanzé nm Singe anthropoïde d'Afrique.

chinchard nm Poisson marin, proche du maquereau.

chinchilla [-la] nm 1 Petit rongeur des Andes. 2 Fourrure de cet animal.

chiné, ée a Dont le fil est de plusieurs couleurs. *Laine chinée.* ■ nm Tissu moucheté.

chiner vi Rechercher des objets d'occasion, des curiosités, soit en amateur, soit pour en faire commerce. ■ vt Fam Se moquer de qqn sans malveillance.

chineur, euse n Qui aime chiner.

chinois, oise a, n 1 De la Chine. 2 Fam Formaliste, minutieux à l'excès. ■ nm 1 Langue parlée en Chine. 2 Passoire à grille très fine, utilisée en cuisine.

chinoiserie nf 1 Meuble, bibelot venant de Chine, ou de style chinois. 2 Fam Complication, chicane mesquine.

chinon nm Vin de Touraine, rouge ou rosé.

chiot nm Très jeune chien.

chiottes nfpl Pop Cabinets d'aisances.

chiourme nf HIST Ensemble des forçats.

chiper vt Fam Dérober un objet sans valeur.

chipie nf Fam Jeune fille ou femme capricieuse, acariâtre ou malveillante.

chipolata nf Saucisse de porc mince et longue.

chipotage nm Fam Action de chipoter.

chipoter vi Fam 1 Manger peu et sans appétit. 2 Contester pour des vétilles.

chipoteur, euse n Qui chipote.

chips nfpl Rondelle de pomme de terre frite très mince.

chique nf Tabac que l'on mâche.

chiqué nm Fam Feinte, simulation. Loc *Faire du chiqué* : faire des manières.

chiquenaude nf Petit coup donné par la détente brusque d'un doigt. Syn. pichenette.

chiquer vt, vi Mâcher du tabac.

chiromancie [ki-] nf Divination d'après les lignes de la main.

chiromancien, enne [ki-] n Qui pratique la chiromancie.

chiropracteur [ki-] nm Qui pratique la chiropraxie.

chiropraxie ou **chiropractie** [ki-] nf Traitement des douleurs par manipulation de la colonne vertébrale.

chiroptère [ki-] nm ZOOL Syn de *chauve-souris*.

chiroubles nm Cru du Beaujolais.

chirurgical, ale, aux a De la chirurgie. *Intervention chirurgicale.*

chirurgie nf Pratique médicale nécessitant des incisions dans la chair.

chirurgien, enne n Spécialiste de la chirurgie.

chirurgien-dentiste nm Praticien diplômé qui soigne les dents. *Des chirurgiens-dentistes.*

chistèra nm Gouttière d'osier recourbée, que l'on fixe solidement au poignet pour jouer à la pelote basque.

chitine [ki-] nf ZOOL Substance qui constitue les téguments des arthropodes.

chiure nf Excrément de mouche.

chlamydia [kla-] nf Bactérie responsable de diverses infections transmissibles.

chlorate nm Sel des acides dérivés du chlore.

chlore [klɔr] nm Gaz à l'odeur suffocante.

chloré, ée a Qui renferme du chlore.

chlorhydrique a Loc *Acide chlorhydrique* : gaz constitué de chlore et d'hydrogène, qui attaque les métaux.

chlorofibre nf Fibre synthétique résistant bien au feu.

chlorofluorocarbone nm Composé dont la présence dans certains aérosols est jugée nocive pour l'atmosphère. Syn. C.F.C.

chloroforme [klɔ-] nm Composé utilisé autrefois comme anesthésique général.

chloroformer vt Anesthésier, endormir au chloroforme.

chlorophycée nf BOT Algue verte.

chlorophylle nf Pigment végétal vert qui confère aux végétaux la fonction d'assimilation du carbone.

chlorophyllien, enne a De la chlorophylle.

chloroplaste nm BOT Élément cellulaire contenant la chlorophylle.

chloroquine nf Médicament antipaludéen.

chlorose [klɔroz] nf Maladie des plantes, caractérisée par la décoloration des feuilles.

chlorure nm Sel ou ester de l'acide chlorhydrique et de certains dérivés du chlore.

choc nm 1 Heurt d'un corps contre un autre. 2 Rencontre et combat de deux troupes armées. 3 Conflit, opposition. 4 Émotion violente causée par un événement brutal. ■ a Qui surprend, étonne. *Des prix chocs.*

chochotte nf Fam Femme maniérée.

chocolat nm 1 Substance comestible à base de cacao et de sucre. 2 Bonbon de chocolat. 3 Boisson au chocolat. ■ a inv De couleur brun foncé. Loc Fam *Être chocolat* : déçu, trompé.

chocolaté, ée a Contenant du chocolat.

chocolaterie nf Fabrique de chocolat.

chocolatier, ère n Qui fait, qui vend du chocolat. ■ nf Récipient, à couvercle et bec verseur, pour servir le chocolat.

chocottes nfpl Loc Pop *Avoir les chocottes* : avoir peur.

chœur [kœr] nm 1 Groupe de chanteurs qui exécutent une œuvre musicale. 2 Morceau de musique interprété par ce groupe. 3 Réunion de personnes qui expriment la même chose. *Le chœur des créanciers.* 4 Partie de l'église où se trouve le maître-autel. Loc *En chœur* : tous ensemble, d'un commun accord. *Enfant de chœur* : enfant qui assiste le prêtre pendant la messe ; personne très naïve.

choir vi [50] (surtout à l'inf et au pp) Litt Tomber. Loc Fam *Laisser choir* : abandonner.

choisi, ie a Recherché, raffiné, de première qualité. *S'exprimer en termes choisis.*

choisir vt Adopter selon une préférence.

choix nm 1 Action de choisir. 2 Pouvoir, faculté, liberté de choisir. 3 Ensemble de choses choisies ou données à choisir.

cholécystite [kɔ-] nf Inflammation de la vésicule biliaire.

cholédoque [kɔ-] a Loc *Canal cholédoque* : canal par lequel s'écoule la bile.

choléra [kɔ-] nm Infection intestinale aiguë, très contagieuse.

cholérique [kɔ-] a, n Du choléra ; atteint du choléra.

cholestérol [kɔ-] nm Substance présente dans le corps humain et dont l'excès est nocif.

cholestérolémie [kɔ-] nf MED Présence de cholestérol dans le sang.

cholinergique [kɔ-] a BIOL Relatif à la libération de l'acétylcholine.

chômage nm État d'une personne privée d'emploi, d'une entreprise interrompant son activité.

chômé, ée a Se dit d'un jour où l'on ne travaille pas et qui est payé.

chômer vi 1 Cesser de travailler les jours fériés. 2 Être privé d'emploi. Loc Fam *Ne pas chômer* : se donner beaucoup de mal.

chômeur, euse n Personne privée d'emploi.

chope nf Verre à bière muni d'une anse.

choper vt Fam Prendre, attraper, voler.

chopine nf Fam Bouteille de vin.

chopsuey nm Plat chinois de légumes et de viande émincés et sautés.

choquant, ante a Qui choque, désagréable.

choquer vt 1 Donner un choc à, heurter. 2 Heurter moralement, offenser, offusquer.

choral, ale, als [kɔ-] a Relatif à un chœur. *Chant choral.* ■ nm 1 Chant liturgique protestant. 2 Composition musicale pour clavecin ou orgue. ■ nf Groupe de chanteurs.

chorège [kɔ-] nm ANTIQ Citoyen qui, à Athènes, assumait les frais d'une représentation théâtrale.

chorégraphe [kɔ-] n Qui compose et règle les ballets.

chorégraphie [kɔ-] nf 1 Art de composer, de régler des ballets. 2 Ensemble des figures de danse qui composent un ballet.

chorégraphique [kɔ-] a Relatif à la danse.

choriste [kɔ-] n Qui chante dans un chœur, dans une chorale.

chorizo nm Saucisson plus ou moins pimenté.

choroïde [kɔ-] nf ANAT Membrane mince située entre la sclérotique et la rétine.

chorus [kɔ-] nm Loc *Faire chorus* : répéter en chœur ; joindre son approbation aux autres.

chose nf Tout objet concret, toute représentation abstraite. Loc *La chose publique* : l'État. *La chose jugée* : ce qui a été réglé par la juridiction compétente. ■ pl Ce qui existe, se fait, a lieu. *Laissez les choses suivre leurs cours.* ■ a inv Fam Souffrant, fatigué. *Je me sens toute chose.*

chosifier vt PHILO Transformer en chose.

chott nm Lac temporaire salé, en Afrique du Nord.

1. chou nm 1 Légume qui comprend de nombreuses variétés. 2 Pâtisserie soufflée. Loc Fam *C'est bête comme chou* : c'est très simple.

Faire chou blanc : échouer. *Faire ses choux gras de qqch* : en faire son profit. Fam *Feuille de chou* : journal de peu de valeur. *Des choux.*

2. chou, choute n Fam Mot de tendresse. *Mon chou.* ■ a inv Fam Gentil, mignon. *Que c'est chou !*

chouan nm Insurgé royaliste de l'ouest de la France, sous la Révolution.

chouannerie nf Insurrections des chouans.

choucas nm Oiseau voisin du corbeau.

chouchou, oute n Fam Préféré, favori.

chouchoutage nm Fam Action de chouchouter.

chouchouter vt Fam Traiter en favori, dorloter.

choucroute nf 1 Chou haché et fermenté dans la saumure. 2 Ce chou, cuit et accompagné de charcuterie et de pommes de terre.

1. chouette nf Oiseau rapace nocturne sans aigrette.

2. chouette a Fam Beau, agréable. ■ interj Marque la satisfaction.

chou-fleur nm Chou dont on consomme les inflorescences blanches. *Des choux-fleurs.*

chouia nm Loc Pop *Un chouia* : un petit peu.

chou-rave nm Crucifère dont les racines sont comestibles. *Des choux-raves.*

chow-chow [ʃoʃo] nm Chien chinois à long poil. *Des chows-chows.*

choyer vt [22] Soigner avec tendresse, entourer de prévenances.

chrême nm Huile consacrée, servant à certaines onctions sacramentelles.

chrétien, enne a, n Qui est baptisé et, à ce titre, disciple du Christ. ■ a Relatif au christianisme. *Église chrétienne.*

chrétiennement av De façon chrétienne.

chrétienté nf Ensemble des chrétiens ou des pays chrétiens.

christ nm Représentation de Jésus crucifié.

christiania nm Technique d'arrêt et de virage à skis.

christianisation nf Action de christianiser.

christianiser vt Rendre chrétien, convertir à la foi chrétienne.

christianisme nm Religion fondée sur l'enseignement de Jésus-Christ.

christique a Du Christ.

chromatique a 1 Qui se rapporte aux couleurs. 2 MUS Qui procède par demi-tons consécutifs ascendants ou descendants.

chromatisme nm Ensemble de couleurs.

chromatogramme nm Diagramme obtenu par chromatographie.

chromatographie nf CHIM Méthode d'analyse des substances en solution ou en suspension dans un liquide.

chrome nm Métal blanc, composant des aciers inoxydables.

chromer vt Recouvrir de chrome.

chromo nm Fam Mauvaise reproduction en couleurs ; mauvais tableau.

chromolithographie nf Impression lithographique en couleurs ; image ainsi obtenue.

chromosome nm BIOL Chacun des bâtonnets apparaissant dans le noyau de la cellule.

chromosomique a Des chromosomes.

chroniciser (se) vpr MED Devenir chronique.

chronicité nf Caractère chronique.

1. chronique nf 1 Recueil de faits historiques rédigés suivant l'ordre chronologique. 2 Ensemble de rumeurs qui circulent. 3 Article périodique dans un journal.

2. chronique *a* Se dit d'une maladie, d'un mal qui dure longtemps.

chroniqueur *nm* Auteur de chroniques.

chrono *nm* Fam Abrév de *chronomètre*.

chronographe *nm* Syn de *chronomètre*.

chronologie *nf* **1** Science de l'ordre des périodes et des dates. **2** Liste d'événements par ordre de dates.

chronologique *a* De la chronologie.

chronologiquement *av* Par ordre chronologique.

chronométrage *nm* Action de chronométrer.

chronomètre *nm* Instrument de précision destiné à mesurer le temps en minutes, secondes, fractions de seconde.

chronométrer *vt* [12] Mesurer à l'aide d'un chronomètre. *Chronométrer une course.*

chronométreur, euse *n* Chargé du chronométrage d'une épreuve sportive.

chrysalide *nf* ZOOL État transitoire entre la chenille et le papillon.

chrysanthème *nm* Plante dont on cultive diverses variétés ornementales.

chrysomèle *nm* Coléoptère aux couleurs brillantes.

C.H.S. *nm* Sigle de *centre hospitalier spécialisé*, nom officiel de l'hôpital psychiatrique.

C.H.U. *nm* Sigle de *centre hospitalo-universitaire*.

chuchotement *nm* Action de chuchoter ; le bruit qui en résulte.

chuchoter *vi* **1** Parler bas en remuant à peine les lèvres. ■ *vt* Dire à voix basse.

chuintant, ante *a* Qui chuinte.

chuintement *nm* Action de chuinter ; bruit de ce qui chuinte.

chuinter *vi* **1** Pousser son cri, en parlant de la chouette. **2** Prononcer les sons [s] et [z] comme [ʃ] et [ʒ]. **3** Produire un son qui ressemble au son [ʃ]. *Un gaz qui chuinte en s'échappant.*

chut ! *interj* Silence ! Taisez-vous !

chute *nf* **1** Action de tomber ; mouvement de ce qui tombe. **2** Masse d'eau qui se précipite d'une certaine hauteur. **3** Action de s'écrouler, de s'effondrer. *La chute d'un empire.* **4** Litt Pensée, formule brillante qui termine un texte. **5** Déchet, reste inutile d'un matériau que l'on a découpé. Loc *La chute des reins* : le bas du dos. *La chute d'un toit* : sa pente. *Point de chute* : lieu d'arrivée.

chuter *vi* Tomber ; baisser brusquement.

chutney [ʃœtne] *nm* Condiment fait de légumes cuits avec du vinaigre et des épices.

chyle *nm* PHYSIOL Contenu liquide de l'intestin, formé par les aliments digérés.

chyme *nm* PHYSIOL Bouillie formée par les aliments au sortir de l'estomac.

chypriote ou **cypriote** *a, n* De Chypre.

ci *av* **1** (avec un participe) Dans cette lettre. *Ci-joint la facture. La facture ci-jointe. Les observations ci-incluses.* **2** Avec un démonstratif, exprime la proximité. *Ce livre-ci. Celui-ci.* Loc *Ci-après* : plus loin. *Ci-contre* : tout à côté. *Ci-dessus* : plus haut, supra. *Ci-dessous* : plus bas, infra. *De-ci, de-là, par-ci, par-là* : de côté et d'autre, en divers endroits. *Comme ci, comme ça* : moyennement, tant bien que mal.

cible *nf* **1** Disque, panneau qui sert de but pour le tir. **2** Personne visée ; but qu'on cherche à atteindre.

cibler *vt* Définir la cible, le but.

ciboire *nm* RELIG Vase où l'on conserve les hosties consacrées.

ciboule *nf* Plante voisine de l'oignon, utilisée comme condiment.

ciboulette *nf* Plante proche de la ciboule, utilisée comme condiment.

ciboulot *nm* Pop Tête.

cicatrice *nf* **1** Trace laissée par une plaie après guérison. **2** Trace laissée par une blessure morale.

cicatriciel, elle *a* D'une cicatrice.

cicatrisable *a* Qui peut se cicatriser.

cicatrisation *nf* Guérison d'une plaie.

cicatriser *vt* **1** Guérir une plaie. **2** Adoucir, calmer. ■ *vi, vpr* Se refermer, guérir. *La plaie a cicatrisé, s'est cicatrisée.*

cicérone *nm* Guide qui fait visiter une ville.

cicindèle *nf* Coléoptère à élytres verts.

ci-contre, ci-dessous, ci-dessus. V. ci.

ci-devant *a inv* Nom donné aux nobles pendant la Révolution française.

cidre *nm* Boisson alcoolique obtenue par fermentation du jus de pomme.

cidrerie *nf* Établissement où l'on fait du cidre.

ciel *nm* **1** (pl *cieux*) Partie de l'espace que nous voyons au-dessus de nos têtes. **2** (pl *cieux*) Aspect de l'air, de l'atmosphère selon le temps qu'il fait. *Ciel clair, nuageux.* **3** (pl *cieux*) Le séjour de Dieu et des bienheureux, le paradis. **4** (pl *cieux*) La divinité, la providence. *Grâce au ciel, j'ai réussi.* Loc *Ciel de lit* : partie supérieure d'un baldaquin. *À ciel ouvert* : à l'air libre. *Être au septième ciel* : dans un état de ravissement. ■ *interj* Marque la stupéfaction, la douleur. *Ciel ! mes bijoux.*

cierge *nm* Longue bougie de cire à l'usage des églises.

cigale *nf* Insecte du Midi qui produit un bruit strident.

cigare *nm* Rouleau de tabac à fumer formé de feuilles non hachées.

cigarette *nf* Petit rouleau de tabac haché, enveloppé dans du papier.

cigarillo [-Rijo] *nm* Petit cigare.

ci-gît *av* Ici est enterré (formule d'épitaphe).

cigogne *nf* Grand oiseau échassier migrateur.

ciguë *nf* Plante vénéneuse.

ci-joint, ci-jointe V. ci.

cil *nm* **1** Poil du bord des paupières. **2** BIOL Filament d'une cellule ou d'un végétal.

cilice *nm* RELIG Chemise de crin portée sur la peau, par mortification.

cilié, ée *a* BIOL Bordé de cils.

ciller *vt* Fermer et ouvrir rapidement les yeux.

cimaise *nf* Dans une galerie de peinture, partie d'un mur destinée à recevoir des tableaux.

cime *nf* Sommet, faîte.

ciment *nm* **1** Poudre formant avec l'eau et le sable une pâte qui se solidifie et sert dans le bâtiment. **2** Ce qui lie ou rapproche.

cimenter *vt* **1** Lier, enduire avec du ciment. **2** Confirmer, affermir. *Cimenter une amitié.*

cimenterie *nf* Fabrique de ciment.

cimentier, ère *a* Relatif au ciment. ■ *nm* Industriel du ciment.

cimeterre *nm* Sabre oriental à lame large recourbée.

cimetière *nm* Terrain où l'on enterre les morts.

cinabre *nm* 1 Sulfure rouge de mercure. 2 Couleur rouge vermillon.

ciné *nm* Fam Cinéma.

cinéaste *n* Metteur en scène de cinéma.

ciné-club [-klœb] *nm* Association d'amateurs de cinéma. *Des ciné-clubs.*

cinéma *nm* 1 Procédé d'enregistrement et de projection de vues photographiques animées. 2 L'art de réaliser des films. 3 Salle de spectacle où l'on projette des films. 4 Fam Façon d'agir pleine d'affectation, comédie.

cinémascope *nm* (n déposé) Procédé cinématographique qui donne une vue panoramique avec effet de profondeur.

cinémathèque *nf* Endroit où l'on conserve les films de cinéma.

cinématique *nf* PHYS Partie de la mécanique qui étudie le mouvement.

cinématographe *nm* Anc Appareil d'enregistrement et de projection des vues animées.

cinématographique *a* Du cinéma.

cinéphile *n* Amateur de cinéma.

cinéraire *a* Loc *Urne cinéraire* : qui renferme les cendres d'un mort incinéré. ■ *nf* Plante ornementale à feuilles gris cendré.

cinéroman *nm* Roman-photo tiré d'un film.

cinétique *a* PHYS Relatif au mouvement. ■ *nf* Partie de la physique qui étudie le mouvement.

cinghalais *nm* Langue officielle du Sri Lanka.

cinglant, ante *a* Qui fouette, mordant.

cinglé, ée *a, n* Fam Un peu fou.

cingler *vi* Litt Naviguer rapidement vers. ■ *vt* 1 Frapper avec un objet flexible. 2 Fouetter, en parlant du vent, de la pluie. 3 Critiquer qqn d'une façon mordante.

cinoche *nm* Fam Cinéma.

cinq *a num* 1 Quatre plus un (5). 2 Cinquième. Loc Fam *Recevoir qqn cinq sur cinq* : parfaitement. ■ *nm inv* Chiffre, nombre cinq.

cinquantaine *nf* 1 Nombre de cinquante ou environ. 2 Âge de cinquante ans.

cinquante *a num* 1 Cinq fois dix (50). 2 Cinquantième. *Chapitre cinquante.* ■ *nm inv* Le nombre cinquante.

cinquantenaire *n* Cinquantième anniversaire.

cinquantième *a num* Au rang, au degré cinquante. ■ *a, nm* Contenu cinquante fois dans le tout.

cinquième *a num* Au rang, au degré cinq. ■ *a, nm* Contenu cinq fois dans le tout. ■ *nf* Deuxième année de l'enseignement secondaire.

cinquièmement *av* En cinquième lieu.

cintrage *nm* Action de cintrer.

cintre *nm* 1 Support pour les vêtements, qui a une forme incurvée. 2 Courbure concave et continue d'une voûte ou d'un arc. Loc *Arc plein cintre* : qui a la forme d'un demi-cercle complet. ■ *pl* Espace situé au-dessus de la scène d'un théâtre.

cintré, ée *a* Pop Fou.

cintrer *vt* 1 Courber en arc. 2 Resserrer un vêtement à la taille.

cirage *nm* 1 Action de cirer. 2 Produit que l'on applique sur les cuirs pour les rendre brillants. Loc Fam *Être dans le cirage* : à moitié inconscient.

circadien, enne *a* Se dit du rythme biologique de 24 heures.

circaète *nm* Oiseau proche de l'aigle.

circoncire *vt* [79] Pratiquer la circoncision.

circoncis *am, nm* Qui a subi la circoncision.

circoncision *nf* Excision du prépuce.

circonférence *nf* 1 Ligne courbe enfermant une surface plane. 2 Pourtour d'un cercle.

circonflexe *a* Loc *Accent circonflexe* : placé sur certaines voyelles (ex. : *âme, être, île*).

circonlocution *nf* Litt Façon détournée d'exprimer la pensée.

circonscription *nf* Division d'un territoire (administrative, militaire, etc.).

circonscrire *vt* [61] 1 Tracer une ligne autour de qqch. 2 Retenir dans des limites.

circonspect, ecte [-pɛ, -pɛkt] *a* Qui se tient dans une prudente réserve.

circonspection *nf* Prudence, retenue, discrétion. *Agir avec circonspection.*

circonstance *nf* 1 Ce qui accompagne un fait, un événement. 2 Ce qui caractérise la situation présente. Loc *De circonstance* : adapté à la situation.

circonstancié, ée *a* Détaillé.

circonstanciel, elle *a* Qui dépend des circonstances. Loc GRAM *Complément circonstanciel* : qui marque les circonstances.

circonvenir *vt* [35] Tenter de manœuvrer qqn pour obtenir qqch.

circonvolution *nf* Tour décrit autour d'un centre. Loc ANAT *Circonvolutions cérébrales* : replis sinueux du cerveau.

circuit *nm* 1 Itinéraire qui oblige à des détours. 2 Itinéraire touristique ou sportif ramenant au point de départ. 3 Cheminement effectué par des produits, des services ; réseau. *Circuit économique.* 4 Ensemble de conducteurs électriques ou électroniques reliés entre eux. 5 Ensemble de compétitions de tennis, de golf, etc., réservées aux joueurs professionnels.

circulaire *a* 1 Qui a la forme d'un cercle, qui décrit un cercle. 2 Qui ramène au point de départ. *Voyage circulaire.* ■ *nf* Lettre en plusieurs exemplaires destinée à plusieurs personnes.

circularité *nf* Caractère circulaire.

circulation *nf* 1 Mouvement de ce qui circule. 2 Mouvement de personnes, de véhicules.

circulatoire *a* De la circulation du sang.

circuler *vi* 1 Se mouvoir dans un circuit. *Le sang circule dans l'organisme.* 2 Aller et venir. *Les automobiles circulent.* 3 Passer de main en main. *La monnaie circule.* 4 Se propager, se répandre. *Un bruit circule.*

circumpolaire [sirkɔ-] *a* Autour du pôle.

cire *nf* 1 Matière avec laquelle les abeilles construisent les alvéoles de leurs ruches. 2 Substance analogue produite par certains végétaux. 3 Produit à base de cire pour divers usages. *Cire à cacheter. Cire à parquet.*

ciré, ée *a* Enduit de cire, de stéarine, etc. Loc *Toile cirée* : enduite d'une préparation qui la rend imperméable. ■ *nm* Vêtement de mer imperméable.

cirer *vt* Enduire ou frotter de cire ou de cirage.

cireur, euse *n* Personne qui cire. ■ *nf* Appareil pour cirer les parquets.

cireux, euse *a* Qui a la couleur jaune pâle de la cire.

cirque *nm* 1 Lieu destiné chez les Romains à la célébration de certains jeux. 2 Enceinte circulaire, où l'on donne en spectacle des exercices d'adresse, des numéros de clowns, etc. 3 Dépression en cuvette circonscrite par des montagnes.

cirrhose nf Grave maladie du foie.

cirrhotique a, n Atteint d'une cirrhose.

cirrus [-rys] nm Nuage en filaments.

cisaille nf Gros ciseaux pour couper des tôles, tailler des arbustes, etc.

cisaillement nm Action de cisailler.

cisailler vt Couper avec des cisailles.

cisalpin, ine a En deçà des Alpes (vu d'Italie).

ciseau nm Outil plat, taillé en biseau servant à travailler le bois, le métal, la pierre, etc. ■ pl Instrument formé de deux branches mobiles articulées, tranchantes en dedans.

cisèlement nm Action de ciseler.

ciseler vt [16] Travailler, tailler, orner avec un ciseau.

ciselure nf Ornement ciselé.

ciste nm Plante méditerranéenne à fleurs blanches.

cistercien, enne a, n De l'ordre de Cîteaux.

cistude nf Tortue d'eau douce.

citadelle nf 1 Forteresse protégeant une ville. 2 Centre important de qqch.

citadin, ine n Habitant d'une ville. ■ a De la ville. *Vie citadine.*

citation nf 1 DR Sommation de comparaître devant une juridiction. 2 Passage cité d'un propos, d'un écrit. 3 Récompense spéciale pour une action d'éclat.

cité nf 1 Centre urbain, ville. 2 Partie la plus ancienne d'une ville. 3 Groupe de logements.

cité-dortoir nf Agglomération résidentielle au-dehors de laquelle les habitants ont leur travail. *Des cités-dortoirs.*

citer vt 1 DR Appeler à comparaître en justice. 2 Rapporter, alléguer, à l'appui de ce qu'on dit. 3 Nommer, désigner, mentionner. 4 Décerner une citation à.

citerne nf 1 Réservoir d'eau pluviale. 2 Réservoir destiné au stockage d'un liquide. *Citerne à mazout.*

cithare nf Instrument de musique à cordes pincées.

citoyen, enne n Ressortissant d'un État. Loc Fam *Un drôle de citoyen* : un drôle d'individu.

citoyenneté nf Qualité de citoyen.

citrique am Loc *Acide citrique* : acide existant dans des fruits tels que le citron.

citron nm Fruit du citronnier, jaune pâle et de saveur acide. ■ a inv De couleur jaune pâle.

citronnade nf Boisson préparée avec du jus ou du sirop de citron.

citronnelle nf Plante exhalant une odeur de citron.

citronnier nm Arbre qui produit les citrons.

citrouille nf 1 Grosse courge. 2 Syn de *potiron.*

cive nf Ciboule.

civelle nf Jeune anguille.

civet nm Ragoût de gibier au vin rouge.

civette nf 1 Ciboulette. 2 Petit mammifère carnivore au corps allongé.

civière nf Toile tendue entre deux barres pour transporter des blessés.

civil, ile a 1 Relatif à l'État, aux citoyens, aux rapports entre les citoyens. 2 Litt Qui observe les convenances, poli. ■ a, nm Qui n'est ni mili-

taire, ni religieux. ■ nm 1 La vie civile (par oppos. à la vie militaire). 2 DR Juridiction civile (par oppos. aux juridictions criminelle, pénale). Loc *En civil* : sans uniforme.

civilement av 1 Sans cérémonie religieuse. 2 Litt Avec politesse. *Répondre civilement.* 3 DR Au civil. *Être civilement responsable.*

civilisateur, trice a, n Qui civilise.

civilisation nf 1 Action de civiliser ; état de ce qui est civilisé. 2 Ensemble des phénomènes sociaux, religieux, intellectuels, artistiques, scientifiques et techniques propres à un peuple.

civilisé, ée a, n Doté d'une civilisation avancée.

civiliser vt Améliorer l'état intellectuel, moral, matériel d'un pays, d'un peuple.

civilité nf Politesse, courtoisie. ■ pl Témoignages de politesse.

civique a Du citoyen. *Devoir civique.*

civisme nm Dévouement de l'individu pour la collectivité.

clac ! interj Marque un bruit sec.

clacson, clacsonner. V. klaxon, klaxonner.

cladistique nf SC NAT Étude des parentés entre espèces vivantes.

clafoutis nm Pâtisserie faite d'une pâte à flan contenant des cerises.

claie nf 1 Ouvrage d'osier, de bois léger, à claire-voie. 2 Treillage servant de clôture.

clair, claire a 1 Lumineux. *Une flamme claire. Une pièce claire.* 2 Transparent. 3 Peu foncé ; peu consistant. 4 Net et distinct (sons). *Une voix claire.* 5 Facile à comprendre. *Une démonstration claire.* ■ nm Loc *Clair de lune* : clarté de la lune. *Le plus clair de* : la plus grande partie de. *En clair* : sans recours à un code. *Tirer qqch au clair* : l'élucider. ■ av Loc *Voir clair* : distinctement ; être clairvoyant. *Parler clair* : franchement, sans détour.

claire nf 1 Bassin à huîtres peu profond. 2 Huître de claire.

clairement av De façon claire.

clairet, ette a Peu coloré, peu épais. *Soupe clairette.* ■ nf Cépage blanc du Midi.

claire-voie (à) av Qui présente des espaces entre ses éléments. *Persiennes à claire-voie.*

clairière nf Partie dégarnie d'arbres dans un bois, une forêt.

clair-obscur nm 1 Combinaison de lumière et d'ombre dans un tableau. 2 Lumière faible, douce. *Des clairs-obscurs.*

clairon nm 1 Instrument à vent en cuivre à son clair. 2 Qui joue du clairon.

claironnant, ante a Qui claironne. *Voix claironnante.*

claironner vt Annoncer bruyamment.

clairsemé, ée a Peu dense.

clairvoyance nf Pénétration d'esprit, lucidité, perspicacité.

clairvoyant, ante a Qui est lucide, qui a un jugement perspicace.

clam nm Mollusque marin comestible.

clamer vt Manifester par des cris.

clameur nf Ensemble de cris tumultueux et confus.

clamp nm Instrument de chirurgie servant à pincer un vaisseau ou un canal.

clamser vi [aux avoir ou être] Pop Mourir.

clan nm 1 Groupe d'individus issus d'un ancêtre commun. 2 Groupe fermé de personnes se soutenant mutuellement.

clandestin, ine a Qui se fait en cachette. ■ a, n Qui vit en marge, en situation illégale.

clandestinement av De façon clandestine.

clandestinité nf 1 Caractère clandestin. 2 État de clandestin.

clanique a Du clan.

clanisme nm SOCIOL Vie en clan.

clapet nm 1 Soupape qui ne laisse passer un fluide que dans un sens. 2 Pop Bouche, langue.

clapier nm Cage à lapins.

clapotement ou **clapotis** nm Bruit des vagues qui s'entrechoquent.

clapoter vi Produire un clapotement.

clappement nm Bruit sec fait avec sa langue contre le palais.

claquage nm Rupture de fibres musculaires lors d'un violent effort.

claquant, ante a Fam Fatigant.

claque nf Coup du plat de la main, gifle. **Loc** Pop En avoir sa claque : en avoir assez.

claquement nm Bruit de choses qui claquent.

claquemurer vt Renfermer dans un endroit étroit.

claquer vi 1 Produire un bruit sec et net. 2 Éclater. 3 Pop Mourir. ■ vt 1 Gifler. 2 Faire claquer. Claquer les portes. 3 Pop Dépenser, dissiper. 4 Fam Fatiguer, épuiser. ■ vpr **Loc** Se claquer un muscle : se faire un claquage.

claquette nf Instrument produisant un claquement. ■ pl Danse rythmée par des coups secs donnés avec les pieds.

clarification nf Action de clarifier.

clarifier vt Rendre clair. ■ vpr Devenir clair.

clarinette nf Instrument à vent, à clés et à anche.

clarinettiste n Joueur de clarinette.

clarté nf 1 Lumière largement répandue. 2 Transparence. 3 Qualité de ce qui est clair. ■ pl Connaissances, aperçus.

clash [klaʃ] nm Fam Heurt brutal, rupture violente.

classe nf 1 Ensemble des personnes appartenant à un même groupe social. 2 SC NAT Unité systématique contenue dans l'embranchement et subdivisée en ordres. 3 Catégorie hiérarchique de personnes, de choses. 4 Qualité, valeur. Un spectacle de classe. 5 Groupe d'élèves ayant un même maître. 6 Enseignement du professeur. 7 Salle où se donne l'enseignement ; école. 8 Ensemble des jeunes gens nés la même année, appelés au service militaire.

classement nm 1 Action de classer. 2 Rang où qqn est classé.

classer vt 1 Ranger par classes, par catégories. 2 Mettre dans un certain ordre. **Loc** Classer une affaire : ne pas lui donner suite.

classeur nm Chemise, carton, meuble où l'on classe des papiers.

classicisme nm 1 Caractère de ce qui est classique. 2 Production littéraire et artistique conforme à la doctrine classique.

classificateur, trice a, n Qui classifie.

classification nf Distribution méthodique par classes, par catégories.

classificatoire a Qui contribue à une classification.

classifier vt Établir une classification.

classique a 1 Qui fait autorité. 2 Conforme à l'usage courant. Vêtements classiques. 3 Se dit des écrivains français du XVIIᵉ s., de leur doctrine et de leurs œuvres. **Loc** Langues classiques : le latin et le grec. Musique classique : celle des grands compositeurs occidentaux traditionnels. Danse classique : qui fait l'objet de l'enseignement chorégraphique. Armes classiques : syn de armes conventionnelles. ■ nm 1 Écrivain classique. 2 Œuvre classique. 3 Œuvre d'une grande notoriété, qui sert de modèle. 4 Musique classique, danse classique.

classiquement av De façon classique.

claudication nf Litt Fait de boiter.

claudiquer vi Litt Boiter.

clause nf Disposition particulière d'un traité, d'un contract, etc. **Loc** Clause de style : qu'il est d'usage d'insérer dans les contrats de même genre ; disposition formelle sans importance.

claustra nm Clôture ajourée d'une baie, d'une pièce.

claustration nf État de qqn enfermé dans un lieu clos.

claustrer vt Litt Enfermer qqn.

claustrophobe a, n Atteint de claustrophobie.

claustrophobie nf Angoisse éprouvée dans un lieu clos.

clavaire nf Champignon en forme de touffe.

claveau nm ARCHI Pierre d'un arc, d'une voûte taillée en forme de coin.

clavecin nm Instrument à cordes pincées et à clavier.

claveciniste n Joueur de clavecin.

clavette nf Cheville, goupille destinée à assembler deux pièces.

clavicule nf Os aplati allongé, qui s'articule avec le sternum et l'omoplate.

clavier nm Ensemble des touches d'un orgue, d'un piano, d'une machine à écrire, etc.

claviste n Qui compose des textes d'imprimerie sur un clavier.

clayère nf Parc à huîtres.

clayette nf 1 Dans un réfrigérateur, étagère amovible à claire-voie. 2 Cageot.

clayon nm Petite claie.

clebs nm Pop Chien.

clef ou **clé** nf 1 Instrument métallique destiné à faire fonctionner une serrure, à établir un contact, etc. 2 Ce dont dépend le fonctionnement de qqch. Des industries clés. 3 Ce qui permet de comprendre, d'interpréter. La clé du problème. 4 MUS Signe placé au commencement de la portée pour indiquer l'intonation. 5 Outil qui sert à serrer les écrous. 6 Ce qui commande les trous du tuyau d'un instrument à vent. 7 Prise immobilisante de judo ou de lutte. **Loc** Clef de voûte : pierre en forme de coin placée au sommet de l'arc ou de la voûte ; élément essentiel dont tout dépend. Sous clé : dans un endroit fermé à clé.

clématite nf Liane grimpante à fleurs.

clémence nf 1 Litt Indulgence. 2 Douceur du temps, du climat.

clément, ente a 1 Porté à la clémence. 2 Doux, peu rigoureux.

clémentine nf Fruit d'un hybride de l'oranger doux et du mandarinier.

clenche ou **clenchette** *nf* Pièce principale d'un loquet de porte.

clepsydre *nf* Horloge antique à eau.

cleptomane, cleptomanie. V. kleptomane, kleptomanie.

clerc *nm* 1 Qui est entré dans l'état ecclésiastique. 2 Employé d'une étude de notaire, d'huissier. Loc *Pas de clerc* : faute commise par inexpérience.

clergé *nm* Ensemble des ecclésiastiques.

clergyman [-man] *nm* Pasteur anglican.

clérical, ale, aux *a* Du cléricalisme.

cléricalisme *nm* Attitude favorable à la participation active du clergé à la politique.

cléricature *nf* Condition d'ecclésiastique.

clic ! *interj* Onomatopée imitant un petit claquement bref et sec.

cliché *nm* 1 Plaque qui permet le tirage d'une épreuve typographique. 2 Plaque ou pellicule photographique impressionnée par la lumière. 3 Idée, phrase toute faite et banale qu'on répète.

client, ente *n* 1 Qui achète qqch à un commerçant. 2 Qui recourt à des services contre paiement. *Clients d'un médecin.*

clientèle *nf* 1 Ensemble des clients d'un commerçant, d'un avocat, d'un médecin, etc. 2 Ensemble de personnes qui soutiennent un homme ou un parti politique.

clientélisme *nm* Recherche démagogique d'une clientèle politique.

clignement *nm* Action de cligner les yeux.

cligner *vt* 1 Fermer les yeux à demi. 2 Fermer et ouvrir rapidement les yeux. ■ *vti* Loc *Cligner de l'œil* : faire un clin d'œil.

clignotant, ante *a* Qui clignote. ■ *nm* 1 Feu clignotant d'un véhicule, indicateur de changement de direction. 2 Indicateur d'une évolution économique.

clignotement *nm* Fait de clignoter.

clignoter *vi* 1 Cligner fréquemment. 2 S'allumer et s'éteindre alternativement (lumières).

climat *nm* 1 Ensemble des éléments qui caractérisent l'état moyen de l'atmosphère en un lieu. 2 Atmosphère, ambiance.

climatique *a* Du climat.

climatisation *nf* Création ou maintien, dans un local, de conditions déterminées de température, d'humidité et de pureté de l'air.

climatiser *vt* Réaliser la climatisation.

climatiseur *nm* Appareil de climatisation.

climatologie *nf* Étude du climat.

climax *nm* BOT Équilibre idéal entre la végétation naturelle d'un milieu et le climat.

clin d'œil *nm* Signe que l'on fait discrètement à qqn par un mouvement rapide des paupières. Loc *En un clin d'œil* : en très peu de temps. *Des clins d'œil.*

clinicien, enne *n* Qui pratique la médecine clinique.

clinique *a* Effectué auprès du malade, sans appareils ni examens de laboratoire. Loc *Signe clinique* : décelé au simple examen. ■ *nf* Établissement de soins médicaux, public ou privé. Loc *Chef de clinique* : médecin ayant un rôle d'enseignant dans son service.

clinquant *nm* 1 Mauvaise imitation de matières précieuses. 2 Faux brillant, éclat artificiel. ■ *a* Qui brille d'un faux éclat.

clip *nm* 1 Bijou monté sur une pince à ressort. 2 Court métrage de vidéo ou de cinéma à but promotionnel.

clipper [-pœʀ] *nm* Voilier de transport de marchandises (XIXᵉ s.).

clique *nf* 1 Péjor Groupe, coterie. 2 Ensemble des tambours et des clairons d'un régiment.

cliquer *vi* INFORM Appuyer sur la touche de souris d'un micro-ordinateur.

cliques *nfpl* Loc *Fam Prendre ses cliques et ses claques* : déguerpir, filer.

cliquet *nm* Ergot mobile bloquant dans un sens une roue dentée.

cliqueter *vi* [19] Faire entendre un cliquetis.

cliquetis *nm* Bruit sec et léger de corps sonores qui s'entrechoquent.

clitocybe *nm* Champignon à chapeau déprimé.

clitoridien, enne *a* Du clitoris.

clitoris *nm* Petit organe érectile situé à la partie antérieure de la vulve.

clivage *nm* 1 Action et art de cliver. 2 Division, séparation. *Clivages politiques.*

cliver *vt* Fendre un minéral selon la structure de ses couches. ■ *vpr* Se fendre, se diviser.

cloaque *nm* 1 Amas d'eau croupie. 2 Endroit malpropre. 3 ZOOL Chez les oiseaux, débouché des voies intestinales, urinaires et génitales.

1. clochard, arde *n* Fam Personne sans domicile et sans travail.

2. clochard *nf* Variété de pomme reinette.

clochardisation *nf* Réduction à l'état de clochard.

clochardiser (se) *vpr* Devenir clochard.

cloche *nf* 1 Instrument sonore de bronze, en forme de vase renversé, muni d'un battant (à l'intérieur) ou d'un marteau (à l'extérieur) qui le met en vibration. 2 Ustensile, appareil en forme de cloche, servant à couvrir, à protéger. 3 Fam Personne stupide, incapable. 4 Fam Le monde des clochards. Loc *Entendre un autre son de cloche* : une version différente du même récit.

cloche-pied (à) *av* Sur un seul pied.

1. clocher *nm* Construction dominant une église et où sont suspendues des cloches.

2. clocher *vi* Fam Être défectueux.

clocheton *nm* Petit clocher.

clochette *nf* 1 Petite cloche. 2 Fleur en forme de petite cloche.

clodo *n* Pop Clochard.

cloison *nf* 1 Mur peu épais séparant deux pièces d'une même habitation. 2 ANAT Ce qui divise une cavité. 3 Ce qui empêche la communication.

cloisonné *nm* Émail coulé entre des cloisons de métal formant un motif décoratif.

cloisonnement ou **cloisonnage** *nm* 1 Ensemble de cloisons ; leur disposition. 2 État de ce qui est cloisonné ; séparation, division.

cloisonner *vt* Séparer par des cloisons ; compartimenter.

cloître *nm* 1 Couvent d'où les religieux ne sortent pas. 2 Galerie couverte, entourant une cour ou un jardin, dans un monastère.

cloîtré, ée *a* Qui vit dans un couvent. Loc *Monastère cloîtré* : dont les religieux ne sortent pas.

cloîtrer *vt* Enfermer étroitement. ■ *vpr* Mener une vie très retirée. *Se cloîtrer dans sa chambre.*

clonage *nm* BIOL Obtention de clones.

clone *nm* 1 BIOL Ensemble des cellules dérivant d'une seule cellule initiale dont elles sont la copie exacte. 2 Fam Copie conforme, imitation.

clope *nm* ou *f* Pop Mégot ; cigarette.

clopin-clopant *av* Fam En clopinant.

clopiner *vi* Marcher en boitant.

clopinettes *nfpl* Loc Pop *Des clopinettes :* rien.

cloporte *nm* Crustacé terrestre vivant dans les lieux humides.

cloque *nf* 1 Ampoule de la peau. 2 Boursouflure. 3 Maladie du pêcher.

cloquer *vi* Se boursoufler.

clore *vt* [53] Litt Arrêter, terminer ou déclarer terminé. *Clore un débat.*

clos, close *a* 1 Entouré d'une clôture. 2 Terminé, achevé. Loc *Maison close :* maison de prostitution. *En vase clos :* sans contact avec le monde extérieur. ■ *nm* 1 Terrain cultivé entouré d'une clôture. 2 Vignoble délimité.

clôture *nf* 1 Ce qui enclôt un espace. 2 Enceinte d'un couvent cloîtré. 3 Action d'arrêter, de terminer une chose.

clôturer *vt* 1 Entourer de clôtures. 2 Abusiv Arrêter, déclarer terminé.

clou *nm* 1 Petite tige de métal, pointue, et ordinairement dotée d'une tête, servant à fixer ou à pendre qqch. 2 Attraction principale. *Le clou du programme.* 3 Furoncle. Loc Fam *Ça ne vaut pas un clou :* cela n'a aucune valeur. Fam *Un vieux clou :* un véhicule en mauvais état. ■ *pl* Passage clouté. *Traverser entre les clous.*

clouer *vt* 1 Fixer, assembler avec des clous. 2 Obliger qqn à rester qqpart. Loc Fam *Clouer le bec à qqn :* le réduire au silence.

clouté, ée *a* Garni de clous. Loc *Passage clouté :* passage protégé au travers des rues, délimité et réservé aux piétons.

clovisse *nf* Syn de *palourde.*

clown [klun] *nm* Acteur bouffon de cirque. Loc *Faire le clown :* le pitre.

clownerie [klunri] *nf* Farce de clown.

clownesque [klu-] *a* Digne d'un clown.

club [klœb] *nm* 1 Groupe de personnes qui se rassemblent en un local déterminé, dans une certaine intention (politique, sportif, amical, mondain). 2 Crosse servant à jouer au golf.

cluse *nf* GÉOGR Brèche en montagne entre deux vallées.

clystère *nm* Vx Lavement.

cnidaire *nm* ZOOL Animal muni de cellules urticantes (méduse, anémone).

coaccusé, ée *n* Qui est accusé avec d'autres.

coach [kotʃ] *nm* Entraîneur d'une équipe sportive, d'un joueur professionnel.

coacquéreur *nm* Qui acquiert avec qqn un bien.

coagulant, ante *a, nm* Qui fait coaguler.

coagulation *nf* Fait de se coaguler ; état d'une substance coagulée.

coaguler *vt* Transformer un liquide organique en une masse semi-solide. ■ *vi, vpr* Prendre une consistance semi-solide.

coagulum [-lɔm] *nm* Didac Masse coagulée.

coalescence *nf* Didac Réunion, fusion d'éléments en contact.

coalescent, ente *a* Qui entre en coalescence.

coalisé, ée *a, n* Ligué dans une coalition.

coaliser (se) *vpr* S'unir en une coalition.

coalition *nf* Réunion momentanée de puissances, de partis, de personnes pour lutter contre un adversaire commun.

coassement *nm* Cri de la grenouille.

coasser *vi* Pousser des coassements.

coassurance *nf* Assurance d'un même risque par plusieurs assureurs.

coati *nm* Mammifère carnivore d'Amérique tropicale.

coauteur *nm* Auteur avec un ou plusieurs autres d'un ouvrage, d'une infraction.

coaxial, ale, aux *a* ÉLECTR Se dit d'un câble fait de deux conducteurs concentriques.

cobalt *nm* Métal blanc voisin du fer et du nickel.

cobaye *nm* 1 Petit rongeur, très utilisé comme animal de laboratoire. Syn. cochon d'Inde. 2 Sujet d'expérience.

cobelligérant, ante *a, nm* Allié à un ou plusieurs autres belligérants.

cobra *nm* Grand serpent venimeux qui peut gonfler son cou.

coca *nm* Arbuste du Pérou dont les feuilles renferment la cocaïne. ■ *nf* Substance extraite des feuilles de coca.

coca-cola *nm inv* (n déposé) Boisson gazeuse aromatisée.

cocagne *nf* Loc *Pays de cocagne :* où on trouve tout en abondance. *Mât de cocagne :* mât enduit de savon au haut duquel on s'essaie à grimper pour décrocher des lots.

cocaïne *nf* Stupéfiant et anesthésique extrait des feuilles de coca.

cocaïnomane *n* Toxicomane à la cocaïne.

cocarcinogène *nm, a* MÉD Facteur favorisant l'apparition d'un cancer quand il est associé à un autre.

cocarde *nf* Insigne circulaire aux couleurs nationales.

cocardier, ère *a, n* Qui aime l'armée, l'uniforme ; chauvin.

cocasse *a* Fam Qui fait rire.

cocasserie *nf* Fam Caractère cocasse.

coccidiose [kɔksi-] *nf* Parasitose des volailles et du bétail.

coccinelle [kɔksi-] *nf* Petit coléoptère à élytres orangés ou rouges tachetés de noir. Syn. bête à bon Dieu.

coccyx [kɔksis] *nm* Os situé à l'extrémité du sacrum.

1. coche *nm* Grande voiture qui servait au transport des voyageurs, avant les diligences.

2. coche *nf* Entaille, marque.

cochenille *nf* Insecte parasite des végétaux.

1. cocher *nm* Conducteur d'une voiture à cheval. *Le cocher d'une diligence.*

2. cocher *vt* Marquer d'une coche.

cochère *af* Loc *Porte cochère :* par laquelle une voiture peut passer.

cochlée [-kle] *nf* Limaçon de l'oreille interne.

1. cochon *nm* Animal domestique omnivore, élevé pour sa chair. Syn. porc. Loc *Cochon de lait :* cochon encore à la mamelle. *Cochon d'Inde :* cobaye. Fam *Tête de cochon :* caractère têtu, mauvais caractère. Fam *Tour de cochon :* méchanceté.

2. cochon, onne *n* Fam 1 Personne malpropre. 2 Personne indélicate, malfaisante. ■ *a* Fam Licencieux, pornographique. *Un film cochon.*

cochonnaille *nf* Fam Charcuterie.

cochonner *vt* Fam Faire qqch salement.

cochonnerie *nf* Fam 1 Action, parole obscène. 2 Chose qui ne vaut rien ; saleté.

cochonnet *nm* **1** Jeune cochon. **2** Petite boule servant de but au jeu de boules.

cocker [-kɛʀ] *nm* Chien d'arrêt à poil long et à grandes oreilles tombantes.

cockpit [-pit] *nm* **1** Creux à l'arrière d'un bateau de plaisance. **2** Poste de pilotage d'un avion.

cocktail [-tɛl] *nm* **1** Boisson alcoolisée résultant d'un mélange. **2** Mélange quelconque. *Un cocktail d'humour et de tendresse.* **3** Réunion mondaine avec buffet. **Loc** *Cocktail Molotov* : bouteille remplie d'un liquide explosif. **MED** *Cocktail lytique* : mélange médicamenteux supprimant les réactions de l'organisme.

coco *nm* **1** Fruit comestible du cocotier appelé aussi *noix de coco.* **2** Œuf (langage enfantin). **3** Terme d'affection. **4** Fam, péjor Individu.

cocon *nm* Enveloppe soyeuse que filent un grand nombre de chenilles, dont le ver à soie.

cocorico *nm* Cri du coq.

cocoter *vi* Pop Sentir mauvais.

cocotier *nm* Palmier des régions tropicales.

cocotte *nf* **1** Poule (langage enfantin). **2** Vx Femme de mœurs légères. **3** Terme affectueux à l'adresse d'une femme. **4** Marmite en fonte, de hauteur réduite, avec un couvercle.

cocotte-minute *nf* (n déposé) Autocuiseur. *Des cocottes-minute.*

cocu, ue *a, n* Fam Mari qui est trompé par son conjoint.

cocufier *vt* Fam Faire cocu, tromper.

codage *nm* Fait de coder.

code *nm* **1** Recueil de lois, de règlements. *Code pénal. Code de la route.* **2** Système conventionnel de signes ou de signaux. **3** Ce qui est prescrit. *Code de l'honneur.* **4** Feux de croisement d'une automobile. **Loc** *Code postal* : code permettant le tri automatique du courrier. *Code barres* : code inscrit sur l'emballage d'un produit, permettant son identification informatique.

codéine *nf* Dérivé de la morphine.

coder *vt* Transcrire à l'aide d'un code secret.

codétenu, ue *n* Détenu avec d'autres personnes.

codex *nm* Syn anc. de *pharmacopée.*

codicille [-sil] *nm* DR Addition à un testament pour le modifier ou l'annuler.

codificateur, trice *a, n* Qui codifie.

codification *nf* Action de codifier.

codifier *vt* **1** Réunir en un code. **2** Soumettre à des règles.

codirecteur, trice *n* Chargé d'une codirection.

codirection *nf* Direction exercée simultanément avec d'autres.

coéditer *vt* Effectuer une coédition.

coéditeur, trice *n* Qui édite un ouvrage avec un autre.

coédition *nf* Édition d'un ouvrage par des éditeurs associés.

coefficient *nm* **1** Nombre qui multiplie une quantité. **2** Dans les examens, nombre par lequel on multiplie la note attribuée dans une matière. **3** Pourcentage non déterminé.

cœlacanthe [se-] *nm* Poisson resté à un stade très ancien d'évolution.

cœlentéré [se-] *nm* ZOOL Animal à poche digestive en cul-de-sac (actinie, méduse, etc.).

cœlioscopie [se-] *nf* Endoscopie pratiquée dans l'abdomen.

coenzyme *nf* BIOL Partie non protéique d'une enzyme.

coépouse *nf* Chacune des femmes d'un polygame.

coéquipier, ère *n* Qui fait partie de la même équipe que d'autres.

coercitif, ive *a* Qui contraint.

coercition *nf* Action de contraindre.

cœur *nm* **1** Organe musculaire creux contenu dans la poitrine, agent principal de la circulation du sang. **2** Poitrine. *Presser qqn sur son cœur.* **3** Siège des émotions, des sentiments : ardeur, courage, amour, amitié, bonté, pitié, etc. **4** Partie la plus centrale. *Cœur de laitue. Au cœur de l'hiver.* **5** Une des couleurs rouges des jeux de cartes. **Loc** *Avoir mal au cœur* : avoir la nausée. Fam *Faire mal au cœur* : chagriner, peiner. *Avoir le cœur gros* : avoir du chagrin. *S'en donner à cœur joie* : prendre beaucoup de plaisir. *Parler à cœur ouvert* : parler très sincèrement. Fam *En avoir le cœur net* : se délivrer de ses doutes. *Par cœur* : de mémoire, très fidèlement. *De bon cœur* : très volontiers.

cœur-de-pigeon *nm* Cerise à chair ferme. *Des cœurs-de-pigeon.*

coexistence *nf* Fait de coexister.

coexister *vi* Exister ensemble, simultanément.

cofacteur *nm* Facteur agissant avec d'autres.

coffrage *nm* **1** Moule en bois ou en métal, dans lequel est mis en place le béton frais. **2** Charpente maintenant la terre d'une tranchée, etc. **3** Habillage d'un appareil, d'un conduit, etc.

coffre *nm* **1** Meuble de rangement en forme de caisse, muni d'un couvercle. **2** Partie d'une voiture réservée aux bagages. **3** Syn de *coffre-fort.* **4** Fam Cage thoracique ; puissance vocale.

coffre-fort *nm* Armoire blindée à serrure spéciale, destinée à enfermer des objets précieux. *Des coffres-forts.*

coffrer *vt* **1** Fam Emprisonner. **2** Mouler au moyen d'un coffrage.

coffret *nm* **1** Petit coffre orné. **2** Emballage cartonné de livres, de disques, etc.

cofondateur, trice *n* Qui fonde qqch avec d'autres.

cogérance *nf* Gérance exercée à plusieurs.

cogérant, ante *n* Qui exerce une cogérance.

cogestion *nf* **1** Gestion, administration en commun. **2** Système de participation des travailleurs à la gestion de leur entreprise.

cogitation *nf* Fam Méditation, réflexion.

cogiter *vi* Fam Penser, réfléchir.

cognac *nm* Eau-de-vie de vin réputée, fabriquée dans la région de Cognac.

cognassier *nm* Arbre fruitier qui produit le coing.

cognée *nf* Forte hache. **Loc** *Jeter le manche après la cognée* : tout abandonner par découragement.

cogner *vi, vt* Frapper fort à coups répétés. ■ *vpr* Se heurter.

cogniticien, enne *n* Spécialiste d'intelligence artificielle.

cognitif, ive *a* Didac De la connaissance. **Loc** *Sciences cognitives* : qui étudient l'intelligence (humaine, animale, artificielle).

cohabitation *nf* **1** État de personnes qui habitent ensemble. **2** Coexistence d'un chef de l'État et d'un Premier ministre de tendances politiques différentes.

cohabiter *vi* Habiter, vivre ensemble.

cohérence *nf* Rapport logique entre des idées, des propos.

cohérent, ente *a* Dont les parties sont liées entre elles.

cohéritier, ère *n* Associé à d'autres dans un héritage.

cohésion *nf* Union intime des parties d'un ensemble.

cohorte *nf* 1 ANTIQ Corps d'infanterie romaine. 2 Troupe nombreuse.

cohue *nf* Foule tumultueuse.

coi, coite *a* LITT Silencieux, tranquille.

coiffe *nf* Coiffure féminine régionale.

coiffer *vt* 1 Couvrir la tête d'une coiffure. 2 Arranger les cheveux. 3 Réunir sous son autorité, contrôler. *Coiffer un service.*

coiffeur, euse *n* Qui fait le métier de couper, d'arranger les cheveux. ■ *nf* Table de toilette munie d'un miroir.

coiffure *nf* 1 Ce qui couvre ou orne la tête. 2 Action, manière de disposer les cheveux.

coin *nm* 1 Angle saillant ou rentrant. 2 Parcelle. *Un coin de terre.* 3 Endroit retiré, non exposé à la vue. 4 Pièce qui présente une extrémité en biseau et qui sert à fendre, à caler, etc. 5 Pièce d'acier gravée en creux servant à frapper les monnaies. Loc *Coin du feu* : endroit proche de la cheminée, près du feu. *Coins de la bouche, de l'œil* : les commissures. *Coin d'un bois* : endroit isolé. *Regarder du coin de l'œil* : à la dérobée. Fam *En boucher un coin à qqn* : le laisser stupéfait. Fam *Le petit coin* : les W.-C.

coincement *nm* État d'une pièce coincée.

coincer *vt* [10] 1 Fixer, serrer, empêcher de bouger. 2 Acculer, immobiliser. 3 Mettre dans l'embarras en questionnant.

coinceur *nm* Dispositif d'assurage utilisé par les alpinistes.

coïncidence *nf* 1 État de ce qui coïncide. 2 Concours de circonstances.

coïncident, ente *a* Qui coïncide.

coïncider *vi* 1 MATH Se superposer point à point. 2 Se produire en même temps, correspondre exactement. *Leurs goûts coïncident.*

coïnculpé, ée *n* Inculpé avec un ou plusieurs autres.

coing [kwɛ̃] *nm* Fruit jaune du cognassier, en forme de poire, au goût âpre.

coït [kɔit] *nm* Union sexuelle, accouplement.

1. coke *nm* Combustible résultant de la distillation de la houille.

2. coke *nf* Fam Cocaïne.

cokéfaction *nf* Transformation de la houille en coke.

cokerie *nf* Usine de coke.

col *nm* 1 Partie rétrécie. *Le col d'une bouteille.* 2 Partie d'un vêtement qui entoure le cou. 3 Dépression dans un relief faisant communiquer deux versants. Loc *Col blanc* : employé de bureau. *Faux col* : col amovible.

cola. V. kola.

colchique *nm* Plante vénéneuse des prés aux fleurs en cornet.

coléoptère *nm* ZOOL Insecte ayant une paire d'ailes rigides (élytres) recouvrant des ailes membraneuses (hanneton, scarabée, etc.).

colère *a*, *nf* Réaction violente due à un profond mécontentement.

coléreux, euse ou **colérique** *a*, *n* Prompt à la colère.

colibacille *nm* Bacille qui peut provoquer des infections urinaires et intestinales.

colibacillose *nf* Infection due au colibacille.

colibri *nm* Très petit oiseau aux couleurs vives et au long bec. Syn. oiseau-mouche.

colifichet *nm* Petit objet, petit ornement sans grande valeur.

coliforme *nm* Bacille d'origine fécale responsable de la pollution des eaux.

colimaçon *nm* Escargot. Loc *En colimaçon* : en spirale, en hélice.

colin *nm* Poisson marin estimé.

colin-maillard *nm* Jeu où l'un des joueurs, les yeux bandés, cherche à attraper les autres.

colinot ou **colineau** *nm* Petit colin.

colique *nf* 1 MED Violente douleur abdominale. 2 Fam Diarrhée. ■ *a* Du côlon.

colis *nm* Objet emballé expédié par un moyen de transport public ou privé.

colistier, ère *n* Candidat inscrit sur la même liste que d'autres.

colite *nf* Inflammation du côlon.

collaborateur, trice *n* Qui partage la tâche de qqn d'autre.

collaboration *nf* Action de collaborer, participation à une tâche.

collaborer *vi* Travailler en commun à un ouvrage.

collage *nm* 1 Action de coller. 2 Œuvre d'art réalisée en collant sur la surface peinte divers matériaux.

collagène *nm* BIOL Protéine fibreuse, constituant essentiel du tissu conjonctif.

collagénose *nf* MED Affection du collagène.

collant, ante *a* 1 Qui colle, qui adhère. 2 Qui moule, dessine les formes (vêtements). 3 Fam Qui importune, dont on ne peut pas se débarrasser. ■ *nm* Maillot moulant ; sous-vêtement très ajusté, couvrant le bas du corps des pieds à la taille. ■ *nf* Fam Convocation à un examen.

collapsus [-psys] *nm* Violent malaise dû généralement à une brusque défaillance cardiaque.

collatéral, ale, aux *a*, *n* Se dit de la parenté hors de la ligne directe.

collation *nf* Repas léger.

collationner *vt* Vérifier, comparer entre eux des textes. ■ *vi* Prendre un repas léger.

colle *nf* 1 Matière utilisée pour faire adhérer deux surfaces. 2 Fam Question difficile, délicate. 3 Fam Punition, retenue.

collecte *nf* Action de recueillir des dons.

collecter *vt* Faire une collecte.

collecteur, trice *n* Qui recueille de l'argent, des dons. ■ *a* Qui recueille. *Égout collecteur.*

collectif, ive *a* Qui réunit, qui concerne simultanément plusieurs personnes, plusieurs choses. ■ *nm* 1 Groupe de personnes qui agissent en commun. 2 Ensemble des crédits supplémentaires demandés par le gouvernement.

collection *nf* 1 Réunion d'objets de même nature. 2 Série d'ouvrages de même genre. 3 Série de modèles de couture. 4 MED Amas de pus, de sang dans une cavité.

collectionner *vt* 1 Réunir en collection. 2 Accumuler. *Collectionner les erreurs.*

collectionneur, euse *n* Qui fait une collection.

collectionnite *nf* Fam Manie du collectionneur.

collectivement *av* De façon collective.

collectivisation nf Attribution des moyens de production à la collectivité.

collectiviser vt Opérer la collectivisation de.

collectivisme nm Doctrine qui réserve la propriété des moyens de production à la collectivité.

collectiviste a, n Qui relève du collectivisme.

collectivité nf Ensemble d'individus ayant entre eux des rapports organisés.

collège nm 1 Établissement d'enseignement secondaire du premier cycle. 2 Groupe déterminé de personnes. *Collège électoral.*

collégial, ale, aux a Fait, assuré par un collège, en commun. *Direction collégiale.* ■ nf Église ayant ou ayant eu un chapitre de chanoines.

collégialité nf Organisation collégiale du pouvoir.

collégien, enne n Élève d'un collège.

collègue n Qui remplit la même fonction qu'un autre ou une fonction analogue.

coller vt 1 Assembler, fixer avec de la colle. *Coller une affiche.* 2 Appliquer, mettre contre. *Coller son visage à la vitre.* 3 Fam Poser à qqn une question à laquelle il ne peut répondre. 4 Fam Refuser à un examen. 5 Fam Punir d'une retenue. ■ vi 1 Adhérer. 2 S'ajuster exactement, convenir.

collerette nf 1 Garniture plissée d'une encolure. 2 Bord rabattu d'une tuyauterie.

collet nm 1 Pèlerine qui s'arrête au milieu du dos. 2 Lacet pour piéger le gibier. 3 Partie de la dent entre la couronne et la racine. Loc *Collet monté* : prude, guindé. *Saisir qqn au collet* : le saisir à la gorge ; l'arrêter.

colleter (se) vpr [19] 1 Se prendre au collet pour se battre. 2 Se débattre avec des difficultés.

colleur, euse n Qui colle.

colley nm Chien de berger écossais.

collier nm 1 Bijou, ornement de cou. 2 Barbe courte qui, partant des tempes, garnit le menton. 3 Lanière ou armature dont on entoure le cou des animaux pour les retenir, les atteler, etc. 4 Pièce métallique de fixation. Loc *Être franc du collier* : agir franchement. *Coup de collier* : effort particulier.

collimateur nm Appareil d'optique de visée. Loc Fam *Avoir qqn dans le collimateur* : le surveiller en étant prêt à l'attaquer.

colline nf Relief de faible hauteur, à sommet arrondi.

collision nf Choc de deux corps.

colloïdal, ale, aux a Qui a les caractères d'un colloïde.

colloïde nm Substance qui, dissoute dans un solvant, forme des particules très fines.

colloque nm Entretien, conférence, débat entre plusieurs spécialistes.

collusion nf Entente secrète pour tromper un tiers, lui causer préjudice.

collutoire nm Médicament liquide destiné à la cavité buccale.

collyre nm Médicament que l'on applique sur la conjonctive.

colmatage nm Action de colmater.

colmater vt Combler, boucher.

colobe nm Grand singe arboricole africain, à belle fourrure.

colocataire n Locataire avec d'autres dans une même maison.

cologarithme nm Logarithme de l'inverse du nombre considéré.

colombage nm Charpente verticale garnie de plâtre, de torchis, etc., utilisée autrefois pour les murs.

colombe nf Pigeon blanc.

colombien, enne a, n De Colombie.

colombier nm Pigeonnier.

colombophile n, a Qui élève des pigeons voyageurs.

colombophilie nf Élevage des pigeons voyageurs.

colon nm 1 Qui habite, exploite une colonie. 2 Enfant d'une colonie de vacances.

colón [lɔn] nm Unité monétaire du Costa Rica et du Salvador.

côlon nm ANAT Gros intestin.

colonel nm Officier supérieur dont le grade vient au-dessous de celui de général de brigade.

colonial, ale, aux a Relatif aux colonies. ■ n Habitant ou originaire des colonies.

colonialisme nm Politique d'exploitation des colonies.

colonialiste a, n Qui relève du colonialisme.

colonie nf 1 Territoire étranger à la nation qui l'administre et l'entretient dans un rapport de dépendance. 2 Ensemble de personnes appartenant à une même nation et résidant à l'étranger. 3 Rassemblement d'animaux, généralement d'une même espèce. Loc *Colonie de vacances* : groupe d'enfants conduit à la campagne ou à la mer, sous la surveillance de moniteurs.

colonisateur, trice a, n Qui colonise.

colonisation nf Action de coloniser.

colonisé, ée a, n Qui subit la domination d'une puissance colonisatrice.

coloniser vt 1 Transformer en colonie par invasion. 2 Peupler de colons.

colonnade nf Alignement de colonnes.

colonne nf 1 Support vertical de forme cylindrique. 2 Monument commémoratif en forme de colonne. 3 Chacune des divisions verticales des pages d'un livre, d'un journal. 4 Suite d'individus, de véhicules les uns derrière les autres. Loc *Colonne vertébrale* : ensemble des vertèbres, articulées en un axe osseux ; rachis. *Colonne montante* : canalisation alimentant les différents niveaux d'un bâtiment.

colonnette nf Petite colonne.

colopathie nf Affection du côlon.

colophane nf Résine solide.

coloquinte nf Cucurbitacée grimpante qui donne un fruit jaune et dur.

colorant nm Substance utilisée pour colorer.

coloration nf Action de colorer ; état de ce qui est coloré.

coloré, ée a Qui a une couleur et, partic., des couleurs vives ; brillant.

colorer vt Donner une couleur, de la couleur à.

coloriage nm 1 Action de colorier. 2 Image à colorier.

colorier vt Appliquer des couleurs sur une estampe, un dessin, etc.

colorimétrie nf CHIM Analyse fondée sur l'absorption de la lumière par une substance.

coloris nm 1 Nuance résultant du mélange des couleurs. 2 Coloration, éclat naturel.

coloriste n Peintre qui excelle dans l'emploi des couleurs.

colossal, ale, aux *a* De grandeur exceptionnelle, gigantesque.

colosse *nm* Homme de haute stature, très robuste.

colostomie *nf* CHIR Anus artificiel par aboutissement du côlon à la peau.

colportage *nm* Action de colporter.

colporter *vt* 1 Présenter des marchandises comme colporteur. 2 Répandre une nouvelle, une rumeur, etc.

colporteur, euse *n* 1 Marchand ambulant qui transporte ses marchandises avec lui et va les proposer à domicile. 2 Qui propage des nouvelles, etc.

colposcopie *nf* MED Examen du col de l'utérus.

colt *nm* Pistolet à chargement automatique.

coltiner *vt* Porter sur le cou, les épaules un fardeau pesant. ■ *vpr* Fam Faire une chose pénible.

columbarium [-lɔ̃baʀjɔm] *nm* Édifice qui reçoit les urnes cinéraires.

colvert *nm* Canard sauvage à la tête verte.

colza *nm* Plante oléagineuse à fleurs jaunes.

coma *nm* État morbide caractérisé par la perte de la conscience, de la sensibilité, de la motricité. Loc *Coma dépassé* : irréversible.

comateux, euse *a, n* Qui relève du coma ; qui est dans le coma.

combat *nm* 1 Action de personnes, d'animaux qui combattent. 2 Lutte, opposition à qqch.

combatif, ive *a, n* Porté à la lutte ; agressif.

combativité *nf* Ardeur au combat.

combattant, ante *n, a* Qui prend part à un combat.

combattre *vt, vi* [77] 1 Attaquer qqn ou se défendre contre lui. 2 Lutter contre qqch de mauvais, de dangereux. *Combattre un incendie.*

combe *nf* GEOGR Dépression allongée dans une région plissée.

combien *av* À quel point, à quel degré. *Il m'a dit combien il vous estime.* Loc *Combien de* : quelle quantité, quel nombre de. *Ô combien !* : beaucoup (en incise). ■ *nm* Loc Abusiv *Le combien ?* : interroge sur le quantième du mois.

combientième *a, n* Fam De quel rang ?

combinaison *nf* 1 Assemblage de plusieurs choses dans un certain ordre. 2 CHIM Formation d'un composé à partir de plusieurs corps. 3 Mesures, calculs faits pour réussir. 4 Sous-vêtement féminin, en tissu léger. 5 Vêtement de travail, de sport, etc., réunissant pantalon et veste en une seule pièce. 6 Ensemble de chiffres ou de lettres à composer pour faire jouer un système de fermeture (cadenas, serrure, etc.).

combinard, arde *a, n* Fam Qui utilise les combines.

combinatoire *a* Relatif aux combinaisons. Loc MATH *Analyse combinatoire* : analyse des différentes manières dont les éléments d'un ensemble sont combinés. ■ *nf* 1 Combinaison d'éléments qui interagissent entre eux. 2 MATH Analyse combinatoire.

combine *nf* Fam Moyen détourné, tricherie adroite pour arriver à ses fins.

combiné *nm* 1 Partie d'un appareil téléphonique comprenant l'écouteur et le microphone. 2 Compétition regroupant plusieurs disciplines.

combiner *vt* 1 Arranger plusieurs choses d'une manière déterminée. 2 Calculer, préparer, organiser.

comblanchien *nm* Calcaire très dur utilisé pour les revêtements.

1. comble *nm* Le maximum, le degré le plus élevé. Loc *De fond en comble* : entièrement, du haut en bas. ■ *pl* Partie d'un édifice se trouvant directement sous la toiture.

2. comble *a* Rempli au maximum. *Salle comble.* Loc *La mesure est comble* : en voilà assez.

comblement *nm* Action de combler.

combler *vt* 1 Remplir un vide, un trou, un creux. *Combler un puits.* 2 Satisfaire pleinement. 3 Gratifier en abondance de. *Combler qqn de bienfaits.*

comburant, ante *nm, a* CHIM Substance capable d'entretenir la combustion d'un corps.

combustible *a* Qui peut brûler. ■ *nm* Substance qui peut entrer en combustion et produire de la chaleur. Loc *Combustible nucléaire* : matière susceptible de fournir de l'énergie par fission ou fusion.

combustion *nf* Le fait de brûler.

come-back *nm inv* Réapparition d'une vedette ou d'une personnalité après une période de retrait.

comédie *nf* 1 Pièce de théâtre ou film qui fait rire, qui distrait agréablement. 2 Caprice, feinte, mensonge. 3 Complication, embarras. *Quelle comédie !*

comédien, enne *n* Acteur de théâtre ou de cinéma. ■ *n, a* Enclin à feindre, hypocrite.

comédon *nm* Point noir de sébum à la surface de la peau.

comestible *a* Qui convient à la nourriture de l'homme. ■ *pl* Produits alimentaires.

comète *nf* Corps céleste suivi d'une traînée lumineuse.

comices *nmpl* Loc *Comices agricoles* : assemblée de cultivateurs, de propriétaires ruraux pour améliorer la production.

comics *nmpl* Bandes dessinées.

comique *a* 1 Qui appartient à la comédie. 2 Qui fait rire, drôle. ■ *nm* 1 Acteur ou auteur de comédies. 2 Ce qui fait rire.

comité *nm* Groupe restreint de personnes chargées d'examiner certaines affaires, de donner un avis. Loc *En petit comité* : dans l'intimité.

comitial, ale, aux [-sjal] *a* De l'épilepsie.

commandant *nm* 1 Officier situé immédiatement au-dessus du capitaine. 2 Officier qui commande un bâtiment de guerre ou un navire de commerce. Loc *Commandant de bord* : pilote chef de l'équipage d'un avion.

commande *nf* 1 Demande de marchandise ou de travail à fournir. 2 La marchandise commandée. 3 Mécanisme qui permet la mise en marche, l'arrêt ou la manœuvre d'un organe. Loc *De commande* : affecté, feint, simulé.

commandement *nm* 1 Action de commander. 2 Ordre, injonction. 3 Autorité, pouvoir de celui qui commande.

commander *vt, vi* 1 User de son autorité en indiquant à autrui ce qu'il doit faire. 2 Être le chef. ■ *vt* 1 Appeler, exiger. *La situation commande la prudence.* 2 Faire une commande de. 3 Dominer, en parlant d'un lieu. 4 Faire marcher, faire fonctionner. ■ *vpr* S'ouvrir l'une sur l'autre, en parlant des pièces d'un appartement.

commandeur 110

commandeur nm Dans l'ordre de la Légion d'honneur, grade au-dessus de celui d'officier.

commanditaire nm 1 Bailleur de fonds dans une société en commandite. 2 Sponsor.

commandite nf 1 Forme de société dans laquelle certains associés (bailleurs de fonds) ne prennent pas part à la gestion. 2 Fonds versés par chaque associé. 3 Sponsoring.

commanditer vt 1 Verser des fonds dans une société en commandite. 2 Financer.

commando nm Groupe de combat chargé d'exécuter une opération rapidement et par surprise.

comme av Marque la quantité, la manière. *Comme c'est beau !* ■ conj 1 Indique la cause, le temps. 2 Indique la manière, la comparaison, la qualité ; de même que, ainsi que, en tant que. Loc *Comme tout* : extrêmement. *Comme quoi* : ce qui montre que.

commedia dell'arte [kɔmedjadelarte] nf inv Comédie jouée par des acteurs qui improvisent le dialogue sur un scénario donné.

commémoratif, ive a Qui commémore.

commémoration nf Cérémonie à la mémoire de qqn ou d'un événement.

commémorer vt Rappeler le souvenir de qqn, d'un événement.

commençant, ante n Débutant dans une discipline.

commencement nm Premier moment dans l'existence d'une chose ; début, origine.

commencer vi [10] Débuter. *Le film a commencé.* ■ vt 1 Faire le commencement, la première partie de qqch. *Commencer un ouvrage.* 2 Être au début de. ■ vti 1 Se mettre à. *Commencer à* (ou *de*) *travailler.* 2 Faire qqch en premier lieu. *Commencer par la conclusion.*

commensal, ale, aux n 1 Litt Qui mange à la même table que d'autres. 2 BIOL Être vivant qui vit et se nourrit auprès d'autres sans leur nuire.

comment av Indique la manière ; de quelle façon. ■ nm inv Loc *Le pourquoi et le comment d'une chose* : ses causes et la manière dont elle s'est produite. ■ interj Exprime la surprise, l'indignation, etc.

commentaire nm 1 Remarques faites pour faciliter la compréhension d'un texte. 2 Observation, remarque sur un événement, une situation.

commentateur, trice n Auteur de commentaires.

commenter vt 1 Expliquer un texte par des remarques. 2 Éclairer par les commentaires.

commérage nm Fam Raconter, cancan.

commerçant, ante n Qui fait du commerce. ■ a Où se trouvent de nombreux commerces. *Une rue commerçante.*

commerce nm 1 Achat et vente de marchandises, de biens. 2 Boutique, magasin. *Tenir un commerce.* 3 Litt Manière d'être en société ; relations humaines. *Il est d'un commerce agréable.*

commercer vi [10] Faire du commerce.

commercial, ale, aux a 1 Relatif au commerce. 2 Réalisé dans le seul but lucratif. ■ n Qui travaille dans le secteur commercial d'une entreprise.

commercialement av Du point de vue du commerce.

commercialisation nf Action de commercialiser.

commercialiser vt Mettre qqch sur le marché.

commère nf Femme curieuse et cancanière.

commettre vt [64] 1 Accomplir un acte répréhensible. 2 Préposer qqn à, charger qqn de. ■ vpr Se compromettre, s'exposer.

comminatoire a Qui exprime une menace.

commis nm Employé subalterne. Loc *Grand commis de l'État* : haut fonctionnaire.

commisération nf Compassion.

commissaire nm 1 Personne remplissant des fonctions généralement temporaires. 2 Membre d'une commission. Loc *Commissaire de police* : fonctionnaire chargé, dans les villes, du maintien de l'ordre et de la sécurité.

commissaire-priseur nm Officier ministériel chargé des ventes publiques. *Des commissaires-priseurs.*

commissariat nm Bureaux, services d'un commissaire.

commission nf 1 Somme rémunérant l'activité d'un intermédiaire. 2 Message, objet confié à une personne chargée de le transmettre. 3 Réunion de personnes chargées du contrôle ou du règlement de certaines affaires. ■ pl Achat des produits ménagers courants.

commissionnaire n 1 Qui fait des opérations commerciales pour le compte d'autrui. 2 Chargé d'une commission.

commissionner vt Charger qqn d'acheter ou de vendre des marchandises.

commissure nf Point de jonction des parties d'un organe. *La commissure des lèvres.*

commode a 1 Pratique, qui répond à l'usage qu'on veut en faire. 2 Qui a un caractère agréable ; facile à vivre. ■ nf Meuble de rangement à hauteur d'appui, pourvu de larges tiroirs.

commodément av De façon commode.

commodité nf Qualité de ce qui est commode. ■ pl Facilités offertes par qqch.

commotion nf Choc nerveux ou émotionnel brutal.

commotionner vt Frapper d'une commotion.

commuer vt DR Transformer une peine en une peine moindre.

commun, une a 1 Qui est partagé par plusieurs personnes, par plusieurs choses. 2 Répandu, général. 3 Qui manque de distinction. Loc *Nom commun* : celui des êtres ou des choses d'une même catégorie. *Droit commun* : ensemble de normes juridiques applicables sur un territoire donné. *En commun* : tous ensemble. ■ nm L'ensemble, la majorité du groupe considéré. *Le commun des mortels.* ■ pl Bâtiments réservés au service dans une grande propriété.

communal, ale, aux a De la commune. ■ nf École primaire.

communard, arde n, a Partisan de la Commune de Paris en 1871.

communautaire a D'une communauté, en partic. de la Communauté européenne.

communauté nf 1 Caractère de ce qui est commun à plusieurs personnes. 2 Groupe de personnes vivant ensemble et partageant des intérêts, une culture, ou un idéal commun. 3 DR Régime matrimonial dans lequel les époux mettent en commun tout ou partie de leurs biens.

commune *nf* La plus petite division administrative de France, dirigée par un maire.

communément *av* Suivant l'usage le plus courant.

communiant, ante *n* Qui reçoit l'eucharistie.

communicable *a* Qui peut être communiqué.

communicant, ante *a, n* Qui communique.

communicateur *nm* Qui est habile à communiquer par le canal des médias.

communicatif, ive *a* 1 Qui se communique facilement. 2 Qui se confie facilement.

communication *nf* 1 Action de communiquer. 2 Avis, information. 3 Moyen de liaison entre deux points. *Porte de communication.* 4 Conversation téléphonique. 5 Diffusion d'informations par les médias.

communicationnel, elle *a* SOCIOL De la communication.

communier *vi* 1 Recevoir le sacrement de l'eucharistie. 2 Être en parfait accord d'idées, de sentiments.

communion *nf* 1 Union de personnes dans une même foi, dans les mêmes idées. 2 Réception du sacrement de l'eucharistie.

communiqué *nm* Avis transmis au public par la presse, la radio, etc.

communiquer *vt* 1 Transmettre. *Communiquer une réclamation.* 2 Faire partager. *Communiquer sa joie.* 3 Faire connaître, publier. ■ *vi* 1 Être en relation. *Communiquer par téléphone.* 2 Être en communication. *Le salon communique avec la chambre.* 3 Faire connaître dans le public grâce aux médias.

communisme *nm* Organisation sociale fondée sur l'abolition de la propriété privée des moyens de production.

communiste *a, n* Qui relève du communisme.

commutable *a* Qu'on peut commuter.

commutateur *nm* Appareil permettant de fermer ou d'ouvrir un circuit électrique.

commutation *nf* 1 Changement, substitution. 2 DR Fait de changer une peine en une peine moindre.

commuter *vt* Didac Transférer, substituer des éléments.

comorien, enne *a, n* Des Comores.

compacité *nf* Caractère compact.

compact, acte *a* 1 Dont les parties sont fortement resserrées et forment une masse très dense. 2 Qui tient relativement peu de place. *Un appareil photo compact.* ■ *nm* 1 Appareil compact. 2 Disque compact.

compactage *nm* 1 Compression maximale de qqch (sol, ordures). 2 INFORM Réduction de la longueur des données.

compact-disque *nm* Disque audionumérique de 12 cm de diamètre. (Abrév CD.) *Des compacts-disques.*

compacter *vt* Soumettre au compactage.

compagne *nf* Celle qui partage les activités, la vie de qqn.

compagnie *nf* 1 Fait d'être présent auprès de qqn. 2 Assemblée de personnes. 3 Association commerciale ou corporative. 4 Troupe théâtrale. 5 Unité d'infanterie commandée par un capitaine. 6 Bande d'animaux de même espèce vivant en colonie. Loc Fam *Et compagnie :* et tous les autres ; et tout ce qui s'ensuit.

compagnon *nm* 1 Qui accompagne qqn. 2 Qui partage la vie de qqn. 3 Ouvrier qui travaille pour le compte d'un entrepreneur.

compagnonnage *nm* Association d'instruction professionnelle et de solidarité entre ouvriers de même métier.

comparable *a* Qui peut être comparé.

comparaison *nf* 1 Action de comparer. 2 Figure par laquelle on rapproche deux choses ou deux êtres en vue d'un effet stylistique. Loc *Degrés de comparaison :* positif, comparatif, superlatif d'un adjectif ou d'un adverbe. *En comparaison de :* par rapport à. *Sans comparaison :* incomparablement, incontestablement.

comparaître *vi* [55] Se présenter devant la justice, une autorité compétente sur convocation.

comparatif, ive *a* Qui sert à comparer ; qui exprime une comparaison. ■ *nm* GRAM Un des trois degrés de comparaison de l'adverbe ou de l'adjectif. *Comparatif d'égalité* (ex. : *aussi beau*), *d'infériorité* (ex. : *moins beau*), *de supériorité* (ex. : *plus beau*).

comparativement *av* Par comparaison.

comparer *vt* 1 Examiner les rapports entre des choses, des êtres en vue de dégager leurs différences et leurs ressemblances. 2 Présenter comme semblable, analogue.

comparse *n* Qui joue un rôle secondaire dans une affaire.

compartiment *nm* 1 Chacune des divisions pratiquées dans un espace, un meuble. 2 Partie d'une voiture de chemin de fer limitée par des cloisons.

compartimenter *vt* Diviser en compartiments, en espaces clos.

comparution *nf* Fait de comparaître devant un juge, un notaire.

compas *nm* 1 Instrument fait de deux branches reliées par une charnière, servant à tracer des cercles, à prendre certaines mesures. 2 Instrument de navigation indiquant le cap.

compassé, ée *a* D'une retenue, d'une régularité affectée.

compassion *nf* Sentiment de sympathie éprouvé pour les maux d'autrui.

compatibilité *nf* Caractère compatible.

compatible *a* Susceptible de s'accorder.

compatir *vti* Éprouver de la compassion. *Compatir à la douleur de qqn.*

compatissant, ante *a* Qui a de la compassion.

compatriote *n* Qui est de la même patrie qu'un autre.

compensateur, trice ou **compensatoire** *a* Qui apporte une compensation.

compensation *nf* 1 Action de compenser. 2 Dédommagement qui compense une perte, un inconvénient.

compensé, ée *a* Loc *Semelle compensée :* semelle épaisse qui fait corps avec le talon.

compenser *vt* Rétablir un équilibre entre deux ou plusieurs éléments.

compère *nm* Fam Camarade, complice.

compère-loriot *nm* Syn de *orgelet. Des compères-loriots.*

compétence *nf* 1 Aptitude d'une autorité administrative ou judiciaire à procéder à certains actes dans des conditions déterminées par la loi. 2 Connaissance, expérience qu'une personne a acquise dans tel ou tel domaine.

compétent, ente *a* 1 Dont la compétence juridique est reconnue. 2 Qui a de la compétence dans un domaine.

compétiteur, trice *n* Qui est en compétition.
compétitif, ive *a* Capable de supporter la concurrence en matière économique.
compétition *nf* 1 Concurrence de personnes qui visent un même but. 2 SPORT Match, épreuve.
compétitivité *nf* Caractère compétitif.
compilateur, trice *n* Qui compile.
compilation *nf* 1 Action de compiler. 2 Recueil sans originalité, fait d'emprunts. 3 Sélection de succès musicaux.
compiler *vt* 1 Rassembler des extraits de divers auteurs pour composer un ouvrage. 2 INFORM Traduire un langage de programmation en un langage utilisable par l'ordinateur.
complainte *nf* Chanson populaire plaintive sur un sujet tragique.
complaire *vti* [68] Litt Se comporter de façon à plaire à qqn. ■ *vpr* Se délecter, trouver du plaisir.
complaisamment *av* Par, avec complaisance.
complaisance *nf* 1 Disposition à se conformer aux goûts, à acquiescer aux désirs d'autrui. 2 Péjor Contentement de soi. Loc *Attestation, certificat de complaisance* : établi en faveur de qqn qui n'y a pas droit.
complaisant, ante *a* 1 Prévenant, qui aime rendre service. 2 Qui a trop d'indulgence.
complanter *vt* AGRIC Planter d'espèces différentes.
complément *nm* 1 Ce qui s'ajoute ou doit être ajouté à une chose pour la compléter. 2 Mot ou groupe de mots relié à un autre afin d'en compléter le sens.
complémentaire *a* Qui sert à compléter. Loc *Arcs, angles complémentaires* : dont la somme égale 90 degrés. *Couleurs complémentaires* : dont le mélange donne du blanc.
complémentarité *nf* Caractère complémentaire.
complet, ète *a* 1 Auquel rien ne manque, qui contient tous les éléments nécessaires. 2 Qui ne peut contenir davantage. 3 À qui aucune qualité ne manque. *Un artiste complet.* Loc *Au (grand) complet* : dans son intégralité. *Pain complet* : auquel on a laissé le son. ■ *nm* Vêtement masculin en deux ou trois pièces de même tissu.
complètement *av* Tout à fait.
compléter *vt* [12] Rendre complet. ■ *vpr* Former un ensemble complet, un tout.
complétive *nf* GRAM Subordonnée sujet, complément d'objet ou attribut.
complexe *a* 1 Qui contient plusieurs éléments combinés, emmêlés. 2 Compliqué. *Situation complexe.* ■ *nm* 1 Ensemble de sentiments, de souvenirs plus ou moins inconscients qui conditionnent le comportement. 2 Sentiment d'infériorité, manque de confiance en soi. 3 Ensemble d'industries semblables ou complémentaires groupées dans une région. 4 Ensemble d'édifices aménagés pour un usage déterminé.
complexé, ée *a, n* Fam Affligé de complexes, timide.
complexer *vt* Fam Provoquer des complexes chez qqn.
complexifier *vt* Rendre complexe, compliqué.
complexion *nf* Litt Constitution physique de qqn.
complexité *nf* Caractère complexe.

complication *nf* 1 État de ce qui est compliqué. 2 Concours de faits, de circonstances susceptibles de perturber le bon fonctionnement de qqch. 3 MED Nouveau trouble lié à un état pathologique préexistant.
complice *n* Qui prend part à une action blâmable. ■ *a* Qui est de connivence.
complicité *nf* 1 Participation à la faute d'un autre. 2 Connivence.
compliment *nm* 1 Paroles de félicitations, obligeantes ou affectueuses. 2 Paroles de civilité.
complimenter *vt* Faire des compliments à.
compliqué, ée *a* 1 Difficile à analyser, à comprendre. 2 Qui manque de simplicité dans son comportement.
compliquer *vt* Rendre moins simple ; rendre difficile à comprendre.
complot *nm* Machination concertée entre plusieurs personnes.
comploter *vi* Préparer un complot.
comploteur, euse *n* Qui complote.
componction *nf* Litt Gravité affectée.
comportement *nm* Manière d'agir, de se comporter. *Un comportement étrange.*
comportemental, ale, aux *a* PSYCHO Du comportement.
comporter *vt* Comprendre, contenir, se composer de. ■ *vpr* Se conduire, agir.
composant, ante *a* Qui entre dans la composition de. ■ *nm* Élément faisant partie de la composition de qqch. ■ *nf* Élément, facteur à prendre en compte.
composé, ée *a* Constitué de plusieurs éléments. Loc GRAM *Temps composé* : temps verbal comportant un auxiliaire. ■ *nm* Tout, ensemble formé de plusieurs parties. ■ *nf* BOT Plante à fleurs groupées en capitules.
composer *vt* 1 Former par assemblage de plusieurs éléments. 2 Entrer dans la composition d'un ensemble. 3 Produire une œuvre littéraire ou musicale. 4 Litt Contrôler son expression, son comportement dans une intention déterminée. 5 Assembler des caractères qui formeront un texte destiné à être imprimé. ■ *vi* 1 Transiger, trouver un accord de compromis. 2 Faire une composition scolaire.
composite *a* Composé d'éléments très différents. ■ *nm* Matériau très résistant constitué de fibres.
compositeur, trice *n* 1 Qui écrit des œuvres musicales. 2 Qui compose un texte avec des caractères d'imprimerie.
composition *nf* 1 Action ou manière de composer ; résultat de cette action. 2 Assemblage de caractères d'imprimerie pour constituer un texte. 3 Art d'écrire la musique. 4 Rédaction, dissertation. 5 Épreuve scolaire en vue d'un classement. 6 Litt Accommodement, acceptation d'un compromis. *Amener qqn à composition.* Loc *Être de bonne composition* : être très arrangeant.
compost *nm* Mélange de matières organiques et minérales, destiné à fertiliser le sol.
compostage *nm* 1 Action de marquer avec un composteur. 2 Préparation du compost.
composter *vt* 1 Marquer au composteur. 2 Transformer des déchets en compost.
composteur *nm* Appareil automatique qui sert à perforer ou à marquer, à dater, à numéroter un document, un billet.

compote *nf* Fruits entiers ou en morceaux, cuits avec du sucre.

compotier *nm* Grande coupe pour les compotes, les entremets, les fruits.

compréhensible *a* Qui peut être compris.

compréhensif, ive *a* Qui comprend autrui ; tolérant, indulgent.

compréhension *nf* 1 Faculté de comprendre, aptitude à concevoir clairement. 2 Aptitude à admettre le point de vue d'autrui.

comprendre *vt* [70] 1 Contenir, renfermer en soi. 2 Faire entrer dans un tout, une catégorie. 3 Pénétrer, saisir le sens de. *Comprendre une question.* 4 Se représenter qqch, concevoir. 5 Admettre, se montrer tolérant pour.

comprenette *nf* Fam Faculté de comprendre.

compresse *nf* Pièce de gaze utilisée pour nettoyer, panser une plaie.

compresser *vt* Serrer, presser, comprimer.

compresseur *am* Qui comprime, sert à comprimer. ■ *nm* Appareil servant à comprimer un gaz.

compressible *a* Qui peut être comprimé, réduit.

compressif, ive *a* Qui sert à comprimer.

compression *nf* 1 Action de comprimer ; résultat de cette action. 2 Restriction, réduction.

comprimé, ée *a* Dont le volume est réduit sous l'effet de la pression. ■ *nm* Pastille de médicament.

comprimer *vt* 1 Presser un corps pour en diminuer le volume. 2 Empêcher qqch de se manifester. 3 Réduire. *Comprimer un budget.*

compris, ise *a* Contenu, inclus. *Service compris.* Loc *Y compris* : en incluant. *Non compris* : sans inclure.

compromettant, ante *a* Qui peut compromettre, nuire à la réputation.

compromettre *vt* [64] 1 Exposer à des difficultés, mettre en péril. 2 Nuire à l'honneur, à la réputation de. ■ *vpr* Faire un acte préjudiciable à sa propre réputation.

compromis *nm* 1 Accord dans lequel on se fait des concessions mutuelles. 2 État intermédiaire, moyen terme.

compromission *nf* Action par laquelle qqn se compromet.

compromissoire *a* DR D'un compromis. *Clause compromissoire.*

comptabiliser *vt* Inscrire dans une comptabilité ; prendre en compte.

comptabilité *nf* 1 Technique de l'établissement des comptes. 2 Ensemble des comptes ainsi établis. 3 Service, personnel qui établit les comptes.

comptable *a* 1 Responsable, tenu de se justifier. 2 Relatif à la comptabilité. *Pièce comptable.* ■ *n* Qui a la charge de tenir la comptabilité.

comptage *nm* Action de compter pour dénombrer.

comptant *am. nm* Loc *Argent comptant* : compté, débité sur-le-champ, en espèces. *Opérations au comptant* : suivies d'un paiement immédiat. ■ *av* Avec de l'argent comptant.

compte *nm* 1 Action de compter, d'évaluer ; résultat de cette action. 2 État des recettes et des dépenses, de ce que l'on doit et de ce qui est dû. 3 Ce qui est dû à qqn. Loc *Au bout du compte, en fin de compte, tout compte fait* : tout bien considéré. Fam *Régler son compte à qqn* : le punir, le tuer, lui faire un mauvais parti. *Règlement de comptes* : vengeance, explication violente. *À bon compte* : à bon marché, à peu de frais. *Tenir compte de, faire entrer, mettre en ligne de compte* : prendre en considération. *Être à son compte* : travailler pour soi, de manière indépendante. *Sur le compte de* : au sujet de. *Demander des comptes* : exiger une justification. *Rendre compte de* : faire un rapport sur, expliquer. *Rendre des comptes* : se justifier, exposer ses raisons. *Se rendre compte de, que* : comprendre.

compte-chèques *nm* Compte postal ou bancaire permettant d'utiliser des chèques. *Des comptes-chèques.*

compte-fils *nm inv* Instrument comportant une loupe pour examiner de près qqch.

compte-gouttes *nm inv* Petite pipette destinée à verser un liquide goutte à goutte. Loc *Au compte-gouttes* : de façon parcimonieuse.

compter *vt* 1 Dénombrer, calculer le nombre, le montant de. 2 Comprendre, inclure dans un compte, un ensemble. 3 Comporter. 4 Estimer à un certain prix. 5 Calculer, mesurer parcimonieusement. 6 Se proposer de, avoir l'intention de. 7 Payer pour. *Compter une somme à qqn.* ■ *vi* 1 Dénombrer, calculer. *Savoir lire et compter.* 2 Entrer en ligne de compte, être pris en considération. 3 Être important. ■ *vti* Tenir compte de qqch. *Compter avec la chance.* Loc *Compter sur* : avoir confiance en, s'appuyer sur. *À compter de* : à dater de, à partir de.

compte rendu *nm* Exposé d'un fait, d'un événement, d'une œuvre. *Des comptes rendus.*

compte-tours *nm inv* Appareil qui compte le nombre de tours effectués pendant un temps donné.

compteur *nm* Appareil servant à mesurer différentes grandeurs (vitesse, distance parcourue, énergie consommée ou produite, etc.) pendant un temps donné.

comptine *nf* Court texte, chanté ou récité par des enfants, utilisé pour choisir le rôle des participants à un jeu.

comptoir *nm* 1 Table longue et étroite sur laquelle un commerçant étale sa marchandise, reçoit de l'argent, sert des consommations. 2 Établissement commercial installé à l'étranger.

compulser *vt* Examiner, consulter. *Compulser des documents.*

compulsion *nf* PSYCHO Force intérieure irrésistible.

comte *nm* Personne dotée d'un titre de noblesse intermédiaire entre marquis et vicomte.

comté *nm* 1 Terre qui donnait au possesseur le titre de comte. 2 Fromage de Franche-Comté, proche du gruyère.

comtesse *nf* 1 Femme qui possédait un comté. 2 Femme d'un comte.

con, conne *a, n* Pop Stupide, idiot.

concasser *vt* Broyer, réduire en fragments relativement gros.

concaténation *nf* Didac Enchaînement d'éléments entre eux.

concave *a* Qui présente une surface courbe en creux. *Miroir concave.*

concavité *nf* État de ce qui est concave ; cavité, creux.

concéder *vt* [12] **1** Accorder, octroyer comme une faveur. **2** Admettre, reconnaître que, qqch.

concélébrer *vt* [12] Célébrer un office avec un ou plusieurs autres ministres du culte.

concentration *nf* **1** Action de concentrer. **2** CHIM Grandeur caractérisant la richesse d'un mélange en un de ses constituants. **3** Fait de concentrer son esprit. *Loc Camp de concentration :* camp où l'on regroupe des prisonniers de guerre, des déportés, etc.

concentrationnaire *a* Relatif aux camps de concentration.

concentré, ée *a* **1** Que l'on a concentré. *Lait concentré.* **2** Dont l'esprit est tendu. ■ *nm* Substance concentrée.

concentrer *vt* **1** Réunir, faire converger en un point. **2** CHIM Augmenter la concentration de. **3** Appliquer sur un objet unique. ■ *vpr* Réfléchir intensément.

concentrique *a* Qui a le même centre de courbure.

concentriquement *av* De façon concentrique.

concept *nm* **1** PHILO Représentation mentale abstraite et générale. **2** Projet d'un nouveau produit industriel ou commercial.

concepteur, trice *n* Qui conçoit des projets de publicité.

conception *nf* **1** Acte par lequel un être vivant est produit par fécondation d'un ovule. **2** Action, façon de concevoir une idée ; création de l'imagination. *Loc Immaculée Conception :* dogme catholique selon lequel la Vierge Marie a été préservée du péché originel.

conceptuel, elle *a* Relatif aux concepts.

concernant *prép* Au sujet de.

concerner *vt* Intéresser, avoir rapport à.

concert *nm* **1** Exécution d'une œuvre musicale. **2** Ensemble de sons, de bruits. *Concert de louanges. Loc De concert :* d'un commun accord.

concertation *nf* Action de se concerter.

concerter *vt* Litt Préparer en conférant avec une ou plusieurs personnes. *Concerter un dessein.* ■ *vpr* Préparer ensemble un projet, s'entendre pour agir.

concertina *nm* Petit accordéon hexagonal.

concertiste *n* Musicien qui se produit en concert.

concerto *nm* Œuvre pour un ou plusieurs instruments et orchestre.

concessif, ive *a* GRAM Qui marque l'idée de concession (ex. : *bien que, quoique,* etc.).

concession *nf* **1** Action d'accorder un droit, un privilège, un bien. **2** Chose concédée ; terrain loué ou vendu pour sa sépulture. **3** Ce que l'on accorde à qqn dans un litige.

concessionnaire *n* **1** Qui a obtenu une concession. **2** Représentant exclusif d'une marque dans une région.

concevable *a* Qui peut se concevoir.

concevoir *vt* [43] **1** Devenir enceinte. **2** Former dans son esprit, créer. **3** Comprendre, avoir une idée de. **4** Éprouver. *Concevoir de la jalousie.*

conchyliculture [-ki-] *nf* Élevage des coquillages comestibles.

conchyliologie [-ki-] *nf* Étude des coquillages.

concierge *n* Qui a la garde d'un immeuble.

conciergerie *nf* Logement de concierge d'un bâtiment administratif.

concile *nm* Assemblée d'évêques et de théologiens sur des questions de dogme, de liturgie, de discipline.

conciliable *a* Qu'on peut concilier avec qqch d'autre.

conciliabule *nm* Conversation secrète.

conciliaire *a* Relatif à un concile.

conciliant, ante *a* Accommodant.

conciliateur, trice *a, n* Qui concilie. ■ *nm* DR Chargé de régler à l'amiable des conflits privés.

conciliation *nf* Action de concilier.

concilier *vt* Accorder ensemble des personnes divisées d'opinion, des choses contraires. ■ *vpr* Disposer favorablement, gagner à soi.

concis, ise *a* Qui s'exprime en peu de mots.

concision *nf* Qualité de ce qui est concis.

concitoyen, enne *n* Citoyen de la même ville, d'un même État.

conclave *nm* Assemblée de cardinaux réunis pour l'élection d'un pape.

concluant, ante *a* Qui apporte une preuve ; décisif. *Démonstration concluante.*

conclure *vt* [54] **1** Déterminer par un accord les conditions de. **2** Écrire, prononcer une conclusion. ■ *vti* Déduire après examen. *Conclure à la démence.*

conclusion *nf* **1** Action de conclure, accord final. **2** Solution finale, issue. **3** Fin d'un discours, péroraison. **4** Conséquence tirée d'un raisonnement.

concocter *vt* Fam Préparer en pensée, remuer dans sa tête.

concombre *nm* Plante potagère dont le gros fruit oblong et aqueux est consommé surtout en salade.

concomitance *nf* Simultanéité.

concomitant, ante *a* Qui accompagne une chose, un fait.

concordance *nf* Fait de s'accorder, d'être en conformité avec une autre chose.

concordant, ante *a* Qui concorde.

concordat *nm* Accord entre le pape et un gouvernement à propos d'affaires religieuses.

concorde *nf* Union de cœurs, de volontés, bonne intelligence.

concorder *vi* Être en accord, en conformité.

concourir *vti* [25] Contribuer à produire un effet. ■ *vi* **1** GEOM Se rencontrer. **2** Être en compétition.

concours *nm* **1** Participation à une action. **2** Compétition sélectionnant les meilleurs candidats. *Loc Concours de circonstances :* coïncidence d'événements.

concret, ète *a* **1** Qui exprime, désigne ce qui est perçu par les sens. **2** Qui est réel, matériel. **3** Qui a le sens des réalités.

concrètement *av* D'une manière concrète.

concrétion *nf* Didac Agrégat de particules en un corps solide.

concrétisation *nf* Fait de concrétiser, de se concrétiser.

concrétiser *vt* Rendre concret, réel. ■ *vpr* Se réaliser, prendre corps.

concubin, ine *n* Qui vit en concubinage.

concubinage *nm* Situation d'un homme et d'une femme vivant en couple sans être mariés.

concupiscence *nf* Litt Vive inclination pour les plaisirs sensuels.

concupiscent, ente *a* Litt Qui manifeste de la concupiscence.

concurremment [-ramã] *av* 1 En rivalité. 2 Conjointement, ensemble.

concurrence *nf* 1 Rivalité d'intérêts économiques. 2 Ensemble des concurrents. Loc *Jusqu'à concurrence de :* jusqu'à la limite de.

concurrencer *vt* [10] Faire concurrence à.

concurrent, ente *a, n* Qui fait concurrence à. *Des commerces concurrents. Évincer tous ses concurrents.* ■ *n* Qui participe à un concours, à une compétition sportive.

concurrentiel, elle *a* De la concurrence.

concussion *nf* Délit consistant à exiger des sommes non dues, dans l'exercice d'une fonction publique.

condamnable *a* Qui mérite d'être condamné.

condamnation *nf* 1 Décision d'une juridiction de sanctionner un coupable. 2 Blâme, critique.

condamné, ée *a, n* Qui s'est vu infliger une peine. ■ *a* 1 Dont la maladie est mortelle. 2 Obligé, astreint à.

condamner *vt* 1 Prononcer une peine contre. 2 Astreindre qqn à, réduire. *Son accident le condamne à l'immobilité.* 3 Blâmer, désapprouver. 4 Barrer un passage, supprimer une ouverture.

condensateur *nm* Appareil capable d'emmagasiner une charge électrique.

condensation *nf* Action de condenser, de se condenser.

condensé, ée *a* Réduit de volume par évaporation. *Lait condensé.* ■ *nm* Bref résumé.

condenser *vt* 1 Rendre plus dense, resserrer dans un moindre espace. 2 Faire passer de l'état gazeux à l'état liquide. 3 Exprimer avec concision. ■ *vpr* Passer de l'état gazeux à l'état liquide.

condescendance *nf* Attitude de bienveillance marquée de supériorité.

condescendant, ante *a* Marqué par la condescendance.

condescendre *vi* [71] Daigner. *Il a condescendu à me répondre.*

condiment *nm* Substance ajoutée à un aliment pour en relever le goût.

condisciple *n* Compagnon, compagne d'études.

condition *nf* 1 État, situation d'une personne, d'une chose. *La condition humaine.* 2 Rang social. 3 Ce dont qqch dépend. 4 Convention à la base d'un accord. Loc *À condition, sous condition :* avec certaines réserves. *À condition de, que :* si seulement, pourvu que. *Mettre en condition :* préparer physiquement ou psychologiquement. ■ *pl* Ensemble de circonstances qui déterminent une situation.

conditionné, ée *a* Soumis à des conditions. Loc *Air conditionné :* air d'une pièce, etc., maintenu dans les conditions voulues de température, d'hygrométrie.

conditionnel, elle *a* Subordonné à un fait incertain. ■ *nm* Mode verbal indiquant que l'action ou l'état dépend d'une condition.

conditionnement *nm* 1 Action de conditionner qqn, qqch. 2 Action d'emballer un produit pour le vendre ; l'emballage de ce produit.

conditionner *vt* 1 Mettre qqn en condition. 2 Procéder au conditionnement d'un produit. 3 Constituer la condition de.

condoléances *nfpl* Témoignage de sympathie à la douleur d'autrui.

condom *nm* Préservatif masculin.

condor *nm* Vautour des Andes.

condottiere *nm* HIST Chef d'aventuriers italiens.

conducteur, trice *a* Qui conduit, guide. ■ *n* Qui est aux commandes d'un véhicule. ■ *nm* Corps qui transmet l'électricité, la chaleur.

conduction *nf* Didac Transmission de l'électricité, de la chaleur, de l'influx nerveux.

conductivité *nf* PHYS Capacité à transmettre l'électricité.

conduire *vt* [67] 1 Mener, guider, transporter qqpart. 2 Aboutir à. *Conduire à l'échec.* 3 Commander, être à la tête du. 4 Être aux commandes d'un véhicule. 5 PHYS Transmettre la chaleur, l'électricité. ■ *vpr* Se comporter.

conduit *nm* Canal, tuyau.

conduite *nf* 1 Action de conduire, de diriger. 2 Action de conduire un véhicule. 3 Manière de se comporter, d'agir. 4 Canalisation.

cône *nm* 1 GEOM Surface engendrée par une droite (la génératrice) passant par un point fixe (le sommet) et s'appuyant sur une courbe fixe (la directrice) ; volume déterminé par une surface et un plan d'intersection. 2 BOT Fleur ou inflorescence de forme conique. *Cônes de pin.* 3 Mollusque gastéropode à coquille conique.

confection *nf* 1 Action de fabriquer, de préparer qqch. 2 Industrie des vêtements vendus tout faits.

confectionner *vt* Préparer, fabriquer.

confectionneur, euse *n* Qui fabrique des vêtements de confection.

confédéral, ale, au. *a* D'une confédération.

confédération *nf* 1 Association d'États qui, tout en conservant leur souveraineté, sont soumis à un pouvoir central. 2 Groupement d'associations, de fédérations, de syndicats, etc.

confédéré, ée *a, n* Réuni en confédération.

confer [-fer] Indication d'avoir à se reporter à un autre passage. (Abrév : cf.)

conférence *nf* 1 Réunion où plusieurs personnes examinent ensemble une question. 2 Discours prononcé en public dans un but didactique. Loc *Conférence de presse :* où des journalistes interrogent une ou plusieurs personnalités.

conférencier, ère *n* Qui fait une conférence.

conférer *vt* [12] Accorder, donner. ■ *vi* Être en conversation, s'entretenir.

confesse *nf* Loc *Aller à confesse :* se confesser.

confesser *vt* 1 Déclarer ses péchés en confession. 2 Entendre en confession. 3 Avouer. ■ *vpr* Reconnaître ses péchés, ses fautes.

confesseur *nm* Prêtre qui entend qqn en confession.

confession *nf* 1 Aveu de ses péchés fait à un prêtre en vue de recevoir l'absolution. 2 Aveu, déclaration d'une faute. 3 Appartenance à une religion.

confessionnal, aux *nm* Lieu où le prêtre entend les confessions.

confessionnalisme *nm* Sentiment d'appartenir à une religion, primant le sentiment national.

confessionnel, elle *a* Relatif à la religion. Loc *École confessionnelle :* destinée aux élèves d'une religion déterminée.

confetti *nm* Petite rondelle de papier de couleur qu'on se lance par poignées pendant une fête.

confiance *nf* 1 Espérance ferme en une personne, une chose. 2 Assurance, hardiesse. Loc *Question de confiance :* demande faite à l'Assemblée nationale d'approuver la politique du gouvernement.

confiant, ante *a* Qui a confiance.

confidence *nf* Communication d'un secret personnel.

confident, ente *n* À qui on confie ses pensées intimes.

confidentialité *nf* Caractère confidentiel.

confidentiel, elle *a* Dit, écrit, fait en confidence, en secret.

confidentiellement *av* En confidence.

confier *vt* 1 Remettre qqch, qqn au soin de qqn d'autre. 2 Dire confidentiellement. ■ *vpr* Faire des confidences.

configuration *nf* Forme extérieure, disposition d'ensemble.

confiné, ée *a* Loc *Air confiné :* insuffisamment renouvelé.

confinement *nm* Action de confiner ; fait d'être confiné.

confiner *vt* Reléguer en un lieu, isoler. ■ *vti* Toucher aux limites de qqch.

confins *nmpl* Limites d'un pays, d'une terre.

confire *vt* [79] Mettre des aliments dans une substance qui les conserve.

confirmation *nf* 1 Action de confirmer. 2 Sacrement de l'Église catholique qui confirme le baptême. 3 Dans l'Église protestante, profession publique de la foi chrétienne.

confirmer *vt* 1 Maintenir, ratifier. 2 Conforter. *Il m'a confirmé dans mon opinion.* 3 Assurer la vérité de qqch, l'appuyer par de nouvelles preuves. 4 Administrer le sacrement de la confirmation.

confiscation *nf* Action de confisquer.

confiscatoire *a* Qui a le caractère d'une confiscation.

confiserie *nf* 1 Lieu où l'on fabrique, où l'on vend des friandises à base de sucre. 2 Fabrication, commerce de ces produits. 3 Ces produits mêmes ; sucreries.

confiseur, euse *n* Qui fabrique, qui vend de la confiserie.

confisquer *vt* Saisir qqch par acte d'autorité.

confit, ite *a* Conservé dans le vinaigre, de la graisse, du sucre. Loc *Fam Confit en dévotion :* d'une dévotion outrée. ■ *nm* Viande cuite et conservée dans sa propre graisse.

confiture *nf* Conserve de fruits cuits avec du sucre.

conflagration *nf* Conflit vaste et violent (guerre, révolution).

conflictuel, elle *a* Relatif à un conflit.

conflit *nm* 1 Antagonisme. 2 Opposition entre deux États qui se disputent un droit.

confluent *nm* Lieu où deux cours d'eau se réunissent.

confluer *vi* Se réunir (cours d'eau).

confondant, ante *a* Qui remplit d'étonnement.

confondre *vt* [71] 1 Remplir d'étonnement, troubler. 2 Réduire qqn au silence en lui prouvant sa faute, son erreur. 3 Prendre une chose, une personne pour une autre. ■ *vpr* se mêler. Loc *Se confondre en excuses, etc. :* multiplier les excuses, etc.

conformation *nf* Manière dont un corps organisé est conformé, dont ses parties sont disposées.

conforme *a* 1 De même forme que, semblable à un modèle. 2 Qui s'accorde, qui convient.

conformé, ée *a* Qui possède telle conformation.

conformément *av* De façon conforme.

conformer *vt* Rendre conforme. ■ *vpr* Agir selon. *Se conformer aux coutumes du pays.*

conformisme *nm* Soumission aux opinions généralement admises.

conformiste *n, a* Qui fait preuve de conformisme.

conformité *nf* Accord, adéquation.

confort *nm* Bien-être matériel, commodités de la vie quotidienne.

confortable *a* 1 Qui offre du confort. 2 Important. *Revenus confortables.*

confortablement *av* De façon confortable.

conforter *vt* Rendre plus ferme, plus solide, renforcer.

confraternel, elle *a* De confrère.

confrère *nm* Qui appartient à la même profession intellectuelle, à la même compagnie, à la même confrérie qu'un autre.

confrérie *nf* Association pieuse.

confrontation *nf* Action de confronter des personnes, des choses.

confronter *vt* 1 Mettre des personnes en présence les unes des autres, pour comparer leurs opinions. 2 Comparer deux choses.

confucéen, enne *a* Du confucianisme.

confucianisme *nm* Doctrine et enseignement de Confucius.

confus, use *a* 1 Dont les éléments sont brouillés, mêlés. 2 Embarrassé, gêné.

confusément *av* De façon confuse.

confusion *nf* 1 Embarras, honte. 2 Fait de confondre, de prendre une personne, une chose, pour une autre.

confusionnel, elle *a* De la confusion mentale.

confusionnisme *nm* État de confusion dans les esprits.

congé *nm* 1 Permission de se retirer, de quitter momentanément son travail. 2 Période où l'on ne travaille pas ; vacances. *Congés payés.* 3 Attestation de paiement des droits de circulation frappant certaines marchandises. Loc *Donner congé à un locataire :* lui faire savoir qu'il doit quitter les lieux.

congédiement *nm* Action de congédier.

congédier *vt* Renvoyer qqn, lui dire de se retirer.

congélateur *nm* Appareil qui sert à congeler des denrées alimentaires.

congélation *nf* Action de congeler.

congeler *vt* [16] 1 Faire passer de l'état liquide à l'état solide par l'action du froid. 2 Soumettre à l'action du froid pour conserver.

congénère *n* Qui est de la même espèce, du même genre.

congénital, ale, aux *a* Qui existe à la naissance.

congère *nf* Neige amassée par le vent.

congestif, ive *a* De la congestion.

congestion *nf* 1 Excès de sang dans les vaisseaux d'un organe ou d'une partie d'organe. 2 Encombrement. *Congestion urbaine.*

congestionner *vt* Déterminer la congestion.

conglomérat *nm* 1 Roche formée de blocs agglomérés. 2 Ensemble d'entreprises aux productions variées.

conglomérer *vt* [12] Réunir en boule, en pelote, en masse.

conglutiner *vt* MED Agglutiner.

congolais, aise *a, n* Du Congo. ■ *nm* Petit gâteau à la noix de coco.

congratulations *nfpl* Félicitations.

congratuler *vt* Féliciter.

congre *nm* Poisson de mer, allongé comme une anguille.

congrégation *nf* Association religieuse.

congrès *nm* Rassemblement de personnes pour traiter d'intérêts communs, d'études spécialisées.

congressiste *n* Membre d'un congrès.

congru, ue *a* Loc *Portion congrue* : attribution à peine suffisante de qqch à qqn.

conifère *nm* Arbre produisant des cônes (pin, sapin, etc.).

conique *a* Qui a la forme d'un cône.

conjectural, ale, aux *a* Fondé sur des conjectures.

conjecture *nf* Opinion fondée sur des présomptions, des probabilités.

conjecturer *vt* Juger en fonction de conjectures.

conjoint, ointe *a* Lié. *Questions conjointes.* ■ *n* Chacun des époux.

conjointement *av* Ensemble, de concert.

conjonctif, elle *a* Loc *Locution conjonctive* : qui réunit deux mots, deux propositions. *Tissu conjonctif* : tissu de liaison entre les différents tissus et organes.

conjonction *nf* 1 Didac Réunion. *Conjonction des contraires.* 2 GRAM Mot invariable qui unit deux mots, deux propositions.

conjonctive *nf* ANAT Membrane qui tapisse l'œil et la paupière.

conjonctivite *nf* Inflammation de la conjonctive.

conjoncture *nf* 1 Situation résultant d'un ensemble d'évènements. 2 Ensemble des conditions déterminant l'état de l'économie à un moment donné.

conjoncturel, elle *a* Qui dépend de la conjoncture. Ant. structurel.

conjoncturiste *n* Spécialiste de l'étude de la conjoncture économique.

conjugable *a* Qu'on peut conjuguer.

conjugaison *nf* 1 Didac Action d'unir, de coordonner. 2 GRAM Ensemble des formes que possède un verbe.

conjugal, ale, aux *a* Qui concerne l'union du mari et de la femme.

conjugalement *av* Comme des personnes mariées.

conjuguer *vt* 1 Unir. *Conjuguer ses efforts.* 2 Réciter, donner la conjugaison d'un verbe.

conjuration *nf* Association en vue d'exécuter un complot contre l'État, le souverain.

conjuré, ée *n* Qui est entré dans une conjuration.

conjurer *vt* 1 Écarter, repousser un danger, une menace, des maléfices. 2 Prier avec insistance, supplier.

connaissance *nf* 1 Le fait de connaître. 2 Personne avec qui on est en relation. *C'est une vieille connaissance.* Loc *Avoir connaissance de qqch* : en venir à apprendre qqch. *Prendre connaissance de qqch* : l'examiner. *À ma connaissance* : autant que je sache. *En connaissance de cause* : en se rendant compte de ce que l'on fait, dit. *Perdre connaissance, rester, tomber sans connaissance* : avoir une syncope. *Reprendre connaissance* : revenir d'un évanouissement. *Faire connaissance avec qqn* : entrer en relation avec lui. *En pays de connaissance* : au milieu de personnes, de choses que l'on connaît. ■ *pl* Notions acquises ; ce que l'on a appris d'un sujet.

connaisseur, euse *a, n* Expert en une chose.

connaître *vt* [55] 1 Avoir une idée pertinente de ; être informé de. 2 Avoir la pratique, l'expérience de. *Connaître une langue, un métier.* 3 Avoir. *Son ambition ne connaît pas de limites.* 4 Savoir l'identité de qqn. 5 Comprendre le caractère, la personnalité de qqn. ■ *vpr* Avoir une juste notion de soi-même. Loc *Ne plus se connaître* : être dominé par la colère. *S'y connaître* : être compétent.

connard, arde *a, n* Pop Imbécile.

connecter *vt* TECH Joindre.

connecteur *nm* Dispositif de connexion électrique ou électronique.

connectique *nf* Industrie des connecteurs.

connerie *nf* Pop Bêtise, stupidité.

connétable *nm* HIST Premier officier de la maison du roi, commandant l'armée.

connexe *a* Lié avec qqch.

connexion *nf* 1 Liaison logique entre les choses. 2 ELECTR Liaison de conducteurs ou d'appareils entre eux.

connivence *nf* Complicité par complaisance ou tolérance ; accord secret.

connotation *nf* LING Évocation affective ou intellectuelle accompagnant la signification propre d'un mot, d'un énoncé.

connoter *vt* Exprimer comme connotation.

connu, ue *a* 1 Dont on a connaissance. 2 Célèbre.

conque *nf* Coquille de gros gastéropodes.

conquérant, ante *a, n* Qui fait des conquêtes.

conquérir *vt* [34] 1 Prendre par les armes. 2 Gagner, séduire, s'attacher.

conquête *nf* 1 Action de conquérir. 2 Ce qui est conquis. 3 Fam Personne dont on a conquis les bonnes grâces.

conquistador *nm* HIST Conquérant espagnol du Nouveau Monde (XVIᵉ s.).

consacré, ée *a* 1 Qui a reçu une consécration religieuse. 2 Sanctionné par l'usage.

consacrer *vt* 1 Dédier à Dieu ; rendre sacré. *Consacrer une église.* 2 Prononcer les paroles sacramentelles de l'eucharistie. *Consacrer le pain et le vin.* 3 Sanctionner, faire accepter de tous. *L'usage a consacré ce mot.* 4 Destiner qqch à. *Consacrer ses loisirs à la musique.* ■ *vpr* Se vouer. *Se consacrer à un travail.*

consanguin, uine *a, n* Parent du côté paternel. Loc *Mariage consanguin* : entre proches parents.

consanguinité [-gui-] *nf* 1 Parenté du côté du père. 2 Parenté proche entre conjoints.

consciemment *av* De façon consciente.

conscience *nf* 1 Sentiment, perception que l'être humain a de lui-même, de sa propre existence. 2 Siège des convictions, des croyances. *Liberté de conscience.* 3 Sentiment par lequel l'être humain juge de la moralité de ses actions. *Loc Avoir qqch sur la conscience :* avoir qqch à se reprocher. *Cas de conscience :* difficulté à se déterminer au regard de la morale. *La main sur la conscience :* en toute franchise. *En mon âme et conscience :* selon ma conviction la plus intime. *En conscience, en bonne conscience :* honnêtement, franchement.

consciencieusement *av* De façon consciencieuse.

consciencieux, euse *a* 1 Qui remplit scrupuleusement ses obligations. 2 Fait avec soin.

conscient, ente *a* 1 Qui a la conscience de soi-même, d'un fait, de l'existence d'une chose. 2 Qui est perçu par la conscience.

conscription *nf* Recrutement annuel de soldats selon la classe d'âge.

conscrit *nm* Soldat nouvellement incorporé.

consécration *nf* 1 Action de consacrer. 2 Action du prêtre qui consacre, pendant la messe, le pain et le vin. 3 Sanction, confirmation. *C'est la consécration de son succès.*

consécutif, ive *a* 1 Qui se suit sans interruption. *Trois années consécutives.* 2 Qui suit, comme résultat. *Accident consécutif à une imprudence. Loc GRAM Proposition consécutive :* subordonnée indiquant la conséquence.

consécutivement *av* Aussitôt après.

conseil *nm* 1 Avis donné à qqn sur ce qu'il convient qu'il fasse. 2 Personne dont on prend avis. 3 Assemblée ayant pour mission de donner son avis, de statuer sur certaines affaires. *Loc Conseil des ministres :* réunion des ministres, présidée par le chef de l'État. *Conseil général :* assemblée composée de membres élus de chaque département. *Conseil municipal :* composé de membres élus pour s'occuper des affaires communales.

1. conseiller *vt* Donner un conseil à qqn, lui recommander qqch.

2. conseiller, ère *n* 1 Qui donne des conseils. 2 Membre d'un conseil, d'un tribunal, etc.

conseilleur, euse *n* Qui se contente de conseiller, sans prendre de risques.

consensuel, elle *a* Issu d'un consensus.

consensus [-sys] *nm* Consentement, accord entre des personnes.

consentant, ante *a* Qui consent, qui donne son adhésion.

consentement *nm* Approbation, adhésion donnée à un projet.

consentir *vti* [29] Donner son consentement à. ■ *vt* Accorder qqch. *Consentir un rabais.*

conséquemment *av* Litt Par suite.

conséquence *nf* 1 Résultat, suite d'une action, d'un fait. 2 Effet important. *Cela ne tire pas à conséquence. Loc En conséquence :* par conséquent, donc.

conséquent, ente *a* 1 Qui agit d'une manière logique. 2 Abusiv Considérable, important. *Loc Par conséquent :* donc.

conservateur, trice *a* 1 Du conservatisme. *Journal conservateur. Loc Chirurgie conservatrice :* qui vise à conserver les organes dans leur état. ■ *n* 1 Personne chargée de garder qqch ;

titre de certains fonctionnaires. 2 Hostile ou réservé à l'égard des innovations politiques, sociales, etc. 3 Membre d'un des principaux partis politiques britanniques. ■ *nm* 1 Produit qui assure la conservation des aliments. 2 Appareil utilisé pour la conservation des produits congelés.

conservation *nf* 1 Action de conserver. 2 État de ce qui est conservé.

conservatisme *nm* Attitude des conservateurs ; traditionalisme.

conservatoire *a* DR Qui conserve un droit. ■ *nm* Établissement public d'enseignement de la musique, de la danse, de l'art dramatique.

conserve *nf* Substance alimentaire qui peut se garder longtemps dans un récipient clos. ■ *av Loc Litt De conserve :* ensemble, en accord.

conserver *vt* 1 Ne pas se défaire de, garder. 2 Maintenir en bon état ; faire durer.

conserverie *nf* Fabrique de conserves.

considérable *a* Puissant, important.

considérablement *av* Beaucoup, très.

considérant *nm* Motif justifiant une décision.

considération *nf* 1 Examen attentif que l'on fait d'une chose avant de se décider. 2 Motif, raison d'une action. 3 Estime, déférence. *Loc Prendre en considération :* tenir compte de. *En considération de :* à cause de. ■ *pl* Réflexions.

considérer *vt* [12] 1 Regarder attentivement, examiner. 2 Tenir compte de ; estimer, faire cas de. *Loc Considérer comme :* juger, estimer.

consignation *nf* DR Dépôt d'une somme entre les mains d'un tiers ou d'un officier public ; somme déposée.

consigne *nf* 1 Instruction donnée à une sentinelle, à un surveillant, à un gardien, etc. 2 Punition infligée à un soldat, à un élève consistant en une privation de sortie. 3 Endroit où l'on met les bagages en dépôt dans une gare, un aéroport. 4 Somme rendue en retour d'un emballage.

consigner *vt* 1 Mettre en dépôt chez un tiers. 2 Mettre par écrit. 3 Priver de sortie. 4 Facturer un emballage, une bouteille qui, une fois rendus, seront remboursés.

consistance *nf* 1 État plus ou moins solide, ferme d'une matière. 2 Sérieux, solidité. *La nouvelle prend de la consistance.*

consistant, ante *a* Qui a une consistance ferme, épais, solide. *Soupe consistante.*

consister *vti* 1 Être composé de. *Sa fortune consiste en actions.* 2 Se limiter à, avoir pour nature de. *Votre travail consiste à trier ces papiers.*

consistoire *nm* 1 Réunion des cardinaux sur convocation du pape. 2 Direction administrative de certaines communautés religieuses.

consœur *nf* Femme appartenant au même corps, à la même compagnie qu'une autre.

consolant, ante *a* Propre à consoler.

consolateur, trice *a, n* Qui console.

consolation *nf* 1 Soulagement apporté à la douleur morale de qqn. 2 Chose, personne qui console.

console *nf* 1 Table à deux ou quatre pieds en forme de S, appuyée contre un mur. 2 Pièce encastrée dans une paroi, servant de support. 3 INFORM Périphérique ou terminal permettant de communiquer avec l'unité centrale.

consoler *vt* Soulager qqn dans sa douleur, son affliction. ■ *vpr* Oublier son chagrin.

consolidation nf Action de consolider.

consolider vt Affermir, rendre plus solide.

consommable a Qui peut être consommé.

consommateur, trice n 1 Qui achète des produits pour les consommer. 2 Qui boit ou mange dans un café.

consommation nf 1 Action de consommer. 2 Boisson prise dans un café. Loc *Société de consommation* : société où la production entraîne la surconsommation.

consommé, ée a Expérimenté, parfait. *Un musicien consommé.* ■ nm Bouillon de viande.

consommer vt 1 Employer comme aliment. 2 Utiliser pour fonctionner. *Ce moteur consomme du gazole.* ■ vi Prendre une consommation dans un café.

consomption nf MED Amaigrissement et perte des forces.

consonance nf 1 Ressemblance de sons dans la terminaison de deux ou plusieurs mots. 2 Suites de sons. *Des consonances harmonieuses.*

consonantique a De la consonne.

consonantisme nm LING Système des consonnes d'une langue.

consonne nf Phonème formant une syllabe avec une voyelle.

consorts nmpl Qui sont du même genre. *Escrocs et consorts.* ■ am Loc *Prince consort* : époux d'une reine, qui n'est pas roi lui-même.

consortium [-sjɔm] nm Association d'entreprises.

conspirateur, trice n Qui conspire.

conspiration nf Complot, conjuration.

conspirer vi Comploter. ■ vti Litt Tendre au même but. *Tout conspire à votre bonheur.*

conspuer vt Manifester bruyamment son hostilité à qqn.

constamment av Toujours, très souvent.

constance nf 1 Persistance, persévérance dans ses actions ou ses goûts. 2 État de ce qui ne change pas.

constant, ante a 1 Qui ne change pas ; persévérant. *Constant en amour.* 2 Qui dure ; ininterrompu. *Pluie constante.* ■ nf 1 Tendance durable. 2 Grandeur invariable.

constat nm 1 Procès-verbal d'huissier constatant un fait. 2 Constatation. *Un constat d'échec.* Loc *Constat amiable* : déclaration d'accident faite par les parties.

constatation nf 1 Action de constater. 2 Fait constaté et rapporté.

constater vt 1 Certifier la réalité d'un fait. 2 Remarquer, s'apercevoir de.

constellation nf Groupement d'étoiles.

constellé, ée a 1 Parsemé d'étoiles. 2 Parsemé abondamment. *Texte constellé de fautes.*

consternant, ante a Désolant.

consternation nf Stupeur causée par un événement pénible.

consterner vt Jeter dans l'accablement.

constipation nf Retard dans l'évacuation des selles.

constipé, ée a, n 1 Qui souffre de constipation. 2 Pop Taciturne, embarrassé.

constiper vt Causer la constipation.

constituant, ante a, nm Qui entre dans la constitution de qqch. ■ a Loc *Assemblée constituante* : qui élabore une Constitution.

constitué, ée a Loc *Corps constitués* : organismes établis par la Constitution.

constituer vt 1 Former un tout, par la réunion d'éléments. 2 Représenter. *Le loyer constitue le quart de ses dépenses.* 3 Établir qqn comme. *Il a constitué son neveu son héritier.* 4 Établir qqch pour qqn. *Constituer une dot à qqn.* ■ vpr Loc *Se constituer prisonnier* : se livrer à la justice.

constitutif, ive a Qui constitue.

constitution nf 1 Ensemble des éléments constitutifs de qqch ; composition. *La constitution des corps.* 2 Nature, état physique. *Être de constitution délicate.* 3 Création, fondation. *Constitution d'une société.* 4 (avec majusc) Ensemble des lois fondamentales d'un État.

constitutionnel, elle a 1 Régi par une constitution. 2 Conforme à la Constitution de l'État.

constitutionnellement av De façon constitutionnelle.

constricteur am Loc *Muscle constricteur* : qui resserre certains orifices. *Boa constrictor* ou *constrictor* : qui se contracte autour de sa proie pour l'étouffer.

constructeur, trice n, a Qui construit.

constructible a Où on peut construire.

constructif, ive a Qui contribue à construire, positif. *Des propositions constructives.*

construction nf 1 Action de construire. 2 Édifice. 3 Branche particulière de l'industrie. *Construction mécanique, navale, aéronautique.* 4 Arrangement des mots dans la phrase.

constructivisme nm Courant artistique du XXᵉ s. privilégiant les formes géométriques.

construire vt [67] 1 Bâtir. *Construire un pont.* 2 Assembler. *Construire une automobile.* 3 Concevoir. *Construire un raisonnement.*

consubstantiel, elle a Didac De la même substance, inséparable.

consul nm 1 Magistrat dans la Rome antique. 2 Titre des trois magistrats suprêmes de la République française de 1789 à 1804. 3 Diplomate chargé, à l'étranger, des ressortissants de son pays.

consulaire a 1 Propre aux consuls romains. 2 Relatif à un consulat à l'étranger. Loc *Juge consulaire* : membre des tribunaux de commerce.

consulat nm 1 Dans la Rome antique, charge de consul. 2 Charge ou résidence d'un consul à l'étranger.

consultable a Que l'on peut consulter.

consultant, ante n 1 Qui donne avis et conseil. 2 Qui vient consulter un médecin.

consultatif, ive a Qui donne un avis, sans pouvoir de décision.

consultation nf 1 Action de consulter, de donner un avis. 2 Examen d'un malade par un médecin.

consulter vt 1 S'adresser à qqn pour avis. *Consulter un avocat, un médecin, un expert.* 2 Examiner pour information. *Consulter un dictionnaire.* ■ vi Recevoir des malades (médecin).

consumer vt Détruire par le feu. ■ vpr 1 Être détruit par le feu. 2 Litt Dépérir, s'épuiser.

consumérisme nm Doctrine économique des organisations de consommateurs.

consumériste a, n Qui relève du consumérisme.

contact nm 1 État de corps qui se touchent. 2 Liaison, relation. *Prendre contact, être en contact avec qqn.* 3 Proximité permettant le combat. **4** Liaison de deux conducteurs électriques assurant le passage d'un courant. *Loc Lentille, verre de contact :* lentille correctrice appliquée directement sur le globe oculaire.

contacter *vt* Établir un contact avec qqn.

contacteur *nm* Appareil ouvrant et fermant un circuit électrique.

contagieux, euse *a, n* Transmissible par contagion. ■ *a* Qui se communique facilement. *Un rire contagieux.*

contagion *nf* **1** Transmission d'une maladie par contact direct ou indirect. **2** Imitation involontaire.

contagiosité *nf* MED Caractère contagieux d'une maladie.

container [-nɛʀ] *nm* Conteneur.

contamination *nf* Souillure par des germes pathogènes ou des substances radioactives.

contaminer *vt* Souiller par contamination.

conte *nm* **1** Récit, généralement bref, d'aventures imaginaires. **2** Histoire peu vraisemblable.

contemplatif, ive *a, n* Qui s'adonne à la contemplation.

contemplation *nf* **1** Action de contempler. **2** Profonde méditation.

contempler *vt* Regarder attentivement, avec admiration.

contemporain, aine *a, n* **1** De la même époque. **2** De notre époque.

contempteur, trice *n* Litt Qui méprise.

contenance *nf* **1** Capacité, quantité contenue. **2** Attitude. *Loc Perdre contenance :* être embarrassé.

contenant *nm* Ce qui contient qqch.

conteneur *nm* Récipient métallique pour le transport des marchandises. Syn. container.

conteneurisation *nf* Action de conteneuriser.

conteneuriser *vt* Mettre dans des conteneurs.

contenir *vt* [35] **1** Avoir une capacité de. *Cette cuve contient cent litres.* **2** Renfermer. *Ce verre contient de l'eau.* **3** Maintenir, retenir. *Les gardes contiennent la foule.* ■ *vpr* Se maîtriser.

content, ente *a* Satisfait, joyeux. ■ *nm Loc Avoir son content :* avoir ce que l'on désirait.

contentement *nm* État d'une personne contente ; satisfaction.

contenter *vt* Rendre content, satisfaire. ■ *vpr* Se borner à. *Il s'est contenté de rire.*

contentieux *nm* Litige, contestation.

contention *nf* Immobilisation d'un membre, d'un animal afin de le soigner.

contenu *nm* **1** Ce qui est renfermé dans qqch. *Le contenu d'une boîte.* **2** Substance. *Le contenu d'une lettre.*

conter *vt* Litt Faire le récit de, narrer. *Loc En conter à qqn :* le tromper.

contestable *a* Qui peut être contesté.

contestataire *a, n* Qui conteste l'ordre établi.

contestation *nf* **1** Objection, discussion. **2** Action de contester. **3** Remise en cause de l'ordre établi. *La contestation étudiante.*

conteste (sans) *av* Incontestablement.

contester *vt* Refuser de reconnaître la légalité ou la réalité d'un fait. *Contester un testament.* ■ *vi* Discuter, pratiquer la contradiction.

conteur, euse *n* **1** Qui conte, qui fait des récits. **2** Auteur de contes.

contexte *nm* **1** Cadre dans lequel se place un mot, une expression, une phrase. **2** Ensemble des circonstances d'un évènement.

contextuel, elle *a* Du contexte.

contexture *nf* Liaison, agencement des différentes parties d'un tout.

contigu, uë *a* Attenant à un autre lieu.

contiguïté *nf* Proximité immédiate.

continence *nf* Abstention volontaire de tout plaisir charnel.

1. continent *nm* Vaste étendue de terre émergée. *Les cinq continents. Loc Ancien Continent :* Europe. *Nouveau Continent :* Amérique.

2. continent, ente *a* Qui pratique la continence.

continental, ale, aux *a* D'un continent. *Loc Climat continental :* marqué par l'éloignement de la mer. *État continental :* sans accès à la mer.

continentalité *nf* Caractère continental d'une région, d'un climat.

contingence *nf* Possibilité qu'une chose arrive ou non. ■ *pl* Choses sujettes à variation.

contingent, ente *a* Qui peut arriver ou non. ■ *nm* **1** Ensemble des conscrits effectuant leur service militaire pendant une même période. **2** Ensemble de choses reçues ou fournies. **3** Quantité maximale de marchandises.

contingentement *nm* Limitation des importations.

contingenter *vt* Fixer un contingent à.

continu, ue *a* Qui n'est pas interrompu.

continuateur, trice *n* Qui continue ce qu'un autre a commencé.

continuation *nf* Action de continuer.

continuel, uelle *a* **1** Qui dure sans interruption. **2** Qui se répète constamment.

continuellement *av* Sans cesse.

continuer *vt* Poursuivre. *Continuer son chemin, ses études.* ■ *vti* Ne pas cesser. *Il continue à (de) pleuvoir.* ■ *vi* Durer. *La séance continue.* ■ *vpr* Être continué, se prolonger. *Des traditions qui se continuent avec les générations.*

continuité *nf* Caractère continu. *Loc Solution de continuité :* interruption.

continûment *av* Sans interruption.

continuum [-nɥɔm] *nm* Didac Suite d'états entre lesquels le passage est continu.

contondant, ante *a* Qui fait des contusions.

contorsion *nf* Contraction, mouvement volontaire ou non des membres. *Les contorsions d'un acrobate.*

contorsionner (se) *vpr* Faire des contorsions.

contorsionniste *n* Acrobate qui fait des contorsions.

contour *nm* **1** Limite extérieure d'un corps, d'une surface. **2** Aspect général de qqch. **3** Courbe, sinuosité.

contourné, ée *a* **1** D'un contour compliqué. **2** Maniéré.

contourner *vt* Faire partiellement le tour de. *Contourner une île.*

contraceptif, ive *a, nm* Propre à la contraception.

contraception *nf* Méthode pour empêcher la grossesse.

contractant, ante *a, n* DR Qui s'engage par contrat.

1. contracter *vt* **1** DR S'engager par un contrat à qqch. **2** Prendre, acquérir une habitude, attraper une maladie.

2. contracter vt 1 Diminuer le volume de. *Le froid contracte le corps.* 2 Durcir. *Contracter ses muscles.* 3 Rendre nerveux. *L'attente me contracte.* 4 Réunir deux syllabes. *Contracter « de le » en « du ».* ■ vpr Diminuer de volume.

contractile a Qui peut se contracter.

contraction nf Action de contracter, de se contracter. **Loc** *Contraction de texte* : résumé qui respecte la forme et le contenu.

contractuel, elle a Stipulé par contrat. ■ a, n 1 Agent d'un service public non titulaire. 2 Auxiliaire de police qui relève les infractions de stationnement.

contracture nf Contraction involontaire et prolongée d'un muscle.

contradicteur, trice n Qui contredit.

contradiction nf 1 Action de contredire, de se contredire. 2 Désaccord, incompatibilité. **Loc** *Esprit de contradiction* : disposition à contredire.

contradictoire a Qui comporte une contradiction. **Loc** *Jugement contradictoire* : rendu en présence des parties intéressées.

contradictoirement av DR Avec présence des deux parties.

contraignant, ante a Qui contraint, qui gêne.

contraindre vt [57] Obliger, forcer qqn à agir contre son gré.

contraint, e a Gêné, qui manque de naturel. *Il a un air contraint.*

contrainte nf 1 Violence, pression exercée sur qqn. 2 Obligation, règle. *Les contraintes du métier.* **Loc** *Sans contrainte* : sans retenue.

contraire a 1 Opposé. *Des goûts contraires. Vent contraire.* 2 Qui nuit à. *Un régime contraire à la santé.* ■ nm Ce qui est inverse. *Froid est le contraire de chaud.* Syn. antonyme. **Loc** *Au contraire* : inversement. *Au contraire de* : contrairement à.

contrairement à prép À l'inverse de.

contralto nm La plus grave des voix de femme. ■ nf Femme qui a cette voix.

contrariant, ante a Qui contrarie ; fâcheux.

contrarié, ée a Mécontent, dépité.

contrarier vt 1 S'opposer à. *Contrarier les projets de qqn.* 2 Mécontenter, dépiter. *Tes paroles m'ont contrarié.*

contrariété nf Dépit, déplaisir créé par un obstacle imprévu.

contraste nm Opposition prononcée entre deux choses, chacune mettant l'autre en relief.

contrasté, ée a Qui présente des contrastes.

contraster vi Être en contraste. ■ vt Mettre en contraste. *Contraster les couleurs.*

contrat nm 1 Convention qui lie plusieurs personnes. 2 Acte qui enregistre cette convention. 3 Au bridge, dernière annonce du camp déclarant.

contravention nf 1 Infraction aux lois et aux règlements. 2 Amende dont est punie cette infraction. 3 Procès-verbal dressé pour cette infraction.

contre prép Marque l'opposition, l'hostilité, le contact, l'échange, la défense. ■ av **Loc** *Par contre* : en revanche. *Tout contre* : en contact. *Ci-contre* : en face. ■ nm 1 Ce qui est défavorable. *Le pour et le contre.* 2 Dans les sports de combat, contre-attaque. 3 Au billard, fait de

toucher deux fois la même bille avec sa propre bille. 4 Au bridge, contestation du contrat de l'adversaire.

contre-allée nf Allée latérale, parallèle à une voie principale. *Des contre-allées.*

contre-amiral nm Officier général de la marine. *Des contre-amiraux.*

contre-attaque nf Action offensive répondant à une attaque. *Des contre-attaques.*

contre-attaquer vt Effectuer une contre-attaque.

contrebalancer vt Égaler, compenser. ■ vpr **Loc** Fam *S'en contrebalancer* : s'en moquer.

contrebande nf Importation clandestine de marchandises ; marchandise de contrebande.

contrebandier, ère n Qui se livre à la contrebande.

contrebas (en) av À un niveau inférieur.

contrebasse nf Le plus grave des instruments de la famille des violons.

contrebassiste n Qui joue de la contrebasse.

contrecarrer vt S'opposer à qqn ; contrarier, empêcher qqch.

contrechamp nm Prise de vues effectuée dans un sens opposé à celui de la précédente.

contre-choc nm Choc en retour. *Des contre-chocs.*

contrecœur (à) av À regret.

contrecoup nm 1 Rebond d'un objet, répercussion d'un choc. 2 Conséquence indirecte. *Les contrecoups de la guerre.*

contre-courant nm Courant allant en sens inverse du courant principal. *Des contre-courants.*

contre-culture nf Système de valeurs opposé à la culture dominante. *Des contre-cultures.*

contredanse nf 1 Danse dans laquelle les couples se font face. 2 Fam Contravention.

contredire vt [60] 1 Dire le contraire. 2 Être en contradiction avec. *Cette nouvelle contredit vos prévisions.* ■ vpr Tenir des propos contradictoires.

contredit (sans) av Sans conteste.

contrée nf Étendue de pays, région.

contre-emploi nm Rôle qui ne correspond pas au rôle habituel d'un comédien. *Des contre-emplois.*

contre-enquête nf Enquête destinée à compléter une enquête précédente. *Des contre-enquêtes.*

contre-épreuve nf Seconde épreuve destinée à vérifier les résultats d'une première. *Des contre-épreuves.*

contre-espionnage nm Service chargé de repérer et de contrôler les espions d'une nation étrangère. *Des contre-espionnages.*

contre-exemple nm Exemple qui contredit une règle, une affirmation. *Des contre-exemples.*

contre-expertise nf Nouvelle expertise pratiquée pour contrôler la précédente. *Des contre-expertises.*

contrefaçon nf Reproduction frauduleuse de l'œuvre d'autrui.

contrefacteur nm Faussaire, copieur.

contrefaire vt [9] 1 Imiter, singer. 2 Simuler. *Contrefaire la folie.* 3 Déguiser. *Contrefaire sa voix.* 4 Reproduire frauduleusement.

contrefait, aite a Difforme.

contre-feu nm Feu allumé pour créer une zone vide qui arrête un incendie de forêt. *Des contre-feux.*

contreficher (se) ou **contrefiche (se)** *vpr* Fam Se moquer complètement de.

contre-filet *nm* Faux-filet. *Des contre-filets.*

contrefort *nm* 1 Pilier, mur servant d'appui à un autre mur. 2 Pièce de cuir renforçant l'arrière d'une chaussure. ■ *pl* Chaîne montagneuse plus basse, latérale à la chaîne principale.

contrefoutre (se) *vpr* [64] Pop Se moquer de.

contre-indication *nf* Circonstance interdisant un traitement, un médicament. *Des contre-indications.*

contre-indiquer *vt* Déconseiller.

contre-interrogatoire *nm* Interrogatoire mené par la partie adverse. *Des contre-interrogatoires.*

contre-jour *nm* Éclairage d'un objet qui reçoit la lumière du côté opposé à celui du regard. Loc *À contre-jour :* face à la lumière. *Des contre-jours.*

contre-la-montre *nm inv* Course cycliste chronométrée avec départs séparés.

contremaître, contremaîtresse *n* Qui dirige une équipe d'ouvriers.

contre-manifestant, ante *n* Qui participe à une contre-manifestation. *Des contre-manifestants, antes.*

contre-manifestation *nf* Manifestation organisée pour protester contre une autre. *Des contre-manifestations.*

contremarche *nf* Face verticale d'une marche d'escalier.

contremarque *nf* 1 Seconde marque apposée sur des marchandises. 2 Billet délivré aux spectateurs sortant pendant l'entracte, et qui leur permet de rentrer dans la salle.

contre-mesure *nf* Disposition prise pour contrer ou prévenir une action. *Des contre-mesures.*

contre-offensive *nf* Offensive qui contrecarre une offensive ennemie. *Des contre-offensives.*

contrepartie *nf* 1 Ce qui est demandé en échange ; compensation. 2 Opinion, sentiment contraires. Loc *En contrepartie :* en revanche.

contre-performance *nf* Mauvaise performance de qqn dont on attendait mieux. *Des contre-performances.*

contrepèterie *nf* Permutation comique de lettres ou de sons à l'intérieur d'un groupe de mots. (*La fesse du pion* pour *la pièce du fond.*)

contre-pied *nm* Opinion, comportement contraire. Loc *Prendre à contre-pied :* diriger l'action du côté opposé à celui de l'adversaire. *Des contre-pieds.*

contreplaqué *nm* Bois constitué de minces feuilles collées en alternant le sens des fibres.

contrepoids *nm* 1 Poids qui contrebalance une force opposée. 2 Ce qui contrebalance une qualité, un sentiment.

contrepoint *nm* Art d'écrire de la musique en superposant des lignes mélodiques.

contrepoison *nm* Substance qui neutralise l'effet d'un poison.

contre-pouvoir *nm* Force politique, économique ou sociale qui contrebalance le pouvoir en place. *Des contre-pouvoirs.*

contre-productif, ive *a* Qui obtient le résultat opposé à celui qui était escompté.

contre-projet *nm* Projet qui s'oppose à un précédent. *Des contre-projets.*

contre-proposition *nf* Proposition faite en réponse à une proposition précédente. *Des contre-propositions.*

contre-publicité *nf* Publicité contraire à l'effet souhaité. *Des contre-publicités.*

contrer *vt* 1 Au bridge, mettre l'adversaire au défi de gagner. 2 Contrecarrer, se dresser contre.

contre-révolution *nf* Mouvement politique visant à détruire les résultats d'une révolution. *Des contre-révolutions.*

contre-révolutionnaire *n, a* Favorable à la contre-révolution. *Des contre-révolutionnaires.*

contrescarpe *nf* Paroi extérieure du fossé d'une fortification.

contreseing *nm* Signature de qqn qui contresigne.

contresens *nm* Interprétation d'un mot, d'une phrase contraire à la signification. Loc *À contresens :* en sens interdit.

contresigner *vt* Signer à la suite de qqn pour authentifier un acte.

contretemps *nm* 1 Circonstance imprévue qui dérange. 2 En musique, attaque sur un temps faible. Loc *À contretemps :* mal à propos.

contre-terrorisme *nm* Action en riposte au terrorisme. *Des contre-terrorismes.*

contre-torpilleur *nm* Petit bateau de guerre rapide utilisé contre les torpilleurs. *Des contre-torpilleurs.*

contretype *nm* Copie d'une photo.

contre-valeur *nf* Valeur donnée en échange de qqch que l'on reçoit. *Des contre-valeurs.*

contrevenant, ante *n* Qui enfreint une loi, un règlement.

contrevenir *vti* [35] Agir contrairement à une loi, à un règlement.

contrevent *nm* Volet extérieur.

contrevérité *nf* Affirmation contraire à la vérité.

contre-voie (à) *av* Par le côté opposé au quai.

contribuable *n* Qui paie des impôts.

contribuer *vti* 1 Prendre part à. *Contribuer au progrès.* 2 Payer sa part d'une dépense, d'une charge commune.

contributif, ive *a* D'une contribution.

contribution *nf* 1 Part payée par chacun dans une dépense, une charge commune. 2 Impôt. *Contributions directes, indirectes.* 3 Concours apporté à une œuvre. Loc *Mettre à contribution :* avoir recours à.

contrit, ite *a* Qui a le regret de ses fautes ; penaud.

contrition *nf* Repentir sincère d'avoir péché.

contrôlable *a* Qui peut être contrôlé.

contrôlatéral, ale, aux *a* MED Du côté opposé au côté du cerveau atteint.

contrôle *nm* 1 Vérification, surveillance. *Contrôle d'identité.* 2 Lieu où se tiennent les contrôleurs. 3 Organisme chargé du contrôle. 4 Maîtrise. *Perdre le contrôle de son véhicule.* Loc *Contrôle continu des connaissances :* interrogations échelonnées sur l'année scolaire. *Contrôle des naissances :* planning familial.

contrôler *vt* 1 Effectuer un contrôle sur. *Contrôler les billets d'entrée.* 2 Être maître de. *L'armée contrôle le pays.* ■ *vpr* Être maître de soi.

contrôleur, euse *n* Qui contrôle.

contrordre *nm* Révocation d'un ordre donné.

controuvé, ée a Litt Inventé pour nuire.

controverse nf Débat suivi, contestation.

controversé, ée a Qui est l'objet d'une controverse.

contumace nf Non-comparution d'un prévenu devant la cour de justice.

contusion nf Lésion des chairs sans déchirure.

contusionner vt Faire une contusion.

conurbation nf Groupement de plusieurs villes rapprochées.

convaincant, ante a Propre à convaincre.

convaincre vt [75] Amener à reconnaître la vérité d'un fait ; persuader. Loc Convaincre qqn d'une faute : en donner des preuves certaines.

convaincu, ue a, n Profondément persuadé de ses opinions. ■ a Qui marque la conviction.

convalescence nf Rétablissement progressif de la santé.

convalescent, ente a En convalescence.

convenable a 1 Adapté, qui a les qualités requises. 2 Conforme aux convenances.

convenablement av De façon convenable.

convenance nf Loc À sa convenance : à son goût. ■ pl Bienséance. Loc Pour convenances personnelles : pour des raisons personnelles.

convenir vti [35] 1 [aux avoir ou être] S'accorder sur. Nous sommes convenus d'un prix. Ils ont convenu d'une date. 2 Reconnaître. Il convient de son erreur. 3 [aux avoir] Être approprié. Le mot convient à la chose. 4 Plaire, agréer. Cette solution me convient. ■ v impers Il est utile de. Il convient de partir.

convention nf 1 Accord, pacte, contrat. Convention collective. 2 Ce qu'il convient d'admettre. Les conventions sociales. 3 Aux É.-U., congrès d'un parti réuni pour désigner un candidat à la présidence. Loc De convention : factice.

conventionné, ée a Qui a passé une convention avec la Sécurité sociale. Clinique conventionnée.

conventionnel, elle a 1 Qui résulte d'une convention. Signe conventionnel. 2 Conforme aux conventions sociales. Formule conventionnelle. Loc Armes conventionnelles : autres que nucléaires, biologiques et chimiques. Syn. armes classiques.

conventionnement nm Fait d'être conventionné.

conventuel, elle a Du couvent.

convenu, ue a Conforme à un accord. Il est arrivé à l'heure convenue. Loc Langage convenu : code.

convergence nf Action, fait de converger.

convergent, ente a Qui converge.

converger vi [11] 1 Se diriger vers un même lieu. 2 Avoir le même but.

conversation nf 1 Entretien libre, familier. 2 Matière, sujet de cet entretien. Loc Avoir de la conversation : parler facilement sur tout.

conversationnel, elle a INFORM Qui permet le dialogue homme-machine.

converser vi S'entretenir avec.

conversion nf 1 Transformation d'une chose en une autre. 2 Changement de religion, de parti, d'opinion.

converti, ie a, n Qui a changé de religion ou qui a été amené à la religion.

convertibilité nf Caractère convertible.

convertible a Qui peut être converti, échangé ou transformé.

convertir vt 1 Changer, transformer. 2 Amener qqn à changer de religion, de parti, d'opinion. ■ vpr Adopter une religion.

convertisseur nm Appareil qui transforme.

convexe a Bombé, courbé en dehors. Miroir convexe.

convexité nf Rondeur, courbure sphérique.

conviction nf Certitude intime et ferme. ■ pl Idées, opinions auxquelles on est attaché.

convier vt Inviter à.

convive n Qui participe à un repas.

convivial, ale, aux a 1 Chaleureux. Atmosphère conviviale. 2 INFORM Simple pour l'utilisateur. Logiciel convivial.

convivialité nf 1 Chaleur dans les relations entre personnes. 2 Caractère convivial d'un système informatique.

convocation nf Action de convoquer ; document par lequel on convoque.

convoi nm 1 Réunion de véhicules cheminant vers une même destination. 2 Cortège funèbre.

convoiter vt Désirer avidement.

convoitise nf Désir immodéré de possession.

convoler vi Litt Se marier.

convoquer vt 1 Appeler à se réunir. Convoquer le Parlement. 2 Mander. Convoquer à un examen.

convoyer vt [22] 1 Accompagner pour protéger. 2 Conduire un véhicule à son destinataire. 3 Transporter.

convoyeur nm 1 Qui convoie. 2 Dispositif de transport des matériaux.

convulsé, ée a Agité de convulsions.

convulsif, ive a D'une convulsion.

convulsion nf 1 Contraction involontaire et transitoire des muscles. ■ pl Litt Troubles sociaux violents.

convulsivement av De façon convulsive.

cooccupant, ante a, n Qui occupe un local avec d'autres.

cookie [kuki] nm Petit gâteau sec.

cool [kul] a Fam Détendu, calme.

coolie [kuli] nm Travailleur en Extrême-Orient.

coopérant, ante n 1 Chargé d'une mission d'assistance à l'étranger. 2 Jeune appelé qui remplit ses obligations militaires à l'étranger.

coopératif, ive a Qui coopère volontiers.

coopération nf 1 Action de coopérer. 2 Politique d'aide aux pays en voie de développement.

coopérative nf Société dont les associés participent également à la gestion et au profit.

coopérer vi [12] Travailler conjointement avec qqn, participer.

cooptation nf Élection des nouveaux membres d'une assemblée par les membres déjà élus.

coopter vt Admettre par cooptation.

coordination nf Action de coordonner ; état de ce qui est coordonné. Loc GRAM Conjonction de coordination : mot de liaison (mais, ou, et, donc, or, ni, car).

coordonnant nm LING Mot qui assure une coordination.

coordonnateur ou **coordinateur, trice** a, n Qui coordonne.

coordonné, ée a Loc GRAM Propositions coordonnées : unies par une conjonction de coordination. ■ nfpl 1 MATH Ensemble des nombres qui permettent de définir la position d'un point dans un espace. **2** Fam Indications (adresse, téléphone) permettant de joindre qqn. ■ *nmpl* Éléments assortis dans le domaine de la décoration, de l'habillement.

coordonner *vt* Organiser dans une intention déterminée.

copain, copine *n* Fam Camarade, ami.

coparticipant, ante *a, n* Qui agit en coparticipation.

coparticipation *nf* Participation avec d'autres à une entreprise.

copeau *nm* Morceau, éclat enlevé par un instrument tranchant.

copie *nf* **1** Reproduction exacte d'un écrit. **2** Devoir d'écolier. **3** Reproduction qui imite une œuvre d'art. **4** Film positif tiré d'un négatif. **5** Texte à composer.

copier *vt* **1** Reproduire. *Copier un texte.* **2** Imiter. *Copier un tableau.* ■ *vi* Reproduire frauduleusement le travail d'autrui. *Copier sur son voisin.*

copieur, euse *n, a* Qui copie frauduleusement. ■ *nm* Machine à photocopier.

copieusement *av* Abondamment.

copieux, euse *a* Abondant. *Repas copieux.*

copilote *nm* Pilote auxiliaire.

copinage *nm* Fam, péjor Entraide par relations, par combine.

copine. V. copain.

copiste *n* **1** Qui recopiait les manuscrits, avant l'imprimerie. **2** Qui copie de la musique.

coprah ou **copra** *nm* Amande de coco dont on extrait les graisses.

coprésidence *nf* Présidence exercée par deux présidents.

coprin *nm* Champignon qui pousse sur le fumier.

coprocesseur *nm* INFORM Processeur auxiliaire.

coproducteur, trice *n* Qui participe à une coproduction.

coproduction *nf* Production en commun.

coproduire *vt* [67] Produire, réaliser avec d'autres.

coprophage *a, n* Qui se nourrit d'excréments.

copropriétaire *n* Qui possède qqch avec d'autres.

copropriété *nf* Propriété commune à plusieurs personnes.

copte *n, a* Chrétien d'Égypte ou d'Éthiopie.

copulation *nf* Accouplement, coït.

copule *nf* LING Mot qui lie le sujet d'une proposition avec l'attribut (en partic. *être*).

copuler *vi* Fam S'accoupler avec.

copyright [-pirajt] *nm* **1** Droit de publication d'une œuvre pendant une durée déterminée. **2** Marque de ce droit (signe ©).

coq *nm* **1** Mâle de la poule domestique et de divers gallinacés. **2** Cuisinier sur un bateau. Loc *Poids coq :* boxeur pesant entre 51 kg et 54 kg.

coq-à-l'âne *nm inv* Passage sans transition d'un sujet à un autre.

coquard *nm* Pop Coup sur l'œil.

coque *nf* **1** Enveloppe externe, dure, d'un œuf. **2** Enveloppe ligneuse de certaines graines. **3** Coquillage comestible. **4** Ensemble de la membrure et du bordé d'un navire. **5** Carcasse du corps d'un avion. **6** Carrosserie d'une automobile sans châssis. Loc *Œuf à la coque :* cuit mais non durci.

coquelet *nm* Jeune coq.

coquelicot *nm* Fleur des champs rouge vif.

coqueluche *nf* Maladie contagieuse, caractérisée par une toux quinteuse. Loc *Être la coqueluche de :* être très admiré par.

coquet, ette *a* **1** Qui aime être élégant. **2** D'aspect soigné. *Un jardin coquet.* Loc *Une somme coquette :* importante.

coquetier *nm* Petit récipient pour manger l'œuf à la coque.

coquetterie *nf* **1** Goût de la parure. **2** Désir de plaire.

coquillage *nm* **1** Animal, mollusque pourvu d'une coquille. **2** Coquille vide.

coquille *nf* **1** Enveloppe dure de certains mollusques. *Coquille d'huître, d'escargot.* **2** Enveloppe calcaire de l'œuf. **3** Enveloppe ligneuse des noix, des amandes, etc. **4** Motif ornemental figurant une coquille. **5** En sport, appareil de protection des parties génitales. **6** En typographie, faute de composition. Loc *Coquille Saint-Jacques :* mollusque comestible. *Coquille d'œuf :* jaune pâle. *Coquille de noix :* petit bateau.

coquillette *nf* Pâte alimentaire en forme de petite coquille.

coquin, ine *n, a* Espiègle, malicieux. ■ *a* Licencieux, grivois. ■ *nm* Vx Escroc.

coquinerie *nf* Malice, espièglerie.

cor *nm* **1** Instrument à vent, en cuivre, enroulé sur lui-même et terminé par un large pavillon. **2** Petite tumeur dure située sur le pied. ■ *pl* Andouillers des bois de cervidés.

corail, aux *nm* **1** Polype des mers chaudes à squelette calcaire rouge-orangé, utilisé en joaillerie. **2** Substance rouge des coquilles Saint-Jacques. ■ *a inv* Rouge-orangé.

corallien, enne *a* Formé de coraux.

coranique *a* Du Coran.

corbeau *nm* **1** Grand oiseau noir au bec puissant. **2** Auteur de lettres ou de coups de téléphone anonymes. **3** Pierre en saillie sur un parement de maçonnerie.

corbeille *nf* **1** Panier sans anse. **2** Massif de fleurs. **3** Balcon d'un théâtre.

corbières *nm* Vin rouge du Midi.

corbillard *nm* Voiture mortuaire.

cordage *nm* Câble, corde à bord d'un navire.

corde *nf* **1** Lien fait des brins retordus d'une matière textile. *Corde à linge.* **2** Fil tendu. *Corde de guitare, de raquette. Danseuse de corde.* **3** Limite intérieure d'une piste de course. **4** MATH Droite qui sous-tend un arc de cercle. Loc *Condamner à la corde :* à la pendaison. *Être sur la corde raide :* dans une situation difficile. *Usé jusqu'à la corde :* très usé. ■ *pl* Instruments à cordes frottées ou pincées. Loc *Dans les cordes de qqn :* dans ses possibilités. *Cordes vocales :* replis du larynx grâce auxquels on produit les sons.

cordeau *nm* Petite corde qu'on tend pour obtenir des lignes droites.

cordée *nf* Caravane d'alpinistes réunis par une corde.

cordelette *nf* Corde mince.

cordelière *nf* Cordon de soie, de laine servant de ceinture ou d'ornement de passementerie.

corder *vt* **1** Tordre, mettre en corde. **2** Garnir une raquette de cordes.

cordial, ale, aux *a* Qui vient du cœur ; sincère. ■ *nm* Breuvage tonique.

cordialement *av* Avec cordialité.

cordialité *nf* Manière ouverte de parler, d'agir.

cordillère *nf* GEOGR Chaîne de montagnes parallèles, à crête élevée.

cordite *nf* Explosif à base de nitroglycérine.

cordoba *nm* Unité monétaire du Nicaragua.

cordon *nm* 1 Petite corde. 2 Ruban servant d'insigne à certaines décorations. 3 Série d'éléments alignés. *Cordon d'arbres, de troupes.* Loc *Cordon ombilical* : qui relie le fœtus au placenta.

cordon-bleu *nm* Personne qui fait très bien la cuisine. *Des cordons-bleus.*

cordonnerie *nf* Métier, boutique de cordonnier.

cordonnet *nm* Petit cordon.

cordonnier, ère *n* Artisan qui répare les chaussures.

coréen, enne *a, n* De Corée. ■ *nm* Langue parlée en Corée.

coreligionnaire *n* De même religion qu'un autre.

coresponsabilité *nf* Le fait d'être coresponsable.

coresponsable *a, n* Qui partage une responsabilité avec d'autres.

coriace *a* 1 Dur. *Viande coriace.* 2 Tenace. *Adversaire coriace.*

coriandre *nf* Plante dont la feuille est une herbe aromatique et la graine un condiment.

corindon *nm* Pierre très dure (rubis, saphir).

corinthien, enne *a* Se dit d'un ordre architectural grec (chapiteaux à feuille d'acanthe).

cormier *nm* Sorbier domestique au bois très dur.

cormoran *nm* Oiseau palmipède pêcheur.

cornac *nm* Qui guide et soigne un éléphant.

cornaline *nf* Agate rouge ou jaune, utilisée en joaillerie.

cornaquer *vt* Fam Guider.

corne *nf* 1 Excroissance dure sur la tête de certains mammifères (bœuf, rhinocéros, etc). 2 Appendice céphalique. *Cornes d'un escargot. Vipère à cornes.* 3 Matière dure des cornes, ongles, sabots, etc. *Un peigne de corne.* 4 Trompe d'appel. *Corne de brume.* 5 Pli au coin d'une feuille de papier. Loc *Prendre le taureau par les cornes* : affronter résolument le problème. *Faire les cornes à qqn* : faire avec les doigts un signe de dérision. Fam *Avoir, porter des cornes* : être cocu. *Corne d'abondance* : remplie de fruits et symbolisant la prospérité.

corné, ée *a* Qui est de la nature de la corne.

corned-beef [kɔrnbif] *nm inv* Conserve de viande de bœuf.

cornée *nf* ANAT Partie transparente de la conjonctive de l'œil, située devant l'iris.

cornéen, enne *a* De la cornée.

corneille *nf* Oiseau noir voisin du corbeau.

cornélien, enne *a* 1 Relatif à Pierre Corneille. 2 Qui constitue un dilemme douloureux. *Situation cornélienne.*

cornemuse *nf* Instrument à vent celtique, composé d'un sac en peau et de tuyaux.

1. corner *vi* Sonner d'une corne, klaxonner. Loc *Les oreilles me cornent* : bourdonnent. *Corner aux oreilles de qqn* : parler très fort. ■ *vt* Plier le coin de. *Corner les pages d'un livre.*

2. corner [-nɛr] *nm* Au football, coup franc tiré d'un coin de la ligne de but.

cornet *nm* 1 Cône de papier ou de pâtisserie servant de récipient. 2 Gobelet de cuir pour le jeu de dés. Loc *Cornet (à pistons)* : instrument à vent, en cuivre, à pistons.

cornette *nf* Coiffure de certaines religieuses.

cornettiste *n* Qui joue du cornet.

cornflakes [-flɛks] *nmpl* Flocons de maïs grillés.

corniaud *nm* 1 Chien bâtard. 2 Fam Imbécile.

corniche *nf* 1 Ornement saillant. *Corniche d'une armoire.* 2 Route à flanc de montagne.

cornichon *nm* 1 Petit concombre que l'on confit dans le vinaigre. 2 Pop Sot, niais.

cornière *nf* Profilé métallique en équerre servant à renforcer les angles.

corniste *n* Qui joue du cor.

cornouiller *nm* Petit arbre à bois dur.

cornu, ue *a* Qui a des cornes.

cornue *nf* Vase à col allongé et recourbé utilisé en chimie.

corollaire *nm* Proposition qui découle nécessairement d'une autre ; conséquence immédiate.

corolle *nf* Pétales d'une fleur.

coron *nm* Groupe de maisons de mineurs.

coronaire *a, nf* Loc *Artère coronaire* : qui irrigue le muscle cardiaque.

coronarien, enne *a* De l'artère coronaire.

coronarite *nf* Inflammation des coronaires.

coroner [-nɛr] *nm* Officier de justice, dans les pays anglo-saxons.

corossol *nm* Fruit comestible d'une anone.

corozo *nm* Graine très dure d'un palmier, pouvant remplacer l'ivoire.

corporatif, ive *a* Propre aux corporations.

corporation *nf* Ensemble des professionnels exerçant une même activité.

corporatisme *nm* Attitude qui consiste à défendre uniquement les intérêts de sa corporation.

corporatiste *a* Qui relève du corporatisme.

corporel, elle *a* Du corps.

corps *nm* 1 Partie physique de l'homme, de l'animal. *Avoir le corps couvert de plaies.* 2 Objet matériel. *La chute des corps. Un corps étranger dans l'estomac.* 3 Substance chimique. *Le carbone est un corps simple.* 4 Partie principale d'une chose. *Le corps d'une doctrine.* 5 Ensemble de personnes appartenant à une même catégorie sociale ou professionnelle. *Le corps médical, électoral.* 6 ANAT Nom donné à divers organes. *Corps calleux.* 7 IMPRIM Encombrement d'un caractère typographique. Loc *À son corps défendant* : malgré soi. *Corps à corps* : de très près. *Corps de bâtiment, de logis* : partie principale du bâtiment. *Corps du délit* : le délit en lui-même. *Corps de garde* : soldats assurant la garde ; local où ils se tiennent. *Plaisanterie de corps de garde* : grossière. *Donner corps à qqch* : matérialiser, concrétiser. *Esprit de corps* : solidarité corporative. *Faire corps avec* : adhérer étroitement. *Garde du corps* : qui veille à la sécurité d'une personnalité. *Prendre corps* : prendre forme.

corps-à-corps [kɔrakɔr] *nm inv* Combat directement aux prises avec l'adversaire.

corpsard [kɔrsar] *nm* Fam Haut fonctionnaire souvent issu de Polytechnique.

corpulence *nf* Masse du corps, souvent importante.

corpulent, ente *a* De forte corpulence.

corpus [-pys] *nm* Ensemble d'énoncés, réunis en vue d'une analyse linguistique.

corpusculaire *a* Des corpuscules.

corpuscule *nm* Très petit corps.

corral *nm* Enclos où on parque les bêtes, dans un élevage américain. *Des corrals.*

correct, ecte *a* 1 Exempt de fautes. 2 Conforme aux règles, aux convenances. 3 *Fam* Convenable, acceptable. *Repas très correct.*

correctement *av* Sans faute.

correcteur, trice *n* 1 Qui corrige un devoir, un examen. 2 Chargé de la correction des épreuves d'imprimerie. ■ *a Loc Verres correcteurs :* qui corrigent la vue. ■ *nm Loc Correcteur orthographique :* logiciel qui vérifie automatiquement l'orthographe.

correctif, ive *a* Propre à corriger. *Gymnastique corrective.* ■ *nm* Ce qui corrige un texte, un propos. *Publier un correctif.*

correction *nf* 1 Action de corriger. 2 Châtiment corporel. 3 Qualité de ce qui est correct. *Correction du style, de la tenue.*

correctionnaliser *vt* DR Faire relever du tribunal correctionnel.

correctionnel, elle *a, nf Loc* DR *Tribunal correctionnel :* qui juge les délits et non les crimes.

corrélat *nm* Terme en corrélation avec un autre.

corrélatif, ive *a* En relation logique avec autre chose.

corrélation *nf* Relation entre deux choses, deux termes corrélatifs.

corrélativement *av* De façon corrélative.

corréler *vt* [12] Mettre en corrélation.

correspondance *nf* 1 Rapport de conformité, d'analogie. *Correspondance de vues.* 2 Liaison entre deux moyens de transport ; moyen de transport qui l'assure. 3 Échange régulier de lettres ; les lettres elles-mêmes.

correspondant, ante *a* Qui correspond. ■ *n* 1 Avec qui on est en relation épistolaire ou téléphonique. 2 Chargé par un média de transmettre les informations. *Correspondant de guerre.* 3 Chargé de veiller sur un élève interne hors de l'établissement.

correspondre *vti* [71] 1 Être en rapport de conformité avec. *Cet article ne correspond pas à mon texte.* 2 Communiquer avec. *Living qui correspond avec la chambre.* ■ *vi* Avoir un échange épistolaire ou téléphonique.

corrida *nf* 1 Course de taureaux. 2 *Fam* Agitation, bousculade.

corridor *nm* Couloir dans un appartement.

corrigé *nm* Devoir donné comme modèle à des élèves.

corriger *vt* [11] 1 Rectifier les erreurs. *Corriger un texte.* 2 Rectifier les fautes et donner une note. *Corriger un devoir.* 3 Tempérer qqch. *Corriger un défaut, une tendance.* 4 Punir d'une peine corporelle. 5 *Fam* Battre sévèrement. *Ce boxeur a corrigé son adversaire.*

corrigible *a* Qu'on peut corriger.

corroborer *vt* Appuyer, confirmer. *Ceci corrobore son témoignage.*

corroder *vt* Ronger un métal.

corrompre *vt* [78] 1 Soudoyer. *Corrompre des témoins.* 2 Pervertir. *Corrompre les mœurs.* 3 Décomposer. *La chaleur corrompt la viande.*

corrosif, ive *a* Qui corrode.

corrosion *nf* Action de corroder.

corrupteur, trice *a, n* Qui corrompt.

corruptible *a* Sujet à la corruption.

corruption *nf* 1 Action de corrompre. *Corruption de fonctionnaire.* 2 *Litt* Perversion, déformation. *Corruption des mœurs, du goût.*

corsage *nm* Vêtement féminin recouvrant le buste.

corsaire *nm* HIST Navire privé ou capitaine de ce navire qui, avec l'autorisation du gouvernement, capturait les navires marchands d'un pays ennemi.

corse *a, n* De Corse. ■ *nm* Langue parlée en Corse.

corsé, ée *a* 1 Relevé, fort. 2 Grivois.

corselet *nm* ZOOL Partie dorsale du thorax des insectes.

corser *vt* Donner de la force, de la vigueur ; épicer. ■ *vpr Fam* Se compliquer.

corset *nm* Sous-vêtement à baleines qui soutient la taille.

corso *nm* Défilé de chars fleuris, lors de certaines fêtes.

cortège *nm* 1 Suite de personnes qui en accompagnent une autre avec cérémonie. 2 Groupe de gens qui défilent. 3 Suite, accompagnement de qqch. *Cortège d'horreurs.*

cortex *nm* ANAT 1 Substance grise des hémisphères cérébraux. 2 Couche superficielle de certains organes.

cortical, ale, aux *a* ANAT D'un cortex.

corticoïde *nm* Hormone sécrétée par le cortex surrénal ; dérivé ou succédané de cette hormone.

corticosurrénal, ale, aux *a* Du cortex surrénal. ■ *nf* Cortex surrénal, exerçant une importante fonction métabolique.

cortinaire *nm* Champignon aux couleurs vives.

cortisone *nf* Hormone corticosurrénale anti-inflammatoire.

corvéable *a* Soumis à la corvée.

corvée *nf* 1 HIST Travail gratuit dû par les paysans au seigneur ou au roi. 2 Chose pénible, désagréable qu'on doit faire.

corvette *nf* Escorteur de haute mer anti-sous-marins.

corvidé *nm* ZOOL Grand oiseau tel que les corbeaux, les corneilles, les choucas, les geais, les pies.

coryphée *nm* Chef du chœur dans le théâtre antique.

coryza *nm* Rhume de cerveau.

cosaque *nm* Cavalier de l'armée russe.

cosignataire [-si-] *n* Qui signe avec d'autres un document.

cosigner [-si-] *vt* Signer un texte avec d'autres.

cosinus *nm* MATH Rapport du côté adjacent d'un angle aigu à l'hypoténuse d'un triangle rectangle.

cosmétique *nm* Substance utilisée pour l'hygiène et la beauté de la peau, des cheveux. ■ *a* 1 Des cosmétiques. 2 *Fam* Superficiel, anodin. *Des réformes cosmétiques.*

cosmétologie *nf* Industrie des cosmétiques.

cosmique *a* Relatif à l'Univers, à l'espace extra-terrestre. *Rayons cosmiques.*

cosmogonie *nf* Théorie de la formation de l'Univers.

cosmographie nf Description de l'Univers.

cosmologie nf Étude de l'ensemble de l'Univers et de sa structure.

cosmonaute n Pilote ou passager d'un véhicule spatial soviétique.

cosmopolite a Composé de personnes originaires de pays divers.

cosmopolitisme nm Caractère cosmopolite.

cosmos nm 1 L'Univers, considéré comme un tout organisé. 2 L'espace extra-terrestre.

cossard, e a, n Fam Paresseux.

cosse nf 1 Enveloppe des petits pois, haricots, fèves, etc. 2 Plaque métallique pour connecter un conducteur. 3 Fam Paresse.

cossu, ue a Riche, opulent.

costal, ale, aux a Des côtes. *Douleur costale.*

costard nm Pop Costume d'homme.

costaricien, enne a, n Du Costa Rica.

costaud a Fam Fort, solide, résistant.

costume nm 1 Manière de se vêtir propre à une époque, à un pays. 2 Vêtement d'homme composé d'un pantalon et d'une veste, et parfois d'un gilet. 3 Habit de théâtre, déguisement. Loc *En costume d'Adam* : tout nu.

costumé, ée a Loc *Bal costumé* : où les invités sont costumés.

costumer (se) vpr Se déguiser.

costumier, ère n Qui fait, vend, répare des costumes de théâtre.

cotangente nf MATH Inverse de la tangente d'un angle.

cotation nf Action de coter.

cote nf 1 Marque numérale pour classer des documents, des livres, etc. 2 Indication du cours des valeurs mobilières. 3 Évaluation, estimation de la valeur de qqch. 4 Indication d'une dimension, d'un niveau. Loc Fam *Avoir la cote* : être très prisé. *Cote d'alerte* : niveau d'un cours d'eau laissant prévoir une inondation; point critique. *Cote mal taillée* : compromis bancal.

côte nf 1 Chacun des os longs et courbes qui forment la cage thoracique. 2 Lignes en saillie. *Côtes d'un melon. Velours à grosses côtes.* 3 Pente d'une montagne; route qui monte. 4 Rivage de la mer. Loc *Côte à côte* : l'un à côté de l'autre. *On lui voit les côtes* : il est très maigre. Fam *Avoir les côtes en long* : être paresseux, fatigué. *Côte de bœuf* : morceau de viande coupé dans les côtes.

côté nm 1 Partie latérale du corps. *Être couché sur le côté.* 2 Partie extérieure. Loc *Côté droit du chemin.* 3 Segment de droite du périmètre d'un polygone. *Côtés d'un triangle.* 4 Surface limitant un objet. *Côtés d'un meuble.* 5 L'une des parties, des faces d'une chose. *Feuille imprimée sur un côté.* 6 Manière de voir. *Le bon côté des choses.* 7 Ligne de parenté. *Du côté de ma mère.* 8 Parti, camp, opinion. *Être du côté du plus fort.* Loc *À côté* : tout près. *À côté de* : auprès de. *Du côté de* : en direction, aux environs de. *De mon côté* : pour ma part. *De côté* : de biais. *Mettre de l'argent de côté* : épargner. *Laisser de côté* : négliger. Fam *Côté finances* : du point de vue des finances.

coteau nm Versant d'une colline.

cotelé, ée a Loc *Velours côtelé* : à côtes.

côtelette nf Côte des petits animaux de boucherie (mouton, porc).

coter vt 1 Attribuer une cote, évaluer. 2 Inscrire les cotes sur un plan. 3 Inscrire à la cote de la Bourse. Loc *Être coté* : être estimé.

coterie nf Péjor Personnes qui se groupent pour défendre leurs intérêts.

côtes-du-rhône nm inv Vin récolté dans la vallée du Rhône, au sud de Lyon.

coteur nm Qui effectue les cotations à la Bourse.

cothurne nm Chaussure à semelle épaisse portée par les acteurs tragiques dans l'Antiquité.

côtier, ère a Relatif à la côte, au rivage. *Navigation côtière.*

cotillon nm 1 Danse terminant un bal. 2 Accessoires de fête (confettis, serpentins, etc.).

cotisant, ante a, n Qui cotise.

cotisation nf 1 Somme cotisée. 2 Versement obligatoire aux organismes de Sécurité sociale.

cotiser vti Payer sa quote-part. *Cotiser à une mutuelle.* ■ vpr Apporter sa part à une dépense commune.

côtoiement nm Fait de côtoyer.

coton nm 1 Fil textile extrait des graines du cotonnier. 2 Morceau d'ouate. Loc *Élever un enfant dans du coton* : le couver. *Avoir les bras, les jambes en coton* : être très affaibli. Fam *C'est coton* : c'est difficile. Fam *Filer un mauvais coton* : être dans une situation difficile.

cotonéaster nm Arbrisseau ornemental, au feuillage fin.

cotonnade nf Étoffe de coton.

cotonneux, euse a 1 Dont l'aspect, la consistance rappelle la ouate. 2 Fade.

cotonnier, ère a Du coton. *Industrie cotonnière.* ■ nm Arbrisseau qui fournit le coton.

coton-tige nm (n déposé) Bâtonnet entouré d'ouate aux extrémités. *Des cotons-tiges.*

côtoyer vt [22] 1 Fréquenter, être en relation avec. *Il côtoie des députés.* 2 Longer. *La route côtoie la rivière.* 3 Être proche de. *Histoire qui côtoie le ridicule.*

cotre nm Petit voilier à un mât.

cottage [-tedʒ] nm Petite maison de campagne, coquette et rustique.

cotte nf Loc *Cotte de mailles* : armure souple faite de mailles de fer.

cotuteur, trice n DR Qui exerce une tutelle avec d'autres.

cotylédon nm BOT Lobe charnu servant de réserve nutritive à la plante.

cou nm 1 Partie du corps qui joint la tête au thorax. 2 Partie longue et amincie d'un récipient. Loc *Prendre ses jambes à son cou* : se sauver. *Jusqu'au cou* : complètement.

couac nm Son faux, discordant.

couard, arde a, n Litt Lâche, poltron.

couardise nf Litt Poltronnerie, lâcheté.

couchage nm Action de coucher. Loc *Sac de couchage* : duvet.

couchant, ante a Loc *Soleil couchant* : qui se couche. *Chien couchant* : qui se couche dès qu'il flaire le gibier. ■ nm Point de l'horizon au moment où le soleil se couche.

couche nf 1 Substance étalée. *Couche de peinture.* 2 Épaisseur de terreau. *Champignons de couche.* 3 Strate homogène de terrains sédimentaires. 4 Protection absorbante pour nourrissons. 5 Litt Lit. *Partager la couche de qqn.* 6 Classe, catégorie sociale. Loc *Être en couches* : en train ou venir d'accoucher. Fam *En tenir une couche* : être stupide. *Fausse couche* : avortement spontané.

couché, ée *a* 1 Allongé, étendu. 2 Incliné. *Écriture couchée.* Loc *Papier couché :* couvert d'une couche d'enduit.

couche-culotte *nf* Culotte imperméable pour bébé, où l'on met une couche. *Des couches-culottes.*

coucher *vt* 1 Mettre au lit. *Coucher un enfant.* 2 Mettre horizontal. *Coucher l'armoire.* 3 Incliner. *L'orage couche les blés.* Loc *Coucher par écrit :* inscrire. ■ *vi* Passer la nuit. *Coucher à l'hôtel.* ■ *vti Coucher avec qqn :* avoir des relations sexuelles. ■ *vpr* 1 S'allonger. 2 S'incliner. *Le bateau se couche sur le flanc.* Loc *Coucher du soleil :* moment où il disparaît à l'horizon.

coucherie *nf* Fam Relations sexuelles.

couchette *nf* Lit étroit dans un train.

coucheur, euse *n* Loc Fam *Mauvais coucheur :* personne difficile à vivre.

couci-couça *av* Fam Ni bien ni mal.

coucou *nm* 1 Oiseau grimpeur. 2 Primevère sauvage. 3 Pendule de style rustique dont la sonnerie imite le cri du coucou. 4 Fam Vieil avion ; petit avion. ■ *interj* Manifeste l'arrivée de qqn.

coude *nm* 1 Articulation entre le bras et l'avant-bras. 2 Partie de la manche couvrant le coude. 3 Tournant, angle. *Coude d'un chemin.* Loc *Coude à coude :* solidairement. *Se tenir les coudes :* être solidaires. *Sous le coude :* en attente.

coudée *nf* Ancienne mesure de longueur d'environ 50 centimètres. Loc *Avoir les coudées franches :* pouvoir agir librement.

cou-de-pied *nm* Partie supérieure du pied. *Des cous-de-pied.*

couder *vt* Plier en forme de coude.

coudière *nf* Accessoire sportif protégeant l'articulation du coude.

coudoyer *vt* [22] Fréquenter, côtoyer.

coudre *vt* [56] Joindre au moyen d'un fil passé dans une aiguille.

coudrier *nm* Noisetier.

couenne [kwan] *nf* Peau de cochon employée en charcuterie.

couette *nf* 1 Lit ou édredon de plume. 2 Petite touffe de cheveux retenue par un lien.

couffin *nm* Grand panier en osier servant de berceau.

cougouar *nm* Puma.

couille *nf* Pop Testicule.

couillon *nm, a* Pop Idiot, imbécile.

couillonnade *nf* Pop Sottise, erreur.

couillonner *vt* Pop Tromper, gruger.

couinement *nm* Action de couiner ; cris, bruits aigus.

couiner *vi* 1 Pousser de petits cris. 2 Grincer.

coulage *nm* 1 Action de couler. 2 Fam Gaspillage, chapardage.

coulant, ante *a* 1 Qui coule, fluide. *Camembert coulant.* 2 Facile, aisé. *Un style coulant.* 3 Accommodant. *Un patron très coulant.* Loc *Nœud coulant :* qui se serre quand on tire l'extrémité du lien. ■ *nm* Anneau d'une ceinture.

coule (à la) *av* Loc Fam *Être à la coule :* débrouillard.

coulée *nf* Matière liquide ou en fusion qui s'étale. *Coulée de boue, de lave.*

coulemelle *nf* Champignon comestible à chapeau écailleux (lépiote).

couler *vi* 1 Se mouvoir (liquide). *Le ruisseau coule.* 2 S'échapper. *Le vin coule du tonneau.* 3 Laisser échapper. *Le tonneau coule.* 4 S'enfoncer, sombrer. *Le bateau coule.* Loc *Couler de source :* être la conséquence évidente. *Faire couler de l'encre :* susciter des commentaires. ■ *vt* 1 Verser une matière liquide. *Couler du plomb.* 2 Glisser, introduire. *Couler la clé dans la serrure.* Loc *Couler un bateau, une entreprise :* les faire sombrer. *Couler des jours heureux :* mener une vie heureuse. ■ *vpr* Se glisser. *Le serpent se coule dans le panier.* Loc Fam *Se la couler douce :* vivre agréablement.

couleur *nf* 1 Impression produite sur l'œil par la lumière. *Les couleurs du prisme.* 2 Ce qui n'est ni noir, ni gris, ni blanc. *Une carte postale en couleurs.* 3 Aux cartes, trèfle, carreau, cœur, pique. 4 Substance colorante. *Boîte de couleurs.* Loc *Personne de couleur :* qui n'est pas blanc. *Avoir des couleurs :* bonne mine. *Couleur locale :* caractère pittoresque. *Couleur politique :* opinion. *Sous couleur de :* sous prétexte. *Annoncer la couleur :* dévoiler ses intentions. ■ *pl* 1 Habit, signe distinctif. *Les couleurs d'un club sportif.* 2 Drapeau. *Envoyer les couleurs.* Loc Fam *En voir de toutes les couleurs :* subir des difficultés, des affronts.

couleuvre *nf* Serpent non venimeux commun en Europe. Loc Fam *Avaler des couleuvres :* subir sans protester, croire n'importe quoi.

coulis *nm* Extrait obtenu par tamisage et/ou cuisson. *Coulis de fraises, de tomates.* ■ *am* Loc *Vent coulis :* qui se glisse par les fentes.

coulissant, ante *a* Qui coulisse.

coulisse *nf* 1 Rainure où glisse une pièce mobile. 2 Rempli d'étoffe pour passer un cordon. 3 Partie d'un théâtre invisible pour le public, derrière les décors. Loc *Les coulisses du pouvoir :* les côtés secrets.

coulissement *nm* Fait de coulisser.

coulisser *vt* Faire glisser sur une coulisse. ■ *vi* Glisser. *Porte qui coulisse.*

couloir *nm* 1 Passage entre plusieurs lieux. *Les couloirs du métro.* 2 Passage étroit. Loc *Couloir d'avalanches :* chemin suivi généralement par les avalanches. *Couloir d'autobus :* passage réservé aux autobus. *Couloir aérien :* route imposée aux avions. ■ *pl* Galeries avoisinant une salle de séance. *Les couloirs de l'Assemblée.*

coulomb *nm* PHYS Quantité d'électricité transportée en 1 seconde par un courant de 1 ampère.

coulommiers *nm* Fromage à pâte fermentée.

coulpe *nf* Loc Litt *Battre sa coulpe :* s'avouer coupable.

coulure *nf* 1 Matière qui coule ; sa trace. *Des coulures de peinture.* 2 BOT Absence de fécondation due au mauvais temps au moment de la floraison.

coup *nm* 1 Choc physique, heurt ; sa trace. *Coup de bâton. Le coup se voit encore.* 2 Choc psychologique. *Cette nouvelle a été un coup pour lui.* 3 Geste rapide. *Coup de volant.* 4 Bruit dû à un choc. *Coup de marteau.* 5 Décharge et détonation d'une arme à feu. *Coup de fusil, de canon.* 6 Fois. *Ce coup-ci. Encore un coup. À tous les coups.* 7 Accès. *Coup de folie, de colère, de désespoir.* Loc Fam *C'est un coup de :* c'est la faute de. Fam *Être aux cents coups :* être bouleversé. Pop *Monter, faire un* *coup* : faire une action louche. *Donner le coup de grâce à* : achever. Fam *Avoir un coup dans le nez* : être ivre. *Donner un coup de main à* : aider. *Donner un coup de balai, de téléphone, etc.* : balayer, téléphoner. *Coup de théâtre* : événement soudain. *Coup de Trafalgar* : catastrophe. *Coup de tête* : décision brusque. *Coup d'État* : prise du pouvoir par la force. *Coup de soleil* : insolation. Fam *Coup dur* : malheur. *Coup franc* : sanction contre une équipe qui a commis une faute. *Sur le coup* : immédiatement. *À coup sûr* : certainement. *Tout à coup* : brusquement. *Au coup par coup* : selon la circonstance. *Du coup* : de ce fait. *Coup sur coup* : sans interruption.

coupable *a, n* Qui a commis une faute, un délit. *Être coupable de vol. Retrouver le coupable.* ■ *a* Blâmable. *Négligence coupable.*

coupage *nm* 1 Action de mélanger des vins, des alcools. 2 Addition d'eau à un liquide.

coupant, ante *a* 1 Qui coupe. 2 Autoritaire, impérieux. *Un ton coupant.*

coup-de-poing *nm* Arme métallique percée de trous pour les doigts. *Des coups-de-poing.*

1. coupe *nf* 1 Verre, récipient évasé, à pied. *Une coupe à champagne. Une coupe à fruit.* 2 Trophée offert au vainqueur d'une compétition sportive ; la compétition elle-même. *La Coupe Davis.*

2. coupe *nf* 1 Action de couper ; ce qui a été coupé. *Coupe de tissu.* 2 Manière de tailler. *Costume de bonne coupe.* 3 Division en deux d'un paquet de cartes. 4 Étendue de bois sur pied à abattre. 5 Pause dans la diction. *Coupe d'un vers.* 6 Représentation de la section verticale d'une pièce, d'un bâtiment. Loc *Être sous la coupe de qqn* : sous son emprise. *Coupe sombre dans qqch* : restriction importante.

coupé *nm* Automobile à deux portes généralement à deux places.

coupe-choux *nm inv* Rasoir droit.

coupe-cigares *nm inv* Instrument pour couper le bout des cigares.

coupe-circuit *nm inv* Fusible.

coupe-coupe *nm inv* Sabre d'abattis.

coupée *nf* Ouverture d'accès dans le flanc d'un navire.

coupe-faim *nm inv* Médicament destiné à couper la faim.

coupe-feu *nm inv* Obstacle ou espace libre destiné à empêcher la propagation d'un incendie.

coupe-file *nm* Carte officielle permettant de circuler en priorité. *Des coupe-files.*

coupe-gorge *nm inv* Endroit où l'on risque de se faire attaquer.

coupe-jarret *nm* Litt Spadassin, brigand. *Des coupe-jarrets.*

coupelle *nf* Petite coupe.

coupe-ongles *nm inv* Instrument pour couper les ongles.

coupe-papier *nm inv* Lame de bois, d'ivoire, etc., pour couper les pages d'un livre.

couper *vt* 1 Diviser avec un instrument tranchant. *Couper du bois.* 2 Tailler dans de l'étoffe. *Couper une robe.* 3 Entailler, blesser. 4 Interrompre. *Couper un circuit, le courant.* 5 Supprimer, censurer. *Certains passages du film ont été coupés.* 6 Traverser. *Ce chemin coupe la route.* 7 Mélanger un liquide à un autre. *Couper d'eau du lait, du vin.* 8 Séparer un jeu de cartes

en deux. 9 Jouer un atout quand on ne peut fournir la couleur demandée. 10 Au tennis, au ping-pong, donner de l'effet à une balle. Loc Fam *Couper le sifflet à qqn* : le faire taire. Fam *Couper les cheveux en quatre* : compliquer inutilement. Fam *Couper l'herbe sous le pied de qqn* : le supplanter. *Donner sa tête à couper que* : affirmer catégoriquement. ■ *vi* Être tranchant. *Ce rasoir coupe bien.* ■ *vti* Échapper à qqch. *Couper à une corvée.* Loc *Couper court à* : écourter. ■ *vpr* 1 Se blesser avec un instrument tranchant. 2 Se contredire après avoir menti.

couperet *nm* 1 Couteau de boucher large et lourd. 2 Couteau de la guillotine.

couperose *nf* Rougeur du visage due à une dilatation vasculaire.

couperosé, ée *a* Atteint de couperose.

coupeur, euse *n* Qui fait la coupe des vêtements.

coupe-vent *nm inv* Vêtement qui protège du vent.

couplage *nm* Assemblage, connexion, réunion.

couple *nm* 1 Un homme et une femme mariés ou non. 2 Deux personnes. *Un couple d'associés.* 3 Le mâle et la femelle. *Un couple de serins.* 4 PHYS Système de deux forces égales, parallèles, de sens contraires. 5 MAR Section transversale de la structure d'un navire.

couplé *nm* Pari consistant à désigner les deux premiers chevaux d'une course.

coupler *vt* Assembler deux par deux.

couplet *nm* Strophe d'une chanson.

coupole *nf* Partie concave d'un dôme. Loc *Siéger sous la Coupole* : à l'Académie française.

coupon *nm* 1 Morceau d'étoffe restant d'une pièce. 2 Titre d'intérêt joint à une action, à une obligation.

couponing [-niŋ] *nm* Vente par correspondance utilisant des coupons-réponse.

coupon-réponse *nm* Partie détachable d'une annonce publicitaire à renvoyer par le lecteur. *Des coupons-réponse.*

coupure *nf* 1 Incision, entaille. 2 Suppression. *La censure a fait des coupures dans le film.* 3 Article découpé dans un journal. *Coupures de presse.* 4 Billet de banque. 5 Interruption. *Coupure de courant.*

cour *nf* 1 Espace découvert environné de murs ou de bâtiments. *Un appartement sur cour.* 2 Société vivant autour d'un souverain ; lieu où vit cette société. 3 Ensemble de gens qui s'efforcent de plaire à qqn. *Avoir une cour d'adorateurs.* 4 Siège de justice ; magistrats de l'une des juridictions. *Cour d'appel, d'assises.* Loc *Cour des Miracles* : ancien quartier mal famé de Paris. *Être (bien) en cour* : en faveur. *Faire la cour à qqn* : tenter de le séduire. *Côté cour* : côté de la scène à gauche de l'acteur regardant la salle.

courage *nm* 1 Fermeté d'âme devant le danger, la souffrance. 2 Ardeur, zèle.

courageusement *av* Avec courage.

courageux, euse *a* Qui a du courage.

couramment *av* 1 Sans hésitations. *Parler couramment anglais.* 2 Fréquemment. *Cela se voit couramment.*

courant, ante *a* 1 Habituel, commun. *Pratique courante, mot courant.* 2 En cours. *Mois courant. Affaires courantes.* Loc *Chien cou-*

courbatu

rant : dressé à poursuivre le gibier. *Eau courante* : au robinet. *Main courante* : registre de police. *Compte courant* : compte bancaire ou postal. ■ *nm* 1 Mouvement d'un fluide dans une direction déterminée. *Les courants marins.* 2 Mouvement de particules électriques. *Courant alternatif, continu. Coupure de courant.* 3 Mouvement d'ensemble, tendance générale. *Les courants de populations. Les grands courants de pensée.* Loc *Dans le courant de la semaine* : durant. *Être au courant de* : informé. ■ *nf* 1 Danse ancienne. 2 Pop Diarrhée.

courbatu, ue a Litt Courbaturé.

courbature nf Douleur musculaire due à un effort ou à la fièvre.

courbaturé, ée a Qui ressent des courbatures.

courbe a En arc. *Surface courbe.* ■ *nf* 1 Ligne courbe. 2 Ligne représentant graphiquement les variations d'un phénomène. *Courbes de température.* 3 Virage.

courbé, ée a Rendu courbe, fléchi.

courber vt 1 Rendre courbe. *Courber une branche.* 2 Fléchir, baisser. *Il courbe la tête.* ■ *vi* Plier, fléchir. *Courber sous le poids.* ■ *vpr* Céder, se soumettre. *Je refuse de me courber devant lui.*

courbette nf Politesse exagérée et obséquieuse.

courbure nf Forme ou état d'une chose courbe.

courée nf Petite cour dans les villes du Nord.

courette nf Petite cour intérieure.

coureur, euse n 1 Qui pratique la course. *Coureur cycliste. Coureur de fond.* 2 Fam Qui court les aventures galantes. *Un coureur de filles.*

courge nf Cucurbitacée à fruit comestible (citrouille, courgette, etc.).

courgette nf Petite courge allongée.

courir vi [25] 1 Aller vite. *Courir à toutes jambes.* 2 Aller vite qqpart. *Courir chez le boucher acheter un steak.* 3 Se répandre, s'étendre. *L'eau court sur le toit. Le fil court sur le mur.* 4 Être en cours. *Le bail court jusqu'à demain.* 5 Participer à une course. *Il court sur Ferrari.* Loc Fam *Laisser courir* : laisser faire. Fam *Tu me cours* (*sur le système, le haricot*) : agacer. *Le bruit court que* : on dit. ■ *vti* 1 Rechercher qqch. *Courir après l'argent, les honneurs.* 2 Fam Harceler. *Courir après qqn.* Loc *Courir à un échec* : y aller tout droit. ■ *vt* 1 Disputer une course. *Courir le marathon.* 2 S'exposer à. *Courir un risque.* Aller souvent qqpart. *Courir les bars, les magasins.* Loc *Spectacle très couru* : fréquenté. Fam *C'était couru d'avance* : prévisible. Fam *Courir les rues* : être banal. *Courir le cerf* : V. courre.

courlis nm Oiseau échassier à long bec fin, arqué vers le sol.

couronne nf 1 Ornement encerclant la tête. *Couronne de lauriers, de fleurs. Couronne royale.* 2 (avec majusc) Autorité, dignité royale, impériale ; territoire royal. *Duché réuni à la Couronne.* 3 Objet de forme circulaire. *Pain en couronne.* 4 Tonsure monastique. 5 Prothèse dentaire. 6 Format de papier (46 cm x 36 cm). 7 Unité monétaire de la Suède, de la Norvège, du Danemark, de l'Islande et de la Tchécoslovaquie.

couronnement nm 1 Action de couronner. 2 Achèvement de qqch. *Le couronnement de sa carrière.*

couronner vt 1 Mettre une couronne sur la tête de. 2 Sacrer souverain. 3 Décerner un prix, une récompense à. 4 Surmonter. *Une frise couronne l'édifice.* 5 Parfaire. *Le succès a couronné son effort.*

courre vt Loc *Chasse à courre* : chasse à cheval avec des chiens courants.

courrier nm 1 Porteur de dépêches. 2 Service postal. *Courrier aérien.* 3 Correspondance transmise par la poste. *Faire lire son courrier.* 4 Chronique d'un journal. *Le courrier de la mode.*

courriériste n Journaliste tenant une rubrique régulière.

courroie nf Bande de matière souple servant à lier qqch ou à transmettre un mouvement. Loc *Courroie de transmission* : simple intermédiaire.

courroucer vt [10] Litt Mettre en colère.

courroux nm Litt Colère, irritation.

cours nm 1 Mouvement continu des liquides. *Le cours d'un fleuve.* 2 Longueur d'un fleuve. 3 Enchaînement dans le temps. *Le cours des événements. Suivre son cours.* 4 Avenue plantée d'arbres. 5 Taux de base des transactions. *Cours du franc.* 6 Suite de leçons. *Cours d'histoire. Cours par correspondance.* 7 Manuel. *Cours polycopié.* 8 Degré d'enseignement. *Cours préparatoire.* 9 Établissement d'enseignement privé. Loc *Au cours de* : pendant. *Avoir cours* : être en usage. *Cours d'eau* : rivière, fleuve, etc. *Donner libre cours à* : laisser aller. *Navigation au long cours* : de longue durée.

course nf 1 Action de courir. 2 Compétition, épreuve de vitesse. *Course à pied, cycliste, automobile.* 3 Espace parcouru par une pièce mobile. *La course du piston.* 4 Lutte pour obtenir. *Course à la présidence.* 5 Trajet en taxi. Loc *À bout de course* : fatigué. Fam *Être dans la course* : être au courant. ■ *pl* Compétitions hippiques. *Jouer aux courses.* Loc *Faire des courses* : faire les commissions, des achats.

course-poursuite nf Poursuite mouvementée, pleine de péripéties. *Des courses-poursuites.*

courser vt Fam Poursuivre à la course.

coursier, ère n Qui transporte messages et paquets à travers une ville. ■ *nm* Litt Cheval.

coursive nf Couloir étroit à bord d'un navire.

1. court, courte a 1 De peu de longueur. *Des cheveux courts.* 2 Qui dure peu. *Les nuits d'été sont courtes.* 3 Peu éloigné dans le temps. *Échéance à court terme.* 4 Insuffisant, sommaire. *Des connaissances un peu courtes.* ■ *av* Loc *S'arrêter court* : brusquement. *Couper court à* : arrêter net. *Être à court de* : manquer. *Prendre qqn de court* : à l'improviste. *Tout court* : sans autre précision.

2. court nm Terrain de tennis.

courtage nm 1 Profession, activité des courtiers. 2 Commission perçue. *Frais de courtage.*

courtaud, aude a De taille courte et ramassée.

court-bouillon nm Bouillon épicé et vinaigré dans lequel on cuit le poisson. *Des courts-bouillons.*

court-circuit nm Connexion entre deux points d'un circuit, de tensions différentes. *Des courts-circuits.*

court-circuiter vt 1 Mettre en court-circuit. 2 Fam Éliminer un intermédiaire. *Distribution qui court-circuite les grossistes.*

court-courrier nm Avion de transport pour étapes courtes. *Des court-courriers.*

courtepointe nf Couverture piquée.

courtier, ère n Intermédiaire commercial.

courtilière nf Insecte fouisseur, nuisible.

courtine nf Muraille réunissant les tours d'un château fort.

courtisan, ane n 1 Qui vit à la cour d'un souverain. 2 Qui, par intérêt, cherche à plaire. ■ nf Litt Prostituée de luxe.

courtiser vt Faire sa cour à.

court-jus nm Pop Court-circuit. *Des courts-jus.*

court-métrage nm Film de moins de vingt minutes. *Des courts-métrages.*

courtois, oise a D'une politesse raffinée. Loc *Amour courtois* : chevaleresque.

courtoisement av De façon courtoise.

courtoisie nf Politesse, civilité.

court-vêtu, ue a Qui porte un vêtement court. *Des femmes court-vêtues.*

couru, ue a Recherché, à la mode. *Un spectacle couru.* Loc Fam *C'est couru* : c'est prévisible.

couscous [kuskus] nm Mets d'Afrique du Nord (semoule, légumes, viande).

cousette nf Apprentie couturière.

1. cousin nm Moustique commun.

2. cousin, ine n Parent issu de l'oncle ou de la tante.

cousinage nm Parenté de cousins.

coussin nm Petit sac cousu, rembourré, servant d'appui. *Coussins de canapé.* Loc *Coussin d'air* : couche d'air sous pression maintenant un véhicule au-dessus d'une surface.

coussinet nm 1 Petit coussin. 2 Pièce qui maintient les rails. 3 TECH Douille contenant un arbre tournant.

cousu, ue a Assemblé par une couture. Loc *Garder bouche cousue* : ne rien dire.

coût nm Ce que coûte qqch.

coûtant am Loc *Prix coûtant* : prix qu'une chose a coûté, sans bénéfice.

couteau nm 1 Instrument tranchant composé d'une lame et d'un manche. 2 Prisme triangulaire qui supporte le fléau d'une balance. 3 Coquillage long et étroit. Syn. solen. Loc *Être à couteaux tirés* : en conflit ouvert. Fam *Second* ou *troisième couteau* : simple comparse.

couteau-scie nm Couteau à lame dentée. *Des couteaux-scies.*

coutelas nm Grand couteau.

coutelier, ère n Qui fabrique, vend des couteaux, des rasoirs, etc.

coutellerie nf 1 Industrie, commerce de couteaux. 2 Fabrique, boutique de couteaux. 3 Produits vendus par les couteliers.

coûter vi 1 Être au prix de. *Ce vase coûte cent francs, cher.* 2 Occasionner des frais. *Son procès lui a coûté cher.* Loc *Coûte que coûte* : quoi qu'il en coûte, à tout prix. ■ vt Causer. *Les peines que ce travail m'a coûtées.*

coûteux, euse a Qui coûte cher, onéreux.

coutil [-ti] nm Toile très serrée et lissée.

coutume nf 1 Pratique consacrée par l'usage. *Les coutumes d'un pays.* 2 Habitude individuelle. *Il a coutume de se lever tôt.* 3 DR Droit né de l'usage. 4 Recueil du droit coutumier d'un pays.

coutumier, ère a 1 Qui a coutume de. *Coutumier de se lever tôt.* 2 Ordinaire, habituel. *Les occupations coutumières.* Loc *Droit coutumier* : consacré par l'usage (par oppos. à droit écrit).

couture nf 1 Action de coudre. *Faire de la couture.* 2 Art de coudre. 3 Suite de points. *Couture de pantalon.* 4 Cicatrice en longueur. Loc *Haute couture* : les grands couturiers. *À plate couture* : complètement.

couturé, ée a Couvert de cicatrices.

couturier nm Qui dirige une maison de couture. *Les grands couturiers.*

couturière nf Qui confectionne des vêtements féminins.

couvain nm Ensemble des œufs, chez divers insectes (abeilles).

couvaison nf Action de couver.

couvée nf Œufs couvés en même temps par un oiseau ; les petits une fois éclos.

couvent nm Maison de religieux ou de religieuses.

couver vt 1 Se tenir sur des œufs pour les faire éclore (oiseaux). 2 Fam Entourer d'une sollicitude excessive. *Couver ses enfants.* Loc *Couver des yeux, du regard* : regarder longuement. *Couver une maladie* : en porter les germes. ■ vi Être latent. *La révolte couvait.*

couvercle nm Ce qui sert à couvrir un pot, une boîte, etc.

couvert, erte a 1 Muni d'un couvercle, d'un toit. 2 Habillé, vêtu. *Être bien, chaudement couvert.* Loc *Restez couvert* : gardez votre chapeau. *Ciel, temps couvert* : nuageux. *Parler à mots couverts* : par allusions. ■ nm Cuiller, fourchette et couteau. Loc *Mettre le couvert* : mettre la table. *À couvert* : à l'abri. *Sous couvert de* : sous prétexte. *Le vivre et le couvert* : nourriture et logement.

couverture nf 1 Toit d'une construction. *Couverture de tuiles.* 2 Tissu épais de laine placé sur les draps pour tenir chaud. 3 Ce qui couvre, protège un livre, un cahier. *Couverture toilée.* 4 Ce qui sert à dissimuler, à protéger. 5 Compte rendu d'un événement par les médias. 6 FIN Garantie donnée pour un paiement. Loc *Couverture sociale* : la protection garantie à un assuré social.

couveuse nf 1 Femelle d'oiseau de basse-cour. 2 Appareil à couver les œufs. 3 Appareil où l'on place les nouveau-nés fragiles.

couvrant, ante a Facile à étaler (peinture).

couvre-chef nm Chapeau. *Des couvre-chefs.*

couvre-feu nm Interdiction de sortir après certaines heures. *Des couvre-feux.*

couvre-lit nm Pièce d'étoffe dont on recouvre un lit. *Des couvre-lits.*

couvre-pieds nm inv Couverture de lit décorative.

couvreur nm Qui couvre les maisons, répare les toitures.

couvrir vt [31] 1 Placer sur pour protéger. *Couvrir une maison, un livre.* 2 Habiller, vêtir. *Couvrir d'un châle ses épaules.* 3 Mettre en quantité sur. *Couvrir un mur de tableaux.* 4 Être répandu sur. *Des feuilles couvrent les* *allées.* **5** Cacher. *Voile qui couvre le visage.* **6** Prendre la responsabilité. **7** Balancer, compenser. *La recette couvre les frais.* **8** Parcourir. *Couvrir dix kilomètres.* **9** S'accoupler avec une femelle. *Étalon qui couvre une jument.* **10** Assurer l'information sur un évènement. **11** Garantir. *Couvrir un risque.* ■ *vpr* Se vêtir chaudement ; mettre son chapeau. *Loc Le ciel, le temps se couvre* : des nuages apparaissent.

cover-girl [kɔvœʀgœʀl] *nf* Jeune femme qui pose pour les photographes de mode. *Des cover-girls.*

cow-boy [kawbɔj] *nm* Gardien de troupeaux au Far West. *Des cow-boys.*

coxalgie *nf* Arthrite de la hanche.

coxarthrose *nf* Arthrose de la hanche.

coyote *nm* Canidé d'Amérique du Nord.

c.q.f.d. Abrév de *ce qu'il fallait démontrer* (conclut une démonstration).

crabe *nm* Crustacé marin comestible. *Loc Fam Panier de crabes* : groupe de personnes qui se dénigrent ou cherchent à se nuire. *Marcher en crabe* : de côté.

crac *interj* Imite le bruit sec de qqch qui se brise.

crachat *nm* Salive ou mucosité que l'on crache.

craché, ée *a Fam* Très ressemblant.

crachement *nm* **1** Action de cracher. **2** Bruit parasite émis par un haut-parleur.

cracher *vt* **1** Rejeter hors de la bouche. *Cracher un noyau.* **2** Expulser. *La cheminée crache de la fumée.* **3** *Pop* Dépenser. *Il a craché mille francs.* ■ *vi* **1** Rejeter un crachat. *Défense de cracher.* **2** Éclabousser. *Stylo qui crache.* **3** Grésiller. *Radio qui crache.* ■ *vti* Mépriser. *Cracher sur qqn.*

crachin *nm* Pluie fine et dense.

crachiner *v impers* Tomber (crachin).

crachoir *nm* Récipient où on crache.

crachotement *nm* Petit crachement.

crachoter *vi* Faire entendre de petits crachements.

crack *nm* **1** Cheval favori d'une écurie de course. **2** *Fam* Personne très forte. **3** *Pop* Cocaïne cristallisée très toxique.

cracker [-kœʀ] *nm* Petit gâteau sec, salé.

cracking [-kiŋ] *nm* Syn de *craquage.*

craie *nf* **1** Roche calcaire généralement blanche, tendre et perméable. **2** Bâton pour écrire sur un tableau noir.

craindre *vt* [57] **1** Redouter. *Ce chien craint son maître.* **2** Considérer comme probable une chose fâcheuse. *Je crains qu'il ne vienne plus. Il craint d'échouer.* **3** Être sensible à. *Cette plante craint le froid. Loc Ne pas craindre* : avoir le courage de. *Pop Ça craint* : c'est affreux ; c'est difficile ou dangereux.

crainte *nf* Sentiment de peur, d'inquiétude à l'idée d'une menace. *Loc De crainte que* (+ subj), *de crainte de* (+ inf) : de peur que, de.

craintif, ive *a* Peureux, apeuré.

craintivement *av* De façon craintive.

cramer *vt, vi Pop* Brûler, roussir.

cramoisi, le *a* **1** Rouge foncé. **2** Très rouge. *Cramoisi de colère.*

crampe *nf* Contraction douloureuse et passagère d'un muscle.

crampon *nm* **1** Pièce de métal, recourbée, à une ou plusieurs pointes, qui sert à fixer. **2** *Fam* Personne insistante et importune.

cramponner *vt* **1** Attacher avec un crampon. **2** *Fam* Importuner par son insistance. ■ *vpr* S'accrocher. *Enfant qui se cramponne à sa mère.*

cran *nm* **1** Entaille dans un corps dur pour accrocher ou arrêter. **2** Trou d'une courroie. **3** Ondulation donnée à la chevelure. *Se faire des crans.* **4** *Fam* Énergie, courage. *Avoir du cran. Loc Fam Être à cran* : de très mauvaise humeur. *Monter, baisser d'un cran* : passer à un degré supérieur, inférieur.

crâne *nm* **1** Boîte osseuse contenant l'encéphale des vertébrés. **2** *Fam* Tête. *J'ai mal au crâne.* ■ *a Litt* Brave, décidé.

crânement *av Litt* Hardiment.

crâner *vi Fam* Se montrer prétentieux.

crânerie *nf Litt* Attitude fanfaronne.

crâneur, euse *n, a Fam* Prétentieux.

crânien, enne *a* Du crâne.

cranter *vt* Faire des crans à.

crapaud *nm* **1** Batracien à peau verruqueuse. **2** Tache noire dans une pierre précieuse. **3** Petit fauteuil bas. **4** Petit piano à queue.

crapaud-buffle *nm* Gros crapaud d'Afrique. *Des crapauds-buffles.*

crapette *nf* Jeu de cartes à deux joueurs.

crapule *nf* Individu malhonnête.

crapulerie *nf* Malhonnêteté.

crapuleux, euse *a* D'une crapule. *Loc Crime crapuleux* : commis pour voler.

craquage *nm* Procédé de raffinage du pétrole, de transformation des produits agricoles par séparation des constituants. Syn. *cracking.*

craquant, ante *a* Qui craque.

craque *nf Pop* Mensonge.

craqueler *vt* [18] Fendiller.

craquelure *nf* Fendillement, fissure.

craquement *nm* Bruit sec de qqch qui craque.

craquer *vi* **1** Faire un bruit sec. *Le plancher craque.* **2** Céder, se casser bruyamment. *La digue a craqué.* **3** *Fam* S'effondrer nerveusement. *Je suis à bout, je vais craquer !* **4** *Fam* Ne pas résister. *J'ai craqué et je l'ai acheté. Loc Plein à craquer* : trop plein. ■ *vt* **1** Déchirer. *Craquer son pantalon.* **2** Enflammer une allumette.

craquètement *nm* **1** Petit craquement. **2** Cri de la grue, de la cigogne.

craqueter *vi* [19] **1** Craquer à petits bruits. **2** Crier (grue, cigogne).

crash [kʀaʃ] *nm* Pour un avion, fait de s'écraser au sol ; pour une voiture, choc frontal très violent. *Des crashs ou des crashes.*

crasher (se) *vpr Abusiv* Subir un crash, s'écraser.

crassane *nf* Poire jaunâtre à chair fondante.

crasse *nf* **1** Saleté qui s'amasse. **2** *Fam* Mauvais coup. *Faire une crasse à qqn.* ■ *af Loc Une ignorance crasse* : grossière.

crasseux, euse *a* Couvert de crasse.

crassier *nm* Entassement des scories de hauts fourneaux.

cratère *nm* **1** Grand vase antique à deux anses. **2** Bouche d'un volcan. **3** Cavité creusée par une explosion. *Cratère de bombe.*

craterelle *nf* Champignon comestible.

cravache *nf* Badine servant de fouet aux cavaliers. *Loc À la cravache* : durement.

cravacher *vt* Frapper avec une cravache. ■ *vi Fam* Se dépêcher.

cravate *nf* **1** Mince bande d'étoffe qui se noue sous le col de chemise. **2** En lutte, torsion imprimée au cou de l'adversaire.

cravater vt 1 Mettre une cravate à. 2 Pop Prendre, attraper. *La police a cravaté le voleur.*

crawl [kʀol] nm Nage rapide (battement continu des pieds et mouvement alterné des bras).

crayeux, euse a Qui contient de la craie, qui a l'aspect de la craie.

crayon nm Baguette de bois entourant une mine pour écrire ou dessiner. Loc *Crayon à bille* : stylo à bille. *Coup de crayon* : manière de dessiner. *Crayon optique* : qui permet de lire les codes barres.

crayon-feutre nm Stylo à pointe en feutre. *Des crayons-feutres.*

crayonnage nm Dessin fait au crayon.

crayonné nm Maquette d'une illustration, d'une affiche publicitaire. Syn. rough.

crayonner vt Esquisser, écrire au crayon.

créance nf Droit d'exiger de qqn un paiement, une obligation ; titre établissant ce droit. Loc *Lettres de créance* : document accréditant un diplomate auprès d'un gouvernement étranger.

créancier, ère n À qui on doit de l'argent.

créateur, trice n 1 Qui crée, invente. 2 Premier interprète d'un rôle. Loc *Le Créateur* : Dieu.

créatif, ive a, n Capable de créativité.

création nf 1 Action de créer. *Création d'une société.* 2 Chose créée, invention. *Les créations de Léonard.* 3 Première interprétation d'un rôle, d'une œuvre. 4 Nouveau modèle d'un grand couturier.

créationnisme nm Doctrine qui nie l'évolution des espèces.

créativité nf Capacité à créer, à innover.

créature nf 1 L'être humain, par rapport à Dieu. 2 Fam Femme. *Une belle créature.* 3 Qui tient sa position d'un autre. *Les créatures du président.*

crécelle nf Instrument en bois très bruyant. Loc *Voix de crécelle* : criarde et déplaisante.

crèche nf 1 Petite construction représentant l'étable de la Nativité. 2 Établissement qui garde les enfants, le jour. 3 Pop Chambre, logement.

crécher vi [12] Pop Habiter.

crédibiliser vt Rendre crédible qqch.

crédibilité nf Caractère crédible.

crédible a Qu'on peut croire.

crédit nm 1 Faculté de se procurer des capitaux. 2 Délai de paiement. *Vendre, acheter à crédit.* 3 Avance de fonds. *Crédit à court terme.* 4 Confiance, considération, influence. *Perdre tout crédit.* 5 Partie d'un compte où figurent les créances. Loc *Carte de crédit* : à paiement différé. *Crédit photographique* : mention obligatoire du nom des propriétaires des photos figurant dans un ouvrage. ■ pl Somme prévue par le budget pour une dépense publique.

crédit-bail nm Crédit dans lequel un bien est loué avec promesse de vente. *Des crédits-bails.*

créditer vt Inscrire une somme au crédit de qqn.

créditeur, trice n Qui ouvre un crédit à qqn. ■ a Loc *Compte, solde créditeur* : positif.

crédit-relais nm Prêt effectué pour faire la liaison entre une dépense immédiate et une rentrée d'argent attendue. *Des crédits-relais.*

credo [kʀe-] nm inv Opinions politiques.

crédule a Qui croit facilement ; naïf.

crédulité nf Propension à croire n'importe quoi.

créer vt 1 Fonder, instituer. *Créer une société.* 2 Inventer, concevoir. *Créer un produit nouveau.* 3 Interpréter pour la première fois. *Créer un rôle.* 4 Produire, causer. *La sécheresse crée des problèmes.*

crémaillère nf Pièce métallique crantée permettant de suspendre un chaudron à la hauteur voulue. Loc *Pendre la crémaillère* : fêter un emménagement.

crémant nm Vin mousseux d'appellation contrôlée.

crémation nf Incinération.

crématiste n Partisan de la crémation des défunts.

crématoire a Loc *Four crématoire* : où on brûle les cadavres.

crématorium [-tɔʀjɔm] nm Lieu où les morts sont incinérés.

crème nf 1 Substance grasse du lait. 2 Entremets fait de lait, de sucre et d'œufs. *Crème au chocolat.* 3 Liqueur sirupeuse. *Crème de cassis.* 4 Produit de toilette onctueux. *Crème de beauté.* Loc Fam *La crème des hommes* : le meilleur. ■ a inv D'un blanc jaune pâle. Loc *Café crème* : additionné de lait. ■ nm Café crème.

crèmerie ou **crémerie** nf Boutique où on vend des produits laitiers, des œufs, etc. Loc Fam *Changer de crèmerie* : aller ailleurs.

crémeux, euse a 1 Qui contient beaucoup de crème. *Du lait crémeux.* 2 Qui ressemble à de la crème. *Une peinture crémeuse.*

crémier, ère n Qui tient une crèmerie.

crémone nf Verrou double utilisé pour la fermeture des croisées.

créneau nm 1 Échancrure rectangulaire pratiquée en haut d'un mur. 2 Intervalle de temps disponible. 3 Secteur où une entreprise a intérêt à exercer son activité. Loc *Faire un créneau* : se garer entre deux véhicules. Fam *Monter au créneau* : aller là où se déroule l'action.

créneler vt [18] Munir de créneaux, de crans.

créole n, a Blanc né dans une colonie tropicale. ■ nm Langue parlée dans ces régions. ■ nf Grande boucle d'oreille circulaire.

créolophone a, n Qui parle créole.

créosote nf Liquide antiseptique (phénol), d'odeur forte, qui protège les bois.

crêpage nm Action de crêper les cheveux.

1. crêpe nf Fine galette de blé ou de sarrasin.

2. crêpe nm 1 Tissu léger de soie brute ou de laine très fine. 2 Tissu noir porté en signe de deuil. 3 Caoutchouc brut épuré. *Semelles de crêpe.*

crêper vt Faire gonfler les cheveux. ■ vpr Loc Fam *Se crêper le chignon* : se battre (femmes).

crêperie nf Établissement où on mange des crêpes.

crépi nm Enduit projeté sur un mur et non lissé.

crêpière nf Poêle plate à crêpes.

crépine nf Membrane transparente de la panse du porc ou du veau, utilisée en charcuterie.

crépinette nf Saucisse plate enveloppée dans de la crépine.

crépir vt Enduire de crépi.

crépissage nm Action de crépir.

crépitement nm ou **crépitation** nf Bruit de ce qui crépite.

crépiter vi Produire une suite de bruits secs.

crépu, ue a Très frisé. *Cheveux crépus.*

crépusculaire a Du crépuscule.

crépuscule nm 1 Lumière diffuse qui précède le lever du soleil ou qui suit son coucher. 2 Tombée du jour. 3 Litt Déclin.

crescendo [kreʃendo] av En augmentant par degrés l'intensité du son. Loc *Aller crescendo :* augmenter. ■ nm inv Augmentation progressive. *Un crescendo de cris.*

cresson [kresõ] nm Plante crucifère comestible d'eau douce.

cressonnière nf Plantation de cresson.

crésyl nm (n déposé) Antiseptique (eau, savon, crésol et huile de créosote).

crêt [krɛ] nm Escarpement rocheux.

crétacé nm Période géologique du secondaire.

crête nf 1 Excroissance en lame de certains animaux. *La crête du coq.* 2 Sommet, faîte. *Crête d'un toit, d'une vague.*

crétin, ine n 1 Atteint de crétinisme. 2 Fam Imbécile.

crétinerie nf Stupidité, bêtise.

crétiniser v Abrutir.

crétinisme nm Affection de la thyroïde caractérisée par des œdèmes.

crétois, oise a, n De l'île de Crète.

cretonne nf Fort coton d'ameublement.

creusage ou **creusement** nm Action de creuser.

creuser vt 1 Rendre creux. *Creuser le sol.* 2 Faire un creux dans. *Creuser un trou.* 3 Approfondir. *Creuser un sujet, une question.* Loc Fam *Creuser l'estomac :* donner de l'appétit. ■ vpr Loc Fam *Se creuser la tête :* réfléchir.

creuset nm 1 Vase qui sert à faire fondre certaines substances. *La crête du coq.* 2 Point de rencontre. *La capitale, creuset de cultures.*

creux, euse a 1 Dont l'intérieur présente un vide. *Un mur creux.* 2 Qui présente une cavité. *Assiettes creuses.* 3 Sans substance, sans intérêt. *Des paroles creuses.* Loc *Avoir le ventre creux :* avoir faim. *Chemin creux :* encaissé. *Mer creuse :* houleuse. *Heures creuses :* de moindre activité. ■ nm 1 Cavité. *Le creux d'un arbre.* 2 Dépression, concavité. *Le creux de la main.* Loc *Être au (dans le) creux de la vague :* traverser une période de difficultés.

crevaison nf Action de crever un pneu.

crevant, ante a Pop 1 Hilarant. 2 Épuisant.

crevasse nf 1 Fissure profonde du sol, d'un mur. 2 Fissure de la peau.

crevasser vt Faire des crevasses.

crève nf Loc Fam *Attraper la crève :* prendre froid.

crève-cœur nm inv Litt Grand chagrin.

crever vt [15] 1 Percer, faire éclater. *Crever un ballon, un abcès.* 2 Fam Épuiser. *Ce sport le crève.* Loc Fam *Cela crève les yeux :* est évident. *Crever le cœur à :* faire de la peine. *Crever l'écran :* faire sensation. *Crever le plafond :* dépasser les meilleures estimations. ■ vi Loc *avoir ou être)* 1 Se percer. *Pneu de voiture qui crève.* 2 Fam Mourir. *La plante a crevé, est crevée.* Loc Fam *Crever de faim, de froid, de jalousie, etc. :* les ressentir fortement.

crevette nf Petit crustacé marin comestible.

cri nm 1 Bruit caractéristique d'un animal. *Cri du hibou.* 2 Son inarticulé. *Pousser un cri.* 3 Opinion manifestée hautement. *Ce texte est un cri d'indignation.* Loc *Dernier cri :* dernière mode. *À cor et à cri :* bruyamment. *Jeter les hauts cris :* protester énergiquement. *Cri du cœur :* opinion spontanée.

criailler vi 1 Crier sans cesse. 2 Pousser son cri (faisan, oie, perdrix, pintade, paon).

criaillerie nf Récrimination répétée.

criant, ante a 1 Évident. *Ressemblance criante.* 2 Scandaleux. *Une injustice criante.*

criard, arde a 1 Qui crie souvent et fort. *Un enfant criard.* 2 Qui blesse l'oreille. *Voix criarde.* 3 Qui heurte la vue. *Couleurs criardes.* Loc *Dettes criardes :* à rembourser d'urgence.

criblage nm Triage mécanique.

crible nm Appareil muni de trous pour trier des matériaux. Loc *Passer au crible :* examiner très soigneusement.

cribler vt 1 Passer au crible. *Cribler du sable.* 2 Percer, marquer en de nombreux endroits. *Cribler de balles.*

cric [krik] nm Appareil qui sert à soulever des corps lourds sur une faible hauteur.

cricket [-kɛt] nm Sport anglais qui se joue avec des battes et des balles de cuir.

cricri nm Grillon.

criée nf 1 Vente aux enchères en public. 2 Endroit d'un port où on vend le poisson.

crier vi 1 Pousser un cri, des cris. 2 Élever la voix, se fâcher. 3 Pousser le cri de l'espèce. Loc *Crier à l'injustice, au scandale :* les dénoncer. *Crier au miracle :* s'écrier devant un fait extraordinaire. ■ vt 1 Dire d'une voix forte. *Il lui a crié de venir.* 2 Proclamer. *Crier son innocence.* Loc *Crier famine, misère :* se plaindre. *Crier vengeance :* réclamer la vengeance. *Crier gare :* avertir d'un danger.

crieur, euse n Marchand ambulant. *Crieur de journaux.*

crime nm 1 Meurtre. *Crime passionnel.* 2 Infraction la plus grave punie par la loi (opposé à contravention et à délit). 3 Action blâmable. *Ce serait un crime d'abattre cet arbre.*

criminaliser vt DR Faire relever de la juridiction criminelle.

criminalistique nf Techniques d'investigation policière.

criminalité nf Ensemble des faits criminels dans une société donnée, pour une période donnée.

criminel, elle n Coupable d'un crime. ■ a 1 DR Qui a trait à la répression pénale. *Le droit criminel.* 2 Répréhensible pour la morale. *Une passion criminelle.*

criminologie nf Science de la criminalité.

criminologiste nm Spécialiste de criminologie.

crin nm 1 Poil long et rêche. *Crin de cheval.* 2 Matériau de rembourrage. *Matelas de crin.* Loc Fam *À tous crins ou à tout crin :* à l'excès.

crincrin nm Fam Mauvais violon.

crinière nf 1 Crins du cou de quelques animaux (lion). 2 Fam Chevelure abondante.

crinoline nf Jupon bouffant.

crique nf 1 Petite avancée de mer. 2 Fissure dans une pièce métallique.

criquet nm Insecte herbivore migrateur, nuisible, ressemblant à la sauterelle.

crise nf 1 Brusque accès. *Crise d'asthme. Crise de larmes.* 2 Période difficile. *Crise politique. Crise de l'enseignement.* 3 Pénurie importante. *Crise du logement.* Loc *Crise de foie :* trouble digestif. *Crise de nerfs :* état de tension extrême avec cris, pleurs, etc. Fam *Piquer une crise :* une colère.

crispant, ante a Qui agace, crispe.

crispation nf 1 Contraction musculaire involontaire. 2 Impatience, vive irritation.

crisper vt 1 Contracter. *Le froid crispe la peau.* 2 Provoquer la crispation musculaire. *Douleur, colère qui crispe le visage.* 3 Agacer, irriter. *Son arrogance me crispe.*

crissement nm Bruit de ce qui crispe.

crisser vi Produire un grincement. *Pneus qui crissent.*

cristal, aux nm 1 GEOL Minéral de formes régulières. 2 Variété de verre pur, dense, sonore, limpide. Loc *Cristal de roche :* quartz. *Cristal liquide :* substance organique utilisée pour l'affichage électronique. ■ pl Objets en cristal.

cristallin, ine a 1 Propre au cristal. 2 Pur, clair comme le cristal. *Voix cristalline.* ■ nm Partie de l'œil qui sert de lentille à courbure variable.

cristallisation nf 1 Formation de cristaux. 2 Fait de prendre forme. *Cristallisation des espérances.*

cristalliser vt 1 Provoquer la cristallisation. *Cristalliser du sucre.* 2 Donner forme à, concrétiser. *Cristalliser les aspirations des citoyens.* ■ vi, vpr 1 Former des cristaux. *Le sucre (se) cristallise.* 2 Prendre forme, devenir cohérent.

cristallographie nf Science des cristaux.

criste-marine nf Plante des littoraux rocheux, aux feuilles comestibles en salade ou confites. *Des cristes-marines.*

cristophine nf Courge utilisée comme légume dans la cuisine antillaise.

critère nm Principe, propriété qui permet d'évaluer, de choisir.

critérium [-Rjɔm] nm Épreuve sportive de qualification.

criticité nf PHYS Caractère critique.

critiquable a Sujet à la critique.

critique a 1 Grave. *Malade dans un état critique.* 2 Décisif. *Moment critique.* 3 Qui évalue, sait juger, apprécier. *Examen, esprit critique.* 4 Sévère, négatif. *Opinion très critique.* 5 PHYS Où se produit un changement entraînant une réaction en chaîne. ■ n Qui juge. *Un critique d'art.* ■ nf 1 Art de juger les œuvres littéraires ou artistiques. *La critique théâtrale.* 2 Jugement. *Avoir une critique favorable.* 3 Examen rigoureux. *Critique historique d'un texte.* 4 Jugement négatif. *Accabler qqn de critiques.* 5 Ensemble des personnes qui jugent. *La critique est unanime.*

critiquer vt 1 Examiner en critique. *Critiquer un livre.* 2 Juger avec sévérité, blâmer. *Critiquer ses amis.*

croassement nm Cri du corbeau.

croasser vi Pousser des croassements.

croate a, n De Croatie. ■ nm Langue slave parlée en Croatie.

croc [kRo] nm 1 Perche recourbée servant à suspendre. 2 Perche munie d'un crochet. 3 Canine de certains carnivores.

croc-en-jambe [kRɔkɑ̃ʒɑ̃b] nm Croche-pied. *Des crocs-en-jambe.*

croche nf Note qui vaut la moitié d'une noire. Loc *Double croche, triple croche :* la moitié, le quart de la croche.

croche-pied nm Action de mettre son pied devant la jambe de qqn pour le faire tomber. *Des croche-pieds.*

crochet nm 1 Instrument recourbé pour suspendre. 2 Tige à extrémité recourbée servant à saisir. 3 Instrument en L pour ouvrir les serrures. 4 Grosse aiguille à pointe recourbée pour le tricot ou la dentelle. 5 Dent de serpent venimeux. 6 Signe voisin de la parenthèse. 7 Détour. *Faire un crochet pour éviter le trafic.* 8 En boxe, coup porté par le bras en arc de cercle.

crochetage nm Action de crocheter.

crocheter vt [17] Ouvrir avec un crochet. *Crocheter une serrure.*

crochu, ue a Recourbé. *Doigts crochus.* Loc *Avoir des atomes crochus avec qqn :* avoir des affinités avec.

croco nm Fam Peau tannée de crocodile.

crocodile nm Grand reptile carnivore des eaux chaudes, à pattes courtes et à longues mâchoires.

crocus [-kys] nm Plante vivace bulbeuse à fleur violette, jaune ou blanche.

croire vt [58] 1 Tenir pour vrai. *Croire que Dieu existe. Croire un récit.* 2 Avoir confiance en qqn. *Je le crois sur parole.* 3 Avoir l'impression. *J'ai cru entendre du bruit.* 4 Estimer. *Je crois qu'il fera beau. Elle le croit sportive.* Loc *À l'en croire :* selon lui. *Ne pas en croire ses oreilles, ses yeux :* être stupéfait. *Il faut croire que :* il est vraisemblable. *On croirait :* ça ressemble. *C'est à croire que :* on pourrait penser. *Croire au Père Noël :* être naïf. ■ vti 1 Penser que qqch existe. *Croire en Dieu, aux fantômes.* 2 Avoir confiance. *Croire à la science, en l'avenir.* ■ vi Avoir la foi. *Il croit mais ne pratique pas.* ■ vpr Être vaniteux.

croisade nf 1 HIST Expédition partie d'Occident au Moyen Âge pour délivrer Jérusalem de la domination musulmane. 2 Lutte menée pour une cause. *Croisade pour la paix.*

croisé, ée a 1 En forme de croix. *Baguettes croisées.* 2 Produit par croisement. Loc *Rimes croisées :* alternées. *Mots croisés :* jeu consistant à trouver, d'après une définition, des mots se croisant horizontalement et verticalement sur une grille. *Veston croisé :* à pans superposés. ■ nm Qui partait en croisade. ■ nf Fenêtre. Loc *La croisée des chemins :* intersection.

croisement nm 1 Fait de croiser, de se croiser. *Croisement de deux fils, de deux véhicules.* 2 Intersection, carrefour. 3 Reproduction entre animaux ou plantes d'espèces voisines.

croiser vt 1 Disposer en croix. *Croiser les jambes.* 2 Traverser. *Route qui croise un chemin.* 3 Passer à côté en allant en sens inverse. *Je l'ai croisé hier. Voiture qui croise un bus.* 4 Faire se reproduire des espèces différentes. *Croiser deux races bovines.* 5 SPORT Imprimer au ballon une trajectoire oblique. Loc *Croiser le fer :* se battre. *Croiser les doigts :* passer le majeur sur l'index pour conjurer le mauvais sort. ■ vi Aller et venir qqpart. *Navire qui croise au large.* ■ vpr 1 Se rencontrer. 2 Suivre des chemins inverses sur la même route. *Nos* *lettres se sont croisées.* 3 Se reproduire par croisement. *Loc Se croiser les bras :* refuser de travailler.

croiseur *nm* Bâtiment de guerre rapide servant d'escorte.

croisière *nf* Voyage d'agrément en mer. *Loc Vitesse de croisière :* vitesse à laquelle un véhicule peut effectuer un long parcours.

croisillon *nm* Traverse d'une croix, d'une croisée. ■ *pl* 1 Pièces disposées en croix à l'intérieur d'un châssis, servant à supporter les vitres. 2 Motifs, pièces en forme de croix.

croissance *nf* 1 Développement progressif des êtres organisés. *Croissance d'un enfant.* 2 Augmentation, développement. *Croissance économique. Croissance des villes.*

croissant, ante *a* Qui s'accroît. ■ *nm* 1 Forme échancrée au premier ou au dernier quartier de la Lune. 2 Petite pâtisserie feuilletée. 3 Emblème de l'Islam.

croissanterie *nf* Établissement qui vend des croissants, des brioches, etc.

croître *vi* [59] 1 Grandir. *Les petits chats croissent vite.* 2 Augmenter. *La production croît.* 3 Pousser. *Ces plantes croissent à l'ombre.*

croix *nf* 1 Instrument de supplice antique composé de deux pièces de bois croisées. 2 Représentation de cet instrument sur lequel Jésus-Christ fut crucifié. 3 Objet, signe, ornement composé de deux éléments qui se croisent. 4 Décoration. *La croix de la Légion d'honneur.* 5 Marque formée par deux traits qui se croisent. *Marquer d'une croix. Loc Point de croix :* utilisé en broderie, en tapisserie. *Fam Faire une croix sur qqch :* y renoncer. *Signe de croix :* geste rituel des chrétiens. *Chemin de croix :* représentation de la passion du Christ.

cromalin *nm* (n déposé) IMPRIM Épreuve en couleurs servant de bon à tirer.

cromlech [-lɛk] *nm* Monument mégalithique formé de blocs dressés en cercle.

crooner [kʀunœʀ] *nm* Chanteur de charme.

croquant, ante *a* Qui croque sous la dent. *Biscuits croquants.* ■ *nm* HIST Paysan.

croque au sel (à la) *av* Cru et avec du sel pour seul assaisonnement.

croque-madame *nm inv* Croque-monsieur coiffé d'un œuf au plat.

croquemitaine *nm* 1 Être imaginaire terrible dont on menace les enfants désobéissants. 2 Personne très sévère.

croque-monsieur *nm inv* Sandwich grillé au jambon et au fromage.

croque-mort *nm* Fam Employé des pompes funèbres.

croquer *vi* Faire un bruit sec. *Chocolat qui croque sous la dent. Loc Croquer dans un fruit :* mordre dans ce fruit. ■ *vt* 1 Manger en broyant avec les dents. *Croquer du sucre.* 2 Fam Dilapider. *Croquer son héritage.* 3 Dessiner rapidement. *Croquer un visage.* 4 Décrire en quelques traits. *Croquer une scène.*

croquet *nm* Jeu où l'on pousse avec un maillet des boules de bois sous les arceaux.

croquette *nf* Boulette frite de pâte, de viande hachée, etc.

croquignolet, ette *a* Fam Mignon.

croquis *nm* Dessin rapide.

crosne [kʀon] *nm* Tubercule comestible.

cross-country [-kuntʀi] ou **cross** *nm* Course au milieu d'obstacles naturels. *Des cross-countries.*

crosse *nf* 1 Bâton recourbé. *Crosse d'évêque.* 2 Bâton à bout recourbé utilisé pour pousser la balle. *Crosse de hockey.* 3 Partie d'une arme à feu que l'on tient, qu'on épaule. *Loc Mettre la crosse en l'air :* refuser de se battre. *Fam Chercher des crosses :* chercher querelle.

crotale *nm* Serpent très venimeux d'Amérique, dont la queue produit un bruit de crécelle. *Syn.* serpent à sonnette.

croton *nm* Arbuste dont les graines donnent une huile purgative.

crotte *nf* Fiente de certains animaux. *Loc Fam C'est de la crotte :* ça n'a aucune valeur. *Crotte en chocolat :* bonbon. ■ *interj* Marque le dépit.

crotter *vt* Salir avec de la boue. *Crotter son pantalon.* ■ *vi* Faire des crottes.

crottin *nm* 1 Excrément de cheval. 2 Petit fromage de chèvre rond.

croulant, ante *a* Qui croule. ■ *n* Pop Adulte ou personne âgée.

crouler *vi* 1 Tomber en se désagrégeant. *Le mur croule.* 2 Être écrasé, réduit à néant. *Crouler sous le travail.*

croup *nm* Vx Diphtérie.

croupe *nf* 1 Partie de divers animaux qui s'étend des reins à la queue. 2 Postérieur, fesses. *Loc Monter en croupe :* derrière le cavalier.

croupetons (à) *av* En position accroupie.

croupi, ie *a* Se dit d'eau stagnante et non potable.

croupier, ère *n* Employé(e) d'une maison de jeux qui dirige les parties.

croupière *nf* Partie du harnais passant sous la queue. *Loc Litt Tailler des croupières à qqn :* lui susciter des difficultés.

croupion *nm* Extrémité postérieure d'une volaille.

croupir *vi* 1 Se corrompre en stagnant. *L'eau croupit.* 2 Vivre dans un état dégradant. *Croupir dans l'ignorance.*

croupissant, ante *a* Qui croupit.

croupissement *nm* Fait de croupir.

croustade *nf* Pâté chaud à croûte feuilletée.

croustillant, ante *a* 1 Qui croustille. 2 Grivois. *Histoire croustillante.*

croustiller *vi* Craquer agréablement sous la dent.

croûte *nf* 1 Partie extérieure plus dure. *Croûte du pain, du fromage.* 2 Pâte cuite. *Pâté en croûte.* 3 Reste de pain, croûton. 4 Tout dépôt durci. *Croûte de tartre, de peinture.* 5 Sang séché. 6 Couche d'une peau côté chair. 7 Fam Mauvais tableau. 8 GÉOL Partie la plus superficielle du globe terrestre. *Loc Fam Casser la croûte :* manger. *Fam Gagner sa croûte :* sa vie.

croûter *vi* 1 Former une croûte. 2 Pop Manger.

croûteux, euse *a* Qui présente l'aspect d'une croûte.

croûton *nm* 1 Extrémité d'un pain ; reste de pain. 2 Petit morceau de pain frit. 3 Fam Individu routinier. *Un vieux croûton.*

croyable *a* Qui peut être cru.

croyance *nf* 1 Fait de croire. *La croyance au progrès.* 2 Ce que l'on croit, spécialement dans le domaine religieux.

croyant, ante *a, n* Qui a la foi. *Ant.* athée.

C.R.S. [seeres] nm Membre d'une force de police chargée du maintien de l'ordre.

1. cru nm 1 Terroir qui produit un vin déterminé. 2 Ce vin. *Un grand cru.* Loc *Du cru* : local, du pays. *De son cru* : de son invention.

2. cru, crue a 1 Qui n'est pas cuit. *Viande crue.* 2 Brut. *Chanvre cru.* 3 Inconvenant. *Propos très crus.* 4 Que rien n'atténue, violent. *Lumière crue.* ■ av De façon non cuite. *Manger cru.* Loc *Monter à cru* : sans selle.

cruauté nf 1 Inclination à faire souffrir. 2 Férocité. *La cruauté du tigre.* 3 Acte cruel. *Commettre des cruautés.*

cruche nf 1 Vase à large panse, à col étroit et à anses. 2 Fam Personne sotte.

cruchon nm Petite cruche.

crucial, ale, aux a Décisif, capital. *Décision cruciale.*

crucifère nf BOT Plante à quatre pétales en croix, faisant partie d'une famille comprenant le chou, le navet, la giroflée, etc.

crucifier vt 1 Supplicier en fixant sur une croix. 2 Tourmenter cruellement.

crucifix [-fi] nm Croix sur laquelle est représenté le Christ crucifié.

crucifixion nf ou **crucifiement** nm 1 Action de crucifier. 2 Représentation de Jésus sur la croix.

cruciforme a En forme de croix.

cruciverbiste n Amateur de mots croisés.

crudité nf Réalisme choquant. *Crudité des propos.* ■ pl Légumes crus en salade.

crue nf Élévation du niveau d'un cours d'eau ; son débordement.

cruel, elle a 1 Qui prend un plaisir à faire, à voir souffrir. 2 Barbare. *Action cruelle.* 3 Douloureux. *Une cruelle maladie.*

cruellement av De façon cruelle.

crûment av De façon crue.

crural, ale, aux a ANAT De la cuisse.

crustacé nm Arthropode aquatique tel que le homard, la crevette, le crabe.

cruzeiro [kruzeRo] nm Unité monétaire du Brésil.

cryogène a PHYS Qui produit du froid.

cryologie nf Étude des basses températures.

cryométrie nf Étude des températures de congélation.

cryotechnique nf Technique de production des basses températures.

cryptage nm Action de crypter.

crypte nf Caveau au-dessous d'une église.

crypter vt Transformer un message en clair en message codé.

cryptogame nm BOT Végétal dont les organes de fructification sont cachés (algues, champignons, mousses, etc.).

cryptogamique a D'un cryptogame.

cryptogramme nm Message chiffré.

cryptographie nf Technique du chiffrage.

cryptomère nm Grand conifère du Japon.

cténaire nm ZOOL Animal marin voisin des cnidaires.

cubage nm Action de mesurer un volume ; cette mesure. *Cubage d'air.*

cubain, aine a, n De Cuba.

cube nm 1 Solide à six côtés carrés égaux. 2 Objet en forme de cube. 3 MATH Troisième puissance d'un nombre. *4 au cube (4^3).* Loc *Mètre cube (m^3)* : unité de mesure de volume ou de contenance.

cuber vt Mesurer un volume. ■ vi 1 Avoir une certaine contenance. *Cette citerne cube 300 litres.* 2 Fam Représenter une grosse quantité. *Les faux frais, ça finit par cuber.*

cubique a 1 En forme de cube. 2 MATH Du troisième degré. *Équation cubique.* Loc MATH *Racine cubique d'un nombre* : dont le cube a ce nombre comme valeur.

cubisme nm Mouvement artistique, né vers 1906, qui représente le sujet fragmenté, décomposé en plans géométriques.

cubiste a, n Qui relève du cubisme.

cubitainer [-ner] nm (n déposé) Récipient cubique pour le transfert du vin.

cubital, ale, aux a Du coude.

cubitus nm ANAT Le plus gros des deux os de l'avant-bras.

cucul [kyky] a inv Fam Bêtement naïf.

cucurbitacée nf BOT Plante à tige charnue rampante faisant partie d'une famille comprenant les courges, les melons, etc.

cueillette nf 1 Récolte de certains fruits. 2 Produit de cette récolte.

cueilleur, euse n Qui cueille.

cueillir vt [26] 1 Détacher de la branche ou de la tige. *Cueillir des roses, des cerises.* 2 Fam Appréhender. *Cueillir un malfaiteur.* 3 Fam Passer prendre qqn. *Il nous a cueillis à l'arrivée du train.*

cuiller ou **cuillère** nf 1 Ustensile de table formé d'une palette creuse à manche. 2 Cuillerée. *Une cuiller de sirop.* 3 Leurre. *Pêcher à la cuiller.* Loc *Ne pas y aller avec le dos de la cuiller* : agir sans ménagement. Fam *Être à ramasser à la petite cuiller* : être en piteux état.

cuillerée nf Ce que contient une cuiller.

cuir nm 1 Peau épaisse de certains animaux ; cette peau préparée. *Bagages en cuir.* 2 Liaison incorrecte entre les mots. (Ex. : *Il va (t) à Paris.*) Loc *Cuir chevelu* : peau du crâne.

cuirasse nf Armure recouvrant le torse. Loc *Défaut de la cuirasse* : point faible.

cuirassé, ée a 1 Couvert, protégé par une cuirasse. 2 Endurci, insensible. ■ nm Bâtiment de guerre blindé et armé d'artillerie lourde.

cuirasser vt Revêtir d'une cuirasse.

cuirassier nm Soldat d'un régiment de cavalerie.

cuire vt [67] 1 Soumettre à l'action du feu, de la chaleur. *Cuire des légumes. Cuire des briques.* 2 Donner une sensation de brûlure. *Le soleil cuisait ses épaules.* ■ vi 1 Être en cours de cuisson. *La soupe cuit.* 2 Avoir très chaud. *On cuit au soleil.* 3 Causer une sensation de brûlure. *Cette écorchure me cuit.* Loc *Il vous en cuira* : vous vous en repentirez.

cuisant, ante a 1 Qui provoque une sensation de brûlure. 2 Qui affecte vivement. *Échec cuisant.*

cuisine nf 1 Pièce où l'on apprête les mets. 2 Manière, art de préparer les mets. *Livre, recettes de cuisine.* 3 Ce qu'on mange. 4 Fam Manigances, intrigues. *Cuisine électorale.*

cuisiner vi Apprêter les mets, faire la cuisine. *Elle cuisine bien.* ■ vt 1 Accommoder, préparer. *Cuisiner un ragoût.* 2 Fam Interroger qqn. Loc *Plat cuisiné* : vendu tout préparé.

cuisinier, ère n Qui fait la cuisine. ■ nf Fourneau de cuisine.

cuisiniste n Fabricant de mobilier de cuisine.

cuissage nm Loc HIST *Droit de cuissage* : droit qu'aurait possédé un seigneur de passer avec la femme d'un serf la nuit des noces de celle-ci.

cuissard nm Culotte des coureurs cyclistes, s'arrêtant à mi-cuisse.

cuissarde nf Botte dont la tige couvre la cuisse.

cuisse nf Partie de la jambe qui va de la hanche au genou.

cuisseau nm CUIS Morceau du veau entre la queue et le rognon.

cuisson nf Action de faire cuire. *La cuisson d'un rôti.*

cuissot nm CUIS Cuisse de gros gibier.

cuistance nf Pop Cuisine.

cuistot nm Fam Cuisinier.

cuistre nm, a Litt Pédant, prétentieux.

cuistrerie nf Litt Pédantisme.

cuit, cuite a 1 Qui a subi une cuisson. *Pommes cuites. Poteries de terre cuite.* 2 Pop Ivre. *Être complètement cuit.* 3 Fam Fini, perdu. *C'est cuit.* Loc Fam *C'est du tout cuit* : c'est gagné d'avance. ■ nf Fam Fait de se saouler.

cuivre nm 1 Métal usuel de couleur rouge. 2 Objet en cuivre. ■ pl Instruments à vent (trompettes, trombones, etc.).

cuivré, ée a De la couleur du cuivre. *Teint cuivré.*

cuivreux, euse a Qui contient du cuivre.

cul [ky] nm 1 Pop Partie postérieure de l'homme et de certains animaux. *Botter le cul à qqn.* 2 Fond de certaines choses. *Cul de bouteille.* Loc Pop *En tomber sur le cul* : être stupéfait. *Être comme cul et chemise* : inséparables. *Avoir le cul entre deux chaises* : être en position fausse. *Lécher le cul à qqn* : le flatter bassement. *Faire cul sec* : vider son verre d'un trait.

culasse nf 1 Partie arrière mobile d'une arme à feu. 2 Partie supérieure du bloc-moteur.

culbute nf 1 Saut cul par-dessus tête, galipette. *Faire des culbutes.* 2 Chute à la renverse. 3 Fam Faillite, ruine. Loc Fam *Faire la culbute* : revendre au double du prix coûtant.

culbuter vi Tomber à la renverse. ■ vt 1 Renverser cul par-dessus tête, bousculer. *Il culbutait tout sur son passage.* 2 Rejeter en désordre. 3 Fam Faire tomber, ruiner. *Culbuter un ministère.*

culbuteur nm 1 Dispositif qui fait basculer un récipient. 2 Pièce de moteur qui actionne les soupapes.

cul-de-basse-fosse nm Cachot souterrain. *Des culs-de-basse-fosse.*

cul-de-jatte [kydʒat] n, a Privé de jambes. *Des culs-de-jatte.*

cul-de-lampe [ky-] nm 1 Ornement d'une voûte d'église. 2 Vignette à la fin d'un livre. *Des culs-de-lampe.*

cul-de-poule [ky-] nm Loc Fam *Bouche en cul-de-poule* : aux lèvres arrondies en une moue pincée.

cul-de-sac [ky-] nm Impasse, voie sans issue. *Des culs-de-sac.*

culée nf ARCHI Ouvrage d'appui à l'extrémité d'un pont, d'une voûte.

culinaire a De la cuisine. *Art culinaire.*

culminant, ante a Loc *Point culminant* : le plus haut sommet d'une région.

culminer vi Atteindre son plus haut point.

culot nm 1 Partie inférieure de certains objets (douille, ampoule électrique). 2 Résidu amassé dans le fourneau d'une pipe. 3 Fam Audace excessive.

culotte nf 1 Pantalon qui s'arrête au genou. 2 Sous-vêtement féminin, d'enfant. 3 Pièce de bœuf entre le filet et l'échine. Loc Pop *Prendre une culotte* : perdre au jeu. Fam *Porter la culotte* : commander.

culotté, ée a 1 Se dit d'une pipe au fourneau doublé d'un dépôt. 2 Patiné par l'usage. 3 Fam D'une audace excessive.

culpabilisant, ante a Qui culpabilise.

culpabiliser vt Faire se sentir coupable. ■ vi Éprouver un sentiment de culpabilité.

culpabilité nf État d'un individu reconnu coupable. Loc *Sentiment de culpabilité* : fait de se sentir coupable de qqch.

culte nm 1 Hommage religieux que l'on rend à un dieu, à un saint. 2 Religion. *Culte catholique.* 3 Office religieux protestant. 4 Admiration passionnée. *Vouer un culte à une star.*

cul-terreux nm Pop Paysan. *Des culs-terreux.*

cultivable a Qu'on peut cultiver.

cultivateur, trice n Agriculteur, paysan. ■ nm Machine agricole.

cultivé, ée a Qui possède une culture intellectuelle.

cultiver vt 1 Travailler la terre. *Cultiver un jardin.* 2 Faire pousser. *Développer. Cultiver sa mémoire.* 4 S'adonner à. *Cultiver les sciences.* 5 Conserver, entretenir. *Cultiver l'amitié de qqn.* ■ vpr Enrichir son esprit.

cultuel, elle a Du culte. *Édifice cultuel.*

cultural, ale, aux a De la culture de la terre.

culture nf 1 Action de cultiver le sol, un végétal. 2 Ensemble des connaissances acquises. *Culture littéraire, artistique.* 3 Ensemble de phénomènes matériels et idéologiques propres à un groupe social donné. *Culture occidentale. Culture d'entreprise.* Loc *Culture physique* : gymnastique. ■ pl Terres cultivées.

culturel, elle a Relatif à la culture intellectuelle, à la civilisation. *Héritage culturel.*

culturisme nm Gymnastique visant à développer la musculature.

culturiste n Qui pratique le culturisme.

cumin nm Ombellifère aux graines aromatiques ; ces graines servant de condiment.

cumul nm Fait de cumuler.

cumulable a Qu'on peut cumuler.

cumulatif, ive a Propre à l'accumulation.

cumuler vt Avoir plusieurs emplois, salaires, diplômes en même temps.

cumulonimbus [-bys] nm inv Nuage sombre et épais, signe d'orage.

cumulostratus. V. stratocumulus.

cumulus nm inv Nuage blanc plat, de beau temps.

cunéiforme a, nm Se dit d'une ancienne écriture à caractères anguleux (Mèdes, Assyriens).

cunnilingus [-gys] nm SEXOL Excitation buccale du sexe de la femme.

cupide a Âpre au gain.

cupidité nf Amour du gain.

cuprifère a Qui contient du cuivre.

cuprique a CHIM Du cuivre.

cupule nf BOT Enveloppe du fruit du chêne, du noisetier, etc.

curable *a* Qui peut être guéri.

curaçao [-raso] *nm* Liqueur d'écorces d'oranges et d'eau-de-vie sucrée.

curage *nm* Action de curer.

curare *nm* Poison végétal entraînant une paralysie générale.

curatelle *nf* DR Fonction de curateur.

curateur, trice *n* 1 Personne nommée par le juge des tutelles pour administrer les biens d'un mineur émancipé, d'un incapable. 2 En Belgique, administrateur d'une université.

curatif, ive *a* Destiné à la guérison.

1. cure *nf* 1 Traitement d'une maladie. 2 Séjour thérapeutique. *Aller en cure thermale.* 3 Usage prolongé d'une chose salutaire. *Faire une cure d'oranges.* Loc LITT *N'avoir cure de :* ne pas se soucier de.

2. cure *nf* Presbytère.

curé *nm* Prêtre qui a la charge d'une paroisse.

cure-dent *nm* Petit instrument servant à se curer les dents. *Des cure-dents.*

curée *nf* 1 Partie de la bête donnée aux chiens après la chasse ; moment de la chasse où on la donne. 2 Lutte acharnée pour un partage.

cure-ongle *nm* Instrument pour nettoyer les ongles. *Des cure-ongles.*

cure-pipe *nm* Instrument qui sert à nettoyer les pipes. *Des cure-pipes.*

curer *vt* Nettoyer en grattant. *Se curer les ongles.*

curetage *nm* CHIR Opération de nettoyage d'une cavité organique.

cureter *vt* [19] CHIR Effectuer le curetage de.

curette *nf* CHIR Petit instrument pour cureter une cavité naturelle, une plaie.

curie *nf* Unité de radioactivité.

curieusement *av* De façon curieuse.

curieux, euse *a, n* 1 Qui a un grand désir de voir, de savoir. 2 Indiscret. *Petit curieux !* 3 Bizarre, singulier. *Un curieux personnage.*

curiosité *nf* 1 Désir de s'instruire. *Satisfaire sa curiosité.* 2 Désir indiscret de savoir. ■ *pl* Objets, choses remarquables. *Magasin de curiosités.*

curiste *n* Qui fait une cure thermale.

curling [kœrliŋ] *nm* Sport sur glace où l'on fait glisser un palet vers une cible.

curriculum vitæ [-kylɔmvite] *nm inv* Document indiquant l'état civil, les titres, les capacités professionnelles de qqn.

curry. V. cari.

curseur *nm* 1 Repère coulissant. 2 Repère lumineux indiquant sur un écran d'ordinateur l'emplacement du caractère où on se trouve.

cursif, ive *a* Loc *Écriture cursive :* tracée à main courante. *Lecture cursive :* rapide.

cursus [-sys] *nm* Carrière professionnelle, cycle d'études.

curviligne *a* Formé de lignes courbes.

cuscute *nf* Plante parasite des légumineuses.

custode *nf* 1 Partie arrière d'une automobile. 2 Boîte servant à transporter les hosties.

cutané, ée *a* De la peau.

cuticule *nf* Peau très fine. *Cuticules de l'ongle.*

cutiréaction ou **cuti** *nf* Test réactif pour détecter le tuberculose. Loc FAM *Virer sa cuti :* changer radicalement, perdre sa virginité, etc.

cutter [-tœr] *nm* Instrument à lame coulissante pour couper le papier, le carton, etc.

cuvage *nm* ou **cuvaison** *nf* Action de faire cuver le vin.

cuve *nf* 1 Grand récipient pour la fermentation du vin, de la bière, etc. 2 Grand réservoir. *Cuve à fioul.*

cuvée *nf* 1 Contenu d'une cuve. 2 Vin d'une même vigne.

cuver *vi* Fermenter dans une cuve (vin). ■ *vt* Loc FAM *Cuver son vin :* dormir après boire.

cuvette *nf* 1 Bassin portatif peu profond. 2 Partie inférieure du siège de W.C. 3 Dépression naturelle du sol.

C.V. *nm* Abrév de *curriculum vitæ.*

cyanhydrique *a* Loc *Acide cyanhydrique :* acide prussique, toxique violent.

cyanoacrylate *nm* Adhésif très puissant.

cyanose *nf* Coloration bleue de la peau due à un manque d'oxygène.

cyanure *nm* Poison très violent.

cybernétique *nf* Science de la commande et de la communication dans les systèmes. *L'informatique est une application de la cybernétique.*

cyclable *a* Loc *Piste cyclable :* réservée aux cyclistes.

cyclamen [-men] *nm* Plante ornementale à fleurs blanches ou roses.

cycle *nm* 1 Période après laquelle certains phénomènes astronomiques se reproduisent. *Cycle solaire, lunaire.* 2 Suite de phénomènes se renouvelant constamment dans un ordre immuable. *Le cycle des saisons.* 3 Ensemble des transformations chimiques subies par un corps depuis son état initial. *Cycle de l'urée.* 4 Ensemble des étapes du vivant de la fécondation à la reproduction. 5 Ensemble d'œuvres littéraires sur le même sujet. *Le cycle de la Table ronde.* 6 Divisions dans l'enseignement secondaire (premier, second cycle) et universitaire (licence, maîtrise, doctorat). ■ *pl* Nom générique des bicyclettes, cyclomoteurs, etc.

cyclique *a* Qui revient selon un cycle.

cycliquement *av* De façon cyclique.

cyclisme *nm* Sport, pratique de la bicyclette.

cycliste *n* Qui fait de la bicyclette. ■ *a* Du cyclisme. *Course cycliste.*

cyclocross *nm inv* Épreuve cycliste pratiquée en terrains variés.

cyclomoteur *nm* Cycle à moteur auxiliaire de moins de 50 cm^3.

cyclomotoriste *n* Qui va à cyclomoteur.

cyclonal, ale, aux ou **cyclonique** *a* D'un cyclone.

cyclone *nm* Mouvement giratoire rapide de l'air ; typhon.

cyclopousse *nm* Pousse-pousse tiré par un cycliste.

cyclothymique *a, n* Dont l'humeur change constamment.

cyclotourisme *nm* Tourisme à bicyclette.

cyclotron *nm* PHYS Accélérateur de particules.

cygne *nm* Grand oiseau à plumage blanc ou noir et au long cou très souple. Loc *Le chant du cygne :* le dernier chef-d'œuvre d'un artiste.

cylindre *nm* 1 GEOM Surface engendrée par une droite qui se déplace parallèlement à elle-même en s'appuyant sur une courbe plane. 2 Appareil en forme de rouleau. *Cylindre de laminoir.* 3 Organe dans lequel se déplace un piston. *Moteur à huit cylindres.*

cylindrée *nf* Volume engendré par le déplacement des pistons dans les cylindres.

cylindrique *a* En forme de cylindre.

cymbale *nf* Instrument à percussion (disque de cuivre ou de bronze).

cynégétique *a* Qui concerne la chasse. ■ *nf* Art de la chasse.

cynique *a, n* **1** D'une école de philosophes grecs qui professaient le mépris des conventions sociales pour mener une vie conforme à la nature. **2** Qui ignore délibérément les convenances.

cyniquement *av* De façon cynique.

cynisme *nm* Attitude cynique.

cynocéphale *nm* Singe dont la tête ressemble à celle d'un chien.

cynodrome *nm* Piste pour les courses de chiens.

cynorhodon *nm* Fruit rouge de l'églantier. Syn. gratte-cul.

cyphoscoliose *nf* Déformation associant cyphose et scoliose.

cyphose *nf* Déviation convexe de la colonne vertébrale.

cyprès *nm* Conifère à feuilles vertes persistantes des régions méditerranéennes.

cyprin *nm* Poisson rouge élevé en aquarium.

cypriote. V. chypriote.

cyrillique *a, nm* Se dit de l'alphabet slave servant pour le russe, le bulgare, le serbe.

cystite *nf* Inflammation de la vessie.

cytaphérèse *nf* MED Extraction des plaquettes et des globules blancs du sang d'un donneur.

cytise *nm* Arbuste aux fleurs jaune d'or en grappes.

cytobiologie *nf* BIOL Biologie des cellules.

cytochrome *nm* BIOL Pigment respiratoire essentiel de la cellule.

cytogénétique *nf* BIOL Étude de la structure des chromosomes.

cytologie *nf* Étude de la cellule vivante.

cytolyse *nf* BIOL Destruction cellulaire.

cytolytique *a, nm* BIOL Qui produit la cytolyse.

cytomégalovirus *nm* Virus responsable d'affections graves chez les immunodéprimés.

cytoplasme *nm* BIOL Constituant fondamental de la cellule vivante.

cytoplasmique *a* Du cytoplasme.

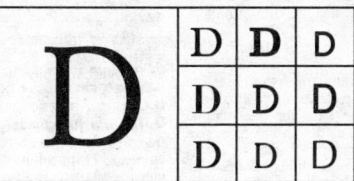

d nm **1** Quatrième lettre (consonne) de l'alphabet. **2** D : chiffre romain valant 500. Loc Fam *Système D :* art de se débrouiller.

dacron nm (n déposé) Fibre textile synthétique.

dactyle nm VERSIF Pied composé d'une longue et de deux brèves.

dactylo n Qui utilise professionnellement une machine à écrire.

dactylogramme nm Texte dactylographié.

dactylographie ou **dactylo** nf Technique de l'écriture à la machine.

dactylographier vt Écrire à la machine.

dactylographique a De la dactylographie.

dada nm **1** Fam Cheval. **2** Fam Idée sur laquelle on revient sans cesse. **3** Mouvement de révolte littéraire et artistique du XXe s.

dadais nm Niais, gauche.

dadaïsme nm Mouvement dada.

dague nf Épée très courte.

daguerréotype nm Appareil photo inventé par Daguerre ; image obtenue avec cet appareil.

dahlia nm Plante à grandes fleurs vivement colorées.

dahu nm Animal fantastique.

daigner vt Condescendre à. *Il n'a pas daigné répondre.*

daim nm, **daine** nf Petit ruminant proche du cerf. ■ nm Cuir de daim ou de veau.

daïmyo nm HIST Seigneur féodal japonais.

daïra nf En Algérie, subdivision de la wilaya.

dais nm Baldaquin au-dessus d'un autel, d'un trône, d'un lit.

dalaï-lama nm Chef suprême des bouddhistes tibétains. *Des dalaï-lamas.*

dallage nm Revêtement de dalles.

dalle nf **1** Plaque dure pour le revêtement d'un sol. **2** Grand espace au niveau du rez-de-chaussée d'immeubles. Loc *Dalle funéraire :* pierre tombale. Pop *N'y voir que dalle :* ne rien voir.

daller vt Couvrir, paver de dalles.

dalmate a, n De Dalmatie.

dalmatien [-sjɛ̃] nm Grand chien dont la robe blanche porte de petites taches noires.

daltonien, enne a, n Atteint de daltonisme.

daltonisme nm Trouble de la perception des couleurs.

dam nm Loc Litt *Au grand dam de qqn :* à son détriment ; à son grand regret.

damage nm Action de damer.

daman nm Mammifère herbivore voisin de la marmotte.

damas [-ma] nm **1** Tissu de soie présentant des dessins satinés. **2** Acier à surface moirée.

damasquiner vt Incruster de filets de métal précieux.

damassé, ée a, nm Préparé comme du damas (tissu, acier).

1. dame nf **1** Femme d'un rang social élevé. **2** Terme courtois pour « femme ». **3** Femme mariée. **4** Carte de jeu figurant une reine. **5** Pièce du jeu d'échecs, appelée aussi *reine.* **6** Outil servant à damer le sol. Loc *Jeu de dames :* jeu qui se joue à deux sur un damier, avec des pions noirs et blancs.

2. dame ! interj Fam Marque une évidence.

dame-jeanne nf Bonbonne renflée. *Des dames-jeannes.*

damer vt Tasser la neige, le sol. Loc Fam *Damer le pion à qqn :* l'emporter sur lui.

damier nm Tablette divisée en carreaux blancs et noirs, sur laquelle on joue aux dames.

damnable [dana-] a Pernicieux, blâmable.

damnation [dana-] nf Châtiment des damnés.

damné, ée [dane] a, n Condamné à l'enfer. ■ a Fam Maudit. *Cette damnée bagnole.* Loc *Être l'âme damnée de qqn :* l'aider dans ses mauvais desseins.

damner [dane] vt Condamner aux peines de l'enfer. Loc Fam *Faire damner qqn :* l'exaspérer.

damoiseau nm Au Moyen Âge, jeune gentilhomme qui n'était pas encore chevalier.

damoiselle nf Jeune fille, au Moyen Âge.

dan [dan] nm Chacun des degrés dans la hiérarchie de la ceinture noire de judo.

dancing nm Établissement public de danse.

dandinement nm Action de dandiner, de se dandiner.

dandiner (se) vpr Balancer son corps d'un mouvement régulier et rythmé.

dandy nm Homme raffiné dans sa toilette.

dandysme nm Raffinement du dandy.

danger nm Ce qui expose à un mal quelconque. Loc Fam *Il n'y a pas de danger :* cela n'arrivera sûrement pas. *Un danger public :* qqn qui met les autres en péril.

dangereusement av De façon dangereuse.

dangereux, euse a Qui constitue un danger. *Abus dangereux pour la santé.*

dangerosité nf Caractère dangereux.

danois, oise *a, n* Du Danemark. ■ *nm* **1** Langue scandinave parlée au Danemark. **2** Chien de grande taille à robe rase.

dans *prép* Marque le lieu, la situation, la manière, la durée.

dansant, ante *a* Où l'on peut danser. *Soirée dansante.*

danse *nf* Suite de mouvements rythmiques du corps, à pas réglés, à la cadence de la musique. *Loc Mener la danse* : diriger une action. *Danse de Saint-Guy* : maladie caractérisée par des mouvements brusques.

danser *vi, vt* Exécuter une danse. *Danser la valse. Loc Fam Ne savoir sur quel pied danser* : être indécis. ■ *vi Litt* Remuer, s'agiter. *Les flammes dansent dans la cheminée.*

danseur, euse *n* Qui danse, par plaisir ou par profession. *Loc Pédaler en danseuse* : debout sur les pédales.

dantesque *a* D'une horreur grandiose.

danubien, enne *a* Du Danube.

daphnie *nf* Très petit crustacé d'eau douce, qui se déplace par saccades. *Syn.* puce d'eau.

darbouka. V. derbouka.

dard *nm* **1** Aiguillon de certains animaux. **2** Langue de serpent.

darder *vt Litt* Lancer vivement. *Le soleil darde ses rayons.*

dare-dare *av Fam* En toute hâte.

dari *nm* Forme de persan parlée en Afghanistan.

darne *nf* Tranche de gros poisson.

darse *nf* MAR Bassin d'un port.

dartre *nf* MÉD Plaque sèche de la peau.

darwinien, enne ou **darwiniste** [-wi] *a, n* Qui relève du darwinisme.

darwinisme [-wi-] *nm* Théorie de Ch. Darwin, selon laquelle les divers êtres vivants actuels résulteraient de la sélection naturelle.

datable *a* Qu'on peut dater.

datation *nf* Action d'attribuer une date.

datcha *nf* Maison de campagne russe.

date *nf* **1** Indication précise du jour, du mois et de l'année. **2** Événement important dans l'histoire. *Loc De fraîche date* : récent. *De longue date* : très ancien. *Faire date* : marquer un moment important, décisif. *Prendre date* : déterminer un jour pour faire qqch.

dater *vt* Mettre la date sur un document, un acte, etc. ; en déterminer la date. ■ *vti* Avoir eu lieu, avoir commencé d'exister à telle date. *Immeuble qui date du XIXe s. Loc À dater de* : à partir de. ■ *vi* Être démodé. *Sa robe date un peu.*

dateur *nm* Appareil pour apposer les dates.

datif *nm* GRAM Cas du complément d'attribution dans les langues à déclinaison.

dation *nf* DR Action de donner à un créancier qqch en échange d'une dette.

datte *nf* Fruit comestible, sucré du dattier.

dattier *nm* Grand palmier d'Afrique et du Proche-Orient, cultivé pour ses dattes.

daube *nf* Manière de cuire les viandes dans un récipient couvert.

dauber *vt Litt* Dénigrer qqn, se moquer de lui.

1. dauphin *nm* Cétacé grégaire au sens social très développé.

2. dauphin *nm* **1** HIST Titre de l'héritier du trône de France. **2** Successeur présumé de qqn.

dauphine *nf* Femme du dauphin de France.

dauphinois, oise *a, n* Du Dauphiné.

daurade ou **dorade** *nf* Poisson marin aux écailles dorées ou argentées.

davantage *av* Plus, bien plus, plus longtemps. *Je veux davantage. Je n'attendrai pas davantage.*

davier *nm* Pince pour extraire les dents.

dazibao *nm* Affiche politique en Chine.

D.C.A. *nf* Artillerie antiaérienne.

D.D.T. *nm* Insecticide puissant.

de, d' *prép* (*de le* se contracte en *du* et *de les* en *des*). **1** Introduit des compléments exprimant l'origine, la durée, la progression, la cause, la manière, le moyen, la mesure, l'agent, l'appartenance, la qualité, la destination. **2** S'emploie devant l'objet d'un verbe transitif indirect, un infinitif sujet ou complément, l'attribut du complément d'objet. **3** Entre dans la constitution de l'article partitif (*du, de la, des*).

dé *nm* **1** Petit cube pour jouer dont chaque face est marquée d'un nombre, de un à six. **2** Petit cube de matière quelconque. **3** Petit fourreau de métal, protégeant le doigt qui pousse l'aiguille.

deal [dil] *nm Fam* Opération commerciale, marché.

dealer [dilœr] *nm* Revendeur de drogue.

déambulation *nf* Marche sans but précis.

déambulatoire *nm* ARCHI Galerie qui passe derrière le chœur.

déambuler *vi* Marcher sans but précis.

débâcher *vt* Ôter la bâche de.

débâcle *nf* **1** GÉOGR Rupture de la glace recouvrant un cours d'eau. **2** Effondrement, ruine, déroute. *Débâcle financière.*

déballage *nm* **1** Action de déballer. **2** Étalage de secrets, de confidences.

déballer *vt* **1** Retirer de son emballage. **2** Exposer des marchandises. **3** Étaler, exposer. *Déballer ses griefs.*

débandade *nf* Fuite, dispersion désordonnée.

débander *vt* **1** Enlever la bande, le bandage. **2** Détendre ce qui est tendu. ■ *vpr* Se disperser en désordre.

débaptiser [-bati-] *vt* Changer le nom de qqch. *Débaptiser une ville.*

débarbouiller *vt* Laver le visage. ■ *vpr* Se laver sommairement.

débarcadère *nm* Quai de débarquement des voyageurs, des marchandises.

débardeur *nm* **1** Ouvrier qui travaille au chargement et au déchargement de marchandises. **2** Maillot de corps très échancré, sans manches.

débarquement *nm* Action de débarquer des marchandises, des passagers, des troupes.

débarquer *vt* **1** Mettre à terre des passagers, des marchandises d'un navire, d'un avion, d'un train. **2** *Fam* Se débarrasser de qqn. ■ *vi* [aux *avoir* ou *être*] **1** Descendre à terre d'un train, d'un avion. **2** *Fam* Arriver à l'improviste. **3** *Fam* Ne pas être au courant.

débarras [-ra] *nm* Lieu où l'on range les objets encombrants. *Loc Fam Bon débarras* : délivrance de ce qui embarrassait.

débarrasser *vt* Dégager de ce qui embarrasse, de ce qui gêne, encombre. ■ *vpr* Se défaire de qqch, de qqn.

débat nm Discussion entre des personnes d'avis différents. Loc *Débat intérieur* : conflit psychologique. ■ *pl* 1 Discussion dans une assemblée politique. 2 Phases d'un procès.

débatteur nm Personne remarquable dans les débats publics.

débattre vt, vti (77) Discuter de façon contradictoire. *Débattre (d') une affaire.* ■ *vpr* Lutter énergiquement pour se dégager.

débauchage nm Action de débaucher.

débauche nf Recherche excessive des plaisirs sensuels. Loc *Débauche de* : profusion de.

débauché, ée n, a Qui vit dans la débauche.

débaucher vt 1 Engager qqn à quitter son travail. 2 Renvoyer d'un emploi, faute de travail. 3 Entraîner dans la débauche.

débecter vt Pop Dégoûter.

débile a 1 Sans force, sans vigueur. *Esprit débile.* 2 Fam Stupide. *Histoire débile.* ■ n Arriéré mental.

débilitant, ante a Qui déprime.

débilité nf État d'un débile mental.

débiliter vt Rendre débile, affaiblir.

débine nf Pop Misère.

débiner vt Pop Dénigrer. ■ *vpr* Fam Se sauver.

débit nm 1 Vente au détail d'une marchandise. 2 Établissement où l'on vend au détail des boissons, du tabac. 3 Manière de réciter, de parler. *Un débit rapide.* 4 Quantité de fluide, de moyens de transport, etc., qui s'écoule en un temps donné. 5 Compte des sommes dues par qqn. Ant. crédit.

débitant, ante n Qui tient un débit de tabac, de boissons.

débiter vt 1 Tailler en morceaux. *Débiter une pierre.* 2 Vendre au détail. 3 Fournir une quantité de matière, de fluide, d'électricité, etc., en une période donnée. 4 Réciter d'une manière monotone. 5 Raconter. *Débiter des mensonges, des sottises.* 6 Porter une somme au débit de qqn.

débiteur, trice n 1 Qui doit de l'argent. 2 Qui a une obligation morale envers qqn. ■ a Qui présente un débit. *Compte débiteur.* Ant. créditeur.

déblai nm Action de déblayer. ■ *pl* Gravats que l'on retire d'un terrain.

déblaiement nm Action de déblayer.

déblatérer vi [12] Fam Parler avec violence contre qqch, qqn.

déblayer vt [20] Dégager un lieu de ce qui l'encombre. Loc *Déblayer le terrain* : aplanir les difficultés avant d'entreprendre une action.

déblocage nm Action de débloquer.

débloquer vt Remettre en mouvement une machine, permettre la circulation, la liberté de mouvement de qqch. ■ vi Pop divaguer.

débobiner vt Dérouler.

déboires nmpl Déception pénible.

déboisement nm Action de déboiser.

déboiser vt Dégarnir une terre de ses arbres.

déboîtement nm Action de déboîter.

déboîter vt Faire sortir de son logement. ■ vi Sortir d'une file de véhicules.

débonnaire a Bienveillant.

débordant, ante a Qui se manifeste avec exubérance.

débordement nm Fait de déborder. ■ *pl* Excès. *Se livrer à des débordements.*

déborder vi 1 Laisser son contenu se répandre par-dessus bord. *Le vase déborde.* 2 Se répandre par-dessus bord. *Le lait déborde.* ■ vt 1 Dépasser les limites, le bord de. 2 Dépasser en contournant. Loc *Être débordé* : être surchargé de travail, d'obligations, etc.

débotté nm Loc *Au débotté* : à l'improviste.

débouchage nm Action de déboucher.

débouché nm 1 Issue large d'un passage resserré. 2 Marché pour un produit. ■ *pl* Professions ouvertes à qqn.

déboucher vt 1 Dégager de ce qui obstrue. 2 Ôter le bouchon d'une bouteille. ■ vti 1 Sortir d'un endroit resserré, se jeter dans. 2 Aboutir à. *Déboucher sur une impasse.*

déboulé nm Course rapide, puissante.

débouler vi, vt Descendre très vite. *Débouler l'escalier.*

déboulonnage ou **déboulonnement** nm Action de déboulonner.

déboulonner vt 1 Enlever les boulons de, démonter. 2 Fam Faire perdre son prestige, son poste à qqn.

débourrer vt 1 Ôter la bourre. 2 Retirer les cendres d'une pipe.

débours nm Somme déboursée.

déboursement nm Fait de débourser de l'argent.

débourser vt Payer.

déboussoler vt Fam Déconcerter.

debout av 1 En position, en station verticale. 2 Hors de son lit. Loc *Être, tenir debout* : résister ; être vraisemblable, cohérent. ■ a inv Loc *Vent debout* : contraire à la direction suivie.

débouter vt DR Rejeter la demande faite en justice.

déboutonner vt Dégager les boutons de leurs boutonnières. ■ *vpr* Fam Parler sans retenue.

débraillé, ée a Négligé, sans soin. ■ nm Tenue négligée.

débrancher vt Supprimer le branchement.

débrayage nm 1 Action de débrayer. 2 Arrêt de travail.

débrayer vt [20] TECH Désaccoupler l'arbre mené de l'arbre moteur. ■ vi Cesser le travail.

débridé, ée a Sans retenue. *Joie débridée.*

débrider vt Ôter la bride ou les brides.

debriefing [-bʀifiŋ] nm Réunion de militaires après une mission pour en dresser le bilan.

débris nm Fragment de qqch de brisé ou détruit.

débrouillard, arde a, n Fam Qui sait se débrouiller. *Enfant débrouillard.*

débrouillardise nf Fam Aptitude à se débrouiller.

débrouiller vt 1 Démêler, remettre en ordre. 2 Éclaircir, dénouer. *Débrouiller une affaire.* ■ *vpr* Fam Se tirer d'embarras.

débroussaillage nm Action de débroussailler.

débroussailler vt 1 Enlever les broussailles ; défricher. 2 Commencer à tirer au clair.

débroussailleuse nf Machine servant à débroussailler.

débudgétiser vt Enlever une charge du budget.

débureaucratiser vt Supprimer le caractère bureaucratique.

débusquer vt Chasser d'un abri, d'une retraite.

début nm Commencement. ■ pl Premiers pas dans une activité, une carrière.

débutant, ante n, a Qui débute, sans expérience. *Acteur débutant.*

débuter vi 1 Commencer. 2 Faire ses débuts dans une activité, une carrière.

déca nm Fam Café décaféiné.

deçà prép Loc *En deçà de* : au-dessous de. ■ av Loc *Deçà delà* : d'un côté et de l'autre.

décacheter vt [19] Ouvrir ce qui est cacheté.

décadaire a De la décade.

décade nf 1 Période de dix jours. 2 HIST Dans le calendrier républicain, période remplaçant la semaine.

décadenasser vt Ouvrir en enlevant le cadenas.

décadence nf Période de déclin.

décadent, ente a, n En décadence.

décadi nm HIST Dixième jour de la décade, dans le calendrier républicain.

décaèdre nm Polyèdre à dix faces.

décaféiné, ée a, nm Sans caféine.

décagone nm Polygone à dix angles.

décaisser vt Payer en tirant de la caisse.

décalage nm 1 Position de ce qui est décalé. *Décalage horaire.* 2 Inadéquation, non-concordance.

décalaminer vt Ôter l'oxyde qui s'est formé sur une surface métallique.

décalcification nf MED Diminution du calcium de l'organisme.

décalcifier vt Priver de calcium.

décalcomanie nf Procédé décoratif par report de motifs sur un objet à décorer.

décaler vt Faire subir un déplacement dans le temps ou dans l'espace.

décalitre nm Mesure de capacité valant dix litres (symbole : dal).

décalogue nm Les dix commandements de Dieu, reçus par Moïse sur le mont Sinaï.

décalotter vt Dégager de ce qui couvre.

décalquage ou **décalque** nm Action de décalquer.

décalquer vt Reporter un calque de sur une surface.

décamètre nm Unité de longueur égale à dix mètres (symbole : dam).

décamper vi Fam S'enfuir.

décan nm Division des signes du zodiaque.

décaniller vi Pop S'enfuir.

décantation nf ou **décantage** nm Action de décanter.

décanter vt Laisser se déposer les matières solides d'un liquide. ■ vpr Se clarifier.

décapage nm Action de décaper.

décapant, ante a, nm Qui décape.

décaper vt Débarrasser une surface d'une couche d'enduit, d'impuretés.

décapitation nf Action de décapiter.

décapiter vt 1 Trancher la tête. 2 Enlever la partie essentielle. *Décapiter un parti politique.*

décapode nm ZOOL Crustacé pourvu de cinq paires de pattes locomotrices, comme le crabe.

décapotable a, nf Qu'on peut décapoter.

décapoter vt Ouvrir la capote d'une voiture.

décapsuler vt Enlever la capsule.

décapsuleur nm Ustensile pour décapsuler les bouteilles.

décarcasser (se) vpr Fam Se donner beaucoup de peine.

décasyllabe a, nm De dix syllabes.

décathlon nm Compétition masculine d'athlétisme de dix épreuves (4 courses, 3 sauts, 3 lancers).

décathlonien nm Qui pratique le décathlon.

décati, ie a Qui a perdu sa fraîcheur.

décédé, ée a Mort.

décéder vi [12] [aux *être*] Mourir.

décelable a Qu'on peut déceler.

déceler vt [16] 1 Découvrir ce qui était caché. 2 Être l'indice de ; révéler. *Un bruit décela sa présence.*

décélération nf Diminution de la vitesse d'un mobile.

décélérer vi [12] Effectuer une décélération.

décembre nm Douzième et dernier mois de l'année.

décemment av De façon décente.

décence nf Respect de la pudeur, de la correction.

décennal, ale, aux a 1 Qui dure dix ans. 2 Qui revient tous les dix ans.

décennie nf Période de dix ans.

décent, ente a 1 Conforme à la décence, convenable. *Tenue décente.* 2 Raisonnable, acceptable. *Salaire décent.*

décentrage nm Action de décentrer.

décentralisateur, trice a, n Qui décentralise.

décentralisation nf Transfert de compétences d'un organisme central à des organismes locaux.

décentraliser vt Procéder à la décentralisation de. *Décentraliser l'administration.*

décentrer vt Déplacer le centre de.

déception nf Sentiment de qqn trompé dans ses espérances.

décerner vt Attribuer un prix.

décerveler vt Fam Abrutir.

décès nm Mort de qqn.

décevant, ante a Qui déçoit.

décevoir vt [43] Tromper qqn dans ses espérances.

déchaîné, ée a Violent, très agité.

déchaînement nm Action de se déchaîner.

déchaîner vt Exciter, soulever. *Déchaîner les passions.* ■ vpr S'emporter violemment.

déchanter vi Rabattre de ses espérances.

décharge nf 1 Lieu où on décharge des ordures. 2 Salve, tir simultané de plusieurs armes à feu. 3 Perte brusque de la charge d'un conducteur électrique. 4 Attestation qui dégage la responsabilité de qqn. *Faire signer une décharge.* Loc *À décharge* : qui enlève la charge, l'accusation, la responsabilité.

déchargement nm Action de décharger.

décharger vt [11] 1 Enlever le chargement, la charge. 2 Soulager. *Décharger sa conscience.* 3 Dispenser qqn d'une charge, d'un travail, d'une responsabilité. 4 Tirer les projectiles d'une arme à feu. 5 Annuler la charge électrique de qqch. ■ vi Déteindre. ■ vpr Laisser à qqn le soin de faire qqch. *Se décharger sur ses collaborateurs.*

décharné, ée a Extrêmement maigre.

déchausser vt 1 Enlever ses chaussures à qqn. 2 Dégager le pied ou la base de qqch. ■ vpr Ôter ses chaussures.

dèche nf Pop Misère.

déchéance nf 1 Décadence, avilissement. 2 Perte d'un droit, d'une fonction.

déchet nm 1 Résidus, restes (surtout pl). *Déchets radioactifs.* 2 Personne déchue, méprisable.

déchetterie nf (n déposé) Lieu public où l'on peut déposer certains déchets.

déchiffrable a Qu'on peut déchiffrer.

déchiffrage ou **déchiffrement** nm Action de déchiffrer.

déchiffrer vt 1 Traduire en clair. *Déchiffrer des hiéroglyphes.* 2 Lire ce qui est difficile à lire. 3 Lire de la musique. 4 Démêler, pénétrer ce qui est obscur. *Déchiffrer une énigme.*

déchiqueter vt [19] Mettre en pièces.

déchirant, ante a Qui émeut énormément.

déchirement nm 1 Action de déchirer. 2 Souffrance morale extrême. ■ pl Discordes, luttes intestines.

déchirer vt 1 Mettre en pièces. 2 Produire une douleur. 3 Diviser par des dissensions. ■ vpr Se claquer un muscle.

déchirure nf Rupture faite en déchirant.

déchloruration nf Action de déchlorurer.

déchlorurer vt Enlever le chlorure de l'eau, du sol.

déchocage nm MED Action de déchoquer.

déchoir vi [50] [aux *avoir* ou *être*] Tomber dans un état inférieur. Loc *Être déchu d'un droit* : en être dépossédé.

déchoquer vt MED Traiter un blessé en état de choc.

déchristianisation nf Action de déchristianiser.

déchristianiser vt Faire perdre la religion chrétienne.

déchu, ue a Atteint de déchéance.

décibel nm Unité exprimant le rapport entre deux intensités sonores (symbole : dB).

décidé, ée a Résolu, ferme. *Un ton décidé.*

décidément av Tout bien considéré.

décider vt 1 Prendre la résolution de. *J'ai décidé son départ.* 2 Déterminer qqn à faire qqch. *Je l'ai décidé à venir.* ■ vti 1 Statuer sur, décréter sur, disposer de. *Décider de l'avenir.* 2 Prendre la résolution de. *Décider de partir.* ■ vpr 1 Prendre la décision de. *Il s'est enfin décidé à revenir.* 2 Se prononcer pour ou contre qqn, qqch.

décideur nm Qui a le pouvoir de prendre des décisions.

décigramme nm Dixième partie du gramme (symbole : dg).

décilitre nm Dixième partie du litre (symbole : dl).

décimal, ale, aux a Qui a pour base le nombre 10. Loc *Nombre décimal* : qui comporte une fraction de l'unité, séparée par une virgule. ■ nf Chacun des chiffres séparés de l'unité par une virgule.

décimaliser vt Appliquer le système décimal.

décimer vt Faire périr une proportion importante d'une population.

décimètre nm 1 Dixième partie du mètre (symbole : dm). 2 Règle mesurant 1 dm.

décisif, ive a Qui résout, qui tranche ce qui est incertain.

décision nf Action de décider ; chose décidée.

décisionnaire n Qui exerce un pouvoir de décision.

décisionnel, elle a Qui relève de la décision.

déclamation nf Langage pompeux et affecté.

déclamatoire a Emphatique, pompeux.

déclamer vt Réciter, parler avec emphase.

déclaratif, ive a DR Se dit d'un acte par lequel on constate un état de fait. Loc GRAM *Verbes déclaratifs* : qui indiquent une énonciation (ex. : dire, raconter).

déclaration nf 1 Discours, acte, écrit par lequel on déclare ; proclamation. 2 Action de porter à la connaissance des autorités.

déclaré, ée a Avoué, reconnu.

déclarer vt 1 Manifester, faire connaître. *Déclarer ses intentions.* 2 Fournir un renseignement aux autorités compétentes. *Déclarer ses revenus.* ■ vpr 1 Manifester son existence. *Le choléra s'est déclaré.* 2 Faire connaître sa pensée. *Il s'est déclaré incompétent.* 3 Faire une déclaration d'amour.

déclassé, ée a, n Déchu de son statut.

déclassement nm Action de déclasser, fait d'être déclassé.

déclasser vt 1 Déranger ce qui est classé. 2 Faire tomber dans une classe inférieure.

déclenchement nm Action de déclencher, fait de se déclencher.

déclencher vt 1 Amorcer le fonctionnement de. *Déclencher l'alarme.* 2 Provoquer subitement. *Déclencher la guerre.*

déclencheur nm Appareil qui déclenche un mécanisme.

déclic nm 1 Pièce qui déclenche un mécanisme. 2 Bruit sec d'un mécanisme qui se déclenche.

déclin nm État de ce qui tend vers sa fin, de ce qui perd de sa force.

déclinable a Qu'on peut décliner.

déclinaison nf 1 Action de décliner qqch. 2 LING Ensemble des formes (cas) que prennent dans les langues flexionnelles les noms, pronoms et adjectifs selon leur fonction dans la phrase. 3 ASTRO Hauteur d'un astre au-dessus du plan équatorial.

déclinant, ante a Sur son déclin.

décliner vi 1 Tendre vers sa fin. *Le jour décline.* 2 S'affaiblir, tomber en décadence. *Ses forces déclinent.* ■ vt 1 Énumérer les cas de la déclinaison. 2 Dire, énumérer. *Décliner son identité.* 3 Refuser d'accepter. *Décliner une invitation.* 4 Présenter à la vente un même produit sous diverses formes.

déclivité nf Pente, inclinaison.

décloisonnement nm Action de décloisonner.

décloisonner vt Enlever ce qui sépare.

déclouer vt Défaire, enlever les clous.

décocher vt 1 Lancer. *Décocher un coup.* 2 Lancer avec hostilité. *Décocher une remarque.*

décoction nf Action de faire bouillir une substance pour en extraire les principes solubles.

décodage nm Action de décoder.

décoder vt Déterminer le sens d'un message codé.

décodeur nm Appareil qui permet de décoder des informations.

décoffrer vt Ôter le coffrage d'un ouvrage en béton.

décoiffer vt 1 Déranger, défaire la coiffure de qqn. 2 Fam Étonner.

décoincer vt [10] Dégager ce qui était coincé.

décolérer vi [12] Loc *Ne pas décolérer* : ne pas cesser d'être en colère.

décollage *nm* Fait de décoller (avion).

décollectivisation *nf* Action de décollectiviser.

décollectiviser *vt* Supprimer la collectivisation.

décollement *nm* Action de décoller, de se décoller. *Décollement de la rétine.*

décoller *vt* Séparer, détacher ce qui était collé. ■ *vi* Quitter le sol (avion).

décolleté, ée *a* Qui laisse apparaître le cou, les épaules. *Robe décolletée.* ■ *nm* Partie décolletée d'un vêtement.

décolleter *vt* [19] Couper un vêtement de manière à dégager le cou.

décolleuse *nf* Machine servant à décoller le papier peint.

décolonisation *nf* Processus par lequel un peuple colonisé accède à l'indépendance.

décoloniser *vt* Accorder l'indépendance à une colonie.

décolorant, ante *a, nm* Qui décolore.

décoloration *nf* Perte de la couleur.

décolorer *vt* Faire perdre en partie ou complètement sa couleur. *Décolorer les cheveux.*

décombres *nmpl* Ruines, restes de ce qui a été détruit.

décommander *vt* Annuler une invitation, une commande, etc. ■ *vpr* Annuler un rendez-vous

décomplexer *vt* Enlever à qqn ses complexes.

décomposable *a* Qu'on peut décomposer.

décomposer *vt* 1 Séparer les parties de qqch ; analyser. *Décomposer une phrase.* 2 Gâter. *La chaleur décompose la viande.* 3 Bouleverser. *La terreur décomposait son visage.*

décomposition *nf* 1 Analyse des constituants de qqch. 2 Altération profonde.

décompresser *vi* Fam Relâcher sa tension nerveuse.

décompression *nf* Diminution de la pression.

décomprimer *vt* Réduire la pression.

décompte *nm* Compte détaillé d'une somme.

décompter *vt* Déduire d'une somme.

déconcentration *nf* Action de déconcentrer.

déconcentrer *vt* 1 Procéder à une répartition moins centralisée. 2 Troubler la concentration, l'attention. ■ *vpr* Relâcher son attention.

déconcertant, ante *a* Qui déconcerte.

déconcerter *vt* Troubler, dérouter.

déconfit, ite *a* Abattu, décontenancé.

déconfiture *nf* Ruine financière ; faillite morale ; déroute totale.

décongélation *nf* Action de décongeler.

décongeler *vt* [16] Ramener un corps congelé à une température supérieure à 0 ºC.

décongestionner *vt* 1 Faire disparaître la congestion. 2 Atténuer, faire cesser l'encombrement.

déconnant, ante *a* Pop Absurde, stupide.

déconnecter *vt* 1 Débrancher. *Déconnecter un ordinateur.* 2 Fam Faire perdre le sentiment des réalités.

déconner *vi* Pop Dire ou faire des bêtises.

déconnexion *nf* Action de déconnecter.

déconseiller *vt* Conseiller de ne pas faire.

déconsidérer *vt* [12] Faire perdre la considération, l'estime dont jouissait qqn. ■ *vpr* Se discréditer.

déconstruction *nf* LITTER Décomposition analytique d'une œuvre.

décontamination *nf* Action de décontaminer.

décontaminer *vt* Éliminer les effets d'une contamination.

décontenancer *vt* [10] Faire perdre contenance à qqn. ■ *vpr* Perdre contenance.

décontracté, ée *a* Détendu.

décontracter (se) *vpr* Se détendre.

décontraction *nf* Détente, insouciance.

décontracturant, ante *a, nm* Qui fait disparaître les contractures musculaires.

déconventionner *vt* Mettre fin à une convention.

déconvenue *nf* Désappointement, déception.

décor *nm* 1 Ensemble de ce qui sert à décorer. 2 Au théâtre, au cinéma, ce qui sert à représenter les lieux de l'action. 3 Environnement, cadre. *Le décor quotidien.*

décorateur, trice *n* Professionnel de la décoration.

décoratif, ive *a* Qui décore agréablement, qui enjolive. Loc *Arts décoratifs :* arts du décor (tapisserie, céramique, design, etc.). Syn. arts appliqués.

décoration *nf* 1 Action de décorer ; art du décorateur ; ce qui décore. 2 Insigne d'une récompense honorifique.

décorer *vt* 1 Orner, parer, embellir. 2 Conférer une décoration.

décorticage *nm* Action de décortiquer.

décortiquer *vt* 1 Enlever l'écorce d'un arbre, l'enveloppe d'une graine, d'un fruit. 2 Faire l'analyse minutieuse de qqch.

décorum [-ʀɔm] *nm* Pompe officielle.

décote *nf* 1 Baisse de la valeur de qqch. *Subir une décote.* 2 Réduction d'impôt.

découcher *vi* Coucher ailleurs que chez soi.

découdre *vt* [56] Défaire ce qui est cousu. ■ *vti* Loc *En découdre :* se battre.

découler *vi* Être la conséquence de.

découpage *nm* Action de découper ; image découpée.

découpe *nf* Résultat d'un découpage.

découpé, ée *a* Échancré. *Une côte découpée.*

découper *vt* 1 Couper en morceaux ou en tranches. 2 Couper avec des ciseaux en suivant un contour. 3 Diviser un scénario de film en scènes. ■ *vpr* Se détacher sur un fond.

découplage *nm* Action de découpler.

découplé, ée *a* Loc *Être bien découplé :* vigoureux et bien bâti.

découpler *vt* Cesser de considérer comme inséparables des choses qui l'étaient jusqu'alors.

découpure *nf* Irrégularité d'un contour.

décourageant, ante *a* Qui fait perdre courage. Syn. démoralisant.

découragement *nm* Abattement, perte du courage.

décourager *vt* [11] Ôter le courage, l'énergie, l'envie de faire qqch. ■ *vpr* Perdre courage.

décousu, ue *a* Sans suite. *Conversation décousue.*

découvert, erte *a* Qui n'est pas couvert. *Une allée découverte.* Loc *À visage découvert :* sincèrement. *Pays découvert :* non boisé. ■ *nm* FIN Solde débiteur d'un compte. Loc *À découvert :* sans protection ; sans se cacher.

découverte *nf* Action de découvrir ce qui était caché ou inconnu ; chose découverte.

découvreur, euse *n* Qui fait des découvertes.

découvrir vt [31] 1 Ôter ce qui couvre, protège. 2 Révéler ce qui était tenu caché. 3 Voir, apercevoir. 4 Trouver ce qui n'est pas connu, ce qui est secret. ■ vpr 1 Retirer ce qui couvre le corps. 2 S'éclaircir (temps, ciel).

décrassage ou **décrassement** nm Action de décrasser.

décrasser vt Enlever la crasse ; nettoyer.

décrédibiliser vt Faire perdre sa crédibilité à.

décrépir vt Enlever le crépi d'un mur.

décrépit, ite a Très affaibli par la vieillesse.

décrépitude nf Affaiblissement dû à la vieillesse ; délabrement.

décrescendo [dekreʃɛndo] av, nm MUS En diminuant l'intensité des sons.

décret nm Décision, ordre émanant du pouvoir exécutif.

décréter vt [12] 1 Ordonner, régler par un décret. 2 Décider de manière autoritaire.

décret-loi nm Arrêté gouvernemental ayant force de loi ; ordonnance. Des décrets-lois.

décrier vt S'efforcer de ruiner la réputation de qqch, l'autorité de qqn.

décriminaliser vt Soustraire à la juridiction criminelle.

décrire vt [61] 1 Représenter, dépeindre en paroles ou par écrit. 2 Dessiner une ligne courbe, tracer.

décrispation nf Action de décrisper.

décrisper vt Diminuer les tensions.

décrochage nm Action de décrocher.

décrochement nm Partie en retrait.

décrocher vt 1 Détacher qqch qui était accroché. 2 Fam Obtenir. Décrocher un examen. ■ vi 1 Fam Ne plus porter son attention sur qqch. 2 Rompre le contact avec l'ennemi. 3 Interrompre une activité. 4 Cesser de se droguer.

décroiser vt Cesser de croiser.

décroissance nf Diminution.

décroissant, ante a Qui décroît.

décroître vi [59] Diminuer peu à peu.

décrotter vt Ôter la boue de.

décrue nf Baisse du niveau des eaux après une crue.

décryptage ou **décryptement** nm Action de décrypter.

décrypter vt Découvrir le sens d'un texte chiffré ; décoder.

déçu, ue a Qui a éprouvé une déception.

déculottée nf Pop Défaite humiliante.

déculotter vt Ôter la culotte, le pantalon de qqn. ■ vpr 1 Enlever sa culotte. 2 Pop Se comporter lâchement.

déculpabiliser vt Libérer d'un sentiment de culpabilité.

déculturation nf Perte de sa culture propre.

décuple a, nm Qui vaut dix fois.

décuplement nm Fait de décupler.

décupler vt 1 Rendre dix fois plus grand. 2 Augmenter considérablement. ■ vi Devenir dix fois plus grand.

dédaignable a Qu'on peut dédaigner (surtout avec négation).

dédaigner vt Traiter avec dédain, rejeter comme sans intérêt.

dédaigneusement av Avec dédain.

dédaigneux, euse a, n Qui montre du dédain.

dédain nm Mépris, orgueil.

dédale nm 1 Labyrinthe. 2 Ensemble compliqué où il est difficile de se reconnaître.

dedans av, prép À l'intérieur. Loc Au-dedans, en dedans de : à l'intérieur de. Fam Mettre dedans : tromper. ■ nm L'intérieur de qqch.

dédicace nf Inscription par laquelle un auteur dédie son œuvre à qqn.

dédicacer vt [10] Faire l'hommage d'un livre, d'une photographie, par une dédicace.

dédicataire n À qui un ouvrage est dédié.

dédié, ée a INFORM Se dit d'un ordinateur spécialisé à des tâches déterminées.

dédier vt 1 Consacrer au culte divin. 2 Faire hommage d'un ouvrage par une dédicace.

dédire (se) vpr [60] Se rétracter.

dédit nm DR Pénalité subie par qqn qui manque à l'exécution d'un contrat.

dédommagement nm Réparation d'un dommage ; compensation.

dédommager vt [11] 1 Indemniser d'un dommage. 2 Offrir une compensation à une peine. ■ vpr Trouver une compensation.

dédorer vt Ôter la dorure.

dédouanement nm Action de dédouaner.

dédouaner vt 1 Acquitter les droits de douane d'une marchandise. 2 Réhabiliter, blanchir qqn.

dédoublement nm Action de dédoubler, de se dédoubler.

dédoubler vt 1 Diviser en deux. Dédoubler une classe. 2 Doubler un train. ■ vpr Perdre le sentiment de l'unité de sa personnalité.

dédramatiser vt Ôter le caractère dramatique.

déductibilité nf Caractère déductible.

déductible a Qui peut être déduit.

déductif, ive a Qui procède par déduction.

déduction nf 1 Soustraction. 2 Raisonnement par lequel on infère toutes les conséquences qui découlent d'une hypothèse ; conclusion.

déduire vt [67] 1 Retrancher, soustraire d'une somme. 2 Tirer par déduction comme conséquence.

déesse nf Divinité féminine.

de facto [defakto] av De fait et non de droit. Ant. de jure.

défaillance nf 1 Évanouissement. 2 Faiblesse morale. 3 Arrêt du fonctionnement normal. Défaillance du système de sécurité.

défaillant, ante a Qui fait défaut.

défaillir vi [27] 1 S'évanouir. 2 Faiblir.

défaire vt [9] 1 Réaliser à l'inverse. 2 Détacher, dénouer. 3 Litt Battre, vaincre. ■ vpr Se débarrasser de qqch. Se défaire d'un vieux fauteuil.

défait, aite a Abattu, épuisé.

défaite nf 1 Perte d'une bataille. 2 Échec. Défaite électorale.

défaitisme nm Manque de confiance dans le succès.

défaitiste a, n Qui fait preuve de défaitisme.

défalcation nf Déduction d'une somme.

défalquer vt Déduire une somme d'un compte.

défausse nf Carte dont on se défausse.

défausser (se) vpr Se débarrasser d'une carte inutile. Se défausser à pique.

défaut nm 1 Imperfection physique ou morale. 2 Manque de qqch. Le défaut de preuves. Loc Faire défaut : manquer. Défaut de la cuirasse : point faible. Être en défaut : commettre une faute, une erreur. Par défaut : en l'absence du demandeur, du prévenu dans un procès. À défaut de : en l'absence de.

défaveur nf Litt Disgrâce.

défavorable a Qui n'est pas favorable.

défavorablement av De façon défavorable.

défavorisé, ée a, n Pauvre.

défavoriser vt Priver qqn de certains avantages ; désavantager.

défécation nf Expulsion des matières fécales.

défectif, ive a GRAM Se dit d'un verbe auquel il manque certaines formes (ex. : *choir*).

défection nf Abandon d'une cause. Loc *Faire défection* : abandonner, ne pas être présent.

défectueux, euse a Qui manque des qualités requises.

défectuosité nf Imperfection.

défendable a Qui peut être défendu.

défendeur, deresse n Personne contre qui est introduite une action en justice.

défendre vt [71] 1 Protéger, soutenir, plaider pour. *Défendre sa vie, un accusé.* 2 Prohiber, interdire qqch à qqn. *Il est défendu de parler au conducteur.* Loc *À son corps défendant* : à contrecœur. ■ vpr 1 Repousser une attaque. *Il ne se défendait que mollement.* 2 Fam Se débrouiller. *Il se défend bien dans son métier.* 3 Chercher à se justifier. 4 Nier. *Il se défend d'avoir emporter ce livre.* 5 Se mettre à l'abri de. *Se défendre du froid.* 6 S'empêcher d'éprouver, se retenir de. *Elle ne peut se défendre de pleurer.*

défenestration nf Action de jeter qqn ou de se jeter par la fenêtre.

défenestrer vt Jeter qqn par la fenêtre.

défense nf 1 Action de faire face à une agression, une attaque. 2 Moyens employés par une nation pour se protéger. 3 Moyens employés pour se défendre en justice ; ensemble constitué par l'avocat et l'accusé. 4 Prohibition, interdiction. *Défense d'afficher.* 5 Grande dent, sortant de la cavité buccale de certains mammifères.

défenseur nm 1 Qui défend, soutient, protège. 2 Avocat qui défend en justice. 3 Joueur chargé de résister aux attaques de l'adversaire.

défensif, ive a Fait pour la défense. ■ nf État d'une armée prête à se défendre. Loc *Être, se tenir sur la défensive* : être prêt à se défendre.

déféquer vt [12] Évacuer les matières fécales.

déférence nf Politesse respectueuse.

déférent, ente a Respectueux. *Attitude déférente.* Loc ANAT *Canal déférent* : conduit excréteur du testicule.

déférer vt [12] Soumettre à une juridiction. ■ vti Céder par respect. *Déférer au désir de qqn.*

déferlant, ante a Qui déferle. ■ nf Vague déferlante.

déferlement nm Action de déferler.

déferler vi 1 Se déployer et se briser en écume (vagues). 2 Se répandre avec abondance, violence. *Les injures déferlaient sur lui.*

défi nm Appel à se mesurer avec, à affronter. Loc *Mettre au défi de* : provoquer qqn à faire qqch d'impossible.

défiance nf Méfiance.

défiant, ante a Méfiant, soupçonneux.

défibrillateur nm Appareil opérant la défibrillation.

défibrillation nf Traitement des contractions anormales du cœur par le courant électrique.

déficeler vt [18] Ôter la ficelle d'un paquet.

déficience nf Insuffisance, carence.

déficient, ente a Trop faible, insuffisant.

déficit [-sit] nm 1 Insuffisance, manque. *Déficit immunitaire.* 2 Excédent des dépenses sur les recettes.

déficitaire a Qui présente un déficit.

défier vt 1 Provoquer à une lutte. 2 Braver, se dresser contre. *Défier la morale.* 3 Résister à l'épreuve de. *Défier le temps.* ■ vpr Avoir de la défiance envers. *Se défier des racontars.*

défigurer vt 1 Altérer l'aspect du visage. 2 Altérer, dénaturer. *Défigurer la vérité.*

défilé nm 1 Passage étroit et encaissé entre deux montagnes. 2 File de personnes, de véhicules en marche.

défilement nm Déroulement régulier des images d'une bande magnétique.

1. défiler vi 1 Ôter le fil passé dans. *Défiler des perles.* ■ vpr Fam S'esquiver, se dérober.

2. défiler vi 1 Aller à la file, en colonne. *Défiler le 14 juillet.* 2 Se succéder avec régularité. *Les jours défilaient.*

défini, ie a Déterminé, précisé. Loc *Article défini* : le, la, les.

définir vt Expliquer, préciser.

définissable a Qu'on peut définir.

définitif, ive a Qui ne peut plus être modifié. ■ av Loc *En définitive* : en conclusion, en dernière analyse.

définition nf 1 Ensemble des caractéristiques d'un concept. 2 Explication précise de ce qu'un mot signifie. 3 Nombre de lignes dans lesquelles est composée une image de télévision.

définitionnel, elle ou **définitoire** a Relatif à une définition.

définitivement av De façon définitive.

défiscalisation nf Action de défiscaliser.

défiscaliser vt Exonérer d'impôts.

déflagration nf Violente explosion.

déflation nf ECON Ensemble des mesures destinées à lutter contre l'inflation.

déflationniste a ECON De la déflation.

déflecteur nm Appareil, dispositif servant à modifier la direction d'un fluide.

défloraison nf Chute des fleurs.

défloration nf Perte de la virginité.

déflorer vt 1 Faire perdre sa fraîcheur, sa nouveauté à. *Déflorer un sujet.* 2 Faire perdre sa virginité à une jeune fille.

défoliant nm Produit provoquant la chute des feuilles.

défoliation nf Chute des feuilles d'un végétal.

défonce nf Pop État dans lequel se trouve un drogué après usage de drogue.

défoncer vt [10] Briser, crever en enfonçant. *Défoncer un mur.* ■ vpr 1 Pop Se droguer. 2 Fam Donner le meilleur de soi-même.

déforestation nf Déboisement.

déformant, ante a Qui déforme.

déformation nf Action de déformer, de se déformer.

déformer vt 1 Altérer la forme, l'aspect, l'esprit de. 2 Reproduire inexactement. *Déformer la pensée de qqn.*

défoulement nm Fait de se défouler.

défouler (se) vpr 1 PSYCHO Se livrer à des actions sur lesquelles pesait un interdit. 2 Se libérer dans une activité quelconque. 3 Fam S'épancher sans retenue.

défraîchir vt Faire perdre sa fraîcheur, son éclat à.

défraiement *nm* Action de défrayer ; remboursement.

défrayer *vt* [20] Payer la dépense, les frais de qqn. **Loc** *Défrayer la conversation, la chronique :* faire beaucoup parler de soi.

défrichement ou **défrichage** *nm* Action de défricher.

défricher *vt* 1 Rendre cultivable un terrain en friches. 2 Débrouiller une question.

défricheur, euse *n* Qui défriche.

défriser *vt* 1 Défaire la frisure de. 2 Fam Désappointer.

défroisser *vt* Rendre uni ce qui est froissé.

défroque *nf* Vêtements usagés et ridicules.

défroqué, ée *a, n* Qui a quitté l'état religieux.

défunt, unte *a, n* Mort.

dégagé, ée *a* Qui fait preuve d'assurance. *Air dégagé.* **Loc** *Ciel dégagé :* sans nuages.

dégagement *nm* 1 Action de dégager. 2 Passage facilitant la circulation.

dégager *vt* [11] 1 Retirer ce qui est en gage. 2 Débarrasser de ce qui encombre. *Dégager le passage.* 3 Libérer de ce qui engage. *Dégager qqn d'une responsabilité.* 4 Produire une émanation. *Dégager une odeur.* 5 Isoler d'un ensemble. *Dégager la morale d'une histoire.* ■ *vi* Envoyer le ballon loin de ses buts. *Dégager en touche.* ■ *vpr* 1 Émaner, ressortir. *Une impression pénible se dégage de ce film.* 2 Se libérer de. *Se dégager d'une obligation.*

dégaine *nf* Fam Allure ridicule.

dégainer *vt* Tirer une arme de son fourreau.

déganter (se) *vpr* Ôter ses gants.

dégarnir *vt* Retirer ce qui garnit. ■ *vpr* Perdre ses cheveux.

dégât *nm* (souvent pl) Dommage, destruction. *Les dégâts du tremblement de terre.*

dégauchir *vt* Rendre plane une pièce déformée.

dégazage *nm* Action de dégazer.

dégazer *vt* Éliminer les gaz de.

dégel *nm* 1 Fonte de la glace, de la neige. 2 Détente des relations entre États.

dégelée *nf* Pop Volée de coups.

dégeler *vt* [16] 1 Faire fondre ce qui était gelé. 2 Détendre qqn, une atmosphère. ■ *vi* [aux *avoir* ou *être*] Cesser d'être gelé.

dégénératif, ive *a* BIOL Qui présente une dégénérescence.

dégénéré, ée *a, n* Qui a dégénéré.

dégénérer *vi* [12] 1 S'abâtardir, perdre ses qualités propres. 2 Changer de nature en s'aggravant. *Discussion qui dégénère en querelle.*

dégénérescence *nf* Fait de dégénérer, de s'altérer.

dégingandé, ée *a* Fam Qui a l'air disloqué dans sa démarche.

dégivrage *nm* Action de dégivrer.

dégivrer *vt* Ôter le givre de.

dégivreur *nm* Appareil servant à dégivrer.

déglacer *vt* [10] Ôter la glace de.

déglaciation *nf* Fonte des glaciers.

déglinguer *vt* Fam Disloquer.

déglutir *vt* Avaler.

déglutition *nf* Action de déglutir.

dégobiller *vi, vt* Pop Vomir.

dégoiser *vt* Fam Parler beaucoup.

dégommer *vt* Fam Renvoyer, destituer.

dégonflage ou **dégonflement** *nm* Action de dégonfler.

dégonflé, ée *a, n* Fam Peureux, lâche.

dégonfler *vt* Vider de ce qui gonflait. *Dégonfler un ballon.* ■ *vpr* Fam Perdre son courage.

dégorgement *nm* Action de dégorger.

dégorger *vt* [11] 1 Expulser, évacuer un liquide. 2 Débarrasser un conduit de ce qui l'engorge. ■ *vi* **Loc** CUIS *Faire dégorger :* faire rendre du liquide, des impuretés à.

dégoulinade *nf* ou **dégoulinement** *nm* Ce qui dégouline.

dégouliner *vi* S'écouler goutte à goutte ou en filet. *L'eau dégouline du toit.*

dégoupiller *vt* Enlever la goupille de.

dégourdi, ie *a, n* Fam Débrouillard.

dégourdir *vt* 1 Faire cesser l'engourdissement. 2 Faire perdre sa gaucherie à qqn.

dégoût *nm* 1 Répugnance pour certains aliments. 2 Aversion, répulsion.

dégoûtant, ante *a, n* 1 Très sale. 2 Qui inspire du dégoût.

dégoûté, ée *n* **Loc** *Faire le dégoûté :* être trop exigeant.

dégoûter *vt* 1 Inspirer de la répugnance, de l'aversion. 2 Enlever le désir, le goût de. *Il est dégoûté du jeu.*

dégoutter *vi* Couler goutte à goutte.

dégradant, ante *a* Avilissant.

dégradation *nf* Action de dégrader, de se dégrader ; fait d'être dégradé.

dégradé *nm* Affaiblissement progressif des couleurs.

dégrader *vt* 1 Destituer qqn de son grade, de sa dignité, de ses droits civiques. 2 Avilir. 3 Endommager. *Dégrader un monument.* ■ *vpr* Se détériorer.

dégrafer *vt* Détacher, défaire les agrafes.

dégraissage *nm* Action de dégraisser.

dégraisser *vt* 1 Enlever la graisse de. 2 Enlever les taches de graisse de. 3 Fam Alléger d'éléments en surnombre.

degré *nm* 1 Litt Marche d'un escalier. 2 Échelon, rang, niveau dans une hiérarchie, un système, un cycle d'études, la parenté d'une famille. 3 Chacune des divisions de l'échelle de mesure d'un système donné. 4 Unité d'arc égale à la 360e partie du cercle et unité d'angle correspondant à un arc de un degré. **Loc** *Par degrés :* graduellement. *Degré Fahrenheit :* degré d'une échelle de température où au 0 °C correspond le 32 °F et au 100 °C, le 212 °F.

dégressif, ive *a* Qui diminue par degrés.

dégressivité *nf* Caractère dégressif.

dégrèvement *nm* Action de dégrever.

dégrever *vt* [15] Dispenser du paiement d'une charge fiscale.

dégriffé, ée *nm, a* Vêtement vendu à prix réduit.

dégriffer *vt* Retirer la marque commerciale.

dégringolade *nf* Fam Chute rapide.

dégringoler *vi* Fam 1 Descendre avec précipitation. 2 Faire une chute rapide.

dégrippant *nm* Produit pour dégripper.

dégripper *vt* Supprimer le grippage d'une pièce, d'un mécanisme avec un dégrippant.

dégrisement *nm* Fait de se dégriser.

dégriser *vt* 1 Dissiper l'ivresse. 2 Faire cesser l'illusion.

dégrossir vt 1 Ébaucher, donner une première forme à une matière. 2 Commencer à débrouiller, à éclaircir. 3 Donner les premiers rudiments d'instruction.

dégrossissage ou **dégrossissement** nm Action de dégrossir.

dégrouiller (se) vpr Fam Se dépêcher.

dégroupement nm Action de dégrouper.

dégrouper vt Séparer des éléments groupés.

déguenillé, ée a Dont les vêtements sont en lambeaux.

déguerpir vi Se sauver, s'enfuir.

dégueulasse a, n Pop Dégoûtant, ignoble.

dégueuler vt, vi Pop Vomir.

dégueulis nm Pop Vomi.

déguisé, ée a, n Revêtu d'un déguisement.

déguisement nm Travestissement.

déguiser vt 1 Habiller d'un costume inhabituel ou amusant. 2 Contrefaire, changer. *Déguiser sa voix.*

dégurgiter vt Vomir.

dégustateur nm Spécialiste de la dégustation des vins.

dégustation nf Action de déguster, de reconnaître au goût la qualité du vin.

déguster vt 1 Goûter pour apprécier la qualité. 2 Pop Recevoir des coups.

déhanchement nm Action de se déhancher.

déhancher (se) vpr 1 Balancer les hanches en marchant. 2 Faire reposer le poids du corps sur une jambe.

déhiscent, ente a BOT Se dit d'organes clos qui s'ouvrent naturellement à maturité.

dehors av Indique le lieu à l'extérieur. Loc *En dehors* : à, vers l'extérieur. *En dehors de* : à l'extérieur de. *Au-dehors* : à l'extérieur. *De dehors* : de l'extérieur. ■ nm La partie extérieure d'une chose. ■ pl L'apparence de qqn.

déictique nm LING Élément servant à montrer ; démonstratif.

déifier vt Diviniser, placer au rang des dieux.

déisme nm Croyance en l'existence d'un Être suprême en dehors de toute religion.

déiste a, n Qui professe le déisme.

déjà av 1 Indique le moment révolu ; dès ce moment. 2 Auparavant. *Je vous l'avais déjà dit.*

déjanter vt Faire sortir de la jante.

déjà-vu nm inv Ce qui n'a rien de nouveau.

déjection nf Évacuation des manières fécales de l'intestin. ■ pl Les matières évacuées.

déjeté, ée a Dévié de sa direction normale.

déjeuner vi Prendre le repas de midi ou du matin. ■ nm Repas de midi ou du matin.

déjouer vt Faire échouer une intrigue.

déjuger (se) vpr [11] Revenir sur ce que l'on avait jugé, décidé.

de jure [deʒyʀe] av De droit. Ant. de facto.

delà av Loc *Deci delà* : par endroits. *Au-delà, par-delà* : encore plus, encore davantage, encore plus loin. ■ prép Loc *Par-delà* : de l'autre côté, plus loin que, en dépassant. *Au-delà de* : en dépassant.

délabré, ée a En mauvais état.

délabrement nm État délabré.

délabrer vt Détériorer, ruiner. ■ vpr Tomber en ruine.

délacer vt [10] Défaire les lacets.

délai nm 1 Temps accordé pour faire une chose. 2 Retard, temps supplémentaire. Loc *Sans délai* : immédiatement.

délaissement nm Litt Action de délaisser.

délaisser vt 1 Laisser qqn sans secours, sans assistance. 2 S'occuper de moins en moins de qqch, abandonner.

délassant, ante a Qui délasse.

délassement nm Repos, distraction.

délasser vt Reposer, faire cesser la lassitude de. ■ vpr Se reposer.

délateur, trice n, a Dénonciateur.

délation nf Dénonciation inspirée par des motifs méprisables.

délavé, ée a Décoloré, pâle.

délaver vt 1 Détremper. 2 Affaiblir une couleur avec de l'eau.

délayage nm 1 Action de délayer. 2 Remplissage, longueurs inutiles.

délayer vt [20] Détremper une substance dans un liquide. Loc *Délayer sa pensée* : l'exprimer trop longuement.

delco nm (n déposé) Dispositif d'allumage pour moteur à explosion.

délectable a Exquis, délicieux.

délectation nf Plaisir qu'on savoure.

délecter (se) vpr Trouver un vif plaisir.

délégation nf 1 Action de déléguer ; procuration donnée. 2 Groupe de personnes déléguées.

délégué, ée a, n Représentant de qqn, d'un groupe. *Délégué du personnel.*

déléguer vt [12] 1 Charger qqn d'une mission, d'une fonction, avec pouvoir d'agir. 2 Transmettre un pouvoir à qqn.

délestage nm Action de délester.

délester vt 1 Décharger de sa charge. 2 Fam Dévaliser. 3 Détourner la circulation d'une route encombrée. 4 Réduire la charge d'un réseau électrique.

délétère a Dangereux ; toxique.

délibérant, ante a Qui délibère.

délibératif, ive a Loc *Voix délibérative* : voix de celui qui a qualité pour voter.

délibération nf Action de délibérer ; débat.

délibéré, ée a Ferme, décidé. Loc *De propos délibéré* : à dessein. ■ nm Délibérations d'un tribunal avant jugement.

délibérément av Résolument.

délibérer vi [12] Discuter, réfléchir avant de décider.

délicat, ate a 1 Fin, raffiné. 2 Exécuté avec beaucoup de minutie. *Sculpture délicate.* 3 Fragile. *Plante délicate.* 4 Qui demande de la prudence. *Situation délicate.* 5 Qui fait preuve de tact, de scrupules. *Une délicate attention.*

délicatement av De façon délicate.

délicatesse nf Qualité de qqch ou de qqn de délicat.

délice nm Vif plaisir. *Cette poire est un délice.* ■ nfpl Litt Jouissances, plaisirs.

délicieusement av De façon délicieuse.

délicieux, euse a Exquis.

délictueux, euse ou **délictuel, elle** a Qui a le caractère d'un délit.

délié, ée a 1 Extrêmement mince, ténu. 2 Subtil, fin. ■ nm Partie fine d'une lettre calligraphiée.

délier vt 1 Défaire ce qui lie ou ce qui est lié. 2 Dégager d'une obligation. *Délier qqn d'un serment.* Loc *Sans bourse délier* : sans payer.

délimitation nf Action de délimiter.

délimiter vt Assigner des limites à ; borner.

délinquance *nf* Ensemble des crimes et délits.

délinquant, ante *n* Qui a commis un délit.

déliquescence *nf* État de ce qui se décompose ; dégénérescence.

déliquescent, ente *a* Décadent ; sans fermeté, sans rigueur.

délirant, ante *a, n* En proie au délire. ■ *a* Excessif, désordonné.

délire *nm* 1 Trouble psychique caractérisé par une perception erronée de la réalité. 2 Trouble extrême, passion violente. *Foule en délire.*

délirer *vi* Avoir le délire.

delirium tremens [-Rjɔmtʀemɛs] *nm inv* Délire alcoolique aigu.

délit *nm* DR Infraction punie d'une peine correctionnelle. **Loc** *En flagrant délit :* sur le fait. *Le corps du délit :* les preuves matérielles.

déliter (se) *vt* Se fragmenter par plaques.

délivrance *nf* 1 Action de délivrer. 2 Accouchement.

délivrer *vt* 1 Libérer. *Délivrer un prisonnier.* 2 Remettre entre les mains, livrer. *Délivrer des marchandises, un certificat.*

délocalisation *nf* Action de délocaliser.

délocaliser *vt* Décentraliser une industrie, une administration, etc.

déloger *vi* [11] Quitter un endroit. ■ *vt* Chasser qqn d'un lieu.

déloyal, ale, aux *a* Dépourvu de loyauté, perfide.

déloyalement *av* De façon déloyale.

deloyauté *nf* Manque de loyauté.

delphinarium [-Rjɔm] *nm* Aquarium où on présente des dauphins.

delphinium [-njɔm] *nm* Plante ornementale à grandes fleurs.

delta *nm* 1 Quatrième lettre de l'alphabet grec correspondant à *d.* 2 Embouchure d'un fleuve divisée en bras.

deltaïque *a* GEOGR D'un delta.

deltaplane *nm* Appareil de vol à voile ultraléger à aile triangulaire.

deltoïde *nm* Muscle triangulaire de l'épaule.

déluge *nm* 1 (avec majusc) Inondation universelle, d'après la Bible. 2 Pluie torrentielle. 3 Déferlement, grande quantité. *Un déluge de paroles.*

déluré, ée *a* Dégourdi, effronté.

démagnétiser *vt* Supprimer l'aimantation.

démagogie *nf* Procédés qui consistent à flatter les passions et les préjugés des masses pour s'attirer la popularité.

démagogique *a* De la démagogie.

démagogue *n, a* Qui pratique la démagogie.

démailler *vt* Défaire les mailles de.

démailloter *vt* Ôter ce qui enveloppe.

demain *av* 1 Le jour qui suivra celui où l'on est. 2 Dans un futur proche. *Le monde de demain.*

démancher *vt* 1 Ôter le manche. 2 Désarticuler, démettre. *Démancher l'épaule.*

demande *nf* 1 Action de demander. 2 Écrit exprimant une demande. 3 Chose demandée. *Des demandes irréalistes.* 4 ECON Besoins des consommateurs. *L'offre et la demande.*

demander *vt* 1 Solliciter. *Je vous demande de venir, un verre d'eau.* 2 Interroger. *Demande lui s'il a fini. Demander son chemin à qqn.* 3 Réclamer. *On vous demande au téléphone.* 4 Avoir besoin de. *On demande un plombier.*

5 Requérir. *Cette plante demande beaucoup d'eau.* 6 Engager une demande en justice. *Demander le divorce.* **Loc** *Ne pas demander mieux :* accepter volontiers. ■ *vpr* S'interroger. *Je me demande s'il viendra.*

1. demandeur, deresse *n* DR Qui forme une demande en justice.

2. demandeur, euse *n* Qui demande qqch. **Loc** *Demandeur d'emploi :* chômeur.

démangeaison *nf* 1 Picotement de l'épiderme qui incite à se gratter. 2 Vif désir de faire qqch.

démanger *vi* [11] 1 Causer une démangeaison. *Le dos lui démange.* 2 Avoir envie de. *L'envie de partir le démange.*

démantèlement *nm* Action de démanteler.

démanteler *vt* [16] 1 Démolir. *Démanteler une muraille.* 2 Anéantir. *Démanteler un réseau de trafiquants.*

démantibuler *vt* Fam Disloquer. *On a démantibulé ce piano.*

démaquillage *nm* Action de démaquiller, de se démaquiller.

démaquillant, ante *a, nm* Se dit d'un produit utilisé pour démaquiller.

démaquiller *vt* Enlever le maquillage de.

démarcation *nf* 1 Limite qui sépare deux territoires. *Ligne de démarcation.* 2 Séparation. *Démarcation entre classes sociales.*

démarchage *nm* Travail du démarcheur.

démarche *nf* 1 Façon de marcher. *Une démarche gracieuse.* 2 Raisonnement. *Une démarche logique.* 3 Tentative, intervention. *Faire des démarches auprès du ministre.*

démarcher *vt* Visiter à domicile pour vendre.

démarcheur, euse *n* Personne dont le métier est de démarcher un produit.

démarquage *nm* Action de (se) démarquer.

démarque *nf* Action de démarquer des marchandises.

démarquer *vt* 1 Enlever la marque de. *Démarquer du linge.* 2 Plagier. *Démarquer un texte.* 3 Enlever la marque pour solder. *Démarquer des marchandises.* 4 SPORT Libérer un coéquipier de l'emprise d'un adversaire. ■ *vpr* Prendre du recul vis-à-vis de qqn, qqch.

démarrage *nm* Action de démarrer.

démarrer *vt* Fam Mettre en train, commencer. *Démarrer un travail.* ■ *vi* 1 Se mettre en mouvement. *Le train démarre.* 2 Commencer à fonctionner. *Une entreprise qui démarre bien.*

démarreur *nm* Dispositif électrique qui lance un moteur à explosion.

démasquer *vt* 1 Enlever son masque à. 2 Dévoiler, montrer sous son vrai jour. *Démasquer une intrigue, un hypocrite.* **Loc** *Démasquer ses batteries :* montrer ses intentions.

démâter *vt* Enlever le mât d'un navire. ■ *vi* Perdre son mât.

dématérialisation *nf* Action de dématérialiser.

dématérialiser *vt* Rendre immatériel, intangible.

démazouter *vt* Nettoyer qqch du mazout qui le souille.

dème *nm* Division administrative de la Grèce.

démêlage ou **démêlement** *nm* Action de démêler.

démêlant, ante *a, nm* Produit qui démêle les cheveux après un shampooing.

démêlé *nm* Altercation, désaccord.

démêler *vt* 1 Séparer ce qui est emmêlé. *Démêler ses cheveux.* 2 Éclaircir. *Démêler une intrigue.*

démêloir *nm* Peigne à grosses dents.

démembrement *nm* Morcellement.

démembrer *vt* Morceler, séparer les parties.

déménagement *nm* Action de déménager ; ce qu'on déménage.

déménager *vi* [11] Transporter des objets, les meubles d'un endroit à un autre. ■ *vi* 1 Changer de logement. 2 *Fam* Déraisonner.

déménageur *nm* Qui fait des déménagements.

démence *nf* 1 Aliénation mentale qui entraîne l'irresponsabilité. 2 Conduite insensée. *Sortir par ce froid, c'est de la démence.*

démener (se) *vpr* [15] 1 S'agiter violemment. 2 Se donner du mal. *Il s'est démené pour réussir.*

dément, ente *a, n* Atteint de démence. ■ *a Fam* Extravagant, déraisonnable. *Des prix déments.*

démenti *nm* Action de démentir ; ce qui dément. *Un démenti formel.*

démentiel, elle *a* Qui relève de la démence.

démentir *vt* [29] 1 Contredire. *Démentir un témoin.* 2 Déclarer faux. *Démentir une nouvelle.* 3 Être en contradiction avec. *Sa conduite dément ses paroles.* ■ *vpr* Cesser de se manifester. *Sa patience ne s'est jamais démentie.*

démerder (se) *vpr Pop* 1 Se débrouiller. 2 Se dépêcher.

démérite *nm Litt* Ce qui fait perdre l'estime d'autrui.

démériter *vi* Agir d'une façon telle qu'on perd l'estime d'autrui.

démesure *nf* Manque de mesure, excès.

démesuré, ée *a* Qui excède la mesure.

démesurément *av* Excessivement.

démettre *vt* 1 Déplacer un os, luxer. *Il lui a démis le bras.* 2 Destituer d'un emploi, d'une charge. ■ *vpr* Démissionner.

demeurant (au) *av* Au reste.

demeure *nf* 1 *Litt* Habitation. 2 Grande maison. Loc *Mettre qqn en demeure de* : le sommer de. *À demeure* : de façon permanente.

demeuré, ée *a, n* Mentalement retardé.

demeurer *vi* 1 (aux *avoir*) Habiter. *Il demeure à la campagne.* 2 Persister, durer (choses). *Les écrits demeurent.* 3 (aux *être*) Persister à être. *Il est demeuré inébranlable.*

demi, ie *a* 1 (devant un nom et suivi d'un trait d'union, inv) La moitié exacte d'un tout. *Un demi-kilo. Une demi-livre.* 2 (après un nom, s'accordant en genre seulement) Plus une moitié. *Deux heures et demie. Sept ans et demi.* ■ *n* La moitié d'une unité, d'une chose. ■ *nm* 1 Verre de bière qui contient 25 cl. 2 Joueur de milieu de terrain (football, rugby). Loc *À demi* : à moitié. ■ *nf* Demi-heure. *J'ai rendez-vous à la demie.*

demi-bouteille *nf* Bouteille de 37 centilitres. *Des demi-bouteilles.*

demi-cercle *nm* Moitié d'un cercle. *Des demi-cercles.*

demi-dieu *nm MYTH* Fils d'un dieu et d'une femme, d'une déesse et d'un homme, ou héros divinisé. *Des demi-dieux.*

demi-douzaine *nf* La moitié d'une douzaine. *Des demi-douzaines.*

demi-finale *nf* Épreuve éliminatoire pour la finale. *Des demi-finales.*

demi-finaliste *n, a* Qui participe à une demi-finale. *Des demi-finalistes.*

demi-fond *nm inv* Course de moyenne distance.

demi-frère *nm* Frère seulement par le père ou la mère. *Des demi-frères.*

demi-heure *nf* La moitié d'une heure. *Des demi-heures.*

demi-jour *nm* Faible clarté. *Des demi-jours.*

demi-journée *nf* Moitié d'une journée. *Des demi-journées.*

démilitarisation *nf* Action de démilitariser.

démilitariser *vt* Empêcher toute activité militaire dans une zone.

demi-litre *nm* Moitié d'un litre. *Des demi-litres.*

demi-longueur *nf* Dans une course, moitié de la longueur d'un cheval, d'un bateau, etc. *Des demi-longueurs.*

demi-mal *nm* Dommage moindre que celui que l'on redoutait. *Des demi-maux.*

demi-mesure *nf* Mesure, précaution insuffisante. *Des demi-mesures.*

demi-mot (à) *av* Sans qu'il soit nécessaire de tout dire. *Comprendre à demi-mot.*

déminage *nm* Action de déminer.

déminer *vt* Nettoyer une zone des mines, des engins explosifs.

déminéralisation *nf* 1 Action de déminéraliser. 2 Perte pathologique des sels minéraux des os.

déminéraliser *vt* Débarrasser, priver des sels minéraux.

démineur *nm* Spécialiste du déminage.

demi-pause *nf MUS* Silence d'une durée égale à deux temps. *Des demi-pauses.*

demi-pension *nf* 1 Tarif hôtelier à un seul repas par jour. 2 Régime des demi-pensionnaires. *Des demi-pensions.*

demi-pensionnaire *n* Élève qui prend son repas de midi dans l'établissement scolaire. *Des demi-pensionnaires.*

demi-place *nf* Place à moitié prix. *Des demi-places.*

demi-portion *nf Fam* Personne malingre. *Des demi-portions.*

demi-saison *nf* L'automne ou le printemps. *Des demi-saisons.*

demi-sel *a inv* Peu salé (fromage, beurre). ■ *nm inv* 1 Fromage blanc frais. 2 *Pop* Individu qui se prétend du milieu.

demi-sœur *nf* Sœur par le père ou par la mère seulement. *Des demi-sœurs.*

demi-sommeil *nm* État intermédiaire entre veille et sommeil. *Des demi-sommeils.*

demi-soupir *nm MUS* Silence d'une durée égale à un demi-temps. *Des demi-soupirs.*

démission *nf* 1 Acte par lequel on renonce à un emploi, à une dignité. 2 Renoncement par incapacité.

démissionnaire *a, n* Qui a démissionné.

démissionner *vi* 1 Donner sa démission. 2 Renoncer. *C'est trop dur, je démissionne.* 3 Abdiquer. *Parents qui démissionnent.*

demi-tarif *nm* Moitié du plein tarif. *Des demi-tarifs.*

demi-teinte *nf* Teinte peu soutenue. *Des demi-teintes.*

demi-ton nm MUS Intervalle de la moitié d'un ton. *Des demi-tons.*

demi-tour nm Moitié d'un tour. Loc *Faire demi-tour* : revenir sur ses pas. *Des demi-tours.*

démiurge nm 1 PHILO Nom donné par Platon à l'ordonnateur du cosmos. 2 Créateur d'une grande œuvre littéraire.

demi-volée nf Reprise d'une balle, d'un ballon juste après son rebond. *Des demi-volées.*

démobilisateur, trice a Qui démobilise.

démobilisation nf Action de démobiliser.

démobiliser vt 1 Renvoyer un soldat à la vie civile. 2 Diminuer l'enthousiasme combatif de.

démocrate n 1 Partisan de la démocratie. 2 Partisan d'un des deux grands partis politiques américains.

démocrate-chrétien, enne n, a Qui se réclame à la fois du christianisme et de la démocratie. *Des démocrates-chrétiens.*

démocratie nf 1 Régime politique où la souveraineté est exercée par le peuple. 2 Pays qui vit sous un tel régime.

démocratique a 1 Conforme à la démocratie. 2 À la portée de tous. *Un sport démocratique.*

démocratiquement av De façon démocratique.

démocratisation nf Action de démocratiser.

démocratiser vt 1 Rendre démocratique. *Démocratiser les institutions.* 2 Rendre populaire. *Démocratiser l'équitation.*

démodé, ée a Passé de mode.

démoder (se) vpr Cesser d'être à la mode.

démodex nm Acarien parasite des glandes sébacées des mammifères.

démographe n Spécialiste de démographie.

démographie nf 1 Science qui étudie statistiquement les populations. 2 État de la population dans une région.

démographique a De la démographie.

demoiselle nf 1 Jeune fille, jeune femme non mariée. 2 Jeune fille attachée à la cour d'une reine. 3 Libellule. 4 Outil de paveur. Loc *Demoiselle d'honneur* : jeune fille qui accompagne la mariée.

démolir vt 1 Détruire, abattre. *Démolir un immeuble.* 2 Mettre en pièces, casser. *Démolir ses jouets.* 3 Ruiner, saper. *L'alcool l'a démoli.*

démolissage nm Action de démolir qqn.

démolisseur, euse n 1 Qui travaille à démolir. 2 Destructeur.

démolition nf Action de démolir. ■ pl Matériaux provenant de bâtiments démolis.

démon nm 1 Chez les Anciens, bon ou mauvais génie. 2 Ange déchu, chez les chrétiens et les juifs ; Satan. 3 Personne méchante, mauvaise. 4 Fam Enfant turbulent. Loc *Le démon de* : l'instinct mauvais qui pousse vers. *Le démon de midi* : poussée d'appétit sexuel vers le milieu de la vie.

démonétisation nf Action de démonétiser.

démonétiser vt 1 Enlever sa valeur légale à une monnaie. 2 Discréditer.

démoniaque a Diabolique.

démonologie nf Étude des démons et de leur influence supposée sur les humains.

démonstrateur, trice n Qui fait la démonstration. *Démonstratrice en aspirateurs.*

démonstratif, ive a 1 Convaincant. *Argument démonstratif.* 2 Qui manifeste ses sentiments. *Un homme peu démonstratif.* ■ a, nm GRAM Se dit des adjectifs et des pronoms qui servent à désigner ce dont on parle.

démonstration nf 1 Raisonnement par lequel on démontre. 2 Explication pratique sur l'utilisation d'un appareil, d'un produit. *Démonstration à domicile.* 3 Témoignage, manifestation d'un sentiment. *Des démonstrations d'affection.* 4 Manifestation publique spectaculaire. *L'aéroclub organise une démonstration aérienne.*

démonstrativement av De façon démonstrative.

démontable a Qui se démonte.

démontage nm Action de démonter.

démonté, ée a Loc *Mer démontée* : très agitée.

démonte-pneu nm Levier pour retirer un pneu. *Des démonte-pneus.*

démonter vt 1 Séparer, désassembler. *Démonter une horloge.* 2 Jeter à bas de. *Cheval qui démonte son cavalier.* 3 Déconcerter. *Cette objection le démonta.*

démontrable a Que l'on peut démontrer.

démontrer vt 1 Établir la vérité de. *Démontrer un théorème.* 2 Indiquer. *Ceci démontre sa gentillesse.*

démoralisant, ante a Décourageant.

démoralisateur, trice a, n Qui cherche à démoraliser.

démoralisation nf Action de démoraliser.

démoraliser vt Donner un mauvais moral ; décourager. *Son échec l'a démoralisé.*

démordre vti Loc *Ne pas démordre de* : s'obstiner.

démotivant, ante a Qui démotive.

démotivation nf Action de démotiver.

démotiver vt Retirer toute motivation à qqn. *Cet échec l'a démotivé.*

démoulage nm Action de démouler.

démouler vt Retirer du moule.

démoustiquer vt Débarrasser un lieu des moustiques.

démultiplication nf Système mécanique de réduction de vitesse.

démultiplier vt 1 Réduire par démultiplication la vitesse de. 2 Augmenter la puissance en multipliant les relais.

démunir vt Priver. *La crise l'a démuni de ses économies.* ■ vpr Se dessaisir de.

démuseler vt [18] Ôter la muselière.

démutiser vt Apprendre à parler à des sourds.

démystification nf Action de démystifier.

démystifier vt Désabuser la victime d'une mystification.

démythifier vt Ôter son caractère mythique à.

dénatalité nf Décroissance du nombre des naissances dans un pays.

dénationalisation nf Action de dénationaliser ; privatisation.

dénationaliser vt Rendre au secteur privé une entreprise nationalisée ; privatiser.

dénaturé, ée a 1 Qui a subi une dénaturation. *Alcool dénaturé.* 2 Dépravé, contre nature. *Mœurs dénaturées.*

dénaturer vt 1 Changer la nature, le goût de. 2 Altérer, déformer.

dénazifier vt Débarrasser de l'influence nazie.

dendrite nf BIOL Prolongement du cytoplasme d'une cellule nerveuse.

dénégation *nf* Action, fait de nier.

déneigement *nm* Action de déneiger.

déneiger *vt* [11] Ôter la neige de.

dengue *nf* Maladie tropicale due à un virus.

déni *nm* Loc *Déni de justice* : refus de rendre la justice.

déniaiser *vt* 1 Rendre moins niais. 2 Faire perdre sa virginité à.

dénicher *vt* 1 Ôter du nid. *Dénicher des oiseaux.* 2 Trouver, découvrir. *Dénicher un objet rare.*

dénicotiniser *vt* Enlever la nicotine.

denier *nm* 1 Monnaie ancienne. 2 Unité de mesure de la finesse d'un fil. **Loc** *Denier du culte* : offrande des catholiques pour les besoins du culte.

dénier *vt* 1 Refuser de se voir imputer. *Je dénie toute responsabilité.* 2 Refuser. *Je vous dénie ce droit.*

dénigrement *nm* Action de dénigrer.

dénigrer *vt* Rabaisser, décrier.

denim *nm* Toile de coton servant à la fabrication des blue-jeans. Syn. jean.

dénitrater *vt* Débarrasser un sol, une eau de ses nitrates.

dénivelée *nf* ou **dénivelé** *nm* Différence de niveau, d'altitude.

déniveler *vt* [18] 1 Rendre accidenté. 2 Donner une certaine inclinaison.

dénivellation *nf* ou **dénivellement** *nm* 1 Action de déniveler. 2 Différence de niveau.

dénombrable *a* Qu'on peut compter.

dénombrement *nm* Action de dénombrer.

dénombrer *vt* Compter, recenser. *Dénombrer des effectifs.*

dénominateur *nm* MATH Terme d'une fraction indiquant en combien de parties égales l'unité a été divisée. **Loc** *Dénominateur commun* : caractéristique commune.

dénomination *nf* Désignation par un nom ; ce nom. *Dénomination injurieuse.*

dénommé, ée *n* Qui a pour nom. *Le dénommé Untel.*

dénommer *vt* 1 Assigner un nom. *Dénommer un produit nouveau.* 2 DR Désigner par son nom. *Dénommer les contractants.*

dénoncer *vt* [10] 1 Signaler qqn à la justice. 2 Faire connaître publiquement qqch en s'élevant contre. *Dénoncer l'arbitraire d'une décision.* 3 Indiquer, révéler qqch. *Tout en lui dénonce la fausseté.* 4 Faire connaître la cessation, la rupture de. *Dénoncer un contrat.*

dénonciateur, trice *n, a* Qui dénonce.

dénonciation *nf* Action de dénoncer.

dénotation *nf* LING Sens permanent d'un mot excluant toute valeur subjective.

dénoter *vt* Marquer, être le signe de. *Tout cela dénote du courage.*

dénouement *nm* 1 Manière dont se termine un récit, un film. 2 Solution. *Le dénouement de la crise.*

dénouer *vt* 1 Défaire, détacher. *Dénouer sa ceinture.* 2 Débrouiller, trouver la solution de. *Dénouer une crise.*

dénoyautage *nm* Action de dénoyauter.

dénoyauter *vt* Enlever le noyau de.

denrée *nf* Tout ce qui se vend pour la nourriture de l'homme.

dense *a* 1 Compact, épais. *Une forêt dense.* 2 Concentré. *Une population dense.* 3 Riche et concis. *Style dense.* 4 PHYS De densité élevée.

densifier *vt* Rendre plus dense. *Densifier l'habitat.*

densité *nf* 1 Caractère dense. 2 PHYS Rapport entre la masse du volume d'un corps et la masse du même volume d'eau.

dent *nf* 1 Organe très dur, de coloration blanche, implanté dans le maxillaire et servant à la mastication. 2 Pointe ou saillie de certains objets. *Les dents d'un râteau, d'un pignon.* 3 Pic montagneux. **Loc** *N'avoir rien à se mettre sous la dent* : à manger. Fam *Avoir la dent* : avoir faim. *Mordre à belles dents* : avec avidité. *Manger du bout des dents* : sans appétit. *Parler entre ses dents* : de manière indistincte. *Ne pas desserrer les dents* : garder le silence. *Avoir la dent dure* : ne pas ménager celui dont on parle. *Avoir une dent contre qqn* : avoir une rancune. *Se faire les dents* : s'aguerrir. *Être sur les dents* : être débordé de travail. *Être armé jusqu'aux dents* : très bien armé.

dentaire *a* Qui a rapport aux dents.

dentale *nf* LING Consonne qui se prononce la langue contre les dents inférieures (*t, d, n*).

dent-de-lion *nf* Pissenlit. *Des dents-de-lion.*

denté, ée *a* Garni de dents. *Roue dentée.*

denteler *vt* [18] Découper en forme de dents.

dentelle *nf* Tissu à jours et à mailles très fines de lin, de soie, d'or, etc.

dentellier, ère *a* De la dentelle. ■ *nf* Ouvrière qui fait de la dentelle.

dentelure *nf* Découpure en forme de dents.

dentier *nm* Prothèse dentaire amovible.

dentifrice *nm* Préparation servant au nettoyage des dents.

dentiste *n* Praticien diplômé qui soigne les dents.

dentisterie *nf* Étude et pratique des soins dentaires.

dentition *nf* 1 Mise en place naturelle de la denture. 2 Abusiv Denture.

denture *nf* Ensemble des dents.

dénucléarisation *nf* Action de dénucléariser.

dénucléariser *vt* Prohiber ou réduire l'armement nucléaire.

dénuder *vt* Mettre à nu. *Dénuder un fil.*

dénué, ée *a* Dépourvu, privé de. *Un livre dénué d'intérêt.*

dénuement *nm* Manque du nécessaire ; grande pauvreté.

dénutri, ie *a* Qui souffre de dénutrition.

dénutrition *nf* Déficience nutritionnelle due à une carence ou à des troubles d'assimilation.

déodorant *nm* Abusiv Désodorisant corporel.

déontologie *nf* Ensemble des devoirs et des droits régissant l'exercice d'une profession.

déontologique *a* De la déontologie.

dépannage *nm* Action de dépanner.

dépanner *vt* 1 Remettre en état, réparer. 2 Fam Tirer d'embarras. *Peux-tu me dépanner de 10 francs ?*

dépanneur, euse *n, a* Qui se charge des dépannages. ■ *nf* Voiture équipée pour remorquer les véhicules en panne.

dépaqueter *vt* [19] Défaire un paquet ; sortir d'un paquet.

déparasiter *vt* Débarrasser un appareil des parasites radioélectriques.

dépareillé, ée *a* 1 Qui a été séparé de ce avec quoi il formait un ensemble. *Des chaussettes dépareillées.* 2 Incomplet. *Jeu de cartes dépareillé.*

déparer *vt* Nuire à l'harmonie d'un ensemble.

déparier *vt* Ôter l'une des deux choses qui forment une paire. *Déparier des gants.*

départ *nm* 1 Action de partir. *Le signal du départ.* 2 Lieu d'où l'on part. *Rassemble des coureurs au départ.* **Loc** *Au départ :* au début.

départager *vt* Faire cesser l'égalité.

département *nm* 1 Partie de l'administration attribuée à un ministre. *Le département de la marine.* 2 Division d'un service. *Le département des manuscrits d'une bibliothèque.* 3 Division administrative de la France.

départemental, ale, aux *a* Du département.

départementaliser *vt* Attribuer au département une compétence qui relevait du pouvoir central.

départir *vt* [29] Litt Distribuer, attribuer. *Départir des faveurs.* ■ *vpr* Abandonner. *Il ne s'est pas départi de son calme.*

dépassé, ée *a* 1 Caduc. 2 Qui ne maîtrise plus la situation.

dépassement *nm* Action de dépasser, fait de se dépasser.

dépasser *vt* 1 Aller au-delà de. *Dépasser la limite.* 2 Doubler. *Dépasser un camion dans la côte.* 3 Être plus grand que. *Cette dépense dépasse les prévisions.* 4 Litt Déconcerter. *Cette histoire me dépasse.* ■ *vi* Être trop long. *La doublure dépasse de la robe.* ■ *vpr* Réussir pleinement. *L'artiste s'est dépassé.*

dépassionner *vt* Rendre plus objectif. *Dépassionner un débat.*

dépatouiller (se) *vpr* Fam Se débrouiller.

dépaver *vt* Ôter les pavés de.

dépaysant, ante *a* Qui dépayse.

dépaysement *nm* Action de dépayser ; changement de milieu. *Il supporte mal le dépaysement.*

dépayser *vt* Dérouter, désorienter. *Le climat l'a dépaysé.*

dépeçage ou **dépècement** *nm* Action de dépecer.

dépecer *vt* [15] Mettre en pièces. *Dépecer une volaille.*

dépêche *nf* 1 DR Correspondance officielle concernant les affaires publiques. 2 Vx Télégramme.

dépêcher *vt* Litt Envoyer en hâte. *On a dépêché un ambassadeur.* ■ *vpr* Se hâter, se presser.

dépeigner *vt* Déranger, défaire la coiffure de qqn. *Ce vent m'a dépeignée.*

dépeindre *vt* [69] Décrire, représenter par le discours.

dépenaillé, ée *a* 1 Mal habillé. 2 En lambeaux, très endommagé.

dépénalisation *nf* Action de dépénaliser.

dépénaliser *vt* Ôter à une infraction son caractère pénal.

dépendance *nf* 1 Domination, subordination. *Être sous la dépendance de qqn.* 2 Besoin impérieux éprouvé par un toxicomane pour sa drogue. ■ *pl* Terre, bâtiment qui dépend d'un autre.

dépendant, ante *a* Qui dépend de, subordonné.

dépendre *vti* [71] 1 Être assujetti à. *Les enfants dépendent de leurs parents.* 2 Être rattaché à. *Ce hameau dépend de la ville.* 3 Être fonction de. *Son succès dépendra de son travail.* **Loc** *Ça dépend :* c'est selon les circonstances. ■ *vt* Détacher ce qui était pendu.

dépens *nmpl* DR Frais de justice. *Être condamné aux dépens.* **Loc** *Aux dépens de qqn :* à sa charge, à ses frais ; en lui causant du tort.

dépense *nf* 1 Emploi d'argent. *Faire des dépenses.* 2 Argent déboursé. *Participer aux dépenses.* 3 Emploi de qqch. *Dépense de temps, d'énergie.*

dépenser *vt* 1 Employer de l'argent. *Dépenser 1 000 francs.* 2 Employer des ressources. *Dépenser son temps, ses forces.* 3 Consommer. *Le four dépense beaucoup d'électricité.* ■ *vpr* Déployer une grande activité. *Elle se dépense pour les siens.*

dépensier, ère *a, n* Qui aime la dépense, qui dépense excessivement.

déperdition *nf* Diminution, perte.

dépérir *vi* 1 S'affaiblir, décliner. *Cet arbre dépérit.* 2 Se détériorer, péricliter. *Les affaires dépérissent.*

dépérissement *nm* État de ce qui dépérit.

dépersonnaliser *vt* Faire perdre sa personnalité à qqn.

dépêtrer *vt* Dégager, délivrer. ■ *vpr* Se débarrasser. *On ne peut se dépêtrer de cette affaire.*

dépeuplement *nm* Action de dépeupler, fait de se dépeupler.

dépeupler *vt* Vider de ses habitants.

déphasage *nm* Fait d'être déphasé.

déphasé, ée *a* Fam Perturbé dans son rythme de vie.

déphaser *vt* Faire perdre le contact avec la réalité.

déphosphater *vt* Éliminer les phosphates d'une eau, d'un sol.

déplauter *vt* Fam Enlever la peau, l'écorce. *Déplauter un lapin, une orange.*

dépilatoire *a, nm* Qui sert à éliminer les poils.

dépistage *nm* Action de dépister.

dépister *vt* 1 Découvrir la piste. *La police a dépisté les coupables.* 2 Découvrir. *Dépister une fraude.* 3 Faire perdre la piste, la trace à. *Dépister ses poursuivants.*

dépit *nm* Vive contrariété mêlée de colère. **Loc** *En dépit de :* malgré.

dépiter *vt* Causer du dépit à.

déplacé, ée *a* Inconvenant, choquant. *Des propos déplacés.* **Loc** *Personne déplacée :* contrainte de quitter son pays.

déplacement *nm* 1 Action de déplacer, de se déplacer. *Déplacement d'air.* 2 Voyage. *Cet emploi exige de nombreux déplacements fréquents.*

déplacer *vt* [10] 1 Changer de place. *Déplacer un meuble.* 2 Muter. *Déplacer un fonctionnaire.* **Loc** *Déplacer les foules :* avoir du succès. ■ *vpr* Sortir de chez soi. *Ce médecin se déplace.*

déplafonnement *nm* Fait de déplafonner.

déplafonner *vt* Supprimer la limite supérieure de. *Déplafonner les cotisations.*

déplaire *vti* [68] Ne pas plaire à. *Ce livre m'a déplu.* **Loc** *Ne vous en déplaise :* malgré votre mécontentement. ■ *vpr* N'éprouver aucun plaisir. *Je me déplais en sa compagnie.*

déplaisant, ante *a* Qui ne plaît pas. *Une situation déplaisante.*

déplaisir *nm* Contrariété, mécontentement.

déplanter *vt* Enlever de terre pour planter ailleurs.

déplâtrer *vt* Ôter le plâtre.

dépliant, ante *n* Prospectus à plusieurs volets. *Dépliants d'une agence de voyages.*

déplier vt Étaler, étendre. *Déplier sa serviette.*

déplisser vt Défaire les plis.

déploiement nm Action de déployer, état de ce qui est déployé. *Déploiement de troupes.*

déplomber vt Ôter le plomb, la protection de.

déplorable a 1 Regrettable. *Un incident déplorable.* 2 Très mauvais. *Un travail déplorable.*

déplorer vt Trouver mauvais, regretter.

déployé, ée a Étendu, déplié. *Voiles déployées.* Loc *Rire à gorge déployée* : aux éclats.

déployer vt [22] 1 Étendre, déplier. *Déployer des tentures.* 2 MILIT Faire prendre à une troupe le dispositif de combat. 3 Montrer, étaler. *Déployer tous ses talents.*

déplumer (se) vpr Fam Perdre ses cheveux.

dépoétiser vt Ôter sa poésie à.

dépoitraillé, ée a Fam Dont la poitrine est fort découverte.

dépoli, ie a Loc *Verre dépoli* : rendu translucide.

dépolir vt Ôter le poli de.

dépolitisation nf Action de dépolitiser.

dépolitiser vt Ôter son caractère politique à.

dépolluant, ante a, nm Produit qui dépollue.

dépolluer vt Supprimer les effets de la pollution. *Dépolluer une plage.*

dépollution nf Action de dépolluer.

déponent, ente a, nm GRAM Verbe latin de forme passive et de sens actif.

dépopulation nf Action de dépeupler ; fait de se dépeupler.

déportation nf 1 Peine d'exil appliquée autrefois aux crimes politiques. 2 Internement dans un camp de concentration.

déporté, ée n Condamné à la déportation.

déporter vt 1 Faire subir la déportation. *Déporter des opposants.* 2 Dévier. *Son chargement le déportait vers la droite.*

déposant, ante n 1 Qui fait une déposition en justice. 2 Qui effectue un dépôt de fonds.

dépose nf Opération consistant à déposer ce qui était fixé. *Frais de dépose.*

déposer vt 1 Destituer du pouvoir. *Déposer un pape, un roi.* 2 Poser ce que l'on porte. *Déposer son manteau sur une chaise.* 3 Démonter. *Déposer un moteur.* 4 Former un dépôt. *L'eau a déposé beaucoup de sable.* 5 Mettre en dépôt. *Déposer de l'argent à la banque.* 6 Faire enregistrer pour protéger. *Déposer un brevet, une marque.* Loc *Déposer une plainte* : porter plainte en justice. ■ vi Faire une déposition en justice.

dépositaire n Qui reçoit qqch en dépôt.

déposition nf 1 Destitution. 2 Déclaration d'un témoin en justice.

déposséder vt [12] Priver qqn de ce qu'il possédait.

dépossession nf Spoliation.

dépôt nm 1 Action de déposer, de placer qqch qqpart. *Le dépôt des ordures est interdit ici.* 2 Action de confier des fonds à un organisme bancaire. 3 La chose confiée. *Restituer un dépôt.* 4 Lieu où on garde des objets. *Dépôt d'armes clandestin.* 5 Lieu où on gare des locomotives, des autobus, etc. 6 Lieu de vente au détail de certains produits. *Dépôt de pain.* 7 Lieu où on emprisonne provisoirement ceux qui viennent d'être arrêtés. 8 Matières qui se déposent au fond d'un récipient contenant un liquide. 9 Matière recouvrant une surface. *Dépôt glaciaire, éolien.* Loc *Dépôt légal* : obligation de remettre aux autorités un exemplaire de toute nouvelle publication.

dépoter vt 1 Ôter d'un pot. *Dépoter une plante.* 2 Transvaser. *Dépoter un wagon-citerne.*

dépotoir nm Lieu où l'on dépose les ordures ; décharge publique.

dépouille nf Peau enlevée à un animal. ■ pl Litt Butin pris à l'ennemi.

dépouillé, ée a 1 Dont on a ôté la peau. 2 Sobre, sans fioritures. *Formes dépouillées.*

dépouillement nm 1 Action de dépouiller. 2 Compte des suffrages. 3 Sobriété, simplicité.

dépouiller vt 1 Enlever la peau de. *Dépouiller une anguille.* 2 Priver de ce qui couvre ou garnit. *Dépouiller une pièce de ses tentures.* 3 Déposséder. *Dépouiller qqn de ses biens.* 4 Examiner minutieusement. *Dépouiller un dossier.* 5 Dénombrer les suffrages d'un scrutin. 6 Quitter, perdre. *L'insecte dépouille sa carapace.*

dépourvu, ue a Dénué, privé de. ■ av Loc *Au dépourvu* : sans préparation.

dépoussiérage nm Action de dépoussiérer.

dépoussiérer vt [12] 1 Enlever les poussières de. 2 Rénover, rajeunir.

dépravation nf Perversion, corruption.

dépravé, ée a Altéré, corrompu. *Goût dépravé.* ■ a, n Perverti. *Des gens dépravés.*

dépraver vt Pervertir, corrompre.

dépréciatif, ive a Qui vise à déprécier.

dépréciation nf Action de déprécier, de se déprécier.

déprécier vt 1 Diminuer la valeur de. *L'installation d'une usine a déprécié ce terrain.* 2 Dénigrer. ■ vpr Perdre de sa valeur.

déprédation nf Vol, pillage accompagné de détérioration.

déprendre (se) vpr [70] Litt Se défaire de. *Se déprendre d'une habitude.*

dépressif, ive a De la dépression. ■ a, n Atteint de dépression nerveuse.

dépression nf 1 Zone en forme de cuvette. 2 Baisse de pression atmosphérique. 3 État psychique de souffrance marqué, par le ralentissement de l'activité, la lassitude, la tristesse, l'anxiété. 4 Ralentissement de l'activité économique.

dépressionnaire a Soumis à une dépression atmosphérique.

dépressurisation nf Perte de la pressurisation.

dépressuriser vt Faire cesser la pressurisation de.

déprimant, ante a Qui déprime, abat.

déprime nf Fam Abattement, idées noires.

déprimé, ée a, n Atteint de dépression nerveuse.

déprimer vt 1 Diminuer l'activité économique. 2 Diminuer l'énergie, abattre le moral de qqn. *Sa maladie l'a beaucoup déprimé.* ■ vi Fam Se démoraliser.

de profundis [deprɔfɔ̃dis] nm inv Prière catholique pour les morts.

déprogrammation nf Action, fait de déprogrammer.

déprogrammer vt Supprimer du programme une émission, un spectacle.

dépucelage nm Fam Action de dépuceler.

dépuceler vt [18] Fam Ôter son pucelage à.

depuis prép 1 À partir de tel moment, tel événement passé. *Je ne l'ai pas revu depuis la guerre.* 2 Pendant un moment. *Je vous attend depuis deux heures.* 3 Abusiv À partir de tel endroit. *Il est venu à pied depuis Rouen.* ■ conj Loc *Depuis que* : dès le moment où.

dépuratif, ive a Propre à dépurer l'organisme.

dépuration nf Action de dépurer.

dépurer vt MED, TECH Rendre plus pur.

députation nf 1 Envoi de personnes chargées de mission ; ces personnes elles-mêmes. 2 Fonction de député.

député nm 1 Envoyé pour remplir une mission particulière. 2 Membre élu de l'Assemblée nationale.

députer vt Envoyer qqn comme député.

déqualification nf Baisse de la qualification professionnelle.

déqualifier vt Employer qqn à un poste inférieur à sa qualification.

der nf inv Loc *La der des der* : l'ultime fois ; la dernière de toutes les guerres. ■ nm inv Loc *Dix de der* : les dix points du dernier pli à la belote.

déraciné, ée a, n Qui a quitté son pays, son milieu d'origine.

déracinement nm Action de déraciner, fait d'être déraciné.

déraciner vt 1 Arracher avec ses racines un végétal. 2 Faire disparaître. *Déraciner un vice.* 3 Faire quitter son pays, son milieu d'origine.

déraillement nm Accident de chemin de fer.

dérailler vi 1 Sortir de ses rails. 2 Fam Fonctionner mal. *Ce baromètre déraille.* 3 Fam Déraisonner, perdre son bon sens.

dérailleur nm Dispositif permettant de faire passer la chaîne d'une bicyclette d'un pignon sur un autre.

déraison nf Litt Manque de raison.

déraisonnable a Qui n'est pas raisonnable.

déraisonnablement av De façon déraisonnable.

déraisonner vi Penser, parler contrairement à la raison, au bon sens.

déramer vt Séparer les feuilles d'une rame de papier.

dérangé, ée a 1 Indisposé. 2 Fam Un peu fou.

dérangeant, ante a Qui dérange, perturbe.

dérangement nm 1 Action de déranger. 2 Désordre. 3 Mauvais fonctionnement. *Téléphone en dérangement.* 4 Indisposition passagère. *Dérangement intestinal.*

déranger vt [11] 1 Ôter de sa place habituelle. *Déranger des livres.* 2 Obliger qqn à quitter sa place. *Il m'a dérangé pour passer.* 3 Importuner. *Cette musique me dérange.* 4 Contrarier, gêner. *Cela vous dérange-t-il de reporter notre rendez-vous ?* 5 Provoquer des troubles physiologiques. *Des mets qui dérangent le foie.* ■ vpr 1 Se déplacer. 2 Interrompre son activité.

dérapage nm Action de déraper.

déraper vi 1 Glisser de façon incontrôlée. *La voiture a dérapé.* 2 Dévier. *La conversation a dérapé.*

dératé, ée n Loc Fam *Courir comme un dératé* : très rapidement.

dératisation nf Action de dératiser.

dératiser vt Débarrasser des rats.

derbouka ou **darbouka** nf Tambour d'Afrique du Nord, en terre cuite.

derby nm 1 (avec majusc) Course de chevaux qui a lieu chaque année à Epsom. 2 Match entre deux équipes d'une même ville ou région.

derechef av Vx De nouveau.

déréglé, ée a 1 Mal réglé, détraqué. *Montre déréglée.* 2 Immoral. *Conduite déréglée.*

dérèglement nm État de ce qui est déréglé.

déréglementation nf Fait d'alléger ou de supprimer la réglementation.

déréglementer vt Pratiquer la déréglementation d'un secteur économique.

dérégler vt [12] Détraquer, modifier le réglage. *Le froid dérègle les horloges.*

dérégulation nf Action de déréguler.

déréguler vt Supprimer les contraintes pesant sur une activité économique.

déremboursement nm Cessation ou diminution du remboursement d'un médicament par la Sécurité sociale.

déresponsabiliser vt Ôter le sentiment de responsabilité.

dérestauration nf BX-A Rétablissement dans son état ancien d'une œuvre d'art défigurée par une restauration abusive.

dérider vt 1 Faire disparaître les rides. 2 Égayer.

dérision nf Moquerie méprisante.

dérisoire a 1 Qui incite à la dérision. *Des propos dérisoires.* 2 Ridiculement bas. *Un salaire dérisoire.*

dérivatif, ive a,nm Qui procure une diversion pour l'esprit. *Le travail est un dérivatif.*

dérivation nf 1 Action de dévier de son cours. *Dérivation d'un fleuve.* 2 LING Formation de mots nouveaux à partir d'un radical (ex. : *accidentel* par suffixation de *accident*).

dérive nf 1 Dérivation d'un avion, d'un navire, sous l'effet du vent, des courants. 2 Fait de s'écarter de la norme, de la morale. 3 Aileron vertical immergé amovible destiné à diminuer la dérive d'un bateau à voile (dériveur). Loc *Aller, être à la dérive* : ne plus pouvoir se diriger, se laisser aller. *Dérive des continents* : théorie géologique selon laquelle les masses continentales se déplacent.

dérivé nm 1 Mot qui dérive d'un autre. 2 Corps qui provient d'un autre. *L'essence est un dérivé du pétrole.*

dérivée nf MATH Limite du rapport entre l'accroissement d'une fonction continue et l'accroissement de la variable, lorsque ce dernier tend vers zéro.

dériver vt Détourner de son cours. *Dériver un ruisseau.* ■ vti Tirer son origine de. *Mot qui dérive du latin.* ■ vi 1 S'écarter du cap suivi sous l'effet du vent, des courants. 2 Aller à la dérive.

dériveur nm Voilier muni d'une dérive.

dermatite ou **dermite** nf Inflammation de la peau.

dermatologie nf Partie de la médecine qui traite des maladies de la peau.

dermatologique a De la dermatologie.

dermatologiste ou **dermatologue** n Spécialiste de dermatologie.

dermatose nf Maladie de la peau.

derme nm ANAT Partie profonde de la peau située sous l'épiderme.

dermique *a* Relatif à la peau.

dernier, ère *a, n* 1 Qui vient après tous les autres. *Le dernier jour du mois.* 2 Le plus récent. *Habillé à la dernière mode.* 3 Extrême. *Le dernier degré de la perfection.* Loc *Rendre le dernier soupir* : expirer. *Dire son dernier mot* : faire entendre que la décision prise est définitive.

dernièrement *av* Récemment.

dernier-né, dernière-née *n* L'enfant né le dernier dans une famille. *Des derniers-nés.*

dérobade *nf* Action de se dérober.

dérobé, ée *a* Secret. *Escalier dérobé.* Loc *Culture dérobée* : pratiquée entre deux cultures principales. ■ *av* Loc *À la dérobée* : subrepticement, sans être vu.

dérober *vt* 1 Litt Prendre en cachette, voler. *On lui a dérobé sa montre.* 2 Soustraire. *Dérober un coupable à la justice.* ■ *vpr* 1 Se soustraire à. *Se dérober à toutes les questions.* 2 Fléchir, faiblir. *Ses genoux se dérobèrent sous lui.* 3 Refuser de sauter un obstacle (cheval).

dérogation *nf* Action de déroger à une règle.

dérogatoire *a* Qui déroge.

déroger *vti* [11] S'écarter d'un usage, d'une loi, d'une convention.

dérouillée *nf* Pop Correction, volée de coups.

dérouiller *vt* 1 Ôter la rouille de. *Dérouiller une arme.* 2 Dégourdir. *La lecture dérouille l'esprit.* 3 Pop Battre. *Je l'ai dérouillé.* ■ *vi* Pop Recevoir des coups. *Tu vas dérouiller.*

déroulement *nm* 1 Action de dérouler. 2 Succession dans le temps. *Le déroulement des faits.*

dérouler *vt* Étaler ce qui était roulé. *Dérouler un tapis.* ■ *vpr* Se produire selon une succession donnée, avoir lieu. *Les faits se sont déroulés en peu de temps.*

dérouleur *nm* Appareil servant à dérouler.

déroutage ou **déroutement** *nm* Modification de l'itinéraire d'un avion, d'un bateau.

déroutant, ante *a* Qui déconcerte.

déroute *nf* 1 Fuite en désordre d'une armée vaincue. 2 Déconfiture. *Ses affaires sont en déroute.*

dérouter *vt* 1 Modifier l'itinéraire initialement prévu. *Dérouter un avion.* 2 Déconcerter.

derrick *nm* Tour métallique supportant les tubes de forage des puits de pétrole.

derrière *prép* 1 Après, en arrière de (par oppos. à devant). *Marcher derrière qqn. Les mains derrière le dos.* 2 De l'autre côté de. *Derrière le mur.* 3 Après. *X est classé derrière Y.* ■ *av* En arrière. *Regarder derrière.* Loc *Par-derrière* : du côté opposé ; sournoisement. ■ *nm* 1 Partie postérieure. *Le derrière de la maison.* 2 Les fesses et le fondement. *Tomber sur le derrière.*

derviche *nm* Religieux musulman.

des *art* 1 Article indéfini, pluriel de *un, une.* 2 Article contracté pour *de les.*

dès *prép* 1 À partir de, aussitôt après. *Dès l'enfance. Dès maintenant.* 2 Depuis un lieu. *Fleuve navigable dès sa source.* ■ *conj* Loc *Dès que* : aussitôt que. ■ *av* Loc *Dès lors* : à partir de ce moment.

désabonnement *nm* Fait de se désabonner.

désabonner *vt* Faire cesser un abonnement.

désabusé, ée *a* Qui n'a plus d'illusions ; revenu de tout.

désabuser *vt* Désillusionner, détromper.

désaccord *nm* 1 Dissentiment, différence d'opinion, désunion. *Désaccord dans la famille.* 2 Contradiction.

désaccorder *vt* Perdre l'accord d'un instrument de musique.

désaccoutumance *nf* Perte de l'habitude.

désaccoutumer *vt* Déshabituer.

désacidifier *vt* Traiter un papier pour en supprimer l'acidité.

désacralisation *nf* Action de désacraliser.

désacraliser *vt* Retirer le caractère sacré.

désactiver *vt* Débarrasser une substance de sa radioactivité.

désadapter *vt* Faire perdre son adaptation.

désaffectation *nf* Action de désaffecter.

désaffecté, ée *a* Qui n'assure plus le service auquel il était affecté. *Gare désaffectée.*

désaffecter *vt* Ôter à qqch son affectation première.

désaffection *nf* Perte de l'affection, de l'intérêt porté.

désaffilier *vt* Retirer son affiliation.

désagréable *a* Déplaisant.

désagréablement *av* De façon désagréable.

désagrégation *nf* Séparation des parties d'un corps ; dislocation.

désagréger *vt* [13] Décomposer, disjoindre. ■ *vpr* S'effriter.

désagrément *nm* Déplaisir, souci.

désaimanter *vt* Supprimer l'aimantation de.

désaltérant, ante *a* Qui désaltère.

désaltérer *vt* [12] Apaiser la soif. ■ *vpr* Boire.

désambiguïser *vt* Faire disparaître l'ambiguïté.

désamianter *vt* Supprimer les matériaux à base d'amiante dans une construction.

désamorçage *nm* Action de désamorcer.

désamorcer *vt* [10] 1 Ôter l'amorce de. 2 Interrompre le fonctionnement. 3 Neutraliser. *Désamorcer les conflits.*

désappointé, ée *a* Déçu.

désappointement *nm* Déception.

désappointer *vt* Tromper qqn dans son attente, son espérance.

désapprendre *vt* [70] Oublier ce qu'on avait appris.

désapprobateur, trice *a* Qui désapprouve.

désapprobation *nf* Action de désapprouver.

désapprouver *vt* Ne pas agréer, blâmer.

désarçonner *vt* 1 Jeter à bas de la selle. 2 Déconcerter. *Ma réponse l'a désarçonné.*

désargenté, ée *a* Démuni d'argent.

désargenter *vt* Enlever la couche d'argent.

désarmant, ante *a* Touchant.

désarmement *nm* 1 Action de désarmer. 2 Réduction des forces militaires.

désarmer *vt* 1 Enlever ses armes à qqn. 2 Ôter à qqn tout moyen de s'irriter. 3 Débarrasser un navire de ses agrès et débarquer son équipage. ■ *vi* 1 Réduire son armement. 2 Renoncer à un sentiment hostile.

désarroi *nm* Confusion de l'esprit ; trouble.

désarticulation *nf* Fait de se désarticuler.

désarticuler *vt* Faire sortir de l'articulation. ■ *vpr* Se contorsionner.

désassembler *vt* Défaire ce qui est assemblé.

désassortir *vt* Dépareiller.

désastre *nm* 1 Catastrophe. *Cette inondation fut un désastre.* 2 Grave échec.

désastreux, euse *a* Catastrophique.

déshérité

désavantage nm 1 Cause d'infériorité. 2 Préjudice, dommage.

désavantager vt [11] Faire supporter un désavantage ; handicaper.

désavantageux, euse a Qui cause un désavantage.

désaveu nm 1 Déclaration par laquelle on désavoue ce qu'on a dit ou fait. 2 Fait de désavouer qqn.

désavouer vt 1 Ne pas vouloir reconnaître comme sien. 2 Déclarer qu'on n'a pas autorisé qqn à dire ou à faire qqch. 3 Désapprouver, condamner.

désaxé, ée a, n Déséquilibré.

désaxer vt Déséquilibrer.

descellement nm Action de desceller.

desceller vt Défaire ce qui était scellé.

descendance nf Ensemble des descendants.

descendant, ante n Individu issu d'une personne, d'une famille. ■ a Qui descend. *Marée descendante.*

descendeur, euse n Spécialiste de la descente (cyclisme, ski).

descendre vt [5] 1 Parcourir de haut en bas. *Descendre un escalier.* 2 Mettre, porter plus bas. *Descendre un tableau.* 3 Pop Tuer qqn. 4 Fam Faire rentrer. *Descendre un avion.* ■ vi [aux *être*] 1 Aller de haut en bas. *Descendre de la montagne.* 2 Mettre pied à terre. *Descendre de bicyclette.* 3 S'arrêter pour coucher. *Descendre à l'hôtel.* 4 Être issu de. *Il descend d'une grande famille.* 5 Être en pente. *La route descend.* 6 Baisser. *La mer descend.*

descente nf 1 Action de descendre. 2 Irruption dans un lieu. *Une descente de police.* 3 Mouvement de haut en bas. *Descente d'un avion.* 4 Pente. 5 Épreuve de ski chronométrée. Loc *Descente de lit* : tapis mis à côté du lit. Pop *Avoir une bonne descente* : boire en grande quantité.

descripteur nm INFORM Ensemble des signes qui servent à décrire qqch.

descriptif, ive a Qui a pour objet de décrire. *Poésie descriptive.* ■ nm Document, schéma décrivant précisément qqch.

description nf Action de décrire ; écrit ou discours par lequel on décrit.

déséchouer vt Remettre à flot un navire échoué.

déségrégation [-se-] vt Suppression de la ségrégation raciale.

désembouteiller vt Supprimer un embouteillage.

désembuage nm Action de désembuer.

désembuer vt Ôter la buée de.

désemparé, ée a 1 Qui ne peut plus manœuvrer (navire, avion). 2 Qui a perdu ses moyens ; décontenancé.

désemparer vi Loc *Sans désemparer* : sans interruption.

désemplir vi Loc *Ne pas désemplir* : être très fréquenté.

désencadrer vt Libérer du cadre qui restreignait.

désenchanté, ée a Désillusionné.

désenchantement nm Désillusion.

désenclavement nm Action de désenclaver.

désenclaver vt Faire cesser l'isolement d'une région.

désencombrer vt Débarrasser un local ou ce qui l'encombre.

désencrage nm Action de désencrer.

désencrer vt Supprimer l'encre sur du papier afin de le recycler.

désendetter (se) vpr Se décharger de ses dettes.

désenfler vi Devenir moins enflé.

désengagement nm Action de désengager ou de se désengager.

désengager vt [11] Libérer d'un engagement.

désengorger vt [11] Déboucher.

désennuyer vt Distraire.

désensabler vt Dégager qqch du sable.

désensibilisation nf Action de désensibiliser.

désensibiliser vt Rendre moins sensible à des substances provoquant des allergies.

désépaissir vt Rendre moins épais.

déséquilibre nm 1 Absence d'équilibre. 2 Manque d'équilibre mental.

déséquilibré, ée a, n Dont l'équilibre psychique est perturbé.

déséquilibrer vt 1 Faire perdre l'équilibre à qqn. 2 Rompre l'équilibre de qqch. 3 Troubler l'équilibre mental.

désert, erte a 1 Sans habitants. 2 Peu fréquenté. 3 Sans végétation. ■ nm Région où la vie végétale et animale est presque inexistante. Loc *Prêcher dans le désert* : parler sans être écouté.

déserter vt 1 Abandonner un lieu. 2 Abandonner, trahir. ■ vi En parlant d'un militaire, abandonner son poste.

déserteur nm 1 Militaire qui a déserté. 2 Qui abandonne une cause, un parti.

désertification nf Transformation en désert.

désertifier (se) vpr Se transformer en désert.

désertion nf Action de déserter.

désertique a Du désert. *Climat désertique.*

désescalade nf Diminution progressive de la tension internationale.

désespérance nf Litt Désespoir.

désespérant, ante a Décourageant.

désespéré, ée a, n Qui s'abandonne au désespoir. ■ a 1 Inspiré par le désespoir. 2 Sans espoir. *Situation désespérée.* 3 Ultime. *Tentative désespérée.*

désespérément av De façon désespérée.

désespérer vi [12] Perdre tout espoir. ■ vti 1 Perdre l'espoir de. *Désespérer de réussir.* 2 Cesser d'espérer en. *Désespérer de qqn.* ■ vt 1 Litt Ne plus espérer que. *On désespère qu'il aille mieux.* 2 Réduire au désespoir. *Ta conduite me désespère.* ■ vpr S'abandonner au désespoir.

désespoir nm État de qui a perdu l'espoir. Loc *Faire le désespoir de qqn* : l'affliger. *En désespoir de cause* : en dernière ressource.

désétatiser vt Réduire le rôle ou la part de l'État dans une industrie.

déshabillage nm Action de déshabiller ou de se déshabiller.

déshabillé nm Léger vêtement d'intérieur.

déshabiller vt Enlever à qqn ses vêtements. ■ vpr Retirer ses vêtements.

déshabituer vt Faire perdre à qqn l'habitude de. ■ vpr Perdre l'habitude de.

désherbant, ante a, nm Qui détruit les mauvaises herbes.

désherber vt Ôter les mauvaises herbes de.

déshérence nf DR État d'une succession vacante, absence d'héritiers.

déshérité, ée a Pauvre. *Une région déshéritée.*

déshériter vt Priver d'un héritage.

déshonneur nm Perte de l'honneur, honte.

déshonorant, ante a Qui déshonore.

déshonorer vt 1 Ôter l'honneur à qqn. 2 Enlaidir qqch. ■ vpr Perdre son honneur.

déshumaniser vt Faire perdre son caractère humain.

déshydratant, ante a Qui déshydrate.

déshydratation nf 1 Action de déshydrater. 2 Diminution de l'eau dans l'organisme.

déshydraté, ée a 1 Privé de son eau. 2 Atteint de déshydratation. 3 Fam Assoiffé.

déshydrater vt Enlever l'eau combinée ou mélangée à un corps. ■ vpr Perdre son eau.

desiderata nmpl Choses désirées.

design [dizajn] nm inv Style de décoration visant à adapter la forme et la fonction.

désignation nf Action de désigner.

designer [dizajnœr] nm Spécialiste du design.

désigner vt 1 Indiquer. Il a désigné son agresseur. 2 Signaler. Désigner qqn à l'hostilité générale. 3 Renvoyer à qqch. Le mot « vilain » désignait le paysan. 4 Choisir. Désigner son successeur.

désillusion nf Déception, désenchantement.

désillusionner vt Faire perdre ses illusions.

désincarcération nf Action de désincarcérer.

désincarcérer vt [12] Dégager qqn des tôles d'un véhicule accidenté.

désincarné, ée a 1 Litt Dégagé de son enveloppe charnelle. 2 Détaché des considérations matérielles.

désindexer vt Supprimer l'indexation de.

désindustrialisation nf Processus qui désindustrialise.

désindustrialiser vt ECON Réduire l'activité industrielle d'un pays, d'une région.

désinence nf GRAM Terminaison de mots qui sert à marquer le cas, le genre, etc.

désinfectant, ante a, nm Qui désinfecte.

désinfecter vt Nettoyer avec un produit qui détruit les germes pathogènes.

désinfection nf Action de désinfecter.

désinflation nf Diminution de l'inflation.

désinformation nf Action de désinformer.

désinformer vt Diffuser par les médias des informations délibérément orientées ou mensongères.

désinhiber vt Supprimer l'inhibition.

désinsectiser vt Débarrasser des insectes.

désintégration nf Action de désintégrer.

désintégrer vt [12] Détruire complètement. ■ vpr Perdre sa cohésion ; être détruit.

désintéressé, ée a Qui n'est pas motivé par son intérêt particulier.

désintéressement nm Détachement de tout intérêt personnel.

désintéresser vt Indemniser, dédommager. ■ vpr N'avoir plus d'intérêt pour qqch, qqn.

désintérêt nm Perte d'intérêt.

désintoxication nf Traitement destiné à désintoxiquer.

désintoxiquer vt Libérer qqn de l'intoxication.

désinvestir vi 1 Cesser d'investir dans. 2 Cesser d'être motivé pour qqch.

désinvestissement nm Action de désinvestir.

désinvolte a Trop libre, impertinent.

désinvolture nf Légèreté, sans-gêne.

désir nm 1 Tendance particulière à vouloir obtenir qqch. 2 Attirance sexuelle.

désirable a 1 Qui mérite d'être désiré. 2 Qui suscite l'attirance sexuelle.

désirer vt 1 Avoir le désir de qqch. 2 Éprouver une attirance sexuelle pour qqn. Loc Se faire désirer : se faire attendre. Laisser à désirer : présenter quelque imperfection.

désireux, euse a Qui désire qqch.

désistement nm Action de se désister.

désister (se) vpr Retirer sa candidature à une élection, en faveur d'un autre candidat.

desmosome nm BIOL Zone de la paroi cellulaire où se font les échanges avec les cellules voisines.

désobéir vti Ne pas obéir à qqn, à un ordre.

désobéissance nf Action de désobéir.

désobéissant, ante a Qui désobéit.

désobligeant, ante a Qui désoblige, vexe.

désobliger vt [11] Causer du déplaisir à qqn, le vexer.

désodé, ée [-sɔ-] a Sans sel. Régime désodé.

désodorisant, ante a, nm Qui enlève les odeurs.

désodoriser vt Enlever les mauvaises odeurs.

désœuvré, ée a Qui ne sait pas s'occuper.

désœuvrement nm État de qqn de désœuvré.

désolant, ante a Qui désole ; affligeant.

désolation nf Affliction extrême.

désolé, ée a 1 Attristé. Un air désolé. 2 Désert, aride. Une région désolée.

désoler vt 1 Causer une grande affliction à qqn. 2 Contrarier.

désolidariser [-sɔ-] vt Désunir, disjoindre. ■ vpr Cesser d'être solidaire avec qqn, qqch.

désopilant, ante a Qui fait beaucoup rire.

désordonné, ée a 1 Qui manque d'ordre. 2 En désordre.

désordre nm 1 Manque d'ordre. 2 Confusion. Le désordre des idées. 3 Mauvaise organisation. ■ pl 1 Troubles sociaux. 2 Troubles physiologiques. Désordres gastriques.

désorganisateur, trice a, n Qui désorganise.

désorganisation nf Action de désorganiser, désordre.

désorganiser vt Détruire l'organisation.

désorientation nf Fait d'être désorienté.

désorienter vt 1 Faire perdre l'orientation. 2 Déconcerter, dérouter.

désormais av À l'avenir, dorénavant.

désosser vt 1 Ôter les os de. 2 Fam Démonter complètement un appareil. ■ vpr Se désarticuler, se contorsionner.

désoxyder vt CHIM Supprimer l'oxydation.

désoxyribonucléique a Loc Acide désoxyribonucléique : constituant essentiel des chromosomes. Syn. A.D.N.

desperado [dɛspe-] nm Personne disponible pour des entreprises hasardeuses ou violentes.

despote nm 1 Dirigeant qui exerce un pouvoir arbitraire et absolu. 2 Personne tyrannique.

despotique a Arbitraire, tyrannique.

despotisme nm 1 Pouvoir absolu et arbitraire. 2 Autorité tyrannique.

desquamation [-kwa-] nf MED Chute des squames de la peau.

desquels, desquelles. V. lequel.

dessabler vt Enlever le sable de.

dessaisir vt Enlever la juridiction de. ■ vpr Remettre la possession de qqch à.

dessaisissement nm Action de dessaisir.

dessalement ou **dessalage** nm Action de dessaler.

dessaler *vt* 1 Enlever le sel. 2 *Fam* Déniaiser. ■ *vi* Chavirer, en parlant d'un voilier.

dessaouler. V. dessoûler.

dessèchement *nm* Action de dessécher, état desséché.

dessécher *vt* [12] 1 Rendre sec. 2 Faire perdre toute sensibilité. ■ *vpr* Devenir sec.

dessein *nm* Intention, projet. *Loc À dessein :* exprès, intentionnellement.

desseller *vt* Enlever la selle de.

desserrage ou **desserrement** *nm* Action de desserrer, fait de se desserrer.

desserrer *vt* Relâcher ce qui est serré. *Loc Ne pas desserrer les dents :* se taire obstinément.

dessert *nm* Mets sucré, fruits, etc., mangés à la fin du repas.

desserte *nf* 1 Fait de desservir une localité, un lieu. 2 Petit meuble destiné à recevoir la vaisselle de service.

dessertir *vt* Dégager une perle de sa monture.

desservant *nm* Ecclésiastique qui dessert une paroisse, une chapelle, etc.

desservir *vt* [29] 1 Assurer les communications avec un lieu. 2 Assurer le service d'une paroisse. 3 Enlever les plats après le repas. 4 Nuire à qqn. *Son arrogance le dessert.*

dessiccation *nf* Action de dessécher.

dessiller *vt Loc* Litt Dessiller les yeux : détromper, désabuser.

dessin *nm* 1 Représentation d'objets sur une surface. 2 Lignes agencées pour produire un effet visuel. *Le dessin d'un papier mural.* 3 Contour, forme naturelle. *Le dessin des sourcils.* 4 Art de la représentation graphique des objets. *Loc Dessin animé :* film tourné à partir d'une série de dessins qui décomposent le mouvement.

dessinateur, trice *n* Qui dessine.

dessiner *vt* 1 Représenter au moyen du dessin. 2 Accuser, faire ressortir. *Robe qui dessine la silhouette.* ■ *vpr* 1 Se profiler. *La montagne se dessine sur le ciel.* 2 Se préciser. *La solution se dessine.*

dessouder *vt* 1 Disjoindre des éléments soudés. 2 Pop Assassiner.

dessoûler ou **dessaouler** *vt* Faire cesser l'ivresse de. ■ *vi* Cesser d'être soûl.

dessous *av, prép* Marque la position d'une chose sous une autre. *Loc Au-dessous :* plus bas. *Ci-dessous :* ci-après, plus loin dans le texte. *En dessous, par-dessous :* sous autre chose. *Regarder en dessous :* sournoisement. ■ *nm* 1 Ce qui est en dessous. *L'envers. Le dessous d'une table.* 2 Objet que l'on place sous qqch. *Loc Avoir le dessous :* être vaincu. *Fam Être dans le trente-sixième dessous :* dans une situation catastrophique. ■ *pl* 1 Ce qui est caché, secret. *Les dessous de l'affaire.* 2 Sous-vêtements, lingerie féminine.

dessous-de-plat *nm inv* Support pour recevoir les plats sur la table.

dessous-de-table *nm inv* Somme donnée clandestinement par un acheteur en plus du prix régulièrement fixé.

dessus *av, prép* Marque la position d'une chose sur une autre. *Loc Par-dessus tout :* surtout. *Par-dessus le marché :* en plus. *Au-dessus de :* plus haut que. *Sens dessus dessous :* à l'envers. *Ci-dessus :* plus haut, avant dans le texte. *Là-dessus :* sur ce sujet, aussitôt après.

■ *nm* 1 Ce qui est au-dessus. 2 Objet que l'on place sur qqch. *Loc Avoir le dessus :* avoir l'avantage. *Le dessus du panier :* ce qu'il y a de mieux.

dessus-de-lit *nm inv* Couvre-lit.

déstabilisateur, trice ou **déstabilisant, ante** *a* Qui déstabilise.

déstabilisation *nf* Action de déstabiliser.

déstabiliser *vt* Saper la stabilité de.

déstalinisation *nf* Action de déstaliniser.

déstaliniser *vt* Libéraliser un parti, un État où règne le stalinisme.

destin *nm* 1 Puissance qui réglerait le cours des événements à venir. 2 Sort particulier de qqn, de qqch.

destinataire *n* À qui on adresse un envoi.

destination *nf* 1 Rôle, emploi assigné à qqch. 2 Lieu d'arrivée.

destinée *nf* 1 Destin. 2 Sort, avenir de qqn. 3 Vie, existence.

destiner *vt* 1 Réserver à un usage. 2 Orienter qqn vers une carrière.

destituer *vt* Priver qqn de son emploi, de sa fonction.

destitution *nf* Action de destituer.

déstocker *vt* Retirer des stocks.

destrier *nm* Autrefois, cheval de bataille.

destroyer *nm* Contre-torpilleur rapide.

destructeur, trice *a, n* Qui détruit.

destructible *a* Qu'on peut détruire.

destruction *nf* Action de détruire.

déstructuration *nf* Action de déstructurer.

déstructurer *vt* Détruire la structure de ; désorganiser.

désuet, ète [-sɥɛ] *a* Rétrograde, dépassé.

désuétude [-sɥe-] *nf* Caractère désuet.

désuni, ie *a* Séparé par la mésentente.

désunion *nf* Division, mésentente.

désunir *vt* Rompre l'union, la bonne entente.

désynchroniser *vt* Faire cesser le synchronisme de.

désyndicalisation *nf* Baisse du nombre des syndiqués ; perte d'audience des syndicats.

détachable *a* Qui peut être détaché.

détachant, ante *a, nm* Qui enlève les taches.

détaché, ée *a* 1 Qui n'est plus attaché. 2 Indifférent. *Un air détaché. Loc Pièce détachée :* que l'on peut se procurer isolément.

détachement *nm* 1 Indifférence. *Sourire avec détachement.* 2 Groupe de soldats chargé de mission. 3 Position d'un fonctionnaire provisoirement affecté à un autre service.

détacher *vt* 1 Dégager qqn, défaire qqch. *Détacher un animal. Détacher des liens.* 2 Séparer, éloigner. *Détacher une feuille d'un carnet.* 3 Envoyer pour une mission. 4 Affecter qqn à un autre service. 5 Enlever les taches de. ■ *vpr* 1 Prendre de l'avance sur les autres coureurs. 2 Ressortir, être en évidence.

détail *nm* 1 Vente par petites quantités. 2 Ensemble considéré dans ses moindres particularités. 3 Élément accessoire. *Se perdre dans les détails.*

détaillant, ante *n* Commerçant qui vend au détail.

détailler *vt* 1 Vendre au détail. 2 Raconter, exposer en détail. 3 Observer avec attention.

détaler *vi Fam* S'enfuir au plus vite.

détartrage *nm* Action de détartrer.

détartrant, ante *a, nm* Produit qui détartre.

détartrer

détartrer vt Enlever le tartre de.

détaxation nf Action de détaxer.

détaxe nf Suppression, diminution, remboursement d'une taxe.

détaxer vt Supprimer ou réduire une taxe.

détectable a Qu'on peut détecter.

détecter vt Déceler la présence de.

détecteur nm Appareil servant à détecter.

détection nf Action de détecter.

détective nm Policier privé.

déteindre vt [69] Enlever la teinture, la couleur de. ■ vi Perdre sa couleur. *Ce tissu déteint au lavage.* ■ vti Loc *Déteindre sur qqn* : l'influencer.

dételer vt [18] Détacher un animal attelé. ■ vi Fam Interrompre une occupation.

détendeur nm Appareil servant à réduire la pression d'un gaz.

détendre vt [5] 1 Faire cesser la tension. *Détendre un ressort.* 2 Faire cesser la tension mentale de qqn. 3 Diminuer la pression. ■ vpr Se distraire.

détendu, ue a Calme. *Avoir l'air détendu.*

détenir vt [35] 1 Conserver qqch par-devers soi. *Détenir un secret.* 2 Retenir qqn en prison.

détente nf 1 Pièce qui fait partir une arme à feu. *Avoir le doigt sur la détente.* 2 Expansion d'un fluide comprimé. 3 Brusque effort musculaire. 4 Repos. *Profiter de ses heures de détente.* 5 Amélioration d'une situation tendue. Loc Fam *Dur à la détente* : avare.

détenteur, trice n Qui détient qqch.

détention nf 1 Action de détenir qqch. 2 Incarcération.

détenu, ue n, a Personne emprisonnée.

détergent, ente ou **détersif, ive** a, nm Produit qui nettoie.

détérioration nf Action de détériorer.

détériorer vt Abîmer, dégrader. ■ vpr Empirer. *Situation qui se détériore.*

déterminant, ante a Décisif. ■ nm 1 LING Mot qui détermine un substantif (article, adjectif possessif, démonstratif, numéral, etc.). 2 Facteur qui exerce une action décisive.

détermination nf 1 Action de déterminer. 2 Intention, résolution. 3 Fermeté de caractère.

déterminé, ée a Résolu. *Un air déterminé.*

déterminer vt 1 Amener à. *Ceci l'a déterminé à s'en aller.* 2 Établir avec précision, définir. *Déterminer la cause de l'incendie.* 3 GRAM Caractériser. *L'article détermine le nom.* 4 Être la cause de. *Le choc a déterminé l'explosion.*

déterminisme nm Système philosophique selon lequel tout dans la nature obéit à des lois rigoureuses.

déterministe a, n Qui relève du déterminisme.

déterré, ée n Loc Fam *Avoir une mine de déterré* : le visage pâle et défait.

déterrement nm Action de déterrer.

déterrer vt 1 Retirer de terre. 2 Fam Découvrir. *Déterrer un livre rare.*

détersif. V. détergent.

détestable a Très mauvais, exécrable.

détester vt Avoir en horreur ; exécrer.

détonant, ante a, nm Qui produit une détonation.

détonateur nm 1 Amorce servant à faire détoner un explosif. 2 Fait, événement qui déclenche qqch.

détonation nf Bruit fait par ce qui détone, explose.

détoner vi Exploser bruyamment.

détonique nf Science et technique des explosifs.

détonner vi 1 Chanter faux. 2 Contraster désagréablement.

détortiller vt Défaire ce qui entortillait, ce qui est entortillé.

détour nm 1 Changement de direction par rapport à la ligne directe. 2 Trajet qui s'écarte du plus court chemin. 3 Moyen indirect, subterfuge. *Avouer sans détour.*

détourné, ée a Indirect. *Un moyen détourné.*

détournement nm 1 Action de détourner. 2 Soustraction frauduleuse.

détourner vt 1 Changer la direction, l'itinéraire de. 2 Tourner la tête dans une autre direction. 3 Soustraire frauduleusement. 4 Éloigner qqn de. Loc *Détourner la conversation* : l'orienter vers un autre sujet.

détracteur, trice n Qui déprécie la valeur de qqch, de qqn.

détraqué, ée a, n Fam Malade mental, déséquilibré.

détraquer vt 1 Déranger un mécanisme. 2 Fam Dérégler. *Médicament qui détraque le foie.*

détrempe nf 1 Peinture à l'eau additionnée de liant. 2 Œuvre exécutée avec cette préparation.

détremper vt Délayer, mouiller abondamment.

détresse nf 1 Angoisse. 2 Dénuement, misère. 3 Situation périlleuse. *Navire en détresse.*

détriment nm Loc *Au détriment de* : aux dépens de.

détritique a GEOL Qui provient de la désagrégation des roches.

détritus [-ty] ou [-tys] nm Débris, ordures.

détroit nm Passage maritime resserré entre deux terres.

détromper vt Tirer qqn d'erreur.

détrôner vt 1 Déposséder du pouvoir souverain. 2 Supplanter.

détrousser vt Litt Voler, dévaliser.

détruire vt [67] 1 Démolir, abattre. 2 Anéantir. 3 Tuer. *Potion qui détruit les rongeurs.* 4 Ruiner la santé de qqn.

dette nf 1 Somme d'argent due. 2 Obligation morale envers qqn.

DEUG nm Diplôme d'études universitaires générales qui sanctionne le premier cycle des études universitaires.

deuil nm 1 Douleur, tristesse éprouvée à la mort de qqn. 2 Marques extérieures du deuil ; temps indéterminé pendant lequel on porte le deuil. Loc *Faire son deuil* : ne plus compter sur qqch.

deus ex machina [deuseksmakina] nm inv Personnage qui vient arranger providentiellement une situation difficile.

deutérium [-rjɔm] nm CHIM Isotope lourd de l'hydrogène.

deux a num 1 Un plus un (2). 2 Deuxième. *Chapitre deux.* 3 Très petit nombre indéterminé. *J'habite à deux pas.* Loc Fam *En moins de deux* : très vite. ■ nm inv 1 Le nombre, le chiffre deux. 2 Carte, face d'un dé, moitié d'un domino marquée de deux points.

deuxième a num Dont le rang est marqué par le nombre 2.

deuxièmement av En deuxième lieu.

deux-mâts nm inv Voilier à deux mâts.

deux-pièces nm inv 1 Maillot de bain composé d'un slip et d'un soutien-gorge. 2 Appartement comportant deux pièces.

deux-points nm inv Signe de ponctuation (:).

deux-roues nm inv Véhicule à deux roues (bicyclette, cyclomoteur, etc.).

deux-temps nm inv Moteur à deux temps.

dévaler vi, vt Descendre rapidement. L'avalanche dévale. Dévaler l'escalier.

dévaliser vt Voler, cambrioler.

dévalorisant, ante a Qui dévalorise.

dévalorisation nf Action de dévaloriser.

dévaloriser vt Déprécier, diminuer la valeur.

dévaluation nf Abaissement de la valeur légale d'une monnaie.

dévaluer vt Opérer la dévaluation de.

devanagari nf Écriture utilisée pour le sanskrit et l'hindi.

devancer vt [10] 1 Aller en avant de. 2 Surpasser. 3 Précéder dans le temps. 4 Prévenir qqch. Devancer une attaque.

devancier, ère n Qui a précédé.

devant av, prép 1 En avant. 2 En face. 3 En présence de. Il l'a dit devant témoin. Loc Audevant de : à la rencontre de. Par-devant : par l'avant. ■ nm Face antérieure de qqch. Le devant d'une maison, d'une robe. Loc Prendre les devants : devancer qqn en faisant qqch.

devanture nf 1 Façade d'une boutique. 2 Étalage, objets en vitrine.

dévastateur, trice a, n Qui dévaste.

dévastation nf Action de dévaster.

dévaster vt Ruiner, causer de grands dégâts à.

déveine nf Fam Malchance.

développement nm 1 Déroulement. Développement des opérations. 2 Exposition détaillée. 3 Croissance physique et intellectuelle. 4 Extension. Une entreprise en plein développement. 5 Opérations qui font apparaître l'image sur une photo. 6 Distance parcourue par une bicyclette à chaque tour de pédalier.

développer vt 1 Déployer. 2 Exposer en détail. Développer une idée. 3 Faire croître. Développer la mémoire. 4 Faire prendre de l'extension. Développer une affaire. 5 Traiter un cliché photographique pour faire apparaître l'image. 6 Mettre au point un produit industriel et le commercialiser. 7 Être atteint d'une maladie. Développer un sida. ■ vpr 1 Se déployer. 2 Prendre de l'extension.

développeur nm Industriel qui développe un produit. Développeur de logiciels.

devenir vi [35] [aux être] 1 Passer d'un état à un autre. Devenir vieux, riche. 2 Avoir tel ou tel résultat. ■ nm Litt Avenir.

déverbal, aux nm Nom formé à partir du radical d'un verbe.

dévergondage nm Libertinage, débauche.

dévergondé, ée a Débauché.

dévergonder (se) vpr Se débaucher.

dévernir vt Ôter le vernis de.

déverrouillage nm Action de déverrouiller.

déverrouiller vt 1 Ouvrir en tirant le verrou. 2 Libérer. Déverrouiller le train d'atterrissage.

devers (par-) V. par-devers.

déversement nm Action de déverser, de se déverser.

déverser vt Répandre qqch dans, sur.

déversoir nm Ouvrage servant à évacuer l'eau en excès.

dévêtir vt [32] Litt Déshabiller.

déviance nf Attitude déviante.

déviant, ante a, n Dont la conduite s'écarte des normes sociales.

déviation nf 1 Fait de dévier ; écart. 2 Déformation. Déviation de la colonne vertébrale. 3 Itinéraire détourné.

déviationnisme nm Fait de s'écarter de l'orthodoxie d'un parti.

déviationniste a, n Qui s'écarte de la ligne d'un parti.

dévider vt 1 Mettre du fil en écheveau ou en pelote. 2 Dérouler. Dévider une bobine.

dévidoir nm Appareil à dévider.

dévier vi S'écarter de sa direction. La balle a dévié. ■ vt Détourner. Dévier la circulation.

devin, devineresse n Qui prétend prédire les évènements futurs.

deviner vt Découvrir, savoir par supposition.

devinette nf Question dont on doit deviner la réponse.

devis nm État détaillé des travaux à effectuer et estimation de leur prix.

dévisager vt [11] Regarder qqn avec insistance.

devise nf 1 Formule symbolique (ex. : Liberté, Égalité, Fraternité). 2 Sentence indiquant une règle de conduite (ex. : Bien faire et laisser dire). 3 Monnaie étrangère.

deviser vi Converser avec qqn.

dévissage nm Action de dévisser.

dévisser vt 1 Ôter une vis, un écrou. 2 Démonter une pièce vissée. Dévisser une serrure. ■ vi Lâcher prise d'une paroi, pour un alpiniste.

de visu av En voyant. Constater qqch de visu.

dévitalisation nf Action de dévitaliser.

dévitaliser vt Retirer le tissu vital (pulpe et nerf) d'une dent.

dévitaminé a Qui a perdu ses vitamines.

dévoiement nm État d'une personne dévoyée.

dévoilement nm Action de dévoiler.

dévoiler vt 1 Enlever le voile de qqch, de qqn. 2 Découvrir, révéler. Dévoiler un scandale.

devoir vt [4] 1 Avoir à payer à qqn. 2 Être redevable de qqch à qqn. Il lui doit sa situation. 3 Avoir pour obligation morale. Il me doit le respect. 4 (avec l'inf) Marque la nécessité, le futur proche ou la possibilité. ■ vpr Avoir des obligations morales envers qqn. Loc Comme il se doit : comme il faut. ■ nm 1 Ce à quoi on est obligé par la morale, la loi, la raison, les convenances. 2 Tâche écrite donnée à un élève.

dévolu, ue a DR Acquis, échu par droit. ■ nm Loc Jeter son dévolu sur : fixer son choix sur.

dévolution nf DR Transmission d'un bien à qqn d'autre.

dévorant, ante a Insatiable.

dévorer vt 1 Manger en déchirant. 2 Manger gloutonnement. 3 Détruire, consumer. Les flammes dévorèrent la maison. Loc Dévorer des yeux : regarder avec convoitise.

dévoreur, euse n, a Qui dévore.

dévot, ote a, n Pieux.

dévotion nf Vive piété. Loc Être à la dévotion de qqn : lui être dévoué.

dévoué, ée a Plein de dévouement.

dévouement nm 1 Action de se dévouer. 2 Disposition à servir qqn.

dévouer (se) vpr Se consacrer, se sacrifier.

dévoyé, ée *a, n* Perverti, sans moralité.

dévoyer *vt* [22] Détourner du droit chemin, débaucher.

dextérité *nf* Adresse, habileté.

dextre *nf* Vx Main droite.

dey *nm* Chef turc qui gouvernait Alger avant la conquête française.

dhurrie *nm* Tapis indien en coton.

diabète *nm* Maladie caractérisée par la présence de sucre dans le sang.

diabétique *a, n* Atteint de diabète.

diabétologie *nf* Étude du diabète.

diabétologue *n* Spécialiste du diabète.

diable *nm* 1 Démon, esprit du mal. 2 Enfant espiègle et turbulent. 3 Chariot à deux roues servant à transporter les objets lourds. **Loc** *Se débattre comme un (beau) diable* : remuer beaucoup. *Tirer le diable par la queue* : avoir des difficultés financières. *À la diable* : vite et mal. *Au diable* : très loin. *En diable* : extrêmement. *Il fait un vent du diable* : très violent. *Un bon diable* : brave homme. *Pauvre diable* : miséreux. *Un diable de* : qqn, qqch qui surprend ou mécontente. ■ *interj* Marque le doute, l'inquiétude, etc.

diablement *av* Fam Excessivement.

diablerie *nf* 1 Malice, espièglerie. 2 Sortilège, ensorcellement.

diablesse *nf* Femme remuante, fillette turbulente.

diablotin *nm* 1 Petit diable. 2 Enfant vif et turbulent.

diabolique *a* Méchant et pernicieux.

diaboliquement *av* De façon diabolique.

diabolisation *nf* Action de diaboliser.

diaboliser *vt* Attribuer à qqn ou à qqch un caractère particulièrement nocif.

diabolo *nm* 1 Jouet qu'on lance et rattrape sur une ficelle tendue. 2 Limonade au sirop.

diachronie *nf* LING Évolution des faits linguistiques dans le temps. Ant. synchronie.

diachronique *a* LING De la diachronie.

diaclase *nf* GÉOL Fissure dans une roche.

diaconat *nm* Ordre immédiatement inférieur à la prêtrise.

diacre *nm* 1 Ministre catholique ou orthodoxe qui a reçu le diaconat. 2 Laïc protestant remplissant bénévolement diverses fonctions.

diacritique *a* **Loc** *Signe diacritique* : signe graphique adjoint à une lettre, destiné notamment à distinguer des mots homographes.

diadème *nm* 1 Bandeau décoré, insigne de la royauté. 2 Bijou féminin en forme de bandeau.

diagnostic *nm* 1 MÉD Identification d'une affection par les symptômes. 2 Évaluation d'une situation donnée.

diagnostique *a* MÉD Relatif au diagnostic. *Signes diagnostiques d'une maladie.*

diagnostiquer *vt* Faire le diagnostic de.

diagonal, ale, aux *a* Qui joint deux angles opposés. ■ *nf* Droite reliant deux sommets non consécutifs d'un polygone. **Loc** *En diagonale* : en biais. *Lire en diagonale* : superficiellement.

diagramme *nm* Représentation graphique de la variation d'une grandeur.

dialectal, ale, aux *a* D'un dialecte.

dialecte *nm* Parler régional.

dialecticien, enne *n* Qui use de la dialectique.

dialectique *nf* Art du raisonnement. ■ *a* Qui concerne la dialectique.

dialectologie *nf* Étude des dialectes.

dialectologue *n* Spécialiste de dialectologie.

dialectophone ou **dialectisant, ante** *a, n* Qui parle un dialecte.

dialogue *nm* 1 Entretien entre deux personnes. 2 Texte dit par les personnages d'une pièce de théâtre, d'un film.

dialoguer *vti* Converser avec qqn. ■ *vt* Écrire les dialogues. *Dialoguer un film.*

dialoguiste *n* Auteur du dialogue d'un film.

dialyse *nf* 1 Analyse chimique par diffusion à travers des parois semi-perméables. 2 Procédé thérapeutique, qui permet d'éliminer les toxines en excès dans le sang. Syn. rein artificiel.

dialyser *vt* Pratiquer la dialyse sur qqn.

diamant *nm* 1 Pierre de grande valeur qui est du carbone pur cristallisé. 2 Bijou orné d'un diamant. 3 Outil servant à couper le verre.

diamantaire *nm* Négociant ou tailleur de diamants.

diamantifère *a* Qui contient du diamant.

diamétral, ale, aux *a* Du diamètre.

diamétralement *av* **Loc** *Points de vue diamétralement opposés* : radicalement opposés.

diamètre *nm* GÉOM Segment de droite joignant deux points d'un cercle et passant par le centre.

diantre ! *interj* Litt Marque l'étonnement.

diapason *nm* 1 MUS Note de référence pour accorder instruments et voix. 2 Petit instrument fourchu qui produit le *la*. **Loc** *Être au diapason de qqn* : adopter la même attitude.

diaphane *a* Litt Qui se laisse traverser par la lumière sans être transparent.

diaphragme *nm* 1 Muscle transversal qui sépare le thorax de l'abdomen. 2 Préservatif féminin. 3 Dispositif permettant de régler la quantité de lumière dans un appareil photo.

diaphragmer *vt* Régler l'ouverture d'un appareil photographique.

diapositive ou **diapo** *nf* Photographie positive destinée à être projetée.

diapré, ée *a* Litt De couleurs vives et variées.

diarrhée *nf* Évacuation fréquente de selles liquides.

diarrhéique *a, n* De la diarrhée ; atteint de diarrhée.

diaspora *nf* Dispersion d'une ethnie au cours des siècles, à travers le monde.

diastole *nf* PHYSIOL Période de repos du cœur où les ventricules se remplissent.

diatomée *nf* Algue brune unicellulaire.

diatonique *a* MUS Qui procède par succession des tons et demi-tons de la gamme.

diatribe *nf* Critique amère et virulente.

dichotomie [-kɔ-] *nf* 1 Opposition entre deux choses. 2 BOT Division en deux ramifications.

dichotomique [-kɔ-] *a* Qui se divise en deux.

dicotylédone *nf* BOT Plante dont la graine renferme un embryon à deux cotylédons.

dictateur *nm* Homme politique qui exerce un pouvoir absolu.

dictatorial, ale, aux *a* D'un dictateur, d'une dictature. *Pouvoir dictatorial.*

dictature *nf* Pouvoir absolu.

dictée *nf* 1 Action de dicter. 2 Exercice scolaire de contrôle de l'orthographe ; le texte dicté lui-même.

dicter *vt* 1 Prononcer des mots pour que qqn les écrive. 2 Suggérer, inspirer. *La raison nous dicte la prudence.* 3 Imposer. *Le vainqueur dicte ses conditions.*

diction nf Manière d'articuler les mots d'un texte. Syn. élocution.

dictionnaire nm Ouvrage qui recense et décrit, souvent par ordre alphabétique, les mots d'une langue. Loc *Dictionnaire bilingue :* qui donne les équivalents dans une autre langue.

dicton nm Phrase passée en proverbe.

didacticiel nm Logiciel d'enseignement assisté par ordinateur.

didactique a 1 Destiné à l'enseignement. 2 Qui appartient au langage savant. ■ nf Théorie et méthode de l'enseignement.

didactisme nm Caractère didactique.

dièdre nm Figure formée par deux demi-plans issus de la même droite.

diérèse nf LING Prononciation en deux syllabes de deux voyelles consécutives (ex. : *missi-on*).

diergol nm Propergol constitué d'un combustible et d'un comburant.

dièse nm Signe qui élève d'un demi-ton la note qui suit.

diesel [djezɛl] nm Moteur à combustion interne fonctionnant avec des combustibles lourds.

diéséliser vt Équiper de diesels.

diéséliste n Spécialiste des diesels.

1. diète nf Régime alimentaire reposant sur l'abstention de certains aliments.

2. diète nf Assemblée politique où l'on règle les affaires publiques.

diététicien, enne n Spécialiste de diététique.

diététique nf Étude de l'hygiène alimentaire. ■ a Sain, équilibré en matière de régime alimentaire.

dieu nm 1 (avec majusc et sans pl) L'Être suprême. 2 Divinité. *Les dieux de l'Olympe.*

diffamant, ante a Qui diffame.

diffamateur, trice n, a Qui diffame.

diffamation nf Action de diffamer.

diffamatoire a Qui a pour but de diffamer.

diffamer vt Attaquer la réputation de.

différé, ée a Ajourné. *Paiement différé.* ■ nm Diffusion après enregistrement d'une émission télévisée ou radiophonique.

différemment av De façon différente.

différence nf 1 Ce qui distingue. *Différence d'âge.* 2 Résultat d'une soustraction. *La différence entre 30 et 20 est 10.*

différenciation nf Action de différencier, de se différencier.

différencier vt Distinguer entre des choses, des personnes. ■ vpr Se distinguer par.

différend nm Opposition, désaccord.

différent, ente a Dissemblable, distinct. *Ce mot a des sens différents.* ■ pl Plusieurs. *Différentes personnes sont venues.*

différentiel, elle a Qui implique une différence. *Tarif différentiel.* Loc MATH *Calcul différentiel :* recherche de la limite du rapport de deux infiniment petits. ■ nm 1 Mécanisme de transmission qui permet aux roues motrices de tourner à des vitesses différentes. 2 Écart entre deux grandeurs. *Différentiel d'inflation.*

différer vi [12] Être différent. ■ vt Retarder, remettre à plus tard.

difficile a Qui donne de la peine, qui cause des soucis. ■ a, n Exigeant.

difficilement av Avec peine.

difficulté nf 1 Caractère difficile. 2 Chose difficile, obstacle. 3 Objection, contestation.

difforme a Contrefait, mal bâti.

difformité nf Défaut de proportions, anomalie.

diffraction nf PHYS Déviation d'une onde au voisinage d'un obstacle.

diffus, use a 1 Répandu, renvoyé dans toutes les directions. 2 Imprécis et délayé.

diffuser vt 1 Répandre dans toutes les directions. 2 Transmettre sur les ondes. 3 Répandre dans le public.

diffuseur nm 1 Qui diffuse. 2 Appareil d'éclairage qui donne une lumière diffuse.

diffusion nf Action de diffuser.

digérer vt [12] 1 Faire l'assimilation des aliments. 2 Assimiler intellectuellement. 3 Fam Endurer.

digest [dajʒɛst] nm Résumé d'un article, d'un livre.

digeste a Facile à digérer.

digestible a Apte à être digéré.

digestif, ive a De la digestion. ■ nm Liqueur, alcool bu en fin de repas.

digestion nf Transformation des aliments dans l'organisme, permettant leur assimilation.

digicode nm (n déposé) Code d'accès à un immeuble.

digit [-ʒit] nm INFORM Symbole représentant un caractère numérique.

digital, ale, aux a 1 Des doigts. *Empreintes digitales.* 2 Abusiv Numérique. *Affichage digital.*

digitale nf Plante toxique à fleurs en forme de doigt de gant.

digitaline nf Produit extrait de la digitale possédant une action sur le cœur.

digitigrade a, nm ZOOL Vertébré dont les doigts constituent la surface d'appui sur le sol.

digitopuncture nf Traitement par des applications des doigts sur des points d'acuponcture.

diglossie nf Bilinguisme où une des deux langues a un statut inférieur.

digne a 1 Qui mérite qqch. *Attitude digne de mépris.* 2 Conforme à qqn. *Fils digne de son père.* 3 Grave. *Attitude digne.*

dignement av Avec dignité.

dignitaire nm Pourvu d'une dignité.

dignité nf 1 Respect que mérite qqn. 2 Allure grave et fière. 3 Fonction éminente.

digramme nm Suite de deux lettres transcrivant un son unique (ex. : *ou, ch*).

digression nf Développement qui s'écarte du sujet traité.

digue nf Construction servant à contenir les eaux marines ou fluviales.

diktat [-tat] nm Clause d'un traité imposée par la force.

dilacérer vt [12] Déchirer, mettre en pièces.

dilapidation nf Action de dilapider.

dilapider vt Gâcher, gaspiller. *Dilapider un héritage.*

dilatation nf Action de dilater ou de se dilater.

dilater vt Augmenter le volume de.

dilatoire a Qui vise à gagner du temps.

dilemme nm Situation qui oblige à choisir entre deux partis, chacun entraînant des conséquences graves.

dilettante n Qui exerce une activité pour le plaisir, avec une certaine fantaisie ; amateur.

dilettantisme nm Caractère du dilettante.

diligemment av Litt Avec diligence.

diligence *nf* Voiture à chevaux qui transportait des voyageurs. Loc Litt *Faire diligence :* se hâter.

diligent, ente *a* Litt Qui agit vite et bien.

diligenter *vt* DR Entreprendre d'urgence.

diluant, ante *a, nm* Qui sert à diluer.

diluer *vt* Délayer dans un liquide. ■ *vpr* Perdre sa consistance.

dilution *nf* Action de diluer, de se diluer.

diluvien, enne *a* Relatif au déluge. Loc *Pluie diluvienne :* très abondante.

dimanche *nm* Septième jour de la semaine, qui suit le samedi.

dîme *nf* HIST Prélèvement d'un dixième sur les récoltes au profit de l'Église.

dimension *nf* 1 Étendue considérée comme susceptible de mesure. 2 Grandeur mesurée. 3 Importance. *Homme de dimension internationale.*

dimensionnel, elle *a* Relatif aux dimensions.

dimensionner *vt* TECH Fixer les dimensions de qqch.

diminué, ée *a* Affaibli au physique ou au moral.

diminuer *vt* 1 Rendre moindre une grandeur, une quantité. 2 Déprécier, dénigrer. ■ *vi* Devenir moindre. *La pluie a diminué.*

diminutif *nm* Transformation familière d'un nom ou d'un prénom.

diminution *nf* Action de diminuer.

dimorphe *a* Didac Qui se présente sous deux formes différentes.

dimorphisme *nm* Caractère dimorphe.

dinanderie *nf* Ustensiles de cuivre jaune.

dinar *nm* Unité monétaire d'Algérie, de Tunisie, de Yougoslavie, d'Irak, de Jordanie, du Koweït, de Libye et du Yémen.

dinde *nf* 1 Femelle du dindon. 2 Fam Femme stupide, niaise.

dindon *nm* Gros oiseau de basse-cour originaire d'Amérique du Nord. Loc Fam *Être le dindon de la farce :* être la dupe.

dindonneau *nm* Jeune dindon.

dîner *vi* Prendre le repas du soir. ■ *nm* Repas du soir.

dînette *nf* 1 Simulacre de repas que font les enfants. 2 Service de table miniature.

dîneur, euse *n* Convive à un dîner.

dinghy [dingi] *nm* Embarcation pneumatique.

dingo *nm* Chien sauvage d'Australie. ■ *a, nm* Fam Fou, cinglé.

dingue *a, n* Fam Fou.

dinosaure *nm* 1 Reptile fossile du secondaire. 2 Fam Personnage important mais dépassé.

diocésain, aine *a, n* Du diocèse.

diocèse *nm* Circonscription placée sous la juridiction d'un évêque.

diode *nf* Composant à deux électrodes redresseur de courants alternatifs.

dionée *nf* Plante carnivore d'Amérique du Nord.

dionysiaque *a* De Dionysos.

dioptrie *nf* PHYS Unité de mesure de la distance focale d'un système optique.

dioxine *nf* CHIM Produit très toxique.

dioxyde *nm* CHIM Oxyde pourvu de deux atomes d'oxygène.

dipétale *a* BOT Qui a deux pétales.

diphasé, ée *a* ÉLECTR Qui présente deux phases.

diphtérie *nf* Maladie infectieuse contagieuse.

diphtérique *a, n* Atteint de la diphtérie.

diphtongaison *nf* LING Fusion de deux sons vocaliques en une seule syllabe.

diphtongue *nf* LING Voyelle complexe dont le timbre se modifie en cours d'émission.

diphtonguer *vt* Changer une voyelle en diphtongue.

diplodocus [-kys] *nm* Dinosaure herbivore qui atteignait parfois 32 m de long.

diplomate *n* Chargé d'une fonction diplomatique. ■ *a* Qui a du tact avec autrui, habile à négocier. ■ *nm* Gâteau de biscuits, de crème et de fruits confits.

diplomatie [-si-] *nf* 1 Pratique des négociations entre États. 2 Tact et habileté dans les relations avec autrui.

diplomatique *a* 1 Relatif à la diplomatie. 2 Habile dans les relations privées.

diplomatiquement *av* De façon diplomatique.

diplôme *nm* 1 Titre ou grade, généralement délivré par un établissement d'enseignement à la fin d'un cycle d'études. 2 Certificat écrit attestant l'obtention d'un diplôme.

diplômé, ée *a, n* Qui a obtenu un diplôme.

diplopie *nf* MÉD Trouble de la vue qui fait voir double.

diptère *nm* ZOOL Insecte à deux ailes, comme les mouches, les moustiques.

diptyque *nm* Tableau formé de deux panneaux rabattables l'un sur l'autre.

dire *vt* [60] 1 Articuler, prononcer. *Dites « trente-trois ».* 2 Employer, utiliser un mot. 3 Communiquer, faire savoir que. 4 Ordonner que (+ subj). 5 Prétendre que. 6 Réciter un texte. 7 Indiquer. *La pendule dit l'heure exacte.* 8 Plaire, convenir. *Ce voyage ne lui dit rien.* 9 Évoquer. *Ce nom me dit qqch.* Loc *Cela va sans dire :* c'est évident. *Si le cœur vous en dit :* si cela vous tente. *Soit dit en passant :* sans insistance. *On dirait que :* il semble que. *Vouloir dire :* signifier. ■ *vpr* Se prétendre tel. ■ *nm* Ce que qqn dit. *Nous vérifions ses dires.* Loc *Au dire de :* au témoignage de.

direct, ecte *a* 1 Droit, sans détour. 2 Immédiat. *Conséquences directes.* Loc *Style direct :* qui rapporte telles quelles les paroles prononcées. *Train direct :* qui ne s'arrête qu'aux stations principales. ■ *nm* 1 En boxe, coup droit. 2 Train direct. Loc *Émission en direct :* diffusée dans l'instant même.

directement *av* 1 Tout droit, sans détour. 2 Sans préambule. 3 Sans intermédiaire.

directeur, trice *n* 1 Qui dirige, qui est à la tête d'une entreprise, d'un service, etc. 2 HIST Chacun des cinq membres du Directoire. ■ *a* Qui dirige. *Comité directeur.*

directif, ive *a* 1 Qui dirige fermement. *Un instituteur très directif.* 2 Qui capte dans une direction privilégiée. *Micro directif.*

direction *nf* 1 Action de diriger. 2 Fonction, poste de directeur. 3 Siège, bureau du directeur. 4 Orientation du déplacement. *Être dans la bonne direction.* 5 TECH Ensemble des organes qui servent à diriger un véhicule.

directionnel, elle *a* Qui capte ou rayonne dans une direction déterminée.

directive *nf* Instructions, indications générales données par une autorité.

directivité *nf* Caractère directif.

directoire *nm* Conseil chargé de diriger et d'administrer.

directorat *nm* Fonction de directeur.

directorial, ale, aux *a* Relatif à la fonction de directeur.

dirham *nm* Unité monétaire du Maroc et des Émirats arabes unis.

dirigeable *nm* Ballon propulsé par un moteur.

dirigeant, ante *a, n* Qui dirige.

diriger *vt* [11] 1 Commander, être à la tête de. *Diriger un ministère.* 2 Exercer une autorité sur *Diriger un élève, ses études.* 3 Conduire. *On nous dirigea vers la sortie.* 4 Guider. *L'intérêt public a dirigé toute sa vie.* 5 Orienter. *Diriger un bateau vers le port.*

dirigisme *nm* Système où l'État dirige la vie économique.

dirigiste *a, n* Qui relève du dirigisme.

discal, ale, aux *a* Relatif aux disques intervertébraux. *Hernie discale.*

discarthrose *nf* Arthrose des disques vertébraux.

discernable *a* Qu'on peut discerner.

discernement *nm* Faculté d'apprécier avec justesse les situations, les choses.

discerner *vt* 1 Distinguer, reconnaître par la vue. 2 Faire la distinction entre, différencier.

disciple *nm* Qui reçoit l'enseignement d'un maître.

disciplinaire *a* Qui relève de la discipline.

discipline *nf* 1 Domaine particulier de la connaissance ; matière d'enseignement. 2 Règles de conduite pour le bon fonctionnement de l'organisation sociale ; obéissance à ces règles. 3 Règle de conduite qu'on s'impose. *Sportif qui s'astreint à une discipline rigoureuse.*

discipliné, ée *a* Qui se soumet à la discipline.

discipliner *vt* Habituer à se conformer à la discipline.

disc-jockey *nm* Animateur de radio ou de discothèque qui choisit et passe les disques. *Des disc-jockeys.*

disco *nm* Musique de variétés fortement rythmée et saccadée.

discobole *nm* ANTIQ Athlète qui lançait le disque.

discographie *nf* Répertoire méthodique de disques enregistrés.

discoïde *a* En forme de disque.

discontinu, ue *a* Qui n'est pas continu ou continuel.

discontinuer *vi* Loc *Sans discontinuer* : sans s'arrêter.

discontinuité *nf* Absence de continuité.

disconvenir *vti* [35] Loc Litt *Ne pas disconvenir de* : être d'accord.

discordance *nf* Absence ou défaut d'accord, d'harmonie.

discordant, ante *a* Qui n'est pas en accord, en harmonie.

discorde *nf* Dissentiment grave ; dissension.

discothèque *nf* 1 Collection de disques enregistrés. 2 Lieu public où l'on peut écouter des disques et danser.

discount [-kunt] ou [kaunt] *nm* Rabais sur un prix.

1. discounter [-kuntœʀ] ou [-kauntœʀ] *nm* Commerçant qui fait du discount.

2. discounter [-kunte] ou [-kaunte] *vt* Vendre des marchandises en discount.

discoureur, euse *n* Qui aime à discourir.

discourir *vi* [25] Parler longuement sur un sujet ; pérorer.

discours *nm* 1 Paroles (par oppos. à *action*). 2 Exposé oratoire. 3 Exposé écrit didactique. Loc LING *Parties du discours* : catégories de mots (article, nom, pronom, verbe, adjectif, adverbe, préposition, conjonction, interjection).

discourtois, oise *a* Litt Impoli.

discrédit *nm* Diminution, perte du crédit.

discréditer *vt* Faire tomber en discrédit.

discret, ète *a* 1 Qui parle ou agit avec retenue, tact, réserve. 2 Qui n'attire pas l'attention. 3 Qui sait garder un secret. 4 MATH PHYS LING Composé d'unités distinctes. Ant. continu.

discrètement *av* De façon discrète.

discrétion *nf* 1 Réserve, sobriété. 2 Qualité de qqn qui sait garder un secret. Loc *À la discrétion de* : à la disposition de. *À discrétion* : à volonté.

discrétionnaire *a* DR Laissé à la discrétion de l'Administration.

discriminant, ante *a, nm* Qui établit une discrimination, une distinction.

discrimination *nf* 1 Litt Séparation, distinction. 2 Ségrégation. *Discrimination raciale.*

discriminatoire *a* Qui établit une discrimination.

discriminer *vt* Litt Distinguer, mettre à part.

disculpation *nf* Action de disculper.

disculper *vt* Mettre qqn hors de cause, innocenter. ■ *vpr* Prouver son innocence.

discursif, ive *a* 1 Qui procède par le raisonnement. 2 Relatif au discours.

discussion *nf* 1 Action de discuter, de débattre. 2 Fait d'élever des objections. 3 Conversation, échange de vues.

discutable *a* 1 Qui prête à discussion. 2 Critiquable, douteux.

discutailler *vi* Fam Discuter longuement sur des détails.

discuté, ée *a* Controversé, critiqué.

discuter *vt* 1 Débattre de qqch. 2 Contester. 3 Fam Converser, bavarder. ■ *vi, vti* Échanger des opinions. *Discuter de politique.*

disert, erte [-zɛʀ] *a* Litt Qui parle avec aisance.

disette *nf* Manque ou rareté de vivres.

diseur, euse *n* Qui dit habituellement telle ou telle chose.

disgrâce *nf* Perte des bonnes grâces dont on jouissait.

disgracié, ée *a* Litt Défavorisé par la nature.

disgracier *vt* Litt Ôter à qqn la faveur qu'on lui accordait.

disgracieux, euse *a* Dépourvu de grâce.

disjoindre *vt* [62] Séparer ce qui était joint.

disjoint, ointe *a* Séparé ou mal joint.

disjoncter *vi* 1 Couper le courant, en parlant d'un disjoncteur. 2 Fam Perdre la tête.

disjoncteur *nm* Interrupteur qui s'ouvre automatiquement si l'intensité électrique dépasse une limite.

disjonction *nf* Action de séparer ce qui est joint.

dislocation *nf* 1 Déboîtement, luxation. 2 Séparation, démembrement.

disloquer *vt* 1 Démettre une articulation. 2 Désunir, diviser, démembrer.

disparaître vi [55] [aux avoir ou être] 1 Cesser d'être visible. 2 Quitter un lieu, partir. 3 Mourir, périr. 4 Ne plus exister. *L'enflure a disparu.*

disparate a Qui manque d'unité, hétéroclite.

disparité nf Manque d'égalité ; différence, dissemblance.

disparition nf Fait de disparaître ; mort.

disparu, ue a, n Personne présumée décédée.

dispatcher vt Distribuer, répartir, orienter.

dispatching [-ʃiŋ] nm 1 Répartition. 2 Organisme répartiteur.

dispendieux, euse a Litt Coûteux.

dispensaire nm Établissement de diagnostic et de soins.

dispensateur, trice a, n Qui distribue.

dispense nf 1 Exemption. 2 Pièce qui atteste cette exemption.

dispenser vt 1 Litt Distribuer. *Dispenser des soins.* 2 Exempter qqn de.

dispersant, ante a, nm Produit utilisé pour dissoudre le mazout répandu à la surface de la mer.

dispersé, ée a Loc *En ordre dispersé :* de façon désordonnée.

disperser vt 1 Éparpiller, répandre de tous côtés. 2 Placer dans des endroits divers ; disséminer. 3 Séparer en faisant aller dans des directions différentes. ■ vpr 1 S'éparpiller. 2 S'adonner à trop d'activités.

dispersion nf Action de disperser, de se disperser.

display nm Présentoir publicitaire.

disponibilité nf 1 Fait pour qqn ou qqch d'être disponible. 2 Situation d'un fonctionnaire temporairement déchargé de ses fonctions. ■ pl Fonds, capitaux disponibles.

disponible a Dont on peut disposer.

dispos, ose a Loc *Être frais et dispos :* en bonne forme, reposé.

disposé, ée a Loc *Être disposé à :* être prêt à. *Être bien, mal disposé envers :* être favorable, défavorable ; être de bonne, de mauvaise humeur.

disposer vt 1 Arranger dans un certain ordre. 2 Préparer qqn à qqch. 3 Litt Stipuler, prescrire. ■ vti Avoir à sa disposition, pouvoir utiliser. *Disposer de capitaux.* ■ vi Loc *Vous pouvez disposer :* vous pouvez partir. ■ vpr Se préparer à, être sur le point de.

dispositif nm 1 Les divers organes d'un système. 2 Ensemble de mesures pour remplir une mission donnée.

disposition nf 1 Arrangement. 2 Tendance, inclination à. Loc *À la disposition de :* au service de. ■ pl 1 Mesures qu'on prend. 2 Aptitudes. 3 Sentiment. *Être dans de bonnes dispositions.*

disproportion nf Défaut de proportion, différence importante.

disproportionné, ée a Sans proportion, excessif.

disputailler vi Fam Disputer longtemps sur des futilités.

dispute nf Altercation, querelle.

disputé, ée a Que l'on se dispute.

disputer vt 1 Lutter pour obtenir ou conserver. 2 Participer comme concurrent à une compétition. 3 Fam Réprimander. ■ vpr Se quereller.

disquaire n Marchand de disques.

disqualification nf Action de disqualifier.

disqualifier vt 1 Exclure d'une compétition pour infraction aux règles. 2 Litt Discréditer. ■ vpr Perdre tout crédit.

disque nm 1 Palet que lancent les athlètes. 2 Objet de forme ronde et plate. 3 Plaque mince et circulaire en matière synthétique pour l'enregistrement et la reproduction des sons. 4 ANAT Cartilage entre deux vertèbres. Loc INFORM *Disque dur :* support matériel de mémoire.

disquette nf Disque magnétique pour données informatiques.

dissection nf Action de disséquer.

dissemblable a Non semblable.

dissemblance nf Litt Disparité.

dissémination nf Action de disséminer.

disséminer vt Répandre çà et là, disperser.

dissension nf Vif désaccord.

dissentiment nm Litt Différence conflictuelle de vues, de jugement.

disséquer vt [12] 1 Ouvrir un corps pour en étudier l'anatomie. 2 Analyser minutieusement.

dissertation nf Exercice scolaire écrit sur un sujet littéraire ou philosophique.

disserter vi 1 Exposer méthodiquement. 2 Discourir longuement, d'une manière ennuyeuse. *Disserter sur la politique.*

dissidence nf 1 Action, état de celui qui cesse d'obéir à l'autorité établie. 2 Groupe de dissidents. *Rallier la dissidence.*

dissident, ente a, n En dissidence.

dissimulateur, trice n, a Qui sait dissimuler.

dissimulation nf 1 Action de dissimuler. 2 Duplicité, hypocrisie.

dissimulé, ée a Hypocrite, sournois.

dissimuler vt 1 Tenir caché, ne pas laisser paraître. *Dissimuler sa crainte.* 2 Taire, laisser ignorer à. *On lui dissimula l'incident.* 3 Masquer, cacher, rendre moins visible. *Dissimuler son visage.* ■ vpr Se cacher.

dissipateur, trice n, a Litt Dépensier.

dissipation nf 1 Action de dissiper. 2 Manque d'attention, de sérieux. 3 Conduite débauchée.

dissipé, ée a Inattentif, turbulent.

dissiper vt 1 Faire disparaître en dispersant. 2 Litt Perdre en dépenses, en prodigalités. 3 Distraire qqn, l'inciter à des écarts de conduite. ■ vpr Être inattentif.

dissociable a Qu'on peut dissocier.

dissociation nf Action de dissocier.

dissocier vt Séparer, distinguer, disjoindre.

dissolu, ue a Litt Qui vit dans la débauche.

dissolution nf 1 Action de dissoudre. 2 DR Action de mettre légalement fin à. *Dissolution du mariage.* 3 Litt Dérèglement des mœurs.

dissolvant, ante a, nm Produit employé pour dissoudre.

dissonance nf 1 Rencontre de sons qui ne s'accordent pas. 2 Discordance, manque d'harmonie.

dissonant, ante a Désagréable à l'oreille.

dissoudre vt [51] 1 Opérer la mise en solution d'un corps. 2 Mettre légalement fin à.

dissuader vt Détourner qqn d'un projet.

dissuasif, ive a Qui dissuade.

dissuasion nf Action de dissuader. Loc *Force de dissuasion :* force de frappe nucléaire visant à dissuader l'ennemi.

dissyllabe ou **dissyllabique** a, nm Qui a deux syllabes.

　　　　　　　　　　　　　　　　　　　　　divinateur

dissymétrie *nf* Défaut de symétrie.

dissymétrique *a* Sans symétrie.

distance *nf* 1 Espace qui sépare deux lieux, deux choses. 2 Intervalle de temps. 3 Différence. Loc *À distance* : de loin. *Prendre ses distances* : s'éloigner. *Tenir à distance* : à l'écart.

distancer *vt* [10] Mettre une certaine distance entre soi et les autres concurrents.

distanciation *nf* Fait de se distancier.

distancier (se) *vpr* Prendre du recul par rapport à un événement, une situation.

distant, ante *a* 1 À une certaine distance dans l'espace ou le temps. 2 Réservé ou froid dans son attitude.

distendre *vt* [5] Augmenter par tension les dimensions de qqch.■ *vpr* Se relâcher.

distension *nf* Augmentation des dimensions de qqch. *Distension d'une courroie*.

distillateur, trice [-tila-] *n* Fabricant de liqueurs alcoolisées.

distillation [-tila] *nf* Action de distiller.

distiller [-tile] *vt* 1 Extraire d'un liquide certains produits en les transformant en vapeur condensée. 2 Litt Produire, répandre peu à peu. *Des propos qui distillent la haine*.

distillerie [-tilri] *nf* Lieu de distillation.

distinct, incte [-tɛ̃, -ɛ̃kt] *a* 1 Séparé, différent. 2 Qui se perçoit nettement. *Des paroles distinctes*.

distinctement *av* De façon distincte.

distinctif, ive *a* Caractéristique. *Signe distinctif*.

distinction *nf* 1 Action de distinguer. 2 Division, séparation. 3 Marque d'honneur. 4 Élégance des manières, du langage.

distinguable *a* Perceptible.

distingué, ée *a* 1 Remarquable par ses mérites. 2 Qui a de l'élégance.

distinguer *vt* 1 Rendre particulier, reconnaissable. 2 Faire la différence entre. *Savoir distinguer le fer de l'acier*. 3 Remarquer. 4 Percevoir. *Distinguer une odeur*. ■ *vpr* Se signaler par. *Se distinguer par son audace*.

distinguo *nm* Distinction subtile.

distique *nm* LITTER Réunion de deux vers, formant une unité poétique.

distordre *vt* [5] Déformer une onde, un signal.

distorsion *nf* 1 Torsion, déplacement d'une partie du corps. 2 Déformation d'un signal, d'une onde. 3 Déséquilibre entre plusieurs facteurs.

distraction *nf* 1 Manque d'attention, étourderie. 2 Délassement, amusement.

distraire *vt* [74] 1 Détourner à son profit. 2 Déranger qqn. 3 Divertir, amuser. ■ *vpr* S'amuser, se détendre.

distrait, aite *a, n* Qui ne prête pas attention à ce qu'il dit, à ce qu'il fait.

distraitement *av* Sans prêter attention.

distrayant, ante *a* Qui distrait.

distribuer *vt* 1 Donner à diverses personnes, répartir, partager. 2 Répartir dans plusieurs endroits. *Conduites qui distribuent l'eau*. 3 Assurer la distribution. *Distribuer un film*.

distributeur, trice *n* 1 Qui distribue. 2 Personne ou organisme chargé de la diffusion commerciale. ■ *nm* Appareil servant à distribuer.

distributif, ive *a* GRAM Qui désigne séparément. *« Chaque » est un adjectif distributif*.

distribution *nf* 1 Répartition entre plusieurs personnes. *Distribution du courrier*. 2 Recherche des interprètes et attribution des rôles ; ensemble des interprètes. 3 Diffusion commerciale des produits. 4 Arrangement, disposition. *Distribution des pièces dans un appartement*. 5 LING Environnement d'un élément dans un énoncé.

district *nm* Étendue de juridiction administrative ou judiciaire. Loc *District urbain* : qui regroupe des communes voisines.

dit, dite *a* Surnommé. *Charles V, dit le Sage*. Loc *C'est chose dite* : c'est convenu. *Ledit, ladite, lesdits, lesdites* : celui, celle, ceux, celles dont on vient de parler. ■ *nm* Récit comique du Moyen Âge.

dithyrambe *nm* Litt Louange enthousiaste, souvent excessive.

dithyrambique *a* Très élogieux.

diurèse *nf* MED Sécrétion d'urine.

diurétique *a, nm* MED Qui augmente la sécrétion urinaire.

diurne *a* De jour. Ant. nocturne.

diva *nf* Cantatrice célèbre.

divagation *nf* Propos incohérents, délire.

divaguer *vi* Tenir des propos incohérents.

divan *nm* Canapé sans dossier ni bras, garni de coussins et pouvant servir de lit.

divergence *nf* 1 Fait de diverger. 2 Différence, désaccord. *Divergence d'opinions*. Loc *Entrer en divergence* : en parlant d'une réaction de fission nucléaire, s'entretenir d'elle-même.

divergent, ente *a* 1 Qui diverge. *Lentille divergente*. 2 En désaccord, opposé.

diverger *vi* [11] 1 Aller en s'écartant de plus en plus. *Lignes qui divergent*. 2 Être en désaccord.

divers, erse [-vɛʀ] *a* Litt Varié. *Pays très divers*. ■ *pl* 1 Différent, distinct. *Les divers sens d'un mot*. 2 Plusieurs. *Parler de diverses choses*. Loc *Fait divers* : incident du jour donné en information.

diversement *av* De diverses manières.

diversification *nf* Action de diversifier, de se diversifier.

diversifier *vt* Rendre divers ; varier.

diversion *nf* 1 Opération destinée à détourner l'attention de l'ennemi. 2 Action de détourner le cours des idées de qqn. Loc *Faire diversion* : détourner l'attention.

diversité *nf* 1 Variété, différence, pluralité. 2 Opposition, divergence.

diverticule *nm* 1 MED Cavité pathologique communiquant avec un conduit naturel. 2 Voie secondaire, petit détour.

divertimento [-men-] *nm* MUS Suite pour un petit orchestre.

divertir *vt* Récréer, amuser. ■ *vpr* S'amuser, se distraire.

divertissant, ante *a* Distrayant.

divertissement *nm* 1 Récréation, distraction, passe-temps. 2 Composition instrumentale du XVIIIe s., écrite pour être jouée en plein air.

dividende *nm* 1 MATH Le nombre divisé. Ant. diviseur. 2 Part de bénéfice distribuée à chaque actionnaire d'une société.

divin, ine *a, nm* 1 Qui appartient à un dieu, à Dieu. 2 Excellent, délicieux, ravissant.

divinateur, trice *a* Qui prévoit l'avenir.

divination nf 1 Art de deviner l'avenir par l'interprétation des présages. 2 Faculté d'expliciter des pressentiments ; intuition.

divinatoire a Qui procède de la divination.

divinement av À la perfection.

divinisation nf Action de diviniser.

diviniser vt 1 Mettre au rang des dieux. 2 Litt Exalter, glorifier.

divinité nf 1 Essence, nature divine. 2 Dieu.

diviser vt 1 Partager en plusieurs parties. 2 MATH Effectuer la division de. 3 Désunir. *Diviser pour régner.* ■ vpr Se séparer.

diviseur nm MATH Nombre qui divise un autre nombre appelé *dividende.*

divisibilité nf MATH Propriété d'un nombre divisible.

divisible a MATH Qui peut être divisé sans reste. *9 est divisible par 3.*

division nf 1 Action de diviser, de séparer. 2 MATH Opération consistant à partager un nombre en un certain nombre de parties égales. 3 Chaque partie d'un tout divisé. 4 MILIT Unité importante regroupant des troupes de différentes armes. 5 Désunion, discorde.

divisionnaire a, n Qui appartient à une division, s'occupe d'une division.

divisionnisme nm Technique de peintres du XIXᵉ s., appelée aussi *pointillisme.*

divorce nm 1 Rupture légale du mariage. 2 Opposition entre deux choses.

divorcé, ée a, n Séparé par un divorce.

divorcer vi [10] [aux *avoir* ou *être*] Rompre légalement son mariage.

divulgation nf Action de divulguer.

divulguer vt Rendre public, révéler.

dix [dis] en position isolée ; [diz] devant voyelle ou h muet ; [di] devant consonne ou h aspiré a num 1 Neuf plus un (10). 2 Dixième. *Tome X.* ■ nm inv Nombre dix.

dix-huit a num 1 Dix plus huit (18). 2 Dix-huitième. *Le dix-huit mars.* ■ nm inv Nombre dix-huit.

dix-huitième a num Qui occupe le rang marqué dix-huit. ■ a, nm Contenu dix-huit fois dans le tout.

dixième a num Au rang, au degré dix. ■ a, nm Contenu dix fois dans le tout. ■ nm Billet de loterie nationale qui a dix fois moins de valeur qu'un billet entier.

dixièmement av En dixième lieu.

dix-neuf a num 1 Dix plus neuf (19). 2 Dix-neuvième. *Chapitre dix-neuf.* ■ nm inv Nombre dix-neuf.

dix-neuvième a num Au rang, au degré dix-neuf. ■ a, nm Contenu dix-neuf fois dans le tout.

dix-sept a num 1 Dix plus sept (17). 2 Dix-septième. *Page dix-sept.* ■ nm inv Nombre dix-sept.

dix-septième a num Au rang, au degré dix-sept. ■ a, nm Contenu dix-sept fois dans le tout.

dizain nm Stance de dix vers.

dizaine nf 1 Nombre de dix. 2 Quantité proche de dix.

dizygote a, n BIOL Faux jumeaux provenant chacun d'un œuf différent.

djebel nm Montagne en Afrique du Nord.

djellaba nf Robe longue à capuchon, portée en Afrique du Nord.

djiboutien, enne a, n De Djibouti.

djihad nm Guerre sainte, pour les musulmans.

djinn nm Génie, lutin, esprit de l'air, chez les Arabes.

do nm inv Première note de la gamme.

doberman nm Chien de garde au poil ras.

docile a Obéissant.

docilement av Avec docilité.

docilité nf Soumission, disposition à obéir.

dock nm 1 Bassin entouré de quais, servant au chargement et au déchargement des navires. 2 Chantier de réparation de navires. ■ pl Entrepôts dans les ports.

docker [dɔkɛʀ] nm Ouvrier qui travaille à charger et à décharger les navires.

docte a Savant, érudit.

doctement av Savamment.

docteur nm 1 Qui a soutenu une thèse de doctorat. *Docteur ès lettres, ès sciences.* 2 Médecin.

doctoral, ale, aux a 1 Pédant. *Ton doctoral.* 2 Du doctorat. *Études doctorales.*

doctoralement av Avec pédantisme.

doctorant, ante n Qui prépare un doctorat.

doctorat nm Grade de docteur.

doctoresse nf Médecin femme.

doctrinaire a, n 1 Systématiquement attaché à une doctrine. 2 Dogmatique.

doctrinal, ale, aux a Relatif à une doctrine.

doctrine nf 1 Ensemble des opinions qu'on professe. 2 Système intellectuel lié à un penseur ou à un thème.

docudrame nm Film de fiction sur un canevas historique.

document nm Chose écrite qui peut servir à renseigner, à prouver.

documentaire a Qui possède un caractère de document. Loc *À titre documentaire* : à titre de renseignement. ■ nm Film à but didactique.

documentaliste n Spécialiste de la recherche, la mise en ordre et la diffusion des documents.

documentariste n Auteur de documentaires.

documentation nf 1 Action de documenter, de se documenter. 2 Ensemble de documents.

documenté, ée a 1 Fondé sur une documentation. *Étude documentée.* 2 Bien informé.

documenter vt Fournir des documents, des renseignements. ■ vpr Se renseigner.

dodécaèdre nm Solide à douze faces.

dodécagone nm Polygone à douze côtés.

dodécaphonique a Du dodécaphonisme.

dodécaphonisme nm Musique dans laquelle est utilisée, sans répétitions, la série des douze sons de l'échelle chromatique.

dodécasyllabe a, nm Qui a douze syllabes.

dodeliner vt, vti (Se) balancer doucement. *Dodeliner (de) la tête.*

dodo nm Loc Fam *Faire dodo* : dormir. *Aller au dodo* : aller au lit.

dodu, ue a Gras, potelé.

doge nm HIST Premier magistrat au Moyen Âge à Venise et à Gênes.

dogmatique a 1 Qui concerne le dogme. 2 Décisif, péremptoire.

dogmatiquement av Avec dogmatisme.

dogmatiser vi Affirmer de façon autoritaire.

dogmatisme nm Attitude intellectuelle consistant à affirmer des idées sans les discuter.

dogme nm 1 Principe établi, servant de fondement à une doctrine. 2 Ensemble des articles de foi d'une religion.

dogue *nm* Chien de garde à grosse tête, au museau écrasé. **Loc** *Être d'une humeur de dogue* : de très mauvaise humeur.

doigt *nm* Chacune des cinq parties articulées, mobiles, qui terminent la main. **Loc** *Les doigts de pied* : les orteils. *Se mordre les doigts* : éprouver des regrets très vifs. *Taper sur les doigts de qqn* : le réprimander, le rappeler à l'ordre. *Obéir au doigt et à l'œil* : ponctuellement, au premier signe. *Être comme les deux doigts de la main* : très liés. *Être à deux doigts de* : très près de. *Savoir sur le bout des doigts* : parfaitement. **Fam** *Se mettre le doigt dans l'œil* : se tromper lourdement. **Fam** *Faire qqch les doigts dans le nez* : avec une grande facilité. *Un doigt de* : très peu.

doigté *nm* 1 **MUS** Jeu des doigts sur les instruments ; indication chiffrée, sur la partition. 2 Tact, finesse.

doigtier *nm* Fourreau servant à coudre, à protéger un doigt.

doit *nm* **DR** Partie d'un compte contenant les dettes.

dojo *nm* Salle d'entraînement pour les arts martiaux.

dolby *nm* (n déposé) Système de réduction du bruit de fond des bandes magnétiques.

dolce [dɔltʃe] *av* **MUS** Indique qu'un passage doit être exécuté avec douceur.

doléances *nfpl* Plaintes, récriminations.

dolent, ente *a* Triste et plaintif.

dolichocéphale [-kɔ-] *a, n* Dont le crâne a une longueur supérieure à sa largeur.

doline *nf* **GEOL** Petite dépression fermée dans une région calcaire.

dollar *nm* Unité monétaire des États-Unis, du Canada, de l'Australie, de Nouvelle-Zélande, de Hong Kong, du Liberia et du Zimbabwe.

dolman *nm* Veste militaire à brandebourgs des hussards.

dolmen [-men] *nm* Monument mégalithique composé d'une grande dalle reposant sur deux pierres verticales.

dolomie *nf* Roche sédimentaire formée surtout de dolomite.

dolomite *nf* Carbonate naturel de calcium et de magnésium.

dolomitique *a* De la dolomie.

dom [dɔ̃] *nm* **RELIG** Titre d'honneur donné aux bénédictins, aux chartreux.

domaine *nm* 1 Propriété foncière. 2 Ensemble des biens. 3 Tout ce qu'embrasse un art, une activité intellectuelle donnée. 4 Ensemble des connaissances, des compétences de qqn.

domanial, ale, aux *a* Qui appartient à un domaine, en particulier au domaine de l'État.

dôme *nm* 1 Comble arrondi qui recouvre un édifice. 2 Objet de forme hémisphérique.

domestication *nf* Action de domestiquer des animaux sauvages.

domesticité *nf* Ensemble des domestiques.

domestique *a* 1 De la maison, du ménage. 2 Se dit d'animaux apprivoisés. ■ *n* Serviteur, servante à gages ; employée de maison.

domestiquer *vt* 1 Rendre domestique un animal sauvage. 2 Tirer parti de, maîtriser. *Domestiquer l'énergie atomique.*

domicile *nm* Lieu où demeure qqn. **Loc** *À domicile* : au lieu d'habitation. *Sans domicile fixe* : en état de vagabondage.

domiciliaire *a* **Loc** **DR** *Visite domiciliaire* : perquisition.

domiciliation *nf* **DR** Désignation du domicile.

domicilié, ée *a* **DR** Qui a son domicile en tel lieu.

domicilier *vt* **DR** Fixer un domicile à.

dominance *nf* Fait de dominer ; prédominance.

dominant, ante *a* 1 Qui domine, prévaut. 2 Qui exerce une autorité sur. 3 Qui surplombe. ■ *nf* 1 Ce qui domine, est prépondérant dans un ensemble. 2 Principale matière enseignée. 3 **MUS** Cinquième degré de la gamme diatonique.

dominateur, trice *a, n* Qui domine, aime à dominer.

domination *nf* 1 Puissance, autorité souveraine. 2 Influence, ascendant.

dominer *vt* 1 Avoir une puissance absolue sur. 2 Maîtriser. *Dominer sa colère.* 3 L'emporter en quantité, en intensité sur. *Une voix claire qui dominait le brouhaha.* 4 Être plus haut que. *La citadelle domine la ville.* ■ *vi* Avoir la suprématie.

1. dominicain, aine *n, a* Religieux, religieuse de l'ordre de saint Dominique.

2. dominicain, aine *a, n* De la République dominicaine.

dominical, ale, aux *a* 1 Du Seigneur. 2 Du dimanche.

dominion [-njɔn] *nm* Pays membre du Commonwealth.

domino *nm* 1 Déguisement de bal masqué, consistant en une longue robe à capuchon. 2 Petite plaque marquée de points combinés en double marque. 3 Pièce servant à raccorder des conducteurs électriques. **Loc** *Couple domino* : constitué d'une personne blanche et d'une personne noire. ■ *pl* Jeu de société composé de 28 dominos (sens 2).

dommage *nm* 1 Ce qui fait du tort. 2 Chose fâcheuse, regrettable. *Dommage qu'il pleuve !* ■ *pl* Dégâts.

dommageable *a* Qui cause un dommage.

domotique *nf* Automatisation de la gestion de la maison.

dompter [dɔ̃te] *vt* 1 Forcer un animal sauvage à obéir. 2 **Litt** Maîtriser. *Dompter une passion.*

dompteur, euse [dɔ̃tœr] *n* Qui dompte les animaux sauvages.

DOM-TOM *nmpl* Départements et territoires français d'outre-mer.

1. don *nm* 1 Action de donner. 2 Chose donnée. 3 Avantage naturel, talent. *Cet enfant a des dons.* 4 Aptitude innée à. *Le don des langues.*

2. don *nm*, **doña** [dɔɲa] *nf* Titre d'honneur des nobles d'Espagne.

donataire *n* **DR** À qui est faite une donation.

donateur, trice *n* Qui fait un don, une donation.

donation *nf* **DR** Contrat par lequel qqn donne de son vivant une partie de ses biens.

donc *conj* 1 Marque la conséquence. *« Je pense, donc je suis ».* 2 Reprend un discours. *Nous disions donc que...* 3 Marque la surprise. *Qu'avez-vous donc ?*

dondon *nf* **Loc** **Pop** *Grosse dondon* : femme, fille obèse.

dông *nm* Unité monétaire du Viêt-nam.

donjon *nm* Tour principale d'un château fort.

don Juan *nm* Grand séducteur. *Des dons Juans.*

donjuanesque a Digne d'un don Juan.

donjuanisme nm Comportement d'un don Juan.

donnant, ante a Loc *Donnant donnant* : on ne donne qu'en échange de qqch.

donne nf Action de distribuer les cartes ; les cartes distribuées. Loc *Nouvelle donne* : nouveau rapport de forces.

donné, ée a Déterminé, fixé. *En un temps donné.* Loc *Étant donné que* : puisque, du fait que. ■ nf 1 Élément servant de base à un raisonnement, une recherche, etc. 2 MATH Grandeur permettant de résoudre une équation, un problème. ■ pl Ensemble des faits conditionnant un événement. *Les données de la situation.*

donner vt 1 Offrir gratuitement. 2 Payer. *Donner tant l'heure.* 3 Transmettre, passer. *Donner son rhume à qqn.* 4 Faire avoir. *Le repos lui donne de l'énergie.* 5 Attribuer. *Donner un sens à un mot.* 6 Accorder. *Donner sa confiance à qqn.* 7 Communiquer. *Donner son nom à l'entrée.* 8 Pop Dénoncer. 9 Produire. *Cette vigne donne du bon vin.* 10 Présenter comme. *Donner un texte pour authentique.* Loc *Donner un coup de fil* : téléphoner. *Donner une réception* : recevoir. *Donner un coup de balai* : balayer. ■ vti 1 Avoir vue sur. *Donner sur la mer.* 2 Communiquer avec. *Le couloir donne dans le salon.* 3 Se complaire dans. *Donner dans l'occultisme.* 4 Croire avec crédulité. *Donner dans une histoire.* Loc *Donner de la tête contre le mur* : la cogner. ■ vi Rendre, produire. *La tomate donne cette année.* Loc *Faire donner qqch* : attaquer par ce moyen. ■ vpr 1 Se consacrer à. 2 Accorder ses faveurs à qqn. Loc *S'en donner à cœur joie* : s'amuser.

donneur, euse n 1 Qui donne les cartes. 2 Qui donne son sang pour une transfusion, un organe pour une greffe. 3 Pop Dénonciateur, mouchard.

don Quichotte nm Homme généreux et naïf, redresseur de torts. *Des dons Quichottes.*

donquichottisme nm Comportement d'un don Quichotte.

dont pr rel inv 1 Mis pour de qui, de quoi, duquel, desquels, etc. 2 Parmi lesquel(le)s. *Ils ont choisi dix personnes, dont moi.*

donzelle nf Fam Jeune vaniteuse.

dopage ou **doping** nm 1 Utilisation d'une substance qui augmente les performances physiques d'un individu. 2 CHIM Modification de certaines propriétés par addition d'un dope.

dopant, ante a Stimulant, excitant.

dope nm CHIM Produit ajouté en petites quantités à une substance. ■ nf Pop Drogue.

doper vt 1 Administrer un stimulant à. 2 CHIM Ajouter un dope à une substance. 3 Augmenter la puissance de qqch.

dorade. V. daurade.

doré, ée a 1 Recouvert d'or. 2 De la couleur de l'or. 3 Fortuné, brillant. *Existence dorée.*

dorénavant av À l'avenir.

dorer vt 1 Appliquer une mince couche d'or sur. 2 Donner un teinte d'or à. ■ vpr Se brunir au soleil.

doreur, euse n Dont le métier est de dorer.

dorien, enne a De Doride. ■ nm Dialecte de la langue grecque ancienne.

dorique a, nm Se dit du plus simple des trois ordres d'architecture grecque.

doris nm Bateau à rames, à fond plat.

dorloter vt Traiter délicatement, avec tendresse.

dormant, ante a Immobile, stagnant. ■ nm Partie fixe d'une fenêtre, d'une porte.

dormeur, euse n Qui dort ou qui aime dormir. ■ nm Tourteau (crabe).

dormir vi [29] 1 Être dans le sommeil. 2 Ne pas agir, être lent. *Ce n'est pas le moment de dormir.* 3 Rester improductif. *Laisser dormir des capitaux.* 4 Être immobile, stagner, en parlant de l'eau. Loc *Dormir debout* : avoir envie de dormir. *À dormir debout* : invraisemblable. *Dormir sur ses deux oreilles* : sans inquiétude. *Ne dormir que d'un œil* : légèrement.

dormitif, ive a Fam Qui fait dormir.

dorsal, ale, aux a 1 Du dos. 2 Qui se fixe sur le dos. *Parachute dorsal.* ■ nf 1 GÉOL Ligne continue de montagnes terrestres ou océaniques. 2 MÉTÉO Axe de hautes pressions entre deux zones dépressionnaires.

dorsalgie nf Mal de dos.

dortoir nm Grande salle commune où on dort.

dorure nf 1 Action, art de dorer. 2 Couche d'or.

doryphore nm Coléoptère jaune et noir qui dévaste les champs de pomme de terre.

dos nm 1 Partie arrière du corps de l'homme, comprise entre la nuque et les reins. 2 Face supérieure du corps des vertébrés. 3 Partie d'un vêtement couvrant le dos. 4 Partie supérieure et convexe de certains organes ou objets. *Le dos de la main. Le dos d'une cuiller.* 5 Envers d'un objet. *Le dos d'un billet.* Loc *Le bas du dos* : les fesses. Fam *En avoir plein le dos* : être excédé. Fam *Être sur le dos de qqn* : le harceler. *Passer la main dans le dos* : flatter.

dosable a Qu'on peut doser.

dosage nm Action de doser ; répartition, proportion.

dos-d'âne nm inv Relief, bosse, élévation à deux pentes sur une route.

dose nf 1 Quantité d'un médicament à administrer en une seule fois. 2 Proportion des ingrédients composant un mélange. 3 Quantité quelconque. Loc Fam *Avoir sa dose de* : en avoir assez.

doser vt 1 Déterminer la dose de. 2 Proportionner. *Doser ses efforts.*

dosette nf Petit doseur fourni avec un produit en poudre.

doseur nm Appareil servant à doser.

dosimètre nm Appareil de dosimétrie.

dosimétrie nf Mesure des rayonnements ionisants, grâce à un dosimètre.

dossard nm Pièce d'étoffe marquée d'un numéro qui se porte sur le dos lors d'une compétition.

dossier nm 1 Partie d'un siège sur laquelle on appuie le dos. 2 Ensemble de documents sur le même sujet ; carton où ceux-ci sont rangés. 3 Question, problème à traiter.

dot [dɔt] nf Biens qu'une femme apporte à l'occasion de son mariage.

dotal, ale, aux a Relatif à la dot.

dotation nf 1 Ensemble des revenus, des dons attribués à un établissement d'utilité publique. 2 Revenus assignés à un souverain, à un chef d'État. 3 Action de fournir un matériel.

doter vt 1 Donner en dot à. 2 Assigner une dotation à. 3 Fournir en matériel. *Cuisine dotée d'un four.* 4 Gratifier. *Être doté d'un grand talent.*

douaire nm Anciennement, biens réservés par un mari à sa femme en cas de veuvage.

douairière nf 1 Veuve jouissant d'un douaire. 2 Vieille dame d'allure solennelle.

douane nf 1 Administration qui perçoit des droits sur les marchandises exportées ou importées. 2 Lieu du bureau de douane. 3 Taxe perçue par la douane.

douanier, ère a Relatif à la douane. ■ n Agent des douanes.

douar nm Village en Afrique du Nord.

doublage nm Action de doubler.

double a 1 Égal à deux fois la chose simple. *Une double part de gâteau.* 2 Composé de deux choses pareilles. *Une double porte.* 3 Qui se fait deux fois. *Un double contrôle.* 4 Qui a deux aspects dont un seul est connu, visible. *Une personnalité double.* ■ nm 1 Quantité multipliée par deux. 2 Copie, reproduction. *Le double d'une lettre.* 3 Partie de tennis, de ping-pong opposant deux équipes de deux joueurs. Loc *Avoir en double :* en deux exemplaires. ■ av Loc *Voir double :* voir deux objets là où il y en a un seul.

doublé, ée a 1 Multiplié par deux. 2 Pourvu d'une doublure. 3 Qui a aussi une autre qualité. *Un poète doublé d'un musicien.* ■ nm Double réussite.

double-crème nm Fromage frais à forte teneur en matière grasse. *Des doubles-crèmes.*

1. doublement av Pour deux raisons.

2. doublement nm Action de doubler.

doubler vt 1 Multiplier par deux. 2 Plier en deux. 3 Mettre une doublure à. 4 Dépasser. *Doubler une voiture.* 5 Fam Trahir qqn. 6 Traduire le dialogue d'un film. 7 Remplacer un acteur. ■ vpr S'accompagner de. ■ vi Devenir double. *Les prix ont doublé.*

doublet nm Mot de même origine qu'un autre, mais de forme différente (ex : *pasteur*et *pâtre*).

doubleur, euse n Professionnel qui assure le doublage d'un film.

doublon nm 1 Répétition fautive (lettre, mot, ligne). 2 Chose qui fait double emploi. 3 Ancienne monnaie espagnole.

doublure nf 1 Étoffe qui garnit l'intérieur de. 2 Acteur qui joue à la place d'un autre.

douceâtre a D'une douceur fade.

doucement av 1 De façon modérée. 2 Sans rudesse. 3 Médiocrement.

doucereux, euse a Doux avec affectation.

doucette nf Mâche (salade).

doucettement av Fam Très doucement.

douceur nf 1 Saveur douce, agréable au goût. 2 Sentiment, sensation agréable. 3 Qualité de qqn de doux. Loc *En douceur :* avec précaution. ■ pl Pâtisseries, sucreries.

douche nf 1 Jet d'eau qui arrose le corps. 2 Appareil sanitaire pour prendre une douche. 3 Fam Grosse averse. 4 Fam Désillusion brutale.

doucher vt 1 Faire prendre une douche à. 2 Fam Arroser. 3 Fam Tempérer rudement l'exaltation.

doudoune nf Fam Veste rembourrée de duvet.

doué, ée a Qui a des aptitudes naturelles.

douer vt Pourvoir d'un avantage.

douille nf 1 Partie évidée qui reçoit le manche d'un outil. 2 Partie de la cartouche qui contient la poudre. 3 Pièce qui reçoit le culot d'une ampoule électrique.

douillet, ette a 1 Doux, bien rembourré. 2 Trop sensible à la douleur.

douillette nf Manteau ouaté.

douillettement av De façon douillette.

douleur nf 1 Sensation pénible ressentie dans une partie du corps. 2 Impression morale pénible.

douloureusement av Avec douleur.

douloureux, euse a 1 Qui provoque une douleur physique ou morale. 2 Où la douleur est ressentie. 3 Qui exprime la douleur. *Regard douloureux.* ■ n MED Malade qui éprouve des douleurs intenses. ■ nf Fam Note à payer.

douma nf HIST Conseil, assemblée, dans la Russie des tsars.

doute nm 1 Hésitation à croire. 2 Soupçon, méfiance. *Avoir des doutes.* Loc *Mettre en doute :* contester. *Sans doute :* probablement.

douter vti 1 Hésiter à croire. *Je doute qu'il vienne.* 2 Ne pas avoir confiance en qqn. Loc *Ne douter de rien :* être trop sûr de soi. ■ vpr Pressentir. *Se douter de qqch.*

douteux, euse a 1 Incertain. *Un résultat douteux.* 2 Dont la qualité laisse à désirer. 3 Malpropre. 4 Louche. *Un individu douteux.*

douve nf 1 Fossé rempli d'eau entourant un château. 2 Planches courbes formant un tonneau. 3 Ver parasite du foie.

doux, douce a 1 D'une saveur sucrée. 2 Agréable aux sens. *Lumière douce. Fourrure douce.* 3 Modéré. *Pente douce. Cuire à feu doux.* 4 Clément, affable. Loc *Cidre doux :* faible en alcool. *Eau douce :* non salée. *Médecine douce :* utilisant des moyens naturels. ■ av Loc *Filer doux :* se soumettre sans résister. *Tout doux :* très doucement. ■ nf Loc Fam *En douce :* à l'insu d'autrui. ■ n Personne modérée, bienveillante.

doux-amer, douce-amère a À la fois agréable et pénible.

douzaine nf 1 Ensemble de douze objets de même nature. 2 Quantité voisine de douze.

douze a num 1 Dix plus deux (12). 2 Douzième. *Page douze.* ■ nm inv Nombre douze.

douzième a num Au rang, au degré douze. ■ a, nm Contenu douze fois dans le tout.

douzièmement av En douzième lieu.

Dow Jones (indice) [dowdʒɔns] nm (n déposé) Indice boursier américain.

doyen, enne n 1 Personne la plus âgée d'un groupe. 2 Titre de celui qui dirige une faculté. 3 Titre ecclésiastique.

drachme [dʀakm] nf Unité monétaire de la Grèce.

draconien, enne a D'une excessive sévérité.

dragage nm Action de draguer.

dragée nf 1 Confiserie constituée d'une amande recouverte de sucre. 2 Pop Balle d'arme à feu. Loc *Tenir la dragée haute à qqn :* faire payer cher un avantage.

dragéifier vt Mettre sous la forme de dragées.

drageon nm BOT Pousse qui naît d'une racine.

dragon nm 1 Animal fabuleux ayant des griffes, des ailes et une queue de serpent. 2 Gardien intraitable. 3 Soldat d'une unité blindée. 4 Personne autoritaire.

dragonnade *nf* HIST Persécution exercée sous Louis XIV contre les protestants.

dragonne *nf* Courroie d'un bâton de ski, d'un appareil photo, etc., qu'on passe au poignet.

drague *nf* 1 Filet à manche, servant à pêcher les moules. 2 Engin flottant utilisé pour curer un chenal à la drague. 3 Fam Action de draguer qqn.

draguer *vt* 1 Pêcher avec une drague. 2 Approfondir un chenal à la drague. 3 Rechercher les mines sous-marines. 4 Fam Aborder, racoler.

dragueur, euse *n* 1 Fam Qui drague, qui a l'habitude de flâner en quête d'aventures. ■ *nm* Bateau qui drague.

drain *nm* 1 Conduit souterrain qui sert à épuiser l'eau des sols trop humides. 2 MED Tube percé de trous qui assure l'élimination d'un liquide.

drainage *nm* Action de drainer.

drainer *vt* 1 Assainir un terrain par des drains. 2 Retirer de l'organisme un liquide par un drain. 3 Attirer vers soi, rassembler. *Drainer les capitaux.*

draisienne *nf* Ancêtre de la bicyclette.

draisine *nf* Wagonnet à moteur pour l'entretien des voies.

drakkar *nm* HIST Navire à étrave très relevée, utilisé par les Vikings.

dramatique *a* 1 Du théâtre. *Auteur dramatique.* 2 Émouvant, poignant. 3 Grave, tragique. *Événements dramatiques.* ■ *nf* Pièce de théâtre télévisée.

dramatiquement *av* De façon dramatique.

dramatisation *nf* Action de dramatiser.

dramatiser *vt* 1 Rendre dramatique, théâtral. 2 Exagérer la gravité, l'importance.

dramaturge *n* Auteur de pièces de théâtre.

dramaturgie *nf* Art de composer des œuvres dramatiques.

drame *nm* 1 Pièce de théâtre dont le sujet est tragique. 2 Événement tragique. Loc *Faire (tout) un drame de :* dramatiser.

drap *nm* 1 Étoffe de laine. 2 Grande pièce de toile qui couvre un lit. Loc *Drap de bain :* grande serviette éponge. Fam *Être dans de beaux draps :* dans une situation embarrassante.

drapé *nm* Arrangement de plis d'un vêtement, d'une tenture.

drapeau *nm* Pièce d'étoffe attachée à une hampe et servant d'emblème à une nation, à une société, etc. Loc *Sous les drapeaux :* au service militaire. *Drapeau blanc :* de négociation.

draper *vt* Disposer harmonieusement les plis d'une étoffe, d'un vêtement. ■ *vpr* 1 S'envelopper dans un vêtement. 2 Mettre en avant. *Se draper dans sa dignité.*

draperie *nf* 1 Étoffe, tenture, disposée en grands plis. 2 Manufacture, commerce du drap.

drap-housse *nm* Drap qui s'adapte au matelas grâce à ses coins extensibles. *Des draps-housses.*

drapier, ère *n* Fabricant ou vendeur de drap.

drastique *a* Rigoureux, radical.

dravidien *nm* Famille de langues du sud de l'Inde.

dreadlocks [dʀɛd-] *nfpl* Petites nattes, coiffure traditionnelle des rastas.

drelin ! *interj* Imite le bruit d'une clochette.

drépanocytose *nf* Maladie génétique due à une malformation des globules rouges.

dressage *nm* 1 Action de faire tenir droit, d'élever. 2 Action d'habituer un animal à faire telle ou telle chose.

dresser *vt* 1 Lever, tenir droit. *Dresser la tête.* 2 Faire tenir droit. *Dresser un échelle contre.* 3 Élever, installer. *Dresser un échafaudage.* 4 Préparer. *Dresser la table.* 5 Établir. *Dresser un contrat, un plan.* 6 Effectuer le dressage de. *Dresser un chien.* 7 Exciter qqn contre. ■ *vpr* 1 Se tenir droit, levé. *Se dresser sur la pointe des pieds.* 2 S'élever, protester contre.

dresseur, euse *n* Qui dresse des animaux.

dressoir *nm* Buffet à vaisselle.

dreyfusard, arde *n, a* HIST Partisan de Dreyfus.

dribble *nm* Action de progresser en contrôlant le ballon.

dribbler *vi* Faire un dribble. ■ *vt* Éviter un adversaire par un dribble.

drille [dʀij] *nm* Loc *Joyeux drille :* gai luron, joyeux camarade.

drink [dʀiŋk] *nm* Fam Boisson alcoolisée.

drisse *nf* MAR Cordage servant à hisser.

drive [dʀajv] *nm* 1 Au tennis, coup droit. 2 Au golf, coup puissant au départ d'un trou.

driver *vi* Exécuter un drive. ■ *vt* Conduire un cheval dans une course de trot attelé.

drogue *nf* 1 Péjor Médicament. 2 Stupéfiant. *Trafiquant de drogue.*

drogué, ée *a, n* Qui s'adonne aux stupéfiants.

droguer *vt* 1 Donner beaucoup de médicaments à qqn. 2 Donner de la drogue, un stimulant. ■ *vpr* 1 Prendre trop de médicaments. 2 Prendre des stupéfiants.

droguerie *nf* Commerce, magasin de produits d'entretien.

droguiste *n* Qui tient une droguerie.

droit *nm* 1 Faculté d'accomplir une action, de jouir d'une chose, de l'exiger. 2 Taxe, impôt. *Droits sur le tabac.* 3 Ensemble des dispositions juridiques qui règlent les rapports entre les hommes. *Droit civil, droit pénal.* 4 Science des règles juridiques. Loc *Avoir droit à :* pouvoir prétendre à.

droit, droite *a* 1 Qui n'est pas courbe ; rectiligne. 2 Qui va au plus court. *Une ligne droite.* 3 Vertical. *Ce mur n'est pas droit.* 4 GEOM Se dit d'un angle formé par deux droites perpendiculaires. 5 Honnête et loyal. 6 Qui est du côté opposé à celui du cœur. *La main droite.* ■ *av* 1 En ligne droite. *Aller droit devant soi.* 2 Directement. *Aller droit au fait.* ■ *nm* Pied ou poing droit dans les sports. ■ *nf* 1 GEOM Ligne droite. 2 Le côté droit, la partie droite, la main droite. 3 En politique, ensemble des conservateurs modérés ou virulents (extrême droite).

droitier, ère *a, n* 1 Qui se sert habituellement de sa main droite. 2 De la droite politique.

droiture *nf* Honnêteté, sincérité.

drolatique *a* Litt Comique.

drôle *a* 1 Plaisant, comique. 2 Singulier, curieux, bizarre. *Une drôle d'histoire.*

drôlement *av* 1 De façon drôle. 2 Fam Extrêmement.

drôlerie *nf* Bouffonnerie, facétie.

dromadaire *nm* Chameau à une seule bosse.

drop-goal [dʀɔpgol] ou **drop** nm Au rugby, coup de pied en demi-volée qui projette le ballon entre les poteaux. *Des drop-goals.*

drosera [-ze-] nf Petite plante carnivore.

drosophile nf Mouche du vinaigre.

drosser vt Entraîner un navire vers la côte.

dru, drue a Épais, touffu. *Blés drus.* ■ av En grande quantité. *La grêle tombe dru.*

drugstore [dʀœgstɔʀ] nm Magasin composé d'un restaurant, d'un bar et de stands divers.

druide nm HIST Ancien prêtre celte.

druidique a Relatif aux druides.

drupe nf BOT Fruit charnu à noyau contenant l'amande.

dry [dʀaj] a inv Sec en parlant du champagne. ■ nm inv Cocktail (vermouth blanc sec et gin).

dryade nf MYTH Nymphe des forêts.

du Article masculin singulier contracté (*de le*).

dû, due a Que l'on doit. *Chose promise, chose due.* Loc *En bonne et due forme* : rédigé dans les formes légales ; de façon parfaite. ■ nm Ce qui est dû. *Réclamer son dû.*

dual, ale, aux a Qui présente une dualité.

dualisme nm PHILO Système qui admet la coexistence de deux principes irréductibles (le corps et l'âme, par ex.).

dualiste a, n Qui relève du dualisme.

dualité nf Caractère double.

dubitatif, ive a Qui exprime le doute ; sceptique.

dubitativement av De façon dubitative.

duc nm 1 Titre de noblesse le plus élevé, sous l'Ancien Régime. 2 Nom courant de divers hiboux (*grand duc, moyen duc* et *petit duc*).

ducal, ale, aux a Propre à un duc, à une duchesse.

ducat nm Monnaie ancienne de Venise.

duce [dutʃe] nm HIST Titre de Mussolini.

duché nm Étendue de territoire à laquelle le titre de duc est attaché.

duchesse nf 1 Femme qui possède un duché. 2 Épouse d'un duc. 3 Variété de poire.

ductile a Qui peut être étiré sans se rompre.

ductilité nf Propriété d'un métal ductile.

duègne nf Gouvernante espagnole.

duel nm 1 Combat, devant témoins, entre deux personnes. 2 GRAM Nombre qui désigne deux personnes, deux choses. Loc *Duel oratoire* : assaut d'éloquence.

duelliste nm Qui se bat en duel.

duettiste n Qui chante ou joue en duo.

duffel-coat [dœfelkot] nm Manteau trois-quarts à capuchon. *Des duffel-coats.*

dugong [-gɔ̃] nm Gros mammifère marin de l'océan Indien.

dulcicole ou **dulçaquicole** a BIOL Qui vit dans les eaux douces.

dulcinée nf Fam Femme dont on est épris.

dûment av Selon les formes prescrites.

dumper [dœmpœʀ] nm Tombereau automoteur à benne basculante.

dumping [dœmpiŋ] nm Pratique consistant à vendre sur le marché extérieur moins cher que sur le marché national.

dundee [dœndi] nm Bateau de pêche écossais.

dune nf Colline de sable accumulé par les vents au bord de mer ou dans les déserts.

dunette nf Superstructure élevée à l'arrière d'un navire.

duo nm Composition pour deux voix ou deux instruments.

duodécimal, ale, aux a Qualifie un système de numération à base 12.

duodénal, ale, aux a Du duodénum.

duodénite nf Inflammation du duodénum.

duodénum [-nɔm] nm Portion de l'intestin grêle qui fait suite à l'estomac.

duopole nm ÉCON Marché où les acheteurs se trouvent en présence de deux vendeurs.

dupe nf Personne trompée ou facile à tromper. ■ a Loc *Être dupe* : être naïvement trompé.

duper vt Litt Tromper.

duperie nf Litt Action de duper.

duplex nm 1 Système de télécommunication permettant la réception et l'envoi des messages. 2 Appartement sur deux étages reliés par un escalier intérieur.

duplicata nm inv Copie d'un document.

duplication nf Action de dupliquer.

duplicité nf Hypocrisie, fausseté.

dupliquer vt Faire un duplicata, une copie de.

duquel V. lequel.

dur, dure a 1 Difficile à entamer, à mâcher. 2 Dépourvu de moelleux. 3 Difficile. *Un problème dur. Un plat dur à digérer.* 4 Résistant. *Être dur à la fatigue.* 5 Pénible. *Un hiver dur.* 6 Déplaisant, sans harmonie. *Un visage dur.* 7 Sans indulgence, sans douceur. Loc *Eau dure* : très calcaire. *Être dur d'oreille* : entendre mal. *Avoir la tête dure* : être têtu. ■ av Fam Énergiquement, intensément. *Taper dur. Il gèle dur.* ■ n 1 Fam Qui ne recule devant rien. 2 Intransigeant. ■ nf Loc *Coucher sur la dure* : à même le sol. *À la dure* : rudement.

durabilité nf Caractère durable.

durable a Qui peut durer, stable.

durablement av De façon durable.

duralumin nm (n déposé) Alliage d'aluminium et de cuivre, dur et léger.

durant prép Au cours de, pendant.

durcir vt Rendre plus dur. ■ vpr, vi Devenir dur.

durcissement nm Action de durcir, de se durcir.

durcisseur nm Produit qui sert à faire durcir une substance.

durée nf Espace de temps que dure une chose.

durement av De façon dure, pénible.

dure-mère nf ANAT La plus externe des trois enveloppes qui forment les méninges.

durer vi 1 Continuer. *L'entretien a duré une heure.* 2 Se prolonger, persister. *La pluie dure.* 3 Se conserver. *Ces chaussures ont duré un an.* 4 Sembler long. *Le temps me dure.*

dureté nf 1 Qualité dure. 2 Manque de douceur. 3 Caractère pénible. *La dureté d'un climat.* 4 Insensibilité, sévérité.

durillon nm Callosité sur la paume des mains ou la plante des pieds.

durit [-rit] ou **durite** nf (n déposé) Tube de caoutchouc qui raccorde les canalisations des moteurs à explosion.

duvet nm 1 Plume très légère. 2 Poil fin et tendre de certains mammifères. 3 Sac de couchage bourré de duvet. 4 Peau cotonneuse de certains fruits.

duveté, ée ou **duveteux, euse** a Couvert de duvet, qui en a l'aspect.

dyarchie nf Pouvoir politique exercé par deux personnes ou deux groupes.

dyke [dajk] *nm* GEOL Filon volcanique dégagé par l'érosion.

dynamique *a* **1** Relatif aux forces et aux mouvements qu'elles engendrent. Ant. statique. **2** Qui manifeste de l'énergie, de l'entrain, de la vitalité. ■ *nf* Partie de la mécanique qui traite des forces. **Loc** *Dynamique de groupe :* étude du comportement des groupes et de leur dynamisme interne.

dynamisation *nf* Action de dynamiser.

dynamiser *vt* Donner du dynamisme.

dynamisme *nm* Puissance d'action, activité entraînante.

dynamitage *nm* Action de dynamiter.

dynamite *nf* Explosif constitué de nitroglycérine.

dynamiter *vt* Faire sauter à la dynamite.

dynamiteur, euse *n* Qui dynamite.

dynamo *nf* Génératrice de courant continu.

dynamoélectrique *a* Qui transforme l'énergie cinétique en électricité (machine).

dynamomètre *nm* Appareil servant à la mesure des forces.

dynastie *nf* Succession de souverains d'hommes illustres, d'une même famille.

dynastique *a* D'une dynastie.

dyne *nf* PHYS Unité de mesure des forces.

dysenterie [-sã-] *nf* Maladie infectieuse caractérisée par des diarrhées.

dysfonctionnement *nm* Trouble dans le fonctionnement de qqch.

dysgraphie *nf* Trouble de l'écriture.

dysharmonie *nf* Absence d'harmonie.

dysharmonique *a* Sans harmonie.

dyslexie *nf* MED Trouble de la lecture.

dyslexique *a, n* MED Atteint de dyslexie.

dysménorrhée *nf* MED Menstruation difficile et douloureuse.

dysorthographie *nf* Trouble de l'orthographe.

dyspepsie *nf* MED Digestion douloureuse et difficile.

dyspepsique ou **dyspeptique** *a, n* MED De la dyspepsie, atteint de dyspepsie.

dyspnée *nf* MED Trouble de la respiration.

dytique *nm* Coléoptère carnivore des eaux stagnantes.

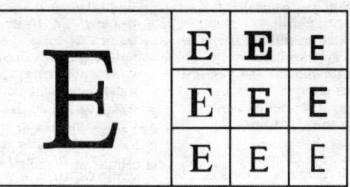

e nm Cinquième lettre (voyelle) de l'alphabet.

eau nf 1 Substance liquide transparente, inodore et sans saveur à l'état pur. *Eau de source, de pluie.* 2 Toute masse plus ou moins considérable de ce liquide (mer, rivière, lac, etc.). *Le bord de l'eau.* 3 Préparation aqueuse utilisée en médecine, en parfumerie et dans l'industrie. *Eau de Cologne. Eau oxygénée.* 4 Sueur, salive. *Être en eau. L'eau vient à la bouche.* 5 Transparence, éclat d'une pierre précieuse. Loc *Être comme un poisson dans l'eau :* être dans son élément. *Pêcher en eau trouble :* se procurer un profit à la faveur du désordre. *Se jeter à l'eau :* se lancer avec courage dans une entreprise. *Tomber à l'eau :* échouer. ■ pl 1 Eaux qui possèdent des vertus curatives ou bienfaisantes. 2 MED Liquide amniotique. Loc *Grandes eaux :* aménagements des bassins avec jets d'eaux ; ces eaux jaillissantes. *Nager entre deux eaux :* louvoyer entre deux partis.

eau-de-vie nf Liqueur alcoolique extraite par distillation du jus fermenté de fruits, de plantes ou de grains. *Des eaux-de-vie.*

eau-forte nf 1 Acide nitrique dont se servent les graveurs. 2 Gravure obtenue par l'action de cet acide sur une plaque servant à l'impression. *Des eaux-fortes.*

ébahi, ie a Très étonné, surpris, stupéfait.

ébahir vt Frapper d'étonnement.

ébahissement nm Étonnement, très grande surprise.

ébarber vt Enlever les barbes, les irrégularités, les bavures de.

ébats nmpl Litt Mouvements, jeux de qqn qui s'ébat.

ébattre (s') vpr [77] S'amuser, se divertir en se donnant du mouvement.

ébaubi, ie a Fam Muet d'étonnement.

ébauche nf 1 Première forme donnée à une œuvre, à un ouvrage, à une pièce. 2 Commencement d'une chose, amorce. *L'ébauche d'un sourire.*

ébaucher vt 1 Donner une première forme à un ouvrage. *Ébaucher un roman.* 2 Commencer, esquisser. *Ébaucher un sourire.*

ébène nf 1 Bois de l'ébénier, dur, très dense, noir. 2 Couleur d'un noir éclatant. *Chevelure d'ébène.*

ébénier nm Arbre exotique fournissant l'ébène. Loc *Faux ébénier :* cytise.

ébéniste nm Ouvrier, artisan qui fabrique des meubles de luxe.

ébénisterie nf Travail, art de l'ébéniste.

éberlué, ée a Très étonné, stupéfait.

éberluer vt Stupéfier.

éblouir vt 1 Troubler la vue de qqn par une lumière trop vive. *Le soleil l'éblouissait.* 2 Séduire par une apparence brillante mais trompeuse. 3 Susciter l'admiration, l'émerveillement.

éblouissant, ante a Qui éblouit.

éblouissement nm 1 Gêne dans la perception visuelle, causée par une lumière trop vive. 2 Trouble de la vue dû à un malaise. 3 Émerveillement.

ébonite nf Matière dure et isolante composée de caoutchouc et de soufre.

éborgner vt Rendre borgne.

éboueur nm Employé chargé de ramasser les ordures ménagères.

ébouillanter vt Tremper dans l'eau bouillante. ■ vpr Se brûler avec un liquide bouillant.

éboulement nm 1 Fait de s'ébouler. 2 Éboulis.

ébouler vt Provoquer la chute, l'effondrement de qqch. ■ vpr S'affaisser, s'effondrer en se désagrégeant.

éboulis nm Amas de matériaux éboulés.

ébourgeonner vt Ôter les bourgeons inutiles.

ébouriffant, ante a Fam Extraordinaire, renversant. *Un succès ébouriffant.*

ébouriffer vt 1 Rebrousser en désordre les cheveux. 2 Fam Stupéfier.

ébranchage ou **ébranchement** nm Action d'ébrancher un arbre.

ébrancher vt Dépouiller un arbre de ses branches.

ébranlement nm 1 Mouvement provoqué par une secousse, par un choc. 2 Menace de ruine, d'effondrement. 3 Commotion nerveuse.

ébranler vt 1 Provoquer des secousses, des vibrations dans qqch. 2 Rendre moins stable, moins solide. 3 Rendre qqn moins ferme dans ses convictions, ses sentiments. ■ vpr Se mettre en mouvement.

ébrécher vt [12] 1 Abîmer en faisant une brèche. 2 Diminuer, entamer.

ébréchure nf Partie ébréchée.

ébriété nf Ivresse. *Conduite en état d'ébriété.*

ébrouer (s') vpr 1 En parlant d'un cheval, expirer fortement en faisant vibrer ses naseaux. 2 Se secouer pour se nettoyer, se sécher.

ébruitement nm Action d'ébruiter.

ébruiter vt Divulguer, rendre public. ■ vpr Se propager. *La nouvelle s'est ébruitée.*

ébullition nf 1 État d'un liquide qui bout. 2 Surexcitation, vive agitation.

éburnéen, enne a Litt Qui rappelle l'ivoire.

écaillage nm 1 Action d'écailler. 2 Fait de s'écailler.

écaille nf 1 Chacune des plaques minces recouvrant le corps de certains animaux. 2 Valve de coquillage. *Une écaille d'huître.* 3 Matière cornée tirée de la carapace de certaines tortues de mer. 4 Fine lamelle qui se détache d'une surface qui s'effrite.

1. écailler vt 1 Enlever les écailles de. 2 Ouvrir un coquillage bivalve. ■ vpr Se détacher par plaques minces. *La peinture s'écaille.*

2. écailler, ère n Qui vend, qui ouvre des huîtres et autres coquillages.

écale nf Enveloppe recouvrant la coque dure des noix, des amandes, etc.

écaler vt Enlever l'écale de.

écarlate nf 1 Colorant rouge vif. 2 Vx Étoffe teinte de cette couleur. ■ a Rouge vif.

écarquiller vt Ouvrir tout grands les yeux.

écart nm 1 Différence, variation, décalage par rapport à un point de référence. 2 Action de s'écarter de sa direction, de sa position, de la règle. 3 Groupe de maisons éloigné de l'agglomération communale. Loc *À l'écart* : dans un lieu écarté, isolé. *Faire le grand écart* : écarter les jambes tendues, jusqu'à ce qu'elles touchent le sol sur toute leur longueur.

écarté, ée a Situé à l'écart. ■ nm Jeu de cartes.

écartèlement nm HIST Supplice consistant à arracher les membres d'un condamné en les faisant tirer par quatre chevaux.

écarteler vt [16] Faire subir le supplice de l'écartèlement. Loc *Être écartelé* : être partagé entre des sentiments contraires.

écartement nm 1 Action d'écarter, de s'écarter. 2 Espace qui sépare des choses.

écarter vt 1 Séparer, éloigner des choses jointes ou rapprochées. 2 Déplacer des choses qui gênent le passage, la vue. 3 Repousser, chasser, éliminer. 4 Détourner de sa voie. ■ vpr 1 S'éloigner de qqn, de qqch. 2 Se détourner de.

ecce homo [eksεɔmo] nm inv Tableau ou statue du Christ couronné d'épines.

ecchymose [-ki-] nf Marque cutanée bleuâtre, souvent causée par un coup.

ecclésial, ale, aux a Relatif à l'Église.

ecclésiastique a Relatif à l'Église, au clergé. ■ nm Membre du clergé.

écervelé, ée a, n Qui est sans jugement, sans prudence ; étourdi.

échafaud nm 1 Plate-forme dressée sur la place publique pour l'exécution des condamnés à mort ; guillotine. 2 Peine de mort.

échafaudage nm 1 Construction provisoire faite de planches, de perches et de traverses pour édifier ou rénover un bâtiment. 2 Amas de choses entassées. 3 Assemblage d'idées, d'arguments.

échafauder vi Monter un échafaudage. ■ vt Édifier en esprit ; combiner.

échalas [-la] nm 1 Piquet fiché en terre pour soutenir un cep de vigne, etc. 2 Fam Personne grande et maigre.

échalote nf Plante potagère proche de l'oignon.

échancrer vt Creuser le bord de ; tailler en arrondi ou en V. *Échancrer une robe.*

échancrure nf Partie échancrée, découpure. *Échancrure d'un corsage.*

échange nm 1 Action d'échanger. 2 BIOL Transfert réciproque de substances entre l'organisme, la cellule, et le milieu extérieur. 3 SPORT Série de balles après un service. Loc *En échange* : en contrepartie, par compensation.

échangeable a Qu'on peut échanger.

échanger vt [11] 1 Donner une chose et en obtenir une autre à la place. *Échanger des livres.* 2 S'adresser, se remettre réciproquement. *Échanger une correspondance.*

échangeur, euse nm, a 1 Récipient où s'opère un transfert de chaleur entre un fluide chaud et un fluide froid. 2 Ouvrage de raccordement de routes ou d'autoroutes qui évite aux usagers toute intersection à niveau des voies.

échangisme nm Échange de partenaire sexuel entre des couples.

échanson nm Officier chargé de servir à boire à un roi, à un prince.

échantillon nm 1 Petite quantité d'une marchandise, qui sert à faire apprécier la qualité de celle-ci. 2 Spécimen, exemple aperçu. 3 STATIS Ensemble d'individus choisis comme représentatifs d'une population.

échantillonnage nm 1 Assortiment d'échantillons. 2 Action d'échantillonner.

échantillonner vt Prélever, choisir des échantillons de choses, de personnes.

échappatoire nf Moyen habile et détourné pour se tirer d'une difficulté.

échappée nf 1 Action menée par un ou plusieurs coureurs qui distancent le peloton. 2 Litt Court voyage de détente. 3 Espace resserré mais par lequel la vue peut porter au loin.

échappement nm 1 Mécanisme oscillant, régulateur d'un mouvement d'horlogerie. 2 Évacuation des gaz de combustion d'un moteur ; système qui permet cette évacuation.

échapper vti 1 S'enfuir, se soustraire à. *Échapper à la surveillance d'un gardien.* 2 N'être plus tenu, retenu. *Le vase m'a échappé des mains.* 3 Se sauver ou être sauvé de ; être exempt de. *Échapper à un accident. Échapper à toute critique.* 4 Ne pas être perçu, compris. *Ce détail m'a échappé.* ■ vt Loc *L'échapper belle* : éviter de peu un péril, un grave inconvénient. ■ vpr 1 S'enfuir, s'évader. *Les détenus se sont échappés.* 2 Sortir, se répandre. *Fumée qui s'échappe d'un conduit.* 3 Se dissiper, disparaître. *Il a vu s'échapper ses illusions.*

écharde nf Petit éclat de bois, entré dans la peau par accident.

écharpe nf 1 Bande d'étoffe qui sert d'insigne de certaines dignités, de certaines fonctions. 2 Bandage passé au cou pour soutenir un bras blessé. 3 Bande d'étoffe, de tricot, qui se porte sur les épaules ou autour du cou. Loc *En écharpe* : obliquement, de biais.

écharper vt Mettre en pièces, maltraiter très durement.

échasse nf Chacun des deux longs bâtons munis d'un étrier où l'on pose le pied pour marcher au-dessus du sol.

échassier nm ZOOL Oiseau à pattes longues et à long cou tel que le héron, la cigogne, etc.

échauder vt 1 Jeter de l'eau chaude sur ; plonger dans l'eau chaude ou bouillante. 2 Causer une brûlure avec un liquide très chaud. 3 Fam Faire subir à qqn une mésaventure lui servant de leçon.

échauffement nm Action d'échauffer ; fait de s'échauffer.

échauffer vt 1 Rendre chaud, spécial. de manière inhabituelle ou excessive. *Frottement qui échauffe un essieu.* 2 Animer, exciter. *La nouvelle échauffa les esprits.* ■ vpr 1 S'animer, s'exciter. *La conversation soudain s'échauffe.* 2 SPORT Se préparer avant une épreuve par des exercices de mise en condition physique.

échauffourée nf Affrontement inopiné et confus entre deux groupes d'adversaires.

échauguette nf Guérite de pierre placée en encorbellement sur une muraille fortifiée.

èche. V. esche.

échéance nf Date à laquelle un paiement, une obligation, un engagement vient à exécution ; délai.

échéancier nm 1 Registre où sont inscrits par ordre d'échéance les effets à payer ou à recevoir. 2 Ensemble de délais à respecter.

échéant, ante a Loc *Le cas échéant* : si le cas se présente, à l'occasion.

échec nm 1 Insuccès, revers, défaite. Loc *Faire échec à qqch* : en empêcher la réalisation. *Tenir qqn en échec* : l'empêcher de réussir. ■ pl Jeu qui se joue sur un échiquier, et qui oppose deux adversaires disposant chacun de seize pièces. ■ a Loc *Être échec* : aux échecs, se dit du roi quand il est directement menacé.

échelle nf 1 Appareil constitué de deux montants réunis par des traverses qui permettent de monter ou de descendre. 2 Série de niveaux selon lesquels s'organise une hiérarchie. *Situer qqn dans l'échelle sociale.* 3 MUS Succession des sons produits par les instruments ou des voix. 4 Ensemble de graduations d'un instrument ou d'un tableau de mesures ; mode de graduation des phénomènes mesurés. 5 Rapport des dimensions figurées sur un plan, avec les dimensions dans la réalité. *Ce plan est à l'échelle de 1/50 000.* 6 Proportion, importance ; adaptation à la dimension de qqch. *Un produit fabriqué sur une grande échelle, à l'échelle nationale.*

échelon nm 1 Barreau d'une échelle. 2 Degré dans une série, une hiérarchie. 3 Degré d'avancement d'un fonctionnaire à l'intérieur d'un même grade. 4 Chacun des niveaux de décision d'une administration, d'une entreprise. *Initiatives prises à l'échelon communal.*

échelonnement nm Action d'échelonner.

échelonner vt Placer de distance en distance, ou à des dates successives.

échenillage nm Action d'écheniller.

écheniller vt 1 Ôter les chenilles de. 2 Supprimer ce qui est inutile ; élaguer.

écheveau nm 1 Longueur de fil roulée en cercle ou repliée sur elle-même. *Écheveau de laine.* 2 Ensemble compliqué, embrouillé.

échevelé, ée a 1 Dont la chevelure est en désordre. 2 Débridé, effréné.

échevin nm Magistrat municipal, en Belgique.

échidné [-ki-] nm ZOOL Mammifère d'Australie, au corps couvert de piquants.

échine nf 1 Colonne vertébrale. 2 Morceau du haut du dos du porc. Loc *Avoir l'échine souple* : être complaisant jusqu'à la servilité.

échiner (s') vpr Fam Se fatiguer, se donner de la peine.

échinoderme [eki-] nm ZOOL Animal marin appartenant au même embranchement que les oursins, les étoiles de mer, etc.

échiquéen, enne a Du jeu d'échecs.

échiquier nm 1 Tableau divisé en 64 cases alternativement blanches et noires, et sur lequel on joue aux échecs. 2 Lieu, domaine où s'opposent les partis, les intérêts. *L'échiquier économique.* 3 En Grande-Bretagne, administration financière centrale.

écho [eko] nm 1 Phénomène de répétition d'un son par réflexion sur une paroi ; son ainsi répété. 2 Lieu où ce phénomène se produit. 3 Onde électromagnétique réfléchie ou diffusée par un obstacle et revenant vers sa source. *Un écho enregistré sur le radar.* 4 Propos répétés. *J'ai eu des échos de ta conduite.* 5 Nouvelle, information locale donnée dans les journaux. Loc *Se faire l'écho de* : répéter ce que l'on a entendu ; propager. *Ne pas trouver d'écho* : ne recueillir aucune approbation, aucune adhésion.

échographie [-ko-] nf Méthode d'exploration médicale utilisant la réflexion des ultrasons par les organes.

échographier [ko-] vt Examiner par échographie.

échographiste n Spécialiste d'échographie.

échoir vti [50] [aux *avoir* ou *être*] Litt Être dévolu par le sort à. ■ vi Arriver à échéance.

écholocation [-ko-] nf ZOOL Localisation des obstacles par émission d'ultrasons observée chez les chauves-souris, les dauphins.

échoppe nf Petite boutique, le plus souvent faite de planches et adossée à un mur.

échosondage [-ko-] nm Mesure de la profondeur marine par la réflexion des ondes acoustiques.

échotier [-ko-] nm Rédacteur chargé des échos dans un journal.

échouage nm 1 Situation d'un navire que l'on échoue volontairement. 2 Endroit où l'on peut échouer des bateaux sans danger.

échouement nm Fait d'échouer involontairement.

échouer vi 1 Toucher le fond et cesser de flotter (navire). 2 Aboutir en un lieu sans l'avoir vraiment voulu. 3 Ne pas réussir. *Il a échoué à l'examen.* ■ vt Faire échouer volontairement un navire. ■ vpr S'immobiliser en touchant accidentellement le fond.

écimer vt Couper la cime d'un végétal.

éclaboussement nm Action d'éclabousser.

éclabousser vt 1 Faire rejaillir un liquide, de la boue sur. 2 Causer un dommage, un préjudice par contrecoup.

éclaboussure nf 1 Liquide salissant qui a rejailli. 2 Dommage subi par contrecoup.

éclair nm 1 Lumière violente et brève provoquée par une décharge électrique entre deux nuages. 2 Vive lueur, rapide et passagère. 3 Ce qui a la vivacité, la rapidité de l'éclair. *Avoir un* *éclair de lucidité.* 4 Petit gâteau allongé. Loc *En un éclair :* très rapidement. ■ *a inv* Très rapide. *Voyage éclair.*

éclairage *nm* 1 Action, manière d'éclairer à l'aide d'une lumière artificielle. 2 Dispositif servant à éclairer. 3 Manière dont une chose est considérée.

éclairagiste *nm* Spécialiste de l'éclairage.

éclairant, ante *a* Qui a la propriété d'éclairer.

éclaircie *nf* 1 Espace clair dans un ciel nuageux ; interruption momentanée du temps pluvieux. 2 Amélioration momentanée d'une situation. 3 Opération consistant à diminuer le nombre d'arbres dans un bois.

éclaircir *vt* 1 Rendre plus clair. *Éclaircir une teinte. Éclaircir sa pensée.* 2 Rendre moins dense. *Éclaircir une forêt.* ■ *vpr* Devenir plus clair, plus intelligible.

éclaircissement *nm* 1 Action de rendre moins sombre. 2 Explication d'une chose difficile à comprendre ou qui prête à équivoque.

éclairé, ée *a* Qui a des connaissances ; cultivé, instruit.

éclairement *nm* 1 Quotient du flux lumineux par unité de surface. 2 Manière dont une surface est éclairée.

éclairer *vt* 1 Répandre de la clarté, de la lumière sur. 2 Procurer de la lumière à. 3 Rendre plus clair, plus lumineux. 4 Renseigner, mettre qqn en état de comprendre. 5 Rendre intelligible. 6 MILIT Reconnaître au préalable un itinéraire par l'envoi d'éclaireurs. ■ *vpr* Devenir intelligible. Loc *Son visage s'éclaire :* s'épanouit de joie.

éclaireur, euse *n* Membre d'une organisation laïque de scouts. ■ *nm* Soldat envoyé pour reconnaître un itinéraire, une position.

éclampsie *nf* MED Syndrome convulsif grave, parfois observé en fin de grossesse.

éclat *nm* 1 Fragment détaché d'un corps dur. 2 Son, bruit soudain, plus ou moins violent. *Des éclats de voix.* 3 Manifestation violente, scandale. *On craint qu'il ne fasse un éclat.* 4 Vive lumière. 5 Vivacité d'une couleur. 6 Ce qui frappe par des qualités brillantes. Loc *Action d'éclat :* remarquable, dont on parle.

éclatant, ante *a* 1 Qui brille avec éclat. *Lumière éclatante.* 2 Sonore, retentissant. *Un son éclatant.* 3 Qui se manifeste avec évidence. *Victoire éclatante.*

éclaté, ée *a* Dispersé, sans cohésion. *Projets éclatés.* ■ *nm* Dessin représentant les parties d'un ensemble complexe.

éclatement *nm* Action d'éclater.

éclater *vi* 1 Se rompre, se briser avec violence et par éclats. *La bombe a éclaté.* 2 Se séparer en plusieurs éléments. 3 Faire entendre un bruit soudain et violent. *Des applaudissements éclatèrent.* 4 Manifester un sentiment brusquement et bruyamment. *Éclater de rire. Éclater en sanglots.* 5 Se manifester d'une manière soudaine et violente. *Une révolte éclata.* 6 Se manifester avec évidence. *Faire éclater la vérité.* ■ *vpr* Fam S'amuser sans retenue.

éclectique *a, n* Qui fait preuve d'éclectisme.

éclectisme *nm* Grande diversité de goût amenant à des choix variés, sans exclusion.

éclipse *nf* 1 ASTRO Disparition momentanée d'un astre lorsqu'un autre astre intercepte les rayons lumineux qui l'éclairent. 2 Disparition ou défaillance momentanée.

éclipser *vt* 1 ASTRO Provoquer une éclipse. 2 Empêcher de paraître, en attirant sur soi toute attention. *Éclipser ses partenaires.* ■ *vpr* Partir discrètement ; s'esquiver. *S'éclipser d'une réunion.*

écliptique *nm* ASTRO Plan de l'orbite de la Terre autour du Soleil.

éclisse *nf* 1 Lame d'osier, de châtaignier, etc., utilisée notamment en vannerie. 2 Support d'osier pour l'égouttage du fromage. 3 Syn de *attelle.* 4 Pièce servant à relier deux rails.

éclopé, ée *a, n* Qui marche avec peine à cause d'une blessure.

éclore *vi* [53] [aux *être* ou *avoir*] 1 Naître d'un œuf. 2 S'ouvrir pour donner naissance à un animal (œufs). 3 Commencer à s'ouvrir (fleurs). 4 Litt Naître, paraître, se manifester.

écloserie *nf* Établissement d'aquaculture spécialisé dans la reproduction.

éclosion *nf* Fait d'éclore ; apparition.

éclusage *nm* Action d'écluser.

écluse *nf* Ouvrage étanche, délimité par deux portes, permettant à un bateau le passage d'un bief à un autre.

écluser *vt* 1 Faire passer un bateau d'un bief à l'autre par une écluse. 2 Pop Boire de l'alcool.

éclusier, ère *n* Préposé à la garde et à la manœuvre d'une écluse. ■ *a* Relatif à une écluse.

écobuage *nm* Action d'écobuer.

écobuer *vt* Arracher la végétation sauvage, la brûler et utiliser les cendres comme engrais.

écœurant, ante *a* Qui écœure.

écœurement *nm* Action d'écœurer ; état d'une personne écœurée.

écœurer *vt* 1 Soulever le cœur de dégoût. 2 Provoquer la répugnance, le découragement.

éco-industrie *nf* Industrie visant à réduire la pollution, à protéger l'environnement. *Des éco-industries.*

école *nf* 1 Établissement où on dispense un enseignement collectif. 2 Ensemble des élèves et des professeurs d'un tel établissement. 3 Ce qui est propre à instruire, à former. *S'instruire à l'école de la vie.* 4 Ensemble des adeptes d'un même maître, d'une même doctrine ; cette doctrine elle-même. Loc *Être à bonne école :* être avec des gens capables de bien former. *Faire école :* servir de modèle ; gagner à son opinion.

écolier, ère *n* Enfant qui fréquente une école primaire.

écologie *nf* 1 Science qui étudie les conditions d'existence d'un être vivant et les rapports qui s'établissent entre cet être et son environnement. 2 Protection de la nature, de l'environnement.

écologique *a* De l'écologie.

écologisme *nm* Mouvement qui vise à la défense de l'environnement.

écologiste *n* 1 Personne attachée à la protection de la nature et des équilibres biologiques. 2 Syn de *écologue.*

écologue *n* Biologiste spécialiste d'écologie.

écomusée *nm* Établissement de recherche et de conservation des biens naturels.

éconduire *vt* [67] Repousser avec plus ou moins de ménagements ; ne pas agréer.

économat *nm* Emploi, bureau, charge d'économe.

économe a Qui dépense avec mesure. ■ n Personne chargée de l'administration matérielle d'un établissement, d'une communauté.

économétrie nf Application des méthodes mathématiques aux sciences économiques.

économie nf 1 Soin à ne dépenser que ce qui convient. 2 Ce qui est épargné. *Économie de temps, d'énergie.* 3 Administration, gestion d'une maison, d'un ménage, d'un bien. *Économie domestique.* 4 Ensemble des faits relatifs à la production, à la circulation, à la répartition et à la consommation des richesses dans une société ; science qui étudie ces phénomènes. 5 Distribution des parties d'un tout, coordination d'ensemble. **Loc** *Économie sociale* : secteur constitué par les coopératives, les mutuelles, etc. ■ pl *Argent épargné.*

économique a 1 De l'économie. *Doctrines économiques.* 2 Qui réduit la dépense, qui coûte peu. *Un logement économique.*

économiquement av 1 À peu de frais. 2 Du point de vue de la science économique.

économiser vt 1 Épargner. *Économiser l'énergie.* 2 Ménager. *Économiser ses forces.* ■ vi Mettre de l'argent de côté.

économiseur nm Dispositif permettant une économie de combustible, d'électricité, etc.

économisme nm Tendance à privilégier l'approche économique des faits.

économiste n Spécialiste d'économie.

écope nf Pelle creuse servant à puiser l'eau embarquée.

écoper vt Vider l'eau d'une embarcation à l'aide d'une écope. ■ vt, vti Fam Subir une punition, un dommage. *Il a écopé (de) trois ans de prison.*

écorce nf 1 Épaisse enveloppe des troncs et des branches des arbres. 2 Peau épaisse de divers fruits. *Écorce d'orange.* **Loc** GÉOL *Écorce terrestre* : syn de *croûte terrestre.*

écorcer vt [10] 1 Retirer l'écorce de. *Écorcer un arbre.* 2 Peler, décortiquer.

écorché, ée n **Loc** *Écorché vif* : dont la sensibilité est à fleur de peau. ■ nm Figure, gravure, statue, etc., représentant un homme ou un animal dépouillé de sa peau.

écorcher vt 1 Dépouiller de sa peau. *Écorcher un lapin.* 2 Blesser superficiellement, égratigner. 3 Fam Réclamer un prix trop élevé à un client. 4 Prononcer d'une manière incorrecte. **Loc** *Écorcher les oreilles* : offenser l'ouïe (bruit).

écorcheur nm 1 Qui écorche les bêtes mortes. 2 Fam Qui fait payer trop cher.

écorchure nf 1 Plaie superficielle de la peau. 2 Légère éraflure à la surface d'une chose.

écorner vt 1 Rompre une corne ou les cornes à un animal. 2 Casser, déchirer un coin d'un objet. *Écorner un livre.* 3 Diminuer, entamer un bien. *Écorner son patrimoine.*

écornifleur, euse n Vx Parasite, pique-assiette.

écornure nf Éclat, morceau provenant d'un objet écorné.

écossais, aise a n D'Écosse. ■ a, nm Se dit d'une étoffe à carreaux de couleurs.

écosser vt Enlever la cosse de.

écosystème nm Ensemble écologique constitué par un milieu et les êtres vivants.

écot nm Litt Quote-part due pour un repas.

écoulement nm 1 Action de s'écouler ; mouvement d'un fluide qui s'écoule. 2 Possibilité de vente ; vente, débit.

écouler vt 1 Vendre, débiter une marchandise jusqu'à épuisement. 2 Mettre en circulation. *Écouler de faux billets.* ■ vpr 1 Couler hors de quelque endroit (liquides). 2 Passer, disparaître progressivement.

écourter vt Rendre plus court.

écoutant, ante n Qui écoute au téléphone les appels des gens en détresse.

écoute nf 1 Action d'écouter une émission radiophonique ou de télévision. *Être à l'écoute. Heure, moment de grande écoute.* 2 MAR Cordage assujetti au coin inférieur d'une voile. **Loc** *Écoute téléphonique* : interception d'une communication à l'insu des interlocuteurs.

écouter vt 1 Prêter l'oreille pour entendre. 2 Prêter attention à l'avis de qqn, suivre un avis. ■ vpr Être trop attentif à soi-même, à sa santé.

écouteur nm Dispositif qui transmet les sons du téléphone, de la radio, etc.

écoutille nf Ouverture pratiquée sur le pont d'un navire pour donner accès aux cales.

écouvillon nm Brosse fixée à une longue tige, pour nettoyer l'intérieur des récipients étroits.

écrabouiller vt Fam Écraser complètement, réduire en bouillie.

écran nm 1 Objet interposé pour dissimuler ou protéger. 2 Surface sur laquelle apparaissent des images, des textes, des données informatiques. 3 L'art cinématographique. *Les vedettes de l'écran.* **Loc** *Le petit écran* : la télévision.

écrasant, ante a 1 Très lourd, difficile à supporter. 2 Très supérieur. *Majorité écrasante.*

écrasement nm Action d'écraser.

écraser vt 1 Aplatir, déformer par une forte compression, un coup violent ; broyer. 2 Vaincre, anéantir. *L'armée fut écrasée.* 3 Faire supporter une charge excessive à. *Écraser le peuple d'impôts.*

écraseur, euse n Fam Chauffard.

écrémage nm Action d'écrémer.

écrémer vt [12] 1 Enlever la crème du lait. 2 Prendre ce qu'il y a de meilleur dans.

écrêtement nm Action d'écrêter.

écrêter vt 1 Abaisser la crête de. 2 Supprimer la partie la plus élevée. *Écrêter les revenus.*

écrevisse nf Crustacé d'eau douce, à fortes pinces, qui rougit à la cuisson.

écrier (s') vpr Dire vivement en criant, en s'exclamant.

écrin nm Petit coffret où l'on dispose des bijoux, des objets précieux.

écrire vt [61] 1 Tracer, former des lettres, des caractères. 2 Orthographier. *Comment écrivez-vous ce mot ?* 3 Mettre, noter, consigner par écrit. *Écrire son adresse.* 4 Rédiger, composer un texte. *Écrire un roman.* ■ vi Faire le métier d'écrivain.

écrit, ite a 1 Tracé. *Un mot mal écrit.* 2 Couvert de signes d'écriture. *Papier écrit des deux côtés.* 3 Noté par écrit. *Langue écrite et langue parlée.* 4 Décidé par le sort. ■ nm 1 Papier, parchemin sur lequel est écrit qqch ; ce qui est écrit. 2 Ouvrage de l'esprit. *Les écrits de Hugo.* 3 Épreuves écrites d'un examen (par oppos. à l'oral). **Loc** *Par écrit* : sur le papier.

écriteau nm Tableau portant une inscription destinée au public.

écritoire nf Coffret ou plateau contenant ce qu'il faut pour écrire.

écriture nf 1 Représentation des mots, des idées, du langage au moyen de signes. 2 Caractères écrits, forme des lettres tracées. 3 Manière particulière à chacun de former les lettres. *J'ai reconnu son écriture.* 4 Manière de s'exprimer par écrit ; style. *Une écriture simple.* Loc *L'Écriture sainte, les Saintes Écritures :* l'Ancien et le Nouveau Testament, la Bible. ■ pl Comptabilité, correspondance d'un commerçant, d'un industriel, d'une administration.

écrivaillon nm Fam Écrivain sans talent.

écrivain nm Qui compose des ouvrages littéraires, scientifiques, etc. Loc *Écrivain public :* qui, moyennant rémunération, se charge d'écrire pour les illettrés.

écrivassier, ère n Qui a la manie d'écrire.

écrou nm Pièce dont l'intérieur est fileté de façon à recevoir une vis, un boulon. Loc *Levée d'écrou :* acte qui remet un prisonnier en liberté.

écrouelles nfpl Vx Inflammation des ganglions du cou, d'origine tuberculeuse.

écrouer vt DR Emprisonner.

écroulement nm 1 Chute de ce qui s'écroule. 2 Ruine complète, soudaine.

écrouler (s') vpr 1 Tomber en s'affaissant, de toute sa masse et avec fracas. *La tour s'est écroulée.* 2 S'anéantir, tomber en décadence. 3 Avoir une défaillance brutale.

écru, ue a Qui n'a pas subi le blanchiment (tissu).

ectoderme ou **ectoblaste** nm BIOL Feuillet externe de l'embryon.

ectopie nf MED Emplacement anormal d'un organe.

ectoplasme nm 1 Forme visible qui résulterait de l'émanation psychique de certains médiums. 2 Fam Individu sans personnalité, insignifiant.

ectropion nm MED Retournement vers l'extérieur du bord des paupières.

écu nm 1 Bouclier des hommes d'armes au Moyen Âge. 2 Figure portant les armoiries. 3 Ancienne monnaie, généralement d'argent. 4 Monnaie de compte de la C.É.E.

écueil nm 1 Rocher ou banc de sable à fleur d'eau. 2 Obstacle, cause possible d'échec.

écuelle nf Assiette épaisse et creuse, sans rebord ; son contenu.

éculé, ée a 1 Très usé, déformé. *Des bottes éculées.* 2 Qui a trop servi. *Une plaisanterie éculée.*

écumage nm Action d'écumer.

écumant, ante a Litt Couvert d'écume.

écume nf 1 Mousse blanchâtre se formant à la surface d'un liquide. 2 Bave mousseuse de certains animaux. 3 Sueur du cheval. Loc *Écume de mer :* silicate de magnésium blanc pur ; sépiolite.

écumer vi 1 Se couvrir d'écume. 2 Être exaspéré. ■ vt 1 Ôter l'écume de la surface d'un liquide. 2 Pratiquer la piraterie, le brigandage.

écumeur nm Loc *Écumeur des mers :* pirate.

écumeux, euse a Litt Qui écume.

écumoire nf Ustensile de cuisine pour écumer.

écureuil nm Petit rongeur arboricole au pelage généralement brun-roux, à la queue en panache.

écurie nf 1 Bâtiment destiné à loger les chevaux. 2 Ensemble des chevaux de course d'un propriétaire. 3 Ensemble des coureurs représentant une même marque (cyclisme ou sport automobile).

écusson nm 1 HÉRALD Petit écu armorial. 2 MILIT Petite pièce de drap, cousue sur une veste, indiquant l'arme et l'unité. 3 Insigne indiquant l'appartenance à un groupe. 4 Plaque ornant l'entrée d'une serrure. 5 AGRIC Greffon constitué par un fragment d'écorce portant un bourgeon.

écussonner vt AGRIC Greffer en écusson.

écuyer, ère n 1 Qui monte à cheval. 2 Professeur d'équitation. 3 Qui fait des exercices équestres dans un cirque. ■ nm HIST Jeune noble au service d'un chevalier.

eczéma nm Affection cutanée causant des démangeaisons.

eczémateux, euse a, n Atteint d'eczéma.

édam [edam] nm Fromage de Hollande.

edelweiss [edelves] nm inv Plante montagnarde couverte d'un duvet blanc.

éden [eden] nm 1 Nom du paradis terrestre dans la Bible. 2 Litt Lieu de délices.

édénique a Litt Paradisiaque.

édenté, ée a, n Qui a perdu ses dents.

édicter vt Prescrire une loi, un règlement.

édicule nm Petite construction utilitaire élevée sur la voie publique.

édifiant, ante a 1 Qui porte à la vertu. 2 Instructif. *Spectacle édifiant.*

édification nf 1 Action de bâtir, de constituer. 2 Action de porter à la vertu.

édifice nm 1 Grand bâtiment. 2 Ensemble compliqué. *Édifice législatif.*

édifier vt 1 Bâtir un édifice, un monument. 2 Constituer, créer. 3 Porter à la vertu par l'exemple. 4 Renseigner en ôtant toute illusion sur qqn.

édile nm 1 ANTIQ Magistrat romain préposé aux édifices, etc. 2 Magistrat municipal.

édit nm HIST Loi promulguée par un roi ou un gouverneur.

éditer vt 1 Publier un ouvrage. 2 Établir et annoter le texte d'une œuvre qu'on publie. 3 Présenter informatiquement les données d'un traitement de textes.

éditeur, trice n 1 Qui prépare la publication de certains textes. 2 Personne ou société assurant la publication et, le plus souvent, la diffusion d'un ouvrage. ■ nm Programme de traitement de textes.

édition nf 1 Publication et diffusion d'une œuvre écrite. 2 Ensemble des livres ou des journaux publiés en une seule fois. 3 Action d'établir un texte ; texte ainsi édité. 4 Industrie et commerce du livre.

édito nm Fam Éditorial.

éditorial, ale, aux a De l'édition. ■ nm Article de fond d'un journal, d'une revue, émanant souvent de la direction.

éditorialiste n Qui écrit l'éditorial.

édredon nm Couvre-pieds constitué d'une poche remplie de duvet.

éducable a Qui peut être éduqué.

éducateur, trice n, a Qui se consacre à l'éducation.

éducatif, ive a 1 Qui concerne l'éducation. 2 Propre à éduquer.

éducation *nf* 1 Action de développer les facultés morales, physiques et intellectuelles. 2 Connaissance et pratique des usages (politesse, bonnes manières, etc.) de la société. 3 Action de développer une faculté particulière de l'être humain. *L'éducation du goût.* Loc *Éducation nationale* : services ministériels chargés de l'organisation et de la gestion de l'enseignement public et privé.

édulcorant, ante *a, nm* Se dit d'une substance donnant une saveur sucrée.

édulcorer *vt* 1 Adoucir un médicament, etc., en ajoutant une substance sucrée. 2 Adoucir, atténuer. *Édulcorer un texte.*

éduquer *vt* Donner une éducation à qqn, élever, former.

effaçable *a* Qui peut être effacé.

effacé, ée *a* Qui se tient à l'écart, qui ne se fait pas remarquer.

effacement *nm* 1 Action d'effacer, de s'effacer. 2 Attitude d'une personne effacée.

effacer *vt* [10] 1 Enlever, faire disparaître ce qui est écrit, marqué, enregistré. 2 Faire disparaître, faire oublier. *Le temps efface bien des souvenirs.* Loc *Effacer le corps* : le tenir de côté, en retrait. ■ *vpr* Se mettre de côté. *Il s'effaça pour la laisser passer.* Loc *S'effacer devant qqn* : lui céder le pas.

effaceur *nm* Feutre permettant d'effacer l'encre.

effarant, ante *a* Qui effare ; stupéfiant.

effaré, ée *a* Stupéfié.

effarement *nm* Stupéfaction.

effarer *vt* Troubler vivement, stupéfier.

effarouchement *nm* Action d'effaroucher.

effaroucher *vt* 1 Faire fuir un animal en l'effrayant. 2 Mettre qqn en défiance.

effectif, ive *a* Qui est de fait ; tangible, réel. ■ *nm* Nombre des personnes qui composent un groupe, une collectivité.

effectivement *av* Réellement ; en effet.

effectuer *vt* Faire une action plus ou moins complexe ; accomplir. ■ *vpr* Avoir lieu.

efféminé, ée *a* Qui a des apparences, des manières féminines.

efférent, ente *a* ANAT Qui sort d'un organe. Ant. afférent.

effervescence *nf* 1 Bouillonnement de certaines substances au contact de certaines autres, dû à un dégagement de gaz. 2 Émotion vive, agitation.

effervescent, ente *a* Qui est ou peut entrer en effervescence. *Comprimé effervescent.*

effet *nm* 1 Ce qui est produit par une cause ; résultat, conséquence. 2 PHYS Phénomène particulier obéissant à des lois précises. 3 Impression particulière produite par un procédé. *Des effets de style.* 4 Impression produite par qqn. Loc *En effet* : effectivement, assurément ; c'est parce que. *À cet effet* : dans cette intention, pour obtenir ce résultat. *Faire l'effet de* : avoir l'air de, donner l'impression de. *Donner de l'effet à qqch* : lui imprimer un mouvement de rotation qui modifie sa trajectoire normale. *Effet de commerce* : titre portant engagement de payer une somme. ■ *pl* Vêtements. Loc *Effets spéciaux* : truquages cinématographiques.

effeuillage *nm* Action d'effeuiller.

effeuiller *vt* Dépouiller de ses feuilles, de ses pétales.

effeuilleuse *nf* Fam Strip-teaseuse.

efficace *a* 1 Qui produit l'effet attendu. *Un traitement efficace.* 2 Se dit de qqn dont l'action aboutit au résultat attendu. *Un employé efficace.*

efficacement *av* De façon efficace.

efficacité *nf* Qualité efficace.

efficience *nf* Abusiv Rendement, performance.

efficient, ente *a* Abusiv Qui a de l'efficacité, du dynamisme. *Un jeune cadre efficient.* Loc PHILO *Cause efficiente* : qui produit un effet.

effigie *nf* Représentation d'un personnage sur une monnaie, une médaille.

effilage ou **effilement** *nm* Action d'effiler.

effilé, ée *a* Mince et allongé. *Lame effilée.*

effiler *vt* 1 Défaire une étoffe fil à fil. 2 Diminuer progressivement l'épaisseur des cheveux.

effilochage *nm* Action d'effilocher.

effilocher *vt* Déchirer un tissu en tous sens, en arrachant les fils. ■ *vpr* S'effiler par l'usure.

efflanqué, ée *a* Maigre et sec. *Un grand garçon efflanqué.*

effleurement *nm* Action d'effleurer ; caresse légère.

effleurer *vt* 1 Toucher légèrement, superficiellement. 2 Ne pas approfondir, examiner superficiellement une question.

efflorescence *nf* CHIM Dépôt qui se forme à la surface des hydrates salins.

efflorescent, ente *a* CHIM Qui forme une efflorescence.

effluent, ente *a* Qui s'écoule d'une source, d'un lac. ■ *nm* Fluide qui s'écoule hors de qqch.

effluve *nm* Émanation qui s'exhale d'un corps ; odeur, parfum.

effondrement *nm* Fait de s'effondrer.

effondrer *vt* AGRIC Labourer le sol très profondément. ■ *vpr* 1 S'écrouler. 2 Être soudain anéanti. *Tous ses espoirs se sont effondrés.*

efforcer (s') *vpr* [10] Faire tous ses efforts pour. *S'efforcer de courir.*

effort *nm* 1 Action énergique des forces physiques, intellectuelles ou morales. *Faire tous ses efforts pour vaincre. Un effort d'attention.* 2 Force avec laquelle un corps tend à exercer son action.

effraction *nf* Bris de clôture, fracture de serrure. *Vol avec effraction.*

effraie *nf* Chouette au ventre clair et aux yeux cernés de plumes.

effranger *vt* [11] Effiler une étoffe sur le bord pour constituer une frange.

effrayant, ante *a* 1 Qui effraie, épouvantable. 2 Fam Excessif, très pénible.

effrayer *vt* [20] Provoquer la frayeur de, épouvanter. ■ *vpr* Éprouver de la frayeur.

effréné, ée *a* Sans frein, sans retenue.

effritement *nm* Fait de s'effriter.

effriter *vt* Désagréger, mettre en morceaux. ■ *vpr* Se désagréger.

effroi *nm* Frayeur intense, épouvante.

effronté, ée *a, n* Impudent, trop hardi.

effrontément *av* De façon effrontée.

effronterie *nf* Hardiesse excessive, impudence.

effroyable *a* 1 Qui cause de l'effroi, de l'horreur, de la répulsion. 2 Fam Excessif, pénible.

effroyablement *av* De façon effroyable.

effusif, ive *a* Loc GÉOL *Roche effusive :* résultant d'un magma qui s'est répandu à l'air libre.

effusion *nf* Vive manifestation d'un sentiment. *Effusion de tendresse.* Loc *Effusion de sang :* sang versé, massacre, tuerie.

égailler (s') *vpr* Se disperser.

égal, ale, aux *a* 1 Pareil, semblable en nature, en quantité, en qualité, en droit. 2 Qui ne varie pas, uniforme. *Humeur égale.* 3 Uni, de niveau, régulier. *Chemin égal.* 4 Indifférent. *Tout lui est égal.* Loc *C'est égal :* cela ne change rien, peu importe. ■ *n* Qui est au même rang qu'un autre. *Considérer qqn comme son égal.* Loc *N'avoir pas d'égal, être sans égal :* être le premier, le meilleur. *À l'égal de :* autant que, de la même manière que.

égalable *a* Qu'on peut égaler.

également *av* 1 De façon égale. 2 Pareillement, aussi, de même.

égaler *vt* 1 Être égal à. 2 Atteindre le même niveau que. *Égaler un champion.*

égalisateur, trice *a* Qui égalise.

égalisation *nf* Action d'égaliser.

égaliser *vt* 1 Rendre égal. 2 Rendre uni, plan. ■ *vi* SPORT Obtenir, en cours de partie, le même nombre de points, de buts que l'adversaire.

égalitaire *a* Qui vise à l'égalité politique et sociale.

égalitarisme *nm* Doctrine professant l'égalité de tous les hommes.

égalitariste *a, n* Qui relève de l'égalitarisme.

égalité *nf* 1 Rapport entre les choses égales ; parité, conformité. 2 Principe selon lequel tous les hommes, possédant une même dignité, doivent être traités de manière égale. 3 Uniformité d'un mouvement ; modération, mesure du tempérament. 4 État de ce qui est plan, uni.

égard *nm* Attention, considération particulière pour qqn ou qqch. *J'ai cédé par égard pour vous. Il n'a aucun égard à ce que je lui ai dit.* Loc *Eu égard à :* en considération de. *À l'égard de :* pour ce qui concerne, vis-à-vis de. *À tous égards :* sous tous les rapports. *À différents égards, à certains égards :* sous différents aspects, à certains points de vue. ■ *pl* Marques de déférence. *Avoir des égards pour les anciens.*

égaré, ée *a* Qui dénote l'égarement.

égarement *nm* 1 Fait d'avoir l'esprit égaré. 2 Litt Dérèglement, erreur. *Les égarements du cœur.*

égarer *vt* 1 Détourner du bon chemin, fourvoyer. 2 Perdre momentanément qqch. *Égarer ses lunettes.* 3 Jeter dans l'erreur, détourner du droit chemin. ■ *vpr* 1 Perdre sa route. 2 S'écarter du bon sens, se tromper.

égayer *vt* [20] 1 Réjouir, rendre gai. 2 Rendre plus agréable, plus gai.

égéen, enne *a* HIST De la civilisation de l'âge du bronze, en Méditerranée orientale.

égérie *nf* Litt Inspiratrice, conseillère secrète.

égide *nf* Loc *Sous l'égide de :* sous la protection, le patronage de.

églantier *nm* Rosier sauvage.

églantine *nf* Fleur de l'églantier.

églefin ou **aiglefin** *nm* Poisson voisin de la morue qui, fumé, fournit le haddock.

église *nf* 1 (avec majusc) Communion de personnes unies par une même foi chrétienne ; en particulier l'Église catholique, apostolique et romaine. 2 Édifice consacré chez les chrétiens au culte divin. 3 (avec majusc) L'état ecclésiastique ; le clergé en général. *Un homme d'Église.*

églogue *nf* Petit poème pastoral ou bucolique.

ego [ego] *nm inv* PSYCHAN Le moi.

égocentrique *a, n* Qui manifeste de l'égocentrisme.

égocentrisme *nm* Tendance à faire de soi le centre de tout.

égoïne *nf* Scie à main sans monture.

égoïsme *nm* Disposition à rechercher exclusivement son plaisir et son intérêt personnels.

égoïste *a, n* Qui manifeste de l'égoïsme.

égoïstement *av* De façon égoïste.

égorgement *nm* Action d'égorger.

égorger *vt* [11] Tuer en coupant la gorge.

égorgeur, euse *n* Meurtrier qui égorge ses victimes.

égosiller (s') *vpr* Crier longtemps très fort.

égotisme *nm* Litt 1 Tendance marquée à s'analyser et à parler de soi. 2 Attitude de celui qui cultive à l'excès ce qu'il a de personnel.

égotiste *a, n* Litt Qui relève de l'égotisme.

égout *nm* Canalisation souterraine servant à l'évacuation des eaux pluviales et usées.

égoutier *nm* Qui est chargé de l'entretien des égouts.

égouttage ou **égouttement** *nm* Action d'égoutter ; fait de s'égoutter.

égoutter *vt* Faire écouler peu à peu le liquide qui imprègne. ■ *vpr* Perdre son eau goutte à goutte.

égouttoir *nm* Ustensile qui sert à faire s'égoutter qqch.

égrapper *vt* Détacher de la grappe.

égratigner *vt* 1 Blesser superficiellement la peau, écorcher. 2 Érafler, rayer en surface. 3 Dénigrer qqn, médire à son propos.

égratignure *nf* 1 Légère blessure faite en égratignant. 2 Éraflure d'une chose. 3 Légère blessure d'amour-propre.

égrenage ou **égrènement** *nm* Action d'égrener ; fait de s'égrener.

égrener *vt* [15] 1 Détacher les grains d'une grappe, d'une cosse, etc. 2 Faire entendre des sons l'un après l'autre en les détachant nettement. Loc *Égrener un chapelet :* en faire passer à un les grains entre ses doigts, à chaque prière. ■ *vpr* Se séparer, s'espacer en parlant d'éléments disposés en rang, en file.

égrillard, arde *a* Licencieux, grivois.

égrotant, ante *a* Litt Maladif.

égueulé, ée *a* GÉOL Se dit d'un cratère dont un côté présente une dépression.

égyptien, enne *a, n* D'Égypte.

égyptologie *nf* Étude de l'Égypte antique.

égyptologue *n* Spécialiste d'égyptologie.

eh ! *interj* Marque la surprise, l'admiration ; sert à interpeller.

éhonté, ée *a* Sans vergogne ; impudent.

eider *nm* Gros canard marin de Scandinavie dont le duvet est recherché.

einsteinium [-njɔm] *nm* Élément chimique artificiel.

éjaculation *nf* Fait d'éjaculer.

éjaculer *vt* Émettre du sperme lors de l'orgasme (mâle).

éjectable *a* Qui peut être éjecté.

éjecter *vt* 1 Rejeter au-dehors avec force. 2 Fam Chasser, renvoyer.

éjection *nf* Action d'éjecter.

élaboration *nf* Action d'élaborer.

élaboré, ée *a* Perfectionné.

élaborer *vt* 1 Préparer, produire par un long travail de réflexion. 2 En parlant d'organismes vivants, faire subir diverses modifications aux substances soumises à leur action.

elæis ou **éléis** [eleis] *nm* Palmier à huile d'Afrique occidentale.

élagage *nm* Action d'élaguer.

élaguer *vt* 1 Débarrasser un arbre des branches superflues. 2 Débarrasser un texte de ce qui l'allonge inutilement.

élagueur *nm* 1 Qui élague les arbres. 2 Outil à élaguer.

1. élan *nm* Grand cervidé des régions froides.

2. élan *nm* 1 Mouvement d'un être qui s'élance. 2 Mouvement affectif provoqué par un sentiment passionné. *Élan du cœur.*

élancé, ée *a* Grand et mince ; svelte.

élancement *nm* Douleur vive et lancinante.

élancer *vi, vt* [10] Produire des élancements. ■ *vpr* Se porter en avant avec impétuosité.

éland *nm* Antilope africaine.

élargir *vt* 1 Rendre plus large. 2 Donner plus d'ampleur, plus de champ à. *Élargir le débat.* 3 Relaxer, faire sortir de prison. ■ *vpr* Devenir plus large. *Le fleuve s'élargit.*

élargissement *nm* 1 Action de rendre ou de devenir plus large. 2 Libération d'un prisonnier.

élasticité *nf* 1 Propriété des corps qui tendent à reprendre leur forme première après avoir été déformés. 2 Souplesse. *Élasticité du règlement.*

élastique *a* 1 Qui possède de l'élasticité. *Le caoutchouc est élastique.* 2 Souple, que l'on peut adapter facilement. *Un horaire élastique.* ■ *nm* 1 Tissu contenant des fibres de caoutchouc. 2 Ruban ou fil de caoutchouc.

élastomère *nm* Polymère possédant des propriétés élastiques.

eldorado *nm* Pays d'abondance, de délices.

électeur, trice *n* Qui a le droit de participer à une élection.

électif, ive *a* Choisi ou attribué par élection.

élection *nf* Action d'élire une ou plusieurs personnes par un vote. Loc *Terre, patrie d'élection* : que l'on a choisie. DR *Élection de domicile* : choix d'un domicile légal.

électoral, ale, aux *a* Relatif aux élections. *Une liste électorale.*

électoralisme *nm* Orientation démagogique de la politique d'un parti ou d'un gouvernement à l'approche d'une élection.

électoraliste *a* Marqué par l'électoralisme.

électorat *nm* 1 Droit d'être électeur. 2 Ensemble d'électeurs.

électricien, enne *n* Qui est spécialisé dans le montage d'installations électriques.

électricité *nf* 1 PHYS Une des propriétés fondamentales de la matière, caractéristique de certaines particules (électron, proton, etc.). 2 Courant électrique. *Panne d'électricité.*

électrification *nf* Action d'électrifier.

électrifier *vt* Alimenter en énergie électrique, par l'installation d'une ligne.

électrique *a* 1 Relatif à l'électricité. 2 Mû par l'énergie électrique.

électriquement *av* Au moyen du courant électrique.

électrisation *nf* Action d'électriser.

électriser *vt* 1 Communiquer une charge électrique à un corps. 2 Causer une vive impression à, saisir, enthousiasmer.

électroacoustique *nf, a* Technique des applications de l'électricité à la production, à l'enregistrement et à la reproduction des sons.

électroaimant *nm* Appareil constitué d'un noyau en fer doux et d'un bobinage dans lequel on fait passer un courant électrique pour créer un champ magnétique.

électrobiologie *nf* Étude des phénomènes électriques qui se produisent chez les êtres vivants.

électrocardiogramme *nm* Tracé obtenu par l'enregistrement de l'activité électrique du cœur (abrév : E.C.G.).

électrocardiographie *nf* Étude de l'activité électrique du cœur par l'électrocardiogramme.

électrochimie *nf* Science et technique des transformations de l'énergie chimique en énergie électrique et réciproquement.

électrochoc *nm* 1 Traitement psychiatrique par le passage d'un courant électrique à travers la boîte crânienne. 2 Événement capable de débloquer une situation.

électrocoagulation *nf* Destruction des tissus par un courant électrique.

électrocuter *vt* Tuer par électrocution.

électrocution *nf* 1 Exécution des condamnés à mort par le courant électrique. 2 Mort accidentelle causée par le courant électrique.

électrode *nf* Pièce conductrice amenant le courant électrique au point d'utilisation.

électrodomestique *a* Se dit des appareils électroménagers.

électrodynamique *nf, a* Science qui étudie les actions mécaniques des courants électriques.

électroencéphalogramme *nm* Tracé obtenu par électro encéphalographie (abrév : E.E.G.).

électroencéphalographie *nf* Enregistrement graphique, au moyen d'électrodes placées à la surface du crâne, des tensions électriques de l'écorce cérébrale.

électrogène *a* Qui produit de l'électricité. Loc *Groupe électrogène* : ensemble formé d'un moteur et d'un générateur électrique.

électrologie *nf* Application de l'électricité à la médecine.

électroluminescence *nf* Luminescence produite par l'action d'un champ électrique sur une substance.

électrolyse *nf* Décomposition chimique de certaines substances sous l'effet d'un courant électrique.

électrolyser *vt* Faire l'électrolyse.

électrolyte *nm* Composé qui, à l'état liquide ou en solution, permet le passage du courant électrique.

électrolytique *a* Qui se fait par électrolyse.

électromagnétique *a* De l'électromagnétisme.

électromagnétisme *nm* Ensemble des interactions entre courants électriques et magnétisme.

électromécanicien, enne *n* Spécialiste du montage des ensembles électromécaniques.

électromécanique *nf* Ensemble des applications de l'électricité à la mécanique. ■ *a* Se dit des mécanismes à commande électrique.

électroménager, ère a Se dit d'un appareil à usage domestique fonctionnant à l'électricité. ■ nm Secteur économique de ces appareils.

électroménagiste n Qui vend des appareils électroménagers.

électrométallurgie nf Ensemble des techniques de préparation ou d'affinage des métaux utilisant l'électricité.

électromètre nm Appareil servant à mesurer une différence de potentiel ou une charge électrique.

électromoteur, trice a, nm Qui produit de l'énergie électrique.

électron nm Particule constitutive de la partie externe de l'atome, qui porte une charge électrique négative.

électronégatif, ive a CHIM Qui a tendance à capter des électrons.

électronicien, enne n Spécialiste de l'électronique.

électronique a 1 Propre à l'électron. Flux électronique. 2 Relatif à l'électronique. ■ nf 1 Science ayant pour objet l'étude de la conduction électrique dans le vide, les gaz et les semiconducteurs. 2 L'ensemble des techniques dérivées de cette science.

électroniquement av Par des moyens électroniques.

électronucléaire a Se dit d'une centrale électrique utilisant l'énergie nucléaire.

électronvolt nm Unité d'énergie égale à la variation d'énergie cinétique d'un électron qui subit une variation de potentiel de 1 volt.

électrophone nm Appareil électrique de reproduction des enregistrements sonores sur disques.

électrophorèse nf CHIM Méthode d'analyse utilisant la séparation des molécules sous l'action d'un champ électrique.

électroponcture nf Méthode dérivée de l'acupuncture, utilisant l'électricité.

électroportatif, ive a Se dit de l'outillage électrique facile à transporter.

électropositif, ive a CHIM Qui a tendance à perdre des électrons.

électroradiologie nf Utilisation médicale de l'électricité et de la radiologie.

électrostatique nf Science qui étudie les propriétés des corps porteurs de charges électriques en équilibre. ■ a De l'électrostatique.

électrotechnicien, enne n Spécialiste d'électrotechnique.

électrotechnique nf Applications industrielles de l'électricité. ■ a De l'électrotechnique.

électrothérapie nf Traitement médical par l'électricité.

élégamment av Avec élégance.

élégance nf 1 Qualité esthétique alliant la grâce, la distinction et la simplicité. 2 Raffinement de bon goût dans l'habillement, les manières.

élégant, ante a, n Qui a de l'élégance.

élégiaque a Relatif à l'élégie.

élégie nf Poème lyrique et mélancolique.

éléis. V. elæis.

élément nm 1 Partie constitutive d'un tout. 2 Personne appartenant à un groupe. 3 Milieu dans lequel vit un être. L'eau est l'élément du poisson. 4 CHIM Configuration atomique d'un

corps, caractérisée par un nombre, le nombre atomique. 5 MATH Être mathématique appartenant à un ensemble. Loc Être dans son élément : dans un milieu où on se sent à l'aise. ■ pl 1 Principes fondamentaux d'une discipline. 2 Litt Les forces de la nature. Loc contr les éléments déchaînés. Loc Les quatre éléments : l'eau, l'air, la terre, le feu.

élémentaire a 1 Qui concerne les premiers éléments d'une discipline. 2 Facile à comprendre. 3 Réduit à l'essentiel. La plus élémentaire des politesses.

éléphant nm Grand mammifère à peau rugueuse, muni d'une trompe et de défenses. Loc Être comme un éléphant dans un magasin de porcelaine : se comporter avec un grand maladresse. Avoir une mémoire d'éléphant : avoir beaucoup de mémoire. Éléphant de mer : gros phoque à trompe des îles Kerguelen.

éléphanteau nm Petit de l'éléphant.

éléphantesque a Qui rappelle l'éléphant par sa taille, son poids, son aspect.

éléphantiasis [-zis] nm MED Augmentation considérable du volume d'un membre ou d'une partie du corps.

éléphantin, ine a Propre à l'éléphant.

élevage nm Production et entretien des animaux domestiques ou utiles.

élévateur, trice a Qui sert à élever, à soulever. ■ nm Appareil de manutention capable de lever des charges.

élévation nf 1 Action d'élever ou de s'élever. L'élévation d'un monument, de la température. 2 Hauteur, terrain plus haut que ceux du voisinage. 3 GEOM Projection d'un objet sur un plan vertical. 4 Moment de la messe où le prêtre élève le pain et le vin consacrés. 5 Caractère élevé de l'esprit. L'élévation des sentiments.

élévatoire a Qui sert à lever, à élever des charges, les liquides.

élève n 1 Qui reçoit les leçons d'un maître. 2 Qui fréquente un établissement scolaire. 3 MIL Qui aspire à un grade.

élevé, ée a 1 Haut. Une montagne élevée. Des prix élevés. 2 D'un haut niveau intellectuel ou moral. Loc Bien, mal élevé : qui a reçu une bonne, une mauvaise éducation.

élever vt [15] 1 Mettre, porter plus haut. 2 Construire, dresser. 3 Placer à un rang, à un niveau supérieur. 4 Assurer le développement physique et moral des enfants, les éduquer. 5 Faire l'élevage d'animaux. 6 Surveiller le vieillissement d'un vin. Loc Élever la voix, le ton : parler plus fort. Élever une protestation l'exprimer. ■ vpr 1 Monter plus haut. 2 Se dresser. Une statue s'élève sur la place. 3 Surgir, naître. Un cri s'élève. Loc S'élever à : atteindre, se monter à. S'élever contre : s'opposer violemment à.

éleveur, euse n Qui élève des animaux.

élevure nf MED Léger gonflement de la peau à la suite d'une irritation.

elfe nm Génie de la mythologie scandinave symbolisant les forces de la nature.

élider vt Effectuer l'élision de.

éligibilité nf Qualité éligible.

éligible a Qui remplit les conditions nécessaires pour pouvoir être élu.

élimer vt User un tissu par frottement.

élimination nf Action d'éliminer.

éliminatoire *a* Qui a pour but ou résultat d'éliminer. ■ *nf* SPORT Épreuve préliminaire permettant de sélectionner les concurrents.

éliminer *vt* 1 Écarter après sélection. 2 Rejeter hors de l'organisme.

élingue *nf* MAR Cordage servant à soulever qqch.

élire *vt* [63] Nommer à une fonction par voie de suffrages. Loc *Élire domicile qqpart* : s'y installer.

élisabéthain, aine *a* Relatif à Élisabeth Ire d'Angleterre, à son époque.

élision *nf* LING Suppression d'une voyelle à la fin d'un mot, quand le mot suivant commence par une voyelle ou un *h* muet.

élitaire *a* D'une élite.

élite *nf* Ensemble formé par les meilleurs, les plus distingués des éléments d'une communauté. Loc *D'élite* : parmi les meilleurs.

élitisme *nm* Système favorisant l'élite.

élitiste *a, n* Inspiré par l'élitisme.

élixir *nm* 1 Philtre magique. *Élixir de longue vie.* 2 Sirop pharmaceutique.

elle, elles *pr pers* Féminin de *il, lui, eux*.

ellébore ou **hellébore** *nm* Herbe vivace qui passait pour guérir la folie.

ellipse *nf* 1 GRAM Omission d'un ou de plusieurs mots à l'intérieur d'une phrase, sans absence ni nuisant ni à la compréhension ni à la syntaxe. 2 GÉOM Courbe fermée faite de l'ensemble des points dont la somme des distances à deux points fixes (foyers) est constante.

ellipsoïdal, ale, aux *a* GÉOM Qui a la forme d'une ellipse ou d'un ellipsoïde.

ellipsoïde *nm* GÉOM Surface engendrée par la révolution d'une ellipse autour de l'un de ses axes. ■ *a* Qui ressemble à une ellipse.

elliptique *a* 1 GRAM Qui contient une, des ellipses. 2 Qui s'exprime par allusions. 3 GÉOM Qui a la forme d'une ellipse.

elliptiquement *av* Allusivement.

élocution *nf* Manière de s'exprimer oralement, d'articuler les mots.

éloge *nm* Discours à la louange de qqn, de qqch ; louange.

élogieusement *av* De façon élogieuse.

élogieux, euse *a* Qui contient un éloge, des louanges.

éloigné, ée *a* 1 Qui est loin dans l'espace, dans le temps, dans le degré de parenté. 2 Différent. *Un récit éloigné de la vérité.*

éloignement *nm* Action d'éloigner, fait de s'éloigner, d'être éloigné.

éloigner *vt* 1 Mettre, envoyer loin ; écarter. 2 Séparer dans le temps. ■ *vpr* 1 Augmenter progressivement la distance qui sépare de qqch. 2 Devenir de plus en plus lointain dans le temps. 3 Se détourner, se détacher.

élongation *nf* MÉD Lésion causée par une traction excessive sur un muscle, un tendon, un nerf.

éloquemment *av* Avec éloquence.

éloquence *nf* Aptitude à s'exprimer avec aisance ; capacité d'émouvoir, de persuader par la parole.

éloquent, ente *a* 1 Qui a de l'éloquence. 2 Exprimé avec éloquence. 3 Significatif, expressif. *Un silence éloquent.*

élu, ue *n, a* Personne choisie par élection ou par inclination, par amour. ■ *pl* Ceux que Dieu a admis à la béatitude.

élucidation *nf* Action d'élucider ; éclaircissement.

élucider *vt* Expliquer, tirer au clair.

élucubration *nf* Réflexion laborieusement construite, absurde ou sans intérêt.

éluder *vt* Éviter avec adresse, esquiver ; se soustraire à.

élyséen, enne *a* 1 MYTH De l'Élysée. 2 De la présidence de la République française.

élytre *nm* ZOOL Aile antérieure coriace, très rigide, inapte au vol, des insectes.

émacié, ée *a* Devenu extrêmement maigre. *Visage émacié.*

émail *nm* 1 Enduit dur et brillant d'aspect vitreux appliqué par cuisson sur des céramiques et des métaux. 2 Substance transparente et dure qui recouvre la couronne des dents. ■ *pl* Objets d'art émaillés.

émaillage *nm* Action d'émailler.

émailler *vt* 1 Recouvrir d'émail. 2 Litt Parsemer pour embellir. *Texte émaillé de citations.*

émaillerie *nf* Art de l'émailleur.

émailleur, euse *n* Qui travaille l'émail.

émanation *nf* 1 Effluve, odeur qui se dégage. *Émanations pestilentielles.* 2 Ce qui émane, provient de qqch, de qqn ; manifestation.

émancipateur, trice *a, n* Qui émancipe.

émancipation *nf* Action d'émanciper, de s'émanciper.

émancipé, ée *a, n* DR Mineur ayant fait l'objet d'une émancipation.

émanciper *vt* 1 DR Mettre hors de la puissance paternelle par un acte juridique. 2 Affranchir d'une autorité, d'une domination. ■ *vpr* Devenir indépendant, se libérer.

émaner *vi* 1 S'exhaler, se dégager d'un corps. 2 Provenir, découler de.

émargement *nm* Action d'émarger.

émarger *vt* [11] 1 Mettre sa signature en marge d'un compte, d'un état, etc. *Émarger une circulaire.* 2 Rogner, diminuer la marge de. *Émarger une estampe.* ■ *vti* Toucher des appointements provenant de. *Émarger à un budget.*

émasculation *nf* Action d'émasculer.

émasculer *vt* 1 Pratiquer l'ablation des organes sexuels mâles, châtrer. 2 Litt Affaiblir, diminuer la force, la vigueur de. *Texte émasculé par la censure.*

embâcle *nf* Amoncellement de glaçons sur un cours d'eau, gênant ou empêchant la navigation.

emballage *nm* 1 Action d'emballer. 2 Ce dans quoi on emballe un objet (boîte, caisse, etc.).

emballement *nm* 1 Fait de s'emballer ; enthousiasme, élan non contrôlé. 2 Fonctionnement d'un moteur à un régime trop élevé.

emballer *vt* 1 Empaqueter, mettre dans un emballage. 2 Fam Réprimander. 3 Faire tourner un moteur à un régime anormalement élevé. 4 Fam Enthousiasmer. ■ *vpr* 1 Échapper au contrôle de son cavalier (cheval). 2 Tourner à un régime anormalement élevé (moteur). 3 Se laisser emporter par un mouvement de colère, d'impatience ou d'enthousiasme.

emballeur, euse *n* Dont la profession est d'emballer des marchandises.

embarbouiller (s') *vpr* Fam S'embarrasser, s'empêtrer dans ce qu'on dit.

embarcadère *nm* Môle, jetée, apponentement aménagé pour l'embarquement ou le débarquement.

embarcation *nf* Petit bateau.

embardée *nf* Écart brusque que fait un véhicule.

embargo *nm* 1 Défense faite à des navires marchands de sortir d'un port. 2 Mesure interdisant la libre circulation d'une marchandise.

embarquement *nm* Action d'embarquer, de s'embarquer.

embarquer *vt* 1 Charger, faire monter dans un bateau. 2 Charger dans un véhicule. 3 Fam Engager qqn dans une affaire difficile, compliquée ou malhonnête. ■ *vi* Passer par-dessus bord et se répandre dans le bateau (vagues). ■ *vi, vpr* Monter à bord d'un bateau, d'un avion, d'un véhicule. ■ *vpr* Fam S'engager dans une entreprise difficile, hasardeuse ou malhonnête.

embarras *nm* 1 Gêne, difficulté rencontrée dans la réalisation de qqch. 2 Position difficile, gênante. 3 Pénurie d'argent. 4 Trouble, perplexité. Loc *Embarras gastrique* : trouble gastro-intestinal. *Faire de l'embarras, des embarras* : faire des manières, des histoires.

embarrassant, ante *a* Gênant.

embarrassé, ée *a* 1 Encombré. 2 Compliqué, embrouillé. 3 Gêné, contraint, perplexe.

embarrasser *vt* 1 Obstruer, encombrer. 2 Gêner, entraver la liberté de mouvement de qqn. 3 Mettre qqn dans une situation gênante ; rendre perplexe. ■ *vpr* 1 Se préoccuper, se soucier de l'excès de. 2 S'empêtrer, s'emmêler.

embase *nf* TECH Pièce servant de support à une autre pièce.

embastiller *vt* Litt Mettre en prison.

embauchage *nm* Action d'embaucher.

embauche *nf* Possibilité d'embauchage.

embaucher *vt* 1 Engager un salarié. 2 Fam Prendre avec soi pour un travail quelconque.

embauchoir *nm* Instrument qui sert à élargir les chaussures ou à éviter qu'elles ne se déforment.

embaumement *nm* Action d'embaumer un cadavre.

embaumer *vt* 1 Remplir un cadavre de substances balsamiques pour empêcher qu'il ne se corrompe. 2 Parfumer agréablement. ■ *vi* Exhaler un parfum. *Ces roses embaument.*

embaumeur *nm* Spécialiste de l'embaumement.

embellie *nf* 1 MAR Éclaircie. 2 Amélioration momentanée.

embellir *vt* 1 Rendre beau ou plus beau. 2 Orner aux dépens de l'exactitude ; enjoliver. *Embellir la réalité.* ■ *vi* Devenir beau ou plus beau.

embellissement *nm* Action d'embellir ; ce qui contribue à embellir.

emberlificoter *vt* Fam 1 Embrouiller. 2 Enjôler, séduire qqn pour le tromper. ■ *vpr* Fam S'empêtrer. *S'emberlificoter dans ses explications.*

embêtant, ante *a* Fam Ennuyeux, contrariant.

embêtement *nm* Fam Ennui, souci, contrariété.

embêter *vt* Fam Contrarier, ennuyer, importuner. ■ *vpr* Fam S'ennuyer fortement.

emblaver *vt* AGRIC Ensemencer une terre de blé ou de toute autre céréale.

emblavure *nf* AGRIC Terre emblavée.

emblée (d') *av* Du premier coup, sans difficulté. *Être reçu d'emblée.*

emblématique *a* 1 Qui sert d'emblème. 2 Qui sert de référence, exemplaire.

emblème *nm* 1 Figure symbolique, souvent accompagnée d'une devise. 2 Être ou objet devenu la représentation d'une chose abstraite. *La balance, emblème de la justice.*

embobeliner *vt* Fam Enjôler, embobiner.

embobiner *vt* 1 Enrouler sur une bobine. 2 Fam Enjôler, séduire.

emboîtable *a* Qu'on peut emboîter.

emboîtage *nm* 1 Action de mettre en boîte. 2 Cartonnage, étui qui protège un livre de luxe.

emboîtement *nm* Assemblage de deux pièces qui s'emboîtent.

emboîter *vt* Faire pénétrer une pièce dans une autre, assembler des pièces en les ajustant. Loc *Emboîter le pas à qqn* : le suivre de près ; l'imiter.

embolie *nf* MED Oblitération d'un vaisseau par un corps (caillot, bulle de gaz).

embonpoint *nm* État de qqn un peu gras.

embossage *nm* Impression en relief sur un support en matière plastique (carte de crédit).

embosser *vt* Réaliser un embossage.

embouche *nf* 1 Prairie très fertile où l'on engraisse les bestiaux. 2 Engraissement des bestiaux en prairie.

embouché, ée *a* Loc Fam *Être mal embouché* : parler, agir avec grossièreté.

emboucher *vt* Mettre à la bouche un instrument à vent pour en jouer.

embouchure *nf* 1 Endroit où un cours d'eau se jette dans la mer. 2 Partie d'un instrument à vent qu'on porte à la bouche. 3 Partie du mors qui entre dans la bouche du cheval.

embourber *vt* Engager, enfoncer dans un bourbier. ■ *vpr* S'empêtrer dans la boue, dans une sale affaire.

embourgeoisement *nm* Fait de s'embourgeoiser.

embourgeoiser (s') *vpr* Prendre les habitudes, les modes de vie et de pensée bourgeois.

embout *nm* 1 Garniture fixée à l'extrémité d'un objet allongé. 2 Élément terminal d'assemblage.

embouteillage *nm* 1 Action de mettre en bouteilles. 2 Encombrement qui arrête la circulation.

embouteiller *vt* 1 Mettre en bouteilles. 2 Provoquer l'encombrement d'une voie.

emboutir *vt* 1 TECH Mettre en forme par emboutissage. 2 Heurter violemment, défoncer.

emboutissage *nm* TECH Action de donner, par compression, une forme à une pièce métallique initialement plane.

embranchement *nm* 1 Division en branches, en rameaux, d'un tronc d'arbre, d'une branche, d'une voie, d'une canalisation, etc. 2 Point où s'opère cette division. 3 SC NAT Grande unité de division des animaux, des végétaux.

embrancher (s') *vpr* Se raccorder (canalisation, voie, etc.).

embrasement *nm* Litt 1 Incendie vaste et violent. 2 Illumination, ardente clarté.

embraser *vt* Litt 1 Mettre en feu, mettre le feu à. 2 Illuminer de lueurs rouges. 3 Exalter, remplir de ferveur.

embrassade *nf* Action de deux personnes qui s'embrassent.

embrasse *nf* Bande d'étoffe, passementerie servant à retenir un rideau.

embrassement *nm* Litt Action d'embrasser, de s'embrasser.

embrasser *vt* 1 Donner un baiser, des baisers à. 2 Saisir par la vue ou par l'intelligence un vaste ensemble. 3 Contenir, englober. 4 Choisir, prendre un parti, adopter une idée, une carrière.

embrasure *nf* Ouverture pratiquée dans l'épaisseur d'un mur pour y placer une porte ou une fenêtre.

embrayage *nm* 1 Action d'embrayer. 2 Mécanisme permettant d'embrayer.

embrayer *vt* [20] Mettre en communication un moteur avec des organes mécaniques. ■ *vti* Commencer à s'occuper de qqch. *Embrayer sur une question.*

embrigadement *nm* Action d'embrigader.

embrigader *vt* Enrôler par persuasion ou par contrainte dans un parti, une association, etc.

embringuer *vt* Fam Engager fâcheusement dans.

embrocation *nf* MED Application d'un liquide gras sur une partie du corps malade ou fatiguée ; ce liquide.

embrocher *vt* 1 Mettre à la broche un morceau de viande, une volaille. 2 Fam Transpercer avec une arme pointue.

embrouillamini *nm* Fam Confusion, désordre.

embrouille *nf* Fam Affaire confuse et emmêlée.

embrouillé, ée *a* 1 Emmêlé. 2 Extrêmement confus. *Histoire embrouillée.*

embrouillement *nm* Action, fait d'embrouiller, d'être embrouillé.

embrouiller *vt* 1 Mettre en désordre ; emmêler. 2 Rendre obscur, compliqué, confus. 3 Faire perdre le fil de ses idées à qqn, le troubler. ■ *vpr* S'emmêler, s'égarer.

embroussaillé, ée *a* Encombré de broussailles.

embrumer *vt* 1 Couvrir, charger de brume. 2 Litt Assombrir, attrister.

embruns *nmpl* Bruine formée par les vagues qui se brisent.

embryogenèse ou **embryogénie** *nf* BIOL Formation et développement de l'embryon animal ou végétal.

embryologie *nf* Étude de l'embryogenèse.

embryologique *a* De l'embryologie.

embryon *nm* 1 Vertébré aux premiers stades de son développement, qui suivent la fécondation. 2 Chose inachevée, à peine commencée ; germe.

embryonnaire *a* 1 De l'embryon. 2 Au premier stade de son développement ; rudimentaire. *Projet embryonnaire.*

embryopathie *nf* Malformation de l'embryon.

embûche *nf* 1 Ruse, machination destinée à nuire à qqn. 2 Difficulté, obstacle.

embuer *vt* Couvrir de buée.

embuscade *nf* Manœuvre qui consiste à se cacher pour surprendre l'ennemi.

embusqué *nm* Mobilisé affecté par faveur à un poste sans danger en temps de guerre.

embusquer *vt* Mettre en embuscade. ■ *vpr* Se cacher avec des intentions hostiles.

émêché, ée *a* Fam Légèrement ivre.

émeraude *nf* Pierre précieuse translucide, de couleur vert bleuté. ■ *a inv* Vert clair un peu bleuté.

émergé, ée *a* Au-dessus de la surface des eaux. *Rocher émergé.* Ant. immergé.

émergence *nf* Action d'émerger.

émerger *vi* [11] 1 Se dégager, sortir d'un milieu où on avait été plongé ; apparaître au-dessus du niveau de l'eau. 2 Sortir de l'ombre, apparaître plus clairement. 3 Se distinguer parmi d'autres. 4 Fam Sortir du sommeil, d'une situation difficile.

émeri *nm* Variété de corindon qui, réduit en poudre, est utilisé comme abrasif, antidérapant.

émerillon *nm* Petit faucon.

émeritat *nm* Dignité de professeur émérite.

émérite *a* 1 Abusiv Qui a acquis une connaissance remarquable d'une science, d'un métier. 2 Qui conserve son titre après avoir cessé d'exercer ses fonctions.

émersion *nf* Action, fait d'émerger.

émerveillement *nm* Fait de s'émerveiller.

émerveiller *vt* Frapper d'admiration. ■ *vpr* Être frappé d'admiration.

émétique *a, nm* Qui provoque le vomissement.

émetteur, trice *a, n* Qui émet. ■ *nm* 1 Appareil qui émet des ondes radioélectriques. 2 Station de radiodiffusion ou de télévision.

émettre *vt* [64] 1 Mettre en circulation. *Émettre des billets de banque.* 2 Produire, envoyer vers l'extérieur des sons, des radiations, etc. 3 Exprimer. *Émettre une opinion.*

émeu *nm* Très grand oiseau d'Australie aux ailes réduites.

émeute *nf* Soulèvement populaire.

émeutier, ère *n* Qui prend part à une émeute.

émiettement *nm* Action d'émietter, fait de s'émietter.

émietter *vt* 1 Réduire en miettes, en petits morceaux. 2 Réduire en petites parcelles ; disperser. *Émietter ses forces.*

émigrant, ante *n* Personne qui émigre.

émigration *nf* 1 Action d'émigrer. 2 Ensemble des personnes qui émigrent ou qui ont émigré.

émigré, ée *a, n* Qui a émigré.

émigrer *vi* 1 Quitter son pays pour aller s'établir dans un autre. 2 ZOOL Migrer.

émincé *nm* Mince tranche de viande cuite.

émincer *vt* [10] Couper en tranches minces.

éminemment *av* Au plus haut degré.

éminence *nf* 1 Élévation de terrain, hauteur, monticule. 2 Titre d'honneur donné aux cardinaux. Loc *Éminence grise :* conseiller secret très écouté.

éminent, ente *a* 1 Supérieur en mérite, en condition. 2 Remarquable, considérable.

émir *nm* Chef souverain dans les pays musulmans.

émirat *nm* 1 Dignité d'émir. 2 État gouverné par un émir.

émirati, ie *a, n* Des Émirats arabes unis.

émissaire *n* 1 Personne envoyée pour accomplir une mission. 2 GEOGR Cours d'eau par lequel s'évacue l'eau d'un lac.

émission *nf* 1 Action d'émettre des sons, des radiations, des valeurs, etc. 2 Programme diffusé (radiophonique ou télévisé).

émissole *nf* Petit requin comestible.

emmagasinage ou **emmagasinement** *nm* Action d'emmagasiner.

emmagasiner vt 1 Mettre en magasin, stocker. 2 Acquérir, accumuler.

emmailloter vt 1 Mettre un bébé dans un maillot, dans les langes. 2 Envelopper. *Emmailloter un doigt blessé.*

emmancher vt 1 Mettre un manche à un outil. 2 Fam Mettre en train. ■ vpr Fam Commencer d'une certaine façon. *L'affaire s'emmanche mal.*

emmanchure nf Ouverture d'un vêtement à laquelle est cousue une manche.

emmêler vt 1 Mêler, enchevêtrer. 2 Embrouiller. *Emmêler une affaire.*

emménagement nm Action d'emménager.

emménager vi [11] S'installer dans un nouveau logement. ■ vt Transporter dans un logement.

emmener vt [15] Mener qqn avec soi d'un lieu dans un autre.

emmenthal ou **emmental** nm Variété de gruyère.

emmerdant, ante a Pop Ennuyeux, embêtant.

emmerdement nm Pop Ennui, contrariété.

emmerder vt Pop Agacer, contrarier, gêner à l'excès. ■ vpr S'ennuyer à l'excès.

emmerdeur, euse n Pop 1 Qui emmerde les autres. 2 Personne pointilleuse à l'excès.

emmétrope a, n MED Se dit d'un œil, de qqn dont la vision est normale.

emmitoufler vt Envelopper chaudement, douillettement.

emmurer vt Enfermer en bloquant toutes les issues.

émoi nm 1 Trouble, agitation suscitée par l'émotion ou l'inquiétude. 2 Litt Émotion sensuelle.

émollient, ente a, nm MED Qui relâche, qui ramollit les tissus.

émoluments nmpl Rétribution attachée à une place, à un emploi.

émondage nm Action d'émonder.

émonder vt Retrancher d'un arbre les branches nuisibles ou inutiles.

émotif, ive a Dû à l'émotion. ■ a, n Sujet à des émotions intenses.

émotion nf 1 Trouble intense, soudain et passager de l'affectivité. 2 Manifestation d'une sensibilité délicate. *Réciter un poème avec émotion.*

émotionnel, elle a Propre à l'émotion.

émotionner vt Fam Causer de l'émotion.

émotivité nf PSYCHO Caractère émotif.

émouchet nm Petit rapace diurne, comme l'épervier.

émoulu, ue a Loc *Frais émoulu, fraîche émoulue :* récemment sorti(e) d'une école.

émoussement nm Action d'émousser ; état émoussé.

émousser vt 1 Rendre moins tranchant, moins aigu. 2 Rendre moins vif, atténuer, affaiblir.

émoustillant, ante a Qui émoustille.

émoustiller vt 1 Mettre en gaieté. 2 Exciter, disposer aux plaisirs sensuels.

émouvant, ante a Qui émeut, qui suscite une émotion plus ou moins vive.

émouvoir vt [42] 1 Susciter l'émotion de. 2 Susciter l'intérêt ou la sympathie de. ■ vpr Se soucier, s'inquiéter.

empaillage nm Action d'empailler.

empaillé, ée a, n Fam Empoté.

empailler vt Emplir de paille la peau d'un animal mort pour lui conserver ses formes naturelles.

empailleur, euse n Qui empaille les animaux.

empalement nm Action d'empaler.

empaler vt Infliger le supplice du pal à qqn en le transperçant d'un pieu introduit par l'anus. ■ vpr Être transpercé par un objet pointu que l'on a heurté.

empan nm Distance entre l'extrémité du pouce et celle du petit doigt de la main écartée.

empanacher vt Orner d'un panache.

empanner vi MAR Faire changer de bord la grand-voile en virant de bord vent arrière.

empaquetage nm Action d'empaqueter.

empaqueter vt [19] Mettre en paquet.

emparer (s') vt 1 Se saisir d'une chose, s'en rendre maître. 2 Envahir, dominer qqn (sensation, sentiment).

empâtement nm État empâté ou pâteux.

empâter vt 1 Rendre pâteux. 2 Gonfler, épaissir, alourdir. ■ vpr Devenir gras, s'épaissir.

empathie nf PSYCHO Faculté de ressentir ce qu'un autre ressent.

empattement nm 1 Massif de maçonnerie qui sert de pied, de base à un mur. 2 Distance entre les essieux extrêmes d'un véhicule.

empaumer vt 1 Recevoir dans la paume de sa main. 2 Fam Tromper, duper.

empêché, ée a Retenu par un empêchement.

empêchement nm Ce qui empêche d'agir, embarrasse, fait obstacle.

empêcher vt 1 Entraver qqn dans son action, ses projets. 2 Mettre un obstacle à qqch. Loc *Il n'empêche que :* malgré cela, néanmoins. ■ vpr Se retenir, s'abstenir. *Il ne peut s'empêcher de mentir.*

empêcheur, euse n Loc *Empêcheur de tourner en rond :* trouble-fête.

empeigne nf Dessus d'un soulier, depuis le cou-de-pied jusqu'à la pointe.

empennage nm Ensemble des plans fixes de l'arrière d'un avion, assurant sa stabilité.

empenne nf Ensemble des plumes qui garnissent le talon d'une flèche.

empenner vt Garnir une flèche de plumes.

empereur nm Souverain de certains États.

empesage nm Action d'empeser.

empesé, ée a 1 Apprêté avec de l'empois. 2 Fam Guindé, compassé.

empeser vt [15] Apprêter du linge avec de l'empois.

empester vt 1 Corrompre, vicier. 2 Empuantir. ■ vi Dégager une odeur désagréable.

empêtrer vt 1 Embarrasser, gêner dans ses mouvements. 2 Mettre dans des difficultés. ■ vpr S'embrouiller, s'embarrasser.

emphase nf Exagération prétentieuse dans le ton, le geste, l'expression, le style.

emphatique a Qui s'exprime avec emphase ampoulé. *Un discours emphatique.*

emphatiquement av De façon emphatique.

emphysémateux, euse a, n Atteint d'emphysème.

emphysème nm MED Infiltration gazeuse diffuse du tissu cellulaire provoquant un gonflement, en particulier une dilatation pulmonaire.

emphytéotique a DR Se dit d'un bail à longue durée.

empiècement *nm* COUT Pièce rapportée à la partie supérieure d'un vêtement.

empierrement *nm* 1 Action d'empierrer. 2 Matériaux qui servent à empierrer.

empierrer *vt* Garnir de pierres.

empiètement *nm* Action d'empiéter.

empiéter *vi* [12] 1 S'étendre partiellement sur la terre d'autrui. 2 Usurper en partie les droits de qqn. 3 Déborder sur qqch (espace ou temps).

empiffrer (s') *vpr* Fam Manger avec excès, gloutonnement.

empilable *a* Qu'on peut empiler.

empilage ou **empilement** *nm* Action d'empiler ; choses empilées.

empiler *vt* 1 Mettre en pile. 2 Fam Duper.

empire *nm* 1 Régime où l'autorité politique est détenue par un empereur. 2 État gouverné par un empereur. 3 Ensemble de territoires placés sous l'autorité d'un gouvernement central. *Empire colonial.* 4 Groupe industriel vaste et puissant. 5 Litt Domination morale, ascendant.

empirer *vi* Devenir pire, s'aggraver.

empirique *a* Qui se fonde sur l'expérience et non sur un savoir théorique.

empiriquement *av* De façon empirique.

empirisme *nm* 1 Méthode, pratique empirique. 2 Doctrine selon laquelle toute connaissance dérive de l'expérience.

empiriste *n* Partisan de l'empirisme.

emplacement *nm* Lieu occupé par qqch ou qui convient pour placer ou édifier qqch.

emplafonner *vt* Fam Heurter avec violence.

emplâtre *nm* 1 Pâte médicamenteuse qui s'applique sur la peau. 2 Fam Personne sans énergie, incapable.

emplette *nf* Achat.

emplir *vt* Litt Rendre plein, combler, remplir.

emploi *nm* 1 Usage que l'on fait d'une chose ; manière d'en faire usage. 2 Travail rémunéré. 3 Rôle qu'on confie habituellement à un acteur.

employé, ée *n* Salarié ayant un emploi non manuel. Loc *Employé de maison* : domestique.

employer *vt* [22] 1 Faire usage de. 2 Faire travailler en échange d'un salaire. ■ *vpr* 1 Être utilisé, usité. 2 S'occuper activement de. *S'employer à faire des heureux.*

employeur, euse *n* Qui emploie un ou plusieurs salariés.

emplumé, ée *a* Garni de plumes.

empocher *vt* Toucher de l'argent.

empoignade *nf* Fam Discussion violente.

empoigne *nf* Loc *Foire d'empoigne* : conflit tumultueux entre des personnes se disputant âprement des biens ou des avantages.

empoigner *vt* 1 Saisir avec les mains en serrant fortement. 2 Émouvoir fortement. ■ *vpr* Se battre ; se quereller.

empois *nm* Colle légère d'amidon utilisée pour empeser le linge.

empoisonnant, ante *a* Fam Très ennuyeux.

empoisonnement *nm* 1 Fait d'empoisonner ou d'être empoisonné ; intoxication. 2 Fam Ennui, contrariété.

empoisonner *vt* 1 Intoxiquer, mortellement ou non, par du poison. 2 Mettre du poison sur qqch. 3 Infecter d'une odeur incommodante. 4 Fam Importuner, ennuyer.

empoisonneur, euse *n* 1 Coupable d'empoisonnement. 2 Fam Importun.

empoissonner *vt* Peupler de poissons.

emporté, ée *a, n* Violent, colérique.

emportement *nm* Accès de colère.

emporte-pièce *nm inv* Instrument servant à découper des pièces d'une forme déterminée. Loc *À l'emporte-pièce* : sans nuances.

emporter *vt* 1 Prendre avec soi et porter ailleurs. 2 Pousser, entraîner ; arracher. Loc *L'emporter sur* : avoir la supériorité, prévaloir sur. ■ *vpr* S'abandonner à la colère.

empoté, ée *a, n* Fam Peu dégourdi.

empoter *vt* Mettre en pot.

empourprer *vt* Colorer de pourpre.

empoussiérer *vt* [12] Couvrir de poussière.

empreindre *vt* [69] (rare à l'actif) Marquer de certains traits de caractère. *Son visage est empreint de douceur.*

empreinte *nf* Marque imprimée, trace. Loc *Empreintes digitales* : traces laissées sur une surface par les sillons de la peau des doigts. *Empreinte génétique* : manière d'identifier un individu par l'analyse génétique de ses sécrétions.

empressé, ée *a* Zélé, ardent.

empressement *nm* Zèle, ardeur.

empresser (s') *vpr* 1 Se hâter de. 2 Montrer du zèle, de la prévenance.

emprise *nf* 1 Domination morale, intellectuelle, influence. 2 DR Terrain exproprié dans l'intérêt public.

emprisonnement *nm* Action d'emprisonner.

emprisonner *vt* 1 Mettre en prison. 2 Tenir comme enfermé.

emprunt *nm* Action d'emprunter ; chose ou somme empruntée. Loc *D'emprunt* : que l'on ne possède pas en propre ; factice.

emprunté, ée *a* Qui manque de naturel, d'aisance ; gauche. *Un air emprunté.*

emprunter *vt* 1 Se faire prêter. 2 Prendre, tirer d'une source. *Emprunter des citations à un auteur.* 3 Prendre un chemin. *Emprunter un nouvel itinéraire.*

emprunteur, euse *n* Qui emprunte.

empuantir *vt* Infecter d'une mauvaise odeur.

empyrée *nm* Litt Ciel, paradis.

ému, ue *a* Qui éprouve ou exprime une émotion.

émulation *nf* Sentiment qui pousse à égaler ou à surpasser qqn.

émule *n* Litt Qui cherche à rivaliser avec qqn en mérite, en savoir, etc.

émulsif, ive ou **émulsifiant, ante** *a, nm* Qui stabilise une émulsion.

émulsifier ou **émulsionner** *vt* Mettre en émulsion.

émulsion *nf* 1 Dispersion d'un liquide au sein d'un autre avec lequel il n'est pas miscible. 2 Couche photosensible qui recouvre les pellicules et les papiers photographiques.

1. en *prép* 1 Indique le lieu, l'état, la manière d'être, la matière, la forme, la transformation, etc. 2 Sert à former le gérondif (ex. : *en lisant*). 3 Entre dans de nombreuses locutions.

2. en *pr pers, av* 1 Indique la provenance, l'origine. *J'en viens.* 2 Représente un nom complément introduit par *de*. *J'en parle.* 3 Entre dans de nombreuses locutions.

enamourer (s') [ɑ̃na-] ou **énamourer (s')** [ena-] *vpr* Litt Tomber amoureux.

énarque *n* (Ancien) élève de l'ÉNA.

en-avant *nm inv* Au rugby, faute consistant à faire une passe vers l'avant avec la main.

en-but *nm inv* Au rugby, surface où peut être marqué un essai.

encablure *nf* MAR Ancienne mesure de longueur valant environ 180 m.

encadré *nm* Texte entouré d'un filet, dans une page.

encadrement *nm* 1 Action d'encadrer. 2 Ce qui encadre. 3 Ensemble des cadres dans l'armée, dans une entreprise, une collectivité.

encadrer *vt* 1 Placer dans un cadre. 2 Entourer pour mettre en valeur, pour limiter, pour garder, etc. 3 Mettre sous la responsabilité de cadres. *Encadrer les nouveaux appelés.*

encadreur, euse *n* Artisan spécialiste de l'encadrement.

encaissable *a* Qui peut être encaissé.

encaisse *nf* Somme disponible qui se trouve dans la caisse.

encaissé, ée *a* Resserré entre des bords élevés et escarpés.

encaissement *nm* 1 État de ce qui est encaissé. 2 Action de recevoir de l'argent et de le mettre en caisse.

encaisser *vt* 1 Toucher de l'argent en paiement. 2 Fam Recevoir des coups, subir des mauvais traitements, etc. Loc Fam *Ne pas encaisser qqn* : ne pas le supporter.

encaisseur *nm* Employé qui effectue des recouvrements.

encalminé, ée *a* MAR Immobilisé par manque de vent.

encan (à l') *av* Aux enchères publiques. *Vendre des meubles à l'encan.*

encanaillement *nm* Fait de s'encanailler.

encanailler (s') *vpr* Fréquenter ou imiter des gens vulgaires.

encapuchonner *vt* Couvrir d'un capuchon.

encart *nm* Feuillet mobile ou cahier tiré à part que l'on insère dans un ouvrage imprimé. *Un encart publicitaire.*

encarter *vt* 1 Insérer un encart. 2 Fixer sur un carton des articles pour la vente.

en-cas ou **encas** *nm inv* Repas sommaire tenu prêt en cas de besoin.

encaserner *vt* Enfermer dans une caserne.

encastrable *a, nm* Qui peut être encastré.

encastrement *nm* Action d'encastrer. ■ *vpr* S'ajuster exactement qqpart.

encastrer *vt* Insérer, ajuster dans un espace creux. ■ *vpr* S'ajuster exactement qqpart.

encaustique *nf* Produit à base de cire et d'essence, utilisé pour entretenir les parquets, les meubles.

encaustiquer *vt* Étendre de l'encaustique sur.

1. enceinte *nf* 1 Ce qui entoure, enclôt un espace et le protège. 2 Espace clos, dont l'accès est protégé. Loc *Enceinte acoustique* : boîte rigide contenant des haut-parleurs. Syn. baffle.

2. enceinte *af* Se dit d'une femme en état de grossesse.

encens [-sã] *nm* Substance résineuse qui dégage un parfum pénétrant quand on la fait brûler.

encensement *nm* Action d'encenser.

encenser *vt* 1 Honorer en balançant l'encensoir. 2 Flatter par des louanges excessives.

encensoir *nm* Cassolette suspendue à des chaînes, dans laquelle on brûle l'encens.

encépagement *nm* Ensemble des cépages d'un vignoble.

encéphale *nm* Masse nerveuse contenue dans la boîte crânienne, comprenant le cerveau, le cervelet et le tronc cérébral.

encéphalique *a* De l'encéphale.

encéphalite *nf* Inflammation de l'encéphale.

encéphalogramme *nm* Électroencéphalogramme.

encéphalographie *nf* Examen de l'encéphale par radiographie.

encéphalomyélite *nf* Inflammation de l'encéphale et de la moelle épinière.

encéphalopathie *nf* Affection de l'encéphale.

encerclement *nm* Action d'encercler ; fait d'être encerclé.

encercler *vt* 1 Entourer d'un cercle. 2 Entourer de toutes parts, cerner.

enchaînement *nm* 1 Suite de choses qui s'enchaînent. 2 Liaison d'arguments, d'idées.

enchaîner *vt* 1 Attacher avec une chaîne. 2 Lier, retenir par une obligation morale, des sentiments, etc. 3 Lier, coordonner logiquement. ■ *vi* Passer d'une question, d'une action à une autre sans interruption. ■ *vpr* Former une suite d'éléments dépendant les uns des autres.

enchanté, ée *a* 1 Soumis à un sortilège. 2 Ravi, heureux.

enchantement *nm* 1 Action d'ensorceler ; sortilège. 2 Ravissement profond. 3 Chose qui ravit. Loc *Comme par enchantement* : avec une rapidité, une facilité extraordinaire.

enchanter *vt* 1 Ensorceler. 2 Causer un vif plaisir à, ravir.

enchanteur, teresse *n* Magicien. ■ *a* Qui charme, ravit. *Paysage enchanteur.*

enchâssement *nm* Action d'enchâsser.

enchâsser *vt* 1 Mettre dans une châsse. 2 Fixer sur un support, dans un logement ménagé à cet effet. 3 Litt Insérer, intercaler.

enchère *nf* 1 Offre d'un prix supérieur à une offre déjà faite. 2 Aux cartes, demande supérieure à celle de l'adversaire.

enchérir *vi* 1 Faire une enchère. 2 Litt Surpasser, aller au-delà de.

enchérisseur, euse *n* Qui fait une enchère.

enchevêtrement *nm* 1 Action d'enchevêtrer ; état de ce qui est enchevêtré. 2 Ensemble, amas de choses enchevêtrées.

enchevêtrer *vt* Embrouiller, emmêler. ■ *vpr* S'embrouiller, s'emmêler.

enchifrené, ée *a* Fam Enrhumé.

enclave *nf* Terrain ou territoire enfermé dans un autre.

enclavement *nm* Action d'enclaver ; état de ce qui est enclavé.

enclaver *vt* 1 Enclore, entourer comme enclave. 2 Engager, insérer entre.

enclenchement *nm* 1 Action d'enclencher ; état d'une pièce enclenchée. 2 Organe mobile rendant deux pièces solidaires.

enclencher *vt* 1 Mettre en marche un mécanisme en rendant solidaires deux pièces. 2 Faire démarrer. ■ *vpr* Commencer, se mettre en marche.

enclin, ine *a* Porté, disposé à. *Être enclin à la paresse.*

encliquetage *nm* Mécanisme permettant l'entraînement d'un organe dans un seul sens.

encliqueter vt [19] Faire fonctionner un encliquetage.

enclitique nm GRAM Mot atone qui s'unit avec le précédent dans la prononciation (ex. : *ce* dans *est-ce*, *je* dans *puis-je*).

enclore vt [53] Entourer de murs, de fossés, de haies, etc.

enclos nm 1 Terrain entouré d'une clôture. 2 Ce qui clôt un terrain.

enclume nf 1 Masse métallique sur laquelle on forge les métaux. 2 ANAT Un des osselets de l'oreille moyenne.

encoche nf Petite entaille.

encocher vt Faire une encoche à.

encodage nm Action d'encoder.

encoder vt Transcrire qqch selon un code.

encoignure [ɑ̃kɔɲyʀ] nf 1 Angle rentrant formé par la jonction de deux pans de mur. 2 Petit meuble d'angle.

encollage nm 1 Action d'encoller. 2 Apprêt ou enduit pour encoller.

encoller vt Enduire de colle, d'apprêt ou de gomme.

encolure nf 1 Cou du cheval et de certains animaux. 2 Dimension du tour de cou. 3 Partie du vêtement entourant le cou.

encombrant, ante a Qui encombre ; gênant.

encombre (sans) av Sans incident, sans rencontrer d'obstacle.

encombré, ée a Rempli, obstrué.

encombrement nm 1 Action d'encombrer ; état qui en résulte. 2 Accumulation d'un grand nombre de choses qui encombrent. 3 Dimensions d'un objet, volume qu'il occupe.

encombrer vt 1 Embarrasser, obstruer qqch. 2 Gêner, embarrasser qqn.

encontre (à l') prép Loc *À l'encontre de :* dans le sens contraire, à l'opposé de.

encorbellement nm ARCHI Construction en saillie du plan vertical d'un mur.

encorder (s') vpr Se relier par une même corde, par mesure de sécurité, en parlant d'alpinistes.

encore av Indique la persistance de l'action, la répétition, le renforcement ou la restriction. Loc *Encore que :* bien que, quoique.

encorner vt Frapper, percer à coups de cornes.

encornet nm Petit calmar.

encourageant, ante a Qui encourage, qui donne de l'espoir.

encouragement nm 1 Action d'encourager. 2 Ce qui encourage.

encourager vt [11] 1 Donner du courage. 2 Inciter à agir. 3 Favoriser l'essor, le développement de qqch. *Encourager l'industrie.*

encourir vt [25] Litt S'exposer à, tomber sous le coup de. *Encourir la réprobation.*

en-cours nm inv FIN Montant des titres représentant les engagements financiers en cours.

encrage nm Action d'encrer.

encrassement nm Fait de s'encrasser.

encrasser vt Recouvrir de crasse. ■ vpr Devenir crasseux.

encre nf 1 Substance liquide, noire ou colorée, servant à écrire, à dessiner, à imprimer. 2 Liquide noir émis par les céphalopodes. Loc *C'est la bouteille à l'encre :* c'est une affaire obscure, confuse. *Faire couler de l'encre :* être le sujet de nombreux articles.

encrer vt Charger, enduire d'encre.

encreur, euse a Qui sert à encrer.

encrier nm Petit récipient pour mettre l'encre.

encroûtement nm Action d'encroûter, fait de s'encroûter.

encroûter vt Recouvrir d'une croûte. ■ vpr 1 Se couvrir d'une croûte. 2 S'abêtir dans des habitudes, des opinions figées.

enculé nm Pop Injure de mépris.

enculer vt Pop Pratiquer la sodomisation.

enculeur nm Loc Fam *Enculeur de mouches :* excessivement pointilleux..

encyclique nf Lettre adressée par un pape au clergé et aux fidèles.

encyclopédie nf Ouvrage où on expose méthodiquement les connaissances dans un domaine ou un ensemble de domaines.

encyclopédique a Propre à l'encyclopédie, à l'ensemble des connaissances.

encyclopédisme nm Tendance à accumuler toutes sortes de connaissances.

encyclopédiste nm Collaborateur de l' *Encyclopédie* de Diderot et d'Alembert. ■ n Rédacteur d'articles d'encyclopédie.

endémie nf Persistance dans une région d'une maladie qui frappe une partie importante de la population.

endémique a 1 De l'endémie. 2 BIOL Se dit d'une espèce qui n'existe que dans une région précise.

endémisme nm BIOL Caractère d'une espèce endémique.

endettement nm Fait de s'endetter, d'être endetté.

endetter vt Engager dans des dettes. ■ vpr Faire des dettes.

endeuiller vt Plonger dans le deuil, dans la tristesse.

endiablé, ée a Plein de fougue.

endiguement nm Action d'endiguer.

endiguer vt 1 Contenir par des digues. 2 Contenir, refréner.

endimancher (s') vpr Mettre ses plus beaux habits, ses habits du dimanche.

endive nf Variété de chicorée.

endocarde nm ANAT Tunique interne du cœur.

endocardite nf Inflammation de l'endocarde.

endocarpe nm BOT Partie la plus interne du fruit ; coque du noyau.

endocrine a Se dit des glandes à sécrétion interne. Ant. exocrine.

endocrinien, enne a Des glandes endocrines.

endocrinologie nf Étude des glandes endocrines.

endocrinologue ou **endocrinologiste** n Spécialiste des glandes endocrines.

endoctrinement nm Action d'endoctriner.

endoctriner vt Faire la leçon à qqn pour qu'il adhère à une doctrine.

endoderme nm 1 BOT Assise interne de l'écorce. 2 ZOOL Feuillet embryonnaire interne.

endodontie nf Étude de la pulpe et de la racine dentaires.

endogame a, n Qui pratique l'endogamie.

endogamie nf SOCIOL Fait de se marier à l'intérieur de son groupe social. Ant. exogamie.

endogène a Qui se forme à l'intérieur de qqch. Ant. exogène.

endolorir vt Rendre douloureux.

endomètre nm ANAT Muqueuse utérine.

endométrite *nf* Inflammation de l'endomètre.

endommagement *nm* Action d'endommager.

endommager *vt* [11] Abîmer, détériorer.

endoréique *a* Se dit d'un cours d'eau qui se déverse dans une dépression intérieure et non dans la mer. Ant. exoréique.

endormi, ie *a* 1 Lent, nonchalant. 2 Qui a une activité réduite. *Une petite ville endormie.*

endormir *vt* [29] 1 Faire dormir. 2 Tromper qqn pour l'empêcher d'agir. 3 Atténuer, rendre moins vif. *Endormir la douleur.* 4 Ennuyer profondément. ■ *vpr* 1 Commencer à dormir. 2 Perdre de son activité, de sa vigilance.

endormissement *nm* Moment où l'on passe de la veille au sommeil.

endorphine *nf* Substance présente dans le cerveau et qui a une action analgésique.

endos. V. endossement.

endoscope *nm* MÉD Instrument destiné à explorer certains conduits, certaines cavités du corps (estomac, vessie, etc.).

endoscopie *nf* MÉD Technique d'observation utilisant un endoscope.

endoscopique *a* De l'endoscopie.

endosmose *nf* PHYS Passage, à travers une membrane, du solvant de la solution la moins concentrée vers la plus concentrée.

endossable *a* Qui peut être endossé (chèque).

endossataire *n* FIN Personne pour laquelle un effet est endossé.

endossement ou **endos** *nm* FIN Action de transférer à un autre la propriété d'un effet de commerce en l'endossant.

endosser *vt* 1 Mettre un vêtement sur son dos. 2 Assumer, prendre sur soi. 3 Inscrire au dos d'un chèque, d'une traite, l'ordre de les payer.

endothélium [-teljɔm] *nm* ANAT Tissu qui tapisse la paroi interne de l'appareil circulatoire.

endothermique *a* CHIM Se dit d'une réaction qui absorbe de la chaleur.

endotoxine *nf* Toxine contenue dans certaines bactéries.

endroit *nm* 1 Lieu, place, partie déterminée. 2 Côté sous lequel se présente habituellement un objet. Ant. envers. Loc *À l'endroit* : du bon côté. Litt *À l'endroit de* : à l'égard de, envers qqn.

enduire *vt* [67] Couvrir d'un enduit.

enduit *nm* Matière molle dont on couvre la surface de certains objets.

endurance *nf* Capacité de résister à la fatigue, aux souffrances.

endurant, ante *a* Qui a de l'endurance.

endurci, ie *a* 1 Devenu insensible. 2 Invétéré dans son état, ses habitudes. *Menteur endurci.*

endurcir *vt* 1 Rendre plus robuste, plus résistant. 2 Rendre insensible, impitoyable. ■ *vpr* 1 S'aguerrir. 2 Devenir insensible.

endurcissement *nm* État de qqn endurci.

endurer *vt* Souffrir, supporter ce qui est pénible.

enduro *nm* Épreuve motocycliste d'endurance tout-terrain.

énéolithique *nm* Dernière période de la préhistoire.

énergétique *a* Relatif à l'énergie.

énergie *nf* 1 Force, puissance d'action. 2 Fermeté, résolution que l'on fait apparaître dans ses actes. 3 PHYS Capacité d'un corps ou d'un système à produire un travail, à élever une température, etc. *Énergie électrique. Sources d'énergie.*

énergique *a* Qui a, qui manifeste de l'énergie.

énergiquement *av* De façon énergique.

énergisant, ante *a* Qui donne de l'énergie. ■ *nm* Substance stimulant le tonus psychique.

énergivore *a* Fam Qui gaspille l'énergie.

énergumène *n* Individu exalté, agité.

énervant, ante *a* Qui agace. *Refrain énervant.*

énervation *nf* Ablation ou section d'un nerf.

énervé, ée *a* Agacé, irrité.

énervement *nm* État d'excitation, d'irritation.

énerver *vt* Agacer, irriter. ■ *vpr* Perdre son calme, le contrôle de ses nerfs.

enfance *nf* 1 Période de la vie de l'être humain qui va de la naissance jusqu'à l'âge de la puberté. 2 Les enfants. *La cruauté de l'enfance.* 3 Début, commencement. Loc *C'est l'enfance de l'art* : c'est très facile à faire.

enfant *n* 1 Être humain dans l'enfance. 2 Fils ou fille, quel que soit son âge. 3 Descendant. 4 Originaire d'un pays, d'une région, d'un milieu. Loc *Enfant de troupe* : fils de militaire élevé aux frais de l'État. *Faire l'enfant* : se comporter puérilement.

enfantement *nm* Litt Action d'enfanter.

enfanter *vt* Litt 1 Mettre un enfant au monde. 2 Produire, créer.

enfantillage *nm* Comportement, discours puérils.

enfantin, ine *a* 1 Propre à l'enfance. 2 Très facile. *Travail enfantin.* 3 Puéril.

enfariné, ée *a* Couvert de farine. Loc Fam *Le bec enfariné* : avec la sotte confiance du quémandeur naïf.

enfer *nm* 1 Dans le christianisme, lieu de supplice des damnés. 2 Souffrance permanente. *Sa vie est devenue un enfer.* 3 Partie d'une bibliothèque qui contient des ouvrages interdits au public. Loc *Une vie d'enfer* : pleine de tourments. *Un feu, un bruit d'enfer* : extrêmement violents. ■ *pl* Séjour des âmes des morts, dans la mythologie gréco-latine.

enfermement *nm* Action d'enfermer qqn.

enfermer *vt* 1 Mettre et maintenir qqn dans un lieu clos. 2 Mettre qqch dans un lieu, un meuble fermé. ■ *vpr* 1 S'installer dans un lieu fermé, isolé. 2 Se maintenir dans une situation, un état.

enferrer (s') *vpr* Tomber dans son propre piège, s'enfoncer maladroitement.

enfiévrer *vt* [12] Exciter la fièvre, l'ardeur de.

enfilade *nf* Série de choses se suivant sur une même ligne, en file.

enfilage *nm* Action d'enfiler.

enfiler *vt* 1 Passer un fil, etc., à travers, par le trou de. *Enfiler une aiguille, des perles.* 2 Passer, mettre un vêtement sur soi. *Enfiler une robe.* 3 S'engager dans. *Enfiler une rue.*

enfin *av* Marque la fin, la conclusion de qqch, l'impatience, le soulagement.

enflammer *vt* 1 Mettre le feu à. 2 Litt Emplir d'ardeur et de passion. 3 Irriter, provoquer l'inflammation de.

enflé, ée *a* Gonflé. Loc *Style enflé* : ampoulé, emphatique. ■ *n* Pop Idiot.

enfler *vt* Augmenter le volume, l'importance de. *Les pluies ont enflé la rivière. Enfler un incident.* ■ *vi* Gonfler, se tuméfier.

enflure *nf* **1** Gonflement d'une partie du corps ; œdème. **2** Exagération, emphase. *Enflure du style.*

enfoiré, ée *a, n* Pop Idiot, abruti.

enfoncé, ée *a* Logé au fond, reculé.

enfoncement *nm* **1** Action d'enfoncer. **2** Partie reculée, en retrait. Ant. saillie.

enfoncer *vt* [10] **1** Faire pénétrer. *Enfoncer un clou.* **2** Accabler qqn. **3** Rompre en pesant sur. **4** Fam Faire plier, vaincre, surpasser. Loc Fam *Enfoncer le clou :* insister fortement. ■ *vi* Aller vers le fond. *On enfonçait dans la boue.* ■ *vpr* **1** Aller vers le fond, s'affaisser. **2** Pénétrer bien avant. *S'enfoncer dans la forêt.*

enfouir *vt* Mettre ou cacher en terre ou sous des objets.

enfouissement *nm* Action d'enfouir.

enfourcher *vt* Monter à califourchon sur.

enfournage ou **enfournement** *nm* Action d'enfourner.

enfourner *vt* **1** Mettre dans un four. **2** Fam Mettre dans la bouche largement ouverte.

enfreindre *vt* [69] Ne pas respecter. *Enfreindre une loi.*

enfuir (s') *vpr* [28] Prendre la fuite.

enfumer *vt* **1** Remplir, envelopper de fumée. **2** Noircir de fumée.

engagé, ée *a* Qui prend ouvertement parti pour une cause. *Littérature engagée.* ■ *a, n* Qui a contracté un engagement dans l'armée.

engageant, ante *a* Attirant, qui séduit.

engagement *nm* **1** Action d'engager, de s'engager. **2** Combat de courte durée. **3** SPORT Coup d'envoi d'une partie. Loc *Engagement physique :* utilisation maximale des qualités athlétiques.

engager *vt* [11] **1** Mettre, donner en gage. **2** Lier par une promesse, une convention. *Cela n'engage à rien.* **3** Prendre à son service ; embaucher. *Engager un employé de maison.* **4** Faire pénétrer, introduire. *Engager la main dans l'ouverture.* **5** Faire entrer, mettre en jeu. *Engager des capitaux dans une affaire.* **6** Commencer, provoquer. *Engager un procès.* **7** Amener qqn à faire qqch. ■ *vpr* **1** Promettre. **2** Prendre publiquement une position politique ; militer. **3** S'enrôler dans l'armée. **4** Commencer ; entrer dans une voie, un processus. *La négociation s'engage.*

engeance *nf* Catégorie de personnes jugées méprisables.

engelure *nf* Lésion due au froid, caractérisée par un œdème rouge.

engendrement *nm* Action d'engendrer.

engendrer *vt* **1** Procréer, en parlant des mâles. **2** Être la cause de, faire naître, provoquer.

engerber *vt* Mettre en gerbes.

engin *nm* **1** Appareil conçu pour exécuter des travaux. *Engin de terrassement.* **2** Appareil équipé à des fins militaires ; missile. **3** Instrument, outil quelconque.

engineering [ɛnʒiniriŋ] *nm* Ingénierie.

englober *vt* Réunir, comprendre en un tout.

engloutir *vt* **1** Avaler gloutonnement. **2** Faire disparaître, absorber.

engloutissement *nm* Action d'engloutir.

engluage ou **engluement** *nm* Fait d'être englué.

engluer *vt* **1** Enduire d'une matière gluante. **2** Prendre à la glu.

engoncement *nm* Fait d'être engoncé.

engoncer *vt* [10] En parlant de vêtements, faire paraître le cou enfoncé dans les épaules.

engorgement *nm* Obstruction formée dans un tuyau, un canal, etc.

engorger *vt* [11] Obstruer, boucher un conduit, une voie.

engouement *nm* Fait de s'engouer.

engouer (s') *vpr* Se prendre d'une passion excessive et passagère pour.

engouffrement *nm* Action d'engouffrer, de s'engouffrer.

engouffrer *vt* Dévorer, engloutir. ■ *vpr* Entrer avec violence, pénétrer précipitamment.

engoulevent *nm* Oiseau au plumage roussâtre, qui ressemble à un grand martinet.

engourdir *vt* **1** Causer l'engourdissement de. **2** Diminuer, ralentir l'activité, l'énergie de.

engourdissement *nm* **1** Privation momentanée de la sensibilité ou de la mobilité. **2** État de torpeur.

engrais *nm* **1** Action d'engraisser. *Porc à l'engrais.* **2** Matière qui fertilise le sol. *Engrais chimique.*

engraissement ou **engraissage** *nm* Action d'engraisser.

engraisser *vt* **1** Faire devenir gras. *Engraisser de la volaille.* **2** Améliorer par des engrais. **3** Fam Rendre riche, florissant. ■ *vi* Devenir gras.

engramme *nm* PSYCHO Trace laissée dans les centres nerveux par toute activité antérieure.

engranger *vt* [11] **1** Mettre dans une grange. **2** Litt Accumuler. *Engranger des bénéfices.*

engrenage *nm* **1** Dispositif composé de pièces à dents ou à rainures se transmettant un mouvement de rotation. **2** Enchaînement de circonstances auquel il est difficile d'échapper.

engrener *vt* [15] Mettre en prise les pièces d'un engrenage.

engrosser *vt* Pop Rendre enceinte.

engueulade *nf* Fam Action d'engueuler, de s'engueuler ; violents reproches.

engueuler *vt* Fam Faire des reproches véhéments à, invectiver. ■ *vpr* Fam Se disputer.

enguirlander *vt* **1** Garnir de guirlandes. **2** Fam Engueuler.

enhardir [ɑ̃ar-] *vt* Donner de la hardiesse à. ■ *vpr* Prendre de la hardiesse.

enharmonie [ɑ̃nar-] *nf* MUS Annulation de la différence d'intonation entre deux notes conjointes (ex. : *fa* et *mi dièse*).

enharmonique *a* De l'enharmonie.

énième *a* Qui est à un rang indéterminé.

énigmatique *a* Qui renferme une énigme.

énigme *nf* **1** Chose à deviner d'après une description en termes obscurs et ambigus. **2** Problème difficile à comprendre.

enivrant, ante [ɑ̃ni-] *a* Qui enivre.

enivrement [ɑ̃ni-] *nm* Exaltation de l'âme, des passions.

enivrer [ɑ̃ni-] *vt* **1** Rendre ivre ; saouler. **2** Étourdir, exalter. *Enivrer de bonheur.*

enjambée *nf* Grand pas.

enjambement *nm* LITTER Rejet au vers suivant d'un ou de plusieurs mots qui complètent le sens du premier vers.

enjamber *vt* Franchir en faisant un pas par-dessus.

enjeu nm 1 Somme que l'on mise au jeu et qui revient au gagnant. 2 Ce que l'on risque de gagner ou de perdre dans une entreprise, une compétition.

enjoindre vt [62] Ordonner.

enjôler vt Séduire par des manières, des paroles flatteuses.

enjôleur, euse n. a Qui enjôle.

enjolivement nm ou **enjolivure** nf Ornement, ajout qui enjolive.

enjoliver vt Rendre plus joli, orner.

enjoliveur nm Garniture qui recouvre la partie centrale extérieure d'une roue.

enjoué, ée a Qui a de l'enjouement.

enjouement nm Gaieté aimable, bonne humeur, entrain.

enkyster (s') vpr S'enfermer dans un kyste.

enlacement nm Action d'enlacer.

enlacer vt [10] Étreindre, serrer dans ses bras.

enlaidir vt Rendre laid. ■ vi Devenir laid.

enlaidissement nm Fait d'enlaidir.

enlevé, ée a Exécuté avec brio.

enlèvement nm 1 Action d'emporter qqch d'un lieu. 2 Rapt, kidnapping.

enlever vt [15] 1 Déplacer, mettre plus loin. Enlevez ce paquet. 2 Retirer, ôter. Enlève tes chaussures. 3 Faire disparaître. Enlever une tache. 4 S'emparer de. Enlever une place. 5 Ravir, emmener qqn de gré ou de force. 6 Exécuter avec vivacité et brio. Enlever un morceau de musique.

enliasser vt Mettre en liasse.

enlisement nm Fait de s'enliser.

enliser (s') vpr 1 Disparaître peu à peu dans un sol mouvant. 2 Stagner, régresser.

enluminer vt 1 Orner d'enluminures. 2 Litt Colorer vivement.

enlumineur, euse n Artiste d'enluminures.

enluminure nf Lettre ornée ou miniature colorée des anciens manuscrits.

ennéagone nm Polygone à neuf côtés.

enneigé, ée [ā-] a Couvert de neige.

enneigement [ā-] nm 1 État d'un sol enneigé. 2 Épaisseur de la couche de neige en un lieu donné.

ennemi, ie n. a 1 Qui hait qqn, qui cherche à lui nuire. 2 Chose opposée, nuisible à une autre. Le mieux est l'ennemi du bien. 3 Qui éprouve de l'aversion pour qqch. 4 Ceux contre qui on se bat, en période de guerre, leur État, leur armée.

ennoblir [ā-] vt Conférer de la noblesse morale, de la dignité à.

ennoblissement [ā-] nm Action d'ennoblir.

ennuager [ā-] vt [11] Couvrir de nuages.

ennui [ā-] nm 1 Lassitude morale, absence d'intérêt. 2 Souci, contrariété, problème. Avoir des ennuis d'argent.

ennuyer [ā-] vt [21] 1 Causer du souci, de la contrariété à. Cette panne m'ennuie beaucoup. 2 Importuner, lasser. Il m'ennuie avec ses questions. ■ vpr Éprouver de l'ennui.

ennuyeux, euse [ā-] a Qui cause de l'ennui ou des soucis.

énoncé nm 1 Action d'énoncer ; ce qui est énoncé. 2 Formulation des données d'un problème, d'un exercice.

énoncer vt [10] Exprimer sa pensée, la rendre par des mots. Énoncer une vérité.

énonciatif, ive a Qui énonce.

énonciation nf Action, manière d'énoncer.

énorgueillir [ānɔr-] vt Rendre orgueilleux. ■ vpr Tirer orgueil de.

énorme a 1 Démesuré, extraordinairement grand ou gros. 2 Fam Remarquable, incroyable.

énormément av Beaucoup, extrêmement, excessivement.

énormité nf 1 Caractère énorme. 2 Fam Parole ou action d'une extravagance ou d'une stupidité énorme.

enquérir (s') vpr [34] Se renseigner, s'informer sur. Il s'est enquis de ma santé.

enquête nf 1 Étude d'une question, s'appuyant sur des témoignages, des informations. 2 Recherche faite par une autorité judiciaire, administrative ou religieuse.

enquêter vi Faire une enquête.

enquêteur, euse ou **trice** n. a Qui mène une enquête.

enquiquinant, ante a Fam Qui agace.

enquiquinement nm Fam Ennui.

enquiquiner vt Fam Ennuyer, agacer.

enquiquineur, euse n. a Fam Importun.

enracinement nm Action d'enraciner, de s'enraciner.

enraciner vt 1 Faire prendre racine à. 2 Implanter profondément dans l'esprit, les mœurs, etc. ■ vpr 1 Prendre racine. 2 S'établir solidement. Préjugé qui s'est enraciné.

enragé, ée a 1 Atteint de la rage. Loc Fam Manger de la vache enragée : mener une vie de privations. ■ a, n 1 Furieux. 2 Passionné, acharné. Un joueur enragé.

enrageant, ante a Qui met en colère.

enrager vi [11] Éprouver un vif déplaisir ; être en colère. Loc Faire enrager : irriter, taquiner.

enraiement ou **enrayement** nm Action d'enrayer.

enrayage nm Blocage du mécanisme d'une arme à feu.

enrayer vt [20] 1 Arrêter l'extension d'une chose fâcheuse. Enrayer une épidémie. 2 Bloquer une roue, un mécanisme. ■ vpr Se bloquer, en parlant d'un mécanisme, d'une arme à feu.

enrégimentement nm Action d'enrégimenter.

enrégimenter vt Faire entrer dans un groupe qui exige une stricte discipline.

enregistrement nm 1 Action d'enregistrer. 2 Administration chargée d'enregistrer certains actes officiels. 3 Opération consistant à recueillir sur un support matériel les sons, les images qui peuvent être restitués par une lecture ; ces sons, ces images ainsi recueillies.

enregistrer vt 1 Inscrire sur un registre, une feuille, etc. 2 Noter dans sa mémoire. 3 Constater, observer. Enregistrer une amélioration du temps. 4 Transférer des informations (sonores, visuelles, codées) sur un support matériel (disque, bande magnétique, etc.).

enregistreur, euse a, nm Se dit d'un appareil qui enregistre.

enrhumer vt Causer un rhume à. ■ vpr Contracter un rhume.

enrichi, ie a 1 Dont la fortune est récente. 2 PHYS Dont la teneur en l'un de ses constituants a été augmentée. Un minerai enrichi.

enrichir vt 1 Rendre riche. 2 Apporter qqch de précieux ou de nouveau à. ■ vpr Devenir riche.

enrichissant, ante *a* Qui apporte un enrichissement intellectuel.

enrichissement *nm* Action d'enrichir, de s'enrichir.

enrobage ou **enrobement** *nm* 1 Action d'enrober. 2 Ce qui enrobe.

enrobé, ée *a* Fam Grassouillet. ■ *nm* Granulat utilisé pour le revêtement des chaussées.

enrober *vt* 1 Recouvrir d'une couche qui protège ou améliore le goût. 2 Envelopper pour atténuer ou déguiser.

enrochement *nm* Amoncellement de blocs de roche qui protègent la base d'une digue, d'une jetée, etc.

enrôlé *nm* Soldat inscrit sur les rôles de l'armée.

enrôlement *nm* Action d'enrôler, de s'enrôler.

enrôler *vt* 1 Inscrire sur les rôles de l'armée. 2 Faire entrer dans un groupe. ■ *vpr* S'engager, se faire inscrire.

enrouement *nm* Altération de la voix qui devient rauque et voilée.

enrouer *vt* Rendre la voix rauque, sourde. ■ *vpr* Être pris d'enrouement.

enroulement *nm* 1 Action d'enrouler ; fait de s'enrouler. 2 Ce qui forme une crosse, une spirale. 3 ELECTR Bobinage.

enrouler *vt* Rouler plusieurs fois une chose sur elle-même ou autour d'une autre. ■ *vpr* S'envelopper. *S'enrouler dans une couverture.*

enrouleur, euse *a, nm* Qui sert à enrouler.

enrubanner *vt* Garnir de rubans.

ensablement *nm* Action d'ensabler, de s'ensabler ; fait d'être ensablé.

ensabler *vt* Couvrir, remplir de sable. ■ *vpr* 1 Se recouvrir, se remplir de sable. 2 S'enfoncer dans le sable.

ensachage *nm* Action d'ensacher.

ensacher *vt* Mettre dans un sac, un sachet.

ensanglanter *vt* 1 Tacher, couvrir de sang. 2 Litt Souiller par un acte meurtrier.

enseignant, ante *a, n* Qui enseigne. Loc *Le corps enseignant :* l'ensemble des personnes chargées d'enseigner.

1. enseigne *nf* Inscription, emblème placé sur la façade d'un établissement commercial. Loc *À telle enseigne que :* la preuve en est que.

2. enseigne *nm* Loc *Enseigne de vaisseau :* officier de marine dont le grade correspond à celui de lieutenant ou de sous-lieutenant.

enseignement *nm* 1 Action, manière d'enseigner ; son résultat. 2 Profession des enseignants. 3 Leçon donnée par l'exemple, l'expérience.

enseigner *vt* 1 Transmettre un savoir. *Enseigner l'histoire.* 2 Montrer, prouver que.

ensemble *av* 1 L'un avec l'autre, les uns avec les autres. *Ils vivent ensemble.* 2 Simultanément. *Démarrer ensemble.* ■ *nm* 1 Groupe d'éléments formant un tout. *Examiner l'ensemble des problèmes.* 2 Groupe d'éléments unis par des traits communs. *Un ensemble de musiciens.* 3 Costume de femme composé de plusieurs pièces assorties. *Défiler avec un ensemble parfait.* 5 MATH Collection d'objets ayant les mêmes propriétés. *Théorie des ensembles.* Loc *Grand ensemble :* vaste groupe de hauts immeubles, conçu comme une unité architecturale. *Dans l'ensemble :* en gros, de façon générale.

ensemblier, ère *n* 1 Artiste qui combine des ensembles décoratifs. 2 Industriel fournissant des installations complexes.

ensembliste *a* MATH Qui concerne les ensembles.

ensemencement *nm* Action d'ensemencer.

ensemencer *vt* [10] Mettre de la semence dans. *Ensemencer un champ.*

enserrer *vt* Entourer en serrant.

ensevelir *vt* 1 Inhumer, enterrer. 2 Recouvrir d'un amoncellement de matériaux.

ensevelissement *nm* Action d'ensevelir.

ensilage *nm* 1 Action d'ensiler. Syn. silotage. 2 Fourrage ensilé.

ensiler *vt* Mettre en silo.

ensoleillement *nm* 1 État d'un lieu ensoleillé. 2 Temps pendant lequel un lieu est ensoleillé.

ensoleiller *vt* 1 Éclairer, échauffer par la lumière du soleil. 2 Litt Rendre radieux.

ensommeillé, ée *a* Gagné ou engourdi par le sommeil.

ensorcelant, ante *a* Qui ensorcelle.

ensorceler *vt* [18] 1 Mettre sous le pouvoir d'un sortilège. 2 Exercer un charme irrésistible.

ensorceleur, euse *n, a* Qui charme.

ensorcellement *nm* Fait d'ensorceler ou d'être ensorcelé.

ensuite *av* Après, dans le temps ou dans l'espace.

ensuivre (s') *vpr* [73] Survenir comme conséquence ; découler logiquement. Loc *Et tout ce qui s'ensuit :* et tout ce qui vient après cela.

entablement *nm* Partie supérieure d'un édifice, d'un meuble, d'une porte, etc.

entacher *vt* 1 Souiller moralement. 2 Diminuer le mérite, la valeur de.

entaillage *nm* Action d'entailler.

entaille *nf* 1 Coupure dans une pièce dont on enlève une partie. 2 Coupure faite dans les chairs.

entailler *vt* Faire une entaille à.

entame *nf* 1 Premier morceau coupé d'un pain, d'un rôti, etc. 2 Première carte jouée dans une partie.

entamer *vt* 1 Faire une incision, une coupure à. *Entamer la peau.* 2 Couper un premier morceau dans. 3 Commencer de consommer. *Entamer son capital.* 4 Commencer à détruire ; ébranler. *Entamer la résistance d'un ennemi.* 5 Commencer, entreprendre. *Entamer un débat.*

entartrage ou **entartrement** *nm* Formation, dépôt de tartre.

entartrer *vt* Produire l'entartrage de.

entassement *nm* 1 Action d'entasser, de s'entasser. 2 Ensemble de choses mises en tas.

entasser *vt* 1 Mettre en tas. 2 Amasser, accumuler. 3 Réunir, serrer dans un lieu étroit.

entelle *nm* Grand singe gris de l'Inde.

entendement *nm* PHILO Faculté de concevoir et de comprendre.

entendeur *nm* Loc *À bon entendeur salut ! :* que celui qui a compris ce que l'on vient de dire en fasse son profit.

entendre *vt* [5] 1 Percevoir, saisir par l'ouïe. *Entendre un bruit.* 2 Prêter attention à, écouter. *Aller entendre un conférencier.* 3 Litt Saisir par l'intelligence, comprendre, être compétent. *Il n'entendra pas ces subtilités. Il n'entend rien à l'informatique.* 4 Vouloir dire. *Qu'entendez-vous par là ?* 5 Litt Avoir l'intention, la volonté

entendu de. *J'entends être respecté.* ■ *vpr* Être en bonne intelligence ; se mettre d'accord. **Loc** *S'y entendre* : être compétent, habile ; s'y connaître. *Cela s'entend* : cela va de soi.

entendu, ue *a* 1 Convenu, conclu. *L'affaire est entendue.* 2 Litt Compétent, capable. **Loc** *Bien entendu* : assurément, cela va de soi. *C'est entendu* : certes, d'accord. *Air, sourire entendu* : qui veut marquer la complicité ou la supériorité.

enténébrer *vt* [12] Litt Plonger dans les ténèbres.

entente *nf* 1 Fait d'être ou de se mettre d'accord ; bonne intelligence. 2 Accord, convention entre des groupes, des sociétés, des pays. **Loc** *Mot, phrase à double entente* : que l'on peut interpréter de deux façons.

enter *vt* 1 Greffer. 2 Ajuster ou abouter deux pièces de bois.

entériner *vt* 1 Rendre valable en ratifiant juridiquement. 2 Établir ou admettre comme valable, assuré, définitif.

entérique *a* Relatif aux intestins.

entérite *nf* Inflammation de la muqueuse intestinale.

entérobactérie *nf* Bactérie de l'intestin.

entérocolite *nf* Inflammation simultanée des muqueuses de l'intestin grêle et du côlon.

entérocoque *nm* Microbe de l'intestin.

enterrement *nm* 1 Action de mettre un mort en terre. 2 Ensemble des cérémonies funéraires. 3 Convoi funèbre. 4 Fait de laisser tomber dans l'oubli, d'abandonner qqch.

enterrer *vt* 1 Inhumer, mettre un corps en terre. *Enterrer les morts.* 2 Enfouir dans la terre. *Enterrer une canalisation.* 3 Laisser tomber dans l'oubli. *Enterrer un projet.* ■ *vpr* Se retirer, s'isoler. *Aller s'enterrer à la campagne.*

entêtant, ante *a* Qui entête.

en-tête *nm* Inscription imprimée ou gravée en haut de papiers utilisés pour la correspondance. *Des en-têtes.*

entêté, ée *a, n* Obstiné.

entêtement *nm* 1 Fait de s'entêter. 2 Caractère entêté ; obstination.

entêter *vt* Étourdir par des émanations qui montent à la tête. *Un parfum qui entête.* ■ *vpr* Persister obstinément dans ses résolutions.

enthousiasmant, ante *a* Qui enthousiasme.

enthousiasme *nm* Exaltation joyeuse, admirative. *Applaudir avec enthousiasme.*

enthousiasmer *vt* Provoquer l'enthousiasme de. *Ce livre m'a enthousiasmé.* ■ *vpr* Devenir enthousiaste.

enthousiaste *a, n* Qui ressent ou manifeste de l'enthousiasme. *Accueil enthousiaste.*

enticher (s') *vpr* Se prendre d'un attachement excessif pour. *Elle s'est entichée d'un inconnu.*

entier, ère *a* 1 À quoi rien ne manque, complet. *Le gâteau est encore entier.* 2 Absolu, total, sans réserve. *Laisser à qqn une entière liberté.* 3 (après le nom) D'un caractère tranché, peu enclin aux nuances. **Loc** ■ *Nombre entier* : nombre sans fraction décimale. ■ *nm* 1 Nombre entier. 2 Une unité. *Quatre quarts font un entier.* **Loc** *En entier, dans son entier* : en totalité.

entièrement *av* Complètement.

entité *nf* 1 Ce qui constitue l'essence d'un être, d'une chose. 2 Objet de pensée qui existe en soi.

entoilage *nm* Action d'entoiler.

entoiler *vt* 1 Fixer sur une toile. 2 Garnir de toile.

entôler *vt* Pop Voler en bernant.

entolome *nm* Champignon à lames roses.

entomologie *nf* Partie de la zoologie qui traite des insectes.

entomologique *a* De l'entomologie.

entomologiste *n* Spécialiste d'entomologie.

entomophage *a, nm* Qui se nourrit d'insectes.

1. entonner *vt* Mettre en tonneau.

2. entonner *vt* Commencer à chanter. *Entonner la Marseillaise.*

entonnoir *nm* 1 Instrument conique servant à verser un liquide dans un récipient. 2 Excavation produite dans le sol par un obus.

entorse *nf* Lésion douloureuse par élongation ou déchirure d'un ou des ligaments d'une articulation. **Loc** *Faire une entorse à* : contrevenir exceptionnellement.

entortillage ou **entortillement** *nm* Action d'entortiller, de s'entortiller.

entortiller *vt* 1 Envelopper dans qqch que l'on tortille. *Entortiller des bonbons dans du papier.* 2 Rendre obscur par l'emploi de circonlocutions, de périphrases. *Entortiller une réponse.* **Loc** *Entortiller qqn* : l'amener insidieusement à faire ce que l'on désire. ■ *vpr* 1 S'enrouler. 2 S'embrouiller.

entourage *nm* 1 Ce qui entoure pour protéger, orner, etc. 2 Ensemble des personnes qui vivent auprès de qqn.

entouré, ée *a* Recherché, admiré ou aidé par de nombreuses personnes.

entourer *vt* 1 Être autour de. *Un mur entoure le jardin.* 2 Mettre, disposer autour de. 3 Former l'environnement, l'entourage de qqn. 4 Être prévenant, attentionné envers qqn. ■ *vpr* Réunir des gens autour de soi. *S'entourer d'amis.*

entourloupe ou **entourloupette** *nf* Fam Mauvais tour ; tromperie.

entournure *nf* Loc *Être gêné aux entournures* : être mal à l'aise.

entracte *nm* 1 Intervalle qui sépare les actes, les parties d'un spectacle. 2 Temps de repos, d'interruption.

entraide *nf* Action de s'entraider.

entraider (s') *vpr* S'aider mutuellement.

entrailles *nfpl* 1 Viscères, intestins, boyaux. 2 Litt Le ventre de la mère. 3 Litt Les lieux les plus profonds. *Les entrailles de la terre.* 4 Litt Le cœur, siège de la sensibilité.

entrain *nm* 1 Gaieté franche et communicative. 2 Zèle, ardeur.

entraînant, ante *a* Qui entraîne par sa vivacité communicative.

entraînement *nm* 1 Action d'entraîner. 2 Préparation à une épreuve sportive, à une activité.

entraîner *vt* 1 Traîner qqch avec soi. 2 Emmener, conduire qqn. 3 Avoir pour résultat, pour conséquence. 4 Communiquer un mouvement. 5 Préparer à une compétition, à une activité. ■ *vpr* Pratiquer un entraînement.

entraîneur, euse *n* Qui entraîne des chevaux, des sportifs. ■ *nf* Femme qui, dans un cabaret, entraîne les clients à consommer, à danser.

entrant, ante *a, n* Qui entre dans un corps, un groupe.

entrapercevoir vt [43] Apercevoir à peine, fugitivement.

entrave nf 1 Lien que l'on attache aux jambes de certains animaux. 2 Ce qui gêne, empêche.

entraver vt 1 Mettre des entraves à : gêner. 2 Pop Comprendre.

entre prép 1 Dans l'espace qui sépare deux lieux, deux choses, etc. 2 Dans l'intervalle qui sépare deux états, deux situations, deux moments. 3 Parmi. Quel est le meilleur d'entre eux ? 4 Exprime la réciprocité, la relation, la comparaison.

entrebâillement nm Espace laissé par ce qui est entrebâillé.

entrebâiller vt Ouvrir à demi.

entrebâilleur nm Dispositif qui permet de maintenir une porte entrebâillée.

entrechat nm Saut léger pendant lequel le danseur relie des battements de pieds.

entrechoquement nm Choc réciproque.

entrechoquer (s') vpr Se choquer, se heurter l'un contre l'autre.

entrecôte nf Morceau de viande de bœuf coupé dans le train des côtes.

entrecoupé, ée a Saccadé.

entrecouper vt Interrompre en divers endroits.

entrecroisement nm Disposition de choses qui s'entrecroisent.

entrecroiser vt Croiser en divers sens.

entrecuisse nm Espace entre les cuisses.

entredéchirer (s') vpr Se déchirer l'un l'autre.

entre-deux nm inv 1 Partie intermédiaire. 2 Solution, état intermédiaire. 3 Jet de ballon entre deux joueurs.

entre-deux-guerres nm inv Période entre les deux guerres mondiales (1918-1939).

entre-deux-mers nm inv Bordeaux blanc produit entre la Garonne et la Dordogne.

entredévorer (s') vpr Se dévorer mutuellement.

entrée nf 1 Action d'entrer. 2 Lieu par où l'on entre. 3 Vestibule. Voulez-vous attendre dans l'entrée ? 4 Accession au sein d'une communauté, d'un corps, d'une collectivité, etc. 5 Ce que l'on sert au début du repas. 6 Dans un dictionnaire, mot en caractères gras qui introduit chaque article. Loc D'entrée de jeu : dès le début, d'emblée.

entrefaites nfpl Loc Sur ces entrefaites : à ce moment-là.

entrefilet nm Court article de journal.

entregent nm Manière habile de se conduire, de nouer des relations utiles.

entr'égorger (s') vpr [11] S'égorger mutuellement.

entrejambe nm Partie de la culotte ou du pantalon qui se trouve entre les jambes.

entrelacement nm État de choses entrelacées.

entrelacer vt [10] Enlacer l'un dans l'autre.

entrelacs [-la] nm Ornement constitué de motifs entrelacés.

entrelarder vt 1 Piquer une viande de lard. 2 Fam Mêler, parsemer.

entremêlement nm Action d'entremêler ; état de choses entremêlées.

entremêler vt Mêler plusieurs choses ; mêler de place en place.

entremets nm Plat sucré servi avant le dessert ou comme dessert.

entremetteur, euse n Qui sert d'intermédiaire dans une intrigue galante.

entremettre (s') vpr [64] Intervenir pour faciliter un accord.

entremise nf Action de s'entremettre. Loc Par l'entremise de : par l'intervention, l'intermédiaire de.

entrepont nm Intervalle compris entre deux ponts, dans un navire.

entreposage nm Action d'entreposer.

entreposer vt Déposer dans un entrepôt, dans un lieu d'attente.

entrepôt nm Lieu, bâtiment où l'on met en dépôt des marchandises.

entreprenant, ante a 1 Hardi, audacieux dans ses projets. 2 Hardi auprès des femmes.

entreprendre vt [70] 1 Commencer à faire. Entreprendre des recherches. 2 Fam Chercher à gagner, à séduire qqn.

entrepreneur, euse n Chef d'entreprise qui se charge d'effectuer certains travaux pour autrui, et particulièrement des travaux de construction.

entrepreneurial, ale, aux a Qui concerne l'entreprise, le chef d'entreprise.

entreprise nf 1 Ce que l'on entreprend. 2 Unité économique de production à but industriel ou commercial (biens ou services).

entrer vi [aux être] 1 Passer du dehors au dedans d'un lieu ; pénétrer. Entrer dans une ville. Clef qui n'entre pas dans la serrure. 2 Commencer à être dans tel état, telle situation, à faire partie d'un groupe. Entrer en convalescence. Entrer dans l'enseignement. 3 Être un composant, un élément de. Les épices qui entrent dans une recette. Loc Entrer dans les vues de qqn : les partager, y adhérer. ■ vt Faire pénétrer, introduire.

entresol nm Étage situé entre le rez-de-chaussée et le premier étage.

entre-temps av Pendant ce temps.

entretenir vt [35] 1 Maintenir en bon état. Entretenir un jardin. 2 Faire durer. Entretenir une correspondance. 3 Subvenir aux dépenses de. Entretenir une famille. 4 Avoir avec qqn une conversation sur. ■ vpr Causer, converser.

entretien nm 1 Action de maintenir en bon état ; dépense qu'exige cette conservation. 2 Conversation.

entretoise nf TECH Élément de jonction maintenant un écartement.

entretuer (s') vpr Se tuer l'un l'autre.

entrevoir vt [45] 1 Voir imparfaitement, en passant. 2 Concevoir, prévoir de manière imprécise ; pressentir.

entrevue nf Rencontre concertée entre personnes qui doivent se parler.

entrisme nm Pratique consistant à introduire dans un groupe (parti, syndicat) de nouveaux militants en vue de modifier la ligne d'action.

entriste a, n Qui pratique l'entrisme.

entropie nf PHYS Grandeur thermodynamique qui caractérise l'état de désordre d'un système.

entropion nm MED Renversement du bord de la paupière en dedans.

entrouvrir vt [31] Ouvrir à demi.

entuber vt Pop Voler, tromper, duper.

enturbanné, ée a Coiffé d'un turban.

énucléation *nf* CHIR Extirpation d'une tumeur, d'un œil.

énucléer *vt* Pratiquer l'énucléation.

énumératif, ive *a* Qui énumère.

énumération *nf* 1 Action d'énumérer. 2 Liste de ce qu'on énumère.

énumérer *vt* [12] Énoncer un à un les éléments d'un ensemble.

énurésie *nf* Incontinence d'urine.

énurétique *a, n* Atteint d'énurésie.

envahir *vt* 1 Entrer de force dans un territoire. 2 Occuper entièrement, remplir, gagner.

envahissant, ante *a* 1 Qui envahit. 2 Indiscret, importun.

envahissement *nm* Action, fait d'envahir.

envahisseur, euse *n, a* Qui envahit. *Chasser les envahisseurs.*

envasement *nm* 1 Fait de s'envaser. 2 État de ce qui est envasé.

envaser *vt* Remplir de vase. ■ *vpr* S'enfoncer dans la vase.

enveloppant, ante *a* Qui enveloppe.

enveloppe *nf* 1 Ce qui sert à envelopper. 2 Pochette de papier dans laquelle on place une lettre, un document, etc. 3 Montant global affecté à un poste budgétaire.

enveloppé, ée *a* Qui a un peu d'embonpoint.

enveloppement *nm* Action d'envelopper.

envelopper *vt* 1 Entourer, emballer dans du papier, du tissu, etc. 2 Environner, entourer, encercler. *Envelopper un détachement ennemi.* 3 Déguiser, dissimuler. *Envelopper sa pensée.*

envenimer *vt* 1 Infecter. 2 Aviver, rendre virulent. ■ *vpr* 1 S'infecter. 2 Se détériorer.

envergure *nf* 1 MAR Largeur d'une voile fixée sur la vergue. 2 Distance entre les extrémités des ailes déployées d'un oiseau, d'un avion. 3 Valeur, capacité. *Un homme sans envergure.* Loc *D'envergure* : de grande ampleur.

1. envers *prép* À l'égard de. *Il a été honnête en...rs moi.* Loc *Envers et contre tous* : malgré l'opposition de tout le monde.

2. envers *nm* Côté opposé à l'endroit. Loc *À l'envers* : dans le sens contraire, inverse du sens normal.

envi (à l') *av* Litt À qui mieux mieux.

enviable *a* Digne d'être convoité.

envie *nf* 1 Sentiment de frustration, d'irritation jalouse à la vue d'un avantage d'autrui. 2 Désir. *Avoir envie de voyager.* 3 Besoin organique. 4 Tache congénitale sur la peau. 5 Pellicule qui se détache de l'épiderme autour de l'ongle.

envié, ée *a* Recherché, convoité.

envier *vt* Regretter de ne pas posséder qqch que qqn d'autre possède.

envieux, euse *a, n* Qui éprouve ou dénote un sentiment d'envie.

environ *av* À peu près, approximativement. ■ *nmpl* Lieux d'alentour. Loc *Aux environs de* : vers.

environnant, ante *a* Avoisinant.

environnement *nm* 1 Ensemble de ce qui entoure. 2 Cadre de vie de l'homme, d'une espèce animale ; milieu.

environnemental, ale, aux *a* Relatif à l'environnement, à la défense de l'environnement.

environnementalisme *nm* Défense de l'environnement.

environnementaliste *a, n* Qui relève de l'environnementalisme.

environner *vt* Entourer, être aux environs de.

envisageable *a* Qui peut être envisagé.

envisager *vt* [11] 1 Examiner, prendre en considération. 2 Projeter.

envoi *nm* 1 Action d'envoyer. 2 Ce qui est envoyé. 3 LITTER Dernière strophe d'une ballade.

envol *nm* Action de s'envoler.

envolée *nf* 1 Envol. 2 Mouvement lyrique ou oratoire plein d'élan.

envoler (s') *vpr* 1 S'élever dans l'air en volant. 2 Décoller (avion). 3 S'enfuir, disparaître.

envoûtant, ante *a* Qui charme, séduit.

envoûtement *nm* 1 Pratique de magie par laquelle on cherche à exercer une action sur qqn en agissant sur une figurine qui le représente. 2 Charme puissant et mystérieux.

envoûter *vt* 1 Pratiquer un envoûtement sur qqn. 2 Subjuguer.

envoyé, ée *n* Personne envoyée avec une mission diplomatique ; messager.

envoyer *vt* [23] 1 Faire partir qqn pour une destination. 2 Adresser, expédier. 3 Lancer, jeter. ■ *vpr* Fam 1 Absorber. 2 Se charger d'une corvée.

envoyeur, euse *n* Qui fait un envoi, expéditeur. *Retour à l'envoyeur.*

enzymatique *a* Des enzymes.

enzyme *nf* Substance protéique qui active une réaction biochimique.

enzymologie *nf* Étude des enzymes.

éocène *nm, a* GEOL Étage le plus ancien du tertiaire.

éolien, enne *a* 1 Du vent, relatif au vent. *Érosion éolienne.* 2 Actionné par le vent. ■ *nf* Machine qui utilise la force motrice du vent.

éosine *nf* Matière colorante rouge, utilisée comme désinfectant.

éosinophile *nm* Type de leucocytes du sang.

épagneul, eule *n* Chien d'arrêt au poil long, aux oreilles pendantes.

épais, aisse *a* 1 Qui a telle épaisseur. *Rempart épais de deux mètres.* 2 Qui a une grande épaisseur. *Sandwich épais.* 3 Consistant, pâteux ; dense. *Sirop épais.*

épaisseur *nf* 1 L'une des trois dimensions d'un corps, opposée à longueur et à largeur. *L'épaisseur d'une planche.* 2 Caractère épais. *L'épaisseur du brouillard.*

épaissir *vt* Rendre plus épais. ■ *vi, vpr* Devenir plus épais.

épaississement *nm* Fait de s'épaissir.

épamprer *vt* Ôter les pampres inutiles de la vigne.

épanchement *nm* 1 Présence anormale de gaz ou de liquide dans une région du corps. *Épanchement de synovie.* 2 Effusion de sentiments.

épancher *vt* Exprimer ses sentiments intimes. ■ *vpr* 1 Litt Se répandre. 2 Parler librement en confiant ses sentiments.

épandage *nm* Action d'épandre les engrais, le fumier, etc.

épandre *vt* [5] Jeter çà et là, éparpiller.

épanouir *vt* Rendre heureux, joyeux. ■ *vpr* 1 S'ouvrir, déployer ses pétales (fleurs). 2 Avoir un air pleinement heureux. 3 Atteindre à sa plénitude.

épanouissement *nm* Action de s'épanouir, état de ce qui est épanoui.

épargnant, ante *a* 1 Qui s'est constitué un capital par l'épargne.

épargne *nf* 1 Action d'épargner de l'argent ; somme épargnée. 2 Fraction d'un revenu qui n'est pas affectée à la consommation immédiate. Loc *Caisse d'épargne :* établissement public qui reçoit et rémunère les dépôts des épargnants.

épargner *vt* 1 Faire grâce à. *Épargner les vaincus.* 2 Ne pas endommager, ne pas détruire. 3 Mettre de côté. *Il a épargné vingt mille francs.* 4 Employer avec modération. 5 Permettre à qqn d'éviter qqch, lui permettre de ne pas le subir. *Il m'a épargné le dérangement.* ■ *vpr* Se dispenser de. *S'épargner une démarche pénible.*

éparpillement *nm* Action d'éparpiller ; état de ce qui est éparpillé.

éparpiller *vt* Disperser, disséminer. ■ *vpr* Disperser son action, ses forces.

épars, arse [epaʀ] *a* Dispersé, en désordre.

épatant, ante *a* Fam Remarquable, excellent.

épate *nf* Loc Fam *Faire de l'épate :* chercher à étonner.

épaté, ée *a* Loc *Nez épaté :* large et court.

épatement *nm* 1 Forme d'un nez large et court. 2 Fam Surprise.

épater *vt* Fam Étonner, impressionner.

épaulard *nm* Orque.

épaule *nf* Articulation du bras ou du membre antérieur avec le tronc. Loc *Par-dessus l'épaule :* avec dédain, avec négligence. *Donner un coup d'épaule à qqn :* l'aider. *Avoir la tête sur les épaules :* être bien équilibré.

épaulé, ée *a* Dont les épaules sont soulignées par des épaulettes (vêtement). ■ *nm* Mouvement dans lequel l'haltère est amené du sol à la hauteur des épaules.

épaulement *nm* 1 Mur de soutènement. 2 Replat sur la pente d'un versant. 3 Saillie servant d'arrêt, de butée.

épauler *vt* 1 Aider, soutenir qqn. 2 Appuyer une arme contre son épaule pour viser, tirer.

épaulette *nf* 1 Bande rigide, garnie parfois de franges, qui orne les épaules de certains uniformes militaires. 2 Rembourrage qui donne leur forme aux épaules d'un vêtement.

épaulière *nf* Accessoire protégeant l'épaule.

épave *nf* 1 Objet, débris provenant d'un navire naufragé. 2 Navire naufragé. 3 Voiture hors d'usage abandonnée. 4 Personne déchue, dans la misère.

épaviste *n* Spécialisé dans la récupération des voitures accidentées.

épée *nf* Arme constituée par une lame longue et droite munie d'une poignée et d'une garde. Loc *Coup d'épée dans l'eau :* action vaine.

épeiche *nf* Pic d'Europe au plumage noir et blanc.

épeire *nf* Nom de diverses espèces d'araignées.

épéiste *n* Escrimeur à l'épée.

épeler *vt* [18] Énoncer une à une, dans l'ordre, les lettres qui composent un mot.

épellation *nf* Fait d'épeler.

épépiner *vt* Ôter les pépins d'un fruit.

éperdu, ue *a* 1 En proie à une émotion profonde. 2 Vif, intense. *Joie éperdue.*

éperdument *av* De façon éperdue.

éperlan *nm* Poisson des mers européennes, voisin du saumon.

éperon *nm* 1 Pièce de métal fixée au talon du cavalier et qui sert à piquer les flancs du cheval pour l'exciter. 2 Relief abrupt en pointe. *Éperon rocheux.*

éperonner *vt* 1 Piquer un cheval avec les éperons. 2 Inciter vivement à agir. 3 Heurter un navire en défonçant sa coque avec sa propre étrave.

épervier *nm* 1 Oiseau de proie voisin du faucon. 2 Filet de pêche conique, lesté de plomb.

épervière *nf* Plante herbacée à fleurs jaunes.

éphèbe *nm* 1 ANTIQ Adolescent. 2 Jeune homme très beau.

éphédra *nm* Arbrisseau à baies rouges comestibles.

éphélide *nf* Tache de rousseur.

éphémère *a* Qui dure peu. *Amour éphémère.* ■ *nm* Insecte qui ne vit qu'un ou deux jours.

éphéméride *nf* Calendrier dont on enlève chaque jour une feuille.

épi *nm* 1 Ensemble des grains d'une graminée (blé, orge, etc.) groupés à l'extrémité de la tige, insérés directement sur l'axe. 2 Mèche rebelle de cheveux. 3 Ouvrage, généralement en pieux, destiné à retenir les matériaux et à stabiliser une berge. Loc *En épi :* se dit de choses parallèles, disposées obliquement par rapport à un axe.

épiage *nm* ou **épiaison** *nf* Formation de l'épi.

épicarpe *nm* BOT Feuillet le plus externe du péricarpe.

épice *nf* Substance aromatique servant d'assaisonnement en cuisine.

épicéa *nm* Conifère proche du sapin.

épicène *a* GRAM Se dit d'un mot qui désigne l'un ou l'autre sexe (ex. : *enfant, je*).

épicentre *nm* 1 GÉOL Point de la surface terrestre où un séisme atteint son intensité maximale. 2 Centre d'un bouleversement politique, social.

épicer *vt* [10] 1 Assaisonner, relever avec des épices. *Épicer un plat.* 2 Relever de détails licencieux. *Épicer un récit.*

épicerie *nf* 1 Produits d'alimentation générale. 2 Magasin où on les vend.

épicier, ère *n* Qui tient une épicerie.

épicurien, enne *a, n* D'Épicure ou de l'épicurisme.

épicurisme *nm* 1 Philosophie d'Épicure. 2 Morale qui valorise les plaisirs des sens.

épidémicité *nf* Caractère épidémique.

épidémie *nf* 1 Développement rapide d'une maladie contagieuse dans une population. 2 Propagation d'un phénomène néfaste.

épidémiologie *nf* MÉD Étude des facteurs qui conditionnent l'apparition et l'évolution des maladies et des phénomènes morbides.

épidémiologique *a* De l'épidémiologie.

épidémiologiste *n* Spécialiste d'épidémiologie.

épidémique *a* De l'épidémie.

épiderme *nm* 1 Couche superficielle de la peau ; la peau elle-même. 2 Couche externe imperméable qui protège les végétaux.

épidermique *a* De l'épiderme.

épididyme *nm* ANAT Organe qui coiffe le bord supérieur du testicule.

épidural, ale, aux a ANAT Qui concerne la partie du canal rachidien située entre les vertèbres et les méninges.

épier vt 1 Observer attentivement et secrètement. 2 Guetter. *Épier l'occasion.*

épierrer vt Ôter les pierres de.

épieu nm Arme à manche de bois, terminée par un fer plat et pointu.

épigastre nm ANAT Région de l'abdomen située entre le sternum et l'ombilic.

épigastrique a ANAT De l'épigastre.

épiglotte nf ANAT Opercule assurant l'occlusion des voies respiratoires lors de la déglutition.

épigone nm Litt Imitateur, suiveur.

épigramme nf 1 Petit poème satirique. 2 Trait satirique ou mordant.

épigraphe nf 1 Inscription placée sur un édifice. 2 Citation placée en tête d'un livre, d'un chapitre.

épigraphie nf Étude des inscriptions.

épilation nf Action d'épiler.

épilatoire a, nm Qui sert à épiler.

épilepsie nf Affection caractérisée par des crises convulsives ou des troubles sensoriels.

épileptique a, n Atteint d'épilepsie.

épiler vt Arracher les poils de.

épillet nm Petit épi constitutif d'une inflorescence composée.

épilogue nm 1 Conclusion d'un ouvrage littéraire. Ant. prologue. 2 Dénouement.

épiloguer vti Faire de longs commentaires.

épinard nm Plante potagère à feuilles comestibles.

épine nf Organe acéré et dur de certains végétaux. *Les épines d'un rosier.* Loc *Épine dorsale :* colonne vertébrale. *Tirer une épine du pied de qqn :* le tirer d'une difficulté.

épinette nf Petit clavecin.

épineux, euse a 1 Qui porte des épines. 2 Plein de difficultés. ■ nm Arbuste à épines.

épine-vinette nf Arbuste épineux à fleurs jaunes et à baies rouges. *Des épines-vinettes.*

épinglage nm Action d'épingler.

épingle nf Petite tige métallique, pointue à une extrémité, et pourvue d'une tête à l'autre, servant à attacher. Loc *Épingle double, de nourrice, de sûreté :* épingle recourbée dont l'extrémité pointue se referme sur un crochet. *Épingle à cheveux :* tige pliée par son milieu, qui sert à fixer les cheveux. *Virage en épingle à cheveux :* virage très accentué. *Monter en épingle :* mettre en valeur. *Tiré à quatre épingles :* habillé avec un soin minutieux. *Tirer son épingle du jeu :* se dégager adroitement d'une affaire délicate.

épingler vt 1 Fixer avec une ou plusieurs épingles. 2 Fam Arrêter, prendre qqn.

épinglette nf Syn de *pin's.*

épinière a Loc *Moelle épinière :* V. moelle.

épinoche nf Petit poisson d'eau douce dont la nageoire dorsale est munie d'épines.

épipaléolithique nm Période entre le paléolithique et le néolithique.

Épiphanie nf Fête chrétienne célébrant la visite des Rois mages à Jésus (le 6 janvier).

épiphénomène nm Phénomène secondaire, lié à un autre.

épiphyse nf ANAT 1 Extrémité des os longs. 2 Glande située au fond du cerveau.

épiphyte a, nm Se dit des végétaux poussant sur d'autres sans en être les parasites.

épiploon nm ANAT Repli du péritoine.

épique a 1 De l'épopée. 2 Mémorable par ses proportions, son ton. *Un débat épique.*

épiscopal, ale, aux a De l'évêque. Loc *Église épiscopale :* l'Église anglicane des États-Unis.

épiscopat nm 1 Dignité d'évêque. 2 Durée des fonctions d'évêque. 3 Corps des évêques.

épisode nm 1 Partie d'une œuvre littéraire, d'un film. 2 Événement particulier dans une action d'ensemble.

épisodique a Secondaire, intermittent. *Elle n'a joué qu'un rôle épisodique.*

épisodiquement av De façon épisodique.

épisser vt MAR Faire une épissure.

épissure nf Jonction des bouts de deux cordages, de deux fils électriques par l'entrelacement des torons.

épistémologie nf Étude critique des sciences.

épistémologique a De l'épistémologie.

épistolaire a Qui concerne la correspondance par lettres.

épistolier, ère n Écrivain connu par ses lettres.

épitaphe nf Inscription sur une sépulture.

épithélial, ale, aux a Relatif à l'épithélium.

épithélium [-ljɔm] nm ANAT Membrane ou tissu formé de cellules juxtaposées.

épithète nf 1 GRAM Adjectif ajouté à un nom pour le qualifier ou le déterminer (ex. : *une robe bleue*). 2 Mot qui qualifie qqn. *« Imbécile, voyou » sont des épithètes injurieuses.*

épitoge nf Bande d'étoffe que des magistrats, des professeurs, etc., portent parfois sur la robe, attachée à l'épaule gauche.

épître nf 1 Litt Lettre missive. 2 Texte du Nouveau Testament, souvent tiré des lettres des apôtres, lu à la messe.

épizootie [-zɔti] nf Épidémie frappant une espèce animale.

éploré, ée a, n Qui est en pleurs.

épluchage nm Action d'éplucher.

épluche-légumes nm inv Appareil pour éplucher les légumes.

éplucher vt 1 Ôter la peau, les parties inutilisables de. *Éplucher des légumes.* 2 Rechercher minutieusement les défauts, les erreurs dans qqch ; lire attentivement. *Éplucher un compte.*

épluchure nf Déchet qu'on enlève à une chose en l'épluchant.

épointer vt Émousser la pointe de. *Épointer un couteau.*

époisses nm Fromage bourguignon, au lait de vache.

éponge nf 1 Squelette corné, fibreux et souple d'animaux marins primitifs utilisé pour son aptitude à retenir les liquides. 2 Objet fabriqué industriellement pour le même usage. Loc *Passer l'éponge :* pardonner, oublier. *Jeter l'éponge :* abandonner le combat.

éponger vt [11] 1 Essuyer, absorber un liquide avec une éponge. 2 Résorber un excédent, une inflation. *Éponger la dette.*

éponyme a Qui donne son nom à qqch.

épopée nf 1 Long poème racontant des aventures héroïques. 2 Suite d'actions pleines d'héroïsme.

époque nf 1 Période de l'histoire marquée par des évènements importants, par une certaine situation. 2 Moment où se passe un événement déterminé. Loc *La Belle Époque* : les années 1900. *D'époque* : authentiquement ancien (meuble).

épouillage *nm* Action d'épouiller.

épouiller *vt* Ôter ses poux à.

époumoner (s') *vpr* Crier à tue-tête jusqu'à s'essouffler.

épousailles *nfpl* Vx Noce.

épouse. V. époux.

épouser *vt* **1** Se marier avec. **2** Litt S'attacher à qqn, embrasser une cause. **3** Se modeler sur.

époussetage *nm* Action d'épousseter.

épousseter *vt* [19] Nettoyer en chassant la poussière.

époustouflant, ante *a* Fam Très étonnant.

époustoufler *vt* Fam Jeter qqn dans l'étonnement.

épouvantable *a* **1** Qui épouvante, effrayant. **2** Très mauvais. *Temps épouvantable.* **3** Extrême, excessif. *Une bêtise épouvantable.*

épouvantablement *av* **1** De façon effroyable. **2** À l'extrême.

épouvantail *nm* **1** Objet destiné à épouvanter les oiseaux dans un champ, un verger, un jardin. **2** Ce qui effraie sans cause réelle.

épouvante *nf* Effroi violent, peur soudaine, panique.

épouvanter *vt* Effrayer vivement, remplir qqn d'épouvante.

époux, épouse *n* Personne unie à une autre par le mariage. ■ *pl* Le mari et la femme.

éprendre (s') *vpr* [70] Se mettre à aimer ardemment. *S'éprendre d'une femme.*

épreuve *nf* **1** Événement pénible, malheur, souffrance. *Passer par de rudes épreuves.* **2** Action d'éprouver qqch ou qqn ; test. *Matériau soumis à des épreuves de résistance.* **3** Partie d'un examen. *Épreuves écrites.* **4** Compétition sportive. **5** Feuille imprimée soumise à des corrections. **6** Image tirée d'un cliché photographique ; exemplaire tiré d'une planche gravée. Loc *À l'épreuve de* : qui résiste à. *À toute épreuve* : très solide, résistant. *Épreuve de force* : affrontement.

épris, ise *a* Animé d'une grande passion pour qqch, qqn.

éprouvant, ante *a* Dur à supporter. *Chaleur éprouvante.*

éprouvé, ée *a* Dont la valeur est reconnue. *Technique éprouvée.*

éprouver *vt* **1** Essayer qqch pour s'assurer de ses qualités. *Éprouver un remède.* **2** Faire souffrir. *La guerre a éprouvé ces régions.* **3** Ressentir. *Éprouver de la joie.*

éprouvette *nf* CHIM Vase ou tube de verre qui sert à manipuler des liquides ou des gaz au cours d'expériences.

epsilon [-lɔn] *nm* **1** Cinquième lettre de l'alphabet grec. **2** MATH Symbole d'une quantité infinitésimale.

épucer *vt* [10] Ôter ses puces à.

épuisant, ante *a* Très fatigant.

épuisement *nm* Action d'épuiser ; état de qqch ou de qqn qui est épuisé.

épuiser *vt* **1** Tarir, consommer en totalité. *Épuiser ses provisions.* **2** Traiter complètement un sujet, une question. **3** Lasser. *Épuiser la patience de qqn.* **4** Affaiblir à l'extrême. *La*

maladie l'épuise. ■ *vpr* Se tarir (choses) ; s'affaiblir à l'extrême (personnes). *Nos ressources s'épuisent. Il s'épuise en vains efforts.*

épuisette *nf* Petit filet de pêche monté sur cercle fixé à un manche.

épurateur *nm* Appareil servant à épurer les liquides ou les gaz.

épuration *nf* Action d'épurer.

épure *nf* Représentation plane d'un objet obtenue par sa projection sur un ou plusieurs plans.

épurement *nm* Litt Action d'épurer.

épurer *vt* **1** Rendre pur, plus pur. *Épurer un sirop.* **2** Débarrasser de ses défauts, de ce qui peut choquer. *Épurer un texte.* **3** Éliminer d'un groupe les éléments jugés indésirables. *Épurer une administration.*

équarrir *vt* **1** Tailler à angle droit, rendre carré. *Équarrir une poutre.* **2** Écorcher, dépecer un animal mort.

équarrissage *nm* Action d'équarrir.

équarrisseur *nm* Qui équarrit les animaux.

équateur [-kwa-] *nm* **1** Grand cercle imaginaire du globe terrestre, perpendiculaire à l'axe des pôles. **2** Région du globe proche de ce cercle.

équation [-kwa-] *nf* MATH Égalité qui n'est vérifiée que pour certaines valeurs attribuées aux inconnues. **2** Fam Problème difficile. Loc *Équation personnelle* : caractéristiques de la personnalité.

équatorial, ale, aux [-kwa-] *a* De l'équateur. *Climat équatorial.*

équatorien, enne [-kwa-] *a, n* De la république de l'Équateur.

équerre *nf* **1** Instrument qui sert à tracer des angles plans droits, des perpendiculaires. **2** Pièce métallique en T ou L utilisée pour renforcer des assemblages. Loc *D'équerre* : à angle droit.

équestre *a* Relatif à l'équitation. Loc *Statue équestre* : qui représente un personnage à cheval.

équeutage *nm* Action d'équeuter.

équeuter *vt* Ôter la queue d'un fruit.

équidé *nm* ZOOL Mammifère appartenant à la même famille que le cheval.

équidistance [-kɥi-] *nf* Caractère équidistant.

équidistant, ante [-kɥi-] *a* Situé à une distance égale. *Deux points équidistants d'une droite.*

équilatéral, ale, aux [-kɥi-] *a* GEOM Dont tous les côtés sont égaux.

équilibrage *nm* Action d'équilibrer.

équilibrant, ante *a* Qui rétablit l'équilibre.

équilibration *nf* Maintien ou mise en équilibre.

équilibre *nm* **1** État d'un corps en repos, sollicité par des forces qui se contrebalancent. **2** Position d'une personne qui se maintient sans tomber. **3** Disposition, situation stable résultant de compensations entre divers éléments. *L'équilibre budgétaire.* **4** Harmonie psychique, santé mentale.

équilibré, ée *a* **1** En bon équilibre, stable. **2** Sensé, modéré. *Un garçon équilibré.*

équilibrer *vt* Mettre en équilibre. ■ *vpr* Être d'importance égale.

équilibriste *n* Artiste qui fait des tours d'équilibre acrobatique.

équille nf Petit poisson allongé qui s'enfouit dans le sable.

équin, ine a Du cheval.

équinoxe nm Époque de l'année, au printemps ou à l'automne, où le jour et la nuit ont la même durée.

équinoxial, ale, aux a De l'équinoxe.

équipage nm Ensemble du personnel à bord d'un navire, d'un avion, etc.

équipe nf 1 Groupe de personnes collaborant à un même travail. 2 Ensemble de joueurs associés pour disputer un match.

équipée nf Entreprise irréfléchie, escapade aux suites fâcheuses.

équipement nm 1 Action d'équiper. 2 Ce qui sert à équiper qqn ou qqch (tenue, matériel, etc.).

équipementier nm Fabricant d'équipements automobiles, aéronautiques.

équiper vt Pourvoir de ce qui est nécessaire à une activité. *Équiper une troupe.* ■ vpr Se pourvoir d'un équipement.

équipier, ère n Membre d'une équipe (spécialement sportive).

équipotent, ente [-kyi-] a MATH Se dit de deux ensembles ayant un la même puissance.

équiprobable [ekyi-] a MATH De même probabilité.

équitable a Qui a de l'équité.

équitablement av De façon équitable.

équitation nf Art, action de monter à cheval.

équité nf Justice naturelle fondée sur la reconnaissance des droits de chacun ; impartialité.

équivalence nf Caractère équivalent.

équivalent, ente a Qui a la même valeur. ■ nm 1 Ce qui est équivalent. 2 Synonyme.

équivaloir vti (44) Être de même valeur. *Sa fortune équivaut à la mienne. Cette réponse équivaut à un refus.*

équivoque a 1 Susceptible de plusieurs interprétations. 2 Qui n'inspire pas confiance. ■ nf Expression, situation laissant dans l'incertitude.

érable nm Grand arbre, dont le fruit est un akène ailé.

éradication nf Action d'éradiquer.

éradiquer vt Faire disparaître totalement.

éraflement nm Action d'érafler.

érafler vt Écorcher légèrement.

éraflure nf Écorchure légère.

éraillement nm Fait d'être éraillé.

érailler vt 1 Érafler, rayer. 2 Effiler du tissu par usure. 3 Rendre la voix rauque.

éraillure nf 1 Légère écorchure ; rayure. 2 Partie éraillée d'un tissu.

ère nf 1 Époque fixe à partir de laquelle on commence à compter les années. 2 Période marquée par un fait social, économique, etc. *L'ère industrielle.* 3 Chacune des grandes divisions du temps, en géologie.

érecteur, trice a, nm ANAT Qui produit l'érection.

érectile a Qui peut se dresser, se raidir. *Poils érectiles. Crête érectile.*

érection nf 1 Action d'élever, de construire. *L'érection d'un monument.* 2 État d'un organe, tel que le pénis, qui devient raide.

éreintage nm Critique sévère et malveillante.

éreintement nm 1 État d'une personne éreintée. 2 Syn de *éreintage.*

éreinter vt 1 Excéder de fatigue. 2 Critiquer violemment et méchamment.

érémitique a Propre aux ermites.

erésipèle. V. érysipèle.

1. erg nm PHYS Unité de mesure du travail.

2. erg nm Dans un désert, région couverte de dunes.

ergol nm Composant du propergol, utilisé comme combustible pour les fusées.

ergonome ou **ergonomiste** n Spécialiste d'ergonomie.

ergonomie nf 1 Étude de l'adaptation du travail à l'homme. 2 Bonne adaptation d'un objet à sa fonction.

ergonomique a Fonctionnel. *Siège ergonomique.*

ergot nm 1 Griffe placée en arrière du pied de certains animaux (coq, chien). 2 Maladie des céréales. 3 Saillie sur une pièce de bois ou de fer.

ergotage nm Manie d'ergoter.

ergotamine nf Alcaloïde de l'ergot de seigle, à usage médical.

ergoter vi Contester, trouver à redire sur tout.

ergoteur, euse a, n Qui aime ergoter.

ergothérapie nf Utilisation thérapeutique du travail manuel.

éricacée nf BOT Plante appartenant à la même famille que la bruyère, le rhododendron, la myrtille, etc.

ériger vt [11] 1 Dresser, élever un monument. *Ériger une statue, un autel.* 2 Établir, instituer. 3 Élever à la qualité de. *Ériger une église en cathédrale.* ■ vpr S'attribuer le rôle de, se poser en. *S'ériger en censeur.*

ermitage nm Litt Demeure écartée et solitaire.

ermite nm 1 Religieux vivant retiré dans un lieu désert. 2 Qui vit seul et retiré.

éroder vt Ronger par une action lente.

érogène a Qui est la source d'une excitation sexuelle.

érosif, ive a Qui produit l'érosion.

érosion nf 1 Usure du relief du sol. 2 Altération. *Érosion de la confiance.* Loc *Érosion monétaire :* dégradation de la valeur d'une monnaie.

érotique a De l'amour sensuel, de la sexualité.

érotiser vt Donner un caractère érotique à.

érotisme nm 1 Caractère érotique. 2 Description par la littérature, l'art, de l'amour et de la sexualité.

érotologie nf Étude de l'érotisme.

érotomane n, a Atteint d'érotomanie.

érotomanie nf Obsession sexuelle.

erpétologie nf Étude des reptiles.

errance nf Litt Action d'errer.

errant, ante a Qui erre, sans se fixer.

errata nm inv Liste des erreurs d'impression d'un texte, signalées avec leurs corrections (pour une seule erreur on emploie *erratum*).

erratique a Qui n'est pas fixe ; instable.

errements nmpl Manière habituelle et néfaste d'agir, de se conduire.

errer vi Marcher au hasard.

erreur nf 1 Action de se tromper ; faute, méprise. 2 État de celui qui se trompe. *Être dans l'erreur.* 3 Action inconsidérée, regrettable, maladroite.

erroné, ée a Entaché d'erreur ; faux.

ers [ɛʀ] nm Lentille fourragère.

ersatz [-zats] *nm* Produit de remplacement, succédané.

érubescent, ente *a* Litt Qui devient rouge.

éructation *nf* Bruit produit en éructant ; rot.

éructer *vi* Rejeter avec bruit par la bouche les gaz venant de l'estomac. ■ *vt* Lancer, beugler. *Éructer des injures.*

érudit, ite *a, n* Qui possède un savoir approfondi.

érudition *nf* Savoir de l'érudit.

éruptif, ive *a* 1 Relatif aux éruptions volcaniques. 2 MED Qui caractérise une éruption.

éruption *nf* 1 Projection par un volcan de divers matériaux : scories, cendres, lave, gaz, etc. 2 MED Apparition sur la peau de taches, de boutons.

érysipèle ou **érésipèle** *nm* MED Inflammation de l'épiderme, d'origine infectieuse.

érythème *nm* MED Rougeur de la peau.

érythréen, enne *a, n* D'Érythrée.

érythroblaste *nm* BIOL Cellule mère des globules rouges.

érythrocyte *nm* BIOL Globule rouge.

érythropoïèse *nf* BIOL Formation des globules rouges.

érythropoïétine *nf* BIOL Protéine qui stimule l'érythropoïèse.

érythrosine *nf* Substance rouge utilisée comme colorant alimentaire.

ès *prép* (devant un nom pluriel) En, en matière de. *Docteur ès sciences.*

esbroufe *nf* Fam Air important par lequel on cherche à impressionner qqn.

escabeau *nm* Petit meuble muni de marches, utilisé comme échelle.

escadre *nf* 1 Flotte de guerre. 2 Formation d'avions de combat.

escadrille *nf* 1 MAR Ensemble de bâtiments légers. 2 Groupe d'avions.

escadron *nm* Unité d'un régiment de cavalerie, de blindés ou de gendarmerie.

escalade *nf* 1 Action de franchir un mur, une clôture en grimpant. 2 Ascension d'une paroi rocheuse. 3 Augmentation rapide comme par surenchère ; aggravation. *Escalade de la violence.*

escalader *vt* 1 Franchir par escalade. 2 Faire l'ascension de.

escalator *nm* (n déposé) Escalier mécanique.

escale *nf* 1 Action de faire relâche pour embarquer ou débarquer des passagers, se ravitailler, etc. 2 Lieu où l'on fait relâche.

escalier *nm* Suite de marches pour monter et descendre. Loc *Avoir l'esprit de l'escalier* : manquer de repartie.

escalope *nf* Mince tranche de viande ou de poisson.

escaloper *vt* CUIS Découper en tranches fines.

escamotable *a* Qui peut être escamoté.

escamotage *nm* Action d'escamoter.

escamoter *vt* 1 Faire disparaître adroitement. 2 Subtiliser. *Escamoter un portefeuille.* 3 Faire rentrer automatiquement l'organe saillant d'une machine, d'un appareil. 4 Esquiver ce qui embarrasse. *Escamoter une difficulté.*

escamoteur, euse *n* Illusionniste.

escampette *nf* Loc Fam *Prendre la poudre d'escampette* : s'enfuir, déguerpir.

escapade *nf* Action de s'échapper, de se dérober momentanément à ses obligations.

escarbille *nf* Fragment de braise qui s'échappe d'un foyer.

escarboucle *nf* Litt Pierre rouge foncé qui brille vivement.

escarcelle *nf* Litt Bourse, caisse.

escargot *nm* Mollusque gastéropode à coquille hélicoïdale. Loc *Comme un escargot* : très lentement.

escarmouche *nf* 1 Combat entre petits détachements de deux armées. 2 Petite lutte préliminaire.

escarpe *nf* Talus intérieur du fossé d'un ouvrage fortifié.

escarpé, ée *a* En pente raide ; abrupt.

escarpement *nm* Pente raide.

escarpin *nm* Chaussure découverte et légère, à semelle fine.

escarpolette *nf* Siège suspendu par des cordes, servant de balançoire.

escarre *nf* Nécrose cutanée dans laquelle les tissus mortifiés forment une croûte noirâtre.

eschatologie [eska-] *nf* THEOL Doctrine relative à la destinée humaine et à la fin du monde.

esche, èche ou **aiche** *nf* Appât accroché à l'hameçon.

escient *nm* Loc *À bon escient* : avec discernement, avec raison.

esclaffer (s') *vpr* Éclater d'un rire bruyant.

esclandre *nm* Incident fâcheux, bruyant et cause du scandale.

esclavage *nm* 1 Condition, état d'esclave. 2 État de dépendance, de soumission.

esclavagisme *nm* Organisation sociale fondée sur l'esclavage.

esclavagiste *a, n* Partisan de l'esclavage.

esclave *n, a* 1 Qui est sous la dépendance absolue d'un maître. 2 Qui subit la domination, l'emprise de qqn, de qqch.

escogriffe *nm* Loc Fam *Grand escogriffe* : homme grand et dégingandé.

escomptable *a* FIN Que l'on peut escompter.

escompte *nm* FIN 1 Paiement d'une traite avant l'échéance ; somme retenue par l'acheteur de cette traite. 2 Prime accordée au débiteur qui paie avant l'échéance ou à l'acheteur au comptant.

escompter *vt* 1 FIN Prélever l'escompte sur. 2 S'attendre à qqch de favorable.

escopette *nf* Anc Petit fusil à bouche évasée.

escorte *nf* 1 Groupe de personnes accompagnant qqn pour le surveiller, le protéger, l'honorer. 2 Ensemble de bâtiments, d'avions accompagnant des navires, des avions pour assurer leur protection.

escorter *vt* Accompagner en escorte.

escorteur *nm* Bâtiment de guerre spécialisé dans la protection navale.

escouade *nf* Groupe de quelques personnes.

escourgeon *nm* Orge d'hiver.

escrime *nf* Sport du maniement du fleuret, de l'épée, du sabre.

escrimer (s') *vpr* S'évertuer, faire de grands efforts.

escrimeur, euse *n* Qui pratique l'escrime.

escroc [-kro] *nm* Filou, auteur d'escroqueries.

escroquer *vt* Voler, soutirer qqch à qqn par des manœuvres frauduleuses.

escroquerie *nf* Action d'escroquer.

escudo *nm* Unité monétaire du Portugal.

esgourde *nf* Pop Oreille.

ésotérique a Difficile à comprendre, obscur pour qui n'est pas initié.

ésotérisme nm Caractère ésotérique.

espace nm 1 Étendue indéfinie contenant tous les objets. *Le temps et l'espace.* 2 Étendue dans laquelle se meuvent les astres. 3 Surface, volume, place déterminée. *Manquer d'espace.* 4 Intervalle, distance entre deux points. 5 Intervalle de temps. *En l'espace d'une journée.* Loc *Géométrie dans l'espace* : qui étudie les figures dans un espace à trois dimensions. *Espace vert* : surface réservée aux parcs, aux jardins, dans une agglomération. *Espace aérien* : partie de l'atmosphère contrôlée par un État. *Espace vital* : territoire qu'un État juge nécessaire à sa survie. ■ nf IMPRIM Lamelle de métal servant à séparer deux caractères.

espacement nm 1 Action d'espacer. 2 Intervalle entre deux points, deux moments.

espacer vt [10] Séparer un espace. *Espacer des arbres. Espacer des visites.*

espace-temps nm inv PHYS Espace non euclidien à quatre dimensions, postulé dans la théorie de la relativité d'Einstein.

espadon nm Grand poisson dont la mâchoire supérieure est allongée en forme d'épée.

espadrille nf Chaussure à empeigne de grosse toile et à semelle de corde.

espagnol, ole a, n D'Espagne. ■ nm Langue romane parlée en Espagne et en Amérique.

espagnolette nf Fermeture de fenêtre à tige pivotante.

espalier nm 1 Rangée d'arbres fruitiers dont les branches sont palissées contre un mur ou un treillage. 2 Échelle fixée à un mur, servant à exécuter des exercices de gymnastique.

espar nm MAR Longue pièce de bois ou de métal du gréement d'un bateau.

espèce nf 1 BIOL Ensemble des individus offrant des caractères communs qui les différencient d'individus voisins. *L'espèce humaine.* 2 Sorte, qualité, catégorie. *Marchandises de toute espèce.* Loc *Une espèce de...* : une personne, une chose comparable à.... Fam *Espèce de* : précède un terme d'injure. *Cas d'espèce* : cas particulier. *En l'espèce* : en la circonstance. ■ pl Argent liquide. *Payer en espèces.*

espérance nf 1 Attente confiante de qqch que l'on désire. 2 Personne, chose sur laquelle se fonde cette attente. Loc *Espérance de vie* : durée de vie moyenne des individus d'une population donnée.

espéranto nm Langue internationale artificielle, créée en 1887.

espérer vt [12] Compter sur, s'attendre à, souhaiter. *Espérer la victoire.* ■ vti Avoir confiance en. *Espérer en Dieu.*

espiègle a, n Malicieux, vif et éveillé. *Un enfant espiègle.*

espièglerie nf 1 Caractère espiègle ; malice. 2 Action espiègle.

espion, onne n 1 Qui est chargé de recueillir clandestinement des renseignements sur une puissance étrangère ; agent secret. 2 Qui épie.

espionnage nm Action d'espionner ; activité d'espion. Loc *Espionnage industriel* : exercé par une firme qui cherche à s'emparer de secrets technologiques.

espionner vt Épier autrui par intérêt ou par curiosité malveillante.

espionnite nf Fam Peur maladive des espions.

esplanade nf Espace uni et découvert devant un édifice important.

espoir nm 1 Fait d'espérer. 2 Chose, personne en qui on espère.

espressivo av MUS Avec sentiment.

esprit nm 1 Être immatériel, incorporel ou imaginaire. 2 Ensemble des facultés intellectuelles et psychiques ; caractère. *Cultiver son esprit. Avoir l'esprit éveillé. Esprit chagrin.* 3 Manière de penser, de se comporter. *Avoir l'esprit large, étroit.* 4 Disposition, aptitude intellectuelle. *Avoir l'esprit de suite.* 5 Sens profond, intime. *Saisir l'esprit d'une déclaration.* 6 Humour, sens de l'ironie. *Avoir de l'esprit. Faire de l'esprit.* 7 En grec, signe marquant une aspiration (*esprit rude*) ou une absence d'aspiration (*esprit doux*). 8 Vx Liquide volatil chargé de principes aromatiques. *Esprit de vin.* Loc *Bel esprit* : qui cherche à briller par sa finesse intellectuelle. *En esprit* : mentalement. *Mot d'esprit* : repartie brillante. *Perdre l'esprit* : devenir fou. ■ pl Loc *Reprendre ses esprits* : reprendre conscience.

esquif nm Litt Embarcation légère.

esquille nf Petit fragment d'un os fracturé.

esquimau, aude, aux a, n Relatif aux Esquimaux (ou Eskimos). ■ nm (n déposé) Glace fichée sur un bâtonnet, comme une sucette.

esquimautage nm Mouvement par lequel on retourne un kayak sens dessus dessous.

esquintant, ante a Fam Fatigant, éreintant.

esquinter vt Fam 1 Abimer, détériorer. 2 Critiquer durement. *Esquinter un roman.* ■ vpr Fam S'éreinter, se surmener.

esquisse nf 1 Ébauche d'une œuvre artistique. 2 Amorce. *L'esquisse d'un geste.*

esquisser vt 1 Faire l'esquisse de. 2 Commencer à faire. *Esquisser un geste.*

esquive nf Mouvement du corps pour esquiver un coup.

esquiver vt Éviter adroitement. ■ vpr S'échapper discrètement.

essai nm 1 Épreuve à laquelle on soumet qqch ou qqn. 2 Tentative. *Faire deux essais.* 3 Livre, article qui présente très librement des idées sans prétention exhaustive. 4 Au rugby, action de poser le ballon derrière la ligne de but adverse.

essaim nm 1 Colonie d'abeilles. 2 Litt Troupe nombreuse.

essaimage nm 1 Action d'essaimer. 2 Période où les abeilles essaiment.

essaimer vi 1 Quitter la ruche en essaim. 2 Litt Émigrer en se dispersant.

essartage nm Action d'essarter.

essarter vt AGRIC Défricher en arrachant les arbres, les broussailles.

essayage nm Action d'essayer un vêtement.

essayer vt [20] 1 Faire l'essai d'une chose pour vérifier si elle convient. 2 Tenter, s'efforcer de, tâcher de. *J'ai tout essayé en vain. Essayez de vous rappeler ce nom.* ■ vpr S'exercer à.

essayeur, euse n 1 Qui fait essayer et éventuellement rectifier les vêtements. 2 Qui est chargé de procéder à des essais.

essayiste nm Auteur d'essais littéraires.

esse nf Crochet double en forme de S.

essence nf 1 Ce qui constitue la nature profonde d'un être, d'une chose. 2 Espèce d'arbres. *Une forêt aux essences variées.* 3

Composé liquide volatil et odorant extrait d'une plante. *Essence de rose.* 4 Liquide provenant de la distillation du pétrole, employé comme carburant, comme solvant, etc.

essénien, enne a, n HIST D'une secte juive du début de l'ère chrétienne.

essentiel, elle a 1 Qui appartient à l'essence d'un être, d'une chose. 2 Nécessaire, très important. ■ nm 1 La chose principale, le point capital. 2 La plus grande partie. *L'essentiel de sa vie.*

essentiellement av Principalement.

esseulé, ée a Délaissé, abandonné.

essieu nm Tige, barre servant d'axe commun à deux roues d'un véhicule.

essor nm 1 Action de s'envoler. 2 Développement, progrès, extension.

essorage nm Action d'essorer.

essorer vt Débarrasser du linge de son eau par torsion, compression, etc.

essoreuse nf Machine à essorer.

essoucher vt Arracher les souches d'arbres abattus d'un terrain.

essoufflement nm État de qqn qui est essoufflé.

essouffler vt Mettre hors d'haleine, à bout de souffle. ■ vpr Peiner, avoir du mal à suivre un certain rythme.

essuie-glace nm Appareil servant à balayer mécaniquement les gouttes de pluie sur le pare-brise d'un véhicule. *Des essuie-glaces.*

essuie-mains nm inv Linge servant à s'essuyer les mains.

essuie-tout nm inv Papier absorbant présenté en rouleau.

essuyage nm Action d'essuyer.

essuyer vt [21] 1 Sécher ou nettoyer en frottant. 2 Supporter, subir. *Essuyer un échec.*

est [ɛst] nm, a inv 1 Un des quatre points cardinaux, situé au soleil levant. 2 (avec majusc) Partie orientale d'une région, d'un pays. 3 (avec majusc) L'Europe orientale, l'ancien bloc socialiste. Ant. ouest.

establishment [ɛstabliʃmɛnt] nm Ensemble de ceux qui détiennent le pouvoir, l'autorité.

estafette nf Militaire porteur de dépêches.

estafilade nf Grande coupure faite avec un instrument tranchant.

estaminet nm Vx Débit de boissons.

estampage nm Action d'estamper.

estampe nf 1 Machine, outil servant à estamper. 2 Image imprimée au moyen d'une planche gravée de bois, de cuivre ou de pierre calcaire.

estamper vt 1 Façonner une matière, une surface à l'aide de presses, de matrices et de moules. 2 Fam Voler, escroquer.

estampeur, euse n 1 Spécialiste de l'estampage. 2 Fam Commerçant malhonnête.

estampillage nm Action d'estampiller.

estampille nf Marque attestant l'authenticité de qqch ou constatant l'acquittement d'un droit fiscal.

estampiller vt Marquer d'une estampille.

est-ce que av Exprime l'interrogation directe. *Est-ce que tu comprends ?*

1. ester vi DR Poursuivre une action en justice.

2. ester [ɛstɛʀ] nm CHIM Composé résultant de l'action d'un acide sur un alcool ou un phénol avec élimination d'eau.

esthète n, a Qui goûte la beauté, l'art, parfois avec affectation.

esthéticien, enne n 1 Qui s'occupe d'esthétique. 2 Spécialiste des soins de beauté.

esthétique a Conforme au sens du beau. Loc *Chirurgie esthétique :* qui vise à rectifier les formes du corps, les traits du visage. ■ nf 1 Conception, théorie du beau. 2 Aspect de qqn, de qqch sous le rapport de la beauté.

esthétiquement av De façon esthétique.

esthétisant, ante a Qui verse dans l'esthétisme.

esthétisme nm Attitude des esthètes.

estimable a Digne d'estime.

estimatif, ive a Qui a pour objet une estimation.

estimation nf 1 Évaluation exacte. 2 Ordre de grandeur, approximation.

estime nf Opinion favorable, cas que l'on fait de qqn ou de qqch. Loc *Succès d'estime :* accueil favorable des seuls critiques, peu suivis par le public. *À l'estime :* au jugé.

estimer vt 1 Déterminer la valeur exacte de. 2 Calculer approximativement. 3 Juger, considérer. 4 Tenir en considération, faire cas de.

estivage nm Envoi des animaux sur des pâturages de montagne pendant l'été.

estival, ale, aux a D'été. *Tenue estivale.*

estivant, ante n Qui passe l'été en villégiature.

estoc nm Loc *Frapper d'estoc et de taille :* donner de grands coups d'épée.

estocade nf 1 Coup donné avec la pointe de l'épée. 2 Coup par lequel le matador tue le taureau. 3 Litt Attaque imprévue et décisive.

estomac [-ma] nm 1 Poche du tube digestif, entre l'œsophage et le duodénum. 2 Partie extérieure du corps correspondant à l'emplacement de l'estomac. 3 Fam Courage, cran. Loc Fam *À l'estomac :* au culot.

estomaquer vt Fam Frapper d'étonnement.

estompe nf Petit rouleau de papier servant à étaler les traits de crayon, de fusain.

estomper vt 1 Passer à l'estompe, ombrer. 2 Voiler, rendre flou. ■ vpr Devenir moins net.

estonien, enne a, n De l'Estonie. ■ nm Langue parlée en Estonie.

estoquer vt Porter l'estocade au taureau.

estouffade nf Plat cuit à l'étouffée.

estourbir vt Fam Assommer ; tuer.

estrade nf Plancher légèrement surélevé par rapport au niveau du sol.

estragon nm Armoise dont on utilise les feuilles comme condiment.

estran nm GÉOGR Partie du littoral recouvert par la marée.

estrapade nf HIST Supplice qui consistait à hisser qqn à l'aide d'une corde à une certaine hauteur, puis à le laisser retomber.

estropié, ée n Qui a perdu l'usage d'un membre.

estropier vt 1 Faire perdre l'usage d'un membre à. 2 Altérer, déformer. *Estropier un mot.*

estuaire nm Embouchure d'un fleuve, formant un bras de mer.

estudiantin, ine a Propre aux étudiants.

esturgeon nm Grand poisson qui vit en mer et va pondre dans les grands fleuves.

et *conj* Sert à coordonner des termes de même fonction. Loc *Et/ou* : sert à coordonner soit par «et», soit par «ou».

êta *nm* Septième lettre de l'alphabet grec.

étable *nf* Lieu couvert, bâtiment où l'on abrite les bœufs, les vaches.

établi, ie *a* 1 Stable, solide. 2 En place. *Ordre établi.* ■ *nm* Table de travail d'un menuisier, d'un serrurier, etc.

établir *vt* 1 Placer de manière stable en un endroit choisi. 2 Réaliser, mettre en état. *Établir un plan.* 3 Prouver, démontrer. ■ *vpr* 1 S'installer. 2 Se constituer ; s'instaurer.

établissement *nm* 1 Action d'établir, de s'établir. 2 Installation établie pour l'exercice d'un commerce, d'une industrie, pour l'enseignement, etc.

étage *nm* 1 Division formée par les planchers dans la hauteur d'un édifice. 2 Chacun des niveaux successifs, dans une disposition selon des plans superposés. *Jardin en étages.* 3 Subdivision d'une période géologique. Loc *De bas étage* : peu recommandable, médiocre.

étagement *nm* Disposition par étages.

étager *vt* [11] Disposer par étages. ■ *vpr* Être disposé en étages, en niveaux.

étagère *nf* 1 Planche, tablette fixée horizontalement sur un mur. 2 Meuble à tablettes superposées.

étai *nm* Pièce servant à soutenir un mur, un plancher.

étaiement. V. étayage.

étain *nm* 1 Métal blanc, très malléable. 2 Objet en étain.

étal *nm* 1 Table de boucher. 2 Table servant à exposer des marchandises dans un marché. *Des étals ou des étaux.*

étalage *nm* 1 Exposition de marchandises à vendre. 2 Lieu où sont exposées ces marchandises ; ensemble de marchandises exposées. Loc *Faire étalage de* : montrer avec ostentation.

étalagiste *n* Qui dispose les marchandises dans les vitrines.

étale *a* Dont le niveau est stationnaire. *Mer étale.* ■ *nm* Moment où la mer est stationnaire.

étalement *nm* Action d'étaler.

étaler *vt* 1 Exposer des marchandises à vendre. 2 Déployer. *Étaler une carte routière.* 3 Étendre. *Étaler de la peinture sur une toile.* 4 Montrer avec ostentation. 5 Répartir dans le temps. *Étaler les vacances annuelles.* ■ *vpr* 1 S'étendre. *Le village s'étale sur la colline.* 2 Fam Tomber de tout son long. *S'étaler dans la boue.*

1. étalon *nm* Cheval destiné à la reproduction.

2. étalon *nm* 1 Objet, appareil qui permet de définir une unité de mesure légale. 2 Métal ou monnaie de référence qui fonde la valeur d'une unité monétaire.

étalonnage ou **étalonnement** *nm* 1 Vérification de la conformité des indications d'un appareil de mesure à celle de l'étalon. 2 Graduation d'un instrument conformément à l'étalon.

étalonner *vt* Procéder à l'étalonnage.

étamage *nm* Action d'étamer.

étambot *nm* Forte pièce de la charpente du navire reliée à la quille, et qui supporte le gouvernail.

étamer *vt* 1 Revêtir un métal d'étain. 2 Revêtir de tain la face arrière d'une glace.

étameur *nm* Qui étame.

étamine *nf* 1 Étoffe mince non croisée. *Étamine de soie.* 2 BOT Organe mâle des plantes à fleurs, qui porte à son extrémité l'anthère, où s'élabore le pollen.

étampe *nf* Matrice qui sert à produire une empreinte sur le métal.

étamper *vt* Produire une empreinte avec une étampe.

étanche *a* Imperméable aux liquides, aux gaz. Loc *Cloison étanche* : séparation complète.

étanchéité *nf* Nature de ce qui est étanche. *Étanchéité d'une citerne.*

étancher *vt* 1 Arrêter l'écoulement d'un liquide. 2 Rendre étanche en calfeutrant. Loc *Étancher la soif* : l'apaiser.

étançon *nm* Pilier, poteau de soutènement.

étang [etɑ̃] *nm* Étendue d'eau stagnante plus petite qu'un lac.

étape *nf* 1 Lieu où on fait halte, où l'on passe la nuit au cours d'un voyage. 2 Distance à parcourir entre deux arrêts. 3 Période envisagée dans une succession ; degré. *Procéder par étapes.*

1. état *nm* 1 Situation, disposition dans laquelle se trouve qqn ou qqch. *L'état sanitaire de la population. Une voiture en bon état. La glace est de l'eau à l'état solide.* 2 Relevé descriptif (liste, tableau, etc.). *L'état des ressources.* 3 Profession. *L'état ecclésiastique. Il est menuisier de son état.* Loc *État civil* : indication de la date et du lieu de naissance de qqn, du nom de ses parents, etc. *État d'esprit* : disposition affective, humeur. *État des lieux* : description d'un local à l'entrée ou au départ d'un occupant. *Faire état de* : mettre en avant, faire valoir. *États généraux* : sous l'Ancien Régime, assemblée des représentants des divers ordres de la nation. *Tiers état* : le peuple, sous l'Ancien Régime. *En état de* : en mesure de, capable de. *Hors d'état de* : incapable de. Fam *Être dans tous ses états* : être bouleversé, affolé. *En tout état de cause* : quoi qu'il en soit. *Remettre en état* : réparer.

2. État *nm* 1 Nation gouvernée par un pouvoir représentatif. 2 Gouvernement, administration. Loc *Affaire d'État* : affaire d'une importance capitale. *Homme d'État* : personnage qui joue un rôle politique important. *Coup d'État* : action violente pour s'emparer du pouvoir. *Raison d'État* : motif d'intérêt public invoqué pour justifier une action arbitraire.

étatique *a* De l'État.

étatisation *nf* Action d'étatiser.

étatiser *vt* Placer sous l'administration de l'État.

étatisme *nm* Système politique caractérisé par l'intervention directe de l'État sur le plan économique.

état-major *nm* 1 Corps d'officiers chargés d'assister un chef militaire dans l'exercice du commandement ; lieu où ces officiers se réunissent. 2 Ensemble des dirigeants d'un groupement. *Des états-majors.*

états-unien, enne *a, n* Des États-Unis.

étau *nm* Instrument composé de deux mâchoires et qui sert à enserrer un objet que l'on façonne. *Des étaux.*

étayage, étayement ou **étaiement** *nm* Action d'étayer.

étayer vt [20] **1** Soutenir avec des étais. **2** Soutenir une idée, renforcer.

et cetera ou **etc** [etsetera] av Et le reste.

été nm Saison la plus chaude de l'année, entre le printemps et l'automne.

éteignoir nm **1** Petit cône métallique creux servant à éteindre les cierges. **2** Fam Rabat-joie.

éteindre vt [69] **1** Faire cesser de brûler, d'éclairer, de fonctionner. *Éteindre un feu. Éteindre la lumière.* **2** Litt Tempérer, adoucir. *Éteindre la soif.* **3** Annuler, faire cesser. *Éteindre une dette.* ■ vpr **1** Cesser de brûler ou d'éclairer. **2** Litt Diminuer. *Son ardeur s'éteint.* **3** Disparaître. **4** Mourir doucement.

éteint, einte a Qui a perdu son éclat, sa force. *Un regard éteint.*

étendage nm Action d'étendre.

étendard nm Drapeau ; signe de ralliement d'une cause, d'un parti. *Lever, brandir l'étendard de la révolte.*

étendoir nm Fil sur lequel on étend du linge.

étendre vt [5] **1** Allonger. *Étendre le bras.* **2** Coucher de tout son long. *Étendre un blessé sur le sol.* **3** Déployer en surface. *Étendre du linge pour le faire sécher.* **4** Additionner d'eau, diluer. *Étendre du vin.* **5** Agrandir, accroître. *Étendre ses domaines.* **6** Fam Refuser à un examen. ■ vpr **1** Occuper un certain espace. *La plaine s'étend jusqu'à la mer.* **2** Augmenter, se développer. *L'épidémie s'étend.* **3** S'allonger. *S'étendre sur l'herbe.* **4** Parler longuement de. *S'étendre sur un sujet.*

étendu, ue a **1** Vaste. *Une province étendue.* **2** Déployé. *Oiseau aux ailes étendues.*

étendue nf **1** Espace, superficie, durée. *Dans toute l'étendue du pays.* **2** Développement, importance.

éternel, elle a **1** Sans commencement ni fin. **2** Immuable. *Vérité éternelle.* **3** Sans fin ; continuel. *Son éternel bavardage.* Loc *La Ville éternelle* : Rome. ■ nm Loc *L'Éternel* : Dieu.

éternellement av Toujours, continuellement.

éterniser vt Prolonger indéfiniment. *Éterniser une discussion.* ■ vpr **1** Se prolonger indéfiniment. *La polémique s'éternise.* **2** Rester trop longtemps qqpart.

éternité nf **1** Durée sans commencement ni fin. **2** Durée sans fin ; temps très long. Loc *De toute éternité* : depuis toujours. Fam *Il y a une éternité que* : il y a longtemps que.

éternuement nm Expiration brusque et bruyante par le nez et la bouche provoquée par une irritation des muqueuses nasales.

éternuer vi Avoir un éternuement.

étêtage ou **étêtement** nm Action d'étêter.

étêter vt Couper la cime d'un arbre.

éteule nf AGRIC Partie du chaume qui reste en place après la moisson.

éthane nm CHIM Hydrocarbure saturé.

éthanol nm CHIM Alcool éthylique.

éther nm **1** Litt Le ciel, les espaces célestes. **2** CHIM Liquide très volatil utilisé comme solvant et comme anesthésique.

éthéré, e a Litt Très délicat, très élevé, très pur. *Une âme éthérée. Un amour éthéré.*

éthéromane n, a Atteint d'éthéromanie.

éthéromanie nf Toxicomanie à l'éther.

éthiopien, enne a, n D'Éthiopie.

éthique a Qui concerne la morale. ■ nf Morale.

ethmoïde nm ANAT Os de la base du crâne.

ethnie nf Groupement humain caractérisé par une même culture, une même langue.

ethnique a De l'ethnie. *Groupe ethnique.* Loc LING *Nom, adjectif ethnique* : dérivé d'un nom de pays, de région, de ville.

ethnobiologie nf Étude des relations entre les populations humaines et leur environnement.

ethnocentrisme nm Tendance à prendre les normes de son propre groupe social pour juger d'autres groupes sociaux.

ethnocide nm Destruction d'une culture.

ethnographe n Spécialiste d'ethnographie.

ethnographie nf Science descriptive des origines, des mœurs des peuples.

ethnographique a De l'ethnographie.

ethnolinguistique [-gɥis-] nf Étude des relations entre le langage, la culture et les populations humaines.

ethnologie nf Branche de l'anthropologie qui étudie les ethnies et les cultures.

ethnologique a De l'ethnologie.

ethnologue n Spécialiste d'ethnologie.

ethnomusicologie nf Étude de la musique des ethnies.

ethnonyme nm LING Nom ou adjectif ethnique.

ethnopsychiatrie [-kja-] nf Étude des troubles mentaux en relation avec l'ethnie.

éthologie nf Science du comportement des animaux dans leur milieu naturel.

éthologue n Spécialiste d'éthologie.

éthylène nm Gaz incolore obtenu à partir du gaz naturel, d'essences lourdes ou de gazole.

éthylique a MED De l'éthylisme. Loc *Alcool éthylique* ou *éthanol* : syn de *alcool.* ■ n Alcoolique.

éthylisme nm MED Alcoolisme.

éthylomètre nm Appareil mesurant l'alcoolémie.

éthylotest nm Test fait avec un éthylomètre.

étiage nm Niveau le plus bas atteint par un cours d'eau.

étincelant, ante a Éclatant, brillant.

étinceler vi [18] Briller, jeter des éclats de lumière.

étincelle nf **1** Petite parcelle incandescente qui se détache d'un corps qui brûle ou qui subit un choc. **2** Brève manifestation. Loc *Étincelle électrique* : phénomène lumineux très bref qui évacue l'énergie lors d'une décharge. Fam *Faire des étincelles* : éblouir ; se faire remarquer (qqn) ; faire du scandale (qqch).

étincellement nm Éclat de ce qui étincelle.

étiolement nm **1** Désordre physiologique généralisé provoqué chez une plante verte par le manque de lumière. **2** Affaiblissement d'une faculté de qqn.

étioler vt Provoquer l'étiolement de. ■ vpr S'affaiblir, dépérir.

étiologie nf MED Étude des causes d'une maladie ; ensemble de ces causes.

étique a Litt Très maigre, décharné.

étiquetage nm Action d'étiqueter.

étiqueter vt [19] **1** Mettre une étiquette sur. *Étiqueter des paquets.* **2** Ranger qqn dans une catégorie.

étiqueteuse nf Machine à étiqueter.

étiquette nf **1** Fiche attachée ou collée à un objet pour en indiquer le contenu, le prix, le possesseur, etc. **2** Cérémonial en usage dans une cour, lors d'une réception officielle, etc.

étirage *nm* Action d'étirer une matière.

étirement *nm* Action, fait de s'étirer.

étirer *vt* Étendre, allonger par traction. ■ *vpr* Se détendre en allongeant ses membres.

étoffe *nf* Tissu servant pour l'habillement, l'ameublement. Loc *Avoir de l'étoffe* : une personnalité forte, prometteuse.

étoffer *vt* Développer, donner de l'ampleur à. *Étoffer une argumentation.* ■ *vpr* Devenir plus fort, plus robuste.

étoile *nf* 1 Astre qui brille d'une lumière propre et dont le mouvement apparent est imperceptible. 2 Astre considéré du point de vue de son influence supposée sur la destinée de qqn. *Croire à son étoile.* 3 Figure géométrique rayonnante. *Étoile à cinq, à six branches.* 4 Rond-point où aboutissent des allées, des avenues. 5 Artiste célèbre ; star. Loc *L'étoile du berger* : la planète Vénus. *Coucher à la belle étoile* : dehors. *Danseur, danseuse étoile* : échelon suprême dans la hiérarchie des solistes de corps de ballet. *Étoile de mer* : animal marin en forme d'étoile à cinq branches.

étoilé, ée *a* 1 Parsemé d'étoiles. 2 En forme d'étoile. Loc *La bannière étoilée* : le drapeau des États-Unis.

étoilement *nm* Fait de s'étoiler.

étoiler *vt* Marquer, fêler en étoile.

étole *nf* 1 Ornement sacerdotal, large bande ornée de croix, que le prêtre officiant porte autour du cou. 2 Large écharpe en fourrure.

étonnamment *av* De façon étonnante.

étonnant, ante *a* 1 Qui étonne, surprend, déconcerte. 2 Remarquable.

étonnement *nm* Stupéfaction, surprise devant qqch d'inhabituel.

étonner *vt* Causer de l'étonnement, de la surprise à qqn. *Son silence m'étonne.* ■ *vpr* Trouver étrange.

étouffant, ante *a* 1 Qui gêne la respiration. 2 Qui crée un malaise ; pesant.

étouffe-chrétien *nm inv* Fam Mets difficile à avaler à cause de sa consistance.

étouffée (à l') *av* Loc *Cuire à l'étouffée* : dans un récipient clos.

étouffement *nm* Action d'étouffer ; le fait d'être étouffé.

étouffer *vt* 1 Gêner ou arrêter la respiration par asphyxie. 2 Éteindre en privant d'air. *Étouffer un incendie.* 3 Amortir les sons. 4 Réprimer, retenir. *Étouffer des cris.* 5 Arrêter dans son développement. *Étouffer un complot.* ■ *vi* 1 Avoir du mal à respirer. 2 Se sentir oppressé, être mal à l'aise ; s'ennuyer. ■ *vpr* Perdre la respiration.

étouffoir *nm* 1 Mécanisme servant à faire cesser les vibrations des cordes d'un piano, d'un clavecin. 2 Fam Lieu mal aéré.

étoupe *nf* Partie la plus grossière de la filasse de chanvre ou de lin.

étourderie *nf* 1 Disposition à agir sans réflexion. 2 Oubli, erreur due à l'inadvertance.

étourdi, ie *a, n* Qui agit sans réflexion, sans attention.

étourdiment *av* Sans réfléchir.

étourdir *vt* 1 Assommer, amener au bord de l'évanouissement. 2 Fatiguer, importuner. *Son bavardage m'étourdit.* ■ *vpr* Se jeter dans les distractions.

étourdissant, ante *a* 1 Qui étourdit. 2 Très surprenant. *Un talent étourdissant.*

étourdissement *nm* 1 Vertige, perte de conscience momentanée. 2 Griserie.

étourneau *nm* 1 Passereau au plumage noirâtre. 2 Étourdi, écervelé.

étrange *a.* 1 Qui étonne, intrigue comme inhabituel ; singulier, insolite.

étrangement *av* De façon étrange.

étranger, ère *a* 1 Qui est d'une autre nation ; relatif à un autre pays. 2 Qui ne fait pas partie d'un groupe ou d'une famille. 3 Qui n'est pas connu ou familier. *Cette voix ne m'est pas étrangère.* 4 Sans rapport ou sans conformité avec qqch. *Une remarque étrangère au débat.* Loc MED *Corps étranger* : qui se trouve de façon anormale dans l'organisme (projectile, écharde, etc.). ■ *n* Qui est d'un autre pays, d'un autre groupe. ■ *nm* Tout pays étranger.

étrangeté *nf* 1 Caractère étrange. 2 Litt Chose étrange.

étranglé, ée *a* Loc *Voix étranglée* : à demi étouffée par l'émotion.

étranglement *nm* 1 Action d'étrangler. 2 Le fait d'être étranglé, de s'étrangler. 3 Resserrement, rétrécissement. Loc *Goulet* ou *goulot d'étranglement* : ce qui limite un écoulement, empêche un développement, un progrès.

étrangler *vt* 1 Serrer le cou jusqu'à l'étouffement. 2 Couper la respiration. *La colère l'étranglait.* 3 Opprimer. *Étrangler la presse.* ■ *vpr* Perdre la respiration.

étrangleur, euse *n* Qui tue par strangulation.

étrave *nf* Forte pièce qui termine à l'avant la charpente d'un navire.

être *vi* 1 Introduit un attribut. *La mer est bleue.* 2 Introduit un élément circonstanciel. *Le vase est sur la table.* 3 Indique l'appartenance. *Ce livre est à moi.* 4 S'emploie comme auxiliaire des voix passive et pronominale et de certains verbes intransitifs ou impersonnels. Loc Litt *Il est* : il y a. *J'y suis* : je comprends. *En être à* : être au point de. *Il n'en est rien* : c'est faux. *En être pour sa peine, son argent* : avoir inutilement mis en œuvre sa peine, son argent. ■ *nm* 1 PHILO État, qualité de ce qui est ; essence. 2 Tout ce qui existe, vit. *L'être humain.* 3 Personne humaine, individu. *Un être cher.* 4 Nature intime d'une personne.

étreindre *vt* [69] 1 Presser dans ses bras ; serrer, saisir fortement. 2 Oppresser. *L'émotion l'étreignait.*

étreinte *nf* 1 Action de presser qqn dans ses bras. 2 Action d'enserrer ; pression exercée sur qqn. *Les assiégeants resserrent leur étreinte.*

étrenne *nf* (surtout pl) Présent, gratification, notamment à l'occasion du Jour de l'an. *Recevoir des étrennes.* Loc *Avoir, faire l'étrenne de qqch* : en avoir, en faire le premier usage.

étrenner *vt* Faire usage le premier ou pour la première fois de qqch.

étrier *nm* 1 Anneau suspendu de chaque côté de la selle, et qui sert d'appui au pied du cavalier. 2 Nom de divers appareils servant à soutenir ou à maintenir le pied. *Étrier de ski.* 3 Pièce métallique servant à fixer, à lier. 4 Osselet de l'oreille moyenne. Loc *Vider les étriers* : tomber de cheval. *Avoir le pied à l'étrier* : être prêt à partir. *Le coup de l'étrier* : le dernier verre que l'on boit au moment du départ.

étrille *nf* 1 Brosse en fer à lames dentelées servant à nettoyer le poil des chevaux. 2 Crabe comestible.

étriller vt 1 Nettoyer avec l'étrille. 2 Malmener, éreinter.

étriper vt 1 Ôter les tripes à. *Étriper un porc.* 2 Fam Éventrer, mettre à mal. ■ vpr Fam Se battre avec une grande violence.

étriqué, ée a 1 Qui manque d'ampleur. *Veste étriquée.* 2 Sans largeur de vues ; mesquin. *Un esprit étriqué.*

étrivière nf Courroie qui porte l'étrier.

étroit, oite a 1 De faible largeur. *Chemin étroit.* 2 Limité, restreint ; intime. *Un cercle étroit d'amis.* 3 Borné, intolérant, mesquin. 4 Rigoureux, strict. *L'observation étroite d'une règle.* Loc *À l'étroit :* dans un espace trop resserré ; mal à l'aise.

étroitement av 1 De façon étroite ; intimement. 2 De façon rigoureuse, stricte. 3 À l'étroit.

étroitesse nf Caractère étroit.

étron nm Matière fécale moulée.

étrusque a, n De l'Étrurie. ■ nm Langue parlée par les Étrusques.

étude nf 1 Activité intellectuelle par laquelle on s'applique à apprendre, à connaître. *Une vie consacrée à l'étude. L'étude du droit.* 2 Travail de conception et de préparation d'un ouvrage, d'une installation, etc. *Bureau d'études.* 3 Ouvrage littéraire ou scientifique sur un sujet que l'on a étudié. 4 Dessin, peinture, sculpture préparatoires. *Études de visage.* 5 Composition musicale particulière à un instrument. 6 Salle où les élèves travaillent en dehors des heures de cours. 7 Charge et lieu de travail d'un officier ministériel ou public. *Étude de notaire, d'huissier.* ■ pl Degrés successifs de l'enseignement scolaire, universitaire. *Faire ses études.*

étudiant, ante n, a Qui suit les cours d'une université, d'une grande école. ■ a Relatif aux étudiants. *Syndicat étudiant.*

étudié, ée a 1 Préparé, médité, conçu avec soin. 2 Sans naturel, affecté. *Geste étudié.* Loc *Prix étudié :* calculé au plus juste.

étudier vt 1 S'appliquer à connaître, à apprendre. *Étudier la musique.* 2 Faire par l'observation, l'analyse, l'étude, l'examen de. *Étudier un phénomène.* ■ vi Faire des études. ■ vpr 1 S'observer, s'examiner soi-même. 2 Prendre des airs affectés.

étui nm Boîte ou enveloppe dont la forme est adaptée à l'objet qu'elle doit contenir.

étuvage ou **étuvement** nm Action d'étuver.

étuve nf 1 Chambre close où l'on élève la température pour provoquer la sudation. 2 Lieu où règne une température élevée. 3 Appareil destiné à obtenir une température déterminée.

étuvée nf Loc *À l'étuvée :* mode de cuisson à la vapeur en récipient clos.

étuver vt 1 Chauffer ou sécher dans une étuve. 2 Faire cuire à l'étuvée.

étymologie nf 1 Science qui a pour objet l'origine des mots. 2 Origine d'un mot.

étymologique a De l'étymologie.

étymologiquement av Selon l'étymologie.

étymologiste n Spécialiste d'étymologie.

étymon nm Mot considéré comme étant à l'origine d'un autre.

eucalyptus [-tys] nm Grand arbre aux feuilles odorantes.

eucharistie [-ka-] nf RELIG Sacrement par lequel se continue le sacrifice du Christ.

eucharistique [-ka-] a De l'eucharistie.

euclidien, enne a De la géométrie d'Euclide.

eugénique a De l'eugénisme.

eugénisme nm Méthode visant à l'amélioration de l'espèce humaine par des actions sur les gènes et un contrôle sur la reproduction.

euh ! interj Marque l'hésitation, le doute.

eunuque nm Homme castré.

euphémique a De l'euphémisme.

euphémisme nm Façon de présenter une réalité brutale ou blessante en atténuant son expression. *« Il nous a quittés »* est un euphémisme pour *« il est mort ».*

euphonie nf Succession harmonieuse de sons dans un mot, une phrase.

euphonique a De l'euphonie.

euphorbe nf Plante contenant un latex âcre et caustique.

euphorie nf Sentiment de profond bien-être, de joie.

euphorique a De l'euphorie.

euphorisant, ante a, nm Qui provoque l'euphorie.

eurasiatique a De l'ensemble formé par l'Europe et l'Asie.

eurasien, enne n, a Métis d'Européen et d'Asiatique.

eurêka interj Exprime que l'on vient de trouver une solution.

eurobanque nf Banque spécialisée dans les eurodevises.

eurocrate n Fonctionnaire de la C.É.E.

eurodevise nf Devise placée par un non-résident dans un pays européen différent du pays d'émission de cette devise.

eurodollar nm Titre en dollars déposé dans une banque européenne.

euromarché nm Marché des émissions en eurodevises ou en écu.

euromissile nm Missile nucléaire basé en Europe.

euromonnaie nf Syn de *eurodevise.*

européanisation nf Action d'européaniser.

européaniser vt Doter de caractères européens.

européen, enne a, n 1 De l'Europe. 2 Se dit du chat domestique commun.

europium [-pjɔm] nm Métal du groupe des terres rares.

eurythmie nf Harmonie dans la composition d'une œuvre artistique.

eustatique a GÉOL De l'eustatisme.

eustatisme nm GÉOL Variation du niveau des mers.

euthanasie nf Mort provoquée dans le dessein d'abréger les souffrances d'un malade incurable.

euthanasique a De l'euthanasie.

eutrophisation nf Accroissement anarchique d'une eau en sels nutritifs.

eux pr pers Pluriel du pronom masculin *lui.*

évacuateur, trice a Qui sert à l'évacuation. ■ nm Dispositif à vannes servant à évacuer les eaux.

évacuation nf Action d'évacuer.

évacuer vt 1 Expulser de l'organisme. 2 Déverser hors d'un lieu. *Évacuer les eaux usées.* 3 Cesser d'occuper un lieu. 4 Transporter qqn hors d'un lieu, d'une zone.

évadé, ée a, n Qui s'est évadé de prison.

évader (s') *vpr* 1 S'échapper d'un lieu. *S'évader de prison.* 2 Se libérer des contraintes, des soucis.

évagination *nf* Sortie anormale d'un organe hors de sa gaine.

évaluable *a* Que l'on peut évaluer.

évaluatif, ive *a* Qui concerne une évaluation.

évaluation *nf* Action d'évaluer.

évaluer *vt* 1 Déterminer la valeur marchande de qqch. *Faire évaluer un terrain.* 2 Déterminer approximativement une quantité, une qualité.

évanescence *nf* Litt Caractère évanescent.

évanescent, ente *a* Litt Qui disparaît, s'efface ou apparaît fugitivement.

évangéliaire *nm* Livre contenant les parties des Évangiles des messes de l'année.

évangélique *a* 1 De l'Évangile. 2 De la religion réformée.

évangélisateur, trice *a, n* Qui évangélise.

évangélisation *nf* Action d'évangéliser.

évangéliser *vt* Diffuser l'Évangile ; convertir au christianisme. *Évangéliser un peuple.*

évangélisme *nm* Aspiration à une vie religieuse selon l'Évangile.

évangéliste *nm* 1 Chacun des quatre apôtres auteurs des Évangiles. 2 Suppléant d'un pasteur protestant.

évangile *nm* 1 (avec majusc) Message de Jésus-Christ. *Prêcher l'Évangile.* 2 (avec majusc) Chacun des livres qui exposent ce message. 3 Partie des Évangiles lue à la messe. Loc *Parole d'évangile* : propos d'une vérité indiscutable.

évanouir (s') *vpr* 1 Tomber en syncope. 2 Litt Se dissiper. *La brume s'est évanouie.*

évanouissement *nm* 1 Perte de connaissance. 2 Disparition totale.

évaporateur *nm* Appareil servant à la dessication.

évaporation *nf* Passage d'un liquide à l'état de vapeur.

évaporé, ée *a, n* Qui se dissipe en futilités ; qui est vain et léger.

évaporer *vt* Soumettre à l'évaporation. ■ *vpr* 1 Se transformer en vapeur. 2 Fam Disparaître.

évasement *nm* Action d'évaser ; état de ce qui est évasé.

évaser *vt* Élargir l'ouverture de. *Évaser un tuyau.* ■ *vpr* Aller en s'élargissant.

évasif, ive *a* Qui reste dans le vague, qui élude. *Une réponse évasive.*

évasion *nf* 1 Action de s'évader. 2 Fait d'échapper aux contraintes de la vie quotidienne.

évasivement *av* De façon évasive.

évêché *nm* 1 Territoire soumis à l'autorité d'un évêque. 2 Demeure, siège de l'évêque.

évection *nf* Irrégularité du mouvement de la Lune, due à l'attraction du Soleil.

éveil *nm* 1 Sortie de l'état de repos. 2 Fait d'apparaître, de se manifester (sentiment, idée). Loc *Activités, disciplines d'éveil* : destinées à développer l'intelligence, la créativité des enfants. *Donner l'éveil* : attirer l'attention. *En éveil* : attentif.

éveillé, ée *a* Plein de vivacité.

éveiller *vt* 1 Litt Tirer du sommeil. 2 Faire se manifester ce qui était à l'état latent, virtuel. 3 Faire naître, provoquer (un sentiment, une attitude). *Éveiller la sympathie.* ■ *vpr* Sortir du sommeil.

éveilleur, euse *n* Qui fait naître un sentiment.

événement ou **évènement** *nm* 1 Ce qui arrive. 2 Fait important.

événementiel ou **évènementiel, elle** *a* De l'événement.

évent *nm* Narine située au sommet de la tête de certains cétacés.

éventail *nm* 1 Petit écran portatif que l'on agite pour s'éventer. 2 Ensemble de choses d'une même catégorie, diversifiées à l'intérieur de certaines limites.

éventaire *nm* Étalage de marchandises à l'extérieur d'une boutique.

éventer *vt* 1 Agiter l'air pour rafraîchir qqn. 2 Exposer qqch à l'air. Loc *Éventer un piège* : le découvrir, en empêcher l'effet. ■ *vpr* S'altérer au contact de l'air. *Ce parfum s'est éventé.*

éventration *nf* 1 MED Rupture musculaire de l'abdomen. 2 Action d'éventrer.

éventrer *vt* 1 Blesser en ouvrant le ventre. 2 Déchirer, défoncer. *Éventrer un matelas. Éventrer un mur.*

éventreur *nm* Assassin qui éventre ses victimes.

éventualité *nf* 1 Caractère de ce qui est éventuel. 2 Fait qui peut ou non se produire.

éventuel, elle *a* Qui peut ou non survenir, exister, selon les circonstances.

éventuellement *av* Le cas échéant.

évêque *nm* Dignitaire de l'Église qui dirige un diocèse.

évertuer (s') *vpr* Faire beaucoup d'efforts.

éviction *nf* Action d'évincer.

évidage ou **évidement** *nm* Action d'évider ; état de ce qui est évidé.

évidemment *av* 1 De façon évidente, certaine. 2 Bien sûr.

évidence *nf* 1 Caractère de ce qui s'impose à l'esprit. *Il a fallu se rendre à l'évidence.* 2 Chose évidente. Loc *À l'évidence, de toute évidence* : sans conteste. *Mettre en évidence* : disposer de façon à attirer l'attention.

évident, ente *a* Clair, manifeste. Loc Abusiv *Ne pas être évident* : être difficile, ardu.

évider *vt* 1 Creuser intérieurement. *Évider un fruit.* 2 Échancrer.

évier *nm* Bac fermé par une bonde et alimenté en eau par un robinet, dans une cuisine.

évincement *nm* Action d'évincer.

évincer *vt* [10] Écarter qqn d'une position avantageuse.

évitement *nm* Loc *Voie d'évitement* : servant à garer un train qu'un autre doit dépasser.

éviter *vt* 1 Faire en sorte de ne pas heurter qqn, qqch ou d'échapper à une chose fâcheuse. 2 S'abstenir de faire. *Éviter de parler.* 3 Abusiv Épargner. *Éviter une chose à qqn.*

évocateur, trice *a* Propre à évoquer.

évocation *nf* Action d'évoquer.

évocatoire *a* Qui évoque.

évolué, ée *a* Parvenu à un haut degré de culture, de civilisation.

évoluer *vi* 1 Se transformer progressivement (personnes ou choses). 2 Exécuter des évolutions, des manœuvres.

évolutif, ive *a* Qui peut évoluer ou produire l'évolution.

évolution *nf* 1 Transformation graduelle, développement progressif. 2 BIOL Ensemble des transformations des êtres vivants dues aux mutations génétiques. **3** Mouvement d'ensemble exécuté par qqn, un animal, un groupe.

évolutionnisme nm BIOL Théorie suivant laquelle les espèces actuelles dérivent de formes anciennes.

évolutionniste a, n Partisan de l'évolutionnisme.

évoquer vt **1** Rendre présent à la mémoire, à l'esprit. *Évoquer son enfance. Évoquer une question.* **2** Faire songer à, rappeler. *Une odeur qui évoque la mer.* **3** Appeler par des procédés magiques.

ex- Particule qui, placée devant un nom, indique une qualité ou un état antérieurs. *L'ex-président.*

ex abrupto av Brusquement, sans préambule.

exacerbation nf Fait de s'exacerber.

exacerber vt Rendre plus aigu, plus vif. *Exacerber un désir.*

exact, acte a **1** Qui arrive à l'heure fixée. **2** Conforme à la réalité, à la logique. *Récit exact.* Loc *Les sciences exactes :* les sciences mathématiques et physiques.

exactement av **1** De façon exacte. **2** Tout à fait.

exaction nf Litt Action d'exiger plus qu'il n'est dû. ■ pl Abusiv Sévices, violences exercés sur qqn.

exactitude nf Qualité d'une personne ou d'une chose exacte.

ex æquo [egzeko] av, n inv À égalité (concurrents). *Départager les ex æquo.*

exagération nf Action d'exagérer ; excès.

exagéré, ée a Outré, excessif.

exagérément av De façon exagérée.

exagérer vt [12] Présenter une chose comme plus grande, plus importante qu'elle n'est en réalité. ■ vi Aller au-delà de ce qui est convenable.

exaltant, ante a Qui suscite l'enthousiasme.

exaltation nf **1** Litt Action d'exalter, de glorifier. **2** Vive excitation de l'esprit.

exalté, ée a, n Passionné, excité.

exalter vt **1** Litt Louer hautement, glorifier. **2** Élever l'esprit par la passion, l'enthousiasme. ■ vpr S'enthousiasmer.

examen [-mē] nm **1** Observation minutieuse. *Examen médical.* **2** Épreuve ou ensemble d'épreuves que subit un candidat.

examinateur, trice n Qui fait passer un examen à des candidats.

examiner vt **1** Considérer, observer attentivement. *Examiner un tableau.* **2** Faire subir un examen. *Examiner un patient.*

exanthème nm MED Rougeur cutanée.

exarque nm HIST Chef civil ou ecclésiastique, dans l'ancien empire d'Orient. **2** Dignitaire d'une Église orientale.

exaspérant, ante a Qui exaspère.

exaspération nf Vive irritation.

exaspérer vt [12] Irriter violemment.

exaucement nm Litt Action d'exaucer.

exaucer vt [10] **1** Accueillir favorablement un vœu, une prière. **2** Satisfaire qqn dans sa demande.

ex cathedra av Du haut de la chaire, avec l'autorité de son titre. *Parler ex cathedra.*

excavateur nm ou **excavatrice** nf Engin de terrassement sur chenilles pour creuser le sol.

excavation nf Cavité dans le sol.

excédent nm **1** Ce qui dépasse le nombre, la quantité prévus. **2** Solde positif.

excédentaire a En excédent.

excéder vt [12] **1** Dépasser en quantité, en valeur. **2** Litt Outrepasser certaines limites. *Excéder son autorité.* **3** Lasser, importuner à l'excès.

excellemment av De façon excellente.

excellence nf **1** Haut degré de perfection. **2** (avec majusc) Titre honorifique donné à un ministre ou à un ambassadeur. Loc *Par excellence :* au plus haut degré dans son genre.

excellent, ente a Qui excelle dans son genre ; très bon.

exceller vi Montrer des qualités supérieures. *Exceller à faire un travail.*

excentrer vt Déplacer le centre, l'axe de rotation de qqch.

excentricité nf **1** Manière d'être, d'agir qui s'éloigne des manières usuelles. **2** Action excentrique, extravagante.

excentrique a, n **1** Qui a de l'excentricité, de la bizarrerie ; original. ■ a **1** GEOM Dont les centres ne coïncident pas. **2** Éloigné du centre de la ville. *Quartier excentrique.* ■ nm Pièce dont l'axe de rotation ne passe pas par le centre.

excepté prép Sauf, en excluant. *Ouvert tous les jours excepté le dimanche.*

excepter vt Ne pas comprendre dans un ensemble.

exception nf **1** Action d'excepter. **2** Ce qui n'est pas soumis à la règle. Loc *D'exception :* exceptionnel. *Faire exception :* sortir de la règle générale. *À l'exception de :* hormis.

exceptionnel, elle a **1** Qui fait exception. **2** Extraordinaire, remarquable.

exceptionnellement av De façon exceptionnelle.

excès nm **1** Ce qui dépasse la mesure. **2** Acte dénotant la démesure, l'outrance, le dérèglement. Loc *À l'excès :* excessivement.

excessif, ive a Qui excède la juste mesure. *Un prix excessif.*

excessivement av **1** Beaucoup trop. **2** Abusiv Très, extrêmement.

exciper vti Litt Faire état de. *Exciper de sa bonne foi.*

excipient nm Substance à laquelle est incorporé un médicament.

exciser vt **1** CHIR Ôter en coupant une partie d'organe, une tumeur. **2** Pratiquer l'excision rituelle.

excision nf **1** Action d'exciser. **2** Ablation rituelle du clitoris.

excitabilité nf Propriété de ce qui est excitable.

excitable a Qui peut être excité.

excitant, ante a, nm Qui excite, stimule.

excitation nf **1** Action d'exciter, ce qui excite. **2** Activité anormale de l'organisme ; agitation. **3** Provocation. *Excitation à la violence.*

excité, ée a, n Qui est agité, énervé.

exciter vt **1** Stimuler l'activité du système nerveux, de l'esprit. *Exciter l'imagination.* **2** Irriter. *Exciter un animal.* **3** Entraîner, pousser à faire qqch.

exclamatif, ive a Qui marque l'exclamation.

exclamation nf **1** Cri, expression traduisant l'émotion, la surprise. Loc *Point d'exclamation :* signe de ponctuation (!) utilisé après une exclamation.

exclamer (s') *vpr* Pousser des exclamations.
exclu, ue *a, n* Chassé d'un groupe.
exclure *vt* [54] 1 Mettre dehors, renvoyer qqn.
2 Ne pas admettre qqn, qqch. *Exclure une hypothèse.* 3 Être incompatible avec.
exclusif, ive *a* 1 Qui est le privilège de qqn à l'exclusion des autres. 2 Qui ne s'intéresse qu'à son objet en excluant le reste. *Amour exclusif.* ■ *nf* Mesure d'exclusion.
exclusion *nf* Action d'exclure. Loc *À l'exclusion de :* en excluant.
exclusivement *av* 1 Uniquement. 2 En n'incluant pas le dernier terme.
exclusivisme *nm* Tendance à être exclusif.
exclusivité *nf* 1 Droit exclusif de vendre un produit, de publier un article. 2 Produit vendu, exploité par une seule firme. 3 Information importante donnée en priorité par un journal.
excommunication *nf* 1 Sanction par laquelle l'autorité ecclésiastique sépare un chrétien de la communauté des fidèles. 2 Exclusion d'un groupe.
excommunié, ée *a, n* Exclu de la communauté des fidèles.
excommunier *vt* Prononcer l'excommunication de.
excoriation *nf* Écorchure superficielle.
excorier *vt* Écorcher légèrement.
excrément *nm* Matière évacuée du corps par les voies naturelles (urine, matières fécales).
excrémentiel, elle *a* Des excréments.
excréter *vt* [12] Évacuer, éliminer par excrétion.
excréteur, trice *a* Qui excrète.
excrétion *nf* Rejet des déchets de l'organisme (urine, matières fécales, sueur).
excroissance *nf* 1 Protubérance à la surface de qqch. 2 MED Tumeur de la peau formant une proéminence superficielle (verrue, polype, etc.).
excursion *nf* Parcours et visite d'une région dans un but touristique.
excursionner *vi* Faire une excursion.
excursionniste *n* Qui fait une excursion.
excusable *a* Qui peut être excusé.
excuse *nf* 1 Raison que l'on apporte pour se disculper ou se soustraire à une obligation. 2 Une des cartes du jeu de tarot. ■ *pl* Témoignage des regrets que l'on a d'avoir offensé qqn, de lui avoir causé du tort.
excuser *vt* 1 Pardonner ; ne pas tenir rigueur à qqn de qqch. 2 Servir d'excuse à. 3 Dispenser d'une obligation. ■ *vpr* Présenter ses excuses.
exécrable *a* Très mauvais.
exécration *nf* Litt Horreur extrême, dégoût.
exécrer *vt* [12] Litt Abhorrer, haïr.
exécutable *a* Qui peut être exécuté.
exécutant, ante *n* 1 Qui exécute une chose. 2 Qui joue dans un orchestre.
exécuter *vt* 1 Réaliser, accomplir. 2 Faire, mener à bien un ouvrage. 3 Jouer, chanter, représenter une œuvre musicale. 4 Mettre qqn à mort. ■ *vpr* Se résoudre à faire qqch, à obéir.
exécuteur, trice *n* Qui exécute. Loc *Exécuteur testamentaire :* chargé par le testateur de l'exécution du testament.
exécutif, ive *a* Chargé de faire exécuter les lois. ■ *nm* Pouvoir exécutif.

exécution *nf* 1 Action d'exécuter, d'accomplir qqch. 2 Action de réaliser ce qui a été conçu. 3 Réalisation vocale ou instrumentale d'une œuvre. 4 Action d'exécuter qqn.
exécutoire *a* DR Qui doit être mis à exécution.
exégèse *nf* Critique et interprétation des textes, en partic. de la Bible.
exégète *n* Spécialiste de l'exégèse.
exemplaire *a* 1 Qui peut servir d'exemple, de modèle. 2 Dont la rigueur doit servir de leçon. ■ *nm* Chacun des objets (livre, gravure, médaille, etc.) tirés en série d'après un type commun.
exemplairement *av* De façon exemplaire.
exemplarité *nf* Caractère exemplaire.
exemple *nm* 1 Action ou personne servant de modèle, digne d'en servir. 2 Peine, châtiment qui peut servir de leçon. *Faire un exemple.* 3 Acte, événement, texte auquel on se réfère pour appuyer son propos. 4 Phrase ou mot éclairant une règle, une définition. Loc *Par exemple :* pour éclairer, illustrer ce qui vient d'être dit. ■ *interj* Loc *Par exemple ! :* exprime la surprise, l'incrédulité.
exempt, empte [egzā] *a* 1 Dispensé, non assujetti. 2 Préservé, dépourvu de.
exempté, ée *a, n* Dispensé d'obligations réglementaires.
exempter *vt* Dispenser, affranchir d'une charge, d'une obligation.
exemption *nf* Dispense, affranchissement.
exercer *vt* [10] 1 Dresser, former par une pratique fréquente. 2 Mettre fréquemment en activité une faculté pour le développer. 3 Pratiquer une profession. *Exercer la médecine.* 4 Faire usage de. *Exercer un droit.* 5 Produire, faire un effet. *Exercer de l'influence sur qqn.* ■ *vpr* 1 S'entraîner par la pratique. 2 Se faire sentir ; agir sur.
exercice *nm* 1 Action d'exercer, de s'exercer. *L'exercice d'un droit, d'un métier.* 2 Travail propre à exercer un organe, une faculté. 3 Devoir donné aux élèves pour l'application de ce qu'ils ont appris. 4 Mouvement pour exercer le corps. 5 Période comprise entre deux inventaires, entre deux budgets consécutifs.
exérèse *nf* CHIR Ablation d'un organe ou extraction d'un corps étranger.
exergue *nm* 1 Inscription portée sur une médaille. 2 Avertissement, citation placés en tête d'un texte.
exfiltration *nf* Récupération d'un agent secret, au terme de sa mission.
exfolier *vt* Séparer en lames fines, en plaques.
exhalaison *nf* Gaz, odeur, vapeur qui s'exhale d'un corps.
exhalation *nf* Action d'exhaler.
exhaler *vt* 1 Répandre une odeur, un gaz, des vapeurs, etc. 2 Litt Exprimer avec force. *Exhaler sa rage.* ■ *vpr* Se répandre dans l'air.
exhaussement *nm* Élévation.
exhausser *vt* Rendre plus haut.
exhausteur *nm* Additif qui renforce le goût des aliments.
exhaustif, ive *a* Qui épuise une matière, un sujet. *Un relevé exhaustif.*
exhaustivement *av* De façon exhaustive.
exhaustivité *nf* Caractère exhaustif.
exhiber *vt* 1 Présenter. *Exhiber ses papiers.* 2 Faire étalage de. ■ *vpr* Se produire, s'afficher en public.

exhibition *nf* 1 Action d'exhiber, de présenter qqch. 2 Étalage ostentatoire.

exhibitionnisme *nm* 1 Tendance pathologique à exhiber ses organes sexuels. 2 Étalage impudent de sentiments ou de faits personnels et intimes.

exhibitionniste *n, a* Qui fait preuve d'exhibitionnisme.

exhortation *nf* Discours par lequel on exhorte.

exhorter *vt* 1 Encourager, inciter vivement par un discours.

exhumation *nf* Action d'exhumer un cadavre.

exhumer *vt* 1 Tirer de sa sépulture, de la terre. 2 Tirer de l'oubli, retrouver.

exigeant, ante *a* Qui exige beaucoup.

exigence *nf* 1 Caractère exigeant. 2 Ce qui est exigé par qqn, par les circonstances, etc.

exiger *vt* [11] 1 Réclamer impérativement. 2 Nécessiter, requérir. *Son état exige du repos.*

exigibilité *nf* Caractère exigible. *L'exigibilité d'une dette.*

exigible *a* Qui peut être exigé.

exigu, uë *a* Restreint, insuffisant, très petit.

exiguïté *nf* Caractère exigu.

exil *nm* 1 Action d'expulser qqn hors de sa patrie ; condition, lieu de séjour de celui qui est ainsi banni. 2 Séjour obligé et pénible loin de ses proches, de là à quoi l'on est attaché.

exilé, ée *a, n* Condamné à l'exil ; qui vit en exil.

exiler *vt* Condamner à l'exil ; éloigner. ■ *vpr* S'expatrier, partir loin de son pays.

existant, ante *a* Qui existe actuellement.

existence *nf* 1 Le fait d'être, d'exister. 2 Durée de ce qui existe. 3 Vie et manière de vivre de l'homme. *Avoir une existence heureuse.*

existentialisme *nm* Mouvement philosophique selon lequel l'homme, une fois doté de l'existence, se construit sans cesse par son action.

existentialiste *a, n* Relatif à l'existentialisme, qui y adhère.

existentiel, elle *a* De l'existence en tant que réalité vécue.

exister *vt* 1 Être en réalité, effectivement. *Un personnage de roman qui a existé.* 2 Être actuellement, subsister. *Ce monument n'existe plus.* 3 Avoir de l'importance, compter. *Rien n'existe pour lui que son projet.*

exit [egzit] *av* 1 Indique qu'un acteur quitte la scène. 2 *Fam* Indique que l'action de qqn touche à sa fin.

ex-libris [-bris] *nm inv* Vignette personnalisée qu'on colle à l'intérieur d'un livre.

ex nihilo *av* À partir de rien.

exobiologie *nf* ASTRO Étude de la possibilité d'une vie hors de la Terre.

exocet [-sɛ] *nm* Poisson des mers chaudes appelé aussi *poisson volant.*

exocrine *a* Se dit d'une glande à sécrétion externe. Ant. endocrine.

exode *nm* Départ en masse d'une population, d'un lieu vers un autre.

exogamie *nf* Obligation ou tendance qu'ont les membres de certains groupes de se marier hors de leur groupe. Ant. endogamie.

exogène *a* Qui provient de l'extérieur, de la périphérie. Ant. endogène.

exonération *nf* Action d'exonérer.

exonérer *vt* [12] Décharger, libérer d'une obligation de paiement.

exophtalmie *nf* MED Saillie du globe oculaire hors de l'orbite.

exorbitant, ante *a* Excessif, démesuré.

exorbité, ée *a* Loc *Yeux exorbités :* qui semblent sortir de leurs orbites.

exorciser *vt* 1 Chasser les démons par des cérémonies. 2 Chasser, dissiper qqch.

exorcisme *nm* Cérémonie par laquelle on exorcise.

exorciste *nm* Qui exorcise.

exorde *nm* 1 Première partie d'un discours. 2 Entrée en matière.

exoréique *a* Se dit d'un réseau hydrographique en relation avec la mer. Ant. endoréique.

exosphère *nf* Zone de l'atmosphère de la Terre, au-delà de 1 000 km.

exosquelette *nm* ZOOL Squelette externe des arthropodes, des mollusques.

exostose *nf* Tumeur osseuse bénigne.

exotique *a* Qui provient de contrées lointaines. *Fruits exotiques.*

exotisme *nm* Caractère exotique.

expansé, ée *a* Qui a subi une augmentation de volume (matériau).

expansible *a* Capable, susceptible de dilatation.

expansif, ive *a* 1 Qui tend à se dilater. 2 Ouvert de caractère, qui aime à communiquer ses sentiments.

expansion *nf* 1 Augmentation de volume ou de surface. 2 Phase dans laquelle l'activité économique et le pouvoir d'achat augmentent. 3 Propagation. 4 Litt Épanchement de l'âme.

expansionnisme *nm* Politique d'un État qui préconise pour lui-même l'expansion territoriale, économique.

expansionniste *a, n* Qui relève de l'expansionnisme.

expatriation *nf* Fait de s'expatrier.

expatrié, ée *a, n* Qui a quitté son pays ou qui en a été chassé.

expatrier *vt* Envoyer hors de sa patrie. ■ *vpr* Quitter sa patrie.

expectative *nf* Attitude qui consiste à attendre prudemment qu'une solution se dessine avant d'agir.

expectoration *nf* Action d'expectorer ; substances expectorées ; crachat.

expectorer *vt, vi* Expulser par la bouche les substances qui encombrent les voies respiratoires, les bronches.

expédient *nm* Moyen de se tirer d'embarras par quelque artifice.

expédier *vt* 1 Faire rapidement pour se débarrasser. 2 Envoyer, faire partir. *Expédier une lettre.* 3 Se débarrasser promptement de qqn.

expéditeur, trice *a, n* Qui expédie.

expéditif, ive *a* Qui mène les choses rondement ou qui les bâcle.

expédition *nf* 1 Action d'envoyer. *Expédition d'un colis.* 2 Entreprise de guerre hors des frontières. 3 Voyage scientifique ou touristique.

expéditionnaire *a* Chargé d'une expédition militaire. ■ *n* Employé à l'expédition de marchandises.

expéditivement *av* De façon expéditive.

expérience nf 1 Connaissance acquise par une longue pratique. 2 Fait de provoquer un phénomène pour l'étudier. 3 Mise à l'essai, tentative.

expérimental, ale, aux a Fondé sur l'expérience scientifique.

expérimentalement av De façon expérimentale.

expérimentateur, trice n Qui fait des expériences scientifiques.

expérimentation nf Action d'expérimenter.

expérimenté, ée a Instruit par l'expérience.

expérimenter vt Soumettre à des expériences pour vérifier, juger, etc.

expert, erte a, nm Qui a acquis une grande compétence par la pratique. ■ nm Spécialiste qui est chargé de vérifications, d'évaluations. ■ a Exercé. Oreille experte. Loc INFORM Système expert : logiciel d'aide à la décision ou au diagnostic.

expert-comptable n Professionnel qui vérifie les comptabilités. Des experts-comptables.

expertise nf 1 Examen et rapport techniques effectués par un expert. 2 Compétence d'un expert.

expertiser vt Soumettre à une expertise.

expiateur, trice a Propre à expier.

expiation nf Peine, souffrance par laquelle on expie une faute, un crime.

expiatoire a Qui sert à apaiser la colère céleste. Victime expiatoire.

expier vt Réparer un crime, une faute par la peine qu'on subit.

expiration nf 1 Action par laquelle les poumons expulsent l'air inspiré. 2 Échéance d'un terme convenu.

expiratoire a Relatif à l'expiration.

expirer vt Rejeter l'air inspiré dans les poumons. ■ vi [aux avoir ou être] 1 Mourir. 2 Arriver à son terme.

explétif, ive a, nm GRAM Se dit des mots qui entrent dans une phrase sans être nécessaires pour le sens. Dans « il a peur que je ne parte », l'adverbe « ne » est explétif.

explicable a Qui peut être expliqué.

explicatif, ive a Qui sert à expliquer.

explication nf 1 Développement destiné à faire comprendre qqch, à en éclaircir le sens. 2 Motif, raison d'une chose. 3 Discussion pour justifier, éclaircir.

explicitation nf Action d'expliciter.

explicite a Énoncé clairement et complètement, sans ambiguïté.

explicitement av De façon explicite.

expliciter vt Énoncer clairement.

expliquer vt 1 Éclaircir, faire comprendre. 2 Faire connaître, développer en détail. 3 Apparaître comme la cause de qqch. ■ vpr 1 Faire connaître sa pensée. 2 Tirer les choses au clair en discutant. 3 Devenir clair. 4 Comprendre les raisons de qqch. Je m'explique mal sa réaction. 5 Fam Se battre.

exploit nm 1 Action d'éclat. 2 DR Acte de procédure signifié par un huissier.

exploitable a Qui peut être exploité.

exploitant, ante n 1 Qui exploite une terre. 2 Propriétaire ou directeur d'une salle de cinéma.

exploitation nf 1 Action d'exploiter. 2 Ce que l'on fait produire pour en tirer profit. Une exploitation agricole.

exploité, ée a, n Travailleur payé insuffisamment.

exploiter vt 1 Faire valoir, tirer parti de qqch. Exploiter une terre, une mine. 2 Tirer tout le bénéfice de qqch. Exploiter une situation. 3 Utiliser abusivement qqn pour son profit.

exploiteur, euse n Qui abuse de la faiblesse d'autrui pour en tirer profit.

explorateur, trice n Qui explore une région inconnue ou difficile d'accès.

exploration nf Action d'explorer.

exploratoire a Qui sert à préparer une négociation, une recherche.

explorer vt 1 Visiter une région inconnue ou difficile d'accès. 2 Examiner une question.

exploser vi 1 Éclater avec violence. 2 Ne plus se maîtriser. 3 S'accroître brusquement.

explosif, ive a Qui peut faire explosion ; critique. Situation explosive. ■ nm Substance susceptible de faire explosion.

explosion nf 1 Action d'éclater avec violence. 2 Manifestation soudaine et violente. Explosion de colère. 3 Accroissement brutal. Explosion démographique.

exponentiel, elle a Qui croît ou décroît selon un taux de plus en plus fort.

exportable a Que l'on peut exporter.

exportateur, trice a, n Qui exporte.

exportation nf 1 Action d'exporter. 2 Ce qui est exporté.

exporter vt Vendre et transporter à l'étranger des produits nationaux.

exposant, ante n Qui fait une exposition de ses œuvres, de ses produits. ■ nm MATH Indice qui exprime la puissance d'un nombre.

exposé nm Développement dans lequel on présente des faits, des idées.

exposer vt 1 Mettre qqch en vue. Exposer un tableau. 2 Présenter, faire connaître. Exposer une thèse. 3 Soumettre à l'action de. 4 Faire courir un risque. Ce refus vous expose à des sanctions. ■ vpr Prendre un risque.

exposition nf 1 Action d'exposer. 2 Présentation au public de produits commerciaux, d'œuvres d'art ; lieu où on les expose. 3 Orientation d'une maison, d'un terrain. 4 Première partie d'une œuvre littéraire ou musicale.

1. exprès, esse [ɛkspʀɛs] a Énoncé de manière précise et formelle. ■ a inv Loc Lettre, colis exprès : distribué dans les plus brefs délais.

2. exprès [ɛkspʀɛ] av Avec intention formelle. Il l'a fait exprès. Loc Un fait exprès : une coïncidence fâcheuse.

express a inv, nm Se dit d'un train rapide. Loc Voie express : voie à circulation rapide. Café express : très concentré.

expressément av De façon expresse. Je l'ai dit expressément.

expressif, ive a 1 Qui exprime bien ce qu'on veut dire. Terme expressif. 2 Qui a de l'expression. Visage expressif.

expression nf 1 Manifestation d'une pensée, d'un sentiment, par le langage, le corps, le visage, l'art. 2 Mot, groupe de mots employés pour rendre la pensée. Loc Réduire à sa simple expression : réduire à l'extrême ou supprimer totalement.

expressionnisme nm Forme d'art qui s'efforce de donner à une œuvre le maximum d'intensité expressive.

expressionniste *a, n* De l'expressionnisme.

expressivité *nf* Caractère expressif.

exprimer *vt* Manifester par le langage, par la mimique ou l'attitude, par des moyens artistiques. ■ *vpr* Manifester sa pensée, ses sentiments.

expropriation *nf* Action d'exproprier.

exproprié, ée *a, n* Qui est l'objet d'une expropriation.

exproprier *vt* Dépouiller de la propriété d'un bien par voie légale.

expulser *vt* 1 Chasser d'un lieu. *Expulser un locataire.* 2 Évacuer qqch de l'organisme.

expulsion *nf* Action d'expulser.

expurger *vt* [11] Débarrasser un texte des passages jugés choquants, répréhensibles.

exquis, ise *a* 1 Qui est très agréable au goût par sa délicatesse. 2 Qui a ou dénote du raffinement, de la délicatesse.

exsangue *a* D'une pâleur extrême.

exsudation *nf* Suintement pathologique d'un liquide organique.

extase *nf* 1 Sentiment de joie ou d'admiration extrême. 2 État mystique.

extasié, ée *a* Ravi. *Yeux extasiés.*

extasier (s') *vpr* Manifester une admiration, un plaisir extrême.

extatique *a* Qui tient de l'extase mystique.

extenseur *nm* 1 ANAT Muscle qui assure l'extension. Ant. fléchisseur. 2 Appareil utilisé pour développer les muscles.

extensibilité *nf* Caractère extensible.

extensible *a* Susceptible de s'étendre, de s'allonger.

extensif, ive *a* Qui détermine l'extension. Loc *Culture extensive* : effectuée sur une grande surface avec un rendement assez faible.

extension *nf* 1 Action d'étendre, de s'étendre. 2 Développement, accroissement, élargissement.

exténuant, ante *a* Qui exténue.

exténuation *nf* Action d'exténuer.

exténuer *vt* Causer un grand affaiblissement à qqn ; épuiser.

extérieur, eure *a* 1 Qui est au-dehors. Ant. intérieur. 2 Apparent, visible. Loc *Politique extérieure* : qui concerne les pays étrangers. ■ *nm* 1 Partie d'une chose visible du dehors. 2 Apparence. 3 Les pays étrangers. Loc *À l'extérieur* : au-dehors. ■ *pl* Scènes de film tournées hors du studio.

extérieurement *av* À l'extérieur.

extériorisation *nf* Action d'extérioriser.

extérioriser *vt* Manifester un sentiment, une émotion.

extériorité *nf* Caractère extérieur.

exterminateur, trice *a, n* Qui extermine.

extermination *nf* Action d'exterminer.

exterminer *vt* Détruire en totalité des êtres vivants, massacrer.

externat *nm* 1 École où l'on ne reçoit que des élèves externes. 2 Fonction d'externe dans les hôpitaux.

externe *a* Situé au-dehors, tourné vers l'extérieur. Loc *Médicament pour l'usage externe* : à ne pas absorber. ■ *n* 1 Élève qui n'est ni logé ni nourri dans l'établissement scolaire. 2 Étudiant en médecine assistant les internes, dans un service hospitalier.

exterritorialité *nf* DR Immunité exemptant les agents diplomatiques de la juridiction de l'État où ils se trouvent.

extincteur, trice *a, nm* Se dit d'un appareil servant à éteindre un foyer d'incendie.

extinction *nf* 1 Action d'éteindre, fait de s'éteindre. 2 Cessation de l'activité, de l'existence. *Extinction de voix.*

extirpation *nf* Action d'extirper.

extirper *vt* 1 Arracher avec sa racine, enlever totalement. 2 Ôter, faire cesser.

extorquer *vt* Obtenir qqch par la violence, la menace, la duplicité.

extorsion *nf* Action d'extorquer.

extra *nm inv* 1 Ce que l'on fait en plus de l'ordinaire. 2 Service exceptionnel en dehors des horaires habituels ; personne qui fait ce service. ■ *a inv* Fam Supérieur par la qualité.

extracorporel, elle *a* En dehors du corps.

extracteur *nm* Appareil, dispositif servant à extraire.

extraction *nf* 1 Action d'extraire. 2 Litt Ascendance, origine.

extrader *vt* Soumettre à l'extradition.

extradition *nf* Acte par lequel un gouvernement livre un individu prévenu d'un crime ou d'un délit à un État étranger qui le réclame.

extrados *nm* ARCHI Surface extérieure d'une voûte ou d'un arc.

extrafin, fine *a* Très fin ; de qualité supérieure. *Chocolat extrafin.*

extrafort *nm* Ruban pour border les ourlets, les coutures.

extragalactique *a* Situé hors de la Galaxie.

extraire *vt* [74] 1 Retirer, ôter. 2 Séparer une substance d'une autre. *Extraire l'aluminium de la bauxite.* 3 Tirer un passage d'une œuvre. 4 MATH Calculer la racine d'un nombre.

extrait *nm* 1 Substance extraite d'un corps. *Extrait de café.* 2 Passage tiré d'un texte. 3 Copie conforme d'une partie d'un registre officiel.

extrajudiciaire *a* Hors de la procédure d'une instance judiciaire.

extralégal, ale, aux *a* Hors de la légalité.

extralucide *a* Qui perçoit ce qui échappe à la conscience normale (l'avenir, les pensées d'autrui, etc.).

extra-muros *av* Hors de la ville.

extraordinaire *a* 1 Qui étonne par sa singularité, sa bizarrerie. 2 Bien au-dessus de la moyenne. 3 Spécial, exceptionnel.

extraordinairement *av* De façon extraordinaire.

extraparlementaire *a* Qui se fait, qui existe en dehors du Parlement.

extrapatrimonial, ale, aux *a* DR Extérieur au patrimoine.

extrapolation *nf* Action de tirer une conclusion générale à partir de données partielles.

extrapoler *vt* Faire une extrapolation ; généraliser.

extrasensible *a* Hors de la perception directe des sens.

extrasensoriel, elle *a* Perçu sans l'intermédiaire des récepteurs sensoriels.

extraterrestre *a, n* D'une autre planète, d'un autre monde que la Terre.

extra-utérin, ine *a* Loc MED *Grossesse extra-utérine* : développement de l'œuf fécondé en dehors de la cavité utérine.

extravagance *nf* **1** Caractère extravagant. **2** Acte, propos extravagant.

extravagant, ante *a* **1** Qui s'écarte du sens commun. **2** Inouï, insensé.

extravéhiculaire *a* Se dit de la sortie dans l'espace d'un astronaute.

extraverti, ie *a, n* Qui manifeste son affectivité à l'extérieur.

extrême *a* **1** Qui est tout à fait au bout, à la fin. *L'extrême limite.* **2** Au plus haut degré. *Extrême plaisir.* **3** Excessif. ■ *nm* Chose, personne totalement opposée à une autre. **Loc** *À l'extrême :* au dernier point.

extrêmement *av* De façon extrême.

extrême-onction *nf* Sacrement des malades. *Des extrêmes-onctions.*

extrême-oriental, ale, aux *a, n* De l'Extrême-Orient.

extrémisme *nm* Tendance à adopter des idées, des moyens extrêmes.

extrémiste *a, n* Favorable à l'extrémisme.

extrémité *nf* **1** Partie qui termine une chose. **2** État, situation critique. ■ *pl* **1** Actes violents. **2** Les pieds et les mains.

extrinsèque *a* Qui vient du dehors, dépend de circonstances extérieures.

extrudeuse *nf* Appareil utilisé pour l'extrusion.

extrusion *nf* TECH Mise en forme des matières plastiques à travers une filière.

exubérance *nf* **1** Caractère exubérant. *Parler avec exubérance.* **2** Surabondance, profusion.

exubérant, ante *a* **1** Qui exprime un débordement de vie. **2** Surabondant.

exultation *nf* Litt Transport de joie.

exulter *vi* Être transporté de joie.

exutoire *nm* Moyen de se débarrasser d'une chose ; dérivatif à un sentiment violent.

exuvie *nf* ZOOL Peau rejetée par un serpent lors de la mue.

ex-voto *nm inv* Inscription, objet placés dans un sanctuaire en remerciement pour un vœu exaucé.

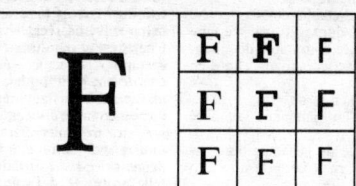

f *nm* **1** Sixième lettre (consonne) de l'alphabet. **2** F : symbole du franc.

fa *nm inv* Quatrième note de la gamme.

fable *nf* **1** Court récit en vers dont on tire une moralité. **2** Récit mensonger. **3** Sujet de risée. *Être la fable du village.*

fabliau *nm* Conte en vers au Moyen Âge.

fabricant, ante *n* Qui dirige une fabrique.

fabrication *nf* Action, manière de fabriquer des produits.

fabrique *nf* Établissement où on fabrique des produits de consommation.

fabriquer *vt* **1** Faire un objet en transformant une matière. **2** Confectionner de toutes pièces.

fabulateur, trice *a, n* Qui fabule.

fabulation *nf* Fait de présenter comme une réalité ce qui est imaginaire.

fabuler *vi* Se livrer à la fabulation.

fabuleusement *av* Prodigieusement.

fabuleux, euse *a* Invraisemblable, extraordinaire. *Un prix fabuleux.*

fabuliste *nm* Auteur de fables.

façade *nf* **1** Côté d'un mur où est située l'entrée principale d'un bâtiment. **2** Apparence trompeuse. *Amabilité de façade.*

face *nf* **1** Partie antérieure de la tête. **2** Côté d'une pièce de monnaie portant une figure. **3** Chacune des surfaces présentées par une chose. **4** Aspect de qqch. *Une affaire à plusieurs faces.* Loc *Faire face à* : être tourné du côté de ; faire front. *En face (de)* : par-devant, vis-à-vis. *De face* : du côté où on voit toute la face. *Face à face* : chacun ayant le visage tourné vers l'autre. *À la face de* : en présence de, à la vue de. *Perdre la face* : perdre sa dignité. *Sauver la face* : sauver les apparences.

face-à-face *nm inv* Confrontation de deux personnalités devant le public.

face-à-main *nm* Binocle à manche. *Des faces-à-main.*

facétie [-si] *nf* Plaisanterie, farce.

facétieux, euse [-sjø] *a* Cocasse, drôle.

facette *nf* Petite face plane.

fâché, ée *a* Mécontent, irrité.

fâcher *vt* Mettre en colère, irriter. ■ *vpr* **1** Se mettre en colère. **2** Se brouiller avec qqn.

fâcherie *nf* Brouille, mésentente.

fâcheux, euse *a* Qui amène des désagréments. ■ *n* Litt Qui importune, dérange.

facho *a, n* Pop Fasciste.

facial, ale, als ou **aux** *a* De la face.

faciès [-sjes] *nm* **1** Aspect du visage ; physionomie. **2** Caractéristiques générales d'une roche, d'une période préhistorique.

facile *a* **1** Qui se fait sans peine ; aisé. **2** Qui se laisse mener aisément ; accommodant. **3** Dont on obtient aisément les faveurs.

facilement *av* Avec facilité, aisément.

facilité *nf* **1** Qualité de qqch facile à faire. **2** Aptitude à faire qqch sans effort. **3** (souvent pl) Moyen de faire qqch sans difficulté. ■ *pl* Crédits temporaires.

faciliter *vt* Rendre facile.

façon *nf* **1** Manière d'être, d'agir. **2** Action de façonner, main-d'œuvre. *Payer la façon.* Loc *De toute façon* : quelles que soient les circonstances. *De façon à* : indique la conséquence, le but. *De (telle) façon que* : de telle sorte que. *Façon de parler* : à ne pas prendre au pied de la lettre. *Sans façon(s)* : en toute simplicité. ■ *pl* **1** Manières propres à qqn ; comportement. **2** Péjor Démonstrations de politesse affectée.

faconde *nf* Litt Abondance de paroles.

façonnage ou **façonnement** *nm* Action de façonner.

façonner *vt* **1** Travailler une matière pour lui donner une forme. *Façonner de l'argile.* **2** Faire un objet. **3** Litt Former qqn.

façonnier, ère *n, a* Qui travaille à façon.

fac-similé *nm* Reproduction exacte d'un écrit, d'un dessin, etc. *Des fac-similés.*

facteur *nm* **1** Fabricant d'instruments de musique. **2** Postier chargé de distribuer les lettres et paquets. Syn préposé. **3** Élément qui conditionne un résultat. *Facteur de croissance.* **4** MATH Chacun des termes d'un produit.

factice *a* Artificiel, faux, imité.

factieux, euse [-sjø] *a, n* Qui fomente des troubles politiques.

faction [-sjõ] *nf* **1** Groupe exerçant une activité subversive dans un État, un parti. **2** Service de garde, de surveillance.

factionnaire [-sjɔ-] *nm* Soldat en faction.

factitif, ive *a, nm* GRAM Qui indique que le sujet du verbe fait faire l'action.

factoriel, elle *a* MATH Relatif à un facteur.

factorisation *nf* MATH Mise en facteurs.

factoriser *vt* MATH Mettre en facteurs.

factotum [-tɔm] *nm* Litt Homme à tout faire.

factrice *nf* Fam Employée des Postes qui distribue le courrier ; préposée.

factuel, elle *a* Relevant de faits.

facturation *nf* Action d'établir des factures.

facture *nf* 1 Manière dont est réalisée une œuvre de création. 2 Pièce comptable détaillant les marchandises ou les services livrés, afin d'en demander le règlement.

facturer *vt* Établir la facture de.

facturette *nf* Reçu d'un paiement fait avec une carte de crédit.

facturier, ère *n* Chargé de la facturation.

facultatif, ive *a* Qu'on peut faire ou non, utiliser ou non. Ant. obligatoire.

facultativement *av* De façon facultative.

faculté *nf* 1 (souvent *pl*) Aptitude, disposition naturelle de qqn. 2 Propriété que possède une chose. 3 Possibilité, pouvoir de faire. 4 Anc Établissement d'enseignement supérieur. Loc *La Faculté* : les médecins.

fada *a*, *n* Fam Un peu fou.

fadaise *nf* Niaiserie.

fadasse *a* Fam D'une fadeur déplaisante.

fade [fa-] *a* Qui manque de saveur.

fadeur *nf* Caractère de ce qui est fade.

fading [-diŋ] *nm* Diminution momentanée de la puissance d'une onde radioélectrique.

fado *nm* Chant populaire portugais.

faena *nf* Travail à la muleta dans une corrida.

fafiot *nm* Pop Billet de banque.

fagot *nm* Faisceau de menues branches. Loc Fam *De derrière les fagots* : excellent, mis en réserve. *Sentir le fagot* : être suspect d'hérésie.

fagoter *vt* Fam Habiller mal, sans goût.

faiblard, arde *a* Fam Plutôt faible.

faible *a* 1 Qui manque de force, de vigueur, de résistance, de solidité. 2 Insuffisant en intensité. *Une voix faible.* 3 Peu important. *Une faible quantité.* 4 Dont la valeur, les capacités sont insuffisantes. Loc *Point faible* : ce qu'il y a de moins solide ; défaut. ■ *a*, *n* 1 Qui manque de fermeté, d'énergie. 2 Qui n'a pas les moyens de se défendre. Loc *Faible d'esprit* : débile. ■ *nm* Principal défaut de qqn, sa passion dominante. Loc *Avoir un faible pour* : une préférence marquée pour.

faiblement *av* De façon faible.

faiblesse *nf* 1 Caractère faible, insuffisant. 2 Défaut qui dénote cette insuffisance. 3 Défaillance, syncope. Loc *Avoir une faiblesse pour* : une préférence pour.

faiblir *vi* Perdre de sa force, de sa fermeté.

faiblissant, ante *a* Qui faiblit.

faïence *nf* Poterie à pâte poreuse, opaque, vernissée ou émaillée.

faïencerie *nf* Fabrique de faïence.

faïencier, ère *n* Qui fait ou vend de la faïence.

faille *nf* 1 Cassure des couches géologiques. 2 Défaut, lacune. *Faille dans un raisonnement.*

failli, ie *a*, *n* Qui a fait faillite.

faillible *a* Qui peut faillir, se tromper.

faillir *vti* [27] Litt Manquer à un devoir. *Faillir à une promesse.* ■ *vi* Manquer de, risquer de, être sur le point de. *J'ai failli mourir.*

faillite *nf* 1 Cessation de paiements d'un commerçant, d'une entreprise. 2 Échec complet, insuccès. *La faillite d'une politique.*

faim *nf* 1 Besoin, désir de manger. *Avoir faim.* 2 Malnutrition, sous-alimentation.

faîne ou **faine** *nf* Fruit du hêtre.

fainéant, ante *a*, *n* Qui ne veut pas travailler.

fainéanter *vi* Paresser.

fainéantise *nf* Paresse.

faire *vt* [9] 1 Créer, fabriquer, produire qqch. 2 Chercher à paraître. *Faire l'idiot.* 3 Opérer, accomplir, effectuer. *Faire un miracle. Faire son devoir.* 4 Pratiquer, exercer. *Faire un sport, un métier.* 5 Peut remplacer de nombreux verbes comme *donner, vendre, constituer, causer,* etc. 6 Égaler. *Trois et trois font six.* ■ *v impers* Indique un état. *Il fait nuit. Il fait de la neige.* ■ *vi* 1 Avoir l'air. *Il fait vieux.* 2 Avoir telle propriété. *La voiture fait du cent.* ■ *vpr* 1 Devenir. *Il se fait vieux.* 2 Être conforme, en usage. *Cela ne se fait pas.*

faire-part *nm inv* Lettre par laquelle on annonce un décès, un mariage, etc.

faire-valoir *nm inv* 1 Personne qui met qqn en valeur. 2 Exploitation d'une terre.

fair-play [fɛrplɛ] *nm inv* Respect loyal des règles d'un jeu, d'un sport, des affaires. ■ *a* Qui respecte ces règles.

faisabilité [fə-] *nf* Caractère faisable.

faisable [fə-] *a* Qui n'est pas impossible.

faisan [fə-] *nm* Oiseau gallinacé aux longues plumes, gibier de choix.

faisandage [fə-] *nm* Action de faisander.

faisander [fə-] *vt* Laisser le gibier se mortifier pour qu'il prenne un fumet spécial.

faisanderie [fə-] *nf* Élevage de faisans.

faisane [fə-] *nf* Femelle du faisan.

faisceau *nm* 1 Assemblage d'objets oblongs liés ensemble, d'armes qui se soutiennent mutuellement. 2 Ensemble des fibres formant un muscle. 3 Ensemble de rayons lumineux issus d'une même source. 4 Ensemble cohérent. *Un faisceau de preuves.* ■ *pl* ANTIQ Verges liées autour d'une hache que portaient les licteurs.

faiseur, euse [fə-] *n* Qui fait telle chose. ■ *nm* Litt Habile intrigant.

faisselle *nf* Égouttoir à fromages.

1. fait *nm* 1 Action de faire, ce que l'on a fait. 2 Ce qui existe réellement, ce qui est arrivé. *C'est un fait.* Loc *De fait, en fait, par le fait* : véritablement, effectivement. *Au fait* : à propos. *Dire son fait à qqn* : lui dire ses vérités. *Mettre au fait* : instruire. *État de fait* : réalité. *En fait de* : en matière de. *Prendre sur le fait* : au moment où on commet un délit. *Si fait* : oui, assurément. *Tout à fait* : entièrement, complètement. ■ *pl* Loc *Hauts faits* : exploits.

2. fait, faite *a* Qui est à maturité. *Un homme fait. Un fromage fait.* Loc *Tout fait* : être sur le point d'être arrêté. *Phrase toute faite* : locution banale. Fam *C'est bien fait* : c'est un désagrément mérité. *C'en est fait* : c'est irrévocable.

faîtage *nm* Arête supérieure d'un toit.

fait divers *nm* Vol, crime, etc., faisant l'objet d'une rubrique dans un journal. ■ *pl* Cette rubrique. *Des faits divers.*

fait-diversier *nm* Journaliste qui s'occupe des faits divers. *Des faits-diversiers.*

faîte *nm* 1 Partie la plus élevée d'un bâtiment. 2 Litt Sommet, cime.

faîtière *nf* Tuile courbe recouvrant un faîtage.

fait-tout *nm inv* ou **faitout** *nm* Récipient profond pour faire cuire des aliments.

faix [fɛ] *nm* Litt Charge.

fakir *nm* **1** Ascète musulman ou hindou. **2** Magicien, prestidigitateur.

falaise *nf* Rivage abrupt et très élevé.

falbalas *nmpl* Ornements prétentieux.

falconiforme ou **falconidé** *nm* ZOOL Rapace diurne.

fallacieux, euse *a* Trompeur, spécieux.

falloir *v impers* [49] Être nécessaire. *Il vous faut partir. Il faut que vous y alliez.* **Loc** *Fam Comme il faut* : convenablement ; bien élevé. ■ *vpr* **Loc** *S'en falloir de* : manquer. *Il s'en est fallu de peu* : cela a failli arriver.

falot, ote *a* Terne, effacé.

falsifiable *a* Qu'on peut falsifier ou réfuter.

falsificateur, trice *a, n* Qui falsifie.

falsification *nf* Action de falsifier.

falsifier *vt* Altérer volontairement dans l'intention de tromper.

falun *nm* Roche sédimentaire utilisée pour amender les terres.

falzar *nm* Pop Pantalon.

famélique *a* Affamé, maigre.

fameusement *av* Fam Remarquablement.

fameux, euse *a* **1** Renommé, célèbre. **2** Excellent. *Ce vin est fameux.*

familial, ale, aux *a* De la famille. ■ *nf* Automobile de tourisme de grande capacité.

familiarisation *nf* Fait de se familiariser.

familiariser *vt* Rendre familier à, accoutumer, habituer. ■ *vpr* Se rendre qqch familier.

familiarité *nf* Manière simple, familière, de se comporter. ■ *pl* Façons trop familières.

familier, ère *a* **1** Qui vit en compagnie. *Un animal familier.* **2** Qui se comporte librement, sans façons avec qqn. **3** Qui se dit de façon courante. **4** Que l'on connaît bien. *Un visage familier.* ■ *n* Qui fréquente qqn, un lieu.

familièrement *av* De façon familière.

famille *nf* **1** Ensemble formé par le père, la mère et les enfants. **2** Enfants issus d'un mariage. **3** Ensemble des personnes ayant un lien de parenté ; lignée, descendance. *Famille royale.* **4** Choses ou êtres présentant des points communs. *Famille de mots. Famille d'esprit.* **5** BIOL Unité systématique, moins importante que l'ordre.

famine *nf* Manque de vivres dans un pays. **Loc** *Salaire de famine* : très bas.

fan [fan] ou **fana** *n* Fam Admirateur enthousiaste.

fanage *nm* Action de faner.

fanal *nm* Grosse lanterne servant à baliser, à signaler un véhicule, un navire. *Des fanaux.*

fanatique *a, n* **1** Animé d'une exaltation outrée pour qqch ou qqn. **2** Passionné de qqch.

fanatiquement *av* De façon fanatique.

fanatiser *vt* Rendre fanatique.

fanatisme *nm* Zèle, enthousiasme excessif, exalté, intolérant.

fan-club [fanklœb] *nm* Club regroupant les fans d'une vedette. *Des fans-clubs.*

fandango *nm* Danse populaire espagnole.

fane *nf* Feuille ou tige feuillue de certaines plantes.

faner *vt* **1** Retourner l'herbe coupée pour qu'elle sèche. **2** Altérer l'éclat de. ■ *vpr* Perdre sa fraîcheur, sa couleur.

fanfare *nf* Orchestre de cuivres et de percussions ; air exécuté par cet orchestre.

fanfaron, onne *a, n* Vantard, hâbleur.

fanfaronnade *nf* Propos, action, attitude de fanfaron.

fanfaronner *vi* Faire le fanfaron.

fanfreluche *nf* Ornement de peu de valeur.

fange *nf* Litt Boue.

fangeux, euse *a* Litt Plein de fange.

fanion *nm* Petit drapeau.

fanon *nm* ZOOL **1** Peau pendant sous le cou du bœuf, du chien, etc. **2** Lame du palais de la baleine.

fantaisie *nf* **1** Originalité imaginative. **2** Pensée, idée, goût capricieux. **3** Humeur, goût propre à qqn. *Vivre à sa fantaisie.*

fantaisiste *a, n* **1** Qui n'est pas sérieux. ■ *n* Artiste comique de music-hall.

fantasia *nf* Carrousel arabe au cours duquel les cavaliers au galop tirent des coups de fusil.

fantasmagorie *nf* Spectacle étrange, fantastique.

fantasmagorique *a* De la fantasmagorie.

fantasmatique *a* Du fantasme.

fantasme *nm* Produit de l'imagination, de l'inconscient.

fantasmer *vi* Élaborer des fantasmes.

fantasque *a* Sujet à des sautes d'humeur, à des fantaisies bizarres.

fantassin *nm* Soldat d'infanterie.

fantastique *a* **1** Chimérique, né de l'imagination ; surnaturel. *Une vision fantastique.* **2** Étonnant, incroyable. ■ *nm* Le genre fantastique, en art, en littérature, au cinéma.

fantastiquement *av* De façon fantastique.

fantoche *nm* Individu sans personnalité qui se laisse manœuvrer.

fantomatique *a* Qui relève du fantôme.

fantôme *nm* **1** Apparition surnaturelle d'un défunt ; spectre. **2** Apparence vaine, sans réalité. ■ *a* Dépourvu d'existence réelle. *Gouvernement fantôme.*

fanzine *nm* Magazine élaboré par des passionnés de cinéma, de bandes dessinées, etc.

faon [fã] *nm* Petit du cerf.

faquin *nm* Vx Homme méprisable.

far *nm* En Bretagne, flan aux pruneaux.

farad *nm* PHYS Unité de capacité électrique.

faraday *nm* PHYS Charge électrique d'une valeur de 96 486 coulombs.

faramineux, euse *a* Fam Extraordinaire, fantastique. *Payer des sommes faramineuses.*

farandole *nf* Danse provençale formée d'une chaîne de danseurs.

faraud, aude *a, n* Fam Fat et fanfaron.

farce *nf* **1** Hachis de viandes, d'épices, etc., servant à garnir. **2** Pièce de théâtre bouffonne. **3** Tour, niche faite à qqn.

farceur, euse *n, a* **1** Qui aime faire des farces, jouer des tours. **2** Qui n'est pas sérieux.

farci, ie *a* Garni de farce.

farcir *vt* **1** Remplir de farce. *Farcir une volaille.* **2** Bourrer, remplir avec excès. *Farcir un discours de citations.* ■ *vpr* Pop Supporter, endurer. *J'ai dû me farcir cet énergumène.*

fard *nm* Composition cosmétique donnant de l'éclat au teint. **Loc** Fam *Piquer un fard* : rougir. Litt *Parler sans fard* : directement, franchement.

fardeau *nm* Lourde charge.

farder *vt* **1** Mettre du fard. **2** Dissimuler pour embellir. *Farder la vérité.*

faré *nm* Habitation polynésienne traditionnelle.

farfadet nm Esprit, lutin.

farfelu, ue a, n Fam D'une fantaisie extravagante.

farfouiller vi Fam Fouiller en bouleversant tout.

faribole nf Fam Propos frivole.

farine nf Poudre résultant du broyage de graines de céréales. Loc Fam *Se faire rouler dans la farine* : se faire duper.

fariner vt Poudrer de farine.

farineux, euse a, nm Qui contient de la fécule. ■ a Qui a l'aspect, le goût de la farine.

farniente [-njente] nm Fam Douce oisiveté.

farouche a 1 Qui s'enfuit quand on l'approche. 2 Peu sociable, méfiant. *Enfant farouche.* 3 Cruel, violent. *Haine farouche.*

farouchement av De façon farouche.

fart [faʁt] nm Matière dont on enduit les skis pour les rendre glissants.

fartage nm Action de farter.

farter vt Enduire les skis de fart.

fascicule nm Cahier d'un ouvrage publié par livraisons.

fascinant, ante ou **fascinateur, trice** a Qui fascine, éblouit.

fascination nf Attrait irrésistible.

fascine nf Fagot de branchages utilisé pour les terrassements.

fasciner vt 1 Immobiliser par le seul regard. 2 Charmer, éblouir.

fascisant, ante [-ʃizã] a Qui tend au fascisme.

fascisme [-ʃism] nm 1 Régime autoritaire instauré par Mussolini en Italie de 1922 à 1943-1945. 2 Idéologie totalitaire et nationaliste.

fasciste [-ʃist] a, n Qui relève du fascisme.

1. faste nm Pompe, magnificence.

2. faste a Loc *Jour faste* : jour de chance.

fast-food [fastfud] nm Restaurant où l'on peut consommer sur place ou emporter des repas standard et bon marché. *Des fast-foods.*

fastidieusement av De façon fastidieuse.

fastidieux, euse a Lassant. *Attente fastidieuse.*

fastueusement av Avec un grand faste.

fastueux, euse a Plein de faste.

fat [fa] ou [fat] am, nm Litt Prétentieux.

fatal, ale, als a 1 Qui entraîne la perte, la ruine, la mort. *Coup fatal.* 2 Inévitable. Loc *Femme fatale* : à la beauté envoûtante.

fatalement av Inévitablement.

fatalisme nm Attitude de ceux qui pensent que le cours des événements est fixé par le destin.

fataliste a, n Qui relève du fatalisme.

fatalité nf 1 Destin, destinée. 2 Enchaînement fâcheux des événements.

fatidique a Qui semble indiquer un arrêt du destin. *Moment fatidique.*

fatigabilité nf Tendance à être facilement fatigué.

fatigable a Sujet à la fatigue.

fatigant, ante a 1 Qui fatigue. *Travail fatigant.* 2 Importun, ennuyeux.

fatigue nf 1 Impression de lassitude causée par un travail, un effort. 2 Diminution de résistance d'une pièce après un long fonctionnement.

fatigué, ée a 1 Qui manifeste la fatigue. 2 Fam Défraîchi. *Costume fatigué.*

fatiguer vt 1 Causer de la fatigue. 2 Importuner, lasser qqn. ■ vi Supporter un trop grand effort. *Moteur qui fatigue.* ■ vpr Se donner, éprouver de la fatigue.

fatma nf Femme musulmane.

fatras [-tʁa] nm Amas hétéroclite.

fatuité nf Attitude d'un fat ; prétention sotte.

faubourg nm Quartier excentrique d'une ville.

faubourien, enne a Des faubourgs populaires. *Accent faubourien.*

fauchage nm ou **fauchaison** nf Action de faucher.

fauche nf Pop Vol.

fauché, ée a, n Pop Sans argent.

faucher vt 1 Couper à la faux. 2 Renverser, tuer. *La voiture a fauché un piéton.* 3 Pop Voler.

faucheur, euse n Qui fauche. ■ nf Machine à faucher le foin.

faucheux ou **faucheur** nm Arachnide carnassier aux longues pattes grêles.

faucille nf Instrument pour couper les céréales, l'herbe, etc. Loc *La faucille et le marteau* : emblème communiste.

faucon nm Oiseau rapace au vol rapide.

fauconnerie nf Art de dresser les rapaces pour la chasse.

fauconnier nm Qui dresse des faucons pour la chasse.

faufiler vt Coudre provisoirement à grands points. ■ vpr Se glisser adroitement.

1. faune nm, **faunesse** nf MYTH Divinité champêtre, chez les Latins.

2. faune nf 1 ZOOL Ensemble des animaux habitant une région. 2 Péjor Groupe de gens qui fréquentent un même lieu.

faunique a ZOOL De la faune.

faunistique nf ZOOL Étude de la faune.

faussaire n Qui fabrique un faux.

faussement av De façon fausse.

fausser vt 1 Rendre faux, altérer l'exactitude de. 2 Déformer par pression ou torsion. *Fausser une clé.* Loc *Fausser compagnie à qqn* : le quitter sans le prévenir.

fausset nm Loc *Voix de fausset* : voix aiguë. Syn. voix de tête.

fausseté nf 1 Caractère faux. 2 Hypocrisie.

faute nf 1 Manquement à la morale ou à la loi. 2 Action maladroite, erreur. *Faute d'orthographe.* Loc *Faute de* : par manque de. *Sans faute* : à coup sûr. *Ne pas se faire faute de* : ne pas s'abstenir de.

fauter vi Vx Se laisser séduire (femme).

fauteuil nm Siège à bras et à dossier. Loc Fam *Arriver dans un fauteuil* : remporter sans peine la victoire.

fauteur, trice n Loc *Fauteur de troubles, de désordre, etc.* : qui fait naître les troubles, le désordre, etc.

fautif, ive a, n En faute. *Se sentir fautif.* ■ a Erroné, incorrect. *Édition fautive.*

fautivement av De façon erronée.

fauve a De couleur rousse ou tirant sur le roux. ■ nm 1 Bête fauve : grand félin. ■ nm 1 Bête fauve. 2 Peintre adepte du fauvisme.

fauverie nf Ménagerie de fauves.

fauvette nf Passereau au plumage terne.

fauvisme nm Mouvement pictural du début du XXᵉ s.

1. faux, fausse a 1 Non conforme à la vérité, à la réalité. 2 Mal fondé, vain. *Fausse joie. Faux problème.* 3 Qui manque de justesse.

Esprit faux. 4 MUS Qui n'est pas dans le ton. *Fausse note*. 5 Altéré, non vrai. *Fausse monnaie. Fausse nouvelle.* 6 Qui n'est pas ce qu'il semble être. *Faux ami.* 7 Qui n'est pas tel qu'il doit être. *Faux mouvement.* ■ av De façon fausse. *Chanter faux.* ■ nm 1 Ce qui est faux, contraire à la vérité. 2 Altération, contrefaçon frauduleuse. Loc *S'inscrire en faux :* nier avec preuves.

2. faux *nf* Lame d'acier courbée, fixée à un long manche, servant à faucher.

faux-filet *nm* Morceau de viande de bœuf, le long de l'échine. *Des faux-filets.*

faux-fuyant *nm* Subterfuge pour éviter de s'engager. *Des faux-fuyants.*

faux-monnayeur *nm* Qui fabrique de la fausse monnaie. *Des faux-monnayeurs.*

faux-semblant *nm* Apparence trompeuse. *Des faux-semblants.*

faux-sens *nm inv* Interprétation erronée d'un mot.

favela *nf* Bidonville au Brésil.

faveur *nf* 1 Bienveillance, protection, appui de qqn d'influent. 2 Considération, estime auprès de qqn. 3 Avantage, privilège. *Demander une faveur.* 4 Petit ruban. Loc *En faveur de :* en considération de, dans l'intérêt de. *À la faveur de :* grâce à. ■ pl Marques d'amour d'une femme à un homme.

favorable *a* 1 Bien disposé à l'égard de qqn, de qqch. 2 À l'avantage de qqn, de qqch. *Préjugé favorable.*

favorablement *av* De façon favorable.

favori, ite *a, n* 1 Qui est l'objet d'une préférence habituelle. 2 Concurrent donné comme gagnant. ■ nm Qui tenait le premier rang dans la faveur d'un prince. ■ nf Maîtresse attitrée d'un souverain. ■ nmpl Touffe de barbe de chaque côté du visage.

favorisant, ante *a* Qui contribue au développement de qqch.

favoriser *vt* 1 Traiter avec faveur, soutenir ou avantager. 2 Apporter son appui, faciliter. *Favoriser une entreprise.*

favoritisme *nm* Tendance à accorder des avantages injustifiés.

fax *nm* Syn de télécopie.

faxer *vt* Envoyer un document par fax.

fayot *nm* Pop Haricot sec.

fayoter *vi* Pop Faire du zèle pour obtenir des faveurs.

fazenda *nf* Grand domaine agricole au Brésil.

féal, ale, aux *a, nm* Litt Fidèle, loyal.

fébrifuge *a, nm* Qui fait baisser la fièvre.

fébrile *a* 1 Qui a de la fièvre. 2 Qui manifeste une agitation excessive.

fébrilement *av* De façon fébrile.

fébrilité *nf* État d'agitation extrême.

fécal, ale, aux *a* Relatif aux fèces.

fèces [fɛs] *nfpl* Excréments.

fécond, onde *a* 1 Qui peut se reproduire. 2 Fertile. *Sol fécond.* Ant. stérile.

fécondant, ante *a* Qui féconde.

fécondateur, trice *a, n* Qui a la capacité de féconder.

fécondation *nf* Action de féconder.

féconder *vt* 1 Réaliser l'union de deux cellules sexuelles, mâle et femelle. 2 Litt Rendre fécond, fertile.

fécondité *nf* 1 Aptitude à se reproduire. 2 Fertilité.

fécule *nf* Matière farineuse extraite de divers végétaux.

féculent, ente *a* Qui contient de la fécule. ■ nm Graine de légumineuse (lentille, haricot, etc.).

féculerie *nf* Usine de fécule ; industrie de la fécule.

fedayin [fedajin] *nm* Combattant palestinien.

fédéral, ale, aux *a* Qui appartient à une fédération. ■ nmpl HIST Aux États-Unis, soldats des États du Nord pendant la guerre de Sécession.

fédéraliser *vt* Organiser en fédération.

fédéralisme *nm* Système fédéral.

fédéraliste *a, n* Partisan du fédéralisme.

fédérateur, trice *a, n* Qui fédère, qui favorise une union, une convergence.

fédératif, ive *a* Constitué en fédération.

fédération *nf* 1 Association de plusieurs pays en un État unique. 2 Regroupement de plusieurs sociétés, syndicats, clubs.

fédéré *nm* HIST Partisan armé de la Commune de Paris, en 1871.

fédérer *vt* [12] Grouper en fédération. ■ vpr S'unir en fédération.

fée *nf* Être féminin imaginaire doué d'un pouvoir magique. Loc *Avoir des doigts de fée :* être d'une grande adresse. *Conte de fées :* récit merveilleux.

feed-back [fidbak] *nm inv* Rétroaction.

feeling [filiŋ] *nm* Fam Sensibilité manifestée dans une situation, une interprétation musicale.

féerie [feri] *nf* Spectacle merveilleusement beau.

féerique *a* D'une beauté merveilleuse.

feignant, ante *a, n* Pop Fainéant.

feindre *vt* [69] Faire semblant de. *Feindre de sortir.*

feinte *nf* Action destinée à tromper, à donner le change, à surprendre.

feinter *vi* Faire une feinte. ■ vt Fam Tromper.

feldspath [-pat] *nm* Minéral fréquent dans les roches éruptives et métamorphiques.

feldwebel [-vebel] *nm* Sous-officier allemand.

fêlé, ée *a, n* Fam Un peu fou.

fêler *vt* Fendre un objet cassant sans que les morceaux se disjoignent.

félibre *nm* Écrivain de langue d'oc.

félibrige *nm* Mouvement littéraire fondé en Provence en 1854 par F. Mistral.

félicitations *nfpl* Compliments, éloges.

félicité *nf* Litt Bonheur suprême.

féliciter *vt* Témoigner sa satisfaction à qqn ; complimenter. ■ vpr S'estimer heureux de.

félidé *nm* ZOOL Mammifère carnivore dont le chat est le type.

félin, ine *a, nm* ZOOL Qui appartient au type chat. ■ a Qui rappelle le chat. *Grâce féline.*

fellaga *nm* HIST Partisan algérien dressé contre l'autorité française et luttant pour l'indépendance de son pays.

fellah *nm* Paysan au Maghreb et en Égypte.

fellation *nf* SEXOL Excitation avec la bouche du sexe de l'homme.

félon, onne *a, n* Litt Qui manque à la foi jurée ; traître.

félonie *nf* Litt Déloyauté ; traîtrise.

felouque *nf* Petit navire à voiles du Nil.

fêlure *nf* Fente d'une chose fêlée.

femelle *nf* Animal du sexe féminin. ■ *a* 1 Propre à la femelle. 2 Qualifie une pièce présentant un évidement dans lequel vient s'insérer la saillie de la pièce mâle. *Fiche femelle.*

féminin, ine *a* Propre à la femme. Loc VERSIF *Rime féminine :* terminée par un *e* muet. ■ *a, nm* GRAM Se dit du genre grammatical impliquant certaines marques et certains accords.

féminisation *nf* Action de féminiser.

féminiser *vt* 1 Donner le type, le caractère féminin à. 2 Faire accéder un plus grand nombre de femmes à une catégorie sociale. ■ *vpr* Comporter davantage de femmes.

féminisme *nm* Attitude favorable à l'extension des droits de la femme.

féministe *a, n* Qui relève du féminisme.

féminité *nf* Ensemble des qualités attribuées à la femme.

femme *nf* 1 Être humain adulte du sexe féminin. 2 Épouse. Loc Fam *Bonne femme :* femme, avec une intention péjorative ou affective. *Femme de ménage :* rétribuée pour faire le ménage dans une maison. *Femme de chambre :* attachée au service particulier d'une dame ou chargée du service des chambres dans un hôtel. *Prendre femme :* se marier.

femmelette *nf* Fam Personne faible et sans courage.

fémoral, ale, aux *a* ANAT De la cuisse.

fémur *nm* Os de la cuisse.

fenaison *nf* Action de couper et de faner les foins.

1. fendant *nm* Vin blanc réputé de Suisse.

2. fendant, ante *a* Fam Drôle.

fendillement *nm* Action de se fendiller.

fendiller *vt* Produire de petites fentes à. ■ *vpr* Se craqueler.

fendre *vt* [5] 1 Couper, diviser un corps solide dans le sens longitudinal. 2 Crevasser, craqueler. *Fendre le sol.* Loc *Fendre le cœur, l'âme :* faire ressentir un grand chagrin. ■ *vpr* 1 Se diviser, se couvrir de fentes. 2 Fam Donner. *Se fendre de cent francs.*

fenêtre *nf* 1 Ouverture dans le mur d'une construction pour donner du jour et de l'air. 2 Châssis vitré fermant cette ouverture. 3 INFORM Zone de l'écran où peuvent s'inscrire des informations.

fennec *nm* Petit renard du Sahara.

fenouil *nm* Plante aromatique et comestible.

fente *nf* Ouverture étroite et longue ; fissure.

féodal, ale, aux *a* Relatif à un fief, à la féodalité. ■ *nm* Grand propriétaire terrien.

féodalisme *nm* Système féodal.

féodalité *nf* 1 Organisation politique du Moyen Âge, dans laquelle des fiefs étaient concédés par des seigneurs à des vassaux contre certaines obligations. 2 Système social rappelant la féodalité. *La féodalité financière.*

fer *nm* 1 Métal gris blanc ductile, ferromagnétique, utilisé en métallurgie. 2 Objet en fer, en métal. 3 Outil en fer. *Fer à repasser.* 4 Fleuret, épée, sabre. Loc *Âge du fer :* période où se répandit l'usage du fer (v. 850 av. J.-C.). *De fer :* résistant, dur comme le fer. *Fer à cheval :* bande de métal recourbée pour protéger les sabots des chevaux. Fam *Tomber les quatre fers en l'air :* tomber sur le dos. *En fer à cheval :* en demi-cercle. ■ *pl* Entraves qui enchaînent un prisonnier.

fer-blanc *nm* Tôle d'acier doux recouverte d'étain. *Des fers-blancs.*

ferblanterie *nf* Industrie d'objets en fer-blanc.

feria [feʀja] *nf* Grande fête annuelle dans le midi de la France.

férié, ée *a* Loc *Jour férié :* où on ne travaille pas à l'occasion d'une fête.

féringien, enne *a, n* Des îles Féroé.

férir *vt* Loc *Sans coup férir :* sans difficulté.

ferler *vt* MAR Plier une voile.

fermage *nm* Loyer d'une terre prise à bail.

fermant, ante *a* Se dit d'un couteau dont la lame se replie.

1. ferme *a* 1 Qui offre une certaine résistance. *Fromage à pâte ferme.* 2 Stable. *Ferme sur ses pieds.* 3 Qui ne se laisse pas ébranler. *Ferme dans ses résolutions.* 4 Qui fait preuve d'autorité. *Ferme avec les enfants.* 5 Sans sursis. *Prison ferme.* Loc *De pied ferme :* résolument. ■ *av* Avec ardeur. Loc *Tenir ferme :* résister vigoureusement.

2. ferme *nf* 1 Convention par laquelle un propriétaire loue un bien rural ; domaine ainsi exploité. 2 Toute exploitation agricole ; habitation de l'agriculteur.

fermé, ée *a* 1 Inaccessible. *Milieu fermé.* 2 Insensible. *Fermé à la pitié.* Loc *Visage fermé :* impénétrable.

fermement *av* De façon ferme.

ferment *nm* 1 Agent d'une fermentation. 2 Litt Ce qui entretient les passions. *Un ferment de discorde.*

fermentation *nf* 1 Dégradation d'une substance par un microorganisme. 2 Litt Effervescence des esprits.

fermenter *vi* Être en fermentation.

fermentescible *a* Qui peut fermenter.

fermer *vt* 1 Boucher une ouverture. 2 Isoler de l'extérieur. *Fermer une chambre.* 3 Rapprocher les parties de qqch. *Fermer les yeux.* 4 Interdire l'accès de. *Fermer un établissement.* 5 Arrêter la circulation, le fonctionnement de. *Fermer l'eau, l'électricité.* Loc *Fermer la marche :* marcher le dernier. Pop *La fermer :* se taire. ■ *vi* Être, rester fermé. *On ferme à cinq heures.*

fermeté *nf* 1 État de ce qui est ferme. 2 Énergie, autorité, assurance. *Parler avec fermeté.*

fermette *nf* Petite ferme.

fermeture *nf* 1 Dispositif servant à fermer. 2 Action de fermer ; état d'un établissement fermé. *Heure de la fermeture.*

fermier, ère *n* Exploitant agricole. Loc *Fermier général :* sous l'Ancien Régime, financier qui percevait certains impôts. ■ *a* De ferme. *Beurre fermier.*

fermion *nm* PHYS Particule, tels l'électron, le proton, etc.

fermoir *nm* Agrafe ou attache qui sert à tenir fermé un sac, un collier.

féroce *a* Cruel, sans pitié.

férocement *av* De façon féroce.

férocité *nf* Caractère féroce.

ferraille *nf* 1 Pièces métalliques hors d'usage. 2 Fam Petite monnaie.

ferrailler *vi* Se battre au sabre ou à l'épée.

ferrailleur *nm* Marchand de ferraille.

ferré, ée *a* Loc Fam *Être ferré sur :* être compétent en. *Voie ferrée :* voie constituée par deux rails reliés par des traverses.

ferrer *vt* 1 Garnir de fer, de ferrures. 2 Garnir de fers les sabots d'une bête. Loc *Ferrer le poisson* : bien l'accrocher à l'hameçon d'un coup sec.

ferret *nm* Embout d'un lacet.

ferreux, euse *a* Qui contient du fer.

ferrite *nf* Variété de fer, l'un des constituants de l'acier.

ferromagnétique *a* Doué de ferromagnétisme.

ferromagnétisme *nm* Propriété de certaines substances (fer, cobalt, nickel) d'acquérir une forte aimantation.

ferronnerie *nf* Art du fer forgé ; objets ainsi forgés.

ferronnier, ère *n* Qui fabrique de la ferronnerie d'art.

ferroutage *nm* Transport par rail et par route.

ferroviaire *a* Relatif aux chemins de fer.

ferrugineux, euse *a* Qui contient du fer.

ferrure *nf* Garniture de fer.

ferry *ou* **ferry-boat** *nm* Navire transportant des wagons et des automobiles. *Des ferry-boats.*

fertile *a* 1 Qui fournit des récoltes abondantes. 2 Riche en. *Voyage fertile en incidents.* 3 Fécond. *Imagination fertile.*

fertilisant, ante *a, nm* Qui fertilise.

fertilisation *nf* Action de fertiliser.

fertiliser *vt* Rendre fertile.

fertilité *nf* Qualité fertile.

féru, ue *a* Loc Litt *Féru de* : passionné de.

férule *a* 1 Loc Litt *Sous la férule de* : sous l'autorité de.

fervent, ente *a, n* Qui éprouve ou manifeste de la ferveur.

ferveur *nf* Ardeur des sentiments.

fesse *nf* Chacune des parties charnues qui forment le derrière de l'homme et de certains animaux. Loc Fam *Serrer les fesses* : avoir peur.

fessée *nf* Correction donnée sur les fesses.

fesser *vt* Donner une fessée.

fessier, ère *a* Des fesses. ■ *nm* Les deux fesses.

fessu, ue *a* Fam Qui a de grosses fesses.

festif, ive *a* De la fête. *Ambiance festive.*

festin *nm* Repas somptueux, excellent.

festival *nm* Manifestation artistique organisée à époque fixe. *Des festivals.*

festivalier, ère *n. a.* Qui fréquente un festival.

festivités *nfpl* Fêtes, cérémonies.

fest-noz *nm inv* Fête traditionnelle bretonne.

feston *nm* 1 Guirlandes de feuilles et de fleurs. 2 Bordure brodée.

festonner *vt* Orner de festons.

festoyer *vi* [22] Faire bonne chère.

feta *nf* Fromage grec au lait de brebis.

fêtard, arde *n* Fam Qui fait la fête.

fête *nf* 1 Jour consacré à commémorer un fait religieux, historique, un saint, etc. 2 Réjouissances. Loc *Faire fête à qqn* : lui réserver un accueil chaleureux. *Faire la fête* : mener joyeuse vie. *N'être pas à la fête* : être dans une situation désagréable.

Fête-Dieu *nf* Fête de l'Eucharistie. *Des Fêtes-Dieu.*

fêter *vt* 1 Célébrer une fête ou par une fête. 2 Accueillir chaleureusement.

fétiche *nm* Objet magique, porte-bonheur.

féticheur *nm* Sorcier, dans les religions animistes.

fétichisme *nm* 1 Culte des fétiches. 2 Attachement, admiration excessifs à l'égard de qqch ou de qqn.

fétichiste *a, n* Qui relève du fétichisme.

fétide *a* Qui sent très mauvais.

fétidité *nf* Caractère fétide.

fétu *nm* Brin de paille.

1. feu, feue *a* Litt Défunt (au sing et invariable sauf entre le déterminant et le nom). *La feue reine. Feu la reine.*

2. feu *nm* 1 Flamme. 2 Corps en combustion ; chaleur dégagée par ce corps. 3 Incendie. *Feu de forêt.* 4 Lumière d'éclairage. 5 Signal lumineux réglant la circulation. Loc *Feu de Bengale* : pièce d'artifice qui brûle avec une flamme colorée. *De feu* : ardent, passionné. *Coup de feu* : décharge d'arme (fusil, pistolet, etc.) ; moment de presse. *Faire feu* : tirer. *À petit feu* : lentement. *À feu et à sang* : par l'incendie et le massacre. *Aller au feu* : au combat. *Ne pas faire long feu* : ne pas durer longtemps. *N'y voir que du feu* : ne rien comprendre. ■ *pl* Éclat très vif. *Les feux d'une pierre précieuse.* Loc *Entre deux feux* : attaqué de deux côtés.

feudataire *nm* HIST Possesseur d'un fief.

feuillage *nm* Feuilles d'un arbre ; branches coupées garnies de feuilles.

feuillaison *nf* BOT Développement des feuilles.

feuillant, ante, feuillantine *n* HIST Religieux, religieuse membre d'un ancien ordre détaché des cisterciens.

feuillard *nm* Bande plate servant à l'emballage.

feuille *nf* 1 Partie d'un végétal, généralement verte, plate et mince. 2 Morceau de papier quadrangulaire. 3 Document portant des indications. 4 Plaque très mince. *Feuille de tôle.*

feuillées *nfpl* Latrines.

feuille-morte *a inv* Brun-roux.

feuillet *nm* 1 Chacune des feuilles d'un livre, d'un cahier, etc. 2 Troisième poche de l'estomac des ruminants.

feuilletage *nm* Pâte feuilletée.

feuilleté, ée *a* Formé de minces couches superposées. Loc *Pâte feuilletée* : pâte à gâteaux travaillée pour se diviser en fines feuilles. ■ *nm* Pâtisserie faite avec cette pâte.

feuilleter *vt* [19] Tourner les feuilles d'un livre ; parcourir hâtivement.

feuilleton *nm* Œuvre de fiction paraissant par épisodes dans un journal, à la télévision.

feuilletoniste *n* Qui écrit des feuilletons.

feuillu, ue *a* Qui a beaucoup de feuilles.

feuillure *nf* TECH Entaille pratiquée dans un panneau pour recevoir une autre pièce.

feulement *nm* Cri du tigre, du chat.

feuler *vi* Pousser un feulement.

feutrage *nm* Action de feutrer.

feutre *nm* 1 Étoffe non tissée faite de poils ou de laines agglutinés et foulés. 2 Chapeau de feutre. 3 Stylo, crayon dont la pointe est faite de fibres synthétiques.

feutré, ée *a* 1 Qui a l'aspect du feutre. 2 Silencieux, discret. *Atmosphère feutrée.* Loc *À pas feutrés* : sans bruit.

feutrer *vt* Donner l'aspect du feutre à une étoffe. ■ *vi, vpr* Prendre l'aspect du feutre.

feutrine *nf* Feutre léger.

fève *nf* 1 Plante potagère dont la graine est comestible. 2 Figurine qu'on cache dans une galette le jour de l'Épiphanie.

féverole *nf* Variété de fève pour le bétail.

février *nm* Deuxième mois de l'année, qui compte 28 ou 29 jours.

fez *nm* Coiffure tronconique portée dans certains pays musulmans.

fi ! *interj* Litt Marque le dégoût. Loc Litt *Faire fi de :* mépriser.

fiabiliser *vt* Rendre fiable, sûr.

fiabilité *nf* Probabilité de bon fonctionnement.

fiable *a* 1 Qui a un certain degré de fiabilité. 2 À qui on peut se fier. *Témoin fiable.*

fiacre *nm* Voiture de louage hippomobile.

fiançailles *nfpl* Promesse mutuelle de mariage.

fiancé, ée *n* Qui s'est engagé au mariage.

fiancer *vt* [10] Promettre en mariage par la cérémonie des fiançailles. ■ *vpr* S'engager au mariage.

fiasco *nm* Échec complet.

fiasque *nf* Bouteille à long col et à large panse, entourée de paille.

fibranne *nf* (n déposé) Tissu artificiel.

fibre *nf* 1 Expansion cellulaire allongée et fine. *Fibres musculaires.* 2 Filament de certaines plantes, de certaines matières. 3 Litt Disposition à éprouver certains sentiments. *La fibre paternelle.* Loc *Fibre de verre :* filament obtenu par étirage de verre fondu. *Fibre optique :* fibre utilisée pour la transmission d'informations.

fibreux, euse *a* Formé de fibres.

fibrillation *nf* MED Contractions désordonnées des fibres cardiaques.

fibrille [-bʀij] *nf* Petite fibre.

fibrine *nf* BIOL Protéine insoluble qui forme la majeure partie du caillot sanguin.

fibrinogène *nm* BIOL Protéine synthétisée par le foie, qui se transforme en fibrine.

fibroblaste *nm* BIOL Cellule du tissu conjonctif, participant à l'élaboration du collagène.

fibrociment *nm* (n déposé) Matériau constitué de ciment et d'amiante. Syn. amiante-ciment.

fibromateux, euse *a* MED Du fibrome.

fibromatose *nf* MED Affection résultant de plusieurs fibromes.

fibrome *nm* Tumeur fibreuse bénigne.

fibroscope *nm* MED Endoscope flexible à fibres de quartz.

fibroscopie *nf* MED Examen réalisé au moyen d'un fibroscope.

fibrose *nf* MED Évolution fibreuse d'un organe.

fibule *nf* ANTIQ Agrafe.

ficaire *nf* Petite plante à fleurs jaune d'or.

ficelage *nm* Action de ficeler.

ficeler *vt* [18] 1 Lier avec de la ficelle. 2 Fam Habiller. 3 Fam Concevoir, écrire.

ficelle *nf* Corde très mince. ■ *pl* Loc *Tirer les ficelles :* faire agir les autres sans être connu. *Les ficelles du métier :* ses trucs.

fichage *nm* Action de ficher qqn.

fiche *nf* 1 Feuille sur laquelle on inscrit des renseignements destinés à être classés. 2 TECH Cheville.

1. ficher ou **fiche** *vt* 1 Fam Mettre, donner avec force. *Ficher une claque.* 2 Faire. *Il n'a rien fichu cette année.* ■ *vpr* Fam Se moquer. *Tu te fiches de moi ?*

2. ficher *vt* 1 Noter un renseignement sur une fiche. 2 Faire figurer qqn dans un fichier de police, un fichier informatique.

fichier *nm* 1 Ensemble de fiches. 2 Ensemble d'informations traitées par l'ordinateur.

fichtre ! *interj* Fam Marque l'étonnement.

fichtrement *av* Fam Extrêmement.

1. fichu, ue *a* Fam Mauvais, détestable, désagréable. *Un fichu caractère.* Loc *Être fichu :* être dans un état désespéré ; être manqué, raté. *Être fichu de :* être capable de.

2. fichu *nm* Étoffe triangulaire que les femmes se mettent sur les épaules ou sur la tête.

fictif, ive *a* Imaginaire, inventé.

fiction *nf* Ce qui relève de l'imaginaire ; création littéraire.

fictionnel, elle *a* De la fiction, des œuvres de fiction.

fictivement *av* De façon fictive.

ficus [-kys] *nm* Plante d'appartement appelée aussi *caoutchouc.*

fidèle *a* 1 Qui remplit ses engagements. 2 Constant dans son attachement. 3 Qui respecte la vérité, exact. ■ *n* Qui pratique une religion.

fidèlement *av* De façon fidèle.

fidélisation *nf* Action de fidéliser.

fidéliser *vt* Rendre fidèle une clientèle.

fidélité *nf* Caractère fidèle de qqn, de qqch.

fiduciaire *a* FIN Se dit de valeurs fondées sur la confiance que le public accorde à l'organisme émetteur.

fief *nm* 1 FEOD Domaine d'un vassal. 2 Domaine exclusif de qqn. *Fief électoral.*

fieffé, ée *a* Qui a tel vice au suprême degré. *Un fieffé coquin.*

fiel *nm* 1 Bile. 2 Litt Animosité, amertume.

fielleux, euse *a* Litt Amer, méchant.

fiente [fjɑ̃t] *nf* Excrément d'animaux.

1. fier, fière [fjɛʀ] *a, n* Hautain, méprisant. *Faire le fier.* ■ *a* 1 Qui tire un certain orgueil de qqch. 2 Noble, élevé. *Âme fière.* 3 Fam Remarquable en son genre. *Un fier imbécile.*

2. fier (se) *vpr* Mettre sa confiance en. *Se fier à un ami.*

fier-à-bras *nm* Fanfaron. *Des fier(s)-à-bras.*

fièrement *av* De façon fière.

fierté *nf* Caractère fier.

fiesta *nf* Fam Fête.

fièvre *nf* 1 Élévation anormale de la température du corps. 2 Agitation provoquée par la passion. *La fièvre du combat.*

fiévreusement *av* De façon fiévreuse.

fiévreux, euse *a* 1 Qui a ou dénote de la fièvre. 2 Agité, désordonné. *Attente fiévreuse.*

fifre *nm* Petite flûte au son aigu.

fifrelin *nm* Fam Chose sans valeur.

fifty-fifty [fifti-] *av* Moitié-moitié.

figé, ée *a* Stéréotypé. *Locution figée.*

figer *vt* [11] 1 Rendre solide un liquide gras par le froid. 2 Immobiliser qqn, son visage.

fignolage *nm* Action de fignoler.

fignoler *vt* Fam Apporter un soin très minutieux.

figue *nf* Fruit charnu, comestible du figuier. Loc *Figue de Barbarie :* fruit comestible de l'opuntia. ■ *a inv* Loc *Mi-figue, mi-raisin :* plaisant d'un côté et désagréable de l'autre ; ambigu.

figuier *nm* Arbre méditerranéen qui produit les figues. Loc *Figuier de Barbarie :* opuntia.

figurant, ante *n* 1 Acteur de complément au théâtre, au cinéma. 2 Qui joue un rôle secondaire dans une affaire.

figuratif, ive *a* Qui est la représentation, la figure de qqch. ■ *a, n* Peintre qui représente les formes des objets (par oppos. à abstrait).

figuration nf 1 Action de représenter qqch sous une forme visible. 2 Ensemble des figurants au théâtre, au cinéma.

figure nf 1 Visage. *Se laver la figure.* 2 Mine, contenance. *Faire bonne figure.* 3 Personnalité marquante. 4 Représentation d'un être humain, d'un animal par le dessin, la sculpture. 5 GEOM Ensemble de lignes ou de surfaces. Loc *Figure de rhétorique* : procédé de langage destiné à rendre la pensée plus frappante. *Faire figure de* : présenter les apparences de.

figuré, ée a, nm Loc *Sens figuré* : métaphorique, par oppos. au sens propre.

figurer vt 1 Représenter qqn, qqch. 2 Avoir l'aspect de. *Le décor figure une place publique.* ■ vi Apparaître, se trouver. *Son nom figure sur la liste.* ■ vpr Se représenter par l'imagination.

figurine nf Statuette.

fil nm 1 Brin mince et long de matière végétale, animale ou synthétique. 2 Métal étiré. *Fil de fer.* 3 Direction des fibres (de la viande, du bois). 4 Courant d'un cours d'eau. 5 Liaison, enchaînement. *Perdre le fil de ses idées.* 6 Tranchant d'une arme, d'un outil. *Le fil d'un rasoir.* Loc *De fil en aiguille* : d'un propos à l'autre. *Ne tenir qu'à un fil* : être précaire, instable. *Fil d'Ariane, fil conducteur, fil rouge* : qui permet de se guider dans des recherches difficiles. *Fil à plomb* : fil tendu par un poids et donnant la verticale. *Passer un coup de fil* : téléphoner. *Fils de la vierge* : fils tendus par certaines araignées.

fil-à-fil nm inv Tissu chiné.

filage nm Action de filer des fibres textiles.

filaire nf Ver parasite de l'homme et des animaux.

filament nm 1 Brin long et fin de matière animale ou végétale. 2 Fil très fin pour le passage du courant électrique.

filamenteux, euse a Formé de filaments.

filandreux, euse a 1 Rempli de fibres longues. 2 Embrouillé, confus.

filant, ante a Qui file. *Liquide filant.* Loc *Étoile filante* : météorite porté à incandescence.

filao nm Bois du casuarina.

filariose nf Parasitose causée par un filaire.

filasse nf Amas de filaments du chanvre, du lin, etc. ■ a inv Loc *Blond filasse* : jaune pâle.

filature nf 1 Opération de transformation des matières textiles ; usine textile. 2 Surveillance faite en filant qqn.

file nf Suite de personnes ou de choses qui se suivent ; colonne, rangée. *File de voitures. File d'attente.* Loc *À la file, en file, en file indienne* : l'un derrière l'autre.

filé nm Fil destiné à être tissé.

filer vt 1 Amener une matière textile à l'état de fil. 2 Sécréter des fils. *L'araignée file sa toile.* 3 MAR Larguer, mollir un cordage. 4 Suivre qqn pour le surveiller. 5 Pop Donner. Loc *Filer le parfait amour* : vivre un amour heureux. *Filer tant de nœuds* : avoir une vitesse de tant de milles à l'heure (bateau). ■ vi 1 Couler en filet. *Le miel file.* 2 Se défaire. *Bas qui file.* 3 Fam Aller, s'en aller rapidement. *Filer à toute allure.* Loc *Filer à l'anglaise* : partir sans être vu. *Filer doux* : devenir docile.

filet nm 1 ANAT Frein de la langue. 2 Trait mince divisant un texte. 3 TECH Rainure hélicoïdale d'un écrou, d'une vis. 4 Écoulement ténu. *Un filet d'eau.* 5 Morceau charnu du dos du bœuf ; bande de chair de poisson. 6 Réseau, ouvrage à larges mailles, servant à divers usages. *Filet à cheveux. Filet à provisions. Filet de volley-ball.* Loc *Filet de voix* : voix très faible. *Coup de filet* : opération policière en vue d'arrestations. *Travailler sans filet* : en prenant de grands risques.

filetage nm TECH Ensemble des filets d'une pièce, d'une vis.

fileter vt [19] Exécuter le filetage d'une pièce.

fileur, euse n Qui file une matière textile.

filial, ale, aux a Propre au fils, à la fille. *Amour filial.* ■ nf Société contrôlée et dirigée par une société mère.

filialiser vt Découper une entreprise entre plusieurs filiales.

filiation nf 1 Lien de parenté qui unit l'enfant à ses parents ; descendance directe. 2 Liaison, enchaînement de choses. *La filiation des mots.*

filière nf 1 TECH Pièce pour étirer une matière en fil, pour fileter une vis. 2 Suite de formalités, d'épreuves, etc., pour obtenir un résultat, faire une carrière. 3 Suite d'intermédiaires. *Remonter la filière de la drogue.* 4 Suite de phases constituant un processus de production. 5 PHYS Ensemble de réacteurs nucléaires fonctionnant selon le même principe.

filiforme a Mince comme un fil, grêle.

filigrane nm 1 Ouvrage d'orfèvrerie à jour. 2 Empreinte de lettres et figures dans le corps du papier. Loc *En filigrane* : à l'arrière-plan.

filin nm MAR Cordage, câble.

fille nf 1 Personne de sexe féminin, par rapport aux parents. 2 Enfant, personne jeune de sexe féminin. Loc *Jeune fille* : qui n'est pas mariée. *Vieille fille* : célibataire âgée. *Fille mère* : mère célibataire. *Fille de joie* ou *fille* : prostituée.

fillette nf Petite fille.

filleul, eule n Personne par rapport à ses parrain et marraine.

film nm 1 Pellicule, couche très mince d'une substance. 2 Bande mince recouverte d'une couche sensible servant pour la photo et le cinéma. 3 Œuvre cinématographique.

filmage nm Action de filmer ; tournage.

filmer vt Enregistrer sur film.

filmique a Relatif au film, au cinéma.

filmographie nf Ensemble des films réalisés par un cinéaste.

filon nm 1 GEOL Masse longue et étroite de minéraux recoupant des couches de nature différente. 2 Fam Source facile d'avantages divers.

filonien, enne a GEOL Qui concerne les filons, qui en résulte.

filou nm, a Fam Voleur adroit, rusé.

filouter vt Fam Tricher, voler.

filouterie nf Fam Escroquerie.

fils [fis] nm 1 Personne du sexe masculin, par rapport aux parents. 2 Qui est issu de, originaire de. *Fils du peuple.* Loc *Fils de famille* : d'une famille riche. *Fils spirituel* : disciple d'un maître. *Être (le) fils de ses œuvres* : ne devoir sa situation qu'à soi-même.

filtrage nm Action de filtrer.

filtrant, ante a Qui sert à filtrer. Loc *Virus filtrant* : qui traverse les filtres les plus fins.

filtrat nm CHIM Liquide épuré, filtré.

filtre nm 1 Corps poreux ou appareil servant à purifier un liquide ou un gaz, à faire passer un liquide. 2 Appareil qui absorbe une partie du rayonnement qui le traverse.

filtrer vt 1 Faire passer par un filtre. 2 Soumettre à un contrôle. ■ vi 1 Traverser un corps. *L'eau a filtré.* 2 Apparaître. *La vérité commence à filtrer.*

1. fin nf 1 Point ultime d'une durée ; terme. 2 Mort. *Une fin tragique.* 3 Extrémité, bout. *La fin d'un chemin.* 4 But. *La fin justifie les moyens.* Loc *Prendre fin* : cesser. *Mettre fin à* : faire cesser. *Sans fin* : sans arrêt. *En fin de compte* : en définitive. *À la fin* : enfin. *À toutes fins utiles* : pour tout usage éventuel.

2. fin, fine a 1 Très pur. *Or fin.* 2 D'une qualité supérieure. *Épicerie fine.* 3 D'une grande sensibilité. *Avoir l'ouïe fine.* 4 Perspicace, subtil, délicat. *Remarque fine.* 5 Menu, ténu, mince. *Pluie fine. Trait fin. Fine pellicule.* Loc *Jouer au plus fin* : rivaliser d'adresse. *Le fin mot d'une chose* : son motif véritable. ■ nm Loc *Le fin du fin* : ce qu'il y a de mieux. ■ av Tout à fait. *Nous voici fin prêts.*

1. final, ale, aux a 1 Qui finit, qui est à la fin. *Consonne finale.* 2 GRAM Qui marque l'idée de but. *Conjonction finale (pour que, afin que, etc.).* ■ nf 1 Syllabe ou lettre finale d'un mot. 2 Dernière épreuve d'une compétition.

2. final ou **finale** nm Dernière partie d'une symphonie, d'une sonate, d'un opéra.

finalement av À la fin, pour en terminer.

finalisation nf Action de finaliser.

finaliser vt 1 Orienter vers un but précis. 2 Mettre au point dans ses moindres détails. *Finaliser un projet.*

finaliste n, a Qualifié pour une finale.

finalité nf Caractère de ce qui tend vers un but.

finançable a Qu'on peut financer.

finance nf Ensemble des grandes affaires d'argent, de ceux qui les manient. *La haute finance.* Loc *Moyennant finance* : contre une certaine somme d'argent. ■ pl 1 Argent de l'État ; son administration. 2 Ressources pécuniaires d'une société, d'un particulier.

financement nm Action de financer.

financer vt [10] Fournir des capitaux, de l'argent.

financier, ère a Relatif à l'argent, aux finances. ■ nm Qui fait des opérations d'argent.

financièrement av En ce qui concerne les finances.

finasser vi Fam User de subterfuges, de finesses.

finasserie nf Fam Finesse rusée.

finaud, aude a, n Rusé.

fine nf Eau-de-vie supérieure.

finement av De façon fine.

finesse nf 1 Qualité de ce qui est délicat, fin. 2 Subtilité, acuité sensorielle.

finette nf Étoffe de coton à envers pelucheux.

fini, ie a 1 Parfait, achevé. 2 Usé intellectuellement. ■ nm 1 Perfection. *Manquer de fini.* 2 Ce qui a des bornes. *Le fini et l'infini.*

finir vt 1 Mener à son terme. *Finir un ouvrage. Finir de déjeuner.* 2 Terminer. *Finissez vos querelles.* ■ vi 1 Arriver à son terme. *Le spectacle finit tard.* 2 Avoir telle issue. *Un film qui finit bien.* 3 Mourir. Loc *En finir* : arriver à une solution. *Finir par* : arriver finalement à.

finish nm inv Dernier effort en fin d'épreuve.

finissage nm Parachèvement.

finisseur, euse n Concurrent qui termine bien les courses.

finition nf Achèvement des derniers détails d'un ouvrage.

finlandais, aise a, nm De Finlande.

finnois, oise a, n D'un peuple de Finlande. ■ nm Langue parlée en Finlande.

finno-ougrien, enne a, nm Se dit de langues, tels le finnois et le hongrois, formant un groupe.

fiole nf Petite bouteille de verre à col étroit.

fioriture nf Ornement ajouté.

fioul nm Produit dérivé du pétrole, utilisé comme combustible. Syn. fuel.

firmament nm Litt Voûte céleste.

firme nf Entreprise commerciale ou industrielle.

fisc nm Administration chargée du recouvrement des taxes et des impôts.

fiscal, ale, aux a Du fisc. *Agent fiscal.*

fiscalement av Du point de vue fiscal.

fiscalisation nf Action de fiscaliser.

fiscaliser vt Soumettre à l'impôt.

fiscaliste n Spécialiste du droit fiscal.

fiscalité nf Ensemble des lois destinées à fournir les ressources d'un État par l'impôt.

fish-eye [fiʃaj] nm Objectif photographique couvrant un champ très large. *Des fish-eyes.*

fissible ou **fissile** a PHYS Susceptible de subir la fission nucléaire.

fission nf PHYS Division d'un noyau atomique lourd, libérant de l'énergie.

fissuration nf Formation d'une fissure.

fissure nf Petite fente.

fissurer vt Diviser par des fissures, craqueler. ■ vpr Se crevasser, se craqueler.

fiston nm Fam Fils.

fistule nf MED Voie anormale, suivie par un liquide physiologique ou pathologique.

fistuline nf Champignon rouge vivant sur le tronc des chênes et des châtaigniers.

fixage nm 1 Action de rendre fixe. 2 TECH Action de fixer une photo, un dessin.

fixateur, trice a Qui fixe. ■ nm Produit servant à fixer un cliché photographique.

fixatif nm Vernis servant à fixer un dessin.

fixation nf 1 Action de fixer. 2 Ce qui sert à fixer. *Les fixations de skis.*

fixe a 1 Immobile. 2 Certain, déterminé. *Venir à heure fixe.* 3 Obsédant. *Idée fixe.* ■ nm Rémunération régulière, assurée.

fixement av De façon fixe.

fixer vt 1 Rendre fixe ; assujettir. *Fixer un cadre.* 2 Établir durablement. *Fixer sa résidence dans telle ville.* 3 Regarder avec attention. 4 Régler, arrêter, déterminer. *Fixer un rendez-vous.* 5 Renseigner qqn exactement. 6 TECH Rendre inaltérables une photo, un dessin. Loc *Fixer l'attention* : la retenir. ■ vpr 1 S'établir durablement. 2 Choisir finalement. *Se fixer sur une date de vacances.*

fixing [fiksiŋ] nm FIN Cotation de l'or.

fixité nf Caractère fixe.

fjord [fjɔrd] nm Vallée glaciaire envahie par la mer.

flac ! interj Bruit de choc.

flaccidité [flaksi-] nf État flasque.

flacon nm Petite bouteille.

flaconnage nm Présentation d'un produit en flacons.

flagada a inv Fam Sans vigueur.

flagellation nf Action de flageller.

flagelle nm BIOL Organe mobile assurant la locomotion d'organismes unicellulaires.

flagellé nm ZOOL Protiste pourvu de flagelles.

flageller vt Donner des coups de fouet.

flageoler vi Trembler des jambes.

flageolet nm 1 Flûte à bec. 2 Petit haricot.

flagorner vt Flatter bassement.

flagornerie nf Flatterie servile.

flagorneur, euse n. a Qui flagorne.

flagrant, ante a Évident, patent. *Mensonge flagrant.* Loc *Flagrant délit* : délit commis sous les yeux de celui qui le constate.

flair nm 1 Odorat d'un animal. 2 Sagacité, perspicacité.

flairer vt 1 Discerner par l'odorat ; sentir. 2 Pressentir. *Flairer un piège.*

flamand, ante a. n De Flandre. ■ nm Langue néerlandaise parlée en Belgique.

flamant nm Grand oiseau au plumage rose, noir ou écarlate.

flambage nm Action de passer au feu.

flambant, ante a Qui flambe. Loc *Flambant neuf* : tout neuf (*flambant* inv).

flambard ou **flambart** nm Fam Fanfaron.

flambeau nm 1 Torche, chandelle. 2 Chandelier, candélabre. Loc *Se passer le flambeau* : continuer la tradition.

flambée nf 1 Feu vif et de courte durée. 2 Forte poussée subite. *Une flambée de violence.*

flamber vi Brûler d'un feu vif. ■ vt 1 Passer à la flamme. *Flamber une volaille.* 2 Arroser d'alcool que l'on fait brûler. 3 Pop Dilapider follement. Loc Fam *Être flambé* : ruiné.

flambeur, euse n Pop Qui dilapide son argent au jeu ou qui joue gros jeu.

flamboiement nm Éclat flamboyant.

flamboyant, ante a Qui flamboie. Loc *Gothique flamboyant* : aux ornements contournés (XVᵉ s.). ■ nm Arbre tropical à floraison rouge.

flamboyer vi [22] 1 Jeter des flammes vives. 2 Litt Briller comme une flamme.

flamenco [-men-] nm Genre musical originaire d'Andalousie.

flamiche nf Tarte aux poireaux.

flamine nm ANTIQ Prêtre romain.

flamingant, ante a. n Qui parle flamand ; nationaliste flamand.

flamme nf 1 Produit gazeux et incandescent d'une combustion. 2 Passion ardente, enthousiasme. 3 Pavillon long et étroit, triangulaire. 4 Marque postale apposée à côté du cachet d'oblitération. ■ pl Incendie.

flammé, ée a Loc *Grès flammé* : céramique colorée irrégulièrement par le feu.

flammèche nf Parcelle de matière enflammée qui s'envole d'un foyer.

flan nm 1 Crème prise au four. 2 TECH Disque destiné à recevoir l'empreinte d'une pièce. Loc Pop *En être, en rester comme deux ronds de flan* : être stupéfait. Pop *C'est du flan !* : du bluff.

flanc nm 1 Région latérale du corps comprenant les côtes et la hanche. 2 Côté de diverses choses. *Le flanc d'une montagne.* 3 MILIT Côté droit ou gauche d'une formation. Loc *Prêter le flanc* : s'exposer à un inconvénient. *À*

flanc de : sur la pente de. *Sur le flanc* : exténué. *Se battre les flancs* : lutter vainement. Fam *Tirer au flanc* : chercher à échapper à un travail.

flancher vi Fam Céder, faiblir.

flanchet nm Morceau du bœuf situé entre la tranche et la poitrine.

flandrin nm Loc Fam *Grand flandrin* : grand garçon d'allure molle et gauche.

flanelle nf Étoffe légère en laine.

flâner vi 1 Se promener sans but. 2 Perdre du temps en flânant.

flânerie nf Action de flâner.

flâneur, euse n, a Qui flâne.

flanquer vt 1 Être disposé, construit de part et d'autre. *Deux tourelles flanquaient le bâtiment.* 2 Accompagner. *Être flanqué de deux gendarmes.* 3 Fam Lancer, jeter, donner. ■ vpr Loc Pop *Se flanquer par terre* : tomber rudement.

flapi, ie a Fam Abattu, éreinté.

flaque nf Petite mare.

flash [flaʃ] nm 1 Dispositif photographique qui émet un bref éclat de lumière intense. 2 Annonce brève à la radio ou à la télévision.

flash-back [flaʃbak] nm inv Retour en arrière évoquant, au cinéma, une période antérieure.

flasher [flaʃe] vi Fam Éprouver une attirance subite pour. *Flasher sur une robe.*

1. flasque a Mou, dépourvu de fermeté.

2. flasque nf Petit flacon plat.

3. flasque nm Garniture en métal des roues d'une automobile.

flatter vt 1 Louer exagérément pour plaire. 2 Présenter qqn avantageusement. 3 Caresser de la main un animal. 4 Être agréable à qqn. *Flatter le palais, l'oreille.* 5 Encourager qqch de mauvais. *Flatter une manie.* ■ vpr Se faire fort de, prétendre. *Se flatter de réussir.*

flatterie nf Louange fausse ou exagérée.

flatteur, euse n, a Qui flatte.

flatulence nf MED Accumulation de gaz gastro-intestinaux.

flaveur nf Sensations (odeur, goût) résultant de la consommation d'un aliment.

fléau nm 1 Anc Instrument pour battre les céréales. 2 Barre qui supporte les plateaux d'une balance. 3 Grande calamité.

fléchage nm Action de flécher un itinéraire.

flèche nf 1 Projectile qu'on lance avec un arc ou une arbalète. 2 Trait piquant, ironique. 3 Signe en forme de flèche pour indiquer une direction. 4 Pointe d'un clocher, d'une grue, etc. Loc *Faire flèche de tout bois* : recourir à tous les moyens pour arriver à ses fins. *En flèche, comme une flèche* : très rapidement. *Être en flèche* : à l'avant-garde. *La flèche du Parthe* : mot ironique qui termine une conversation.

flécher vt [12] Jalonner avec des flèches.

fléchette nf Petite flèche.

fléchir vt 1 Ployer, courber. *Fléchir les genoux.* 2 Faire céder ; émouvoir, attendrir qqn. ■ vi 1 Se courber, ployer sous une charge. 2 Céder, faiblir, diminuer.

fléchissement nm Action de fléchir.

fléchisseur nm Muscle qui détermine la flexion d'un membre. Ant extenseur.

flegmatique a Qui a du flegme.

flegme nm Caractère de qqn qui reste toujours calme.

flemmard, arde a, n Fam Paresseux.

flemmarder vi Fam Ne rien faire.

flemme *nf Fam* Paresse.

flétan *nm* Poisson dont le foie fournit une huile riche en vitamines.

flétrir *vt* **1** Faire perdre sa fraîcheur à une plante. **2** Ternir, altérer. *Visage flétri.* **3** *Litt* Stigmatiser, couvrir au déshonneur.

flétrissure *nf* **1** Altération de la fraîcheur d'une plante. **2** *Litt* Atteinte grave à la réputation.

fleur *nf* **1** Partie des végétaux qui porte les organes de la reproduction. **2** Plante qui produit des fleurs. **3** Représentation d'une fleur. *Papier à fleurs.* **4** Ce qu'il y a de meilleur. *Fleur de farine.* Loc *La fleur de l'âge* : la jeunesse. *La fine fleur* : l'élite. *Faire une fleur à qqn* : lui accorder une faveur. *Être fleur bleue* : être d'une sentimentalité naïve. *Fam Comme une fleur* : très facilement. *Couvrir de fleurs* : complimenter. *À fleur de* : presque au niveau de. *Avoir les nerfs à fleur de peau* : être très nerveux, facilement irritable. ■ *pl* Moisissures.

fleurdelisé, ée *a* Orné de fleurs de lis.

fleurer *vi Litt* Sentir, exhaler une bonne odeur.

fleuret *nm* Arme d'escrime à lame très fine.

fleurette *nf* Petite fleur. Loc *Conter fleurette* : courtiser.

fleurettiste *n* Escrimeur au fleuret.

fleuri, ie *a* En fleurs, couvert de fleurs. Loc *Teint fleuri* : qui a de l'éclat, de la fraîcheur. *Style fleuri* : orné.

fleurir *vi* **1** Produire des fleurs, être en fleurs. *Les rosiers fleurissent.* **2** Être prospère (en ce sens *florissait* ou *fleurissait* à l'imparfait). *Les arts florissaient.* ■ *vt* Orner de fleurs.

fleuriste *n* Qui cultive les fleurs ou en fait le commerce.

fleuron *nm* **1** Ornement figurant une feuille ou une fleur. **2** Ce qu'il y a de plus remarquable.

fleuve *nm* **1** Grand cours d'eau qui se jette dans la mer. **2** Masse en mouvement. (en apposition) Très long. *Roman fleuve. Discours fleuve.*

flexibiliser *vt* Rendre flexible, souple.

flexibilité *nf* Caractère flexible.

flexible *a* **1** Qui plie aisément sans se rompre. **2** Qui s'adapte aux circonstances. ■ *nm* Tuyau souple.

flexion *nf* **1** Le fait de fléchir. *Flexion des genoux.* **2** LING Ensemble des variations d'un mot selon le genre, le nombre, le cas, etc.

flexionnel, elle *a* LING Qui comporte des flexions. *Langues flexionnelles.*

flibustier *nm* Pirate des mers américaines, aux XVIIe et XVIIIe s.

flic *nm Pop* Policier.

flicage *nm Pop* Surveillance policière.

flingue *nm Pop* Fusil ou pistolet.

flinguer *vt Pop* Tuer avec une arme à feu.

1. flipper [-pœr] *nm* Jeu électrique doté d'un mécanisme totalisateur de points.

2. flipper *vi Fam* Être déprimé, mal à l'aise.

flirt [flœrt] *nm* **1** Jeu amoureux. **2** Personne avec qui l'on flirte. **3** Rapprochement passager avec un adversaire politique.

flirter [flœrte] *vi* Avoir un flirt.

floc ! *interj* Onomatopée évoquant qqch qui tombe.

flocage *nm* TECH Application de fibres synthétiques sur une surface recouverte d'un adhésif.

flocon *nm* Petite touffe de laine, de neige. ■ *pl* Lamelles de graines de céréales.

floconneux, euse *a* Qui a l'aspect de flocons.

floculation *nf* CHIM Précipitation d'une solution sous forme colloïdale.

flonflons *nmpl* Accents bruyants de musique populaire.

flood [flœd] *a inv* Loc *Lampe flood* : à lumière intense, utilisée en photographie.

flop *nm Fam* Échec.

flopée *nf Fam* Grande quantité.

floraison *nf* **1** Épanouissement des fleurs. **2** Développement, épanouissement.

floral, ale, aux *a* Relatif à la fleur, aux fleurs.

floralies *nfpl* Exposition florale.

flore *nf* BOT Ensemble des espèces végétales d'une région, d'un pays.

floréal *nm* HIST Huitième mois du calendrier républicain (avril.-mai).

florentin, ine *a, n* De Florence.

florès *nm* Loc *Litt Faire florès* : avoir du succès.

floriculture *nf* Culture des plantes à fleurs.

florifère *a* BOT Qui porte des fleurs.

florilège *nm* Sélection de choses remarquables.

florin *nm* Unité monétaire des Pays-Bas.

florissant, ante *a* Prospère.

floristique *a* BOT De la flore. ■ *nf* Étude de la flore.

flot *nm* **1** Eau, liquide en mouvement. *Le flot de la Seine, de la mer.* **2** Grande quantité. *Un flot de paroles.* Loc *À flot* : qui flotte. *Être à flot* : avoir suffisamment d'argent. *Remettre à flot* : renflouer. ■ *pl Litt* La mer. Loc *À flots* : abondamment.

flottable *a* Qui permet le flottage du bois.

flottage *nm* Transport par eau du bois qu'on fait flotter.

flottaison *nf* Loc *Ligne de flottaison* : niveau atteint par l'eau sur la coque d'un navire.

flottant, ante *a* **1** Qui flotte. **2** Ample et ondoyant. *Une robe flottante.* **3** Incertain, irrésolu. **4** Dont le taux de change varie (monnaie). ■ *nm* Short de sport.

flotte *nf* **1** Groupe de navires naviguant ensemble. **2** Ensemble des navires ou des avions d'une nation. **3** *Fam* Eau, pluie.

flottement *nm* **1** Mouvement d'ondulation. **2** Hésitation, irrésolution.

flotter *vi* **1** Être porté par un liquide. *Des épaves flottaient à la surface.* **2** Onduler, voltiger en ondoyant. *Des drapeaux flottaient au vent.* **3** Être hésitant, irrésolu, incertain. **4** *Fam* Pleuvoir. ■ *vt* Transporter du bois par flottage.

flotteur *nm* Dispositif destiné à flotter à la surface d'un liquide.

flottille *nf* Réunion de petits bateaux.

flou, floue *a* **1** Dont les contours sont peu nets, brouillés. **2** Qui manque de précision, de netteté. ■ *nm* Manque de netteté.

flouer *vt Fam* Voler, duper.

flouse ou **flouze** *nm Pop* Argent.

fluctuant, ante *a* Changeant.

fluctuation *nf* **1** Mouvement alternatif d'un liquide. **2** Variation fréquente. *Fluctuations des prix, des monnaies.*

fluctuer *vi* Varier.

fluent, ente *a* Qui coule.

fluet, ette *a* Grêle et délicat.

fluide a 1 Qui coule, s'écoule facilement. 2 Changeant, instable. *Situation fluide.* ■ nm 1 Corps qui n'a pas de forme propre. *Les gaz et les liquides sont des fluides.* 2 Force mystérieuse que possèderaient certains êtres.

fluidifiant, ante a, nm Qui fluidifie.

fluidifier vt Rendre fluide, plus liquide.

fluidité nf Caractère fluide.

fluor nm Gaz jaune-vert utilisé en combinaison pour la prophylaxie des caries.

fluoré, ée a Qui contient du fluor.

fluorescéine nf Matière colorante à fluorescence verte.

fluorescence nf PHYS Émission de lumière par une substance soumise à un rayonnement.

fluorescent, ente a Qui produit une fluorescence.

fluorine nf MINER Fluorure naturel de calcium.

fluorure nm CHIM Composé du fluor.

flush [flœʃ] nm Au poker, réunion de cinq cartes de même couleur.

flûte nf 1 Instrument à vent composé d'un tube creux percé de trous. 2 Pain long et fin. 3 Verre à pied long et étroit. ■ pl Fam Longues jambes grêles. ■ interj Fam Marque le mécontentement.

flûtiste n Joueur de flûte.

fluvial, ale, aux a Des cours d'eau.

fluviatile a GEOGR Des eaux courantes.

fluvioglaciaire a D'origine glaciaire remanié par un cours d'eau.

flux [fly] nm 1 Action de couler, écoulement. 2 Grande abondance. *Un flux de paroles.* 3 Marée montante. *Le flux et le reflux.* Loc *Flux lumineux :* débit d'énergie rayonnante.

fluxion nf MED Tuméfaction inflammatoire des joues et des gencives. Loc Vx *Fluxion de poitrine :* congestion pulmonaire.

flysch nm GEOL Sédiment principalement formé d'argile et de sable.

1. F.M. nm Abrév de *fusil-mitrailleur.*

2. F.M. nf Sigle de *modulation de fréquence.*

foc nm Voile triangulaire à l'avant d'un navire.

focal, ale, aux a Relatif à un foyer optique. Loc *Distance focale :* qui sépare deux foyers optiques. ■ nf Distance focale.

focalisation nf Action de focaliser.

focaliser vt 1 Faire converger un rayonnement sur une surface. 2 Concentrer sur un point. *Focaliser l'attention.*

foehn ou **föhn** [føn] nm Vent chaud et sec des Alpes.

fœtal, ale, aux a [fe-] a Du fœtus.

fœtologie [fe-] nf MED Étude du fœtus.

fœtus [fetys] nm Embryon de plus de trois mois.

fofolle. V. foufou.

foi nf 1 Croyance, confiance. *Digne de foi. Avoir foi en qqn.* 2 Adhésion ferme de l'esprit à une vérité révélée ; religion. Loc *Bonne foi :* sincérité, droiture. *Mauvaise foi :* hypocrisie. *Sans foi ni loi :* sans aucun respect pour les lois humaines. *Sous la foi de :* sous la garantie morale de. *Faire foi :* administrer la preuve, témoigner.

foie nm Volumineux viscère de l'abdomen, glande digestive et organe d'excrétion. Loc *Foie gras :* foie d'oie ou de canard engraissés. Pop *Avoir les foies :* avoir très peur.

foin nm Herbe fauchée, séchée pour nourrir le bétail. Loc Fam *Faire du foin :* faire du tapage. ■ interj Litt Marque le mépris.

foire nf 1 Grand marché public qui se tient à dates régulières. 2 Exposition commerciale. 3 Fête foraine. 4 Fam Désordre, confusion. Loc *Faire la foire :* faire la noce.

foirer vi Pop Rater, échouer.

foireux, euse a Pop Qui a toutes les chances d'échouer, qui rate.

fois nf Marque la multiplication ou la division avec un nom de nombre. *Trois fois deux six.* Loc *Une bonne fois, une fois pour toutes :* définitivement. *Pour une fois :* marque l'exception. *Cette fois :* désormais. *À la fois :* en même temps. *Des fois :* parfois. *Une fois :* jadis. *Une fois que :* dès que.

foison nf Loc *À foison :* en abondance.

foisonnant, ante a Qui foisonne.

foisonnement nm Fait de foisonner.

foisonner vi Abonder, pulluler.

fol. V. fou.

folâtre a Qui aime à badiner. *Humeur folâtre.*

folâtrer vi S'ébattre avec une gaîté enfantine.

foliacé, ée a BOT Qui a l'aspect d'une feuille.

foliaire a BOT Relatif aux feuilles.

foliation nf BOT Moment où les bourgeons développent leurs feuilles.

folichon, onne a Fam (souvent négatif) Gai, badin, drôle.

folie nf 1 Dérangement de l'esprit, maladie mentale. 2 Extravagance, manque de jugement. Loc *À la folie :* extrêmement, éperdument. *Faire des folies :* des dépenses exagérées.

folié, ée a BOT Garni de feuilles.

folio nm Feuillet numéroté d'un ouvrage.

foliole nf BOT Partie du limbe de la feuille.

folioter vt Paginer.

folklore nm 1 Ensemble des arts, usages et traditions populaires. 2 Fam Ensemble de faits pittoresques mais peu sérieux.

folklorique a 1 Du folklore. 2 Fam Pittoresque et superficiel.

folkloriste n Spécialiste du folklore.

folksong [folksog] ou **folk** nm Musique chantée s'inspirant du folklore nord-américain.

folle. V. fou.

follement av De façon extrême.

follet, ette a Loc *Feu follet :* petite lueur apparaissant au-dessus de terrains marécageux dégageant du méthane.

folliculaire a Didac D'un follicule.

follicule nm 1 BOT Fruit sec constitué d'un seul carpelle. 2 ANAT Prolongement en cul-de-sac d'une muqueuse.

folliculine nf BIOL Hormone œstrogène.

folliculite nf MED Inflammation d'un follicule pileux.

fomenter vt Litt Provoquer en secret des actes d'hostilité.

foncé, ée a Sombre (couleur). *Bleu foncé.*

foncer vi [10] 1 Se précipiter sur qqn, qqch. 2 Fam Se déplacer à grande vitesse. 3 Devenir plus sombre. *Son teint a foncé.* ■ vt 1 Rendre plus foncé. 2 Mettre un fond à. *Foncer un tonneau.*

fonceur, euse a, n Fam Énergique et entreprenant.

foncier, ère a 1 Relatif à un bien immobilier, à un bien-fonds. *Impôt foncier.* 2 Qui est au fond de la nature de qqn. *Qualité foncière.* ■ nm Propriété foncière.

foncièrement *av* Dans le fond. *Il est foncièrement honnête.*

fonction *nf* 1 Emploi, charge, profession. *Dans l'exercice de ses fonctions.* 2 Rôle, activité propre d'un organe, d'un appareil, d'un service, etc. 3 GRAM Relation d'un mot avec les autres dans une phrase. 4 MATH Grandeur dépendant d'une ou plusieurs variables. **Loc** *En fonction de* : en rapport avec. *Être fonction de* : dépendre de. *Faire fonction de* : jouer le rôle de. *Fonction publique* : agents de la puissance publique, ensemble des fonctionnaires.

fonctionnaire *n* Agent d'une administration publique.

fonctionnaliser *vt* Rendre fonctionnel, adapté.

fonctionnalisme *nm* Doctrine selon laquelle toute forme doit être appropriée à un besoin.

fonctionnalité *nf* Caractère fonctionnel. ■ *pl* INFORM Possibilités de traitement offertes par un système.

fonctionnariat *nm* État de fonctionnaire.

fonctionnariser *vt* Transformer en fonctionnaire, en service public.

fonctionnel, elle *a* 1 Relatif à une fonction organique, mathématique, chimique, etc. 2 Adapté à la fonction à remplir. *Mobilier fonctionnel.*

fonctionnement *nm* Manière de fonctionner.

fonctionner *vi* Remplir sa fonction (machine, organe). *La voiture fonctionne bien.*

fond *nm* 1 Partie la plus basse, la plus profonde de qqch, la plus éloignée de l'ouverture. *Le fond d'une casserole. Le fond d'une vallée. Le fond de la mer. Le fond d'un placard.* 2 Surface sur laquelle se détache qqch. *Le fond d'un tableau.* 3 Ce qui est essentiel, fondamental. *Le fond du problème. Article de fond.* **Loc** *Fond de teint* : crème colorée servant au maquillage. *Fond sonore* : musique, bruitages, qui accompagnent un spectacle. Litt *Faire fond sur qqn, qqch* : compter sur eux. *Course de fond* : qui se dispute sur une grande distance. *À fond* : entièrement. Fam *À fond de train* : à toute vitesse. *Au fond, dans le fond* : en réalité. ■ *pl* Eaux profondes. *Fonds océaniques.*

fondamental, ale, aux *a* Essentiel. **Loc** *Recherche fondamentale* : théorique, par oppos. à recherche appliquée. MUS *Son fondamental* : qui sert de base à un accord.

fondamentalement *av* Essentiellement.

fondamentalisme *nm* Tendance religieuse conservatrice.

fondamentaliste *n, a* 1 Qui adhère au fondamentalisme. 2 Qui travaille dans la recherche fondamentale.

fondant, ante *a* 1 Qui fond. *Neige fondante.* 2 Qui fond dans la bouche. *Poire fondante.*

fondateur, trice *n, a* Qui a fondé qqch d'important et de durable.

fondation *nf* 1 Action de fonder, de créer qqch. *La fondation d'une cité.* 2 Don ou legs d'un capital pour un usage déterminé. ■ *pl* Sous-sol d'une construction sur lequel elle repose.

fondé, ée *a* Qui repose sur des bases rationnelles. *Une crainte fondée.* ■ *n* **Loc** *Fondé de pouvoir* : qui a reçu de qqn ou d'une société le pouvoir d'agir en son nom.

fondement *nm* 1 Élément essentiel, base de qqch. 2 Motif, raison. *Rumeur sans fondement.* 3 Fam Fesses, anus.

fonder *vt* 1 Créer qqch de durable en posant ses bases. *Fonder une ville.* 2 Donner les fonds nécessaires pour une fondation d'intérêt public. 3 Faire reposer qqch sur. *Opinion fondée sur les faits.* **Loc** *Être fondé à* : avoir des motifs légitimes pour. *Fonder une famille* : se marier.

fonderie *nf* Usine de fabrication d'objets métalliques par moulage du métal en fusion.

fondeur, euse *n* Skieur, skieuse spécialiste de la course de fond. ■ *nm* Ouvrier spécialisé dans les opérations de coulée du métal.

fondre *vt* [5] 1 Rendre liquide une matière solide. *Fondre du métal.* 2 Fabriquer avec du métal fondu et moulé. *Fondre un canon.* 3 Combiner des éléments en un tout. *Fondre des couleurs.* 4 Dissoudre. *Fondre du sucre.* ■ *vi* 1 Devenir liquide, sous l'effet de la chaleur. *La neige fond.* 2 Se dissoudre. *Le sucre fond dans l'eau.* 3 Fam Maigrir. **Loc** *Fondre en larmes* : se mettre à pleurer très fort. ■ *vti* Se précipiter sur. *Fondre sur sa proie.*

fondrière *nf* Nid-de-poule plein d'eau.

fonds *nm* 1 Terre considérée comme un bien immeuble. 2 Capital d'un bien, d'une entreprise. 3 Compte spécial dans le budget de l'État. **Loc** *Fonds de commerce* : valeur d'un établissement commercial. **Loc** Fam *Être en fonds* : avoir de l'argent. *Mise de fonds* : investissement. *Fonds communs de placement* : société gérant des dépôts à court terme.

fondu, ue *a* **Loc** *Couleurs fondues* : mêlées les unes aux autres par des nuances graduées. ■ *nm* Apparition ou disparition progressive d'une image dans un film. ■ *nf* Mets fait de gruyère fondu dans du vin blanc. **Loc** *Fondue bourguignonne* : petits morceaux de bœuf plongés dans l'huile bouillante.

fongicide *nm, a* Pesticide propre à détruire les champignons.

fongiforme *a* En forme de champignon.

fongique *a* Relatif aux champignons.

fongueux, euse *a* Didac D'aspect spongieux.

fontaine *nf* 1 Eau vive sortant de terre. 2 Construction comportant une alimentation en eau et un bassin.

fontainebleau *nm* Fromage frais additionné de crème fouettée.

fontanelle *nf* ANAT Espace membraneux compris entre les os du crâne, qui s'ossifie progressivement.

fonte *nf* 1 Fait de fondre. *Fonte des neiges.* 2 Opération consistant à fondre du verre, un métal, etc. 3 Alliage de fer et de carbone. 4 IMPRIM Ensemble des caractères de même type.

fontine *nf* Fromage italien au lait de vache.

fonts *nmpl* **Loc** *Fonts baptismaux* : cuve qui contient l'eau du baptême.

football [futbol] ou **foot** [fut] *nm* Sport de ballon opposant deux équipes de onze joueurs.

footballeur, euse *n* Joueur de football.

footing [futiŋ] *nm* Promenade sportive à pied.

for *nm* **Loc** *Dans* (ou *en*) *mon* (*ton, son*) *for intérieur* : au plus profond de moi (toi, soi).

forage *nm* Action de forer.

forain, aine *a* Relatif aux foires, aux forains. *Fête foraine.* ■ *a, nm* Loc *Marchand forain* ou *forain* : marchand ambulant qui fait les marchés.

forban *nm* Individu sans scrupules, bandit.

forçage *nm* Opération visant à accélérer le développement d'une plante.

forçat *nm* Condamné aux travaux forcés.

force *nf* 1 Cause capable de modifier le mouvement d'un corps. *Force centrifuge.* 2 Toute cause provoquant un mouvement, un effet. *Forces occultes.* 3 Puissance physique. *Un homme d'une force herculéenne.* 4 Puissance intellectuelle, habileté, talent. *Une grande force de travail. Être de force égale.* 5 Pouvoir de qqch. *Force d'un poison.* 6 Puissance d'un groupe, d'un État, etc. Loc *Force de l'âge* : âge où on a tous les moyens. *Force d'âme* : fermeté morale. *De force* : par la contrainte ou la violence. *Travailleur de force* : qui doit fournir un gros effort physique. *En force* : en nombre. *Cas de force majeure* : contrainte à laquelle on ne peut résister. *Force m'est de* : je suis obligé de. *À toute force* : à tout prix. *À force de* : grâce à. ■ *pl* Troupes d'un État ; moyens militaires. *Forces armées.*

forcé, ée *a* 1 Fam Obligatoire, inévitable, imposé. 2 Qui manque de naturel, affecté. *Sourire forcé.*

forcement *nm* Action de forcer qqch.

forcément *av* Nécessairement.

forcené, ée *a, n* Fou furieux. ■ *a* Passionné, acharné. *Lutte forcenée.*

forceps *nm* Instrument servant à saisir la tête du fœtus, en cas d'accouchement difficile.

forcer *vt* [10] 1 Faire céder par la force. *Forcer une porte.* 2 Contraindre, obliger. *Forcer un enfant à manger.* 3 Pousser au-delà des limites normales. *Forcer un cheval.* 4 Outrepasser. *Forcer la dose. Forcer le sens d'un mot.* 5 Hâter la végétation. ■ *vi* Fournir un effort excessif. ■ *vti* Fam Abuser de. *Il a tendance à forcer sur l'alcool.* ■ *vpr* Se contraindre à. *Se forcer à sourire.*

forcing [-siŋ] *nm* Augmentation de l'effort au cours d'une épreuve.

forcir *vi* Grossir, engraisser.

forclos, ose *a* DR Atteint de forclusion.

forclusion *nf* DR Perte d'un droit non exercé dans le délai imparti.

forer *vt* Percer, creuser. *Forer un puits.*

forestier, ère *a* Relatif aux forêts. ■ *n* Employé de l'administration forestière.

foret *nm* Outil servant à forer.

forêt *nf* Grande étendue plantée d'arbres. Loc *Forêt vierge* : non modifiée par l'homme. *Une forêt de* : une grande quantité de.

foreur, euse *n* Qui fore. ■ *nf* Machine qui sert à forer.

1. forfait *nm* Litt Crime très grave.

2. forfait *nm* 1 Convention par laquelle on s'engage à fournir une marchandise, un service pour un prix fixé à l'avance. 2 Évaluation globale par le fisc des revenus de qqn. Loc *Déclarer forfait* : renoncer à une épreuve, à une entreprise.

forfaitaire *a* Fixé à forfait. *Prix forfaitaire.*

forfaiture *nf* DR Crime d'un fonctionnaire dans l'exercice de ses fonctions.

forfanterie *nf* Litt Vantardise.

forficule *nm* Perce-oreille.

forge *nf* Usine, atelier, où l'on travaille le métal, spécialement le fer.

forger *vt* [11] 1 Mettre en forme une pièce métallique par martelage. 2 Inventer, fabriquer. *Forger un mot.* 3 Former le caractère de qqn.

forgeron *nm* Qui travaille le fer au marteau.

forint *nm* Unité monétaire de la Hongrie.

formage *nm* TECH Mise en forme d'un objet.

formalisation *nf* Action de formaliser.

formaliser *vt* Donner un caractère formel à un énoncé, à un système. ■ *vpr* S'offusquer.

formalisme *nm* 1 Attachement excessif aux formes, aux formalités. 2 MATH, LOG Développement de systèmes formels.

formaliste *a, n* 1 Qui s'attache scrupuleusement aux formes. 2 MATH, LOG Qui relève du formalisme.

formalité *nf* 1 Procédure obligatoire. 2 Règle de l'étiquette. 3 Acte de peu d'importance.

format *nm* 1 Dimension d'un objet, d'une feuille, d'un livre. 2 INFORM Structure de présentation des données.

formatage *nm* INFORM Action de formater.

formater *vt* INFORM Présenter les informations selon un format.

formateur, trice *a* Qui forme. *Enseignement formateur.* ■ *n* Éducateur, instructeur.

formation *nf* 1 Action de former, de se former. *Formation d'un abcès.* 2 Action d'instruire, d'éduquer. *Formation professionnelle.* 3 GEOL Nature d'une couche de terrain. 4 MILIT Troupe, escadre. 5 Groupe, parti. *Les formations politiques.* Loc *Formation végétale* : groupement de végétaux.

forme *nf* 1 Configuration des choses. *La Terre a une forme sphérique.* 2 Contour d'un objet ou du corps. *La forme d'une table.* 3 Aspect qu'une chose peut présenter. *La forme d'un mot.* 4 Manière d'exprimer, de présenter qqch. *Vice de forme.* 5 Moule qui sert à former certains objets. 6 Condition physique. *Être en forme.* Loc *De pure forme* : purement formel. *En bonne et due forme* : toutes les règles de présentation étant observées. *En forme de* : avec l'aspect de. *Pour la forme* : pour se conformer aux usages. *Prendre forme* : commencer à être reconnaissable. ■ *pl* 1 Contours du corps humain. 2 Manières d'agir conformes à l'usage.

formé, ée *a* Qui a pris sa forme ; qui a atteint sa maturité.

formel, elle *a* 1 Clairement déterminé, sans équivoque. *Démenti formel.* 2 Relatif au style, à la forme. *Beauté formelle.* 3 Indépendant du contenu. *Logique formelle.*

formellement *av* En termes exprès.

former *vt* 1 Donner forme à ; tracer, façonner. *Former des lettres.* 2 Constituer, créer. *Former un gouvernement.* 3 Instruire, éduquer. *Former des soldats. Former le caractère.* ■ *vpr* Se constituer. *Orage en train de se former.*

formica *nm* (n déposé) Matériau stratifié recouvert de résine artificielle.

formidable *a* 1 Très important, considérable. 2 Fam Étonnant, remarquable.

formidablement *av* Fam Extraordinairement.

formique *a* Loc *Acide formique* : acide sécrété par les fourmis.

formol *nm* Liquide volatil utilisé comme désinfectant.

formulable a Qu'on peut formuler.

formulaire nm Questionnaire administratif.

formulation nf Action de formuler ; expression.

formule nf 1 DR Modèle dans lequel un acte doit être rédigé. 2 Façon de s'exprimer consacrée par l'usage social. *Formule de politesse.* 3 Suite de mots censée être chargée d'un pouvoir magique ou religieux. 4 Façon d'agir, mode d'action. *Une bonne formule pour réussir.* 5 Document imprimé que l'on doit remplir, compléter. 6 Expression symbolique représentant des grandeurs, des relations, une composition chimique. 7 Catégorie de voitures de course. *Courir en formule 1.*

formuler vt Exprimer avec précision.

fornication nf 1 RELIG Péché de la chair. 2 Fam Relations sexuelles.

forniquer vi 1 RELIG Commettre le péché de fornication. 2 Fam Avoir des relations sexuelles.

fors [fɔʀ] prép Vx Hors, excepté.

forsythia [-sja] nm Arbrisseau à fleurs jaunes.

fort, forte a 1 Qui a de la force physique. 2 Qui a de l'embonpoint. 3 Qui a des capacités intellectuelles. *Être fort en maths.* 4 Résistant moralement, courageux. *Être fort devant l'adversité.* 5 Solide. *Carton fort.* 6 Fortifié. *Château fort.* 7 Important en intensité, en quantité. *Un fort vent. Une forte somme.* 8 Fam Exagéré, difficile à admettre. 9 Qui agit efficacement. *Un remède fort.* 10 Qui dispose de la puissance. Loc *Se faire fort de :* s'estimer capable de. *Esprit fort :* incroyant. ■ av 1 Avec intensité. *Parler fort.* 2 Litt Très, beaucoup. *Je suis fort content. Il y a fort à faire.* ■ nm 1 Domaine où qqn excelle. *Le français n'est pas son fort.* 2 Ouvrage militaire puissamment armé et défendu. Loc *Au plus fort de :* au cœur de. *Fort des Halles :* manutentionnaire aux anciennes Halles de Paris.

forte [fɔʀte] av, nm inv MUS En renforçant l'intensité du son.

fortement av 1 Avec force. *Serrer fortement.* 2 Beaucoup.

forteresse nf Ouvrage fortifié.

fortiche a Pop Fort.

fortifiant, ante a, nm Qui donne des forces.

fortification nf 1 Action de fortifier. 2 Ouvrage fortifié défendant une ville, un point stratégique.

fortifier vt 1 Rendre plus fort physiquement ou moralement. 2 Entourer de fortifications.

fortin nm Petit ouvrage fortifié.

fortissimo av, nm MUS Très fort.

fortuit, uite a Qui arrive par hasard ; imprévu.

fortuitement av Par hasard.

fortune nf 1 Litt Hasard, chance, destinée. 2 Grande richesse. Loc *Bonne fortune :* aventure galante. *Faire contre mauvaise fortune bon cœur :* accepter sans se plaindre un désagrément. *À la fortune du pot :* invitation impromptue à un repas. *De fortune :* improvisé. *Faire fortune :* devenir riche.

fortuné, ée a 1 Riche.

forum [-ʀɔm] nm 1 ANTIQ Place où se tenait l'assemblée du peuple. 2 Colloque, réunion.

fosse nf 1 Excavation, trou dans la terre. 2 Dépression du fond de l'océan. 3 ANAT Cavité. *Fosses nasales.*

fossé nm 1 Cavité creusée en long pour écouler les eaux ou défendre une place. 2 Ce qui sépare profondément. *Il y a un fossé entre nous.*

fossette nf Petit creux du menton, des joues.

fossile nm, a 1 GEOL Restes d'un animal ou d'un végétal dans une roche sédimentaire. 2 Fam Personne aux idées désuètes.

fossilifère a GEOL Qui contient des fossiles.

fossilisation nf GEOL Passage d'un corps à l'état de fossile.

fossiliser (se) vpr Devenir fossile.

fossoyeur [-swajœʀ] nm 1 Qui creuse les fosses pour enterrer les morts. 2 Qui travaille à la ruine de. *Les fossoyeurs de la République.*

fou ou **fol**, **folle** a, n 1 Malade mental. 2 Extravagant dans ses actes ou ses discours. ■ a 1 Déraisonnable. *Il est fou d'agir ainsi.* 2 Hors de son état normal. *Fou de colère.* 3 Contraire à la raison, immodéré. *Course folle.* 4 Passionné pour. *Elle est folle de lui.* 5 Considérable. *Un monde fou.* Loc *Herbes folles :* croissant en tous sens. ■ nm 1 Bouffon des rois. 2 Pièce du jeu d'échecs. 3 Oiseau palmipède.

fouace ou **fougasse** nf Galette rustique.

fouailler vt Vx Frapper à coups de fouet.

foucade nf Litt Emportement passager.

1. foudre nf 1 Décharge électrique intense par temps d'orage. Loc *Coup de foudre :* amour subit. ■ pl Litt Violents reproches. ■ nm Loc *Un foudre de guerre :* un grand homme de guerre.

2. foudre nm Grand tonneau.

foudroiement nm Litt Action de foudroyer.

foudroyant, ante a 1 Qui frappe brutalement, soudainement. 2 Stupéfiant. *Succès foudroyant.*

foudroyer vt [22] 1 Frapper de la foudre. 2 Tuer soudainement. 3 Atterrer. Loc *Foudroyer du regard :* lancer un regard haineux.

fouet nm 1 Corde ou lanières de cuir attachées au bout d'un manche pour frapper. 2 Châtiment donné avec le fouet. 3 Ustensile qui sert à battre les œufs et les sauces. Loc *Coup de fouet :* stimulation instantanée. *De plein fouet :* perpendiculairement à l'obstacle.

fouetter vt 1 Donner des coups de fouet. 2 Cingler, frapper. *La pluie fouette les vitres.* 3 CUIS Battre. *Fouetter de la crème.*

foufou, fofolle a, n Fam Écervelé.

fougasse. V. fouace.

fougère nf Plante sans fleurs, aux grandes feuilles très découpées.

fougue nf Impétuosité, ardeur.

fougueusement av Avec fougue.

fougueux, euse a Plein de fougue.

fouille nf 1 Action de fouiller la terre pour retrouver des vestiges archéologiques. 2 Action de fouiller minutieusement. *La fouille d'un détenu.* 3 Pop Poche.

fouiller vt 1 Creuser le sol. 2 Explorer soigneusement pour trouver qqch. *Fouiller une maison.* 3 Chercher dans les poches, les habits de qqn. 4 Approfondir une question. ■ vi Chercher une chose en remuant tout ce qui pourrait la cacher. *Fouiller dans sa poche.* ■ vpr Loc Pop *Tu peux te fouiller :* il n'en est pas question.

fouilleur, euse n Qui fait des fouilles archéologiques.

fouillis nm Désordre de choses accumulées.

foutu

fouine nf Martre.

fouiner vi Fam Fureter, épier.

fouineur, euse ou **fouinard, arde** a. n Fam Qui furète partout.

fouir vt Litt Creuser le sol.

fouisseur, euse a, nm Qui fouit la terre. ■ a Qui sert à fouir.

foulage nm Action de fouler.

foulant, ante a Loc Pompe foulante : qui élève un liquide par la pression qu'elle exerce. Fam Pas foulant : pas fatigant.

foulard nm Écharpe en tissu léger.

foule nf Multitude de gens réunis. Loc Une foule de : une grande quantité. En foule : en grand nombre.

foulée nf 1 Temps pendant lequel le pied du cheval pose sur le sol. 2 Longueur de l'enjambée d'un coureur. Loc Fam Dans la foulée : sur la lancée, dans le prolongement de qqch.

fouler vt 1 Presser, écraser. Fouler du raisin. 2 Litt Marcher sur. Fouler le sol. Loc Fouler aux pieds : mépriser. ■ vpr Se blesser par foulure.

foulon nm Anc Moulin servant à fouler.

foulque nf Gros oiseau au plumage sombre, habitant les eaux douces.

foultitude nf Fam Grande quantité.

foulure nf Légère entorse.

four nm 1 Appareil dans lequel on fait rôtir les aliments. 2 Appareil dans lequel on chauffe une matière pour lui faire subir une transformation physique ou chimique. 3 Fam Échec d'un spectacle. Loc Petit four : petite pâtisserie.

fourbe a Qui trompe perfidement.

fourberie nf Caractère fourbe ; ruse perfide.

fourbi nm Fam Ensemble de choses hétéroclites.

fourbir vt Polir un objet de métal.

fourbu, ue a Harassé.

fourche nf 1 Instrument agricole à long manche terminé par plusieurs dents. 2 Disposition en deux ou plusieurs branches ; bifurcation.

fourcher vi Se diviser en deux ou plusieurs branches. Loc Sa langue a fourché : il a prononcé un mot pour un autre.

fourchette nf 1 Ustensile de table terminé par plusieurs dents. 2 Intervalle entre deux valeurs extrêmes. Fourchette de prix. Loc Fam Avoir un bon coup de fourchette : être un gros mangeur.

fourchu, ue a Divisé en deux.

fourgon nm Véhicule, wagon, servant au transport des marchandises. Loc Fourgon mortuaire : corbillard.

fourgonner vi Fam Fouiller en mettant du désordre.

fourgonnette nf Petite camionnette.

fourgue nm Pop Receleur.

fourguer vt Pop Vendre.

fouriérisme nm Doctrine de Ch. Fourier, préconisant la constitution de coopératives.

fourme nf Fromage de vache à pâte ferme.

fourmi nf 1 Petit insecte vivant en société, ou fourmilières. 2 Fam Petit passeur de drogue. Loc Avoir des fourmis dans les jambes, dans les bras : éprouver des picotements multiples.

fourmilier nm Tamanoir se nourrissant de fourmis.

fourmilière nf 1 Colonie de fourmis. 2 Lieu où s'agite une foule nombreuse.

fourmi-lion ou **fourmilion** nm Insecte dont la larve se nourrit de fourmis. Des fourmis-lions.

fourmillement nm 1 Agitation en tous sens. 2 Picotement.

fourmiller vi 1 S'agiter vivement et en grand nombre. 2 Abonder. Les fautes fourmillaient dans cet ouvrage. 3 Être le siège de picotements.

fournaise nf 1 Feu très vif. 2 Lieu très chaud.

fourneau nm 1 Appareil pour cuire des aliments. 2 TECH Appareil servant à soumettre une substance à l'action du feu.

fournée nf 1 Quantité que l'on fait cuire en même temps dans un four. 2 Groupe de gens promis à un même sort ou à une même fonction.

fourni, ie a 1 Garni. Table bien fournie. 2 Abondante. Barbe fournie.

fournil [-ni] nm Pièce où se trouve le four du boulanger.

fourniment nm 1 Équipement du soldat. 2 Fam Attirail.

fournir vt 1 Pourvoir, approvisionner habituellement. 2 Livrer, donner. Fournir de l'argent. 3 Apporter. Fournir des preuves. 4 Accomplir. Fournir un effort. ■ vti Subvenir. Fournir aux besoins. ■ vpr S'approvisionner.

fournisseur, euse n Qui fournit habituellement une marchandise.

fourniture nf Action de fournir. ■ pl Ce qui est fourni. Fournitures de bureau.

fourrage nm Substance végétale qu'on destine à l'alimentation du bétail.

1. fourrager, ère a Employé comme fourrage. Plantes fourragères. ■ nf Ornement militaire, marque de distinction.

2. fourrager vi [11] Fam Fouiller, farfouiller.

1. fourré nm Endroit touffu d'un bois.

2. fourré, ée a 1 Doublé de fourrure. Gants fourrés. 2 Garni à l'intérieur. Bonbons fourrés au chocolat. Loc Coup fourré : coup bas, piège.

fourreau nm 1 Étui. Fourreau d'une épée. 2 Robe droite moulant le corps.

fourrer vt 1 Doubler de fourrure ou d'une autre matière. 2 Fam Placer, mettre. Fourrer ses mains dans ses poches. ■ vpr Fam Se mettre, se cacher. Où est-il encore allé se fourrer ?

fourre-tout nm inv 1 Sac de voyage. 2 Ramassis hétéroclite d'idées diverses.

fourreur nm Qui façonne ou vend des peaux, des vêtements de fourrure.

fourrier nm HIST Sous-officier qui était chargé du logement et du ravitaillement.

fourrière nf Dépôt où sont placés les animaux trouvés sur la voie publique, les voitures enlevées de la voie publique.

fourrure nf 1 Peau avec son poil préparée pour la confection de vêtements ; ce vêtement. 2 Peau d'un animal à poil touffu.

fourvoiement nm Fait de se fourvoyer.

fourvoyer vt Tromper grossièrement. ■ vpr Se perdre, s'égarer, se tromper.

foutaise nf Pop Sans valeur.

foutoir nm Pop Grand désordre.

foutre vt [64] 1 Pop Faire. Qu'est-ce que vous foutez là ? 2 Flanquer, jeter. Il m'a foutu par terre. Loc Foutre le camp : s'en aller. Foutez-moi la paix : laissez-moi tranquille. Va te faire foutre ! : va-t'en ! ■ vpr Se moquer de.

foutrement adv Pop Extrêmement.

foutu, ue a Pop 1 Fait, exécuté. Ouvrage mal foutu. 2 Perdu, ruiné. 3 (avant le nom) Sacré, sale. Quel foutu temps !

fox-terrier ou **fox** nm Chien de petite taille, à poil ras, raide ou frisé. *Des fox-terriers.*

fox-trot [-trɔt] nm inv Danse à quatre temps.

foyer nm 1 Partie d'une cheminée où se fait le feu. 2 Endroit où le feu est le plus ardent. *Foyer d'un incendie.* 3 Partie d'une machine où a lieu la combustion. *Le foyer d'une chaudière.* 4 Domicile familial ; la famille elle-même. *Femme au foyer. Fonder un foyer.* 5 Lieu de réunion ou d'habitation pour certains. *Foyer de jeunes travailleurs.* 6 Dans un théâtre, salle où le public peut aller pendant les entractes. 7 Point central d'où qqch provient. *Foyer de résistance.* 8 PHYS Point de convergence des rayons lumineux. ■ pl Domicile, pays natal. *Rentrer dans ses foyers.*

frac nm Habit de cérémonie noir, à basques.

fracas nm Bruit très violent. Loc *Avec perte et fracas* : brutalement.

fracassant, ante a Qui fait un grand bruit.

fracasser vt Briser en plusieurs pièces.

fraction nf 1 MATH Expression indiquant quel nombre de parties égales de l'unité on considère. 2 Partie d'un tout.

fractionnaire a MATH Sous forme de fraction.

fractionnel, elle a Qui tend à diviser un groupe, un parti.

fractionnement nm Action de fractionner.

fractionner vt Diviser en plusieurs parties.

fractionniste a, n Qui tend à rompre l'unité d'un parti.

fracture nf 1 Rupture d'un os. 2 Cassure de l'écorce terrestre.

fracturer vt 1 Rompre en forçant. *Fracturer un coffre-fort.* 2 Briser un os.

fragile a 1 Sujet à se briser. *Porcelaines fragiles.* 2 Instable. *Un fragile équilibre.* 3 Dont la santé est précaire.

fragilisation nf Action de fragiliser.

fragiliser vt Rendre fragile.

fragilité nf Caractère fragile.

fragment nm 1 Morceau d'une chose brisée. 2 Extrait d'une œuvre, d'un discours.

fragmentaire a Partiel, incomplet.

fragmentation nf Action de fragmenter, de se fragmenter.

fragmenter vt Morceler, diviser.

fragrance nf Litt Odeur agréable.

frai nm 1 Ponte des œufs, chez les poissons ; œufs fécondés des poissons. 2 Alevin.

fraîche. V. frais 1.

fraîchement av 1 Froidement, sans courtoisie. *Fraîchement reçu.* 2 Récemment. *Fraîchement débarqué.*

fraîcheur nf Caractère frais.

fraîchir vi Devenir plus frais.

1. frais, fraîche a 1 Modérément froid. *Eau fraîche.* 2 Nouvellement produit. *Du pain, des œufs frais.* 3 Récent. *Nouvelles fraîches.* 4 Non altéré, non fatigué. *Frais et dispos.* ■ av 1 Légèrement froid. 2 Litt Nouvellement. *Fleurs fraîches écloses. Frais émoulu.* ■ nm Air frais. *Prendre le frais.* ■ nf Moment frais. *Sortir à la fraîche.*

2. frais nmpl Dépenses liées à certaines circonstances. Loc *Faux frais* : frais accessoires. *À peu de frais* : sans peine. *Se mettre en frais* : prodiguer son argent ou sa peine. *Faire les frais de qqch* : en supporter les conséquences.

fraisage nm Action de fraiser.

fraise nf 1 Fruit du fraisier. 2 Membrane qui enveloppe les intestins du veau et de l'agneau. 3 Masse charnue sous le cou du dindon. 4 Collerette plissée portée au XVIᵉ s. 5 Outil rotatif muni d'arêtes tranchantes, servant à usiner des pièces, à creuser les dents cariées.

fraiser vt Usiner une pièce avec une fraise.

fraiseur, euse n Spécialiste du fraisage. ■ nf Machine-outil servant à fraiser.

fraisier nm Petite plante basse qui produit les fraises.

framboise nf Fruit comestible du framboisier.

framboisier nm Arbuste dont le fruit est la framboise.

1. franc, franche a 1 Exempt de taxes. *Franc de port.* 2 Sincère, loyal. *Être franc comme l'or.* 3 Net. *Une situation franche.* 4 Plein, entier. *Huit jours francs.* 5 Naturel, sans mélange. *Couleur franche.* ■ av Litt Franchement.

2. franc, franque a, n Des Francs.

3. franc nm Unité monétaire de la France, de la Belgique, de la Suisse, du Luxembourg et de pays d'Afrique francophone.

français, aise a, n De la France. ■ nm Langue romane parlée en France, en Belgique, en Suisse, au Québec, etc.

franc-comtois, oise a, n De la Franche-Comté. *Des Francs-Comtois. Des Franc-Comtoises.*

franchement av 1 De façon sincère. 2 Très, vraiment. *C'est franchement désagréable.*

franchir vt 1 Passer un obstacle. 2 Traverser de bout en bout. *Franchir un pont.*

franchisage ou **franchising** [-ziŋ] nm COMM Contrat de franchise commerciale.

franchise nf 1 Sincérité. *Répondre avec franchise.* 2 Exemption légale ou réglementaire de taxes, d'impositions. 3 COMM Droit concédé par une entreprise d'utiliser sa marque pour la vente de produits. 4 Somme laissée à la charge d'un assuré en cas de dommages.

franchisé, ée a, n Commerçant lié à une société par une franchise.

franchiser vt COMM Lier par le franchisage.

franchiseur, euse a, n Société qui accorde une franchise.

franchissable a Qu'on peut franchir.

franchissement nm Action de franchir.

franchouillard, arde a, n Fam, péjor Français moyen caricatural.

francien nm Dialecte de l'Île-de-France au Moyen Âge, ancêtre du français.

francilien, enne a, n De l'Île-de-France.

francique nm Langue germanique des Francs.

francisation nf Action de franciser.

franciscain, aine n, a Religieux, religieuse de l'ordre de saint François d'Assise.

franciser vt Donner un caractère français.

francisque nf Hache de guerre des Francs.

francité nf Caractère français.

francium [-sjɔm] nm Métal radioactif alcalin.

franc-jeu nm, a Fair-play. *Des francs-jeux.*

franc-maçon, onne n Membre de la franc-maçonnerie. *Des francs-maçons. Des franc-maçonnes.*

franc-maçonnerie nf 1 Association de personnes unies par un même idéal de fraternité. 2 Entente occulte entre des personnes. *Des franc-maçonneries.*

franco av 1 Sans frais. *Marchandises franco de port.* 2 Pop Sans détour, franchement.

franco-français, aise a Fam Qui ne concerne que les Français.

francophile a, n Ami de la France.

francophilie nf Attitude francophile.

francophobe a, n Hostile à la France.

francophobie nf Attitude francophobe.

francophone a, n De langue française.

francophonie nf Ensemble des peuples francophones.

franco-provençal nm Dialecte des régions de Suisse romande et du Lyonnais.

franc-parler nm Franchise de langage. *Des francs-parlers.*

franc-tireur nm 1 Combattant qui n'appartient pas à une unité régulière. 2 Qui agit de façon indépendante du groupe. *Des francs-tireurs.*

frange nf 1 Bande d'étoffe à filets retombants. 2 Cheveux retombant sur le front. 3 Ce qui est au bord, marginal. *Frange côtière.* 4 Petit groupe marginal. *Une frange de séditieux.*

frangeant am Loc *Récif frangeant :* proche du littoral.

franger vt [11] Border.

frangin, ine n Fam Frère, sœur.

frangipane nf Crème aux amandes.

frangipanier nm Arbre tropical à belles fleurs parfumées.

franglais nm Français mêlé d'anglicismes.

franquette av Loc Fam *À la bonne franquette :* sans façons.

franquisme nm HIST Régime politique instauré par Franco en Espagne en 1936.

franquiste a, n Qui relève du franquisme.

frappant, ante a Qui fait une vive impression.

frappe nf 1 Action de frapper les monnaies, de dactylographier, de frapper la balle. 2 Pop Voyou. Loc *Force de frappe :* armement permettant une riposte rapide.

frapper vt 1 Donner un ou plusieurs coups. 2 Tomber sur. *Lumière qui frappe un objet.* 3 Marquer d'une empreinte. *Frapper des médailles.* 4 Rafraîchir par de la glace. *Café frappé.* 5 Atteindre d'un mal. *Malheur qui frappe une famille. Être frappé d'apoplexie.* 6 Soumettre à une taxe, surtout. 7 Atteindre d'une impression vive. *Frapper la vue, l'esprit.* 8 Dactylographier. ■ vpr Fam S'inquiéter exagérément.

frappeur, euse a Loc *Esprit frappeur :* qui, selon les spirites, se manifeste par des coups.

frasque nf Écart de conduite.

fraternel, elle a 1 Relatif aux frères et sœurs. 2 Amical.

fraternellement av De façon fraternelle.

fraternisation nf Action de fraterniser.

fraterniser vti Adopter un comportement de solidarité, en cessant toute hostilité.

fraternité nf Solidarité entre les hommes.

fratricide n, a Qui tue son frère ou sa sœur. ■ a Qui oppose les membres d'une communauté. ■ nm Meurtre du frère ou de la sœur.

fratrie nf Groupe formé par les frères et les sœurs d'une famille.

fraude nf Action faite pour tromper ; falsification punie par la loi.

frauder vt, vi Commettre une fraude. *Frauder le fisc. Frauder sur le poids.*

fraudeur, euse a Qui fraude.

frauduleusement av De façon frauduleuse.

frauduleux, euse a Entaché de fraude.

frayer vt [20] Ouvrir, tracer un chemin. ■ vi 1 Pondre les œufs (poissons) 2 Litt Fréquenter.

frayeur nf Crainte vive et passagère.

fredaine nf Écart de conduite.

fredonnement nm Action de fredonner.

fredonner vt, vi Chanter à mi-voix, sans ouvrir la bouche.

free-jazz [fridʒaz] nm Style de jazz apparu vers 1960, qui privilégie l'improvisation.

free-lance [fri-] a inv, n Qui travaille de façon indépendante. *Des free-lances.*

freesia [fre-] nm Plante bulbeuse aux fleurs odorantes.

freezer [frizœr] nm Compartiment à glace d'un réfrigérateur.

frégate nf 1 Anc Bâtiment de guerre à trois mâts. 2 Bâtiment rapide destiné à l'escorte des porte-avions. 3 Oiseau des mers tropicales possédant un sac gonflable rouge vif sous le bec.

frein nm 1 Organe servant à réduire ou à annuler le mouvement d'un véhicule, d'une machine. 2 Ce qui retient un élan excessif. 3 ANAT Membrane qui bride ou retient certains organes. *Frein de la langue.* 4 Mors du cheval. Loc *Mettre un frein à :* chercher à arrêter.

freinage nm Action de freiner.

freiner vt, vi Ralentir ou arrêter un véhicule. ■ vt Modérer une progression, un élan. *Freiner la hausse des prix.*

frelaté, ée a Altéré, corrompu.

frelater vt Altérer, falsifier un produit.

frêle a Qui manque de solidité, de force ; fluet.

frelon nm Grosse guêpe.

freluquet nm Homme petit et mal bâti.

frémir vi 1 Être agité d'un frissonnement accompagné d'un bruit léger. *L'eau frémit avant de bouillir.* 2 Trembler d'émotion. *Frémir d'horreur.*

frémissant, ante a Qui frémit.

frémissement nm 1 Léger mouvement accompagné de bruissement. 2 Tremblement léger dû à l'émotion.

frênaie nf Lieu planté de frênes.

french cancan [frɛnʃ-] nm Danse de girls. *Des french cancans.*

frêne nm Grand arbre à bois blanc et dur.

frénésie nf Exaltation violente.

frénétique a Violent.

frénétiquement av De façon frénétique.

fréon nm (n déposé) Fluide utilisé dans les réfrigérateurs.

fréquemment av Souvent.

fréquence nf 1 Caractère fréquent. 2 STATIS Nombre d'observations correspondant à un évènement donné. 3 PHYS Nombre de vibrations par unité de temps.

fréquencemètre nm PHYS Appareil mesurant les fréquences.

fréquent, ente a Qui arrive souvent, se répète.

fréquentable a Qu'on peut fréquenter.

fréquentatif, ive a, nm LING Qui exprime la répétition. *Criailler est le fréquentatif de crier.*

fréquentation nf 1 Action de fréquenter un lieu. 2 Personne fréquentée.

fréquenté, ée a Où il y a beaucoup de monde.

fréquenter vt 1 Aller souvent dans un lieu. 2 Avoir de fréquentes relations avec qqn.

fréquentiel, elle a PHYS De la fréquence.

frère nm **1** Né du même père et de la même mère. **2** Membre de certains ordres religieux. **Loc** *Frères d'armes* : compagnons de combat. *Faux frère* : traître. ■ a, n Uni par des liens étroits. *Tous les hommes sont frères. Des pays frères.*

frérot nm Fam Petit frère.

fresque nf **1** Peinture sur des murs enduits de mortier frais, à l'aide de couleurs délayées à l'eau. **2** Tableau d'une époque, d'une société.

fresquiste n Peintre de fresques.

fressure nf Ensemble des viscères du mouton, du bœuf, etc.

fret nm **1** Coût du transport de marchandises par mer, par air ou par route. **2** Cargaison.

fréter vt [12] Donner ou prendre un navire, un avion, une voiture en location.

frétillant, ante a Qui frétille.

frétillement nm Mouvement de ce qui frétille.

frétiller vi S'agiter de petits mouvements vifs.

fretin nm Petits poissons. **Loc** *Menu fretin* : personne ou chose de peu d'intérêt.

frette nf TECH Cercle métallique renforçant une pièce cylindrique.

freudien, enne a De Freud, du freudisme.

freudisme nm Ensemble des conceptions et des méthodes psychanalytiques de S. Freud et de son école.

freux nm Corbeau.

friabilité nf Propriété friable.

friable a Qui se réduit aisément en poudre, en menus fragments.

friand, ande a Qui a un goût particulier pour qqch. ■ nm Petit pâté fait avec un hachis de viande.

friandise nf Sucrerie ou pâtisserie délicate.

fribourg nm Gruyère suisse.

fric nm Pop Argent.

fricandeau nm Tranche de veau lardée, braisée ou poêlée.

fricassée nf Ragoût de volaille.

fricative nf PHON Consonne caractérisée par un bruit de frottement.

fric-frac nm inv Fam Cambriolage.

friche nf Terrain non cultivé. **Loc** *En friche* : inculte. *Friche industrielle* : terrain, bâtiment précédemment occupé par une industrie.

frichti nm Pop Fricot, repas.

fricot nm Fam Plat grossier.

fricoter vt, vi Fam Manigancer, tramer.

fricoteur, euse n Fam Magouilleur.

friction nf **1** Action de frotter, de masser une partie du corps. **2** Frottement dur dans un mécanisme. **3** Heurt, désaccord.

frictionner vt Faire une friction à.

frigidaire nm (n déposé) Abusiv Réfrigérateur.

frigide a Incapable d'orgasme (femme).

frigidité nf État d'une femme frigide.

frigo nm Fam Réfrigérateur.

frigorifier vt **1** Soumettre au froid pour conserver. **2** Fam Transir.

frigorifique a Qui produit du froid. *Installation frigorifique.* ■ nm Installation, appareil servant à conserver par le froid.

frigoriste n Spécialiste du froid.

frileusement av Craintivement.

frileux, euse a **1** Qui craint le froid. **2** Craintif, pusillanime.

frilosité nf Caractère craintif.

frimaire nm Troisième mois du calendrier républicain (novembre-décembre).

frimas [-ma] nm Litt Brouillard épais qui devient de la glace en tombant.

frime nf Fam Simulation, faux-semblant.

frimer vi Fam Bluffer.

frimeur, euse n Fam Qui frime.

frimousse nf Fam Jeune visage.

fringale nf Fam Faim subite.

fringant, ante a Très vif, alerte.

fringues nfpl Pop Vêtements.

fripes nfpl Fam Vêtements d'occasion.

friper vt Chiffonner, froisser.

friperie nf Commerce de fripier.

fripier, ère n Qui fait commerce de vêtements d'occasion.

fripon, onne a, n Fam Malicieux, polisson. ■ nm Vx Escroc.

friponnerie nf Espièglerie.

fripouille nf Pop Canaille.

frire vt, vi [79] Cuire dans un corps gras bouillant.

frisant, ante a **Loc** *Lumière frisante* : rasante.

frisbee [-bi] nm (n déposé) Disque de plastique que les joueurs se lancent.

frise nf **1** Partie de l'entablement entre l'architrave et la corniche. **2** Surface plane qui porte des motifs décoratifs.

frisé, ée a **1** Qui forme des boucles fines et serrées. **2** Dont les feuilles sont ondulées et découpées. ■ nf Variété de chicorée.

friselis nm Litt Très léger frémissement.

friser vt **1** Donner la forme de boucles fines. **2** Passer au ras de, frôler. **3** Être très près de. *Procédés qui frisent l'indélicatesse.* ■ vi Se mettre en boucles.

frisette nf ou **frisottis** nm Fam Petite boucle de cheveux.

frison, onne a, n De la Frise. ■ nf Race de vaches laitières.

frisotter vt, vi Friser menu.

frisquet, ette a Fam Vif et piquant (temps). *Un vent frisquet.*

frisson nm Tremblement causé par une sensation de froid ou par la fièvre.

frissonnant, ante a Qui frissonne.

frissonnement nm Litt Léger frisson.

frissonner vi Trembler sous l'effet du froid, de la fièvre ou d'une émotion intense.

frisure nf Façon de friser.

frite nf Bâtonnet frit de pomme de terre. **Loc** Pop *Avoir la frite* : Être en forme.

friterie nf Baraque où on vend des frites.

friteuse nf Ustensile pour frire les aliments.

friton nm CUIS Syn de grattons.

friture nf **1** Action de frire un aliment ; aliments frits. **2** Grésillement parasite dans le téléphone, dans un appareil de radio.

frivole a Vain et léger ; futile.

frivolité nf Caractère frivole ; chose frivole.

froc nm Pop Pantalon.

froid, froide a **1** À basse température. **2** Refroidi. *Le dîner sera froid.* **3** Qui semble indifférent, insensible. **4** Qui ne se manifeste pas extérieurement. *Colère froide.* **5** Qui manifeste de la réserve, de l'hostilité. **Loc** *Coloris, tons froids* : bleu, vert. *À froid* : hors de toute passion. ■ nm **1** Basse température. **2** Absence de sympathie, d'amitié. **Loc** *Avoir froid* : souffrir du froid. *N'avoir pas froid aux yeux* : être courageux. *Prendre, attraper froid* : être malade après un refroidissement. *Jeter un froid* : provoquer un malaise. *Être en froid avec qqn* : être brouillé avec lui.

froidement *av* 1 Sans passion. 2 Sans scrupule. 3 Sans chaleur.

froideur *nf* Insensibilité, indifférence.

froidure *nf* Litt Temps froid.

froissable *a* Qui se froisse facilement.

froissement *nm* Action de froisser.

froisser *vt* 1 Faire prendre des plis. 2 Blesser par un choc. *Froisser un muscle.* 3 Choquer qqn par manque de délicatesse.

frôlement *nm* Action de frôler ; contact.

frôler *vt* 1 Toucher légèrement. 2 Passer très près de.

fromage *nm* 1 Aliment fait de lait caillé, fermenté ou non. 2 Fam Sinécure. Loc *Fromage de tête* : pâté de tête de porc en gelée.

fromager, ère *a* Relatif au fromage. ■ *n* Qui fabrique ou vend du fromage. ■ *nm* Grand arbre tropical produisant le kapok.

fromagerie *nf* Lieu où on fait, où on vend des fromages.

froment *nm* Blé cultivé.

fronce *nf* Chacun des petits plis obtenus par le resserrement d'un fil coulissé.

froncement *nm* Action de froncer le front, les sourcils.

froncer *vt* [10] 1 Rider en contractant, plisser. *Froncer le front.* 2 Resserrer une étoffe par des fronces.

frondaison *nf* Apparition du feuillage aux arbres ; le feuillage lui-même.

fronde *nf* 1 Arme de jet constituée de deux liens réunis par une pièce de cuir contenant le projectile. 2 Lance-pierres. 3 Litt Révolte contre l'autorité.

fronder *vt* Litt Critiquer, railler. *Fronder le gouvernement.*

frondeur, euse *a* Litt Qui a tendance à critiquer l'autorité. ■ *nm* HIST Qui participait à la Fronde.

front *nm* 1 Partie supérieure du visage. 2 Litt Le visage. *Le rouge au front.* 3 Zone des combats (par oppos. à l'arrière). *Monter au front.* 4 Alliance entre les partis, les syndicats, etc. Loc *Front de mer* : bande de terrain, avenue en bordure de la mer. *Front de taille* : face verticale selon laquelle progresse un chantier dans les mines. *Avoir le front de* : l'audace de. *De front, de plein front* : par-devant. *De front* : sans détour ; sur un même rang ; en même temps.

frontal, ale, aux *a* Qui se produit de front. *Choc frontal.* Loc ANAT *Os frontal* : os situé à la partie antérieure du crâne.

frontalier, ère *a* Proche d'une frontière. ■ *a, n* Qui habite une région frontalière.

frontière *nf* 1 Limite séparant deux États. 2 Limite, borne. *Les frontières du savoir.*

frontignan *nm* Vin muscat du Midi.

frontispice *nm* 1 ARCHI Façade principale d'un monument. 2 Titre d'un ouvrage imprimé ; planche illustrée placée en regard.

fronton *nm* 1 ARCHI Ornement triangulaire couronnant un édifice. 2 Mur contre lequel on joue à la pelote basque.

frottage *nm* Action de frotter.

frottement *nm* 1 Action de frotter. 2 Contact entre deux surfaces dont l'une au moins se déplace. ■ *pl* Désaccords.

frotter *vt* 1 Presser, appuyer sur qqch, souvent pour nettoyer ; astiquer. 2 Frictionner son corps. ■ *vi* Produire une friction, une résistance, en parlant d'un corps en mouvement. ■ *vpr* 1 Fréquenter. *Se frotter à la bonne société.* 2 Fam Attaquer, s'en prendre à qqn. Loc Fam *Se frotter les mains* : se réjouir.

frottis *nm* MED Étalement sur une lame, pour examen au microscope, d'un liquide organique.

frottoir *nm* Surface enduite provoquant par friction l'allumage d'une allumette.

froufrou *nm* Bruit produit par un froissement léger.

froufroutant, ante *a* Qui froufroute.

froufrouter *vi* Produire des froufrous.

froussard, arde *a* Fam Peureux.

frousse *nf* Fam Peur.

fructidor *nm* HIST Douzième et dernier mois du calendrier républicain (août-septembre).

fructifère *a* BOT Qui porte des fruits.

fructification *nf* BOT Formation des fruits ; période où les fruits se forment.

fructifier *vi* 1 Produire des fruits. 2 Avoir des résultats avantageux ; produire des bénéfices.

fructose *nm* CHIM Sucre des fruits.

fructueux, euse *a* Avantageux, bénéfique.

frugal, ale, aux *a* Qui se satisfait d'une nourriture simple et peu abondante.

frugalement *av* Avec frugalité.

frugalité *nf* Caractère frugal, sobre.

frugivore *a, nm* ZOOL Qui se nourrit de fruits.

fruit *nm* 1 BOT Produit végétal qui succède à la fleur après fécondation et qui renferme les graines. 2 Produit sucré, comestible, d'un arbre fruitier. 3 Avantage, bénéfice. *Le fruit de son travail.* 4 Inclinaison de la face extérieure d'un mur. Loc *Avec fruit* : utilement. Litt *Le fruit d'une union* : un enfant. *Fruit défendu* : chose interdite. *Fruit sec* : raté, personne improductive. ■ *pl* 1 Produits de la nature. 2 DR Revenus fonciers. Loc *Fruits de mer* : crustacés et mollusques comestibles.

fruité, ée *a* Qui a un goût de fruit.

fruiterie *nf* Commerce du fruitier.

fruitier, ère *a* Qui produit des fruits comestibles. ■ *n* Commerçant de fruits au détail. ■ *nm* Local où on conserve les fruits frais. ■ *nf* Fromagerie coopérative (Jura, Savoie).

frusques *nfpl* Pop Vêtements usagés.

fruste *a* 1 Grossier, sans raffinement. 2 Au relief usé (sculpture, médaille).

frustrant, ante *a* Qui frustre, décevant.

frustration *nf* 1 Action de frustrer. 2 PSYCHO Impossibilité de satisfaire un désir, aboutissant à son refoulement.

frustré, ée *a, n* Fam Qui se sent perpétuellement insatisfait.

frustrer *vt* 1 Priver qqn de ce qui lui est dû. 2 Décevoir qqn dans son attente.

frutescent, ente *a* BOT Qui tient de l'arbrisseau.

fuchsia [fyʃja] ou [fyksja] *nm* Arbrisseau à fleurs en forme de clochettes.

fuchsine [fuksin] *nf* CHIM Colorant rouge.

fucus *nm* Algue brune constituant du goémon.

fuégien, enne *a, n* De la Terre de Feu.

fuel [fjul] *nm* Syn de *fioul*.

fugace *a* Qui disparaît rapidement, ne dure pas.

fugacité *nf* Caractère fugace.

fugitif, ive *a, n* Qui s'est échappé, qui a pris la fuite. ■ *a* Fugace. *Plaisirs fugitifs.*
fugitivement *av* De façon fugitive.
fugue *nf* 1 Forme musicale, caractérisée par des reprises du motif. 2 Abandon du domicile familial pendant une courte période.
fuguer *vi* Faire une fugue.
fugueur, euse *a, n* Qui fait des fugues.
Führer [fyrœr] *nm* Titre que prit Hitler.
fuir *vi* [28] 1 S'éloigner rapidement pour échapper à un danger. *Fuir de son pays.* 2 Se dérober, s'esquiver. *Fuir devant ses responsabilités.* 3 S'échapper par un trou, une fente (liquide, gaz). *Vin qui fuit d'un tonneau.* 4 Laisser passer un fluide (récipient). *Tonneau qui fuit.* ■ *vt* Chercher à éviter. *Fuir un danger.*
fuite *nf* 1 Action de fuir. 2 Échappement de fluides par une fissure ; la fissure elle-même. *Fuite de gaz. Boucher une fuite.* 3 Indiscrétion, communication illicite de documents.
fulgurant, ante *a* 1 Rapide comme l'éclair. *Démarrage fulgurant.* 2 Qui illumine soudainement l'esprit. *Intuition fulgurante.* Loc MED *Douleur fulgurante :* aiguë et fugace.
fulguration *nf* Éclair de chaleur.
fulgurer *vi* Litt Briller vivement.
fuligineux, euse *a* 1 Qui produit de la suie. 2 Qui évoque la couleur de la suie.
full [ful] *nm* Au poker, réunion dans une même main d'un brelan et d'une paire.
full-contact [ful-] *nm* Sport de combat où les coups peuvent être portés avec toutes les extrémités. Syn. boxe américaine.
fulminant, ante *a* 1 Litt Menaçant. 2 CHIM Détonant. *Mélange fulminant.*
fulminer *vi* 1 S'emporter violemment en proférant des menaces. *Fulminer contre les mœurs du siècle.* 2 CHIM Détoner. 3 Litt Formuler avec emportement. *Fulminer des accusations.*
fumable *a* Qu'on peut fumer.
fumage *nm* Action de fumer une terre.
fumaison *nf* ou **fumage** *nm* Action de fumer de la viande, du poisson.
fumant, ante *a* 1 Qui dégage de la fumée, de la vapeur. 2 Fam Sensationnel, formidable. *Un coup fumant.*
fumé, ée *a* Qu'on a fumé (produit comestible). Loc *Verre fumé :* de couleur foncée.
fume-cigare, fume-cigarette *nm* Petit tube de bois, d'ambre, etc., pour fumer un cigare, une cigarette.
fumée *nf* 1 Mélange de gaz et de particules solides se dégageant de corps qui brûlent. 2 Vapeur exhalée par un liquide chaud. Loc *Noir de fumée :* produit obtenu par combustion incomplète de corps riches en carbone. *S'en aller en fumée :* disparaître, ne rien produire. ■ *pl* Excréments des cerfs et autres animaux sauvages. Loc Litt *Fumées du vin, de l'ivresse :* troubles mentaux provoqués par l'alcool.
1. fumer *vt* Épandre du fumier sur le sol pour l'amender.
2. fumer *vi* 1 Répandre de la fumée. 2 Dégager de la vapeur d'eau. 3 Fam Être dans une violente colère. ■ *vt* 1 Faire brûler du tabac, du haschisch pour en aspirer la fumée. 2 Exposer de la viande, du poisson à la fumée pour les conserver.
fumerie *nf* Lieu où l'on fume l'opium.
fumerolle *nf* Émanation gazeuse sortant de crevasses dans les régions volcaniques.

fumet *nm* 1 Arôme des viandes à la cuisson, d'un vin. 2 Odeur que dégagent certains animaux. 3 CUIS Sauce à base de poisson.
fumeur, euse *n* Qui fume du tabac. ■ *nm* Qui fume des viandes et des poissons.
fumeux, euse *a* 1 Qui répand de la fumée. 2 Obscur, confus. *Explications fumeuses.*
fumier *nm* 1 Mélange de la litière et des déjections des bestiaux, qu'on utilise comme engrais. 2 Fam Homme vil, abject.
fumigateur *nm* Appareil destiné aux fumigations.
fumigation *nf* 1 MED Inhalation de vapeurs médicamenteuses. 2 Production de vapeurs désinfectantes pour assainir un local, détruire les parasites.
fumigatoire *a* Qui sert à des fumigations.
fumigène *a* Qui produit de la fumée.
fumiste *a, n* Fam Peu sérieux, dilettante. ■ *nm* Qui entretient les appareils de chauffage.
fumisterie *nf* 1 Profession du fumiste. 2 Fam Chose qui manque totalement de sérieux.
fumoir *nm* 1 Local destiné aux fumeurs. 2 Lieu où on fume les viandes, les poissons.
fumure *nf* 1 Action de fumer une terre. 2 Engrais ou fumier utilisé pour cela.
funambule *n* Acrobate qui marche sur une corde au-dessus du sol.
funambulesque *a* De funambule.
funboard [fœnbɔrd] ou **fun** [fœn] *nm* Planche à voile courte ; sport pratiqué avec cette planche.
funèbre *a* 1 Relatif aux funérailles. 2 Triste, lugubre.
funérailles *nfpl* Cérémonies accompagnant les enterrements.
funéraire *a* Propre aux funérailles, aux tombes.
funérarium [-rjɔm] *nm* Lieu où se réunit la famille avant les obsèques.
funeste *a* 1 Qui apporte la mort. 2 Désastreux.
funiculaire *nm* Chemin de fer à câbles ou à crémaillère.
funk [fœnk] *a inv, nm inv* Style de rock des années 70.
funky [fœnki] *a inv, nm inv* Style de jazz des années 60.
furax *a inv* Fam Furieux.
furet *nm* Petit mammifère carnivore.
fur et à mesure (au) *av* Simultanément et proportionnellement ou successivement.
fureter *vi* [17] Fouiller, chercher avec soin pour découvrir qqch.
fureteur, euse *a, n* Curieux.
fureur *nf* 1 Colère très violente. 2 Passion excessive. 3 Déchaînement. *Fureur de la tempête.* Loc *Faire fureur :* être fort en vogue.
furibard, arde ou **furibond, onde** *a* Fam Furieux.
furie *nf* 1 Colère démesurée. *Être en furie.* 2 Violence impétueuse. 3 Femme violente.
furieusement *av* Avec furie.
furieux, euse *a* 1 Qui ressent ou marque une violente colère. 2 Impétueux. *Assaut furieux.* Loc *Fou furieux :* pris d'une crise de violence.
furioso *a* MUS Plein d'impétuosité.
furoncle *nm* Inflammation ayant en son centre une accumulation de pus.
furonculose *nf* Éruption de furoncles.

furtif, ive *a* Fait à la dérobée. *Signe furtif.* **Loc** *Avion furtif :* que les radars ne peuvent détecter.
furtivement *av* De façon furtive.
furtivité *nf* Caractère d'un avion furtif.
fusain *nm* 1 Arbrisseau à fruits rouges. 2 Charbon fin fait avec le fusain ; crayon au fusain ; dessin fait avec ce crayon.
fusant, ante *a* 1 Qui fuse. *Poudre fusante.* 2 Qui explose en l'air (obus).
fuseau *nm* 1 Instrument pour filer la laine, faire de la dentelle. 2 Pantalon dont les jambes se rétrécissent vers le bas. **Loc** *Fuseau horaire :* chacune des 24 zones de la surface terrestre dont tous les points ont la même heure légale. *En fuseau :* renflé en son milieu et aux extrémités pointues.
fusée *nf* 1 Engin spatial, projectile propulsé par la force d'expansion du gaz résultant de la combustion d'un carburant. 2 Pièce d'artifice composée de poudre mélangée à des matières colorantes. 3 Pièce conique qui reçoit la roue d'un véhicule.
fuselage *nm* Corps principal d'un avion, sur lequel est fixée la voilure.
fuselé, ée *a* En fuseau.
fuseler *vt* [18] TECH Donner une forme fuselée à qqch.
fuser *vi* 1 Jaillir. 2 Brûler sans détoner (poudre).
fusette *nf* COUT Petite bobine de fil.
fusible *a* Qui peut fondre. ■ *nm* 1 Élément protecteur d'un circuit électrique contre les intensités trop élevées. 2 Fam Personne qui prend sur elle une responsabilité pour protéger son supérieur hiérarchique.
fusiforme *a* D'une forme allongée et renflée en son milieu.
fusil [-zi] *nm* 1 Arme à feu portative. 2 Instrument en acier pour aiguiser les couteaux. **Loc** *Changer son fusil d'épaule :* changer d'opinion. Fam *Coup de fusil :* addition exagérée. *En chien de fusil :* les genoux contre la poitrine.
fusilier *nm* **Loc** *Fusilier marin :* marin entraîné pour un débarquement.
fusillade *nf* Décharge de coups de feu.
fusiller [-lje] *vt* 1 Tuer à coups de fusil. 2 Fam Abîmer. **Loc** *Fusiller du regard :* regarder avec hostilité.

fusil-mitrailleur *nm* Arme légère à tir automatique. *Des fusils-mitrailleurs.*
fusion *nf* 1 Passage d'un corps de l'état solide à l'état liquide sous l'action de la chaleur. 2 Union d'éléments distincts en un tout. 3 PHYS Réunion d'atomes libérant une énergie considérable.
fusionnement *nm* Action de fusionner.
fusionner *vt* Regrouper par fusion. ■ *vi* Se regrouper par fusion. *Ces sociétés ont fusionné.*
fustanelle *nf* Court jupon évasé chez les Grecs.
fustigation *nf* Action de fustiger.
fustiger *vt* [11] 1 Battre, flageller. 2 Litt Blâmer, stigmatiser.
fût [fy] *nm* 1 Partie dépourvue de branches du tronc d'un arbre. 2 Partie d'une colonne, située entre la base et le chapiteau. 3 Monture de certains objets, d'une arme à feu. 4 Tonneau.
futaie *nf* Forêt où on laisse les arbres atteindre une grande taille avant de les exploiter.
futaille *nf* Tonneau.
futé, ée *a* Fam Rusé, malin.
futile *a* Insignifiant, frivole.
futilement *av* De façon futile.
futilité *nf* Caractère futile ; chose futile.
futon *nm* Matelas japonais.
futur, ure *a* 1 Qui est à venir. *Les jours futurs.* 2 Qui sera ultérieurement tel. *Les futurs époux.* ■ *nm* 1 Temps à venir ; avenir. 2 GRAM Temps du verbe indiquant que l'action ou l'état se situe dans l'avenir. **Loc** *Futur antérieur :* exprimant l'antériorité par rapport à une action future.
futurisme *nm* 1 Doctrine esthétique du XX e s. 2 Caractère de ce qui semble préfigurer l'avenir.
futuriste *a, n* Du futurisme.
futurologie *nf* Prospective sociale et technique.
futurologue *n* Spécialiste de futurologie.
fuyant, ante [fyijã] *a* 1 Insaisissable. *Caractère fuyant.* 2 Qui semble s'enfoncer vers l'arrière-plan. *Ligne fuyante.* **Loc** *Front, menton fuyant :* effacé vers l'arrière.
fuyard, arde [fyijaʀ] *a, n* Qui s'enfuit.

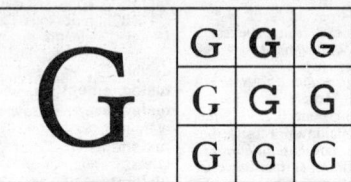

g nm Septième lettre (consonne) de l'alphabet.

gabardine nf 1 Tissu de laine sergé. 2 Manteau imperméable.

gabarit [-ri] nm 1 Dimension réglementée d'un objet. 2 Taille, stature, dimension physique ou morale de qqn.

gabbro nm Roche magmatique.

gabegie nf Gaspillage, gâchis.

gabelle nf HIST Impôt sur le sel.

gabelou nm Fam Douanier.

gabier nm Matelot chargé de la manœuvre.

gabonais, aise a, n Du Gabon.

gâche nf Boîtier métallique recevant le pêne de la serrure.

gâcher vt 1 Délayer du mortier, du plâtre. 2 Abîmer, gâter. *Le temps a gâché nos vacances.* 3 Dissiper, gaspiller. Loc *Gâcher le métier* : travailler pour un prix trop bas.

gâchette nf 1 Arrêt de pêne d'une serrure. 2 Mécanisme d'une arme à feu actionné par la détente. 3 Abusiv La détente elle-même.

gâcheur, euse n Qui gaspille.

gâchis nm 1 Choses gâchées, détériorées. 2 Désordre, gabegie.

gadget [-dʒɛt] nm Objet ou procédé ingénieux et nouveau, utile ou non.

gadgétiser vt Munir de nombreux gadgets.

gadidé nm ZOOL Poisson marin, comme la morue, le merlan, le lieu.

gadin nm Loc Pop *Prendre un gadin* : tomber.

gadjo n Non-gitan, pour un gitan.

gadoue ou **gadouille** nf Fam Boue.

gadzarts n Fam Élève des écoles d'arts et métiers.

gaélique a Des Gaëls. ■ nm Parler celtique d'Écosse et d'Irlande.

gaffe nf 1 MAR Perche munie d'un croc, utilisée pour accrocher. 2 Fam Lourde maladresse. Loc Pop *Faire gaffe* : faire attention.

gaffer vt Accrocher avec une gaffe. ■ vi Fam Commettre une maladresse.

gaffeur, euse n Fam Qui commet des maladresses.

gag nm Situation engendrant un effet comique.

gaga a, n Fam Gâteux.

gage nm 1 Objet, bien mobilier constituant une garantie de paiement. 2 À certains jeux, pénitence que doit accomplir celui qui a perdu ou qui a commis une faute. 3 Preuve, témoi-

gnage. *Gage d'amitié.* ■ pl Rétribution d'un employé de maison. Loc *Tueur à gages* : payé pour tuer.

gager vt [11] 1 Garantir par un gage. *Gager un emprunt.* 2 Litt Parier.

gageure [gaʒyʀ] nf Défi, pari impossible, difficile à réaliser.

gagnable a Qu'on peut gagner.

gagnant, ante a, n Qui gagne.

gagne-pain nm inv Instrument, métier qui permet de gagner sa vie.

gagne-petit nm inv Qui fait de petits profits, qui a un petit salaire.

gagner vt 1 Acquérir qqch par son travail ou ses activités. *Gagner de l'argent. Gagner la confiance de qqn.* 2 Voir se terminer à son avantage un conflit, une lutte, une rencontre sportive. *Gagner un procès, la guerre.* 3 Se diriger vers, rejoindre un lieu. 4 Se propager dans, s'étendre à. *L'incendie a gagné la maison voisine. Le sommeil me gagne.* 5 Rendre qqn favorable à. *Gagner qqn à une cause.* Loc *Avoir bien gagné qqch* : mérité de l'obtenir. *Gagner du temps* : économiser du temps ; temporiser, atermoyer. ■ vi 1 Être vainqueur. 2 Tirer avantage à. *Il gagne à être connu.* 3 S'améliorer. *Ce vin a gagné en vieillissant.*

gagneur, euse n Qui a la volonté de gagner.

gai, gaie a 1 Enclin à la bonne humeur. 2 Mis en gaieté par la boisson. 3 Qui marque la gaieté.

gaiement av Avec gaieté.

gaieté nf Caractère gai, joyeux. Loc *De gaieté de cœur* : sans contrainte et avec un certain plaisir (souvent en phrase négative).

gaillac nm Vin du Sud-Ouest.

1. gaillard, arde a 1 Plein de force, de santé et de vivacité. 2 Leste, grivois. ■ n Personne vigoureuse et pleine d'allant.

2. gaillard nm MAR Partie élevée à l'une ou l'autre extrémité du pont supérieur d'un navire.

gaillardement av De façon gaillarde.

gaillardise nf Litt Grivoiserie.

gain nm 1 Fait de gagner. *Gain d'un procès, d'une bataille.* 2 Salaire, profit, bénéfice. Loc *Avoir gain de cause* : l'emporter dans un litige.

gaine nf 1 Étui épousant la forme de l'objet qu'il contient. 2 Sous-vêtement féminin élastique enserrant les hanches. 3 Conduit. *Gaine de ventilation.* 4 Cage pour la cabine d'un ascenseur.

gainer *vt* **1** Recouvrir d'une gaine. **2** Mouler étroitement. *Jambes gainées de soie.*

gala *nm* Réception, fête, représentation artistique de caractère officiel.

galactique *a* D'une galaxie.

galactomètre *nm* Appareil mesurant la densité du lait.

galactose *nm* CHIM Sucre contenu dans le lait.

galalithe *nf* (n déposé) Matière plastique.

galamment *av* Avec courtoisie.

galant, ante *a* **1** Prévenant, empressé auprès des femmes. **2** Inspiré par l'amour. *Intrigue galante.* Loc *Femme galante* : qui fait commerce de ses charmes.

galanterie *nf* **1** Délicatesse, prévenance envers les femmes. **2** Propos flatteurs adressés à une femme.

galantine *nf* Charcuterie servie froide dans de la gelée.

galapiat *nm* Fam Vaurien.

galaxie *nf* **1** Vaste ensemble dynamique d'étoiles et de matière interstellaire. **2** (avec majusc) La galaxie à laquelle appartient le Soleil. **3** Fam Ensemble flou de personnes ou de choses.

galbe *nm* Contour arrondi et harmonieux d'un objet, du corps humain.

galbé, ée *a* Qui présente un contour arrondi et harmonieux.

galber *vt* Donner du galbe à.

gale *nf* **1** Maladie cutanée due à un acarien. **2** Personne méchante.

galéjade *nf* Plaisanterie faite pour mystifier.

galéjer *vi* [12] Dire des galéjades.

galène *nf* MINER Sulfure de plomb.

galénique *a* Loc *Médicament galénique* : préparé dans la pharmacie.

galéopithèque *nm* Écureuil volant.

galère *nf* **1** HIST Bâtiment à voiles et à rames. **2** Fam Situation très pénible. ■ *pl* Peine des condamnés à ramer sur les galères.

galérer *vi* [15] Fam **1** Faire un travail pénible et mal payé. **2** Vivre sans ressources assurées.

galerie *nf* **1** Passage couvert situé à l'intérieur ou à l'extérieur d'un bâtiment. **2** Balcons les plus élevés, dans un théâtre. **3** Lieu d'exposition d'œuvres d'art ; magasin de vente de ces œuvres. **4** Petit chemin que creusent sous terre divers animaux. **5** Conduit souterrain. *Galerie de mine.* **6** Porte-bagages fixé au toit d'une automobile. Loc *La galerie* : les spectateurs. *Pour la galerie* : pour se faire remarquer.

galérien *nm* Condamné aux galères.

galeriste *n* Qui dirige une galerie d'art.

galet *nm* **1** Caillou poli par le frottement des eaux. **2** Cylindre, disque de roulement de métal, de bois, etc.

galetas [galta] *nm* Logement misérable.

galette *nf* **1** Gâteau rond et plat, cuit au four. **2** Fam Argent.

galeux, euse *a, n* Qui a la gale.

galibot *nm* Anc Apprenti mineur.

galicien, enne *a, n* De la Galice. ■ *nm* Parler du nord-ouest de l'Espagne.

galiléen, enne *a, n* De Galilée.

galimatias [-tja] *nm* Discours confus.

galion *nm* Grand bâtiment de charge utilisé autrefois pour le transport de l'or d'Amérique.

galipette *nf* Fam Culbute, cabriole.

galle *nf* BOT Excroissance d'un tissu végétal due à un parasite. Loc *Noix de galle* : galle du chêne dont on extrait du tanin.

gallican, ane *a, n* Du gallicanisme.

gallicanisme *nm* HIST Doctrine préconisant une certaine indépendance des Églises nationales vis-à-vis de la papauté.

gallicisme *nm* Idiotisme particulier à la langue française (ex. : *en être de sa poche*).

galliforme ou **gallinacé** *nm* ZOOL Oiseau omnivore ou lourd, telle la poule.

gallique *a* Loc *Acide gallique* : extrait de la noix de galle, utilisé comme colorant.

gallium [-ljɔm] *nm* Métal rare utilisé comme semi-conducteur.

gallo *nm* Dialecte d'oïl de Bretagne orientale.

gallois, oise *a, n* Du pays de Galles. ■ *nm* Langue celtique du pays de Galles.

gallon *nm* Unité de capacité anglo-saxonne qui vaut 4,54 l en Grande-Bretagne et 3,785 l aux États-Unis.

gallo-romain, aine *a, n* De la Gaule romaine. *Des vestiges gallo-romains.*

gallo-roman, ane *a, nm* Se dit des dialectes romans parlés dans l'ancienne Gaule.

galoche *nf* Chaussure à semelle de bois. Loc *Menton en galoche* : pointu et recourbé.

galon *nm* **1** Ruban pour border ou orner. **2** Marque servant à distinguer différents grades militaires. Loc Fam *Prendre du galon* : monter en grade.

galop *nm* **1** La plus rapide des allures des quadrupèdes (du cheval). **2** Ancienne danse d'un mouvement très vif. Loc *Au galop* : très vite. *Galop d'essai* : épreuve probatoire.

galopade *nf* Course précipitée.

galopant, ante *a* Qui s'accroît très rapidement. *Inflation galopante.*

galoper *vi* **1** Aller au galop. **2** Courir, se précipiter.

galopin *nm* Fam Garnement, polisson.

galoubet *nm* Flûte provençale à trois trous.

galuchat *nm* Peau de raie ou de requin, préparée pour la reliure, la maroquinerie, etc.

galurin *nm* ou **galure** *nm* Pop Chapeau.

galvanique *a* Du galvanisme.

galvanisation *nf* Action de galvaniser.

galvaniser *vt* **1** Enthousiasmer, remplir d'ardeur. **2** Recouvrir une pièce métallique d'une couche protectrice de zinc.

galvanisme *nm* Effets produits par le courant électrique continu sur les muscles, les nerfs.

galvanomètre *nm* ELECTR Appareil mesurant l'intensité des courants faibles.

galvanoplastie *nf* Dépôt par électrolyse d'une couche de métal sur un support.

galvaudage *nm* Action de galvauder.

galvauder *vt* Avilir par un mauvais usage.

gamay *nm* Cépage rouge du Beaujolais.

gamba *nf* Grosse crevette.

gambade *nf* Cabriole.

gambader *vt* Faire des gambades.

gamberger *vi, vt* [11] Pop Réfléchir, imaginer.

gambien, enne *a, n* De Gambie.

gamelle *nf* Récipient individuel pour transporter un repas tout préparé. Loc Fam *Ramasser une gamelle* : tomber ; échouer.

gamète *nm* BIOL Cellule reproductrice mâle (spermatozoïde) ou femelle (ovule).

gamétogenèse *nf* BIOL Formation des gamètes.

gamin, ine *n* Fam Enfant, adolescent.

gaminerie *nf* Fam Enfantillage.

gamma *nm inv* Troisième lettre de l'alphabet grec, correspondant à g. Loc *Rayons gamma :* rayons très pénétrants émis lors de la désintégration des corps radioactifs.

gammaglobuline *nf* MÉD Protéine du plasma utilisée comme anticorps.

gamme *nf* 1 MUS Suite ascendante ou descendante de notes conjointes. 2 Ensemble de couleurs, d'états, d'objets, etc., qui s'ordonnent comme une gradation. *Gamme de voitures.* Loc *Haut de gamme :* de luxe. *Bas de gamme :* de mauvaise qualité ou bon marché.

gammée *af* Loc *Croix gammée :* croix à branches coudées, qui a servi d'emblème à l'Allemagne nazie.

gamopétale *a. nf* BOT À pétales soudés.

gamosépale *a* BOT À sépales soudés.

ganache *nf* 1 Région postérieure de la mâchoire inférieure du cheval. 2 Fam Incapable.

gandin *nm* Litt Jeune dandy ridicule.

gandoura *nf* Tunique sans manches des pays arabes.

gang [gãg] *nm* Association de malfaiteurs.

ganga *nm* Oiseau proche du pigeon.

ganglion *nm* Petit corps arrondi sur le trajet d'un vaisseau lymphatique ou d'un nerf.

ganglionnaire *a* Des ganglions.

gangrène *nf* 1 Nécrose et putréfaction des tissus. 2 Litt Ce qui corrompt, détruit.

gangrener *vt* [15] 1 Atteindre de gangrène. 2 Litt Corrompre, pourrir.

gangreneux, euse *a* MÉD De la gangrène.

gangster [gãgstɛr] *nm* Bandit, malfaiteur.

gangstérisme [gãg-] *nm* Banditisme.

gangue *nf* Enveloppe rocheuse des minerais.

ganse *nf* Cordonnet servant d'ornement dans le costume, l'ameublement.

ganser *vt* Orner, border d'une ganse.

gant *nm* Pièce d'habillement ou objet en cuir, en tissu qui couvre la main. Loc *Aller comme un gant :* convenir parfaitement. *Prendre des gants :* prendre des précautions. *Jeter le gant :* lancer un défi. *Relever le gant :* relever le défi. *Retourner comme un gant :* faire changer d'avis.

gantelet *nm* Pièce qui protège les mains.

ganter *vt* Mettre des gants à. ■ *vi* Avoir comme pointure de gants. *Ganter du 7.*

ganterie *nf* Fabrication ou commerce des gants.

gantier, ère *n* Qui fabrique ou vend des gants.

gantois, oise *a, n* De Gand.

gap *nm* Écart, retard important.

gaperon *nm* Fromage de vache auvergnat.

garage *nm* 1 Action de garer. 2 Local destiné à remiser les voitures. 3 Entreprise de réparation et d'entretien des véhicules. Loc *Voie de garage :* voie pour garer les trains ; fonction secondaire, sans avenir.

garagiste *n* Qui tient un garage.

garance *nf* 1 Plante cultivée pour le colorant rouge tiré de ses racines. ■ *a inv* Rouge vif.

garant, ante *n, a* Qui répond de qqn, de ses obligations. ■ *nm* Caution, preuve.

garantie *nf* Engagement pris par un contractant de prendre à sa charge la réparation d'une marchandise défectueuse, d'indemniser des dommages, etc. ■ *pl* Gages, assurance. *Donner des garanties.*

garantir *vt* 1 Se porter garant de ; assurer un droit. 2 Donner pour vrai, pour certain. *Je vous garantis que je l'ai.* 3 Protéger qqn, qqch. *La digue garantit la ville de (ou contre) l'inondation.*

garbure *nf* CUIS Soupe du Sud-Ouest, au chou et au confit d'oie.

garce *nf* Fam Fille ou femme sans moralité ou méchante.

garçon *nm* 1 Enfant mâle. 2 Adolescent ; homme jeune. 3 Célibataire. 4 Employé d'un artisan, d'un commerçant ; serveur dans un café. Loc *Mauvais garçon :* voyou.

garçonne *nf* Loc *Coiffure à la garçonne :* cheveux courts et nuque rasée.

garçonnet *nm* Petit garçon.

garçonnière *nf* Studio pour une personne seule.

1. garde *nf* 1 Action de surveiller, de protéger, d'interdire l'accès à un lieu. 2 Service de sécurité, de protection. 3 Position d'attente, de défense en boxe, en escrime. 4 Partie d'une arme blanche qui protège la main. Loc *Garde à vue :* mesure qui permet à la police de retenir pendant un temps dans ses locaux tout individu pour les besoins de l'enquête. *De garde :* qui assure une permanence. *Monter la garde :* être de faction. *Être sur ses gardes :* se méfier. *Vieille garde :* les plus anciens partisans d'une personnalité. *Prendre garde :* faire attention.

2. garde *nm* 1 Gardien, surveillant. 2 Qui appartient à une troupe, à un service de protection. Loc *Garde champêtre :* agent municipal chargé de faire respecter les règlements municipaux. *Garde forestier :* chargé de surveiller les bois et les forêts. *Garde des Sceaux :* en France, ministre de la Justice. ■ *n* Qui garde les enfants, les malades.

garde-à-vous *interj* Commandement militaire enjoignant de prendre une position rigide réglementaire. ■ *nm inv* Cette position.

garde-barrière *n* Chargé de la manœuvre d'un passage à niveau non automatisé. *Des gardes-barrières.*

garde-boue *nm inv* Pièce incurvée qui protège les roues d'un véhicule des éclaboussures.

garde-chasse *nm* Gardien d'une chasse privée. *Des gardes-chasses.*

garde-chiourme *nm* Anc Surveillant dans un bagne. *Des gardes-chiourmes.*

garde-corps *nm inv* Balustrade empêchant de tomber dans le vide.

garde-côte *nm* Anc Petit navire de guerre chargé de surveiller les côtes. *Des garde-côtes.*

garde-du-corps *n* Chargé de veiller à la sécurité rapprochée d'une personnalité. *Des gardes-du-corps.*

garde-feu *nm inv* Grille placée devant le foyer d'une cheminée.

garde-fou *nm* 1 Balustrade empêchant de tomber dans le vide. 2 Ce qui empêche les erreurs. *Des garde-fous.*

garde-frontière *nm* Militaire contrôlant une frontière. *Des gardes-frontières.*

garde-malade *n* Qui garde et soigne les malades. *Des gardes-malades.*

garde-manger *nm inv* Petit placard aéré où on conserve les aliments.

garde-meuble *nm* Lieu où on peut laisser des meubles en garde. *Des garde-meubles.*

gardénal *nm* (n déposé) Médicament sédatif.

gardénia *nm* Arbrisseau à grandes fleurs ornementales.

garden-party [-dɛn-] *nf* Réception élégante donnée dans un jardin. *Des garden-partys.*

garde-pêche *nm* Agent qui surveille les cours d'eau et les étangs. *Des gardes-pêche.* ■ *nm inv* Petit navire de guerre qui protège les zones de pêche.

garder *vt* 1 Veiller sur, prendre soin de. *Garder un malade. Garder les chèvres.* 2 Surveiller pour empêcher de s'enfuir. *Garder à vue un suspect.* 3 Veiller à la sécurité de. *Des gendarmes gardent l'arsenal.* 4 Ne pas se dessaisir de. *Gardez bien ces papiers.* 5 Réserver. *Garder une chambre pour qqn. Des garden-partys.* **Loc** *Garder le silence* : rester silencieux. *Garder son sérieux* : se retenir de rire. *Garder la chambre* : rester chez soi pour cause de maladie. ■ *vpr* 1 Se prémunir contre. *Se garder du froid.* 2 S'abstenir de. *Gardez-vous de partir.*

garderie *nf* Garde des enfants en bas âge ; lieu où elle est assumée.

garde-robe *nf* 1 Armoire, placard où on garde les vêtements. 2 Ensemble des vêtements que possède qqn. *Des garde-robes.*

garde-voie *nm* Surveillant des voies ferrées. *Des gardes-voies.*

gardian *nm* Gardien de taureaux ou de chevaux, en Camargue.

gardien, enne *n* 1 Qui garde ; surveillant. *Gardien de prison, de musée, de square. Gardien de nuit.* 2 Préposé à la garde d'un immeuble ; concierge. 3 Qui défend, qui maintient. *Les gardiens de la tradition.* **Loc** *Gardien de la paix* : agent de police.

gardiennage *nm* Garde et surveillance assurées par des gardiens.

gardon *nm* Petit poisson d'eau douce.

1. gare *nf* Installations et bâtiments destinés au trafic des trains. **Loc** *Gare maritime* : sur le quai où accostent les navires. *Gare routière* : pour le trafic des camions.

2. gare ! *interj* Avertit d'avoir à faire attention. **Loc** *Sans crier gare* : sans prévenir.

garenne *nf* Zone où vivent des lapins sauvages. **Loc** *Lapin de garenne* : lapin sauvage.

garer *vt* Ranger un véhicule à l'abri ou à l'écart de la circulation. ■ *vpr* 1 Ranger sa voiture. 2 Se mettre à l'abri.

gargantuesque *a* Digne de Gargantua.

gargariser (se) *vpr* 1 Se rincer la gorge avec un gargarisme. 2 Fam Se délecter de.

gargarisme *nm* 1 Action de se gargariser. 2 Liquide médicamenteux pour se gargariser.

gargote *nf* Fam Restaurant médiocre.

gargouille *nf* Gouttière en saillie autrefois ornée d'un motif architectural, pour rejeter l'eau en avant d'un mur.

gargouillement ou **gargouillis** *nm* Bruit analogue à celui d'un liquide qui s'écoule irrégulièrement.

gargouiller *vi* Faire entendre un gargouillement.

gargoulette *nf* Récipient pour garder l'eau fraîche.

garnement *nm* Enfant turbulent.

garni, ie *a* Servi avec une garniture. *Choucroute garnie.* ■ *nm* Logement meublé.

garnir *vt* 1 Munir, pourvoir de. 2 Couvrir en décorant. 3 Remplir, occuper un espace.

garnison *nf* Troupe casernée dans une ville, une place forte ; cette ville.

garnissage *nm* Action de garnir ; revêtement.

garniture *nf* 1 Ce qui garnit. 2 Ce qu'on sert avec un mets, ce qui l'accompagne. 3 Élément formant un joint hermétique autour de pièces subissant un frottement.

garou *nm* Arbrisseau du Midi, à fleurs blanches odorantes. **Syn.** sainbois.

garrigue *nf* Formation buissonneuse des régions méditerranéennes.

garrot *nm* 1 ZOOL Saillie au creux du corps, à l'aplomb des membres antérieurs des quadrupèdes (cheval, bœuf, tigre). 2 Morceau de bois passé dans une corde pour la serrer en tordant. 3 Lien pour comprimer une artère et arrêter une hémorragie.

garrotter *vt* Attacher, lier fortement.

gars [gɑ] *nm* Fam Garçon, jeune homme.

gascon, onne *a, n* De la Gascogne. ■ *nm* Parler roman de Gascogne.

gasconnade *nf* Litt Fanfaronnade.

gasoil [gazwal] *nm* syn de gazole.

gaspacho [-patʃo] *nm* Potage espagnol.

gaspillage *nm* Action de gaspiller.

gaspiller *vt* Consommer, dépenser sans utilité et avec excès ; dilapider.

gaspilleur, euse *a, n* Qui gaspille.

gastéropode ou **gastropode** *nm* ZOOL Mollusque qui se déplace par reptation au moyen de son pied (escargot, limnée, bigorneau).

gastralgie *nf* Douleur à l'estomac.

gastrectomie *nf* Ablation totale ou partielle de l'estomac.

gastrique *a* De l'estomac. *Douleur gastrique.*

gastrite *nf* Inflammation de l'estomac.

gastroentérite *nf* Inflammation aiguë de l'estomac et de l'intestin.

gastroentérologie *nf* Médecine du tube digestif.

gastroentérologue *n* Spécialiste de gastroentérologie.

gastro-intestinal, ale, aux *a* De l'estomac et de l'intestin.

gastromycète *nm* BOT Champignon basidiomycète, telle la vesse-de-loup.

gastronome *nm* Amateur de bonne chère.

gastronomie *nf* Art du bien manger, de la bonne chère.

gastronomique *a* De la gastronomie.

gastropode. V. gastéropode.

gastroscopie *nf* Examen endoscopique de l'estomac.

gastrula *nf* BIOL Troisième stade du développement de l'embryon, succédant à la blastula.

gâteau *nm* 1 Pâtisserie sucrée, faite avec de la farine, du beurre et des œufs. 2 Masse aplatie d'une matière compacte. **Loc** Fam *C'est du gâteau* : c'est facile. ■ *a inv* Fam Qui gâte beaucoup les enfants. *Papa gâteau.*

gâter *vt* 1 Vx Endommager. *La grêle a gâté les vignes.* 2 Corrompre, pourrir. *Un fruit pourri gâte tous les autres.* 3 Altérer, troubler. *Cet incident a gâté notre plaisir.* 4 Combler de cadeaux ; choyer. **5** Traiter avec trop d'indulgence. *Enfant gâté.* ■ *vpr* S'altérer, se modifier en mal. *Le temps se gâte.*

gâterie *nf* Menu cadeau, friandise.

gâteux, euse *a, n* Dont les facultés mentales sont amoindries par le grand âge.

gâtisme *nm* État de qqn de gâteux.

gauche *a* **1** Situé du côté du cœur. **2** Qui manque d'aisance, d'adresse ; maladroit, gêné. **Loc** *Se lever du pied gauche* : de mauvaise humeur. ■ *nm* Pied ou poing gauche, dans les sports. ■ *nf* **1** Le côté gauche, la partie gauche, la main gauche. **2** Parti ou personnes professant des opinions réformistes ou révolutionnaires (extrême gauche). **Loc** *Jusqu'à la gauche* : jusqu'à l'extrême limite, complètement. *À gauche* : du côté gauche. **Fam** *Mettre de l'argent à gauche* : épargner.

gauchement *av* Maladroitement.

gaucher, ère *a, n* Qui se sert habituellement de sa main gauche.

gaucherie *nf* **1** Manque d'adresse. **2** Manualité gauche.

gauchir *vi* Se déformer, se voiler. ■ *vt* **1** Déformer une surface plane. **2** Fausser, détourner. *Gauchir le sens d'un texte.*

gauchisant, ante *a* Qui a des opinions politiques proches de la gauche.

gauchisme *nm* Courant politique d'extrême gauche.

gauchissement *nm* Action, fait de gauchir.

gauchiste *n, a* Partisan du gauchisme.

gaucho *nm* Gardien de troupeau des pampas sud-américaines.

gaudriole *nf* **Fam** Plaisanterie un peu leste.

gaufrage *nm* Action de gaufrer.

gaufre *nf* **1** Pâtisserie alvéolée cuite dans un gaufrier. **2** Gâteau de cire des abeilles.

gaufrer *vt* Imprimer à chaud des dessins sur du cuir, des étoffes, etc.

gaufrette *nf* Petite gaufre.

gaufrier *nm* Moule à gaufres.

gaulage *nm* Action de gauler.

gaule *nf* **1** Grande perche. **2** Canne à pêche.

gauler *vt* Battre un arbre, ses branches avec une gaule pour faire tomber les fruits.

gaullien, enne *a* Du général de Gaulle.

gaullisme *nm* Conceptions politiques se réclamant du général de Gaulle.

gaulliste *a, n* Partisan du gaullisme.

gaulois, oise *a, n* De la Gaule, des Gaulois. ■ *a* D'une gaieté grivoise. ■ *nm* Langue celtique parlée par les Gaulois. ■ *nf* (n déposé) Cigarette brune.

gauloisement *av* De façon grivoise.

gauloiserie *nf* Parole un peu leste.

gauss *nm* Unité de champ magnétique.

gausser (se) *vpr* **Litt** Se moquer de qqn.

gavage *nm* Action de gaver.

gave *nm* Torrent des Pyrénées.

gaver *vt* **1** Faire manger de façon excessive ou de force. **2** Combler, emplir à l'excès. *Gaver de connaissances.* ■ *vpr* Se gorger de.

gavial *nm* Crocodile d'Asie. *Des gavials.*

gavotte *nf* Ancienne danse à deux temps.

gavroche *nm* Gamin parisien.

gay *n, a* Homosexuel.

gayal *nm* Bœuf sauvage d'Asie. *Des gayals.*

gaz *nm inv* **1** Fluide expansible et compressible. **2** Produit gazeux à usage industriel ou domestique. **3** Produit chimique utilisé comme

arme. **Loc** *Gaz de pétrole liquéfié (G.P.L.)* : mélange d'hydrocarbures, utilisé comme carburant. *Gaz rare* : hélium, néon, argon, krypton, xénon et radon. **Fam** *Il y a de l'eau dans le gaz* : il y a des difficultés. ■ *pl* **1** Mélange détonant d'air et de vapeurs d'essence brûlé dans un moteur à explosion. **2** Substances gazeuses se formant dans l'intestin ou l'estomac. **Loc** *À pleins gaz* : à pleine puissance.

gazage *nm* Action de gazer.

gaze *nf* Étoffe légère et transparente.

gazé, ée *a, n* Soumis à l'action d'un gaz nocif.

gazéification *nf* Action de gazéifier.

gazéifier *vt* **1** Transformer en gaz. **2** Dissoudre du gaz carbonique dans un liquide.

gazelle *nf* Petite antilope d'Afrique et d'Asie.

gazer *vt* Intoxiquer par un gaz nocif. ■ *vi* **Fam** Aller vite, à pleins gaz.

gazette *nf* **Litt** Journal.

gazeux, euse *a* **1** À l'état de gaz. **2** Qui contient du gaz carbonique. *Eau gazeuse.*

gazier, ère *a* Relatif au gaz. ■ *nm* Qui travaille dans une compagnie du gaz.

gazinière *nf* Cuisinière à gaz.

gazoduc *nm* Canalisation servant au transport du gaz naturel.

gazogène *nm* Appareil transformant le bois ou le charbon en gaz combustible.

gazole *nm* Produit pétrolier utilisé comme carburant ou comme combustible. **Syn** gasoil.

gazoline *nf* Produit pétrolier très volatil.

gazomètre *nm* Réservoir pour gaz de ville.

gazon *nm* **1** Herbe courte et menue. **2** Terre couverte de cette herbe.

gazouillement *nm* Action de gazouiller ; bruit ainsi produit.

gazouiller *vi* **1** Faire entendre un petit bruit doux et agréable (oiseaux). **2** Babiller (enfants).

gazouillis *nm* Petit gazouillement.

geai *nm* Passereau au plumage beige tacheté.

géant, ante *n* **1** Être colossal des contes et des légendes. **2** Personne très grande. **Loc** *Aller à pas de géant* : très vite. ■ *a* De très grande taille. *Étoile géante.*

géantiste *n* Spécialiste de slalom géant.

gecko *nm* Reptile saurien des régions chaudes.

géhenne *nf* **Litt** Souffrance intense.

geignard, arde *a, n* **Fam** Qui se plaint sans cesse.

geignement *nm* Gémissement.

geindre *vi* [69] Se plaindre faiblement.

geisha [gɛʃa] *nf* Au Japon, danseuse, musicienne et chanteuse traditionnelle, qui joue le rôle d'hôtesse.

gel *nm* **1** Abaissement de la température atmosphérique entraînant la congélation de l'eau. **2** Préparation cosmétique à base d'eau. **3** Blocage, arrêt. *Gel des négociations.*

gélatine *nf* Matière albuminoïde à l'aspect de gelée obtenue à partir de substances animales.

gélatineux, euse *a* De la consistance, de l'aspect de la gélatine.

gélatinobromure *nm* Sel d'argent dans de la gélatine, émulsion utilisée en photographie.

gelée *nf* **1** Gel. **2** Bouillon de viande qui se solidifie en refroidissant. **3** Jus de fruits cuits qui se solidifie en refroidissant. **Loc** *Gelée blanche* : congélation de la rosée. *Gelée royale* : substance avec laquelle les abeilles nourrissent les larves de reines.

geler vt [16] 1 Transformer en glace. 2 Durcir par le gel. *Geler la terre.* 3 Faire mourir ou nécroser par un froid excessif. 4 Bloquer. *Geler les salaires.* ■ vi 1 Se transformer en glace. 2 Mourir, se nécroser sous l'action du froid. *Les oliviers ont gelé.* 3 Avoir très froid.

gélinotte nf Oiseau voisin de la perdrix.

gélose nf Gélatine extraite de certaines algues.

gélule nf Petite capsule de gélatine contenant un médicament.

gelure nf Lésion des tissus due au froid.

gémellaire a Relatif aux jumeaux.

gémellité nf État d'enfants jumeaux.

gémination nf Disposition par paires.

géminé, ée a Double ; groupé par deux.

gémir vi 1 Exprimer la douleur par des plaintes faibles. 2 Produire un son comparable à un gémissement.

gémissant, ante a Qui gémit.

gémissement nm 1 Cri, plainte faible et inarticulée. 2 Bruit comparable à une plainte.i

gemme nf 1 Pierre précieuse ou pierre fine transparente. 2 Suc résineux des pins. ■ a Loc *Sel gemme :* sel de terre.

gemmologie nf Étude scientifique des gemmes.

gemmule nf BOT Bourgeon d'une plantule ; embryon d'une graine.

gémonies nfpl Loc Litt *Vouer qqn aux gémonies :* le maudire.

gênant, ante a Qui gêne.

gencive nf Muqueuse buccale qui enserre le collet des dents.

gendarme nm 1 Militaire appartenant au corps de la gendarmerie. 2 Personne autoritaire. 3 Hareng saur. 4 Punaise rouge et noire.

gendarmer (se) vpr Protester avec vivacité.

gendarmerie nf 1 Corps militaire chargé de veiller à la sécurité publique. 2 Caserne et bureaux des unités de ce corps.

gendre nm Mari de la fille, par rapport au père et à la mère de celle-ci.

gène nm BIOL Unité constituée d'A.D.N. et portée par les chromosomes, qui transmet les caractères héréditaires des êtres vivants.

gêne nf 1 Malaise physique. 2 Embarras, contrainte désagréable. 3 Manque d'argent. Loc *Fam Être sans gêne :* ne pas se préoccuper des autres en prenant ses aises.

gêné, ée a 1 Mal à l'aise. 2 Qui manque d'argent.

généalogie nf 1 Suite d'ancêtres qui établit une filiation. 2 Science des filiations.

généalogique a De la généalogie. Loc *Arbre généalogique :* filiation en forme d'arbre.

généalogiste n Spécialiste de généalogie.

génépi nm 1 Armoise aromatique des montagnes. 2 Liqueur à base de cette plante.

gêner vt 1 Causer un malaise physique ou moral à. 2 Entraver, faire obstacle à. *Gêner la circulation.* 3 Réduire à manquer d'argent. ■ vpr Se contraindre par discrétion ou par timidité.

1. général, ale, aux a 1 Qui s'applique à un grand nombre de cas. 2 Qui concerne ou englobe la totalité ou la plus grande partie d'un ensemble, d'une administration, d'un service, d'un groupe. 3 Qui est à l'échelon le plus élevé d'une hiérarchie. Loc *En général :* le plus

souvent. *D'une manière générale :* ordinairement. *Répétition générale :* dernière répétition avant la première représentation.

2. général nm 1 Chef militaire. 2 Officier des plus hauts grades dans les armées de terre et de l'air. 3 Supérieur de certaines congrégations religieuses.

générale nf 1 Femme d'un général. 2 Répétition générale.

généralement av Ordinairement.

généralisable a Que l'on peut généraliser.

généralisateur, trice a Qui généralise.

généralisation nf Action de généraliser, fait de se généraliser.

généraliser vt 1 Rendre général. *Généraliser une méthode.* 2 Raisonner en allant du particulier au général. ■ vpr Devenir commun ; se répandre.

généralissime nm Général en chef.

généraliste a, n Qui n'est pas spécialisé dans une activité. ■ n Médecin généraliste. Ant. spécialiste.

généralité nf Caractère général. ■ pl Propos banals par leur caractère trop vague.

générateur, trice a Qui génère. ■ nm Transformateur d'une énergie quelconque en énergie électrique. ■ nf Machine servant à produire du courant continu.

génération nf 1 Reproduction des êtres vivants. 2 Degré de filiation dans une famille ; durée séparant ces degrés. 3 Ensemble d'individus qui apparaît approximativement au même âge au même temps. 4 Degré d'un progrès technique. *Machine de deuxième génération.*

générationnel, elle a Relatif aux rapports entre les générations.

générer vt [12] Engendrer, être la cause de, produire.

généreusement av De façon généreuse.

généreux, euse a 1 Qui dénote la noblesse de caractère. 2 Qui donne volontiers et largement. Loc *Vin généreux :* capiteux.

générique a Propre au genre, à l'espèce, à tout un ensemble. ■ nm 1 Séquence d'un film, d'une émission de télévision indiquant le nom des divers collaborateurs. 2 Médicament tombé dans le domaine public.

générosité nf Qualité de qqn de généreux.

genèse nf Processus donnant naissance à qqch. *La genèse d'un livre.*

génésique a De la génération (sens 1).

genêt nm Arbrisseau à fleurs jaunes.

généticien, enne n Spécialiste de génétique.

génétique a Relatif aux gènes et à l'hérédité. ■ nf Science de l'hérédité.

génétiquement av Sur le plan génétique.

genette nf Mammifère carnivore au pelage clair taché de noir.

gêneur, euse n Qui gêne, importun.

genevois, oise a, n De Genève.

genévrier nm Conifère dont les cônes sont utilisés pour parfumer diverses eaux-de-vie.

génial, ale, aux a 1 Qui a ou dénote du génie. 2 Abusiv Remarquable, excellent.

génie nm 1 Être imaginaire, surnaturel de la mythologie. *Les génies des eaux.* 2 Talent, aptitude particulière. *Avoir le génie des affaires.* 3 Caractère propre et distinctif. *Le génie d'une langue.* 4 Aptitude créatrice extraordinaire ; personne géniale. 5 Dans l'armée, arme qui fournit les installations et les équipements. **6** Technique relevant d'un domaine spécifique. *Génie rural, civil, maritime, génétique.*

genièvre *nm* Eau-de-vie de grain aromatisée aux baies de genévrier.

génique *a* BIOL Relatif aux gènes.

génisse *nf* Jeune vache qui n'a pas encore vêlé.

génital, ale, aux *a* De la reproduction des animaux et de l'homme.

géniteur, trice *n* Qui a engendré.

génitif *nm* LING Cas exprimant l'appartenance ou la dépendance, dans les langues à flexion.

génito-urinaire *a* ANAT Des appareils génital et urinaire.

génocide *nm* Extermination systématique d'un groupe ethnique.

génois, oise *a* De Gênes. ■ *nm* MAR Grand foc. ■ *nf* Gâteau aux amandes.

génome *nm* BIOL Ensemble des chromosomes.

génotype *nm* BIOL Ensemble des gènes portés par l'A.D.N. d'une cellule vivante.

genou *nm* Articulation unissant la jambe et la cuisse. *Les genoux posés à terre. Sur les genoux :* très fatigué. *Des genoux.*

genouillère *nf* Bande servant à protéger ou à maintenir le genou.

genre *nm* **1** Ensemble d'êtres ou de choses présentant des caractères communs ; espèce, sorte. **2** BIOL Subdivision de la famille, supérieure à l'espèce. *Le chat domestique, famille des félidés, genre Felis.* **3** Sorte d'œuvres caractérisées par le sujet, le style. *Genre épique.* **4** Comportement de qqn, d'un groupe ; manières. **5** LING Classification morphologique des noms et pronoms répartis, en français, en masculin et en féminin.

gens *nmpl* (l'adjectif précédant *gens* se met au féminin) Personnes en nombre indéterminé. *Une foule de gens. De vieilles gens. Des gens âgés.* Loc *Gens d'affaires, gens d'Église, gens de lettres, etc. :* personnes exerçant telle ou telle activité.

gentiane [-sjan] *nf* **1** Plante de montagne à fleurs bleues, jaunes ou violettes. **2** Liqueur amère préparée à partir de cette plante.

1. gentil *nm* Non-juif chez les anciens Hébreux ; païen, chez les premiers chrétiens.

2. gentil, ille *a* **1** Joli, gracieux, charmant. **2** Obligeant, attentionné. *Il est très gentil.* **3** Fam Important. *Une gentille somme.*

gentilé *nm* LING Syn de *nom ethnique.*

gentilhomme [-tijɔm] *nm* Homme de naissance noble. *Des gentilshommes* [-tizɔm].

gentilhommière *nf* Petit château à la campagne.

gentillesse *nf* **1** Qualité de qqn de gentil. **2** Action, parole gentille.

gentillet, ette *a* Assez gentil.

gentiment *av* De façon gentille.

gentleman [dʒɛntləman] *nm* Qui se conduit avec tact et élégance.

gentleman's agreement [-agriment] *nm inv* Accord diplomatique entre deux parties.

gentry [dʒɛntri] *nf* Petite noblesse anglaise.

génuflexion *nf* Flexion d'un genou, des genoux en signe de respect.

géocentrique *a* Relatif à la Terre, prise comme centre.

géochimie *nf* Étude des éléments chimiques des roches.

géochimiste *n* Spécialiste de géochimie.

géochronologie *nf* Étude de l'âge des roches et de l'histoire de la Terre.

géode *nf* Masse minérale creuse, dont l'intérieur est tapissé de cristaux.

géodésie *nf* Science de la forme et des dimensions de la Terre.

géodésique *a* De la géodésie.

géodynamique *nf* Science de la dynamique du globe. ■ *a* De la géodynamique.

géographe *n* Spécialiste de la géographie.

géographie *nf* **1** Science de la description des phénomènes physiques et humains. **2** Ensemble des caractères propres à une région.

géographique *a* De la géographie.

géographiquement *av* Selon la géographie.

geôle *nf* Litt Prison.

geôlier, ère *n* Litt Gardien de prison.

géologie *nf* Science de l'histoire de la Terre et des constituants de l'écorce terrestre.

géologique *a* De la géologie.

géologue *n* Spécialiste de géologie.

géomagnétique *a* Du géomagnétisme.

géomagnétisme *nm* Magnétisme terrestre.

géomètre *nm* **1** Spécialiste de géométrie. **2** Technicien qui exécute des levers de plans.

géométrie *nf* Branche des mathématiques qui étudie les propriétés de l'espace. Loc *À géométrie variable :* qui peut s'adapter.

géométrique *a* **1** De la géométrie. **2** D'aspect régulier et simple. **3** Précis et rigoureux.

géométriquement *av* De façon géométrique.

géomorphologie *nf* Science des reliefs terrestres actuels et leur évolution.

géophysicien, enne *n* Spécialiste de géophysique.

géophysique *nf* Étude des phénomènes physiques du globe terrestre et de son atmosphère. ■ *a* De la géophysique.

géopolitique *nf* Étude de l'influence des facteurs géographiques sur la politique internationale. ■ *a* De la géopolitique.

géorgien, enne *a, n* De Géorgie. ■ *nm* Langue caucasienne parlée en Géorgie.

géorgique *a* Litt Des travaux champêtres.

géostationnaire *a* Se dit d'un satellite artificiel dont la position par rapport à la Terre ne varie pas.

géostratégie *nf* MILIT Données mondiales de la stratégie.

géosynclinal *nm* GEOL Vaste dépression de l'écorce terrestre dont le fond s'enfonce sous le poids des sédiments. *Des géosynclinaux.*

géotechnique *nf* Géologie appliquée à la construction et aux travaux publics.

géothermie *nf* Chaleur interne de la Terre.

géothermique *a* De la géothermie.

géotropisme *nm* Orientation de la croissance des végétaux sous l'action de la pesanteur.

géotrupe *nm* Coléoptère de type bousier.

gérable *a* Que l'on peut gérer.

gérance *nf* Fonction de gérant.

géranium [-njɔm] *nm* Plante ornementale aux fleurs roses, rouges ou blanches.

gérant, ante *a* Qui administre pour autrui ; mandataire.

gerbe *nf* **1** Faisceau de tiges de céréales coupées et liées ; bouquet de fleurs. **2** Forme en faisceau, trajectoire. *Gerbe d'eau.*

gerber *vt* Empiler des charges les unes sur les autres. ■ *vi* Pop Vomir.

erbera [-bɛʀa] nm Plante ornementale.

erbeur nm Appareil de levage.

erbille nf Petit rongeur des régions arides.

erboise nf Petit rongeur qui progresse par onds.

ercer vt [10] Faire de petites fentes ou revasses. ■ vi, vpr Se fendiller. *Les mains (se) ercent en hiver.*

erçure nf Crevasse sur la peau, due au froid.

érer vt [12] 1 Administrer, diriger pour son ropre compte ou pour le compte d'autrui. 2 Dominer au mieux une situation difficile.

erfaut nm Grand faucon des régions septenrionales.

ériatre n Spécialiste de gériatrie.

ériatrie nf Étude et traitement des maladies es personnes âgées.

ériatrique a De la gériatrie.

. germain, aine a, n Né du même père et de a même mère. *Sœur germaine.* Loc *Cousins ermains :* dont le père ou la mère de l'un a our frère ou sœur le père ou la mère de 'autre. *Cousins issus de germains :* dont les arents sont cousins germains.

. germain, aine a, n De la Germanie.

ermanique a Relatif à l'Allemagne.

ermanisation nf Action de germaniser.

ermaniser vt Rendre allemand.

ermanisme nm Mot, expression propre à allemand.

ermaniste n Spécialiste des langues, de la ivilisation germaniques.

ermanium [-njɔm] nm CHIM Métalloïde utilisé omme semi-conducteur.

ermanophile a, n Favorable aux Allemands.

ermanophobe a, n Hostile aux Allemands.

ermanophone a, n De langue allemande.

erme nm 1 Rudiment d'un être vivant (œuf, mbryon, plantule, etc.). 2 Première pousse ssue de la graine, du tubercule, etc. 3 Bactérie, irus. 4 Principe, origine de qqch. *Les germes d'une révolution.*

ermer vi 1 Commencer à pousser, en parlant l'une plante. 2 Se former. *Ce projet a germé dans son esprit.*

erminal nm Septième mois (mars-avril) du alendrier républicain.

erminatif, ive a BOT De la germination.

ermination nf BOT Développement du germe, l'une plante.

ermon nm Thon blanc de l'Atlantique.

éromé nm Fromage des Vosges, au lait e vache.

érondif nm GRAM 1 Mode latin, déclinaison de 'infinitif. 2 Forme verbale en *ant*, précédée de a préposition *en* (ex. : *en dormant*).

éronte nm Litt Vieillard ridicule.

érontocratie nf Prépondérance politique des ieillards.

érontologie nf Étude du vieillissement.

érontologue n Spécialiste de gérontologie.

ésier nm Seconde poche de l'estomac des iseaux.

ésir vi [36] (usité seulement au présent, à 'imparfait de l'indicatif et au participe résent). 1 Être étendu, abandonné au sol. 2 Se trouver. *C'est là que gît la difficulté.*

esse nf Plante grimpante, fourragère ou ornementale.

gestaltisme [gɛʃtal-] nm Théorie psychologique qui considère les phénomènes comme des ensembles structurés.

gestation nf 1 État d'une femelle de mammifère portant son petit. 2 Grossesse d'une femme. 3 Élaboration d'un ouvrage de l'esprit.

1. geste nm Mouvement des bras et des mains, pour faire ou exprimer qqch. Loc *Avoir, faire un geste :* faire une belle action. ■ pl Loc *Faits et gestes de qqn :* ses actions, sa conduite.

2. geste nf Loc *Chanson de geste :* poème épique du Moyen Âge.

gesticulation nf Action de gesticuler.

gesticuler vi Faire de grands gestes dans tous les sens.

gestion nf Action d'administrer une entreprise.

gestionnaire a De la gestion. ■ n Chargé de la gestion.

gestualité nf Ensemble des gestes.

gestuel, elle a Propre aux gestes. ■ nf Ensemble de gestes significatifs.

gevrey-chambertin nm inv Bourgogne rouge, très estimé.

gewurztraminer nm Cépage blanc d'Alsace.

geyser nm Jaillissement intermittent d'eau chaude.

ghanéen, enne a, n Du Ghana.

ghetto nm 1 Quartier où les Juifs étaient contraints de résider. 2 Lieu où une minorité est isolée du reste de la population.

G.I. [dʒiaj] nm inv Soldat américain.

gibbon nm Singe d'Asie dépourvu de queue.

gibbosité nf Bosse produite par une déformation de la colonne vertébrale.

gibecière nf Sacoche portée en bandoulière.

gibelotte nf Fricassée de lapin au vin.

giberne nf Ancienne boîte à cartouches.

gibet nm Litt Potence.

gibier nm Animal susceptible d'être chassé ; viande de cet animal. Loc *Gibier de potence :* individu malhonnête.

giboulée nf Averse soudaine et brève.

giboyeux, euse a Abondant en gibier.

gibus nm Chapeau haut de forme à ressorts.

G.I.C. n Abrév de *grand invalide civil.*

giclée nf Jet de liquide qui gicle.

giclement nm Action de gicler.

gicler vi Jaillir en éclaboussant.

gicleur nm Dispositif destiné à régler le débit de l'essence dans un carburateur.

gifle nf 1 Coup sur la joue avec le plat ou le revers de la main. 2 Affront, humiliation.

gifler vt Donner une gifle.

G.I.G. n Abrév de *grand invalide de guerre.*

gigantesque a Qui dépasse de beaucoup la moyenne ; immense.

gigantisme nm 1 Accroissement exagéré du squelette. 2 Caractère démesuré.

gigogne a Se dit d'objets qui s'emboîtent les uns dans les autres. *Des poupées gigognes.*

gigolo nm Jeune amant entretenu.

gigot nm Cuisse de mouton, d'agneau, de chevreuil, coupée pour la table. Loc *Manches gigot :* manches longues et bouffantes.

gigotement nm Fam Action de gigoter.

gigoter vi Fam Remuer en tous sens.

1. gigue nf Cuisse de chevreuil. Loc Fam *Une grande gigue :* une grande fille dégingandée.

2. gigue nf Danse au rythme vif.

gilet nm 1 Veste masculine sans manches portée sous un veston. 2 Sous-vêtement couvrant le torse. 3 Cardigan. Loc *Gilet de sauvetage* : brassière maintenant hors de l'eau la tête d'une personne immergée. *Pleurer dans le gilet de qqn* : se lamenter auprès de lui.

gimmick [gi-] nm Fam Gadget astucieux.

gin [dʒin] nm Eau-de-vie de grain anglaise.

gin-fizz [dʒinfiz] nm inv Cocktail au gin et au jus de citron.

gingembre nm Plante aromatique d'Asie.

gingival, ale, aux a Des gencives.

gingivite nf Inflammation des gencives.

ginkgo [ʒinko] nm Arbre ornemental sacré de Chine. Syn. arbre aux quarante écus.

ginseng [ʒinsɛ̃ɡ] nm Racine d'une plante aux vertus toniques.

giorno (a) V. a giorno.

girafe nf 1 Mammifère ruminant des savanes africaines, au long cou. 2 Perche munie d'un micro pour les prises de son. Loc Fam *Peigner la girafe* : ne rien faire d'utile.

girafeau ou **girafon** nm Petit de la girafe.

girandole nf 1 Chandelier à plusieurs branches. 2 Guirlande d'ampoules électriques.

giration nf Mouvement giratoire.

giratoire a Circulaire autour d'un axe.

giraumon nm Variété de courge.

girelle nf Poisson méditerranéen.

girl [ɡœrl] nf Danseuse de music-hall.

girofle nm Loc *Clou de girofle* : bouton du giroflier employé comme épice.

giroflée nf Plante ornementale, à fleurs odorantes.

giroflier nm Arbre tropical produisant le clou de girofle.

girolle nf Champignon basidiomycète, comestible apprécié, de couleur jaune orangé.

giron nm Litt Partie du corps allant de la ceinture aux genoux. Loc *Le giron de l'Église* : la communion des fidèles.

girond, onde a Pop Joli, bien fait (femme).

girondin, ine a, n De la Gironde.

girouette nf 1 Plaque mobile autour d'un axe vertical servant à indiquer la direction du vent. 2 Fam Personne versatile.

gisant nm Effigie couchée, sculptée sur un tombeau.

gisement nm 1 Filon, amas minéral. *Gisement de cuivre.* 2 Public visé par un média, clientèle visée par une entreprise.

gitan, ane n, a Bohémien, tsigane.

gîte nm 1 Lieu où l'on demeure. 2 Lieu où se retire le lièvre. 3 En boucherie, partie inférieure de la cuisse du bœuf. ■ nf MAR Inclinaison d'un navire sur le côté.

gîter vi MAR S'incliner sur un bord.

givrage nm Formation de givre.

givrant, ante a Qui forme du givre. *Brouillard givrant.*

givre nm Couche de glace qui se forme par condensation du brouillard sur une surface.

givré, ée a 1 Se dit d'un fruit dont l'intérieur est fourré de glace. 2 Fam Fou.

givrer vt Couvrir de givre. ■ vi Se couvrir de givre.

glabelle nf ANAT Espace entre les sourcils.

glabre a Imberbe.

glaçage nm Action de glacer.

glaçant, ante a Qui rebute par sa froideur.

glace nf 1 Eau congelée. 2 Crème aromatisée servie congelée. 3 Mélange de sucre et de blanc d'œuf dont on recouvre certains gâteaux. 4 Plaque de verre argentée pour les vitrages, les miroirs. Loc *Rester de glace* : très réservé. *Rompre la glace* : faire cesser la gêne.

glacé, ée a 1 Très froid. *Avoir les mains glacées.* 2 Hostile ou indifférent.

glacer vt [10] 1 Convertir en glace, congeler. Causer une vive sensation de froid. 3 Paralyser par sa froideur. *Son abord vous glace.* 4 Recouvrir d'une couche de sucre, de jus, de gelée. 5 Donner une apparence brillante à un papier, à un tissu.

glaciaire a D'un glacier, d'une glaciation.

glacial, ale, als ou **aux** a Extrêmement froid.

glaciation nf Période pendant laquelle les glaciers ont recouvert une région.

glacier nm 1 Vaste masse de glace. 2 Marchand de glaces.

glacière nf 1 Appareil refroidi par de la glace. 2 Lieu très froid.

glaciologie nf Étude des glaciers.

glacis [-si] nm 1 Pente douce partant de la crête d'une fortification. 2 Zone de protection d'un État. 3 Pente pour l'écoulement des eaux.

glaçon nm 1 Morceau de glace. 2 Fam Personne froide, sans enthousiasme.

gladiateur nm À Rome, celui qui combattait dans les jeux du cirque.

glaïeul nm Plante ornementale à longues feuilles pointues.

glaire nf 1 Blanc d'œuf cru. 2 Liquide incolore filant que sécrètent les muqueuses.

glaireux, euse a De la glaire.

glaise nf, a Terre argileuse.

glaiseux, euse a De la glaise.

glaive nm Courte épée à deux tranchants.

glamour nm Beauté sensuelle.

gland nm 1 Fruit du chêne. 2 Passementerie en forme de gland. 3 ANAT Portion terminale du pénis.

glande nf 1 ANAT Organe sécréteur. 2 Méd Ganglion lymphatique enflammé.

glander ou **glandouiller** vi Pop Paresser.

glandulaire a De la nature d'une glande.

glaner vt 1 Ramasser après la moisson les produits du sol abandonnés. 2 Recueillir de-ci de-là. *Glaner des renseignements.*

glaneur, euse n Qui glane.

glapir vi 1 Émettre des jappements aigus et répétés (renard, jeunes chiens). 2 Crier, chanter d'une voix aigre.

glapissant, ante a Aigu, criard (voix).

glapissement nm Cri aigu.

glas [ɡlɑ] nm Tintement lent et répété de cloches pour annoncer des funérailles.

glasnost nf Transparence en politique.

glatir vi Pousser son cri (aigle).

glaucome nm MÉD Augmentation de la pression intra-oculaire entraînant une diminution de l'acuité visuelle.

glauque a 1 Vert bleuâtre. *Yeux glauques.* 2 Fam Triste, sordide. *Quartier glauque.*

glaviot nm Pop Crachat.

glèbe nf Litt Terre cultivée.

glie nf ANAT Substance constituant avec les neurones le tissu nerveux.

gliome nm MÉD Tumeur du système nerveux.

glissade nf Action de glisser.

lissant, ante a Où l'on glisse facilement. **Loc** Terrain glissant : affaire dangereuse.

lisse a Qualité d'un matériel capable de isser sur une surface (glace, neige). **Loc** Sports e glisse : ski, surf, planche à voile.

lissement nm Action de glisser.

lisser vi 1 Se déplacer d'un mouvement ontinu sur une surface lisse. Glisser sur la ace. 2 Se diriger insensiblement vers. Glisser rs la droite. 3 Présenter une surface glissante. a chaussée glisse. 4 Perdre l'équilibre. **Loc** lisser sur un sujet : ne pas y insister. Glisser es mains : tomber. ■ vt Introduire adroi- ment. Glisser une pièce dans la main. ■ vpr introduire subrepticement.

lissière nf Dispositif, rainure pour guider un ouvement de glissement.

lissoire nf Chemin sur la glace.

lobal, ale, aux a Pris dans son ensemble, n bloc.

lobalement av De façon globale.

lobaliser vt Réunir en un tout.

lobalité nf Caractère global.

lobe nm 1 Corps sphérique. Globe oculaire. 2 a Terre. 3 Calotte sphérique en verre.

lobe-trotter [-tʀɔtœʀ] n Voyageur qui par- ourt le monde. Des globe-trotters.

lobicéphale nm Mammifère marin proche es dauphins.

lobulaire a En forme de globe. **Loc** Numé- ation globulaire : dénombrement des globules u sang.

lobule nm Cellule du sang. **Loc** Globule uge : hématie. Globule blanc : leucocyte.

lobuleux, euse a **Loc** Yeux globuleux : aillants.

lobuline nf BIOL Protéine du sang et des uscles.

loire nf 1 Grande renommée, réputation, élébrité. 2 Personne célèbre, illustre. Une loire nationale. 3 Splendeur, éclat. Dans toute a gloire. **Loc** Pour la gloire : sans profit. endre gloire : rendre hommage.

lomérule nm ANAT Formation glandulaire ou asculaire en forme de boule.

lorieusement av De façon glorieuse.

lorieux, euse a 1 Qui donne de la gloire. ombat glorieux. 2 Célèbre, splendide. Période lorieuse.

lorification nf Action de glorifier.

lorifier vt Rendre gloire à, honorer, célébrer. ■ vpr Tirer vanité de.

loriole nf Vanité ; gloire vaine.

lose nf Explication destinée à éclaircir le sens 'une expression, d'un texte.

loser vt Éclaircir par une glose. ■ vti Faire de ongs commentaires stériles. Gloser sur des étails.

lossaire nm Ensemble de termes relatifs à ne activité ou contenus dans un ouvrage.

lotte nf Orifice du larynx.

louglou nm Fam Bruit intermittent d'un quide qui s'écoule d'un orifice étroit.

loussement nm Action de glousser.

lousser vi 1 Crier (poule). 2 Fam Rire en mettant des petits cris.

louton, onne a, n Qui mange avec avidité. ■ nm Mammifère carnivore des régions arc- ques.

loutonnement av Avec avidité.

gloutonnerie nf Avidité, goinfrerie.

glu nf Matière végétale visqueuse.

gluant, ante a 1 Qui a la consistance de la glu. 2 Collant.

glucide nm CHIM Hydrate de carbone. Syn. sucre.

glucidique a Des glucides.

glucose nm Glucide de certains fruits.

glutamate nm Sel de l'acide glutamique.

glutamique a **Loc** Acide glutamique : acide aminé présent dans le tissu nerveux.

gluten [-ten] nm Protéine végétale, constituant essentiel des graines de céréales.

glycémie nf MED Concentration en glucose du sérum sanguin.

glycérine nf ou **glycérol** nm CHIM Liquide sirupeux composant des corps gras.

glycérophtalique a Se dit d'une résine à base de glycérine.

glycine nf Plante aux longues grappes de fleurs odorantes blanches ou mauves.

glycocolle nm BIOL Acide aminé, constituant des protéines.

glycogène nm Glucide constituant une réserve de glucose dans le foie et les muscles.

glycogenèse nf BIOL Formation de glucose par le glycogène.

glycosurie nf MED Présence anormale de sucre dans les urines.

glyptique nf Gravure sur pierres fines.

glyptodon nm Mammifère édenté fossile.

G.M.T. Sigle anglais indiquant le temps moyen de Greenwich (Grande-Bretagne).

gnangnan a Fam Mou et geignard.

gneiss [gnes] nm Roche métamorphique cons- tituée de quartz, de feldspath et de mica.

gnocchi [-ki] nm Petite quenelle à base de semoule.

gnognote ou **gnognotte** nf **Loc** Fam De la gnognote : chose de peu de valeur.

gnôle ou **gniole** nf Fam Eau-de-vie.

gnome [gnom] nm Nain contrefait.

gnomon [gnɔmɔ̃] nm Cadran solaire.

gnon nm Abusiv Coup.

gnose [gnoz] nf Syncrétisme religieux antique, visant à la connaissance suprême.

gnostique a, n Qui relève de la gnose.

gnou [gnu] nm Antilope africaine.

1. go nm inv Jeu chinois de pions.

2. go (tout de) av Fam Sans façon, directement.

goal [gol] nm Abusiv Gardien de but.

gobelet nm Récipient sans pied et sans anse pour boire.

gobe-mouches nm inv Passereau qui chasse les insectes au vol.

gober vt 1 Avaler rapidement en aspirant. 2 Croire sans discernement. **Loc** Fam Ne pas gober : détester.

goberger (se) vpr [11] Fam Faire bonne chère, se prélasser.

godasse nf Fam Chaussure.

godelureau nm Fam Jeune galant.

goder ou **godailler** vi Faire des faux plis.

godet nm Petit récipient sans pied ni anse. **Loc** Jupe à godets : très évasée dans le bas.

godiche a, n Fam Empoté, maladroit.

godille nf 1 Aviron à l'arrière d'une embar- cation. 2 À skis, enchaînement de petits virages dans la ligne de pente.

godiller vi 1 Faire avancer une embarcation à l'aide d'une godille. 2 À skis, pratiquer la godille.

godillot nm Fam Grosse chaussure.

goéland nm Grand oiseau de mer piscivore.

goélette nf Navire à deux mâts.

goémon nm Algue marine.

1. gogo nm Fam Naïf, jobard.

2. gogo (à) av Fam En abondance.

goguenard, arde a Narquois, moqueur.

goguenardise nf Moquerie.

goguette (en) av Fam Bien décidé à faire la fête ; un peu ivre.

goï, goïm. V. goy.

goinfre n, a Qui mange voracement.

goinfrer (se) vpr Fam Se gaver.

goinfrerie nf Voracité, goujaterie.

goitre nm Grosseur du cou, due à une tuméfaction de la thyroïde.

goitreux, euse a, n Atteint d'un goitre.

golden nf Pomme à peau jaune.

golf nm 1 Sport qui consiste à placer une balle dans une série de trous répartis sur un parcours. 2 Terrain de golf.

golfe nm Vaste échancrure d'une côte.

golfeur, euse n Qui joue au golf.

golfique a Du golf. *Compétition golfique.*

golmote nf Champignon (lépiote) comestible.

gombo nm Plante potagère tropicale.

gominé, ée a Recouvert de brillantine (chevelure).

gommage nm Action de gommer.

gomme nf 1 Substance visqueuse qui s'écoule de certains arbres. *Gomme arabique. Gomme adragante.* 2 Petit bloc de caoutchouc servant à effacer. Loc Fam *A la gomme :* sans intérêt, sans valeur. Fam *Mettre toute la gomme :* forcer au maximum la vitesse d'un véhicule.

gommé, ée a Recouvert de gomme adhésive.

gomme-gutte nf Résine utilisée dans les peintures et les vernis. *Des gommes-guttes.*

gomme-laque nf Résine employée dans la fabrication des vernis. *Des gommes-laques.*

gommer vt 1 Effacer avec une gomme. 2 Atténuer, faire disparaître. *Gommer un détail.*

gommette nf Petit morceau de papier gommé.

gommeux nm Litt Jeune prétentieux.

gommier nm Arbre qui produit de la gomme.

gonade nf ANAT Glande génitale.

gonadostimuline ou **gonadotrophine** nf BIOL Hormone qui stimule l'activité des glandes sexuelles.

gond nm Pièce métallique autour de laquelle tourne une porte ou une fenêtre. Loc *Sortir de ses gonds :* s'emporter.

gondolant, ante a Fam Très drôle.

gondole nf 1 Barque vénitienne longue et plate à un seul aviron. 2 Meuble à rayons superposés, utilisé dans les magasins.

gondolement nm Fait de gondoler.

gondoler vi, vt Se gonfler, se gauchir. *Bois qui gondole, se gondole.* ■ vpr Fam Se tordre de rire.

gondolier nm Batelier qui conduit une gondole.

gonflable a Qui prend sa forme par gonflage.

gonflage nm Action de gonfler.

gonflant, ante a Qui prend du volume.

gonflé, ée a Loc Fam *Gonflé à bloc :* rempli d'ardeur. Pop *Être gonflé :* montrer une assurance extraordinaire, avoir du culot.

gonflement nm Fait d'être gonflé.

gonfler vt 1 Distendre, augmenter le volume d'un corps en l'emplissant d'air, de gaz. 2 Exagérer, grossir. *La presse a gonflé cette histoire.* 3 Remplir, combler. *Être gonflé de joie.* ■ vi, vpr Augmenter de volume. *Cette pâte gonfle à la cuisson.*

gonflette nf Fam Musculature exagérément saillante.

gonfleur nm Appareil servant à gonfler.

gong [gɔ̃g] nm Plateau de métal sur lequel on frappe avec un maillet.

goniomètre nm Récepteur servant à déterminer la direction d'une émission radioélectrique.

gonocoque nm Microbe agent de la blennorragie.

gonocyte nm BIOL Cellule germinale des animaux.

gonzesse nf Pop Femme.

gordien am Loc *Trancher le nœud gordien :* mettre fin brutalement à une situation de crise

goret nm Jeune porc.

goretex nm (n déposé) Textile synthétique imperméable.

gorge nf 1 Partie antérieure du cou. 2 Gosier. *Avoir mal à la gorge.* 3 Litt Poitrine, seins d'une femme. 4 Vallée étroite et profonde. Loc *Rire à gorge déployée :* très fort. *Prendre à la gorge :* réduire à merci. *Rendre gorge :* forcer à restituer. *Faire des gorges chaudes de qqch :* s'en moquer ostensiblement.

gorge-de-pigeon a inv À reflets changeants.

gorgée nf Quantité de liquide avalée en une seule fois.

gorger vt [11] 1 Faire manger avec excès, gaver. 2 Imprégner. *Un terrain gorgé d'eau.* ■ vpr Absorber en quantité. *Se gorger de café.*

gorgonzola nm Fromage italien, proche des bleus.

gorille nm 1 Le plus grand des singes, très puissant. 2 Fam Garde-du-corps.

gosier nm Arrière-gorge et pharynx. Loc Fam *Avoir le gosier (à) sec :* avoir soif. *À plein gosier :* à pleine voix.

gospel nm Chant religieux des Noirs d'Amérique du Nord.

gosse n Fam Enfant.

gotha nm Ensemble des familles de la noblesse, des personnalités en vue.

gothique a. 1 Style architectural qui s'est répandu en Europe du XIIe au XVIe s. ■ nf Écriture à traits droits, anguleux.

gotique nm Langue germanique ancienne parlée par les Goths.

gouache nf Peinture à l'eau.

gouaille nf Verve moqueuse.

gouailleur, euse a Moqueur. *Ton gouailleur.*

gouape nf Pop Voyou.

gouda nm Fromage de Hollande.

goudron nm Émulsion épaisse et noirâtre obtenue par distillation du pétrole, de la houille.

goudronnage nm Action de goudronner.

goudronner vt Enduire, recouvrir de goudron.

goudronneux, euse a De la nature du goudron. ■ nf Machine à goudronner.

gouffre nm 1 Dépression naturelle très profonde. 2 Ce dans quoi on engloutit beaucoup d'argent.

gouge nf Ciseau à tranchant semi-circulaire.

jougère nf Pâtisserie salée, au gruyère.

jouine nf Pop Femme homosexuelle.

joujat [-ʒa] nm Homme grossier.

joujaterie nf Grossièreté.

joujon nm 1 Poisson des eaux courantes. 2 TECH Pièce servant à assembler deux éléments.

joulag nm Camp de travail forcé, en U.R.S.S.

joulasch ou **goulache** nm Ragoût hongrois épicé avec du paprika.

joule nf Vampire femelle des légendes orientales.

joulet nm Chenal, entrée d'un port.

jouleyant, ante a Frais et léger (vin).

joulot nm Col d'un vase, d'une bouteille à orifice étroit. Boire au goulot.

goulu, ue a, n Vorace, glouton.

goulûment av Avec avidité.

goupil [-pi] nm Litt Renard.

goupille nf Tige métallique servant à immobiliser une pièce.

goupiller vt 1 Fixer avec une goupille. 2 Fam Arranger, manigancer.

goupillon nm 1 Tige garnie de poils pour nettoyer des bouteilles. 2 Instrument qui sert à asperger d'eau bénite.

gourance ou **gourante** nf Pop Erreur.

gourbi nm 1 Cabane en Afrique du Nord. 2 Fam Logement sale et exigu.

gourd, gourde a Engourdi par le froid.

gourde nf 1 Récipient portatif pour conserver la boisson. 2 Monnaie de Haïti. ■ a, nf Niais, maladroit. Quel air gourde. Quelle gourde !

gourdin nm Gros bâton noueux.

gourer (se) vpr Pop Se tromper.

gourgandine nf Vx Femme de mauvaise vie.

gourmand, ande a, n Qui aime la bonne chère. ■ a Avide, exigeant.

gourmander vt Litt Réprimander sévèrement.

gourmandise nf 1 Caractère gourmand. 2 Friandise.

gourme nf Maladie infectieuse des chevaux. Loc Litt Jeter sa gourme : se dévergonder.

gourmé, ée a Litt Guindé.

gourmet nm Connaisseur en vins, en bonne chère.

gourmette nf Bracelet formé d'une chaîne à mailles aplaties.

gourou nm Maître à penser.

gousse nf Fruit sec des légumineuses. Loc Gousse d'ail : partie d'une tête d'ail.

gousset nm Petite poche de pantalon ou de gilet.

goût nm 1 Sens par lequel on perçoit les saveurs. 2 Saveur d'un aliment. 3 Appétit, désir. Il n'a de goût pour rien. 4 Faculté de discerner et d'apprécier le beau. Il n'a aucun goût. 5 Plaisir éprouvé à faire qqch. Avoir le goût de la lecture. Loc Prendre goût à qqch : commencer à l'aimer. Au goût du jour : conforme à la mode. De mauvais goût : grossier. De bon goût : beau. Dans le goût de : à la manière de.

goûter vt 1 Apprécier par le sens du goût. Goûter un vin. 2 Aimer, savourer. Ne pas goûter une plaisanterie. ■ vti 1 Boire ou manger un peu d'une chose. Goûter à un plat. 2 Tâter de. Il a goûté d'un peu tous les métiers. ■ vi Prendre une collation au milieu de l'après-midi. ■ nm Collation au milieu de l'après-midi.

goûteux, euse a Qui a de la saveur.

goutte nf 1 Toute petite quantité de liquide, de forme arrondie. 2 Petite quantité de liquide. 3 Maladie caractérisée par des atteintes articulaires dues à l'acide urique. Loc Goutte à goutte : peu à peu. Se ressembler comme deux gouttes d'eau : parfaitement. Vx N'y voir goutte : ne voir absolument rien. ■ pl Médicaments qui s'administrent par gouttes.

goutte-à-goutte nm inv MED Appareil qui sert à la perfusion.

gouttelette nf Petite goutte.

goutter vi Laisser tomber des gouttes ; couler goutte à goutte.

goutteux, euse a, n Atteint de la goutte.

gouttière nf 1 Conduit qui sert à recueillir les eaux de pluie le long d'une toiture. 2 Appareil qui sert à immobiliser un membre fracturé. Loc Chat de gouttière : de race indéfinie.

gouvernable a Qui peut être gouverné.

gouvernail nm Dispositif à l'arrière d'un navire, d'un avion, permettant de les diriger.

gouvernant, ante a, n Qui gouverne. ■ nf 1 Vx Femme chargée de garder, d'éduquer des enfants. 2 Femme qui tient la maison d'une personne seule.

gouverne nf Organes servant à diriger un avion. Loc Litt Pour votre gouverne : pour vous informer.

gouvernement nm 1 Action de gouverner, d'administrer. 2 Régime politique d'un État. Un gouvernement républicain. 3 Ensemble des ministres. Entrer au gouvernement.

gouvernemental, ale, aux a Du gouvernement. Décision gouvernementale.

gouverner vt 1 Administrer, avoir la conduite d'un pays, d'un État. 2 Diriger un bateau. 3 LING Régir le cas ou tel mode.

gouverneur nm Qui gouverne un territoire, une place militaire.

gouvernorat nm Division administrative de certains pays.

goy ou **goï** nm Pour les Israélites, non-juif.

goyave nf Fruit comestible du goyavier.

goyavier nm Arbre tropical.

GPL nm Abrév de gaz de pétrole liquéfié.

grabat nm Litt Très mauvais lit.

grabataire n Malade, vieillard qui ne peut quitter son lit.

grabatisation nf Fait de devenir grabataire.

grabuge nm Pop Dispute, bagarre.

grâce nf 1 Faveur accordée volontairement. 2 Remise de peine. 3 Don surnaturel accordé par Dieu en vue du salut. 4 Attrait, agrément, charme, élégance de qqn. Loc De grâce : s'il vous plaît. De bonne grâce : de bon gré. De mauvaise grâce : à contrecœur. Faire grâce à : dispenser de. Grâce à : avec l'aide de. Trouver grâce auprès de qqn : lui plaire, gagner sa bienveillance. Rendre grâce : reconnaître une faveur. ■ pl Loc Faire des grâces : être maniéré. Être dans les bonnes grâces de qqn : jouir de sa faveur. Action de grâces : remerciements à Dieu. ■ interj Pitié !

gracier vt Remettre ou commuer la peine d'un condamné.

gracieusement av 1 Aimablement. 2 Avec charme. 3 Gratuitement.

gracieuseté nf Litt Action, parole aimable.

gracieux, euse a 1 Qui a du charme. 2 Aimable. 3 Gratuit.

gracile *a* Litt De forme élancée et délicate.

gracilité *nf* Litt Caractère gracile.

gradation *nf* Augmentation ou diminution progressive et par degrés.

grade *nm* 1 Degré dans la hiérarchie. 2 GEOM Unité d'arc et d'angle (symbole gr). Loc *En prendre pour son grade* : se faire réprimander.

gradé, ée *a, n* Qui a un grade dans l'armée.

gradient *nm* PHYS Taux de variation d'une grandeur en fonction d'un paramètre.

gradin *nm* Banc ou marche étagé dans un stade, un amphithéâtre.

graduation *nf* Division en degrés, en repères.

gradué, ée *a* 1 Progressif. *Exercices gradués.* 2 Muni d'une graduation. *Règle graduée.*

graduel, elle *a* Qui va par degrés, progressif.

graduellement *av* Par degrés.

graduer *vt* 1 Augmenter par degrés. 2 Diviser en degrés l'échelle d'un instrument de mesure.

graffiter *vt* Dessiner sur les murs.

graffiteur, euse *a, n* Qui graffite.

graffiti *nm* Dessin, inscription, slogan, etc., tracé sur les murs.

graillon *nm* Pop Crachat. Loc *Odeur de graillon* : de graisse ou de viande brûlée.

grain *nm* 1 Graine ou fruit de céréales. 2 Corps sphérique très petit. 3 Aspect rugueux, inégal d'une surface. *Le grain d'un cuir.* 4 Bref coup de vent accompagné d'averses. Loc Fam *Avoir un grain* : être un peu fou. *Grain de beauté* : petite tache sur la peau. Fam *Mettre son grain de sel* : intervenir sans en avoir été prié. *Veiller au grain* : être sur ses gardes.

graine *nf* Organe de reproduction des plantes, enfermé dans leur fruit. Loc *Mauvaise graine* : mauvais sujet. *En prendre de la graine* : prendre en exemple. Fam *Casser la graine* : manger.

graineterie *nf* Magasin du grainetier.

grainetier, ère *n* Qui vend des graines.

graissage *nm* Action de graisser, de lubrifier.

graisse *nf* 1 Substance onctueuse d'origine animale, végétale ou minérale. 2 PHYSIOL Tissu adipeux ; embonpoint. 3 Altération huileuse des vins. 4 Épaisseur du trait d'un caractère d'imprimerie.

graisser *vt* 1 Frotter de graisse. *Graisser ses bottes.* 2 Souiller de graisse. Loc Fam *Graisser la patte* : soudoyer qqn par des pots-de-vin.

graisseur *nm* Ouvrier ou appareil qui lubrifie, qui graisse.

graisseux, euse *a* 1 De la nature de la graisse. 2 Taché de graisse.

graminée ou **graminacée** *nf* Plante monocotylédone à tige creuse (chaume), aux fruits farineux, telle que les céréales, la canne à sucre, le bambou.

grammaire *nf* 1 Étude de la morphologie et de la syntaxe d'une langue. 2 Livre de grammaire.

grammairien, enne *n* Spécialiste de grammaire.

grammatical, ale, aux *a* Propre, conforme à la grammaire.

grammaticalement *av* Selon la grammaire.

gramme *nm* 1 Millième partie du kilogramme. 2 Quantité minime.

grana *nf* Variété de parmesan.

grand, grande *a, n* 1 De taille élevée. *Un grand arbre.* 2 Qui a atteint la taille adulte. 3 Qui a une importance politique, sociale. *Un grand de ce monde.* ■ *a* 1 Qui occupe beaucoup d'espace. *Une grande ville.* 2 Intense. *Un grand froid.* 3 Important. *Les grandes dates. La grande bourgeoisie.* Loc *Grand jour* : plein jour. *Grand air* : air libre. *Grand frère, grande sœur* : frère, sœur aînés. ■ *pl* Les grandes puissances. ■ *av* Loc *Voir grand* : avoir des projets grandioses. *En grand* : sur une grande échelle.

grand-angle ou **grand-angulaire** *nm* Objectif qui couvre un angle très important. *Des grands-angles, des grands-angulaires.*

grand-chose *pr indéf* Loc *Pas grand-chose* : peu de chose, presque rien.

grand-croix *nf inv* Grade le plus élevé dans les principaux ordres de chevalerie (ex. : la Légion d'honneur). ■ *nm* Dignitaire qui est arrivé à ce grade. *Des grands-croix.*

grand-duc *nm* Titre d'un prince souverain de quelques pays. Loc Fam *Faire la tournée des grands-ducs* : des restaurants, des cabarets.

grand-duché *nm* Pays dont le souverain est un grand-duc, une grande-duchesse. *Des grands-duchés.*

grande-duchesse *nf* 1 Femme, fille d'un grand-duc. 2 Souveraine d'un grand-duché. *Des grandes-duchesses.*

grandement *av* 1 Beaucoup, tout à fait. *Avoir grandement tort.* 2 Litt Avec générosité.

grandeur *nf* 1 Caractère grand, étendue, importance. *La grandeur d'un palais. Grandeur d'un forfait.* 2 Dignité, noblesse morale. *Grandeur d'âme.* 3 MATH Tout ce à quoi on peut affecter une valeur, dans un système d'unités de mesure. Loc *Grandeur nature* : aux dimensions réelles. ■ *pl* Loc *Folie des grandeurs* : ambition démesurée.

grand-guignol *nm inv* Mélodrame horrible.

grand-guignolesque *a* Propre au grand-guignol. *Des spectacles grand-guignolesques.*

grandiloquence *nf* Éloquence pompeuse emphase.

grandiloquent, ente *a* Pompeux, emphatique. *Discours grandiloquent.*

grandiose *a* Imposant, majestueux.

grandir *vi* Devenir plus grand, croître, augmenter. ■ *vt* Rendre plus grand, faire paraître plus grand.

grandissant, ante *a* Qui augmente, croît.

grand-maman *nf* Grand-mère. *Des grand(s)-mamans.*

grand-mère *nf* Mère du père ou de la mère *Des grand(s)-mères.*

grand-messe *nf* 1 Messe chantée solennelle 2 Manifestation destinée à affirmer la cohésion d'un groupe social. *Des grand(s)-messes.*

grand-oncle *nm* Frère d'un des grands parents. *Des grands-oncles.*

grand-papa *nm* Grand-père. *Des grands papas.*

grand-peine (à) *av* Très difficilement.

grand-père *nm* Père du père ou de la mère *Des grands-pères.*

grand-rue *nf* Rue principale d'un village, d'un bourg. *Des grand(s)-rues.*

grands-parents *nmpl* Le grand-père et la grand-mère paternels et maternels.

grand-tante *nf* Sœur d'un des grands-parents *Des grand(s)-tantes.*

grand-voile *nf* Voile principale du grand mât *Des grand(s)-voiles.*

grange nf Bâtiment où on abrite les récoltes.

granite ou **granit** nm Roche cristalline composée de quartz, de feldspath et de mica.

granité, ée a Qui présente un aspect grenu. ■ nm 1 Tissu à gros grains. 2 Sorbet granuleux.

graniter vt Peindre en imitant le granit.

granitique a De granit.

granivore a, nm ZOOL Qui se nourrit de graines (oiseau).

granny-smith [-smis] nf inv Pomme à peau verte, à chair ferme.

granulaire a Composé de petits grains.

granulat nm Constituant du béton.

granulation nf Fragmentation ou agglomération d'une substance en petits grains.

granule nm Petit grain ou petite pilule.

granulé, ée a Qui présente une granulation. ■ nm Médicament présenté en petits grains.

granuler vt Réduire en petits grains.

granuleux, euse a Formé de petits grains.

granulite nf Roche métamorphique.

granulocyte nm BIOL Leucocyte polynucléaire.

granulome nm MED Tumeur inflammatoire bénigne.

granulométrie nf Mesure de la taille des particules constituant un sol, une roche, une substance pulvérulente.

grape-fruit [gʀɛfʀut] nm Pamplemousse. *Des grape-fruits.*

graphe nm MATH Ensemble de points dont certains couples sont reliés par une ligne orientée (flèche) ou non (arête).

graphème nm LING Unité distinctive minimale d'un système d'écriture.

grapheur nm INFORM Logiciel de gestion de graphiques.

graphie nf Manière d'écrire un mot.

graphiose nf Maladie de l'orme.

graphique a Relatif aux procédés d'impression. ■ nm Tracé d'un diagramme, d'un plan, d'une coupe.

graphisme nm 1 Façon particulière d'écrire de qqn. 2 Manière de dessiner.

graphiste n Dessinateur spécialisé dans les arts graphiques.

graphite nm Carbone naturel, presque pur.

graphitique a De graphite.

graphologie nf Examen de l'écriture manuscrite, afin de définir sa personnalité.

graphologique a De la graphologie.

graphologue n Spécialiste de graphologie.

grappa nf Eau-de-vie italienne.

grappe nf 1 Ensemble de fleurs ou de fruits portés sur une tige commune. 2 Groupe de personnes serrées les unes contre les autres.

grappillage nm Action de grappiller.

grappiller vt 1 Cueillir de-ci, de-là, par petites quantités. 2 Récolter au hasard. *Grappiller des informations.* 3 Réaliser de petits profits.

grappin nm Petite ancre à branches recourbées. Loc *Fam Jeter, mettre le grappin sur qqn :* l'accaparer.

gras, grasse a 1 Constitué de graisse, qui en contient. 2 Qui a beaucoup de graisse (êtres vivants). *Personne grosse et grasse.* 3 Souillé, maculé de graisse. *Papiers gras.* 4 Épais. *Encre grasse. Trait gras.* 5 (av. le n) Abondant, riche. *Gras pâturages.* 6 Grossier, obscène. *Une grasse plaisanterie.* Loc *Faire la grasse matinée :* se lever tard. *Voix grasse :* pâteuse. *Toux grasse :*

avec des expectorations. *Plantes grasses :* à feuilles épaisses. ■ nm Partie grasse, charnue. *Le gras de la jambe.* Loc *Fam Discuter le bout de gras :* bavarder un peu.

gras-double nm Membrane comestible de l'estomac du bœuf. *Des gras-doubles.*

grassement av Largement, généreusement.

grasseyement nm Fait de grasseyer.

grasseyer vi Prononcer la lettre « r » du fond de la gorge.

grassouillet, ette a Dodu.

gratifiant, ante a Qui satisfait, valorise.

gratification nf 1 Somme d'argent accordée en plus du salaire. 2 Sentiment de valorisation du sujet à ses propres yeux.

gratifier vt 1 Accorder un don, une faveur. *Gratifier qqn d'une pension.* 2 Donner psychologiquement satisfaction.

gratin nm 1 Croûte grillée faite de chapelure ou de fromage râpé ; mets ainsi recouvert. 2 *Fam* La haute société.

gratiné, ée a 1 Cuit au gratin. 2 *Fam* Singulier, osé. ■ nf Soupe à l'oignon gratinée.

gratiner vi Se former en gratin. ■ vt Accommoder au gratin.

gratis [-tis] av, a inv Gratuitement.

gratitude nf Reconnaissance pour un service rendu.

grattage nm Action de gratter.

gratte nf Fam Petit profit illicite.

gratte-ciel nm inv Immeuble d'une très grande hauteur.

gratte-cul nm Fruit de l'églantier. *Des gratte-culs.*

grattement nm Action de gratter ; bruit ainsi produit.

gratte-papier nm inv Fam Petit employé de bureau.

gratter vt 1 Racler une surface avec un instrument, avec les ongles. 2 Faire disparaître en raclant. *Gratter une inscription.* 3 Fam Causer des démangeaisons. 4 Fam Distancer à la course. 5 Fam Faire de menus profits. ■ vi Pop Travailler.

gratteron ou **grateron** nm Plante dont la tige et les fruits sont couverts de poils.

grattoir nm 1 Outil pour gratter, effacer. 2 Frottoir d'une boîte d'allumettes.

gratton nm CUIS Petit morceau de porc cuit dans la graisse. Syn. friton.

gratuit, uite a 1 Qu'on donne sans faire payer ; qu'on reçoit sans payer. 2 Sans fondement. *Supposition gratuite.*

gratuité nf Caractère gratuit.

gratuitement av 1 Sans payer. 2 Sans motif.

grau nm Chenal entre un étang et la mer.

gravats nmpl Débris provenant de démolitions.

grave a 1 Qui peut avoir des conséquences funestes. *Grave maladie. Situation grave.* 2 Sérieux, digne. *De graves magistrats. Une figure grave.* Loc *Accent grave :* tourné de gauche à droite (ex. : *à, père*). ■ a, av nm 1 Bas dans l'échelle tonale (sons). *Une voix grave. Haut-parleur de graves.*

graveleux, euse a Licencieux et vulgaire. *Chanson graveleuse.*

gravement av De façon grave.

graver vt 1 Tracer en creux sur une surface dure. 2 Rendre durable.

graves *nfpl* Terrain de sable et de gravier, dans le Bordelais. ■ *nm* Vin récolté sur ces terrains.

graveur, euse *n* Artiste, professionnel qui grave, fait des gravures.

gravide *a* En état de gestation.

gravidique *a* Relatif à la grossesse.

gravier *nm* Très petits cailloux.

gravillon *nm* Gravier fin et anguleux obtenu par concassage.

gravillonner *vt* Couvrir de gravillon.

gravimétrie *nf* 1 PHYS Mesure de l'intensité de la pesanteur. 2 CHIM Méthode d'analyse par pesées.

gravir *vt* Parcourir en montant avec effort ; escalader. Loc *Gravir les échelons :* monter en grade.

gravitation *nf* PHYS Attraction universelle, qui s'exerce entre tous les corps.

gravitationnel, elle *a* De la gravitation.

gravité *nf* 1 Pesanteur, force de gravitation. 2 Attitude grave, réservée. 3 Importance, sérieux. *La gravité de la blessure.* Loc PHYS *Centre de gravité :* point d'application de la résultante des forces de pesanteur s'exerçant en chaque point de ce corps.

graviter *vi* 1 Décrire une orbite autour de. 2 Évoluer dans l'entourage de qqn.

gravure *nf* 1 Action, art de graver. 2 Estampe, image, illustration.

gré *nm* Loc *Au gré de qqn :* à son goût. *Au gré des évènements :* sans pouvoir modifier le cours des choses. *De son plein gré, de bon gré :* sans être contraint. *De gré à gré :* à l'amiable. *Contre le gré de :* contre la volonté de. *De gré ou de force :* volontairement ou sous la contrainte. *Bon gré, mal gré :* qu'on le veuille ou non, malgré soi. *Savoir gré à qqn de qqch :* lui en être reconnaissant.

grèbe *nm* Oiseau aquatique piscivore.

grec, grecque *a, n* De la Grèce. ■ *nm* Langue indo-européenne parlée en Grèce. ■ *nf* 1 Ornement formé d'une suite de lignes brisées. 2 Scie de relieur pour faire des encoches au dos des volumes.

grécité *nf* Caractère grec.

gréco-latin, ine *a* Propre au grec et au latin.

gréco-romain, aine *a* Commun aux Grecs et aux Romains. Loc *Lutte gréco-romaine :* qui n'admet que les prises au-dessus de la ceinture.

gredin, ine *n* Crapule.

gréement [gʀemɑ̃] *nm* Ensemble des voiles, de la mâture et des haubans d'un voilier.

green [gʀin] *nm* Aire gazonnée qui entoure un trou, au golf.

gréer *vt* Munir un bateau de son gréement.

greffage *nm* Action de greffer.

1. greffe *nm* Lieu où sont déposées les minutes de jugements et où se font les déclarations des procédures.

2. greffe *nf* 1 Opération qui consiste à insérer une partie d'une plante (œil, branche, bourgeon), appelée *greffon*, dans une autre plante ; le greffon lui-même. 2 CHIR Transplantation d'un tissu, d'un organe ; tissu, organe transplanté.

greffé, ée *n* Qui a subi une greffe.

greffer *vt* Faire une greffe. ■ *vpr* Se développer sur.

greffier, ère *n* Fonctionnaire préposé au greffe, et qui assiste les magistrats.

greffon *nm* Partie d'une plante, tissu, organe destinés à être greffés.

grégaire *a* Qui vit ou se développe en groupe. Loc *Instinct grégaire :* qui pousse à se grouper.

grégarisme *nm* Instinct grégaire.

grège *a* Loc *Soie grège :* brute, telle qu'elle sort du cocon. ■ *a, nm* Beige tirant sur le gris.

grégeois *am* Loc HIST *Feu grégeois :* mélange incendiaire utilisé par les Byzantins.

grégorien, enne *a* Loc *Chant grégorien :* musique liturgique de l'Église romaine. *Calendrier grégorien :* calendrier julien réformé par le pape Grégoire XIII.

1. grêle *a* 1 Long et menu. *Jambes grêles.* 2 Aigu et faible. *Voix grêle.* Loc *Intestin grêle :* partie longue et mince de l'intestin.

2. grêle *nf* 1 Pluie de petits glaçons de forme arrondie. 2 Chute abondante de qqch.

grêlé, ée *a* 1 Endommagé par la grêle. 2 Marqué par la variole.

grêler *v impers* Tomber (grêle).

grêlon *nm* Glaçon de la grêle.

grelot *nm* Boule métallique creuse contenant un morceau de métal qui la fait tinter.

grelottement *nm* Tremblement.

grelotter *vi* Trembler de froid, de peur.

greluche *nf* Fam Jeune femme sotte.

grenache *nm* 1 Cépage noir du sud de la France. 2 Vin doux fait avec ce cépage.

grenade *nf* 1 Fruit du grenadier. 2 Projectile explosif, lancé à la main ou avec un fusil.

grenadier *nm* 1 Arbre méditerranéen dont le fruit est la grenade. 2 Soldat spécialement entraîné au lancement des grenades.

grenadille *nf* Fruit tropical d'une passiflore.

grenadin *nm* 1 Tranche de veau fine piquée de lard. 2 Variété d'œillet.

grenadine *nf* Sirop à base de jus de grenade.

grenaille *nf* Métal réduit en menus grains.

grenat *nm* Pierre précieuse de couleur pourpre. ■ *a inv* De couleur rouge sombre.

grenier *nm* 1 Lieu où on conserve le grain, le fourrage. 2 L'étage le plus élevé d'une maison, sous les combles. Loc *De la cave au grenier :* dans toute la maison.

grenouillage *nm* Fam Combines douteuses.

grenouille *nf* 1 Batracien sauteur et nageur. Loc Fam *Manger la grenouille :* s'approprier des fonds communs, la caisse.

grenouiller *vi* Fam Magouiller.

grenouillère *nf* 1 Marécage peuplé de grenouilles. 2 Combinaison pour bébé.

grenu, ue *a* Marqué de grains, d'aspérités. *Cuir grenu.*

grès *nm* 1 Roche sédimentaire formée de grains de sable agglomérés par un ciment. 2 Céramique dure.

gréseux, euse *a* Du grès.

grésil *nm* Pluie de petits granules de glace.

grésillement *nm* Léger crépitement.

grésiller *vi* Crépiter légèrement. Loc *Il grésille :* il tombe du grésil.

gressin *nm* Petit pain allongé et croquant.

grève *nf* 1 Plage de gravier, de sable. 2 Cessation de travail concertée.

grever *vt* [15] Soumettre à de lourdes servitudes financières.

gréviste *n, a* Qui fait grève.

gribouillage ou **gribouillis** *nm* Dessin informe ; écriture mal formée.

gribouiller vt, vi Faire des gribouillages.
gribouilleur, euse n Qui gribouille.
grief nm Motif de plainte. Loc *Faire grief :* reprocher.
grièvement av *Blesser grièvement :* gravement.
griffe nf 1 Ongle acéré et crochu de certains animaux. 2 Marque commerciale. *La griffe d'un grand couturier.* 3 Signature caractéristique de qqn. Loc *Rogner les griffes de qqn :* l'empêcher de nuire.
griffer vt Égratigner. *Le chat l'a griffé.*
griffon nm 1 MYTH Lion ailé à bec et à serres d'aigle. 2 Chien à poils longs.
griffonnage nm Écriture difficile à lire.
griffonner vt Écrire peu lisiblement.
griffu, ue a Armé de griffes.
griffure ou **griffade** nf Coup de griffe.
grignotage ou **grignotement** nm Action de grignoter.
grignoter vt 1 Manger par très petites quantités. 2 Diminuer, détruire peu à peu. *Grignoter son héritage.* 3 Gagner peu à peu. *Grignoter quelques secondes.*
grigou nm Fam Avare.
gri-gri ou **grigri** nm Amulette, talisman, en Afrique noire. *Des gris-gris* ou *des grigris.*
gril nm Ustensile de cuisine pour faire rôtir la viande. Loc Fam *Être sur le gril :* angoissé.
grill. V. grill-room.
grillade nf Viande grillée.
grillage nm Treillis métallique.
grillager vt [11] Garnir d'un grillage.
grille nf 1 Clôture de barreaux à claire-voie. 2 Document servant à coder ou à décoder un message. 3 Support, tableau quadrillé. *Grille de mots croisés.* 4 Tableau de répartition. *Grille des programmes, des salaires.* ■ pl Loc *Être derrière les grilles :* en prison.
grillé, ée a Fam Démasqué.
grille-pain nm inv Appareil servant à faire griller des tranches de pain.
griller vt 1 Rôtir sur le gril. *Griller du poisson.* 2 Torréfier. *Griller du café.* 3 Chauffer vivement ; dessécher. *Les vents grillaient la végétation.* 4 Fam Mettre hors d'usage. *Griller une lampe.* 5 Fam Dépasser sans s'arrêter. *Griller un feu rouge. Griller les étapes.* 6 Fam Démasquer. Loc Fam *Griller une cigarette :* la fumer. ■ vi 1 Cuire sur le gril. 2 Avoir très chaud. ■ vti Être très désireux de. *Il grillait de tout lui raconter.*
grillon nm Insecte sauteur.
grill-room [grilrum] ou **grill** nm Restaurant où l'on sert des grillades. *Des grill-rooms.*
grimaçant, ante a Qui grimace.
grimace nf Contorsion du visage pour exprimer un sentiment.
grimacer vi, vt [10] Faire des grimaces.
grimacier, ère a, n Qui fait des grimaces.
grimage nm Action de grimer.
grimer vt Maquiller un acteur.
grimoire nm Ouvrage confus et illisible.
grimpant, ante a Loc *Plante grimpante :* dont la tige s'accroche par des vrilles, des crampons, à divers supports.
grimpe nf Fam Escalade.
grimper vi 1 Monter en s'aidant des pieds et des mains. 2 Monter sur un lieu élevé. 3 Augmenter rapidement et fortement. *Les cours ont grimpé.* ■ vt Gravir. *Il grimpa les étages.* ■ nm Exercice par lequel on grimpe à la corde.

grimpette nf Chemin qui grimpe fort.
grimpeur, euse n 1 Coureur cycliste qui monte bien les côtes. 2 Qui pratique l'escalade.
grinçant, ante a Qui grince.
grincement nm Fait de grincer.
grincer vi [10] Produire par frottement un bruit strident et désagréable. Loc *Grincer des dents :* manifester sa rage, son dépit.
grincheux, euse a Fam Grognon.
gringalet nm Homme petit et fluet.
gringo [gRin-] nm En Amérique latine, étranger, en partic. Américain du Nord.
gringue nm Loc Pop *Faire du gringue à :* faire la cour à.
griot nm Poète musicien en Afrique noire.
griotte nf Petite cerise noire acidulée.
grippage ou **grippement** nm Adhérence anormale de surfaces métalliques.
grippal, ale, aux a De la grippe.
grippe nf Maladie infectieuse, épidémique due à un virus. Loc *Prendre en grippe :* avoir de l'antipathie pour.
grippé, ée a, n Qui a la grippe.
gripper vi, vpr Adhérer, se bloquer (pièces d'une machine).
grippe-sou nm Fam Avare. *Des grippe-sous.*
gris, grise a, nm D'une couleur résultant d'un mélange de blanc et de noir. ■ a 1 Terne, triste. *Faire grise mine.* 2 Éméché. Loc *Temps gris :* brumeux, couvert. Fam *Matière grise :* intelligence, réflexion. *Vin gris :* rosé.
grisaille nf Caractère terne, morne. *La grisaille quotidienne.*
grisant, ante a Qui grise.
grisâtre a Qui tire sur le gris.
grisbi nm Pop Argent, magot.
grisé nm Teinte grise.
griser vt 1 Colorer de gris. 2 Enivrer. 3 Exciter. *Le succès l'a grisé.*
griserie nf Exaltation, enivrement.
grisoller vi Chanter (alouette).
grisonnant, ante a Qui grisonne.
grisonner vi Devenir gris (barbe, cheveux).
grisou nm Méthane libéré par la houille. Loc *Coup de grisou :* explosion du grisou.
grive nf Passereau proche du merle.
grivèlerie nf Délit consistant à consommer dans un restaurant ce qu'on ne pourra pas payer.
grivois, oise a Licencieux.
grivoiserie nf Caractère ou propos grivois.
grizzly ou **grizzli** nm Grand ours gris des montagnes Rocheuses.
grœnendael [gRonendal] nm Chien de berger belge à poil long.
groenlandais, aise a, n Du Groenland.
grog nm Boisson composée de rhum, d'eau chaude sucrée et de citron.
groggy a inv 1 Qui a perdu en partie conscience (boxeur). 2 Étourdi par un choc.
grognard nm Soldat de la vieille garde sous le premier Empire.
grogne nf Fam Mécontentement.
grognement nm 1 Cri du porc, du sanglier. 2 Grondement de protestation.
grogner vi 1 Émettre un grondement sourd (porc, sanglier). 2 Exprimer son mécontentement.
grognon, onne a, n Maussade, bougon.
groin nm Museau du porc, du sanglier.

grole ou **grolle** *nf* Pop Chaussure.

grommeler *vi*, *vt* [18] Se plaindre, murmurer entre ses dents. *Grommeler des injures.*

grommellement *nm* Action de grommeler.

grondement *nm* Bruit sourd et prolongé.

gronder *vi* 1 Faire entendre un son sourd. 2 Menacer. *La révolte gronde.* ■ *vt* Réprimander un enfant.

grondeur, euse *a* Qui réprimande.

grondin *nm* Poisson marin à tête volumineuse.

groom [grum] *nm* Jeune employé d'un hôtel.

gros, grosse *a* Important en volume, en surface, en épaisseur, en corpulence, en intensité. *Un gros chat. Faire de grosses taches. Un gros garçon. Une grosse fièvre. Remporter le gros lot.* Loc *Avoir le cœur gros* : être peiné. Fam *Avoir la grosse tête* : être vaniteux. *Mer grosse* : dont les vagues atteignent 6 à 9 m. *Gros temps* : mauvais temps. Fam *Gros bonnet, grosse légume* : personnage important. *Gros rire* : vulgaire. *Gros mot* : mot grossier. ■ *av* 1 Beaucoup. *Gagner gros.* 2 En grand. *Écrire gros.* Loc *En gros* : sans donner de détails. *En avoir gros sur le cœur* : ressentir du dépit, de la rancœur. ■ *nm* 1 La partie la plus importante. *Le gros de l'affaire.* 2 Vente par grandes quantités. *Prix de gros.*

groseille *nf* Petite baie rouge, fruit du groseillier.

groseillier *nm* Arbuste qui donne des groseilles.

gros-grain *nm* Tissu soyeux à grosses côtes. *Des gros-grains.*

gros-plant *nm* Cépage blanc nantais ; vin de ce cépage. *Des gros-plants.*

gros-porteur *nm* Avion de grande capacité. *Des gros-porteurs.*

grosse *nf* 1 DR Copie d'une décision judiciaire ou d'un acte notarié revêtue de la formule exécutoire. 2 Douze douzaines.

grossesse *nf* État de la femme enceinte, qui dure neuf mois.

grosseur *nf* 1 Volume, taille. 2 Corpulence. 3 Enflure sous la peau.

grossier, ère *a* 1 Sans finesse, de mauvaise qualité. *Tissu grossier.* 2 Sommaire, rudimentaire. *Imitation grossière.* 3 Qui dénote l'ignorance. *Faute grossière.* 4 Contraire aux bienséances ; impoli. *Réponse grossière.*

grossièrement *av* De façon grossière.

grossièreté *nf* Parole ou action grossière.

grossir *vi* 1 Prendre de l'embonpoint. 2 Devenir plus important ; augmenter. *Le troupeau grossit.* ■ *vt* Rendre plus gros ; accroître. *Les pluies grossissent le torrent. Grossir les dangers.*

grossissant, ante *a* Qui fait paraître plus gros. *Verres grossissants.*

grossissement *nm* Action de grossir.

grossiste *n* Commerçant en gros.

grosso modo *av* Approximativement.

grotesque *a* Ridicule, bizarre, extravagant.

grotte *nf* Excavation profonde dans la roche.

grouillant, ante *a* Qui grouille.

grouillement *nm* Mouvement de ce qui grouille.

grouiller *vi* 1 S'agiter en tous sens. 2 Fourmiller, être plein de. *Ce fromage grouille de vers.* ■ *vpr* Fam Se hâter.

grouillot *nm* Fam Garçon de courses.

groupage *nm* Réunion de colis envoyés à un même destinataire.

groupe *nm* 1 Ensemble de personnes ou de choses ayant certaines caractéristiques en commun. *Un groupe de curieux. Un groupe de maisons. Un groupe de travail. Un groupe parlementaire. Un groupe financier, industriel.* 2 Petit orchestre, formation. Loc *Groupe sanguin* : classement des individus selon certaines propriétés du sang (pour les transfusions).

groupement *nm* 1 Action de grouper. 2 Réunion de personnes ayant un intérêt commun. *Groupement politique.*

grouper *vt* Réunir en un groupe. *Grouper des envois.* ■ *vpr* S'assembler.

groupie *n* Fanatique d'un artiste, d'un homme politique, etc.

groupuscule *nm* Groupement politique comportant un très petit nombre d'adhérents.

grouse *nf* Oiseau gallinacé d'Écosse.

gruau *nm* Loc *Farine de gruau* : fine fleur de farine.

grue *nf* 1 Oiseau migrateur de grande taille. 2 Pop Prostituée. 3 Engin de levage de grande dimension. Loc Fam *Faire le pied de grue* : attendre longtemps debout.

gruger *vt* [11] Tromper, duper.

grume *nf* Tronc d'arbre ébranché, non écorcé.

grumeau *nm* Petite masse solide coagulée.

grumeleux, euse *a* Plein de grumeaux.

grumier *nm* Camion ou bateau conçu pour transporter des grumes.

grutier *nm* Conducteur de grue.

gruyère *nm* Fromage cuit d'origine suisse.

gryphée *nf* Huître dont la coquille a des valves très inégales.

guadeloupéen, enne [gwa-] *a*, *n* De la Guadeloupe.

guano [gwa-] *nm* Engrais d'origine animale.

guarani [gwa-] *nm* 1 Langue indienne du Paraguay. 2 Unité monétaire du Paraguay.

guatémaltèque [gwa-] *a*, *n* Du Guatemala.

gué *nm* Endroit d'une rivière où on peut passer à pied.

guéable *a* Qu'on peut passer à gué.

guéguerre *nf* Fam Petite guerre.

guelte *nf* COMM Pourcentage accordé à un vendeur sur ses ventes.

guenille *nf* Vêtement déchiré.

guenon *nf* Femelle du singe.

guépard *nm* Mammifère carnassier d'Afrique tropicale, très rapide.

guêpe *nf* Insecte social à l'abdomen jaune rayé de noir. Loc *Taille de guêpe* : taille très fine.

guêpier *nm* 1 Nid de guêpes. 2 Oiseau au plumage de couleurs vives. Loc *Se fourrer dans un guêpier* : dans une mauvaise affaire.

guère *av* Loc *Ne... guère* : peu, pas beaucoup.

guéret *nm* Terre labourée et non ensemencée.

guéridon *nm* Petite table ronde à un seul pied.

guérilla *nf* 1 Guerre de partisans. 2 Fam Harcèlement permanent.

guérillero *nm* Partisan, franc-tireur.

guérir *vt* 1 Délivrer d'une maladie, d'un mal. 2 Faire cesser une maladie. *Guérir une angine.* ■ *vi*, *vpr* 1 Recouvrer la santé. *Il a guéri (s'est guéri) en huit jours.* 2 Cesser (maladie).

guérison *nf* Recouvrement de la santé.

guérissable *a* Qui peut être guéri.

guérisseur, euse *n* Qui traite par des méthodes extramédicales.

guérite nf Abri d'une sentinelle, d'un gardien.

guerre nf 1 Conflit armé entre des nations, des États, des groupes humains. 2 Lutte avec d'autres moyens que les armes. *Guerre psychologique, économique.* Loc *Guerre civile* : entre citoyens d'un même pays. *Guerre froide* : tension vive entre États. *Guerre sainte* : menée au nom d'un idéal religieux. *De bonne guerre* : légitimement. *De guerre lasse* : après une longue résistance. *Faire la guerre à qqch* : le combattre. *Petite guerre* : simulacre de combat.

guerrier, ère a Propre à la guerre ; belliqueux. *Humeur guerrière.* ■ nm Litt Soldat.

guerroyer vi [22] Litt Faire la guerre.

guet nm Loc *Faire le guet* : guetter.

guet-apens [gɛtapɑ̃] nm Embûche, traquenard. *Des guets-apens.*

guêtre nf Jambière d'étoffe ou de cuir. Loc Fam *Traîner ses guêtres* : flâner.

guetter vt Épier, être à l'affût.

guetteur, euse n Qui guette.

gueulante nf Pop Cri de colère, de protestation.

gueulard, arde a, n Pop Braillard. ■ nm Orifice de chargement d'un haut-fourneau.

gueule nf 1 Bouche des animaux. 2 Fam Bouche, visage humain. 3 Fam Ouverture (d'un canon). Loc Fam *Casser la gueule à qqn* : le battre. *Se casser la gueule* : tomber. *Gueule noire* : mineur. *Fermer sa gueule* : se taire. *Ta gueule !* : silence ! *Fine gueule* : gourmet. *Avoir la gueule de bois* : la bouche pâteuse après s'être enivré. *Avoir de la gueule* : avoir de l'allure. *Faire la gueule* : bouder. *Grande gueule* : braillard inactif.

gueule-de-loup nf Muflier. *Des gueules-de-loup.*

gueuler vt, vi Fam Crier très fort.

gueuleton nm Fam Festin.

gueuletonner vi Fam Faire un gueuleton.

gueuse nf Litt Lingot de fonte.

gueux, gueuse n Litt Vagabond.

gueuze nf Bière belge forte.

guèze nm Langue liturgique des chrétiens d'Éthiopie.

gugusse nm Fam Clown.

gui nm Plante parasite de certains arbres.

guibole ou **guibole** nf Fam Jambe.

guiches nfpl Mèches de cheveux frisés.

guichet nm Comptoir dans une poste, une banque, un théâtre, etc., derrière lequel se tient un employé.

guichetier, ère n Préposé à un guichet.

guidage nm Action de guider un avion, une fusée, etc.

guide n 1 Qui montre le chemin, qui fait visiter. 2 Qui conduit qqn, un groupe en montagne. ■ nm 1 Qui dirige, conduit qqn. 2 Ouvrage didactique. ■ nf Jeune fille faisant partie d'un groupe de scoutisme. ■ nfpl Longue rêne servant à diriger les chevaux.

guider vt 1 Conduire, montrer le chemin à. 2 Diriger, mener, faire agir. *L'ambition le guide.* ■ vpr Se diriger d'après un point de repère. *Se guider sur l'étoile polaire.*

guidon nm Tube métallique cintré orientant la roue avant d'un deux-roues.

guigne nf 1 Cerise noirâtre à chair ferme. 2 Fam Malchance. *J'ai la guigne !*

guigner vt 1 Regarder du coin de l'œil. 2 Fam Convoiter. *Il guigne ma place.*

guignol nm 1 Marionnette. 2 Théâtre de marionnettes. 3 Qui fait l'idiot, pitre.

guignolade nf Fam Affaire peu sérieuse ; situation grotesque.

guignolet nm Liqueur de cerise.

guilde nf Association commerciale ou culturelle.

guilledou nm Loc Fam *Courir le guilledou* : rechercher des aventures galantes ; draguer.

guillemet nm Signe typographique double (« ») servant à mettre en valeur un mot ou à indiquer une citation.

guillemot nm Oiseau marin voisin du pingouin.

guilleret, ette a Vif, gai, leste.

guillocher vt Orner de guillochis.

guillochis nm Décor gravé fait de lignes brisées.

guillotine nf Instrument destiné à trancher la tête des condamnés à mort. Loc *Fenêtre à guillotine* : dont le châssis glisse verticalement entre deux rainures.

guillotiner vt Décapiter au moyen de la guillotine.

guimauve nf Plante qui a des propriétés émollientes et sédatives. Loc *Pâte de guimauve* : confiserie molle. *À la guimauve* : mièvre.

guimbarde nf 1 Instrument de musique composé d'une languette d'acier qu'on fait vibrer. 2 Fam Vieille voiture.

guincher vi Pop Danser.

guindé, ée a Qui manque de naturel.

guinée nf Ancienne monnaie anglaise.

guinéen, enne a, n De la Guinée.

guingois (de) av Fam De travers.

guinguette nf Bistrot où on pouvait danser.

guipure nf Étoffe imitant la dentelle et utilisée pour les rideaux.

guirlande nf Ornement en forme de couronne, de feston.

guise nf Loc *À sa guise* : à son gré, selon son bon plaisir. *En guise de* : au lieu de.

guitare nf Instrument de musique à cordes pincées.

guitariste n Qui joue de la guitare.

guitoune nf Fam Cabane, tente.

guppy nm Poisson d'aquarium.

gus nm Pop Individu, type.

gustatif, ive a Relatif au goût.

gustation nf Perception des saveurs.

gutta-percha nf Substance proche du caoutchouc, extraite du latex. *Des guttas-perchas.*

guttural, ale, aux a Du gosier. ■ nf Consonne postérieure, comme [g] ou [k].

guyanais, aise a, n De la Guyane.

1. guyot nm GEOL Volcan sous-marin à sommet plat.

2. guyot nf Variété de poire.

gym nf Fam Gymnastique.

gymkhana nm Épreuves et courses d'obstacles en moto ou en automobile.

gymnase nm Vaste salle pour la pratique de certains sports.

gymnaste n Athlète pratiquant la gymnastique.

gymnastique nf 1 Sport de compétition comprenant divers exercices physiques. 2 Éducation physique. 3 Fam Manœuvres compliquées. Loc *Pas (de) gymnastique* : pas de course cadencé.

gymnique a De gymnastique.

gymnosperme *nf* BOT Plante arborescente dont les ovules sont à nu, comme le pin.

gymnote *nm* Poisson américain qui paralyse ses proies par une décharge électrique.

gynécée *nm* ANTIQ Appartement des femmes.

gynécologie *nf* Étude de l'appareil génital féminin ; spécialité médicale le concernant.

gynécologique *a* De gynécologie.

gynécologue *n* Spécialiste de gynécologie.

gypaète *nm* Très grand vautour.

gypse *nm* Roche saline utilisée pour fabriquer du plâtre.

gypseux, euse *a* De gypse.

gyrocompas *nm* Compas gyroscopique utilisé par les avions et les bateaux.

gyromitre *nm* Champignon voisin de la morille, très toxique s'il est consommé cru.

gyrophare *nm* Phare rotatif équipant certains véhicules.

gyroscope *nm* Appareil constitué d'un volant monté dans une armature et dont l'axe de rotation donne une direction invariable de référence.

gyroscopique *a* Du gyroscope.

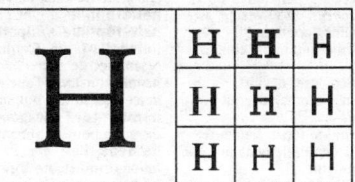

h nm Huitième lettre (consonne) de l'alphabet, ne se prononçant pas. L' *h* dit «aspiré», noté ['] empêche la liaison et l'élision par oppos. à l'*h* muet. Loc *Heure H* : heure décisive. *Bombe H* : bombe à hydrogène ou thermonucléaire.

ha! ['a] *interj* Var. de *ah!*

habeas corpus [abeaskɔrpys] nm Loi anglaise qui garantit la liberté individuelle.

habile a 1 Qui sait bien exécuter qqch ; adroit, expert. *Être habile en affaires.* 2 Qui témoigne d'une certaine adresse. *Décision habile.*

habilement av Avec adresse.

habileté nf Adresse, finesse, dextérité de qqn.

habilitation nf DR Action d'habiliter.

habilité nf DR Capacité légale.

habiliter vt DR Rendre légalement apte à accomplir un acte juridique.

habillage nm Action d'habiller qqn, de revêtir qqch.

habillé, ée a 1 Vêtu. *Il a dormi tout habillé.* 2 Qui porte des habits de cérémonie, de soirée.

habillement nm Ensemble des vêtements.

habiller vt 1 Mettre des vêtements à qqn. *Habiller un enfant en costume marin.* 2 Aller (vêtements). *Cette robe l'habille à ravir.* 3 Couvrir, envelopper qqch. *Habiller un meuble d'une housse.* ■ vpr 1 Se vêtir. 2 Revêtir des vêtements élégants.

habilleur, euse n Qui aide les acteurs à s'habiller et qui s'occupe de leurs costumes.

habit nm 1 Costume. 2 Vêtement de cérémonie masculin, noir, à basques et à revers de soie. Loc *Habit vert* : costume officiel des membres de l'Institut. *Prendre l'habit* : se faire religieux, religieuse. ■ pl Vêtements. *Des habits de deuil.*

habitabilité nf Place qu'offre à ses occupants un logement, un véhicule, etc.

habitable a Où l'on peut habiter.

habitacle nm Partie d'un avion ou d'un vaisseau spatial réservée à l'équipage.

habitant, ante n Qui a sa demeure en un endroit. *Une ville de 100 000 habitants.*

habitat nm 1 Mode de peuplement d'une région par l'homme. 2 Façon dont sont logés les habitants. *Habitat collectif.* 3 Lieu où l'on rencontre une espèce animale ou végétale.

habitation nf Lieu où l'on habite ; maison, logis, demeure.

habité, ée a Où il y a des habitants.

habiter vt 1 Être installé en un endroit. *Il habite Paris.* 2 Avoir son logement habituel dans. *Habiter une maison au bord de la mer.* ■ vi Demeurer, vivre en un endroit. *Elle habite chez ses parents.*

habituation nf BIOL Accoutumance.

habitude nf Manière d'agir acquise par la répétition des mêmes actes ; coutume. *Avoir l'habitude de fumer.* Loc *D'habitude* : ordinairement.

habitué, ée n Qui va habituellement en un endroit. *Les habitués de l'Opéra.*

habituel, elle a Fréquent, ordinaire.

habituellement av Ordinairement.

habituer vt Entraîner, accoutumer. ■ vpr Prendre l'habitude de. *S'habituer à se lever tôt.*

hâbleur, euse ['a] n, a Litt Qui parle beaucoup et avec vantardise.

hach. V. hasch.

hachage ['a-] nm Action de hacher.

hache ['aʃ] nf Instrument pour couper et fendre.

haché, ée ['a-] a 1 Coupé en menus morceaux. 2 Entrecoupé. *Style haché.* ■ nm Viande hachée.

hacher ['a-] vt 1 Couper en petits morceaux. 2 Détruire en déchiquetant. *La grêle a haché les blés.* 3 Couper, interrompre sans cesse. *Hacher un discours.*

hachette ['a-] nf Petite hache.

hachis ['a-] nm Mets fait de viande ou de poisson haché.

hachisch. V. haschisch.

hachoir ['a-] nm 1 Grand couteau ou appareil à lame servant à hacher la viande, les légumes. 2 Planche sur laquelle on hache la viande.

hachure ['a-] nf Chacun des traits servant à faire les ombres d'une partie d'un dessin.

hachurer ['a-] vt Tracer des hachures sur.

hacienda nf Grande exploitation agricole, en Amérique du Sud.

haddock ['a-] nm Églefin fumé.

hadith ['adit] nm Récit relatif à la vie de Mahomet, à ses paroles.

hadj ['adʒ] nm 1 Musulman qui a fait le pèlerinage à La Mecque. 2 Ce pèlerinage lui-même.

hafnium ['afnjɔm] nm Métal des terres rares.

hagard, arde ['a-] a Farouche, effaré, hébété.

hagiographe n Auteur d'une hagiographie.

hagiographie nf Biographie d'un saint.

haie ['ɛ] *nf* **1** Clôture faite d'arbustes ou de branchages. **2** Rangée de personnes ou de choses. *Une haie d'honneur.* **3** Obstacle artificiel disposé pour certaines courses.

haïku ['ajku] *nm* Poème japonais constitué d'un verset.

haillon ['a-] *nm* Vêtement usé, déchiré.

haine ['ɛn] *nf* Aversion violente, dégoût profond.

haineusement ['ɛn-] *av* De façon haineuse.

haineux, euse ['ɛn-] *a* Naturellement porté à la haine ; inspiré par la haine.

haïr ['a-] *vt* [24] Éprouver de la haine ; détester, exécrer.

haïssable ['a-] *a* Odieux, détestable.

haïtien, enne *a*, *n* De Haïti.

halage ['a-] *nm* Action de haler un bateau.

halal *a inv* Conforme aux prescriptions de la religion musulmane (viande).

halbran ['a-] *nm* Jeune canard sauvage.

hâle ['a-] *nm* Teinte brune de la peau sous l'effet du soleil et du grand air.

haleine *nf* Air qui sort des poumons pendant l'expiration. **Loc** *Être hors d'haleine :* très essoufflé. *À perdre haleine :* à perdre le souffle. *Tenir en haleine :* retenir l'attention. *De longue haleine :* qui exige beaucoup de temps.

haler ['a-] *vt* **1** Tirer à soi avec force. *Haler un cordage.* **2** Faire avancer un bateau en le tirant.

hâler ['a-] *vt* Rendre le teint plus foncé, brun-rouge ou doré.

haletant, ante ['a-] *a* Essoufflé.

halètement ['a-] *nm* Action de haleter ; bruit saccadé du souffle.

haleter ['a-] *vi* [17] Respirer bruyamment et à un rythme précipité, être hors d'haleine.

half-track ['a-] *nm* Véhicule chenillé blindé. *Des half-tracks.*

halieutique *a* De la pêche. ■ *nf* Art de la pêche.

hall ['ol] *nm* Vaste salle située à l'entrée d'un bâtiment. *Le hall d'un hôtel, d'une gare.*

hallali *nm* VEN Sonnerie du cor annonçant que la bête est près de succomber.

halle ['a-] *nf* Lieu public où se tient un marché, un commerce en gros. ■ *pl* Marché des produits alimentaires d'une grande ville.

hallebarde ['a-] *nf* Anc Pique à fer tranchant.

hallier ['a-] *nm* Gros buisson.

Halloween ['alowin] *nf* Fête anglo-saxonne célébrée par les enfants le 31 octobre.

hallucinant, ante *a* Fam Très étonnant.

hallucination *nf* Perception imaginaire, onirique ; illusion.

hallucinatoire *a* De l'hallucination.

halluciné, ée *a*, *n* Qui a des hallucinations.

hallucinogène *nm*, *a* Substance qui provoque des hallucinations.

halo ['a-] *nm* **1** Auréole diffuse autour d'une source lumineuse. **2** Ce qui semble émaner de. *Un halo de mystère.*

halogène *nm* **1** Corps de la famille du chlore. **2** Lampe à incandescence contenant ce corps.

halogéné, ée *a* CHIM Qui contient un halogène.

halte ['a-] *nf* **1** Moment d'arrêt au cours d'une marche. **2** Étape, lieu fixé pour s'arrêter. ■ *interj* **Loc** *Halte !, halte-là ! :* arrêtez !

halte-garderie ['a-] *nf* Crèche admettant des enfants en bas âge pour un court temps. *Des haltes-garderies.*

haltère *nm* Instrument de culture physique constitué de deux disques réunis par une barre.

haltérophile *n* Qui pratique l'haltérophilie.

haltérophilie *nf* Sport des poids et haltères.

halva ['a-] *nm* Confiserie turque à base de sésame et de sucre.

hamac ['a-] *nm* Toile ou filet suspendu par ses deux extrémités, qui sert de lit.

hamburger ['ɑ̃burgœr] *nm* Bifteck haché servi dans un petit pain rond.

hameau ['a-] *nm* Petit groupe isolé d'habitations rurales, ne formant pas une commune.

hameçon ['a-] *nm* Petit crochet qu'on fixe au bout d'une ligne pour prendre du poisson. **Loc** Fam *Mordre à l'hameçon :* se laisser séduire.

hammam ['amam] *nm* Établissement où l'on prend des bains de vapeur.

hampe ['ɑ̃-] *nf* **1** Longue tige qui sert de support à un drapeau. **2** BOT Tige portant des fleurs à son sommet. **3** Partie latérale supérieure du ventre du bœuf, vers la cuisse.

hamster ['amstɛr] *nm* Petit rongeur au pelage fauve et blanc.

hanap ['anap] *nm* Vase à boire du Moyen Âge.

hanche ['ɑ̃ʃ] *nf* Partie latérale du corps, entre la taille et le haut de la cuisse.

handball ['ɑdbal] *nm* Sport de ballon opposant deux équipes de 7 joueurs qui doivent se servir uniquement de leurs mains.

handballeur, euse *n* Joueur de handball.

handicap ['ɑ̃-] *nm* **1** Désavantage imposé à un concurrent, à un cheval, pour équilibrer les chances de victoire ; épreuve sportive où les chances sont ainsi équilibrées. **2** Infirmité physique ou mentale. *Handicap moteur.* **3** Ce qui défavorise, met en position d'infériorité.

handicapant, ante ['ɑ̃-] *a* Qui handicape.

handicapé, ée ['ɑ̃-] *a*, *n* Atteint d'un handicap.

handicaper ['ɑ̃-] *vt* **1** SPORT Imposer un handicap à un concurrent, un cheval. **2** Mettre en état d'infériorité, désavantager. *Sa timidité la handicape.*

handisport ['ɑ̃-] *a* Du sport pratiqué par les handicapés physiques.

hangar ['ɑ̃-] *nm* Construction ouverte formée d'un toit élevé sur des piliers ; entrepôt.

hanneton ['a-] *nm* Coléoptère aux élytres bruns, très commun en Europe.

Hanoukka ['a-] *nf* Fête juive, célébrée en décembre.

hanse ['ɑ̃s] *nf* HIST Ligue de marchands, au Moyen Âge.

hanséatique ['ɑ̃-] *a* HIST De la Hanse.

hanter ['ɑ̃-] *vt* **1** Habiter, apparaître qqpart (spectres, fantômes). **2** Obséder. *La crainte de la maladie le hante.*

hantise ['ɑ̃-] *nf* Inquiétude obsédante.

haoussa *nm* Langue d'Afrique de l'Ouest.

hapax *nm* LING Mot, forme dont on ne possède qu'un exemple.

happement ['a-] *nm* Action de happer.

happening ['apniŋ] *nm* Manifestation artistique dont l'improvisation implique une participation du public.

happer ['a-] *vt* **1** Saisir avidement d'un coup de gueule ou de bec. **2** Attraper soudainement avec violence.

happy end ['apiɛnd] *nm* Conclusion heureuse d'une œuvre dramatique. *Des happy ends.*

happy few [ˈapifju] *nmpl* Les quelques personnes privilégiées.

hara-kiri [ˈa-] *nm* Mode de suicide rituel, particulier aux Japonais, consistant à s'ouvrir le ventre. *Des hara-kiris.*

harangue [ˈa-] *nf* Discours solennel prononcé à l'intention d'une assemblée.

haranguer [ˈa-] *vt* Adresser une harangue.

haras [ˈaʀa] *nm* Établissement où on élève des juments et des étalons.

harassant, ante [ˈa-] *a* Qui harasse.

harassement [ˈa-] *nm* Lassitude extrême.

harasser [ˈa-] *vt* Fatiguer à l'excès.

harcèlement [ˈa-] *nm* Action de harceler.

harceler [ˈa-] *vt* [16] 1 Poursuivre de petites attaques renouvelées. 2 Tourmenter.

harde [ˈaʀd] *nf* VEN Troupeau de bêtes sauvages.

hardes [ˈaʀd] *nfpl* Litt Vieux vêtements.

hardi, ie [ˈa-] *a* 1 Audacieux, entreprenant, intrépide. 2 D'une originalité audacieuse. *Proposition hardie.* ■ *interj* Sert à encourager. *Hardi, les gars !*

hardiesse [ˈa-] *nf* Caractère hardi ; originalité.

hardiment [ˈa-] *av* Avec hardiesse.

hardware [ˈaʀdwɛʀ] *nm* INFORM Matériel.

harem [ˈa-] *nm* 1 Appartement des femmes, chez les musulmans. 2 Ensemble des femmes qui y habitent.

hareng [ˈa-] *nm* Poisson très commun des côtes européennes de l'Atlantique. **Loc** *Hareng saur :* hareng salé, séché et fumé. *Serrés comme des harengs :* très serrés.

harengère [ˈa-] *nf* Vx Marchande de poissons au parler grossier.

haret [ˈaʀɛ] *nm* Chat domestique devenu sauvage.

harfang [ˈaʀfɑ̃] *nm* Chouette blanche des régions arctiques.

hargne [ˈa-] *nf* Mauvaise humeur avec comportement agressif.

hargneusement [ˈa-] *av* De façon hargneuse.

hargneux, euse [ˈa-] *a* D'humeur querelleuse ; acariâtre.

haricot [ˈa-] *nm* Plante potagère dont on consomme les gousses vertes et les graines. **Loc** Pop *Des haricots ! :* rien du tout. Pop *C'est la fin des haricots :* la fin de tout. *Haricot de mouton :* ragoût de mouton accompagné de divers légumes.

haridelle [ˈa-] *nf* Litt Cheval maigre.

harissa [ˈa-] *nf* Sauce pimentée nord-africaine.

harki [ˈa-] *nm* Algérien engagé dans l'armée française pendant la guerre d'Algérie.

harmattan *nm* Vent chaud et sec de l'Afrique occidentale.

harmonica *nm* Instrument de musique composé d'anches libres mises en résonance par le souffle.

harmonie *nf* 1 Concours heureux de sons, de mots, de rythmes, etc. 2 MUS Science de la formation et de l'enchaînement des accords. 3 Orchestre d'instruments à vent et à percussion. 4 Effet produit par un ensemble dont les parties s'équilibrent. *Harmonie de couleurs.* 5 Bonne entente entre des personnes.

harmonieusement *av* Avec harmonie.

harmonieux, euse *a* Qui a de l'harmonie. *Son harmonieux. Mélange harmonieux.*

harmonique *a* De l'harmonie. ■ *nm* MUS Son musical dont la fréquence est un multiple d'une fréquence de base, appelée fondamentale.

harmonisation *nf* Action d'harmoniser.

harmoniser *vt* Mettre en harmonie. *Harmoniser des couleurs.* ■ *vpr* Se trouver en harmonie. *Leurs caractères s'harmonisent fort bien.*

harmonium [-njɔm] *nm* Instrument de musique à soufflerie et à clavier.

harnachement [ˈa-] *nm* 1 Action de harnacher. 2 Ensemble des harnais d'un cheval. 3 Fam Accoutrement lourd et ridicule.

harnacher [ˈa-] *vt* 1 Mettre un harnais à un cheval. 2 Fam Accoutrer ridiculement.

harnais [ˈa-] *nm* 1 Équipement d'un cheval de selle ou d'attelage. 2 Dispositif formé de sangles entourant le corps. *Harnais de parachutiste.*

harnois [ˈa-] *nm* **Loc** Litt *Blanchi sous le harnois :* qui a vieilli dans son métier, son activité.

haro [ˈa-] *nm* **Loc** Litt *Crier haro sur :* se dresser avec indignation contre.

harpagon *nm* Litt Avare.

harpe [ˈa-] *nf* Grand instrument de musique à cordes pincées, de forme triangulaire.

harpie [ˈa-] *nf* 1 Femme acariâtre et criarde. 2 MYTH Monstre ailé à visage de femme.

harpiste [ˈa-] *n* Qui joue de la harpe.

harpon [ˈa-] *nm* Large fer fixé à une hampe, servant à prendre les gros poissons.

harponnage ou **harponnement** [ˈa-] *nm* Action de harponner.

harponner [ˈa-] *vt* 1 Accrocher avec un harpon. 2 Fam Saisir, arrêter qqn par surprise.

haruspice *nm* ANTIQ Prêtre romain pratiquant la divination.

hasard [ˈa-] *nm* 1 Concours de circonstances imprévu et inexplicable ; événement fortuit. *Un malheureux hasard.* 2 Ce qui échappe à l'homme et qu'il ne peut ni prévoir ni expliquer ; sort. *Le hasard a fait que j'étais là.* **Loc** *Au hasard :* à l'aventure, sans but, sans méthode. *À tout hasard :* en prévision de tout ce qui pourrait arriver. *Au hasard de :* selon les aléas du hasard. *Coup de hasard :* événement inattendu. *Par hasard :* accidentellement. *Jeu de hasard :* où l'intelligence, le calcul n'ont pas de part.

hasardé, ée [ˈa-] *a* Risqué.

hasarder [ˈa-] *vt* Litt 1 Exposer au hasard. *Hasarder sa fortune.* 2 Se risquer à exprimer. *Hasarder une hypothèse.* ■ *vpr* Litt S'exposer à un risque.

hasardeux, euse [ˈa-] *a* Qui comporte des risques ; aléatoire.

has been [ˈazbin] *n inv* Fam Personnalité quelque peu oubliée.

hasch ou **hach** *nm* Fam Haschisch.

haschisch ou **hachisch** [ˈa-] *nm* Stupéfiant tiré du chanvre indien.

hase [ˈaz] *nf* Femelle du lièvre.

hassidique [ˈa-] *a* Du hassidisme.

hassidisme [ˈa-] *nm* Courant mystique du judaïsme.

hast *nm* **Loc** HIST *Arme d'hast :* arme montée sur une hampe.

hâte [ˈɑ-] *nf* Promptitude, diligence dans l'action. **Loc** *Avoir hâte :* être impatient. *À la hâte, en hâte :* avec précipitation et sans soin. *En toute hâte :* très rapidement.

hâter [ˈɑ-] *vt* Accélérer, rendre plus rapide. *Hâter le pas.* ■ *vpr* Se dépêcher de.

hâtif, ive [ˈɑ-] *a* 1 En avance par rapport au développement normal. *Fruit hâtif.* 2 Fait trop vite. *Travail hâtif.*

hâtivement ['a-] *av* À la hâte.

hauban ['o-] *nm* Chacun des câbles qui assujettissent le mât d'un navire, qui consolident une construction.

haubert ['o-] *nm* HIST Cotte de mailles.

hausse ['os] *nf* 1 Augmentation de prix, de valeur, de degré. 2 Dispositif pour pointer une arme à feu.

haussement ['o] *nm* Loc *Haussement d'épaules :* mouvement de mépris.

hausser ['o-] *vt* 1 Élever, augmenter la hauteur, l'intensité, le prix. *Hausser un mur, les salaires.* 2 Soulever. *Hausser une malle.* Loc *Hausser les épaules :* marquer son mépris, son indifférence. *Hausser la voix, le ton :* parler plus fort pour s'imposer.

haussier ['o-] *nm* FIN Spéculateur qui joue à la hausse sur les valeurs immobilières.

haut, haute ['o] *a* 1 D'une certaine dimension verticale. *Haut de dix mètres.* 2 Élevé, grand. *Haute montagne.* 3 Intense, fort. *Haute température.* 4 Éloigné de la mer. *La haute Loire.* 5 Éloigné dans le temps. *La haute antiquité.* 6 Supérieur, excellent. *Avoir une haute opinion de qqn.* Loc *Haut en couleur :* pittoresque. *Avoir le verbe haut :* être arrogant. *Avoir la haute main sur :* avoir autorité sur. *La tête haute :* sans craindre de reproche. *Haute trahison :* crime contre l'État. ■ *av* 1 À un degré élevé. *Parler haut.* 2 À grande altitude. *Monter haut.* Loc *De haut :* d'un point, d'une partie élevée. *Le prendre de haut :* répondre avec arrogance. *Voir les choses de haut :* sans s'arrêter aux détails. *Regarder qqn de haut en bas :* avec mépris et arrogance. *De haut en bas :* dans la partie la plus haute de. ■ *nm* 1 Sommet. *Le haut de l'arbre.* 2 Élévation. *Dix mètres de haut.* Loc *Tomber de son haut :* être surpris. ■ *nmpl Loc Les hauts et les bas :* alternances favorables et défavorables. ■ *nf* Loc Pop *La haute :* les hautes classes de la société.

hautain, aine ['o-] *a* Arrogant, dédaigneux.

hautbois ['o-] *nm* Instrument de musique à vent, en bois, et à anche double.

hautboïste ['o-] *n* Joueur de hautbois.

haut-de-chausses ['o-] *nm* HIST Culotte bouffante descendant à mi-mollet. *Des hauts-de-chausses.*

haut-de-forme ['o-] *nm* Haut chapeau cylindrique. *Des hauts-de-forme.*

haute-contre ['o-] *nf* Voix masculine la plus aiguë. ■ *nm* Qui a cette voix. *Des hautes-contre.*

haute-fidélité ['o-] *nf* Restitution très fidèle des sons (abrév : hi-fi).

hautement ['o-] *av* 1 Ouvertement. *Proclamer hautement son innocence.* 2 Fortement. *Un ouvrier hautement qualifié.*

hauteur ['o-] *nf* 1 Dimension dans le sens vertical. 2 Caractère de ce qui est élevé, intense, fort. 3 Lieu élevé, éminence. *Habiter sur les hauteurs.* 4 MATH Segment de droite perpendiculaire au côté d'un triangle. 5 Élévation morale. *Hauteur de vues.* 6 Arrogance, mépris. *Accueillir qqn avec hauteur.* 7 PHYS Fréquence moyenne d'un son. Loc *À la hauteur :* au niveau de. *Être à la hauteur de qqn :* avoir la même valeur que lui. *Être à la hauteur de la situation :* être à même d'y faire face. Fam *Ne pas être à la hauteur :* être incapable.

haut-fond ['o-] *nm* Élévation du fond marin, recouverte de très peu d'eau. *Des hauts-fonds.*

haut-fourneau ['o-] *nm* Four destiné à la fusion du minerai de fer. *Des hauts-fourneaux.*

haut-le-cœur ['o-] *nm inv* Nausée.

haut-le-corps ['o-] *nm inv* Brusque mouvement marquant l'indignation, la surprise.

haut-parleur ['o-] *nm* Appareil qui transforme en ondes sonores les signaux électriques d'un amplificateur. *Des haut-parleurs.*

haut-relief ['o-] *nm* Sculpture où les figures se détachent presque entièrement du fond (par oppos. à bas-relief). *Des hauts-reliefs.*

hauturier, ère ['o-] *a* MAR Qui se pratique en haute mer. *Pêche hauturière.*

havage ['a-] *nm* Abattage de la roche en continu.

havanais, aise ['a-] *a, n* De La Havane.

havane ['a-] *nm* Tabac ou cigare de La Havane. ■ *a inv* Brun-roux.

hâve ['a-] *a* Litt Pâli, émacié par la faim.

havre ['a-] *nm* 1 Port abrité. 2 Litt Lieu calme et protégé, refuge.

havresac ['a-] *nm* Sac porté sur le dos.

hawaïen ou **hawaïen, enne** *a, n* Des îles Hawaii.

hayon ['a-] *nm* Porte pivotante fermant l'arrière de certains véhicules automobiles.

hé ! ['e] *interj* 1 Fam Sert à appeler, interpeller. *Hé ! toi, viens ici !* 2 Marque, selon le ton, la surprise, l'approbation, l'ironie.

heaume ['om] *nm* Casque porté au Moyen Âge par les hommes d'arme.

hebdomadaire *a* De la semaine. ■ *nm* Publication qui paraît chaque semaine.

hebdomadairement *av* Toutes les semaines.

hébéphrénie *nf* PSYCHIAT Schizophrénie sévère des adolescents.

hébergement *nm* Logement.

héberger *vt* [11] Recevoir, loger chez soi.

hébétement *nm* État hébété, stupide.

hébéter *vt* [12] Rendre stupide, ahuri.

hébétude *nf* MED Engourdissement des facultés intellectuelles.

hébraïque *a* Propre aux Hébreux.

hébreu *nm* Langue sémitique parlée en Israël. Loc *Fam C'est de l'hébreu :* c'est incompréhensible. ■ *am* Relatif au peuple juif.

hécatombe *nf* 1 Massacre, tuerie d'animaux ou d'êtres humains. 2 Grand nombre de personnes éliminées.

hectare *nm* Unité de superficie valant 100 ares ou 10 000 m² (symbole : ha).

hectogramme *nm* Unité de masse valant 100 grammes (symbole : hg).

hectolitre *nm* Mesure de capacité valant 100 litres (symbole : hl).

hectomètre *nm* Mesure de longueur valant 100 mètres (symbole : hm).

hectopascal *nm* Unité de pression valant 100 pascals (symbole : hPa).

hectowatt *nm* Mesure de puissance équivalant à 100 watts (symbole : hW).

hédonisme *nm* Doctrine qui fait de la recherche du plaisir le fondement de la vie.

hédoniste *n, a* De l'hédonisme.

hégélianisme [ege-] *nm* Philosophie de Hegel.

hégélien, enne [ege-] *a, n* Partisan de la philosophie d'Hegel.

hégémonie *nf* Suprématie, domination politique, économique.

hégémonique *a* Propre à l'hégémonie.

hégémonisme *nm* Domination érigée en système politique.

hégire *nf* Ère des musulmans, qui commence en 622 (départ de Mahomet pour Médine).

hein ! [ɛ̃] *interj* Fam Indique la surprise, l'impatience, l'incompréhension, etc.

hélas ! *interj* Exprime la plainte, la tristesse, le désespoir, le regret.

héler [e-] *vt* [12] Appeler de loin.

hélianthe *nm* Plante à grands capitules jaunes.

hélianthème *nm* Plante ornementale à grandes fleurs blanches ou jaunes.

hélianthine *nf* Colorant synthétique utilisé comme indicateur chimique.

hélice *nf* 1 Organe de propulsion ou de traction d'un navire, d'un avion. 2 Élément constitué de pales reliées à un axe. *Hélice d'un ventilateur.* Loc *En hélice :* en spirale.

héliciculture *nf* Élevage des escargots.

hélicoïdal, ale, aux *a* En forme d'hélice.

hélicoptère *nm* Appareil d'aviation dont la sustentation et la propulsion sont assurées par des voilures tournantes.

héligare *nf* Aérogare pour hélicoptères.

héliocentrique *a* De l'héliocentrisme.

héliocentrisme *nm* ASTRO Système considérant le Soleil comme centre de l'Univers.

héliogravure *nf* Procédé d'impression utilisant des cylindres gravés en creux.

héliomarin, ine *a* Qui associe l'action des rayons du soleil et de l'air marin.

héliothérapie *nf* Traitement médical par exposition aux rayons ultraviolets.

héliotrope *nm* Plante vivace à fleurs odorantes tournées vers le soleil.

héliotropisme *nm* BOT Propriété des plantes tournées vers la lumière.

héliport *nm* Aéroport pour hélicoptères.

héliportage *nm* Transport par hélicoptère.

héliporté, ée *a* Transporté par hélicoptère.

hélitaxi *nm* Hélicoptère faisant le taxi.

hélitreuillage *nm* Treuillage par hélicoptère.

hélium [eljɔm] *nm* Gaz rare de l'air.

hélix *nm* 1 ANAT Repli du pavillon de l'oreille. 2 ZOOL Escargot.

hellébore. V. ellébore.

hellène *n, a* De la Grèce ancienne.

hellénique *a* Propre à la Grèce.

helléniser *vt* Donner le caractère grec à.

hellénisme *nm* 1 Civilisation de la Grèce ancienne. 2 Forme particulière à la langue grecque.

helléniste ou **hellénisant, ante** *n* Spécialiste de la langue et de la civilisation de la Grèce.

hellénistique *a* Propre à l'histoire grecque, de la mort d'Alexandre à la conquête romaine.

hello ! [e-] *interj* Sert à appeler, à saluer.

helminthe *nm* Ver parasite de l'intestin.

helminthiase *nf* Maladie parasitaire due à l'helminthe.

helvète *n, a* Suisse.

helvétique *a* De la Suisse.

helvétisme *nm* Expression, mot propres au français parlé en Suisse.

hem ! [ɛm] *interj* Attire l'attention ou exprime le doute, l'embarras, la défiance.

hémarthrose *nf* Épanchement de sang dans une articulation.

hématie [-si] *nf* Globule rouge du sang.

hématique *a* MED Relatif au sang.

hématite *nf* Oxyde de fer naturel, exploité comme minerai de fer.

hématocrite *nm* MED Volume occupé par les globules rouges du sang.

hématologie *nf* MED Étude du sang.

hématologiste ou **hématologue** *n* Spécialiste d'hématologie.

hématome *nm* Épanchement de sang sous la peau. Syn. Ecchymose.

hématopoïèse [-pɔjez] *nf* BIOL Formation des globules du sang.

hématopoïétique *a* De l'hématopoïèse.

hématose *nf* MED Conversion du sang veineux en sang artériel oxygéné.

hématozoaire *nm* Parasite animal vivant dans le sang, agent du paludisme.

hématurie *nf* MED Présence de sang dans les urines.

hémianopsie *nf* MED Perte de la moitié du champ visuel.

hémicycle *nm* Salle, espace semi-circulaire généralement entouré de gradins.

hémiplégie *nf* Paralysie frappant une moitié du corps.

hémiplégique *a, n* Atteint d'hémiplégie.

hémiptère *nm* ZOOL Insecte piqueur ou suceur, comme les punaises, les pucerons.

hémisphère *nm* Moitié d'une sphère. Loc *Hémisphères cérébraux :* les deux moitiés symétriques du cerveau.

hémisphérique *a* D'un hémisphère.

hémistiche *nm* LITTER Chacune des deux parties d'un vers coupé par une césure.

hémobiologie *nf* Spécialité médicale concernant la transfusion sanguine.

hémocompatible *a* Dont le groupe sanguin est compatible avec un autre.

hémoculture *nf* MED Culture bactériologique du sang prélevé y rechercher les microbes.

hémodialyse *nf* MED Purification du sang.

hémoglobine *nf* Pigment rouge des hématies.

hémogramme *nm* MED Étude des cellules et des plaquettes du sang.

hémolyse *nf* Destruction des globules rouges.

hémolytique *a* De l'hémolyse.

hémopathie *nf* Maladie du sang.

hémophile *a, n* Atteint d'hémophilie.

hémophilie *nf* Maladie héréditaire caractérisée par une absence de coagulation du sang.

hémoptysie *nf* MED Crachement de sang.

hémorragie *nf* 1 Écoulement de sang hors d'un vaisseau. 2 Déperdition importante. *Hémorragie de capitaux.*

hémorragique *a* De l'hémorragie.

hémorroïde *nf* Varice formée par la dilatation des veines de l'anus.

hémostase *nf* Arrêt d'une hémorragie.

hémostatique *a, nm* Qui arrête l'hémorragie.

hendécagone *nm* Polygone qui a onze côtés.

hendécasyllabe *nm* Vers de onze syllabes.

henné [e-] *nm* Arbuste exotique dont les feuilles fournissent une teinture jaune ou rouge utilisée pour les cheveux.

hennin [e-] *nm* Coiffure de femme au Moyen Âge, formée d'un haut cône tendu d'étoffe.

hennir [ɛ-] *vi* Pousser son cri (cheval).

hennissement [ɛ-] *nm* Cri du cheval.

hep ! *interj* Sert à appeler, à héler.

héparine *nf* Substance anticoagulante d'origine hépatique.
hépatique *a* ANAT Relatif au foie.
hépatite *nf* Inflammation du foie.
hépatocyte *nm* BIOL Cellule du foie.
hépatologie *nf* MED Étude du foie.
heptagonal, ale, aux *a* Qui a sept côtés.
heptagone *nm* Polygone à sept côtés.
heptamètre *nm* Vers de sept pieds.
heptasyllabe *a, nm* De sept syllabes.
heptathlon *nm* SPORT Épreuve féminine combinant trois courses et quatre lancers.
héraldique *nf* Science du blason, des armoiries. ■ *a* De l'héraldique.
héraldiste *n* Spécialiste de l'héraldique.
héraut ['e-] *nm* Au Moyen Âge, officier chargé de faire des proclamations solennelles.
herbacé, ée *a* BOT Qui a l'apparence de l'herbe. *Plante herbacée.*
herbage *nm* Prairie destinée au pâturage.
herbager, ère *a* Caractérisé par des herbages.
herbe *nf* 1 Plante fine, verte, non ligneuse, à tige molle. 2 Végétation formée de plantes herbacées. *Couché sur l'herbe.* Loc *Fines herbes* : plantes aromatiques (ciboule, estragon, etc.). *Herbes médicinales, officinales* : utilisées pour leurs propriétés thérapeutiques. *Mauvaises herbes* : nuisibles aux cultures. *Herbe aux chats* : valériane. *De la mauvaise herbe* : un vaurien, un voyou. *En herbe* : non mûr (céréale) ; doué pour une activité (enfant). *Couper l'herbe sous le pied de* (ou *à*) qqn : le devancer et le supplanter.
herbeux, euse *a* Où il pousse de l'herbe.
herbicide *a, nm* Qui détruit les mauvaises herbes.
herbier *nm* 1 Collection de plantes séchées. 2 Prairie sous-marine.
herbivore *a, nm* Qui se nourrit d'herbes.
herboriser *vi* Cueillir des plantes pour les étudier, pour constituer un herbier.
herboriste *n* Qui vend des plantes médicinales.
herboristerie *nf* Commerce de l'herboriste.
herbu, ue *a* Où l'herbe est épaisse.
hercule *nm* Homme d'une force colossale.
herculéen, enne *a* D'une force colossale.
hercynien, enne *a* GEOL Se dit des plissements de la fin de l'ère primaire.
hère ['ɛR] *nm* Loc *Litt Pauvre hère* : homme lamentable, misérable.
héréditaire *a* Transmis par hérédité.
héréditairement *av* Par hérédité.
hérédité *nf* 1 Transmission par droit de succession. 2 Transmission de certains caractères dans la reproduction des êtres vivants. 3 Prédisposition, caractère hérités des parents, des générations précédentes.
hérésiarque *nm* Auteur d'une hérésie.
hérésie *nf* 1 Doctrine contraire aux dogmes d'une religion. 2 Opinion en opposition avec les idées communément admises.
hérétique *a, n* Qui relève de l'hérésie.
hérissement ['e-] *nm* Fait de se hérisser.
hérisser ['e-] *vt* 1 Dresser ses poils, ses plumes, en parlant d'un animal. 2 Garnir de choses pointues, saillantes. *Hérisser de tessons de bouteilles le haut d'un mur.* 3 Horripiler, irriter. *Ces propos le hérissaient.* ■ *vpr* 1 Se dresser en parlant des cheveux ou des plumes. 2 Avoir une réaction de révolte devant qqch.

hérisson ['e-] *nm* 1 Mammifère insectivore au corps couvert de piquants. 2 Brosse métallique circulaire pour le ramonage.
héritage *nm* Ce qui est transmis par succession ou par les générations précédentes.
hériter *vti, vi, vt* 1 Recueillir par héritage. *Hériter d'une maison.* 2 Recevoir un héritage. *Hériter une maison de ses parents.*
héritier, ère *n* 1 Qui hérite des biens d'un défunt. 2 Qui continue une tradition.
hermaphrodisme *nm* BIOL Réunion chez le même individu des caractères des deux sexes.
hermaphrodite *nm, a* Qui présente un hermaphrodisme.
herméneutique *nf* PHILO Théorie de l'interprétation des symboles.
hermétécité *nf* Caractère hermétique (1).
hermétique *a* 1 Qui ferme parfaitement. *Récipient hermétique.* 2 Obscur, difficile à comprendre. *Poésie hermétique.*
hermétiquement *av* De façon hermétique.
hermétisme *nm* Caractère hermétique (2).
hermine *nf* 1 Carnivore dont la fourrure fauve en été, devient blanche en hiver. 2 Bande de fourrure que portent certains magistrats.
herniaire *a* Relatif à la hernie.
hernie ['ɛR-] *nf* MED Masse formée par un organe sorti de la cavité qui le contient normalement.
héroïcomique *a* Qui tient d'un comique traité de façon héroïque.
1. héroïne *nf* Stupéfiant dérivé de la morphine.
2. héroïne *nf* 1 Femme douée d'un courage hors du commun. 2 Femme qui tient le rôle principal dans une œuvre, une aventure.
héroïnomane *n* Toxicomane à l'héroïne.
héroïque *a* Qui montre de l'héroïsme. Loc *Aux temps héroïques* : dans un lointain passé.
héroïquement *av* Courageusement.
héroïsme *nm* Courage exceptionnel.
héron *nm* Grand oiseau vivant au bord des eaux et se nourrissant de petits animaux.
héros ['eRo] *nm* 1 MYTH Demi-dieu. 2 Qui se distingue par son courage, sa grandeur d'âme, etc. 3 Personnage principal ou important d'une œuvre littéraire ou d'une aventure.
herpès *nm* Éruption cutanée due à un virus.
herpétique *a* De l'herpès.
herse ['ɛ-] *nf* 1 Instrument muni de dents qui sert, après le labour, à briser les mottes. 2 Grille hérissée de pointes qu'on abaissait pour fermer l'entrée des forteresses.
herser ['e-] *vt* Passer la herse sur un sol.
hertz ['ɛRts] *nm* PHYS Unité de fréquence (symbole : Hz).
hertzien, enne ['ɛ-] *a* Loc *Ondes hertziennes* : ondes électromagnétiques utilisées dans les télécommunications.
hésitant, ante *a, n* Mal assuré.
hésitation *nf* Fait d'hésiter.
hésiter *vi* 1 Être irrésolu quant au parti qu'on doit prendre. *Hésiter à venir.* 2 Marquer son indécision. *Hésiter dans ses réponses.*
hétaïre *nf* ANTIQ Courtisane.
hétéroclite *a* Fait d'un assemblage bizarre de morceaux disparates.
hétérodoxe *a* Qui s'écarte de la doctrine considérée comme vraie.
hétérodoxie *nf* Doctrine hétérodoxe.

hétérodyne *nf* Oscillateur utilisé dans un récepteur radioélectrique pour en améliorer les performances.

hétérogamie *nf* BIOL Fécondation par fusion de gamètes dissemblables. Ant. isogamie.

hétérogène *a* Formé d'éléments de nature différente, dissemblable. Ant. homogène.

hétérogénéité *nf* Caractère hétérogène.

hétérogreffe *nf* CHIR Greffe entre sujets d'espèces différentes.

hétérosexualité *nf* Sexualité des hétérosexuels.

hétérosexuel, elle *a, n* Qui trouve la satisfaction sexuelle avec des sujets du sexe opposé.

hétérozygote *a, n* BIOL Se dit d'un être vivant dont le patrimoine génétique est formé de gènes non identiques. Ant. homozygote.

hêtre ['ε-] *nm* Grand arbre à écorce lisse, à tronc droit, à bois blanc.

heu ! ['ø] *interj* Marque le doute, l'hésitation, la gêne ou une difficulté d'élocution.

heur *nm* Loc Litt *Avoir l'heur de* : avoir la chance de.

heure *nf* 1 Période de temps correspondant à la vingt-quatrième partie du jour. *Il est cinq heures. Je pars dans deux heures.* 2 Moment de la journée défini par une activité quelconque. *C'est l'heure de déjeuner.* Loc *À la bonne heure* : c'est satisfaisant, soit. *De bonne heure* : tôt. *À cette heure* : en ce moment. *À toute heure* : sans interruption. *Avant l'heure* : avant le moment prévu. *La dernière heure* : la mort. *Remettre les pendules, les montres à l'heure* : adapter son attitude à une nouvelle situation. *Sur l'heure* : à l'instant même. *Tout à l'heure* : un peu plus tard ; il y a quelques instants. ■ *pl* Période difficile. *Connaître des heures pénibles.* Loc *Livre d'heures* : livre de prières.

heureusement *av* 1 Avec succès. 2 Par bonheur. *Heureusement il avait pris ses précautions.*

heureux, euse *a* 1 Favorisé par le sort. *Être heureux au jeu.* 2 Propice. *Un heureux hasard.* 3 Ingénieux. *Une heureuse combinaison.* 4 Qui jouit du bonheur. *Rendre qqn heureux.* 5 Qui marque le bonheur. *Air, visage heureux.* ■ *n* Personne heureuse. *Faire des heureux.*

heuristique *a* PHILO Qui favorise la découverte de faits, de théories. ■ *nf* Discipline cherchant les règles de la découverte scientifique.

heurt ['œr] *nm* 1 Coup, choc brutal de corps qui se rencontrent. 2 Friction entre les personnes, désaccord.

heurté, ée *a* Contrasté.

heurter ['œ-] *vt* 1 Rencontrer rudement. *Son front a heurté le pare-brise.* 2 Contrarier, blesser, offenser. *Heurter les sentiments de qqn.* Loc *Heurter de front* : aller à l'encontre de. ■ *vti* Frapper contre. *Le bateau heurta contre un écueil.*

heurtoir ['œr-] *nm* 1 Marteau fixé à la porte d'une maison, et qui sert à frapper pour s'annoncer. 2 Butoir d'une voie de chemin de fer.

hévéa *nm* Arbre cultivé pour son latex dont on tire le caoutchouc.

hexachlorophène [-klɔ-] *nm* MED Antiseptique.

hexachlorure [-klɔ-] *nm* CHIM Chlorure dont la molécule contient six atomes de chlore.

hexaèdre *a, nm* GEOM Qui a six faces planes.

hexagonal, ale, aux *a* 1 GEOM En forme d'hexagone. 2 Qui concerne la France (l'Hexagone). *La politique hexagonale.*

hexagone *nm* Polygone à six côtés. Loc *L'Hexagone* : la France métropolitaine.

hexamètre *a, nm* LITTER Vers de six pieds.

hexapode *a, nm* ZOOL Qui a six pattes.

hexasyllabe *a, nm* De six syllabes.

hexose *nm* CHIM Sucre simple, comme le glucose et le lactose.

hi ! ['i] *interj* Note le rire ou les pleurs.

hiatus *nm* 1 Suite de deux voyelles contiguës (ex. : il a été). 2 Discontinuité, coupure. 3 ANAT Orifice.

hibernal, ale, aux *a* De l'hibernation.

hibernation *nf* État de torpeur dans lequel demeurent certains animaux en hiver.

hiberner *vi* Passer l'hiver en hibernation.

hibiscus *nm* Plante tropicale à grosses fleurs.

hibou ['i-] *nm* Rapace nocturne. *Des hiboux.*

hic ['ik] *nm inv* Point difficile d'une question, d'une affaire.

hic et nunc ['iketnɔk] *av* Ici et maintenant.

hickory ['i-] *nm* Arbre au bois très résistant.

hidalgo *nm* HIST Noble espagnol.

hideusement ['i-] *av* De façon hideuse.

hideux, euse ['i-] *a* Horrible, repoussant.

hier [ijɛr] *av* 1 Le jour qui précède immédiatement celui où on est. 2 Dans un passé récent, à une date récente. Loc Fam *N'être pas né d'hier* : avoir beaucoup d'expérience.

hiérarchie ['je-] *nf* Organisation d'un groupe, d'un ensemble telle que chacun de ses éléments se trouve subordonné à celui qu'il suit.

hiérarchique ['je-] *a* Propre à la hiérarchie.

hiérarchiquement ['je-] *av* De façon hiérarchique.

hiérarchisation ['je-] *nf* Action de hiérarchiser.

hiérarchiser ['je-] *vt* Organiser en établissant une hiérarchie.

hiérarque ['je-] *nm* Personnage important.

hiératique *a* D'une raideur figée. *Pose hiératique.*

hiératisme *nm* Caractère hiératique.

hiéroglyphe *nm* Signe de l'écriture des anciens Égyptiens. ■ *pl* Écriture illisible.

hiéroglyphique *a* Composé d'hiéroglyphes.

hi-fi ['i-] *nf inv* Abrév de *haute-fidélité.*

high-tech ['ajtɛk] *a* D'une technologie avancée. *Entreprise high-tech.*

higoumène *nm* RELIG Supérieur d'un monastère orthodoxe.

hi-han ['i-] *interj* Cri de l'âne.

hilarant, ante *a* Qui cause le rire.

hilare *a* Qui exprime un parfait contentement.

hilarité *nf* Accès brusque de gaieté qui se manifeste par le rire.

hile ['il] *nm* ANAT Zone de pénétration des vaisseaux et des nerfs dans un viscère.

himalayen, enne *a* De l'Himalaya.

hindi ['indi] *nm* Langue officielle de l'Inde.

hindou, oue ou **hindouiste** *a, n* Qui relève de l'hindouisme.

hindouisme *nm* Religion polythéiste de l'Inde brahmanique.

hinterland *nm* GEOGR Arrière-pays.

hippie ou **hippy** ['i-] *n* Jeune non violent remettant en cause par son comportement la société de consommation. *Des hippies* ['ipiz].

hippique a Propre aux chevaux, à l'équitation.
hippisme nm Sport équestre.
hippocampe nm Poisson marin dont la tête est perpendiculaire à l'axe du corps.
hippodrome nm Champ de courses.
hippologie nf Étude du cheval.
hippomobile a Tiré par des chevaux.
hippophagique a Loc Boucherie hippophagique : où on vend de la viande de cheval.
hippopotame nm Herbivore massif d'Afrique qui passe sa vie dans les cours d'eau.
hirondelle nf Passereau au vol léger et rapide. Loc Hirondelle de mer : sterne.
hirsute a Ébouriffé, échevelé.
hispanique a, n De l'Espagne ou de l'Amérique hispanophone.
hispanisant, ante ou **hispaniste** n Spécialiste de la civilisation espagnole.
hispanisme nm Expression propre à la langue espagnole.
hispano-américain, aine a, n Qui concerne l'Amérique espagnole.
hispanophone a, n De langue espagnole.
hisser ['i-] vt 1 Élever au moyen d'un cordage, d'un filin. 2 Faire monter, en tirant ou en poussant. ■ vpr S'élever avec effort, grimper.
histamine nf BIOL Amine qui provoque la sécrétion du suc gastrique et contracte les artères.
histaminique a De l'histamine.
histidine nf BIOL Acide aminé abondant dans l'hémoglobine.
histocompatibilité nf MED Compatibilité des tissus ou organes greffés.
histogenèse nf BIOL Formation de tissus divers à partir de cellules indifférenciées de l'embryon.
histogramme nm Représentation graphique d'une série statistique.
histoire nf 1 Récit d'actions, d'événements passés. 2 Science de la connaissance du passé. 3 Suite des événements vus rétrospectivement. Le sens de l'histoire. L'accélération de l'histoire. 4 Relation d'aventures réelles ou inventées. Raconter une histoire à un enfant. Loc Histoire naturelle : sciences naturelles. C'est toute une histoire : ce serait long à raconter. C'est une autre histoire : il s'agit d'autre chose. En voilà une histoire : c'est une nouvelle fâcheuse. C'est de l'histoire ancienne : un événement passé qu'on veut oublier. Une histoire à dormir debout : invraisemblable. Fam Histoire de faire qqch : pour la faire. ■ pl Loc Fam Faire des histoires : faire des embarras. S'attirer des histoires : des désagréments, des querelles.
histologie nf BIOL Étude des tissus vivants.
histologique a De l'histologie.
histolyse nf BIOL Destruction des tissus.
historicité nf Caractère historique.
historié, ée a Orné d'enjolivures.
historien, enne n Spécialiste de l'histoire ; auteur d'ouvrages d'histoire.
historiette nf Courte histoire, anecdote.
historiographe n Écrivain officiel de l'histoire de son temps.
historiographie nf 1 Travail de l'historiographe. 2 Ensemble des ouvrages historiques d'une période donnée.
historique a 1 Propre à l'histoire, à la réalité des faits. 2 Important, marquant. Un moment historique. Loc Monument historique : classé

par l'État, qui en garantit la conservation en raison de son intérêt. ■ nm Exposé chronologique de faits, d'événements.
historiquement av Du point de vue historique.
histrion nm Litt Mauvais comédien, cabotin.
hitlérien, enne a, n Qui relève de l'hitlérisme.
hitlérisme nm Doctrine d'Hitler.
hit-parade ['i-] nm Cote de popularité des chansons, des films, etc. Des hit-parades.
hittite ['i-] a Des Hittites. ■ nm Langue parlée par les Hittites.
HIV ['aʃive] nm Nom anglais du V.I.H.
hiver nm Saison la plus froide.
hivernage nm 1 MAR Temps de relâche pendant la mauvaise saison. 2 Saison des pluies dans les régions tropicales. 3 AGRIC Séjour du bétail à l'étable, des abeilles à la ruche pendant l'hiver.
hivernal, ale, aux a D'hiver. Station hivernale. ■ nf Ascension en haute montagne pendant l'hiver.
hivernant, ante a Qui séjourne qqpart pendant l'hiver.
hiverner vi Passer la mauvaise saison à l'abri.
H.L.M. [aʃɛlɛm] nm ou nf Immeuble d'habitation à loyer modéré.
ho ! ['o] interj Sert à appeler, à s'indigner, etc.
hobby ['ɔ-] nm Passe-temps favori.
hobereau ['ɔ-] nm Gentilhomme campagnard.
hochement ['ɔ-] nm Action de hocher la tête.
hochepot ['ɔ-] nm Ragoût de bœuf avec des navets.
hochequeue ['ɔ-] nm Bergeronnette.
hocher ['ɔ-] vt Loc Hocher la tête : la remuer.
hochet ['ɔ-] nm Jouet que les bébés peuvent secouer et qui fait du bruit.
hockey ['ɔ-] nm Jeu d'équipe pratiqué sur gazon ou sur glace.
hockeyeur, euse ['ɔ-] n Qui joue au hockey.
Hodgkin (maladie de) nf Sarcome ganglionnaire.
ho hisse ! ['ɔ-] interj Rythme ou coordonne les gestes de gens qui hissent.
hoirie nf Vx Héritage.
holà ! interj Sert à appeler, à modérer. Holà ! pas tant de bruit. ■ nm Loc Mettre le holà à : mettre fin à qqch de fâcheux.
holding ['ɔldiŋ] nm ou nf Société qui détient des participations dans d'autres entreprises qu'elle contrôle.
hold-up ['ɔldœp] nm inv Agression à main armée.
hollandais, aise ['ɔ-] a, n De Hollande.
hollande ['ɔ-] nm Fromage de vache, à croûte rouge, en forme de boule.
hollywoodien, enne ['ɔliwu] a De Hollywood.
holocauste nm 1 Sacrifice religieux sanglant. 2 (avec majusc) Massacre des Juifs par les nazis.
hologramme nm Photo donnant l'illusion du relief sous un certain angle.
holographie nf Réalisation des hologrammes.
holothurie nf Échinoderme au corps mou. Syn. concombre de mer.
homard nm Crustacé marin aux énormes pinces, à la chair très estimée.
home ['om] nm Loc Home d'enfants : maison qui accueille des enfants en vacances.
homélie nf 1 RELIG Sermon fait sur un ton familier. 2 Litt Discours moralisant et ennuyeux.

homéopathe n Spécialiste d'homéopathie.

homéopathie nf Traitement des maladies par des doses infinitésimales de produits qui déterminent des symptômes identiques aux troubles qu'on veut supprimer.

homéopathique a 1 De l'homéopathie. 2 À dose très faible.

homéostasie nf Faculté des êtres vivants de maintenir certaines constantes biologiques quel que soit le milieu extérieur.

homéostatique a De l'homéostasie.

homérique a 1 Relatif à Homère. 2 Spectaculaire, épique. *Bataille homérique.*

homicide n. a Qui tue un être humain. ■ nm Meurtre d'un être humain.

hominidé nm Primate fossile, ancêtre de l'homme.

hominien nm Homme fossile.

hominisation nf Constitution de l'espèce humaine à partir de primates.

hommage nm Acte, marque de soumission, de vénération, de respect. **Loc** *Présenter ses hommages* : ses civilités. *Rendre hommage* : témoigner son estime.

hommasse a Se dit d'une femme à l'allure virile.

homme nm 1 Être humain, par oppos. aux animaux. 2 Être humain de sexe masculin par oppos. à la femme. 3 Être humain de sexe masculin et adulte par oppos. à l'enfant. 4 Pop Amant, mari. **Loc** *Grand homme* : personnage important. *Homme de lettres* : écrivain. *Homme d'État* : qui dirige ou a dirigé un État. *Homme de loi* : magistrat, avocat. *Homme d'affaires* : qui s'occupe d'entreprises commerciales. *Homme de troupe* : militaire qui n'est ni officier ni sous-officier. *Homme de confiance* : à qui on confie des missions délicates. *Homme de parole* : qui tient ses promesses. *Homme de paille* : prête-nom. *Être (un) homme à* (+ inf) : capable de, ou digne de. *D'homme à homme* : directement, franchement. *Comme un seul homme* : tous ensemble.

homme-grenouille nm Plongeur muni d'un scaphandre autonome. *Des hommes-grenouilles.*

homme-orchestre nm Homme qui a des talents variés. *Des hommes-orchestres.*

homme-sandwich nm Homme qui déambule en portant des panneaux publicitaires. *Des hommes-sandwichs.*

homogène a Formé d'éléments de même nature ; cohérent. Ant. hétérogène.

homogénéisation nf Action d'homogénéiser.

homogénéiser vt Rendre homogène.

homogénéité nf Caractère homogène.

homographe a, nm LING Se dit d'homonymes de même orthographe (ex. : *bière « boisson »* et *bière « cercueil »*).

homographie nf Propriété des homographes.

homogreffe nf Greffe dans laquelle le greffon est emprunté à un donneur de même espèce.

homologation nf Action d'homologuer.

homologie nf Didac Caractère homologue.

homologue a Équivalent, analogue. ■ n Personne qui a les mêmes fonctions, le même travail qu'une autre.

homologuer vt SPORT Reconnaître officiellement. *Homologuer un record.*

homoncule nm Fam Homme petit et malingre.

homonyme a, nm LING Se dit des mots de même orthographe ou de même prononciation, mais qui ont des significations différentes. ■ nm Qui porte le même nom qu'un autre.

homonymie nf Caractère homonyme.

homophone a, nm LING Se dit d'homonymes de même prononciation (ex. : *comte, compte* et *conte*).

homophonie nf Caractère homophone.

homosexualité nf Sexualité des homosexuels.

homosexuel, elle a, n Qui trouve la satisfaction sexuelle avec des sujets du même sexe.

homozygote a, nm BIOL Se dit de jumeaux ayant les mêmes gènes. Ant. hétérozygote.

hondurien, enne ['ɔ̃-] a, n Du Honduras.

hongkongais, aise a, n De Hong Kong.

hongre ['ɔ̃-] nm Cheval châtré.

hongrois, oise ['ɔ̃-] a, n De Hongrie. ■ nm Langue finno-ougrienne parlée en Hongrie.

honnête a 1 Qui ne cherche pas à faire des profits illicites. *Commerçant honnête.* 2 Qui se conforme à la loi morale. *Un arbitre honnête.* 3 Satisfaisant. *Un salaire honnête.*

honnêtement av 1 De façon honnête. 2 Sincèrement. *Honnêtement, tu as tort.*

honnêteté nf Caractère honnête.

honneur nm 1 Sentiment qu'on a de sa propre dignité. 2 Considération dont jouit qqn d'estimable. *Sauver l'honneur.* 3 Gloire retirée d'une action remarquable. **Loc** *En l'honneur de* : en témoignage d'estime pour. *Champ d'honneur* : champ de bataille. *Place d'honneur* : réservée à un personnage éminent. *Demoiselle, garçon d'honneur* : qui assistent les mariés. *Faire honneur à qqn* : lui valoir de l'estime. *Faire honneur à ses engagements* : les remplir. Fam *Faire honneur à un repas* : y manger copieusement. *Se faire un point d'honneur de* : mettre tous ses soins à. ■ pl 1 Titres qui permettent de se distinguer socialement. 2 Au bridge, les cartes les plus fortes. **Loc** *Honneurs militaires* : saluts pour honorer un chef, le drapeau. *Les honneurs de la guerre* : reddition permettant à une garnison de se retirer librement. *Honneurs funèbres* : funérailles. *Faire les honneurs d'une maison* : y recevoir avec courtoisie.

honnir ['ɔ-] vt Litt Couvrir publiquement de honte.

honorabilité nf Caractère honorable.

honorable a 1 Estimable. *Un honorable commerçant.* 2 Qui attire de l'honneur, du respect. *Un métier honorable.* 3 Suffisant, satisfaisant.

honorablement av De façon honorable.

honoraire a Qui porte le titre sans exercer la fonction correspondante. ■ nmpl Rétribution des professions libérales.

honorer vt 1 Manifester du respect pour. 2 Gratifier qqn d'honneur, d'une distinction. *Honorer qqn de sa confiance.* 3 Valoir de l'estime à. *Votre courage vous honore.* **Loc** *Honorer ses engagements* : les remplir. *Honorer un chèque* : le payer. ■ vpr Tirer honneur et fierté de qqch.

honorifique a Qui confère un honneur mais aucun autre avantage.

honoris causa ['ɔnɔʀis-] a Se dit d'un grade universitaire conféré à titre honorifique.

honte ['ɔ̃t] nf 1 Sentiment de culpabilité, de déshonneur. 2 Timidité, embarras. 3 Fait scandaleux. **Loc** *Faire honte à qqn* : lui faire des reproches pour qu'il ait honte.

honteusement [ˈɔ̃-] *av* De façon honteuse.

honteux, euse [ˈɔ̃-] *a* 1 Qui éprouve de la honte. 2 Qui cause de la honte. Loc *Maladie honteuse* : vénérienne.

hop ! [ˈɔp] *interj* Marque un mouvement vif.

hôpital, aux *nm* Établissement dispensant les soins médicaux et chirurgicaux.

hoplite *nm* ANTIQ Fantassin grec.

hoquet [ˈɔ-] *nm* Contraction spasmodique du diaphragme.

hoqueter [ˈɔ-] *vi* [19] Avoir le hoquet.

horaire *a* Par heure. *Salaire horaire.* ■ *nm* 1 Tableau donnant les heures de départ et d'arrivée. 2 Emploi du temps. *Un horaire chargé.*

horde [ˈɔ-] *nf* Litt Bande violente, destructrice.

horion [ˈɔ-] *nm* Litt Coup assené rudement.

horizon *nm* 1 Ligne circulaire qui, pour un observateur, semble séparer le ciel et la terre. 2 Parties du ciel et de la terre voisines de cette ligne. 3 Domaine d'action. *Son horizon intellectuel est borné.* 4 Perspectives d'avenir. 5 Chacune des couches constitutives d'un sol. Loc *Faire un tour d'horizon* : examiner sommairement une situation.

horizontal, ale, aux *a* Perpendiculaire à la verticale. ■ *nf* Ligne horizontale.

horizontalement *av* En position horizontale.

horizontalité *nf* Caractère horizontal.

horloge *nf* Instrument servant à mesurer le temps.

horloger, ère *n* Qui fabrique, vend ou répare des horloges, des montres. ■ *a* De l'horlogerie.

horlogerie *nf* Commerce, industrie, magasin de l'horloger.

hormis [ˈɔʀ-] *prép* Litt Excepté.

hormonal, ale, aux *a* Des hormones.

hormone *nf* Substance produite par une glande endocrine et transportée dans le sang.

hormonothérapie *nf* MED Traitement par les hormones.

horodateur, trice *a, nm* Qui enregistre et imprime l'heure et la date.

horoscope *nm* Prédiction de l'avenir d'après la position des planètes à la naissance de qqn ; document représentant cette position.

horreur *nf* Réaction d'effroi, de répulsion, de dégoût provoquée par qqch d'affreux. ■ *pl* Paroles, écrits, actes obscènes, très laids.

horrible *a* 1 Qui inspire de l'horreur. 2 Très laid, pénible. *Temps horrible.*

horriblement *av* 1 De façon horrible. 2 Extrêmement. *Horriblement cher.*

horrifiant, ante *a* Qui horrifie.

horrifier *vt* Provoquer l'horreur.

horripilant, ante *a* Qui horripile.

horripilateur, trice *a* ANAT Qui provoque l'horripilation.

horripilation *nf* 1 PHYSIOL Érection des poils due à la frayeur, au froid. 2 Agacement.

horripiler *vt* Agacer vivement, exaspérer.

hors [ˈɔʀ] *prép* En dehors de. *Exemplaire hors commerce. Objet hors série. Préfet hors cadre.* Loc *Hors de* : à l'extérieur de, en dehors de. *Hors de combat* : éliminé. *Hors de soi* : exaspéré. *Hors concours* : très supérieur aux autres concurrents.

hors-bord [ˈɔʀ-] *nm inv* Canot rapide au moteur placé à l'arrière.

hors-d'œuvre [ˈɔʀ-] *nm inv* Mets servi au début du repas.

hors-jeu [ˈɔʀ-] *nm inv* Position irrégulière d'un joueur (football, rugby).

hors-la-loi [ˈɔʀ-] *nm inv* Bandit, gangster.

hors-piste [ˈɔʀ-] *nm inv* Ski pratiqué hors des pistes.

hors-texte [ˈɔʀ-] *nm inv* Gravure intercalée dans un livre.

hortensia *nm* Arbrisseau à grosses fleurs.

horticole *a* De l'horticulture.

horticulteur, trice *n* Spécialiste d'horticulture.

horticulture *nf* Culture des légumes, des fruits et des fleurs.

hortillonnage *nm* Marais aménagé pour les cultures maraîchères.

hospice *nm* Établissement accueillant les vieillards, les handicapés, etc.

hospitalier, ère *a* 1 Des hôpitaux. 2 Qui exerce l'hospitalité. ■ *n* Employé d'un hôpital.

hospitalisation *nf* Action d'hospitaliser.

hospitaliser *vt* Faire entrer dans un hôpital.

hospitalité *nf* Fait d'accueillir chez soi généreusement, aimablement.

hospitalo-universitaire *a* Loc *Centre hospitalo-universitaire (C.H.U.)* : hôpital auquel est attaché un centre d'enseignement médical.

hostellerie *nf* Restaurant élégant.

hostie *nf* RELIG Pain sans levain consacré par le prêtre à la messe.

hostile *a* 1 Inamical, agressif. *Geste hostile.* 2 Opposé. *Hostile aux réformes.*

hostilement *av* De façon hostile.

hostilité *nf* Inimitié, agressivité. ■ *pl* Actes, opérations de guerre.

hosto *nm* Pop Hôpital.

hot dog [ˈɔtdɔg] *nm* Sandwich garni d'une saucisse chaude. *Des hot dogs.*

hôte, hôtesse *n* 1 Qui donne l'hospitalité, qui reçoit chez soi. 2 Qui est reçu chez qqn, invité (le féminin est *hôte*). ■ *nf* Jeune femme chargée de l'accueil des visiteurs. Loc *Hôtesse de l'air* : membre féminin du personnel navigant, qui veille au bien-être et à la sécurité des passagers.

hôtel *nm* Établissement où on peut louer une chambre meublée. Loc *Hôtel particulier* : maison occupée dans sa totalité par un particulier. *Hôtel de ville* : mairie d'une grande ville. *Maître d'hôtel* : qui préside au service de la table dans un restaurant.

hôtel-Dieu *nm* Hôpital principal de certaines villes. *Des hôtels-Dieu.*

hôtelier, ère *a* De l'hôtellerie. *Industrie hôtelière.* ■ *n* Qui tient un hôtel.

hôtellerie *nf* 1 Industrie, profession des hôteliers. 2 Hôtel ou restaurant élégant.

hotte [ˈɔt] *nf* 1 Panier muni de bretelles, qu'on porte sur le dos. 2 Collecteur de vapeurs grasses dans une cuisine. 3 Partie de la cheminée recouvrant le conduit de fumée.

hou ! [ˈu] *interj* Sert à faire peur ou à huer.

houblon [ˈu-] *nm* Plante grimpante utilisée pour parfumer la bière.

houe [ˈu] *nf* Pioche à large fer courbé.

houille [ˈuj] *nf* Charbon de terre. Loc *Houille blanche* : l'hydroélectricité.

houiller, ère [ˈuje] *a* Qui renferme de la houille. ■ *nf* Mine de houille.

houle [ˈul] *nf* Mouvement ondulatoire de la mer.

houlette ['u-] *nf* Bâton de berger. *Loc Sous la houlette de :* sous l'autorité de.

houleux, euse ['u-] *a* 1 Animé par la houle. 2 Mouvementé, agité. *Débat houleux.*

houligan ['uligan] *nm* Jeune qui se livre à des actes de violence dans les lieux publics.

houliganisme ['ul-] *nm* Comportement de houligan.

houppe ['up] *nf* 1 Touffe de fils de laine, de soie, etc. 2 Touffe de cheveux.

houppelande ['up-] *nf Anc* Vaste manteau.

houppette ['u-] *nf* Petite houppe.

hourdis ['u-] *nm* Remplissage en aggloméré entre les solives.

hourra ou **hurrah !** ['u-] *interj, nm* Cri d'enthousiasme.

houspiller ['u-] *vt* Harceler de reproches.

housse ['us] *nf* 1 Couverture couvrant la croupe d'un cheval. 2 Enveloppe de protection dont on recouvre les meubles, des vêtements.

houx ['u] *nm* Arbuste aux feuilles persistantes et luisantes, à baies rouges.

hovercraft [ɔvɛʀ-] *nm* Aéroglisseur.

hublot ['y-] *nm* Ouverture étanche dans la coque d'un navire, dans un avion.

huche ['yʃ] *nf Anc* Grand coffre de bois dans lequel on rangeait le pain, les provisions.

hue ! ['y] *interj* Cri des charretiers pour faire avancer leurs chevaux.

huée ['ɥe] *nf* Clameur d'hostilité.

huer ['ɥe] *vt* Conspuer qqn. ■ *vi* Crier, en parlant d'un oiseau de nuit.

huerta ['ɥɛʀta] *nf* Plaine irriguée en Espagne.

huguenot, ote ['y-] *n, a* Calviniste.

huilage *nm* Action d'huiler.

huile *nf* 1 Liquide gras, onctueux et inflammable, d'origine végétale, animale ou minérale. 2 *Fam* Personnage influent. *Loc Jeter de l'huile sur le feu :* exciter des passions déjà vives. *Mer d'huile :* parfaitement calme. *Fam Ça baigne dans l'huile :* tout va bien. *Faire tache d'huile :* s'étendre rapidement. *Saintes huiles :* huiles utilisées pour les sacrements.

huiler *vt* Enduire d'huile ; lubrifier.

huilerie *nf* Fabrique d'huile.

huileux, euse *a* De la nature de l'huile.

huilier *nm* Accessoire réunissant les burettes d'huile et de vinaigre.

huis clos ['ɥi-] *nm* Débats hors de la présence du public. *Loc À huis clos :* les portes étant fermées ; en secret.

huisserie *nf* Encadrement d'une porte.

huissier *nm* 1 Qui est chargé d'accueillir et d'annoncer les visiteurs. 2 Préposé au service des assemblées législatives. 3 Officier ministériel qui exécute les décisions de justice.

huit ['ɥit] *a num* 1 Sept plus un (8). 2 Huitième. *Chapitre huit. Loc Aujourd'hui en huit :* dans une semaine à compter d'aujourd'hui. ■ *nm inv* Chiffre, nombre huit.

huitaine ['ɥi-] *nf* 1 Quantité de huit. 2 Huit jours. *Rendez-vous sous huitaine.*

huitante ['ɥi-] *a num* Quatre-vingts (Suisse).

huitième ['ɥi-] *a num* Au rang, au degré huit. ■ *a, nm* Contenu huit fois dans le tout.

huitièmement ['ɥi-] *av* En huitième lieu.

huître *nf* Mollusque élevé pour sa chair, ou pour la nacre, les perles.

huîtrier, ère *a* Relatif aux huîtres.

hulotte ['y-] *nf* Grande chouette d'Europe.

hululement ou **ululement** ['y-] *nm* Cri des rapaces nocturnes.

hululer ou **ululer** ['y-] *vi* Pousser son cri, en parlant des rapaces nocturnes.

hum ! ['œm] *interj* Exprime le doute, le mécontentement.

humain, aine *a* 1 Propre à l'homme. 2 Bon, généreux, compatissant. *Loc Le genre humain :* les hommes. ■ *nm* Homme, personne humaine.

humainement *av* 1 Sur le plan humain. *C'est humainement impossible.* 2 Avec humanité. *Traiter humainement des prisonniers.*

humanisation *nf* Action d'humaniser.

humaniser *vt* Rendre humain. ■ *vpr* Devenir plus compatissant.

humanisme *nm* Doctrine qui affirme la valeur de la personne humaine.

humaniste *n* Érudit versé dans la connaissance des langues et des littératures anciennes. ■ *a, n* Qui professe l'humanisme.

humanitaire *a* Qui vise à améliorer le sort des hommes.

humanitarisme *nm* Idées humanitaires.

humanité *nf* 1 Ensemble des hommes. 2 Altruisme, bienveillance.

humanoïde *a, n* En science-fiction, être ressemblant à l'homme.

humble *a* 1 Qui fait preuve d'humilité. 2 *Litt* Médiocre, sans éclat. *Humbles travaux.* ■ *a, n Litt* De condition modeste.

humblement *av* Avec humilité.

humecter *vt* Mouiller légèrement.

humer ['y-] *vt* Aspirer pour sentir.

humérus *nm* Os du bras qui s'articule avec l'omoplate.

humeur *nf* 1 Disposition affective. *Être de bonne humeur.* 2 Disposition chagrine, comportement agressif. *Avoir un geste d'humeur. Loc Être d'humeur à :* disposé à.

humide *a* Imprégné d'un liquide, d'une vapeur. *Climat humide. Ant.* sec.

humidificateur *nm* Appareil servant à humidifier l'air d'un local.

humidification *nf* Action d'humidifier.

humidifier *vt* Rendre humide.

humidité *nf* État humide.

humiliant, ante *a* Qui cause de la honte.

humiliation *nf* 1 Action d'humilier, fait d'être humilié. 2 Affront.

humilier *vt* Blesser qqn dans son amour-propre. ■ *vpr* S'abaisser volontairement.

humilité *nf* Caractère humble, modeste.

humoriste *a, n* Qui pratique le genre humoristique.

humoristique *a* Se dit de dessins, d'écrits où il entre de l'humour.

humour *nm* Forme d'esprit consistant à souligner en restant impassible les aspects drôles de la réalité. *Loc Humour noir :* cruel et macabre.

humus [ymys] *nm* Matière formée de débris végétaux décomposés.

hune ['yn] *nf MAR* Plate-forme fixée à la partie basse des mâts.

hunier ['y-] *nm MAR* Voile carrée située au-dessus des basses voiles.

huppe ['yp] *nf* Oiseau à la tête garnie d'une touffe de plumes ; cette touffe.

huppé, ée ['ype] *a* 1 Qui porte une huppe. 2 *Fam* Riche et distingué.

hure [ˈyʀ] *nf* **1** Tête coupée de sanglier, de brochet, de porc. **2** Galantine farcie de morceaux de hure.

hurlant, ante [ˈyʀ-] *a* Qui hurle.

hurlement [ˈyʀ-] *nm* Cri aigu et prolongé.

hurler [ˈy-] *vi* **1** Pousser des hurlements. **2** Former un contraste violent, jurer. *Couleurs qui hurlent.* ■ *vt* Crier qqch très fort.

hurleur, euse [ˈy-] *a* ■ *nm* Qui hurle. ■ *nm* Singe du Brésil aux cris puissants.

hurluberlu *nm* Fantasque, extravagant.

husky [ˈœski] *nm* Chien de traîneau.

hussard [ˈy-] *nm* HIST Militaire appartenant à un régiment de cavalerie légère. **Loc** *À la hussarde* : de façon cavalière et brutale.

hussite *n* HIST Partisan de Jan Hus.

hutte [ˈyt] *nf* Petite cabane rudimentaire.

hyacinthe *nf* Variété de zircon transparent, rouge ou orangé.

hyalin, ine *a* Didac Qui a l'aspect du verre.

hybridation *nf* BIOL Croisement d'espèces différentes.

hybride *nm* Animal ou végétal qui résulte du croisement de deux espèces différentes. ■ *a* Fait d'éléments composites. *Solution hybride.*

hydarthrose *nf* MED Épanchement de liquide dans une articulation.

hydratant, ante *a, nm* Destiné à hydrater.

hydratation *nf* MED Apport d'eau à l'organisme, aux tissus.

hydrate *nm* CHIM Composé qui résulte de la fixation d'eau sur un corps.

hydrater *vt* MED Apporter de l'eau à un organisme, à un tissu.

hydraulique *a* Mû, fourni par l'eau. *Frein hydraulique. Énergie hydraulique.* ■ *nf* **1** Science des lois de l'écoulement des liquides. **2** Technique de captage, de distribution et d'utilisation des eaux.

hydravion *nm* Avion conçu pour décoller sur l'eau et s'y poser.

hydre *nf* **1** MYTH Serpent fabuleux, dont les sept têtes repoussaient multipliées au fur et à mesure qu'on les coupait. **2** Litt Mal monstrueux.

hydrique *a* Relatif à l'eau. *Bilan hydrique.*

hydrobiologie *nf* Étude des êtres vivant dans l'eau.

hydrocarbure *nm* CHIM Corps composé de carbone et d'hydrogène (ex. : pétrole, méthane).

hydrocéphale *a, n* Dont la boîte crânienne est anormalement développée.

hydrocortisone *nf* Hormone utilisée comme anti-inflammatoire.

hydrocution *nf* Syncope brutale due à une immersion brusque dans l'eau froide.

hydrodynamique *nf* Partie de la physique qui traite des liquides en mouvement. ■ *a* De l'hydrodynamique.

hydroélectricité *nf* Électricité d'origine hydraulique.

hydroélectrique *a* Qui produit de l'électricité par des moyens hydrauliques.

hydrofoil [-fɔjl] *nm* Navire rapide muni d'ailes portantes. Syn. hydroptère.

hydrofuge *a* Qui protège de l'humidité.

hydrofuger *vt* [11] Rendre hydrofuge.

hydrogénation *nf* Action d'hydrogéner.

hydrogène *nm* Corps simple (gaz) qui, combiné avec l'oxygène, forme l'eau.

hydrogéner *vt* [12] CHIM Combiner un corps avec l'hydrogène.

hydrogéologie *nf* Géologie appliquée à la recherche des eaux souterraines.

hydroglisseur *nm* Bateau à fond plat propulsé par une hélice aérienne.

hydrographie *nf* **1** Étude des eaux du globe. **2** Ensemble des cours d'eau et des lacs d'une région.

hydrographique *a* De l'hydrographie.

hydrologie *nf* Science des eaux et de leur utilisation.

hydrologique *a* De l'hydrologie.

hydrologiste ou **hydrologue** *n* Spécialiste d'hydrologie.

hydrolyse *nf* CHIM Décomposition d'un corps par action de l'eau.

hydromel *nm* Boisson faite d'eau et de miel, fermentée ou non.

hydrophile *a* Qui absorbe l'eau.

hydroponique *a* *Culture hydroponique* : sur des solutions nutritives, sans sol.

hydroptère *nm* Syn de hydrofoil.

hydrosoluble *a* Se dit des vitamines solubles dans l'eau.

hydrosphère *nf* GEOGR Ensemble de l'élément liquide du globe terrestre.

hydrostatique *nf* PHYS Étude des conditions d'équilibre des liquides. ■ *a* De l'hydrostatique.

hydrothérapie *nf* Thérapeutique utilisant les vertus curatives de l'eau.

hydrothermal, ale, aux *a* GEOL De l'hydrothermalisme.

hydrothermalisme *nm* GEOL Circulation souterraine de fluides chauds.

hyène *nf* Mammifère carnivore qui se nourrit de charognes.

hygiaphone *nm* (n déposé) Dispositif d'hygiène équipant certains guichets.

hygiène *nf* Règles et pratiques nécessaires pour conserver et améliorer la santé.

hygiénique *a* **1** De l'hygiène. **2** Qui favorise la santé ; sain. *Activités hygiéniques.*

hygiéniste *n* Spécialiste de l'hygiène.

hygromètre *nm* Appareil mesurant le degré d'humidité de l'air.

hygrométrie *nf* Mesure du degré d'humidité de l'air ; ce degré.

hygrométrique *a* De l'hygrométrie.

hygrophore *nm* Champignon basidiomycète à spores blanches.

1. hymen *nm* ANAT Membrane qui obture l'entrée du vagin et qui est déchirée lors du premier rapport sexuel.

2. hymen ou **hyménée** *nm* Litt Mariage.

hyménoptère *nm* ZOOL Insecte pourvu de deux paires d'ailes membraneuses de grandeur inégale, comme les fourmis, les abeilles.

hymne *nm* **1** Poème lyrique. **2** Chant national.

hyoïde *nm* ANAT Os de la base de la langue.

hyoïdien, enne *a* De l'hyoïde.

hyperbare *a* Dont la pression est supérieure à la pression atmosphérique.

hyperbole *nf* **1** Emploi d'expressions exagérées pour frapper l'esprit (ex. : *verser des torrents de larmes*). **2** GEOM Lieu géométrique des points dont la différence des distances à deux points fixes, appelés foyers, est constante.

hyperbolique *a* **1** Très exagéré dans son expression. *Louanges hyperboliques.* **2** GEOM En forme d'hyperbole.

hypercalcémie *nf* Augmentation pathologique du calcium dans le sang.

hypercholestérolémie *nf* Élévation anormale du taux de cholestérol dans le sang.

hyperémotivité *nf* Exagération de l'émotivité.

hyperglycémie *nf* Excès de glucose dans le sang. Ant. hypoglycémie.

hypergol *nm* Carburant utilisé pour la propulsion des fusées.

hypermarché *nm* Magasin en libre-service dont la surface est supérieure à 2 500 m².

hypermétrope *a, n* Atteint d'hypermétropie.

hypermétropie *nf* MED Mauvaise perception des objets, rapprochés. Ant. myopie.

hypernerveux, euse *a, n* D'une nervosité extrême.

hyperonyme *nm* LING Mot dont le sens inclut celui d'autres mots.

hyperréalisme *nm* Mouvement pictural contemporain visant à reproduire minutieusement la réalité.

hypersécrétion *nf* MED Sécrétion trop élevée.

hypersensibilité *nf* Sensibilité excessive.

hypersensible *a, n* Très sensible.

hypersonique *a* Supérieur à Mach 5 (vitesse).

hypertendu, ue *a, n* Atteint d'hypertension.

hypertenseur *a, nm* Qui provoque l'hypertension.

hypertensif, ive *a* De l'hypertension.

hypertension *nf* Pression artérielle excessive.

hypertrophie *nf* Développement excessif.

hypertrophier *vt* Produire l'hypertrophie.

hypholome *nm* Champignon poussant sur les souches.

hypnose *nf* Sommeil artificiel provoqué par suggestion.

hypnotique *a, nm* Qui provoque le sommeil.

hypnotiser *vt* 1 Plonger qqn dans l'hypnose. 2 Fasciner, éblouir. ■ *vpr* Être obnubilé.

hypnotiseur *nm* Qui hypnotise.

hypnotisme *nm* Technique de l'hypnose.

hypoallergique *a* MED Qui diminue les risques d'allergie.

hypocalcémie *nf* Insuffisance de calcium dans le sang.

hypocondriaque *a, n* Atteint d'hypocondrie.

hypocondrie *nf* Obsession maladive d'un sujet pour son état de santé.

hypocoristique *a, nm* LING Qui exprime l'affection.

hypocras [-ᴋʀᴀs] *nm* Mélange de vin sucré et d'aromates.

hypocrisie *nf* Affectation d'un sentiment noble qu'on n'a pas.

hypocrite *a, n* Qui a de l'hypocrisie.

hypocritement *av* Avec hypocrisie.

hypodermique *a* Sous-cutané.

hypogastre *nm* ANAT Partie inférieure de l'abdomen.

hypogée *nm* Chambre souterraine, tombeau.

hypoglosse *nm* ANAT Nerf moteur de la langue.

hypoglycémie *nf* Insuffisance du taux de glucose dans le sang. Ant. hyperglycémie.

hypomanie *nf* PSYCHIAT État d'excitation permanente.

hyponyme *nm* LING Mot dont le sens est inclus dans celui d'un autre.

hypophyse *nf* Glande endocrine logée sous le cerveau, sécrétant des hormones.

hypotendu, ue *a, n* Atteint d'hypotension.

hypotenseur *a, nm* Qui diminue la tension artérielle.

hypotension *nf* MED Tension artérielle inférieure à la normale. Ant. hypertension.

hypoténuse *nf* GEOM Côté opposé à l'angle droit d'un triangle rectangle.

hypothalamus *nm* Région du cerveau située sous le thalamus et au-dessus de l'hypophyse.

hypothécaire *a* De l'hypothèque.

hypothèque *nf* 1 DR Droit grevant les biens d'un débiteur pour garantir une créance. 2 Entrave au développement de qqch.

hypothéquer *vt* [12] 1 DR Soumettre à hypothèque. 2 Engager en faisant peser une menace sur. *Hypothéquer l'avenir.*

hypothermie *nf* Abaissement anormal de la température du corps.

hypothèse *nf* 1 Point de départ d'une démonstration à partir duquel on se propose d'aboutir à la conclusion. 2 Supposition, conjecture. *Envisager toutes les hypothèses.*

hypothéticodéductif, ive *a* LOG Qui part d'hypothèses et en déduit les conséquences.

hypothétique *a* 1 Qui contient une hypothèse. 2 Douteux, incertain.

hypotonie *nf* Diminution du tonus musculaire.

hypsométrie *nf* Cartographie du relief.

hypsométrique *a* De l'hypsométrie.

hysope *nf* Arbrisseau dont l'infusion des fleurs sert de stimulant.

hystérectomie *nf* Ablation de l'utérus.

hystérie *nf* 1 Névrose caractérisée par une attitude théâtrale et divers troubles de la sensibilité. 2 Grande excitation, agitation bruyante.

hystérique *a* De l'hystérie. *Rire hystérique.* ■ *n* Atteint d'hystérie.

hystérographie *nf* Radiographie de l'utérus.

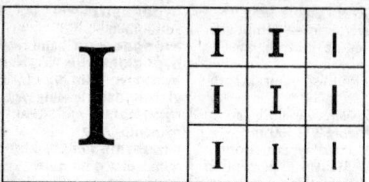

i *nm* **1** Neuvième lettre (voyelle) de l'alphabet. **2** I : chiffre romain qui vaut 1. **Loc** *Droit comme un i* : très droit. *Mettre les points sur les i* : s'exprimer sans équivoque.

iambe *nm* Pied d'un vers ancien composé d'une brève et d'une longue.

iatrogène *a* Se dit d'une maladie causée par le traitement médical.

ibérique *a* Relatif à l'Espagne et au Portugal.

ibidem *av* Au même endroit, dans le même texte. (Abrév : ibid., ib.)

ibis [ibis] *nm* Oiseau, échassier à long bec courbé vers le bas.

iceberg [ajsbɛʀg] *nm* Bloc de glace détaché des glaciers polaires flottant dans la mer.

ice-cream [ajskʀim] *nm* Crème glacée. *Des ice-creams.*

ichtyologie [ik-] *nf* Étude des poissons.

ichtyosaure [ik-] *nm* Reptile marin fossile à l'aspect de poisson.

ici *av* **1** Dans le lieu défini par la personne qui parle. *Venez ici.* **2** À l'endroit indiqué dans le texte. **3** Au moment présent. *D'ici à huit jours.*

ici-bas *av* Sur terre.

icône *nf* Image sacrée des religions orthodoxes, peinte sur bois.

iconoclaste *n, a* Qui cherche à détruire les idées établies.

iconographe *n* Spécialiste d'iconographie.

iconographie *nf* **1** Étude des représentations artistiques d'un sujet (peintures, sculptures, etc.). **2** Ensemble des illustrations d'un livre.

iconographique *a* De l'iconographie.

iconologie *nf* Étude des représentations figurées, des symboles.

iconoscope *nm* Dans une télévision, système qui analyse l'image.

iconostase *nf* Dans les églises orientales, cloison ornée d'icônes isolant la nef.

ictère *nm* MED Jaunisse.

ictus [-tys] *nm* MED Manifestation pathologique brutale, comme la congestion cérébrale.

id Abrév de *idem.*

idéal, ale, als ou **aux** *a* **1** Qui n'existe que dans l'imagination. *Monde idéal.* **2** Parfait. *Pureté idéale.* ■ *nm* **1** Modèle absolu de la perfection. *Idéal de beauté.* **2** But qu'on se propose d'atteindre. *Homme sans idéal.*

idéalement *av* De façon idéale.

idéalisation *nf* Action d'idéaliser.

idéaliser *vt* Représenter sous une forme idéale.

idéalisme *nm* **1** Attitude de qqn dont la conduite obéit à un idéal élevé. **2** Philosophie ramenant la réalité à la pensée du sujet.

idéaliste *a, n* Qui relève de l'idéalisme.

idéation *nf* PSYCHO Formation des idées.

idée *nf* **1** Notion, conception. *Idées neuves.* **2** Intention, projet. *Changer d'idée.* **3** Esprit, conscience. *Cela m'est sorti de l'idée.* **Loc** *Idée fixe* : obsession. *Idée force* : qui guide la conduite. ■ *pl* **1** Pensées originales. *Être plein d'idées.* **2** Opinions. *Ce n'est pas dans mes idées.* **3** Illusions. *Se faire des idées.*

idem *av* De même. (Abrév : id.)

identifiable *a* Qu'on peut identifier.

identificateur *nm* INFORM Symbole précisant la nature d'une variable.

identification *nf* Action d'identifier.

identificatoire *a* De l'identification.

identifier *vt* **1** Reconnaître, trouver l'identité de. *Identifier son agresseur.* **2** Établir la nature de. *Identifier un bruit.* ■ *vpr* S'assimiler mentalement à qqn. *S'identifier à un héros de roman.*

identique *a* Qui est en tous points semblable à un autre. *Copie identique à l'original.*

identiquement *av* De façon identique.

identitaire *a* Qui concerne l'identité profonde de qqn, d'un groupe.

identité *nf* **1** Caractère identique. **2** Caractère fondamental de qqch, de qqn. **3** Signalement exact, données permettant d'individualiser qqn.

idéogramme *nm* Signe graphique notant le sens et non le son d'un mot.

idéographie *nf* Écriture par idéogrammes.

idéographique *a* De l'idéographie.

idéologie *nf* **1** Ensemble des idées philosophiques propres à une époque ou à un groupe social. **2** Philosophie vague, plus ou moins utopique.

idéologique *a* De l'idéologie.

idéologue *n* Doctrinaire.

ides *nfpl* Dans le calendrier romain, quinzième jour des mois de mars, mai, juillet et octobre, et treizième jour des autres mois.

idiolecte *nm* LING Habitudes de langage propres à un individu.

idiomatique *a* Propre à un idiome.

idiome *nm* LING Langue propre à une nation, à une province.

idiosyncrasie [-sē-] *nf* Comportement propre à chaque individu.

idiot, idiote *a, n* Dépourvu d'intelligence.

idiotie [-si] *nf* 1 Caractère stupide, absurde. 2 Parole, action idiote. *Dire des idioties.*

idiotisme *nm* LING Expression particulière à une langue.

idoine *a* Litt Convenable à qqch.

idolâtre *a, n* Qui adore les idoles.

idolâtrer *vt* Aimer avec excès, adorer.

idolâtrie *nf* 1 Adoration, culte des idoles. 2 Amour excessif.

idole *nf* 1 Figure, statue représentant une divinité. 2 Vedette adulée du public.

idylle *nf* Aventure amoureuse naïve et tendre.

idyllique *a* Merveilleux, naïf et tendre.

if *nm* Conifère aux feuilles vert sombre.

iglou ou **igloo** [iglu] *nm* Construction hémisphérique en neige durcie des Esquimaux.

igname *nf* Plante tropicale cultivée pour ses tubercules à chair farineuse.

ignare *a, n* Très ignorant, inculte.

igné, ée *a* Produit par le feu.

ignifugation *nf* Action d'ignifuger.

ignifuge *a, nm* Qui rend incombustible.

ignifuger *vt* [11] Rendre incombustible.

ignition *nf* État des corps en combustion.

ignoble *a* 1 Très vil, bas. *Conduite ignoble.* 2 D'une saleté, d'une laideur répugnante.

ignominie *nf* 1 Grand déshonneur, infamie. 2 Procédé, action infamants.

ignominieusement *av* Litt De façon ignominieuse.

ignominieux, euse *a* Litt Dégradant, infamant.

ignorance *nf* 1 Fait de ne pas savoir qqch, de ne pas être informé. 2 Défaut, absence de connaissances.

ignorant, ante *a, n* 1 Qui n'est pas informé. 2 Sans connaissance, inculte.

ignoré, ée *a* Inconnu ou méconnu.

ignorer *vt* 1 Ne pas savoir. 2 Ne témoigner aucune considération à qqn. 3 N'avoir pas l'expérience de. *Ignorer la peur.*

iguane [igwan] *nm* Reptile saurien d'Amérique tropicale.

iguanodon [igwa-] *nm* Reptile herbivore fossile du crétacé.

ikat [ikat] *nm* Tissu décoré de motifs symétriques obtenus par un procédé de teinture particulier.

ikebana [ike-] *nm* Art floral japonais.

il, ils *pr pers* 1 Sujet masculin de la 3e personne. *Il me fuit. Où sont-ils ?* 2 Sujet des verbes impersonnels. *Il pleut, il neige.*

île *nf* Espace de terre entouré d'eau.

iléon *nm* ANAT Partie de l'intestin qui s'abouche au cæcum.

iliaque *a* Loc ANAT *Os iliaque :* chacun des deux os qui forment le bassin osseux.

îlien, enne *n* Habitant d'une île.

illégal, ale, aux *a* Contraire à la loi.

illégalement *av* De façon illégale.

illégalité *nf* Caractère illégal ; acte illégal.

illégitime *a* 1 Qui ne remplit pas les conditions requises par la loi. *Mariage illégitime.* 2 Né hors du mariage. 3 Injustifié. *Réclamation illégitime.*

illégitimement *av* Injustement, indûment.

illégitimité *nf* Défaut de légitimité.

illettré, ée *a* Qui ne sait ni lire ni écrire.

illettrisme *nm* Analphabétisme résultant de la perte de l'usage de la lecture.

illicite *a* Défendu par la loi ou par la morale.

illico *av* Fam Immédiatement, sans délai.

illimité, ée *a* Sans limites.

illisibilité *nf* Caractère illisible.

illisible *a* 1 Qu'on ne peut pas déchiffrer. 2 Incompréhensible.

illogique *a* Qui manque de logique.

illogiquement *av* De façon illogique.

illogisme *nm* Caractère illogique.

illumination *nf* 1 Inspiration soudaine. 2 Action d'illuminer, d'éclairer vivement. ■ *pl* Lumières qui décorent une ville lors d'une fête.

illuminé, ée *a, n* Sorti chimérique.

illuminer *vt* 1 Éclairer. 2 Orner de lumières. *Illuminer un monument.* 3 Donner un éclat vif. *La joie illuminait son visage.*

illusion *nf* 1 Perception erronée. *Illusion d'optique.* 2 Apparence trompeuse dénuée de réalité. 3 Jugement erroné, chimère. Loc *Faire illusion :* tromper. *Se faire des illusions :* s'abuser.

illusionner *vt* Tromper. ■ *vpr* S'abuser.

illusionnisme *nm* Art de créer l'illusion par des tours de prestidigitation.

illusionniste *n* Prestidigitateur.

illusoire *a* Vain, chimérique.

illustrateur, trice *n* Qui illustre les textes.

illustratif, ive *a* Qui illustre.

illustration *nf* 1 Action de rendre plus explicite. 2 Action d'orner de gravures, de photographies. 3 Image ornant un texte.

illustre *a* Litt Célèbre. *Un artiste illustre.*

illustré *nm* Périodique, publication comportant de nombreuses illustrations.

illustrer *vt* 1 Litt Rendre célèbre. 2 Rendre plus clair, plus explicite. *Illustrer un texte de commentaires.* 3 Orner un ouvrage d'images. ■ *vpr* Litt Se distinguer.

îlot *nm* 1 Petite île. 2 Groupe de maisons, entouré de rues.

îlotage *nm* Surveillance de l'îlotier.

ilote *n* 1 ANTIQ À Sparte, esclave de l'État. 2 Litt Personne méprisée réduite au dernier degré de la misère et de l'ignorance.

îlotier *nm* Agent de police chargé de la surveillance d'un îlot de maisons.

îlotisme *nm* Litt État de l'îlote.

image *nf* 1 Représentation d'une personne, d'une chose par la sculpture, le dessin, la photographie, etc. 2 Estampe, gravure coloriée. 3 Représentation visuelle d'un objet par un miroir. 4 Représentation mentale de qqch d'abstrait. *Elle est l'image du bonheur.* 5 Ressemblance. *Cet enfant est l'image de son père.* 6 Métaphore, symbole. *La balance, image de la justice.* Loc *Image d'Épinal :* image populaire de style naïf.

imagé, ée *a* 1 Orné d'images. 2 Orné de métaphores. *Style imagé.*

imagerie *nf* Ensemble d'images représentant des faits, des personnages. Loc *Imagerie médicale :* procédés de diagnostic par la radiographie, l'échographie ou le scanner.

imagier *nm* 1 Sculpteur, miniaturiste, peintre du Moyen Âge. 2 Livre d'images.

imaginable *a* Qui peut être imaginé.

imaginaire *a* **1** Qui n'existe que dans l'imagination, fictif. *Mal imaginaire.* **2** Qui n'est tel qu'en imagination. *Malade imaginaire.* ■ *nm* Domaine de l'imagination.

imaginatif, ive *a* Qui imagine, créatif.

imagination *nf* **1** Faculté qu'a l'esprit de reproduire les images d'objets déjà perçus. **2** Faculté de créer, d'imaginer, d'inventer. *Avoir une imagination débordante.*

imaginer *vt. vpr* Se représenter à l'esprit. *J'imagine* (ou *je m'imagine*) *votre joie.* ■ *vt* Inventer, créer. *Imaginer de nouvelles machines.* ■ *vpr* Se figurer à tort. *S'imaginer être un poète.*

imago *nf* ZOOL Forme adulte de l'insecte sexué devenu apte à la reproduction.

imam [imam] *nm* Chef de la communauté religieuse chiite.

imbattable *a* **1** Invincible. **2** Très avantageux. *Prix imbattable.*

imbécile *a, n* Dépourvu d'intelligence.

imbécillité *nf* Bêtise, absence d'intelligence.

imberbe *a* Sans barbe.

imbiber *vt* Imprégner d'un liquide. ■ *vpr* Absorber un liquide.

imbrication *nf* Manière dont les choses sont imbriquées.

imbriquer *vt* Faire se chevaucher. ■ *vpr* S'entremêler de manière indissociable.

imbroglio [-glijo] ou [-ljo] *nm* Embrouillement, situation confuse.

imbu, ue *a* Pénétré, imprégné d'idées, de sentiments. Loc *Imbu de soi-même* : vaniteux.

imbuvable *a* **1** Qui n'est pas buvable ; mauvais. **2** Fam Insupportable.

imitable *a* Qui peut être imité.

imitateur, trice *a, n* Qui imite, copie.

imitatif, ive *a* Qui imite.

imitation *nf* **1** Action d'imiter. **2** Contrefaçon. *Imitation d'une signature.* **3** Matière, objet artificiel qui imite une matière, un objet plus précieux. *Un sac imitation cuir.*

imiter *vt* **1** Reproduire ou s'efforcer de reproduire. **2** Prendre pour modèle. **3** Contrefaire. *Imiter la signature de qqn.*

immaculé, ée *a* **1** Sans tache. **2** Pur.

immanence *nf* Caractère immanent.

immanent, ente *a* Inhérent à la nature même de qqn, qqch. Loc *Justice immanente* : qui fait que le coupable est puni par les conséquences mêmes de sa faute.

immangeable [ēmã-] *a* Mauvais à manger.

immanquable [ēmã-] *a* Qui ne peut manquer de se produire. *Succès immanquable.*

immanquablement [ēmã-] *av* Infailliblement.

immatérialité *nf* Caractère immatériel.

immatériel, elle *a* Qui n'a pas de consistance matérielle.

immatriculation *nf* Action d'immatriculer ; numéro ainsi attribué.

immatriculer *vt* Inscrire sur un registre public en vue d'identifier.

immature *a* **1** Qui n'est pas mûr. **2** Qui manque de maturité. *Adolescent immature.*

immaturité *nf* Absence de maturité.

immédiat, ate *a* Qui suit instantanément. ■ *nm* Loc *Dans l'immédiat* : en ce moment.

immédiatement *av* Sans délai.

immédiateté *nf* Caractère immédiat.

immémorial, ale, aux *a* Très ancien.

immense *a* Très étendu, considérable.

immensément *av* De façon immense.

immensité *nf* Très vaste étendue, très grande quantité.

immergé, ée *a* Recouvert d'eau. Loc *Économie immergée* : qui échappe au contrôle administratif.

immerger *vt* [11] Plonger dans un liquide, dans la mer. ■ *vpr* Se plonger totalement dans un milieu étranger pour l'étudier ou en apprendre la langue.

immérité, ée *a* Qui n'est pas mérité.

immersion *nf* Action d'immerger.

immettable [ēmet-] *a* Qu'on ne peut pas mettre (vêtement).

immeuble *nm* Bâtiment à plusieurs étages. ■ *a* DR Qui ne peut être déplacé. *Bien immeuble.*

immigrant, ante *a, n* Qui immigre.

immigration *nf* Action d'immigrer.

immigré, ée *a, n* Établi dans un pays par immigration.

immigrer *vi* Entrer dans un pays autre que le sien pour s'y établir.

imminence *nf* Caractère imminent.

imminent, ente *a* Qui est sur le point de se produire.

immiscer (s') *vpr* [10] S'ingérer dans, se mêler mal à propos de qqch.

immixtion *nf* Ingérence.

immobile *a* Qui ne se meut pas ; fixe.

immobilier, ère *a* **1** Composé d'immeubles. *Biens immobiliers.* **2** Relatif à un immeuble. *Vente immobilière.* ■ *nm* Secteur économique concernant la construction et la vente des immeubles.

immobilisation *nf* Action de rendre immobile. ■ *pl* ECON Biens d'une entreprise, grâce auxquels elle exerce son activité.

immobiliser *vt* Empêcher de se mouvoir ; fixer. ■ *vpr* S'arrêter.

immobilisme *nm* Refus systématique de toute transformation de l'état présent.

immobiliste *a, n* Qui relève de l'immobilisme.

immobilité *nf* État immobile.

immodéré, ée *a* Excessif.

immodérément *av* Avec excès.

immolation *nf* Action d'immoler.

immoler *vt* **1** Tuer en sacrifice à un dieu. **2** Litt Faire périr, massacrer. ■ *vpr* Litt Sacrifier sa vie, ses intérêts.

immonde *a* Ignoble, dégoûtant.

immondices *nfpl* Ordures.

immoral, ale, aux *a* Qui viole les règles de la morale.

immoralisme *nm* Rejet des valeurs morales.

immoraliste *a, n* Qui relève de l'immoralisme.

immoralité *nf* Caractère immoral.

immortaliser *vt* Rendre immortel dans la mémoire des hommes.

immortalité *nf* Caractère immortel.

immortel, elle *a* **1** Qui n'est pas sujet à la mort. *L'âme est immortelle.* **2** Impérissable. *Une œuvre immortelle.* **3** Dont le souvenir survivra toujours dans la mémoire des hommes. ■ *n* **1** Académicien(ne). **2** Divinité du paganisme. ■ *nf* Plante dont les fleurs, une fois desséchées, conservent leur aspect.

immotivé, ée *a* Qui n'est pas motivé.

immuabilité *nf* Caractère immuable.

immuable *a* 1 Qui n'est pas sujet à changement. 2 Ferme. *Volonté immuable.*

immuablement *av* De façon immuable.

immunisant, ante *a* Qui immunise.

immunisation *nf* Action d'immuniser.

immuniser *vt* 1 Rendre réfractaire à une maladie. 2 Rendre insensible à qqch de nocif.

immunitaire *a* BIOL De l'immunité.

immunité *nf* 1 Privilège accordé à certaines personnes. *Immunité parlementaire.* 2 BIOL Propriété que possède l'organisme vivant de développer des moyens de défense.

immunocompétent, ente *a* MED Qui a des propriétés immunitaires.

immunodéficience *nf* ou **immunodéficit** *nm* MED Déficience des défenses immunitaires.

immunodéficitaire *a* BIOL Dont les mécanismes immunitaires sont déficients.

immunodépresseur ou **immunosuppresseur** *am, nm* BIOL Qui diminue ou abolit les réactions immunitaires.

immunodépressif ou **immunosuppressif, ive** *a* BIOL De l'immunodépression.

immunodéprimé, ée *a, n* Qui souffre d'immunodéficience.

immunoglobuline *nf* BIOL Syn de *anticorps.*

immunologie *nf* BIOL Étude de l'immunité, des réactions immunitaires de l'organisme.

immunologiste *n* Spécialiste d'immunologie.

immunostimulant, ante *a, nm* Qui stimule les défenses immunitaires.

immunotechnologie *nf* Technologie de la fabrication des anticorps.

immunothérapie *nf* MED Traitement visant à renforcer les défenses de l'organisme.

immutabilité *nf* DR Caractère immuable.

impact *nm* 1 Choc, collision, heurt. 2 Effet produit sur l'opinion par qqch. *Loc Point d'impact :* où un projectile vient de frapper. *Étude d'impact :* étude des incidences de grands travaux sur l'environnement.

impair, aire *a* 1 Qui ne peut être divisé en deux nombres entiers égaux. 2 Qui porte un numéro impair. *Le côté impair d'une rue.* ■ *nm* Bévue, maladresse. *Commettre un impair.*

impala *nm* Antilope africaine.

impalpable *a* Très fin, très ténu.

impaludation *nf* MED Infection par le parasite du paludisme.

impaludé, ée *a* Contaminé par le paludisme.

imparable *a* Qu'on ne peut parer.

impardonnable *a* Inexcusable.

imparfait, aite *a* Défectueux, inachevé. ■ *nm* GRAM Temps passé du verbe, indiquant une action habituelle ou répétée.

imparfaitement *av* De façon imparfaite.

imparisyllabique *a, nm* GRAM Se dit des mots latins qui n'ont pas le même nombre de syllabes au nominatif et au génitif singuliers.

impartial, ale, aux *a* Équitable, qui n'est pas partisan. *Juge impartial.*

impartialement *av* De façon impartiale.

impartialité *nf* Caractère impartial.

impartir *vt* DR Accorder, attribuer.

impasse *nf* 1 Petite rue sans issue, cul-de-sac. 2 Situation sans issue favorable. *Les négociations sont dans l'impasse.*

impassibilité *nf* Caractère impassible.

impassible *a* Qui ne laisse paraître aucune émotion, aucun trouble.

impatiemment *av* Avec impatience.

impatience *nf* Incapacité d'attendre, de patienter, de supporter qqn ou qqch.

impatient, ente *a, n* Qui manque de patience. ■ *a* Qui attend et a hâte de faire qqch. *Il est impatient de vous rencontrer.*

impatiente ou **impatiens** [-sjãs] *nf* Plante aux nombreuses fleurs.

impatienter *vt* Faire perdre patience, énerver, irriter. ■ *vpr* Perdre patience.

impatroniser (s') *vpr* Litt Se poser, s'établir en maître qqpart.

impavide *a* Litt Inaccessible à la peur.

impayable *a* Fam Comique ou ridicule.

impayé, ée *a, nm* Qui n'a pas été payé.

impeccable *a* Irréprochable, parfait.

impeccablement *av* De façon irréprochable.

impécunieux, euse *a* Litt Qui manque d'argent.

impécuniosité *nf* Litt Manque d'argent.

impédance *nf* PHYS Rapport entre la tension appliquée aux bornes d'un circuit électrique et le courant alternatif qui le traverse.

impedimenta [ɛ̃pedimɛ̃ta] *nmpl* Litt Ce qui retarde le mouvement, l'activité.

impénétrabilité *nf* Caractère impénétrable.

impénétrable *a* 1 Qu'on ne peut pénétrer. *Blindage impénétrable.* 2 Qu'on ne peut connaître, obscur. 3 Dont on ne peut deviner les sentiments.

impénitent, ente *a* Qui persiste dans ses habitudes. *Bavard impénitent.*

impensable *a* Inconcevable.

imper *nm* Fam Imperméable.

impératif, ive *a* 1 Qui a le caractère d'un ordre absolu. *Consigne impérative.* 2 Impérieux. *Besoins impératifs.* ■ *nm* 1 GRAM Mode du verbe qui exprime l'ordre. 2 Prescription impérieuse.

impérativement *av* De façon impérative.

impératrice *nf* 1 Femme d'un empereur. 2 Femme qui gouverne un empire.

imperceptible *a* 1 À peine perceptible. *Odeur imperceptible.* 2 Qui échappe à l'attention. *Progrès imperceptibles.*

imperceptiblement *av* De façon imperceptible.

imperdable *a* Qu'on ne peut perdre.

imperfectible *a* Qu'on ne peut perfectionner.

imperfectif, ive *a, nm* GRAM Se dit des formes verbales exprimant la durée.

imperfection *nf* 1 État imparfait. 2 Partie, détail défectueux.

impérial, ale, aux *a* 1 Qui appartient à un empereur, à un empire. 2 Litt Majestueux. ■ *nf* Étage supérieur de certains véhicules de transport en commun.

impérialement *av* De façon impériale.

impérialisme *nm* Domination politique ou économique d'un État sur d'autres pays.

impérialiste *a, n* Qui relève de l'impérialisme.

impérieusement *av* De façon impérieuse.

impérieux, euse *a* 1 Autoritaire. 2 Pressant, irrésistible. *Besoins impérieux.*

impérissable *a* Qui dure très longtemps.

impéritie [-si] *nf* Litt Incapacité, inaptitude.

imperméabilisant, ante *a, nm* Qui imperméabilise.

imperméabilisation *nf* Action d'imperméabiliser.

imperméabiliser *vt* Rendre imperméable.

imperméabilité *nf* Caractère imperméable.

imperméable *a* 1 Qui ne se laisse pas traverser par un liquide, par l'eau. 2 Insensible. *Imperméable aux reproches.* ■ *nm* Vêtement de pluie imperméable.

impersonnalité *nf* Caractère impersonnel.

impersonnel, elle *a* Dépourvu d'originalité. *Une œuvre impersonnelle.* Loc GRAM *Verbes impersonnels* : dont le sujet est le pronom neutre « il ». *Modes impersonnels* : infinitif et participe.

impersonnellement *av* De façon impersonnelle.

impertinence *nf* Arrogance ; parole, action impertinente.

impertinent, ente *a, n* Qui manque de respect, de politesse.

imperturbable *a* Que rien ne peut troubler.

imperturbablement *av* De façon imperturbable.

impesanteur *nf* PHYS Apesanteur.

impétigo *nm* Affection contagieuse de la peau, caractérisée par des pustules.

impétrant, ante *n* DR Qui obtient un titre, un diplôme, etc., de l'autorité qui le décerne.

impétueusement *av* Litt Avec impétuosité.

impétueux, euse *a* Litt 1 Dont le mouvement est à la fois violent et rapide. 2 Plein de fougue, ardent. *Désirs impétueux.*

impétuosité *nf* Litt Fougue, ardeur, violence.

impie *a, n* Litt Qui manifeste le mépris pour la religion ; incroyant, athée.

impiété *nf* Litt Mépris pour la religion ; acte, parole impies.

impitoyable *a* Sans pitié.

impitoyablement *av* De façon impitoyable.

implacable *a* Dont on ne peut apaiser la violence.

implacablement *av* De façon implacable.

implant *nm* MED Substance qu'on place sous la peau dans un but thérapeutique. Loc *Implant dentaire* : dispositif destiné à une prothèse.

implantation *nf* Action d'implanter, de s'implanter.

implanter *vt* Installer, introduire, établir qqpart. ■ *vpr* Se fixer en un lieu.

implantologie *nf* Technique de réalisation des implants dentaires.

implication *nf* Action d'impliquer, fait d'être impliqué dans. ■ *pl* Conséquences inévitables.

implicite *a* Qui, sans être exprimé formellement, peut être déduit de ce qui est exprimé.

implicitement *av* De façon implicite.

impliquer *vt* 1 Mêler à une affaire fâcheuse. *Impliquer qqn dans un complot.* 2 Avoir pour conséquence. *La politesse implique l'exactitude.* ■ *vpr* Se donner à fond dans.

imploration *nf* Action d'implorer.

implorer *vt* Supplier, demander humblement.

imploser *vi* Faire implosion.

implosion *nf* 1 Éclatement d'un corps sous l'action d'une pression plus forte à l'extérieur qu'à l'intérieur. 2 Destruction d'une organisation par carence interne.

impoli, ie *a, n* Discourtois, goujat.

impoliment *av* Avec impolitesse.

impolitesse *nf* Manque de politesse ; procédé impoli.

impondérabilité *nf* Caractère impondérable.

impondérable *a* Litt Difficile à prévoir, à imaginer. ■ *nm* Événement imprévisible.

impopulaire *a* Qui n'est pas conforme aux désirs de la population, d'un groupe.

impopularité *nf* Caractère impopulaire ; absence de popularité.

1. importable *a* Qu'on ne peut porter.

2. importable *a* Qu'on peut importer.

importance *nf* 1 Intérêt, portée de qqch. *L'importance d'un livre.* 2 Autorité, influence, prestige de qqn. Loc *D'importance* : très fort.

important, ante *a* 1 Qui a une valeur, un intérêt très grands ; considérable. 2 Puissant, influent.

importateur, trice *n, a* Qui fait le commerce d'importation. Ant. exportateur.

importation *nf* Action d'importer. ■ *pl* Ce qui est importé. Ant. exportation.

1. importer *vti, vi* Être important, digne d'intérêt. *Cela m'importe peu. Il importe de savoir manœuvrer.* Loc *Qu'importe ! Peu importe !* : cela est indifférent. *N'importe qui, n'importe quoi* : personne, chose quelconque. *N'importe comment, où, quand* : manière, lieu, temps quelconque.

2. importer *vt* Introduire dans un pays des biens de l'étranger. Ant. exporter.

import-export *nm inv* Commerce des importations et des exportations.

importun, une *a, n* Qui ennuie, dérange.

importuner *vt* Déranger, gêner.

importunité *nf* Caractère importun.

imposable *a* Assujetti à l'impôt.

imposant, ante *a* Qui frappe par sa grandeur, sa force, son nombre.

imposé, ée *a* 1 Fixé par voie d'autorité. *Prix imposé.* 2 Soumis à l'impôt.

imposer *vt* 1 Faire accepter en contraignant. *Imposer une tâche, le silence.* 2 Soumettre à l'impôt. Loc *Imposer les mains* : les mettre sur la tête de qqn selon un rite religieux. IMPRIM *Imposer une feuille* : la disposer pour l'impression. ■ *vti* Loc *En imposer* : susciter le respect. ■ *vpr* 1 Se contraindre à. *S'imposer des sacrifices.* 2 Être indispensable. *Cette démarche s'impose.* 3 Se faire accepter par la force ou par sa valeur. *Un chef qui s'impose.*

imposition *nf* 1 Impôt, taxe. 2 IMPRIM Action d'imposer une feuille.

impossibilité *nf* Caractère impossible ; chose impossible.

impossible *a* 1 Qui ne peut se faire. 2 Fam Insupportable, pénible. ■ *nm* Ce qui est hors des limites du possible.

imposte *nf* 1 ARCHI Pierre en saillie sur laquelle prend appui le cintre d'une arcade. 2 CONSTR Partie supérieure d'une porte ou d'une croisée.

imposteur *nm* Qui trompe autrui en se faisant passer pour autre qu'il n'est.

imposture *nf* Action de tromper par de fausses apparences.

impôt *nm* Contribution exigée par l'État ou les collectivités locales pour subvenir aux dépenses publiques. *Impôts directs, indirects.*

impotence *nf* État d'un impotent.

impotent, ente *a, n* Qui ne peut se mouvoir qu'avec difficulté.

impraticable *a* 1 Qu'on ne peut mettre en pratique. *Une idée impraticable.* 2 Où l'on passe très difficilement. *Chemin impraticable.*

imprécateur, trice n Litt Qui profère des imprécations.

imprécation nf Litt Malédiction, souhait de malheur contre qqn.

imprécatoire a Litt Propre à l'imprécation.

imprécis, ise a Qui manque de précision.

imprécision nf Manque de précision.

imprédictible a Qui échappe à la prévision.

imprégnation nf Action d'imprégner. Loc Imprégnation alcoolique : alcoolisme aigu ou chronique.

imprégner vt [12] 1 Imbiber, faire pénétrer un liquide dans un corps. 2 Faire pénétrer une idée dans l'esprit de qqn.

imprenable a Qui ne peut être pris.

imprépáration nf Manque de préparation.

imprésario [-za-] nm Qui s'occupe des contrats d'un artiste, d'un comédien.

imprescriptibilité nf Caractère imprescriptible.

imprescriptible a DR Qui n'est jamais caduc.

impression nf 1 Action d'imprimer. Fautes d'impression dans un livre. 2 Marque laissée par un support. 3 Sensation, effet produit par une action extérieure. 4 Sentiment, opinion sur qqn, qqch après un premier contact. Loc Faire impression : être remarqué ; étonner. Avoir l'impression de, que : croire que.

impressionnable a Qui ressent vivement les impressions, les émotions.

impressionnant, ante a 1 Qui impressionne l'esprit. 2 Considérable.

impressionner vt 1 Faire une vive impression sur qqn. 2 PHOTO Produire une impression matérielle sur une surface sensible.

impressionnisme nm Mouvement pictural du dernier quart du XIXe s., qui privilégie les impressions ressenties.

impressionniste a, n Qui appartient à l'impressionnisme. ■ a Qui procède par nuances subtiles.

imprévisibilité nf Caractère imprévisible.

imprévisible a Qu'on ne peut prévoir.

imprévision nf Litt Manque de prévision.

imprévoyance nf Défaut de prévoyance.

imprévoyant, ante a Qui manque de prévoyance.

imprévu, ue a, nm Qui arrive sans qu'on l'ait prévu. Ne pas aimer l'imprévu.

imprimable a Qu'on peut imprimer.

imprimante nf Organe périphérique d'un ordinateur servant à imprimer sur du papier les résultats d'un traitement.

imprimatur nm inv HIST Permission d'imprimer accordée par l'autorité ecclésiastique.

imprimé nm Livre, brochure, feuille, tissu imprimés.

imprimer vt 1 Reporter sur un support des signes, des dessins. 2 Publier une œuvre, un auteur. 3 Litt Faire, laisser une empreinte. Traces de roues imprimées dans la boue. 4 Communiquer un mouvement. Vitesse que le vent imprime aux voiliers.

imprimerie nf 1 Technique de la fabrication des ouvrages imprimés. 2 Établissement où on imprime livres, journaux, etc.

imprimeur nm Directeur d'imprimerie ; ouvrier qui travaille dans une imprimerie.

improbabilité nf Caractère improbable.

improbable a Qui a peu de chances de se produire.

improductif, ive a Qui ne produit rien.

improductivité nf Caractère improductif.

impromptu, ue a Improvisé, fait sur-le-champ. Concert impromptu. ■ av Sans préparation. Parler impromptu. ■ nm Petite poésie improvisée.

imprononçable a Qu'on ne peut prononcer.

impropre a Qui ne convient pas ; inadéquat. Eau impropre à la consommation.

improprement av De façon impropre.

impropriété nf 1 Caractère impropre. 2 Mot, expression impropre.

improuvable a Qu'on ne peut prouver.

improvisateur, trice n Qui improvise.

improvisation nf Action d'improviser ; ce qui est improvisé.

improviser vt Faire sur-le-champ et sans préparation. ■ vpr Remplir sans préparation une fonction. S'improviser cuisinier.

improviste (à l') av De manière imprévue.

imprudemment av Avec imprudence.

imprudence nf Manque de prudence ; action imprudente.

imprudent, ente a, n Qui manque de prudence. Alpiniste imprudent.

impubère a Qui n'a pas atteint la puberté.

impubliable a Qu'on ne peut publier.

impudence nf Effronterie extrême ; cynisme.

impudent, ente a, n Insolent, cynique.

impudeur nf Manque de pudeur ; indécence.

impudique a, a Indécent.

impuissance nf 1 Manque de pouvoir, de moyens, pour faire qqch. 2 Impossibilité physique, pour l'homme, de pratiquer le coït.

impuissant, ante a Qui n'a pas le pouvoir suffisant pour faire qqch. ■ am, Incapable de pratiquer le coït.

impulser vt Donner une impulsion à.

impulsif, ive a, n Qui agit sans réfléchir.

impulsion nf 1 Action d'imprimer un mouvement à un corps. 2 Incitation à l'activité. 3 Désir soudain et impérieux d'agir.

impulsivement av De façon impulsive.

impulsivité nf Caractère impulsif.

impunément av 1 Sans être sanctionné. 2 Sans subir de conséquences fâcheuses.

impuni, ie a Qui demeure sans punition.

impunité nf Absence de punition.

impur, ure a 1 Qui est altéré par des substances étrangères. 2 Litt Impudique.

impureté nf Caractère impur, souillé, pollué ; ce qui rend impur.

imputable a Qui peut être imputé.

imputation nf Action d'imputer.

imputer vt 1 Attribuer une action, une chose répréhensible à qqn. On lui a imputé l'accident. 2 Affecter une somme à un compte.

imputrescible a Qui ne peut pourrir.

in [in] a inv Fam À la mode.

inabordable a 1 Qu'on ne peut aborder. 2 D'un prix très élevé.

inabouti, ie a Qui a échoué. Tentative inaboutie.

in abstracto av Dans l'abstrait.

inaccentué, ue a Qui n'est pas accentué ; atone. Voyelle inaccentuée.

inacceptable a Qu'on ne peut accepter.

inaccessibilité nf Caractère inaccessible.

inaccessible *a* 1 Auquel on ne peut accéder. *Montagne inaccessible.* 2 Difficile à approcher, à aborder. *Personnage inaccessible.* 3 Insensible à certains sentiments. *Inaccessible à la pitié.*

inaccompli, ie *a* Litt Qui n'est pas achevé.

inaccomplissement *nm* Litt Caractère inaccompli.

inaccoutumé, ée *a* Inhabituel.

inachevé, ée *a* Qui n'est pas achevé.

inachèvement *nm* État inachevé.

inactif, ive *a. n* Qui n'a pas d'activité ; désœuvré. ■ *a* Inopérant. *Médicament inactif.*

inaction *nf* Absence d'action, d'activité.

inactivation *nf* Action d'inactiver.

inactiver *vt* MED Rendre inactif un microorganisme, une substance.

inactivité *nf* Absence d'activité.

inactualité *nf* Caractère inactuel.

inactuel, elle *a* Qui n'est pas d'actualité.

inadaptable *a* Qui ne peut être adapté.

inadaptation *nf* Manque d'adaptation.

inadapté, ée *a* 1 Qui n'est pas adapté. 2 Qui présente un handicap.

inadéquat, ate [-kwa] *a* Qui n'est pas adéquat, qui ne convient pas.

inadéquation *nf* Caractère inadéquat.

inadmissibilité *nf* Caractère inadmissible.

inadmissible *a* Inacceptable.

inadvertance *nf* Loc *Par inadvertance :* par étourderie.

inaliénable *a* Qui ne peut être cédé ou vendu.

inaltérabilité *nf* Caractère inaltérable.

inaltérable *a* Qui ne peut s'altérer.

inaltéré, ée *a* Non modifié.

inamical, ale, aux *a* Hostile.

inamovibilité *nf* Caractère inamovible.

inamovible *a* Qu'on ne peut destituer.

inanalysable *a* Qu'on ne peut analyser.

inanimé, ée *a* 1 Non doué de vie. 2 Qui a perdu ou semble avoir perdu la vie. ■ *a, nm* GRAM Se dit des noms désignant des choses.

inanité *nf* Litt Caractère inutile, vain.

inanition *nf* Épuisement dû à une profonde carence alimentaire.

inaperçu, ue *a* Qui a échappé aux regards.

inapparent, ente *a* Invisible.

inappétence *nf* Défaut d'appétit.

inapplicable *a* Qu'on ne peut appliquer.

inapplication *nf* Manque d'application.

inappliqué, ée *a* 1 Qu'on n'a pas mis en application. 2 Inattentif. *Élève inappliqué.*

inappréciable *a* Inestimable.

inapprochable *a* Qu'on ne peut approcher.

inapproprié, ée *a* Inadapté, inadéquat.

inapte, a, n Qui manque des aptitudes requises pour qqch.

inaptitude *nf* Incapacité.

inarticulé, ée *a* Indistinct. *Son inarticulé.*

inassimilable *a* Qu'on ne peut assimiler.

inassimilé, ée *a* Qui n'est pas assimilé.

inassouvi, ie *a* Litt Insatisfait.

inassouvissement *nm* Litt Insatisfaction.

inattaquable *a* Qu'on ne peut attaquer.

inattendu, ue *a* Imprévu.

inattentif, ive *a* Distrait.

inattention *nf* Distraction. Loc *Faute d'inattention :* due à l'étourderie.

inaudible *a* Impossible ou difficile à entendre.

inaugural, ale, aux *a* De l'inauguration.

inauguration *nf* Action d'inaugurer.

inaugurer *vt* 1 Marquer par une cérémonie la mise en service de. *Inaugurer un pont.* 2 Employer pour la première fois. *Inaugurer une nouvelle méthode.* 3 Marquer le début de. *Cette réussite inaugura une période faste.*

inauthenticité *nf* Caractère inauthentique.

inauthentique *a* Non authentique ; faux.

inavouable *a* Non avouable.

inavoué, ée *a* Qu'on ne s'avoue pas.

inca *a* Relatif aux Incas.

incalculable *a* 1 Qu'on ne peut calculer, compter. 2 Impossible à évaluer. *Conséquences incalculables.*

incandescence *nf* État incandescent.

incandescent, ente *a* Devenu lumineux sous l'effet d'une chaleur intense.

incantation *nf* Formule magique pour produire un effet surnaturel.

incantatoire *a* De l'incantation.

incapable *a* Qui n'est pas capable. *Incapable de parler.* ■ *a. n* Qui n'a pas les compétences requises pour une activité donnée.

incapacitant, ante *a, nm* Se dit d'un produit qui paralyse temporairement certains organes.

incapacité *nf* Inaptitude.

incarcération *nf* Emprisonnement.

incarcérer *vt* [12] Emprisonner, écrouer.

incarnat, ate *a, nm* D'un rouge tirant sur le rose.

incarnation *nf* 1 RELIG Action de s'incarner. 2 Image, représentation, personnification. *C'est l'incarnation de la bonté.*

incarné, ée *a* Personnifié. *C'est la méchanceté incarnée.* Loc *Ongle incarné :* entré profondément dans la chair.

incarner *vt* 1 Être l'image de. *Le Conseil constitutionnel incarne la loi.* 2 Interpréter le rôle de. *Acteur qui incarne le Cid.* ■ *vpr* RELIG Prendre un corps de chair (divinité).

incartade *nf* Écart de conduite.

incassable *a* Qu'on ne peut casser.

incendiaire *a* 1 Destiné à allumer un incendie. *Bombe incendiaire.* 2 Propre à susciter des troubles. *Discours incendiaire.* ■ *n* Auteur volontaire d'un incendie.

incendie *nm* Grand feu destructeur.

incendier *vt* 1 Provoquer l'incendie de. 2 Fam Blâmer qqn avec violence.

incertain, aine *a* 1 Qui n'est pas certain ; douteux. *Résultat incertain.* 2 Variable. *Temps incertain.* 3 Vague, peu distinct. *Contours incertains.* 4 Qui doute de qqch, hésitant.

incertitude *nf* Caractère incertain.

incessamment *av* Sans délai, sous peu.

incessant, ante *a* Continuel.

incessibilité *nf* Caractère incessible.

incessible *a* DR Qui ne peut être cédé.

inceste *nm* Relations sexuelles interdites entre des parents proches.

incestueux, euse *a* 1 Coupable d'inceste. 2 Entaché d'inceste. 3 Né d'un inceste.

inchangé, ée *a* Demeuré sans changement.

inchiffrable *a* Qu'on ne peut quantifier.

inchoatif, ive [-koa-] *a* GRAM Qui exprime le commencement d'une action.

incidemment *av* Par hasard, au passage.

incidence *nf* Influence, répercussion. *Les incidences de la crise économique.*

incident, ente *a* **1** GRAM Se dit d'une incise. **2** PHYS Qualifie un rayon qui atteint une surface. **3** Occasionnel. *Remarque incidente.* ■ *nm* Événement fortuit, fâcheux, mais peu important qui survient au cours d'une action.

incinérateur *nm* Appareil servant à brûler les déchets.

incinération *nf* Action d'incinérer.

incinérer *vt* [12] Réduire en cendres ; brûler.

incise *nf* GRAM Proposition très courte intercalée dans une autre (ex. : *dit-il*).

inciser *vt* Faire, avec un instrument tranchant, une entaille dans.

incisif, ive *a* Acerbe, mordant.

incision *nf* **1** Action d'inciser. **2** Coupure allongée, entaille.

incisive *nf* Chacune des dents de devant.

incitateur, trice *n* Qui pousse à faire qqch.

incitatif, ive *a* Propre à inciter.

incitation *nf* Action d'inciter.

inciter *vt* Déterminer, induire à.

incivil, ile *a* Litt Impoli.

inclassable *a* Qu'on ne peut classer.

inclinable *a* Qui peut s'incliner.

inclinaison *nf* État incliné, oblique. *Inclinaison du sol.*

inclination *nf* **1** Disposition, penchant naturel qui porte vers qqch, qqn. **2** Action d'incliner le corps, la tête.

incliné, ée *a* Oblique. Loc *Plan incliné* : surface plane formant un certain angle avec l'horizontale.

incliner *vt* **1** Mettre dans une position oblique, pencher. *Incliner la tête.* **2** Porter, inciter à. *Tout l'incline à pardonner.* ■ *vti* Être porté, enclin à. *J'incline au pardon.* ■ *vpr* **1** Courber le corps, se pencher. **2** S'avouer vaincu, se soumettre, céder.

inclinomètre *nm* Appareil servant à mesurer une pente.

inclure *vt* [54] **1** Enfermer, insérer dans. **2** Comporter, impliquer.

inclus, use *a* Compris dans. Loc *Ci-inclus, ci-incluse* : inclus dans cet envoi.

inclusif, ive *a* Qui renferme en soi.

inclusion *nf* Action d'inclure ; état de ce qui est inclus ; chose incluse.

inclusivement *av* Y compris ce dont on parle.

incoercible *a* Litt Qu'on ne peut contenir. *Rire incoercible.*

incognito *av* Sans se faire reconnaître. ■ *nm* Situation de qqn qui garde secrète son identité.

incohérence *nf* Absence de lien logique.

incohérent, ente *a* Qui manque de cohérence, de suite.

incollable *a* **1** Qui ne colle pas en cuisant. **2** Fam Qui répond à toutes les questions.

incolore *a* Qui n'a pas de couleur.

incomber *vti* Revenir, être imposé à qqn. *Ce soin vous incombe.*

incombustibilité *nf* Caractère incombustible.

incombustible *a* Qui ne peut être brûlé.

incommensurabilité *nf* Caractère incommensurable.

incommensurable *a* **1** Sans mesure, sans limites. **2** MATH Qualifie deux grandeurs de même nature qui n'ont pas de sous-multiple commun (ex. : *la diagonale et le côté d'un carré*).

incommodant, ante *a* Qui gêne ; désagréable.

incommode *a* **1** Qui cause de la gêne. *Position incommode.* **2** Peu pratique. *Appartement incommode.*

incommoder *vt* Causer une gêne physique à qqn. *La fumée l'incommode.*

incommodité *nf* Caractère incommode.

incommunicabilité *nf* Impossibilité de communiquer.

incommunicable *a* Qu'on ne peut communiquer, exprimer.

incomparable *a* Tellement supérieur que rien ne peut lui être comparé.

incomparablement *av* Sans comparaison possible.

incompatibilité *nf* Caractère incompatible.

incompatible *a* Qui n'est pas compatible ; inconciliable avec.

incompétence *nf* Manque de compétence.

incompétent, ente *a* **1** Qui n'a pas l'aptitude requise. **2** Se dit d'une juridiction qui n'a pas qualité pour connaître certaines affaires.

incomplet, ète *a* Auquel il manque qqch.

incomplètement *av* De façon incomplète.

incomplétude *nf* Litt État incomplet.

incompréhensible *a* Inintelligible, inexplicable. *Personnage incompréhensible.*

incompréhensif, ive *a* Qui manque de compréhension à l'égard d'autrui.

incompréhension *nf* Incapacité à comprendre.

incompressibilité *nf* Caractère incompressible.

incompressible *a* **1** Dont le volume ne diminue pas sous l'effet de la pression. **2** Qu'on ne peut réduire. *Des dépenses incompressibles.*

incompris, ise *a, n* Dont la valeur n'est pas reconnue.

inconcevable *a* Inimaginable.

inconciliable *a* Qu'on ne peut concilier avec un autre.

inconditionné, ée *a* Qui n'est soumis à aucune condition ; absolu.

inconditionnel, elle *a* Indépendant de toute condition. ■ *a, n* Qui se plie sans discussion aux décisions d'un homme, d'un parti.

inconditionnellement *av* De façon inconditionnelle.

inconduite *nf* Dévergondage.

inconfort *nm* Manque de confort.

inconfortable *a* Qui n'est pas confortable.

incongru, ue *a* Déplacé, inconvenant.

incongruité *nf* Caractère incongru.

incongrûment *av* De façon incongrue.

inconnaissable *a* Qui ne peut être connu.

inconnu, ue *a* **1** Qui n'est pas connu. **2** Qui n'est pas célèbre, obscur. ■ *n* Personne que l'on ne connaît pas. ■ *nm* Ce qui est mystérieux. ■ *nf* MATH Quantité que l'on détermine par la résolution d'une équation.

inconsciemment *av* De façon inconsciente.

inconscience *nf* **1** État de qqn d'inconscient, privé de sensibilité. **2** Manque de discernement.

inconscient, ente *a* **1** Qui n'a pas conscience de ses actes ; évanoui. **2** Dont on n'a pas conscience. *Geste inconscient.* ■ *a, n* Qui ne mesure pas l'importance des choses, la gravité de ses actes. ■ *nm* Domaine du psychisme échappant à la conscience.

inconséquence *nf* Incohérence.

inconséquent, ente a 1 Qui manque de logique, de cohérence. 2 Qui se conduit avec légèreté ; irréfléchi.

inconsidéré, ée a Irréfléchi.

inconsidérément av De façon inconsidérée.

inconsistance nf 1 Manque de consistance. 2 Absence de fermeté, de force, de cohérence.

inconsistant, ante a Qui manque de consistance, de fermeté.

inconsolable a Qui ne peut être consolé.

inconsolé, ée a Litt Qui ne s'est pas consolé.

inconsommable a Immangeable.

inconstance nf Instabilité.

inconstant, ante a. n Dont les sentiments changent facilement. ■ a Variable. *Temps inconstant.*

inconstitutionnalité nf Caractère inconstitutionnel.

inconstitutionnel, elle a Non conforme à la Constitution.

inconstructible a Où on n'a pas le droit de construire.

incontestable a Indéniable.

incontestablement av Sans contestation.

incontesté, ée a Qui n'est pas discuté.

incontinence nf 1 Tendance incontrôlée à parler trop. 2 MED Émission incontrôlée d'urine, de matières fécales.

1. incontinent, ente a Qui n'est pas chaste. ■ a, n Atteint d'incontinence.

2. incontinent av Litt Aussitôt.

incontournable a Qu'on ne peut éviter.

incontrôlable a Qu'on ne peut contrôler.

incontrôlé, ée a Qui échappe à tout contrôle.

inconvenance nf Caractère inconvenant.

inconvenant, ante a Qui blesse la bienséance ; grossier.

inconvénient nm 1 Désavantage, défaut de qqch. 2 Désagrément, résultat fâcheux.

inconvertibilité nf Caractère inconvertible.

inconvertible a Qui ne peut être changé en une autre monnaie, en or.

incoordination nf Absence de coordination.

incorporable a Qui peut être incorporé.

incorporation nf Action d'incorporer.

incorporel, elle a Immatériel.

incorporer vt 1 Faire entrer qqch dans un tout. 2 MILIT Faire entrer une recrue dans son unité d'affectation.

incorrect, ecte a 1 Qui n'est pas correct ; mauvais. 2 Grossier.

incorrectement av Grossièrement.

incorrection nf 1 Manquement aux règles de la bienséance. 2 Faute de grammaire.

incorrigible a Qu'on ne peut corriger.

incorruptibilité nf Qualité incorruptible.

incorruptible a 1 Imputrescible, inaltérable. 2 Incapable de se laisser corrompre pour agir contre ses devoirs.

incrédule a, n 1 Athée, libre penseur, incroyant. 2 Difficile à persuader ; sceptique.

incrédulité nf 1 Fait d'être incrédule, scepticisme, athéisme.

incréé, ée a RELIG Qui existe sans avoir été créé.

incrémenter vt INFORM Augmenter d'une quantité donnée une variable d'un programme.

increvable a 1 Qui ne peut être crevé. 2 Fam Infatigable.

incrimination nf Action d'incriminer.

incriminer vt Mettre en cause, accuser.

incrochetable a Qu'on ne peut crocheter.

incroyable a 1 Difficile ou impossible à croire. *Un récit incroyable.* 2 Peu commun, extraordinaire. *Une activité incroyable.* ■ n HIST Jeune dandy royaliste, sous le Directoire.

incroyablement av Extraordinairement.

incroyance nf Absence de croyance religieuse.

incroyant, ante n, a Qui n'a pas de foi religieuse ; athée.

incrustation nf 1 Action d'incruster ; ornement incrusté. 2 Dépôt calcaire sur un objet. 3 Apparition sur l'écran de télévision d'une image qui se superpose à la première.

incruster vt 1 Orner un objet en insérant des fragments d'une autre matière. *Coffret d'ébène incrusté de nacre.* 2 Couvrir d'un dépôt calcaire. ■ vpr Fam S'installer chez qqn en parasite.

incubateur nm Couveuse artificielle.

incubation nf 1 Action de couver ; développement de l'embryon dans l'œuf. 2 MED Période entre la contamination et l'apparition de la maladie.

incube nm Démon mâle censé abuser des femelles endormies.

incuber vt Opérer l'incubation de.

inculpation nf DR Imputation à qqn d'un crime ou d'un délit, donnant lieu à une procédure d'instruction.

inculpé, ée n, a Qui est sous le coup d'une inculpation.

inculper vt DR Soumettre qqn à une inculpation.

inculquer vt Imprimer dans l'esprit de façon profonde et durable.

inculte a 1 Qui n'est pas cultivé. *Terres incultes.* 2 Peu soigné. *Barbe inculte.* 3 Dépourvu de culture intellectuelle.

incultivable a Qui ne peut être cultivé.

inculture nf Manque de culture intellectuelle.

incunable nm Ouvrage imprimé entre la découverte de l'imprimerie (1438) et 1500.

incurabilité nf Caractère incurable.

incurable a, n Qu'on ne peut guérir.

incurablement av De façon incurable.

incurie nf Défaut de soin, négligence.

incuriosité nf Litt Manque de curiosité.

incursion nf 1 Courte irruption armée dans une région. 2 Entrée soudaine dans un lieu.

incurver vt Donner une forme courbe à. ■ vpr Prendre une forme courbe.

indatable a Qu'on ne peut dater.

indéboulonnable a Fam Qu'on ne peut destituer.

indécemment av De façon indécente.

indécence nf Caractère indécent, inconvenant.

indécent, ente a Contraire à la décence, inconvenant, scandaleux, impudique.

indéchiffrable a Qui ne peut être déchiffré ; obscur, inintelligible.

indéchirable a Qui ne peut être déchiré.

indécidable a Qui ne peut être ni démontré ni réfuté.

indécis, ise a 1 Douteux, incertain. *Victoire indécise.* 2 Flou, imprécis, vague. *Traits indécis.* ■ a, n Irrésolu, qui ne sait pas se décider.

indécision nf Irrésolution, incertitude.

indéclinable a Qui ne se décline pas.

indécodable a Qu'on ne peut décoder.

indécollable *a* Impossible à décoller.
indécomposable *a* Qu'on ne peut décomposer.
indécrottable *a* Fam Incorrigible.
indéfectible *a* Qui ne peut cesser d'être. *Une amitié indéfectible.*
indéfendable *a* Qu'on ne peut défendre.
indéfini, ie *a* 1 Dont les limites ne peuvent être déterminées. *Temps indéfini.* 2 Vague, imprécis. *Sentiment indéfini.* ■ *a, nm* GRAM Article, adjectif ou pronom qui présentent le nom de manière générale ou indéterminée.
indéfiniment *av* De façon indéfinie.
indéfinissable *a* Qu'on ne peut définir, expliquer. *Sentiment indéfinissable.*
indéformable *a* Qui ne se déforme pas.
indéfrichable *a* Qui ne peut être défriché.
indéfrisable *nf* Vx Syn de *permanente.*
indéhiscent, ente *a* BOT Se dit d'un fruit qui ne se détache en entier de la plante.
indélébile *a* Qui ne peut être effacé.
indélicat, ate *a* Malhonnête.
indélicatesse *nf* Malversation.
indémaillable *a* Dont les mailles ne peuvent se défaire.
indemne *a* Qui n'a souffert aucun dommage, aucune blessure à la suite d'un accident.
indemnisable *a* Qui peut être indemnisé.
indemnisation *nf* Paiement d'une indemnité.
indemniser *vt* Dédommager qqn.
indemnitaire *a* Qui relève d'une indemnité.
indemnité *nf* 1 Dédommagement d'un préjudice. 2 Allocation attribuée en compensation de certains frais.
indémodable *a* Qui ne peut se démoder.
indémontable *a* Qui ne peut se démonter.
indémontrable *a* Qu'on ne peut démontrer.
indéniable *a* Incontestable.
indéniablement *av* Incontestablement.
indénombrable *a* Incalculable.
indentation *nf* Échancrure.
indépassable *a* Impossible à dépasser.
indépendamment de *prép* 1 En faisant abstraction de. *Indépendamment des événements.* 2 En outre, en plus de.
indépendance *nf* 1 Situation de qqn, d'un État autonome, indépendant. 2 Refus de toute sujétion. *Indépendance d'esprit, d'opinion.* 3 Absence de relations entre des phénomènes.
indépendant, ante *a* 1 Libre de toute sujétion, de toute dépendance. 2 Qui refuse toute sujétion. 3 Qui n'a pas de rapport avec. *Ce sont deux questions indépendantes.*
indépendantisme *nm* Revendication de l'indépendance politique.
indépendantiste *a, n* Partisan de l'indépendance politique.
indéracinable *a* Qu'on ne peut déraciner.
indéréglable *a* Qui ne peut se dérégler.
indescriptible *a* Qui ne peut être décrit.
indésirable *a, n* Dont on refuse la présence dans un pays, un groupe.
indestructible *a* Qui ne peut être détruit.
indétectable *a* Qu'on ne peut détecter.
indéterminable *a* Qu'on ne peut déterminer.
indétermination *nf* 1 Doute, irrésolution. 2 Caractère flou, vague.
indéterminé, ée *a* Imprécisé, vague.

index *nm inv* 1 Deuxième doigt de la main, le plus rapproché du pouce. 2 Aiguille, repère mobile sur un cadran. 3 Table alphabétique à la fin d'un ouvrage. **Loc** *Mettre à l'index :* exclure.
indexation *nf* ou **indexage** *nm* Action d'indexer.
indexer *vt* 1 Lier l'évolution d'une valeur aux variations d'un indice de référence. 2 Réaliser l'index d'un ouvrage. 3 Mettre un élément à son ordre dans un index.
indianisme *nm* Étude des langues et des civilisations de l'Inde.
indianiste *n* Spécialiste de l'indianisme.
indic *nm* Pop Indicateur de police.
indicateur, trice *a* Qui indique. *Poteau indicateur.* ■ *n* Qui, en échange d'avantages, renseigne la police. ■ *nm* 1 Livre, brochure qui contient des renseignements. 2 Instrument de mesure fournissant des indications.
indicatif, ive *a* Qui indique. *Je vous dis cela à titre indicatif.* ■ *nm* 1 GRAM Mode du verbe qui exprime l'état, l'action comme réels. 2 Air musical conventionnel identifiant un poste émetteur de radio ou de télévision.
indication *nf* 1 Action d'indiquer. 2 Signe, indice. 3 Renseignement. *Donner quelques indications.* 4 MED Maladie, cas pour lesquels tel traitement est indiqué (par oppos. à contre-indication).
indice *nm* 1 Signe apparent rendant probable l'existence de qqch. 2 MATH Signe (lettre ou chiffre) placé en bas à droite d'un autre signe pour le caractériser. 3 Rapport entre deux grandeurs. *Indice d'octane.* **Loc** *Indice des prix :* chiffre indiquant l'évolution du pouvoir d'achat.
indiciaire *a* Rattaché à un indice.
indicible *a* Ineffable.
indiciblement *av* De façon indicible.
indiciel, elle *a* Qui a valeur d'indice.
indien, enne *a, n* 1 De l'Inde. 2 Relatif aux indigènes d'Amérique (Amérindiens). ■ *nf* Étoffe de coton peinte ou imprimée.
indifféremment *av* Sans faire de différence.
indifférence *nf* 1 État de qqn qui ne désire ni ne repousse une chose. *Indifférence religieuse.* 2 Insensibilité, froideur.
indifférenciation *nf* État indifférencié.
indifférencié, ée *a* Qui n'est pas différencié.
indifférent, ente *a* 1 Qui ne présente aucun motif de préférence. *Cela m'est indifférent.* 2 Qui manque d'intérêt. *Conversation indifférente.* ■ *a, n* Insensible, qui ne s'intéresse pas.
indifférer *vt* [12] Fam Ne pas intéresser, laisser insensible. *Cela m'indiffère.*
indigence *nf* Grande pauvreté, misère.
indigène *a* Originaire du pays, de l'endroit où qqn, qqch se trouve. ■ *a, n* 1 Autochtone. 2 Originaire d'un pays d'outre-mer.
indigent, ente *a, n* Très pauvre.
indigeste *a* 1 Difficile à digérer. 2 Difficile à assimiler. *Ouvrage indigeste.*
indigestion [-tjɔ̃] *nf* 1 Indisposition due à une mauvaise digestion. 2 Fam Dégoût de qqch dû à un usage excessif. *Une indigestion de cinéma.*
indignation *nf* Colère et mépris provoqués par une injustice, une action honteuse.
indigne *a* 1 Qui ne mérite pas. *Il est indigne de votre estime.* 2 Qui ne sied pas à qqn. *Cette conduite est indigne de vous.* 3 Odieux, méprisable. *Mère indigne.*

indignement *av* De façon indigne.
indigner *vt* Exciter l'indignation de qqn. ■ *vpr* Éprouver de l'indignation.
indignité *nf* Caractère indigne.
indigo *nm, a inv* Variété de bleu.
indigotier *nm* Plante qui fournissait une teinture bleue.
indiqué, ée *a* Adéquat, opportun, recommandé. Ant. contre-indiqué.
indiquer *vt* 1 Montrer, désigner de façon précise. 2 Faire connaître en donnant des renseignements. *Indiquer le chemin à qqn.* 3 Dénoter, révéler. *Le signal vert indique la voie libre.*
indirect, ecte *a* Qui n'est pas direct, détourné. Loc GRAM *Complément indirect :* rattaché au verbe par une préposition. *Interrogation indirecte, style indirect :* rapportant les propos dans une proposition subordonnée (ex. : *je demande quand il est venu*).
indirectement *av* De façon indirecte.
indiscernable *a* Qu'on ne peut discerner.
indiscipline *nf* Désobéissance.
indiscipliné, ée *a* Désobéissant.
indiscret, ète *a* Qui manque de discrétion. ■ *a, n* Qui ne sait pas garder un secret.
indiscrètement *av* De façon indiscrète.
indiscrétion *nf* 1 Manque de discrétion. 2 Révélation de ce qui devait rester secret.
indiscutable *a* Incontestable.
indiscutablement *av* De façon indiscutable.
indiscuté, ée *a* Qui n'est pas mis en discussion.
indispensable *a* Absolument nécessaire.
indisponibilité *nf* Situation, état indisponible.
indisponible *a* Qui n'est pas disponible.
indisposé, ée *a* 1 Légèrement malade, incommodé. 2 Se dit d'une femme qui a ses règles.
indisposer *vt* 1 Fâcher, mécontenter. 2 Rendre légèrement malade, incommoder.
indisposition *nf* Léger malaise.
indissociable *a* Dont les éléments ne peuvent être dissociés.
indissolubilité *nf* Caractère indissoluble.
indissoluble *a* Qui ne peut être défait.
indissolublement *av* De façon indissoluble.
indistinct, incte *a* [-tɛ̃] Imprécis, confus.
indistinctement *av* De façon indistincte.
individu *nm* 1 Tout être organisé d'une espèce quelconque. 2 Être humain considéré isolément par rapport à la collectivité. 3 Personne quelconque, qu'on ne peut nommer ou qu'on méprise.
individualisation *nf* Action d'individualiser.
individualiser *vt* 1 Distinguer en fonction des caractères individuels. 2 Adapter aux caractères individuels ; personnaliser.
individualisme *nm* 1 Conception qui voit dans l'individu la valeur la plus élevée. 2 Égoïsme.
individualiste *a, n* Qui relève de l'individualisme.
individualité *nf* 1 PHILO Ce qui caractérise un être en tant qu'individu. 2 Originalité propre d'une personne. 3 Personne qui fait preuve de caractère. *Une forte individualité.*
individuel, elle *a* De l'individu ; personnel.
individuellement *av* De façon individuelle.
indivis, ise *a* DR Possédé par plusieurs personnes sans être divisé matériellement.

indivisibilité *nf* Caractère indivisible.
indivisible *a* Qui ne peut être divisé.
indivision *nf* DR Possession indivise.
indochinois, oise *a, n* De l'Indochine.
indocile *a* Désobéissant, rebelle.
indocilité *nf* Caractère indocile.
indo-européen, enne *a, nm* Se dit d'un groupe de langues européennes et asiatiques qui ont une origine commune ; cette langue originelle elle-même.
indolence *nf* Mollesse, nonchalance.
indolent, ente *a* Mou, apathique.
indolore *a* Qui n'est pas douloureux.
indomptable *a* Qu'on ne peut dompter.
indompté, ée [ɛ̃dɔ̃te] *a* Litt Non maîtrisé.
indonésien, enne *a, n* D'Indonésie.
indoor [indɔr] *a inv* Se dit d'épreuves sportives disputées en salle.
in-douze *a inv, nm inv* Format d'impression où les feuilles sont pliées en douze feuillets (abrév : in-12 ou in-12°).
indu, ue *a* Loc *Heure indue :* inhabituelle.
indubitable *a* Certain. *Échec indubitable.*
indubitablement *av* Sans aucun doute.
inductance *nf* ELECTR Coefficient qui caractérise la propriété d'un circuit électrique de produire un flux à travers lui-même.
inducteur, trice *a* ELECTR Qui produit l'induction. ■ *nm* Électro-aimant servant à produire un champ inducteur.
inductif, ive *a* PHILO De l'induction.
induction *nf* 1 PHILO Raisonnement consistant à inférer une chose d'une autre, à aller des faits particuliers au général. 2 ELECTR Production d'un courant par un aimant ou un autre courant.
induire *vt* [67] 1 Inciter, amener à. *Induire qqn à mal faire.* 2 PHILO Trouver par induction ; conclure. *Que peut-on induire de cela ?* 3 ELECTR Produire une induction. Loc *Induire en erreur :* tromper.
induit, ite *a* 1 Qui résulte de, consécutif à. *Effet induit d'une décision.* 2 ELECTR Produit par induction. ■ *nm* Machine électrique où on produit une force électromotrice par induction.
indulgence *nf* 1 Facilité à excuser, à pardonner. 2 RELIG Remise de la peine attachée au péché.
indulgent, ente *a* Qui pardonne, excuse aisément ; clément.
indûment *av* À tort.
induration *nf* MED Durcissement et épaississement des tissus organiques.
induré, ée *a* MED Devenu dur et épais.
industrialisation *nf* Action d'industrialiser.
industrialiser *vt* 1 Appliquer les méthodes industrielles à. 2 Implanter des industries dans.
industrialisme *nm* Conception économique faisant de l'industrie le pivot des sociétés.
industrie *nf* 1 Ensemble des entreprises ayant pour objet la transformation des matières premières et l'exploitation des sources d'énergie. 2 Secteur économique important. *Industrie du spectacle.* Loc Litt *Chevalier d'industrie :* escroc.
industriel, elle *a* Qui relève de l'industrie. *La civilisation industrielle.* Loc *(En) quantité industrielle :* en grande quantité. ■ *n* Qui possède une entreprise, une usine.
industriellement *av* De façon industrielle.
industrieux, euse *a* Litt Adroit, ingénieux.
inébranlable *a* Qui ne peut être ébranlé ; ferme, solide. *Courage inébranlable.*

inédit, ite *a. nm* 1 Qui n'a pas été publié, édité. 2 Qui n'a pas encore été vu ; nouveau.

ineffable *a* Litt Indicible.

ineffaçable *a* Qui ne peut être effacé.

inefficace *a* Inopérant.

inefficacement *av* De façon inefficace.

inefficacité *nf* Manque d'efficacité.

inégal, ale, aux *a* 1 Qui n'est pas égal en dimension, en durée, en valeur, en quantité. 2 Raboteux (sol, surface). 3 Qui n'est pas régulier. *Mouvement inégal.* 4 Changeant, inconstant. *Humeur inégale.*

inégalable *a* Qui ne peut être égalé.

inégalé, ée *a* Qui n'a pas été égalé.

inégalement *av* De façon inégale.

inégalitaire *a* Fondé sur l'inégalité sociale.

inégalité *nf* 1 Caractère inégal. *Inégalité des chances.* 2 MATH Expression qui traduit que deux quantités ne sont pas égales.

inélégamment *av* Sans élégance.

inélégance *nf* Manque d'élégance.

inélégant, ante *a* Discourtois, grossier.

inéligibilité *nf* Caractère inéligible.

inéligible *a* Qui ne peut être élu.

inéluctable *a* Inévitable.

inéluctablement *av* Inévitablement.

inemployé, ée *a* Qu'on n'utilise pas.

inénarrable *a* Extraordinairement cocasse.

inentamé, ée *a* Qui n'est pas encore entamé.

inéprouvé, ée *a* Qui n'a pas été ressenti.

inepte *a* Stupide. *Raisonnement inepte.*

ineptie [-psi] *nf* Sottise, stupidité.

inépuisable *a* Intarissable.

inéquation *nf* MATH Inégalité qui n'est satisfaite que pour certaines valeurs des variables.

inéquitable *a* Litt Injuste.

inerte *a* 1 Qui n'est pas en mouvement. *Corps inerte.* 2 CHIM Qui ne joue aucun rôle dans une réaction donnée. 3 Qui ne fait aucun des mouvements décelant la vie. 4 Qui n'agit pas ; sans énergie, apathique.

inertie [-si] *nf* 1 État inerte. 2 Absence d'activité, d'énergie. **Loc** *Force d'inertie :* résistance passive de qqn ; résistance au mouvement opposée par un corps du fait de sa seule masse.

inertiel, elle *a* PHYS Relatif à l'inertie, à la force d'inertie.

inespéré, ée *a* Inattendu.

inesthétique *a* Laid.

inestimable *a* Inappréciable, très précieux.

inévitable *a* Qu'on ne peut éviter.

inévitablement *av* De façon inévitable.

inexact, acte *a* 1 Qui manque de ponctualité. 2 Faux. *Calcul inexact.*

inexactement *av* De façon inexacte.

inexactitude *nf* 1 Manque de ponctualité. 2 Erreur. *Un livre plein d'inexactitudes.*

inexcusable *a* Qui ne peut être excusé.

inexécutable *a* Qui ne peut être exécuté.

inexécution *nf* Absence d'exécution.

inexercé, ée *a* Qui n'est pas exercé, formé.

inexigibilité *nf* Caractère inexigible.

inexigible *a* Qui ne peut être exigé.

inexistant, ante *a* 1 Qui n'existe pas. 2 Sans valeur, qui ne compte pas.

inexistence *nf* Défaut d'existence, de valeur.

inexorable *a* Implacable.

inexorablement *av* De façon inexorable.

inexpérience *nf* Manque d'expérience.

inexpérimenté, ée *a* Qui n'a pas d'expérience.

inexpiable *a* 1 Qui ne peut être expié. *Crime inexpiable.* 2 Sans merci. *Lutte inexpiable.*

inexplicable *a* Incompréhensible, étrange.

inexplicablement *av* De façon inexplicable.

inexpliqué, ée *a* Qui n'a pas été expliqué.

inexploitable *a* Qu'on ne peut exploiter.

inexploité, ée *a* Qui n'est pas exploité.

inexploré, ée *a* Qui n'a pas été exploré.

inexpressif, ive *a* Qui manque d'expression.

inexprimable *a* Indicible.

inexprimé, ée *a* Qui n'est pas exprimé.

inexpugnable *a* Qu'on ne peut prendre d'assaut.

inextensible *a* Qu'on ne peut allonger.

in extenso [inεkstếso] *av* En entier, complètement. *Publier un livre in extenso.*

inextinguible *a* Qu'on ne peut apaiser. *Une soif inextinguible.*

in extremis [inεkstremis] *av* Au dernier moment, à la dernière minute.

inextricable *a* Très embrouillé.

inextricablement *av* De façon inextricable.

infaillibilité *nf* Caractère infaillible.

infaillible *a* 1 Qui ne peut se tromper. *Nul n'est infaillible.* 2 Certain, assuré. *Remède infaillible.*

infailliblement *av* Immanquablement.

infaisable [-fǝ-] *a* Qui ne peut être fait.

infalsifiable *a* Qui ne peut être falsifié.

infamant, ante *a* Déshonorant.

infâme *a* 1 Avilissant, honteux. *Action infâme.* 2 Répugnant, sale. *Un infâme taudis.*

infamie *nf* 1 Action, parole infâme, vile. 2 Litt Déshonneur.

infant, ante *n* Titre des enfants puînés des rois d'Espagne et de Portugal.

infanterie *nf* Ensemble des troupes qui combattent à pied.

infanticide *a, n* Qui a commis un meurtre d'enfant. ■ *nm* Meurtre d'un enfant, spécialement d'un nouveau-né.

infantile *a* 1 Des enfants en bas âge. *Mortalité infantile.* 2 Puéril. *Discours infantile.*

infantilisant, ante *a* Qui infantilise.

infantiliser *vt* Rendre infantile, puéril.

infantilisme *nm* Conduite puérile, infantile ; absence de maturité.

infarctus *nm* MED Oblitération d'un vaisseau par une thrombose. **Loc** *Infarctus du myocarde :* lésion entraînant la nécrose de la paroi musculaire du cœur.

infatigable *a* Que rien ne fatigue.

infatigablement *av* Sans se fatiguer.

infatuer (s') *vpr* Litt Être excessivement satisfait de sa propre personne.

infécond, onde *a* Stérile.

infécondité *nf* Stérilité.

infect, ecte *a* 1 Litt Qui répand une odeur repoussante. *Haleine infecte.* 2 Qui suscite le dégoût, répugnant. 3 Fam Très mauvais.

infecter *vt* 1 Contaminer de germes infectieux. 2 Empester. ■ *vpr* Être atteint par l'infection.

infectieux, euse *a* MED Qui provoque une infection ou qui en résulte.

infection *nf* 1 MED Développement d'un germe pathogène dans l'organisme. 2 Grande puanteur. *Ta pipe, c'est une infection !*

inféoder vt HIST Donner en fief à un vassal. Loc *Être inféodé à :* être sous la dépendance de. ■ vpr S'attacher par un lien étroit.

inférence nf PHILO Raisonnement consistant à tirer une conséquence d'une proposition.

inférer vt [12] Déduire une conséquence de.

inférieur, eure a 1 Placé au-dessous, en bas. *Mâchoire inférieure.* 2 Le plus éloigné de la source d'un fleuve. *Le cours inférieur de la Seine.* 3 BIOL Dont l'organisation est rudimentaire. 4 MATH Plus petit que. ■ a, n Au-dessous d'un autre en rang, en dignité ; subordonné, subalterne.

inférioriser vt Donner un sentiment d'infériorité à.

infériorité nf Désavantage, subordination. Loc *Complexe d'infériorité :* sentiment qui conduit qqn à se déprécier, à se dévaloriser.

infernal, ale, aux a 1 Litt De l'enfer. 2 Insupportable. *Vacarme infernal. Enfant infernal.*

infertile a Litt Stérile, infécond.

infertilité nf Litt Stérilité.

infestation nf MED Envahissement de l'organisme par un parasite.

infester vt Envahir (animaux, plantes nuisibles). *Cave infestée de rats.*

infeutrable a Qui ne se feutre pas.

infibulation nf ETHNOL Opération rituelle consistant à fixer un anneau traversant le prépuce de l'homme ou les petites lèvres de la femme.

infichu, ue a Pop Incapable de.

infidèle a 1 Qui n'est pas fidèle en amour. 2 Inexact. *Traduction infidèle.* ■ a, n Qui ne professe pas la religion tenue pour vraie.

infidélité nf Manque de fidélité.

infiltration nf Action de s'infiltrer.

infiltrer vt Introduire clandestinement des gens dans un groupe. ■ vpr 1 Pénétrer à travers les pores, les interstices d'un corps solide. 2 Pénétrer peu à peu, s'insinuer.

infime a Très petit, insignifiant.

infini, ie a 1 Sans bornes. *Espace, durée infinis.* 2 Très considérable. *Infinie variété d'objets.* ■ nm Ce qui est sans limites. Loc *À l'infini :* sans fin.

infiniment av Extrêmement.

infinité nf Quantité considérable.

infinitésimal, ale, aux a Très petit. *Dose infinitésimale.* Loc *Calcul infinitésimal :* partie des mathématiques comprenant le calcul différentiel et le calcul intégral.

infinitif, ive a GRAM Caractérisé par l'emploi de l'infinitif. ■ nm Forme nominale du verbe.

infirmation nf DR Annulation d'une décision.

infirme a, n Atteint d'une infirmité ; handicapé.

infirmer vt 1 Réfuter, démentir qqch. *Les faits infirment ses paroles.* 2 DR Déclarer nul.

infirmerie nf Local où on soigne les malades, les blessés, dans un établissement scolaire, une entreprise, une prison, etc.

infirmier, ère n Qui donne des soins aux malades en suivant les prescriptions des médecins. ■ a Des infirmiers. *Soins infirmiers.*

infirmité nf Atteinte chronique d'une partie de l'organisme.

infixe nm GRAM Élément qui, dans certaines langues, s'insère au milieu d'une racine.

inflammabilité nf Caractère inflammable.

inflammable a Qui s'enflamme facilement.

inflammation nf 1 Fait de prendre feu. 2 MED Réaction de l'organisme à un choc, à un germe pathogène, caractérisée par une tuméfaction, une rougeur, etc.

inflammatoire a MED Qui tient de l'inflammation.

inflation nf 1 ECON Hausse des prix. 2 Augmentation excessive. *Inflation du personnel.*

inflationniste a, n Qui relève de l'inflation.

infléchir vt Modifier l'orientation de qqch. *Il a infléchi sa ligne de conduite.* ■ vpr Dévier.

infléchissement nm Modification de l'orientation d'un processus.

inflexibilité nf Caractère inflexible.

inflexible a Inexorable, intraitable.

inflexiblement av De façon inflexible.

inflexion nf 1 Action de fléchir, d'incliner. *Inflexion de la tête.* 2 Modulation de la voix.

infliger vt [11] Faire subir une peine, qqch de pénible. Loc *Infliger un démenti :* contredire totalement.

inflorescence nf BOT Disposition des fleurs d'une plante.

influençable a Facile à influencer.

influence nf 1 Action exercée sur qqch ou qqn. 2 Crédit, autorité. *Trafic d'influence.*

influencer vt [10] Exercer une influence sur.

influent, ente a Qui a de l'influence, du crédit, de l'autorité.

influer vi Avoir une action déterminante sur qqch. *Influer sur une décision.*

influx [-fly] nm Loc PHYSIOL *Influx nerveux :* courant électrique qui transmet les commandes motrices ou les messages sensitifs.

info nf Fam Information.

infographie nf (n déposé) Informatique appliquée aux graphiques et à l'image.

infographiste n Spécialiste d'infographie.

in-folio [in-] nm inv TYPO Format dans lequel la feuille, pliée en deux, donne quatre pages.

infondé, ée a Dénué de fondement.

informateur, trice n Qui donne des renseignements.

informaticien, enne n Spécialiste d'informatique.

informatif, ive a Qui informe.

information nf 1 Action d'informer, de s'informer. 2 Renseignement, documentation sur qqn ou qqch. 3 DR Instruction d'un procès criminel. ■ pl Nouvelles communiquées par la presse, la radio, la télévision, etc.

informationnel, elle a De l'information.

informatique nf Science du traitement automatique de l'information au moyen d'ordinateurs. ■ a De l'informatique.

informatiquement av Par l'informatique.

informatisation nf Action d'informatiser.

informatiser vt 1 Traiter par l'informatique. 2 Doter de moyens informatiques.

informe a 1 Qui n'a pas de forme précise. 2 Incomplet, inachevé.

informé nm Loc *Jusqu'à plus ample informé :* jusqu'à une nouvelle information.

informel, elle a Qui n'est pas soumis à des règles strictes.

informer vt Avertir, mettre au courant. ■ vpr S'enquérir de, recueillir des renseignements sur.

informulé, ée a Qui n'est pas formulé.

infortune nf Litt 1 Revers de fortune, désastre. 2 Fait d'être trompé par son conjoint.

infortuné, ée *a, n* Litt Qui n'a pas de chance.

infra *av* Ci-dessous.

infraction *nf* Transgression, violation d'une loi, d'une règle, d'un ordre, etc.

infranchissable *a* Qu'on ne peut franchir.

infrarouge *nm, a* PHYS Rayonnement que sa fréquence place en deçà du rouge dans la partie du spectre non visible à l'œil.

infrason *nm* Vibration sonore de faible fréquence non perçue par l'oreille.

infrastructure *nf* 1 Ensemble des ouvrages et des équipements routiers, aériens, maritimes ou ferroviaires. 2 Base matérielle de la société.

infréquentable *a* Qu'on ne peut fréquenter.

infroissable *a* Qui ne se froisse pas.

infructueusement *av* Sans résultat.

infructueux, euse *a* Qui ne donne pas de résultat, qui est sans profit.

infuse *af* Loc *Avoir la science infuse* : être savant sans avoir étudié.

infuser *vt* 1 Laisser macérer une substance dans un liquide bouillant afin que celui-ci se charge de principes actifs. 2 Litt Communiquer à qqn du courage, de l'ardeur.

infusette *nf* (n déposé) Petit sachet de plantes à infuser.

infusion *nf* Action d'infuser ; liquide infusé.

infusoire *nm* ZOOL Protiste de grande taille.

ingagnable *a* Qu'on ne peut gagner.

ingambe *a* Litt Alerte.

ingénier (s') *vpr* Chercher à, tâcher de trouver un moyen pour.

ingénierie *nf* Activité ayant pour objet la conception des équipements techniques, l'établissement du projet et le contrôle de sa réalisation. Syn. engineering.

ingénieriste *n* Spécialiste d'ingénierie.

ingénieur *nm* Personne capable, grâce à ses connaissances scientifiques, d'élaborer, d'organiser ou de diriger des plans de production.

ingénieusement *av* De façon ingénieuse.

ingénieux, euse *a* Plein d'esprit d'invention ; habile.

ingéniosité *nf* Caractère ingénieux.

ingénu, ue *a* D'une franchise innocente et candide. ■ *nf* Rôle de jeune fille naïve.

ingénuité *nf* Candeur, innocence, naïveté.

ingénument *av* De façon ingénue.

1. ingérable *a* Impossible à gérer.

2. ingérable *a* Que l'on peut ingérer.

ingérence *nf* 1 Action de s'ingérer. 2 DR Délit d'un fonctionnaire ou d'un magistrat qui abuse de sa fonction pour s'enrichir.

ingérer *vt* [12] Introduire par la bouche. ■ *vpr* Se mêler indûment de qqch ; s'immiscer dans.

ingestion *nf* Action d'ingérer.

ingouvernable *a* Qui ne peut être gouverné.

ingrat, ate *a, n* Qui n'a pas de reconnaissance pour les bienfaits reçus. ■ *a* 1 Stérile, aride. 2 Rebutant. *Travail ingrat.* 3 Sans grâce, laid. Loc *L'âge ingrat* : la puberté.

ingratitude *nf* Manque de reconnaissance.

ingrédient *nm* Substance qui entre dans la composition d'un mélange.

inguérissable *a* Qui ne peut être guéri.

inguinal, ale, aux *a* [ε̃gɥi-] *a* ANAT De l'aine.

ingurgitation *nf* Action d'ingurgiter.

ingurgiter *vt* Absorber, avaler avec avidité.

inhabile *a* Litt Qui manque d'habileté.

inhabileté *nf* Litt Maladresse.

inhabilité *nf* DR Incapacité juridique.

inhabitable *a* Qui ne peut être habité.

inhabité, ée *a* Qui n'est pas habité.

inhabituel, elle *a* Qui n'est pas habituel.

inhalateur *nm* Appareil pour inhalations.

inhalation *nf* MED Absorption par les voies respiratoires d'une vapeur, d'un aérosol.

inhaler *vt* Absorber par inhalation.

inharmonieux, euse *a* Litt Qui manque d'harmonie.

inhérence *nf* État inhérent.

inhérent, ente *a* Lié nécessairement à un être, à une chose.

inhiber *vt* Empêcher ou ralentir une activité, une réaction.

inhibiteur, trice *a, nm* Qui produit une inhibition. *Un inhibiteur de l'infarctus.*

inhibition *nf* Arrêt, blocage, suspension d'un processus psychologique ou physiologique, d'une réaction chimique.

inhospitalier, ère *a* Qui n'est pas accueillant.

inhumain, aine *a* 1 Sans pitié, cruel. 2 Qui n'appartient pas à la nature humaine. *Cri inhumain.* 3 Très pénible. *Conditions de vie inhumaines.*

inhumainement *av* Cruellement.

inhumanité *nf* Litt Cruauté, barbarie.

inhumation *nf* Action d'inhumer.

inhumer *vt* Enterrer un corps humain avec les cérémonies d'usage.

inimaginable *a* Qu'on ne peut imaginer.

inimitable *a* Qu'on ne saurait imiter.

inimité, ée *a* Qui n'a pas été imité.

inimitié *nf* Hostilité, aversion.

ininflammable *a* Qui ne peut s'enflammer.

inintelligence *nf* Défaut d'intelligence.

inintelligent, ente *a* Stupide.

inintelligibilité *nf* Caractère inintelligible.

inintelligible *a* Incompréhensible.

inintéressant, ante *a* Qui ne présente aucun intérêt.

inintérêt *nm* Manque d'intérêt.

ininterrompu, ue *a* Continuel.

inique *a* Litt Gravement injuste.

iniquité *nf* Litt Grave injustice.

initial, ale, aux *a* Qui est au commencement. ■ *nfpl* Premières lettres du nom et du prénom.

initialement *av* Au commencement.

initialisation *nf* INFORM Action d'initialiser.

initialiser *vt* INFORM Charger un support informatique, un ordinateur d'un programme nécessaire à son exploitation.

initiateur, trice *n, a* Qui initie.

initiation *nf* Action d'initier.

initiatique *a* De l'initiation. *Rite initiatique.*

initiative *nf* 1 Action de celui qui propose ou entreprend le premier qqch. 2 Qualité de qqun disposé à entreprendre qqch.

initié, ée *n* 1 Qui est admis à la connaissance de certains mystères. 2 Qui connaît bien une question, une spécialité. 3 Qui a profité d'informations confidentielles.

initier *vt* 1 Admettre à la connaissance de certains cultes secrets, faire entrer dans une société secrète. 2 Mettre au fait d'une science, d'un art, d'une pratique, etc. 3 Ouvrir un domaine de connaissance. 4 Abusiv Entamer un processus. ■ *vpr* Acquérir les premiers principes de. *S'initier à l'informatique.*

injectable *a* Qu'on peut injecter.

injecter vt 1 Faire pénétrer par pression un liquide, un gaz. 2 Fournir des capitaux à une entreprise. Loc *Yeux injectés :* rougis par l'afflux du sang.

injecteur nm Appareil qui introduit un liquide dans un mécanisme.

injection nf Action d'injecter ; liquide injecté. Loc *Moteur à injection :* alimenté par un injecteur qui dose le carburant.

injoignable a Impossible à joindre.

injonction nf Ordre formel.

injouable a Qu'on ne peut jouer.

injure nf Parole offensante, insulte.

injurier vt Insulter.

injurieux, euse a Offensant, insultant.

injuste a 1 Contraire à l'équité. *Verdict injuste.* 2 Partial. *Soupçons injustes.*

injustement av De façon injuste.

injustice nf Caractère, acte injuste.

injustifiable a Qu'on ne peut justifier.

injustifié, ée a Qui n'est pas justifié.

inlandsis [inlɑ̃dsis] nm Calotte glaciaire couvrant les terres polaires.

inlassable a Qui ne se lasse pas.

inlassablement av Sans se lasser.

inlay [inlɛ] nm Bloc métallique coulé à l'intérieur d'une dent et servant à l'obturer.

in memoriam [inmemɔrjam] Mots latins (en souvenir de) inscrits sur une pierre tombale.

inné, ée a Possédé en naissant.

innéisme nm PHILO Doctrine postulant l'existence de structures mentales innées.

innéiste a, n Partisan de l'innéisme.

innervation nf PHYSIOL Distribution des nerfs dans un organe.

innerver vt Réaliser l'innervation (nerf).

innocemment av Sans penser à mal.

innocence nf 1 Incapacité à faire le mal sciemment ; pureté. 2 Naïveté. 3 Absence de culpabilité.

innocent, ente a, n 1 Pur, candide. 2 Simple d'esprit. 3 Non coupable. ■ a Inoffensif. *Plaisanterie innocente.*

innocenter vt Déclarer innocent ; établir l'innocence de qqn.

innocuité nf Caractère non nuisible.

innombrable a Très nombreux.

innommable a Trop répugnant pour qu'on le nomme ; inqualifiable.

innommé, ée a Qui n'a pas reçu de nom.

innovant, ante a Qui constitue une innovation. *Technologie innovante.*

innovateur, trice n, a Qui innove.

innovation nf Action d'innover ; création.

innover vi Introduire qqch de nouveau dans un domaine.

inobservance nf Non-observance de prescriptions religieuses, morales, etc.

inobservation nf Non-observation des lois, des règlements.

inobservé, ée a Qui n'a pas été observé.

inoccupation nf État d'un lieu ou de qqn inoccupé.

inoccupé, ée a 1 Qui n'est occupé par personne. 2 Désœuvré.

in-octavo [in-] nm inv TYPO Feuille pliée en huit, formant seize pages.

inoculable a Qui peut être inoculé.

inoculation nf Action d'inoculer.

inoculer vt 1 MED Introduire dans l'organisme un germe, une toxine. 2 Litt Transmettre à qqn qqch de pernicieux.

inocybe nm Champignon à lamelles ocres.

inodore a Sans odeur.

inoffensif, ive a Qui ne nuit à personne.

inondable a Qui peut être inondé.

inondation nf 1 Débordement ou déversement des eaux qui submergent un terrain, un pays, un local. 2 Afflux considérable.

inonder vt 1 Submerger par une inondation. 2 Envahir.

inopérable a MED Qu'on ne peut opérer.

inopérant, ante a Sans effet. *Remède inopérant.*

inopiné, ée a Imprévu, inattendu.

inopinément av De façon inopinée.

inopportun, une a Litt Fâcheux.

inopportunément av Litt Fâcheusement.

inopportunité nf Litt Caractère inopportun.

inopposable a DR Qu'on ne peut être opposé.

inorganisation nf Manque d'organisation.

inorganisé, ée a, n Qui n'appartient pas à un parti, à un syndicat.

inoubliable a Qu'on ne peut oublier.

inouï, ïe a Extraordinaire, incroyable.

inox nm (n déposé) Acier inoxydable.

inoxydable a Qui ne s'oxyde pas.

in petto [inpeto] av Au fond de soi-même.

input [input] nm Entrée des données dans un système informatique.

inqualifiable a Scandaleux.

in-quarto [inkwarto] nm inv TYPO Feuille pliée en quatre feuillets, formant ainsi huit pages.

inquiet, ète a, n Troublé par la crainte, l'incertitude.

inquiétant, ante a Qui inquiète.

inquiéter vt [12] 1 Alarmer. 2 Troubler, causer du tracas à. ■ vpr S'alarmer de, se soucier de.

inquiétude nf Trouble, appréhension.

inquisiteur, trice a Qui scrute avec indiscrétion. ■ nm HIST Juge de l'Inquisition.

inquisition nf Recherche acharnée, menée de façon vexatoire.

inquisitoire a DR Se dit d'une procédure dirigée par le juge.

inquisitorial, ale, aux a Qui a le caractère d'une inquisition.

inracontable a Qu'on ne peut raconter.

insaisissable a 1 Que l'on n'arrive pas à capturer. 2 Imperceptible. *Nuance insaisissable.*

insalubre a Malsain. *Climat insalubre.*

insalubrité nf Caractère insalubre.

insane a Litt Dénué de sens, de raison.

insanité nf Litt Sottise. *Dire des insanités.*

insatiable [-sjabl] a Qu'on ne peut assouvir.

insatisfaction nf Absence de satisfaction.

insatisfaisant, ante [-fə-] a Insuffisant.

insatisfait, aite a Qui n'est pas satisfait.

inscriptible a Qu'on peut inscrire.

inscription nf 1 Action d'inscrire sur une liste, un registre. 2 Texte qui est inscrit.

inscrire vt [61] 1 Écrire, noter, coucher sur le papier. 2 Graver. 3 Tracer une figure géométrique à l'intérieur d'une autre. ■ vpr 1 Entrer dans un groupe. 2 Se situer dans. *Ceci s'inscrit dans un plan d'ensemble.* Loc *S'inscrire en faux :* opposer un démenti.

inscrit, ite n Dont le nom est porté sur une liste ; qui est adhérent d'une organisation.

insécable *a* Qui ne peut être partagé en plusieurs éléments.

insecte *nm* Petit animal dont le corps, en trois parties (tête, thorax, abdomen), porte trois paires de pattes et deux paires d'ailes.

insecticide *a, nm* Qui détruit les insectes.

insectivore *a* ZOOL Qui se nourrit d'insectes. ■ *nm* ZOOL Mammifère qui se nourrit d'insectes, comme les hérissons, les taupes.

insécurité *nf* Absence de sécurité.

in-seize [in-] *nm inv* TYPO Feuille pliée en 16 feuillets de 32 pages (abrév : in-16 ou in-16°).

insémination *nf* Dépôt de la semence mâle dans les voies génitales femelles.

inséminer *vt* Procéder à l'insémination de.

insensé, ée *a, n* Litt Fou, extravagant.

insensibilisation *nf* Anesthésie.

insensibiliser *vt* Anesthésier.

insensibilité *nf* Perte de la sensibilité physique ou morale.

insensible *a* 1 Qui a perdu la sensibilité physique. *Insensible au froid.* 2 Indifférent. *Insensible aux malheurs d'autrui.* 3 Imperceptible. *Progrès insensible.*

insensiblement *av* Peu à peu.

inséparable *a* Qu'on ne peut séparer. ■ *a, n* Intimement lié. *Des amis inséparables.*

insérer *vt* [12] Introduire, faire entrer dans. ■ *vpr* 1 Se situer dans, se placer. 2 S'intégrer dans un milieu.

insermenté *am* Loc HIST *Prêtre insermenté* : prêtre réfractaire en 1790.

insert *nm* Court passage introduit dans un film, dans une émission de radio.

insertion *nf* Action d'insérer ; fait de s'insérer ; intégration dans un groupe.

insidieusement *av* De façon insidieuse.

insidieux, euse *a* 1 Qui tend un piège. *Question insidieuse.* 2 Qui se répand sans qu'on s'en aperçoive.

1. insigne *a* Litt Remarquable.

2. insigne *nm* Marque distinctive d'une fonction, d'un grade, d'un groupe.

insignifiance *nf* Caractère insignifiant.

insignifiant, ante *a* 1 Sans intérêt, sans valeur. 2 Sans personnalité.

insinuant, ante *a* Indirect, qui s'insinue.

insinuation *nf* Action d'insinuer ; allusion.

insinuer *vt* Laisser entendre, suggérer. ■ *vpr* S'infiltrer, se glisser. *S'insinuer dans un groupe.*

insipide *a* 1 Fade, sans saveur. 2 Sans intérêt.

insipidité *nf* Caractère insipide.

insistance *nf* Action d'insister.

insistant, ante *a* Qui insiste ; pressant.

insister *vti* Souligner qqch. *Insister sur les résultats obtenus.* ■ *vi* Persévérer à demander. *Il insiste pour être reçu.*

in situ [in-] *av* Dans son milieu naturel.

insociable *a* Marginal.

insolation *nf* 1 Exposition aux rayons solaires. 2 Troubles dus à une exposition au soleil. 3 Durée au cours de laquelle le soleil a été visible.

insolemment *av* Avec insolence.

insolence *nf* 1 Manque de respect ; parole, action insolente. 2 Arrogance, effronterie.

insolent, ente *a, n* Qui manque de respect, effronté. ■ *a* Provoquant.

insolite *a* Inhabituel, étrange.

insolubilité *nf* État, caractère insoluble.

insoluble *a* 1 Qu'on ne peut dissoudre. 2 Qu'on ne peut résoudre.

insolvabilité *nf* État insolvable.

insolvable *a, n* Qui ne peut payer ce qu'il doit.

insomniaque *a, n* Sujet à des insomnies.

insomnie *nf* Impossibilité de dormir.

insondable *a* 1 Dont on ne peut mesurer la profondeur. 2 Impénétrable. *Mystère insondable.*

insonore *a* Qui amortit les sons.

insonorisation *nf* Action d'insonoriser.

insonoriser *vt* Amortir les sons dans un local.

insouciance *nf* Caractère insouciant.

insouciant, ante *a, n* Qui ne s'inquiète de rien.

insoucieux, euse *a* Litt Qui ne se soucie pas de. *Insoucieux de ses intérêts.*

insoumis, ise *a* Rebelle. ■ *nm* Soldat qui n'a pas rejoint son corps dans les délais.

insoumission *nf* État de qqn d'insoumis.

insoupçonnable *a* Au-dessus de tout soupçon.

insoupçonné, ée *a* Qu'on ne soupçonne pas.

insoutenable *a* 1 Qu'on ne peut justifier. 2 Qu'on ne peut supporter.

inspecter *vt* 1 Examiner pour surveiller, contrôler. 2 Observer attentivement.

inspecteur, trice *n* Agent ou fonctionnaire chargés d'effectuer des contrôles.

inspection *nf* 1 Action d'inspecter. 2 Corps d'inspecteurs.

inspectorat *nm* Charge d'inspecteur.

inspirateur, trice *a, n* 1 Instigateur. 2 Auteur, artiste dont on s'inspire. ■ *a* ANAT Qui permet d'inspirer l'air.

inspiration *nf* 1 Phase de la respiration au cours de laquelle l'air entre dans les poumons. Ant. expiration. 2 Action d'inspirer qqch à qqn. *J'ai agi sur son inspiration.* 3 Idée venant soudain à l'esprit. 4 Impulsion créatrice. 5 Influence littéraire, artistique. *Chanson d'inspiration folklorique.*

inspiratoire *a* De l'inspiration de l'air pulmonaire.

inspiré, ée *a* Qui a reçu l'inspiration. Loc Fam *Être bien inspiré* : avoir une bonne idée.

inspirer *vt, vi* Faire entrer l'air dans ses poumons. ■ *vt* 1 Faire naître une pensée, un sentiment chez qqn. 2 Éveiller les facultés créatrices de qqn. *La nature inspire les poètes.* ■ *vpr* Tirer ses idées, ses modèles de.

instabilité *nf* Caractère instable.

instable *a* Qui n'est pas stable ; changeant. *Situation instable.* ■ *a, n* Sans stabilité affective.

installateur, trice *n* Qui installe des appareils.

installation *nf* 1 Action d'installer, de s'installer. 2 Appareils installés.

installer *vt* 1 Mettre qqch en place, disposer, aménager. 2 Placer, loger qqn dans un endroit. 3 Établir officiellement qqn dans ses fonctions. ■ *vpr* S'établir dans un lieu.

instamment *av* De façon pressante.

instance *nf* DR Actes de procédure, de la demande en justice jusqu'au jugement. Loc *Affaire en instance* : non réglée. ■ *pl* 1 Sollicitations pressantes. 2 Abusiv Autorité ayant le pouvoir de décider.

1. instant, ante *a* Litt Pressant, insistant.
2. instant *nm* Moment très court. Loc *À chaque instant, à tout instant :* continuellement. *À l'instant :* tout de suite. *Dans un instant :* bientôt. *Dès l'instant que, où :* du moment que, où.
instantané, ée *a* Qui se produit en un instant ; immédiat. ■ *nm* Photographie effectuée avec un temps de pose très court.
instantanéité *nf* Caractère instantané.
instantanément *av* Immédiatement.
instar de (à l') *prép* Litt À l'exemple de.
instaurateur, trice *n* Litt Qui instaure.
instauration *nf* Action d'instaurer.
instaurer *vt* Établir, instituer.
insti ou **instit** *n* Fam Instituteur.
instigateur, trice *n* Qui pousse à faire qqch.
instigation *nf* Loc *À l'instigation de :* sous l'influence de.
instillation [ɛstilasjɔ̃] *nf* Action d'instiller.
instiller [ɛstile] *vt* 1 Verser un liquide goutte à goutte. 2 Faire pénétrer peu à peu.
instinct [-tɛ̃] *nm* 1 Tendance innée déterminant des comportements spécifiques chez les individus de la même espèce. 2 Intuition. Loc *D'instinct :* spontanément, sans réflexion.
instinctif, ive *a* Irréfléchi, spontané. ■ *a, n* Qui obéit à son intuition plutôt qu'à sa raison.
instinctivement *av* D'instinct.
instinctuel, elle *a* De l'instinct.
instituer *vt* 1 Établir, fonder une chose nouvelle et durable. 2 DR Nommer par testament.
institut *nm* Nom de certains établissements de recherche, d'enseignement, de soins, etc.
instituteur, trice *n* Enseignant, dans les écoles primaires ; maître d'école.
institution *nf* 1 Action d'instituer qqch. 2 Ensemble des règles établies pour une collectivité. 3 Organisme, établissement. ■ *pl* Lois fondamentales de l'État.
institutionnalisation *nf* Action d'institutionnaliser.
institutionnaliser *vt* Élever au rang d'institution.
institutionnel, elle *a* Des institutions, de l'État.
instructeur *nm* Chargé de l'instruction des soldats. ■ *am* Loc *Magistrat instructeur :* chargé d'instruire une affaire judiciaire.
instructif, ive *a* Qui instruit.
instruction *nf* 1 Action d'instruire, enseignement, éducation. 2 Culture, savoir. *Avoir de l'instruction.* 3 DR Ensemble des recherches et formalités relatives à une affaire, en vue de son jugement. ■ *pl* Indications, directives pour mener à bien une mission, utiliser correctement qqch. *Laisser ses instructions.*
instruire *vt* [67] 1 Donner un enseignement, une formation à qqn. 2 Aviser qqn de, l'informer. 3 DR Mettre une affaire en état d'être jugée. ■ *vpr* Étudier, se cultiver.
instruit, uite *a* Qui a des connaissances.
instrument *nm* 1 Outil, appareil servant à effectuer une opération, à observer un phénomène, etc. 2 Ce dont on se sert pour parvenir à ses fins ; moyen. Loc *Instrument de musique :* avec lequel on produit des sons musicaux.
instrumental, ale, aux *a* Relatif aux instruments de musique.
instrumentaliser *vt* Réduire qqn au rôle d'instrument, se servir de lui.

instrumentation *nf* 1 MUS Art d'utiliser les possibilités de chaque instrument dans une œuvre musicale. 2 TECH Ensemble d'instruments, d'appareils.
instrumenter *vt* MUS Effectuer l'instrumentation de. ■ *vi* DR Dresser un acte juridique.
instrumentiste *n* 1 MUS Qui joue d'un instrument. 2 CHIR Personne qui assiste le chirurgien au cours d'une intervention.
insu de (à l') *prép* Sans qu'on le sache.
insubmersible *a* Qui ne peut couler.
insubordination *nf* Désobéissance, indiscipline.
insubordonné, ée *a* Indiscipliné.
insuccès *nm* Échec.
insuffisamment *av* De façon insuffisante.
insuffisance *nf* 1 Caractère insuffisant ; incapacité. 2 MED Défaillance d'un organe ; carence.
insuffisant, ante *a* 1 Qui ne suffit pas ; faible. 2 Qui manque de compétence.
insufflation *nf* MED Action d'insuffler.
insuffler *vt* 1 Inspirer, transmettre. *Insuffler du courage.* 2 MED Introduire de l'air, du gaz dans l'organisme.
insulaire *a, n* Qui habite une île. ■ *a* D'une île. *Climat insulaire.*
insularité *nf* Caractère, état insulaire.
insuline *nf* Hormone sécrétée par le pancréas.
insulinodépendance *nf* MED État d'un diabétique qui ne peut se passer d'insuline.
insulinothérapie *nf* Traitement du diabète par l'insuline.
insultant, ante *a* Offensant, injurieux.
insulte *nf* Injure, outrage.
insulter *vt* Offenser, outrager, injurier.
insupportable *a* 1 Intolérable. 2 Très désagréable.
insupporter *vt* Fam Exaspérer, irriter.
insurgé, ée *a, n* Révolté, rebelle.
insurger (s') *vpr* [11] Se révolter contre qqn, qqch. *S'insurger contre les abus.*
insurmontable *a* Impossible à surmonter.
insurpassable *a* Impossible à surpasser.
insurrection *nf* Soulèvement contre le pouvoir établi ; révolte.
insurrectionnel, elle *a* D'une insurrection.
intact, acte *a* 1 Qui n'a pas été touché, altéré. 2 Qui n'a souffert aucune atteinte.
intangibilité *nf* Caractère intangible.
intangible *a* Sacré, inviolable.
intarissable *a* 1 Qui ne peut être tari. 2 Qui ne cesse de parler.
intégrable *a* Que l'on peut intégrer.
intégral, ale, aux *a* Dont on n'a rien retranché ; entier. Loc MATH *Calcul intégral :* recherche de la limite d'une somme d'infiniment petits. *Casque intégral :* qui protège le crâne, le visage, les cervicales. ■ *nf* 1 Édition complète des œuvres d'un musicien, d'un écrivain. 2 MATH Fonction qui admet pour dérivée une fonction donnée.
intégralement *av* En totalité.
intégralité *nf* État de ce qui est complet.
intégrant, ante *a* Loc *Partie intégrante :* élément nécessaire à un tout.
intégrateur *nm* Appareil qui totalise des valeurs continues.
intégration *nf* Action d'intégrer, de s'intégrer dans un groupe, un pays.
intègre *a* Litt D'une extrême probité.

intégrer vt [12] Faire entrer dans un tout. ■ vti, vt Fam Entrer dans une grande école. ■ vpr S'assimiler à un groupe.

intégrisme nm Opinion de ceux qui refusent toute évolution d'un système doctrinal, religieux au nom du respect de la tradition.

intégriste n, a Partisan de l'intégrisme.

intégrité nf 1 État d'une chose à laquelle il ne manque rien. 2 Probité irréprochable.

intellect nm Faculté de comprendre, entendement, intelligence.

intellectualiser vt Revêtir d'un caractère intellectuel.

intellectualisme nm Attitude qui privilégie l'intelligence sur la sensibilité.

intellectualité nf Caractère intellectuel de qqch.

intellectuel, elle a Qui se rapporte à l'intelligence. ■ a, n Chez qui prédomine, par goût ou par profession, la vie intellectuelle.

intellectuellement av De façon intellectuelle.

intelligemment av De façon intelligente.

intelligence nf 1 Faculté de connaître, de comprendre, d'agir avec discernement. 2 Personne intelligente. 3 Capacité de comprendre une chose particulière. *L'intelligence des affaires*. 4 (souvent pl) Correspondance, communication secrète. Loc *Intelligence artificielle* : reproduction de l'activité intelligente humaine par des moyens informatiques. *Être, agir d'intelligence avec qqn* : être, agir de connivence avec lui. *Vivre en bonne intelligence avec qqn* : être en bons termes avec lui.

intelligent, ente a Qui a ou dénote de l'intelligence. *Regard intelligent*.

intelligentsia [-ʒɛsja] nf Ensemble des intellectuels d'un pays.

intelligibilité nf Caractère intelligible.

intelligible a Qui peut être aisément compris ou entendu.

intelligiblement av De façon intelligible.

intempérance nf Manque de sobriété, de retenue, de modération.

intempérant, ante a Qui fait preuve d'intempérance.

intempéries nfpl Mauvais temps (pluie, gel, vent, etc.).

intempestif, ive a Inopportun, déplacé.

intempestivement av De façon intempestive.

intemporalité nf Caractère intemporel.

intemporel, elle a En dehors de la durée.

intenable a 1 Où l'on ne peut tenir. 2 Insupportable. *Chaleur intenable*.

intendance nf 1 Fonction d'intendant. 2 Fam Trésorerie de qqn, d'un groupe.

intendant, ante n 1 Personne qui administre le patrimoine d'une collectivité, d'un particulier. 2 Fonctionnaire responsable de l'administration financière d'un établissement public.

intense a Important, fort.

intensément av De façon intense.

intensif, ive a Qui met en œuvre des moyens importants. Loc *Culture intensive* : à rendement élevé. Ant. extensif.

intensificateur nm Dispositif qui augmente l'intensité d'un phénomène.

intensification nf Action d'intensifier.

intensifier vt Rendre plus intense, augmenter. ■ vpr Devenir plus intense.

intensité nf Degré d'activité, de puissance.

intensivement av De façon intensive.

intenter vt DR Engager contre qqn une action en justice.

intention nf Acte de la volonté par lequel on se fixe un but ; dessein. Loc *À l'intention de* : spécialement pour.

intentionné, ée a Loc *Bien, mal intentionné* : qui a de bonnes, de mauvaises intentions.

intentionnel, elle a Fait délibérément.

intentionnellement av Exprès.

interactif, ive a 1 Qui permet une interaction. 2 INFORM Doué d'interactivité.

interaction nf Action mutuelle réciproque.

interactivité nf INFORM Possibilité pour un utilisateur d'intervenir dans le déroulement d'un programme.

interallié, ée a Commun à des pays alliés.

interarmées a inv Qui groupe des éléments de plusieurs armées.

interarmes a inv Qui groupe des éléments de plusieurs armes (artillerie, infanterie, etc.).

interbancaire a Qui concerne les relations entre banques.

intercalaire a Qu'on intercale. Loc *Jour intercalaire* : jour ajouté au mois de février des années bissextiles. ■ nm Feuillet inséré.

intercalation nf Action d'intercaler.

intercaler vt Placer entre deux choses ou dans un ensemble.

intercéder vi [12] Intervenir en faveur de qqn.

intercepter vt 1 Interrompre au passage. *Intercepter les rayons du soleil*. 2 Prendre ce qui est destiné à un autre. 3 MILIT Attaquer un navire, un avion pendant son trajet.

intercepteur nm Avion destiné à intercepter les appareils ennemis.

interception nf Action d'intercepter.

intercesseur nm Litt Qui intercède.

intercession nf Litt Action d'intercéder.

interchangeable a Se dit de choses qui peuvent être mises à la place l'une de l'autre.

interclasse nm Courte pause entre deux heures de classe.

interclasser vt Réunir en une seule série plusieurs séries de fiches, de documents, etc.

interclubs [-klœb] a inv SPORT Qui se dispute entre plusieurs clubs.

intercommunal, ale, aux a Qui relève de plusieurs communes.

intercommunautaire a Qui concerne les relations entre communautés.

incompréhension nf Compréhension réciproque.

interconnecter vt Procéder à l'interconnexion de deux réseaux.

interconnexion nf TECH Connexion entre différents réseaux de distribution.

intercontinental, ale, aux a Qui a lieu entre deux continents.

intercostal, ale, aux a ANAT Situé entre deux côtes.

intercurrent, ente a Loc *Maladie intercurrente* : qui se déclare au cours d'une autre.

interdépartemental, ale, aux a Qui relève de plusieurs départements.

interdépendance nf Dépendance réciproque.

interdépendant, ante a En situation d'interdépendance.

interdiction nf Action d'interdire qqch ou qqn ; ce qui est interdit.

interdire vt [60] 1 Défendre qqch à qqn. 2 Faire défense à qqn d'exercer ses fonctions.

interdisciplinaire a Qui concerne plusieurs sciences.

interdisciplinarité nf Caractère interdisciplinaire.

interdit, ite a 1 Déconcerté, décontenancé. 2 Défendu, prohibé. ■ a, n Frappé d'une interdiction. *Interdit de séjour.* ■ nm Règle sociale qui proscrit une pratique, un comportement. Loc *Jeter l'interdit sur* : prononcer l'exclusive contre. *Lever l'interdit* : mettre fin à une interdiction.

interentreprises a inv Qui concerne plusieurs entreprises.

intéressant, ante a 1 Qui éveille l'intérêt. 2 Avantageux matériellement.

intéressé, ée a, n Qui est en cause. *Les parties intéressées.* ■ a Qui n'a en vue que son intérêt personnel.

intéressement nm Participation des salariés aux profits de l'entreprise.

intéresser vt 1 Retenir l'attention, susciter l'intérêt. 2 Concerner. *Loi qui intéresse les propriétaires.* 3 Faire participer qqn aux profits d'une entreprise. ■ vpr Prendre intérêt à.

intérêt nm 1 Ce qui est utile, profitable à qqn. 2 Recherche de ce qui est avantageux pour soi. 3 Attention, curiosité. *Lire un livre avec intérêt.* 4 Originalité de qqch. *L'intérêt d'un film.* 5 Bénéfice tiré d'un capital. ■ pl Somme d'argent placée dans une entreprise.

interethnique a Qui se produit entre ethnies.

interface nf 1 INFORM Dispositif permettant des échanges d'informations entre deux systèmes. 2 Limite, frontière entre deux systèmes.

interférence nf 1 PHYS Superposition de deux mouvements vibratoires. 2 Fait d'interférer.

interférer vi [12] 1 PHYS Produire des interférences. 2 Se mêler en se renforçant ou en se contrariant.

interférométrie nf PHYS Mesure très précise fondée sur les interférences.

interféron nm Protéine sécrétée par des cellules infectées et les rendant résistantes à toute autre infection.

interfluve nm GEOGR Région entre deux vallées.

intergalactique a Entre les galaxies.

intergroupe nm Groupe de parlementaires de familles politiques différentes pour l'étude d'une question.

intérieur, eure a 1 Situé au-dedans. *Mur intérieur.* 2 Du domaine de l'esprit. *Vie intérieure.* 3 Qui concerne le pays. *Politique intérieure.* ■ nm 1 Le dedans. *L'intérieur d'une voiture.* 2 Logement. *Un intérieur accueillant.* 3 Les affaires intérieures d'un État. *Ministre de l'Intérieur.* Loc *À l'intérieur de* : au-dedans de. *De l'intérieur* : en étant dans le groupe lui-même. *Femme d'intérieur* : qui a de l'aptitude pour les travaux ménagers.

intérieurement av Au-dedans.

intérim nm 1 Temps pendant lequel une fonction est exercée provisoirement par une autre personne que le titulaire. 2 Activité du personnel intérimaire.

intérimaire a, n 1 Qui remplit une fonction par intérim. 2 Détaché dans une entreprise par une entreprise de travail temporaire pour occuper un emploi ponctuel.

interindividuel, elle a Qui concerne les relations entre des individus.

intériorisation nf Action d'intérioriser.

intérioriser vt 1 Garder en son for intérieur, pour soi. 2 Faire siennes des règles de conduite, des opinions.

intériorité nf Caractère intérieur.

interjection nf Mot invariable qui exprime un ordre, un sentiment (ex. : *bof! ah! ouf! ciel!*).

interjeter vt [19] Loc DR *Interjeter appel* : faire appel d'un jugement.

interleukine nf Protéine sécrétée par les lymphocytes, qui déclenche la sécrétion d'interféron.

interlignage nm Action d'interligner.

interligne nm Espace compris entre deux lignes d'écriture.

interligner vt Séparer par des interlignes.

interlocuteur, trice n Qui converse, négocie avec une autre.

interlope a Louche, équivoque.

interloquer vt Déconcerter, stupéfier.

interlude nm Divertissement comblant une attente entre deux émissions télévisées, deux spectacles, etc.

intermède nm 1 Divertissement exécuté entre deux parties d'un spectacle. 2 Ce qui interrompt la continuité d'un processus.

intermédiaire a Qui se trouve au milieu, entre deux. ■ nm Entremise, transition, moyen. *J'ai appris cela par son intermédiaire.* ■ n Qui intervient dans un circuit commercial entre le producteur et le consommateur.

intermezzo [-med-] nm MUS Composition de forme libre.

interminable a Très long.

interminablement av De façon interminable.

interministériel, elle a Commun à plusieurs ministres.

intermittence nf Caractère intermittent. Loc *Par intermittence* : irrégulièrement.

intermittent, ente a Discontinu, irrégulier.

internat nm 1 État d'un élève interne ; établissement qui accueille les internes. 2 Fonction d'interne des hôpitaux.

international, ale, aux a Qui a lieu entre les nations. ■ n Sportif participant à des compétitions internationales.

internationalisation nf Action d'internationaliser.

internationaliser vt Rendre international.

internationalisme nm Doctrine privilégiant les intérêts supranationaux.

internationaliste a, n Qui relève de l'internationalisme.

internationalité nf Caractère international.

interne a Situé à l'intérieur. ■ n 1 Élève logé et nourri dans l'établissement scolaire qu'il fréquente. 2 Étudiant en médecine qui, après avoir passé un concours, exerce certaines responsabilités hospitalières.

interné, ée a, n Enfermé dans un camp de concentration, un hôpital psychiatrique, etc.

internement nm Action d'interner.

interner vt Enfermer dans un hôpital psychiatrique, un camp.

interocéanique a Qui se fait entre deux océans.

interpellateur, trice n Qui interpelle.

interpellation nf 1 Action d'interpeller. 2 Demande d'explication adressée par un parlementaire à un ministre.

interpeller [-pəle] vt 1 Adresser la parole à qqn pour lui demander qqch, pour le sommer de s'expliquer. 2 S'imposer à qqn. *Les banlieues nous interpellent.* 3 Vérifier l'identité de qqn, l'arrêter. *Interpeller un suspect.*

interpénétration nf Pénétration réciproque.

interpénétrer (s') vpr [12] Se pénétrer réciproquement.

interphone nm (n déposé) Installation téléphonique intérieure à un immeuble.

interplanétaire a Situé entre les planètes.

interpolation nf Action d'interpoler ; texte interpolé.

interpoler vt Insérer dans un texte un passage qui lui est étranger.

interposer vt Placer entre deux choses. ■ vpr Intervenir comme médiateur.

interposition nf Action d'interposer, de s'interposer. *Force d'interposition entre des combattants.*

interprétable a Qui peut être interprété.

interprétariat nm Fonction d'interprète.

interprétatif, ive a Explicatif.

interprétation nf 1 Explication. 2 Façon dont est interprété une œuvre dramatique ou musicale.

interprète n 1 Qui traduit oralement une langue dans une autre. 2 Qui fait connaître les sentiments de qqn d'autre. 3 Qui interprète une œuvre musicale, joue un rôle au théâtre ou au cinéma.

interpréter vt [12] 1 Expliquer, clarifier, traduire, attribuer un sens. 2 Jouer un rôle ; exécuter un morceau de musique.

interprofession nf Organisme regroupant plusieurs professions.

interprofessionnel, elle a Commun à plusieurs professions.

interracial, ale, aux a Entre individus de races différentes.

interréaction nf Réaction réciproque.

interrégional, ale, aux a Qui concerne plusieurs régions.

interrègne nm Temps pendant lequel une fonction n'est pas assurée par le titulaire.

interrelation nf Relation entre les individus, des disciplines.

interrogateur, trice a, n Qui interroge.

interrogatif, ive a Qui sert à interroger. ■ nf GRAM Phrase exprimant une interrogation.

interrogation nf Question, demande. Loc *Point d'interrogation* : signe de ponctuation (?) qui indique une interrogation.

interrogatoire nm Questions posées à un inculpé, à un accusé, à un malade.

interrogeable a Qu'on peut interroger.

interroger vt [11] 1 Questionner qqn pour vérifier ses connaissances ou s'informer. 2 Examiner. *Interroger sa conscience.* ■ vpr Se poser des questions.

interrompre vt [78] 1 Rompre la continuité de. 2 Couper la parole à qqn. ■ vpr Cesser provisoirement de faire une chose.

interrupteur nm Dispositif pour interrompre ou rétablir le passage du courant électrique.

interruption nf Suspension, arrêt ; paroles pour interrompre. Loc *Interruption volontaire de grossesse (I.V.G.)* : avortement. *Sans interruption* : d'affilée.

intersaison nf Période entre deux saisons touristiques, sportives, etc.

intersection nf 1 Rencontre de deux lignes qui se coupent. 2 Croisement de deux voies de circulation.

intersession nf Temps compris entre deux sessions d'une assemblée.

intersidéral, ale, aux a Situé entre les astres.

interspécifique a BIOL Qui concerne les relations entre les espèces.

interstellaire a Situé entre les étoiles.

interstice nm Très petit espace entre les éléments d'un tout.

interstitiel, elle a Situé dans les interstices.

intersyndical, ale, aux a Qui concerne plusieurs syndicats. ■ nf Association de syndicats.

intertitre nm Titre de partie d'un texte.

intertribal, ale, aux a Qui concerne les relations entre tribus.

intertrigo nm Lésion infectieuse siégeant au niveau des plis cutanés.

intertropical, ale, aux a Situé entre les tropiques.

interurbain, aine a Qui relie plusieurs villes entre elles. ■ nm Téléphone interurbain.

intervalle nm Distance séparant deux lieux, deux faits, deux époques. Loc *Par intervalles* : de temps à autre.

intervenant, ante a, n Qui intervient dans un procès, un débat, un processus quelconque.

intervenir vi [35] [aux *être*] 1 Prendre part à une action en cours ; jouer un rôle. 2 Prendre la parole dans un débat. 3 Abusiv Se produire, survenir. *Un événement est intervenu.*

intervention nf 1 Action d'intervenir. 2 Opération chirurgicale. 3 Action d'un État s'ingérant dans un conflit ou dans l'économie privée.

interventionnisme nm Doctrine préconisant l'intervention de l'État dans les affaires privées, ou dans un conflit.

interventionniste a, n Qui relève de l'interventionnisme.

interversion nf Renversement de l'ordre habituel.

intervertébral, ale, aux a Placé entre deux vertèbres.

intervertir vt Renverser l'ordre des éléments d'un ensemble.

interview [-vju] nf ou nm Entretien au cours duquel un enquêteur interroge qqn sur sa vie, ses opinions, etc.

interviewé [-vjuve] a, n Soumis à un interview.

interviewer [-vjuve] vt Soumettre à un interview.

intervieweur, euse [-vjuvœr] n Qui interviewe.

intestat a inv Qui n'a pas fait de testament.

1. intestin, ine a Litt Qui a lieu à l'intérieur d'un corps social.

2. intestin nm Portion du tube digestif comprise entre l'estomac et l'anus.

intestinal, ale, aux a Des intestins.

inti nm Unité monétaire du Pérou.

intimation nf DR Action d'intimer.

intime a 1 Intérieur et profond. 2 Tout à fait privé. *La vie intime.* Loc *Rapports intimes* : sexuels. ■ a, n Lié par un sentiment profond. *Amis intimes.*

intimement av Profondément.

intimer vt 1 Signifier avec autorité. 2 DR Assigner devant une juridiction supérieure.

intimidant, ante *a* Qui intimide.

intimidateur, trice *a* Propre à effrayer.

intimidation *nf* Action d'intimider ; menace, pression.

intimider *vt* **1** Inspirer de la crainte, de l'appréhension. **2** Faire perdre son assurance à qqn.

intimisme *nm* Caractère intimiste d'une expression littéraire ou artistique.

intimiste *a, n* **1** Qui décrit les sentiments et la vie intime sur un ton de confidence. **2** Qui peint des scènes d'intérieur.

intimité *nf* **1** Caractère intime, intérieur. **2** Liaison étroite. **3** La vie privée.

intitulé *nm* Titre d'un livre, d'un chapitre.

intituler *vt* Donner un titre à. ■ *vpr* Avoir comme titre.

intolérable *a* Insupportable.

intolérance *nf* **1** Disposition haineuse envers ceux qui ont d'autres opinions que soi. **2** MED Incapacité d'un organisme à tolérer certains médicaments.

intolérant, ante *a, n* Qui fait preuve d'intolérance.

intonation *nf* Ton qu'on prend en parlant.

intouchable *a, n* Qui ne peut être l'objet d'aucune critique ou condamnation. ■ *n* En Inde, individu qui appartient à la catégorie des parias.

intox *nf* Fam Fait d'intoxiquer les esprits.

intoxication *nf* **1** MED Affection due à l'action d'un produit toxique. **2** Action insidieuse sur les esprits par la propagande. (Abrév fam : intox.)

intoxiqué, ée *a, n* Qui a subi une intoxication.

intoxiquer *vt* **1** Causer une intoxication. **2** Influencer par une propagande insidieuse.

intracellulaire *a* BIOL Intérieur à une cellule.

intracommunautaire *a* Intérieur à une communauté, en particulier à la Communauté européenne.

intradermique *a* Dans l'épaisseur du derme.

intradermoréaction *nf* MED Injection d'une substance, afin d'en étudier l'action sur l'organisme.

intrados [-do] *nm* Surface intérieure d'une voûte, de la voilure d'un avion.

intraduisible *a* Impossible à traduire.

intraitable *a* Très rigoureux, inflexible.

intra-muros [-ROS] *av* À l'intérieur d'une ville.

intramusculaire *a* À l'intérieur d'un muscle. ■ *nf* Injection intramusculaire.

intransigeance [-zi-] *nf* Caractère intransigeant.

intransigeant, ante [-zi-] *a* Qui n'accepte pas de compromis.

intransitif, ive [-zi-] *a, nm* GRAM Se dit d'un verbe qui n'est pas suivi d'un objet, direct ou indirect (ex. : *dormir*).

intransitivement [-zi-] *av* GRAM Comme un verbe intransitif.

intransitivité *nf* GRAM Caractère intransitif.

intransmissible *a* Qui ne peut être transmis.

intransportable *a* Qui ne peut être transporté.

intrant *nm* ECON Élément entrant dans la production d'un bien.

intraoculaire *a* À l'intérieur de l'œil.

intra-utérin, ine *a* À l'intérieur de l'utérus.

intraveineux, euse *a* À l'intérieur des veines. ■ *nf* Injection intraveineuse.

intrépide *a* Qui ne craint pas le danger.

intrépidité *nf* Caractère intrépide.

intrication *nf* Enchevêtrement.

intrigant, ante *a, n* Qui recourt à l'intrigue.

intrigue *nf* **1** Menées secrètes pour faire réussir ou échouer une affaire. **2** Liaison amoureuse. **3** Sujet, trame d'une pièce, d'un roman, d'un film.

intriguer *vt* Exciter la curiosité de. ■ *vi* Nouer des machinations.

intrinsèque *a* Inhérent.

intrinsèquement *av* En soi.

intriquer *vt* Enchevêtrer, entremêler. ■ *vpr* Se mêler.

introducteur, trice *n* Qui introduit qqch.

introductif, ive *a* Qui sert de commencement.

introduction *nf* **1** Action d'introduire. **2** Ce qui introduit à la connaissance de qqch. **3** Préface, discours préliminaire.

introduire *vt* [67] **1** Faire entrer dans. **2** Faire adopter, faire admettre. *Introduire une mode nouvelle.* ■ *vpr* Entrer dans un lieu.

introït *nm* Prière d'introduction à la messe.

intromission *nf* Introduction d'une chose dans une autre.

intronisation *nf* Action d'introniser.

introniser *vt* **1** Placer solennellement sur le trône. **2** Introduire, établir qqn, qqch.

introspectif, ive *a* PSYCHO Qui relève de l'introspection.

introspection *nf* PSYCHO Observation du sujet par lui-même.

introuvable *a* Qu'on ne peut trouver.

introversion *nf* Attention privilégiée donnée à soi-même.

introverti, ie *a, n* Qui a tendance à l'introversion.

intrus, use *a, n* Qui s'introduit qqpart sans y être convié.

intrusion *nf* Fait de s'introduire en un lieu, dans un groupe, sans droit ou sans y être convié.

intubation *nf* MED Introduction d'un tube ou d'une sonde dans un conduit naturel.

intuber *vt* MED Pratiquer une intubation sur qqn.

intuitif, ive *a* Qui relève de l'intuition. ■ *a, n* Doué d'intuition.

intuition *nf* **1** Connaissance directe et immédiate, sans recours au raisonnement. **2** Pressentiment.

intuitivement *av* Par intuition.

intumescence *nf* Didac Gonflement.

intumescent, ente *a* Didac Qui enfle.

inusable *a* Qui ne s'use pas.

inusité, ée *a* Qui n'est pas usité.

inusuel, elle *a* Qui n'est pas usuel.

in utero [inytero] *av* À l'intérieur de l'utérus.

inutile *a* Qui n'est d'aucune utilité.

inutilement *av* En vain.

inutilisable *a* Qui ne peut être utilisé.

inutilisé, ée *a* Qui n'est pas utilisé.

inutilité *nf* Manque d'utilité.

invagination *nf* Repliement en doigt de gant d'une cavité sur elle-même.

invaincu, ue *a* Qui n'a jamais été vaincu.

invalidant, ante *a* Qui entrave l'activité habituelle. *Maladie invalidante.*

invalidation *nf* DR Action d'invalider.

invalide a, n Empêché par une infirmité de mener une vie normalement active. ■ a DR Qui n'a pas les qualités requises par la loi.

invalider vt DR Rendre nul un acte.

invalidité nf 1 État de qqn d'invalide. *Pension d'invalidité.* 2 DR Nullité.

invariabilité nf Caractère invariable.

invariable a Immuable.

invariablement av De façon invariable.

invariance nf Caractère invariant.

invariant, ante a, nm Se dit d'une grandeur, d'un élément, d'une propriété qui restent constants.

invasif, ive a MED 1 Qui implique une lésion de l'organisme. *Examen invasif.* 2 Qui envahit l'organisme (tumeur).

invasion nf 1 Irruption armée d'un pays dans un autre. 2 Envahissement, arrivée soudaine et massive. *Une invasion de voitures d'importation.*

invective nf Injure, parole injurieuse.

invectiver vt, vi Lancer des invectives.

invendable a Qu'on ne peut vendre.

invendu, ue a, nm Qui n'a pas été vendu.

inventaire nm 1 État des biens de qqn, d'une communauté. 2 État des marchandises en stock. 3 Dénombrement, recensement.

inventer vt 1 Trouver, imaginer qqch de nouveau. 2 Forger de toutes pièces. *Inventer une histoire, une excuse.*

inventeur, trice n Qui invente, découvre.

inventif, ive a Qui a le talent d'inventer.

invention nf 1 Action d'inventer ; chose inventée. 2 Don d'imagination. 3 Mensonge, chimère.

inventivité nf Caractère inventif.

inventorier vt Faire l'inventaire de.

invérifiable a Qu'on ne peut vérifier.

inverse a Renversé par rapport à l'ordre naturel, habituel ; opposé. Loc *En raison inverse :* se dit de choses qui varient en proportion inverse l'une de l'autre. ■ nm Le contraire, l'opposé. *Faire l'inverse.* Loc *À l'inverse (de) :* au contraire (de).

inversement av De façon inverse.

inverser vt Mettre dans l'ordre inverse.

inverseur nm Appareil changeant le sens d'un courant électrique.

inversible a Loc *Film inversible :* dont le développement donne une image positive.

inversion nf 1 Action d'inverser, de s'inverser. 2 GRAM Renversement, changement dans l'ordre habituel des mots. 3 MED Retournement d'un organe sur lui-même.

invertébré, ée a, nm ZOOL Animal dépourvu de vertèbres.

inverti, ie n Vx Homosexuel.

invertir vt Renverser symétriquement.

investigateur, trice n, a Qui fait des investigations.

investigation nf Recherche suivie et approfondie.

investir vt 1 Conférer à qqn un titre, un pouvoir. 2 Entourer de troupes un objectif militaire. 3 Placer des capitaux pour en tirer un profit. ■ vi, vpr Porter toute son énergie dans une action, sur un objet.

investissement nm 1 Action d'investir, de s'investir. 2 Placement de capitaux.

investisseur, euse n, a Qui investit des capitaux.

investiture nf 1 Action de conférer un titre, un pouvoir. 2 Désignation par un parti d'un candidat à des élections.

invétéré, ée a 1 Qui s'est enraciné avec le temps. 2 Impénitent. *Tricheur invétéré.*

invincibilité nf Caractère invincible.

invincible a 1 Qu'on ne peut vaincre. 2 Insurmontable, irrésistible. *Dégoût invincible.*

invinciblement av De façon invincible.

inviolabilité nf Caractère inviolable.

inviolable a 1 Qu'on ne saurait enfreindre. 2 À l'abri de toute poursuite.

inviolé, ée a Litt Que l'on n'a pas profané.

invisibilité nf État invisible.

invisible a 1 Qui échappe à la vue. 2 Qui ne veut pas être vu.

invitant, ante a Qui invite.

invitation nf Action d'inviter.

invite nf Appel discret à faire qqch.

invité, ée n, a Qui a reçu une invitation.

inviter vt 1 Prier d'assister à, convier. 2 Engager, inciter à. *Je vous invite à réfléchir.* ■ vpr Aller qqpart sans y être convié.

in vitro [in-] av BIOL En dehors de l'organisme vivant. *Fécondation in vitro.*

invivable a Fam Insupportable, très pénible.

in vivo [in-] av BIOL Dans l'organisme vivant.

invocation nf Action d'invoquer.

invocatoire a Qui sert à invoquer.

involontaire a Qui n'est pas volontaire.

involontairement av Sans le vouloir.

involution nf BIOL, MED Régression d'un organe.

invoquer vt 1 Appeler à son secours une puissance surnaturelle. 2 En appeler à, recourir à. *Invoquer de faux arguments.*

invraisemblable a 1 Qui n'est pas vraisemblable. 2 Extravagant.

invraisemblablement av De façon invraisemblable.

invraisemblance nf Défaut de vraisemblance ; chose invraisemblable.

invulnérabilité nf Caractère invulnérable.

invulnérable a Qui ne peut être blessé, atteint.

iode nm CHIM Corps simple gris foncé.

iodé, ée a Qui contient de l'iode.

iodler. V. jodler.

ion nm PHYS Atome qui a perdu ou gagné un ou plusieurs électrons.

ionien, enne a, n D'Ionie.

1. ionique a PHYS Des ions.

2. ionique nm, a Ordre de l'architecture grecque, caractérisé par un chapiteau à volutes.

ionisant, ante a Qui provoque l'ionisation.

ionisateur nm Appareil servant à ioniser les produits alimentaires.

ionisation nf 1 PHYS Formation d'ions. 2 MED Pénétration de radiations dans l'organisme. 3 Stérilisation des aliments par des radiations.

ioniser vt Produire l'ionisation de.

ionosphère nf Partie de l'atmosphère située au-dessus de la stratosphère.

iota nm 1 Neuvième lettre de l'alphabet grec correspondant à *i*. 2 Très petit détail. *Sans changer un iota.*

iouler. V. jodler.

iourte. V. yourte.

ipéca nm Plante à propriétés vomitives.

ipomée nf Plante grimpante (patate douce, volubilis).

ippon [ipɔn] *nm* Au judo, prise parfaitement exécutée, qui donne la victoire.

ipso facto *av* Par le fait même.

irakien, enne *a, n* D'Irak.

iranien, enne *a, n* D'Iran. ■ *nm* Langue indo-européenne parlée en Iran.

irascibilité *nf* Propension à la colère.

irascible *a* Prompt à la colère.

ire *nf* Litt Colère.

irénique *a* Qui cherche à éviter la polémique.

iridacée *nf* BOT Plante à bulbe (iris, crocus, glaïeuls, etc.).

iridescent, ente *a* À reflets irisés.

iridié, ée *a* CHIM Allié à l'iridium.

iridium [-djɔm] *nm* CHIM Métal servant à fabriquer des alliages d'une grande dureté.

iris [iris] *nm* 1 Plante à grandes fleurs régulières. 2 Partie colorée de l'œil. 3 PHOTO Diaphragme à lamelles radiales.

irisation *nf* Dispersion à la surface d'un corps, des couleurs constitutives de la lumière ; les reflets ainsi produits.

iriser *vt* Colorer des couleurs de l'arc-en-ciel.

irish-coffee [ajriʃkɔfi] *nm* Café chaud avec whisky et crème fraîche.

irlandais, aise *a, n* D'Irlande. ■ *nm* Langue celtique parlée en Irlande.

ironie *nf* Raillerie consistant à dire le contraire de ce qu'on veut faire entendre. **Loc** *Ironie du sort :* contraste entre ses espoirs et la réalité.

ironique *a* Qui manifeste de l'ironie.

ironiquement *av* Avec ironie.

ironiser *vi* Railler avec ironie.

ironiste *n* Qui pratique l'ironie.

iroquois, oise *a* Relatif aux Iroquois.

irradiation *nf* 1 Action de rayonner, de se propager. 2 PHYS Exposition de qqn, d'un organisme, à l'action des rayonnements ionisants.

irradié, ée *n* Qui a subi une irradiation.

irradier *vi, vpr* Se propager, se répandre en rayonnant à partir d'un point. ■ *vt* Soumettre à un rayonnement ionisant.

irraisonné, ée *a* Qui n'est pas raisonné.

irrationalisme *nm* Hostilité au rationalisme.

irrationalité *nf* Caractère irrationnel.

irrationnel, elle *a* Non conforme à la raison.

irrattrapable *a* Qu'on ne peut rattraper.

irréalisable *a* Qui ne peut se réaliser.

irréalisme *nm* Manque de réalisme.

irréaliste *a* Qui n'est pas réaliste.

irréalité *nf* Caractère irréel.

irrecevabilité *nf* Caractère irrecevable.

irrecevable *a* Inacceptable.

irréconciliable *a* Qu'on ne peut réconcilier.

irrécouvrable *a* Qu'on ne peut recouvrer.

irrécupérable *a* Qu'on ne peut récupérer.

irrécusable *a* Qu'on ne peut récuser.

irrédentisme *nm* HIST Au XIXᵉ s., mouvement de revendication de l'Italie unifiée sur des territoires considérés comme italiens.

irrédentiste *a, n* Relevant de l'irrédentisme.

irréductibilité *nf* Caractère irréductible.

irréductible *a* 1 Qu'on ne peut être réduit, simplifié. 2 Sans concession, inflexible.

irréel, elle *a* En dehors de la réalité.

irréfléchi, ie *a* 1 Dit ou fait sans réflexion. 2 Qui ne réfléchit pas.

irréflexion *nf* Manque de réflexion.

irréformable *a* Qu'on ne peut réformer.

irréfragable *a* Litt Qu'on ne peut récuser.

irréfutabilité *nf* Caractère irréfutable.

irréfutable *a* Qu'on ne peut réfuter.

irréfuté, ée *a* Qui n'a pas encore été réfuté.

irrégularité *nf* Caractère irrégulier ; chose ou action irrégulière.

irrégulier, ère *a* 1 Non conforme aux règles. 2 Non régulier en quantité, en qualité, dans le rythme, dans la forme, etc.

irrégulièrement *av* De façon irrégulière.

irréligieux, euse *a* Qui n'a pas de convictions religieuses, qui offense la religion.

irréligion *nf* Manque d'esprit religieux.

irrémédiable *a, nm* À quoi on ne peut remédier.

irrémédiablement *av* Sans recours.

irremplaçable *a* Qu'on ne peut remplacer.

irréparable *a, nm* Qu'on ne peut réparer.

irrépressible *a* Qu'on ne peut réprimer.

irréprochable *a* Sans reproche.

irrésistible *a* À qui, à quoi on ne peut résister.

irrésistiblement *av* De façon irrésistible.

irrésolu, ue *a* Qui a du mal à se déterminer.

irrésolution *nf* Manque de décision.

irrespect [-pε] *nm* Manque de respect.

irrespectueusement *av* De façon irrespectueuse.

irrespectueux, euse *a* Qui manque de respect.

irrespirable *a* 1 Qu'on ne peut respirer. 2 Où on respire mal.

irresponsabilité *nf* Caractère irresponsable.

irresponsable *a, n* 1 Qui n'est pas responsable de ses actes, de sa conduite. 2 Qui n'assume pas ses responsabilités.

irrétrécissable *a* Qui ne peut rétrécir.

irrévérence *nf* Litt Manque de respect.

irrévérencieux, euse *a* Litt Irrespectueux.

irréversibilité *nf* Caractère irréversible.

irréversible *a* Qui ne peut aller que dans un seul sens.

irrévocabilité *nf* Caractère irrévocable.

irrévocable *a* Définitif. *Décision irrévocable.*

irrévocablement *av* De façon irrévocable.

irrigable *a* Qu'on peut irriguer.

irrigation *nf* 1 Arrosage artificiel d'une terre. 2 Circulation du sang dans un organe.

irriguer *vt* 1 Arroser, fournir artificiellement de l'eau à une terre. 2 MED Arroser les tissus de l'organisme, en parlant du sang.

irritabilité *nf* Caractère irritable.

irritable *a* Porté à s'irriter.

irritant, ante *a* 1 Qui excite la colère. 2 Qui détermine de l'inflammation.

irritation *nf* 1 Colère sourde. 2 Légère inflammation.

irriter *vt* 1 Provoquer l'irritation, l'impatience. 2 Rendre légèrement enflammé. *Irriter la peau.* ■ *vpr* Se fâcher, s'énerver.

irruption *nf* Entrée brusque et inattendue ; envahissement.

isabelle *a inv* D'une couleur jaune, très claire (robe des chevaux).

isard *nm* Chamois des Pyrénées.

isatis [izatis] *nm* Renard des régions arctiques.

isba *nf* Maison en bois des paysans russes.

ischémie [-ke-] *nf* MED Arrêt de la circulation artérielle dans un organe.

ischion [iskjɔ̃] *nm* ANAT Partie inférieure de l'os iliaque.

isiaque *a* D'Isis. *Culte isiaque.*

islam *nm* 1 Religion des musulmans. 2 (avec majusc) Ensemble des pays, des peuples, des civilisations musulmanes.

islamique *a* De l'islam.

islamisant, ante *a, n* Spécialiste de l'islam.

islamisation *nf* Action d'islamiser.

islamiser *vt* 1 Convertir à l'islam. 2 Appliquer la loi coranique dans un pays.

islamisme *nm* Intégrisme musulman.

islamiste *a, n* Partisan de l'islamisme.

islamologie *nf* Étude scientifique de l'islam.

islandais, aise *a, n* De l'Islande. ■ *nm* Langue scandinave parlée en Islande.

ismaélien, enne *a, n* Membre d'une secte chiite.

isobare *a* PHYS D'égale pression atmosphérique.

isobathe *a* GEOGR D'égale profondeur.

isocèle *a* GEOM Qui a deux côtés ou deux faces égales.

isochrone ou **isochronique** *a* PHYS De même durée.

isoclinal, ale, aux *a* Loc GEOL *Pli isoclinal :* dont les flancs ont la même inclinaison.

isocline *a* PHYS, GEOGR De même inclinaison.

isogame *a* BOT Qui se reproduit par isogamie.

isogamie *nf* BOT Fécondation entre deux gamètes rigoureusement semblables (algues, champignons inférieurs). Ant. hétérogamie.

isoglosse *nf* LING Ligne séparant deux aires dialectales.

isoglucose *nm* Glucose tiré du maïs.

isogone *a* GEOM Dont les angles sont égaux.

isolable *a* Qui peut être isolé.

isolant, ante *a, nm* Qui isole du son, de l'électricité ou de la chaleur.

isolat *nm* Espèce, groupe complètement isolés.

isolateur *nm* Support isolant d'un conducteur électrique.

isolation *nf* Action d'isoler une pièce, un bâtiment, thermiquement ou phoniquement.

isolationnisme *nm* Politique d'un pays qui s'isole des autres pays.

isolationniste *a, n* Qui relève de l'isolationnisme.

isolé, ée *a, n* Seul, séparé socialement des autres. ■ *a* 1 À l'écart. *Endroit isolé.* 2 Unique. *Cas isolé.*

isolement *nm* État de qqn, de qqch d'isolé.

isolément *av* Séparément, individuellement.

isoler *vt* 1 Séparer qqch, qqn de ce qui environne ; empêcher le contact. 2 Considérer à part, en soi. 3 Rendre indépendant de l'extérieur, en interposant un matériau isolant. ■ *vpr* Se séparer des autres.

isoloir *nm* Cabine où l'électeur prépare son vote.

isomère *a, nm* CHIM Se dit de corps ayant la même formule, mais des propriétés différentes.

isomérie *nf* CHIM Caractère isomère.

isomorphe *a* Didac De même forme.

isomorphisme *nm* Caractère isomorphe.

isopode *nm* ZOOL Crustacé au corps aplati tel que le cloporte.

isoprène *nm* Matière utilisée dans la fabrication de nombreux polymères (plastiques, résines).

isoptère *nm* ZOOL Insecte du type des termites.

isostasie *nf* Équilibre entre les diverses masses constituant la croûte terrestre.

isotherme *a* 1 PHYS D'égale température. 2 Où on maintient une température constante.

isotope *a, nm* PHYS Se dit d'éléments dont les noyaux ont le même nombre de protons mais un nombre différent de neutrons.

isotopique *a* PHYS Des isotopes.

isotrope *a* PHYS Se dit d'un corps qui présente les mêmes propriétés dans toutes les directions.

isotropie *nf* PHYS Propriété isotrope.

israélien, enne *a, n* De l'État d'Israël.

israélite *n, a* De religion juive.

issu, ue *a* Né, sorti. *Issu de la bourgeoisie.*

issue *nf* 1 Passage qui permet de sortir. 2 Moyen pour sortir d'une affaire. *Situation sans issue.* 3 Résultat. *L'issue du combat.* Loc *Issue fatale :* mort. *À l'issue de :* à la fin de. ■ *pl* Parties non comestibles des animaux de boucherie.

isthme [ism] *nm* 1 Étroite bande de terre entre deux mers. 2 ANAT Partie rétrécie de certains organes.

italianisant, ante *n* Spécialiste de la langue et de la culture italiennes.

italianiser *vt* Donner une tournure, un caractère italiens à.

italianisme *nm* Expression propre à l'italien.

italien, enne *a, n* De l'Italie. ■ *nm* Langue romane parlée en Italie.

italique *a* Relatif à l'ancienne Italie. ■ *nm* Caractère d'imprimerie incliné vers la droite.

item *nm* 1 Élément linguistique considéré à part. 2 Chacun des éléments d'un test, d'un questionnaire. ■ *av* En outre, de plus.

itératif, ive *a* Didac Répété plusieurs fois.

itération *nf* Didac Répétition.

itinéraire *nm* Route à suivre ou suivie ; parcours, trajet.

itinérant, ante *a* Qui se déplace, qui va de lieu en lieu pour exercer ses fonctions.

itou *av* Fam De même.

iule *nm* Mille-pattes.

I.U.T. *nm* Institut universitaire de technologie.

I.V.G. *nf* Interruption volontaire de grossesse.

ivoire *nm* 1 Matière des dents de l'homme, des défenses de l'éléphant. 2 Objet fait en cette matière.

ivoirien, enne *a, n* De Côte-d'Ivoire.

ivoirin, ine *a* Litt Qui a l'aspect de l'ivoire.

ivraie *nf* Graminée sauvage envahissant dans les céréales. Loc Litt *Séparer le bon grain de l'ivraie :* les bons des méchants.

ivre *a* 1 Troublé par les effets de l'alcool. Syn. soûl. 2 Exalté par la passion. *Ivre de jalousie.* Loc *Ivre mort :* ivre au point d'avoir perdu toute conscience.

ivresse *nf* 1 Intoxication alcoolique. 2 État d'euphorie ; exaltation. *L'ivresse de la victoire.*

ivrogne *nm* Qui a l'habitude de s'enivrer.

ivrognerie *nf* Habitude de s'enivrer.

ivrognesse *nf* Fam Femme qui s'enivre.

ixode *nm* ZOOL Acarien tel que la tique.

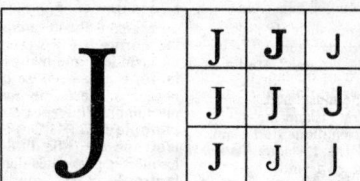

j nm Dixième lettre (consonne) de l'alphabet. **Loc** *Jour J* : jour où qqch d'important doit avoir lieu.

jabot nm 1 Poche digestive de l'œsophage des oiseaux. 2 Dentelle, mousseline ornant le devant d'une chemise, d'un corsage.

jacaranda nm Arbre ornemental à fleurs roses et à bois très apprécié.

jacassement nm Action de jacasser.

jacasser vi 1 Pousser son cri (pie). 2 Bavarder avec volubilité.

jachère nf Terre labourable qu'on laisse volontairement reposer.

jacinthe nf Plante bulbeuse ornementale.

jack nm ELECTR Fiche de connexion à deux broches coaxiales.

jackpot [dʒakpɔt] nm 1 Dans les machines à sous, combinaison gagnante ; cette machine. 2 Fam Gros lot, pactole, profit important.

jacobin, ine a, n Partisan d'une république centralisée. ■ nm Membre du club des Jacobins, sous la Révolution.

jacobinisme nm Doctrine des jacobins.

jacobite a, n HIST En Angleterre, partisan de Jacques II.

jacquard nm 1 Métier à tisser du XIXe s., à cartes perforées. 2 Tricot à dessins géométriques sur fond de couleur.

jacquerie nf HIST Soulèvement de paysans.

jacques nm Loc Fam *Faire le jacques* : le niais.

jacquet nm Jeu de dés dérivé du trictrac.

jactance nf Litt Vantardise arrogante.

jacter vi Pop Parler, bavarder.

jacuzzi nm (n déposé) Grande baignoire à remous.

jade nm 1 Pierre fine verte très dure. 2 Objet sculpté en jade.

jadéite nf Variété de jade.

jadis [-dis] av Autrefois, il y a longtemps.

jaguar nm Grand félin d'Amazonie, proche de la panthère.

jaillir vi 1 Sortir impétueusement (liquide, lumière). 2 Litt Se manifester soudain. *La vérité jaillit.*

jaillissement nm Fait de jaillir.

jaïn n, a Qui relève du jaïnisme.

jaïnisme nm Religion de l'Inde reposant sur l'ascétisme, la non-violence et le respect de la vie.

jais nm Variété de lignite d'un noir brillant.

jalon nm 1 Fiche plantée en terre pour marquer une direction. 2 Point de repère.

jalonnement nm Action de jalonner.

jalonner vt 1 Marquer un tracé au moyen de jalons. 2 Être placé en bordure et à distance en distance. *Arbres qui jalonnent la route.* 3 Se succéder au cours du temps.

jalousement av Avec jalousie.

jalouser vt Considérer avec envie et dépit.

jalousie nf 1 Sentiment de dépit mêlé d'envie. 2 Amour possessif et exclusif de qqn. 3 Persienne donnant plus ou moins de jour.

jaloux, ouse a, n Qui éprouve de la jalousie. ■ a Très attaché à qqch. *Il est très jaloux de son indépendance.*

jamaïquain ou **jamaïcain, aine** a, n De la Jamaïque.

jamais av 1 (sans négation) En un temps quelconque. *Si jamais vous le voyez.* 2 (avec négation) À aucun moment. *Il ne rit jamais.* **Loc** *À (tout) jamais, pour jamais* : pour toujours.

jambage nm 1 Trait vertical dans le tracé des lettres m, n et u. 2 ARCHI Piédroit.

jambe nf 1 Membre inférieur entre le genou et le pied. 2 Le membre inférieur tout entier. 3 Partie du vêtement recouvrant la jambe. **Loc** *Prendre ses jambes à son cou* : s'enfuir en courant. *À toutes jambes* : le plus vite possible. *Traîner la jambe* : marcher avec difficulté. Fam *Faire qqch par-dessous* ou *par-dessus la jambe* : avec désinvolture. Fam *Cela lui fait une belle jambe* : cela ne lui apporte rien. Fam *Tenir la jambe à qqn* : l'importuner par un long discours.

jambière nf Pièce de vêtement qui protège la jambe.

jambon nm Cuisse ou épaule, salée ou fumée, du porc.

jambonneau nm Petit jambon fait avec les pattes de devant du porc.

jamboree [-ri] nm Réunion internationale de scouts.

jam-session nf Réunion de musiciens de jazz improvisant librement. *Des jam-sessions.*

janissaire nm HIST Fantassin turc.

jansénisme nm 1 RELIG Doctrine de Jansénius. 2 Litt Austérité rigide.

janséniste *a, n* Qui relève du jansénisme.

jante *nf* Pièce circulaire qui constitue le pourtour d'une roue.

janvier *nm* Premier mois de l'année.

japon *nm* Papier résistant, blanc crème, des éditions de luxe.

japonais, aise *a, n* Du Japon. ■ *nm* Langue parlée au Japon.

japonaiserie *nf* Objet d'art du Japon.

japonisant, ante ou **japonologue** *n* Spécialiste de la langue, de la civilisation du Japon.

jappement *nm* Fait de japper.

japper *vi* Pousser des aboiements brefs et aigus.

jaque *nm* Gros fruit du jaquier.

jaquemart *nm* Automate frappant les heures avec un marteau sur la cloche d'une horloge.

jaquette *nf* **1** Veste de cérémonie pour hommes, à pans ouverts. **2** Veste de femme ajustée. **3** Couverture qui protège la reliure d'un livre. **4** Revêtement d'une couronne dentaire.

jaquier *nm* Arbre tropical qui produit de gros fruits comestibles (jaques).

jardin *nm* Terrain clos où on cultive des légumes, des fleurs, des arbres. **Loc** *Jardin public* : jardin d'agrément ouvert à tous. *Jardin d'enfants* : établissement d'éducation qui reçoit de très jeunes enfants. *Côté jardin* : côté de la scène à droite de l'acteur regardant la salle.

jardinage *nm* Culture des jardins.

jardiner *vi* S'adonner au jardinage.

jardinerie *nf* Établissement qui vend des plantes et des outils de jardinage.

jardinet *nm* Petit jardin.

jardinier, ère *n* Qui cultive un jardin. ■ *nf* **1** Bac dans lequel on cultive des fleurs. **2** Mélange de légumes cuits. **Loc** *Jardinière d'enfants* : éducatrice dans un jardin d'enfants.

jargon *nm* **1** Langage incompréhensible. **2** LING Langage spécifique d'un groupe social ou professionnel.

jargonner *vi* **1** Fam Parler un jargon. **2** Pousser son cri (jars, oie).

jarre *nf* Grand vase de terre cuite.

jarret *nm* **1** Partie du membre inférieur derrière le genou. **2** Articulation du milieu de la jambe chez le cheval.

jarretelle *nf* Ruban pour fixer les bas.

jarretière *nf* Ruban fixant le bas sur la jambe.

jars [ʒaʀ] *nm* Mâle de l'oie.

jas *nm* Barre transversale d'une ancre.

jaser *vi* **1** Médire, se montrer indiscret. **2** Jacasser (pie). **3** Gazouiller (nourrisson).

jasmin *nm* Arbuste à fleurs jaunes ou blanches très odorantes ; son parfum.

jaspe *nm* Pierre colorée par bandes ou par taches, utilisée en joaillerie.

jaspé, ée *a, nm* Bigarré.

jaspiner *vi* Pop Bavarder.

jaspure *nf* Aspect jaspé ; marbrure.

jatte *nf* Récipient rond et sans rebord.

jauge *nf* **1** Capacité d'un récipient. **2** MAR Volume intérieur d'un navire, exprimé en tonneaux. **3** Règle graduée mesurant la quantité de liquide d'un réservoir.

jaugeage *nm* Action de jauger.

jauger *vt* [11] **1** Déterminer la jauge. **2** Estimer la valeur, les capacités de qqn. ■ *vi* Avoir telle jauge (navire).

jaunâtre *a* Qui tire sur le jaune.

jaune *a* De la couleur du citron, de l'or. **Loc** *Fièvre jaune* : maladie infectieuse tropicale. *Race jaune* : caractérisée par une pigmentation cuivrée de la peau. ■ *av* **Loc** *Rire jaune* : sans gaieté et se forçant. ■ *n* **1** (avec majusc) Qui est de race jaune. **2** Briseur de grève. ■ *nm* **1** Couleur jaune. **2** Colorant jaune. **Loc** *Jaune d'œuf* : partie centrale de l'œuf des oiseaux, formant l'ovule.

jaunir *vt* Rendre jaune. *Le soleil jaunit les blés.* ■ *vi* Devenir jaune. *Herbe qui jaunit.*

jaunissant, ante *a* Qui jaunit.

jaunisse *nf* Affection hépatique aiguë. Syn. ictère.

jaunissement *nm* Fait de devenir jaune.

java *nf* Danse populaire, à trois temps. **Loc** Pop *Faire la java* : faire la noce.

javanais, aise *a, n* De Java. ■ *nm* **1** Langue indonésienne parlée à Java. **2** Argot consistant à intercaler dans les mots les syllabes *va* et *av* (ex. : *manger* devient *mavangeaver*).

Javel (eau de) *nf* Solution d'un sel de chlore, utilisée comme antiseptique et décolorant.

javeline *nf* Petit javelot long et mince.

javelle *nf* Petit tas de céréales avant le liage.

javellisation *nf* Action de javelliser.

javelliser *vt* Stériliser l'eau par l'eau de Javel.

javelot *nm* **1** Lance courte. **2** Instrument de lancer en forme de lance, utilisé en athlétisme.

jazz [dʒaz] *nm* Genre musical d'origine américaine, caractérisé par l'improvisation et une manière de traiter le tempo musical.

jazz-band [dʒazbɑ̃d] *nm* Orchestre de jazz. *Des jazz-bands.*

jazzistique ou **jazzique** [dʒa-] *a* Du jazz.

jazzman [dʒazman] *nm* Musicien de jazz.

jazzy [dʒa-] *a* Qui évoque le jazz.

je, j' *pr pers* Sujet de la première personne du singulier, des deux genres.

jean ou **jeans** [dʒin(s)] *nm* **1** Tissu de coton bleu, d'une trame écrue. **2** Pantalon en jean.

jean-foutre *nm inv* Pop Incapable.

jean-le-blanc *nm inv* Circaète d'Europe.

jeannette *nf* Planchette utilisée pour le repassage.

jeep [dʒip] *nf* (n déposé) Automobile tout terrain.

jéjunum [-nɔm] *nm* ANAT Partie de l'intestin grêle qui suit le duodénum.

je-m'en-fichisme ou **je-m'en-foutisme** *nm* Fam Insouciance blâmable, laisser-aller. *Des je-m'en-fichismes* ou *des je-m'en-foutismes.*

je-m'en-fichiste ou **je-m'en-foutiste** *a, n* Fam Indifférent, passif. *Des je-m'en-fichistes* ou *des je-m'en-foutistes.*

je-ne-sais-quoi *nm inv* Chose indéfinissable.

jérémiade *nf* Fam Plainte geignarde.

jerez. V. xérès.

jerk [dʒɛʀk] *nm* Danse moderne, qui consiste en des secousses rythmiques du corps.

jéroboam *nm* Grande bouteille de champagne valant 4 bouteilles ordinaires.

jerricane *nm* Réservoir portatif de 20 litres.

jersey [-ze] *nm* Tissu élastique de laine, de fil ou de soie ; corsage, tricot fait dans ce tissu.

jersiais, aise *a, n* De l'île de Jersey.

jésuite *nm* Membre de la Compagnie de Jésus. ■ *a, n* Hypocrite. *Attitude jésuite.*

jésuitique *a* Sournois.

jésuitisme nm 1 Système des jésuites. 2 Hypocrisie, fourberie.

jésus nm 1 Représentation de l'Enfant Jésus. 2 Saucisson sec gros et court.

1. jet nm 1 Action de jeter, de lancer. 2 Émission d'un fluide sous pression. *Jet de vapeur.* 3 SYLVIC Pousse droite et vigoureuse. **Loc** *À jet continu* : sans interruption. *D'un seul jet* : d'un coup. *Premier jet* : ébauche d'une œuvre littéraire. *Jet d'eau* : gerbe d'eau verticale.

2. jet [dʒɛt] nm Avion à réaction long-courrier.

jetable a Conçu pour être jeté après utilisation.

jeté nm CHORÉGR Saut lancé par une jambe et reçu par l'autre.

jetée nf Construction s'avançant dans la mer, destinée à permettre l'accostage des navires.

jeter vt [19] 1 Lancer. *Jeter des pierres.* 2 Se débarrasser de, mettre au rebut. *Jeter de vieux papiers.* 3 Renverser. *Jeter qqn à terre.* 4 Émettre hors. *Jeter son venin, un cri.* 5 Pousser, porter avec force vers. *Jeter dans un cachot.* 6 Asseoir, établir, poser. *Jeter les bases d'un accord.* 7 Mettre sur. *Jeter un châle sur ses épaules.* ■ vpr 1 Se précipiter vers. *Il s'est jeté sur moi.* 2 Se déverser dans (cours d'eau). **Loc** Pop *S'en jeter un* : boire un verre.

jeteur, euse n **Loc** *Jeteur, jeteuse de sort* : sorcier, sorcière.

jeton nm 1 Pièce plate et ronde, symbolisant une valeur quelconque. 2 Pop Coup. **Loc** Fam *Avoir les jetons* : avoir peur.

jet-set [dʒɛtsɛt] nf La très haute société internationale. *Des jet-sets.*

jet-stream [dʒɛtstrim] nm MÉTÉO Courant d'ouest dans la stratosphère. *Des jet-streams.*

jeu nm 1 Divertissement, récréation. 2 Divertissement où seul le hasard intervient et où on risque généralement de l'argent (roulette, poker, etc.). 3 Au tennis, division d'un set. 4 Ensemble d'objets qui servent à jouer. 5 Cartes qu'un joueur a en main. *Avoir un beau jeu.* 6 Assortiment d'objets, de pièces de même nature. *Un jeu de clefs.* 7 Manière dont un acteur remplit son rôle. 8 Manière de jouer d'un instrument de musique. *Le jeu d'un ressort.* 10 Fonctionnement. *Le jeu des institutions.* 11 Espace nécessaire au mouvement de deux pièces. *Donner du jeu à un mécanisme.* **Loc** *Avoir beau jeu* : être en position de faire qqch. *D'entrée de jeu* : dès le début. *Entrer en jeu* : intervenir. *Être en jeu* : être en question. *Être vieux jeu* : démodé. *Jeu d'enfant* : chose très facile. *Jeu d'esprit* : qui demande de l'invention. *Ce n'est pas de jeu* : ce n'est pas conforme aux règles. *Mettre en jeu* : faire intervenir. *Faire le jeu de qqn* : agir dans son intérêt. ■ pl Chez les Anciens, concours sportif ; spectacle du cirque.

jeudi nm Quatrième jour de la semaine.

jeun (à) [aʒœ̃] av Sans avoir mangé.

jeune a 1 Qui n'est pas avancé en âge. 2 Cadet. *Dubois jeune.* Ant. aîné. 3 Juvénile. 4 Composé de jeunes gens, de jeunes filles. *Un public jeune.* 5 Récent, nouveau. *Vin jeune.* 6 Qui manque de maturité, d'expérience. **Loc** Fam *C'est un peu jeune* : insuffisant. ■ n 1 Personne jeune. 2 Animal non encore adulte. ■ av Comme les jeunes. *S'habiller jeune.*

jeûne nm Privation volontaire de nourriture.

jeûner vi S'abstenir de nourriture.

jeunesse nf 1 Partie de la vie comprise entre l'enfance et l'âge adulte. 2 Ensemble des personnes jeunes. 3 Période de développement de qqch. 4 Fraicheur, vigueur.

jeune-turc, -turque n Personne qui dans un parti politique préconise une action radicale en s'opposant aux anciens.

jeûneur, euse n Qui jeûne.

jeunot nm Fam Jeune homme naïf.

jingle [dʒiŋɡœl] nm Bref thème musical accompagnant une émission.

jiu-jitsu [ʒyʒitsy] nm inv Art martial japonais dont dérive le judo.

joaillerie nf Art, commerce du joaillier.

joaillier ou **joailler, ère** n Qui travaille les joyaux, en fait le commerce.

job [dʒɔb] nm Fam Emploi rémunéré.

jobard, arde a, n Fam Crédule.

jobarderie ou **jobardise** nf Fam Crédulité.

jockey nm Qui fait métier de monter les chevaux dans les courses.

jocrisse nm Litt Benêt.

jodhpurs nmpl Pantalon de cheval, serré au-dessous du genou.

jodler [jɔdle], **iodler** ou **iouler** vi Faire des vocalises sans paroles.

jogger [dʒɔɡœr] nm Chaussure de jogging.

joggeur, euse [dʒɔɡœr] n Qui pratique le jogging.

jogging [dʒɔɡiŋ] nm Course à pied pour se maintenir en forme.

joie nf 1 État de satisfaction intense. 2 Gaieté, bonne humeur. **Loc** *Fille de joie* : prostituée. *S'en donner à cœur joie* : profiter pleinement. *Mettre en joie* : réjouir. *Feu de joie* : allumé pour une fête. ■ pl Plaisirs, satisfactions.

joignable a Que l'on peut joindre, contacter.

joindre vt [62] 1 Unir solidement, rapprocher. 2 Ajouter, mettre avec. 3 Faire communiquer, relier. *Avion joignant Paris à Londres.* 4 Atteindre, entrer en contact avec qqn. *Joindre qqn par téléphone.* **Loc** Fam *Joindre les deux bouts* : boucler son budget. ■ vi Se toucher étroitement. *Volets qui joignent mal.* ■ vpr S'associer. *Je me joins à vous.*

joint, jointe a Ajouté. *Pièce jointe à une lettre.* **Loc** *À pieds joints* : les pieds en contact. ■ nm 1 Dispositif servant à transmettre un mouvement. 2 Endroit où s'accolent deux éléments fixes contigus. 3 Matériau intercalé entre deux pièces. 4 Moyen de résoudre une affaire. 5 Intermédiaire, lien. *Faire le joint entre deux personnes.* 6 Fam Cigarette de haschish.

jointif, ive a Sans intervalle.

jointoyer vt [22] Remplir avec du mortier les joints d'une maçonnerie.

jointure nf 1 Articulation. 2 Endroit où se joignent deux éléments.

jojo nm **Loc** Fam *Affreux jojo* : enfant turbulent. ■ a inv Joli. *C'est pas très jojo.*

joker [-kɛr] nm Carte à jouer qui prend la valeur que lui attribue celui qui la détient.

joli, ie a 1 Qui plaît par ses qualités esthétiques, la finesse de ses traits. *Une jolie femme.* 2 Avantageux. *Une jolie situation.* ■ nm **Loc** Fam *C'est du joli !* : c'est mal.

joliesse nf Litt Caractère joli.

joliment av 1 Très bien, agréablement. 2 Fam Beaucoup, très. *Il est joliment bête.*

jonc [ʒɔ̃] *nm* 1 Plante des lieux humides, dont la tige est droite et flexible. 2 Canne faite avec la tige du jonc d'Inde. 3 Bague ou bracelet dont le cercle est de grosseur uniforme.

jonchée *nf* 1 Litt Grande quantité d'objets éparpillés sur le sol. 2 Petit fromage égoutté sur une claie de jonc.

joncher *vt* 1 Recouvrir le sol de branchages, de feuilles, etc. 2 Couvrir en grande quantité.

jonchet *nm* Chacun des petits bâtons jetés pêle-mêle sur une table et qu'il faut retirer de à un sans faire bouger les autres.

jonction *nf* 1 Action de joindre, de se joindre. 2 Point où deux choses se joignent.

jongler *vi* 1 Lancer en l'air des objets qu'on reçoit et qu'on relance alternativement. 2 Manier avec dextérité. *Jongler avec les chiffres.* Loc *Jongler avec les difficultés :* les surmonter.

jonglerie *nf* 1 Virtuosité. 2 Tromperie.

jongleur, euse *n* Artiste qui fait métier de jongler. ■ *nm* HIST Ménestrel.

jonque *nf* Navire à voiles d'Extrême-Orient.

jonquille *nf* Narcisse à fleurs jaunes.

jordanien, enne *a, n* De Jordanie.

jota [ROTA] *nf* 1 Danse populaire espagnole. 2 Son guttural espagnol, noté par la lettre *j*.

jouable *a* 1 Qu'on peut jouer. 2 Qu'on peut risquer, tenter.

joual *nm* Parler populaire du Québec.

jouasse *a* Pop Joyeux, content.

joubarbe *nf* Plante grasse.

joue *nf* Partie latérale du visage, de la tête. Loc *Coucher, mettre en joue qqn, qqch :* le viser.

jouer *vi* 1 Se divertir, s'occuper à un jeu. *Les enfants jouent dans la cour.* 2 Se mouvoir (pièce, mécanisme). 3 Ne plus joindre parfaitement, se déboîter. 4 Se déformer sous l'effet de l'humidité. 5 Intervenir, agir. *Ces considérations ont joué dans ma décision.* ■ *vti* 1 S'adonner au jeu. 2 Miser de l'argent à un jeu. 3 Spéculer à la Bourse. 4 Tirer des sons d'un instrument de musique. 5 Se servir d'un outil, d'une arme. Loc *Jouer de malchance, de malheur :* ne pas avoir de chance. *Jouer sur les mots :* user d'ambiguïtés verbales. ■ *vt* 1 Faire une partie à tel jeu ou sport. 2 Miser. *Jouer 100 francs sur le favori.* 3 Exécuter au moyen d'un instrument de musique. 4 Représenter sur la scène, au cinéma. *Jouer une comédie.* Loc *Jouer le jeu :* respecter les conventions explicites ou tacites. *Jouer gros jeu :* risquer de grosses sommes. ■ *vpr* Litt Se moquer de qqn, le duper. Loc *Se jouer des difficultés :* en triompher aisément.

jouet *nm* Objet avec lequel un enfant joue. Loc *Être le jouet de qqch, de qqn :* en être victime.

joueur, euse *n* 1 Qui joue à un jeu, à un sport, d'un instrument. 2 Qui a la passion du jeu. Loc *Beau joueur :* qui sait supporter une défaite. *Mauvais joueur :* qui n'aime pas perdre. ■ *a* Qui aime à jouer. *Enfant joueur.*

joufflu, ue *a* Qui a de grosses joues.

joug [ʒu] *nm* 1 Pièce de bois qu'on place sur l'encolure des bœufs pour les atteler. 2 Litt Sujétion, contrainte. *Le joug des tyrans.*

jouir *vti* 1 Avoir la possession, le profit de. *Jouir d'une bonne santé.* 2 Tirer grand plaisir de qqch. ■ *vi* Éprouver l'orgasme.

jouissance *nf* 1 Fait d'avoir pleine possession de qqch. 2 Plaisir de l'esprit ou des sens.

jouisseur, euse *n* Qui ne songe qu'à jouir des plaisirs matériels.

jouissif, ive *a* Pop Qui procure un intense plaisir.

joujou *nm* Fam Jouet. *Des joujoux.*

joule *nm* PHYS Unité de mesure d'énergie.

jour *nm* 1 Clarté, lumière du soleil. 2 Temps pendant lequel le soleil éclaire. 3 Espace de vingt-quatre heures. 4 Circonstance, moment indéterminé. 5 Époque actuelle. *Le goût du jour.* 6 Ouverture laissant passer la lumière ; vide. Loc *À jour :* exact, en règle. *Au jour le jour :* sans souci du lendemain. *De jour en jour :* graduellement. *Se faire jour :* apparaître. *Voir le jour :* naître. *Faux jour :* mauvais éclairage. *De jour :* pendant la journée. *Au grand jour :* au vu de tous. *Le petit jour :* l'aube. *D'un jour à l'autre :* à tout moment. *Jour pour jour :* exactement. *Un jour, un de ces jours :* dans l'avenir. ■ *pl* Litt Vie. *Mettre fin à ses jours.* Loc *De nos jours :* à l'époque actuelle.

journal, aux *nm* 1 Cahier où l'on note régulièrement les événements de sa vie. 2 Registre dans lequel on inscrit jour par jour les opérations comptables. 3 Toute publication quotidienne et, par extension, périodique. 4 Bulletin d'information à la radio, à la télévision.

journalier, ère *a* Qui se fait, se produit chaque jour. Syn. quotidien. ■ *nm* Travailleur agricole payé à la journée.

journalisme *nm* Profession, travail de journaliste.

journaliste *n* Professionnel de l'information écrite ou audiovisuelle.

journalistique *a* Propre aux journaux, au journalisme.

journée *nf* 1 Durée entre le lever et le coucher du soleil. 2 Temps de travail pendant la journée ; salaire de ce travail. 3 Jour marqué par un événement important.

journellement *av* 1 Chaque jour. 2 Fréquemment.

joute *nf* 1 HIST Combat courtois à cheval. 2 Litt Lutte où l'on rivalise de talent. *Joute oratoire.*

jouvence *nf* Litt Jeunesse.

jouvenceau, elle *n* Litt Jeune homme, jeune fille.

jouxter *vt* Litt Se trouver près de.

jovial, ale, aux ou **als** *a* D'une gaieté familière.

jovialement *av* De façon joviale.

jovialité *nf* Humeur joviale.

joyau *nm* 1 Ornement, objet fait d'or, de pierreries. 2 Chose très belle.

joyeusement *av* Avec joie.

joyeux, euse *a* Gai. *Rires joyeux.*

joystick [ʒɔj-] *nm* Manette d'un jeu vidéo, servant à se déplacer sur l'écran.

jubarte *nf* Baleine à bosse.

jubé *nm* Galerie haute qui sépare le chœur de la nef d'une église.

jubilaire *a* Du jubilé. *Année jubilaire.*

jubilation *nf* Joie intense.

jubilatoire *a* Fam Très réjouissant.

jubilé *nm* 1 RELIG Indulgence plénière accordée par le pape. 2 Cinquantième année de mariage, d'activité professionnelle.

jubiler *vi* Éprouver une joie intense.

jucher *vi* Se poser sur une branche en parlant de certains oiseaux. ■ *vt* Placer dans un endroit élevé. ■ *vpr* Se percher.

juchoir nm Perchoir.

judaïcité nf Fait d'être juif.

judaïque a Des Juifs, de la religion juive.

judaïsme nm Religion juive.

judaïté ou **judéité** nf Identité juive.

judas nm 1 Litt Traître. 2 Petite ouverture dans une porte pour voir sans être vu.

judéo-allemand nm Syn de *yiddish*.

judéo-chrétien, enne a Qui relève des valeurs du judaïsme et du christianisme.

judéo-espagnol nm Syn de *ladino*.

judiciaire a Qui relève de la justice.

judiciairement av Sur le plan judiciaire.

judicieusement av De façon judicieuse.

judicieux, euse a Qui juge bien, qui apprécie avec justesse.

judo nm Sport de combat d'origine japonaise.

judoka n Qui pratique le judo.

juge nm 1 Magistrat ayant pour fonction de rendre la justice. 2 Officiel chargé dans une compétition de veiller à la régularité des épreuves. 3 Personne prise pour arbitre. Loc *Être bon, mauvais juge* : capable, incapable de porter un jugement juste.

jugé (au) ou **juger (au)** av De façon approximative. *Tirer au jugé.*

jugement nm 1 Action de juger un procès, un accusé. 2 Faculté d'apprécier avec discernement. *Manquer de jugement.* 3 Opinion, avis. *Le jugement d'un critique sur un film.* Loc *Jugement dernier* : celui de Dieu, à la fin du monde.

jugeote nf Fam Bon sens.

juger vt [11] 1 Prendre une décision concernant une affaire, qqn en qualité de juge ou d'arbitre. 2 Émettre une opinion. 3 Penser, estimer. *Il a jugé nécessaire de venir.* ■ vti 1 Porter une appréciation sur. *Juger de la vraisemblance d'un récit.* 2 S'imaginer, se représenter. *Jugez de ma surprise.*

jugulaire a De la gorge. *Veine jugulaire.* ■ nf Courroie qui maintient un casque.

juguler vt Empêcher de se développer.

juif, ive n 1 Descendant des anciens Hébreux. 2 Adepte de la religion et des traditions judaïques. ■ a Qui concerne les juifs.

juillet nm Septième mois de l'année.

juilletiste n Qui prend ses vacances en juillet.

juin nm Sixième mois de l'année.

juiverie nf HIST Quartier juif, ghetto.

jujube nm Fruit comestible du jujubier ; suc extrait de ce fruit, qui a des vertus pectorales.

jujubier nm Arbuste cultivé dans les régions méditerranéennes.

juke-boxe [dʒukbɔks] nm Électrophone automatique à la disposition des clients d'un café. *Des juke-boxes.*

julep nm Préparation sucrée et aromatisée, dans laquelle on dilue un médicament.

jules nm Pop 1 Souteneur. 2 Amant, mari.

julien, enne a Loc *Calendrier julien* : établi par Jules César, et comportant 365,25 jours.

juliénas nm Cru du Beaujolais.

julienne nf 1 Potage de légumes variés, coupés en menus morceaux. 2 Syn de *lingue*.

jumbo-jet [dʒœmbodʒɛt] nm Avion à réaction de grande capacité. *Des jumbo-jets.*

jumeau, elle a, n Se dit d'enfants nés d'un même accouchement. ■ a Se dit de choses semblables. *Lits jumeaux.*

jumelage nm Action de jumeler.

jumelé, ée a Groupé par couple. *Colonnes jumelées.* Loc *Pari jumelé* : désignant les deux premiers d'une course de chevaux.

jumeler vt [18] 1 Apparier deux objets semblables. 2 Associer des villes de pays différents pour des échanges culturels.

jumelles nfpl Double lorgnette. (S'emploie parfois au sing.)

jument nf Femelle du cheval.

jumping [dʒœmpiŋ] nm Épreuve équestre de saut d'obstacles.

jungle [ʒœgl] nf 1 Formation végétale très dense des pays de mousson. 2 Milieu où règne la loi du plus fort. *La jungle des affaires.*

junior a inv 1 Cadet. *Dubois junior.* 2 Destiné aux jeunes. *Mode junior.* ■ n 1 Enfant ou adolescent. 2 Sportif entre 16 et 21 ans.

junker [junkœr] nm HIST Noble terrien en Prusse.

junkie [dʒœnki] n Pop Toxicomane.

junte [ʒœt] nf Gouvernement d'origine insurrectionnelle.

jupe nf 1 Vêtement féminin qui part de la taille et couvre les jambes. 2 Surface latérale d'un piston. 3 Paroi inférieure souple d'un véhicule à coussin d'air.

jupe-culotte nf Culotte aux jambes très amples, qui ressemble à une jupe. *Des jupes-culottes.*

jupette nf Jupe très courte.

jupon nm Jupe de dessous.

jurançon nm Vin blanc du Sud-Ouest.

jurande nf HIST Groupement professionnel sous l'Ancien Régime.

jurassien, enne a, n Du Jura.

jurassique nm, a GÉOL Période du secondaire, précédant le crétacé.

juré, ée a Qui a prêté serment. Loc *Ennemi juré* : irréconciliable. ■ nm Membre d'un jury.

jurer vt 1 Promettre par serment. *Jurer fidélité.* 2 Assurer, certifier. Loc *Jurer ses grands dieux* : affirmer fortement. ■ vi 1 Faire un serment. 2 Dire des blasphèmes, des jurons. Loc *Ne jurer que par* : dire le plus grand bien de. ■ vti Aller mal ensemble (couleurs).

jureur nm Litt Qui blasphème. ■ am Loc HIST *Prêtre jureur* : pendant la Révolution, prêtre qui avait prêté serment de fidélité à la nation.

juridiction nf 1 Pouvoir d'un juge, d'un tribunal ; ressort, étendue de ce pouvoir. 2 Ensemble des tribunaux de même nature.

juridictionnel, elle a De la juridiction.

juridique a Relatif au droit.

juridiquement av De façon juridique.

juridisme nm Formalisme juridique.

jurisconsulte n Qui donne des consultations juridiques.

jurisprudence nf Ensemble des décisions des tribunaux, servant de référence.

jurisprudentiel, elle a DR De la jurisprudence.

juriste n Spécialiste du droit.

juron nm Expression blasphématoire ou grossière.

jury nm 1 Ensemble des jurés d'une cour d'assises. 2 Commission d'examinateurs, d'experts. *Jury d'un festival.*

jus [ʒy] nm 1 Suc d'une substance végétale. 2 Suc de viande. 3 Pop Café noir. 4 Pop Courant électrique.

jusant *nm* MAR Marée descendante.

jusqu'au-boutisme *nm* Position extrémiste. *Des jusqu'au-boutismes.*

jusqu'au-boutiste *a, n* Partisan des solutions extrêmes. *Des jusqu'au-boutistes.*

jusque *prép* (Le *e* de *jusque* s'élide devant voyelle. *Jusques* est poétique.) Suivi de *à*, *vers*, *où*, *en* marque une limite extrême. **Loc** *Jusqu'à ce que* : marque le terme d'une durée.

jusquiame *nf* Plante très toxique.

justaucorps *nm* Maillot collant utilisé pour la danse, le sport.

juste *a* 1 Conforme à la justice, au droit, à l'équité ; équitable. 2 Conforme à la réalité, à la vérité ; exact, précis, correct. 3 Étroit (vêtements). 4 Qui suffit à peine. *Huit jours pour agir, c'est juste.* ■ *a, n* Qui agit selon la justice, l'équité. **Loc** *Dormir du sommeil du juste* : profondément, tranquillement. ■ *av* 1 Avec exactitude, comme il convient. *Penser juste.* 2 Précisément. *C'est juste ce qu'il faut.* 3 Seulement. *J'ai juste pris un fruit.* **Loc** *Au juste* : précisément. *Au plus juste* : avec le plus d'exactitude possible. *Comme de juste* : comme il se doit.

justement *av* De façon juste, précise, pertinente, exacte.

justesse *nf* Qualité juste, exacte. **Loc** *De justesse* : de très peu.

justice *nf* 1 Vertu morale qui réside dans la reconnaissance et le respect des droits d'autrui. 2 Respect du droit, de l'équité, des droits de chacun. 3 Pouvoir de dire le droit. 4 Institution chargée d'exercer ce pouvoir ; tribunal. **Loc** *Rendre justice à qqn* : reconnaître ses mérites. *Se faire justice* : se suicider. *Se faire justice soi-même* : se venger soi-même d'un dommage subi.

justiciable *a, n* Qui relève d'une juridiction. ■ *a* Qui relève de. *Tumeur justiciable d'une opération.*

justicier, ère *n* Redresseur de torts.

justifiable *a* Qui peut être justifié.

justificateur, trice *a* Qui justifie.

justificatif, ive *a* Qui justifie, qui prouve. ■ *nm* Pièce attestant qu'une opération a bien été exécutée.

justification *nf* 1 Action de justifier, de se justifier. 2 Preuve de qqch. *Présenter des justifications.* 3 Longueur d'une ligne typographique.

justifier *vt* 1 Mettre hors de cause. 2 Rendre légitime. *Cela justifie sa colère.* ■ *vti* Constituer une preuve de. *Justifier d'un paiement.* ■ *vpr* Prouver son innocence.

jute *nm* Fibre textile servant à fabriquer une toile grossière.

juter *vi* Fam Rendre du jus.

juteux, euse *a* 1 Qui rend beaucoup de jus. 2 Fam Qui rapporte, fructueux. *Affaire juteuse.*

juvénile *a* Propre à la jeunesse. *Ardeur juvénile.* ■ *nm* AGRIC Animal jeune.

juxtalinéaire *a* Se dit d'une traduction donnant, sur deux colonnes et ligne par ligne, le texte original et la traduction correspondante.

juxtaposer *vt* Mettre l'un à côté de l'autre.

juxtaposition *nf* Action de juxtaposer.

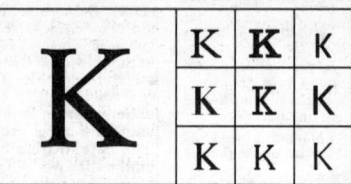

k *nm* Onzième lettre (consonne) de l'alphabet.

kabbale *nf* Interprétation juive symbolique et ésotérique de la Bible.

kabbaliste *n* Spécialiste de la kabbale.

kabig ou **kabic** *nm* Veste de marin breton, à capuchon.

kabuki [-bu-] *nm* Genre théâtral japonais.

kabyle *a, n* De Kabylie. ■ *nm* Dialecte berbère des Kabyles.

kadaïf *nm* Gâteau oriental au miel.

kaddisch *nm* Prière de la liturgie juive.

kafkaïen, enne *a* Qui a le caractère angoissant des romans de Kafka.

kaiser [kajzœʀ] *nm* HIST Empereur d'Allemagne.

kakatoès. V. cacatoès.

kakémono *nm* Peinture japonaise qui se déroule de haut en bas.

1. kaki *nm* Fruit charnu du plaqueminier.

2. kaki *a inv, nm* Brun-jaune.

kala-azar *nm inv* Maladie parasitaire endémique en Orient.

kalachnikov *nf* Pistolet-mitrailleur.

kaléidoscope *nm* Cylindre creux contenant des miroirs et des paillettes multicolores, formant des motifs ornementaux.

kaléidoscopique *a* Qui évoque le kaléidoscope.

kaliémie *nf* Taux de potassium dans le sang.

kamikaze *nm* **1** HIST Pilote japonais volontaire pour écraser son avion sur les navires ennemis (1944). **2** Qui se sacrifie pour une cause.

kana *nm inv* Signe syllabique de l'écriture japonaise.

kanak. V. canaque.

kangourou *nm* Marsupial d'Australie qui se déplace par bonds.

kanji *nm inv* Signe idéographique de l'écriture japonaise, emprunté au chinois.

kannara *nm* Langue dravidienne de l'Inde du Sud.

kantien, enne *a, n* Qui relève de Kant.

kantisme *nm* Philosophie de Kant.

kaolin *nm* Argile blanche, utilisée dans la fabrication de la porcelaine.

kapo *nm* Dans les camps de concentration nazis, détenu qui dirigeait les autres détenus.

kapok *nm* Duvet végétal du kapokier, utilisé pour le rembourrage.

kapokier *nm* Arbre asiatique.

Kaposi (sarcome de) *nm* Sarcome apparaissant souvent lors du sida.

kappa *nm* Dixième lettre de l'alphabet grec correspondant à k.

karakul ou **caracul** *nm* Mouton, dont les agneaux mort-nés fournissent l'astrakan.

karaoké *nm* Appareil permettant de s'enregistrer sur un fond d'accompagnement musical.

karaté *nm* Art martial japonais.

karatéka *n* Qui pratique le karaté.

karité *nm* Plante d'Afrique, dont les graines fournissent une graisse.

karma ou **karman** *nm* Dans l'hindouisme, enchaînement des actes et de leurs effets, déterminant le destin des êtres vivants.

karst *nm* Relief typique des régions où les calcaires prédominent.

karstique *a* Qui relève du karst.

kart [kaʀt] *nm* Petit véhicule monoplace de sport à quatre roues, sans carrosserie, équipé d'un moteur de faible cylindrée.

karting [-tiŋ] *nm* Sport pratiqué avec le kart.

kascher. V. casher.

kathakali *nm* Théâtre dansé du sud de l'Inde.

kayak *nm* Embarcation à une ou deux places, mue à l'aide d'une pagaie double.

kayakiste *n* Sportif pratiquant le kayak.

kazakh, akhe *a, n* Du Kazakhstan. ■ *nm* Langue turque du Kazakhstan.

kebab [ke-] *nm* Dés de viande de mouton ou de bœuf rôtis en brochette.

keffieh [kefje] *nm* Coiffure arabe composée d'un carré de tissu maintenu par un gros cordon.

kéfir ou **képhir** *nm* Boisson du Caucase, gazeuse et fermentée, préparée avec du lait de chèvre ou de vache.

kelvin [-vin] *nm* PHYS Unité légale de température absolue (symbole : K).

kémalisme *nm* HIST Mouvement politique se réclamant de Mustapha Kémal.

kendo *nm* Art martial japonais, qui se pratique avec des sabres de bambou.

kentia [kɛntja] ou [kɛsja] *nm* Palmier de Nouvelle-Guinée.

kenyan, ane *a, n* Du Kenya.

képi *nm* Coiffure militaire cylindrique, munie d'une visière.

kératine *nf* Protéine fibreuse, constituant des ongles, des cornes, des poils, etc.

kératite *nf* MED Inflammation de la cornée.

kératoplastie nf CHIR Greffe de la cornée.

kératose nf MED Épaississement de l'épiderme.

kermès nm Loc *Chêne kermès :* chêne méditerranéen, à feuilles dures et persistantes.

kermesse nf 1 Dans les Flandres, fête patronale. 2 Fête de charité en plein air. 3 Toute fête foraine.

kérosène nm Carburant utilisé dans les réacteurs d'avions.

ketch nm Voilier à deux mâts.

ketchup [-ʃœp] nm Condiment à base de purée de tomates.

keuf nm Pop Policier, flic.

kevlar nm (n déposé) Fibre synthétique très résistante, légère, imputrescible.

keynésianisme nm Doctrine économique de Keynes.

keynésien, enne a, n Qui relève des théories économiques de Keynes.

khâgne nf Fam Classe préparatoire à l'École normale supérieure (lettres).

khâgneux, euse a Fam Élève de khâgne.

khalkha nm Langue officielle de la Mongolie.

khamsin [ramsin] nm Vent brûlant du désert égyptien.

khan nm Titre des souverains mongols et des princes turcs.

khat [kat] nm Arbuste du Yémen dont les feuilles procurent une sorte d'ivresse quand on les mâche.

khi nm Vingt-deuxième lettre de l'alphabet grec, correspondant à *kh.*

khmer, khmère a, n Des Khmers, du Cambodge. ■ nm Langue officielle du Cambodge.

khoisan nm Groupe de langues parlées par les Bochimans et les Hottentots.

khôl ou **kohol** nm Fard noirâtre.

kibboutz [-buts] nm Exploitation agricole collective, en Israël.

kick nm Dispositif de mise en marche, au pied, d'une moto.

kidnapper vt Enlever qqn pour obtenir une rançon.

kidnappeur, euse n Qui kidnappe.

kidnapping [-piŋ] nm Enlèvement, rapt.

kif nm Mélange de haschich et de tabac.

kif-kif a inv Loc Fam *C'est kif-kif :* c'est pareil.

kilim nm Tapis d'Orient tissé à plat.

kilo nm Kilogramme. *Donnez-m'en 3 kilos.*

kilocalorie nf Unité valant 1 000 calories (symbole : kcal).

kilocycle nm Unité de fréquence égale à 1 kilohertz.

kilofranc nm Unité de compte valant 1 000 francs.

kilogramme nm Unité de masse du système international (symbole : kg).

kilohertz nm Unité de fréquence radioélectrique de 1 000 hertz (symbole : kHz).

kilométrage nm Nombre de kilomètres parcourus.

kilomètre nm Unité de distance (symbole : km) valant 1 000 m. Loc *Kilomètre heure :* unité de mesure de la vitesse d'un véhicule.

kilométrer vt Jalonner de bornes kilométriques.

kilométrique a Du kilomètre.

kilotonne nm Unité de puissance des explosifs nucléaires (symbole : kt).

kilowatt nm Unité de puissance (symbole : kW), égale à 1 000 watts.

kilowattheure nm Unité de travail ou d'énergie (symbole : kWh).

kilt nm Jupe courte et plissée des Écossais.

kimono nm 1 Longue tunique japonaise à larges manches. 2 Tenue des judokas, karatékas, etc., formée d'un pantalon et d'une veste.

kinésithérapeute n Praticien exerçant la kinésithérapie (abrév : kiné).

kinésithérapie nf Mode de traitement, par massages et manipulations, de certaines affections osseuses et musculaires.

kinesthésie nf Ensemble des sensations qui renseignent sur les positions et les mouvements du corps.

kinesthésique a De la kinesthésie.

king-charles [kinʃarl] nm inv Petit épagneul à poils longs.

kinkajou nm Mammifère carnivore des forêts d'Amérique du Sud.

kinois, oise a, n De Kinshasa.

kiosque nm 1 Pavillon ouvert dans un jardin. 2 Petit pavillon pour la vente des journaux, des fleurs, sur la voie publique. 3 Passerelle d'un sous-marin. 4 Service télématique accessible par minitel.

kiosquier, ère n Qui tient un kiosque à journaux.

kip nm Unité monétaire du Laos.

kippa nf Calotte des juifs pratiquants.

Kippour. V. Yom Kippour.

kir nm (n déposé) Mélange vin blanc et cassis.

kirghiz, ize a, n Du Kirghizistan. ■ nm Langue turque du Kirghizistan.

kirsch [kirʃ] nm Eau-de-vie de cerises.

kit [kit] nm Objet vendu en pièces détachées dont l'assemblage est à réaliser par l'acheteur.

kitchenette nf Petite cuisine.

kitsch [kitʃ] a inv Se dit d'objets et d'œuvres picturales au style volontairement démodé.

kiwi [kiwi] nm 1 Oiseau des forêts de Nouvelle-Zélande. Syn. aptéryx. 2 Fruit à l'écorce velue et à la chair parfumée.

klaxon [-son] nm (n déposé) Avertisseur sonore d'automobile.

klaxonner [-sone] vi Faire usage du klaxon.

kleenex [kli-] nm (n déposé) Mouchoir jetable en papier.

kleptomane ou **cleptomane** n, a Qui souffre de kleptomanie.

kleptomanie ou **cleptomanie** nf Impulsion à commettre des vols.

knickers [nikœrs] nmpl Culottes larges serrées au-dessous du genou.

knock-down [nɔkdawn] nm inv Mise à terre d'un boxeur qui se relève ensuite.

knock-out [nɔkaut] ou **K.-O.** nm inv Mise hors de combat d'un boxeur. ■ a inv Fam Assommé.

knout nm Fouet russe à lanières de cuir.

know-how [nowau] nm ECON Savoir-faire.

K.-O. V. knock-out.

koala nm Marsupial grimpeur d'Australie.

kohol. V. khôl.

koinè [kɔjnɛ] nf 1 Langue grecque commune du monde hellénistique. 2 Toute langue servant à l'intercompréhension dans une région donnée.

kola ou **cola** nf Graine du kolatier, riche en caféine.

kolatier nm Arbre d'Afrique.

kolkhoze *nm* HIST Exploitation agricole collective, en U.R.S.S.

kolkhozien, enne *a. n* Du kolkhoze.

kopeck *nm* Centième partie du rouble.

kora *nf* Luth d'Afrique de l'Ouest.

korê *nf* BX-A Statue grecque représentant une jeune fille.

korrigan, ane *n* Génie malfaisant des légendes bretonnes.

koto *nm* Sorte de luth d'Extrême-Orient.

koubba *nf* Monument élevé sur la tombe d'un marabout.

kouglof *nm* Gâteau alsacien, brioche aux raisins secs.

koulak *nm* Paysan russe aisé à la fin du XIXe s. et au début du XXe s.

kouros [-ʀɔs] *nm* BX-A Statue grecque représentant un jeune homme nu.

koweïtien, enne ou **koweïti** *a, n* Du Koweït.

krach [kʀak] *nm* **1** Effondrement de la Bourse. **2** Faillite brutale.

kraft *nm* Papier fort pour les emballages.

krill *nm* Crustacé vivant en bancs, dont se nourrissent les cétacés.

kriss *nm* Poignard malais à lame ondulée.

krypton *nm* Gaz rare de l'air.

ksi ou **xi** *nm* Quatorzième lettre de l'alphabet grec, correspondant à *x*.

kummel *nm* Liqueur alcoolique au cumin.

kumquat [kumkwat] *nm* Petit agrume que l'on mange avec son écorce.

kung-fu [kuŋfu] *nm inv* Art martial chinois.

kurde *a, n* Du Kurdistan. ■ *nm* Langue iranienne parlée par les Kurdes.

kuru *nm* Encéphalite provoquée par un virus lent.

kwanza *nm* Unité monétaire de l'Angola.

kwashiorkor [kwaʃjɔʀkɔʀ] *nm* Maladie tropicale marquée par une dénutrition extrême.

k-way [kawɛ] *nm inv* (n déposé) Coupe-vent très léger.

kyat *nm* Unité monétaire de la Birmanie.

kyrie ou **kyrie eleison** [kiʀijeeleison] *nm inv* RELIG Invocation au début de la messe.

kyrielle *nf* Fam Longue suite.

kyste *nm* Tumeur bénigne contenant une substance liquide ou solide.

kystique *a* De la nature du kyste.

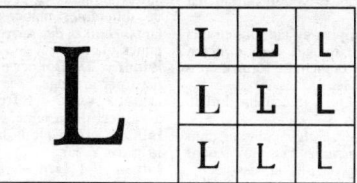

l nm **1** Douzième lettre (consonne) de l'alphabet. **2** L : chiffre romain valant 50.

1. la. V. **le.**

2. la nm inv Sixième note de la gamme. Loc *Donner le la* : donner le ton.

là av **1** Dans ce lieu, cette circonstance (en oppos. ou non à *ici*). *Installez-vous là. Je suis là. Il y a là de quoi s'inquiéter.* **2** À tel moment précis. *C'est là qu'il a mentionné votre nom.* **3** À tel point déterminé. *Tenez-vous en là. En venir là.* **4** Renforce un adjectif démonstratif. *Cet homme-là.* Loc *Là-bas* : à tel endroit au loin. *Là-haut* : en tel endroit élevé. *De là* : de cet endroit ; d'où, en conséquence. *D'ici là* : du moment présent à tel autre. *Loin de là* : au contraire. *Par là* : dans les environs ; par ces mots.

là-bas.

label nm Marque d'attestation délivrée par un organisme officiel, et apposée sur certains articles.

labéliser vt Garantir par un label.

labeur nm Litt Travail long et pénible.

labial, ale, aux a Didac Relatif aux lèvres.

labié, ée a BOT Se dit d'une corolle à deux lobes en forme de lèvres.

labile a Sujet à se transformer, à disparaître.

labo nm Abrév familière de *laboratoire.*

laborantin, ine n Assistant, aide, technicien dans un laboratoire.

laboratoire nm Local aménagé pour mener à bien des travaux de recherche scientifique ou technique, des analyses biologiques, des travaux photographiques, etc. Loc *Laboratoire pharmaceutique* : entreprise industrielle où on fabrique des médicaments. *Laboratoire de langues* : local spécialement aménagé pour enseigner les langues étrangères à l'aide de magnétophones.

laborieusement av Péniblement.

laborieux, euse a **1** Qui travaille beaucoup. **2** Qui coûte beaucoup d'efforts. *Entreprise laborieuse.* **3** Qui manque de spontanéité.

labour nm Travail de labourage, façon donnée à une terre. ■ pl Terres labourées.

labourable a Qui peut être labouré, cultivé.

labourage nm Action de labourer.

labourer vt **1** Retourner la terre avec la charrue, la bêche, la houe, etc. **2** Creuser, déchirer. *La balle a labouré les chairs.*

laboureur nm Litt Cultivateur, paysan.

labrador nm Chien de chasse à poil ras.

labre nm Gros poisson vorace des côtes rocheuses. Syn. vieille.

labyrinthe nm **1** Ensemble compliqué, où il est difficile de se reconnaître. Syn. dédale. **2** Jardin d'agrément dont les allées, bordées de haies épaisses, sont tracées selon un plan compliqué. **3** ANAT Cavité de l'oreille interne.

labyrinthique a D'un labyrinthe ; très compliqué.

labyrinthite nf Inflammation de l'oreille interne.

lac nm Grande étendue d'eau à l'intérieur des terres. Loc Fam *Tomber dans le lac* : échouer.

laçage nm Action ou manière de lacer.

lacédémonien, enne a, n De Lacédémone.

lacer vt [10] Fermer, serrer, assujettir au moyen d'un lacet. *Lacer ses chaussures.*

lacération nf Action de lacérer.

lacérer vt [12] Déchirer, mettre en pièces.

lacertilien nm ZOOL Syn de *saurien.*

lacet nm **1** Cordon que l'on passe dans des œillets pour serrer une partie de vêtement ou de chaussure. **2** Virage serré d'une route en zigzag. **3** Nœud coulant utilisé pour piéger le gibier.

lâchage nm Action de lâcher.

lâche a **1** Qui n'est pas tendu, serré. *Nœud trop lâche.* **2** Qui manque de vigueur. *Style lâche.* ■ a, n **1** Qui est sans courage. *Être lâche face au danger.* **2** Vil, méprisable.

lâchement av Avec lâcheté, bassesse.

lâcher vt **1** Détendre, desserrer. **2** Cesser de tenir. **3** Laisser aller, laisser échapper. *Lâcher les chiens contre qqn.* **4** Fam Abandonner. *Lâcher ses amis.* **5** Lancer. *Lâcher un coup de fusil.* ■ vi Céder, se rompre. *La corde a lâché.* ■ nm Action de laisser aller. *Un lâcher de pigeons.*

lâcheté nf **1** Manque de courage ; poltronnerie, couardise. **2** Action lâche, indigne.

lâcheur, euse n Fam Qui abandonne ses amis.

lacis [-si] nm Entrelacement, réseau.

laconique a Qui parle peu ; bref, concis.

laconiquement av De façon laconique.

laconisme nm Concision extrême.

lacrima-christi nm inv Vin blanc du Vésuve.

lacrymal, ale, aux a Relatif aux larmes.

lacrymogène a Qui provoque les larmes. *Gaz lacrymogène.*

lacs [lɑ] nm Nœud coulant servant à prendre du gibier. *Tendre des lacs.*

lactaire nm Champignon qui laisse écouler un latex si on le casse.

lactation nf Sécrétion et excrétion du lait par la glande mammaire.

lacté, ée a 1 Qui a rapport au lait, qui en a la couleur. 2 Qui contient du lait. *Farine lactée.* **Loc** *Voie lactée :* bande blanchâtre formée dans le ciel par d'innombrables étoiles.

lactescent, ente a 1 Qui a la couleur du lait. 2 Qui contient du latex.

lactique a **Loc** *Acide lactique :* contenu dans le petit-lait. *Ferments lactiques :* employés dans l'industrie laitière pour coaguler la caséine.

lactose nm CHIM Sucre contenu dans le lait.

lactosérum [-ʀɔm] nm Petit-lait.

lacunaire ou **lacuneux, euse** a Qui présente des lacunes.

lacune nf 1 Vide, cavité à l'intérieur d'un corps. 2 Ce qui manque pour que qqch soit complet. *Les lacunes d'une loi, d'un manuscrit.*

lacustre a Qui vit au bord ou dans l'eau des lacs. **Loc** PRÉHIST *Cité lacustre :* bâtie sur pilotis au bord d'un lac.

lad nm Garçon d'écurie chargé du soin des chevaux de course.

là-dedans, là-dessous, là-dessus. V. dedans, dessous, dessus.

ladin nm Langue romane du Tyrol du Sud.

ladino nm Langue des Juifs expulsés d'Espagne au XVe s. Syn. judéo-espagnol.

ladite. V. dit.

ladre a VÉTÉR Dont les tissus contiennent des larves de ténia. ■ a, n Litt Très avare.

ladrerie nf 1 VÉTÉR Maladie d'un animal ladre. 2 Litt Avarice sordide.

lady [lɛdi] nf Femme noble anglaise. *Des ladies.*

lagon nm Étendue d'eau séparée de la pleine mer par un récif corallien.

lagopède nm Oiseau montagnard appelé aussi *perdrix des neiges.*

laguiole [lajɔl] nm 1 Fromage voisin du cantal. 2 Couteau fermant à manche de corne.

lagunaire a Des lagunes.

lagune nf Étendue d'eau de mer, séparée du large par une bande de terre ou de sable.

là-haut. V. là.

1. lai nm LITTER Petit poème médiéval.

2. lai, laie a Se dit de religieux non prêtres servant dans un couvent.

laïc, ïque ou **laïque** n Chrétien qui n'est ni clerc ni religieux. ■ a Qui n'a pas de caractère religieux, confessionnel. *École laïque.*

laiche nf Plante vivace des lieux humides.

laïcisation nf Action de laïciser.

laïciser vt Ôter tout caractère religieux à.

laïcisme nm Doctrine des partisans de la laïcité.

laïcité nf 1 Caractère laïque. 2 Principe de séparation des Églises et de l'État.

laid, laide a 1 Qui heurte le sens esthétique, désagréable à la vue. 2 Contraire aux bienséances ou à la probité. *C'est laid de tricher.*

laidement av De façon laide.

laideron nm Femme ou jeune fille laide.

laideur nf Caractère laid.

laie nf 1 Femelle du sanglier. 2 Chemin forestier rectiligne.

lainage nm 1 Étoffe de laine. 2 Vêtement de laine. 3 Opération qui consiste à lainer.

laine nf 1 Poil doux, épais et frisé, qui constitue la toison des moutons et de quelques autres animaux. 2 Vêtement de laine. 3 Fibres de différentes matières utilisées comme isolants. *Laine de verre.* 4 BOT Duvet de certaines plantes.

lainer vt TEXT Donner un aspect pelucheux à un tissu par grattage.

laineux, euse a 1 Très fourni en laine. 2 Qui a l'aspect de la laine. *Plante laineuse.*

lainier, ère a De la laine. *Industrie lainière.*

laïque. V. laïc.

laisse nf 1 Lien servant à attacher un chien, un petit animal. 2 Partie du rivage alternativement recouverte et découverte par la mer. 3 LITTER Couplet, suite de vers d'une chanson de geste. **Loc** *Tenir en laisse :* contraindre.

laissé-pour-compte nm 1 Marchandise refusée par un client. 2 Chose ou personne dont personne ne veut. *Des laissés-pour-compte.*

laisser vt 1 Ne pas prendre, volontairement ou non ; ne pas retirer. *Laisser du vin dans son verre. Laisser des fautes dans un texte.* 2 Abandonner, quitter. *Laisser son pays, ses amis.* 3 Être à l'origine de qqch, de qqn qui subsiste après soi. *Laisser une empreinte. Mourir en laissant des orphelins.* 4 Ne pas faire changer de lieu, d'état. *Laisser tout en place. Laisser un champ en friche.* 5 Accorder la disposition de. *Laisser sa place à qqn.* 6 Donner, céder. *Laisser un pourboire au personnel.* 7 Confier, mettre en dépôt. *Laisser ses clés au gardien.* 8 Transmettre à ses successeurs. *Laisser un gros héritage.* 9 Ne pas empêcher de. *Laisser les enfants s'amuser.* **Loc** *Laisser tomber :* négliger, abandonner. *Laisser faire :* ne pas intervenir. *Laisser à penser :* susciter des réflexions. Litt *Ne pas laisser de :* ne pas manquer de. ■ vpr **Loc** *Se laisser aller :* s'abandonner par manque d'énergie. *Se laisser vivre :* vivre dans l'insouciance. *Se laisser dire que :* entendre dire que. *Se laisser faire :* ne pas opposer de résistance.

laisser-aller nm inv Abandon dans les manières, les attitudes ; négligence.

laisser-faire nm inv Attitude consistant à ne pas intervenir.

laissez-passer nm inv Autorisation écrite de laisser qqn ou qqch entrer, sortir, circuler.

lait nm 1 Liquide opaque, blanc, de saveur douce, que sécrètent les glandes mammaires des femelles des mammifères. 2 Liquide ayant l'aspect du lait. *Lait démaquillant.* **Loc** *Lait de poule :* lait sucré auquel on a incorporé un jaune d'œuf. *Lait de chaux :* chaux éteinte délayée dans de l'eau.

laitage nm Aliment à base de lait.

laitance ou **laite** nf Substance comestible constituée par le sperme des poissons.

laiterie nf 1 Lieu où on traite le lait et ses dérivés. 2 Industrie du lait.

laiteron nm Plante herbacée à latex blanc.

laiteux, euse a Qui a l'aspect du lait.

laitier, ère a Du lait. *L'industrie laitière.* **Loc** *Vache laitière :* élevée pour son lait. ■ n Commerçant en produits laitiers. ■ nm Sous-produit métallurgique utilisé en cimenterie.

laiton nm Alliage de cuivre et de zinc.

laitue nf Plante herbacée cultivée pour être consommée en salade.

laïus [lajys] *nm* Fam Discours, exposé.

laïusser *vi* Fam Faire un laïus.

laïusseur, euse *n* Fam Discoureur intarissable.

lallation *nf* **1** Défaut de prononciation de la consonne *l*. **2** Émission par le nourrisson de sons dépourvus de signification.

1. lama *nm* Mammifère ruminant des montagnes d'Amérique du Sud.

2. lama *nm* Religieux bouddhiste du Tibet.

lamaïsme *nm* Forme prise par le bouddhisme au Tibet et en Mongolie.

lamantin *nm* Gros mammifère aquatique des régions tropicales.

lamaserie *nf* Couvent de lamas.

lambda *nm inv* Onzième lettre de l'alphabet grec équivalent à notre *l*. ■ *a inv* Fam Quelconque, moyen. *Le citoyen lambda.*

lambeau *nm* **1** Morceau déchiré de tissu, de papier, etc. **2** Fragment, débris. *Lambeaux de territoire.*

lambic *nm* Bière belge, appelée aussi *gueuze*.

lambin, ine *n. a* Fam Qui lambine.

lambiner *vi* Fam Agir avec lenteur, indolence.

lambliase *nf* Infection intestinale due à un parasite.

lambourde *nf* **1** TECH Pièce de bois qui supporte les lames d'un parquet. **2** BOT Rameau terminé par des bourgeons à fruits.

lambrequin *nm* Bande d'étoffe festonnée bordant un ciel de lit, un dais, etc.

lambris [-bʀi] *nm* Revêtement de menuiserie sur les parois intérieures d'une pièce.

lambrissage *nm* Action de lambrisser.

lambrisser *vt* Revêtir de lambris.

lambrusque *nf* Vigne sauvage.

lambswool [lãbswul] *nm* Laine légère.

lame *nf* **1** Bande de matière dure, mince et allongée. **2** Fer d'un outil coupant. *Lame de couteau, de ciseaux.* **3** Grosse vague. **Loc** *Lame de fond :* phénomène violent.

lamé, ée *a, nm* Se dit d'une étoffe entremêlée de fils d'or, d'argent, etc.

lamellaire *a* Didac Qui, par sa structure, peut se diviser en lames, en lamelles.

lamelle *nf* Petite lame, tranche très mince. *Champignons à lamelles.*

lamellé, ée *a* Constitué de lamelles.

lamellibranche *nm* ZOOL Mollusque aquatique à coquille, tel que les huîtres, les moules.

lamellicorne *nm* ZOOL Coléoptère à antennes courtes, tel que les scarabées, les hannetons.

lamelliforme *a* En forme de lamelles.

lamentable *a* Déplorable, navrant, pitoyable. *Le sort lamentable des réfugiés.*

lamentablement *av* De façon lamentable.

lamentation *nf* **1** Plainte accompagnée de gémissements. **2** Récrimination geignarde.

lamenter (se) *vpr* Se plaindre ; gémir.

lamento [-men-] *nm* MUS Morceau triste, plaintif.

lamie *nf* Grand requin des mers d'Europe.

lamier *nm* Plante herbacée appelée aussi *ortie blanche.*

lamifié *nm* Matériau obtenu par pressage de feuilles ou de fibres (verre, tissu, bois, papier) imprégnées de résine.

laminage *nm* Action de laminer.

laminaire *nf* Longue algue brune.

laminer *vt* **1** Amincir par le laminoir. **2** Réduire à l'extrême, écraser. *Laminer l'opposition.*

laminoir *nm* Machine composée de cylindres tournant en sens inverse pour amincir une masse métallique.

lampadaire *nm* Support vertical d'un système d'éclairage.

lampant, ante *a* Se dit du pétrole raffiné utilisé pour l'éclairage.

lamparo *nm* Lampe avec laquelle les pêcheurs méditerranéens attirent le poisson.

lampe *nf* **1** Appareil d'éclairage. *Lampe à huile. Lampe électrique.* **2** Appareil dont la flamme sert à fournir de la chaleur. *Lampe à souder.* **Loc** Pop *S'en mettre plein la lampe :* manger et boire copieusement.

lampée *nf* Fam Grande gorgée de liquide.

lamper *vt* Boire à grands traits.

lampion *nm* Lanterne vénitienne. **Loc** *Sur l'air des lampions :* en scandant sur le même ton les syllabes des mots de circonstance.

lampiste *nm* **1** Chargé de l'entretien des appareils d'éclairage. **2** Fam Employé subalterne. **3** Fam Subordonné sur lequel les chefs font retomber la responsabilité de leurs fautes.

lamproie *nf* Animal aquatique allongé comme une anguille.

lampyre *nm* Insecte dont la femelle émet de la lumière (ver luisant).

lance *nf* **1** Arme offensive à longue hampe et à fer pointu. **2** Embout d'un tuyau souple servant à diriger un jet d'eau. **Loc** *Fer de lance :* élément le plus dynamique d'un dispositif militaire, d'un secteur économique. Litt *Rompre des lances avec qqn :* discuter âprement avec lui.

lancé, ée *a* Qui a atteint une certaine notoriété. *Un artiste lancé.*

lancée *nf* **Loc** *Sur sa lancée :* sur son élan.

lance-flammes *nm inv* Arme portative servant à projeter un liquide enflammé.

lance-fusées *nm inv* Pistolet pour tirer des fusées de signalisation.

lance-grenades *nm inv* Arme servant à lancer des grenades.

lancement *nm* Action de lancer.

lance-missiles *nm inv* Engin conçu pour le tir des missiles.

lancéolé, ée *a* BOT En forme de fer de lance.

lance-pierres *nm inv* Jouet muni d'élastiques pour lancer des pierres ; fronde.

lancer *vt* [10] **1** Jeter avec force ou de soi. *Lancer une balle, des pierres.* **2** Porter vivement un coup. *Lancer une ruade.* **3** Émettre avec intensité ou violence. *Lancer un cri.* **4** Faire se porter en avant avec vivacité. *Lancer sa monture.* **5** Faire démarrer, mettre en route. *Lancer un moteur. Lancer une mode.* **6** Mettre à l'eau un navire pour la première fois. **7** Fam Amener qqn à parler de qqch. **8** Faire connaître du public. *Lancer un artiste, un nouveau modèle.* ■ *vpr* Se jeter avec hardiesse, avec fougue. ■ *nm* Action de lancer. *Lancer de grenades.* **Loc** *Pêche au lancer :* consistant à lancer l'appât le plus loin possible et à le ramener à l'aide d'un moulinet.

lance-roquettes *nm inv* Tube permettant le tir de roquettes.

lance-torpilles *nm inv* Appareil servant à lancer des torpilles.

lancette *nf* Petit instrument de chirurgie.

lanceur, euse *n* Qui lance. ■ *nm* Véhicule permettant d'envoyer une charge dans l'espace.

lancier *nm* Cavalier armé d'une lance.

lancinant, ante *a* Qui lancine.

lancination *nf* ou **lancinement** *nm* Douleur lancinante.

lanciner *vi, vt* **1** Faire souffrir par des élancements douloureux. **2** Tourmenter, obséder.

lançon *nm* Autre nom de l'*équille*.

Land [lād] *nm* État d'Allemagne, province autrichienne. *Des Länder* [lɛndœʀ].

landais, aise *a, n* Des Landes.

landau *nm* Voiture d'enfant à grandes roues, munie d'une capote. *Des landaus.*

lande *nf* Terre inculte et peu fertile où ne croissent que des ajoncs, des bruyères, etc.

landgrave *nm* HIST Titre de certains princes d'Allemagne.

landier *nm* Anc Grand chenet garni de crochets pour soutenir les broches.

landolphia *nf* Liane d'Afrique, dont le latex fournit un caoutchouc.

langage *nm* **1** Faculté humaine de communiquer au moyen de signes vocaux (parole) ou de leur notation graphique (écriture). **2** Tout autre moyen d'expression socialement codifiée. *Langage des sourds-muets.* **3** Système de transmission d'informations chez certaines espèces animales. *Le langage des abeilles.* **4** Manière de s'exprimer propre à un ensemble social, à un individu, etc. *Langage technique.* **5** Le contenu de l'expression orale ou écrite. *Un langage subversif.* **6** INFORM Série d'instructions utilisant divers signes, numériques et alphabétiques.

langagier, ère *a* Du langage.

lange *nm* Étoffe servant à envelopper les enfants au berceau.

langer *vt* [11] Envelopper de langes.

langoureusement *av* De façon langoureuse.

langoureux, euse *a* Qui marque la langueur, la tendresse ; alangui.

langouste *nf* Gros crustacé marin proche du homard, à la chair estimée.

langoustier *nm* **1** Bateau équipé pour la pêche de la langouste. **2** Filet à langoustes.

langoustine *nf* Petit crustacé marin aux pinces longues et étroites.

langres *nm* Petit fromage fermenté, au lait de vache.

langue *nf* **1** Organe charnu et mobile situé dans la bouche. **2** Système de signes vocaux ou graphiques au moyen duquel les membres d'une communauté s'expriment et communiquent entre eux. *La langue française.* **3** Forme de langage propre à un milieu, à une profession, à un individu. *Langue technique.* La *langue de Rabelais.* Loc *Faire tirer la langue à qqn* : lui faire attendre longtemps ce qu'il désire. *Ne pas savoir tenir sa langue, avoir la langue trop longue* : ne pas savoir taire un secret. Fam *Avoir la langue bien pendue* : avoir la parole facile ou hardie. *Avoir un mot sur le bout de la langue* : avoir l'impression qu'il va revenir à la mémoire. *Se mordre la langue* : retenir à temps une parole ou se repentir de l'avoir dite. *Prendre langue avec qqn* : entrer en rapport avec lui. *Mauvaise langue, langue de vipère* : personne médisante. *Langue de terre* : bande de terre étroite qui s'avance dans les eaux. *Langues vivantes* : celles qui sont toujours en usage. *Langues mortes* : celles qui ne se parlent plus. *La langue verte* : l'argot. *Langue de bois* : discours dogmatique stéréotypé.

langue-de-bœuf *nf* Fistuline (champignon). *Des langues-de-bœuf.*

langue-de-chat *nf* Petit gâteau sec, allongé et plat. *Des langues-de-chat.*

languedocien, enne *a, n* Du Languedoc.

languette *nf* **1** Ce qui a la forme d'une petite langue. *Languette de cuir d'une chaussure.* **2** Partie mâle d'un assemblage destinée à s'encastrer dans une rainure. **3** MUS Anche libre, dans certains instruments à vent.

langueur *nf* **1** Apathie paralysant toute énergie ; dépression. **2** Disposition d'esprit tendre et rêveuse.

languide *a* Litt Langoureux, languissant.

languir *vi* **1** Litt Souffrir d'un affaiblissement, se sentir déprimé. **2** Attendre dans l'ennui ou avec impatience. **3** Manquer d'intérêt ; traîner en longueur ; péricliter. *La conversation languit.* ■ *vpr* Litt S'ennuyer, se morfondre.

languissant, ante *a* Qui languit.

lanière *nf* Bande de cuir longue et étroite.

lanifère ou **lanigère** *a* Didac Couvert de laine ou de duvet.

lanoline *nf* Corps gras, extrait du suint des laines, utilisé en pharmacie et en parfumerie.

lansquenet *nm* HIST Fantassin mercenaire allemand (XVe-XVIe s.).

lanterne *nf* **1** Appareil d'éclairage, boîte aux parois transparentes ou translucides. **2** ARCHI Petit dôme vitré placé au sommet d'un édifice. Loc *Éclairer la lanterne de qqn* : le renseigner. *Lanterne magique* : autrefois, appareil de projection d'images sur un écran. Fam *Lanterne rouge* : le dernier d'un classement. *Lanterne vénitienne* : lanterne de papier coloré, utilisée pour les illuminations. ■ *pl* Lampes d'une automobile donnant le plus faible éclairage.

lanterneau ou **lanternon** *nm* ARCHI Petite lanterne au sommet d'un comble, d'un dôme.

lanterner *vi* Fam Perdre son temps à des riens. Loc *Faire lanterner qqn* : le faire attendre.

lanthane *nm* CHIM Élément métallique, peu abondant dans la nature.

laotien, enne *a, n* Du Laos. ■ *nm* Langue thaï parlée au Laos.

lapalissade *nf* Vérité évidente.

laparoscopie *nf* MED Examen endoscopique de la cavité abdominale.

laparotomie *nf* CHIR Ouverture de l'abdomen.

lapement *nm* Action de laper ; bruit produit en lapant.

laper *vt* Boire en tirant le liquide à coups de langue. *Le chat lape du lait.*

lapereau *nm* Jeune lapin.

lapidaire *a* **1** Relatif aux pierres. *Inscription lapidaire.* **2** Relatif aux pierres précieuses. **3** Très concis. *Style lapidaire.* ■ *n* Qui taille ou vend des pierres précieuses.

lapidation *nf* Action de lapider.

lapider *vt* Tuer à coups de pierres.

lapilli *nmpl* Petites projections volcaniques.

lapin, ine *n* Petit mammifère herbivore élevé pour sa chair ou sa fourrure. Loc Fam *Chaud lapin* : homme sexuellement ardent. *Lapin de garenne* : lapin sauvage. Fam *Coup du lapin* : coup violent porté sur la nuque. Fam *Poser un lapin* : ne pas venir à un rendez-vous.

lapiner *vi* Mettre bas (lapine).

lapis [lapis] ou **lapis-lazuli** *nm inv* Pierre d'un beau bleu, recherchée en joaillerie.

lapon, one *a, n* De Laponie.

laps *nm* Loc *Laps de temps :* espace de temps.

lapsus [lapsys] *nm* Erreur qu'on commet en parlant ou en écrivant.

laquage *nm* Opération qui consiste à recouvrir de laque un objet.

laquais *nm* 1 Autrefois, valet en livrée. 2 Litt Homme servile.

laque *nf* 1 Sève résineuse rouge foncé de divers arbres d'Asie. 2 Vernis coloré obtenu à partir de cette résine. 3 Peinture qui a un aspect brillant et dur. : entêté, d'humeur plus accommodante. 4 Substance que l'on vaporise sur les cheveux pour les fixer. ■ *nm* Objet d'art laqué.

laqué, ée *a* Loc *Canard, porc laqué :* enduit d'une sauce aigre-douce qui brille après cuisson.

laquelle. V. lequel.

laquer *vt* Recouvrir de laque, d'une peinture ou d'un enduit brillants.

larbin *nm* Fam 1 Domestique de sexe masculin. 2 Homme servile.

larcin *nm* Petit vol commis sans violence.

lard *nm* Tissu conjonctif chargé de graisse, situé sous la peau du porc, des cétacés. Loc Fam *Gros lard :* homme gras et lourdaud. Fam *Tête de lard :* entêté, d'humeur plus accommodante.

larder *vt* 1 Piquer de petits morceaux de lard dans la viande. 2 Porter de nombreux coups d'épée, de couteau.

lardoire *nf* Brochette pour larder la viande.

lardon *nm* 1 Petit morceau de lard allongé avec lequel on larde la viande. 2 Pop Jeune enfant.

lare *nm* ANTIQ Divinité romaine protectrice du foyer.

largable *a* Qui peut être largué.

largage *nm* Action de larguer.

large *a* 1 Dont la largeur est importante. *Couloir large.* 2 Ample. *Chandail trop large.* 3 Qui a telle largeur. *Route large de 10 mètres.* 4 Étendu, vaste, grand. *De larges possibilités.* 5 Généreux, qui donne beaucoup. 6 Tolérant. *Un esprit large.* ■ *nm* 1 Largeur. *Cette table a 90 cm de large.* 2 La haute mer. Loc *Au large de :* en mer, en face de tel point de la côte. *Être au large :* être à l'aise. Fam *Prendre le large :* s'enfuir. ■ *av* De manière large, sans étroitesse de vues. Loc *Ne pas en mener large :* avoir peur dans une situation fâcheuse.

largement *av* 1 De façon large. 2 Au moins. *Cette valise pèse largement 10 kilos.*

largesse *nf* Litt Générosité. ■ *pl* Dons généreux.

largeur *nf* 1 Une des dimensions d'une surface (par oppos. à longueur). 2 Qualité de ce qui n'est pas borné, mesquin. *Largeur d'esprit.* Loc Fam *Dans les grandes largeurs :* totalement.

larghetto [-ge-] *av, nm* MUS Un peu moins lentement que largo.

largo *av, nm* MUS Avec un mouvement très lent et majestueux.

largue *nm* MAR Allure de route d'un bateau qui reçoit le vent arrière oblique.

larguer *vt* 1 MAR Lâcher, laisser aller. *Larguer une amarre.* 2 Lâcher en cours de vol. *Larguer des bombes.* 3 Fam Jeter. Loc Fam *Être largué :* ne plus rien comprendre.

larigot *n* MUS Petit flageolet.

larme *nf* 1 Goutte du liquide sécrété par les glandes lacrymales. 2 Fam Très petite quantité de boisson. Loc *Larmes de crocodile :* hypocrites. *Rire aux larmes :* très fort. *À chaudes larmes :* en pleurant abondamment.

larmier *nm* 1 ARCHI Moulure en saillie qui collecte les gouttes de ruissellement. 2 ANAT Angle interne de l'œil.

larmoiement *nm* Fait de larmoyer.

larmoyant, ante *a* 1 Qui larmoie. 2 Propre à faire verser des larmes ; à attendrir.

larmoyer *vi* [22] 1 Être plein de larmes. *Des yeux qui larmoient.* 2 Pleurnicher.

larron *nm* Litt Voleur. Loc *Le troisième larron :* celui qui profite du désaccord des autres. *S'entendre comme larrons en foire :* être d'accord pour jouer quelque mauvais tour.

larsen [-sen] *nm* Sifflement intense dû au rapprochement entre le micro et un haut-parleur.

larvaire *a* De la larve.

larve *nf* 1 Forme que prennent certains animaux entre l'état embryonnaire et l'état adulte. 2 Fam Individu apathique.

larvé, ée *a* Qui ne se déclare pas franchement ; insidieux. *Révolte larvée.*

laryngé, ée ou **laryngien, enne** *a* Du larynx.

laryngectomie *nf* CHIR Ablation du larynx.

laryngite *nf* Inflammation du larynx.

laryngophone *nm* Microphone mis en fonctionnement par les vibrations du larynx.

laryngoscope *nm* Appareil qui permet d'examiner le larynx.

laryngoscopie *nf* Examen du larynx avec un laryngoscope.

laryngotomie *nf* CHIR Incision du larynx.

larynx *nm* Organe essentiel de la phonation, entre la trachée et le pharynx.

1. las, lasse [lɑ, lɑs] *a* 1 Fatigué. 2 Ennuyé, excédé, dégoûté. *Être las de tout.*

2. las ! [las] *interj* Litt Hélas !

lasagne *nf* Pâte alimentaire en large ruban.

lascar *nm* Fam Homme malin, hardi.

lascif, ive *a* 1 Porté à la volupté. 2 Qui exprime ou excite la sensualité.

lascivement *av* Litt De façon lascive.

lascivité ou **lasciveté** *nf* Litt Caractère lascif.

laser [-zer] *nm* Appareil qui produit un faisceau lumineux d'une extrême intensité.

lassant, ante *a* Qui lasse.

lasser *vt* Fatiguer ; ennuyer.

lassitude *nf* 1 Fatigue physique. 2 Ennui, découragement.

lasso *nm* Corde à nœud coulant utilisée pour capturer les chevaux sauvages.

lastex (n déposé) Fil de caoutchouc gainé de textile (laine, coton, rayonne, etc.).

latanier *nm* Palmier d'appartement.

latence *nf* État latent.

latent, ente *a* Qui ne se manifeste pas, qui reste caché. *Maladie latente.*

latéral, ale, aux *a* Qui appartient au côté, qui se trouve sur le côté.

latéralement *av* De côté, sur le côté.

latéralisation *nf* PHYSIOL Prédominance d'un hémisphère cérébral sur l'autre.

latéralisé, ée *a* Loc *Bien, mal latéralisé :* qui présente une latéralisation nette, indécise.

latéralité *nf* PHYSIOL Fait que l'une des deux moitiés du corps soit dominante sur l'autre.

latérite nf Roche rouge ou brune des plateaux des régions tropicales.

latéritique a Formé de latérite.

latex nm inv Sécrétion laiteuse de divers végétaux (hévéa, pissenlit, laitue).

latifundium [-fɔ̃djɔm] nm Très grand domaine agricole privé.

latin, ine a, n 1 Du Latium. 2 De la Rome ancienne ou des peuples romanisés. 3 Qui appartient à un peuple parlant une langue romane. ■ a 1 Qui a trait à la langue latine. *Thème latin.* 2 Se dit de l'Église catholique d'Occident. 3 MAR Se dit d'une voile triangulaire à longue vergue oblique. ■ nm Langue des Romains de l'Antiquité. Loc Fam *Y perdre son latin* : ne plus rien y comprendre.

latinisant, ante a, n Qui s'occupe d'études latines.

latinisation nf Action de latiniser.

latiniser vt 1 Donner une forme latine à un mot. 2 Donner un caractère latin à un pays.

latinisme nm Construction propre au latin.

latiniste n Spécialiste de langue et de littérature latines.

latinité nf Civilisation latine ; caractère latin.

latino n Aux États-Unis, personne originaire d'Amérique latine.

latino-américain, aine a, n De l'Amérique latine. *Des Latino-Américains.*

latitude nf 1 Faculté, liberté ou pouvoir de disposer, d'agir. 2 Distance angulaire d'un lieu à l'équateur. 3 Climat caractérisant telle ou telle région. *Aller vivre sous d'autres latitudes.*

lato sensu av Au sens large.

latrie nf Loc THÉOL *Culte de latrie :* culte d'adoration rendu à Dieu seul.

latrines nfpl Lieux d'aisances.

latte nf 1 Pièce de bois, de métal, de matière plastique, etc., longue, plate et étroite.

latté nm Contre-plaqué formé de lattes sur chant, collées entre elles.

latter vt Garnir de lattes.

lattis [-ti] nm Ouvrage de lattes.

laudanum [-nɔm] nm Dérivé de l'opium.

laudateur, trice n Litt Qui décerne des louanges.

laudatif, ive a Élogieux.

laudes nfpl LITURG Office du matin.

lauracée nf BOT Arbre ou arbrisseau aromatique, comme le laurier, le camphrier, etc.

lauréat, ate a, n Qui a remporté un prix dans un concours.

laurier nm Arbre dont une variété (laurier-sauce) donne des feuilles utilisées comme condiment. ■ pl Litt Succès, gloire. Loc *Se reposer, s'endormir sur ses lauriers :* ne pas poursuivre après un succès.

laurier-cerise nm Arbrisseau souvent utilisé pour des haies. *Des lauriers-cerises.*

laurier-rose nm Arbrisseau ornemental à fleurs roses ou blanches. *Des lauriers-roses.*

laurier-sauce nm Laurier culinaire. *Des lauriers-sauce.*

laurier-tin nm Nom usuel d'une viorne. *Des lauriers-tins.*

lauze nf Plaque de schiste utilisée pour la construction et la toiture.

lavable a Qui peut être lavé.

lavabo nm 1 Cuvette garnie d'une robinetterie et d'un système de vidage. 2 LITURG Rite de lavement des mains, accompli par le prêtre au cours de la messe. ■ pl Lieux d'aisances.

lavage nm Action de laver.

lavallière nf Cravate à large nœud flottant.

lavande nf Plante à petites fleurs bleues d'où l'on extrait une essence utilisée en parfumerie. ■ a inv Loc *Bleu lavande :* mauve clair.

lavandière nf 1 Litt Femme qui lave le linge à la main. 2 Bergeronnette grise.

lavandin nm Lavande hybride.

lavasse nf Fam Breuvage insipide, trop dilué.

lave nf Roche en fusion qui sort d'un volcan en éruption, puis se solidifie.

lavé, ée a Peu intense (couleur).

lave-glace nm Dispositif permettant de projeter de l'eau sur le pare-brise d'une automobile pour le laver. *Des lave-glaces.*

lave-linge nm inv Machine à laver le linge.

lave-mains nm inv Petit lavabo dans les toilettes.

lavement nm MÉD Injection d'un liquide dans l'intestin.

lave-pont nm Balai-brosse. *Des lave-ponts.*

laver vt 1 Nettoyer avec de l'eau ou un autre liquide. 2 Disculper. *Laver qqn d'une accusation.* Loc Fam *Laver la tête à qqn :* lui faire une sévère réprimande. ■ vpr Faire sa toilette. Loc *Se laver les mains de qqch :* ne pas s'en reconnaître responsable.

laverie nf Blanchisserie en self-service.

lavette nf 1 Linge ou petit balai pour laver la vaisselle. 2 Pop Homme veule.

laveur, euse n Qui lave.

lave-vaisselle nm inv Machine à laver la vaisselle.

lavis [-vi] nm Dessin teinté de couleurs unies très délayées dans de l'eau.

lavoir nm Bassin aménagé pour laver le linge.

laxatif, ive a, n MÉD Purgatif léger.

laxisme nm Tolérance excessive.

laxiste a, n Qui fait preuve de laxisme.

layette nf Vêtements du nouveau-né.

layon nm Chemin tracé en forêt.

lazaret nm Établissement servant à isoler les voyageurs en quarantaine.

lazariste nm Prêtre membre d'une congrégation fondée par saint Vincent de Paul.

lazzi [ladzi] nm Plaisanteries moqueuses, bouffonneries lancées à qqn.

le, la, les art Articles définis masculin, féminin et pluriel. ■ pr pers Troisième personne, complément direct du verbe. *Je le vois. Tu la connais. On les aime.*

lé nm TECH Largeur d'une étoffe.

leader [lidœʀ] nm 1 Chef ou personne en vue, dans une organisation, un pays. 2 Sportif, équipe qui est en tête. 3 Entreprise, produit dominant dans le domaine commercial.

leadership [lidœʀʃip] nm Position de leader.

leasing [liziŋ] nm Syn de *crédit-bail.*

léchage nm Action de lécher.

lèche nf Loc Pop *Faire de la lèche à qqn* : le flatter servilement.

léché, ée a Fam Exécuté avec un soin minutieux. Loc *Ours mal léché :* individu bourru, mal élevé.

lèche-bottes nm inv Fam Individu servile.

lèche-cul nm inv Pop Vil flatteur.

èchefrite *nf* Récipient qui recueille le jus d'une viande qui rôtit.

écher *vt* [12] 1 Passer la langue sur qqch. 2 Effleurer. *Les flammes lèchent le mur.*

écheur, euse *n* Fam Flatteur.

èche-vitrines *nm inv* Fam Passe-temps qui consiste à regarder en flânant les magasins.

écithine *nf* CHIM Lipide du jaune d'œuf.

eçon *nf* 1 Ce qu'un enseignant donne à apprendre à un élève. 2 Séance d'enseignement. 3 Chacune des divisions d'un enseignement. *Le bridge en dix leçons.* 4 Enseignement que l'on peut tirer d'un fait. *Tirons de et échec une leçon pour l'avenir.* 5 Variante d'un texte. Loc *Faire la leçon à qqn* : lui donner une consigne ; le réprimander.

ecteur, lectrice *n* 1 Qui lit. 2 Enseignant étranger adjoint à un professeur de langue vivante. 3 nm 1 Appareil de reproduction des sons enregistrés sur bande, disque, etc. 2 INFORM Système décodant des informations.

ectorat *nm* 1 Ensemble des lecteurs d'un journal, d'une revue. 2 Fonction de lecteur dans l'enseignement.

ecture *nf* 1 Action de lire. 2 Texte qu'on lit. 3 Manière d'interpréter un auteur, une œuvre. 4 Chacune des délibérations d'une assemblée sur un projet ou une proposition de loi. 5 INFORM Opération qui consiste à décoder les informations enregistrées sur un support et à les transformer en signaux.

écythe *nm* Petit vase grec à parfum, servant à l'offrande funéraire.

edit. V. *lire.*

égal, ale, aux *a* Conforme à la loi.

également *av* De façon légale.

égalisation *nf* Action de légaliser.

égaliser *vt* 1 Rendre légal. 2 Authentifier. *Légaliser une signature.*

égalisme *nm* Respect scrupuleux ou trop minutieux de la loi.

égaliste *a, n* Partisan du légalisme.

égalité *nf* Caractère légal.

égat *nm* Représentant du Saint-Siège.

égataire *n* Bénéficiaire d'un legs.

égation *nf* Mission diplomatique qu'un État entretient dans un pays où il n'y a pas d'ambassade.

egato [le-] *av, nm* MUS En soutenant chaque note jusqu'à la suivante.

égendaire *a* 1 De la nature de la légende. 2 Bien connu de tous. *Sa distraction légendaire.*

égende *nf* 1 Récit populaire qui a pour sujet soit des faits ou des êtres imaginaires, soit des faits réels mêlés de merveilleux. 2 Texte explicatif accompagnant une figure, une photographie, un dessin, etc.

égender *vt* Compléter une illustration par une légende.

éger, ère *a* 1 De faible poids. *Valise légère.* 2 Peu consistant, peu intense, peu épais. *Dîner léger. Sommeil léger. Étoffe légère.* 3 Gracieux, délicat. *Danse légère. Brise légère.* 4 Peu important. *Blessure légère. Légère amélioration.* 5 Peu réfléchi, peu sérieux. *Décision légère.* 6 Divertissant ; leste. *Musique légère. Histoire légère.* Loc *À la légère* : sans réfléchir, étourdiment. *Poids léger* : catégorie de poids dans de nombreux sports (en boxe, entre 57 et 61 kg).

légèrement *av* 1 De façon légère. *Dîner légèrement.* 2 Un peu, à peine. *Un vase légèrement fêlé.* 3 Sans réfléchir. *Agir légèrement.*

légèreté *nf* Caractère léger.

leggings [legins] *nfpl* Jambières.

légiférer *vi* [12] Faire des lois.

légion *nf* 1 ANTIQ Unité militaire romaine. 2 Grand nombre d'êtres. 3 Unité de gendarmerie commandée par un colonel. Loc *La légion étrangère* : formation militaire française constituée de volontaires étrangers. *Légion d'honneur* : ordre honorifique français.

légionellose *nf* Pneumonie d'origine bactérienne.

légionnaire *nm* Soldat d'une légion, en partic. de la Légion étrangère.

législateur, trice *n* Qui établit des lois.

législatif, ive *a* 1 Qui fait les lois. *Le pouvoir législatif.* 2 De la nature de la loi. *Dispositions législatives.* Loc *Élections législatives* : élections par lesquelles sont élus les députés.

législation *nf* Ensemble des lois d'un pays, ou concernant un domaine précis.

législature *nf* Période pour laquelle une assemblée législative est élue.

légiste *n* Qui étudie les lois. ■ *a* Loc *Médecin légiste* : chargé des expertises légales.

légitimation *nf* Action de légitimer.

légitime *a* 1 Consacré, reconnu par la loi, conforme à la Constitution. 2 Conforme à l'équité, à la morale, à la raison.

légitimement *av* De façon légitime.

légitimer *vt* 1 DR Rendre légitime ; faire reconnaître pour authentique. 2 Reconnaître juridiquement un enfant naturel. 3 Justifier. *Rien ne peut légitimer sa conduite.*

légitimisme *nm* Doctrine des légitimistes.

légitimiste *n, a* Partisan du souverain ou de la dynastie légitime.

légitimité *nf* Caractère légitime.

legs [le] ou [leg] *nm* 1 Action de céder la possession d'un bien à qqn par testament ; bien ainsi cédé. 2 Litt Héritage moral.

léguer *vt* [12] 1 Céder par testament. 2 Transmettre à ceux qui viennent ensuite.

légume *nm* Plante potagère. Loc *Légumes verts* : salades, haricots verts, etc. *Légumes secs* : lentilles, pois, etc. ■ *nf* Loc Fam *Grosse légume* : personnage important.

légumier, ère *a* Des légumes. *Cultures légumières.* ■ *nm* Plat à légumes.

légumineuse *nf* BOT Plante appartenant à une famille aux nombreuses espèces, ayant pour fruits des gousses (haricots, genêts, etc.).

lei. V. *leu 1.*

leishmaniose *nf* Maladie endémique des régions tropicales.

leitmotiv [-tif] *nm* 1 MUS Motif, thème qui revient à plusieurs reprises. 2 Formule, idée qui revient fréquemment.

lek *nm* Unité monétaire de l'Albanie.

lemming [-miŋ] *nm* Petit mammifère rongeur des régions arctiques.

lempira *nm* Unité monétaire du Honduras.

lémure *nm* ANTIQ Âme errante d'un mort.

lémurien *nm* ZOOL Mammifère primate inférieur tel que le maki.

lendemain *nm* 1 Jour qui suit le jour considéré. 2 Avenir. *Songer au lendemain.* Loc *Du jour au lendemain* : en très peu de temps.

lendit *nm* HIST Grande foire qui se tenait, au Moyen Âge, dans la plaine Saint-Denis.

lénifiant, ante *a* Qui lénifie.

lénifier *vt* Litt Calmer, apaiser.

léninisme *nm* Doctrine de Lénine.

léniniste *a, n* De Lénine ou du léninisme.

lent, lente *a* Qui se déplace ou qui agit sans rapidité. *Véhicule lent. Poison lent.*

lente *nf* Œuf de pou.

lentement *av* Avec lenteur.

lenteur *nf* Manque de rapidité, de promptitude.

lenticulaire *a* En forme de lentille.

lenticule *nf* Lentille d'eau.

lentiforme *a* En forme de lentille.

lentigo *nm* Tache pigmentaire de la peau, appelée couramment *grain de beauté.*

lentille *nf* 1 Plante qui fournit une graine comestible ayant la forme d'un petit disque biconvexe. 2 Disque de verre à fonction optique, dont une des faces au moins est concave ou convexe. 3 Verre de contact. Loc *Lentille d'eau* : plante aquatique dont les minuscules feuilles flottent sur l'eau.

lentisque *nm* Arbuste voisin du pistachier.

lentivirus *nm* Virus à action lente.

lento [lento] *av, nm* MUS Lentement.

léonin, ine *a* 1 Qui appartient au lion. 2 Se dit d'un partage dont l'une des parties s'attribue la plus grosse part.

léopard *nm* Autre nom de la panthère. Loc *Tenue léopard* : vêtement de camouflage militaire tacheté.

lépidoptère *nm* ZOOL Insecte à métamorphoses, dont la forme adulte est un papillon.

lépiote *nf* Champignon à lamelles.

léporidé *nm* ZOOL Mammifère d'une famille comprenant le lapin, le lièvre.

lèpre *nf* 1 Maladie infectieuse contagieuse qui peut déformer et ronger les chairs. 2 Litt Mal qui se propage.

lépreux, euse *a, n* Atteint de la lèpre. ■ *a* Dégradé, enlaidi de taches. *Murs lépreux.*

léproserie *nf* Hôpital où les lépreux sont isolés et soignés.

lequel, laquelle, lesquels, lesquelles **duquel, desquels, desquelles, auquel, auxquels, auxquelles** *pr rel* et *interrog* S'emploient comme variantes de *qui, que, dont.*

lérot *nm* Petit loir au pelage taché de noir.

les. V. le.

lès. V. lez.

lesbianisme *nm* Saphisme.

lesbienne *nf* Femme homosexuelle.

lèse-majesté *nf inv* Attentat contre la personne du souverain.

léser *vt* [12] 1 Causer préjudice à. *Léser certains intérêts.* 2 MED Causer une lésion à.

lésiner *vi* Se montrer parcimonieux.

lésion *nf* 1 Blessure, contusion, altération des tissus, d'un organe. 2 Préjudice subi par l'un des contractants dans un contrat à titre onéreux.

lésionnel, elle *a* D'une lésion, d'une contusion.

lessivage *nm* Action de lessiver.

lessive *nf* 1 Produit à base de sels alcalins, servant au lavage du linge. 2 Action de laver du linge. 3 Linge mis au lavage. 4 Fam Action de se débarrasser de personnes indésirables.

lessiver *vt* 1 Nettoyer avec de la lessive. 2 Fa Dépouiller complètement, ruiner. 3 Fam Éreinter, épuiser.

lessiveuse *nf* Grand récipient, dans lequel o fait bouillir le linge qu'on lessive.

lessiviel, elle *a* Relatif à la lessive.

lessivier *nm* Industriel de la lessive.

lest *nm* Matière lourde servant à équilibrer, stabiliser un navire ou un aérostat. Loc *Jete lâcher du lest* : faire des concessions en vue d sauver une situation compromise.

lestage *nm* Action de lester.

leste *a* 1 Agile, vif. 2 Libre, grivois. Loc *Avo la main leste* : être prompt à gifler.

lestement *av* Adroitement.

lester *vt* Garnir, charger de lest.

let [lɛt] *a* Au tennis, se dit d'une balle d service qui frappe le haut du filet.

létal, ale, aux *a* Qui entraîne la mort.

létalité *nf* Caractère létal ; mortalité.

letchi. V. litchi.

léthargie *nf* 1 Sommeil pathologique profon et continu dans lequel les fonctions vitales son très ralenties. 2 Engourdissement, torpeur.

léthargique *a* 1 De la léthargie. 2 Dor l'activité est réduite.

letton, onne ou **one** *a* De Lettonie. ■ *nr* Langue balte parlée en Lettonie.

lettrage *nm* Disposition des lettres d'un texte d'une publicité.

lettre *nf* 1 Signe graphique, caractère d'un alphabet, qu'on utilise pour transcrire un langue. 2 Sens strict, littéral d'un texte (pa oppos. à l'esprit). 3 Écrit qu'on adresse à qqn missive. 4 Acte officiel. *Lettres de créance.* Lo *À la lettre, au pied de la lettre* : très exactement *Avant la lettre* : avant l'état définitif. *En toute lettres* : sans abréviations ; sans chiffres. *Lettr ouverte* : écrit adressé à qqn, qu'on fait la gement diffuser par la presse, par affiches, et *Rester lettre morte* : ne pas être suivi d'effe ■ *pl* Littérature, études littéraires. Loc *Homm femme de lettres* : écrivain.

lettré, ée *a, n* Qui a du savoir, de la culture

lettrine *nf* Lettre majuscule plus grande qu les autres, au début d'un chapitre, d'un alinéa.

lettrisme *nm* Mouvement littéraire et pictura qui s'attache à la musique et au graphisme de lettres.

1. leu *nm* Unité monétaire de la Roumanie *Des lei.*

2. leu *nm* Loc *À la queue leu leu* : à la file les uns derrière les autres.

leucanie *nf* Papillon jaune pâle de la famill des noctuelles.

leucémie *nf* Maladie caractérisée par la proli fération de globules blancs dans le sang.

leucémique *a* De la leucémie. ■ *a, n* Atteir de leucémie.

leucocytaire *a* Relatif aux leucocytes.

leucocyte *nm* Cellule sanguine appelée auss *globule blanc.*

leucocytose *nf* MED Augmentation des leuco cytes dans le sang.

leucopénie *nf* MED Diminution du nombre de globules blancs dans le sang.

leucopoïèse *nf* BIOL Formation des globule blancs.

leucorrhée *nf* Écoulement blanchâtre de voies génitales féminines.

ucose nf Syn de *leucémie*.

leur, leurs a poss Troisième personne du pluriel ; d'eux, à eux. *J'ai visité leur maison. Je connais leurs habitudes.* ■ pr poss Ce qui est à eux. *Nous avons réuni nos amis et les leurs.* ■ nmpl Leurs parents, leurs proches, leurs liés.

leur pr pers inv Troisième personne du pluriel ; à eux, à elles. *Je leur donne. Je leur ai parlé.*

urre nm 1 Appât factice dissimulant un hameçon. 2 MILIT Dispositif destiné à tromper l'ennemi. 3 Ce dont on se sert pour attirer et tromper. *Cette promesse n'est qu'un leurre.*

urrer vt Attirer par quelque espérance pour tromper. ■ vpr Se donner à soi-même de fausses espérances ; s'abuser.

ev nm Unité monétaire de la Bulgarie. *Des leva.*

evage nm Action de soulever qqch. *Appareils de levage.*

evain nm 1 Pâte à pain aigrie que l'on incorpore à la pâte fraîche pour la faire lever. 2 Litt Ce qui fait naître ou accroît le sentiment, telle passion, etc. *Un levain de discorde.*

evant a Se dit du soleil qui se lève. ■ nm (avec majusc) L'Est, l'Orient.

evantin, ine a, n Du Levant.

evé, ée a Loc *Au pied levé* : à l'improviste. *Pierre levée* : menhir. ■ nm Établissement d'un plan, d'une carte (on écrit aussi *lever*). ■ nf 1 Action de recruter. *Une levée de troupes.* 3 Action de collecter. *Une levée d'impôts. La levée du courrier.* 3 Action de clore, d'annuler. *La levée des sanctions.* 4 Ensemble de cartes ramassées en un coup de jeu. 5 Digue en terre ou en maçonnerie. Loc *Levée de boucliers* : protestation massive. *Levée en masse* : appel à tous ceux qui sont capables de constituer rapidement une force militaire.

eve-glace nm Mécanisme servant à ouvrir ou fermer les glaces d'une automobile. *Des lève-glaces.*

ever vt [15] 1 Déplacer de bas en haut. *Lever un sac.* 1 Dresser, orienter vers le haut. *Lever le bras, les yeux.* 3 Faire partir le gibier. *Lever des perdrix.* 4 Enlever d'un lieu. *Lever les scellés.* 5 Mettre fin à, clore. *Lever l'audience. Lever une siège.* 6 CUIS Prélever. *Lever des filets de poisson.* 7 Recruter, enrôler. *Lever des troupes.* Percevoir. *Lever une taxe.* Loc *Lever un plan* : procéder sur le terrain aux mesures nécessaires pour l'établir. ■ vi 1 Sortir de terre. *Les semis lèvent.* 2 Gonfler en parlant de la pâte en fermentation. ■ vpr 1 Se mettre debout. 2 Sortir du lit. 3 Apparaître. *Le soleil se lève. Le jour se lève.* 4 Se dissiper. *Le brouillard se lève.* ■ nm Apparition d'un astre au-dessus de l'horizon. Action de sortir du lit ; moment où on se lève. 3 Syn. de *levé.* Loc *Lever de rideau* : petite pièce de théâtre que l'on joue avant la pièce principale ; match préliminaire dans une rencontre sportive.

evier nm 1 Barre qu'on fait pivoter sur un point d'appui pour soulever des fardeaux. 2 Tige qui commande un mécanisme. 3 Ce qui fait agir ; mobile. *L'ambition est un puissant levier.*

évitation nf Élévation et maintien d'un corps au-dessus du sol sans appui matériel.

lévite nm Chez les Hébreux, membre de la tribu de Lévi, voué au service du Temple.

levraut nm Jeune lièvre.

lèvre nf Chacune des parties charnues qui forment le rebord de la bouche. Loc *Du bout des lèvres* : à contrecœur, sans conviction. *Être suspendu aux lèvres de qqn* : l'écouter avidement. *Il y a loin de la coupe aux lèvres* : on est souvent loin du but qu'on croit toucher. ■ pl 1 Bords d'une plaie. 2 ANAT Replis cutanés de la vulve.

levrette nf 1 Femelle du lévrier. 2 Lévrier de petite taille.

lévrier nm Chien aux membres longs, à la taille étroite et au ventre concave, très rapide.

lévulose nm CHIM Sucre simple, très abondant dans la cellule végétale.

levure nf 1 Micro-organisme capable de produire une fermentation. 2 Pâte ou poudre utilisée pour provoquer une fermentation.

lexème rm LING Unité minimale de signification, par oppos. à morphème.

lexical, ale, aux a Du lexique.

lexicalisation nf Fait d'être lexicalisé.

lexicaliser vt LING Introduire un mot, une locution dans le lexique d'une langue.

lexicographe n Rédacteur de dictionnaire.

lexicographie nf Technique de la rédaction des dictionnaires.

lexicographique a De la lexicographie.

lexicologie nf Partie de la linguistique qui étudie le sens des mots, le lexique.

lexicologique a De la lexicologie.

lexique nm 1 Dictionnaire bilingue abrégé. 2 Dictionnaire de la langue propre à un auteur, à une activité, à une science. 3 Liste alphabétique de mots à la fin d'un ouvrage. 4 LING Ensemble des mots d'une langue.

lez ou **lès** prép Près de (dans quelques noms de villes). *Plessis-lez-Tours.*

lézard nm 1 Reptile saurien au corps allongé, à la longue queue effilée. 2 Peau tannée d'un grand saurien. Loc Fam *Faire le lézard* : se chauffer paresseusement au soleil.

lézarde nf Fissure dans un mur.

1. lézarder vi Fam Faire le lézard.

2. lézarder vt Fissurer. ■ vpr Se crevasser.

liage nm Action de lier.

liaison nf 1 Assemblage, union de deux ou plusieurs objets ou substances. 2 CUIS Opération consistant à épaissir un potage, une sauce, etc. 3 Ce qui sert à jointoyer un ouvrage en maçonnerie (mortier, plâtre, etc.). 4 Connexion, rapport logique. *Liaison entre deux textes.* 5 MUS Signe de notation indiquant que des notes consécutives doivent être enchaînées. 6 Prononciation de la consonne finale d'un mot placé devant un autre mot commençant par une voyelle ou un h muet (ex. : *c'est ici* [setisi]). 7 Relation entre les personnes ; relation amoureuse. 8 Contacts suivis entre des services, des unités militaires. 9 Communication entre deux lieux. *Les liaisons maritimes.*

liane nf Végétal dont la tige, très flexible, croît le long d'un support.

liant, liante a Qui se lie facilement. ■ nm 1 Substance qui favorise l'adhérence, la prise d'un mélange (peinture, ciment, etc.). 2 Litt Qualité de qqn qui se lie facilement ; affabilité.

liard nm Anc Monnaie de très faible valeur.

lias nm GÉOL Jurassique inférieur.

liasse nf Ensemble de journaux, de papiers, etc., liés ensemble.

libanais, aise a, n Du Liban.

libation nf ANTIQ Offrande aux dieux, d'une coupe de vin, de lait, etc., que l'on répandait sur le sol. ■ pl Excès de boisson.

libelle nm Petit livre diffamatoire.

libellé nm Texte d'un document ; manière dont il est rédigé.

libeller vt Rédiger dans les formes requises.

libellule nf Insecte pourvu de deux paires d'ailes membraneuses inégales.

liber [libɛʀ] nm BOT Tissu qui constitue la face interne de l'écorce.

libérable a Qui peut être libéré.

libéral, ale, aux a, n 1 Tolérant, ouvert, peu autoritaire. *Éducation libérale.* 2 Partisan du libéralisme, en politique, en économie. Loc *Profession libérale :* non manuelle et non salariée (médecin, avocat, architecte, etc.).

libéralement av Avec libéralité.

libéralisation nf Action de libéraliser.

libéraliser vt Rendre plus libéral.

libéralisme nm 1 Attitude de ceux qui s'attachent à la défense des libertés individuelles des citoyens. 2 Doctrine hostile à l'intervention de l'État dans la vie économique. 3 Respect de la liberté d'autrui, tolérance.

libéralité nf Litt Propension à donner ; générosité. ■ pl Dons généreux.

libérateur, trice n, a Qui libère qqn, un peuple, un territoire.

libération nf Action de libérer.

libératoire a Qui libère d'une dette, d'un engagement, d'une obligation.

libéré, ée a 1 Rendu libre. 2 Affranchi moralement ou socialement ; émancipé.

libérer vt [12] 1 Mettre en liberté. *Libérer un détenu.* 2 Décharger d'une obligation, d'une gêne, etc. *Libérer le crédit.* 3 Renvoyer des soldats dans leurs foyers, à la fin du service. 4 Délivrer de la présence de l'occupant ennemi. 5 Délivrer d'une entrave, d'une gêne morale. *Il a libéré sa conscience.* 6 Rendre disponible, évacuer. *Libérer un appartement.* 7 Dégager, produire. *Cette réaction chimique libère du gaz carbonique.* ■ vpr 1 S'acquitter, s'affranchir d'une obligation. 2 Se rendre disponible.

libérien, enne a, n Du Liberia.

libériste n Sportif pratiquant l'aile libre.

libero [-be-] nm Au football, joueur qui évolue entre la ligne d'arrières et le gardien de but.

libertaire a, n Partisan d'une liberté sans limitation (sociale et politique) ; anarchiste.

liberté nf État de qqn ou de qqch qui est libre. *Mettre un prisonnier en liberté. Avoir la liberté de décision. La liberté de conscience. La liberté de la presse. La liberté des prix.* ■ pl Ensemble des droits du citoyen. Loc *Prendre des libertés :* agir avec désinvolture.

liberticide a Qui porte atteinte aux libertés.

libertin, ine a 1 Qui mène une vie dissolue ; licencieux. 2 Anc Libre-penseur.

libertinage nm Conduite des libertins ; licence.

libidinal, ale, aux a De la libido.

libidineux, euse a Litt Porté à la luxure.

libido nf PSYCHAN Énergie vitale émanant de la sexualité.

libraire n Qui fait le commerce des livres.

librairie nf 1 Magasin du libraire. 2 Commerce des livres.

libre a 1 Qui n'est pas prisonnier, captif. 2 Qui n'est pas soumis à un pouvoir arbitraire, à une puissance étrangère. *Des citoyens libres. Un pays libre.* 3 Qui ne dépend pas d'un pouvoir politique, d'une autorité. *La presse libre. Une pensée libre.* 4 Qui n'est pas limité, gêné par une contrainte sociale. *Se sentir très libre avec qqn. Des propos un peu trop libres.* 5 Qui peut agir à sa guise. *Vous êtes libre d'accepter ou de refuser.* 6 Qui n'est pas lié par des engagements, des obligations. *Êtes-vous libre ce soir ?* 7 Qui n'est pas occupé, retenu ; disponible. *Place libre.* 8 Qui n'est pas fixé, entravé dans son mouvement. *Une poulie libre.* Loc *Aile libre :* planeur léger auquel on est suspendu par un harnais. *Chute libre :* sous la seule action de son poids. *Entrée libre :* gratuité ou sans obligation d'achat.

libre-arbitre. V. arbitre.

libre-échange nm Système qui préconise la suppression des droits de douane.

libre-échangiste n, a Qui relève du libre échange. *Des libre-échangistes.*

librement av 1 En état libre. *Circuler, se mouvoir librement.* 2 Franchement, sans arrière pensées. 3 Sans respecter certaines contraintes. *Traduire librement un texte.*

libre-pensée nf État d'esprit, doctrine du libre-penseur.

libre-penseur nm Qui s'est affranchi de toute croyance religieuse. *Des libres-penseurs.*

libre-service nm 1 Système dans lequel les clients se servent eux-mêmes. 2 Magasin qui utilise ce système. *Des libres-services.*

librettiste n Auteur d'un livret d'opéra.

libyen, enne a, n De Libye.

1. lice nf HIST Espace clos qui servait aux joutes aux tournois. Loc *Entrer en lice :* s'engager dans une lutte, une compétition.

2. lice nf Femelle d'un chien de chasse.

3. lice. V. lisse 2.

licence nf 1 Autorisation administrative d'exercer certaines activités. 2 Autorisation de pratiquer un sport de compétition. 3 Grade universitaire supérieur au baccalauréat. 4 Litt Dérèglement des mœurs. Loc *Licence poétique* transgression tolérée d'une règle grammaticale.

licencié, ée n, a 1 Titulaire d'une licence universitaire ou sportive. 2 Qui a été congédié.

licenciement nm Action de licencier.

licencier vt Congédier, cesser d'employer qqn. *Licencier des ouvriers.*

licencieux, euse a Contraire aux bonnes mœurs, à la pudeur.

lichen [likɛn] nm Végétal résultant de l'association d'un champignon et d'une algue.

lichette nf Fam Petite quantité d'un aliment.

licite a Permis par la loi, les règlements.

licitement av De façon licite.

licorne nf Animal fabuleux, cheval à longue corne unique au milieu du front.

licou ou **licol** nm Lien de cuir, de corde, passé autour du cou des bêtes de somme.

licteur nm ANTIQ Agent public romain qui était l'exécuteur des sentences des magistrats.

lie nf 1 Dépôt laissé par un liquide. 2 Litt Ce qu'il y a de plus vil ; racaille.

lied [lid] *nm* Romance, chanson populaire des pays germaniques. *Des lieds* ou *des lieder.*

lie-de-vin *a inv* Rouge violacé.

liège *nm* Matière imperméable, peu dense, fournie par l'écorce de certains arbres, notamment du chêne-liège.

liégeois, oise *a, n* De Liège. Loc *Café, chocolat liégeois* : glace au café, au chocolat, nappée de crème Chantilly.

lien *nm* 1 Bande, ficelle, courroie, etc., qui sert à attacher. 2 Ce qui unit, qui relie.

lier *vt* 1 Attacher, serrer avec un lien. *Lier un fagot.* 2 Assembler par une liaison ; donner une certaine consistance, de la cohésion à. *Lier une sauce.* 3 Unir juridiquement, moralement. *Un contrat lie les deux parties.* 4 Établir des relations entre personnes. *Lier amitié avec qqn.* ■ *vpr* Établir des relations de sympathie, d'amitié.

lierre *nm* Plante à feuilles persistantes, s'accrochant à un support (mur, tronc d'arbre, etc.) par des racines à crampons.

liesse *nf* Litt Allégresse collective.

1. lieu *nm* Espace, endroit considéré quant à sa situation, à son caractère, à sa destination. *Lieu écarté, humide. Le lieu du crime. Lieu de réunion.* Loc *Lieu géométrique* : ligne ou surface dont tous les points possèdent une même propriété. *Lieu public* : auquel tout le monde a accès. *Haut lieu* : endroit rendu célèbre par les faits qui s'y sont déroulés. *En haut lieu* : chez ceux qui ont le pouvoir. *Lieu commun* : idée banale, rebattue. *En premier, second lieu* : premièrement, deuxièmement. *Au lieu de* : à la place de. *Tenir lieu de* : remplacer. *Avoir lieu* : se produire ; arriver. *Avoir lieu de* : avoir une occasion, une raison de. *Donner lieu à* : être une occasion de. ■ *pl* Local d'habitation. *Visiter les lieux.* Loc *Lieux d'aisances* : W.-C.

2. lieu *nm* Poisson marin estimé. *Des lieus.*

lieu-dit *nm* Lieu dans la campagne, qui porte un nom particulier. *Des lieux-dits.*

lieue *nf* Anc Mesure de distance qui valait environ 4 km. Loc *Être à cent lieues de* : très éloigné de.

lieuse *nf* Mécanisme servant à lier les gerbes d'une moissonneuse.

lieutenant *nm* 1 Personne directement sous les ordres d'un chef et qui peut le remplacer. 2 Officier d'une armée de terre et de l'air, de grade inférieur à celui de capitaine. Loc *Lieutenant de vaisseau* : officier de marine de grade correspondant à celui de capitaine.

lieutenant-colonel *nm* Officier de grade inférieur à celui de colonel. *Des lieutenants-colonels.*

lièvre *nm* Petit mammifère sauvage très rapide à la course, qui ressemble au lapin. Loc *Courir deux lièvres à la fois* : entreprendre deux affaires en même temps. *Lever un lièvre* : soulever une difficulté inattendue.

lift *nm* Au tennis, effet donné à une balle en la frappant de bas en haut.

lifter *vt, vi* Exécuter un lift.

liftier, ère *n* Chargé de faire fonctionner un ascenseur.

lifting [-iŋ] *nm* 1 Opération de chirurgie esthétique consistant à tendre la peau du visage pour supprimer les rides. Syn. lissage. 2 Fam Rajeunissement, rénovation de qqch.

ligament *nm* ANAT Faisceau fibreux qui relie deux parties d'une articulation ou deux organes.

ligamentaire ou **ligamenteux, euse** *a* ANAT Des ligaments.

ligature *nf* 1 Opération consistant à serrer ou à assembler par un lien. 2 Fil avec lequel on effectue cette opération.

ligaturer *vt* Attacher avec une ligature.

lige *a* Loc FÉOD *Homme lige* : qui était lié au seigneur par une promesse de fidélité et de dévouement absolu.

ligie *nf* Crustacé marin qui ressemble à un gros cloporte.

lignage *nm* 1 Suite de descendants d'un même ancêtre. 2 Nombre de lignes d'un texte. Loc *De haut lignage* : de naissance noble.

ligne *nf* 1 Trait continu. 2 Limite qui sépare. *Ligne de partage.* 3 Silhouette ; esthétique générale. *Elle surveille sa ligne. La ligne d'une nouvelle voiture.* 4 Direction suivie. *Aller en ligne droite. La ligne sinueuse d'une rivière.* 5 Orientation, grandes options d'un parti. 6 Parcours, itinéraire des véhicules d'un service de transport. 7 Suite de personnes ou de choses ; file. *Une ligne d'arbres.* 8 Front d'une armée. 9 Suite de caractères d'écriture, d'imprimerie. 10 Suite des descendants d'une famille. 11 Fil terminé par un hameçon. 12 Suite de fils conducteurs acheminant l'énergie électrique, les communications téléphoniques. Loc *Hors ligne* : incomparable. *Entrer en ligne de compte* : devoir être pris en considération. *Lire entre les lignes* : deviner ce qui n'est pas dit explicitement. *Sur toute la ligne* : complètement. *Ligne de crédit* : montant d'un crédit dont le bénéficiaire peut disposer.

lignée *nf* Descendance.

ligneux, euse *a* De la nature du bois.

lignicole *a* ZOOL Qui vit dans les bois.

lignification *nf* BOT Fait de se lignifier.

lignifier (se) *vpr* BOT Se transformer en bois.

lignine *nf* CHIM Substance organique qui imprègne la paroi des vaisseaux du bois.

lignite *nm* Charbon fossile brunâtre.

lignomètre *nm* IMPRIM Règle servant à compter les lignes composées.

ligoter *vt* Lier, attacher solidement.

ligue *nf* 1 Union, coalition d'États, liés par des intérêts communs. 2 Association fondée dans un but défini. *La ligue antialcoolique.*

liguer *vt* Unir en une ligue. ■ *vpr* Unir ses efforts pour ou contre.

ligueur, euse *n* Qui fait partie d'une ligue.

ligure ou **ligurien, enne** *a, n* De Ligurie.

lilas [-la] *nm* Arbuste ornemental à fleurs en grappes, blanches ou violettes, très odorantes. ■ *a inv* Violet plus ou moins foncé.

liliacée *nf* BOT Plante à bulbe ou à rhizome, telle que le lis, la tulipe, etc.

lilliputien, enne *a, n* Très petit.

limace *nf* 1 Mollusque gastropode terrestre sans coquille. 2 Fam Personne lente, molle.

limaçon *nm* 1 Escargot. 2 ANAT Partie de l'oreille interne dont le conduit est enroulé.

limage *nm* Action de limer.

limaille *nf* Poudre de métal limé.

limande *nf* Poisson marin plat.

limbe

limbe *nm* **1** TECH Bord extérieur gradué d'un instrument de précision. **2** ASTRO Bord du disque d'un astre. **3** BOT Partie large d'une feuille. ■ *pl* RELIG Séjour des âmes des enfants morts sans baptême.

limbique *a* Loc *Système limbique :* structures cérébrales sous le cortex.

1. lime *nf* Outil formé d'une lame d'acier hérissée de dents, qui sert à polir par frottement.

2. lime ou **limette** *nf* Petit citron vert.

limer *vt* Façonner à la lime.

limicole *a* ZOOL Qui vit dans la vase.

limier *nm* **1** Chien de chasse utilisé pour dépister le gibier. **2** Fam Policier, détective.

liminaire *a* Placé au début d'un livre, d'un écrit, d'un discours, etc.

limitatif, ive *a* Qui limite.

limitation *nf* Action de limiter ; restriction.

limite *nf* **1** Ce qui sépare un terrain, un territoire d'un autre, contigu. **2** Terme d'une période. *La limite d'âge pour la retraite.* **3** Point où s'arrête qqch ; borne. *Exercer une autorité sans limites.* Loc *Dépasser les limites :* aller au-delà de ce que la bienséance permet. *À la limite :* dans l'hypothèse extrême. ■ *a* Fam Maximal, extrême. *Un prix limite.*

limité, ée *a* **1** Qui a des limites, des bornes. **2** Fam Peu intelligent.

limiter *vt* **1** Fixer des limites à. **2** Être à la limite de. *Une rivière limite le pré.* **3** Restreindre. *Limiter les dépenses.*

limiteur *nm* Appareil servant à empêcher une grandeur (vitesse, tension, etc.) de dépasser un certain seuil.

limitrophe *a* Qui est à la frontière, à la limite d'un pays, d'une région.

limnologie *nf* Étude des marais, des étangs et des lacs.

limogeage *nm* Action de limoger.

limoger *vt* [11] Destituer de son poste un officier, un haut fonctionnaire, etc.

limon *nm* **1** Boue d'argile et de sable mêlée de matière organique, très fertile. **2** Chacun des deux brancards entre lesquels on attelle un cheval à une voiture. **3** CONSTR Pièce d'un escalier qui le limite du côté du vide et qui reçoit la balustrade. **4** Variété de citron.

limonade *nf* **1** Boisson gazeuse sucrée et acidulée. **2** Fam Commerce des cafetiers.

limonadier, ère *n* **1** Qui fabrique des boissons gazéifiées. **2** Qui tient un café.

limonaire *nm* Orgue de Barbarie.

limoneux, euse *a* Riche en limon.

limousin, ine *a, n* Du Limousin.

limousine *nf* Automobile à six glaces latérales et à quatre portes.

limpide *a* **1** Parfaitement transparent, clair, pur. *Eau limpide.* **2** Facile à comprendre. *Explication limpide.*

limpidité *nf* Caractère limpide.

lin *nm* **1** Plante textile et oléagineuse à tige fibreuse. **2** Toile faite de fibres de lin.

linacée *nf* BOT Plante de la famille du lin.

linceul *nm* Pièce de toile dans laquelle on ensevelit un mort.

linéaire *a* **1** Dont la forme, la disposition rappelle une ligne continue. **2** Qui évoque une ligne par sa simplicité, sa sobriété. *Récit linéaire.* Loc *Mesure linéaire :* mesure de longueur (par oppos. à mesure de superficie ou de volume). MATH *Fonction linéaire :* fonction du premier degré, dont la représentation graphique est une droite. ■ *nm* Présentoir à marchandises dans un magasin en libre-service.

linéairement *av* De façon linéaire.

linéaments *nmpl* Litt Esquisse, aspect général.

linéarité *nf* Caractère linéaire de qqch.

linge *nm* **1** Ensemble des pièces de tissu à usage domestique (draps, nappes, etc.). **2** Vêtements portés à même la peau. **3** Morceau de tissu léger.

lingère *nf* Femme chargée de l'entretien du linge dans une communauté, un hôtel, etc.

lingerie *nf* **1** Industrie et commerce du linge. **2** Lieu où l'on range et où l'on entretient le linge. **3** Ensemble des sous-vêtements féminins.

lingot *nm* Pièce brute de métal obtenue par coulée dans un moule. *Lingot d'or.*

lingual, ale, aux *a* De la langue.

lingue *nf* Poisson marin, voisin de la morue. Syn. julienne.

linguiste [-gɥi-] *n* Spécialiste de linguistique.

linguistique [-gɥi-] *nf* Science du langage et des langues. ■ *a* **1** De la linguistique. **2** Qui concerne la langue, une ou plusieurs langues.

linguistiquement *av* Sur le plan linguistique.

liniment *nm* Médicament onctueux pour frictionner la peau.

links [links] *nmpl* Parcours de golf.

linoléum [-leɔm] ou **lino** *nm* Revêtement de sol imperméable et brillant.

linon *nm* Toile de lin à fils peu serrés.

linotte *nf* Petit oiseau chanteur. Loc Fam *Tête de linotte :* personne très étourdie.

linotype *nf* (n déposé) IMPRIM Machine à composer qui fond les caractères en plomb par lignes entières.

linteau *nm* Pièce horizontale soutenant la maçonnerie au-dessus d'une baie.

lion, lionne *n* Grand mammifère carnivore d'Afrique, au pelage fauve. Loc *La part du lion :* celle que s'adjuge le plus fort. *Lion de mer :* gros phoque à crinière.

lionceau *nm* Petit de la lionne.

lipase *nf* BIOL Enzyme qui intervient dans la digestion des graisses.

lipémie *nf* Taux des lipides dans le sang.

lipide *nm* CHIM Corps gras.

lipidique *a* Des lipides.

lipolyse *nf* BIOL Destruction des graisses dans l'organisme.

lipome *nm* Tumeur sous-cutanée bénigne constituée de tissu graisseux.

lipoprotéine *nf* Forme lipidique sous laquelle les protéines sont transportées dans le sang.

liposoluble *a* CHIM Soluble dans les graisses.

liposome *nm* Vésicule artificielle microscopique servant à introduire des substances dans l'organisme.

lipothymie *nf* Premier degré de la syncope dans lequel la circulation et la respiration persistent.

lippe *nf* Grosse lèvre inférieure.

lippu, ue *a* Qui a de grosses lèvres.

liquéfaction *nf* Action de liquéfier.

liquéfiable *a* Qui peut être liquéfié.

liquéfier *vt* Faire passer à l'état liquide un gaz, un solide. ■ *vpr* **1** Devenir liquide. **2** Fam S'amollir.

liquette *nf* Pop Chemise.

liqueur *nf* 1 Boisson sucrée faite d'un mélange d'alcool et d'essences aromatiques. 2 Tout digestif. 3 PHARM Nom donné à diverses solutions.

liquidateur, trice *n* Chargé de procéder à une liquidation.

liquidatif, ive *a* DR Qui opère la liquidation.

liquidation *nf* Action de liquider un compte, des marchandises, etc.

liquide *a* 1 Qui coule ou tend à couler. *L'eau est une substance liquide.* 2 Se dit de l'argent, d'un bien dont on peut disposer immédiatement ; en espèces. ■ *nm* 1 Corps à l'état liquide. 2 Aliment ou boisson liquide. 3 Argent liquide.

liquider *vt* 1 Procéder à un règlement après en avoir fixé le montant. *Liquider une succession.* 2 En finir définitivement avec qqch. *Liquider une situation.* 3 Vendre au rabais des marchandises. 4 Pop Tuer ou faire tuer qqn.

liquidité *nf* Caractère d'un bien liquide. ■ *pl* Argent liquide.

liquoreux, euse *a* Se dit de vins sucrés et riches en alcool (porto, madère).

liquoriste *n* Fabricant de liqueurs.

1. lire *vt* [63] 1 Identifier et traduire sous une forme orale, par la voix ou mentalement, des signes écrits. *Savoir lire et écrire. Lire les caractères hébreux.* 2 Prendre connaissance d'un texte en parcourant des yeux ce qui est écrit. *Lire un roman.* 3 Énoncer à haute voix un texte écrit. *Le juge lit la sentence à l'accusé.* 4 Interpréter en fonction d'un code ; déchiffrer. *Lire une carte routière.* 5 Deviner, déceler grâce à certains signes. *Lire l'avenir dans le marc de café.*

2. lire *nf* Unité monétaire de l'Italie.

lirette *nf* Tissage artisanal utilisant des bandes d'étoffe.

lis ou **lys** [lis] *nm* Plante ornementale à grandes fleurs blanches, jaunes ou rouges. Loc *Fleur de lis :* fleur de lis stylisée propre aux armoiries de la monarchie française.

liseré ou **liséré** *nm* 1 Ruban étroit dont on borde un vêtement. 2 Bordure d'une pièce d'étoffe, d'un panneau peint.

liseron *nm* Plante volubile grimpante à fleurs en forme de cloche.

liseur, euse *n* Qui aime lire. ■ *nf* 1 Petit coupe-papier qui sert de signet. 2 Couvre-livre. 3 Tricot léger de femme pour lire au lit.

lisibilité *nf* Caractère lisible.

lisible *a* 1 Aisé à lire, à déchiffrer. 2 Dont la lecture est facile, agréable.

lisiblement *av* De façon lisible.

lisier *nm* Liquide provenant des déjections solides et de l'urine des animaux de ferme.

lisière *nf* 1 Bord d'une pièce d'étoffe, de chaque côté de sa largeur. 2 Limite, bordure d'une zone. *La lisière d'un bois.* Loc Litt *Tenir en lisière :* diriger étroitement.

lissage *nm* 1 Action de lisser. 2 Lifting.

1. lisse *a* Uni, poli, sans aspérités.

2. lisse ou **lice** *nf* Fil portant un œillet dans lequel passe le fil de chaîne, dans un métier à tisser.

lisser *vt* Rendre lisse.

lissier, ère ou **licier, ère** *n* Qui monte les lisses, qui exécute des tapisseries.

lissoir *nm* Instrument servant à lisser.

listage *nm* Action de lister.

liste *nf* Série d'éléments analogues (mots, chiffres, symboles, etc.) mis les uns à la suite des autres. *La liste des lauréats.* Loc *Liste noire :* liste de personnes à surveiller, à exclure, à éliminer. *Liste civile :* somme attribuée annuellement à un chef d'État.

listel *nm* Cercle en saillie sur le bord d'une pièce de monnaie.

lister *vt* INFORM Éditer sous forme de listing.

listériose *nf* Maladie infectieuse, grave pour le nouveau-né.

listing [-iŋ] *nm* Ensemble d'informations traitées par ordinateur, qui sort sur une imprimante.

lit *nm* 1 Meuble sur lequel on se couche pour se reposer, pour dormir. 2 Union conjugale. *Il a deux enfants d'un premier lit.* 3 Couche d'une matière quelconque. *Un lit de gravier.* 4 Espace occupé par les eaux d'un cours d'eau. *Lit d'un fleuve.* Loc HIST *Lit de justice :* siège surélevé où les rois se tenaient pour présider une séance solennelle du Parlement ; cette séance.

litanie *nf* Énumération longue et monotone. *Une litanie de plaintes.* ■ *pl* Prière faite de courtes invocations psalmodiées ou chantées.

lit-cage *nm* Lit métallique pliant. *Des lits-cages.*

litchi ou **letchi** *nm* Fruit d'Asie tropicale de saveur douce, à gros noyau.

liteau *nm* 1 Bande de couleur qui orne le linge de maison. 2 Baguette qu'on cloue sur les chevrons d'une toiture.

literie *nf* Garniture, équipement d'un lit (matelas, traversin, oreillers, draps, couvertures).

litham *nm* Voile des femmes musulmanes.

lithiase *nf* MED Présence de calculs dans les reins, la vésicule biliaire, etc.

lithique *a* PREHIST Relatif au travail de la pierre.

lithium [-tjɔm] *nm* Métal alcalin de faible densité.

lithographie ou **litho** *nf* 1 Reproduction de dessins tracés sur une pierre calcaire. 2 Épreuve obtenue par ce procédé.

lithographique *a* De la lithographie.

lithologie *nf* GEOL Nature des roches constituant une couche géologique.

lithosphère *nf* GEOL Couche externe du globe.

lithotriteur *nm* MED Instrument destiné à dissoudre les calculs rénaux par les ultrasons.

litière *nf* 1 Paille que l'on répand dans les étables, les écuries, etc., pour que les animaux se couchent dessus. 2 Matière granuleuse destinée à recevoir les déjections des chats d'appartement. 3 Anc Véhicule à deux brancards dans lequel on voyageait couché.

litige *nm* 1 DR Contestation en justice, procès. 2 Contestation, controverse.

litigieux, euse *a* Contestable. *Point litigieux.*

litorne *nf* Grive à tête grise.

litote *nf* Figure de rhétorique consistant à dire moins pour faire entendre plus (ex. : *ce n'est pas mal* pour *c'est bien*).

litre *nm* 1 Unité de mesure de volume égale à 1 décimètre cube (symbole : l). 2 Récipient contenant 1 litre.

litron *nm* Fam Litre de vin.

littéraire

320

littéraire a Relatif aux lettres, à la littérature. ■ a, n Qui montre des dispositions pour les lettres plutôt que pour les sciences.

littérairement av Sur le plan littéraire.

littéral, ale, aux a Strictement conforme à la lettre d'un mot, d'un texte. *Sens littéral.*

littéralement av 1 À la lettre. *Traduire littéralement.* 2 Fam Absolument. *Littéralement fou.*

littéralité nf Caractère littéral.

littérarité nf Caractère littéraire d'un texte.

littérateur nm Écrivain sans envergure.

littérature nf 1 Ensemble des œuvres écrites considérées comme susceptibles d'être l'objet de jugements esthétiques. 2 Ensemble des œuvres littéraires d'un pays, d'une époque. 3 Ensemble des textes qui traitent d'un sujet. *Il y a toute une littérature sur cette question.* 4 Art d'écrire ; carrière d'écrivain. 5 Fam Vaines paroles.

littoral, ale, aux a Relatif aux bords de la mer, aux côtes. ■ nm Zone située en bordure de mer. *Le littoral breton.*

littorine nf Bigorneau.

lituanien, enne a, n De Lituanie. ■ nm Langue balte parlée en Lituanie.

liturgie nf Ordre des cérémonies du culte institué par une Église. *Liturgie catholique.*

liturgique a Relatif à la liturgie.

livarot nm Fromage normand fermenté, de lait de vache, à pâte molle.

live [lajv] a inv Enregistré en public et non en studio (disque, émission).

livide a D'une couleur plombée ; blafard.

lividité nf État livide.

living-room [livingrum] ou **living** nm Salle de séjour. *Des living-rooms.*

livrable a Qui peut être livré.

livraison nf 1 Remise d'une marchandise vendue à la personne qui l'a acquise. 2 Marchandise livrée.

1. livre nf 1 Assemblage de feuilles imprimées réunies par un côté en un volume. 2 Texte imprimé d'un tel ouvrage. *Un livre captivant.* 3 Subdivision d'une œuvre littéraire. 4 Registre. Loc *Livre blanc* : recueil justificatif rassemblant les documents d'un dossier. *Livre d'or* : registre que les visiteurs d'un lieu sont invités à signer. *Parler comme un livre* : parler très bien d'une question. *À livre ouvert* : à première lecture, sans préparation.

2. livre nf 1 Unité de masse valant un demi-kilogramme. 2 Unité de masse anglo-saxonne valant 453,59 g. 3 Ancienne monnaie de compte, de valeur variable. 4 Unité monétaire du Royaume-Uni, de l'Irlande, de Chypre, de l'Égypte, du Liban, du Soudan et de la Turquie.

livre-cassette nm Cassette contenant l'enregistrement d'un texte. *Des livres-cassettes.*

livrée nf 1 Anc Habit porté par les domestiques d'une grande maison. 2 ZOOL Pelage, plumage de divers animaux.

livrer vt 1 Mettre au pouvoir de. *Livrer un coupable à la justice.* 2 Dénoncer. *Livrer ses complices.* 3 Abandonner à l'action de. *Livrer une ville au pillage.* 4 Confier. *Livrer ses pensées.* 5 Remettre à un acheteur la marchandise commandée. *Livrer une commande. Livrer un client.* Loc *Livrer (une) bataille* : l'engager,

se battre. *Livrer passage* : laisser passer. ■ vpr 1 Se constituer prisonnier. 2 S'abandonner, se confier. 3 Se consacrer à qqch.

livresque a Qui vient des livres. *Savoir purement livresque.*

livret nm 1 Petit registre individuel ou familial mentionnant les éléments d'une situation. *Livret de la caisse d'épargne. Livret de famille.* 2 MUS Texte d'une œuvre lyrique.

livreur, euse n Qui livre à domicile les marchandises vendues.

lob nm Coup qui consiste à lancer la balle ou le ballon par-dessus l'adversaire.

lobby nm Groupe de pression.

lobbying nm Action menée par un lobby.

lobbyiste n Qui s'occupe de lobbying.

lobe nm 1 Partie charnue et bien délimitée de certains organes. *Lobes du cerveau, du foie.* 2 BOT Découpure arrondie des feuilles ou des pétales. 3 ARCHI Découpure en arc de cercle.

lobé, ée a Didac Divisé en lobes.

lobectomie nf CHIR Ablation d'un lobe d'un organe (poumon, cerveau, etc.).

lober vi, vt Faire un lob.

lobotomie nf CHIR Section de certaines fibres nerveuses du lobe frontal du cerveau.

lobule nm Petit lobe ou partie de lobe.

local, ale, aux a Propre à un lieu, à un endroit, à une région. *Usages locaux. Anesthésie locale.* ■ nm Lieu fermé ou partie d'un bâtiment considérés quant à leur destination. *Local commercial.*

localement av Relativement à un lieu.

localier, ère n Journaliste qui tient une rubrique locale.

localisable a Qui peut être localisé.

localisation nf Action de localiser.

localiser vt 1 Déterminer la position de, situer. *Localiser un bruit.* 2 Limiter, empêcher l'extension de. *Localiser un incendie.*

localité nf Petite agglomération ; village.

locataire n Qui prend à loyer un logement, une terre, etc.

1. locatif, ive a Qui concerne le locataire ou la location.

2. locatif nm GRAM Cas du complément de lieu, dans certaines langues à déclinaisons.

location nf 1 Action de donner ou de prendre une chose à loyer. 2 Action de louer à l'avance une place de spectacle, une chambre d'hôtel.

location-vente nf Contrat à l'expiration duquel le locataire devient propriétaire. *Des locations-ventes.*

1. loch [lɔk] nm GEOGR Lac très allongé occupant le fond d'une vallée d'Écosse.

2. loch [lɔk] nm Appareil de mesure de vitesse sur un bateau.

loche nf 1 Poisson d'eau douce au corps allongé. 2 Limace grise.

lock-out [lɔkaut] nm inv Fermeture d'une entreprise décidée par la direction en riposte à une menace de grève.

lock-outer vt Fermer par lock-out.

locomoteur, trice a Qui sert à la locomotion. *Organe locomoteur.*

locomotion nf Mouvement par lequel on se transporte d'un lieu à un autre.

locomotive nf 1 Puissant véhicule circulant sur rails et remorquant des rames de voitures ou de wagons. 2 Fam Personne qui joue le rôle d'élément moteur.

locuste nf Criquet migrateur.

locuteur, trice n LING Personne qui parle.

locution nf Groupe de mots formant une unité quant au sens ou à la fonction grammaticale.

loden [lɔdɛn] nm 1 Lainage imperméable, épais et feutré. 2 Manteau en loden.

lœss [løs] nm GEOL Limon très fertile.

lof nm Côté d'un navire qui reçoit le vent. Loc *Virer lof pour lof :* virer vent arrière.

lofer vi MAR Venir à un cap plus rapproché de la direction d'où souffle le vent.

loft nm Atelier transformé en logement.

logarithme nm MATH Exposant dont il faut, pour obtenir un nombre, affecter un autre nombre appelé base. *2 est le logarithme de 100 dans le système à base 10 ($10^2 = 100$).*

logarithmique a Des logarithmes.

loge nf 1 Petit logement d'un concierge. 2 Petite pièce dans les coulisses d'un théâtre, où les acteurs changent de costume. 3 Compartiment au pourtour d'une salle de spectacle, où plusieurs spectateurs peuvent prendre place. 4 Local où ont lieu les réunions des francs-maçons ; groupe, cellule de francs-maçons. Loc Fam *Être aux premières loges :* être très bien placé pour voir un spectacle.

logeable a Habitable, spacieux, où l'on peut loger beaucoup de choses.

logement nm 1 Action de loger, de se loger. 2 Local d'habitation ; appartement. 3 Creux, renfoncement ménagé pour recevoir une pièce.

loger vi [11] Habiter à demeure ou provisoirement. *Loger en meublé.* ■ vt 1 Abriter dans un logis, héberger. *Loger un ami.* 2 Mettre, placer ; faire entrer.

logeur, euse n Qui loue des chambres meublées.

loggia [lɔdʒja] nf 1 Balcon couvert, en retrait par rapport à la façade. 2 Plate-forme construite à une certaine distance du sol dans une pièce haute de plafond.

logiciel nm INFORM Ensemble des règles et des programmes relatifs au fonctionnement d'un ordinateur, par oppos. à matériel.

logicien, enne n Spécialiste de logique.

logique nf 1 Science dont l'objet est de déterminer les règles du raisonnement. 2 Suite dans les idées, cohérence du discours. 3 Enchaînement nécessaire des choses. *La logique des événements.* ■ a Conforme aux règles de la logique ; cohérent. *Raisonnement logique.*

logiquement av De façon logique.

logis nm Vx Habitation. Loc *Corps de logis :* partie principale d'un bâtiment.

logisticien, enne n Spécialiste de logistique.

logistique nf 1 Ensemble des moyens assurant le ravitaillement d'une armée, ses déplacements. 2 Organisation matérielle d'une entreprise, d'une collectivité. ■ a De la logistique.

logithèque nf Bibliothèque de logiciels.

logo nm Élément graphique servant d'emblème à une société, à une marque commerciale.

logogriphe nm Énigme jouant sur les combinaisons des lettres d'un mot.

logomachie nf Litt Suite de mots creux dans un débat.

logomachique a De la logomachie.

logopédie nf MED Correction des défauts de prononciation chez les enfants.

logopédiste n Spécialiste de logopédie.

logorrhée nf Discours, propos interminables et désordonnés.

logorrhéique a De la logorrhée.

loi nf 1 Règle ou ensemble de règles édictées par une autorité souveraine et imposées à tous les individus d'une société. 2 Ensemble des règles qu'un être raisonnable se sent tenu d'observer. *La loi morale.* 3 Rapport de nécessité régissant les phénomènes dans un domaine particulier. *Loi physique, économique.* 4 Volonté, autorité. *Dicter sa loi.* Loc *Faire la loi :* se conduire en maître. ■ pl Conventions régissant la vie sociale. *Les lois de l'hospitalité.*

loi-cadre nf Loi énonçant un principe général dont les modalités d'application sont précisées par des décrets. *Des lois-cadres.*

loin av 1 À une grande distance. *Ce chemin ne mène pas loin.* 2 À une époque éloignée dans le passé ou dans l'avenir. *Ce temps est déjà loin.* Loc *Au loin :* à une grande distance. *De loin :* de beaucoup. *De près ou de loin :* d'une manière ou d'une autre. *De loin en loin :* à de grands intervalles. *Loin de :* au lieu de, au contraire de ; peu disposé à. *Aller trop loin :* exagérer.

lointain, aine a Qui est loin dans l'espace ou dans le temps. ■ nm Les lieux que l'on voit au loin. *Voir un village dans le lointain.*

lointainement av Vaguement.

loir nm Rongeur à longue queue touffue. Loc *Dormir comme un loir :* très profondément.

loisible a Loc *Il lui est loisible de :* il lui est permis, possible de.

loisir nm 1 Temps pendant lequel on n'est astreint à aucune tâche. 2 Temps nécessaire pour faire commodément qqch. *Je n'ai pas eu le loisir d'y réfléchir.* Loc *À loisir :* à son aise, sans hâte. ■ pl Activités diverses (sportives, culturelles, etc.) auxquelles on se livre pendant les moments de liberté. *Les loisirs de plein air.*

lombago. V. lumbago.

lombaire a Des lombes. ■ nf Vertèbre lombaire.

lombalgie nf Douleur dans les lombes.

lombard, arde a, n De la Lombardie.

lombarthrose nf Arthrose des lombaires.

lombes nfpl ANAT Région postérieure du tronc située au bas du dos.

lombric nm Ver de terre.

londonien, enne a, n De Londres.

long, longue a 1 Qui présente une certaine étendue dans le sens de sa plus grande dimension (par oppos. à court, à large). *Une salle très longue.* 2 Qui a telle longueur. *Un tapis long de deux mètres.* 3 Qui dure longtemps ou depuis longtemps (par oppos. à bref, à court). *Une longue vie.* 4 Qui met longtemps à faire qqch. ■ nm Longueur. *Des rideaux de trois mètres de long.* Loc *De tout son long :* en étant entièrement étendu. *En long :* dans le sens de la longueur. *En long et en large :* de toutes les façons. *De long en large :* en allant et venant sans cesse, en divers sens. *Tout du long, tout au long de :* d'un bout à l'autre de. *Au long de, le long de :* en côtoyant, en suivant. ■ nf Voyelle ou syllabe longue. Loc *À la longue :* avec le temps. ■ av Beaucoup. *Un regard qui en dit long.*

longane nm Fruit exotique proche du litchi.

longanimité nf Litt Grande patience pleine d'indulgence, de tolérance.

long-courrier nm Navire, avion qui parcourt de longs trajets. Des long-courriers.

longe nf 1 Partie du dos des animaux de boucherie. 2 Longue courroie pour attacher ou conduire un cheval.

longer vt [11] Aller ou s'étendre le long de. La route longe le lac.

longeron nm Pièce maîtresse longitudinale d'une aile d'avion, d'une machine.

longévité nf 1 Longue durée de la vie. 2 Durée de la vie.

longiligne a Mince et élancé.

longitude nf Angle, compté de 0° à 180°, que forme le plan du méridien d'un lieu avec le plan du méridien pris pour origine.

longitudinal, ale, aux a Qui s'étend selon le sens de la longueur.

long-métrage nm Film dont la durée dépasse une heure. Des longs-métrages.

longtemps av Pendant un long espace de temps ; une longue durée.

longuement av Durant un long moment.

longuet, ette a Fam Un peu long. ■ nm Petit pain allongé ; gressin.

longueur nf 1 Dimension d'une chose de l'une à l'autre de ses extrémités ; dimension maximale. La longueur d'un fleuve. La longueur d'une table. 2 Durée, étendue. La longueur du jour. La longueur d'un poème. Loc En longueur : dans le sens de la longueur. Trainer en longueur : durer trop longtemps. A longueur de : pendant tout le temps de. ■ pl Parties superflues d'une œuvre, d'un spectacle.

longue-vue nf Lunette d'approche. Des longues-vues.

look [luk] nm Fam Aspect physique ; allure, style.

looping [lupiŋ] nm Boucle complète effectuée par un avion dans le plan vertical.

lophophore nm Oiseau de l'Himalaya, au plumage éclatant.

lopin nm Petit morceau de terrain.

loquace a Qui aime à parler beaucoup.

loquacité nf Fait d'être loquace.

loque nf 1 Morceau d'étoffe déchirée. 2 Fam Personne sans énergie. ■ pl Haillons.

loquet nm Fermeture de porte formée d'une lame qui se fixe en s'abaissant.

loqueteau nm Petit loquet.

loqueteux, euse a, n Qui est en loques.

lord [lɔrd] nm Membre de la Chambre haute en Grande-Bretagne.

lordose nf Excès de convexité antérieure de la colonne vertébrale.

lorgner vt 1 Regarder à la dérobée. 2 Convoiter. Lorgner un héritage.

lorgnette nf Petite lunette d'approche. Loc Regarder par le petit bout de la lorgnette : ne considérer que des détails secondaires.

lorgnon nm Paire de verres correcteurs avec leur monture, sans branches.

loriot nm Passereau au chant sonore.

loris [-ʀis] nm Petit mammifère grimpeur asiatique, à gros yeux.

lorrain, aine a, n De la Lorraine.

lorry nm Wagonnet plat servant à l'entretien des voies.

lors av Loc Dès lors : dès ce moment-là ; en conséquence. Depuis lors : depuis ce moment-là. Pour lors : en ce cas. Lors de : au moment de. Dès lors que : à partir du moment où. Lors même que (+ conditionnel) : quand bien même.

lorsque conj Au moment où, quand.

losange nm Parallélogramme dont les quatre côtés sont égaux.

losangé, ée a Divisé en losanges.

losangique a En forme de losange.

loser [luzœʀ] nm Fam Perdant, médiocre.

lot [lo] nm 1 Portion d'un partage attribuée à qqn. 2 Ce qui échoit dans une loterie à chacun des gagnants. 3 Litt Ce que le sort réserve à qqn. Mon lot est d'être malchanceux. 4 COMM Ensemble d'articles assortis vendus en bloc.

lote. V. lotte.

loterie nf Jeu de hasard comportant la vente de marques ou de billets numérotés et le tirage au sort des numéros gagnant un lot. 2 Ce qui dépend du hasard.

loti, ie a Loc Être bien (mal) loti : être favorisé (défavorisé) par le sort.

lotion nf Liquide spécialement préparé pour les soins de toilette.

lotir vt Partager en lots. Lotir un terrain.

lotissement nm Morcellement d'un terrain en parcelles destinées à la construction.

loto nm 1 Jeu de hasard qui se joue avec des jetons numérotés à placer sur des cartons à cases numérotées. 2 Jeu de hasard national établi sur le tirage au sort de numéros gagnants.

lotte ou **lote** nf 1 Poisson d'eau douce. 2 Autre nom de la baudroie.

lotus [-tys] nm Nom usuel d'un nénuphar.

louable a Digne de louange.

louage nm Location. Voiture de louage.

louange nm Discours par lequel on loue qqn ; éloge. ■ pl Paroles par lesquelles on fait l'éloge de qqn, de ses mérites.

louangeur, euse a Qui exprime des éloges. Des articles louangeurs.

loubard ou **loubar** nm Fam Jeune voyou.

1. louche a, nm Qui ne paraît pas parfaitement honnête. Une affaire louche. Il y a du louche dans tout cela.

2. louche nf Cuiller large à long manche.

loucher vi Être atteint de strabisme. ■ vti Convoiter. Loucher sur la part du voisin.

loucherie nf Fait de loucher, strabisme.

loucheur, euse n Qui louche.

1. louer vt 1 Donner ou prendre en location. 2 Réserver, retenir. Louer une place de théâtre.

2. louer vt Exalter qqch, qqn, en célébrer les mérites. ■ vpr Témoigner qu'on est satisfait de qqch, de qqn. Se louer de son audace.

loueur, euse n Qui donne en location.

loufiat nm Pop Garçon de café.

loufoque a Fam Un peu fou, saugrenu.

loufoquerie nf Fam Acte, propos loufoque.

louis nm Anc Pièce d'or française de 20 francs.

louise-bonne nf Variété de poire fondante. Des louises-bonnes.

loukoum. V. rahat-loukoum.

loulou nm 1 Chien de luxe au museau pointu et à long poil. 2 Pop Loubard, voyou. Des loulous.

loup nm 1 Mammifère carnivore à l'allure de grand chien. 2 Bar (poisson). 3 Petit masque noir. 4 TECH Défaut irréparable dans la fabrication d'une pièce. **Loc** *Jeune loup* : homme jeune et plein d'ambition. *Loup de mer* : marin expérimenté. *Faim de loup* : grande faim. *Marcher à pas de loup* : sans bruit. *Être connu comme le loup blanc* : être très connu.

loup-cervier nm Lynx. *Des loups-cerviers.*

loupe nf 1 Lentille convergente qui donne des objets une image agrandie. 2 MED Kyste sébacé. 3 BOT Excroissance ligneuse qui se développe sur certains arbres.

loupé ou **loupage** nm Fam Erreur, échec.

louper vt Fam Rater, manquer.

loup-garou nm Personnage légendaire, malfaisant qui se métamorphose la nuit en loup. *Des loups-garous.*

loupiot, otte n Fam Enfant.

loupiote nf Fam Lampe.

lourd, lourde a 1 Pesant. *Une lourde charge.* 2 Oppressant. *Climat lourd.* 3 Qui manque d'élégance, de finesse. 4 Difficile à digérer. 5 Qui nécessite des moyens importants. *Chirurgie lourde.* **Loc** *Sommeil lourd* : profond. *Avoir la main lourde* : frapper durement. *Poids lourd* : catégorie de poids dans de nombreux sports (en boxe, plus de 79 kg). ■ av Beaucoup. *Peser lourd. Ne pas en savoir lourd.*

lourdaud, aude a, n Grossier, maladroit.

lourde nf Pop Porte.

lourdement av 1 Pesamment. 2 Grossièrement. *S'esclaffer lourdement.*

lourder vt Pop Mettre à la porte.

lourdeur nf Caractère lourd.

lourdingue a Pop Lourdaud.

loustic nm Fam Individu peu sérieux.

loutre nf Mammifère carnivore aquatique ; fourrure appréciée de cet animal.

louve nf Femelle du loup.

louveteau nm 1 Petit de la louve. 2 Jeune scout.

louvoiement nm Action de louvoyer.

louvoyer vi [22] 1 MAR Tirer des bords pour naviguer contre le vent. 2 Faire de nombreux détours pour arriver à ses fins ; tergiverser.

lover vt MAR Enrouler un cordage sur lui-même. ■ vpr Se rouler en spirale.

loyal, ale, aux a Droit, honnête ; fidèle.

loyalement av Avec loyauté.

loyalisme nm 1 Fidélité au régime établi. 2 Fidélité à une cause.

loyaliste a, n Qui proclame son loyalisme.

loyauté nf Droiture, probité, honnêteté.

loyer nm Prix payé par le preneur pour l'usage d'une chose louée.

L.S.D. nm Hallucinogène puissant.

lubie nf Caprice bizarre, fantaisie subite.

lubricité nf Penchant à la luxure.

lubrifiant, ante a, nm Qui lubrifie.

lubrification nf Action de lubrifier.

lubrifier vt Graisser pour rendre glissant.

lubrique a 1 Porté à la luxure. 2 Inspiré par la lubricité. *Des gestes lubriques.*

lucane nm Coléoptère appelé aussi *cerf-volant.*

lucarne nf Ouverture vitrée pratiquée dans une toiture pour donner du jour.

lucide a 1 Qui envisage la réalité clairement et nettement, telle qu'elle est. 2 Pleinement conscient.

lucidement av De façon lucide.

lucidité nf Qualité lucide.

lucilie nf Mouche verte qui pond sur la viande.

luciole nf Coléoptère lumineux.

lucite nf Affection de la peau due à la lumière.

lucratif, ive a Qui rapporte un profit, de l'argent. *Association à but non lucratif.*

lucre nm Profit qu'on recherche avidement.

ludiciel nm Logiciel de jeu.

ludion nm Jouet formé d'un corps creux qu'on fait monter ou descendre dans un liquide par pression sur la membrane fermant le flacon.

ludique a Qui concerne le jeu.

ludisme nm Comportement ludique.

ludothèque nf Établissement où les enfants peuvent emprunter des jeux.

luette nf ANAT Appendice conique prolongeant le bord postérieur du voile du palais.

lueur nf 1 Lumière faible ou passagère. 2 Expression passagère du regard. 3 Apparition passagère. *Une lueur d'espoir.*

luge nf Petit traîneau utilisé pour descendre rapidement les pentes neigeuses.

lugubre a Qui inspire ou qui dénote une tristesse profonde. *Un air lugubre.*

lugubrement av De façon lugubre.

lui pr pers Troisième personne du singulier, masculin ou féminin.

luire vi [67] Émettre ou refléter de la lumière.

luisant, ante a Qui luit. **Loc** *Ver luisant* : lampyre.

lumbago [lɔ̃-] ou **lombago** nm Douleur lombaire survenant brutalement.

lumen [lymɛn] nm PHYS Unité de flux lumineux (symbole : lm).

lumière nf 1 Phénomène spontanément perçu par l'œil et susceptible d'éclairer et de permettre de voir. *La lumière du soleil, d'une lampe.* 2 Ce qui sert à éclairer ; lampe. 3 Ce qui permet de comprendre ou de savoir. *La lumière de la raison.* 4 Personne intelligente, savante. 5 TECH Orifice, ouverture. **Loc** *Faire la lumière sur une chose* : la révéler, l'expliquer. *Mettre en (pleine) lumière* : faire voir clairement, mettre en évidence. ■ pl Connaissances.

lumignon nm Lampe qui éclaire peu.

luminaire nm Appareil ou ensemble d'appareils d'éclairage.

luminescence nf Propriété des corps qui deviennent lumineux à basse température.

luminescent, ente a Qui présente une luminescence.

lumineusement av Très clairement.

lumineux, euse a 1 Qui émet de la lumière. 2 Très clair. *Un exposé lumineux.*

luminosité nf Caractère lumineux.

lump [lœp] nm Poisson dont les œufs ressemblent à du caviar.

lunaire a De la Lune. ■ nf Syn de *monnaie-du-pape.*

lunaison nf Durée comprise entre deux nouvelles lunes consécutives.

lunatique a, n Capricieux, fantasque.

lunch [lœntʃ] ou [lœʃ] nm Repas froid, constitué de mets légers présentés en buffet.

lundi nm Premier jour de la semaine.

lune nf 1 (avec majusc) Corps céleste, satellite de la Terre et qui l'éclaire la nuit. 2 Lunaison. **Loc** *Lune de miel* : les débuts du mariage. *Nouvelle lune* : période où la Lune est visible. *Pleine lune* : période où la Lune est visible sous forme d'un disque lumineux. Fam *Demander.*

promettre la lune : une chose impossible. Fam *Être dans la lune* : être distrait, inattentif. Fam *Vieilles lunes* : idées démodées.

luné, ée *a* Loc Fam *Bien (mal) luné* : de bonne (de mauvaise) humeur.

lunetier, ère *n* Fabricant de lunettes.

lunette *nf* 1 Instrument destiné à grossir ou à rapprocher l'image d'un objet éloigné. *Lunette astronomique*. 2 Ouverture d'une cuvette de W.-C. ■ *pl* Paire de verres fixés à une monture, servant à corriger la vue ou à protéger les yeux.

lunetterie *nf* Fabrication des lunettes.

lunule *nf* Zone blanchâtre à la base de l'ongle.

lupanar *nm* Litt Lieu de prostitution.

lupin *nm* Plante ornementale ou fourragère, à fleurs en grappes.

lupus [lypys] *nm* Dermatose, principalement localisée au visage.

lurette *nf* Loc Fam *Il y a belle lurette* : il y a bien longtemps.

lurex *nm* (n déposé) Fil recouvert de polyester, à l'aspect métallique.

luron, onne *n* Fam Bon vivant.

lusitanien, enne *a, n* Portugais.

lusophone *a, n* De langue portugaise.

lustrage *nm* Action de lustrer.

lustral, ale, aux *a* Litt Qui sert à purifier.

1. lustre *nm* Litt Période de cinq ans. ■ *pl* Fam Longue période.

2. lustre *nm* 1 Appareil d'éclairage suspendu au plafond. 2 Litt Éclat, brillant.

lustrer *vt* Donner du lustre à, rendre brillant.

lustrine *nf* Tissu de coton très apprêté et lustré.

luth *nm* Instrument à cordes pincées.

luthéranisme *nm* Doctrine de Luther.

lutherie *nf* Profession, commerce du luthier.

luthérien, enne *a, n* Qui relève de la doctrine de Luther.

luthier *nm* Fabricant ou marchand d'instruments de musique à cordes.

luthiste *n* Qui joue du luth.

lutin *nm* 1 Petit démon familier d'esprit malicieux ou taquin. 2 Enfant vif, espiègle.

lutiner *vt* Litt Harceler de familiarités galantes.

lutrin *nm* Pupitre sur lequel on pose les livres servant à chanter l'office, dans une église.

lutte *nf* 1 Sport de combat opposant deux adversaires dont chacun doit s'efforcer d'immobiliser l'autre au sol. 2 Rixe ou combat. *Lutte au couteau*. 3 Opposition ou conflit d'idées, d'intérêts, de pouvoir. *Luttes politiques*. 4 Action contre une force, un phénomène nuisible ou hostile.

lutter *vi* 1 Pratiquer la lutte. 2 Se battre, rivaliser. *Lutter contre un ennemi*. 3 Être en lutte. *Lutter contre le vent*.

lutteur, euse *n* Qui pratique la lutte.

lux *nm* Unité d'éclairement lumineux (symbole : lx).

luxation *nf* MED Déplacement anormal des surfaces d'une articulation.

luxe *nm* Magnificence, éclat ; abondance de choses somptueuses. Loc *Un (grand) luxe de* : une grande quantité, une profusion de. *Se payer, s'offrir le luxe de* : se permettre de faire qqch de difficile, d'agréable, de remarquable.

luxembourgeois, oise *a, n* Du grand duché du Luxembourg.

luxer *vt* Provoquer la luxation de.

luxueusement *av* De façon luxueuse.

luxueux, euse *a* Caractérisé par le luxe.

luxure *nf* Litt Pratique immodérée des plaisirs sexuels.

luxuriance *nf* Caractère luxuriant.

luxuriant, ante *a* Qui pousse avec abondance (végétation).

luxurieux, euse *a* Litt 1 Qui s'adonne à la luxure. 2 Qui dénote la luxure.

luzerne *nf* Plante fourragère riche en protéines.

lycée *nm* Établissement d'enseignement du deuxième cycle du second degré.

lycéen, enne *n, a* Élève d'un lycée.

lycoperdon *nm* Champignon appelé couramment *vesse-de-loup*.

lycra *nm* (n déposé) Fibre textile artificielle, très élastique.

lymphangite *nf* Inflammation aiguë ou chronique des vaisseaux lymphatiques.

lymphatique *a* De la lymphe. *Ganglions lymphatiques*. ■ *a, n* Mou, sans énergie.

lymphatisme *nm* Caractère lent et apathique.

lymphe *nf* BIOL Liquide clair, blanchâtre qui circule dans les vaisseaux lymphatiques.

lymphocytaire *a* Des lymphocytes.

lymphocyte *nm* BIOL Cellule sanguine mononucléaire appartenant à la lignée blanche.

lymphocytose *nf* MED Accroissement pathologique des lymphocytes.

lymphographie *nf* Radiographie du système lymphatique.

lymphome *nm* MED Tumeur maligne des ganglions lymphatiques.

lymphopénie *nf* MED Baisse des lymphocytes dans le sang.

lynchage *nm* Action de lyncher.

lyncher *vt* Exécuter un présumé coupable sans jugement préalable (groupe, foule).

lynx *nm* Mammifère carnivore félidé. Loc *Yeux de lynx* : vue très perçante.

lyonnais, aise *a, n* De Lyon.

lyophilisation *nf* Procédé de dessiccation par congélation brutale.

lyophiliser *vt* Soumettre à la lyophilisation.

lyre *nf* Instrument de musique à cordes pincées utilisé par les Anciens.

lyrique *a* 1 Se dit d'une œuvre, d'un auteur qui laisse libre cours à l'expression des sentiments personnels. 2 Se dit d'une œuvre théâtrale mise en musique pour être chantée. 3 Enthousiaste. *Description lyrique*. Loc *Artiste lyrique* : chanteur, chanteuse d'opéra. ■ *nm* Poète lyrique. ■ *nf* Poésie lyrique.

lyriquement *av* Avec lyrisme.

lyrisme *nm* 1 Inspiration poétique lyrique. 2 Caractère lyrique.

lys. V. lis.

lyse *nf* BIOL Destruction d'une structure organique.

lysergique *a* Loc *Acide lysergique* : puissant hallucinogène (L.S.D.).

lysine *nf* BIOL Acide aminé basique indispensable à la croissance.

lytique *a* BIOL Qui cause la lyse.

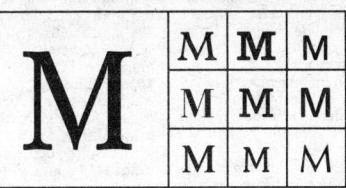

m nm **1** Treizième lettre (consonne) de l'alphabet. **2** M : chiffre romain valant 1 000. **3** M. : abrév de *Monsieur*.

ma. V. mon.

maboul, oule a. n Pop Fou.

mac nm Pop Proxénète.

macabre a Qui évoque des choses funèbres, la mort. *Histoire macabre.*

macadam [-dam] nm Revêtement de chaussée constitué de pierres concassées agglomérées.

macanéen, enne a. n De Macao.

macaque nm **1** Singe d'Afrique et d'Eurasie, trapu, à queue réduite ou absente. **2** Fam Personne très laide.

macareux nm Oiseau marin au gros bec bleu et rouge, qui vit dans des terriers.

macaron nm **1** Petit gâteau rond à la pâte d'amande. **2** Gros insigne de forme arrondie. **3** Natte de cheveux roulée sur l'oreille.

macaroni nm Pâte alimentaire, en forme de petit tube allongé.

maccarthysme nm HIST Politique anticommuniste systématique des États-Unis dans les années 50.

macchabée [-ka-] nm Pop Cadavre.

macédoine nf Mets composé de légumes ou de fruits coupés en morceaux.

macédonien, enne a. n De la Macédoine.

macération nf Opération qui consiste à laisser séjourner dans un liquide une substance pour l'accommoder, la conserver, etc.

macérer vt [12] Soumettre à la macération. ■ vi Séjourner dans un liquide.

Mach (nombre de) [mak] nm Loc *Voler à Mach 1, Mach 2...* : à une fois, deux fois la vitesse du son.

machaon [-ka-] nm Grand papillon aux ailes colorées.

mâche nf Variété de salade.

mâchefer nm Scorie provenant de la combustion de certains charbons.

mâchement nm Action de mâcher.

mâcher vt Broyer, triturer avec les dents. Loc *Mâcher la besogne à qqn* : la lui préparer de façon qu'il puisse l'achever sans peine. *Ne pas mâcher ses mots* : parler sans ménagements.

machette nf Sabre d'abattage.

machiavélique [-kja-] a Qui calcule ses coups avec une habileté perfide.

machiavélisme [-kja-] nm **1** Doctrine politique de Machiavel. **2** Attitude machiavélique.

mâchicoulis nm Anc Encorbellement placé en haut d'une muraille et percé d'ouvertures.

machin nm Fam Personne ou chose qu'on ne veut pas nommer plus précisément.

machinal, ale, aux a Fait sans intention consciente. *Geste machinal.*

machinalement av De façon machinale.

machination nf Intrigue ourdie secrètement dans le dessein de nuire.

machine nf **1** Appareil plus ou moins complexe, conçu pour accomplir des tâches, des travaux. *Machine à écrire. Machine agricole.* **2** Véhicule. **3** Ensemble organisé qui fonctionne comme un mécanisme. *La machine bureaucratique.* Loc *Faire machine arrière* : revenir sur ses affirmations. *Machine infernale* : engin explosif.

machine-outil nf Machine servant à façonner un matériau, à modifier la forme d'une pièce. *Des machines-outils.*

machiner vt Combiner, manigancer.

machinerie nf Ensemble de machines.

machinisme nm Généralisation de l'emploi de machines en remplacement de la main-d'œuvre.

machiniste n **1** Conducteur d'un véhicule de transports en commun. **2** Personne chargée de la manœuvre des décors et accessoires dans un théâtre, dans un studio de cinéma, de télévision.

machisme [matʃism] nm Comportement, idéologie du macho.

machiste a Propre au machisme.

macho [matʃo] nm, a Fam Homme qui affiche une attitude dominatrice envers les femmes.

mâchoire nf **1** Chacune des deux pièces osseuses dans lesquelles les dents sont implantées. **2** TECH Pièce qu'on rapproche d'une autre pour assujettir un objet. *Mâchoires d'un étau.*

mâchon nm Petit restaurant lyonnais.

mâchonnement nm Action de mâchonner.

mâchonner vt **1** Mâcher avec difficulté ou négligence. **2** Mordiller.

mâchouiller vt Fam Mâchonner.

mâcon nm Vin du sud de la Bourgogne.

maçon, onne n **1** Se dit de certains animaux bâtisseurs. ■ nm **1** Ouvrier en maçonnerie. **2** Abrév pour *franc-maçon*.

maçonnage nm Action de maçonner.

maçonner *vt* **1** Réaliser un ouvrage avec des pierres, des briques. **2** Revêtir de maçonnerie.

maçonnerie *nf* **1** Ouvrage en pierres, briques, liées au moyen de plâtre ou de ciment. **2** Corps de métier du bâtiment spécialisé dans le gros œuvre. **3** Franc-maçonnerie.

maçonnique *a* De la franc-maçonnerie.

macramé *nm* Dentelle d'ameublement.

macreuse *nf* **1** Canard marin des régions nordiques. **2** Morceau de viande maigre sur l'épaule du bœuf.

macrobiotique *a, nf* Se dit d'un régime alimentaire qui exclut la viande et consiste surtout en céréales, légumes et fruits.

macrocosme *nm* PHILO L'univers, dans sa relation avec l'homme.

macrocystis *nm* Grande algue brune.

macroéconomie *nf* Partie de l'économie qui considère uniquement les grandes composantes de la vie économique.

macroéconomique *a* De la macroéconomie.

macromolécule *nf* CHIM Molécule géante.

macrophage *nm* BIOL Cellule dérivée des monocytes, ayant une fonction phagocytaire.

macroscopique *a* Didac Se dit des objets, des phénomènes pouvant être observés à l'œil nu (par oppos. à microscopique).

macroure *nm* ZOOL Crustacé à l'abdomen allongé (homard).

macula *nf* ANAT Dépression située à l'arrière de la rétine, appelée aussi *tache jaune*.

macule *nf* Tache cutanée.

maculer *vt* Tacher.

macumba [-kum-] *nf* Culte brésilien apparenté au vaudou.

madame *nf* Titre donné à une femme mariée et qui tend aujourd'hui à être employé pour toute femme. (Au pl. *mesdames*. Abrév : *Mme*, *Mmes*.)

made in [medin] *loc* Précède le nom du pays où un produit a été fabriqué. *Made in France*.

madeleine *nf* Petit gâteau ovale à pâte molle.

mademoiselle *nf* Titre donné à une jeune fille, à une femme célibataire. (Au pl. *mesdemoiselles*. Abrév : *Mlle, Mlles*.)

madère *nm* Vin liquoreux de Madère.

madériser (se) *vpr* Prendre le goût du madère.

madone *nf* Représentation de la Vierge.

madrague *nf* Dispositif de pêche au thon fait d'une enceinte de filets.

madras [-dras] *nm* **1** Étoffe légère de soie et de coton, de couleurs vives. **2** Coiffure faite avec cette étoffe, portée par les Antillaises.

madré, ée *a, n* Litt Rusé.

madrépore *nm* Corail constitutif des atolls et des récifs.

madrier *nm* Planche très épaisse utilisée en construction.

madrigal, aux *nm* Petite pièce de vers exprimant de tendres sentiments.

madrilène *a, n* De Madrid.

maelström ou **maelstrom** *nm* Litt Violent tourbillon.

maestria *nf* Grande habileté, virtuosité.

maestro *nm* Grand compositeur ; chef d'orchestre réputé.

mafflu, ue *a* Litt Qui a de grosses joues.

mafia *nf* **1** Association secrète de malfaiteurs. **2** Clan défendant les intérêts de ses membres.

mafieux, euse *a, n* De la mafia.

mafioso *nm* Membre de la mafia. *Des mafiosi*.

magasin *nm* **1** Lieu couvert où l'on entrepose des marchandises, des denrées, etc. **2** Établissement commercial de vente. **3** Logement des munitions d'une arme à répétition, du film d'un appareil photo.

magasinage *nm* Action de déposer ou fait de conserver des marchandises dans un magasin.

magasinier, ère *n* Qui est chargé de gérer les marchandises déposées en magasin.

magazine *nm* **1** Publication périodique illustrée. **2** Émission à la radio, à la télévision.

magdalénien, enne *a, nm* PRÉHIST De la fin du paléolithique supérieur.

mage *nm* Qui connaît les sciences occultes. ■ *a* Loc *Rois mages* : riches personnages qui, selon l'Évangile, vinrent visiter Jésus à sa naissance.

magenta [-ʒẽta] *nm, a inv* Rouge cramoisi.

maghrébin, ine *a, n* Du Maghreb.

magicien, enne *n* **1** Qui pratique la magie. **2** Qui fait des choses extraordinaires, qui enchante. **3** Illusionniste, prestidigitateur.

magie *nf* **1** Science occulte visant à obtenir des effets merveilleux à l'aide de moyens surnaturels. **2** Prestidigitation. *Tour de magie*. **3** Enchantement, séduction. *La magie du chant*.

magique *a* **1** De la magie. **2** Qui charme, enchante. **3** Surprenant.

magiquement *av* De façon magique.

magistère *nm* **1** Litt Autorité morale, intellectuelle ou doctrinale. **2** Diplôme universitaire de haut niveau.

magistral, ale, aux *a* **1** Qui appartient au maître. *Chaire magistrale*. **2** Donné par un professeur en titre. *Cours magistral*. **3** D'une qualité remarquable. *Réussir un coup magistral*.

magistralement *av* De façon magistrale.

magistrat *nm* **1** Fonctionnaire investi d'une autorité juridictionnelle, politique ou administrative. **2** Membre de l'ordre judiciaire.

magistrate *nm* Fam Femme magistrat.

magistrature *nf* **1** Dignité, charge de magistrat. **2** Temps pendant lequel un magistrat exerce ses fonctions. **3** Corps des magistrats.

magma *nm* **1** GÉOL Mélange pâteux de matières minérales en fusion, provenant de l'intérieur de la Terre. **2** Mélange confus, désordonné.

magmatique *a* Du magma. *Roche magmatique*.

magnanerie *nf* Bâtiment servant à l'élevage des vers à soie.

magnanime *a* Litt Qui a de la générosité à l'égard des faibles, des vaincus.

magnanimement *av* Généreusement.

magnanimité *nf* Litt Générosité, clémence.

magnat [magna] *nm* Financier ou industriel très puissant.

magner (se) *vpr* Pop Se dépêcher.

magnésie *nf* Oxyde de magnésium.

magnésien, enne *a* Du magnésium.

magnésium [-zjom] *nm* Métal gris-blanc très léger, utilisé notamment en métallurgie.

magnétique *a* **1** Relatif à l'aimant, au magnétisme. *Champ magnétique*. **2** Qui semble exercer une influence puissante et mystérieuse sur la volonté d'autrui. *Charme magnétique*.

magnétisation *nf* Action de magnétiser.

magnétiser vt 1 Communiquer les propriétés de l'aimant à une substance. 2 Soumettre à une influence puissante ; subjuguer.

magnétiseur, euse n 1 Guérisseur qui attribue son action à un fluide personnel. 2 Hypnotiseur.

magnétisme nm 1 Partie de la physique qui étudie les propriétés des aimants, des champs magnétiques. 2 Ensemble des phénomènes relatifs aux champs magnétiques. 3 Attraction, fascination que qqn exerce sur un autre.

magnétite nf Oxyde naturel de fer.

magnéto nf Génératrice de courant alternatif.

magnétomètre nm Instrument de mesure des champs magnétiques.

magnétophone nm Appareil permettant d'enregistrer les sons sur bande magnétique et de les reproduire.

magnétoscope nm Appareil permettant d'enregistrer les images sur bande magnétique et de les reproduire sur un écran de télévision.

magnétosphère nf Zone du champ magnétique d'une planète.

magnificat [-kat] nm inv 1 Cantique de la Vierge Marie à l'Annonciation. 2 Musique sur le texte du Magnificat.

magnificence nf 1 Litt Générosité grandiose dans les dons, les dépenses. 2 Caractère magnifique ; splendeur somptueuse.

magnifier vt Litt Exalter la grandeur de.

magnifique a 1 Somptueux, plein de grandeur, d'éclat. 2 Très beau, remarquable.

magnifiquement av De façon magnifique.

magnitude nf 1 ASTRO Grandeur servant à caractériser l'éclat d'un astre. 2 GEOL Grandeur permettant de classer les séismes.

magnolia nm Arbre ornemental aux grandes fleurs blanches très odorantes.

magnum [magnɔm] nm Grosse bouteille contenant 1,5 litre.

magot nm 1 Macaque sans queue d'Afrique du Nord. 2 Figurine représentant un personnage obèse. 3 Fam Somme d'argent, économies.

magouille nf Fam Intrigue, manœuvre douteuse.

magouiller vi Fam Se livrer à des magouilles.

magouilleur, euse n, a Fam Qui magouille.

magret nm Filet de viande rouge prélevé sur le ventre du canard.

magyar a, n Hongrois.

maharajah ou **maharadja** nm Titre donné autrefois aux princes de l'Inde.

maharani nf Femme de maharajah.

mahatma nm Nom attribué dans l'Inde moderne à certains chefs spirituels.

mahdi nm Envoyé de Dieu à la fin des temps, dans la religion islamique.

mah-jong nm Jeu chinois voisin des dominos. Des mah-jongs.

mahométan, ane n, a Vx Musulman.

mahonia nm Arbrisseau ornemental à fleurs jaunes et à baies bleues.

mahorais, aise a, n De Mayotte.

mahratte ou **marathe** nm Langue de l'Inde (Maharashtra), dérivée du sanskrit.

mai nm Cinquième mois de l'année.

maïa nm Araignée de mer.

maïeutique nf PHILO Méthode dialectique visant à amener l'interlocuteur à découvrir par lui-même la vérité.

maigre a 1 Qui a peu de graisse, de matières grasses. Viande maigre. Fromage maigre. 2 Dont le corps présente peu de chair autour du squelette. 3 Peu fourni. Une maigre végétation. 4 Qui manque d'importance ; insuffisant. Maigre bénéfice. ■ nm 1 Partie maigre d'une viande. 2 Syn de scième. Loc Faire maigre : ne pas manger de viande pour des raisons religieuses.

maigrelet, ette ou **maigrichon, onne** a, n Fam Un peu trop maigre.

maigrement av Petitement, chichement.

maigreur nf État d'un être maigre.

maigrir vi Devenir maigre. ■ vt Faire paraître maigre.

mail nm Promenade publique.

mailing [-liŋ] nm Envoi de prospectus, de spécimens pour promouvoir la vente d'un produit.

maillage nm Disposition en réseau.

maille nf Chacune des boucles (de fil, de laine, etc.) dont l'entrelacement constitue un tissu, un tricot, un filet, un grillage, etc. Loc Avoir maille à partir avec qqn : avoir une dispute avec lui.

maillechort nm Alliage de cuivre, de nickel et de zinc, blanc, dur et inaltérable.

mailler vt Fabriquer en mailles. Mailler un filet.

maillet nm Marteau à deux têtes en bois dur.

mailloche nf 1 Gros maillet. 2 MUS Baguette terminée par une boule utilisée avec certains instruments à percussion.

maillon nm Anneau d'une chaîne.

maillot nm 1 Lange et couches dont on enveloppait le bébé. 2 Vêtement de tricot porté à même la peau. 3 Costume de bain.

main nf 1 Partie du corps humain qui termine le bras, munie de cinq doigts. 2 IMPRIM Assemblage de vingt-cinq feuilles de papier. Loc Porter la main sur qqn : le frapper. Mettre la main sur une chose : la trouver après l'avoir cherchée. Avoir le cœur sur la main : être très généreux. Forcer la main à qqn : le contraindre à faire qqch. A pleines mains : abondamment, avec libéralité. Attaque à main armée : par une (des) personne(s) armée(s). Coup de main : opération exécutée par surprise. Fam Donner un coup de main à qqn : l'aider. De main de maître : très bien fait, exécuté. Fam Ne pas y aller de main morte : agir très vigoureusement. De longue main : depuis longtemps. De première main : directement, sans intermédiaire. De seconde main : d'occasion ; indirectement. De la main à la main : directement. Prendre en main(s) une affaire : s'en charger. En main(s) propre(s) : directement entre les mains de la personne concernée. En bonnes mains : sous la responsabilité de qqn de compétent. Sous main : secrètement. Sous la main : à portée, non loin. Mettre la main à l'ouvrage, à la pâte : participer activement à un travail. Avoir la main heureuse : réussir ce que l'on entreprend. Avoir la haute main sur qqch : avoir autorité. Emporter une affaire haut la main : facilement. Avoir la main lourde : faire trop sentir son autorité. Faire main basse sur : s'emparer de. Passer la main : renoncer à ce à quoi l'on avait droit. Avoir la main : aux cartes, être le premier à jouer. Main courante : dessus de la rampe d'escalier. Petite main : couturière débutante.

mainate nm Oiseau noir d'Asie, apte à imiter la voix humaine.

main-d'œuvre nf 1 Façon, travail de l'ouvrier. 2 Personnel de production.

main-forte nf Loc Prêter main-forte à qqn : lui porter assistance pour exécuter qqch.

mainlevée nf DR Acte mettant fin aux mesures de saisie, de séquestre, etc.

mainmise nf Domination, accaparement.

mainmorte nf Loc DR Biens de mainmorte : biens possédés par des communautés religieuses, des œuvres charitables, etc., et qui échappent aux règles des mutations par décès.

maint, mainte a indéf Litt Plus d'un, de nombreux. Je te l'ai dit maintes fois.

maintenance nf TECH Maintien d'un matériel en état de fonctionnement.

maintenant av 1 À présent, au temps où nous sommes. 2 Désormais. Maintenant ils seront heureux. Loc Maintenant que : dès lors que.

maintenir vt [35] 1 Tenir ferme et fixe. 2 Conserver dans le même état ; garder. 3 Continuer à affirmer, soutenir. ■ vpr Rester dans le même état. Se maintenir en bonne santé.

maintien nm 1 Contenance, attitude. 2 Action de maintenir, de conserver dans le même état.

maire nm Élu chargé de diriger une commune avec le conseil municipal. Loc HIST Maire du palais : sous les mérovingiens, dignitaire qui détenait la réalité du pouvoir.

mairesse nf 1 Fam Femme d'un maire. 2 Abusiv Femme maire.

mairie nf 1 Fonction du maire. 2 Administration municipale. 3 Bureaux de cette administration ; bâtiment qui les abrite.

mais conj Exprime une restriction, une différence, une opposition, une objection, etc. ■ av Loc Litt N'en pouvoir mais : être impuissant.

maïs nm Céréale à grosse tige et à gros grains jaunes en épis.

maison nf 1 Bâtiment d'habitation. 2 Ensemble des lieux que l'on habite ; les habitants de ces lieux. 3 Établissement commercial, financier, industriel, social, culturel, etc. Une maison sérieuse. Maison de retraite. Maison de la culture. 4 Famille noble ; famille régnante. La maison d'Autriche. ■ a inv 1 Fait à la maison, de façon artisanale. Gâteau maison. 2 Formé dans l'établissement. Ingénieur maison.

maisonnée nf Ensemble des habitants d'une maison.

maisonnette nf Petite maison.

maître, maîtresse n 1 Qui détient une autorité comme propriétaire, comme directeur. Le chien obéit à son maître. Des domestiques fidèles à leurs maîtres. 2 Instituteur, institutrice. Loc Être son maître : ne dépendre que de soi-même. ■ a 1 Qui est en état de décider, de diriger. Être maître du choix, de la situation. 2 Qui est dominant, essentiel. Qualité maîtresse. Poutre maîtresse. Loc Être maître de soi : se dominer. Se rendre maître de : s'emparer de. ■ nm 1 Qui a des disciples, qui sert de modèle. 2 Titre donné aux avocats, aux notaires, aux commissaires-priseurs. Loc Maître de conférences : professeur non titulaire dans une université. Maître d'hôtel : employé responsable de l'ensemble du service dans un restaurant ou une grande maison. Maître d'œuvre : qui assure la conception et la réalisation d'un édifice, d'un projet. ■ nf Femme qui a des relations intimes avec un homme qui n'est pas son mari.

maître-autel nm Autel principal d'une église. Des maîtres-autels.

maître chanteur. V. chanteur.

maître-chien nm Spécialiste du dressage des chiens. Des maîtres-chiens.

maître-mot nm Mot qui résume la pensée de qqn, d'un groupe. Des maîtres-mots.

maîtrisable a Qu'on peut maîtriser.

maîtrise nf 1 École d'instruction musicale des enfants de chœur ; ensemble des chanteurs. 2 Ensemble du personnel chargé de l'encadrement des ouvriers. 3 Titre universitaire supérieur à la licence et inférieur au doctorat. 4 Excellence dans un art, une science. 5 Domination, contrôle. La maîtrise des mers. 6 Fait de maîtriser qqch. Avoir une bonne maîtrise de l'anglais.

maîtriser vt 1 Réduire par la force, dompter. Maîtriser un cheval. 2 Dominer. Maîtriser ses passions. 3 Savoir parfaitement conduire, traiter, utiliser. Maîtriser son véhicule. Maîtriser son sujet. ■ vpr Rester maître de soi.

maïzena [-ze-] nf (n déposé) Farine de maïs.

majesté nf 1 Grandeur suprême ; caractère auguste qui inspire le respect. 2 Titre donné aux souverains.

majestueusement av Avec majesté.

majestueux, euse a Qui a de la majesté, de la grandeur, de la noblesse.

majeur, eure a 1 De première importance. Un intérêt majeur. 2 Qui a atteint l'âge de la majorité. Loc Cas de force majeure : situation imprévue qui impose une action. La majeure partie : la plus grande partie. ■ nm Doigt du milieu de la main, le plus long. Syn médius. ■ nf PHILO Première proposition d'un syllogisme, exprimant l'idée la plus générale.

major nm 1 Officier supérieur chargé de l'administration d'un corps de troupe. 2 Premier d'un concours, d'une promotion. ■ nf Chacune des entreprises qui viennent en tête, dans un secteur de l'économie.

majoration nf Action de majorer.

majordome nm Chef des domestiques d'une grande maison.

majorer vt Augmenter le montant de.

majorette nf Jeune fille en uniforme militaire de fantaisie, qui participe à un défilé.

majoritaire a Qui constitue une majorité, qui appartient à la majorité. Loc Scrutin majoritaire : scrutin dans lequel celui des candidats qui a le plus grand nombre de voix l'emporte.

majoritairement av En majorité.

majorité nf 1 Âge fixé par la loi pour que qqn jouisse du libre exercice de ses droits. 2 Le plus grand nombre, la majeure partie. 3 Le plus grand nombre des suffrages dans un vote. 4 Parti qui réunit le plus grand nombre d'élus.

majorquin, ine a, n De Majorque.

majuscule a Grande lettre, à l'initiale d'un nom propre ou d'un mot placé en tête de phrase, de vers, etc. Ant. minuscule.

maki nm Mammifère lémurien de Madagascar, arboricole, à très longue queue.

makimono nm Peinture japonaise sur un rouleau horizontal.

mal, maux nm 1 Douleur physique. Souffrir d'un mal de dents. Avoir mal au dos. 2 Maladie. Un mal incurable. 3 Difficulté, peine. Avoir du mal à comprendre. 4 Calamité, dom-

malignement

mage. *Les maux de la guerre.* **5** Ce qui est mauvais. *Ce retard n'est pas un mal.* **6** Ce qui est contraire à la morale, au bien. *Être enclin au mal.* Loc *Mal blanc* : panaris. *Mal de mer, de l'air* : nausées en bateau, en avion. *Avoir mal au cœur* : avoir la nausée. *Mal du pays* : nostalgie. *Mal du siècle* : état dépressif propre aux romantiques. *Dire, penser du mal de qqn* : exprimer, avoir une opinion défavorable à son sujet. ■ *av* **1** De façon défectueuse, fâcheuse. *Les affaires vont mal.* **2** De façon blâmable. **3** De façon incorrecte ou défectueuse. *Travail mal fait.* Loc *Se sentir mal* : éprouver un malaise. *Se trouver mal* : défaillir, tomber en syncope. *Prendre mal une réponse, une réflexion, etc.* : s'en offenser. *Se mettre, être mal avec qqn* : se brouiller, être brouillé avec lui. Fam *Pas mal* : assez bien, plutôt bien ; en assez grand nombre, beaucoup. ■ *a* Loc *Bon an, mal an* : en moyenne, selon les années. *Bon gré, mal gré* : volontiers ou à contrecœur.

malabar *nm, a* Pop Homme de forte stature.

malachite [-kit] *nf* Carbonate hydraté de cuivre, de couleur verte.

malacologie *nf* Étude des mollusques.

malade *a, n* Qui n'est pas en bonne santé. ■ *a* Fam **1** Un peu fou. **2** En mauvais état, mal en point. *Une voiture bien malade.*

maladie *nf* **1** Altération de la santé. **2** Altération de l'état normal d'une chose. Loc Fam *En faire une maladie* : être très contrarié.

maladif, ive *a* **1** Sujet à être malade. **2** Qui dénote une maladie ou une santé précaire. *Teint maladif.* **3** Qui a le caractère anormal d'une maladie. *Une susceptibilité maladive.*

maladivement *av* De façon maladive.

maladresse *nf* **1** Manque d'adresse. **2** Action, parole maladroite.

maladroit, oite *a, n* Qui n'est pas adroit. ■ *a* Qui dénote la maladresse.

maladroitement *av* De façon maladroite.

malaga *nm* Vin liquoreux espagnol.

mal-aimé, ée *n* Litt Qui souffre d'un sentiment de rejet. *Des mal-aimé(e)s.*

malais, aise *a, n* De Malaisie. ■ *nm* Langue parlée en Malaisie et en Indonésie.

malaise *nm* **1** Sensation pénible d'un trouble, d'une indisposition physique. **2** État d'inquiétude, de crise. *Malaise économique.*

malaisé, ée *a* Difficile, peu commode.

malaisément *av* De façon malaisée.

malandrin *nm* Litt Voleur, malfaiteur.

malappris, ise *a, n* Grossier, impoli.

malaria *nf* Paludisme.

malavisé, ée *a, n* Litt Qui agit mal à propos.

malaxage *nm* Action de malaxer.

malaxer *vt* **1** Pétrir une substance pour l'amollir. **2** Masser une partie du corps.

malaxeur *nm* Machine à malaxer.

malayalam *nm* Langue dravidienne du Kerala.

malbâti, ie *n* Mal proportionné.

malbec *nm* Cépage rouge du Midi.

malchance *nf* **1** Manque de chance. **2** Événement fâcheux. *Une série de malchances.*

malchanceux, euse *a, n* Qui a de la malchance, est marqué de malchance.

malcommode *a* Qui n'est pas commode.

maldonne *nf* Erreur commise dans la distribution des cartes. Loc Fam *Il y a maldonne* : il y a erreur.

mâle *nm* **1** Individu qui appartient au sexe doué du pouvoir fécondant. Ant. femelle. **2** Pop Homme considéré dans sa force virile. ■ *a* **1** Viril. *Voix mâle. Une mâle assurance.* **2** TECH Se dit d'une pièce qui présente une saillie destinée à venir s'encastrer dans la cavité correspondante d'une autre pièce, dite femelle.

malédiction *nf* Litt **1** Action de maudire ; paroles par lesquelles on maudit. **2** Fatalité, destin néfaste.

maléfice *nm* Litt Opération magique destinée à nuire ; mauvais sort, enchantement.

maléfique *a* Litt Qui exerce une influence surnaturelle mauvaise.

maléique *a* Loc *Acide maléique* : qui entre dans la composition de matières plastiques.

malencontreusement *av* Mal à propos.

malencontreux, euse *a* Qui survient mal à propos. *Paroles malencontreuses.*

mal-en-point *a inv* En mauvais état.

malentendant, ante *a, n* Qui souffre d'une déficience de l'ouïe.

malentendu *nm* Mauvaise interprétation d'une parole, d'un acte ; méprise.

mal-être *nm inv* Sentiment de profond malaise.

malfaçon *nf* Défaut dans la confection d'un ouvrage.

malfaisance *nf* Litt Disposition à faire le mal.

malfaisant, ante *a* [-fə-] Nuisible, néfaste.

malfaiteur *nm* Homme qui commet des crimes, des délits.

malfamé, ée *a* De mauvaise réputation (lieu).

malformation *nf* Anomalie congénitale.

malfrat *nm* Pop Malfaiteur, truand.

malgache *a, n* De Madagascar. ■ *nm* Langue officielle de Madagascar.

malgré *prép* Contre la volonté, le désir de qqn ; en dépit de qqch.

malhabile *a* Qui manque d'habileté.

malherbologie *nf* AGRIC Étude des mauvaises herbes, des moyens de les détruire.

malheur *nm* **1** Sort funeste. **2** Situation douloureuse, pénible ; adversité. **3** Événement affligeant, douloureux. Loc *Faire un malheur* : se livrer à une action violente, à un éclat regrettable ; avoir un succès considérable, gagner. *Jouer de malheur* : être victime de la malchance. *Porter malheur* : avoir une influence funeste.

malheureusement *av* Par malheur.

malheureux, euse *a, n* Qui est dans une situation pénible, douloureuse. ■ *a* **1** Qui n'a pas de chance ; qui ne réussit pas. **2** Qui dénote le malheur. **3** Qui a des conséquences fâcheuses. *Geste malheureux.* **4** Insignifiant, négligeable. *Il ne me manque qu'un malheureux franc.*

malhonnête *a, n* **1** Qui manque à la probité. **2** Contraire à la décence ; inconvenant.

malhonnêtement *av* De façon malhonnête.

malhonnêteté *nf* **1** Manque de probité. **2** Action malhonnête.

malice *nf* Disposition à l'espièglerie, à la taquinerie. *Enfant plein de malice.*

malicieusement *av* De façon malicieuse.

malicieux, euse *a* Qui a ou qui exprime de la malice ; malin.

malien, enne *a, n* Du Mali.

malignement *av* Avec malignité.

malignité *nf* **1** Inclination à nuire. **2** MED Caractère malin d'une maladie, d'une tumeur.

malin, maligne *a* **1** Où il entre de la méchanceté. *Joie maligne.* **2** Grave, dangereux ; cancéreux. *Tumeur maligne.* ▪ *a, n* Fin, rusé, astucieux. Loc *Fam Faire le malin* : faire le fanfaron, affecter un air de supériorité. *Fam Ce n'est pas malin* : ce n'est pas très intelligent ; ce n'est pas difficile.

malingre *a* De constitution chétive.

malinois *nm* Chien de berger belge.

malintentionné, ée *a* Qui a de mauvaises intentions.

malique *a* Loc *Acide malique* : acide extrait de la pomme.

malle *nf* **1** Coffre servant à enfermer les objets que l'on transporte en voyage. **2** Coffre à bagages d'une automobile.

malléabilité *nf* Caractère malléable.

malléable *a* **1** Qu'on peut façonner, modeler sans difficulté. **2** Facilement influençable, docile.

malléole *nf* ANAT Extrémité inférieure du tibia et du péroné formant la cheville.

malle-poste *nf* Anc Voiture qui faisait le service des lettres et des dépêches. *Des malles-poste.*

mallette *nf* Petite valise.

mal-logé, ée *n* Dont le logement n'est pas satisfaisant. *Des mal-logés.*

malmener *vt* [15] Traiter avec rudesse, en paroles ou en actes.

malnutrition *nf* Déséquilibre de l'alimentation.

malodorant, ante *a* Qui sent mauvais.

malophone *a, n* De langue malaise.

malotru, ue *n* Qui a des manières grossières.

malouin, ine *a, n* De Saint-Malo.

mal-pensant, ante *a, n* Dont les idées heurtent l'ordre établi.

malpoli, ie *a, n* Impoli, grossier.

malpropre *a, n* Qui manque de propreté ; sale. Loc *Fam Comme un malpropre* : de façon indigne.

malproprement *av* De façon malpropre.

malpropreté *nf* Caractère malpropre.

malsain, aine *a* **1** Nuisible à la santé. *Climat malsain.* **2** Pernicieux moralement.

malséant, ante *a* Litt Contraire à la bienséance.

malsonnant, ante *a* Litt Choquant (paroles).

malstrom. V. maelström.

malt *nm* Graines d'orge utilisées pour la fabrication de la bière ou du whisky.

maltais, aise *a, n* De Malte. ▪ *nm* Forme d'arabe parlé à Malte. ▪ *nf* Variété sucrée d'orange.

Malte (fièvre de) *nf* Syn de *brucellose.*

malté, ée *a* Qui contient du malt.

malthusianisme *nm* **1** Doctrine préconisant la limitation volontaire des naissances. **2** Limitation volontaire de la croissance économique.

malthusien, enne *a, n* Qui relève du malthusianisme.

maltraitance *nf* Situation d'une personne exposée à des mauvais traitements systématiques.

maltraiter *vt* Traiter brutalement, rudoyer.

malus [-lys] *nm* Augmentation de la prime d'assurance d'un véhicule, en cas d'accident.

malvacée *nf* BOT Plante appartenant à la même famille que la mauve, le cotonnier, etc.

malveillance *nf* **1** Disposition à vouloir du mal à son prochain ; disposition à critiquer autrui. **2** Intention criminelle.

malveillant, ante *a, n* Plein de malveillance.

malvenu, ue *a* Litt Qui n'a pas de raison légitime pour faire qqch. *Il serait bien malvenu à (de) se plaindre.*

malversation *nf* Malhonnêteté grave commise dans l'exercice d'une charge.

malvoisie *nm* Vin grec sucré et liquoreux.

malvoyant, ante *a, n* Qui souffre d'une déficience de la vue.

maman *nf* Mère (mot affectueux).

mamelle *nf* **1** Glande qui sécrète le lait, pis. **2** Fam Gros sein.

mamelon *nm* **1** Bout du sein, de la mamelle. **2** Éminence, saillie arrondie.

mamelonné, ée *a* Qui présente des saillies.

mamelouk ou **mameluk** *nm* HIST Soldat égyptien de la garde du sultan.

mamie ou **mamy** *nf* **1** Fam Grand-mère. **2** Pop Femme âgée.

mammaire *a* Relatif à la mamelle, au sein.

mammalogie *nf* Étude des mammifères.

mammectomie *nf* CHIR Ablation de la glande mammaire.

mammifère *nm* Animal vertébré supérieur portant des mamelles.

mammite *nf* Inflammation de la mamelle.

mammographie *nf* Radiographie du sein.

mammoplastie *nf* Intervention de chirurgie esthétique sur les seins.

mammouth *nm* Grand éléphant fossile du quaternaire.

mamours *nmpl* Fam Démonstrations tendres.

mamy. V. mamie.

manade *nf* En Provence, troupeau conduit par un gardian.

management *nm* **1** Technique d'organisation et de gestion des entreprises. **2** Ensemble des cadres dirigeants d'une entreprise.

manager [manadʒœʀ] ou **manageur** *nm* **1** Qui assure l'organisation de spectacles, qui gère les intérêts d'un artiste, d'un sportif, etc. **2** Dirigeant d'une entreprise.

managérial, ale, aux *a* Du management.

manant *nm* **1** Autrefois paysan. **2** Litt Homme grossier, mal élevé.

manceau, elle *a, n* Du Mans ou du Maine.

1. manche *nm* **1** Partie d'un instrument, d'un outil, par laquelle on le tient pour en faire usage. **2** Partie découverte de l'os d'un gigot, d'une côtelette. Loc *Côté du manche* : du côté du plus fort. *Fam Comme un manche* : maladroitement. *Manche à balai* : levier de commande d'un avion.

2. manche *nf* **1** Partie du vêtement qui recouvre le bras. **2** Chacune des parties liées d'un jeu, d'un match. Loc *Fam C'est une autre paire de manches* : ce n'est pas la même chose, c'est plus difficile. *Manche à air* : tube coudé qui sert de prise d'air, sur le pont d'un navire. *Pop Faire la manche* : mendier.

manchette *nf* **1** Garniture fixée aux poignets d'une chemise. **2** En lutte, prise à l'avant-bras ; coup donné avec l'avant-bras. **3** Titre de journal en gros caractères.

manchon *nm* **1** Fourreau dans lequel on met les mains pour les protéger du froid. **2** TECH Pièce cylindrique qui relie deux tubes.

manchot, ote *a, n* Estropié de la main ou du bras. ■ *nm* Oiseau palmipède qui vit dans l'Antarctique en vastes colonies.

mandala *nm* Figure géométrique représentant l'univers, dans le bouddhisme.

mandant, ante *n* DR Qui donne mandat à qqn de faire qqch.

mandarin *nm* 1 Dans l'ancienne Chine, fonctionnaire recruté par concours. 2 Personnage important, attaché à ses prérogatives. 3 Le plus important des dialectes parlés en Chine.

mandarinal, ale, aux *a* De mandarin.

mandarinat *nm* Charge de mandarin.

mandarine *nf* Fruit du mandarinier, ressemblant à une petite orange.

mandarinier *nm* Arbrisseau qui produit la mandarine.

mandat *nm* 1 Acte par lequel une personne donne à une autre le pouvoir d'agir en son nom. 2 Charge d'un représentant élu ; durée de cette charge. 3 DR Ordonnance signée par le juge d'instruction. *Mandat d'amener.* 4 FIN Ordre de payer adressé par un propriétaire de fonds à son dépositaire. 5 Titre postal de paiement permettant à son destinataire de toucher une somme d'argent versée par l'expéditeur.

mandataire *n* Qui a reçu un mandat ou une procuration pour représenter qqn.

mandatement *nm* Action de mandater.

mandater *vt* 1 FIN Verser une somme par un mandat. 2 Charger qqn d'un mandat.

mandchou, oue *a, n* De Mandchourie.

mandéisme *nm* Doctrine religieuse hérétique.

mandement *nm* RELIG Écrit par lequel un évêque donne des instructions.

mander *vt* Litt 1 Faire savoir. 2 Faire venir.

mandibule *nf* 1 Maxillaire inférieur. 2 ZOOL Appendice buccal des crustacés et des insectes. ■ *pl* Fam Mâchoires.

mandoline *nf* Instrument à cordes pincées.

mandragore *nf* Plante à laquelle on attribuait autrefois des vertus magiques.

mandrill *nm* Singe cynocéphale d'Afrique, à face rouge et bleue.

mandrin *nm* 1 Poinçon. 2 Appareil servant à fixer sur l'arbre d'une machine la pièce à usiner.

manécanterie *nf* Groupe d'enfants choristes.

manège *nm* 1 Lieu où l'on dresse les chevaux et où l'on donne des leçons d'équitation. 2 Attraction foraine dans laquelle des animaux figurés ou des véhicules divers tournent autour d'un axe central. 3 Manière d'agir rusée pour parvenir à qqch.

mânes *nmpl* ANTIQ Âmes des morts.

manette *nf* Petit levier que l'on manœuvre à la main.

mangabey *nm* Grand singe d'Afrique.

manganèse *nm* Métal gris utilisé en alliage avec le fer.

mangeable *a* Qui peut se manger.

mangeoire *nf* Récipient, auge dans lequel on donne à manger aux animaux domestiques.

manger *vt* [11] 1 Mâcher et avaler un aliment. 2 Ronger, entamer. 3 Dilapider, consommer. *Manger ses économies.* Loc Fam *Manger la consigne :* l'oublier. Pop *Manger le morceau :* avouer. ■ *vi* Prendre un repas. *Manger à midi pile.* ■ *nm* Pop Ce qu'on mange.

mange-tout *nm inv* Variété de haricots verts ou de pois.

mangeur, euse *n* Qui mange, qui aime à manger tel aliment.

manglier *nm* Palétuvier.

mangoustan *nm* Arbre de Malaisie ; fruit comestible de cet arbre.

mangouste *nf* Petit mammifère d'Asie qui s'attaque aux serpents.

mangrove *nf* Forêt de palétuviers des côtes tropicales.

mangue *nf* Fruit comestible du manguier.

manguier *nm* Arbre tropical produisant des mangues.

maniabilité *nf* Qualité maniable.

maniable *a* 1 Aisé à manier. 2 Docile.

maniacodépressif, ive *a, n* Qui manifeste une alternance d'exaltation et de dépression.

maniaque *a, n* Qui a des manies.

maniaquerie *nf* Fam Comportement maniaque.

manichéen, enne [-ke] *a* Qui a un caractère de manichéisme.

manichéisme [-ke-] *nm* Attitude qui oppose d'une manière absolue le bien et le mal.

manie *nf* 1 Idée fixe, obsession. 2 Habitude bizarre, souvent ridicule.

maniement *nm* Action, façon de manier.

manier *vt* 1 Avoir entre les mains qqch qu'on examine, qu'on utilise, etc. 2 Faire usage de, manœuvrer. *Manier l'ironie. Manier un véhicule.* Loc CUIS *Manier le beurre :* le pétrir en le mélangeant à de la farine.

manière *nf* Façon d'agir, de se comporter. *Il s'est conduit d'une manière irréprochable. On peut résoudre le problème d'une autre manière.* Loc *À la manière de :* comme. *De manière à :* de façon à. *De toute manière :* de toute façon, quoi qu'il en soit. *D'une manière générale :* généralement, en gros. *En quelque manière :* d'une certaine façon, en un certain sens. ■ *pl* Façon d'être, de se comporter en société. *Apprendre les bonnes manières.* Loc *Faire des manières :* agir avec affectation, se faire prier.

maniéré, ée *a* Qui manque de simplicité.

maniérisme *nm* 1 Manque de naturel, affectation, en art. 2 BX-A Style de transition entre la Renaissance et le baroque.

maniériste *a, n* Qui verse dans le maniérisme.

manieur, euse *n* Loc *Manieur d'argent :* homme d'affaires. *Manieur d'hommes :* meneur, chef écouté.

manifestant, ante *n* Qui participe à une manifestation.

manifestation *nf* 1 Action de manifester ; fait de se manifester. *Manifestation de joie.* 2 Rassemblement public de personnes pour exprimer une opinion. 3 Présentation d'œuvres culturelles, d'exercices sportifs, etc.

manifeste *a* Évident, indéniable. *Une erreur manifeste.* ■ *nm* Déclaration publique exposant une doctrine, un programme.

manifestement *av* De façon manifeste.

manifester *vt* Rendre manifeste, faire connaître. ■ *vi* Prendre part à une manifestation. *Manifester dans la rue.* ■ *vpr* 1 Devenir apparent, perceptible. 2 Donner signe de vie.

manigance *nf* Fam Manœuvre secrète destinée à tromper.

manigancer *vt* [10] Fam Préparer qqch par des manigances.

manille *nf* 1 Jeu de cartes où le dix appelé *manille*, est la carte la plus forte. 2 Pièce métallique en forme de U, qui sert à réunir deux tronçons de chaînes.

manioc *nm* Arbrisseau dont les tubercules donnent du tapioca.

manipe *nf Fam* Manœuvre louche.

manipulateur, trice *n* Qui manipule.

manipulation *nf* 1 Action de manipuler. 2 Partie de la prestidigitation qui se fonde uniquement sur l'habileté manuelle. 3 Manœuvre, pratique louche. 4 MED Manœuvre manuelle destinée à rétablir la position normale d'une articulation.

manipule *nm* Ornement sacerdotal porté au bras gauche par l'officiant pendant la messe.

manipuler *vt* 1 Arranger avec précaution des substances, des appareils. 2 Manier, déplacer avec la main. 3 Modifier de façon louche, trafiquer. 4 Utiliser, manœuvrer qqn, un groupe en les trompant. *Des groupes manipulés par la police.*

manitou *nm* 1 Divinité amérindienne. 2 *Fam* Personnage puissant, haut placé.

manivelle *nf* Pièce coudée qui sert à imprimer un mouvement de rotation.

manne *nf* 1 Nourriture miraculeuse envoyée par Dieu aux Hébreux dans le désert. 2 *Litt* Aubaine, avantage que l'on n'espérait pas.

mannequin *nm* 1 Figure articulée du corps humain, à l'usage des peintres, des sculpteurs. 2 Forme humaine servant à l'essayage ou à l'exposition des vêtements. 3 Personne qui présente au public les créations des couturiers.

manœuvrable *a* Maniable.

manœuvre *nf* 1 Mise en œuvre d'un instrument, d'une machine ; action ou opération nécessaire à son fonctionnement. 2 Exercice destiné à l'instruction des troupes. *Champ de manœuvres.* 3 Ensemble des moyens que l'on emploie pour réussir. 4 MAR Cordage du gréement. ■ *nm* Ouvrier sans qualification.

manœuvrer *vi* Effectuer une manœuvre, des manœuvres. ■ *vt* 1 Agir sur un appareil, un véhicule, etc., pour le diriger, le faire fonctionner. 2 Influencer qqn de manière détournée pour qu'il agisse comme on le souhaite. ■ *nm* Action de manœuvrer.

manœuvrier, ère *n, a* Qui sait conduire ses affaires avec habileté.

manoir *nm* Petit château campagnard.

manomètre *nm* Appareil servant à mesurer la pression d'un gaz.

manostat *nm* Appareil pour maintenir la pression constante d'un fluide.

manouche *n* Gitan nomade.

manquant, ante *a, n* Qui manque ; absent.

manque *nm* 1 Défaut, absence de ce qui est nécessaire. *Manque de pain.* 2 Ce qui manque. *Combler les manques.* **Loc** *État de manque :* état pénible du toxicomane privé de sa drogue. *Manque à gagner :* gain que l'on aurait pu réaliser. ■ *nf* **Loc** *Fam* *À la manque :* mauvais, raté.

manqué, ée *a* Qui avait les dispositions pour un métier qui n'est pas le sien. *Un comédien manqué.* **Loc** *Garçon manqué :* fille qui a des comportements de garçon. *Acte manqué :* qui traduit une pulsion inconsciente. ■ *nm* Gâteau à pâte souple.

manquement *nm* Fait de manquer à un engagement, à un devoir.

manquer *vi* 1 Faire défaut. *L'eau manque.* 2 Échouer. *La tentative a manqué.* 3 Être absent. *Plusieurs élèves manquent.* ■ *vti* 1 *Litt* Ne pas manifester les égards qu'on lui doit. *Vous lui avez gravement manqué.* 2 Faire ressentir péniblement son absence. *Sa fille lui manque.* 3 Ne pas respecter une obligation. *Manquer à ses devoirs.* 4 Être dépourvu de. *Manquer d'argent.* 5 Omettre. *Je ne manquerai pas de vous informer.* 6 Être sur le point de, faillir. *Il a manqué de tomber.* ■ *vt* 1 Ne pas réussir, ne pas obtenir. *Manquer une affaire, une occasion.* 2 Ne pas atteindre un but, ne pas rencontrer qqn. *Manquer la cible.* 3 Ne pas assister à, être absent de. *Manquer la classe.* **Loc** *Manquer le train, l'avion, etc :* arriver trop tard pour le prendre.

mansarde *nf* Pièce ménagée sous un comble.

mansardé, ée *a* Disposé en mansarde.

mansuétude *nf Litt* Clémence, indulgence.

mante *nf* **Loc** *Mante religieuse :* insecte au corps allongé, dont la femelle dévore parfois le mâle après l'accouplement.

manteau *nm* 1 Vêtement qui se porte par-dessus les autres habits. 2 Partie d'une cheminée construite au-dessus du foyer. 3 GEOL Couche du globe terrestre entre l'écorce et le noyau. **Loc** *Sous le manteau :* en cachette.

mantille *nf* Écharpe de dentelle couvrant la tête et les épaules d'une femme.

mantique *nf* Art de la divination.

mantisse *nf* MATH Partie décimale du logarithme d'un nombre.

mantra *nm* Prière brahmanique.

manualité *nf* Prédominance de la main droite ou de la gauche.

manucure *n* Qui donne des soins de beauté aux mains, aux ongles.

manucurer *vt* Soigner les mains de.

manuel, elle *a* Qui se fait avec les mains, qui concerne les mains. ■ *n* Qui exerce un métier où prédominent les activités de la main, par oppos. à intellectuel. ■ *nm* Ouvrage qui présente l'essentiel d'un art, d'une science, etc.

manuellement *av* Avec les mains.

manufacture *nf* Établissement industriel.

manufacturer *vt* Transformer une matière première en un produit fini.

manufacturier, ère *a* Relatif aux manufactures, à l'industrie.

manu militari *av* En utilisant la force armée, la contrainte physique.

manuscrit, ite *a* Écrit à la main. *Page manuscrite.* ■ *nm* 1 Livre ancien écrit à la main. 2 Original écrit à la main ou dactylographié d'un texte imprimé ou destiné à l'être.

manutention *nf* 1 Transport de marchandises, de produits industriels, sur de courtes distances. 2 Local où sont lieu ces opérations.

manutentionnaire *n* Qui fait des travaux de manutention.

manutentionner *vt* Soumettre à des opérations de manutention.

maoïsme *nm* HIST Doctrine politique de Mao Zedong.

maoïste *a, n* Qui relève du maoïsme.

maori, ie *a* Relatif aux Maoris. ■ *nm* Langue polynésienne des Maoris.

maous, ousse [maus] *a* *Pop* Gros, énorme.

mappemonde *nf* Carte du globe terrestre sur laquelle les deux hémisphères sont représentés côte à côte.

maquer *vt* Pop Être le souteneur d'une prostituée. ■ *vpr* Pop Se mettre en ménage.

maquereau *nm* 1 Poisson marin au dos bleu-vert rayé de noir. 2 Pop Qui tire profit de la prostitution des femmes ; proxénète, souteneur.

maquette *nf* 1 Représentation à échelle réduite d'une œuvre d'architecture, d'un navire, d'un avion, d'une machine, etc. 2 Modèle original, simplifié ou complet, d'un ouvrage imprimé.

maquettiste *n* Qui réalise des maquettes.

maquignon *nm* 1 Marchand de chevaux. 2 Personne peu scrupuleuse en affaires.

maquignonnage *nm* Procédés indélicats, manœuvres illicites.

maquillage *nm* 1 Action de maquiller ou de se maquiller. 2 Produits que l'on utilise pour se maquiller.

maquiller *vt* 1 Modifier à l'aide de fards, de produits colorés, l'apparence d'un visage. 2 Modifier l'aspect de qqch pour tromper.

maquilleur, euse *n* Qui fait métier de maquiller les acteurs.

maquis *nm* 1 Formation végétale buissonneuse et épineuse des régions méditerranéennes. 2 Ce qui est ou paraît impénétrable, inextricable. *Le maquis de la procédure.* 3 Lieu peu accessible où des résistants à une occupation étrangère vivent dans la clandestinité.

maquisard *nm* Combattant d'un maquis.

marabout *nm* 1 Mystique musulman. 2 En Afrique, devin, guérisseur. 3 Grand oiseau d'Afrique, charognard, au bec puissant et au cou déplumé.

maraîcher, ère *n* Qui cultive les légumes. ■ *a* Qui concerne la culture des légumes.

marais *nm* Étendue d'eau stagnante de faible profondeur, envahie par la végétation aquatique.

marasme *nm* 1 Activité très ralentie, stagnation. 2 Champignon à lamelles, comestible.

marasque *nf* Cerise acide des régions méditerranéennes.

marasquin *nm* Liqueur de marasques.

marathe. V. mahratte.

marathon *nm* 1 Épreuve de course à pied de grand fond (42,195 km). 2 Séance, négociation prolongée et éprouvante.

marathonien, enne *n* Qui court le marathon.

marâtre *nf* Mauvaise mère.

maraud, aude *n* Litt Scélérat, vaurien.

maraudage *nm* ou **maraude** *nf* Vol des produits de la terre avant leur récolte. Loc *En maraude :* se dit d'un taxi qui roule lentement à la recherche de clients.

marauder *vi* 1 Faire du maraudage. 2 Être en maraude.

maraudeur, euse *n* Qui maraude.

marbre *nm* 1 Calcaire souvent veiné, utilisé en construction, en décoration, en sculpture, etc. 2 Morceau, objet de marbre. Loc *De marbre :* impassible, froid.

marbré, ée *a* Veiné comme le marbre.

marbrer *vt* 1 Décorer de dessins imitant les veines du marbre. 2 Produire sur la peau des marques semblables aux veines du marbre.

marbrerie *nf* 1 Métier du marbrier. 2 Atelier de marbrier.

marbrier, ère *n* 1 Spécialiste du travail du marbre et des pierres dures. 2 Entrepreneur de monuments funéraires. ■ *a* Relatif au marbre.

marbrure *nf* 1 Imitation des veines du marbre. 2 Marque sur la peau.

marc [mar] *nm* 1 Résidu de fruits, de végétaux dont on a extrait le suc. *Marc de raisin. Marc de café.* 2 Eau-de-vie obtenue par distillation du marc de raisin.

marcassin *nm* Petit de la laie.

marcassite *nf* Sulfure naturel de fer.

marchand, ande *n* Qui fait profession d'acheter et de revendre avec bénéfice ; commerçant, négociant. ■ *a* Relatif au commerce. *Valeur marchande.*

marchandage *nm* 1 Action de marchander. 2 Tractation laborieuse.

marchander *vt* Débattre le prix de qqch pour l'obtenir à meilleur compte.

marchandisage *nm* Technique de diffusion commerciale. Syn. merchandising.

marchandise *nf* Objet, produit qui se vend ou s'achète.

marchant, ante *a* Loc *Aile marchante :* la partie la plus active d'un parti.

marche *nf* 1 Action de marcher ; enchaînement des pas. 2 Mouvement d'un groupe de personnes qui marchent. 3 Pièce de musique destinée à régler le pas d'une troupe, d'un cortège. 4 Mouvement d'un corps, d'un véhicule qui se déplace, d'un mécanisme qui fonctionne. 5 Fait de suivre son cours ou de fonctionner. *La marche du temps. La bonne marche d'une usine.* 6 Élément plan et horizontal d'un escalier, sur lequel on pose le pied. Loc *Faire marche arrière :* reculer ; revenir sur une prise de position. *Marche à suivre :* processus pour obtenir ce qu'on désire.

marché *nm* 1 Lieu couvert ou en plein air où l'on met en vente des marchandises. 2 Ville, endroit qui est le centre d'un commerce important. 3 Débouché économique. *Conquérir de nouveaux marchés.* 4 Ensemble des transactions portant sur tels biens, tels services. *Le marché du sucre.* 5 Convention concernant les conditions d'une vente, d'un marché à exécuter. Loc *Bon marché :* à un prix avantageux, peu cher. *Faire son marché :* aller aux provisions. *Faire bon marché de qqch :* en faire peu de cas. *Mettre le marché en main :* donner le choix de conclure ou de rompre. *Second marché :* marché boursier destiné surtout aux entreprises moyennes. *Par-dessus le marché :* de plus, en outre.

marchepied *nm* 1 Marche ou série de marches permettant de monter dans un véhicule. 2 Moyen de parvenir à une charge supérieure.

marcher *vi* 1 Se déplacer par la marche, aller d'un point à un autre en faisant des pas. 2 Poser le pied sur qqch, dans qqch. *Il a marché dans une flaque.* 3 Fam Accepter de participer à une action. *Je ne marche pas !* 4 Fam Se laisser tromper. 5 Se déplacer (véhicules). 6 Fonctionner. *La radio ne marche plus.* 7 Prospérer, avoir du succès. *Affaire qui marche.* Loc Fam *Faire marcher qqn :* le tromper.

marcheur, euse *n* Qui marche, ou qui peut marcher longtemps sans se fatiguer.

marcottage *nm* AGRIC Opération par laquelle on fait des marcottes.

marcotte *nf* AGRIC Organe végétal aérien que l'on enterre et qui s'enracine avant de se séparer de la plante mère.

marcotter *vt* Pratiquer le marcottage sur.

mardi *nm* Deuxième jour de la semaine. Loc *Mardi gras* : veille du premier jour de carême.

mare *nf* 1 Petite étendue d'eau stagnante. 2 Grande quantité de liquide répandu sur le sol. *Une mare de sang.*

marécage *nm* Terrain imprégné d'eau.

marécageux, euse *a* 1 De la nature du marécage. 2 Qui se trouve dans les marécages.

maréchal, aux *nm* Loc *Maréchal de France* : officier général investi de la plus haute dignité militaire. *Maréchal des logis* : sous-officier, dans la cavalerie, l'artillerie et la gendarmerie. Fam *Avoir son bâton de maréchal* : être arrivé à la plus haute situation à laquelle on puisse prétendre.

maréchale *nf* Femme d'un maréchal.

maréchal-ferrant *nm* Artisan qui ferre les chevaux ; forgeron. *Des maréchaux-ferrants.*

maréchaussée *nf* Fam Gendarmerie.

marée *nf* 1 Mouvement périodique des eaux de la mer, qui s'élèvent et s'abaissent à des intervalles réguliers. 2 Poissons de mer, coquillages, crustacés, qui viennent d'être pêchés. Loc *Marée noire* : couche d'hydrocarbures répandus accidentellement. *Marée humaine* : foule considérable en mouvement : *Contre vents et marées* : en dépit de tout.

marégraphe *nm* Appareil pour mesurer la hauteur des marées.

marelle *nf* Jeu d'enfants qui consiste à pousser un palet en sautant à cloche-pied.

marémoteur, trice *a* Qui concerne ou qui utilise l'énergie des marées.

marengo [-rɛ̃-] *a inv* Cuit dans de la matière grasse avec des tomates et des champignons.

mareyage *nm* Commerce du mareyeur.

mareyeur, euse *n* Marchand en gros de poisson et de fruits de mer.

margarine *nf* Mélange de graisses végétales, utilisé en cuisine.

margaux *nm* Bordeaux rouge, très apprécié.

marge *nf* 1 Espace blanc autour d'un texte, d'une gravure, d'une photographie, etc. 2 Latitude dont on dispose. *Tolérer une marge d'erreur.* 3 Différence entre le prix de vente et le prix d'achat d'une marchandise, exprimée en pourcentage du prix de vente. Loc *En marge de qqch* : en dehors de qqch, sans en être tributaire. *Vivre en marge de la société* : sans être socialement intégré.

margelle *nf* Rebord d'un puits.

margeur *nm* Dispositif qui permet de faire des marges.

marginal, ale, aux *a* 1 Qui est en marge d'un texte. *Notes marginales.* 2 Qui n'est pas essentiel, qui n'est pas principal. *Une œuvre marginale.* ■ *a, n* Qui vit en marge de la société.

marginalement *av* De façon marginale.

marginalisation *nf* Fait de marginaliser, de se marginaliser.

marginaliser *vt* Rendre marginal, mettre à l'écart de la société.

marginalisme *nm* ECON Théorie qui définit la valeur d'un produit par son utilité.

marginalité *nf* Caractère marginal.

margoulette *nf* Pop Mâchoire, bouche.

margoulin, ine *n* Fam Individu malhonnête en affaires.

margrave *n* HIST Titre de princes d'Allemagne.

marguerite *nf* Plante dont la fleur a un cœur jaune et des pétales blancs allongés.

mari *nm* Homme uni à une femme par le mariage. Syn. époux, conjoint.

mariable *a* En état de se marier.

mariage *nm* 1 Union légale d'un homme et d'une femme. 2 Célébration de cette union. 3 Union, alliance, assortiment de deux ou plusieurs choses. *Un heureux mariage de couleurs.*

marial, ale, aux *a* De la Vierge Marie.

marié, ée *a, n* Uni par le mariage.

marie-jeanne *nf inv* Fam Marihuana.

marier *vt* 1 Unir un homme et une femme par les liens du mariage. 2 Donner en mariage. *Il a marié sa fille.* 3 Participer aux cérémonies de mariage de. 4 Unir, allier, assortir. *Marier les couleurs.* ■ *vpr* S'unir par le mariage.

marieur, euse *n* Anc Qui s'entremet pour favoriser des mariages.

marigot *nm* Dans les pays tropicaux, étendue d'eau stagnante.

marihuana [marirwana] ou **marijuana** *nf* Stupéfiant provenant du chanvre indien.

marin, ine *a* 1 Qui vient de la mer, qui y habite ; qui concerne la mer. *Sel marin. Animaux marins.* 2 Qui concerne la navigation en mer. *Carte marine.* ■ *nm* 1 Personne dont la profession est de naviguer en mer. 2 Homme d'équipage. *Les officiers et les marins.*

marina *nf* Complexe touristique associant des logements à un port de plaisance.

marinade *nf* Mélange aromatisé dans lequel on laisse tremper des viandes ou des poissons.

1. marine *nf* 1 Ce qui concerne l'art de la navigation sur mer. *Instrument de marine.* 2 Ensemble des navires, des équipages. *Marine marchande. Marine de guerre.* 3 Puissance navale d'un État. 4 Tableau qui a la mer pour sujet. ■ *a inv* Loc *Bleu marine* : bleu foncé.

2. marine *nm* Fusilier marin dans les armées britannique et américaine.

mariner *vi* 1 Tremper, être placé dans une marinade. 2 Fam Attendre ; rester longtemps dans une situation désagréable.

marinier, ère *n* Qui conduit des péniches sur les cours d'eau. Loc *Officier marinier* : sous-officier de la Marine nationale. ■ *nf* Vêtement, blouse ample, que l'on enfile par la tête. Loc *Moules marinière* : cuites dans leur jus, avec du vin blanc, des échalotes et du persil.

mariol ou **mariolle** *n* Loc Fam *Faire le mariolle* : faire le malin, l'intéressant.

marionnette *nf* 1 Figurine qu'on actionne à l'aide de ficelles ou à la main. 2 Personne qu'on manœuvre comme on veut.

marionnettiste *n* Montreur de marionnettes.

mariste *nm* Religieux d'un ordre qui s'est voué à la Vierge Marie.

marital, ale, aux *a* Du mari.

maritalement *av* Comme des époux mais sans être mariés.

maritime *a* 1 Qui est en contact avec la mer, qui subit son influence. 2 Qui concerne la navigation sur mer, la marine.

marivaudage *nm* Litt Galanterie raffinée dans l'expression des sentiments amoureux.

marivauder *vi* Litt User de marivaudage.

marjolaine *nf* Plante aromatique. Syn. origan.

mark *nm* Unité monétaire de l'Allemagne et de la Finlande.

marketing [-tiŋ] *nm* Technique ayant pour objet la diffusion commerciale d'un produit.

marlou *nm* Pop Souteneur.

marmaille *nf* Fam Groupe de petits enfants.

marmelade *nf* Préparation de fruits écrasés sucrés et très cuits. **Loc** Fam *En marmelade :* broyé, en capilotade.

marmite *nf* Récipient fermé d'un couvercle, dans lequel on fait cuire les aliments.

marmiton *nm* Jeune aide de cuisine.

marmonnement *nm* Murmure indistinct.

marmonner *vt* Murmurer entre ses dents.

marmoréen, enne *a* Litt Qui évoque le marbre.

marmot *nm* Fam Petit enfant. **Loc** Fam, vx *Croquer le marmot :* attendre longtemps et en vain.

marmotte *nf* Mammifère rongeur des Alpes à fourrure épaisse gris cendré.

marmottement *nm* Action de marmotter ; bruit fait en marmottant.

marmotter *vi* Dire confusément et entre ses dents.

marmouset *nm* Figurine grotesque.

marnage *nm* Variation du niveau de la mer lors des marées.

marne *nf* Roche sédimentaire argileuse riche en calcaire utilisée pour amender les sols.

marner *vt* Amender un sol en y incorporant de la marne. ■ *vi* Pop Travailler dur.

marneux, euse *a* Qui contient de la marne.

marocain, aine *a, n* Du Maroc.

maroilles *nm* Fromage de vache fabriqué dans le Nord.

maronite *n, a* Catholique de rite syrien.

maronner *vi* Fam Maugréer, grogner.

maroquin *nm* 1 Cuir de chèvre tanné et teint. 2 Fam Portefeuille, poste ministériel.

maroquinerie *nf* Fabrication ou commerce des objets en cuir fin.

maroquinier *nm* Fabricant ou commerçant d'articles de maroquinerie.

marotte *nf* Fam Manie, idée fixe.

marouflage *nm* Action de maroufler.

maroufler *vt* Coller une toile peinte sur une toile de renfort, un panneau de bois, un mur.

marquage *nm* Action de marquer.

marquant, ante *a* Qui marque par sa singularité, son action. *Événement marquant.*

marque *nf* 1 Trace laissée par qqch. *Le projectile a laissé une marque sur le mur.* 2 Signe distinctif attestant un contrôle ou identifiant un fabricant, une entreprise. 3 Entreprise industrielle ou commerciale. *Un produit d'une grande marque.* 4 Moyen de repérage. *Mettre une marque entre les pages d'un livre.* 5 Dispositif pour caler les pieds des coureurs au départ. 6 Décompte des points d'un joueur, d'une équipe sportive. 7 Témoignage. *Il nous a donné des marques de sympathie.* **Loc** Fam *Chercher ses marques :* à s'assurer une position avantageuse par rapport à ses concurrents.

marqué, ée *a* Très net. *Avoir une préférence marquée pour qqch.*

marquer *vt* 1 Mettre une marque sur. *Marquer du linge. Marquer le bétail.* 2 Signaler par une marque, un repère. *Marquer une séparation.* 3 Faire ou laisser une trace, une empreinte sur, dans. *Le coup l'a marqué au front.* 4 Inscrire,

noter. *Marquer un rendez-vous.* 5 Indiquer. *L'horloge marque midi.* 6 Inscrire à la marque. *Marquer un but.* 7 Demeurer aux côtés d'un adversaire pour contrôler son action. 8 Indiquer en soulignant, en accentuant. *Marquer la mesure du geste.* 9 Manifester, témoigner, exprimer. *Marquer son intérêt pour le cinéma.*

marqueter *vt* [19] Décorer en marqueterie.

marqueterie [-kɛtri] *nf* 1 Placage de bois, de nacre, d'ivoire, etc., formant un motif décoratif. 2 Ensemble disparate.

marqueteur *nm* Spécialiste de marqueterie.

marqueur, euse *n* Qui marque. ■ *nm* 1 Crayon-feutre à pointe épaisse. 2 MED Substance permettant de déceler un état pathologique. 3 Traceur radioactif. ■ *nf* Machine imprimant une marque sur des articles industriels.

marquis *nm* Titre de noblesse entre le duc et le comte.

marquisat *nm* Fief, titre de marquis.

marquise *nf* 1 Femme d'un marquis. 2 Auvent ou vitrage sur un perron, un quai de gare, etc.

marraine *nf* 1 Celle qui présente un enfant, une personne au baptême. 2 Celle qui préside au baptême d'une cloche, d'un navire, etc.

marrane *nm* HIST Juif d'Espagne et du Portugal, converti de force au catholicisme.

marrant, ante *a, n* Fam Drôle, amusant.

marre *av* Fam *En avoir marre :* en avoir assez, être excédé.

marrer (se) *vpr* Fam Rire, s'amuser.

marri, ie *a* Litt Attristé.

1. marron *nm* 1 Fruit comestible d'une variété de châtaignier. 2 Pop Coup de poing. 3 Couleur marron. **Loc** *Tirer les marrons du feu :* prendre des risques au seul profit d'un autre. *Marron d'Inde :* graine non comestible du marronnier d'Inde. ■ *a inv* D'une couleur brun-rouge.

2. marron, onne *a* Qui exerce sans titre. *Avocat marron.* **Loc** HIST *Esclave marron :* fugitif.

marronnier *nm* Variété de châtaignier. **Loc** *Marronnier d'Inde :* grand arbre ornemental à fleurs en grappes blanches ou rouges.

mars *nm* Troisième mois de l'année.

marsala *nm* Vin doux produit en Sicile.

marseillais, aise *a, n* De Marseille.

marsouin *nm* 1 Mammifère cétacé proche du dauphin. 2 Pop Soldat de l'infanterie de marine.

marsupial, ale, aux *a* **Loc** *Poche marsupiale :* poche ventrale des marsupiaux. ■ *nm* ZOOL Mammifère tel que le kangourou, la sarigue, etc., caractérisé par la poche où les petits achèvent leur développement embryonnaire.

martagon *nm* Lis des montagnes.

marte. V. martre.

marteau *nm* 1 Outil composé d'une tête en métal, munie d'un manche, qui sert à battre les métaux, à enfoncer des clous, etc. 2 Battant métallique. *Marteau de porte.* 3 ANAT Un des osselets de l'oreille moyenne. 4 Sphère métallique que l'athlète doit projeter le plus loin possible. **Loc** *Marteau piqueur :* engin servant à défoncer le sol, comportant une pointe agitée de secousses. ■ *a* Fam Fou.

marteau-pilon *nm* Machine servant à forger les pièces de métal de grande dimension. *Des marteaux-pilons.*

martel *nm* **Loc** *Se mettre martel en tête :* tourmenter, se faire du souci.

martelage *nm* Action de marteler, notamment pour préparer ou mettre en forme des métaux.

martèlement *nm* 1 Action de marteler. 2 Bruit scandé et sonore comme celui d'un marteau.

marteler *vt* [16] 1 Battre ou façonner à coups de marteau. *Marteler du cuivre.* 2 Frapper à coups répétés. 3 Articuler les mots avec force.

martial, ale, aux [-sjal] *a* Énergique, décidé, combatif. *Un air, un discours martial.* **Loc** *Loi martiale* : qui autorise l'emploi de la force armée pour le maintien de l'ordre. *Cour martiale* : tribunal militaire d'exception. *Arts martiaux* : disciplines individuelles d'attaque et de défense, d'origine japonaise.

martien, enne [-sjɛ̃] *a* De la planète Mars. ■ *n* Habitant fictif de cette planète.

martinet *nm* 1 Fouet à plusieurs brins de corde ou de cuir. 2 Oiseau ressemblant à l'hirondelle.

martingale *nf* 1 Demi-ceinture qui retient l'ampleur du dos d'un vêtement. 2 Action par laquelle on mise sur chaque coup le double de sa perte du coup précédent ; système de jeu prétendant toujours gagnant.

martiniquais, aise *a, n* De la Martinique.

martin-pêcheur *nm* Petit oiseau qui se nourrit de poissons. *Des martins-pêcheurs.*

martre ou **marte** *nf* Petit mammifère carnivore au corps long et souple et au pelage brun.

martyr, e *n* Qui est mort ou qui a beaucoup souffert par fidélité à sa religion, à son idéal. ■ *n, a* Qui subit des mauvais traitements.

martyre *nm* 1 La mort, les tourments endurés par un martyr. 2 Très grande souffrance physique ou morale.

martyriser *vt* Faire souffrir durement ; maltraiter.

martyrologe *nm* Liste de personnes qui sont mortes ou ont souffert pour une cause.

marxien, enne *a* De Karl Marx.

marxisme *nm* Doctrine de Karl Marx fondée sur le principe de la lutte des classes.

marxisme-léninisme *nm* Doctrine de Lénine et de ses partisans, inspirée du marxisme.

marxiste *a, n* Adepte du marxisme.

maryland [-lɑ̃d] *nm* Tabac à fumer américain.

mas [mɑ] ou [mas] *nm inv* Dans le Midi, ferme ou maison de campagne.

mascara *nm* Cosmétique utilisé pour colorer et épaissir les cils.

mascarade *nf* Actions, démonstrations hypocrites ; mise en scène trompeuse.

mascaret *nm* Haute vague qui remonte certains fleuves à la marée montante.

mascarpone *nm* Fromage italien à pâte molle.

mascotte *nf* Porte-bonheur, fétiche.

masculin, ine *a* 1 Qui appartient au mâle, à l'homme. *Le sexe masculin.* 2 LING Qui s'applique aux êtres mâles et à une partie des noms de choses. ■ *nm* Genre grammatical masculin.

masculiniser *vt* Rendre masculin.

masculinité *nf* Caractère masculin.

maser [zɛʀ] *nm* PHYS Générateur de micro-ondes, utilisé comme amplificateur ou comme oscillateur.

maso *a, n* Fam Abrév de *masochiste.*

masochisme *nm* Comportement d'une personne qui prend plaisir à souffrir.

masochiste *a, n* Qui relève du masochisme.

masquage *nm* Action de masquer.

masque *nm* 1 Faux visage en carton, en plastique, etc., ou dispositif qu'on applique sur son propre visage pour se déguiser, se protéger, etc. *Masque de carnaval. Masque à gaz.* 2 Moulage du visage. *Masque mortuaire.* 3 Préparation cosmétique qu'on applique sur le visage et le cou. 4 Litt Apparence trompeuse. **Loc** *Lever, jeter, tomber le masque* : ne plus déguiser ses vrais sentiments.

masqué, ée *a* Couvert d'un masque, un déguisement. **Loc** *Bal masqué* : où l'on porte un masque, un déguisement.

masquer *vt* 1 Cacher qqch sous des apparences trompeuses. 2 Dissimuler qqch à la vue.

massacrant, ante *a* **Loc** *Humeur massacrante* : très mauvaise humeur.

massacre *nm* Action de massacrer ; son résultat. **Loc** *Jeu de massacre* : jeu forain qui consiste à abattre au moyen de balles de son des poupées à bascule.

massacrer *vt* 1 Tuer en grand nombre et avec sauvagerie des êtres sans défense. *Massacrer des otages.* 2 Gâter par une exécution maladroite. *Massacrer une pièce de théâtre.*

massacreur, euse *n* Qui massacre.

massage *nm* Action de masser. **Loc** *Massage cardiaque* : réanimation d'urgence par pression pratiquée en cas d'arrêt cardiaque.

masse *nf* 1 Quantité importante de matière formant un ensemble compact, indifférencié. *Une masse rocheuse. Une statue taillée dans la masse.* 2 Grand nombre de choses, d'êtres animés. *Prendre un objet au hasard dans la masse. La masse des réfugiés.* 3 Le plus grand nombre, par oppos. à l'élite. 4 Somme d'argent affectée à un emploi particulier. *La masse salariale.* 5 PHYS Grandeur fondamentale liée à la quantité de matière d'un corps et qui intervient dans les lois de son mouvement. *Le kilogramme, unité de masse.* 6 ÉLECTR Bâti métallique d'une machine, d'un appareil, relié au pôle négatif du générateur. 7 Marteau à tête très lourde. **Loc** *En masse* : en grand nombre. Pop *Des masses* : beaucoup. *De masse* : concernant la grande majorité de la société. *Plan de masse* ou *plan-masse* : plan qui ne donne que les contours extérieurs d'une construction ou d'un ensemble de bâtiments. ■ *pl* Les classes populaires.

massepain *nm* Pâtisserie à base d'amandes pilées et de sucre.

masser *vt* 1 Disposer en grand nombre. *Masser des troupes.* 2 Pétrir, presser différentes parties du corps. ■ *vpr* Se rassembler en masse.

massette *nf* Petite masse (marteau).

masseur, euse *n* Qui pratique des massages.

massicot *nm* Machine à couper le papier.

massicoter *vt* Couper du papier au massicot.

massif, ive *a* 1 Qui est ou paraît épais, compact, lourd. *Porte massive. Attaque massive.* 2 Qui a lieu, se produit, est fait en masse. ■ *nm* 1 Ensemble montagneux. 2 Assemblage de fleurs, d'arbustes en vue d'un effet décoratif.

massification *nf* Adaptation de qqch à la masse, au grand nombre.

massifier *vt* Opérer une massification.

massique *a* PHYS De la masse ou de l'unité de masse.

massivement av De façon massive.

massue nf Bâton noueux beaucoup plus gros à un bout qu'à l'autre et servant d'arme. Loc *Coup de massue :* coup brutal, décisif ; catastrophe accablante. *Argument massue :* décisif.

mastaba nm HIST Tombeau de l'Égypte antique en forme de pyramide tronquée.

mastère nm Diplôme universitaire de haut niveau.

mastic nm 1 Pâte à base d'huile de lin, durcissant à l'air, utilisée pour fixer des vitres, etc. 2 Erreur typographique. ■ a inv D'une couleur gris-beige clair. *Imperméable mastic.*

masticage nm Action de mastiquer (1).

masticateur, trice a Qui sert à la mastication.

mastication nf Action de mastiquer (2).

masticatoire nm Substance à mâcher destinée à exciter la sécrétion salivaire.

mastiff nm Grand chien à corps trapu.

1. mastiquer vt Boucher avec du mastic.

2. mastiquer vt Mâcher.

mastite nf Inflammation de la glande mammaire.

mastoc a inv Fam Lourd, épais, sans grâce.

mastodonte nm 1 Grand mammifère herbivore fossile, voisin de l'éléphant. 2 Fam Personne d'une taille démesurée ; objet énorme.

mastoïde a ANAT Éminence osseuse située derrière l'oreille.

mastoïdien, enne a De la mastoïde.

mastoïdite nf Inflammation de la muqueuse des cavités mastoïdiennes.

masturbation nf Attouchement des parties génitales, destiné à procurer le plaisir sexuel.

masturber vt Pratiquer la masturbation.

m'as-tu-vu n inv Fam Individu vaniteux.

masure nf Maison misérable, délabrée.

1. mat [mat] nm Aux échecs, coup qui met fin à la partie. ■ a inv Qui a perdu la partie.

2. mat, mate [mat] a 1 Qui ne brille pas. *Peinture mate.* 2 Se dit d'un teint plutôt foncé. 3 Se dit d'un son assourdi.

mât nm Longue pièce de bois ou de métal destinée à porter les voiles d'un bateau, les pavillons, les antennes de radio, etc.

matador nm Torero qui met à mort le taureau.

matamore nm Faux brave, bravache.

match nm Compétition opposant deux adversaires ou deux équipes.

maté nm Houx d'Amérique du Sud, dont on fait infuser les feuilles ; cette infusion.

matelas nm 1 Élément de literie constitué par un grand coussin rembourré. 2 Couche épaisse et souple qui amortit les chocs. Loc *Matelas pneumatique :* grand coussin fait d'une enveloppe étanche, gonflée d'air.

matelasser vt Rembourrer qqch à la façon d'un matelas.

matelassier, ère n Qui confectionne, répare les matelas.

matelot nm Homme d'équipage d'un navire.

matelote nf Plat de poisson cuit dans du vin rouge avec des oignons.

mater vt Soumettre, réprimer.

mâter vt Munir un navire de son mât.

matérialisation nf Action de matérialiser.

matérialiser vt Donner une réalité matérielle à qqch d'abstrait. ■ vpr Se concrétiser.

matérialisme nm 1 PHILO Doctrine qui affirme que la seule réalité fondamentale est la matière. 2 Attitude de recherche exclusive des satisfactions matérielles.

matérialiste a, n Qui relève du matérialisme.

matérialité nf Caractère matériel, concret.

matériau nm Matière utilisée pour fabriquer ou construire. ■ pl 1 Éléments qui entrent dans la construction d'un bâtiment (pierre, bois, tuiles, ciment, etc.). 2 Documentation d'un ouvrage, d'une recherche.

matériel, elle a 1 Formé de matière. *Le monde matériel.* 2 Qui relève de la réalité concrète, objective. *Être dans l'impossibilité matérielle de faire qqch.* 3 Relatif aux nécessités de l'existence, à l'argent. *Problèmes matériels.* 4 Incapable de sentiments élevés. *Esprit bassement matériel.* 5 Qui concerne les choses et non les personnes. *Dégâts matériels. Le Temps matériel :* nécessaire pour agir. ■ nm Ensemble des objets (outils, machines, etc.) qu'on utilise dans une activité, un travail déterminés.

matériellement av 1 En ce qui concerne la vie matérielle ; d'un point de vue matériel. 2 Réellement. *C'est matériellement impossible.*

maternage nm Fait de materner.

maternel, elle a 1 Propre à une mère. *Instinct maternel.* 2 Relatif à la mère, en ce qui concerne les liens de parenté. Loc *La langue maternelle :* la première langue parlée par un enfant. *École maternelle :* école où on reçoit les très jeunes enfants. ■ nf École maternelle.

maternellement av De façon maternelle.

materner vt Avoir une attitude maternelle à l'égard de qqn ; protéger excessivement.

maternisé, ée a Loc *Lait maternisé :* traité pour se rapprocher le plus possible du lait de femme.

maternité nf 1 État, qualité de mère. 2 Hôpital, clinique où les femmes accouchent.

math ou **maths** nfpl Fam Mathématiques.

mathématicien, enne n Spécialiste des mathématiques.

mathématique a 1 Relatif à la science du calcul et de la mesure des grandeurs. 2 Rigoureux, précis. ■ nf Ensemble des opérations logiques portant sur les nombres, les figures géométriques, etc. (surtout au pl).

mathématiquement av 1 De façon mathématique. 2 Inévitablement.

matheux, euse n Fam Qui a du goût pour les mathématiques ; qui étudie les mathématiques.

matière nf 1 Substance constituant les corps. 2 Ce dont une chose est faite. *La matière de cette robe est de la soie.* 3 Ce sur quoi on écrit, on parle, on travaille. *La matière d'un roman.* 4 Sujet, occasion. *Fournir matière à rire.* Loc *En matière de :* en ce qui concerne, en fait de. *Entrer en matière :* aborder une question. *Matière première :* produit à l'état brut. *Table des matières :* à la fin ou au début d'un livre, liste des chapitres, des questions traitées.

matin nm Première partie du jour, après le lever du soleil. Loc *De bon, de grand matin :* très tôt. *Un beau matin :* un jour parmi d'autres. ■ av Dans la matinée. *Tous les lundis matin.*

1. mâtin nm Gros chien de garde.

2. mâtin, ine n Fam Personne malicieuse, vive.

matinal, ale, aux a 1 Du matin. *Fraîcheur matinale.* 2 Qui se lève tôt. *Être matinal.*

mâtiné, ée *a* **1** De race croisée (chien). **2** Mélangé. *Un français mâtiné de patois.*

matinée *nf* **1** Temps qui s'écoule entre le lever du soleil et midi. **2** Spectacle ayant lieu l'après-midi.

matines *nfpl* RELIG Première partie de l'office divin, qu'on récite la nuit ou à l'aube.

matir *vt* TECH Rendre mat, dépolir.

matité *nf* Caractère mat.

matois, oise *a, n* Litt Rusé, finaud.

maton, onne *n* Pop Gardien(enne) de prison.

matou *nm* Chat domestique mâle.

matraquage *nm* Action de matraquer. Loc *Matraquage publicitaire :* multiplication des opérations publicitaires.

matraque *nf* Arme pour frapper, en forme de bâton court.

matraquer *vt* **1** Donner des coups de matraque à qqn. **2** Fam Demander un prix trop élevé à qqn. **3** Faire subir un matraquage publicitaire.

matraqueur, euse *a, n* Qui matraque.

matriarcal, ale, aux *a* Du matriarcat.

matriarcat *nm* Régime social dans lequel la femme joue un rôle prépondérant.

matricaire *nf* Camomille officinale.

matrice *nf* **1** TECH Moule qui présente une empreinte destinée à donner une forme à une pièce. **2** MATH Disposition de nombres en tableau à deux entrées (lignes et colonnes). **3** FIN Registre d'après lequel sont établis les rôles des contributions. **4** Vx Utérus.

matriciel, elle *a* Didac Relatif aux matrices.

matricule *nf* **1** Registre où est noté le nom des personnes qui entrent dans certains corps, certains établissements. **2** Extrait de ce registre. ■ *nm* Numéro sous lequel qqn est inscrit sur une matricule.

matrilinéaire *a* ETHNOL Qui repose sur la seule ascendance maternelle.

matrimonial, ale, aux *a* Du mariage.

matrone *nf* Péjor Femme d'un certain âge, corpulente et autoritaire.

matronyme *nm* Nom de famille transmis par la mère.

maturation *nf* Fait de mûrir.

mature *a* **1** BIOL Complètement développé. **2** Qui manifeste de la maturité d'esprit.

mâture *nf* Ensemble des mâts d'un navire.

maturité *nf* **1** État mûr. *Fruit à maturité.* **2** Époque de la vie entre la jeunesse et la vieillesse. **3** Prudence, sagesse qui vient avec l'âge.

matutinal, ale, aux *a* Litt Du matin.

maudire *vt* Prononcer des imprécations contre qqn, qqch.

maudit, ite *a, n* **1** Voué à la damnation éternelle. **2** Sur qui s'abat une malédiction. ■ *a* Détestable, haïssable. *Cette maudite époque.*

maugréer *vi* Témoigner son mécontentement en pestant entre ses dents.

maure ou **more** *n, a* De la Mauritanie antique ; du Maghreb.

mauresque ou **moresque** *a* Propre aux Maures.

mauricien, enne *a, n* De l'île Maurice.

mauritanien, enne *a, n* De Mauritanie.

mauser [mozɛʀ] *nm* Pistolet automatique.

mausolée *nm* Grand monument funéraire.

maussade *a* **1** Qui dénote la mauvaise humeur. **2** Sombre, triste. *Un temps maussade.*

mauvais, aise *a* **1** Imparfait, défectueux. *Avoir une mauvaise vue.* **2** Qui n'a pas les qualités requises. *Fournir de mauvais arguments. Un mauvais administrateur.* **3** Défavorable, hostile, malfaisant. *Donner de mauvais renseignements sur qqn. Préparer un mauvais coup. Des gens mauvais.* **4** Contraire à la morale. *Mauvaise action.* **5** Désagréable. *Être de mauvaise humeur.* **6** D'un goût désagréable. Loc *Avoir mauvaise mine :* l'air fatigué. *Mauvaise tête :* caractère difficile. Fam *La trouver, l'avoir mauvaise :* ne pas trouver qqch à son goût, être dépité. ■ *nm* Ce qu'il y a de défectueux dans qqch, qqn. ■ *av* Loc *Sentir mauvais :* exhaler une odeur désagréable ; commencer à tourner mal. *Il fait mauvais :* le temps est désagréable.

mauve *nf* Petite plante à fleurs blanches, roses ou violettes. ■ *a* De couleur violet pâle. ■ *nm* Couleur violette.

mauviette *nf* Fam Personne frêle, chétive.

maxi *a, av* Fam Abrév de *maximal* et de *(au) maximum*. *Ça coûte cent francs maxi.*

maxillaire *nm* Chacun des deux os qui forment les mâchoires. ■ *a* Des mâchoires.

maximal, ale, aux *a* Qui atteint un maximum. *Température maximale.*

maximalisation ou **maximisation** *nf* Action de maximaliser, de maximiser.

maximaliser ou **maximiser** *vt* Donner la plus haute valeur à qqch.

maximalisme *nm* Attitude des maximalistes ; radicalisme, intransigeance.

maximaliste *n, a* Qui préconise les solutions extrêmes, notamment en politique.

maxime *nf* Sentence qui résume une règle de conduite.

maximum [-mɔm] *nm* Le plus haut degré possible. Loc *Au maximum :* au plus. *Des maximums* ou *des maxima.* ■ *a* Fam Maximal. *Tarif maximum.*

maxwell *nm* PHYS Unité de flux magnétique.

maya *a* Des Mayas.

mayonnaise *nf* Sauce faite d'huile émulsionnée avec du jaune d'œuf.

mazagran *nm* Récipient en faïence, à pied, pour le café.

mazdéen, enne *a, n* Qui relève du mazdéisme.

mazdéisme *nm* Religion de la Perse ancienne, fondée sur l'opposition du Bien et du Mal.

mazette ! *interj* Vx Marque l'admiration.

mazout [-zut] *nm* Combustible liquide visqueux obtenu par raffinage du pétrole.

mazoutage *nm* Pollution au mazout.

mazouter *vt* Polluer par le mazout.

mazurka *nf* **1** Danse d'origine polonaise. **2** Air de cette danse.

me *pr pers* Forme atone complément de la première personne du singulier.

mea-culpa *nm inv* Aveu, repentir d'une faute.

méandre *nm* **1** Sinuosité d'un cours d'eau. **2** Détour, sinuosité, louvoiement.

méat *nm* ANAT Orifice d'un conduit.

mec *nm* Fam Homme, individu, mari, amant.

mécanicien, enne *n* Spécialiste de la conduite, de l'entretien, de la réparation des machines, des moteurs.

mécanique *a* **1** Relatif à la mécanique, à ses lois. **2** Mû par une machine. **3** Qui agit uniquement d'après les lois du mouvement (et

médicosocial

non chimiquement, électriquement). 4 Machinal. *Geste mécanique.* ■ *nf* 1 Partie de la physique ayant pour objet l'étude des mouvements des corps et des forces qui les produisent. 2 Science de la construction et du fonctionnement des machines. 3 Ensemble de pièces destinées à produire ou à transmettre un mouvement.

mécaniquement *av* De façon mécanique, machinale. *Répondre mécaniquement.*

mécanisation *nf* Action de mécaniser.

mécaniser *vt* Introduire l'utilisation de la machine dans une activité.

mécanisme *nm* 1 Agencement de pièces disposées pour produire un mouvement, un effet donné. *Mécanisme d'une montre.* 2 Manière dont fonctionne un ensemble complexe. *Mécanisme du langage, de la pensée.* 3 Philosophie expliquant les phénomènes naturels par la seule loi de cause à effet.

mécaniste *a, n* Qui relève du mécanisme philosophique.

mécano *nm* Fam Ouvrier mécanicien.

mécanographe *n* Employé(e) spécialisé(e) dans les travaux de mécanographie.

mécanographie *nf* Technique de traitement de l'information utilisant les cartes perforées.

mécanothérapie *nf* Kinésithérapie pratiquée à l'aide d'appareils.

meccano *nm* (n déposé) Jeu de construction.

mécénat *nm* Soutien matériel apporté à des activités présentant un intérêt général.

mécène *nm* Protecteur généreux des lettres, des sciences, des arts.

méchamment *av* Avec méchanceté.

méchanceté *nf* 1 Penchant à faire du mal. 2 Action, parole méchante.

méchant, ante *a, n* 1 Qui est porté à faire du mal, à nuire à autrui. 2 Qui peut causer des ennuis. *Une méchante affaire.* 3 Déplaisant, désagréable. *Être de méchante humeur.*

mèche *nf* 1 Cordon, tresse qui porte la flamme d'une bougie, d'une lampe, etc. 2 Cordon combustible servant à mettre le feu à une charge explosive. 3 CHIR Petite bande de gaze stérile utilisée pour réaliser le drainage d'une plaie. 4 Petite touffe de cheveux. 5 Tige métallique s'adaptant à un vilebrequin, une perceuse, pour percer des trous. Loc *Vendre la mèche* : dévoiler qqch qui devait être tenu secret. Fam *Être de mèche avec qqn* : être de connivence avec lui.

méchoui *nm* Mouton cuit à la broche.

mécompte *nm* Espérance trompée, déception.

méconnaissable *a* Que l'on a peine à reconnaître.

méconnaissance *nf* Litt Ignorance.

méconnaître *vt* [55] Litt Ne pas savoir apprécier à sa juste valeur ; ignorer.

méconnu, ue *a, n* Qui n'est pas apprécié à sa juste valeur.

mécontent, ente *a, n* Qui n'est pas content.

mécontentement *nm* Déplaisir, manque de satisfaction.

mécontenter *vt* Rendre mécontent, insatisfait.

mécréant, ante *a, n* Qui n'a pas la foi considérée comme la seule vraie ; infidèle.

médaille *nf* 1 Pièce de métal à l'effigie d'un personnage illustre ou commémorant un événement. 2 Pièce de métal décernée comme récompense ; décoration. 3 Prix décerné dans un concours. 4 Petite pièce de métal à sujet religieux, qu'on porte suspendue à une chaîne. 5 Plaque de métal servant à l'identification.

médaillé, ée *a, n* Décoré d'une médaille.

médailleur *nm* Graveur de médailles.

médaillier *nm* Collection de médailles.

médaillon *nm* 1 Bijou circulaire ou ovale renfermant un portrait, une mèche de cheveux. 2 Élément décoratif, peint ou sculpté, de forme circulaire ou ovale. 3 Tranche de viande, de poisson ronde ou ovale.

mède *a* Relatif aux Mèdes.

médecin *nm* Qui exerce la médecine, est habilité à le faire.

médecine *nf* 1 Science des maladies et art de les soigner. 2 Profession, pratique du médecin. Loc *Médecine légale* : qui effectue les constats de décès, les expertises judiciaires.

medersa [me-] *nf* École coranique.

média *nm* Moyen de large diffusion de l'information (radio, télévision, presse, etc.).

médial, ale, aux *a* Placé au milieu d'un mot.

médian, ane, a *a* Placé au milieu. *Ligne médiane.* ■ *nf* Droite qui joint l'un des sommets d'un triangle au milieu du côté opposé.

médiaplanning *nm* Choix et achat des supports destinés à une campagne publicitaire.

médiastin *nm* ANAT Espace entre les deux poumons.

médiat, e *a* Qui est pratiqué ou qui agit de façon indirecte, par un intermédiaire.

médiateur, trice *n, a* Personne, puissance qui s'entremet pour opérer une médiation. ■ *nf* GEOM Perpendiculaire à un segment de droite en son milieu.

médiathèque *nf* Collection de documents sur des supports divers (film, bande magnétique, disque, diapositive, etc.).

médiation *nf* Action d'intervenir pour faciliter un accord.

médiatique *a* 1 Des médias. 2 Populaire grâce aux médias. *Un footballeur médiatique.*

médiatiquement *av* Sur le plan médiatique, par les médias.

médiatisation *nf* Action de médiatiser.

médiatiser *vt* Faire connaître par les médias.

médiator *nm* Lamelle servant à toucher les cordes d'une guitare.

médiatrice. V. médiateur.

médical, ale, aux *a* De la médecine.

médicalement *av* Du point de vue médical.

médicalisation *nf* Action de médicaliser.

médicaliser *vt* 1 Donner à un acte, un traitement le caractère d'un acte médical. 2 Doter un lieu d'une infrastructure médicale. *Résidence médicalisée.*

médicament *nm* Substance employée pour lutter contre les maladies.

médicamenteux, euse *a* Qui a la propriété d'un médicament.

médication *nf* Administration systématique d'agents thérapeutiques pour répondre à une indication déterminée.

médicinal, ale, aux *a* Qui possède des propriétés thérapeutiques.

médicolégal, ale, aux *a* De la médecine légale. *Expertise médicolégale.*

médicosocial, ale, aux *a* De la médecine sociale. *Des centres médicosociaux.*

médicosportif, ive a Qui concerne les soins médicaux aux athlètes.

médiéval, ale, aux a Du Moyen Âge.

médiéviste n Spécialiste du Moyen Âge.

médina nf En Afrique du Nord, partie ancienne d'une ville.

médiocratie nf Gouvernement des médiocres.

médiocre a 1 Qui n'est pas très bon. *Un vin médiocre.* 2 Insuffisant. *Résultats médiocres.* ■ a, n Qui n'a pas beaucoup de talent, de capacités. *Un étudiant médiocre.*

médiocrement av 1 De façon médiocre. 2 Pas beaucoup, pas très. *Être médiocrement surpris.*

médiocrité nf Caractère médiocre.

médique a Qui concerne les Mèdes.

médire vti [60] Dire du mal de qqn sans aller contre la vérité. *Médire de ses voisins.*

médisance nf 1 Propos médisant. 2 Action de médire ; dénigrement.

médisant, ante a Qui médit.

méditatif, ive a, n Porté à la méditation. ■ a Qui dénote la méditation ; songeur.

méditation nf Action de méditer.

méditer vt 1 Examiner, réfléchir profondément sur un sujet. *Méditer une question.* 2 Se proposer de réaliser qqch en y réfléchissant longuement. *Méditer un plan.* ■ vti, vi Faire longuement porter sa réflexion sur qqch.

méditerranéen, enne a, n De la Méditerranée et des régions qui bordent cette mer.

médium [medjɔm] n Qui, selon les spirites, peut servir d'intermédiaire avec les esprits. ■ nm MUS Registre entre le grave et l'aigu.

médiumnique a Qui relève d'un médium.

médius [-djys] nm Syn de *majeur* (doigt).

médoc nm Bordeaux rouge apprécié.

médullaire a Qui a rapport à la moelle.

médullosurrénale nf ANAT Partie des surrénales qui sécrète l'adrénaline.

méduse nf Animal marin nageur, translucide et gélatineux.

méduser vt Frapper de stupeur.

meeting [mitiŋ] nm Réunion publique politique, sportive, etc.

méfait nm 1 Action nuisible ; délit. 2 Conséquence néfaste de qqch.

méfiance nf Disposition à être méfiant.

méfiant, ante a, n Qui se méfie, soupçonneux.

méfier (se) vpr 1 Ne pas se fier à. 2 Faire attention.

méforme nf Mauvaise forme physique.

mégabit [-bit] nm INFORM Un million de bits.

mégahertz nm PHYS Un million de hertz.

mégalithe nm PRÉHIST Monument formé de gros blocs de pierre (dolmen, menhir, etc.).

mégalithique a Des mégalithes.

mégalomane a, n Atteint de mégalomanie.

mégalomaniaque a De la mégalomanie.

mégalomanie nf Désir immodéré de puissance, goût des réalisations grandioses.

mégalopole ou **mégapole** nf Énorme agglomération urbaine.

mégaoctet nm INFORM Un million d'octets.

mégaphone nm Porte-voix.

mégarde nf Loc *Par mégarde :* par inadvertance.

mégatonne nf Unité servant à mesurer la puissance d'un explosif nucléaire.

mégère nf Femme méchante.

mégisserie nf Tannage à l'alun des peaux de chevreaux et d'agneaux.

mégot nm Fam Bout de cigare, de cigarette.

mégotage nm Fam Fait de mégoter.

mégoter vi Fam Chercher de petits profits.

méhari nm Dromadaire de selle en Afrique.

méhariste nm Qui monte un méhari.

meilleur, eure a Qui a un plus haut degré de bonté, de qualité. *Cet homme est meilleur qu'il n'en a l'air. Sa santé est meilleure.* ■ n Celui, celle qui a atteint le plus haut degré de bonté, de qualité. ■ nm Ce qui vaut le mieux. *Donner le meilleur de sa vie.* Loc *Prendre le meilleur :* l'emporter.

méiose nf BIOL Division des cellules vivantes.

méjuger vt, vti [11] Litt Juger mal, méconnaître.

mélampyre nm Plante parasite des graminées.

mélancolie nf Tristesse vague, sans cause définie.

mélancolique a, n Qui est atteint de mélancolie. ■ a Qui exprime, inspire la mélancolie.

mélancoliquement av De façon mélancolique.

mélanésien, enne a, n De Mélanésie.

mélange nm 1 Action de mêler ; fait de se mêler. 2 Ensemble constitué d'éléments divers mêlés. ■ pl Recueil d'articles divers.

mélangé, ée a Disparate.

mélanger vt [11] 1 Réunir de manière à former un mélange. *Mélanger des jaunes d'œufs et de la farine.* 2 Fam Mettre en désordre ; confondre.

mélangeur nm Appareil opérant un mélange.

mélanine nf PHYSIOL Pigment foncé de la peau et des cheveux.

mélanoderme a, n Dont la peau est noire.

mélanome nm Tumeur de la peau.

mélasse nf 1 Matière visqueuse brune, sous-produit de la fabrication du sucre. 2 Fam Misère, situation pénible.

melba a inv Loc *Pêche, poire, fraises melba :* servies nappées de sirop avec de la glace à la vanille et de la crème Chantilly.

méléagrine nf Huître perlière.

mêlée nf 1 Combat confus où deux troupes s'attaquent corps à corps. 2 Cohue, bousculade tumultueuse. 3 Au rugby, phase du jeu où deux groupes de joueurs cherchent à s'emparer du ballon en s'arc-boutant face à face. Loc *Au-dessus de la mêlée :* en dehors des conflits.

mêler vt 1 Mettre ensemble des choses, des êtres de manière à les confondre, à les unir. *Mêler de l'eau et du vin, le tragique au comique.* 2 Mettre en désordre, emmêler, embrouiller. *Mêler du fil.* 3 Associer qqn à, impliquer qqn dans quelque affaire. ■ vpr 1 Se confondre, s'unir. 2 S'occuper de, intervenir dans.

mélèze nm Conifère de haute montagne, à aiguilles caduques.

mélilot nm Herbe fourragère odorante.

méli-mélo nm Fam Mélange confus de choses en désordre. *Des mélis-mélos.*

mélinite nf Explosif de grande puissance.

mélioratif, ive a, nm Qui présente ce dont on parle d'une façon avantageuse.

mélisse nf Plante aromatique.

melkite a, n Chrétien d'Orient, de rite byzantin.

mellifère *a* Qui produit du miel.

mélo *nm, a* Fam Abrév de *mélodrame* et de *mélodramatique*.

mélodie *nf* 1 Succession de sons qui forment une phrase musicale. 2 Composition à une voix avec accompagnement. 3 Qualité de ce qui charme l'oreille. *La mélodie d'un vers.*

mélodieusement *av* De façon mélodieuse.

mélodieux, euse *a* Qui produit des sons agréables à l'oreille.

mélodique *a* De la mélodie.

mélodiste *n* Compositeur de mélodies.

mélodramatique *a* Du mélodrame.

mélodrame *nm* Drame qui vise à un effet pathétique par des caractères outrés, des situations peu vraisemblables.

mélomane *n* Amateur de musique.

melon *nm* 1 Plante potagère au fruit comestible. 2 Fruit de cette plante, ovoïde ou sphérique, à la pulpe jaunâtre ou orangée. Loc *Melon d'eau* : pastèque. *Chapeau melon* : chapeau rigide et bombé.

mélopée *nf* Chant, air monotone.

melting-pot [mɛltiŋpɔt] *nm* Lieu où des peuples d'origines diverses se mêlent. *Des melting-pots.*

membranaire *a* D'une membrane.

membrane *nf* 1 ANAT Tissu mince et souple qui enveloppe, tapisse, sépare, etc., des organes. 2 Feuille mince, dans un appareil, un dispositif.

membraneux, euse *a* D'une membrane.

membre *nm* 1 Chacun des appendices articulés qui permettent les grands mouvements (locomotion, préhension) chez l'homme et les animaux. 2 Chacun des éléments (personne, groupe, pays, etc.) composant un ensemble organisé. 3 GRAM Chacune des parties d'une période ou d'une phrase. 4 MATH Chacune des parties d'une équation. Loc *Membre viril* : pénis.

membrure *nf* 1 Membres du corps humain. 2 Charpente d'un navire, d'une construction.

même *a* 1 Indique l'identité ou la ressemblance. *J'ai acheté la même voiture que lui. Je connais ce genre de chiens : j'ai le même.* 2 Après un nom ou un pronom, exprime une insistance sur la personne ou la chose désignée. *Ce sont ses paroles mêmes. Lui-même n'en sait rien.* ■ *av* Indique le degré atteint dans une gradation, et signifie «aussi, de plus, y compris, jusqu'à». *Tous étaient venus, même les infirmes.* Loc *À même* : directement en contact avec. *Être à même de faire qqch* : en être capable. *De même* : de la même manière. *Tout de même* : néanmoins, cependant. *Quand bien même* : même si. *Quand même !* : malgré tout. *De même que* : comme, de la même manière que.

mémento [-mɛ̃-] *nm* 1 Carnet où l'on note ce dont on doit se souvenir ; agenda. 2 Livre où sont résumées les notions essentielles sur une science, une technique.

mémère ou **mémé** *nf* Fam 1 Grand-mère. 2 Femme d'un certain âge.

1. mémoire *nf* 1 Faculté de se souvenir ; siège de cette faculté. *Avoir de la mémoire. L'incident est gravé dans ma mémoire.* 2 Souvenir laissé par qqn ou qqch. *Ce jour, de sinistre mémoire.* 3 Dispositif d'un ordinateur capable d'enregistrer et de conserver des données. Loc *À la*

mémoire de, en mémoire de : pour perpétuer le souvenir de. *Pour mémoire* : à titre de rappel. *De mémoire* : par cœur.

2. mémoire *nm* 1 Écrit sommaire destiné à exposer l'essentiel d'une affaire. 2 Dissertation sur un sujet de science, d'érudition. 3 Relevé des sommes dues pour les travaux effectués, les fournitures remises, etc. ■ *pl* Recueil de souvenirs personnels ; autobiographie.

mémorable *a* Digne d'être conservé dans la mémoire.

mémorandum [-dɔm] *nm* 1 Note diplomatique. 2 Mémento.

mémorial *nm* 1 (avec majusc) Écrit relatant des faits mémorables. 2 Monument commémoratif. *Des mémoriaux.*

mémorialiste *nm* Auteur de mémoires historiques ou littéraires.

mémorisable *a* Que l'on peut mémoriser.

mémorisation *nf* Action de mémoriser.

mémoriser *vt* 1 Enregistrer dans sa mémoire. 2 INFORM Mettre des données en mémoire.

menaçant, ante *a* Qui exprime une menace.

menace *nf* 1 Parole, geste, expression signifiant une intention hostile et visant à intimider. 2 Indice laissant prévoir qqch de fâcheux ou de dangereux.

menacé, ée *a* En danger. *Espèce menacée.*

menacer *vt* [10] 1 Chercher à intimider, à faire peur. 2 Représenter un danger, un risque imminent. *Un péril nous menace.* 3 Laisser prévoir qqch de fâcheux. *Ce toit menace de s'écrouler.*

ménage *nm* 1 Soin, entretien d'une maison. 2 Ensemble des objets nécessaires à la vie dans une maison. *Monter son ménage.* 3 Couple d'époux. *Jeune ménage.* Loc *Faire bon, mauvais ménage* : s'entendre bien, mal. *Faire le ménage* : nettoyer un local ; se débarrasser de ce qui est inutile. *Femme de ménage* : qui fait des travaux domestiques, moyennant une rémunération.

ménagement *nm* Réserve, précaution avec laquelle on traite qqn.

1. ménager, ère *a* Relatif à l'entretien de la maison. *Appareils ménagers.* ■ *nf* 1 Femme qui s'occupe de son foyer. 2 Service de couverts pour la table, dans un écrin.

2. ménager *vt* [11] 1 Employer avec économie, avec réserve. *Ménager ses ressources.* 2 Traiter qqn avec égards ou avec précautions. 3 Préparer, arranger à l'avance. *Ménager une entrevue.* ■ *vpr* Prendre soin de sa santé, éviter de trop se fatiguer.

ménagerie *nf* Lieu où sont rassemblés, exposés et entretenus des animaux.

menchevik [mɛnʃe] *a, n* HIST Membre de l'aile modérée du parti social-démocrate russe.

mendiant, ante *a* Qui mendie. Loc HIST *Moines mendiants* : dominicains, franciscains et carmes.

mendicité *nf* Action de mendier.

mendier *vi* Demander l'aumône. ■ *vt* 1 Demander comme aumône. 2 Solliciter humblement. *Mendier un service.*

mendigot, ote *n* Fam et Vx Mendiant.

meneau *nm* Montant qui partage l'ouverture d'une fenêtre en compartiments.

menées *nfpl* Intrigues, machinations.

mener vt [15] 1 Faire aller qqpart en accompagnant. 2 Aboutir. *Ce chemin mène à la plage.* 3 Tracer. *Mener une droite.* 4 Conduire, diriger. *Mener sa vie comme on l'entend.* Loc *Mener à bien une affaire* : la faire réussir. Fam *Ne pas en mener large* : avoir peur. Fam *Mener qqn en bateau* : le berner. ■ vi Être provisoirement en tête.

ménestrel nm Au Moyen Âge, poète et musicien itinérant.

ménétrier nm Musicien de fêtes villageoises.

meneur, euse n Qui mène, dirige. *Meneur d'hommes.* Loc *Meneur de jeu* : qui anime et dirige un jeu ou un spectacle.

menhir nm Monument mégalithique, pierre dressée verticalement.

méninge nf ANAT Chacune des trois membranes qui enveloppent le cerveau et la moelle épinière. ■ pl Fam Cerveau, esprit.

méningé, ée a Relatif aux méninges.

méningite nf Inflammation des méninges.

ménisque nm 1 ANAT Formation cartilagineuse de certaines articulations (genou). 2 PHYS Lentille présentant une face convexe et une face concave.

ménopause nf PHYSIOL Cessation de la fonction ovarienne chez la femme, marquée par l'arrêt définitif de la menstruation.

ménopausée nf, af Dont la ménopause s'est effectuée.

ménorrhée nf Écoulement menstruel.

menotte nf Petite main. ■ pl Bracelets de métal reliés par une chaîne, que l'on met aux poignets du prisonnier.

mensonge nm Assertion contraire à la vérité faite dans le dessein de tromper.

mensonger, ère a Faux, trompeur.

menstruation nf Écoulement sanguin périodique d'origine utérine se produisant chez la femme non enceinte, de la puberté à la ménopause. Syn. règles.

menstruel, elle a De la menstruation.

menstrues nfpl Vx Règles de la femme.

mensualisation nf Action de mensualiser.

mensualiser vt 1 Rendre mensuel un salaire, un paiement. 2 Attribuer un salaire mensuel à.

mensualité nf Somme payée chaque mois.

mensuel, elle a Qui se fait, arrive tous les mois. *Salaire mensuel.* ■ n Salarié payé au mois. ■ nm Publication paraissant chaque mois.

mensuellement av Tous les mois.

mensuration nf 1 Mesure de certaines dimensions caractéristiques du corps humain. 2 Ces dimensions elles-mêmes.

mental, ale, aux a 1 Qui s'exécute dans l'esprit. *Calcul mental.* 2 Relatif aux facultés intellectuelles, au psychisme. Loc *Âge mental* : degré de maturité intellectuelle. ■ nm État psychologique de qqn.

mentalement av Par la pensée seulement.

mentalité nf 1 État d'esprit ; façon, habitude de penser. 2 Ensemble des habitudes, des croyances propres à une collectivité.

menterie nf Vx, fam Mensonge.

menteur, euse n, a Qui ment, qui a l'habitude de mentir.

menthe nf 1 Plante aux feuilles aromatiques. 2 Sirop, liqueur, infusion de cette plante.

menthol nm Alcool de menthe.

mentholé, ée a Qui contient du menthol.

mention nf 1 Action de mentionner. 2 Appréciation favorable accordée par un jury d'examen. Loc *Faire mention de* : mentionner.

mentionner vt Faire état de, citer, rapporter.

mentir vi [29] Donner pour vrai ce que l'on sait être faux ; nier ce que l'on sait être vrai. Loc *Sans mentir* : en vérité.

menton nm Saillie de la mâchoire, au-dessous de la lèvre inférieure.

mentonnière nf Bande étroite passant sous le menton et servant à attacher une coiffure.

mentor [mɛ̃-] nm Litt Guide, conseiller avisé.

menu, ue a 1 Qui a peu de volume, de grosseur. *Du menu bois.* 2 De peu d'importance. *Menues dépenses.* ■ av En très petits morceaux. *Hacher menu.* ■ nm 1 Liste détaillée des mets d'un repas. 2 Repas servi pour un prix fixé à l'avance dans un restaurant. 3 INFORM Liste des opérations qu'un logiciel est capable d'effectuer, et qui s'affiche sur l'écran.

menuet nm Ancienne danse à trois temps.

menuiserie nf Fabrication d'ouvrages en bois (huisseries, parquets, meubles, etc.).

menuisier nm Artisan spécialisé dans les travaux de menuiserie.

ménure nm Oiseau australien de la taille d'un faisan. Syn. oiseau-lyre.

méphistophélique a Litt Diabolique.

méphitique a Se dit d'une exhalaison fétide, malsaine ou toxique.

méplat, ate a Nettement plus large qu'épais. ■ nm Partie aplatie d'une surface.

méprendre (se) vpr [70] Litt Se tromper. Loc *À s'y méprendre* : au point de se tromper.

mépris nm Sentiment, attitude traduisant que l'on juge qqn, qqch indigne d'estime, d'égards ou d'intérêt. Loc *Au mépris de* : sans prendre en considération.

méprisable a Qui mérite le mépris.

méprisant, ante a Qui témoigne du mépris.

méprise nf Erreur d'appréciation.

mépriser vt 1 Avoir du mépris pour, ne faire aucun cas de qqch, de qqn. 2 Ne pas craindre. *Mépriser le danger.*

mer nf 1 Vaste étendue d'eau salée qui entoure les continents. 2 Partie de cette étendue couvrant une surface déterminée. 3 Vaste étendue. *Mer de sable.* Loc Fam *Ce n'est pas la mer à boire* : ce n'est pas difficile.

mercanti nm Commerçant peu scrupuleux.

mercantile a Avide, âpre au gain.

mercantilisme nm Esprit mercantile ; âpreté au gain, avidité.

mercatique nf Syn de *marketing*.

mercenaire a Litt Fait en vue d'un salaire. *Travail mercenaire. Troupe mercenaire.* ■ nm Soldat étranger à la solde d'un État.

mercerie nf 1 Menus articles servant pour la couture. 2 Commerce de ces articles.

mercerisé, ée a Se dit d'un textile rendu brillant et soyeux par un traitement spécial.

merchandising [-tʃãdajziŋ] nm Syn de *marchandisage*.

merci nf Loc *Être à la merci de qqn* : être entièrement dépendant de lui. *Dieu merci* : heureusement. *Sans merci* : acharné. ■ nm, interj Formule de remerciement. *Merci beaucoup. Dire un grand merci.*

mercier, ère n Qui vend de la mercerie.

mercredi *nm* Troisième jour de la semaine.

mercure *nm* Métal liquide à température ordinaire, et très lourd.

mercurey *nm* Bourgogne rouge.

mercuriale *nf* Liste des prix des denrées sur un marché public.

mercuriel, elle *a* Qui contient du mercure.

mercurochrome *nm* (n déposé) Antiseptique mercuriel, rouge.

merde *nf* Pop 1 Excrément, matière fécale. 2 Personne ou chose méprisable, sans valeur. 3 Situation difficile, inextricable. ■ *interj* Pop Exclamation de colère, d'agacement, etc.

merdeux, euse *a* Pop Souillé d'excréments. ■ *n* Pop Enfant, blanc-bec.

merdier *nm* Pop Situation confuse.

merdique *a* Pop Sans intérêt.

merdoyer *vi* [22] Pop S'empêtrer.

mère *nf* 1 Femme qui a donné naissance à un ou plusieurs enfants. 2 Femelle d'un animal qui a eu des petits. 3 Titre de la supérieure d'un couvent de femmes. 4 (en appos) Source, point de départ. *Langue mère.* 5 Membrane formée par les bactéries qui transforment le vin en vinaigre.

merguez *nf* Petite saucisse pimentée.

méridien, enne *a* Relatif au méridien. *Hauteur méridienne d'un astre.* ■ *nm* Grand cercle fictif passant par les deux pôles de la Terre. ■ *nf* Canapé dont les deux chevets, de hauteur inégale, sont reliés par un dossier.

méridional, ale, aux *a* Du côté du midi, du sud. ■ *a, n* Du midi de la France.

meringue *nf* Pâtisserie légère faite de blancs d'œufs montés en neige, et de sucre.

meringuer *vt* Garnir d'une meringue.

mérinos [-nos] *nm* 1 Race de mouton très estimée pour sa laine. 2 Étoffe de cette laine.

merise *nf* Fruit du merisier.

merisier *nm* Cerisier sauvage.

méritant, ante *a* Qui a du mérite.

mérite *nm* Ce qui rend qqn ou qqch digne d'estime, de considération. *Elle a du mérite à travailler dans ces conditions.*

mériter *vt* 1 Se rendre, par sa conduite, digne d'une récompense ou passible d'une sanction. *Mériter des félicitations. Mériter une punition.* 2 Donner droit à. *Tout travail mérite salaire.* ■ *vti* Loc Litt *Avoir bien mérité de la patrie* : avoir rendu de grands services à la patrie.

méritocratie *nf* Système où le mérite détermine la hiérarchie.

méritoire *a* Louable, digne d'estime.

merlan *nm* Poisson qui vit en bancs près du littoral européen.

merle *nm* Oiseau très répandu dont le mâle est noir et la femelle d'un gris brun. Loc *Merle blanc* : personne, chose très rare, introuvable.

merlin *nm* Sorte de hache pour fendre le bois.

merlon *nm* Portion de mur comprise entre deux créneaux.

merlot *nm* Cépage rouge du Bordelais.

merlu *nm* Autre nom du colin.

merluche *nf* 1 Merlu. 2 Morue séchée au soleil et non salée.

mérou *nm* Gros poisson des mers chaudes, à chair très estimée.

mérovingien, enne *a, n* De la dynastie des Mérovingiens.

merveille *nf* Chose qui suscite l'admiration. Loc *À merveille* : très bien. *Faire merveille* : se distinguer par des qualités remarquables. *Promettre monts et merveilles* : faire des promesses exagérées.

merveilleusement *av* De façon merveilleuse.

merveilleux, euse *a* Étonnant, prodigieux, qui suscite l'admiration. ■ *nm* Ce qui est extraordinaire, inexplicable, surnaturel.

mes. V. mon.

mésalliance *nf* Fait de se mésallier.

mésallier (se) *vpr* Épouser qqn d'une condition considérée comme inférieure.

mésange *nf* Oiseau insectivore commun.

mésaventure *nf* Aventure désagréable.

mescaline *nf* Alcaloïde doté de propriétés hallucinogènes.

mesclun [mεsklœ] *nm* Mélange de feuilles de salades diverses.

mesdames, mesdemoiselles. V. madame, mademoiselle.

mésencéphale *nm* ANAT Région de l'encéphale, relais des voies optiques et auditives.

mésenchyme *nm* BIOL Tissu conjonctif de l'embryon.

mésentente *nf* Défaut d'entente, désaccord.

mésentère *nm* ANAT Partie du péritoine unissant l'intestin grêle à la paroi abdominale.

mésestimer *vt* Litt Ne pas apprécier à sa juste valeur.

mésintelligence *nf* Défaut de compréhension mutuelle, d'entente.

mésocarpe *nm* BOT Zone médiane de fruits, charnue et sucrée.

mésoderme *nm* BIOL Un des feuillets embryonnaires.

mésolithique *a, nm* PRÉHIST Antérieur au néolithique (v. 10000 - 5000 av. J.-C.).

mésomorphe *a* PHYS Entre l'état liquide et l'état cristallin.

méson *nm* PHYS Particule dont la masse est entre l'électron et le proton.

mésosphère *nf* Partie de l'atmosphère située entre la stratosphère et la thermosphère.

mésothérapie *nf* Traitement thérapeutique fait de petites injections simultanées.

mésozoïque *a, nm* GÉOL De l'ère secondaire.

mesquin, ine *a* Qui manque de grandeur, de noblesse, de générosité.

mesquinement *av* De façon mesquine.

mesquinerie *nf* 1 Caractère mesquin ; petitesse. 2 Action mesquine.

mess *nm* Lieu où les officiers prennent ensemble leurs repas.

message *nm* 1 Information, communication transmise à qqn. 2 Contenu d'une œuvre considérée comme dotée d'un sens profond.

messager, ère *n* Chargé d'un message.

messagerie *nf* Service de transport de marchandises ; bureaux de tel service. Loc *Messagerie électronique* : service de communication fonctionnant grâce à un réseau télématique.

messe *nf* 1 Cérémonie rituelle du culte catholique, célébrée par le prêtre qui commémore le sacrifice du Christ. 2 Musique composée pour une grand-messe. Loc Fam *Messe basse* : entretien en aparté avec qqn. *Messe noire* : cérémonie de sorcellerie.

messianique *a* Du Messie, du messianisme.

messianisme *nm* Croyance en l'avènement sur la terre d'un monde idéal.

messidor *nm* Dixième mois du calendrier républicain (juin-juillet).

messie *nm* 1 Libérateur, rédempteur des péchés, envoyé de Dieu dans l'Ancien Testament, et que les chrétiens reconnaissent en Jésus-Christ. 2 Homme providentiel.

messieurs. V. monsieur.

messin, ine *a, n* De Metz.

messire *nm* Titre d'honneur ancien.

mesurable *a* Qui peut être mesuré.

mesure *nf* 1 Évaluation d'une grandeur par comparaison avec une grandeur de même espèce prise comme référence ; dimension. 2 Quantité, grandeur servant d'unité ; étalon matériel servant à mesurer. *Le mètre, mesure de longueur.* 3 Récipient servant de mesure. 4 Valeur, capacité d'une personne. *Il a donné toute sa mesure.* 5 MUS Division de la durée en parties égales marquant un rythme. 6 Limites de la bienséance, de ce qui est considéré comme normal. *Dépasser la mesure.* 7 Modération dans sa manière d'agir, de parler. *Avoir le sens de la mesure.* 8 Moyen que l'on se donne pour obtenir qqch. *Mesures fiscales impopulaires.* Loc *Faire deux poids, deux mesures :* être partial. *À la mesure de :* proportionné à. *Dans la mesure où :* dans la proportion où. *À mesure que :* simultanément et dans la même proportion que. *Être en mesure de :* être capable, avoir le pouvoir de. *Faire bonne mesure :* donner généreusement. *Outre mesure :* d'une manière excessive.

mesuré, ée *a* Modéré.

mesurer *vt* 1 Évaluer les dimensions, la quantité, l'importance de. *Mesurer un champ. Mesurer du blé. Mesurer l'étendue du désastre.* 2 Déterminer par comparaison la valeur de. *Mesurer sa force avec qqn.* 3 Modérer. *Mesurer ses paroles.* 4 Donner, distribuer avec parcimonie. *Le temps nous est mesuré.* ■ *vi* Avoir pour mesure. *Ce mur mesure 2 mètres.* ■ *vpr* Essayer ses forces contre qqn, lutter avec lui.

mesureur *nm* Dispositif permettant d'effectuer des mesures.

métabolique *a* Du métabolisme.

métaboliser *vt* BIOL Transformer par le métabolisme.

métabolisme *nm* BIOL Ensemble des réactions biochimiques qui se produisent au sein de la cellule ou de l'organisme.

métabolite *nm* BIOL Substance résultant d'une transformation par le métabolisme.

métacarpe *nm* ANAT Partie du squelette de la main entre le poignet et les doigts.

métairie *nf* Domaine rural exploité par un métayer.

métal, aux *nm* Corps simple, le plus souvent ductile, malléable et bon conducteur de la chaleur, de l'électricité, d'un éclat particulier, tel que le fer, le cuivre, l'argent, etc.

métalangage *nm* ou **métalangue** *nf* LING Langage utilisé pour décrire un autre langage.

métalinguistique [-gui-] *a* Du métalangage.

métallerie *nf* Fabrication et pose d'ouvrages métalliques (ferrures, serrures, etc.).

métallier *nm* Spécialiste de métallerie.

métallifère *a* Qui contient un métal.

métallique *a* 1 En métal. 2 Qui a le caractère du métal. *Bruit métallique.*

métallisation *nf* Fait de recouvrir qqch d'une mince couche de métal.

métallisé, ée *a* À l'aspect brillant (peinture).

métallo *nm* Fam Métallurgiste.

métalloïde *nm* CHIM Élément intermédiaire entre un métal et un non-métal.

métallurgie *nf* Ensemble des techniques d'extraction et de traitement des métaux.

métallurgique *a* De la métallurgie.

métallurgiste *a, nm* Qui travaille dans la métallurgie.

métamère *nm* ZOOL Anneau (d'un ver).

métamorphique *a* GEOL De métamorphisme.

métamorphiser *vt* GEOL Transformer par métamorphisme.

métamorphisme *nm* GEOL Ensemble des transformations que la pression et la chaleur font subir à une roche.

métamorphose *nf* 1 Changement d'une forme en une autre ; transformation. 2 Changement complet d'apparence.

métamorphoser *vt* Modifier profondément l'apparence, l'état, la nature de qqn, de qqch. ■ *vpr* Se transformer.

métaphore *nf* Procédé qui consiste à donner à un mot un sens qu'on lui attribue par analogie (ex. : « *Le printemps de la vie* » pour « *la jeunesse* »).

métaphorique *a* De la métaphore.

métaphoriquement *av* Par métaphore.

métaphysicien, enne *n* Qui étudie la métaphysique.

métaphysique *nf* Recherche rationnelle de la nature des choses, au-delà de leur apparence sensible. ■ *a* De la métaphysique.

métastase *nf* MED Localisation secondaire, à distance, d'une affection cancéreuse.

métastaser (se) *vpr* Produire des métastases.

métatarse *nm* ANAT Partie du squelette du pied située entre la cheville et les orteils.

métathèse *nf* LING Déplacement de phonèmes à l'intérieur d'un mot.

métayage *nm* Bail agricole selon lequel l'exploitant partage les récoltes avec le propriétaire.

métayer, ère *n* Qui exploite un domaine rural selon le système du métayage.

métazoaire *nm* ZOOL Animal pluricellulaire (par oppos. à protozoaire).

méteil *nm* Mélange de seigle et de froment.

métempsycose *nf* RELIG Transmigration, après la mort, de l'âme d'un corps dans un autre.

météo *nf* Fam Météorologie.

météore *nm* 1 Apparition lumineuse d'une météorite dans l'atmosphère. 2 Personne dont la carrière est brillante mais très brève.

météorique *a* Relatif aux météores.

météorisme *nm* MED Accumulation de gaz dans l'intestin.

météorite *nf* Fragment minéral provenant de l'espace et traversant l'atmosphère terrestre.

météorologie *nf* 1 Science des phénomènes atmosphériques, permettant la prévision du temps. 2 Organisme établissant cette prévision.

météorologique *a* De la météorologie.

météorologue ou **météorologiste** *n* Spécialiste de météorologie.

métèque *nm* Péjor Étranger au pays où il vit.

méthadone *nf* Dérivé de la morphine.

méthane *nm* Gaz naturel inflammable.

méthanier *nm* Navire conçu pour le transport du gaz naturel liquéfié.

méthanol nm CHIM Alcool méthylique.

méthode nf 1 Ensemble de procédés, de moyens organisés rationnellement pour arriver à un résultat. *Méthode d'enseignement, de fabrication.* 2 Ouvrage d'enseignement élémentaire. *Méthode de piano.* 3 Qualité d'esprit consistant à savoir procéder avec ordre et logique.

méthodique a 1 Fait avec méthode. *Recherche méthodique.* 2 Qui a de la méthode.

méthodiquement av Avec méthode.

méthodisme nm Mouvement religieux protestant fondé au XVIIIᵉ s.

méthodiste a, n Qui relève du méthodisme.

méthodologie nf 1 Étude des méthodes des différentes sciences. 2 Démarche suivie ; procédure de recherche, de travail.

méthodologique a De la méthodologie.

méthylène nm Nom commercial du méthanol. Loc *Bleu de méthylène* : liquide coloré utilisé comme antiseptique.

méthylique a Dérivé du méthane. Loc *Alcool méthylique* : extrait des goudrons de bois.

métical nm Unité monétaire du Mozambique. *Des méticals.*

méticuleusement av De façon méticuleuse.

méticuleux, euse a D'une minutie poussée jusqu'aux plus petits détails.

méticulosité nf Loc Caractère méticuleux.

métier nm 1 Occupation qui permet de gagner sa vie ; profession. *Métier manuel. Métier intellectuel.* 2 Savoir-faire, habileté professionnelle. 3 Machine utilisée pour la fabrication des tissus. 4 Chacun des secteurs d'activité d'un groupe industriel.

métis, isse [-tis] a, n Dont les parents sont de races différentes. Loc *Toile métisse* : dans laquelle lin et coton sont mélangés. ■ nm Toile métissée.

métissage nm Croisement de races. Loc *Métissage culturel* : influence mutuelle de cultures en contact.

métisser vt Croiser deux races différentes.

métonymie nf Procédé consistant à désigner le tout par la partie, le contenu par le contenant, etc. (ex. : *une voile* pour *un bateau*).

métonymique a De la métonymie.

métope nf ARCHI Espace de la frise dorique, souvent orné d'un bas-relief.

métrage nm 1 Action de métrer. 2 Longueur en mètres (d'une pièce de tissu, par ex.). 3 Longueur d'un film.

1. mètre nm 1 Unité fondamentale des mesures de longueur (symbole m). 2 Règle, ruban gradué de 1 m de long. Loc *Mètre carré* (m²) : unité égale à l'aire d'un carré de 1 mètre de côté. *Mètre cube* (m³) : unité égale au volume d'un cube de 1 mètre d'arête.

2. mètre nm 1 Unité rythmique du vers grec et latin, comprenant un temps fort et un temps faible. 2 Rythme d'un vers français.

métré nm CONSTR Devis détaillé des mesures d'un ouvrage.

métrer vt [12] Mesurer à l'aide d'un mètre.

métreur, euse n Qui établit des métrés.

1. métrique a 1 Relatif au mètre. 2 Qui a le mètre pour base. *Système métrique.*

2. métrique nf Étude de la versification. ■ a Qui concerne la métrique.

métrite nf Inflammation de l'utérus.

métro nm Chemin de fer urbain, partiellement ou totalement souterrain. ■ a, n Fam Dans les départements d'outre-mer, personne qui vient de la métropole.

métrologie nf Science des mesures.

métronome nm Instrument battant la mesure utilisé en musique.

métropole nf 1 État considéré par rapport à ses territoires extérieurs. 2 Capitale d'un pays, ville principale d'une région.

métropolitain, aine a, n De la métropole. ■ nm Métro.

métropolite nm Prélat d'un rang élevé, dans l'Église orthodoxe.

métrorragie nf MED Hémorragie utérine.

mets nm Aliment préparé qui entre dans la composition d'un repas ; plat.

mettable a Qui peut encore être porté (habits).

metteur, euse n Professionnel qui met (au point, en pages, en scène, etc.).

mettre vt [64] 1 Placer ou amener qqch, qqn dans un lieu. *Mettre un vase sur la table. Mettre qqn en prison.* 2 Amener qqch, qqn dans un état, une situation. *Mettre un appareil en marche. Mettre qqn à la tête d'une entreprise.* 3 Introduire, faire apparaître. *Mettre de l'animation dans une réunion.* 4 Employer de l'argent, du temps à qqch. *Mettre 100 000 francs dans une voiture. Mettre deux heures à faire un travail.* 5 Placer sur son corps, revêtir, porter. *Mettre ses chaussures.* Loc *Mettre en pages un texte* : en rassembler les éléments de composition pour former des pages. *Mettre en scène un spectacle* : diriger le jeu des acteurs, les répétitions, régler les décors, etc. Y *mettre du sien* : apporter sa contribution à qqch ; faire des concessions. ■ vpr 1 Se placer dans un lieu, un état. *Se mettre à la fenêtre. Se mettre en colère.* 2 Commencer à faire qqch. *Se mettre à son travail.* 3 S'habiller. *Se mettre en tenue.*

meuble a 1 DR Que l'on peut déplacer. *Biens meubles.* 2 Facile à labourer. *Terre meuble.* ■ nm Objet construit en matériau rigide pour l'aménagement, la décoration des locaux et des lieux d'habitation (armoire, table, chaise, etc.).

meublé nm Appartement ou chambre loués garnis de meubles.

meubler vt 1 Garnir de meubles. 2 Remplir, occuper. *Meubler ses loisirs en bricolant.*

meuf nf Pop Femme, fille.

meuglement nm Beuglement.

meugler vi Faire entendre son cri (bovins).

meule nf 1 Pièce massive cylindrique qui sert à broyer, à moudre. 2 Disque abrasif qui sert à aiguiser, à polir. 3 Fromage en forme de gros cylindre. 4 Tas de foin, de paille. 5 Pop Moto.

meulière nf Pierre très dure, calcaire et siliceuse, utilisée dans le bâtiment.

meunerie nf Industrie de la fabrication de la farine ; commerce du meunier.

meunier, ère n Qui exploite un moulin à céréales, qui fabrique de la farine. Loc *Échelle de meunier* : escalier raide, sans contremarches. ■ af inv Se dit d'un poisson passé à la farine avant cuisson au beurre.

meurette nf Sauce au vin rouge.

meursault nm Bourgogne blanc, réputé.

meurtre nm Homicide volontaire.

meurtrier, ère n Qui a commis un meurtre. ■ a Qui cause la mort. *Folie meurtrière.*

meurtrière nf Ouverture étroite dans un mur de fortification pour lancer des projectiles.

meurtrir vt 1 Faire une meurtrissure à ; contusionner. 2 Blesser moralement.

meurtrissure nf 1 Contusion avec changement de coloration de la peau. 2 Tache sur un fruit, provenant d'un choc.

meute nf 1 Troupe de chiens dressés pour la chasse à courre. 2 Troupe de personnes acharnées contre qqn.

mévente nf Mauvaise vente.

mexicain, aine a, n Du Mexique.

mezcal nm Eau-de-vie mexicaine.

mezès nm Assortiment de hors-d'œuvre froids.

mezzanine [medza-] nf 1 Petit étage entre deux plus grands ; entresol. 2 Étage ménagé entre le parterre et le balcon, dans un théâtre. 3 Niveau intermédiaire aménagé dans une pièce haute de plafond.

mezza voce [medzavɔtʃe] av À demi-voix.

mezzo-soprano [medzo-] nm Voix de femme intermédiaire entre le soprano et le contralto. ■ nf Celle qui a cette voix. Des *mezzo-sopranos*.

mi nm Troisième note de la gamme.

miasme nm Émanation putride provenant d'une décomposition.

miaulement nm Cri du chat.

miauler vi Pousser son cri (chat).

mi-bas nm inv Chaussette montant jusqu'au genou.

mica nm Minéral brillant à structure feuilletée.

micacé, ée a Qui contient du mica.

mi-carême nf Jeudi de la troisième semaine du carême. Des *mi-carêmes*.

micaschiste nm Roche métamorphique composée de mica et de quartz.

miche nf Gros pain rond.

micheline nf Autorail.

mi-chemin (à) av À la moitié d'un trajet ; à un degré intermédiaire.

micheton nm Pop Client d'une prostituée.

mi-clos, -close a À moitié clos.

micmac nm Fam 1 Intrigue secrète et embrouillée. 2 Situation confuse.

micocoulier nm Arbre ornemental des régions méditerranéennes.

mi-corps (à) av Jusqu'au milieu du corps.

mi-côte (à) av Au milieu d'une côte.

mi-course (à) av À moitié de la course.

micro nm Abrév de *microphone* et de *micro-ordinateur*. ■ nf Abrév de *micro-informatique*.

microbe nm Organisme microscopique unicellulaire (bactérie, virus, etc.).

microbien, enne a Relatif aux microbes.

microbiologie nf Science des microbes.

microcassette nf Cassette magnétique de petit format.

microchimie nf Chimie portant sur des petites quantités de matière.

microchirurgie nf Chirurgie pratiquée à l'aide d'un microscope.

microcircuit nm Circuit électronique miniaturisé.

microclimat nm Climat propre à une zone de très faible étendue.

microcomposant nm Composant électronique très petit.

microcosme nm 1 Monde ou société en réduction. 2 Milieu social replié sur lui-même.

micro-cravate nm Microphone qu'on peut accrocher aux vêtements. Des *micros-cravates*.

microéconomie nf Étude des comportements économiques individuels.

microélectronique nf Technique des microstructures électroniques.

microfaune nf Faune microscopique.

microfiche nf Document comportant plusieurs microphotographies.

microfilm nm Film qui groupe des photographies de format très réduit.

microfilmer vt Reproduire sur microfilm.

microforme nf Image photographique fortement réduite.

micrographie nf Étude au microscope de la structure des métaux, des roches, etc.

micro-informatique nf Domaine de l'informatique utilisant des microordinateurs.

micromètre nm 1 Unité de longueur valant un millionième de mètre. 2 Instrument pour mesurer les petites longueurs.

micrométrie nf Mesure des très petites dimensions.

micron nm Syn ancien de *micromètre*.

microonde nf Onde électromagnétique ultracourte.

microondes nm inv Four à microondes.

microordinateur nm Ordinateur de petit format, dont l'unité centrale est constituée autour d'un microprocesseur (abrév : micro).

microorganisme nm BIOL Organisme microscopique.

microphone nm Appareil servant à transformer en signaux électriques des vibrations sonores (abrév : micro).

microphotographie nf Photographie de l'image formée par un microscope.

microphysique nf Physique des atomes et des particules.

microprocesseur nm INFORM Ensemble de circuits intégrés constituant l'unité centrale d'un micro-ordinateur.

microscope nm Instrument d'optique permettant d'observer des objets très petits.

microscopique a 1 Réalisé à l'aide du microscope. 2 Qui n'est visible qu'au microscope. 3 Minuscule.

microsillon nm Disque phonographique.

microsociété nf Communauté humaine très petite.

microsonde nf Sonde pour analyser de très petites quantités de matière.

microstructure nf 1 Structure microscopique. 2 Élément d'une structure plus grande.

miction nf PHYSIOL Expulsion de l'urine accumulée dans la vessie.

midi nm 1 Milieu du jour ; douzième heure. 2 Sud (point cardinal). 3 (avec majusc) Partie méridionale de la France.

midinette nf Jeune citadine aux idées naïves et romanesques.

mie nf Partie intérieure du pain, qui est molle.

miel nm Matière sucrée plus ou moins épaisse que les abeilles élaborent. Loc *Être tout sucre tout miel* : être d'une amabilité inhabituelle. *Odeur miellée*.

miellé, ée a 1 Enduit de miel. 2 Qui rappelle le miel. *Odeur miellée*.

mielleusement av Doucereusement.

mielleux, euse a D'une douceur affectée et obséquieuse.

mien, mienne *a poss* Litt Qui est à moi, qui m'appartient. *Un mien ami. Cette idée est mienne.* ■ *pr poss* Ce qui est à moi. *Ta fille et la mienne.* ■ *nmpl* Mes proches, mes parents.

miette *nf* 1 Petite parcelle de pain, de gâteau, qui se détache. 2 Petite parcelle.

mieux *av* De façon plus avantageuse, plus accomplie. *Il peut mieux faire.* Loc *Aimer mieux* : préférer. *Valoir mieux* : être préférable. *De mieux en mieux* : en faisant toujours des progrès. *À qui mieux mieux* : en rivalisant. *Tant mieux* : marque la satisfaction. ■ *nm* Amélioration. *On observe un léger mieux.* Loc *Faire de son mieux* : aussi bien que l'on peut. *Au mieux* : dans les conditions les plus favorables. *Être au mieux avec qqn* : être en très bons termes avec lui. *Faute de mieux* : à défaut de qqch de plus avantageux. ■ *a inv* 1 Meilleur, plus convenable. *C'est mieux pour lui.* 2 En meilleure santé. *Il est mieux qu'hier.* 3 Plus beau ; d'une valeur supérieure. *Elle est mieux que lui.*

mieux-être *nm inv* Bien-être accru.

mièvre *a* D'une grâce un peu fade.

mièvrerie *nf* État, parole, acte mièvre.

mignard, arde *a* Litt D'une grâce recherchée.

mignardise *nf* 1 Litt Délicatesse mignarde. 2 Petit œillet très parfumé.

mignon, onne *a* Délicat, gentil, gracieux. *Enfant mignon.* ■ *n* Terme d'affection. ■ *nm* HIST Nom donné aux favoris d'Henri III.

mignonnette *nf* 1 Petite bouteille destinée à un échantillon de liqueur. 2 Poivre grossièrement moulu.

migraine *nf* 1 Douleur n'affectant qu'un seul côté de la tête. 2 Mal de tête en général.

migraineux, euse *a* MED De la migraine. ■ *a, n* Sujet à la migraine.

migrant, ante *a, n* Qui migre (personne).

migrateur, trice *a, n* Qui migre (animal).

migration *nf* 1 Déplacement d'une population passant d'une région dans une autre pour s'y établir. 2 Déplacement en groupes, au cours des saisons, de certains animaux.

migratoire *a* Qui concerne les migrations.

migrer *vi* Effectuer une migration.

mihrab *nm* Niche à l'intérieur d'une mosquée, orientée vers La Mecque.

mi-jambe (à) *av* Jusqu'au niveau du milieu de la jambe.

mijaurée *nf* Vx Femme aux manières prétentieuses, affectées.

mijoter *vt* 1 Faire cuire à petit feu. 2 Fam Préparer à loisir, et d'une manière plus ou moins secrète un projet. ■ *vi* Cuire à petit feu.

mikado *nm* 1 Empereur du Japon. 2 Jeu d'adresse ressemblant aux jonchets.

1. mil. V. **mille** 1.

2. mil *nm* Céréale à petits grains des régions chaudes de l'Ancien Monde.

milan *nm* Oiseau de proie.

milanais, aise *a, n* De Milan.

mildiou *nm* Maladie de la vigne, de la pomme de terre, etc., due à des moisissures.

mile [majl] *nm* Mesure anglaise de longueur équivalant à 1 609 m.

milice *nf* 1 Au Moyen Âge, troupe levée dans une ville affranchie pour défendre celle-ci. 2 Formation de police, sans caractère officiel, chargée de défendre des intérêts privés.

milicien, enne *n* Membre d'une milice.

milieu *nm* 1 Centre d'un lieu, point situé à égale distance des extrémités, des bords. *Poser un vase au milieu de la table.* 2 Période située à égale distance du début et de la fin. *Le milieu du mois.* 3 Ce qui est également éloigné de deux excès contraires. *Garder le juste milieu.* 4 Ensemble de conditions naturelles (géographiques, climatiques, etc.) qui régissent la vie d'êtres vivants. 5 Entourage, société, sphère sociale où l'on vit. 6 Monde de la pègre. Loc *Au milieu de* : parmi. *Au beau milieu, en plein milieu* : au moment le plus fort de qqch.

militaire *a* 1 Relatif à l'armée, aux soldats, à la guerre. 2 Qui s'appuie sur l'armée. *Dictature militaire.* ■ *nm* Membre de l'armée.

militairement *av* 1 Par la force armée. 2 Selon l'esprit militaire.

militant, ante *a, n* Qui lutte, qui agit pour un parti, une cause.

militantisme *nm* Activité des militants.

militarisation *nf* Action de militariser.

militariser *vt* 1 Pourvoir d'une force armée. 2 Organiser de façon militaire.

militarisme *nm* 1 Politique s'appuyant sur les militaires, sur l'armée. 2 Tendance favorable à l'influence des militaires.

militariste *a, n* Qui relève du militarisme.

militer *vi* Œuvrer activement à la défense ou à la propagation d'une idée ; participer activement à un parti, un syndicat.

milk-shake [milkʃɛk] *nm* Boisson de lait aromatisé. *Des milk-shakes.*

1. mille *a num inv* (peut s'écrire *mil* dans une date inférieure à *deux mille* : *mil neuf cent trente*). 1 Dix fois cent (1 000). 2 Millième. *Le numéro mille.* 3 Un grand nombre. *Je vous remercie mille fois.* Loc *Je vous le donne en mille* : je parie, à mille contre un, que vous ne devinerez pas. ■ *nm inv* 1 Nombre, numéro mille. 2 Millier. *Quel est le prix au mille ?* Loc *Taper dans le mille* : deviner juste.

2. mille *nm* 1 ANTIQ Unité de distance valant mille pas (1 482 m). 2 Unité de distance utilisée en navigation maritime et aérienne (1 852 m).

1. millefeuille *nf* Plante des terrains incultes à feuilles finement divisées.

2. millefeuille *nm* Gâteau de pâte feuilletée garnie de crème pâtissière.

millénaire *a* Qui existe depuis mille ans. ■ *nm* 1 Période de mille ans. 2 Millième anniversaire.

millénarisme *nm* Croyance en un règne messianique destiné à durer mille ans.

mille-pattes *nm inv* Myriapode.

millepertuis *nm inv* Plante à fleurs jaunes, dont les feuilles semblent criblées de trous.

millerandage *nm* AGRIC Développement incomplet des grains de raisin.

millésime *nm* Date de fabrication d'une monnaie, de récolte d'un vin, etc.

millésimer *vt* Attribuer un millésime à.

millet [-jɛ] *nm* Céréale cultivée surtout en Asie et en Afrique.

milliard [-ljar] *nm* 1 Nombre qui vaut mille millions. 2 Nombre extrêmement important.

milliardaire *a, n* Dont la richesse dépasse le milliard de francs.

milliardième *a num* Au rang marqué par le nombre 1 milliard. ■ *a, nm* Contenu un milliard de fois dans un tout.

millibar *nm* Unité de pression valant un millième de bar.

millième *a num* Dont le rang est marqué par le nombre mille. ■ *a, nm* Contenu mille fois dans un tout. ■ *nm* **1** Très petite partie. **2** Unité de répartition des charges dans une copropriété.

millier *nm* Nombre de mille, d'environ mille.

milligramme *nm* Millième partie du gramme.

millilitre *nm* Millième partie du litre.

millimètre *nm* Un millième de mètre.

millimétré, ée ou **millimétrique** *a* Relatif au millimètre, gradué en millimètres.

million [-ljɔ̃] *nm* **1** Nombre qui vaut mille fois mille. **2** Nombre très élevé.

millionième *a num* Au rang marqué par le nombre 1 million. ■ *a, nm* Contenu un million de fois dans un tout.

millionnaire *a, n* Dont la fortune s'évalue en millions de francs.

milord *nm* Titre donné à un lord.

milouin *nm* Canard plongeur.

mi-lourd *nm* Boxeur pesant entre 75 et 79 kg. *Des mi-lourds.*

mime *nm* **1** Comédie sans paroles, où l'acteur s'exprime par gestes. **2** Acteur de cette comédie.

mimer *vt* Imiter, représenter par des gestes, des attitudes.

mimétique *a* Du mimétisme.

mimétisme *nm* **1** Aptitude de certaines espèces animales à prendre l'aspect d'un élément de leur milieu de vie. **2** Tendance à imiter le comportement d'autrui.

mimique *nf* Représentation par le geste ou par l'expression du visage d'une idée, d'un sentiment, etc.

mimodrame *nm* Œuvre dramatique représentée par des mimes.

mimolette *nf* Fromage de vache jaune orangé, de forme sphérique.

mimosa *nm* Arbuste à fleurs ornementales, groupées en petites boules très odorantes.

mi-moyen *nm* Boxeur pesant entre 63,5 et 67 kg. Syn. welter. *Des mi-moyens.*

minable *a, n* Fam Pitoyable, médiocre.

minage *nm* Action de miner.

minaret *nm* Tour d'une mosquée.

minauder *vi* Faire des mines, des manières.

minauderie *nf* Action de minauder ; manque de naturel.

minaudière *nf* (n déposé) Petite boîte contenant un nécessaire à maquillage.

minbar [min-] *nm* Chaire à prêcher, d'une mosquée.

mince *a* **1** De peu d'épaisseur. **2** Svelte. **3** Peu important, médiocre. ■ *interj* Fam Exprime la surprise, l'admiration.

minceur *nf* Caractère mince, peu épais.

mincir *vi* Devenir plus mince. ■ *vt* Faire paraître plus mince.

1. mine *nf* **1** Excavation pratiquée dans le sol pour exploiter un gisement d'une matière minérale ou métallique ; ce gisement. *Mine de charbon, de fer.* **2** Engin conçu pour faire explosion au passage d'un homme, d'un véhicule, d'un navire. **3** Mince baguette de graphite ou de matière colorée dans un crayon.

2. mine *nf* **1** Expression du visage, physionomie de qqn en tant qu'indice de son état de santé, de son humeur, etc. **2** Apparence, aspect de qqch. Loc *Faire mine de* (+ inf) : faire semblant de. Fam *Mine de rien* : sans en avoir l'air. *Ne pas payer de mine* : n'avoir pas bon aspect. ■ *pl* Loc *Faire des mines* : avoir un comportement affecté.

miner *vt* **1** Creuser en créant un risque d'effondrement. **2** Consumer peu à peu. *Le chagrin le mine.* **3** Placer des mines explosives dans.

minerai *nm* Roche d'où l'on peut extraire un métal, un minéral.

minéral, ale, aux *a* Des minéraux. *Chimie minérale.* Loc *Eau minérale* : eau contenant des éléments minéraux. ■ *nm* Corps inorganique se trouvant à l'intérieur de la terre ou à sa surface.

minéralier *nm* Cargo équipé pour le transport des minerais.

minéralisation *nf* Action de minéraliser.

minéraliser *vt* **1** Transformer en minerai. **2** Rendre minérale une eau.

minéralogie *nf* Science des minéraux.

minéralogique *a* De la minéralogie. Loc *Numéro minéralogique* : immatriculation d'une automobile.

minéralogiste *nm* Spécialiste de minéralogie.

minéralurgie *nf* Technique de traitement des minerais bruts.

minerve *nf* Appareil d'orthopédie, collerette rigide qui maintient la tête droite.

minervois *nm* Vin rouge du sud de la France.

minestrone *nm* Soupe italienne garnie.

minet, ette *n* **1** Fam Chat, chatte. **2** Jeune qui s'habille en suivant la mode de très près.

1. mineur, eure *a* **1** De moindre importance. *Cela n'a qu'un intérêt mineur.* **2** MUS Se dit d'une gamme, d'un ton dont la tierce comprend un ton et un demi-ton. ■ *a, n* Qui n'a pas atteint l'âge de la majorité. ■ *nf* PHILO Deuxième proposition d'un syllogisme.

2. mineur *nm* Ouvrier qui travaille dans une exploitation minière.

miniature *nf* **1** Lettre ornée en tête de chapitre d'un manuscrit médiéval. **2** Très petite peinture. Loc *En miniature* : sous une forme très réduite. ■ *a* Très réduit. *Autos miniatures.*

miniaturisation *nf* Action de miniaturiser.

miniaturiser *vt* Réduire le plus possible les dimensions de qqch.

miniaturiste *n* Peintre de miniatures.

minibus *nm* Petit autobus.

minicassette *nf* Cassette de petit format.

minichaîne *nf* Chaîne haute-fidélité miniaturisée.

minier, ère *a* Relatif aux mines. *Gisement minier.*

minigolf *nm* Golf miniature.

minijupe *nf* Jupe très courte.

minima. V. minimum.

minimal, ale, aux *a* Qui a atteint, qui constitue un minimum.

minimalisme *nm* Attitude des minimalistes.

minimaliste *a, n* Qui représente ou recherche une position minimale, éloignée des extrêmes, pouvant regrouper l'adhésion.

minime *a* Très petit. *Valeur minime.* ■ *n* Jeune sportif de 11 à 13 ans.

minimisation *nf* Action de minimiser.

minimiser vt Réduire l'importance de qqch au minimum.

minimum [-mɔm] nm La plus petite valeur possible ou acceptable. Loc *Au minimum :* au moins. *Des minimums* ou *des minima.* ■ a Le plus bas. *Tarif minimum.*

miniordinateur nm Ordinateur de puissance moyenne.

ministère nm 1 Charge de ministre. 2 Ensemble des ministres constituant un cabinet. *Renverser le ministère.* 3 Ensemble des services publics placés sous la direction d'un ministre ; bâtiment qui les abrite. 4 Sacerdoce. Loc *Ministère public :* corps de magistrats chargés de requérir l'exécution des lois.

ministériel, elle a Relatif au ministère. *Crise ministérielle.* Loc *Officier ministériel :* notaire, huissier ou commissaire-priseur.

ministrable a Qui peut devenir ministre.

ministre nm 1 Membre du gouvernement qui dirige un ensemble de services publics. 2 Agent diplomatique de rang inférieur à celui de l'ambassadeur. *Ministre plénipotentiaire.* Loc *Ministre du culte :* ecclésiastique ; pasteur protestant.

minitel nm (n déposé) Petit terminal commercialisé par les télécommunications, servant à la consultation de banques de données et à l'échange d'informations.

minitéliste n Utilisateur du minitel.

minium [-njɔm] nm Oxyde de plomb rouge orangé, utilisé comme antirouille.

minoen, enne a, n HIST De la période la plus ancienne de l'histoire crétoise (IIIe mill. - 1400 env. av. J.-C.).

minois nm Visage frais, délicat d'enfant, de jeune fille, de jeune femme.

minoration nf Action de minorer qqch ; ce qui est minoré.

minorer vt Réduire la valeur, l'importance de qqch.

minoritaire a, n Qui appartient à la minorité.

minorité nf 1 Le plus petit nombre dans un ensemble. *Dans une minorité de cas.* 2 Parti, tendance représentant le moins de voix dans une élection (par oppos. à majorité). 3 Petite collectivité à l'intérieur d'un ensemble. *Les minorités ethniques.* 4 État d'une personne légalement mineure.

minorquin, ine a, n De Minorque.

minoterie nf 1 Meunerie. 2 Grand moulin industriel.

minotier nm Exploitant d'une minoterie.

minou nm Fam Chat.

minuit nm Instant où un jour finit et où l'autre commence (24 h ou 0 h).

minus [minys] n inv Fam Peu intelligent ou peu capable.

minuscule a Très petit. ■ nf Petite lettre (par oppos. à majuscule).

minutage nm Décompte précis du temps.

minute nf 1 Division du temps, égale à la soixantième partie d'une heure et à 60 secondes. 2 Espace de temps très court. *Je reviens dans une minute.* 3 Unité de mesure d'arc et d'angle, égale à la soixantième partie d'un degré. 4 DR Original des actes notariés ou des sentences des tribunaux. ■ interj Fam Attention, doucement.

minuter vt Déterminer avec précision le déroulement dans le temps, l'horaire.

minuterie nf Dispositif électrique servant à établir un contact pendant une durée déterminée, utilisée principalement pour l'éclairage.

minuteur nm Appareil ménager déclenchant une sonnerie au bout d'un temps donné.

minutie [-si] nf Soin extrême, qui se manifeste jusque dans les plus petits détails.

minutieusement av De façon minutieuse.

minutieux, euse a Qui marque la minutie.

miocène nm Troisième période de l'ère tertiaire.

mioche n Fam Enfant.

mirabelle nf 1 Petite prune jaune, ronde et parfumée. 2 Eau-de-vie de cette prune.

mirabilis nm Syn de *belle-de-nuit.*

miracle nm 1 Phénomène inexplicable par les lois connues de la nature et attribué à une intervention divine. 2 Effet extraordinaire d'un hasard heureux. *Par miracle il est sauf.*

miraculé, ée a, n Qui a été l'objet d'un miracle, d'un hasard heureux.

miraculeusement av De façon miraculeuse.

miraculeux, euse a 1 Qui tient du miracle. *Guérison miraculeuse.* 2 Étonnant, extraordinaire.

mirador nm Poste d'observation élevé, servant en partic. à surveiller un camp de prisonniers.

mirage nm 1 Phénomène optique propre aux régions chaudes, qui donne l'illusion d'une nappe d'eau lointaine où se reflètent les objets. 2 Illusion séduisante, chimère.

mire nf 1 Règle graduée utilisée pour les relevés topographiques. 2 Image diffusée par un émetteur de télévision et qui sert au réglage des récepteurs. Loc *Cran de mire :* échancrure dans la hausse d'un fusil. *Ligne de mire :* ligne qui va de l'œil du tireur au point visé. *Être le point de mire :* être l'objet de tous les regards.

mirer vt Examiner à la lumière par transparence. *Mirer des œufs.* ■ vpr Litt Se refléter ; voir son image réfléchie.

mirettes nfpl Pop Yeux.

mirifique a Merveilleux.

mirliton nm Instrument de musique formé d'un tube et de membranes que l'on fait vibrer. Loc *Vers de mirliton :* mauvais vers.

miro a Pop Très myope.

mirobolant, ante a Fam Extraordinaire au point d'en être incroyable.

miroir nm 1 Surface polie qui réfléchit les rayons lumineux, qui renvoie l'image des objets. 2 Litt Ce qui reproduit l'image de qqch, de qqn. Loc *Miroir aux alouettes :* attrait trompeur.

miroitement nm Éclat d'une surface qui miroite.

miroiter vi Renvoyer la lumière en présentant des reflets changeants, scintiller. Loc *Faire miroiter :* faire entrevoir un avantage possible.

miroiterie nf Commerce, industrie des miroirs.

miroitier, ère n Qui vend, répare, installe des miroirs.

miroton ou **mironton** nm Ragoût de bœuf accommodé aux oignons.

misaine nf Loc *Mât de misaine :* mât vertical, entre la proue et le grand mât.

misandrie nf Aversion pour le sexe masculin, les hommes.

misanthrope n, a Qui a de l'aversion pour le genre humain, qui est peu sociable.

misanthropie nf Caractère du misanthrope.

miscible a Qui peut se mélanger de manière homogène avec un autre corps.

mise nf 1 Action de mettre. *Mise à l'écart. Mise au point. Mise en scène.* 2 Manière de se vêtir. 3 Somme que l'on engage au jeu, dans une entreprise, etc. Loc *Être, n'être pas de mise* : être, n'être pas convenable, admissible. *Sauver la mise* : se tirer d'une situation dangereuse.

miser vt Déposer comme mise, comme enjeu. ■ vti Compter sur. *Je mise sur sa loyauté.*

misérabilisme nm Populisme qui s'attache avec complaisance à la description de la misère.

misérabiliste a, n Qui relève du misérabilisme.

misérable a Qui est très pauvre, qui suscite la pitié. ■ n Personne méprisable, vaurien.

misérablement av De façon misérable.

misère nf 1 État d'extrême pauvreté. 2 État, condition malheureuse, pitoyable. *La misère du temps.* 3 Chose pénible, douloureuse. 4 Chose insignifiante. *Se quereller pour une misère.* 5 BOT Variété de tradescantia. Loc *Faire des misères à qqn* : l'importuner, lui nuire.

miséreux, euse a, n Qui est dans la misère.

miséricorde nf Litt Pardon accordé par compassion. ■ interj Exprime la surprise, la crainte.

miséricordieux, euse a Litt Enclin à la pitié.

misogyne a, n Qui déteste, qui méprise les femmes.

misogynie nf Caractère du misogyne.

miss nf Lauréate de concours de beauté.

missel nm Livre contenant les prières de la messe.

missile nm Engin explosif de grande puissance, autopropulsé et autoguidé.

missilier nm Spécialiste des missiles.

mission nf 1 Charge confiée à qqn de faire qqch. 2 Groupe de personnes auxquelles une charge est confiée. 3 Activité, communauté de missionnaires.

missionnaire n Religieux, religieuse qui propage l'Évangile au loin. ■ a Relatif aux missions.

missive nf Litt Lettre qu'on envoie.

mistelle nf Moût de raisin dont la fermentation a été arrêtée par addition d'alcool.

mistigri nm 1 Fam Chat. 2 Valet de trèfle.

mistral nm Vent violent du nord soufflant dans la vallée du Rhône et en Provence.

mitaine nf Gant qui laisse découvertes les deux dernières phalanges des doigts.

mitan nm Pop Le milieu, les truands.

mitard nm Pop Cachot disciplinaire d'une prison.

mite nf Insecte dont les chenilles attaquent les tissus et les fourrures.

mité, ée a Rongé par les mites.

mi-temps nf inv 1 Temps de repos entre les deux parties d'un match. 2 Chacune de ces deux parties, d'égale durée. Loc *À mi-temps* : pendant la durée équivalente à la moitié du temps de travail normal. ■ nm inv Travail à mi-temps.

miter (se) vpr Être rongé par les mites.

miteux, euse a, n Fam D'aspect pitoyable.

mithridatiser vt Immuniser contre un poison.

mitigé, ée a 1 Abusiv Partagé, mêlé. *Une joie mitigée de remords.* 2 Qui laisse à désirer, incertain. *Accueil mitigé.*

mitigeur nm Mélangeur pour régler la température de l'eau.

mitochondrie [-kɔ̃-] nf BIOL Un des éléments constituants de la cellule.

mitonner vi Cuire doucement dans son jus. ■ vt 1 Faire cuire longuement et à petit feu. 2 Préparer avec soin, longuement.

mitose nf BIOL Division des chromosomes d'une cellule et formation de deux cellules.

mitotique a BIOL De la mitose.

mitoyen, enne a Qui sépare deux choses et leur est commun. *Mur mitoyen.*

mitoyenneté nf Caractère mitoyen.

mitraillade nf Décharges d'armes à feu.

mitraillage nm Action de mitrailler.

mitraille nf 1 Pluie de projectiles d'armes à feu. 2 Fam Menue monnaie.

mitrailler vt 1 Tirer des rafales de projectiles sur. 2 Fam Photographier, filmer sous tous les angles.

mitraillette nf Pistolet-mitrailleur.

mitrailleur nm Qui tire à la mitrailleuse.

mitrailleuse nf Arme automatique à tir rapide, montée sur affût ou sur tourelle.

mitral, ale, aux a Loc ANAT *Valvule mitrale* : une des valvules du cœur.

mitre nf Coiffure haute et conique portée par les évêques, les abbés, lorsqu'ils officient.

mitron nm Garçon boulanger.

mi-voix (à) av En ne donnant qu'un faible son de voix.

mixage nm Opération par laquelle on combine plusieurs signaux (son ou image) sur un même support.

mixer vt Procéder au mixage de.

mixeur ou **mixer** [-ksœR] nm Appareil électrique pour broyer, mélanger des aliments.

mixité nf Caractère mixte.

mixte a 1 Qui est formé d'éléments hétérogènes et qui participe de leurs différentes propriétés. 2 Qui comprend, qui reçoit des personnes des deux sexes. *École mixte.*

mixtion nf Action de mélanger.

mixture nf 1 Mélange, généralement liquide, de substances chimiques, de médicaments. 2 Mélange peu appétissant.

mnémotechnique a Qui aide la mémoire par des procédés d'association.

mnésique a Relatif à la mémoire.

mobile a 1 Qui se meut ; qui peut être mû, déplacé. 2 Dont la date, la valeur peut varier. *Fête mobile. Échelle mobile des salaires.* ■ nm 1 Corps en mouvement. 2 Ce qui incite à agir, motif. *Le mobile d'un crime.*

mobile-home nm Habitation que l'on peut installer sur une remorque pour la déplacer. *Des mobile-homes.*

mobilier, ère a DR Qui consiste en biens meubles. Loc *Valeurs mobilières* : actions, obligations, etc. ■ nm Ensemble des meubles d'un appartement, de l'équipement d'une maison. Loc *Mobilier urbain* : équipements publics tels que bancs publics, kiosques, etc.

mobilisable a, n Qui peut être mobilisé.

mobilisateur, trice a Susceptible de mobiliser. *Mot d'ordre mobilisateur.*

mobilisation nf Action de mobiliser.

mobilisé, ée a, nm Rappelé sous les drapeaux lors d'une mobilisation.

mobiliser vt **1** Organiser, équiper en vue d'opérations militaires. *Mobiliser des troupes.* **2** Faire appel à l'action de. *Mobiliser les adhérents.* **3** Réunir en vue d'une action. *Mobiliser des capitaux.* ■ vpr Être prêt à agir.

mobilité nf **1** Caractère mobile. **2** Qualité de ce qui change d'aspect rapidement. *Mobilité de la physionomie.*

mobylette nf (n déposé) Cyclomoteur.

mocassin nm Chaussure basse, très souple, sans lacets.

moche a Fam **1** Laid, pas beau. **2** Désagréable, ennuyeux.

mocheté nf Pop Personne très laide.

modal, ale, aux a GRAM, MUS Relatif aux modes.

modalité nf Forme particulière que revêt une chose, un acte, une pensée, etc. *Préciser les modalités de paiement.*

1. mode nf **1** Manière changeante selon l'époque ou le lieu d'agir, de penser. **2** Manière de s'habiller en usage à un moment, dans un pays, un milieu. **3** Industrie et commerce de l'habillement. Loc *À la mode* : au goût du moment. *Bœuf mode* : cuit avec des carottes.

2. mode nm **1** Forme, procédé. *Mode de vie.* **2** MUS Système d'organisation des sons, des rythmes et partic. des différentes gammes. **3** GRAM Série de formes verbales correspondant à la manière dont est conçue l'action exprimée (ex. : indicatif, impératif, subjonctif, etc.).

modelage nm Action de modeler une substance, un objet.

modèle nm **1** Ce qui est proposé à l'imitation. **2** Personne qui pose pour un peintre, un sculpteur. **3** Objet reproduit industriellement à de nombreux exemplaires. *Voiture qui est un modèle ancien.* **4** Schéma théorique d'un processus. Loc *Modèle réduit* : reproduction à petite échelle. ■ a Qui a les qualités idéales. *Un élève modèle.*

modelé nm Rendu des formes, en sculpture, en peinture, en dessin.

modeler vt [16] **1** Façonner une matière molle pour en tirer une forme déterminée. *Modeler de la glaise.* **2** Façonner qqch en pétrissant, en déformant. *Modeler une statuette.* **3** Conformer à. *Modeler sa conduite sur celle des voisins.*

modélisation nf Action de modéliser.

modéliser vt Concevoir, établir le modèle, le schéma théorique de qqch.

modélisme nm Fabrication de modèles réduits.

modéliste n **1** Qui dessine des modèles pour la mode. **2** Qui fabrique des modèles réduits.

modem nm Système électronique servant à connecter un terminal ou un ordinateur à une ligne de télécommunication.

modérantisme nm Opinion politique modérée.

modérateur, trice n, a Qui modère, qui tempère des opinions exaltées.

modération nf **1** Retenue qui porte à garder en toutes choses une certaine mesure. **2** Diminution. *Modération d'une taxe.*

moderato av MUS D'un mouvement modéré.

modéré, ée a Qui n'est pas excessif. *Prix modéré.* ■ a, n Dont les opinions politiques sont éloignées des extrêmes.

modérément av Avec modération.

modérer vt [12] Diminuer, tempérer. *Modérer le zèle de qqn.* ■ vpr Se contenir.

modern dance nf Danse contemporaine, issue de la danse classique.

moderne a, n Actuel, de notre époque ou d'une époque récente. Loc *Histoire moderne* : histoire comprise entre la prise de Constantinople (1453) et la Révolution française (1789). ■ nm Ce qui est au goût du jour, contemporain.

modernisateur, trice a, n Qui modernise.

modernisation nf Action de moderniser.

moderniser vt Donner un caractère moderne à qqch. ■ vpr Devenir moderne.

modernisme nm Tendance à préférer ce qui est moderne.

moderniste a, n Partisan du modernisme.

modernité nf Caractère moderne.

modeste a **1** Exempt de vanité, d'orgueil. **2** Simple, sans faste, modéré.

modestement av De façon modeste.

modestie nf Caractère modeste.

modicité nf Caractère modique.

modifiable a Qui peut être modifié.

modificateur, trice a, n Qui a la capacité, le pouvoir de modifier.

modification nf Action de modifier ; changement, transformation.

modifier vt Changer une chose sans la transformer complètement. *Modifier ses habitudes.* ■ vpr Subir un changement.

modique a Peu considérable, de peu de valeur.

modiquement av De façon modique.

modiste nf Qui confectionne ou qui vend des chapeaux, des coiffures de femmes.

modulable a Qui peut être modulé.

modulaire a Relatif au module, constitué de modules. *Construction modulaire.*

modulateur nm Appareil qui sert à moduler le courant électrique.

modulation nf **1** Ensemble des variations du ton, de la voix, enchaînées sans heurt. **2** MUS Passage d'une tonalité à une autre. **3** Action de moduler, d'adapter. Loc *Modulation de fréquence* : procédé permettant une reproduction sonore d'excellente qualité, à la radio.

module nm **1** Élément combinable avec d'autres pour constituer un ensemble ; élément de base d'un équipement. **2** Élément d'un vaisseau spatial à progression autonome.

moduler vi MUS Passer d'une tonalité à une autre. ■ vt **1** Marquer d'inflexions. *Moduler une complainte.* **2** Adapter aux conditions du moment, aux circonstances.

modus vivendi [mɔdysvivɛ̃di] nm inv Accommodement entre deux parties en litige.

moelle [mwal] nf **1** Substance molle et graisseuse localisée dans les os. **2** BOT Tissu mou situé au centre de la tige de certains végétaux. Loc *Moelle épinière* : partie du système nerveux central contenue dans le canal rachidien.

moelleusement av De façon moelleuse.

moelleux, euse [mwa-] a Doux, agréable aux sens. *Vin moelleux.*

moellon [mwa-] nm CONSTR Pierre de petite dimension.

mœurs [mœr] ou [mœrs] *nfpl* **1** Habitudes de vie d'une personne, d'une société, d'une espèce animale. *Des mœurs casanières. Autres temps, autres mœurs. Les mœurs des éléphants.* **2** Conduite morale. *Des mœurs relâchées.*

mofette *nf* **1** Émanation de gaz carbonique, dans certains terrains volcaniques. **2** V. mouffette.

moghol, ole *a* De la dynastie des Moghols.

mohair *nm* Laine ou étoffe faite avec du poil de chèvre angora.

moi *pr pers* Forme tonique de la 1re personne du sing et des deux genres. Loc *À moi !* : au secours ! *De vous à moi* : entre nous, en confidence. *Pour moi* : à mon avis. ■ *nm* Ce qui constitue la personnalité de l'individu.

moignon *nm* **1** Partie restante d'un membre amputé. **2** Membre rudimentaire. *Moignon d'aile.* **3** Ce qui reste d'une grosse branche coupée ou cassée.

moindre *a* Plus petit, moins important. *De moindre valeur. La moindre erreur serait fatale.*

moindrement *av* Loc Litt *Pas le moindrement* : pas le moins du monde.

moine *nm* Religieux vivant en communauté.

moineau *nm* Petit oiseau brun et beige, très courant dans les villes.

moins *av* Exprime l'infériorité. *Moins grand que son frère. J'ai deux ans de moins que lui. Ce projet est le moins coûteux.* Loc *De moins en moins* : en diminuant peu à peu. *Du moins, au moins* : cependant, en tout cas. *Au moins* : au minimum. *Des moins* : très peu. *À moins de* : sauf dans le cas de. *À moins que* : sauf dans le cas où. ■ *nm* **1** Le minimum. *Faites qu'on puisse dire.* **2** MATH Signe de la soustraction (-). Loc *Pour le moins* : au minimum. ■ *prép* Sert à soustraire. *8 moins 5 égale 3.*

moins-disant *nm* DR Qui, dans une adjudication, fait l'offre la plus basse. *Des moins-disants.*

moins-perçu *nm* DR Ce qui manque à la somme perçue. *Des moins-perçus.*

moins-value *nf* Perte de valeur ; déficit, manque à gagner. *Des moins-values.*

moire *nf* Étoffe à reflets chatoyants.

moiré, ée *a* Qui a les reflets de la moire.

mois *nm* **1** Chacune des douze parties de l'année. *Le mois de janvier.* **2** Espace d'environ trente jours. *Il me faudra deux mois pour finir ce travail.* **3** Prix payé pour un mois de travail, de location. *Payer son mois à un employé.* Loc *Mois lunaire* : temps séparant deux conjonctions de la Lune avec le Soleil.

moïse *nm* Corbeille qui sert de berceau.

moisi *nm* Ce qui est moisi.

moisir *vi* **1** Se couvrir de moisissures. **2** Fam Attendre trop longtemps, se morfondre.

moisissure *nf* Ensemble de champignons minuscules se développant sur des matières organiques humides ou en décomposition.

moisson *nf* **1** Action de récolter le blé, les céréales. **2** La récolte elle-même. **3** Temps, époque où l'on fait la moisson. **4** Grande quantité de choses réunies. *Une moisson de renseignements.*

moissonner *vt* **1** Faire la moisson. **2** Remporter, recueillir en abondance.

moissonneur, euse *n* Qui moissonne. ■ *nf* Machine servant à moissonner.

moissonneuse-batteuse *nf* Machine qui lie le grain et le sépare de la paille. *Des moissonneuses-batteuses.*

moite *a* Légèrement humide.

moiteur *nf* Caractère moite.

moitié *nf* **1** Chacune des deux parties égales d'un tout. **2** Milieu. **3** Fam Épouse. Loc *À moitié* : à demi ; en partie. *Faire les choses à moitié* : ne pas les faire convenablement. *Être, se mettre de moitié avec qqn* : partager également avec lui le gain et la perte. Fam *Moitié-moitié* : en partageant en deux parts égales ; d'une manière mitigée.

moka *nm* **1** Café renommé. **2** Gâteau garni de crème au beurre aromatisée au café.

mol. V. mou.

molaire *nf* Chacune des grosses dents, qui servent à broyer.

molasse *nf* GÉOL Grès tendre à ciment calcaire.

moldave *a, n* De Moldavie.

mole *nf* CHIM Unité de quantité de matière.

môle *nm* Jetée construite à l'entrée d'un port et faisant office de brise-lames.

moléculaire *a* De la molécule.

molécule *nf* Ensemble d'atomes liés les uns aux autres par des liaisons fortes.

molène *nf* BOT Syn de bouillon-blanc.

moleskine *nf* Toile cirée imitant le cuir.

molester *vt* Malmener, brutaliser.

molette *nf* **1** Roulette garnie de pointes, à l'extrémité d'un éperon. **2** Roulette servant à couper, à marquer, à frotter, etc. **3** Petit cylindre cannelé servant à actionner un mécanisme.

moliéresque *a* Qui évoque Molière.

mollah *nm* Docteur en droit religieux dans l'islam chiite.

mollasse *a* Fam Mou, flasque, nonchalant.

mollasson, onne *n, a* Fam Personne molle.

molle. V. mou.

mollement *av* Avec mollesse.

mollesse *nf* **1** Caractère mou. **2** Manque d'énergie dans le caractère, la conduite.

1. mollet *am* Loc *Œuf mollet* : cuit dans sa coquille de manière que le blanc soit pris et le jaune onctueux.

2. mollet *nm* Relief musculaire à la partie postérieure et inférieure de la jambe.

molletière *nf, a* Bande d'étoffe ou de cuir dont on entourait le mollet.

molleton *nm* Étoffe moelleuse de laine ou de coton cardé.

molletonné, ée *a* Doublé de molleton.

mollir *vi* **1** Devenir mou. **2** Perdre de sa force, faiblir.

mollo *av* Pop Doucement, délicatement.

mollusque *nm* **1** Animal au corps mou, souvent pourvu d'une coquille calcaire (limace, huître, etc.). **2** Fam Individu mou, sans énergie.

molosse *nm* Grand dogue.

molto *av* MUS Beaucoup, très.

molybdène *nm* CHIM Métal utilisé pour les aciers inoxydables.

môme *n* Fam Enfant. ■ *nf* Pop Jeune fille.

moment *nm* **1** Petite partie du temps. *Il n'en a que pour un moment.* **2** Laps de temps indéterminé. *Attendre un long moment.* **3** La période présente. **4** Circonstance, occasion. *C'est le bon moment.* Loc *Dans un moment* : bientôt. *D'un moment à l'autre* : incessamment. Par *moments* : de temps en temps. *À tout (tous) moment(s)* : sans cesse. *En ce moment* : à l'heure qu'il est. *Au moment de* : sur le point de. *Au moment où* : lorsque. *Du moment que* : puisque.

momentané, ée *a* Qui dure peu ; temporaire.

momentanément *av* De façon momentanée.

momie *nf* **1** Corps embaumé par les anciens Égyptiens. **2** *Fam* Personne très maigre.

momification *nf* Action de momifier.

momifier *vt* Transformer en momie. ■ *vpr* Se fossiliser, se dessécher.

mon, ma, mes *a poss* Première personne du singulier ; de moi. *Ma maison. Mon fils. Mes amis.*

monacal, ale, aux *a* Des moines. *Vie monacale.*

monachisme *nm* Institution monastique.

monade *nf* PHILO Pour Leibniz, élément premier de toutes les choses.

monarchie *nf* **1** Forme de gouvernement d'un État dans laquelle le pouvoir est détenu par un seul chef. **2** État gouverné par un seul individu, spécialement par un roi.

monarchique *a* De la monarchie.

monarchisme *nm* Doctrine des monarchistes.

monarchiste *n, a* Partisan de la monarchie.

monarque *nm* Qui détient l'autorité souveraine dans une monarchie ; roi, empereur.

monastère *nm* Groupe de bâtiments habités par des moines ou des moniales.

monastique *a* Des moines, des moniales ou de leur genre de vie.

monaural, ale, aux *a* Qui concerne une seule oreille (audition).

monbazillac *nm* Vin blanc doux du Sud-Ouest.

monceau *nm* Tas, amas important.

mondain, aine *a* Qui concerne la haute société, ses divertissements. ■ *a, n* Qui fréquente, qui aime le monde, la haute société.

mondanité *nf* Goût pour les divertissements mondains. ■ *pl* Événements, faits de la vie mondaine.

monde *nm* **1** Ensemble de tout ce qui existe, univers. **2** Système planétaire ; planète. **3** La Terre. *Parcourir le monde.* **4** Le genre humain, l'humanité. *Ainsi va le monde.* **5** Groupe social défini. *Le monde scientifique.* **6** La haute société, les classes aisées qui ont une vie facile et brillante. *Sortir dans le monde.* **7** La vie en société. *Fuir le monde.* **8** La vie laïque par oppos. à la vie monastique. **9** Un grand nombre, ou un certain nombre de personnes. *Il y a du monde dans les rues.* Loc *Le Nouveau Monde* : l'Amérique par oppos. à *l'Ancien Monde* : Europe, Asie et Afrique. *L'autre monde* : le séjour des morts (par oppos. à ce monde, ce bas monde : le séjour des vivants). *Se faire un monde d'une chose* : se l'imaginer comme plus difficile, plus importante qu'elle n'est. *C'est un monde !* : c'est incroyable, insensé ! *Venir au monde* : naître. *Mettre un enfant au monde* : lui donner naissance. *Pour rien au monde* : en aucun cas. *Du monde, au monde* : renforcent certaines expressions. *Tout le monde* : tous, on.

monder *vt* Débarrasser un fruit, une substance de ses impuretés.

mondial, ale, aux *a* Qui intéresse, qui concerne le monde entier.

mondialement *av* De façon mondiale.

mondialisation *nf* Fait de mondialiser.

mondialiser *vt* Rendre mondial. ■ *vpr* Devenir mondial.

mondialisme *nm* **1** Unité politique de la communauté humaine. **2** Approche des problèmes politiques dans une optique mondiale.

mondialiste *a* Du mondialisme.

mondovision *nf* Transmission par satellites d'émissions de télévision dans le monde entier.

monégasque *a, n* De Monaco.

monétaire *a* Relatif à la monnaie, aux monnaies. *Politique monétaire.*

monétarisme *nm* Doctrine économique qui met au premier plan la politique monétaire.

monétariste *a, n* Du monétarisme.

monétique *nf* Ensemble des moyens informatiques et électroniques utilisés comme mode de paiement. ■ *a* De la monétique.

mongol, ole *a, n* De Mongolie. ■ *nm* Langue parlée par les Mongols.

mongolien, enne *n, a* Atteint de mongolisme.

mongolisme *nm* Maladie congénitale caractérisée par un aspect physique particulier et une débilité mentale.

mongoloïde *a* Qui rappelle le type mongol.

moniale *nf* Religieuse cloîtrée.

moniliose *nf* Pourrissement des fruits, dû à un champignon.

monisme *nm* PHILO Doctrine considérant le monde comme formé d'un seul principe, tel que la matière ou l'esprit.

moniteur, trice *n* Personne chargée d'enseigner certains sports, certaines techniques, de diriger des enfants. ■ *nm* **1** Écran associé à un micro-ordinateur. **2** Programme particulier assurant la gestion de l'ensemble des travaux à réaliser par un ordinateur. **3** Appareil de surveillance automatique des malades.

monitorage ou **monitoring** [-riŋ] *nm* Système de surveillance électronique utilisé en médecine.

monitorat *nm* Fonction de moniteur.

monnaie *nf* **1** Ensemble des pièces de métal ou des billets de papier ayant cours légal, qui servent de moyen d'échange. **2** Pièces ou billets de faible valeur. **3** Argent rendu à qqn qui a payé avec un billet ou une pièce d'une valeur supérieure à celle de son achat. Loc *C'est monnaie courante* : c'est fréquent. *Rendre à qqn la monnaie de sa pièce* : se venger.

monnaie-du-pape *nf* Plante dont les fruits évoquent des pièces de monnaie. Syn. lunaire. *Des monnaies-du-pape.*

monnayable *a* Qui peut être monnayé.

monnayer *vt* [20] **1** Transformer un métal en monnaie. **2** Tirer argent de. *Monnayer son aide.*

monnayeur *nm* Appareil qui fait la monnaie (sens 3).

monobloc *a inv, nm* Constitué d'un seul bloc.

monocamérisme *nm* Système politique fondé sur un Parlement à une chambre.

monochrome *a* D'une seule couleur.

monocle *nm* Verre correcteur unique qu'on fait tenir dans l'arcade sourcilière.

monoclonal, ale, aux *a* BIOL Qui relève du même clone.

monocoque *nm* Voilier à coque unique.

monocorde *a* Dont les inflexions sont peu variées ; monotone.

monocotylédone *nf* BOT Plante dont l'embryon ne possède qu'un cotylédon.

monoculaire *a* D'un seul œil.

monoculture *nf* Culture d'une seule plante dans une région ou une exploitation.

monodie *nf* MUS Chant à une voix.

monogame *a, n* Qui pratique la monogamie.

monogamie *nf* Système dans lequel une personne ne peut avoir légalement qu'un seul conjoint.

monogamique *a* De la monogamie.

monogramme *nm* Chiffre formé des principales lettres, entrelacées, d'un nom.

monographie *nf* Ouvrage traitant d'un sujet précis de manière exhaustive.

monographique *a* De la monographie.

monoï [-nɔj] *nm* Huile parfumée tirée de la fleur d'un frangipanier.

monoïque *a* BOT Qui porte sur le même pied des fleurs mâles et des fleurs femelles.

monolingue *a, n* Qui ne parle qu'une seule langue.

monolinguisme [-gyism] *nm* Utilisation d'une seule langue.

monolithe *nm* Monument fait d'une seule pierre.

monolithique *a* 1 Fait d'un seul bloc. 2 D'une homogénéité rigide.

monolithisme *nm* Caractère monolithique.

monologue *nm* 1 Scène d'une pièce de théâtre où un personnage est seul et se parle à lui-même. 2 Discours de qqn qui ne laisse pas parler les autres.

monologuer *vi* Tenir un monologue.

monomanie *nf* PSYCHO Obsession, idée fixe.

monôme *nm* 1 Expression algébrique sans signe d'addition ni de soustraction. 2 Cortège joyeux d'étudiants.

monomère *a, nm* CHIM Constitué de molécules simples.

monométallisme *nm* Système monétaire n'admettant qu'un seul étalon (or ou argent).

monomoteur *am, a* Qui n'a qu'un seul moteur (avion).

mononucléaire *a, nm* BIOL Se dit des globules blancs ne possédant qu'un noyau.

mononucléose *nf* MED Augmentation du nombre des mononucléaires dans le sang.

monoparental, ale, aux *a* Se dit d'une famille ne comportant qu'un seul parent.

monopartisme *nm* Régime de parti unique.

monophasé, ée *a* ELECTR Qui ne présente qu'une seule phase.

monophonie *nf* Procédé de reproduction des sons transmis par un seul canal.

monophonique *a* Propre à la monophonie.

monophysisme *nm* Hérésie du Ve s.

monoplace *a, n* Se dit d'un véhicule qui ne comporte qu'une seule place.

monoplan *nm* Avion qui n'a qu'un plan de sustentation.

monopole *nm* 1 Privilège exclusif de fabriquer, de vendre, de faire qqch. 2 Droit, privilège exclusif que l'on s'attribue.

monopoliser *vt* 1 Exercer le monopole de. 2 Accaparer pour soi seul.

monopoliste *a, n* Qui détient un monopole.

monopolistique *a* D'un monopole.

monopoly *nm* (n déposé) Jeu de société sur le thème de la spéculation immobilière.

monorail *nm* Chemin de fer à rail unique.

monosémique *a* LING Qui a un seul sens.

monoski *nm* Sport consistant en évolutions sur un seul ski.

monosyllabe *nm* Mot d'une syllabe.

monosyllabique *a* 1 Qui n'a qu'une syllabe. 2 LING Qui ne comporte que des monosyllabes.

monothéisme *nm* Religion n'admettant qu'un Dieu unique.

monothéiste *a, n* Qui relève du monothéisme.

monotone *a* 1 Qui est toujours ou presque toujours sur le même ton. 2 D'une uniformité fastidieuse. *Paysage monotone.*

monotonie *nf* Caractère monotone.

monotype *nm* Yacht dont les caractéristiques sont conformes à celles d'une série donnée.

monovalent, ente *a* CHIM Qui possède la valence 1. Syn. univalent.

monoxyde *nm* Loc *Monoxyde d'azote* : gaz très toxique.

monozygote *a* BIOL Se dit de jumeaux issus d'un même œuf.

monseigneur *nm* Titre honorifique des archevêques, des évêques et des princes. (Abrév : Mgr).

monsieur [məsjø] *nm* 1 Titre donné par civilité à un homme. 2 Homme d'une certaine condition sociale ou qui fait l'important. Au pl *messieurs.* Abrév : M., MM.

monstre *nm* 1 Être fantastique des légendes et des traditions populaires. *Monstres marins.* 3 Être très difforme. *Monstre à deux têtes.* 4 Personne extrêmement laide ou très méchante. Loc *Monstre sacré* : acteur très célèbre. ■ *a* Fam Exceptionnellement grand, important. *Banquet monstre.*

monstrueusement *av* De façon monstrueuse.

monstrueux, euse *a* 1 Qui a la conformation d'un monstre. 2 Gigantesque, colossal. 3 Horrible, épouvantable.

monstruosité *nf* 1 Caractère monstrueux. 2 Chose monstrueuse.

mont *nm* Élévation de terrain de quelque importance. Loc *Aller par monts et par vaux* : voyager beaucoup. *Mont de Vénus* : pénil.

montage *nm* 1 Action d'assembler différentes parties pour former un tout. 2 Ensemble d'éléments montés, assemblés. 3 FIN Démarches suivies par une société pour se procurer des capitaux.

montagnard, arde *a* De la montagne. *Climat montagnard.* ■ *n* Qui habite la montagne.

montagne *nf* 1 Relief important du sol s'élevant à une grande hauteur. 2 Région d'altitude élevée. 3 Grande quantité de choses amoncelées. Loc Fam *Se faire une montagne de qqch* : s'en exagérer les difficultés. *Montagnes russes* : jeu forain, suite de montées et de descentes parcourues par un véhicule sur rails.

montagneux, euse *a* 1 Où il y a des montagnes ; constitué de montagnes.

montant, ante *a* Qui monte. ■ *nm* 1 Pièce longue disposée verticalement. 2 Total d'un compte. *Montant des dépenses.*

mont-de-piété *nm* Établissement de prêt sur gage. *Des monts-de-piété.*

mont-d'or *nm* Fromage voisin du vacherin. *Des monts-d'or.*

monte *nf* 1 Accouplement de certains animaux domestiques. 2 Action de monter un cheval.

monté, ée *a* Loc *Être monté :* en colère. *Coup monté :* préparé à l'avance.

monte-charge *nm inv* Appareil élévateur pour le transport vertical des objets.

montée *nf* 1 Action de monter. 2 Pente, en tant qu'elle conduit vers le haut. 3 Augmentation, élévation. Loc *Montée en puissance :* progrès spectaculaire de qqch.

monte-en-l'air *nm inv* Fam Cambrioleur.

monténégrin, ine *a, n* Du Monténégro.

monte-plats *nm inv* Monte-charge entre la cuisine et la salle à manger.

monter *vi* [aux *être* ou *avoir*] 1 Se transporter dans un lieu plus haut, s'élever. *Monter sur un escabeau.* 2 Prendre place dans un véhicule, sur une monture. 3 Passer à un degré supérieur. *Monter en grade.* 4 Augmenter de niveau, de volume, d'importance, de prix, etc. 5 Atteindre tel prix. *Les frais montent à 1 000 francs.* 6 S'élever en pente. *Rue qui monte en pente raide.* Loc *Monter à la tête :* enivrer. ■ *vt* 1 Gravir, franchir une élévation. *Monter l'escalier.* 2 Porter dans un lieu élevé. *Monter des meubles dans une chambre.* 3 Chevaucher un animal. *Monter un cheval.* 4 Exciter qqn contre qqn ou qqch. 5 Ajuster, assembler différentes parties pour former un tout. *Monter une machine. Monter une tente.* 6 Préparer, organiser. *Monter une pièce de théâtre. Monter un coup.* Loc *Monter la gamme :* parcourir l'échelle des sons, du grave à l'aigu. *Monter la garde :* assurer le service de garde. ■ *vpr* 1 S'exalter, s'irriter. *Se monter contre qqn.* 2 Se pourvoir. *Se monter en linges.* 3 S'élever à tel total. *La dépense se monte à 1 000 francs.*

monteur, euse *n* Qui effectue des montages, des installations.

montgolfière *nf* Aérostat qui tire sa force ascensionnelle de l'air chaud.

monticule *nm* Petite élévation de terrain.

montmorency *nf inv* Cerise à goût acidulé.

montrable *a* Qu'on peut montrer.

montrachet *nm* Bourgogne blanc, très réputé.

montre *nf* Instrument portatif qui indique l'heure. Loc *Course contre la montre :* dans laquelle chaque coureur, partant seul, est classé selon le temps qu'il a mis à parcourir la distance fixée ; lutte contre le temps pour mener à bien une affaire, etc. *Faire montre de :* donner des marques, des preuves. *Montre en main :* en un temps précis.

montréalais, aise *a, n* De Montréal.

montre-bracelet *nf* Montre fixée au poignet. *Des montres-bracelets.*

montrer *vt* 1 Faire voir. *Montrer sa maison.* 2 Indiquer par un geste, un signe. *Montrer qqn du doigt.* 3 Faire ou laisser paraître ; manifester. *Montrer du courage.* 4 Démontrer. *Montrez-moi que j'ai tort.* ■ *vpr* Se révéler, s'avérer. *Se montrer généreux.*

montreur, euse *n* Qui montre un spectacle. *Montreur de marionnettes.*

monture *nf* 1 Animal de selle (cheval, âne, etc.). 2 Pièce qui sert de support ou d'armature. *Monture d'un diamant, de lunettes.*

monument *nm* 1 Bâtiment ou sculpture édifié pour conserver la mémoire de qqn ou de qqch. 2 Édifice, ouvrage considéré pour sa grandeur, sa valeur ou sa signification. 3 Œuvre considérable par ses dimensions ou ses qualités.

monumental, aux *a* 1 Imposant de grandeur, de proportions, etc. 2 Fam Énorme en son genre. *Un orgueil monumental.*

moquer (se) *vpr* 1 Railler, tourner en ridicule. 2 Mépriser, braver, ne faire aucun cas de qqn, de qqch. *Se moquer du danger.*

moquerie *nf* 1 Action de se moquer. 2 Parole, action par laquelle on se moque.

moquette *nf* Tapis cloué ou collé qui recouvre uniformément le sol d'une pièce.

moquetter *vt* Recouvrir de moquette.

moqueur, euse *a, n* Qui se moque, porté à la moquerie. ■ *a* Qui exprime de la moquerie. *Regard moqueur.*

moraine *nf* Amas de débris rocheux arrachés et transportés par un glacier.

morainique *a* Propre aux moraines.

moral, ale, aux *a* 1 Qui concerne les mœurs, les règles de conduite en usage dans une société. *Jugement moral.* 2 Relatif au bien, au devoir, aux valeurs établies. *Conscience morale.* 3 Relatif à l'esprit. *Santé morale.* ■ *nm* Disposition d'esprit ; confiance. *Avoir bon moral.* ■ *nf* 1 Ensemble des principes de jugement et de conduite qui s'imposent à la conscience individuelle ou collective. 2 Tout ensemble de règles, d'obligations, de valeurs. *Morale rigoureuse.* 3 Enseignement moral, conclusion morale. *La morale d'une fable.* Loc *Faire la morale à qqn :* lui adresser des réprimandes.

moralement *av* 1 Conformément à la morale. 2 Du point de vue moral, en conscience.

moralisant, ante *a* Qui moralise.

moralisateur, trice *a, n* Qui fait la morale.

moralisation *nf* Action de moraliser.

moraliser *vt* Faire la morale, admonester. ■ *vi* Faire des réflexions morales.

moralisme *nm* Formalisme moral.

moraliste *n* 1 Auteur d'observations critiques sur les mœurs, la nature humaine. 2 Qui aime à faire la morale.

moralité *nf* 1 Conformité aux principes de la morale. 2 Sens moral d'une personne, manifesté par sa conduite. 3 Enseignement moral, leçon d'une histoire, d'un événement.

morasse *nf* Dernière épreuve, avant l'impression, d'un journal mis en pages.

moratoire *nm* Décision de suspendre provisoirement l'exigibilité de certaines créances, la poursuite d'une action, d'une activité.

morbide *a* 1 Qui tient à la maladie. *État morbide.* 2 Malsain moralement. *Curiosité morbide.*

morbidité *nf* Caractère morbide.

morbier *nm* Fromage du Jura, au lait de vache.

morbleu ! *interj* Juron ancien.

morceau *nm* 1 Partie séparée d'une chose. *Morceau de pain, de bois, d'étoffe.* 2 Passage d'une œuvre musicale ou littéraire. Loc Fam *Casser le morceau à qqn :* lui faire une révélation désagréable. Fam *Manger, cracher le morceau :* faire des aveux.

morcelable *a* Qu'on peut morceler.

morceler *vt* [18] Diviser en morceaux.

morcellement *nm* Action de morceler ; état de ce qui est morcelé.

mordant, ante *a* 1 Corrosif. 2 Caustique dans la critique, la raillerie, etc. ■ *nm* 1 Substance dont on imprègne une matière pour qu'elle fixe les colorants. 2 Causticité, vivacité, énergie.

mordicus *av* Fam Avec opiniâtreté, obstinément.

mordiller *vt, vi* Mordre légèrement et à petits coups.

mordoré, ée *a, nm* D'un brun chaud, à reflets dorés.

mordre *vt* [5] 1 Saisir, serrer, entamer avec les dents. 2 Entamer, pénétrer en rongeant, en creusant, etc. *Lime qui mord un métal.* ■ *vti, vi* 1 Prendre goût à qqch, réussir. *Un élève qui mord bien au latin.* 2 Empiéter sur. *Un coureur qui mord sur la ligne de départ.* ■ *vpr* Loc Fam *Se mordre les doigts de qqch* : s'en repentir.

mordu, ue *a, n* Fam Passionné. *Un mordu du rugby.*

more, moresque. V. maure, mauresque.

morfil *nm* Petites aspérités qui adhèrent au tranchant d'une lame fraîchement affûtée.

morfler *vi* Pop Subir une punition, des coups.

morfondre (se) *vpr* [5] S'ennuyer à attendre.

morganatique *a* Se dit du mariage d'un prince avec une femme de condition inférieure.

morgon *nm* Cru du Beaujolais.

morgue *nf* 1 Attitude hautaine et méprisante. 2 Salle froide où sont déposés provisoirement les morts.

moribond, onde *a, n* Qui est près de mourir ; agonisant.

moricaud, aude *a, n* Fam Qui a la peau très brune. ■ *n* Pop Personne de couleur.

morigéner *vt* [12] Réprimander, tancer.

morille *nf* Champignon comestible, à chapeau alvéolé.

mormon, one *n, a* Membre d'un mouvement religieux fondé aux États-Unis vers 1830.

1. morne *a* Empreint d'une sombre tristesse. *Un air morne.*

2. morne *nm* Colline isolée, aux Antilles.

morose *a* D'humeur chagrine, triste, maussade.

morosité *nf* Caractère morose.

morphème *nm* LING Unité minimale exprimant un rapport grammatical, par oppos. à lexème.

morphine *nf* Alcaloïde de l'opium, antalgique puissant mais toxique à fortes doses.

morphinomane *a, n* Qui se drogue à la morphine.

morphinomanie *nf* Toxicomanie à la morphine.

morphogenèse *nf* Développement des formes du relief.

morphologie *nf* 1 Étude des formes externes des êtres vivants. 2 Forme, conformation ; aspect général. 3 LING Étude de la forme des mots. 4 Syn de *géomorphologie.*

morphologique *a* De la morphologie.

morphologiquement *av* Relativement à la morphologie, aux formes.

morpion *nm* 1 Pop Pou du pubis. 2 Pop Enfant, gamin. 3 Jeu qui se joue sur du papier quadrillé.

mors [mɔʀ] *nm* 1 Pièce métallique que l'on place dans la bouche d'un cheval, et qui permet de le diriger. 2 Mâchoire d'un étau, d'une pince. Loc *Prendre le mors aux dents* : s'emballer, se laisser emporter par la passion, la colère.

morse *nm* 1 Grand mammifère marin des régions arctiques, aux canines supérieures développées en défenses. 2 Code de télécommunication utilisant un alphabet constitué de points et de traits.

morsure *nf* Action de mordre ; marque ou plaie qui en résulte.

1. mort *nf* 1 Fin de la vie, cessation définitive de toutes les fonctions corporelles. 2 Extinction, fin, disparition de qqch. *C'est la mort de toutes nos espérances.* Loc *À mort* : en entraînant la mort ; à fond, très fort. *À la vie, à la mort* : indéfectiblement.

2. mort, morte *a, n* 1 Qui a cessé de vivre. 2 Cadavre. ■ *a* Qui semble privé de vie ; sans activité. *Être mort de peur. Ville morte.* Loc *Langue morte* : qu'on ne parle plus. *Angle mort* : partie du champ de vision qui se trouve masquée. *Nature morte* : peinture ne représentant pas de personnes ou d'animaux. *Temps mort* : moment inemployé. ■ *nm* Au bridge, celui des quatre joueurs qui étale ses cartes.

mortadelle *nf* Gros saucisson d'Italie.

mortaise *nf* Cavité pratiquée dans une pièce pour recevoir un tenon.

mortalité *nf* Nombre de morts rapporté à une population et à une période.

mort-aux-rats *nf inv* Poison destiné à la destruction des rongeurs.

morte-eau *nf* Marée d'amplitude faible. *Les mortes-eaux.*

mortel, elle *a* 1 Sujet à la mort. 2 Qui cause ou qui peut causer la mort. *Danger mortel.* 3 Insupportable, très pesant. *Ennui mortel.* Loc *Ennemi mortel* : implacable. *Péché mortel* : qui donne la mort à l'âme. ■ *n* Être humain. *Un heureux mortel.*

mortellement *av* 1 À mort. *Blesser mortellement.* 2 Extrêmement. *Mortellement inquiet.*

morte-saison *nf* Période de l'année pendant laquelle l'activité économique diminue. *Des mortes-saisons.*

mortier *nm* 1 Mélange de ciment ou de chaux, de sable et d'eau utilisé en maçonnerie. 2 Récipient où l'on broie certaines substances. 3 Canon à tir courbe.

mortifère *a* Fam Qui cause la mort.

mortifiant, ante *a* Qui mortifie.

mortification *nf* 1 RELIG Souffrance, privation que l'on s'inflige par ascèse. 2 Blessure d'amour-propre ; humiliation. 3 Altération et destruction d'un tissu organique.

mortifier *vt* Faire subir une mortification.

mort-né, -née *a, n* 1 Mort à sa mise au monde. *Une enfant mort-née.* ■ *a* Qui ne reçoit même pas un début de réalisation. *Projets mort-nés.*

mortuaire *a* Relatif à la mort, à une cérémonie funèbre. *Couronne mortuaire.*

morue *nf* Grand poisson des régions froides de l'Atlantique Nord.

morula *nf* BIOL Premier stade de développement de l'embryon, résultat de la segmentation de l'œuf.

morutier, ère *a* De la morue. ■ *nm* Pêcheur ou bateau qui fait la pêche à la morue.

morvandiau, aux ou **morvandeau, elle, eaux** *a, n* Du Morvan.

morve *nf* 1 Sécrétion visqueuse s'écoulant par le nez. 2 Maladie des chevaux.

morveux, euse *a* 1 Qui a la morve au nez. 2 Malade de la morve. Loc *Fam Se sentir morveux :* confus pour une erreur commise. ■ *n Fam* Jeune prétentieux.

1. mosaïque *nf* 1 Ouvrage décoratif composé de petites pièces de différentes couleurs, assemblées et jointoyées ; art de composer de tels ouvrages. 2 Juxtaposition d'éléments nombreux et divers. *Mosaïque d'États.*

2. mosaïque *a* Relatif à Moïse.

mosaïste *n* Artiste en mosaïques.

moscovite *a, n* De Moscou.

mosquée *nf* Édifice cultuel musulman.

mot *nm* 1 Son ou groupe de sons d'une langue (ou leur notation graphique) auquel est associé un sens, et que l'on considère comme formant une unité autonome. 2 Bref énoncé, courte phrase, courte missive. *J'ai un mot à lui dire.* 3 Parole remarquable ou mémorable ; sentence. *Un recueil de mots historiques.* Loc *Grands mots :* trop solennels, qui dénotent l'emphase. *Gros mot :* grossier. *Le fin mot :* qui vient en dernier, et qui permet de comprendre le reste. *Jeu de mots :* équivoque plaisante jouant sur les ressemblances de mots ; calembour. *Mot à mot :* littéralement, sans dégager le sens général de l'expression. *Mot pour mot :* textuellement. *Avoir son mot à dire :* avoir le droit de donner son avis. *Avoir le dernier mot :* avoir le dessus, l'emporter dans une discussion. *C'est mon dernier mot :* ma dernière proposition. *Je n'ai pas dit mon dernier mot :* je n'ai pas renoncé à avoir le dessus. *Avoir des mots avec qqn :* se quereller avec lui. *Au bas mot :* au minimum. *Prendre qqn au mot :* le considérer comme engagé par ce qu'il vient de dire. *Mot d'ordre :* consigne d'action, résolution commune à un groupe. *Se donner le mot :* convenir par avance de qqch. *En un mot :* pour résumer. *Le mot de la fin :* l'expression qui conclut heureusement qqch. *Toucher un mot à qqn :* lui parler brièvement.

motard, arde *n Fam* Motocycliste. ■ *nm* Motocycliste de la police, de la gendarmerie.

motel *nm* Hôtel aménagé, au bord des grands itinéraires routiers.

motet *nm* MUS Pièce vocale religieuse, chantée a cappella.

moteur, trice *a* 1 Qui produit ou communique du mouvement. *Muscles moteurs.* 2 Relatif aux organes du mouvement. *Troubles moteurs.* ■ *nm* 1 Appareil conçu pour la transformation d'une énergie quelconque en énergie mécanique. 2 Personne qui inspire, anime. 3 Cause, motif. *Le moteur de la croissance économique.*

motif *nm* 1 Raison qui détermine ou explique un acte. *Les motifs d'un refus.* 2 Sujet d'un tableau. 3 Dessin, ornement répété. *Motifs décoratifs.* 4 MUS Partie d'une ligne mélodique.

motilité *nf* BIOL Aptitude à effectuer des mouvements.

motion *nf* Proposition faite dans une assemblée délibérante.

motivant, ante *a* Qui incite à agir.

motivation *nf* 1 Action de motiver, de justifier. 2 Ce qui motive, pousse à agir.

motivé, ée *a* Stimulé par une motivation.

motiver *vt* 1 Expliquer, justifier par des motifs. *Motiver un choix.* 2 Être le motif de. 3 Déterminer les actes de qqn ; stimuler. *C'est l'intérêt financier qui le motive.*

moto *nf* Véhicule à deux roues équipé d'un moteur de plus de 125 cm ^{3}.

motoball [-bol] *nm* Football pratiqué sur des motos.

motocross *nm inv* Course de motos sur parcours naturel fortement accidenté.

motoculteur *nm* Appareil automoteur conduit à la main, pour les petits travaux agricoles.

motoculture *nf* Utilisation dans l'agriculture de machines mues par des moteurs.

motocyclette *nf* Vx Moto.

motocyclisme *nm* Pratique de la moto.

motocycliste *n* Qui monte une moto.

motonautisme *nm* Pratique sportive de la navigation sur de petits bateaux à moteur.

motoneige ou **motoski** *nf* Petit véhicule à chenilles muni de skis à l'avant.

motopompe *nf* 1 Pompe entraînée par un moteur. 2 Véhicule automobile équipé d'une motopompe, contre les incendies.

motorisation *nf* Action de motoriser.

motoriser *vt* Doter de véhicules, de machines automobiles. Loc *Fam Être motorisé :* posséder une voiture, un cyclomoteur, etc.

motoriste *nm* Mécanicien spécialiste des moteurs.

motrice *nf* Voiture munie d'un moteur, destinée à la traction des rames, des convois.

motricité *nf* PHYSIOL Ensemble des fonctions permettant le mouvement.

motte *nf* 1 Petite masse de terre compacte. 2 Masse de beurre pour la vente au détail.

motus [-tys] *interj Fam* Invite à garder le silence.

mot-valise *nm* Mot formé d'éléments d'autres mots (ex. : *franglais,* de *français* et *anglais*). *Des mots-valises.*

mou ou **mol, molle** *a* 1 Qui se déforme facilement, qui s'enfonce sous la pression. *Oreiller mou.* 2 Qui manque d'énergie, de résolution, de vigueur morale. *Caractère mou.* ■ *n* Personne sans énergie. ■ *nm* Poumon de certains animaux de boucherie. *Mou de veau.* Loc *Donner du mou à un cordage :* le détendre. Pop *Rentrer dans le mou de qqn :* l'attaquer violemment. ■ *av* Pop Doucement. *Y aller mou.*

moucharabieh *nm* Grillage en bois pour voir dehors sans être vu, dans les pays arabes.

mouchard, arde *n* Dénonciateur. ■ *nm* Appareil de contrôle et de surveillance.

mouchardage *nm Fam* Action de moucharder.

moucharder *vt Fam* Espionner et rapporter ce qu'on a vu, entendu.

mouche *nf* 1 Insecte de l'ordre des diptères, dont les espèces sont très nombreuses. 2 Point noir marquant le centre d'une cible. 3 Petite boule de protection fixée à la pointe d'un fleuret. 4 Rondelle de taffetas noir qu'on se collait sur le visage. Loc *Fam Mourir, tomber comme des mouches :* en grand nombre. *Il ne ferait pas de mal à une mouche :* il n'est absolument pas violent. *La mouche du coche :* personne qui s'agite beaucoup, sans rendre service efficacement. *Quelle mouche le pique ? :* pourquoi s'emporte-t-il si brusquement ? *Prendre la mouche :* se vexer. *Faire mouche :*

atteindre exactement son but. *Pattes de mouche :* écriture menue et mal formée, difficilement lisible. *Fine mouche :* personne fine et rusée. *Poids mouche :* en boxe, concurrent ne dépassant pas 51 kg.

moucher vt 1 Débarrasser le nez des mucosités qui l'encombrent. 2 Couper l'extrémité carbonisée d'une mèche. 3 Fam Réprimander vertement. ■ vpr Débarrasser son nez en expirant fortement.

moucheron nm Petit insecte volant.

moucheté, ée a 1 Marqué de moucheture. 2 Garni d'une mouche (fleuret, sabre).

mouchetis nm Crépi projeté sur un mur et qui présente de petites aspérités.

moucheture nf 1 Petite tache d'une autre couleur que le fond. 2 Tache naturelle du pelage de certains animaux.

mouchoir nm Pièce de tissu ou de papier servant à se moucher. Loc *Arriver dans un mouchoir :* être presque égaux dans une compétition.

mouclade nf Plat de moules à la crème.

moudjahidine nm Combattant musulman d'un mouvement de libération.

moudre vt [65] Broyer des grains avec une meule ou un moulin.

moue nf Grimace de dédain, de dépit, etc.

mouette nf Oiseau principalement marin voisin du goéland mais plus petit.

mouffette, mouffette ou **mofette** nf Mammifère carnivore d'Amérique, qui projette une sécrétion malodorante lorsqu'il est attaqué.

moufle nf 1 Gros gant sans séparations pour les doigts, excepté pour le pouce. 2 Appareil de levage fait d'un assemblage de poulies.

mouflet, ette n Fam Jeune enfant.

mouflon nm Mouton sauvage des montagnes aux cornes recourbées.

moufter vi Pop Protester.

mouillage nm 1 Action de mouiller, d'imbiber d'eau. 2 Action de mouiller l'ancre. 3 Endroit où un navire mouille.

mouillant, ante a, nm TECH Se dit de produits qui permettent à un liquide de mieux imprégner une surface, de s'y étaler plus uniformément.

mouiller vt 1 Tremper, rendre humide. 2 Étendre d'eau. *Mouiller du lait.* 3 Mettre à l'eau. *Mouiller des mines.* 4 Fam Compromettre, impliquer qqn. *Mouiller qqn dans un scandale.* 5 PHON Prononcer une consonne en adjoignant le son [j]. ■ vi Jeter l'ancre, faire escale. ■ vpr Fam S'engager en prenant des risques.

mouillette nf Fam Morceau de pain que l'on trempe dans les œufs à la coque.

mouilleur nm Instrument pour humecter le dos des étiquettes, des timbres, etc. Loc *Mouilleur de mines :* bâtiment spécialement équipé pour mouiller des mines.

mouillure nf 1 Action de mouiller. 2 Tache d'humidité.

mouise nf Pop Misère.

moujik nm Paysan russe.

moukère nf Pop Femme.

moulage nm 1 Action de mouler ou de moudre. 2 Reproduction moulée.

moulant, ante a Qui moule le corps.

1. moule nm 1 Corps solide creux et façonné, destiné à recevoir une matière pâteuse pour lui donner une forme. 2 Modèle qui imprime sa marque sur le caractère, le comportement, etc.

2. moule nf 1 Mollusque marin, comestible, pourvu d'une coquille à deux valves, qui vit en colonies. 2 Fam Personne molle, sans caractère.

moulé, ée a Loc *Bien moulé :* bien fait, harmonieux.

mouler vt 1 Fabriquer, reproduire au moyen d'un moule. 2 Prendre une empreinte pour qu'elle puisse servir de moule. 3 Ajuster à, épouser la forme de. *Robe qui moule le corps.* 4 Conformer. *Mouler son attitude sur celle de qqn.*

mouleur, euse n Qui exécute des moulages.

moulière nf Élevage de moules.

moulin nm 1 Machine à moudre les céréales, à broyer des graines. 2 Établissement où est installée cette machine. 3 Petit appareil ménager pour broyer. *Moulin à légumes.* 4 Fam Moteur de voiture, d'avion. Loc *Apporter de l'eau au moulin de qqn :* des arguments à l'appui de ce qu'il dit. *Se battre contre des moulins à vent :* contre des adversaires imaginaires. Fam *Moulin à paroles :* personne très bavarde. Fam *Entrer comme dans un moulin :* très facilement.

moulin-à-vent nm inv Cru du Beaujolais.

mouliner vt Presser au moulin à légumes.

moulinet nm 1 Petit tambour commandé par une manivelle, où s'enroule le fil d'une canne à pêche. 2 Mouvement d'une canne, d'une épée, etc., que l'on fait tournoyer.

moulinette nf (n déposé) Petit moulin à légumes.

Mouloud nm inv Fête musulmane, commémorant la naissance de Mahomet.

moult a indéf Vx ou Fam De nombreux, maint.

moulu, ue a 1 Broyé, réduit en poudre. 2 Brisé de fatigue.

moulure nf 1 Ornement allongé d'architecture ou d'ébénisterie, creux ou saillant. 2 Baguette creusée de rainures destinées à recevoir des fils électriques.

moulurer vt Orner de moulures.

moumoute nf Fam 1 Coiffure postiche, perruque. 2 Veste en peau de mouton.

mourant, ante a, n Qui se meurt ; agonisant, moribond. ■ a Qui va faiblissant.

mourir vi [33] 1 Cesser de vivre. *Mourir de maladie.* 2 Ressentir vivement les atteintes de. *Mourir de faim, de peur.* 3 Cesser d'exister, disparaître progressivement. *Laisser mourir le feu.* ■ vpr Litt Être sur le point de disparaître.

mouroir nm Lieu, établissement où meurent beaucoup de gens.

mouron nm Herbe de petites dimensions. Loc Pop *Se faire du mouron :* du souci.

mousquet nm Ancienne arme à feu portative, à mèche, en usage avant le fusil.

mousquetaire nm Gentilhomme d'une compagnie montée de la garde du roi au XVIIe s.

mousqueton nm 1 Fusil à canon court. 2 Boucle métallique fermée par un ergot.

moussaillon nm Fam Petit mousse.

moussaka nf Gratin d'aubergines à la viande hachée.

moussant, ante a Susceptible de produire de la mousse.

1. mousse nm Jeune apprenti marin.

2. mousse nf **1** Plante rase des lieux humides, vivant en touffes serrées. **2** Accumulation de bulles à la surface d'un liquide. *Mousse de la bière.* **3** Mets de consistance légère. *Mousse au chocolat. Mousse de foie.* **4** Produit moussant. *Mousse à raser. Mousse carbonique.* Loc *Caoutchouc mousse* : caoutchouc à alvéoles et de faible densité. *Point mousse* : obtenu au tricot en faisant tous les rangs à l'endroit.

3. mousse a ▪ Émoussé. *Pointe mousse.*

mousseline nf Toile très fine et transparente. ■ a inv Loc *Purée mousseline* : de pommes de terre, très légère.

mousser vi Produire de la mousse. Loc Fam *Faire mousser qqn, qqch* : le présenter sous un jour trop favorable.

mousseron nm Champignon des prés, comestible.

mousseux, euse a Qui mousse. ■ nm Vin qui mousse (à l'exception du champagne).

mousson nf Régime de vents dont la direction s'inverse brutalement d'une saison à l'autre, produisant des variations climatiques importantes (sécheresse, pluie).

moussu, ue a Couvert de mousse végétale.

moustache nf Poils qu'on laisse pousser au-dessus de la lèvre supérieure. ■ pl Longs poils du museau de certains animaux.

moustachu, ue a, nm Qui porte la moustache.

moustérien, enne a, nm PRÉHIST Paléolithique moyen.

moustiquaire nf Rideau de tulle ou chassis garni de toile métallique disposés de façon à arrêter les insectes.

moustique nm Petit insecte ailé dont la piqûre cause de vives démangeaisons.

moût nm Jus de raisin, de pomme, de poire, etc., qui n'a pas encore fermenté.

moutard nm Pop Petit garçon ; enfant.

moutarde nf **1** Nom courant de diverses crucifères. **2** Condiment à base de graines ou de farine d'une de ces plantes. Loc Fam *La moutarde lui monte au nez* : la colère le gagne. ■ a inv Couleur jaune orangé tirant sur le vert.

moutardier nm **1** Petit pot dans lequel on présente la moutarde. **2** Qui fabrique ou qui vend de la moutarde.

mouton nm **1** Mammifère ruminant à l'épaisse toison frisée, élevé pour sa laine, son lait et sa viande. **2** Personne trop soumise et dépourvue de sens critique. **3** Pop Compagnon de cellule vendu à la police. Loc Fam *Mouton noir* : personne qui, dans un groupe, est tenue à l'écart. *Mouton de Panurge* : qui imite stupidement les autres. *Mouton à cinq pattes* : phénomène très rare. ■ pl **1** Petites vagues au sommet couvert d'écume. **2** Petits nuages. **3** Fam Petits flocons de poussière.

moutonné, ée a Loc *Ciel moutonné* : couvert de petits nuages floconneux.

moutonnement nm Fait de moutonner.

moutonner vi Se couvrir de vagues écumeuses (mer) ou de petits nuages blancs (ciel).

moutonneux, euse a Qui moutonne.

moutonnier, ère a Qui suit niaisement les autres.

mouture nf **1** Action de moudre le grain. **2** Produit qui en résulte. **3** Version remaniée d'un sujet déjà traité.

mouvance nf Domaine, sphère d'influence.

mouvant, ante a **1** Changeant, instable. **2** Qui manque de consistance (sol).

mouvement nm **1** Changement de place, de position, déplacement. *Le mouvement des vagues. Surveiller les mouvements de l'ennemi.* **2** Action, manière de mouvoir son corps. *Mouvements de danse.* **3** Série de changements, de mutations dans un corps militaire ou civil. *Mouvement préfectoral.* **4** Circulation des biens, de la monnaie. *Mouvement de fonds.* **5** Variation en quantité. *Mouvement des prix.* **6** MUS Degré de vitesse ou de lenteur à donner à la mesure. **7** Partie d'une œuvre musicale. **8** Passage d'un état affectif à un autre. *Un mouvement de colère.* **9** Évolution sociale. *Le mouvement des idées, des mœurs.* **10** Action collective tendant à un changement social. **11** Groupe humain, association. *Mouvement surréaliste. Mouvements de jeunesse.* **12** Mécanisme servant à la mesure du temps. *Le mouvement d'une montre.* Loc Fam *En deux temps, trois mouvements* : très rapidement. *Être dans le mouvement* : suivre le progrès. *Mouvement de terrain* : éminence ou vallonnement du sol.

mouvementé, ée a Agité. *Séance mouvementée.*

mouvoir vt [42] **1** Faire changer de place, de position. **2** Faire agir qqn. *Être mû par l'ambition.* ■ vpr Se déplacer, bouger.

moxa nm Cautère utilisé dans la médecine chinoise.

1. moyen, enne a **1** Qui est également éloigné des deux extrêmes par la place, la quantité ou la qualité. *Le cours moyen de la Loire. Corpulence moyenne. Intelligence moyenne.* **2** Commun, ordinaire. *Français moyen.* **3** Obtenu, calculé en faisant la moyenne de plusieurs valeurs. Loc *Poids moyen* : catégorie de poids dans de nombreux sports (en boxe, entre 71 et 75 kg).

2. moyen nm Ce qu'on fait ou ce qu'on utilise pour parvenir à une fin. *Moyen honnête. Moyens de transport.* Loc *Au moyen de* : en se servant de, à l'aide de. *Par le moyen de* : par l'intermédiaire de, grâce à. *Il y a, il n'y a pas moyen de* : il est possible, il est impossible de. ■ pl **1** Capacités naturelles (physiques ou intellectuelles). *Écolier qui a peu de moyens.* **2** Ressources pécuniaires. *Vivre au-dessus de ses moyens.*

moyenâgeux, euse a Du Moyen Âge.

moyen-courrier nm Avion dont l'autonomie ne dépasse pas 4 000 km. *Des moyen-courriers.*

moyen-métrage nm Film qui dure entre vingt minutes et une heure. *Des moyens-métrages.*

moyennant prép Au moyen de. Loc *Moyennant finances* : en payant. *Moyennant quoi* : grâce à quoi.

moyenne nf **1** Ce qui tient le milieu entre les extrêmes. *Être plus riche que la moyenne.* **2** MATH Quotient de la somme de plusieurs valeurs par leur nombre. **3** Nombre de points égal à la moitié de la note maximale. *Avoir la moyenne à un devoir.* Loc *En moyenne* : selon une moyenne approximative.

moyennement av Modérément.

moyen-oriental, ale, aux a Abusiv Syn de *proche-oriental.*

moyeu nm Partie centrale de la roue d'un véhicule, traversée par l'essieu.

mozambicain, aine a. n Du Mozambique.

mozarabe n, a HIST Espagnol chrétien autorisé à pratiquer sa religion, au temps de la domination maure sur l'Espagne.

mozzarelle [mɔdza-] nf Fromage italien de bufflonne ou de vache.

MST nf Maladie sexuellement transmissible.

mu nm Lettre de l'alphabet grec correspondant à m, et symbolisant le préfixe micro-, qui indique la division par un million.

mû, mue Pp du v mouvoir.

mucilage nm Substance végétale qui, en présence d'eau, forme une gelée.

mucilagineux, euse a Du mucilage.

mucosité nf Amas de mucus épais.

mucoviscidose nf Affection héréditaire, caractérisée par une trop grande viscosité des sécrétions bronchiques et digestives.

mucus [-kys] nm Sécrétion visqueuse protectrice des muqueuses.

mue nf 1 Changement de poil, de plumes, de peau, de cornes, etc., chez certains animaux, à des périodes déterminées. 2 Dépouille d'un animal qui a mué. 3 Changement dans le timbre de la voix, au moment de la puberté.

muer vi 1 Changer de pelage, de plumage (animal). 2 Changer de ton (voix d'un adolescent). ■ vpr Litt Se transformer. Son indifférence s'est muée en hostilité.

muesli [mysli] nm Mélange de céréales et de fruits sur lequel on verse du lait.

muet, ette a, n Privé de l'usage de la parole. ■ a 1 Qui se tait. 2 Qui n'est pas exprimé, prononcé. Les grandes douleurs sont muettes. Syllabe muette.

muezzin [mμɛdzin] nm Fonctionnaire musulman qui appelle à la prière du haut du minaret.

muffin nm Petit pain brioché.

mufle nm Extrémité nue du museau de certains mammifères. ■ n, a Fam Individu mal élevé, grossier.

muflerie nf Fam Action, caractère d'un mufle.

muflier nm Plante ornementale aux fleurs de couleurs variées.

mufti nm Docteur de la loi musulmane.

muge nm Syn de mulet (poisson).

mugir vi 1 Pousser son cri (bovidé). 2 Produire un son analogue à un mugissement.

mugissant, ante a Qui mugit.

mugissement nm 1 Cri des bovins. 2 Son grave et prolongé rappelant ce cri.

muguet nm 1 Plante à rhizome croissant dans les bois, à fleurs blanches en forme de clochettes. 2 Maladie des muqueuses buccale et pharyngienne.

muid nm Très grand tonneau.

mulard nm Canard hybride.

mulâtre, mulâtresse n, a Né d'un Noir et d'une Blanche, ou d'un Blanc et d'une Noire.

1. mule nf Hybride femelle de l'âne et de la jument. Loc Fam Tête de mule : personne entêtée.

2. mule nf Pantoufle.

mulet nm 1 Hybride mâle de l'âne et de la jument. 2 Grand poisson côtier à la chair appréciée. 3 Fam Voiture de remplacement dans une compétition automobile.

muleta [mule-] nf Morceau d'étoffe rouge destiné à exciter le taureau dans les corridas.

muletier, ère n Qui conduit des mulets, des mules. Loc Chemin muletier : sentier escarpé en montagne.

mulot nm Rat des bois et des champs.

multicarte a Qui représente plusieurs firmes (représentant).

multicellulaire a BIOL Formé de plusieurs cellules.

multicolore a Qui a des couleurs variées.

multiconfessionnel, elle a Où coexistent plusieurs religions.

multicoque nm Voilier à plusieurs coques.

multicouche a Formé de plusieurs couches.

multiculturel, elle a Où coexistent plusieurs cultures.

multifenêtre a INFORM Qui permet de faire apparaître plusieurs fenêtres sur l'écran d'un microordinateur (logiciel).

multiforme a Qui a ou qui peut prendre des formes diverses, variées.

multilatéral, ale, aux a Qui concerne, qui engage plusieurs États.

multimédia a Qui utilise plusieurs médias.

multimètre nm Appareil de mesure d'une grandeur électrique.

multimillionnaire a, n Plusieurs fois millionnaire.

multinational, ale, aux a Qui comprend, qui concerne plusieurs nations. ■ nf Grande firme dont les activités s'exercent dans plusieurs États.

multipare a, n 1 Qui a plusieurs petits en une seule portée (animal). 2 Qui a accouché plusieurs fois (femme).

multipartisme nm Système parlementaire où existent plusieurs partis.

multipartite a Qui réunit plusieurs parties contractantes.

multiple a 1 Composé d'éléments différents ; complexe. 2 Qui existe en grand nombre. ■ nm Nombre égal au produit d'un nombre donné par un nombre entier.

multiplex nm inv Dispositif permettant de diffuser sur une seule voie des émissions provenant d'émetteurs différents reliés entre eux.

multiplicande nm MATH Nombre que multiplie un autre nombre.

multiplicateur nm MATH Nombre qui en multiplie un autre.

multiplicatif, ive a Qui multiplie.

multiplication nf 1 Augmentation en nombre. Multiplication des espèces. 2 MATH Opération consistant à additionner à lui-même un nombre (multiplicande), un nombre de fois égal à un autre nombre (multiplicateur).

multiplicité nf Grande quantité de choses.

multiplier vt 1 Augmenter le nombre, la quantité de. 2 MATH Faire la multiplication de. ■ vpr 1 Croître en nombre. 2 Se reproduire. Animaux qui se multiplient.

multipolaire a Qui a plus de deux pôles.

multiprise nf Prise de courant électrique qui permet de brancher plusieurs prises.

multipropriété nf Copropriété d'une résidence secondaire permettant des séjours alternés.

multiracial, ale, aux a Où coexistent plusieurs ethnies.

multirisque a Qui couvre des risques de nature différente (assurance).

multisalles *nm* Cinéma comportant plusieurs salles.

multitude *nf* Très grand nombre.

munichois, oise [-kwa] *a, n* 1 De Munich. 2 HIST Partisan des accords de Munich de 1938.

municipal, ale, aux *a* Relatif à une commune et à son administration.

municipaliser *vt* Soumettre au contrôle d'une municipalité.

municipalité *nf* Corps d'élus qui administre une commune, comprenant le maire et les conseillers municipaux.

munificence *nf* Litt Grande libéralité.

munir *vt* Pourvoir, équiper. ■ *vpr* Prendre avec soi. *Se munir d'un parapluie.*

munitions *nfpl* Approvisionnement pour les armes à feu (cartouches, obus, etc.).

munster [mœstεʀ] *nm* Fromage de lait de vache fabriqué dans les Vosges.

muon *nm* PHYS Particule élémentaire dont la masse est 207 fois celle de l'électron.

muqueuse *nf* Membrane qui tapisse un organe et sécrète du mucus.

mur *nm* 1 Ouvrage de maçonnerie qui clôt un espace ou sert de soutien. *Les quatre murs d'une maison. Accrocher un tableau au mur.* 2 Ce qui constitue un obstacle, une barrière. Loc Fam *Mettre qqn au pied du mur* : le mettre en demeure de prendre une décision. Fam *Faire le mur* : sortir sans permission d'une caserne, d'un internat. *Mur du son* : phénomènes qui se produisent lors du franchissement de la vitesse du son par un avion. ■ *pl* La ville, la maison, où l'on habite. *Il est dans nos murs.*

mûr, mûre *a* 1 Parvenu à un point de développement complet (fruit, graine). 2 Qui est prêt à être réalisé, à remplir une fonction, etc. 3 Qui a atteint son développement complet, physique ou intellectuel. *Homme mûr.* 4 Qui a un jugement sage et réfléchi. Loc *Après mûre réflexion* : après avoir longuement réfléchi.

muraille *nf* 1 Mur épais et assez haut. 2 Paroi rocheuse verticale.

1. mural, ale, aux *a* Qui se fixe au mur.

2. mural *nm* BX-A Peinture occupant toute la surface d'un mur extérieur. *Des murals.*

muraliste *n, a* Peintre qui s'exprime par des murals.

mûre *nf* 1 Fruit comestible du mûrier. 2 Fruit comestible de la ronce.

mûrement *av* Avec beaucoup de réflexion.

murène *nf* Poisson au corps mince et long, très vorace.

murer *vt* Fermer, enfermer par une maçonnerie. *Murer une porte, un prisonnier.* ■ *vpr* S'enfermer pour s'isoler.

muret *nm* ou **murette** *nf* Petit mur.

murex *nm* Mollusque sécrétant la pourpre.

mûrier *nm* Arbre dont les feuilles servent de nourriture aux vers à soie.

mûrir *vi* 1 Devenir mûr. 2 Acquérir du jugement. *Esprit qui mûrit.* ■ *vt* 1 Rendre mûr. 2 Former qqn, lui donner du jugement. 3 Mettre au point peu à peu.

mûrissant, ante *a* En train de mûrir.

mûrissement *nm* Venue à maturation.

mûrisserie *nf* Local où l'on fait mûrir des fruits.

murmel *nf* Fourrure de marmotte.

murmure *nm* 1 Bruit continu, sourd et confus, de voix humaines. 2 Bruit léger de l'eau qui coule, du vent, etc. 3 Plaintes, commentaires malveillants de personnes mécontentes.

murmurer *vi* 1 Émettre un murmure. 2 Se plaindre, protester sourdement. ■ *vt* Dire à voix basse. *Murmurer des excuses.*

mur-rideau *nm* Mur extérieur d'un bâtiment, non porteur et largement vitré. *Des murs-rideaux.*

musaraigne *nf* Petit mammifère insectivore au museau pointu.

musarder *vi* Flâner.

musc *nm* Parfum extrait des glandes de certains mammifères.

muscade *nf* 1 Graine du muscadier qui, réduite en poudre, est utilisée comme condiment. 2 Petite boule dont se servent les escamoteurs. Loc *Passez muscade !* : le tour est joué.

muscadelle *nf* Cépage blanc du Sud-Ouest.

muscadet *nm* Vin blanc de la Loire.

muscadier *nm* Arbuste tropical qui fournit la muscade.

muscadin *nm* HIST Jeune dandy qui, après le 9-Thermidor, arborait une élégance recherchée.

muscari *nm* Plante à petites fleurs violettes.

muscat *nm, a* 1 Variété de raisin, d'odeur musquée. 2 Vin fait avec ce raisin.

muscle *nm* 1 Organe contractile assurant le mouvement. 2 Énergie, vigueur.

musclé, ée *a* 1 Qui a les muscles volumineux. 2 Qui est fort, autoritaire ou même brutal. *Intervention musclée.*

muscler *vt* 1 Développer les muscles. 2 Donner de la vigueur, de la force à une entreprise.

muscovite *nf* GEOL Mica blanc.

musculaire *a* Des muscles.

musculation *nf* Ensemble d'exercices visant à développer la musculature.

musculature *nf* Ensemble des muscles du corps.

musculeux, euse *a* Très musclé.

muse *nf* Litt Source d'inspiration poétique.

muséal, ale, aux *a* Du musée.

museau *nm* 1 Partie antérieure de la tête de certains animaux comprenant la gueule et le nez. *Museau de chien.* 2 Fam Visage. 3 Préparation de charcuterie à base de museau de bœuf ou de porc.

musée *nm* Lieu public où sont rassemblées des collections d'objets d'art ou des pièces d'un intérêt historique, scientifique, technique. Loc *Ville musée* : riche en monuments historiques.

museler *vt* [18] 1 Mettre une muselière à un animal. 2 Empêcher de s'exprimer.

muselière *nf* Appareil que l'on met au museau de certains animaux, pour les empêcher de mordre ou de manger.

musellement *nm* Action de museler.

muséographie *nf* Description des musées, de leurs collections.

muséologie *nf* Science de la conservation et de la présentation des collections des musées.

muser *vi* Litt Flâner.

musette *nf* 1 Instrument ancien de musique populaire, sorte de cornemuse. 2 Sac de toile porté en bandoulière. Loc *Bal musette* : bal populaire.

muséum [myzeɔm] *nm* Musée consacré aux sciences naturelles.

musical, ale, aux *a* 1 Relatif à la musique. 2 Où on donne de la musique. *Soirée musicale.* 3 Harmonieux, chantant. *Phrase musicale.*

musicalement *av* 1 D'une façon harmonieuse. 2 Sur le plan de la musique.

musicalité *nf* Qualité musicale.

music-hall [myzikol] *nm* 1 Établissement où se donnent des spectacles de variétés. 2 Ce genre de spectacle. *Des music-halls.*

musicien, enne *n, a* Qui connaît, pratique l'art de la musique. ■ *n* Dont la profession est de composer ou de jouer de la musique.

musicographe *n* Qui écrit sur la musique.

musicographie *nf* Travail du musicographe.

musicologie *nf* Science de la musique.

musicologue *n* Spécialiste de musicologie.

musique *nf* 1 Art de combiner les sons suivant certaines règles. 2 Ensemble des productions de cet art ; œuvre musicale. 3 Notation écrite des œuvres musicales. 4 Société de musiciens. 5 Harmonie d'une suite de sons. **Loc** *Fam En avant la musique !* : allons-y ! *Fam Connaître la musique* : savoir à quoi s'en tenir. *Réglé comme du papier à musique* : très méthodique ; inévitable.

musqué, ée *a* 1 Parfumé au musc. 2 Dont l'odeur rappelle le musc.

must [mœst] *nm* *Fam* Ce qu'il faut faire ou avoir pour être à la mode.

mustang *nm* Cheval sauvage d'Amérique.

musulman, ane *a, n* De la religion islamique.

mutable *a* Qu'on peut changer, déplacer.

mutage *nm* Arrêt de la fermentation du jus de raisin par addition d'alcool.

mutagène *a* BIOL Qui produit une mutation.

mutant, ante *n* BIOL Être vivant qui subit ou qui a subi une ou plusieurs mutations.

mutation *nf* 1 Changement, évolution. 2 Changement d'affectation. 3 BIOL Modification du patrimoine héréditaire d'un être vivant. 4 DR Transmission de la propriété.

mutatis mutandis *av* En faisant les changements nécessaires.

muter *vt* Changer d'affectation.

mutilant, ante *a* Qui mutile.

mutilation *nf* Action de mutiler.

mutilé, ée *n* Qui a subi une mutilation.

mutiler *vt* 1 Amputer un membre, causer une blessure grave qui handicape. 2 Détériorer gravement, tronquer qqch.

mutin, ine *a* Espiègle, taquin. *Un air mutin.* ■ *nm* Qui s'est mutiné.

mutiner (se) *vpr* Refuser d'obéir au pouvoir hiérarchique ; se révolter.

mutinerie *nf* Action de se mutiner.

mutique *a* PSYCHIAT Atteint de mutisme.

mutisme *nm* 1 Refus de parler, attitude silencieuse. 2 PSYCHIAT Incapacité psychologique de parler.

mutité *nf* Incapacité physiologique de parler.

mutualisation *nf* Action de mutualiser.

mutualiser *vt* Faire passer qqch à la charge d'une collectivité solidaire.

mutualisme *nm* Syn de *mutualité.*

mutualiste *a, n* Fondé sur les principes de la mutualité. *Société mutualiste.* ■ *n* Membre d'une mutuelle.

mutualité *nf* 1 Système de solidarité sociale, fondé sur l'entraide mutuelle des membres cotisants. Syn. mutualisme. 2 Ensemble des sociétés mutualistes.

mutuel, elle *a* 1 Réciproque. *Haine mutuelle.* 2 Fondé sur les principes de la mutualité. ■ *nf.* Société mutualiste.

mutuellement *av* Réciproquement.

myalgie *nf* MED Douleur musculaire.

myasthénie *nf* MED Affaiblissement pathologique de la force musculaire.

mycélium [-ljɔm] *nm* Appareil végétatif des champignons.

mycénien, enne *a, n* HIST De Mycènes, de sa civilisation préhellénique.

mycoderme *nm* BOT Levure qui se forme en voile à la surface des liquides fermentés.

mycologie *nf* Science des champignons.

mycologue *n* Spécialiste de mycologie.

mycoplasme *nm* BIOL Bactérie de petite taille, parfois pathogène pour l'homme.

mycorhize *nm* Champignon associé aux racines d'une plante.

mycose *nf* Maladie due à un champignon parasite.

mydriase *nf* MED Dilatation de la pupille.

mye *nf* Mollusque bivalve comestible.

myéline *nf* Substance lipidique constituant la gaine de certaines cellules nerveuses.

myélite *nf* Inflammation de la moelle épinière.

myélographie *nf* Radiographie de la moelle épinière.

myélome *nm* Tumeur médullaire maligne.

myélopathie *nf* Affection de la moelle épinière.

mygale *nf* Grosse araignée tropicale.

myocarde *nm* ANAT Muscle du cœur.

myocardiopathie *nf* Maladie du myocarde.

myocardite *nf* Inflammation du myocarde.

myographie *nf* Enregistrement des contractions musculaires.

myopathe *n* Atteint de myopathie.

myopathie *nf* Atrophie du tissu musculaire.

myope *a, n* Atteint de myopie.

myopie *nf* 1 Trouble de la vision des objets lointains. 2 Manque de discernement.

myorelaxant, ante *a, nm* Médicament qui favorise la relaxation musculaire.

myosotis *nm* Petite plante à fleurs bleues, blanches ou roses.

myriade *nf* Quantité immense et innombrable.

myriapode *nm* ZOOL Arthropode terrestre ayant de nombreux segments et de nombreuses paires de pattes. Syn. mille-pattes.

myrrhe *nf* Gomme résine aromatique produite par un arbre d'Arabie.

myrte *nm* Arbuste méditerranéen toujours vert, à fleurs blanches odorantes.

myrtille *nf* Petit arbrisseau des forêts de montagne, aux baies noires comestibles.

mystère *nm* 1 ANTIQ Doctrine et pratique religieuses révélées aux seuls initiés. 2 THEOL Dogme révélé du christianisme, inaccessible à la raison. *Le mystère de la Trinité.* 3 Ce qui est inconnu, incompréhensible, tenu secret. 4 LITTER Drame religieux du Moyen Âge. **Loc** *Ne pas faire mystère de qqch* : ne pas s'en cacher.

mystérieusement *av* De façon mystérieuse.

mystérieux, euse *a* 1 Qui contient un mystère. 2 Sur qui ou sur quoi plane un mystère. *Personnage mystérieux.*

mysticisme *nm* **1** Doctrine philosophique, tour d'esprit religieux qui suppose la possibilité d'une communication intime de l'homme avec la divinité. **2** Attitude fortement marquée par le sentiment religieux.

mysticité *nf* Caractère mystique.

mystificateur, trice *a, n* Qui mystifie.

mystification *nf* **1** Acte, propos par lesquels on mystifie. **2** Tromperie ou illusion collective.

mystifier *vt* Tromper qqn en abusant de sa crédulité.

mystique *a* **1** Relatif aux mystères d'une religion. **2** Empreint de mysticisme. ■ *a, n* **1** Prédisposé au mysticisme. **2** Dont le caractère est exalté, les idées absolues. ■ *nf* **1** Ensemble des pratiques et des connaissances liées au mysticisme. **2** Manière plus passionnelle que rationnelle d'envisager une idée, une doctrine.

mythe *nm* **1** Récit légendaire transmis par la tradition, présentant les exploits d'êtres fabuleux (héros, divinités, etc.), et de portée allégorique. *Le mythe d'Œdipe, de Prométhée.* **2** Amplification due à l'imaginaire collectif, valorisant qqn ou qqch. **3** Croyance largement répandue mais peu fondée. **4** Allégorie philosophique de caractère didactique.

mythification *nf* Action de mythifier.

mythifier *vt* Conférer à qqn, à qqch une dimension mythique, quasi sacrée.

mythique *a* Relatif au mythe.

mythologie *nf* **1** Ensemble des mythes propres à une civilisation, à un peuple, à une religion. **2** Discipline ayant pour objet l'étude des mythes.

mythologique *a* De la mythologie.

mythologue *n* Spécialiste de mythologie.

mythomane *a, n* Atteint de mythomanie.

mythomanie *nf* Tendance pathologique à dire des mensonges, à fabuler, à simuler.

mytiliculteur, trice *n* Qui élève des moules.

mytiliculture *nf* Élevage des moules.

myxœdème *nm* Œdème généralisé dû à une insuffisance de la thyroïde.

myxomatose *nf* Maladie infectieuse des lapins.

myxomycète *nm* BOT Champignon gélatineux.

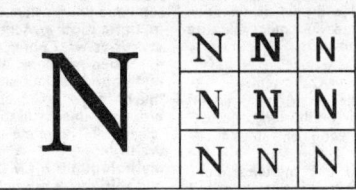

n *nm* Quatorzième lettre (consonne) de l'alphabet.

nabab *nm* 1 HIST Dans l'Inde moghole, gouverneur, grand officier. 2 Homme très riche qui fait étalage de sa fortune.

nabi *nm* Peintre postimpressionniste de la fin du XIXᵉ s.

nabot, ote *n* Péjor De très petite taille, nain.

nacelle *nf* 1 Litt Petite barque. 2 Panier fixé sous un aérostat, où se tiennent les aéronautes.

nacre *nf* Substance dure, brillante, irisée, qui recouvre la face interne de la coquille de certains mollusques.

nacré, ée *a* Qui a l'éclat de la nacre.

nacrer *vt* Donner l'aspect irisé de la nacre.

nadir *nm* ASTRO Point de la sphère céleste situé à la verticale de l'observateur. Ant. zénith.

nævocarcinome [ne-] *nm* Cancer consécutif à un nævus.

nævus [nevys] *nm* Tache colorée de la peau.

nage *nf* Action, manière de nager. **Loc** *À la nage :* en nageant ; cuit dans un court-bouillon. *Être en nage :* mouillé de sueur.

nageoire *nf* Organe locomoteur et stabilisateur, en forme de palette, d'animaux aquatiques.

nager *vi* [11] 1 Avancer sur l'eau, ou sous l'eau, par des mouvements adéquats. 2 Flotter. *La viande nage dans la sauce.* 3 Être pleinement dans un état. *Nager dans le bonheur.* 4 Fam Être très au large dans un vêtement. 5 Fam Se trouver très embarrassé. 6 MAR Ramer.

nageur, euse *n* Qui nage.

naguère *av* 1 Récemment. 2 Abusiv Jadis.

naïade *nf* Nymphe des eaux courantes.

naïf, ïve *a, n* 1 D'un naturel candide, simple et ingénu. 2 D'une crédulité excessive. 3 Se dit d'artistes autodidactes au style primitif. ■ *a* Naturel, sans artifice.

nain, naine *a, n* De très petite taille.

naira *nm* Unité monétaire du Nigeria.

naissain *nm* Larves de moules ou d'huîtres.

naissance *nf* 1 Commencement de la vie indépendante. 2 Origine, commencement. *La naissance du jour, d'une idée.* **Loc** *De naissance :* de manière congénitale. *Contrôle des naissances :* limitation des naissances. *Prendre naissance :* commencer.

naissant, ante *a* Qui commence à se former.

naisseur *nm* Éleveur spécialisé dans la production d'animaux jeunes.

naître *vi* [66] [aux *être*] 1 Venir au monde. 2 Commencer à exister. *La Vᵉ République est née en 1958.* **Loc** *Naître de :* prendre son origine dans. *Faire naître :* provoquer, susciter.

naïvement *av* De façon naïve.

naïveté *nf* 1 Ingénuité. 2 Crédulité excessive. 3 Propos naïf. *Débiter des naïvetés.*

naja *nm* Nom scientifique du cobra.

namibien, enne *a, n* De Namibie.

nana *nf* Fam Femme, fille.

nandou *nm* Oiseau ressemblant à une petite autruche.

nanisme *nm* Anomalie caractérisée par une très petite taille.

nanti, ie *a, n* Riche.

nantir *vt* DR Fournir un gage en garantie d'une dette. **Loc** *Être nanti de :* être muni de.

nantissement *nm* DR Bien donné comme garantie.

naos *nm* Partie principale d'un temple grec.

napalm *nm* Essence gélifiée pour bombes incendiaires.

naphtalène *nm* Hydrocarbure constituant de la naphtaline.

naphtaline *nf* Produit antimite.

naphte *nm* Partie légère du pétrole distillé, utilisée comme dissolvant.

napoléon *nm* Pièce d'or de 20 francs.

napoléonien, enne *a, n* De Napoléon.

napolitain, aine *a, n* De Naples.

nappage *nm* Action de napper.

nappe *nf* 1 Linge destiné à couvrir une table. 2 Couche d'un corps fluide. *Nappe d'huile, de gaz, de brouillard.* **Loc** *Nappe d'eau :* grande étendue d'eau tranquille.

napper *vt* Recouvrir un mets d'une sauce, d'une crème.

napperon *nm* Petite nappe décorative.

narcisse *nm* 1 Plante bulbeuse à fleurs jaunes ou blanches. 2 Litt Homme exclusivement attaché à sa propre personne.

narcissique *a* Du narcissisme.

narcissisme *nm* Admiration de soi-même.

narcoanalyse *nf* Procédé psychologique d'investigation fait au moyen d'un narcotique.

narcodollars *nmpl* Profits réalisés dans le trafic de la drogue.

narcolepsie *nf* MED Besoin irrésistible de dormir survenant par accès.

narcose *nf* Sommeil provoqué artificiellement.

narcotique *nm* Substance qui provoque l'engourdissement, l'assoupissement.

narguer *vt* Braver avec insolence.

narguilé ou **narghilé** *nm* Grande pipe, en usage au Moyen-Orient, où la fumée traverse un réservoir d'eau.

narine *nf* Chacun des deux orifices du nez.

narquois, oise *a* Goguenard. *Rire narquois.*

narrateur, trice *n* Qui raconte.

narratif, ive *a* Propre au récit.

narration *nf* **1** Récit ou relation d'un fait, d'un événement. **2** Exercice scolaire de rédaction.

narrer *vt* Litt Raconter.

narthex *nm* ARCHI Vestibule fermé de la nef des basiliques romanes.

narval *nm* Cétacé de l'Arctique, à longue défense torsadée. *Des narvals.*

nasal, ale, aux *a* Du nez. *Fosses nasales.* ■ *a, nf* PHON Caractérisé par la vibration de l'air dans les fosses nasales.

nasalisation *nf* Caractère d'un son nasalisé.

nasaliser *vt* Transformer en son nasal.

nase *nm* Pop Nez. ■ *a* Fam En mauvais état.

naseau *nm* Narine de certains animaux.

nasillard, arde *a* Qui nasille.

nasillement *nm* Fait de nasiller.

nasiller *vi* Parler du nez.

nasique *nm* **1** Singe de Bornéo, au long nez mou. **2** Couleuvre d'Asie.

nasse *nf* **1** Engin de pêche de forme oblongue. **2** Filet pour capturer les petits oiseaux.

natal, ale, als *a* Où on est né. *Pays natal.*

nataliste *a, n* Qui favorise la natalité.

natalité *nf* Rapport du nombre des naissances à la population totale.

natation *nf* Activité consistant à nager.

natatoire *a* Qui sert à la nage. Loc *Vessie natatoire* : poche abdominale remplie d'air chez de nombreux poissons.

natice *nf* Mollusque gastéropode marin qui ressemble à l'escargot.

natif, ive *a, n* Originaire de. *Natif de Paris.* ■ *a* Litt Inné. *Grâce native.*

nation *nf* Communauté humaine caractérisée par la conscience de son identité historique ou culturelle et formant une entité politique.

national, ale, aux *a* De la nation. ■ *nf* Route dont l'entretien dépend de l'État. ■ *nmpl* Ceux qui ont telle nationalité.

nationalisation *nf* Transfert au domaine public de certains moyens de production.

nationaliser *vt* Procéder à la nationalisation de.

nationalisme *nm* **1** Doctrine politique revendiquant la primauté de la nation. **2** Attachement exclusif à la nation. **3** Prise de conscience, par une communauté, de son droit à former une nation.

nationaliste *a, n* Qui relève du nationalisme.

nationalité *nf* Appartenance de qqn à un État déterminé, à une communauté nationale.

national-socialisme *nm* Doctrine nationaliste et raciste de l'Allemagne hitlérienne.

national-socialiste *a, n* Qui relève du national-socialisme. *Des nationaux-socialistes.*

nativisme *nm* PHILO Théorie considérant certaines perceptions comme innées (espace et temps).

nativité *nf* **1** Fête anniversaire de la naissance du Christ, de la Vierge et de Jean-Baptiste. **2** (avec majusc) Noël.

natte *nf* **1** Ouvrage fait de brins de paille, de jonc entrelacés. **2** Tresse de cheveux.

natter *vt* Tresser en natte.

naturalisation *nf* Action de naturaliser.

naturalisé, ée *a, n* Qui a obtenu sa naturalisation.

naturaliser *vt* **1** Accorder à un étranger telle nationalité. **2** Préparer un animal mort pour lui conserver l'aspect vivant.

naturalisme *nm* École littéraire et artistique visant à dépeindre objectivement la réalité.

naturaliste *n* **1** Spécialiste de sciences naturelles. **2** Qui prépare les animaux morts pour les conserver. ■ *a, n* Qui relève du naturalisme artistique ou littéraire.

nature *nf* **1** Caractère, propriété d'un être ou d'une chose. *La nature humaine.* **2** Tempérament. *Une nature violente.* **3** Principe actif d'organisation du monde. *Les lois de la nature.* **4** Le monde physique, biologique et ses lois. *Les sciences de la nature.* **5** Le monde non transformé par la présence humaine. *La protection de la nature.* **6** Modèle réel pour un artiste. *Peindre d'après nature.* Loc *De nature à* : susceptible de. *Nature morte* : tableau représentant un groupe d'objets. *Payer en nature* : en objets réels et non pas en argent. ■ *a inv* **1** Préparé tel quel, sans adjuvants. *Bœuf nature.* **2** Fam Naturel, sans affectation. Loc *Grandeur nature* : en dimensions réelles.

naturel, elle *a* **1** Qui relève du monde physique et de ses lois. *Les phénomènes naturels.* **2** Qu'on trouve tel quel dans la nature. *Gaz naturel.* **3** Qui n'a pas été altéré, falsifié. *Produits alimentaires naturels.* **4** Normal. *Cela est tout naturel.* **5** Qui appartient à la nature physique de l'homme. *Fonctions naturelles.* **6** Inné. *Penchants naturels.* **7** Exempt d'affectation, de recherche. *Rester naturel.* Loc *Enfant naturel* : né en dehors du mariage. ■ *nm* **1** Tempérament, caractère. *Un naturel paisible.* **2** Manière d'être exempte de toute affectation. Loc *Au naturel* : sans préparation particulière. ■ *n* Habitant d'un lieu ; indigène, autochtone.

naturellement *av* **1** De façon naturelle. **2** Inévitablement. **3** Évidemment, bien sûr.

naturisme *nm* **1** Doctrine de ceux qui préconisent le retour à la nature. **2** Nudisme.

naturiste *n, a* Qui relève du naturisme.

naufrage *nm* **1** Perte d'un navire en mer. **2** Litt Grande perte, grand malheur. Loc *Faire naufrage* : couler ; subir un échec cuisant.

naufragé, ée *a, n* Qui a fait naufrage.

naufrageur, euse *n* HIST Pilleur d'épaves.

naupathie *nf* MED Mal de mer.

nauséabond, onde *a* Dégoûtant, répugnant.

nausée *nf* **1** Envie de vomir. **2** Dégoût, écœurement profond.

nauséeux, euse *a* **1** Qui provoque la nausée. **2** Qui éprouve des nausées.

nautile *nm* Mollusque des mers chaudes.

nautique *a* Relatif à la navigation, aux sports sur l'eau.

nautisme *nm* Ensemble des sports nautiques.

navaja *nf* Long couteau espagnol.

naval, ale, als *a* Qui concerne les navires, la navigation, la marine militaire.

navarin nm Ragoût de mouton.

navel nf Variété d'orange.

navet nm 1 Plante potagère à racine comestible. 2 Fam Œuvre d'art sans valeur.

navette nf 1 Instrument d'un métier à tisser qui fait courir le fil de trame et le croise avec le fil de chaîne. 2 Véhicule qui effectue des allers et retours réguliers sur une courte distance. 3 Plante voisine du colza. Loc *Faire la navette* : faire des allers et retours répétés. *Navette spatiale* : véhicule spatial récupérable.

navicule nf Algue microscopique de couleur verte.

navigabilité nf 1 Capacité à naviguer pour un navire, un avion. 2 État d'une rivière navigable.

navigable a Où l'on peut naviguer.

navigant, ante a, n Se dit de l'équipage d'un navire, d'un avion, etc.

navigateur, trice n 1 Qui navigue, qui fait des voyages au long cours. 2 Qui détermine la position et le tracé de la route à suivre pour un véhicule (avion, navire, etc.).

navigation nf 1 Action de naviguer. 2 Technique de la conduite des navires, des avions, etc. 3 Circulation, trafic maritime ou aérien.

naviguer vi 1 Voyager sur mer, sur l'eau. 2 Diriger la marche d'un navire, d'un avion, etc. 3 Se diriger habilement dans des affaires difficiles.

navire nm Bâtiment conçu pour la navigation en haute mer.

navire-citerne nm Navire équipé pour le transport des liquides. *Des navires-citernes.*

navire-hôpital nm Navire aménagé pour le transport et les soins des malades et des blessés. *Des navires-hôpitaux.*

navire-usine nm Navire équipé pour le traitement du poisson pêché. *Des navires-usines.*

navrant, ante a Affligeant, regrettable.

navrer vt Affliger, désoler.

nazaréen, enne a, n De Nazareth.

nazi, ie a, n National-socialiste.

nazisme nm National-socialisme.

N.B. Abrév de *nota bene*, « remarquez bien ».

ne av Marque la négation (seul, ou avec *pas, point, plus*). Loc *Ne... que* : seulement.

né, née a 1 Issu de. 2 En apposition, de naissance. *Un orateur-né.* Loc *Bien né* : de famille honorable.

néandertalien, enne a, n Primate fossile proche de l'homme.

néanmoins av Toutefois, cependant, pourtant.

néant nm 1 État de ce qui n'existe pas. 2 Absence de valeur. Loc *Réduire à néant* : anéantir. *Tirer du néant* : tirer d'un état obscur, misérable.

nébuleuse nf 1 ASTRO Objet céleste diffus et vaporeux. 2 Amas confus et imprécis.

nébuleux, euse a 1 Obscurci par les nuages. 2 Confus, fumeux. *Projets nébuleux.*

nébuliser vt Projeter un liquide en fines gouttelettes.

nébuliseur nm Appareil servant à projeter un liquide en fines gouttelettes.

nébulosité nf 1 Partie du ciel couverte par les nuages. 2 Nuage léger.

nécessaire a 1 Indispensable pour qqch, qqn. 2 Inévitable, inéluctable. ■ nm 1 Ce qui est indispensable pour vivre. *Manquer du*

nécessaire. 2 Ce qui est essentiel. *Faire le nécessaire.* 3 Coffret garni des objets destinés à un usage déterminé. *Nécessaire de couture.*

nécessairement av 1 Absolument. 2 Logiquement, inévitablement.

nécessité nf 1 Caractère nécessaire, obligation. 2 Besoin impérieux, exigence.

nécessiter vt Rendre indispensable ; exiger.

nécessiteux, euse a, n Indigent.

neck nm GEOL Piton de roches volcaniques.

nec plus ultra nm inv Ce qui constitue un état qui ne peut être dépassé, ce qu'il y a de mieux.

nécrologie nf 1 Notice biographique consacrée à un défunt. 2 Avis de décès. 3 Liste de personnes décédées pendant un laps de temps.

nécrologique a De la nécrologie.

nécromancie nf Science occulte qui évoque les morts pour révéler l'avenir.

nécromancien, enne n ou **nécromant** nm Qui s'occupe de nécromancie.

nécrophage a, n Qui se nourrit de cadavres.

nécrophilie nf PSYCHIAT Attirance morbide pour les cadavres.

nécropole nf 1 Vaste ensemble de sépultures antiques. 2 Litt Vaste cimetière.

nécrose nf BIOL Mort de cellules ou de tissu organique.

nécroser vt Provoquer la nécrose.

nectar nm 1 MYTH Breuvage des dieux. 2 Litt Breuvage délicieux. 3 BOT Liquide sucré, sécrété par certaines plantes.

nectarine nf Hybride de pêche.

néerlandais, aise a, n Des Pays-Bas. ■ nm Langue germanique parlée au Pays-Bas.

nef nf 1 Partie d'une église du portail à la croisée du transept. 2 Litt Navire.

néfaste a 1 Malheureux, désastreux, nuisible.

nèfle nf Fruit du néflier. Loc Pop *Des nèfles !* : rien du tout ! pas question !

néflier nm Arbuste épineux.

négateur, trice a, n Litt Qui nie.

négatif, ive a 1 Qui marque un refus, une négation. 2 Qui n'est pas constructif. *Critique négative.* 3 Cliché photographique où les parties claires et sombres sont inversées. ■ nf Loc *Par la négative* : par un refus.

négation nf 1 Action de nier. 2 Mot, groupe de mots qui rend un énoncé négatif. Loc *Être la négation de* : en opposition totale avec qqch.

négativement av De façon négative.

négativisme nm Refus systématique de tout.

négativité nf Caractère négatif.

négligé, ée a Peu soigneux. ■ nm 1 Absence de recherche dans la tenue. 2 Litt Vêtement d'intérieur. Syn. déshabillé.

négligeable a Sans importance.

négligemment av Avec négligence.

négligence nf 1 Défaut de soin, d'application, d'attention. 2 Faute, erreur légère.

négligent, ente a, n Qui fait preuve de négligence.

négliger vt [11] 1 Ne pas prendre soin de qqch, de qqn. 2 Délaisser qqn. 3 Ne pas mettre à profit. *Négliger une occasion.* ■ vpr Ne pas prendre soin de sa personne.

négoce nm Vx Commerce.

négociable a Qu'on peut négocier.

négociant, ante n Commerçant en gros.

négociateur, trice n Qui négocie, qui a pour mission de mener des négociations.

négociation *nf* **1** Action de négocier. **2** Démarche entreprise pour conclure un accord.

négocier *vt* **1** Discuter en vue de conclure un accord. **2** Monnayer une valeur. Loc *Négocier un virage :* le prendre le mieux possible. ■ *vi* Engager des pourparlers.

nègre, négresse *n* **1** Esclave noir employé autrefois dans les colonies. **2** Terme raciste désignant qqn de race noire. Loc *Travailler comme un nègre :* beaucoup, durement. ■ *nm* Qui prépare ou fait le travail d'un écrivain célèbre, d'une personne connue. ■ *a* De race noire. Loc *Nègre blanc :* équivoque.

négrier *nm* **1** Qui se livrait à la traite des Noirs. **2** Navire servant à la traite des Noirs.

négrillon, onne *n* Fam Enfant noir.

négritude *nf* Identité culturelle des Noirs.

négro-africain, aine *a, n* Des peuples d'Afrique noire. *Langues négro-africaines.*

négro-américain, aine *a, n* Des Noirs d'Amérique.

négroïde *a, n* Qui présente les caractéristiques morphologiques de la race noire.

negro-spiritual [-Ritwol] *nm* Chant religieux des Noirs chrétiens des États-Unis. *Des negro-spirituals.*

négus [-gys] *nm* HIST Empereur d'Éthiopie.

neige *nf* **1** Eau congelée qui tombe en flocons blancs et légers. **2** Pop Cocaïne. Loc *Classe de neige :* enseignement hivernal en montagne. *Neige carbonique :* anhydride carbonique solide. *Œufs à la neige :* blancs d'œuf battus, cuits, servis sur une crème anglaise.

neiger *v impers* [11] Tomber (neige).

neigeux, euse *a* Qui concerne la neige.

nélombo *nm* Plante aquatique à grandes fleurs blanches, appelée aussi *lotus sacré.*

nem *nm* Petite crêpe de riz fourrée et frite.

nématode *nm* ZOOL Ver tel que l'ascaris, le filaire, la trichine.

nénette *nf* Pop Jeune fille, jeune femme.

nénuphar *nm* Plante aquatique aux feuilles flottantes.

néo-calédonien, enne *a, n* De Nouvelle-Calédonie.

néocapitalisme *nm* Forme moderne du capitalisme.

néoclassicisme *nm* Mouvement artistique de retour à l'Antiquité gréco-romaine ou au classicisme français.

néoclassique *a, n* Du néoclassicisme.

néocolonialisme *nm* Domination économique et culturelle sur d'anciennes colonies.

néocolonialiste *a, n* Du néocolonialisme.

néodyme *nm* Métal blanc qui s'oxyde à l'air.

néofascisme *nm* Tendance politique inspirée du fascisme.

néoformation *nf* BIOL Formation de tissu nouveau chez un être vivant.

néogène *nm* GEOL Dernière période du tertiaire.

néo-guinéen, enne *a, n* De Nouvelle-Guinée.

néo-impressionnisme *nm* Mouvement pictural du XIXᵉ s., fondé par Seurat.

néolibéralisme *nm* Forme moderne du libéralisme économique.

néolithique *nm, a* Dernière période de la préhistoire.

néologie *nf* LING Formation de mots nouveaux dans une langue.

néologique *a* De la néologie.

néologisme *nm* Mot, sens nouveau.

néomycine *nf* Antibiotique à large spectre.

néon *nm* Gaz rare de l'air, utilisé pour l'éclairage par tubes.

néonatal, ale, als *a* Du nouveau-né.

néonatalogie *nf* Étude et soins du nouveau-né.

néonazi, ie *a, n* D'une tendance politique inspirée du nazisme.

néophyte *n, a* Nouvellement converti à une doctrine, à une religion, etc.

néoplasie *nf* ou **néoplasme** *nm* MED Tumeur maligne.

néoplasique *a* De la néoplasie ; cancéreux.

néoplatonicien, enne *a, n* Du néoplatonisme.

néoplatonisme *nm* Doctrine mêlant le mysticisme et la philosophie de Platon.

néopositivisme *nm* Mouvement philosophique du XXᵉ s., renouvelant le positivisme.

néoprène *nm* (n déposé) Caoutchouc synthétique résistant au froid.

néoréalisme *nm* Doctrine artistique marquée par le réalisme des situations sociales.

néoréaliste *a, n* Du néoréalisme.

néo-zélandais, aise *a, n* De Nouvelle-Zélande.

népalais, aise *a, n* Du Népal.

nèpe *nf* Punaise carnassière d'eau douce.

népenthès *nm* Plante carnivore tropicale.

néphrectomie *nf* CHIR Ablation du rein.

néphrétique *a* Loc *Colique néphrétique :* crise due à un calcul dans l'uretère.

néphrite *nf* Inflammation, maladie du rein.

néphrologie *nf* MED Étude du rein, de ses maladies.

néphrologue *n* Spécialiste de néphrologie.

néphron *nm* ANAT Unité fonctionnelle élémentaire du rein.

népotisme *nm* Favoritisme à l'égard des parents, des proches.

nerf [nɛʀ] *nm* **1** Filament blanchâtre qui transmet les commandes motrices, sensitives. **2** Vigueur. *Avoir du nerf.* **3** Cordelette au dos d'une reliure. Loc *Nerf de bœuf :* matraque faite d'une verge de bœuf. ■ *pl* Système nerveux. Loc *Crise de nerfs :* extériorisation soudaine, bruyante et désordonnée, d'une tension affective devenue insupportable (sous forme de pleurs, de cris, etc.). Fam *Avoir les nerfs en boule, en pelote :* être très agacé. Fam *Taper sur les nerfs :* agacer. Fam *Paquet de nerfs :* personne très nerveuse. *Être sur les nerfs :* être très nerveux. *Être à bout de nerfs :* être épuisé. *Guerre des nerfs :* procédés de démoralisation de l'ennemi.

nerprun [-prœ̃] *nm* Arbuste dont les fruits noirs sont utilisés en teinture.

nervation *nf* BOT Nervures d'une feuille.

nerveusement *av* Avec nervosité.

nerveux, euse *a* **1** Relatif aux nerfs. *Système nerveux.* **2** Vigoureux, ferme. **3** Filandreux. *Viande nerveuse.* ■ *a, n* Excité, irritable.

nervi *nm* Homme de main.

nervosité *nf* Énervement, irritabilité.

nervure *nf* Saillie longue et fine à la surface des feuilles, des ailes des insectes, du dos d'un livre relié, etc.

nescafé *nm* (n déposé) Café soluble.

n'est-ce pas *av* Sollicite l'approbation.

nestorianisme *nm* RELIG Hérésie de Nestorius, touchant la nature du Christ.

nestorien, enne *a, n* Du nestorianisme.

net, nette *a* 1 Propre. 2 Tous frais et charges déduits. *Bénéfice, prix, salaire nets.* 3 Ni brouillé ni flou. *Image nette.* 4 Clair, précis. *Une voix nette. Idées nettes.* Loc *En avoir le cœur net* : s'assurer de la vérité de qqch. Fam *Ne pas être net* : être louche. *Faire place nette* : débarrasser de ce qui gêne. ■ *nm* Loc *Au net* : au propre. ■ *av* 1 Clairement, sans ambiguïté. *Parler net.* 2 Tout d'un coup. *Casser net.*

netsuké *nm* Petite figurine japonaise servant d'attache.

nettement *av* 1 Avec netteté. 2 Tout à fait.

netteté *nf* 1 Propreté. 2 Clarté, précision.

nettoiement ou **nettoyage** *nm* Action de nettoyer. *Service de nettoiement.*

nettoyant *nm* Produit de nettoyage.

nettoyer *vt* [22] 1 Rendre propre. 2 Dégarnir, vider un lieu. 3 Fam Harasser. ■ *vpr* Se laver.

1. neuf *a num inv* 1 Huit plus un (9). 2 Neuvième. ■ *nm inv* Nombre, chiffre neuf. Loc *Preuve par neuf* : irréfutable.

2. neuf, neuve *a* 1 Fait depuis peu, qui n'a pas encore servi. 2 Nouveau, original. *Des idées neuves.* 3 Novice. *Être neuf dans le métier.* ■ *nm* Ce qui est neuf. Loc *À neuf* : de manière à paraître neuf. *De neuf* : avec qqch de neuf.

neufchâtel *nm* Fromage de vache, à la pâte onctueuse.

neurasthénie *nf* Dépression, abattement.

neurasthénique *a, n* Déprimé.

neurobiologie *nf* Étude du fonctionnement des tissus nerveux.

neurochimie *nf* Étude du fonctionnement chimique du système nerveux.

neurochirurgie *nf* Chirurgie du système nerveux.

neurochirurgien, enne *n* Spécialiste de neurochirurgie.

neurodépresseur *nm* Substance qui déprime le système nerveux central.

neuroendocrinologie *nf* Étude des hormones sécrétées par le système nerveux.

neurofibromatose *nf* Maladie héréditaire caractérisée par des tumeurs cutanées et fibreuses.

neuroleptique *a, nm* Qui exerce une action sédative sur le système nerveux.

neurolinguistique *nf* Étude des rapports entre le langage et les structures cérébrales.

neurologie *nf* Étude des affections du système nerveux.

neurologique *a* De la neurologie.

neurologue *n* Spécialiste de neurologie.

neuromédiateur *nm* Neurotransmetteur.

neuronal, ale, aux *a* Du neurone.

neurone *nm* ANAT Cellule nerveuse.

neuropathie *nf* Maladie nerveuse.

neurophysiologie *nf* Physiologie du système nerveux.

neuropsychiatre [-kja-] *n* Spécialiste de neuropsychiatrie.

neuropsychiatrie [-kja-] *nf* Médecine des maladies mentales.

neuropsychologie [-kɔ-] *nf* Étude des fonctions mentales supérieures.

neurosciences *nfpl* Ensemble des disciplines étudiant le système nerveux.

neurotoxine *nf* Toxine agissant sur le système nerveux central.

neurotoxique *a, nm* Substance toxique pour le système nerveux.

neurotransmetteur *nm* Molécule transportant l'information d'un neurone vers un autre.

neurotrope *a* BIOL Qui se fixe sur le système nerveux (virus, substance).

neurovégétatif, ive *a* PHYSIOL Se dit du système nerveux qui règle les fonctions végétatives de l'organisme.

neurula *nf* BIOL Stade embryonnaire des vertébrés correspondant à la formation du système nerveux.

neutralisation *nf* Action de neutraliser.

neutraliser *vt* 1 Donner le statut de neutre. 2 Supprimer ou amoindrir l'effet de qqch. 3 Maîtriser qqn. 4 CHIM Diminuer l'acidité par une base. ■ *vpr* S'annuler mutuellement.

neutralisme *nm* Refus de toute adhésion à une alliance militaire.

neutraliste *a, n* Qui relève du neutralisme.

neutralité *nf* 1 État de qqn, d'un État qui est neutre. 2 État de qqch qui reste neutre.

neutre *a* 1 Qui ne prend pas part à un conflit, à une alliance militaire, etc. 2 Qui n'a pas de caractère marqué. *Voix neutre. Couleur neutre.* 3 GRAM Qui n'est ni masculin ni féminin. ■ *nm* 1 Nation neutre. 2 Genre neutre.

neutrino *nm* PHYS Particule élémentaire dénuée de charge électrique.

neutron *nm* PHYS Particule fondamentale, constituant du noyau atomique.

neutronique *a* Du neutron.

neuvaine *nf* RELIG Actes de dévotion répétés pendant neuf jours.

neuvième *a num* Au rang, au degré neuf. ■ *a, nm* Contenu neuf fois dans le tout. ■ *nf* Seconde année du cours élémentaire.

neuvièmement *av* En neuvième lieu.

névé *nm* 1 Amas de neige qui donne naissance à un glacier. 2 Plaque de neige isolée, en montagne.

neveu *nm* Fils du frère ou de la sœur.

névralgie *nf* Douleur sur le trajet d'un nerf.

névralgique *a* De la névralgie. Loc *Point névralgique* : point critique d'une situation.

névrite *nf* Lésion inflammatoire des nerfs.

névroglie *nf* ANAT Ensemble de cellules nerveuses interstitielles.

névropathe *a, n* Malade mental.

névrose *nf* PSYCHIAT Troubles du comportement dont le sujet a conscience. Ant. psychose.

névrosé, ée *a, n* Atteint de névrose.

névrotique *a* De la névrose.

new-look [njuluk] *nm inv, a inv* Aspect, style nouveau.

newsmagazine ou **news** [niuz] *nm* Hebdomadaire consacré à l'actualité.

newton [njutɔn] *nm* PHYS Unité de mesure de force (symbole : N).

new-yorkais, aise [nju-] *a, n* De New York.

nez *nm* 1 Partie du visage faisant saillie entre la bouche et le front, organe de l'odorat. 2 Partie allongée formant l'avant de qqch. Loc *Parler du nez* : nasiller. Fam *Sentir à plein nez* : très fort. *Mettre le nez dehors* : sortir. *Mener qqn par le bout du nez* : lui faire faire ce qu'on veut. *Passer sous le nez* : échapper à qqn. Fam *Pendre au nez* : risquer d'arriver. *A vue de nez* :

approximativement. *Pied de nez* : geste de moquerie. Fam *Mettre le nez dans qqch* : l'examiner indiscrètement. *Montrer le bout du nez* : montrer ses intentions. Fam *Se casser le nez* : trouver porte close. Fam *Avoir un coup dans le nez* : être ivre. Fam *Avoir qqn dans le nez* : le détester. *Nez à nez* : face à face. *Au nez de qqn* : en sa présence. *Avoir du nez, le nez fin, le nez creux* : avoir du flair.

ni *conj* Coordonne des propositions négatives.

niable *a* Qu'on peut nier.

niais, niaise *a* Sot et emprunté.

niaisement *av* De façon niaise.

niaiserie *nf* Caractère niais ; stupidité, fadaise.

niaouli *nm* Arbre de Nouvelle-Calédonie, fournissant une essence aromatique.

nicaraguayen, enne *a, n* Du Nicaragua.

niche *nf* 1 Enfoncement pratiqué dans l'épaisseur d'un mur. 2 Cabane d'un chien. 3 Fam Malice, espièglerie.

nichée *nf* Petits oiseaux d'une même couvée encore dans le nid.

nicher *vi, vpr* Établir son nid.

nichoir *nm* Endroit où l'on fait nicher les oiseaux.

nichon *nm* Pop Sein de femme.

nickel *nm* Métal blanc entrant dans de nombreux alliages. ■ *a inv* Fam Très propre.

nickeler *vt* [18] Recouvrir de nickel.

niçois, oise *a, n* De Nice.

nicotine *nf* Alcaloïde du tabac.

nid *nm* 1 Abri construit par les oiseaux pour pondre et couver leurs œufs. 2 Habitation de certains animaux. *Nid de souris. Nid de guêpes.* 3 Litt Habitation de l'homme, repaire.

nidation *nf* BIOL Implantation dans l'utérus de l'œuf fécondé des mammifères.

nid-de-poule *nm* Trou dans une chaussée défoncée. *Des nids-de-poule.*

nidification *nf* Construction d'un nid.

nidifier *vi* Construire son nid (oiseaux).

nièce *nf* Fille du frère ou de la sœur.

nielle *nf* AGRIC Maladie des céréales.

nieller *vt* Gâter par la nielle.

nier *vt* Rejeter comme faux, comme inexistant.

nietzschéen, enne *a, n* Relatif à Nietzsche, à sa philosophie.

nigaud, aude *a, n* Sot, niais.

nigérian, ane *a, n* Du Nigeria.

nigérien, enne *a, n* Du Niger.

night-club [najtklœb] *nm* Boîte de nuit. *Des night-clubs.*

nihilisme *nm* PHILO Négation totale de toute hiérarchie des valeurs.

nihiliste *a, n* Qui relève du nihilisme.

nimbe *nm* Auréole autour de la tête de Dieu, des anges ou des saints.

nimber *vt* Auréoler.

nimbostratus [-tys] *nm inv* Nuage très étendu, dont la base sombre annonce la pluie.

niolo *nm* Fromage corse, au lait de brebis.

nipper *vt* Fam Habiller.

nippes *nfpl* Fam Vêtements.

nippon, one ou **one** *a, n* Du Japon.

nique *nf* Loc Fam *Faire la nique à qqn* : lui adresser un geste de mépris ou de moquerie.

nirvana *nm* Dans le bouddhisme, suprême félicité de qqn qui a renoncé à tout.

nitratation *nf* CHIM Transformation d'un azote organique en nitrate par l'action des bactéries.

nitrate *nm* CHIM Sel de l'acide nitrique, utilisé comme engrais.

nitreux, euse *a* CHIM Se dit des dérivés oxygénés de l'azote.

nitrière *nf* Lieu où l'on extrait des nitrates.

nitrification *nf* Fait de se nitrifier.

nitrifier (se) *vpr* Se transformer en nitrates.

nitrique *a* Loc *Acide nitrique* : acide utilisé dans l'industrie chimique et en gravure.

nitroglycérine *nf* Explosif puissant, résultant de l'action de l'acide nitrique sur la cellulose.

nival, ale, aux *a* Relatif à la neige.

nivéal, ale, aux *a* BOT Qui fleurit en hiver.

niveau *nm* 1 Instrument vérifiant l'horizontalité d'une surface. 2 Degré d'élévation d'un plan par rapport à un plan de référence. 3 Degré sur une échelle de valeurs. *Niveau des prix.* 4 Étage d'une construction. 5 Valeur de qqn. *Niveau intellectuel.* Loc *Au niveau de* : à la hauteur de. *Être au niveau* : à la hauteur d'une valeur de référence. *Niveau de langue* : registre de l'utilisation d'une langue en fonction de la situation. *Niveau de vie* : conditions matérielles d'existence, revenus de qqn, d'un groupe social. *Courbe de niveau* : reliant les points situés à une même altitude.

niveler *vt* [18] 1 Rendre une surface horizontale ou plane. 2 Mettre au même niveau. *Niveler les salaires.*

niveleuse *nf* Engin de terrassement servant à niveler un sol.

nivellement *nm* Action de niveler.

nivoglaciaire *a* Alimenté par la fonte des neiges et des glaciers (cours d'eau).

nivopluvial, ale, aux *a* Alimenté par la fonte des neiges et les pluies (cours d'eau).

nivôse *nm* Quatrième mois du calendrier républicain (décembre-janvier).

nō *nm inv* Drame lyrique japonais.

nobélium [-ljom] *nm* Élément radioactif artificiel.

nobiliaire *a* De la noblesse. *Titre nobiliaire.*

noble *a, n* Qui appartient à la noblesse. ■ *a* Qui a des sentiments élevés, de la majesté.

noblement *av* De façon noble.

noblesse *nf* 1 Catégorie sociale dont les membres jouissaient de privilèges. 2 Grandeur d'âme.

nobliau *nm* Noble de petite noblesse.

noce *nf* Fête organisée lors d'un mariage ; personnes qui y assistent. Loc Fam *Faire la noce* : faire la fête. ■ *pl* Mariage.

noceur, euse *n* Fam Qui fait la noce.

nocher *nm* Litt Qui conduit un bateau.

nocif, ive *a* Susceptible de nuire ; pernicieux.

nocivité *nf* Caractère nocif.

noctambule *n, a* Qui passe ses nuits à faire fête.

noctiluque *nf* Organisme marin luminescent.

noctuelle *nf* Papillon de nuit.

nocturne *a* Qui a lieu pendant la nuit. ■ *a, n* ZOOL Dont la vie active a lieu la nuit. ■ *nm* MUS Morceau pour piano de caractère tendre et mélancolique. ■ *nf* 1 Match en soirée. 2 Ouverture d'un magasin le soir.

noculté *nf* Caractère nocif.

nodal, ale, aux *a* Didac Relatif à un nœud, à une nodosité.

nodosité *nf* 1 Petite tumeur indolore. 2 Nœud dans le bois.

nodule *nm* Petit nœud, petite sphère.

noduleux, euse ou **nodulaire** *a* Qui présente des nodules, des nœuds.

noël *nm* 1 (avec majusc) Fête de la nativité de Jésus-Christ, célébrée le 25 décembre. 2 Chant du temps de Noël. *Loc Père Noël* : personnage censé apporter des jouets aux enfants.

nœud *nm* 1 Enlacement étroit d'une corde, d'un ruban, etc. 2 Ornement en forme de nœud. 3 Lien entre personnes. 4 Point essentiel. *Le nœud de l'affaire.* 5 Moment capital d'une pièce, d'un roman. 6 Croisement de voies de communication. *Nœud routier, ferroviaire.* 7 BOT Point de la tige d'une plante où s'insère une feuille. 8 MAR Unité de vitesse équivalant à 1 mille (1 852 m) par heure. *Loc Fam Sac de nœuds* : affaire embrouillée.

noir, noire *a* 1 De la couleur la plus sombre. 2 Où il n'y a pas de lumière. *Nuit noire.* 3 Triste, pessimiste. *Idées noires.* 4 Mauvais. *Noirs desseins.* 5 Illégal et secret. *Marché noir.* 6 Fam Ivre. *Loc Bête noire* : chose, personne détestée. *Roman, film noir* : fiction policière réaliste et violente. ■ *a, n* Qui appartient à la race humaine caractérisée par une pigmentation prononcée de la peau. ■ *nm* 1 Couleur noire. 2 Colorant noir. 3 Obscurité. *Loc Voir tout en noir, broyer du noir* : être pessimiste. *Pop Un (petit) noir* : une tasse de café. ■ *nf* MUS Note valant le quart d'une ronde.

noirâtre *a* Tirant sur le noir.

noiraud, aude *a, n* Qui a le teint et les cheveux très bruns.

noirceur *nf* 1 Couleur noire. 2 Litt Méchanceté, bassesse.

noircir *vt* 1 Rendre noir. 2 Présenter de façon pessimiste. ■ *vi* Devenir noir.

noircissement *nm* Action de noircir.

noircissure *nf* Tache de noir.

noise *nf* *Loc* Litt *Chercher noise à qqn* : lui chercher querelle.

noisetier *nm* Arbuste dont le fruit est la noisette.

noisette *nf* 1 Fruit du noisetier. 2 Petit morceau de matière. ■ *a inv* Marron clair.

noix *nf* 1 Fruit du noyer ou de divers arbres. 2 Petit morceau de matière. 3 Fam Imbécile. *Loc Noix de veau* : morceau de choix placé dans le cuisseau. *Pop À la noix* : mauvais.

noliser *vt* Louer un véhicule de transport.

nom *nm* 1 Mot désignant un être vivant, une chose. 2 Appellation. 3 Prénom. *Loc Nom propre* : désignant un être unique. *Nom commun* : chose, être appartenant à une même catégorie. *Nom de famille* : patronyme. *Nom de guerre* : pseudonyme. *Appeler les choses par leur nom* : s'exprimer sans détour. *Au nom de* : de la part de ; en vertu de. *Se faire un nom* : devenir célèbre. ■ *interj* Introduit des jurons.

nomade *a, n* Qui n'a pas d'habitation fixe.

nomadiser *vi* Vivre en nomade.

nomadisme *nm* Vie de nomade.

no man's land [nomanslɑ̃d] *nm* Zone séparant deux armées ennemies.

nombre *nm* 1 Unité ou collection d'unités, de parties de l'unité. 2 Quantité indéterminée ou grande quantité. 3 GRAM Forme que prend un mot pour exprimer l'unité (singulier) ou la pluralité (pluriel). *Loc Dans le nombre* : dans la masse. *Sans nombre* : en quantité considé-rable. *En nombre* : en grande quantité. *Au nombre de* : parmi. *Nombre de, bon nombre de* : beaucoup. *Le grand nombre* : la majorité.

nombreux, euse *a* En grand nombre ; dont les éléments sont en nombre.

nombril [-bʀi] *nm* Cicatrice du cordon ombilical.

nombrilisme *nm* Fam Attitude de qqn obnubilé par ses propres problèmes.

nome *nm* Division administrative de l'Égypte ancienne et de la Grèce.

nomenclature *nf* 1 Ensemble des termes propres à une science, à une technique. 2 Ensemble des entrées d'un dictionnaire.

nomenklatura *nf* Groupe social aux prérogatives exceptionnelles.

nomenklaturiste *n* Membre d'une nomenklatura.

nominal, ale, aux *a* 1 Qui n'existe que de nom, et pas en réalité. *Pouvoir nominal.* 2 Qui relève du nom, par le nom. *Appel nominal.* 3 GRAM Du nom. *Forme nominale.* *Loc Valeur nominale* : celle qui est inscrite sur un billet de banque, un chèque.

nominalement *av* De façon nominale.

nominalisme *nm* PHILO Doctrine selon laquelle les idées se réduisent à des mots.

nominatif, ive *a* Qui contient des noms. ■ *nm* Cas sujet dans les langues à déclinaison.

nomination *nf* Action de nommer à un emploi.

nominativement *av* Par son nom.

nommé, ée *a* 1 Qui a pour nom. *Un homme nommé Lebrun.* ■ *a* Cité, désigné. *Loc À point nommé* : fort à propos.

nommément *av* En désignant par le nom.

nommer *vt* 1 Donner un nom à. 2 Désigner qqn par son nom. 3 Désigner pour remplir une fonction. ■ *vpr* 1 Avoir pour nom. 2 Se faire connaître par son nom.

non *av* Marque la négation, le refus. *Loc Non plus* : équivaut à *aussi*, en phrase négative. *Non seulement* : pas seulement. ■ *nm inv* Refus absolu. *Ant.* oui.

non-accompli *nm* LING Forme verbale indiquant l'action dans son déroulement.

non-activité *nf* Situation d'un fonctionnaire temporairement sans fonction.

nonagénaire *a, n* Qui a entre quatre-vingt-dix et cent ans.

non-agression *nf* Fait ou intention de ne pas attaquer un pays.

non-aligné, ée *n* Qui pratique le non-aligne-ment. *Des non-alignés.*

non-alignement *nm* Politique des pays qui ne s'alignent sur la politique d'autres pays.

nonante *a num* En Belgique et en Suisse romande, quatre-vingt-dix.

non-assistance *nf* Abstention volontaire de porter secours à qqn.

non-belligérance *nf* Position d'un État qui ne participe pas à un conflit.

non-belligérant, ante *n* Qui s'abstient de participer à un conflit. *Des non-belligérants.*

nonce *nm* Ambassadeur du Saint-Siège.

nonchalamment *av* Avec nonchalance.

nonchalance *nf* Manque d'ardeur.

nonchalant, ante *a* Qui manque d'ardeur.

nonciature nf Charge, résidence d'un nonce.

non-combattant, ante n Qui ne prend pas part au combat. Des non-combattants.

non-conducteur nm Corps qui n'est pas conducteur de l'électricité ou de la chaleur.

non-conformisme nm Attitude non conformiste.

non-conformiste n Qui ne se conforme pas aux usages. Des non-conformistes.

non-conformité nf Défaut de conformité.

non-contradiction nf PHILO Propriété logique d'une proposition qui ne peut être ni démontrée ni réfutée.

non-croyant, ante n Qui n'est adepte d'aucune religion. Des non-croyants.

non-directivité nf Attitude non directive.

non-dit nm Ce qu'on exprime pas, sous-entendu. Des non-dits.

non-droit nm Absence de législation sur un sujet, dans un domaine.

non-engagé, ée n Qui ne s'engage pas dans un conflit. Des non-engagés.

non-engagement nm Attitude des non-engagés.

non-exécution nf DR Défaut d'exécution d'un acte.

non-existence nf Fait de ne pas exister.

non-fumeur, euse n Qui ne fume pas. Des non-fumeurs.

non-ingérence nf Non-intervention dans les affaires intérieures d'un pays étranger.

non-initié, ée n Novice. Des non-initiés.

non-inscrit, ite n Qui n'est pas inscrit à un groupe parlementaire. Des non-inscrits.

non-intervention nf Attitude d'un gouvernement qui s'abstient d'intervenir dans les affaires d'autres pays.

non-interventionniste n Qui pratique la non-intervention. Des non-interventionnistes.

non-lieu nm DR Décision de ne pas poursuivre qqn en justice. Des non-lieux.

non-métal nm CHIM Tout corps simple qui n'est pas un métal. Des non-métaux.

nonne nf Religieuse.

nonobstant prép Vx Malgré.

non-paiement nm Défaut de paiement.

non-prolifération nf Arrêt du développement des armes nucléaires.

non-recevoir nm inv Loc Fin de non-recevoir : refus catégorique.

non-résident, ente n Qui ne réside pas en permanence dans son pays. Des non-résidents.

non-retour nm Loc Point de non-retour : à partir duquel on ne peut plus revenir en arrière.

non-salarié, ée n Non rétribué par un salaire (commerçants, professions libérales, etc.). Des non-salariés.

non-sens nm inv Absurdité ; absence de signification.

non-spécialiste n Qui n'est pas spécialiste dans un domaine. Des non-spécialistes.

non-stop [nɔnstɔp] a inv Sans interruption.

non-tissé n Étoffe obtenue sans tissage. Des non-tissés.

non-violence nf Refus de tout recours à la violence.

non-violent, ente n Partisan de la non-violence. Des non-violents.

non-voyant, ante n Aveugle. Des non-voyants.

nopal nm Figuier de Barbarie. Des nopals.

noradrénaline nf BIOL Médiateur chimique de la synapse nerveuse.

nord nm inv 1 Un des quatre points cardinaux. 2 Partie septentrionale d'une région. 3 Ensemble des pays industrialisés. Loc Ne pas perdre le nord : savoir se défendre. ■ a inv Situé au nord.

nord-africain, aine a, n D'Afrique du Nord.

nord-américain, aine a, n D'Amérique du Nord.

nord-coréen, enne a, n De Corée du Nord.

nord-est nm inv Point de l'horizon situé à égale distance du nord et de l'est.

nordique a, n Du nord de l'Europe.

nordiste n, a 1 HIST Partisan des États du Nord, dans la guerre de Sécession, aux États-Unis. 2 Du département ou de la Région du Nord.

nord-ouest nm inv Point de l'horizon situé à égale distance du nord et de l'ouest.

noria nf 1 Machine à élever l'eau, constituée d'une roue ou d'une chaîne sans fin à godets. 2 Circulation sans fin.

normal, ale, aux a 1 Conforme à la règle ; habituel, naturel. 2 Dont le comportement est conforme à la moyenne. ■ nf Loc La normale : état habituel, régulier.

normalement av Habituellement.

normalien, enne n Élève d'une école normale (qui formait les instituteurs) ou de l'École normale supérieure (qui forme des professeurs et des chercheurs).

normalisateur, trice a, n Qui normalise.

normalisation nf Action de normaliser.

normaliser vt 1 Rendre conforme à une norme ; rationaliser. 2 Faire revenir à une situation normale.

normalité nf Caractère normal.

normand, ande a, n De Normandie.

normatif, ive a Qui a force de règle, qui pose une norme.

norme nf 1 Règle à laquelle on doit se conformer. 2 État habituel conforme à la moyenne des cas. 3 Prescriptions techniques d'un produit fabriqué.

normographe nm Instrument servant à dessiner des lettres, des chiffres, des symboles.

norois ou **noroît** nm Vent de nord-ouest.

norvégien, enne a, n De Norvège. ■ nm Langue scandinave parlée en Norvège.

nos. V. notre.

nosocomial, ale, aux a MED Qui survient lors d'une hospitalisation (maladie).

nosoconiose nf MED Maladie due aux poussières.

nosographie ou **nosologie** nf Description ou classification des maladies.

nostalgie nf Mélancolie ; mal du pays.

nostalgique a Qui relève de la nostalgie. ■ a, n Atteint de nostalgie.

nostoc nm Algue bleue.

nota ou **nota bene** [nɔtabene] nm inv Note en marge d'un texte.

notabilité nf Personne en vue.

notable a Qui mérite d'être noté. ■ nm Personnage important par sa situation sociale.

notablement av Beaucoup.

notaire nm Officier public qui reçoit les actes afin de les rendre authentiques.

notamment av Spécialement.

notarial, ale, aux *a* Du notaire.

notariat *nm* Charge de notaire.

notarié, ée *a* Passé devant notaire.

notation *nf* 1 Action, manière de représenter par des signes conventionnels. *Notation musicale.* 2 Brève remarque. 3 Action de donner une note, une appréciation.

note *nf* 1 Bref commentaire sur un texte. 2 Communication écrite. 3 Détail d'une somme à payer. 4 Appréciation chiffrée de qqn, d'un travail. 5 Signe musical représentant un son ; ce son. 6 Nuance. *Une note originale.* Loc *Fausse note* : note discordante. *Donner la note* : indiquer ce qu'il convient de faire. *Être dans la note* : en harmonie. *Forcer la note* : exagérer.

noter *vt* 1 Affecter d'une marque, d'une note. 2 Remarquer. *Noter une amélioration.* 3 Porter une appréciation chiffrée sur qqn, qqch. 4 Écrire la musique. *Noter un air.*

notice *nf* Indication écrite brève sur un sujet.

notification *nf* Action de notifier.

notifier *vt* Informer officiellement qqn de.

notion *nf* Concept, idée. ■ *pl* Connaissances élémentaires de qqch.

notionnel, elle *a* Relatif à une notion.

notoire *a* Public, manifeste.

notoirement *av* Manifestement.

notoriété *nf* Célébrité, réputation.

notre, nos *a poss* Forme de la 1re personne du pluriel ; de nous, à nous. *Notre maison. Nos amis.*

nôtre, nôtres *a poss* Litt Qui est à nous. *Cette terre est nôtre.* ■ *pr poss* Ce qui est à nous. *Leurs intérêts et les nôtres.* ■ *nmpl* Nos proches, nos parents.

notule *nf* Brève annotation.

nouba *nf* Loc Fam *Faire la nouba* : faire la fête.

nouer *vt* 1 Faire un nœud à un lien, une corde, un ruban, etc. 2 Serrer au moyen d'un nœud. 3 Former. *Nouer une amitié.*

noueux, euse *a* Qui a des nœuds ou des nodosités.

nougat *nm* Confiserie à base d'amandes, de sucre et de miel.

nougatine *nf* Confiserie faite de sucre caramélisé et d'amandes.

nouille *nf* 1 Pâte alimentaire en forme de lamelles. 2 Fam Personne molle et indolente.

nounou *nf* Fam Nourrice.

nourrice *nf* 1 Femme qui garde chez elle des enfants contre rétribution. 2 Bidon contenant une réserve de liquide.

nourricier, ère *a* Nutritif. Loc *Père nourricier* : père adoptif.

nourrir *vt* 1 Fournir des aliments à. 2 Litt Entretenir. *Nourrir des craintes.* 3 Litt Former l'esprit. ■ *vpr* Consommer un aliment, manger.

nourrissant, ante *a* Qui a une valeur nutritive.

nourrisseur *nm* Éleveur qui engraisse du bétail pour la boucherie.

nourrisson *nm* Enfant en bas âge.

nourriture *nf* 1 Ce dont on se nourrit ; aliments. 2 Ce qui forme, enrichit l'esprit.

nous *pr pers* Forme de la 1re personne du pluriel, sujet ou complément.

nouveau ou **nouvel, nouvelle** *a* 1 Qui n'existe que depuis peu ; apparu récemment. *Vin nouveau.* 2 Neuf, original. *Un nouveau procédé.* 3 Qui vient après, qui remplace. *Un nouvel emploi.* 4 Qui est tel depuis peu. *Un nouveau riche.* ■ *n* Qui vient d'entrer dans un groupe. ■ *nm* Ce qui est inattendu, imprévu, original. ■ *av* Loc *De nouveau* : encore une fois. *À nouveau* : une fois de plus.

nouveau-né, ée *a, n* Qui vient de naître. *Des nouveau-nés. Des jumelles nouveau-nées.*

nouveauté *nf* 1 Caractère nouveau. 2 Chose nouvelle ; produit nouveau.

nouvel. V. nouveau.

nouvelle *nf* 1 Annonce d'un événement récent. 2 Bref récit, conte. ■ *pl* 1 Renseignements relatifs à la situation, à la santé de qqn. 2 Informations à la radio, dans les journaux.

nouvellement *av* Depuis peu.

nouvelliste *n* Auteur de nouvelles, de récits.

nova *nf* ASTRO Étoile dont l'éclat augmente brusquement.

novateur, trice *n, a* Qui fait des innovations.

novélisation *nf* Adaptation littéraire d'un succès du cinéma ou de la télévision.

novembre *nm* Onzième mois de l'année.

novice *n* RELIG Qui passe dans un couvent un temps d'épreuve avant de prononcer ses vœux. ■ *a, n* Encore peu expérimenté dans une activité, un métier.

noviciat *nm* RELIG État de novice.

novocaïne *nf* (n déposé) Succédané de la cocaïne, utilisé comme anesthésique local.

noyade *nf* Action de noyer qqn, un animal.

noyau *nm* 1 Partie centrale dure de certains fruits. 2 Partie centrale, plus dense de qqch. 3 Groupe qui, dans un milieu, mène une action particulière. *Noyau de résistance.* 4 BIOL Partie centrale d'une cellule. 5 GÉOL Partie centrale de la sphère terrestre. 6 PHYS Partie centrale de l'atome. Loc *Noyau dur* : les plus déterminés d'un groupe.

noyautage *nm* Action de noyauter.

noyauter *vt* S'implanter dans un milieu pour y mener une action de subversion.

noyé, ée *a, n* Mort par noyade.

1. noyer *vt* [22] 1 Faire mourir par asphyxie dans un liquide. 2 Inonder, submerger, engloutir. 3 Faire disparaître dans une masse. Loc *Être noyé* : être incapable de surmonter les difficultés. ■ *vpr* Mourir asphyxié par immersion. 2 Se perdre. *Se noyer dans les détails.*

2. noyer *nm* Arbre dont le fruit est la noix.

1. nu *n* Treizième lettre de l'alphabet grec, correspondant à n.

2. nu, nue *a* 1 Qui n'est couvert d'aucun vêtement. *Avoir la tête nue. Être nu-tête, nu-jambes, nu-pieds.* 2 Sans revêtement, sans ornement. Loc *À l'œil nu* : sans instrument d'optique. *La vérité toute nue* : telle quelle. ■ *nm* Humain dénudé représenté dans l'art. ■ *av* Loc *À nu* : à découvert ; sans rien cacher.

nuage *nm* 1 Amas de gouttelettes d'eau en suspension dans l'atmosphère. 2 Ce qui évoque un nuage par son aspect. *Nuage de poussière.* 3 Ce qui trouble la tranquillité. *Bonheur sans nuage.* Loc *Être dans les nuages* : rêver.

nuageux, euse *a* Couvert de nuages.

nuance *nf* 1 Chacun des degrés par lesquels peut passer une couleur. 2 Différence délicate, subtile.

nuancer *vt* [10] Introduire des nuances dans.

nuancier *nm* Carton présentant les nuances d'un produit coloré.

nubien, enne a, n De Nubie.

nubile a Pubère.

nubuck nm Cuir présentant un aspect velouté.

nucléaire a Du noyau de la cellule, de l'atome. Loc *Réaction nucléaire* : qui affecte les constituants du noyau de l'atome. *Énergie nucléaire* : dégagée par une réaction nucléaire. *Centrale nucléaire* : qui utilise l'énergie nucléaire pour produire de l'électricité. *Armes nucléaires* : utilisant l'énergie nucléaire. ■ nm Ensemble des utilisations de l'énergie nucléaire.

nucléariser vt Équiper d'armes nucléaires, de centrales nucléaires.

nucléique a Loc *Acide nucléique* : constituant fondamental de la cellule vivante.

nucléole nm BIOL Corpuscule nucléaire de la cellule.

nucléon nm PHYS Particule constitutive du noyau de l'atome.

nucléoprotéine nf BIOL Association d'une protéine et d'un acide nucléique.

nucléotide nm BIOL Élément des acides nucléiques.

nudisme nm Pratique de la vie au grand air dans un état de nudité complète.

nudiste n, a Adepte du nudisme.

nudité nf État de qqn, de qqch nu.

nuée nf 1 Litt Nuage épais. 2 Multitude. *Nuée de sauterelles.* Loc *Nuée ardente* : nuage brûlant qui s'échappe d'un volcan en éruption.

nue-propriété nf Loc DR *Avoir la nue-propriété* : être possesseur sans en avoir la jouissance.

nues nfpl Loc *Tomber des nues* : éprouver une grande surprise. *Porter aux nues* : exalter.

nuire vti [67] Causer du tort, un dommage à qqn, qqch. *L'alcool nuit à la santé.*

nuisance nf Ensemble des facteurs qui nuisent à la qualité de la vie.

nuisette nf Chemise de nuit très courte.

nuisible a Qui nuit.

nuit nf 1 Temps pendant lequel le soleil reste au-dessous de l'horizon. 2 Obscurité. Loc *Passer une nuit blanche* : sans sommeil. *Nuit et jour* : sans cesse. *De nuit* : pendant la nuit.

nuitamment av Litt De nuit.

nuitée nf Nuit à l'hôtel.

nul, nulle a, pr indéf Aucun, pas un. ■ a 1 Qui équivaut à rien. *Visibilité nulle.* 2 DR Entaché de nullité. *Testament nul.* 3 Sans aucune valeur, très mauvais. *Élève nul.*

nullard, arde n Fam Personne sans aucune compétence.

nullement av Pas du tout.

nullité nf 1 Caractère nul de qqch, sans valeur. 2 Personne nulle, incapable.

numéraire nm Monnaie ayant cours légal.

numéral, ale, aux a, nm Qui désigne un nombre.

numérateur nm MATH Terme d'une fraction, qui indique combien celle-ci contient de divisions de l'unité.

numération nf Façon d'énoncer ou d'écrire les nombres.

numérique a 1 Relatif aux nombres. 2 INFORM Qui utilise des nombres. *Affichage numérique.* 3 Considéré du point de vue du nombre. *Supériorité numérique.*

numériquement av Quant au nombre.

numérisation nf Action de numériser.

numériser vt INFORM Représenter un signal sous forme numérique.

numéro nm 1 Chiffre, nombre servant au classement, à l'identification de qqch. 2 Chacune des livraisons d'un périodique. 3 Partie d'un spectacle. 4 Fam Comportement déplacé de qqn. 5 Personne originale. Loc *Numéro un* : le plus important. *Numéro vert* : numéro de téléphone que l'on peut appeler gratuitement. *Tirer le bon numéro* : avoir de la chance.

numérologie nf Analyse numérique d'un nom propre, supposée fournir des informations sur son détenteur.

numérotage nm ou **numérotation** nf Action de numéroter.

numéroter vt Pourvoir d'un numéro. ■ vi Composer un numéro de téléphone.

numéroteur nm Appareil pour numéroter.

numerus clausus [nymeʀysklozys] nm Nombre limité de candidats admis à un concours, à une fonction.

numide a, n De Numidie.

numismate n Spécialiste de numismatique.

numismatique nf Étude des monnaies et des médailles. ■ a De la numismatique.

nunatak nm GEOGR Pointe rocheuse isolée perçant un glacier.

nunchaku [nunʃaku] nm Arme japonaise formée de deux bâtons reliés par une chaîne.

nunuche a Fam Un peu niais.

nuoc-mâm nm inv Sauce vietnamienne à base de poisson fermenté.

nu-pieds nm inv Sandale légère.

nuptial, ale, aux a Du mariage.

nuptialité nf Taux de mariages.

nuque nf Partie postérieure du cou.

nurse [nœʀs] nf Vx Bonne d'enfants.

nursery [nœʀəʀi] nf 1 Pièce pour les nouveau-nés. 2 Élevage de crustacés, de poissons.

nursing [nœʀsiŋ] ou **nursage** nm MED Soins donnés à un grabataire, un opéré, un comateux.

nutriment nm BIOL Substance nutritive qui peut être assimilée directement par l'organisme.

nutritif, ive a 1 Qui nourrit. 2 De la nutrition.

nutrition nf Fonction digestive et assimilatrice des aliments.

nutritionnel, elle a De la nutrition.

nutritionniste n Spécialiste de diététique.

nyctalopie nf Faculté de voir dans l'obscurité.

nycthémère nm BIOL Durée de vingt-quatre heures correspondant à un cycle biologique.

nylon nm (n déposé) Textile synthétique.

nymphe nf 1 Divinité des bois, des eaux, dans la mythologie gréco-romaine. 2 ZOOL Forme des insectes après l'état larvaire.

nymphéa nm Nénuphar blanc.

nymphette nf Adolescente aux manières provocantes.

nymphomane a, nf Atteinte de nymphomanie.

nymphomanie nf Exagération pathologique des désirs sexuels chez la femme.

nymphose nf ZOOL Transformation d'une larve d'insecte en nymphe.

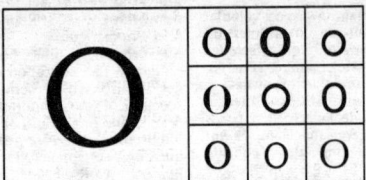

o *nm* Quinzième lettre (voyelle) de l'alphabet.
ô *interj* Marque l'émotion, l'invocation.
oasien, enne *a, n* D'une oasis.
oasis [-zis] *nf* 1 Lieu qui, dans un désert, est couvert d'une végétation liée à la présence d'eau. 2 Lieu de tranquillité.
obédience *nf* Loc *D'obédience :* qui se rattache à telle autorité.
obéir *vti* 1 Se soumettre à qqn, à une autorité. *Obéir à ses parents. Sera-t-elle obéie ?* 2 Être soumis à une action. *La Terre obéit à la gravitation.*
obéissance *nf* Action d'obéir.
obéissant, ante *a* Qui obéit ; docile, soumis.
obélisque *nm* Monument quadrangulaire en forme d'aiguille.
obérer *vt* [12] Vx Endetter.
obèse *a, n* D'un embonpoint excessif.
obésité *nf* État obèse.
obi *nf* Longue ceinture en soie du kimono.
obier *nm* Arbuste appelé aussi *boule-de-neige.*
objecter *vt* Opposer un argument à une affirmation. *Il n'a rien objecté.*
objecteur *nm* Loc *Objecteur de conscience :* qui refuse d'accomplir ses obligations militaires par scrupule de conscience.
objectif, ive *a* 1 Qui existe en dehors de l'esprit. 2 Sans préjugés, impartial. ■ *nm* 1 Système optique qui est tourné vers l'objet à observer. 2 But à atteindre. *Réaliser ses objectifs.*
objection *nf* Ce qu'on objecte.
objectivement *av* De façon objective, impartiale.
objectiver *vt* Rendre objectif, concret.
objectivisme *nm* Absence de parti pris.
objectivité *nf* Attitude objective, impartiale.
objet *nm* 1 Chose perceptible, concrète. 2 Chose maniable destinée à un usage particulier. 3 Matière, sujet, but. Loc GRAM *Complément d'objet :* complément du verbe transitif. *Sans objet :* sans fondement.
objurgation *nf* (surtout pl) Litt Prière pressante adressée à qqn.
obligataire *n* FIN Porteur d'obligations. ■ *a* Constitué d'obligations.
obligation *nf* 1 Contrainte, devoir imposés par la loi, la morale ou les circonstances. 2 FIN Titre négociable, qui donne droit à des intérêts.
obligatoire *a* Imposé, forcé, inévitable.
obligatoirement *av* Nécessairement.

obligé, ée *a* Nécessaire. Loc Fam *C'est obligé :* cela ne peut pas être autrement. ■ *a, n* À qui on a rendu un service. *Je suis votre obligé.*
obligeamment *av* De façon obligeante.
obligeance *nf* Disposition à rendre service.
obligeant, ante *a* Qui aime rendre service.
obliger *vt* [11] 1 Contraindre, forcer à. 2 Litt Rendre service, faire plaisir à qqn.
oblique *a* Qui s'écarte de la direction droite ou perpendiculaire. ■ *nf* Ligne oblique.
obliquement *av* En biais.
obliquer *vi* 1 Aller en oblique. 2 Prendre une direction différente.
obliquité *nf* Caractère oblique.
oblitération *nf* Action d'oblitérer.
oblitérer *vt* [12] 1 Annuler un timbre par l'apposition d'un cachet. 2 MED Obstruer une veine, une artère, etc. 3 Litt Effacer peu à peu.
oblong, ongue *a* De forme allongée.
obnubilation *nf* État de confusion mentale.
obnubiler *vt* Obséder.
obole *nf* Petite somme d'argent.
obscène *a* Qui offense la pudeur.
obscénité *nf* Caractère obscène ; propos obscène. *Dire des obscénités.*
obscur, ure *a* 1 Privé de lumière. 2 Inintelligible. 3 Vague, confus. 4 Sans notoriété. *Né de parents obscurs.*
obscurantisme *nm* Hostilité systématique au progrès, à la raison.
obscurantiste *a, n* Qui relève de l'obscurantisme.
obscurcir *vt* Rendre obscur. ■ *vpr* Devenir obscur. *Le ciel s'obscurcit.*
obscurcissement *nm* Action d'obscurcir, fait de s'obscurcir.
obscurément *av* De façon obscure, confuse.
obscurité *nf* 1 Caractère, état obscur. 2 Absence de lumière.
obsédant, ante *a* Qui obsède.
obsédé, ée *n, a* Qui a une obsession. ■ *a, n* Qui souffre d'obsessions.
obséder *vt* [12] S'imposer continuellement, totalement à l'esprit.
obsèques *nfpl* Cérémonie accompagnant un enterrement.
obséquieux, euse *a* D'une politesse excessive, servile.
obséquiosité *nf* Caractère obséquieux.
observable *a* Qui peut être observé.

observance *nf* Exécution de ce que prescrit une règle religieuse.

observateur, trice *n* 1 Qui s'applique à observer scientifiquement un phénomène. 2 Qui observe qqch sans y participer. ■ *a* Porté à observer. *Esprit observateur.*

observation *nf* 1 Action d'étudier avec attention, de surveiller. 2 Réflexion, remarque. 3 Léger reproche, réprimande.

observatoire *nm* 1 Établissement destiné aux observations astronomiques ou météorologiques. 2 Point d'où peut observer qqch. 3 Organisme de surveillance de certains faits économiques.

observer *vt* 1 Suivre ce qui est prescrit. *Observer le silence.* 2 Considérer, surveiller, épier. 3 Remarquer qqch, constater. ■ *vpr* Contrôler ses propres réactions.

obsession *nf* Pensée obsédante, idée fixe.

obsessionnel, elle *a* De l'obsession. ■ *a, n* Qui souffre d'obsessions.

obsidienne *nf* Roche volcanique d'un vert sombre, très cassante.

obsolescence *nf* Fait de devenir obsolète.

obsolète *a* Périmé, désuet, dépassé.

obstacle *nm* 1 Ce qui s'oppose à la progression, ce à quoi on se heurte. 2 SPORT Difficulté placée sur une piste pour les courses de haies.

obstétrical, ale, aux *a* De l'obstétrique.

obstétricien, enne *n* Spécialiste d'obstétrique.

obstétrique *nf* Médecine relative à la grossesse et aux accouchements.

obstination *nf* Entêtement, opiniâtreté.

obstiné, ée *a, n* Entêté, opiniâtre.

obstinément *av* Avec obstination.

obstiner (s') *vpr* Persister avec opiniâtreté.

obstructif, ive *a* Qui fait obstruction.

obstruction *nf* 1 Engorgement d'un conduit organique. 2 Manœuvre entravant une action dans son déroulement.

obstructionnisme *nm* Obstruction systématique.

obstruer *vt* Boucher un conduit.

obtempérer *vti* [12] Obéir à un ordre.

obtenir *vt* [35] 1 Réussir à se faire accorder ce que l'on demande. 2 Parvenir à un résultat.

obtention *nf* Fait d'obtenir.

obturateur, trice *a* Qui sert à obturer. ■ *nm* Mécanisme servant à obturer.

obturation *nf* Action d'obturer.

obturer *vt* Boucher une cavité.

obtus, use *a* Sans finesse. *Esprit obtus.* Loc *Angle obtus* : plus grand que l'angle droit.

obus [oby] *nm* Projectile explosif, tiré par une pièce d'artillerie.

obusier *nm* Petite pièce d'artillerie.

obvier *vti* Litt Remédier à un inconvénient.

oc *av* Loc *Langue d'oc* : dialectes parlés au sud de la Loire.

ocarina *nm* Petit instrument à vent de musique populaire.

occase *nf* Fam Occasion.

occasion *nf* 1 Circonstance favorable. 2 Circonstance quelconque. 3 Achat conclu dans des conditions avantageuses. Loc *À l'occasion* : si une circonstance favorable se présente. *À l'occasion de* : à propos d'un événement. *D'occasion* : qui n'est pas neuf. *Les grandes occasions* : les moments importants de la vie.

occasionnel, elle *a* Fortuit, irrégulier.

occasionnellement *av* Par occasion.

occasionner *vt* Causer, provoquer.

occident *nm* 1 Côté où le soleil se couche ; ouest. 2 (avec majusc) Ensemble des pays d'Europe et d'Amérique du Nord.

occidental, ale, aux *a, n* De l'occident ou de l'Occident.

occidentalisation *nf* Action d'occidentaliser.

occidentaliser *vt* Transformer en prenant comme modèle la civilisation occidentale.

occipital, ale, aux *a* ANAT De l'occiput. ■ *nm* Os postérieur du crâne.

occiput [-pyt] *nm* ANAT Partie postérieure de la tête, au-dessus de la nuque.

occire *vt* (seulement infinitif et participe passé *occis*) Litt Tuer.

occitan, ane *a* De l'Occitanie. ■ *nm* Langue d'oc, provençal.

occlus, use *a* Litt Fermé.

occlusion *nf* MED Fermeture d'un conduit naturel, d'un orifice organique.

occlusive *nf* Consonne produite par la fermeture momentanée de la bouche, comme [p], [t], [k].

occultation *nf* Action d'occulter.

occulte *a* Caché, clandestin, secret. Loc *Sciences occultes* : astrologie, alchimie, divination, etc.

occulter *vt* 1 Litt Cacher ; dissimuler. 2 Rendre imperceptible un signal lumineux, radioélectrique, etc.

occultisme *nm* Pratique des sciences occultes.

occultiste *a, n* Qui relève de l'occultisme.

occupant, ante *n, a* Qui occupe un local, un lieu, un pays.

occupation *nf* 1 Action d'occuper. 2 Affaire, activité, emploi. *Avoir de multiples occupations.*

occupationnel, elle *a* PSYCHIAT Qui vise à soigner les malades mentaux par des activités (travaux, jeux).

occupé, ée *a* 1 Absorbé par un travail, une activité ; actif. 2 Placé sous l'autorité de troupes d'occupation. 3 Où qqn est déjà installé. *Appartement occupé.*

occuper *vt* 1 Se rendre maître d'un lieu. 2 Remplir un espace, le temps. *Le lit occupe la moitié de la pièce. Sa famille l'occupe entièrement.* 3 Habiter. 4 Remplir une fonction. *Il occupe un poste important.* ■ *vpr* Consacrer son temps, son attention à qqch, à qqn.

occurrence *nf* LING Apparition d'une unité linguistique dans un énoncé. Loc *En l'occurrence* : dans le cas envisagé.

océan *nm* 1 Vaste étendue d'eau salée baignant une grande partie de la Terre. 2 Grande étendue de qqch.

océanien, enne *a, n* De l'Océanie.

océanique *a* De l'océan. Loc *Climat océanique* : doux et humide.

océanographe *n* Spécialiste d'océanographie.

océanographie ou **océanologie** *nf* Étude des océans.

océanographique ou **océanologique** *a* De l'océanographie ou de l'océanologie.

ocelle *nm* ZOOL 1 Tache arrondie sur le pelage. 2 Œil simple de certains insectes.

ocellé, ée *a* Qui porte des ocelles.

ocelot *nm* Félin dont la fourrure tachetée est très recherchée.

ocre nf Argile jaune, rouge ou brune utilisée comme colorant. ■ a inv Brun tirant sur le jaune ou le rouge.

ocrer vt Colorer en ocre.

octaèdre nm GEOM Polyèdre à huit faces.

octal, ale, aux a MATH Se dit d'un système de numération à base huit.

octane nm Loc Indice d'octane : qui mesure le pouvoir antidétonant d'un carburant.

octave nf MUS Huitième degré de l'échelle diatonique.

octet nm INFORM Groupe de huit bits.

octobre nm Dixième mois de l'année.

octogénaire n, a Qui a entre quatre-vingts et quatre-vingt-neuf ans.

octogonal, ale, aux a En forme d'octogone.

octogone nm Polygone qui a huit angles.

octopode nm ZOOL Mollusque céphalopode tel le poulpe.

octosyllabe nm ou **octosyllabique** a Qui a huit syllabes.

octroi nm 1 Action d'octroyer. 2 HIST Perception d'un droit d'entrée dans une ville ; bureau de cette perception.

octroyer vt [22] Concéder, accorder, allouer.

octuor nm Groupe de huit musiciens ou de huit chanteurs.

octuple a, nm Qui vaut huit fois autant.

octupler vt, vi (Se) multiplier par huit.

oculaire a De l'œil. Loc Témoin oculaire : qui a vu une chose de ses propres yeux. ■ nm Lentille qui, dans un instrument d'optique, est proche de l'œil (par oppos. à objectif).

oculiste n Spécialiste des troubles de la vision.

oculomoteur, trice a PHYSIOL Relatif aux mouvements des yeux.

oculus nm ARCHI Syn de œil-de-bœuf.

odalisque nf Litt Femme d'un harem.

ode nf Poème lyrique composé de strophes.

odeur nf Émanation perçue par l'odorat. Loc Ne pas être en odeur de sainteté : ne pas être estimé qqpart.

odieusement av De façon odieuse.

odieux, euse a 1 Qui suscite l'aversion, l'indignation. 2 Méchant et grossier.

odontalgie nf MED Mal de dents.

odontologie nf Étude des dents et de leurs affections.

odontologiste n Spécialiste d'odontologie.

odontostomatologie nf Médecine de la bouche et des dents.

odorant, ante a Qui répand une bonne odeur.

odorat nm Sens par lequel on perçoit les odeurs.

odoriférant, ante a D'odeur agréable.

odyssée nf Voyage plein de péripéties.

œcuménique [e-] a RELIG Universel. Loc Concile œcuménique : de tous les évêques de l'Église catholique.

œcuménisme [e-] nm Mouvement visant à l'union de toutes les Églises chrétiennes.

œdémateux, euse a De l'œdème.

œdème [e-] nm MED Gonflement localisé ou diffus de certains tissus organiques.

œdipe [e-] nm PSYCHAN Conflit inconscient dans ses désirs à l'égard de ses parents. Syn. complexe d'Œdipe.

œdipien, enne [e-] a De l'œdipe.

œil, pl yeux nm 1 Organe de la vue. 2 Bulle de graisse dans un bouillon. Loc Avoir bon pied, bon œil : être en bonne santé. Fam Faire de l'œil à qqn : lui faire un signe, un clin d'œil. Faire les gros yeux à qqn : le regarder avec sévérité. Ouvrir l'œil : être très attentif. Ouvrir les yeux : voir la réalité. Fermer les yeux sur qqch : faire semblant de ne pas le voir. Jeter un œil sur qqch : l'examiner rapidement. Avoir l'œil sur : surveiller. Fam Entre quatre yeux : en tête à tête. Cela saute aux yeux, crève les yeux : c'est d'une évidence criante. Coup d'œil : regard rapide. À l'œil : gratuitement. D'un bon, d'un mauvais œil : favorablement, défavorablement. Mauvais œil : regard censé porter malheur. Œil de verre : œil artificiel. Fam Pour les beaux yeux de qqn : sans but intéressé.

œil-de-bœuf nm Lucarne ronde ou ovale. Des œils-de-bœuf.

œil-de-chat nm Pierre fine. Des œils-de-chat.

œil-de-perdrix nm Cor entre deux orteils. Des œils-de-perdrix.

œillade nf Clin d'œil amoureux.

œillère nf 1 Pièce de la bride d'un cheval pour l'empêcher de voir sur les côtés. 2 Petit récipient pour les bains d'œil. Loc Avoir des œillères : être borné.

œillet nm 1 Petit trou rond, servant à passer un cordon, un lacet. 2 Plante ornementale, à fleurs de diverses couleurs.

œilleton nm 1 Petit viseur circulaire. 2 BOT Rejeton de certaines plantes.

œillette nf Pavot, dont on extrait une huile.

œnanthe [e-] nf Plante vénéneuse des lieux humides.

œnologie [e-] nf Science de la fabrication et de la conservation des vins.

œnologue [e-] n Spécialiste d'œnologie.

œnométrie [e-] nf Analyse d'un vin.

œnophile [e-] n Amateur de vin.

œsophage [e-] nm Segment du tube digestif qui relie le pharynx à l'estomac.

œsophagien, enne ou **œsophagique** [e-] a De l'œsophage.

œstradiol [ɛs-] nm Hormone œstrogène de l'ovaire.

œstral, ale, aux [e-] a De l'œstrus.

œstre [ɛstr] nm Mouche parasite des animaux domestiques.

œstrogène [ɛs-] a, nm BIOL Qui déclenche l'œstrus.

œstrus [ɛstrys] nm PHYSIOL Phénomènes physiologiques accompagnant l'ovulation chez la femme et les femelles des mammifères.

œuf [œf], au pl [ø] nm 1 Produit de la ponte des oiseaux comprenant une coquille, des membranes, des réserves ; produit de la ponte des reptiles, insectes, poissons. 2 Œuf de poule, en tant qu'aliment. 3 Cellule initiale d'un être vivant. Loc Marcher sur des œufs : se conduire avec une grande précaution. Dans l'œuf : dès l'origine. Pop Va te faire cuire un œuf : va au diable.

œuvre nf 1 Ce qui est fait, produit. 2 Organisation charitable. ■ nm Litt Ensemble des œuvres d'un artiste. Loc Gros œuvre : fondations d'un bâtiment. À pied d'œuvre : prêt à commencer. Mettre en œuvre : appliquer, employer. Se mettre à l'œuvre : commencer à travailler.

œuvrer *vi* Travailler, agir.

œuvrette *nf* Petite œuvre littéraire.

off *a inv* Se dit d'une voix dont la source n'est pas visible à l'écran.

offensant, ante *a* Blessant, insultant.

offense *nf* Litt Injure, affront.

offensé, ée *a, n* Qui a reçu une offense.

offenser *vt* Blesser, froisser. ■ *vpr* Se vexer.

offenseur *nm* Qui offense.

offensif, ive *a* Qui sert à attaquer. ■ *nf* Attaque. *Reprendre l'offensive.*

offertoire *nm* Moment de la messe où le prêtre offre à Dieu le pain et le vin.

office *nm* 1 Fonction, charge. 2 Bureau, agence. *Office touristique.* 3 Établissement public. 4 Service religieux. 5 Pièce attenante à la cuisine. Loc *Faire office de :* servir de. *D'office :* par ordre supérieur, sans être demandé. ■ *pl* Loc *Bons offices :* services, assistance.

officialisation *nf* Action d'officialiser.

officialiser *vt* Rendre officiel.

officiant *nm* Prêtre qui célèbre l'office.

officiel, elle *a* 1 Qui relève d'une autorité constituée. 2 Donné pour vrai par une autorité. ■ *nm* Qui a une fonction publique ; organisateur d'une épreuve sportive.

officiellement *av* De façon officielle.

1. officier *vi* Célébrer un office religieux.

2. officier *nm* 1 Qui remplit une charge civile. *Officier de police.* 2 Militaire qui exerce un commandement avec un grade au moins égal à celui de sous-lieutenant. 3 Titulaire d'un grade, dans un ordre honorifique.

officieusement *av* De façon officieuse.

officieux, euse *a* Sans caractère officiel.

officinal, ale, aux *a* Utilisé en pharmacie.

officine *nf* 1 Pharmacie. 2 Lieu louche où se trame qqch.

offrande *nf* Litt Don, cadeau.

offrant *nm* Loc *Le plus offrant :* qui offre le prix le plus élevé.

offre *nf* Action d'offrir qqch ; ce qui est offert. Loc *Offre publique d'achat (O.P.A.) :* offre publique faite par une société de racheter les actions d'une autre société.

offreur, euse *n* ECON Qui offre un bien, un service. Ant. demandeur.

offrir *vt* [31] 1 Proposer qqch à qqn. 2 Donner comme cadeau. 3 Présenter, comporter. *Ceci offre un avantage.*

offset [ɔfsɛt] *nm inv* Procédé d'impression au moyen d'un rouleau en caoutchouc.

offshore [ɔfʃɔr] *a inv* 1 Se dit de l'exploitation des gisements pétroliers sous-marins. 2 Se dit d'une banque établie à l'étranger. 3 Se dit de bateaux à moteur très puissants utilisés pour la compétition. ■ *nm inv* Bateau offshore ; sport pratiqué avec ce bateau.

offusquer *vt* Choquer, froisser.

oflag *nm* HIST Camp d'officiers prisonniers de guerre en Allemagne (1940-1945).

ogival, ale, aux *a* En forme d'ogive.

ogive *nf* 1 Arc en diagonale sous une voûte pour la renforcer. 2 Objet dont le profil est en forme d'ogive. *Ogive nucléaire.*

ogre, ogresse *n* Personnage mythique avide de chair humaine.

oh ! *interj* Marque la surprise.

ohé ! *interj* Sert à appeler.

ohm *nm* Unité de résistance électrique.

oïdium [-djɔm] *nm* Maladie des plantes produite par un champignon parasite ; ce champignon.

oie *nf* Oiseau palmipède domestique. Loc *Pas de l'oie :* pas militaire de parade. *Oie blanche :* jeune fille candide et niaise.

oignon [ɔɲɔ̃] *nm* 1 Plante potagère dont le bulbe est comestible. 2 Bulbe de diverses plantes. 3 Induration du pied. 4 Montre à verre bombé. Loc Fam *Aux petits oignons :* très bien. Fam *Ce ne sont pas tes oignons :* cela ne te concerne pas. *En rang d'oignons :* aligné sur une seule ligne.

oignonade [ɔɲɔ-] *nf* Mets à base d'oignons.

oïl [ɔjl] *av* Loc *Langue d'oïl :* dialectes parlés au nord de la Loire.

oindre *vt* [62] 1 Frotter d'huile. 2 Procéder à l'onction religieuse.

oint, ointe *a, n* Consacré par l'onction.

oiseau *nm* Vertébré ovipare, couvert de plumes, qui a deux ailes et vole. Loc *À vol d'oiseau :* en ligne droite. Fam *Drôle d'oiseau :* personne bizarre. Fam *Oiseau rare :* personne exceptionnelle.

oiseau-lyre *nm* Ménure. *Des oiseaux-lyres.*

oiseau-mouche *nm* Colibri. *Des oiseaux-mouches.*

oiseleur *nm* Qui capture des oiseaux.

oiselier, ère *n* Qui élève et vend des oiseaux.

oiselle *nf* Vx Jeune fille niaise et naïve.

oisellerie *nf* Commerce de l'oiselier.

oiseux, euse *a* Inutile, vain. *Remarque oiseuse.*

oisif, ive *a* Inactif, désœuvré. *Vie oisive.* ■ *n* Sans profession.

oisillon *nm* Petit oiseau.

oisivement *av* De façon oisive.

oisiveté *nf* Désœuvrement.

oison *nm* Jeune oie.

O.K. *interj, a inv* Fam D'accord.

okapi *nm* Ruminant africain, voisin de la girafe.

okoumé *nm* Arbre d'Afrique dont le bois est utilisé en ébénisterie.

olé ! *interj* Sert à encourager.

oléacée *nf* BOT Arbre d'une famille comprenant l'olivier, le frêne, le lilas, etc.

oléagineux, euse *a* Qui contient de l'huile. ■ *nm* Plante oléagineuse (arachide, olivier).

oléicole *a* De l'oléiculture.

oléiculteur, trice *n* Qui pratique l'oléiculture.

oléiculture *nf* Culture des oliviers.

oléoduc *nm* Syn de pipeline.

olé olé *a inv* Fam Licencieux, osé.

olfactif, ive *a* Relatif à l'odorat.

olfaction *nf* PHYSIOL Sens de l'odorat.

olibrius *nm* Fam Personnage ridicule.

olifant *nm* HIST Petit cor d'ivoire des chevaliers.

oligarchie *nf* Régime politique fondé sur le pouvoir de quelques personnes.

oligarchique *a* De l'oligarchie.

oligiste *nm* GEOL Hématite rouge.

oligocène *nm* GEOL Période la plus ancienne du tertiaire.

oligochète [-ket] *nm* ZOOL Annélide tel que le ver de terre.

oligoclase *nf* GEOL Feldspath abondant dans les roches cristallines.

oligoélément nm BIOL Élément existant à l'état de traces et nécessaire à la vie de l'organisme.

oligopole nm ECON Marché détenu par un petit nombre de vendeurs.

olivaie ou **oliveraie** nf Plantation d'oliviers.

olivaison nf Récolte des olives.

olivâtre a Vert olive.

olive nf 1 Fruit comestible de l'olivier, dont on tire de l'huile. 2 Objet en forme d'olive. ■ a inv Vert olive.

olivet nm Fromage de l'Orléanais.

olivette nf Tomate oblongue.

olivier nm Arbre des régions méditerranéennes, dont le fruit est l'olive.

olivine nf GEOL Minéral vert commun dans les basaltes.

olographe a DR Se dit d'un testament écrit en entier de la main du testateur.

olympiade nf Espace de quatre ans entre deux jeux Olympiques. ■ pl Jeux Olympiques.

olympien, enne a 1 De l'Olympe. 2 Litt Serein et majestueux. *Calme olympien.*

olympique a Qui concerne les épreuves sportives internationales organisées tous les quatre ans (*jeux Olympiques*).

olympisme nm Idéal olympique.

omanais, aise a, n Du sultanat d'Oman.

ombelle nf BOT Inflorescence.

ombellifère nf BOT Plante herbacée à fleurs en ombelle comme la carotte, le cerfeuil, la ciguë.

ombilic nm ANAT Nombril.

ombilical, ale, aux a De l'ombilic.

omble nm Grand salmonidé d'eau douce.

ombrage nm Ombre produite par les feuillages des arbres ; ces feuillages eux-mêmes. Loc Litt *Porter ombrage* : vexer, inquiéter. Litt *Prendre ombrage de qqch* : s'en offenser.

ombrager vt [11] Couvrir d'ombre.

ombrageux, euse a Litt Qui s'offusque facilement.

1. ombre nf 1 Obscurité provoquée par l'interception de la lumière par un corps opaque. 2 Apparence, trace. *Sans l'ombre d'un doute.* Loc Fam *À l'ombre* : à l'abri ; en prison. *Rester dans l'ombre* : rester effacé, ignoré. *Une ombre au tableau* : un signe inquiétant. *Faire de l'ombre à qqn* : lui faire concurrence.

2. ombre nm Salmonidé d'eau douce.

ombrelle nf Petit parasol portatif.

ombrer vt Figurer les ombres sur un dessin.

ombreux, euse a Litt Plein d'ombre.

ombrien, enne a, n De l'Ombrie.

oméga nm Vingt-quatrième et dernière lettre de l'alphabet grec, correspondant à *o* long.

omelette nf Œufs battus et cuits à la poêle.

omerta nf Loi du silence de la mafia.

omettre vt [64] S'abstenir de dire, de faire, d'agir.

omicron nm Quinzième lettre de l'alphabet grec, correspondant à *o* bref.

omission nf Action d'omettre ; chose omise.

omnibus [-bys] nm Train qui dessert toutes les stations.

omnidirectionnel, elle a Qui porte dans toutes les directions.

omnipotent, ente a Tout-puissant.

omnipraticien, enne n Médecin généraliste.

omniprésence nf Présence en tous lieux.

omniprésent, ente a Présent partout.

omniscient, ente a Qui sait tout.

omnisports a inv Qui concerne tous les sports. *Salle omnisports.*

omnivore a, nm Qui se nourrit indifféremment de végétaux et d'animaux.

omoplate nf Os plat de l'épaule.

on pr pers Forme indéfinie de la 3e personne, invariable, toujours sujet.

1. onagre nm Âne sauvage d'Iran et d'Inde.

2. onagre nf Plante à fleurs jaunes.

onanisme nm Masturbation.

1. once nf Ancienne unité de poids. Loc *Une once de* : une très petite quantité de.

2. once nf Grand félin d'Asie centrale.

onchocercose nf Maladie parasitaire de l'œil.

oncle nm Frère du père ou de la mère.

oncogène a, nm MED Qui provoque le cancer.

oncologie nf Syn de *cancérologie.*

onction nf 1 RELIG Fait d'oindre qqn avec les saintes huiles. 2 Litt Douceur évoquant la piété.

onctueux, euse a De consistance fluide et douce ; moelleux. *Crème onctueuse.*

onctuosité nf Caractère onctueux.

ondatra nm Rongeur d'Amérique du Nord.

onde nf 1 Mouvement à la surface de l'eau qui se propage en rides successives. 2 Tout phénomène vibratoire qui se propage. *Onde lumineuse.* Loc Fam *Être sur la même longueur d'onde* : se comprendre. ■ pl La radio.

ondée nf Pluie subite et de courte durée.

ondemètre nm PHYS Appareil de mesure des longueurs d'ondes.

ondine nf Litt Nageuse jeune et gracieuse.

on-dit nm inv Propos, bruit qui court.

ondoiement nm 1 Action d'ondoyer. 2 RELIG Baptême réduit à l'essentiel en cas d'urgence.

ondoyant, ante a Litt Inconstant, variable.

ondoyer vi [22] Onduler. ■ vt Baptiser par ondoiement.

ondulation nf Mouvement régulier d'un liquide qui s'abaisse et s'élève alternativement ; tout mouvement qui l'évoque.

ondulatoire a Didac Relatif aux ondes, aux ondulations.

ondulé, ée a Qui présente des ondulations.

onduler vi Avoir un mouvement sinueux, ondulatoire.

onduleur nm PHYS Appareil qui transforme un courant continu en courant alternatif.

onduleux, euse a Qui ondule.

one man show [wanmanʃo] nm inv Spectacle de variété donné par un artiste seul en scène.

onéreux, euse a Qui occasionne des frais. Loc *À titre onéreux* : en payant.

O.N.G. nf Abrév de *organisation non gouvernementale*, organisme indépendant voué à l'aide humanitaire.

ongle nm Lame cornée couvrant la dernière phalange des doigts. Loc *Jusqu'au bout des ongles* : parfaitement, à fond.

onglée nf Engourdissement douloureux du bout des doigts, causé par le froid.

onglet nm 1 Petite entaille dans le couvercle d'une boîte, la lame d'un canif, etc., pour donner prise à l'ongle. 2 Morceau de bœuf fournissant des biftecks. 3 Échancrure sur le bord des feuilles d'un livre pour signaler un chapitre.

onguent [-gã] nm Pommade.

ongulé nm ZOOL Mammifère dont les doigts sont terminés par des griffes ou des ongles.

ongulé *nm* ZOOL Mammifère dont les doigts sont protégés par un sabot corné.

onguligrade *nm* ZOOL Quadrupède qui marche sur des sabots.

onirique *a* De la nature du rêve.

onirisme *nm* Délire aigu caractérisé par des hallucinations terrifiantes.

oniromancie *nf* Divination par les rêves.

onomastique *nf* Étude des noms propres.

onomatopée *nf* Mot dont le son suggère celui de la chose qu'il dénomme (par ex. : *glouglou*).

onomatopéique *a* De l'onomatopée.

ontogenèse *nf* BIOL Croissance et développement des individus, de l'œuf à l'âge adulte.

ontogénétique *a* De l'ontogenèse.

ontologie *nf* PHILO Connaissance de l'être.

ontologique *a* De l'ontologie.

onusien, enne *a, n* Fam De l'O.N.U.

onychophagie [-kɔ-] *nf* MED Habitude de se ronger les ongles.

onyx *nm* Agate présentant des couches concentriques, de couleurs variées.

onyxis *nm* MED Inflammation de l'ongle.

onze *a num inv* 1 Dix plus un (11). 2 Onzième. *Chapitre onze.* ■ *nm inv* 1 Nombre onze. 2 Équipe de football (composée de onze joueurs).

onzième *a num* Au rang, au degré onze. ■ *a, nm* Contenu onze fois dans le tout. ■ *nf* Cours préparatoire.

onzièmement *av* En onzième lieu.

oocyte ou **ovocyte** *nm* BIOL Gamète femelle non parvenu à maturité.

oogone *nf* BIOL Cellule où se forment les oosphères.

oosphère *nf* BIOL Gamète femelle végétal.

O.P.A. *nf* Abrév de *offre publique d'achat.*

opacification *nf* Action d'opacifier.

opacifier *vt* Rendre opaque.

opacité *nf* Propriété opaque.

opale *nf* Pierre fine, à reflets irisés.

opalescence *nf* Litt Reflets rappelant l'opale.

opalescent, ente *a* Litt D'aspect irisé.

opalin, ine *a* De teinte laiteuse, à reflets irisés. ■ *nf* Verre opalin.

opaliser *vt* Donner l'aspect opalin.

opaque *a* 1 Qui n'est pas transparent. 2 Impénétrable, incompréhensible.

op'art [ɔpaʀt] *nm* Mouvement d'art abstrait contemporain fondé sur des recherches visuelles.

opéable *a, nf* Qui peut faire l'objet d'une O.P.A. (société).

open [ɔpɛn] *a inv, nm* Se dit d'une compétition réunissant professionnels et amateurs. Loc *Billet open :* billet d'avion non daté.

opéra *nm* 1 Œuvre dramatique mise en musique et dont les paroles sont chantées. 2 Théâtre où l'on joue des opéras.

opérable *a* Qu'on peut opérer.

opéra-comique *nm* Opéra contenant des parties dialoguées. *Des opéras-comiques.*

opérant, ante *a* Qui produit un effet.

opérateur, trice *n* 1 Chargé de la commande d'une machine. 2 Responsable de la prise de vues ou de la projection d'un film. 3 Qui fait des opérations boursières. ■ *nm* Symbole représentant une opération logique, mathématique, etc.

opération *nf* 1 Action d'opérer. 2 Suite d'actions mises en œuvre en vue de produire un résultat. 3 Intervention chirurgicale. 4 MATH Calcul d'une somme (addition), d'une différence (soustraction), d'un produit (multiplication) ou d'un quotient (division). 5 Mise en œuvre de troupes, combat. 6 Transaction financière ou boursière.

opérationnel, elle *a* 1 Prêt à être mis en service ; efficace. 2 Qui permet certaines opérations.

opératoire *a* 1 De l'opération chirurgicale. *Choc opératoire.* 2 Qui permet d'effectuer certaines opérations. *Techniques opératoires.*

opercule *nm* Pièce, membrane, lamelle, etc., fermant une ouverture, recouvrant une cavité.

opéré, ée *a, n* Qui vient de subir une intervention chirurgicale.

opérer *vt* [12] 1 Effectuer, réaliser qqch. 2 Pratiquer une intervention chirurgicale. ■ *vi* Produire un effet, agir. ■ *vpr* S'effectuer, s'accomplir, avoir lieu.

opérette *nf* Œuvre théâtrale légère où les parties chantées alternent avec les parties parlées. Loc *D'opérette :* peu sérieux.

ophidien *nm* ZOOL Reptile dépourvu de pattes.

ophioglosse *nm* Fougère des lieux humides.

ophiolite *nf* GEOL Roche éruptive océanique.

ophiolitique *a* Des ophiolites.

ophiologie *nf* Étude des serpents.

ophite *nm* Marbre vert foncé.

ophiure *nf* Échinoderme à bras rayonnants.

ophtalmie *nf* Maladie inflammatoire de l'œil.

ophtalmique *a* Des yeux.

ophtalmologie *nf* Médecine des affections des yeux.

ophtalmologique *a* De l'ophtalmologie.

ophtalmologiste *n* Spécialiste d'ophtalmologie.

opiacé, ée *a* Qui contient de l'opium.

opinel *nm* (n. déposé) Couteau de poche, à manche en bois.

opiner *vi* Litt Donner son avis. Loc *Opiner du bonnet :* marquer d'un signe de tête son acquiescement.

opiniâtre *a* Tenace. *Travail opiniâtre.*

opiniâtreté *nf* Volonté tenace.

opinion *nf* 1 Jugement personnel. 2 Manière de penser la plus répandue au sein d'une collectivité. *Sondage d'opinion.* ■ *pl* Croyances, convictions.

opiomane *n, a* Toxicomane qui fume l'opium.

opium [ɔpjɔm] *nm* 1 Suc de pavot utilisé comme stupéfiant. 2 Litt Ce qui assoupit insidieusement l'esprit.

oponce V. opuntia.

opopanax *nm* Ombellifère utilisée en parfumerie.

opossum [-sɔm] *nm* Marsupial d'Amérique au pelage recherché.

oppidum [-dɔm] *nm* ANTIQ Site fortifié romain.

opportun, une *a* Qui vient à propos.

opportunément *av* De façon opportune.

opportunisme *nm* Attitude consistant à agir selon les circonstances en faisant peu de cas des principes.

opportuniste *a, n* 1 Qui fait preuve d'opportunisme. 2 MED Qui survient dans un organisme immunodéprimé.

opportunité *nf* 1 Caractère opportun. 2 Abusiv Occasion favorable. *Saisir une opportunité.*

opposable a Qui peut être opposé à.

opposant, ante n, a Qui s'oppose, qui appartient à une opposition.

opposé, ée a 1 Placé en vis-à-vis. *Rives opposées.* 2 Contraire, contradictoire, inverse. *Intérêts opposés.* 3 Hostile. *Partis opposés.* ■ nm Chose contraire, inverse. Loc *À l'opposé (de) :* au contraire (de).

opposer vt 1 Mettre comme obstacle. 2 Mettre en lutte, en rivalité. 3 Mettre en vis-à-vis. ■ vpr 1 Faire obstacle à qqch. 2 Former un contraste.

opposite (à l') av À l'opposé.

opposition nf 1 Position de choses en vis-à-vis ou qui s'opposent. 2 Résistance opposée par qqn, par un groupe. 3 Ensemble d'adversaires au gouvernement, au régime. 4 Obstacle légal à une décision de l'autorité.

oppositionnel, elle a, n Qui relève d'une opposition politique.

oppressant, ante a Qui oppresse.

oppresser vt 1 Gêner la respiration. 2 Angoisser, tourmenter.

oppresseur nm Qui opprime.

oppressif, ive a Qui vise à opprimer.

oppression nf 1 Sensation d'un poids sur la poitrine. 2 Contrainte tyrannique.

opprimé, ée a, n Soumis à une oppression.

opprimer vt Accabler par abus de pouvoir, par violence.

opprobre nm Litt Honte extrême, déshonneur.

opsonine nf BIOL Anticorps rendant les bactéries vulnérables aux leucocytes.

optatif nm Mode verbal exprimant le souhait.

opter vi Choisir entre plusieurs choses.

opticien, enne n Qui fabrique ou vend des instruments d'optique, des lunettes.

optimal, ale, aux a Le meilleur possible.

optimisation ou **optimalisation** nf Action d'optimiser.

optimiser ou **optimaliser** vt Rendre optimal.

optimisme nm 1 Attitude consistant à voir le bon côté des choses. 2 Espérance confiante.

optimiste a, n Qui prend les choses du bon côté.

optimum [-mɔm] nm État le plus favorable de qqch. *Des optimums* ou *des optima.*

option nf 1 Faculté, action d'opter. 2 Droit de choisir entre plusieurs possibilités légales. 3 Promesse d'achat ou de vente.

optionnel, elle a Qui donne lieu à un choix.

optique a Relatif à la vision. ■ nf 1 Partie de la physique qui étudie les lois de la lumière et de la vision. 2 Système optique d'un instrument. 3 Manière de voir, de juger.

optoélectronique nf Technologie associant l'optique et l'électronique.

optométrie nf MED Étude de la vision.

optronique nf Optoélectronique militaire.

opulence nf 1 Abondance de biens. 2 Plénitude des formes.

opulent, ente a 1 Riche. 2 Qui présente des formes amples.

opuntia [opɔ̃sja] ou **oponce** nm Plante grasse aux rameaux épineux. Syn. figuier de barbarie.

opus nm Morceau numéroté de l'œuvre d'un musicien. (Abrév : op.)

opuscule nm Petit ouvrage de science, de littérature, etc.

1. or nm 1 Métal précieux jaune. 2 Monnaie d'or. Loc *Être cousu d'or, rouler sur l'or :* être très riche. *À prix d'or :* très cher. *Valoir son* *pesant d'or :* valoir très cher. *De l'or en barre :* affaire très fructueuse. *L'or noir :* le pétrole. *Règle d'or :* impérative. *Faire un pont d'or à* *qqn :* lui offrir une rétribution avantageuse.

2. or conj Sert à introduire les phases d'un récit, d'un discours.

oracle nm 1 ANTIQ Réponse d'une divinité à des consultants ; cette divinité. 2 Décision émanant d'une autorité ; cette autorité elle-même.

oraculaire a D'un oracle.

orage nm 1 Perturbation atmosphérique violente, accompagnée d'éclairs, de tonnerre, de pluie. 2 Trouble violent et soudain.

orageux, euse a 1 Qui caractérise l'orage. 2 Tumultueux. *Relations orageuses.*

oraison nf Prière religieuse. Loc *Oraison* *funèbre :* éloge solennel d'un mort.

oral, ale, aux a 1 Relatif à la bouche. 2 Transmis par la voix. ■ nm Épreuves orales d'un examen ou d'un concours.

oralement av De vive voix.

oralité nf Caractère oral.

orange nf Fruit comestible de l'oranger. ■ a inv De couleur jaune mêlée de rouge.

orangé, ée a, nm De couleur tirant sur l'orange.

orangeade nf Jus d'orange additionné d'eau et de sucre.

oranger nm Arbre des régions chaudes dont le fruit est l'orange.

orangeraie nf Terrain planté d'orangers.

orangerie nf Serre où on garde pendant l'hiver les orangers en caisse.

orang-outan [-ʀɑ̃-] nm Grand singe anthropomorphe d'Indonésie. *Des orangs-outans.*

orateur, trice n Qui prononce un discours.

oratoire a Relatif à l'éloquence. *Développement oratoire.* ■ nm Petite chapelle.

oratorien nm Religieux membre de l'Oratoire.

oratorio nm Drame lyrique à caractère religieux.

orbiculaire a Didac Circulaire.

orbital, ale, aux a De l'orbite d'une planète, d'un satellite.

orbite nf 1 Cavité de l'œil. 2 Trajectoire d'un corps céleste, naturel ou artificiel, autour d'un autre. 3 Sphère d'influence.

orbiteur nm Élément principal d'une navette spatiale.

orchestral, ale, aux [-kɛs-] a De l'orchestre.

orchestrateur, trice [-kɛs-] n Qui conçoit une orchestration.

orchestration [-kɛs-] nf Action d'orchestrer.

orchestre [-kɛs-] nm 1 Dans une salle de spectacle, ensemble des places situées au niveau inférieur. 2 Espace réservé aux musiciens en contrebas de la scène. 3 Groupe de musiciens qui jouent habituellement ensemble.

orchestrer [-kɛs-] vt 1 Écrire une œuvre musicale en combinant les parties instrumentales. 2 Diriger une action concertée.

orchidacée [-ki-] nf BOT Plante monocotylédone, aux fleurs très décoratives.

orchidée [-ki-] nf Plante à fleurs ornementales.

orchite [-kit] nf MED Inflammation du testicule.

ordalie nf HIST Épreuve judiciaire médiévale qui faisait appel au jugement de Dieu.

ordinaire a 1 Habituel, courant. 2 De qualité moyenne ou médiocre. ■ nm 1 Ce qui est courant. 2 Ce qu'on sert habituellement aux repas. Loc *D'ordinaire :* d'habitude.

ordinairement *av* D'habitude.

ordinal, ale, aux *a* 1 Qui marque le rang, l'ordre. *Nombre ordinal.* 2 Qui concerne un ordre professionnel. *Instances ordinales.*

ordinateur *nm* Machine automatique de traitement de l'information.

ordination *nf* RELIG Cérémonie au cours de laquelle l'évêque confère le sacrement de l'ordre.

ordonnance *nf* 1 Disposition ordonnée des éléments d'un ensemble. 2 Ce qui est prescrit par une autorité. 3 Prescription écrite du médecin. 4 ANC Militaire à la disposition personnelle d'un officier. Loc *Officier d'ordonnance :* aide de camp.

ordonnancement *nm* Action d'ordonnancer.

ordonnancer *vt* [10] Régler selon un ordre déterminé.

ordonnancier *nm* Registre officiel où le pharmacien doit transcrire certaines ordonnances.

ordonnateur, trice *n* Qui dispose, règle selon un ordre.

ordonné, ée *a* 1 En ordre, rangé. 2 Enclin à mettre de l'ordre. ■ *nf* MATH Coordonnée verticale définissant, avec l'abscisse, la position d'un point dans un espace.

ordonner *vt* 1 Mettre en ordre. 2 Commander, donner un ordre. 3 RELIG Conférer l'ordination.

ordre *nm* 1 Organisation d'un ensemble en parties. *Ordre chronologique.* 2 Bonne organisation, disposition réglée. 3 Tendance spontanée à ranger. 4 Stabilité des institutions ; paix civile. 5 Ensemble des lois naturelles. 6 HIST Chacune des trois grandes classes de la société sous l'Ancien Régime. 7 Corps élu de certaines professions libérales. 8 Société religieuse. 9 Société honorifique. *Ordre de la Légion d'honneur.* 10 Catégorie ; espèce. *Un travail d'ordre intellectuel.* 11 BIOL Unité systématique entre la classe et la famille. 12 Style architectural antique. 13 RELIG Sacrement conférant certaines fonctions ecclésiastiques (diaconat, prêtrise, épiscopat). 14 Degré. *De premier ordre.* 15 Commandement, prescription. *Obéir aux ordres.* Loc *De l'ordre de :* environ. *Mot d'ordre :* consigne. *Ordre du jour :* liste ordonnée des questions à débattre dans une assemblée. *Jusqu'à nouvel ordre :* jusqu'à ce que les dispositions actuelles aient été modifiées. ■ *pl* Loc *Entrer dans les ordres :* se faire prêtre, religieux, religieuse.

ordure *nf* 1 Parole, écrit infâme ou obscène. 2 Pop Personne très méprisable. ■ *pl* Déchets. Loc *Boîte à ordures :* poubelle.

ordurier, ère *a* Obscène, grossier.

orée *nf* Litt Lisière, bordure.

oreillard *nm* Chauve-souris à grandes oreilles.

oreille *nf* 1 Organe de l'ouïe. 2 Partie externe de cet organe. *Tirer les oreilles.* 3 Ouïe. *Avoir l'oreille fine.* 4 Ce qui rappelle l'oreille par sa forme. Loc *Parler à l'oreille de qqn :* de manière à n'être entendu que de lui. *Prêter l'oreille :* écouter attentivement. *Dur d'oreille :* un peu sourd. *Faire la sourde oreille :* feindre de ne pas entendre une demande. *Échauffer les oreilles :* impatienter vivement, mettre en colère. *Montrer le bout de l'oreille :* laisser entrevoir ses intentions cachées. *Venir aux oreilles de qqn :* à sa connaissance.

oreiller *nm* Coussin pour soutenir la tête d'une personne couchée.

oreillette *nf* ANAT Chacune des deux cavités supérieures du cœur.

oreillon *nm* Moitié d'abricot en conserve. ■ *pl* Infection virale qui se manifeste par la tuméfaction des parotides.

orémus [-mys] *nm inv* Mot dit par le prêtre durant la messe pour inviter les fidèles à prier.

ores *av* Loc *D'ores et déjà :* dès maintenant.

orfèvre *n* Qui fabrique ou qui vend des objets d'or ou d'argent. Loc *Être orfèvre en la matière :* avoir une connaissance parfaite d'un domaine.

orfèvrerie *nf* Art, commerce de l'orfèvre.

orfraie *nf* Aigle de grande taille.

organdi *nm* Mousseline légère.

organe *nm* 1 Partie d'un corps vivant remplissant une fonction nécessaire à la vie. 2 Pièce d'une machine, d'un mécanisme, remplissant une fonction déterminée. 3 Voix. *Un organe puissant.* 4 Journal. *L'organe d'un parti.* 5 Ce qui sert d'intermédiaire, d'instrument, de moyen. *Organes du pouvoir.*

organelle *nf* ou **organite** *nm* BIOL Élément constitutif de la cellule.

organicisme *nm* Théorie qui rattache toute maladie à une lésion organique.

organiciste *a, n* Partisan de l'organicisme.

organigramme *nm* Schéma de l'organisation d'une administration, d'une entreprise.

organique *a* 1 Relatif aux organes ou aux organismes vivants. 2 Inhérent à la structure de qqch. *Loi organique.* Loc *Chimie organique :* des composés du carbone.

organiquement *av* De façon organique.

organisateur, trice *a, n* Qui organise.

organisation *nf* 1 Manière dont qqch est organisé ; structure. 2 Action d'organiser. 3 Association, groupement. *Organisation politique, syndicale.*

organisationnel, elle *a* De l'organisation.

organisé, ée *a* 1 BIOL Pourvu d'organes. *Êtres organisés.* 2 Constitué, agencé pour telle fonction. *Groupe organisé.* 3 Ordonné, méthodique.

organiser *vt* Arranger, préparer en vue de tel usage ; régler, aménager. ■ *vpr* Prendre ses dispositions pour agir efficacement.

organisme *nm* 1 Ensemble des organes constituant un être vivant ; cet être vivant. 2 Ensemble des services ou bureaux affectés à une certaine tâche.

organiste *n* Qui joue de l'orgue.

organite. V. organelle.

organochloré, ée *a, nm* Dérivé organique du chlore (insecticide, fongicide).

organologie *nf* Étude des instruments de musique.

organométallique *a, nm* CHIM Composé organique d'un métal et de carbone.

organophosphoré, ée *a, nm* Dérivé organique du phosphore (insecticide, fongicide).

orgasme *nm* Paroxysme du plaisir sexuel.

orgasmique *a* De l'orgasme.

orge *nf* Céréale annuelle à épi simple.

orgeat *nm* Sirop à base d'amandes.

orgelet *nm* Petit furoncle du bord de la paupière.

orgiaque *a* Propre à une orgie.

orgie *nf* 1 Débauche. 2 Litt Profusion.

orgue *nm* ou **orgues** *nfpl* Grand instrument à vent composé de tuyaux, de claviers et d'une soufflerie. ■ *nm* Loc *Orgue de Barbarie :* orgue mécanique portatif. MUS *Point d'orgue* : prolongation de la durée d'une note ou d'un silence ; interruption dans le déroulement d'un processus quelconque. ■ *nmpl* GEOL Colonnes naturelles de basalte. **Loc** *Orgues de Staline* : lance-roquettes à tubes multiples.

orgueil *nm* **1** Opinion trop avantageuse de soi-même. **2** Sentiment élevé de sa valeur ; fierté.

orgueilleusement *av* Avec orgueil.

orgueilleux, euse *a, n* Qui a de l'orgueil.

oriel *nm* ARCHI Syn de *bow-window*.

orient *nm* **1** Celui des quatre points cardinaux qui est du côté où le soleil se lève ; est, levant. **2** (avec majusc) Ensemble des pays d'Asie.

orientable *a* Qu'on peut orienter.

oriental, ale, aux *a* Situé à l'est. ■ *a, n* De l'Orient.

orientalisme *nm* Étude de l'Orient, de ses peuples, de leurs civilisations, etc.

orientaliste *n* Spécialiste de l'Orient.

orientation *nf* **1** Détermination du lieu où on se trouve. **2** Action d'orienter qqch, de régler sa position par rapport aux points cardinaux. **3** Action de diriger qqn dans telle direction, vers tel débouché. **4** Tendance politique.

orienté, ée *a* **1** Qui a une position, une direction déterminée. **2** Qui manifeste une certaine tendance politique ou doctrinale.

orienter *vt* **1** Disposer une chose par rapport aux points cardinaux ou dans une direction déterminée. **2** Faire prendre telle direction à qqn. ■ *vpr* **1** Déterminer sa position par les points cardinaux. **2** Prendre telle direction.

orienteur, euse *n* Qui s'occupe d'orientation scolaire et professionnelle.

orifice *nm* Ouverture, trou.

oriflamme *nf* Bannière d'apparat.

origami *nm* Art japonais du papier plié.

origan *nm* Marjolaine.

originaire *a* Qui tire son origine de tel lieu.

originairement *av* À l'origine.

original, ale, aux *a* **1** De l'auteur même, qui constitue la source première. **2** D'une singularité neuve ou personnelle. ■ *a, n* Personne bizarre, excentrique. ■ *nm* Ouvrage, document, modèle primitif ou authentique.

originalement *av* De façon originale.

originalité *nf* **1** Caractère original. **2** Fantaisie, excentricité.

origine *nf* **1** Principe, commencement, source. **2** Provenance, milieu dont qqn, qqch est issu. **Loc** *À l'origine* : au commencement.

originel, elle *a* Qui remonte à l'origine.

originellement *av* Dès l'origine.

orignal *nm* Élan du Canada. *Des orignaux.*

oripeaux *nmpl* Litt Vieux habits.

oriya *nm* Langue indienne de l'Orissa.

O.R.L. *nf, n* Abrév de *oto-rhino-laryngologie* et de *oto-rhino-laryngologiste.*

orléanisme *nm* HIST Doctrine des royalistes partisans de la maison d'Orléans.

orléaniste *a, n* Qui relève de l'orléanisme.

orme *nm* Arbre aux feuilles dentelées.

ormeau *nm* **1** Petit orme. **2** Mollusque marin comestible.

ornemaniste *n* Artiste, peintre d'ornements.

ornement *nm* Élément qui sert à orner, à embellir, à décorer.

ornemental, ale, aux *a* De l'ornement ; qui sert à orner, décoratif. *Plante ornementale.*

ornementation *nf* Action de décorer, d'orner.

ornementer *vt* Embellir par des ornements.

orner *vt* Embellir, décorer.

ornière *nf* Trace creusée par des roues de voitures dans un chemin. **Loc** *Sortir de l'ornière* : sortir de la routine ou d'une situation difficile.

ornithogale *nm* Plante bulbeuse à fleurs blanches.

ornithologie *nf* Étude des oiseaux.

ornithologique *a* De l'ornithologie.

ornithologiste ou **ornithologue** *n* Spécialiste d'ornithologie.

ornithorynque *nm* Mammifère ovipare d'Australie, au bec corné aplati.

orogenèse *nf* GEOL Formation des montagnes.

orogénique *a* GEOL De l'orogenèse.

orographie *nf* Description du relief terrestre.

oronge *nf* Champignon comestible au chapeau rouge-orange. **Loc** *Fausse oronge* : amanite tue-mouches.

orpaillage *nm* Travail de l'orpailleur.

orpailleur *nm* Chercheur de paillettes d'or dans les sables aurifères.

orphelin, ine *n* Enfant qui a perdu son père et sa mère, ou l'un des deux.

orphelinat *nm* Établissement qui recueille les orphelins.

orphéon *nm* Fanfare.

orphie *nf* Poisson de mer au long bec fin.

orphique *a* De l'orphisme.

orphisme *nm* Courant religieux et mystique de la Grèce antique, rattaché à Orphée.

orque *nf* Cétacé très vorace.

orseille *nf* Lichen dont on tire un colorant.

orteil *nm* Doigt de pied.

orthèse *nf* Appareil palliant une déficience du système locomoteur.

orthodontie *nf* Traitement des anomalies de position des dents.

orthodontiste *n* Spécialiste d'orthodontie.

orthodoxe *a* Conforme à un dogme religieux, à une doctrine établie, à une tradition. ■ *a, n* Qui appartient à une Église d'Orient indépendante de Rome.

orthodoxie *nf* Caractère orthodoxe.

orthoépie *nf* Prononciation correcte des sons du langage.

orthogénie *nf* Contrôle des naissances.

orthogonal, ale, aux *a* À angle droit.

orthographe *nf* Manière correcte d'écrire les mots ; règles régissant cette écriture.

orthographier *vt* Écrire selon les règles de l'orthographe.

orthographique *a* De l'orthographe.

orthopédie *nf* Traitement des lésions des articulations et des tendons.

orthopédique *a* De l'orthopédie.

orthopédiste *n* Spécialiste d'orthopédie.

orthophonie *nf* Correction des troubles du langage parlé et écrit.

orthophoniste *n* Spécialiste d'orthophonie.

orthoptère *nm* ZOOL Insecte (sauterelle, criquet) dont les ailes postérieures se replient.

orthoptie [-si] *nf* MED Rééducation de l'œil.

orthoptiste *n* Spécialiste d'orthoptie.

ortie *nf* Plante herbacée aux feuilles irritantes.

ortolan *nm* Bruant à chair très estimée.

orvet *nm* Lézard sans pattes, à queue fragile.

orviétan *nm* Vx Remède supposé tout guérir.

oryctérope nm Mammifère africain au museau en forme de groin et aux griffes puissantes.

oryx nm Antilope aux cornes fines et longues.

os [ɔs], au pl [o] nm Élément dur et calcifié du corps de l'homme et des vertébrés dont l'ensemble constitue le squelette. **Loc** *Jusqu'aux os, jusqu'à la moelle des os :* entièrement. Fam *Ne pas faire de vieux os :* mourir jeune. Fam *Tomber sur un os :* rencontrer une difficulté.

O.S. [ɔɛs] n Abrév de *ouvrier spécialisé.*

oscar nm Récompense décernée par un jury à un film, à un produit, etc. *L'oscar de la mode.*

oscillant, ante [-silɑ̃] a Qui oscille.

oscillateur [-sila-] nm Dispositif générant des oscillations électriques.

oscillation [-sila-] nf 1 Mouvement d'un corps qui oscille. 2 Fluctuation, variation.

oscillatoire a Caractérisé par des oscillations.

osciller [-sile-] vi 1 Se mouvoir alternativement en deux sens contraires autour d'un point fixe. 2 Litt Hésiter. 3 Varier entre deux niveaux.

oscillogramme [-silo-] nm Courbe fournie par l'oscillographe.

oscillographe ou **oscilloscope** nm Appareil enregistrant les variations temporelles d'une grandeur physique.

osé, ée a 1 Audacieux. 2 Scabreux, licencieux.

oseille nf 1 Plante potagère à la saveur acide. 2 Pop Argent.

oser vt Avoir l'audace, le courage de.

osier nm Rameau flexible de divers saules.

osmium [-mjɔm] nm Métal très lourd de couleur gris-bleu.

osmose nf 1 Diffusion entre deux fluides séparés par des parois semi-perméables. 2 Influence mutuelle, interpénétration profonde.

osmotique a De l'osmose.

ossature nf 1 Ensemble des os. 2 Armature, charpente. *L'ossature d'un roman.*

osselet nm Petit os. ■ pl Jeu consistant à lancer et à rattraper sur le dos de la main de petits objets en forme d'os.

ossements nmpl Os décharnés et desséchés.

osseux, euse a 1 Des os. *Maladie osseuse.* 2 Dont les os sont saillants.

ossification nf Formation du tissu osseux.

ossifier vt PHYSIOL Changer en tissu osseux les parties cartilagineuses.

osso-buco [ɔsobuko] nm inv Jarret de veau avec son os, cuit à l'étouffée, avec des tomates.

ossuaire nm Lieu où on dépose des ossements humains.

ostéalgie nf MED Douleur osseuse.

ostéite nf MED Inflammation du tissu osseux.

ostensible a Qu'on laisse voir à dessein.

ostensiblement av De façon ostensible.

ostensoir nm RELIG Support d'or ou d'argent servant à exposer l'hostie consacrée.

ostentation nf Insistance excessive pour montrer un avantage.

ostentatoire a Qui témoigne de l'ostentation.

ostéolyse nf MED Destruction du tissu osseux.

ostéomyélite nf MED Inflammation du tissu osseux et de la moelle.

ostéopathe n Spécialiste d'ostéopathie.

ostéopathie nf 1 Maladie des os. 2 Manipulations thérapeutiques vertébrales et articulaires.

ostéoplastie nf CHIR Restauration d'un os avec des fragments osseux.

ostéoporose nf MED Raréfaction pathologique du tissu osseux.

ostéosarcome nm MED Tumeur des os.

ostéotomie nf CHIR Ablation partielle d'un os.

ostracisme nm Exclusion d'une personne d'un groupe.

ostréicole a De l'ostréiculture.

ostréiculteur, trice n Qui élève des huitres.

ostréiculture nf Élevage des huitres.

ostrogoth [-go] nm Fam Individu bizarre.

otage nm Personne qu'on retient pour se garantir contre d'éventuelles représailles, ou pour obtenir ce qu'on exige.

otarie nf Mammifère marin voisin du phoque.

ôter vt 1 Enlever, quitter. *Ôter son manteau.* 2 Prendre, ravir à qqn. *Ôter la vie, l'honneur.* 3 Retrancher qqch de. *Ôter trois de dix.* 4 Faire disparaître. *Ôter une tache.*

otique a Didac De l'oreille.

otite nf MED Inflammation de l'oreille.

otologie nf MED Étude de l'oreille et de ses maladies.

oto-rhino-laryngologie nf Traitement des maladies des oreilles, de la gorge et du nez (abrév : O.R.L.).

oto-rhino-laryngologiste n Spécialiste d'oto-rhino-laryngologie (abrév : O.R.L. ; oto-rhino).

otorragie nf MED Hémorragie par l'oreille.

otorrhée nf MED Écoulement par l'oreille.

ottoman, ane a, n Relatif à l'Empire turc. ■ nf Canapé à dossier enveloppant.

ou conj Marque l'alternative ou l'équivalence.

où pr, av Équivaut au pronom relatif et interrogatif *lequel* précédé d'une préposition et indiquant le lieu, le temps, la conséquence.

ouailles nfpl Litt Chrétiens par rapport à leur curé, à leur pasteur.

ouais [we] av Pop Oui.

ouate nf 1 Textile servant pour les doublures. 2 Coton souple pour les pansements. *De l'ouate* ou *de la ouate.*

ouaté, ée a Feutré, doux.

ouatine nf Étoffe utilisée pour des doublures.

oubli nm 1 Défaillance de la mémoire. 2 Manquement à ses obligations.

oublier vt 1 Perdre le souvenir de qqch, de qqn. 2 Pardonner. 3 Négliger. *Oublier ses devoirs.* 4 Laisser par inadvertance. *Oublier ses clés.* 5 Omettre par inattention. *Oublier un nom sur une liste.* ■ vpr 1 Disparaître de la mémoire. 2 Manquer à ce qu'on doit aux autres, à soi-même.

oubliette nf Cachot souterrain.

oublieux, euse a Litt Sujet à oublier.

oued [wed] nm Cours d'eau saisonnier d'Afrique du Nord.

ouest nm 1 Point cardinal qui est au soleil couchant. 2 (avec majusc) Partie occidentale d'une région, d'un pays, d'un continent. 3 (avec majusc) L'Europe occidentale et l'Amérique du Nord. Ant. est.

ouf ! interj Exprime le soulagement.

ougandais, aise a, n D'Ouganda.

ouguiya nm Unité monétaire de la Mauritanie.

oui av, nm Indique l'affirmation, l'acquiescement. Ant. non.

ouï-dire nm inv **Loc** *Par ouï-dire :* par la rumeur publique.

ouïe *nf* Sens qui permet d'entendre. ■ *pl* Branchies des poissons.

ouille ou **ouïe** ! [uj] *interj* Exprime la douleur.

ouïr *vt* [37] Litt Entendre.

ouistiti *nm* Singe d'Amérique de très petite taille.

oukase. V. ukase.

ouléma. V. uléma.

ouolof. V. wolof.

ouragan *nm* 1 Tempête très violente. 2 Trouble violent, déchaînement. *Ouragan politique.*

ourdir *vt* 1 Préparer les fils de la chaîne avant de les monter sur le métier à tisser. 2 Machiner, préparer, tramer. *Ourdir un complot.*

ourdou. V. urdu.

ourler *vt* Faire un ourlet à.

ourlet *nm* Bord d'une étoffe replié et cousu.

ours, ourse *n* 1 Grand mammifère carnivore, au corps massif couvert d'une épaisse toison. 2 Fam Personne peu sociable, bourrue. 3 Liste des collaborateurs d'une publication.

oursin *nm* Animal marin comestible, hérissé de piquants.

ourson *nm* Petit de l'ours.

oust ou **ouste** ! *interj* Fam Marque le rejet rapide ou la hâte.

out [awt] *av* Au tennis, en dehors des limites du terrain.

outarde *nf* Oiseau échassier.

outil [uti] *nm* 1 Instrument manuel de travail. 2 Tout moyen servant d'aide dans le travail.

outillage *nm* Ensemble des outils et des machines utilisés pour une activité.

outiller *vt* Munir d'outils, de matériel ; équiper.

outlaw [awtlo] *nm* Vx Hors-la-loi, bandit.

outplacement [awt-] *nm* Technique de réinsertion des salariés licenciés.

outrage *nm* Injure grave.

outrageant, ante *a* Qui outrage ; insultant.

outrager *vt* [11] Offenser gravement.

outrageusement *av* Excessivement.

outrance *nf* Excès. Loc *À outrance :* exagérément.

outrancier, ère *a* Excessif.

1. outre *nf* Sac en peau de bouc pour contenir des liquides.

2. outre *prép* En plus de. Loc *Outre mesure :* plus qu'il ne convient. *Outre que :* en plus du fait que. ■ *av* Loc *Passer outre :* aller plus loin. *En outre :* en plus.

outré, ée *a* Litt Excessif. *Critique outrée.*

outre-Atlantique *av* Aux États-Unis.

outrecuidance *nf* Impertinence.

outrecuidant, ante *a* Impertinent.

outre-Manche *av* En Grande-Bretagne.

outremer *a inv, nm* Bleu intense.

outre-mer *av* Situé au-delà des mers.

outrepasser *vt* Dépasser la limite de.

outre-Quiévrain *av* En Belgique.

outrer *vt* Indigner, révolter, scandaliser.

outre-Rhin *av* En Allemagne.

outre-tombe *av* Après la mort.

outsider [awtsajdœr] *nm* Concurrent qui s'attaque au favori.

ouvert, erte *a* 1 Qui n'est pas fermé. 2 Franc, accueillant, tolérant. Loc *Guerre ouverte :* hostilité déclarée.

ouvertement *av* Franchement.

ouverture *nf* 1 Action d'ouvrir ce qui était fermé. 2 Espace vide, fente, trou. 3 Commencement. *Ouverture de la chasse.* 4 Première démarche d'une négociation. 5 Début d'une œuvre lyrique. Loc *Ouverture d'esprit :* facilité à admettre ce qui est nouveau.

ouvrable *a* Loc *Jour ouvrable :* où on travaille normalement. Ant férié.

ouvrage *nm* 1 Besogne, travail. 2 Objet produit. 3 Livre. Loc *Boîte à ouvrage :* nécessaire de couture. *Ouvrage d'art :* viaduc, tunnel, etc.

ouvragé, ée *a* Minutieusement travaillé.

ouvrant, ante *a* Qui s'ouvre.

ouvré, ée *a* Travaillé, façonné. Loc *Jour ouvré :* où on travaille effectivement.

ouvre-boîtes *nm inv* Instrument coupant pour ouvrir les boîtes de conserve.

ouvre-bouteilles *nm inv* Petit instrument pour décapsuler les bouteilles.

ouvrer *vt* Travailler, façonner.

ouvreur, euse *n* 1 Skieur qui ouvre une piste. 2 Personne chargée de placer le public dans une salle de spectacle.

ouvrier, ère *n* 1 Salarié effectuant un travail manuel. Loc *Ouvrier spécialisé :* sans qualification professionnelle. ■ *nf* Femelle stérile chez les abeilles, les guêpes, les fourmis. ■ *a* Relatif aux ouvriers. *La classe ouvrière.*

ouvriérisme *nm* Tendance à privilégier le rôle des ouvriers dans le mouvement révolutionnaire.

ouvriériste *a, n* Qui relève de l'ouvriérisme.

ouvrir *vt* [31] 1 Faire communiquer l'extérieur et l'intérieur. 2 Déplier, décacheter. 3 Rendre libre un accès. 4 Commencer, entamer. *Ouvrir une négociation.* 5 Fonder, créer. *Ouvrir une boutique.* 6 Faire fonctionner. *Ouvrir la télévision.* Loc Pop *L'ouvrir :* parler. ■ *vi, vpr* 1 Être, devenir ouvert. *La porte n'ouvre, ne s'ouvre plus.* 2 Commencer. *Le congrès ouvre, s'ouvre sur un discours.* 3 Donner accès. *La terrasse ouvre, s'ouvre sur le jardin.* ■ *vpr* Se confier à qqn.

ouvroir *nm* Lieu réservé aux travaux faits en commun, dans un couvent.

ouzbek *a, n* De l'Ouzbékistan.

ouzo *nm* Alcool grec parfumé à l'anis.

ovaire *nm* BIOL Organe reproducteur femelle où se forment les ovules.

ovale *a* Qui a la forme d'une courbe fermée et allongée. ■ *nm* Figure de cette forme.

ovaliser *vt* Rendre ovale.

ovariectomie *nf* CHIR Ablation d'un ovaire.

ovarien, enne *a* De l'ovaire.

ovarite *nf* MED Inflammation des ovaires.

ovation *nf* Acclamation.

ovationner *vt* Acclamer. *Ovationner l'orateur.*

overdose [ɔvœrdoz] *nf* 1 Dose mortelle de drogue. 2 Quantité excessive de qqch.

ovibos *nm* Ruminant des régions boréales, appelé aussi *bœuf musqué.*

oviducte *nm* ZOOL Conduit où passe l'ovule chez les animaux.

ovin, ine *a* ZOOL Qui concerne les moutons, les brebis. ■ *nm* Animal de l'espèce ovine.

ovipare *a, n* ZOOL Qui pond des œufs.

ovipositeur ou **oviscapte** *nm* ZOOL Syn de tarière.

ovni *nm* Objet volant non identifié.

ovocyte. V. oocyte.

ovogenèse *nf* BIOL Formation des gamètes femelles.

ovoïde *a* Qui a la forme d'un œuf.

ovovivipare *n, a* ZOOL Animal ovipare chez lequel l'incubation des œufs se fait dans les voies génitales.

ovulation *nf* BIOL Rupture du follicule, libérant l'ovule.

ovule *nm* 1 BIOL Gamète femelle. 2 Corpuscule médicamenteux.

ovuler *vi* Avoir une ovulation.

oxalique *a* Loc *Acide oxalique :* contenu dans l'oseille.

oxford *nm* Tissu de coton très solide.

oxhydrique *a* D'un mélange d'oxygène et d'hydrogène.

oxyacétylénique *a* D'un mélange d'oxygène et d'acétylène.

oxycarboné, ée *a* CHIM De l'oxyde de carbone

oxydable *a* Qui peut s'oxyder.

oxydant, ante *a, nm* Qui oxyde.

oxydation *nf* Fixation d'oxygène sur un corps.

oxyde *nm* CHIM Corps résultant de la combinaison de l'oxygène avec un autre élément.

oxyder *vt* CHIM Convertir en oxyde. ■ *vpr* Être attaqué par l'oxydation.

oxygénation *nf* Action d'oxygéner.

oxygène *nm* 1 Gaz incolore, insipide et inodore contenu dans l'air. 2 Air pur. 3 Ce qui donne un nouveau dynamisme.

oxygéné, ée *a* Loc *Eau oxygénée :* solution utilisée comme antiseptique.

oxygéner *vt* [12] CHIM Combiner un corps avec l'oxygène. ■ *vpr* Fam Respirer de l'air pur.

oxygénothérapie *nf* MED Administration thérapeutique d'oxygène.

oxyton *nm* LING Mot portant l'accent tonique sur la dernière syllabe.

oxyure *nm* Ver parasite de l'intestin de l'homme.

oyat *nm* Plante servant à fixer les dunes.

ozalid *nm* (n déposé) IMPRIM Épreuve sur papier.

ozone *nm* Gaz proche de l'oxygène, à pouvoir très oxydant. Loc *Trou d'ozone :* diminution de l'ozone dans l'ozonosphère.

ozoniser ou **ozoner** *vt* Stériliser par l'ozone.

ozoniseur ou **ozonisateur** *nm* Appareil servant à produire de l'ozone.

ozonosphère *nf* Zone de la haute atmosphère terrestre riche en ozone.

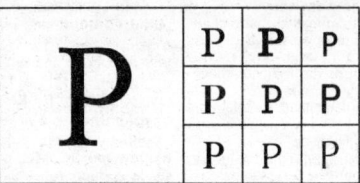

p nm Seizième lettre (consonne) de l'alphabet.

pacage nm Lieu où on fait paître les bestiaux.

pacemaker [pɛsmekœʀ] nm Stimulateur cardiaque.

pacha nm 1 Gouverneur de province, dans l'ancien Empire ottoman. 2 Fam Surnom du commandant d'un navire de guerre.

pachtou ou **pachto** nm Langue indo-européenne parlée en Afghanistan.

pachyderme nm 1 ZOOL Mammifère à peau épaisse comme l'éléphant, le rhinocéros, l'hippopotame, etc. 2 Fam Personne très grosse.

pacificateur, trice a, n Qui pacifie.

pacification nf Action de pacifier.

pacifier vt 1 Rétablir la paix dans un pays. 2 Apaiser, calmer un esprit.

pacifique a 1 Attaché à la paix. 2 Exempt de violence. *Coexistence pacifique.*

pacifiquement av De façon pacifique.

pacifisme nm Recherche systématique de la paix en toute circonstance.

pacifiste n, a Partisan du pacifisme.

pack nm 1 Ensemble des huit avants, au rugby. 2 Emballage de bouteilles, de pots. 3 Banquise dérivante.

package [-kedʒ] nm Ensemble de choses vendu à un prix forfaitaire.

packaging [-kedʒiŋ] nm Technique et industrie de l'emballage.

pacotille nf Marchandise de peu de valeur.

pacson nm Pop Paquet.

pacte nm Convention solennelle entre plusieurs États, individus.

pactiser vi 1 Faire un pacte avec qqn. 2 Transiger avec qqn, qqch.

pactole nm Litt Source de richesses.

paddock nm 1 Partie d'un champ de courses, où les chevaux sont promenés. 2 Stand de marque sur un circuit automobile. 3 Pop Lit.

paddy nm Riz non décortiqué.

paella [paelja] nf Plat espagnol composé de riz au safran avec des moules, de la volaille, etc.

1. paf a Pop Ivre.

2. paf ! interj Exprime le bruit d'une chute.

pagaie [page] nf Rame courte, à large pelle.

pagaille nf Fam Grand désordre. **Loc** *En pagaille :* en grande quantité.

paganisme nm Religion polythéiste, pour les chrétiens.

pagayer [-geje] vi [20] Ramer avec une pagaie.

pagayeur, euse [-gɛ-] n Qui pagaye.

1. page nf 1 Côté d'un feuillet de papier ; ce feuillet. 2 Texte écrit sur une page. 3 Contenu de ce texte. **Loc** *Tourner la page :* oublier le passé. Fam *Être à la page :* au courant.

2. page nm HIST Jeune noble au service d'un seigneur.

pagel ou **pageot** nm Poisson de mer proche de la daurade.

pageot nm Pop Lit.

pagination nf Action de paginer.

paginer vt Numéroter les pages d'un livre, d'un cahier, etc.

pagne nm Morceau d'étoffe couvrant le corps de la ceinture au mollet.

pagode nf Temple bouddhique.

pagre nm Poisson voisin de la daurade.

pagure nm Bernard-l'ermite.

paie. V. paye.

paiement ou **payement** [pɛmã] nm 1 Action de payer. 2 Somme payée. *Des paiements réguliers.*

païen, enne a, n Qui relève du paganisme.

paierie nf Centre administratif chargé des paiements.

paillage nm Action de pailler.

paillard, arde a, n Grivois, licencieux.

paillardise nf Grivoiserie.

paillasse nf 1 Grand sac de paille servant de matelas. 2 Surface horizontale d'un évier.

paillasson nm Tapis-brosse.

paille nf 1 Tige creuse des céréales. 2 Petit chalumeau servant à aspirer un liquide. 3 Défaut dans le métal. **Loc** Fam *Être sur la paille :* dans la misère. *Tirer à la courte paille :* tirer au sort avec des brins de longueur inégale. *Paille de fer :* tampon de métal servant à récurer. Fam *Une paille :* presque rien. ■ a inv D'un jaune brillant.

pailler vt Garnir de paille.

pailleté, ée a Semé de paillettes.

paillette nf 1 Parcelle d'or dans le sable de certaines rivières. 2 Mince lamelle brillante cousue sur un tissu.

paillon nm Manchon de paille dont on entoure une bouteille.

paillote nf Hutte de paille.

pain nm 1 Aliment fait de farine pétrie, fermentée et cuite au four. 2 Nom donné à certains gâteaux. 3 Matière moulée en forme de pain. 4 Pop Coup. **Loc** *Manger son pain blanc :* avoir des débuts faciles. Fam *Avoir du pain sur la* *planche* : beaucoup de travail à faire. Pop *Faire passer à qqn le goût du pain* : le maltraiter ou le tuer. Fam *Je ne mange pas de ce pain-là* : je n'emploie pas de tels procédés. *Pour une bouchée de pain* : pour un prix très bas. *Long comme un jour sans pain* : très long. *Ôter le pain de la bouche* : priver du nécessaire. *Gagner son pain* : gagner sa vie.

pair, paire *a* 1 Divisible par deux. 2 Double et symétrique. ■ *nm* 1 Qui est égal à qqn d'autre. 2 Taux normal d'une valeur, d'une monnaie. 3 FEOD Grand vassal du roi. 4 En Grande-Bretagne, membre de la Chambre des lords. Loc *Au pair* : nourri et logé, mais non rémunéré. *De pair* : ensemble. *Hors pair* : sans égal. ■ *nf* 1 Groupe de deux objets allant ensemble. 2 Objet composé de deux pièces symétriques. Loc *Une paire de* : un ensemble de deux animaux de même espèce, de deux personnes. Pop *Se faire la paire* : filer.

pairie *nf* Titre, dignité de pair.

paisible *a* Tranquille, pacifique, calme.

paisiblement *av* En paix.

paître *vt, vi* [66] (ni passé simple, ni temps composés) Brouter l'herbe. Loc Fam *Envoyer paître* : renvoyer avec humeur.

paix *nf* 1 Absence de conflit. *Vivre en paix.* 2 Traité de paix. *Signer la paix.* 3 Tranquillité, quiétude. Loc *Faire la paix* : se réconcilier.

pakistanais, aise *a, n* Du Pakistan.

pal *nm* 1 Pieu dont une extrémité est aiguisée. 2 Bande traversant un blason.

palabre *nf* Discussion interminable.

palabrer *vi* Discuter interminablement.

palace *nm* Hôtel de luxe.

paladin *nm* Chevalier du Moyen Âge en quête de causes justes.

palafitte *nm* Habitat préhistorique sur pilotis.

1. palais *nm* 1 Résidence d'un chef d'État, d'un haut personnage. 2 Vaste édifice abritant un musée, un organisme d'État, etc. Loc *Palais de justice* : où siègent les cours et les tribunaux.

2. palais *nm* 1 Partie supérieure de la cavité buccale. 2 Goût. *Avoir le palais fin.*

palan *nm* Appareil de levage constitué par deux systèmes de poulies.

palangre *nf* Ligne munie d'hameçons.

palanquer *vt* Lever avec un palan.

palanquin *nm* Chaise ou litière portée à bras d'hommes ou installée sur le dos des éléphants.

palatal, ale, aux *a. nf* Se dit d'un phonème articulé vers le palais, comme le [k] et le [g].

palatalisation *nf* PHON Articulation d'une consonne vers le palais.

palatin, ine *a* ANAT Du palais. *Voûte palatine.*

pale *nf* 1 Partie plate d'un aviron, de la roue d'un bateau à vapeur. 2 Branche d'une hélice.

pâle *a* 1 Blême, blafard. 2 Se dit d'une couleur atténuée par du blanc. 3 Médiocre, terne. Loc Pop *Se faire porter pâle* : malade.

palefrenier *nm* Chargé du soin des chevaux.

palefroi *nm* Cheval de parade au Moyen Âge.

paléobotanique *nf* Paléontologie végétale.

paléochrétien, enne *a* Se dit de l'art des premiers chrétiens (Ier-VIe s.).

paléoclimat *nm* Climat d'une région à une période géologique ancienne.

paléoclimatologie *nf* Science des paléoclimats.

paléogène *nm* GEOL Début de l'ère tertiaire.

paléographe *n* Spécialiste de paléographie.

paléographie *nf* Science du déchiffrage des écritures anciennes.

paléolithique *nm* PREHIST Âge de la pierre taillée au quaternaire.

paléomagnétisme *nm* Magnétisme terrestre aux périodes géologiques.

paléontologie *nf* Science des fossiles.

paléontologiste ou **paléontologue** *n* Spécialiste de paléontologie.

paléosol *nm* GEOL Sol fossile.

paléozoïque *nm, a* GEOL Ère primaire.

paleron *nm* Partie charnue proche de l'omoplate du bœuf ou du porc.

palestinien, enne *a, n* De Palestine.

palestre *nf* ANTIQ Partie réservée aux exercices physiques dans le gymnase.

palet *nm* Disque qu'on lance vers un but, dans certains jeux.

paletot *nm* Veste qu'on porte par-dessus d'autres vêtements.

palette *nf* 1 Objet plat d'une certaine largeur. 2 Plaque percée d'un trou pour le pouce, sur laquelle les peintres travaillent leurs couleurs. 3 Ensemble des couleurs utilisées par un peintre. 4 Plateau servant à la manutention des marchandises. 5 Morceau de porc, de mouton provenant de l'omoplate.

palettisation *nf* Action de palettiser.

palettiser *vt* Charger des marchandises sur une palette.

palétuvier *nm* Arbre aux racines aériennes.

pâleur *nf* Aspect, teint pâle.

pali *nm* Ancienne langue de l'Inde.

pâlichon, onne *a* Fam Pâlot.

palier *nm* 1 Plan horizontal dans un escalier servant d'accès à des locaux de même niveau. 2 Phase de stabilité. 3 TECH Pièce dans laquelle tourne un arbre de transmission. Loc *Par paliers* : progressivement.

palière *af* Loc *Porte palière* : qui s'ouvre sur un palier.

palimpseste *nm* Parchemin dont le texte primitif a été gratté et portant un nouveau texte.

palindrome *nm* Mot, phrase qu'on peut lire dans les deux sens (ex. : *un roc cornu*).

palinodie *nf* Litt Rétractation, brusque changement d'opinion.

pâlir *vi* Devenir pâle. ■ *vt* Litt Rendre pâle.

palis *nm* Pieu pointu d'une clôture.

palissade *nf* Clôture de pieux, de planches.

palissage *nm* Action de palisser.

palissandre *nm* Bois brun à reflets violacés.

palissant, ante *a* Qui pâlit.

palisser *vt* AGRIC Fixer à un support les branches d'une plante.

paliure *nm* Arbuste épineux méditerranéen.

palladium [-djom] *nm* Métal dur et ductile.

palliatif, ive *a* Dont l'efficacité n'est qu'apparente. Loc *Soins palliatifs* : destinés aux agonisants. ■ *nm* Mesure provisoire ; expédient. *Ce remède n'est qu'un palliatif.*

pallier *vt* Atténuer. *Pallier une difficulté.*

pallikare *nm* HIST Au XIXe s, partisan grec combattant contre les occupants turcs.

palmaire *a* De la paume des mains.

palmarès *nm* 1 Liste des lauréats d'un concours, d'une distribution de prix, etc. 2 Syn de *hit-parade.*

palme nf 1 Feuille du palmier. 2 Insigne d'une distinction honorifique. 3 Palette de caoutchouc adaptée au pied d'un nageur. **Loc** *Vin, huile de palme* : de palmier.

palmé, ée a 1 BOT Qui a la forme d'une main. 2 ZOOL Qui a une palmure.

palmeraie nf Plantation de palmiers.

palmette nf ARCHI Ornement en forme de feuille de palmier.

palmier nm 1 Arbre à tronc couronné de feuilles (cocotier, palmier-dattier). 2 Petit gâteau de pâte feuilletée.

palmipède a ZOOL Dont les pieds sont palmés. ■ nm Oiseau tel que l'oie, le canard, etc.

palmiste nm Palmier aux bourgeons comestibles.

palmure nf Membrane réunissant les doigts de divers vertébrés aquatiques (canard, grenouille).

palombe nf Pigeon ramier.

palonnier nm TECH Pièce transversale servant à équilibrer les efforts de traction.

pâlot, otte a Fam Un peu pâle.

palourde nf Mollusque comestible qui vit enfoui dans le sable.

palpable a 1 Perceptible par le toucher. 2 Évident, patent. *Vérité palpable.*

palpation nf MED Examen par exploration manuelle.

palpébral, ale, aux a ANAT De la paupière.

palper vt 1 Examiner en tâtant. 2 Fam Recevoir de l'argent.

palpeur nm Dispositif servant à contrôler et à réguler qqch.

palpitant, ante a 1 Qui palpite. 2 Qui passionne. *Récit palpitant.*

palpitations nfpl Battements accélérés du cœur.

palpiter vi Avoir des mouvements convulsifs (organe, cœur).

paltoquet nm Vx Homme vaniteux.

paluche nf Pop Main.

paludéen, enne a 1 Des marais. 2 MED Relatif au paludisme. ■ n Atteint de paludisme.

paludier, ère n Qui travaille dans les marais salants.

paludisme nm Maladie infectieuse due à un parasite transmis par les moustiques et se traduisant par une fièvre intermittente. Syn. malaria.

palustre a Qui vit dans les marais.

palynologie nf Étude des pollens.

pâmer (se) vpr Litt Défaillir par suite d'une vive émotion.

pâmoison nf Litt Évanouissement.

pampa nf Vaste plaine d'Amérique du Sud.

pamphlet nm Écrit satirique.

pamphlétaire n Auteur de pamphlets.

pamplemousse nm Fruit jaune du pamplemoussier, plus gros qu'une orange.

pamplemoussier nm Arbre produisant des pamplemousses.

pampre nm Branche de vigne avec ses feuilles et ses fruits.

1. pan nm 1 Partie tombante ou flottante d'un vêtement. 2 Partie plus ou moins grande d'un mur. 3 GEOM Face d'un polyèdre. 4 Partie, morceau. *Un pan du ciel.*

2. pan ! interj Exprime un bruit de coup.

panacée nf Remède à tous les maux.

panachage nm Action de panacher.

panache nm 1 Faisceau de plumes flottantes. 2 Ce qui évoque un panache. *Panache de fumée.* 3 Ce qui a fière allure ; éclat.

panaché, ée a 1 Bigarré. *Tulipe panachée.* 2 Composé d'éléments divers. **Loc** *Demi panaché* : bière mélangée de limonade.

panacher vt 1 Composer de couleurs diverses, bigarrer. 2 Composer d'éléments divers. 3 Voter pour des candidats appartenant à des listes différentes.

panade nf **Loc** Pop *Être dans la panade* : dans la misère.

panafricain, aine a 1 De l'ensemble du continent africain. 2 Du panafricanisme.

panafricanisme nm Mouvement politique et culturel de solidarité entre les peuples africains.

panais nm Plante potagère à racine charnue.

panama nm Chapeau de paille.

panaméen, enne a, n De Panama.

panaméricain, aine a De l'ensemble des pays d'Amérique.

panarabe a De l'ensemble des pays arabes.

panarabisme nm Mouvement politique et culturel visant à l'union des pays arabes.

panard nm Pop Pied.

panaris [-ʀi] nm Inflammation aiguë d'un doigt ou d'un orteil.

panathénées nfpl ANTIQ Fêtes célébrées à Athènes en l'honneur de la déesse Athéna.

panax nm Arbre dont la racine fournit le ginseng.

pancarte nf Panneau portant une inscription.

panchen-lama nm Chef religieux tibétain, inférieur au dalaï-lama. *Des panchen-lamas.*

panchromatique a PHOTO Sensible à toutes les couleurs.

pancrace nm ANTIQ Combat combinant la lutte et le pugilat.

pancréas [-as] nm Glande abdominale qui sécrète un suc digestif et l'insuline.

pancréatique a Du pancréas.

pancréatite nf Inflammation du pancréas.

panda nm Mammifère d'Asie proche de l'ours.

pandémie nf Épidémie atteignant toute la population d'une région.

pandémonium [-njɔm] nm Litt Lieu de désordre et d'agitation.

pandore nm Vx Gendarme.

pané, ée a Enrobé de chapelure.

panégyrique nm Éloge sans réserve.

panégyriste nm Auteur d'un panégyrique.

panel nm Groupe de personnes interrogées pour l'étude de certaines questions.

paner vt Enrober une viande, un poisson, de chapelure.

panetière nf Coffre à pain.

paneton nm Petit panier où le boulanger met la pâte avant cuisson.

pangermanisme nm Doctrine visant à l'union de tous les peuples germaniques.

pangolin nm Mammifère édenté d'Afrique et d'Asie, au corps couvert d'écailles.

panhellénique a Qui concernait la Grèce tout entière.

panhellénisme nm Doctrine visant à réunir tous les Grecs.

panicaut nm Chardon bleu à feuilles épineuses des terrains incultes.

panicule nm BOT Inflorescence en grappe.

panier nm 1 Ustensile portatif servant au transport des denrées et autres objets ; contenu de cet ustensile. 2 SPORT Filet sans fond monté sur une armature circulaire, par lequel un joueur de basket-ball doit faire passer le ballon ; but ainsi marqué. Loc Fam *Panier de crabes* : groupe de personnes se nuisant mutuellement. *Panier percé* : dépensier. *Le dessus du panier* : le meilleur. *Le fond du panier* : le rebut.

panière nf Grande corbeille à deux anses.

panier-repas nm Repas froid empaqueté pour un voyageur, un travailleur, etc. *Des paniers-repas.*

panifiable a Dont on peut faire du pain.

panification nf Action de panifier.

panifier vt Transformer de la farine en pain.

paniquard, arde a, n Fam Qui panique facilement.

panique a Loc *Peur, terreur panique* : peur incontrôlable et soudaine. ■ nf Frayeur collective subite.

paniquer vt Fam Affoler, angoisser. ■ vi, vpr Céder à l'affolement.

panislamisme nm Doctrine visant à l'union de tous les peuples musulmans.

1. panne nf Tissu uni du cochon.

2. panne nf Arrêt accidentel de fonctionnement. Loc Fam *Être en panne de qqch* : en manquer. *Panne sèche* : manque de carburant.

panneau nm 1 Élément plan de menuiserie. 2 Plaque de bois ou de métal servant de support à des indications. Loc Fam *Tomber dans le panneau* : dans le piège.

panneton nm Partie de la clef qui fait mouvoir le mécanisme d'une serrure.

panonceau nm Petit panneau indicateur.

panoplie nf 1 Collection d'armes fixées sur un panneau. 2 Déguisement d'enfants présenté sur un carton. 3 Assortiment d'éléments de même nature ; ensemble de moyens d'action.

panorama nm 1 Vue circulaire découverte d'un point élevé. 2 Vue d'ensemble d'un vaste sujet.

panoramique a Propre à un panorama. *Vision panoramique.* ■ nm Prise de vues effectuée par une rotation de la caméra.

pansage nm Action de panser un animal.

panse nf 1 ZOOL Première poche de l'estomac des ruminants. 2 Fam Gros ventre. 3 Partie la plus renflée d'un objet.

pansement nm 1 Action de panser une plaie. 2 Bande, gaze, etc., appliquées sur une plaie.

panser vt 1 Appliquer un pansement. 2 Brosser un cheval.

panslavisme nm Doctrine tendant à favoriser l'union des peuples slaves.

pansu, ue a 1 Qui a un gros ventre. 2 Renflé.

pantagruélique a Se dit d'un appétit, d'un repas gigantesque.

pantalon nm Vêtement qui va de la ceinture aux pieds, enveloppant chaque jambe séparément.

pantalonnade nf Farce grotesque, hypocrite.

pantelant, ante a Litt Haletant.

panteler vi [18] Litt Haleter.

panthéisme nm Croyance identifiant Dieu et le monde.

panthéiste a, n Qui relève du panthéisme.

panthéon nm 1 Ensemble des dieux d'une religion. 2 Monument à la mémoire des grands hommes d'un pays.

panthère nf Grand félidé d'Afrique et d'Asie à la robe jaune tachetée de noir.

pantin nm 1 Jouet dont on fait bouger les membres au moyen d'un fil. 2 Fantoche.

pantographe nm 1 Instrument servant à reproduire un dessin. 2 Dispositif reliant une locomotive électrique à la caténaire.

pantois, oise a Stupéfait. *Rester pantois.*

pantomime nf 1 Art d'exprimer des sentiments par des gestes, sans paroles. 2 Pièce mimée.

pantouflard, arde a, n Fam Casanier.

pantoufle nf Chaussure d'intérieur.

pantoufler vi Fam Quitter la fonction publique pour entrer dans le secteur privé.

pantoum nm Poème romantique à forme fixe.

panure nf Chapelure.

P.A.O. nf Publication assistée par ordinateur.

paon [pɑ̃] nm Oiseau galliforme au magnifique plumage vert et bleu. Loc *Vaniteux comme un paon* : très vaniteux. *Se parer des plumes du paon* : se vanter de ce qu'on ne possède pas.

paonne [pɑn] nf Femelle du paon.

papa nm Fam Père, dans le langage enfantin. Loc *À la papa* : sans se presser. *Fils à papa* : fils de famille profitant de la situation paternelle.

papal, ale, aux a Du pape.

paparazzi nm Photographe spécialisé dans la prise de clichés indiscrets de personnes connues.

papauté nf Dignité, pouvoir du pape.

papavéracée nf BOT Plante herbacée, à fruit en forme de capsule, telle que le pavot.

papaye [-paj] nf Fruit du papayer, semblable à un gros melon.

papayer nm Arbre d'Asie cultivé pour son fruit, la papaye, et son latex.

pape nm 1 Chef suprême de l'Église catholique romaine. 2 Fam Chef d'un mouvement.

papelard, arde a Litt Hypocrite. ■ nm Fam Papier.

paperasse nf Écrit sans valeur, inutile.

paperasserie nf Accumulation de paperasses.

paperassier, ère n Amateur de paperasse.

papesse nf Femme pape selon une légende.

papeterie [-petri] nf 1 Fabrication du papier. 2 Magasin où on vend du papier, des fournitures de bureau.

papetier, ère n, a Qui fabrique du papier ou qui en vend.

papier nm 1 Matière faite d'une pâte de fibres végétales étalée en couche mince et séchée. 2 Feuille très mince de métal. 3 Feuille écrite ou imprimée, document, article de journal, etc. Loc *Papier d'émeri, de verre* : utilisés comme abrasif. Fam *Être dans les petits papiers de qqn* : jouir de sa faveur. ■ pl *Pièces d'identité.*

papier-calque nm Papier permettant de recopier un dessin. *Des papiers-calques.*

papier-monnaie nm Monnaie de papier.

papilionacée nf BOT Légumineuse.

papille nf Petite éminence charnue à la surface de la peau, de la langue.

papillome nm Tumeur bénigne de la peau.

papillon nm 1 Insecte caractérisé par quatre grandes ailes diversement colorées. 2 Pièce pivotant autour d'un axe, qui sert à régler un débit. **3** Écrou à ailettes. **4** Petit feuillet de papier ; avis de contravention. Loc *Nœud papillon* : cravate courte nouée en forme de papillon. *Brasse papillon* : brasse où les deux bras sont ramenés au-dessus de l'eau.

papillonner *vi* Aller d'une chose, d'une personne à une autre sans s'arrêter à aucune.

papillote *nf* Morceau de papier servant à envelopper les cheveux, des bonbons, certains aliments, etc.

papillotement *nm* Scintillement.

papilloter *vt* Envelopper dans les papillotes. ■ *vi* **1** Scintiller. **2** Clignoter.

papiste *n* Péjor Catholique romain pour les protestants.

papivore *n* Fam Grand lecteur.

papotage *nm* Fam Conversation frivole.

papoter *vi* Fam Faire des papotages ; bavarder.

papou, oue *a* Relatif aux Papous.

papouille *nf* Fam Chatouille.

paprika *nm* Piment doux qu'on utilise broyé.

papule *nf* MED Petite saillie sur la peau.

papy *nm* **1** Fam Grand-père. **2** Pop Homme âgé.

papyrologie *nf* Étude des papyrus.

papyrologue *n* Spécialiste de papyrologie.

papyrus *nm* **1** Plante des bords du Nil. **2** Feuille tirée de cette plante. **3** Manuscrit égyptien écrit sur cette feuille.

pâque *nf* Fête annuelle des juifs en mémoire de leur sortie d'Égypte.

paquebot *nm* Grand navire de transport des passagers.

pâquerette *nf* Petite plante à fleur blanche ou rosée.

Pâques *nm* Fête annuelle des chrétiens qui commémore la résurrection du Christ. ■ *nfpl* Loc *Faire ses pâques* : recevoir à Pâques la communion prescrite par l'Église aux catholiques.

paquet *nm* **1** Assemblage de plusieurs choses attachées ou enveloppées ensemble. **2** Produit dans son emballage. **3** Quantité, masse importante. *Paquet de mer.* Loc Fam *Mettre le paquet* : y aller de toute sa force. *Risquer le paquet* : engager gros dans une affaire. *Faire ses paquets* : s'en aller.

paquetage *nm* Pièces d'habillement et d'équipement d'un soldat.

1. par *prép* Marque le lieu ou le temps traversé, la distribution, la manière.

2. par *nm* Au golf, nombre minimal de coups nécessaires pour effectuer un parcours.

para *nm* Fam Parachutiste.

parabellum [-ɔm] *nm* Pistolet automatique.

parabole *nf* **1** Récit allégorique. **2** GEOM Courbe formant le lieu géométrique des points équidistants d'un point fixe et d'une droite fixe.

parabolique *a* Relatif à la parabole.

paracentèse [-sɛ̃-] *nf* CHIR Ponction pratiquée pour évacuer un liquide organique.

paracétamol *nm* Médicament analgésique et antipyrétique.

parachèvement *nm* Action de parachever.

parachever *vt* [15] Terminer avec le plus de perfection possible.

parachimie *nf* Partie de l'industrie chimique fournissant les encres, les peintures, la pharmacie.

parachutage *nm* Action de parachuter.

parachute *nm* Appareil destiné à ralentir la chute des corps tombant d'une grande hauteur.

parachuter *vt* **1** Larguer avec un parachute. **2** Fam Désigner, nommer inopinément à un emploi.

parachutisme *nm* Pratique du saut en parachute.

parachutiste *n* Qui pratique le parachutisme.

parade *nf* **1** Action de parer un coup, une accusation, etc. **2** Défilé militaire. **3** Défilé des artistes d'un spectacle de music-hall. Loc *Faire parade de* : faire étalage de. *De parade* : destiné à servir d'ornement.

parader *vi* Se pavaner.

paradigmatique *a* D'un paradigme.

paradigme *nm* LING Ensemble des formes d'un mot, conjugaison d'un verbe.

paradis *nm* **1** Selon plusieurs religions, lieu où séjournent les bienheureux après leur mort. **2** Lieu enchanteur. **3** Galerie tout en haut d'une salle de spectacle. Loc *Paradis terrestre* : jardin habité par Adam et Ève, selon la Genèse. *Paradis fiscal* : pays où le régime fiscal est particulièrement avantageux. *Oiseau de paradis* : paradisier.

paradisiaque *a* Digne du paradis.

paradisier *nm* Oiseau de Nouvelle-Guinée et d'Australie, aux plumes magnifiques.

paradoxal, ale, aux *a* Qui tient du paradoxe ; singulier. *Situation paradoxale.* Loc *Sommeil paradoxal* : pendant lequel ont lieu les rêves.

paradoxalement *av* De façon paradoxale.

paradoxe *nm* Proposition contraire à l'opinion commune, à la logique.

parafe, parafer. V. paraphe, parapher.

paraffinage *nm* Action de paraffiner.

paraffine *nf* Solide gras blanchâtre.

paraffiner *vt* Enduire de paraffine.

parafiscal, ale, aux *a* De la parafiscalité.

parafiscalité *nf* Charges ou taxes hors des impôts de l'État.

parages *nmpl* MAR Étendue de mer proche des côtes. Loc *Dans les parages* : aux environs.

paragraphe *nm* Subdivision d'un texte en prose marquée par un alinéa.

paragrêle *nm* Dispositif pour dissiper les nuages de grêle.

paraguayen, enne *a, n* Du Paraguay.

paraître *vi* [55] [aux *avoir* ou *être*] **1** Se montrer, être visible. **2** Être publié. **3** Sembler, avoir l'apparence de (suivi d'un attribut ou d'un inf). *Il paraît satisfait.* **4** Briller, se faire remarquer. *Aimer paraître.* Loc *Il paraît que* : le bruit court que.

parallaxe *nf* Loc *Erreur de parallaxe* : commise lorsqu'on lit obliquement une graduation.

parallèle *a* **1** Se dit d'une ligne, d'une surface, également distante d'une autre ligne, d'une autre surface. **2** Qui se déroule dans des conditions analogues ; semblable. **3** De même ordre, mais non officiel ou non légal. *Police parallèle.* ■ *nf* Ligne parallèle à une autre. ■ *nm* **1** Chacun des cercles de la sphère terrestre parallèles au plan de l'équateur. **2** Comparaison. *Établir un parallèle.*

parallèlement *av* De façon parallèle.

parallélépipède *nm* Prisme dont les six faces sont des parallélogrammes.

parallélisme *nm* **1** GEOM État de droites, de plans, d'objets parallèles. **2** Comparaison systématique entre des personnes, des choses.

parallélogramme nm Quadrilatère dont les côtés opposés sont parallèles.

paralysant, ante a Qui paralyse.

paralysé, ée a, n Atteint de paralysie.

paralyser vt 1 Frapper de paralysie. 2 Frapper d'inertie ; neutraliser.

paralysie nf 1 Perte ou déficience des mouvements volontaires dans une région du corps. 2 Arrêt du fonctionnement de l'activité. *Paralysie des transports.*

paralytique a, n Atteint de paralysie.

paramécie nf Protozoaire commun dans les eaux douces stagnantes.

paramédical, ale, aux a Relatif à la santé sans relever des attributions des médecins.

paramètre nm 1 Élément important dont il faut tenir compte pour juger d'une question. 2 MATH Dans une équation, grandeur à laquelle on peut attribuer des valeurs différentes. 3 INFORM Variable qui n'est précisée que lors de l'exécution du programme.

paramétrer vt Définir les paramètres de.

paramilitaire a Organisé comme une armée.

parangon nm Litt Modèle. *Parangon de vertu.*

paranoïa nf Psychose caractérisée par la surestimation du moi et un délire de persécution.

paranoïaque a, n Qui relève de la paranoïa.

paranormal, ale, aux a Hors de la normalité.

parapente nm Sport qui consiste à sauter en parachute en décollant d'un sol en pente.

parapet nm Mur à hauteur d'appui ; garde-fou.

parapharmacie nf Produits vendus en pharmacie sans être des médicaments (cosmétiques, dentifrices, etc.).

paraphe ou **parafe** nm Signature abrégée ; trait soulignant une signature.

parapher ou **parafer** vt Apposer son paraphe sur un document.

parapheur ou **parafeur** nm Dossier dans lequel le courrier est présenté pour être signé.

paraphrase nf Développement explicatif d'un texte ; énoncé synonyme d'un autre énoncé.

paraphraser vt Faire la paraphrase de.

paraphrastique a LING De la paraphrase.

paraphrénie nf Psychose délirante chronique.

paraplégie nf Paralysie des deux membres supérieurs ou inférieurs.

paraplégique a, n Atteint de paraplégie.

parapluie nm Objet portatif pour se protéger de la pluie.

parapolicier, ère a Qui agit à côté de la police officielle.

parapsychique a De la parapsychologie.

parapsychologie [-kɔ-] nf Étude des phénomènes psychiques paranormaux.

parapublic, ique a Qui est proche du secteur public.

parascolaire a Qui complète l'enseignement donné à l'école.

parasismique a Contre les effets des séismes.

parasitaire a 1 Relatif aux parasites. *Maladie parasitaire.* 2 Qui vit en parasite.

parasite nm a Qui vit aux dépens d'autrui. ■ nm 1 BIOL Être vivant qui vit aux dépens de l'organisme d'un autre. 2 Perturbation dans la réception des signaux radioélectriques. ■ a inutile, superflu, gênant. *Mots parasites.*

parasiter vt 1 Vivre aux dépens de. 2 Perturber par des bruits parasites.

parasitisme nm État de parasite.

parasitologie nf Étude des parasitoses.

parasitose nf Maladie due à un parasite.

parasol nm Grand parapluie pour se protéger du soleil.

parasympathique a, nm ANAT Se dit du système végétatif innervant le cœur, les poumons, le tube digestif et les organes génitaux.

parataxe nf LING Juxtaposition de phrases sans mot de liaison.

parathyroïde nf Chacune des quatre glandes situées sur la face postérieure de la thyroïde.

paratonnerre nm Appareil destiné à protéger les bâtiments de la foudre.

paratyphoïde nf Maladie infectieuse proche de la fièvre typhoïde.

paravalanche nm Construction destinée à protéger des avalanches.

paravent nm Panneaux verticaux articulés servant à isoler.

parbleu ! interj Juron marquant une évidence.

parc nm 1 Lieu clos où on enferme les animaux, qui sert d'entrepôt de marchandises, de stationnement des véhicules, etc. 2 Ensemble des véhicules, des biens d'équipement d'une entreprise, d'un pays. 3 Grande étendue close où on protège les espèces naturelles. 4 Grand jardin d'agrément privé ou grand jardin public.

parcage nm Action de parquer.

parcellaire a Divisé en parcelles.

parcelle nf 1 Petit fragment. 2 Portion de terrain de même culture ou de même utilisation.

parcellisation ou **parcellarisation** nf Division en parcelles.

parcelliser ou **parcellariser** vt Diviser en parcelles, en éléments plus simples ; fragmenter.

parce que conj Indique la cause.

parchemin nm Peau finement tannée, utilisée autrefois pour écrire et aujourd'hui pour relier un livre.

parcheminé, ée a Qui a l'aspect du parchemin.

parcimonie nf Loc *Avec parcimonie :* avec une économie mesquine.

parcimonieusement av De façon parcimonieuse.

parcimonieux, euse a Qui témoigne de parcimonie.

parcmètre nm Appareil mesurant la durée de stationnement payant des véhicules.

parcotrain nm Parking installé près d'une gare.

parcourir vt [25] 1 Visiter dans toute son étendue, aller d'un bout à l'autre de. 2 Effectuer un trajet. 3 Lire rapidement.

parcours nm 1 Action de parcourir. 2 Trajet, itinéraire suivi pour aller d'un point à l'autre. Loc *Incident de parcours :* difficulté imprévue. *Parcours du combattant :* exercice militaire d'entraînement ; suite de difficultés pour accomplir qqch.

par-derrière. V. derrière.

par-dessous. V. dessous.

par-dessus. V. dessus.

pardessus nm Manteau d'homme.

par-devant. V. devant.

par-devers prép Loc Litt *Par-devers moi (toi, soi, etc.) :* en ma (ta, sa, etc.) possession.

pardi ! ou **pardieu !** *interj* Marque une évidence.

pardon *nm* 1 Action de pardonner. 2 Pèlerinage breton. 3 Formule de politesse pour s'excuser. Loc *Grand Pardon :* Yom Kippour.

pardonnable *a* Qui peut être pardonné.

pardonner *vt* 1 Renoncer à punir une faute. 2 Excuser qqch. ■ *vti* Ne pas se venger de qqn pour une faute commise. *Pardonner à un ennemi.* ■ *vi* Loc *Ne pas pardonner :* être fatal.

pare-balles *nm inv* Dispositif pour protéger des balles.

pare-brise *nm inv* Plaque de protection en verre à l'avant de l'habitacle d'un véhicule.

pare-chocs *nm inv* Pièce de protection à l'avant et à l'arrière d'un véhicule.

pare-feu *nm inv* Dispositif pour empêcher la propagation du feu.

parégorique *a* Loc *Élixir parégorique :* pour calmer certaines diarrhées.

pareil, eille *a* 1 Semblable, identique, analogue. 2 Tel, de cette nature. *Vous n'allez pas sortir par un temps pareil !* ■ *n* Personne semblable à une autre. Loc *Sans pareil :* incomparable. Pop *C'est du pareil au même :* exactement la même chose. *N'avoir pas son pareil :* être sans égal. ■ *nf* Loc *Rendre la pareille à qqn :* lui faire subir le même traitement.

pareillement *av* De la même manière, aussi.

parement *nm* 1 Bande d'étoffe ornant un vêtement ; revers des manches. 2 Face visible d'un ouvrage de maçonnerie.

parenchyme *nm* Tissu spongieux d'un organisme végétal ou d'un organe humain.

parent, ente *n* Personne avec laquelle il existe un lien de parenté. ■ *pl* 1 Le père et la mère. 2 Personnes dont on descend. ■ *a* Comparable, analogue. *Conceptions parentes.*

parental, ale, aux *a* Du père et de la mère.

parenté *nf* 1 Lien de consanguinité ou de mariage. 2 Ensemble des parents. 3 Affinité, analogie, ressemblance.

parentèle *nf* Vx Ensemble des parents.

parentéral, ale, aux *a* MED Se dit d'un médicament administré hors des voies digestives.

parenthèse *nf* 1 Développement accessoire inséré dans une phrase. 2 Signe double indiquant cette insertion. 3 Incident interrompant momentanément un processus. Loc *Entre parenthèses, par parenthèse :* incidemment.

paréo *nm* Pièce d'étoffe drapée autour du corps, couvrant le buste.

parer *vt* 1 Litt Orner, embellir. 2 Préparer pour un usage déterminé. 3 Écarter, esquiver un coup. ■ *vti* Se garantir contre, remédier à. *Parer à toute éventualité.* ■ *vpr* Litt Se vêtir avec soin.

pare-soleil *nm inv* Écran protégeant du soleil.

paresse *nf* 1 Tendance à refuser tout effort. 2 MED Manque d'activité d'un organe.

paresser *vi* Se laisser aller à la paresse.

paresseusement *av* Avec paresse.

paresseux, euse *a, n* Qui évite le travail, l'effort. ■ *nm* Mammifère édenté aux mouvements très lents.

paresthésie *nf* MED Trouble de la sensibilité marqué par des fourmillements.

parfaire *vt* [9] Compléter, achever, mener à son terme.

parfait, aite *a* 1 Sans défaut. *Un travail parfait.* 2 Complet, total. *Une parfaite tranquillité. Un parfait imbécile.* ■ *nm* 1 LING Forme du verbe indiquant le résultat présent d'une action passée. 2 Crème glacée.

parfaitement *av* 1 De façon parfaite. 2 Certainement, assurément.

parfois *av* Quelquefois.

parfum [-fœ] *nm* 1 Odeur agréable qu s'exhale d'une substance. 2 Produit odorant de toilette. Loc Pop *Être au parfum :* au courant.

parfumé, ée *a* Qui exhale un parfum.

parfumer *vt* 1 Remplir d'une bonne odeur. 2 Imprégner de parfum. 3 Aromatiser. *Parfumer une crème à la vanille.*

parfumerie *nf* Fabrication, commerce de parfums et des produits de beauté.

parfumeur, euse *n* Fabricant ou commerçant de produits de beauté.

pari *nm* Action de parier ; somme pariée.

paria *nm* Personne méprisée, exclue.

parier *vt* 1 Convenir de payer une certaine somme à celui qui se trouvera avoir raison. 2 Engager une somme dans un jeu d'argent fondé sur une compétition. 3 Affirmer, soutenir avec assurance.

pariétaire *nf* Plante herbacée qui croît su les murs.

pariétal, ale, aux *a* Loc *Os pariétal :* chaque côté de la voûte crânienne. *Peintures pariétales :* faites sur les parois rocheuses de grottes. ■ *nm* Os pariétal.

parieur, euse *n* Qui parie.

parigot, ote *a, n* Fam Parisien.

parisianisme *nm* Manière d'être, expression propre aux Parisiens.

parisien, enne *a, n* De Paris.

parisyllabique *a, nm* GRAM Se dit des mot latins qui ont le même nombre de syllabes a nominatif et au génitif singulier.

paritaire *a* Formé d'un nombre égal de représentants de chaque partie. *Commission paritaire.*

paritarisme *nm* Recours à des organisme paritaires.

parité *nf* 1 Égalité, similitude. 2 Équivalence entre la valeur de deux monnaies.

parjure *nm* Faux serment. ■ *n* Qui viol son serment.

parjurer (se) *vpr* Violer son serment.

parka *nm* ou *f* Longue veste à capuchon, e tissu imperméable.

parking [-kiŋ] *nm* 1 Parc de stationnemen automobile. 2 Place de stationnement dar un garage.

Parkinson (maladie de) *nf* Maladie nerveus caractérisée par des tremblements et une rig dité musculaire.

parkinsonien, enne *a, n* Atteint de la mala die de Parkinson.

parlant, ante *a* 1 Expressif. 2 Éviden convaincant. 3 Accompagné de paroles (film)

parlé, ée *a* Exprimé par la parole.

parlement *nm* (avec majusc) Ensemble de assemblées législatives d'un pays.

parlementaire *a* Du Parlement. Loc *Régim parlementaire :* dans lequel le gouvernemen appartient au pouvoir législatif. ■ *n* 1 Membi d'un Parlement. 2 Délégué envoyé pour nége cier avec l'ennemi.

parlementarisme nm Régime parlementaire.

parlementer vi 1 Entrer en négociation avec l'ennemi. 2 Discuter longuement.

parler vi 1 Prononcer des mots, articuler. 2 S'exprimer par des mots, des signes. 3 Faire des aveux. ■ vti 1 S'adresser à qqn. *Parler à son frère.* 2 Donner son avis, exprimer ses sentiments sur qqn ou qqch. *Parler d'amour.* Loc *Trouver à qui parler :* avoir un adversaire redoutable. *Faire parler de soi :* être connu (bien ou mal). ■ vt 1 S'exprimer dans une langue. *Parler le chinois.* 2 S'entretenir de qqch. *Parler affaires, peinture, politique.* ■ nm 1 Manière de parler. 2 Dialecte propre à une région.

parleur, euse n Loc *Beau parleur :* qui parle avec affectation.

parloir nm Salle pour recevoir les visiteurs dans certains établissements.

parlote nf Fam Bavardage oiseux.

parme a inv. nm Violet pâle.

parmesan nm Fromage italien à pâte dure.

parmi prép 1 Au milieu de. 2 Au nombre de.

parnassien, enne n, a Poète du groupe du Parnasse.

parodie nf 1 Imitation burlesque d'une œuvre littéraire. 2 Imitation grotesque, cynique. *Parodie de procès.*

parodier vt 1 Faire la parodie de. 2 Contrefaire.

parodique a Propre à la parodie.

parodonte nm ANAT Tissus de soutien fixant la dent au maxillaire.

parodontologie nf Étude et soins du parodonte.

parodontose nf MED Affection du parodonte.

paroi nf 1 Surface interne ou latérale de qqch. 2 Cloison séparant deux pièces. 3 Versant montagneux abrupt.

paroisse nf Territoire sur lequel un curé, un pasteur exerce son ministère.

paroissial, ale, aux a D'une paroisse.

paroissien, enne n Fidèle d'une paroisse.

parole nf 1 Faculté de parler. 2 Discours, propos. 3 Assurance, promesse verbale. *Donner sa parole.* Loc *Sur parole :* sur la foi d'une promesse. ■ pl Texte d'une chanson, d'un opéra.

parolier, ère n Auteur du texte des chansons.

paronomase nf LING Rapprochement de paronymes dans une phrase (ex. : *qui se ressemble s'assemble*).

paronyme nm LING Mot ressemblant formellement à un autre de sens différent (ex. : *avènement* et *événement*).

paronymie nf Caractère des paronymes.

parotide nf ANAT Glande salivaire.

parotidite nf Inflammation de la parotide.

paroxysme nm Point culminant d'une douleur, d'un sentiment.

paroxystique ou **paroxysmique** a Qui présente un paroxysme.

paroxyton nm LING Mot accentué sur l'avant-dernière syllabe.

parpaillot, ote n Vx Protestant.

parpaing nm Aggloméré creux utilisé en construction.

parquer vt 1 Mettre dans un parc, une enceinte. 2 Garer un véhicule.

parquet nm 1 Revêtement de sol constitué de lames de bois assemblées. 2 Ensemble des magistrats composant le ministère public.

parqueter vt [19] Revêtir d'un parquet.

parqueteur nm Poseur de parquets.

parrain nm 1 Qui tient un enfant sur les fonts baptismaux. 2 Qui introduit un nouveau membre dans une association. 3 Fam Chef d'une mafia. 4 Sponsor.

parrainage nm 1 Qualité du parrain ou de la marraine. 2 Caution donnée par qqn. 3 Sponsoring.

parrainer vt Accorder son parrainage à.

parricide nm Crime de celui qui tue un de ses ascendants. ■ n Qui a commis un parricide.

parsec nm ASTRO Unité de distance entre les étoiles, valant 3,26 années-lumière.

parsemer vt [15] Éparpiller, disséminer.

parsi, ie n, a Fidèle à la religion de Zoroastre.

part nf Partie, fraction d'une chose. Loc *Faire la part des choses :* tenir compte des circonstances. *Avoir part à :* bénéficier d'une partie de. *Prendre part à :* participer. *Faire part :* informer. *Prendre en bonne, en mauvaise part :* interpréter en bien, en mal. *À part moi :* en moi-même. *À part :* excepté ; séparément. *Quelque part :* dans un endroit quelconque. *Nulle part :* en aucun endroit. *De part et d'autre :* des deux côtés opposés. *De toute(s) part(s) :* de tous côtés. *De part en part :* à travers. *D'une part... d'autre part :* d'un côté... de l'autre. *Pour ma part :* quant à moi. *Pour une part :* dans une certaine mesure.

partage nm Division en plusieurs parts. Loc *Sans partage :* entièrement.

partager vt [11] 1 Diviser en plusieurs parts. 2 Avoir en commun avec qqn. *Partager la même chambre.* 3 Diviser un groupe en partis opposés. Loc *Être partagé :* être animé de sentiments contradictoires.

partance nf Loc *En partance :* sur le point de partir.

partant, ante n Qui part. ■ a Loc Fam *Être partant pour :* être tout à fait disposé à. ■ conj Litt Par conséquent.

partenaire n Associé avec qui on joue, avec qui on pratique certaines activités. ■ pl Loc *Partenaires sociaux :* représentants du patronat et des salariés.

partenarial, ale, aux a Du partenariat.

partenariat nm Fait d'être partenaire.

parterre nm 1 Partie d'un jardin où on cultive des plantes d'agrément. 2 Partie d'une salle de théâtre située derrière les places d'orchestre.

parthénogenèse nf BIOL Reproduction à partir d'un ovule non fécondé.

parti nm 1 Groupe de personnes ayant les mêmes opinions, les mêmes intérêts. 2 Association de personnes organisée en vue d'une action politique. 3 Solution, résolution. *Prendre le parti de rester.* Loc *Parti pris :* opinion préconçue. *Prendre parti :* se décider (pour ou contre). *Faire un mauvais parti à qqn :* le maltraiter. *Tirer parti :* utiliser au mieux.

partial, ale, aux a Qui manifeste une préférence injuste.

partialement av Avec partialité.

partialité nf Manque d'équité.

participant, ante n, a Qui participe.

participatif, ive a De la participation.

participation nf 1 Action de prendre part à qqch. 2 Fait d'être intéressé à un profit.

participe nm GRAM Forme adjective du verbe.

participer vti 1 Avoir droit à une part de. *Participer aux bénéfices.* 2 Prendre part à. *Participer à une manifestation.* 3 Payer une part de. *Participer à un achat.*

participial, ale, aux a GRAM Du participe.

particularisation nf Action de particulariser.

particulariser vt Différencier. ■ vpr Se singulariser.

particularisme nm Attitude d'un groupe qui cherche à préserver son originalité.

particulariste a. n Qui relève du particularisme.

particularité nf Caractère particulier, singulier.

particule nf 1 Minuscule partie d'un corps. 2 Préposition précédant certains noms de famille. 3 GRAM Élément de composition invariable (préfixe, suffixe, etc.).

particulier, ère a 1 Propre à un individu, une chose, un groupe. 2 Qui n'est pas commun, courant. ■ n Personne privée. ■ nm Détail caractéristique. Loc *En particulier* : séparément, en tête à tête ; notamment.

particulièrement av Spécialement.

partie nf 1 Élément, fraction d'un tout. 2 MUS Ce qu'une voix, un instrument doit exécuter dans un morceau d'ensemble. 3 Profession, spécialité. 4 DR Chacune des personnes plaidant l'une contre l'autre. 5 Match, compétition, lutte. 6 Divertissement collectif. *Partie de chasse.* Loc *En partie* : partiellement. *Faire partie de* : être un élément de. *Prendre à partie* : attaquer. *Avoir affaire à forte partie* : à un adversaire redoutable. ■ pl Pop Organes génitaux masculins.

partiel, elle a Qui n'est qu'une partie d'un tout. ■ nm Examen universitaire qui a lieu plusieurs fois par an.

partiellement av De façon partielle.

partir vi [29] [aux *être*] 1 S'en aller. 2 Disparaître. 3 Commencer, avoir son point de départ depuis, avoir son origine dans. Loc *À partir de* : à dater de ; au-delà de ce point. Fam *Être parti* : être un peu ivre.

partisan, ane n Combattant de troupes irrégulières. ■ a 1 Qui défend une opinion. *Être partisan du changement.* 2 De parti pris. *Esprit partisan.*

partita nf MUS Pièce pour clavier ou pour orchestre de chambre.

partitif, ive am GRAM Article désignant la partie d'un tout (*du, de la, des*).

partition nf 1 Abusiv Division, partage d'un territoire. 2 MUS Partie jouée par un instrument.

partouse ou **partouze** nf Fam Partie de débauche collective.

partout av En tout lieu.

parturiente nf MED Femme qui accouche.

parure nf 1 Ce qui sert à parer (vêtements, bijoux, etc.). 2 Ensemble de bijoux.

parution nf Publication d'un article, d'un ouvrage.

parvenir vti [35] [aux *être*] Arriver à un point déterminé dans une progression ; arriver à destination.

parvenu, ue n Péjor Qui, s'étant élevé au-dessus de sa condition, en a gardé les manières.

parvis nm Place devant la façade principal d'une église.

1. pas nm 1 Mouvement des jambes, des pied pour marcher. 2 Façon de marcher. 3 Trace d pied. 4 Distance franchie d'une enjambée. Lo *Pas de deux* : exécuté par un couple de danseurs. *Pas d'une porte* : le seuil. *Pas de vis* distance entre deux filets. *Pas à pas* : len tement. *De ce pas* : à l'instant. *Faire un fau pas* : trébucher. *Céder le pas à qqn* : le laisse passer. *Prendre le pas sur* : prendre le dessus l'emporter sur. *Sauter le pas* : se décider.

2. pas av Marque la négation avec ou sans *ne*

1. pascal, ale, als ou **aux** a Relatif à Pâqu pour les chrétiens ou à la pâque juive.

2. pascal nm PHYS Unité de mesure de pres sion. *Des pascals.*

pas-de-porte nm inv Indemnité versée pou obtenir la location d'un local commercial.

pasionaria nf Militante politique passionné

paso doble nm inv Danse sur une musique deux ou quatre temps.

passable a De qualité moyenne.

passablement av Assez, moyennement.

passade nf Caprice, aventure passagère.

passage nm 1 Action, fait de passer. 2 Lie où on passe. 3 Traversée d'un voyageur sur u navire. 4 Fragment d'une œuvre. 5 Transitio étape. 6 Galerie couverte réservée aux piéton Loc *De passage* : qui ne reste que très peu d temps. *Examen de passage* : subi par un élèv pour être admis dans la classe supérieure. *Avo un passage à vide* : avoir l'esprit vide, confus

passager, ère a 1 Qui ne fait que passer. Qui ne dure que peu de temps. ■ n Qui, san en assurer la marche, voyage à bord d'u moyen de transport.

passagèrement av Pour très peu de temps

passant, ante a Où il passe beaucoup d monde. *Rue passante.* ■ n Qui passe à pie dans une rue, dans un lieu. ■ nm Annea aplati dans lequel passe une courroie.

passation nf DR Action de passer un acte, u contrat ou de transmettre les pouvoirs.

passavant nm Document douanier autorisa le transport de certaines marchandises.

passe nf 1 Chenal étroit. 2 Action de passer ballon à un équipier. Loc *Être en passe de* : êtr sur le point de. *Être dans une bonne*, *un mauvaise passe* : dans une situation favorabl défavorable. *Mot de passe* : mot convenu d reconnaissance. *Maison, hôtel de passe* : d prostitution. *Passe d'armes* : vif échange verba ■ nm Syn de *passe-partout*.

passé, ée a 1 Révolu. *Le temps passé.* Défraîchi, terne. *Bleu passé.* ■ nm 1 Temp écoulé ; événements de ce temps. 2 GRAM Temp du verbe indiquant une action ou un éta révolus. Loc *Par le passé* : autrefois. ■ pré Après, au-delà. *Passé cinq heures, il sera tro tard.*

passe-crassane nf inv Poire d'hiver.

passe-droit nm Faveur accordée contre droit. *Des passe-droits.*

passéisme nm Attachement exclusif au valeurs du passé.

passéiste a, n Qui relève du passéisme.

passementerie nf Commerce, industrie de ganses, des galons, etc., destinés à l'ornemen

passe-montagne nm Bonnet qui enveloppe la tête et le cou. *Des passe-montagnes.*

passe-partout nm inv Clef pouvant ouvrir plusieurs serrures. Syn. passe. ■ a inv Qui convient partout. *Une réponse passe-partout.*

passe-passe nm inv Loc *Tour de passe-passe* : tour de prestidigitateurs ; tromperie adroite.

passe-plat nm Ouverture dans une cloison pour passer les plats. *Des passe-plats.*

passeport nm Document délivré à ses ressortissants par l'Administration d'un pays, pour leur permettre de circuler à l'étranger.

passer vi [aux *avoir* ou *être*] 1 Se déplacer d'un lieu à un autre ; être dans un lieu au cours de ce déplacement. 2 Changer d'état, devenir. *Passer capitaine.* 3 Disparaître, finir, s'écouler. *L'heure est passée. Loc Passer pour* : être regardé comme. Fam *Le sentir passer* : souffrir qqch de douloureux. *En passant* : incidemment. *Passer outre* : continuer. *Passer sur qqch* : ne pas le prendre en compte. *En passer par là* : subir les mêmes épreuves. *Y passer* : subir une épreuve ; mourir. ■ vt 1 Traverser un lieu. 2 Faire traverser qqch, filtrer, tamiser. 3 Dépasser, devancer. *Passer un concurrent.* 4 Employer un temps. *Passer une heure à rêver.* 5 Omettre. *Passer une ligne.* 6 Donner qqch à qqn. *Passer sa voiture à son fils.* 7 Mettre, enfiler. *Passer une veste. Loc Passer un film* : le projeter. *Passer qqn par les armes* : le fusiller. *Passer les bornes* : exagérer. ■ vpr 1 Avoir lieu. *La scène se passe à Paris.* 2 S'écouler. *Une heure s'est passée.* 3 Se priver de. *Se passer de fumer.*

passereau nm ZOOL Petit oiseau tel que le moineau, le merle, etc.

passerelle nf 1 Pont étroit réservé aux piétons. 2 Plan incliné entre un navire et le quai, un avion et le terrain. 3 Passage, communication.

passe-temps nm inv Occupation agréable.

passe-tous-grains nm inv Bourgogne rouge provenant d'un mélange de raisins.

passeur, euse n 1 Qui conduit un bateau pour traverser un cours d'eau. 2 Qui fait passer clandestinement les frontières.

passible a Loc *Être passible de* : qui encourt elle peine.

passif, ive a 1 Qui subit sans agir ; qui n'agit pas. 2 GRAM Se dit des formes verbales qui indiquent que le sujet subit l'action. Loc *Défense passive* : protection militaire des populations civiles. ■ nm 1 Ensemble des dettes et des charges qui pèsent sur un patrimoine. 2 GRAM Forme passive du verbe.

passiflore nf Liane tropicale ornementale produisant le fruit de la Passion, ou grenadille.

passim av Çà et là dans un ouvrage.

passing-shot [-sinʃɔt] nm Au tennis, coup tendu destiné à déborder l'adversaire monté au filet. *Des passing-shots.*

passion nf 1 Affection très vive éprouvée pour qqch. 2 Amour ardent. 3 Émotion violente et irrationnelle. Loc *La Passion* : les souffrances du Christ sur le chemin de la Croix et son supplice. *Fruit de la Passion* : fruit de la passiflore.

passionnant, ante a Qui passionne.

passionné, ée a, n Rempli de passion. *Un passionné de musique.* ■ a Ardent, fervent.

passionnel, elle a Déterminé par la passion amoureuse.

passionnellement av De façon passionnelle.

passionnément av De façon passionnée.

passionner vt 1 Inspirer un très vif intérêt à qqn. 2 Rendre plus violent un débat. ■ vpr Prendre un vif intérêt pour.

passivement av De façon passive.

passivité nf Caractère passif.

passoire nf Ustensile creux servant de filtre.

pastel nm 1 Bâtonnet fait d'une pâte colorée solidifiée. 2 Dessin, peinture au pastel. ■ a inv De teinte douce et délicate.

pastelliste n Peintre de pastels.

pastenague nf Raie dont la queue porte un aiguillon.

pastèque nf Plante cultivée pour ses gros fruits gorgés d'eau.

pasteur nm 1 Litt Berger. 2 Ministre du culte protestant. Loc *Le bon pasteur* : Jésus.

pasteurien ou **pastorien, enne** a, n Qui appartient à l'Institut Pasteur.

pasteurisation nf Opération destinée à détruire par la chaleur les germes pathogènes des produits alimentaires, afin de les conserver.

pasteuriser vt Soumettre à la pasteurisation.

pastiche nm Imitation du style d'un écrivain, d'un artiste ; œuvre ainsi produite.

pasticher vt Faire un pastiche de.

pasticheur, euse n Auteur de pastiches.

pastille nf 1 Petit bonbon ou pilule médicamenteuse de forme ronde. 2 Motif décoratif ou petite pièce en forme de disque.

pastis [pastis] nm Boisson alcoolisée parfumée à l'anis.

pastoral, ale, aux a 1 Litt Relatif à la vie rustique, aux bergers. 2 Relatif aux pasteurs spirituels. ■ nf Pièce de musique ou de théâtre de caractère champêtre.

pastorien, enne n V. pasteurien.

pastoureau, elle n Litt Petit berger, petite bergère.

pat [pat] a, nm Aux échecs, coup entraînant le match nul.

pataca nm Unité monétaire de Macao.

patachon nm Loc Fam *Vie de patachon* : dissolue.

pataphysique nf Science des solutions imaginaires, d'après Alfred Jarry.

patapouf nm Fam Enfant, homme gros et lourd.

pataquès [-kɛs] nm Faute de liaison.

patate nf 1 Tubercule sucré d'une plante tropicale. 2 Fam Pomme de terre. 3 Pop Personne stupide. Loc Fam *En avoir gros sur la patate* : en avoir gros sur le cœur.

patati, patata interj Fam Suggère un long bavardage inutile.

patatras ! [-tra] interj Exprime le bruit d'un corps qui tombe avec fracas.

pataud, aude a, n Fam Lourd, lent et maladroit.

pataugas nm (n déposé) Chaussure de toile montante pour les longues marches.

pataugeoire nf Bassin peu profond dans une piscine, réservé aux petits enfants.

patauger vi [11] 1 Marcher sur un sol boueux. 2 S'amuser dans peu d'eau. 3 Fam S'empêtrer.

patch nm Timbre médicamenteux que l'on colle sur la peau.

patchouli nm Parfum extrait d'une plante d'Asie et d'Océanie ; cette plante.

patchwork [-wœʀk] *nm* **1** Pièce de tissu faite de morceaux de couleurs vives. **2** Assemblage disparate, contrasté.

pâte *nf* **1** Farine détrempée et pétrie dont on fait le pain, les gâteaux. **2** Substance de consistance analogue. Loc *Mettre la main à la pâte* : participer à l'exécution de qqch. Fam *Bonne pâte* : personne facile. ■ *pl* Produit alimentaire à base de semoule de blé dur.

pâté *nm* **1** Préparation de viande ou de poisson haché, cuit dans une pâte ou dans une terrine. **2** Tache d'encre faite sur du papier. **3** Tas de sable façonné par les enfants. Loc *Pâté de maisons* : groupe de maisons limité par des rues.

pâtée *nf* Mélange épais d'aliments variés, dont on nourrit certains animaux.

1. patelin *nm* Fam Village, pays.

2. patelin, ine *a* Doucereux, hypocrite.

patelle *nf* Mollusque à coquille conique. Syn. bernique.

patène *nf* Petite assiette pour l'hostie.

patenôtres *nfpl* Litt Prières.

patent, ente *a* Évident, manifeste.

patente *nf* Impôt payé autrefois par les commerçants et les industriels et remplacé par la taxe professionnelle.

patenté, ée *a* **1** Assujetti à la patente. **2** Reconnu comme tel ; attitré.

Pater *nm inv* Prière catholique commençant par *Pater noster*, « Notre Père ».

patère *nf* Portemanteau fixé à un mur.

paternalisme *nm* Bienveillance condescendante dans l'exercice de l'autorité.

paternaliste *a* Qui relève du paternalisme.

paterne *a* Litt Doucereux, hypocrite.

paternel, elle *a* **1** Du père, du côté du père. **2** Bienveillant. ■ *nm* Pop Père.

paternellement *av* De façon bienveillante.

paternité *nf* **1** État de père. **2** Qualité d'auteur, de créateur. *La paternité d'un roman*.

pâteux, euse *a* Qui a la consistance de la pâte. Loc *Bouche, langue pâteuse* : empâtée.

pathétique *a, nm* Qui émeut profondément.

pathétiquement *av* De façon pathétique.

pathogène *a* Qui cause une maladie.

pathogenèse *nf* Étude de l'origine des maladies.

pathologie *nf* **1** Étude des maladies. **2** Manifestation d'une maladie.

pathologique *a* **1** Morbide. *Curiosité pathologique*. **2** De la pathologie.

pathologiste *n, a* Spécialiste de pathologie.

pathos *nm inv* Litt Caractère pathétique exagéré.

patibulaire *a* Loc *Visage, mine patibulaire* : sinistre, louche.

patiemment *av* Avec patience.

patience *nf* **1** Qualité de qqn qui supporte qqch avec calme ; sang-froid. **2** Persévérance dans une longue tâche. **3** Combinaison de cartes à jouer ; réussite. Loc *Prendre son mal en patience* : sans se plaindre.

patient, ente *a* Qui fait preuve de patience. ■ *n* Qui subit une opération chirurgicale, un traitement médical.

patienter *vi* Attendre patiemment.

patin *nm* Pièce mobile dont le frottemen contre une roue permet le freinage. Loc *Patin ⟨ glace* : semelle munie d'une lame, pour glisse sur la glace. *Patin à roulettes* : semelle munie de roulettes pour glisser sur le sol.

patinage *nm* **1** Fait de patiner. **2** Sport pratique du patin à glace, à roulettes.

patine *nf* Teinte prise avec le temps pa certaines matières.

patiner *vi* **1** Se déplacer avec des patins. **2** Glisser par manque d'adhérence (roues, disque d'embrayage). **3** Donner une patine à qqch ■ *vpr* Prendre de la patine.

patinette *nf* Trottinette.

patineur, euse *n* Qui pratique le patinage.

patinoire *nf* Endroit aménagé pour le pati nage.

patio [pasjo] *nm* Cour intérieure d'une maison

pâtir *vi* Litt Éprouver un dommage du fait de

pâtisserie *nf* **1** Pâte sucrée cuite au four gâteau. **2** Commerce, magasin du pâtissier.

pâtissier, ère *n* Qui fabrique ou qui vend de la pâtisserie. ■ *a* Loc *Crème pâtissière* : avec laquelle on garnit divers gâteaux.

pâtisson *nm* Sorte de courge.

patois *nm* Parler régional.

patoisant, ante *a, n* Qui parle le patois.

patraque *a* Fam Souffrant.

pâtre *nm* Litt Berger.

patriarcal, ale, aux *a* Du patriarche ou du patriarcat. *Société patriarcale*.

patriarcat *nm* **1** Régime social dans leque l'autorité du père est prépondérante. **2** Dignité de patriarche.

patriarche *nm* **1** Chef de certaines églises chrétiennes orthodoxes. **2** Vieillard vénérable chef d'une nombreuse famille.

patricien, enne *n, a* ANTIQ À Rome, qui appar tenait à la classe noble.

patrie *nf* Pays dont on est originaire, natior dont on fait partie.

patrilinéaire *a* ETHNOL Qui relève de l'ascen dance paternelle.

patrimoine *nm* **1** Biens de famille. **2** Ce qu constitue l'héritage commun d'un groupe, d'ur pays. *Patrimoine artistique*.

patrimonial, ale, aux *a* Du patrimoine.

patriote *n, a* Qui aime sa patrie.

patriotique *a* Inspiré par le patriotisme.

patriotisme *nm* Amour de la patrie.

patristique ou **patrologie** *nf* Partie de la théologie qui étudie les Pères de l'Église.

patron, onne *n* **1** Chef d'une entreprise industrielle ou commerciale. **2** Supérieur hiérar chique. **3** Professeur dirigeant certains travaux **4** Saint ou sainte dont on porte le nom, pro tecteur d'un groupe social. ■ *nm* Modèle à partir duquel sont exécutés des travaux arti sanaux.

patronage *nm* **1** Soutien accordé par un per sonnage, une organisation. **2** Organisation de bienfaisance pour les jeunes.

patronal, ale, aux *a* **1** Qui concerne le che d'entreprise. **2** Relatif au saint du lieu.

patronat *nm* Ensemble des patrons.

patronner *vt* Appuyer de son crédit.

patronnesse *af* Loc *Dame patronnesse* : qu patronne une œuvre de bienfaisance.

patronyme *nm* Nom de famille.

patronymique *a* Loc *Nom patronymique* nom de famille.

patrouille *nf* Détachement de soldats, de policiers, formation réduite d'avions, chargés d'une mission de surveillance ; cette mission.

patrouiller *vi* Effectuer une patrouille.

patrouilleur *nm* Militaire, avion, bâtiment de guerre chargés de patrouiller.

patte *nf* 1 Organe de locomotion des animaux. 2 *Fam* Jambe ; main. 3 Pièce longue et plate servant à fixer, retenir, assembler, etc. 4 Courte bande d'étoffe, de cuir, etc., servant à fermer un vêtement. 5 Habileté particulière d'un artiste. *Loc À quatre pattes :* sur les genoux et sur les mains. *Montrer patte blanche :* se faire reconnaître pour franchir un contrôle. *Bas les pattes !* : ne touchez pas à cela. ■ *pl* Favoris coupés court.

patte-d'oie *nf* 1 Embranchement d'une route. 2 Rides à l'angle externe de l'œil. *Des pattes-d'oie.*

pattemouille *nf* Linge mouillé pour repasser.

pattern *nm* Modèle simplifié représentant la structure d'un phénomène.

pâturage *nm* Prairie naturelle pour les bestiaux.

pâture *nf* Ce qui sert à la nourriture des animaux. *Loc Litt Jeter en pâture :* livrer aux exigences de.

paturon *nm* Partie de la jambe du cheval entre le boulet et la couronne.

pauillac *nm* Bordeaux rouge, très estimé.

pauliste *a, n* De São Paulo.

paulownia [-lɔnja] *nm* Arbre ornemental aux fleurs mauves odorantes.

paume *nf* 1 Creux de la main. 2 Jeu de balle, ancêtre du tennis.

paumé, ée *a, n Pop* Perdu, désorienté, inadapté.

paumelle *nf* Pièce métallique permettant le pivotement d'une porte, d'une fenêtre.

paumer *vt Pop* Égarer. ■ *vpr* Se perdre.

paupérisation *nf* Appauvrissement d'un groupe social.

paupériser *vt* Appauvrir.

paupérisme *nm* Grande indigence d'un groupe humain.

paupière *nf* Membrane mobile qui recouvre l'œil.

paupiette *nf* Tranche de viande, roulée et farcie.

pause *nf* 1 Suspension momentanée d'une activité. 2 *MUS* Silence de la durée d'une ronde.

pause-café *nf* Pause pour prendre un café. *Des pauses-café.*

pauvre *a, n* Qui manque de biens, d'argent ; indigent. ■ *a* 1 Qui dénote le dénuement, qui manque de qqch. 3 Improductif, stérile. 3 Qui inspire la compassion. 4 Piteux, lamentable. *Un pauvre type.*

pauvrement *av* De façon pauvre.

pauvresse *nf Vx* Mendiante.

pauvret, ette *a, n Fam* Pitoyable.

pauvreté *nf* État de qqn ou de qqch pauvre.

pavage *nm* Revêtement de pavés, de dalles.

pavane *nf* Danse lente et grave.

pavaner (se) *vpr* Prendre des airs avantageux.

pavé *nm* 1 Morceau de pierre taillé servant au revêtement d'un sol. 2 *Fam* Épais volume imprimé. 3 Gros morceau de forme régulière. 4 Encart de publicité dans un journal. *Loc Battre le pavé :* flâner. *Être sur le pavé :* être sans emploi. *Tenir le haut du pavé :* être au premier rang, par le pouvoir, la notoriété.

pavement *nm* Pavage.

paver *vt* Couvrir un sol de pavés, de dalles.

pavie *nf* Pêche jaune.

pavillon *nm* 1 Petite maison particulière. 2 Partie extérieure de l'oreille. 3 Extrémité évasée de certains instruments à vent. 4 Drapeau.

pavillonnaire *a* Occupé par des pavillons d'habitation.

pavois *nm* 1 *HIST* Grand bouclier ovale en usage au Moyen Âge. 2 *MAR* Ensemble des pavillons d'un navire.

pavoiser *vt* Décorer de drapeaux. ■ *vi Fam* Manifester sa joie.

pavot *nm* Plante dont on extrait l'opium.

payable *a* Qui peut ou doit être payé.

payant, ante *a* 1 Qui paie. *Visiteurs payants.* 2 Que l'on paie. *Entrée payante.* 3 *Fam* Avantageux. *Opération payante.*

paye ou **paie** *nf* Action de payer un salaire, le salaire lui-même. *Loc Fam Il y a une paye :* il y a longtemps.

payement. V. paiement.

payer *vt* [20] 1 Acquitter une dette, un droit, etc., par un versement. 2 Remettre à qqn l'argent dû. 3 Récompenser ; dédommager. *Payer qqn de ses efforts.* 4 Obtenir au prix de sacrifices. *Payer cher sa réussite.* ■ *vi* Être profitable, rentable. *Loc Payer de :* user de, faire preuve de. *Payer de sa personne :* s'exposer. ■ *vpr* Acheter pour soi.

payeur, euse *n* 1 Qui paie. 2 Chargé de payer les traitements, les rentes, etc.

1. pays *nm* 1 Territoire d'un État ; État. 2 Patrie. 3 Région géographique, administrative, etc. 4 Population d'un État. *Loc Mal du pays :* nostalgie. *Voir du pays :* voyager.

2. pays, payse *n Fam* Compatriote.

paysage *nm* 1 Étendue de pays qui s'offre à la vue. 2 Nature, aspect d'un pays. 3 Représentation picturale d'un site champêtre. 4 Aspect général d'une situation. *Le paysage politique.*

paysager, ère *a* Arrangé à la manière d'un paysage naturel.

paysagiste *n* 1 Peintre de paysages. 2 Créateur, architecte de jardins, de parcs.

paysan, anne *n* Personne de la campagne, qui vit du travail de la terre. ■ *a* De la campagne.

paysannat *nm ECON* Classe paysanne.

paysannerie *nf* Ensemble des paysans.

pc *nm* Ordinateur personnel.

P.C. *nm* Poste de commandement.

P.-D.G. *n Fam* Président-directeur général.

péage *nm* Droit à payer par les usagers d'un port, d'une voie de communication, d'un média ; lieu de perception de ce droit.

péagiste *n* Chargé d'un péage.

peau *nf* 1 Tissu résistant et souple qui recouvre le corps des vertébrés ; cuir. 2 Épiderme de l'homme. 3 Enveloppe d'un fruit. 4 Pellicule à la surface d'un liquide. *Loc N'avoir que la peau sur les os :* être très maigre. *Être bien, mal dans sa peau :* être à l'aise, mal à l'aise. *Faire peau neuve :* changer complètement. *Fam La peau de qqn :* sa vie. *Se mettre dans la peau de qqn :* s'imaginer à sa place. *Pop Peau de vache :* personne méchante. *Fam Peau d'âne :* diplôme.

peaufinage nm Fam Action de peaufiner.

peaufiner vt Fam Fignoler.

peausserie nf 1 Activité du peaussier. 2 Article de peau.

peaussier nm Artisan qui prépare les peaux.

pébroc ou **pébroque** nm Pop Parapluie.

pécan nm Loc Noix de pécan : amande comestible d'un fruit d'Amérique.

pécari nm Mammifère d'Amérique, proche du cochon ; peau de cet animal.

peccadille nf Faute légère.

pechblende [pɛʃblɛ̃d] nf Minerai d'uranium.

1. pêche nf 1 Manière, action de pêcher. 2 Poissons pêchés.

2. pêche nf Fruit comestible du pêcher. Loc Pop Se fendre la pêche : rire aux éclats. Pop Avoir la pêche : être en pleine forme.

péché nm Transgression de la loi divine. Loc Péché originel : commis par Adam et Ève, et qui retombe sur toute leur postérité.

pécher vi [12] 1 Commettre un, des péchés. 2 Commettre une erreur contre. 3 Être insuffisant, en défaut. Ce projet pèche sur un point.

1. pêcher vt 1 Prendre ou chercher à prendre du poisson. 2 Fam Trouver, dénicher qqch de surprenant.

2. pêcher nm Arbre dont le fruit est la pêche.

pêcherie nf Lieu de pêche.

pécheur, pécheresse n, a Qui commet des péchés, qui est en état de péché.

pêcheur, euse n Qui pêche.

pécore nf Fam Femme stupide et prétentieuse. ■ n Pop, péjor Paysan, paysanne.

pecquenaud, aude ou **péquenot** n Pop, péjor Paysan.

pecten [-tɛn] nm Coquille Saint-Jacques.

pectine nf BOT Gel contenu dans les fruits.

pectoral, ale, aux a 1 De la poitrine. 2 Utilisé contre la toux. Sirop pectoral. ■ nmpl Muscles de la poitrine.

pécule nm Somme d'argent économisée.

pécuniaire a Relatif à l'argent.

pécuniairement av Sur le plan pécuniaire.

pédagogie nf Science de l'éducation.

pédagogique a De la pédagogie.

pédagogiquement av Sur le plan pédagogique.

pédagogue n, a 1 Enseignant, éducateur. 2 Qui sait bien expliquer.

pédale nf Organe mécanique mû par le pied qui commande le fonctionnement d'un appareil. Loc Fam Perdre les pédales : perdre son sang-froid. Fam Mettre la pédale douce : ne pas insister.

pédaler vi Rouler à bicyclette.

pédalier nm Ensemble des pédales et du plateau d'une bicyclette.

pédalo nm (n déposé) Petite embarcation mue par des pédales.

pédant, ante n, a Qui fait étalage de ses connaissances.

pédanterie ou **pédantisme** nf Caractère pédant.

pédantesque a Litt Digne d'un pédant.

pédéraste nm Qui s'adonne à la pédérastie.

pédérastie nf 1 Attirance sexuelle ressentie par un homme pour les jeunes garçons. 2 Abusiv Homosexualité masculine.

pédestre a Qui se fait à pied.

pédiatre n Spécialiste de pédiatrie.

pédiatrie nf Médecine des enfants.

pédiatrique a De la pédiatrie.

pédicelle nm BOT Petit pédoncule.

pédicule nm BOT Support allongé et grêle de certaines plantes.

pédiculose nf MED Contamination par les poux.

pédicure n Qui soigne les pieds.

pédicurie nf Métier de pédicure.

pedigree [pedigre] nm Généalogie d'un animal de race ; document qui l'atteste.

pédiment nm GEOGR Glacis d'érosion en zone aride.

pédodontie nf Chirurgie dentaire adaptée aux enfants.

pédogenèse nf GEOL Formation des sols.

pédologie nf Science des sols.

pédologue n Spécialiste de pédologie.

pédoncule nm BOT Ramification terminale de la tige portant la fleur.

pédonculé, ée a Porté par un pédoncule.

pédophile a, n Atteint de pédophilie.

pédophilie nf Attirance sexuelle pour les enfants.

pédopsychiatre n Spécialiste de pédopsychiatrie.

pédopsychiatrie nf Psychiatrie de l'enfant.

peeling [piliŋ] nm MED Traitement qui consiste à enlever la couche superficielle de l'épiderme.

P.E.G.C. n Professeur d'enseignement général de collège.

pègre nf Monde des voleurs, des escrocs.

peignage nm Action de peigner.

peigne nm 1 Instrument à dents qui sert à démêler ou à orner les cheveux. 2 Appareil à dents, servant à démêler des fibres textiles. Loc Passer au peigne fin : contrôler minutieusement.

peigné nm Étoffe de laine peignée.

peigne-cul nm inv Pop Minable.

peignée nf Fam Volée de coups.

peigner vt 1 Démêler, arranger les cheveux. 2 Démêler des fibres textiles. ■ vpr Se coiffer.

peignoir nm 1 Vêtement qu'on porte au sortir du bain. 2 Vêtement d'intérieur long et ample.

peinard ou **pénard, arde** a Pop Tranquille.

peinardement ou **pénardement** av Pop Tranquillement.

peindre vt [69] 1 Couvrir, recouvrir de peinture. 2 Représenter par des traits et des couleurs. 3 Décrire. ■ vpr Se manifester. L'inquiétude se peint sur son visage.

peine nf 1 Punition infligée par le pouvoir public à un individu coupable d'un crime. 2 Chagrin, souffrance morale. 3 Activité qui demande un effort. 4 Difficulté, embarras. Loc À peine : presque pas ; depuis peu de temps. À grand-peine : très difficilement. Sous peine de : sous risque de. Sans peine : aisément. Homme de peine : qui effectue les travaux pénibles. Ne pas valoir la peine : n'être pas nécessaire.

peiner vi Se fatiguer, éprouver des difficultés. Peiner à monter. ■ vt Attrister, affliger.

peintre nm 1 Professionnel de la peinture de murs, des plafonds. 2 Artiste qui peint des tableaux, exerce l'art de la peinture.

peinture nf 1 Art de peindre ; ouvrage d'un artiste peintre. 2 Action de recouvrir de matière colorante une surface ; couche de couleur couvrant une surface. **3** Matière servant à peindre. **4** Description évocatrice. *Peinture des mœurs.* Loc Fam *Ne pas voir en peinture :* détester.

peinturlurer vt Fam Barbouiller de tons voyants.

péjoratif, ive a Qui implique un jugement dépréciatif.

péjoration nf LING Ajout d'une valeur péjorative à un mot.

péjorativement av De façon péjorative.

pékan nm Martre du Canada.

pékinois, oise a, n De Pékin. ■ nm **1** Petit chien au poil long et à la tête ronde. **2** Dialecte chinois du nord de la Chine.

pelade nf Chute des poils ou des cheveux par plaques.

pelage nm Poils d'un mammifère.

pélagianisme nm RELIG Hérésie privilégiant l'effort personnel sur la grâce divine.

pélagique a De la haute mer.

pélamide nf Syn de *bonite.*

pélargonium [-njɔm] nm Plante ornementale à belles fleurs.

pelé, ée a **1** Qui n'a plus de poils. **2** Dépourvu de végétation, aride.

pêle-mêle av Confusément, en désordre.

peler vt [16] Ôter la peau d'un fruit. ■ vi Perdre sa peau par morceaux. *Avoir le nez qui pèle.*

pèlerin nm Qui fait un voyage vers un lieu de dévotion.

pèlerinage nm Voyage fait pour des raisons religieuses, affectives, vers un lieu précis.

pèlerine nf Vêtement sans manches.

pélican nm Grand oiseau palmipède à bec en forme de poche.

pelisse nf Vêtement doublé de fourrure.

pellagre nf Maladie qui se manifeste par des lésions cutanées.

pelle nf Outil plat à manche, servant à déplacer la terre, le sable ou à d'autres usages. Loc Fam *À la pelle :* en grande quantité. Fam *Ramasser une pelle :* tomber.

pellet nm Comprimé médicamenteux.

pelletée nf Contenu d'une pelle.

pelleter vt [19] Remuer ou déplacer à la pelle.

pelleterie nf **1** Travail des peaux et commerce des fourrures. **2** Peau travaillée, fourrure.

pelleteuse nf Engin qui sert à excaver un terrain et à déplacer les déblais.

pelletier, ère n Spécialiste de pelleterie.

pelliculaire a Qui forme une pellicule.

pellicule nf **1** Petite écaille du cuir chevelu. **2** Couche peu épaisse. **3** Feuille mince recouverte d'une matière sensible à la lumière destinée à la photo, au cinéma. **4** Feuille de plastique.

pelliculer vt Recouvrir d'une pellicule (4).

pelotage nm Fam Action de peloter.

pelotari nm Joueur de pelote basque.

pelote nf **1** Jeu de balle qui se pratique contre un mur ; balle servant à ce jeu. **2** Boule formée de fils. Loc Fam *Avoir les nerfs en pelote :* être très énervé.

peloter vt Fam Caresser sensuellement.

peloton nm **1** Petite pelote de fil. **2** Petite unité militaire. **3** Groupe de coureurs demeurant ensemble au cours d'une course.

pelotonnement nm Action de se pelotonner.

pelotonner vt Mettre en peloton du fil. ■ vpr Se ramasser en boule.

pelouse nf **1** Terrain couvert d'une herbe épaisse et courte. **2** Partie gazonnée d'un champ de courses, d'un stade.

peluche nf Étoffe à poils longs.

pelucher vi Perdre ses poils (étoffe).

pelucheux, euse a Qui peluche.

pelure nf Peau d'un fruit ou d'un légume.

pelvien, enne a ANAT Du bassin.

pelvis nm ANAT Bassin.

pénal, ale, aux a DR Qui concerne les crimes et les peines.

pénalement av Sur le plan pénal.

pénalisant, ante a Qui pénalise.

pénalisation nf **1** Action de pénaliser. **2** Sanction.

pénaliser vt **1** Désavantager un concurrent qui a enfreint les règlements sportifs. **2** Sanctionner.

pénaliste n Spécialiste de droit pénal.

pénalité nf Peine, sanction.

penalty [penalti] nm Au football, sanction d'une faute grave commise tout près du but adverse.

pénard, pénardement. V. peinard, peinardement.

pénates nmpl Fam Habitation, foyer.

penaud, aude a Confus, honteux.

pence. V. penny.

penchant nm Inclination, goût.

pencher vt Incliner qqch vers le bas ou de côté. ■ vi **1** S'écarter de la position verticale ; être incliné. **2** Avoir tendance à choisir telle chose. ■ vpr **1** S'incliner vers l'avant. **2** Examiner avec intérêt. *Se pencher sur un problème.*

pendable a Loc *Tour pendable :* farce de mauvais goût.

pendage nm GEOL Inclinaison d'une couche sédimentaire, d'un filon.

pendaison nf Action de pendre qqn, de se pendre.

1. pendant, ante a Qui pend. Loc *Affaire pendante :* en suspens. ■ nm **1** Objet ou personne formant symétrie avec un autre. **2** Pendeloque.

2. pendant prép Durant.

pendeloque nf Ornement suspendu à un lustre, à une boucle d'oreilles.

pendentif nm Bijou suspendu à une chaîne.

penderie nf Placard où on suspend les vêtements.

pendiller vi Être suspendu et se balancer.

pendouiller vi Fam Pendre de façon ridicule.

pendre vt [5] **1** Attacher qqn, qqch de façon à laisser libre la partie inférieure. **2** Mettre à mort en suspendant par le cou. Loc *Être pendu aux lèvres de qqn :* l'écouter passionnément. ■ vi **1** Être suspendu. **2** Descendre trop bas. Loc Fam *Cela lui pend au nez :* cela risque de lui arriver. ■ vpr **1** Se suspendre. **2** Se suicider par pendaison.

pendu, ue n Personne morte par pendaison.

pendulaire a Du pendule. *Mouvement pendulaire.*

pendule nm Masse suspendue à un point fixe et oscillant régulièrement. ■ nf Petite horloge d'appartement.

pendulette nf Petite pendule.

pêne nm Pièce d'une serrure qui pénètre dans la gâche.

pénéplaine nf GEOL Surface plane résultant de l'érosion d'une région plissée.

pénétrable a Qu'on peut pénétrer, intelligible.

pénétrant, ante a 1 Qui pénètre, traverse. 2 Perspicace. *Remarque pénétrante.*

pénétration nf 1 Action, fait de pénétrer. 2 Sagacité.

pénétré, ée a Rempli d'un sentiment ; convaincu d'une opinion.

pénétrer vi [12] Entrer, s'introduire à l'intérieur de. *Pénétrer dans un appartement.* ■ vt 1 Percer, entrer dans. 2 Toucher intimement. 3 Parvenir à connaître ce qui était caché. ■ vpr S'imprégner d'une pensée, d'un sentiment.

pénibilité nf Caractère pénible.

pénible a 1 Qui se fait avec fatigue. 2 Qui cause du désagrément.

péniblement av Avec peine, avec effort.

péniche nf Grand bateau à fond plat qui sert au transport fluvial.

pénicilline nf Antibiotique issu du pénicillium.

pénicillinorésistant, ante a MED Qui résiste à l'action de la pénicilline.

pénicillium [-ljɔm] nm Champignon se développant sous forme de moisissure verte.

pénil nm ANAT Éminence au-devant du pubis de la femme. Syn. mont de Vénus.

péninsulaire a D'une péninsule.

péninsule nf Grande presqu'île.

pénis nm Organe mâle de la copulation.

pénitence nf Punition infligée pour avoir offensé Dieu.

pénitencier nm Anc Prison pour les condamnés à de longues peines.

pénitent, ente a, n Qui confesse ses péchés au prêtre.

pénitentiaire a Des prisons.

penne nf ZOOL Grande plume des oiseaux.

penné, ée a BOT Disposé comme les barbes d'une plume. *Feuille pennée.*

penny [peni] nm Monnaie anglaise, valant le centième de la livre. *Des pence.*

pénologie nf DR Étude des peines, de leurs modalités d'application.

pénombre nf Lumière faible et douce.

pensable a Qui peut être imaginé.

pensant, ante a Qui pense.

pense-bête nm Fam Moyen employé pour ne pas oublier qqch. *Des pense-bêtes.*

pensée nf 1 Faculté de réfléchir, intelligence, esprit. 2 Idée, jugement, opinion. 3 Plante ornementale aux fleurs diversement colorées.

penser vi Concevoir des idées. ■ vt 1 Imaginer, avoir dans l'esprit. *Dire ce qu'on pense.* 2 Croire, juger. *Penser du bien de qqn.* 3 Envisager qqch. *Je pense partir.* ■ vti Réfléchir à qqch, y faire attention. *Pensez à ma proposition.*

penseur nm Qui exerce sa pensée de manière profonde et originale.

pensif, ive a Plongé dans ses pensées.

pension nf 1 Établissement qui loge et nourrit qqn contre rétribution. 2 Pensionnat. 3 Allocation versée régulièrement à qqn.

pensionnaire n 1 Qui verse une pension pour être logé et nourri. 2 Élève interne.

pensionnat nm Établissement scolaire dont les élèves sont pensionnaires.

pensionné, ée n, a Qui jouit d'une pension.

pensionner vt Verser une pension à qqn.

pensivement av De façon pensive.

pensum [pɛ̃sɔm] nm Litt Corvée.

pentagonal, ale, aux a D'un pentagone.

pentagone [pɛ̃-] nm Polygone à cinq côtés.

pentamètre [pɛ̃-] nm Vers grec ou latin de cinq pieds.

pentathlon [pɛ̃-] nm Épreuve olympique masculine, combinant l'escrime, l'équitation, le tir, la natation et le cross-country.

pentatonique a MUS Constitué de cinq tons.

pente nf Inclinaison d'un terrain, d'une surface. Loc *Être sur une mauvaise pente :* se laisser entraîner par de mauvais penchants.

Pentecôte nf 1 Fête juive commémorant la remise des tables de la Loi à Moïse, au Sinaï. 2 Fête chrétienne commémorant la descente du Saint-Esprit sur les apôtres.

pentrite nf Explosif très puissant.

pentu, ue a En pente. *Rue pentue.*

pénultième a, nf Avant-dernier.

pénurie nf Manque du nécessaire.

péon [peɔn] nm Ouvrier agricole, en Amérique du Sud.

pépé nm Fam 1 Grand-père. 2 Vieillard.

pépée nf Pop Jeune femme.

pépère a Fam Calme, tranquille.

pépètes ou **pépettes** nfpl Pop Argent.

pépie nf Loc Fam *Avoir la pépie :* avoir très soif.

pépiement nm Cri des jeunes oiseaux.

pépier vi Crier (jeunes oiseaux).

pépin nm 1 Graine de certains fruits. 2 Pop Difficulté, anicroche, ennui. 3 Fam Parapluie.

pépinière nf 1 Terrain où sont plantés de jeunes arbres destinés à être transplantés. 2 Lieu où sont formées des personnes destinées à une profession.

pépiniériste n Qui s'occupe d'une pépinière.

pépite nf Masse de métal pur, surtout d'or.

péplum [-plɔm] nm 1 ANTIQ Tunique de femme. 2 Film à grand spectacle s'inspirant de l'Antiquité.

peppermint nm Liqueur de menthe poivrée.

pepsine nf BIOL Enzyme gastrique.

peptide nm BIOL Protide formé par l'union d'acides aminés.

péquenot nm Pop, vx Civil.

péquin nm Pop, vx Civil. V. pecquenaud.

perçage nm Action de percer.

percale nf Toile de coton fin.

percaline nf Toile de coton pour les doublures.

perçant, ante a 1 Fort, vif (froid). 2 Aigu (son). 3 D'une grande acuité (vue).

perce nf Loc *Mettre un tonneau en perce :* y faire une ouverture pour en tirer le vin.

percée nf 1 Action de rompre la ligne de défense de l'adversaire. 2 Ouverture, dégagement. 3 Avancée rapide. *Percée commerciale.*

percement nm Action de percer.

perce-neige nf inv Petite plante dont les fleurs blanches s'épanouissent à la fin de l'hiver.

perce-oreille nm Insecte dont l'abdomen se termine par une pince. *Des perce-oreilles.*

percepteur nm Agent du Trésor public chargé du recouvrement des impôts.

perceptible a Qui peut être perçu.

perceptiblement av De façon perceptible.

perceptif, ive *a* Relatif à la perception.

perception *nf* **1** Recouvrement des impôts ; local où le percepteur a sa caisse. **2** Représentation d'un objet à partir des sensations.

percer *vt* [10] **1** Faire un trou dans. **2** Pénétrer, traverser de part en part qqch, qqn. **3** Pratiquer une ouverture. **4** Découvrir. *Percer un mystère.* ■ *vi* **1** Commencer à apparaître. *Le soleil perce.* **2** Devenir visible.

perceur, euse *n* Qui perce. ■ *nf* Machine servant à percer.

percevoir *vt* [43] **1** Recueillir de l'argent, un impôt. **2** Connaître par les sens ou par l'esprit.

1. perche *nf* Poisson d'eau douce.

2. perche *nf* Pièce de bois, de métal, de fibre de verre, etc., longue et mince. Loc *Tendre la perche à qqn* : lui venir en aide. Fam *Une grande perche* : qqn grand et maigre.

percher *vt* Placer qqch à un endroit élevé. ■ *vi* **1** Se poser sur une branche. **2** Fam Habiter. ■ *vpr* Se jucher sur.

percheron, onne *a, n* Du Perche. ■ *nm* Grand cheval de trait, lourd et puissant.

perchiste *n* **1** Sauteur à la perche. **2** Technicien maniant une perche munie d'un micro.

perchoir *nm* Support sur lequel un oiseau se perche.

perclus, use *a* Paralytique, impotent.

percnoptère *nm* Petit vautour.

percolateur *nm* Grosse cafetière à vapeur.

percolation *nf* PHYS Circulation de l'eau à travers un milieu poreux.

percussion *nf* Choc d'un corps sur un autre. Loc *Instruments à percussion* : dont on joue en les frappant (tambour, cymbales).

percussionniste *n* Qui joue d'un instrument à percussion.

percutané, ée *a* Qui se fait à travers la peau.

percutant, ante *a* **1** Qui agit par percussion. **2** Qui fait beaucoup d'effet ; frappant.

percuter *vt, vi* Frapper, heurter violemment. *La voiture a percuté le mur, contre le mur.*

percuteur *nm* Dans une arme à feu, tige métallique dont le choc contre l'amorce fait partir le coup.

perdant, ante *a, n* Qui perd.

perdition *nf* Loc *En perdition* : en danger d'être perdu, de faire naufrage.

perdre *vt* [5] **1** Cesser d'avoir qqch. **2** Être quitté par qqn, être privé de lui. **3** Mal employer qqch. *Perdre son temps.* **4** N'avoir pas le dessus. *Perdre une bataille, un procès.* **5** Ruiner, discréditer. **6** Égarer. *Perdre ses gants.* Loc *Perdre de vue* : ne plus voir. *Perdre la tête* : s'affoler. *Perdre la vie* : mourir. ■ *vi* Avoir le dessous ; faire une perte d'argent. ■ *vpr* **1** Disparaître. **2** S'égarer.

perdreau *nm* Jeune perdrix de l'année.

perdrix [-dRi] *nf* Oiseau gris ou roux recherché comme gibier.

perdu, ue *a* **1** Égaré, oublié. **2** Employé inutilement. **3** Isolé, reculé. *Village perdu.* **4** Dont le cas est désespéré. Loc *À corps perdu* : impétueusement. *À temps perdu* : dans les moments de loisir. ■ *n* Loc Fam *Comme un perdu* : de toutes ses forces.

perdurer *vi* Se prolonger, se perpétuer.

père *nm* **1** Homme qui a un ou plusieurs enfants. **2** Titre donné à un prêtre catholique. **3** Créateur d'une doctrine, d'une œuvre. Loc *Pères de l'Église* : les docteurs des premiers siècles de l'Église chrétienne. *Le Saint-Père* : le pape. *De père en fils* : par transmission héréditaire. Fam *Gros père* : enfant jouffu, replet. ■ *pl* Litt Ancêtres, aïeux.

pérégrinations *nfpl* Nombreuses allées et venues.

péremption *nf* État de ce qui est périmé.

péremptoire *a* Décisif, contre quoi il n'y a rien à répliquer. *Ton péremptoire.*

péremptoirement *av* Catégoriquement.

pérennisation *nf* Fait de pérenniser.

pérenniser *vt* Rendre durable.

pérennité *nf* Litt Continuité.

péréquation [-kwa-] *nf* Répartition équitable des ressources ou des charges.

perestroïka [pe-] *nf* Restructuration de la société soviétique.

perfectible *a* Susceptible d'être perfectionné.

perfectif *nm* LING Forme verbale présentant l'action comme achevée.

perfection *nf* **1** Qualité de qqch, de qqn de parfait. **2** Chose ou personne parfaite. Loc *À la perfection* : parfaitement.

perfectionnement *nm* Action de (se) perfectionner.

perfectionner *vt* Améliorer, faire tendre vers la perfection. ■ *vpr* Devenir meilleur.

perfectionnisme *nm* Souci excessif d'atteindre la perfection.

perfectionniste *a, n* Scrupuleux à l'excès.

perfide *a, n* Litt Trompeur et dangereux.

perfidement *av* Litt Avec perfidie.

perfidie *nf* Litt Déloyauté.

perforant, ante *a* Qui perfore.

perforateur, trice *a* Qui sert à perforer. ■ *nf* Machine à perforer.

perforation *nf* Action de perforer.

perforer *vt* Percer de trous.

performance *nf* **1** Résultat obtenu par un sportif, un acteur, etc. **2** Exploit. **3** Résultat optimal obtenu par un matériel.

performant, ante *a* Capable de performances élevées ; compétitif.

perfusion *nf* MED Injection dans le sang de sérum ou de médicament.

pergélisol [-sɔl] *nm* Syn de *permafrost.*

pergola *nf* Construction de jardin légère, recouverte de plantes grimpantes.

périanthe *nm* BOT Ensemble des enveloppes florales.

périarthrite *nf* Inflammation des tissus entourant une articulation.

péricarde *nm* ANAT Membrane qui enveloppe le cœur.

péricardite *nf* Inflammation du péricarde.

péricarpe *nm* BOT Enveloppe d'une graine.

péricliter *vi* Décliner.

péridot *nm* MINER Silicate de magnésium.

péridotite *nf* Roche éruptive contenant du péridot.

péridural, ale, aux *a, nf* MED Se dit d'une anesthésie locale du bassin et des membres inférieurs.

périgée *nm* ASTRO Point de l'orbite d'un astre le plus rapproché de la Terre. Ant apogée.

périglaciaire *a* Proche des glaciers.

périgourdin, ine *a, n* Du Périgord.

périhélie *nm* ASTRO Point de l'orbite d'une planète le plus proche du Soleil. Ant aphélie.

périinformatique *nf* Matériels annexes d'un système informatique (imprimantes, terminaux, etc.).

péril *nm* Litt Risque, danger. Loc *À ses risques et périls* : en acceptant de courir tous les risques. *Au péril de* : au risque de.

périlleux, euse *a* Qui présente du danger.

périmé, ée *a* Dépassé, qui n'a plus cours.

périmer (se) *vpr* Perdre sa validité.

périmètre *nm* 1 GEOM Contour d'une figure plane. 2 Espace quelconque.

périnatal, ale, a MED De la période qui précède et suit immédiatement la naissance.

périnatalogie *nf* Médecine périnatale.

périnée *nm* ANAT Région entre l'anus et les parties génitales.

période *nf* 1 Espace de temps ; phase, époque. 2 Phrase de prose organisée et harmonieuse.

périodicité *nf* Caractère périodique ; fréquence.

périodique *a* Qui se reproduit à des intervalles de temps réguliers. ■ *nm* Journal, magazine paraissant à intervalles réguliers.

périodiquement *av* De façon périodique.

périoste *nm* ANAT Membrane qui entoure les os.

péripatéticienne *nf* Litt Prostituée.

péripétie [-si] *nf* Incident, circonstance imprévue. *Un voyage riche en péripéties.*

périphérie *nf* Quartiers d'une ville les plus éloignés du centre.

périphérique *a* Situé à la périphérie. ■ *nm* 1 Voie rapide entourant une ville. 2 Appareil relié à un ordinateur.

périphrase *nf* Circonlocution équivalent à un mot simple (ex. : *l'astre du jour* pour *le Soleil*).

périphrastique *a* De la périphrase.

périple *nm* Voyage touristique.

périr *vi* Litt 1 Mourir. 2 Disparaître.

périscolaire *a* Qui coexiste avec l'enseignement scolaire (clubs sportifs, colonies de vacances).

périscope *nm* Appareil d'optique pour voir des objets hors du champ de vision.

périssable *a* Sujet à s'altérer.

périssodactyle *nm* ZOOL Mammifère ongulé du type rhinocéros, cheval.

périssoire *nf* Petite embarcation manœuvrée avec une pagaie.

péristaltique *a* Du péristaltisme.

péristaltisme *nm* PHYSIOL Mouvements du tube digestif.

péristyle *nm* ARCHI Colonnade qui entoure un édifice.

péritéléphonie *nf* Services et appareils associés au téléphone (répondeur par ex.).

péritélévision *nf* Appareils que l'on peut connecter à un téléviseur (magnétoscope, jeux vidéo).

péritoine *nm* ANAT Membrane qui recouvre les organes de la cavité abdominale.

péritonéal, ale, aux *a* Du péritoine.

péritonite *nf* Inflammation du péritoine.

périurbain, aine *a* Qui concerne les abords d'une ville.

perle *nf* 1 Concrétion brillante de nacre formée à l'intérieur de certains coquillages. 2 Petite boule percée en bois, en métal, en verre, etc. 3 Goutte de liquide. 4 Personne sans défaut. 5 Fam Absurdité burlesque.

perlé, ée *a* Nacré. Loc *Grève perlée* : avec alternance de travail et d'arrêt.

perler *vi* Former des gouttes.

perlier, ère *a* Relatif aux perles.

perlimpinpin *nm* Loc *Poudre de perlimpinpin* : remède inefficace.

perlingual, ale, aux [-gual] *a* MED Qui se fait par la langue.

permafrost *nm* Couche du sol gelée en permanence. Syn. pergélisol.

permanence *nf* 1 Caractère constant, immuable. 2 Service permanent ; local où il fonctionne. 3 Salle d'études surveillée. Loc *En permanence* : sans interruption.

permanencier, ère *n* Qui assure une permanence.

permanent, ente *a* 1 Qui dure sans s'interrompre, ni changer. 2 Qui est établi à demeure. *Comité permanent.* ■ *nm* Membre rémunéré d'une organisation. ■ *nf* Traitement donnant aux cheveux une ondulation durable.

permanganate *nm* Sel d'un acide dérivé du manganèse, utilisé comme antiseptique.

perméabilité *nf* Caractère perméable.

perméable *a* 1 Qui peut être pénétré par. 2 Qui se laisse influencer par. *Perméable aux idées nouvelles.*

permettre *vt* [64] 1 Donner liberté, pouvoir de. *Permettez-moi de sortir.* 2 Rendre possible. *Cet horaire me permet d'arriver plus tôt.* 3 Autoriser, tolérer qqch. ■ *vpr* Prendre la liberté de. *Elle s'est permis d'entrer sans frapper.*

permien *nm* GEOL Période de l'ère primaire.

permis *nm* Autorisation officielle pour certaines activités.

permissif, ive *a* Qui permet ou tolère.

permission *nf* 1 Autorisation. 2 Congé accordé à un militaire.

permissionnaire *nm* Soldat en permission.

permissivité *nf* Fait d'être permissif.

permutabilité *nf* Caractère permutable.

permutable *a* Qui peut être permuté.

permutation *nf* Action de permuter.

permuter *vt, vi* Échanger qqch avec qqn, intervertir des choses.

pernicieusement *av* De façon pernicieuse.

pernicieux, euse *a* Nuisible, dangereux.

péroné *nm* Os long de la jambe.

péronisme *nm* HIST Système politique du président Perón.

péronnelle *nf* Vx Fille sotte et bavarde.

péroraison *nf* Conclusion d'un discours.

pérorer *vi* Parler longuement avec prétention.

peroxyde *nm* Oxyde à forte proportion d'oxygène.

perpendiculaire *a, nf* Qui forme un angle droit.

perpendiculairement *av* Selon une perpendiculaire.

perpète ou perpette (à) *av* Pop À perpétuité.

perpétration *nf* Litt Action de perpétrer.

perpétrer *vt* [12] Litt Commettre un crime.

perpétuation *nf* Litt Action de perpétuer.

perpétuel, elle *a* 1 Qui ne cesse pas ; continuel. 2 Qui dure toute la vie. 3 Fréquent.

perpétuellement *av* Toujours.

perpétuer *vt* Litt Faire durer. ■ *vpr* Litt Durer.

perpétuité *nf* Loc *À perpétuité* : pour toujours.

perplexe *a* Irrésolu, hésitant.

perplexité *nf* Irrésolution, embarras.

perquisition *nf* Recherche opérée dans un lieu par la police.

perquisitionner *vi, vt* Faire une perquisition dans un lieu ; fouiller.

perron *nm* Escalier extérieur se terminant à l'entrée par un palier.

perroquet *nm* **1** Grand oiseau au plumage éclatant, capable d'imiter la parole humaine. **2** Personne qui répète sans comprendre. **3** MAR Voile carrée qui surmonte le mât de hune.

perruche *nf* **1** Petit perroquet ou femelle du perroquet. **2** MAR Voile qui surmonte le mât d'artimon.

perruque *nf* **1** Coiffure postiche. **2** Pop Travail que l'ouvrier fait en fraude dans l'entreprise.

perruquier *nm* Fabricant de perruques.

pers, perse *a* Litt Entre le bleu et le vert.

persan, ane *a, n* De Perse. ■ *nm* **1** Langue parlée en Iran. **2** Chat à poils longs et soyeux.

perse *a, n* De l'ancienne Perse. ■ *nf* Toile imprimée.

persécuté, ée *a, n* En butte à des persécutions.

persécuter *vt* **1** Faire souffrir par des traitements cruels. **2** Importuner, harceler.

persécuteur, trice *a, n* Qui persécute.

persécution *nf* Action de persécuter.

persévérance *nf* Constance dans l'effort.

persévérant, ante *a* Qui persévère.

persévérer *vi* [12] Persister dans une résolution, un sentiment, une action.

persienne *nf* Contrevent muni de lames pour arrêter les rayons du soleil.

persiflage *nm* Moquerie.

persifler *vt* Tourner en ridicule.

persifleur, euse *n, a* Moqueur.

persil [-si] *nm* Plante odorante utilisée comme condiment.

persillade *nf* Assaisonnement à base de persil.

persillé, ée *a* Loc *Viande persillée :* parsemée d'infiltrations graisseuses. ■ *nm, a* Fromage dont la pâte contient des moisissures verdâtres.

persistance *nf* Action, fait de persister.

persistant, ante *a* Qui dure, qui ne faiblit pas ou ne disparaît pas. Loc *Feuillage persistant :* non caduc.

persister *vi* **1** S'obstiner, persévérer dans une résolution. **2** Durer. *Toux qui persiste.*

persona grata *a inv* Agréé dans une fonction diplomatique auprès d'un État.

personnage *nm* **1** Personne importante ou célèbre. **2** Personne fictive d'une œuvre littéraire ; rôle joué par un acteur. **3** Personne considérée dans son comportement. *Un curieux personnage.*

personnalisation *nf* Action de personnaliser.

personnaliser *vt* Donner un caractère personnel, singulier, unique.

personnalisme *nm* Philosophie qui fait de la personne humaine la valeur essentielle.

personnalité *nf* **1** Ce qui caractérise une personne, dans son unité, sa singularité. **2** Originalité de caractère, de comportement. **3** Personnage important. *Une personnalité politique.*

personne *nf* **1** Individu considéré comme être humain, ou dans sa réalité psychologique, physique. **2** DR Individu ou être moral, collectif doté de l'existence juridique. **3** GRAM Forme du verbe selon les personnes qui parlent. Loc *En*

personne : soi-même. ■ *pr indéf* **1** (avec *ne*) Nul, aucun. *Personne n'est venu.* **2** Qui que ce soit. *Il joue mieux que personne.*

personnel, elle *a* **1** Propre à une personne, qui en porte la marque. **2** GRAM Propre aux personnes grammaticales. **3** Qui n'a pas l'esprit d'équipe. ■ *nm* Ensemble des personnes employées dans un service, une entreprise.

personnellement *av* En personne.

personnification *nf* Action de personnifier ; type, incarnation.

personnifié, ée *a* En personne, incarné.

personnifier *vt* **1** Attribuer à qqch les traits d'une personne humaine. **2** Constituer en soi le modèle de.

perspective *nf* **1** Art de représenter les objets en trois dimensions sur une surface plane. **2** Aspect que présentent un paysage, des objets, vus de loin. **3** Idée qu'on se fait d'un événement à venir ; point de vue. **4** Grande voie en ligne droite. Loc *En perspective :* dans l'avenir.

perspicace *a* Pénétrant, sagace, subtil.

perspicacité *nf* Caractère perspicace.

persuader *vt* Amener qqn à croire, à faire qqch. ■ *vpr* S'imaginer. *Elle s'est persuadé(e) qu'on lui mentait.*

persuasif, ive *a* Qui persuade.

persuasion *nf* Action ou manière de persuader ; conviction.

perte *nf* **1** Fait d'être privé de qqch qu'on avait ; fait d'avoir égaré qqch. **2** Dommage pécuniaire ; somme perdue. **3** Mort de qqn. **4** Mauvais emploi, gaspillage. Loc *À perte :* à un prix inférieur au prix de revient. *À perte de vue :* aussi loin que porte la vue. *En pure perte :* sans résultat. *Être en perte de vitesse :* perdre de son efficacité, de sa popularité.

pertinemment [-namã] *av* **1** De façon judicieuse. **2** Parfaitement.

pertinence *nf* Caractère pertinent.

pertinent, ente *a* Approprié ; judicieux.

perturbateur, trice *a, n* Qui cause du trouble.

perturbation *nf* Trouble, bouleversement.

perturber *vt* Troubler ; empêcher le déroulement ou le fonctionnement normal de.

péruvien, enne *a, n* Du Pérou.

pervenche *nf* **1** Plante rampante, aux fleurs bleu-mauve. **2** Fam Contractuelle de la police parisienne. ■ *a inv* Bleu-mauve.

pervers, erse [-ver] *a, n* Litt Porté à faire le mal. **2** Atteint de perversion sexuelle. ■ *a* Fait avec perversité. Loc *Effet pervers :* conséquence indirecte, inattendue et fâcheuse, d'une décision.

perversion *nf* **1** Déviation des tendances, des instincts, en particulier sur le plan sexuel. **2** Altération, corruption de qqch.

perversité *nf* Tendance à faire le mal et à en éprouver de la joie.

pervertir *vt* **1** Porter qqn à faire le mal ; corrompre. **2** Dénaturer, altérer qqch.

pervertissement *nm* Litt Action de pervertir.

pesage *nm* **1** Action de peser. **2** Action de peser les jockeys avant la course ; endroit où l'on procède à cette opération.

pesamment *av* Avec lourdeur.

pesant, ante *a* **1** Lourd. **2** Sans vivacité ni finesse. ■ *nm* Loc *Valoir son pesant d'or :* être d'un grand prix.

pesanteur *nf* 1 Caractère pesant, lourd. 2 Force qui entraîne les corps vers le centre de la Terre. ■ *pl* Résistance au changement ; immobilisme.

pèse-alcool *nm inv* Appareil pour mesurer le degré alcoolique.

pèse-bébé *nm* Balance pour peser les nourrissons. *Des pèse-bébés.*

pesée *nf* 1 Action de peser ; quantité pesée. 2 Pression exercée sur qqch.

pèse-lettre *nm* Petite balance pour peser les lettres. *Des pèse-lettres.*

pèse-personne *nm* Petite bascule pour se peser. *Des pèse-personnes.*

peser *vt* [15] 1 Mesurer le poids de. 2 Évaluer, examiner attentivement. Loc *Peser ses mots* : parler avec circonspection. ■ *vi* Avoir un certain poids. *Ce paquet pèse 3 kilos.* ■ *vti* 1 Exercer une pression sur. *Peser sur un levier.* 2 Être pénible à supporter. *L'oisiveté lui pèse.*

peseta [peze-] *nf* Unité monétaire de l'Espagne.

peso [peso] *nm* Unité monétaire de plusieurs États d'Amérique du Sud et des Philippines.

peson *nm* Petite balance à levier ou à ressort.

pessah *nf inv* Nom hébreu de la pâque juive.

pessaire *nm* Membrane contraceptive en caoutchouc.

pessimisme *nm* Tendance à penser que tout va ou ira mal.

pessimiste *a, n* Enclin au pessimisme.

peste *nf* 1 Maladie infectieuse et épidémique. 2 Chose ou personne nuisible, dangereuse.

pester *vi* Manifester de la mauvaise humeur contre qqn, qqch.

pesteux, euse *a* De la peste.

pesticide *nm* Produit qui détruit les animaux ou les plantes nuisibles.

pestiféré, ée *a, n* Atteint de la peste.

pestilence *nf* Odeur infecte.

pestilentiel, elle *a* Qui dégage une odeur nauséabonde.

pet *nm* Fam Gaz intestinal qui sort de l'anus avec bruit.

pétale *nm* Chacune des pièces de la corolle d'une fleur.

pétanque *nf* Jeu de boules.

pétant, ante *a* Loc Fam *À une heure pétante* : à une heure très exactement.

pétaradant, ante *a* Qui pétarade.

pétarade *nf* Série de brèves détonations.

pétarader *vi* Faire entendre une pétarade.

pétard *nm* 1 Engin explosif. 2 Pop Pistolet. 3 Pop Derrière. Loc Pop *Être en pétard* : en colère. *Faire du pétard* : du tapage.

pétaudière *nf* Fam Lieu où il n'y a ni ordre ni autorité.

pet-de-nonne *nm* Beignet soufflé. *Des pets-de-nonne.*

péter *vi* [12] 1 Fam Lâcher un pet. 2 Fam Exploser, éclater. 3 Fam Se casser. ■ *vt* Fam Casser qqch. Loc *Péter le feu* : être très vif.

pète-sec *n inv* Fam Personne autoritaire, au ton cassant.

péteux, euse *n, a* Fam 1 Couard, poltron. 2 Prétentieux.

pétillant, ante *a* Qui pétille.

pétillement *nm* Bruit de ce qui pétille.

pétiller *vi* 1 Éclater avec de petits bruits secs et répétés. 2 Dégager des bulles de gaz. 3 Briller d'un vif éclat. *Ses yeux pétillent de joie.*

pétiole [-sjol] *nm* BOT Queue d'une feuille.

pétiolé, ée *a* BOT Pourvu d'un pétiole.

petiot, ote *a, n* Fam Tout petit.

petit, ite *a* 1 De faibles dimensions. 2 De faible importance. 3 Étriqué, mesquin, borné. ■ *a, n* Qui n'a pas atteint l'âge adulte ; enfant, jeune. Loc *Faire des petits* : mettre bas. ■ *av* Loc *En petit* : en raccourci. *Petit à petit* : peu à peu.

petit-beurre *nm* Gâteau sec rectangulaire, au beurre. *Des petits-beurres.*

petit-bourgeois, petite-bourgeoise *n* Qui appartient aux couches les moins aisées de la bourgeoisie. ■ *a* Qui dénote de l'étroitesse d'esprit. *Des petits-bourgeois.*

petit-déjeuner *nm* Premier repas pris le matin. *Des petits-déjeuners.* ■ *vi* Prendre le petit-déjeuner.

petitement *av* 1 À l'étroit. 2 Mesquinement.

petitesse *nf* 1 Caractère petit. 2 Caractère, acte mesquin.

petit-fils *nm*, **petite-fille** *nf* Fils, fille du fils ou de la fille par rapport au grand-père, à la grand-mère. *Des petits-fils. Des petites-filles.*

petit-gris *nm* 1 Écureuil d'Europe à la fourrure appréciée. 2 Escargot. *Des petits-gris.*

pétition *nf* Demande, plainte ou vœu écrits adressés à une autorité. Loc *Pétition de principe* : raisonnement consistant à tenir pour vrai ce qu'il s'agit de démontrer.

pétitionnaire *n* Qui signe ou présente une pétition.

pétitionner *vi* Adresser une pétition.

petit-lait *nm* Liquide qui se sépare du lait caillé. *Des petits-laits.*

petit-nègre *nm inv* Fam Français incorrect à la grammaire rudimentaire.

petit-neveu *nm*, **petite-nièce** *nf* Fils, fille du neveu, de la nièce, par rapport au grand-oncle ou à la grand-tante. *Des petits-neveux. Des petites-nièces.*

petits-enfants *nmpl* Enfants d'un fils ou d'une fille.

petit-suisse *nm* Petit cylindre de fromage frais. *Des petits-suisses.*

pétoche *nf* Pop Peur.

pétoire *nf* Fam Arme à feu désuète.

peton *nm* Fam Petit pied.

pétoncle *nm* Mollusque comestible.

pétrel *nm* Oiseau marin au bec crochu, aux pieds palmés.

pétrifiant, ante *a* Qui pétrifie.

pétrification *nf* Action de (se) pétrifier.

pétrifier *vt* 1 Recouvrir de calcaire, de silice. 2 Stupéfier, immobiliser.

pétrin *nm* Appareil, coffre pour pétrir le pain. Loc Fam *Être dans le pétrin* : dans l'embarras.

pétrir *vt* 1 Brasser, malaxer une pâte. 2 Presser avec force pour donner une forme. Loc *Être pétri de qqch* : en être plein.

pétrissage *nm* Action de pétrir.

pétrochimie *nf* Chimie des produits extraits du pétrole.

pétrochimique *a* De la pétrochimie.

pétrodollar *nm* Dollar provenant du commerce du pétrole.

pétrogenèse *nf* GEOL Formation des roches.

pétroglyphe *nm* Gravure sur pierre.

pétrographie ou **pétrologie** *nf* GEOL Étude des roches et de leur formation.

pétrole nm Huile minérale organique, composée d'hydrocarbures. ■ a inv Loc Bleu pétrole : bleu tirant sur le vert.
pétrolette nf Fam Petite motocyclette.
pétroleuse nf HIST Femme qui aurait allumé des incendies pendant la Commune de 1871.
pétrolier, ère a Du pétrole. ■ nm Navire pour le transport du pétrole.
pétrolifère a Qui contient du pétrole.
pétrologie. V. pétrographie.
pétulance nf Vivacité, fougue.
pétulant, ante a Vif, impétueux.
pétunia nm Plante à fleurs colorées.
peu av En petite quantité, en quantité insuffisante. Loc À peu près : presque. Peu à peu : lentement. De peu : d'un rien. Pour peu que : pourvu que. Sous peu, avant peu : dans peu de temps. Depuis peu : récemment. ■ nm La petite quantité de. Le peu (de temps) qu'il lui reste. Loc Pour un peu : un peu plus.
peuh ! interj Marque le dédain, l'indifférence.
peul ou **peuhl** nm Langue d'Afrique.
peuplade nf Petit groupe humain dans une société archaïque.
peuple nm 1 Ensemble des gens appartenant à une communauté nationale ou culturelle. Le peuple français. 2 Ensemble des citoyens de condition modeste. Sortir du peuple. 3 Fam Foule.
peuplé, ée a Où il y a des habitants.
peuplement nm Action de peupler ; fait d'être peuplé.
peupler vt 1 Faire occuper un endroit par des végétaux, des animaux. 2 Occuper un endroit, en constituer la population. 3 Remplir l'esprit. Peupler l'imagination. ■ vpr Se remplir de monde, d'êtres vivants.
peuplier nm Grand arbre cultivé pour son bois blanc et léger.
peur nf Crainte plus ou moins violente. Loc Avoir peur : craindre. Fam Peur bleue : grande peur. De peur de, que : par crainte de, que.
peureusement av De façon craintive.
peureux, euse a, n Craintif, sujet à la peur.
peut-être av Marque le doute, l'éventualité.
peyotl [pɛ-] nm Cactacée des montagnes mexicaines donnant de la mescaline.
pèze nm Pop Argent.
pfennig [pfe-] nm Centième partie du mark.
pH nm CHIM Coefficient caractérisant l'état acide ou basique d'une solution.
phacochère nm Sanglier africain.
phagocyte nm BIOL Leucocyte apte à la phagocytose.
phagocyter vt 1 BIOL Détruire par phagocytose. 2 Faire disparaître en intégrant à soi.
phagocytose nf BIOL Ingestion par un leucocyte d'une particule étrangère.
phalange nf 1 ANTIQ Corps d'infanterie de l'armée grecque. 2 Segment articulé des doigts, des orteils. 3 HIST Groupement paramilitaire de type fasciste.
phalangette nf Dernière phalange du doigt.
phalangiste n HIST Membre d'une phalange.
phalanstère nm Communauté de travailleurs, dans le système de Fourier.
phalène nf ou m Grand papillon nocturne.
phallique a Du phallus.
phallocrate n Homme qui s'estime supérieur à la femme.

phallocratie [-si] nf Attitude dominatrice de l'homme sur les femmes.
phallocratique a De la phallocratie.
phalloïde a Loc Amanite phalloïde : champignon mortel au chapeau jaunâtre ou verdâtre.
phallus nm Pénis en érection.
phanérogame nf BOT Plante à fleurs et à graines.
pharaon nm ANTIQ Souverain de l'Égypte.
pharaonique a 1 Des pharaons. 2 Marqué par le gigantisme, la démesure.
phare nm 1 Tour surmontée d'un foyer lumineux, établie le long des côtes pour guider les navires. 2 Projecteur à l'avant d'un véhicule pour éclairer la route. 3 Ce qui guide, éclaire.
pharisaïsme nm Litt Hypocrisie.
pharisien, enne n 1 Membre d'une secte juive contemporaine du Christ. 2 Litt Hypocrite.
pharmaceutique a De la pharmacie.
pharmacie nf 1 Science de la préparation et de la composition des médicaments. 2 Profession et commerce du pharmacien ; laboratoire, boutique du pharmacien. 3 Armoire à médicaments.
pharmacien, enne n Qui exerce la pharmacie.
pharmacocinétique nf Étude de l'action des médicaments à l'intérieur du corps.
pharmacodépendance nf Dépendance à l'égard d'un médicament.
pharmacodynamie nf Étude des effets organiques des médicaments.
pharmacologie nf Science des médicaments.
pharmacologique a De la pharmacologie.
pharmacologue n Spécialiste de pharmacologie.
pharmacopée nf Ensemble des médicaments ; ouvrage énumérant leurs effets.
pharmacovigilance nf MED Contrôle centralisé des informations sur les effets des médicaments.
pharyngé, ée ou **pharyngien, enne** a Du pharynx.
pharyngite nf Inflammation du pharynx.
pharynx nm ANAT Conduit qui va de la cavité buccale à l'œsophage ; gosier.
phase nf 1 Chacune des périodes marquant l'évolution d'un phénomène. 2 ASTRO Chacun des aspects différents de la Lune. Loc Fam Être en phase : en harmonie.
phasme nm Insecte ayant l'aspect d'une brindille.
phénicien, enne a, n De la Phénicie.
phénix nm 1 MYTH Oiseau fabuleux qui se brûlait lui-même pour renaître de ses cendres. 2 Litt Personne exceptionnelle.
phénobarbital nm Barbiturique.
phénol nm Composé dérivé du benzène, utilisé en chimie, en pharmacie.
phénoménal, ale, aux a Surprenant, extraordinaire.
phénoménalement av Extraordinairement.
phénomène nm 1 Tout fait extérieur ou intérieur présent à la conscience. 2 Chose remarquable, extraordinaire. 3 Fam Personne originale, bizarre.
phénoménologie nf Philosophie visant à saisir par la conscience l'essence des choses.
phéromone nf ZOOL Substance émise par un animal à destination de ses congénères.

phi *nm* Lettre de l'alphabet grec correspondant au *ph* français.

philanthrope *n* Qui agit avec générosité, désintéressement.

philanthropie *nf* Bienfaisance, générosité.

philanthropique *a* De la philanthropie.

philatélie *nf* Collection des timbres-poste.

philatélique *a* De la philatélie.

philatéliste *n* Collectionneur de timbres-poste.

philharmonie *nf* Société musicale.

philharmonique *a* Loc *Orchestre philharmonique* : grand orchestre symphonique.

philhellène *n* HIST Partisan de l'indépendance grecque (XIXe s.).

philippin, ine *a, n* Des îles Philippines.

philippique *nf* Litt Discours violent contre qqn.

philistin *nm* Litt Personne vulgaire et inculte.

philo *nf* Fam Philosophie.

philodendron [-dē-] *nm* Arbuste aux feuilles décoratives.

philologie *nf* Étude d'une langue d'après les textes écrits.

philologique *a* De la philologie.

philologue *n* Spécialiste de philologie.

philosophale *af* Loc *Pierre philosophale* : pierre qui, d'après les alchimistes, pouvait changer les métaux en or.

philosophe *n* Spécialiste de philosophie. ■ *a, n* Qui supporte tout avec sérénité.

philosopher *vi* Argumenter, raisonner, discuter sur un sujet quelconque.

philosophie *nf* 1 Branche du savoir qui étudie les principes et les causes au niveau général. 2 Doctrine, système d'une école, d'un philosophe. 3 Fermeté, calme, courage.

philosophique *a* De la philosophie.

philosophiquement *av* De façon philosophique ; avec sérénité.

philtre *nm* Litt Breuvage magique propre à inspirer l'amour.

phimosis *nm* MED Étroitesse du prépuce, qui empêche de découvrir le gland.

phlébite *nf* Thrombose veineuse des membres inférieurs.

phlébographie *nf* Radiographie des veines.

phlébologie *nf* Étude des veines et traitement de leurs affections.

phlébologue *n* Spécialiste de phlébologie.

phlébotomie *nf* CHIR Ablation d'une veine.

phlegmon *nm* Infiltration purulente aiguë du tissu sous-cutané.

phlyctène *n* Bulle de sérosité sous l'épiderme.

pH-mètre *nm* Appareil de mesure du pH.

phobie *nf* Peur irraisonnée, angoissante et obsédante.

phobique *a* De la phobie. ■ *a, n* Atteint de phobie.

phocéen, enne *a, n* Litt De Marseille.

pholiote *nf* Champignon à lamelles jaunes.

phonateur, trice ou **phonatoire** *a* De la phonation.

phonation *nf* Production des sons par les organes vocaux.

phonème *nm* Son du langage.

phonéticien, enne *n* Spécialiste de phonétique.

phonétique *a* Relatif aux sons du langage. ■ *nf* Étude des sons de la parole.

phonétiquement *av* Sur le plan phonétique.

phonétisme *nm* LING Structures phonétiques d'une langue.

phoniatre *n* Spécialiste de phoniatrie.

phoniatrie *nf* Étude et traitement des troubles de la phonation.

phonique *a* Relatif aux sons ou à la voix.

phonogramme *nm* 1 LING Signe graphique représentant un son. 2 Enregistrement sonore sur disque, cassette, etc.

phonographe ou **phono** *nm* Anc Appareil servant à reproduire les sons.

phonographique *a* Relatif à l'enregistrement des sons sur disques.

phonolite *nf* Roche volcanique qui résonne quand on la frappe.

phonologie *nf* LING Description des caractéristiques linguistiques des sons du langage.

phonothèque *nf* Établissement où sont archivés des documents sonores.

phoque *nm* Mammifère des mers froides.

phosgène *nm* Gaz de combat dérivé du chlore.

phosphate *nm* Sel de l'acide phosphorique utilisé pour les engrais.

phosphaté, ée *a* Qui renferme du phosphate.

phosphore *nm* Corps simple présent dans les os, le système nerveux, etc.

phosphorer *vi* Fam Réfléchir beaucoup.

phosphorescence *nf* Propriété de certains corps d'émettre de la lumière dans l'obscurité.

phosphorescent, ente *a* Qui émet une lueur dans l'obscurité.

phosphoreux, euse *a* CHIM Qui contient du phosphore.

phosphorique *a* Loc CHIM *Anhydride phosphorique* : obtenu par combustion du phosphore *Acide phosphorique* : acide du phosphore.

photo *nf* Photographie. ■ *a inv* Photographique. *Appareil photo.*

photochimie *nf* Étude des réactions chimiques produites par la lumière.

photocomposer *vt* Composer par photocomposition.

photocomposeuse *nf* Appareil de photocomposition.

photocompositeur *nm* Professionnel de la photocomposition.

photocomposition *nf* Composition typographique des textes destinés à être imprimés.

photocopie *nf* Reproduction photographique d'un document.

photocopier *vt* Faire la photocopie de.

photocopieur *nm* ou **photocopieuse** *n* Appareil de photocopie.

photodiode *nf* Diode déclenchée par un rayonnement lumineux.

photoélectrique *a* Loc *Cellule photoélectrique* : dispositif de mesure d'un flux lumineux.

photofinish *nf inv* Enregistrement photographique automatique de l'arrivée d'une course.

photogénique *a* Qui est plus beau en photographie qu'au naturel.

photogrammétrie *nf* Technique permettant de déterminer la forme et les dimensions d'un objet à partir de photographies.

photographe *n* 1 Qui photographie en amateur ou en professionnel. 2 Qui développe les films photographiques, tire les clichés.

photographie nf 1 Art et technique visant à fixer l'image des objets par l'utilisation de l'action de la lumière sur une surface sensible. 2 Image ainsi obtenue. 3 Reproduction exacte d'une situation.

photographier vt 1 Obtenir une image par la photographie. 2 Décrire avec précision.

photographique a De la photographie.

photograveur nm Professionnel de la photogravure.

photogravure nf IMPRIM Obtention photographique de clichés d'impression.

photoluminescence nf Luminescence d'un corps renvoyant une radiation.

photolyse nf CHIM Décomposition chimique sous l'action de la lumière.

photomaton nm (n déposé) Installation payante et automatique de photographie des visages.

photomécanique a Se dit de tout procédé photographique de reproduction qui permet de créer des clichés.

photomètre nm Appareil de mesure de l'intensité lumineuse.

photométrie nf Mesure de l'intensité lumineuse.

photomontage nm Montage photographique.

photon nm PHYS Particule de masse et de charge nulles associée à un rayonnement lumineux.

photopériodisme nm BOT Réaction des plantes à la succession des jours et des nuits.

photophore nm Coupe en verre, destinée à recevoir une bougie.

photopile nf Batterie ou pile solaire.

photoreportage nm Reportage photographique.

photosensible a Sensible à la lumière.

photosphère nf La plus profonde des couches du Soleil.

photosynthèse nf BIOL Assimilation chlorophyllienne.

photothèque nf Lieu où on archive des documents photographiques.

phototropisme nm BIOL Tropisme commandé par la lumière.

phototype nm Image photographique obtenue directement.

phragmite nm Roseau commun.

phrase nf 1 Assemblage de mots présentant un sens complet. 2 Suite de notes présentant une certaine unité. Loc Phrase toute faite : cliché. ■ pl Loc Faire des phrases : avoir un langage affecté. Sans phrases : sans détours.

phrasé nm MUS Façon de phraser.

phraséologie nf Manière de s'exprimer propre à un milieu, à une époque.

phraser vt MUS Jouer un air en faisant sentir le développement des phrases musicales.

phraseur, euse n Déclamateur prétentieux.

phrastique a LING De la phrase.

phratrie nf ETHNOL Groupe de clans au sein d'une tribu.

phréatique a Loc Nappe phréatique : nappe d'eau souterraine.

phrénologie nf Anc Étude du caractère par la forme du crâne.

phryganе nf Insecte dont les larves, aquatiques, se protègent par un fourreau fait de divers matériaux.

phrygien, enne a Loc Bonnet phrygien : bonnet rouge des révolutionnaires de 1793.

phtisie nf Vx Tuberculose.

phtisiologie nf Étude de la tuberculose.

phtisique a, n Vx Tuberculeux.

phycomycète nm BOT Champignon primitif, souvent aquatique et parasite.

phylactère nm 1 Bulle des bandes dessinées. 2 Syn de tephillin.

phyllie nf Insecte de Malaisie ressemblant à une feuille verte.

phylloxéra nm Insecte parasite de la vigne ; maladie de la vigne.

phylogenèse nf BIOL Formation et évolution des organismes vivants.

physalie nf Grande méduse urticante.

physalis nf Plante ornementale aux baies rouges évoquant une lanterne vénitienne.

physicien, enne n Spécialiste de physique.

physicochimique a Qui relève de la physique et de la chimie.

physiocrate nm Économiste du XVIIIᵉ s considérant l'agriculture comme source principale de la richesse d'un pays.

physiologie nf Science du fonctionnement des organismes vivants.

physiologique a De la physiologie.

physiologiste n Spécialiste de physiologie.

physionomie nf 1 Ensemble des traits du visage. 2 Caractère particulier de qqn, de qqch.

physionomiste a Qui a la mémoire des visages.

physiopathologie nf Étude des troubles physiologiques.

physiothérapie nf Utilisation thérapeutique des agents physiques (eau, lumière, chaleur).

physique a 1 Relatif à la nature, à la matière. 2 Relatif au corps humain, aux sens. Loc Culture physique : gymnastique. ■ nm Aspect extérieur de qqn ; sa constitution. ■ nf Science des propriétés de la matière et des lois qui la régissent.

physiquement av Sur le plan physique.

phytocide nm, a Produit susceptible de détruire les végétaux.

phytogéographie nf Étude de la répartition des végétaux.

phytohormone nf Hormone végétale.

phytoparasite nm Parasite d'un végétal.

phytopathologie nf Étude des maladies des plantes.

phytophage a ZOOL Qui se nourrit de substances végétales.

phytoplancton nm Plancton végétal.

phytosanitaire a Relatif aux soins donnés aux végétaux.

phytosociologie nf Étude des associations végétales.

phytothérapie nf Traitement des maladies par les plantes.

phytotron nm Laboratoire où on étudie les mécanismes de la vie végétale.

pi nm 1 Lettre de l'alphabet grec, correspondant à p. 2 MATH Nombre de symbole π, égal au rapport de la circonférence d'un cercle à son diamètre et dont la valeur approche 3,1416.

piaf nm Pop Moineau.

piaffer vi 1 Frapper la terre avec les pieds de devant (cheval). 2 Manifester une nervosité excessive.

piaillement nm 1 Cris aigus d'un oiseau. 2 Fam Criaillerie. Syn piaillerie.

piailler vi **1** Pousser de petits cris aigus (oiseau). **2** Fam Crier continuellement.

piaillerie nf Syn de piaillement.

pian nm Maladie cutanée contagieuse des pays tropicaux.

pianissimo av, nm MUS Très doucement.

pianiste n Qui joue du piano.

1. piano nm Instrument de musique à clavier et à cordes frappées.

2. piano av MUS Doucement.

piano-bar nm Café dans lequel un piano crée un fond musical. Des pianos-bars.

pianoforte [-fɔʀte] nm Ancêtre du piano du XVIIIe s.

pianoter vi **1** Jouer maladroitement du piano. **2** Tapoter avec les doigts sur un objet. **3** Taper sur les touches d'un clavier d'ordinateur, de minitel.

piastre nf **1** Ancienne monnaie espagnole. **2** Fam Nom du dollar au Canada.

piaule nf Pop Chambre.

piaulement nm Cri d'un oiseau qui piaule.

piauler vi Crier (oiseau, poulet).

pic nm **1** Oiseau grimpeur doté d'un bec pointu. **2** Instrument fait d'un fer pointu pour creuser. **3** Montagne élevée, au sommet très pointu. Loc À pic : verticalement. Fam Tomber, arriver à pic : à propos.

picador nm Cavalier qui, dans les courses de taureaux, fatigue l'animal avec une pique.

picaillons nmpl Pop Argent.

picard, arde a, n De Picardie. ■ nm Dialecte parlé en Picardie.

picaresque a Se dit d'œuvres mettant en scène des aventuriers, des brigands.

pichenette nf Fam Chiquenaude.

pichet nm Petit broc.

pickles [pikœls] nmpl Condiments végétaux confits dans du vinaigre.

pickpocket [pikpɔkɛt] nm Voleur à la tire.

pick-up [pikœp] nm inv **1** Électrophone. **2** Camionnette dont l'arrière est un plateau non recouvert.

picoler vi Pop Boire de l'alcool, du vin.

picorer vi Chercher sa nourriture (oiseaux). ■ vt Piquer çà et là.

picotement nm Impression de piqûres légères et répétées.

picoter vt **1** Becqueter, picorer. **2** Causer des picotements à.

picotin nm Vx Ration d'avoine pour les chevaux.

picrate nm **1** CHIM Sel de l'acide picrique. **2** Pop Vin rouge.

picrique a Loc CHIM Acide picrique : acide dérivé du phénol.

pictogramme nm **1** Symbole propre aux écritures pictographiques. **2** Dessin normalisé servant à guider les usagers dans les lieux publics.

pictographique a Du pictogramme.

pictural, ale, aux a Relatif à la peinture.

pic-vert. V. pivert.

pidgin [pidʒin] nm LING Langue de relation empruntant ses éléments à plusieurs langues.

1. pie nf **1** Oiseau noir et blanc à longue queue. **2** Personne très bavarde. ■ a inv Dont le poil est de deux couleurs.

2. pie af Loc Litt Œuvre pie : œuvre pieuse.

pièce nf **1** Chacune des parties d'un tout, d'un assemblage, d'un mécanisme. **2** Morceau de tissu pour réparer un vêtement. **3** Salle, chambre d'un logement. **4** Morceau de métal servant de monnaie. **5** Document écrit servant à établir un droit, une preuve. **6** Ouvrage dramatique ; composition musicale. Loc Tout d'une pièce : d'un seul morceau ; d'un caractère entier. Aux pièces : en proportion du travail. De toutes pièces : entièrement ; sans fondement. Mettre en pièces : démolir. À la pièce : au nombre d'objets fabriqués. Litt Faire pièce à qqn : s'opposer à lui.

piècette nf Petite pièce de monnaie.

pied nm **1** Extrémité du membre inférieur, qui sert à la marche. **2** Partie inférieure d'un objet servant de support. **3** Partie basse d'une montagne. **4** Plant de certains végétaux. Pied de salade. **5** Ancienne unité de longueur (0,3248 m) ou mesure anglo-saxonne (0,3048 m). **6** VERSIF Ensemble de syllabes constituant une unité rythmique. Loc À pied : en marchant ; sans véhicule. À pied sec : sans se mouiller. Pied à pied : peu à peu. Mettre le pied dehors : sortir. Mettre qqch sur pied : l'organiser. Sur pied : debout. Mettre à pied : renvoyer. Marcher sur les pieds : empiéter sur le domaine de qqn. Faire des pieds et des mains : se démener. Fam Faire les pieds à qqn : lui servir de leçon. De pied ferme : énergiquement. Au pied levé : sans préparation. Avoir pied : pouvoir toucher le fond de l'eau. Prendre pied : s'établir solidement. Perdre pied : ne plus pouvoir suivre. À pied d'œuvre : prêt à l'action. Lâcher pied : reculer. Récolte sur pied : non cueillie. Au petit pied : en petit. Sur le pied de : avec le train de vie de. Au pied de la lettre : littéralement. Pop Prendre son pied : éprouver du plaisir.

pied-à-terre nm inv Logement qu'on n'occupe en passant.

pied-bot nm Atteint d'un pied bot. Des pieds-bots.

pied-de-biche nm Outil servant de levier. Des pieds-de-biche.

pied-de-mouton nm Champignon comestible. Des pieds-de-mouton.

pied-de-poule nm Tissu aux motifs croisés. Des pieds-de-poule.

pied-droit ou **piédroit** nm ARCHI **1** Pilier qui soutient une voûte. **2** Jambage d'une porte, d'une fenêtre. Des pieds-droits.

piédestal, aux nm Socle d'une statue. Loc Mettre sur un piédestal : idéaliser.

pied-noir n, a Fam Français d'Algérie jusqu'à l'indépendance de ce pays. Des pieds-noirs.

piège nm **1** Engin pour prendre des animaux. **2** Difficulté ou danger cachés.

piéger vt [13] **1** Prendre à l'aide de pièges. **2** Mettre qqn dans une situation difficile et sans issue. **3** Installer qqpart un engin explosif. **4** Parvenir à fixer un phénomène physique. Piéger des radiations.

pie-grièche nf Passereau. Des pies-grièches.

pie-mère nf ANAT La plus interne des méninges. Des pies-mères.

piémont nm GEOGR Plaine alluviale au pied d'une chaîne de montagnes.

piémontais, aise a, n Du Piémont.

piéride nm Papillon aux ailes tachetées.

pierraille nf Petites pierres.

pierre *nf* 1 Matière minérale solide et dure. 2 Bloc de cette matière façonné ou non. *Casser des pierres. Loc La pierre :* l'immobilier. *Pierre précieuse :* minéral de grande valeur (diamant, rubis, émeraude, saphir). *Pierre fine :* topaze, améthyste, etc. *Pierre à feu, à fusil :* silex produisant des étincelles. *Pierre levée :* menhir. *Jeter la pierre à qqn :* le blâmer. *Pierre de taille :* utilisée pour la construction.

pierreries *nfpl* Pierres précieuses taillées.

pierreux, euse *a* De pierre.

pierrier *nm* Versant recouvert d'éboulis.

pierrot *nm* 1 Personnage de comédie vêtu de blanc au visage enfariné. 2 *Fam* Moineau.

piéta *nf* Statue ou tableau de la Vierge portant sur ses genoux le corps du Christ.

piétaille *nf* Gens de fonction subalterne.

piété *nf* Dévotion religieuse. *Loc Piété filiale :* affection pour les parents.

piétement *nm* Ensemble des pieds d'un meuble et des traverses qui les relient.

piétinement *nm* Action de piétiner.

piétiner *vi* 1 Remuer, frapper des pieds sur place. 2 Ne pas progresser. *Les tractations piétinent.* ■ *vt* Fouler aux pieds.

piétisme *nm* Mouvement religieux luthérien (XVIIe s).

piéton, onne *n* Qui va à pied. *Passage pour piétons.* ■ *a* Piétonnier. *Rue piétonne.*

piétonnier, ère *a* Réservé aux piétons.

piètre *a* Médiocre, sans valeur.

piètrement *av* Médiocrement.

pieu *nm* 1 Pièce de bois pointue à un bout, destinée à être enfoncée en terre. 2 *Pop* Lit.

pieusement *av* Avec piété.

pieuter (se) *vpr* *Pop* Se mettre au lit.

pieuvre *nf* Mollusque céphalopode à huit tentacules munis de ventouses. *Syn* poulpe.

pieux, pieuse *a* Qui a ou qui dénote de la piété.

piézoélectricité *nf* Apparition de charges électriques sur certains cristaux déformés.

piézoélectrique *a* De la piézoélectricité.

1. pif *nm* *Pop* Nez. *Loc Pop Au pif :* au pifomètre.

2. pif *interj* *Loc Pif! Paf! :* exprime un bruit sec.

pifomètre *nm* *Fam* Flair. *Loc Fam Au pifomètre :* approximativement, par intuition.

pige *nf* 1 Mode de rémunération d'un journaliste payé à la tâche. 2 *Pop* Année d'âge. *Loc Fam Faire la pige à qqn :* faire mieux que lui.

pigeon *nm* 1 Oiseau dont certaines espèces (*pigeons voyageurs*) ont un sens de l'orientation très développé. 2 *Fam* Qui se laisse facilement duper.

pigeonne *nf* Femelle du pigeon.

pigeonneau *nm* Jeune pigeon.

pigeonner *vt* *Fam* Duper.

pigeonnier *nm* 1 Petite construction destinée aux pigeons domestiques. 2 *Fam* Logement exigu.

piger *vt* [11] *Pop* Comprendre.

pigiste *n* Journaliste payé à la pige.

pigment *nm* 1 Substance organique qui colore la peau. 2 Matière colorante en poudre.

pigmentaire *a* D'un pigment.

pigmentation *nf* 1 Formation de pigment dans certains tissus. 2 Coloration par un ou des pigments.

pigmenter *vt* Colorer par un pigment.

pigne *nf* Pomme de pin.

pignon *nm* 1 Partie supérieure triangulaire d'un mur de maison. 2 Roue dentée d'engrenage. 3 Graine de pomme de pin. *Loc Avoir pignon sur rue :* être dans une situation notoirement établie, aisée.

pignouf *nm* *Pop* Individu sans éducation.

pilaf *nm* Plat épicé composé de riz mêlé de viande, de poissons, de coquillages, etc.

pilastre *nm* Pilier adossé à un mur.

pilchard *nm* Grosse sardine.

pile *nf* 1 Ensemble d'objets placés les uns sur les autres. 2 Massif de maçonnerie servant de support à un pont. 3 Appareil qui transforme l'énergie chimique en courant électrique. 4 Côté d'une pièce de monnaie opposé à la face. 5 *Fam* Volée de coups ; défaite écrasante. *Loc Jouer à pile ou face :* décider en s'en remettant au hasard. ■ *av Loc Tomber pile :* juste ou à point. *S'arrêter pile :* tout d'un coup.

piler *vt* 1 Écraser, broyer en frappant. 2 *Fam* Battre, vaincre qqn. ■ *vi* *Fam* Freiner brusquement.

pileux, euse *a* Relatif aux poils, aux cheveux.

pilier *nm* 1 Colonne de maçonnerie, de fer, de bois, etc., constituant un support, dans un édifice. 2 Personne fréquentant assidûment un lieu. *Pilier de bar.* 3 Personne ou chose sur laquelle s'appuie qqch.

pillage *nm* Action de piller.

pillard, arde *a, n* Qui pille.

piller *vt* 1 Dépouiller par la force, voler. *Piller une ville. Piller des œuvres d'art.* 2 Plagier, copier de façon éhontée.

pilleur, euse *n* Qui pille. *Pilleur d'épaves.*

pilon *nm* 1 Instrument servant à écraser ou à tasser. 2 Cuisse d'une volaille cuite. 3 *Fam* Jambe de bois. *Loc Mettre un livre au pilon :* en détruire l'édition ou les invendus.

pilonnage *nm* Action de pilonner.

pilonner *vt* 1 Soumettre à un violent bombardement. 2 Mettre une publication au pilon.

pilori *nm* *Loc Clouer au pilori :* désigner à l'indignation générale.

pilosébacé, ée *a* De l'ensemble formé par le poil et la glande sébacée.

piloselle *nf* Plante aux propriétés diurétiques.

pilosité *nf* 1 Présence de poils. 2 Ensemble des poils.

pilotage *nm* Action, art de piloter.

pilote *nm* 1 Qui dirige un navire, un aéronef, une automobile, etc. 2 Petit poisson qui accompagne les requins, les navires. 3 Émission télévisée destinée à servir de modèle, de test. *Loc Pilote automatique :* dispositif qui assure automatiquement le maintien du cap d'un avion, d'un bateau. ■ *a* Qui s'engage dans une voie nouvelle, à titre expérimental. *Classe pilote.*

piloter *vt* 1 Conduire en tant que pilote. 2 Guider qqn dans des lieux qu'il ne connaît pas. 3 Mener à bien une opération.

pilotis *nm* Ensemble de pieux servant d'assise à un ouvrage construit au-dessus de l'eau.

pilou *nm* Tissu de coton pelucheux.

pilule *nf* 1 Médicament de forme sphérique pour la voie orale. 2 Substance utilisée comme contraceptif. *Loc Fam Dorer la pilule :* présenter favorablement une chose désagréable.

piluller *nm* Petite boîte destinée aux pilules.

pimbêche *nf* *Fam* Femme prétentieuse.

piment nm 1 Fruit de diverses plantes à saveur piquante, utilisé comme condiment. 2 Ce qui donne du piquant à qqch. *Le piment d'un récit.*

pimenter vt 1 Assaisonner de piment. 2 Donner du piquant à. *Pimenter ses propos.*

pimpant, ante a Alerte et élégant.

pimprenelle nf Plante à fleurs roses.

pin nm Conifère à aiguilles persistantes.

pinacle nm Partie la plus haute d'un édifice. Loc *Porter au pinacle :* couvrir d'éloges.

pinacothèque nf Musée de peinture.

pinaillage nm Fam Action de pinailler.

pinailler vi Fam Ergoter sur des riens.

pinailleur, euse n, a Fam Qui pinaille.

pinard nm Pop Vin.

pinasse nf Petit bateau de pêche.

pince nf 1 Outil ou accessoire à deux branches, servant à saisir ou à serrer. 2 Patte antérieure fourchue et articulée de certains crustacés. 3 Pop Main ou pied. 4 Pli cousu servant à ajuster un vêtement.

pincé, ée a Serré et mince. *Lèvres pincées.* Loc *Air pincé :* maniéré, distant.

pinceau nm 1 Instrument formé d'un faisceau de poils attaché au bout d'un manche, pour peindre, coller, etc. 2 Étroit faisceau de rayons lumineux. 3 Pop Pied.

pincée nf Quantité de poudre, de graines, etc., que l'on peut prendre entre ses doigts.

pincement nm 1 Action de pincer. 2 Sensation vive et quelque peu douloureuse.

pince-monseigneur nf Levier qu'utilisent les cambrioleurs pour forcer les portes. *Des pinces-monseigneur.*

pince-nez nm inv Binocle fixé sur le nez par un ressort.

pincer vt [10] 1 Serrer étroitement avec les doigts, avec une pince, etc. 2 Produire une sensation vive, semblable à un pincement. *Le froid pince les joues.* 3 Resserrer, amincir. *Pincer les lèvres.* 4 Supprimer des bourgeons. 5 Fam Prendre, surprendre qqn. *On l'a pincé la main dans le sac.* ■ vi Loc Fam *Ça pince :* il fait froid. Fam *En pincer pour :* être épris de.

pince-sans-rire nm inv Qui plaisante tout en restant impassible.

pincette nf Petite pince. ■ pl Longue pince en fer servant à saisir les tisons. Loc Fam *N'être pas à prendre avec des pincettes :* être de très mauvaise humeur.

pinçon nm Trace d'un pincement sur la peau.

pinéal, ale, aux a Loc ANAT *Glande pinéale :* épiphyse.

pineau nm Vin charentais mêlé de cognac.

pinède nm Terrain planté de pins.

pingouin nm Oiseau noir et blanc marin des régions arctiques, aux ailes très courtes.

ping-pong [piŋ-] nm Tennis de table.

pingre n, a Avare.

pingrerie nf Avarice mesquine.

pinnipède nm ZOOL Mammifère carnivore marin aux membres en forme de palettes natatoires (otaries, phoques, morses).

pinot nm Cépage rouge de Bourgogne.

pin's [pins] nm inv Badge qui se fixe grâce à une pointe. Syn. épinglette.

pinscher nm Doberman nain.

pinson nm Petit oiseau, bon chanteur. Loc *Gai comme un pinson :* très gai.

pintade nf Oiseau de basse-cour, au plumage gris perlé de blanc.

pintadeau nm Jeune pintade.

pinte nf Mesure de capacité anglo-saxonne.

pin-up [pinœp] nf inv Fille jolie et sensuelle.

pinyin [pinjin] nm Système de transcription du chinois en caractères latins.

piochage nm Action de piocher.

pioche nf Outil formé d'un fer allongé et courbe muni d'un manche, qui sert à creuser la terre. Loc *Tête de pioche :* têtu, obstiné.

piocher vt 1 Creuser avec une pioche. 2 Fam Préparer avec ardeur, travailler beaucoup sur. ■ vi Puiser dans un tas.

piolet nm Courte pioche utilisée en alpinisme.

1. pion nm Chacune des huit plus petites pièces du jeu d'échecs ; chacune des pièces du jeu de dames.

2. pion, onne n Pop Surveillant d'études.

pioncer vi [10] Pop Dormir.

pionnier, ère n 1 Qui défriche des contrées inhabitées. 2 Qui ouvre une voie nouvelle.

pipa nm Gros crapaud américain.

pipe nf 1 Ustensile servant à fumer, composé d'un tuyau aboutissant à un fourneau contenant le tabac. 2 Élément de tuyauterie, conduit. Loc Pop *Casser sa pipe :* mourir. Fam *Par tête de pipe :* par personne.

pipeau nm Petite flûte à bec.

pipelet, ette n Pop 1 Concierge. 2 Personne bavarde, commère.

pipeline [piplin] ou [pajplajn] nm Canalisation servant au transport du pétrole ou du gaz.

piper vt Loc *Piper des dés, des cartes :* les truquer pour tricher au jeu. Fam *Ne pas piper (mot) :* ne pas broncher.

piperade [piperad] nf Omelette basque aux tomates et aux poivrons.

pipette nf Tube mince, généralement gradué, utilisé pour prélever des liquides.

pipi nm Fam Urine. Loc Fam *Faire pipi :* uriner.

pipistrelle nf Petite chauve-souris.

pipit [-pit] nm Petit passereau des prairies.

piquage nm Action de piquer.

piquant, ante a 1 Qui pique. 2 Qui produit une sensation vive. *Froid piquant.* 3 Qui plaît par sa finesse, sa vivacité ; plaisant. *Détail piquant.* ■ nm 1 Épine, aiguille. 2 Ce qui est plaisant. *Le piquant d'une aventure.*

pique nf 1 Arme ancienne, faite d'un fer aigu au bout d'une hampe. 2 Fam Propos destiné à agacer, à vexer. *Envoyer des piques.* ■ nm Une des couleurs noires des jeux de cartes.

piqué, ée a 1 Cousu par un point de couture. 2 Parsemé de trous de vers, de taches d'humidité, etc. 3 Aigri (vin). 4 Fam Un peu fou. ■ nm 1 Vol descendant d'un avion, très fortement incliné. 2 Étoffe dont le tissage forme des dessins en relief.

pique-assiette n inv Qui cherche toujours à se faire inviter à la table d'autrui ; parasite.

pique-bœuf nm Oiseau d'Afrique accompagnant les troupeaux. *Des pique-bœufs.*

pique-feu nm inv Tisonnier.

pique-fleurs nm inv Socle mis au fond du vase pour maintenir les tiges de fleurs.

pique-nique nm Repas pris en plein air au cours d'une excursion. *Des pique-niques.*

pique-niquer vi Faire un pique-nique.

piquer vt 1 Percer avec un objet pointu. 2 Produire une sensation de piqûre, de picotement, de brûlure sur. *La fumée pique les* yeux. **3** Ficher dans. *Piquer une épingle dans une pelote.* **4** Fam Faire une piqûre thérapeutique à. **5** Blesser avec son crochet, son dard, son aiguillon. **6** Fixer à l'aide d'une pointe. *Piquer une gravure au mur.* **7** Faire des points de couture dans. **8** Produire une vive impression sur, exciter. *Piquer la curiosité de qqn.* **9** Fam Prendre, voler, saisir. **10** Fam Manifester brusquement. *Piquer une colère.* Loc *Piquer qqn au vif* : le blesser dans son amour-propre. *Piquer un cent mètres* : courir soudain sur une courte distance. ■ *vi* **1** Effectuer un piqué en avion. **2** Commencer à aigrir (vin). Loc Fam *Piquer du nez* : tomber en avant. *Piquer des deux* : s'élancer rapidement. ■ *vpr* Loc *Se piquer au jeu* : s'obstiner à venir à bout de qqch. *Se piquer de* : avoir la prétention de.

piquet *nm* **1** Petit pieu que l'on fiche en terre. *Piquet de tente.* **2** Punition consistant à mettre un élève tourné vers le mur. **3** Groupe de personnes affecté à un poste. *Piquet d'incendie. Piquet de grève.* **4** Jeu de cartes.

piqueter *vt* [19] Parsemer de points, de petites taches.

piquette *nf* **1** Vin aigrelet. **2** Fam Défaite écrasante.

piqueur, euse *a* Qui pique les étoffes, des peaux, etc.

piqûre *nf* **1** Petite plaie faite par un instrument aigu ou par le dard de certains animaux. **2** Sensation produite par qqch de piquant. **3** Injection sous-cutanée. **4** Rang de points de couture. **5** Trace (trou, tache) de ce qui est piqué.

piranha [piraɲa] *nm* Poisson carnivore des fleuves d'Amérique du Sud.

piratage *nm* Fait de reproduire une œuvre sans payer les droits légaux.

pirate *nm* **1** Aventurier courant les mers pour piller des navires. **2** Individu sans scrupules qui s'enrichit aux dépens des autres. Loc *Pirate de l'air* : qui détourne par la menace un avion de sa destination. ■ *a* Illicite, clandestin. *Enregistrement pirate.*

pirater *vi* Se livrer à la piraterie ou au piratage.

piraterie *nf* Activité, acte de pirate.

pire *a* Plus mauvais, plus méchant. ■ *nm* Ce qu'il y a de plus mauvais. *Envisager le pire.*

piriforme *a* En forme de poire.

pirogue *nf* Embarcation longue et étroite.

piroguier *nm* Conducteur d'une pirogue.

pirojki *nm* Petit pâté.

piroplasmose *nf* Maladie parasitaire transmise par les tiques à certains animaux.

pirouette *nf* **1** Tour complet qu'on fait en pivotant sur soi-même. **2** Brusque changement d'opinion.

pirouetter *vi* Faire une pirouette.

1. pis *nm* Mamelle d'un animal femelle.

2. pis *av* ou *a* Plus mal, plus mauvais, pire. Loc *Aller de mal en pis* : de plus en plus mal. *Au pis aller* : dans le cas le moins favorable. *Dire pis que pendre de* : en dire beaucoup de mal.

pis-aller [pizale] *nm inv* Ce dont on doit se contenter faute de mieux.

piscicole *a* De la pisciculture.

pisciculteur, trice *n* Qui pratique la pisciculture.

pisciculture *nf* Élevage de poissons comestibles.

pisciforme *a* En forme de poisson.

piscine *nf* Bassin où l'on pratique la natation.

piscivore *a* Qui se nourrit de poissons.

pisé *nm* Maçonnerie faite de terre argileuse mêlée de paille.

pissaladière *nf* Tarte en pâte à pain, garnie d'oignons, d'olives et d'anchois.

pissat *nm* Urine de certains animaux.

pisse *nf* Pop Urine.

pisse-copie *n inv* Fam Qui écrit beaucoup, sur n'importe quel sujet.

pisse-froid *nm inv* Fam Homme froid, ennuyeux.

pissenlit *nm* Plante à feuilles dentelées, à fleurs jaunes, qui peut se manger en salade.

pisser *vi* **1** Uriner. **2** Laisser s'échapper un liquide. Loc *Pisser de la copie* : rédiger beaucoup et mal.

pisseux, euse *a* **1** Fam Imprégné d'urine. **2** D'une couleur jaunâtre.

pissotière *nf* Pop Urinoir public.

pistache *nf* Graine du pistachier, utilisée en confiserie. ■ *a inv* D'un vert pâle.

pistachier *nm* Arbre des régions chaudes.

pistard, arde *n* Cycliste sur piste.

piste *nf* **1** Trace qu'un animal laisse de son passage. **2** Voie, indice qui conduit à découvrir qqn, qqch. **3** Emplacement servant de scène dans un cirque. **4** Chemin réservé aux cavaliers, aux cyclistes, aux skieurs. **5** Voie aménagée pour les atterrissages ou les décollages d'avions. **6** Route sommaire dans des régions désertiques, sauvages. **7** Partie d'une bande magnétique sur laquelle on enregistre des informations.

pister *vt* Suivre la piste de ; suivre, filer.

pisteur, euse *n* Qui entretient les pistes de ski.

pistil *nm* BOT Organe femelle de la fleur.

pistole *nf* Ancienne monnaie d'or.

pistolet *nm* **1** Arme à feu individuelle à canon court, qui se tient à la main. **2** Instrument servant à planter des clous, des rivets, etc. **3** Pulvérisateur de peinture. **4** Embout métallique d'un tuyau de distribution du carburant.

pistolet-mitrailleur *nm* Arme à feu à tir par rafales. Syn. mitraillette. *Des pistolets-mitrailleurs.*

piston *nm* **1** Pièce cylindrique qui coulisse dans le cylindre d'un moteur, dans le corps d'une pompe. **2** Dispositif qui, sur certains instruments à vent, règle la hauteur des notes. **3** Fam Protection se faire attribuer une place, un avantage, etc.

pistonner *vt* Fam Appuyer, recommander qqn.

pistou *nm* Soupe provençale aromatisée au basilic.

pitance *nf* Fam Nourriture.

pitchpin *nm* Pin américain dont le bois est utilisé en menuiserie.

piteusement *av* De façon piteuse.

piteux, euse *a* Qui inspire une pitié mêlée de mépris par son aspect minable.

pithécanthrope *nm* Hominien fossile.

pithiviers *nm* Gâteau feuilleté fourré de pâte d'amandes.

pitié *nf* **1** Sentiment de sympathie qu'inspire le spectacle des souffrances d'autrui. **2** Sentiment de dédain, de mépris.

piton *nm* **1** Clou ou vis dont la tête a la forme d'un anneau ou d'un crochet. **2** Pointe d'une montagne élevée.

pitonner vi En alpinisme, poser des pitons.

pitoyable a Digne de pitié ; lamentable.

pitoyablement av De façon lamentable.

pitre nm Bouffon.

pitrerie nf Facétie, clownerie.

pittoresque a 1 Qui frappe par sa beauté. *Un site pittoresque.* 2 Qui dépeint les choses de manière imagée. *Style pittoresque.*

pituite nf Sécrétion muqueuse de l'estomac provoquant des vomissements.

pivert ou **pic-vert** nm Pic (oiseau) vert et jaune, à tête rouge. *Des pics-verts.*

pivoine nf Plante à grosses fleurs odorantes.

pivot nm 1 Axe fixe autour duquel doit tourner une pièce mobile. 2 Support d'une dent artificielle enfoncé dans la racine. 3 Ce qui sert d'appui, de base ; principe fondamental.

pivotant, ante a 1 Qui pivote. 2 BOT Qui s'enfonce verticalement dans le sol (racine).

pivotement nm Fait de pivoter.

pivoter vi Tourner sur un pivot ou comme sur un pivot.

pixel nm INFORM Point minimal d'une image, représenté sous forme numérique.

pizza [pidza] nf Mets italien fait de pâte à pain garnie de tomates, d'olives, etc.

pizzeria [pidzerja] nf Restaurant où l'on mange des pizzas.

pizzicato [pidzi-] nm MUS Manière de produire le son en pinçant les cordes d'un instrument.

placage ou **plaquage** nm 1 Action de plaquer. 2 Mince feuille de bois précieux, avec laquelle on recouvre des bois de moindre valeur. 3 Au rugby, action de plaquer un adversaire.

placard nm 1 Renfoncement dans un mur, fermé par une porte et servant de rangement. 2 Écrit ou imprimé affiché. 3 IMPRIM Épreuve servant aux corrections. Loc Fam *Mettre qqn au placard :* le mettre à l'écart, le marginaliser.

placarder vt Afficher.

place nf 1 Dans une agglomération, espace découvert où aboutissent plusieurs rues. 2 Ville où se font les opérations financières ou commerciales. 3 Partie d'espace, endroit. 4 Siège, dans un véhicule, une salle de spectacle, etc. 5 Situation, condition, emploi de qqn. 6 Rang obtenu dans un classement. Loc *Place forte :* forteresse. *Entrer dans la place :* s'introduire dans un milieu fermé. *Se mettre à la place de qqn :* s'imaginer dans la situation où il est. *Remettre qqn à sa place :* le rappeler aux convenances. *À la place de :* au lieu de, en remplacement de. *Faire place à :* être remplacé par.

placé, ée a Se dit d'un cheval qui se classe dans les deux ou les trois premiers.

placebo nm MED Préparation inactive qu'on substitue à un médicament.

placement nm 1 Action de placer de l'argent ; l'argent ainsi placé. 2 Action de procurer une place, un emploi.

placenta [-sɛ̃-] nm 1 BIOL Organe qui assure, chez les mammifères, les échanges entre le fœtus et la mère, pendant la gestation. 2 BOT Partie de la paroi des carpelles où s'insèrent les ovules.

placentaire [-sɛ̃-] a Du placenta.

placer vt [10] 1 Mettre qqch ou qqn à une certaine place, dans une certaine situation. 2 Trouver preneur pour une marchandise. 3 Investir de l'argent. Loc Fam *Ne pas en placer une :* ne pouvoir intervenir dans une discussion.

placeur, euse n Qui s'occupe de conduire les gens à leur place.

placide a Litt Tranquille, paisible.

placidement av Litt De façon placide.

placidité nf Litt Caractère placide ; sérénité.

placier, ère n 1 Qui loue les places sur les marchés. 2 Représentant de commerce.

placoplâtre nm (n déposé) Panneau de plâtre moulé dans du carton.

plafond nm 1 Surface intérieure formant intérieurement la partie supérieure d'une pièce. 2 Couche nuageuse. 3 Limite supérieure qu'on ne doit pas dépasser.

plafonnage nm Action de plafonner (sens 1).

plafonnement nm Fait de plafonner (vi).

plafonner vt 1 Pourvoir d'un plafond. 2 Assigner une limite à. *Plafonner les prix.* ■ vi Atteindre une limite maximale.

plafonnier nm Lustre fixé au plafond.

plage nf 1 Partie basse d'une côte ou de la rive d'un cours d'eau, d'un lac. 2 Partie dégagée du pont d'un navire. 3 Partie d'un disque correspondant à un enregistrement. 4 Tablette horizontale entre la vitre et la banquette arrière d'une automobile. 5 Ensemble de valeurs comprises entre deux limites. 6 Espace de temps dans un programme, un planning.

plagiaire n Qui plagie.

plagiat nm Action du plagiaire ; copie.

plagier vt S'approprier les idées de qqn ; copier une œuvre.

plagioclase nm Feldspath contenant du calcium et du sodium.

plagiste n Exploitant d'une plage payante.

plaid nm Couverture de voyage écossaise.

plaidable a Qui peut être plaidé, soutenu.

plaider vi 1 Défendre oralement une cause devant les juges. 2 Être un argument favorable à qqn. ■ vt 1 Défendre en justice. *Plaider une affaire.* 2 Invoquer. *Plaider la folie.*

plaideur, euse n Qui plaide.

plaidoirie nf Action de plaider ; plaidoyer.

plaidoyer nm 1 Discours prononcé à l'audience par un avocat. 2 Exposé en faveur d'une idée.

plaie nf 1 Coupure, déchirure, brûlure de la peau, des chairs. 2 Blessure affective. 3 Chose, personne nuisible ou pénible.

plaignant, ante n. a Qui dépose une plainte en justice.

plain-chant nm Musique liturgique vocale, monodique. *Des plains-chants.*

plaindre vt [57] Témoigner de la compassion à qqn. ■ vpr 1 Manifester sa souffrance, sa douleur. 2 Témoigner son mécontentement au sujet de qqn, de qqch.

plaine nf Grande étendue plate et unie.

plain-pied (de) av 1 Sur le même niveau. 2 Sur un pied d'égalité.

plainte 1nf 1 Gémissement, cri de souffrance. 2 Récrimination. 3 Dénonciation, par la victime, d'une infraction pénale.

plaintif, ive a Qui a l'accent de la plainte.

plaintivement av D'un ton plaintif.

plaire *vti, vi* [68] Être agréable à, charmer. Loc *S'il vous (te) plaît* : formule de politesse employée pour une demande, un conseil, un ordre. Litt *Plaise, plût à Dieu, au ciel que* (+ subj) : formule marquant le souhait ou le regret de qqch. ■ *vpr* 1 Se trouver bien dans un lieu, une situation, une compagnie, etc. 2 Trouver du plaisir, de l'agrément à qqch. *Il se plaît à contredire son frère.*

plaisamment *av* De façon plaisante.

plaisance *nf* Navigation faite par des amateurs pour leur seul plaisir. Loc *De plaisance* : destiné au seul agrément.

plaisancier, ère *n* Qui pratique la navigation de plaisance.

plaisant, ante *a* 1 Qui plaît, agréable. 2 Qui fait rire, amusant. ■ *nm* Ce qui est plaisant. Loc *Mauvais plaisant* : qui fait des plaisanteries de mauvais goût.

plaisanter *vi* 1 Dire des choses destinées à faire rire, à amuser. 2 Dire ou faire qqch sans vouloir se faire prendre au sérieux, par jeu. Loc *Ne pas plaisanter avec* : être intransigeant quant à.

plaisanterie *nf* Propos destiné à faire rire, à amuser. Loc *C'est une plaisanterie* : c'est très facile ou c'est ridicule.

plaisantin *nm* 1 Dont les propos manquent de sérieux ; farceur. 2 Personne sur qui on ne peut compter.

plaisir *nm* 1 Sensation, sentiment agréable. 2 Jouissance sexuelle. 3 Ce qui procure du plaisir ; divertissement, distraction. Loc *Le bon plaisir de qqn* : sa volonté arbitraire. *À plaisir* : sans motif, sans raison valable. *Avec plaisir* : volontiers. *Au plaisir !* : au revoir ! *Faire plaisir à qqn* : lui être agréable. *Se faire un plaisir de* : faire qqch bien volontiers.

1. plan *nm* 1 Surface plane. 2 GEOM Surface telle que toute droite qui y a deux de ses points y est entièrement contenue. 3 Chacune des parties d'une image définie par son éloignement de l'œil. *Au deuxième plan.* 4 Importance relative de qqn ou de qqch. *Personnage de premier plan.* 5 Représentation graphique d'une construction, d'un lieu, d'un appareil, d'une installation. 6 Disposition des parties d'un ouvrage littéraire. 7 Ensemble de dispositions en vue de l'exécution d'un projet. Loc *Plan comptable* : ensemble des règles pour la présentation des comptabilités. *En plan* : en suspens, en attente. *Plan d'eau* : étendue d'eau calme. *Sur le plan de* : du point de vue de. *Gros plan* : prise de vues rapprochée.

2. plan, plane *a* Qui ne présente aucune inégalité de niveau, aucune courbure ; plat et uni.

planant, ante *a* Fam Qui fait planer, rend euphorique.

planche *nf* 1 Longue pièce de bois plate et peu épaisse. 2 Feuille contenant les illustrations, jointe à un ouvrage. 3 Petit espace de terre cultivée. Loc *Planche de salut* : ultime recours. *Faire la planche* : se laisser flotter sur le dos. *Planche à voile* : flotteur allongé muni d'une voile sur mât articulé. ■ *pl* La scène, le théâtre.

planche-contact *nf* Tirage par contact sur une feuille de papier de toutes les photos d'un film. *Des planches-contacts.*

planchéiage *nm* Action de planchéier.

planchéier *vt* Revêtir de planches, d'un plancher.

1. plancher *nm* 1 Séparation horizontale entre deux étages. 2 Partie supérieure de cette séparation, constituant le sol d'un appartement. 3 Niveau, seuil minimal. Loc Fam *Le plancher des vaches* : la terre ferme (par oppos. à la mer, aux airs). Fam *Débarrasser le plancher* : déguerpir.

2. plancher *vi* Fam Faire un exposé.

planchette *nf* Petite planche.

planchiste *n* Qui pratique la planche à voile.

plancton *nm* Ensemble des êtres vivants, microscopiques en suspension dans l'eau.

plané *am* Loc *Vol plané* : vol d'un oiseau, d'un avion qui plane. Fam *Faire un vol plané* : tomber.

planéité *nf* Caractère d'une surface plane.

planer *vi* 1 Évoluer dans l'air sans battre des ailes (oiseau), sans l'aide d'un moteur (avion, planeur). 2 Considérer qqch sans s'arrêter aux détails ; survoler, dominer. 3 Fam Se sentir euphorique. 4 Fam Ne pas avoir le sens du concret. 5 Peser comme une menace.

planétaire *a* 1 Relatif aux planètes. 2 Mondial.

planétarium [-rjɔm] *nm* Salle à coupole où sont représentés les astres et leurs mouvements.

planète *nf* Corps céleste gravitant autour du Soleil ou d'une étoile.

planétologie *nf* Étude des planètes.

planeur *nm* Avion sans moteur qu'on fait planer en tirant parti des vents.

planèze *nf* Plateau basaltique.

planifiable *a* Qu'on peut planifier.

planificateur, trice *n, a* Qui planifie.

planification *nf* 1 Action de planifier. 2 Organisation des moyens et des objectifs d'une politique économique.

planifier *vt* Organiser, prévoir selon un plan.

planimétrie *nf* Géométrie des surfaces planes.

planisphère *nm* Carte représentant les deux hémisphères de la sphère terrestre ou céleste en projection plane.

plan-masse *nm* Syn de *plan de masse.* *Des plans-masses.*

planning [-niŋ] *nm* Programme qui échelonne les phases d'un travail à accomplir. Loc *Planning familial* : contrôle des naissances.

planque *nf* Fam 1 Cachette. 2 Poste agréable, peu exposé.

planqué *nm* Fam Qui a trouvé une planque.

planquer *vt* Fam Cacher, mettre à l'abri.

plan-relief *nm* Maquette d'une ville, d'une place forte. *Des plans-reliefs.*

plan-séquence *nm* Séquence cinématographique constituée d'un seul plan. *Des plans-séquences.*

plant *nm* Jeune plante destinée à être transplantée ou repiquée.

plantain *nm* Plante herbacée dont la graine sert à nourrir les oiseaux.

plantaire *a* De la plante du pied.

plantation *nf* 1 Action de planter. 2 Ensemble des végétaux dont un terrain est planté. 3 Exploitation agricole dans les pays tropicaux.

plante *nf* Tout végétal enraciné au sol. Loc *Plante du pied* : sa face inférieure.

planter *vt* 1 Mettre en terre une plante pour qu'elle prenne racine. 2 Garnir un terrain de végétaux. *Une allée plantée d'arbres.* 3 Enfon-

cer, ficher, installer. *Planter un poteau.* **Loc** *Fam*
Planter là : abandonner brusquement. ■ *vpr* **1**
Se placer debout, immobile. **2** *Fam* Percuter un
obstacle. **3** *Fam* Échouer, se tromper.

planteur *nm* Exploitant d'une plantation.

plantigrade *a, nm* ZOOL Qui pose toute la surface du pied sur le sol.

plantoir *nm* Outil servant à faire des trous
dans le sol pour y mettre des graines.

planton *nm* Soldat ou employé affecté auprès
d'un bureau, pour assurer les liaisons.

plantule *nf* BOT Embryon végétal.

plantureux, euse *a* **1** Copieux, abondant. *Un
repas plantureux.* **2** Bien en chair.

plaquage. V. placage.

plaque *nf* **1** Morceau plat et de faible épaisseur d'une matière rigide. *Des plaques
d'ardoise.* **2** Insigne de certaines fonctions ou
dignités. **3** Tache superficielle apparaissant sur
la peau ou les muqueuses. **4** GEOL Chacun
des éléments mobiles constituant l'enveloppe
externe de la Terre. **Loc** *Être à côté de
la plaque* : se tromper. *Plaque tournante* :
centre de rencontres, d'opérations, de décisions. *Plaque dentaire* : enduit qui se dépose
sur les dents et qui favorise l'apparition de
caries. *Plaque à vent* : couche de neige instable agglomérée par le vent.

plaqué *nm* **1** Métal commun recouvert d'une
mince couche de métal précieux. **2** Bois recouvert de placage.

plaquemine *nf* Syn de kaki.

plaqueminier *nm* Arbre des régions chaudes
à bois très dur, fournissant le kaki.

plaquer *vt* **1** Appliquer une plaque, une feuille
mince, une couche sur une surface. **2** Aplatir,
maintenir contre qqch. **3** *Fam* Quitter, abandonner. *Il a plaqué sa femme.* **4** Au rugby,
saisir un adversaire aux jambes pour le faire
tomber. **Loc** *Plaquer un accord* : frapper simultanément sur le clavier les notes qui le composent.

plaquette *nf* **1** Petite plaque. **2** Petit livre. **3**
BIOL Élément du sang qui joue un rôle important
dans la coagulation.

plaqueur *nm* Rugbyman chargé des placages.

plasma *nm* **1** PHYSIOL Partie liquide du sang où
sont en suspension les hématies, les leucocytes, les plaquettes. **2** PHYS Gaz ionisé constituant le quatrième état de la matière.

plasmaphérèse *nf* MED Centrifugation du sang
prélevé, pour en séparer les constituants.

plasmatique *a* Du plasma.

plasmide *nm* BIOL Dans une bactérie, fragment
d'A.D.N. indépendant du chromosome.

plasmodium [-djɔm] *nm* Protozoaire agent du
paludisme.

plastic *nm* Explosif à la consistance de mastic.

plasticien, enne *n* **1** Artiste qui se consacre à
la plastique. **2** Spécialiste de chirurgie plastique.

plasticité *nf* Aptitude d'une matière à se
laisser modeler.

plasticulture *nf* AGRIC Culture, sous abri, de
matière plastique.

plastie *nf* Opération de chirurgie réparatrice.

plastifiant *nm* Produit qui augmente la plasticité d'un mélange.

plastification *nf* Action de plastifier.

plastifier *vt* Recouvrir d'une feuille ou d'un
enduit en matière plastique.

plastiquage ou **plasticage** *nm* Action de
plastiquer.

plastique *a* **1** Qu'on peut modeler. *Argile
plastique.* **2** De forme harmonieuse. **Loc** *Arts
plastiques* : la peinture, la sculpture, le modelage. *Chirurgie plastique* : qui corrige les défor-
mations, les malformations, qui restaure les
tissus. *Matière plastique* : syn de plastique
(nm). ■ *nf* **1** Ensemble des formes d'un corps,
d'une statue. **2** Art de modeler, de sculpter.
■ *nm* Produit obtenu par moulage de substances organiques ou synthétiques. *Un sac
en plastique.*

plastiquer *vt* Faire sauter avec du plastic.

plastiqueur, euse *n* Auteur d'un plastiquage.

plastron *nm* Pièce d'étoffe appliquée sur le
devant d'un corsage ou d'une chemise.

plastronner *vi* *Fam* Se pavaner.

plasturgie *nf* Industrie des matières plastiques.

1. plat, plate *a* **1** Qui a une surface plane,
unie. *Terrain plat.* **2** Peu profond, peu saillant.
Assiette plate. **3** De peu d'épaisseur. *Poissons
plats.* **4** Sans caractère, banal, insipide. *Style
plat.* **5** Servile, obséquieux. **Loc** *À plat* : horizontalement, sur la face large ; épuisé, vidé. *À
plat ventre* : couché le ventre contre le sol.
Mettre à plat : considérer un problème dans
toutes ses implications. *Tomber à plat* :
échouer. *Calme plat* : absence d'agitation. *Eau
plate* : non gazeuse. ■ *nm* Partie plate de qqch.
Le plat de la main. **Loc** *Fam* *Faire du plat à
qqn* : le flatter, le courtiser.

2. plat *nm* **1** Pièce de vaisselle dans laquelle
on sert les mets. **2** Mets d'un menu. **Loc** *Fam*
Mettre les pieds dans le plat : entrer dans le vif
du sujet. *Plat de résistance* : plat principal d'un
repas. *Fam* *Faire (tout) un plat d'une chose* : lui
donner une importance qu'elle n'a pas.

platane *nm* Grand arbre dont l'écorce se
détache par larges plaques.

plat-bord *nm* Surface horizontale qui termine
le bord d'un navire. *Des plats-bords.*

plateau *nm* **1** Plaque, tablette destinée à présenter qqch ou à servir de support. **2** Disque
d'un frein, d'un embrayage. **3** Roue dentée
d'un pédalier de bicyclette. **4** Scène d'un
théâtre, d'un studio de télévision ; ensemble
des personnes présentes sur cette scène. **5**
Grande surface plane située en altitude. **Loc**
Plateau technique : ensemble des équipements
d'un hôpital.

plateau-repas *nm* Plateau divisé en compartiments servi dans un avion, un self-service, etc.
Des plateaux-repas.

plate-bande *nf* Bande de terre entourant un
parterre, plantée de fleurs, d'arbustes. **Loc** *Fam*
Marcher sur les plates-bandes de qqn : empiéter
sur son domaine. *Des plates-bandes.*

platée *nf* Contenu d'un plat.

plate-forme *nf* **1** Surface plane horizontale,
généralement surélevée. **2** Support plat et surélevé équipé de différents matériels. **3** Partie
non close d'un véhicule public où les voyageurs
se tiennent debout. **4** Programme servant de
point de départ à une politique. *Des plates-
formes.*

platement *av* Sans originalité.

plathelminthe *nm* ZOOL Ver plat tel que le
ténia, la douve, etc.

1. platine *nf* **1** Plaque qui soutient le mécanisme d'un mouvement d'horlogerie. **2** Ensemble constitué par le plateau et les organes moteurs d'un électrophone. **3** Plateau d'un microscope, sur lequel on place la préparation à examiner.

2. platine *nm* Métal précieux très ductile, de densité élevée.

platiné, ée *a* D'un blond très pâle. Loc *Vis platinée* : pastille de contact d'un système d'allumage de moteur automobile.

platinoïde *nm* CHIM Métal dont les propriétés sont analogues à celles du platine.

platitude *nf* Acte, propos plat ; banalité.

platonicien, enne *a, n* Relatif à la philosophie de Platon.

platonique *a* **1** Exempt de toute relation charnelle. *Amour platonique.* **2** Sans résultat pratique. *Vœu platonique.*

platoniquement *av* De façon platonique.

platonisme *nm* Doctrine de Platon.

plâtrage *nm* Action, façon de plâtrer.

plâtras *nm* Débris de plâtre, de ciment, etc.

plâtre *nm* **1** Poudre blanche provenant de la calcination du gypse qui, mélangée à de l'eau, forme une pâte plastique qui sert en construction. **2** Ouvrage moulé en plâtre. **3** MED Appareil utilisé pour le traitement d'une fracture. Loc *Essuyer les plâtres* : subir le premier les désavantages d'une situation nouvelle.

plâtrer *vt* **1** Couvrir, enduire de plâtre. **2** Mettre un membre fracturé dans un plâtre.

plâtreux, euse *a* **1** Qui contient du plâtre. **2** Qui a, évoque l'aspect du plâtre. *Teint plâtreux.*

plâtrier *nm* Qui travaille le plâtre ou qui vend du plâtre.

plâtrière *nf* Carrière de gypse.

platyrhinien *nm* ZOOL Singe d'Amérique, tel que le ouistiti et le sajou.

plausible *a* Qui peut être considéré comme vrai. *Explication plausible.*

play-back [plebak] *nm inv* Technique qui consiste à chanter en synchronisme avec un enregistrement effectué préalablement.

play-boy [pleboj] *nm* Jeune homme au physique séduisant. *Des play-boys.*

plèbe *nf* **1** ANTIQ À Rome, la classe populaire. **2** Litt Bas peuple.

plébéien, enne *a, n* De la plèbe.

plébiscitaire *a* Relatif au plébiscite.

plébiscite *nm* Vote direct du peuple, par lequel il est appelé à investir une personne du pouvoir de diriger l'État.

plébisciter *vt* Élire, approuver à une très forte majorité.

plectre *nm* MUS Médiator.

pléiade *nf* Litt Groupe de personnes ou de choses remarquables.

plein, pleine *a* **1** Qui contient tout ce qu'il peut contenir ; rempli. *Un verre plein.* **2** Qui contient une grande quantité de, qui a beaucoup de. *Une chemise pleine de taches.* **3** Qui porte des petits. *Femelle pleine.* **4** Dont la matière occupe la masse entière. *Brique pleine.* **5** Qui est complet, entier ; qui est à son maximum. *Un jour plein. La lune est pleine. La mer est pleine.* Loc *En plein(e)* : qui se fait dans, pendant, au milieu de. ■ *nm* I Ce qui est plein, rempli. **2** Partie grasse d'un caractère calligraphié. Loc *Faire le plein* : remplir un

réservoir ; remplir un lieu au maximum ; obtenir le maximum. *Battre son plein* : être à son degré le plus intense. ■ *av* Loc Fam *Plein de* : beaucoup de. *En plein* : exactement. *À plein* : entièrement, au maximum. ■ *prép* En abondance dans, sur. *De l'argent plein les poches.* Loc Fam *En avoir plein le dos* : être écœuré ou épuisé.

plein-air [plener] *nm inv* Activités sportives d'un établissement scolaire pratiquées à l'extérieur.

pleinement *av* Totalement.

plein-emploi *nm* Situation où toute la main-d'œuvre peut trouver un emploi.

plein-temps *nm* Situation d'un travailleur employé pendant le temps normal de travail. *Des pleins-temps.*

plein-vent *nm* Arbre fruitier qui n'est pas en espalier. *Des pleins-vents.*

pléistocène *nm* GEOL Début du quaternaire.

plénier, ère *a* Où tous les membres d'un corps sont convoqués.

plénipotentiaire *nm* Agent diplomatique investi de pleins pouvoirs.

plénitude *nf* Litt Totalité, intégrité.

plénum [-nɔm] *nm* Réunion plénière d'une assemblée, d'un comité, etc.

pléonasme *nm* Emploi de mots renforçant l'idée ou faisant double emploi (ex. : *je l'ai vu de mes yeux. sortir dehors*).

pléonastique *a* Du pléonasme.

plésiosaure *nm* GEOL Grand reptile marin fossile du secondaire.

pléthore *nf* Abondance excessive.

pléthorique *a* Surabondant.

pleur *nm* Litt (surtout pl) Larme.

pleurage *nm* Déformation d'un son enregistré (disque, cassette).

pleural, ale, aux *a* ANAT De la plèvre.

pleurard, arde *a* Plaintif, geignard.

pleurer *vi* **1** Verser des larmes. **2** Se lamenter, déplorer qqch. *Pleurer sur son sort.* ■ *vt* S'affliger de la disparition de qqn. *Pleurer un ami.*

pleurésie *nf* Inflammation de la plèvre.

pleureur, euse *a* Loc *Saule pleureur* : dont les branches retombent. ■ *nf* Femme payée pour pleurer le défunt, dans certaines civilisations.

pleurnicher *vi* **1** Pleurer sans raison précise. **2** Prendre un ton larmoyant.

pleurnicherie *nf* Action de pleurnicher.

pleurnicheur, euse ou **pleurnichard, arde** *a, n* Qui pleurniche.

pleurote *nm* Champignon comestible qui pousse sur les troncs d'arbres.

pleutre *nm, a* Litt Homme sans courage.

pleutrerie *nf* Poltronnerie, lâcheté.

pleuvasser, pleuvoter ou **pleuviner** *v impers* Pleuvoir à fines gouttes, bruiner.

pleuvoir *v impers* [38] Tomber (pluie). ■ *vi* Tomber en grande quantité. *Les critiques pleuvent.*

plèvre *nf* Membrane séreuse enveloppant les poumons.

plexiglas [-glas] *nm* (n déposé) Matière plastique transparente et flexible.

plexus [pleksys] *nm* ANAT Entrelacement de filets nerveux ou de vaisseaux. Loc *Plexus solaire* : centre neurovégétatif, situé dans l'abdomen.

pli nm **1** Rabat d'une étoffe, d'une feuille, etc, sur elle-même. *Jupe à plis.* **2** Marque qui reste à l'endroit où une chose a été pliée. **3** Ondulation, sinuosité. *Les plis d'un rideau.* **4** GÉOL Ondulation des couches de terrain à la suite d'une contrainte tectonique. *Pli convexe* (anticlinal), *concave* (synclinal). **5** Bourrelet du ride de la peau. **6** Enveloppe d'une lettre ; missive. **7** Levée, aux cartes. **8** Habitude. *Prendre le pli.* **Loc** *Mise en plis* : fait de donner une forme aux cheveux en les séchant. Fam *Ça ne fait pas un pli* : c'est sans difficulté.

pliage nm Action de plier ; manière dont une chose est pliée.

pliant, ante a Spécialement conçu pour être plié en cas de besoin. *Lit pliant.* ■ nm Petit siège de toile pliant.

plie nf Poisson plat, dit aussi *carrelet*.

plier vt **1** Rabattre sur lui-même un objet fait d'une matière souple ou un objet articulé. *Plier un éventail. Plier une couverture.* **2** Ployer, courber une chose flexible. *Plier une branche.* **3** Assujettir. *Plier qqn à sa volonté.* ■ vi **1** Se courber, ployer. **2** Céder, se soumettre. ■ vpr Se conformer. *Se plier aux coutumes.*

plieuse nf Machine à plier le papier.

plinthe nf Bande en relief appliquée au bas d'un mur.

pliocène nm GÉOL Dernier étage du tertiaire.

plissage nm Action de plisser.

plissé nm Aspect de ce qu'on a plissé.

plissement nm **1** Action de plisser. **2** Déformation de l'écorce terrestre.

plisser vt Marquer de plis. *Plisser une jupe. Plisser le front.* ■ vi Faire des plis.

pliure nf **1** Action de plier des feuilles de papier. **2** Endroit où se forme un pli.

plomb nm **1** Métal gris, lourd et très malléable. **2** Grain de ce métal garnissant une cartouche ou lestant une ligne de pêche. **3** Fusible d'un circuit électrique. **4** Petit sceau de ce métal. **5** Composition typographique. **Loc** *À plomb* : verticalement. *De plomb* : lourd, pesant. *Soleil de plomb* : écrasant. Fam *N'avoir pas de plomb dans la tête* : être étourdi. Fam *Avoir du plomb dans l'aile* : être atteint dans sa santé ; être compromis (projet).

plombage nm **1** Action de plomber. **2** Amalgame qui plombe une dent.

plombagine nf Graphite dont on fait les mines de crayons.

plombe nf Pop Heure. *À trois plombes du matin.*

plombé, ée a Grisâtre. *Ciel plombé.*

plomber vt **1** Garnir de plomb. **2** Obturer une dent avec un plombage. **3** Sceller avec un plomb.

plomberie nf **1** Métier du plombier (pose des canalisations, des installations sanitaires). **2** Ensemble des canalisations domestiques.

plombier nm Ouvrier ou entrepreneur en plomberie.

plombières nf Glace aux fruits confits.

plombifère a Qui contient du plomb.

plonge nf **Loc** *Faire la plonge* : laver la vaisselle, dans un restaurant.

plongeant, ante a Dirigé de haut en bas.

plongée nf **1** Action de s'enfoncer dans l'eau et d'y demeurer un certain temps. **2** Prise de vues effectuée en dirigeant la caméra vers le bas.

plongeoir nm Tremplin d'où on plonge.

plongeon nm **1** Saut dans l'eau la tête la première. **2** Oiseau aquatique des régions septentrionales. **Loc** Fam *Faire le plongeon* : subir un revers financier important.

plonger vt [11] **1** Enfoncer dans un liquide. **2** Enfoncer profondément et d'un seul coup. *Plonger un poignard dans la poitrine de qqn.* **3** Jeter dans telle situation, dans tel état. *Cette nouvelle l'a plongé dans le désespoir.* ■ vi **1** S'immerger entièrement en faisant un plongeon ou une plongée. **2** Suivre une direction de haut en bas. *D'ici, la vue plonge sur la vallée.* **3** S'enfoncer profondément. *Racine qui plonge dans la terre.* **4** Se jeter à terre. ■ vpr Se livrer tout entier à une occupation.

plongeur, euse n **1** Qui plonge, pratique la plongée. **2** Qui fait la plonge, dans un restaurant.

plot nm ÉLECTR Petite pièce métallique servant à établir un contact.

plouc n, a Fam Personne fruste.

plouf ! interj Imite le bruit d'un objet qui tombe dans un liquide.

ploutocrate nm Homme riche et puissant.

ploutocratie nf Gouvernement des riches.

ployer vt [22] Litt Courber. *Ployer une branche.* **Loc** *Ployer les genoux* : les plier. ■ vi Fléchir sous un poids, une pression.

pluches nfpl Fam Épluchures.

pluie nf **1** Eau qui tombe en gouttes des nuages. **2** Chute d'objets nombreux. *Pluie de projectiles.* **3** Distribution en grand nombre. *Pluie de récompenses.* **Loc** *Faire la pluie et le beau temps* : être très influent.

plumage nm Plumes d'un oiseau.

plumard nm Pop Lit.

plume nf **1** Tige creuse garnie de barbes qui couvre en grand nombre le corps d'un oiseau. **2** Petite pièce métallique servant à écrire. **Loc** *Poids plume* : boxeur pesant de 53 à 57 kg. *Prendre la plume* : écrire. *Vivre de sa plume* : faire profession d'écrivain. Fam *Voler dans les plumes de qqn* : l'attaquer vivement.

plumeau nm Petite balayette garnie de plumes qu'on utilise pour l'époussetage.

plumer vt **1** Dépouiller un oiseau de ses plumes. **2** Fam Voler, dépouiller qqn.

plumet nm Bouquet de plumes ornemental.

plumier nm Boîte allongée servant à ranger les plumes, les crayons, etc.

plumitif nm Fam Écrivain médiocre.

plum-pudding [plumpudiŋ] nm Pudding. *Des plum-puddings.*

plupart (la) nf Le plus grand nombre, la majorité. **Loc** *La plupart du temps* : le plus souvent.

plural, ale, aux a Qui renferme plusieurs éléments. **Loc** *Vote plural* : dans lequel certains votants disposent de plusieurs voix.

pluralisme nm Mode d'organisation de la vie collective qui admet la diversité des opinions.

pluraliste a Du pluralisme.

pluralité nf Fait de n'être pas unique.

pluriannuel, elle a Sur plusieurs années.

pluricellulaire a BIOL Formé de plusieurs cellules.

pluridimensionnel, elle a À plusieurs dimensions.

pluridisciplinaire a Qui concerne plusieurs sciences ou disciplines.

pluridisciplinarité *nf* Caractère pluridisciplinaire.

pluriel, elle *a* Qui indique la pluralité. ■ *nm* Catégorie grammaticale correspondant à l'expression de la pluralité.

plurilatéral, ale, aux *a* Qui concerne plusieurs parties.

plurilingue *a, n* Qui utilise plusieurs langues.

plurinominal, ale, aux *a* Qui donne lieu à un vote pour plusieurs candidats.

pluripartisme *nm* Existence simultanée de plusieurs partis politiques.

plurivalent, ente *a* Qui peut prendre plusieurs valeurs.

plurivoque *a* Qui a plusieurs sens.

1. plus [ply] ou [plys] ou [plyz] *av* 1 Indique la supériorité en quantité, en degré. *Il y a plus de vingt ans. Ceci est plus grave. Sa maison est la plus belle.* 2 Indique l'addition. *Trois plus (+) quatre égale sept.* Loc *Plus d'un* : plusieurs. *Au plus* : au maximum. *Sans plus* : tout juste, à peine. *Plus ou moins* : à un degré incertain. *Ni plus ni moins* : exactement. ■ *nm* Supériorité, avantage. *La maîtrise de deux langues étrangères est un plus.*

2. plus [ply] ou [plyz] *av* Avec *ne*, indique la cessation de qqch. *Il ne pleut plus.*

plusieurs *a, pr* Plus d'un, plus d'une. *Plusieurs personnes sont là. Il a plusieurs maisons.*

plus-que-parfait *nm* Temps de l'indicatif et du subjonctif marquant le passé par rapport à un temps déjà passé (ex. : *j'avais prévu qu'il échouerait*).

plus-value *nf* Augmentation de la valeur d'un bien, majoration de prix. *Des plus-values.*

plutonigène *a* Qui produit du plutonium.

plutonique *a* GÉOL Se dit d'une roche formée en profondeur.

plutonium [-njɔm] *nm* Élément radioactif artificiel, utilisé dans les bombes atomiques.

plutôt *av* 1 De préférence. 2 Assez, passablement.

pluvial, ale, aux *a* De la pluie.

pluvian *nm* Échassier d'Afrique tropicale.

pluvier *nm* Échassier nichant au bord des eaux.

pluvieux, euse *a* Caractérisé par la pluie.

pluviomètre *nm* Instrument servant à mesurer la pluviosité.

pluviométrie *nf* Mesure de la quantité d'eau de pluie tombée.

pluviôse *nm* HIST Cinquième mois du calendrier républicain (janvier-février).

pluviosité *nf* Quantité de pluie tombée dans une région pendant un temps donné.

p.m. Abrév de *post meridiem* : après-midi.

P.M. Abrév de *pistolet-mitrailleur*.

P.M.E. *nf* Sigle de *petite et moyenne entreprise*.

P.N.B. *nm* Sigle de *produit national brut*.

pneu *nm* Bandage d'une roue, constitué de caoutchouc, qui enveloppe une chambre à air. *Des pneus.*

pneumatique *a* 1 Qui fonctionne à l'air comprimé. 2 Gonflable. ■ *nm* Pneu.

pneumoconiose *nf* Maladie pulmonaire causée par l'inhalation de poussières.

pneumocoque *nm* Bacille de la pneumonie.

pneumocystose *nf* Pneumopathie grave, intervenant souvent en phase terminale du sida.

pneumogastrique *a, nm* ANAT Chacun des deux nerfs crâniens qui innervent le larynx, le pharynx, le cœur, l'estomac, les intestins et le foie. Syn. nerf vague.

pneumologie *nf* Étude du poumon et de ses maladies.

pneumologue *n* Spécialiste de pneumologie.

pneumonie *nf* Inflammation aiguë du poumon, due au pneumocoque.

pneumopathie *nf* MED Affection pulmonaire.

pneumothorax *nm* MED Épanchement d'air dans la cavité pleurale.

pochade *nf* 1 Peinture exécutée en quelques coups de pinceau. 2 Œuvre littéraire rapidement écrite.

pochard, arde *n* Fam Ivrogne, ivrognesse.

poche *nf* 1 Partie d'un vêtement formant un petit sac pour contenir ce qu'on veut porter sur soi. 2 Partie séparée d'un sac, d'une valise, etc. 3 Sac. *Poche de papier.* 4 Cavité où une substance est accumulée. 5 Renflement, boursouflure. 6 Secteur limité où se manifeste qqch. *Poche de résistance.* Loc *De poche* : petit, aisément maniable. Fam *C'est dans la poche* : c'est réussi. *Argent de poche* : pour les dépenses personnelles. *Livre de poche* : de format réduit. ■ *nm* Livre de poche.

pocher *vt* 1 CUIS Plonger dans un liquide bouillant des œufs sans leur coquille, des fruits, etc. 2 Dessiner en quelques coups de pinceau. Loc Fam *Pocher l'œil à qqn* : lui donner un coup qui occasionne une meurtrissure.

pochette *nf* 1 Petit mouchoir qui orne la poche de poitrine d'un veston. 2 Enveloppe, sachet. *Pochette de disque.*

pochette-surprise *nf* Cornet de papier dont le contenu est censé émerveiller les enfants. *Des pochettes-surprises.*

pochoir *nm* Plaque découpée permettant de peindre facilement des lettres, des dessins.

pochoiriste *n* Qui dessine au pochoir.

pochon *nm* Petit sac qui se fixe à la ceinture.

pochothèque *nf* Librairie spécialisée dans les livres de poche.

podium [-djɔm] *nm* Estrade sur laquelle les sportifs vainqueurs reçoivent leur prix.

podologie *nf* MED Étude et soins du pied.

podologue *nm* Spécialiste de podologie.

podomètre *nm* Appareil qui enregistre le nombre de pas d'un piéton.

podzol *nm* Sol acide des régions froides.

1. poêle [pwal] *nm* 1 Appareil de chauffage à foyer clos. 2 Drap dont on couvre le cercueil pendant un enterrement.

2. poêle [pwal] *nf* Ustensile de cuisine peu profond, pour les fritures.

poêlée [pwale] *nf* Contenu d'une poêle.

poêler [pwale] *vt* Cuire, passer à la poêle.

poêlon *nm* Casserole épaisse, à manche creux.

poème *nm* Ouvrage en vers ou en prose dont le style et l'inspiration relèvent de la poésie. Loc Fam *C'est tout un poème* : d'un pittoresque hors du commun.

poésie *nf* 1 Forme d'expression littéraire caractérisée par une utilisation harmonieuse des sons et des rythmes du langage et par une grande richesse d'images. 2 Poème. *Un choix de poésies.* 3 Caractère poétique.

poète *nm* 1 Écrivain qui s'adonne à la poésie. 2 Qui a une vision poétique des choses. 3 Qui manque de réalisme.

poétesse *nf* Femme poète.

poétique *a* 1 De la poésie. *Style poétique.* 2 Qui suscite une émotion esthétique. *Paysage poétique.* ■ *nf* Technique de la poésie.

poétiquement *av* De façon poétique.

poétiser *vt* Rendre poétique, idéaliser.

pogne *nf* Pop Main.

pognon *nm* Pop Argent.

pogrome *nm* Émeute antisémite souvent accompagnée de massacres.

poids *nm* 1 Force qui s'exerce sur un corps du fait de l'attraction terrestre. 2 Masse de métal marquée servant à peser. 3 Masse pesante. *Horloge ancienne à poids.* 4 Ce qui accable, oppresse. 5 Importance, force de qqch ou de qqn. *Un argument de poids.* Loc *Poids lourd :* camion. Fam *Faire le poids :* avoir l'autorité nécessaire.

poignant, ante *a* Qui cause une impression vive et pénible ; qui étreint le cœur.

poignard *nm* Arme de main, couteau à lame courte et large, à l'extrémité pointue.

poignarder *vt* Frapper avec un poignard.

poigne *nf* 1 Force du poignet, de la main. 2 Fam Autorité, énergie pour se faire obéir.

poignée *nf* 1 Quantité que peut contenir la main fermée. 2 Petit nombre de personnes. 3 Partie d'un objet destinée à être tenue dans la main fermée. Loc *Poignée de main :* geste de salutation ou d'accord qui consiste à serrer dans sa main celle de qqn.

poignet *nm* 1 Articulation de l'avant-bras avec la main. 2 Extrémité de la manche d'un vêtement, près de la main.

poil *nm* 1 Production filamenteuse de la peau des mammifères. *Des poils de barbe. Un chien à poil ras.* 2 Filament de certaines plantes. 3 Partie velue d'une étoffe. Loc *De tout poil :* de toute nature, de toute espèce. Fam *Un poil :* un peu. Fam *Être de bon, de mauvais poil :* de bonne, de mauvaise humeur. Pop *À poil :* tout nu. Pop *Au poil :* très bon, parfait.

poil-de-carotte *a inv* Fam Roux.

poiler (se) *vpr* Pop Rire.

poilu, ue *a* Couvert de poils abondants. ■ *nm* Fam Combattant français de la guerre de 1914-1918.

poinçon *nm* 1 Tige d'acier à extrémité pointue, qui sert à percer, à découper, à emboutir. 2 Instrument qui sert à marquer les objets soumis à un contrôle ; marque ainsi produite.

poinçonnage ou **poinçonnement** *nm* Action de poinçonner.

poinçonner *vt* 1 Marquer au poinçon. 2 Perforer, oblitérer un billet de train, un ticket, etc.

poinçonneur, euse *n* Qui poinçonne. ■ *nf* Machine à poinçonner les billets.

poindre *vi* [62] Litt Commencer à apparaître (jour, planète, sentiment).

poing *nm* Main fermée. Loc *Dormir à poings fermés :* profondément.

1. point *nm* 1 Signe de ponctuation ou d'écriture. *Mettre un point à la fin d'une phrase. Point d'interrogation. Le point de i, de j.* 2 Endroit fixe, déterminé. *Point de ralliement.* 3 GEOM Lieu considéré comme sans étendue, marquant une position dans un plan, dans l'espace. 4 Question, sujet traité ; division d'un discours. 5 Degré dans une évolution. *Point de congélation.* 6 Unité de notation d'un travail scolaire, d'une épreuve sportive, etc. 7 Piqûre faite en cousant ; marque du fil entre deux piqûres. 8 Manière d'exécuter des travaux d'aiguille. 9 Douleur aiguë. *Point de côté. Avoir un point dans le dos.* Loc *Mettre les points sur les i :* expliquer qqch clairement pour lever toute ambiguïté. *Au point :* exactement réglé. *À point :* au moment ou au degré voulu. *En tout point :* exactement. *Faire le point :* déterminer la position d'un navire, d'un avion ; examiner clairement la situation dans laquelle on se trouve. *Être sur le point de :* être prêt à, proche de. *Marquer un point :* prendre un avantage. *Rendre des points à qqn :* lui être nettement supérieur. *Point du jour :* moment où le jour se lève. *Mettre son point d'honneur à faire qqch :* s'en faire une obligation absolue. *Au point que :* à tel degré que.

2. point *av* Vx Pas. *On ne l'aime point.*

pointage *nm* Action de pointer.

point de vue *nm* 1 Lieu d'où on voit bien un paysage. 2 Manière de voir, d'envisager qqch. *Exposer son point de vue.* Loc *Au* (ou *du*) *point de vue de :* relativement à. *Des points de vue.*

pointe *nf* 1 Bout piquant, aigu. *La pointe d'une aiguille.* 2 Extrémité effilée d'un objet. *Pointe d'asperge.* 3 Très petite quantité. *Une pointe d'ail.* 4 Clou cylindrique. 5 Petit châle triangulaire. 6 Accélération momentanée. *Pointe de vitesse.* 7 Moment de plus grande intensité d'un phénomène. *Une pointe d'activité économique.* Loc *Pointe sèche :* procédé de gravure utilisant un stylet d'acier ; ce stylet. Litt *Pointe du jour :* première clarté du jour. *Être à la pointe de, en pointe de :* à l'avant-garde. *Pousser une pointe :* aller faire une reconnaissance. *Sur la pointe des pieds :* très discrètement, prudemment. ■ *pl* Attitude d'une danseuse qui se dresse sur l'extrémité de ses chaussons.

pointeau *nm* TECH Tige pointue pour régler le débit du fluide.

1. pointer *vt* 1 Marquer d'un point, d'un signe. 2 Contrôler. *Pointer les entrées.* 3 Diriger vers un point, un but ; braquer. 4 Dresser en pointe. *Pointer les oreilles.* ■ *vi* 1 Enregistrer son arrivée ou son départ sur une horloge pointeuse. 2 Commencer à paraître. *Le jour pointe.* 3 Se dresser en pointe. 4 Aux boules, lancer la boule le plus près possible du but. ■ *vpr* Fam Arriver.

2. pointer [-tɛr] *nm* Chien d'arrêt anglais.

pointeur, euse *a, n* Qui effectue un contrôle. ■ *nf* Horloge qui enregistre les heures d'arrivée et de départ des employés.

pointillé *nm* Ligne formée d'une suite de petits points, de petits trous.

pointilleux, euse *a* Exigeant jusque dans les moindres détails ; minutieux.

pointillisme *nm* Technique picturale qui consiste à juxtaposer des touches très petites.

pointilliste *n, a* Adepte du pointillisme.

pointu, ue *a* 1 Qui se termine en pointe. 2 Hautement spécialisé. *Formation pointue.* 3 Très raffiné, très subtil. *Raisonnement pointu.*

pointure *nf* 1 Taille des chaussures ou des gants, d'un chapeau, etc. 2 Fam Personnage important.

point-virgule *nm* Signe de ponctuation (;) intermédiaire entre la virgule et le point. *Des points-virgules.*

poire *nf* 1 Fruit comestible du poirier. 2 Objet en forme de poire. 3 Pop Tête, figure. 4 Fam Qui se laisse exploiter. *Loc Fam Garder une poire pour la soif :* se réserver des ressources pour les besoins à venir. *Fam Couper la poire en deux :* se faire des concessions mutuelles.

poiré *nm* Jus de poire fermenté.

poireau *nm* Plante potagère. *Loc Fam Faire le poireau :* attendre longtemps.

poireauter ou **poiroter** *vi* Fam Faire le poireau.

poirier *nm* Arbre fruitier produisant des poires. *Loc Faire le poirier :* se tenir en équilibre, la tête et les mains appuyées sur le sol.

pois *nm* 1 Plante potagère dont les gousses et les graines (*pois* ou *petits pois*) fournissent un légume apprécié. 2 Petit rond décoratif sur un tissu, etc. *Cravate à pois. Loc Pois de senteur :* plante ornementale grimpante à fleurs odorantes.

poison *nm* 1 Substance qui peut tuer ou altérer les fonctions vitales. 2 Litt Ce qui exerce une influence pernicieuse. ■ *n* Fam Personne méchante, insupportable.

poissard, arde *a* Vx Qui utilise le langage de la populace. ■ *nf* Vx Femme au langage grossier.

poisse *nf* Pop Malchance, déveine.

poisser *vt* 1 Enduire de poix. 2 Salir avec une substance gluante. 3 Pop Prendre, arrêter un malfaiteur, un voleur, etc.

poisseux, euse *a* Collant, gluant.

poisson *nm* Vertébré aquatique à branchies, possédant des nageoires. *Loc Être comme un poisson dans l'eau :* être parfaitement à l'aise. *Finir en queue de poisson :* s'arrêter soudain sans conclusion. *Faire une queue de poisson :* rabattre brusquement son véhicule juste devant celui qu'on vient de doubler. *Poisson d'avril :* attrape, mystification qu'on fait le 1er avril.

poisson-chat *nm* Silure. *Des poissons-chats.*

poissonnerie *nf* Magasin où on vend du poisson, des crustacés, des coquillages, etc.

poissonneux, euse *a* Qui abonde en poisson.

poissonnier, ère *n* Commerçant qui vend du poisson. ■ *nf* Récipient allongé pour faire cuire le poisson.

poitevin, ine *a, n* De Poitiers, du Poitou.

poitrail *nm* Partie antérieure du corps des équidés, entre les épaules et la base du cou.

poitrinaire *a, n* Vx Tuberculeux.

poitrine *nf* 1 Partie du tronc qui contient les poumons et le cœur. 2 Devant du thorax. 3 Partie antérieure des côtes d'un animal de boucherie. 4 Seins de la femme. *Loc Voix de poitrine :* voix grave, au son plein.

poivrade *nf* Sauce au poivre.

poivre *nm* Fruit du poivrier ; épice de saveur piquante faite de ce fruit séché.

poivré, ée *a* Fam Grivois.

poivrer *vt* Assaisonner avec du poivre. ■ *vpr* Pop S'enivrer.

poivrier *nm* 1 Arbrisseau grimpant qui donne le poivre. 2 Petit récipient pour le poivre.

poivrière *nf* 1 Ustensile de table pour le poivre. 2 Plantation de poivriers. 3 ARCHI Guérite à toit conique à l'angle d'un bastion.

poivron *nm* Fruit du piment doux, vert, jaune ou rouge.

poivrot, ote *n* Pop Ivrogne.

poix *nf* Matière résineuse ou bitumineuse de consistance visqueuse.

poker [pɔkɛʁ] *nm* Jeu de cartes. *Loc Poker d'as :* jeu de dés inspiré du poker. *Coup de poker :* opération hasardeuse.

polaire *a* 1 Relatif à un pôle, aux pôles, qui est près des pôles. 2 Glacial. *Froid polaire. Loc Cercle polaire :* cercle situé à 66° 34' de latitude, qui marque la limite des régions polaires.

polar *nm* Fam Roman ou film policier.

polard, arde *a, n* Fam Obsédé par un seul problème, une unique spécialité.

polarisation *nf* 1 PHYS Phénomène par lequel les vibrations lumineuses s'orientent dans un plan. 2 ÉLECTR Phénomène interne à une pile, qui se traduit par une diminution du courant débité. 3 Action de polariser ; fait de se polariser. *Polarisation de la vie politique.*

polariser *vt* 1 ÉLECTR Provoquer la polarisation d'un appareil, d'un dispositif. 2 Orienter vers soi, attirer à soi. *Polariser l'intérêt général.* 3 Concentrer sur un point ou sur deux points opposés. ■ *vpr* Fam Se fixer, se concentrer.

polariseur *nm* PHYS Appareil qui polarise la lumière.

polarité *nf* État d'un système dans lequel on peut distinguer deux pôles opposés.

polaroïd *nm* (n déposé) Appareil photographique à développement instantané.

polatouche *nm* Écureuil volant.

polder [-dɛʁ] *nm* Terre située en dessous du niveau de la mer, endiguée et asséchée.

poldérisation *nf* Transformation d'une région en polder.

pôle *nm* 1 ASTRO Chacun des points où l'axe imaginaire de rotation de la Terre rencontre la sphère céleste. 2 GÉOGR Chacune des extrémités de l'axe de rotation de la Terre sur elle-même. 3 Région de la Terre située près d'un pôle. 4 Point qui attire l'attention, l'intérêt. 5 Zone, région. *Pôle de développement.* 6 Chacune des bornes (positive ou négative) d'un circuit électrique. *Pôles d'une pile. Loc Pôles magnétiques :* points du globe où l'inclinaison magnétique est de 90°.

polémique *a* Qui appartient à la dispute ; qui incite à la discussion par un ton agressif. ■ *nf* Querelle, débat plus ou moins violent.

polémiquer *vi* Faire de la polémique.

polémiste *n* Qui polémique.

polémologie *nf* Étude sociologique de la guerre.

polenta [-lɛnta] *nf* Bouillie de farine de maïs.

pole position *nf* Dans une course automobile, meilleure place de départ accordée au véhicule qui a réalisé les meilleurs temps aux essais.

poli, ie *a* 1 Qui respecte les règles de la politesse. 2 Lisse et luisant. ■ *nm* Lustre, éclat.

police *nf* 1 Maintien de l'ordre public et de la sécurité des citoyens. 2 Administration, ensemble des agents de la force publique. 3 Organisme privé chargé d'une mission de surveillance. 4 Contrat d'assurance. *Loc Tribunal de police :* qui juge les contraventions. *Salle de police :* où sont consignés les militaires punis.

policé, ée *a* Litt Dont les mœurs sont adoucies ; civilisé.

polichinelle *nm* Personnage ridicule, grotesque ; personne sans caractère. *Loc Secret de Polichinelle :* chose qui est connue de tous.

policier, ère a 1 Relatif à la police. 2 Qui s'appuie sur la police. *État policier.* 3 Centré sur une enquête policière. *Roman policier.* ■ *nm* 1 Membre de la police. 2 Roman, film policier.

policlinique nf Établissement où les malades reçoivent des soins, mais ne sont pas hospitalisés.

poliment av Courtoisement.

polio n ou nf Abrév de *poliomyélite* ou de *poliomyélitique.*

poliomyélite nf Maladie infectieuse aiguë qui provoque des paralysies locales.

poliomyélitique a, n Atteint de poliomyélite.

polir vt 1 Rendre lisse et luisant à force de frotter. 2 Litt Corriger avec soin, parfaire.

polissage nm Opération qui consiste à donner un poli, un brillant poussé.

polisseur, euse n Qui polit les glaces, les métaux, etc.

polissoir nm Instrument servant à polir.

polisson, onne n Fam Enfant dissipé, espiègle. ■ a, n Égrillard, licencieux.

polissonnerie nf Action, parole licencieuse.

politesse nf Règles de bienséance dans un groupe social ; comportement qui s'y conforme.

politicard, arde nm, a Fam Politicien peu scrupuleux.

politicien, enne n Qui s'occupe professionnellement de politique. ■ a Qui relève de l'habileté politique. *Politique politicienne.*

politique a 1 Relatif au gouvernement d'un État, aux relations des divers États. *Homme politique. Milieu politique.* 2 Qui montre une prudence calculée. ■ nf 1 Science ou art de gouverner un État ; conduite des affaires publiques. 2 Ensemble des affaires publiques. 3 Manière de mener une affaire. 4 Conduite calculée pour atteindre un but précis. ■ n 1 Qui s'occupe des affaires publiques, fait de la politique. 2 Personne habile, avisée. 3 Prisonnier politique.

politiquement av 1 Du point de vue politique. 2 Adroitement.

politisation nf Action de politiser.

politiser vt Donner un caractère politique à.

politiste n Spécialiste de science politique.

politologie nf Étude des faits politiques.

politologue n Spécialiste de politologie.

poljé [pɔlje] nm GEOL Vaste dépression calcaire à fond plat des régions karstiques.

polka nf Ancienne danse, d'origine polonaise, à deux temps, d'un rythme vif.

pollen [pɔlɛn] nm Poussière colorée opérant la fécondation des fleurs.

pollinique a Relatif au pollen.

pollinisation nf BOT Transport du pollen depuis l'étamine jusqu'au stigmate de l'ovaire.

polluant, ante a, nm Qui pollue.

polluer vt Souiller, rendre malsain ou impropre à la vie. *Polluer l'atmosphère.*

pollueur, euse a, n Responsable de pollution.

pollution nf Souillure, infection contribuant à la dégradation d'un milieu vivant.

polo nm 1 Sport équestre d'équipe qui se joue avec une boule et des maillets. 2 Chemise en tricot à col rabattu.

polochon nm Fam Traversin.

polonais, aise a, n De Pologne. ■ nm Langue slave parlée en Pologne. ■ nf 1 Danse de Pologne. 2 Air à trois temps de cette danse.

poltron, onne a, n Qui manque de courage.

poltronnerie nf Manque de courage, lâcheté.

polyamide nm Matière plastique synthétique.

polyandrie nf Situation d'une femme mariée à plusieurs hommes.

polyarthrite nf Inflammation portant sur plusieurs articulations.

polycentrisme nm Existence de plusieurs centres de pouvoir au sein d'une organisation.

polychrome a Peint de plusieurs couleurs.

polychromie nf Peinture polychrome.

polyclinique nf Clinique de médecine générale.

polycopie nf Reproduction d'un document, en particulier au moyen d'un stencil.

polycopié nm Cours polycopié.

polycopier vt Reproduire par polycopie.

polyculture nf Pratique simultanée de plusieurs cultures dans une même exploitation.

polyèdre nm GEOM Solide dont les faces sont des polygones.

polyester nm Matière plastique synthétique.

polygame a, n Qui a simultanément plusieurs conjoints. 2 BOT Qui porte des fleurs hermaphrodites et des fleurs unisexuées.

polygamie nf État de polygame.

polygamique a De la polygamie.

polyglotte a, n Qui connaît plusieurs langues.

polygonal, ale, aux a GEOM 1 En forme de polygone. 2 Dont la base est un polygone.

polygone nm GEOM Figure plane limitée par des segments de droite.

polygraphe n Auteur qui écrit sur des sujets variés sans en être un spécialiste.

polymère a, nm CHIM Se dit d'un composé provenant d'une polymérisation.

polymérisation nf Réaction chimique consistant en l'union de molécules d'un même composé en une seule molécule plus grosse.

polymorphe a Qui peut se présenter sous plusieurs formes.

polymorphisme nm Caractère polymorphe.

polynésien, enne a, n De Polynésie.

polynévrite nf Affection qui touche plusieurs nerfs périphériques.

polynôme nm MATH Somme de monômes.

polynucléaire a BIOL Qui comporte plusieurs noyaux. ■ nm Globule blanc polynucléaire.

polype nm 1 Animal marin tubulaire fixé à un support par sa base. 2 MED Excroissance molle de la muqueuse des cavités naturelles.

polypeptide nm CHIM Molécule résultant de la condensation de plusieurs acides aminés.

polyphasé, ée a ELECTR Qui comporte plusieurs phases.

polyphonie nf MUS Ensemble de voix, d'instruments ordonnés en contrepoint.

polyphonique a De la polyphonie.

polypier nm ZOOL Squelette corné ou calcaire de corail, de madrépore.

polypode nm BOT Fougère commune.

polypore nm Champignon coriace poussant sur les troncs d'arbres.

polypropylène nm Matière plastique issue du propylène.

polyptyque nm Peinture exécutée sur plusieurs panneaux qui se rabattent ou restent fixes.

polysémie *nf* Pluralité de sens d'un mot.

polysémique *a* De la polysémie.

polystyrène *nm* Matière plastique synthétique.

polysyllabe *a, nm* ou **polysyllabique** *a* Qui a plusieurs syllabes.

polytechnicien, enne *n* Élève de Polytechnique.

polytechnique *a* Qui concerne les techniques. **Loc** *École polytechnique* : établissement militaire qui forme des ingénieurs et des officiers.

polythéisme *nm* Religion qui admet l'existence de plusieurs dieux.

polythéiste *a, n* Qui relève du polythéisme.

polytransfusé, ée *a, n* MED Qui a subi des transfusions répétées, de multiples donneurs.

polytraumatisé, ée *a, n* MED Qui a subi plusieurs lésions graves.

polyuréthane *nm* Matière plastique servant à fabriquer des produits de très faible densité.

polyurie *nf* Émission excessive d'urine.

polyvalence *nf* Caractère polyvalent.

polyvalent, ente *a* Apte à plusieurs usages, à diverses fonctions. ■ *nm* Agent du fisc chargé de vérifier les comptes des entreprises.

pomelo *nm* Pamplemousse.

pomerol *nm* Bordeaux rouge très réputé.

pomiculteur, trice *n* Qui cultive des arbres produisant des fruits à pépins.

pommade *nf* Pâte médicamenteuse grasse utilisée en onctions locales. **Loc** *Fam Passer de la pommade à qqn* : le flatter.

pommader *vt* Enduire de pommade.

pommard *nm* Bourgogne rouge très réputé.

pomme *nf* 1 Fruit comestible du pommier. 2 Pomme de terre. 3 Ornement en forme de pomme, de boule. 4 Pop Personne crédule ; dupe. **Loc** *Haut comme trois pommes* : tout petit. *Pomme d'Adam* : saillie du cartilage thyroïde, à la partie antérieure du cou de l'homme. *Pomme de pin* : cône de pin, constitué d'écailles renfermant les graines. *Pomme d'arrosoir, de douche* : pièce perforée de multiples trous qui disperse l'eau en pluie. *Pomme de discorde* : sujet de dispute. *Fam Tomber dans les pommes* : perdre connaissance. *Pop Aux pommes* : très bien.

pommé, ée *a* Rond et compact comme une pomme (chou, salade).

pommeau *nm* 1 Boule servant de poignée à une canne, une épée, etc. 2 Partie antérieure de l'arçon d'une selle. 3 Boisson constituée d'un mélange de jus de pomme et de calvados.

pomme de terre *nf* Plante à tubercules comestibles.

pommelé, ée *a* 1 Dont la robe, à fond blanc, est couverte de taches grises (cheval). 2 Couvert de petits nuages (ciel).

pommer *vi* Devenir pommé.

pommeraie *nf* Plantation de pommiers.

pommette *nf* Partie saillante de la joue, au-dessous de l'angle externe de l'œil.

pommier *nm* Arbre qui produit la pomme.

pompage *nm* Action de pomper.

1. pompe *nf* Litt 1 Cérémonial somptueux. 2 Péjor Emphase, solennité affectée. **Loc** *En grande pompe* : en grande cérémonie. ■ *pl* **Loc** *Pompes funèbres* : service chargé des enterrements.

2. pompe *nf* 1 Appareil destiné à aspirer ou à refouler un liquide, un gaz. 2 Pop Chaussure. **Loc** *Fam Être à côté de ses pompes* : avoir l'esprit perturbé. *Coup de pompe* : sensation de grande fatigue. *À toute pompe* : à toute vitesse.

pomper *vt* 1 Puiser, aspirer ou refouler avec une pompe. 2 Absorber un liquide. 3 Fam Épuiser, lasser. 4 Fam Copier. **Loc** *Fam Il nous pompe l'air* : il nous fatigue, il nous ennuie.

pompette *a* Fam Légèrement ivre.

pompeusement *av* Avec emphase.

pompeux, euse *a* Emphatique, d'une solennité ridicule.

1. pompier *nm* Qui fait partie d'un corps organisé pour combattre les incendies et les sinistres.

2. pompier, ère *a* Conventionnel et emphatique. *Style pompier*.

pompiérisme *nm* Style pompier.

pompiste *n* Qui distribue le carburant dans une station-service.

pompon *nm* Houppe ronde de brins de laine, de soie, etc., qui sert d'ornement. **Loc** *Rose pompon* : variété de roses à petites fleurs globuleuses. *Fam Avoir, tenir le pompon* : l'emporter sur les autres.

pomponner *vt* Parer avec beaucoup de soin.

ponant *nm* Vent d'ouest, dans le Midi.

ponçage *nm* Action, manière de poncer.

ponce *nf* Roche poreuse très légère, d'origine volcanique, appelée aussi *pierre ponce*.

ponceau *a inv* Rouge vif.

poncer *vt* [10] Décaper, polir au moyen d'un abrasif.

ponceur, euse *n* Qui opère le ponçage. ■ *nf* Machine à poncer.

poncho *nm* Manteau fait d'une couverture percée pour y passer la tête.

poncif *nm* Idée conventionnelle, rebattue ; lieu commun, cliché.

ponction *nf* 1 MED Prélèvement d'un liquide dans une cavité du corps, au moyen d'un trocart. 2 Prélèvement d'argent.

ponctionner *vt* Opérer une ponction.

ponctualité *nf* 1 Exactitude à faire les choses en temps voulu. 2 Habitude, fait d'être à l'heure.

ponctuation *nf* 1 Système de signes graphiques (point, virgule, guillemets, etc.) marquant des relations syntaxiques ou des faits d'intonation. 2 Action, manière de ponctuer.

ponctuel, elle *a* 1 Exact, régulier, qui fait à point exactement ce qu'il doit faire. 2 Qui porte sur un point, une partie seulement.

ponctuellement *av* Avec ponctualité.

ponctuer *vt* 1 Marquer de signes de ponctuation. 2 Accompagner, souligner ses paroles de gestes, de bruits.

pondaison *nf* ZOOL Époque de la ponte.

pondérable *a* Qui peut être pesé.

pondéral, ale, aux *a* Du poids. *Analyse pondérale*.

pondérateur, trice *a* Qui a une influence modératrice, qui atténue, tempère.

pondération *nf* 1 Action, fait de pondérer. 2 Calme, équilibre, modération.

pondéré, ée *a* Qui fait preuve de pondération.

pondérer *vt* [12] Équilibrer des forces, des tendances ; modérer, tempérer.

pondéreux, euse *a* Très pesant.

pondeuse *nf* Poule qui pond.

pondoir *nm* Endroit où pondent les poules.

pondre *vt* [5] **1** Expulser de son corps des œufs (oiseaux). **2** Fam Produire un texte écrit.

poney *nm* Cheval de petite taille.

pongiste *n* Joueur de ping-pong.

pont *nm* **1** Construction permettant de franchir un cours d'eau, une route, une voie ferrée, etc. **2** Ce qui sert de lien entre deux choses. **3** Jour chômé entre des jours fériés. **4** Ensemble des organes transmettant le mouvement de l'arbre aux roues arrière d'une automobile. **5** Plan horizontal fermant la coque d'un bateau. Loc *Pont aérien* : va-et-vient d'avions établissant une liaison d'urgence. *Tête de pont* : position conquise sur une côte ou une rive ennemie. *Couper les ponts* : cesser toutes relations. *Faire un pont d'or à qqn* : lui offrir beaucoup d'argent pour le décider à accepter une situation. ■ *pl* Loc *Ponts et Chaussées* : service public qui s'occupe de la construction et de l'entretien des ponts, des routes, etc.

pontage *nm* CHIR Réunion de deux artères à l'aide d'une prothèse.

1. ponte *nf* Action de pondre.

2. ponte *nm* Fam Personnage important.

ponté, ée *a* MAR Qui a un ou plusieurs ponts.

pontet *nm* Demi-cercle d'acier qui protège la détente d'une arme à feu.

pontife *nm* **1** ANTIQ Gardien de la religion, à Rome. **2** Personne gonflée de son importance. Loc *Le souverain pontife* : le pape.

pontifiant, ante *a* Fam Qui pontifie.

pontifical, ale, aux *a* Qui a rapport au pape.

pontificat *nm* Dignité de pontife, de pape ; durée de cette fonction.

pontifier *vi* Fam Discourir de manière solennelle et emphatique.

pont-l'évêque *nm inv* Fromage de lait de vache à pâte molle.

pont-levis [-vi] *nm* Pont mobile qu'on pouvait abaisser ou relever au-dessus du fossé entourant un château fort. *Des ponts-levis.*

ponton *nm* **1** Plate-forme flottante reliée à la terre. **2** Navire désaffecté transformé en dépôt de matériel, en prison.

pontonnier *nm* Militaire du génie chargé des ponts mobiles.

pool [pul] *nm* **1** Groupement provisoire d'entreprises en vue d'une opération déterminée. **2** Équipe d'employés d'un même service.

pop *nf, a inv* Abrév de *pop music.*

pop'art [pɔpaʀt] *nm* Mouvement artistique contemporain s'inspirant des objets les plus quotidiens.

pop-corn *nm inv* Friandise faite de grains de maïs soufflés à chaud.

pope *nm* Prêtre de l'Église orthodoxe.

popeline *nf* Tissu léger, de soie ou de coton.

pop music *nf* Musique d'origine anglo-américaine issue du rock and roll.

popote *nf* Fam **1** Cuisine. *Faire la popote.* **2** Groupe de militaires qui prennent leurs repas en commun. ■ *a inv* Fam Excessivement attaché à son ménage ; casanier et terre à terre.

popotin *nm* Fam Fesses, derrière.

populace *nf* Litt Bas peuple.

populacier, ère *a* Litt De la populace.

populage *nm* Herbe vivace à fleurs jaunes, des lieux humides.

populaire *a* **1** Qui fait partie du peuple. **2** Constitué, organisé par le peuple. *Gouvernement populaire.* **3** Propre au peuple. **4** Connu et aimé d'un large public. *Chanteur populaire.*

populairement *av* De façon populaire.

popularisation *nf* Action de populariser.

populariser *vt* Rendre populaire, connu.

popularité *nf* Fait d'être populaire, de plaire au plus grand nombre.

population *nf* **1** Ensemble des habitants d'un pays, d'une ville, etc. **2** Ensemble des membres d'une classe, d'une catégorie particulière.

populationniste *a, n* Favorable à l'accroissement de la population.

populeux, euse *a* Très peuplé.

populisme *nm* **1** Courant littéraire, pictural ou cinématographique qui s'attache à la représentation de la vie des petites gens. **2** Idéologie démagogique.

populiste *a, n* Qui relève du populisme.

populo *nm* Pop Le peuple, les petites gens.

porc [pɔʀ] *nm* **1** Mammifère domestique omnivore (cochon), élevé pour sa chair et pour son cuir. **2** Fam Homme malpropre ou grossier.

porcelaine *nf* **1** Produit céramique non coloré, fin et translucide, recouvert d'un enduit vitrifié. **2** Objet de cette matière.

porcelainier, ère *n* Fabricant, marchand de porcelaine.

porcelet *nm* Jeune porc.

porc-épic [pɔʀkepik] *nm* Rongeur dont le corps est couvert de longs piquants. *Des porcs-épics.*

porche *nm* Espace couvert donnant accès à la porte d'entrée d'un édifice.

porcher, ère *n* Gardien de porcs.

porcherie *nf* **1** Bâtiment dans lequel on loge, on élève les porcs. **2** Lieu très sale.

porcin, ine *a* **1** Relatif au porc. **2** Dont l'apparence évoque le porc. *Visage porcin.* ■ *nm* ZOOL Mammifère d'un groupe qui comprend les porcs, les hippopotames, les phacochères.

pore *nm* **1** Orifice microscopique à la surface de la peau. **2** Très petite cavité de certaines matières minérales.

poreux, euse *a* Qui a des pores.

porion *nm* Contremaître, dans une houillère.

porno *a* Fam Pornographique. ■ *nm* Fam Pornographie, genre pornographique.

pornographe *n* Auteur de livres, de films pornographiques.

pornographie *nf* Production de livres, de films, etc., à caractère obscène.

pornographique *a* De la pornographie.

porosité *nf* État poreux.

porphyre *nm* Roche volcanique présentant de grosses inclusions cristallines.

porridge *nm* Bouillie de flocons d'avoine.

1. port *nm* **1** Abri aménagé pour recevoir les navires, charger ou décharger leur cargaison, etc. **2** Ville bâtie autour d'un port. **3** Col, dans les Pyrénées. Loc *Arriver à bon port* : sans incident.

2. port *nm* **1** Action, fait de porter sur soi. **2** Façon de se tenir, maintien. **3** Allure générale d'une plante, d'un arbre. **4** Prix du transport d'un colis, d'une lettre.

portable *a, nm* Qu'on peut porter.

portage nm Transport d'une charge à dos d'homme.

portail nm Entrée monumentale d'un édifice, d'un parc, etc.

portal, ale, aux a ANAT De la veine porte.

portance nf Force qui assure la sustentation d'un avion en vol.

portant, ante a Qui porte, qui soutient. *Mur portant.* Loc *Bien, mal portant* : en bonne, en mauvaise santé. ■ nm Châssis qui soutient les décors d'un théâtre.

portatif, ive a Qui peut être porté facilement.

1. porte nf 1 Ouverture pratiquée dans un mur, une clôture quelconque. 2 Panneau mobile qui ferme une ouverture. 3 Ouverture dans l'enceinte d'une ville fortifiée ; emplacement actuel de cette ancienne ouverture. 4 Chacun des couples de piquets marquant un passage, sur une piste de slalom. Loc *Mettre qqn à la porte* : le chasser, le renvoyer. *Prendre la porte* : sortir.

2. porte a Loc ANAT *Veine porte* : qui amène au foie le sang provenant des organes digestifs.

porté, ée a Loc *Être porté à* : avoir tendance à. *Être porté sur* : avoir un goût prononcé pour.

porte-à-faux nm inv Loc *En porte à faux* : en position instable, mal assurée.

porte-à-porte nm inv Méthode de vente qui consiste à proposer des produits à des particuliers à leur domicile.

porte-avions nm inv Navire aménagé pour transporter des avions de combat.

porte-bagages nm inv Filet, grillage, support, etc., destiné à recevoir les bagages dans ou sur un véhicule.

porte-bébé nm Panier, siège ou sac qui sert à transporter un bébé. *Des porte-bébés.*

porte-billets nm inv Portefeuille où on range exclusivement les billets de banque.

porte-bonheur nm inv Objet censé porter chance.

porte-bouteilles nm inv Casier destiné à ranger ou à transporter des bouteilles.

porte-cartes nm inv 1 Petit étui contenant les papiers que l'on a habituellement avec soi. 2 Étui de rangement de cartes géographiques.

porte-cigarettes nm inv Étui à cigarettes.

porte-clés ou **porte-clefs** nm inv Anneau ou étui pour porter les clés.

porte-conteneurs nm inv Navire aménagé pour le transport des conteneurs.

porte-couteau nm Petit support destiné à empêcher la lame du couteau de salir la nappe. *Des porte-couteaux.*

porte-documents nm inv Serviette plate qui sert à porter les papiers.

porte-drapeau nm 1 Celui qui porte le drapeau. 2 Chef de file d'un mouvement. *Des porte-drapeaux.*

portée nf 1 Distance à laquelle une arme peut lancer un projectile, la voix peut se faire entendre. 2 Distance entre les points d'appui d'une pièce. *Portée d'un pont.* 3 Importance des effets de qqch. *Une découverte d'une portée considérable.* 4 ZOOL Ensemble des petits qu'une femelle a mis bas en une fois. 5 Ensemble des lignes parallèles utilisées pour noter la musique. Loc *À la portée de* : qui peut être atteint par qqn ; accessible à. *Hors de portée* : inaccessible. *Se mettre à la portée de qqn* : à son niveau de compréhension.

portefaix nm inv Vx Porteur de fardeaux.

porte-fenêtre nf Porte vitrée donnant sur une terrasse, un balcon, etc. *Des portes-fenêtres.*

portefeuille nm 1 Étui à compartiments où l'on range des billets, des papiers, etc. 2 Fonction de direction d'un département ministériel. 3 Ensemble de valeurs mobilières et d'effets de commerce appartenant à qqn.

porte-greffe nm Arbre sur lequel on fixe une ou des greffons. *Des porte-greffes.*

porte-hélicoptères nm inv Navire de guerre aménagé pour transporter les hélicoptères.

porte-jarretelles nm inv Ceinture féminine à laquelle sont fixées les jarretelles.

porte-malheur nm inv Objet censé porter malheur.

portemanteau nm Applique murale ou support sur pied portant des patères, pour suspendre les vêtements.

portemine nm Tube contenant une mine et utilisé comme crayon.

porte-monnaie nm inv Petite pochette, pour les pièces de monnaie.

porte-parapluies nm inv Petit meuble qui sert à ranger les parapluies, les cannes.

porte-parole nm inv Personne qui parle au nom d'une autre, d'un groupe, etc.

porte-plume nm inv Instrument au bout duquel on fixe une plume à écrire.

1. porter vt 1 Soutenir, maintenir. *Porter un enfant sur ses épaules.* 2 Transporter, apporter. *Porter une robe chez le teinturier.* 3 Avoir en son sein, en gestation. *Une chienne qui porte ses petits.* 4 Produire des fruits. *Une vigne qui porte de belles grappes.* 5 Avoir sur soi. *Porter un manteau, une bague. Porter la barbe.* 6 Inscrire, coucher par écrit. *Porter son nom sur une liste.* 7 Tenir de telle ou telle façon. *Porter la tête haute.* 8 Amener à un certain degré. *Porter un métal au rouge. Cette mort porte à vingt le nombre des victimes.* 9 Inciter. *Porter qqn à l'indulgence.* 10 Éprouver un sentiment, un intérêt. *Porter de la sympathie à qqn. Porter attention à qqch.* Loc *Porter secours à qqn* : le secourir. *Porter bonheur, malheur* : apporter la chance, la malchance. *Porter préjudice, tort à qqn* : lui nuire. *Porter témoignage* : fournir ou être un témoignage. *Porter un jugement* : l'exprimer. *Porter la main sur qqn* : le frapper. *Porter un nom* : l'avoir. ■ vti 1 Avoir pour point d'appui, pour fondement. *Le bâtiment porte sur des colonnes.* 2 Avoir pour objet, concerner. *Ma remarque porte sur deux points.* Loc *Porter sur les nerfs* : irriter, exaspérer. ■ vi 1 Avoir telle ou telle portée. 2 Atteindre son but. *Cette critique a porté.* Loc *Porter à faux* : ne pas reposer d'aplomb. ■ vpr 1 Aller, se rendre. *Se porter au-devant de qqn.* 2 Se présenter comme. *Se porter candidat.* 3 Être en tel ou tel état de santé. *Il se porte bien.*

2. porter [-tɛR] nm Bière anglaise brune et forte.

porte-savon nm Support destiné à recevoir le savon. *Des porte-savons.*

porte-serviettes nm inv Support destiné à recevoir des serviettes de toilette.

porteur, euse n Dont le métier est de porter des fardeaux. ■ nm Possesseur d'un titre, d'une valeur mobilière. *Bon payable au porteur.* ■ a 1 Qui porte. 2 Se dit d'un marché qui offre des débouchés.

porte-voix nm inv Instrument portatif destiné à faire entendre la voix à distance.

portfolio [pɔʀtfɔljo] nm BX-A Emboîtage de photographies, d'estampes, à tirage limité.

portier, ère n Employé qui garde l'entrée de certains établissements.

portière nf 1 Tenture destinée à masquer une porte. 2 Porte d'automobile, de voiture de chemin de fer.

portillon nm Porte à battant généralement bas, qui ferme un passage public.

portion nf 1 Partie d'un tout divisé. *Une portion de droite.* 2 Quantité d'un mets destinée à un convive, dans un repas.

portique nm 1 Galerie à l'air libre dont le plafond est soutenu par des colonnes. 2 Support constitué de deux éléments verticaux reliés par un élément horizontal. 3 Dans un aéroport, dispositif électronique de sécurité, détectant les métaux.

porto nm Vin liquoreux du Portugal.

portoricain, aine a, n De Porto Rico.

portrait nm 1 Représentation de qqn par le dessin, la peinture, la photographie. 2 Description de qqn, de qqch.

portraitiste n Artiste spécialisé dans le portrait.

portrait-robot nm Portrait d'un individu recherché, réalisé d'après les indications fournies par les témoins. *Des portraits-robots.*

portraiturer vt Litt Faire le portrait de qqn.

port-salut nm inv (n déposé) Fromage jaunâtre, au lait de vache.

portuaire a Relatif à un port.

portugais, aise a Du Portugal. ■ nm Langue romane parlée au Portugal et au Brésil. ■ nf Variété d'huître.

portulan nm HIST Carte marine des premiers navigateurs (XIIIe-XVIe s.).

pose nf 1 Action de poser ; mise en place. *Pose d'un lavabo.* 2 Attitude que prend un modèle devant un artiste. 3 Attitude, maintien du corps. 4 Attitude affectée. 5 PHOTO Durée d'une exposition à la lumière.

posé, ée a Sérieux, calme, pondéré.

posément av De façon posée, sans hâte.

posemètre nm PHOTO Appareil servant à déterminer le meilleur temps de pose.

poser vt 1 Placer, mettre ; déposer. *Poser un vase sur un meuble.* 2 Disposer, installer. *Poser une moquette.* 3 Disposer par écrit. *Poser une multiplication.* 4 Établir. *Poser un principe.* 5 Formuler. *Poser une question.* 6 Conférer de l'importance à qqn. Loc *Poser un problème :* être cause de difficultés. ■ vi 1 Être appuyé, porter sur qqch. 2 Prendre une attitude. *Poser pour un photographe.* 3 Prendre des airs affectés. ■ vpr 1 Atterrir ; se percher. *L'avion, l'oiseau s'est posé.* 2 S'ériger, se constituer. *Se poser en arbitre.* 3 Requérir une réponse, solution. *La question, le problème se pose.* Loc Fam *Se poser là :* être remarquable en son genre.

poseur, euse n Qui pose, qui met en place. ■ n, a Prétentieux, affecté.

posidonie nf Plante aquatique vivant près des côtes, en vastes herbiers.

positif, ive a 1 Qui exprime une affirmation. *Sa réponse a été positive.* Ant. négatif. 2 Certain, assuré, fondé sur l'expérience. 3 Réaliste, pratique. *Esprit positif.* 4 Favorable, propre à ame-

ner un progrès. *Bilan positif.* 5 Qui confirme la présence d'un élément recherché dans une analyse. *Test positif.* Loc *Droit positif :* ensemble de règles juridiques institutionnelles (par oppos. au droit naturel). *Électricité positive :* celle qui est acquise par le verre frotté avec une étoffe. *Épreuve positive :* photographie obtenue par tirage à partir d'un cliché négatif. *Nombre positif :* nombre supérieur à zéro. ■ nm 1 Ce qui est établi, positif. 2 GRAM Degré de l'adjectif ou de l'adverbe sans idée de comparaison.

position nf 1 Situation en un lieu. 2 Zone de terrain qu'un corps de troupes a pour mission de défendre. 3 Attitude, posture. 4 Ensemble des circonstances dans lesquelles on se trouve, situation. 5 Condition sociale, fonction que l'on remplit. 6 Place dans un ordre, une série, un rang. 7 Option, attitude adoptée. *Quelle est votre position sur cette question ?* 8 Situation débitrice ou créditrice d'un compte bancaire. Loc *Rester sur ses positions :* refuser toute concession.

positionnement nm Action de positionner.

positionner vt 1 Amener à la position voulue. 2 Déterminer exactement la position de. 3 ECON Définir la place d'un produit sur le marché. ■ vpr Prendre position, se situer.

positivement av 1 De façon positive. 2 Véritablement, tout à fait.

positivisme nm Système philosophique d'Auguste Comte, selon lequel la vérification des connaissances par l'expérience est l'unique critère de vérité.

positiviste a, n Qui relève du positivisme.

positon ou **positron** nm PHYS Électron positif, antiparticule de l'électron.

posologie nf Quantité d'un médicament à administrer à un malade.

possédant, ante a Qui possède des biens.

possédé, ée a, n Habité par une puissance diabolique.

posséder vt [12] 1 Avoir en sa possession ou à sa disposition ; détenir. 2 Avoir une qualité, une propriété. *Cette solution possède un avantage.* 3 Connaître bien, maîtriser. *Posséder une langue étrangère.* 4 Fam Tromper, duper.

possesseur nm Qui possède.

possessif, ive a, nm GRAM Qui indique la possession, l'appartenance. *Adjectif possessif.* ■ a Qui a des sentiments de possession, de domination envers les autres. *Mère possessive.*

possession nf 1 Fait de détenir qqch, d'en disposer. 2 État d'une personne dominée par une puissance diabolique. 3 Chose possédée ; territoire possédé, colonie.

possibilité nf 1 Caractère possible. 2 Chose possible. ■ pl Ressources, moyens dont on dispose. *Cet achat dépasse mes possibilités.*

possible a Qui peut être, qui peut exister ; qui peut se faire. *Un échec est possible. Il est possible qu'il soit absent.* ■ av Renforce un superlatif. Loc *Le plus..., le moins... possible :* le plus..., le moins... qu'il se peut. ■ nm Ce qui est possible. Loc *Faire son possible pour :* s'efforcer de. *Au possible :* extrêmement.

possiblement av Peut-être.

postage nm Action de poster le courrier.

postal, ale, aux a De la poste.

postclassique a Postérieur au classicisme.

postcure nf Séjour de convalescence sous surveillance médicale.

postdater vt Dater d'une date postérieure à la date réelle.

1. poste nf **1** Administration publique chargée d'acheminer le courrier, d'assurer les télécommunications, etc. **2** Bureau de l'administration des Postes ouvert au public. Loc *Poste restante :* service permettant le retrait du courrier à un bureau de poste.

2. poste nm **1** Fonction à laquelle on est nommé ; lieu où on exerce. **2** Lieu d'affectation d'un soldat, d'une unité militaire. **3** Corps de garde où des agents de police assurent une permanence. **4** Endroit, local affecté à un service. *Poste d'aiguillage. Poste de pilotage d'un avion. Poste d'essence.* **5** Chapitre d'un budget. **6** Appareil de radio, de télévision, de téléphone.

posté, ée a Loc *Travail posté :* organisé avec un système d'équipes qui se relaient.

1. poster vt Mettre à la poste. *Poster le courrier.*

2. poster vt Mettre à un poste. *Poster des sentinelles.*

3. poster [postɛʀ] nm Affiche décorative ou photographie de grand format.

postérieur, eure a **1** Qui suit, qui vient après dans le temps. *Ce testament est postérieur à son mariage.* **2** Qui est derrière. *Partie postérieure du corps.* ■ nm Fam Fesses d'une personne.

postérieurement av Après, plus tard.

postériorité nf État postérieur.

postérité nf **1** Suite des descendants d'une même origine. **2** Les générations futures.

postface nf Commentaire placé à la fin d'un ouvrage.

posthite nf Inflammation du prépuce.

posthume a **1** Né après la mort de son père. **2** Publié après la mort de son auteur. **3** Qui se produit après la mort. *Gloire posthume.*

postiche a **1** Fait et ajouté après coup. **2** Factice. *Barbe postiche.* ■ nm Faux cheveux.

postier, ère n Employé de la Poste.

postillon nm **1** Homme qui conduisait les chevaux d'une voiture de poste. **2** Fam Gouttelette de salive projetée en parlant.

postillonner vi Fam Projeter des postillons.

postimpressionnisme nm Courant pictural issu de l'impressionnisme.

postindustriel, elle a Se dit d'une société qui succédérait à la société industrielle.

postnatal, ale, als a Qui suit immédiatement la naissance.

postopératoire a CHIR Qui suit une opération.

postposer vt GRAM Placer un mot après un autre.

postprandial, ale, aux a MED Qui suit un repas.

post-scriptum [-tɔm] nm inv Ce que l'on ajoute à une lettre après la signature. (Abrév : P.-S.)

postsynchronisation nf Sonorisation d'un film après son tournage.

postsynchroniser vt Effectuer la postsynchronisation.

postulant, ante n Qui postule un emploi.

postulat nm Proposition que l'on demande d'admettre comme vraie sans démonstration.

postuler vi, vti Se porter candidat à un poste, à un emploi. ■ vt Poser comme point de départ d'un raisonnement.

postural, ale, aux a MED De la posture.

posture nf **1** Position, attitude du corps. **2** Situation. *Être en mauvaise posture.*

pot nm **1** Récipient à usage domestique. *Pot à eau. Pot de yaourt. Pot de fleurs.* **2** Fam Rafraîchissement, boisson. *On va prendre un pot ?* **3** Fam Réunion où l'on boit. *Être invité à un pot.* **4** Fam Chance. *Avoir du pot.* **5** Totalité des enjeux misés par les joueurs à certains jeux. Loc *Pot d'échappement :* dispositif d'évacuation des gaz brûlés d'un moteur à explosion. Fam *Recevoir à la fortune du pot :* en toute simplicité. Fam *Tourner autour du pot :* ne pas aborder franchement le sujet dont on désire parler ; tergiverser. *Découvrir le pot aux roses :* découvrir le secret d'une affaire. *Payer les pots cassés :* réparer les dommages causés.

potable a **1** Qu'on peut boire sans danger. *Eau potable.* **2** Fam Passable. *Film potable.*

potache nm Fam Collégien ou lycéen.

potage nm Aliment liquide fait de légumes bouillis, de suc de viande, etc.

potager, ère a Se dit des plantes utilisées comme légumes. ■ nm Jardin réservé à la culture des légumes.

potamochère nm Porc sauvage d'Afrique.

potasse nf Composé du potassium, utilisé en blanchissage, comme engrais, etc.

potasser vt Fam Étudier un sujet avec ardeur.

potassique a De la potasse ou du potassium.

potassium [-sjɔm] nm Métal alcalin dont les composés sont abondants dans la nature.

pot-au-feu [potofø] nm inv **1** Plat de viande de bœuf bouillie avec des légumes. **2** Morceau de bœuf avec lequel on prépare ce plat. **3** Marmite qui sert à le faire cuire. ■ a inv Fam Terre à terre et casanier.

pot-de-vin nm Somme d'argent donnée en sous-main à qqn, permettant d'enlever un marché, de conclure une affaire. *Des pots-de-vin.*

pote nm Fam Camarade, ami.

poteau nm Longue pièce de bois, de métal, de ciment, etc., fichée verticalement en terre. *Poteau télégraphique.* Loc *Coiffer au poteau :* dépasser au moment de franchir la ligne d'arrivée.

potée nf Plat de viande bouillie avec des légumes.

potelé, ée a Dodu. *Enfant potelé.*

potelet nm Obstacle érigé sur les trottoirs pour y empêcher le stationnement abusif.

potence nf **1** Assemblage de pièces en équerre, servant de support. **2** Instrument servant au supplice de la pendaison.

potentat nm Homme qui exerce un pouvoir despotique ; tyran.

potentialiser vt Augmenter l'effet de qqch.

potentialité nf Caractère potentiel ou virtuel.

potentiel, elle a Qui a une possibilité d'action, qui existe en puissance ; virtuel. ■ nm **1** Ensemble des ressources dont dispose une collectivité ; capacité. *Potentiel industriel.* **2** GRAM Forme verbale exprimant une action future dépendant d'une condition. Loc ELECTR *Différence de potentiel :* quotient de la puissance absorbée entre deux points d'un circuit et de l'intensité du courant. Syn. tension.

potentiellement av En puissance, virtuellement.

potentille nf Plante ornementale à fleurs pâles.

potentiomètre nm 1 Appareil servant à mesurer les différences de potentiel électrique. 2 Résistance réglable, rhéostat.

poterie nf 1 Fabrication d'objets en terre cuite. 2 Objet ainsi fabriqué.

poterne nf Porte dérobée percée dans la muraille d'une fortification.

potiche nf 1 Grand vase de porcelaine, de faïence, etc. 2 Personne qui joue un rôle de représentation, sans pouvoir réel.

potier, ère n Qui fabrique ou qui vend des poteries.

potimarron nm Courge à goût musqué.

potin nm 1 Fam Commérage, cancan. 2 Fam Grand bruit, tapage.

potiner vi Fam Faire des commérages.

potion nf Médicament à boire.

potiron nm Grosse courge à chair jaune.

potlatch nm ETHNOL Échange rituel de cadeaux entre deux groupes sociaux.

pot-pourri nm 1 Ouvrage littéraire ou musical composé de morceaux disparates, d'airs connus. 2 Assemblage composite. *Des pots-pourris.*

potron-minet nm Loc Vx *Dès potron-minet* : dès le lever du jour.

pou nm Insecte parasite externe de l'homme et de divers animaux. Loc *Chercher des poux dans la tête de qqn* : lui chercher querelle.

pouah ! interj Exprime le dégoût.

poubelle nf Récipient à couvercle destiné à recevoir les ordures ménagères.

pouce nm 1 Le plus court des doigts de la main, opposable aux autres. 2 Le gros orteil. 3 Ancienne mesure de longueur de 27 mm. 4 Très petite quantité. Loc *Manger sur le pouce* : à la hâte. *Donner un coup de pouce* : intervenir discrètement pour faire aboutir une affaire, avantager qqn, etc. Fam *Se tourner les pouces* : rester oisif. *Mettre les pouces* : se rendre, céder.

pouce-pied nm Anatife. *Des pouces-pieds.*

pouding. V. pudding.

poudingue nm GEOL Conglomérat de galets et de graviers.

poudrage nm Action de poudrer.

poudre nf 1 Substance solide réduite en petits grains, en corpuscules. *Poudre d'or.* 2 Explosif pulvérulent. 3 Substance pulvérulente utilisée pour le maquillage féminin. Loc *Jeter de la poudre aux yeux* : chercher à éblouir par un éclat trompeur. *Mettre le feu aux poudres* : déclencher un conflit, une manifestation de violence. Fam *N'avoir pas inventé la poudre* : ne pas être très intelligent. *Se répandre comme une traînée de poudre* : se propager très vite.

poudrer vt Couvrir de poudre.

poudrerie nf Fabrique d'explosifs.

poudreux, euse a Qui a l'aspect, la consistance de la poudre. ■ nf 1 Neige poudreuse. 2 Machine agricole pour répandre des produits en poudre (insecticides, engrais).

poudrier nm Petit boîtier plat qui renferme de la poudre pour le maquillage.

poudrière nf 1 Entrepôt où l'on gardait des explosifs. 2 Région où le moindre incident peut dégénérer en conflagration générale.

poudroiement nm Litt Fait de poudroyer ; aspect de ce qui poudroie.

poudroyer vi [22] Produire de la poussière ; s'élever en poussière.

pouf ! interj Évoque le bruit sourd d'une chute. ■ nm Gros coussin qui sert de siège.

pouffer vi Éclater de rire comme en étouffant son rire.

pouffiasse nf Pop Femme grosse et vulgaire.

pouillerie nf Fam Apparence misérieuse, sordide.

pouilleux, euse a, n 1 Qui a des poux. 2 Fam Miséreux.

pouilly nm 1 Vin blanc sec de la Loire. 2 Bourgogne blanc du Mâconnais.

poujadisme nm Attitude revendicatrice étroitement corporatiste.

poulailler nm 1 Abri, enclos pour les volailles. 2 Fam Galerie supérieure d'un théâtre.

poulain nm 1 Petit de la jument, ayant moins de dix-huit mois. 2 Jeune talent, jeune espoir patronné par une personnalité. 3 TECH Rampe constituée de deux longues pièces parallèles, servant à la manutention des grosses charges.

poularde nf Jeune poule engraissée.

1. poule nf 1 Femelle du coq domestique que l'on élève pour sa chair et pour ses œufs. 2 Fam Terme d'affection. *Ma poule.* 3 Pop Maîtresse, épouse. Loc *Poule faisane* : femelle du faisan. *Poule d'eau* : oiseau aquatique. Fam *Poule mouillée* : personne timorée. *Tuer la poule aux œufs d'or* : tarir la source des bénéfices en voulant les réaliser trop vite. Fam *Quand les poules auront des dents* : jamais.

2. poule nf Épreuve sportive dans laquelle chacun des concurrents rencontre successivement chacun de ses adversaires.

poulet, ette n 1 Jeune coq, jeune poule. 2 Fam Terme d'affection. *Mon poulet.* ■ nm Pop Policier.

pouliche nf Jeune jument de plus de dix-huit mois et de moins de trois ans.

poulie nf Roue tournant autour d'un axe sur le pourtour de laquelle passe une courroie, un câble, etc.

pouliner vi Mettre bas (jument).

poulinière a, nf Loc *Jument poulinière* : destinée à la reproduction.

poulpe nm Syn de pieuvre.

pouls [pu] nm Pulsation du sang dans les artères. Loc *Tâter le pouls* : s'informer discrètement des intentions de qqn, de l'état d'une situation.

poumon nm Chacun des deux organes thoraciques qui assurent les échanges respiratoires.

poupe nf Partie arrière d'un navire. Loc *Avoir le vent en poupe* : être favorisé par les circonstances.

poupée nf 1 Figurine représentant un être humain et servant de jouet, de décor. 2 Jeune femme, jeune fille d'une grâce mièvre et affectée. 3 Fam Pansement entourant un doigt.

poupin, ine a Qui a un visage rond, des traits enfantins.

poupon nm 1 Bébé. 2 Poupée figurant un bébé.

pouponner vt, vi Fam Dorloter un petit enfant.

pouponnière nf Établissement où on garde les bébés.

pour prép Exprime le but, la destination, l'intérêt, la substitution, le remplacement, l'échange, la durée ou le terme d'une durée, la cause, le point de vue, la conséquence. Loc *Pour que* (+

subj) : de manière à, dans l'intention de. ■ *nm*
Loc *Le pour et le contre :* les avantages et
les inconvénients.

pourboire *nm* Gratification qu'un client laisse
au personnel.

pourceau *nm* Litt Porc.

pour-cent *nm inv* Taux d'intérêt, commission
calculés au pourcentage.

pourcentage *nm* 1 Rapport exprimé en centièmes d'une quantité à une autre. 2 Taux d'un
intérêt ou d'une commission.

pourchasser *vt* Poursuivre sans relâche, avec
opiniâtreté, ténacité.

pourfendeur, euse *n* Litt Qui pourfend.

pourfendre *vt* [5] Litt Attaquer vigoureusement,
batailler contre.

pourlécher (se) *vpr* [12] Se passer la langue
sur les lèvres avec gourmandise.

pourparlers *nmpl* Conférence, discussion
visant à régler une affaire, négociation.

pourpier *nm* Plante à feuilles épaisses qui se
mangent en salade.

pourpoint *nm* Anc Vêtement masculin qui couvrait le buste.

pourpre *nf* 1 Matière colorante d'un rouge
foncé que les Anciens tiraient d'un mollusque.
2 Étoffe teinte avec cette matière. 3 Dignité de
cardinal. ■ *a, nm* Rouge foncé tirant sur le
violet.

pourpré, ée *a* Litt De couleur pourpre.

pourquoi *av* Pour quelle cause, quel motif. *Il
part sans dire pourquoi.* Loc *C'est pourquoi :*
c'est la raison pour laquelle. ■ *nm inv* Cause,
raison. *Savoir le pourquoi d'une affaire.*

pourri, ie *a* 1 Altéré par la décomposition.
Pomme pourrie. 2 Très humide (temps). 3 Gâté,
corrompu moralement. 4 Fam Qui a qqch en
abondance. *Un garçon pourri de qualités.* 5 Fam
Mauvais, abîmé, malsain. *Un quartier pourri.*
■ *nm* Ce qui est pourri. *Une odeur de pourri.*
■ *n* Pop Individu corrompu, méprisable.

pourrir *vi* 1 Tomber en décomposition, en
putréfaction. *Laisser des fruits pourrir.* 2 Se
détériorer. *Laisser pourrir une situation.* 3
Demeurer longtemps en un lieu. *Pourrir en prison.* ■ *vt* 1 Attaquer en provoquant la décomposition de. *L'eau pourrit le bois.* 2 Gâter par
excès de soins. *Ils pourrissent le petit.*

pourrissant, ante *a* Qui pourrit.

pourrissement *nm* Dégradation, détérioration. *Le pourrissement d'une situation.*

pourriture *nf* 1 État de ce qui est pourri. 2
Partie pourrie. 3 Décadence morale, corruption. 4 Pop Ignoble individu.

poursuite *nf* 1 Action de poursuivre, de courir
après qqch, qqn. 2 (souvent pl) DR Action en
justice engagée contre qqn.

poursuiteur, euse *n* Cycliste spécialiste des
courses de poursuite.

poursuivant, ante *n, a* Qui poursuit.

poursuivre *vt* [73] 1 Suivre rapidement pour
atteindre. *Animal qui poursuit sa proie.* 2
Tenter d'obtenir. *Poursuivre les honneurs.* 3
Harceler, ne pas laisser en paix. *Le remords le
poursuit.* 4 DR Intenter une action en justice
contre qqn. 5 Continuer ce qu'on a commencé.
Poursuivre ses études. ■ *vpr* Continuer. *Les
recherches se poursuivent.*

pourtant *av* Cependant, néanmoins.

pourtour *nm* Ligne, partie qui fait le tour d'un
objet, d'une surface.

pourvoi *nm* DR Acte par lequel on demande à
une autorité supérieure l'annulation d'une décision judiciaire.

pourvoir *vti* [39] Fournir ce qui est nécessaire.
Il pourvoit à tous nos besoins. ■ *vt* Munir,
équiper, doter. ■ *vpr* DR Intenter un pourvoi.

pourvoyeur, euse *n* Qui fournit, procure.

pourvu que *conj* 1 À condition que. 2
Exprime un souhait. *Pourvu qu'il vienne !*

poussah *nm* Homme gros et gras.

pousse *nf* 1 Fait de pousser, de croître. *La
pousse des cheveux.* 2 Partie jeune d'un végétal.

poussé, ée *a* Approfondi, minutieux. *Étude
poussée.*

pousse-café *nm inv* Fam Petit verre d'alcool
que l'on prend après le café.

poussée *nf* 1 Action de pousser ; son résultat.
2 Manifestation subite, accès. *Une poussée de
fièvre.* 3 Pression exercée par une force, un
corps.

pousse-pousse *nm inv* Voiture légère tirée
par un homme, en Extrême-Orient.

pousser *vt* 1 Peser sur, peser contre, pour
déplacer, pour faire avancer. *Pousser un
meuble.* 2 Faire avancer, engager, soutenir qqn
dans une entreprise, une carrière. *Son père l'a
poussé dans ses études.* 3 Étendre, porter plus
loin. *Pousser ses conquêtes jusqu'à la mer.* 4
Amener dans un certain état. *Pousser qqn
à bout.* 5 Inciter à, faire agir. 6 Proférer, exhaler
un cri, un soupir, etc. 7 Produire, faire sortir de
soi (être vivant). *Bébé qui pousse ses dents.* ■ *vi*
1 Croître, se développer. *Les feuilles poussent.*
2 Continuer son chemin. *Ils poussèrent jusqu'à la
ville.* 3 Fam Exagérer. ■ *vpr* Chercher à s'élever
socialement.

poussette *nf* 1 Petite voiture d'enfant. 2 Fam
Action d'aider un coureur cycliste en le poussant dans une côte.

pousseur *nm* Bateau à moteur utilisé pour
propulser des barges.

poussier *nm* Poussière de charbon.

poussière *nf* Poudre très fine de terre ou de
quelque autre matière broyée, usée, etc. *Des
meubles couverts de poussière.* Loc Fam *Et des
poussières :* et un peu plus. *Mordre la poussière :* tomber ; subir un échec.

poussiéreux, euse *a* Couvert de poussière.

poussif, ive *a* 1 Qui manque de souffle, qui
perd facilement haleine. 2 Fam Se dit d'une automobile qui avance difficilement.

poussin *nm* Poulet qui vient d'éclore.

poussivement *av* De façon poussive.

poussoir *nm* Bouton qu'on presse pour agir
sur un mécanisme.

poutargue *nf* Œufs de poisson salés et
pressés.

poutre *nf* 1 Élément de charpente allongé et
de forte section. *Poutre en bois, en béton, en
acier.* 2 Appareil de gymnastique constitué par
une barre de bois horizontale.

poutrelle *nf* Petite poutre.

pouvoir *vt* [48] 1 Avoir la faculté, la possibilité de. *Le blessé ne peut pas marcher.* 2 Avoir
le droit, l'autorisation de. *Puis-je m'asseoir ?* 3
Avoir le front, l'audace de. *Comment pouvez-
vous mentir ainsi ?* 4 Exprime une éventualité, une possibilité. *Je peux me tromper.* 5 Litt
Au subjonctif, exprime un souhait. *Puissiez-
vous avoir raison !* Loc *N'en pouvoir plus :* être

à bout de forces. ■ *vpr* Être possible. *Cela ne se peut pas. Il se peut que j'aie tort.* Loc *Autant que faire se peut* : autant qu'il est possible. ■ *nm* 1 Puissance, possibilité. *Avoir un grand pouvoir.* 2 Acte par lequel qqn donne la faculté d'agir à sa place ; procuration. 3 Empire, ascendant exercé sur qqn ; influence. 4 Aptitude, propriété de qqch. *Pouvoir blanchissant d'une lessive.* 5 Autorité. *Pouvoir législatif.* 6 Gouvernement d'un État. ■ *pl* Loc *Les pouvoirs publics* : les autorités constituées.

pouzzolane [pudzo-] *nf* Cendre volcanique claire et friable, utilisée en construction.

practice *nm* Installation pour s'entraîner au golf.

pragmatique *a* Qui considère la valeur pratique, concrète des choses.

pragmatisme *nm* 1 PHILO Doctrine qui considère l'utilité pratique d'une idée comme le critère de sa vérité. 2 Attitude de qqn qui recherche des résultats pratiques, qui s'adapte avec réalisme.

pragois ou **praguois, oise** *a, n* De Prague.

praire *nf* Mollusque comestible à coquille bivalve striée.

prairial *nm* Neuvième mois du calendrier républicain (mai-juin).

prairie *nf* Terrain couvert d'herbes propres à la pâture et à la production de fourrage.

prâkrit *nm* Langue commune de l'Inde ancienne, apparentée au sanskrit.

pralin *nm* 1 Préparation à base de pralines pilées. 2 AGRIC Mélange fertilisant de boue et d'engrais.

praline *nf* Friandise faite d'une amande enrobée de sucre.

praliné *nm* Mélange de pralin et de chocolat.

praliner *vt* 1 Préparer avec du pralin. 2 AGRIC Enrober de pralin des graines, des racines.

prame *nf* Petite embarcation à fond plat.

prao *nm* Voilier multicoque d'origine malaise.

praticable *a* 1 Qu'on peut pratiquer, mettre à exécution. 2 Où on peut passer. *Gué praticable.* ■ *nm* 1 Plate-forme amovible où on place les caméras, les projecteurs. 2 Élément de décor où les acteurs peuvent se tenir, évoluer.

praticien, enne *n* Médecin, dentiste, vétérinaire.

pratiquant, ante *a, n* Qui observe les pratiques d'une religion, qui pratique un sport.

pratique *nf* 1 Application des règles et des principes d'un art, d'une science, d'une technique. *La pratique de l'architecture.* 2 Fait de pratiquer une activité, de s'y adonner habituellement. *La pratique d'un sport.* 3 Expérience, habitude acquise par cet exercice régulier. *Avoir la pratique des affaires.* 4 Observance des devoirs d'une religion. 5 Usage, coutume. *C'est la pratique du pays.* Loc *En pratique* : en fait, en réalité. *Mettre en pratique* : appliquer. ■ *a* 1 Qui a trait à l'action, à la réalisation concrète. Ant. théorique. 2 Qui vise à l'utile, qui a le sens des réalités. *Un esprit pratique.* 3 Commode, bien adapté à sa fonction. *Un outil pratique.* Loc *Travaux pratiques* : exercices d'application, par oppos. aux cours théoriques. (Abrév : T.P.)

pratiquement *av* 1 Dans la pratique ; en fait. 2 Abusiv À peu près ; presque. *Il est pratiquement ruiné.*

pratiquer *vt* 1 Mettre en pratique, exercer. *Pratiquer un métier, un art.* 2 Faire, réaliser. *Pratiquer une ouverture.* Loc *Pratiquer une langue* : l'utiliser, la parler. ■ *vt, vi* Accomplir fidèlement les actes commandés par une religion. ■ *vpr* Être en usage.

praxis *nf* PHILO Activité humaine susceptible de modifier les rapports sociaux.

pré *nm* Petite prairie. Loc *Pré carré* : domaine réservé.

préadolescent, ente *n* Jeune à l'entrée de l'adolescence.

préalable *a* Qui doit être examiné, réglé, réalisé avant autre chose. *Condition préalable à un accord.* ■ *nm* Ce qui est mis comme condition à la conclusion d'un accord, à l'ouverture de négociations, etc. Loc *Au préalable* : préalablement, auparavant.

préalablement *av* Auparavant.

préalpin, ine *a* Des Préalpes.

préambule *nm* 1 Avant-propos, introduction, exorde. 2 Ce qui précède qqch et l'annonce.

préamplificateur *nm* ÉLECTR Amplificateur de tension précédant un amplificateur de puissance. (Abrév : préampli.)

préau *nm* 1 Cour d'un cloître, d'une prison, d'un hôpital. 2 Partie couverte d'une cour d'école.

préavis *nm* Avis, notification préalable.

prébende *nf* 1 Autrefois, revenu attaché à certains titres ecclésiastiques. 2 Litt Revenu tiré d'une charge lucrative.

précaire *a* Qui est incertain, provisoire, sans base assurée. *Situation précaire.*

précambrien *nm* Ère géologique la plus ancienne.

précampagne *nf* Phase initiale d'une campagne de publicité.

précancéreux, euse *a* Susceptible de devenir cancéreux.

précariser *vt* Rendre précaire.

précarité *nf* Caractère précaire.

précaution *nf* 1 Disposition prise par prévoyance. 2 Circonspection, prudence.

précautionneusement *av* Avec précaution.

précautionneux, euse *a* Prévoyant et circonspect.

précédemment *av* Auparavant.

précédent, ente *a* Qui précède. ■ *nm* Fait, événement, qui peut servir d'exemple.

précéder *vt* [12] 1 Se produire avant ; être placé avant, devant. 2 Arriver, se trouver qqpart avant qqn. 3 Aller, marcher devant.

précepte *nm* Règle de conduite, principe d'action.

précepteur, trice *n* Chargé de l'éducation et de l'instruction d'un enfant à domicile.

préceptorat *nm* Fonction de précepteur.

préchauffage *nm* Chauffage préalable.

préchauffer *vt* Pratiquer un préchauffage.

prêche *nm* Sermon, discours moralisateur.

prêcher *vt* 1 Enseigner la parole divine. *Prêcher l'Évangile.* 2 Engager, exhorter à une qualité, à une vertu. *Prêcher la patience.* ■ *vi* Faire un sermon.

prêcheur, euse *n, a* Qui moralise, sermonne. Loc *Frère prêcheur* : dominicain.

prêchi-prêcha *nm inv* Fam Sermon ennuyeux.

précieusement *av* Avec grand soin.

précieux, euse *a* 1 De grand prix. *Métaux précieux*. 2 D'une haute importance, d'une grande utilité. *Perdre un temps précieux*. ■ *a, n* Qui a des manières affectées. ■ *nf* Femme du monde qui, au XVIIᵉ s., cherchait à se distinguer par un langage, des manières affectées.

préciosité *nf* 1 Recherche ou affectation dans le langage, les manières. 2 HIST Mode culturelle du XVIIᵉ s., illustrée par les précieuses.

précipice *nm* Ravin, gouffre.

précipitamment *av* Avec précipitation.

précipitation *nf* 1 Grande hâte, excès de hâte. *Agir sans précipitation.* 2 CHIM Passage à l'état solide d'un corps dissous qui se sépare de son solvant. 3 Phénomène atmosphérique tel que la pluie, la grêle, la neige, le brouillard.

précipité, ée *a, nm* Qui se fait dans la précipitation. *Départ précipité.* ■ *nm* CHIM Substance solide qui se forme par précipitation.

précipiter *vt* 1 Jeter d'un lieu élevé. *Précipiter qqn d'un balcon.* 2 Hâter, accélérer. *Précipiter ses pas.* 3 Faire tomber dans une situation désastreuse. ■ *vi* CHIM Se former par précipitation. ■ *vpr* 1 Se jeter de haut en bas. 2 Se jeter, s'élancer. *Se précipiter sur son adversaire.* 3 Prendre un cours accéléré (événement).

précis, ise *a* 1 Nettement défini, déterminé, sans équivoque. 2 Qui procède avec exactitude, sûreté. *Des gestes précis.* 3 Exact, juste. *Mesure précise.* ■ *nm* Livre d'enseignement contenant l'essentiel d'une matière.

précisément *av* 1 Avec précision. 2 Justement. *On a fait précisément ce qu'il fallait éviter.*

préciser *vt* Exprimer de façon précise ou plus précise. *Préciser une date.*

précision *nf* 1 Caractère précis, exactitude. 2 Donnée précise ; éclaircissement.

précité, ée *a* Cité précédemment.

préclassique *a* Qui précède le classicisme.

précoce *a* 1 Qui se développe avant le temps habituel. *Fruit précoce. Talent précoce.* 2 Prématuré. *Printemps précoce.*

précocement *av* De façon précoce.

précocité *nf* Caractère précoce.

précolombien, enne *a, n* Qui, en Amérique, a précédé l'arrivée de Colomb (1492).

précompte *nm* Calcul préalable des sommes à déduire.

préconçu, ue *a* Loc *Idée préconçue* : adoptée avant tout examen critique ; préjugé.

préconisation *nf* Action de préconiser.

préconiser *vt* Recommander vivement, conseiller d'adopter, de prendre qqch.

précontraint, ainte *a, nm* Loc *Béton précontraint* : soumis à des contraintes préalables de compression, afin d'accroître sa résistance.

précuit, cuite *a* Soumis à une cuisson avant conditionnement (aliment).

précurseur *nm* Personne dont l'action, l'œuvre, les idées ont ouvert la voie à une autre personne, à un mouvement, etc. ■ *am* Qui précède et annonce ; avant-coureur.

prédateur, trice *nm, a* Qui vit de proies, des produits de la chasse et de la pêche.

prédation *nf* Façon dont les prédateurs assurent leur subsistance.

prédécesseur *nm* Qui a précédé qqn dans un emploi, un domaine d'activité, une dignité.

prédécoupé, ée *a* Découpé à l'avance.

prédélinquant, ante *n* Jeune exposé, par son milieu, ses conditions de vie, à tomber dans la délinquance.

prédelle *nf* BX-A Soubassement d'un retable.

prédestination *nf* 1 THEOL Volonté de Dieu qui destinerait chacune de ses créatures à être sauvée ou damnée. 2 Litt Détermination apparemment fatale des événements.

prédestiné, ée *a, n* Soumis à la prédestination.

prédestiner *vt* Destiner par avance à qqch.

prédéterminer *vt* Déterminer d'avance.

prédicat *nm* 1 LOG Attribut, affirmé ou nié, d'un sujet. 2 LING Ce qui, dans un énoncé, est dit de l'objet dont on parle (sujet). Ex. : *Jean* (sujet) *travaille* (prédicat).

prédicateur *nm* Qui prêche.

prédicatif, ive *a* Du prédicat.

prédication *nf* Action de prêcher ; sermon.

prédictible *a* Qu'on peut prédire.

prédictif, ive *a* Qui vise à prédire un processus, une évolution.

prédiction *nf* 1 Action de prédire. 2 Ce qui est prédit. *Des prédictions aventureuses.*

prédilection *nf* Préférence d'affection, d'amitié, de goût.

prédire *vt* [60] Annoncer ce qui doit arriver.

prédisposer *vt* Mettre par avance dans des conditions favorables à ; préparer à.

prédisposition *nf* Disposition marquée, aptitude naturelle.

prédominance *nf* Fait de prédominer.

prédominant, ante *a* Qui prédomine.

prédominer *vi* Être le plus important ou le plus fréquent ; prévaloir.

préélectoral, ale, aux *a* Qui précède les élections.

préemballé, ée *a* Vendu sous emballage.

prééminence *nf* Supériorité de droit, de rang, d'influence.

prééminent, ente *a* Qui a la prééminence.

préemption *nf* Loc DR *Droit de préemption* : droit prioritaire d'acquisition.

préencollé, ée *a* Encollé à l'avance.

préenregistré, ée *a* Enregistré à l'avance.

préétablir *vt* Établir, fixer par avance.

préexistant, ante *a* Qui existe avant.

préexistence *nf* Fait d'exister avant.

préexister *vi, vii* Exister avant.

préfabrication *nf* Construction au moyen d'éléments préfabriqués.

préfabriqué, ée *a* 1 Se dit d'un élément de construction fabriqué avant un montage sur le chantier. 2 Formé uniquement d'éléments préfabriqués. *Maison préfabriquée.* ■ *nm* Ce qui est préfabriqué.

préface *nf* Texte de présentation placé en tête d'un livre.

préfacer *vt* [10] Présenter par une préface.

préfacier *nm* Auteur d'une préface.

préfectoral, ale, aux *a* Du préfet.

préfecture *nf* 1 Charge, fonctions d'un préfet ; durée de ces fonctions. 2 Étendue de territoire administrée par un préfet. 3 Ville où réside un préfet. 4 Bâtiment, ensemble des bureaux où sont installés les services préfectoraux.

préférable *a* Qui mérite d'être préféré.

préféré, ée *a, n* Qu'on préfère.

préférence *nf* 1 Fait de préférer. 2 Ce qu'on préfère. Loc *De préférence* : plutôt.

préférentiel, elle *a* Qui crée une préférence, un avantage. *Tarif préférentiel.*

préférentiellement *av* De préférence.

préférer *vt* [12] Aimer mieux. *Nous préférons partir. Je préfère ma voiture à la vôtre.*

préfet *nm* 1 ANTIQ Administrateur d'une province de l'Empire romain. 2 Haut fonctionnaire qui représente le gouvernement dans le département, la région qu'il administre. Loc *Préfet de police :* haut fonctionnaire chargé de la direction de la police à Paris.

préfète *nf* 1 Femme d'un préfet. 2 Abusiv Femme préfet.

préfiguration *nf* Fait de préfigurer ; ce qui préfigure qqch.

préfigurer *vt* Figurer, être d'avance la représentation de qqch.

préfinancement *nm* Action de préfinancer.

préfinancer *vt* Doter de crédits pour financer une opération future.

préfixal, ale, aux *a* Qui concerne les préfixes.

préfixation *nf* Adjonction d'un préfixe.

préfixe *nm* Élément qui précède le radical et en modifie le sens (ex. : *in* dans *incomplet*).

préfixer *vt* 1 LING Adjoindre un préfixe à un radical. 2 DR Fixer par avance un terme, un délai.

préformation *nf* Formation préalable.

préglaciaire *a* GEOL Antérieur à une glaciation.

prégnant, ante *a* Litt Qui s'impose à l'esprit.

préhensile *a* ZOOL Qui a la faculté de saisir. *Les pieds préhensiles des singes.*

préhension *nf* Didac Action de saisir.

préhistoire *nf* Période de la vie de l'humanité antérieure à l'apparition de l'écriture.

préhistorien, enne *n* Spécialiste de la préhistoire.

préhistorique *a* Relatif à la préhistoire.

préhominien *nm* Primate fossile de la lignée humaine.

préindustriel, elle *a* Antérieur à l'industrialisation.

préjudice *nm* Tort, dommage causé à qqn. Loc *Sans préjudice de :* sans renoncer à.

préjudiciable *a* Qui cause un préjudice.

préjugé *nm* Opinion, idée préconçue, adoptée sans examen.

préjuger *vt, vti* [11] Juger sans examen, se faire une opinion hâtive. *Sans rien préjuger. Peut-on préjuger du résultat ?*

prélasser (se) *vpr* Se délasser en adoptant une pose nonchalante.

prélat *nm* Dignitaire ecclésiastique.

prélature *nf* Dignité de prélat.

prélavage *nm* Lavage préliminaire du linge ou de la vaisselle, à la machine.

prêle ou **prèle** *nf* Plante des lieux humides, à rhizome traçant.

prélèvement *nm* Action de prélever ; ce qui est prélevé. Loc *Prélèvements obligatoires :* les impôts et les cotisations sociales.

prélever *vt* [15] Soustraire d'un ensemble, prendre une partie d'un tout. *Prélever des échantillons, du sang. Prélever un pourcentage sur les ventes.*

préliminaire *a, nm* Qui précède et prépare la chose principale. ■ *nmpl* Ensemble de discussions, de démarches préparant un accord.

prélogique *a* PSYCHO Antérieur au stade de la pensée logique.

prélude *nm* 1 Introduction musicale précédant un morceau. 2 Composition musicale libre, constituant un morceau autonome. 3 Ce qui précède, annonce un fait, un événement.

préluder *vti* Annoncer en précédant. *Des escarmouches préludèrent à la bataille.*

prématuré, ée *a* 1 Qui a lieu avant le temps normal. *Accouchement prématuré.* 2 Qui se manifeste trop tôt. *Réjouissances prématurées.* ■ *a, n* Enfant né vivant avant terme.

prématurément *av* Avant le temps normal.

prématurité *nf* Caractère d'une naissance prématurée.

prémédication *nf* Administration de médicaments avant une opération chirurgicale.

préméditation *nf* Action de préméditer.

préméditer *vt* Mûrir un projet ; calculer, combiner à l'avance. *Préméditer un mauvais coup.*

prémices *nfpl* Litt Début, commencement.

premier, ère *a, n* Qui précède les autres dans le temps, l'espace, un classement. *Au premier siècle de notre ère. La première rue à droite. Être reçu premier à un concours.* ■ *a* 1 Qui forme la base, le rudiment de qqch. *Les premières notions d'une science.* 2 Qui est dans son état originel. *Un ressort qui reprend sa forme première.* ■ *n* Loc *Jeune premier, jeune première :* acteurs qui jouent un rôle d'amoureux. *Le premier venu :* n'importe qui. ■ *nm* 1 Premier étage. 2 Premier arrondissement d'une ville. 3 Premier jour du mois. Loc *En premier :* pour commencer. ■ *nf* 1 Classe qui précède la terminale. 2 Première représentation d'une pièce. 3 Première vitesse d'un véhicule. 4 Première ascension. 5 Exploit inédit. Loc Fam *De première :* excellent.

premièrement *av* En premier lieu.

premier-né, première-née *n* Premier enfant d'une famille. *Des premier(e)s-né(e)s.*

prémisse *nf* 1 PHILO Chacune des deux premières propositions d'un syllogisme. 2 Argument dont découle un raisonnement.

prémolaire *nf* Dent implantée entre les canines et les molaires.

prémonition *nf* Avertissement perçu mystérieusement ; pressentiment.

prémonitoire *a* De la prémonition.

prémunir *vt* Préserver, garantir d'un mal, d'un danger. ■ *vpr* Se protéger contre.

prenable *a* Qui peut être pris.

prenant, ante *a* 1 Qui prend. 2 Qui saisit l'esprit, qui captive. *Lecture prenante.* 3 Qui occupe. *Travail prenant.* Loc *Être partie prenante :* avoir des intérêts dans une affaire.

prénatal, ale, als *a* Qui précède la naissance.

prendre *vt* [70] 1 Saisir, s'emparer de, attraper. *Prendre une assiette dans le buffet. Prendre un papillon.* 2 Emporter, emmener avec soi. *Prendre son parapluie. Je passerai vous prendre.* 3 Tirer, enlever, soustraire qqch. *Prendre de l'eau à la rivière.* 4 Surprendre. *Prendre qqn au dépourvu.* 5 Demander, exiger. *Ce travail prend du temps.* 6 Manger, boire, absorber. *Je n'ai rien pris de la journée.* 7 Se comporter de telle ou telle façon avec qqn, à l'égard de qqch. *Il faut le prendre par la douceur. Il a mal pris la plaisanterie.* 8 Obtenir, se procurer. *Prendre un billet d'avion. Prendre un interprète.* 9 Recueillir. *Prendre des notes, des mesures.* 10 Contracter, attraper. *Prendre un rhume.* 11 Faire usage de, utiliser, emprunter. *Prendre des précautions. Prendre l'avion. Prendre un chemin.* **12** Acquérir un certain aspect. *Projet qui prend forme. Prendre de l'âge.* **13** Éprouver tel sentiment, telle impression. *Prendre intérêt, plaisir à faire qqch.* **Loc** *Prendre pour :* considérer comme. ■ *vi* **1** Devenir consistant ; faire sa prise. *Le ciment a pris.* **2** S'allumer, s'embraser. *Le feu a pris tout seul.* **3** S'enraciner. *Cette bouture a bien pris.* **4** Réussir. *Le vaccin a pris.* **Loc** *Prendre sur soi :* se dominer. *Prendre sur soi de :* prendre l'initiative de. ■ *vpr* **Loc** *S'en prendre à qqn :* l'attaquer, le provoquer. **Litt** *Se prendre à :* se mettre à. *S'y prendre bien, mal :* faire preuve d'adresse, de maladresse.

preneur, euse *n* Qui achète ; acquéreur. **Loc** *Preneur de son :* opérateur de prise de son.

prénom *nm* Nom particulier joint au patronyme.

prénommé, ée *n, a* Qui a tel prénom. *Le prénommé Jean.*

prénommer *vt* Donner tel prénom à. ■ *vpr* Avoir tel prénom.

prénuptial, ale, aux *a* Qui précède le mariage.

préoccupant, ante *a* Qui préoccupe.

préoccupation *nf* Souci, inquiétude.

préoccuper *vt* Occuper fortement l'esprit de qqn ; inquiéter, tourmenter. *Cette affaire le préoccupe.* ■ *vpr* Se soucier de.

préolympique *a* Qui précède les jeux Olympiques.

préopératoire *a* CHIR Qui précède une opération.

prépa *nf* Fam Classe préparatoire.

préparateur, trice *n* Qui prépare. **Loc** *Préparateur en pharmacie :* employé chargé de faire des préparations, des analyses, etc.

préparatif *nm* (surtout pl) Dispositions qu'on prend pour préparer une action.

préparation *nf* **1** Action de préparer, de se préparer. *Préparation d'un repas. Préparation à un examen.* **2** Chose préparée. *Préparation pharmaceutique.*

préparatoire *a* Qui prépare. **Loc** *Cours préparatoire :* première année de l'enseignement primaire. *Classes préparatoires :* qui préparent aux grandes écoles.

préparer *vt* **1** Apprêter, disposer ; mettre en état. *Préparer un repas. Préparer une chambre pour ses invités.* **2** Combiner par avance. *Préparer ses vacances.* **3** Ménager, réserver pour l'avenir. *Cela nous prépare de grands malheurs.* **4** Mettre qqn en mesure de supporter ou de faire qqch. *Préparer un élève à un examen.* **5** Mettre qqn dans un certain état d'esprit. *Préparer qqn à une mauvaise nouvelle.* **6** S'entraîner pour réussir à. *Préparer un concours.* ■ *vpr* **1** Se mettre en état de. *Se préparer pour sortir.* **2** Être sur le point de. **3** Être imminent. *Un orage se prépare.*

prépayer *vt* [20] Payer à l'avance.

prépondérance *nf* Supériorité, domination.

prépondérant, ante *a* Qui domine par le poids, l'autorité, les nombres.

préposé, ée *n* **1** Chargé d'un service particulier. **2** Facteur.

préposer *vt* Placer à un poste.

prépositif, ive ou **prépositionnel, elle** *a* GRAM De la préposition.

préposition *nf* GRAM Mot invariable reliant un élément de la phrase à un autre élément.

préprogrammé, ée *a* INFORM Programmé à l'avance.

prépuce *nm* ANAT Repli cutané qui recouvre le gland de la verge.

préraphaélisme *nm* Mouvement pictural anglais de la fin du XIXe s., inspiré par la Renaissance italienne.

préraphaélite *a, n* Du préraphaélisme.

prérasage *nm* Produit destiné à nettoyer et à préparer la peau avant le rasage.

préréglage *nm* Réglage préalable sur des stations données, d'un poste de radio ou de télévision.

préréglé, ée *a* Qui a subi le préréglage.

prérentrée *nf* Rentrée des enseignants, précédant la rentrée des élèves.

préretraite *nf* Retraite anticipée.

préretraité, ée *n* Qui bénéficie d'une préretraite.

prérogative *nf* Avantage, privilège attaché à une fonction, à un état.

préromantique *a. n* Du préromantisme.

préromantisme *nm* Période qui a préparé le romantisme.

près *av* Non loin, à une courte distance. *La ville est tout près.* **Loc** *De près :* d'une courte distance, à un faible intervalle. *À... près :* indique une évaluation par approximation. *À peu près :* environ. *À beaucoup près :* il s'en faut de beaucoup. ■ *prép* Marque la proximité dans l'espace ou dans le temps. *Venez près de moi.*

présage *nm* **1** Signe interprété comme favorable ou défavorable pour l'avenir. **2** Conjecture que l'on tire de qqch.

présager *vt* [11] Annoncer une chose à venir.

présalaire *nm* Allocation d'études.

pré-salé *nm* Mouton qui a pâturé l'herbe de prairies voisines de la mer. *Des prés-salés.*

presbyte *a. n* Atteint de presbytie.

presbytère *nm* Habitation du curé, du pasteur, dans une paroisse.

presbytérianisme *nm* Doctrine et Église des presbytériens, unissant ecclésiastiques et laïcs dans la direction des affaires religieuses.

presbytérien, enne *a, n* Qui relève du presbytérianisme.

presbytie [-si] *nf* Difficulté à voir nettement de près.

prescience *nf* Connaissance du futur.

préscolaire *a* Qui précède la scolarité.

prescripteur *nm* Qui conseille ou prescrit l'achat d'un produit.

prescriptible *a* Qu'on peut prescrire.

prescription *nf* **1** Action de prescrire. **2** Ce qui est prescrit ; ordre ; précepte. **3** DR Délai au terme duquel on ne peut plus, soit contester la propriété d'un possesseur, soit poursuivre la répression d'une infraction.

prescrire *vt* [61] **1** Commander, ordonner qqch. **2** Préconiser un traitement, un régime, etc. **3** DR Acquérir qqch, se libérer d'une obligation par prescription.

préséance *nf* Supériorité, priorité selon l'usage, l'étiquette.

présélection *nf* Sélection préalable.

présélectionner *vt* Effectuer une présélection.

présence nf 1 Fait d'être dans un lieu déterminé. 2 Personnalité, tempérament. *Avoir de la présence.* Loc *En présence* : face à face, en vue. *En présence de* : devant, en face de. *Présence d'esprit* : vivacité, à-propos.

1. présent, ente a 1 Qui est dans le lieu dont on parle (par oppos. à absent). *Étiez-vous présent à la réunion d'hier ?* 2 Dont il est question en ce moment. *La présente lettre.* 3 Qui existe actuellement (par oppos. à passé et futur). *Dans la minute présente.* ■ nm 1 Partie du temps qui est en train de passer actuellement. 2 Temps du verbe situant ce qui est énoncé au moment actuel. Loc *À présent* : maintenant, actuellement, en ce moment. ■ nf Loc *La présente* : la lettre que voici.

2. présent nm Litt Don, cadeau.

présentable a Qui a bon aspect ; convenable.

présentateur, trice n 1 Qui propose une marchandise, un appareil, etc. ; démonstrateur. 2 Qui présente un spectacle, une émission.

présentation nf 1 Action de présenter, de se présenter. 2 Maintien, manières ; aspect physique.

présentement av Maintenant.

présenter vt 1 Disposer devant qqn, proposer, offrir. *Présenter une chaise à qqn.* 2 Montrer, exposer. *Présenter ses papiers. Présenter les faits avec objectivité.* 3 Formuler, adresser. *Présenter ses excuses.* 4 Introduire qqn auprès d'une personne, la faire connaître par son nom. *Je vous présente M. Durand.* ■ vpr 1 Paraître devant qqn, se montrer. 2 Énoncer son nom, dire qui l'on est. 3 Se proposer, être candidat. *Se présenter pour un poste.* 4 Apparaître, survenir. *Quand l'occasion s'en présente.*

présentoir nm Support destiné à mettre en valeur les produits dans un magasin.

présérie nf Fabrication d'une première série de produits avant le lancement de la fabrication.

préservatif nm Capuchon en caoutchouc destiné à être adapté au pénis avant un rapport sexuel.

préservation nf Action de préserver.

préserver vt Garantir de qqch de nuisible ; protéger.

présidence nf 1 Fonction, dignité de président. 2 Temps pendant lequel qqn exerce cette fonction. 3 Résidence d'un président. 4 Bureaux et services placés sous l'autorité d'un président.

président, ente n 1 Qui préside une assemblée, qui dirige les débats. 2 Personne, généralement élue, qui dirige, administre. ■ nf Épouse d'un président.

présidentiable a, n Susceptible d'accéder à la fonction de président.

présidentialisation nf Évolution vers le présidentialisme.

présidentialisme nm Régime présidentiel.

présidentiel, elle a D'un président et spécialement du président de la République. Loc *Régime présidentiel* : où le pouvoir exécutif relève du seul président. ■ nfpl Élections pour la désignation du président de la République.

présider vt Diriger une assemblée, des débats. ■ vti Veiller sur, diriger. *Présider aux destinées du pays.*

présocratique a, n Se dit des philosophes grecs antérieurs à Socrate.

présomptif, ive a Loc *Héritier présomptif* : appelé à hériter de qqn ou à lui succéder.

présomption nf 1 Conjecture, opinion fondée sur de simples indices. *Juger sur des présomptions.* 2 Opinion trop avantageuse que qqn a de lui-même ; prétention, suffisance.

présomptueux, euse a, n Qui se surestime ; prétentieux, suffisant.

présonorisation nf Syn de *play-back*.

presque av Pas tout à fait.

presqu'île nf Promontoire relié au continent par une étroite bande de terre.

pressage nm Action de presser.

pressant, ante a 1 Insistant. *Recommandation pressante.* 2 Urgent. *Un besoin pressant.*

pressbook [prɛsbuk] nm Dossier constitué par des coupures de presse.

presse nf 1 Dispositif, machine destinée à comprimer ou à déformer des objets. 2 Machine à imprimer. 3 Ensemble des journaux ; journalisme. 4 Nécessité de hâter le travail. Loc *Avoir bonne, mauvaise presse* : avoir bonne, mauvaise réputation. *Sous presse* : en cours d'impression.

pressé, ée a 1 Contraint de se hâter. *Faites vite, je suis pressé.* 2 Urgent. *Affaire pressée.* ■ nm Loc *Aller au plus pressé* : s'occuper d'abord de ce qui est le plus urgent.

presse-bouton a inv Se dit d'une action extrêmement automatisée. *Guerre presse-bouton.*

presse-citron nm inv Ustensile servant à extraire par pression le jus des agrumes.

presse-fruits nm inv Ustensile pour presser les fruits.

pressentiment nm Sentiment instinctif d'un événement à venir.

pressentir vt [29] 1 Prévoir confusément. *Pressentir un malheur.* 2 Sonder les dispositions, les sentiments de qqn.

presse-papiers nm inv Objet servant à maintenir des papiers sur un bureau.

presse-purée nm inv Ustensile servant à faire des purées de légumes.

presser vt 1 Serrer avec plus ou moins de force, comprimer. 2 Appuyer sur. *Presser un bouton.* 3 Poursuivre sans relâche. *Presser l'ennemi.* 4 Hâter, précipiter. *Presser son départ.* 5 Engager vivement à. *On me presse de conclure.* ■ vi Être urgent. *Dépêchez-vous, ça presse.* ■ vpr 1 Se serrer, se tasser. 2 Se hâter.

presse-raquette nm inv Dispositif servant à maintenir la rigidité d'une raquette de tennis.

pressing [-siŋ] nm 1 Magasin où l'on fait nettoyer et repasser des vêtements. 2 SPORT Attaque insistante. *Faire le pressing.*

pression nf 1 Action de presser ; force exercée par ce qui presse. 2 Influence plus ou moins contraignante qui s'exerce sur qqn. Loc *Pression artérielle* : pression du sang sur les parois des artères. *Pression atmosphérique* : poids de la masse d'air au niveau du sol. *Groupe de pression* : qui cherche à influencer les décideurs ou le public en vue de satisfaire ses intérêts. Syn. lobby. Fam *Être sous pression* : tendu, éprouvé. *Pression fiscale* : charge des impôts.

pressoir nm Presse utilisée pour exprimer le jus ou l'huile ; bâtiment où elle se trouve.

pressurage nm Action de pressurer.

pressurer vt 1 Écraser au moyen du pressoir. 2 Accabler par de continuelles extorsions d'argent. ■ vpr Loc *Se pressurer le cerveau* : faire un intense effort intellectuel.

pressurisation nf Action de pressuriser.

pressuriser vt Maintenir une enceinte, une installation, etc., à la pression atmosphérique normale.

prestance nf Maintien plein d'élégance.

prestataire n Qui fournit une prestation ; qui vend des services à une clientèle.

prestation nf 1 Service fourni. 2 (souvent pl) Allocation versée par un organisme officiel. *Prestations de la Sécurité sociale.* 3 Abusiv Spectacle que donne un artiste, un sportif qui se produit en public. Loc *Prestation de serment* : action de prêter serment.

preste a Prompt et agile.

prestement av Vivement, promptement.

prestidigitateur, trice n Artiste qui fait des tours de prestidigitation.

prestidigitation nf Art de produire des illusions au moyen de trucages, de manipulations.

prestige nm Séduction, attrait qui inspire l'admiration.

prestigieux, euse a Qui a du prestige.

prestissimo av, nm MUS Très rapidement.

presto av, nm MUS Rapidement.

présumé, ée a Cru par supposition, censé, réputé. *Rendement présumé d'une machine.*

présumer vt Juger par conjecture, croire, supposer. *Je présume qu'il a raison.* ■ vti Avoir une opinion trop avantageuse. *Présumer de ses forces.*

présupposé nm Point préalablement admis, sans examen.

présupposer vt Supposer préalablement.

présupposition nf Supposition préalable.

présure nf Matière utilisée pour faire cailler le lait.

1. prêt nm Action de prêter ; chose prêtée.

2. prêt, prête a Disposé, préparé. *Le dîner est prêt. Être prêt à partir.*

prêt-à-porter nm Vêtements de confection.

prêté nm Loc *C'est un prêté pour un rendu* : se dit de justes représailles.

prétendant, ante n Qui prétend avoir des droits à un trône. ■ nm Homme qui espère épouser une femme.

prétendre vt [5] 1 Demander à, revendiquer de. *Il prétend commander ici.* 2 Affirmer, soutenir qqch de contestable. *Il prétend que j'ai menti.* ■ vti Litt Aspirer à ; revendiquer. *Prétendre à une indemnité.*

prétendu, ue a Faux ou douteux.

prétendument av Faussement, à tort.

prête-nom nm Dont le nom apparaît dans un acte à la place de celui du véritable contractant. *Des prête-noms.*

prétentaine ou **prétantaine** nf Loc Fam, vx *Courir la prétentaine* : vagabonder, multiplier les aventures galantes.

prétentieusement av De façon prétentieuse.

prétentieux, euse a, n Qui a une trop haute opinion de soi-même ; vaniteux.

prétention nf 1 Revendication, exigence. *Rabattre de ses prétentions.* 2 Caractère prétentieux. Loc *Sans prétention* : simple.

prêter vt 1 Mettre provisoirement à la disposition de qqn. *Il lui a prêté sa bicyclette.* 2 Attribuer. *Il lui prête des qualités qu'il n'a pas.*

Loc *Prêter la main à qqn* : l'aider. *Prêter l'oreille* : écouter. *Prêter le flanc* : s'exposer à. *Prêter attention* : être attentif. *Prêter serment* : jurer. ■ vti Donner prise, donner matière à. *Prêter à la critique, à la censure, à rire.* ■ vpr Accepter, consentir à. *Prêtez-vous à cet accord.* 2 Aller bien, convenir à. *Une région qui se prête à la vigne.*

prétérit nm GRAM Forme verbale qui exprime le passé dans certaines langues.

prétérition nf RHET Figure de style qui consiste à dire qqch en déclarant qu'on se gardera bien de l'affirmer (ex. : *inutile de vous dire que...*).

préteur nm ANTIQ Magistrat romain de rang inférieur à celui de consul.

prêteur, euse n, a Qui prête.

prétexte nm Raison alléguée pour cacher le véritable motif. Loc *Sous prétexte de* : en donnant comme prétexte.

prétexter vt Donner comme prétexte.

prétoire nm 1 ANTIQ Tribunal du préteur. 2 Salle d'audience d'un tribunal.

prétorien, enne a ANTIQ Du préteur. ■ nm Soldat de la garde impériale.

prétraité, ée a Soumis à un traitement préalable. *Semoule prétraitée.*

prêtre nm 1 Qui exerce un ministère sacré, qui préside aux cérémonies d'un culte. 2 Qui a reçu le sacrement de l'ordre, dans l'Église catholique.

prêtresse nf Femme célébrant le culte d'une divinité.

prêtrise nf Dignité de prêtre.

préture nf ANTIQ Fonction de préteur.

preuve nf 1 Ce qui établit la vérité, l'exactitude, l'existence de qqch. 2 Marque, signe. *Donner des preuves de bonne volonté.* Loc *Faire preuve de* : montrer. *Faire ses preuves* : montrer ses capacités.

preux am, nm Litt Brave et vaillant.

prévalence nf MED Rapport du nombre de cas d'une maladie à l'importance d'une population.

prévaloir vi [44] Être supérieur, s'imposer. *Sa solution a prévalu.* ■ vpr Tirer vanité. *Se prévaloir de ses relations.*

prévaricateur, trice a, n DR Coupable de prévarication.

prévarication nf DR Acte d'un responsable qui manque aux devoirs de sa charge.

prévenance nf Fait de prévenir les désirs de qqn ; délicatesse, attention.

prévenant, ante a Plein de prévenance.

prévenir vt [35] 1 Informer, avertir. *Prévenir les pompiers.* 2 Prendre des précautions pour empêcher. *Prévenir une attaque ennemie.* 3 Satisfaire par avance, aller au-devant de. *Prévenir les désirs de ses chefs.* 4 Disposer qqn défavorablement à l'égard de qqn.

préventif, ive a Qui a pour but de prévenir, d'empêcher. Loc *Détention préventive* : incarcération avant un jugement.

prévention nf 1 Ensemble de mesures destinées à prévenir certains risques. *Prévention routière.* 2 Idée préconçue. *Avoir des préventions contre qqn.* 3 DR Temps passé en prison avant un jugement.

préventivement av À titre préventif.

préventologie nf Étude scientifique de la prévention des maladies, des accidents.

préventorium [-RjɔM] *nm* Établissement où on traite les personnes atteintes de primo-infection tuberculeuse.

prévenu, ue *n* DR Qui comparaît devant un tribunal pour répondre d'un délit.

prévisibilité *nf* Caractère prévisible.

prévisible *a* Qui peut être prévu ; conjecture.

prévision *nf* 1 Action de prévoir. 2 Ce qui est prévu ; conjecture.

prévisionnel, elle *a* Fait par prévision.

prévisionniste *n* Spécialiste de la prévision économique.

prévoir *vt* [41] 1 Se représenter ce qui doit arriver. *Qui pouvait prévoir les événements actuels ?* 2 Envisager. *Il prévoit de rentrer le 15 août.* 3 Prendre des dispositions en vue de qqch. *Les juristes n'ont pas prévu cette éventualité.*

prévôt *nm* 1 HIST Titre de certains magistrats. 2 Officier de gendarmerie en fonction dans une prévôté. 3 Surveillant de prison choisi parmi les détenus.

prévôté *nf* 1 HIST Circonscription du prévôt sous l'Ancien Régime. 2 Formation de gendarmerie qui joue le rôle de police militaire.

prévoyance *nf* Qualité de qqn qui prévoit.

prévoyant, ante *a* Qui fait preuve de prévoyance.

prie-Dieu *nm inv* Siège bas sur lequel on s'agenouille pour prier.

prier *vt* 1 S'adresser à Dieu, à une divinité, à un être surnaturel pour l'adorer, lui demander une grâce. 2 Demander à qqn. *Je vous prie de m'écouter.* 3 Ordonner. *Il le pria de se taire.* Loc *Se faire prier :* faire des manières pour accepter qqch.

prière *nf* 1 Fait de prier Dieu, une divinité. 2 Texte qu'on récite pour prier. 3 Demande faite instamment.

prieur, eure *n* Religieux(euse) qui dirige certains monastères.

prieuré *nm* Établissement religieux dirigé par un prieur ou une prieure.

prima donna *nf inv* Principale cantatrice d'un opéra.

primaire *a* 1 Se dit de l'enseignement du premier degré. 2 Simpliste, borné. *Antiparlementarisme primaire.* Loc *Élection primaire :* élection servant à désigner les candidats à l'élection réelle. *Ère primaire :* la plus ancienne des ères géologiques. ECON *Secteur primaire :* activités qui produisent des matières premières (agriculture, mines). ■ *nm* 1 Enseignement primaire. 2 Ère primaire. 3 Secteur primaire. ■ *nf* Élection primaire.

primat *nm* 1 Litt Supériorité, primauté. 2 Titre donné à certains archevêques.

primate *nm* 1 Mammifère tel que les singes et l'homme. 2 Fam Homme grossier.

primatologie *nf* Étude scientifique des primates.

primature *nf* Services du Premier ministre.

primauté *nf* Prééminence, premier rang.

1. prime *a* Se dit d'une lettre affectée d'un signe : *A'* (A prime). Loc *De prime abord :* à première vue. *La prime jeunesse :* le plus jeune âge.

2. prime *nf* 1 Cadeau offert à un acheteur. 2 Somme accordée à titre d'encouragement ou d'indemnité. 3 Somme due par l'assuré à sa compagnie d'assurances. Loc *Faire prime :* être très recherché.

1. primer *vt, vti* Être plus important que, prévaloir sur. *L'intérêt général prime (sur) les intérêts particuliers.*

2. primer *vt* Accorder une récompense à. *Taureau primé au concours agricole.*

primerose *nf* Syn de *rose trémière.*

primesautier, ère [-so-] *a* Litt Spontané.

prime time [pRajmtajm] *n.m* À la télévision, heure de grande écoute.

primeur *nf* Faveur d'être le premier à connaître qqch. *Réserver à qqn la primeur d'une information.* Loc *Vin de primeur :* vin de l'année vendu dès la fin de la fermentation. ■ *pl* Fruits et légumes vendus avant la saison normale.

primevère *nf* Plante herbacée à floraison précoce.

primipare *a, nf* Qui accouche ou met bas pour la première fois.

primitif, ive *a* 1 Le plus ancien, le premier, le plus près de l'origine. 2 Se dit des sociétés qui ne connaissent pas l'écriture et ne pratiquent ni culture ni élevage. 3 Peu élaboré, fruste. ■ *nm* Artiste qui a précédé la Renaissance.

primitivement *av* À l'origine.

primitivisme *nm* Caractère primitif d'une société, d'un art.

primo *av* Premièrement.

primo-infection *nf* Première infection par un germe. *Des primo-infections.*

primordial, ale, aux *a* Essentiel.

prince *nm* 1 Souverain ou membre d'une famille souveraine. 2 Haut titre de noblesse. Loc *Prince du sang :* membre de la famille royale. Litt *Le prince des ténèbres :* le diable. Fam *Être bon prince :* généreux. *Le fait du prince :* acte arbitraire du gouvernement.

prince-de-galles *nm inv* Tissu écossais, aux teintes discrètes.

princeps *a* Loc *Édition princeps :* originale.

princesse *nf* Femme ou fille de prince, de roi. Loc *Aux frais de la princesse :* tous frais payés.

princier, ère *a* 1 De prince. 2 Somptueux. *Repas princier.*

princièrement *av* De façon princière.

principal, ale, aux *a, nm* Le plus important. *C'est la raison principale. Le principal, c'est que vous veniez.* Loc GRAM *Proposition principale :* proposition dont dépendent des subordonnées. ■ *nm* 1 Ce qui constitue l'objet essentiel d'une action en justice. 2 Capital d'une dette (par oppos. aux intérêts). ■ *n* Personne qui dirige un collège.

principalement *av* Particulièrement.

principauté *nf* État gouverné par un prince.

principe *nm* 1 Origine, cause première. 2 Loi générale, non démontrée, mais vérifiée expérimentalement. 3 Fondement théorique du fonctionnement d'une chose. 4 Règle de conduite. *Principe de morale.* Loc *En principe :* théoriquement. *Par principe :* en vertu d'une décision a priori. ■ *pl* 1 Premiers rudiments d'une science. 2 Convictions morales. *Être fidèle à ses principes.*

printanier, ère *a* De printemps.

printemps *nm* 1 La première des quatre saisons. 2 *Litt* Année. *Avoir seize printemps.* *Loc Litt Au printemps de :* au début de.

prioritaire *a* Qui a la priorité.

prioritairement *av* En priorité.

priorité *nf* 1 Préférence. *Donner la priorité.* 2 Droit de passer avant les autres. *Respecter la priorité à droite.* *Loc En priorité, par priorité :* en premier lieu.

pris, prise *a* Retenu par ses occupations. *Être pris toute la journée.* *Loc Pris de boisson :* ivre.

prise *nf* 1 Action de prendre, de s'emparer de. 2 Ce dont on s'est emparé. *Une bonne prise.* 3 Moyen, manière de prendre, de saisir. *On n'a pas prise.* *Prise de judo.* 4 Durcissement. *Ciment à prise rapide.* 5 Pincée de tabac à priser. *Loc Avoir prise sur :* avoir le moyen d'influencer un processus. *Donner prise :* fournir l'occasion de. *Être aux prises avec :* lutter contre. *Prise directe :* dispositif mécanique d'accouplement direct. *Prise d'eau :* robinet. *Prise de vue(s) :* action de filmer. *Prise de son :* action d'enregistrer le son. *Prise de sang :* prélèvement sanguin. *Prise d'armes :* parade, revue militaire. *Prise de conscience :* fait de devenir conscient de qqch.

1. priser *vt* Aspirer du tabac par le nez.

2. priser *vt* *Litt* Estimer.

prismatique *a* En forme de prisme.

prisme *nm* Corps présentant deux faces planes ayant une arête commune.

prison *nf* 1 Lieu de détention. 2 Peine d'emprisonnement. 3 Ce qui enferme, retient.

prisonnier, ère *n* Détenu. ■ *a* Aliéné par qqch. *Prisonnier de ses préjugés.*

privatif, ive *a* 1 GRAM Qui marque la suppression. *Préfixe privatif.* 2 DR Qui prive. *Peine privative de liberté.* 3 Dont on jouit sans être propriétaire. *Jardin privatif.*

privation *nf* Perte, suppression. ■ *pl* Besoins non satisfaits, pénurie.

privatisation *nf* Action de privatiser.

privatiser *vt* Transférer une entreprise du secteur public au secteur privé.

privautés *nfpl* Familiarités déplacées.

privé, ée *a, nm* 1 Réservé, non ouvert au public. *Club privé.* 2 Personnel. *Vie privée.* 3 Qui appartient à qqn. *Propriété privée.* 4 Où l'État n'intervient pas. *Secteur privé.* *Ant.* public. *Loc En privé, à titre privé :* comme simple particulier. *Détective privé :* détective chargé d'enquêtes policières privées.

priver *vt* Refuser, ôter qqch à qqn. *Priver un enfant de dessert.* ■ *vpr* 1 S'abstenir de. *Il ne se prive pas de critiquer.* 2 Faire des sacrifices. *Il se prive pour élever ses enfants.*

privilège *nm* 1 Droit exceptionnel ou exclusif de faire qqch, de jouir d'un avantage. 2 Caractère, qualité unique. *La raison est le privilège de l'être humain.*

privilégié, ée *a* Qui bénéficie de privilèges.

privilégier *vt* 1 Accorder un privilège à qqch, à qqn. 2 Avantager.

prix *nm* 1 Valeur de qqch exprimée en monnaie. *Prix élevé.* 2 Récompense, distinction. *Prix Nobel.* 3 Ouvrage qui a obtenu un prix. 4 Compétition qui donne lieu à un prix. *Grand prix automobile.* 5 Valeur, importance de qqch. *Le prix de la liberté.* *Loc Au prix de :* moyennant. *À tout prix :* coûte que coûte.

pro *n, a* *Fam* Professionnel.

probabilisme *nm* Théorie selon laquelle il n'y a pas de certitudes mais seulement des opinions probables.

probabiliste *a, n* Qui relève du probabilisme, du calcul des probabilités.

probabilité *nf* Caractère probable, vraisemblable. *Loc Calcul des probabilités :* science visant à déterminer la vraisemblance d'un événement.

probable *a* 1 Qui a une apparence de vérité. 2 Qui a des chances de se produire.

probablement *av* Vraisemblablement.

probant, ante *a* Concluant.

probation *nf* DR Mise à l'épreuve d'un délinquant.

probatoire *a* Destiné à tester qqn.

probe *a* *Litt* Qui a de la probité.

probité *nf* Droiture, intégrité.

problématique *a* Douteux. *Résultat problématique.* ■ *nf* Ensemble des problèmes concernant un sujet.

problématiquement *av* De façon problématique.

problème *nm* 1 Question à résoudre dans une science. *Problème de physique théorique.* 2 Exercice scolaire consistant à résoudre une question posée. 3 Ennui, difficulté ; situation compliquée. *Loc Fam Pas de problème ! :* c'est facile, évident.

proboscidien *nm* ZOOL Mammifère à trompe, tel l'éléphant.

procédé *nm* 1 Méthode d'exécution. *Procédé de fabrication.* 2 Manière d'agir. *Des procédés inadmissibles.* 3 Rondelle de cuir collée à la pointe d'une queue de billard.

procéder *vi* [12] Agir *Procéder avec méthode.* ■ *vti* 1 Exécuter en se conformant aux règles. *Procéder à l'arrestation d'un voleur.* 2 *Litt* Provenir, découler de.

procédural, ale, aux *a* DR De la procédure.

procédure *nf* 1 Ensemble de consignes à appliquer. *Procédure d'atterrissage.* 2 DR Manière de procéder en justice ; partie du droit qui étudie ces manières. 3 Ensemble des règles suivant lesquelles un procès est instruit.

procédurier, ère *a, n* Qui aime la chicane.

procès *nm* Instance devant un tribunal sur un différend entre deux ou plusieurs parties.

processeur *nm* INFORM Organe d'un ordinateur destiné à exécuter une série d'instructions.

procession *nf* 1 Cortège religieux. 2 Défilé.

processionnaire *nf* Chenille qui se déplace avec d'autres en file régulière.

processus [-sys] *nm* Enchaînement de phénomènes, suite d'opérations. *Processus de fabrication.*

procès-verbal *nm* 1 DR Acte par lequel une autorité compétente constate un fait, un délit. 2 Compte rendu écrit d'une délibération. *Des procès-verbaux.*

prochain, aine *a* Qui est près d'arriver ; suivant. *Le mois prochain. Le prochain village.* ■ *nm* Être humain considéré dans ses rapports moraux avec autrui. ■ *nf* *Loc Fam À la prochaine :* à la station suivante ; à une autre fois.

prochainement *av* Bientôt.

proche a 1 Voisin. *La proche banlieue.* 2 Qui est près d'arriver. *Noël est proche.* 3 Qui a une relation étroite avec. **Loc** *De proche en proche :* progressivement. ■ nm Parent. *Très aimé de ses proches.*

proche-oriental, ale, aux a. n Du Proche-Orient.

proclamation nf 1 Action de proclamer. 2 Écrit, discours proclamé ; appel solennel, public.

proclamer vt 1 Annoncer avec solennité. *Proclamer sa foi.* 2 Reconnaître publiquement. *Proclamer la république.*

proclitique a. nm GRAM Mot monosyllabique inaccentué qui s'appuie sur le mot suivant.

proconsul nm ANTIQ Consul sortant de charge qui recevait une prolongation de ses pouvoirs.

proconsulaire a. Du proconsul.

proconsulat nm Fonction de proconsul.

procréateur, trice a Qui procrée.

procréation nf Action de procréer.

procréatique nf Étude de la procréation artificielle (fécondation in vitro, insémination).

procréer vt Engendrer un être humain.

proctologie nf Partie de la médecine qui traite du rectum et de l'anus.

proctologue n Spécialiste de proctologie.

procuration nf Pouvoir donné à qqn d'agir au nom de son mandant.

procurer vt 1 Faire avoir, fournir qqch à qqn. 2 Être la cause de. *Cela procure des avantages.*

procureur nm **Loc** *Procureur de la République :* magistrat qui dirige le parquet dans un tribunal de grande instance. *Procureur général :* chef du parquet de la Cour de cassation.

prodigalité nf Litt Caractère prodigue. ■ pl Dépenses exagérées.

prodige nm 1 Phénomène surprenant auquel on prête un caractère surnaturel. 2 Action, personne extraordinaire. *Les prodiges de la médecine.*

prodigieusement av De façon prodigieuse.

prodigieux, euse a Extraordinaire.

prodigue a Litt Qui fait des dépenses excessives pour ses moyens. ■ a Litt Qui donne abondamment. *Être prodigue de promesses.* **Loc** Litt *Enfant prodigue :* qui revient, repentant, chez ses parents.

prodiguer vt Donner à profusion. *Prodiguer des conseils.*

pro domo av, a inv Pour sa propre cause. *Plaidoyer pro domo.*

prodrome nm MED Signe précurseur, symptômes qui annoncent une maladie.

producteur, trice n, a 1 Qui produit des biens, des services. 2 Qui finance une œuvre de l'industrie du spectacle.

productif, ive a Qui produit une richesse, un profit ; rentable.

production nf 1 Action de produire des biens ; les biens produits. 2 Action de produire un film, une émission ; le film, l'émission. 3 Fait de se produire. *Production d'une réaction chimique.*

productique nf Technique informatique d'amélioration de la productivité.

productivisme nm Recherche systématique de la productivité.

productivité nf 1 Capacité de produire. 2 Rapport entre la quantité de biens produits et les moyens utilisés.

produire vt [67] 1 Créer des richesses économiques. *Terre qui produit du blé.* 2 Créer une œuvre. *Cet écrivain produit des romans.* 3 Assurer l'organisation matérielle et le financement (film, émission, disque, etc.). 4 Rapporter. *Capital qui produit des intérêts.* 5 Causer, déterminer. *Produire des résultats attendus.* 6 Montrer, présenter. *Produire ses papiers.* ■ vpr 1 Avoir lieu. *Cela s'est bien produit.* 2 Apparaître en public. *Chanteur qui se produit au cabaret.*

produit nm 1 Ce que rapporte une charge, une activité, un impôt, etc. *Le produit d'une opération commerciale.* 2 Ce qui est créé par la nature ou par l'homme. *Les produits de la terre. Produits finis.* 3 Résultat. *Un pur produit de son imagination.* 4 MATH Résultat d'une multiplication. **Loc** *Produit national brut* ou *P.N.B. :* résultat de l'activité économique d'un pays.

proéminence nf Litt État proéminent ; saillie.

proéminent, ente a Qui fait saillie ; en relief.

prof n Fam Professeur.

profanateur, trice n, a Litt Qui profane qqch.

profanation nf Action de profaner.

profane a. n 1 Qui n'a pas un caractère religieux, sacré. 2 Qui ignore tout d'un art, d'une science.

profaner vt Violer le caractère sacré de. *Profaner une tombe.*

proférer vt [12] Prononcer, dire à haute voix. *Proférer des menaces.*

professer vt Déclarer, manifester ouvertement (opinion, sentiment, etc.). ■ vi Enseigner. *Il professe à l'université.*

professeur nm 1 Qui a pour métier d'enseigner. *Professeur de chant.* 2 Enseignant du secondaire ou du supérieur.

profession nf 1 Activité rémunératrice exercée par qqn. 2 Corps constitué par tous ceux qui pratiquent le même métier. **Loc** *Faire profession de :* professer. *Profession de foi :* déclaration publique de ses convictions.

professionnaliser vt Adapter un enseignement à une pratique professionnelle.

professionnalisme nm Caractère professionnel d'un travail.

professionnel, elle a D'une profession. *Obligations professionnelles.* ■ n, a 1 Qui pratique une activité, un sport comme métier rétribué. Ant. amateur. 2 Qui est expérimenté, compétent dans une activité.

professionnellement av En professionnel.

professoral, ale, aux a De professeur.

professorat nm Métier de professeur.

profil nm 1 Contour d'un visage vu de côté. 2 Forme ou représentation d'une chose vue de côté. 3 Ensemble des caractéristiques psychologiques et professionnelles d'un individu. *Un profil de gagneur.* 4 Configuration générale de qqch (situation, évolution). *Le profil de la crise monétaire.* **Loc** Fam *Adopter un profil bas :* une attitude modérée.

profilé nm TECH Pièce laminée de section uniforme.

profiler vt Donner un profil à un objet. ■ Se dessiner, s'ébaucher, apparaître. *Une solution se profile.*

profit nm 1 Gain, bénéfice. 2 Avantage matériel ou moral. Loc *Mettre qqch à profit* : l'utiliser au mieux. Fam *Faire du profit* : être d'un usage économique. *Au profit de* : à l'avantage de.

profitable a Qui offre un avantage.

profiter vti 1 Tirer profit de. *Profiter de l'occasion.* 2 Être utile à. *Cette expérience lui a profité.* ■ vi Fam Croître, se fortifier.

profiterole nf Chou garni de glace à la vanille, nappé de chocolat chaud.

profiteur, euse n Qui tire profit de tout, de façon peu scrupuleuse.

profond, onde a 1 Dont le fond est éloigné de la surface, du bord. *Puits profond.* 2 Situé très bas par rapport à la surface. 3 Qui s'enfonce très avant. *Racine profonde.* 4 Se dit d'une voix grave. 5 Caché. *Le sens profond d'un symbole.* 6 Qui ne s'arrête pas aux apparences. *Esprit profond.* 7 Très grand, intense. *Profond chagrin.* ■ av Loc *Creuser profond.*

profondément av 1 De façon profonde. 2 À un haut degré. *Il est profondément ému.*

profondeur nf 1 Distance de la surface, du bord jusqu'au fond. 2 Qualité de qqn qui approfondit les choses.

pro forma a inv Loc *Facture pro forma* : établie à titre indicatif avant la livraison.

profusion nf Abondance extrême.

progéniture nf Enfants, descendance.

progestatif, ive a, nm Qui possède la même action que la progestérone.

progestérone nf Hormone sexuelle femelle.

progiciel nm INFORM Programme conçu pour différents utilisateurs et destiné à un même type d'applications.

prognathe a, n Dont les machoires sont proéminentes.

prognathisme nm Caractère prognathe.

programmable a Qu'on peut programmer.

programmateur, trice n Chargé d'établir un programme de radio, de télévision, etc. ■ nm Dispositif commandant les opérations de fonctionnement d'un appareil.

programmation nf Établissement d'un programme.

programmatique a D'un programme. *Textes programmatiques d'un parti.*

programme nm 1 Texte indiquant ce qui est prévu pour une représentation, une fête ; liste des émissions, des films, etc., à venir. 2 Ensemble des matières et des sujets sur lesquels doit porter un enseignement. 3 Exposé des vues d'un parti, d'un candidat. 4 Ensemble de ce que l'on prévoit de faire. 5 INFORM Suite d'instructions utilisées par l'ordinateur pour effectuer un traitement déterminé.

programmer vt 1 Mettre un film, une émission dans un programme. 2 INFORM Écrire un programme. 3 Prévoir. *Programmer un achat.*

programmeur, euse n INFORM Spécialiste de la programmation.

progrès nm 1 Avance, développement, extension. *Les progrès d'un feu de forêt.* 2 Amélioration. *Faire des progrès.* 3 Évolution de la société. *Croire au progrès.*

progresser vi 1 Avancer, se développer. 2 Faire des progrès. *Élève qui progresse.*

progressif, ive a 1 Qui croît selon une progression. *Impôt progressif.* 2 Qui se fait graduellement. *Évolution progressive.*

progression nf 1 Action d'avancer ; propagation. *La progression du feu.* 2 Fait de se développer. *La progression de la criminalité.* 3 MATH Suite de nombres tels que chacun d'eux s'obtient en ajoutant au précédent (*progression arithmétique*) ou en le multipliant (*progression géométrique*) par un nombre constant.

progressiste a, n Partisan des réformes, du progrès social.

progressivement av De façon progressive.

progressivité nf Caractère progressif.

prohiber vt DR Interdire par voie légale.

prohibitif, ive a 1 Qui prohibe. 2 Exorbitant.

prohibition nf 1 Action de prohiber. 2 HIST Interdiction des boissons alcooliques aux États-Unis de 1919 à 1933.

proie nf 1 Être vivant dont un animal s'empare pour en faire sa nourriture. 2 Personne, chose dont on s'empare. Loc *Être en proie à* : tourmenté par. *Être la proie de* : être dévasté par. *Oiseau de proie* : rapace.

projecteur nm 1 Appareil qui envoie un faisceau lumineux. 2 Appareil de projection de diapositives, de films. 3 Ce qui dirige l'attention du public sur qqn ou qqch.

projectile nm Toute chose lancée avec force, en particulier une arme.

projection nf 1 Action de projeter ; matières projetées. 2 Action de former une image sur un écran. 3 GEOM Transformation par laquelle on fait correspondre à tout point d'une surface donnée un point d'une autre surface.

projectionniste n Dont le métier est de projeter des films.

projet nm 1 Ce qu'on se propose de faire. 2 Première rédaction d'un texte. 3 Indications avec dessins et devis d'une construction, d'une machine. Loc *Projet de loi* : texte du gouvernement soumis au vote du Parlement.

projeter vt [19] 1 Lancer. *Projeter de la boue.* 2 Émettre une lumière ; produire une image sur une surface. *Projeter une ombre.* 3 Faire passer un film. 4 GEOM Représenter un corps par sa projection sur un plan. 5 Former le projet de. *Projeter un achat.*

projeteur nm Technicien qui établit des projets.

prolapsus nm MED Déplacement pathologique d'un organe vers le bas.

prolégomènes nmpl Didac 1 Longue introduction. 2 Notions préliminaires à une science.

prolepse nf Figure de style consistant à réfuter par avance une objection éventuelle.

prolétaire n Qui ne vit que du produit d'une activité salariée et dont le niveau de vie est en général bas.

prolétariat nm Classe des prolétaires.

prolétarien, enne a Du prolétariat.

prolétarisation nf Fait d'être prolétarisé.

prolétariser vt Réduire à l'état de prolétaire. ■ vpr Devenir prolétaire.

prolifération nf 1 BIOL Multiplication d'une cellule. 2 Multiplication excessive et rapide.

proliférer vi [12] 1 Se reproduire, se multiplier. *Cellules qui prolifèrent.* 2 Se multiplier rapidement, foisonner.

prolificité nf Caractère prolifique.

prolifique a 1 Qui se reproduit rapidement. *Espèces prolifiques.* 2 Qui produit en abondance. *Écrivain prolifique.*

prolixe *a* Litt Bavard, trop long. *Orateur prolixe.*
prolixité *nf* Litt Caractère prolixe.
prolo *n* Fam Prolétaire.
prologue *nm* 1 Première partie d'une œuvre littéraire ou dramatique. 2 Préface, introduction, avant-propos.
prolongateur *nm* Rallonge électrique.
prolongation *nf* Action de prolonger dans le temps ; temps ajouté.
prolongement *nm* 1 Action de prolonger. *Le prolongement d'une route.* 2 Ce qui prolonge. 3 (souvent pl) Suite, conséquence.
prolonger *vt* [11] Continuer dans l'espace ou le temps. ■ *vpr* Continuer au-delà du temps prévu.
promenade *nf* 1 Action de se promener. 2 Voie, allée où l'on se promène. Loc Fam *Promenade de santé :* opération sans difficulté, sans risque.
promener *vt* [15] 1 Faire sortir pour l'agrément ou la santé. *Promener un animal.* 2 Faire passer, déplacer çà et là. *Promener le doigt sur la page.* ■ *vpr* Faire une promenade d'agrément. Loc Fam *Envoyer promener :* rejeter avec impatience.
promeneur, euse *n* Qui se promène.
promenoir *nm* Lieu couvert destiné à la promenade.
promesse *nf* 1 Action de promettre, engagement. 2 Espérance. *Jeune plein de promesses.*
prometteur, euse *a* Plein de promesses.
promettre *vt* [64] 1 S'engager à faire qqch. *Il m'a promis de venir.* 2 Annoncer comme sûr, prédire. 3 Laisser espérer. *Ce ciel promet du beau temps.* ■ *vi* Donner, laisser de grands espoirs. *Un jeune homme qui promet.* ■ *vpr* Prendre une résolution. *Elle s'est promis de ne plus le voir.*
promis, ise *a* 1 Dont on a fait la promesse. 2 Voué à. *Jeune promis à un grand avenir.* ■ *n* Vx Fiancé(e).
promiscuité *nf* Voisinage fâcheux qui empêche l'intimité.
promo *nf* Fam Promotion.
promontoire *nm* Pointe de terre élevée qui s'avance dans la mer.
promoteur, trice *n* 1 Litt Qui donne la première impulsion à qqch. *Le promoteur d'une mode.* 2 Homme d'affaires qui construit des immeubles pour les vendre ou les louer.
promotion *nf* 1 Admission simultanée de candidats à une grande école ; ensemble des candidats admis. 2 Nomination à un emploi, à un grade supérieur. 3 Technique utilisée pour améliorer les ventes. Loc *Promotion immobilière :* activité du promoteur. *Article en promotion :* en réclame.
promotionnel, elle *a* Destiné à améliorer les ventes. *Prix promotionnel.*
promouvoir *vt* [42] 1 Élever à une dignité, à un grade supérieur. 2 Favoriser le développement de. 3 Accroître la vente d'un produit.
prompt, prompte [prɔ̃, prɔ̃t] *a* Litt 1 Qui s'effectue rapidement. 2 Qui réagit vite. *Avoir l'esprit prompt.*
promptement *av* Litt Sans tarder ; vivement.
prompteur *nm* Appareil sur lequel défile le texte lu par le présentateur de télévision.
promptitude *nf* Litt Rapidité, vivacité.
promu, ue *a, n* Qui a reçu une promotion.

promulgation *nf* Action de promulguer.
promulguer *vt* Publier une loi dans les formes requises pour la rendre exécutoire.
prône *nm* Recommandation, annonces d prêtre au cours de la messe.
prôner *vt* Vanter, louer, recommander.
pronom *nm* Mot grammatical qui, en généra représente un nom. (On distingue les *pr noms personnels, possessifs, démonstratifs, rela tifs, interrogatifs* et *indéfinis.*)
pronominal, ale, aux *a* Relatif au pronom Loc *Verbe pronominal :* qui se conjugue ave deux pronoms de la même personne (ex. : *j me suis évanoui*). ■ *nm* Verbe pronominal.
pronominalement *av* En fonction de pronor ou de verbe pronominal.
prononçable *a* Qui peut se prononcer.
prononcé, ée *a* Marqué. *Traits prononcé* ■ *nm* DR Énoncé d'un jugement.
prononcer *vt* [10] 1 Articuler les sons qu composent les mots. 2 Dire, énoncer. *Pro noncer un discours.* 3 Déclarer en vertu de so autorité. *Prononcer un arrêt.* ■ *vpr* 1 Se des siner nettement. *Une amélioration se prononce* 2 Formuler son avis.
prononciation *nf* Manière de prononcer le sons d'une langue.
pronostic *nm* 1 Prévision, estimation de c qui doit arriver. *Pronostic des courses.* 2 Juge ment porté sur un médecin sur l'évolution de l maladie.
pronostique *a* MED Du pronostic.
pronostiquer *vt* Laisser prévoir, annoncer.
pronostiqueur, euse *n* Qui pronostique en matière de courses.
pronunciamiento [-nun-] *nm* Coup d'État militaire en Espagne et en Amérique du Sud.
propagande *nf* Activité tendant à propage des idées.
propagandiste *n* Qui fait de la propagande.
propagateur, trice *a, n* Qui propage.
propagation *nf* 1 Action de se propager, de s répandre ; extension, progrès. *La propagatio du feu.* 2 PHYS Déplacement dans l'espace d'u phénomène vibratoire.
propager *vt* [11] 1 Multiplier, reproduire. *Pro pager une espèce.* 2 Répandre, faire connaître ■ *vpr* Se répandre, gagner. *Le feu s'est propag aux immeubles voisins.*
propane *nm* Hydrocarbure gazeux utilis comme combustible.
propanier *nm* Navire transporteur de pro pane liquéfié.
propension *nf* Tendance naturelle.
propergol *nm* Carburant des moteurs-fusées.
prophète *nm* 1 Chez les Hébreux, personn qui parle au nom de Dieu. 2 Qui annonc l'avenir, ce qui doit arriver. *Vous avez été bo prophète.* Loc *Le Prophète :* Mahomet.
prophétesse *nf* Femme inspirée interprète de la divinité.
prophétie [-si] *nf* Prédiction.
prophétique *a* Du prophète ou de la pro phétie. *Rêve prophétique.*
prophétiser *vt* 1 Annoncer l'avenir par inspi ration surnaturelle. 2 Prédire, prévoir.
prophylactique *a* De la prophylaxie.
prophylaxie *nf* Mesures qui ont pour objet de prévenir les maladies.
propice *a* Qui convient bien, opportun. *Arri ver au moment propice.*

propitiatoire a Loc RELIG *Sacrifice propitiatoire :* destiné à rendre les dieux favorables.

proportion nf 1 Rapport de grandeur entre les différentes parties d'un tout. 2 Rapport quantitatif, pourcentage. Loc *Hors de proportion :* trop grand. ■ pl Dimensions. *Des proportions importantes.*

proportionnalité nf Caractère proportionnel.

proportionné, ée a Dans un rapport convenable, harmonieux.

proportionnel, elle a Qualifie une quantité en proportion avec une autre. Loc *Représentation proportionnelle :* système électoral accordant aux divers partis une représentation suivant le pourcentage des suffrages obtenus. ■ nf Représentation proportionnelle.

proportionnellement av En proportion.

proportionner vt Établir une juste proportion entre deux choses.

propos nm Litt Intention, dessein. *Mon propos n'est pas de vous condamner.* Loc *À propos de :* au sujet de. *À tout propos :* à chaque instant. *À propos :* au fait. *Mal à propos :* inopportun. ■ pl Paroles, discours. *Des propos désobligeants.*

proposer vt Offrir au choix, soumettre à l'avis d'autrui. ■ vpr 1 Offrir ses services. *Elle s'est proposée pour aider.* 2 Avoir comme but. *Se proposer de partir.*

proposition nf 1 Action de proposer ; chose proposée. *Proposition de mariage.* 2 Structure grammaticale élémentaire autour du verbe. *Proposition principale, subordonnée.*

propre a 1 Qui appartient à, qui caractérise. *Facultés propres à l'homme.* Syn. particulier. 2 Qui convient parfaitement. *Eau propre à la consommation.* Syn. approprié, adéquat. 3 (après un possessif) Marque avec emphase la possession. *Ce sont ses propres termes.* 4 Net, sans taches. *Vêtements propres.* Ant. sale. 5 Soigné, bien ordonné. *Un jardin propre. Un travail propre.* 6 Qui contrôle ses fonctions naturelles. *Cet enfant ira à l'école quand il sera propre.* 7 De moralité incontestable. *Des gens propres en affaires.* Ant. douteux. Loc *Sens propre :* littéral, originel (par oppos. au sens figuré). ■ nm Qualité, caractère particulier. *Le rire est le propre de l'homme.* Loc *En propre :* en propriété exclusive. Fam *C'est du propre :* c'est malhonnête. *Recopier au propre :* définitivement.

propre-à-rien n Fam Qui ne sait rien faire. *Des propres-à-rien.*

proprement av 1 De façon soignée. *Travailler proprement.* 2 Honnêtement. *Il s'est conduit proprement.* 3 Précisément, exactement. 4 Comme il faut. *Il l'a proprement remis en place.*

propret, ette a Coquet, simple et propre.

propreté nf 1 État de ce qui est propre. *La propreté d'une maison.* 2 Qualité d'une personne soigneuse.

propriétaire n. a 1 À qui qqch appartient en propriété. 2 À qui appartient un immeuble donné en location.

propriété nf 1 Droit de jouir ou de disposer de qqch qu'on possède en propre. 2 La chose même qui fait l'objet du droit de propriété. 3 Domaine. *Une propriété de 50 hec-*

tares. 4 Caractère, qualité propre à qqch. *Les propriétés physiques des corps.* 5 Exactitude d'un terme employé.

proprio n Fam Propriétaire.

propulser vt 1 Faire avancer. *Le moteur qui propulse une fusée.* 2 Fam Pousser en avant.

propulseur nm Dispositif de propulsion (hélice, réacteur, gaz, etc.).

propulsif, ive a Qui exerce une propulsion.

propulsion nf Action, mouvement qui pousse en avant. *Propulsion à réaction.*

propylée nm ANTIQ Porte monumentale d'un temple grec.

propylène nm Hydrocarbure dérivé du propane.

prorata nm inv Loc *Au prorata de :* proportionnellement à.

prorogatif, ive a Qui proroge.

prorogation nf Délai, prolongation.

proroger vt [11] Prolonger le délai fixé, la durée. *Proroger un traité.*

prosaïque a Exempt de poésie ; terre à terre.

prosaïquement av De façon prosaïque.

prosaïsme nm Caractère prosaïque.

prosateur nm Auteur qui écrit en prose.

proscription nf Action de proscrire.

proscrire vt [61] 1 Bannir, chasser qqn d'un pays, d'une communauté. 2 Interdire, défendre qqch formellement.

proscrit, ite a, n Frappé de proscription.

prose nf 1 Discours écrit qui n'est pas formellement de la poésie. 2 Fam Lettre, écrit. *J'ai reçu votre prose.*

prosélyte nm Nouvellement converti à une religion, à une doctrine.

prosélytisme nm Zèle déployé pour faire de nouveaux adeptes.

prosodie nf Étude des règles relatives à la métrique, particulièrement étude de la durée et de l'intensité des sons.

prosodique a De la prosodie.

prosopopée nf Figure de style qui consiste à faire parler un mort, une chose personnifiée.

prospect nm 1 Distance minimale autorisée entre deux bâtiments. 2 Client potentiel d'une entreprise.

prospecter vt 1 Explorer un terrain en vue d'y découvrir des gisements. 2 Rechercher une clientèle.

prospecteur, trice n Qui prospecte.

prospectif, ive a Qui concerne le futur. *Étude prospective.* ■ nf Ensemble des recherches qui ont pour objet l'évolution des sociétés dans un avenir prévisible.

prospection nf Action de prospecter.

prospectus [-tys] nm Feuille volante, brochure publicitaire distribuée au public.

prospère a Qui connaît le succès.

prospérer vi [12] 1 Avoir du succès, se développer. *Ses affaires prospèrent.* 2 Proliférer. *L'olivier prospère en Italie.*

prospérité nf Situation prospère.

prostaglandine nf Hormone intervenant dans la reproduction.

prostate nf Glande de l'appareil génital masculin, située sous la vessie.

prostatectomie nf Ablation de la prostate.

prostatique a De la prostate.

prostatite nf Inflammation de la prostate.

prosternation nf ou **prosternement** nm Action, fait de se prosterner.

prosterner (se) *vpr* S'incliner très bas en signe de respect profond.

prostitué, ée *n* Qui se prostitue.

prostituer *vt* 1 Livrer qqn à la prostitution. 2 Litt Avilir par intérêt. *Prostituer son talent.* ■ *vpr* Se livrer à la prostitution.

prostitution *nf* Activité professionnelle qui consiste à avoir des rapports sexuels payés.

prostration *nf* Abattement profond.

prostré, ée *a* Profondément abattu.

protagoniste *nm* Qui joue un rôle important dans une affaire, une entreprise, un récit.

prote *nm* Chef typographe.

protéagineux, euse *nm, a* Plante riche en protéines (pois, lentilles, soja).

protecteur, trice *n, a* Qui protège. ■ *a* Plein de condescendance. *Prendre un air protecteur.*

protection *nf* 1 Action de protéger ; ensemble de mesures prises pour protéger les personnes et les biens. 2 Personne ou chose qui protège. *Une protection efficace.*

protectionnisme *nm* Mesures visant à limiter l'entrée des produits étrangers afin de protéger les intérêts économiques nationaux.

protectionniste *a, n* Du protectionnisme.

protectorat *nm* Régime juridique international instituant la protection d'un État faible par un État fort ; l'État dépendant.

protégé, ée *n* Qui est favorisé. *Le protégé du patron.*

protège-cahier *nm* Couverture souple pour cahier d'écolier. *Des protège-cahiers.*

protège-dents *nm inv* Appareil de protection des dents (boxe, rugby).

protéger *vt* [13] 1 Assister, prêter secours à qqn. 2 Garantir. *Protéger la liberté du culte.* 3 Préserver. *Protéger son visage du soleil.* 4 Favoriser. *Protéger les arts.*

protège-tibia *nm* Dispositif rembourré qui protège le tibia (rugby, football, etc.). *Des protège-tibias.*

protéiforme *a* Litt Qui change fréquemment de forme.

protéine *nf* Composé d'acides aminés présent dans tous les tissus de l'organisme.

protéinémie *nf* Taux sanguin de protéines.

protéinurie *nf* Présence de protéines dans l'urine.

protéique ou **protéinique** *a* Des protéines.

protestant, ante *n, a* Qui appartient à l'une des Églises réformées.

protestantisme *nm* Doctrine et culte de la religion réformée ; ensemble des Églises protestantes.

protestataire *a, n* Qui proteste ; contestataire.

protestation *nf* Action de protester.

protester *vti* Litt Affirmer avec force. *Protester de son innocence.* ■ *vi* S'élever avec force contre qqch, déclarer son opposition.

protêt *nm* DR Acte dressé par un huissier constatant le refus de payer un chèque.

prothèse *nf* Remplacement d'un membre ou d'un organe par un appareillage approprié ; cet appareillage.

prothésiste *n* Fabricant de prothèses.

prothrombine *nf* BIOL Globuline favorisant la coagulation sanguine.

protide *nm* Vx Syn de *protéine.*

protiste *nm* BIOL Organisme unicellulaire.

protocolaire *a* Conforme au protocole.

protocole *nm* 1 Formulaire contenant les modèles des actes publics. 2 Usages qui régissent les cérémonies et les relations officielles. 3 Procès-verbal de déclarations d'une conférence, d'une assemblée. *Signer un protocole d'accord.* 4 Déroulement d'une expérience scientifique, d'un test.

protohistoire *nf* Période intermédiaire entre la préhistoire et l'histoire.

protohistorique *a* De la protohistoire.

proton *nm* PHYS Particule constitutive du noyau de l'atome, dont la charge, positive, est égale à celle de l'électron.

protoplasme ou **protoplasma** *nm* BIOL Matière de la cellule vivante.

protoplasmique *a* Du protoplasme.

prototype *nm* 1 Original, modèle. 2 Premier exemplaire d'un produit industriel.

protoxyde *nm* Loc *Protoxyde d'azote :* gaz utilisé en anesthésie.

protozoaire *nm* ZOOL Animal unicellulaire.

protubérance *nf* Bosse, excroissance.

protubérant, ante *a* Qui fait saillie.

prou *av* Loc Litt *Peu ou prou :* plus ou moins.

proue *nf* Avant d'un navire.

prouesse *nf* Exploit. *Prouesse sportive.*

prouvable *a* Qui peut être prouvé.

prouver *vt* 1 Établir la vérité, la réalité de qqch par le raisonnement, ou par des pièces à conviction. 2 Indiquer avec certitude. *Cet exposé prouve une bonne connaissance du sujet.*

provenance *nf* Origine, source.

provençal, ale, aux *a, n* De la Provence et des régions avoisinantes. ■ *nm* Parler occitan.

provende *nf* Litt Vivres, provisions.

provenir *vi* [35] 1 Venir du lieu. *Ces oranges proviennent d'Espagne.* 2 Avoir son origine, résulter. *Je sais d'où provient son hostilité.*

proverbe *nm* Formule figée exprimant une vérité d'expérience, un conseil (ex. : *qui ne dit mot consent*).

proverbial, ale, aux *a* 1 Du proverbe. *Phrase proverbiale.* 2 Célèbre ; digne d'être cité en modèle. *Une honnêteté proverbiale.*

proverbialement *av* De façon proverbiale.

providence *nf* 1 (avec majusc) Volonté divine. 2 Ce qui aide, secourt comme par miracle. *État providence.*

providentiel, elle *a* 1 Dû à la Providence. 2 Dû à un hasard heureux.

providentiellement *av* De façon providentielle.

province *nf* 1 Division administrative d'un État. 2 Région, partie d'un pays. 3 Les régions du pays par oppos. à la capitale, à Paris.

provincial, ale, aux *a* 1 D'une province. *Une coutume provinciale.* 2 De la province. *Préférer la vie provinciale.* ■ *n* Qui habite la province.

provincialisme *nm* 1 Locution propre à une province. 2 Péjor Comportement gauche prêté aux provinciaux.

provirus *nm* BIOL État d'un virus intégré dans un chromosome.

proviseur *nm* Fonctionnaire chargé de la direction d'un lycée.

provision *nf* 1 Réserve de choses nécessaires ou utiles. *Provision de charbon.* 2 DR Ce qu'on alloue préalablement à l'une des parties, en attendant le jugement définitif. *Provision ali-*

mentaire. **3** Somme déposée comme acompte ou pour assurer le paiement d'un titre bancaire. ■ *pl* Vivres. *Loc Aller aux provisions :* au ravitaillement.

provisionnel, elle *a* Qui se fait en attendant un règlement. *Acompte provisionnel.*

provisionner *vt* Créditer un compte d'une somme suffisante.

provisoire *a* Transitoire, temporaire. *Gouvernement provisoire.* ■ *nm* Tout ce qui est censé ne pas durer.

provisoirement *av* En attendant.

provocant, ante *a* **1** Agressif. *Ton provocant.* **2** Excitant. *Une femme provocante.*

provocateur, trice *a* Qui incite à la violence. ■ *nm* Chargé de provoquer des troubles pour justifier leur répression.

provocation *nf* **1** Action de provoquer. **2** DR Incitation à commettre qqch d'illégal.

provoquer *vt* **1** Pousser qqn à qqch en le défiant. **2** Défier qqn, l'inciter à se battre. **3** Chercher à susciter le désir sensuel, aguicher. **4** Être la cause de qqch, à son origine. *Un court-circuit a provoqué l'incendie.*

proxénète *n* Qui se livre au proxénétisme.

proxénétisme *nm* Délit qui consiste à tirer profit de la prostitution d'autrui.

proximal, ale, aux *a* ANAT Qui est le plus proche d'un centre, d'un axe.

proximité *nf* Caractère proche, dans l'espace ou dans le temps. *Loc À proximité :* près.

prude *a, nf* Litt Qui affecte une pudeur outrée.

prudemment *av* Avec prudence.

prudence *nf* Refus de courir des risques inutiles.

prudent, ente *a, n* Qui se comporte avec prudence. ■ *a* Déterminé par la prudence. *Réponse prudente.*

pruderie *nf* Litt Comportement prude.

prud'homal, ale, aux *a* Du conseil des prud'hommes.

prud'homie *nf* Juridiction des prud'hommes.

prud'homme *nm Loc Conseil de prud'hommes :* juridiction paritaire qui juge les conflits entre employeurs et employés.

prune *nf* Fruit du prunier, sucré et juteux. *Loc Fam Pour des prunes :* pour rien. ■ *a inv* Violet sombre tirant sur le rouge.

pruneau *nm* **1** Prune séchée. **2** Pop Balle de fusil, de revolver.

prunelle *nf* **1** Petit fruit noir du prunellier. **2** Pupille de l'œil. *Loc Tenir à qqch comme à la prunelle de ses yeux :* y tenir énormément.

prunellier *nm* Prunier sauvage, épineux.

prunier *nm* Arbre qui produit les prunes. *Loc Fam Secouer comme un prunier :* avec force.

prunus *nm* Prunier ornemental.

prurigineux, euse *a* Qui provoque le prurit.

prurigo *nm* Dermatose se manifestant par des lésions et des démangeaisons.

prurit [-rit] *nm* MED Forte démangeaison.

prussien, enne *a, n* De Prusse.

prussique *a Loc Acide prussique :* poison très violent.

prytanée *nm* Établissement militaire d'enseignement.

psalliote *nf* Champignon comestible à lames rosées et à anneau.

psalmodie *nf* Chant ou déclamation monotone.

psalmodier *vi* Chanter les psaumes sans inflexion de voix. ■ *vt* Dire, énoncer de manière monotone. *Psalmodier des plaintes.*

psaume *nm* Chant sacré jouant un rôle dans les cultes juif et chrétien.

psautier *nm* Recueil de psaumes.

pschent [pskent] *nm* Tiare des pharaons.

pseudonyme *nm* Nom d'emprunt choisi par un artiste, un écrivain, pour signer ses œuvres.

pseudopode *nm* BIOL Prolongement du cytoplasme, qu'émettent certaines cellules.

psi *nm* Lettre de l'alphabet grec, notant *ps.*

psilocybe *nm* Champignon hallucinogène.

psitt ! *interj* Sert à attirer l'attention.

psittacisme *nm* PSYCHO Répétition mécanique de mots et de phrases.

psittacose *nf* Maladie infectieuse des perroquets, transmissible à l'homme.

psoriasis *nm* Dermatose formant des écailles aux genoux, aux coudes, au cuir chevelu.

psychanalyse [-ka-] *nf* Méthode de psychothérapie fondée sur les théories de Freud.

psychanalyser *vt* Traiter par la psychanalyse.

psychanalyste *n* Spécialiste de psychanalyse.

psychanalytique *a* De la psychanalyse.

psychasthénie [-as-] *nf* PSYCHIAT Névrose caractérisée par l'aboulie, l'obsession, le doute.

psychasthénique *a, n* Atteint de psychasthénie.

psyché [-ʃe] *nf* Grand miroir mobile qu'on incline à volonté.

psychédélique [-ke-] *a* Qui résulte de l'absorption de drogues hallucinogènes.

psychiatre *n* Spécialiste de psychiatrie.

psychiatrie [-kja-] *nf* Étude et traitement des maladies mentales.

psychiatrique *a* De la psychiatrie.

psychiatriser *vt* Soumettre abusivement qqn à un traitement psychiatrique.

psychique *a* Qui concerne l'esprit, la pensée. *L'activité psychique.*

psychisme *nm* La vie psychique.

psychoaffectif, ive [-ko-] *a* Se dit d'un fait mental qui concerne l'affectivité.

psychodrame [-ko-] *nm* **1** Jeu dramatique improvisé à but thérapeutique. **2** Conflit spectaculaire au sein d'un groupe.

psycholinguistique [-ko-] *nf, a* Étude psychologique des comportements linguistiques.

psychologie [-ko-] *nf* **1** Étude scientifique des faits psychiques. **2** Connaissance empirique des sentiments d'autrui, intuition. *Manquer de psychologie.* **3** Mentalité, état d'esprit. *Une psychologie très fruste.*

psychologique *a* De la psychologie.

psychologiquement *av* Du point de vue de la psychologie.

psychologisme *nm* Tendance à faire prévaloir le point de vue psychologique.

psychologue *n, a* **1** Spécialiste de psychologie. **2** Qui comprend intuitivement les sentiments d'autrui.

psychomoteur, trice *a* Qui a trait à la fois aux fonctions psychiques et motrices.

psychopathe *n* Malade mental.

psychopathologie *nf* Étude des troubles mentaux en général.

psychopédagogie *nf* Psychologie appliquée à la pédagogie.

psychopharmacologie *nf* Science qui étudie l'effet des médicaments sur le psychisme.

psychophysiologie *nf* Étude des rapports entre le psychisme et l'activité physiologique.

psychose [-koz] *nf* **1** Maladie mentale caractérisée par la perte du contact avec le réel. **2** Obsession, angoisse collective. *La psychose du terrorisme.*

psychosocial, ale, aux *a* De la psychologie individuelle dans ses rapports à la société.

psychosociologie *nf* Étude des rapports entre faits sociaux et faits psychiques.

psychosomatique *a* Se dit des troubles physiques d'origine psychique.

psychostimulant, ante *a, nm* Psychotonique.

psychotechnique *a* Destiné à mesurer l'aptitude professionnelle (test).

psychothérapeute *n* Qui pratique la psychothérapie.

psychothérapie *nf* Toute thérapie par des moyens psychologiques.

psychotique *a* De la psychose. ■ *a, n* Atteint de psychose.

psychotonique *nm, a* Substance qui stimule l'activité psychique.

psychotrope [-ko-] *a, nm* Toute substance qui agit sur le psychisme.

ptéranodon *nm* Reptile fossile volant du secondaire.

ptérodactyle *nm* Reptile volant fossile du jurassique.

ptôse *nf* MED Descente d'organe, due au relâchement des muscles.

puant, ante *a* **1** Qui sent mauvais. **2** Fam Prétentieux, impudent.

puanteur *nf* Odeur infecte, fétide.

1. pub [pœb] *nf* En Angleterre, établissement qui sert des boissons alcoolisées.

2. pub *nf* Fam Abrév de *publicité.*

pubalgie *nf* Inflammation des tendons de la région pubienne.

pubère *a, n* Qui a atteint l'âge de la puberté.

pubertaire *a* De la puberté.

puberté *nf* Ensemble des modifications morphologiques, physiologiques et psychologiques chez l'être humain au moment du passage de l'enfance à l'adolescence.

pubescent, ente *a* BOT Couvert d'un fin duvet.

pubien, enne *a* Du pubis.

pubis *nm* Région inférieure du bas-ventre.

publiable *a* Qui peut être publié.

public, ique *a* **1** Qui appartient à la nation, à l'État. *Le Trésor public. Édifices publics.* **2** Commun, à l'usage de tous. *Voie publique.* **3** Manifeste, connu de tous. *De notoriété publique.* **4** Où tout le monde est admis. *Audience publique.* ■ *nm* **1** Les gens en général. *L'intérêt du public.* **2** Personnes réunies pour assister à un spectacle. *Un public de connaisseurs.* Loc *En public* : en présence d'un certain nombre de personnes. *Être bon public* : apprécier sans façons un spectacle.

publication *nf* **1** Action de publier. **2** Ouvrage publié.

publiciste *n* **1** Vx Journaliste. **2** Spécialiste de droit public. **3** Abusiv Publicitaire.

publicitaire *a* De la publicité. *Message publicitaire.* ■ *n* Qui s'occupe de publicité.

publicité *nf* **1** Caractère public. *La publicité des débats parlementaires.* **2** Activité ayant pour but d'inciter les consommateurs à acheter un produit, à utiliser les services d'une entre-

prise, etc. **3** Annonce, affiche, film publicitaire. Loc *Publicité rédactionnelle* : qui se présente comme un article de journal.

publier *vt* **1** Rendre public. *Publier des bans.* **2** Faire paraître un écrit. **3** Divulguer une nouvelle.

publiphone *nm* (n déposé) Téléphone public.

publipostage *nm* Syn de *mailing.*

publiquement *av* En public.

publireportage *nm* Reportage qui est, en fait, un article de publicité rédactionnelle.

puce *nf* **1** Insecte dépourvu d'ailes, brun, sauteur, parasite des mammifères. **2** Plaquette de silicium sur laquelle est gravé un microprocesseur. Loc Fam *Mettre la puce à l'oreille* : inspirer de la méfiance. Fam *Secouer les puces à qqn* : le réprimander. *Marché aux puces* : marché de brocante et d'objets d'occasion. ■ *a inv* Brun-rouge foncé.

puceau *nm* Fam Garçon vierge.

pucelage *nm* Fam Virginité.

pucelle *nf* Fam Fille vierge.

puceron *nm* Insecte qui suce la sève des plantes.

pucier *nm* Pop Lit.

pudding ou **pouding** [pudiŋ] *nm* Gâteau anglais parfumé au rhum. Syn. plum-pudding.

pudeur *nf* **1** Gêne, honte devant ce qui touche à la sexualité. **2** Retenue, réserve.

pudibond, onde *a* Exagérément pudique.

pudibonderie *nf* Affectation de pudeur.

pudique *a* Plein de pudeur.

pudiquement *av* De façon pudique.

puer *vi, vt* Exhaler une odeur désagréable ; sentir mauvais.

puéricultrice *nf* Spécialiste en puériculture.

puériculture *nf* Ensemble des méthodes propres à assurer le développement des petits enfants.

puéril, ile *a* Enfantin, qui ne convient pas à un adulte. *Discussion puérile.*

puérilement *av* De façon puérile.

puérilité *nf* Caractère puéril, futile.

puerpéral, ale, aux *a* MED Relatif aux femmes en couches.

puffin *nm* Oiseau marin migrateur.

pugilat *nm* Combat, rixe à coups de poing.

pugiliste *nm* Litt Boxeur.

pugilistique *a* Relatif à la boxe.

pugnace [-gnas-] *a* Litt Qui aime la lutte ; combatif.

pugnacité [-gna-] *nf* Litt Combativité.

puiné, ée *a, n* Né après un frère ou une sœur.

puis *av* Ensuite, après. Loc *Et puis* : d'ailleurs, en outre, en plus.

puisage *nm* Action de puiser.

puisard *nm* Excavation pratiquée dans le sol pour évacuer les eaux de pluie.

puisatier *nm* Qui creuse ou qui répare des puits.

puiser *vt* **1** Prendre du liquide au moyen d'un récipient. *Puiser de l'eau dans une mare.* **2** Prendre. *Puiser dans la caisse.* Loc *Puiser aux sources* : consulter les originaux.

puisque *conj* Du moment que, étant donné que. *Puisqu'il pleut, je reste ici.*

puissamment *av* Fortement. *Région puissamment défendue.*

puissance *nf* **1** Pouvoir, autorité. *La puissance royale.* **2** Pouvoir dans la société. *Asseoir sa puissance sur l'argent.* **3** PHYS Travail fourni par unité de temps. *La puissance s'exprime en watts.* 4 Pouvoir d'action d'un appareil, d'un mécanisme. *Puissance d'un moteur.* 5 MATH Nombre multiplié n fois par lui-même. 6 État souverain. *Les grandes puissances.* 7 Ensemble d'individus, d'entreprises, etc., jouissant d'une grande influence. *Les puissances d'argent.* Loc Litt *Les puissances des ténèbres :* les démons. *En puissance :* éventuel, virtuel.

puissant, ante a 1 Capable de grands effets. *Un remède puissant.* 2 Qui peut développer une grande énergie. *Moteur puissant.* 3 Fort. 4 Qui a un grand pouvoir. *Un roi puissant.* ■ *nm* Personne influente.

puits *nm* 1 Profonde excavation creusée dans le sol pour recueillir les eaux d'infiltration. 2 Excavation destinée à l'exploitation d'un gisement. *Puits de pétrole.*

pullman *nm* Autocar très confortable.

pull-over [pylɔvɛʀ] ou **pull** *nm* Tricot qu'on enfile par la tête. *Des pull-overs.*

pullulement *nm* ou **pullulation** *nf* Fait de pulluler ; multitude.

pulluler *vi* 1 Se multiplier rapidement et abondamment. 2 Être en abondance, foisonner.

pulmonaire a Du poumon.

pulpe *nf* 1 Tissu charnu des fruits. 2 Tissu conjonctif de la cavité dentaire.

pulpeux, euse a 1 Qui contient de la pulpe. 2 Fam Qui a des formes sensuelles.

pulque [pylke] *nm* Boisson mexicaine obtenue en faisant fermenter le suc d'agave.

pulsar *nm* ASTRO Étoile à neutrons dont les impulsions sont régulièrement espacées.

pulsation *nf* Battement du cœur, des artères.

pulsé am Loc *Air pulsé :* qui circule sous pression.

pulser *vt* Envoyer par pression.

pulsion *nf* PSYCHO Manifestation de l'inconscient qui pousse à certaines actions.

pulsionnel, elle a Des pulsions.

pulvérisateur *nm* Instrument pour projeter de fines gouttelettes, une poudre.

pulvérisation *nf* Action de pulvériser.

pulvériser *vt* 1 Réduire en poudre. *Pulvériser du sucre.* 2 Projeter en fines gouttelettes. *Pulvériser un parfum.* 3 Détruire, anéantir. Loc *Pulvériser un record :* le battre très nettement.

pulvériseur *nm* Machine agricole destinée à ameublir la terre.

pulvérulence *nf* État pulvérulent.

pulvérulent, ente a Sous forme de poudre ; réduit en poudre.

puma *nm* Félin américain carnassier.

punaise *nf* 1 Petit insecte malodorant, qui pique l'homme pour se nourrir de son sang. 2 Petit clou à large tête plate et à pointe fine et courte. Loc Fam *Punaise de sacristie :* bigote.

punaiser *vt* Fixer au moyen de punaises.

1. punch [pɔ̃ʃ] *nm* Boisson alcoolisée à base de rhum, citron, sucre et cannelle. *Des punchs.*

2. punch [pœnʃ] *nm* 1 Puissance de frappe, pour un boxeur. 2 Fam Énergie, vitalité.

puncheur [pœnʃ-] *nm* Boxeur qui a du punch.

punching-ball [pœnʃiŋbol] *nm* Ballon fixé par des liens élastiques sur lequel les boxeurs s'entraînent. *Des punching-balls.*

puni, ie a, n Frappé d'une punition.

punique a, n HIST Relatif aux Carthaginois.

punir *vt* 1 Infliger un châtiment à qqn. *Punir qqn de prison.* 2 Sanctionner par une peine. *Punir un crime.*

punissable a Qui mérite punition.

punitif, ive a Dont le but est de punir. *Expédition punitive.*

punition *nf* 1 Action de punir. 2 Châtiment infligé.

punk [pœk] a inv Se dit d'un mouvement culturel et musical né en Grande-Bretagne, vers 1975, en réaction contre la société. ■ *n* Qui appartient à ce mouvement.

pupe *nf* ZOOL Nymphe des diptères.

1. pupille [-pij] ou [-pil] *n* Orphelin mineur qui est sous l'autorité d'un tuteur.

2. pupille [-pij] ou [-pil] *nf* Orifice circulaire au centre de l'iris de l'œil.

pupitre *nm* 1 Petit meuble en plan incliné pour poser des livres, des partitions. 2 Tableau de commande d'un ordinateur.

pupitreur, euse *n* Qui travaille au pupitre d'un ordinateur.

pur, pure a 1 Qui n'est pas mélangé. *Or pur.* 2 Exempt de toute souillure morale. *Une conscience pure.* 3 Sans fioritures. *Style pur.* 4 Théorique. *Mathématiques pures.* Ant. appliqué. 5 Qui est bien tel (et non autre). *Agir par pure bêtise.* Loc *Pur et simple :* sans restriction. Fam *Pur et dur :* rigoureux. ■ *n* Orthodoxe rigoureux d'un parti ; qui se conforme à ses principes.

purée *nf* 1 Préparation de légumes cuits dans l'eau et écrasés. 2 Pop Misère, situation fâcheuse.

purement av Uniquement, exclusivement.

pureté *nf* 1 Caractère pur, sans mélange. *Pureté de l'eau.* 2 Qualité de ce qui est pur sur un plan moral. *Pureté des intentions.* 3 Dépouillement. *Pureté des formes.*

purgatif, ive a, nm Se dit d'un médicament qui purge.

purgation *nf* Action de purger.

purgatoire *nm* 1 Lieu où les âmes des justes expient leurs fautes avant d'accéder au Paradis. 2 Période difficile.

purge *nf* 1 Action d'évacuer d'une canalisation ou d'un récipient un fluide indésirable (air pour un chauffage à eau chaude). 2 Médicament purgatif. 3 Épuration politique.

purger *vt* [11] 1 Soigner au moyen d'un purgatif. 2 Effectuer la purge d'une canalisation. 3 Débarrasser une société d'individus indésirables. Loc *Purger une peine :* la subir. *Purger les hypothèques :* libérer un bien des hypothèques qui le grèvent.

purgeur *nm* Robinet de purge.

purificateur, trice a, nm Qui sert à purifier.

purification *nf* Action de purifier.

purificatoire a Litt Qui purifie.

purifier *vt* 1 Rendre pur. 2 Débarrasser de ce qui altère. *Purifier l'eau.*

purin *nm* Liquide s'égouttant du fumier.

purique a Loc BIOL *Base purique :* substance azotée, constituant des acides nucléiques.

purisme *nm* 1 Respect excessif de la correction du langage. 2 Perfectionnisme.

puriste n, a Qui relève du purisme.

puritain, aine n, a Qui a un respect sévère et intransigeant des principes moraux.

puritanisme *nm* Attitude puritaine.

purpura *nm* MED Épanchement de sang, faisant apparaître des taches rouges sous la peau.

purpurin, ine *a* Litt De couleur pourpre.

pur-sang *nm inv* Cheval de course de race pure, définie par des standards rigoureux.

purulence *nf* État purulent.

purulent, ente *a* Qui a la nature ou l'aspect du pus ; qui produit du pus.

pus [py] *nm* Liquide pathologique opaque, jaunâtre, résultant d'une infection.

pusillanime [-zila-] *a* Litt Qui manque de courage, de caractère.

pusillanimité *nf* Litt Caractère pusillanime.

pustule *nf* Lésion cutanée de l'épiderme contenant du pus.

pustuleux, euse *a* Couvert de pustules.

putain ou **pute** *nf* Pop Prostituée. Loc Pop *Putain !* : marque la surprise, l'indignation.

putatif, ive *a* DR Qui juridiquement est réputé être ce qu'il n'est pas en réalité.

putois *nm* Mammifère carnivore brun tacheté de blanc, à l'odeur désagréable.

putréfaction *nf* Décomposition des organismes privés de vie.

putréfier *vt* Corrompre, pourrir.

putrescible *a* Qui peut se putréfier.

putride *a* En putréfaction.

putridité *nf* Litt État putride.

putsch [putʃ] *nm* Coup de force effectué par un groupe armé en vue d'une prise de pouvoir.

putschiste *n* Qui prend part à un putsch.

putt [pœt] *nm* Au golf, coup joué sur le green pour amener la balle dans le trou.

putter [pœtœr] *nm* Club spécial pour jouer les putts.

puzzle [pœzl] *nm* 1 Jeu de patience formé de petites pièces à assembler pour former une image. 2 Situation compliquée, confuse.

p.-v. *nm* Fam Procès-verbal.

P.V.C. [pevese] *nm* Polychlorure de vinyle, matière plastique très répandue.

pygargue *nm* Grand oiseau rapace diurne.

pyjama *nm* Vêtement de nuit composé d'une veste et d'un pantalon amples.

pylône *nm* Construction métallique ou en béton servant de support à des câbles aériens, à une antenne de radio, etc.

pylore *nm* ANAT Orifice intérieur de l'estomac.

pyorrhée *nf* MED Écoulement de pus.

pyrale *nf* Chenille nuisible pour les cultures.

pyralène *nm* Composé utilisé en isolation et dont la décomposition accidentelle provoque des émanations très polluantes.

pyramidal, ale, aux *a* En forme de pyramide.

pyramide *nf* 1 Solide qui a pour base un polygone et pour faces latérales des triangles dont les sommets se réunissent en un même point. 2 Monument en forme de pyramide. 3 Entassement en forme de pyramide.

pyrénéen, enne *a, n* Des Pyrénées.

pyrèthre *nm* Chrysanthème sauvage.

pyréthrinoïde *nm* Insecticide extrait du pyrèthre.

pyrex *nm* (n déposé) Verre résistant aux chocs thermiques et aux agents chimiques.

pyrite *nf* Sulfure de fer.

pyroclastique *a* GEOL Qui concerne les projections volcaniques.

pyrogravure *nf* Dessin sur bois ou cuir avec une pointe chauffée.

pyrolyse *nf* CHIM Décomposition par la chaleur.

pyromane *n* Atteint de pyromanie.

pyromanie *nf* Impulsion qui pousse à allumer des incendies.

pyrotechnie [-tɛk-] *nf* Technique des feux d'artifice et des mélanges fusants.

pyrotechnique *a* De la pyrotechnie.

pyroxène *nm* Minéral des roches basaltiques et métamorphiques.

pythagoricien, enne *a, n* Adepte de Pythagore.

pythie *nf* ANTIQ Prêtresse d'Apollon, qui rendait ses oracles à Delphes.

python *nm* Serpent non venimeux de grande taille qui étouffe ses proies.

pythonisse *nf* ANTIQ Prophétesse.

pyurie *nf* MED Présence de pus dans les urines.

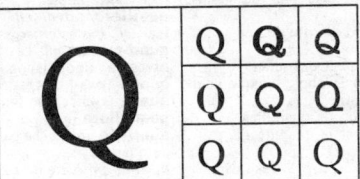

q *nm* Dix-septième lettre (consonne) de l'alphabet.

qatari, ie *a, n* Du Qatar.

Q.C.M. *nm* Questionnaire à choix multiple, utilisé pour certains examens scolaires.

Q.G. *nm* Quartier général.

Q.H.S. *nm* Quartier de haute sécurité.

Q.I. *nm* Quotient intellectuel.

Q.S.R. *nm* Quartier de sécurité renforcée.

quadragénaire [kwa-] *a, n* Qui a entre quarante et quarante-neuf ans.

quadrangulaire [kwa-] *a* Qui a quatre angles.

quadrant *nm* Quart de la circonférence.

quadrature [kwa-] *nf* Réduction d'une figure quelconque à un carré de surface égale. Loc *Quadrature du cercle :* question insoluble.

quadrichromie [kwa-] *nf* Impression en quatre couleurs (rouge, jaune, bleu, noir).

quadriennal, ale, aux [kwa-] *a* Qui dure quatre ans ou revient tous les quatre ans.

quadrige *nm* ANTIQ Char à deux roues, attelé de quatre chevaux de front.

quadrijumeaux [kwa-] *ampl* Loc *Tubercules quadrijumeaux :* petites masses nerveuses en avant du bulbe, relais des voies optiques et auditives.

quadrilatéral, ale, aux [kwa-] ou [ka-] *a* Qui a quatre côtés.

quadrilatère [kwa-] ou [ka-] *nm* Polygone à quatre côtés.

quadrillage *nm* 1 Disposition en carrés ou en rectangles. 2 Opération militaire ou policière pour contrôler une zone, une région.

quadrille *nm* 1 Ancienne danse exécutée par quatre couples de danseurs. 2 Troupe de cavaliers dans un carrousel.

quadriller *vt* 1 Tracer un quadrillage sur du papier. 2 Opérer le quadrillage d'une zone.

quadrimoteur *nm* Avion à quatre moteurs.

quadripartite [kwa-] ou [ka-] *a* Où sont impliquées quatre parties.

quadriphonie [kwa-] *nf* Enregistrement et restitution des sons utilisant quatre canaux.

quadriréacteur [kwa-] ou [ka-] *nm* Avion à quatre réacteurs.

quadrisyllabe [kwa-] ou [ka-] *a, nm* Qui a quatre syllabes.

quadrumane [kwa-] ou [ka-] *a, nm* ZOOL Qui a quatre mains.

quadrupède [kwa-] ou [ka-] *a, nm* Qui a quatre pattes.

quadruple [kwa-] ou [ka-] *a, nm* Qui vaut quatre fois autant.

quadrupler *vt, vi* (Se) multiplier par quatre.

quadruplés, ées *npl* Enfants nés au nombre de quatre d'un même accouchement.

quadruplet *nm* MATH Séquence de quatre éléments.

quai *nm* 1 Ouvrage de maçonnerie élevé le long d'un cours d'eau pour éviter qu'il ne déborde. 2 Voie carrossable longeant un cours d'eau. 3 Ouvrage dans un port pour le chargement et le déchargement des navires. 4 Plateforme le long de la voie ferrée, dans une gare.

quaker, quakeresse [kwɛkœʀ] *n* Membre d'un mouvement religieux protestant.

qualifiable *a* Qui peut être qualifié.

qualifiant, ante *a* Qui donne une qualification, une compétence.

qualificatif, ive *a* Qui qualifie. *Test qualificatif.* Loc *Adjectif qualificatif :* qui exprime une qualité. ■ *nm* Mot qui sert à qualifier qqn, qqch. *Un qualificatif injurieux.*

qualification *nf* 1 Attribution d'un titre, d'un nom. 2 Niveau de capacité reconnu à un ouvrier, à un employé. 3 Pour un sportif, fait d'être qualifié.

qualifié, ée *a* Loc *Ouvrier qualifié :* ouvrier professionnel spécialisé. *Vol qualifié :* avec circonstances aggravantes.

qualifier *vt* 1 Caractériser qqn, qqch. 2 Conférer une qualité, une compétence à. *Son expérience le qualifie pour ce travail.* 3 Donner à un concurrent, à une équipe le droit de participer à une épreuve sportive. ■ *vpr* Obtenir ce droit. *Se qualifier pour la finale.*

qualitatif, ive *a* Relatif à la qualité, à la nature des choses. *Changement qualitatif.*

qualitativement *av* Au point de vue qualitatif.

qualité *nf* 1 Manière d'être, propriété bonne ou mauvaise de qqch. 2 Supériorité de qqch. *Des produits de qualité.* 3 Aptitude, disposition heureuse de qqn. *Un garçon plein de qualités.* 4 Condition sociale, civile. *Décliner ses nom, prénom et qualité.* Loc *En qualité de :* à titre de. *Cercle de qualité :* constitué dans une entreprise pour améliorer des produits sans défauts.

quand *conj* 1 Exprime le temps ; lorsque. 2 Exprime l'opposition (avec le conditionnel) ; quoique. Loc *Quand même :* malgré tout. ■ *av interrog* À quelle époque. *Quand venez-vous ?*

quanta. V. quantum.

quant à *prép* En ce qui concerne.

quant-à-soi *nm inv* Réserve plus ou moins affectée.

quantième *nm* Numéro d'ordre du jour (dans le mois).

quantifiable *a* Qu'on peut quantifier.

quantificateur *nm* LOG Symbole logique liant une variable à une quantité.

quantification *nf* Action de quantifier.

quantifier *vt* Déterminer la quantité de, chiffrer. *Quantifier les dépenses.*

quantique [kwã-] ou [kã-] *a* PHYS Des quanta.

quantitatif, ive *a* Relatif à la quantité.

quantitativement *av* De façon quantitative. *Étude quantitative.*

quantité *nf* 1 Multitude, grand nombre, abondance de. 2 Propriété d'être mesurable, comptable. Loc *En quantité :* en grand nombre.

quantum [kwãtɔm] *nm* 1 Quantité déterminée. 2 PHYS Plus petite quantité d'une grandeur physique susceptible d'être échangée. *Des quanta.*

quarantaine *nf* 1 Nombre de quarante ou environ. 2 Âge de quarante ans. 3 Isolement sanitaire des personnes, animaux et marchandises provenant d'un pays où sévit une maladie contagieuse. Loc *Mettre en quarantaine :* à l'écart d'un groupe.

quarante *a num* 1 Quatre fois dix. 2 Quarantième. *La page quarante.* ■ *nm inv* Nombre, numéro quarante.

quarante-huitard, arde *a, n* HIST Relatif aux révolutionnaires de 1848.

quarantenaire *a* 1 Qui dure quarante ans. 2 De la quarantaine sanitaire. ■ *n* Abusiv Quadragénaire.

quarantième *a num* Au rang, au degré quarante. ■ *a, nm* Contenu quarante fois dans le tout.

quart *nm* 1 Chaque partie d'un tout divisé en quatre parties égales. 2 Gobelet d'environ un quart de litre. 3 Période pendant laquelle une partie de l'équipage d'un navire est de service, à son tour. Loc *Quart d'heure :* quinze minutes. Fam *Passer un mauvais quart d'heure :* un moment désagréable. *Le dernier quart d'heure :* le moment décisif. *Les trois quarts du temps :* presque toujours. *Aux trois quarts :* en grande partie. *Quart de finale :* épreuve éliminatoire opposant deux à deux huit équipes.

quart-de-rond *nm* Moulure ayant le profil d'un quart de cercle. *Des quarts-de-rond.*

quarte [kwa-] *nf* MUS Intervalle de quatre degrés.

quarté [kaR-] *nm* Pari sur quatre chevaux.

1. quarteron *nm* 1 Fam, péjor Petit nombre de personnes. 2 Vx Quart d'un cent.

2. quarteron, onne *n* Métis né d'un(e) mulâtre et d'une Blanche ou d'un Blanc.

quartette [kwa-] *nm* Formation de jazz comprenant quatre musiciens.

quartier *nm* 1 Quart environ d'une chose ; portion, morceau. 2 Chacune des phases de la Lune. 3 Division, partie d'une ville. 4 Cantonnement d'un corps de troupe. Loc *Quartier général (Q.G.) :* poste de commandement. *Quartier de haute sécurité (Q.H.S.)* ou *quartier de sécurité renforcée (Q.S.R.) :* partie d'une prison réservée aux détenus réputés dangereux. *Avoir quartier libre :* avoir liberté de sortir, de faire ce qu'on veut. *Ne pas faire de quartier :* n'épargner personne. *Quartier de noblesse :* ascendance noble.

quartier-maître *nm* Grade au-dessus de matelot. *Des quartiers-maîtres.*

quart-monde *nm* Les classes les plus défavorisées de la population. *Des quarts-mondes.*

quarto [kwa-] *av* Quatrièmement.

quartz [kwaRts] *nm* Silice cristallisée.

quartzifère [kwa-] *a* Qui contient du quartz.

quartzite *nm* Roche constituée essentiellement de quartz.

quasar *nm* Astre d'une grande luminosité hors de la galaxie.

1. quasi *nm* Partie de la cuisse du veau.

2. quasi ou **quasiment** *av* Presque. (Devant un nom, forme un mot composé, avec trait d'union. *Un quasi-délit.*)

quasimodo *nf* Premier dimanche après Pâques.

quater [kwateR] *av* Pour la quatrième fois.

quaternaire [kwa-] *nm, a* Ère géologique récente, marquée par l'apparition de l'homme.

quatorze *a num* 1 Dix plus quatre. 2 Quatorzième. *Louis XIV.* ■ *nm inv* Nombre, numéro quatorze.

quatorzième *a num* Au rang, au degré quatorze. ■ *a, nm* Contenu quatorze fois dans un tout.

quatorzièmement *av* En quatorzième lieu.

quatrain *nm* Poème ou strophe de quatre vers.

quatre *a num* 1 Trois plus un (4). 2 Quatrième. *Henri IV.* Loc *Monter quatre à quatre :* précipitamment. *Se mettre en quatre :* faire de grands efforts pour obliger qqn. *Comme quatre :* beaucoup. ■ *nm inv* Nombre, numéro quatre.

quatre-feuilles *nm inv* ARCHI Ornement à quatre lobes.

quatre-heures *nm inv* Fam Goûter.

quatre-mâts *nm inv* Voilier à quatre mâts.

quatre-quarts *nm inv* Gâteau dans lequel il entre un poids égal de beurre, de farine, de sucre et d'œufs.

quatre-quatre *nm inv* Véhicule à quatre roues motrices.

quatre-saisons *nf inv* Loc Vx *Marchand(e) des quatre-saisons :* marchand(e) qui vend sur une voiture à bras, dans la rue, des légumes de saison.

quatre-vingt(s) *a num* 1 (prend un s quand il n'est suivi d'aucun autre adjectif numéral.) Huit fois dix. 2 Quatre-vingtième. *Page quatre-vingt.* ■ *nm* Nombre, numéro quatre-vingts.

quatre-vingt-dix *a num* 1 Neuf fois dix. 2 Quatre-vingt-dixième. *Page quatre-vingt-dix.* ■ *nm inv* Nombre, numéro quatre-vingt-dix.

quatre-vingt-dixième *a num* Au rang, au degré quatre-vingt-dix. ■ *a, nm* Contenu quatre-vingt-dix fois dans un tout.

quatre-vingtième *a num* Au rang, au degré quatre-vingts. ■ *a, nm* Contenu quatre-vingts fois dans un tout.

quatrième *a num* Au rang, au degré quatre. ■ *a, nm* Contenu quatre fois dans un tout. ■ *nf* Troisième classe de l'enseignement secondaire.

quatrièmement *av* En quatrième lieu.

quatrillion *nm* Un million de trillions (10^{24}).

quattrocento [kwatRɔtʃento] *nm* Quinzième siècle italien.

quatuor [kwa-] *nm* **1** Morceau de musique à quatre parties. **2** Formation de quatre musiciens.

que *pr rel* Désigne qqn, qqch. *L'homme que vous avez vu. Le livre qu'elle vous donne.* ■ *pr interrog* Interroge sur qqch. *Que mangeons-nous ?* ■ *conj* **1** Introduit une complétive ou forme avec un adverbe une locution conjonctive (*afin que, avant que,* etc.). *Je dis qu'il fait beau. Avant que tu ne partes.* **2** Indique un ordre. *Qu'il rentre.* ■ *av* Combien. *Qu'il est laid.* Loc *Ne... que :* seulement.

québécisme *nm* Expression propre au français du Québec.

québécois, oise *a, n* Du Québec.

quechua [ketʃwa] *nm, a* Langue amérindienne du Pérou et de Bolivie.

quel, quelle *a interrog* **1** Interroge sur la nature de qqch, de qqn. *Quel temps fait-il ?* **2** Avec une valeur exclamative. *Quelle merveille !* ■ *a indéf* Loc *Quel que, quelle que :* de quelque nature que. *Quelles que soient vos intentions.*

quelconque *a indéf* N'importe lequel. *Un prétexte quelconque.* ■ *a* Ordinaire, commun, médiocre. *Une personne très quelconque.*

quelque *a indéf* Indique un nombre ou une quantité indéterminée. *Il a quelque difficulté à agir. Quelques artistes.* Loc *Quelque...que :* marque la concession. *Quelques efforts que vous fassiez.* ■ *av* Litt **1** Environ. *Ils étaient quelque deux cents.* **2** Si, à quelque degré que. *Quelque riches qu'ils soient.*

quelque chose *pr indéf* Indique une chose de manière indéterminée.

quelquefois *av* Parfois, de temps en temps.

quelque part *av* Indique un lieu quelconque.

quelques-uns, quelques-unes *pr indéf pl* Un petit nombre de.

quelqu'un *pr indéf* **1** Une personne. *Quelqu'un est venu.* **2** Personne importante. *Se prendre pour quelqu'un.*

quémander *vt* Demander humblement et avec insistance.

quémandeur, euse *a* Qui quémande.

qu'en-dira-t-on *nm inv* Opinion des gens.

quenelle *nf* Rouleau de viande ou de poisson haché lié à l'œuf.

quenotte *nf* Fam Petite dent.

quenouille *nf* Tige servant autrefois à fixer le textile à filer.

quéquette *nf* Fam Pénis.

querelle *nf* Contestation, dispute.

quereller *vt* Réprimander. ■ *vpr* Se disputer.

querelleur, euse *a, n* Qui cherche querelle.

quérir *vt* [34] Loc Litt *Envoyer, aller,* etc., *quérir :* envoyer, aller chercher.

questeur *nm* **1** ANTIQ Magistrat romain chargé de la gestion des fonds publics. **2** Membre d'une assemblée parlementaire responsable de l'administration intérieure et du budget.

question *nf* **1** Interrogation, demande. **2** Problème, sujet à discussion. **3** HIST Torture judiciaire. Loc *Être en question :* être en cause. *Faire question :* être discutable. Fam *Question de :* rapport à. *Question de principe :* règle de base.

questionnaire *nm* Série de questions pour une enquête.

questionnement *nm* Ensemble de questions.

questionner *vt* Interroger ; poser des questions. *On l'a questionné sur ses relations.*

questionneur, euse *n* Qui questionne.

questure *nf* **1** ANTIQ Charge de questeur. **2** Bureau du questeur au Parlement.

quête *nf* Action de recueillir des aumônes pour des œuvres, collecte. Loc *En quête de :* à la recherche de.

quêter *vt* Rechercher, solliciter. *Quêter des louanges.* ■ *vi* Faire la quête.

quêteur, euse *n* Qui fait la quête.

quetsche [kwetʃ] *nf* Prune allongée, à peau violacée.

quetzal [ketzal] *nm* **1** Oiseau d'Amérique centrale. **2** Unité monétaire du Guatemala.

queue *nf* **1** Prolongement flexible de la colonne vertébrale de nombreux mammifères. **2** Extrémité postérieure du corps de certains animaux. *Queue d'un lézard, d'un poisson.* **3** Traîne d'une robe ; pan d'un vêtement. **4** BOT Pétiole ou pédoncule. **5** Partie allongée adaptée à saisir certains objets. **6** Empennage d'un avion. **7** Bout, extrémité, fin de qqch. **8** File d'attente. **9** Au billard, bâton dont on se sert pour propulser les billes. Loc *Être à la queue :* au dernier rang d'un classement. *À la queue leu leu :* l'un derrière l'autre. Fam *Sans queue ni tête :* incohérent. *De queue :* en bout. *En queue de poisson :* piteusement.

queue-de-cheval *nf* Coiffure aux cheveux tirés vers l'arrière et retombant sur la nuque. *Des queues-de-cheval.*

queue-de-pie *nf* Habit de cérémonie à longues basques. *Des queues-de-pie.*

queue-de-poisson *nf* Manœuvre dangereuse d'un automobiliste qui se rabat trop vite après un dépassement. *Des queues-de-poisson.*

queux *nm* Loc Vx *Maître queux :* cuisinier.

qui *pr rel* **1** Désigne qqn, qqch ; lequel (avec antécédent). *L'homme qui travaille. Tout ce qui me plaît.* **2** Celui qui (sans antécédent). Loc Fam *Comme qui dirait :* pour ainsi dire. *Qui, que* (+ subj) : quelque personne qui. ■ *pr interrog* Interroge sur qqn. *Qui est là ?*

quia (à) [akɥija] *av* Loc Litt *Mettre à quia :* réduire à ne pouvoir répondre.

quiche *nf* Tarte salée garnie de crème, d'œufs et de lardons.

quiconque *pr rel* Qui que ce soit, toute personne qui. *Quiconque l'a vu.* ■ *pr indéf* N'importe qui. *C'est à la portée de quiconque.*

quid [kwid] *av* Fam Sert à interroger.

quidam [kidam] *nm* Individu quelconque.

quiet, quiète *a* Litt Tranquille, calme.

quiétisme *nm* HIST Doctrine selon laquelle la perfection chrétienne consiste dans la contemplation passive.

quiétude *nf* Litt Calme, repos.

quignon *nm* Morceau de pain.

quille *nf* **1** Pièce oblongue placée verticalement qu'on doit abattre avec boule. **2** Pop Jambe. **3** Fam Fin du service militaire. **4** Partie inférieure de la coque d'un navire.

quincaillerie *nf* Commerce des ustensiles de ménage en métal, clous, serrurerie pour les bâtiments, etc. ; ces articles eux-mêmes.

quincaillier, ère *n* Qui vend ou fabrique de la quincaillerie.

quinconce [kɛ̃kɔ̃s] *nm* Loc *En quinconce :* disposé par cinq, quatre aux angles d'un quadrilatère et un au milieu.

quinine nf Alcaloïde de l'écorce du quinquina, utilisé contre le paludisme.

quinquagénaire a, n Qui a entre cinquante et soixante ans.

quinquennal, ale, aux a Qui dure cinq ans ou se produit tous les cinq ans.

quinquennat nm Durée d'une fonction de cinq ans.

quinquet nm Anc Lampe à huile.

quinquina nm 1 Arbre cultivé pour son écorce qui fournit la quinine. 2 Vin préparé avec cette écorce.

quintal, aux nm Unité de mesure valant 100 kilogrammes.

quinte nf 1 MUS Intervalle de cinq degrés. 2 Série de cinq cartes qui se suivent dans la même couleur. 3 Accès de toux.

quintessence nf Litt Ce qu'il y a de plus raffiné, de plus précieux.

quintette nm 1 Morceau de musique à cinq parties. 2 Formation comprenant cinq musiciens ou cinq chanteurs.

quintillion nm Un million de quatrillions.

quintuple a, nm Qui vaut cinq fois autant.

quintupler vt, vi (Se) multiplier par cinq.

quintuplés, ées npl Enfants nés au nombre de cinq d'un même accouchement.

quinzaine nf 1 Ensemble de quinze éléments. 2 Deux semaines.

quinze a num 1 Dix plus cinq (15). 2 Quinzième. Chapitre quinze. ■ nm inv 1 Le nombre, le numéro quinze. 2 Équipe de rugby.

quinzième a num Au rang, au degré quinze. ■ a, nm Qui se trouve quinze fois dans un tout.

quinzièmement av En quinzième lieu.

quinziste nm Joueur de rugby à quinze.

quiproquo nm Méprise qui fait prendre une chose pour une autre.

quittance nf Document par lequel un créancier atteste qu'un débiteur s'est acquitté de sa dette.

quitte a Libéré d'une obligation. Loc En être quitte pour : n'avoir à supporter comme inconvénient que. Quitte à (+ inf) : au risque de. Jouer à quitte ou double : risquer tout.

quitter vt 1 Abandonner un lieu, une activité, un métier. Quitter Paris. 2 Ôter un vêtement. 3 Se séparer de qqn. Son mari l'a quittée. Loc Ne pas quitter des yeux : avoir les yeux fixés sur.

quitus [-tys] nm inv Loc Donner quitus à qqn : reconnaître exacte sa gestion.

qui-vive nm inv Loc Sur le qui-vive : sur ses gardes.

quiz [kwiz] nm Jeu par questions et réponses.

quôc-ngu nm inv Alphabet vietnamien.

quoi pr interrog Quelle chose ? À quoi penses-tu ? ■ pr rel Loc Avoir de quoi : être aisé. Il n'y a pas de quoi : il n'y a pas de raison pour. Quoi que : quelque chose que. Quoi qu'il en soit : en tout état de cause. Sans quoi : sinon.

quoique conj Exprime l'opposition, la concession ; bien que.

quolibet nm Raillerie.

quorum [kɔrɔm] ou [kwɔrɔm] nm Nombre minimum de votants d'une assemblée pour qu'un vote soit valable.

quota [kɔ-] ou [kwɔ-] nm Pourcentage, contingent fixé. Des quotas d'importation.

quote-part nf Part que chacun doit payer ou recevoir dans une répartition. Des quotes-parts.

quotidien, enne a, nm Qui a lieu chaque jour. ■ nm Journal qui paraît chaque jour.

quotidiennement av Tous les jours.

quotidienneté nf Litt Caractère quotidien.

quotient nm MATH Résultat de la division d'un nombre par un autre. Loc Quotient intellectuel (Q.I.) : indice déterminé par des tests et servant à évaluer l'âge mental d'un sujet.

quotité nf Montant d'une quote-part.

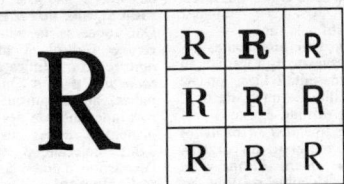

r nm Dix-huitième lettre (consonne) de l'alphabet. *R grasseyé. R roulé.*

rab nm Fam Rabiot.

rabâchage nm Redites fastidieuses.

rabâcher vt Répéter de façon fastidieuse.

rabâcheur, euse n, a Qui rabâche.

rabais nm Diminution de la valeur primitive de qqch.

rabaissement nm Action de rabaisser.

rabaisser vt 1 Mettre plus bas. 2 Diminuer, déprécier. ■ vpr S'humilier.

rabane nf Tissu en fibres de raphia.

rabat nm 1 Cravate portée par les magistrats en robe. 2 Partie d'un objet souple qui peut se rabattre sur une autre.

rabat-joie n inv, a inv Qui par son humeur chagrine trouble la joie d'autrui.

rabattage nm Action de rabattre le gibier.

rabattement nm Action de rabattre.

rabatteur, euse n Qui rabat le gibier.

rabattre vt [77] 1 Rabaisser, faire descendre plus bas. 2 Aplatir, replier, refermer. *Rabattre un couvercle.* 3 Débusquer le gibier vers le lieu où sont les chasseurs. 4 Retrancher une partie du prix de vente. ■ vti Loc Fam *En rabattre :* diminuer ses exigences. ■ vpr 1 Changer brusquement de direction vers le côté. 2 En venir à choisir qqch, qqn, faute de mieux. *Se rabattre sur une voiture d'occasion.*

rabbin nm Chef spirituel d'une communauté juive.

rabbinat nm Dignité, fonction de rabbin.

rabbinique a Relatif aux rabbins.

rabelaisien, enne a Qui rappelle la truculence de Rabelais.

rabibocher vt Fam 1 Raccommoder. 2 Réconcilier.

rabiot nm Fam Ce qui est donné, fait ou imposé de surplus ; supplément.

rabioter vt Fam S'approprier indûment ou par surcroît.

rabique a De la rage.

râble nm Partie du lièvre, du lapin allant du bas des côtes à la queue.

râblé, ée a Trapu et musclé.

rabot nm Outil de menuisier pour aplanir ou façonner le bois.

rabotage nm Action de raboter.

raboter vt Rendre uni, aplanir au rabot.

raboteuse nf Machine-outil servant à raboter le bois, le métal.

raboteux, euse a Noueux, inégal.

rabougri, ie a Chétif, malingre.

rabougrir (se) vpr Se recroqueviller en raison de la sécheresse, de l'âge.

rabouter vt Assembler bout à bout.

rabrouer vt Traiter, repousser durement.

racaille nf Rebut de la population.

raccommodage nm Action de raccommoder.

raccommodement nm Réconciliation.

raccommoder vt 1 Réparer un vêtement, du linge. 2 Réconcilier.

raccompagner vt Reconduire qqn chez lui.

raccord nm 1 Liaison, ajustement entre deux parties d'un ouvrage. 2 Pièce de raccordement.

raccordement nm Jonction de deux conduits, de deux voies ferrées, etc.

raccorder vt 1 Relier deux choses séparées. 2 Mettre en communication avec un réseau.

raccourci nm 1 Chemin plus court. 2 Abrégé, résumé. *Un raccourci évocateur.*

raccourcir vt Rendre plus court. ■ vi Devenir plus court. *Les jours raccourcissent.*

raccourcissement nm Fait de raccourcir.

raccroc nm Loc *Par raccroc :* par chance.

raccrocher vt 1 Accrocher de nouveau. 2 Rattraper ce qui semblait perdu. 3 Arrêter qqn au passage. ■ vi 1 Interrompre une conversation téléphonique. 2 Fam Cesser définitivement une activité. ■ vpr Se retenir à qqch. *Se raccrocher à des prétextes.*

raccrocheur, euse a Fam Qui cherche à retenir l'attention.

race nf 1 Division de l'espèce humaine, fondée sur certains caractères physiques. 2 Subdivision d'une espèce animale. 3 Litt Ascendants et descendants d'une famille. 4 Catégorie de personnes ayant un même comportement. *La race des pédants.*

racé, ée a 1 Qui a les qualités propres à sa race. 2 Qui a une distinction naturelle.

rachat nm Action de racheter.

racheter vt [17] 1 Acheter de nouveau ou acheter ce qu'on a vendu. 2 Se libérer d'une obligation moyennant une somme. 3 Obtenir le pardon de ses péchés, faire oublier ses fautes. 4 Compenser. ■ vpr Se réhabiliter.

rachianesthésie nf MED Anesthésie partielle par injection d'un anesthésique dans le canal rachidien.

rachidien, enne a Du rachis.

rachis [raʃis] nm ANAT Colonne vertébrale.

rachitique a, n Atteint de rachitisme. ■ a Maigre, peu développé.

rachitisme nm Maladie de la croissance affectant le squelette.

racial, ale, aux a Relatif à la race.

racinaire a Didac Qui concerne une racine.

racine nf 1 Partie des végétaux qui les fixe au sol et par où ils se nourrissent. 2 Lien, attache solide qui fonde la stabilité de qqch, de qqn. *Chercher à retrouver ses racines.* 3 Cause profonde, principe. *Prendre le mal à sa racine.* 4 Partie par laquelle est implanté un organe. *Racine des cheveux, des dents. Racine d'un nerf.* 5 GRAM Élément irréductible de tous les mots de même famille morphologique. Loc MATH *Racine carrée, cubique d'un nombre A* : nombre dont le carré, le cube est égal au nombre A. *Prendre racine* : s'installer définitivement.

racinien, enne a Propre à l'œuvre de Racine.

racisme nm Théorie fondée sur l'idée de la supériorité de certaines races sur les autres ; comportement d'exclusion qui en résulte.

raciste a, n Qui relève du racisme.

rack nm Meuble de rangement pour appareils hi-fi, aux dimensions normalisées.

racket [raket] nm Extorsion de fonds par intimidation, terreur ou chantage.

racketter vt Soumettre à un racket.

racketteur nm Qui pratique le racket.

raclage nm Action de racler.

raclée nf Fam Volée de coups ; écrasante défaite.

raclement nm Bruit de raclage.

racler vt Frotter en grattant. Loc *Racler la gorge* : produire un goût âpre. Fam *Racler les fonds de tiroir* : rassembler ses dernières économies. *Racler du violon* : en jouer mal.

raclette nf 1 Fondue faite avec du fromage dont on racle la surface amollie à la flamme ; fromage servant à faire ce mets. 2 Racloir.

racloir nm Instrument pour racler.

raclure nf Petite parcelle enlevée en raclant.

racolage nm Action de racoler.

racoler vt 1 Recruter plus ou moins honnêtement. 2 Solliciter un client, en parlant d'un(e) prostitué(e).

racoleur, euse a, n Qui racole.

racontable a Qui peut être raconté.

racontar nm Médisance, commérage.

raconter vt Faire le récit de.

racornir vt Rendre dur et coriace. ■ vpr Devenir dur en se ratatinant.

racornissement nm Fait de se racornir.

radar nm Dispositif permettant de déterminer la direction et la distance d'un objet par réflexion d'ondes électromagnétiques.

radariste n Spécialiste des radars.

rade nf 1 Vaste bassin naturel ayant une libre issue vers la mer. Loc Fam *Laisser, rester en rade* : abandonner, être abandonné.

radeau nm 1 Assemblage de pièces de bois formant une plate-forme flottante. 2 Embarcation pneumatique insubmersible.

radiaire a Didac Disposé en rayons.

radial, ale, aux a 1 ANAT Du radius. 2 Relatif au rayon d'un cercle. 3 *Voie joignant le centre d'une ville à un périphérique.*

radian nm GEOM Unité de mesure d'angle.

radiant, ante a Qui émet un rayonnement.

radiateur nm 1 Appareil de chauffage. 2 Organe de refroidissement des moteurs.

radiatif, ive a PHYS Des radiations.

radiation nf 1 PHYS Flux de particules. 2 Action de radier d'une liste, d'un compte, etc.

radical, ale, aux a 1 BOT Relatif aux racines. 2 Qui concerne la nature de qqch. *Un changement radical.* 3 Intransigeant, résolu. *Un refus radical.* 4 Efficace, énergique. *Des moyens radicaux.* ■ a. n Qui appartient à un parti radical, au radicalisme. ■ nm 1 GRAM Partie du mot indépendante des désinences. 2 PHYS Groupement d'atomes susceptibles d'être séparés d'une molécule. 3 MATH Symbole (√) notant l'extraction d'une racine.

radicalement av De façon radicale.

radicalisation nf Action de radicaliser.

radicaliser vt Durcir une position politique.

radicalisme nm 1 Doctrine préconisant une réforme des institutions. 2 Attitude intransigeante.

radical-socialisme nm Doctrine politique du centre gauche en France.

radical-socialiste a, n Du radical-socialisme.

radicelle nf BOT Racine secondaire.

radiculaire a Didac D'une racine ou d'un radicule.

radicule nf BOT Partie inférieure de la plantule qui deviendra la racine.

radiculite nf MED Lésion de la racine d'un nerf.

1. radier nm Dalle épaisse qui recouvre le fond d'un canal, d'une fosse.

2. radier vt 1 Rayer d'une liste. 2 Exclure qqn d'un corps.

radiesthésie nf Sensibilité prétendue aux radiations qu'émettraient différents corps ; procédé de détection de cette sensibilité.

radiesthésiste n Qui pratique la radiesthésie.

radieux, euse a 1 Qui jour une luminosité éclatante. 2 Rayonnant de joie, de bonheur.

radifère a CHIM Qui contient du radium.

radin, ine a, n Fam Avare.

radiner vi ou **se radiner** vpr Pop Arriver, venir.

radinerie nf Fam Avarice.

radio nf 1 Station émettrice d'émissions radiophoniques. 2 Abrév de *radiodiffusion, radiorécepteur, radiographie.* ■ n Abrév de *radionavigant, radiotélégraphiste.*

radioactif, ive a Doué de radioactivité.

radioactivité nf Émission, par certains éléments chimiques, de rayonnements divers, résultant de réactions nucléaires.

radioalignement nm Dispositif radiophonique de guidage d'un avion ou d'un navire.

radioamateur nm Qui émet ou reçoit, sur un appareil lui appartenant, des émissions radiophoniques.

radioastronomie nf Étude des ondes radioélectriques émises par les astres.

radiobalisage nm Utilisation de radiobalises.

radiobalise nf Émetteur guidant les navires, les avions.

radiobiologie nf Étude de l'action des radiations sur les êtres vivants.

radiocarbone nm Isotope radioactif du carbone, utilisé pour les datations.

radiocassette nf Appareil combinant un récepteur de radio et un lecteur de cassettes.

radiocommande nf Commande radioélectrique à distance.

radiocommunication nf Télécommunication par ondes radioélectriques.

radiocompas nm Appareil guidant l'avion ou le navire par rapport à un émetteur radio.

radiodermite nf Affection de la peau causée par des radiations.

radiodiagnostic [-gnos-] nm MED Diagnostic reposant sur l'examen d'images radiologiques.

radiodiffuser vt Diffuser par la radio.

radiodiffusion nf Transmission de programmes par les ondes hertziennes.

radioélectricité nf Transmission de signaux par des ondes électromagnétiques.

radioélectrique a Propre à la radioélectricité.

radioélément nm PHYS Élément radioactif.

radiofréquence nf Fréquence d'une onde radioélectrique.

radiogalaxie nf Galaxie émettant un rayonnement radioélectrique.

radiogoniomètre nm Appareil de radiogoniométrie.

radiogoniométrie nf Détermination de la position d'émetteurs radioélectriques.

radiogramme nm Message transmis par radiotélégraphie.

radiographie nf 1 Obtention sur une surface sensible de l'image d'un objet exposé aux rayons X. 2 Description en profondeur d'un phénomène, d'une situation.

radiographier vt Effectuer une radiographie.

radiographique a De la radiographie.

radioguidage nm Guidage à distance d'un avion, d'un navire, d'un engin, etc.

radioguider vt Diriger par radioguidage.

radio-isotope nm PHYS Isotope radioactif d'un élément. Des radio-isotopes.

radiolaire nm ZOOL Protozoaire marin à squelette siliceux.

radiolarite nf Roche constituée de squelettes de radiolaires.

radiologie nf Utilisation médicale des rayonnements, des ultrasons.

radiologique a De la radiologie.

radiologue ou **radiologiste** n Spécialiste de radiologie.

radiolyse nf Décomposition d'une substance par des rayonnements ionisants.

radiomètre nm PHYS Appareil servant à mesurer des rayonnements.

radionavigant ou **radionavigateur** nm Membre de l'équipage chargé de la radio dans un navire, un avion.

radionavigation nf Technique de navigation par guidage radioélectrique.

radionécrose nf MED Nécrose d'un tissu due aux rayons X ou à la radioactivité.

radiophonie nf Transmission des sons au moyen d'ondes radioélectriques.

radiophonique a De la radiophonie et de la radiodiffusion.

radioprotection nf Protection contre les rayonnements.

radiorécepteur nm Récepteur de radiodiffusion.

radioreportage nm Reportage radiodiffusé.

radioreporter [-tɛʀ] nm Journaliste faisant des radioreportages.

radioréveil nm Appareil combinant un récepteur radio et un réveil.

radioscopie nf Observation de l'image d'un corps traversé par les rayons X.

radiosonde nf Appareil transmettant à partir d'un ballon-sonde des renseignements météorologiques.

radiosource nf Objet céleste connu par son émission d'ondes radioélectriques.

radio-taxi nm Taxi équipé d'un émetteur-récepteur radio. Des radio-taxis.

radiotechnique [-tek-] nf Utilisation des rayonnements radioélectriques.

radiotélégramme nm Radiogramme.

radiotélégraphie nf Télégraphie sans fil.

radiotélégraphiste nm Opérateur de radiotélégraphie.

radiotéléphone nm Téléphone sans fil.

radiotélescope nm Appareil captant les ondes émises par les astres.

radiotélévisé, ée a Diffusé par radio et télévision.

radiotélévision nf Diffusion de programmes par la radio et la télévision.

radiothérapie nf Traitement par des radiations ionisantes.

radis nm Plante potagère cultivée pour sa racine que l'on mange crue. Loc Fam Pas un radis : pas un sou.

radium [-djɔm] nm Métal radioactif.

radius [-djys] nm Os de l'avant-bras.

radja. V. rajah.

radôme nm Vaste dôme abritant un radar.

radon nm Élément gazeux radioactif.

radotage nm Action de radoter.

radoter vi Tenir des propos débiles ; rabâcher.

radoteur, euse n Qui radote.

radoub nm Loc Bassin de radoub : destiné aux réparations des navires.

radouber vt MAR Réparer un navire.

radoucir vt Rendre plus doux. ■ vpr Devenir plus doux.

radoucissement nm Fait de se radoucir.

rafale nf 1 Coup de vent violent. 2 Suite de coups de feu.

raffermir vt Rendre plus ferme, plus dur. ■ vpr Devenir plus ferme.

raffermissement nm Fait de se raffermir.

raffinage nm Action de raffiner un produit.

raffiné, ée a 1 Rendu plus pur. Sucre raffiné. 2 Fin, subtil. Goûts raffinés. ■ a, n D'esprit très délicat ; très recherché dans ses sentiments.

raffinement nm 1 Extrême délicatesse, subtilité. 2 Recherche excessive.

raffiner vt 1 Épurer une matière brute. Raffiner du pétrole. 2 Litt Rendre plus fin, plus délicat. ■ vi Rechercher une subtilité excessive.

raffinerie nf Lieu où on raffine un produit.

raffineur, euse n Qui raffine un produit.

rafflésie nf Plante tropicale, aux fleurs gigantesques.

raffoler vti Aimer beaucoup, se passionner pour. Il raffole d'opéra.

raffut nm Fam Tapage.

rafiot nm Fam Mauvais bateau.

rafistolage nm Fam Réparation grossière.

rafistoler vt Fam Réparer sans grand soin.

rafle nf 1 Action de rafler. 2 Arrestation en masse faite à l'improviste par la police. 3 BOT Axe central d'une grappe de raisin, d'un épi de maïs. Syn. râpe.

rafler vt Fam Prendre promptement tout ce qu'on trouve.

rafraîchir vt 1 Rendre frais. 2 Remettre en état. *Rafraîchir un tableau.* Loc Fam *Rafraîchir la mémoire* : rappeler à qqn ce qu'il prétend avoir oublié. *Rafraîchir les cheveux* : les couper légèrement. ■ vi, vpr Devenir plus frais. ■ vpr Se désaltérer.

rafraîchissant, ante a Qui rafraîchit.

rafraîchissement nm 1 Fait de se rafraîchir. 2 Boisson fraîche.

raft ou **rafting** [-tiŋ] nm Descente sportive d'un torrent sur un radeau (raft).

raga nm inv Pièce mélodique de la musique indienne.

ragaillardir vt Redonner des forces, de la gaieté.

rage nf 1 Maladie virale de certains animaux, transmissible par morsure. 2 Colère violente. 3 Passion excessive. Loc *Faire rage* : être à son paroxysme. *Rage de dents* : violent mal aux dents.

rageant, ante a Fam Qui fait enrager.

rager vi [11] Fam Être très irrité.

rageur, euse a 1 Porté à des colères violentes. 2 Qui dénote la colère.

rageusement av Avec rage, avec hargne.

raglan nm Pardessus ample à manches droites remontant jusqu'au col.

ragondin nm Gros rongeur amphibie.

ragot nm Fam Commérage malveillant.

ragoût nm Plat de viande et de légumes, coupés en morceaux et cuits dans une sauce.

ragoûtant, ante a Loc *Peu ragoûtant* : peu appétissant.

ragtime [-tajm] nm Style de musique pour piano, qui fut une source du jazz.

rahat-loukoum ou **loukoum** nm Confiserie orientale faite d'une pâte sucrée et parfumée. *Des rahat-loukoums.*

rai nm Litt Rayon de lumière.

raï [raj] nm Musique populaire algérienne.

raid nm 1 Rapide opération menée chez l'ennemi. 2 Mission de bombardement aérien. 3 Épreuve sportive d'endurance sur une grande distance.

raide a 1 Tendu, rigide, qui ne plie pas. 2 Sans souplesse. *Attitude raide.* 3 Abrupt. *Pente raide.* 4 Fam Étonnant, difficile à croire. 5 Fortement alcoolisé (boisson). Loc Pop *Être raide* : n'avoir plus d'argent. ■ av Subitement. *Tomber raide.*

raider [rɛdœr] nm Qui, par des opérations financières, prend le contrôle d'une entreprise.

raideur nf Caractère raide, rigide.

raidillon nm Chemin en pente raide.

raidir vt Rendre raide ; tendre. ■ vi, vpr Devenir raide. ■ vpr Résister avec fermeté.

raidissement nm Fait de se raidir.

1. raie nf 1 Trait, ligne, bande. 2 Ligne de séparation des cheveux. 3 AGRIC Sillon d'un champ.

2. raie nf Poisson cartilagineux au corps aplati.

raifort nm Plante dont la racine sert comme condiment.

rail nm 1 Bande d'acier servant de support et de guide pour les trains. 2 Bordure métallique le long d'une route. 3 Transport ferroviaire.

railler vt Tourner en dérision ; se moquer de.

raillerie nf Moquerie.

railleur, euse a Qui raille.

rail-route a inv Loc *Transport rail-route* : ferroutage.

rainette nf Petite grenouille arboricole.

rainurage nm Action de rainurer.

rainure nf Entaille longue et étroite.

rainurer vt Creuser des rainures.

raiponce nf Campanule qui se mange en salade.

raïs nm Chef d'État en Égypte.

raisin nm 1 Fruit de la vigne. 2 Format de papier (50 x 65 cm).

raisiné nm 1 Confiture de raisin. 2 Pop Sang.

raison nf 1 Faculté de connaître, de juger. 2 Cause, motif. *Il a des raisons de protester.* 3 MATH Rapport de deux quantités. Loc *À raison de* : à proportion de. *En raison de* : à cause de. *Avoir raison* : être dans la vérité. *Avoir raison de qqn* : triompher de lui. *Perdre la raison* : devenir fou. *Raison de plus* : par un motif d'autant plus fort. *Raison d'État* : intérêt supérieur de la nation. *Se faire une raison* : se résigner. *Se rendre aux raisons de qqn* : se laisser persuader. *Comme de raison* : comme de juste. *Faire entendre raison à qqn* : l'amener à être raisonnable. *Raison sociale* : désignation d'une société.

raisonnable a 1 Doué de raison. 2 Qui agit avec sagesse ; modéré. *Un enfant raisonnable.* 3 Convenable. *Prix raisonnable.*

raisonnablement av Modérément, sagement.

raisonné, ée a Fondé sur le raisonnement.

raisonnement nm Enchaînement des arguments pour une conclusion.

raisonner vi 1 Se servir de sa raison pour juger, démontrer. 2 Alléguer des raisons, des excuses. ■ vt Chercher à amener qqn à la raison.

raisonneur, euse a, n Qui réplique, discute les ordres.

rajah ou **radjah** nm inv Prince en Inde.

rajeunir vt 1 Rendre la jeunesse à ; faire paraître plus jeune. 2 Attribuer à qqn un âge moindre. 3 Donner un aspect nouveau à qqch. ■ vi Redevenir jeune.

rajeunissement nm Fait de rajeunir.

rajout nm Chose rajoutée.

rajouter vt Ajouter encore. Loc Fam *En rajouter* : exagérer.

rajustement ou **réajustement** nm Fait de rajuster.

rajuster ou **réajuster** vt 1 Ajuster de nouveau ; remettre en ordre. 2 Remettre à son juste niveau.

raki nm Eau-de-vie parfumée à l'anis.

râle nm 1 Bruit anormal perçu à l'auscultation. 2 Respiration bruyante des moribonds. 3 Oiseau échassier.

ralenti nm 1 Bas régime d'un moteur. 2 Procédé de prise de vues faisant paraître les mouvements plus lents que dans la réalité. Loc *Au ralenti* : à faible vitesse.

ralentir vt Rendre plus lent. ■ vi Réduire sa vitesse.

ralentissement nm Diminution de vitesse, d'activité.

ralentisseur nm Dispositif aménagé pour obliger les automobilistes à ralentir.

râler vi 1 Faire entendre un râle d'agonisant. 2 Fam Protester, récriminer.

râleur, euse n, a Fam Qui se plaint à tout propos. *Un vieux râleur.*

ralingue nf MAR Cordage cousu le long d'une voile pour la renforcer.

ralliement *nm* Action de rallier, de se rallier. **Loc** *Point de ralliement* : lieu de rassemblement.

rallier *vt* **1** Rassembler des personnes dispersées. **2** Gagner à un parti, à une opinion, à une cause. **3** Rejoindre un lieu. ■ *vpr* Adhérer à une opinion. *Se rallier à l'avis de la majorité.*

rallonge *nf* **1** Ce qui sert à rallonger. **2** Planche à coulisse qui permet d'augmenter la longueur d'une table. **3** *Fam* Supplément de temps, d'argent, etc.

rallongement *nm* Action de rallonger.

rallonger *vt* [11] Rendre plus long. ■ *vi* Devenir plus long. *Les jours rallongent.*

rallumer *vt* **1** Allumer de nouveau. **2** Raviver. *Rallumer un conflit.* ■ *vpr* Être de nouveau allumé.

rallye *nm* **1** Compétition où les concurrents doivent rallier un point déterminé après certaines épreuves. **2** Cycle de surprises-parties, chez les gens huppés.

ramadan *nm* Neuvième mois de l'année lunaire musulmane, pendant lequel le jeûne est prescrit du lever au coucher du soleil.

ramage *nm* Litt Chant des oiseaux. ■ *pl* Dessins de rameaux feuillus et fleuris.

ramassage *nm* Action de ramasser. **Loc** *Ramassage scolaire* : transport, par autocar, des élèves habitant loin des établissements scolaires.

ramasse-miettes *nm inv* Instrument servant à ramasser les miettes sur une table.

ramasser *vt* **1** Prendre à terre. **2** *Fam* Attraper. *Ramasser une gifle.* **3** Rassembler ce qui est épars. **4** Collecter, réunir, recueillir. ■ *vpr Fam* Tomber. **Loc** *Fam Se faire ramasser* : subir un échec.

ramasseur, euse *n* Qui ramasse des balles au tennis, des champignons, etc.

ramassis *nm* Ensemble de choses, de personnes sans valeur.

rambarde *nf* Garde-fou, parapet.

ramboutan *nm* Variété de litchi.

ramdam [ramdam] *nm Pop* Tapage, vacarme.

rame *nf* **1** Branche plantée en terre pour servir d'appui à une plante grimpante. **2** File de wagons attelés. **3** Ensemble de cinq cents feuilles de papier. **4** Longue pièce de bois aplatie à l'une des extrémités servant à propulser une embarcation. **Loc** *Fam Ne pas en fiche une rame* : ne rien faire.

rameau *nm* **1** Petite branche d'un arbre. **2** Subdivision d'un nerf, d'un vaisseau. **3** Subdivision d'un système. *Rameau d'un arbre généalogique.* ■ *pl* (avec majusc) Dernier dimanche avant Pâques.

ramée *nf Litt* Branches d'un arbre, couvertes de leurs feuilles.

ramener *vt* [15] **1** Amener de nouveau. **2** Reconduire qqn, un animal. **3** Rétablir dans son état initial. **Loc** *Pop La ramener* : faire l'important. ■ *vpr* **1** Se réduire à. **2** *Pop* Arriver, venir.

ramequin *nm* Petit récipient allant au four.

ramer *vt* Soutenir par des rames des plantes grimpantes. ■ *vi* **1** Manœuvrer les rames pour faire avancer une embarcation. **2** *Fam* Faire des efforts pour surmonter des obstacles.

ramette *nf* Rame de papier, de petit format.

rameur, euse *n* Qui rame.

rameuter *vt* Regrouper. *Rameuter la population.*

rami *nm* Jeu de cartes.

ramier *nm* Grand pigeon des champs.

ramification *nf* **1** Division d'un végétal, d'un nerf, d'un vaisseau. **2** Subdivision d'une science, d'une organisation.

ramifier (se) *vpr* Se subdiviser en rameaux, en ramifications.

ramilles *nfpl BOT* Les plus petits rameaux.

ramolli, ie *a, n Fam* Déficient intellectuellement.

ramollir *vt* Rendre plus mou. ■ *vpr* **1** Devenir plus mou. **2** Perdre ses forces.

ramollissant, ante *a* Qui ramollit.

ramollissement *nm* Fait de se ramollir ; état ramolli.

ramollo *a, n Pop* Gâteux.

ramonage *nm* Action de ramoner.

ramoner *vt* Nettoyer une cheminée.

ramoneur *nm* Qui ramone les cheminées.

rampant, ante *a* **1** Qui rampe. **2** Obséquieux, servile. **3** Difficile à percevoir. *Inflation rampante.* **4** ARCHI Incliné, en pente. ■ *nm Fam* Membre du personnel au sol dans l'aviation.

rampe *nf* **1** Plan incliné destiné à permettre le passage entre deux niveaux. **2** Barre, à hauteur d'appui, suivant un escalier. **3** Rangée de lumières au bord d'une scène de théâtre. **Loc** *Rampe de lancement* : dispositif assurant le guidage d'une fusée lors de son lancement. *Passer la rampe* : toucher le public.

ramper *vi* **1** Progresser par ondulations du corps (animaux dépourvus de membres). **2** Progresser en s'aplatissant à terre, ventre contre le sol (personnes). **3** S'abaisser, s'humilier devant.

ramponneau *nm Pop* Coup, bourrade.

ramure *nf* **1** Ensemble des branches, des ramifications. **2** Bois d'un cerf, d'un daim.

rancard ou **rencard** *nm Pop* **1** Rendez-vous. **2** Renseignement.

rancarder ou **rencarder** *vt Pop* **1** Donner un rendez-vous à. **2** Renseigner.

rancart *nm* **Loc** *Fam Mettre au rancart* : au rebut.

rance *a* Qui a pris en vieillissant une saveur et une odeur âcre (corps gras). ■ *nm* Odeur, saveur rance.

ranch [rɑ̃ʃ] ou [rɑ̃tʃ] *nm* Aux États-Unis, exploitation agricole, dans la Prairie.

rancher [-ʃœr] *nm* Qui exploite un ranch.

rancir *vi* Devenir rance.

rancœur *nf* Amertume tenace.

rançon *nf* **1** Somme d'argent exigée pour la liberté d'un captif, d'un otage. **2** Contrepartie pénible de qqch d'agréable. *La rançon du succès.*

rançonner *vt* Exiger qqch de qqn sous la menace.

rancune *nf* Ressentiment profond.

rancunier, ère *a, n* Qui garde facilement de la rancune.

rand *nm* Unité monétaire de l'Afrique du Sud.

randomiser *vt STATIS* Valider un résultat à partir d'un échantillon choisi au hasard.

randonnée *nf* Grande promenade.

randonneur, euse *n* Qui fait une randonnée.

rang *nm* **1** Série de personnes, de choses, disposées en ligne. **2** Position dans une hiérarchie, une échelle de valeurs. **Loc** *Prendre rang* *parmi* : se mettre au nombre de. *Être sur les rangs* : en compétition avec d'autres. *Rentrer dans le rang* : renoncer à ses prérogatives. *Serrer les rangs* : se rapprocher pour s'entraider. *Venir grossir les rangs de* : augmenter le nombre de.

rangé, ée *a* Qui mène une existence tranquille, sérieuse. Loc *Bataille rangée* : rixe violente.

rangée *nf* Suite de choses ou de personnes placées sur une même ligne.

rangement *nm* 1 Action de ranger. 2 Lieu où on range ; placard.

1. ranger *vt* [11] 1 Mettre en rangs ou en files. 2 Disposer en bon ordre. *Ranger ses papiers.* 3 Faire figurer parmi. *Ranger un poète parmi les classiques.* 4 Garer. *Ranger un camion.* ■ *vpr* 1 Se mettre en rangs. 2 S'écarter pour laisser le passage. 3 Fam S'assagir. 4 Se rallier à un avis, à une autorité.

2. ranger [ʀɑ̃dʒœʀ] *nm* Soldat d'un corps d'élite de l'armée de terre américaine. Brodequin muni d'une guêtre.

ranidé *nm* ZOOL Amphibien anoure (grenouille).

ranimer *vt* 1 Faire revenir à la conscience, à la vie. 2 Redonner de la vivacité. ■ *vpr* 1 Reprendre conscience. 2 Retrouver une activité nouvelle.

raout [ʀaut] *nm* Vx Réunion mondaine.

rap *nm* Style musical accompagnant un rythme martelé de paroles improvisées.

rapace *nm* Oiseau carnivore. ■ *a* Avide de gain, cupide.

rapacité *nf* Avidité, cupidité.

rapatrié, ée *n* Ramené dans sa patrie.

rapatriement *nm* Action de rapatrier.

rapatrier *vt* Faire revenir dans son pays.

râpe *nf* 1 Lime à grosses aspérités. 2 Ustensile de cuisine pour réduire certaines substances en poudre ou en fragments. 3 BOT Syn de *rafle*.

râpé, ée *a* 1 Usé jusqu'à la corde (tissu). Loc Fam *C'est râpé* : il ne faut pas y compter. ■ *nm* Fromage passé à la râpe.

râper *vt* 1 Réduire en poudre, en fragments avec une râpe. *Râper du fromage.* 2 User la surface d'un corps avec une râpe.

rapetasser *vt* Fam Raccommoder grossièrement.

rapetissement *nm* Fait de rapetisser.

rapetisser *vt* 1 Rendre plus petit. 2 Diminuer la valeur, le mérite. ■ *vi, vpr* Devenir plus petit, plus court. *Les jours rapetissent.*

rapeur, euse *n* Qui danse et chante dans le style du rap.

râpeux, euse *a* 1 Rugueux. 2 Âpre au goût, à l'oreille. *Voix râpeuse.*

raphia *nm* Palmier dont on tire une fibre souple et résistante.

rapiat, ate *a, n* Fam Pingre, cupide.

rapide *a* 1 Qui va très vite. *Voiture rapide.* 2 Qui se fait à une vitesse élevée. *Course rapide.* 3 Qui comprend, qui agit vite. 4 De forte déclivité. *Pente rapide.* ■ *nm* 1 Portion d'une rivière où le courant devient rapide et tourbillonnant. 2 Train qui ne s'arrête que dans les villes importantes.

rapidement *av* De façon rapide ; vite.

rapidité *nf* Grande vitesse, célérité.

rapiéçage ou **rapiècement** *nm* Action de rapiécer.

rapiécer *vt* [12] Raccommoder en posant des pièces.

rapière *nf* Anc Épée à longue lame.

rapin *nm* Peintre médiocre.

rapine *nf* Litt Larcin, pillage.

raplapla *a inv* Fam Très fatigué.

raplatir *vt* Aplatir de nouveau ou davantage.

rappareiller *vt* Réassortir.

rapparier *vt* Réunir en une paire.

rappel *nm* 1 Action de rappeler, de faire revenir. 2 Nouvelle administration de vaccin. 3 Paiement rétroactif d'appointements restés en suspens. 4 Manœuvre de descente d'une paroi verticale à l'aide d'une corde double. Loc *Battre le rappel* : rassembler les personnes nécessaires. *Rappel à l'ordre* : réprimande.

rappelé, ée *a, n* Appelé de nouveau sous les drapeaux.

rappeler *vt* [18] 1 Appeler de nouveau (partic., par téléphone). 2 Faire revenir. 3 Remettre en mémoire. *Rappeler une promesse à qqn.* 4 Faire penser par ressemblance. Loc *Rappeler à l'ordre* : avertir ; réprimander. *Rappeler à la vie* : ranimer. ■ *vpr* Se souvenir. *Se rappeler un fait. Il se rappelle.*

rappliquer *vi* Pop Revenir, arriver.

rapport *nm* 1 Revenu, produit. *Vigne d'un bon rapport.* 2 Compte rendu ou exposé. 3 Relation entre plusieurs choses. *Faire le rapport entre deux incidents.* 4 Analogie, accord, conformité. Loc *Par rapport à* : relativement à, en fonction de. Fam *Sous le rapport de* : du point de vue de. *Sous tous (les) rapports* : à tous égards. *Mettre en rapport avec* : en relation avec. *Rapport sexuel* : coït. ■ *pl* Relations entre des personnes, des États.

rapporté, ée *a* Ajouté à un ensemble par assemblage. Loc *Pièce rapportée* : membre par alliance d'une famille.

rapporter *vt* 1 Apporter de nouveau. 2 Apporter en revenant d'un lieu. *Rapporter un masque d'Afrique.* 3 Donner un revenu, un profit. *Ces plantations ne rapportent rien.* 4 DR Abroger, annuler. *Rapporter un arrêté.* 5 Faire le récit de. *Rapporter un fait.* 6 Redire, répéter par indiscrétion, légèreté ou malice. 7 Rattacher un fait à un autre, à une cause. ■ *vpr* Avoir rapport, se rattacher à. Loc *S'en rapporter à qqn* : lui faire confiance pour décider.

rapporteur, euse *n, a* Qui rapporte, répète ; mouchard. ■ *nm* 1 Chargé d'un rapport, d'un compte rendu. 2 Demi-cercle gradué, qui sert à mesurer les angles.

rapprendre. V. réapprendre.

rapproché, ée *a* Voisin, proche.

rapprochement *nm* 1 Action de rapprocher. 2 Établissement de relations plus étroites. 3 Confrontation, comparaison.

rapprocher *vt* 1 Mettre plus près. 2 Réconcilier. 3 Comparer, confronter. ■ *vpr* 1 Venir plus près. 2 Devenir plus proche. 3 Être plus ou moins comparable, conforme à qqn, qqch.

rapprovisionner. V. réapprovisionner.

rapsode, rapsodie. V. rhapsode, rhapsodie.

rapt *nm* Enlèvement illégal ou crapuleux de qqn.

raquer *vt* Pop Payer.

raquette *nf* 1 Instrument garni de cordes ou d'une matière élastique qui sert à renvoyer la balle, à différents jeux. 2 Large semelle pour marcher sur la neige.

rare *a* 1 Qui n'est pas commun. *Perle rare.* 2 Qui n'est pas fréquent. *Incident rare.* 3 Exceptionnel, remarquable. *Une rare intelligence.* 4 Peu dense, clairsemé. *Cheveux rares.*

raréfaction *nf* Fait de se raréfier.

raréfier *vt* Rendre rare. ■ *vpr* Devenir rare.

rarement *av* Peu souvent.

rareté *nf* Caractère rare ; chose rare.

rarissime *a* Très rare.

1. ras [ras] *nm* Chef éthiopien.

2. ras, rase *a* Dont les poils, les brins sont coupés au plus court. **Loc** *En rase campagne :* en terrain découvert. ■ *nm* **Loc** *À ras de, au ras de :* presque au niveau de. *Au ras du sol, au ras des pâquerettes :* à un niveau très bas ; sommaire, grossier. ■ *av* De très près. *Couper ras.* **Loc** *En avoir ras le bol :* être excédé, dégoûté.

rasade *nf* Contenu d'un verre plein à ras bord.

rasage *nm* Action de raser.

rasant, ante *a* 1 Qui effleure. 2 Fam Qui ennuie.

rascasse *nf* Poisson de la Méditerranée, hérissé de piquants.

ras-du-cou *nm inv* Vêtement, pull dont l'encolure s'arrête au niveau du cou.

rase-mottes *nm inv* Vol au ras du sol.

raser *vt* 1 Couper très court les poils, les cheveux, la barbe. 2 Abattre un édifice. 3 Passer tout près. *Une balle l'a rasé.* 4 Fam Ennuyer. ■ *vpr* 1 Se couper la barbe. 2 Fam S'ennuyer.

raseur, euse *n* Fam Personne ennuyeuse.

rasibus [-bys] *av* Pop À ras ; tout près.

ras-le-bol *nm inv* Fam Exaspération.

rasoir *nm* Instrument qui sert à se raser. ■ *a inv* Fam Ennuyeux. *Un discours rasoir.*

rassasiement *nm* Fait d'être rassasié.

rassasier *vt* 1 Apaiser complètement la faim de. 2 Satisfaire totalement.

rassemblement *nm* 1 Action de rassembler. 2 Attroupement. 3 Groupement politique.

rassembler *vt* 1 Réunir, regrouper des personnes. 2 Mettre ensemble des choses. 3 Concentrer. *Rassembler son courage.* ■ *vpr* Se réunir, se grouper.

rassembleur, euse *a, n* Qui rassemble.

rasseoir *vt* [40] Asseoir de nouveau. ■ *vpr* S'asseoir après s'être levé.

rasséréner *vt* [12] Litt Faire redevenir serein, calme. ■ *vpr* Retrouver sa sérénité.

rassis *am* **Loc** *Pain rassis :* qui n'est plus frais. *Esprit rassis :* calme, posé.

rassortiment, rassortir. V. réassortiment, réassortir.

rassurant, ante *a* Qui rassure.

rassurer *vt* Redonner la confiance. ■ *vpr* Reprendre confiance.

rasta ou **rastafari** *n, a* Adepte d'un mouvement culturel d'origine jamaïcaine.

rastaquouère *nm* Fam Étranger, aux ressources douteuses.

rat *nm* Rongeur très prolifique. **Loc** *Être fait comme un rat :* être pris, attrapé. *Rat de bibliothèque :* qui fréquente assidûment les bibliothèques. *Rat d'hôtel :* voleur qui opère dans les hôtels. *Petit rat de l'Opéra :* jeune élève de la classe de danse de l'Opéra. *Rat de cave :* mince bougie enroulée sur elle-même. ■ *a* Fam Avare.

rata *nm* Pop Ragoût médiocre.

ratafia *nm* Liqueur à base d'eau-de-vie sucrée.

ratage *nm* Fait de rater ; échec.

ratatiné, ée *a* Ridé, flétri.

ratatiner *vt* Fam 1 Exterminer, massacrer, démolir. 2 Battre à plate couture. ■ *vpr* Se déformer en se plissant, se tasser.

ratatouille *nf* 1 Fam Ragoût peu appétissant. 2 Plat provençal fait d'aubergines, de tomates, de courgettes, etc., cuites dans l'huile d'olive.

1. rate *nf* Femelle du rat.

2. rate *nf* Glande située entre l'estomac et les fausses côtes. **Loc** *Se dilater la rate :* rire.

raté, ée *a, n* Qui n'a pas réussi dans sa carrière, dans sa vie. ■ *nm* 1 Fait de rater ; dysfonctionnement. 2 Bruit produit par un moteur à explosion dont l'allumage est défectueux.

râteau *nm* Instrument à dents, qui sert à ramasser.

râteler *vt* [18] Ramasser avec un râteau.

râtelier *nm* 1 Claie fixée au mur d'une étable et destinée à recevoir le fourrage. 2 Fam Dentier. **Loc** Fam *Manger à tous les râteliers :* tirer profit de plusieurs sources, même opposées.

rater *vi* 1 Ne pas partir (arme à feu). 2 Échouer. *L'affaire a raté.* ■ *vt* 1 Ne pas atteindre, manquer. 2 Ne pas réussir. *Rater un plat.*

ratiboiser *vt* Fam Ruiner, rafler tout.

raticide *nm* Produit contre les rats.

ratier *nm* Chien qui chasse les rats.

ratière *nf* Piège à rats.

ratification *nf* Action de ratifier.

ratifier *vt* Approuver, confirmer dans la forme requise ce qui a été fait ou promis.

ratine *nf* Étoffe de laine au poil tiré et frisé.

rating [ratiŋ] *nm* Indice servant à classer les voiliers en vue d'une course.

ratio [-sjo] *nm* Didac Rapport entre deux grandeurs économiques ou financières.

ratiocination *nf* Litt Raisonnement oiseux.

ratiociner [-sjo-] *vi* Litt Faire des raisonnements oiseux.

ration *nf* 1 Quantité de nourriture donnée aux hommes, aux animaux pour une durée déterminée. 2 Part, dose, lot donné par le sort et considéré comme suffisant.

rationalisation *nf* Action de rationaliser.

rationaliser *vt* 1 Rendre rationnel. 2 Organiser une activité selon des principes rationnels pour la rendre plus rentable, plus efficace.

rationalisme *nm* PHILO Doctrine selon laquelle tout ce qui existe est intelligible par la raison humaine.

rationaliste *a, n* Qui relève du rationalisme.

rationalité *nf* Caractère rationnel.

rationnel, elle *a* 1 Fondé sur la raison. 2 Conforme au sens commun ; bien conçu, pratique. *Rangement rationnel.*

rationnellement *av* De façon rationnelle.

rationnement *nm* Action de rationner.

rationner *vt* Restreindre, limiter, contingenter la consommation de qqch.

ratissage *nm* Action de ratisser.

ratisser *vt* 1 Nettoyer avec un râteau. 2 Explorer minutieusement une zone au cours d'une opération militaire ou de police. 3 Fam Ruiner qqn. ■ *vi* Fam *Ratisser large :* rassembler le plus grand nombre de personnes sans souci des principes.

ratite *nm* ZOOL Oiseau coureur, telle que l'autruche.

raton nm 1 Petit du rat. 2 Pop Terme raciste désignant un Nord-Africain. Loc *Raton laveur :* mammifère carnivore d'Amérique.

ratonnade nf Pop Violences racistes exercées contre les Nord-Africains.

rattachement nm Action de rattacher.

rattacher vt 1 Attacher de nouveau. *Rattacher ses lacets.* 2 Relier des choses, des personnes. *Rattacher un problème à un autre.* ■ vpr Être lié à.

rattrapage nm Action de rattraper.

rattraper vt 1 Attraper de nouveau. 2 Rejoindre qqn, qqch qui a pris de l'avance. 3 Regagner, recouvrer le temps ou l'argent perdu. 4 Compenser les inconvénients de qqch. ■ vpr 1 Se retenir. *Se rattraper à une branche.* 2 Profiter de ce dont on a été longtemps privé.

rature nf Trait pour annuler ce qui est écrit.

raturer vt Annuler par des ratures.

raucité nf Litt Caractère rauque de la voix.

rauque a Rude, âpre (voix).

rauwolfia nm Arbuste tropical dont on extrait la réserpine.

ravage nm Grands dommages, désastres causés par l'homme, les fléaux de la nature, des produits nocifs. Loc Fam *Faire des ravages :* susciter des passions amoureuses.

ravagé, ée a Fam Fou, inconscient.

ravager vt [11] Dévaster, détériorer gravement.

ravageur, euse a, n Qui ravage.

ravalement nm Nettoyage et restauration de la façade d'un immeuble.

ravaler vt 1 Avaler de nouveau. *Ravaler sa salive.* 2 Déprécier, rabaisser. *Ravaler qqn, ses mérites.* 3 Retenir. *Ravaler son indignation.* 4 Faire le ravalement d'une façade.

ravaleur nm Qui ravale une façade.

ravaudage nm Vx Raccommodage.

ravauder vt Vx Raccommoder.

ravaudeur, euse n Vx Qui ravaude.

rave nf Plante potagère à racine comestible.

ravenala nm Plante tropicale voisine du bananier.

ravenelle nf Moutarde sauvage.

ravi, ie a Enchanté, très content.

ravier nm Petit plat pour les hors-d'œuvre.

ravigotant, ante a Fam Qui ravigote.

ravigote nf Vinaigrette relevée d'échalotes.

ravigoter vt Fam Redonner de la vigueur.

ravin nm 1 Lit creusé par un torrent. 2 Vallée profonde et encaissée.

ravine nf Lit creusé par un ruisseau.

ravinement nm Action de raviner.

raviner vt Creuser le sol de ravines.

raviole nf Petit carré de pâte farci de fromage.

ravioli nm Petit carré de pâte farci d'un hachis de viande.

ravir vt 1 Litt Enlever de force. 2 Charmer, transporter d'admiration. *Cette musique m'a ravie.* Loc *À ravir :* admirablement.

raviser (se) vpr Changer d'avis.

ravissant, ante a Très joli.

ravissement nm Transport de joie, d'admiration.

ravisseur, euse n Qui a commis un rapt.

ravitaillement nm 1 Action de ravitailler. 2 Denrées nécessaires à la consommation.

ravitailler vt Fournir en vivres, en munitions, en carburant.

ravitailleur nm Navire, avion équipé pour ravitailler les bateaux en mer, les avions en vol.

ravivage nm Action de redonner à une couleur un éclat plus vif.

raviver vt 1 Rendre plus vif. 2 Ranimer, faire revivre. *Raviver un souvenir.*

ravoir vt (seulement inf) 1 Recouvrer. 2 Fam Redonner à un objet son aspect initial.

rayé, ée a Qui porte des raies, des éraflures ou des cannelures.

rayer vt [20] 1 Faire des raies sur. *Rayer une feuille.* 2 Faire des éraflures sur. 3 Annuler, supprimer, exclure. *Rayer un nom.*

rayon nm 1 Émanation de lumière. *Un rayon de soleil.* 2 Pièce qui unit le moyeu d'une roue à sa jante. 3 Ligne reliant le centre d'un cercle à un point quelconque de sa circonférence. 4 Ce qui répand la joie. *Rayon d'espoir.* 5 Gâteau de cire fait par les abeilles. 6 Étagère servant au rangement. 7 Secteur d'un magasin où on vend des produits de même nature. Loc *Dans un rayon de :* à une distance à la ronde. *Rayon d'action :* zone d'action. Fam *En connaître un rayon :* bien connaître la question. ■ pl Rayonnement. *Rayons cosmiques.*

rayonnage nm Ensemble d'étagères.

rayonnant, ante a 1 Qui rayonne. 2 Radieux.

rayonne nf Fibre textile artificielle.

rayonné, ée a Disposé en rayons.

rayonnement nm 1 Fait de rayonner ; éclat de ce qui rayonne. 2 PHYS Propagation d'énergie sous forme de particules ou de vibrations. 3 Influence bienfaisante. *Rayonnement d'une culture.*

rayonner vi 1 Émettre des rayons lumineux, de l'énergie. 2 Émettre sans loin son action. 3 Laisser paraître un bonheur intense. *Rayonner de joie.* 4 Partir d'un même point dans des directions diverses.

rayure nf 1 Ligne, bande étroite sur un fond de couleur différente. 2 Trace, éraflure laissée par un corps pointu ou coupant.

raz de marée [rɑ-] nm inv 1 Très haute vague d'origine sismique qui pénètre dans les terres. 2 Bouleversement important.

razzia nf Fait de tout emporter par violence ou par surprise.

razzier vt Piller.

ré nm Deuxième note de la gamme.

réa nm TECH Roue à gorge d'une poulie.

réabonnement nm Action de (se) réabonner.

réabonner vt Abonner de nouveau. ■ vpr Renouveler son abonnement.

réac a, n Fam Abrév de *réactionnaire.*

réaccoutumer vt Litt Habituer de nouveau. ■ vpr Litt Se réhabituer à.

réacteur nm Moteur à réaction. Loc *Réacteur nucléaire :* appareil qui produit de l'énergie à partir des réactions de fission nucléaire.

réactif, ive a Qui réagit. ■ nm CHIM Substance utilisée en raison de la réaction qu'elle produit.

réaction nf 1 Comportement, acte de qqn en réponse à un évènement, à une action, à un stimulus. 2 Courant de pensée opposé aux innovations, et favorable au rétablissement des institutions du passé. 3 PHYS Force qui résulte de l'action exercée par un corps sur un autre corps qui agit en retour. *Avion à réaction.* 4 CHIM Transformation de corps chimiques en contact. Loc *Réaction nucléaire :* qui met en jeu les constituants du noyau de l'atome.

réactionnaire a, n Qui s'oppose au progrès.

réactionnel, elle a Didac Relatif à une réaction physique, chimique, psychologique.

réactivation nf Action de réactiver.

réactiver vt Activer de nouveau ; redonner une nouvelle vigueur.

réactivité nf Aptitude à réagir.

réactualiser vt Remettre à jour ; moderniser.

réadaptation nf Fait de (se) réadapter.

réadapter vt Adapter de nouveau. ■ vpr S'adapter à de nouvelles conditions.

réadmettre vt [64] Admettre de nouveau.

réadmission nf Nouvelle admission.

ready-made [Redimed] nm inv BX-A Objet manufacturé promu objet artistique.

réaffirmer vt Affirmer de nouveau, avec plus de fermeté.

réagir vti, vi 1 Exercer une action en sens contraire ou en retour sur un corps ou sur qqn. 2 Manifester un changement d'attitude en réponse à un évènement. *Réagir à une provocation.* 3 S'opposer, résister à. *Réagir contre une influence.* 4 CHIM Entrer en réaction (espèces chimiques).

réajustement, réajuster. V. rajustement, rajuster.

réalgar nm Minerai d'arsenic.

réalignement nm ECON Fixation d'un nouveau taux de change d'une monnaie.

réaligner vt Procéder à un réalignement monétaire.

réalisable a Qu'on peut réaliser.

réalisateur, trice a, n 1 Qui réalise, qui a des aptitudes pour réaliser. 2 Qui dirige la réalisation d'un film, d'une émission.

réalisation nf 1 Action de réaliser. 2 Chose réalisée. 3 Conversion d'un bien en espèces. 4 Mise en scène d'un film ou d'une émission.

réaliser vt 1 Effectuer, accomplir. *Réaliser un projet, un barrage, des prouesses.* 2 Convertir en espèces, en capitaux. 3 Comprendre, saisir, se représenter clairement. ■ vpr 1 Devenir effectif, réel. *Ses espoirs se réalisent.* 2 S'accomplir en tant que personne. *Se réaliser dans son métier.*

réalisme nm 1 Courant littéraire et artistique visant à représenter le monde, les hommes tels qu'ils sont. 2 Aptitude à tenir compte de la réalité. *Faire preuve de réalisme.*

réaliste a, n 1 Adepte du réalisme en art, en littérature. 2 Qui a le sens des réalités.

réalité nf 1 Caractère de ce qui a une existence réelle. 2 Chose réelle. *Rêve qui devient réalité.* Loc *En réalité* : effectivement, réellement.

realpolitik [Real-] nf Stratégie politique qui ne s'embarrasse pas de considérations théoriques ou morales.

réaménagement nm Action de réaménager.

réaménager vt [11] Aménager sur de nouvelles bases.

réanimateur, trice n Spécialiste de la réanimation.

réanimation nf Technique médicale employée pour rétablir les grandes fonctions vitales.

réanimer vt Faire revenir à la vie par la réanimation.

réapparaître vt [55] [aux être ou avoir] Apparaître de nouveau.

réapparition nf Nouvelle apparition.

réapprendre ou **rapprendre** vt [70] Apprendre de nouveau.

réapprovisionner ou **rapprovisionner** vt Approvisionner de nouveau.

réarmement nm Action de réarmer.

réarmer vt Armer de nouveau. ■ vi S'armer de nouveau.

réassort nm Marchandises destinées à réapprovisionner un commerçant.

réassortiment ou **rassortiment** nm Action de réassortir.

réassortir ou **rassortir** vt Assortir de nouveau.

réassurance nf Assurance par laquelle un assureur se fait garantir ses propres risques par une autre compagnie.

réassurer vt Garantir par une réassurance.

rebaptiser vt Donner un nouveau nom.

rébarbatif, ive a Qui rebute par son aspect peu avenant. *Visage rébarbatif.*

rebâtir vt Bâtir de nouveau.

rebattre vt [77] Battre de nouveau. Loc *Rebattre les oreilles* : répéter en lassant.

rebattu, ue a Qui a perdu tout intérêt à force d'être répété.

rebec nm Instrument de musique médiéval à trois cordes et à archet.

rebelle n Qui refuse de se soumettre à une autorité, se révolte. ■ a 1 Qui refuse de se plier à. 2 Qui résiste au traitement. *Maladie rebelle.*

rebeller (se) vpr Se révolter contre.

rébellion nf Révolte ; ensemble des rebelles.

rebelote nf Fam Se dit quand une situation se reproduit à l'identique.

rebiffer (se) vpr Fam Regimber, refuser vivement une contrainte.

rebiquer vi Fam Se redresser.

reblochon nm Fromage savoyard au lait de vache, à pâte grasse.

reboire vi, vt [52] Boire de nouveau.

reboisement nm Action de reboiser.

reboiser vt Planter d'arbres un terrain déboisé.

rebond nm Fait de faire un nouveau bond.

rebondi, ie a Rond et charnu. *Des joues rebondies.*

rebondir vi 1 Faire un ou plusieurs bonds après un heurt. 2 Connaître des développements nouveaux. *L'affaire rebondit.* 3 Retrouver un nouvel élan après une période difficile.

rebondissement nm 1 Action de rebondir. 2 Épisode nouveau et inattendu.

rebord nm Bord en saillie ou replié.

reboucher vt Boucher de nouveau.

rebours (à) av En sens contraire, au contraire de ce qu'il faut. Loc *Compte à rebours* : horaire minuté précédant une opération.

rebouteux, euse n Fam Qui, sans être médecin, s'emploie à guérir les fractures, les luxations.

reboutonner vt Boutonner de nouveau.

rebroder vt Garnir un tissu, un vêtement d'une broderie après sa fabrication.

rebrousse-poil (à) av 1 À l'opposé du sens naturel des poils. 2 Avec maladresse.

rebrousser vt Relever dans un sens contraire à la direction naturelle. Loc *Rebrousser chemin* : faire demi-tour.

rebuffade nf Mauvais accueil, refus brutal.

rébus [-bys] nm 1 Suite de lettres, de dessins, représentant le mot ou la phrase qu'on veut faire deviner. 2 Chose malaisée à comprendre, énigme.

rebut [-by] *nm* Ce qu'on a rejeté, ce qu'il y a de plus mauvais. *Loc Mettre au rebut :* rejeter comme sans valeur.

rebutant, ante *a* Qui rebute, déplaît.

rebuter *vt* Décourager, dégoûter.

recalcification *nf* Augmentation du calcaire dans l'organisme.

recalcifier *vt* Enrichir en calcium.

récalcitrant, ante *a. n* Qui résiste avec opiniâtreté.

recalculer *vt* Calculer de nouveau.

recalé, ée *a, n Fam* Candidat refusé.

recaler *vt Fam* Refuser à un examen.

récapitulatif, ive *a, nm* Qui récapitule. *Tableau récapitulatif. Établir un récapitulatif.*

récapitulation *nf* Action de récapituler, résumé.

récapituler *vt* Résumer, reprendre sommairement.

recaser *vt Fam* Caser, établir de nouveau.

recel *nm* Action de receler.

receler ou **recéler** *vt* [16] ou [12] 1 Détenir et cacher qqch illégalement. 2 Contenir, renfermer. *L'épave recèle un trésor.*

receleur, euse *n* Coupable de recel.

récemment *av* Depuis peu, à une époque récente.

recensement *nm* 1 Action de recenser. 2 Dénombrement officiel des habitants d'une ville, d'un État, etc.

recenser *vt* Dénombrer, inventorier.

recenseur *n* Qui recense.

recension *nf* Compte rendu critique d'un ouvrage dans une revue.

récent, ente *a* Qui existe depuis peu.

recentrage *nm* Action de recentrer.

recentrer *vt* Déplacer vers le centre ; remettre au centre. *Recentrer un parti politique.*

récépissé *nm* Écrit attestant qu'on a reçu qqch.

réceptacle *nm* 1 Ce qui reçoit des choses de provenances diverses. 2 BOT Extrémité du pédoncule de la fleur.

récepteur, trice *a* Qui reçoit, dont la fonction est de recevoir. ■ *nm* 1 Appareil recevant des signaux électriques et les transformant en images ou en sons. 2 PHYSIOL Structure organique recevant des signaux extérieurs et les transformant en influx nerveux.

réceptif, ive *a* Susceptible de recevoir facilement des impressions ; sensible à.

réception *nf* 1 Action, fait de recevoir qqch, qqn. 2 Service d'accueil d'un hôtel ou d'une entreprise. *S'adresser à la réception.* 3 Réunion mondaine. 4 Action de recevoir le ballon. 5 Manière de se recevoir au sol après un saut.

réceptionnaire *n, a* Qui reçoit une marchandise.

réceptionner *vt* Accepter une livraison après vérification.

réceptionniste *n* Chargé de la réception des clients d'un hôtel.

réceptivité *nf* Caractère réceptif.

récessif, ive *a* BIOL Se dit d'un gène, d'un caractère héréditaire ne se manifestant qu'en l'absence du caractère opposé.

récession *nf* Ralentissement de l'activité économique.

récessivité *nf* Caractère récessif.

recette *nf* 1 Ce qui est reçu, perçu en argent. 2 Bureau où on perçoit les taxes. 3 Indications qui permettent de confectionner un mets. *Recette d'un gâteau.* 4 Moyen, procédé pour réussir qqch. *Loc Faire recette :* rapporter de l'argent ; avoir du succès.

recevabilité *nf* Caractère recevable.

recevable *a* Qu'on peut recevoir, admettre.

receveur, euse *n* 1 Fonctionnaire, employé recevant les deniers publics, un paiement. 2 Qui reçoit du sang, un organe, dans une transfusion, une greffe.

recevoir *vt* [43] 1 Se voir donner, envoyer, adresser qqch. *Recevoir une lettre.* 2 Prendre sur soi, subir. *Recevoir des coups, une averse.* 3 Laisser entrer ; recueillir. *Cette pièce reçoit du soleil.* 4 Accueillir ; faire un certain accueil à. *Il nous a bien reçus.* 5 Admettre à un examen, dans une société. ■ *vpr* Retomber d'une certaine manière après un saut.

rechampir ou **réchampir** *vt* TECH Détacher un ornement sur un fond.

rechange *nm Loc De rechange :* qui peut remplacer qqch.

rechanter *vt, vi* Chanter de nouveau.

rechapage *nm* Action de rechaper.

rechaper *vt* Appliquer une nouvelle couche de gomme sur un pneu usé.

réchapper *vti* [aux *avoir* ou *être*] Se tirer d'un grand danger. *Réchapper à un* (ou *d'un) accident.*

recharge *nf* 1 Action de recharger. 2 Ce qui sert à recharger. *Recharge de briquet.*

rechargeable *a* Qui peut être rechargé.

rechargement *nm* Action de recharger.

recharger *vt* [11] Charger de nouveau.

réchaud *nm* Petit fourneau portatif.

réchauffage *nm* Action de réchauffer.

réchauffé, ée *a, nm* Vieux et trop connu. *Histoires réchauffées.*

réchauffement *nm* Fait de se réchauffer.

réchauffer *vt* 1 Chauffer ce qui était froid ou refroidi. 2 Ranimer, réconforter. ■ *vpr* Devenir plus chaud.

rechausser *vt* Chausser de nouveau.

rêche *a* 1 Rude au toucher. 2 Peu aimable.

recherche *nf* 1 Action de rechercher. 2 Travail scientifique. *Recherches sur le cancer.* 3 Soin, raffinement. *Recherche dans la toilette.*

recherché, ée *a* 1 Peu commun, rare. 2 Qui témoigne du raffinement. *Élégance recherchée.*

recherche-développement *nf* Processus économique qui s'étend de la conception d'un nouveau produit à sa mise sur le marché.

rechercher *vt* 1 Chercher avec soin pour découvrir, connaître. 2 Tâcher d'obtenir. *Rechercher les honneurs.*

rechigner *vti* Témoigner de la répugnance pour. *Rechigner au travail.*

rechristianiser *vt* Ramener une population à la foi chrétienne.

rechute *nf* Fait de retomber dans une maladie, une toxicomanie, une mauvaise habitude.

rechuter *vi* Faire une rechute.

récidivant, ante *a* MED Qui récidive.

récidive *nf* 1 MED Réapparition d'une maladie d'un mal. 2 DR Action de refaire la même faute de commettre une nouvelle infraction.

récidiver *vi* 1 Réapparaître (maladie). 2 Refaire la même faute, commettre une nouvelle infraction.

récidiviste *n* Qui commet une récidive.

récif *nm* Rocher ou ensemble de rochers à fleur d'eau.

récipiendaire *n* Personne reçue dans un corps, une compagnie avec cérémonie.

récipient *nm* Ustensile destiné à contenir une substance quelconque.

réciprocité *nf* Caractère réciproque.

réciproque *a* Mutuel. *Amour réciproque. Influence réciproque.* Loc GRAM *Verbes réciproques :* verbes pronominaux où les sujets exercent l'action les uns sur les autres (ex. : *ils se battent*). ■ *nf* La pareille. *Rendre la réciproque.*

réciproquement *av* Mutuellement.

récit *nm* Narration de faits réels ou imaginaires. *Récit d'aventures.*

récital *nm* Concert donné par un seul artiste ou consacré à un seul genre. *Des récitals.*

récitant, ante *n* 1 Qui dit un texte. 2 Qui chante un récitatif.

récitatif *nm* Partie narrative déclamée dans un opéra.

récitation *nf* Texte de poésie qu'un écolier doit apprendre par cœur.

réciter *vt* Dire par cœur. *Réciter une leçon.*

réclamation *nf* Action de réclamer.

réclame *nf* Vx Publicité commerciale. Loc *En réclame :* à prix réduit.

réclamer *vt* 1 Demander de façon pressante ce dont on a besoin ou à quoi on a droit. 2 Nécessiter. *Ceci réclame des précautions.* ■ *vpr* Se prévaloir de qqn, de qqch.

reclassement *nm* Action de reclasser.

reclasser *vt* 1 Classer de nouveau. 2 Affecter qqn qui ne peut plus exercer son emploi dans un secteur différent. 3 Réajuster le traitement d'une catégorie d'employés, de fonctionnaires.

reclus, use *a, n* Enfermé, isolé du monde.

réclusion *nf* 1 Litt État de qqn reclus. 2 DR Peine privative de liberté, avec obligation de travailler.

récognition *nf* PHILO Reconnaissance par la mémoire.

recoiffer *vt* Coiffer de nouveau. ■ *vpr* 1 Arranger ses cheveux. 2 Remettre son chapeau.

recoin *nm* Coin bien caché.

recollage *nm* Action de recoller.

recoller *vt* Coller de nouveau.

récoltant, ante *a, n* Qui fait sa récolte.

récolte *nf* 1 Action de recueillir des produits de la terre ; produits recueillis. 2 Ce qu'on rassemble au prix d'un certain effort. *Récolte de renseignements.*

récolter *vt* 1 Faire une récolte de. *Récolter des céréales.* 2 Recueillir, obtenir. *Récolter des mauvaises notes.*

recommandable *a* Digne d'être recommandé, estimé. *Personne peu recommandable.*

recommandation *nf* 1 Conseil. 2 Action de recommander qqn. 3 Formalité par laquelle on recommande une lettre, un colis.

recommandé, ée *a, nm* À quoi s'applique la recommandation postale.

recommander *vt* 1 Indiquer, conseiller qqch à qqn ; exhorter. *Recommander la prudence.* 2 Demander à qqn d'être favorable à. *Recommander un élève.* 3 S'assurer, en payant une taxe, qu'un envoi postal sera remis en main propre au destinataire. ■ *vpr* Se prévaloir de l'appui de qqn.

recommencement *nm* Fait de recommencer.

recommencer *vt, vi* [10] Commencer de nouveau ; refaire.

récompense *nf* Ce qu'on donne à qqn pour un service rendu, un mérite particulier.

récompenser *vt* Donner une récompense à qqn.

recomposer *vt* Reconstituer.

recomposition *nf* Action de recomposer.

recompter *vt* Compter de nouveau.

réconciliation *nf* Action de se réconcilier.

réconcilier *vt* 1 Remettre d'accord des personnes brouillées. 2 Faire revenir sur une opinion défavorable. ■ *vpr* Se remettre d'accord avec qqn.

recondamner *vt* Condamner une nouvelle fois.

reconductible *a* Qu'on peut reconduire, renouveler.

reconduction *nf* Action de reconduire, de renouveler.

reconduire *vt* [67] 1 Accompagner qqn qui s'en va. 2 Renouveler, proroger. *Reconduire un contrat.*

reconduite *nf* Loc *Reconduite à la frontière :* expulsion d'un étranger en situation irrégulière.

réconfort *nm* Consolation, appui.

réconfortant, ante *a* Qui réconforte.

réconforter *vt* Redonner de la force physique ou morale à qqn.

reconnaissable *a* Qu'on peut reconnaître.

reconnaissance *nf* 1 Action de reconnaître qqn, qqch. 2 Fait d'admettre pour tel ou de reconnaître la légitimité de. 3 Acte écrit par lequel on reconnaît une obligation. *Reconnaissance de dette.* 4 MILIT Exploration d'un lieu. *Vol de reconnaissance.* 5 Sentiment qui porte à témoigner qu'on est redevable d'un bienfait reçu ; gratitude.

reconnaissant, ante *a* Qui éprouve de la reconnaissance.

reconnaître *vt* [55] 1 Identifier qqn, qqch. *Reconnaître une odeur.* 2 Admettre comme vrai, certain ; avouer. 3 Explorer un lieu. Loc *Reconnaître un enfant :* déclarer publiquement qu'on en est le père ou la mère. *Reconnaître un gouvernement :* admettre sa légitimité. ■ *vpr* 1 Retrouver son image dans. 2 S'avouer comme tel. *Se reconnaître coupable.*

reconnu, ue *a* Dont la valeur n'est pas mise en doute. *Un musicien reconnu.*

reconquérir *vt* [34] Conquérir de nouveau.

reconquête *nf* Action de reconquérir.

reconsidérer *vt* [12] Réexaminer.

reconstituant, ante *a, nm* Qui redonne des forces.

reconstituer *vt* 1 Constituer, créer de nouveau. 2 Rétablir un fait tel qu'il s'est produit. *Reconstituer un crime.*

reconstitution *nf* Action de reconstituer.

reconstruction *nf* Action de reconstruire.

reconstruire *vt* [67] Construire de nouveau ce qui a été détruit ; rebâtir.

reconversion *nf* 1 Adaptation de l'économie, d'une entreprise à de nouvelles conditions. 2 Changement de métier d'un travailleur par une nouvelle qualification.

reconvertir *vt* Pratiquer, assurer la reconversion de qqch, qqn. ■ *vpr* Changer de métier.

recopier *vt* Copier un texte ; le mettre au propre.

record nm Exploit, performance surpassant ce qui a été fait jusqu'alors. ■ *a inv* Jamais atteint auparavant. *Températures record.*

recorder *vt* Munir de nouvelles cordes.

recordman [rəkɔrdman] nm, **recordwoman** [-wuman] nf Qui détient un record sportif.

recorriger *vt* Corriger de nouveau.

recoucher *vt* Coucher de nouveau. ■ *vpr* Se remettre au lit.

recoudre *vt* [56] Coudre une étoffe décousue ou déchirée.

recoupement nm Vérification d'un fait, d'une information par d'autres sources.

recouper *vt* 1 Couper de nouveau. 2 Apporter une confirmation par d'autres sources. ■ *vi* Couper une seconde fois les cartes.

recourber *vt* Courber une nouvelle fois ou à son extrémité.

recourir *vi, vt* [25] Courir de nouveau. ■ *vti* Faire appel à qqn, à qqch. *Recourir au médecin.*

recours nm 1 Action de faire appel à qqn, à qqch ; ce à quoi on recourt. 2 DR Action qu'on fait contre qqn pour être indemnisé ou garanti. 3 DR Pourvoi. *Recours en grâce.*

recouvrable *a* Qu'on peut recouvrer.

recouvrement nm 1 Action de recouvrer ce qui était perdu. 2 Perception de sommes dues. *Le recouvrement des impôts.* 3 Fait de recouvrir. *Recouvrement d'un toit.*

recouvrer *vt* 1 Rentrer en possession de. *Recouvrer la vue.* 2 Percevoir des sommes dues.

recouvrir *vt* [31] 1 Couvrir de nouveau ou complètement. 2 Masquer, cacher. 3 Inclure dans, coïncider avec.

recracher *vt* Rejeter ce qu'on a mis dans la bouche.

récréatif, ive *a* Divertissant.

récréation nf Nouvelle création.

récréation nf 1 Délassement, détente. 2 Temps accordé à des élèves pour se détendre entre les heures de classe. (Abrév fam : récré.)

recréer *vt* Créer à nouveau ; reconstituer.

récréer *vt* Litt Divertir, détendre.

recrépir *vt* Crépir de nouveau.

récrier (se) *vpr* S'exclamer d'indignation ou d'admiration.

récriminateur, trice *a* Qui récrimine.

récrimination nf Plainte, protestation acerbe, revendication.

récriminer *vi* Protester, critiquer amèrement.

récrire ou **réécrire** *vt* [61] 1 Écrire de nouveau. 2 Rédiger à nouveau, en modifiant.

recristallisation nf GEOL Modification en profondeur des constituants d'une roche.

récriture ou **réécriture** nf Action de rédiger en modifiant.

recroqueviller (se) *vpr* 1 Se replier en séchant, se rétracter. 2 Se ramasser sur soi.

recru, ue *a* Loc Litt *Recru de fatigue :* harassé.

recrudescence nf Réapparition avec une augmentation d'intensité.

recrudescent, ente *a* Qui s'intensifie.

recrue nf 1 Soldat nouvellement incorporé. 2 Nouveau membre d'un groupement.

recrutement nm Action de recruter.

recruter *vt* 1 Appeler des recrues. *Recruter une troupe.* 2 Engager du personnel. 3 Attirer dans un groupe, un parti. *Recruter des partisans.*

recruteur, euse *n* Qui recrute.

recta *av* Fam Exactement.

rectal, ale, aux *a* ANAT Du rectum.

rectangle nm Quadrilatère dont les angles sont droits et les côtés opposés égaux. ■ *a* Loc *Triangle rectangle :* qui a un angle droit.

rectangulaire *a* 1 En forme de rectangle. 2 Qui forme un angle droit.

recteur nm Fonctionnaire de l'Éducation nationale responsable d'une académie.

rectificateur, ive *a* Qui sert à rectifier une erreur. ■ nm Document apportant une rectification.

rectification nf Action de corriger ce qui est inexact ; mise au point.

rectifier *vt* Rendre correct, exact ; redresser, corriger.

rectifieur, euse *n* Qui rectifie une pièce usinée. ■ nf Machine-outil servant à rectifier une pièce.

rectiligne *a* En ligne droite.

rectite nf Inflammation du rectum.

rectitude nf 1 Qualité de ce qui est droit. *Rectitude d'une ligne.* 2 Qualité juste, conforme à la raison ; rigueur morale.

recto nm Première page d'un feuillet (par oppos. à verso).

rectocolite nf Inflammation du rectum et du côlon.

rectoral, ale, aux *a* Du recteur.

rectorat nm Charge, dignité de recteur d'académie ; bureaux du recteur.

rectoscopie nf Examen du rectum à l'endoscope.

rectrice nf Plume de la queue des oiseaux.

rectum [-tɔm] nm Segment terminal du gros intestin.

reçu, ue *a* Loc *Idée reçue :* toute faite, banale, souvent fausse. ■ *a, n* Admis à un examen, un concours. ■ nm Écrit par lequel on reconnaît avoir reçu une somme d'argent, un objet.

recueil nm Volume réunissant des écrits de provenances diverses.

recueillement nm État d'esprit d'une personne qui se recueille.

recueilli, ie *a* Qui se recueille ; qui manifeste le recueillement.

recueillir *vt* [26] 1 Rassembler, collecter. 2 Remporter, obtenir. *Il a recueilli tous les suffrages.* 3 DR Recevoir par héritage. 4 Recevoir chez soi, héberger. ■ *vpr* 1 Se livrer à de pieuses méditations. 2 Réfléchir, méditer.

recuire *vt, vi* [67] Cuire de nouveau.

recuit nm TECH Chauffage d'un métal, d'un verre pour en améliorer la qualité.

recul nm 1 Mouvement de ce qui recule. 2 Régression, diminution. *Recul de la production.* 3 Distance prise pour juger un évènement. *Manquer de recul pour juger.*

reculade nf Dérobade.

reculé, ée *a* Éloigné. *Époque reculée.*

reculer *vi* 1 Aller en arrière. 2 Hésiter ou renoncer à agir. Loc *Ne reculer devant rien :* n'avoir aucun scrupule. ■ *vt* 1 Tirer ou repousser en arrière. *Reculer sa chaise.* 2 Retarder, différer. *Reculer la date du départ.*

reculons (à) *av* En reculant.

récupérable *a* Qu'on peut récupérer.

récupérateur, trice *a, n* Qui récupère des matières ou de l'énergie.

récupération nf Action de récupérer.

récupérer vt [12] 1 Recouvrer, rentrer en possession de ce qu'on avait perdu. 2 Recueillir les déchets pour les utiliser. 3 Compenser par des heures de travail les moments perdus. 4 Détourner à son profit un mouvement de contestation en le dénaturant. ■ vi Recouvrer ses forces.

récurage nm Action de récurer.

récurer vt Nettoyer en frottant.

récurrence nf Didac Caractère récurrent.

récurrent, ente a Didac Qui revient par intermittence, répétitif.

récursif, ive a Didac Qui peut être répété un nombre infini de fois.

récursivité nf Caractère récursif.

récusable a Qu'on peut récuser.

récusation nf Action de récuser.

récuser vt 1 DR Refuser en tant que juré, expert, témoin. 2 Contester, n'accorder aucune valeur à qqch, aucune autorité à qqn. ■ vpr Refuser de prendre une responsabilité.

recyclable a Qu'on peut recycler.

recyclage nm 1 Réutilisation de produits industriels usagés. 2 Formation donnée à qqn pour s'adapter à un nouveau travail.

recycler vt Soumettre à un recyclage. ■ vpr Acquérir une nouvelle formation.

rédacteur, trice n Qui a pour profession de rédiger des textes destinés à la diffusion.

rédaction nf 1 Action de rédiger. 2 Narration, composition française. 3 Ensemble des rédacteurs d'un journal, d'un livre ; lieu où ils travaillent.

rédactionnel, elle a De la rédaction.

reddition nf Capitulation.

redécoupage nm Division d'une région en nouvelles circonscriptions électorales.

redécouper vt Faire un redécoupage.

redécouvrir vt [31] Découvrir de nouveau.

redéfinir vt Définir à nouveau.

redéfinition nf Action de redéfinir.

redemander vt Demander de nouveau.

redémarrage nm Action de redémarrer.

redémarrer vi Prendre un nouveau départ.

rédempteur, trice a. nm Litt Qui rachète les péchés.

rédemption nf RELIG 1 Rachat des péchés. 2 (avec majusc) Rachat du genre humain par la mort du Christ.

redéploiement nm Action de redéployer.

redéployer vt [22] 1 Réorganiser un dispositif de combat. 2 Réorganiser une activité industrielle en multipliant les points d'échange, de production.

redescendre vi, vt [5] [aux être pour le vi] Descendre une nouvelle fois.

redevable a Qui doit qqch à qqn.

redevance nf Taxe due à échéances déterminées.

redevenir vi [35] [aux être] Devenir de nouveau.

rédhibitoire a Qui constitue un empêchement absolu. Loc Vice rédhibitoire : défaut caché qui constitue un motif d'annulation de la vente.

rediffuser vt Diffuser une nouvelle fois.

rediffusion nf Action de rediffuser ; émission rediffusée.

rédiger vt [11] Exprimer par écrit.

redingote nf 1 Anc Manteau d'homme à longues basques. 2 Manteau de femme cintré à la taille.

redire vt [60] Répéter. Loc Trouver, avoir à redire : critiquer.

rediscuter vt Discuter de nouveau.

redistribuer vt Distribuer de nouveau, différemment.

redistribution nf Action de redistribuer.

redite nf Répétition inutile.

redondance nf Répétition superflue, redite.

redondant, ante a 1 Superflu. 2 Qui comporte des redondances, des redites. 3 INFORM Qui emploie plus de symboles que nécessaire pour la transmission d'une information.

redonner vt 1 Donner de nouveau. 2 Rendre ce qui a été perdu, restituer.

redorer vt Dorer de nouveau.

redoublant, ante n Qui redouble une classe.

redoublé, ée a Répété. Loc À coups redoublés : violemment.

redoublement nm Action de redoubler.

redoubler vt 1 Doubler, répéter. 2 Renouveler avec insistance ; accroître. Redoubler ses prières. 3 Recommencer une classe. ■ vti Agir avec encore plus de. Redoubler de vigilance. ■ vi Augmenter, s'accroître. La pluie redouble.

redoutable a Dangereux, terrible.

redoutablement av Terriblement, très.

redoute nf Anc Ouvrage de fortification isolé.

redouter vt Avoir peur de, craindre.

redoux nm Radoucissement de la température après une période de froid.

redresse (à la) n Pop Qui se fait respecter.

redressement nm Action de (se) redresser. Loc Redressement fiscal : rectification de l'impôt après une déclaration erronée.

redresser vt 1 Remettre dans une position verticale ; rendre une forme droite. 2 Remettre en bon ordre, dans un état satisfaisant. ■ vpr 1 Se remettre debout, droit. 2 Retrouver sa puissance, son développement.

redresseur nm Loc Redresseur de torts : qui prétend faire régner la justice autour de lui.

réducteur, trice a 1 Qui réduit. 2 Qui simplifie abusivement. Analyse réductrice.

réductible a Qu'on peut réduire.

réduction nf 1 Action de rendre plus petit ; diminution. Réduction d'impôt. 2 Fait de ramener une chose complexe à une autre plus simple. 3 Remise en place des os fracturés.

réductionnisme nm Tendance à simplifier exagérément un phénomène.

réductionniste a, n Du réductionnisme.

réduire vt [67] 1 Restreindre, diminuer, rendre plus petit. 2 Reproduire avec des dimensions plus petites. 3 Transformer par broyage, trituration, pulvérisation, etc. 4 Amener à une forme plus simple. Réduire une fraction. 5 Remettre à leur place les os fracturés. 6 Rendre plus concentré par une longue cuisson. Réduire une sauce. 7 Obliger à. Réduire qqn au silence. 8 Soumettre, mater. Réduire la résistance. ■ vi Diminuer de volume. La sauce a réduit. ■ vpr Se limiter à.

réduit nm Petit local sombre.

réduplication nf LING Redoublement de mots, de syllabes.

rééchelonnement nm Action de rééchelonner.

rééchelonner vt Étaler sur une période plus longue le remboursement d'une dette.

réécouter vt Écouter de nouveau.

réécrire, réécriture. V. récrire, récriture.
rééditer vt [63] Éditer de nouveau. 2 Répéter, refaire. *Rééditer un exploit.*
réédition nf Action de rééditer.
rééducation nf Action de rééduquer.
rééduquer vt 1 Appliquer un traitement visant à recouvrer une fonction organique lésée. 2 Réadapter socialement.
réel, réelle a 1 Qui existe effectivement. *Personnage réel.* 2 Véritable, authentique. *Améliorations réelles.* ■ nm Les choses, les faits qui existent effectivement.
réélection nf Action de réélire.
rééligible a Légalement apte à être réélu.
réélire vt [63] Élire de nouveau.
réellement av En réalité, effectivement.
réémetteur nm Émetteur retransmettant les signaux d'un émetteur principal.
réemploi ou **remploi** nm Nouvel emploi.
réemployer ou **remployer** vt [22] Employer de nouveau.
réemprunter ou **remprunter** vt Emprunter de nouveau.
réengagement, réengager. V. rengagement, rengager.
rééquilibrage nm Fait de rééquilibrer.
rééquilibrer vt Rétablir l'équilibre.
réescompte nm Escompte consenti à une banque par un autre établissement, sur des effets de commerce déjà escomptés.
réessayer ou **ressayer** vt [20] Essayer de nouveau.
réétudier vt Étudier de nouveau ; reconsidérer.
réévaluation nf Action de réévaluer.
réévaluer vt 1 Évaluer sur des bases nouvelles. 2 Augmenter le taux de change d'une monnaie.
réexamen nm Fait de réexaminer.
réexaminer vt Examiner de nouveau, reconsidérer.
réexpédier vt Expédier vers une nouvelle destination.
réexpédition nf Action de réexpédier.
réexportation nf Action de réexporter.
réexporter vt Exporter des marchandises importées.
refaçonner vt Façonner de nouveau.
refaire vt [9] 1 Faire de nouveau ce qui a été fait. 2 Remettre en état, réparer. 3 Fam Duper, tromper qqn. ■ vpr Fam Rétablir ses finances.
réfection nf Action de remettre en état.
réfectoire nm Lieu où les membres d'une collectivité prennent ensemble des repas.
refend nm Loc *Bois de refend* : scié en long. *Mur de refend* : mur de soutien intérieur.
refendre vt [5] Fendre ou scier en long.
référé nm DR Procédure rapide pour juger une affaire urgente.
référence nf 1 Action de se référer à qqch ; ce à quoi l'on se réfère. 2 Indication précise des ouvrages auxquels on renvoie le lecteur. 3 Indication, portée en tête d'une lettre, qui désigne l'affaire concernée. ■ pl Attestation d'un employeur servant de recommandation.
référencer vt [10] Indiquer la référence de qqch. *Référencer des marchandises.*
référendaire a Du référendum. Loc *Conseiller référendaire* : magistrat chargé de vérifier la comptabilité publique.

référendum [-dɔm] nm 1 Vote direct par lequel les citoyens se prononcent sur une proposition législative ou constitutionnelle. 2 Consultation des membres d'un groupe.
référent nm LING Ce à quoi se réfère un signe linguistique.
référentiel, elle a LING Du référent.
référer vti [12] En appeler à. *En référer à un supérieur.* ■ vpr Se rapporter à qqn ou qqch.
refermer vt Fermer ce qui s'était ouvert ou qu'on avait ouvert.
refiler vt Fam Donner qqch à qqn.
refinancement nm Action de se refinancer.
refinancer (se) vpr [10] ECON Se procurer de nouvelles ressources sur le marché financier.
réfléchi, ie a 1 Fait ou dit avec réflexion. 2 Qui agit avec réflexion. Loc GRAM *Verbe, pronom réfléchi* : indique que l'action est réalisée par le sujet sur lui-même.
réfléchir vt Renvoyer par réflexion dans une nouvelle direction. *Miroir qui réfléchit une image.* ■ vi, vti Penser mûrement. *Réfléchis avant de parler. Réfléchir à un problème.* ■ vpr Donner une image par réflexion.
réfléchissant, ante a Qui réfléchit la lumière.
réflecteur nm Appareil destiné à réfléchir des rayonnements.
réflectorisé, ée a Muni de réflecteurs. *Panneau indicateur réflectorisé.*
reflet nm 1 Lumière renvoyée par la surface d'un corps ; image réfléchie. 2 Reproduction affaiblie.
refléter vt [12] 1 Renvoyer de manière affaiblie la lumière, une image. 2 Indiquer, traduire, exprimer. ■ vpr Se refléter.
refleurir vi, vt Fleurir de nouveau.
reflex [re-] nm Appareil photographique dont le viseur présente, grâce à un miroir, une image cadrée exactement.
réflexe nm 1 Réaction organique, immédiate, involontaire et prévisible à un stimulus donné. 2 Réaction rapide à une situation imprévue. ■ a Qui relève du réflexe. *Mouvement réflexe.*
réflexion nf 1 PHYS Changement de direction d'une onde lumineuse, acoustique, radioélectrique causé par un obstacle. 2 Fait de réfléchir, de penser mûrement à qqch ; pensée exprimée. 3 Critique désobligeante. Loc *Réflexion faite* : après avoir réfléchi.
refluer vi 1 Se mettre à couler en sens inverse. 2 Reculer vers son point de départ.
reflux [-fly] nm 1 Mouvement de la mer se retirant du rivage. Syn. jusant. 2 Mouvement de ce qui reflue. *Le reflux de la foule.*
refondre vt [5] 1 Fondre de nouveau un métal. 2 Refaire complètement. *Refondre un livre.*
refonte nf Action de refondre.
reforestation nf Syn de *reboisement.*
réformable a Qu'on peut réformer.
réformateur, trice n, a Qui propose des réformes, vise à réformer.
réforme nf Changement en vue d'améliorer. *Réforme fiscale, agraire.*
réformé, ée a, n 1 Qui relève du protestantisme. 2 Reconnu inapte au service militaire.
reformer vt Former de nouveau, refaire.
réformer vt 1 Corriger en supprimant ce qui est nuisible. 2 MILIT Retirer du service, reconnaître comme inapte.

réformette *nf* Fam Réforme sans portée.

réformisme *nm* Doctrine politique des partisans de la transformation progressive et légale de la société.

réformiste *n. a* Qui relève du réformisme.

refoulé, ée *a, n* Qui réprime l'expression de ses sentiments, de sa sexualité.

refoulement *nm* 1 Action de refouler, de faire reculer. 2 PSYCHAN Action de s'interdire d'exprimer un désir, un sentiment qui subsistent de façon inconsciente.

refouler *vt* 1 Faire reculer, refluer. *Refouler des manifestants.* 2 S'interdire l'expression d'un sentiment, d'un désir. *Refouler ses larmes, sa colère.* 3 PSYCHAN Rejeter dans son inconscient.

réfractaire *a, n* 1 Qui refuse de se soumettre, d'obéir. 2 HIST Sous la Révolution, prêtre qui avait refusé de prêter serment. ■ *a* 1 Inaccessible, insensible à qqch. 2 Qui résiste à de très hautes températures. *Brique réfractaire.*

réfracter *vt* PHYS Produire la réfraction de.

réfraction *nf* PHYS Déviation d'un rayon lumineux qui passe d'un milieu dans un autre.

refrain *nm* 1 Reprise de quelques phrases à la fin de chaque couplet d'une chanson. 2 Paroles qui reviennent sans cesse.

réfréner *vt* [12] Réprimer. *Réfréner sa colère.*

réfrigérant, ante *a* 1 Qui sert à produire du froid. 2 Glacial. *Accueil réfrigérant.*

réfrigérateur *nm* Appareil destiné à conserver les aliments par le froid.

réfrigération *nf* Abaissement de la température par des moyens artificiels.

réfrigérer *vt* [12] Refroidir par réfrigération. Loc Fam *Être réfrigéré* : avoir très froid.

réfringence *nf* PHYS Propriété de réfracter la lumière.

réfringent, ente *a* PHYS Qui a la propriété de réfracter les rayons lumineux.

refroidir *vt* 1 Rendre froid, plus froid. 2 Diminuer l'ardeur, le courage. 3 Pop Assassiner. ■ *vi, vpr* Devenir froid ou moins chaud. ■ *vpr* 1 Attraper froid. 2 Devenir plus frais.

refroidissement *nm* 1 Abaissement de la température. 2 Indisposition causée par une baisse de la température. 3 Diminution de l'enthousiasme, de l'affection.

refuge *nm* 1 Lieu où on se retire pour être en sûreté. 2 Abri destiné aux alpinistes en montagne. 3 Emplacement au milieu d'une voie pour être à l'abri de la circulation.

réfugié, ée *a, n* Qui a dû quitter son pays, sa région pour fuir un danger.

réfugier (se) *vpr* Se retirer en un lieu pour se mettre à l'abri.

refus *nm* Action de refuser. Loc Fam *Ce n'est pas de refus* : volontiers.

refusé, ée *a, n* Qui n'a pas été admis à un examen ou à un concours.

refuser *vt* 1 Ne pas accepter. *Refuser une invitation.* 2 Ne pas accorder. *Refuser une autorisation.* 3 Ne pas consentir. *Refuser d'obéir.* 4 Ne pas reconnaître une qualité à qqn. 5 Ne pas recevoir à un examen. 6 Ne pas laisser entrer. *On refuse du monde.* ■ *vpr* 1 Se priver de. *Il ne se refuse rien !* 2 Ne pas accepter. *Se refuser à travailler dans ces conditions.*

réfutable *a* Qu'on peut réfuter.

réfutation *nf* Action de réfuter ; discours par lequel on réfute.

réfuter *vt* Démontrer la fausseté de qqch.

reg *nm* Plateau caillouteux des déserts.

regagner *vt* 1 Gagner de nouveau. *Regagner le temps perdu.* 2 Retourner à un endroit.

regain *nm* 1 AGRIC Herbe qui repousse après la première fauchaison. 2 Retour de ce qui paraissait perdu, fini. *Un regain de jeunesse.*

régal, als *nm* 1 Mets délicieux. 2 Grand plaisir causé par qqch. *Un régal pour les yeux.*

régalade *nf* Loc *Boire à la régalade* : boire en faisant couler la boisson dans la bouche sans que le récipient touche les lèvres.

régaler *vt* Offrir un bon repas à qqn. ■ *vpr* 1 Prendre un grand plaisir à déguster un mets. 2 Éprouver un vif plaisir.

régalien, enne *a* Propre au roi, au chef de l'État. *Décision régalienne.*

regard *nm* 1 Action de regarder, d'observer. 2 Expression des yeux de qqn. *Un regard intelligent.* 3 TECH Ouverture pour permettre la visite et le nettoyage d'un conduit. Loc *Droit de regard* : possibilité d'exercer un contrôle. *Au regard de* : par rapport à. *En regard* : vis-à-vis.

regardant, ante *a* Fam Qui regarde trop à la dépense.

regarder *vt* 1 Porter les yeux, la vue sur. 2 Considérer. *Regarder les choses d'un bon œil.* 3 Concerner. *Ceci me regarde.* 4 Être tourné vers. *Maison qui regarde la mer.* ■ *vti* Loc *Regarder à la dépense* : hésiter à dépenser. *Y regarder à deux fois* : se méfier. *Y regarder de près* : examiner les choses soigneusement. ■ *vpr* 1 Regarder sa propre image. *Se regarder dans un miroir.* 2 Porter ses regards l'un sur l'autre.

regarnir *vt* Garnir de nouveau.

régate *nf* Course de voiliers.

régater *vi* Participer à une régate ; lutter de vitesse avec un autre voilier.

régatier *nm* Qui participe à une régate.

regel *nm* Retour du gel.

regeler *vi, vt* [16] Geler de nouveau.

régence *nf* Direction d'un État par un régent ; fonction de régent. ■ *a* Propre à l'époque de la régence de Philippe d'Orléans au XVIIIe s.

régénérateur, trice *a* Qui régénère.

régénération *nf* Fait de (se) régénérer.

régénérer *vt* [12] 1 BIOL Reconstituer ce qui était détruit. 2 Litt Renouveler moralement.

régent, ente *n* Qui gouverne l'État pendant la minorité ou l'absence du souverain.

régenter *vt* Diriger de façon autoritaire.

reggae [rege] *nm* Musique des Noirs jamaïquains.

régicide *n. a* Assassin d'un roi. ■ *nm* Assassinat d'un roi.

régie *nf* 1 Entreprise d'intérêt public gérée par l'Administration. 2 Direction d'un théâtre, d'une production de cinéma, de télévision. 3 Local à partir duquel le réalisateur dirige les prises de vues ou de son.

regimber *vi* ou **se regimber** *vpr* 1 Refuser d'avancer, en ruant (cheval, âne). 2 Résister en refusant d'obéir. *Regimber contre un ordre.*

régime *nm* 1 Ordre, constitution, forme d'un État. *Régime parlementaire.* 2 Dispositions réglementaires ou légales qui régissent certaines institutions. *Le régime des hôpitaux. Régimes matrimoniaux.* 3 Prescriptions, règles concernant l'alimentation. *Suivre un régime.* 4 Vitesse de rotation d'un moteur. 5 Mode d'évolution de certains processus hydrologiques et météorologiques. *Régime des pluies.* **6** LING Mot régi par un autre, dans la phrase. **7** Grosse grappe des bananiers.

régiment nm **1** Corps militaire composé de plusieurs unités. **2** Fam Multitude.

régimentaire a D'un régiment.

région nf **1** Grande étendue de pays aux caractéristiques qui en font l'unité. *Les régions polaires.* **2** Étendue de pays autour d'une ville. **3** (avec majusc) Division administrative française englobant plusieurs départements. **4** Partie déterminée du corps. *Région lombaire.*

régional, ale, aux a Relatif à une région.

régionalisation nf Action de régionaliser.

régionaliser vt Décentraliser au profit des régions.

régionalisme nm **1** Système politique tendant à assurer une certaine autonomie aux régions. **2** Locution, mot propre à une région.

régionaliste a, n **1** Partisan du régionalisme. **2** Dont l'œuvre littéraire relève de la spécificité d'une région.

régir vt Déterminer, commander, gouverner (loi, règle, etc.).

régisseur, euse n **1** Qui administre une propriété. **2** Qui a la charge de l'organisation matérielle d'un spectacle.

registre nm **1** Livre sur lequel on consigne les actes, les affaires de chaque jour. *Les registres de l'état civil.* **2** Étendue totale de l'échelle vocale ou musicale. **3** Tonalité propre d'une œuvre, d'un discours. **4** INFORM Mémoire qui sert à stocker une information élémentaire.

réglable a Qu'on peut régler.

réglage nm Action de régler un mécanisme ; manière dont un mécanisme est réglé.

règle nf **1** Instrument qui sert à tracer des lignes. **2** Principe de conduite. *Les règles de la morale.* **3** Conventions propres à un jeu, à une discipline, à une technique. **4** Statuts d'un ordre religieux. Loc *Dans les règles (de l'art) :* comme il se doit. *En règle générale :* habituellement. *En règle :* conforme à l'usage, aux prescriptions légales. *Être de règle :* obligatoire. ■ *pl* Écoulement menstruel.

réglé, ée a **1** Rayé. *Papier réglé.* **2** Discipliné, ordonné. ■ *af* Qui a ses règles (femme).

règlement nm **1** Acte législatif qui émane d'une autre autorité que le Parlement. *Règlement de police.* **2** Prescriptions propres à un groupe, à une assemblée. **3** Action de régler une affaire, de régler un compte. **4** Fait d'acquitter une somme due. Loc *Règlement de comptes :* action de faire justice soi-même.

réglementaire a Propre à un règlement, fixé par un règlement.

réglementairement av Selon le règlement.

réglementarisme nm Tendance à vouloir tout réglementer.

réglementation nf Action de règlementer ; ensemble des règlements.

réglementer vt Soumettre à des règlements.

régler vt [12] **1** Couvrir de lignes droites parallèles. **2** Fixer, déterminer. *Régler l'ordre d'une cérémonie.* **3** Résoudre qqch définitivement. *Régler un conflit.* **4** Payer une dette, un fournisseur. **5** Mettre au point un mécanisme, un appareil. Loc *Régler son compte à qqn :* le tuer, le punir sévèrement. ■ *vpr* Prendre modèle sur qqn.

réglette nf Petite règle.

régleur, euse n Chargé du réglage des appareils, des machines.

réglisse nf Plante dont la racine a des propriétés médicinales.

réglo a inv Fam Correct, régulier, loyal.

régnant, ante a **1** Qui règne. *Dynastie régnante.* **2** Dominant. *Morale régnante.*

règne nm **1** Gouvernement d'un souverain ; durée de ce gouvernement. **2** Domination, influence prédominante. *Le règne de la justice.* **3** Chacune des grandes divisions dans la nature. *Règne minéral, végétal et animal.*

régner vi [12] **1** Exercer le pouvoir monarchique. **2** Dominer, s'imposer. *Le silence règne.* **3** Exister, prédominer. *Le mauvais temps qui règne actuellement.*

régolite nf GEOL Manteau de débris, issu de l'altération de la roche sous-jacente.

regonflage nm Action de regonfler.

regonfler vt, vi Gonfler de nouveau.

regorger vti [11] Avoir en grande abondance. *Le pays regorge de blé.*

regreffer vt Greffer de nouveau.

régresser vi Diminuer, reculer ; revenir en arrière.

régressif, ive a Qui constitue une régression.

régression nf **1** Retour à un état antérieur. **2** Recul, diminution en force, en intensité ou en nombre.

regret nm Chagrin causé par la perte de qqn, par le fait d'avoir ou de ne pas avoir fait qqch, par l'absence de qqch. Loc *À regret :* malgré soi.

regrettable a Déplorable, fâcheux.

regretter vt Éprouver de la peine, au souvenir de ce qui n'est plus, éprouver du mécontentement d'avoir ou de ne pas avoir fait qqch, de voir ce qui s'oppose à son désir.

regrimper vi, vt Grimper de nouveau.

regrossir vi, vt Grossir de nouveau.

regroupement nm Action de regrouper.

regrouper vt Rassembler en un même lieu ou à une même fin.

régularisation nf Action de régulariser.

régulariser vt **1** Rendre conforme aux lois, aux règlements. *Régulariser sa situation.* **2** Rendre régulier. *Régulariser un mouvement.*

régularité nf **1** Caractère régulier, légal. **2** Caractère uniforme, constant.

régulateur, trice a Qui régularise. ■ nm Dispositif qui règle la température, la pression, la vitesse, l'intensité électrique, etc.

régulation nf Action de régler un mouvement, un débit, un mécanisme.

réguler vt Assurer la régulation.

régulier, ère a **1** Conforme aux règles, à la norme, à la loi, aux conventions. **2** Qui a lieu à des intervalles égaux ; périodique. **3** Exact, ponctuel. **4** Harmonieux, bien proportionné. *Visage régulier.* Loc *Clergé régulier :* ordres religieux. ■ nf Pop Épouse ; maîtresse.

régulièrement av De façon régulière.

régurgitation nf Retour dans la bouche d'aliments non digérés.

régurgiter vt Rendre par régurgitation.

réhabilitation nf Action de réhabiliter.

réhabiliter vt 1 Rétablir qqn dans ses droits. 2 Faire recouvrer l'estime d'autrui à. 3 Remettre en état un immeuble, un quartier délabré. 4 Réintégrer dans la société. *Réhabiliter un toxicomane.*

réhabituer vt Habituer de nouveau.

rehaussement nm Action de rehausser.

rehausser vt 1 Hausser davantage. 2 Faire valoir, mettre en relief.

réhydratation nf Action de réhydrater.

réhydrater vt Hydrater ce qui est desséché.

réimplantation nf Action de réimplanter.

réimplanter vt Remettre en place qqch.

réimportation nf Action de réimporter ; marchandise réimportée.

réimporter vt Importer de nouveau.

réimpression nf Action de réimprimer.

réimprimer vt Imprimer de nouveau.

rein nm Organe qui sécrète l'urine. **Loc** *Rein artificiel* : appareil qui assure l'épuration du sang en cas d'insuffisance rénale. ■ pl Lombes, partie inférieure du dos. **Loc** Fam *Avoir les reins solides* : être fort, résistant. Fam *Casser les reins à qqn* : le briser, l'écraser.

réincarcération nf Action de réincarcérer.

réincarcérer vt [12] Incarcérer de nouveau.

réincarnation nf Nouvelle incarnation.

réincarner (se) vpr Revivre sous une autre forme.

reine nf 1 Épouse d'un roi. 2 Souveraine d'un royaume. 3 Femme qui l'emporte sur toutes les autres dans une circonstance particulière. 4 Pièce du jeu d'échecs qui a la marche la plus étendue. 5 Femelle pondeuse, chez certains insectes (abeilles, fourmis).

reine-claude nf Prune ronde et verte. *Des reines-claudes.*

reine-des-prés nf Plante des lieux humides, aux fleurs blanches. *Des reines-des-prés.*

reine-marguerite nf Plante proche de la marguerite. *Des reines-marguerites.*

reinette nf Pomme à peau grisâtre ou tachetée de rouge (*reine des reinettes*).

réinscription nf Nouvelle inscription.

réinscrire vt [61] Inscrire de nouveau.

réinsérer vt [12] Assurer une nouvelle insertion sociale à qqn.

réinsertion nf Fait de réinsérer.

réinstallation nf Action de réinstaller.

réinstaller vt Installer une nouvelle fois.

réintégration nf Action de réintégrer.

réintégrer vt [12] 1 DR Rétablir qqn dans la possession de ce dont il avait été dépouillé. 2 Rentrer dans. *Réintégrer son domicile.*

réintroduction nf Action de réintroduire.

réintroduire vt [67] Introduire de nouveau.

réinventer vt Imaginer de nouveau.

réinvestir vt Investir de nouveau.

réinviter vt Inviter de nouveau.

réitération nf Litt Action de réitérer.

réitérer vt [12] Litt Répéter, recommencer.

reître nm Litt Soudard, brute.

rejaillir vi 1 Jaillir avec force. 2 Retomber sur qqn. *Le scandale rejaillit sur lui.*

rejaillissement nm Fait de rejaillir.

rejet nm 1 Action de rejeter. 2 LITTER Enjambement. 3 MED Réaction immunitaire aboutissant à l'élimination d'un greffon par l'organisme. 4 BOT Nouvelle pousse d'une plante.

rejeter vt [19] 1 Jeter en retour ; renvoyer. 2 Jeter hors de soi, restituer. 3 Faire supporter par qqn d'autre. *Rejeter la faute sur son associé.* 4 Refuser, écarter, repousser. *Rejeter une candidature.* ■ vpr **Loc** *Se rejeter en arrière* : reculer brusquement.

rejeton nm 1 BOT Nouvelle pousse d'une plante. 2 Fam Enfant.

rejoindre vt [62] 1 Aller retrouver des gens. 2 Rattraper qqn. 3 Avoir des points communs avec. *Vos affirmations rejoignent les siennes.* ■ vpr Se réunir.

rejouer vi, vt Jouer de nouveau.

réjoui, ie a Qui exprime la joie.

réjouir vt Apporter de la joie, faire plaisir à qqn. ■ vpr Être content. *Je me réjouis de le revoir.*

réjouissance nf Joie collective. ■ pl Fête publique.

réjouissant, ante a Qui réjouit.

rejuger vt [11] Juger de nouveau.

relâche nf 1 Interruption d'un travail ; pause, détente. 2 Escale. 3 Suspension momentanée des représentations, dans une salle de spectacle. **Loc** *Sans relâche* : sans interruption.

relâché, ée a Qui manque de rigueur.

relâchement nm Diminution d'ardeur, d'activité, de zèle.

relâcher vt 1 Desserrer, détendre. *Relâcher une courroie.* 2 Rendre moins rigoureux. *Relâcher la discipline.* 3 Libérer, élargir. *Relâcher un prisonnier.* ■ vpr 1 Devenir moins tendu, moins serré. 2 Perdre de sa rigueur, de sa fermeté. ■ vi MAR Faire escale.

relais nm 1 Dispositif destiné à relayer des signaux radioélectriques. 2 Intermédiaire, étape. **Loc** *Course de relais* : opposant des équipes de coureurs ou de nageurs qui se succèdent. *Prendre le relais* : assurer la continuité.

relance nf 1 Nouvel élan donné à qqch. 2 Nouvelle sollicitation. 3 Action de surenchérir, à certains jeux de cartes.

relancer vt [10] 1 Lancer de nouveau ou en sens inverse. 2 Solliciter qqn avec insistance. *Relancer un débiteur.* 3 Donner un nouvel élan. *Relancer l'économie.*

relaps, apse a, n RELIG De nouveau tombé dans l'hérésie.

relater vt Raconter, rapporter.

relatif, ive a 1 Qui n'a pas de valeur en soi, mais seulement par rapport à autre chose. 2 Moyen, incomplet, insuffisant. *Une tranquillité très relative.* 3 Qui a rapport à. *Les lois relatives au divorce.* 4 GRAM Se dit des termes reliant le nom ou le pronom qu'ils représentent (antécédent) et une proposition (*proposition relative*). ■ nm Pronom ou adjectif relatif. ■ nf Proposition relative.

relation nf 1 Narration, récit. 2 Rapport entre des choses. *Relation de cause à effet.* 3 Rapport entre des personnes. 4 Personne avec qui on est en rapport. ■ pl **Loc** *Avoir des relations* : connaître des gens influents. *Relations publiques* : moyens d'information du public par une entreprise privée ou publique.

relationnel, elle a Qui concerne une relation.

relativement av 1 De façon relative, non absolue. 2 Passablement. *C'est relativement facile.* **Loc** *Relativement à* : quant à, par rapport à.

relativiser *vt* Considérer par rapport à d'autres choses comparables.

relativisme *nm* Doctrine selon laquelle la connaissance humaine ou la morale ne peut être que relative.

relativiste *a, n* Qui relève du relativisme.

relativité *nf* 1 Caractère relatif. 2 PHYS Théorie d'Einstein remettant en question les notions d'espace et de temps.

relaver *vt* Laver de nouveau.

relax ou **relaxe** *a* Fam Détendu.

relaxant, ante *a* Qui relaxe.

relaxation *nf* Relâchement musculaire destiné à provoquer une détente psychique.

relaxe *nf* DR Décision judiciaire abandonnant l'action contre un prévenu.

relaxer *vt* 1 DR Remettre en liberté un prévenu reconnu non coupable. 2 MED Détendre, décontracter. ■ *vpr* Fam Se détendre.

relayer *vt* [20] 1 Remplacer qqn dans un travail. 2 Retransmettre une émission en utilisant un relais hertzien, un satellite.

relayeur, euse *n* Coureur(euse) de relais.

relecture *nf* Nouvelle lecture.

relégation *nf* Action de reléguer.

reléguer *vt* [12] Mettre qqch ou qqn à l'écart.

relent *nm* 1 Mauvaise odeur. 2 Trace. *Un relent de mauvaise foi.*

relève *nf* Remplacement de qqn, d'un groupe dans une tâche ; ce groupe. Loc *Prendre la relève* : relayer.

relevé, ée *a* Épicé. *Sauce relevée.* ■ *nm* 1 État, liste. *Relevé d'identité bancaire.* 2 Établissement du plan d'un bâtiment.

relèvement *nm* 1 Action de relever, de remettre debout. 2 Hausse, majoration.

relever *vt* [15] 1 Remettre qqn debout, remettre qqch à la verticale. 2 Ramasser. *Relever des copies.* 3 Noter, constater. *Relever une erreur.* 4 Redresser. *Relever la tête.* 5 Augmenter. *Relever les salaires.* 6 Donner plus de relief, plus d'éclat à. 7 Remplacer qqn dans une occupation. *Relever une sentinelle.* 8 Libérer d'une obligation. *Relever un religieux de ses vœux.* 9 Révoquer qqn. ■ *vti* 1 Se rétablir de. *Relever de maladie.* 2 Dépendre de. *Cette affaire relève de la justice.* ■ *vpr* 1 Se remettre debout. 2 Sortir de nouveau du lit.

releveur, euse *a, n* Qui relève.

relief *nm* 1 Saillie que présente une surface. 2 Ensemble des inégalités de la surface terrestre. 3 Sculpture en saillie sur un fond. 4 Caractère marqué de qqch résultant du contraste avec autre chose. Loc *Donner du relief à* : donner de l'éclat. *Mettre en relief* : en évidence. ■ *pl* Litt Restes d'un repas.

relier *vt* 1 Assembler les feuillets d'un livre, et les munir d'une couverture rigide. 2 Rattacher, joindre. *Ligne qui relie deux points.* 3 Établir un lien, un rapport entre. *Relier des idées.* Faire communiquer. *Pont qui relie deux berges.*

relieur, euse *n* Qui relie des livres.

religieusement *av* 1 De façon religieuse. 2 Scrupuleusement. *Écouter religieusement.*

religieux, euse *a* 1 Relatif à la religion ; conforme aux rites d'une religion. 2 Pieux, croyant. 3 Respectueux, scrupuleux. ■ *n* Membre d'un ordre ou d'une congrégation obéissant à certaines règles approuvées par l'Église. ■ *nf* Pâtisserie fourrée de crème.

religion *nf* 1 Croyances et pratiques culturelles constituant les rapports de l'homme avec la divinité ou le sacré. 2 Foi, piété, croyance. 3 Vénération profonde pour qqch. *Avoir la religion du progrès.* Loc *Entrer en religion* : dans les ordres.

religiosité *nf* Disposition d'esprit religieuse.

reliquaire *nm* Coffret où on conserve des reliques.

reliquat [-ka] *nm* Ce qui reste d'une somme due, d'un compte arrêté.

relique *nf* 1 Ce qui reste du corps d'un saint et qui est l'objet d'une vénération. 2 Fam Vieil objet que l'on garde soigneusement.

relire *vt* [63] Lire de nouveau, pour corriger.

reliure *nf* 1 Art du relieur. 2 Couverture rigide d'un livre.

relogement *nm* Action de reloger.

reloger *vt* [11] Procurer un nouveau logement à.

reluire *vi* [67] Briller.

reluisant, ante *a* Qui reluit. Loc *Peu reluisant* : médiocre.

reluquer *vt* Fam Lorgner avec curiosité ou convoitise.

rem *nm* Unité caractérisant l'effet biologique d'une irradiation.

remâcher *vt* 1 Mâcher de nouveau. 2 Repasser dans son esprit, ressasser, ruminer.

remaillage, remailler. V. remmaillage, remmailler.

remake [ʀimɛk] *nm* Reprise d'un sujet, d'un thème, d'un film déjà traité.

rémanence *nf* Persistance d'un phénomène, d'une sensation.

rémanent, ente *a* Qui persiste.

remanger *vt, vi* [11] Manger de nouveau.

remaniement *nm* Action de remanier.

remanier *vt* Retoucher, modifier.

remaquiller *vt* Maquiller de nouveau.

remariage *nm* Nouveau mariage.

remarier (se) *vpr* Se marier de nouveau.

remarquable *a* Éminent, extraordinaire.

remarquablement *av* De façon remarquable.

remarque *nf* Observation orale ou écrite.

remarqué, ée *a* Qui a attiré l'attention.

remarquer *vt* 1 Constater, noter qqch ; observer. 2 Distinguer parmi d'autres. Loc *Se faire remarquer* : se singulariser.

remballage *nm* Action de remballer.

remballer *vt* Emballer de nouveau.

rembarquement *nm* Fait de rembarquer.

rembarquer *vt, vi* Embarquer de nouveau.

rembarrer *vt* Fam Repousser vivement qqn par des paroles désobligeantes.

remblai *nm* Masse de matériaux rapportés pour élever un terrain, combler un creux.

remblaiement *nm* Dépôt d'alluvions.

remblayage *nm* Action de remblayer.

remblayer *vt* [20] Combler par un remblai.

rembobiner *vt* Embobiner, enrouler de nouveau.

remboîtage ou **remboîtement** *nm* Action de remboîter.

remboîter *vt* Remettre en place ce qui était déboîté.

rembourrage *nm* Action de rembourrer ; matière servant à rembourrer.

rembourrer *vt* Garnir de bourre, de crin, etc.

remboursable *a* Qui peut être remboursé.

remboursement nm Action de rembourser.

rembourser vt Rendre à qqn l'argent qu'il a déboursé ou avancé.

rembrunir (se) vpr Prendre un air soucieux.

remède nm 1 Vx Médicament. 2 Ce qui sert à prévenir, à apaiser, à faire cesser un mal moral, une difficulté.

remédiable a À quoi on peut remédier.

remédier vti Porter remède à.

remembrement nm Opération consistant à regrouper des propriétés rurales morcelées.

remembrer vt Opérer un remembrement.

remémorer vt Litt Remettre en mémoire. ■ vpr Litt Se souvenir de.

remerciement nm Action de remercier.

remercier vt 1 Exprimer sa gratitude à. *Remercier qqn de (pour) son hospitalité.* 2 Fam Congédier. Loc *Je vous remercie :* refus poli.

réméré nm DR Clause de rachat.

remettre vt [64] 1 Mettre qqch à sa place. 2 Rétablir dans son état antérieur. *Remettre un dossier en ordre.* 3 Rétablir la santé de qqn. 4 Mettre de nouveau un vêtement. 5 Mettre de nouveau, en plus. *Remettre de l'eau dans la carafe.* 6 Livrer, confier qqch à qqn. 7 Pardonner, faire grâce de qqch. 8 Ajourner, différer. Loc Fam *Remettre ça :* recommencer. Fam *En remettre :* exagérer. *Remettre en mémoire :* rappeler. ■ vpr 1 Recommencer. *Se remettre à boire.* 2 Recouvrer la santé. 3 Retrouver son calme, ses esprits. *Se remettre d'une émotion.* Loc *S'en remettre à qqn :* lui faire confiance.

remeubler vt Meubler de nouveau.

rémige nf ZOOL Grande plume rigide des ailes des oiseaux.

remilitarisation nf Action de remilitariser.

remilitariser vt Militariser de nouveau.

réminiscence nf Souvenir vague et confus.

remise nf 1 Action de remettre, de livrer, de donner. *Remise des prix.* 2 Réduction consentie par un commerçant. 3 Renvoi à plus tard. 4 Local destiné à abriter des véhicules, à ranger des outils, etc. Loc *Remise de peine :* grâce partielle accordée à un condamné.

remiser vt 1 Placer dans une remise. 2 Ranger.

remisier nm Intermédiaire en Bourse.

rémission nf 1 RELIG Pardon des péchés. 2 MED Diminution temporaire d'une maladie. Loc *Sans rémission :* sans délai.

rémittent, ente a MED Sujet à des rémissions.

remmaillage ou **remaillage** nm Action de remmailler.

remmailler ou **remailler** vt Relever, réparer les mailles usées ou rompues.

remmancher vt Emmancher de nouveau.

remmener vt [15] Emmener après avoir amené.

remnographie nf MED Image obtenue par résonance magnétique nucléaire (R.M.N.).

remodelage nm Action de remodeler.

remodeler vt [15] Modifier plus ou moins profondément pour adapter.

rémois, oise a, n De Reims.

remontage nm Action de remonter qqch.

remontant, ante a AGRIC Qui redonne des fleurs ou des fruits à l'arrière-saison. ■ nm Boisson, médicament qui redonne des forces.

remonte nf Action de remonter un cours d'eau (poissons).

remontée nf Action, fait de remonter. *Remontée d'une rivière à la nage.* Loc *Remontée mécanique :* tout dispositif qui permet de remonter des skieurs en haut d'une pente.

remonte-pente nm Remontée mécanique à câble mobile muni de perches. Syn téléski. *Des remonte-pentes.*

remonter vi [aux avoir ou être] 1 Monter de nouveau. *Remonter à son appartement.* 2 S'élever de nouveau. *Le soleil remonte à l'horizon.* 3 S'accroître de nouveau. *Les actions remontent.* 4 Aller vers l'origine. *Remonter au début d'une affaire.* ■ vt 1 Monter de nouveau. *Remonter l'escalier.* 2 Aller contre le cours de. *Remonter une rivière.* 3 Retendre le ressort de. 4 Remettre ensemble les pièces de ce qui était démonté. 5 Redonner de l'énergie à qqn. ■ vpr Reprendre de la vigueur.

remontoir nm Organe qui permet de remonter un mécanisme.

remontrance nf Observation, reproche.

remontrer vt Montrer de nouveau. Loc *En remontrer à qqn :* lui faire la leçon ; montrer une compétence supérieure.

rémora nm Poisson des mers chaudes ayant sur la tête un disque formant ventouse.

remords nm Malaise moral dû au sentiment d'avoir mal agi.

remorquage nm Action de remorquer.

remorque nf 1 Câble qui sert au remorquage. 2 Véhicule sans moteur tiré par un autre. Loc *Prendre en remorque :* remorquer. *Être à la remorque de qqn :* se laisser diriger par lui.

remorquer vt Traîner derrière soi.

remorqueur nm Navire spécialement construit pour le remorquage.

rémoulade nf Sauce piquante à base de mayonnaise additionnée de moutarde.

rémouleur nm Qui aiguise les couteaux, les outils tranchants.

remous nm 1 Tourbillon dû à un obstacle qui s'oppose à l'écoulement d'un fluide. 2 Agitation confuse.

rempaillage nm Action de rempailler.

rempailler vt Garnir un siège d'une nouvelle paille.

rempailleur, euse n Qui rempaille les sièges.

rempaqueter vt [19] Remballer.

rempart nm 1 Muraille entourant et protégeant une place fortifiée. 2 Litt Ce qui sert de défense.

rempiler vi Fam Signer un nouvel engagement dans l'armée.

remplaçable a Qu'on peut remplacer.

remplaçant, ante n Qui remplace une autre personne dans ses fonctions.

remplacement nm Action de remplacer.

remplacer vt [10] 1 Mettre à la place de. 2 Prendre la place de qqn, lui succéder, le relayer.

remplir vt 1 Rendre plein un récipient, un espace, un temps vide. 2 Occuper entièrement, combler. *Cette nouvelle l'a rempli de joie.* 3 Compléter. *Remplir un questionnaire.* 4 Accomplir, exécuter. *Remplir son devoir.* 5 Exercer. *Remplir un emploi.* 6 Satisfaire à. *Remplir une condition.*

remplissage nm 1 Action de remplir. 2 Développement inutile.

remploi, remployer. V. réemploi, réemployer.

remplumer (se) *vpr* 1 Se couvrir de plumes nouvelles (oiseaux). 2 Fam Reprendre du poids.
rempocher *vt* Fam Remettre dans sa poche.
remporter *vt* 1 Repartir avec ce qu'on avait apporté. 2 Obtenir. *Remporter la victoire.*
rempotage *nm* Action de rempoter.
rempoter *vt* Changer une plante de pot.
remprunter. V. réemprunter.
remuant, ante *a* Qui s'agite sans cesse.
remue-ménage *nm inv* 1 Bruit accompagnant une agitation désordonnée. 2 Trouble, agitation.
remue-méninges *nm inv* Fam Brainstorming.
remuer *vt* 1 Faire changer de place. *Remuer des meubles.* 2 Faire bouger une partie du corps. 3 Secouer, agiter. *Remuer la salade.* 4 Émouvoir. Loc *Remuer ciel et terre* : employer toutes sortes de moyens. ■ *vi, vpr* Bouger. ■ *vpr* Fam Se donner de la peine pour.
remugle *nm* Litt Odeur de renfermé.
rémunérateur, trice *a* Qui procure de l'argent.
rémunération *nf* Paiement, rétribution.
rémunérer *vt* [12] Payer, rétribuer pour un travail.
renâcler *vi* Renifler avec bruit (animal). ■ *vti* Fam Témoigner de la répugnance, rechigner. *Renâcler à obéir.*
renaissance *nf* Nouvel essor, renouveau.
renaissant, ante *a* 1 Qui renaît. 2 De la Renaissance. *L'architecture renaissante.*
renaître *vi* [66] 1 Naitre de nouveau, repousser. *Les fleurs renaissent au printemps.* 2 Reparaître. *L'espoir renaît.* ■ *vti* Litt Recouvrer la santé, le bonheur. *Renaître à la vie.*
rénal, ale, aux *a* Des reins.
renard *nm* 1 Mammifère carnivore au museau pointu, à la queue longue. 2 Fourrure de cet animal. 3 Homme rusé.
renarde *nf* Femelle du renard.
renardeau *nm* Jeune renard.
renardière *nf* Tanière du renard.
rencaisser *vt* Remettre dans une caisse.
rencard, rencarder. V. rancard, rancarder.
renchérir *vi* 1 Augmenter de prix. 2 Faire une enchère supérieure. 3 Dire ou faire plus qu'un autre.
renchérissement *nm* Hausse de prix.
renchérisseur, euse *n* Qui renchérit, poursuit l'enchère.
rencontre *nf* 1 Fait de se rencontrer. 2 Compétition sportive. Loc *Aller à la rencontre de qqn* : au-devant de lui. *De rencontre* : de hasard.
rencontrer *vt* 1 Se trouver en présence de ; entrer en relation avec qqn. 2 Affronter dans un match. ■ *vpr* 1 Se trouver en présence l'un de l'autre. 2 Se toucher, se heurter. 3 Exister, se trouver. *Cela peut se rencontrer.*
rendement *nm* 1 Produit, gain obtenu, rentabilité de capitaux. 2 Rapport entre le temps passé à faire un travail et le résultat obtenu.
rendez-vous *nm inv* 1 Rencontre ménagée à l'avance entre des personnes. 2 Lieu où on se retrouve habituellement.
rendormir *vt* [29] Faire dormir de nouveau. ■ *vpr* S'endormir à nouveau.
rendosser *vt* Endosser de nouveau.
rendre *vt* [5] 1 Remettre, redonner, restituer à qqn. 2 Donner en contrepartie. *Rendre une invitation.* 3 Fam Vomir. 4 Produire. *Rendre un*

son harmonieux. 5 Exprimer. *Ces mots rendent bien ma pensée.* 6 Faire devenir. *Le chagrin l'a rendu fou.* Loc *Rendre justice à qqn* : reconnaitre son droit. ■ *vpr* 1 Aller, se diriger vers. *Se rendre à son travail.* 2 Se soumettre. *Se rendre à l'évidence.* 3 S'avouer vaincu. 4 Devenir tel. *Se rendre odieux.*
rendu, ue *a* 1 Arrivé. *Vous voilà rendus.* 2 Vx Exténué. ■ *nm* Représentation artistique exacte de la réalité. Loc *Un prêté pour un rendu* : mauvais tour joué à qqn pour lui rendre la pareille.
rêne *nf* Courroie fixée au mors d'un cheval et par laquelle on le conduit. Loc Litt *Tenir les rênes* : diriger.
renégat, ate *n* Qui a renié sa religion, trahi son parti ou sa patrie.
renégociation *nf* Action de renégocier.
renégocier *vt* Négocier de nouveau.
reneiger *vi* [11] Neiger de nouveau.
renfermé, ée *a* Qui n'est pas ouvert, communicatif. *Un garçon renfermé.* ■ *nm* Mauvaise odeur d'un local non aéré.
renfermer *vt* 1 Enfermer de nouveau. 2 Contenir. ■ *vpr* Ne pas s'extérioriser.
renfiler ou **réenfiler** *vt* Enfiler de nouveau.
renflé, ée *a* Dont le diamètre est plus grand à certains endroits.
renflement *nm* État renflé ; partie renflée.
renflouage ou **renflouement** *nm* Action de renflouer.
renflouer *vt* 1 Remettre à flot. 2 Procurer des fonds à qqn, à une entreprise, pour rétablir sa situation.
renfoncement *nm* Partie en retrait.
renforcement *nm* Action de renforcer.
renforcer *vt* [10] Accroître la force, le nombre, la solidité, l'intensité de.
renfort *nm* 1 Effectif, matériel qui vient renforcer un groupe, une armée. 2 Pièce servant à augmenter la solidité d'une autre. Loc *À grand renfort de* : en se servant d'une grande quantité de.
renfrogner (se) *vpr* Prendre une expression de mécontentement.
rengagé, ée *n* Militaire qui a rengagé.
rengagement ou **réengagement** *nm* Action de se rengager.
rengager ou **réengager** *vt* [11] Engager de nouveau. ■ *vi, vpr* Renouveler son engagement dans l'armée.
rengaine *nf* 1 Banalité répétée de façon lassante. 2 Chanson qu'on entend sans cesse.
rengainer *vt* 1 Remettre dans la gaine, dans le fourreau. 2 Fam Ne pas achever ce qu'on allait dire. *Rengainer un compliment.*
rengorger (se) *vpr* [11] Prendre des airs avantageux.
reniement *nm* Action de renier.
renier *vt* 1 Refuser de reconnaitre comme sien. *Renier ses origines.* 2 Abjurer. *Renier ses opinions.*
reniflement *nm* Action de renifler.
renifler *vi, vt* Aspirer par le nez avec bruit. ■ *vt* Fam Pressentir, flairer.
réniforme *a* Didac En forme de rein.
rénine *nf* BIOL Enzyme sécrétée par le rein.
renne *nm* Cervidé des régions arctiques.
renom *nm* ou **renommée** *nf* Réputation, célébrité.

renommé, ée *a* De grande réputation.

renommer *vt* Nommer de nouveau.

renoncement *nm* Action de renoncer.

renoncer *vti* [10] 1 Abandonner un bien, un pouvoir, un droit, une action entreprise. *Renoncer à une succession, à un projet.* 2 Cesser de vouloir, d'envisager. *Renoncer à punir qqn.*

renonciation *nf* Action de renoncer à un droit.

renonculacée *nf* BOT Plante aux pièces florales disposées en spirale.

renoncule *nf* Plante dite aussi *bouton d'or.*

renouer *vt* 1 Nouer qqch de dénoué. 2 Reprendre ce qui a été interrompu. ■ *vti* Entrer de nouveau en relation avec. *Renouer avec de vieux amis.*

renouveau *nm* Litt 1 Printemps. 2 Renaissance.

renouvelable *a* Qui peut être renouvelé.

renouveler *vt* [18] 1 Rendre nouveau en remplaçant qqn, qqch. *Renouveler l'armement. Renouveler une équipe.* 2 Donner un caractère nouveau à. *Renouveler son style.* 3 Faire de nouveau. *Renouveler une erreur.* 4 Reconduire. *Renouveler un bail.* ■ *vpr* 1 Changer. *Artiste qui se renouvelle.* 2 Se répéter. *Fait qui se renouvelle.*

renouvellement *nm* Action de renouveler, fait de se renouveler.

rénovateur, trice *n, a* Qui rénove.

rénovation *nf* Transformation, modernisation.

rénover *vt* 1 Donner une forme nouvelle. *Rénover la pédagogie.* 2 Remettre à neuf. *Rénover un immeuble.*

renseignement *nm* 1 Ce qu'on fait connaître à qqn ; information, éclaircissement. 2 Information d'intérêt militaire ou politique. *Service de renseignements.*

renseigner *vt* Fournir à qqn des indications, des précisions sur qqn, qqch. ■ *vpr* Prendre des renseignements, s'informer.

rentabilisable *a* Qu'on peut rentabiliser.

rentabilisation *nf* Fait de rentabiliser.

rentabiliser *vt* Assurer la bonne rentabilité d'une opération, d'une entreprise.

rentabilité *nf* Caractère rentable.

rentable *a* Qui produit un bénéfice.

rente *nf* 1 Revenu régulier qu'on tire d'un bien, d'un capital. 2 Paiement annuel résultant d'un contrat. 3 Emprunt de l'État qui donne droit à un intérêt. Loc *Rente de situation :* avantage procuré par le seul fait d'occuper une situation bien placée.

rentier, ère *n* Qui vit de ses rentes.

rentoilage *nm* Action de rentoiler.

rentoiler *vt* Coller la toile d'un tableau sur une toile neuve.

rentrant, ante *a* Loc *Angle rentrant :* dont le sommet est tourné vers l'intérieur d'une figure.

rentré, ée *a* Qu'on n'extériorise pas. *Colère rentrée.* ■ *nm* Repli de tissu maintenu vers l'intérieur par une couture.

rentrée *nf* 1 Action de rentrer dans un lieu. 2 Reprise des activités après les vacances ; époque où elle a lieu. 3 Somme recouvrée.

rentrer *vi* 1 Entrer, revenir dans un lieu après en être sorti. 2 Reprendre ses fonctions. 3 Être compris dans qqch. *Cela rentre dans vos attributions.* 4 Pénétrer, s'emboîter. *La valise ne rentre pas dans le coffre.* 5 Entrer violemment en contact avec. *La voiture est rentrée dans un*

camion. 6 Abusiv Entrer. *Rentrer dans une boutique.* Loc *Rentrer dans ses frais :* être remboursé. *Rentrer en soi-même :* méditer sur soi-même. ■ *vt* 1 Amener, transporter à l'intérieur, mettre à l'abri. 2 Introduire qqch dans. 3 Rétracter. *Rentrer ses griffes.*

renversant, ante *a* Fam Très étonnant.

renverse *nf* Loc *À la renverse :* sur le dos.

renversé, ée *a* Inversé par rapport à la position habituelle.

renversement *nm* Action de renverser.

renverser *vt* 1 Retourner qqch de façon que ce qui était en haut soit en bas ou faire aller en sens inverse ; inverser. 2 Jeter à terre, faire tomber. *Renverser de l'eau.* 3 Provoquer la chute. *Renverser un régime.* 4 Éliminer, supprimer. *Renverser les obstacles.* 5 Stupéfier. ■ *vpr* 1 Se retourner. 2 Pencher le corps en arrière.

renvoi *nm* 1 Action de renvoyer. 2 Licenciement, exclusion. 3 Marque renvoyant le lecteur à d'autres passages. 4 Remise, ajournement. *Renvoi d'un procès.* 5 Éructation, rot.

renvoyer *vt* [23] 1 Faire retourner. *Renvoyer un malade à l'hôpital.* 2 Congédier, licencier. 3 Faire rapporter à qqn. *Renvoyer un objet oublié.* 4 Lancer en retour. *Renvoyer une balle.* 5 Réfléchir des ondes. *L'écho renvoie les sons.* 6 Adresser à. *Renvoyer une affaire à une commission.* 7 Remettre à plus tard, ajourner.

réoccupation *nf* Action de réoccuper.

réoccuper *vt* Occuper de nouveau.

réopérer *vt* [12] Opérer de nouveau.

réorchestrer *vt* Orchestrer de nouveau.

réorganisateur, trice *a, n* Qui réorganise.

réorganisation *nf* Action de réorganiser.

réorganiser *vt* Organiser autrement.

réorientation *nf* Action de réorienter.

réorienter *vt* Donner une nouvelle orientation.

réouverture *nf* Action de rouvrir.

repaire *nm* Lieu où s'abritent des animaux sauvages, des bandits ; tanière.

repaître *vt* [55] Litt Rassasier. ■ *vpr* Litt Se nourrir, se rassasier.

répandre *vt* [5] 1 Verser. *Répandre des larmes, des graviers.* 2 Dégager, émettre. *Répandre de la chaleur, une odeur.* 3 Distribuer généreusement. 4 Faire connaître à un vaste public. *Répandre une nouvelle.* ■ *vpr* 1 S'écouler en s'étalant. 2 Se disperser en occupant un lieu. *Les invités se répandent dans le jardin.* 3 Se propager. *Mode qui se répand.* Loc *Se répandre en paroles, en invectives :* parler, invectiver longuement.

répandu, ue *a* Communément admis.

réparable *a* Que l'on peut réparer.

reparaître *vi* [55] [aux *avoir* ou *être*] Paraître de nouveau.

réparateur, trice *n, a* Qui répare. Loc *Chirurgie réparatrice :* syn de *chirurgie plastique.*

réparation *nf* Action de réparer.

réparer *vt* 1 Remettre en bon état, en état de fonctionnement. 2 Faire disparaître les effets d'une faute, d'un dommage. *Réparer une maladresse.*

reparler *vi, vti* Parler de nouveau.

repartager *vt* [11] Partager de nouveau.

repartie [Re-ti] *nf* Vive réplique.

1. repartir [Re-] ou [Rə-] *vi* [29] [aux *avoir*] Litt Répliquer.

2. repartir *vi* [29] [aux *être*] Partir de nouveau.

répartir *vt* Partager, distribuer, échelonner. *Répartir les paiements sur cinq ans.*

répartiteur *nm* Qui assure une répartition.

répartition *nf* Partage, division, distribution.

reparution *nf* Fait de reparaître.

repas *nm* Nourriture prise chaque jour à des heures régulières.

repassage *nm* Action de repasser des couteaux, du linge.

repasser *vi* [aux *être* ou *avoir*] Passer de nouveau qqpart. ■ *vt* 1 Traverser de nouveau. 2 Faire passer de nouveau. *Repasser un disque.* 3 Revenir sur ce qu'on a étudié, appris. *Repasser sa leçon.* 4 Aiguiser. 5 Défroisser du linge avec un fer chaud.

repasseuse *nf* Personne ou machine qui repasse le linge.

repaver *vt* Paver de nouveau.

repayer *vt* [20] Payer de nouveau.

repêchage *nm* Action de repêcher.

repêcher *vt* 1 Retirer de l'eau ce qui y est tombé. 2 Fam Donner une nouvelle chance à un candidat, à un concurrent.

repeindre *vt* [69] Peindre de nouveau.

repenser *vt, vti* Penser, réfléchir de nouveau.

repentant, ante *a* Qui se repent.

repenti, ie *a, n* Qui s'est repenti.

repentir (se) *vpr* [29] Regretter vivement. ■ *nm* 1 Vif regret. 2 Correction effectuée par l'artiste sur un tableau.

repérable *a* Qu'on peut repérer.

repérage *nm* Action de repérer.

repercer *vt* [10] Percer de nouveau.

répercussion *nf* Suite, contrecoup.

répercuter *vt* 1 Renvoyer un son. *Cri répercuté par l'écho.* 2 Faire payer une charge à d'autres. *Répercuter une augmentation.* 3 Transmettre à qqn d'autre. *Répercuter des directives.* ■ *vpr* Avoir des conséquences par contrecoup.

reperdre *vt* [5] Perdre de nouveau.

repère *nm* Marque, signe pour retrouver une place, une distance, un niveau, etc. Loc *Point de repère :* ce qui sert à se retrouver, à situer qqch dans l'espace, dans le temps.

repérer *vt* [12] 1 Déterminer la position ; localiser. *Repérer un avion à l'aide de radars.* 2 Découvrir, remarquer. *Repérer un individu bizarre.* ■ *vpr* Se retrouver grâce à des repères.

répertoire *nm* 1 Recueil où les matières sont rangées dans un certain ordre. 2 Liste des pièces jouées habituellement dans un théâtre. 3 Œuvres qu'un comédien, un chanteur, etc., interprète habituellement.

répertorier *vt* Inventorier.

répéter *vt* [12] 1 Dire ce qui a été déjà dit. 2 Refaire, recommencer. 3 Participer à la répétition d'une pièce, d'un morceau de musique. 4 Reproduire qqch. *Répéter des signaux.* ■ *vpr* 1 Redire inutilement les mêmes choses ; rabâcher. *Romancier qui se répète.* 2 Se produire à plusieurs reprises.

répéteur *nm* Amplificateur installé sur un câble de télécommunications.

répétiteur, trice *n* Anc Qui donne des leçons particulières à un élève.

répétitif, ive *a* Qui se répète.

répétition *nf* 1 Action de (se) répéter ; redite. 2 Action de reproduire ; réitération. 3 Séance de mise au point d'une représentation, d'un spectacle. 4 Vx Leçon particulière.

répétitivité *nf* Caractère répétitif.

repeuplement *nm* Action de repeupler.

repeupler *vt* Peupler de nouveau.

repiquage *nm* Action de repiquer.

repiquer *vt* 1 Piquer de nouveau. 2 Transplanter un jeune plant issu d'un semis. *Repiquer des salades.* 3 Enregistrer sur un nouveau support. *Repiquer un disque.*

répit *nm* Arrêt de qqch de pénible ; détente, repos. Loc *Sans répit :* sans arrêt, sans relâche.

replacement *nm* Action de replacer.

replacer *vt* [10] Remettre en place ou placer ailleurs.

replanter *vt* Planter de nouveau.

replat *nm* Partie plate en terrasse au flanc d'un versant.

replâtrage *nm* Réparation sommaire ; arrangement précaire.

replâtrer *vt* 1 Plâtrer de nouveau. 2 Arranger sommairement, grossièrement.

replet, ète *a* Gras, dodu.

repleuvoir *vi* [38] Pleuvoir de nouveau.

repli *nm* 1 Rebord plié. 2 Régression, recul. 3 Retraite sur ordre, d'une troupe. Loc *Repli de terrain :* ondulation. ■ *pl* Litt Ce qui est caché, secret. *Les replis de l'âme humaine.*

repliable *a* Qu'on peut replier.

réplication *nf* BIOL Duplication d'une molécule d'acide nucléique.

repliement *nm* Action de (se) replier.

replier *vt* 1 Plier ce qui avait été déplié. 2 Faire reculer sur ordre une troupe. ■ *vpr* Reculer, faire retraite. Loc *Se replier sur soi-même :* se fermer, s'isoler.

réplique *nf* 1 Réponse, repartie. 2 Ce qu'un acteur répond à un autre. 3 Copie, double d'une œuvre d'art.

répliquer *vt* Répondre vivement.

replonger *vt* [11] Plonger de nouveau.

répondant, ante *n* Caution, garant. Loc Fam *Avoir du répondant :* de l'argent en réserve.

répondeur *nm* Appareil automatique, relié au téléphone, qui peut enregistrer le message du correspondant.

répondre *vt, vi* [5] Faire réponse à ce qui a été dit, demandé. ■ *vti* 1 Dire, écrire en réponse à. *Je réponds à votre lettre.* 2 Correspondre à. *Le résultat répond à ses efforts.* 3 Donner en retour à. *Répondre à l'affection des siens.* 4 Réagir à l'action de. *Les freins ne répondent plus (à la pédale).* 5 Servir de garant, de caution à. *Je réponds entièrement de lui.*

répons [-pɔ̃] *nm* Chant liturgique exécuté tour à tour par une voix et par le chœur.

réponse *nf* 1 Ce qui est dit ou écrit en retour à une question, à une lettre. 2 Solution, explication. *Réponse à un problème.* 3 PHYSIOL Réaction à un stimulus. Loc *Droit de réponse :* droit que possède une personne mise en cause, de répondre par le média responsable.

repopulation *nf* Retour à l'accroissement de la population.

report *nm* 1 Action de reporter. 2 Renvoi à plus tard. Loc *Report des voix :* transfert des votes d'un candidat sur un autre au second tour d'une élection.

reportage *nm* Article d'un journaliste à partir d'informations recueillies sur place.

1. reporter *vt* **1** Porter une chose là où elle se trouvait auparavant. **2** Transporter par la pensée à une époque antérieure. **3** Transcrire ailleurs. **4** Différer, ajourner. **5** Porter sur une autre destination. *Reporter son affection sur son fils.* ■ *vpr* Se référer. *Se reporter à la préface.*

2. reporter [-tɛʀ] *nm* Journaliste qui fait des reportages.

repos *nm* **1** Immobilité. **2** Fait de se délasser. *Prendre du repos.* **3** Congé. *Jour de repos.* **4** Position du soldat qui abandonne le garde-à-vous. **Loc** *De tout repos* : qui donne une totale tranquillité. Litt *Repos éternel* : mort.

reposant, ante *a* Qui délasse.

repose *nf* Action de remettre en place.

reposé, ée *a* Qui n'est plus fatigué. **Loc** *À tête reposée* : en réfléchissant à loisir.

repose-pieds *nm inv* Support pour le pied.

reposer *vt* **1** Poser de nouveau. *Reposer une vitre, une question.* **2** Appuyer. *Reposer sa tête sur un oreiller.* **3** Délasser. *Cela repose l'esprit.* ■ *vi* **1** Litt Dormir. **2** Litt Être enterré. **Loc** *Laisser reposer* : laisser se décanter, laisser sans être agité. ■ *vi* Être fondé sur. *Ceci repose sur une hypothèse.* ■ *vpr* Se délasser. **Loc** *Se reposer sur qqn* : lui faire confiance ; lui laisser la responsabilité d'une affaire.

repose-tête *nm inv* Appui pour la tête.

repositionnement *nm* Fait de repositionner.

repositionner *vt* Positionner de nouveau.

reposoir *nm* **1** Autel élevé sur le parcours d'une procession. **2** Local d'un hôpital, où est exposé le corps des défunts.

repoussage *nm* TECH Façonnage à froid à l'aide d'un marteau.

repoussant, ante *a* Qui inspire de l'aversion, du dégoût.

repousse *nf* Nouvelle pousse.

repousser *vt* **1** Faire reculer, pousser en arrière. **2** Travailler le métal, le cuir, par repoussage. **3** Rejeter. *Repousser une demande.* **4** Ajourner, différer. *Repousser un délai de livraison.* ■ *vi* Pousser, croître de nouveau.

repoussoir *nm* **1** Chose ou personne qui en fait valoir une autre par contraste. **2** Personne très laide.

répréhensible *a* Digne de blâme.

reprendre *vi* [70] **1** Augmenter, croître de nouveau. *L'arbre reprend. Les affaires reprennent.* **2** Recommencer. *Le froid a repris.* ■ *vt* **1** Prendre de nouveau. *Reprendre une ville. Reprendre du pain.* **2** Retrouver. *Reprendre courage.* **3** Prendre ce qu'on avait donné, retirer. *Reprendre sa parole.* **4** Continuer après une interruption. *Reprendre son travail.* **5** Redire, répéter. *Reprendre un refrain.* **6** Améliorer en modifiant. *Reprendre les détails d'un projet.* **7** Réprimander. ■ *vpr* **1** Rectifier ce que l'on a dit. **2** Retrouver ses esprits.

repreneur *nm* ECON Qui prend le contrôle d'une entreprise en difficulté.

représailles *nfpl* Violences qu'on fait subir à qqn pour se venger.

représentant, ante *n* **1** Qui représente qqn, un groupe, qui peut agir en son nom. **2** Commis voyageur, courtier.

représentatif, ive *a* **1** Qui représente bien qqn, un groupe. *Gouvernement représentatif.* **2** Caractéristique ; considéré comme typique. *Il est représentatif de son milieu.*

représentation *nf* **1** Fait de représenter qqch par une image, un symbole ; image, image qui représente. **2** Train de vie imposé par une grosse situation. **3** Métier de représentant de commerce. **4** Spectacle donné devant un public. **Loc** *Représentation nationale* : pouvoir législatif des élus du peuple.

représentativité *nf* Caractère représentatif.

représenter *vt* **1** Présenter de nouveau. **2** Rendre présent à l'esprit, à la vue. **3** Jouer une pièce en public. **4** Personnifier, symboliser. **5** Faire observer. *Représenter les difficultés du projet.* **6** Tenir la place de qqn, d'un groupe ; avoir mandat pour parler, décider en son nom. *Ce député représente telle circonscription.* **7** Équivaloir à. *Cette dépense représente un mois de salaire.* ■ *vpr* **1** Se présenter de nouveau. **2** Imaginer qqch.

répressif, ive *a* Qui réprime.

répression *nf* Action de réprimer.

réprimande *nf* Blâme.

réprimander *vt* Blâmer, admonester.

réprimer *vt* **1** Contenir, dominer. *Réprimer sa colère.* **2** Empêcher qqch jugé dangereux de se développer. *Réprimer une révolte.*

reprint [-pʀint] *nm* Réimpression en fac-similé d'un ouvrage épuisé.

repris de justice *nm inv* Qui a subi une ou plusieurs condamnations pénales.

reprise *nf* **1** Action de reprendre. *La reprise des hostilités.* **2** Regain d'activité. *La reprise économique s'amorce.* **3** MUS Fragment d'un morceau qu'on doit rejouer. **4** Réparation d'une étoffe à l'aiguille. **5** Chacune des parties d'un combat de boxe, d'un assaut d'escrime. **6** Accélération rapide d'un moteur. **7** Somme payée par un locataire pour des aménagements rétrocédés par l'occupant précédent. **8** Fait de rejouer un film, une pièce. **9** Leçon d'équitation. ■ *pl* **Loc** *À plusieurs reprises* : de nombreuses fois.

repriser *vt* Raccommoder.

réprobateur, trice *a* Qui réprouve.

réprobation *nf* Blâme sévère, désapprobation.

reproche *nm* Blâme adressé à qqn sur sa conduite. **Loc** *Sans reproche(s)* : parfait.

reprocher *vt* Blâmer, critiquer qqn au sujet de qqch. *Reprocher à qqn son ingratitude.* ■ *vpr* Se considérer comme coupable de.

reproducteur, trice *a* Qui reproduit. ■ *nm* Animal destiné à la reproduction.

reproductibilité *nf* Caractère reproductible.

reproductible *a* Qui peut être reproduit.

reproductif, ive *a* De la reproduction.

reproduction *nf* **1** Processus par lequel un être vivant produit d'autres êtres de même espèce. **2** Action de reproduire, d'imiter. **3** Copie, réplique. *Une reproduction de « la Joconde ».*

reproduire *vt* [67] Répéter, copier, représenter exactement ; restituer fidèlement. ■ *vpr* **1** Donner naissance à des individus de même espèce. **2** Se produire de nouveau. *Les mêmes événements se sont reproduits.*

reprogrammer *vt* Mettre de nouveau au programme.

reprographie nf Ensemble des techniques de reproduction des documents écrits.

reprographier vt Reproduire par reprographie.

réprouvé, ée n Damné, rejeté.

réprouver vt 1 Rejeter, blâmer, condamner. 2 THEOL Exclure du nombre des élus.

reps nm Tissu d'ameublement à côtes.

reptation nf Action de ramper.

reptile nm Vertébré rampant, comme les serpents, les lézards, les tortues.

reptilien, enne a ZOOL Propre aux reptiles.

repu, ue a Rassasié.

républicain, aine a De la république. ■ a, n Partisan de la république.

républicanisme nm Attachement à la république.

république nf Forme de gouvernement où des représentants élus par le peuple sont responsables devant la nation.

répudiation nf Action de répudier.

répudier vt 1 Dans certains pays, renvoyer son épouse selon les formes légales. 2 Rejeter, abandonner une opinion, un sentiment.

répugnance nf Répulsion, dégoût.

répugnant, ante a Dégoûtant, infect.

répugner vti 1 Éprouver du dégoût, de l'aversion à. Répugner à la violence. 2 Dégoûter. Son aspect me répugne.

répulsif, ive a Qui provoque de la répulsion.

répulsion nf Aversion, dégoût, répugnance instinctive.

réputation nf 1 Opinion commune sur qqch, sur qqn. Mauvaise réputation. 2 Considération dont jouit qqn. Tenir à sa réputation.

réputé, ée a 1 De grand renom. Vin réputé. 2 Considéré comme. Elle est réputée compétente.

requérant, ante a, n DR Qui requiert.

requérir vt [34] 1 Réclamer légalement. Requérir la force armée. 2 DR Demander en justice. 3 Exiger. Cela requiert tous vos soins.

requête nf 1 Demande verbale ou écrite ; supplique. 2 DR Demande adressée à un magistrat ayant pouvoir de décision. Loc Sur la requête de : à la demande de. Maître des requêtes : titre de certains membres du Conseil d'État.

requiem [ʀekyjɛm] nm inv Prière, messe, chant religieux pour le repos des morts.

requin nm 1 Poisson marin cartilagineux au museau pointu, parfois dangereux pour l'homme. 2 Homme d'affaires sans scrupule.

requinquer vt Fam Redonner de l'énergie, de la vitalité. ■ vpr Fam Se rétablir (santé).

requis, ise a Demandé, exigé. ■ nm Mobilisé par l'autorité civile pour effectuer un travail.

réquisition nf Fait, pour une autorité, d'imposer à qqn ou à une collectivité une prestation de services ou la remise de certains biens. ■ pl DR Réquisitoire.

réquisitionner vt 1 Se faire remettre un bien, user des services de qqn par voie de réquisition. 2 Fam Faire appel à qqn.

réquisitoire nm 1 DR Discours prononcé à l'audience par le ministère public pour demander l'application de la loi à l'accusé. 2 Violente accusation contre qqn, qqch.

resaler vt Saler de nouveau.

resalir vt Salir de nouveau.

rescapé, ée a, n Sorti vivant d'une catastrophe, d'un accident.

rescousse nf Loc À la rescousse : au secours.

réseau nm 1 Entrelacement de fils, de lignes, etc. 2 Ensemble de voies, de canalisations, de conducteurs reliés les uns aux autres. 3 Personnes, organismes, établissements, etc., qui sont en relation pour agir ensemble.

résection nf CHIR Opération consistant à enlever un fragment d'un organe.

réséda nm Plante aux petites fleurs très parfumées.

réséquer vt [12] CHIR Opérer la résection.

réserpine nf Alcaloïde du rauwolfia, utilisé comme hypotenseur.

réservataire a, nm DR Qui ne peut être écarté de la succession.

réservation nf Action de réserver une place, une chambre, etc.

réserve nf 1 Quantité de choses accumulées en cas de besoin. 2 Quantité de richesses minérales qu'on peut tirer de la terre. 3 Ensemble des citoyens mobilisables en cas de besoin pour renforcer l'armée active. 4 Local où sont stockées des marchandises. 5 Territoire où les plantes et les animaux sont protégés. 6 Territoire assigné à des indigènes. 7 Restriction nuançant ou réfutant par une appréciation. 8 Discrétion, retenue, prudence. Garder une prudente réserve. 9 DR Part du patrimoine réservée par la loi aux héritiers réservataires. Loc Sans réserve : sans restriction. Sous toutes réserves : sans garantie.

réservé, ée a 1 Destiné exclusivement à un usage. Chasse réservée. 2 Discret, circonspect.

réserver vt 1 Mettre de côté. 2 Retenir à l'avance une place, une chambre, etc. 3 Destiner qqch à qqn en particulier. ■ vpr 1 Mettre de côté pour soi. 2 Attendre le moment opportun pour faire qqch. Je me réserve d'intervenir plus tard.

réserviste nm Qui fait partie de la réserve de l'armée.

réservoir nm Cavité, bassin, récipient pour garder un liquide ou un gaz.

résidant, ante a, n Qui réside en un lieu.

résidence nf 1 Fait de résider dans un lieu ; ce lieu. 2 Séjour obligatoire dans le lieu où on exerce ses fonctions. 3 Bâtiment d'habitation très confortable. Loc Résidence secondaire : maison de vacances ou de week-end.

résident, ente n 1 Qui réside ailleurs que dans son pays d'origine. 2 Titre de certains agents diplomatiques.

résidentiel, elle a Se dit des zones urbaines où dominent les maisons d'habitation.

résider vi 1 Demeurer, habiter dans tel endroit. 2 Se trouver, exister dans. Là réside la difficulté.

résidu nm Déchet, détritus.

résiduaire a Qui forme un résidu.

résiduel, elle a Qui constitue un résidu.

résignation nf 1 DR Abandon de qqch en faveur de qqn. 2 État d'esprit de qqn qui se résigne.

résigné, ée a, n Qui a renoncé à lutter.

résigner vt DR Abandonner volontairement une charge. ■ vpr Accepter, se soumettre sans révolte à qqch. Se résigner à son sort.

résiliable a Qu'on peut résilier.

résiliation nf DR Action de résilier.

résilier vt DR Mettre fin à un contrat.

résille nf Filet qui enveloppe les cheveux. **Loc** *Bas résille* : à mailles peu serrées.

résine nf 1 Substance visqueuse sécrétée par divers végétaux. 2 Substance chimique servant à la fabrication d'une matière plastique. 3 Substance végétale fossile, comme l'ambre.

résiné nm Vin qui contient de la résine.

résiner vt Enduire de résine.

résineux, euse a Qui produit de la résine. ■ nm Arbre riche en résine, tels les conifères.

résinier, ère a Relatif à la résine. ■ n Qui récolte la résine des pins.

résipiscence nf RELIG Reconnaissance de sa faute, suivie d'amendement.

résistance nf 1 Action ou propriété d'un corps qui résiste à une action. 2 ÉLECTR Grandeur (exprimée en ohms) mesurant l'aptitude d'un corps à s'opposer au passage d'un courant ; conducteur utilisé en particulier pour produire de la chaleur. 3 Aptitude à supporter la fatigue, les privations, etc. 4 Action de résister physiquement ou moralement à qqn, à une autorité, à une occupation étrangère. **Loc** *Plat de résistance* : plat principal d'un repas.

résistant, ante a Qui résiste à la fatigue, à la maladie ; robuste, solide. ■ n Qui s'oppose à une occupation étrangère ; en particulier personne ayant pris part à la Résistance.

résister vti 1 Ne pas céder sous l'action de. 2 Avoir les forces nécessaires pour supporter qqch. *Résister à la maladie.* 3 Tenir ferme contre qqn, qqch. *Résister à une impulsion.*

resocialisation nf Action de resocialiser.

resocialiser vt Réinsérer dans la vie sociale.

résolu, ue a Déterminé, hardi.

résoluble a Qu'on peut annuler.

résolument av Avec détermination.

résolutif, ive a, nm MED Qui fait disparaître une inflammation.

résolution nf 1 Fait, pour un corps, de se résoudre. 2 DR Annulation d'un contrat pour inexécution des conditions. 3 Fait de résoudre un problème. 4 Décision fermement arrêtée. 5 Motion adoptée par une assemblée. 6 MED Disparition d'une inflammation.

résolutoire a DR Qui annule un acte.

résonance nf 1 Propriété qu'ont certains objets ou lieux, de résonner ; son qu'ils provoquent. 2 Litt Effet produit sur l'esprit. **Loc** *Résonance magnétique nucléaire (R.M.N.)* : technique utilisée en imagerie médicale.

résonateur nm PHYS Appareil qui vibre par résonance.

résonnant ou **résonant, ante** a Qui résonne.

résonner vi 1 Réfléchir le son en le renforçant ou en le prolongeant. 2 Rendre un son vibrant.

résorber vt Faire disparaître peu à peu un mal, une gêne, etc. ■ vpr Disparaître.

résorption nf Fait de (se) résorber.

résoudre vt [51] 1 Donner une solution à. *Résoudre un problème.* 2 Dissocier un corps en ses éléments. 3 Faire disparaître, résorber. 4 Décider. *Il résolut d'attendre.* 5 DR Annuler. ■ vt Se décider à. *Se résoudre à partir.* 2 Être transformé en.

respect [-pɛ] nm 1 Considération qu'on a pour qqn manifestée par une attitude déférente envers lui. 2 Souci de ne pas porter atteinte à. *Le respect des lois.* **Loc** *Respect humain* :

crainte du jugement d'autrui. *Sauf votre respect* : sans vous offenser. *Tenir qqn en respect* : le menacer d'une arme.

respectabiliser vt Rendre respectable.

respectabilité nf Caractère respectable.

respectable a 1 Qui mérite du respect. 2 Important. *Un nombre respectable de gens.*

respecter vt 1 Éprouver du respect pour qqn. 2 Observer une prescription, un usage, une règle. ■ vpr Se conduire de manière à garder l'estime de soi.

respectif, ive a Qui concerne chaque chose, chaque personne par rapport aux autres.

respectivement av Chacun en ce qui le concerne. *Ils ont respectivement 15 et 20 ans.*

respectueusement av Avec respect.

respectueux, euse a Qui témoigne du respect. **Loc** *À distance respectueuse* : assez loin.

respirable a Qu'on peut respirer.

respirateur nm MED Appareil destiné à la ventilation pulmonaire d'un sujet.

respiration nf 1 Fait de respirer. 2 PHYSIOL Fonction qui préside aux échanges gazeux entre un être vivant et le milieu extérieur.

respiratoire a De la respiration.

respirer vi 1 Absorber de l'oxygène et rejeter du gaz carbonique. 2 Être vivant. 3 Avoir un moment de répit. ■ vt 1 Aspirer par les organes respiratoires. *Respirer un air vicié.* 2 Donner des signes extérieurs de. *Respirer l'honnêteté.*

resplendir vi Briller avec éclat.

resplendissant, ante a Qui resplendit.

responsabilisation nf Action de responsabiliser.

responsabiliser vt Rendre qqn responsable, conscient de ses responsabilités.

responsabilité nf 1 Fait d'être responsable. 2 Capacité, pouvoir de prendre des décisions.

responsable a 1 Tenu de répondre de ses actes ou, dans certains cas, de ceux d'autrui. 2 Qui est réfléchi. *Agir en homme responsable.* ■ a, n 1 Qui est la cause de, coupable de. *Retrouver le responsable d'un accident.* 2 Qui a le pouvoir de prendre des décisions.

resquille nf ou **resquillage** nm Fam Action de resquiller.

resquiller vt, vi Fam Profiter de qqch, sans y avoir droit, sans le payer.

resquilleur, euse n, a Fam Qui resquille.

ressac [-ʀɑ-] nm Retour des vagues sur elles-mêmes après avoir frappé un obstacle.

ressaisir vt Saisir de nouveau. ■ vpr Redevenir maître de soi.

ressasser vt Répéter à satiété.

ressaut nm Saillie d'un mur, d'une paroi.

ressayer V. réessayer.

ressemblance nf Fait de ressembler ou de se ressembler.

ressemblant, ante a Qui ressemble à.

ressembler vti Avoir avec qqn, qqch des traits communs. ■ vpr Présenter une ressemblance mutuelle.

ressemelage nm Action de ressemeler.

ressemeler vt [18] Mettre une nouvelle semelle à une chaussure.

ressentiment nm Souvenir gardé d'offenses qu'on n'a pas pardonnées.

ressentir vt [29] Éprouver. *Ressentir une douleur, de l'affection pour qqn.* ■ vpr Subir les conséquences de. *Se ressentir d'une maladie.*

resserre *nf* Remise pour les outils, les objets de jardin, etc.

resserré, ée *a* Contenu étroitement dans.

resserrement *nm* Action de resserrer.

resserrer *vt* 1 Serrer davantage. 2 Rendre plus étroit. *Resserrer l'amitié.* ■ *vpr* Devenir plus serré, plus étroit.

resservir *vi, vt* [29] Servir de nouveau.

1. ressort *nm* 1 Pièce élastique qui tend à reprendre sa forme initiale après avoir été comprimée. 2 Force, énergie. 3 Litt Cause, motif. *L'argent est le ressort de la guerre.*

2. ressort *nm* DR Étendue d'une juridiction ; limite de compétence. Loc *En dernier ressort* : en définitive.

1. ressortir *vi* [29] [aux *être*] 1 Sortir après être entré. 2 Se distinguer nettement par contraste. Loc *Faire ressortir qqch* : le mettre en relief. ■ *v impers* Résulter. *Il ressort de tout ceci que...* ■ *vt* 1 Sortir de nouveau. *J'ai ressorti mon vieux manteau.* 2 Fam Répéter.

2. ressortir *vti* [2] [aux *être*] DR Être de la compétence de. *Cette affaire ressortit au juge.*

ressortissant, ante *n* Qui dépend de la législation d'un pays, du fait de sa nationalité.

ressouder *vt* Souder de nouveau.

ressource *nf* Moyen employé pour se tirer d'embarras. ■ *pl* 1 Moyens pécuniaires ; richesses d'un pays. 2 Moyens d'action. Loc *Ressources humaines* : personnel d'une entreprise.

ressourcer (se) *vpr* Litt Revenir à ses racines.

ressouvenir (se) *vpr* [35] Litt Se souvenir de nouveau.

ressurgir. V. resurgir.

ressusciter *vi* [aux *avoir* ou *être*] Renaître, se ranimer. ■ *vt* 1 Ramener qqn de la mort à la vie. 2 Faire revivre qqch.

ressuyer *vt* [21] Essuyer de nouveau.

restant, ante *a* Qui reste. ■ *nm* Ce qui reste.

restaurant *nm* Établissement public où on sert des repas moyennant paiement.

restaurateur, trice *n* 1 Spécialiste en restauration d'objets. 2 Qui tient un restaurant.

restauration *nf* 1 Action de réparer. 2 Métier de qui tient un restaurant ; ensemble des restaurants. 3 Rétablissement dans son état premier, dans sa fonction. Loc *Restauration rapide* : fast food.

restaurer *vt* 1 Réparer, remettre en son état premier. 2 Donner à manger. ■ *vpr* Prendre un repas, de la nourriture.

reste *nm* 1 Ce qui demeure d'un tout relativement à la partie retranchée. 2 Ce qu'il y a encore à faire, à dire. 3 Petite quantité. *Un reste de jour, d'espoir.* 4 MATH Différence de deux nombres dans une soustraction. Loc *Au reste, du reste* : d'ailleurs. *Et (tout) le reste* : et cætera. *Être en reste avec qqn* : demeurer son débiteur. *Ne pas demander son reste* : se retirer sans insister. ■ *pl* 1 Ce qui subsiste d'un tout. *Les restes d'un repas.* 2 Cadavre, ossements.

rester *vi* [aux *être*] 1 Continuer d'être à tel endroit, dans tel état. *Rester chez soi. Rester calme.* 2 Subsister. *Ce qui reste à faire.* Loc *En rester à* : s'en tenir à. *Il reste que* : il est néanmoins vrai que.

restituable *a* Qu'on doit restituer.

restituer *vt* 1 Rendre ce qui est possédé indûment ou ce qui a été accumulé. 2 Rétablir dans son état premier. *Restituer un texte.* 3 Reproduire un son enregistré.

restitution *nf* Action de restituer.

restoroute *nm* (n déposé) Restaurant sur une autoroute ou une route à grande circulation.

restreindre *vt* [69] Réduire, limiter. ■ *vpr* Réduire sa dépense, sa consommation.

restrictif, ive *a* Qui restreint.

restriction *nf* 1 Condition qui restreint ; réserve. 2 Réduction de la quantité, de l'importance. Loc *Restriction mentale* : réserve faite en soi-même pour tromper l'interlocuteur. ■ *pl* Rationnement, limitation de la consommation.

restructuration *nf* Action de restructurer.

restructurer *vt* Réorganiser.

resucée *nf* Fam Reprise, répétition sans intérêt.

résultante *nf* Effet découlant de plusieurs causes convergentes ; résultat.

résultat *nm* Ce qui résulte d'une action, d'un fait, d'un calcul. *Le résultat d'un examen, à un concours.* 2 Bénéfices ou pertes d'une entreprise.

résulter *vi* [aux *être* ou *avoir*] S'ensuivre ; être la conséquence de ; découler de.

résumé *nm* Précis, abrégé. Loc *En résumé* : en bref.

résumer *vt* Exprimer en moins de mots. ■ *vpr* 1 Reprendre brièvement ce que l'on a dit, écrit. 2 Consister essentiellement en. *Cela se résume à une capitulation.*

résurgence *nf* Réapparition. *Résurgence d'une nappe d'eau souterraine.*

résurgent, ente *a* Qui réapparaît après un trajet souterrain (eau, rivière).

resurgir ou **ressurgir** *vi* Surgir de nouveau.

résurrection *nf* 1 Retour de la mort à la vie. 2 (avec majusc) Retour à la vie du Christ ; la fête qui la célèbre. 3 Réapparition ; nouvel essor.

retable *nm* Panneau vertical derrière un autel, peint et richement orné.

rétablir *vt* 1 Remettre en son premier état, en bon état, en fonctionnement. 2 Redonner la santé à qqn. ■ *vpr* Recouvrer la santé.

rétablissement *nm* 1 Action de rétablir. 2 Retour à la santé. 3 Mouvement qui consiste à se redresser après traction sur les bras tendus.

retailler *vt* Tailler de nouveau.

rétamage *nm* Action de rétamer.

rétamer *vt* 1 Étamer de nouveau. 2 Fam Épuiser. Loc Fam *Se faire rétamer* : se faire battre à un jeu ; échouer à un examen.

rétameur *nm* Ouvrier qui rétame.

retapage *nm* Fam Action de retaper.

retape *nf* Pop 1 Racolage (prostituée). 2 Publicité outrancière.

retaper *vt* Fam 1 Remettre sommairement en état. 2 Rétablir les forces, la santé de qqn.

retard *nm* 1 Fait d'arriver, de se produire, après le moment fixé. *Être en retard.* 2 Différence négative entre l'heure marquée par une horloge et l'heure réelle. 3 Moindre avancement, moindre développement de qqn, d'un pays, d'une industrie.

retardataire *a, n* Qui a du retard.

retardateur, trice *a* Qui provoque un ralentissement. *Action retardatrice.*

retardé, ée *a, n* Fam En retard dans son développement intellectuel.

retardement nm Loc *À retardement* : après coup ; de manière différée.

retarder vt 1 Mettre qqn en retard. 2 Faire indiquer à une montre une heure moins avancée. 3 Différer. *Retarder son départ.* ■ vi 1 Aller trop lentement, indiquer une heure déjà passée. 2 Fam Avoir une attitude rétrograde ; être en retard sur une information.

reteindre vt [69] Teindre de nouveau.

retendre vt [5] Tendre de nouveau.

retenir vt [35] 1 Garder qqch par devers soi. 2 Garder dans sa mémoire. *Retenir sa leçon.* 3 Réserver. *Retenir une place d'avion.* 4 Déduire d'une somme ; prélever. 5 Considérer favorablement ; agréer. *Retenir une candidature.* 6 Faire demeurer en un lieu. *Retenir qqn à dîner.* 7 Maintenir en place, contenir, empêcher d'aller. *La prudence l'a retenu.* ■ vpr 1 Saisir qqch pour ne pas tomber. 2 Réprimer l'envie de faire. *Se retenir de rire.*

retenter vt Tenter de nouveau.

rétention nf 1 Action de retenir, de conserver. 2 MED Accumulation d'une substance destinée à être évacuée.

retentir vi 1 Faire entendre, renvoyer un son puissant, éclatant. 2 Avoir des répercussions sur. *La fatigue retentit sur le caractère.*

retentissant, ante a Qui retentit.

retentissement nm Répercussion.

retenue nf 1 Prélèvement fait sur la rémunération d'un salarié. 2 Punition scolaire consistant en une privation de sortie. 3 Discrétion, réserve. *Manquer de retenue.* 4 Masse d'eau retenue par un barrage. 5 Chiffre que l'on reporte, dans une opération arithmétique.

réticence nf 1 Omission volontaire de qqch qu'on devrait dire. 2 Abusiv Attitude de réserve, de désapprobation.

réticent, ente a Qui manifeste de la réticence.

réticulaire a En forme de réseau.

réticule nm 1 Petit sac à main. 2 PHYS Système de fils croisés définissant l'axe de visée d'un instrument d'optique.

réticulé, ée a Qui figure un réseau.

réticuloendothélial, ale, aux a ANAT Se dit d'un tissu disséminé dans l'organisme et jouant un important rôle immunitaire.

réticulosarcome nm Cancer du tissu réticuloendothélial.

réticulose nf Affection du tissu réticuloendothélial.

réticulum [-lɔm] nm ANAT Réseau de fibres ou de vaisseaux.

rétif, ive a 1 Se dit d'une monture qui refuse d'obéir. 2 Récalcitrant.

rétine nf Membrane du fond de l'œil sensible à la lumière.

rétinien, enne a ANAT De la rétine.

rétinite nf Inflammation de la rétine.

retirage nm Nouveau tirage d'un livre, d'une photo, d'une gravure.

retiré, ée a 1 Situé à l'écart, peu fréquenté. 2 Qui a abandonné ses occupations professionnelles.

retirer vt 1 Tirer en arrière. *Retirer sa main.* 2 Ne pas maintenir ce qu'on avait dit. *Retirer une plainte.* 3 Reprendre qqch à qqn. *On lui a retiré son permis.* 4 Faire sortir qqch, qqn du lieu où il se trouvait. 5 Enlever, ôter un vêtement. 6 Recueillir un profit. 7 Refaire le tirage d'un livre, d'une photo, etc. 8 Tirer de nouveau un coup de feu. ■ vpr 1 Partir, prendre congé. 2 Reculer, s'éloigner. 3 Quitter une activité, une profession. 4 Refluer (mer).

retombées nfpl 1 Ce qui retombe. *Des retombées radioactives.* 2 Effets à plus ou moins long terme.

retomber vi [aux être] 1 Faire une nouvelle chute. 2 Revenir à la situation antérieure. *Tout est retombé dans l'ordre.* 3 Fam Rencontrer, trouver qqch par hasard, une nouvelle fois. *Retomber sur une bonne occasion.* 4 Atteindre le sol après un saut, un rebond, après s'être élevé. 5 Devenir moins intense, moins soutenu. 6 S'abaisser, pendre en restant maintenu par le haut. 7 Peser sur, incomber à qqn. *Toute la responsabilité retombera sur vous.*

retordage ou **retordement** nm TECH Action de retordre des fils.

retordre vt [5] Tordre de nouveau. Loc *Donner du fil à retordre à qqn* : lui résister.

rétorquer vt Répondre, répliquer.

retors, orse a 1 TECH Retordu. *Fil retors.* 2 Rusé, artificieux. *Adversaire retors.*

rétorsion nf Loc *Mesure de rétorsion* : représailles.

retouche nf Rectification, correction.

retoucher vt Corriger, modifier. *Retoucher une photo, un vêtement.*

retoucheur, euse n Qui effectue des retouches en photographie, en couture.

retour nm 1 Action de revenir à son point de départ, de repartir en arrière. 2 Fait de revenir à un état, à un stade antérieur. 3 Réapparition périodique de qqch. 4 Changement, revirement. *Retour de fortune.* 5 Action de renvoyer qqch à qqn. Loc *En retour* : en échange. *Être sur le retour* : commencer à vieillir. *Retour d'âge* : ménopause. *Sans retour* : pour toujours. *Retour sur soi-même* : réflexion sur sa conduite. *Retour de manivelle* : choc en retour malheureux. *Retour en arrière* : évocation de faits passés.

retournement nm Revirement, volte-face.

retourner vt 1 Mettre à l'envers. 2 Renvoyer. *Retourner une lettre.* 3 Examiner sous tous les angles. 4 Troubler, émouvoir qqn fortement. ■ vi [aux être] Revenir, rentrer. *Il est retourné chez lui.* ■ vti 1 Être rendu à qqn. *Ces biens retournent à leur possesseur.* 2 Revenir à un état antérieur. *Retourner à l'état sauvage.* ■ vpr 1 Se tourner d'un autre côté ; tourner la tête, le regard en arrière. 2 Adopter une autre manière d'agir. Loc *S'en retourner* : repartir, revenir. *Se retourner contre* : s'opposer à. ■ v impers Loc Fam *De quoi il retourne* : de quoi il s'agit.

retracer vt [10] 1 Tracer de nouveau. 2 Raconter, décrire.

rétractable a Qui peut se rétracter.

rétractation nf Action de se rétracter.

rétracter vt 1 Nier, désavouer. 2 Retirer, rentrer dedans. *Rétracter ses griffes.* ■ vpr 1 Déclarer faux ce qu'on avait affirmé précédemment. 2 Se contracter.

rétractile a Qui peut se rétracter.

rétractilité nf Caractère rétractile.

rétraction nf Raccourcissement.

retraduire vt [67] Traduire de nouveau.

retrait *nm* 1 Action de se retirer. *Retrait des troupes.* 2 Action de reprendre, de retirer qqch. *Retrait d'un projet.* 3 TECH Contraction d'un matériau qui sèche ou refroidit. Loc *En retrait :* en arrière.

retraite *nf* 1 Repli effectué par des troupes. 2 Éloignement de la vie active pour une méditation religieuse. 3 Cessation d'activité professionnelle ; pension reçue pour cette cessation. 4 Lieu où on se retire.

retraité, ée *a, n* Qui est à la retraite.

retraitement *nm* Action de retraiter.

retraiter *vt* Traiter un combustible nucléaire irradié, un produit polluant pour le rendre inoffensif.

retranchement *nm* 1 Action de retrancher, de supprimer. 2 Obstacle utilisé pour se protéger des attaques ennemies. Loc *Pousser qqn dans ses derniers retranchements :* réfuter tous ses arguments.

retrancher *vt* Enlever, supprimer d'un tout. ■ *vpr* Se mettre à l'abri.

retranscription *nf* Nouvelle transcription.

retranscrire *vt* [61] Transcrire de nouveau.

retransmettre *vt* [64] 1 Transmettre de nouveau. 2 Diffuser une émission de radio, de télévision.

retransmission *nf* 1 Action de retransmettre. 2 Émission retransmise.

retravailler *vi, vt* Travailler de nouveau.

retraverser *vt* Traverser de nouveau.

rétrécir *vt* Rendre plus étroit. ■ *vi, vpr* Devenir plus étroit.

rétrécissement *nm* Fait de rétrécir.

retremper *vt* 1 Plonger de nouveau dans un liquide. 2 Donner une nouvelle trempe ; durcir. ■ *vpr* Se replonger dans une activité, un état.

rétribuer *vt* Payer qqn pour un travail.

rétribution *nf* Salaire, rémunération reçus pour un travail.

rétro *a inv, nm* Qui fait référence aux modes, au style d'un passé récent.

rétroactif, ive *a* Qui exerce une action sur ce qui est passé.

rétroaction *nf* Effet rétroactif. Syn. feedback.

rétroactivement *av* De façon rétroactive.

rétroactivité *nf* Caractère rétroactif.

rétroagir *vi* Produire un effet rétroactif.

rétrocéder *vt* [12] Céder, vendre à qqn ce qu'on avait acheté pour soi.

rétrocession *nf* Acte par lequel on rétrocède qqch à qqn.

rétrofusée *nf* Fusée qui sert à ralentir un engin spatial.

rétrogradation *nf* 1 Action de rétrograder. 2 Mesure disciplinaire consistant à redescendre qqn à un échelon inférieur.

rétrograde *a* 1 Qui va en arrière. 2 Opposé à toute innovation, à tout progrès.

rétrograder *vi* 1 Revenir, retourner en arrière. 2 Régresser. 3 Passer à la vitesse inférieure. ■ *vt* Frapper qqn de rétrogradation.

rétroprojecteur *nm* Projecteur permettant de projeter sur un écran un texte, une image.

rétropropulsion *nf* Freinage par rétrofusée.

rétrospectif, ive *a* 1 Qui concerne le passé. 2 Éprouvé après coup. *Peur rétrospective.* ■ *nf* Exposition réunissant les œuvres d'un artiste ou d'une période.

rétrospectivement *av* Après coup.

retroussé, ée *a* Relevé. *Manches retroussées.*

retrousser *vt* Ramener vers le haut.

retrouvailles *nfpl* Fam Fait de se retrouver après une séparation.

retrouver *vt* 1 Trouver de nouveau ; trouver ce qui était perdu, ce qu'on cherchait. 2 Rejoindre qqn. ■ *vpr* 1 Être à nouveau réunis, se revoir. 2 Retrouver son chemin, s'orienter. 3 Être subitement dans telle situation. *Se retrouver seul.* Loc Fam *S'y retrouver :* rentrer dans ses frais ; faire un bénéfice.

rétrovirologie *nf* Science des rétrovirus.

rétrovirus *nm* Virus, tel que le V.I.H., agent du sida.

rétroviseur *nm* Miroir qui permet au conducteur de voir la route derrière lui.

rets [RE] *nm* Litt Piège, filets.

retsina *nm* Vin grec résiné.

réunification *nf* Action de réunifier.

réunifier *vt* Restaurer l'unité d'un pays, d'un parti.

réunion *nf* 1 Action de réunir, de joindre, de rassembler. 2 Groupe de personnes rassemblées. 3 Temps pendant lequel se tient une assemblée.

réunionnais, aise *a, n* De la Réunion.

réunionnite *nf* Fam Manie de faire des réunions.

réunir *vt* 1 Rassembler, grouper des choses, des gens. 2 Joindre qqch à une autre chose. 3 Convoquer des gens. 4 Comporter, avoir plusieurs choses en soi. *Il réunit les qualités requises.* ■ *vpr* Se rassembler, tenir une assemblée.

réussi, ie *a* Exécuté avec succès.

réussir *vi* 1 Avoir une issue satisfaisante, heureuse. 2 Avoir du succès dans ce qu'on entreprend. ■ *vti* Parvenir à. *J'ai réussi à le rencontrer.* 2 Être favorable à qqn. *Tout lui réussit.* ■ *vt* Mener à bien, faire avec succès. *Réussir un plat.*

réussite *nf* 1 Résultat favorable. 2 Fait de réussir dans la vie. 3 Jeu de cartes solitaire. Syn. patience.

réutilisable *a* Qui peut être réutilisé.

réutilisation *nf* Action de réutiliser.

réutiliser *vt* Utiliser de nouveau.

revacciner *vt* Vacciner de nouveau.

revaloir *vt* [44] Rendre la pareille à qqn, en bien ou en mal. *Je vous revaudrai cela.*

revalorisation *nf* Action de revaloriser.

revaloriser *vt* Rendre à qqch sa valeur ou une valeur plus grande.

revanchard, arde *a, n* Fam Qui nourrit un désir de revanche.

revanche *nf* 1 Fait de rendre la pareille pour le mal reçu. 2 Nouvelle partie permettant au perdant de tenter de nouveau sa chance. Loc *À charge de revanche :* sous condition de rendre la pareille. *En revanche :* en retour, au contraire.

revanchisme *nm* En politique, volonté de revanche.

rêvasser *vi* S'abandonner à la rêverie.

rêvasserie *nf* Action de rêvasser.

rêve *nm* 1 Combinaison d'images résultant de l'activité psychique pendant le sommeil. 2 Production de l'imagination. *Poursuivre un rêve.* Loc *De rêve :* idéal.

rêvé, ée *a* Idéal, parfait. *La vie rêvée.*

revêche a Rude, rébarbatif.

réveil nm 1 Passage du sommeil à l'état de veille. 2 Retour à l'activité. *Réveil de l'économie.* 3 Petite pendule dont la sonnerie se déclenche à une heure réglée à l'avance.

réveille-matin nm inv Syn de réveil (sens 3).

réveiller vt 1 Tirer qqn du sommeil. 2 Ranimer, faire renaître. *Réveiller des souvenirs.* ■ vpr 1 Cesser de dormir. 2 Se ranimer, renaître.

réveillon nm Souper de fête des nuits de Noël et du nouvel an.

réveillonner vi Faire un réveillon.

révélateur, trice a Qui révèle. *Lapsus révélateur.* ■ nm 1 Ce qui révèle, fait apparaître une situation. 2 PHOTO Composition chimique qui rend visible l'image latente.

révélation nf 1 Action de révéler; ce qui est révélé. 2 Manifestation de Dieu, faisant connaître des vérités inaccessibles à la raison. 3 Découverte soudaine de qqch à quoi on avait jusque-là ignoré. 4 Personne dont les dons se révèlent subitement.

révéler vt [12] 1 Faire connaître ce qui était inconnu ou secret. 2 Laisser apparaître, montrer. *Ce tableau révèle sa maîtrise.* 3 PHOTO Faire apparaître l'image latente sur un film. ■ vpr Apparaître, devenir manifeste. *Cela s'est révélé exact.*

revenant, ante n Fam Qui revient après une longue absence. ■ nm Esprit d'un mort supposé revenir.

revendeur, euse n Qui achète pour revendre.

revendicateur, trice a, n Qui revendique.

revendicatif, ive a Qui exprime une revendication.

revendication nf Action de revendiquer; ce qu'on revendique.

revendiquer vt 1 Réclamer ce que l'on considère comme son droit, son bien, son dû. 2 Assumer. *Revendiquer une responsabilité.*

revendre vt [5] Vendre ce qu'on a acheté; vendre de nouveau. Loc Fam *À revendre* : en abondance.

revenez-y nm inv Loc Fam *Un goût de revenez-y* : qui donne envie de reprendre de qqch.

revenir vi, vti [35] [aux *être*] 1 Venir de nouveau. 2 Rentrer, retourner au lieu d'où on est parti. 3 Se produire de nouveau, reparaître. 4 Se présenter de nouveau à l'esprit de qqn, à sa mémoire. *Cela me revient.* 5 Équivaloir à. *Cela revient à céder.* 6 Coûter. *Cela revient cher.* 7 Fam Inspirer confiance. *Sa tête ne me revient pas.* 8 Annuler. *Revenir sur sa promesse.* 9 Être dévolu à. *Cette part lui revient.* 10 Quitter tel état, s'en débarrasser. *Revenir d'une maladie.* d'une erreur. Loc Fam *Ne pas en revenir* : être étonné. *Revenir à soi* : reprendre conscience. *Revenir de loin* : avoir échappé à un grand péril. *Revenir de tout* : être blasé. *Faire revenir un aliment* : le dorer dans une matière grasse.

revente nf Action de revendre.

revenu nm Ce que perçoit qqn au titre de son activité ou de ses biens (rentes, loyers, etc.). Loc *Revenu minimum d'insertion* ou *R.M.I.* : allocation accordée aux plus démunis. *Revenu national* : valeur de la production nationale annuelle des biens et des services.

rêver vi 1 Faire un rêve. 2 Laisser aller son imagination. ■ vti 1 Voir qqn, qqch en rêve. *J'ai rêvé de vous.* 2 Songer à qqch. *À quoi rêvez-vous ?* ■ vt Concevoir, imaginer, voir en rêve. *J'ai rêvé cela il y a longtemps.*

réverbération nf Réflexion de la lumière, de la chaleur, du son.

réverbère nm Appareil d'éclairage de la voie publique.

réverbérer vt [12] Renvoyer, réfléchir la lumière, la chaleur.

reverchon nm Variété précoce de bigarreau.

reverdir vt Rendre vert. ■ vi Redevenir vert.

révérence nf 1 Salut respectueux en penchant le buste. 2 Litt Respect profond. Loc Fam *Tirer sa révérence à qqn* : s'en aller.

révérencieux, euse a Litt Respectueux.

révérend, ende a, n 1 Titre d'honneur donné à un religieux ou à une religieuse. 2 Titre donné aux pasteurs des Églises réformées.

révérer vt [12] Honorer, traiter avec respect.

rêverie nf État de l'esprit qui s'abandonne à des pensées vagues.

revernir vt Vernir de nouveau.

revers nm 1 Côté opposé au côté principal; envers. 2 Côté d'une monnaie opposé à celui qui porte la figure (avers). 3 Partie d'un vêtement repliée en dehors. 4 Au tennis, renvoi de la balle avec la raquette tenue dos de la main en avant. 5 Échec. *Essuyer des revers.* Loc *Prendre à revers* : par derrière. *Revers de la main* : côté opposé à la paume. *Revers de la médaille* : mauvais côté de qqch.

reversement nm Action de reverser.

reverser vt 1 Verser de nouveau. 2 Reporter. *Reverser une somme sur un compte.*

réversibilité nf Caractère réversible.

réversible a 1 Qui peut s'effectuer en sens inverse. 2 Se dit d'un vêtement utilisable à l'envers comme à l'endroit.

réversion nf Loc *Pension de réversion* : versée, après la mort d'un pensionné, d'un retraité, à son conjoint.

revêtement nm Ce dont on recouvre qqch pour l'orner, le protéger, le consolider.

revêtir vt [32] 1 Mettre un vêtement à qqn, mettre un habit sur soi. 2 Garnir d'un revêtement. *Revêtir une piste de bitume.* 3 Pourvoir de qqch d'une signature. 4 Prendre tel aspect. *Revêtir un caractère politique.*

rêveur, euse a, n Porté à la rêverie. ■ a Loc *Être, laisser rêveur* : perplexe.

rêveusement av De façon rêveuse.

revient nm Loc *Prix de revient* : dépenses faites pour élaborer et distribuer un produit.

revigorer vt Redonner de la vigueur à.

revirement nm Changement brusque et complet, volte-face.

révisable a Qu'on peut réviser.

réviser vt 1 Examiner de nouveau pour mettre au point. 2 Remettre en bon état de marche. *Réviser une machine.* 3 Relire pour se remettre en mémoire. *Réviser un examen.*

réviseur nm Qui révise; correcteur.

révision nf Action de réviser. *Révision de la Constitution.* Loc *Conseil de révision* : chargé d'examiner l'aptitude des conscrits.

révisionnel, elle a D'une révision.

révisionnisme nm Position de ceux qui remettent en cause les bases fondamentales d'une doctrine, d'un jugement, de certains aspects de l'histoire.

révisionniste n. a Qui relève du révisionnisme.

revisiter vt Donner d'une œuvre une interprétation radicalement nouvelle.

revisser vt Visser de nouveau.

revitalisant, ante a. nm Qui revitalise.

revitaliser vt Redonner de la vitalité à.

revival nm Renouveau d'une idée, d'une mode, d'un mouvement. Des revivals.

revivifier vt Litt Vivifier de nouveau.

reviviscence nf 1 Litt Fait de reprendre vie. 2 BIOL Propriété de certains organismes qui reprennent vie après avoir été desséchés, lorsqu'ils se trouvent en présence d'eau.

reviviscent, ente a Doué de reviviscence.

revivre vi [76] 1 Revenir à la vie. 2 Reprendre des forces. 3 Renaître, se renouveler. ■ vt Éprouver de nouveau. Revivre une angoisse.

révocabilité nf Caractère révocable.

révocable a Qui peut être révoqué.

révocation nf Action de révoquer.

revoici, revoilà prép Fam Voici, voilà de nouveau.

revoir vt [45] 1 Voir de nouveau. 2 Revenir, retourner dans un lieu. 3 Revoir en esprit, se représenter. Je le revois enfant. 4 Examiner de nouveau, réviser. Ce texte est à revoir. ■ nm Loc Au revoir : formule pour prendre congé.

revoler vi Voler de nouveau.

révoltant, ante a Qui révolte, indigne.

révolte nf 1 Soulèvement contre l'autorité établie. 2 Refus indigné de ce qui est éprouvé comme intolérable.

révolté, ée a, n Qui est en révolte.

révolter vt Indigner, choquer. ■ vpr 1 Se soulever contre une autorité. 2 S'indigner.

révolu, ue a 1 Achevé, accompli. Avoir trente ans révolus. 2 Passé. Époque révolue.

révolution nf 1 Mouvement d'un corps autour de son axe ou d'un corps central. 2 Changement brutal d'ordre scientifique, social, industriel, etc. 3 Bouleversement d'un régime politique consécutif à une action violente. 4 Fam Agitation, effervescence. Loc Révolution de palais : bouleversement politique limité à un changement de dirigeants.

révolutionnaire a 1 Relatif à une révolution. 2 Qui apporte des changements radicaux. Méthode révolutionnaire. ■ a, n Partisan, acteur d'une révolution.

révolutionner vt 1 Agiter, troubler vivement qqn. 2 Transformer profondément.

revolver [ʀevɔlvɛʀ] nm Arme de poing à répétition, dont le magasin est un barillet.

revolving [-viŋ] a inv Loc Crédit revolving : à moyen terme et à taux révisable.

révoquer vt 1 Destituer d'une fonction. 2 DR Annuler. Révoquer un arrêt.

revoter vt, vi Voter de nouveau.

revoyure nf Loc POP À la revoyure : au revoir.

revue nf 1 Examen détaillé. 2 Parade militaire. 3 Publication périodique. 4 Spectacle de variétés et de music-hall.

révulsé, ée a Retourné, bouleversé.

révulser vt 1 Retourner, bouleverser le visage, les yeux. 2 Dégoûter, écœurer.

révulsif, ive a, nm PHARM Qui produit une révulsion.

révulsion nf MED Afflux sanguin provoqué pour faire cesser une congestion.

rewriter [ʀəʀajte] vt Récrire un texte.

rewriteur, euse n Personne qui rewrite.

rewriting [ʀəʀajtiŋ] nm Action de rewriter.

rez-de-chaussée nm inv Partie d'une habitation qui est au niveau du sol.

rez-de-jardin nm inv Partie d'une construction de plain-pied avec un jardin.

rhabillage nm Action de (se) rhabiller.

rhabiller vt 1 Réparer, remettre en état. Rhabiller une montre. 2 Habiller de nouveau. ■ vpr Remettre ses vêtements.

rhapsode ou **rapsode** nm ANTIQ Chanteur qui récitait des poèmes épiques.

rhapsodie ou **rapsodie** nf Composition musicale de forme libre.

rhénan, ane a Du Rhin, de la Rhénanie.

rhénium [-njɔm] nm Métal rare, dense.

rhéologie nf PHYS Science de la viscosité, de la plasticité et de l'élasticité de la matière.

rhéostat nm Appareil qui, intercalé dans un circuit électrique, permet de régler l'intensité du courant.

rhésus [-zys] nm Singe de l'Inde et de la Chine. Loc Facteur rhésus : antigène des globules rouges créant une incompatibilité sanguine envers ceux qui en sont dépourvus.

rhéteur nm 1 ANTIQ Maître de rhétorique. 2 Litt Phraseur.

rhétoricien, enne n Spécialiste de rhétorique.

rhétorique nf 1 Art de bien parler. 2 Fam Emphase. 3 Anc Classe de première des lycées.

rhétoriqueur nm Loc LITTER Grands rhétoriqueurs : nom que se donnaient au XVe s. et au XVIe s. certains poètes au style raffiné.

rhéto-roman, ane a, nm Dialecte roman parlé en Suisse orientale.

rhinencéphale nm ANAT Partie la plus ancienne du cortex cérébral.

rhinite nf Inflammation de la muqueuse nasale.

rhinocéros nm Grand mammifère, aux formes massives, à une ou deux cornes.

rhinopharyngite nf Inflammation du rhinopharynx.

rhinopharynx nm ANAT Partie haute du pharynx, en arrière des fosses nasales.

rhizome nm BOT Tige souterraine de certaines plantes.

rhô nm Lettre grecque, correspondant à r.

rhodanien, enne a Du Rhône.

rhodium [-djɔm] nm Métal rare, utilisé dans les alliages.

rhododendron [-dɛ̃-] nm Plante arbustive, ornementale, des montagnes.

rhodoïd nm (n déposé) Matière plastique à base d'acétate de cellulose.

rhomboèdre nm GEOM Parallélépipède dont les faces sont des losanges.

rhomboïde nm ANAT Muscle dorsal, élévateur de l'omoplate, en forme de losange.

rhônalpin, ine a, n De la Région Rhône-Alpes.

rhovyl nm (n déposé) Tissu synthétique.

rhubarbe nf Plante potagère aux larges feuilles vertes et à tige comestible.

rhum [ʀɔm] nm Eau-de-vie de canne à sucre.

rhumatisant, ante *a*, *n* Atteint de rhumatismes.

rhumatismal, ale, aux *a* Du rhumatisme.

rhumatisme *nm* Affection articulaire douloureuse.

rhumatoïde *a* D'apparence rhumatismale.

rhumatologie *nf* Partie de la médecine qui traite des rhumatismes.

rhumatologue *n* Spécialiste en rhumatologie.

rhume *nm* Inflammation aiguë des muqueuses des voies respiratoires. **Loc** *Rhume de cerveau :* coryza.

rhumerie [ʀɔmʀi] *nf* Distillerie de rhum.

rhyolite *nf* Roche volcanique acide.

ria *nf* Vallée fluviale envahie par la mer.

rial *nm* Unité monétaire d'Oman et de l'Iran. *Des rials.*

riant, riante *a* 1 Qui montre de la joie, de la gaieté. 2 Plaisant, engageant.

ribambelle *nf* Fam Longue suite de personnes ou de choses.

riboflavine *nf* Vitamine B2.

ribonucléique *a* **Loc** *Acide ribonucléique :* acide nucléique assurant la synthèse des protéines. Syn. A.R.N.

ribosome *nm* BIOL Organite cellulaire, qui décode les séquences d'A.R.N.

ribouldingue *nf* **Loc** Pop *Faire la ribouldingue :* faire la fête, la noce.

ribozyme *nm* BIOL Fragment d'A.R.N. du ribosome.

ricain, aine *a*, *n* Pop Des États-Unis.

ricanant, ante *a* Qui ricane.

ricanement *nm* Action de ricaner.

ricaner *vi* Rire à demi, avec une intention moqueuse.

ricaneur, euse *a*, *n* Qui ricane.

richard, arde *n* Fam Personne très riche.

riche *a*, *n* Qui a de l'argent, des biens en abondance. **Loc** *Nouveau riche :* parvenu. ■ *a* 1 Abondant, fertile, fécond. *Région riche.* 2 Qui renferme qqch en abondance. *Sol riche en or.* **Loc** *Rimes riches :* à trois éléments (consonne ou voyelle) communs.

richement *av* Avec richesse.

richesse *nf* 1 Abondance de biens, opulence, fortune. 2 Caractère riche. *Richesse d'un gisement, de l'imagination.* 3 Magnificence, somptuosité. ■ *pl* 1 Choses précieuses. *Les richesses d'un musée.* 2 Ressources naturelles. *Richesses minières.*

richissime *a* Fam Extrêmement riche.

ricin *nm* Plante à fleurs en grappes, originaire d'Asie. **Loc** *Huile de ricin :* purgatif tiré des graines de cette plante.

rickettsie *nf* Bactérie responsable de maladies contagieuses (typhus).

rickettsiose *nf* Maladie causée par des rickettsies.

ricocher *vi* Faire ricochet, rebondir.

ricochet *nm* Rebond d'un objet plat lancé obliquement sur l'eau, ou d'un projectile rebondissant sur une surface dure.

ricotta *nf* Fromage italien au lait de vache.

ric-rac *av* 1 Fam Avec une exactitude rigoureuse. 2 Tout juste, de justesse. *Il est passé ric-rac.*

ride *nf* 1 Pli sur la peau du visage et du cou, sous l'effet de l'âge. 2 Ondulation, strie.

rideau *nm* 1 Pièce d'étoffe destinée à intercepter la lumière, à masquer qqch ou à décorer. 2 Draperie placée devant la scène ou l'écran d'une salle de spectacle. 3 Ce qui forme écran. *Un rideau d'arbres.* **Loc** *Rideau de fer :* frontière entre les États socialistes et les démocraties occidentales, de 1946 à 1990. Fam *En rideau :* en panne.

ridelle *nf* Chacun des deux côtés d'un camion, servant à maintenir le chargement.

rider *vt* 1 Faire, causer des rides à. 2 Dessiner des ondulations sur. *Le vent ride l'étang.*

ridicule *a* 1 Digne de risée, de moquerie. 2 Très petit, insignifiant. *Une somme ridicule.* ■ *nm* Ce qui est ridicule. **Loc** *Tourner en ridicule :* se moquer de.

ridiculement *av* De façon ridicule.

ridiculiser *vt* Rendre ridicule.

ridule *nf* Petite ride.

riel *nm* Unité monétaire du Cambodge.

rien *pr indéf* 1 Nulle chose, néant (avec *ne*). *Je ne veux rien.* 2 Quelque chose, quoi que ce soit (sans négation). *Est-il rien de si beau ?* **Loc** Fam *Ce n'est pas rien :* c'est important, difficile. *Comme si de rien n'était :* comme s'il ne s'était rien passé. *Rien que... :* seulement. *De rien (du tout) :* insignifiant, sans valeur. *Ça ne me dit rien :* je n'en ai pas envie. *En moins que rien :* en très peu de temps. *Pour rien :* gratuitement ; inutilement. ■ *nm* 1 Peu de chose. *Un rien le fâche.* 2 Petite quantité. *Ajoutez un rien de sel.* 3 Chose sans importance, sans valeur. *S'amuser à des riens.* **Loc** *Un moins que rien :* qqn sans importance, sans valeur. Fam *Comme un rien :* très facilement.

riesling [ʀislɛ̃] *nm* Cépage blanc d'Alsace.

rieur, rieuse *a*, *n* Qui rit ou aime rire.

riff *nm* En jazz, courte phrase mélodique servant à rythmer un morceau.

rififi *nm* Pop Dispute violente, bagarre.

riflard *nm* 1 Grand rabot, grosse lime à métaux servant à dégrossir. 2 Couteau de plâtrier.

rifle *nm* Carabine de petit calibre.

rift *nm* GEOL Fossé d'effondrement.

rigaudon ou **rigodon** *nm* Danse animée, à la mode aux XVIIe et XVIIIe s.

rigide *a* 1 D'une sévérité, d'une austérité inflexible. *Morale rigide.* 2 Raide, peu flexible. *Une barre rigide.*

rigidement *av* Avec rigidité.

rigidifier *vt* Rendre rigide.

rigidité *nf* Caractère rigide ; raideur.

rigolade *nf* Fam 1 Plaisanterie, amusement. 2 Chose sans gravité, sans importance.

rigolard, arde *a* Fam Qui rigole.

rigole *nf* 1 Petit fossé étroit pour l'écoulement des eaux. 2 Filet d'eau de ruissellement.

rigoler *vi* Fam 1 Rire, se divertir. 2 Plaisanter, ne pas parler sérieusement.

rigolo, ote *a* Fam Qui fait rigoler, amusant. ■ *n* Fam 1 Boute-en-train. 2 Personne peu sérieuse.

rigorisme *nm* Austérité extrême en matière de religion ou de morale.

rigoriste *a*, *n* Qui fait preuve de rigorisme.

rigoureusement *av* 1 Avec rigueur. 2 Incontestablement. *C'est rigoureusement faux.*

rigoureux, euse *a* 1 Dur à supporter. *Hiver rigoureux.* 2 Rigide, inflexible. *Juges rigoureux.* 3 Strict, précis. *Raisonnement rigoureux.*

rigueur 480

rigueur *nf* 1 Sévérité, dureté. 2 Grande exactitude. 3 Dureté du climat. Loc *À la rigueur* : au pis aller. *De rigueur* : exigé par les règlements, imposé. *Tenir rigueur* : garder rancune.

rikiki. V. riquiqui.

rillettes *nfpl* Viande de porc ou d'oie, découpée et cuite dans sa graisse.

rillons *nmpl* Cubes de chair de porc cuits dans la graisse.

rilsan *nm* (n déposé) Fibre textile synthétique.

rimailler *vi* Vx Faire de mauvais vers.

rimailleur, euse *n* Vx Poète sans talent.

rimaye *nf* GÉOGR Crevasse qui sépare un glacier de son névé.

rime *nf* Retour des mêmes sons à la fin de deux vers. Loc *Sans rime ni raison* : d'une manière dénuée de sens.

rimer *vi* Constituer une rime. Loc *Ne rimer à rien* : n'avoir aucun sens. ■ *vt* Mettre en vers.

rimmel *nm* (n déposé) Fard à cils.

rinçage *nm* Action de rincer.

rinceau *nm* ARCHI Ornement en forme de branchages entrelacés.

rince-bouteilles *nm inv* Appareil servant à rincer les bouteilles.

rince-doigts *nm inv* Petit récipient d'eau tiède, pour se rincer les doigts à table.

rincer *vt* [10] 1 Nettoyer, laver à l'eau. 2 Passer à l'eau claire pour éliminer un produit de lavage. 3 Pop Ruiner. Loc Fam *Se faire rincer* : mouiller par la pluie. ■ *vpr* Loc Fam *Se rincer l'œil* : regarder en vue d'un plaisir érotique. Fam *Se rincer le gosier* : boire.

rincette *nf* Fam Eau-de-vie qu'on boit dans la tasse après le café.

ring [ʀiŋ] *nm* Estrade entourée de cordes pour les combats de boxe et de catch.

ringard, arde *n* Fam 1 Acteur sans talent. 2 Médiocre, sans capacités. ■ *a* Fam Démodé, de mauvaise qualité.

ringgit *nm* Unité monétaire de la Malaisie.

rioja [ʀjɔʀa] *nm* Vin rouge espagnol.

ripaille *nf* Fam Débauche de table.

ripaton *nm* Pop Pied.

riper *vt* Déplacer un fardeau en le faisant glisser. ■ *vi* Glisser, déraper.

riposte *nf* 1 Prompte repartie. 2 Contre-attaque vigoureuse.

riposter *vi* 1 Répondre avec vivacité à. 2 Contre-attaquer.

ripou *a, nm* Fam Policier corrompu. *Des ripoux.*

riquiqui ou **rikiki** *a inv* Fam Très petit, étriqué.

rire *vi* [72] 1 Marquer la gaieté par un mouvement de la bouche, accompagné de sons saccadés. 2 Se divertir, se réjouir. 3 Ne pas parler, ne pas agir sérieusement. ■ *vti* Se moquer de. *Les gens rient de lui.* ■ *vpr* Triompher aisément de. *Se rire des difficultés.* ■ *nm* Action de rire. *Éclat de rire.* Loc *Fou rire* : rire incoercible.

1. ris *nm* MAR Partie d'une voile qu'on peut serrer pour diminuer l'emprise du vent.

2. ris *nm* Thymus comestible du veau, de l'agneau.

risée *nf* 1 Moquerie collective. 2 MAR Augmentation passagère de la force du vent. Loc *Être la risée de* : être un objet de moquerie.

risette *nf* Fam Sourire d'un petit enfant.

risible *a* Digne de moquerie.

risotto *nm* Plat italien à base de riz.

risque *nm* 1 Danger, inconvénient. 2 Perte, préjudice éventuel garantis par une assurance. Loc *À ses risques et périls* : en prenant sur soi tous les risques. *Au risque de* : en s'exposant au danger de.

risqué, ée *a* 1 Hasardeux, dangereux. 2 Osé, trop libre. *Plaisanterie risquée.*

risquer *vt* 1 Mettre en danger. *Risquer sa vie.* 2 Essayer, sans être assuré du résultat. *Risquer le coup.* 3 S'exposer à un danger, à une peine. *Il risque la mort, une forte amende. Risquer de tout perdre.* ■ *vpr* Se hasarder.

risque-tout *n inv* Fam Audacieux, imprudent.

rissole *nf* Petit pâté de viande ou de poisson, cuit dans la friture.

rissoler *vt, vi* Cuire en donnant une couleur dorée.

ristourne *nf* Remise faite par un commerçant à un client.

ristourner *vt* Accorder comme ristourne.

rital, ale, als *n, a* Pop Italien.

rite *nm* 1 Ensemble des règles qui régissent la pratique d'un culte. 2 Pratique habituelle, coutume, usage.

ritournelle *nf* 1 Courte phrase instrumentale jouée à la fin de chaque couplet d'une chanson. 2 Propos rabâché, rebattu.

ritualiser *vt* Rendre rituel, codifier.

ritualisme *nm* Respect strict des rites.

ritualiste *a* Qui relève du ritualisme.

rituel, elle *a* 1 Qui constitue un rite. *Prières rituelles.* 2 Habituel. *Promenade rituelle.* ■ *nm* 1 Ensemble des rites. 2 Livre liturgique contenant les rites catholiques.

rituellement *av* Selon un rite.

rivage *nm* Bande de terre qui limite une étendue d'eau marine.

rival, ale, aux *n* Qui dispute qqch à qqn, qui prétend au même succès qu'un autre concurrent. ■ *a* Concurrent. *Entreprises rivales.*

rivaliser *vi* S'efforcer de surpasser qqn. *Rivaliser d'adresse avec qqn.*

rivalité *nf* Concurrence, antagonisme.

rive *nf* 1 Bord d'un cours d'eau, d'un lac. 2 Bord rectiligne d'une pièce de bois, de métal. Loc *Rive droite, gauche* : quartier d'une ville bordant un fleuve.

river *vt* 1 Assujettir une pièce métallique. 2 Rabattre la pointe d'un clou. 3 Immobiliser qqn. *La maladie l'a rivé au lit.* Loc Fam *River son clou à qqn* : le réduire au silence.

riverain, aine *a, n* Qui habite, qui est situé le long d'un cours d'eau, d'un lac, etc.

rivesaltes *nm* Vin doux naturel du Roussillon.

rivet *nm* Courte tige en métal destinée à être rivée.

riveter *vt* [19] Fixer au moyen de rivets.

riveteuse *nf* Machine à poser des rivets.

rivière *nf* Cours d'eau qui se jette dans un autre cours d'eau. Loc *Rivière de diamants* : collier de diamants.

rixe *nf* Querelle violente accompagnée de coups ; bagarre.

riyal *nm* Unité monétaire de l'Arabie Saoudite, du Qatar et du Yémen. *Des riyals.*

riz *nm* 1 Graminée céréalière des régions chaudes et humides. 2 Grain comestible de cette plante. Loc *Poudre de riz* : cosmétique fait de fécule de riz.

rizerie *nf* Usine de traitement du riz.

rizicole *a* De la riziculture.

riziculteur, trice *n* Cultivateur de riz.

riziculture *nf* Culture du riz.

rizière *nf* Terrain où on cultive le riz.

R.M.I. *nm* Revenu minimum d'insertion.

robe *nf* **1** Vêtement féminin fait d'un corsage et d'une jupe d'un seul tenant. **2** Vêtement long des juges, des avocats dans l'exercice de leurs fonctions. **3** Enveloppe de certains légumes ou fruits. **4** Pelage du cheval, du bœuf, etc. **5** Couleur d'un vin. **6** Feuille de tabac enveloppant un cigare. Loc *Robe de chambre* : vêtement d'intérieur long et ample. *Pommes de terre en robe de chambre* ou *des champs* : cuites avec leur peau.

robinet *nm* Dispositif qui permet de régler l'écoulement d'un fluide dans une canalisation.

robinetterie *nf* **1** Industrie, commerce des robinets. **2** Ensemble de robinets.

robinier *nm* Arbre aux fleurs blanches en grappes, appelé aussi *faux acacia*.

robinson *nm* Litt Qui vit seul dans la nature.

roboratif, ive *a* Litt Fortifiant.

robot *nm* **1** Machine automatique, capable de se substituer à l'homme pour effectuer certains travaux. **2** Qui agit comme un automate.

robotique *nf* Science des robots.

robotisation *nf* Action de robotiser.

robotiser *vt* **1** Transformer qqn en robot. **2** Équiper de robots, automatiser.

robusta *nm* Variété de café.

robuste *a* Fort, solide, résistant.

robustesse *nf* Qualité robuste ; force.

roc *nm* **1** Masse de pierre très dure. **2** Litt Symbole de solidité.

rocade *nf* Voie routière de dérivation, qui évite le centre d'une ville.

rocaille *nf* **1** Étendue jonchée de pierres, de cailloux ; pierraille. **2** Ouvrage fait de pierres cimentées ou brutes, incrustées de coquillages. ■ *a* inv, *nm* Se dit d'un style décoratif aux formes imitées des coquillages, des plantes, des rochers, en vogue sous Louis XV.

rocailleux, euse *a* **1** Pierreux, caillouteux. **2** Dur, heurté ; rauque. *Voix rocailleuse.*

rocamadour *nm* Petit fromage rond du Quercy, au lait de brebis.

rocambolesque *a* Extravagant.

roche *nf* Matière formée de minéraux et constituant l'écorce terrestre ; bloc ou morceau de cette matière. Loc *Clair comme de l'eau de roche* : évident.

rocher *nm* **1** Masse de pierre, souvent escarpée. **2** ANAT Pièce osseuse qui forme la partie interne du os temporal. **3** Pâtisserie ayant l'aspect d'un rocher.

rocheux, euse *a* Couvert, formé de roches, de rochers.

rock ou **rock and roll** [ʀɔkɛnʀɔl] *nm* Musique d'origine américaine, très rythmée.

rocker [-kœʀ] *nm* ou **rockeur, euse** *n* **1** Chanteur, musicien de rock. **2** Jeune amateur de rock.

rocking-chair [ʀɔkiŋtʃɛʀ] *nm* Fauteuil à bascule. *Des rocking-chairs.*

rococo *a* inv, *nm* Se dit d'un style rocaille très surchargé, en vogue au XVIIIe s. ■ *a* inv Passé de mode.

rocou *nm* Colorant végétal rouge.

rôdailler *vi* Fam Rôder çà et là.

rodé, ée *a* Expérimenté.

rodéo *nm* **1** Fête donnée à l'occasion du marquage du bétail aux États-Unis. **2** Fam Course, poursuite bruyante de voitures, de motos.

roder *vt* **1** User par frottement une pièce pour qu'elle s'adapte parfaitement à une autre. **2** Faire fonctionner à vitesse réduite un moteur, une automobile, une machine pour permettre un ajustage progressif. **3** Mettre au point progressivement. *Roder une organisation.*

rôder *vi* Aller et venir çà et là, parfois avec des intentions suspectes.

rôdeur, euse *n* Individu qui rôde à la recherche d'un mauvais coup.

rodomontade *nf* Litt Fanfaronnade.

rogations *nfpl* RELIG Prières publiques et processions, destinées à attirer la bénédiction divine sur les récoltes.

rogatoire *a* DR Relatif à une demande. Loc *Commission rogatoire* : délégation judiciaire donnée par un juge pour l'accomplissement d'un acte qu'il ne peut accomplir lui-même.

rogatons *nmpl* Fam Restes de nourriture.

rognage *nm* Action de rogner.

rogne *nf* Fam Mauvaise humeur, colère.

rogner *vt* **1** Couper sur les bords. *Rogner les pages d'un livre.* **2** Diminuer partiellement. *Ces dépenses ont rogné mes économies.* Loc *Rogner les ailes à qqn* : diminuer son pouvoir. ■ *vti* Prendre sur. *Rogner sur ses vacances.*

rognon *nm* **1** Rein comestible de certains animaux. **2** GEOL Concrétion rocheuse.

rognure *nf* Déchet restant après un rognage.

rogomme *nm* Loc Fam *Voix de rogomme* : enrouée par l'alcool.

rogue *a* Arrogant, plein de morgue.

roi *nm* **1** Chef d'État qui exerce le pouvoir souverain, en vertu d'un droit héréditaire. **2** Celui qui domine, qui a la prépondérance dans un domaine. *Les rois du pétrole.* **3** Pièce du jeu d'échecs. **4** Carte figurant un roi. Loc *Morceau de roi* : mets délicieux. *Travailler pour le roi de Prusse* : sans profit. *Fête des Rois* : Épiphanie. *Tirer les rois* : manger la galette contenant la fève lors de l'Épiphanie. ■ *a* inv Loc *Bleu roi* : très vif, outremer.

roide *a* Forme ancienne de *raide.*

roitelet *nm* **1** Roi d'un très petit État. **2** Passereau de très petite taille.

rôle *nm* **1** DR Feuillet sur lequel sont transcrits certains actes juridiques. **2** Registre officiel portant la liste des contribuables d'une commune et le montant de leurs impôts. **3** Ensemble des répliques d'un acteur dans une pièce de théâtre, un film. **4** Personnage joué par l'acteur. **5** Conduite apparente de qqn. **6** Fonction, emploi. *Le rôle du médecin.* **7** Action, influence. *Le rôle de l'argent dans la politique.* **8** Liste officielle des membres de l'équipage d'un navire. Loc *À tour de rôle* : chacun à son tour. *Avoir le beau rôle* : avoir la tâche facile. *Jeu de rôles* : psychodrame.

rôle-titre *nm* Rôle du personnage qui donne son nom à l'œuvre interprétée. *Des rôles-titres.*

rollmops *nm* inv Petit hareng roulé conservé dans du vin blanc.

roll on-roll off *nm* inv Manutention par roulage.

rollot *nm* Fromage picard au lait de vache.

romain, aine *a, n* 1 De l'ancienne Rome. 2 De la ville de Rome. ■ *a, nm* Caractère d'imprimerie dont les jambages sont perpendiculaires à la ligne ; écriture dans ces caractères. ■ *a* Loc *Chiffres romains* : I, V, X, L, C, D, M, correspondant aux chiffres arabes 1, 5, 10, 50, 100, 500, 1000. *Église romaine* : catholique. ■ *nf* 1 Balance composée d'un fléau aux bras inégaux, dont le plus long, gradué, est muni d'un poids mobile. 2 Laitue à feuilles croquantes. Loc Fam *Être bon comme la romaine* : dans la position de victime.

1. roman, ane *a, nm* 1 Se dit des langues issues du latin populaire parlé dans les pays romanisés (français, italien, espagnol, portugais, roumain, catalan, provençal, etc.). 2 Se dit de l'art répandu dans les pays d'Europe occidentale, avant l'apparition du gothique.

2. roman *nm* 1 Récit médiéval écrit en langue romane. 2 Récit de fiction en prose relativement long. 3 Suite d'aventures extraordinaires. *Sa vie est un roman.* 4 Histoire mensongère ; fable.

romance *nf* Chanson sentimentale.

romancer *vt* [10] Présenter comme un roman.

romancero [-seRo] *nm* Recueil de poèmes épiques espagnols.

romanche *nm* Parler roman en usage dans les Grisons, quatrième langue de la Suisse.

romancier, ère *n* Auteur de romans.

romand, ande *a, n* Se dit de la Suisse francophone et de ses habitants.

romanée *nm* Bourgogne rouge, très réputé.

romanesque *a* 1 Qui tient du roman. 2 Imaginatif, rêveur.

roman-feuilleton *nm* Roman à péripéties multiples, publié en feuilleton. *Des romans-feuilletons.*

romani *nm* Langue des Tsiganes.

romanichel, elle *n* Vx 1 Tsigane nomade. 2 Vagabond.

romanisation *nf* Action de romaniser.

romaniser *vt* 1 Rendre romain. 2 Transcrire en caractères latins.

romaniste *n* Spécialiste des langues romanes.

roman-photo *nm* Histoire romanesque racontée avec des photos accompagnées de textes. *Des romans-photos.*

romantique *a, n* 1 Qui relève du romantisme. 2 Qui a un caractère sentimental et passionné.

romantisme *nm* 1 Mouvement artistique et littéraire du XIXᵉ s., qui fit prévaloir les sentiments sur la raison. 2 Sensibilité, esprit, caractère passionné, sentimental.

romarin *nm* Arbrisseau odorant.

rombière *nf* Pop Femme âgée prétentieuse et ennuyeuse.

rompre *vt* [78] 1 Litt Briser, casser, faire céder. 2 Faire cesser, mettre fin à. *Rompre un marché.* 3 Défaire, déranger. *Rompre la monotonie, le rythme.* Loc *À tout rompre* : très fort. ■ *vi, vpr* Se casser, se briser, céder. ■ *vi* 1 Cesser d'avoir des relations avec qqn. 2 Renoncer à une habitude.

rompu, ue *a* Loc *Être rompu (de fatigue)* : extrêmement fatigué. *Être rompu à qqch* : y être parfaitement exercé.

romsteck ou **rumsteck** [Rɔm-] *nm* Morceau du bœuf fournissant des biftecks.

ronce *nf* 1 Plante épineuse dont le fruit est la mûre. 2 Bois recherché en ébénisterie, présentant des irrégularités dans ses veines.

roncerale *nf* Lieu couvert de ronces.

ronchon, onne ou **ronchonneur, euse** *a, n* Fam Qui ronchonne sans cesse.

ronchonnement *nm* Fam Grommellement.

ronchonner *vi* Fam Manifester de la mauvaise humeur en maugréant.

roncier *nm* ou **roncière** *nf* Buisson de ronces.

rond, ronde *a* 1 De forme circulaire, sphérique, courbe ou arrondie. 2 Petit et gros. 3 Sans détours, franc. *Être rond en affaires.* 4 Fam Ivre. 5 Qui ne comporte pas de décimales. *Chiffre, compte rond.* ■ *av* Loc *Tourner rond* : fonctionner sans à-coups. Fam *Ne pas tourner rond* : aller mal. ■ *nm* 1 Figure circulaire. 2 Objet de forme circulaire. 3 Pop Argent. *N'avoir pas le rond.* Loc *En rond* : en cercle. Pop *Rester comme deux ronds de flan* : stupéfait. Fam *En baver des ronds de chapeau* : être soumis à rude traitement. *Tourner en rond* : ne pas progresser. *Rond de jambe* : pas chorégraphique en demi-cercle. *Faire des ronds de jambe* : des amabilités affectées.

rond-de-cuir *nm* Fam Employé de bureau. *Des ronds-de-cuir.*

ronde *nf* 1 Danse dans laquelle plusieurs personnes tournent en se tenant par la main ; chanson de cette danse. 2 Inspection, surveillance, pour s'assurer que tout est en ordre. 3 Note de musique valant deux blanches. Loc *À la ronde* : alentour ; tour à tour.

rondeau *nm* Poème médiéval à deux rimes.

ronde-bosse *nf* Sculpture représentant le sujet sous ses trois dimensions. *Des rondes-bosses.*

rondelet, ette *a* 1 Qui a un peu d'embonpoint. 2 Fam Assez important. *Une somme rondelette.*

rondelle *nf* 1 Petit disque. 2 Petite tranche mince et ronde. *Rondelle de saucisson.*

rondement *av* Avec vivacité, décision.

rondeur *nf* 1 Caractère rond, sphérique. 2 Chose, forme ronde, arrondie. 3 Bonhomie.

rondin *nm* 1 Morceau cylindrique de bois à brûler. 2 Tronc de bois utilisé en construction.

rondo *nm* Pièce musicale caractérisée par l'alternance d'un refrain et de couplets.

rondouillard, arde *a* Fam Grassouillet.

rond-point *nm* Carrefour circulaire. *Des ronds-points.*

ronéo *nf* (n déposé) Machine à reproduire les textes au moyen de stencils.

ronflant, ante *a* 1 Qui produit un bruit sourd et continu. 2 Fam Emphatique, grandiloquent.

ronflement *nm* 1 Bruit produit par qqn qui ronfle. 2 Bruit sourd et continu.

ronfler *vi* 1 Faire un bruit particulier de la gorge en respirant pendant le sommeil. 2 Fam Dormir. 3 Faire un bruit sourd et continu.

ronfleur, euse *n* Qui ronfle. ■ *nm* Avertisseur à lame vibrante, qui produit une sonnerie sourde.

ronger *vt* [11] 1 Entamer, user peu à peu à coups de dents. 2 Détruire par une action lente, progressive ; miner. Loc *Ronger son frein* : contenir difficilement son impatience. ■ *vpr* Loc Fam *Se ronger les sangs* : se faire beaucoup de souci.

rongeur, euse a Qui ronge. ■ nm ZOOL Mammifère à longues incisives tranchantes (rat, lièvre, écureuil).

ronin nm HIST Samouraï sans maître.

ronron ou **ronronnement** nm 1 Petit grondement régulier du chat. 2 Fam Bruit, bourdonnement continu, sourd et régulier. 3 Fam Routine, monotonie.

ronronner vi 1 Faire entendre des ronrons (chat). 2 Produire un bourdonnement sourd.

röntgen [ʀœtgɛn] nm Unité de dose de rayonnement ionisant.

roof. V. rouf.

roque nm Aux échecs, coup consistant à déplacer simultanément le roi et une tour.

roquefort nm Fromage de lait de brebis, ensemencé d'une moisissure spéciale.

roquer vi Aux échecs, effectuer un roque.

roquet nm 1 Petit chien hargneux. 2 Fam Personne hargneuse.

roquette nf 1 Projectile autopropulsé. 2 Plante qui se mange en salade. Syn. rouquette.

rorqual nm Cétacé voisin des baleines. Des rorquals.

rosace nf 1 Ornement circulaire en forme de rose. 2 Grand vitrail rond.

rosacée nf 1 BOT Plante dicotylédone, tels le rosier et de nombreux arbres fruitiers. 2 MED Couperose.

rosaire nm RELIG 1 Grand chapelet comportant quinze dizaines de petits grains. 2 Récitation de ce chapelet.

rosâtre a D'un rose indécis ou sale.

rosbif nm Morceau de bœuf à rôtir.

rose nf 1 Fleur du rosier. 2 Grande baie ornée de vitraux des églises gothiques. Loc À l'eau de rose : mièvre. Fam Ne pas sentir la rose : sentir mauvais. Fam Envoyer qqn sur les roses : le rembarrer. Rose des sables : concrétion siliceuse des déserts sableux. Rose des vents : étoile dont les branches donnent les points cardinaux et intermédiaires. Bois de rose : bois précieux de plusieurs arbres d'Amérique du Sud. ■ a Entre rouge et blanc. Loc Ce n'est pas rose : ce n'est pas réjouissant. ■ nm Couleur rose. Loc Voir la vie en rose : être très optimiste.

rosé, ée a Teinté de rose ou de rouge clair. ■ nm Vin de couleur rouge clair.

roseau nm Plante croissant au bord des eaux.

rosé-des-prés nm Champignon comestible à lames roses. Des rosés-des-prés.

rosée nf Condensation de la vapeur d'eau de l'atmosphère en gouttelettes.

roséole nf MED Éruption de taches rose pâle.

roser vt Litt Donner une teinte rose à.

roseraie nf Terrain planté de rosiers.

rosette nf 1 Nœud, ornement en forme de rose. 2 Insigne de certains ordres.

roseval nf Pomme de terre à pulpe rose. Des rosevals.

Rosh ha-Shana nm Nouvel an juif.

rosier nm Arbrisseau épineux, aux fleurs odoriférantes.

rosière nf Vx Jeune fille vertueuse récompensée solennellement.

rosir vi Prendre une teinte rose. ■ vt Rendre rose.

rosse nf Fam 1 Mauvais cheval. 2 Personne sévère jusqu'à la méchanceté. ■ a Fam 1 Mordant, caustique. 2 Dur, sévère.

rossée nf Fam Volée de coups.

rosser vt Fam Battre qqn violemment.

rosserie nf Fam Méchanceté.

rossignol nm 1 Oiseau au chant mélodieux. 2 Instrument pour forcer les serrures. 3 Fam Objet démodé ; marchandise invendable.

rossinante nf Litt Cheval maigre.

rösti [ʀøʃti] nmpl Minces tranches de pommes de terre rissolées.

rostre nm 1 ANTIQ Éperon qui armait la proue des navires de guerre. 2 Appendice effilé de divers animaux. Le rostre de l'espadon. 3 Partie de la carapace de certains crustacés, qui fait saillie entre les yeux. 4 Pièces buccales, allongées en stylet, de certains insectes.

rot nm Pop Émission bruyante, par la bouche, de gaz stomacaux.

rotang nm Palmier qui fournit le rotin.

rotateur, trice a, nm Qui fait tourner.

rotatif, ive a Qui agit en tournant.

rotation nf 1 Mouvement de ce qui pivote, de ce qui tourne autour d'un axe. 2 Renouvellement ; roulement. Rotation du stock. 3 Succession, alternance cyclique d'opérations.

rotative nf Presse cylindrique pour l'impression des journaux.

rotatoire a Qui tourne, circulaire.

rote nf RELIG Tribunal du Saint-Siège, qui instruit les demandes d'annulation de mariage.

roter vi Pop Faire un rot.

rôti, ie a Cuit à feu vif ou au four. Poulet rôti. ■ nm Pièce de viande rôtie. ■ nf Tranche de pain grillé.

rotin nm 1 Tige du rotang utilisée pour le cannage des sièges. 2 Pop Sou.

rôtir vt Faire cuire une viande à feu vif ou au four. ■ vi Cuire à feu vif ou au four. ■ vi, vpr Être exposé à une chaleur très vive. Se rôtir au soleil.

rôtisserie nf 1 Restaurant servant des viandes rôties. 2 Boutique vendant de la viande rôtie.

rôtisseur, euse n Qui tient une rôtisserie.

rôtissoire nf Ustensile pour rôtir la viande.

rotonde nf Édifice de forme circulaire.

rotondité nf Caractère sphérique.

rotor nm Partie mobile d'une machine électrique, d'une turbine.

rotule nf 1 ANAT Petit os du genou. 2 TECH Articulation formée d'une pièce sphérique tournant dans un logement.

rotulien, enne a De la rotule.

roture nf État de roturier.

roturier, ère a, n Qui ne fait pas partie de la noblesse.

rouage nm 1 Chacune des pièces circulaires tournantes d'un mécanisme. 2 Chacun des éléments nécessaires au fonctionnement d'une organisation.

roubignoles nfpl Pop Testicules.

roublard, arde a, n Fam Rusé.

roublardise nf Fam Ruse, rouerie.

rouble nm Unité monétaire de la Russie.

rouchi nm Dialecte picard.

roucoulement nm ou **roucoulade** nf 1 Cri du pigeon et de la tourterelle. 2 Paroles tendres et langoureuses.

roucouler vi Émettre des roucoulements.

roue nf 1 Pièce rigide, circulaire, qui tourne autour d'un axe. 2 HIST Supplice qui consistait à briser les membres d'un condamné attaché à une roue. **Loc** *Pousser à la roue* : aider qqn à réussir. *Faire la roue* : déployer sa queue en éventail (paon) ; se pavaner. **Fam** *En roue libre* : sans prolonger ses efforts. *Grande roue* : attraction foraine.

roué, ée a, n Rusé, sans scrupule. ■ a Rompu. *Être roué de fatigue*. ■ nm HIST Compagnon de débauche de Philippe d'Orléans (au XVIIIᵉ s.).

rouelle nf Partie de la cuisse de veau, coupée en travers.

rouer vt Faire subir le supplice de la roue. **Loc** *Rouer de coups* : frapper violemment.

rouerie nf Litt Fourberie, ruse.

rouet nm Roue actionnée par une pédale servant à filer.

rouf ou **roof** nm MAR Superstructure élevée sur le pont supérieur d'un navire.

rouflaquette nf Fam Accroche-cœur, favori.

rouge a 1 De la couleur du sang. 2 Qui a le visage coloré par un afflux de sang. *Être rouge de colère*. 3 Qui a pris la couleur du feu par la chaleur. ■ a, n Qui a des opinions d'extrême gauche ; révolutionnaire. ■ av **Loc** *Se fâcher tout rouge, voir rouge* : entrer dans une violente colère. ■ nm 1 Couleur rouge. 2 Fard rouge. 3 Fam Vin rouge. 4 Coloration rouge du visage. 5 Couleur des signaux d'arrêt, d'interdiction. **Loc** *Être dans le rouge* : dans une situation financière difficile ou déficitaire.

rougeâtre a Qui tire sur le rouge.

rougeaud, aude a, n Rubicond.

rouge-gorge nm Passereau à la gorge rouge sombre. *Des rouges-gorges*.

rougeoiement nm Fait de rougeoyer.

rougeole nf Maladie virale aiguë, très contagieuse, caractérisée par des taches rouges.

rougeoyant, ante a Qui rougeoie.

rougeoyer vi [22] Avoir des reflets rouges et changeants.

rouget nm Nom de divers poissons comestibles (*rouget grondin* et *rouget barbet*).

rougeur nf 1 Teinte rouge. 2 Coloration rouge du visage, due à une émotion. 3 Tache rouge qui apparaît sur la peau.

rough [rœf] nm Syn de *crayonné*.

rougir vt Donner une couleur rouge à. ■ vi 1 Devenir rouge. 2 Avoir honte, être confus.

rougissant, ante a Qui rougit.

rougissement nm Fait de rougir.

rouille nf 1 Oxyde de fer dont se couvrent le fer et l'acier corrodés par l'humidité. 2 BOT Maladie cryptogamique des céréales. 3 Aïoli au piment rouge. ■ a inv Brun orangé.

rouillé, ée a 1 Attaqué, rongé par la rouille. *Clé rouillée*. 2 Qui a perdu une partie de ses capacités par manque d'exercice.

rouiller vt Rendre rouillé. ■ vi, vpr Devenir rouillé. **Loc** *Se rouiller* : ne rien faire.

rouir vt TECH Faire tremper dans l'eau du lin, du chanvre afin que les fibres textiles se séparent de la partie ligneuse.

rouissage nm Action de rouir.

roulade nf 1 Suite de notes légères chantées sur une seule syllabe. 2 Tranche de viande roulée et farcie. 3 Syn de *roulé-boulé*.

roulage nm 1 Action de rouler qqch. 2 Transport des marchandises sur des camions qui embarquent à bord d'un navire.

roulant, ante a 1 Qui peut rouler ; monté sur roues, sur roulettes. *Table roulante*. 2 Fam Très amusant. **Loc** *Feu roulant* : tir continu d'armes à feu. *Personnel roulant* : employé à bord d'un train, d'un autobus, etc.

roulé, ée a Dont on a fait un rouleau. *Couverture roulée*. **Loc** Fam *Femme bien roulée* : bien faite. ■ nm Gâteau dont la pâte est enroulée.

rouleau nm 1 Objet cylindrique. 2 Cylindre destiné à presser, à aplatir. 3 Ustensile de peintre en bâtiment, servant à étaler la peinture. 4 Bigoudi. 5 Lame qui brise près d'une plage. 6 Saut en hauteur consistant à faire tourner horizontalement le corps au-dessus de la barre. **Loc** Fam *Être au bout du rouleau* : à bout de forces.

roulé-boulé nm Action de se ramasser sur soi-même et de se laisser rouler à terre. Syn roulade. *Des roulés-boulés*.

roulement nm 1 Mouvement de ce qui roule. 2 Mécanisme utilisant ce mouvement et servant à réduire les frottements. 3 Bruit sourd et continu produit par qqch qui roule ou qui évoque ce mouvement. 4 Alternance de personnes qui se remplacent pour certains travaux. 5 Circulation de l'argent. *Fonds de roulement*.

rouler vt 1 Pousser qqch en le faisant tourner sur lui-même. *Rouler un tonneau*. 2 Déplacer un objet comportant des roues. 3 Enrouler qqch. *Rouler une couverture*. 4 Aplanir au rouleau. *Rouler la pâte*. 5 Fam Duper. *Se faire rouler*. 6 Tourner et retourner dans son esprit. *Rouler des projets*. **Loc** Fam *Rouler sa bosse* : avoir une existence vagabonde. *Rouler les épaules, les hanches* : les balancer en marchant. *Rouler les yeux* : leur donner un mouvement circulaire ; être étonné. Fam *Rouler les mécaniques* : faire le fier-à-bras. ■ vi 1 Avancer, se déplacer en tournant sur soi-même. 2 Avancer sur des roues. *Train qui roule à grande vitesse*. 3 MAR Être balancé par le roulis. 4 Circuler (argent). 5 Porter sur tel sujet. *La négociation roule sur un problème important*. **Loc** *Rouler sur l'or* : être très riche. Fam *Ça roule* : tout va bien. ■ vpr 1 Se tourner de côté et d'autre, étant couché. 2 S'envelopper de qqch. 3 Se mettre en boule. **Loc** Fam *Se rouler les pouces, se les rouler* : ne rien faire.

roulette nf 1 Petite roue. 2 Jeu de hasard. 3 Fam Fraise de dentiste. **Loc** Fam *Cela marche comme sur des roulettes* : sans aucune difficulté.

rouleur nm Cycliste particulièrement doué dans les courses sur le plat.

roulier nm Navire aménagé pour le roulage.

roulis nm Oscillation d'un navire, d'un véhicule d'un bord sur l'autre sous l'effet de la houle.

roulottage nm Vol à la roulotte.

roulotte nf Voiture des forains, des nomades. **Loc** *Vol à la roulotte* : dans les véhicules en stationnement.

roulotté nm COUT Ourlet constitué d'un rouleau très fin.

roulotter vt COUT Faire un roulotté.

roulure nf Pop Prostituée.

roumain, aine a, n De la Roumanie. ■ nm Langue romane parlée en Roumanie.

roumi n Européen, pour les musulmans.

round nm À la boxe, reprise lors d'un combat.

roupie nf Unité monétaire de l'Inde, du Sri Lanka, du Népal, de l'Indonésie, du Pakistan, de l'île Maurice, etc. Loc Fam *Roupie de sansonnet* : chose sans importance, sans valeur.

roupiller vi Pop Dormir.

roupillon nm Pop Petit somme.

rouquette nf Syn de *roquette*.

rouquin, ine a, n Fam Qui a les cheveux roux.

rouscailler vi Pop Protester.

rouspétance nf Fam Protestation.

rouspéter vi [12] Fam Protester, réclamer.

rouspéteur, euse a, n Fam Qui rouspète.

roussâtre a Qui tire sur le roux.

rousserolle nf Passereau proche de la fauvette.

roussette nf 1 Grande chauve-souris d'Afrique et d'Asie. 2 Petit requin. Syn. chien de mer.

rousseur nf Couleur rousse. Loc *Tache de rousseur* : petite tache pigmentaire brun clair.

roussi nm Odeur de ce qui a commencé à brûler. Loc Fam *Sentir le roussi* : devenir dangereux, se gâter.

roussir vt, vi Brûler superficiellement.

roussissement nm ou **roussissure** nf Fait de roussir.

rouste nf Pop Volée de coups.

routage nm Action de router.

routard, arde n Fam Voyageur qui prend la route à pied ou en auto-stop.

route nf 1 Voie terrestre carrossable ; moyen de communication utilisant ses voies. 2 Direction à prendre ; itinéraire. 3 Ligne de conduite, chemin suivi dans la vie. Loc *Faire route* : voyager. *Faire fausse route* : se tromper. *Mettre en route* : faire démarrer.

router vt 1 Grouper par destination des imprimés, des journaux. 2 Déterminer la route que doit suivre un bateau.

routeur nm Qui effectue un routage.

routier, ère a Des routes. *Trafic routier.* ■ n 1 Chauffeur de poids lourds. 2 Cycliste spécialisé dans les épreuves sur route. 3 HIST Soldat pillard au Moyen Âge. Loc *Vieux routier* : très expérimenté. ■ nm Automobile conçue pour faire de longs parcours sur route.

routine nf 1 Habitude d'agir et de penser toujours de la même manière. 2 INFORM Séquence d'instructions réalisant une fonction particulière. Loc *De routine* : ordinaire, habituel.

routinier, ère n, a Qui agit par routine. ■ a Qui se fait par routine.

rouvre nm Chêne commun en France.

rouvrir vt, vi [31] Ouvrir de nouveau.

roux, rousse a D'une couleur entre le jaune orangé et le rouge. ■ a, n Qui a les cheveux roux. ■ nm 1 Couleur rousse. 2 CUIS Mélange de farine et de beurre roussi, servant à lier une sauce.

royal, ale, aux a 1 Du roi. 2 Digne d'un roi ; magnifique. 3 Se dit d'espèces remarquables par leur beauté. *Tigre royal.* Loc *Voie royale* : moyen direct et glorieux d'accomplir qqch.

royalement av De façon royale.

royalisme nm Attachement à la royauté.

royaliste a, n Partisan du roi, de la royauté.

royalties [-tiz] nfpl Redevance payée à un inventeur, à un auteur, à un propriétaire de gisement de pétrole, etc.

royaume nm État gouverné par un roi. Loc *Le royaume de Dieu* : le paradis.

royauté nf 1 Dignité de roi. 2 Régime monarchique.

ru nm Vx Ruisseau.

ruade nf Mouvement d'une bête qui rue.

ruandais. V. rwandais.

ruban nm 1 COUT Bandelette de tissu, mince et étroite. 2 Petit morceau de tissu servant de décoration. 3 TECH Bande étroite de métal. *Scie à ruban.*

rubéfaction nf Irritation, rougeur de la peau.

rubéfier vt Irriter la peau.

rubéole nf Maladie infectieuse et contagieuse.

rubescent, ente a Litt Qui devient rouge.

rubiacée nf BOT Plante gamopétale, tels le caféier, le quinquina.

rubicond, onde a Très rouge de teint.

rubidium [-djom] nm Métal blanc, brillant qui se rapproche du potassium.

rubigineux, euse a Couvert de rouille.

rubis nm 1 Pierre précieuse rouge. 2 Pivot en pierre dure, dans un rouage d'horlogerie. Loc *Payer rubis sur l'ongle* : payer comptant tout ce qu'on doit.

rubrique nf 1 Article publié régulièrement par un périodique et traitant d'un même domaine. 2 Titre, indication de la matière, de la classe, de la catégorie.

rubriquer vt Donner une rubrique à qqch.

ruche nf 1 Habitation des abeilles ; essaim qui y habite. 2 Litt Lieu où règne une activité intense. 3 COUT Bande plissée de tulle, de dentelles.

rucher nm Ensemble de ruches.

rude a 1 Dont le contact est dur. 2 Difficile à supporter, pénible. *Hiver rude. Une rude épreuve.* 3 Dur, sévère, brutal. 4 Fam Considérable, remarquable. *Une rude chance.*

rudement av 1 De façon rude. *Parler rudement.* 2 Fam Très. *J'ai rudement faim.*

rudéral, ale, aux a BOT Qui pousse dans les décombres.

rudesse nf Caractère rude, pénible.

rudiment nm Forme ébauchée ou atrophiée d'un organe. ■ pl Premières notions d'une science, d'un art.

rudimentaire a Sommaire, peu développé.

rudoiement nm Litt Action de rudoyer.

rudoyer vt [22] Traiter rudement qqn.

rue nf 1 Voie bordée de maisons, dans une agglomération. Loc *Être à la rue* : sans domicile. *L'homme de la rue* : le citoyen ordinaire.

ruée nf Fait de se précipiter en grand nombre vers un même lieu.

ruelle nf 1 Petite rue étroite. 2 Espace laissé entre un lit et un mur.

ruer vi Lancer en l'air avec force les pieds de derrière (cheval, âne). Loc Fam *Ruer dans les brancards* : se rebeller. ■ vpr Se lancer vivement, impétueusement. *Se ruer vers la sortie.*

ruffian nm Vx Aventurier sans scrupules.

rugby nm Sport qui oppose deux équipes et qui se joue avec un ballon ovale à la main et au pied.

rugbyman [-man] nm Joueur de rugby.

rugir vi Pousser un rugissement (lion). ■ vi, vt Hurler, vociférer.

rugissant, ante a Qui rugit.

rugissement nm 1 Cri du lion, de bêtes féroces. 2 Hurlement de qqn.

rugosité nf 1 Aspérité sur une surface. 2 Caractère d'une surface rugueuse.

rugueux, euse *a* Rude au toucher.
ruine *nf* 1 Dégradation, écroulement d'un édifice. *Tomber en ruine.* 2 Effondrement, destruction. *La ruine d'un État.* 3 Perte des biens, de la fortune. 4 Personne dégradée physiquement ou moralement. ■ *pl* Débris d'une ville, d'un édifice détruits.
ruiner *vt* 1 Causer la ruine, la perte, la destruction de qqch ou qqn. 2 Infirmer. *Ruiner une hypothèse.* ■ *vpr* 1 Perdre sa fortune. 2 Dépenser trop. *Se ruiner en cadeaux.*
ruineux, euse *a* Qui entraîne à des dépenses excessives.
ruiniforme *a* Qui a un aspect de ruine, du fait de l'érosion.
ruisseau *nm* 1 Petit cours d'eau. 2 Litt Flot de liquide qui coule, s'épanche. *Des ruisseaux de larmes.* 3 Caniveau.
ruisselant, ante *a* Qui ruisselle.
ruisseler *vi* [18] 1 Couler en filets d'eau. 2 Être inondé de. *Ruisseler de sueur.*
ruisselet *nm* Petit ruisseau.
ruissellement *nm* Fait de ruisseler.
rumba [Rumba] *nf* Danse cubaine.
rumen [-mɛn] *nm* ZOOL Panse.
rumeur *nf* 1 Bruit confus de voix. 2 Bruit, nouvelle qui court dans le public.
ruminant, ante *a* Qui rumine. ■ *nm* ZOOL Mammifère pourvu d'un appareil digestif propre à la rumination (bovidés, cervidés, etc.).
rumination *nf* Fait de ruminer.
ruminer *vt* 1 ZOOL Ramener les aliments de la panse dans la bouche pour les remâcher. 2 Ressasser, repenser à qqch. *Ruminer un projet.*
rumsteck. V. romsteck.
runabout [Rœnabawt] *nm* Canot de course.
rune *nf* Signe des anciens alphabets germanique et scandinave.
runique *a* Relatif aux runes.
ruolz *nm* Alliage blanc, composé de cuivre, de nickel et d'argent.
rupestre *a* 1 BOT Qui croît sur les rochers. 2 Exécuté sur les parois des cavernes.
rupiah *nf* Unité monétaire de l'Indonésie.
rupicole *nm* Coq de roche.
rupin, ine *a, n* POP Riche.
rupteur *nm* ELECTR Appareil d'ouverture et de fermeture du circuit.
rupture *nf* 1 Action de rompre, fait de se rompre. 2 Séparation de personnes qui étaient liées. **Loc** *Rupture de stock :* stock insuffisant pour satisfaire les commandes. *Rupture de pente :* modification brutale d'une pente.
rural, ale, aux *a* De la campagne. *Le monde rural.* ■ *nmpl* Paysans.

ruralisme *nm* Idéalisation de la vie à la campagne.
rurbain, aine *a, n* De la rurbanisation.
rurbanisation *nf* SOCIOL Peuplement des villages proches des villes par des personnes qui travaillent dans celles-ci.
ruse *nf* 1 Stratagème pour tromper. 2 Habileté à tromper, à feindre. *Vaincre par la ruse.*
rusé, ée *a, n* Qui a de la ruse.
ruser *vi* Agir avec ruse.
rush [Rœʃ] *nm* 1 Ruée d'un groupe de joueurs. 2 Effort final d'un concurrent. 3 Ruée, afflux. *Le rush des vacanciers. Des rushes.* ■ *pl* Au cinéma, à la télévision, prises de vue avant montage.
russe *a, n* De la Russie. ■ *nm* Langue slave parlée en Russie.
russification *nf* Action de russifier.
russifier *vt* Faire adopter les institutions, la langue russes à.
russophone *a, n* De langue russe.
russule *nf* Champignon des bois, à lames.
rustaud, aude *a, n* Gauche, grossier, pataud.
rusticité *nf* Caractère rustique.
rustine *(n* déposé*)* Rondelle adhésive de caoutchouc qui sert à réparer les chambres à air.
rustique *a* 1 Simple et traditionnel. *Vie rustique.* 2 Qui s'adapte à toutes les conditions climatiques. *Plante rustique.*
rustre *a, n* Grossier, sans éducation.
rut *nm* État physiologique des mammifères, qui les pousse à l'accouplement.
rutabaga *nm* Navet à racine comestible.
rutacée *nf* BOT Plante dicotylédone, comme l'oranger, le citronnier.
ruthénium [-njɔm] *nm* Métal du groupe du platine.
rutilant, ante *a* Qui brille d'un vif éclat.
rutiler *vi* Briller d'un vif éclat.
rwandais ou **ruandais, aise** *a, n* Du Rwanda.
rythme *nm* 1 Retour périodique des temps forts et des temps faibles dans une phrase musicale, un vers, etc. 2 Alternance régulière. *Le rythme des saisons.* 3 Mouvement périodique ou cadencé. *Rythme cardiaque.* 4 Allure d'un processus quelconque. *Vivre au rythme de son temps.*
rythmé, ée *a* Qui a un rythme.
rythmer *vt* Donner du rythme à.
rythmique *a* Relatif au rythme. ■ *nf* 1 Danse, gymnastique faite selon un rythme. 2 Science des rythmes en prose et en poésie.

s nm Dix-neuvième lettre (consonne) de l'alphabet.

sa. V. son 1.

sabayon nm Crème à base de vin, d'œufs, de sucre et d'aromates.

sabbat nm 1 Repos consacré au culte observé par les juifs le samedi. Syn. shabbat. 2 Assemblée nocturne de sorciers et de sorcières.

sabbatique a Du sabbat. Loc *Année sabbatique* : année de congé.

sabir nm 1 Langue mixte d'arabe et de langues romanes. 2 Charabia.

sablage nm Action de sabler.

sable nm 1 Roche détritique meuble composée de petits grains. 2 HERALD Couleur noire avec hachures verticales et horizontales croisées. Loc *Sables mouvants* : sable où l'on risque de s'enliser. *Bâtir sur le sable* : entreprendre sur des bases très fragiles. Fam *Être sur le sable* : être sans argent. ■ a inv Beige clair.

sablé, ée a Couvert de sable. Loc *Pâte sablée* : pâte friable, à forte proportion de beurre. ■ nm Petit gâteau sec à pâte sablée.

sabler vt Couvrir de sable. *Sabler une allée.* Loc *Sabler le champagne* : boire du champagne pour fêter un événement.

sableux, euse a Qui contient du sable. ■ nf 1 Machine qui projette un jet de sable pour décaper. 2 Machine pour sabler les chaussées.

sablier nm Appareil pour mesurer le temps par l'écoulement du sable d'une ampoule dans une autre.

sablière nf 1 Poutre horizontale sur laquelle s'appuie la charpente. 2 Carrière de sable.

sablon nm Sable très fin.

sablonneux, euse a Où le sable abonde.

sabord nm Ouverture quadrangulaire dans la muraille d'un navire.

sabordage ou **sabordement** nm Action de saborder.

saborder vt 1 Percer un navire sous la flottaison pour le couler. 2 Mettre volontairement fin à l'existence de qqch, de qqn.

sabot nm 1 Chaussure de bois. 2 Enveloppe cornée du pied de certains animaux (ongulés). 3 Pièce du frein, qui s'applique contre le bandage d'une roue. 4 Fam Instrument qui ne vaut rien. Loc *Sabot de Denver* : grosse pince utilisée par la police pour bloquer la roue d'un véhicule en stationnement illicite. *Baignoire sabot* : petite baignoire dans laquelle on se tient assis.

sabotage nm Action de saboter.

saboter vt 1 Faire vite et mal. *Saboter un travail.* 2 Détruire, détériorer une machine, une installation, un organisme.

saboteur, euse n Qui sabote.

sabotier, ère n Qui fabrique des sabots.

sabra n Juif né en Israël.

sabre nm Arme blanche, tranchante d'un seul côté. Loc *Le sabre et le goupillon* : l'armée et l'Église.

sabrer vt 1 Frapper à coups de sabre. 2 Fam Biffer, amputer largement un texte. 3 Fam Congédier qqn, le refuser à un examen. 4 Fam Faire vite et mal un travail.

sabreur nm Qui se bat au sabre.

sac nm 1 Poche en toile, en papier, en cuir, etc., ouverte seulement par le haut et servant de contenant ; son contenu. 2 ANAT Cavité, enveloppe organique. 3 Pillage. Loc Fam *Mettre dans le même sac* : confondre dans la même réprobation. Fam *Prendre la main dans le sac* : en flagrant délit. Fam *Avoir plus d'un tour dans son sac* : être très retors. *Sac à main* : servant à contenir les papiers, les fards, etc. *Sac de couchage* : dans lequel on se glisse pour dormir, utilisé par les campeurs. Fam *L'affaire est dans le sac* : le succès est assuré. Fam *Vider son sac* : dire tout ce qu'on a sur le cœur. *Mettre à sac* : piller. Fam *Sac à vin* : ivrogne.

saccade nf Mouvement brusque et irrégulier ; secousse.

saccadé, ée a Irrégulier et brusque.

saccage nm Pillage, dévastation.

saccager vt 1 Dévaster. *Saccager un pays.* 2 Bouleverser. *Saccager un appartement.*

saccharifère a Qui renferme du sucre.

saccharifier vt CHIM Transformer en sucre.

saccharine [-ka-] nf Succédané du sucre.

saccharose [-ka-] nm Sucre alimentaire, constitué de glucose et de fructose.

sacerdoce nm 1 Dignité et fonction du ministre d'un culte. 2 Toute fonction qui requiert de l'abnégation.

sacerdotal, ale, aux a Du sacerdoce, du prêtre.

sachem nm Vieillard faisant partie du conseil de la tribu, chez les Indiens d'Amérique.

sachet nm Petit sac.

sacoche *nf* Sac de cuir, de toile, etc.

sac-poubelle *nm* Sac de plastique pour les ordures ménagères. *Des sacs-poubelle.*

sacquer ou **saquer** *vt Fam* 1 Congédier, renvoyer. 2 Punir sévèrement.

sacral, ale, aux *a* Devenu sacré.

sacralisation *nf* Fait de sacraliser.

sacraliser *vt* Rendre sacré.

sacramentel, elle *a* Rituel, solennel.

1. sacre *nm* Cérémonie religieuse par laquelle on consacre un souverain, un évêque.

2. sacre *nm* Grand faucon.

1. sacré, ée *a* 1 Qui concerne la religion, le culte. *Ant.* profane. 2 Qui appelle un respect absolu. *Devoir sacré.* 3 *Fam* (avant le nom) Renforce un terme injurieux ou admiratif. *Une sacrée chance.* *Loc Le Sacré Collège* : ensemble des cardinaux de l'Église romaine. ■ *nm* Ce qui est sacré. *Le sacré et le profane.*

2. sacré, ée *a* ANAT Relatif au sacrum.

sacrebleu ! *interj* Juron.

Sacré-Cœur *nm inv* Cœur de Jésus-Christ, symbole de son amour pour l'humanité.

sacrement *nm* Signe concret et efficace de la grâce, institué par le Christ pour sanctifier les hommes. *Loc Le saint sacrement* : l'eucharistie.

sacrément *av Fam* Extrêmement.

sacrer *vt* 1 Conférer, par une cérémonie religieuse, un caractère sacré à qqn, à qqch. 2 Déclarer sacramentellement tel. *Elle fut sacrée meilleure actrice de sa génération.*

sacrificateur, trice *n* ANTIQ Prêtre, prêtresse qui offrait les sacrifices.

sacrifice *nm* 1 Offrande faite à une divinité. 2 Renoncement, privation volontaire ou forcée.

sacrificiel, elle *a* Du sacrifice religieux.

sacrifié, ée *a, n* Qui se sacrifie pour autrui.

sacrifier *vt* 1 Offrir, immoler en sacrifice à une divinité. 2 Renoncer à qqch, abandonner au profit de qqn, de qqch. *Sacrifier sa famille à son travail.* 3 *Fam* Céder à bas prix des marchandises. ■ *vti* Se conformer à qqch. *Sacrifier à la mode.* ■ *vpr* Se dévouer sans réserve.

sacrilège *nm* 1 Profanation impie de ce qui est sacré. 2 Outrage à qqn, à qqch particulièrement digne de respect. ■ *a, n* Qui commet un sacrilège. ■ *a* Propre à un sacrilège. *Paroles sacrilèges.*

sacripant *nm Fam* Mauvais sujet.

sacristain *nm* Employé qui a la charge de la sacristie et de l'entretien d'une église.

sacristie *nf* Salle, attenante à une église, où on range les objets du culte.

sacro-iliaque *a* Du sacrum et de l'os iliaque.

sacrosaint, sacrosainte *a* Qui fait l'objet d'un respect absolu.

sacrum [-krɔm] *nm* ANAT Os situé au bas de la colonne vertébrale.

sadique *a, n* Qui relève du sadisme.

sadique-anal, ale, aux *a Loc* PSYCHAN *Stade sadique-anal* : phase où l'enfant fait l'apprentissage de la maîtrise anale.

sadiquement *av* De façon sadique.

sadisme *nm* Goût à faire ou à voir souffrir autrui.

sadomasochisme *nm* PSYCHO Association de sadisme et de masochisme chez le même individu.

sadomasochiste *a, n* Qui relève du sadomasochisme.

safari *nm* Expédition de chasse en Afrique.

safari-photo *nm* Excursion au cours de laquelle on photographie les bêtes sauvages. *Des safaris-photos.*

1. safran *nm* 1 Crocus. 2 Poudre faite avec les stigmates floraux du crocus, servant de colorant ou de condiment. ■ *a inv* Jaune.

2. safran *nm* MAR Partie plate du gouvernail.

safrané, ée *a* Assaisonné ou coloré avec du safran.

saga *nf* 1 Conte ou légende du Moyen Âge scandinave. 2 Cycle romanesque racontant l'épopée d'une famille.

sagace *a* Doué de sagacité.

sagacité *nf* Pénétration, finesse d'esprit.

sagaie *nf* Javelot utilisé par divers peuples.

sage *a, n* Modéré, prudent, raisonnable. ■ *a* 1 Tranquille, obéissant. *Enfant sage.* 2 Qui évite les excès ; chaste. *Une mode sage.* ■ *nm* 1 Que son art de vivre met à l'abri des passions, de l'agitation. 2 Expert chargé d'étudier une question politique ou économique.

sage-femme *nf* Celle dont la profession est d'accoucher les femmes. *Des sages-femmes.*

sagement *av* De façon sage, prudente.

sagesse *nf* 1 Modération, prudence, circonspection. 2 Réserve dans la conduite. 3 Tranquillité, docilité. 4 Philosophie du sage.

sagittaire *nf* Plante monocotylédone aquatique à feuilles en forme de flèches.

sagittal, ale, aux *a* ANAT Médian et suivant le plan de symétrie. *Coupe sagittale.*

sagouin, ouine *n Fam* Homme, enfant malpropre, grossier. ■ *nm* Petit singe.

saharien, enne *a, n* Du Sahara. ■ *nf* Veste de toile légère.

sahélien, enne *a* Du Sahel.

sahib *nm* En Inde, Monsieur (titre de respect).

sahraoui, ie *a, n* Du Sahara occidental.

saï *nm* Petit singe d'Amérique du Sud.

saignant, ante *a* Qui saigne. *Loc Viande saignante* : très peu cuite.

saignée *nf* 1 Opération visant à tirer des veines une certaine quantité de sang. 2 Pli formé par le bras et l'avant-bras. 3 Prélèvement abondant. *Saignée fiscale.* 4 *Litt* Grande perte d'hommes. 5 TECH Rigole pour un drainage, une irrigation. 6 Longue entaille, rainure sur une pièce.

saignement *nm* Épanchement de sang.

saigner *vi* Perdre du sang. *Saigner du nez. Blessure qui saigne.* ■ *vt* 1 Tirer du sang à qqn en ouvrant une veine. 2 Vider un animal de son sang pour le tuer. 3 Épuiser en soutirant toutes les ressources. ■ *vpr* Saigner pour qqn tous les sacrifices possibles. *Loc Se saigner aux quatre veines* : se priver de tout pour qqn, qqch.

saillant, ante *a* 1 Qui fait saillie. 2 Qui appelle l'attention, marquant. ■ *nm* Partie qui fait saillie.

saillie *nf* 1 Partie qui avance ; saillant. 2 Accouplement des animaux domestiques. 3 *Litt* Trait d'esprit.

saillir *vi* [27] Être en saillie, former un relief. ■ *vt* [2] Couvrir la femelle.

sain, saine *a* 1 En bonne santé. 2 Qui n'est pas abîmé, gâté. *Fruit sain.* 3 Juste, sensé, conforme à la raison. *Jugement sain.* 4 Favorable à la santé. *Alimentation saine.* 5 Qui ne comporte pas de vices cachés. *Une affaire saine. Loc Sain et sauf* : sans dommage ; indemne.

sainbois nm Syn de *garou*.

saindoux nm Graisse de porc fondue.

sainement av De façon saine.

sainfoin nm Plante cultivée comme fourrage.

saint, sainte a, n 1 Qui, ayant porté à un degré exemplaire la pratique des vertus chrétiennes, a été canonisé par l'Église catholique. 2 Qui mène une vie exemplaire. *Loc Ne pas savoir à quel saint se vouer* : à quel moyen recourir. ■ a 1 Conforme aux lois de la religion. 2 Consacré. *La sainte table.* 3 Fam Extrême. *Avoir une sainte horreur de l'eau. Loc Le lundi (mardi, etc.) saint* : chacun des jours qui précède Pâques. *Fam Toute la sainte journée* : sans arrêt. ■ nm *Loc Le saint des saints* : lieu secret.

saint-amour nm inv Cru du Beaujolais.

saint-bernard nm inv Chien alpestre de grande taille.

saint-cyrien nm Élève de l'École militaire de Saint-Cyr. *Des saint-cyriens.*

sainte-maure nm inv Fromage de chèvre cylindrique, fabriqué en Touraine.

saintement av De façon sainte.

saint-émilion nm inv Bordeaux rouge réputé.

sainte-nitouche nf Fam Qui affecte des airs d'innocence ou de pruderie. *Des saintes-nitouches.*

Saint-Esprit nm Troisième personne de la Sainte-Trinité.

sainteté nf Caractère saint. *Loc Sa Sainteté* : titre donné au pape.

saint-florentin nm inv Fromage bourguignon de lait de vache à pâte molle.

saint-frusquin nm inv Fam Effets personnels. *Loc Fam Et tout le saint-frusquin* : et tout le reste.

saint-glinglin (à la) av Fam Jamais.

saint-honoré nm inv Gâteau garni de crème chantilly.

saint-marcellin nm inv Petit fromage rond du Dauphiné, au lait de vache.

saint-nectaire nm inv Fromage d'Auvergne, au lait de vache à pâte pressée.

saint-paulin nm inv Fromage de vache à pâte ferme non cuite.

Saint-Père nm Le pape.

saint-pierre nm inv Poisson plat des mers tempérées.

saint-simonien, enne n, a Qui relève du saint-simonisme. *Des saint-simoniens.*

saint-simonisme nm Doctrine sociale de Claude de Saint-Simon et de ses disciples.

saisie nf 1 DR Acte par lequel un créancier frappe d'indisponibilité, dans les formes légales, les biens de son débiteur. 2 Prise de possession de qqch par voie administrative ou judiciaire. 3 INFORM Enregistrement de données par un ordinateur en vue de leur traitement.

saisie-arrêt nf DR Saisie effectuée par un créancier sur les sommes dues à son débiteur par un tiers. *Des saisies-arrêts.*

saisine nf DR Formalité par laquelle une juridiction est amenée à connaître d'une affaire.

saisir vt 1 Prendre, attraper vivement. *Saisir qqn à bras le corps.* 2 Mettre immédiatement à profit. *Saisir l'occasion.* 3 Prendre, attraper un objet. 4 Comprendre, sentir. *Saisir les intentions de qqn.* 5 Litt S'emparer de qqn. *La fièvre l'a saisi. Être saisi d'admiration.* 6 Exposer peu de temps à un feu vif un aliment. *Saisir une viande.* 7 DR Opérer la saisie de. *Saisir des meubles.* 8 DR Porter une affaire devant un tribunal. 9 INFORM Effectuer une saisie. ■ vpr S'emparer, se rendre maître de.

saisissable a Qui peut être saisi, perçu.

saisissant, ante a Qui fait une vive impression. *Spectacle saisissant.*

saisissement nm Émotion soudaine.

saison nf 1 Période de l'année caractérisée par certaines conditions climatiques et par l'état de la végétation. 2 Période de l'année où une activité bat son plein. *La saison touristique. Loc Être de saison* : être approprié aux circonstances. *Hors de saison* : mal à propos, déplacé.

saisonnier, ère a 1 Propre à une saison. 2 Qui ne dure que l'espace d'une saison. ■ nm Ouvrier qui fait du travail saisonnier.

sajou ou **sapajou** nm Petit singe d'Amérique du Sud, à longue queue préhensile.

saké nm Boisson alcoolique japonaise, obtenue par fermentation du riz.

saki nm Petit singe d'Amérique du Sud.

salace a Litt Lubrique, licencieux.

salacité nf Litt Caractère salace.

salade nf 1 Mets composé d'herbes potagères crues, assaisonnées de vinaigrette. 2 Plante potagère (laitue, endive, pissenlit, mâche, etc.). 3 Fam Discours mensonger (surtout pl). *Loc Salade de fruits* : mélange de fruits coupés en morceaux servis avec du sirop. *Salade russe* : macédoine de légumes.

saladier nm Récipient dans lequel on sert la salade.

salage nm Action de saler.

salaire nm 1 Rémunération d'un travail payée régulièrement par un employeur à ses employés en vertu d'un contrat de travail. 2 Litt Récompense ou punition méritée pour une action.

salaison nf Action de saler des aliments pour les conserver ; aliment ainsi conservé.

salaisonnerie nf Industrie de la salaison, des produits de charcuterie.

salamalecs nmpl Fam Politesses exagérées.

salamandre nf Petit amphibien terrestre.

salami nm Gros saucisson sec.

salangane nf Martinet de l'Extrême-Orient dont les nids, faits de salive et d'algues, sont consommés dans la cuisine chinoise.

salant am *Loc Marais salant* : bassin en bord de mer, où on recueille le sel, après évaporation de l'eau. ■ nm Rég Prés salés.

salarial, ale, aux a Du salaire. *Loc Masse salariale* : montant global des salaires dans une entreprise, un pays.

salariat nm Mode de rémunération du travail par le salaire.

salarié, ée a, n Qui reçoit un salaire.

salarier vt Rétribuer par un salaire.

salaud nm, am Pop Homme moralement méprisable (injure).

sale a 1 Malpropre, dont la pureté est altérée. *Eau sale.* 2 Mal lavé, crasseux. 3 Désagréable ou dangereux. *Une sale affaire. Sale temps.* 4 Fam (avant le nom) Méprisable, détestable. *Un sale type.*

salé, ée a 1 Qui contient du sel, conservé dans du sel. 2 Licencieux, grivois. *Plaisanterie salée.* 3 Fam Exagéré, excessif. *Addition salée.* ■ nm Viande de porc salée. Loc *Petit salé : morceau de porc légèrement salé.*

salement av 1 De façon sale. 2 Pop Grandement, très.

saler vt 1 Assaisonner avec du sel. 2 Imprégner de sel, pour conserver. 3 Fam Demander un prix exagéré. 4 Fam Punir sévèrement.

salers nm Cantal de fabrication artisanale.

saleté nf 1 État de ce qui est sale. 2 Chose sale. *Balayer les saletés.* 3 Obscénité. *Dire des saletés.* 4 Action méprisable, malhonnête.

salicaire nf Plante herbacée des lieux humides.

salicole a De la saliculture.

salicorne nf Plante des zones littorales, qui pousse sur les vases salées.

saliculture nf Exploitation des marais salants.

salicylique a Loc *Acide salicylique :* antiseptique et anti-inflammatoire (aspirine).

salière nf 1 Petit récipient destiné à contenir du sel. 2 Creux en arrière de la clavicule, chez les personnes maigres.

saligaud, aude n Pop Personne ignoble, moralement répugnante.

salin, ine a Qui contient du sel. ■ nm Marais salant. ■ nf Entreprise industrielle de production de sel (gemme ou marin).

salinité nf CHIM Proportion de sel dans une solution.

salique a HIST Relatif aux Francs Saliens.

salir vt 1 Souiller, maculer. 2 Avilir, déshonorer.

salissant, ante a 1 Qui salit. 2 Qui se salit facilement.

salissure nf Saleté, souillure.

salivaire a De la salive. *Sécrétion salivaire.*

salivation nf Production de salive.

salive nf Liquide sécrété par les glandes salivaires. Loc *Perdre sa salive :* parler en vain.

saliver vi Sécréter de la salive.

salle nf 1 Pièce d'un appartement, d'une maison, destinée à un usage particulier. *Salle à manger. Salle de bains.* 2 Local affecté à un usage collectif. *Salle d'attente.* 3 Public de la salle. Loc *Salle obscure :* cinéma. *Salle des pas perdus :* grand hall. *Salle de marché :* dans une banque, lieu où l'on traite les opérations portant sur les devises, les titres.

salmigondis nm Fam Mélange de choses disparates.

salmis nm Ragoût de pièces de gibier préalablement cuites.

salmonelle nf Bacille agent des salmonelloses.

salmonellose nf MED Infection due à une salmonelle (typhoïde, intoxications).

salmoniculture nf Élevage du saumon.

salmonidé nm ZOOL Poisson osseux, tels les saumons, les truites, les ombles.

saloir nm Récipient pour saler les denrées.

salon nm 1 Pièce de réception d'un appartement, d'une maison privée. 2 Réception mondaine ; société qui fréquente ces réceptions. 3 Local où on reçoit la clientèle dans certains commerces. *Salon de coiffure.* 4 (avec majusc) Exposition périodique d'œuvres d'art, de produits de l'industrie. *Le Salon de l'automobile.*

salonnard, arde n Fam Habitué des salons mondains.

saloon [-lun] nm Bar du Far West américain.

salopard nm Pop Salaud.

salope nf Pop 1 Femme malfaisante, méprisable ; garce. 2 Individu infâme, salaud.

saloper vt Pop 1 Effectuer sans soin un travail. 2 Salir, endommager.

saloperie nf Pop 1 Grande malpropreté. 2 Propos orduriers. 3 Mauvais procédé, vilenie. 4 Objet de mauvaise qualité.

salopette nf Vêtement composé d'un pantalon et d'un plastron à bretelles.

salpêtre nm Nitrate de potassium.

salpêtrer vt Couvrir de salpêtre.

salpingite nf Inflammation des trompes utérines.

salsa nf Danse et musique des Caraïbes.

salsepareille nf Arbrisseau à racines dépuratives.

salsifis nm Plante potagère à racines comestibles.

saltimbanque nm Jongleur, bateleur qui fait des tours d'adresse en public.

salto nm SPORT Saut périlleux.

salubre a Favorable à la santé.

salubrité nf Caractère salubre. Loc *Salubrité publique :* mesures prises dans l'intérêt de l'hygiène publique.

saluer vt 1 Donner une marque extérieure de civilité, de respect à qqn. 2 Rendre hommage à qqch. *Saluer le courage de qqn.* 3 Accueillir par des manifestations de joie, de mépris, etc.

salure nf Teneur en sel.

salut nm 1 Action de saluer ; geste ou parole de civilité. 2 Fait d'échapper à un danger, de se sauver ou d'être sauvé. 3 RELIG Félicité éternelle. ■ interj Fam Bonjour ou au revoir.

salutaire a Bienfaisant, profitable.

salutation nf Litt Action de saluer avec des marques ostentatoires de respect. ■ pl Formule de politesse pour terminer une lettre.

salutiste n Qui fait partie de l'Armée du salut.

salvadorien, enne a, n Du Salvador.

salvateur, trice a Litt Qui sauve.

salve nf Décharge simultanée de plusieurs armes à feu. Loc *Salve d'applaudissements :* applaudissements simultanés.

samaritain, aine a, n HIST De Samarie. Loc *Faire le bon Samaritain :* secourir autrui.

samba nf Danse populaire brésilienne.

samedi nm Sixième jour de la semaine.

samizdat [-dat] nm HIST Édition et diffusion clandestines, en U.R.S.S.

samoan, ane a, n Des Samoa.

samossa nm Petit feuilleté de viande ou de légumes.

samouraï nm Guerrier dans le Japon féodal.

samovar nm Ustensile russe destiné à la préparation du thé.

sampan nm Bateau chinois non ponté.

SAMU nm Abrév de *service d'aide médicale d'urgence.*

sanatorium [-Rjom] ou **sana** nm Établissement destiné au traitement de la tuberculose.

sancerre nm Vin de Loire, le plus souvent blanc.

sanctifiant, ante ou **sanctificateur, trice** n, a RELIG Qui sanctifie.

sanctification nf RELIG Action de sanctifier.

sanctifier vt RELIG 1 Rendre saint. *La grâce qui sanctifie les âmes.* 2 Honorer comme saint. 3 Célébrer comme le veut l'Église. *Sanctifier le dimanche.*

sanction nf 1 Approbation, ratification. 2 Conséquence naturelle. *Ses difficultés sont la sanction de son imprévoyance.* 3 Peine impliquée par la loi. *Sanction pénale.* 4 Mesure répressive.

sanctionner vt 1 Approuver, confirmer. 2 Réprimer, punir.

sanctuaire nm 1 Édifice sacré ; endroit où l'on célèbre un culte. 2 Lieu inviolable, asile, refuge. 3 MILIT Territoire rendu inaccessible aux coups de l'ennemi.

sanctuariser vt MILIT Transformer un territoire en sanctuaire.

sandale nf Chaussure formée d'une semelle qui s'attache au pied par des lanières.

sandalette nf Sandale légère.

sandiniste n. a HIST Qui relève d'un mouvement révolutionnaire nicaraguayen.

sandow [-do] nm (n déposé) Cordon élastique qui sert à fixer des colis sur un support.

sandre nm Poisson d'eau douce, voisin de la perche.

sandwich [sɑ̃dwitʃ] nm 1 Tranches de pain entre lesquelles on a placé des aliments froids. 2 TECH Matériau composite constitué d'une couche prise entre deux plaques minces. Loc *Fam En sandwich :* coincé entre deux objets, deux personnes.

sang nm 1 Liquide rouge, visqueux, qui circule dans l'organisme par un système de vaisseaux. 2 Race, famille. *Liens du sang. Être de sang royal.* Loc Fam *Coup de sang :* congestion, accès de colère. *Jusqu'au sang :* au point de faire saigner. *Avoir le sang chaud :* être dynamique, coléreux. *Avoir du sang dans les veines :* être courageux. *Fouetter le sang :* stimuler. Fam *Se faire du mauvais sang, un sang d'encre, se ronger les sangs :* s'inquiéter. *Avoir qqch dans le sang :* avoir cette qualité innée. *Verser, répandre, faire couler le sang :* commettre un meurtre. *Apport de sang frais :* d'éléments plus jeunes, plus dynamiques ; apport de capitaux.

sang-froid nm inv Maîtrise de soi, calme. Loc *De sang-froid :* froidement, consciemment.

sanglant, ante a 1 Couvert, souillé de sang. 2 Qui fait couler beaucoup de sang. *Combat sanglant.* 3 Offensant. *Reproches sanglants.*

sangle nf Bande plate et large qui sert à ceindre, à serrer.

sangler vt Serrer fortement avec une sangle.

sanglier nm Porc sauvage.

sanglot nm Spasme bruyant de qqn qui pleure.

sangloter vi Pleurer avec des sanglots.

sang-mêlé n inv Métis, métisse.

sangria nf Boisson espagnole faite de vin rouge sucré dans lequel ont macéré des fruits.

sangsue [sɑ̃sy] nf 1 Ver des eaux stagnantes, qui se fixe par une ventouse à la peau. 2 Fam Personne avide, accaparante.

sanguin, ine a 1 Du sang. *Transfusion sanguine.* ■ nm Qui est impulsif, coléreux.

sanguinaire a Qui se plaît à répandre le sang ; cruel.

sanguine nf 1 Dessin exécuté avec un crayon d'ocre rouge. 2 Orange à pulpe rouge.

sanguinolent, ente a Mêlé de sang, teinté de sang.

sanhédrin nm HIST Tribunal civil et religieux des Juifs de l'Antiquité.

sanie nf MED Pus mêlé de sang.

sanisette nf (n déposé) Toilettes publiques payantes.

sanitaire a Relatif à la santé et à l'hygiène. ■ nmpl Ensemble des appareils et locaux de propreté (lavabos, W.-C., etc.).

sans prép Marque l'absence, la privation, l'exclusion. Loc *Non sans :* avec. *Sans que* (+ subj) : de telle manière que qqch ne se fasse pas. *Sans quoi, sans ça :* sinon.

sans-abri n inv Qui n'a plus de logement.

sans-cœur a inv, n inv Fam Dur, insensible.

sanscrit. V. sanskrit.

sans-culotte nm HIST Révolutionnaire sous la Convention. *Des sans-culottes.*

sans-emploi n inv Chômeur, chômeuse.

sans-faute nm inv Épreuve accomplie sans erreur.

sans-gêne nm inv Désinvolture inconvenante. ■ a inv, n inv Qui agit sans se préoccuper des autres ; grossier, impoli.

sans-grade n inv Fam Subordonné, subalterne.

sanskrit ou **sanscrit** nm Ancienne langue sacrée de l'Inde.

sans-le-sou n inv Fam Qui n'a pas d'argent.

sans-logis n inv Sans domicile.

sansonnet nm Étourneau.

sans-papiers nm inv Personne dépourvue de papiers d'identité et en situation irrégulière.

sans-parti n inv Qui n'est inscrit à aucun parti.

santal nm Arbre d'Asie tropicale cultivé pour son bois odorant. *Des santals.*

santé nf 1 État de qqn chez qui le fonctionnement de tous les organes est régulier ; bon état physiologique. 2 Équilibre mental. 3 État de l'organisme. *Avoir bonne, mauvaise santé.* 4 État sanitaire d'une collectivité. Loc *À la santé de :* en l'honneur de.

santiag nf Botte à bout pointu.

santon nm Figurine de terre cuite qui orne la crèche de Noël, en Provence.

saoudien, enne a, n D'Arabie Saoudite.

saoul, saouler. V. soûl, soûler.

sapajou. V. sajou.

sape nf Tranchée, boyau, galerie creusée sous une construction pour la faire écrouler. Loc *Travail de sape :* intrigue souterraine.

sapé, ée a Pop Habillé. *Être bien sapé.*

saper vt 1 Détruire les fondements d'une construction pour la faire tomber. 2 Travailler à détruire, miner. *Saper le moral.* ■ vpr Pop S'habiller.

sapeur nm Soldat du génie.

sapeur-pompier nm Pompier. *Des sapeurs-pompiers.*

saphène nf ANAT Veine du membre inférieur.

saphique a Du saphisme.

saphir nm 1 Pierre précieuse bleue. 2 Petite pointe, constituant principal d'une tête de lecture d'électrophone.

saphisme nm Homosexualité féminine.

sapide a Qui a de la saveur. Ant. insipide.

sapidité nf Qualité sapide.

sapin nm Résineux aux feuilles persistantes en aiguilles. Loc Fam *Sentir le sapin :* n'avoir plus longtemps à vivre.

sapinette nf Épicéa.

sapinière nf Plantation de sapins.

saponacé, ée a Qui a les caractères du savon.

saponaire nf Plante à fleurs roses.

saponification nf Action de saponifier.

saponifier vt Transformer un corps gras en savon.

sapotille nf Fruit du sapotillier.

sapotillier nm Arbre des Antilles, au fruit comestible.

sapristi ! interj Fam Exprime l'étonnement.

saprophage a, nm ZOOL Qui se nourrit de matières organiques en décomposition.

saprophyte a, nm 1 BOT Végétal vivant sur des matières organiques en décomposition. 2 MED Microbe non pathogène.

saquer. V. sacquer.

sarabande nf 1 Danse en vogue du XVIᵉ s. au XVIIIᵉ s. 2 Fam Agitation vive, bruyante.

sarbacane nf Tuyau avec lequel on lance, par la force du souffle, des projectiles légers.

sarcasme nm Raillerie acerbe, insultante.

sarcastique a Ironique et méchant.

sarcelle nf Petit canard sauvage.

sarclage nm Action de sarcler.

sarcler vt Arracher les mauvaises herbes.

sarcloir nm Outil à sarcler.

sarcomateux, euse a Du sarcome.

sarcome nm Tumeur maligne.

sarcophage nm ANTIQ Cercueil.

sarcopte nm Acarien occasionnant la gale.

sardane nf Danse catalane.

sarde a, n De la Sardaigne. ■ nm Langue romane parlée en Sardaigne.

sardine nf 1 Poisson des eaux tempérées qui se déplace par bancs. 2 Fam Galon de sous-officier.

sardinelle nf Petite sardine.

sardinerie nf Usine où on met les sardines en boîtes.

sardinier, ère a Relatif à la sardine. ■ n Qui travaille dans une sardinerie. ■ nm 1 Bateau pour la pêche à la sardine. 2 Pêcheur de sardines.

sardoine nf Calcédoine brune ou rouge.

sardonique a Méchant, sarcastique.

sardoniquement av De façon sardonique.

sargasse nf Algue brune, fixée ou libre.

sari nm Costume féminin de l'Inde, fait d'une longue pièce d'étoffe drapée.

sarigue nf Mammifère d'Amérique, de la famille des marsupiaux.

S.A.R.L. nf Société à responsabilité limitée.

sarment nm 1 Branche de vigne de l'année. 2 Tige ou branche ligneuse et grimpante.

sarong [-ʀõg] nm Long pagne d'Asie du Sud.

saroual nm Pantalon de toile, très large. Des sarouals.

sarrasin nm Céréale appelée aussi blé noir.

sarrau nm Blouse courte et ample. Des sarraus.

sarriette nf Herbe aux feuilles très odorantes.

sarrois, oise a, n De la Sarre.

sas [sɑs] ou [sɑ] nm 1 Tamis. 2 Bassin compris entre les deux portes d'une écluse. 3 Compartiment étanche qui permet de passer dans des milieux de pression différente.

sashimi nm CUIS Poisson cru en lamelles.

sassafras [-fʀa] nm Arbre d'Amérique aux feuilles employées comme condiment.

satané, ée a Fam Sacré, maudit. Un satané vaniteux.

satanique a Diabolique.

satanisme nm Culte rendu à Satan.

satellisation nf Action de satelliser.

satelliser vt 1 Mettre sur orbite autour d'un corps céleste, de la Terre. 2 Rendre dépendant, assujettir.

satellitaire a D'un satellite.

satellite nm 1 Astre qui gravite autour d'une planète. 2 Engin mis en orbite autour de la Terre ou d'une autre planète. 3 Dans une aérogare, bâtiment servant à l'embarquement et au débarquement des passagers. ■ a, nm Qui est sous la dépendance d'un autre, plus puissant.

satiété [-sje-] nf État de qqn complètement rassasié. Loc A satiété : jusqu'au dégoût.

satin nm Étoffe fine, douce et lustrée.

satiné, ée a Qui a le poli, le brillant du satin.

satiner vt Donner l'aspect lustré du satin à.

satinette nf Étoffe de coton imitant le satin.

satire nf Écrit ou discours piquant qui raille ou critique qqn, qqch.

satirique a 1 Qui appartient à la satire. 2 Caustique, médisant.

satiriste n Auteur de satires.

satisfaction nf 1 Contentement, plaisir. 2 Fait d'accorder à qqn ce qu'il demande.

satisfaire vt [9] Contenter. ■ vti Faire ce qui est exigé par qqch. Satisfaire aux clauses d'un contrat. ■ vpr Se contenter de qqch.

satisfaisant, ante [-fə-] a Acceptable.

satisfait, aite a Dont les désirs sont comblés ; content. Vous serez satisfait ou remboursé.

satisfecit [satisfesit] nm inv Litt Témoignage de satisfaction.

satrape nm 1 ANTIQ Gouverneur d'une satrapie. 2 Litt Despote menant une vie fastueuse.

satrapie nf ANTIQ Province de l'Empire perse.

saturant, ante a CHIM Qui sature.

saturateur nm Récipient contenant de l'eau, pour humidifier l'atmosphère.

saturation nf Action de saturer ; état saturé.

saturer vt 1 CHIM Dissoudre un corps dans un liquide jusqu'à concentration maximale. 2 Rassasier jusqu'au dégoût. 3 Remplir de façon excessive.

saturnales nfpl ANTIQ Fêtes célébrées en l'honneur de Saturne au cours desquelles les esclaves prenaient la place de leurs maîtres.

saturnien, enne a De Saturne.

saturnin, ine a CHIM Du plomb.

saturnisme nm Intoxication par le plomb.

satyre nm 1 ANTIQ Demi-dieu champêtre de la suite de Dionysos. 2 Homme lubrique ; exhibitionniste, voyeur.

sauce nf 1 Assaisonnement liquide accompagnant certains mets. 2 Fam Accompagnement inutile. Loc Fam Mettre à toutes les sauces : traiter de toutes les façons.

saucée nf Fam Averse.

saucer vt [10] 1 Débarrasser la sauce avec un morceau de pain. 2 Tremper dans la sauce. Loc Fam Se faire saucer : se faire mouiller par la pluie.

saucier nm 1 Cuisinier spécialisé dans les sauces. 2 Appareil ménager pour faire les sauces.

saucière nf Récipient pour servir les sauces.

sauciflard nm Pop Saucisson.

saucisse nf Boyau rempli de viande hachée et assaisonnée.

saucisson nm Grosse saucisse, crue ou cuite.

saucissonnage nm Fam Action de saucissonner.

saucissonner vi Fam Se restaurer sommairement. ■ vt Fam 1 Serrer, ficeler étroitement. 2 Découper en tranches.

1. sauf, sauve a Hors de danger, d'atteinte. Sain et sauf. Avoir la vie sauve.

2. sauf prép Hormis, excepté. Sauf erreur ou omission. Loc Sauf que (+ ind) : en écartant le fait que.

sauf-conduit nm Pièce délivrée par l'autorité, permettant d'aller ou de séjourner qqpart, librement. Des sauf-conduits.

sauge nf Plante médicinale et aromatique.

saugrenu, ue a Absurde, bizarre, déroutant.

saule nm Arbre des lieux humides.

saumâtre a Qui a le goût salé de l'eau de mer. Loc Fam La trouver saumâtre : trouver qqch difficilement acceptable.

saumon nm Poisson à la chair rose très estimée. ■ a inv Rose orangé.

saumoné, ée a À chair rose comme celle du saumon.

saumoneau nm Jeune saumon.

saumure nf Solution salée pour conserver des aliments.

saumurer vt Conserver dans la saumure.

sauna nm Établissement où on prend des bains de vapeur sèche ; ce bain lui-même.

saunier, ère n Qui travaille à l'extraction du sel ou qui en vend.

saupiquet nm CUIS Sauce piquante.

saupoudrage nm Action de saupoudrer.

saupoudrer vt 1 Recouvrir qqch d'une matière en poudre. 2 Parsemer en dispersant.

saupoudreuse nf Flacon pour saupoudrer.

saur am Loc Hareng saur : salé et fumé.

saurien nm ZOOL Reptile, tels le lézard, l'orvet, le caméléon. Syn. lacertilien.

saut nm 1 Mouvement brusque d'extension en haut, en avant par lequel on quitte le sol. 2 Fait de se laisser tomber d'un endroit élevé. 3 Mouvement brusque et discontinu. Sa pensée procède par sauts. 4 Chute d'eau. Loc Au saut du lit : au sortir du lit. Saut périlleux : au cours duquel le corps fait un tour complet sur lui-même. Fam Faire un saut qqpart : y passer un court instant. Faire le saut : se déterminer à une action risquée.

saut-de-lit nm Peignoir féminin léger. Des sauts-de-lit.

saute nf Changement subit. Saute d'humeur.

sauté nm CUIS Viande cuite à feu vif.

saute-mouton nm inv Jeu dans lequel on saute successivement par-dessus tous ses partenaires.

sauter vi 1 Faire un saut, des sauts. 2 Se jeter dans le vide. 3 S'élancer sur qqn, qqch. Le chien lui a sauté dessus. 4 Passer sans transition d'une chose à une autre. Sauter à la page 3. 5 Exploser, voler en éclats. 6 Être omis. La ligne a sauté. 7 Fam Être congédié. Loc Sauter aux yeux : être manifeste. Faire sauter la cervelle à qqn : lui briser la tête d'un coup de feu. Fam Et que ça saute ! : vite ! Faire sauter de la viande, des légumes : les faire revenir à feu vif, avec un corps gras. ■ vt 1 Franchir d'un

saut. 2 Omettre, passer. Sauter une ligne. 3 Pop Posséder sexuellement. Loc Pop La sauter : avoir faim. Sauter le pas : prendre une décision.

sauterelle nf 1 Insecte qui se déplace en sautant. 2 Fam Femme maigre et dégingandée.

sauterie nf Fam Petite soirée dansante.

sauternes nm Bordeaux blanc liquoreux.

saute-ruisseau nm inv Vx Garçon de courses.

sauteur, euse n Athlète qui pratique le saut. ■ a Se dit des animaux qui se déplacent par sauts. ■ nf Casserole large et plate.

sautillant, ante a Qui sautille.

sautillement nm Action de sautiller.

sautiller vi Effectuer des petits sauts.

sautoir nm 1 Long collier ou longue chaîne. 2 Endroit où les athlètes s'exercent au saut. Loc En sautoir : en tombant sur la poitrine à la manière d'un collier.

sauvage a 1 Qui n'est pas domestiqué (animal). 2 Qui croît naturellement sans être cultivé (végétal). 3 Inculte, inhabitée (région). 4 Qui se fait spontanément. Grève sauvage. ■ a, n 1 Qui recherche la solitude. 2 Brutal, féroce. 3 Vx Qui vit en dehors de la civilisation (peuple).

sauvagement av De façon cruelle.

sauvageon, onne n Enfant au caractère sauvage. ■ nm Jeune arbre non greffé.

sauvagerie nf Caractère sauvage, féroce, cruel.

sauvagine nf Gibier d'eau.

sauvegarde nf 1 Protection accordée par une autorité. 2 Ce qui sert de garantie, de défense contre un danger. 3 INFORM Copie des données faite par sécurité.

sauvegarder vt 1 Défendre, protéger. 2 INFORM Effectuer une sauvegarde.

sauve-qui-peut nm inv Panique générale.

sauver vt 1 Tirer qqn du danger. 2 Préserver qqch de la destruction. 3 RELIG Procurer le salut éternel. ■ vpr 1 S'enfuir devant un danger. 2 Fam S'en aller rapidement.

sauvetage nm Action de sauver qqn d'un danger, qqch de la destruction. Loc De sauvetage : destiné à secourir.

sauveteur nm Qui participe à un sauvetage.

sauvette (à la) av Avec précipitation, en cachette. Loc Vente à la sauvette : vente sur la voie publique, sans autorisation.

sauveur nm Qui sauve. Loc Le Sauveur : Jésus-Christ.

sauvignon nm Cépage blanc très répandu.

savamment av De façon savante.

savane nf Plaine herbeuse, aux arbres rares, des régions tropicales.

savant, ante a, n Qui sait beaucoup de choses, qui possède une grande érudition. ■ a 1 Se dit d'un animal dressé. 2 Qui suppose des connaissances, difficile. Un raisonnement savant. 3 Habile, bien calculé. Une manœuvre savante. ■ nm Qui a une notoriété scientifique.

savarin nm Grand baba en forme de couronne.

savate nf 1 Vieille pantoufle, vieux soulier très usé. 2 Sport de combat associant les poings aux coups de pied. Syn. boxe française.

savetier nm Vx Cordonnier.

saveur nf 1 Impression produite par un corps sur l'organe du goût. 2 Charme, agrément.

savoir vt [46] 1 Connaître, être informé de. Tu sais la nouvelle ? On ne savait pas qui était son père. 2 Avoir présent dans la mémoire. Il sait

savoir-faire

49

sa leçon par cœur. **3** Avoir une bonne connaissance de. *Elle croit tout savoir.* **4** Être capable de. *Un ami qui sait écouter.* **5** Avoir conscience de. *Il ne savait plus ce qu'il faisait.* Loc *À savoir* ou *savoir :* c'est-à-dire. *Que je sache :* pour autant que je puisse en juger. *Ne rien vouloir savoir :* se refuser à faire qqch. *Un je ne sais quoi :* qqch d''indéfinissable. ■ *nm* Connaissances acquises.

savoir-faire *nm inv* Habileté, compétence.

savoir-vivre *nm inv* Connaissance des règles de politesse, des usages.

savon *nm* **1** Produit obtenu par action d'un agent alcalin sur des corps gras. **2** Morceau de ce produit servant au nettoyage. **3** Fam Réprimande, semonce.

savonnage *nm* Action de savonner.

savonner *vt* Laver au savon.

savonnerie *nf* Usine de savon.

savonnette *nf* Petit savon pour la toilette.

savonneux, euse *a* Qui contient du savon.

savourer *vt* **1** Déguster. *Savourer un vin.* **2** Jouir avec délectation de qqch. *Savourer une vengeance.*

savoureusement *av* De façon savoureuse.

savoureux, euse *a* **1** Qui a une saveur, un goût agréable. **2** Qui stimule agréablement l'intérêt. *Un récit savoureux.*

savoyard, arde *a, n* De la Savoie.

saxe *nm* Porcelaine de Saxe.

saxhorn *nm* Instrument à vent en cuivre, à embouchure et à pistons.

saxifrage *nf* Plante herbacée ornementale.

saxo *nm* Saxophone. ■ *n* Saxophoniste.

saxon, onne *a, n* De la Saxe.

saxophone *nm* Instrument de musique à vent en cuivre, à clefs et à bec de clarinette.

saxophoniste *n* Joueur de saxophone.

saynète *nf* Courte comédie.

sbire *nm* Litt Homme de main.

sbrinz *nm* Variété suisse de gruyère.

scabieuse *nf* Plante à fleurs violettes, roses ou blanches, groupées en capitules.

scabreux, euse *a* **1** Qui comporte des risques. **2** Indécent. *Plaisanterie scabreuse.*

scalaire *nm* Poisson au corps très aplati.

scalde *nm* HIST Ancien poète scandinave.

scalène *a* Loc GEOM *Triangle scalène :* dont les trois côtés sont inégaux.

scalp *nm* Chevelure d'un ennemi conservée comme trophée.

scalpel *nm* Bistouri utilisé pour la dissection.

scalper *vt* Découper la peau du crâne et l'arracher avec sa chevelure.

scampi *nmpl* Grosses crevettes frites.

scandale *nm* **1** Effet, indignation que suscite un acte qui choque la morale. **2** Événement, fait révoltant. **3** Affaire malhonnête qui arrive à la connaissance du public. **4** Bruit, désordre. *Scandale sur la voie publique.*

scandaleusement *av* De façon scandaleuse.

scandaleux, euse *a* Honteux, révoltant.

scandaliser *vt* Provoquer le scandale ; révolter, choquer. ■ *vpr* S'indigner.

scander *vt* **1** Marquer la mesure d'un vers. **2** Prononcer en appuyant sur chaque syllabe.

scandinave *a, n* De la Scandinavie ; nordique.

scandium [-djɔm] *nm* CHIM Élément métallique très léger, proche des terres rares.

scanner [-nɛʀ] *nm* **1** Appareil qui analyse un rayon lumineux, point par point, le document à reproduire. **2** Syn de *scanographe.*

scanographe *nm* MED Appareil de radiographie par rayons X permettant d'obtenir de séries d'images traitées par ordinateur.

scanographie *nf* Technique de la scanographie

scansion *nf* Manière de scander un vers.

scaphandre *nm* Équipement isolant indivi duel des plongeurs, des astronautes, etc.

scaphandrier *nm* Plongeur équipé d'un sca phandre.

scaphoïde *nm* ANAT Petit os du carpe et d tarse.

scapulaire *nm* **1** Vêtement à capuchon port par certains religieux. **2** Objet de dévotion qu s'attache autour du cou. ■ *a* ANAT De l'épaule.

scarabée *nm* Coléoptère aux élytres colorés.

scarificateur *nm* Appareil pour scarifier.

scarification *nf* Action de scarifier.

scarifier *vt* **1** MED Faire des incisions pe profondes (pour vacciner par ex.). **2** Laboure légèrement pour ameublir la terre.

scarlatine *nf* Maladie infectieuse avec fièvre e rougeurs.

scarole *nf* Chicorée aux longues feuilles qu l'on mange en salade.

scat *nm* Style de jazz vocal rempli d'ono matopées.

scatologie *nf* Propos, écrits portant sur le excréments.

scatologique *a* De la scatologie.

sceau *nm* **1** Cachet fait sur les actes pour le rendre authentiques ou les clore. **2** Litt Marque signe. *Le sceau du génie.* Loc *Le garde de Sceaux :* ministre de la Justice en France. *Sou le sceau du secret :* à condition de garder le secret.

sceau-de-Salomon *nm* Plante des bois fleurs blanchâtres. *Des sceaux-de-Salomon.*

scélérat, ate *a, n* Litt Criminel, bandit. ■ *a* Li Infâme. *Loi scélérate.*

scélératesse *nf* Litt Perfidie, méchanceté.

scellement *nm* Action de sceller, de fixe dans un trou.

sceller *vt* **1** Appliquer un sceau sur un acte. **2** Mettre les scellés sur un meuble, sur une porte etc. **3** Cacheter une lettre, fermer hermétique ment. **4** Confirmer, ratifier. *Sceller un accord.*

scellés *nmpl* Bande de papier et cachet de cire apposés par autorité de justice pour empê cher d'ouvrir un meuble ou un local.

scénario *nm* **1** Description détaillée des diffé rentes scènes d'un film, d'une bande dessinée **2** Déroulement préétabli, concerté d'une action

scénariste *n* Auteur d'un scénario.

scène *nf* **1** Partie du théâtre où jouent le acteurs. *Entrer en scène.* **2** Art du théâtre. **3** Lieu où se passe l'action ; décor. *La scène est Paris.* **4** Partie d'un acte dans une pièc de théâtre. **5** Action, événement remarquable émouvant, drôle, etc. **6** Fam Querelle. Loc *Mettr en scène :* assurer la réalisation d'un film d'une pièce.

scénique *a* De la scène, du théâtre.

scéniquement *av* Sur le plan scénique.

scénographe *n* Spécialiste de scénographie.

scénographie *nf* Technique des aménage ments intérieurs des théâtres, de la scène.

scénographique *a* De la scénographie.

scepticisme nm 1 PHILO Doctrine philosophique qui érige le doute en système. 2 Incrédulité, doute.

sceptique a, n 1 PHILO Qui doute de toute connaissance non évidente. 2 Incrédule, non convaincu de qqch.

sceptiquement av Avec scepticisme.

sceptre nm Bâton, symbole de l'autorité monarchique.

schah, shah ou **chah** nm Souverain d'Iran.

schako. V. shako.

scheikh. V. cheik.

schelem. V. chelem.

schéma nm Représentation simplifiée d'un objet, d'un organisme, d'un projet, d'un ouvrage ; plan sommaire.

schématique a 1 Qui constitue un schéma. 2 Sommaire, rudimentaire.

schématiquement av De façon schématique.

schématisation nf Action de schématiser.

schématiser vt Représenter de façon schématique, sommaire.

schématisme nm Simplification excessive.

schème nm PHILO Disposition, forme, structure.

scherzo [skɛrdzo] nm, av MUS Morceau de caractère vif, léger.

schiedam [ʃidam] nm Eau-de-vie parfumée au genièvre.

schilling nm Unité monétaire de l'Autriche.

schismatique a, n Qui adhère à un schisme.

schisme nm 1 Séparation, rupture au sein d'une religion. 2 Division dans un parti.

schiste nm Roche sédimentaire feuilletée.

schisteux, euse a Du schiste.

schistosité nf Structure feuilletée d'une roche.

schizoïde [ski-] a, n De tendance schizophrénique.

schizophrène n Atteint de schizophrénie.

schizophrénie [ski-] nf Psychose caractérisée par une perte de contact avec la réalité et un repli sur soi.

schizophrénique a De la schizophrénie.

schlague nf Punition corporelle en usage dans les anciennes armées allemandes. Loc À la schlague : de façon brutale, autoritaire.

schlass a inv Pop Ivre.

schlitte nf Traîneau vosgien pour descendre le bois abattu, dans les vallées.

schnaps nm Fam Eau-de-vie.

schnock a inv, nm Fam Imbécile, fou.

schnouf nf Pop Drogue.

schuss [ʃus] nm Au ski, descente directe suivant la ligne de la plus grande pente.

sciage nm Action de scier.

scialytique nm (n déposé) Appareil d'éclairage à miroirs éliminant les ombres.

sciant, ante a Fam Surprenant.

sciatique a ANAT De la hanche. Loc Nerf sciatique : qui innerve le bassin, la fesse et la cuisse. ■ nf Affection douloureuse due à l'irritation du nerf sciatique.

scie nf 1 Lame d'acier munie de dents pour couper les matières dures. 2 Fam Chanson, refrain dont la répétition fatigue ; rengaine.

sciemment [sjamɑ̃] av De propos délibéré, volontairement.

science nf 1 Savoir, ensemble de connaissances acquises par l'étude. 2 Activité humaine tendant à découvrir les lois régissant les phénomènes. 3 Savoir-faire, compétence, habileté.

■ pl 1 Branche du savoir. Les sciences naturelles. 2 Corps de connaissances constituées sur le calcul et l'expérimentation ou l'observation.

science-fiction nf Récit qui cherche à décrire une réalité à venir, en extrapolant les données scientifiques du présent.

sciène nf Grand poisson de l'Atlantique, à chair estimée. Syn. maigre.

scientificité nf Caractère scientifique.

scientifique a 1 Relatif à la science. 2 Conforme aux procédés rigoureux des sciences. ■ n Spécialiste d'une ou des sciences.

scientifiquement av De façon scientifique.

scientisme nm Attitude de ceux qui pensent que tout phénomène relève de la connaissance scientifique.

scientiste a, n Qui relève du scientisme.

scier vt 1 Fendre, couper avec une scie. 2 Fam Surprendre, étonner fortement.

scierie nf Usine où on scie le bois.

scieur nm Ouvrier qui scie le bois.

scille nf Plante bulbeuse à propriétés diurétiques.

scinder vt Couper, diviser, fractionner qqch, un groupe. ■ vpr Se diviser.

scintigraphie nf MED Diagnostic fondé sur le cheminement dans l'organisme d'un isotope radioactif.

scintillant, ante a Qui scintille.

scintillement nm ou **scintillation** nf Fait de scintiller ; éclat de ce qui scintille.

scintiller vi 1 Briller d'un éclat irrégulier et tremblotant. 2 Briller en jetant des éclats de lumière. Ce diamant scintille.

scion nm Jeune rameau mince et flexible.

scission nf Division dans un groupe, un parti.

scissionniste a, n Qui provoque une scission.

scissipare a BIOL Qui se reproduit par scissiparité.

scissiparité nf BIOL Mode de reproduction asexuée par division en deux.

scissure nf ANAT Sillon à la surface d'un organe.

sciure nf Poussière résultant du sciage.

sciuridé nm ZOOL Mammifère rongeur, tel l'écureuil.

scléreux, euse a MED Atteint de sclérose.

sclérosant, ante a Qui sclérose.

sclérose nf 1 MED Durcissement pathologique d'un organe ou d'un tissu. 2 Perte des facultés d'adaptation, d'évolution. Loc Sclérose en plaques : maladie caractérisée par la dégradation progressive de la myéline du système nerveux.

sclérosé, ée a Atteint de sclérose.

scléroser vt Provoquer une sclérose ; figer, durcir. ■ vpr Perdre toute faculté d'évoluer.

sclérotique nf ANAT Membrane blanche formant l'enveloppe du globe oculaire.

scolaire a 1 Relatif à l'école, à l'enseignement. 2 Péjor Laborieux et conventionnel. Loc Âge scolaire : âge légal où l'enfant est tenu d'aller à l'école. ■ n Enfant d'âge scolaire.

scolarisable a Qui peut être scolarisé.

scolarisation nf Action de scolariser.

scolariser vt Mettre, envoyer à l'école.

scolarité nf Fait de fréquenter l'école ; études suivies à l'école ; durée de ces études.

scolastique nf Enseignement de la philosophie et de la théologie donné dans les universités médiévales. ■ a 1 De la scolastique. 2 Péjor D'un formalisme étroit.

scoliose nf Déviation latérale de la colonne vertébrale.

scoliotique n, a Atteint de scoliose.

scolopendre nf 1 Fougère de grande taille. 2 Mille-pattes carnassier.

scolyte nm Coléoptère nuisible pour les arbres.

sconse ou **skunks** [skõs] nm Fourrure de la mouffette.

scoop [skup] nm Information donnée en exclusivité par un média.

scooter [skutœr] nm Motocycle léger qu'on conduit assis.

scorbut [-byt] nm Maladie provoquée par une carence en vitamine C (hémorragies, déchaussement des dents, anémie).

scorbutique a Du scorbut.

score nm Décompte des points marqués par chacune des équipes au cours d'un match ; nombre de voix à une élection.

scoriacé, ée a Propre aux scories.

scorie nf Résidu solide résultant de la fusion des minerais, de l'affinage de métaux.

scorpène nf Rascasse.

scorpion nm Arachnide dont l'abdomen est terminé par un aiguillon venimeux recourbé.

scorsonère nf Salsifis noir.

1. scotch nm Whisky écossais.

2. scotch nm (n déposé) Ruban adhésif.

scotcher vt Fixer avec du ruban adhésif.

scotome nm MED Lacune dans le champ visuel.

scotomiser vt Éliminer une réalité de sa conscience.

scottish-terrier nm Terrier d'Écosse, au poil dru et rude. Des scottish-terriers.

scoumoune nf Pop Malchance.

scout, e n Garçon ou fille qui adhère à un mouvement de scoutisme. ■ a Propre au scoutisme.

scoutisme nm Mouvement éducatif qui a pour but le développement des qualités morales et physiques des jeunes gens par la vie en commun et les activités de plein air.

scrabble nm (n déposé) Jeu de société consistant à former des mots sur une grille, à l'aide de jetons portant une lettre.

scrabbleur, euse n Qui joue au scrabble.

scraper [-pœr] nm Engin de terrassement servant à décaper les sols.

scribe nm 1 ANTIQ Lettré qui rédigeait ou copiait les actes publics. 2 Employé de bureau.

scribouillard, arde n Fam Employé(e) de bureau.

script nm 1 Écriture manuscrite proche des caractères d'imprimerie. 2 Scénario écrit comportant le découpage et les dialogues.

scripte n Assistant(e) du réalisateur chargé(e) de noter les détails des prises de vues.

scripteur nm LING Qui écrit un texte (par oppos. à locuteur).

scripturaire a De l'Écriture sainte.

scriptural, ale, aux a Loc Monnaie scripturale : moyen de paiement fondé sur des écritures (comptes en banque, effets de commerce).

scrofulaire nf Plante médicinale, appelée aussi herbe aux écrouelles.

scrofule nf Écrouelles, inflammation des ganglions lymphatiques.

scrotum [-tɔm] nm ANAT Enveloppe cutanée des testicules.

scrupule nm 1 Doute, hésitation d'ordre moral. Avoir des scrupules. 2 Souci extrême du devoir, grande délicatesse morale.

scrupuleusement av De façon scrupuleuse.

scrupuleux, euse a, n Sujet à avoir des scrupules. ■ a D'une grande minutie.

scrutateur, trice a Qui scrute. Regard scrutateur. ■ n Chargé du dépouillement, de la vérification d'un scrutin.

scruter vt Examiner très attentivement.

scrutin nm 1 Vote émis au moyen de bulletins déposés dans une urne. 2 Opération par laquelle sont désignés des représentants élus.

sculpter [skylte] vt Travailler une matière dure pour obtenir une figure, un ornement.

sculpteur nm Artiste qui pratique la sculpture.

sculptural, ale, aux a 1 Relatif à la sculpture. 2 Litt D'une grande beauté plastique.

sculpture nf Art de sculpter ; pièce sculptée.

sdf [ɛsdeɛf] n Personne sans domicile fixe ; vagabond, clochard.

se pr pers Complément réfléchi de la 3ᵉ personne des deux genres et des deux nombres.

séance nf 1 Réunion d'une assemblée pour délibérer ; durée d'une telle réunion. 2 Temps passé à une activité déterminée. Séance de pose chez un peintre. 3 Représentation d'un spectacle à un horaire déterminé. Loc Séance tenante : immédiatement.

séant, ante a Litt Convenable, décent. ■ nm Loc Litt Sur son séant : assis.

seau nm Récipient pour puiser ou transporter des liquides, des matières pulvérulentes, etc.

sébacé, ée a ANAT Du sébum. Loc Glande sébacée : qui sécrète le sébum à la base des poils.

sébile nf Petit récipient rond et creux.

sebkha nf GEOGR En Afrique du Nord, lac salé temporaire.

séborrhée nf Augmentation pathologique de la sécrétion des glandes sébacées.

sébum [-bɔm] nm Substance grasse des glandes sébacées, protégeant la peau.

sec, sèche a 1 Qui est peu ou qui n'est pas humide ; aride. 2 Qui a séché. 3 Qui n'est pas imprégné de liquide. Avoir la gorge sèche. 4 Peu sensible. Un cœur sec. 5 Sans douceur. Ton sec. 6 Dénué de charme, d'agrément. Style sec. 7 Brusque. Réponse sèche. Coup sec. Loc Régime sec : sans boisson alcoolique. Perte sèche : sans compensation. ■ nm Ce qui est sans humidité. À conserver au sec. Loc À sec : sans eau ; sans réserves. ■ av Avec rudesse. Loc Fam Aussi sec : immédiatement. Fam En cinq sec : rapidement. Fam L'avoir sec : être dépité. Fam Rester sec : sans pouvoir répondre.

sécable a Qui peut être coupé, divisé.

sécant, ante a GEOM Qui coupe une courbe ou une surface. ■ nf Droite sécante.

sécateur nm Outil de jardinier pour couper des arbustes, des rameaux, etc.

sécession nf Fait de se séparer d'une collectivité, d'un groupe, d'un pays.

sécessionnisme nm Volonté de sécession.

sécessionniste a, n Qui fait sécession.

séchage nm Action de sécher.

sèche nf Pop Cigarette.

sèche-cheveux nm inv Appareil électrique pour sécher les cheveux.

sèche-linge nm inv Appareil pour sécher le linge.

sèche-mains nm inv Appareil à air pulsé pour sécher les mains.

sèchement av Avec dureté, froideur, brutalité. *Répondre sèchement.*

sécher vt [12] 1 Rendre sec, éliminer un liquide par absorption ou évaporation. *Sécher l'encre avec un buvard.* 2 Fam Ne pas assister volontairement à un cours. Loc *Sécher ses larmes :* arrêter de pleurer. ■ vi 1 Devenir sec. 2 Fam Ne pas savoir répondre.

sécheresse nf 1 État de ce qui est sec. 2 Temps très sec. 3 Froideur, dureté. *Sécheresse de cœur.*

séchoir nm Dispositif ou appareil pour le séchage.

second, onde [səgɔ̃] a, n Qui vient après le premier. ■ a. Autre, nouveau. *C'est un second César.* Loc *État second :* état de qqn qui agit sans avoir conscience de ce qu'il fait. ■ nm 1 Second étage d'une maison. 2 Adjoint, collaborateur immédiat. 3 Officier de marine qui vient immédiatement après le commandant. Loc *En second :* après ce qui est important. ■ nf 1 Classe qui précède la première. 2 Seconde classe, dans les transports en commun. 3 Seconde vitesse de l'automobile. 4 Soixantième partie de la minute. 5 Temps très court. *Attendez une seconde.* 6 MATH Unité de mesure d'angle.

secondaire a 1 Qui n'est pas de première importance. 2 Se dit de l'enseignement du second degré, après l'enseignement primaire et avant le supérieur. Loc *Ère secondaire :* période géologique succédant au primaire. ECON *Secteur secondaire :* activité de la transformation des matières premières. ■ nm 1 Enseignement secondaire. 2 Ère secondaire. 3 Secteur secondaire.

secondairement av De façon secondaire.

secondement av En second lieu.

seconder vt Aider qqn dans ses activités ; être son collaborateur.

secouer vt 1 Remuer, agiter fortement. *Secouer un arbre.* 2 Éliminer par des mouvements vifs. *Secouer la poussière.* 3 Ébranler physiquement ou moralement. *Cet accident l'a secoué.* ■ vpr Fam Réagir contre la paresse, la fatigue, l'inertie. *Secouez-vous un peu !*

secourable a Qui porte secours à autrui.

secourir vt [25] Aider qqn dans une situation critique.

secourisme nm Assistance de premier secours aux blessés, aux accidentés.

secouriste n Qui pratique le secourisme.

secours nm 1 Aide, assistance à qqn dans le besoin, en danger. *Porter secours à qqn.* 2 Renfort en hommes ou en matériel. Loc *De secours :* qui sert en cas de défaillance, de nécessité. ■ pl Soins donnés rapidement à un blessé, à un malade ; aide matérielle apportée à qqn, à un groupe en difficulté.

secousse nf 1 Mouvement qui secoue. 2 Tremblement de terre. 3 Choc émotif.

secret, ète a 1 Qui n'est pas ou qui ne doit pas être connu d'autrui. 2 Dissimulé au regard, dérobé. *Tiroir secret.* 3 Non extériorisé, caché. *Des sentiments secrets.* 4 Qui ne se livre pas facilement. *Un garçon très secret.* ■ nm 1 Ce qui doit rester caché. *Confier un secret.* 2 Silence que l'on doit observer sur une information. *Secret professionnel.* 3 Moyen particulier en vue d'un résultat. *Le secret de la réussite.* 4 Mécanisme connu seulement de quelques-uns. *Serrure à secret.* Loc *Secret d'État :* chose tenue secrète dans l'intérêt de l'État. *Être dans le secret :* être au courant d'une confidence. *Au secret :* dans l'impossibilité de communiquer avec quiconque. *En secret :* sans témoin.

secrétaire n 1 Employé(e) chargé(e) de rédiger, de classer le courrier de qqn, de répondre au téléphone. 2 Cadre, employé chargé de certaines tâches administratives. Loc *Secrétaire d'État :* en France, membre du gouvernement qui a la charge d'un département ministériel ; aux États-Unis, ministre des Affaires étrangères. ■ nm Meuble à tiroirs comportant un abattant pour écrire.

secrétariat nm 1 Fonction de secrétaire. 2 Bureau où travaillent des secrétaires ; ensemble des secrétaires.

secrètement av En secret.

sécréter vt [12] Produire par sécrétion.

sécréteur, trice a Qui produit une sécrétion.

sécrétion nf Phénomène par lequel certains tissus produisent une substance déversée dans le sang ou évacuée ; cette substance.

sécrétoire a PHYSIOL D'une sécrétion.

sectaire n, a Qui fait preuve d'intolérance.

sectarisme nm Attitude sectaire.

sectateur, trice n Membre d'une secte.

secte nf 1 Groupe de personnes qui professent les mêmes opinions religieuses. 2 Groupe idéologique ou religieux vivant en communauté sous l'influence d'un guide spirituel.

secteur nm 1 GEOM Portion de plan comprise entre un arc de cercle et les deux rayons qui le délimitent. 2 MILIT Partie du front de bataille occupée par une unité. 3 Subdivision d'une zone urbaine, d'une région. 4 Ensemble d'activités économiques de même nature. *Secteur tertiaire. Secteur public.* 5 Fam Endroit, lieu. *Il n'y a personne dans le secteur.*

section nf 1 Action de couper ; endroit de la coupure. 2 Représentation de qqch selon un plan transversal ; coupe. 3 GEOM Lieu de l'espace où deux lignes, deux surfaces se coupent. 4 Division dans une organisation. *Section syndicale. Section de vote.* 5 MILIT Subdivision d'une compagnie, d'une batterie. 6 Portion d'une route, d'un parcours. 7 Subdivision d'un ouvrage.

sectionnement nm Action de sectionner.

sectionner vt 1 Couper net, trancher. 2 Diviser en sections.

sectoriel, elle a Qui concerne particulièrement un secteur. *Chômage sectoriel.*

sectorisation nf Division en secteurs.

sectoriser vt Répartir, diviser en secteurs.

séculaire a Qui existe depuis un ou plusieurs siècles ; très ancien. *Coutume séculaire.*

sécularisation nf Action de séculariser.

séculariser *vt* Faire passer du domaine ecclésiastique au domaine laïc.

séculier, ère *a* 1 HIST Qui appartenait au monde laïque, et non à l'Église. 2 Se dit des ecclésiastiques qui n'appartiennent pas à un ordre religieux. Loc *Bras séculier :* autorité temporelle.

secundo [-gɔ̃-] *av* En second lieu.

sécurisant, ante *a* Qui sécurise.

sécurisation *nf* Action de sécuriser.

sécuriser *vt* 1 Donner un sentiment de sécurité, rassurer. 2 Rendre qqch plus sûr, le mettre à l'abri des accidents.

sécuritaire *a* Qui concerne la sécurité publique.

sécurité *nf* Situation dans laquelle aucun danger n'est à redouter ; absence d'inquiétude résultant de cette situation. Loc *Sécurité routière :* mesures visant à assurer la sécurité des usagers de la route. *Sécurité sociale :* organisation officielle visant à assurer la sécurité matérielle des travailleurs et de leur famille contre certains risques. *De sécurité :* qui assure la sécurité.

sédatif, ive *a, nm* MED Calmant.

sédentaire *a, n* 1 Qui sort rarement de chez soi. 2 Qui n'est pas nomade ; dont l'habitat est fixe. ■ *a* Qui ne nécessite pas de déplacements. *Emploi sédentaire.*

sédentarisation *nf* Fait de sédentariser.

sédentariser *vt* Rendre sédentaire, fixer. ■ *vpr* Devenir sédentaire.

sédentarité *nf* État sédentaire.

sédiment *nm* GEOL Dépôt abandonné par les eaux, les glaces ou le vent.

sédimentaire *a* De la nature du sédiment.

sédimentation *nf* GEOL Formation de sédiments.

sédimentologie *nf* GEOL Étude des sédiments, des roches sédimentaires.

séditieux, euse *a* Litt Qui incite à une sédition.

sédition *nf* Litt Révolte, soulèvement concertés.

séducteur, trice *n, a* Qui sait plaire, charmer.

séduction *nf* Action de séduire ; charme, attrait.

séduire *vt* [67] 1 Plaire à qqn et obtenir amour ou faveurs. 2 Conquérir l'admiration, l'estime, la confiance de qqn ; captiver, charmer.

séduisant, ante *a* Qui séduit, attire, plaît.

séfarade *n, a* Juif originaire d'Afrique du Nord (par oppos. à ashkénaze).

segment *nm* Partie séparée d'un tout, d'un ensemble. Loc GEOM *Segment de droite :* portion de droite entre deux points. *Segment de cercle :* surface entre un arc de cercle et sa corde. *Segment de frein :* pièce qui s'applique contre le tambour du frein.

segmentaire *a* Formé de segments.

segmentation *nf* Action de segmenter ; division.

segmenter *vt* Diviser en segments ; couper.

ségrégatif, ive *a* Qui établit une ségrégation.

ségrégation *nf* Action de mettre à part, de séparer. Loc *Ségrégation raciale :* discrimination organisée entre les groupes raciaux.

ségrégationnisme *nm* Politique de ségrégation raciale.

ségrégationniste *n, a* Du ségrégationnisme.

séguedille *nf* Danse espagnole, à rythme rapide.

seiche *nf* Mollusque marin qui, menacé, rejette de sa poche ventrale une encre noire.

séide [seid] *nm* Litt Fanatique qui obéit aveuglément à un chef.

seigle *nm* Céréale poussant sur les terrains pauvres.

seigneur *nm* 1 FEOD Possesseur d'un fief, d'une terre. 2 Titre honorifique donné autrefois à des personnes de haut rang. Loc *Le Seigneur :* Dieu. *En grand seigneur :* avec magnificence.

seigneurial, ale, aux *a* Du seigneur.

seigneurie *nf* 1 FEOD Autorité du seigneur. 2 Terre seigneuriale. 3 Titre honorifique des membres de la Chambre des lords de Grande-Bretagne.

sein *nm* 1 Chacune des deux mamelles de la femme. 2 Litt Poitrine humaine. *Presser sur son sein.* 3 Litt Ventre de la femme. *Porter un enfant dans son sein.* Loc *Au sein de :* au milieu de, dans.

seine. V. senne.

seing *nm* DR Signature qui rend un acte valable. Loc *Seing privé :* signature d'un acte qui n'a pas été reçu par un officier public (par oppos. à authentique).

séisme *nm* 1 Tremblement de terre. 2 Bouleversement important. *Séisme politique.*

séismicité, séismique. V. sismicité, sismique.

seize *a num* 1 Dix plus six (16). 2 Seizième. *Chapitre seize.* ■ *nm inv* Nombre, numéro seize.

seizième *a num* Au rang, au degré seize. ■ *a, nm* Contenu seize fois dans le tout.

seizièmement *av* En seizième lieu.

séjour *nm* Fait de séjourner ; durée pendant laquelle on séjourne ; lieu où l'on séjourne. Loc *Permis de séjour :* autorisation officielle de séjourner dans un pays pour une période déterminée. *(Salle de) séjour :* pièce principale, living.

séjourner *vi* Demeurer quelque temps dans un lieu. *Séjourner à la montagne.*

sel *nm* 1 Chlorure de sodium utilisé pour assaisonner ou conserver les aliments. 2 Litt Ce qu'il y a de piquant, de spirituel dans une situation, un propos. 3 CHIM Composé provenant du remplacement de l'hydrogène d'un acide par un métal. ■ *pl* Ce qu'on donnait à respirer à qqn pour le ranimer.

sélacien *nm* ZOOL Poisson marin cartilagineux tels le requin, la raie, etc.

sélect, ecte *a* Fam Élégant, distingué.

sélecteur *nm* TECH Dispositif de sélection, commutateur.

sélectif, ive *a* Qui opère une sélection, un choix. *Classement sélectif.*

sélection *nf* 1 Choix entre des personnes en fonction de critères déterminés ; personnes ou choses ainsi retenues. 2 Choix des types reproducteurs pour la perpétuation d'une espèce animale ou végétale. Loc *Sélection naturelle :* survivance des espèces les mieux adaptées.

sélectionné, ée *n* Sportif choisi pour représenter son club, son pays.

sélectionner *vt* Choisir par sélection.

sélectionneur, euse *n* Qui procède à une sélection, en particulier en sport.

sélectivement *av* De façon sélective.

sélectivité *nf* Caractère sélectif.

élénium [-njɔm] *nm* Corps simple de la famille du soufre, possédant des propriétés photoélectriques.

élénologie *nf* Étude de la Lune.

elf-control *nm* Maîtrise de soi.

elf-induction *nf* PHYS Induction d'un courant électrique sur lui-même. *Des self-inductions.*

elf-made-man [sɛlfmɛdman] *nm* Homme qui e doit qu'à lui-même sa situation sociale. *Des elf-made-mans ou des self-made-men.*

elf-service ou **self** *nm* Libre-service. *Des elf-services.*

elle *nf* 1 Petit siège qu'on sangle sur un heval pour le monter. 2 Siège d'une bicyclette, 'une motocyclette. 3 Partie du mouton entre es côtes et le gigot. Loc *Aller à la selle :* xpulser des excréments. ■ *pl* Matières fécales.

eller *vt* Munir une monture d'une selle.

ellerie *nf* Art, industrie, commerce du sellier.

ellette *nf* Petit siège. Loc *Être sur la sellette :* tre mis en cause. *Mettre sur la sellette :* presser e questions.

ellier *nm* Qui fabrique ou vend des selles, des rticles de harnachement, etc.

elon *prép* Suivant, conformément à, d'après. oc Fam *C'est selon :* cela dépend des cir-onstances. *Selon que* (+ ind) : eu égard à ait que.

emailles *nfpl* Action de semer ; époque où on sème.

emaine *nf* 1 Période de sept jours consé-utifs. 2 Cette période, envisagée relativement u temps de travail, aux jours ouvrables. Loc *n semaine :* un jour ouvrable de la semaine. am *À la petite semaine :* au jour le jour. Fin de emaine : week-end.

emainier *nm* 1 Agenda de bureau. 2 Com-ode à sept tiroirs.

émanticien, enne *n* Spécialiste de séman-que.

émantique *nf* LING Étude du sens des mots. ■ *a* Relatif au sens des mots.

émantisme *nm* LING Contenu sémantique 'un mot.

émaphore *nm* Appareil utilisé pour trans-nettre des informations par signaux optiques.

emblable *a* 1 De même apparence, pareil. *Ine maison semblable aux autres.* 2 Tel, de ette nature. *Pourquoi tenir de semblables ropos ?* ■ *n* 1 Personne, chose comparable. *Il 'a pas son semblable.* 2 Être humain, consi-éré par rapport aux autres. *Secourir ses sem-lables.*

emblant *nm* Apparence. *Un semblant de* érité. Loc *Faire semblant de :* feindre de, avoir air de. *Ne faire semblant de rien :* feindre indifférence.

embler *vi* Avoir l'air, paraître ; donner impression de. *Ce fruit me semble mûr.* ■ *v impers* Il apparaît, on dirait. *Il semble que out va bien, que tout va bien. Il me semble que :* je crois que. *Si bon me semble :* s'il ne plaît.

ème *nm* LING Unité minimale de signification.

emelle *nf* 1 Pièce constituant le dessous de la haussure. 2 Pièce découpée à la forme du pied ue l'on met à l'intérieur de la chaussure. 3 Dessous du ski. 4 Fam Viande coriace. Loc *Ne as reculer d'une semelle :* tenir ferme en place. *Ne pas quitter qqn d'une semelle :* le suivre artout.

semence *nf* 1 Organe végétal qui se sème (graines, noyaux, pépins, etc.). 2 Sperme. 3 Clou à tête large et à tige courte.

semencier *nm* Entreprise qui produit et com-mercialise des semences.

semer *vt* [15] 1 Mettre en terre des graines. *Semer du blé.* 2 Litt Répandre çà et là. 3 Fam Se débarrasser de qqn en lui faussant compagnie.

semestre *nm* Période de six mois consécutifs.

semestriel, elle *a* Qui se fait, qui a lieu, qui paraît chaque semestre.

semestriellement *av* Tous les six mois.

semeur, euse *n* Qui sème.

semi-aride *a* Qui est très sec sans être com-plètement aride. *Des régions semi-arides.*

semi-automatique *a* Non entièrement autom-atique. *Des systèmes semi-automatiques.*

semi-auxiliaire *nm* GRAM Verbe qui joue le rôle d'un auxiliaire devant un infinitif (ex. : *aller dans je vais partir*). *Des semi-auxiliaires.*

semi-circulaire *a* En forme de demi-cercle.

semi-conducteur *nm* ELECTR Matériau dont la résistivité varie sous l'influence de la tempéra-ture, de l'éclairement, du champ électrique. *Des semi-conducteurs.*

semi-conserve *nf* Conserve alimentaire qui doit être gardée au frais. *Des semi-conserves.*

semi-consonne *nf* Syn de *semi-voyelle. Des semi-consonnes.*

semi-fini, ie *a* Qui doit subir d'autres trans-formations avant d'être livré sur le marché. *Des produits semi-finis.*

semi-grossiste *n* Commerçant qui vend en demi-gros. *Des semi-grossistes.*

semi-liberté *nf* DR Régime pénitentiaire per-mettant à un condamné de quitter tempo-rairement la prison.

sémillant, ante *a* Pétulant, plein de vivacité.

sémillon *nm* Cépage blanc du Bordelais.

séminaire *nm* 1 Établissement préparant des jeunes gens à l'état ecclésiastique. 2 Groupe de spécialistes réunis pour étudier certaines ques-tions particulières.

séminal, ale, aux *a* Relatif au sperme.

séminariste *nm* Élève d'un séminaire.

séminifère *a* ANAT Qui conduit le sperme.

semi-nomade *a, n* Qui pratique le semi-nomadisme. *Des semi-nomades.*

semi-nomadisme *nm* Genre de vie com-binant élevage nomade et agriculture.

séminome *nm* Tumeur maligne du testicule.

semi-officiel, elle *a* Qui n'a pas de caractère officiel, tout en étant inspiré par les autorités.

sémiologie *nf* 1 MED Étude des signes des maladies. 2 LING Science qui étudie les systèmes de signes au sein de la vie sociale.

sémiologique *a* De la sémiologie.

sémioticien, enne *n* Spécialiste de sémio-tique.

sémiotique *nf* LING Théorie générale des signes et des systèmes de signes, linguistiques et non linguistiques. ■ *a* De la sémiotique.

semi-précieuse *af* Se dit, en bijouterie, d'une pierre fine. *Des pierres semi-précieuses.*

semi-produit *nm* Matière première ayant subi une transformation. *Des semi-produits.*

semi-public, ique *a* Qui relève à la fois du droit privé et du droit public.

sémique *a* Relatif aux sèmes.

semi-remorque nf Remorque pour le transport routier, dont l'avant, dépourvu de roues, repose sur le tracteur. ■ nm Ensemble constitué par la semi-remorque et son tracteur. *Des semi-remorques.*

semis nm 1 Action de semer. 2 Ensemble de graines qui lèvent. 3 Terrain où poussent ces graines.

sémite a, n Se dit des peuples qui parlent les langues sémitiques.

sémitique a Se dit de langues d'Asie occidentale et d'Afrique du Nord (hébreu, arabe).

semi-voyelle nf Phonème intermédiaire entre la consonne et la voyelle, ainsi le [j] de [pje] *(pied),* le [ɥ] de [tɥe] *(tuer),* le [w] de [fwe] *(fouet).* Syn. semi-consonne. *Des semi-voyelles.*

semnopithèque nm Grand singe de l'Inde.

semoir nm Machine agricole destinée à semer les graines.

semonce nf Avertissement, réprimande. Loc *Coup de semonce :* avertissement brutal avant une action violente.

semoule nf Farine granulée de blé dur. Loc *Sucre semoule :* sucre en poudre à gros grains.

semoulerie nf Fabrication de la semoule.

sempiternel, elle a Litt Continuel, perpétuel.

sénat nm 1 HIST Assemblée politique importante dans différents États, à diverses époques. 2 (avec majusc) En France, une des deux assemblées délibérantes constituant le Parlement. 3 Édifice où siège cette assemblée.

sénateur nm Membre d'un sénat.

sénatorial, ale, aux a De sénateur.

sénatus-consulte nm HIST Décision du sénat dans la Rome antique, sous le Consulat, l'Empire. *Des sénatus-consultes.*

séné nm Plante dont on extrait un laxatif.

sénéchal, aux nm HIST Officier royal ayant des attributions judiciaires et financières.

sénéchaussée nf HIST Tribunal d'un sénéchal.

seneçon nm Plante à petites fleurs jaunes.

sénégalais, aise a, n Du Sénégal.

sénescence nf Vieillissement des tissus et de l'organisme.

sénescent, ente a Atteint de sénescence.

senestre a, nf Vx Côté gauche.

sénevé nm Moutarde sauvage.

sénile a Atteint de sénilité.

sénilité nf État d'une personne âgée dont les capacités intellectuelles sont très diminuées.

senior [se-] n 1 Sportif de la catégorie intermédiaire entre celle des juniors et celle des vétérans. 2 Personne âgée ; retraité.

senne ou **seine** nf Long filet qu'on traîne sur les fonds sableux.

sens nm 1 Faculté d'éprouver les sensations visuelles, auditives, tactiles, olfactives, gustatives. *Les organes des sens.* 2 Connaissance spontanée, intuitive. *Avoir le sens des nuances.* 3 Manière de juger, opinion. *Abonder dans le sens de qqn.* 4 Signification. *Préciser le sens d'un mot.* 5 Orientation, direction. *Scier une planche dans le sens de la longueur. Courir dans tous les sens.* Loc *Bon sens, sens commun :* faculté de bien juger. *Sens pratique :* habileté à résoudre les problèmes de la vie quotidienne. *Sixième sens :* intuition. *Sens dessus dessous :* de façon que ce qui devrait être dessus se trouve dessous ; dans le plus grand désordre. *Tomber sous le sens :* être évident. ■ pl Sexualité. *Les plaisirs des sens.*

sensass a inv Fam Sensationnel.

sensation nf 1 Ce qu'on ressent physiquement. *Une sensation de froid.* 2 Émotion, impression. *Une sensation de solitude.* Loc *À sensation :* destiné à attirer l'attention. *Faire sensation :* produire une vive impression sur le public, dans une assemblée, etc.

sensationnalisme nm Goût du sensationnel.

sensationnel, elle a, nm Qui fait sensation. *Une nouvelle sensationnelle.* ■ a Fam Extraordinaire, remarquable.

sensé, ée a Qui a ou dénote du bon sens.

sensément av De façon sensée.

sensibilisateur, trice a Qui provoque une sensibilisation.

sensibilisation nf Action de sensibiliser.

sensibiliser v 1 Rendre sensible. 2 Rendre attentif, susceptible de réaction à qqch. *Sensibiliser l'opinion aux questions d'écologie.*

sensibilité nf 1 Caractère d'un être, d'un organisme sensible physiquement. *Sensibilité à la douleur.* 2 Caractère sensible, aux points de vue affectif, esthétique, moral. 3 Propriété d'une chose sensible. *Sensibilité d'une balance.*

sensible a 1 Qui éprouve des sensations. Qui a la propriété de réagir à certains agents extérieurs. 3 Qui devient facilement douloureux. *Point sensible.* 4 Qui ressent vivement certaines impressions morales, esthétiques. *Être sensible à la misère.* 5 Qui réagit à de faibles variations (instruments, appareils). *Balance sensible.* 6 PHILO Qui peut être perçu par les sens (par oppos. à intelligible). *Le monde sensible.* Perceptible, appréciable, notable. *Faire de progrès sensibles.* 8 Qui pose des problèmes de sécurité publique. *Dossier sensible.* Loc *Note sensible :* placée à un demi-ton au-dessous de la tonique.

sensiblement av 1 De façon appréciable. 2 À peu près. *Ils sont sensiblement du même âge.*

sensiblerie nf Sensibilité puérile, outrée.

sensitif, ive a Qui transmet les sensation (nerfs). ■ a, n Qui est d'une sensibilité extrême.

sensoriel, elle a Relatif aux organes des sens.

sensorimoteur, trice a Qui concerne la sensibilité et la motricité.

sensualisme nm PHILO Doctrine selon laquelle toute connaissance dérive de la sensation.

sensualiste a, n Adepte du sensualisme.

sensualité nf Caractère sensuel.

sensuel, elle a Agréable aux sens. ■ a. Attaché aux plaisirs des sens et spécialement aux plaisirs sexuels.

sente nf Litt Sentier.

sentence nf 1 Décision, verdict. 2 Litt Maxime, précepte.

sentencieusement av Litt De façon sentencieuse.

sentencieux, euse a D'une gravité affectée, solennel. *Ton sentencieux.*

senteur nf Litt Odeur, parfum.

senti, ie a Loc *Bien senti :* exprimé avec force et conviction.

sentier nm Chemin étroit.

sentiment nm 1 Tendance affective liée à des émotions, des représentations, des sensations état qui en résulte (désir, joie, peur, etc.). 2 Éta affectif d'origine morale. *Avoir le sentiment de l'honneur.* 3 Conscience, connaissance intuitive voir le sentiment de son infériorité. **4** Litt Opinion, avis. *Quel est votre sentiment sur sa conduite ?* Loc Fam *Faire du sentiment :* manifester une sentimentalité hors de propos.

sentimental, ale, aux *a* Relatif aux sentiments et spécialement à l'amour. *La vie sentimentale de qqn.* ■ *a, n* Qui a une sensibilité romanesque, souvent un peu naïve.

sentimentalement *av* De façon sentimentale.

sentimentalisme *nm* Tendance à manifester une sentimentalité excessive dans sa conduite.

sentimentalité *nf* **1** Fait d'être sentimental. **2** Caractère sentimental.

sentinelle *nf* **1** Soldat armé qui est en faction. **2** Qui guette, qui surveille.

sentir *vt* [29] **1** Éprouver une sensation physique. *Sentir une douleur. Sentir l'odeur des pins.* **2** Respirer volontairement l'odeur de. *Sentez cette rose !* **3** Révéler, trahir. *Ce texte sent l'effort.* **4** Être sensible à, percevoir intuitivement. *Sentir le ridicule de la situation.* Loc *Ne pas pouvoir sentir qqn :* avoir de l'antipathie pour lui. *Faire sentir qqch à qqn :* lui en faire prendre conscience. *Se faire sentir :* se manifester. ■ *vt, vi* **1** Exhaler une odeur. *Cela sent le brûlé.* **2** Avoir une odeur désagréable. *Cette viande commence à sentir.* ■ *vpr* Éprouver telle sensation, tel sentiment. *Se sentir en pleine forme.* Loc *Ne plus se sentir :* ne plus pouvoir se contrôler.

seoir *vi* [40] Litt Aller bien à, être convenable pour. *Cette robe vous sied.* ■ *v impers* Loc Litt *Il sied de :* il est convenable, opportun de.

sep *nm* Partie de la charrue qui porte le soc.

sépale *nm* BOT Pièce du calice d'une fleur.

séparable *a* Qui peut être séparé.

séparateur, trice *a, nm* Qui a la propriété de séparer. Loc PHYS *Pouvoir séparateur :* capacité d'un instrument d'optique à donner des images séparées d'objets très rapprochés.

séparation *nf* **1** Action de séparer, de se séparer. **2** Chose qui sépare un espace, un objet d'un autre. Loc DR *Séparation de corps :* suppression, par décision judiciaire, du devoir de cohabitation des époux. *Séparation de biens :* régime matrimonial permettant à chaque époux d'administrer ses biens.

séparatisme *nm* Opinion de ceux qui souhaitent une sécession politique entre leur région et l'État.

séparatiste *a, n* Qui relève du séparatisme.

séparé, ée *a* **1** Différent, distinct. **2** Se dit de personnes qui ne vivent plus ensemble.

séparément *av* À part l'un de l'autre.

séparer *vt* **1** Mettre à part, isoler d'un autre élément ou d'un ensemble. *Séparer une phrase de son contexte. Séparer des combattants.* **2** Diviser. *Séparer un appartement en deux.* **3** Être interposé entre deux choses. *Un mur qui sépare deux propriétés.* ■ *vpr* **1** S'éloigner l'un de l'autre, diverger. *Nos routes se séparent.* **2** Cesser de vivre ensemble.

sépia *nf* **1** Matière colorante d'un brun chaud. Dessin, lavis exécuté avec la sépia. ■ *a inv* Qui est de cette couleur.

sépiole *nf* Petite seiche.

sépiolite *nf* Écume de mer.

sept [set] *a num* **1** Six plus un (7). **2** Septième. ■ *nm inv* Chiffre sept, nombre sept.

septante *a num* Soixante-dix (Belgique, Suisse).

septembre *nm* Neuvième mois de l'année.

septennal, ale, aux *a* **1** Qui dure sept ans. **2** Qui se produit tous les sept ans.

septennat *nm* Durée de sept ans d'une fonction (président de la République).

septentrion *nm* Litt Nord.

septentrional, ale, aux *a* Du nord.

septicémie *nf* Infection générale due à la dissémination dans le sang de germes pathogènes.

septicité *nf* MED Caractère septique.

septième [setjɛm] *a num* Au rang, au degré sept. *Il est arrivé septième.* ■ *a, nm* Contenu sept fois dans le tout. ■ *nf* Dernière classe de l'enseignement du premier degré.

septièmement [set-] *av* En septième lieu.

septique *a* MED Qui provoque ou peut provoquer l'infection. Loc *Fosse septique :* fosse d'aisances dans laquelle les matières organiques se décomposent par fermentation.

septuagénaire *a, n* Qui a entre soixante-dix et quatre-vingts ans.

septum [-tɔm] *nm* BIOL Cloison entre deux cavités, deux parties d'un organe.

septuor *nm* **1** Composition pour sept voix ou sept instruments. **2** Ensemble de sept exécutants.

septuple *a, nm* Qui vaut sept fois autant.

septupler *vt, vi* (Se) multiplier par sept.

sépulcral, ale, aux *a* Litt Du sépulcre. Loc *Voix sépulcrale :* caverneuse.

sépulcre *nm* Litt Tombeau.

sépulture *nf* Lieu où on enterre un mort.

séquelle *nf* Trouble qui persiste après une maladie, un accident, un événement, etc.

séquençage *nm* BIOL Ordre de quatre composants de l'A.D.N.

séquence *nf* **1** Suite ordonnée d'éléments, d'opérations. **2** Suite de plans constituant une des divisions du récit cinématographique.

séquentiel, elle *a* D'une séquence. *Déroulement séquentiel.*

séquestration *nf* Action de séquestrer.

séquestre *nm* DR Remise d'une chose litigieuse à un tiers jusqu'au règlement de la contestation.

séquestrer *vt* **1** DR Mettre sous séquestre. **2** Tenir qqn enfermé arbitrairement et illégalement.

sequin *nm* Ancienne monnaie de Venise.

séquoia *nm* Grand conifère de Californie.

sérac *nm* Bloc ou amas de blocs de glace dû à la fragmentation d'un glacier.

sérail *nm* **1** HIST Palais, harem d'un prince turc. **2** Milieu fermé des personnes proches du pouvoir.

séraphin *nm* RELIG Ange céleste.

séraphique *a* Litt Angélique, éthéré.

serbe *a, n* De Serbie.

serbo-croate *nm* Langue slave parlée en Serbie et en Croatie.

serein, eine *a* **1** Pur et calme. *Ciel serein.* **2** Exempt d'inquiétude. *Un esprit serein.*

sereinement *av* De façon sereine.

sérénade *nf* **1** Concert donné la nuit sous les fenêtres de qqn. **2** Composition instrumentale ou vocale en plusieurs mouvements. **3** Fam Tapage, réprimande.

sérénissime *a* Titre honorifique donné à certains princes.

sérénité *nf* Caractère serein, tranquille.

séreux, euse a MED Qui a les caractères de la sérosité. ■ nf Membrane qui tapisse les cavités de l'organisme.

serf, serve n, a FÉOD Attaché à une terre et vivant dans la dépendance d'un seigneur.

serfouette nf Outil de jardinage dont le fer forme une houe d'un côté et deux dents de l'autre.

serfouir vt Sarcler avec une serfouette.

serge nf Tissu de laine sec et serré.

sergé nm Tissage à côtes obliques.

sergent nm Sous-officier du grade le plus bas (infanterie, génie, aviation, etc.).

sergent-chef nm Sous-officier d'un grade intermédiaire entre ceux de sergent et d'adjudant. Des sergents-chefs.

serial [se-] nm Film à épisodes. Des serials.

séricicole a De la sériciculture.

sériciculteur nm Spécialiste de sériciculture.

sériciculture nf Élevage des vers à soie.

série nf 1 Suite, succession de choses analogues et constituant un ensemble. 2 Catégorie ; groupe correspondant à une division ou à une sélection dans un classement. Loc Série noire : suite de malheurs, de revers. Série télévisée : téléfilm à épisodes. De série : fabriqué à de nombreux exemplaires ; de qualité médiocre. Fabrication en série : fabrication normalisée et en grand nombre d'un produit. Hors série : d'exception.

sériel, elle a D'une série. Ordre sériel. Loc Musique sérielle : variante de la musique dodécaphonique.

sérier vt Classer par séries, ordonner.

sérieusement av 1 De façon sérieuse. 2 Réellement, vraiment. Il en a sérieusement besoin.

sérieux, euse a 1 Réfléchi, digne de confiance. Un garçon sérieux. 2 Qui ne manifeste pas de gaieté ; grave. Une mine sérieuse. 3 Important, digne de considération. Un incident sérieux. ■ nm Qualité d'une personne ou d'une chose sérieuse. Plaisanter en gardant son sérieux. Le sérieux d'une maladie. Loc Prendre au sérieux : prendre en considération. Se prendre au sérieux : se croire important.

sérigraphie nf Procédé d'impression utilisant des écrans en tissu à mailles quadrillées.

serin nm 1 Petit oiseau à plumage jaune ou vert. 2 Fam Niais, nigaud.

seriner vt Répéter sans cesse qqch à qqn.

seringa ou **seringat** nm Arbrisseau à fleurs blanches odorantes.

seringue nf Petite pompe servant à injecter des liquides dans l'organisme, ou à en extraire, à en prélever.

serment nm Déclaration, promesse solennelle. Prêter serment de dire toute la vérité.

sermon nm 1 Discours religieux destiné à instruire et à exhorter les fidèles. 2 Discours ennuyeux et moralisateur.

sermonner vt Adresser des remontrances à.

sermonneur, euse n, a Qui sermonne.

sérodiagnostic nm MED Méthode de diagnostic fondée sur l'examen du sérum.

sérologie nf MED Étude des sérums, de leurs propriétés.

sérologique a De la sérologie.

séronégatif, ive a Chez qui le sérodiagnostic donne un résultat négatif.

séropositif, ive a, n Chez qui le sérodi gnostic donne un résultat positif, spécialeme pour le virus du sida.

séropositivité nf Caractère séropositif.

sérosité nf MED Liquide analogue au séru sanguin, qui se forme dans les séreuses.

sérothérapie nf MED Emploi thérapeutiqu d'un sérum.

sérotonine nf BIOL Médiateur chimique système nerveux.

serpe nf Outil tranchant à large lame recou bée.

serpent nm Reptile au corps allongé, sa membres, qui se déplace par reptation. Loc F Serpent de mer : sujet de conversation q revient de temps à autre. Langue de serpen personne médisante.

serpentaire nm Oiseau d'Afrique qui se nou rit de serpents.

serpenteau nm Jeune serpent.

serpenter vi Former des sinuosités. Un senti qui serpente.

serpentin nm 1 Tuyauterie sinueuse ou hélice. 2 Petit rouleau étroit de papier, qui déroule quand on le lance.

serpentine nf Roche métamorphique ve sombre.

serpette nf Petite serpe.

serpillière [-jɛʀ] nf Torchon fait de gros toile, utilisé pour laver les sols.

serpolet nm Thym sauvage.

serpule nf Ver marin vivant dans un tu calcaire.

serrage nm Action de serrer.

serran nm Poisson marin très vorace.

serre nf 1 Abri clos à parois translucid destiné à protéger les végétaux du froid. Griffe puissante des rapaces. Loc Effet serre : réchauffement de l'atmosphère, au menté par certains gaz.

serré, ée a 1 Dont les éléments sont étro tement rapprochés. Un gazon dru et serré. Qui dénote la rigueur. Raisonnement serré. Gêné par des difficultés financières. Loc Ca serré : café fort. ■ av Avec vigilance. Jou serré.

serre-file nm Gradé placé en queue colonne d'une troupe en marche. Des serr files.

serre-fils nm inv ÉLECTR Pièce servant à conne ter deux fils par serrage.

serre-joint nm Instrument assurant le serra de pièces de bois. Des serre-joints.

serre-livres nm inv Chacun des deux obje lourds entre lesquels on maintient des livres.

serrement nm Loc Serrement de main poignée de main. Serrement de cœur : émotic qui attriste.

serrer vt 1 Tenir en exerçant une pressio étreindre. Serrer la main de qqn. 2 Gainer tro étroitement. Col qui serre le cou. 3 Tirer, ma œuvrer, pousser de façon à comprimer. Serr un nœud. Serrer un écrou. Serrer les rangs. Longer de très près. Serrer le trottoir. Loc F Serrer la vis à qqn : se montrer rigoureu sévère à son égard. Serrer le cœur : attrist profondément. Serrer les dents : s'efforcer résister à qqch de pénible. Fam Serrer les bo lons : être très strict sur la discipline, le dépenses.

erre-tête nm inv Bandeau rigide qui retient chevelure.

erriste n Qui cultive en serres.

errure nf Dispositif qui permet de bloquer en osition fermée au moyen d'une clé.

errurerie nf Art, métier du serrurier.

errurier nm Qui fabrique, pose, vend des rrures.

ertão [sɛʀtã] nm GEOGR Au Brésil, zone semi-ride où l'on pratique l'élevage extensif.

ertir vt 1 Enchâsser une pierre dans un naton. 2 Assujettir une pièce métallique.

ertissage nm Action de sertir.

ertisseur, euse n Dont le métier est de ertir. ■ nm Appareil pour sertir des boites e conserve.

ertissure nf Manière dont une pierre précieuse est sertie.

érum [-ʀɔm] nm 1 Partie liquide du sang, lasma débarrassé de la fibrine et de certains gents de la coagulation. 2 Produit tiré du érum d'un animal immunisé, que l'on injecte omme vaccin. Loc *Sérum physiologique* : solu-à 9 ‰ de chlorure de sodium. *Sérum de érité* : composé barbiturique employé dans un ut d'investigation psychologique.

ervage nm 1 HIST État de serf. 2 Servitude, épendance.

erval nm Petit félidé africain. *Des servals.*

ervant am Loc Cavalier, chevalier servant : ompagnon empressé d'une femme. ■ nm rtilleur chargé d'approvisionner une pièce endant le tir.

ervante nf Femme, jeune fille employée omme domestique.

erveur, euse n 1 Qui sert les repas ou les onsommations, dans un restaurant, un café. 2 ui met la balle en jeu au tennis, au volley-all, etc. ■ nm INFORM Système de consultation à istance de banques de données.

erviabilité nf Caractère serviable.

erviable a Qui rend volontiers service.

ervice nm 1 Fonction de qqn qui sert une ersonne, une clientèle, son pays, une cause, tc. *Un chauffeur au service du directeur. Faire on service militaire.* 2 Pourcentage d'une note 'hôtel, de restaurant, destiné au personnel. *ervice compris.* 3 Activité professionnelle. *rendre son service à 8 heures.* 4 Branche 'activité d'une entreprise, d'une administra-on. *Le service de cardiologie d'un hôpital.* 5 e qu'on fait bénévolement pour être utile à qn. *Rendre service à un voisin.* 6 Envoi, four-iture. *Faire le service d'un journal à qqn.* 7 ction de servir au tennis, au volley-ball, etc. 8 ssortiment de vaisselle, de linge de table. Loc *n service, hors service* : en état, hors d'état de onctionner. *Service religieux* : célébration d'un ffice religieux. *Service d'ordre* : ensemble de ersonnes chargées du maintien de l'ordre. *ervice funèbre* : cérémonie pour un mort. *ervice public* : activité d'intérêt général assurée ar un organisme ; cet organisme. *Prendre son ervice* : commencer à travailler. ■ pl 1 Travail munéré. *Être satisfait des services de qqn.* 2 ctivités économiques qui ne produisent pas irectement des biens matériels.

serviette nf 1 Linge qu'on utilise à table ou pour la toilette. 2 Sac rectangulaire à rabat dans lequel on transporte des livres, des documents, etc. Loc *Serviette hygiénique* : portée par les femmes pendant leurs règles.

serviette-éponge nf Serviette de toilette en tissu-éponge. *Des serviettes-éponges.*

servile a 1 Qui s'abaisse de façon dégradante ; obséquieux. 2 Qui ne prend pas assez de liberté à l'égard d'un modèle.

servilement av Litt De façon servile.

servilité nf Litt Caractère, attitude servile.

servir vt [29] 1 Consacrer son activité à qqn, à qqch. *Servir ses amis. Servir son pays.* 2 Fournir un client. *Ce boucher nous sert bien.* 3 Présenter un mets, une boisson. *Servir un plat bien chaud. Servir les invités.* 4 Payer régulièrement. *Servir une rente.* 5 Mettre une pièce d'artillerie en état de fonctionner. Loc *Servir la messe* : assister le prêtre durant la messe. ■ vti, vi 1 Être utile à qqn. *Ce conseil lui a servi.* 2 Être propre, utile à qqch. *Cet outil sert à creuser. Ce tissu peut encore servir.* 3 Faire office de. *Ce bâton lui sert de canne.* ■ vi 1 Être militaire. 2 Mettre la balle en jeu au tennis, au volley-ball, etc. ■ vpr 1 Prendre soi-même ce qui est disponible. 2 Utiliser. *Se servir d'un couteau.*

serviteur nm Qui est au service de qqn, d'une collectivité. *Les serviteurs de l'État.* Loc *Votre serviteur* : moi qui vous parle.

servitude nf 1 État d'une personne ou d'un peuple privés de leur indépendance ; esclavage. 2 Contrainte, assujettissement.

servocommande nf Mécanisme qui fournit l'énergie nécessaire à l'action d'une commande.

servofrein nm Servocommande agissant sur les organes de freinage.

servomécanisme nm TECH Dispositif automatique de régulation d'un système.

servomoteur nm Moteur actionnant un système à régulation.

ses. V. son 1.

sésame nm 1 Plante dont les graines fournissent une huile alimentaire. 2 Ce qui permet de surmonter les obstacles, comme par enchantement.

sessile a BOT Inséré directement sur un organe, sans pédoncule.

session nf Temps pendant lequel siège une assemblée, un tribunal, un jury d'examen.

sesterce nm ANTIQ Monnaie romaine.

set nm Manche d'une partie de tennis, de tennis de table, de volley-ball. Loc *Set de table* : napperon que l'on place sous les assiettes.

setter [sɛtɛʀ] nm Grand chien d'arrêt à longs poils.

seuil nm 1 Entrée d'une maison, d'une pièce ; commencement d'un lieu. 2 GEOGR Élévation d'un terrain. 3 Valeur à partir de laquelle un phénomène se produit ; point critique. *Seuil de rentabilité.* Loc *Au seuil de* : au début de.

seul, seule a 1 Momentanément sans compagnie. *Se promener seul, tout seul.* 2 Généralement isolé, qui vit sans amis. *Il est seul au monde.* 3 Unique. *Le seul bien qui lui reste.* 4 Seulement. *Spectacle que seuls les enfants apprécient.* Loc *Seul à seul* : en tête à tête.

seulement av 1 Sans rien de plus. *Ils sont seulement trois dans le secret.* 2 Pas avant. *Il arrive seulement demain.* 3 À l'instant, tout récemment. *Il vient seulement de partir.* **4** Toutefois, mais. *Il le savait, seulement il n'a rien dit.* Loc *Pas seulement* : pas même. *Sans seulement* : sans même. *Si seulement* : si au moins.

seulet, ette a Litt Seul.

sève nf **1** Liquide nourricier des végétaux. **2** Litt Force, vigueur, énergie.

sévère a **1** Dépourvu d'indulgence. *Un juge sévère.* **2** Dur, rigoureux. *Punition sévère. Ton sévère.* **3** Litt Sans ornements, austère. *Un style sévère.* **4** Important, grave. *Des pertes sévères.*

sévèrement av De façon sévère.

sévérité nf Caractère sévère.

sévices nmpl Violences corporelles, mauvais traitements.

sévir vi **1** Punir, réprimer avec rigueur. **2** Causer de gros dégâts, exercer une action néfaste.

sevrage nm **1** Remplacement progressif de l'allaitement par une alimentation plus solide. **2** Action de priver un toxicomane de drogue.

sevrer vt [15] **1** Procéder au sevrage. **2** Litt Priver d'un plaisir.

sèvres nm Porcelaine fabriquée à la manufacture nationale de Sèvres.

sexagénaire a, n Qui a entre soixante et soixante-dix ans.

sexagésimal, ale, aux a De la numération à base soixante.

sex-appeal [seksapil] nm Attrait sexuel qu'exerce une femme. *Des sex-appeals.*

sexe nm **1** Caractéristiques physiques qui permettent de différencier le mâle de la femelle, l'homme de la femme. **2** Ensemble des individus du même sexe. **3** Sexualité. **4** Organes génitaux externes. Loc *Le sexe fort* : les hommes. *Le sexe faible, le beau sexe* : les femmes.

sexisme nm Attitude de discrimination à l'encontre des femmes.

sexiste a, n Qui fait preuve de sexisme.

sexologie nf Étude de la sexualité humaine.

sexologue n Spécialiste de sexologie.

sex-ratio nm inv Rapport entre les naissances de sexe masculin et celles de sexe féminin.

sex-shop nm Magasin spécialisé dans la vente de publications et d'objets pornographiques. *Des sex-shops.*

sex-symbol nm Vedette symbolisant l'idéal sensuel. *Des sex-symbols.*

sextant nm Instrument de navigation utilisé pour mesurer des distances angulaires et des hauteurs d'astres au-dessus de l'horizon.

sextuor nm **1** Morceau écrit pour six voix ou pour six instruments. **2** Ensemble formé de six interprètes.

sextuple a, nm Qui vaut six fois autant.

sextupler vt, vi (Se) multiplier par six.

sexualité nf Ensemble des caractères et des comportements liés au sexe, à l'instinct sexuel.

sexué, ée a Pourvu d'organes sexuels. Loc *Reproduction sexuée* : par conjonction des deux sexes.

sexuel, elle a Relatif au sexe, à la sexualité.

sexuellement av D'un point de vue sexuel.

sexy a inv Fam Qui a du sex-appeal.

seyant, ante a Qui va bien à qqn.

seychellois, oise a, n Des Seychelles.

sézigue pr Pop Soi, lui.

sforzando av MUS En renforçant le son.

S.G.B.D. nm INFORM Abrév de *système de gestio[n]* de bases de données, logiciel de traitement d[e] fichiers.

shabbat [-bat] nm Syn de *sabbat.*

Shabouot [-buɔt] nm Fête juive commémoran[t] le séjour de Moïse sur le mont Sinaï.

shah. V. schah.

shaker [ʃɛkœʀ] nm Récipient dans lequel o[n] mélange les ingrédients d'un cocktail.

shakespearien, enne [ʃɛkspirjɛ̃] a Qui rap[-]pelle les tragédies de Shakespeare.

shako ou **schako** nm Coiffure militai[re] rigide, à visière, de forme tronconique.

shampoing [ʃɑ̃pwɛ̃] nm **1** Lavage des cheveu[x.] **2** Produit utilisé pour ce lavage. **3** Produit d[e] nettoyage pour moquettes.

shampouiner [ʃɑ̃pwine] vt Faire un sham[-]poing à.

shampouineur, euse [ʃɑ̃pwi-] n Employé(e[)] d'un salon de coiffure qui fait les shampoing[s.] ■ nf Appareil servant à nettoyer les moquette[s.]

shantung ou **chantoung** [ʃɑ̃tuŋ] nm Tissu d[e] soie léger d'aspect irrégulier.

shekel nm Unité monétaire d'Israël.

shérif nm **1** Aux États-Unis, chef de la polic[e] d'un comté. **2** Fam Policier aux manières expédi[-]tives.

sherpa nm Porteur, guide de montagne, dan[s] l'Himalaya.

sherry nm Nom anglais du Xérès.

shetland [ʃetlɑ̃d] nm **1** Laine d'Écosse. **2** Tricot fait avec cette laine.

shiatsu [ʃiatsu] nm Syn de *digitoponcture.*

shiitake [-ke] nm inv Champignon comestibl[e] à chair ferme, originaire d'Extrême-Orient.

shilling [ʃiliŋ] nm **1** Ancienne division (1/2[0] de la livre sterling. **2** Unité monétaire d[e] Kenya, de l'Ouganda, de la Tanzanie et de l[a] Somalie.

shilom nm Petite pipe utilisée pour fumer l[e] haschich ou l'opium.

shimmy nm Vibration ou flottement dans l[e] train avant d'une automobile.

shinto ou **shintoïsme** [ʃin-] nm Religio[n] propre au Japon.

shintoïste a, n Qui relève du shinto.

shogoun nm HIST Chef militaire et civil d[u] Japon, de 1192 à 1868.

shogounal, ale, aux a HIST Du shogoun.

shoot [ʃut] nm Au football, coup de pied sec e[t] puissant donné dans le ballon.

shooter [ʃute] vi Faire un shoot, au footbal[l.] ■ vpr S'injecter des stupéfiants.

shopping [ʃɔpiŋ] nm Loc *Faire du shopping* [:] courir les magasins.

short [ʃɔʀt] nm Culotte courte portée pou[r] faire du sport, en vacances, etc.

shosha nf Société de commerce japonaise.

show [ʃo] nm Spectacle de variétés.

show-business [ʃobiznɛs] ou **showbiz** [ʃobiz] nm inv Industrie du spectacle.

show-room [ʃoʀum] nm Stand d'expositio[n] ouvert par un industriel. *Des show-rooms.*

shunt [ʃœ̃t] nm ÉLECTR Résistance placée e[n] dérivation entre les bornes d'une portion d[e] circuit.

shunter [ʃœ̃te] vt ÉLECTR Monter en dérivatio[n.]
1. si conj **1** Au cas où, en admettant que. *Si l[a] pluie cesse, j'irai me promener. Si c'était vrai[,] on le saurait.* **2** Bien que, sans doute... (mais...[)]

505

Si c'est difficile, ce n'est quand même pas impossible. **3** Exprime une suggestion, un souhait. *Si on y allait ? Si cela pouvait être vrai !* **Loc** *Si ce n'est (que) :* sauf (que), excepté (que). *Si tant est que :* même en admettant que. ■ av **1** Exprime l'affirmation en réponse à une phrase négative. *Ça ne t'intéresse pas ? - Si !* **2** Tellement. *Il était si fatigué qu'il s'est endormi.* **3** Aussi, à ce point. *Je n'avais jamais rien vu de si beau.* **Loc** *Si bien que :* de sorte que.

2. si nm inv Septième note de la gamme.

siamois, oise a, n Du Siam. **Loc** *Chat siamois :* chat aux yeux bleus et au pelage beige et brun. *Frères siamois, sœurs siamoises :* jumeaux, jumelles attachés l'un à l'autre par une partie du corps.

sibérien, enne a, n De Sibérie.

sibilant, ante a MED Qui produit un sifflement.

sibylle nf ANTIQ Femme qui passait pour avoir reçu d'Apollon le don de prédire l'avenir.

sibyllin, ine a Litt Énigmatique, ambigu.

sic av Se met entre parenthèses à la suite d'un passage pour indiquer qu'il a été cité textuellement.

sicaire nm Litt Assassin à gages.

sicav nf inv Société d'investissement à capital variable gérant un portefeuille de valeurs mobilières.

siccatif, ive a, nm Qui facilite le séchage d'une peinture.

sicilien, enne a, n De Sicile. ■ nf Danse en vogue au XVIIIᵉ s.

sida nm État pathologique dû à un effondrement des défenses immunitaires, causé par un agent viral transmissible par voie sanguine ou sexuelle.

side-car nm Véhicule composé d'une petite nacelle munie d'une roue, fixée sur le côté d'une motocyclette. *Des side-cars.*

sidéen, enne a, n Atteint du sida.

sidéral, ale, aux a Relatif aux astres.

sidérant, ante a Fam Stupéfiant.

sidérer vt [12] Fam Stupéfier, étonner fortement.

sidérose nf Affection résultant de l'inhalation prolongée de poussières de fer.

sidérurgie nf Métallurgie du fer ; production de la fonte et de l'acier.

sidérurgique a De la sidérurgie.

sidérurgiste n Qui travaille dans la sidérurgie.

sidologue n Spécialiste du sida.

siècle nm **1** Durée de cent ans. **2** Durée de cent ans comptée à partir du début d'une ère. *Le troisième siècle après Jésus-Christ.* **3** Période historique marquée par tel événement, tel personnage. *Le siècle de Louis XIV.* **4** Fam Très longue période.

siège nm **1** Meuble fait pour s'asseoir. **2** Place, fonction dans une assemblée d'élus. **3** Fesses. *Bain de siège.* **4** Lieu où réside une autorité, une administration. *Siège d'un tribunal. Siège social d'une société.* **5** Endroit d'où ou par où se fait sentir un phénomène. *Le siège d'une douleur.* **6** Opération militaire visant à prendre une place forte. **Loc** *État de siège :* régime exceptionnel sous lequel l'armée assume le maintien de l'ordre. *Siège social :* domicile légal d'une société.

siéger vi [13] **1** Tenir séance. **2** Avoir un siège dans une assemblée. **3** Se situer, se localiser.

siemens [simɛns] nm Unité de mesure de la conductance électrique.

sien, sienne a poss Litt Qui est à lui, à elle. *Un sien cousin.* ■ pr poss Ce qui lui appartient. *Ce livre, c'est le sien.* ■ n Loc *Y mettre du sien :* faire des efforts. Fam *Faire des siennes :* des sottises. ■ nmpl Les membres de sa famille, ses amis.

sierra nf GÉOGR Chaîne de montagnes.

sierra-léonais, aise a, n De la Sierra Leone.

sieste nf Repos pris après le repas de midi.

sieur nm DR Monsieur. *Le sieur X.*

sievert [sivɛrt] nm Unité de mesure de radioactivité.

sifflant, ante a Qui produit un sifflement.

sifflement nm Son produit par qqn ou par qqch qui siffle.

siffler vi Produire un son aigu, en chassant l'air par une ouverture étroite (dents, lèvres, sifflet, etc.). ■ vt **1** Moduler un air en sifflant. **2** Appeler en sifflant. **3** Conspuer, huer par des sifflets. **4** Indiquer par un coup de sifflet. **5** Fam Avaler d'un trait.

sifflet nm **1** Petit instrument avec lequel on siffle. **2** Marque de désapprobation faite en sifflant. **Loc** Fam *Couper le sifflet à qqn :* l'interloquer. TECH *En sifflet :* obliquement.

siffleur, euse a, n Qui siffle.

sifflotement nm Action de siffloter.

siffloter vi, vt Siffler doucement.

sigillé, ée a Marqué d'un sceau.

sigillographie nf Science des sceaux.

siglaison nf Formation des sigles.

sigle nm Ensemble des lettres initiales servant d'abréviation (ex. : O.N.U., pour *Organisation des Nations unies*).

sigma nf Lettre de l'alphabet grec, correspondant à *s*.

signal, aux nm **1** Signe convenu utilisé pour servir d'avertissement, provoquer un comportement, transmettre une information. *Au signal, les coureurs s'élancent. Les signaux du code de la route.* **2** Fait qui annonce une chose qu'on détermine. **Loc** *Donner le signal de :* déclencher.

signalé, ée a Litt Remarquable.

signalement nm Description des caractères physiques de qqn.

signaler vt **1** Annoncer par un signal, par des signaux. **2** Appeler l'attention sur, faire remarquer. **3** Mentionner, indiquer. ■ vpr Se faire remarquer par sa conduite.

signalétique a Qui donne un signalement. *Fiche signalétique.* ■ nf Ensemble des moyens de signalisation équipant un lieu.

signalisation nf **1** Utilisation de signaux. **2** Ensemble des signaux par lesquels la circulation est réglée.

signaliser vt Pourvoir d'une signalisation.

signataire n Qui a signé qqch.

signature nf **1** Nom d'une personne, écrit de sa main, comme témoignage d'authenticité, de responsabilité. **2** Action de signer. *La signature d'un traité.*

signe nm **1** Chose qui est l'indice d'une autre. *La fièvre est le signe d'une infection.* **2** Ce qui permet de reconnaître, de distinguer. **3** Geste, expression qui permet de faire connaître qqch à qqn. **4** Ce qui est utilisé conventionnellement pour représenter, noter. *Signes de ponctuation.* **Loc** *Ne pas donner signe de vie :* ne donner aucune nouvelle. *Être sous le signe de :* être marqué par. *Les signes du zodiaque :* les douze divisions du zodiaque.

signer *vt* Revêtir de sa signature, authentifier de son nom. *Signer une lettre. Signer un roman.* ■ *vpr* Faire le signe de la croix.

signet *nm* Petit ruban fixé au dos d'un livre, qui sert à marquer une page.

signifiant, ante *a* Chargé de sens. ■ *nm* LING Forme concrète du signe linguistique.

significatif, ive *a* 1 Qui exprime qqch nettement, précisément ; révélateur. 2 Important, marquant. *Jouer un rôle significatif.*

signification *nf* 1 Ce que signifie une chose, un mot. 2 DR Notification d'un acte, d'un jugement à qqn, par les voies légales.

significativement *av* De façon significative.

signifié *nm* LING Contenu du signe linguistique, manifesté concrètement par le signifiant.

signifier *vt* 1 Avoir pour sens, vouloir dire. 2 Notifier qqch à qqn de façon expresse ou par voie de droit. *Signifier son congé à qqn.*

sikh, sikhe *a, n* Adepte du sikhisme.

sikhisme *nm* Secte religieuse indienne.

silence *nm* 1 Fait de se taire, de s'abstenir de parler. 2 Absence de bruit. *Le silence de la nuit.* 3 MUS Interruption du son d'une durée déterminée ; signe graphique qui indique cette interruption. Loc *Passer qqch sous silence :* ne pas en parler.

silencieusement *av* De façon silencieuse.

silencieux, euse *a* 1 Où l'on n'entend aucun bruit. *Un endroit très silencieux.* 2 Qui a lieu, qui se fait sans bruit ; qui fonctionne sans bruit. *Moteur silencieux.* 3 Qui garde le silence, qui s'abstient de parler. ■ *nm* Dispositif conçu pour amortir le bruit d'une arme à feu, d'un moteur à explosion.

silène *nm* 1 Plante herbacée ornementale au calice en forme d'outre. 2 Nom d'un papillon.

silex *nm* Roche siliceuse très dure.

silhouette *nf* 1 Dessin au trait réduit au contour. 2 Aspect général que la corpulence et le maintien donnent au corps. 3 Forme vague de qqn, de qqch.

silicate *nm* Minéral constituant essentiel des roches magmatiques et métamorphiques.

silice *nf* Oxyde de silicium présent dans de très nombreux minéraux.

siliceux, euse *a* Formé de silice.

silicicole *a* BOT Qui pousse sur les terrains siliceux.

silicium [-sjɔm] *nm* Corps simple utilisé notamment dans les alliages et en électronique.

silicone *nf* Matière plastique dérivée du silicium.

silicose *nf* Maladie professionnelle due à l'inhalation de poussières de silice.

silicosé, ée *a, n* Atteint de silicose.

silique *nf* BOT Fruit sec des crucifères, qui s'ouvre à maturité.

sillage *nm* Trace qu'un navire en marche laisse derrière lui à la surface de l'eau. Loc *Marcher dans le sillage de qqn :* suivre son exemple.

sillet *nm* MUS Petit morceau de bois ou d'ivoire qui supporte les cordes des instruments à cordes.

sillon *nm* 1 Longue tranchée tracée par le soc de la charrue. 2 Rainure. 3 Piste d'un disque.

sillonner *vt* Parcourir en tous sens. *Des patrouilles sillonnent la région.*

silo *nm* 1 Réservoir servant à conserver des produits agricoles. 2 Construction souterraine abritant des missiles.

silotage *nm* Syn de *ensilage.*

silure *nm* Poisson dont la tête porte de longs barbillons. Syn. poisson-chat.

silurien *nm* GEOL Période de l'ère primaire.

silvaner [-nɛʀ] *nm* Cépage blanc d'Alsace.

simagrées *nfpl* Manières affectées.

simien, enne *a* Qui concerne le singe. ■ *nm* ZOOL Mammifère primate, tel que le singe.

simiesque *a* Qui rappelle le singe.

similaire *a* Semblable, analogue.

similarité *nf* Caractère similaire.

simili *nm* Imitation d'une matière.

similigravure *nf* Procédé de photogravure.

similitude *nf* Rapport qui unit des choses semblables ; analogie.

simonie *nf* RELIG Trafic de biens spirituels (sacrements, dignités, etc.).

simoun *nm* Vent brûlant du désert.

simple *a* 1 Qui n'est pas composé de parties, d'éléments divers. 2 Qui est seulement cela. *Une simple lettre vous suffira.* 3 Facile à comprendre, à employer, à exécuter. *Un appareil très simple.* 4 Qui est dénué d'ornements, de fioritures, sans luxe. *Une maison toute simple.* 5 Qui agit sans vanité, sans ostentation. *Il est resté très simple.* 6 Naïf, crédule, qu se laisse facilement abuser. Loc Fam *Simple comme bonjour :* extrêmement simple. *Simple particulier :* personne quelconque, sans fonction officielle. ■ *n* Loc *Simple d'esprit :* dont l'intelligence est débile. ■ *nm* Loc *Du simple au double :* dans la proportion de 1 à 2. ■ *pl* BOT Plantes médicinales.

simplement *av* De façon simple. Loc *Purement et simplement :* sans réserve et sans condition.

simplet, ette *a* Fam D'une simplicité niaise.

simplicité *nf* Caractère simple.

simplificateur, trice *a* Qui simplifie.

simplification *nf* Action de simplifier.

simplifier *vt* Rendre plus simple ; faciliter.

simplisme *nm* Caractère simpliste.

simpliste *a, n* Qui simplifie à l'excès.

simulacre *nm* Apparence qui se donne pour une réalité ; action simulée.

simulateur, trice *n* Qui simule. ■ *nm* Appareil, installation qui permet de simuler une situation, un phénomène.

simulation *nf* 1 Action de simuler. 2 Établissement d'un modèle mathématique destiné à l'étude d'un système.

simuler *vt* 1 Faire paraître comme réelle une chose qui ne l'est pas. *Simuler la folie.* 2 TECH Procéder à la simulation de. *Simuler un vol spatial.*

simulie *nf* Moustique tropical, vecteur de graves maladies parasitaires.

simultané, ée *a* Qui se produit en même temps. *L'arrivée simultanée de deux bateaux.*

simultanéité *nf* Caractère simultané ; existence simultanée de plusieurs choses.

simultanément *av* En même temps.

sinanthrope *nm* PALEONT Fossile hominien, appelé aussi *homme de Pékin.*

sinapisme *nm* MED Cataplasme à base de farine de moutarde.

sincère *a* 1 Qui exprime ses pensées, ses sentiments sans les déguiser. 2 Réellement pensé ou senti. *Sentiments, paroles sincères.*

sincèrement *av* De façon sincère.

sincérité *nf* Caractère sincère.

sinécure *nf* Place qui procure des ressources sans exiger beaucoup de travail. Loc *Fam Ce n'est pas une sinécure* : ce n'est pas facile.

sine die [sinedje] *av* Sans fixer de date.

sine qua non [sinekwanɔn] *a inv* Loc *Condition sine qua non* : obligatoire, indispensable.

singapourien, enne *a, n* De Singapour.

singe *nm* 1 Mammifère primate anthropoïde à la face glabre, aux pieds et aux mains préhensiles. 2 Qui imite les gestes, les mimiques, les attitudes d'autrui. 3 *Pop* Patron. Loc *Payer en monnaie de singe* : en paroles creuses.

singer *vt* [11] Imiter, contrefaire.

singerie *nf* 1 Grimace, tour de malice. 2 Cage des singes, dans une ménagerie.

single [singœl] *nm* 1 Cabine, chambre, compartiment occupés par une seule personne. 2 Disque ne comportant qu'un seul morceau par face.

singleton *nm* Au bridge, carte seule de sa couleur dans la main d'un joueur.

singulariser *vt* Rendre singulier, extraordinaire. ■ *vpr* Se faire remarquer.

singularité *nf* 1 Fait d'être singulier, unique, irremplaçable. 2 Chose, manière singulière.

singulier, ère *a* 1 Individuel, qui distingue des autres. 2 Bizarre, étonnant. *Un détail singulier.* Loc *Combat singulier* : qui oppose un seul adversaire à un seul autre. ■ *nm* Catégorie grammaticale qui exprime l'unité. Ant. pluriel.

singulièrement *av* 1 Particulièrement, principalement. 2 Beaucoup, extrêmement. *Il est singulièrement déçu.*

sinisant, ante *a, n* Sinologue.

sinisation *nf* Action de siniser.

siniser *vt* Faire adopter la civilisation, la langue, les mœurs chinoises à.

sinistre *a* 1 Qui fait craindre quelque malheur. *Un sinistre présage.* 2 Lugubre ; très ennuyeux. *Un quartier sinistre. Une soirée sinistre.* ■ *nm* 1 Catastrophe qui cause des pertes considérables. 2 *DR* Tout dommage qui entraîne une indemnisation. *Règlement d'un sinistre.*

sinistré, ée *a, n* Victime d'un sinistre.

sinistrose *nf Fam* Pessimisme excessif.

sinologie *nf* Étude de la langue, de la culture et de l'histoire de la Chine.

sinologue *n* Spécialiste de sinologie.

sinon *conj* 1 Autrement, sans quoi. *N'insistez pas, sinon il se fâchera.* 2 Si ce n'est ; sauf. *Il ne lit rien, sinon son journal.* 3 Peut-être même. *Il était l'un des rares, sinon le seul, à savoir cela.*

sinoque *a, n Fam* Fou.

sinueux, euse *a* 1 Qui forme des courbes nombreuses. *Sentier sinueux.* 2 Qui procède par détours, tortueux. *Une approche sinueuse.*

sinuosité *nf* Chacune des courbes d'une ligne sinueuse.

sinus [sinys] *nm* 1 *ANAT* Cavité irrégulière à l'intérieur de certains os du crâne et de la face. 2 *MATH* Valeur d'un angle d'un triangle rectangle définie par le rapport entre le côté opposé à cet angle et l'hypoténuse.

sinusite *nf* Atteinte inflammatoire ou infectieuse des muqueuses des sinus de la face.

sinusoïdal, ale, aux *a* GEOM En forme de sinusoïde.

sinusoïde *nf* GEOM Ligne continue constituée par des courbes régulièrement inversées.

sionisme *nm* Mouvement de restauration d'un État juif indépendant en Palestine.

sioniste *a, n* Qui relève du sionisme.

siphon *nm* 1 Tube recourbé permettant de transvaser un liquide d'un niveau donné à un niveau inférieur. 2 Dispositif intercalé entre un appareil sanitaire et son tuyau de vidange. 3 En spéléologie, galerie ou boyau inondé. 4 Bouteille munie d'un bouchon mécanique à levier et contenant de l'eau gazéifiée sous pression.

siphonné, ée *a* Pop Un peu fou.

siphonner *vt* Transvaser un liquide au moyen d'un siphon.

sire *nm* Titre que l'on donne à un souverain lorsqu'on s'adresse à lui. Loc *Fam Un triste sire* : un individu peu estimable.

sirène *nf* 1 Être mythique constitué d'un buste de femme et d'une queue de poisson. 2 Appareil de signalisation sonore.

sirénien *nm* ZOOL Mammifère aquatique, tel que le dugong, le lamantin.

sirocco *nm* Vent chaud et sec, qui souffle du Sahara sur l'Algérie, la Tunisie, la Sicile.

sirop *nm* Solution concentrée de sucre et additionnée ou non de substances aromatiques ou médicamenteuses.

siroter *vt, vi* Boire à petites gorgées, en prenant son temps.

sirupeux, euse *a* 1 Qui a la consistance du sirop ; visqueux. 2 D'une douceur mièvre.

sis, sise *a* DR ou litt Situé. *Hôtel sis à Lyon.*

sisal *nm* 1 Agave fournissant une fibre textile. 2 Cette fibre elle-même.

sismicité *nf* GEOL Fréquence et intensité des séismes dans une région donnée.

sismique *a* Relatif aux séismes.

sismogramme *nm* Courbe fournie par un sismographe.

sismographe *nm* Appareil enregistrant les mouvements sismiques.

sismologie *nf* GEOL Étude des séismes.

sismologue *nf* Spécialiste de sismologie.

sismothérapie *nf* MED Syn de *électrochoc.*

sistre *nm* Instrument de musique constitué d'un cadre supportant des tiges qui s'entrechoquent.

sitar *nm* Instrument de musique à cordes pincées, originaire du nord de l'Inde.

sitcom *nm* Téléfilm inspiré de situations tirées de la vie quotidienne.

site *nm* 1 Lieu, tel qu'il s'offre aux yeux de l'observateur ; paysage pittoresque. 2 Emplacement affecté à tel usage. *Site industriel.*

sit-in [sitin] *nm inv* Manifestation non violente dans laquelle les participants occupent un endroit public en s'asseyant par terre.

sitôt *av* Aussitôt. *Sitôt dit, sitôt fait. Sitôt qu'il partira.* Loc *Pas de sitôt* : pas avant longtemps.

situation *nf* 1 Position, emplacement d'une ville, d'une maison, d'un terrain. 2 Ensemble des conditions dans lesquelles se trouve qqn à un moment donné. *Situation pécuniaire, familiale.* 3 Emploi, profession. 4 État des affaires ; conjoncture. *La situation politique.* 5 Moment important de l'action, dans une œuvre littéraire. Loc *En situation* : dans des conditions proches de la réalité.

situé, ée *a* Placé à tel endroit, de telle façon. *Une maison mal située.*

situer *vt* Déterminer la place de qqch, de qqn, dans l'espace, dans le temps, dans un ensemble. *Où situez-vous cette ville ?*

sivaïsme ou **shivaïsme** *nm* Secte hindouiste vénérant le dieu Siva.

six *a num* 1 Cinq plus un (6). 2 Sixième. *Charles VI.* ■ *nm inv* Chiffre, nombre six.

six-huit *nm inv* MUS Mesure à deux temps ayant la noire pointée pour unité de temps.

sixième *a num* Au rang, au degré six. ■ *a, nm* Contenu six fois dans le tout. ■ *nf* Première classe de l'enseignement secondaire.

sixièmement *av* En sixième lieu.

six-quatre-deux (à la) *av* Fam Sans soin.

sixte *nf* MUS Intervalle de six degrés.

sizain *nm* LITTER Strophe de six vers construite sur deux ou trois rimes.

skaï [skaj] *nm* (n déposé) Matière synthétique imitant le cuir.

skate-board [skɛtbɔrd] *nm* Planche à roulettes. *Des skate-boards.*

skating [skɛtiŋ] *nm* Patinage à roulettes.

sketch *nm* Petite scène, généralement gaie.

ski [-lɔm] *nm* 1 Long patin de bois, de fibre de verre, etc., utilisé pour glisser sur la neige, sur l'eau. 2 Sport pratiqué sur skis. *Faire du ski.*

skiable *a* Où on peut skier.

skier *vi* Aller à skis, pratiquer le ski.

skieur, euse *n* Qui pratique le ski.

skiff *nm* Bateau de course, long et très étroit, pour un seul rameur.

skinhead [skined] ou **skin** [skin] *nm* Marginal agressif et xénophobe, au crâne rasé.

skipper [skipœr] *nm* 1 Chef de bord d'un yacht. 2 Barreur d'un bateau à voile de régate.

skunks. V. sconce.

slalom [-lɔm] *nm* 1 Descente à skis sur un parcours sinueux jalonné de piquets. 2 Tout parcours sinueux.

slalomer *vi* Faire un slalom.

slalomeur, euse *n* Qui pratique le slalom.

slang *nm* Argot anglais.

slave *a, n* Qui appartient aux peuples de même famille linguistique habitant l'Europe centrale et orientale. ■ *nm* Langue indoeuropéenne qui s'est diversifiée en plusieurs langues (russe, polonais, ukrainien, tchèque, bulgare, serbo-croate, etc.).

slavisant, ante *n* Spécialiste des langues slaves.

slavon *nm* Langue liturgique des Slaves orthodoxes.

slavophile *a, n* HIST En Russie, partisan de la tradition.

slip *nm* Culotte très courte et ajustée servant de sous-vêtement ou pour le bain.

slogan *nm* Formule brève et frappante utilisée dans la publicité, la propagande politique, etc.

sloop [slup] *nm* Bateau à voiles à un mât, avec un seul foc à l'avant.

sloughi *nm* Lévrier d'Afrique à poil ras.

slovaque *a, n* De Slovaquie. ■ *nm* Langue slave de Slovaquie.

slovène *a, n* De Slovénie. ■ *nm* Langue slave de Slovénie.

slow [slo] *nm* Danse sur une musique lente.

smala ou **smalah** *nf* 1 HIST Ensemble des personnes et du matériel suivant un chef arabe. 2 Fam Famille nombreuse.

smash [smaʃ] *nm* Coup violent qui rabat au sol une balle haute (tennis, volley-ball).

smasher [smaʃe] *vi* Faire un smash.

S.M.I.C. *nm* Salaire minimum interprofessionnel de croissance.

smicard, arde *n* Fam Payé au S.M.I.C.

smocks *nmpl* COUT Fronces à plusieurs rangs rebrodées sur l'endroit.

smog *nm* Brouillard épais et mêlé de fumée.

smoking [-kiŋ] *nm* Costume habillé d'homme, comportant une veste à revers de soie.

snack-bar ou **snack** *nm* Café-restaurant à service rapide. *Des snack-bars.*

sniffer *vt* Pop Priser un stupéfiant en poudre.

snob *n, a* Qui affecte ostensiblement des manières jugées distinguées, à la mode.

snober *vt* Traiter de haut, avec mépris.

snobinard, arde *n, a* Fam Snob.

snobisme *nm* Attitude d'un snob.

snow-boot [snobut] *nm* Chaussure de caoutchouc qu'on peut mettre par-dessus ses chaussures. *Des snow-boots.*

soap-opera [sopɔpera] *nm* Feuilleton télévisé à épisodes multiples. *Des soap-operas.*

sobre *a* 1 Tempérant dans le boire et le manger. 2 Litt Qui fait preuve de discrétion, de retenue. 3 Sans fioritures ; dépouillé.

sobrement *av* Avec sobriété.

sobriété *nf* 1 Frugalité, tempérance, discrétion. 2 Modération.

sobriquet *nm* Surnom familier.

soc *nm* Fer d'une charrue, qui creuse un sillon.

sociabilité *nf* Caractère sociable.

sociable *a* Ouvert et accommodant.

social, ale, aux *a* 1 Qui vit en société. *Insectes sociaux.* 2 Qui concerne la vie en société, son organisation. *Morale sociale. Classes sociales.* 3 Relatif au monde du travail. *Conflits sociaux.* 4 Qui vise à l'amélioration des conditions de vie. *Logements sociaux.* 5 Relatif à une société commerciale. *Raison sociale.* Loc *Sciences sociales :* sociologie, droit, économie, etc. *Travailleurs sociaux :* chargés de venir en aide aux membres de la collectivité.

social-démocrate *a, n* Qui relève de la social-démocratie. *Des social-démocrates.*

social-démocratie *nf* Courant politique partisan d'un socialisme réformiste. *Des social-démocraties.*

socialement *av* Du point de vue social.

socialisant, ante *a* De tendance socialiste.

socialisation *nf* 1 Apprentissage de la vie de groupe par l'enfant. 2 Appropriation des moyens de production par la collectivité.

socialiser *vt* Réaliser la socialisation de.

socialisme *nm* 1 Doctrine économique et politique préconisant la disparition de la propriété privée des moyens de production et l'appropriation de ceux-ci par la collectivité. 2 Ensemble des doctrines, des partis de la gauche non marxiste.

socialiste *a, n* Qui relève du socialisme.

sociétaire *a, n* Qui fait partie de certaines sociétés ou associations.

société *nf* 1 État des êtres qui vivent en groupe organisé. *La vie en société.* 2 Ensemble d'individus unis au sein d'un même groupe par des institutions, une culture, etc. 3 Réunion de personnes qui s'assemblent pour le plaisir, la conversation, le jeu. **4** Groupe, régi par des statuts, de personnes réunies par des intérêts communs d'ordre économique, culturel, etc.

socioculturel, elle *a* Qui concerne une société et la culture qui lui est propre.

sociodrame *nm* Psychodrame collectif.

socioéconomique *a* Qui concerne le domaine social et le domaine économique.

socioéducatif, ive *a* Des phénomènes sociaux en relation avec l'enseignement.

sociolinguistique [-gɥis-] *nf* Étude de la langue dans ses relations avec la société.

sociologie *nf* Étude des phénomènes sociaux.

sociologique *a* De la sociologie.

sociologisme *nm* Tendance à faire prévaloir le point de vue sociologique.

sociologue *n* Spécialiste de sociologie.

sociométrie *nf* Étude et mesure des relations entre les membres d'un groupe social.

socioprofessionnel, elle *a* Qui concerne le groupe professionnel dans la société. ■ *a. n* Élu ou responsable dans un syndicat, une chambre de métiers, etc.

socle *nm* Base sur laquelle repose un édifice, une colonne, une statue, etc.

socque *nm* Chaussure à semelle de bois.

socratique *a* Relatif à Socrate, à sa pensée.

soda *nm* Boisson gazeuse ordinairement aromatisée aux fruits.

sodé, ée *a* Qui contient de la soude ou du sodium.

sodique *a* De la soude ou du sodium.

sodium [-djɔm] *nm* Métal à l'éclat blanc, abondant dans la nature sous forme de chlorure.

sodomie *nf* Pratique du coït anal.

sodomiser *vt* Se livrer à la sodomie sur qqn.

sodomite *nm* Qui pratique la sodomie.

sœur *nf* **1** Celle qui est née de même père et de même mère qu'une autre personne. **2** Titre donné aux religieuses dans certains ordres. Loc *Fam* Bonne sœur : religieuse.

sœurette *nf* Petite sœur (terme d'affection).

sofa *nm* Lit de repos à trois appuis pouvant être utilisé comme siège.

software [sɔftwɛʀ] ou **soft** *nm* En informatique et en audiovisuel, industrie des programmes. Ant. hardware.

soi *pr pers* Pronom des deux genres et des deux nombres, représentant le plus souvent un sujet indéterminé. *Chacun pense à soi.* Loc *À part soi* : dans son for intérieur. *Chez soi* : dans sa demeure. *Sur soi* : sur sa personne. *En soi* : de par sa nature ; en ne considérant que la chose elle-même.

soi-disant *av inv* Qui se dit tel ou telle. *De soi-disant savants.* ■ *av* Prétendument. *Il est venu, soi-disant pour la distraire.*

soie *nf* **1** Substance sécrétée et filée par les chenilles du bombyx du mûrier, dites *vers à soie.* **2** Fibre textile souple et brillante obtenue à partir de cette substance. **3** Poil long et rude de certains mammifères (porc, sanglier). Loc *Papier de soie* : papier mince, translucide et brillant.

soierie *nf* **1** Étoffe de soie. **2** Industrie, commerce de la soie.

soif *nf* **1** Désir de boire. **2** Désir avide. *La soif des honneurs.* Loc *Fam Jusqu'à plus soif* : à satiété.

soiffard, arde *n Pop* Qui a toujours envie de boire de l'alcool.

soignant, ante *a, n* Qui soigne. *Personnel soignant d'un hôpital.*

soigner *vt* **1** Exécuter, traiter avec soin, application. *Soigner son style.* **2** Administrer des soins médicaux à, traiter. *Soigner un malade.*

soigneur *nm* Qui soigne, masse un athlète, un sportif.

soigneusement *av* Avec soin.

soigneux, euse *a* **1** Qui apporte soin et attention à ce qu'il fait ; attentif. **2** Fait avec soin, précision.

soin *nm* **1** Attention, application que l'on met à faire qqch. *Travailler avec soin.* **2** Charge, devoir de s'occuper de qqch ou de qqn. *Il lui a laissé le soin de ses affaires.* Loc *Prendre, avoir soin de* : être attentif à, bien veiller à, sur. ■ *pl* Actions, moyens visant à l'entretien du corps et de la santé, ou au rétablissement de celle-ci. Loc *Être aux petits soins pour qqn* : avoir pour lui des attentions délicates. *Aux bons soins de* : formule utilisée pour que la personne mentionnée transmette la lettre au destinataire.

soir *nm* **1** Dernières heures du jour ; tombée de la nuit. Loc *Litt Le soir de la vie* : la vieillesse.

soirée *nf* **1** Espace de temps compris entre le déclin du jour et le moment où l'on se couche. **2** Assemblée, réunion qui a lieu le soir. **3** Séance de spectacle donnée le soir.

soit *conj* **1** À savoir, c'est-à-dire. *Trois objets à 10 francs, soit 30 francs.* **2** Exprime une supposition, une hypothèse. *Soit un triangle rectangle.* **3** Exprime une alternative. *Soit l'un, soit l'autre.* ■ *av* Bien, admettons. *Vous partez ? Soit, mais soyez prudents.*

soixantaine *nf* **1** Nombre de soixante ou environ. **2** Âge de soixante ans.

soixante *a num* **1** Six fois dix (60). **2** Soixantième. *La page soixante.* ■ *nm inv* Nombre soixante.

soixante-dix *a num* **1** Sept fois dix (70). **2** Soixante-dixième. ■ *nm* Nombre soixante-dix.

soixante-dixième *a num* Au rang, au degré soixante-dix. ■ *a, nm* Contenu soixante-dix fois dans le tout.

soixante-huitard, arde *a, n* Qui a participé aux événements de mai 1968.

soixantième *a num* Au rang, au degré soixante. ■ *a, nm* Contenu soixante fois dans le tout.

soja *nm* Plante grimpante originaire d'Extrême-Orient, dont la graine est oléagineuse.

1. sol *nm inv* Cinquième note de la gamme.

2. sol *nm* **1** Surface sur laquelle on se tient, on marche, on bâtit, etc. *Coucher sur le sol.* **2** Terrain considéré quant à sa nature ou à ses qualités productives.

solaire *a* **1** Relatif au Soleil. **2** Qui est dû au Soleil, à ses rayonnements. *Chaleur solaire.* **3** Qui protège du soleil. *Crème solaire.*

solanacée ou **solanée** *nf BOT* Plante dicotylédone, telle que la pomme de terre, la tomate.

solarium [-ʀjɔm] *nm* Lieu où on prend des bains de soleil.

soldat *nm* **1** Homme qui sert dans une armée ; militaire. **2** Militaire non gradé des armées de terre et de l'air ; homme de troupe.

soldatesque nf Litt Soldats brutaux et indisciplinés.

1. solde nf Rémunération versée aux militaires. Loc *Être à la solde de qqn* : être payé et dirigé par lui.

2. solde nm 1 Différence entre le débit et le crédit d'un compte. *Solde débiteur, créditeur.* 2 Ce qui reste à payer. ■ pl Articles vendus au rabais.

solder vt 1 Acquitter entièrement un compte en payant ce qui reste dû. 2 Vendre en solde. ■ vpr Avoir pour résultat final. *La campagne se solda par un échec.*

solderie nf Magasin spécialisé dans la vente de marchandises soldées.

soldeur, euse n Personne qui fait commerce d'articles en solde.

1. sole nf 1 ZOOL Partie cornée formant le dessous du sabot des ongulés. 2 Pièce de bois d'une charpente, posée à plat et servant d'appui. 3 Partie horizontale d'un four. 4 Partie d'un domaine cultivé soumise à l'assolement.

2. sole nf Poisson de forme aplatie, à chair très estimée.

solécisme nm GRAM Faute de syntaxe.

soleil nm 1 (avec majusc) Astre qui produit la lumière du jour. 2 Rayonnement, chaleur, lumière du Soleil. *Il fait soleil. S'exposer au soleil.* 3 Grande fleur à pétales jaune d'or, appelée aussi *hélianthe.* 4 Grand tour exécuté le corps droit et les bras tendus, à la barre fixe. 5 Pièce d'artifice tournante. Loc *Coup de soleil* : brûlure causée par les rayons du soleil. *Avoir du bien au soleil* : posséder des propriétés.

solennel, elle [solanɛl] a 1 Célébré par des cérémonies publiques, avec apparat. *Fête solennelle.* 2 Empreint de gravité. *Paroles solennelles.*

solennellement [-la-] av De façon solennelle.

solenniser [-la-] vt Rendre solennel.

solennité [-la-] nf 1 Fête solennelle. 2 Caractère solennel, gravité.

solénoïde nm ELECTR Conducteur enroulé sur un cylindre, et qui produit un champ magnétique lorsqu'il est parcouru par un courant.

solfatare nf Terrain volcanique d'où sortent des fumerolles sulfureuses chaudes.

solfège nm 1 Étude des premiers éléments de la théorie musicale. 2 Manuel servant à cette étude.

solfier vt Chanter un morceau de musique en nommant les notes.

solidaire a 1 Se dit de personnes liées entre elles par une obligation commune ou une dépendance mutuelle d'intérêts. 2 Se dit de choses qui dépendent les unes des autres, qui sont associées.

solidairement av De façon solidaire.

solidariser vt Rendre solidaire. ■ vpr Se déclarer solidaire de qqn.

solidarité nf 1 Situation de personnes solidaires. 2 Lien qui porte des personnes à s'entraider.

solide a 1 Qui présente une consistance ferme, qui n'est pas fluide. 2 Qui résiste à l'effort, aux chocs, à l'usure. 3 Vigoureux, robuste. *Un solide gaillard.* 4 Stable, ferme, durable. *Une solide amitié.* 5 Fam Considérable, fort. *Une solide réputation d'avarice.* ■ nm Corps solide (par oppos. à liquide, à gaz).

solidement av De façon solide.

solidification nf Fait de se solidifier.

solidifier vt Rendre solide, consistant.

solidité nf Caractère solide.

soliflore nm Vase pour une seule fleur.

soliloque nm Discours que qqn se tient à lui-même.

soliloquer vi Se parler à soi-même.

solipsisme nm PHILO Attitude d'un sujet ne reconnaissant d'autre réalité que lui-même.

soliste n, a MUS Qui exécute un solo.

solitaire a, n 1 Qui est seul, isolé ; qui aime vivre seul. 2 Que l'on fait seul, qui a lieu dans la solitude. *Une randonnée solitaire.* Loc *Ver solitaire* : ténia. ■ nm 1 Vieux sanglier mâle vivant seul. 2 Diamant monté seul. 3 Jeu de combinaisons auquel on joue seul.

solitairement av De façon solitaire.

solitude nf 1 Fait d'être solitaire. 2 Caractère d'un lieu solitaire, désert.

solive nf Pièce de charpente horizontale supportant un plancher.

soliveau nm Petite solive.

sollicitation nf Action de solliciter qqn.

solliciter vt 1 Prier instamment qqn en vue d'obtenir qqch. *Solliciter des clients à domicile.* 2 Prier d'accorder qqch. *Solliciter une faveur.* 3 Attirer l'attention, la curiosité, l'intérêt, etc. *Spectacle qui sollicite le regard.*

solliciteur, euse n Qui sollicite un emploi, une faveur.

sollicitude nf Prévenance qu'on a pour qqn, soins attentifs dont on l'entoure.

solo nm MUS Morceau ou passage exécuté par un seul. ■ a Qui joue seul.

solognot, ote a, n De la Sologne.

solstice nm ASTRO Époque de l'année à laquelle la hauteur du Soleil au-dessus du plan équatorial est maximale (*solstice d'été*, vers le 21 juin) ou minimale (*solstice d'hiver*, vers le 21 décembre).

solsticial, ale, aux a ASTRO Du solstice.

solubilisation nf Action de solubiliser.

solubiliser vt Rendre soluble une substance.

solubilité nf Propriété de ce qui est soluble.

soluble a 1 Qui peut se dissoudre dans un liquide, un solvant. 2 Qui peut être résolu.

soluté nm Liquide contenant un médicament dissous.

solution nf 1 Réponse à un problème, règlement d'une difficulté ; dénouement. *La solution d'une énigme. La solution d'un conflit.* 2 Liquide contenant un corps dissous. Loc *Solution de continuité* : rupture de la continuité entre des choses. *Solution finale* : plan d'extermination des Juifs, élaboré par les nazis.

solutionner vt Abusiv Apporter une solution à, résoudre une difficulté.

solutréen nm PRÉHIST Période du paléolithique supérieur.

solvabilité nf Caractère solvable.

solvable a Qui a de quoi payer ce qu'il doit.

solvant nm Liquide dans lequel des substances peuvent être dissoutes.

somali, ie ou **somalien, enne** a, n De Somalie. ■ nm Langue parlée en Somalie.

somatique a Qui concerne le corps (par oppos. à psychique).

somatisation nf Fait de somatiser.

somatiser vt Convertir des troubles psychiques en symptômes somatiques.

somatotrophine nf BIOL Hormone agissant sur la croissance.

sombre a 1 Où il y a peu de lumière. *Une pièce sombre.* 2 Tirant sur le noir. *Un tissu sombre.* 3 Triste, marqué d'inquiétude. *Humeur sombre. Une sombre journée.*

sombrer vi 1 S'engloutir, couler (navire). 2 Disparaître, se perdre. *Sombrer dans le désespoir.*

sombrero [sɔ̃bRERO] nm Chapeau à larges bords porté dans certains pays hispaniques.

somesthésie nf MED Ensemble des sensibilités cutanées et internes (non sensorielles).

sommaire a 1 Abrégé, peu développé. *Exposé sommaire.* 2 Expéditif, rapide, sans jugement. *Exécution sommaire.* ■ nm 1 Résumé d'un livre, d'un chapitre. 2 Liste des chapitres.

sommairement av De façon sommaire.

sommation nf 1 Action de sommer qqn de faire qqch. 2 Avertissement, appel solennel préalable au recours à la force. 3 MATH Calcul d'une somme, addition.

1. somme nf 1 Résultat d'une addition. 2 Quantité d'argent. *Dépenser de grosses sommes.* 3 Ensemble de choses rassemblées. *La somme de nos efforts.* Loc *En somme, somme toute* : en conclusion, en résumé, tout compte fait.

2. somme nf Loc *Bête de somme* : animal employé à porter des fardeaux (par oppos. à bête de trait).

3. somme nm Sommeil de courte durée.

sommeil nm 1 Suspension périodique et naturelle de la vie consciente de qqn qui dort. 2 Besoin de dormir. *Avoir sommeil.* 3 État provisoire d'inactivité, d'inertie. *Industrie en sommeil.* Loc Litt *Le sommeil éternel* : la mort.

sommeiller vi 1 Dormir d'un sommeil léger. 2 Exister de façon potentielle, latente.

sommelier, ère n Chargé du service des vins et des liqueurs dans un restaurant.

sommer vt 1 Intimer à qqn, dans les formes établies, l'ordre de faire qqch. *Sommer qqn de payer.* 2 Adresser une injonction à qqn. 3 MATH Calculer une somme.

sommet nm 1 Partie la plus élevée de certaines choses, cime. 2 Plus haut degré. *Le sommet de la gloire.* Loc *(Conférence au) sommet* : à laquelle ne participent que des chefs d'État ou de gouvernement. GEOM *Sommet d'un angle* : point où se coupent ses deux côtés.

sommier nm 1 Partie d'un lit sur laquelle repose le matelas. 2 ARCHI Pierre qui reçoit la retombée d'une voûte ou d'un arc ; pièce de charpente servant de linteau. 3 Gros registre ; fichier des condamnations.

sommital, ale, aux a Du sommet.

sommité nf 1 Qui se distingue particulièrement. *Les sommités de la science.* 2 Didac Extrémité d'une tige, d'une branche.

somnambule n, a Qui agit, marche pendant son sommeil.

somnambulique a Du somnambulisme.

somnambulisme nm État d'une personne somnambule.

somnifère a, nm Qui provoque le sommeil.

somnolence nf État somnolent.

somnolent, ente a 1 Qui dort à moitié. 2 Engourdi, peu actif. *Volonté somnolente.*

somnoler vi Être assoupi.

somptuaire a Abusiv Se dit d'une dépense excessive faite par goût du luxe.

somptueusement av Avec somptuosité.

somptueux, euse a Luxueux, magnifique, superbe.

somptuosité nf Caractère somptueux ; magnificence, luxe coûteux.

1. son, sa, ses a poss Troisième personne du singulier ; de lui, d'elle, de soi. *Son visage. Sa barbe. Ses yeux.*

2. son nm 1 Sensation auditive engendrée par une vibration acoustique ; cette vibration elle-même. *Son grave, aigu.* 2 Ensemble des procédés et des moyens d'enregistrement et de diffusion des sons. *Un ingénieur du son.*

3. son nm Déchet de la mouture du blé, des céréales, formé par les enveloppes des graines.

sonagraphe nm Appareil permettant la représentation des composantes de la voix.

sonar nm Appareil de détection sous-marine par émission d'ondes sonores.

sonate nf Pièce de musique instrumentale comportant trois ou quatre mouvements.

sonatine nf Petite sonate.

sondage nm 1 Action de sonder. 2 Enquête menée auprès de personnes considérées comme représentatives d'un ensemble social en vue d'obtenir des renseignements statistiques sur une question.

sonde nf 1 Instrument servant à mesurer la profondeur de l'eau et à déterminer la nature du fond. 2 Instrument destiné à pénétrer dans un conduit, à des fins diagnostiques ou thérapeutiques. 3 Instrument servant à prélever un échantillon d'un produit. Loc *Sonde spatiale* : véhicule spatial non habité.

sondé, ée n Interrogé lors d'un sondage.

sonder vt 1 Explorer, reconnaître au moyen d'une sonde. *Sonder une rivière. Sonder un terrain.* 2 Chercher à pénétrer, à connaître. *Sonder les intentions de qqn.* 3 Soumettre à un sondage d'opinion. Loc *Sonder le terrain* : examiner avec soin une affaire avant de s'engager.

sondeur, euse n Qui effectue des sondages. ■ nm ou nf Appareil servant à des sondages.

songe nm Litt 1 Rêve. 2 Chimère, illusion.

songe-creux nm inv Qui nourrit son esprit de projets chimériques.

songer vti [11] 1 Penser. *Songer à l'avenir. Songez que c'est très grave.* 2 Envisager, projeter. *Il songe à démissionner.*

songerie nf Rêverie.

songeur, euse a Absorbé dans une rêverie, pensif, perplexe.

sonique a Qui concerne la vitesse du son.

sonnaille nf Clochette attachée au cou des bêtes qui paissent ou voyagent. ■ pl Son produit par les cloches.

sonnant, ante a 1 Qui sonne. 2 Se dit d'une heure précise. *À six heures sonnantes.*

sonné, ée a 1 Annoncé par une cloche, une sonnerie. 2 Fam Assommé par les coups. 3 Fam Fou. 4 Fam Révolu. *À cinquante ans sonnés.*

sonner vi 1 Rendre un son, retentir sous l'effet de chocs. *Le réveil sonne. Le clairon sonne.* 2 Être annoncé par une sonnerie. *Huit heures ont sonné.* 3 Être prononcé clairement. *Faire sonner une consonne.* 4 Actionner une sonnette, une sonnerie. *Le facteur a sonné.* Loc *Sonner bien, mal* : être harmonieux, agréable à l'oreille ou non. Fam *Se faire sonner les cloches* : être vivement réprimandé. ■ vt 1 Faire rendre des sons à un instrument, une cloche. *Sonner les cloches.* 2 Annoncer, indiquer par une sonnerie. *Sonner la charge. L'horloge sonne minuit.* 3 Appeler qqn avec une sonnette. 4 Fam Assommer, abrutir.

sonnerie *nf* 1 Son produit par des cloches ou par un timbre. 2 Air joué par un instrument de cuivre à embouchure.

sonnet *nm* Pièce de quatorze vers en deux quatrains et deux tercets.

sonnette *nf* Clochette pour avertir, pour appeler. Loc *Serpent à sonnette* : crotale.

sonneur *nm* Qui sonne les cloches, joue de la trompe, du cor.

sono *nf* Fam Sonorisation (sens 2).

sonomètre *nm* Appareil servant à la mesure des niveaux d'intensité des bruits.

sonore *a* 1 Qui produit un son. 2 Dont le son est puissant, éclatant. 3 Qui résonne, où le son retentit. 4 Relatif au son. *Ondes sonores.*

sonorisation *nf* 1 Action d'équiper un lieu d'appareils servant à amplifier les sons (paroles, musique). 2 Ensemble des appareils utilisés pour cela. 3 Opération consistant à reporter l'enregistrement du son sur la bande d'un film.

sonoriser *vt* Effectuer la sonorisation d'un lieu, d'un film.

sonorité *nf* 1 Caractère de ce qui est sonore. 2 Qualité du son d'un instrument de musique, d'un appareil électroacoustique. ■ *pl* Sons d'une voix. *Une voix aux sonorités rauques.*

sonothèque *nf* Établissement où l'on conserve des enregistrements sonores.

sophisme *nm* Raisonnement valide en apparence, mais dont un des éléments est fautif.

sophiste *n* 1 ANTIQ Maître de philosophie, de rhétorique. 2 Qui use de sophismes.

sophistication *nf* Caractère sophistiqué.

sophistique *a* De la nature du sophisme ; spécieux.

sophistiqué, ée *a* 1 Extrêmement recherché, qui laisse peu de place au naturel. 2 Extrêmement perfectionné ; d'une technologie très élaborée. *Matériel sophistiqué.*

sophistiquer *vt* Rendre sophistiqué.

sophora *nm* Grand arbre originaire d'Asie.

sophrologie *nf* Pratique destinée à dominer les sensations douloureuses par des moyens psychologiques.

soporifique *a* 1 Qui fait naître le sommeil. 2 Ennuyeux. ■ *nm* Substance somnifère.

soprano *nm* La plus haute des voix (femme ou jeune garçon). ■ *n* Chanteur, chanteuse qui a cette voix.

sorbe *nf* Fruit du sorbier, sorte de petite poire.

sorbet *nm* Glace aux fruits, sans crème.

sorbetière *nf* Appareil pour préparer les glaces, les sorbets.

sorbier *nm* Arbre aux feuilles composées, cultivé pour ses fruits (sorbes) et son bois dur.

sorbitol *nm* Produit employé en pharmacie et comme édulcorant.

sorbonnard, arde *n* Vx Enseignant ou étudiant de la Sorbonne.

sorcellerie *nf* 1 Pratiques occultes des sorciers. 2 Fam Phénomène extraordinaire, mystérieux.

sorcier, ère *n* Qui est censé agir mystérieusement sur les êtres et les choses au moyen de pratiques occultes. Loc *Chasse aux sorcières* : poursuite systématique des opposants. ■ *am* Loc Fam *Ce n'est pas sorcier* : ce n'est pas compliqué.

sordide *a* 1 Sale, miséreux. *Quartier sordide.* 2 Méprisable, ignoble. *Des calculs sordides.*

sordidement *av* De façon sordide.

sorgho *nm* Plante alimentaire et fourragère des régions chaudes.

sornette *nf* Fam (surtout pl) Propos frivole, bagatelle, bêtise.

sororal, ale, aux *a* De la sœur.

sort *nm* 1 Hasard, destin. *Les caprices du sort.* 2 Situation d'une personne, destinée. *Être satisfait de son sort.* 3 Maléfice. *Jeter un sort à qqn.* Loc *Tirer au sort* : s'en remettre au hasard pour un choix. *Le sort en est jeté* : la décision est prise irrévocablement. *Faire un sort à qqch* : en faire usage ; le mettre en valeur.

sortable *a* Fam Que l'on peut montrer en public, présentable ; bien élevé.

sortant, ante *a*, *n* 1 Qui sort d'un lieu. 2 Dont le mandat vient d'expirer (député). ■ *a* Tiré par hasard. *Numéro sortant.*

sorte *nf* Espèce, genre. *Diverses sortes d'animaux. Cette sorte d'affaires.* Loc *De la sorte* : de cette manière. *Une sorte de* : une espèce de ; qqch comme. *Toutes sortes de* : beaucoup de. *En quelque sorte* : presque, pour ainsi dire. *Faire en sorte de* : agir de manière à. *De sorte que, en sorte que* : de telle façon que, si bien que.

sortie *nf* 1 Action de sortir. 2 Porte, issue. *Sortie de secours.* 3 Somme dépensée. *Les entrées et les sorties.* 4 Mise en vente, présentation au public. *La sortie d'un roman.* 5 Brusque emportement contre qqn. *Faire une sortie.*

sortie-de-bain *nf* Peignoir. *Des sorties-de-bain.*

sortilège *nm* Maléfice ; action magique.

sortir *vi* [29] [aux *être*] 1 Passer du dedans au dehors. *Sortir de chez soi.* 2 Commencer à paraître, pousser. *Les bourgeons sortent.* 3 Dépasser à l'extérieur. *Le rocher sort de l'eau.* 4 S'échapper, s'exhaler. *La fumée sort de la cheminée.* 5 Paraître, être présenté au public. *Ce film sort le mois prochain.* 6 Être désigné par le hasard, dans un tirage au sort. 7 Cesser d'être dans telle situation. *Sortir de maladie.* 8 Être issu de, provenir. *Sortir d'une famille paysanne.* ■ *vt* 1 Conduire dehors qqn. *Sortir des enfants.* 2 Mettre dehors. *Sortir sa voiture du garage.* 3 Tirer. *Sortir qqn d'un mauvais pas.* 4 Faire paraître, rendre public. *Sortir un roman.* 5 Fam Dire. *Il en sort de bonnes.* ■ *vpr* Se tirer de. *se sortir d'un mauvais pas.* ■ *nm* Loc *Au sortir de* : à l'issue, à la fin de.

S.O.S. *nm* 1 Signal de détresse radiotélégraphique. 2 Appel à l'aide.

sosie *nm* Qui ressemble parfaitement à un autre.

sot, sotte *a*, *n* Sans intelligence ni jugement. ■ *a* Qui dénote la sottise. *Une sotte idée.*

sotie *ou* **sottie** *nf* Farce satirique, aux XIVe et XVe s.

sot-l'y-laisse *nm inv* Morceau d'une saveur délicate, au-dessus du croupion des volailles.

sottement av D'une manière sotte.

sottise nf 1 Caractère sot. 2 Parole ou action sotte. 3 Action répréhensible d'un enfant.

sottisier nm Recueil de sottises.

sou nm Autrefois pièce de cinq centimes. Loc *Appareil, machine à sous :* jeu de hasard où l'on gagne des pièces de monnaie. *N'avoir pas le sou, être sans le sou :* ne pas avoir d'argent. *Propre comme un sou neuf :* très propre. ■ pl Fam Argent. Loc Fam *Être près de ses sous :* avare. Fam *De quatre sous :* sans valeur. Fam *À cent sous de l'heure :* énormément. Fam *Question de gros sous :* affaire d'argent.

souahéli. V. swahili.

soubassement nm Partie inférieure d'un édifice, reposant sur les fondations.

soubresaut [-so] nm Mouvement brusque et inopiné.

soubrette nf Servante de comédie.

souche nf 1 Partie d'un arbre (bas du tronc et racines) qui reste en terre après l'abattage. 2 Personne dont descend une famille. 3 Origine, source de qqch. 4 Partie d'un carnet, d'un registre, qui reste quand on en a détaché les feuilles, et qui permet d'éventuels contrôles. Loc Fam *Dormir, rester comme une souche :* dormir profondément, rester tout à fait immobile.

souchong nm Thé noir de Chine.

souci nm 1 Préoccupation, contrariété. 2 Ce qui contrarie, préoccupe. 3 Plante ornementale aux fleurs jaunes ou orange. Loc *Souci d'eau :* populage.

soucier (se) vpr Se préoccuper de. *Ne vous souciez de rien.*

soucieusement av De façon soucieuse.

soucieux, euse a 1 Inquiet, préoccupé. 2 Attentif à. *Être soucieux de sa réputation.*

soucoupe nf Petite assiette qui se place sous une tasse.

soudage nm Action de souder.

soudain, aine a Subit, brusque. *Départ soudain.* ■ av Tout à coup. *Soudain il s'enfuit.*

soudainement av Subitement ; soudain.

soudaineté nf Caractère soudain.

soudanais, aise a, n Du Soudan.

soudard nm Soldat grossier et brutal.

soude nf Carbonate de sodium, base très forte et caustique.

souder vt 1 Joindre à chaud des pièces de métal, de manière à former un tout solidaire. 2 Unir étroitement, joindre.

soudeur, euse n Qui soude.

soudière nf Usine de soude.

soudoyer vt [22] S'assurer à prix d'argent le secours, la complaisance de qqn.

soudure nf 1 Composition métallique utilisée pour souder. 2 Partie soudée ; assemblage fait en soudant. 3 Union, adhérence étroite. *Soudure des os du crâne.* Loc *Faire la soudure :* assurer l'approvisionnement entre deux livraisons.

soufflage nm Action de souffler le verre.

soufflant, ante a Fam Stupéfiant.

souffle nm 1 Mouvement de l'air que l'on expulse par la bouche ou par le nez. *Avoir le souffle coupé.* 2 Inspiration. *Le souffle du génie.* 3 Agitation de l'air causée par le vent ou par une explosion. 4 MÉD Bruit anormal perçu à l'auscultation. Loc *Second souffle :* regain

d'activité. *Manquer de souffle :* de force. *À bout de souffle :* épuisé. Fam *Couper le souffle :* stupéfier.

soufflé nm Mets dont la pâte gonfle beaucoup à la cuisson.

souffler vi 1 Expulser de l'air par la bouche ou le nez volontairement. 2 Respirer avec effort. *Souffler comme un bœuf.* 3 Reprendre haleine, se reposer. *Souffler un moment.* 4 Agiter l'air. *La bise souffle.* ■ vt 1 Envoyer un courant d'air sur qqch. *Souffler une bougie.* 2 Fam Subtiliser, voler. *On lui a soufflé son invention.* 3 Dire tout bas ; suggérer. *Souffler qqch à l'oreille de qqn.* 4 Détruire par effet de souffle. *L'explosion a soufflé les vitres.* 5 Fam Étonner fortement. *Son aplomb m'a toujours soufflé.* Loc *Ne pas souffler mot :* ne rien dire. *Souffler du verre :* façonner le verre en fusion en y insufflant de l'air.

soufflerie nf Appareillage destiné à souffler de l'air, un gaz. *Soufflerie d'un orgue.*

soufflet nm 1 Instrument destiné à souffler de l'air sur un foyer. 2 Partie garnie de cuir ou de tissu à plis. *Soufflets entre deux wagons de chemin de fer.* 3 Litt Gifle.

souffleter vt [19] Litt Gifler qqn.

souffleur, euse n 1 Qui souffle le verre. 2 Au théâtre, qui souffle leur texte aux comédiens si besoin est.

souffrance nf Fait de souffrir, physiquement ou moralement. Loc *En souffrance :* en attente.

souffrant, ante a Légèrement malade.

souffre-douleur nm inv En butte au mépris et aux mauvais traitements des autres.

souffreteux, euse a De constitution débile, maladive.

souffrir vi [31] 1 Éprouver une sensation douloureuse ou pénible. *Souffrir du froid, de la solitude.* 2 Éprouver un dommage. *Les vignes ont souffert de la gelée.* ■ vt 1 Endurer, éprouver. *Souffrir le martyre.* 2 Litt Tolérer, admettre. Loc *Ne pas pouvoir souffrir qqn, qqch :* ne pas pouvoir le supporter, l'exécrer.

soufi, ie a, n Adepte du soufisme.

soufisme nm Doctrine mystique de l'islam.

soufrage nm Action de soufrer.

soufre nm Corps simple solide, jaune et cassant. Loc *Sentir le soufre :* être suspect d'hérésie.

soufrer vt 1 Enduire de soufre. 2 Saupoudrer des végétaux de soufre pulvérulent.

soufreur, euse n 1 Qui soufre les végétaux. ■ nf Appareil utilisé pour soufrer les végétaux.

soufrière nf Carrière de soufre.

souhait nm Désir d'obtenir ou de voir se réaliser qqch. Loc *À vos souhaits :* formule adressée à qqn qui éternue. *À souhait :* parfaitement.

souhaitable a Qui est à souhaiter.

souhaiter vt Désirer, former des vœux pour. *Souhaiter à qqn un bon voyage.*

souillard nm Trou dans un mur, pour l'écoulement des eaux pluviales.

souiller vt Litt 1 Salir. *Souiller ses chaussures.* 2 Avilir. *Souiller la mémoire de qqn.*

souillon n Fam Personne peu soigneuse, sale.

souillure nf Litt Flétrissure morale.

souïmanga nm Passereau d'Afrique, aux couleurs éclatantes.

souk nm 1 Marché, dans les pays arabes. 2 Fam Grand désordre.

Soukhot nm Fête juive des tabernacles, commémorant le séjour des Hébreux dans le désert.

soûl, soûle ou **saoul, saoule** [su, sul] a 1 Ivre. 2 Litt Rassasié. Soûl de compliments. ■ nm Loc Tout son soûl : à satiété.

soulagement nm 1 Fait de soulager, d'être soulagé. 2 Ce qui soulage.

soulager vt [11] 1 Débarrasser d'un fardeau, d'une charge, de ce qui est pénible. Soulager une poutre. Soulager des malheureux. 2 Rendre qqch moins pénible à supporter. Cette piqûre doit soulager ses douleurs. ■ vpr Fam Faire ses besoins.

soûlant, ante a Fam Fatigant, assommant.

soûlard, arde, soûlaud, aude ou **soûlot, ote** n Pop Ivrogne, ivrognesse.

soûler ou **saouler** vt Fam 1 Enivrer, griser. 2 Ennuyer, fatiguer. Tu nous soûles ! ■ vpr S'enivrer, se griser.

soûlerie nf Fam Ivresse, beuverie.

soulèvement nm 1 Fait de se soulever, d'être soulevé. Soulèvement de terrain. 2 Vaste mouvement de révolte.

soulever vt [15] 1 Lever à une faible hauteur. Soulever un meuble pour le déplacer. 2 Relever. Soulever un voile. 3 Exciter, provoquer. Ces propos soulèvent l'indignation. 4 Pousser à la révolte. Soulever les travailleurs. 5 Susciter, provoquer. Soulever un problème, une question. ■ vpr 1 S'élever légèrement. 2 Se révolter. L'armée s'est soulevée.

soulier nm Chaussure couvrant le pied et, éventuellement, la cheville. Loc Fam Être dans ses petits souliers : se sentir dans une situation embarrassante.

soulignage ou **soulignement** nm Action de souligner ; trait dont on souligne.

souligner vt 1 Tirer un trait sous un mot, une phrase, etc. 2 Faire ressortir, faire remarquer.

soûlographe n Fam Ivrogne.

soûlographie nf Fam Ivrognerie.

soûlot, ote. V. soûlard.

soulte nf DR Somme versée comme compensation dans un partage, un échange.

soumaintrain nm Fromage de l'Yonne, au lait de vache.

soumettre vt [64] 1 Amener ou ramener à l'obéissance. Soumettre des rebelles. 2 Assujettir à une loi, à un règlement. Soumettre ses revenus à l'impôt. 3 Faire subir qqch à qqn. Le médecin l'a soumis à un régime sévère. 4 Proposer à l'examen, au jugement de. Le problème a été soumis à la commission. ■ vpr Revenir à l'obéissance ; se rendre.

soumis, ise a Obéissant, docile.

soumission nf 1 Disposition à obéir. 2 Fait de se soumettre, d'être soumis. 3 DR Acte écrit par lequel un entrepreneur se propose pour conclure un marché par adjudication.

soumissionnaire n DR Qui soumissionne.

soumissionner vt DR Faire une soumission.

soupape nf Obturateur mobile destiné à empêcher ou à régler la circulation d'un fluide. Loc Soupape de sûreté : appareil disposé sur la chaudière pour empêcher une explosion ; ce qui sert d'exutoire.

soupçon nm 1 Présomption de culpabilité, sans preuves précises. 2 Supposition, conjecture. 3 Très petite quantité. Un soupçon de sel.

soupçonnable a Qui peut être soupçonné.

soupçonner vt 1 Avoir des soupçons sur qqn. 2 Pressentir qqch d'après certaines apparences.

soupçonneux, euse a Enclin aux soupçons.

soupe nf 1 Potage fait de bouillon et de légumes, de pain, de pâtes, etc. 2 Fam Repas. 3 Fam Neige fondante. Loc Fam Trempé comme une soupe : complètement mouillé. BIOL Soupe primitive : milieu liquide qui aurait permis l'apparition de la vie.

soupente nf Réduit pratiqué dans la hauteur d'une pièce ou sous un escalier.

souper vi Faire un souper. Loc Fam En avoir soupé d'une chose : en être excédé. ■ nm Repas qu'on prend à une heure avancée de la nuit.

soupeser vt [15] 1 Tenir dans la main pour juger approximativement du poids. 2 Évaluer. Soupeser un argument.

soupière nf Récipient pour la soupe, le potage.

soupir nm 1 Expiration bruyante et prolongée. 2 MUS Silence d'une durée égale à celle d'une noire. Loc Litt Rendre le dernier soupir : mourir.

soupirail, aux nm Ouverture pratiquée pour donner de l'air ou du jour à une cave.

soupirant nm Qui courtise une femme.

soupirer vi Pousser des soupirs. Loc Litt Soupirer après qqch : le désirer.

souple a 1 Qui se courbe ou se plie aisément. Un plastique souple. 2 Qui peut se mouvoir avec aisance ; agile. Avoir le poignet souple. 3 Capable de s'adapter, accommodant. Caractère, qualité souple. Règlement souple.

souplement av De façon souple.

souplesse nf Caractère, qualité souple. Loc En souplesse : avec aisance, facilité.

souquer vt MAR Serrer très fort un nœud, un amarrage. ■ vi Tirer fort sur les avirons.

sourate. V. surate.

source nf 1 Eau qui sort du sol. 2 Origine d'un cours d'eau. 3 Point de départ, origine de qqch. La source d'un malentendu, d'une information. Citer ses sources. 4 Système qui produit des ondes lumineuses, électriques, sonores, etc.

sourcier, ère n À qui on attribue le talent de découvrir des sources.

sourcil [-si] nm Éminence arquée, garnie de poils, au-dessus de l'orbite de l'œil. Loc Froncer les sourcils : prendre une expression de mécontentement.

sourcilier, ère a Des sourcils.

sourciller vi Loc Ne pas sourciller : ne pas laisser paraître son trouble, son mécontentement.

sourcilleux, euse a Litt Sévère, pointilleux.

sourd, sourde a, n 1 Qui n'entend pas les sons ou les perçoit mal. Loc Crier comme un sourd : à toute force. Dialogue de sourds : où chacun reste sur ses positions. ■ a 1 Qui manque de sonorité. Un bruit sourd. 2 Qui ne se manifeste pas nettement. Douleur sourde. Lutte sourde. 3 Indifférent, insensible. Rester sourd aux prières de qqn. Loc Faire la sourde oreille : faire semblant de ne pas entendre.

sourdement av Litt 1 Avec un bruit sourd. 2 De façon sourde, cachée.

sourdine nf Appareil que l'on adapte à certains instruments de musique pour assourdir leur son. Loc En sourdine : très doucement. Mettre une sourdine à : modérer.

sourdingue a, n Pop Sourd.

sourd-muet, sourde-muette *n, a* Atteint à la fois de surdité et de mutité. *Des sourds-muets. Des sourdes-muettes.*

sourdre *vi* [5] Litt 1 Jaillir, sortir de terre (eau). 2 Naître, commencer à se développer.

souriant, ante *a* Qui sourit.

souriceau *nm* Petit de la souris.

souricière *nf* 1 Piège à souris. 2 Piège tendu par la police.

sourire *vi* [72] Prendre une expression rieuse par un léger mouvement de la bouche et des yeux. ■ *vti* 1 Être agréable à qqn. *Cette idée ne lui sourit guère.* 2 Litt Être favorable. *La chance lui sourit.* ■ *nm* Action de sourire ; expression d'un visage qui sourit. *Garder le sourire.*

souris *nf* 1 Petit mammifère rongeur de la même famille que le rat. 2 Muscle charnu à l'extrémité de l'os du gigot. 3 INFORM Dispositif mobile, permettant de repérer un point sur l'écran.

sournois, oise *a, n* Qui dissimule ses véritables sentiments ou intentions ; hypocrite.

sournoisement *av* De façon sournoise.

sournoiserie *nf* Litt 1 Caractère sournois. 2 Action faite sournoisement.

sous *prép* Marque la position de ce qui est plus bas, l'infériorité, la dépendance, le délai, la cause, le moyen, la manière, etc.

sous-administration *nf* Administration insuffisante.

sous-alimentation *nf* Insuffisance alimentaire.

sous-alimenté, ée *a* Insuffisamment nourri.

sous-bois *nm inv* Végétation qui pousse sous les arbres d'un bois.

sous-chef *nm* Qui vient immédiatement après le chef. *Des sous-chefs.*

sous-classe *nf* SC NAT Division de la classe. *Des sous-classes.*

sous-comité *nm* Subdivision d'un comité. *Des sous-comités.*

sous-commission *nf* Subdivision d'une commission. *Des sous-commissions.*

sous-consommation *nf* Insuffisance de la consommation.

sous-continent *nm* Vaste partie, délimitée, d'un continent. *Le sous-continent indien. Des sous-continents.*

sous-couche *nf* Première couche de peinture. *Des sous-couches.*

souscripteur, trice *n* 1 Qui souscrit un effet de commerce. 2 Qui prend part à une souscription.

souscription *nf* Action de souscrire à un emprunt ; somme versée par le souscripteur.

souscrire *vt* [61] Signer un acte pour l'approuver. *Souscrire un contrat.* ■ *vti* Adhérer à, se déclarer d'accord avec. *Souscrire à une décision.* Loc *Souscrire à un emprunt* : en acquérir des titres au moment de son émission. ■ *vti, vi* S'engager à donner une somme pour une dépense somptuaire, une publication, etc.

sous-cutané, ée *a* Situé ou pratiqué sous la peau. *Piqûre sous-cutanée.* Syn. hypodermique.

sous-développé, ée *a* Se dit d'un pays dont l'économie est insuffisamment développée (on dit aussi *en voie de développement*).

sous-développement *nm* État d'un pays sous-développé. *Des sous-développements.*

sous-directeur, trice *n* Qui dirige en second. *Des sous-directeurs, -directrices.*

sous-effectif *nm* Effectif, personnel en nombre insuffisant.

sous-emploi *nm* Emploi d'une partie seulement des travailleurs. *Des sous-emplois.*

sous-employer *vt* [22] Employer au-dessous de ses capacités.

sous-ensemble *nm* MATH Ensemble contenu dans un autre ensemble. *Des sous-ensembles.*

sous-entendre *vt* [71] Laisser comprendre qqch sans l'exprimer explicitement.

sous-entendu *a* Implicite. ■ *nm* Ce qui est sous-entendu. *Des sous-entendus.*

sous-équipé, ée *a* Dont l'équipement industriel est insuffisant. *Des pays sous-équipés.*

sous-équipement *nm* Fait d'être sous-équipé. *Des sous-équipements.*

sous-estimation *nf* Action de sous-estimer. *Des sous-estimations.*

sous-estimer *vt* Estimer au-dessous de sa valeur, de son importance.

sous-évaluation *nf* Action de sous-évaluer. *Des sous-évaluations.*

sous-évaluer *vt* Évaluer au-dessous de sa valeur marchande.

sous-exploitation *nf* Exploitation insuffisante. *Des sous-exploitations.*

sous-exploiter *vt* Exploiter insuffisamment.

sous-exposer *vt* Soumettre une pellicule, un film à un temps de pose insuffisant.

sous-exposition *nf* Action de sous-exposer. *Des sous-expositions.*

sous-famille *nf* SC NAT Subdivision de la famille. *Des sous-familles.*

sous-fifre *nm* Fam Qui occupe une situation très subalterne. *Des sous-fifres.*

sous-groupe *nm* Subdivision d'un groupe. *Des sous-groupes.*

sous-homme *nm* Homme jugé inférieur. *Des sous-hommes.*

sous-jacent, ente *a* 1 Situé au-dessous. *Couche sous-jacente.* 2 Qui n'est pas clairement manifesté. *Motivations sous-jacentes.*

sous-lieutenant *nm* Officier du grade le moins élevé dans les armées de terre et de l'air. *Des sous-lieutenants.*

sous-locataire *n* Qui occupe un local sous-loué. *Des sous-locataires.*

sous-location *nf* Action de sous-louer. *Des sous-locations.*

sous-louer *vt* 1 Donner à loyer tout ou partie de ce dont on est soi-même locataire. 2 Être locataire en second d'une maison, d'une terre.

sous-main *nm inv* Support posé sur un bureau, et sur lequel on écrit. Loc *En sous-main* : en secret, clandestinement.

sous-marin, ine *a* 1 Qui est dans ou sous la mer. *Relief sous-marin.* 2 Qui a lieu sous la mer. *Navigation sous-marine.* ■ *nm* 1 Navire capable de naviguer en plongée. Syn. submersible. 2 Fam Qui s'introduit dans un groupe pour l'espionner. *Des sous-marins.*

sous-marinier *nm* Membre de l'équipage d'un sous-marin. *Des sous-mariniers.*

sous-marque *nf* Produit fabriqué par une entreprise qui dépend d'une autre plus connue. *Des sous-marques.*

sous-médicalisé, ée *a* Qui a un nombre de médecins, d'hôpitaux insuffisant.

sous-multiple *nm* MATH Quantité contenue un nombre entier de fois dans une autre. *Trois est un des sous-multiples de douze.*

sous-œuvre nm Fondement d'une construction. *Des sous-œuvres.*

sous-off nm Fam Sous-officier. *Des sous-offs.*

sous-officier nm Militaire d'un grade inférieur à ceux des officiers. *Des sous-officiers.*

sous-ordre nm 1 SC NAT Division de l'ordre. 2 Employé subalterne. *Des sous-ordres.*

sous-payer vt [20] Payer au-dessous de la normale, payer trop peu. *Sous-payer des ouvriers.*

sous-peuplé, ée a Trop peu peuplé.

sous-peuplement nm État d'une région sous-peuplée. *Des sous-peuplements.*

sous-préfecture nf 1 Ville où réside un sous-préfet. 2 Bâtiment où sont les bureaux du sous-préfet. *Des sous-préfectures.*

sous-préfet nm Fonctionnaire subordonné au préfet. *Des sous-préfets.*

sous-préfète nf 1 Femme d'un sous-préfet. 2 Abusiv Femme sous-préfet. *Des sous-préfètes.*

sous-produit nm Produit tiré d'un autre. *Des sous-produits.*

sous-prolétariat nm Partie la plus défavorisée du prolétariat. *Des sous-prolétariats.*

sous-pull nm Pull-over fin et à col roulé, qui se porte sous un autre. *Des sous-pulls.*

soussigné, ée a, n Dont la signature est ci-dessous. *Je, soussigné Untel, déclare...*

sous-sol nm 1 Ce qui est au-dessous de la couche arable. 2 Étage d'un bâtiment inférieur au niveau du sol. *Des sous-sols.*

sous-tasse nf Soucoupe. *Des sous-tasses.*

sous-tendre vt [5] Constituer les fondements, les bases d'un raisonnement.

sous-tension nf ELECTR Tension inférieure à la normale. *Des sous-tensions.*

sous-titrage nm Action de sous-titrer un film.

sous-titre nm 1 Titre secondaire d'une œuvre littéraire, d'un article de journal. 2 Dans un film en version originale, traduction du dialogue au bas de l'image. *Des sous-titres.*

sous-titrer vt Doter de sous-titres.

soustractif, ive a Relatif à la soustraction.

soustraction nf 1 Action de dérober qqch. 2 MATH Opération consistant à retrancher un nombre d'un autre.

soustraire vt [74] 1 Dérober, subtiliser. 2 Faire échapper qqn à qqch. *Soustraire qqn à une influence.* 3 MATH Retirer par soustraction. ■ vpr Se dérober à qqch. *Se soustraire à une corvée.*

sous-traitance nf Travail, marché confié à un sous-traitant. *Des sous-traitances.*

sous-traitant, ante nm, a Qui exécute un travail pour le compte de l'entrepreneur principal. *Des sous-traitants.*

sous-traiter vt Prendre en charge comme sous-traitant ou confier à un sous-traitant.

sous-utiliser vt Utiliser de façon insuffisante.

sous-ventrière nf Courroie qui passe sous le ventre du cheval. *Des sous-ventrières.*

sous-verre nm inv Gravure, photographie placée entre une plaque de verre et un carton. *Des sous-verres.*

sous-vêtement nm Vêtement de dessous. *Des sous-vêtements.*

sous-virer vi Ne pas répondre suffisamment à la manœuvre de virage (automobile).

soutane nf Longue robe noire boutonnée par-devant portée naguère par la plupart des prêtres catholiques.

soute nf Magasin, dépôt situé dans le fond d'un navire, dans un avion.

soutenable a 1 Qui peut être soutenu par des raisons valables. 2 Supportable.

soutenance nf Action de soutenir une thèse de doctorat.

soutènement nm Dispositif destiné à soutenir ; contrefort, appui.

souteneur nm Proxénète.

soutenir vt [35] 1 Tenir par-dessous, pour supporter, pour servir d'appui. *Les colonnes qui soutiennent la voûte.* 2 Réconforter, encourager, aider. *Je l'ai soutenu dans son épreuve. Soutenir un candidat.* 3 Faire valoir, défendre un point de vue. *Soutenir une opinion.* 4 Affirmer, prétendre que. *Je soutiens qu'il a tort.* 5 Maintenir, faire durer. *Soutenir son effort.* 6 Subir sans fléchir. *Soutenir un siège.* Loc *Soutenir une thèse* : l'exposer devant le jury.

soutenu, ue a 1 Qui ne se relâche pas, qui ne faiblit pas. 2 Accentué, prononcé. *Couleur soutenue.* 3 Recherché (style, langage).

souterrain, aine a 1 Qui est sous terre. *Conduit souterrain.* 2 Caché, secret. *Menées souterraines.* ■ nm Galerie creusée sous le sol.

soutien nm 1 Chose ou personne qui soutient, supporte. 2 Action de soutenir, d'aider ; appui. *Vous pouvez compter sur notre soutien.*

soutien-gorge nm Sous-vêtement féminin soutenant la poitrine. *Des soutiens-gorge.*

soutier nm Qui travaille dans les soutes.

soutirage nm Action de soutirer.

soutirer vt 1 Transvaser un liquide d'un récipient dans un autre. 2 Obtenir par tromperie. *Soutirer de l'argent à qqn.*

soutra. V. sutra.

souvenance nf Litt Souvenir.

1. souvenir (se) vpr [35] Avoir de nouveau à l'esprit, se rappeler. *Se souvenir de son enfance.*

2. souvenir nm 1 Mémoire. *Cela s'était effacé de son souvenir.* 2 Image, idée, représentation que la mémoire conserve. *Souvenirs d'enfance.* 3 (dans les formules de politesse) Pensée amicale. *Mon meilleur souvenir à vos parents.* 4 Ce qui rappelle qqn, qqch. *Cette photo est un souvenir de lui.*

souvent av 1 Fréquemment, plusieurs fois. 2 D'ordinaire, en général.

souverain, aine a 1 Suprême. *Le souverain bien.* 2 De la plus grande efficacité. *Un remède souverain.* 3 Qui possède l'autorité suprême ; totalement indépendant. *Puissance souveraine.* ■ n Monarque. ■ nm Ancienne monnaie d'or anglaise.

souverainement av 1 Suprêmement. 2 DR Sans appel. *Juger souverainement.*

souveraineté nf 1 Autorité suprême. 2 Caractère d'un État souverain, indépendant.

soviet [-vjɛt] nm HIST Assemblée de représentants élus, en U.R.S.S.

soviétique a, n HIST De l'U.R.S.S.

soviétiser vt HIST Soumettre à l'influence politique de l'U.R.S.S.

sovkhoze nm HIST Grande ferme d'État, en U.R.S.S.

soyeux, euse a Doux et fin comme de la soie. ■ nm Fabricant de soieries, à Lyon.

spacieusement av De façon spacieuse.

spacieux, euse a Grand, vaste.

spadassin nm Litt Assassin à gages.

spaghetti nm Pâte alimentaire en forme de longue baguette fine.

spahi nm Anc Cavalier servant dans l'armée française en Algérie.

sparadrap nm Bande adhésive servant à fixer un pansement.

spart ou **sparte** nm BOT Nom de diverses plantes, notamment le genêt et l'alfa.

spartakisme nm HIST Mouvement révolutionnaire allemand, entre 1914 et 1918.

spartakiste n, a HIST Du spartakisme.

sparterie nf 1 Confection d'objets en fibres végétales. 2 Objet ainsi confectionné.

spartiate a. n 1 De Sparte. 2 D'une austérité stoïque. ■ nf Sandale à lanières.

spasme nm Contraction musculaire involontaire, intense et passagère.

spasmodique a Accompagné de spasmes.

spasmophile a, n Atteint de spasmophilie.

spasmophilie nf MED Excitabilité neuromusculaire excessive.

spath nm Calcite cristallisée, très pure.

spatial, ale, aux [-sjal] a Relatif à l'espace, en particulier à l'espace interplanétaire. *Vaisseau spatial.*

spatialiser vt PHYSIOL Percevoir dans l'espace les rapports de positions, de distances, etc.

spatialité nf Caractère spatial.

spationaute n Astronaute, cosmonaute.

spatiotemporel, elle a Relatif à la fois à l'espace et au temps.

spatule nf 1 Lame plate et souple, qui sert à remuer, à étendre une matière pâteuse. 2 Extrémité antérieure d'un ski. 3 Oiseau des marais au bec aplati et élargi à son extrémité.

speaker [spikœʀ] nm, **speakerine** [spikʀin] nf Qui fait les annonces, donne des informations, à la radio et à la télévision.

spécial, ale, aux a 1 Propre à une chose, à une personne. *Lessive spéciale pour les lainages.* 2 Exceptionnel, qui sort de l'ordinaire. *Édition spéciale.* 3 Particulier dans son genre ; déconcertant. *Une musique très spéciale.* ■ nf 1 Huître grasse. 2 Épreuve d'un rallye automobile courue sur un parcours imposé.

spécialement av Particulièrement.

spécialisation nf Action de (se) spécialiser.

spécialisé, ée a Qui est consacré à un domaine déterminé. Loc *Ouvrier spécialisé (O.S.)* : sans qualification professionnelle.

spécialiser vt Affecter à une spécialité. ■ vpr Se consacrer à un domaine particulier.

spécialiste n Qui a acquis une compétence particulière dans un domaine. Ant. généraliste.

spécialité nf 1 Domaine dans lequel qqn est spécialisé. 2 Fam Habitude, comportement fréquent. *Les gaffes, c'est sa spécialité.* 3 Produit particulier à une région, à un fabricant.

spéciation nf BIOL Apparition d'une nouvelle espèce par différenciation au sein d'une population.

spécieux, euse a Qui est trompeur sous une apparence de vérité. *Raisonnement spécieux.*

spécification nf 1 Fait de spécifier. 2 Désignation précise des caractères essentiels requis pour un matériel, une installation, etc.

spécificité nf Caractère spécifique.

spécifier vt Exprimer, indiquer de façon précise. *Spécifier les conditions de rémunération.*

spécifique a Propre à une espèce, à une chose.

spécifiquement av De façon spécifique.

spécimen [-mɛn] nm 1 Être ou objet représentatif de son espèce ; échantillon. 2 Exemplaire d'un livre, d'une revue donné gratuitement.

spectacle nm 1 Ce qui s'offre au regard. 2 Représentation donnée au public (pièce de théâtre, film, ballet, etc.). Loc *Se donner en spectacle* : se faire remarquer. *Pièce, film à grand spectacle* : à la mise en scène fastueuse.

spectaculaire a Qui surprend, frappe l'imagination de ceux qui en sont témoins.

spectaculairement av De façon spectaculaire.

spectateur, trice n 1 Témoin oculaire d'un événement, d'une action. 2 Qui assiste à un spectacle théâtral, cinématographique, etc.

spectral, ale, aux a 1 Litt Qui tient du spectre, du fantôme. 2 PHYS Relatif à un spectre lumineux, solaire, magnétique, etc.

spectre nm 1 Fantôme. 2 Perspective effrayante. *Le spectre de la famine.* 3 PHYS Succession de raies colorées résultant de la décomposition d'un rayonnement lumineux.

spectrogramme nm PHYS Image donnée par un spectrographe.

spectrographe ou **spectromètre** nm PHYS Appareil servant à enregistrer le spectre d'un rayonnement.

spectrographie ou **spectrométrie** nf PHYS Enregistrement et étude des spectres des rayonnements.

spectrohéliographe nm PHYS Spectrographe servant à l'étude du rayonnement solaire.

spéculaire a Qui a rapport au miroir. ■ nf Plante à fleurs violettes.

spéculateur, trice n Qui fait des spéculations financières.

spéculatif, ive a De la spéculation (philosophique ou financière).

spéculation nf 1 PHILO Étude, recherche purement théorique. 2 Opération financière ou commerciale par laquelle on joue sur les fluctuations des cours du marché.

spéculer vti 1 Réfléchir, méditer profondément. *Spéculer sur l'origine de la vie.* 2 Faire des spéculations financières. *Spéculer sur l'or.* 3 Tabler sur qqch pour parvenir à ses fins. *Spéculer sur la crédulité de qqn.*

spéculos [-los] nm Biscuit sec très sucré.

spéculum [-lom] nm MED Instrument destiné à écarter une cavité du corps.

speech [spitʃ] nm Fam Brève allocution.

spéléologie nf Exploration des cavités naturelles (grottes, gouffres) et des cours d'eau souterrains.

spéléologue n Spécialiste de spéléologie.

spencer [spɛnsœʀ] nm Veste s'arrêtant à la ceinture.

spermacéti nm Substance huileuse contenue dans la tête du cachalot.

spermatique a Du sperme.

spermatogenèse nf BIOL Formation des spermatozoïdes.

spermatozoïde nm BIOL Cellule reproductrice mâle.

sperme nm Liquide émis par le mâle lors de l'accouplement et qui contient des spermatozoïdes.

spermicide a, nm Se dit d'un produit contraceptif qui détruit les spermatozoïdes.

spermogramme nm MED Examen du sperme.

sphénoïde *nm* ANAT Os de la tête qui forme le plancher central de la boîte crânienne.

sphère *nf* 1 MATH Ensemble des points situés à égale distance d'un point appelé centre (dans un espace à 3 dimensions). 2 Corps sphérique. 3 Étendue, domaine du pouvoir, de l'activité de qqn, de qqch. *Les hautes sphères de la finance.*

sphérique *a* En forme de sphère ; relatif à la sphère.

sphéroïde *nm* GEOM Solide dont la forme est proche de celle d'une sphère.

sphincter [sfɛ̃ktɛr] *nm* Muscle contrôlant l'ouverture d'un orifice naturel. *Sphincter anal.*

sphinx *nm* 1 Monstre ayant l'aspect d'un lion ailé à buste et à tête de femme. 2 Personnage énigmatique, impénétrable. 3 Papillon nocturne ou crépusculaire.

sphygmomanomètre *nm* Appareil servant à mesurer la tension artérielle.

spin [spin] *nm* PHYS Mouvement de rotation des particules élémentaires sur elles-mêmes.

spinal, ale, aux *a* ANAT Du rachis ou de la moelle épinière.

spinnaker [spinekœr] ou **spi** *nm* Voile triangulaire d'avant, de grande surface, utilisée sur les yachts.

spiral, ale, aux *a* En forme de spirale. ■ *nm* Ressort qui assure les oscillations du balancier d'une montre. ■ *nf* 1 Courbe qui s'éloigne de plus en plus d'un point central à mesure qu'elle tourne autour de lui. 2 Courbe en forme d'hélice. *Escalier en spirale.* 3 Évolution d'un phénomène qui s'amplifie sans cesse. *Spirale inflationniste.*

spiralé, ée *a* Enroulé en spirale.

spire *nf* Tour d'enroulement d'une spirale, d'une hélice, d'une coquille.

spirée *nf* Syn de *reine-des-prés*.

spirille *nm* Bactérie en forme de spirale.

spirite *a* Du spiritisme. ■ *n* Adepte du spiritisme.

spiritisme *nm* Doctrine qui admet la possibilité de communication entre les vivants et les esprits des défunts.

spiritualiser *vt* Litt Donner un caractère de spiritualité à.

spiritualisme *nm* PHILO Doctrine qui considère comme distinctes la matière et l'esprit et proclame la supériorité de celui-ci.

spiritualiste *a, n* Adepte du spiritualisme.

spiritualité *nf* 1 Qualité de ce qui est de l'ordre de l'esprit. 2 Ce qui a trait à la vie spirituelle.

spirituel, elle *a* 1 De la nature de l'esprit, qui est esprit. 2 Relatif à la vie de l'âme. 3 Qui regarde la religion, l'Église. *Pouvoir temporel et pouvoir spirituel.* 4 D'un esprit vif et fin, plein de drôlerie.

spirituellement *av* De façon spirituelle.

spiritueux, euse *a* Qui contient de l'alcool. ■ *nm* Boisson riche en alcool.

spirographe *nm* Ver marin à fines branchies en panache sortant d'un tube membraneux.

spiroïdal, ale, aux *a* En spirale.

spiromètre *nm* Instrument servant à mesurer la capacité respiratoire des poumons.

spiruline *nf* Algue bleue des mers tropicales.

spleen [splin] *nm* Litt Ennui que rien ne paraît justifier, mélancolie.

splendeur *nf* 1 Beauté d'un grand éclat, magnificence. 2 Chose splendide.

splendide *a* 1 Très beau, d'une beauté éclatante. 2 Somptueux, luxueux.

splendidement *av* Avec splendeur.

splénectomie *nf* Ablation de la rate.

splénique *a* ANAT De la rate.

spoiler [spɔjlœr] *nm* Accessoire fixé sous le pare-chocs d'une automobile pour améliorer l'aérodynamisme.

spoliateur, trice *a, n* Qui spolie.

spoliation *nf* Action de spolier.

spolier *vt* Litt Dépouiller, déposséder.

spondée *nm* VERSIF Pied d'un vers composé de deux syllabes longues.

spondylarthrite *nf* MED Rhumatisme chronique de la colonne vertébrale.

spongiaire *nm* ZOOL Animal primitif d'un embranchement comprenant les éponges.

spongieux, euse *a* 1 Qui rappelle l'éponge. 2 Qui s'imbibe d'eau. *Sol spongieux.*

sponsor *nm* Qui pratique le mécénat d'entreprise. Syn. commanditaire, parrain.

sponsoring [-riŋ] *nm* Activité d'un sponsor ; parrainage, commandite.

sponsoriser *vt* Parrainer et financer à des fins publicitaires un sportif, une équipe, etc.

spontané, ée *a* 1 Qui on fait librement, sans y être contraint. *Aveu spontané.* 2 Qui agit, sans calcul ni arrière-pensée. *Un enfant spontané.* 3 BOT Qui pousse naturellement, sans intervention de l'homme.

spontanéisme *nm* Doctrine privilégiant la spontanéité révolutionnaire des masses.

spontanéiste *a, n* Adepte du spontanéisme.

spontanéité *nf* Caractère spontané.

spontanément *av* De façon spontanée.

sporadique *a* 1 Se dit d'une maladie qui touche quelques individus isolément (par oppos. à épidémique, à endémique). 2 Qui apparaît, se produit irrégulièrement.

sporadiquement *av* De façon sporadique.

sporange *nm* BOT Organe des végétaux cryptogames, où se forment les spores.

spore *nf* BOT Élément reproducteur de certains végétaux (algues, champignons, mousses, etc.).

sport *nm* 1 Activité physique, qui a pour but la compétition, l'hygiène ou la simple distraction. 2 Fam Chose, entreprise difficile, qui demande une grande dépense de forces. Loc *Sports d'hiver* : activités sportives sur la neige ou la glace. ■ *a inv* Se dit d'un style de vêtements confortables. Loc *Être sport* : se montrer beau joueur.

sportif, ive *a* 1 Relatif au sport, à un sport. 2 Loyal, beau joueur. ■ *a, n* Qui aime, qui pratique le sport.

sportivement *av* Avec un esprit sportif.

sportivité *nf* Esprit sportif.

sporuler *vi* BOT Produire des spores.

spot [spɔt] *nm* 1 Appareil d'éclairage à faisceau lumineux de faible ouverture. 2 Court message publicitaire.

sprat [sprat] *nm* Petit poisson proche du hareng.

spray [sprɛ] *nm* 1 Nuage ou jet de liquide vaporisé en fines gouttelettes. 2 Atomiseur.

springbok *nm* Antilope d'Afrique du Sud.

sprinkler [sprinklœr] *nm* Système d'arrosage tournant.

sprint [sprint] *nm* 1 Accélération de l'allure à la fin d'une course. 2 Course de vitesse sur une petite distance.

1. sprinter [sprɪntœr] *nm* Coureur de sprint.

2. sprinter [sprɪnte] *vi* Effectuer un sprint.

spumeux, euse *a* Qui a l'aspect de l'écume.

squale [skwal] *nm* Requin.

squame [skwam] *nf* Lamelle qui se détache de la peau.

squameux, euse [skwa-] *a* Caractérisé par la présence de squames.

square [skwar] *nm* Jardin public.

squash [skwaʃ] *nm* Sport pratiqué en salle avec une balle qui rebondit contre les murs.

squat [skwat] *nm* Immeuble ou maison occupés par des squatters.

squatter ou **squattériser** [skwa-] *vt* Occuper illégalement un logement vacant.

squatteur, euse ou **squatter** *n* Qui occupe illégalement un logement vacant.

squaw [skwo] *nf* Femme mariée, chez les Indiens d'Amérique du Nord.

squeezer [skwize] *vt* 1 Au bridge, obliger l'adversaire à se défausser. 2 Fam Contraindre, coincer qqn par une habile manœuvre.

squelette *nm* 1 Ensemble des os qui constituent la charpente du corps. 2 Fam Personne très maigre. 3 Armature, charpente, carcasse.

squelettique *a* 1 Du squelette. 2 Très maigre, décharné. 3 D'une précision excessive.

sri-lankais, aise *a, n* Du Sri Lanka.

stabilisateur, trice *a* Qui stabilise. ■ *nm* Dispositif tendant à maintenir l'équilibre.

stabilisation *nf* Action de (se) stabiliser.

stabiliser *vt* Rendre stable. ■ *vpr* Devenir stable.

stabilité *nf* Caractère stable.

stable *a* 1 Qui a une base ferme, solide, qui ne vacille pas. 2 Qui est et demeure dans le même état. *Valeurs stables.* 3 Constant, équilibré. *Un garçon très stable.*

stabulation *nf* Séjour des animaux à l'étable.

staccato *av, nm* MUS À jouer en détachant les notes.

stade *nm* 1 ANTIQ Mesure de longueur valant environ 180 m. 2 Terrain spécialement aménagé pour la pratique des sports. 3 Période, phase d'une évolution. *Les stades d'une maladie, d'une carrière.*

1. staff *nm* Matériau fait de plâtre et d'une matière fibreuse, servant à réaliser des décors.

2. staff *nm* 1 Ensemble des dirigeants d'une entreprise. 2 Équipe, service.

staffeur, euse *n* Qui pose un décor de staff.

stage *nm* 1 Période d'activité dans une entreprise ou un service, dans un but de formation ou de perfectionnement. 2 Période d'entraînement à une discipline, à un art.

stagflation *nf* ECON Situation où coexistent la stagnation et l'inflation.

stagiaire *a, n* Qui fait un stage.

stagnant, ante [stagnã] *a* Qui stagne.

stagnation [stagna-] *nf* État d'inertie, d'inactivité, d'immobilité de ce qui stagne.

stagner [stagne] *vi* 1 Ne pas s'écouler (fluide). *Eaux qui stagnent.* 2 Ne marquer aucune évolution. *Les affaires stagnent.*

stakhanovisme *nm* HIST En U.R.S.S., méthode d'incitation au rendement dans le travail.

stakhanoviste *a, n* HIST Qui relève du stakhanovisme.

stalactite *nf* Concrétion calcaire pendante.

stalag *nm* HIST Camp de prisonniers de guerre en Allemagne (1939-1945).

stalagmite *nf* Concrétion calcaire dressée, qui se forme sous une stalactite.

stalinien, enne *a, n* Qui relève de Staline, du stalinisme.

stalinisme *nm* HIST Mode de gouvernement despotique pratiqué en U.R.S.S. sous Staline.

stalle *nf* 1 Chacun des sièges de bois disposés de chaque côté du chœur de certaines églises. 2 Compartiment assigné à un cheval, dans une écurie.

staminé, ée *a* BOT Se dit d'une fleur pourvue d'étamines.

stance *nf* LITTER Strophe. ■ *pl* Ensemble de strophes lyriques.

stand *nm* 1 Lieu aménagé pour le tir à la cible. 2 Dans une exposition, espace réservé à un exposant. 3 Dans un circuit automobile, emplacement réservé pour le ravitaillement et les réparations.

standard *nm* 1 Modèle, type, norme de fabrication. 2 Niveau de vie. 3 Dispositif assurant la répartition des communications téléphoniques d'une installation intérieure. 4 En jazz, morceau classique sur lequel on improvise. ■ *a* 1 Qui fait partie d'une production d'éléments normalisés. *Modèle standard.* 2 Ordinaire, courant. *Un visage standard.*

standardisation *nf* Action de standardiser.

standardiser *vt* Rendre conforme à un standard, à une norme ; uniformiser, normaliser.

standardiste *n* Employé assurant le service d'un standard téléphonique.

stand-by [stãdbaj] *nm* Situation, position d'attente d'un passager qui n'a pas de réservation sur un avion.

standing [stãdiŋ] *nm* 1 Position sociale. *Améliorer son standing.* 2 Confort, luxe. *Immeuble de grand standing.*

stannifère *a* Qui contient de l'étain.

staphylin *nm* Coléoptère aux élytres courts.

staphylocoque *nm* Bactérie agent de diverses infections.

star *nf* Vedette de cinéma.

starking *nf* Variété de pomme rouge.

starlette *nf* Jeune actrice de cinéma.

star-system *nm* Système fondé sur la notoriété de certaines vedettes.

starter [-tɛr] *nm* 1 Qui donne le signal du départ dans une course. 2 Dispositif qui facilite le démarrage d'un moteur.

starting-block [-tiŋ-] *nm* Appareil servant d'appui aux pieds d'un coureur, au départ des courses. *Des starting-blocks.*

starting-gate [startiŋget] *nm* Dispositif qui libère les chevaux au départ d'une course. *Des starting-gates.*

stase *nf* MED Ralentissement ou arrêt de la circulation d'un liquide dans l'organisme.

stathouder *nm* HIST Dans les Provinces-Unies, chef du pouvoir exécutif.

statice *nm* Plante à fleurs roses ou violacées.

statif *nm* Socle lourd et stable servant de support à des accessoires.

station *nf* 1 Fait de s'arrêter qqpart. 2 Fait de se tenir de telle façon. *Station debout.* 3 Lieu aménagé pour l'arrêt des véhicules. *Station d'autobus.* 4 Lieu de villégiature, de vacances. *Station thermale.* 5 Installation destinée à effectuer des observations. *Station météorologique.* 6 Ensemble d'installations émettrices. *Station* *de radio.* Loc *Station spatiale* ou *orbitale :* vaste infrastructure pouvant assurer le séjour d'humains dans l'espace.

stationnaire a 1 Qui reste un certain temps à la même place. 2 Qui ne change pas, n'évolue pas. *L'état du blessé reste stationnaire.*

stationnement nm Action, fait de stationner.

stationner vi S'arrêter et demeurer à un endroit.

station-service nf Poste de distribution d'essence assurant des travaux d'entretien courant. *Des stations-service.*

statique a 1 PHYS Relatif à l'équilibre des forces. 2 Qui demeure dans le même état. Ant. dynamique. ■ nf PHYS Partie de la mécanique qui étudie les conditions d'équilibre des corps.

statisticien, enne n Spécialiste de statistique.

statistique nf 1 Science qui a pour objet l'étude mathématique de phénomènes relatifs à des groupes de gens ou d'objets. 2 Données numériques concernant l'état ou l'évolution d'un phénomène. *Les statistiques de la natalité.* ■ a De la statistique. *Évaluations statistiques.*

statistiquement av Sur le plan statistique.

stator nm Partie fixe de certaines machines (par oppos. au rotor).

statuaire a Relatif aux statues. ■ nf Art de faire des statues. ■ nm Sculpteur qui fait des statues.

statue nf Figure sculptée ou moulée représentant en entier un être vivant.

statuer vi Prendre une décision. *Statuer sur un cas particulier.*

statuette nf Statue de petite taille.

statufier vt Représenter qqn par une statue.

statu quo [-kwo] nm inv Situation actuelle, état actuel des choses.

stature nf 1 Taille de qqn. 2 Importance, notoriété de qqn.

statut nm 1 Situation résultant de l'appartenance à un groupe régi par des dispositions juridiques. *Le statut de la fonction publique.* 2 Situation personnelle au sein d'un groupe. *Avoir un statut privilégié.* ■ pl Textes qui régissent le fonctionnement d'une société, d'une association.

statutaire a Conforme aux statuts.

statutairement av Conformément aux statuts.

steak [stɛk] nm Syn de *bifteck.*

steamer [stimœr] nm Vx Bateau à vapeur.

stéarine nf Solide blanc et translucide constitué d'acide stéarique et de paraffine.

stéarinerie nf Fabrique de stéarine.

stéarique a Loc *Acide stéarique :* abondant dans le suif et servant à fabriquer des bougies.

stéatite nf Roche compacte faite de talc.

stéatopyge a Qui a de très grosses fesses.

steeple-chase [stipəlʃɛz] ou **steeple** nm Course d'obstacles pour chevaux. Loc *Trois mille mètres steeple :* course à pied de 3 000 m, avec divers obstacles. *Des steeple-chases* ou *des steeples.*

stégomyie nf Moustique vecteur de la fièvre jaune.

stégosaure nm Dinosaure qui portait des plaques osseuses dressées sur le dos.

steinbock nm Petite antilope d'Afrique du Sud.

stèle nf Monument monolithe dressé, portant une inscription ou une sculpture.

stellaire a Relatif aux étoiles. ■ nf Plante herbacée à fleurs blanches.

stem ou **stemm** nm Technique de virage skis.

stencil [stɛn-] nm Papier paraffiné utilisé pour la reproduction d'un texte par un duplicateur.

sténo nf ou a Abrév de *sténographie* et de *sténo-dactylo.*

sténodactylo n Qui pratique la sténodactylographie.

sténodactylographie nf Emploi combiné de la sténographie et de la dactylographie.

sténographe n Qui pratique la sténographie.

sténographie nf Procédé d'écriture rapide au moyen de signes conventionnels.

sténographier vt Écrire en sténographie.

sténographique a De la sténographie.

sténose nf MED Rétrécissement pathologique d'un conduit, d'un orifice, d'un organe.

sténotype nf Machine à clavier qui permet de noter très rapidement la parole.

sténotypie nf Technique de la notation de la parole au moyen d'une sténotype.

sténotypiste n Qui pratique la sténotypie.

stentor [stɑ̃tɔr] nm Loc *Voix de stentor :* forte retentissante.

steppe nf Formation végétale des zones semi-arides, constituée par une couverture discontinue d'herbes courtes.

steppique a De la steppe.

stercoraire nm Gros oiseau des régions polaires. ■ a BIOL Qui vit ou croît sur des excréments.

stère nm Unité valant 1 mètre cube de bois.

stéréo nf ou a Abrév de *stéréophonie, stéréophonique.*

stéréochimie nf Étude de la disposition spatiale des atomes dans les molécules.

stéréogramme nm Image obtenue par stéréographie ou stéréoscopie.

stéréographie nf Représentation des solides par leurs projections sur des plans.

stéréométrie nf Branche de la géométrie qui a pour objet la mesure des solides.

stéréophonie nf Procédé de reproduction des sons restituant un relief sonore.

stéréophonique a De la stéréophonie.

stéréoscope nm Instrument d'optique restituant l'impression du relief à partir de deux images planes fusionnées d'un même sujet.

stéréoscopie nf Procédé qui restitue l'impression du relief par le stéréoscope.

stéréoscopique a De la stéréoscopie.

stéréotaxie nf CHIR Localisation d'une structure nerveuse cérébrale à partir de repères osseux.

stéréotomie nf Art de la coupe des pierres des matériaux de construction.

stéréotype nm Idée toute faite, poncif, banalité.

stéréotypé, ée a Qui a le caractère convenu d'un stéréotype ; banal, sans originalité.

stéréotypie nf MED Exagération de l'automatisme observée chez certains malades mentaux.

stérile a 1 Qui n'est pas apte à la reproduction. 2 Exempt de tout germe. *Pansement stérile.* 3 Qui ne produit rien, ne rapporte rien. *Une terre stérile.* 4 Qui n'aboutit à rien. *Discussion stérile.* ■ nmpl Déblais d'une exploitation minière.

stérilement *av* De façon stérile.

stérilet *nm* Dispositif anticonceptionnel intra-utérin.

stérilisant, ante *a* Qui stérilise.

stérilisation *nf* Action de stériliser.

stériliser *vt* **1** Rendre inapte à la reproduction. **2** Rendre exempt de germes. *Stériliser du lait.*

stérilité *nf* État stérile.

sterlet *nm* Esturgeon.

sterling [-liŋ] *a inv* Loc *Livre sterling* : monnaie de compte de Grande-Bretagne.

sterne *nf* Oiseau proche des mouettes. Syn. hirondelle de mer.

sternum [-nɔm] *nm* Os plat de la poitrine sur lequel s'articulent les côtes et les clavicules.

stéroïde *nm* BIOL Hormone dérivée d'un stérol et sécrétée par les glandes endocrines.

stéroïdien, enne *a* D'un stéroïde.

stérol *nm* BIOL Alcool constituant l'essentiel des hormones génitales et surrénales.

stéthoscope *nm* Instrument permettant l'auscultation des bruits à travers les parois du corps.

stetson [-sɔn] *nm* Chapeau texan à larges bords.

steward [stjuward] *nm* Garçon de service à bord des paquebots, des avions.

stibine *nf* Minerai d'antimoine.

stick *nm* **1** Canne mince et flexible. **2** Groupe de parachutistes largués d'un même avion. **3** Produit conditionné sous forme de bâtonnet.

stigmate *nm* **1** Litt Marque que laisse une plaie ; cicatrice. **2** Litt Marque, trace honteuse. ■ *pl* Marques des cinq plaies du Christ visibles sur le corps de certains mystiques.

stigmatiser *vt* Blâmer, flétrir publiquement.

stilton [-tɔn] *nm* Fromage anglais au lait de vache, à moisissures internes.

stimulant, ante *a, nm* **1** Qui stimule. **2** Qui motive.

stimulateur *nm* Loc *Stimulateur cardiaque* : appareil électrique remédiant à certaines insuffisances cardiaques. Syn. pacemaker.

stimulation *nf* Action de stimuler.

stimuler *vt* **1** Inciter à l'action, encourager, motiver. **2** Exciter, réveiller une activité. *Stimuler la digestion.*

stimulus *nm* Facteur susceptible de déclencher une réaction physiologique ou psychologique.

stipe *nm* BOT Tige des palmiers et des fougères.

stipendier *vt* Litt Payer qqn pour l'exécution de mauvais desseins.

stipulation *nf* Clause d'un contrat.

stipule *nf* BOT Petit appendice à la base du pétiole de certaines feuilles.

stipuler *vt* **1** Formuler comme condition dans un contrat. **2** Spécifier expressément.

stochastique [-kas-] *a* MATH Qui relève du calcul des probabilités.

stock *nm* **1** Quantité de marchandises en réserve. **2** Grande quantité de choses qu'on possède.

stockage *nm* Mise en stock.

stock-car *nm* Vieille automobile utilisée dans des courses où collisions et chocs volontaires sont autorisés. *Des stock-cars.*

stocker *vt* Mettre en stock, emmagasiner.

stockfish [-fiʃ] *nm* **1** Poisson salé et séché. **2** Morue séchée à l'air et non salée.

stoïcien, enne *a, n* Qui relève du stoïcisme.

stoïcisme *nm* **1** Doctrine du philosophe grec Zénon. **2** Fermeté d'âme devant la douleur ou l'adversité.

stoïque *a, n* Qui supporte sans faiblir la douleur, l'adversité.

stoïquement *av* Courageusement.

stolon *nm* BOT Tige rampante qui développe des racines et des feuilles, formant un nouveau pied.

stomacal, ale, aux *a* De l'estomac.

stomachique *a, nm* Qui facilite la digestion.

stomate *nm* BOT Organe épidermique des végétaux.

stomatite *nf* MED Inflammation de la muqueuse buccale.

stomatologie *nf* Étude et traitement des affections de la bouche et des dents.

stomatologiste ou **stomatologue** *n* Spécialiste de stomatologie.

stop *interj* Marque un ordre, un signal d'arrêt. ■ *nm* **1** Signal lumineux à l'arrière des véhicules, commandé par le frein. **2** Signal routier ordonnant l'arrêt absolu. **3** Fam Autostop. *Faire du stop.*

stoppage *nm* Action de raccommoder en stoppant.

stopper *vt* **1** Faire cesser d'avancer, de fonctionner un véhicule, une machine. **2** Arrêter le mouvement, la progression de qqn, de qqch. **3** Raccommoder une étoffe déchirée fil par fil. ■ *vi* S'arrêter. *Stopper au feu rouge.*

stoppeur, euse *n* Qui fait de l'auto-stop.

store *nm* Rideau souple placé devant une ouverture et qui se lève ou s'abaisse.

story-board [-bɔrd] *nm* Découpage du scénario d'un film en une suite de dessins.

stoupa.V. stupa.

stout [stawt] *nm* Bière anglaise forte.

strabisme *nm* Anomalie de la vision due à un défaut de parallélisme des yeux.

stradivarius *nm inv* Violon, alto ou violoncelle fabriqué par Stradivarius.

strangulation *nf* Action d'étrangler.

strapontin *nm* **1** Siège qu'on peut relever ou abaisser dans certains véhicules, dans les salles de spectacle, etc. **2** Place, fonction d'importance secondaire.

strass *nm* Verre coloré très réfringent, utilisé pour imiter les pierres précieuses.

stratagème *nm* Ruse, tromperie habile.

strate *nf* **1** GEOL Chacune des couches qui constituent un terrain. **2** Didac Chacun des niveaux d'un ensemble.

stratège *nm* **1** Personne compétente en matière de stratégie. **2** ANTIQ Magistrat grec qui commandait l'armée.

stratégie *nf* **1** Organisation de l'ensemble des opérations d'une guerre, de la défense d'un pays. **2** Art de combiner des opérations pour atteindre un objectif. *Stratégie électorale.*

stratégique *a* De la stratégie.

stratification *nf* Disposition en strates.

stratifié *nm* Matériau constitué de couches d'une matière souple imprégnées de résines artificielles.

stratifier *vt* Disposer en couches superposées.

stratigraphie *nf* GEOL Étude des strates des terrains, des couches de l'écorce terrestre.

stratocratie *nf* SOCIOL Système politique dominé par l'armée.

stratocumulus ou **cumulostratus** [-tys] *nm inv* Nuages gris situés entre 1 000 et 2 000 m.

stratosphère *nf* Couche de l'atmosphère située entre 10 et 50 km d'altitude.

stratosphérique *a* De la stratosphère.

stratus [-tys] *nm* Nuage bas en couche grise assez uniforme.

streptocoque *nm* Bactérie de forme arrondie, agent de nombreuses infections.

streptomycine *nf* Antibiotique très actif.

stress *inv* Perturbation provoquée par des agents agresseurs variés (émotion, froid).

stressant, ante *a* Qui provoque le stress.

stresser *vt* Perturber par un stress.

stretch *nm* (n déposé) Type de tissu élastique.

stretching [-fiŋ] *nm* Méthode de gymnastique.

strict, stricte *a* 1 Qui doit être rigoureusement observé. *Consignes strictes.* 2 D'une exactitude totale, d'une valeur absolue. *La stricte vérité.* 3 Intransigeant, sévère. 4 D'une sobriété un peu sévère. *Tailleur strict.*

strictement *av* De façon stricte.

striction *nf* Didac Resserrement.

stricto sensu *av* Au sens étroit.

stridence *nf* Litt Caractère strident, perçant.

strident, ente *a* Aigu et perçant (sons).

stridulation *nf* ZOOL Bruit aigu des cigales, des criquets, etc.

strie *nf* Ligne fine, en creux ou en relief, parallèle, sur une surface, à d'autres lignes.

strié, ée *a* Qui présente des stries.

strier *vt* Marquer, orner de stries.

string [stʁiŋ] *nm* Cache-sexe maintenu par un cordon passant entre les fesses.

stripping [-piŋ] *nm* Traitement chirurgical des varices.

strip-tease [-tiz] *nm* Déshabillage progressif et suggestif d'une femme au cours d'un spectacle de cabaret. *Des strip-teases.*

strip-teaseuse [-tizøz] *nf* Femme exécutant des strip-teases. *Des strip-teaseuses.*

striure *nf* Strie ou ensemble de stries.

stroboscope *nm* Appareil d'observation des mouvements périodiques rapides.

strontium [-sjɔm] *nm* Métal blanc très oxydable.

strophaire *nm* Champignon à chapeau visqueux.

strophe *nf* Groupe de vers formant un système de rimes complet dans une œuvre poétique.

structural, ale, aux *a* D'une structure ou du structuralisme. *Analyse structurale.*

structuralisme *nm* Théorie et méthode d'analyse privilégiant les relations entre les faits à l'intérieur d'une structure.

structuraliste *a, n* Qui relève du structuralisme.

structurant, ante *a* Qui permet de structurer.

structuration *nf* Action de (se) structurer.

structure *nf* 1 Agencement, disposition des différents éléments d'un tout concret ou abstrait ; constitution, contexture. 2 Ce qui soutient qqch, lui donne forme et rigidité ; ossature. 3 Système, ensemble solidaire dont les éléments sont unis par un rapport de dépendance.

structuré, ée *a* Qui possède une structure.

structurel, elle *a* 1 Structural. 2 Qui relève des structures économiques. *Chômage structurel.* Ant. conjoncturel.

structurellement *av* Sur le plan structurel.

structurer *vt* Donner une structure à. ■ *vpr* Acquérir une structure.

strudel [ʃtʁudɛl] *nm* Gâteau fourré aux pommes et aux raisins secs.

strychnine [stʁik-] *nf* Alcaloïde très toxique extrait de la noix vomique.

stuc *nm* Matériau imitant le marbre.

stucage *nm* Application de stuc.

stud-book [stœdbuk] *nm* Registre contenant les performances des chevaux pur- ng. *Des stud-books.*

studieusement *av* De façon studieuse.

studieux, euse *a* 1 Qui aime l'étude. *Élève studieux.* 2 Consacré à l'étude. *Vacances studieuses.*

studio [stupa] *nm* 1 Logement constitué d'une seule pièce principale. 2 Endroit aménagé pour le tournage de films, d'émissions de télévision etc. 3 Atelier d'artiste, de photographe.

stupa [stupa] ou **stoupa** *nm* Monument funéraire bouddhique.

stupéfaction *nf* Étonnement extrême.

stupéfait, aite *a* Très étonné.

stupéfiant, ante *a* Qui stupéfie. ■ *nm* Substance analgésique ou euphorisante dont l'usage peut entraîner une dépendance et des troubles graves.

stupéfier *vt* Causer un grand étonnement.

stupeur *nf* Étonnement profond.

stupide *a* Qui manque d'intelligence, de jugement ; idiot.

stupidement *av* De façon stupide.

stupidité *nf* 1 Caractère stupide. 2 Parole action stupide.

stupre *nm* Litt Débauche avilissante ; luxure.

stuquer *vt* Enduire de stuc.

style *nm* 1 Manière d'utiliser les moyens d'expression du langage. *Style clair. Style administratif.* 2 Ensemble des traits caractéristiques des œuvres d'un artiste, d'une époque. *Une décoration de style Régence.* 3 Ensemble des comportements habituels de qqn, manière d'agir. *Adopter un certain style de vie.* 4 BO Partie du pistil qui surmonte l'ovaire. Loc *De style* : d'un style particulier, propre à une époque ancienne. *De grand style* : qui a de l'ampleur, du brio.

stylé, ée *a* Se dit d'un employé qui accompli son service dans les règles, avec élégance.

stylet *nm* Poignard à petite lame aiguë.

stylisation *nf* Action de styliser.

styliser *vt* Représenter en simplifiant les formes, dans un but décoratif.

stylisme *nm* Profession de styliste.

styliste *n* 1 Écrivain très soigneux de son style 2 Dont le métier est de définir le style d'un produit industriel, de créer des modèles pour la mode, l'ameublement.

stylistique *a* Relatif au style, à la stylistique. ■ *nf* Étude de la mise en œuvre de moyens d'expression d'une langue.

stylo *nm* Porte-plume à réservoir d'encre.

stylo-feutre *nm* Stylo ayant une pointe en feutre ou en nylon. *Des stylos-feutres.*

styrax *nm* Arbrisseau fournissant le benjoin.

styrène, styrol ou **styrolène** *nm* Composé utilisé comme matière première dans l'industrie des plastiques.

su *nm* Loc *Au vu et au su de tout le monde* sans rien cacher.

523

subtil

suaire nm Litt Linceul.

suant, ante a Fam Ennuyeux.

suave a Litt D'une douceur agréable.

suavement av Avec suavité.

suavité nf Caractère suave.

subaigu, uë a MED Proche de l'état aigu.

subalpin, ine a Situé en bordure des Alpes.

subalterne a, n Dont la position est inférieure, subordonnée.

subaquatique [-kwa-] a Sous l'eau.

subatomique a PHYS Inférieur à l'atome.

subconscient, ente a, nm Se dit d'un état psychique dont on n'a pas conscience.

subdéléguer vt [12] Déléguer qqn dans une fonction dont on a été chargé.

subdésertique a Dont le climat est proche de celui des déserts.

subdiviser vt Soumettre à une nouvelle division. *Subdiviser un paragraphe.*

subdivision nf 1 Action de subdiviser. 2 Partie d'un tout divisé.

subduction nf GEOL Glissement des plaques océaniques sous les plaques voisines.

subéreux, euse a BOT De la nature du liège.

subir vt 1 Supporter ce qui est imposé. 2 Se soumettre ou être soumis à. *Subir une opération.* 3 Être l'objet de. *La Bourse subit une baisse.*

subit, ite a Soudain et imprévu.

subitement av De façon subite ; soudain.

subito av Fam Subitement.

subjectif, ive a 1 PHILO Qui a rapport au sujet pensant. 2 Qui dépend de la personnalité, des goûts de chacun ; individuel, partial. *Jugement subjectif.* Ant. objectif.

subjectile nm TECH Surface qui reçoit une couche de peinture.

subjectivement av De façon subjective.

subjectivisme nm Propension à tenir compte de ses seules certitudes personnelles.

subjectiviste a, n Qui relève du subjectivisme.

subjectivité nf Caractère subjectif (par oppos. à objectivité).

subjonctif nm GRAM Mode personnel du verbe, employé dans certaines subordonnées ou pour exprimer le doute, l'éventualité.

subjuguer vt Exercer un ascendant absolu sur qqn.

sublimation nf 1 CHIM Passage direct de l'état solide à l'état gazeux. 2 Action d'élever, de purifier un sentiment, un acte.

sublime a, nm Très haut placé dans l'échelle des valeurs esthétiques ou morales ; admirable.

sublimé nm CHIM Produit obtenu par sublimation.

sublimer vt 1 CHIM Faire subir la sublimation. 2 Purifier une tendance en l'idéalisant.

subliminal, ale, aux a PSYCHO Qui ne dépasse pas le seuil de la conscience.

sublimité nf Litt Caractère sublime.

sublingual, ale, aux [-gwal] a Situé sous la langue.

submerger vt [11] 1 Couvrir complètement d'eau, de liquide ; inonder. 2 Envahir, déborder. *Être submergé de travail.*

submersible a Qui peut être submergé. *Région submersible.* ■ nm Sous-marin.

submersion nf Action de submerger.

subodorer vt Pressentir, deviner, flairer.

subordination nf 1 Dépendance à l'égard d'un autre. 2 GRAM Rapport syntaxique entre une proposition et une autre à laquelle elle est subordonnée.

subordonnant nm GRAM Élément qui établit une subordination (conjonction, relatif).

subordonné, ée a, n Qui est sous la dépendance de qqch, sous l'autorité de qqn. ■ nf GRAM Proposition qui se trouve dans une relation syntaxique de dépendance par rapport à une autre proposition (dite *principale*).

subordonner vt 1 Mettre qqn dans une situation hiérarchiquement inférieure à un autre. 2 Faire dépendre une chose d'une autre. *Il subordonne son départ à la réussite de ses affaires.*

subornation nf Fait de suborner un témoin.

suborner vt DR Corrompre un témoin.

suborneur, euse n DR Qui suborne, qui dévoie. ■ nm Litt Qui séduit une femme.

subreptice a Litt Qui est fait furtivement.

subrepticement av En se cachant.

subrogation nf DR Acte par lequel on subroge.

subrogatoire a DR De la subrogation.

subrogé, ée a Loc DR *Subrogé tuteur* : choisi pour surveiller le tuteur ou le suppléer.

subroger vt [11] DR Désigner à la place de qqn.

subséquemment av DR Ensuite.

subséquent, ente a DR Qui suit.

subside nm Aide financière.

subsidence nf GEOL Lent mouvement d'affaissement.

subsidiaire a Qui s'ajoute au principal pour le renforcer, le compléter. *Moyens subsidiaires.* Loc *Question subsidiaire* : question qui sert à départager les concurrents ex aequo.

subsidiairement av Accessoirement.

subsistance nf 1 Fait de subsister. 2 Nourriture et entretien d'une personne. *Pourvoir à la subsistance de qqn.*

subsistant, ante a Qui subsiste.

subsister vi 1 Exister encore. *Cette coutume subsiste.* 2 Subvenir à ses besoins essentiels.

subsonique a Inférieur à la vitesse du son.

substance nf 1 Matière, corps. *Substance minérale, liquide.* 2 Ce qu'il y a d'essentiel dans un discours, un écrit. *La substance d'un livre.* Loc *En substance* : en se bornant à l'essentiel, en résumé.

substantiel, elle a 1 Nourrissant. *Un plat substantiel.* 2 Important, non négligeable. *Des avantages substantiels.*

substantiellement av De façon substantielle.

substantif nm GRAM Syn de *nom.*

substantivement av En qualité de substantif.

substantiver vt Transformer en substantif.

substituable a Qui peut être substitué.

substituer vt Mettre une personne, une chose à la place d'une autre. ■ vpr Remplacer qqn, qqch, prendre leur place.

substitut nm 1 DR Magistrat qui supplée le procureur. 2 Ce qui peut remplacer qqch ; succédané. *Chercher un subsitut au tabac.*

substitutif, ive a Qui peut remplacer qqch.

substitution nf Action de substituer.

substrat nm Ce qui sert de base, qui est sous-jacent ; infrastructure.

subterfuge nm Moyen détourné, ruse.

subtil, ile a 1 Qui a une finesse, une ingéniosité remarquable. 2 Difficile à saisir pour l'esprit, les sens. *Nuance subtile.*

subtilement *av* De façon subtile.
subtilisation *nf* Action de subtiliser.
subtiliser *vt* Voler habilement qqch.
subtilité *nf* 1 Caractère subtil. 2 Raisonnement subtil.
subtropical, ale, aux *a* Situé sous les tropiques. *Climat subtropical.*
suburbain, aine *a* Situé près d'une ville.
subvenir *vti* [35] Pourvoir à des besoins matériels, financiers.
subvention *nf* Somme versée par l'État, un organisme, etc., pour permettre d'entreprendre une activité d'intérêt général.
subventionner *vt* Aider par des subventions.
subversif, ive *a* Qui tend à provoquer la subversion. *Propos subversifs.*
subversion *nf* Action visant au renversement de l'ordre politique existant.
suc *nm* Liquide organique susceptible d'être extrait d'un tissu animal ou végétal.
succédané *nm* 1 Produit qu'on peut substituer à un autre. *Les succédanés du café.* Syn. ersatz. 2 Ce qui remplace qqch en ayant une valeur moindre.
succéder *vti* [12] 1 Venir après qqn et le remplacer dans une charge, un emploi. 2 Venir après qqch dans le temps ou l'espace. 3 DR Recueillir l'héritage de qqn. ■ *vpr* Venir l'un après l'autre. *Ils se sont succédé à ce poste.*
succès *nm* 1 Heureuse issue d'une opération, d'une entreprise. 2 Bon résultat obtenu par qqn. 3 Fait de gagner la faveur du public. *Film qui a du succès.*
successeur *nm* Qui succède à un autre dans ses fonctions, ses biens.
successif, ive *a* Qui se succèdent. *Les locataires successifs de cet appartement.*
succession *nf* 1 Fait de succéder à qqn. 2 Ensemble de personnes ou de choses qui se succèdent. *Une succession de catastrophes.* 3 DR Transmission par voie légale des biens d'une personne décédée ; biens dévolus aux successeurs.
successivement *av* L'un après l'autre.
successoral, ale, aux *a* DR Relatif aux successions.
succinct, incte [syksɛ̃, ɛ̃t] *a* 1 Bref, concis. *Description succincte.* 2 Fam Peu copieux. *Un repas succinct.*
succinctement *av* De façon succincte.
succion [sysjɔ̃] *nf* Action de sucer.
succomber *vi* 1 Fléchir, avoir le dessous. *Succomber sous la charge, sous le nombre.* 2 Mourir. *Le blessé a succombé.* ■ *vti* Céder à qqch. *Succomber à la tentation.*
succube *nm* Démon d'apparence féminine.
succulence *nf* Litt Caractère succulent.
succulent, ente *a* Très savoureux.
succursale *nf* Établissement commercial ou financier subordonné à un autre.
succursalisme *nm* Forme de commerce fondée sur un réseau de petits magasins.
sucer *vt* [10] 1 Attirer un liquide dans sa bouche en aspirant. 2 Presser avec les lèvres et la langue en aspirant.
sucette *nf* 1 Bonbon fixé au bout d'un bâtonnet. 2 Petite tétine pour les bébés.
suceur, euse *a* Qui suce.
suçoir *nm* 1 ZOOL Trompe aspirante de certains insectes. 2 BOT Organe par lequel s'alimentent certains végétaux parasites.

suçon *nm* Marque laissée sur la peau par une succion longue et forte.
suçoter *vt* Fam Sucer à petits coups.
sucrage *nm* Action de sucrer.
sucrant, ante *a* Qui sucre.
1. sucre *nm* 1 Substance alimentaire de saveur douce que l'on tire principalement de la betterave et de la canne à sucre. 2 Fam Morceau de sucre. 3 CHIM Glucide. Loc *Sucre d'orge* : sucre parfumé roulé en bâton. Fam *Casser du sucre sur le dos de qqn* : dire du mal de lui.
2. sucre *nm* Unité monétaire de l'Équateur.
sucré, ée *a* Qui contient du sucre, qui a le goût du sucre. *Boisson sucrée.* ■ *a, n* Doucereux, mielleux. *Prendre un ton sucré. Faire la sucrée.*
sucrer *vt* 1 Mettre du sucre dans. *Sucrer son café.* 2 Fam Supprimer qqch. *Sucrer une permission à un soldat.* ■ *vpr* 1 Additionner ses aliments de sucre. 2 Fam S'octroyer une bonne part de bénéfices, d'avantages matériels, etc.
sucrerie *nf* 1 Établissement où on fabrique le sucre. 2 Produit de confiserie.
sucrier, ère *a* Qui fournit du sucre. ■ *nm* 1 Pièce de vaisselle dans laquelle on sert le sucre. 2 Propriétaire d'une sucrerie.
sud *nm* 1 L'un des quatre points cardinaux (opposé au nord). 2 (avec majusc) Partie du globe terrestre, d'un pays, etc., qui s'étend vers le sud. 3 Ensemble des pays sous-développés. ■ *a inv* Situé au sud. *Le pôle Sud.*
sud-africain, aine *a, n* De la République d'Afrique du Sud.
sud-américain, aine *a, n* De l'Amérique du Sud.
sudation *nf* PHYSIOL Forte transpiration.
sudatoire *a* De la sudation.
sud-coréen, enne *a, n* De la Corée du Sud.
sud-est *nm* 1 Point de l'horizon situé à égale distance entre le sud et l'est. 2 (avec majusc) Partie d'un pays, d'une région, qui s'étend vers le sud-est. ■ *a inv* Situé au sud-est.
sudiste *n, a* HIST Partisan des États esclavagistes du sud des États-Unis, pendant la guerre de Sécession.
sudoral, ale, aux *a* Relatif à la sueur.
sudorifique *a* Qui provoque la sudation.
sudoripare *a* Qui sécrète la sueur.
sud-ouest *nm* 1 Point de l'horizon situé entre le sud et l'ouest. 2 (avec majusc) Partie d'un pays située au sud-ouest. ■ *a inv* Situé au sud-ouest.
suède *nm* Peau dont le côté chair est à l'extérieur.
suédé, ée *a* Qui a l'aspect du suède.
suédine *nf* Tissu qui imite le suède.
suédois, oise *a, n* De Suède. ■ *nm* Langue nordique parlée en Suède.
suée *nf* Fam Transpiration abondante.
suer *vi* 1 Rejeter de la sueur par les pores. 2 Fam Se donner beaucoup de peine pour faire qqch. Loc Fam *Faire suer qqn* : l'ennuyer, l'impatienter. Fam *Se faire suer* : s'ennuyer. ■ *vt* Dégager une impression de, exhaler. *Suer l'ennui, la peur.* Loc Fam *Suer sang et eau* : peiner extrêmement.
sueur *nf* Liquide salé de la transpiration cutanée. Loc *Avoir des sueurs froides* : avoir une grande peur. *Gagner son pain à la sueur de son front* : à force de travail.

suffète nm HIST Magistrat suprême de Carthage.

suffire vti [79] 1 Être en quantité satisfaisante, avoir les qualités requises pour. *Cette somme suffit à nos besoins. Votre parole me suffit.* 2 Pouvoir satisfaire à soi seul aux exigences de qqch, qqn. *Il ne suffit pas à la tâche.* ■ v imp Il faut seulement. *Il suffit d'y aller. Il suffit que vous le désiriez.* Loc Cela suffit : c'est assez. ■ vpr Ne pas avoir besoin des autres pour ses besoins propres.

suffisamment av Assez.

suffisance nf Caractère d'une personne suffisante. *Un air plein de suffisance.* Loc En suffisance : en quantité suffisante.

suffisant, ante a 1 Qui suffit. 2 Trop sûr de soi. *Je le trouve très suffisant.*

suffixal, ale, aux a Du suffixe.

suffixation nf Dérivation à l'aide de suffixes.

suffixe nm Élément placé après le radical d'un mot et lui conférant une signification particulière (ex. : fortement).

suffixé, ée a Comportant un suffixe.

suffocant, ante a Qui suffoque.

suffocation nf Fait de suffoquer.

suffoquer vt 1 Gêner la respiration au point d'étouffer. 2 Fam Stupéfier. *Son aplomb m'a suffoqué.* ■ vi Respirer avec peine ; étouffer.

suffrage nm 1 Avis exprimé dans une élection, une délibération ; voix, vote. 2 Opinion, jugement favorable. *Cette pièce a mérité tous les suffrages.*

suffragette nf Citoyenne britannique qui militait pour le droit de vote des femmes.

suggérer [syg-] vt [12] Faire venir à l'esprit.

suggestif, ive a Qui suggère des idées, des sentiments (érotiques en particulier).

suggestion [sygɛsjõ] nf 1 Action de suggérer. 2 Chose suggérée. 3 Influence psychique exercée sur qqn.

suggestionner vt Inspirer des idées, des actes à qqn par suggestion.

suicidaire a Qui mène au suicide. ■ a, n Psychiquement disposé au suicide.

suicidant, ante a, n Qui a fait une tentative de suicide.

suicide nm 1 Action de se donner volontairement la mort. 2 Fait de s'exposer dangereusement.

suicidé, ée a, n Qui s'est donné volontairement la mort.

suicider (se) vpr Se tuer volontairement.

suidé nm ZOOL Animal de la famille du porc.

suie nf Matière noirâtre que la fumée dépose dans les conduits de cheminée.

suif nm Graisse des ruminants.

sui generis [sɥiʒeneʁis] a inv Caractéristique d'une espèce, d'une chose.

suint nm Matière grasse sécrétée par les animaux à laine et qui imprègne leurs poils.

suintement nm Fait de suinter.

suinter vi 1 S'écouler presque imperceptiblement. *Sang qui suinte d'une plaie.* 2 Laisser couler très lentement. *Vase poreux qui suinte.*

suisse a De Suisse. ■ n Citoyen(enne) de la Suisse. ■ nm Vx Employé d'église en uniforme. Loc Fam Boire en suisse : sans inviter les autres.

Suissesse nf Vieilli Citoyenne de la Suisse.

suite nf 1 Ensemble de ceux qui suivent un haut personnage dans ses déplacements. 2 Ce qui vient après, ce qui continue qqch. *Attendre la suite d'un récit.* 3 Ensemble de personnes ou de choses qui se suivent. *Une suite de maisons.* 4 Appartement loué dans un hôtel de luxe. 5 MUS Composition se développant en plusieurs morceaux. 6 Conséquence d'un événement. *Mourir des suites de l'accident.* 7 Enchaînement logique, cohérent. Loc Faire suite à : succéder à. À la suite de : derrière, après ; en conséquence de. De suite : successivement. Ainsi de suite : en continuant de la même façon. Tout de suite : immédiatement. Par la suite : plus tard. Par suite de : en conséquence de. Avoir de la suite dans les idées, avoir l'esprit de suite : être persévérant. Sans suite : incohérent. Donner suite à : poursuivre la réalisation de.

suivant, ante a, n Qui vient tout de suite après un autre. *Le client, le mois suivant. Au suivant !* ■ prép Conformément à, selon. *Suivant les circonstances.*

suiveur, euse n 1 Qui fait partie de l'escorte d'une course cycliste. 2 Qui se borne à suivre à faire comme tout le monde.

suivi, ie a 1 Qui intéresse de nombreuses personnes. *Une émission très suivie.* 2 Continu, sans interruption. *Un travail suivi.* 3 Dont les parties sont liées de façon cohérente. *Raisonnement suivi.* ■ nm Continuité contrôlée. *Assurer le suivi d'une fabrication.*

suivisme nm Attitude de ceux qui suivent aveuglément une autorité, une mode, etc.

suiviste a, n Qui relève du suivisme.

suivre vt [73] 1 Marcher, aller derrière. *Suivre qqn à la trace.* 2 Accompagner qqn dans ses déplacements. 3 Être, venir après dans l'espace, dans le temps, dans une série. *Le nom qui suit le mien sur la liste.* 4 Parcourir ; longer. *Suivre un chemin. La route qui suit la voie ferrée.* 5 Se laisser conduire par, se conformer à. *Suivre la mode.* 6 Se soumettre à ; fréquenter. *Suivre un traitement. Suivre des cours.* 7 Porter un intérêt soutenu à. *Suivre l'actualité.* 8 Comprendre qqch dans sa logique. *Suivre un raisonnement.* ■ vpr Se succéder ; s'enchaîner. *Les jours se suivent sans se ressembler.*

1. sujet, ette a Exposé, enclin à, susceptible de. *Être sujet aux rhumes.* Loc Sujet à caution : dont il vaut mieux se méfier. ■ n Personne soumise à une autorité ; ressortissant.

2. sujet nm 1 Ce qui est en question, matière, centre d'intérêt. *Un sujet de discussion.* 2 Motif, raison. *Un sujet de querelle.* 3 GRAM Terme d'une proposition qui confère ses marques (personne, nombre) au verbe. 4 Être vivant sur lequel portent les observations, les expériences. *Sujet guéri.* Loc Bon, mauvais sujet : qui a une bonne, une mauvaise conduite. *Brillant sujet* : élève très doué. *Au sujet de* : à propos de, sur.

sujétion nf 1 Assujettissement, asservissement, dépendance. 2 Contrainte imposée par qqch.

sulfamide nm Substance utilisée pour ses propriétés antibiotiques.

sulfatage nm Action de sulfater.

sulfate nm Sel de l'acide sulfurique.

sulfater vt Vaporiser sur des cultures une solution de sulfate de cuivre.

sulfateuse nf 1 Machine à sulfater. 2 Fam Mitrailleuse.

sulfhydrique a Loc Acide sulfhydrique : gaz à odeur d'œuf pourri, très toxique.

sulfite

sulfite nm Sel de l'acide sulfureux.

sulfure nm 1 CHIM Combinaison de soufre avec un autre élément. 2 Morceau de cristal décoré dans la masse.

sulfuré, ée a CHIM 1 À l'état de sulfure. 2 Combiné avec le soufre.

sulfureux, euse a 1 CHIM Relatif au soufre. 2 Lié à l'enfer ; démoniaque. *Un charme sulfureux.*

sulfurique a Loc *Acide sulfurique :* dérivé du soufre, corrosif, très employé dans l'industrie.

sulfurisé, ée a Se dit d'un papier imperméable, utilisé pour l'emballage des produits alimentaires.

sulky nm Voiture légère à deux roues pour les courses de trot.

sulpicien, enne a Se dit d'un art religieux conventionnel et fade.

sultan nm HIST 1 Souverain de l'Empire ottoman. 2 Titre de certains princes musulmans.

sultanat nm 1 Dignité de sultan. 2 État gouverné par un sultan.

sultane nf Épouse du sultan.

sumac nm Petit arbre dont on tire des vernis, des colorants, des laques.

sumérien, enne a, n De Sumer. ■ nm Langue des Sumériens écrite en cunéiformes.

summum [sɔmɔm] nm Plus haut point, plus haut degré.

sumo nm inv Lutte japonaise traditionnelle.

sunlight [sœnlajt] nm Puissant projecteur utilisé pour les prises de vues cinématographiques.

sunna nf Tradition de l'islam représentant l'orthodoxie musulmane.

sunnisme nm Courant majoritaire de l'islam, s'appuyant sur la sunna.

sunnite a, n Qui se conforme à la sunna.

super a inv Fam Extraordinaire, admirable. ■ nm Fam Supercarburant.

superbe a D'une grande beauté, magnifique. *Une femme superbe. Un temps superbe.* ■ nf Litt Maintien orgueilleux.

superbement av De façon superbe.

supercarburant nm Carburant d'un rendement supérieur à celui de l'essence ordinaire.

supercherie nf Tromperie, fraude.

supérette nf Petit supermarché.

superfétatoire a Litt Superflu, inutile.

superficialité nf Caractère superficiel.

superficie nf Étendue, aire, surface.

superficiel, elle a 1 Qui est à la surface. *Plaie superficielle.* 2 Futile, sans profondeur. *Sentiments superficiels.*

superficiellement av De façon superficielle.

superflu, ue a, nm Qui est en trop, inutile. *Ornements superflus. Se passer du superflu.*

supergrand nm Superpuissance.

supérieur, eure a 1 Situé au-dessus, en haut. *La mâchoire supérieure.* 2 Plus élevé en degré, en valeur, en grade. *Un poids supérieur à trois tonnes. Les officiers supérieurs.* 3 Hautain, arrogant. *Prendre un air supérieur.* ■ n 1 Personne de qui on dépend hiérarchiquement. 2 Qui dirige une communauté religieuse.

supérieurement av De façon supérieure.

supériorité nf Fait d'être supérieur ; caractère supérieur. *Supériorité numérique.*

superlatif nm 1 GRAM Degré de l'adjectif ou de l'adverbe qui exprime le niveau extrême dans un ensemble ou dans l'absolu (ex. : *très beau, le moins grand*). 2 Terme emphatique, hyperbolique.

superman [-man] nm Fam Homme supérieur ; surhomme.

supermarché nm Magasin en libre-service, de grande surface.

supernova nf Explosion d'une étoile massive à un stade avancé de son évolution.

superpétrolier nm Navire pétrolier de très grande capacité.

superphosphate nm Engrais constitué essentiellement de phosphate calcique.

superposable a Qu'on peut superposer.

superposer vt Poser des choses les unes sur les autres ; mettre par-dessus.

superposition nf Action de superposer ; état de choses superposées.

superproduction nf Film à grand spectacle, tourné avec de gros moyens financiers.

superpuissance nf État dont l'importance politique, militaire, économique est dominante.

supersonique a D'une vitesse supérieure à celle du son. *Avion supersonique.*

superstar nf Vedette très célèbre.

superstitieusement av De façon superstitieuse.

superstitieux, euse a, n Qui est inspiré, influencé par la superstition. *Un geste superstitieux. Un homme superstitieux.*

superstition nf Croyance à la manifestation de forces mystérieuses liées à des actes, à des objets, à des phénomènes. *Toucher du bois par superstition pour conjurer le mauvais sort.*

superstructure nf 1 Partie d'une construction située au-dessus du sol. 2 Construction édifiée au-dessus du pont supérieur d'un navire. 3 Ensemble formé par les idées et les institutions. Ant. infrastructure.

supertanker nm Grand navire-citerne.

superviser vt Contrôler, vérifier un travail dans ses grandes lignes.

superviseur nm Qui supervise.

supervision nf Action de superviser.

superwelter nm Boxeur pesant entre 67 et 71 kg.

supin nm Forme nominale du verbe latin.

supplanter vt Prendre la place de, évincer.

suppléance nf Fait de suppléer qqn ou qqch.

suppléant, ante n, a Qui remplace qqn d'autre dans ses fonctions.

suppléer vt [12] Remplacer. *Un adjoint supplée parfois le maire.* ■ vti Compenser une insuffisance. *Son jugement supplée à son inexpérience.*

supplément nm Ce qui vient en plus, ce qui est ajouté. *Un supplément de frais.*

supplémentaire a Qui vient en supplément, en plus. *Train supplémentaire.* Loc *Heures supplémentaires :* heures de travail accomplies en plus de l'horaire légal. GEOM *Angles supplémentaires :* dont la somme égale 180 degrés.

supplétif, ive a, nm Se dit de soldats constituant temporairement une force d'appoint.

suppliant, ante a, n Qui supplie.

supplication nf Prière instante et soumise.

supplice *nm* 1 HIST Punition corporelle grave, entraînant souvent la mort, ordonnée par une autorité. 2 Ce qui cause une vive souffrance physique ou morale.

supplicié, ée *n* Qui subit ou qui a subi un supplice.

supplicier *vt* Soumettre à un supplice.

supplier *vt* 1 Prier avec instance et soumission. 2 Prier de façon pressante.

supplique *nf* Requête par laquelle on demande une grâce à une autorité officielle.

support *nm* Ce sur quoi porte le poids de qqch ; soutien. Loc *Support publicitaire* : affiche, radio, etc., servant à diffuser un message publicitaire.

supportable *a* Qu'on peut supporter.

1. supporter *vt* 1 Servir de support à, soutenir. *Les poutres qui supportent le toit.* 2 Subir, endurer sans faiblir. *Supporter le froid.* 3 Tolérer un comportement désagréable, pénible. *Il faut supporter sa mauvaise humeur.* 4 Résister à une action. *Poterie qui supporte le feu.* 5 Avoir la charge. *Supporter de gros frais.* 6 Abusiv Encourager un sportif, une équipe. ■ *vpr* Se tolérer mutuellement.

2. supporter [-tɛr] ou **supporteur, trice** *n* Qui encourage un concurrent, une équipe sportive, un candidat, qui lui apporte son appui.

supposé, ée *a* 1 Admis par supposition. 2 DR Qui n'est pas authentique. *Nom supposé.* Loc *Supposé que* : en admettant que.

supposer *vt* 1 Poser, imaginer comme établi. *Supposons deux droites parallèles.* 2 Tenir pour probable. *On suppose qu'il est mort.* 3 Impliquer comme condition. *La bonne entente suppose le respect.*

supposition *nf* Hypothèse, opinion reposant sur de simples probabilités.

suppositoire *nm* Médicament à administrer par voie rectale.

suppôt *nm* Litt Auxiliaire de qqn de malfaisant.

suppression *nf* Action de supprimer.

supprimer *vt* 1 Faire disparaître, ôter, retrancher. *Supprimer un paragraphe.* 2 Assassiner. ■ *vpr* Se suicider.

suppurant, ante *a* Qui suppure.

suppuration *nf* Formation de pus.

suppurer *vi* Produire, laisser écouler du pus.

supputation *nf* Litt Évaluation, estimation.

supputer *vt* Litt Évaluer à partir de certains éléments, de certains indices.

supra *av* Ci-dessus, dans un passage antérieur.

supraconducteur, trice *a, nm* PHYS Qui présente le phénomène de supraconductivité.

supraconductivité ou **supraconduction** *nf* PHYS Conductivité très élevée de certains corps aux températures voisines du zéro absolu.

supranational, ale, aux *a* Qui a autorité sur les souverainetés nationales.

supranationalité *nf* Caractère supranational.

suprématie [-si] *nf* Supériorité de puissance ; prééminence. *Suprématie économique.*

suprême *a* 1 Au-dessus de tous, de tout. *Le pouvoir suprême.* 2 Très grand. *Une habileté suprême.* 3 Dernier, ultime. *Faire une suprême tentative.* Loc Litt *L'heure suprême* : la mort. *Honneurs suprêmes* : funérailles. ■ *nm* CUIS Filets de volaille ou de poisson nappés de sauce à la crème.

suprêmement *av* Extrêmement.

1. sur *prép* Marque la position de ce qui est plus haut, la supériorité, la direction, l'approximation, la cause, le moyen, la manière, la proportion, etc. Loc *Sur ce* : après cela, ensuite.

2. sur, sure *a* Légèrement acide, aigre.

sûr, sûre *a* 1 Qui ne présente aucun risque ; sans danger. *Mettre qqn, qqch en lieu sûr.* 2 Digne de confiance ; sur qui ou sur quoi l'on peut s'appuyer. *Un ami sûr. Un matériel très sûr.* 3 Ferme, assuré, rigoureux. *Un geste sûr.* 4 Qu'on ne peut mettre en question, incontestable. *Je pars demain, c'est sûr.* 5 Convaincu, certain, assuré. *Il est sûr de réussir.* Loc *Bien sûr !* : évidemment, bien entendu. *Sûr de soi* : qui a confiance en ses capacités.

surabondamment *av* Plus que nécessaire.

surabondance *nf* Très grande abondance.

surabondant, ante *a* Qui surabonde.

surabonder *vi* Être plus abondant qu'il n'est nécessaire.

suractivé, ée *a* Dont l'activité est accrue par un traitement spécial.

suraigu, uë *a* Très aigu.

surajouter *vt* Faire un nouvel ajout à.

suralimentation *nf* Fait de suralimenter.

suralimenter *vt* Fournir une alimentation plus abondante ou plus riche que la normale.

suranné, ée *a* Démodé, désuet, vieillot.

surarmement *nm* Armement trop important.

surarmer *vt* Armer au-delà du nécessaire.

surate ou **sourate** *nf* Chapitre du Coran.

surbaissé, ée *a* Qui est plus abaissé que la moyenne. *Voûte surbaissée.*

surcharge *nf* 1 Charge ajoutée à la charge normale. 2 Fait d'être trop chargé, trop abondant. *La surcharge des programmes scolaires.* 3 Mot écrit au-dessus d'un autre pour le remplacer. Loc *Surcharge pondérale* : obésité.

surcharger *vt* [11] Charger de façon excessive. *Surcharger un camion.*

surchauffe *nf* 1 Action de surchauffer un liquide, de la vapeur. 2 ÉCON Inflation provenant d'une expansion mal maîtrisée.

surchauffer *vt* Chauffer excessivement.

surchoix *a inv, nm* De toute première qualité.

surclasser *vt* Dominer très nettement par ses performances, sa qualité.

surcomposé, ée *a* GRAM Se dit d'un temps verbal formé d'un auxiliaire à un temps composé et du participe passé (ex. : *quand j'ai eu terminé...*).

surconsommation *nf* Consommation supérieure aux besoins.

surcontre *nm* Au bridge, maintien d'une annonce contrée.

surcontrer *vt* Déclarer un surcontre.

surcoupe *nf* Action de surcouper.

surcouper *vt* Aux cartes, couper avec un atout plus fort que celui qui vient d'être mis.

surcoût *nm* Coût supplémentaire.

surcroît *nm* Ce qui vient s'ajouter à qqch. *Surcroît de travail.* Loc *De* ou *par surcroît* : de plus, en outre.

surdétermination *nf* Didac Caractère de ce qui est déterminé par plusieurs causes à la fois.

surdéterminer *vt* Effectuer une surdétermination.

surdéveloppé, ée *a* Qui a un développement économique trop important.

surdimensionné, ée *a* Trop grand.

surdi-mutité nf État du sourd-muet.

surdité nf Affaiblissement ou disparition du sens de l'ouïe, fait d'être sourd.

surdosage nm Dosage excessif.

surdose nf Syn de *overdose*.

surdoué, ée a. n. Qui présente un développement intellectuel exceptionnel.

sureau nm Arbuste dont le bois renferme un large canal de moelle.

sureffectif nm Effectif trop nombreux.

surélévation nf Action de surélever, fait d'être surélevé ; son résultat.

surélever vt [15] Donner plus de hauteur à. *Surélever un bâtiment de deux étages.*

sûrement av 1 Avec régularité et constance, sans faillir. *Progresser lentement mais sûrement.* 2 Certainement, selon toute probabilité.

surenchère nf 1 Enchère supérieure à la précédente. 2 Promesse faite pour renchérir sur celle d'un autre.

surenchérir vi Faire une surenchère.

surenchérissement nm Augmentation des prix.

surendettement nm Endettement excessif.

surendetter vt Mettre en état de surendettement.

surentraînement nm Entraînement trop poussé d'un sportif.

surentraîner vt Soumettre au surentraînement.

suréquipement nm Action de suréquiper.

suréquiper vt Équiper plus qu'il n'est nécessaire.

surestimation nf Fait de surestimer.

surestimer vt Estimer au-dessus de sa valeur.

suret, ette a Légèrement sur, acidulé.

sûreté nf 1 Fait d'être sûr ; caractère d'un lieu où l'on ne risque rien. 2 Fermeté, rigueur, justesse des gestes, des raisonnements, etc. Loc *Attentat, crime contre la sûreté de l'État* : infractions menées contre l'autorité de l'État ou l'intégrité du territoire. *De sûreté* : spécialement conçu pour assurer la sécurité. *En sûreté* : à l'abri.

surévaluation nf Fait de surévaluer.

surévaluer vt Évaluer qqch au-delà de sa valeur.

surexcitable a Qui est facilement surexcité.

surexcitation nf Très grand énervement.

surexciter vt Exciter au plus haut point.

surexploiter vt Exploiter de façon excessive.

surexposer vt PHOTO Exposer trop longtemps à la lumière.

surexposition nf PHOTO Fait de surexposer.

surf [sœʀf] nm Sport nautique qui consiste à se laisser porter sur les vagues ou les rouleaux, en se maintenant en équilibre sur une planche.

surfaçage nm Action de surfacer.

surface nf 1 Partie extérieure d'un corps, limitant son volume. *La surface de la Terre.* 2 Aire, superficie. *Une surface de 100 m².* 3 Aspect extérieur. 4 Fam Situation sociale importante. Loc *Grande surface* : magasin en libre-service dont la surface de vente est supérieure à 400 m². *Faire surface* : émerger.

surfacer vt [10] TECH Donner un aspect régulier à une surface.

surfaceuse nf Machine à surfacer.

surfacique a MATH De la surface.

surfait, aite a Trop vanté, qui n'est pas à la hauteur de sa réputation.

surfer [sœʀfe] vi 1 Pratiquer le surf. 2 Fam Être porté par un phénomène puissant.

surfeur, euse [sœʀ-] n Qui pratique le surf.

surfil nm COUT Surjet fait en surfilant.

surfiler vt COUT Passer un fil sur les bords d'un tissu pour éviter qu'il ne s'effiloche.

surfin, ine a D'une très grande qualité.

surgélation nf Action de surgeler.

surgelé, ée a, nm Qui a subi la surgélation.

surgeler vt [16] Congeler rapidement une denrée périssable.

surgénérateur nm Réacteur nucléaire qui produit plus de matière fissile qu'il n'en a consommé.

surgeon nm Rejeton qui naît de la souche d'un arbre.

surgir vi Apparaître brusquement.

surgissement nm Litt Action de surgir.

surhausser vt Exhausser, surélever.

surhomme nm Homme qui dépasse la mesure normale de la nature humaine.

surhumain, aine a Au-dessus des forces, des qualités et des aptitudes normales de l'homme.

surimi nm Chair de poisson aromatisée et conditionnée.

surimposer vt Frapper d'une majoration d'impôt ou d'un impôt excessif.

surimposition nf Imposition supplémentaire ou excessive.

surimpression nf Opération qui consiste à superposer sur un même support deux ou plusieurs images.

surin nm Pop Couteau, poignard.

suriner vt Pop Frapper d'un coup de couteau.

surinfection nf Infection survenant chez un sujet présentant déjà une maladie infectieuse.

surinformation nf Surabondance d'information.

surintendance nf HIST Charge de surintendant.

surintendant nm HIST Nom de divers officiers chargés de la surveillance d'une administration, sous l'Ancien Régime.

surintensité nf ELECTR Intensité supérieure à l'intensité maximale tolérée.

surir vi Devenir sur, aigre.

surjet nm COUT Point de couture à cheval sur le bord du tissu.

sur-le-champ av Immédiatement.

surlendemain nm Jour qui suit le lendemain.

surligner vt Marquer un texte avec un surligneur.

surligneur nm Feutre à encre lumineuse servant à mettre qqch en valeur.

surmédicaliser vt Pratiquer un excès de soins médicaux sur qqn, sur une population.

surmenage nm Fait d'être surmené.

surmener vt [15] Fatiguer par un excès de travail.

surmoi nm inv PSYCHAN Élément du psychisme qui exerce un rôle de contrôle et de censure.

surmontable a Qui peut être surmonté.

surmonter vt 1 Être placé au-dessus de. 2 Venir à bout de. *Surmonter une difficulté.* 3 Dominer, maîtriser une sensation, un sentiment, une émotion. *Surmonter sa douleur.*

surmortalité nf Mortalité plus importante dans un groupe donné par rapport à un autre.

surmulet nm Rouget de roche.

surmulot nm Rat d'égout.

surmultiplier *vt* Donner à l'arbre de transmission d'une voiture une vitesse supérieure à celle du moteur.

surnager *vi* [11] 1 Se maintenir à la surface d'un liquide. 2 Subsister, persister.

surnatalité *nf* Natalité excessive.

surnaturel, elle *a, nm* 1 Qui semble échapper aux lois de la nature. 2 Qui ne paraît pas naturel, qui tient du prodige ; extraordinaire.

surnom *nm* Nom donné à qqn en plus de son nom véritable ; sobriquet.

surnombre *nm Loc En surnombre :* en excédent, en surplus.

surnommer *vt* Donner un surnom à qqn.

surnuméraire *a, n* En surnombre.

suroît *nm* MAR 1 Vent de sud-ouest. 2 Chapeau imperméable qui descend bas sur la nuque.

surpassement *nm* Litt Fait de se surpasser.

surpasser *vt* Être supérieur à, l'emporter sur. ■ *vpr* Faire mieux qu'à l'ordinaire.

surpâturage *nm* Exploitation excessive d'un pâturage.

surpayer *vt* [20] Payer, acheter trop cher.

surpêche *nf* Exploitation excessive des fonds.

surpeuplé, ée *a* Où la population est trop nombreuse.

surpeuplement *nm* État d'une région surpeuplée.

surpiqûre *nf* Piqûre apparente sur un tissu.

surplace *nm Loc Faire du surplace :* ne pas avancer.

surplis *nm* Tunique blanche plissée, portée par les prêtres et les enfants de chœur.

surplomb *nm* Partie d'un bâtiment qui est en saillie par rapport à sa base. *Loc En surplomb :* dont le haut forme une saillie.

surplomber *vi* Former un surplomb. ■ *vt* Dominer en formant une saillie au-dessus de. *La falaise surplombe la plage.*

surplus *nm* 1 Ce qui dépasse une quantité fixée. 2 Stock de produits invendus cédés à bas prix. *Loc Au surplus :* au reste, d'ailleurs.

surpopulation *nf* Population excessive relativement aux possibilités économiques.

surprenant, ante *a* Étonnant.

surprendre *vt* [70] 1 Prendre qqn sur le fait. *Surprendre un voleur.* 2 Arriver sur qqn inopinément. *L'orage les a surpris.* 3 Étonner. *Tu me surprends en disant cela. Loc Surprendre un secret :* le découvrir. Litt *Surprendre la bonne foi de qqn :* le tromper.

surpression *nf* Pression plus élevée que la normale.

surprime *nf* Prime supplémentaire demandée par une assurance.

surprise *nf* 1 Étonnement. 2 Chose qui surprend ; cadeau, plaisir inattendu. *Loc Par surprise :* en prenant au dépourvu.

surprise-partie *nf* Réunion dansante privée pour jeunes gens. *Des surprises-parties.*

surproduction *nf* Production trop forte par rapport aux besoins.

surproduire *vt* [67] Produire en excès.

surprotéger *vt* [13] PSYCHO Protéger qqn de façon excessive.

surréalisme *nm* Mouvement littéraire et artistique du début du XXe s visant à libérer l'expression poétique de la logique et des valeurs morales et sociales de l'époque.

surréaliste *a, n* Qui relève du surréalisme. ■ *a* Qui évoque le surréalisme par son caractère bizarre, incongru.

surréel, elle *a* Litt Qui se situe au-delà du réel.

surremise *nf* Remise supplémentaire accordée en cas d'achats importants.

surrénal, ale, aux *a, nf* ANAT Se dit des glandes endocrines qui coiffent les reins et sécrètent l'adrénaline.

sursalaire *nm* Supplément au salaire.

sursaturation *nf* PHYS État sursaturé.

sursaturer *vt* PHYS Saturer au-delà de la normale.

sursaut *nm* 1 Mouvement brusque du corps. 2 Nouvel élan qui survient brusquement. *Un sursaut d'énergie. Loc En sursaut :* avec une soudaineté brutale.

sursauter *vi* Avoir un sursaut, tressaillir violemment.

surseoir *vti* [40] DR Remettre à plus tard, différer. *Surseoir à une exécution.*

sursis *nm* 1 DR Suspension de l'exécution d'une peine. 2 Délai à l'exécution d'une obligation ; ajournement d'une décision.

sursitaire *a, n* Qui a obtenu un sursis.

surtaxe *nf* Taxe supplémentaire.

surtaxer *vt* Frapper d'une surtaxe.

surtension *nf* ELECTR Tension trop élevée.

surtitre *nm* Dans un journal, titre complémentaire placé au-dessus du titre d'un article.

surtout *av* Principalement, plus que toute autre chose. *Loc Fam Surtout que :* d'autant plus que.

surveillance *nf* Action de surveiller ; fait d'être surveillé.

surveillant, ante *n* Qui a pour fonction de surveiller.

surveiller *vt* 1 Observer attentivement pour contrôler, vérifier, éviter les dangers, les agressions. 2 Veiller à ce qu'on fait, ce qu'on dit. *Surveiller ses paroles, sa conduite.*

survenir *vi* [35] [aux être] Arriver de façon imprévue, brusquement.

survenue *nf* Litt Fait de survenir.

survêtement *nm* Vêtement chaud qu'on met par-dessus une tenue de sport.

survie *nf* Fait de survivre.

survirage *nm* Action de survirer.

survirer *vi* Déraper des roues arrière dans un virage.

survitrage *nm* Vitre supplémentaire isolant du bruit ou du froid.

survivance *nf* Persistance de ce que l'évolution aurait pu faire disparaître.

survivant, ante *n, a* Qui survit.

survivre *vti* [76] 1 Demeurer en vie après la mort de qqn, après la fin de qqch. *Survivre à ses enfants.* 2 Continuer d'exister. *Ses œuvres lui survivront longtemps.* ■ *vti, vi* Rester en vie après un danger. *Survivre à un accident.*

survol *nm* Fait de survoler.

survoler *vt* 1 Voler au-dessus de. *L'appareil survole Madrid.* 2 Voir superficiellement. *Survoler un problème.*

survoltage *nm* Fait d'être survolté.

survolter *vt* 1 ELECTR Soumettre à une tension supérieure à la normale. 2 Surexciter.

sus *av Loc En sus (de) :* en plus (de). Litt *Courir sus à qqn :* le poursuivre avec violence.

susceptibilité *nf* Caractère de qqn qui s'offense facilement.

susceptible *a* **1** Qui se froisse, s'offense facilement. **2** Qui peut présenter certaines qualités. *Une affirmation susceptible de plusieurs interprétations.* **3** Éventuellement capable de. *Est-il susceptible de vous remplacer ?*

susciter *vt* Faire naître, provoquer. *Susciter l'enthousiasme. Susciter un scandale.*

suscription *nf* Adresse écrite sur l'enveloppe d'une lettre.

susdit, ite *a, n* Indiqué, cité ci-dessus.

sushi [suʃi] *nm* Boulette de riz couronnée de poisson cru.

susmentionné, ée *a* Mentionné ci-dessus.

susnommé, ée *a, n* Nommé plus haut.

suspect, ecte [syspɛ, ɛkt] *a, n* **1** Qui inspire la méfiance, éveille les soupçons. **2** Qui est soupçonné de. *Être suspect de trahison.* **3** D'une qualité douteuse. *Une viande suspecte.*

suspecter *vt* Soupçonner, tenir pour suspect.

suspendre *vt* [5] **1** Attacher de manière à laisser pendre. *Suspendre une lampe au plafond.* **2** Interrompre momentanément le cours de ; remettre à plus tard. *Suspendre des travaux, une séance.* **3** Interdire momentanément l'usage, l'exercice, l'action de. *Suspendre une loi, un permis de conduire.* **4** Démettre momentanément qqn d'une fonction.

suspendu, ue *a* **Loc** *Pont suspendu :* dont le tablier ne repose pas sur des piles. *Voiture bien, mal suspendue :* dont la suspension est bonne, mauvaise.

suspens (en) [-pɑ] *av* **1** Qui n'a pas encore été réglé. **2** Dans l'indécision.

suspense [-pɛns] *nm* Dans un film, un roman, passage agencé en vue de tenir l'esprit dans une attente anxieuse.

suspensif, ive *a* DR Qui interrompt le cours d'une décision de justice.

suspension *nf* **1** Action de suspendre ; état d'une chose suspendue. **2** Appareil d'éclairage suspendu au plafond. **3** CHIM Dispersion de fines particules dans un liquide. **4** Dispositif situé entre le châssis et les roues d'un véhicule pour atténuer les trépidations. **5** Interruption. *Suspension de séance.* **6** Fait de retirer les fonctions à un fonctionnaire.

suspente *nf* Chacun des cordages réunissant la nacelle d'un ballon au filet, ou la voilure d'un parachute au harnais.

suspicieux, euse *a* Litt Rempli de suspicion.

suspicion *nf* Fait de tenir pour suspect ; défiance. **Loc** DR *Suspicion légitime :* demande de renvoi d'un procès devant un autre tribunal, en invoquant la partialité.

sustentation *nf* Fait pour un appareil de se maintenir en l'air.

sustenter (se) *vpr* Se nourrir.

susurrement *nm* Murmure.

susurrer *vi, vt* Dire doucement, à voix basse.

susvisé, ée *a* DR Visé ci-dessus.

sutra ou **soutra** *nm* Recueil de préceptes, concernant les règles de la morale, du rituel, etc., dans le bouddhisme ou le brahmanisme.

suture *nf* CHIR Réunion à l'aide de fils des lèvres d'une plaie.

suturer *vt* CHIR Réunir par une suture.

suzerain, aine *n* FÉOD Seigneur dont dépendaient des vassaux.

suzeraineté *nf* **1** FÉOD Qualité de suzerain ; pouvoir suzerain. **2** Autorité d'un État sur un autre.

svastika *nm* Croix gammée, symbole sacré de l'Inde.

svelte *a* Qui a un aspect mince, élancé.

sveltesse *nf* Caractère svelte.

S.V.P. Abrév de *s'il vous plaît.*

swahili, ie ou **souahéli, ie** *a, nm* Langue bantoue parlée en Afrique orientale.

swap *nm* FIN Échange de monnaie entre deux banques.

sweater [swetœʀ] *nm* Veste de jersey.

sweat-shirt [swetʃœʀt] *nm* Pull-over en jersey molletonné, ras du cou. *Des sweat-shirts.*

sweepstake [swipstɛk] *nm* Loterie combinée à une course de chevaux.

swing [swiŋ] *nm* **1** À la boxe, coup de poing porté latéralement. **2** Au golf, balancement du tronc qui accompagne la frappe de la balle. **3** Balancement rythmique caractéristique du jazz.

sybarite *a, n* Litt Qui mène une vie voluptueuse.

sycomore *nm* Érable à fleurs pendantes.

sycophante *nm* ANTIQ Dénonciateur patenté.

syénite *nf* Roche magmatique grenue.

syllabaire *nm* **1** Livre destiné à l'apprentissage de la lecture. **2** LING Système d'écriture où chaque signe note une syllabe.

syllabation *nf* Lecture des mots en les divisant par syllabes.

syllabe *nf* Unité phonétique qui se prononce d'une seule émission de voix.

syllabique *a* De la syllabe. **Loc** *Écriture syllabique :* dans laquelle chaque syllabe est représentée par un caractère.

syllabisme *nm* Écriture syllabique.

syllepse *nf* GRAM Accord d'un mot selon le sens plutôt que selon les règles grammaticales.

syllogisme *nm* Déduction formelle entre trois propositions logiquement impliquées (ex. : *tous les hommes sont mortels ; or, Socrate est un homme ; donc Socrate est mortel*).

syllogistique *a* Du syllogisme.

sylphe *nm* MYTH Génie de l'air.

sylphide *nf* **1** MYTH Sylphe féminin. **2** Litt Femme très gracieuse.

sylvaner *nm* Cépage blanc d'Alsace.

sylve *nf* Forêt dense équatoriale.

sylvestre *a* Litt Relatif aux bois, aux forêts.

sylvicole *a* De la sylviculture.

sylviculteur *nm* Qui pratique la sylviculture.

sylviculture *nf* Exploitation des forêts, culture des arbres.

symbiose *nf* **1** BIOL Association de deux êtres vivants d'espèces différentes. **2** Union étroite.

symbiotique *a* BIOL De la symbiose.

symbole *nm* **1** Représentation figurée, imagée, concrète d'une notion abstraite. **2** Signe conventionnel abréviatif. *Symbole chimique, mathématique.*

symbolique *a* **1** Qui constitue un symbole. **2** Qui n'a pas de valeur en soi. *Geste symbolique.* ■ *nf* Ensemble des symboles propres à une culture, une époque, etc.

symboliquement *av* De façon symbolique.

symbolisation *nf* Action de symboliser.

symboliser *vt* **1** Représenter par des symboles. **2** Être le symbole de.

symbolisme *nm* **1** Système de symboles destinés à rappeler des faits ou à exprimer des croyances. **2** Mouvement littéraire et artistique de la fin du XIXe s.

symboliste *a, n* Qui relève du symbolisme littéraire ou artistique.

symétrie nf 1 Régularité et harmonie dans l'ordonnance des parties d'un tout. 2 GEOM Similitude des deux moitiés d'un espace de part et d'autre d'un axe.

symétrique a, nm Qui présente une certaine symétrie avec qqch de semblable et d'opposé.

symétriquement av Avec symétrie.

sympa a Fam Sympathique.

sympathectomie nf CHIR Section de nerfs ou de ganglions sympathiques.

sympathie nf 1 Part qu'on prend aux peines et aux plaisirs d'autrui. 2 Sentiment spontané d'attraction à l'égard de qqn. *Éprouver une vive sympathie pour qqn.*

sympathique a 1 Qui inspire la sympathie. 2 Très agréable. *Endroit sympathique.* ■ nm, a ANAT Partie du système nerveux dont dépendent les fonctions végétatives.

sympathisant, ante a, n Qui, sans adhérer à un parti, en partage les idées.

sympathiser vi Éprouver une sympathie pour qqn, s'entendre avec lui.

sympatholytique a, nm MED Qui inhibe le système nerveux sympathique.

sympathomimétique a, nm MED Qui stimule le système nerveux sympathique.

symphonie nm 1 MUS Composition pour un grand orchestre. 2 Ensemble harmonieux. *Symphonie de couleurs.*

symphonique a MUS Relatif à une symphonie.

symphoniste n MUS Exécutant, compositeur d'une symphonie.

symphyse nf ANAT Articulation fibreuse peu mobile réunissant deux os.

symposium [-zjɔm] nm Réunion de spécialistes sur un sujet précis.

symptomatique a 1 MED Qui est le symptôme d'une maladie. 2 Qui est l'indice de qqch.

symptomatologie nf MED Étude des symptômes des maladies.

symptôme nm 1 Phénomène physiologique qui révèle un état pathologique. 2 Indice, présage, signe. *Les symptômes d'une révolution.*

synagogue nf Lieu de culte israélite.

synapse nf ANAT Zone de contact entre deux neurones.

synaptique a D'une synapse.

synarchie nf Autorité détenue par plusieurs personnes à la fois.

synchrone a Qui se fait dans le même temps.

synchronie nf 1 Ensemble des faits de langue à une époque précise (par oppos. à diachronie). 2 Simultanéité d'événements.

synchronique a Qui a lieu dans le même temps, à la même époque.

synchroniquement av De façon synchronique.

synchronisation nf Fait de synchroniser, d'être synchronisé.

synchroniser vt 1 Rendre synchrones deux phénomènes. 2 Mettre en concordance les images et les sons dans un film.

synchroniseur nm Appareil servant à synchroniser.

synchronisme nm 1 Caractère synchrone. 2 Caractère synchronique.

synchrotron nm PHYS Accélérateur de particules.

synclinal, aux nm GEOL Partie concave d'un pli simple. Ant. anticlinal.

syncope nf 1 Suspension subite des battements du cœur, avec perte de connaissance. 2 MUS Élément sonore accentué sur un temps faible, et prolongé sur un temps fort.

syncopé, ée a MUS Qui comporte de fréquentes syncopes.

syncrétique a Du syncrétisme.

syncrétisme nm Combinaison de plusieurs systèmes de pensée, de plusieurs doctrines.

syndic nm DR Mandataire chargé de représenter les intérêts d'un groupe, en particulier de copropriétaires.

syndical, ale, aux a D'un syndicat ou du syndicalisme.

syndicalisation nf Action de syndicaliser.

syndicaliser vt Organiser des travailleurs en un syndicat.

syndicalisme nm Activité des syndicats de salariés ; fait de militer dans un syndicat.

syndicaliste n Qui milite dans un syndicat.

syndicat nm Association de personnes ayant pour but la défense d'intérêts communs, spécialement dans le domaine professionnel. Loc *Syndicat d'initiative :* organisme chargé du tourisme dans une commune ou une région.

syndicataire n Membre d'un syndicat de propriétaires.

syndication nf Groupement de banques pour une opération financière.

syndiqué, ée a, n Qui appartient à un syndicat de salariés.

syndiquer vt Organiser en syndicat. ■ vpr S'inscrire à un syndicat.

syndrome nm Ensemble de symptômes caractérisant un état pathologique.

synecdoque nf Figure de style consistant à prendre la partie pour le tout (ex. : *un toit* pour *une maison*), le contenant pour le contenu (ex. : *boire un verre*), etc.

synergie nf Didac Action d'éléments qui concourent au même résultat en se renforçant les uns les autres.

synergique a D'une synergie.

syngnathe nm Poisson marin au museau allongé.

synodal, ale, aux a D'un synode.

synode nm Assemblée ecclésiastique.

synodique a Loc ASTRO *Révolution synodique :* durée comprise entre deux passages consécutifs d'une planète à un même point.

synonyme a, nm Qui a un sens identique ou très voisin (par ex. : *captif* et *prisonnier*).

synonymie nf LING Relation qui existe entre deux synonymes.

synopsis [-psis] nm Récit bref constituant le schéma d'un scénario.

synoptique a Qui permet de saisir d'un seul coup d'œil les diverses parties d'un ensemble. *Tableau synoptique.*

synovial, ale, aux a ANAT De la synovie. ■ nf Membrane des cavités articulaires sécrétant la synovie.

synovie nf ANAT Liquide organique jouant un rôle de lubrifiant dans les articulations.

synovite nf Inflammation d'une synoviale.

syntacticien, enne a Spécialiste de syntaxe.

syntagme nm LING Groupe de mots formant une unité fonctionnelle dans une phrase. *Syntagme verbal, nominal.*

syntaxe *nf* Partie de la grammaire qui étudie les règles régissant les relations entre les mots ou les syntagmes à l'intérieur d'une phrase.

syntaxique *a* De la syntaxe.

synthèse *nf* 1 Méthode qui consiste à regrouper des faits épars et à les structurer en un tout. 2 Exposé méthodique. *Faire une rapide synthèse de la situation.* 3 CHIM Action de combiner des corps pour obtenir des corps plus complexes. 4 Reconstitution des sons à partir de leurs constituants (fréquence, durée). 5 PHILO Troisième temps et conclusion du raisonnement dialectique (thèse, antithèse, synthèse).

synthétique *a* Qui réalise une synthèse. ■ *a, nm* Obtenu par synthèse de composés chimiques. *Le nylon, fibre textile synthétique.*

synthétiser *vt* Réunir, obtenir par synthèse.

synthétiseur *nm* Appareil électronique réalisant la synthèse des sons.

syphilis *nf* Maladie vénérienne contagieuse.

syphilitique *a, n* Atteint de syphilis.

syrah *nf* Cépage rouge du sud de la France.

syriaque *nm, a* Langue sémitique ancienne.

syrien, enne *a, n* De Syrie.

syrinx *nf* ZOOL Organe du chant chez les oiseaux.

systématique *a* 1 Méthodique et rigoureux. 2 Qui dénote un esprit de système. *Opposition systématique.* ■ *nf* 1 Science de la classification des êtres vivants. 2 Ensemble de faits organisés selon un système.

systématiquement *av* De façon systématique.

systématisation *nf* Action de systématiser.

systématiser *vt* Organiser des éléments en système.

système *nm* 1 Ensemble cohérent de notions, de principes liés logiquement. 2 Ensemble organisé de règles, de moyens tendant à une même fin. *Système économique. Système pénitentiaire.* 3 Mode de gouvernement. *Système républicain.* 4 Organisation sociale considérée comme aliénante. *Être prisonnier du système.* 5 Fam Moyen ingénieux. 6 Ensemble d'éléments remplissant une même fonction. *Système de transmission.* Loc Fam *Porter, taper sur le système :* agacer, irriter. *Esprit de système :* parti pris, idées préconçues. *Système d'exploitation :* programme assurant la gestion d'un ordinateur et de ses périphériques.

systémique *a* Didac D'un système considéré dans son ensemble.

systole *nf* Phase de contraction du cœur.

systolique *a* De la systole.

syzygie *nf* ASTRO Conjonction ou opposition de la Lune avec le Soleil.

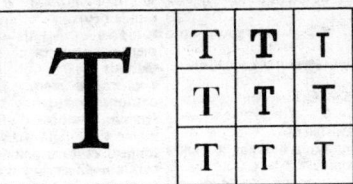

t *nm* Vingtième lettre (consonne) de l'alphabet.

ta. V. ton.

tabac [-ba] *nm* 1 Plante dont on fume les feuilles séchées, riches en nicotine. 2 Commerce où l'on vend des cigarettes, des cigares, du tabac. *Loc Fam Passer qqn à tabac :* le rouer de coups. *Coup de tabac :* grain, tempête. *Fam Faire un tabac :* remporter un grand succès. *Fam C'est le même tabac :* la même chose.

tabagie *nf* Lieu rempli de fumée de tabac.

tabagisme *nm* Intoxication chronique due à l'abus de tabac.

tabassage *nm* Fam Action de tabasser.

tabasser *vt* Fam Frapper qqn à coups violents.

tabatière *nf* Petite boîte pour le tabac à priser. *Loc Fenêtre à tabatière :* qui pivote autour de son montant supérieur sur un toit.

tabellion *nm* Vx Notaire.

tabernacle *nm* RELIG Petit coffre placé sur l'autel et abritant les hosties consacrées.

tabès *nm* MED Manifestation neurologique de la syphilis (ataxie, douleurs violentes).

tabla *nm* Petit tambour indien.

tablature *nf* MUS Notation de la musique propre à certains instruments.

table *nf* 1 Meuble formé d'une surface plane posée sur un ou plusieurs pieds. 2 Meuble de ce type destiné à prendre les repas. 3 Mets servi au cours d'un repas. 4 Surface plane de marbre, de métal ; partie plate d'une machine. 5 Tableau, panneau présentant des données ; recueil de données. *Table des matières. Table de multiplication. Loc Table ronde :* réunion de négociation. *Tour de table :* réunion d'investisseurs. *Faire table rase de qqch :* le rejeter totalement.

tableau *nm* 1 Ouvrage de peinture exécuté sur un panneau de bois, sur une toile, etc. 2 Spectacle qui attire le regard. *Un charmant tableau.* 3 Représentation, évocation par un récit. 4 Au théâtre, subdivision d'un acte correspondant à un changement de décor. 5 Panneau sur lequel on écrit à la craie, dans une classe. 6 Panneau servant à afficher des renseignements. 7 Panneau où sont regroupés des appareils de mesure. *Tableau de bord d'un véhicule.* 8 Liste des personnes composant un corps. *Tableau d'avancement.* 9 Ensemble de renseignements rangés méthodiquement. *Tableau chronologique. Loc Tableau de chasse :* ensemble des animaux abattus.

tableautin *nm* Petit tableau.

tablée *nf* Réunion de personnes assises autour d'une table pour un repas.

tabler *vti* Compter, faire fond sur qqch.

tablette *nf* 1 Petite planche, petite plaque disposée pour recevoir des objets. 2 Aliment présenté sous la forme d'une plaquette. *Une tablette de chocolat.* ■ *pl Loc Mettre sur ses tablettes :* noter. *Rayer de ses tablettes :* exclure.

tabletterie *nf* Petits objets d'ivoire, de bois.

tableur *nm* INFORM Logiciel permettant une partition de l'écran pour l'affichage de calculs.

tablier *nm* 1 Vêtement pour préserver ses vêtements en travaillant. *Tablier de forgeron.* 2 Rideau métallique qui ferme l'ouverture d'une cheminée. 3 Partie horizontale d'un pont. *Loc Fam Rendre son tablier :* démissionner.

tabloïd *nm* Format de journal plus petit que le format habituel, souvent utilisé pour la presse populaire.

tabou, oue *a. nm* 1 Frappé d'un interdit religieux ou rituel. 2 Dont on ne doit pas parler. *Un sujet tabou.*

taboulé *nm* Hors-d'œuvre à base de blé concassé et de légumes hachés.

tabouret *nm* Petit siège à pieds sans bras ni dossier.

tabulaire *a* En forme de table ; plat.

tabulateur *nm* Dispositif d'une machine de bureau qui permet d'aligner des caractères sur une même colonne.

tac *nm Loc Répondre du tac au tac :* rendre aussitôt la pareille.

tache *nf* 1 Salissure, marque qui salit. 2 Ce qui souille l'honneur de qqn. *Une réputation sans tache.* 3 Marque sur la peau, le poil ou le plumage d'un être vivant. 4 Marque quelconque de couleur ou de lumière. *Loc Faire tache d'huile :* se répandre.

tâche *nf* 1 Ouvrage qui doit être exécuté dans un temps donné. 2 Obligation à remplir par devoir. *Loc À la tâche :* en fonction du travail accompli.

tacher *vt* Faire une tache sur qqch. *Tacher sa robe.* ■ *vpr* Se salir.

tâcher *vti, vt* Faire des efforts pour, faire en sorte que. *Tâcher de donner satisfaction. Tâchez qu'il réussisse.*

tâcheron *nm* Qui exécute sur commande des tâches ingrates.

tacheter *vt* [19] Marquer de multiples petites taches.

tachisme *nm* Mouvement pictural non figuratif des années 1950.

tachycardie [-ki-] *nf* MED Accélération du rythme cardiaque.

tachygraphe ou **tachymètre** [-ki-] *nm* Enregistreur de vitesse.

tacite *a* Non formellement exprimé ; sous-entendu.

tacitement *av* De façon tacite.

taciturne *a* De nature ou d'humeur à parler peu.

tacle *nm* Au football, manière de bloquer l'adversaire avec le pied.

tacot *nm* Fam Vieille voiture.

tact *nm* **1** PHYSIOL Sens du toucher. **2** Délicatesse dans les rapports avec autrui.

tacticien, enne *n* Qui manœuvre habilement.

tactile *a* PHYSIOL Du toucher.

tactique *nf* **1** MILIT Art de conduire une opération militaire limitée. **2** Moyens qu'on emploie pour atteindre un objectif. ■ *a* De la tactique. *Opération tactique.*

tactiquement *av* Sur le plan tactique.

tadjik *a, n* Du Tadjikistan. ■ *nm* Forme du persan parlée au Tadjikistan.

tadorne *nm* Sorte de canard migrateur.

taekwondo *nm* Sport de combat coréen.

tael [tael] *nm* Ancienne monnaie chinoise.

taffetas *nm* Étoffe de soie mince.

tafia *nm* Eau-de-vie de canne à sucre.

tag *nm* Graffiti figurant une signature.

tagalog ou **tagal** *nm* Langue des Philippines.

tagine. V. tajine.

tagliatelle [talja-] *nf* Pâte alimentaire en forme de lamelles longues et minces.

tagueur *nm* Qui peint des tags sur les murs.

tahitien, enne *a, n* De Tahiti.

taïchi ou **taï-chi-chuan** *nm inv* Gymnastique chinoise.

taie *nf* **1** Enveloppe de tissu d'un oreiller. **2** MED Tache sur la cornée.

taïga *nf* Forêt de conifères des régions froides.

taillable *a* HIST Sujet à l'impôt de la taille.

taillader *vt* Faire des entailles dans.

taillanderie *nf* Vx Industrie du taillandier.

taillandier, ère *n* Vx Fabricant d'outils pour couper, tailler.

taille *nf* **1** Action de couper, de tailler ; manière d'être taillé, incision. *Taille d'une pierre.* **2** Dimensions, hauteur du corps de l'homme ou des animaux ; stature. **3** Dimensions d'un objet, d'un vêtement ; format. *Des grêlons de la taille d'un œuf.* **4** Partie du corps humain située à la jonction de l'abdomen et du thorax ; partie du vêtement qui marque cette partie. **5** HIST Impôt direct sur les roturiers. Loc *Être de taille à :* capable de. *De taille :* important. *Pierre de taille :* préparée pour la construction.

taillé, ée *a* Qui a une certaine stature. *Être taillé en hercule.* Loc *Taillé pour :* fait pour, capable de.

taille-crayon *nm* Petit instrument pour tailler les crayons. *Des taille-crayons.*

taille-douce *nf* Gravure faite au burin sur une plaque en cuivre. *Des tailles-douces.*

tailler *vt* **1** Couper, retrancher qqch d'une pièce, d'un objet pour lui donner une certaine forme. **2** Couper dans l'étoffe les morceaux qui formeront un vêtement. Loc *Tailler en pièces :* anéantir, vaincre. ■ *vpr* **1** Prendre, obtenir pour soi. *Il s'est taillé un vif succès.* **2** Pop Partir rapidement.

taillerie *nf* Art de tailler les cristaux et les pierres précieuses.

tailleur *nm* **1** Qui taille un objet, un matériau. *Tailleur de pierre.* **2** Qui confectionne des costumes masculins sur mesure. **3** Costume féminin, composé d'une jupe et d'une veste du même tissu. Loc *Assis en tailleur :* les jambes repliées et les genoux écartés.

taillis *nm* Très jeunes arbres poussés après une taille dans un bois.

tailloir *nm* ARCHI Partie supérieure du chapiteau d'une colonne.

tain *nm* Amalgame d'étain dont on revêt l'envers d'une glace pour qu'elle réfléchisse la lumière.

taire *vt* [68] Ne pas dire, ne pas exprimer. ■ *vpr* **1** Garder le silence. **2** Cesser de se faire entendre. *Les canons se sont tus.* Loc *Faire taire :* imposer le silence, empêcher de se manifester.

taiwanais, aise [taj-] *a, n* De Taiwan.

tajine ou **tagine** *nm* Ragoût de mouton cuit à l'étouffée.

talc *nm* Poudre blanche issue d'un minéral et utilisée pour les soins de la peau.

talent *nm* **1** Disposition, aptitude naturelle ou acquise. **2** Aptitude remarquable. *Avoir du talent.* **3** Personne qui excelle en son genre.

talentueux, euse *a* Qui a beaucoup de talent.

taler *vt* Meurtrir un fruit.

taleth *nm* Châle dont les juifs se couvrent les épaules pour la prière.

talion *nm* Loc *Loi du talion :* code exigeant un châtiment égal au tort subi.

talisman *nm* Objet marqué de signes consacrés, auquel on attribue des vertus magiques.

talitre *nm* Puce de mer.

talkie-walkie [tokiwoki] *nm* Émetteur et récepteur portatif, de faible portée. *Des talkies-walkies.*

talk-show [tokʃo] *nm* Émission télévisée rassemblant des personnalités venues discuter d'un sujet déterminé. *Des talk-shows.*

talle *nf* BOT Tige adventive au pied d'une tige principale.

talmudique *a* Du Talmud.

talmudiste *nm* Savant versé dans le Talmud.

taloche *nf* **1** Planchette utilisée pour l'exécution des enduits. **2** Fam Gifle.

talon *nm* **1** Partie postérieure du pied. **2** Partie d'une chaussure, d'un bas dans laquelle se loge le talon. **3** Partie inamovible d'un chéquier, d'un carnet à souches. **4** Ce qui reste d'une chose entamée. *Un talon de saucisson.* **5** Ce qui reste de cartes après la distribution à chaque joueur. Loc *Sur les talons de qqn :* tout près. *Tourner les talons :* s'enfuir. *Talon d'Achille :* côté faible, vulnérable de qqn. Fam *Avoir l'estomac dans les talons :* avoir très faim.

talonnade *nf* Action de frapper le ballon avec son talon.

talonnement *nm* Harcèlement.

talonner *vt* **1** Suivre, poursuivre qqn de très près. **2** Presser sans répit, harceler. **3** Au rugby, sortir le ballon d'une mêlée à coups de talon. ■ *vi* MAR Heurter le fond (bateau).

talonnette *nf* **1** Petite plaque de liège dans une chaussure. **2** Ruban de tissu cousu au bas d'un pantalon.

talonneur *nm* Au rugby, avant chargé de talonner le ballon.

talquer *vt* Enduire de talc.

talus *nm* **1** Terrain en pente formant le côté d'un fossé, etc. **2** Pente donnée à des élévations de terre.

talweg [-veg] *nm* GÉOGR Ligne qui joint les points les plus bas d'une vallée.

tamanoir *nm* Fourmilier d'Amérique du Sud.

tamarin *nm* **1** Petit singe à longue queue. **2** Fruit laxatif du tamarinier.

tamarinier *nm* Grand arbre cultivé dans les régions chaudes pour ses fruits.

tamaris [-ris] *nm* Arbuste ornemental à petites fleurs roses.

tamazigh ou **tamazirt** *nm* Langue berbère parlée en Algérie et au Maroc.

tambouille *nf* Loc *Fam Faire la tambouille :* faire la cuisine.

tambour *nm* **1** Instrument formé d'une caisse tendue de deux peaux qu'on fait résonner avec des baguettes. **2** Personne qui bat du tambour. **3** Pièce de forme cylindrique. *Tambour d'un treuil.* **4** Portes vitrées tournant autour d'un même axe. Loc *Tambour battant :* avec vivacité. *Frein à tambour :* dans lequel les garnitures s'appliquent contre une partie cylindrique, solidaire de la roue.

tambourin *nm* Tambour allongé qu'on bat d'une seule baguette.

tambourinage *nm* Action de tambouriner.

tambourinaire *n* Joueur de tambourin.

tambourinement *nm* Roulement de tambour.

tambouriner *vi* Frapper sur qqch à coups répétés. ■ *vt* Annoncer à grand bruit.

tambourineur, euse *n* Qui joue du tambour, du tam-tam.

tambour-major *nm* Sous-officier, chef des tambours d'un régiment. *Des tambours-majors.*

tamil. V. tamoul.

tamis *nm* **1** Instrument pour trier des matières pulvérulentes ou passer des liquides épais. **2** Cordage d'une raquette de tennis.

tamisage *nm* Action de tamiser.

tamiser *vt* **1** Faire passer dans un tamis. *Tamiser du sable.* **2** Laisser passer en adoucissant. *Tamiser la lumière.*

tamoul, oule ou **tamil, ile** *a* Des Tamouls. ■ *nm* Langue dravidienne du sud de l'Inde et du Sri Lanka.

tamouré *nm* Danse de Polynésie.

tampon *nm* **1** Masse de matière souple comprimée, servant à boucher. **2** Morceau d'ouate, de gaze pour étancher le sang. **3** Plaque de caoutchouc gravée, qui, imprégnée d'encre, sert à imprimer un timbre administratif, un cachet ; ce timbre lui-même. **4** Pièce de bois placée dans le trou d'un mur pour y enfoncer une vis. **5** Disque métallique placé à l'avant et à l'arrière d'une voiture de chemin de fer pour amortir les chocs. Loc *État tampon :* placé entre deux États en conflit. *Servir de tampon :* chercher à éviter l'affrontement de deux adversaires.

tamponnage *nm* Action de tamponner un trou, une plaie, etc.

tamponnement *nm* Heurt violent entre véhicules.

tamponner *vt* **1** Boucher avec un tampon. **2** Placer un tampon dans un mur. **3** Heurter violemment. **4** Étancher avec un tampon d'ouate. **5** Apposer un cachet sur. *Tamponner une carte.* ■ *vpr* Se heurter violemment (véhicules). Loc Pop *S'en tamponner :* s'en moquer.

tamponneur, euse *a* Loc *Autos tamponneuses :* petites voitures de fête foraine, qui se heurtent sur une piste.

tamponnoir *nm* Pointe d'acier servant à percer les murs, pour y loger une cheville.

tam-tam [tamtam] *nm* **1** Gong chinois. **2** Tambour africain. **3** Fam Bruit, tapage, publicité tapageuse. *Des tam-tams.*

tan *nm* Écorce de chêne séchée et pulvérisée, employée pour le tannage.

tanagra *nm* ou *nf* Statuette de terre cuite représentant une jeune femme.

tancer *vt* [10] Litt Réprimander.

tanche *nf* Poisson d'eau douce.

tandem *nm* **1** Bicyclette à deux places. **2** Association de deux personnes travaillant ensemble.

tandis que [-di] *conj* **1** Pendant le temps que. **2** Au lieu que.

tandoori [-duri] *nm* CUIS Morceaux de viande marinés et rôtis dans un four spécial.

tangage *nm* Oscillation d'un navire d'avant arrière. Ant. roulis.

tangelo *nm* Hybride du pomelo et de la mandarine.

tangence *nf* GÉOM Position de ce qui est tangent.

tangent, ente *a* **1** GÉOM Qui n'a qu'un point de contact avec une ligne, une surface. **2** Fam Qui se produit de justesse. ■ *nf* **1** MATH Quotient du sinus d'un arc par son cosinus. **2** Fam Surveillant d'un examen. Loc Fam *Prendre la tangente :* s'esquiver habilement.

tangentiel, elle *a* GÉOM De la tangente.

tangerine *nf* Hybride du mandarinier et du citronnier.

tangible *a* **1** Qui peut être perçu par le toucher. **2** Évident, manifeste.

tango *nm* Danse argentine, sur un rythme à deux temps. ■ *a inv* Rouge orangé vif.

tanguer *vi* Être animé d'un mouvement de tangage.

tanière *nf* Abri d'une bête carnivore.

tanin ou **tannin** *nm* Substance astringente, abondante dans l'écorce de certains arbres, utilisée pour rendre les peaux imputrescibles.

tank *nm* **1** Grand réservoir. **2** Char de combat.

tanka *nm* Au Tibet, bannière peinte à représentation religieuse.

tanker [-kœr] *nm* Pétrolier.

tankiste *nm* Membre de l'équipage d'un tank.

tannage *nm* Transformation des peaux en cuir.

tannant, ante *a* Fam Qui ennuie, importune.

tanné, ée *a* **1** Qui a été tanné. *Peaux tannées.* **2** Brun clair ; hâlé. *Visage tanné.* ■ *nf* Pop Volée de coups.

tanner *vt* **1** Préparer les peaux avec du tanin. **2** Fam Lasser, agacer.

tannerie *nf* Lieu où l'on tanne les peaux.

tanneur, euse *n* Qui tanne ou vend des cuirs.

tannin. V. tanin.

tannique *a* Qui contient du tanin.

tansad *nm* Deuxième siège d'une motocyclette, derrière la selle.

tant av 1 Tellement. *Il a tant mangé! Il a tant de peine.* 2 Quantité non précisée. *Son bien se monte à tant.* Loc *Tant que...* : autant que. Fam *Tant que ça* : tellement. Fam *Tant qu'à* (+ inf) : puisqu'il est nécessaire de. *Tant mieux, tant pis* : marque la satisfaction ; le regret, le dépit. *Tant bien que mal* : ni bien ni mal. *Tant soit peu* : si peu que ce soit. *Tant s'en faut que* (+ subj) : il est très peu probable. *Si tant est que* : à supposer que. *En tant que* : dans la mesure où ; en qualité de.

tantale nm Métal lourd, peu fusible.

tante nf 1 Sœur du père ou de la mère, femme de l'oncle. 2 Pop Homosexuel.

tantième nm Part proportionnelle sur une quantité déterminée.

tantinet nm Loc Fam *Un tantinet* : un peu.

tantôt av Fam Cet après-midi. Loc *Tantôt... tantôt* : marque une alternance.

tantra nm Texte sacré des hindous.

tantrisme nm Croyances issues de l'hindouisme et du bouddhisme.

tanzanien, enne a, n De la Tanzanie.

taoïsme nm Religion de la Chine.

taoïste a, n Qui relève du taoïsme.

taon [tɑ̃] nm 1 Insecte dont la femelle pique les mammifères pour sucer leur sang.

tapage nm 1 Bruit accompagné de désordre. 2 Scandale, éclat.

tapageur, euse a 1 Qui fait du tapage. 2 Qui cherche l'éclat, le scandale ; provocant.

tapageusement av De façon tapageuse.

tapant, ante a Loc Fam *À deux heures tapant(es)* : juste à cette heure-là.

tapas [-pas] nmpl En Espagne, amuse-gueule.

tape nf Coup donné avec la main ouverte.

tape-à-l'œil a inv, nm inv Qui cherche à éblouir par son caractère ostentatoire.

tapecul nm Fam Voiture dont la suspension est mauvaise.

tapée nf Fam Grand nombre, grande quantité.

tapenade nf Purée d'olives noires et d'anchois.

taper vt 1 Frapper, cogner. 2 Produire un son en frappant. 3 Dactylographier. 4 Fam Emprunter de l'argent à qqn. ■ vi Donner un, des coups. *Taper avec un marteau. Taper du pied.* Loc Fam *Taper dans l'œil* : séduire. Fam *Taper dans* : prélever sur. *Soleil qui tape* : qui chauffe beaucoup. ■ vpr 1 Fam S'offrir qqch d'agréable. 2 Pop Avoir des relations sexuelles avec. 3 Fam Faire qqch de pénible. *Se taper une corvée.* Loc Fam *S'en taper* : s'en moquer.

tapette nf 1 Petite tape. 2 Petite palette servant à battre les tapis, à tuer les mouches, etc. 3 Fam Bavard(e). 4 Pop Homosexuel.

tapeur, euse n Fam Qui emprunte fréquemment de l'argent.

tapin nm Loc Pop *Faire le tapin* : racoler, faire le trottoir.

tapiner vi Pop Faire le tapin.

tapineuse nf Pop Prostituée.

tapinois (en) av En cachette.

tapioca nm Fécule de manioc.

1. tapir nm Mammifère tropical, au museau allongé en une courte trompe.

2. tapir (se) vpr Se cacher en se blottissant.

tapis nm 1 Pièce d'étoffe destinée à être étendue sur le sol d'un local, sur un parquet, etc. 2 Ce qui recouvre une surface. *Un tapis de fleurs.* Loc Fam *Marchand de tapis* : qui chande avec mesquinerie. Fam *Rester au tapis* : hors d'état de réagir. *Envoyer au tapis* : envoyer au sol, dans un match de boxe. *Mettre sur le tapis* : amener à discussion ; proposer. *Revenir sur le tapis* : être de nouveau en discussion. *Amuser le tapis* : distraire une assemblée.

tapis-brosse nm Paillasson. *Des tapis-brosses.*

tapisser vt 1 Revêtir les murs d'une pièce de papier peint. 2 Couvrir une surface. *Affiches qui tapissent une chambre.*

tapisserie nf 1 Pièce d'étoffe, papier peint utilisé comme décoration murale. 2 Ouvrage tissé au métier à tisser, destiné à parer une muraille ; ouvrage à l'aiguille fait sur un canevas. 3 Art de la fabrication de tels ouvrages. Loc *Faire tapisserie* : dans un bal, ne pas être invitée à danser.

tapissier, ère n Qui vend ou pose les tentures, les papiers peints, recouvre les fauteuils.

tapotement nm Action de tapoter.

tapoter vt Frapper à petits coups répétés.

tapuscrit nm Texte dactylographié.

taquet nm 1 Petite pièce en bois, en métal servant de cale, de butoir, etc. 2 MAR Pièce utilisée pour amarrer les cordages.

taquin, ine a, n Qui se plaît à taquiner.

taquiner vt S'amuser à agacer qqn par de petites moqueries sans gravité. Loc Fam *Taquiner le goujon* : pêcher à la ligne.

taquinerie nf Action, parole d'un taquin.

tarabiscoté, ée a Surchargé à l'extrême.

tarabuster vt Fam Tracasser, importuner.

tarama nm Hors-d'œuvre à base d'œufs de cabillaud et d'huile émulsionnés.

tarare nm Appareil servant à vanner les grains.

tarasque nf Animal fabuleux, dragon amphibie des légendes provençales.

taraud nm TECH Outil servant à fileter.

taraudage nm Action de tarauder.

tarauder vt 1 TECH Fileter au moyen d'un taraud. 2 Litt Tourmenter, torturer.

tarbouche nm Coiffure orientale en feutre rouge, ornée d'un gland de soie.

tard av 1 Après le temps déterminé, voulu ou habituel. 2 Vers la fin de la journée ou de la nuit. ■ nm Loc *Sur le tard* : vers la fin de la soirée ; vers la fin de la vie.

tarder vti Différer de faire qqch. *Tarder de partir.* ■ vi Mettre du temps à venir, se faire attendre. *Sa réponse n'a pas tardé.* ■ v impers Loc *Il me tarde de* (+ inf) : j'ai hâte de.

tardif, ive a 1 Qui vient tard. *Repentir tardif.* 2 Qui a lieu tard dans la journée. *Heure tardive.* 3 Qui mûrissent le plus tard (légumes, fruits).

tardigrade nm Animal aquatique minuscule qui se maintient en état de vie ralentie en cas de sécheresse.

tardivement av De façon tardive.

tare nf 1 Poids de l'emballage d'une marchandise. 2 Poids mis dans l'un des plateaux d'une balance pour équilibrer la charge de l'autre. 3 Défectuosité physique ou psychique. *Tares héréditaires.* 4 Imperfection majeure dans l'ordre des choses.

taré, ée a, n 1 Qui présente une tare. 2 Fam Fou, ridicule, stupide.

tarentelle nf Danse populaire d'Italie.

tarentule nf Grosse araignée.

tarer vt Peser un emballage.

targette *nf* Petit verrou plat.

targuer (se) *vpr* Litt Se faire fort de. *Il se targue de tenir la distance.*

tarière *nf* 1 Grande vrille pour forer le bois. 2 ZOOL Organe des insectes servant à déposer leurs œufs.

tarif *nm* Tableau des prix de certaines marchandises ou de certains services ; montant de ces prix.

tarifaire *a* Qui concerne un tarif.

tarifer *vt* Fixer le prix, le tarif de.

tarification *nf* Fait de tarifer.

tarin *nm* 1 Petit passereau. 2 Pop Nez.

tarir *vt* Mettre à sec. *La sécheresse a tari la source.* ■ *vi, vpr* Cesser de couler. *Cette source a tari, s'est tarie.* Loc *Ne pas tarir sur :* parler sans cesse de qqch.

tarissement *nm* Assèchement.

tarlatane *nf* Étoffe de coton, au tissage lâche.

tarmac *nm* Partie de l'aérodrome réservée au stationnement et à la circulation des avions.

taro *nm* Plante comestible des pays tropicaux.

tarot *nm* Jeu de soixante-dix-huit cartes de grand format, comportant des figures différentes de celles des jeux de cartes ordinaires, utilisé aussi en cartomancie.

tarpon *nm* Gros poisson marin de Floride.

tarse *nm* 1 ANAT Partie postérieure du pied, formée de sept os. 2 ZOOL Dernier segment de la patte des insectes.

tarsien, enne *a* Du tarse.

tarsier *nm* Petit primate aux pattes postérieures adaptées au saut.

tartan *nm* 1 Tissu écossais à larges carreaux. 2 (n déposé) Revêtement de sol très résistant, à base de résine.

tartane *nf* Petit voilier de la Méditerranée.

tartare *a, n* Se disait des tribus mongoles. ■ *a* Loc *Sauce tartare :* mayonnaise avec oignons verts et ciboulette. *Steak tartare :* viande hachée crue et relevée, mêlée d'un jaune d'œuf.

tarte *nf* 1 Gâteau de pâte brisée ou feuilletée garni de fruits. 2 Pop Gifle. Loc Fam *Tarte à la crème :* idée banale, rebattue. Pop *C'est pas de la tarte :* c'est difficile. ■ *a* Fam Niais et ridicule.

tartelette *nf* Petite tarte.

Tartempion *nm* Fam Untel.

tartignolle *a* Pop Minable.

tartine *nf* 1 Tranche de pain sur laquelle on a étalé du beurre, de la confiture, etc. 2 Fam Texte, discours long de peu d'intérêt.

tartiner *vt* 1 Étaler du beurre, de la confiture, etc., sur une tranche de pain. 2 Fam Écrire des tartines.

tartrazine *nf* Colorant jaune.

tartre *nm* 1 Dépôt calcaire sur les parois des chaudières, des bouilloires, etc. 2 Dépôt produit par le vin dans un récipient. 3 Sédiment qui se forme sur les dents.

tartrique *a* Loc *Acide tartrique :* contenu dans le tartre et les lies du vin.

tartufe ou **tartuffe** *nm* Hypocrite.

tartuferie ou **tartufferie** *nf* Hypocrisie.

tas *nm* 1 Accumulation de choses mises les unes sur les autres ; amas, monceau. 2 Grande quantité. *Il a un tas de.* Loc *Dans le tas :* parmi tous. Fam *Sur le tas :* sur le lieu de travail. Fam *Tas de boue :* voiture en piteux état.

tasmanien, enne *a, n* De Tasmanie.

tasse *nf* Petit récipient muni d'une anse. Loc Fam *Boire la tasse :* avaler de l'eau sans le vouloir, en nageant.

tasseau *nm* Petite pièce de bois servant de cale ou de support.

tassement *nm* Affaissement.

tasser *vt* Diminuer le volume de qqch en pressant ; serrer. Loc Fam *Bien tassé :* servi avec peu d'eau, fort. ■ *vpr* 1 S'affaisser sur soi-même. 2 Se serrer les uns contre les autres. 3 Fam S'arranger. *Ça finira par se tasser.*

tassili *nm* Plateau gréseux, au Sahara.

taste-vin ou **tâte-vin** *nm inv* Petite coupe en métal pour déguster le vin.

tata *nf* Fam Tante (pour les enfants).

tatami *nm* Tapis de paille de riz utilisé dans les arts martiaux.

tatane *nf* Pop Chaussure.

tâter *vt* 1 Toucher avec les doigts, évaluer par le tact. *Tâter le pouls.* 2 Essayer de connaître les capacités, les intentions de qqn. *Tâter l'ennemi.* Loc *Tâter le terrain :* faire une étude discrète avant d'entreprendre qqch. ■ *vti* Faire l'expérience de. *Tâter d'un métier.* ■ *vpr* Fam Hésiter.

tatillon, onne *a, n* Fam Trop minutieux.

tâtonnant, ante *a* Qui tâtonne.

tâtonnement *nm* Fait de tâtonner.

tâtonner *vi* 1 Chercher en tâtant les objets autour de soi. 2 Procéder par essais successifs.

tâtons (à) *av* En tâtonnant.

tatou *nm* Mammifère d'Amérique tropicale, fouisseur, pourvu d'une carapace cornée.

tatouage *nm* Action de tatouer ; dessin ainsi fait.

tatouer *vt* Tracer sur le corps un dessin indélébile.

tatoueur, euse *n* Qui fait des tatouages.

tau *nm* 1 Lettre de l'alphabet grec correspondant à *t.* 2 Figure héraldique en forme de T.

taudis *nm* Logement misérable, insalubre.

taulard ou **tôlard, arde** *n* Pop Qui fait de la prison.

taule ou **tôle** *nf* Pop 1 Prison. 2 Chambre.

taulier ou **tôlier, ère** *n* Pop Patron d'un hôtel.

taupe *nf* 1 Petit mammifère qui vit dans des galeries sous terre ; fourrure de cet animal. 2 Engin de terrassement pour creuser les tunnels. 3 Fam Classe de mathématiques préparant aux grandes écoles. 4 Fam Agent secret infiltré dans un organisme de son pays.

taupin *nm* Fam Élève d'une taupe.

taupinière *nf* Petit monticule de terre élevé par une taupe.

taureau *nm* Mâle de la vache. Loc *Prendre le taureau par les cornes :* affronter une difficulté.

taurillon *nm* Jeune taureau.

taurin, ine *a* Du taureau.

tauromachie *nf* Art de combattre les taureaux dans l'arène.

tauromachique *a* De la tauromachie.

tautologie *nf* Répétition d'une même idée sous une autre forme ; redondance.

tautologique *a* De la tautologie.

taux *nm* 1 Prix officiel de certains biens ou services. 2 Pourcentage annuel auquel les intérêts d'une somme placée sont réglés. 3 Rapport quantitatif, proportion, pourcentage. *Taux d'albumine dans le sang. Taux de natalité.*

tavel *nm* Vin rosé des Côtes-du-Rhône.

taveler *vt* [18] Parsemer de petites taches.

tavelure *nf* 1 État de ce qui est tavelé. 2 Maladie des arbres, dont les fruits se tachent et se crevassent.

taverne *nf* Café, restaurant au décor évocateur.

taxable *a* Qu'on peut taxer.

taxation *nf* Action de taxer.

taxe *nf* Contribution, impôt. Loc *Taxe à la valeur ajoutée (T.V.A.)* : impôt indirect sur les biens de consommation. *Taxe professionnelle* : nouveau nom de la patente.

taxer *vt* 1 Faire payer un impôt, une taxe. 2 Accuser qqn de. *On le taxe d'orgueil.*

taxi *nm* Automobile de location à taximètre. Loc *Société taxi* : société fournissant de fausses factures destinées à frauder le fisc.

taxidermie *nf* Art d'empailler les animaux morts.

taxidermiste *n* Empailleur.

taxi-girl [-gœrl] *nf* Entraîneuse de cabaret. *Des taxi-girls.*

taximètre *nm* Compteur indiquant la somme à payer pour un trajet en taxi.

taxinomie *nf* 1 Science de la classification. 2 Classification, liste concernant une science, un domaine.

taxinomique *a* De la taxinomie.

taxiphone *nm* (n déposé) Téléphone public.

taxiway *nm* Dans un aéroport, voie pour la circulation au sol des avions.

taxon *nm* Didac Élément d'une taxinomie.

taylorisation *nf* Application du taylorisme.

taylorisme *nm* Méthode d'organisation du travail industriel fondée sur la mesure des temps d'exécution.

tchadien, enne *a, n* Du Tchad.

tchador *nm* En Iran, voile noir des femmes musulmanes.

tchatche *nf* Pop Volubilité, bagou.

tchécoslovaque *a, n* De la Tchécoslovaquie.

tchèque *a, n* De la Bohème et de la Moravie. ■ *nm* Langue slave de ces régions.

tchernoziom *nm* GEOGR Sol noir fertile des plaines d'Europe orientale.

te *pr* Forme complément du pronom personnel de la 2ᵉ personne du singulier des deux genres, placé avant le verbe.

té *nm* Règle plate en forme de T.

teasing [tiziŋ] *nm* Message publicitaire volontairement énigmatique.

technicien, enne [tɛk-] *n* Qui connaît une technique déterminée. ■ *a* Qui concerne la technique. *Civilisation technicienne.*

technicité [tɛk-] *nf* Caractère technique.

technico-commercial, ale, aux [tɛk-] *a, n* Qui a des compétences techniques sur les produits qu'il vend.

technicolor [tɛk-] *nm* (n déposé) Procédé de films en couleurs.

technique [tɛk-] *nf* Moyens, procédés mis en œuvre dans un métier, un art, une activité. ■ *a* Relatif à la technique, à une technique. *Mot technique. Enseignement technique.*

techniquement *av* Sur le plan technique.

technocrate *n* Qui exerce par ses compétences techniques un pouvoir politique et social.

technocratie [tɛk-] *nf* Organisation politique et sociale dans laquelle les techniciens et les fonctionnaires exercent une influence prépondérante.

technocratique *a* De la technocratie.

technocratisme *nm* Tendance à la technocratie.

technologie [tɛk-] *nf* Étude des techniques industrielles ; ensemble de ces techniques.

technologique [tɛk-] *a* De la technologie.

technopole [tɛk-] *nf* Ville regroupant des entreprises et des organismes de recherche.

technostructure [tɛk-] *nf* Pouvoir des techniciens dans la société moderne.

teck ou **tek** *nm* Arbre tropical au bois très dur.

teckel *nm* Basset à pattes courtes et à poil ras ou long.

tectonique *nf* GEOL Étude des mouvements de l'écorce terrestre et de leurs conséquences géologiques. ■ *a* De la tectonique.

tectrice *nf* Plume couvrant l'aile des oiseaux.

Te Deum [tedeɔm] *nm inv* Cantique catholique d'action de grâces.

teenager [tinɛdʒœr] *n* Fam Adolescent.

tee-shirt ou **T-shirt** [tiʃœrt] *nm* Maillot de coton à manches courtes. *Des tee-shirts.*

téflon *nm* (n déposé) Matière plastique résistant à la chaleur.

tégénaire *nf* Grande araignée des maisons.

tégument *nm* ANAT Tissu formant l'enveloppe du corps d'un animal.

tégumentaire *a* D'un tégument.

teigne *nf* 1 Petit papillon à la chenille très nuisible. 2 Maladie du cuir chevelu. 3 Fam Personne méchante.

teigneux, euse *a, n* 1 Atteint de la teigne. 2 Fam Hargneux, méchant.

teille *nf* Écorce de la tige du chanvre.

teindre *vt* [69] Imprégner d'une matière colorante ; colorer.

teint *nm* 1 Couleur donnée à une étoffe. 2 Couleur du visage. *Teint bronzé.*

teinte *nf* 1 Nuance d'une couleur. 2 Légère apparence, trace. *Une teinte de mélancolie.*

teinter *vt* 1 Colorer légèrement. 2 Nuancer. *Teinter ses propos d'ironie.*

teinture *nf* 1 Action de teindre ; couleur prise. 2 Matière colorante. 3 Litt Connaissance superficielle. 4 Solution d'un produit actif dans l'alcool. *Teinture d'iode.*

teinturerie *nf* Commerce, boutique de teinturier.

teinturier, ère *n* Qui se charge du nettoyage des vêtements.

tek. V. teck.

tel, telle *a* 1 De cette sorte. *Une telle conduite vous honore.* 2 Si grand. *Avec un tel enthousiasme.* Loc *En tant que tel* : dans sa nature propre. *Tel quel* : sans modification. *Tel que* : comme. *De telle sorte (manière) que* : marque la conséquence.

télamon *nm* Syn de atlante.

télé *nf* Fam Abrév de télévision ou de téléviseur.

téléachat *nm* Achat d'articles proposés à la télévision.

téléaste *n* Réalisateur d'émissions télévisées.

télébenne ou **télécabine** *nf* Téléphérique à un seul câble avec de petites cabines.

télécarte *nf* (n déposé) Carte à mémoire pour téléphoner d'une cabine publique.

télécommande *nf* Commande à distance d'un appareil.

télécommander *vt* 1 Actionner par télécommande. 2 Influencer qqn à distance.

télécommunications nfpl Procédés de communication à distance.

téléconférence nf Conférence par les télécommunications.

télécopie nf Reproduction de documents par les télécommunications.

télécopieur nm Appareil de télécopie.

télédétection nf Étude de la surface terrestre par détection depuis l'espace.

télédiagnostic nm Diagnostic effectué à distance par télécommunications.

télédiffuser vt Diffuser par la télévision.

télédiffusion nf Diffusion par télévision.

télédistribution nf Diffusion par câbles d'émissions de télévision.

téléenseignement nm Enseignement par la radio et la télévision.

téléfax nm (n déposé) Système de télécopie.

téléfilm nm Film réalisé pour la télévision.

télégénique a Qui passe bien à la télévision.

télégramme nm Message télégraphique.

télégraphe nm Système de transmission à distance de messages.

télégraphie nf Transmission par télégraphe.

télégraphier vt Transmettre par télégramme.

télégraphique a 1 Du télégraphe. 2 Transmis par télégraphe. Loc *Style télégraphique :* réduit aux termes essentiels.

télégraphiste n Employé du service des télégrammes.

téléguidage nm Guidage à distance.

téléguider vt 1 Commander à distance les mouvements d'un mobile. 2 Manipuler, inspirer par un pouvoir éloigné.

téléimprimeur nm Appareil permettant d'imprimer directement à distance des textes.

télématique nf Technique associant les télécommunications et l'informatique. ■ a De la télématique.

télématiser vt Équiper de moyens télématiques.

télémessagerie nf Messagerie électronique.

télémesure nf Transmission à distance des résultats de mesures.

télémètre nm Appareil pour mesurer la distance d'un point éloigné.

téléobjectif nm Objectif pour photographier des objets éloignés.

téléologie nf PHILO Étude de la finalité du monde.

téléologique a De la téléologie.

téléostéen nm ZOOL Poisson osseux au squelette entièrement ossifié.

télépathe n, a Qui pratique la télépathie.

télépathie nf Transmission de la pensée à distance, par des voies inconnues.

télépathique a De la télépathie.

téléphérique nm Moyen de transport par cabine suspendue à un câble aérien.

téléphone nm 1 Dispositif pour transmettre la parole à longue distance. 2 Appareil, poste permettant cette transmission. Loc Fam *Téléphone arabe :* transmission d'informations de bouche à oreille.

téléphoner vt Transmettre par téléphone. ■ vi, vti Parler au téléphone.

téléphonie nf Transmission des sons à distance.

téléphonique a Du téléphone.

téléphoniste n Standardiste.

téléport nm Site industriel bien équipé en moyens de télécommunications.

téléreporter n Reporter de télévision.

télescopage nm Fait de (se) télescoper.

télescope nm Instrument d'optique pour observer des objets éloignés, les astres.

télescoper vt Heurter violemment, enfoncer.

télescopique a 1 Qui se fait avec le télescope. 2 Dont les éléments s'insèrent les uns dans les autres.

téléscripteur nm Syn de *téléimprimeur.*

télésiège nm Remontée mécanique faite d'un câble, auquel sont suspendus des sièges.

téléski nm Remonte-pente.

téléspectateur, trice n Qui regarde la télévision.

télésurveillance nf Surveillance à l'aide d'une caméra vidéo.

télétex nm (n déposé) Transmission de textes sur réseaux publics par des machines communiquant entre elles.

télétraitement nm Traitement à distance de données informatiques.

télétransmission nf Action de transmettre à distance des informations.

télétravail nm Organisation télématique du travail.

télétype nm (n déposé) Téléimprimeur.

télévente nf Vente d'articles proposés à la télévision.

téléviser vt Transmettre par télévision.

téléviseur nm Récepteur de télévision.

télévision nf 1 Transmission à distance des images. 2 Organisme qui diffuse des émissions par télévision. 3 Fam Téléviseur.

télévisuel, elle a De la télévision.

télex nm Système permettant la transmission de messages par téléimprimeurs.

télexer vt Transmettre par télex.

tell nm Colline artificielle formée par les ruines d'une ville ancienne.

tellement av Marque l'intensité ; très, beaucoup. Loc *Tellement... que :* marque la conséquence.

tellure nm CHIM Corps simple proche du soufre.

tellurique ou **tellurien, enne** a De la Terre. *Mouvements telluriques.*

télougou ou **telugu** nm Langue dravidienne de l'Inde du Sud.

téméraire a, n Hardi jusqu'à l'imprudence. Loc *Jugement téméraire :* avancé sans preuves.

témérairement av De façon téméraire.

témérité nf Hardiesse imprudente.

témoignage nm 1 Action de témoigner. 2 Preuve, marque. *Témoignage de sympathie.* Loc *Faux témoignage :* déposition mensongère.

témoigner vi Porter témoignage devant la justice. ■ vti Constituer la preuve de. *Ce choix témoigne de son discernement.* ■ vt 1 Marquer, manifester. *Témoigner sa joie.* 2 Certifier la réalité de. *Elle a témoigné l'avoir entendu.*

témoin nm 1 Qui voit, entend qqch et peut le rapporter. 2 Personne appelée à faire connaître en justice ce qu'elle sait d'une affaire. 3 Personne qui sert de garant à l'authenticité d'un acte. 4 Bâton que se passent les coureurs dans une course de relais. 5 Œuvre ou artiste représentatifs de leur époque. Loc *Prendre qqn à témoin :* invoquer son témoignage. ■ a Qui sert de contrôle, de repère. *Lampe témoin.*

tempe *nf* Région latérale de la tête.

tempérament *nm* Constitution physiologique ou psychologique d'un individu. Loc *Avoir du tempérament* : une forte personnalité. *Vente à tempérament* : à crédit.

tempérance *nf* Modération dans l'usage des aliments et de l'alcool.

tempérant, ante *a* Sobre.

température *nf* 1 Degré de chaleur ou de froid dans un lieu. 2 Degré de chaleur d'un organisme animal ou humain. 3 Fièvre.

tempéré, ée *a* Ni très chaud ni très froid.

tempérer *vt* [12] Litt Modérer, atténuer.

tempête *nf* 1 Violente perturbation atmosphérique. 2 Manifestation soudaine et violente, explosion. *Une tempête d'injures.*

tempêter *vi* Exprimer bruyamment son mécontentement.

tempétueux, euse *a* Litt Agité, tumultueux.

temple *nm* 1 Édifice consacré au culte d'une divinité. 2 Édifice consacré au culte protestant.

tempo [tempo] ou [tɛpo] *nm* 1 MUS Mouvement dans lequel doit être joué un morceau. 2 Rapidité plus ou moins grande d'une action.

temporaire *a* De durée limitée.

temporairement *av* De façon temporaire.

temporal, ale, aux *a* ANAT De la tempe. ■ *nm* Os du crâne dans la région de la tempe.

temporalité *nf* Caractère de ce qui existe dans le temps.

temporel, elle *a* 1 RELIG Qui concerne les choses matérielles. *Les biens temporels.* 2 GRAM Relatif au temps. *Subordonnée temporelle.* 3 Qui se déroule dans le temps.

temporisateur, trice *n, a* Qui temporise.

temporisation *nf* Action de temporiser.

temporiser *vi* Retarder le moment d'agir dans l'attente d'une occasion favorable.

temps *nm* 1 Durée pendant laquelle se succèdent les événements, les actions, les jours et les nuits ; cette durée mesurable. 2 Moment d'une action, période de l'année, de l'histoire. 3 Moment propice ; occasion. 4 État de l'atmosphère. *Un temps orageux.* 5 MUS Division de la mesure servant à régler le rythme. 6 GRAM Série des formes du verbe marquant le temps (présent, passé ou futur). Loc *À temps* : au moment convenable, voulu. *Être de son temps* : se conformer aux usages de son époque. *En même temps* : simultanément. *De tout temps* : depuis toujours. *Tout le temps* : sans cesse. *De temps en temps* : quelquefois. *Gros temps* : tempête. *De mon temps* : dans ma jeunesse. *Perdre son temps* : ne rien faire. *Gagner du temps* : temporiser. *N'avoir qu'un temps* : être de courte durée. *Avoir fait son temps* : être dépassé.

tenable *a* Supportable.

tenace *a* 1 Qui adhère fortement. 2 Difficile à faire disparaître. *Une migraine tenace.* 3 Opiniâtre, qui ne renonce pas.

ténacité *nf* Caractère tenace.

tenaille *nf* (au sing ou au pl) Pince servant à saisir et à serrer divers objets.

tenaillement *nm* Litt Souffrance, tourment.

tenailler *vt* Faire souffrir, causer une vive douleur, tourmenter.

tenancier, ère *n* Qui gère un hôtel, un café.

tenant, ante *a* Loc *Séance tenante* : aussitôt. ■ *n* Qui soutient, défend une opinion. Loc *Tenant du titre* : qui détient un titre sportif. ■ *nm* Loc *D'un seul tenant* : d'un seul morceau.

tendance *nf* 1 Prédisposition naturelle. *Tendance à la rêverie.* 2 Orientation politique, intellectuelle, artistique, etc. 3 Évolution, orientation. *Tendance à la hausse.* Loc *Avoir tendance à* : être enclin à.

tendanciel, elle *a* Qui marque une tendance dans une évolution.

tendancieusement *av* De parti pris.

tendancieux, euse *a* Qui manifeste du parti pris. *Compte rendu tendancieux.* Ant. objectif.

tendeur *nm* Cordon élastique servant à fixer des colis.

tendineux, euse *a* Qui contient des tendons, des fibres.

tendinite *nf* Inflammation d'un tendon.

tendon *nm* Extrémité d'un muscle. Loc *Tendon d'Achille* : tendon du talon.

1. tendre *a* 1 Qui peut être facilement entamé, coupé. 2 Clair et délicat (couleurs). ■ *a, n* Affectueux ; facile à émouvoir. Loc *Ne pas être tendre* : être sévère.

2. tendre *vt* [5] 1 Tirer en écartant les extrémités d'une pièce afin de la maintenir rigide. 2 Préparer, disposer un piège. 3 Étendre une tapisserie sur. 4 Présenter qqch en l'avançant. *Tendre un objet à qqn.* Loc *Tendre son esprit* : se concentrer sur qqch. *Tendre l'oreille* : écouter attentivement. ■ *vti* Avoir pour objectif, avoir tendance à. *Tendre à la perfection. Déficit qui tend à se résorber.* ■ *vpr* Devenir difficile. *Leurs relations se tendent.*

tendrement *av* Avec tendresse.

tendresse *nf* Caractère tendre, affectueux de qqn ; amour.

tendreté *nf* Qualité d'une viande tendre.

tendron *nm* 1 Partie cartilagineuse de la viande. 2 Fam Très jeune fille.

tendu, ue *a* 1 Difficile, critique. *Situation tendue.* 2 Préoccupé, nerveux.

ténèbres *nfpl* Obscurité épaisse.

ténébreux, euse *a* Difficile à débrouiller. *Une ténébreuse affaire.*

ténébrion *nm* Coléoptère noir dont les larves s'attaquent aux farines.

teneur *nf* 1 Contenu d'un écrit, d'un discours. 2 Proportion d'une substance dans un corps, dans un mélange.

ténia *nm* Ver parasite de l'intestin de l'homme et des vertébrés.

tenir *vt* [35] 1 Avoir à la main, maintenir ferme. *Tenir un objet.* 2 Avoir, garder en son pouvoir, sous son contrôle. *Tenir le coupable.* 3 Avoir, recevoir qqch de qqn. *Tenir la nouvelle d'un homme informé.* 4 Maintenir dans un état ; garder. *Tenir les yeux baissés.* 5 Contenir. *Le réservoir tient 20 litres.* 6 Considérer comme. *Tenir qqch pour vrai.* Loc *Tenir sa langue* : se taire. *Tenir un discours* : s'exprimer. *Tenir sa parole* : respecter un engagement. *Tenir compte de* : prendre en considération. Fam *Tenir le coup, tenir le choc* : résister. *Tenir la route* : bien y adhérer (automobile) ; être convaincant (argument). *Tenir tête à* : affronter, résister. ■ *vi* 1 Être fixé. *Le clou tient.* 2 Subsister, durer ; être valable. *Ses arguments tiennent.*

Son amitié tient bon. **3** Être compris dans un espace. *On ne peut pas tenir tous ici.* ■ *vti* **1** Adhérer, être attaché. *Tenir au mur avec de la colle.* **2** Dépendre de. *Son erreur tient à son inexpérience.* **3** Désirer. *On tient à le voir.* **4** Ressembler à. *Cet enfant tient de sa mère.* Loc Fam *En tenir pour :* être passionné de. ■ *vpr* **1** Demeurer dans un certain état. *Se tenir droit.* **2** Avoir lieu. *Le conseil se tient dans cette salle.* **3** S'accrocher à. *Se tenir à une branche.* Loc *S'en tenir à :* rester dans la limite de. *Se tenir pour :* se considérer comme.

tennis *nm* **1** Sport pratiqué par deux ou quatre joueurs qui se renvoient une balle avec des raquettes, sur un terrain séparé en deux camps par un filet. **2** Chaussure de toile, à semelle de caoutchouc. Loc *Tennis de table :* ping-pong.

tennisman [-man] *nm* Joueur de tennis.

tennistique *a* Du tennis.

tenon *nm* Partie d'un assemblage, destinée à être enfoncée dans une partie creuse.

ténor *nm* **1** Voix d'homme la plus haute ; chanteur à qui a cette voix. **2** Personne tenant le premier rôle dans une activité. *Les ténors du barreau.*

tenseur *am, nm* ANAT Qui sert à tendre. *Muscle tenseur.*

tensioactif, ive *a* CHIM Qui modifie la tension d'un liquide.

tensiomètre *nm* Syn de *sphygmomanomètre.*

tension *nf* **1** Action de tendre ; état de ce qui est tendu. **2** Pression du sang dans les artères. **3** ÉLECTR Différence de potentiel. *Haute, basse tension.* **4** Forte concentration de l'esprit. **5** Discorde, hostilité. *Tension diplomatique.*

tentaculaire *a* Qui cherche à étendre son emprise de tous côtés.

tentacule *nm* Appendice allongé et mobile de certains mollusques.

tentant, ante *a* Qui provoque l'envie, le désir.

tentateur, trice *a, n* Qui tente, sollicite le désir.

tentation *nf* **1** Attrait vers une chose défendue. **2** Envie, désir de qqch ; ce qui suscite ce désir.

tentative *nf* Action par laquelle on cherche à atteindre un but ; fait d'essayer.

tente *nf* Abri provisoire qu'on peut transporter et dresser facilement. Loc *Se retirer sous sa tente :* ne plus vouloir soutenir une cause.

tenter *vt* **1** Entreprendre qqch avec le désir de réussir. *Tenter une ascension. Tenter de prouver qqch.* **2** Faire naître, provoquer l'envie de qqch. *Cette offre me tente.* Loc *Être tenté de :* éprouver l'envie de. *Tenter sa chance :* prendre un risque pour réussir.

tenture *nf* Tapisserie, garniture murale en tissu, en papier.

tenu, ue *a* Loc *Bien (mal) tenu :* dont l'entretien, la propreté sont satisfaisants (insatisfaisants). ■ *nm* Faute commise par un joueur qui conserve irrégulièrement le ballon.

ténu, ue *a* Très mince, très fin. *Fil ténu.*

tenue *nf* **1** Temps pendant lequel certaines assemblées se tiennent. **2** Manière de se conduire, de se présenter. *Avoir une mauvaise tenue.* **3** Manière de s'habiller. *Tenue de soirée.* **4** Action de tenir en ordre. Loc *Tenue de route :* qualité de bonne routière d'une voiture. *En petite tenue :* habillé très légèrement. *En tenue :* en uniforme.

ténuité *nf* Litt Caractère ténu.

tephillin [-lin] *nm* Petit étui contenant des versets de la Bible et servant au culte hébraïque. Syn. phylactère.

tequila [te-] *nf* Alcool d'agave du Mexique.

ter *av* Pour la troisième fois.

tératogène *a* MÉD Qui provoque des malformations congénitales.

tératologie *nf* Étude des anomalies et monstruosités chez les êtres vivants.

tercet *nm* Strophe de trois vers.

térébenthine *nf* Loc *Essence de térébenthine :* liquide extrait de certaines résines et utilisé pour les vernis.

térébrant, ante *a* ZOOL Qui perce, qui perfore.

tergal, als *nm* (n déposé) Fibre synthétique.

tergiversation *nf* Hésitation, faux-fuyant.

tergiverser *vi* Litt User de détours ; atermoyer, hésiter.

terme *nm* **1** Limite, fin dans le temps. *Le terme de la vie.* **2** Moment de l'accouchement. *Enfant né avant terme.* **3** Temps fixé pour le paiement d'un loyer ; montant du loyer. **4** Mot, tournure, expression. *Terme technique.* **5** MATH Chacun des éléments appartenant à un rapport. *Termes d'une fraction.* Loc *Mener à terme :* accomplir. *Vente à terme :* avec un délai de paiement. *À court (long) terme :* après une brève (longue) période. *À terme :* en fin de compte. ■ *pl* Loc *Être en bons (mauvais) termes avec qqn :* avoir de bonnes (mauvaises) relations avec lui. *Aux termes de :* selon ce qui est stipulé. *En d'autres termes :* avec d'autres mots.

terminaison *nf* **1** Fin ou extrémité de qqch. **2** GRAM Désinence variable d'un mot.

terminal, ale, aux *a* Qui termine qqch. *La phase terminale.* Loc *Classe terminale :* classe de fin du cycle secondaire des lycées. ■ *nm* **1** Aérogare d'un centre urbain, terminus des liaisons avec les aéroports. **2** INFORM Organe périphérique d'entrée-sortie relié à un ordinateur central. **3** Installations à l'extrémité d'un pipeline. **4** Point où aboutit une ligne de transport. ■ *nf* Classe terminale.

terminer *vt* **1** Marquer la fin de. *Citation qui termine un discours.* **2** Achever, finir. *Terminer un travail.* ■ *vpr* S'achever, finir.

terminologie *nf* Ensemble des termes techniques propres à une activité particulière.

terminologique *a* De la terminologie.

terminus [-nys] *nm* Dernière station d'une ligne de chemin de fer, d'autobus.

termite *nm* Insecte qui creuse ses galeries dans le bois.

termitière *nf* Nid de termites.

ternaire *a* Formé de trois éléments.

terne *a* **1** Qui manque de luminosité, d'éclat. **2** Qui manque d'originalité ; médiocre.

ternir *vt* **1** Faire perdre son éclat à qqch. **2** Porter moralement atteinte à. *Ce scandale a terni sa réputation.* ■ *vpr* Devenir terne.

terpène *nm* Hydrocarbure d'origine végétale.

terrain *nm* **1** Espace de terre déterminé. *Terrain de sport.* **2** Endroit où se déroule une activité, un affrontement. **3** Sol. *Terrain caillouteux.* **4** Domaine, sujet, matière. *Un terrain d'entente.* Loc *Homme de terrain :* qui garde le contact avec les tâches concrètes, avec les gens. *Céder du terrain :* reculer. *Gagner du terrain :* avancer. *Ménager le terrain :* agir prudemment. *Tout terrain :* qui peut rouler partout (véhicule).

terrasse nf 1 Levée de terre soutenue par de la maçonnerie. 2 Plate-forme formant une toiture horizontale ou grand balcon. 3 Partie du trottoir devant un café, où sont disposées des tables et des chaises.

terrassement nm Travail de déblaiement et de remblai effectué sur un terrain.

terrasser vt 1 Renverser, jeter à terre qqn. 2 Abattre physiquement ou moralement. *La nouvelle, la fièvre l'a terrassé.*

terrassier nm Ouvrier travaillant à des travaux de terrassement.

terre nf 1 (avec majusc) Planète du système solaire, habitée par l'espèce humaine. 2 Surface du globe qui n'est pas recouverte par les eaux marines. 3 Litt Région, pays. *La terre de France.* 4 Sol. *Tremblement de terre.* 5 Matière qui constitue le sol. *Terre végétale.* 6 Domaine rural ; terre cultivée. *Vendre une terre.* Loc Fam *Avoir les pieds sur terre :* avoir le sens des réalités concrètes. *À terre, par terre :* sur le sol. *Être sur terre :* exister. *Terre à terre :* commun, prosaïque. *Porter, mettre en terre :* enterrer qqn. *Toute la terre :* l'ensemble des hommes. *Terre cuite :* argile façonnée et durcie par le feu. *Terre ferme :* continent (par oppos. à la mer). CHIM *Terres rares :* oxydes métalliques constituant des éléments chimiques.

terreau nm Terre riche en matières organiques.

terre-neuvas nm inv 1 Bateau armé pour la pêche à la morue sur les bancs de Terre-Neuve. 2 Marin qui fait cette pêche.

terre-neuve nm inv Gros chien, à la tête forte et large, souvent dressé au sauvetage.

terre-plein nm 1 Surface plane et unie d'une levée de terre. 2 Bande, surface qui sépare deux chaussées d'une route. *Des terre-pleins.*

terrer (se) vpr Se cacher pour se mettre à l'abri.

terrestre a 1 De la Terre. *La surface terrestre.* 2 Qui vit sur la terre ferme. *Animal terrestre.* 3 Qui se fait sur le sol (par oppos. à aérien ou à maritime). *Transport terrestre.* 4 Litt Qui n'est pas de nature spirituelle.

terreur nf 1 Sentiment de peur incontrôlée. 2 Mesures violentes par lesquelles un État, un groupe établissent leur autorité. 3 Fam Personne qui inspire la peur.

terreux, euse a 1 De la nature de la terre, mêlé de terre. 2 Grisâtre, pâle.

terrible a 1 Qui inspire la terreur ; épouvantable. 2 Fort, violent, intense. *Une chaleur terrible.* 3 Fam Extraordinaire, très étonnant. *Un type terrible.* Loc *Enfant terrible :* insupportable.

terriblement av Extrêmement.

terrien, enne a Qui possède des terres. ■ a, n De la Terre.

terrier nm 1 Trou dans la terre creusé par un animal. 2 Chien de chasse.

terrifiant, ante a Qui terrifie ; épouvantable.

terrifier vt Épouvanter.

terrigène a Loc GEOL *Dépôts terrigènes :* apportés à la mer par les fleuves.

terril ou **terri** nm Éminence formée par les déblais d'une mine.

terrine nf 1 Récipient en terre, en porcelaine. 2 Pâté cuit dans une terrine.

territoire nm 1 Étendue de terre qui dépend d'un État, d'une juridiction, qu'occupe un groupe humain. 2 Zone où vit un animal, qu'il interdit à ses rivaux potentiels.

territorial, ale, aux a D'un territoire.

territorialité nf Caractère juridique de ce qui appartient à un territoire.

terroir nm 1 Région, du point de vue de la production agricole. 2 La campagne, les régions rurales.

terrorisant, ante a Qui terrorise.

terroriser vt 1 Épouvanter. 2 Soumettre une population à un régime de terreur.

terrorisme nm Recours à la violence pour imposer ses idées politiques ou son autorité.

terroriste n, a Qui relève du terrorisme.

tertiaire [-sjɛʀ] a Loc GEOL *Ère tertiaire :* période marquée par le plissement alpin. ECON *Secteur tertiaire :* secteur comportant les activités de services (commerce, administration, etc.). ■ nm 1 Ère tertiaire. 2 Secteur tertiaire.

tertiairisation ou **tertiarisation** nf SOCIOL Prédominance du secteur tertiaire.

tertio [-sjo] av Troisièmement.

tertre nm Monticule.

tes. V. ton.

tesla nm PHYS Unité de mesure du champ magnétique.

tessiture nf MUS Étendue de l'échelle des sons couverte par une voix d'un chanteur.

tesson nm Débris de bouteille, de poterie.

test nm 1 Épreuve servant à évaluer les caractéristiques intellectuelles ou physiques des individus. 2 Épreuve, expérience en général servant à juger qqch, à établir un diagnostic médical, etc. 3 ZOOL Enveloppe dure des oursins, des crustacés, etc.

testament nm 1 Acte par lequel une personne fait connaître ses dernières volontés. 2 Ultime expression d'un artiste, d'un homme politique.

testamentaire a D'un testament.

testateur, trice n Qui fait un testament.

tester vt 1 Faire subir un test à qqn. 2 Soumettre qqch à des essais. ■ vi Faire son testament.

testeur, euse n Qui fait passer des tests.

testiculaire a Du testicule.

testicule nm Glande génitale mâle.

testimonial, ale, aux a DR Fondé sur des témoignages.

testostérone nf BIOL Hormone sexuelle sécrétée par le testicule.

tétanie nf MED Contracture pathologique des muscles.

tétanique a Du tétanos.

tétaniser vt 1 MED Provoquer des tétanies. 2 Étonner qqn au point de le paralyser.

tétanos nm Maladie infectieuse aiguë caractérisée par des contractures musculaires intenses.

têtard nm Larve des batraciens.

tête nf 1 Partie supérieure du corps humain, comprenant la face et le crâne ; boîte crânienne. 2 Visage, physionomie. *Faire une drôle de tête.* 3 Facultés intellectuelles ; esprit. *Avoir une idée en tête. Avoir la tête dure.* 4 Individu, personne. *Un repas à tant par tête.* 5 Personne qui commande, qui dirige. 6 Partie supérieure ou terminale de qqch. *Une tête d'épingle.* 7 Partie qui vient en premier ; début. *La tête du train. Tête de liste.* Loc *Tenir tête à :* résister, s'opposer. *Faire la tête* : bouder. Fam *En avoir par-dessus la tête de* : être excédé. *Se mettre en tête de* : projeter. *Garder la tête froide* : rester maître de soi. *Se mettre en tête* : vouloir absolument. *Monter à la tête* : enivrer. *Tourner la tête* : troubler. *De tête* : de mémoire. *Coup de tête* : décision irréfléchie. *Forte tête* : personne obstinée. *A la tête de* : au rang de chef ; en possession de. *En tête* : à l'avant. *Perdre la tête* : s'affoler. *En tête à tête avec qqn* : seul avec lui. *Voix de tête* : voix de fausset. Fam *Être tombé sur la tête* : être fou. Fam *Avoir la grosse tête* : avoir des prétentions ridicules. SPORT *Tête de série* : concurrent que ses performances antérieures placent favori dans une épreuve éliminatoire.

tête-à-queue *nm inv* Demi-tour complet d'un véhicule sur lui-même.

tête-à-tête *nm inv* Situation de deux personnes seules l'une avec l'autre.

tête-bêche *av* Côte à côte et en sens inverse l'un de l'autre.

tête-de-loup *nf* Long balai pour nettoyer les plafonds. *Des têtes-de-loup.*

tête-de-Maure *nf* Fromage de Hollande. *Des têtes-de-Maure.*

tête-de-moine *nf* Variété de gruyère suisse. *Des têtes-de-moine.*

tête-de-nègre *a inv* Marron très foncé.

tétée *nf* 1 Action de téter. 2 Quantité de lait prise par un nourrisson en une fois.

téter *vt* [12] Sucer en aspirant la mamelle ou le sein, un biberon pour en tirer le lait ; tirer le lait par succion.

têtière *nf* Partie de la bride qui passe derrière les oreilles du cheval.

tétine *nf* 1 Mamelle des mammifères. 2 Capuchon en caoutchouc qui s'adapte au biberon et que tète le nourrisson.

téton *nm* Fam Sein.

tétrachlorure *nm* Loc *Tétrachlorure de carbone* : liquide inflammable employé comme détachant.

tétraèdre *nm* GEOM Solide à quatre faces triangulaires.

tétragone *nf* Plante proche de l'épinard.

tétralogie *nf* Ensemble de quatre œuvres musicales, littéraires, picturales, etc., présentant une certaine unité.

tétraplégie *nf* Paralysie des quatre membres.

tétraplégique *a, n* Souffrant de tétraplégie.

tétrapode *a, nm* ZOOL Qui a quatre membres.

tétras [-tʀa] *nm* Coq de bruyère.

tétrasyllabe *nm* Groupe de quatre syllabes.

tétrasyllabique *a* Formé de quatre syllabes.

têtu, ue *a* Opiniâtre, obstiné.

teuton, onne *a. n* 1 HIST De l'ancienne Germanie. 2 Fam Allemand.

teutonique *a* HIST Germanique.

texan, ane *a, n* Du Texas.

texte *nm* 1 Ensemble des mots, des phrases qui constituent un écrit ; cet écrit imprimé ou manuscrit. 2 Œuvre littéraire ou fragment d'une œuvre littéraire. 3 Sujet d'un exercice scolaire. Loc *Dans le texte* : dans la langue originelle.

textile *a* Relatif à la fabrication des tissus. ■ *nm* 1 Tissu, étoffe, matière textile. 2 Industrie textile.

textuel, elle *a* Conforme au texte ; du texte. *Citation textuelle.*

textuellement *av* De façon textuelle.

texture *nf* 1 Disposition, arrangement des parties d'une substance. *Texture d'une roche.* 2 Agencement des différentes parties d'un tout.

T.G.V. *nm* Train à grande vitesse.

thaï, thaïe [taj] *a* Des Thaïs. ■ *nm* Groupe de langues de l'Asie du Sud-Est.

thaïlandais, aise *a, n* De Thaïlande.

thalamus *nm* ANAT Noyaux de substance grise situés à la base du cerveau.

thalassémie *nf* MED Anémie due à une anomalie génétique de l'hémoglobine.

thalassocratie *nf* HIST Grande puissance maritime.

thalassothérapie *nf* MED Traitement, cure par les bains de mer.

thalle *nm* BOT Appareil végétatif des champignons, algues et lichens.

thallium [-ljɔm] *nm* Métal mou et gris, ressemblant au plomb.

thanatologie *nf* Étude scientifique de la mort.

thanatopraxie *nf* Embaumement des cadavres.

thaumaturge *nm* Qui fait ou prétend faire des miracles.

thaumaturgie *nf* Pouvoir du thaumaturge.

thé *nm* 1 Feuilles séchées du théier. 2 Infusion préparée avec ces feuilles. 3 Réception donnée l'après-midi.

théâtral, ale, aux *a* 1 Du théâtre. 2 Exagéré, emphatique. *Ton théâtral.*

théâtralement *av* Avec emphase.

théâtraliser *vt* Rendre spectaculaire par une recherche d'effets.

théâtralité *nf* Qualité théâtrale.

théâtre *nm* 1 Édifice où on représente des œuvres dramatiques, où on donne des spectacles. 2 Genre littéraire concernant les œuvres destinées à être jouées par les acteurs. 3 Art de la représentation de ces œuvres. 4 Ensemble des œuvres dramatiques d'un pays ou d'un auteur. 5 Lieu où se passe tel événement. *Le théâtre des opérations.* Loc *Coup de théâtre* : événement brutal et inattendu.

théâtreux, euse *n* Comédien sans talent.

thébaïde *nf* Litt Retraite solitaire.

théier *nm* Arbrisseau à fleurs blanches d'Asie tropicale, cultivé pour ses feuilles (thé).

théière *nf* Récipient dans lequel on fait infuser le thé.

théine *nf* Alcaloïde du thé.

théisme *nm* Doctrine selon laquelle le principe de l'Univers est un Dieu.

théiste *a, n* Qui professe le théisme.

thématique *a* Propre à un ou à des thèmes. ■ *nf* Ensemble organisé de thèmes.

thème *nm* 1 Sujet, matière d'un ouvrage, d'un discours, d'une réflexion. 2 MUS Mélodie, motif mélodique. 3 Exercice de traduction de sa langue maternelle dans une autre langue. 4 LING Partie invariable d'un mot, à laquelle s'ajoutent les désinences. Loc Fam *Fort en thème* : très bon élève.

théocratie *nf* Gouvernement dans laquelle l'autorité est exercée par la caste sacerdotale.

théocratique *a* De la théocratie.

théodolite *nm* Instrument servant à effectuer des levés de terrains.

théogonie *nf* Généalogie des dieux ; ensemble des divinités d'une mythologie.

théologal, ale, aux *a* De la théologie. **Loc** *Les trois vertus théologales* : la foi, l'espérance et la charité.

théologie *nf* Étude de la religion, des textes religieux.

théologien, enne *n* Spécialiste de théologie.

théologique *a* De la théologie.

théophanie *nf* THEOL Manifestation de la divinité.

théorème *nm* Proposition démontrable qui découle de propositions précédentes.

théoricien, enne *n* 1 Qui connaît la théorie d'une science, d'un art. Ant. praticien. 2 Auteur d'une théorie, d'un système conceptuel.

théorie *nf* 1 Ensemble d'opinions, d'idées sur un sujet particulier. 2 Connaissance abstraite, spéculative. 3 Système conceptuel élaboré pour expliquer un certain ordre de phénomènes. 4 Litt Long défilé de personnes, de véhicules. **Loc** *En théorie* : dans l'abstrait.

théorique *a* 1 De la théorie. 2 Qui n'existe qu'abstraitement ; hypothétique.

théoriquement *av* De façon théorique.

théorisation *nf* Action de théoriser.

théoriser *vt* Mettre en théorie.

thérapeute *n* Médecin ; psychothérapeute.

thérapeutique *a* Relatif au traitement des maladies. ■ *nf* Traitement de telle ou telle maladie.

thérapie *nf* Traitement d'une maladie mentale.

thermal, ale, aux *a* Se dit des eaux minérales chaudes aux propriétés médicinales.

thermalisme *nm* Usage et exploitation des eaux thermales.

thermes *nmpl* 1 ANTIQ Établissement de bains publics. 2 Établissement thermal.

thermicien, enne *n* Spécialiste de la thermique et de ses applications.

thermicité *nf* PHYS Échange de chaleur entre un système et son milieu.

thermidor *nm* Onzième mois du calendrier républicain (juillet-août).

thermidorien, enne *a, n* HIST Se dit des conventionnels qui renversèrent Robespierre le 9 Thermidor.

thermie *nf* PHYS Unité de quantité de chaleur.

thermique *a* PHYS De la chaleur. **Loc** *Centrale thermique* : produisant de l'électricité à partir du charbon, du gaz ou du pétrole. ■ *nf* PHYS Étude de la production et de l'utilisation de la chaleur.

thermocautère *nm* Instrument qui sert à faire des pointes de feu.

thermochimie *nf* Étude de la chaleur émise par des réactions chimiques.

thermocopie *nf* Procédé thermique de reprographie.

thermodurcissable *a* Se dit de plastiques qui durcissent à partir d'une certaine température.

thermodynamique *nf* Étude des transformations de l'énergie calorifique en énergie mécanique. ■ *a* De la thermodynamique.

thermoélectricité *nf* Électricité produite par la conversion de l'énergie thermique.

thermoélectrique *a* De la thermoélectricité.

thermogène *a* Qui produit de la chaleur.

thermomètre *nm* 1 Instrument de mesure de la température. 2 Ce qui permet d'évaluer les variations de qqch.

thermométrie *nf* Mesure des températures.

thermonucléaire *a* Relatif à la fusion des noyaux atomiques. **Loc** *Arme thermonucléaire* : qui, par la fusion de noyaux d'atomes, dégage une énergie considérable.

thermoplastique *a* Syn de *thermodurcissable*.

thermorégulation *nf* ZOOL Régulation de la température interne du corps.

thermorésistant, ante *a* Qui résiste à la chaleur.

thermos [-mos] *nm* ou *nf* (n déposé) Bouteille isolante qui conserve un liquide à la même température.

thermosphère *nf* Région de l'atmosphère, située au-delà de 80 km, dans laquelle la température croît régulièrement avec l'altitude.

thermostat *nm* Dispositif destiné à maintenir une température constante.

thésard, arde *n* Fam Qui prépare une thèse universitaire.

thésaurisation *nf* Action de thésauriser.

thésauriser *vi, vt* Amasser de l'argent sans le dépenser.

thésaurus *nm inv* Recueil alphabétique de termes scientifiques, techniques, etc.

thèse *nf* 1 Proposition ou opinion qu'on s'attache à soutenir, à défendre. 2 Ouvrage présenté devant un jury universitaire pour l'obtention d'un titre de doctorat. 3 PHILO Premier temps du raisonnement dialectique (thèse, antithèse, synthèse).

thêta *nm* Huitième lettre de l'alphabet grec correspondant à *th*.

thiamine *nf* Vitamine B1.

thibaude *nf* Molleton placé entre le sol et une moquette.

thomisme *nm* Doctrine théologique et philosophique de saint Thomas d'Aquin.

thomiste *a, n* Qui relève du thomisme.

thon *nm* Grand poisson marin, comestible.

thonier *nm* Bateau armé pour la pêche au thon.

thoracique *a* Du thorax.

thoracotomie *nf* Ouverture chirurgicale du thorax.

thorax *nm* Partie supérieure du tronc, limitée par les côtes et le diaphragme.

thorium [-Rjɔm] *nm* Métal radioactif.

thriller [sRilœR] *nm* Film, roman policier à suspense.

thrombine *nf* BIOL Enzyme qui provoque la coagulation du sang.

thrombolyse *nf* MED Résorption d'un caillot dans un vaisseau sanguin.

thrombose *nf* 1 MED Formation d'un caillot dans un vaisseau sanguin. 2 Fam Arrêt de la circulation, embouteillage.

thune *nf* Pop Argent.

thuriféraire *nm* Litt Flatteur, adulateur.

thuya *nm* Conifère ornemental.

thym [tɛ̃] *nm* Petite plante aromatique.

thymus *nm* ANAT Glande endocrine à la base du cou.

thyroïde *nf* ANAT Glande endocrine située en avant du larynx.

thyroïdectomie *nf* CHIR Ablation de la thyroïde.

thyroïdien, enne *a* De la thyroïde.

thyroïdite *nf* Inflammation de la thyroïde.

thyroxine *nf* Principale hormone thyroïdienne.

thysanoure nm ZOOL Petit insecte vivant dans les endroits humides.

tiare nf Haute coiffure à triple couronne que portait le pape.

tiaré nm Plante de Polynésie à fleurs très parfumées utilisées en cosmétique.

tibétain, aine a, n Du Tibet. ■ nm Langue parlée au Tibet.

tibia nm Le plus gros des deux os de la jambe, formant la partie interne de celle-ci.

tic nm 1 Mouvement convulsif, répété automatiquement. 2 Habitude, manie.

ticket nm 1 Billet d'acquittement d'un droit d'entrée, de transport, etc. 2 Équipe formée par les deux candidats d'un même parti pour les élections présidentielles aux États-Unis.

tic-tac nm inv Bruit cadencé d'un mécanisme.

tie-break [tajbrɛk] nm Au tennis, jeu décisif à l'issue d'une manche où les joueurs sont à 6 jeux partout. Des tie-breaks.

tiédasse a Fam Désagréablement tiède.

tiède a Légèrement chaud. ■ a, n Qui manque de ferveur ou de conviction. ■ av Loc Boire tiède : des boissons tièdes.

tiédeur nf 1 État de ce qui est tiède. 2 Manque d'ardeur, de zèle.

tiédir vi Devenir tiède. ■ vt Chauffer légèrement. Tiédir du lait.

tiédissement nm Action, fait de tiédir.

tien, tienne a, pr poss Qui est à toi, qui t'appartient. Ce livre est tien. ■ pr poss Ce qui est à toi. J'ai mes soucis, tu as les tiens. ■ nm Loc Mets-y du tien : fais des concessions. ■ nmpl Tes parents, tes amis.

tierce nf 1 MUS Intervalle de trois degrés. 2 Suite de trois cartes de la même couleur.

tiercé nm Pari dans lequel il faut désigner les trois premiers chevaux d'une course.

tiers, tierce a Loc Une tierce personne : une troisième personne. HIST Tiers état ou tiers : sous l'Ancien Régime, fraction de la population n'appartenant ni à la noblesse ni au clergé. ■ nm 1 Troisième personne. N'en parlez pas devant un tiers ! 2 Partie d'un tout divisé en trois parties égales.

tiers-monde nm Ensemble des pays en voie de développement.

tiers-mondisme nm Doctrine des tiers-mondistes.

tiers-mondiste a, n Solidaire du tiers-monde. Des tiers-mondistes.

tif nm Pop Cheveu.

tige nf 1 Partie aérienne des végétaux, qui porte les feuilles, les bourgeons et les branches. 2 Pièce longue et mince, souvent cylindrique. 3 Partie d'une botte, qui enveloppe la cheville, la jambe.

tigelle nf BOT Tige de la plantule.

tignasse nf Fam Chevelure touffue, mal peignée.

tigre, esse n Félin, le plus grand et le plus puissant d'Asie, au pelage jaune rayé de noir. Loc Tigre de papier : adversaire menaçant mais sans consistance réelle. ■ nf Femme très jalouse et agressive.

tigré, ée a Rayé comme un tigre.

tigron ou **tiglon** nm Hybride d'un tigre et d'une lionne.

tilbury nm Anc Cabriolet léger.

tilde [-de] nm En espagnol, signe mis au-dessus de la lettre n pour lui donner le son mouillé (ñ).

tillandsia nf Plante d'Amérique tropicale.

tilleul nm 1 Arbre aux fleurs jaunes odorantes. 2 Infusion préparée avec ces fleurs séchées.

tilt nm Loc Faire tilt : provoquer l'intuition de qqch ; faire comprendre brusquement.

timbale nf 1 Instrument à percussion constitué d'un bassin en cuivre couvert d'une peau. 2 Gobelet en métal. 3 Moule de cuisine rond et rond ; sorte de pâté en croûte cuit dans ce moule. Loc Fam Décrocher la timbale : réussir.

timbalier nm MUS Joueur de timbales.

timbrage nm Action de timbrer.

timbre nm 1 Caractère, qualité sonore d'une voix, d'un instrument. 2 Marque d'une administration, d'une maison de commerce. 3 Instrument servant à apposer une marque. 4 Marque de la poste indiquant sur une lettre le lieu et la date de départ. 5 Timbre-poste ; timbre-quittance.

timbré, ée a 1 Qui a tel timbre, qui résonne. 2 Fam Fou. Loc Papier timbré : portant un timbre fiscal.

timbre-poste nm Vignette servant à affranchir les lettres et les paquets postaux. Des timbres-poste.

timbre-quittance nm Vignette fiscale apposée sur des actes officiels. Des timbres-quittances.

timbrer vt Coller un timbre-poste sur ; affranchir. Timbrer une lettre.

timide a, n Qui manque de hardiesse, d'assurance ; timoré.

timidement av Avec timidité.

timidité nf Manque d'assurance, de hardiesse.

timing [tajmiŋ] nm Minutage précis.

timon nm Pièce du train d'une voiture hippomobile pour l'attelage des chevaux.

timonerie nf Partie couverte de la passerelle de navigation d'un navire.

timonier nm MAR Homme de barre, qui seconde sur la passerelle l'officier de quart. Loc Fam Grand timonier : chef incontesté.

timoré, ée a, n Craintif, méfiant, timide.

tin nm MAR Pièce de bois qui soutient la quille d'un bâtiment en construction ou en réparation.

tinctorial, ale, aux a Qui sert à teindre.

tinette nf Grand récipient mobile servant de fosse d'aisances.

tintamarre nm Vacarme.

tintement nm Son clair, musical que rendent une cloche qui tinte, des objets qu'on frappe. Loc Tintement d'oreilles : bourdonnement d'oreilles.

tinter vi Sonner lentement par coups espacés (cloche). ■ vt Faire sonner une cloche.

tintin av Loc Pop Faire tintin : être privé de qqch.

tintinnabuler vi Litt Résonner comme un grelot.

tintouin nm Fam 1 Vacarme. 2 Embarras, souci.

tipi nm Tente conique des Indiens d'Amérique.

tipule nf Grand moustique qui vit sur les fleurs.

tique nf Insecte parasite de la peau du chien.

tiquer vi Fam Avoir un bref mouvement d'étonnement, de contrariété.

tir nm 1 Action, manière de tirer avec une arme, de lancer un projectile ; la trajectoire elle-même. 2 Action d'envoyer avec force le ballon.

tirade *nf* 1 Développement, longue phrase sur un sujet. 2 Au théâtre, suite de phrases qu'un acteur dit sans interruption.

tirage *nm* 1 Action, fait de tirer une loterie, de prendre au hasard. 2 Ensemble d'exemplaires imprimés, de disques pressés en une seule fois. 3 Exemplaire positif d'un cliché photographique. 4 Action d'émettre un chèque, une traite. 5 Mouvement ascensionnel des gaz chauds dans un conduit de fumée. Loc *Fam Il y a du tirage :* des difficultés.

tiraillement *nm* 1 Sensation interne pénible de contraction. 2 Contestation, conflit.

tirailler *vt* 1 Tirer par petits coups, à diverses reprises. 2 Entraîner dans des sens différents. *Être tiraillé entre ses obligations et son intérêt.* ■ *vi* Tirer des coups répétés avec une arme à feu.

tirailleur *nm* Soldat d'infanterie légère. Loc *En tirailleur :* en ordre dispersé.

tirant *nm* 1 Pièce destinée à exercer un effort de traction. *Les tirants d'une botte.* Loc *Tirant d'eau :* distance entre la ligne de flottaison d'un navire et le bas de sa quille.

tire *nf* Pop Voiture. Loc *Vol à la tire :* consistant à voler le contenu des poches, d'un sac.

tiré, ée *a* Fatigué, amaigri. *Traits tirés.* Loc *Tiré à quatre épingles :* très élégant. ■ *nm* Taillis aménagé pour la chasse. Loc *Tiré à part :* tirage indépendant d'un article extrait d'une revue.

tire-au-flanc *nm inv* Pop Qui s'arrange pour éviter des corvées, un travail.

tire-botte *nm* Crochet qui sert à chausser une botte. *Des tire-bottes.*

tire-bouchon *nm* Instrument servant à déboucher les bouteilles. Loc *En tire-bouchon :* en forme de spirale, d'hélice. *Des tire-bouchons.*

tire-bouchonner *vi, vpr* Se rouler en tire-bouchon, faire des plis.

tire-clou *nm* Outil servant à arracher les clous. *Des tire-clous.*

tire-d'aile (à) *av* Très rapidement.

tire-fesses *nm inv* Fam Remonte-pente.

tire-fond *nm inv* 1 Anneau fixé au plafond pour y suspendre un lustre. 2 Vis à bois de grand diamètre, à tête carrée.

tire-lait *nm inv* Appareil servant à aspirer le lait du sein.

tire-larigot (à) *av* Fam Beaucoup.

tire-ligne *nm* Petit instrument pour tracer des lignes. *Des tire-lignes.*

tirelire *nf* 1 Boîte qui comporte une fente par laquelle on glisse l'argent qu'on veut économiser. 2 Pop Tête, visage.

tire-nerf *nm* Petit instrument utilisé par le chirurgien-dentiste. *Des tire-nerfs.*

tirer *vt* 1 Faire mouvoir, amener vers soi, traîner derrière soi. *Tirer un tiroir. Tirer un traîneau.* 2 Mouvoir en faisant glisser, coulisser. *Tirer le verrou.* 3 Faire un effort pour tendre, allonger. *Tirer ses bas. Tirer la langue.* 4 Attirer. *Tirer l'œil, le regard.* 5 Ôter d'un endroit, d'une situation. *Tirer de l'eau d'un puits. Tirer qqn de prison.* 6 Prendre au hasard. *Tirer une carte.* 7 Extraire, exprimer. *Substance qu'on tire des plantes.* 8 Emprunter. *Les mots que le français tire du grec.* 9 Déduire, conclure. *Qu'est-ce que tu tires de cela ?* 10 Imprimer. *Tirer un ouvrage.* 11 Réaliser une épreuve photographique. 12 Émettre un chèque, une lettre de change. Loc *Tirer qqch au clair :* l'éclaircir. *Tirer son origine de :* être issu de. *Tirer parti de :* utiliser. *Tirer bénéfice :* bénéficier, profiter. *Tirer un plan, des plans :* projeter. ■ *vt, vi, vti* Lancer un projectile, faire feu. *Tirer un lapin. Tirer au revolver. Tirer sur un lièvre.* ■ *vti* 1 Tendre vers. *Vert qui tire sur le bleu.* 2 Exercer une traction sur. *Tirer sur une corde.* Loc *Tirer à sa fin :* être près de finir. *Tirer à conséquence :* avoir des conséquences. ■ *vi* 1 Être imprimé à tant d'exemplaires. 2 Avoir du tirage (cheminée). Loc *Tirer en longueur :* se prolonger. ■ *vpr* Pop S'en aller. Loc *S'en tirer :* sortir d'une difficulté, d'une maladie.

tiret *nm* Petit trait horizontal dans un texte.

tirette *nf* 1 Dispositif de commande manuelle. 2 Tablette horizontale coulissante d'un meuble.

tireur, euse *n* 1 Qui se sert d'une arme à feu. 2 Qui émet un chèque, une lettre de change. 3 Qui tire une balle, une boule vers le but. 4 Escrimeur. 5 Fam Voleur à la tire. Loc *Tireuse de cartes :* cartomancienne.

tiroir *nm* Casier coulissant, s'emboîtant dans un meuble. Loc *À tiroirs :* fait de plusieurs parties successives, emboîtées.

tiroir-caisse *nm* Tiroir contenant la caisse d'un commerçant. *Des tiroirs-caisses.*

tisane *nf* Infusion ou décoction de plantes médicinales.

tisanière *nf* Pot à infusion.

tison *nm* Reste encore brûlant d'un morceau de bois à moitié consumé.

tisonner *vt* Remuer les tisons pour ranimer le feu.

tisonnier *nm* Tige de fer qui sert à tisonner.

tissage *nm* Action, art de tisser un textile.

tisser *vt* 1 Fabriquer un tissu en entrecroisant les fils. 2 Former qqch par un assemblage d'éléments. *Tisser une intrigue.*

tisserand, ande *n* Qui tisse sur un métier des étoffes, des tapis.

tisserin *nm* Passereau dont les nids sont faits d'herbes entrelacées.

tisseur, euse *n* Dont le métier est de tisser.

tissu *nm* 1 Étoffe obtenue par l'entrelacement régulier de fils textiles. 2 ANAT Ensemble de cellules concourant à une même fonction. *Tissu conjonctif, musculaire.* 3 Enchevêtrement. *Un tissu de mensonges.* 4 Ensemble d'éléments constituant une structure homogène. *Tissu urbain, industriel.*

tissu-éponge *nm* Étoffe spongieuse. *Des tissus-éponges.*

tissulaire *a* ANAT Qui concerne les tissus.

titan *nm* Litt Géant.

titane *nm* Métal blanc, dur, utilisé dans les alliages.

titanesque ou **titanique** *a* Litt Gigantesque.

titi *nm* Fam Gamin gouailleur et malicieux.

titiller *vt* 1 Litt Chatouiller légèrement. 2 Fam Taquiner, agacer.

titisme *nm* Socialisme tel que le conçut Tito.

titrage *nm* Détermination de la quantité de corps dissous dans une solution.

titre *nm* 1 Énoncé servant à nommer un texte, un article de journal et qui en évoque le contenu. 2 Dignité, qualification honorifique ou qualification sociale. *Le titre de duc. Le titre* *de père, d'avocat, de champion.* **3** Diplôme. *Titres universitaires.* **4** Acte écrit établissant un droit. *Titres de propriété.* **5** Ce qui permet de prétendre à qqch. *Un titre de gloire.* **6** CHIM Proportion d'un métal précieux pur dans un alliage, d'une substance dissoute dans un corps. Loc *À titre de :* en tant que. *À juste titre :* avec raison. *En titre :* en tant que titulaire de la fonction.

titré, ée *a* Qui a un titre de noblesse.

titrer *vt* **1** Donner un titre. **2** CHIM Déterminer par dosage la quantité de corps dissous dans une solution. **3** Mettre comme titre d'article.

titrisation *nf* FIN Transformation de créances en titres négociables.

titubant, ante *a* Qui titube.

tituber *vi* Marcher en chancelant.

titulaire *a, n* **1** Possesseur d'une fonction garantie par un titre. ■ *a* Qui possède qqch selon le droit. *Titulaire d'un passeport.*

titularisation *nf* Action de titulariser.

titulariser *vt* Nommer qqn titulaire d'une fonction.

tmèse *nf* GRAM Séparation des éléments d'un mot par l'intercalation d'autres mots (ex. : *lors donc que*).

T.N.T. *nm* Abrév de *trinitrotoluène.*

toast [tost] *nm* **1** Tranche de pain de mie grillée. Loc *Porter un toast :* boire à la santé de qqn, à la réussite d'une entreprise, etc.

toasteur [tos-] *nm* Grille-pain.

toboggan *nm* **1** Piste en forme de gouttière, utilisée comme jeu. **2** Dispositif destiné à la manutention des marchandises d'un étage à l'autre. **3** Viaduc routier démontable.

toc *nm* Fam Imitation, souvent de mauvais goût, d'une chose de prix.

tocante ou **toquante** *nf* Pop Montre.

tocard ou **toquard, arde** *a* Fam Laid, médiocre. ■ *nm* Fam **1** Mauvais cheval. **2** Individu incapable.

toccata *nf* MUS Composition écrite pour un instrument à clavier.

tocsin *nm* Sonnerie redoublée d'une cloche pour donner l'alarme.

toge *nf* **1** ANTIQ Vêtement ample que les Romains portaient sur la tunique. **2** Robe que portent les avocats, les magistrats, etc., dans l'exercice de leurs fonctions.

togolais, aise *a, n* Du Togo.

tohu-bohu *nm inv* Fam Confusion, désordre bruyant.

toi *pr pers* Forme tonique de la 2e personne du singulier des deux genres.

toile *nf* **1** Tissu de lin, de chanvre, de coton, etc. **2** Tissu tendu sur un cadre de bois pour être peint ; tableau peint. **3** Voilure d'un navire. Loc *Toile d'araignée :* réseau tissé par les araignées. *Toile de fond :* panneau formant le fond d'une scène de théâtre et sur lequel est peint un décor ; contexte, cadre général des évènements.

toilerie *nf* Fabrique de toile.

toilettage *nm* **1** Soins de propreté donnés à un chien, à un chat, etc. **2** Fam Retouche légère.

toilette *nf* **1** Action de se laver, de se coiffer, de s'habiller. **2** Soins de propreté donnés au corps. **3** Vêtement, costume féminins. Loc *Faire la toilette de qqch :* le nettoyer ou le retoucher. ■ *pl* Cabinets, W.-C.

toiletter *vt* Procéder à un toilettage.

toise *nf* Règle verticale graduée pour mesurer la taille de qqn.

toiser *vt* Regarder avec dédain, mépris.

toison *nf* **1** Poil épais et laineux de certains animaux, en particulier du mouton. **2** Chevelure, poils abondants.

toit *nm* **1** Couverture d'un bâtiment, d'un véhicule. **2** Maison, logement. Loc *Crier qqch sur les toits :* le faire savoir à tous.

toiture *nf* Toit d'une construction.

tokamak *nm* PHYS Appareil utilisé dans les recherches sur la fusion nucléaire contrôlée.

tokay ou **tokaï** [tɔkaj] *nm* **1** Vin blanc hongrois. **2** Cépage blanc d'Alsace, dit aussi *pinot gris.*

tokharien *nm* Langue indo-européenne ancienne du Turkestan.

tokyoïte *a, n* De Tokyo.

tôlard. V. taulard.

1. tôle *nf* Métal laminé en plaques minces.

2. tôle. V. taule.

tôlé, ée *a* Loc *Neige tôlée :* présentant une croûte de glace superficielle.

tolérable *a* Supportable.

tolérance *nf* **1** Fait d'accepter les opinions ou les pratiques religieuses, politiques, etc., d'autrui, même si on ne les partage pas. **2** Différence tolérée au regard d'une norme. **3** Fait, pour l'organisme, de bien supporter une substance donnée. Loc *Maison de tolérance :* établissement de prostitution.

tolérant, ante *a* Qui fait preuve de tolérance.

tolérer *vt* [12] **1** Accepter sans autoriser formellement. **2** Supporter par indulgence. **3** Bien supporter un médicament, un traitement, etc.

tôlerie *nf* Industrie, commerce ou atelier du tôlier.

tolet *nm* MAR Cheville servant de point d'appui à l'aviron.

1. tôlier *nm* Qui travaille la tôle.

2. tôlier. V. taulier.

tolite *nf* Syn de *trinitrotoluène.*

tollé *nm* Cri collectif de protestation.

toluène *nm* Hydrocarbure extrait du benzol, utilisé pour la fabrication d'explosifs, de parfums, etc.

tom *nm* Tambour cylindrique utilisé dans la batterie de jazz.

tomahawk [-ok] *nm* Hache de guerre des Amérindiens.

tomaison *nf* Indication du tome d'un ouvrage en plusieurs livres.

tomate *nf* Plante cultivée pour ses fruits ; fruit rouge de cette plante.

tombal, ale, als *a* De la tombe.

tombant, ante *a* Qui s'abaisse, tend vers le bas. Loc *À la nuit tombante :* au crépuscule.

tombe *nf* Lieu où est enterré un mort ; fosse couverte du monument. Loc *Avoir un pied dans la tombe :* être près de mourir. *Muet comme une tombe :* totalement silencieux. *Il se retournerait dans sa tombe :* il serait horrifié par la situation actuelle.

tombeau *nm* Sépulture monumentale d'un mort ou de plusieurs. Loc Fam *À tombeau ouvert :* à toute allure.

tombée *nf* Loc *À la tombée de la nuit, du jour :* au crépuscule.

tomber *vi* [aux *être*] **1** Être entraîné subitement de haut en bas ; faire une chute. **2** Cesser, perdre de sa force, disparaître. *Son enthousiasme tombe.* **3** Perdre le pouvoir, être renversé. *Le gouvernement est tombé.* **4** Arriver d'un lieu plus élevé. *Le brouillard tombe.* **5** Devenir plus bas, plus faible. *Les cours tombent.* **6** Déchoir, dégénérer. *Il est tombé bien bas.* **7** Pendre. *Ses cheveux tombent sur les épaules.* **8** (suivi d'un adjectif) Devenir. *Tomber malade.* **9** Survenir. *Tomber bien, mal. Le 1er mai tombe un lundi.* ■ *vti* Attaquer. *Tomber sur qqn.* ■ *vt* Loc *Fam Tomber une femme* : la séduire. *Fam Tomber la veste* : l'enlever.

tombereau *nm* Véhicule à caisse basculante utilisé pour le transport des matériaux.

tombeur *nm Fam* Séducteur.

tombola *nf* Loterie où le gagnant reçoit un lot en nature.

tome *nm* Division d'un ouvrage contenant plusieurs volumes.

tomenteux, euse *a* BOT Couvert de poils fins.

tomme *nf* Fromage à pâte pressée.

tommette *nf* Briquette plate pour le revêtement des sols.

tommy *nm Fam* Soldat anglais.

tomodensitomètre *nm* Syn de *scanographe*.

tomographie *nf* Procédé radiologique permettant de prendre des clichés d'un organe par plans.

1. ton, ta, tes *a poss* Deuxième personne du singulier ; de toi. *Ton bras. Ta jambe. Tes membres.*

2. ton *nm* **1** Degré de hauteur, intensité ou timbre de la voix. *Ton sourd.* **2** Inflexion expressive de la voix. *Ton assuré.* **3** Manière d'exprimer sa pensée, de se conduire en société. **4** MUS Hauteur des sons produits par la voix ou par un instrument. **5** Couleur, considérée dans son éclat. Loc *De bon ton* : qui convient socialement. *Donner le ton* : servir de modèle.

tonal, ale, als *a* Relatif au ton, à la tonalité.

tonalité *nf* **1** Organisation des sons musicaux. **2** Caractère des sons produits par la voix ou par un instrument. **3** Son continu qu'on entend en décrochant le téléphone. **4** Couleur dominante ; impression qu'elle dégage.

tondaison *nf* Action de tondre.

tondeur, euse *n* Qui tond. ■ *nf* **1** Machine utilisée pour tondre le gazon. **2** Instrument utilisé pour tondre les cheveux ou le poil.

tondre *vt* [5] **1** Couper au ras les cheveux, l'herbe, etc. **2** *Fam* Dépouiller qqn de son argent. *Tondre le client.*

tondu, ue *a, n* Qui a les cheveux ras.

tong *nf* Chaussure constituée d'une semelle et d'une bride qui s'insère entre les orteils.

tonicardiaque *a, nm* Qui stimule le cœur.

tonicité *nf* Qualité, caractère tonique.

tonifiant, ante *a, nm* Qui fortifie.

tonifier *vt* Fortifier, stimuler.

tonique *a, nm* Qui augmente la vigueur de l'organisme ; fortifiant. ■ *a* **1** Qui a ou procure du tonus ; stimulant. *Promenade tonique.* **2** LING Qui reçoit l'accent d'intensité ou de hauteur. ■ *nf* MUS Première note de la gamme du ton dans lequel un morceau est écrit.

tonitruant, ante *a* Qui fait un bruit énorme.

tonitruer *vi* Litt Parler d'une voix très forte.

tonnage *nm* **1** MAR Syn de *jauge*. **2** Quantité de marchandises transportées.

tonnant, ante *a* Qui tonne.

tonne *nf* **1** Grand tonneau. **2** Unité de masse valant 1 000 kilogrammes. Loc *Fam Des tonnes* : une grande quantité.

tonneau *nm* **1** Grand récipient de bois fait de douves assemblées par des cerceaux. Syn. barrique, fût. **2** Figure de voltige aérienne. **3** Tour complet d'une voiture sur elle-même. **4** MAR Unité de jauge d'un navire (2,83 m³). Loc *Fam Du même tonneau* : du même acabit.

tonnelet *nm* Petit tonneau.

tonnelier *nm* Qui fabrique les tonneaux.

tonnelle *nf* Treillage couvert de verdure.

tonnellerie *nf* **1** Industrie du tonnelier. **2** Ensemble des tonneaux.

tonner *v impers* Se faire entendre (tonnerre). ■ *vi* **1** Faire un bruit comparable au tonnerre. *Le canon tonne.* **2** Parler avec emportement. *Tonner contre les resquilleurs.*

tonnerre *nm* **1** Grondement qui accompagne la foudre. **2** Bruit violent et prolongé. *Un tonnerre d'applaudissements.* Loc *De tonnerre* : bruyant. *Fam Du tonnerre* : extraordinaire, enthousiasmant.

tonsure *nf* Petite portion circulaire rasée au sommet de la tête des ecclésiastiques.

tonte *nf* **1** Action de tondre les moutons, le gazon. **2** Laine qui a été tondue.

tontine *nf* Association d'épargnants constituant un fonds qui est remis à tour de rôle à chacun des associés.

tonton *nm Fam* Oncle.

tonus *nm* **1** Énergie, entrain, dynamisme. **2** MED Tension des muscles à l'état de repos.

top *nm* **1** Bref signal sonore indiquant un moment précis. **2** *Fam* L'apogée, le sommet d'une réussite.

topaze *nf* Pierre fine jaune.

toper *vi* Taper dans la main du partenaire pour signifier un accord.

topiaire *nf* Art de tailler les arbres pour leur donner des formes originales.

topinambour *nm* Plante cultivée pour ses tubercules.

topique *a, nm* Médicament qui agit à l'endroit où il est appliqué.

topless *a* Qui a les seins nus.

top niveau *nm Fam* Premier rang, sommet d'une hiérarchie. *Des top niveaux.*

topo *nm Fam* Exposé d'une question.

topographe *n* Spécialiste de topographie.

topographie *nf* **1** Représentation graphique d'un lieu, avec indication de son relief. **2** Relief, configuration d'un lieu.

topographique *a* De la topographie.

topoguide *nm* Guide pour la randonnée.

topologie *nf* MATH Étude des propriétés de l'espace.

topologique *a* MATH De la topologie.

toponyme *nm* LING Nom de lieu.

toponymie *nf* LING Étude des noms de lieux.

toponymique *a* De la toponymie.

top secret *a inv Fam* Totalement secret.

toquade *nf Fam* Engouement passager, caprice.

toquante. V. tocante.

toquard. V. tocard.

toque *nf* Coiffure ronde et sans bords.

toqué, ée *a, n Fam* Qui a le cerveau dérangé.

toquer (se) *vpr* Fam S'éprendre de, avoir un engouement pour qqn, qqch.

torche *nf* 1 Flambeau grossier fait d'un bâton enduit de résine. 2 Lampe électrique portative.

torcher *vt* Fam 1 Essuyer. *Torcher le nez d'un enfant.* 2 Exécuter vite et mal.

torchère *nf* 1 Grand candélabre destiné à recevoir des flambeaux. 2 Canalisation verticale servant à brûler les résidus gazeux d'une raffinerie.

torchis *nm* Matériau fait d'argile et de paille.

torchon *nm* 1 Pièce de toile pour essuyer la vaisselle. 2 Fam Écrit peu soigné. 3 Fam Journal peu estimable. Loc Fam *Coup de torchon* : épuration violente. *Le torchon brûle* : il y a une vive dispute.

tordage *nm* Action de tordre des fils.

tordant, ante *a* Fam Très amusant.

tord-boyaux *nm inv* Fam Eau-de-vie très forte.

tordeuse *nf* Chenille de papillon qui s'enroule dans les feuilles.

tordre *vt* [5] 1 Tourner en sens contraire les deux extrémités d'un corps ; plier. 2 Tourner violemment en forçant ou de travers. *Tordre le bras à qqn.* Loc *Tordre le cou* : tuer, étrangler. ■ *vpr* 1 Se plier en deux sous l'effet d'une sensation ou d'une émotion vive. *Se tordre de douleur.* 2 Fam Rire fort.

tordu, ue *a* Recourbé, déformé. Loc *Avoir l'esprit tordu* : compliqué, bizarre. Fam *Coup tordu* : acte malveillant. ■ *n* Fam Fou.

tore *nm* 1 Moulure épaisse au bas d'une colonne. 2 GEOM Anneau à section circulaire.

toréador *nm* Vx Syn de *torero*.

toréer *vi* Combattre le taureau dans l'arène.

torero [TORERO] *nm* Qui torée.

torgnole *nf* Fam Coup, gifle.

toril [-RIL] *nm* Annexe de l'arène où sont enfermés les taureaux avant le combat.

torique *a* En forme de tore.

tornade *nf* Tourbillon de vent très violent.

toron *nm* Réunion de fils tordus ensemble.

torpédo *nf* Anc Automobile de forme allongée, à capote repliable.

torpeur *nf* 1 Engourdissement profond. 2 Ralentissement de l'activité ; apathie.

torpide *a* Caractérisé par la torpeur.

torpillage *nm* Action de torpiller.

torpille *nf* 1 Poisson ayant un organe dont la décharge immobilise les proies. 2 Engin autopropulsé, destiné à la destruction de navires ennemis. 3 Bombe aérienne munie d'ailettes.

torpiller *vt* 1 Détruire à la torpille. 2 Faire échouer. *Torpiller des négociations.*

torpilleur *nm* 1 Bâtiment de guerre qui lance des torpilles. 2 Marin chargé du lancement des torpilles.

torque *nm* Collier de métal rigide.

torréfacteur *nm* Qui torréfie le café.

torréfaction *nf* Action de torréfier.

torréfier *vt* Soumettre à sec à l'action du feu. *Torréfier du café.*

torrent *nm* 1 Cours d'eau de montagne, à débit rapide. 2 Flot, écoulement violent et abondant. *Des torrents d'injures.* Loc *À torrents* : abondamment.

torrentiel, elle *a* Qui s'écoule avec violence.

torrentueux, euse *a* Litt Impétueux comme un torrent.

torride *a* Excessivement chaud (air, climat).

tors, torse *a* 1 Tordu, difforme. *Jambes torses.* 2 Contourné en hélice. *Colonne torse.*

torsade *nf* Assemblage de fils, de cordons, de cheveux, etc., enroulés en hélice.

torsader *vt* Mettre en torsade.

torse *nm* 1 Thorax d'un être humain. 2 Corps humain représenté du cou à la ceinture, sans tête et sans membres.

torsion *nf* Action de tordre ; déformation.

tort *nm* 1 Action, comportement, pensée contraire à la justice ou à la raison. 2 Dommage, préjudice causé à qqn. Loc *Avoir tort* : n'avoir pas pour soi le droit. *Donner tort à qqn* : condamner sa conduite. *Être dans son tort* : être coupable d'une action blâmable. *À tort* : injustement. *À tort ou à raison* : avec ou sans motif. *À tort et à travers* : sans discernement.

torticolis *nm* Raidissement musculaire douloureux du cou.

tortillard *nm* Fam Train lent qui fait de nombreux détours.

tortillement ou **tortillage** *nm* Action de (se) tortiller.

tortiller *vt* Tourner et retourner. ■ *vi* Loc *Tortiller des hanches* : marcher en se balançant. Fam *Il n'y a pas à tortiller* : à chercher des détours. ■ *vpr* S'agiter en tous sens.

tortillon *nm* 1 Chose tortillée. 2 Bourrelet sur la tête pour porter un fardeau.

tortionnaire *nm* Qui torture.

tortue *nf* Reptile à carapace dorsale et à marche lente. Loc *À pas de tortue* : très lentement.

tortueusement *av* De façon tortueuse.

tortueux, euse *a* 1 Qui fait des tours et des détours. 2 Dépourvu de droiture.

torturant, ante *a* Qui torture.

torture *nf* 1 Souffrance grave, sévices qu'on fait subir volontairement à qqn. 2 Litt Souffrance morale intolérable.

torturer *vt* 1 Soumettre qqn à la torture. 2 Litt Causer une vive douleur morale.

torve *a* Loc *Œil torve* : en coin et menaçant.

tory *n. a* HIST Membre du parti conservateur anglais.

toscan, ane *a. n* De la Toscane. ■ *nm* Dialecte de Toscane, base de l'italien courant.

tosser *vi* MAR Cogner sous l'effet du ressac (bateau).

tôt *av* 1 À un moment antérieur au moment habituel. 2 De bonne heure. Loc *Tôt ou tard* : un jour ou l'autre. *Pas de si tôt* : dans un lointain avenir.

total, ale, aux *a* Complet, entier. ■ *nm* Résultat d'une addition ou d'un ensemble d'opérations équivalentes. Loc *Au total* : en somme, en définitive.

totalement *av* Complètement.

totalisateur ou **totaliseur** *nm* Appareil qui additionne des valeurs.

totalisation *nf* Action de totaliser.

totaliser *vt* 1 Réunir en un total, additionner. 2 Avoir au total.

totalitaire *a* Se dit d'un régime dans lequel la totalité des pouvoirs appartient à un parti unique qui ne tolère aucune opposition.

totalitarisme *nm* Système politique totalitaire.

totalité *nf* Réunion de tous les éléments d'un ensemble. Loc *En totalité* : totalement, sans aucune exception.

totem [-tɛm] *nm* Animal, végétal représentant, dans de nombreuses tribus, l'ancêtre d'un clan ; cet emblème.

totémique *a* Relatif au totem.

totémisme *nm* Culte du totem.

toton *nm* Petite toupie.

touareg, ègue *a* Relatif aux Touaregs. ■ *nm* Langue berbère parlée par les Touaregs.

toubib *nm* Fam Médecin.

toucan *nm* Oiseau d'Amérique du Sud au bec énorme.

touchant, ante *a* Attendrissant, émouvant.

touche *nf* 1 Fait, pour un poisson, de mordre à l'hameçon. 2 Coup qui atteint l'adversaire, à l'escrime. 3 Manière personnelle de peindre, d'écrire. 4 Fam Allure, aspect de qqn. 5 Au rugby, au football, etc., ligne de démarcation latérale du terrain. 6 Chacune des tablettes qui forment le clavier d'un orgue, d'un piano, etc. Loc *Pierre de touche* : épreuve décisive. Fam *Être sur la touche* : être tenu à l'écart. Fam *Avoir une touche avec qqn* : lui plaire.

touche-à-tout *nm inv* Qui s'occupe de beaucoup de choses sans s'y consacrer à fond.

toucher *vt* 1 Mettre la main sur, entrer en contact avec. 2 Atteindre, avec une arme, un projectile. *Il a été touché au bras.* 3 Recevoir une somme d'argent. 4 Émouvoir, attendrir qqn. *La remarque l'a touché.* 5 Concerner. *Ce qui touche cette affaire m'intéresse.* ■ *vti* 1 Mettre la main en contact avec. *Cet enfant touche à tout.* 2 Apporter un changement à. *Toucher à un texte.* 3 Être presque arrivé à, aborder, parvenir, etc. *Toucher au port. Toucher à l'essentiel.* 4 Être contigu à. *Sa maison touche à la mienne.* ■ *vpr* Être au contact. ■ *nm* 1 Sens par lequel nous percevons, par contact ou palpation, certaines propriétés des corps. 2 Manière de prendre contact, d'explorer avec la main.

touche-touche (à) *av* Fam Très près, en se touchant presque.

touffe *nf* Assemblage de choses qui poussent naturellement serrées.

touffeur *nf* Litt Chaleur lourde, étouffante.

touffu, ue *a* 1 Épais. *Bois touffu.* 2 Trop dense, embrouillé. *Discours touffu.*

touiller *vt* Fam Remuer pour mélanger.

toujours *av* 1 Pendant la totalité d'une durée. 2 De façon invariable. *Il gagne toujours.* 3 Encore. *Je l'aime toujours.* Loc *Depuis toujours* : depuis très longtemps. *Comme toujours* : comme dans tous les autres cas. *Presque toujours* : très souvent. *Toujours est-il que* : ce qu'il y a de sûr, c'est que.

toulonnais, aise *a, n* De Toulon.

touloupe *nf* Manteau en peau de mouton.

toulousain, e *a, n* De Toulouse.

toundra *nf* GÉOGR Plaine des régions froides à la végétation discontinue (mousses, lichens).

toungouse *nm* Langue de Sibérie orientale.

toupaye [-paj] *nm* Mammifère proche des singes à l'allure d'un écureuil.

toupet *nm* 1 Touffe de cheveux. 2 Fam Hardiesse effrontée, aplomb.

toupie *nf* 1 Jouet de forme arrondie, muni d'une pointe sur laquelle on le fait tourner. 2 Machine pour travailler le bois.

toupiller *vi* Travailler le bois avec une toupie.

touque *nf* Récipient de fer-blanc.

1. tour *nm* 1 Mouvement de rotation. *Tour de vis, de clef.* 2 Courbe limitant un corps, un lieu. *Tour de taille.* 3 Parcours plus ou moins circulaire autour d'un lieu. *Tour de piste.* 4 Action exigeant de l'adresse ou de la ruse. *Tour de prestidigitation.* 5 Manière dont se présente qqch. *Affaire qui prend un tour dramatique.* 6 Façon d'exprimer sa pensée. *Un tour familier.* 7 Rang, ordre des actions. *Parler à son tour.* 8 Machine-outil servant à façonner des pièces métalliques. Loc *En un tour de main* : rapidement. *Faire le tour d'un problème* : l'examiner sous tous les angles. *Faire un tour* : une promenade. *Tour de chant* : programme d'un chanteur dans un spectacle. *Tour de reins* : lumbago. *À tour de bras* : de toutes ses forces.

2. tour *nf* 1 Immeuble de grande hauteur. 2 Bâtiment élevé de forme ronde ou carrée. 3 Au jeu d'échecs, pièce se déplaçant sur la verticale ou l'horizontale. Loc *Tour de lancement* : ouvrage servant au lancement d'un engin spatial. *Tour d'ivoire* : retraite intellectuelle à l'écart du monde. *Tour de forage* : derrick.

touraine *nf* Vin récolté en Indre-et-Loire.

tourangeau, elle *a, n* De la Touraine ou de Tours.

tourbe *nf* Combustible noirâtre de qualité médiocre.

tourbeux, euse *a* Qui contient de la tourbe.

tourbière *nf* Gisement de tourbe.

tourbillon *nm* 1 Mouvement impétueux de l'air, d'un gaz. 2 Masse d'eau tournant avec violence. 3 Agitation tumultueuse.

tourbillonnaire *a* En forme de tourbillon.

tourbillonnant, ante *a* Qui tourbillonne.

tourbillonnement *nm* Mouvement en tourbillon.

tourbillonner *vi* 1 Tournoyer rapidement. 2 S'agiter confusément.

tourelle *nf* 1 Petite tour. 2 Abri blindé d'un char, d'un avion, d'un navire de guerre. 3 TECH Dispositif mobile autour d'un axe.

touret *nm* Petit tour servant à polir ou à graver.

tourillon *nm* Axe ou pivot pour assujettir.

tourin *nm* Potage à l'ail, du Sud-Ouest.

tourisme *nm* 1 Activité de loisir qui consiste à voyager pour son agrément. 2 Services et activités liés à cette activité.

touriste *n* Qui voyage pour son agrément. Loc *Classe touriste* : classe à tarif économique sur les paquebots, les avions.

touristique *a* 1 Relatif au tourisme. 2 Fréquenté par les touristes.

tourmaline *nf* Pierre fine de couleurs variées.

tourment *nm* Litt Grande inquiétude, grande souffrance morale.

tourmente *nf* Litt 1 Bourrasque, tempête violente. 2 Troubles graves. *Tourmente révolutionnaire.*

tourmenté, ée *a* Litt 1 En proie à un tourment. *Âme tourmentée.* 2 Très irrégulier. *Relief tourmenté.* 3 Agité. *Époque tourmentée.* 4 Qui manque de simplicité. *Style tourmenté.*

tourmenter *vt* Litt 1 Faire souffrir. *Cet enfant est tourmenté par ses dents.* 2 Importuner, préoccuper vivement. ■ *vpr* S'inquiéter vivement.

tournage *nm* 1 Action de façonner au tour. 2 Action de tourner un film.

tournant, ante a 1 Qui tourne, pivote. *Pont tournant.* 2 Qui contourne. *Mouvement tournant.* Loc *Grève tournante :* qui implique divers services successivement. ■ *nm* 1 Sinuosité de la route. 2 Moment où le cours des événements change de direction. Loc Fam *Attendre qqn au tournant :* se venger à la première occasion.

tourné, ée a 1 Qui a une certaine tournure. *Lettre bien tournée.* 2 Aigri. *Lait tourné.* Loc *Esprit mal tourné :* disposé à voir du mal partout.

tournebouler vt Fam Bouleverser.

tournebroche *nm* Dispositif pour faire tourner la broche à rôtir.

tourne-disque *nm* Appareil sur lequel on passe des disques. *Des tourne-disques.*

tournedos *nm* Tranche de filet de bœuf.

tournée *nf* 1 Voyage professionnel effectué selon un itinéraire fixé. 2 Fam Consommations offertes par qqn à tous ceux qui sont avec lui. 3 Pop Volée de coups.

tournemain (en un) av Vx En un instant.

tourner vt 1 Imprimer un mouvement de rotation à. *Tourner la tête.* 2 Présenter sous une autre face ; retourner. *Tourner les pages.* 3 Diriger. *Tourner les yeux vers le ciel.* 4 Éluder, éviter. *Tourner une difficulté.* 5 Transformer. *Tourner les choses à son profit.* 6 Composer, arranger d'une certaine manière. *Tourner un compliment.* Loc *Tourner un film :* réaliser un film. *Tourner la page :* oublier le passé. *Tourner la tête :* troubler. *Tourner les talons :* s'en aller. ■ vi 1 Se mouvoir en décrivant une courbe. *La Terre tourne autour du Soleil.* 2 Pivoter autour d'un axe. 3 Fonctionner. *Machine qui tourne.* 4 Changer de direction, virer. *Tourner à gauche, à droite.* 5 Se transformer en, tendre, évoluer vers. *Affaire qui tourne à la catastrophe.* 6 S'altérer, devenir aigre. *Le lait a tourné.* 7 Être acteur dans un film. Loc *Tourner autour de qqch :* l'avoir pour centre d'intérêt. *Tourner autour de qqn :* lui faire la cour. *Tourner court :* finir brusquement. Fam *Tourner de l'œil :* s'évanouir. ■ vpr 1 Changer de position. *Se tourner vers la gauche.* 2 Se diriger. *Les regards se tournent vers lui.*

tournesol *nm* Plante dont la fleur s'oriente vers le soleil et dont les graines fournissent une huile.

tourneur, euse n Qui façonne des ouvrages au tour. ■ a Qui tourne sur lui-même.

tournevis *nm* Outil pour serrer ou desserrer les vis.

tournicoter ou **tourniquer** vi Fam Tourner sur place, dans tous les sens.

tourniquet *nm* 1 Dispositif de fermeture, qui ne peut être franchi que par une personne à la fois. 2 Appareil d'arrosage tournant autour d'un axe. 3 Présentoir rotatif, dans un magasin.

tournis *nm* 1 Sensation de vertige. 2 Maladie des moutons provoquée par le cénure.

tournoi *nm* 1 Au Moyen Âge, combat de chevaliers. 2 Compétition comprenant plusieurs séries de rencontres.

tournoiement *nm* Action de tournoyer.

tournoyer vi [22] Tourbillonner.

tournure *nf* 1 Aspect que présente qqn, qqch ; allure. *Prendre une mauvaise tournure.* 2 Agencement des mots dans une phrase. Loc *Tournure d'esprit :* manière de voir les choses.

touron *nm* Pâte d'amande parfumée.

tour-opérateur *nm* Syn de *voyagiste. Des tour-opérateurs.*

tourte *nf* Tarte ronde, recouverte de pâte, garnie de préparations salées.

tourteau *nm* 1 Résidus d'oléagineux constituant un aliment pour le bétail. 2 Gros crabe comestible.

tourtereau *nm* Jeune tourterelle. ■ pl Jeunes gens qui s'aiment tendrement.

tourterelle *nf* Oiseau plus petit que le pigeon dont il est voisin.

tourtière *nf* Ustensile pour faire les tartes et les tourtes.

Toussaint *nf* Fête de tous les saints, le 1er novembre.

tousser vi 1 Être pris d'un accès de toux. 2 Faire un bruit comparable à celui de la toux. *Moteur qui tousse.*

toussotement *nm* Action de toussoter.

toussoter vi Tousser légèrement.

tout, toute, tous, toutes a 1 Entier, complet. *Tout l'univers. Veiller toute la nuit.* 2 Chaque, n'importe lequel. *À tout moment.* 3 Unique, seul. *Pour toute nourriture.* ■ pl L'ensemble, sans exception. *Tous les hommes.* ■ pr indéf Toutes les parties d'une chose ou chaque chose. *Tout est bon dans ce ouvrage.* Loc *À tout prendre :* tout bien considéré. *C'est tout ou rien :* il n'y a pas de milieu. *Avoir tout de qqch, qqn :* toutes ses caractéristiques. *Comme tout :* sert de superlatif. *En tout :* pour l'ensemble. *En tout et pour tout :* au total. *Après tout :* en définitive. ■ pl *Tout le monde. Tous sont là.* ■ *nm* 1 Chose dans son entier. *Former un tout.* 2 L'essentiel. *Ce n'est pas le tout de s'amuser.* Loc *Du tout :* en aucune façon, nullement. *Du tout au tout :* complètement. ■ av (variable devant un féminin commençant par une consonne ou un h aspiré) 1 Entièrement, complètement. *La ville tout entière. Elle est toute contente.* 2 Très. *De toutes jeunes filles. Parler tout haut.* Loc Fam *C'est tout comme :* cela revient au même. *Tout au plus :* à peine. *Tout en* (+ gérondif) : indique la simultanéité. *Tout... que :* indique la concession. *Tout à coup :* soudain. *Tout d'un coup :* d'un seul coup. *Tout à fait :* complètement. *Tout à l'heure :* dans peu de temps. *Tout de même :* cependant. *Tout de suite :* immédiatement. Fam *Tout plein :* beaucoup, très.

tout-à-l'égout *nm inv* Système d'évacuation des égouts des eaux usées.

toutefois av Néanmoins, cependant, mais.

toute-puissance *nf inv* Puissance absolue.

toutou *nm* Fam Chien.

Tout-Paris *nm inv* Les Parisiens les plus en vue dans la vie mondaine.

tout-petit *nm* Bébé. *Des tout-petits.*

tout-puissant, toute-puissante a Dont le pouvoir est sans bornes. ■ *nm* Loc *Le Tout-Puissant :* Dieu.

tout-venant *nm inv* Choses ou personnes ordinaires, courantes.

toux *nf* Expiration bruyante, brusque, saccadée visant à dégager les voies respiratoires.

township [taunʃip] *nm* Ville où vit la population noire en Afrique du Sud.

toxémie *nf* MED Intoxication due au passage des toxines dans le sang.

toxicité nf Caractère toxique.

toxico n Fam Toxicomane.

toxicologie nf Étude des toxiques, des poisons.

toxicologique a De la toxicologie.

toxicologue n Spécialiste de toxicologie.

toxicomane a Atteint de toxicomanie.

toxicomaniaque a De la toxicomanie.

toxicomanie nf Intoxication causée par la consommation de substances toxiques et entraînant un état de dépendance.

toxicomanogène a Qui provoque une toxicomanie.

toxicose nf Maladie grave et brutale du nourrisson.

toxi-infection nf Maladie infectieuse provoquée par des toxines. Des toxi-infections.

toxine nf Substance toxique élaborée par un organisme vivant (champignon, serpent, etc.).

toxique a, nm Se dit d'une substance nocive pour l'organisme.

toxoplasmose nf Maladie du fœtus due à un parasite.

traboule nf À Lyon, passage étroit à travers un pâté de maisons.

trac nm Angoisse ressentie au moment de se produire en public lors d'une épreuve, etc.

trac (tout à) av Vx Sans réfléchir.

traçage ou **tracement** nm Action de tracer.

traçant, ante a Vx Balle traçante : qui laisse derrière elle une trace lumineuse. Table traçante : syn de traceur.

tracas nm Souci d'ordre matériel.

tracasser vt Inquiéter, soucier. ■ vpr Se tourmenter.

tracasserie nf Ennui causé à qqn pour des choses insignifiantes.

tracassier, ère a Qui se plaît à faire des tracasseries.

tracassin nm Fam, vx Inquiétude, souci.

trace nf 1 Marque, empreinte laissée par le passage de qqn, d'un animal, de qqch. 2 Marque laissée par une action, par un événement passé. 3 Quantité infime. Traces d'albumine dans l'urine.

tracé nm 1 Ensemble de lignes représentant qqch. 2 Ligne continue effectivement suivie. Le tracé d'un fleuve.

tracement. V. traçage.

tracer vt [10] 1 Dessiner schématiquement à l'aide de traits. Tracer le plan d'une maison. 2 Dépeindre, décrire. 3 Indiquer une direction. Tracer sa conduite à qqn. ■ vi Pop Se déplacer très vite, courir.

traceur nm 1 INFORM Appareil relié à un ordinateur, qui trace des courbes, des diagrammes. Syn. table traçante. 2 Didac Isotope radioactif permettant de suivre l'évolution d'un phénomène, d'une réaction. Syn. marqueur.

trachéal, ale, aux [-keal] a De la trachée.

trachée [tRaʃe] nf ANAT Conduit qui fait suite au pharynx et donne naissance aux bronches.

trachée-artère nf Vx Syn de trachée. Des trachées-artères.

trachéide [-keid] nf BOT Tube discontinu, élément conducteur de la sève.

trachéite [-keit] nf Inflammation de la trachée.

trachéoscopie [-ke-] nf MED Exploration de la trachée.

trachéotomie [-ke-] nf CHIR Ouverture de la trachée au niveau du cou pour permettre une respiration assistée.

trachome [-kom] nm Atteinte oculaire virale, cause fréquente de cécité.

trachyte [-kit] nf Roche volcanique riche en feldspath.

tract nm Feuille ou brochure de propagande.

tractation nf (surtout au pl) Négociation, marchandage laborieux.

tracter vt Remorquer à l'aide d'un véhicule ou par un procédé mécanique.

tracteur, trice a Capable de tracter. ■ nm Véhicule automobile utilisé pour remorquer plusieurs véhicules ou des instruments agricoles.

traction nf 1 Action de tirer pour tendre, allonger, déplacer. 2 Exercice où on tire sur les bras pour soulever le corps. Loc Traction avant : automobile aux roues avant motrices.

tractopelle nf Engin de travaux publics servant à pelleter.

tractoriste n Qui conduit un tracteur.

trader [tREdœR] n Spécialiste des transactions financières.

tradescantia [-kãsja] nf Plante ornementale à tiges retombantes. Syn. misère.

trade-union [tREdynjɔn] nm En Grande-Bretagne, syndicat ouvrier. Des trade-unions.

tradition nf 1 Transmission de doctrines, d'opinions religieuses, politiques, morales de génération en génération ; ces opinions elles-mêmes. 2 Manière de penser, d'agir habituelle dans une collectivité.

traditionalisme nm Attachement aux valeurs transmises par la tradition.

traditionaliste a, n Qui relève du traditionalisme.

traditionnel, elle a Fondé sur la tradition ; passé dans les usages.

traditionnellement av De façon traditionnelle ; selon la tradition.

traducteur, trice n Auteur d'une traduction.

traduction nf 1 Action de traduire. 2 Version traduite d'un ouvrage.

traduire vt [67] 1 Faire passer d'une langue dans une autre. Cet ouvrage a été traduit en anglais. 2 Exprimer par des moyens divers. Loc Traduire qqn en justice : le faire passer devant un tribunal. ■ vpr Se manifester. Sa nervosité se traduit par le tremblement de ses mains.

traduisible a Qu'on peut traduire.

trafic nm 1 Commerce clandestin, illicite. Trafic de drogue. 2 Fam Activité compliquée et mystérieuse. 3 Fréquence des trains, des avions, des navires, des voitures sur un itinéraire, une voie. Loc Trafic d'influence : infraction de qqn qui reçoit de l'argent pour obtenir ou donner un avantage.

traficoter vi Fam Trafiquer médiocrement.

trafiquant, ante n Qui fait du trafic (sens 1).

trafiquer vi Faire du trafic, commercer illégalement. ■ vti Lit Tirer profit de. Trafiquer de son influence. ■ vt 1 Falsifier un produit. Trafiquer du vin. 2 Fam Manigancer.

tragédie nf 1 LITTER Œuvre dramatique de caractère héroïque et passionnel, propre à exciter la terreur ou la pitié. 2 Événement funeste, terrible.

tragédien, enne n Qui est spécialisé dans les rôles de tragédie.

tragi-comédie *nf* 1 LITTER Tragédie mêlée d'incidents comiques. 2 Situation où alternent des évènements tragiques et comiques. *Des tragi-comédies.*

tragi-comique *a* À la fois tragique et comique.

tragique *a* 1 De la tragédie. 2 Funeste, terrible, effroyable. ■ *nm* 1 Auteur de tragédies. 2 Le genre dramatique de la tragédie. 3 Caractère tragique. *Le tragique de la situation.*

tragiquement *av* De façon tragique.

trahir *vt* 1 Livrer par perfidie. *Trahir son pays.* 2 Être infidèle à l'égard de ; tromper. *Trahir un ami.* 3 Exprimer peu fidèlement. *Mes paroles ont trahi ma pensée.* 4 Révéler. *Son attitude trahissait son trouble.* ■ *vpr* Révéler ses sentiments cachés.

trahison *nf* 1 Intelligence avec l'ennemi. 2 Acte déloyal.■ *vpr* Révéler ses sentiments cachés.

train *nm* 1 File de véhicules attachés les uns aux autres. *Train de péniches.* 2 Rame de wagons tirés par une locomotive ; chemin de fer. 3 Ensemble d'organes qui fonctionnent conjointement. *Train de pneus.* 4 Série de mesures. *Un train de lois.* 5 Partie portante d'un véhicule. *Train avant.* 6 Partie antérieure, postérieure d'un quadrupède. 7 Pop Derrière, fessier. 8 Train arrière. 8 Allure, vitesse. *Aller bon train.* Loc *À fond de train* : à toute vitesse. *Train de vie* : manière de vivre par rapport aux revenus. *Mener grand train* : vivre de façon fastueuse. *En train* : en marche. *Être en train* : bien disposé. *Être en train de* : exprime le déroulement d'une action. *Mener le train* : être en tête d'une course. *Prendre le train en marche* : participer à une action déjà commencée. *Train à grande vitesse (T.G.V.)* : qui roule à environ 260 km/h.

trainage *nm* Action de traîner par traîneaux.

trainailler. V. traînasser.

trainant, ante *a* 1 Qui traîne par terre. 2 Se dit d'une voix lente.

trainard, arde *n* Qui reste à la traîne, en arrière d'un groupe.

trainasser ou **trainailler** *vi* Traîner paresseusement ; lambiner.

traine *nf* Partie d'un vêtement qui traîne par terre ; queue. Loc *Fam Être à la traîne* : en retard.

traineau *nm* Véhicule muni de patins, pour se déplacer sur la neige ou la glace.

trainée *nf* 1 Longue trace laissée sur une surface ou dans l'espace par une substance répandue, par un corps en mouvement. 2 Pop Prostituée. Loc *Comme une traînée de poudre* : très rapidement.

trainer *vt* 1 Tirer derrière soi en faisant glisser. 2 Emmener qqn de force, péniblement. 3 Supporter avec peine un état qui dure. ■ *vi* 1 Pendre jusqu'à terre. *Votre robe traîne.* 2 S'attarder, être trop lent ; flâner. 3 Durer trop longtemps. *Sa maladie traîne.* 4 Être laissé n'importe comment. *Tes affaires traînent dans ta chambre.* ■ *vpr* 1 Marcher avec peine. 2 Être languissant. *L'action se traîne.* 3 Se déplacer en rampant.

traine-savates *n inv Fam* Oisif sans ressources.

training [-niŋ] *nm* Syn de *survêtement*. Loc *Training autogène* : méthode de relaxation.

traintrain *nm inv Fam* Routine.

traire *vt* [74] Tirer le lait des mamelles d'une vache, d'une chèvre.

trait *nm* 1 Ligne tracée avec un crayon, une plume, etc. 2 Manière d'exprimer, de dépeindre. *S'exprimer en traits nets et précis.* 3 Litt Plaisanterie acerbe, blessante. *Un trait mordant.* 4 Élément auquel on reconnaît clairement qqn ou qqch. *Trait de caractère.* 5 Manifestation remarquable. *Trait de bravoure.* 6 Litt Projectile, flèche. Loc *Trait de lumière* : rayon ; idée lumineuse. *Avoir trait à* : avoir un rapport avec. *D'un trait* : en une fois. *Tirer un trait sur* : renoncer à. *À grands traits* : rapidement, grossièrement. *Bête de trait* : propre à tirer une charge. *Pour tout trait* : parfaitement ressemblant. ■ *pl* Lignes caractéristiques du visage. Loc *Sous les traits de* : sous l'aspect de.

traitant, ante *a* Qui soigne. Loc *Médecin traitant* : qui soigne habituellement. *Officier traitant* : qui est en contact avec un espion.

trait d'union *nm* Signe de ponctuation qui joint des mots. *Des traits d'union.*

traite *nf* 1 Trafic, commerce de personnes. *Traite des Noirs.* 2 Lettre de change, effet de commerce. 3 Action de traire. Loc *D'une traite* : sans s'interrompre.

traité *nm* 1 Ouvrage traitant d'un sujet déterminé. 2 Convention entre les États.

traitement *nm* 1 Comportement, manière d'agir envers qqn. 2 Moyens mis en œuvre pour soigner une maladie, un malade. 3 Opérations destinées à transformer une substance. 4 Manière de traiter une question, un problème. 5 Appointements d'un fonctionnaire. Loc *Traitement de texte* : opérations informatiques pour saisir, modifier et stocker des documents. *Mauvais traitements* : violences.

traiter *vt* 1 Agir se, conduire envers qqn d'une certaine manière. *Traiter qqn en ami.* 2 Qualifier qqn de. *Traiter qqn de menteur.* 3 Exposer un sujet oralement ou par écrit, disserter sur. *Traiter un problème.* 4 Représenter, exprimer. *Artiste qui traite un sujet.* 5 Négocier. *Traiter une affaire.* 6 Soigner. *Traiter un malade.* 7 Soumettre à un traitement pour modifier. *Traiter un minerai.* 8 Recevoir à sa table. ■ *vti* 1 Avoir pour sujet. *Ouvrage qui traite d'astronomie.* 2 Négocier avec qqn.

traiteur *nm* Commerçant qui prépare des plats cuisinés.

traitre, traitresse *a*. *n* Qui trahit. Loc *En traitre* : traîtreusement. ■ *a* Plus dangereux qu'il ne le paraît. *Un vin traître.* Loc *Ne pas dire un traître mot* : rester silencieux.

traitreusement *av* Perfidement.

traitrise *nf* 1 Caractère traître de qqn, de qqch. 2 Piège imprévisible.

trajectoire *nf* 1 Courbe décrite par un mobile, un projectile. 2 Cheminement. *Trajectoire professionnelle.*

trajet *nm* 1 Espace à parcourir d'un point à un autre. 2 Action de parcourir cet espace ; temps nécessaire pour l'accomplir.

tralala *nm Fam* Faste et affectation.

tram *nm* Abrév courante de *tramway*.

trame *nf* 1 Ensemble des fils passés au travers des fils de chaîne pour former un tissu. 2 Ce qui constitue le fond des évènements, d'un ouvrage. 3 Lignes constituant l'image de télévision.

tramer *vt* 1 Tisser en passant la trame entre les fils de chaîne. 2 Élaborer une intrigue, un complot. ■ *vpr* Se préparer (intrigue, complot).

traminer [-ner] *nm* Cépage blanc d'Alsace.

traminot *nm* Qui conduit un tramway.

tramontane *nf* Vent du nord du Languedoc.

trampoline *nm* Tremplin très souple sur lequel on exécute des sauts.

tramway [tramwɛ] *nm* Transport urbain électrifié, sur rails (abrév tram).

tranchage *nm* Action de débiter des troncs d'arbres.

tranchant, ante *a* 1 Qui coupe bien. 2 Péremptoire, impérieux. *Ton tranchant*. ■ *nm* Fil d'une lame, d'un instrument tranchant. Loc *À double tranchant :* qui peut se retourner contre celui qui utilise ce moyen.

tranche *nf* 1 Morceau mince coupé sur toute la largeur. *Tranche de jambon.* 2 Fraction d'un tout. *Tranche de vie. Les tranches de l'impôt sur le revenu.* 3 Bord, côté d'un objet. *Tranche d'une pièce de monnaie.* 4 En boucherie, partie moyenne de la cuisse du bœuf. Loc *Tranche horaire :* partie du temps, d'un programme de télévision, de radio. Pop *S'en payer une tranche :* rire beaucoup.

tranché, ée *a* 1 Net, bien marqué. *Couleurs tranchées.* 2 Catégorique. *Opinion tranchée.*

tranchée *nf* 1 Excavation pratiquée dans le sol pour asseoir les fondations, placer des conduites, etc. 2 MILIT Fossé aménagé pour servir de couvert et de position de tir. ■ *pl* MED Coliques violentes.

trancher *vt* 1 Séparer en coupant. *Trancher une amarre.* 2 Résoudre définitivement. *Il faut trancher cette difficulté.* ■ *vti* 1 Décider de façon catégorique. *Il tranche sur tout.* 2 Contraster, ressortir sur. *Ces couleurs tranchent sur le fond.*

tranchoir *nm* 1 Planche pour couper la viande. 2 Couteau servant à trancher.

tranquille *a* 1 Qui n'est pas agité. *Mer tranquille. Un enfant tranquille.* 2 En paix, sans inquiétude.

tranquillement *av* Calmement.

tranquillisant *nm* Médicament qui a un effet sédatif (neuroleptique), calmant l'anxiété.

tranquilliser *vt* Rassurer qqn. ■ *vpr* Cesser de se soucier, de s'inquiéter.

tranquillité *nf* 1 État de ce qui est calme. 2 État de qqn sans inquiétude, sans angoisse.

transaction *nf* 1 DR Accord entre les parties, moyennant des concessions réciproques. 2 Opération boursière ou commerciale.

transactionnel, elle *a* Propre à une transaction.

transalpin, ine *a* Au-delà des Alpes.

transaméricain, aine *a* Qui traverse l'Amérique.

transaminase *nf* Enzyme dont le taux s'élève en cas d'infarctus.

transandin, ine *a* Qui traverse les Andes.

transat [-zat] *nm* Fam Chaise longue pliante. ■ *nf* Course en solitaire, à bord d'un voilier, à travers l'Atlantique.

transatlantique *a* Qui traverse l'Atlantique. ■ *nm* Paquebot assurant la liaison régulière entre l'Europe et l'Amérique.

transbahuter *vt* Fam Transporter.

transbordement *nm* Action de transborder.

transborder *vt* Faire passer des voyageurs, des marchandises d'un navire à un autre, d'un avion, d'un train à un autre.

transbordeur *nm, am* Appareil servant à transborder. Syn. ferry-boat.

transcanadien, enne *a* Qui traverse le Canada.

transcendance *nf* Caractère transcendant.

transcendant, ante *a* 1 Qui excelle en son genre, supérieur. 2 PHILO Qui dépasse un certain ordre de réalités.

transcendantal, ale, aux *a* PHILO Qui est une condition a priori de l'expérience.

transcender *vt* 1 Dépasser, en étant supérieur. 2 PHILO Dépasser les possibilités de l'entendement. ■ *vpr* Se dépasser.

transcodage *nm* Action de transcoder.

transcoder *vt* Traduire dans un autre code.

transcodeur *nm* Appareil servant à transcoder.

transcontinental, ale, aux *a* Qui traverse un continent.

transcripteur, trice *n* Qui transcrit.

transcription *nf* 1 Action de transcrire un écrit, une œuvre musicale. 2 DR Reproduction d'un acte juridique sur les registres publics.

transcrire *vt* [61] 1 Copier, reporter fidèlement un écrit sur un autre support. 2 Transposer un énoncé d'un code dans un autre. *Transcrire un mot grec en caractères latins.* 3 MUS Arranger un morceau pour un instrument autre que celui pour lequel il a été écrit.

transculturel, elle *a* Propre aux relations entre cultures différentes.

transdermique ou **transcutané, ée** *a* PHARM Qui agit en traversant la peau (médicament).

transe *nf* Loc *Être, entrer en transe :* perdre tout contrôle de soi, être surexcité. ■ *pl* Loc *Être dans les transes :* très anxieux.

transept [-sɛpt] *nm* Nef transversale d'une église formant une croix avec la nef principale.

transfèrement *nm* DR Transfert d'un détenu.

transférer *vt* [12] 1 Faire passer qqn, qqch d'un lieu, d'un emploi dans un autre. 2 Céder, transmettre légalement qqch à qqn.

transfert *nm* 1 Action de transférer qqn ou qqch. 2 ECON Redistribution des revenus par l'État, la Sécurité sociale, etc. 3 PSYCHAN Report d'un état affectif sur une autre personne que celle qui l'a provoqué.

transfiguration *nf* Action de transfigurer.

transfigurer *vt* Transformer en rendant beau, radieux.

transfo *nm* Fam Transformateur.

transformable *a* Qu'on peut transformer.

transformateur, trice *a* Qui transforme. ■ *nm* Appareil qui transfère une énergie électrique d'un circuit à un autre après en avoir modifié la tension.

transformation *nf* Action de transformer ; modification, changement.

transformer *vt* 1 Donner à qqn, qqch une autre forme, un autre aspect. 2 Changer le caractère de qqn. *Cette épreuve l'a transformé.* ■ *vpr* Prendre un aspect, un caractère différent.

transformisme *nm* Théorie de l'évolution des êtres vivants selon laquelle les organismes se transforment progressivement en d'autres.

transformiste *n, a* Qui relève du transformisme.

transfrontalier, ère *a* Qui concerne les relations de deux pays limitrophes.

transfuge *nm* Militaire qui passe à l'ennemi. ■ *n* Qui abandonne son parti, ses opinions pour un parti, des opinions adverses.

transfusé, ée *a, n* Qui a subi une transfusion.

transfuser *vt* Injecter du sang à qqn par une transfusion.

transfuseur *nm* Qui pratique des transfusions sanguines.

transfusion *nf* MED Opération consistant à injecter du sang dans les veines de qqn.

transfusionnel, elle *a* De la transfusion.

transgénique *a* BIOL Se dit d'un être vivant dont on a modifié les caractères génétiques.

transgresser *vt* Contrevenir à un ordre, à une loi ; enfreindre.

transgression *nf* Action de transgresser.

transhumance *nf* Fait de transhumer.

transhumant, ante *a* Qui transhume.

transhumer *vt* Mener les troupeaux dans les alpages pour l'été et les en faire redescendre avant l'hiver. ■ *vi* Changer de pâturages selon les saisons (troupeaux).

transi, ie *a* Pénétré, saisi de froid.

transiger *vi* [11] Faire des concessions réciproques. ■ *vti* Être peu exigeant, manquer de fermeté. *Transiger avec sa conscience. Ne pas transiger sur l'honnêteté.*

transir *vt* Litt Pénétrer, engourdir de froid.

transistor *nm* 1 Composant électronique pour amplifier des signaux. 2 Radio-récepteur portatif muni de transistors.

transistoriser *vt* Équiper de transistors.

transit [-zit] *nm* 1 Passage de marchandises, de voyageurs, à travers un lieu situé sur leur itinéraire. 2 PHYSIOL Progression du bol alimentaire dans le tube digestif.

transitaire *a* Du transit. ■ *nm* Commissionnaire qui transite les marchandises.

transiter *vt* Faire passer un transit. ■ *vi* Voyager en transit.

transitif, ive *a, nm* GRAM Se dit d'un verbe qui admet un complément d'objet direct ou indirect (ex. : *manger un sandwich ; ressembler à son père*).

transition *nf* 1 Manière de passer d'une partie d'un discours à une autre, de lier des idées. 2 Passage graduel d'un état, d'un ordre à un autre. Loc *De transition* : transitoire. *Sans transition* : brutalement.

transitionnel, elle *a* Didac Qui constitue une transition.

transitivement *av* GRAM De façon transitive.

transitivité *nf* GRAM Caractère transitif.

transitoire *a* 1 Qui ne dure pas longtemps. 2 Qui forme une transition entre deux états.

translatif, ive *a* DR Qui opère une translation.

translation *nf* 1 DR Action de transmettre une propriété, un droit. 2 MATH Transformation dans laquelle toutes les parties d'un corps gardent une direction constante.

translittération *nf* LING Transcription lettre pour lettre des mots d'une langue dans un autre alphabet.

translucide *a* Qui laisse passer la lumière sans être totalement transparent.

transmetteur, trice *a, nm* Qui transmet des sons, des signaux.

transmettre *vt* [64] 1 Mettre en possession de qqn d'autre. *Transmettre un héritage.* 2 Communiquer qqch à qqn. *Transmettre une maladie.* 3 Faire passer d'un organe à un autre. *Dispositif qui transmet le mouvement.* ■ *vpr* se propager. *Le sida se transmet par le sang.*

transmigration *nf* Métempsycose.

transmigrer *vi* RELIG Passer d'un corps dans un autre (âmes).

transmissibilité *nf* Caractère transmissible.

transmissible *a* Qui peut être transmis.

transmission *nf* 1 Action de transmettre. 2 TECH Organe qui transmet un mouvement. Loc *Transmission de pensée* : télépathie. ■ *pl* Moyens qui permettent aux troupes et aux états-majors de communiquer.

transmuer ou **transmuter** *vt* Transformer un corps en un autre de nature différente.

transmutation *nf* Action de transmuer.

transnational, ale, aux *a* Qui dépasse le cadre national.

transocéanique *a* 1 Situé au-delà de l'océan. 2 Qui traverse l'océan.

transparaître *vi* [55] 1 Paraître à travers qqch de transparent, de translucide. 2 Devenir visible. *Son émotion transparaît.*

transparence *nf* Propriété de ce qui est transparent.

transparent, ente *a* 1 Qui laisse passer la lumière et au travers de quoi on voit distinctement. 2 Qui se laisse deviner. *Des intentions transparentes.* 3 Qui ne dissimule pas ses activités, ses revenus. ■ *nm* Surface de matière transparente permettant certaines opérations.

transpercer *vt* [10] 1 Percer de part en part. 2 Pénétrer à travers. *La pluie a transpercé son manteau.*

transpiration *nf* Excrétion de la sueur par les pores de la peau.

transpirer *vi* 1 Suer. 2 Commencer à être connu. *Le secret avait transpiré.*

transplant *nm* CHIR Organe, tissu transplanté.

transplantation *nf* Action de transplanter.

transplanté, ée *a, n* Qui a subi une transplantation d'organe.

transplanter *vt* 1 Sortir une plante de terre pour la replanter dans un autre endroit. 2 CHIR Greffer sur qqn (receveur) un organe prélevé sur un autre individu (donneur). 3 Faire passer d'un pays ou d'un milieu dans un autre.

transport *nm* 1 Action de transporter qqn, qqch dans un autre lieu. 2 Navire, avion destiné à transporter des troupes, du matériel. Loc Litt *Transport de joie* : grande joie. ■ *pl* Moyens permettant le déplacement des personnes ou des marchandises.

transportable *a* Qu'on peut transporter.

transporter *vt* 1 Porter d'un lieu dans un autre. 2 Faire passer dans un autre domaine. *Transporter des faits réels dans un roman.* 3 Mettre qqn hors de soi-même. *Être transporté d'admiration.* ■ *vpr* Se rendre en un lieu.

transporteur *nm* 1 Qui fait métier de transporter des marchandises ou des personnes. 2 Engin destiné au transport continu de matériaux.

transposable *a* Qu'on peut transposer.

transposer vt 1 Présenter sous une autre forme ou dans un autre contexte. 2 Intervertir des objets ; permuter. 3 MUS Transcrire ou exécuter dans un autre ton que celui dans lequel le morceau a été écrit.

transposition nf Action de transposer.

transpyrénéen, enne a Qui traverse les Pyrénées.

transsaharien, enne a Qui traverse le Sahara.

transsexualité nf Caractère transsexuel.

transsexuel, elle a, n Qui est convaincu d'appartenir à l'autre sexe et qui se conforme à cette conviction.

transsibérien, enne a Qui traverse la Sibérie.

transsonique a PHYS Se dit d'une vitesse voisine de celle du son.

transsubstantiation nf RELIG Mystère de l'eucharistie.

transuranien nm CHIM Élément produit dans les réacteurs nucléaires (p. ex. le plutonium).

transvasement nm Action de transvaser.

transvaser vt Faire passer un liquide d'un récipient dans un autre.

transversal, ale, aux a 1 Qui coupe qqch en travers, perpendiculairement à l'axe principal. *Route transversale.* 2 Qui recoupe plusieurs domaines de la connaissance. ■ nf Ligne, droite, route transversale.

transversalement av En travers.

transverse a ANAT En travers de l'axe du corps.

trapèze nm 1 GEOM Quadrilatère comportant deux côtés parallèles et inégaux. 2 Appareil composé d'une barre de bois horizontale suspendue par ses extrémités à deux cordes. 3 ANAT Muscle du cou et de l'épaule.

trapéziste n Acrobate qui fait du trapèze.

trapézoïdal, ale, aux a En forme de trapèze.

trappe nf 1 Piège formé d'un trou recouvert par des branchages. 2 Ouverture munie d'un abattant, ménagée dans un plancher, un plafond, une paroi. Loc *Fam Passer à la trappe* : être escamoté, tomber dans l'oubli.

trappeur nm Chasseur de bêtes à fourrure, en Amérique du Nord.

trappiste nm **trappistine** nf Religieux, religieuse de l'ordre de la Trappe.

trapu, ue a 1 Large et court, donnant une impression de force et de solidité. 2 Pop Très fort, savant.

traque nf Fam Action de traquer.

traquenard nm 1 Piège pour prendre les animaux nuisibles. 2 Piège tendu à qqn.

traquer vt 1 Pourchasser du gibier en le rabattant vers les chasseurs. 2 Serrer de près, poursuivre qqn avec acharnement.

trattoria nf Petit restaurant italien.

trauma nm MED 1 Lésion produite par un impact. 2 Violent choc émotif.

traumatique a MED D'un trauma ou d'un traumatisme. *Choc traumatique.*

traumatisant, ante a Qui traumatise.

traumatiser vt Infliger un traumatisme à qqn.

traumatisme nm MED 1 Perturbation provoquée par un trauma. 2 Violent choc émotionnel.

traumatologie nf MED Traitement des traumatismes.

travail, aux nm 1 Effort long et pénible. *Ces lignes sentent le travail.* 2 MED Période de l'accouchement où se produisent les contrac-

tions utérines. 3 Altération ou déformation d'une matière. *Le travail du bois sous l'action de l'humidité.* 4 Activité, action de qqch. *Le travail d'une machine, de l'imagination.* 5 Activité économique des hommes, d'un pays ; la population active. *La division du travail. Le monde du travail.* 6 Manière dont est façonnée une matière ; l'ouvrage obtenu. *Travail très soigné.* 7 Activité rémunérée ; lieu de cette activité. *Perdre son travail.* Loc *Travail d'intérêt général* : travail imposé à un délinquant comme substitution de peine. ■ pl 1 Opérations propres à une activité. *Travaux ménagers.* 2 Discussions, débats d'une assemblée. 3 Recherches dans le domaine intellectuel ; ouvrage. Loc *Travaux publics* : ouvrages d'art, d'équipement, etc., exécutés pour le compte de l'État ou des collectivités locales. *Travaux forcés* ; peine que le condamné exécutait dans un bagne.

travaillé, ée a Exécuté avec soin, où l'on sent le travail. *Un bijou très travaillé.*

travailler vi 1 Avoir une activité professionnelle. 2 Se consacrer à une tâche. 3 Fonctionner, produire. *Usine qui travaille pour l'exportation. Faire travailler son argent.* 4 Se déformer, se modifier sous l'effet d'un agent extérieur. *Bois qui a travaillé.* ■ vt 1 Façonner. *Travailler le bois, la pâte.* 2 Soigner, perfectionner. *Travailler son style.* 3 Étudier. *Travailler le piano.* 4 Tourmenter, préoccuper. *Ce problème le travaille.* 5 Manipuler, chercher à influencer. *Travailler l'opinion.* ■ vti Se donner de la peine pour. *Travailler à un livre, à redresser la situation.*

travailleur, euse n 1 Qui travaille, se consacre à une tâche. *Travailleur manuel.* 2 Qui exerce une activité rémunérée. Loc *Travailleurs sociaux* : chargés de porter assistance aux personnes en difficulté. ■ a, n Qui aime le travail, est très actif.

travaillisme nm Doctrine, mouvement socialiste du Labour Party (parti du Travail), en Grande-Bretagne.

travailliste n, a Partisan du travaillisme.

travée nf 1 Espace compris entre deux points d'appui d'une voûte, d'une charpente, etc. 2 Rangée de tables, de bancs.

traveller's chèque nm Chèque de voyage. *Des traveller's chèques.*

travelling [-liŋ] nm Mouvement de déplacement d'une caméra ; scène ainsi filmée.

travelo nm Pop Travesti (sens 2).

travers nm 1 Petit défaut ou bizarrerie de l'esprit. Loc *À travers qqch* : en traversant. *Au travers (de)* : en traversant de part en part. *En travers de* : dans une position transversale. *Se mettre en travers de* : s'opposer à. *De travers* : obliquement, de façon anormale ; mal, autrement qu'il ne faudrait. *Regarder de travers* : avec malveillance. *À tort et à travers* : inconsidérément. *Travers de porc* : haut de côtes.

traverse nf 1 Pièce d'appui mise en travers dans certains ouvrages. 2 Pièce qui supporte les rails et maintient leur écartement. Loc *Chemin de traverse* : raccourci.

traversée nf Action de traverser la mer, un pays ; trajet ainsi fait. Loc *Traversée du désert* : éclipse dans la carrière d'un homme public.

traverser *vt* 1 Passer à travers, d'un côté à l'autre. *Traverser une rue.* 2 Couper. *La route nationale traverse la voie ferrée.* 3 Pénétrer. *La pluie a traversé son manteau.* 4 Vivre, passer par. *Elle a traversé des moments difficiles.* Loc *Traverser l'esprit* : se présenter fugitivement à l'esprit.

traversière *af* Loc *Flûte traversière* : qu'on tient parallèlement à la bouche.

traversin *nm* Coussin qui s'étend sur toute la largeur du lit.

travertin *nm* Roche calcaire formée par les dépôts d'une source.

travesti, ie *a, n* Qui porte un déguisement. ■ *a* Où on est déguisé. *Bal travesti.* ■ *nm* 1 Déguisement. 2 Homosexuel qui s'habille en femme.

travestir *vt* 1 Déguiser. 2 Donner une apparence trompeuse ; falsifier. *Travestir la vérité.* ■ *vpr* Revêtir un déguisement.

travestisme *nm* Adoption par qqn des vêtements et des comportements de l'autre sexe.

travestissement *nm* 1 Déguisement. 2 Falsification.

traviole (de) *av* Fam De travers.

trayeuse *nf* Machine à traire.

trayon *nm* Extrémité du pis d'une vache, d'une chèvre, etc.

trébuchant, ante *a* Qui trébuche, hésite. Loc *Espèces sonnantes et trébuchantes* : argent liquide.

trébucher *vi* 1 Faire un faux pas, perdre l'équilibre. *Trébucher sur, contre une pierre.* 2 Buter sur une difficulté.

trébuchet *nm* 1 Piège pour petits oiseaux. 2 Petite balance pour peser des corps légers.

tréfilage *nm* Action de tréfiler.

tréfiler *vt* TECH Faire passer un métal à travers une filière pour l'étirer en fil.

tréfilerie *nf* Usine de tréfilage.

trèfle *nm* 1 Plante aux feuilles composées de trois folioles et qui fournit du fourrage. 2 Une des couleurs noires du jeu de cartes.

tréfonds *nm* Litt Ce qu'il y a de plus profond, de plus secret. *Au tréfonds de son âme.*

treillage *nm* Assemblage de lattes pour faire des palissades, des espaliers, etc.

treille *nf* Vigne grimpant le long d'un mur, d'un arbre, disposée sur un châssis, etc.

treillis *nm* 1 Réseau à claire-voie plus ou moins serré. *Jardin clos par un treillis.* 2 Tenue de combat des militaires.

treize *a num* 1 Dix plus trois (13). 2 Treizième. *Chapitre treize.* ■ *nm inv* Nombre, numéro treize. Loc *Jeu à treize* : rugby qui se joue avec treize joueurs.

treizième *a num* Au rang, au degré treize. ■ *a, nm* Contenu treize fois dans un tout.

treizièmement *av* En treizième lieu.

treiziste *nm* Joueur de rugby à treize.

trekking [tʀɛkiŋ] *nm* Randonnée pédestre dans des sites difficiles d'accès.

tréma *nm* Signe graphique (¨) mis sur les voyelles *e, i, u* pour indiquer qu'on doit prononcer séparément la voyelle qui le précède (ex. : *aiguë, naïf*).

trématode *nm* ZOOL Ver plat parasite.

tremblant, ante *a* Qui tremble. *Voix tremblante.* ■ *nf* Maladie virale du mouton.

tremble *nm* Peuplier aux feuilles très mobiles.

tremblé, ée *a* 1 Tracé par une main tremblante. 2 Dont l'intensité varie. *Son tremblé.*

tremblement *nm* 1 Agitation rapide et involontaire du corps. 2 Oscillations, secousses agitant qqch. 3 Variations d'intensité. *Avoir des tremblements dans la voix.* Loc *Tremblement de terre* : séisme, ébranlement de la croûte terrestre. Fam *Et tout le tremblement* : et tout le reste.

trembler *vi* 1 Être pris de tremblements. *Trembler de froid.* 2 Éprouver une grande crainte ; avoir peur. 3 Être ébranlé, agité de secousses. *La terre a tremblé.* 4 Subir des variations d'intensité. *Avoir la voix qui tremble.*

trembleur *nm* Dispositif électrique animé d'un mouvement oscillatoire.

tremblotant, ante *a* Qui tremblote.

tremblote *nf* Loc Fam *Avoir la tremblote* : trembler de froid ou de peur.

tremblotement *nm* Tremblement léger.

trembloter *vi* Trembler légèrement.

trémie *nf* Grand récipient en forme de pyramide renversée, pour le stockage de produits en vrac.

trémière *af* Loc *Rose trémière* : plante ornementale aux grandes fleurs colorées.

trémolo *nm* 1 Effet de vibration obtenu en battant une note plusieurs fois d'un même coup d'archet. 2 Tremblement de la voix.

trémoussement *nm* Mouvement vif du corps.

trémousser (se) *vpr* S'agiter avec des mouvements vifs et irréguliers.

trempage *nm* Action de tremper qqch dans un liquide. *Trempage du linge.*

trempe *nf* 1 TECH Refroidissement brusque par immersion d'une pièce métallique portée à haute température pour en augmenter la dureté. 2 Qualité, vigueur du caractère. 3 Pop Volée de coups.

trempé, ée *a* Loc *Bien trempé* : énergique.

tremper *vt* 1 Mouiller complètement. *Se faire tremper.* 2 Plonger dans un liquide. *Tremper son pain dans son café.* 3 Faire subir la trempe à une pièce métallique. ■ *vi* 1 Demeurer dans un liquide. *Mettre du linge à tremper.* 2 Prendre part à une action répréhensible. *Tremper dans un hold-up.*

trempette *nf* Loc Fam *Faire trempette* : se baigner rapidement ou dans peu d'eau.

tremplin *nm* 1 Planche élastique sur laquelle court et rebondit un sauteur ou un plongeur. 2 Ce qui lance qqn, l'aide à parvenir à une situation sociale élevée.

trémulation *nf* MED Tremblement.

trench-coat [tʀɛnʃkot] *nm* Manteau imperméable. *Des trench-coats.*

trentaine *nf* 1 Nombre de trente ou environ. 2 Âge de trente ans.

trente *a num* 1 Trois fois dix (30). 2 Trentième. *Page trente.* ■ *nm inv* Nombre trente. Loc Fam *Se mettre sur son trente et un* : mettre ses vêtements les plus élégants.

trente-et-quarante *nm inv* Jeu de cartes de casino.

trentenaire *a* Qui dure trente ans. ■ *a, n* Qui a entre trente et quarante ans.

trente-six *a num* Nombre important indéterminé. *Voir trente-six chandelles.*

trentième *a num* Au rang, au degré trente. ■ *a, nm* Contenu trente fois dans un tout.

trépan nm 1 CHIR Instrument servant à percer les os du crâne. 2 TECH Instrument de forage.

trépanation nf CHIR Action de trépaner.

trépaner vt CHIR Perforer les os du crâne.

trépas nm Litt Décès, mort.

trépassé, ée n. a. Litt Personne décédée.

trépasser vi [aux être ou avoir] Litt Mourir.

trépidant, ante a 1 Qui trépide. 2 Agité, fébrile. *Vie trépidante.*

trépidation nf Fait de trépider.

trépider vi Être agité, trembler par petites secousses rapides.

trépied nm Meuble, support à trois pieds.

trépignement nm Action de trépigner.

trépigner vi Frapper des pieds contre terre, à coups rapides et renouvelés.

trépointe nf TECH Bande de cuir servant à renforcer une couture.

tréponème nm Bactérie dont une espèce est l'agent de la syphilis.

très av Indique un degré élevé devant un adjectif, un adverbe.

trésor nm 1 Amas d'or, d'argent, d'objets précieux mis en réserve. 2 Bien particulièrement précieux. *Trésors artistiques.* 3 Personne très aimée. Loc *Le Trésor public* ou *le Trésor* : service de l'État assurant la rentrée des recettes et le règlement des dépenses publiques. ■ pl Abondance. *Dépenser des trésors de patience.*

trésorerie nf 1 Bureau d'un trésorier-payeur général. 2 Ressources immédiatement disponibles d'une entreprise ou d'un particulier.

trésorier, ère n Qui gère les finances d'une société, d'une association, etc.

trésorier-payeur nm Loc *Trésorier-payeur général* : fonctionnaire assumant la gestion des finances publiques dans un département. *Des trésoriers-payeurs.*

tressage nm Action de tresser.

tressaillement nm Fait de tressaillir.

tressaillir vi [27] Avoir une brusque secousse involontaire sous l'effet d'une émotion, d'une douleur.

tressautement nm Fait de tressauter.

tressauter vi 1 Sursauter sous l'effet de la surprise. 2 Être secoué par des cahots.

tresse nf 1 Natte de cheveux entrelacés. 2 Cordon, galon fait de brins entrelacés.

tresser vt Mettre, arranger en tresse.

tréteau nm Pièce de bois soutenant une table, une estrade. ■ pl Vx Théâtre.

treuil nm Tambour cylindrique sur lequel s'enroule un câble pour lever ou tirer une charge.

treuillage nm Action de treuiller.

treuiller vt Lever des charges avec un treuil.

trêve nf 1 Suspension temporaire des hostilités d'un conflit. 2 Relâche, répit, repos. *Travailler sans trêve.* Loc *Trêve de* : assez de. *Trêve des confiseurs* : période de calme social et politique entre Noël et le jour de l'an.

trévise nf Salade rouge à feuilles allongées.

tri nm Action de trier.

triade nf 1 Groupe de trois unités, de trois personnes. 2 En Chine, société secrète, mafia.

triage nm Action de trier.

trial nm Compétition de motos tout terrain. ■ nf Moto spécialement conçue pour ce sport. *Des trials.*

triangle nm 1 Polygone qui a trois côtés. 2 MUS Instrument fait d'une baguette métallique en triangle frappée avec une tige d'acier.

triangulaire a 1 En forme de triangle. 2 Dont la base est un triangle. 3 Qui oppose trois éléments, trois groupes. *Élection triangulaire.*

triangulation nf Établissement d'une carte en divisant le terrain en un réseau de triangles.

trias [-as] nm Période géologique la plus ancienne du secondaire.

triathlon nm Compétition comprenant trois épreuves (course à pied, course cycliste et natation).

triathlonien, enne n Qui pratique le triathlon.

tribal, ale, aux a Propre à la tribu.

tribalisme nm Organisation en tribus.

triboélectricité nf Électricité produite par frottement.

triboélectrique a De la triboélectricité.

tribologie nf PHYS Étude des frottements.

tribord nm Côté droit d'un navire lorsqu'on regarde vers l'avant.

tribu nf 1 Groupe humain présentant une unité culturelle, dont les membres sous l'autorité d'un chef vivent sur un même territoire. 2 Fam Famille nombreuse.

tribulations nfpl Aventures, mésaventures.

tribun nm 1 ANTIQ Magistrat chargé de défendre les plébéiens. 2 Orateur populaire éloquent.

tribunal, aux nm 1 Lieu où la justice est rendue ; palais de justice. 2 Juridiction d'un ou de plusieurs magistrats ; ces magistrats. 3 Litt Ce qui juge. *Le tribunal de l'histoire.*

tribunat nm ANTIQ Charge de tribun.

tribune nf 1 Emplacement surélevé, réservé au public ou à quelques personnes dans des salles, des églises. *Tribune officielle.* 2 Dans un stade, un champ de courses, etc., gradins réservés aux spectateurs. 3 Estrade d'où parle un orateur. *Monter à la tribune.* 4 Rubrique d'un journal.

tribut nm Litt Contribution, impôt. Loc *Payer un lourd tribut à* : subir de graves dommages pour.

tributaire a Dépendant de. Être tributaire de l'étranger pour l'électronique. Loc *Fleuve tributaire d'une mer* : qui s'y jette.

tricard, arde n Pop Interdit de séjour.

tricentenaire nm Troisième centenaire.

tricéphale a Qui a trois têtes.

triceps nm ANAT Muscle ayant trois groupes de faisceaux musculaires.

triche nf Fam Action de tricher, de tromper.

tricher vi Agir d'une manière déloyale pour gagner, réussir. *Tricher au jeu. Tricher à un examen.* ■ vti 1 Tromper, mentir. *Tricher sur son âge.* 2 Dissimuler habilement un défaut.

tricherie nf Tromperie.

tricheur, euse n Qui triche.

trichine [-kin] nf Petit ver qui se développe dans l'intestin de l'homme et du porc.

trichinose [-kinoz] nf Maladie parasitaire due à une trichine.

trichloréthylène nm Composé chloré utilisé pour le nettoyage à sec.

tricholome [-kɔlom] nm Petit champignon à lamelles.

trichomonas [-kɔmɔnas] nm Protozoaire parasite de l'intestin ou du vagin.

trichrome a Obtenu par trichromie.

trichromie nf Reproduction en couleurs à partir des trois couleurs primaires.

tricolore *a* De trois couleurs. ■ *a, n* Qui porte les couleurs (bleu, blanc, rouge) de la France.

tricorne *nm* Chapeau à trois cornes.

tricot *nm* 1 Action de tricoter, d'exécuter avec des aiguilles spéciales un tissu en mailles. 2 Tissu de mailles, fait à la main ou au métier. 3 Vêtement (veste, chandail, maillot de corps) couvrant le haut du corps.

tricoter *vt, vi* Confectionner au tricot.

tricoteur, euse *n* Qui tricote. ■ *nf* Machine à tricoter.

trictrac *nm* Jeu de dés, ancêtre du jacquet.

tricycle *nm* Cycle à trois roues.

tridacne *nm* Mollusque du Pacifique. Syn. bénitier.

tridactyle *a* Qui a trois doigts.

trident *nm* Fourche à trois dents.

tridimensionnel, elle *a* À trois dimensions.

trièdre *a, nm* Qui a trois faces.

triennal, ale, aux *a* 1 Qui dure trois ans. 2 Qui a lieu tous les trois ans.

trier *vt* 1 Choisir parmi plusieurs éléments en laissant de côté ce qui ne convient pas. *Trier des lentilles.* 2 Séparer pour répartir et regrouper. *Trier du courrier.*

trière ou **trirème** *nf* ANTIQ Vaisseau de guerre à trois rangs de rameurs superposés.

trieur, euse *n* Qui effectue un triage. ■ *nf* Machine utilisée pour trier.

trifouiller *vi* Fam Fouiller en tous sens.

triglycéride *nf* Lipide présent dans le sang.

trigone *a, nm* Qui a trois angles.

trigonocéphale *nm* Serpent très venimeux voisin du crotale.

trigonométrie *nf* Étude des relations entre les angles et les côtés d'un triangle.

trigonométrique *a* De la trigonométrie.

trigramme *nm* 1 Mot de trois lettres. 2 Sigle ou figure constitués de trois éléments.

trijumeau *nm* Nerf crânien divisé en trois branches (œil et maxillaires).

trilatéral, ale, aux *a* Qui a trois côtés.

trilingue *a* En trois langues. ■ *a, n* Qui parle trois langues.

trille *nm* MUS Ornement consistant en une alternance rapide entre deux notes voisines.

trillion *nm* Un milliard de milliards (10^{18}).

trilobé, ée *a* À trois lobes.

trilobite *nm* Arthropode fossile du primaire.

trilogie *nf* Ensemble de trois œuvres dont les sujets se font suite.

trimaran *nm* Voilier comportant une coque reliée par des bras à deux flotteurs latéraux.

trimardeur *nm* Pop Vagabond.

trimbaler ou **trimballer** *vt* Fam Traîner, porter partout avec soi. ■ *vpr* Fam Aller et venir.

trimer *vi* Fam Travailler dur.

trimestre *nm* 1 Période de trois mois. 2 Division de l'année scolaire. 3 Somme payée ou reçue tous les trois mois.

trimestriel, elle *a* Qui a lieu tous les trois mois, qui dure trois mois.

trimestriellement *av* Tous les trimestres.

trimoteur *nm* Avion à trois moteurs.

tringle *nf* Tige métallique servant à soutenir un rideau, des cintres, etc.

trinidadien, enne *a, n* De Trinité-et-Tobago.

trinité *nf* (avec majusc) Dans la doctrine chrétienne, union de trois personnes distinctes qui ne forment qu'un seul Dieu : le Père, le Fils et l'Esprit-Saint. Loc Fam *À Pâques ou à la Trinité* : jamais.

trinitrotoluène *nm* Explosif de grande puissance (abrév : TNT).

trinôme *nm* MATH Polynôme à trois termes.

trinquer *vi* 1 Boire à la santé de qqn en choquant son verre. 2 Fam Subir de graves préjudices.

trinquet *nm* Salle où l'on joue à la pelote basque.

trio *nm* 1 Groupe de trois personnes. 2 Formation de trois musiciens. 3 Morceau de musique pour trois voix ou instruments.

triode *nf* Tube électronique à trois électrodes pour amplifier un signal.

triolet *nm* Petit poème de huit vers, sur deux rimes.

triomphal, ale, aux *a* 1 Qui constitue une réussite éclatante. *Élection triomphale.* 2 Enthousiaste. *Accueil triomphal.*

triomphalement *av* De façon triomphale.

triomphalisme *nm* Attitude de confiance excessive dans les succès remportés.

triomphaliste *a, n* Qui relève du triomphalisme.

triomphant, ante *a* 1 Victorieux. 2 Qui marque une intense satisfaction après un succès.

triomphateur, trice *n* Qui remporte un éclatant succès.

triomphe *nm* 1 Grande victoire, succès éclatant. 2 Manifestation la plus éclatante de. *Le triomphe de la médiocrité.* Loc *Porter qqn en triomphe* : porter au-dessus de la foule pour lui faire honneur.

triompher *vti* L'emporter sur un adversaire, se rendre maître d'une force contraire. *Triompher d'une difficulté.* ■ *vi* 1 Remporter un grand succès. 2 S'imposer avec éclat. *La vérité triomphera.* 3 Manifester, avec vanité, une grande joie.

trip *nm* Fam État hallucinatoire dû à la prise d'une drogue.

tripaille *nf* Fam Amas de tripes.

triparti, ie ou **tripartite** *a* 1 Partagé en trois. 2 Qui réunit trois parties contractantes.

tripartisme *nm* Gouvernement où le pouvoir est exercé par trois partis.

tripartition *nf* Division en trois parties.

tripatouillage *nm* Fam Action de tripatouiller.

tripatouiller *vt* Fam 1 Faire subir des modifications malhonnêtes à qqch. *Tripatouiller des comptes.* 2 Manier sans précaution.

tripes *nfpl* 1 Estomac des ruminants préparé et cuisiné. 2 Pop Entrailles, viscères. 3 Fam Ce qu'il y a de plus intime chez qqn.

triperie *nf* Commerce du tripier.

tripette *nf* Loc Fam *Ça ne vaut pas tripette* : ça ne vaut rien.

triphasé, ée *a* ELECTR Se dit d'un système à trois phases.

triphtongue *nf* PHON Séquence de trois voyelles réunies dans une même articulation.

tripier, ère *n* Qui vend des tripes et des abats.

triple *a* 1 Qui comporte trois éléments. *Un triple nœud.* 2 Fam Marque un degré élevé. *Un triple idiot.* ■ *a, nm* Trois fois plus grand. *Une triple dose. Demander le triple.*

triplé, ée *n* Chacun des trois enfants nés d'un même accouchement. ■ *nm* Série de trois victoires.

1. triplement *av* Trois fois autant.

2. triplement *nm* Fait de tripler.

tripler *vt, vi* (Se) multiplier par trois.

triplet *nm* Didac Ensemble de trois éléments pris dans un ordre déterminé.

triplette *nf* Équipe de trois joueurs, aux boules, à la pétanque.

triplex *nm* 1 Appartement à trois niveaux. 2 (n déposé) Verre de sécurité.

triporteur *nm* Tricycle muni d'une caisse à l'avant pour les marchandises.

tripot *nm* Maison de jeu.

tripotage *nm* Pop 1 Fait de tripoter, de toucher, de manier. 2 Opération louche.

tripotée *nf* Pop 1 Volée de coups. 2 Grand nombre.

tripoter *vt* Pop Toucher, manier sans cesse. ■ *vi* Pop Se livrer à des opérations louches.

tripoteur, euse *n* Pop Qui tripote.

tripoux *nmpl* Plat auvergnat composé de tripes et de pieds de mouton.

triptyque *nm* 1 Triple panneau peint ou sculpté à deux volets repliables sur le panneau central. 2 Œuvre littéraire, musicale en trois parties. 3 Document douanier en trois feuillets.

trique *nf* Gros bâton court.

trirème V. trière.

trisaïeul, eule *n* Père, mère de l'arrière-grand-père, de l'arrière-grand-mère.

trisannuel, elle *a* 1 Qui a lieu tous les trois ans. 2 Qui dure trois ans.

trisomie *nf* Anomalie génétique due à la présence de trois chromosomes au lieu d'une paire. Loc *Trisomie 21* : mongolisme.

trisomique *a. n* Mongolien.

trisser *vt* Faire reprendre un morceau de musique une troisième fois. ■ *vi* Pop Courir très vite.

triste *a* 1 Qui éprouve du chagrin, de la dépression, de la mélancolie. Ant. gai. 2 Qui dénote le chagrin, la peine. 3 Affligeant, pénible. *Il a eu une triste fin.* 4 (devant un nom) Méprisable. *Un triste individu.* Loc *Faire triste mine à qqn* : lui faire mauvais accueil.

tristement *av* 1 Avec tristesse. 2 De façon navrante.

tristesse *nf* 1 Chagrin, mélancolie, dépression. 2 Caractère triste. *La tristesse d'un paysage.*

tristounet, ette *a* Fam Un peu triste.

trisyllabe *nm* Groupe de trois syllabes.

trisyllabique *a* De trois syllabes.

triticale *nm* Hybride du blé et du seigle.

tritium [-tjɔm] *nm* Isotope radioactif de l'hydrogène.

triton *nm* 1 Amphibien qui vit près des eaux stagnantes. 2 Mollusque à la coquille (conque) utilisée comme trompette de guerre.

triturateur *nm* Machine à triturer ; broyeur.

trituration *nf* Action de triturer.

triturer *vt* 1 Broyer pour réduire en éléments plus petits. 2 Manier en tordant. Loc Fam *Se triturer les méninges* : se creuser la tête.

triumvir [trijɔm-] *nm* ANTIQ Membre d'un collège de trois magistrats.

triumvirat [trijɔm-] *nm* 1 ANTIQ Charge de triumvir. 2 Union de trois personnes pour exercer un pouvoir.

trivalent, ente *a* CHIM Qui a une valence triple.

trivial, ale, aux *a* 1 D'une simplicité très grande ; très courant. *Notion triviale.* 2 Grossier, malséant, vulgaire. *Mot trivial.*

trivialement *av* De façon triviale.

trivialité *nf* 1 Litt Banalité. 2 Caractère choquant, vulgaire ; grossièreté.

troc *nm* Échange d'objets, sans l'intermédiaire de la monnaie.

trocart *nm* CHIR Instrument pour pratiquer des ponctions.

trochaïque [-kaik] *a* Composé de trochées.

trochanter [-kɑ̃ter] *nm* ANAT Apophyse de la partie supérieure du fémur.

trochée *nm* Pied de la métrique grecque ou latine composé d'une longue et d'une brève.

troène *nm* Arbuste ornemental taillé en haie, à fleurs blanches odorantes.

troglodyte *nm* 1 Qui vit dans une caverne, une grotte. 2 Passereau marchant la queue relevée.

troglodytique *a* Des troglodytes.

trogne *nf* Fam Visage plein et rubicond.

trognon *nm* Partie centrale, non comestible, d'un fruit à pépins ou d'un légume. Loc *Jusqu'au trognon* : jusqu'au bout. ■ *a inv* Charmant, gentil.

troïka *nf* Traîneau russe tiré par trois chevaux attelés de front.

trois *a num* 1 Deux plus un (3). 2 Troisième. *Page trois.* Loc *Règle de trois* : opération arithmétique permettant de calculer l'un des quatre termes d'une proportion dont on connaît les trois autres. ■ *nm inv* Le nombre, le chiffre ou le numéro trois.

trois-étoiles *nm inv* Hôtel, restaurant de grande qualité.

trois-huit *nmpl* Système de travail dans lequel trois équipes se relaient toutes les huit heures.

troisième *a* Au rang, au degré trois. ■ *a, nm* Contenu trois fois dans un tout. ■ *nf* 1 Quatrième classe de l'enseignement secondaire. 2 Troisième vitesse.

troisièmement *av* En troisième lieu.

trois-mâts *nm inv* Voilier à trois mâts.

trois-quarts *nm inv* 1 Manteau court. 2 Joueur de rugby situé entre les demis et l'arrière.

troll *nm* Lutin des légendes scandinaves.

trolleybus ou **trolley** *nm* Autobus électrique alimenté par une ligne aérienne.

trombe *nf* Cyclone caractérisé par une colonne de nuages tourbillonnante et aspirante. Loc *Trombe d'eau* : averse très violente. *En trombe* : très vite et brusquement.

trombidion *nm* Acarien dont les larves (aoûtats) piquent l'homme.

trombine *nf* Pop Visage, tête.

trombinoscope *nm* Fam Document rassemblant les portraits des membres d'un groupe.

tromblon *nm* Vieux fusil au canon évasé.

trombone *nm* 1 Agrafe servant à assembler des papiers. 2 Instrument à vent à embouchure et à pistons. Loc *Trombone à coulisse* : instrument formé de deux tubes en U qui glissent l'un dans l'autre.

trompe *nf* 1 Appendice plus ou moins développé chez le tapir et l'éléphant ou chez certains insectes. 2 Instrument à vent, en cuivre et recourbé. Loc ANAT *Trompe d'Eustache* :

conduit qui unit l'oreille au pharynx. *Trompe utérine* ou *trompe de Fallope* : conduit qui va de l'utérus à l'un des deux ovaires.

trompe-l'œil *nm inv* 1 Peinture donnant l'illusion d'un véritable relief. 2 Ce qui fait illusion.

tromper *vt* 1 Induire volontairement qqn en erreur. 2 Être infidèle en amour. 3 Mettre en défaut. *Tromper la vigilance de qqn.* 4 Faire diversion à. *Tromper son ennui.* ■ *vpr* 1 Commettre une erreur. 2 Prendre une chose pour une autre. *Vous vous trompez de numéro.*

tromperie *nf* Action de tromper.

trompette *nf* Instrument de musique à vent à embouchure, de la famille des cuivres. **Loc** *Fam Partir sans tambour ni trompette* : sans se faire remarquer. *Nez en trompette* : relevé. ■ *nm* Trompettiste.

trompette-de-la-mort ou **trompette-des-morts** *nf* Champignon comestible noir. *Des trompettes-de-la-mort.*

trompettiste *n* Joueur de trompette.

trompeur, euse *a, n* Qui induit en erreur.

trompeusement *av* De façon trompeuse.

tronc *nm* 1 Partie de la tige des arbres, depuis les racines jusqu'aux branches. 2 Partie centrale du corps sur laquelle s'attachent la tête et les membres. 3 Partie la plus grosse d'un vaisseau ou d'un nerf d'où partent des branches. 4 Boîte pour recevoir les offrandes dans une église. 5 GEOM Solide compris entre la base et une section plane parallèle. *Tronc de cône.* **Loc** *Tronc commun* : partie commune dans une formation, un enseignement.

troncation *nf* LING Abrègement d'un mot.

tronche *nf* Pop Visage, tête.

tronçon *nm* 1 Morceau coupé d'un objet long. 2 Partie d'une route.

tronconique *a* En forme de tronc de cône.

tronçonnage ou **tronçonnement** *nm* Action de tronçonner.

tronçonner *vt* Couper, débiter en tronçons.

tronçonneuse *nf* Machine pour tronçonner le bois.

trône *nm* 1 Siège élevé où les souverains, le pape prennent place dans des cérémonies. 2 Litt Pouvoir souverain.

trôner *vi* 1 Être assis avec solennité à une place d'honneur. 2 Être placé bien en vue. *Ses diplômes trônaient sur la cheminée.*

tronqué, ée *a* **Loc** *Colonne tronquée* : fût de colonne brisé dans sa partie supérieure. *Pyramide tronquée* : qui ne comporte pas de partie supérieure.

tronquer *vt* Effectuer des suppressions importantes dans un texte.

trop *av* À un degré excessif, en quantité excessive. *Il est trop jeune. Elle a trop de travail.* **Loc** *C'en est trop* : cela dépasse la mesure. *De trop, en trop* : au-delà du nécessaire. Litt *Par trop* : réellement trop.

trope *nm* RHET Figure de style ; emploi des mots hors de leur usage habituel.

trophée *nm* Objet qui témoigne d'une victoire, d'un succès.

trophique *a* BIOL De la nutrition d'un être vivant, d'un tissu organique.

tropical, ale, aux *a* 1 Des tropiques. 2 Très chaud. *Température tropicale.*

tropicaliser *vt* TECH Adapter un matériau, un matériel au climat tropical.

tropique *nm* Chacun des deux parallèles distants de l'équateur de 23° 27'. **Loc** *Tropique du Cancer* : de l'hémisphère Nord. *Tropique du Capricorne* : de l'hémisphère Sud. ■ *pl* Région comprise entre les deux tropiques.

tropisme *nm* BIOL Mouvement par lequel un organisme s'oriente par rapport à une excitation extérieure.

tropopause *nf* Limite entre la troposphère et la stratosphère.

troposphère *nf* Partie de l'atmosphère située entre le sol et 10 km environ.

trop-perçu *nm* Somme perçue en trop. *Des trop-perçus.*

trop-plein *nm* 1 Ce qui excède la capacité d'un récipient. 2 Ce qui est en excès. *Un trop-plein d'énergie.* 3 Dispositif qui sert à évacuer un liquide en excès. *Des trop-pleins.*

troquer *vt* Échanger une chose contre une autre.

troquet *nm* Fam Petit café, bar.

trot *nm* Allure du cheval intermédiaire entre le pas et le galop. **Loc** *Fam Au trot* : vivement et sans délai.

trotskisme *nm* Doctrine politique de Trotski, selon laquelle la révolution doit être permanente et mondiale.

trotskiste *n, a* Qui relève du trotskisme.

trotte *nf* Fam Distance assez longue à parcourir à pied.

trotter *vi* 1 Aller au trot. 2 Marcher à petits pas et rapidement. 3 Aller et venir. *Cette idée lui trotte dans la tête.*

trotteur *nm* Cheval dressé aux courses de trot. ■ *nf* Petite aiguille d'une montre, qui marque les secondes.

trottinement *nm* Action de trottiner.

trottiner *vi* Marcher à petits pas pressés.

trottinette *nf* Jouet d'enfant formé d'une planchette montée sur deux petites roues et munie d'une tige de direction.

trottoir *nm* Chemin surélevé, de chaque côté d'une rue, aménagé pour les piétons. **Loc** *Fam Faire le trottoir* : se prostituer.

trou *nm* 1 Ouverture naturelle ou artificielle dans le sol, dans un corps. 2 Déficit dans un compte ; somme manquante. 3 Fam Petite localité retirée. **Loc** *Trou d'air* : courant atmosphérique descendant qui fait perdre brusquement de l'altitude à un avion. *Trou noir* : astre dont le champ de gravitation est si intense qu'aucun rayonnement ne peut s'en échapper. *Trou normand* : eau-de-vie prise au milieu d'un repas copieux. *Trou de mémoire* : absence, oubli. Pop *Être au trou* : en prison. Fam *Faire son trou* : se faire une situation qqpart.

troubadour *nm* HIST Poète courtois des pays de langue d'oc au Moyen Âge.

troublant, ante *a* Qui inquiète ou déconcerte.

trouble *a* 1 Qui manque de limpidité, de transparence. *Vin trouble.* 2 Flou, qui n'est pas net. *Image trouble.* 3 Équivoque, louche, suspect. *Conduite trouble.* ■ *nm* 1 Confusion, agitation désordonnée. *Semer le trouble.* 2 Inquiétude, désarroi. *Laisser voir son trouble.* ■ *pl* 1 Désordre, anomalie dans le fonctionnement d'un organe. *Troubles respiratoires.* 2 Agitation politique ou sociale ; soulèvement.

trouble-fête *n inv* Importun qui interrompt une réjouissance.

562

troubler vt 1 Rendre trouble, moins limpide, moins transparent. 2 Interrompre, perturber le déroulement, le fonctionnement de. *Troubler le sommeil.* 3 Susciter l'inquiétude chez qqn ; intimider. 4 Interrompre le cours d'une action. *Troubler une réunion.* ■ vpr 1 Devenir trouble. 2 Perdre la maîtrise de soi ; se décontenancer.

trouée nf 1 Ouverture naturelle ou artificielle. 2 Rupture dans le front de l'ennemi.

trouer vt Percer, faire un trou, des trous dans qqch.

troufion nm Pop Simple soldat.

trouillard, arde a, n Fam Poltron, peureux.

trouille nf Pop Peur.

troupe nf 1 Groupe de personnes ou d'animaux. 2 Groupe de comédiens, d'artistes de théâtre, de music-hall, etc. 3 Unité régulière de soldats. Loc *Homme de troupe* : simple soldat.

troupeau nm 1 Troupe d'animaux domestiques de même espèce, élevés ensemble. 2 Groupe de personnes qui suit passivement qqn, qqch.

troupier nm Fam Militaire. ■ am Loc *Comique troupier* : comique grivois à base d'histoires de caserne.

trousse nf Petite sacoche à compartiments pour ranger des instruments, divers objets usuels. Loc *Trousse de toilette* : qui contient des objets de toilette. ■ pl Loc Fam *Aux trousses de* : à la poursuite de.

trousseau nm 1 Linge, vêtements, donnés à une jeune fille qui se marie, à un enfant qui entre en pension. Loc *Trousseau de clefs* : clefs réunies par un anneau, un porte-clefs.

trousser vt Vx Retrousser. Loc *Trousser un compliment* : le faire avec rapidité et élégance. *Trousser une volaille* : lier près du corps ses ailes et ses cuisses pour la faire cuire.

trouvaille nf Découverte heureuse, opportune.

trouvé, ée a Loc *Bien trouvé* : original. *Tout trouvé* : trouvé avant d'avoir été recherché. *Enfant trouvé* : né de parents inconnus.

trouver vt 1 Rencontrer, découvrir qqn, qqch qu'on cherchait ou par hasard. *Vous le trouverez chez lui. Trouver un parapluie dans l'autobus.* 2 Découvrir, inventer. *Trouver la solution d'un problème.* 3 Disposer de. *Trouver le temps de faire qqch.* 4 Éprouver, ressentir. *Trouver une consolation dans l'amitié.* 5 Voir, constater l'état. *Je l'ai trouvé malade.* 6 Estimer, juger. *Il trouve ce livre passionnant.* Loc *Trouver à redire* : critiquer, blâmer. ■ vpr 1 Être présent en un lieu, en une occasion. 2 Être situé. *Le livre se trouve sur le bureau.* 3 Être dans tel ou tel état. *Se trouver dans l'embarras.* Loc *Se trouver mal* : avoir un malaise. ■ v impers Loc *Il se trouve que* : il se révèle que. Fam *Si ça se trouve* : éventuellement.

trouvère nm HIST Jongleur et poète de langue d'oïl au Moyen Âge.

troyen, enne a, n De l'ancienne ville de Troie ou de Troyes.

truand, ande n Pop Malfaiteur, homme du milieu.

truander vi Pop Voler, escroquer.

trublion nm Fauteur de troubles.

truc nm 1 Fam Procédé habile permettant de réussir qqch. *Les trucs du métier.* 2 Procédé destiné à créer une illusion. 3 Fam Mot par lequel on désigne une chose sans la nommer.

trucage. V. truquage.

truchement nm Vx Interprète. Loc Litt *Par le truchement de* : par l'intermédiaire de.

trucider vt Fam Tuer.

trucmuche nm Fam Personne quelconque qu'on ne nomme pas.

truculence nf Caractère truculent.

truculent, ente a Haut en couleur, pittoresque.

truelle nf Outil pour appliquer le plâtre, le mortier.

truffe nf 1 Champignon comestible apprécié se développant dans le sol. 2 Confiserie au chocolat. 3 Nez du chien.

truffer vt 1 Garnir un mets de truffes. 2 Bourrer. *Il truffe ses discours de citations.*

trufficulture nf Production de truffes.

truffier, ère a Relatif aux truffes. ■ nf Terrain où poussent des truffes.

truie nf Femelle du porc.

truisme nm Vérité aussi évidente que banale.

truite nf Poisson comestible, voisin du saumon, mais plus petit.

truité, ée a Marqué de petites taches rougeâtres et noires.

trumeau nm Glace, panneau disposé au-dessus d'une cheminée ou entre deux fenêtres.

truquage ou **trucage** nm 1 Fait de truquer. 2 Procédé technique utilisé pour créer une illusion, au théâtre, au cinéma.

truquer vt Modifier frauduleusement. *Truquer un dossier.*

truqueur, euse n Qui trieuse, truque, falsifie.

trust [trœst] nm Réunion de plusieurs entreprises exerçant un monopole sur un produit ou un secteur.

truster [trœste] vt Fam Accaparer, monopoliser.

trypanosome nm Parasite du sang, agent de diverses maladies, en particulier du maladie du sommeil.

trypanosomiase nf Maladie parasitaire due à un trypanosome.

trypsine nf BIOL Enzyme du pancréas.

tryptophane nm BIOL Acide aminé indispensable à l'organisme.

tsar nm Titre des empereurs de Russie et de Bulgarie.

tsarévitch nm Fils aîné du tsar de Russie.

tsarine nf Femme du tsar.

tsarisme nm HIST Régime politique de la Russie avant 1917.

tsariste a, n Qui relève du tsarisme.

tsé-tsé nf inv Loc *Mouche tsé-tsé* : mouche africaine qui propage la maladie du sommeil.

T.S.F. [teɛsɛf] nf Vx Radio.

T-shirt V. tee-shirt.

tsigane ou **tzigane** a Qui concerne les Tsiganes. ■ nm Langue parlée par les Tsiganes.

tsunami nm Raz de marée sur les côtes du Pacifique.

t.t.c. Abrév de *toutes taxes comprises.*

tu pr pers Deuxième personne du singulier des deux genres, ayant la fonction de sujet. Loc *Être à tu et à toi avec qqn* : être intime avec lui.

tuant, ante a Fam Très fatigant, épuisant.

tuba nm 1 Instrument à vent utilisé comme basse de trombones. 2 Tube respiratoire pour nager la tête sous l'eau.

tubage nm MED Introduction dans l'estomac, les bronches, d'un tube souple à des fins thérapeutiques.

tubaire *a* MED De la trompe d'Eustache ou de la trompe de Fallope.

tubard, arde *n* Pop Tuberculeux.

tube *nm* 1 Conduit généralement rigide, à section circulaire et d'un petit diamètre. 2 Conduit naturel. *Tube digestif.* 3 Fam Chanson, disque à succès. 4 Emballage cylindrique. *Tube d'aspirine.* Loc Fam *À pleins tubes :* à pleine puissance. *Tube à essai :* en verre, fermé à un bout, utilisé en chimie.

tubercule *nm* BOT Excroissance d'une racine, d'un rhizome où s'accumulent les réserves nutritives de la plante.

tuberculeux, euse *a, n* Atteint de tuberculose.

tuberculine *nf* Substance extraite de la culture de bacilles tuberculeux, provoquant chez les sujets déjà sensibilisés une cuti-réaction.

tuberculose *nf* Maladie infectieuse contagieuse due au bacille de Koch.

tubéreuse *nf* Plante vivace bulbeuse aux fleurs en grappes très parfumées.

tubérosité *nf* ANAT Éminence arrondie, protubérance.

tubulaire *a* 1 En forme de tube. *Conduit tubulaire.* 2 Formé de tubes.

tubulure *nf* 1 Orifice destiné à recevoir un tube. 2 Ensemble des tubes.

tudesque *a* Vx Allemand.

tué, ée *a, n* Victime (accident, guerre, etc.).

tue-mouche *a inv* Loc *Papier tue-mouche :* recouvert d'une substance gluante et nocive pour tuer les mouches.

tuer *vt* 1 Faire mourir de manière violente ; causer la mort de. 2 Fam Exténuer, éreinter physiquement ou moralement. Loc *Tuer dans l'œuf :* écraser qqch avant tout développement. *Tuer le temps :* l'occuper pour ne pas s'ennuyer. ■ *vpr* 1 Se suicider. 2 Mourir dans un accident. 3 Ruiner sa santé. 4 Se donner beaucoup de peine à faire qqch.

tuerie *nf* Carnage, massacre.

tue-tête (à) *av* Loc *Crier, chanter à tue-tête :* de toutes ses forces.

tueur, euse *n* Qui tue ; assassin. ■ *nm* Chargé de l'abattage des animaux de boucherie.

tuf *nm* Roche poreuse volcanique ou calcaire.

tuffeau *nm* Variété de tuf calcaire.

tuile *nf* 1 Plaque de terre cuite servant à couvrir les toits. 2 Fam Événement imprévu et fâcheux. 3 Petit four aux amandes.

tuilerie *nf* Fabrique de tuiles.

tuilier, ère *a* De la fabrication des tuiles.

tularémie *nf* Maladie épidémique du lapin et du lièvre, transmissible à l'homme.

tulipe *nf* Plante bulbeuse ornementale de couleur variable.

tulipier *nm* Arbre ornemental d'Amérique du Nord.

tulle *nm* Tissu léger et transparent.

tuméfaction *nf* Gonflement pathologique d'un organe ou d'un tissu.

tuméfier *vt* Causer une tuméfaction. ■ *vpr* S'enfler anormalement.

tumescent, ente *a* MED Qui gonfle, se boursoufle.

tumeur *nf* Prolifération pathologique des cellules d'un tissu organique.

tumoral, ale, aux *a* D'une tumeur.

tumulte *nm* Agitation bruyante et désordonnée.

tumultueusement *av* En tumulte.

tumultueux, euse *a* Agité, désordonné.

tumulus [-lys] *nm* Grand amas de terre ou de pierres, élevé jadis au-dessus des sépultures.

tuner [tynɛr] *nm* Récepteur radio dans une chaîne haute-fidélité.

tungstène [tœksten] *nm* Métal gris, lourd, utilisé pour les filaments des lampes.

tunicier *nm* ZOOL Animal marin, comme les ascidies, le plancton.

tunique *nf* 1 Vêtement de dessous à Rome. 2 Veste d'uniforme à col droit, serrée à la taille. 3 Vêtement couvrant le buste, porté par-dessus une jupe, un pantalon. 4 ANAT, BOT Enveloppe de certains organes.

tunisien, enne *a, n* De Tunisie.

tunisois, oise *a, n* De Tunis.

tunnel *nm* 1 Galerie souterraine livrant passage à une voie de communication. *Tunnel ferroviaire, routier.* 2 Abri de matière plastique utilisé pour la production de primeurs. Loc *Voir le bout du tunnel :* la fin de ses épreuves.

tunnelier *nm* Engin de travaux publics servant à creuser des tunnels.

tupi *nm* Langue amérindienne du Paraguay et du Brésil.

tupi-guarani [-gwa-] *nm inv* Famille de langues indiennes d'Amérique du Sud.

turban *nm* Coiffure faite d'une longue pièce d'étoffe enroulée autour d'une tête.

turbidité *nf* 1 État d'un liquide trouble. 2 Teneur d'un cours d'eau en particules en suspension.

turbin *nm* Pop Travail.

turbine *nf* Moteur dont l'élément essentiel est une roue munie d'ailettes ou d'aubes et mise en rotation par un fluide.

turbiner *vi* Pop Travailler dur.

turbo *nm* Abrév de *turbocompresseur* ou de *turbomoteur.* Loc *Moteur turbo :* suralimenté par un turbocompresseur.

turboalternateur *nm* Alternateur électrique mû par une turbine.

turbocompresseur *nm* Compresseur entraîné par une turbine.

turbomachine *nf* Toute machine agissant sur un fluide par l'intermédiaire d'une turbine.

turbomoteur *nm* Moteur à turbine.

turbopropulseur *nm* Turbine à gaz entraînant une ou plusieurs hélices.

turboréacteur *nm* Moteur à réaction à turbine à gaz.

turbot *nm* Poisson plat, comestible estimé.

turbotin *nm* Jeune turbot.

turbotrain *nm* Train très rapide, dont la motrice est une turbine à gaz.

turbulence *nf* 1 Caractère turbulent. 2 Agitation, désordre bruyant.

turbulent, ente *a* Porté à faire du bruit, à s'agiter ; remuant.

turc, turque *a, n* De Turquie. Loc *Bain turc :* bain de vapeur. *Café turc :* café noir servi avec le marc. *Fort comme un Turc :* très fort. ■ *nm* Langue parlée en Turquie et en Asie centrale.

turcique *a* Loc ANAT *Selle turcique :* cavité où est logée l'hypophyse.

turcophone *a, n* De langue turque.

turf [tœrf] *nm* Sport de courses de chevaux.

turfiste [tœrtist] *n* Habitué des champs de courses.

turgescence *nf* MED Augmentation du volume d'un organe ; gonflement.

turgescent, ente *a* MED Se dit d'un organe gonflé, enflé.

turkmène *a, n* Du Turkménistan. ∎ *nm* Langue turque parlée au Turkménistan.

turlupiner *vt* Fam Tracasser, tourmenter.

turne *nf* Pop Chambre.

turnover [tœʀnɔvœʀ] *nm* ECON Rotation de la main-d'œuvre dans une entreprise.

turpitude *nf* Litt Ignominie.

turquerie *nf* Œuvre artistique dans le goût turc.

turquoise *nf* Pierre fine bleue. ∎ *a inv, nm* Couleur bleu vert.

tursan *nm* Vin rouge du Sud-Ouest.

tussilage *nm* Plante à propriétés pectorales.

tussor *nm* Étoffe de soie légère.

tutélaire *a* 1 DR Qui concerne la tutelle. 2 Litt Qui protège. *Ange tutélaire.*

tutelle *nf* 1 DR Mandat conféré à qqn de se charger de la personne et des biens d'un mineur ou d'un incapable majeur. 2 Contrôle d'une institution, du gouvernement sur une collectivité. *Autorité de tutelle.* 3 Litt Protection, soutien. *Une pesante tutelle.*

tuteur, trice *n* 1 DR Personne chargée d'une tutelle. 2 Qui protège ou soutient qqn. ∎ *nm* Piquet destiné à soutenir une plante.

tutoiement *nm* Action de tutoyer.

tutorat *nm* Fonction de tuteur.

tutoyer *vt* [22] User de la deuxième personne du singulier en s'adressant à qqn.

tutti quanti [tutikwãti] *av* Et toutes les autres personnes de cette espèce.

tutu *nm* Tenue de scène des danseuses de ballet, faite de jupes courtes de tulle.

tuyau [tɥijo] *nm* 1 Conduit cylindrique servant à l'écoulement d'un liquide, d'un gaz. 2 Fam Renseignement confidentiel. Loc Fam *Dans le tuyau de l'oreille :* à voix basse.

tuyauter [tɥi-] *vt* Fam Fournir des renseignements à qqn.

tuyauterie [tɥi-] *nf* Tuyaux, canalisations d'une installation.

tuyère [tɥijɛʀ] *nf* Organe d'éjection des gaz d'un moteur à réaction.

T.V.A. [tevea] *nf* Taxe à la valeur ajoutée.

tweed [twid] *nm* Étoffe de laine cardée.

tweeter [twitœʀ] *nm* Haut-parleur d'aigus.

twin-set *nm* Ensemble constitué d'un cardigan et d'un pull-over assortis. *Des twin-sets.*

twist *nm* Danse en vogue dans les années 60.

tympan *nm* 1 ARCHI Espace triangulaire délimité par les corniches d'un fronton. 2 ANAT Cavité de l'oreille moyenne fermée par une membrane ; cette membrane elle-même.

type *nm* 1 Modèle idéal représentant les caractères essentiels d'une espèce déterminée ; catégorie spécifique. 2 Fam Individu quelconque. 3 Caractère d'imprimerie. ∎ *a* Exemplaire. *L'avare type.*

typé, ée *a* Qui correspond parfaitement au modèle du genre.

typer *vt* Représenter de façon caractéristique.

typhique *a, n* Atteint du typhus ou de la fièvre typhoïde.

typhoïde *a, nf* Loc *Fièvre typhoïde :* maladie infectieuse contagieuse, caractérisée par une température élevée et des troubles digestifs.

typhon *nm* Cyclone des mers d'Extrême-Orient.

typhus *nm* Maladie infectieuse contagieuse, caractérisée par une fièvre élevée.

typique *a* Caractéristique. *Cas typique.*

typiquement *av* De façon caractéristique.

typo *n* Abrév de *typographe* et de *typographie.*

typographe *n* Professionnel de la typographie (abrév fam : typo).

typographie *nf* Composition d'un texte à l'aide de caractères mobiles ; manière dont texte est imprimé (abrév fam : typo).

typographique *a* De la typographie.

typologie *nf* Classification par types ; science des classifications.

typologique *a* De la typologie.

tyran *nm* 1 Celui qui, à la tête d'un État, exerce un pouvoir absolu après un coup de force. 2 Qui exerce durement son autorité ou en abuse.

tyranneau *nm* Litt Petit tyran.

tyrannicide *n* Litt Qui a tué un tyran. ∎ *nm* Meurtre d'un tyran.

tyrannie *nf* 1 Autorité exercée de manière absolue, oppressive. 2 Gouvernement despotique.

tyrannique *a* De la tyrannie, autoritaire.

tyranniquement *av* De façon tyrannique.

tyranniser *vt* Traiter avec tyrannie.

tyrannosaure *nm* Reptile carnassier fossile.

tyrolien, enne *a, n* Du Tyrol. ∎ *nf* Chant à sauts brusques en passant de la voix de poitrine à la voix de tête.

tyrosine *nf* BIOL Acide aminé fournissant la mélanine.

tzigane. V. tsigane.

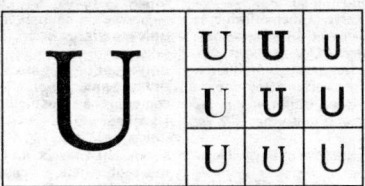

u nm Vingt et unième lettre (voyelle) de l'alphabet.

ubac nm Côté exposé à l'ombre dans les montagnes. Ant. adret.

ubiquité [-kɥi-] nf Loc *Avoir le don d'ubiquité* : être partout à la fois.

ubuesque a Litt D'une absurdité énorme.

uhlan nm HIST Lancier (cavalier).

ukase ou **oukase** nm 1 HIST Édit du tsar. 2 Ordre impératif et arbitraire.

ukiyo-e nm inv BX-A Estampe japonaise.

ukrainien, enne a, n De l'Ukraine. ■ nm Langue slave parlée en Ukraine.

ukulélé [juku-] nm Petite guitare d'Hawaii.

ulcération nf Formation d'un ulcère.

ulcère nm Lésion de la peau ou d'une muqueuse qui ne se cicatrise pas et suppure.

ulcérer vt [12] 1 MED Produire un ulcère. 2 Provoquer un profond ressentiment chez qqn.

ulcéreux, euse a Propre à l'ulcère. ■ n Atteint d'un ulcère.

uléma ou **ouléma** nm Docteur de la loi chez les musulmans.

U.L.M. [yelem] nm inv Engin volant ultraléger motorisé.

ultérieur, eure a Qui vient après, dans le temps. Syn. postérieur. Ant. antérieur.

ultérieurement av Plus tard.

ultimatum [-tɔm] nm 1 Proposition ultime adressée par un pays à un autre, et dont le rejet entraîne la guerre. 2 Mise en demeure impérative.

ultime a Litt Dernier, dans le temps.

ultra n, a Extrémiste.

ultramicroscope nm Microscope très puissant.

ultramoderne a Très moderne.

ultramontain, aine a, n HIST Partisan de l'extension maximale des pouvoirs du pape.

ultramontanisme nm HIST Position des ultramontains.

ultrasensible a Extrêmement sensible.

ultrason nm PHYS Vibration acoustique de fréquence très élevée, inaudible.

ultrasonore a Qui concerne les ultrasons.

ultraviolet, ette a, nm PHYS Se dit de radiations invisibles dont la longueur d'onde est au-delà du violet.

ululement, ululer. V. hululement, hululer.

umlaut [umlawt] nm GRAM En allemand, modification du timbre d'une voyelle, indiquée par un tréma.

un, une a num 1 Nombre exprimant l'unité. 2 Premier. *Il était une heure.* Loc *Pas un* : aucun, nul. *Un à un, un par un* : à tour de rôle. *Ne faire qu'un avec* : se confondre avec. *C'est tout un* : c'est la même chose. ■ nm Chiffre, numéro qui indique l'unité. ■ nf Loc *La une* : la première page d'un journal. Fam *Ne faire ni une ni deux* : ne pas hésiter. ■ a Simple, qui n'admet pas de division. *La vérité est une.* ■ art indéf (pl : *des*) Désigne qqn, qqch de façon indéterminée. ■ pr indéf Une personne, une chose par rapport à une autre. Loc *L'un l'autre* : mutuellement. *Ni l'un ni l'autre* : aucun des deux. *L'un dans l'autre* : tout compte fait.

unanime a Qui exprime un accord collectif. ■ pl Qui sont tous du même avis.

unanimement av D'un commun accord.

unanimisme nm Doctrine littéraire selon laquelle l'accent doit être mis sur la psychologie collective.

unanimité nf Caractère unanime, accord complet des opinions.

unau nm Mammifère arboricole d'Amérique. Syn. paresseux. *Des unaus.*

underground [œndœɡrawnd] a inv Réalisé et diffusé en dehors des circuits commerciaux traditionnels, en parlant d'œuvres d'avant-garde.

unguéal, ale, aux [ɔ̃geal] a De l'ongle.

uni, ie a 1 Sans inégalité, parfaitement lisse. *Surface unie.* 2 D'une seule couleur. *Costume uni.* ■ nm Étoffe unie.

uniate a, n Se dit des Églises orientales, qui reconnaissent l'autorité du pape, mais conservent leurs rites.

unicellulaire a BIOL Formé d'une seule cellule.

unicité nf Caractère unique.

unidimensionnel, elle a Qui a une seule dimension.

unidirectionnel, elle a Qui s'exerce dans une seule direction.

unième a num Seulement en composition après la dizaine, la centaine. *Trente et unième.*

unièmement av Seulement en composition, correspond à unième. *Vingt et unièmement.*

unificateur, trice a, n Qui unifie.

unification nf Action d'unifier.

unifier *vt* 1 Rassembler pour faire un tout. 2 Donner une certaine unité à. *Unifier un parti politique.* ■ *vpr* Être amené à s'unir.

uniforme *a* 1 Qui conserve la même forme, le même aspect. *Plaine uniforme.* 2 Qui ressemble en tout point aux autres. *Des opinions uniformes.* ■ *nm* Costume imposé aux militaires, aux membres d'un groupe social déterminé.

uniformément *av* De façon uniforme.

uniformisation *nf* Action d'uniformiser. ■ *vpr* Devenir uniforme.

uniformiser *vt* Rendre uniforme. ■ *vpr* Devenir uniforme.

uniformité *nf* Caractère uniforme.

unijambiste *n, a* Amputé d'une jambe.

unilatéral, ale, aux *a* 1 Qui se trouve, qui se fait d'un seul côté. *Stationnement unilatéral.* 2 Qui émane d'une seule des parties. *Décision unilatérale.*

unilatéralement *av* De façon unilatérale.

unilingue *a* En une seule langue.

uniment *av* Litt Uniformément.

uninominal, ale, aux *a* Se dit d'un scrutin par lequel on élit un seul candidat.

union *nf* 1 Fait de constituer un tout. *Union de l'esprit et du corps.* 2 Entente entre des personnes, résultant d'intérêts communs ou de liens affectifs. 3 Association, groupement de partis, de syndicats. 4 Mariage. Loc *Union libre* : concubinage.

unique *a* 1 Seul de son espèce. *Fils unique.* 2 Incomparable, exceptionnel. *Fait unique dans l'histoire.* 3 Le même pour plusieurs choses. *Commandement unique.*

uniquement *av* Exclusivement, seulement.

unir *vt* 1 Joindre de façon à former un tout. *Unir un territoire à un autre.* 2 Établir une liaison entre. *Canal qui unit deux mers.* 3 Créer un lien d'affection, d'intérêt. *C'est l'amitié qui les unit.* 4 Marier. ■ *vpr* Se joindre, s'associer, se marier.

unisexe *a* Qui convient indifféremment aux hommes ou aux femmes (vêtement, coiffure).

unisson *nm* MUS Accord de plusieurs voix ou instruments qui émettent au même moment des sons de même hauteur. Loc *À l'unisson* : en complète harmonie.

unitaire *a* 1 Qui manifeste une unité syndicale ou politique. 2 De chaque unité. *Le prix unitaire des tuiles.*

unité *nf* 1 Chacun des éléments semblables composant un nombre. 2 Le nombre un. *Nombre supérieur à l'unité.* 3 Élément d'un ensemble ; ce qui forme un tout. 4 INFORM Élément d'un ordinateur, qui remplit certaines fonctions. 5 Grandeur choisie pour mesurer les grandeurs de même espèce. *Le mètre est l'unité de longueur.* 6 Caractère de ce qui forme un tout cohérent. *Cette œuvre manque d'unité.* 7 Formation militaire. Loc *Unité de valeur* : élément de base de l'enseignement universitaire. *Unité de formation et de recherche* : département universitaire spécialisé. LITTER *Les trois unités* : dans le théâtre classique, règle d'un lieu, d'un temps et d'une action uniques.

univalent, ente *a* CHIM Syn *monovalent.*

univers *nm* 1 (avec majusc) Ensemble de tous les corps célestes et de l'espace où ils se meuvent. 2 Le monde habité ; l'humanité. 3 Milieu, monde particulier. *L'univers de la folie.*

universalisation *nf* Action d'universaliser.

universaliser *vt* Rendre universel, généraliser.

universalisme *nm* Doctrine préconisant la recherche du consentement universel.

universaliste *a, n* Qui relève de l'universalisme.

universalité *nf* Caractère universel.

universaux *nmpl* PHILO Concepts généraux communs à tous les hommes ou à toutes les langues.

universel, elle *a* 1 Qui se rapporte, qui s'étend à l'Univers, au monde entier, à l'humanité tout entière, à l'ensemble des choses considérées. 2 Qui a des connaissances dans tous les domaines. Loc *Suffrage universel* : droit de vote donné à tous les citoyens.

universellement *av* De façon universelle.

universitaire *a* De l'université ou des universités. ■ *n* Enseignant, dans une université.

université *nf* Établissement public d'enseignement supérieur.

univitellin, ine *a* BIOL Qualifie les jumeaux issus d'un même œuf (vrais jumeaux).

univocité *nf* Didac Caractère univoque.

univoque *a* Qui a un seul sens. Ant. équivoque.

Untel, Unetelle *n* Personne que l'on ne veut pas nommer.

upérisation *nf* Stérilisation du lait à la chaleur.

uppercut [-kyt] *nm* En boxe, coup de poing donné de bas en haut au menton.

upsilon [-lɔn] *nm* Lettre de l'alphabet grec équivalent au *u* français.

uraète *nm* Grand aigle australien.

uranie *nf* Grand papillon aux couleurs vives.

uranifère *a* CHIM Qui contient de l'uranium.

uranium [-njɔm] *nm* Métal lourd, utilisé comme combustible nucléaire.

uranoscope *nm* Poisson méditerranéen appelé aussi *rascasse blanche.*

urbain, aine *a* De la ville. *Population urbaine*

urbanisation *nf* Action d'urbaniser.

urbaniser *vt* Transformer un espace rural en zone urbaine. ■ *vpr* Devenir une ville.

urbanisme *nm* Science de l'aménagement des villes, des agglomérations.

urbaniste *n* Spécialiste de l'urbanisme.

urbanistique *a* De l'urbanisme.

urbanité *nf* Litt Politesse raffinée.

urbi et orbi *av* Litt Partout, au monde entier.

urdu [urdu] ou **ourdou** *nm* Langue officielle du Pakistan.

urée *nf* BIOL Déchet azoté des acides aminés présent dans le sang et les urines.

urémie *nf* Accumulation d'urée dans le sang.

uretère *nm* ANAT Chacun des deux canaux qui conduisent l'urine depuis le rein jusqu'à la vessie.

urètre *nm* ANAT Canal membraneux qui sert à l'évacuation de l'urine de la vessie.

urgence *nf* 1 Caractère urgent. 2 Cas nécessitant des soins à pratiquer sans délai. Loc *D'urgence* : immédiatement.

urgent, ente *a* Pressant, qui ne souffre aucun retard.

urger *vi* Fam Devenir urgent ; presser.

uricémie *nf* Taux d'acide urique dans le sang.

urinaire *a* De l'urine. *Voies urinaires.*

urinal, aux *nm* Récipient permettant aux hommes alités d'uriner.

urine *nf* Liquide organique sécrété par les reins.

uriner *vi, vt* Évacuer l'urine.

urinoir *nm* Endroit, édicule aménagé pour uriner, à l'usage des hommes.

urique *a* Loc *Acide urique :* produit de la dégradation des acides nucléiques, éliminé par les urines.

urne *nf* **1** Vase qui contient les cendres d'un mort. **2** Boîte dans laquelle on dépose un bulletin de vote.

urogénital, ale, aux *a* ANAT Qui concerne l'appareil urinaire et l'appareil génital.

urographie *nf* Radiographie de l'appareil urinaire.

urologie *nf* Étude et thérapeutique des affections de l'appareil urinaire et de l'appareil génito-urinaire masculin.

urologue *n* Spécialiste d'urologie.

urticaire *nf* Éruption subite de papules rouges causant de vives démangeaisons.

urticant, ante *a* Dont le contact produit des démangeaisons.

urubu *nm* Petit vautour d'Amérique.

uruguayen, enne *a, n* De l'Uruguay.

us [ys] *nmpl* Loc *Les us et coutumes :* les habitudes traditionnelles.

usage *nm* **1** Fait d'utiliser, de se servir d'un objet, d'un procédé, d'une faculté ; fonction, emploi. **2** Habitude traditionnelle, coutume. *Un usage qui se perd.* Loc *À usage (de) :* prévu pour telle utilisation. *À l'usage de :* destiné spécialement à. *Hors d'usage :* dont on ne peut plus se servir. *Bon usage :* utilisation correcte de la langue. *Orthographe d'usage :* celle des mots du lexique.

usagé, ée *a* Qui a beaucoup servi ; usé.

usager *nm* Qui utilise un service public.

usant, ante *a* Fam Très fatigant.

usé, ée *a* **1** Marqué par l'usure. *Chaussures usées.* **2** Affaibli. *Un homme usé.* **3** Rebattu, banal. *Plaisanterie usée.*

user *vti* Se servir de, avoir recours à. *User de persuasion, de termes savants.* ■ *vt* **1** Utiliser, consommer. *Cet appareil use peu d'électricité.* **2** Détériorer qqch à force de s'en servir. *Il use trois paires de chaussures par an.* **3** Diminuer, affaiblir. *User sa santé.* ■ *vpr* Se détériorer, se détruire progressivement, s'affaiblir.

usinage *nm* Action d'usiner.

usine *nf* Établissement industriel de transformation des matières premières en produits finis, ou de production de l'énergie.

usiner *vt* Façonner une pièce avec une machine-outil.

usité, ée *a* En usage dans la langue.

usnée *nf* Lichen très ramifié, appelé aussi *barbe-de-capucin.*

ustensile *nm* Objet, outil simple, d'usage quotidien. *Ustensile de cuisine.*

usuel, elle *a* Dont on se sert couramment. ■ *nm* Volume de consultation courante dans une bibliothèque.

usuellement *av* De façon usuelle.

usufruit *nm* DR Jouissance d'un bien dont la nue-propriété appartient à un autre.

usufruitier, ère *n* DR Qui jouit d'un usufruit.

usuraire *a* Supérieur au taux légal des prêts.

usure *nf* **1** Détérioration due à l'usage. **2** Affaiblissement des forces. **3** Intérêt supérieur au taux légal, exigé par un prêteur. Loc Fam *Avoir à l'usure :* amener qqn à céder à force d'insister.

usurier, ère *n* Qui prête de l'argent avec usure.

usurpateur, trice *n, a* Qui s'arroge indûment un pouvoir souverain.

usurpation *nf* Action d'usurper.

usurpatoire *a* Qui a le caractère d'une usurpation.

usurper *vt* S'emparer indûment d'un bien, d'une dignité, d'un pouvoir auxquels on n'a pas droit.

ut *nm* MUS Syn de *do.*

utérin, ine *a* **1** Qui concerne l'utérus. **2** Né de la même mère mais de père différent.

utérus *nm* Chez la femme ou les femelles de mammifères supérieurs, organe de la gestation.

utile *a* Propre à satisfaire un besoin ; qui rend service. Loc *En temps utile :* au moment opportun.

utilement *av* De façon utile.

utilisable *a* Qui peut être utilisé.

utilisateur, trice *n* Qui utilise qqch.

utilisation *nf* Action, manière d'utiliser.

utiliser *vt* **1** Se servir de, employer. *Utiliser un produit.* **2** Tirer profit de qqn, de qqch.

utilitaire *a* **1** Qui vise l'utilité pratique. *Véhicule utilitaire.* **2** Qui s'attache à l'aspect matériel des choses. *Calcul utilitaire.* ■ *nm* Véhicule utilitaire (camion, bus, etc.).

utilitarisme *nm* Doctrine selon laquelle l'utilité est la source de toutes les valeurs.

utilitariste *a, n* Qui relève de l'utilitarisme.

utilité *nf* Caractère utile. ■ *pl* Petit rôle. *Acteur qui joue les utilités.*

utopie *nf* Idéologie, projet considéré comme chimérique.

utopique *a* Chimérique.

utopisme *nm* Attitude de l'utopiste.

utopiste *a, n* Qui a des idées utopiques.

utriculaire *nf* Plante carnivore d'eau douce.

utricule *nm* **1** ANAT Petite vésicule de l'oreille interne. **2** BOT Organe en forme de petite outre.

uval, ale, aux *a* Relatif au raisin.

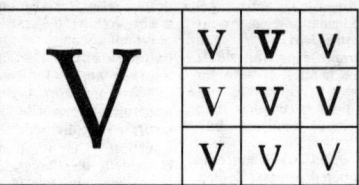

v *nm* **1** Vingt-deuxième lettre (consonne) de l'alphabet. **2** V : chiffre romain qui vaut 5.

va ! *interj* Accompagne une approbation, un encouragement ou une menace. Loc *Va donc :* accompagne une injure. *Va pour :* j'accepte.

vacance *nf* État d'une charge vacante. ■ *pl* **1** Période de l'année pendant laquelle une activité donnée est interrompue. *Les vacances scolaires.* **2** Période de congé annuel des travailleurs.

vacancier, ère *n* Qui est en vacances dans un lieu de villégiature.

vacant, ante *a* **1** Qui n'est pas occupé ; libre. *Appartement vacant.* **2** Non occupé par un titulaire. *Poste, emploi vacant.*

vacarme *nm* Tapage, tumulte.

vacataire *n* Qui occupe un emploi sans en être titulaire.

vacation *nf* Temps pendant lequel qqn est affecté, à titre d'auxiliaire, à une tâche précise ; rémunération de cette activité.

vaccin [vaksɛ̃] *nm* Substance dont l'inoculation dans un organisme provoque une immunité à l'égard d'une maladie déterminée.

vaccinal, ale, aux *a* Du vaccin, de la vaccination. *Contre-indication vaccinale.*

vaccination *nf* Action de vacciner.

vaccine *nf* Maladie infectieuse des bovins et du cheval, due à un virus.

vacciner *vt* **1** Immuniser par un vaccin. **2** Fam Préserver qqn d'un désagrément, d'un danger. *Cet accident l'a vacciné contre l'imprudence.*

vaccinostyle *nm* MED Lancette servant à vacciner par scarification.

vache *nf* Femelle de l'espèce bovine. Loc Fam *Manger de la vache enragée :* endurer de nombreuses privations. Fam *Période de vaches maigres, de vaches grasses :* de privations, de prospérité. Fam *Vache à lait :* qqn dont on tire profit. Fam *Vache sacrée :* personne inutile mais intouchable. *Vache à eau :* récipient en toile pour conserver l'eau. ■ *a, nf* Fam Méchant, impitoyable. Loc *Coup en vache :* donné par traîtrise. *La vache !* : expression de dépit ou d'admiration. ■ *a* Pop Dur, pénible.

vachement *av* Pop Beaucoup, très.

vacher, ère *n* Qui s'occupe des vaches.

vacherie *nf* Pop Méchanceté en paroles ou en action.

vacherin *nm* **1** Fromage au lait de vache, à pâte molle et onctueuse. **2** Gâteau fait de meringue et de crème glacée.

vachette *nf* Jeune vache ; son cuir.

vacillant, ante *a* Qui vacille.

vacillation *nf* ou **vacillement** *nm* Mouvement de ce qui vacille.

vaciller *vi* **1** Chanceler, perdre l'équilibre. **2** Trembler. *La flamme vacillait.* **3** Perdre sa fermeté. *Sa raison vacille.*

vacuité *nf* Fait d'être vide ; caractère vide.

vacuolaire *a* Des vacuoles.

vacuole *nf* BIOL Petite cavité du cytoplasme dans laquelle se trouvent diverses substances.

vade-mecum [vademekɔm] *nm inv* Litt Agenda qu'on garde sur soi.

vadrouille *nf* Fam Promenade sans but précis.

vadrouiller *vi* Fam Se promener sans but précis.

vadrouilleur, euse *n* Fam Qui vadrouille.

va-et-vient *nm inv* **1** Allées et venues incessantes. **2** Mouvement qui s'effectue régulièrement dans un sens, puis dans l'autre ; dispositif qui le permet. **3** Branchement électrique qui permet de commander un circuit à partir de deux interrupteurs.

vagabond, onde *a* Litt Qui change constamment. *Humeur vagabonde.* ■ *n* Sans domicile fixe.

vagabondage *nm* **1** Fait d'être un vagabond. **2** Litt Rêverie.

vagabonder *vi* **1** Se déplacer çà et là. **2** Litt Aller d'un sujet à un autre, sans suite (pensées, imagination).

vagin *nm* Conduit qui relie le col utérin à la vulve chez la femme.

vaginal, ale, aux *a* Du vagin.

vaginisme *nm* Contraction douloureuse des muscles du vagin.

vaginite *nf* Inflammation de la muqueuse du vagin.

vagir *vi* Pousser des vagissements.

vagissant, ante *a* Qui vagit.

vagissement *nm* Cri d'un enfant nouveau-né ou du lièvre, du crocodile.

vagolytique *a* MED Qui inhibe le nerf pneumogastrique.

1. vague *nf* **1** Soulèvement de la surface de l'eau dû au vent, aux courants. **2** Flux important. *Une vague de touristes.* Loc *Une vague de froid :* arrivée subite du froid. *La nouvelle vague :* la génération d'avant-garde.

2. vague a **1** Qui manque de précision, de netteté, mal défini. *Des explications trop vagues.* **2** Évasif. *Rester vague sur une question.* **3** Quelconque, insignifiant. *Il a un vague diplôme d'une école inconnue.* **Loc** *Nerf vague :* pneumogastrique. *Terrain vague :* ni planté ni construit, dans une ville ou à proximité. ■ *nm* **Loc** *Rester dans le vague :* rester évasif. *Vague à l'âme :* mélancolie.

vaguelette *nf* Petite vague.

vaguement *av* **1** De façon vague, peu distincte. **2** Faiblement. *Vaguement ému.*

vaguemestre *nm* Sous-officier chargé du service postal.

vaguer *vi* Litt Errer.

vahiné *nf* Femme tahitienne.

vaillamment *av* Litt Avec courage.

vaillance *nf* Litt Courage.

vaillant, ante *a* **1** Litt Brave. **2** En bonne santé. **Loc** *N'avoir pas un sou vaillant :* n'avoir pas d'argent.

vain, vaine *a* **1** Illusoire, vide. *Vain espoir.* **2** Sans effet. *Démarche vaine.* **Loc** *En vain :* inutilement.

vaincre *vt* [75] **1** Remporter une victoire. **2** Surmonter, venir à bout de. *Vaincre l'obstination de qqn, sa propre colère.*

vaincu, ue *a, n* Qui a subi une défaite.

vainement *av* En vain.

vainqueur *nm* Qui a remporté une victoire, qui a pris l'avantage sur qqn. ■ *am* Triomphant, victorieux. *Air vainqueur.*

vair *nm* Fourrure de l'écureuil de Russie.

1. vairon *am* **Loc** *Yeux vairons :* qui ne sont pas de la même couleur.

2. vairon *nm* Petit poisson de rivière.

vaisseau *nm* **1** Canal dans lequel circule le sang ou la lymphe. **2** BOT Élément conducteur de la sève. **3** Bâtiment de guerre. **Loc** *Vaisseau spatial :* engin spatial de grandes dimensions.

vaisselier *nm* Meuble pour ranger la vaisselle.

vaisselle *nf* Ensemble des récipients dont on se sert à table et qu'il faut nettoyer après le repas. **Loc** *Faire la vaisselle :* nettoyer les récipients qui ont servi à table.

val *nm* Large vallée. **Loc** *Par monts et par vaux :* partout. *Des vals ou des vaux.*

valable *a* **1** Fondé, admissible, acceptable. *Cette excuse n'est pas valable.* **2** Abusiv Qui a les qualités, la compétence, la valeur requises. *Un interlocuteur valable.*

valablement *av* De façon valable.

valaisan, anne *a, n* Du Valais.

valdinguer *vi* Pop Tomber violemment.

valdotain, aine *a, n* Du Val d'Aoste (Italie).

valence *nf* CHIM Nombre de liaisons chimiques engagées par un atome dans une combinaison chimique.

valériane *nf* Plante médicinale à fleurs roses, dite aussi *herbe aux chats.*

valet *nm* **1** Domestique masculin. **2** Homme servile. **3** Carte à jouer figurant un valet. **Loc** *Valet de nuit :* cintre sur pied sur lequel on dispose ses vêtements avant de se coucher.

valetaille *nf* Vx Ensemble des domestiques.

valétudinaire *a* Vx Maladif.

valeur *nf* **1** Ce que vaut qqch. *Valeur d'un terrain.* **2** Mérite de qqn. *Avoir conscience de sa valeur.* **3** Titre négociable (action, lettre de change). **4** Importance, intérêt attaché à qqch.

Un conseil sans valeur. **5** Mesure précise ou quantité approximative. *La valeur de deux cuillerées.* **6** MUS Durée d'une note. **7** Mesure conventionnelle. *La valeur d'une carte, d'un pion.* **8** Qualité d'une couleur, d'un mot. **9** Principe idéal de référence d'une collectivité. *Les valeurs morales.* **Loc** *De valeur :* dont le mérite est grand. *Mettre en valeur :* faire paraître à son avantage ; faire fructifier. *Jugement de valeur :* qui énonce une appréciation.

valeureusement *av* Litt Courageusement.

valeureux, euse *a* Litt Brave, courageux.

validation *nf* Action de valider.

valide *a* **1** En bonne santé, capable de marcher. **2** Qui a les conditions requises pour avoir son effet ; valable. *Cet acte n'est pas valide.*

valider *vt* Rendre, déclarer valable.

valideuse *nf* Machine servant à valider qqch.

validité *nf* Caractère valable, valable.

valise *nf* Bagage de forme rectangulaire. **Loc** *Faire ses valises :* se préparer à partir. *Valise diplomatique :* paquet contenant le courrier diplomatique, dispensé du contrôle douanier.

vallée *nf* Dépression plus ou moins large creusée par un cours d'eau ou par un glacier.

valleuse *nf* GEOGR Vallée sèche se terminant en abrupt sur la falaise.

vallon *nm* Petite vallée.

vallonné, ée *a* Qui présente des vallons.

vallonnement *nm* Relief vallonné.

valoche *nf* Pop Valise.

valoir *vi* [44] **1** Avoir une certaine qualité, un certain mérite, un certain intérêt. *Ce poète, cette poésie ne vaut rien.* **2** Avoir un prix, être estimé un certain prix. *Tableau qui vaut très cher.* **3** Être égal en valeur ou en utilité à. *Cent centimes valent un franc.* **Loc** *À valoir :* versé en acompte. *Vaille que vaille :* tant bien que mal. *Se faire valoir :* se mettre en vedette. *Faire valoir :* mettre en valeur, faire fructifier ; donner à considérer. *Valoir mieux :* être préférable. ■ *vt* **1** Procurer qqch à qqn. *Cela lui vaut des ennuis.* **2** Justifier. *Cela vaut le détour. Ça ne vaut pas la peine.* ■ *vpr* Avoir la même valeur.

valorisant, ante *a* Qui valorise qqn.

valorisation *nf* Action de valoriser.

valoriser *vt* **1** Donner une valeur plus grande à qqch. **2** Augmenter le mérite, l'importance de qqn.

valse *nf* **1** Danse tournante à trois temps ; air de cette danse. **2** Fam Changement fréquent. *Valse des prix.*

valse-hésitation *nf* Attitude hésitante devant les responsabilités. *Des valses-hésitations.*

valser *vi* **1** Danser la valse. **2** Fam Changer fréquemment. **Loc** Fam *Faire, envoyer valser :* projeter violemment. Fam *Faire valser qqn :* le renvoyer.

valseur, euse *n* Qui danse la valse.

valve *nf* **1** Moitié de la coquille des mollusques, d'un fruit sec. **2** Appareil servant à réguler un liquide ou un gaz dans une canalisation ; soupape à clapet.

valvulaire *a* De la valvule. *Prothèse valvulaire.*

valvule *nf* Repli de la paroi du cœur ou d'un vaisseau, empêchant leur contenu de refluer.

vamp *nf* Fam Femme fatale.

vampire *nm* **1** Mort qui, selon certaines croyances, sort de son tombeau pour aller aspirer le sang des vivants. **2** Chauve-souris d'Amérique du Sud qui se repaît du sang des mammifères. **3** Celui qui s'enrichit sur le dos des autres.

vampirique *a* De vampire.

vampiriser *vt* Retirer à qqn sa volonté ; l'exploiter.

vampirisme *nm* **1** Croyance aux vampires. **2** Avidité de qqn qui exploite les autres.

van *nm* **1** Panier plat servant à vanner le grain. **2** Fourgon pour le transport des chevaux de course. **3** Minibus.

vanadium [-djɔm] *nm* Métal blanc, léger.

vanda *nf* Orchidée à fleurs splendides.

vandale *n* Qui détruit, qui détériore par bêtise ou malveillance.

vandaliser *vt* Détériorer par vandalisme.

vandalisme *nm* Comportement, acte d'un vandale.

vanesse *nf* Papillon diurne aux ailes de couleurs vives.

vanille *nf* Fruit du vanillier ; substance aromatique extraite de ce fruit.

vanillé, ée *a* Parfumé à la vanille.

vanillier *nm* Orchidée grimpante tropicale, cultivée pour son fruit, la vanille.

vanilline [-nilin] *nf* Principe odorant de la vanille.

vanité *nf* **1** Litt Caractère futile, vain. **2** Orgueil, désir de produire un certain effet sur les autres. Loc *Tirer vanité de* : s'enorgueillir de.

vaniteux, euse *a, n* Plein de vanité.

vannage *nm* Action de vanner des grains.

vanne *nf* **1** Dispositif permettant de régler l'écoulement d'un fluide. **2** Fam Plaisanterie désobligeante.

vanneau *nm* Oiseau de la taille d'un pigeon, avec une huppe noire.

vanner *vt* **1** Nettoyer les grains en les secouant dans un van. **2** Fam Causer une fatigue extrême.

vannerie *nf* Confection d'objets tressés avec des brins d'osier, de rotin ; objets ainsi faits.

vannier, ère *n* Qui fabrique de la vannerie.

vantail, aux *nm* Partie mobile d'une porte, d'une fenêtre.

vantard, arde *a, n* Qui se vante.

vantardise *nf* Caractère de vantard ; propos, acte de vantard.

vanter *vt* Louer exagérément. ■ *vpr* **1** Mentir par vanité. **2** Se glorifier, tirer vanité de. **3** Se faire fort de. *Il se vante d'en venir à bout.*

va-nu-pieds *n inv* Fam Qui vit misérablement.

vapes *nfpl* Loc Pop *Être, tomber dans les vapes* : être à demi-conscient ; s'évanouir.

vapeur *nf* **1** Exhalaison se dégageant de liquides, de corps humides. **2** Phase gazeuse d'un corps habituellement solide ou liquide. *Vapeur d'essence.* **3** Masse gazeuse se dégageant de l'eau en ébullition. Loc *À toute vapeur* : à toute vitesse. ■ *pl* Vx Malaise passager. ■ *nm* Anc Bateau à vapeur.

vaporeux, euse *a* **1** Litt Estompé par une brume légère. *Ciel vaporeux.* **2** Fin, léger, flou et transparent. *Robe vaporeuse.*

vaporisateur *nm* Appareil servant à projeter un liquide en fines gouttelettes.

vaporisation *nf* Action de vaporiser.

vaporiser *vt* **1** Projeter un liquide en fines gouttelettes. **2** Faire passer un liquide à l'état gazeux.

vaquer *vi* Interrompre ses activités pour quelque temps. ■ *vti* Se consacrer à une activité. *Vaquer à ses occupations.*

varan *nm* Reptile carnivore d'Asie et d'Afrique.

varangue *nf* MAR Pièce courbe fixée perpendiculairement à la quille d'un navire.

varappe *nf* Escalade de parois rocheuses.

varappeur, euse *n* Qui fait de la varappe.

varech [-ʀɛk] *nm* Algues rejetées par la mer et utilisées comme engrais.

vareuse *nf* **1** Veste de certains uniformes. **2** Veste ample.

variabilité *nf* Caractère variable.

variable *a* **1** Sujet à varier ; qui varie. *Temps variable.* **2** Qu'on peut faire varier. *Hélice à pas variable.* **3** GRAM Se dit d'un mot dont la terminaison varie. ■ *nf* MATH Quantité susceptible de changer de valeur.

variante *nf* **1** Version d'un texte différente de celle habituellement adoptée. **2** Forme différente ou modifiée d'une même chose. *Les variantes d'une recette. Les variantes régionales d'un mot.*

variateur *nm* Dispositif permettant de faire varier l'intensité d'un éclairage.

variation *nf* **1** Fait de varier ; changement qui en résulte. *Variation de température.* **2** MUS Composition sur un thème donné.

varice *nf* Dilatation permanente d'une veine des membres inférieurs.

varicelle *nf* Maladie infectieuse, caractérisée par une éruption de vésicules.

varié, ée *a* Qui présente de la diversité. *Nourriture variée.* ■ *pl* Se dit de choses différentes entre elles. *Hors-d'œuvre variés.*

varier *vt* Apporter divers changements à qqch ; rendre divers. ■ *vi* **1** Changer, se modifier. *Son humeur varie. Les prix varient.* **2** Changer d'opinion, de comportement.

variétal, ale, aux *a* BOT Qui concerne une variété de plante.

variété *nf* **1** Caractère varié ; diversité. **2** BIOL Unité de classification plus petite que l'espèce. ■ *pl* Spectacle combinant numéros musicaux et attractions diverses.

variole *nf* Maladie infectieuse grave, éruptive et contagieuse.

varioleux, euse *a, n* Atteint de la variole.

variolique *a* De la variole.

variomètre *nm* ELECTR Appareil de mesure des inductances.

variqueux, euse *a* MED Des varices.

varlope *nf* Long rabot à poignée.

varroa *nm* Acarien parasite de l'abeille.

varron *nm* Larve d'un insecte qui provoque des lésions de l'hypoderme des bovins.

vasculaire *a* ANAT Des vaisseaux sanguins.

vascularisation *nf* ANAT Disposition des vaisseaux dans un organe.

vascularisé, ée *a* ANAT Pourvu de vaisseaux.

1. vase *nf* Mélange de terre et de matières organiques formant un dépôt au fond des eaux.

2. vase *nm* Récipient de forme et de matière variables. Loc *Vase de nuit* : pot de chambre. *Vases communicants* : récipients réunis par un tube et dans lesquels le liquide se trouve toujours à la même hauteur.

vasectomie *nf* MED Section du canal excréteur de sperme, destinée à provoquer la stérilité masculine.

vasectomiser vt Pratiquer une vasectomie sur qqn.

vaseline nf Graisse minérale utilisée en pharmacie.

vaseux, euse a 1 Formé de vase. 2 Fam Qui éprouve un malaise vague. 3 Fam Confus, embrouillé.

vasière nf Étendue côtière couverte de vase.

vasistas [-tas] nm Petite ouverture dans une porte ou une fenêtre, munie d'un vantail.

vasoconstricteur, trice a, nm Qui réduit le calibre des vaisseaux sanguins.

vasoconstriction nf Réduction du calibre des vaisseaux sanguins.

vasodilatateur, trice a, nm Qui augmente le calibre des vaisseaux sanguins.

vasodilatation nf Dilatation des vaisseaux.

vasomoteur, trice a, nm Qui modifie le calibre des vaisseaux sanguins.

vasomotricité nf Variation du calibre des vaisseaux sanguins.

vasopressine nf Hormone qui augmente la tonicité des vaisseaux sanguins.

vasouillard, arde a Fam Qui vasouille.

vasouiller vi Fam S'empêtrer dans une explication, une action, etc.

vasque nf 1 Bassin en forme de coupe recevant l'eau d'une fontaine ornementale. 2 Coupe large et peu profonde, pour décorer une table.

vassal, ale, aux a HIST Lié à un suzerain par l'hommage et à qui on doit divers services. ■ a, n Dépendant d'un autre État, d'une autre personne.

vassalisation nf Action de vassaliser.

vassaliser vt Mettre sous sa dépendance ; asservir.

vassalité nf 1 HIST État, condition du vassal. 2 Assujettissement, soumission.

vaste a 1 De très grande étendue ou de grandes dimensions. Un vaste domaine. 2 De grande ampleur, de grande portée. De vastes desseins.

va-t-en-guerre a inv, n inv Fam Belliciste.

vaticination nf Litt Discours prophétique délirant.

vaticiner vi Litt Tenir des discours délirants d'allure prophétique.

va-tout nm inv Loc Jouer son va-tout : jouer le tout pour le tout.

vauclusien, enne a, n Du Vaucluse. Loc Source vauclusienne : résurgence d'eaux d'infiltration.

vaudeville nm Comédie légère dont l'intrigue repose sur des quiproquos.

vaudevillesque a Qui tient du vaudeville.

vaudevilliste nm Auteur de vaudevilles.

vaudois, oise a, n 1 Membre d'une secte chrétienne du XIIe s, n'admettant comme source de foi que les Écritures. 2 Du canton de Vaud, en Suisse.

vaudou nm, a inv Culte animiste, mélange de sorcellerie, de magie et d'éléments du rituel chrétien, répandu aux Antilles.

vau-l'eau (à). V. à vau-l'eau.

vaurien, enne n Mauvais sujet, voyou. ■ nm (n déposé) Petit voilier gréé en sloop.

vautour nm 1 Grand oiseau à la tête dénudée, charognard. 2 Homme impitoyable ou rapace.

vautrer (se) vpr S'étaler, se rouler dans, sur qqch.

va-vite (à la) av Fam De façon hâtive.

veau nm 1 Petit de la vache, âgé de moins d'un an ; sa chair ; son cuir. 2 Fam Personne lourde et sans ressort. 3 Fam Voiture peu nerveuse. Loc Veau marin : phoque.

vecteur nm 1 MATH Segment orienté comportant une origine et une extrémité. 2 Engin, avion capable de transporter une arme vers un objectif. 3 Animal, plante qui transmet un virus, un parasite. 4 Ce qui véhicule une information, un message.

vectoriel, elle a MATH Des vecteurs.

vécu, ue a Qui s'est passé ou aurait pu se passer réellement. Un roman vécu. ■ nm L'expérience vécue.

vedettariat nm Condition de vedette.

vedette nf 1 Petite embarcation rapide à moteur. 2 Acteur, actrice en renom. 3 Personnalité en vue. Loc Avoir la vedette : avoir le premier rôle, être en tête de programme. Mettre en vedette : mettre au premier plan. Vedette américaine : qui passe au music-hall juste avant la vedette principale.

vedettiser vt Transformer qqn en vedette.

védique nm Sanskrit archaïque.

végétal, ale, aux a 1 Des plantes, des végétaux. Cellule végétale. 2 Qui provient des végétaux. Huile végétale. ■ nm Arbre, plante en général (surtout pl).

végétarien, enne a, n Qui pratique le végétarisme.

végétarisme nm Régime alimentaire excluant la viande.

végétatif, ive a 1 Relatif à la croissance, à la nutrition des plantes. 2 MED Qui concerne l'activité du système circulatoire, des viscères, du métabolisme. 3 Qui, par son inaction, rappelle la vie des plantes. Vie végétative.

végétation nf Ensemble des végétaux qui croissent en un lieu. ■ pl MED Excroissances charnues apparaissant sur les muqueuses et obstruant les fosses nasales.

végéter vi [12] 1 Croître avec difficulté. Une plante qui végète. 2 Avoir une activité réduite, médiocre. Cette affaire végète.

véhémence nf Litt Impétuosité, violence.

véhément, ente a Litt Ardent, impétueux.

véhémentement av Litt Avec véhémence.

véhiculaire a Loc Langue véhiculaire : qui sert à la communication entre des communautés de langues différentes.

véhicule nm 1 Ce qui sert à communiquer. La télévision est un véhicule de l'information. 2 Moyen de transport par terre ou par air.

véhiculer vt 1 Servir de véhicule à qqch. Les médias véhiculent l'information. 2 Transporter par véhicule.

veille nf 1 Absence de sommeil. 2 Surveillance, garde effectuée pendant la nuit. 3 Jour qui en précède un autre. La veille de Pâques. Loc À la veille de : peu avant ; sur le point de. Fam C'est pas demain la veille : ce n'est pas pour bientôt.

veillée nf 1 Réunion familiale ou amicale le soir jusqu'au coucher. 2 Action de veiller un malade ou un mort. Loc Veillée d'armes : soirée qui précède une action difficile.

veiller vi 1 S'abstenir volontairement de dormir. 2 Être de garde pendant la nuit. ■ vt Rester la nuit auprès d'un malade, d'un mort.

■ *vti* 1 Prendre garde à qqch. *Veiller à ce qu'il n'arrive rien.* 2 Faire en sorte qu'il n'arrive rien de fâcheux à qqn. *Veiller sur ses enfants.*

veilleur *nm* Loc *Veilleur de nuit* : chargé de faire des rondes pour surveiller un établissement la nuit.

veilleuse *nf* 1 Petite lampe éclairant peu et qu'on laisse allumée pendant le sommeil. 2 Petit bec brûlant en permanence, dans une chaudière à gaz ou à mazout, un chauffe-eau, etc. Loc *Mettre en veilleuse* : diminuer l'intensité, l'activité de qqch. ■ *pl* Feux de position d'une automobile.

veinard, arde *a, n* Fam Qui a de la chance.

veine *nf* 1 Vaisseau qui ramène le sang au cœur. 2 Filon de minerai. 3 Dessin long et étroit qui sinue dans les pierres dures, le bois. 4 Nervure saillante de certaines feuilles. 5 Inspiration. *Une œuvre de la même veine.* 6 Fam Heureux hasard, chance. Loc *Être en veine de* : être disposé à. *Avoir du sang dans les veines* : avoir du courage. *S'ouvrir les veines* : se suicider en se tranchant les veines du poignet.

veiné, ée *a* Qui présente des veines apparentes. *Roche veinée.*

veiner *vt* Orner une surface en imitant les veines du bois ou du marbre.

veineux, euse *a* 1 Des veines. *Sang veineux.* 2 Qui présente de nombreuses veines. *Marbre veineux.*

veinosité *nf* Petite veine superficielle.

veinule *nf* Petite veine.

veinure *nf* Veines du bois, du marbre, etc.

vêlage ou **vêlement** *nm* Action de vêler.

vélaire *a* PHON Phonème articulé à la hauteur du voile du palais.

velcro *nm inv* (n déposé) Système de fermeture de vêtements constitué par deux bandes dont les surfaces s'agrippent.

vêler *vi* Mettre bas (vache).

vélin *nm* 1 Peau de veau fournissant un très fin parchemin. 2 Papier très blanc de qualité supérieure.

véliplanchiste *n* Qui pratique la planche à voile.

vélivole *n* Qui pratique le vol à voile.

velléitaire *a, n* Qui n'a que des velléités.

velléité *nf* Intention peu ferme, que ne suit aucune action.

vélo *nm* Fam Bicyclette.

véloce *a* Litt Rapide.

vélocipède *nm* Ancêtre de la bicyclette.

vélocité *nf* Litt Rapidité.

vélocross *nm* Vélo tout-terrain.

vélodrome *nm* Piste aménagée pour les courses cyclistes.

vélomoteur *nm* Motocyclette d'une cylindrée n'excédant pas 125 cm³.

velours *nm* 1 Étoffe dont l'endroit offre un poil court et serré et dont l'envers est ras. 2 Ce qui est doux au toucher. Loc *Chat qui fait patte de velours* : qui rentre ses griffes. *Jouer sur du velours* : ne prendre aucun risque dans une action.

velouté, ée *a* 1 Doux au toucher, au goût. 2 Qui a l'aspect du velours. ■ *nm* 1 Douceur, aspect de ce qui est velouté. 2 Potage onctueux.

velouteux, euse *a* Très doux au toucher.

velu, ue *a* Abondamment couvert de poils.

vélum [-lɔm] *nm* Grande pièce de toile abritant un espace ou simulant un plafond.

venaison *nf* Chair du gros gibier (daim, sanglier, etc.).

vénal, ale, aux *a* Qui agit seulement pour de l'argent ; qui se laisse acheter. Loc *Valeur vénale* : valeur d'une marchandise estimée en argent.

vénalité *nf* Caractère vénal.

venant *nm* Loc *À tout venant* : à n'importe qui, à tout propos.

vendable *a* Facile à vendre.

vendange *nf* Fait de récolter le raisin mûr destiné à faire du vin ; période où se fait cette récolte.

vendanger *vt* [11] Récolter le raisin.

vendangeur, euse *n* Qui vendange. ■ *nf* Machine à vendanger.

vendéen, enne *a, n* De la Vendée.

vendémiaire *nm* Premier mois du calendrier républicain (septembre-octobre).

vendetta *nf* Coutume corse qui consiste, pour tous les membres d'une famille, à poursuivre la vengeance de l'un des leurs.

vendeur, euse *n* 1 Qui vend ou qui a vendu un bien quelconque (nf *venderesse* en droit). 2 Dont la profession est de vendre. *Vendeur de journaux.* 3 Employé(e) d'un magasin préposé(e) à la vente. ■ *a* 1 Qui vend une marchandise. *Pays vendeur.* 2 Qui fait vendre. *Argument vendeur.*

vendre *vt* [5] 1 Échanger qqch contre de l'argent. 2 Exercer le commerce de. 3 Accorder, abandonner qqch pour de l'argent ou contre un avantage. *Vendre son suffrage.* 4 Trahir, dénoncer qqn par intérêt. ■ *vpr* 1 Être vendu. 2 Faire un commerce honteux de sa personne.

vendredi *nm* Cinquième jour de la semaine. Loc *Le vendredi saint* : le vendredi précédant Pâques, anniversaire de la mort de Jésus-Christ.

vendu, ue *a, n* Corrompu pour de l'argent.

venelle *nf* Litt Petite rue étroite.

vénéneux, euse *a* Se dit d'une plante qui renferme des substances toxiques.

vénérable *a* Digne de vénération, de respect. ■ *nm* Président d'une loge maçonnique.

vénération *nf* 1 Respect voué aux choses sacrées. 2 Profond respect éprouvé pour qqn.

vénérer *vt* [12] Avoir de la vénération, du respect, de l'admiration pour qqn, qqch.

vénerie *nf* Art de chasser avec des chiens courants.

vénérien, enne *a, n* Loc *Maladie vénérienne* : transmise par contact sexuel ; maladie sexuellement transmissible (M.S.T.).

vénérologie *nf* Étude et traitement des maladies vénériennes.

veneur *nm* Celui qui chasse à courre.

vénézuélien, enne *a, n* Du Venezuela.

vengeance *nf* Action de se venger ; acte par lequel on se venge.

venger *vt* [11] Réparer un mal fait à qqn en châtiant son auteur. *Venger un affront. Venger un mort.* ■ *vpr* 1 Se faire justice en punissant qqn pour le mal qu'il vous a fait. *Se venger d'un ennemi.* 2 Réparer moralement un affront, un acte nuisible en châtiant son auteur. *Se venger d'une humiliation.*

vengeur, eresse *a, n* Qui venge.

véniel, elle *a* Sans gravité. *Faute vénielle.* Loc *Péché véniel* : péché léger, qui ne fait pas perdre la grâce divine.

venimeux, euse *a* **1** Se dit des animaux à venin. **2** Litt Haineux, malveillant.

venin *nm* **1** Substance toxique sécrétée par certains animaux et qu'ils injectent par piqûre ou morsure. **2** Litt Haine, malveillance.

venir *vi* [35] [aux *être*] **1** Gagner le lieu où se trouve qqn. **2** Arriver, se produire. *L'orage est venu brusquement.* **3** Provenir, découler de. *Son erreur vient de là. Ce mot vient du grec.* **4** Apparaître à qqn. *Un doute me vient.* **5** Suivi de l'infinitif, marque un passé récent. *Il vient de sortir.* Loc *En venir à* : en arriver à un point. *En venir aux mains* : finir par se battre. *À venir* : futur. *Voir venir* : s'abstenir d'agir avant de savoir à quoi s'en tenir. *Y venir* : s'y résoudre. *Venir à bout de* : terminer.

vénitien, enne *a, n* De Venise. Loc *Store vénitien* : à lamelles mobiles.

vent *nm* **1** Mouvement naturel d'une masse d'air qui se déplace. *Vent du nord, du sud.* **2** Agitation de l'air due à une cause quelconque. *Sentir le vent du boulet.* **3** Gaz intestinal. **4** Tendance, mouvement. *Un vent de panique.* Loc *N'être que du vent* : être sans consistance, vain. *En plein vent* : dans un lieu non abrité. *Avoir vent de* : être informé de. *En coup de vent* : très rapidement. *Être dans le vent* : être à la mode. *Instrument à vent* : instrument de musique qui résonne sous l'effet d'un air sous pression ou du souffle.

vente *nf* **1** Action de vendre. *Achat et vente de livres.* **2** Réunion au cours de laquelle certains biens sont vendus publiquement. *Salle des ventes.* Loc *Vente de charité* : au bénéfice d'une œuvre. *En vente* : destiné à être vendu. *Point de vente* : magasin.

venté, ée *a* Exposé au vent.

venter *v impers* Litt Faire du vent.

venteux, euse *a* Où le vent souffle souvent.

ventilateur *nm* Dispositif destiné à créer un courant d'air pour refroidir ou pour aérer.

ventilation *nf* **1** Action de ventiler, d'aérer. **2** Répartition. *Ventilation des fonds disponibles.*

ventiler *vt* **1** Aérer en produisant un courant d'air. **2** Répartir, distribuer des objets, de l'argent, des personnes selon différentes affectations.

ventôse *nm* Sixième mois du calendrier républicain (février-mars).

ventouse *nf* **1** Petite cloche de verre qu'on appliquait sur la peau après y avoir créé un vide, de façon à provoquer une congestion superficielle. **2** Pièce concave de caoutchouc qui adhère par pression sur les surfaces planes. **3** Organe de succion et de fixation de la pieuvre, du ténia.

ventral, ale, aux *a* Du ventre ; situé sur le ventre. *Parachute ventral.*

ventre *nm* **1** Partie antérieure et inférieure du tronc renfermant les intestins. **2** Partie inférieure du corps de certains animaux. **3** Renflement, partie convexe. *Le ventre d'un vase.* Loc Fam *Avoir qqch dans le ventre* : avoir du caractère. *Avoir du ventre* : être gros de l'abdomen. *À plat ventre* : étendu par terre. Fam *Passer sur le ventre de qqn* : le dominer par tous les moyens. Fam *Taper sur le ventre de qqn* : être très familier avec lui. *Ventre à terre* : très rapidement.

ventrée *nf* Fam Grande quantité de nourriture.

ventriculaire *a* D'un ventricule.

ventricule *nm* ANAT Chacune des deux cavités de la partie inférieure du cœur. Loc *Ventricule cérébral* : chacune des quatre cavités du cerveau.

ventriculographie *nf* Radiographie des ventricules cérébraux.

ventrière *nf* Sangle sous le ventre du cheval.

ventriloque *n, a* Personne capable d'émettre des sons sans remuer les lèvres.

ventripotent, ente *a* Fam Qui a un gros ventre.

ventru, ue *a* **1** Qui a un gros ventre. **2** Renflé. *Vase ventru.*

venu, ue *a* Loc *Bien (mal) venu* : bien (mal) à propos. *Être mal venu à, de* : ne pas être moralement en droit de. ■ *n* Loc *Nouveau venu, nouvelle venue* : qui vient d'arriver. *Le premier venu* : pris au hasard. ■ *nf* **1** Arrivée. *J'ai appris sa venue. La venue des premiers froids.* **2** Manière de se développer. *Arbre de belle venue.*

vénus *nf* **1** Mollusque dont une espèce est la praire. **2** Litt Femme d'une grande beauté.

vénusien, enne *a, n* De la planète Vénus.

vêpres *nfpl* Office catholique célébré l'après-midi.

ver *nm* **1** Petit animal invertébré, de forme allongée, au corps mou dépourvu de pattes. **2** Larve de certains insectes. *Ver à soie.* Loc *Ver blanc* : larve du hanneton. *Ver luisant* : luciole. *Ver de terre* : lombric. *Ver solitaire* : ténia. Fam *Tirer les vers du nez à qqn* : l'amener à faire des révélations.

véracité *nf* Litt Caractère véridique, dépourvu d'erreur ou de mensonge.

véranda *nf* Galerie ou balcon couvert et clos par un vitrage.

verbal, ale, aux *a* **1** De vive voix ; oral. *Promesse verbale.* **2** Propre à la parole. *Délire verbal.* **3** GRAM Du verbe. *Forme verbale.*

verbalement *av* De vive voix.

verbalisation *nf* Action de verbaliser.

verbaliser *vi, vt* **1** Dresser un procès-verbal. **2** Exprimer par le langage, par des mots.

verbalisme *nm* Excès de paroles ; paroles vides.

verbe *nm* **1** Litt Parole. **2** GRAM Mot exprimant une action, un état et variant en personne, en nombre, en temps, en mode et en voix. Loc *Avoir le verbe haut* : parler avec morgue ; parler fort.

verbeux, euse *a* Trop prolixe, diffus.

verbiage *nm* Abondance de paroles vides de sens ; bavardage lassant.

verbosité *nf* Fait d'être verbeux.

verdâtre *a* Qui tire sur le vert.

verdelet, ette *a* Loc *Vin verdelet* : acidulé.

verdeur *nf* **1** Acidité d'un fruit vert, d'un vin jeune. **2** Vigueur chez qqn qui n'est plus jeune. **3** Crudité de langage.

verdict *nm* **1** Réponse du jury aux questions posées en cour d'assises sur la culpabilité d'un accusé. **2** Avis, jugement quelconque.

verdir *vt* Rendre vert. ■ *vi* Devenir vert.

verdissement *nm* Fait de verdir.

verdoiement *nm* Fait de verdoyer.

verdoyant, ante *a* Qui verdoie.

verdoyer *vi* [22] Être de couleur verte, se couvrir de verdure.

verdure *nf* 1 Couleur verte des végétaux ; herbe, feuillage vert. 2 Plante potagère verte (salade, etc.) ; crudités.

véreux, euse *a* 1 Qui contient des vers. 2 Malhonnête. *Avocat véreux.*

verge *nf* 1 Baguette ou tige en bois ou en métal. 2 Organe de la miction et de la copulation, chez l'homme et les mammifères mâles.

vergé, ée *a* Loc *Étoffe vergée* : qui a des fils plus gros ou plus foncés que le reste. *Papier vergé* : qui présente en filigrane des lignes parallèles rapprochées.

vergence *nf* PHYS Inverse de la distance focale d'un système optique centré.

vergeoise *nf* Sucre roux.

verger *nm* Terrain planté d'arbres fruitiers.

vergeté, ée *a* Marqué de petites raies (peau).

vergeture *nf* MED Petite strie cutanée sillonnant une peau distendue.

vergeure [-ʒyʀ] *nf* TECH Marque en filigrane laissée sur le papier vergé.

verglacé, ée *a* Couvert de verglas.

verglas *nm* Mince couche de glace qui se forme quand une pluie, dont la température est légèrement inférieure à 0° C, atteint le sol.

vergogne *nf* Loc *Sans vergogne* : sans scrupule ; effrontément.

vergue *nf* MAR Longue pièce de bois disposée en travers des mâts et servant à fixer les voiles.

véridique *a* 1 Litt Qui dit la vérité. *Témoin véridique.* 2 Conforme à la vérité.

vérifiable *a* Qu'on peut vérifier.

vérificateur, trice *n* Qui contrôle l'exactitude de qqch.

vérification *nf* Action de vérifier.

vérifier *vt* 1 Contrôler l'exactitude ou la véracité de. *Vérifier un calcul, les déclarations d'un témoin.* 2 Confirmer. *Vérifier un pronostic.*

vérin *nm* Appareil utilisé pour soulever des charges très pesantes.

vérisme *nm* École littéraire et artistique italienne de la fin du XIXe s, inspirée par le naturalisme.

véritable *a* 1 Conforme à la vérité. 2 Vrai, réel (par oppos. à faux, imité). *De la soie véritable.* 3 Digne de son nom. *Une véritable œuvre d'art.* 4 Vrai (renforce l'exactitude d'une comparaison). *Cet exploit est un véritable tour de force.*

véritablement *av* Vraiment, effectivement.

vérité *nf* 1 Caractère conforme à la réalité. 2 Proposition dont l'énoncé exprime la conformité d'une idée avec son objet. *Les vérités mathématiques.* 3 Conformité d'un récit, d'une relation avec un fait. *Trahir la vérité.* 4 Sincérité, bonne foi. Loc *En vérité* : assurément. *À la vérité* : en fait. *Dire à qqn ses (quatre) vérités* : lui dire sans détours ce qu'on pense de lui. *Vérités premières* : banalités.

verjus *nm* Jus acide de raisins verts.

verlan *nm* Argot consistant à inverser les syllabes des mots.

vermeil, eille *a* Rouge vif. ■ *nm* Argent doré.

vermicelle *nm* Pâte à potage en fils très minces.

vermicide *a, nm* Qui détruit les vers parasites.

vermiculaire *a* Qui a l'aspect d'un ver.

vermiforme *a* Qui a la forme d'un ver.

vermifuge *nm* Médicament qui provoque l'expulsion des vers intestinaux.

vermillon *nm, a inv* Couleur rouge vif tirant sur l'orangé.

vermine *nf* 1 Insectes nuisibles, parasites de l'homme et des animaux (poux, puces, punaises, etc.). 2 Litt Gens vils et nuisibles.

vermis *nm* ANAT Région centrale du cervelet.

vermisseau *nf* Petit ver.

vermivore *a* ZOOL Qui se nourrit de vers.

vermoulu, ue *a* 1 Rongé par des larves d'insectes (bois). 2 Litt Usé, caduc. *Des institutions vermoulues.* 3 Fam Courbaturé.

vermoulure *nf* Trace, dégâts causés à un bois par des larves d'insectes.

vermouth [-mut] *nm* Apéritif à base de vin aromatisé avec des plantes amères et toniques.

vernaculaire *a* Loc *Langue vernaculaire* : propre à un pays, à une population.

vernalisation *nf* AGRIC Traitement des graines par le froid.

verni, ie *a* 1 Recouvert d'un vernis. *Bois verni.* 2 Fam Chanceux.

vernier *nm* Instrument de précision pour mesurer les longueurs.

vernir *vt* 1 Recouvrir, enduire d'un vernis.

vernis *nm* 1 Enduit solide, lisse et brillant, destiné à protéger ou à décorer. 2 Apparence brillante mais superficielle. *Un vernis de science.*

vernissage *nm* 1 Action de vernir ou de vernisser. 2 Réception pour l'inauguration d'une exposition.

vernissé, ée *a* Couvert d'un vernis.

vernisser *vt* Recouvrir d'un vernis une poterie, une faïence, etc.

vérole *nf* Pop Syphilis. Loc Vx *Petite vérole* : variole.

vérolé, ée *a, n* Pop Syphilitique.

véronique *nf* 1 Plante aux fleurs roses ou bleues. 2 Passe au cours de laquelle le torero, avec sa cape, amène le taureau près de lui.

verranne *nf* Fibre de verre, très utilisée dans les composites.

verrat *nm* Porc mâle non castré.

verre *nm* 1 Matière transparente, dure, cassante, fabriquée à partir de la fusion de sable mêlé de potasse ou de soude. 2 Plaque, lame de verre. 3 Lentille de verre, pour corriger la vue. 4 Récipient à boire, fait de verre ; son contenu. Loc *Laine de verre* : isolant de fibres de verre. *Papier de verre* : abrasif de poudre de verre.

verrerie *nf* 1 Fabrication du verre ; usine où on le fabrique. 2 Objets en verre.

verrier *nm* Qui fabrique du verre, des ouvrages de verre ou des vitraux.

verrière *nf* Grand vitrage ou grande ouverture munie de vitraux.

verroterie *nf* Petites pièces de verre coloré ; pacotille.

verrou *nm* 1 Dispositif de fermeture constitué d'une barre métallique coulissant dans une gâche. 2 Pièce destinée à immobiliser la culasse d'une arme à feu. 3 Ce qui constitue un barrage, un obstacle. Loc *Être sous les verrous* : en prison.

verrouillage *nm* Action de verrouiller.

verrouiller *vt* 1 Fermer au verrou. *Verrouiller une porte.* 2 Bloquer, barrer, interdire un passage. *Verrouiller une brèche.* 3 Empêcher une évolution. ■ *vpr* S'enfermer.

verrue nf Excroissance de la peau.

verruqueux, euse a Relatif aux verrues.

1. vers prép Marque la direction, le but ou l'approximation. *Vers l'ouest. Vers le soir.*

2. vers nm Suite de mots mesurée et cadencée selon certaines règles, et constituant une unité rythmique. **Loc** *Vers libres* : non soumis aux règles classiques de la versification.

versaillais, aise a, n 1 De Versailles. 2 HIST Du gouvernement de Versailles, qui réprima la Commune de Paris en 1871.

versant nm 1 Chacune des pentes d'une montagne. 2 Chacun des aspects différents d'une situation.

versatile a Qui change fréquemment d'opinion ; inconstant.

versatilité nf Caractère versatile.

verse (à) av Abondamment (pluie). *Il pleut à verse.*

versé, ée a Qui a une grande connaissance, une grande expérience en matière de. *Il est très versé dans les sciences.*

versement nm Action de verser de l'argent ; somme versée.

verser vi 1 Tomber sur le côté, se coucher. *La voiture a versé dans le fossé.* 2 Tomber dans un défaut, un travers. *Verser dans la facilité.* ■ vt 1 Faire couler un liquide, une matière pulvérulente, etc., d'un récipient dans un autre. 2 Donner, apporter, remettre de l'argent à qqn. 3 Déposer, mettre. *Pièce à verser au dossier.* 4 Affecter qqn à un poste. **Loc** *Verser à boire* : servir une boisson. *Verser des larmes* : pleurer. Litt *Verser son sang pour* : mourir pour.

verset nm Petit paragraphe numéroté dans un livre sacré.

verseur, euse a Qui sert à verser. *Bec verseur.* ■ nf Cafetière à manche horizontal.

versicolore a Qui présente des couleurs variées.

versificateur, trice n Écrivain qui fait des vers sans inspiration.

versification nf Technique de la composition des vers.

versifier vi Faire des vers. ■ vt Mettre en vers.

version nf 1 Exercice scolaire consistant à traduire un texte d'une langue étrangère dans sa propre langue. Ant. thème. 2 Façon de raconter un fait ; relation. *Version tendancieuse.* 3 État d'un texte. *La première version d'un roman.* **Loc** *Version originale (V.O.)* : film avec la bande sonore originale, sans doublage.

vers-libriste n Poète qui compose des vers libres. *Des vers-libristes.*

verso nm Revers d'un feuillet. Ant. recto.

versoir nm Pièce de la charrue retournant sur le côté la terre détachée par le soc.

verste nf Anc Mesure russe de distance valant environ 1 000 mètres.

vert, verte a 1 De la couleur résultant de la combinaison du jaune et du bleu. 2 Qui n'est pas arrivé à maturité. *Fruit vert.* 3 Très pâle ; blême. *Vert de peur.* 4 Resté vigoureux, alerte. *Vieillard vert.* 5 Rude, sévère. *Verte semonce.* 6 De l'agriculture, du monde rural. *L'Europe verte.* **Loc** *Feu vert* : signal qui indique la voie libre. *Langue verte* : argot. *Roche verte* : ophiolite. ■ nm 1 Couleur verte. 2 Matière colorante verte. 3 Écologiste. **Loc** *Se mettre au vert* : se reposer à la campagne. ■ nfpl **Loc** Fam *En voir, en dire des vertes et des pas mûres* : des choses choquantes ou extraordinaires.

vert-de-gris nm inv Carbonate de cuivre qui se forme sur les objets de ce métal exposés à l'air humide. ■ a inv Verdâtre.

vert-de-grisé, ée a Couvert de vert-de-gris.

vertébral, ale, aux a Des vertèbres.

vertèbre nf Chacun des os dont la superposition forme la colonne vertébrale.

vertébré, ée a Qui a des vertèbres. ■ nm ZOOL Animal évolué, pourvu de vertèbres (poissons, reptiles, oiseaux, mammifères, amphibiens).

vertébrothérapie nf Traitement des douleurs dorsales par manipulation des vertèbres.

vertement av Avec vivacité, avec rudesse.

vertical, ale, aux a Perpendiculaire au plan horizontal ; droit, dressé. ■ nf Position verticale ; ligne verticale.

verticalement av Selon la verticale.

verticalité nf Didac Caractère vertical.

verticille nm BOT Groupe de feuilles, de pétales inséré sur une tige.

vertige nm 1 Sensation de perte d'équilibre éprouvée à la vue du vide. 2 Toute sensation d'étourdissement. **Loc** *Donner le vertige* : impressionner fortement.

vertigineusement av À en avoir le vertige.

vertigineux, euse a 1 Qui donne le vertige. 2 Très grand. *Des sommes vertigineuses.*

vertu nf 1 Litt Disposition à faire le bien. 2 Litt Chasteté féminine. 3 Qualité qui rend qqch propre à produire un certain effet. *Les vertus sédatives du tilleul.* **Loc** *En vertu de* : par le pouvoir de.

vertueusement av De façon vertueuse.

vertueux, euse a Qui manifeste des qualités morales ; inspiré par le bien.

vertugadin nm Bourrelet porté autrefois par les femmes au-dessous de leur jupe pour la faire bouffer.

verve nf Brio, imagination, fantaisie, qui se manifeste dans la parole.

verveine nf Plante médicinale dont on tire une tisane sédative.

vesce [ves] nf Plante fourragère.

vésicant, ante a MED Qui cause des ampoules sur la peau.

vésiculaire a En forme de vésicule.

vésicule nf 1 ANAT Petit sac membraneux ou petite cavité glandulaire. 2 MED Boursouflure de la peau pleine de sérosité ou de pus.

vespasienne nf Urinoir public pour hommes.

vespéral, ale, aux a Litt Du soir.

vespertilion nm Chauve-souris insectivore.

vesse nf Pop Gaz intestinal malodorant.

vesse-de-loup nf Champignon (lycoperdon). *Des vesses-de-loup.*

vessie nf Réservoir abdominal dans lequel s'accumule l'urine, entre les mictions. **Loc** *Vessie natatoire* : poche abdominale chez certains poissons, intervenant dans leur équilibre. Fam *Prendre des vessies pour des lanternes* : se tromper grossièrement.

vestale nf 1 Prêtresse de Vesta, à Rome. 2 Litt Femme très chaste.

veste nf Vêtement de dessus à manches, couvrant le buste et boutonné devant. **Loc** Fam *Retourner sa veste* : changer d'opinion, de parti. Fam *Ramasser, prendre une veste* : essuyer une défaite.

vestiaire nm Lieu où on dépose son manteau, son parapluie, etc., à l'entrée de certains lieux publics ; vêtements et objets déposés.

vestibule nm Pièce d'entrée d'une maison, d'un appartement, etc.

vestige nm Reste de ce qui a été détruit.

vestimentaire a Des vêtements.

veston nm Veste d'un costume d'homme.

vêtement nm Ce qui sert à vêtir le corps ; toute pièce de l'habillement, à l'exception des chaussures.

vétéran nm 1 Ancien combattant. 2 Qui a une longue pratique dans un métier, une activité.

vétérinaire a Qui concerne la médecine animale. ■ n Spécialiste de la médecine animale.

vétille nf Chose insignifiante ; bagatelle.

vétilleux, euse a Litt Qui s'arrête à des vétilles ; pointilleux et mesquin.

vêtir vt [32] Litt Habiller qqn. ■ vpr S'habiller.

vétiver [-VER] nm Plante indienne cultivée pour son parfum ; ce parfum.

veto [ve-] nm inv 1 Droit conféré à une autorité de s'opposer à la promulgation d'une loi, à l'adoption d'une résolution. 2 Opposition, refus. *Mettre son veto à une transaction.*

vétuste a Vieux, détérioré par le temps.

vétusté nf État vétuste.

veuf, veuve a, n Dont le conjoint est mort, et qui n'est pas remarié. ■ nf 1 Passereau africain au plumage noir et blanc. 2 Araignée noire, dont la piqûre est dangereuse.

veule [vøl] a Litt Sans vigueur morale, sans volonté ; mou et faible.

veulerie nf Litt Caractère veule.

veuvage nm Fait d'être veuf ou veuve.

vexant, ante a Contrariant, blessant. *Soupçons vexants.*

vexation nf Blessure d'amour-propre.

vexatoire a Qui vise à vexer, à humilier.

vexer vt Piquer, blesser qqn dans son amour-propre. ■ vpr Se froisser.

via prép En passant par tel lieu.

viabiliser vt Équiper un terrain des aménagements (voirie, adductions, etc.) propres à le rendre habitable.

viabilité nf 1 Aptitude à vivre. 2 Bon état d'une route. 3 État d'un terrain viabilisé.

viable a 1 Apte à vivre (fœtus, nouveau-né). 2 Qui peut durer, aboutir. *Projet viable.*

viaduc nm Pont très élevé permettant le franchissement d'une vallée par une voie ferrée ou par une route.

viager, ère a Dont on jouit sa vie durant. *Rente viagère.* ■ nm Rente à vie. Loc *En viager* : en échange d'une rente viagère.

viande nf Chair des animaux en tant qu'aliment. Loc *Viande rouge* : bœuf, cheval, mouton. *Viande blanche* : veau, lapin, volaille. *Viande noire* : gibier. Fam *Sac à viande* : drap isolant du sac de couchage.

viatique nm 1 Litt Soutien, secours. 2 RELIG Sacrement de l'eucharistie administré à un chrétien en danger de mort.

vibrant, ante a 1 Qui produit des vibrations. *Lame vibrante.* 2 Qui retentit. *Voix vibrante.* 3 Émouvant. *Appel vibrant.*

vibraphone nm Instrument à percussion comportant des lamelles métalliques qu'on frappe avec de petits marteaux.

vibrateur nm Appareil produisant des vibrations.

vibratile a Susceptible de vibrer.

vibration nf 1 PHYS Oscillation périodique de tout ou partie d'un système. *Vibrations du diapason.* 2 Mouvement de ce qui vibre ; impression (sonore, visuelle) de tremblement. *Vibration d'une voix.*

vibrato nm Variation rapide du son émis par un instrument de musique ou par la voix.

vibratoire a Composé de vibrations.

vibrer vi 1 Produire des vibrations ; entrer en vibration. 2 Être animé d'un tremblement sonore. *Voix qui vibre.* 3 Réagir par un tremblement intérieur à une émotion intense. *Vibrer d'enthousiasme.*

vibreur nm Appareil constitué d'une lame mise en vibration par un courant électrique.

vibrion nm Bactérie mobile de forme incurvée.

vibrionner vi Fam S'agiter continuellement.

vibrisse nf 1 Poil de l'intérieur des narines. 2 Poil tactile de certains mammifères (chat).

vibromasseur nm Appareil électrique de massage par vibrations.

vicaire nm Prêtre qui assiste le curé d'une paroisse. Loc *Vicaire de Jésus-Christ* : le pape.

vicariat nm Fonction du vicaire.

vice nm 1 Penchant pour la morale sociale réprouvée (en matière sexuelle, notamment). 2 Défaut, imperfection graves. *Vice de construction.* Loc *Vice de forme* : défaut qui rend nul un acte juridique.

vice-amiral nm Officier général de marine inférieur à l'amiral. *Des vice-amiraux.*

vice-consul nm Qui tient lieu de consul. *Des vice-consuls.*

vicennal, ale, aux a Qui dure vingt ans.

vice-présidence nf Fonction de vice-président. *Des vice-présidences.*

vice-président, ente n Qui supplée le président. *Des vice-présidents, tes.*

vice-roi nm Gouverneur d'un royaume qui dépend d'un autre État. *Des vice-rois.*

vicésimal, ale, aux a MATH Qui a pour base le nombre vingt.

vice versa av Réciproquement, inversement.

vichy nm 1 Eau minérale de Vichy. 2 Toile de coton à carreaux.

vichyste ou **vichyssois, oise** a, n HIST Du gouvernement de Vichy.

vicié, ée a 1 Pollué. *Air vicié.* 2 Entaché d'erreur. *Raisonnement vicié.*

vicier vt 1 DR Rendre défectueux ou nul. 2 Gâter, corrompre, altérer.

vicieusement av De façon vicieuse.

vicieux, euse a, n 1 Qui comporte un défaut ; incorrect. *Locution vicieuse.* 2 Qui a de mauvais penchants. 3 Se dit d'un animal rétif, ombrageux. 4 Fait pour tromper. *Une balle vicieuse.* ■ a, n Qui a des goûts dépravés, pervers.

vicinal, ale, aux a Loc *Chemin vicinal* : qui relie des villages.

vicissitudes nfpl Événements heureux et, plus souvent, malheureux qui se succèdent dans la vie humaine.

vicomte nm Titre de noblesse inférieur à celui de comte.

vicomté nf Domaine d'un vicomte.

vicomtesse nf Femme d'un vicomte.

ictime *nf* 1 Qui subit un préjudice par la ute de qqn ou par sa propre faute. *Les ctimes d'un escroc.* 2 Tué ou blessé dans une erre, un accident, etc. 3 Être vivant offert en crifice à une divinité.

ictoire *nf* 1 Succès remporté dans une guerre. Avantage, succès remporté sur un concurrent. oc *Crier, chanter victoire :* se glorifier d'un ccès. *Victoire à la Pyrrhus :* trop chèrement quise.

ictoria *nf* 1 Plante aquatique ornementale x larges feuilles flottantes. 2 Anc Voiture hip-omobile découverte.

ictorien, enne *a* Relatif à la reine Victoria, son règne.

ictorieusement *av* De façon victorieuse.

ictorieux, euse *a* 1 Qui a remporté une ctoire. 2 Qui exprime la victoire.

ictuailles *nfpl* Vivres, nourriture.

idage *nm* Action de vider.

idange *nf* 1 Opération consistant à vider our nettoyer, curer. 2 Dispositif d'évacuation es eaux usées. *Vidange d'une machine à laver.* *pl* Matières retirées d'une fosse d'aisances.

idanger *vt* [11] Vider, faire la vidange de.

idangeur *nm* Qui fait la vidange des fosses aisances.

ide *a* 1 Qui ne contient rien. *Espace vide.* épourvu de son contenu habituel. *Avoir l'esto-ac vide.* 3 Où il n'y a personne ; qui n'a pas occupant. *Place, fauteuil vides.* 4 Qui n'a pas intérêt ; creux, insignifiant. *Mener une exis-nce vide.* Loc *Vide de :* dépourvu de. ■ *nm* 1 ilieu où la densité de la matière est très ible. 2 Espace, étendue vide. *Se jeter dans le de.* 3 Sentiment de manque, de privation. *Sa ort laisse un grand vide.* 4 Litt Néant. *Le vide es grandeurs humaines.* Loc *A vide :* sans rien ntenir ; sans produire d'effet. *Passage à de :* chute du dynamisme. *Faire le vide autour e qqn :* l'isoler, l'éloigner de son entourage. *arler dans le vide :* sans que personne n'écoute.

idéaste *n* Réalisateur de films vidéo.

idéo *a inv* Se dit des signaux destinés à transmission d'images, et des appareils, es installations de télévision qui utilisent ces gnaux. *Caméras vidéo.* ■ *nf* Technique uti-sant des signaux vidéo.

idéocassette *nf* Cassette contenant une ande magnétique qu'on peut reproduire sur téléviseur au moyen d'un magnétoscope.

idéoclip *nm* Court-métrage vidéo illustrant e chanson.

idéoclub [-klœb]*nm* Magasin de location de vente de cassettes vidéo enregistrées.

idéocommunication *nf* Communication par déo.

idéoconférence *nf* Conférence à distance moyen des télécommunications.

idéodisque *nm* Disque sur lequel sont enre-strés des images et des sons qu'on peut produire sur un téléviseur au moyen d'un cteur.

idéogramme *nm* Dispositif permettant la nservation et la reproduction d'un pro-amme audiovisuel.

idéographie *nf* Transmission de textes qui nt visualisés sur un écran de télévision.

idéolecteur *nm* Lecteur de vidéodisques.

idéophone *nm* Appareil associant le télé-none et la télévision.

vide-ordures *nm inv* Conduit d'évacuation des ordures ménagères dans un immeuble.

vidéotex *nm* Procédé de transmission visuelle d'informations par télécommunication.

vidéothèque *nf* Collection de vidéocassettes.

vidéotransmission *nf* Diffusion par la vidéo.

vide-poches *nm inv* Coupe, boîte, corbeille, où on dépose de menus objets.

vide-pomme *nm* Ustensile pour ôter le cœur des pommes. *Des vide-pommes.*

vider *vt* 1 Rendre vide, en ôtant le contenu. 2 Boire le contenu. *Vider son verre.* 3 Évacuer d'un lieu. *Vider les eaux usées.* 4 Pop Renvoyer, congédier ; obliger à sortir. 5 Fam Épuiser. *Ce travail m'a vidé.* Loc Fam *Vider les lieux :* sortir. Litt *Vider une querelle :* la régler définitivement. *Vider une volaille, un poisson :* en retirer les entrailles. ■ *vpr* Devenir vide.

videur *nm* Dans un lieu public, personne chargée de mettre dehors les indésirables.

vidoir *nm* Trappe d'introduction des ordures dans un vide-ordures.

viduité *nf* DR État de veuf, de veuve.

vie *nf* 1 Phénomènes assurant l'évolution des organismes animaux et végétaux depuis la naissance jusqu'à la mort. 2 Existence humaine. *Donner la vie. Perdre la vie.* 3 Cours de l'exis-tence, évènements qui la remplissent. *Mener une vie tranquille.* 4 Biographie, histoire de qqn. 5 Durée de l'existence de qqn, de qqch. *Sa vie a été trop courte.* 6 Coût de la sub-sistance, de l'entretien. *La vie est de plus en plus chère.* 7 Vitalité, entrain. *Un enfant plein de vie.* 8 Animation. *La vie du quartier.* Loc *A vie, pour la vie :* pour toujours. Fam *Jamais de la vie :* en aucune façon.

vieil. V. **vieux.**

vieillard *nm* Homme âgé. ■ *pl* Personnes du troisième âge.

1. vieille. V. **vieux.**

2. vieille. *nf* Syn de *labre.*

vieillerie *nf* 1 Objet ancien, usagé. 2 Idée rebattue ; conception surannée.

vieillesse *nf* 1 Période ultime de la vie ; fait d'être vieux. 2 Les personnes âgées.

vieilli, ie *a* 1 Marqué par l'âge. *Visage vieilli.* 2 Suranné, désuet, hors d'usage. *Idées vieillies.*

vieillir *vi* 1 Devenir vieux. *Il commence à vieillir.* 2 Perdre de sa force, de son actualité. *Ce roman a vieilli.* ■ *vt* Rendre vieux ; faire paraître plus vieux. *Cette coiffure la vieillit.*

vieillissant, ante *a* Qui vieillit.

vieillissement *nm* Fait de vieillir.

vieillot, otte *a* Démodé, suranné.

vielle *nf* Instrument de musique à cordes frottées par une roue qu'on fait tourner au moyen d'une manivelle.

vielleur ou **vielleux, euse** *n* Joueur de vielle.

viennois, oise *a, n* De Vienne.

viennoiserie *nf* Produits de boulangerie, en dehors du pain (croissants, brioches, etc).

vierge *a* 1 Qui n'a jamais eu de rapports sexuels. 2 Qui n'a jamais été utilisé ; intact. *Feuille de papier vierge.* 3 Qui n'a jamais été cultivé, exploité. *Sol vierge.* Loc *Forêt vierge :* forêt équatoriale impénétrable. *Cire vierge :* d'abeille. *Huile vierge :* extraite d'olives écra-sées à froid. ■ *nf* Litt Fille qui n'a jamais eu de rapports sexuels. Loc *La Vierge :* Marie, mère de Jésus.

vietnamien, enne *a, n* Du Viêt-nam. ■ *nm* Langue parlée au Viêt-nam.

vieux ou **vieil** (devant voyelle ou *h* muet), **vieille** *a* 1 Âgé. *Une vieille dame. Un vieil homme.* 2 Ancien, qui existe de longue date. *Une vieille maison de famille.* 3 Tel depuis longtemps. *Un vieil ami.* 4 Détérioré par le temps ; usagé. *Une vieille paire de chaussures.* Loc *Vieux jours* : vieillesse. *Vieux jeu* : démodé. *Vieux garçon, vieille fille* : célibataire qui n'est plus jeune. ■ *n* 1 Personne âgée. 2 Pop Père, mère, parents. *Ma vieille. Mes vieux.* Loc Fam *Un vieux de la vieille* : personne expérimentée. ■ *nm* Ce qui est vieux. Loc Fam *Coup de vieux* : vieillissement subit.

vif, vive *a* 1 Actif, alerte. *Enfant très vif.* 2 Aigu, intense. *Vif plaisir.* 3 Éclatant, brillant. *Bleu vif.* 4 Brusque, coléreux, emporté. *Un geste vif.* Loc *Brûlé vif* : vivant. *Plus mort que vif* : très effrayé. *Air vif* : vivifiant. *Eau vive* : qui court. *Haie vive* : en pleine végétation. *Chaux vive* : non mouillée. *De vive voix* : oralement. ■ *nm* DR Personne vivante. *Donation entre vifs.* Loc *Dans le vif du sujet* : en plein dans la question. *Être atteint, blessé, piqué, touché au vif* : au point sensible. *À vif* : dont la chair est à nu. *Sur le vif* : d'après nature.

vif-argent *nm inv* Vx Mercure.

vigie *nf* Marin placé en observation, sur un navire.

vigilance *nf* Attention, surveillance active.

vigilant, ante *a* Attentif.

1. vigile *nf* Veille de grande fête religieuse.

2. vigile *nm* Garde, dans des lieux publics, dans de grands ensembles d'habitation.

vigne *nf* 1 Arbrisseau cultivé pour son fruit, le raisin. 2 Terrain planté de vignes ; vignoble. Loc Litt *Être dans les vignes du Seigneur* : ivre. *Vigne vierge* : plante grimpante ornementale.

vigneau ou **vignot** *nm* Bigorneau.

vigneron, onne *n* Qui cultive la vigne et fait le vin.

vignette *nf* 1 Ornement sur la page de titre d'un livre ou au commencement et à la fin des chapitres. 2 Étiquette constatant le paiement de certains droits, ou sur un médicament servant au remboursement de la Sécurité sociale.

vignoble *nm* 1 Terre plantée de vignes. 2 Ensemble des vignes d'un pays, d'une région.

vigogne *nf* Lama recherché pour sa laine.

vigoureusement *av* Avec vigueur.

vigoureux, euse *a* 1 Plein de vigueur, de force. 2 Actif, puissant, intense.

vigueur *nf* 1 Force physique, énergie. 2 Fermeté morale ou psychologique. 3 Puissance. *Vigueur du style.* Loc *En vigueur* : en usage.

viguier *nm* HIST Juge dans le midi de la France, sous l'Ancien Régime.

V.I.H. *nm* Abrév de *virus d'immunodéficience humaine*, nom français de l'agent du sida.

vil, vile *a* Litt Bas, abject, méprisable. Loc *À vil prix* : à prix très bas.

vilain, aine *a* 1 Méprisable. *Une vilaine action.* 2 Laid. *De vilaines mains.* 3 Mauvais. *Vilain temps.* 4 Indocile, turbulent (enfant). 5 Dangereux, inquiétant. *Une vilaine blessure.* ■ *av* Loc *Il fait vilain* : il fait mauvais temps. ■ *nm* HIST Paysan libre au Moyen Âge. Loc *Du vilain* : des choses désagréables, des disputes, du scandale.

vilainement *av* De vilaine façon.

vilebrequin *nm* 1 Outil à main pour perçage du bois. 2 Arbre coudé qui trans forme le mouvement alternatif des pistons d'u moteur en mouvement rotatif.

vilenie *nf* Litt Action vile, basse.

vilipender *vt* Litt Dénoncer comme méprisable

villa *nf* Maison individuelle avec un jardin.

village *nm* Petite agglomération rurale.

villageois, oise *n* Habitant d'un village. ■ De village. *Fête villageoise.*

villanelle *nf* Poésie ou chanson pastorale danse qu'elle accompagnait.

ville *nf* Agglomération dont les habitant exercent des activités non agricoles (commerce industrie, administration). Loc *À la ville, e ville* : au-dehors de chez soi. *Ville nouvelle* créée de toutes pièces pour favoriser la décen tralisation. *Ville ouverte* : non défendue en temps de guerre.

villégiature *nf* 1 Séjour de vacances à l campagne, au bord de la mer, etc. 2 Endroit d ce séjour.

villosité *nf* Didac État d'une surface velue.

vin *nm* 1 Boisson alcoolique obtenue par fer mentation du jus de raisin. 2 Boisson alcoo lique obtenue par fermentation d'un produi végétal. *Vin de palme.* Loc *Vin de table* : d consommation courante. *Vin d'honneur* : offe pour honorer qqn, qqch. *Entre deux vins* : moitié ivre. *Cuver son vin* : dormir après s'êtr enivré. *Avoir le vin gai, triste* : être gai, trist lorsqu'on a bu. Fam *Mettre de l'eau dans so vin* : se modérer. *Tache de vin* : angiome.

vinage *nm* Addition d'alcool à un vin.

vinaigre *nm* Liquide riche en acide acétiqu obtenu par fermentation du vin ou d'autre liquides alcoolisés et employé comm condiment. Loc Fam *Tourner au vinaigre* : tou ner mal. Fam *Faire vinaigre* : se dépêcher.

vinaigrer *vt* Assaisonner avec du vinaigre.

vinaigrerie *nf* 1 Fabrique de vinaigre. Industrie, commerce du vinaigre.

vinaigrette *nf* Sauce à base de vinaigre e d'huile.

vinaigrier *nm* 1 Flacon destiné à contenir d vinaigre. 2 Récipient servant à fabriquer d vinaigre.

vinaire *a* Qui concerne le vin.

vinasse *nf* Fam Mauvais vin.

vindicatif, ive *a* Enclin à la vengeance.

vindicativement *av* De façon vindicative.

vindicte *nf* Loc Litt *Désigner qqn à la vindict publique* : l'accuser publiquement.

viner *vt* Effectuer le vinage.

vineux, euse *a* Qui a la couleur du vin. Lo *Vin vineux* : riche en alcool.

vingt *a num* 1 (prend un *s* quand il est précéd d'un numéral, reste invariable quand il est suiv d'un numéral ou au sens de *vingtième*) Deu foix dix (20). *Vingt mois.* 2 Vingtième. *Pag vingt.* ■ *nm inv* Nombre ou numéro vingt.

vingtaine *nf* Nombre de vingt ou environ.

vingt-deux *a num* Loc Pop *Vingt-deux !* : atten tion à un danger imminent.

vingtième *a num* Au rang, au degré vingt ■ *a, nm* Contenu vingt fois dans le tout.

vingtièmement *av* En vingtième lieu.

vingt-quatre *a num* Loc *Vingt-quatre heures* un jour plein.

vinicole *a* Relatif à la production du vin.

viniculture *nf* Ensemble des activités concernant le vin.

vinification *nf* Opération qui transforme le moût en vin.

vinifier *vt* Opérer la vinification de.

vinosité *nf* Caractère d'un vin vineux.

vinyle *nm* Matière plastique utilisée pour fabriquer les disques microsillons.

vinylique *a* Se dit des résines obtenues à partir de l'acétylène.

viol *nm* 1 Acte de violence par lequel une personne est contrainte à des relations sexuelles. 2 Action d'enfreindre. *Viol des lois.* Loc Litt *Viol des consciences* : fait de forcer leur secret.

violacé, ée *a* Qui tire sur le violet.

violacer *vt* [10] Rendre violet.

violateur, trice *n* Coupable d'un viol de domicile ou de loi, une sépulture.

violation *nf* Action de violer un domicile, une loi, une sépulture.

viole *nf* Instrument de musique à archet, ancêtre du violon et du violoncelle. Loc *Viole de gambe* : jouée tenue entre les genoux.

violemment *av* Avec violence.

violence *nf* 1 Force brutale exercée contre qqn. 2 Brutalité du caractère, de l'expression. 3 Intensité, force brutale d'un phénomène naturel, d'un sentiment, etc. Loc *Se faire violence* : se contraindre à faire qqch. *Se faire une douce violence* : accepter qqch d'agréable jusque-là refusé. ■ *pl* Actes violents.

violent, ente *a, n* Brutal, emporté, irascible. ■ *a* 1 D'une grande force, d'une grande intensité. *Une violente explosion.* 2 Qui nécessite de la force. *Un effort violent.* Loc *Mort violente* : causée par violence ou accident.

violenter *vt* Commettre un viol sur qqn.

violer *vt* 1 Enfreindre, agir contre. *Violer la loi.* 2 Pénétrer dans un lieu sacré ou interdit ; profaner. 3 Contraindre par la violence à un rapport sexuel. Loc *Violer un secret* : le trahir. Litt *Violer les consciences* : forcer leur secret.

violet, ette *a, nm* D'une couleur résultant d'un mélange de bleu et de rouge ; mauve.

violette *nf* Plante à fleurs violettes, au parfum pénétrant.

violeur, euse *n* Qui commet, qui a commis un viol sur qqn.

violine *a* D'une couleur violet pourpre.

violiste *n* Qui joue de la viole.

violon *nm* 1 Instrument de musique à quatre cordes et à archet. 2 Violoniste. 3 Fam Prison d'un poste de police. Loc Fam *Accorder ses violons* : s'accorder, harmoniser des discours, des projets, etc. *Violon d'Ingres* : activité d'amateur, en dehors de son métier.

violoncelle *nm* Instrument à cordes et à archet, plus grand que le violon.

violoncelliste *n* Qui joue du violoncelle.

violoneux *nm* Fam Mauvais violoniste.

violoniste *n* Qui joue du violon.

viorne *nf* Arbrisseau grimpant à fleurs blanches.

V.I.P. *n inv* Fam Personnage important.

vipère *nf* 1 Serpent venimeux à tête triangulaire. 2 Personne malfaisante, sournoise. Loc *Langue de vipère* : personne très médisante.

vipereau *nm* Petit d'une vipère.

vipérin, ine *a* De la vipère. ■ *nf* Couleuvre aquatique ressemblant à la vipère.

virage *nm* 1 Mouvement tournant d'un véhicule. 2 Portion courbe d'une route. 3 Changement d'orientation. *Virage politique.*

virago *nf* Fam Femme d'allure masculine.

viral, ale, aux *a* Dû à un virus.

vire *nf* Étroite corniche sur une paroi rocheuse.

virée *nf* Fam 1 Promenade. 2 Tournée des bars, des lieux de plaisirs.

virelai *nm* Poème du Moyen Âge, sur deux rimes et quatre strophes.

virement *nm* 1 Transfert de fonds d'un compte à un autre. 2 MAR Action de virer de bord.

virer *vt* 1 Faire passer d'un compte à un autre. *Virer une somme.* 2 Fam Renvoyer, congédier, expulser qqn ; enlever qqch d'un lieu. ■ *vti* Passer à un autre état, à une autre couleur. *Virer à l'aigre, au bleu.* ■ *vi* 1 Tourner sur soi ou tourner en rond. 2 Changer de direction ; prendre un virage. 3 Changer de teinte. *Couleur qui vire.* Loc *Virer de bord* : faire demi-tour, pour un bateau ; changer de parti, d'opinion.

virevolte *nf* Tour et retour rapides sur soi-même.

virevolter *vi* Tourner rapidement sur soi.

virginal, ale, aux *a* 1 D'une vierge. 2 Litt Pur, immaculé.

virginité *nf* 1 État d'une personne vierge. 2 Litt Pureté.

virgule *nf* Signe de ponctuation (,) qui sépare des subordonnées non coordonnées, isole des membres d'une phrase, etc.

viril, ile *a* 1 Propre aux humains adultes du sexe masculin. 2 Résolu, ferme, énergique.

virilement *av* De façon virile.

virilisant, ante *a, nm* MED Qui virilise.

viriliser *vt* Rendre viril.

virilisme *nm* MED Troubles apparaissant chez la femme souffrant d'une hypersécrétion d'hormones androgènes.

virilité *nf* 1 Caractéristiques physiques de l'homme adulte de sexe masculin. 2 Puissance sexuelle chez l'homme. 3 Litt Énergie, fermeté.

virole *nf* Petit cercle de métal.

virologie *nf* Étude des virus.

virologiste ou **virologue** *n* Spécialiste de virologie.

virose *nf* Maladie due à un virus.

virtualité *nf* Litt Caractère virtuel.

virtuel, elle *a* Qui existe en puissance seulement, sans effet actuel ; potentiel.

virtuellement *av* 1 De façon virtuelle. 2 À peu de chose près, pratiquement.

virtuose *n, a* Doué d'une grande habileté dans un art, une activité et, en particulier, dans la technique musicale.

virtuosité *nf* Talent de virtuose.

virucide ou **virulicide** *a, nm* MED Qui détruit les virus.

virulence *nf* Caractère virulent.

virulent, ente *a* 1 MED Doué d'un pouvoir pathogène intense. 2 Âpre, dur, violent.

virus [-Rys] *nm* 1 Microorganisme infectieux. 2 Source de contagion morale. *Le virus du jeu.* 3 Programme informatique conçu pour perturber le fonctionnement des ordinateurs.

vis [vis] *nf* Tige métallique cannelée en hélice destinée à s'enfoncer en tournant. Loc *Escalier à vis* : en colimaçon, tournant autour d'un

visa 58

noyau central. *Pas de vis :* spire d'une vis. *Fam Serrer la vis :* adopter une attitude sévère. *Vis sans fin :* qui entraîne une roue dentée.

visa *nm* 1 Formule, sceau qu'on appose sur un acte pour le valider, le légaliser. 2 Cachet apposé sur un passeport, valant autorisation de séjour.

visage *nm* 1 Face de l'être humain, partie antérieure de la tête. 2 Expression, mine, physionomie. *Visage ouvert, triste.* 3 Aspect de qqch. *Le vrai visage de ce pouvoir.* Loc *Faire bon (mauvais) visage à qqn :* être avenant (désagréable) avec lui. *À visage découvert :* franchement.

visagisme *nm* Soins apportés au visage pour mettre en valeur sa beauté.

visagiste *n* Spécialiste du visagisme.

vis-à-vis [vizavi] *prép* En face de, en comparaison de, envers. ■ *nm inv* 1 Personne ou chose placée en face d'une autre. *J'ai demandé du feu à mon vis-à-vis.* 2 Petit fauteuil à deux places, en forme de S.

viscache [-kaʃ] *nf* Rongeur américain, proche du chinchilla.

viscéral, ale, aux *a* 1 Relatif aux viscères. 2 Qui vient du plus profond de soi. *Un attachement viscéral.*

viscéralement *av* Profondément.

viscère *nm* Chacun des organes contenus dans les cavités crânienne, thoracique et abdominale.

viscoélastique *a* TECH Qui est à la fois élastique et visqueux.

viscoplastique *a* TECH Qui est à la fois plastique et visqueux.

viscose *nf* Cellulose transformée, utilisée pour la préparation de la rayonne, de la fibranne et de la cellophane.

viscosité *nf* État visqueux.

visée *nf* 1 Action de diriger le regard, une arme, un instrument d'optique, un appareil photographique, etc., vers un point donné. 2 (surtout pl) But à atteindre, dessein, désir. *Avoir des visées sur qqch, qqn.*

1. viser *vt* 1 Regarder attentivement le but, la cible, en dirigeant sur eux une arme, un projectile. 2 Chercher à atteindre. 3 Concerner. *Ce reproche nous vise.* 4 Pop Regarder. ■ *vti* 1 Pointer une arme, un objet vers. *Il a visé au cœur.* 2 Chercher à atteindre, avoir en vue. *Cette équipe vise au succès, à remporter la victoire.* ■ *vi* Loc *Viser trop haut, trop bas :* avoir de trop grandes, de trop modestes ambitions.

2. viser *vt* Revêtir un acte, un passeport d'un cachet, d'un visa qui le rend valide.

viseur *nm* Dispositif optique de visée.

visibilité *nf* 1 Fait d'être visible. 2 Possibilité de voir plus ou moins loin. *La brume réduit la visibilité.*

visible *a* 1 Qu'on peut voir. *Éclipse visible à Paris.* 2 Évident, manifeste. *Il est visible qu'il a tort.* 3 Prêt à recevoir une visite. *Le directeur est-il visible ?*

visiblement *av* Manifestement.

visière *nf* Partie d'une casquette, d'un képi qui abrite le front et les yeux.

visioconférence ou **vidéoconférence** *nf* Téléconférence visuelle et auditive entre des participants éloignés.

vision *nf* 1 Perception du monde extérieur par les organes de la vue. 2 Façon de voir, conception. *Une curieuse vision de l'esprit.* Hallucination visuelle ; apparition surnaturelle.

visionnage *nm* Action de visionner.

visionnaire *a, n* 1 Qui a, qui croit avoir des visions surnaturelles. 2 Qui a l'intuition juste de l'avenir.

visionner *vt* Examiner un film, des diapositives, etc., du point de vue technique.

visionneuse *nf* Appareil permettant l'examen des films, des diapositives, des microfilms.

Visitation *nf* Fête religieuse en mémoire de la visite de la Vierge Marie à sa sœur Élisabeth.

visite *nf* 1 Fait d'aller dans un lieu pour l'inspecter. 2 Fait d'examiner, de contrôler qqch. Fait d'aller dans un lieu pour son propre plaisir. 4 Fait d'aller voir qqn chez lui. *Rendre visite à un ami.* 5 Consultation donnée par un médecin au domicile du patient ; examen médical sur le lieu du travail, à l'école. 6 Visiteur, visiteuse. *J'ai reçu une visite.*

visiter *vt* 1 Examiner complètement, en détail. 2 Parcourir, aller voir par curiosité, pour son plaisir. 3 Aller voir qqn chez lui.

visiteur, euse *n* 1 Qui visite un lieu pour son plaisir. 2 Qui rend visite à qqn chez lui. Loc *Visiteur de prison :* qui rencontre bénévolement des prisonniers. *Visiteur médical :* représentant d'un laboratoire pharmaceutique auprès des médecins.

vison *nm* Petit mammifère carnivore élevé pour sa fourrure ; cette fourrure.

visqueux, euse *a* 1 Poisseux, collant. *Liquide épais et visqueux.* 2 Dont la surface est gluante. *Peau visqueuse.*

vissage *nm* Action de visser.

visser *vt* 1 Fixer, assembler au moyen de vis. Fermer, serrer une chose munie d'un pas de vis. *Visser le capuchon de son stylo.* 3 Fam Exercer sur qqn une contrainte sévère.

visualisation *nf* Fait de visualiser.

visualiser *vt* 1 Faire percevoir par la vue, par un moyen matériel. 2 Présenter des données sur un écran, en informatique.

visuel, elle *a* De la vue. Loc *Mémoire visuelle :* mémoire des images, des choses vues. ■ *nm* 1 INFORM Dispositif permettant de visualiser des données. 2 Aspect visuel d'une affiche, d'une publicité.

visuellement *av* Par la vue.

vital, ale, aux *a* 1 Indispensable à la vie. 2 Fondamental ; d'une importance capitale. *Question vitale.* Loc *Minimum vital :* nécessaire à la subsistance et à l'entretien de qqn, d'une famille.

vitalité *nf* Ardeur, dynamisme, vigueur.

vitamine *nf* Substance azotée indispensable à l'organisme en doses infinitésimales.

vitaminé, ée *a* Qui contient des vitamines.

vitaminique *a* Des vitamines.

vitaminothérapie *nf* Emploi thérapeutique des vitamines.

vite *av* 1 Avec rapidité. *Marcher vite.* 2 Bientôt, sous peu. *Il sera vite guéri.* Loc *Au plus vite :* dans le plus bref délai.

vitellin, ine *a* Du vitellus.

vitellus *nm* BIOL Substances de réserve contenues dans l'ovule des animaux.

itesse nf 1 Rapidité à se déplacer ou à agir. 2 Rapport d'une distance au temps mis pour la parcourir. 3 Chacune des combinaisons d'engrenages de la traction d'une voiture. Loc *En vitesse* : rapidement. Fam *En quatrième vitesse* : très rapidement. *À deux vitesses* : inégalitaire.

iticole a De la viticulture.

iticulteur, trice n Qui cultive la vigne.

iticulture nf Culture de la vigne.

itivinicole a Qui concerne à la fois la viticulture et la viniculture.

itrage nm 1 Châssis garni de vitres. 2 Rideau transparent appliqué contre le châssis.

itrail, aux nm Panneau fait de verres peints ou colorés dans la masse et assemblés au moyen de plomb.

itre nf Plaque de verre dont on garnit une ouverture (porte, fenêtre, glace d'une voiture).

itré, ée a Garni de vitres.

itrer vt Garnir de vitres.

itrerie nf 1 Fabrication, commerce et pose des vitres. 2 Ensemble de vitres, de vitraux.

itreux, euse a Qui a l'aspect du verre. Loc *Œil, regard vitreux* : sans éclat, sans vie.

itrier nm Qui vend, pose les vitres.

itrification nf Action de vitrifier.

itrifier vt 1 Transformer en verre par fusion. 2 Recouvrir une surface d'un produit transparent et imperméable pour protéger.

itrine nf 1 Devanture vitrée d'un magasin. 2 Meuble vitré où sont exposés des objets de collection. 3 Ce qui sert à présenter qqch sous un jour favorable.

itriol nm Acide sulfurique concentré, très corrosif.

itrioler vt Arroser qqn avec du vitriol dans un but criminel.

itrocéramique nf Céramique obtenue par une technique identique à celle du verre.

itrophanie nf Étiquette qui se colle sur une vitre et qu'on peut lire par transparence.

itupération nf Litt Action de vitupérer.

itupérer vt, vti [12] Litt Blâmer violemment. *Vitupérer qqn* ou (abusif) *contre qqn*.

ivable a 1 Où on peut vivre. *Un appartement vivable.* 2 D'humeur accommodante.

. **vivace** a Qui dure, tenace. *Préjugés vivaces.* Loc *Plante vivace* : qui vit plusieurs années.

. **vivace** [vivatʃe] a inv MUS Vif, rapide.

ivacité nf 1 Fait d'être vif, d'avoir de l'allant. 2 Rapidité à comprendre, à réagir. 3 Intensité, éclat. *Vivacité des couleurs.*

ivandier, ère n HIST Qui vendait aux soldats des vivres et des boissons.

ivant, ante a 1 Qui est en vie (par oppos. à mort). 2 Doué de vie (par oppos. à inanimé). *La matière vivante.* 3 Qui manifeste de la vitalité ; dynamique. 4 Où il y a de l'activité, de l'animation. *Quartier très vivant.* 5 Qui rappelle qqn de façon frappante. *C'est le vivant portrait de son père.* 6 Qui restitue la vie. *Une description vivante.* 7 Qui continue à vivre dans la mémoire. Loc *Langue vivante* : encore parlée. ■ nm Qui est en vie. Loc *Un bon vivant* : qui apprécie les plaisirs de la vie. *Du vivant de qqn* : pendant qu'il était en vie.

ivarium [-ʀjɔm] nm Établissement où on conserve de petits animaux dans leur milieu naturel.

vivat [viva] interj, nm Acclamation enthousiaste.

1. **vive** nf Poisson marin comestible, à la nageoire dorsale armée d'épines venimeuses.

2. **vive !, vivent !** interj Pour acclamer. *Vive la République ! Vive(nt) les vacances !* Loc *Qui vive ?* : cri poussé par un factionnaire qui voit ou entend qqch de suspect.

vivement av 1 Avec emportement ou rapidité. 2 Intensément. *Ressentir vivement une perte.* ■ interj Marque une attente impatiente. *Vivement les vacances !*

viveur, euse n Qui fait la fête, qui ne songe qu'aux plaisirs.

vivier nm 1 Bassin dans lequel on élève poissons et crustacés. 2 Réserve de gens compétents.

vivifiant, ante a Qui vivifie ; tonique.

vivifier vt Augmenter la vitalité, la vigueur de qqn.

vivipare a, nm ZOOL Animal qui donne naissance à des petits déjà vivants. Ant. ovipare.

viviparité nf ZOOL Mode de reproduction des animaux vivipares.

vivisection nf Opération pratiquée sur un animal vivant.

vivoter vi Fam 1 Vivre médiocrement, végéter. 2 Fonctionner au ralenti.

vivre vi [76] 1 Être, rester en vie. 2 Exister, continuer d'exister dans les esprits. *Sa mémoire vivra longtemps.* 3 Jouir de la vie. *Vivre pleinement.* 4 Subvenir à ses propres besoins. *Vivre largement.* 5 Se nourrir ou tirer sa subsistance de. *Vivre de pain et de lait, de son travail.* 6 Passer sa vie à une époque, dans un lieu. *Vivre loin de son pays.* 7 Passer sa vie d'une certaine façon. *Vivre seul.* 8 Connaître les usages. *Savoir vivre. Apprendre à vivre.* ■ vt 1 Passer une période bonne ou mauvaise. *Vivre des heures troublées.* 2 Éprouver, ressentir profondément. *Vivre une expérience exaltante.* Loc *Vivre sa vie* : mener sa vie comme on l'entend. ■ nm Loc *Le vivre et le couvert* : la nourriture et un toit. ■ pl Aliments. *Manquer de vivres.* Loc *Couper les vivres* : ôter toute aide financière.

vivrier, ère a Dont les produits sont destinés à l'alimentation. *Cultures vivrières.*

vizir nm HIST Ministre du sultan.

vlan ! interj Exprime un bruit, un coup brusque, violent.

V.O. [veo] nf Abrév de *version originale*.

vocable nm Mot, terme.

vocabulaire nm 1 Dictionnaire abrégé. 2 Ensemble des mots d'une langue. 3 Ensemble des termes que connaît qqn.

vocal, ale, aux a De la voix. Loc *Musique vocale* : musique pour le chant.

vocalement av Au moyen de la voix.

vocalique a Relatif aux voyelles.

vocalisation nf 1 Changement d'une consonne en voyelle. 2 MUS Action de vocaliser.

vocalise nf Exercice vocal consistant à exécuter une échelle de sons sur une voyelle.

vocaliser vt Transformer une consonne en voyelle. ■ vi MUS Exécuter des vocalises.

vocalisme nm LING Système des voyelles d'une langue.

vocatif nm LING Dans les langues à déclinaison, cas de l'interpellation.

vocation *nf* **1** Vive inclination, penchant pour un état, une profession. **2** Ce à quoi qqch semble être destiné. *Région à vocation agricole.* **Loc** *Avoir vocation à :* se trouver naturellement désigné, qualifié pour.

vocifération *nf* Cris de qqn qui vocifère.

vociférer *vi, vt* [12] Crier avec colère.

vodka *nf* Alcool de grain russe ou polonais.

vœu *nm* **1** Promesse par laquelle on s'engage envers Dieu. *Vœux de pauvreté des religieux.* **2** Litt Résolution fermement prise. *Faire vœu de ne plus fumer.* **3** Volonté, désir exprimé. *Le vœu de la nation.* **Loc** *Vœu pieux :* irréaliste. ■ *pl* **1** Engagement solennel dans l'état religieux. *Prononcer ses vœux.* **2** Souhait. *Faire des vœux pour sa réussite. Présenter ses vœux.*

vogue *nf* Succès passager auprès du public. **Loc** *En vogue :* à la mode.

voguer *vi* Litt Naviguer.

voici *prép* Indique ce qui est le plus proche, ce qui va arriver.

voie *nf* **1** Chemin pour aller d'un lieu à un autre ; route, rue. *Voies de communication.* **2** Rails sur lesquels circulent les trains. *Voie ferrée.* **3** Mode de transport. *Par voie aérienne.* **4** Partie d'une route pour une seule file de voiture. *Route à trois voies.* **5** Moyen employé. *Par la voie hiérarchique.* **6** ANAT Conduit assurant une fonction. *Voies urinaires.* **Loc** *Voie d'eau :* ouverture accidentelle dans la coque d'un navire. *Être en bonne voie :* aller vers le succès. *Être en voie de :* sur le point de. *Mettre sur la voie :* orienter dans la bonne direction. *Voies de fait :* actes de violence contre qqn.

voilà *prép* Indique l'éloignement ou renvoie à ce qui vient d'être énoncé. **Loc** Fam *En veux-tu, en voilà :* en quantité considérable.

voilage *nm* Rideau léger et transparent.

1. voile *nm* **1** Pièce d'étoffe destinée à cacher qqch. **2** Coiffure féminine faite d'une pièce d'étoffe. *Voile de mariée.* **3** Tissu fin et léger. **4** Ce qui dissimule à la vue. *Un voile de fumée légère.* **5** PHOTO Obscurcissement d'une épreuve surexposée. **6** Gauchissement d'une pièce de bois, de métal. **Loc** *Prendre le voile :* entrer en religion. *Sous le voile de :* sous le couvert de, sous prétexte de. MED *Voile au poumon :* opacité anormale et homogène d'une partie du poumon. ANAT *Voile du palais :* séparation entre les fosses nasales et la cavité buccale.

2. voile *nf* **1** Pièce d'étoffe résistante destinée à recevoir l'action du vent et à assurer la propulsion d'un navire. **2** Sport consistant à naviguer en voilier. **Loc** *Faire voile :* naviguer. *Mettre à la voile :* appareiller. Fam *Mettre les voiles :* partir, fuir.

voilé, ée *a* **1** Sans éclat, obscurci. *Ciel voilé. Regard voilé.* **2** Atténué, indirect. *Reproche voilé.* **3** Gauchi, déformé. *Roue voilée.*

voiler *vt* **1** Couvrir. *Voiler son visage.* **2** Cacher, dissimuler. *Voiler son trouble.* **3** Gauchir, déformer une roue, une planche. **4** Provoquer un voile sur une épreuve photographique. ■ *vpr* Se couvrir d'un voile. *Le ciel se voile.*

voilerie *nf* Atelier de fabrication ou de réparation des voiles de bateaux.

voilette *nf* Petit voile transparent fixé sur un chapeau de femme et qui s'abaisse sur le visage.

voilier *nm* Bateau à voiles.

voilure *nf* **1** Voiles d'un navire. **2** Surfaces assurant la sustentation d'un avion (ailes et empennage).

voir *vt, vi* [45] Percevoir avec les yeux, par la vue. *Je l'ai vu comme je vous vois. Il ne voit plus.* ■ *vt* **1** Regarder, visiter. *Nous avons vu ses exploits. Voir une exposition.* **2** Rencontrer qqn. *Aller voir un ami.* **3** Consulter. *Voir le médecin.* **4** Considérer attentivement, examiner, étudier. *Voir un dossier en détail.* **5** Avoir l'image mentale de. *Je vois la scène comme si j'y étais.* **6** Se faire une idée de, concevoir. *Ce n'est pas ma façon de voir. Je ne vois pas la difficulté.* **Loc** *Voir le jour :* naître. Fam *On aura tout vu :* rien ne nous sera épargné. *N'avoir rien à voir avec, dans :* n'avoir aucun rapport avec. ■ *vti* Veiller à. *Voyez à faire le nécessaire.* ■ *vpr* Avoir de soi-même telle image. *Je ne me vois pas du tout dans ce rôle.* **2** Prendre conscience d'être. *Se voir perdu.* **3** Arriver, se produire. *Cela se voit encore.*

voire *av* Litt Et même. *Il est économe, voire avare.* (La loc. *voire même* est pléonastique.)

voirie *nf* **1** Ensemble des voies de communication. **2** Administration chargée de ces voies. **3** Décharge où l'on jette les ordures.

voisé, ée *a* PHON Caractérisé par le voisement.

voisement *nm* PHON Vibration des cordes vocales dans la réalisation d'un son du langage.

voisin, ine *a* **1** Proche dans l'espace. *Maisons voisines.* **2** Peu éloigné dans le temps. *Date voisine de Noël.* **3** Analogue, comparable. *Expressions voisines.* ■ *n* Qui habite, qui se trouve à proximité d'un autre.

voisinage *nm* **1** Proximité de qqn, d'un lieu ; alentours. *Le voisinage de la forêt.* **2** Ensemble des voisins. **Loc** *Bon voisinage :* bonnes relations entre voisins.

voisiner *vi* Être voisin de.

voiture *nf* **1** Véhicule à roues, destiné au transport. **2** Automobile de tourisme. **3** Partie d'un train, d'un métro, destinée au transport des voyageurs.

voiturette *nf* Petite voiture que l'on peut conduire sans permis.

voiturier *nm* Qui range la voiture des clients d'un hôtel, d'un restaurant.

voix *nf* **1** Ensemble des sons émis par les êtres humains. **2** Cri de certains animaux. **3** Sons émis en chantant ; voix d'un chanteur. *Une voix juste. Voix de basse.* **4** Appel, avertissement intérieur. *La voix de la conscience.* **5** Avis exprimé par un vote. **6** GRAM Formes verbales selon la relation entre sujet et verbe (actif, passif). **Loc** *De vive voix :* verbalement. *Être sans voix :* muet d'étonnement. *Avoir voix au chapitre :* pouvoir donner son avis.

1. vol *nm* **1** Locomotion aérienne des oiseaux, des insectes, de certains animaux. **2** Distance parcourue que l'on fait sans une seule traite. **3** Ensemble d'oiseaux volant en groupe. *Un vol de canards.* **4** Déplacement dans l'air d'un avion, d'un engin. **5** Trajet effectué par ce déplacement. **6** Mouvement rapide d'un objet dans l'air. *Attraper une balle au vol.* **Loc** *Prendre son vol :* s'envoler. *De haut vol :* de grande envergure. *Vol à voile :* pratiqué avec un planeur.

2. vol *nm* Action de s'approprier le bien d'autrui de façon illicite ; chose dérobée.

volage a Inconstant, infidèle en amour.

volaille nf 1 Ensemble des oiseaux de basse-cour. 2 Oiseau élevé en basse-cour ; sa viande. *Plumer une volaille.*

volailler, ère ou **volailleur, euse** n Marchand de volaille.

volant, ante a 1 Qui vole. *Poissons volants.* 2 Que l'on peut déplacer. *Pont volant.* Loc *Feuille volante :* feuille de papier détachée d'un bloc. ■ nm 1 Jeu de raquette dans lequel les joueurs se renvoient une balle garnie de plumes. 2 Organe circulaire qui permet de diriger un véhicule automobile. 3 TECH Roue pesante destinée à régulariser la vitesse de rotation de l'arbre dont elle est solidaire. 4 Bande d'étoffe cousue au bord d'un vêtement, d'un rideau.

volapük nm Langue artificielle (fin du XIXᵉ s.).

volatil, ile a 1 CHIM Qui se transforme facilement en vapeur, en gaz. 2 Incertain, fluctuant. *Électorat volatil. Taux d'intérêt volatil.*

volatile nm Oiseau.

volatiliser vt 1 Faire passer un corps solide ou liquide à l'état gazeux. 2 Dérober, voler, faire disparaître. ■ vpr 1 Passer à l'état gazeux. 2 Disparaître. *Son argent s'est volatilisé.*

volatilité nf Caractère volatil.

vol-au-vent nm inv Moule de pâte feuilletée garni de viande ou de poisson en sauce.

volcan nm Relief construit par des matériaux provenant des couches profondes de l'écorce terrestre. Loc *Être sur un volcan :* dans une situation dangereuse.

volcanique a 1 Relatif à un volcan. 2 Litt Ardent, fougueux.

volcanisme nm GEOL Ensemble des manifestations volcaniques.

volcanologie nf Étude des volcans.

volcanologue n Spécialiste de volcanologie.

volée nf 1 Action de voler, pour un oiseau ; envol, essor. 2 Bande d'oiseaux volant ensemble. *Volée de moineaux.* 3 Mouvement d'un projectile lancé avec force. *Volée de pierres.* 4 Série de coups donnés à qqn. *Une volée de coups de bâton.* 5 Partie d'un escalier entre deux paliers. 6 Frappe de la balle ou du ballon avant qu'ils aient touché terre. Loc *À la volée, à toute volée :* en lançant vigoureusement. *De haute volée :* de grande envergure. Fam *Volée de bois vert :* violentes remontrances.

1. voler vi 1 Se mouvoir ou se soutenir en l'air au moyen d'ailes. 2 Se déplacer par voie aérienne. *Voler de New York à Paris.* 3 Être lancé dans l'air. *Les flèches volaient.* 4 Aller à une grande vitesse. Loc *Voler en éclats :* être brisé, anéanti.

2. voler vt 1 S'approprier le bien d'autrui de façon illicite. 2 Prendre indûment. *Voler une idée.* 3 Manquer d'honnêteté à l'égard de qqn. *Marchand qui vole ses clients.* Loc Fam *Ne pas l'avoir volé :* l'avoir bien mérité.

volet nm 1 Panneau de bois, de métal, etc., destiné à clore une baie. 2 Partie mobile d'un objet pouvant se rabattre sur celle à laquelle elle est fixée. *Volets d'un triptyque.* 3 Partie d'un ensemble. *Le deuxième volet de l'enquête.* Loc *Trié sur le volet :* choisi avec soin.

voleter vi [19] Voler à petits coups d'ailes.

voleur, euse n, a Coupable d'un vol.

volière nf Grande cage à oiseaux.

volige nf Planche mince sur laquelle sont fixées les ardoises ou les tuiles d'une toiture.

volition nf PHILO Acte de volonté.

volley-ball [volɛbol] ou **volley** nm Sport opposant deux équipes de six joueurs, qui se renvoient un ballon au-dessus d'un filet.

volleyer vi Au tennis, jouer à la volée.

volleyeur, euse n 1 Joueur, joueuse de volley-ball. 2 Au tennis, spécialiste de la volée.

volnay nm Bourgogne rouge très réputé.

volontaire a 1 Qui se fait délibérément. 2 Qui ne résulte pas d'une contrainte. *Contribution volontaire.* 3 Entêté, obstiné, persévérant. ■ n Qui s'offre à accomplir une mission.

volontairement av 1 Intentionnellement, exprès. 2 Sans être contraint.

volontariat nm Fait d'être volontaire.

volontarisme nm Attitude qui consiste à mettre tout en œuvre pour soumettre le réel à une volonté délibérée.

volontariste a, n Qui relève du volontarisme.

volonté nf 1 Faculté de se déterminer soi-même vis-à-vis d'une décision à prendre, d'une action. 2 Détermination, fermeté. *Avoir de la volonté.* 3 Décision prise, désir. *Imposer sa volonté.* Loc *Les dernières volontés de qqn :* souhaits exprimés avant sa mort. Fam *Faire les quatre volontés de qqn :* lui passer tous ses caprices. *À volonté :* quand on veut ou autant qu'on veut. *Bonne volonté :* disposition à faire une chose de bon gré. *Mauvaise volonté :* tendance à refuser une obligation.

volontiers av De bon gré ; avec plaisir.

volt nm Unité servant à mesurer la différence de potentiel entre deux points d'un conducteur électrique.

voltage nm Tension électrique.

voltaïque a Relatif à la pile de Volta.

voltaire nm Large fauteuil au dossier élevé.

voltairien, enne a Propre à Voltaire. ■ a, n Vx Incrédule.

voltamètre nm Appareil servant à faire une électrolyse.

volte nf Mouvement d'un cheval que son cavalier mène en rond.

volte-face nf inv 1 Action de se retourner pour faire face. 2 Brusque changement d'opinion.

voltige nf 1 Acrobatie au trapèze volant, sur un cheval ou avec un avion. 2 Façon de procéder exigeant une grande habileté.

voltiger vi [11] 1 Voler à fréquentes reprises, çà et là. 2 Flotter au gré du vent.

voltigeur nm 1 Acrobate qui fait des voltiges. 2 MILIT Fantassin d'élite.

voltmètre nm Appareil servant à mesurer les différences de potentiel.

volubile a 1 Qui parle beaucoup et rapidement. 2 BOT Qui s'enroule autour d'un support.

volubilis nm Plante ornementale à fleurs en forme d'entonnoir.

volubilité nf Abondance et rapidité de paroles.

volume nm 1 Livre broché ou relié. 2 Espace occupé par un corps ; grandeur qui mesure cet espace. 3 Encombrement d'un objet. 4 Masse d'eau que débite un cours d'eau. 5 Quantité globale. *Le volume des échanges.* 6 Intensité des sons produits par la voix, la musique.

volumétrie nf Mesure des volumes.

volumétrique a De la volumétrie.

volumineux, euse a Dont l'encombrement est important.

volumique a Loc PHYS *Masse, poids volumique :* masse, poids par unité de volume.

volupté nf 1 Jouissance profonde, sensuelle ou intellectuelle. 2 Plaisir sexuel.

voluptueusement av Avec volupté.

voluptueux, euse a, n Qui recherche la volupté sensuelle. ■ a Qui exprime ou procure la volupté.

volute nf 1 Ornement en spirale. 2 Ce qui est en forme de spirale. *Volutes de fumée.*

volvaire nf Champignon comestible à lamelles, à grande volve.

volve nf Membrane qui enveloppe le chapeau et le pied de divers champignons.

vomi nm Fam Vomissure.

vomique a Loc *Noix vomique :* graine vénéneuse du vomiquier, riche en strychnine.

vomiquier nm Arbre d'Asie donnant la noix vomique.

vomir vt 1 Rejeter brutalement par la bouche le contenu de l'estomac. 2 Projeter violemment à l'extérieur. *Volcan qui vomit des flammes.* 3 Litt Proférer des paroles violentes. 4 Éprouver du dégoût pour qqn.

vomissement nm Action de vomir.

vomissure nf Matières vomies.

vomitif, ive a, nm MED Qui fait vomir.

vorace a 1 Qui mange avec avidité. 2 Avide d'argent.

voracement av Avec voracité.

voracité nf Avidité à manger, à gagner de l'argent.

vortex nm PHYS Tourbillon creux dans un fluide qui s'écoule.

vos. V. votre.

vosgien, enne a, n Des Vosges.

votant, ante n Qui a le droit de voter ou qui prend part à un vote.

vote nm Suffrage exprimé dans une élection, une délibération.

voter vi Donner son avis par un vote. ■ vt Approuver, décider par un vote. *Voter une loi.*

votif, ive a Offert à la suite d'un vœu et témoignant de son accomplissement.

votre, vos a poss Deuxième personne du pluriel ; de vous, à vous. *Votre maison. Vos biens.*

vôtre a poss Litt Qui est à vous. *Considérez mes biens comme vôtres.* ■ pr poss Ce qui est à vous. Loc *À la vôtre :* à votre santé. *Vous y avez mis du vôtre :* de la bonne volonté. ■ nmpl *Vos proches, vos parents.*

vouer vt 1 Consacrer son existence, son énergie à. *Vouer sa vie à la science.* 2 Porter à qqn un sentiment durable. *Vouer de l'amitié à qqn.* 3 Destiner à un sort déterminé. *Être voué à une déchéance certaine.* ■ vpr Se consacrer à.

vouloir vt [47] 1 Être fermement déterminé à, ou désireux de. *Il veut partir. Je veux qu'il vienne.* 2 Aspirer à obtenir qqch de qqn. *Vouloir la paix. Vouloir une explication de qqn.* 3 Pouvoir. *Ce bois ne veut pas brûler.* 4 Demander, exiger. *La loi veut que...* Loc *Vouloir dire :* signifier. *Vouloir bien :* accepter. *Sans le vouloir :* involontairement. ■ vti Accepter qqch, qqn. *Je ne veux pas de ton cadeau, de cet*

employé. Loc Fam *En vouloir :* avoir une grande volonté de gagner, de s'imposer. *En vouloir à qqn :* avoir de la rancune contre lui. ■ vpr Loc *S'en vouloir :* regretter de. ■ nm Loc Litt *Bon, mauvais vouloir :* bonnes, mauvaises dispositions.

voulu, ue a 1 Exigé, requis. *En temps voulu.* 2 Fait à dessein. *Ces erreurs sont voulues.*

vous pr pers Sujet ou complément de la 2e personne du pluriel, ou du singulier quand on vouvoie. Loc *De vous à moi :* en confidence.

voussure nf 1 ARCHI Cintre, courbe d'une voûte. 2 Convexité excessive du thorax ou du rachis.

voûte nf 1 Ouvrage de maçonnerie cintré dont les pierres sont disposées de manière à s'appuyer les unes aux autres. 2 Partie supérieure courbe. *Voûte d'une caverne.* Loc Litt *Voûte céleste :* ciel. *Voûte du palais :* cloison supérieure de la bouche.

voûté, ée a 1 Qui comporte une voûte. *Crypte voûtée.* 2 Anormalement courbé. *Dos voûté.*

voûter vt Couvrir d'une voûte. ■ vpr Se courber.

vouvoiement nm Action de vouvoyer.

vouvoyer vt [22] Employer le pronom *vous* pour s'adresser à une seule personne.

vouvray nm Touraine blanc réputé.

vox populi nf Litt Opinion du plus grand nombre.

voyage nm 1 Fait d'aller dans un lieu assez éloigné de celui où on réside. 2 Allées et venues, trajet de qqn pour transporter qqch. Loc *Les gens du voyage :* les artistes de cirque.

voyager vi [11] 1 Faire un voyage, des voyages. *Voyager en Italie.* 2 Être transporté. *Denrées qui ne peuvent voyager.*

voyageur, euse n Qui est en voyage ou qui voyage beaucoup. Loc *Voyageur de commerce :* qui se déplace pour le compte d'une maison de commerce. ■ a Loc *Pigeon voyageur :* dressé à porter des messages.

voyagiste n Organisateur de voyages.

voyance nf Don de ceux qui prétendent voir l'avenir ou le passé.

voyant, ante a Qui attire l'œil. *Couleurs voyantes.* ■ a, n Qui jouit du sens de la vue (par oppos. à aveugle). ■ nf Qui prétend voir le futur ou le passé. ■ nm Signal lumineux d'avertissement sur un tableau de contrôle.

voyelle nf Son du langage produit par la voix qui résonne dans la cavité buccale ; lettre qui note un tel son.

voyeur, euse n 1 Qui se plaît à assister à des scènes érotiques. 2 Qui observe autrui, mû par une curiosité malsaine.

voyeurisme nm Comportement de voyeur.

voyou nm Individu louche, vivant en marge des lois ; membre du milieu.

vrac (en) av 1 Qui n'est pas emballé, conditionné. 2 Sans ordre.

vrai, vraie a 1 Conforme à la vérité. Ant. faux. 2 Qui est réellement ce dont il a les apparences. *Un vrai diamant.* 3 Réel et non pas imaginaire. *La vraie cause d'un événement.* 4 Qui convient. *Le vrai moyen de sortir d'embarras.* 5 Sincère. *Sentiments vrais.* ■ nm Loc *Être dans le vrai :* ne pas se tromper. Fam *Pour de vrai :* réellement. ■ av Loc *À vrai dire, à dire vrai :* pour parler sincèrement.

vrai-faux, vraie-fausse *a* **1** Se dit de faux papiers établis par une autorité compétente. **2** Fam Fallacieux, trompeur.

vraiment *av* Véritablement, effectivement.

vraisemblable *a* Qui a l'apparence de la vérité. Ant. invraisemblable.

vraisemblablement *av* De façon vraisemblable, probablement.

vraisemblance *nf* Caractère vraisemblable.

vraquier *nm* Navire transportant des marchandises en vrac.

vrille *nf* **1** BOT Tige en hélice autour d'un support permettant à certaines plantes grimpantes de s'élever. **2** Mèche servant à faire de petits trous dans le bois. **3** Figure de voltige aérienne. Loc *En vrille* : en tournoyant.

vrillé, ée *a* **1** BOT Qui a des vrilles. **2** Enroulé, tordu sur lui-même.

vriller *vi* S'élever ou descendre en tournoyant.

vrillette *nf* Coléoptère dont la larve creuse des galeries dans le bois.

vrombir *vi* Faire entendre un son vibrant résultant d'un mouvement de rotation rapide.

vrombissement *nm* Bruit de qui vrombit.

V.R.P. [veɛʁpe] *nm* Abrév de *voyageur, représentant* (de commerce), *placier*.

vu, vue *a* Loc *Ni vu ni connu* : à l'insu de tous. *C'est tout vu* : il n'y a pas à revenir là-dessus. *Être bien, mal vu* : jouir, ne pas jouir de la considération d'autrui. ■ *nm* Loc *Au vu et au su de tous* : ouvertement. *Sur le vu de* : après examen direct de. ■ *prép* Loc *Vu (que)* : étant donné (que).

vue *nf* **1** Sens dont l'organe est l'œil et par lequel nous percevons la lumière, les couleurs, les formes et les distances. **2** Manière, action de regarder, de voir. *Détourner la vue.* **3** Ce qu'on peut voir de qqpart. *Avoir une belle vue sur la mer.* **4** Dessin, tableau représentant un lieu. **5** Faculté de connaître par l'esprit ; idée, aperçu, conception. Loc Fam *En mettre plein la vue* : susciter une admiration éblouie. *Connaître qqn de vue* : l'avoir vu sans jamais lui avoir parlé. *À première vue* : au premier coup d'œil. *À vue d'œil* : très rapidement. Fam *À vue de nez* :

approximativement. *À la vue de* : en voyant. *En vue* : de premier plan. *Seconde vue, double vue* : prétendue faculté de voir mentalement des choses absentes. *Vue de l'esprit* : conception théorique. *Avoir qqch en vue* : espérer l'obtenir. *En vue de* : afin de. ■ *pl* Projets, buts. Loc *Avoir des vues sur qqn* : projeter de l'employer ou de l'épouser.

vulcain *nm* Papillon noir marqué de taches blanches et rouges.

vulcanisation *nf* Addition de soufre au caoutchouc pour le rendre plus résistant.

vulcaniser *vt* Soumettre le caoutchouc à la vulcanisation.

vulgaire *a* **1** Litt Commun, répandu. *L'opinion vulgaire.* **2** (avant le n) Qui n'est réellement que ce qu'il est. *Un vulgaire chat de gouttière.* **3** Grossier, inélégant. *Langage vulgaire.* Loc *Nom vulgaire d'une plante, d'un animal* : nom courant, non scientifique.

vulgairement *av* **1** Dans le langage courant, communément. **2** De façon grossière.

vulgarisateur, trice *a, n* Qui vulgarise.

vulgarisation *nf* Action de vulgariser.

vulgariser *vt* Mettre les connaissances à la portée de tous. *Vulgariser une science.*

vulgarisme *nm* Terme de la langue vulgaire.

vulgarité *nf* Caractère grossier, vulgaire.

vulgum pecus [vylgɔmpekys] *nm* Fam Commun des mortels, masse ignorante.

vulnérabilité *nf* Caractère vulnérable.

vulnérable *a* **1** Qui peut être blessé, atteint physiquement. **2** Qui résiste mal psychologiquement aux attaques.

vulnéraire *nf* Plante à fleurs jaune d'or. ■ *nm* Anc Substance guérissant les blessures.

vulpin *nm* Plante des prairies.

vulvaire *a* ANAT De la vulve. ■ *nf* Plante à odeur fétide.

vulve *nf* ANAT Organes génitaux externes, chez la femme et les femelles des mammifères.

vulvite *nf* Inflammation de la vulve.

vumètre *nm* Dispositif de contrôle d'un signal électroacoustique.

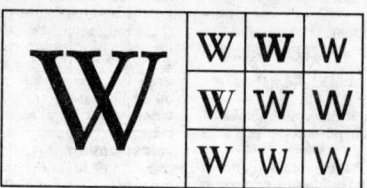

w nm Vingt-troisième lettre (consonne) de l'alphabet.

wagnérien, enne [va-] a De Wagner.

wagon [va-] nm Véhicule ferroviaire tracté, servant au transport des marchandises, des animaux.

wagon-citerne nm Wagon servant au transport des liquides. *Des wagons-citernes.*

wagon-lit nm Voiture de chemin de fer équipée de couchettes. *Des wagons-lits.*

wagonnet nm Petit wagon à caisse basculante.

wagon-restaurant nm Voiture de chemin de fer aménagée en restaurant. *Des wagons-restaurants.*

wali [wa-] nm En Algérie, fonctionnaire qui est à la tête d'une wilaya.

walkman [wokman] nm (n déposé) Baladeur.

walkyrie nf Divinité féminine de la mythologie scandinave.

wallaby [wa-] nm Petit kangourou.

wallon, onne [wa-] a, n De Wallonie. ■ nm Parler roman de Wallonie.

wallonisme nm Locution propre au wallon.

wapiti [wa-] nm Grand cerf d'Amérique du Nord.

wargame [waʀgɛm] nm Jeu de société simulant une bataille.

warrant [wa-] nm Récépissé de marchandises déposées dans un magasin par un commerçant, lui permettant de les négocier.

warranter [wa-] vt Garantir par un warrant.

water-closet [watɛʀklozɛt] nm ou **waters** [watɛʀ] nmpl Lieux d'aisances, cabinets. *Des water-closets* (abrév : w.-c.).

water-polo [watɛʀ-] nm Jeu de ballon qui se joue dans l'eau.

waterproof [watɛʀpʀuf] a inv Étanche.

watt [wat] nm Unité de puissance du flux énergétique.

wax [waks] nm Tissu de coton imprimé.

w.-c. [dublovese] ou [vese] nmpl Water-closets.

week-end [wikɛnd] nm Congé de fin de semaine. *Des week-ends.*

welter [wɛltɛʀ] nm Syn de mi-moyen.

western [wɛstɛʀn] nm Film d'aventures dont l'action se déroule dans l'Ouest des États-Unis au temps des pionniers.

wharf [waʀf] nm MAR Long appontement perpendiculaire au rivage.

whig [wig] nm, a HIST Membre du parti libéral en Grande-Bretagne.

whisky [wiski] nm Eau-de-vie de grain fabriquée dans les pays anglo-saxons ; un verre de cette eau-de-vie.

whist nm Jeu de cartes, ancêtre du bridge.

white spirit [wajtspiʀit] nm Solvant à peintures. *Des white spirits.*

wigwam [wigwam] nm Hutte des Indiens d'Amérique du Nord.

wilaya [vi-] nf Division administrative de l'Algérie.

williams [wi-] nf Poire juteuse et parfumée.

winch [winʃ] nm MAR Petit cabestan utilisé sur les yachts.

winchester [win-] nf Carabine à répétition.

wishbone [wiʃbon] nm Arceau servant à la manœuvre d'une voile.

wolfram [vɔ-] nm Minerai de tungstène.

woiof ou **ouolof** nm Langue du Sénégal.

won [wɔn] nm Unité monétaire de la Corée.

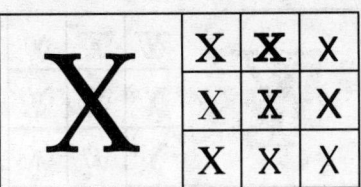

x *nm* **1** Vingt-quatrième lettre (consonne) de l'alphabet. **2** X : chiffre romain qui vaut 10. **3** Objet formé de deux éléments croisés. **4** MATH Symbole utilisé pour désigner une inconnue. **5** Remplace le nom de qqn ou de qqch qu'on ne peut ou ne veut mentionner. **Loc** *Film classé X* : pornographique. *L'X* : l'École polytechnique. *Rayons X* : radiations électromagnétiques à faible longueur d'onde, très pénétrants.

xénarthre *nm* ZOOL Mammifère américain, tel que le tatou, le fourmilier, le paresseux.

xénon *nm* Gaz rare de l'air.

xénophobe *a, n* Hostile aux étrangers.

xénophobie *nf* Hostilité aux étrangers.

xérès ou **jerez** *nm* Vin blanc d'Espagne.

xérographie *nf* Procédé de reprographie.

xérophile *a* BOT Adapté à la sécheresse.

xi ou **ksi** *nm* Lettre de l'alphabet grec, représentant *ks*.

xiphophore *nm* Petit poisson multicolore élevé en aquarium, à nageoire caudale pointue.

xylocope *nm* Abeille solitaire qui creuse son nid dans le bois.

xylographie *nf* Gravure sur bois.

xylophage *a, nm* ZOOL Qui se nourrit de bois.

xylophène *nm* (n déposé) Produit contre les insectes xylophages.

xylophone *nm* Instrument de musique composé de lamelles de bois sur lesquelles on frappe avec des baguettes.

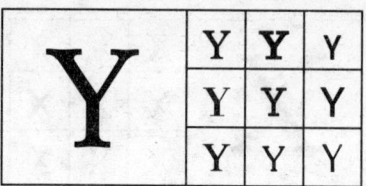

1. y *nm* I grec, vingt-cinquième lettre (voyelle) de l'alphabet. **Loc** *Chromosome Y :* présent seulement chez l'homme.
2. y *av* Dans cet endroit. *J'y reste. Vas-y.* **Loc** *Il y a :* il est, il existe. *Il y va de :* telle chose se trouve en cause. *Y être pour qqch, n'y être pour rien :* avoir, ou n'avoir pas, sa part de responsabilité. ■ *pr* À cela. *Je n'y comprends rien.*
yacht [jɔt] *nm* Navire de plaisance à voiles ou à moteur.
yacht-club [jɔtklœb] *nm* Société, club de yachting. *Des yacht-clubs.*
yachting [jɔtiŋ] *nm* Navigation de plaisance.
yachtman [jɔtman] *nm* Qui pratique le yachting. V. yin.
yack ou **yak** *nm* Bovin du Tibet.
yakusa *nm* Au Japon, membre de la mafia.
yang. V. yin.
yankee [jɑ̃ki] *n, a* Des États-Unis.
yaourt, yogourt ou **yoghourt** *nm* Lait caillé par l'effet d'un ferment lactique.
yaourtière *nf* Appareil pour fabriquer des yaourts.
yard [jaʀd] *nm* Unité de mesure de longueur anglo-saxonne, valant 0,914 m.
yatagan *nm* Sabre incurvé au tranchant en courbe rentrante, en usage autrefois en Turquie.
yearling [jœʀliŋ] *nm* Poulain pur-sang âgé d'un an.
yéménite *a, n* Du Yémen.
yen [jɛn] *nm* Unité monétaire du Japon.
yeshiva *nf* École talmudique.
yeti *nm* Hominien légendaire de l'Himalaya.
yeuse *nf* Chêne vert.
yeux. V. œil.
yé-yé *a inv, n inv* Fam Style de musique en vogue vers 1960.

yiddish *nm, a inv* Langue germanique des communautés juives d'Europe centrale et orientale.
yin *nm* **Loc** *Le yin et le yang :* les deux principes fondamentaux, opposés et complémentaires, selon le taoïsme.
ylang-ylang ou **ilang-ilang** *nm* Arbre d'Asie tropicale. *Des ylangs-ylangs, des ilangs-ilangs.*
yod *nm* PHON Semi-voyelle [j], transcrite *i* ou *y.*
yoga *nm* Technique de maîtrise des fonctions corporelles originaire de l'Inde.
yoghourt, yogourt. V. yaourt.
yogi [-gi] *n* Qui pratique le yoga.
yole *nf* Embarcation légère propulsée à l'aviron.
Yom Kippour ou **Kippour** *nm* Fête juive marquée par le jeûne et la prière, dite aussi *Grand Pardon.*
yougoslave *a, n* De Yougoslavie.
youpi ou **youppie !** *interj* Marque l'enthousiasme.
youpin, ine *a, n* Pop Terme raciste et injurieux désignant un Juif.
yourte ou **iourte** *nf* Tente mongole.
1. youyou *nm* Petite embarcation.
2. youyou *nm* Cri modulé des femmes musulmanes lors de certaines cérémonies.
yo-yo *nm inv* (n déposé) Jouet formé d'une roulette à gorge qu'on fait monter et descendre le long d'un fil.
ypérite *nf* Gaz de combat.
yttrium [itʀijɔm] *nm* Métal du groupe des terres rares.
yuan *nm* Unité monétaire de la Chine.
yucca *nm* Plante ligneuse d'Amérique tropicale.
yuppie [jupi] *n* Fam Jeune cadre ambitieux.

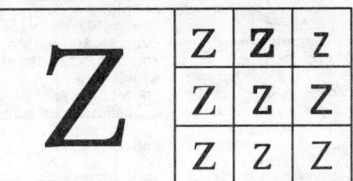

z *nm* Vingt-sixième et dernière lettre (consonne) de l'alphabet.

zaïbatsu [-su] *nm* ECON Trust japonais.

zaïre *nm* Unité monétaire du Zaïre.

zaïrois, oise *a, n* Du Zaïre.

zakouski *nm* Hors-d'œuvre variés russes.

zambien, enne *a, n* De Zambie.

zapper *vi* Passer d'une chaîne de télévision à l'autre avec la télécommande.

zapping [-piŋ] *nm* Action de zapper.

zazou *n, a* Fam Jeune excentrique des années 40.

zèbre *nm* 1 Mammifère à robe claire rayée. 2 Pop Individu, type.

zébrer *vt* [12] Marquer de raies, de rayures.

zébrure *nf* Raie, marque sur la peau ou une surface quelconque.

zébu *nm* Bœuf africain domestiqué, ayant une bosse graisseuse au niveau du garrot.

zef *nm* Pop Vent.

zélateur, trice *n* Litt Partisan ardent, zélé.

zèle *nm* Empressement, application pleine d'ardeur. **Loc** *Faire du zèle* : faire par affectation plus qu'il n'est demandé. *Grève du zèle* : application à la lettre des consignes pour ralentir une activité.

zélé, ée *a* Plein de zèle.

zen *nm* Mouvement bouddhiste du Japon. ■ *a inv* Relatif au zen. *Cérémonie zen.*

zénith *nm* 1 Point où la verticale d'un lieu rencontre la sphère céleste, au-dessus de l'horizon. 2 Litt Point culminant.

zénithal, ale, aux *a* Du zénith.

zéolite *nf* Minéral de certaines roches volcaniques, très utilisé dans l'industrie.

zéphyr *nm* Litt Vent tiède et léger.

zeppelin *nm* HIST Grand ballon dirigeable allemand, qui emportait des passagers.

zéro *nm* 1 Symbole numéral de valeur nulle, qui, placé à la droite d'un nombre, le multiplie par 10. 2 Valeur nulle dans une cotation ; quantité nulle. 3 Fam Personne nulle, sans valeur. ■ *a* 1 Aucun. *Faire zéro faute.* 2 De valeur nulle. *Degré zéro.*

zeste *nm* Écorce de l'orange, du citron.

zêta *nm* Sixième lettre de l'alphabet grec, correspondant à *dz.*

zeugma *nm* RHET Coordination d'éléments qui ne sont pas sur le même plan syntaxique.

zézaiement *nm* Vice de prononciation de qqn qui zézaie.

zézayer *vi* [20] Prononcer le son [z] pour [ʒ] et le son [s] pour [ʃ].

zibeline *nf* Mammifère au pelage noir ou brun ; sa fourrure.

zieuter *vi, vt* Pop Regarder.

zig ou **zigue** *nm* Pop Individu, type.

ziggourat *nf* ANTIQ Tour à étages élevée en Mésopotamie auprès du temple d'un dieu.

zigoto ou **zigoteau** *nm* Pop Individu.

zigouiller *vt* Pop Tuer.

zigzag *nm* Ligne brisée.

zigzagant, ante *a* Qui zigzague.

zigzaguer *vi* Décrire des zigzags.

zimbabwéen, enne *a, n* Du Zimbabwe.

zinc *nm* 1 Corps simple métallique, blanchâtre. 2 Fam Comptoir d'un café. 3 Fam Avion.

zingueur *nm* Ouvrier spécialisé dans les travaux de couverture en zinc.

zinnia *nm* Plante ornementale.

zinzin *a inv* Fam Bizarre, un peu fou. ■ *nm* Fam Organisme semi-public effectuant des placements en Bourse.

zinzolin, ine *nm, a* Rouge violacé.

zip *nm* (n déposé) Fermeture à glissière.

zippé, ée *a* Qui comporte un zip.

zircon *nm* Minéral très dur, employé en joaillerie.

zirconium [-njɔm] *nm* Métal proche du titane.

zizanie *nf* Discorde, désunion.

zizi *nm* Fam Pénis.

zloty *nm* Unité monétaire de la Pologne.

zodiac *nm* (n déposé) Type de canot pneumatique.

zodiacal, ale, aux *a* Du zodiaque.

zodiaque *nm* Bande de la sphère céleste à l'intérieur de laquelle s'effectuent les mouvements apparents du Soleil, de la Lune et des planètes. **Loc** *Signes du zodiaque* : les douze parties du zodiaque (le Bélier, le Taureau, les Gémeaux, le Cancer, le Lion, la Vierge, la Balance, le Scorpion, le Sagittaire, le Capricorne, le Verseau, les Poissons).

zombie *nm* 1 Revenant, selon certaines croyances vaudou des Antilles. 2 Fam Personne apathique, sans volonté.

zona *nm* Affection virale caractérisée par une éruption de vésicules cutanées.

zonage *nm* ou **zonation** *nf* Découpage d'un espace en zones.

zonal, ale, aux *a* D'une zone du globe terrestre.

zonard, arde *n, a* Pop Jeune marginal, loubard.
zone *nf* 1 Étendue déterminée de terrain, portion de territoire. 2 Domaine. *Zone d'influence.* 3 Quartier misérable à la périphérie d'une ville. 4 GEOM Surface délimitée sur une sphère par deux plans parallèles coupant cette sphère. 5 GEOGR Chacune des divisions du globe terrestre déterminées par les cercles polaires et les tropiques et caractérisées par un climat particulier. Loc *De seconde zone :* médiocre.
zoner *vt* Effectuer le zonage ou la zonation de qqch. ■ *vi* Pop Vivre au jour le jour.
zoo *nm* Parc, jardin zoologique.
zoogéographie *nf* Étude de la répartition zonale des animaux.
zoolâtrie *nf* Adoration d'animaux divinisés.
zoologie *nf* Étude des animaux.
zoologique *a* De la zoologie. Loc *Parc, jardin zoologique :* où sont montrés des animaux.
zoologiste ou **zoologue** *n* Spécialiste de zoologie.
zoom [zum] *nm* Objectif à distance focale variable d'un appareil de prise de vue ; effet ainsi obtenu.
zoomer *vi* Filmer avec un zoom.

zoomorphe *a* En forme d'animal.
zoophile *n, a* Qui aime les animaux.
zoophilie *nf* Amour des animaux.
zoophobie *nf* Phobie des animaux.
zooplancton *nm* Plancton animal.
zootechnicien, enne *n* Spécialiste de zootechnie.
zootechnie *nf* Étude des conditions d'élevage des animaux domestiques, du cheptel.
zootechnique *a* De la zootechnie.
zoothèque *nf* Collection d'animaux naturalisés.
zorille *nf* Mammifère africain, proche de la mouffette.
zouave *nm* HIST Soldat d'infanterie coloniale. Loc *Fam Faire le zouave :* faire l'idiot.
zozo *nm* Fam Niais, naïf.
zozotement *nm* Fam Zézaiement.
zozoter *vi* Fam Zézayer.
zut ! *interj* Fam Marque le mécontentement.
zydeco *nm* Musique populaire de Louisiane.
zygomatique *nm, a* Muscle de la pommette.
zygote *nm* BIOL Cellule directement issue de la fécondation.
zyzomys *nm* Rat d'Australie à queue blanche.

NOMS PROPRES

Pour faciliter la consultation, les entrées sont classées dans l'ordre alphabétique strict. Dans le cas d'homonymie entre un lieu et un personnage, le lieu précède le personnage : les îles COOK sont classées avant James COOK. Dans le cas d'homonymie entre personnages, ceux-ci sont classés selon l'ordre chronologique : Fenimore COOPER (1789-1851) précède Gary COOPER (1901-1961). Dans le cas de dynasties, le numéro d'ordre du souverain prime : on trouvera tous les Charles Ier (par ordre chronologique), puis les Charles II, etc.

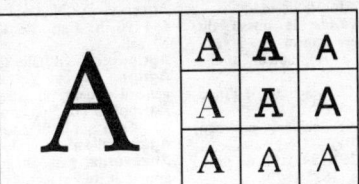

Aalto Alvar (1898-1976), architecte finlandais.
Aar, riv. de Suisse (295 km).
Aarau, v. de Suisse (Argovie) ; 16 400 h.
Aaron, frère de Moïse (*Bible*).
Abadan, port d'Iran (Khuzistan) ; 300 000 h.
Abbas Farhat (1899-1985), homme politique algérien, pionnier de l'indépendance.
Abbas Iᵉʳ le Grand (1571-1629), chah de Perse en 1587.
Abbassides, dynastie arabe (750-1517), qui régna à Bagdad jusqu'en 1258.
Abbeville, ch.-l. d'arr. de la Somme ; 24 588 h.
Abdallah (v. 545-v. 570), père de Mahomet.
Abd al-Rahman III (891-961), calife omeyyade de Cordoue en 912.
Abd el-Kader (v. 1808-1883), émir d'Algérie. Il s'opposa à la conquête française (1832-1847).
Abd el-Krim (1882-1963), nationaliste marocain. Il dirigea la révolte du Rif.
Abdulhamid II (1842-1918), dernier sultan ottoman (1876-1909).
Abdul Rahman (né en 1903), homme politique malais, promoteur de l'indépendance.
Abe Kobo (1924-1993), romancier japonais.
Abel, fils d'Adam et frère de Caïn (*Bible*).
Abel Niels (1802-1829), mathématicien norvégien.
Abélard Pierre (1079-1142), théologien français, célèbre pour sa liaison avec Héloïse.
Aberdeen, port d'Écosse ; 212 970 h.
Abidjan, anc. cap. et v. princ. de la Côte-d'Ivoire ; 1 000 000 h (aggl. 1 662 000 h).
Abitibi, lac du Canada (915 km²).
Abkhazie, rép. auton. de la Géorgie.
Abomey, v. du Bénin ; 50 150 h. Anc. cap. du *royaume d'Abomey* (XVIIᵉ-XIXᵉ s.).
Aboukir, village d'Égypte. La flotte française y fut anéantie par Nelson (1798).
About Edmond (1828-1855), écrivain français.
Abraham, patriarche biblique et «père des croyants» juifs, chrétiens et musulmans.
Abruzzes, massif calcaire (2 914 m) et rég. admin. de l'Italie centrale (cap. L'Aquila).
Absalon, fils révolté de David (*Bible*).
Abu al-Abbas Abd Allah, premier calife abbasside (750-754).
Abu Bakr (573-634), beau-père et successeur de Mahomet.
Abu Dhabi, le plus important des Émirats arabes unis (670 000 h) ; cap. **Abu Dhabi,** qui est aussi la cap. fédérale (300 000 h).

Abuja, cap. fédérale du Nigeria.
Abu Nawwas (v. 762-v. 813), poète arabe.
Abu Simbel, site archéologique d'Égypte.
Abydos, site archéologique d'Égypte.
Abymes (Les), com. de la Guadeloupe ; 62 809 h.
Abyssinie, anc. nom de l'Éthiopie.
Académie française, société de 40 membres fondée par Richelieu en 1635 pour veiller sur la langue française.
Acadie, anc. prov. du Canada français.
Acapulco de Juárez, port et stat. balnéaire du Mexique, sur le Pacifique ; 301 900 h.
Accra, cap. et port du Ghana ; 859 640 h.
Achaïe, anc. rég. de Grèce (N. du Péloponnèse).
Achantis, peuple du Ghana.
Achard Marcel (1899-1974), auteur français de comédies légères.
Achebe Chinua (né en 1930), romancier nigérian de langue anglaise.
Achéens, peuple indo-européen qui envahit la Grèce v. 1600 av. J.-C.
Achéménides, dynastie perse fondée par Cyrus (550-330 av. J.-C.).
Achéron, fleuve des enfers (*Myth. gr.*).
Achille, principal personnage de l' *Iliade*.
Achkhabad, cap. du Turkménistan ; 390 000 h.
Açoka ou **Asoka** (v. 273-v. 237 av. J.-C.), empereur maurya qui réalisa l'unité de l'Inde.
Aconcagua, point culminant des Andes, en Argentine (6 959 m).
Açores (les), archipel portugais de l'Atlantique N. ; 2 314 km² ; 253 500 h.
Acre, port d'Israël ; 36 400 h.
Acropole, anc. forteresse d'Athènes où s'élève le Parthénon.
Action catholique, organisations laïques soutenant l'action de l'Église catholique (XXᵉ s.).
Action française (l'), mouvement nationaliste et monarchiste, créé par Ch. Maurras (1899).
Action painting, mouvement d'art abstrait apparu à New York v. 1945.
Actium, victoire navale d'Octavien sur Antoine et Cléopâtre (31 av. J.-C.).
Actors' Studio, école d'art dramatique fondée à New York en 1947.
Adalbéron (v. 920-989), archevêque de Reims, qui sacra Hugues Capet.

Adam, premier homme (*Bible*).

Adam Robert (1728-1792), architecte écossais.

Adamaoua, plateau d'Afrique occidentale.

Adam de la Halle (Adam le Bossu, dit) (v. 1240-v. 1285), trouvère français.

Adamov Arthur (1908-1970), auteur dramatique français.

Adams Samuel (1722-1803), artisan de l'indépendance des États-Unis.

Adams John (1735-1826), deuxième président des États-Unis (1797-1801).

Adams John Quincy (1767-1848), fils du préc., président des États-Unis (1825-1829).

Adams John (1819-1892), astronome anglais.

Adana, v. du S. de la Turquie ; 777 550 h.

Addis-Abeba, cap. de l'Éthiopie ; 1 464 900 h.

Addison Joseph (1672-1719), écrivain et homme politique anglais.

Adélaïde, v. d'Australie, cap. de l'Australie-Méridionale ; 987 100 h.

Adélie (terre), rég. française de l'Antarctique.

Aden, port du S. du Yémen, sur le *golfe d'Aden* ; 300 000 h.

Adenauer Konrad (1876-1967), chancelier (chrétien-démocrate) de la R.F.A. (1949-1963).

Ader Clément (1841-1925), ingénieur français, précurseur de l'aviation (1897).

Adige, fl. de l'Italie du N. (410 km).

Adjarie, rép. auton. de Géorgie ; cap. Batoum.

Adler Victor (1852-1918), homme politique autrichien (social-démocrate).

Adler Alfred (1870-1937), psychanalyste autrichien.

Adonaï, un des noms de Dieu (*Bible*).

Adonis, chasseur aimé d'Aphrodite (*Myth. gr.*).

Adorno Theodor (1903-1969), philosophe et musicologue allemand.

Adoua, v. de l'Éthiopie ; victoire de Ménélik II sur les Italiens (1896).

Adour, fl. des Pyrénées occidentales (335 km).

Adriatique (mer), mer séparant les péninsules italienne et balkanique.

Ady Endre (1877-1919), poète hongrois : *Sang et or*.

Aetius (v. 390-454), général romain, vainqueur d'Attila aux champs Catalauniques (451).

Afars. V. Danakil.

Afghanistan, État d'Asie centrale ; 647 500 km² ; env. 18 000 000 h ; cap. Kaboul.

Afrikakorps, troupes allemandes d'Afrique commandées par Rommel (1941-1943).

Afrique, troisième continent par la superficie ; 30 500 000 km² ; 600 000 000 h.

Afrique du Sud (république d'), État fédéral d'Afrique ; 1 221 037 km² ; 38 500 000 h ; cap. Pretoria et Le Cap.

Agadir, port du S. du Maroc ; 110 480 h.

Agamemnon, roi d'Argos et de Mycènes, chef des Grecs devant Troie (*Iliade*).

Agar, esclave concubine d'Abraham, mère d'Ismaël (*Bible*).

Agde, ch.-l. de cant. de l'Hérault ; 17 784 h.

Agen, ch.-l. du Lot-et-Garonne ; 32 223 h.

Agha Khān IV (né en 1936), chef spirituel d'une partie des musulmans ismaéliens.

Aghlabides (800-909), dynastie musulmane qui régna sur la Tunisie.

Agnelli Giovanni (1866-1945), industriel italien de l'automobile.

Agnon Samuel (1888-1970), romancier israélien : *Contes de Jérusalem*.

Agra, v. du N. de l'Inde (Uttar Pradesh) ; 694 190 h. Cap. de l'empire moghol. Tadj Mahall.

Agrigente, v. d'Italie (Sicile) ; 55 350 h.

Agrippa Marcus Vipsanius (63-12 av. J.-C.), général romain, ministre d'Auguste.

Agrippine (16-59), impératrice romaine, mère de Néron qui la fit assassiner.

Aguascalientes, v. du Mexique ; 293 150 h.

Ahasvérus, personnage légendaire également appelé le Juif errant.

Ahmedabad, v. de l'Inde (Gujerat) ; 2 059 730 h.

Ahwaz, v. d'Iran (Khuzistan) ; 471 000 h.

Aicha (v. 614-v. 678), fille d'Abu Bakr et femme préférée de Mahomet.

Aigoual, massif des Cévennes (1 567 m).

Aigues-Mortes, ch.-l. de cant. du Gard ; 5 033 h. Enceinte fortifiée.

Ain, affl. du Rhône (205 km).

Ain, dép. français (01) (Rhône-Alpes) ; 5 756 km² ; 480 877 h ; ch.-l. Bourg-en-Bresse.

Aïnous, ethnie de Hokkaido (Japon).

Aïr, massif montagneux du Sahara (Niger).

Airbus, consortium européen de constructeurs aéronautiques, dont le siège est à Toulouse.

Air France, compagnie nationale française de transport aérien.

Aisne, affl. de l'Oise (270 km).

Aisne, dép. français (02) (Picardie) ; 7 378 km² ; 553 918 h ; ch.-l. Laon.

Aix (île d'), île de Charente-Maritime.

Aix-en-Provence, ch.-l. d'arr. des Bouches-du-Rhône ; 126 854 h.

Aix-la-Chapelle, v. d'Allemagne ; 239 170 h. Lieu de couronnement des empereurs.

Aix-les-Bains, ch.-l. de cant. et stat. thermale de la Savoie, sur le lac du Bourget ; 24 826 h.

Ajaccio, ch.-l. de la Corse-du-Sud et de la Rég. Corse ; 59 318 h.

Ajanta, site bouddhique de l'Inde (Dekkan).

Ajar Émile. V. Gary.

Ajax, héros grec de l'*Iliade*.

Ajjer (tassili des), plateau dans le Hoggar. Gravures rupestres néolithiques.

Ajmer, v. de l'Inde (Rajasthan) ; 375 590 h.

Akaba ou **Aqaba**, port de Jordanie, sur le *golfe d'Akaba*, au N. sur la mer Rouge.

Akademgorodok, v. de Russie (Sibérie). Centre de recherche scientifique ; 60 000 h.

Akbar Mohammed (1542-1605), empereur moghol de l'Inde.

Akhenaton. V. Aménophis.

Akhmatova Anna (1889-1966), poétesse russe.

Akihito (né en 1933), empereur du Japon depuis 1989.

Akinari Ueda (1734-1809), écrivain japonais.

Akkad (pays d'), rég. de Mésopotamie ; royaume au IIIᵉ millénaire av. J.-C.

Akron, v. des États-Unis (Ohio) ; 226 900 h.

Akutagawa Ryunosuke (1892-1927), écrivain japonais : *Rashomon*.

Alabama, État du S. S.-E. des États-Unis.

Alaca Höyük, site hittite d'Anatolie.

Aladin, héros des *Mille et une nuits*.

Alain (Émile Chartier, dit) (1868-1951), philosophe français : *Propos*.

Alain-Fournier (1886-1914), romancier français : *le Grand Meaulnes*.

Alamans, anciens peuples germaniques vaincus par Clovis à Tolbiac (496).

Alamein (Al-) (Égypte), victoire de Montgomery sur Rommel (1942).

Alaouites, dynastie qui règne sur le Maroc depuis 1660.

Alaric Ier (v. 370-410), roi des Wisigoths. Il prit Rome en 410.

Alaska, État des États-Unis situé au N.-O. de l'Amérique ; 1 518 775 km².

Alava, prov. basque d'Espagne.

Albacete, v. d'Espagne (Castille-la-Manche) ; 124 550 h.

Albanie, État de l'O. de la péninsule balkanique ; 28 748 km² ; 3 100 000 h ; cap. Tirana.

Albany, v. des États-Unis ; cap. de l'État de New York ; 99 500 h.

Albe, anc. v. du Latium, rivale de Rome.

Albe duc d' (1508-1582), général espagnol. Il réprima la révolte des Pays-Bas.

Albee Edward (né en 1928), dramaturge américain : *Qui a peur de Virginia Woolf ?*

Albéniz Isaac (1860-1909), compositeur espagnol : *Iberia.*

Albert (lac). V. Mobutu (lac).

Albert Ier (1848-1922), prince de Monaco.

Albert Ier (1875-1934), roi des Belges en 1909.

Albert II (né en 1934), roi des Belges en 1993.

Albert de Brandebourg (1490-1568), premier duc de Prusse (1525-1568).

Albert le Grand saint (v. 1193-1280), théologien, maître de saint Thomas d'Aquin.

Alberta, prov. du Canada occidental.

Alberti Leon Battista (1404-1472), peintre, sculpteur et architecte italien de la Renaissance.

Alberti Rafael (né en 1902), poète et peintre espagnol : *Pleine Mer.*

Albertville, ch.-l. d'arr. de la Savoie ; 18 121 h.

Albi, ch.-l. du Tarn ; 48 707 h. Cathédrale.

Albigeois, autre nom des Cathares.

Albinoni Tomaso (1671-1750), compositeur italien : *Adagio.*

Albion, surnom donné à l'Angleterre.

Albion (plateau d'), base de missiles de la force nucléaire française (Préalpes du S.).

Alborg, port du Danemark ; 154 400 h.

Albret, pays de Gascogne qui appartenait à la *famille d'Albret,* dont descendait Henri IV.

Albuquerque, v. des États-Unis (Nouveau-Mexique) ; 366 750 h.

Albuquerque Alfonso de (1453-1515), navigateur portugais ; vice-roi des Indes.

Alcibiade (v. 450-v. 404 av. J.-C.), général et homme politique athénien.

Alcméonides, famille de l'Athènes antique (Clisthène, Périclès et Alcibiade).

Alcobaça, v. du Portugal. Tombeaux royaux.

Alcuin (v. 735-804), religieux anglo-saxon, maître des écoles de Charlemagne.

Aldébaran, étoile géante du ciel boréal.

Aldrich Robert (1918-1983), cinéaste américain.

Alechinsky Pierre (né en 1927), peintre, graveur et poète belge.

Aleijadinho (v. 1738-1814), sculpteur et architecte baroque brésilien.

Alembert Jean Le Rond d' (1717-1783), philosophe et mathématicien français, collaborateur de l' *Encyclopédie.*

Alençon, ch.-l. de l'Orne ; 31 139 h.

Alentejo, rég. du Portugal, au S. du Tage.

Aléoutiennes (îles), archipel de la mer de Béring appartenant aux États-Unis.

Alep, v. du N. de la Syrie ; 1 191 150 h.

Alès, ch.-l. d'arr. du Gard ; 42 296 h.

Alésia, citadelle gauloise. César y vainquit Vercingétorix (52 av. J.-C.).

Aletsch, glacier des Alpes suisses.

Alexandre Ier Jagellon (1461-1506), roi de Pologne en 1501.

Alexandre Ier (1777-1825), empereur de Russie en 1801. Il s'opposa à Napoléon Ier.

Alexandre Ier Karadjordjević (1888-1934), roi de Yougoslavie en 1921 ; assassiné.

Alexandre II (1818-1881), empereur de Russie en 1855. Il abolit le servage et mourut assassiné.

Alexandre III (1845-1894), empereur de Russie en 1881. Il s'allia à la France.

Alexandre VI Borgia (1431-1503), pape en 1492, père de César et de Lucrèce Borgia.

Alexandre le Grand (356-323 av. J.-C.), roi de Macédoine, fils de Philippe II. Il conquit un immense empire.

Alexandre Nevski (1220-1263), grand-duc de Novgorod, vainqueur des chevaliers Teutoniques.

Alexandrie, port d'Égypte ; 2 917 330 h.

Alexis Mikhaïlovitch (1629-1676), empereur de Russie en 1645, père de Pierre le Grand.

Alfieri Vittorio (1749-1803), poète et dramaturge italien, chantre de la liberté.

Alfonsín Raúl (né en 1926), président de la république d'Argentine (1983-1989).

Alfortville, ch.-l. de cant. du Val-de-Marne ; 36 240 h.

Alfred le Grand saint (v. 849-899), roi des Anglo-Saxons en 878.

Alfvén Hannes (né en 1908), physicien suédois.

Algarve, prov. du S. du Portugal.

Algazel. V. Ghazali.

Alger (*El-Djezaïr*), cap. de l'Algérie ; 1 690 190 h.

Algérie, État d'Afrique du Nord ; 2 381 741 km² ; 23 000 000 h ; cap. Alger. La *guerre d'Algérie* (1954-1962) aboutit à l'indépendance du pays.

Algésiras, port d'Espagne (Andalousie) ; 96 880 h.

Algonkins, Indiens d'Amérique du Nord.

Alhambra, palais des rois maures à Grenade.

Ali (v. 600-661), calife musulman, époux de Fatima, premier imam des chiites.

Ali Muhammad (anc. Cassius Clay) (né en 1942), boxeur américain.

Ali Baba, personnage des *Mille et Une Nuits.*

Alicante, port d'Espagne ; 256 420 h.

Aliénor d'Aquitaine (1122-1204), héritière du duché d'Aquitaine. Elle épousa Louis VII, roi de France qui la répudia, puis Henri II, roi d'Angleterre.

Allah, nom de Dieu dans l'islam.

Allahabad, v. sainte de l'Inde (Uttar Pradesh) ; 616 050 h.

Allais Alphonse (1855-1905), écrivain humoriste français.

Allais Maurice (né en 1911), économiste français.

Alleghany (monts), partie des Appalaches.

Allemagne, État fédéral d'Europe centrale ; 356 758 km² ; 78 300 000 h ; cap. Berlin.

Allen Woody (né en 1935), acteur et cinéaste américain.

Allenby sir Edmund (1861-1936), maréchal britannique.

Allende Salvador (1908-1973), président de la république du Chili (1970-1973). Socialiste, il fut renversé par un putsch.

Alliance (Sainte-), pacte conclu entre la Russie, la Prusse et l'Autriche pour endiguer le libéralisme et le nationalisme (1815).

Alliance (Triple-) ou **Triplice,** traité défensif entre l'Autriche, l'Allemagne et l'Italie (1882).

Allier, affl. de la Loire (410 km).

Allier, dép. français (03) (Auvergne) ; 7 381 km² ; 366 819 h ; ch.-l. Moulins.

Allobroges, peuple celte de la Gaule.

Alma, riv. de la Crimée. Victoire franco-anglaise sur les Russes (1854).

Alma-Ata, cap. du Kazakhstan ; 1 134 000 h.

Almagro Diego de (1475-1538), conquistador espagnol, compagnon de Pizarro.

Almeida Garrett João de (1799-1854), poète et dramaturge romantique portugais.

Almeria, port du S. de l'Espagne (Andalousie) ; 151 470 h.

Almohades, dynastie musulmane berbère qui régna sur l'Afrique du Nord (1147-1269).

Almoravides, dynastie musulmane berbère qui régna sur l'Afrique du Nord et l'Andalousie (1055-1147).

Almquist Carl (1793-1866), écrivain suédois.

Alost, v. de Belgique (Flandre) ; 78 940 h.

Alpe-d'Huez (L'), stat. hivernale de l'Isère.

Alpes, chaîne de montagnes d'Europe ; point culminant : Mont-Blanc (4 807 m).

Alpes (Hautes-), dép. français (05) (Provence-Alpes-Côte d'Azur) ; 5 520 km² ; 118 065 h ; ch.-l. Gap.

Alpes-de-Haute-Provence, dép. français (04) (Provence-Alpes-Côte d'Azur) ; 6 944 km² ; 134 914 h ; ch.-l. Digne.

Alpes-Maritimes, dép. français (06) (Provence-Alpes-Côte d'Azur) ; 4 294 km² ; 980 703 h ; ch.-l. Nice.

Alphonse VIII le Noble (1155-1214), roi de Castille en 1158. Il battit les Maures à Las Navas de Tolosa (1212).

Alphonse X le Sage (1221-1284), roi de Castille en 1252. Il fit dresser des tables astronomiques (tables alphonsines).

Alphonse XIII (1886-1941), roi d'Espagne (1886-1931). Il dut s'exiler.

Alpilles, chaînon des Alpes de Provence.

Alsace, Rég. admin. de la France, comprenant les dép. du Bas-Rhin et du Haut-Rhin ; 8 310 km² ; 1 648 849 h ; ch.-l. Strasbourg.

Alsace-Lorraine, territoire français annexé par l'Allemagne (1871-1918).

Altaï, chaîne de montagnes de l'Asie.

Altaï, étoile bleue du ciel boréal.

Altamira, grottes préhistoriques du N. de l'Espagne. Peintures rupestres.

Altdorf, v. de Suisse (Uri) ; 8 200 h.

Altdorfer Albrecht (v. 1480-1538), peintre et graveur allemand.

Althusser Louis (1918-1990), philosophe marxiste français.

Altiplano, haut plateau des Andes de Bolivie.

Altkirch, ch.-l. d'arr. du Haut-Rhin ; 5 869 h.

Altman Robert (né en 1925), cinéaste américain.

Amado Jorge (né en 1912), romancier brésilien d'inspiration populiste : *Terre violente.*

Amalfi, v. d'Italie (Campanie) ; 6 050 h.

Amaravati, v. du S.-E. de l'Inde ; 261 400 h.

Amarnah (Tell al-), site archéologique égyptien ; anc. cap. d'Aménophis IV.

Amazonas, État du N.-O. du Brésil ; cap. Manaus.

Amazone, fl. d'Amérique du Sud (6 280 km), le premier au monde pour son débit.

Amazones, femmes guerrières (*Myth. gr.*).

Amazonie, plaine de l'Amérique du Sud, drainée par l'Amazone ; 4 500 000 km².

Ambert, ch.-l. d'arr. du Puy-de-Dôme ; 7 779 h.

Amboine, ch.-l. des Moluques (Indonésie) ; 209 000 h.

Amboise, ch.-l. de cant. d'Indre-et-Loire ; 11 541 h. Château gothique et Renaissance.

Ambroise saint (339-397), évêque de Milan, Père de l'Église.

Aménophis IV Akhenaton (v. 1372-1354 av. J.-C.), époux de Néfertiti. Il tenta d'imposer le monothéisme.

Améric Vespuce. V. Vespucci.

Amérique, deuxième continent par sa superficie ; 42 000 000 km² ; 691 000 000 h.

Amiens, ch.-l. du dép. de la Somme et de la Rég. Picardie ; 136 234 h.

Amin Dada Idi (né en 1925), dictateur ougandais, au pouvoir de 1971 à 1979.

Amirauté (îles de l'), archipel dépendant de la Papouasie-Nouvelle-Guinée.

Amman, cap. de la Jordanie ; 972 000 h.

Ammon ou **Amon,** dieu égyptien de Thèbes.

Amnesty International, association fondée en 1961 pour lutter contre la répression politique dans le monde.

Amou-Daria, fl. d'Asie centrale (2 600 km).

Amour ou **Heilongjiang,** fl. d'Extrême-Orient (4 354 km), entre la Russie et la Chine.

Amoy. V. Xiamen.

Ampère André (1775-1836), physicien français, créateur de l'électrodynamique.

Amphitrite, épouse de Poséidon (*Myth. gr.*).

Amr (v. 580-v. 663-664), compagnon de Mahomet, conquérant de l'Égypte.

Amritsar, v. du N. de l'Inde (Pendjab) ; 594 840 h ; ville sainte des sikhs.

Amsterdam, cap. des Pays-Bas ; 691 740 h. Canaux, musées (Rijksmuseum).

Amundsen Roald (1872-1928), explorateur norvégien, le premier à avoir atteint le pôle Sud (1911).

Amyot Jacques (1513-1593), humaniste français, traducteur de Plutarque.

Anacréon (VIᵉ s. av. J.-C.), poète lyrique grec.

Anadyr, fl. de Sibérie (1 145 km).

Anatolie, autre nom de la Turquie d'Asie (dans l'Antiquité, Asie Mineure).

Anaxagore (v. 500-v. 428 av. J.-C.), philosophe et mathématicien grec.

Ancenis, ch.-l. d'arr. de la Loire-Atlantique ; 7 061 h. Le *traité d'Ancenis* (1468) unit la Bretagne à la France.

Ancien Régime, gouvernement monarchique de la France, qui précéda la Révolution.

Anchise, père d'Énée (*Myth. gr.*).

Anchorage, v. princ. de l'Alaska ; 226 700 h.

Ancône, port d'Italie sur l'Adriatique ; cap. des Marches ; 105 580 h.

Ancus Martius (v. 640-v. 616 av. J.-C.), quatrième roi légendaire de Rome.

Andalousie, commun. auton. du S. de l'Espagne ; cap. Séville.

Andaman, îles qui forment avec **Nicobar** un territoire de l'Inde.

Andelys (Les), ch.-l. d'arr. de l'Eure, sur la Seine ; 8 580 h. Ruines de Château-Gaillard.

Anderlecht, v. de Belgique (Brabant) ; 94 760 h.

Andersen Hans Christian (1805-1875), écrivain danois : *Contes.*

Anderson Sherwood (1876-1941), romancier américain : *Winesburg-en-Ohio.*

Andes (cordillère des), chaîne de montagnes d'Amérique du Sud (6 959 m à l'Aconcagua).

Andhra Pradesh, État du S.-E. de l'Inde ; cap. Hyderabad.

Andorre, principauté située sur le versant S. des Pyrénées orientales ; 465 km² ; 44 000 h ; cap. Andorre-la-Vieille (17 000 h).

André saint, un des douze apôtres.

Andrea del Sarto (1486-1530), peintre florentin de la Renaissance.

Andreotti Giulio (né en 1919), homme politique italien (démocrate-chrétien).

Andrić Ivo (1892-1975), romancier yougoslave : *le Pont sur la Drina.*

Andrinople (auj. *Edirne*), traité russo-turc reconnaissant l'indépendance grecque (1829).

Andromaque, princesse troyenne, épouse d'Hector (*Myth. gr.*).

Andromède, galaxie proche de la nôtre.

Andropov Iouri (1914-1984), homme politique soviétique, chef de l'État (1983-1984).

Androuet du Cerceau, famille d'architectes français (XVIᵉ-XVIIᵉ s.).

Anet, ch.-l. de cant. d'Eure-et-Loir. Château.

Aneto (pic d'), point culminant (3 404 m) des Pyrénées, en Espagne.

Angara, riv. de Sibérie (1 826 km), affl. de l'Ienisseï, émissaire du lac Baïkal.

Angelico Fra (v. 1400-1455), peintre italien (couvent San Marco à Florence).

Angers, ch.-l. du Maine-et-Loire ; 146 163 h. Château du roi René (XIIIᵉ-XVᵉ s.).

Angkor, site archéologique du Cambodge ; anc. cap. de l'Empire khmer.

Angles, peuple germanique qui envahit la Grande-Bretagne au VIᵉ s.

Anglesey, île de Grande-Bretagne, dans la mer d'Irlande ; 60 000 h.

Anglet, ch.-l. de cant. des Pyrénées-Atlantiques ; 33 956 h.

Angleterre, partie méridionale de la Grande-Bretagne ; cap. Londres.

Anglo-Normandes (îles), archipel britannique de la Manche, constitué de Jersey, Guernesey et Aurigny ; 135 700 h.

Anglo-Saxons, peuples germaniques qui envahirent les îles britanniques aux Vᵉ et VIᵉ s.

Angola, État du S.-O. de l'Afrique ; 1 246 700 km² ; 9 000 000 h ; cap. Luanda.

Angoulême, ch.-l. de la Charente ; 46 194 h.

Ångström Anders (1814-1874), physicien suédois.

Anguilla, île des Petites Antilles.

Anhui, prov. de l'E. de la Chine ; ch.-l. Hefei.

Anjou, anc. prov. de l'O. de la France.

Ankara, cap. de la Turquie ; 2 235 040 h.

Annaba (anc. *Bône*), port d'Algérie ; 228 390 h.

Anna Ivanovna (1693-1740), impératrice de Russie en 1730.

Annam, rég. centrale du Viêt-nam.

Annapurna, sommet de l'Himalaya (8 078 m).

Anne sainte, mère de la Vierge Marie.

Anne d'Autriche (1601-1666), reine de France, épouse de Louis XIII, mère de Louis XIV, régente de 1643 à 1661.

Anne Boleyn (1507-1536), reine d'Angleterre, deuxième épouse d'Henri VIII ; exécutée.

Anne de Bretagne (1477-1514), reine de France. Elle épousa Charles VIII (1491) puis Louis XII (1499).

Anne de France ou **de Beaujeu** (1460-1522), fille aînée de Louis XI, régente pendant la minorité de Charles VIII.

Anne Stuart (1665-1714), reine d'Angleterre (1702-1714). Elle réunit l'Angleterre et l'Écosse.

Annecy, ch.-l. de la Haute-Savoie, sur le *lac d'Annecy* ; 51 143 h.

Annemasse, ch.-l. de cant. de la Haute-Savoie ; 27 927 h.

Annonay, ch.-l. de cant. de l'Ardèche ; 19 155 h.

Anouilh Jean (1910-1987), dramaturge français : *Antigone, le Bal des voleurs.*

A.N.P.E. Sigle de *Agence nationale pour l'emploi.*

Anquetil Jacques (1934-1987), coureur cycliste français.

Anschluss, intégration de l'Autriche au IIIᵉ Reich allemand (1938).

Anselme saint (1033-1109), théologien. Il fut archevêque de Canterbury.

Anshan, v. de Chine (Liaoning) ; 1 195 580 h (aggl. 2 517 080 h).

Antalya, port de Turquie ; 261 110 h.

Antananarivo (anc. *Tananarive*), cap. de Madagascar ; 1 050 000 h.

Antarctique, un des continents situé à l'intérieur du cercle polaire austral et entouré par l'*océan Antarctique* ; env. 14 000 000 de km².

Anti-Atlas, massif du S.-O. du Maroc.

Antibes, ch.-l. de cant. des Alpes-Maritimes ; 70 688 h.

Antifer, cap au S.-O. d'Étretat.

Antigone, fille d'Œdipe (*Myth. gr.*).

Antigua, État des Petites Antilles ; 80 000 h ; cap. Saint John's.

Anti-Liban, chaîne de montagnes de Syrie.

Antilles, archipel séparé de l'Amérique centrale par la *mer des Antilles* ou *des Caraïbes*. Il comprend les *Grandes Antilles* (Cuba, Haïti, Porto Rico, la Jamaïque) et les *Petites Antilles* (dont font partie la Guadeloupe et la Martinique) ; 236 500 km² ; env. 26 000 000 h.

Antioche, v. de Turquie ; 91 550 h. Anc. cap. des Séleucides.

Antipatros ou **Antipater** (v. 397-319 av. J.-C.), général macédonien.

Antisthène (v. 444-365 av. J.-C.), philosophe grec, fondateur de l'école cynique.

Antofagasta, port du Chili ; 204 580 h.

Antoine Marc (v. 83-30 av. J.-C.), général romain. Lieutenant de César, amant de Cléopâtre, il fut vaincu par Octave à Actium.

Antoine saint (251-356), anachorète de la Thébaïde, fondateur de la vie monastique en Orient.

Antoine de Padoue saint (1195-1231), franciscain portugais.

Antonello da Messina (v. 1430-1479), peintre italien.

Antonescu Ion (1882-1946), dictateur roumain (1940-1944). Il fut exécuté.

Antonin le Pieux (86-161), empereur romain de 138 à 161.

Antonins (les), nom donné aux sept empereurs romains qui se succédèrent de 96 à 192.

Antonioni Michelangelo (né en 1912), cinéaste italien : *l'Avventura.*

Antony, ch.-l. d'arr. des Hauts-de-Seine ; 57 916 h.

Antsiranana (anc. *Diégo-Suarez*), port de Madagascar ; 100 000 h.

Anubis, dieu égyptien des Morts.

Anvers, port de Belgique, ch.-l. de la *province d'Anvers* ; 185 900 h (aggl. 486 580 h).

Aoste, v. d'Italie, ch.-l. de la rég. auton. du *Val d'Aoste* ; 37 680 h.

août 1789 (nuit du 4), séance de l'Assemblée constituante qui abolit les privilèges féodaux.

août 1792 (journée du 10), insurrection parisienne qui entraîna la chute de la royauté.

Aozou (bande d'), rég. du Tchad, disputée par la Libye.

Apaches, Indiens de l'Amérique du Nord.

Apelle (IVe s. av. J.-C.), peintre grec.

Apennin (l') ou **Apennins** (les), chaîne de montagnes de l'Italie péninsulaire, culminant au Gran Sasso (2 914 m).

Aphrodite, déesse de l'Amour (*Myth. gr.*).

Apia, cap. des Samoa occidentales ; 34 000 h.

Apis, dieu funéraire égyptien adoré sous la forme d'un taureau.

Apocalypse, livre du Nouveau Testament, attribué à saint Jean, décrivant la fin du monde.

Apollinaire Guillaume (1880-1918), poète français : *Alcools, Calligrammes.*

Apollo (programme), programme spatial américain (premier homme sur la Lune).

Apollon ou **Phébus**, dieu grec du Soleil, de la Lumière, des Arts et des Lettres.

Appalaches, massif de l'E. des États-Unis.

Appenzell, v. de Suisse ; 4 900 h ; ch.-l. du demi-canton de Rhodes-Intérieures.

Appert Nicolas (1749-1841), industriel français, inventeur de la boîte de conserves.

Appienne (voie), route romaine qui reliait Rome à Brindisi.

Apt, ch.-l. d'arr. du Vaucluse ; 11 702 h.

Apulée (v. 125-v. 180), écrivain latin.

Apulie, rég. de l'Italie ancienne.

Aquila (L'), v. d'Italie, ch.-l. des Abruzzes ; 63 470 h.

Aquino Corazon (née en 1933), présidente des Philippines de 1986 à 1992.

Aquitaine, anc. province française et Rég. admin. comprenant les dép. de la Gironde, de la Dordogne, du Lot-et-Garonne, des Landes et des Pyrénées-Atlantiques ; 41 407 km² ; 2 858 293 h ; ch.-l. Bordeaux.

arabe (Ligue), organisme créé en 1945, par certains États arabes.

Arabie, péninsule à l'extrémité S.-O. de l'Asie ; 3 000 000 km² ; env. 23 000 000 h. Deux villes saintes de l'islam : La Mecque et Médine.

Arabie Saoudite, État d'Asie recouvrant les 2/3 de la péninsule d'Arabie ; env. 2 150 000 km² ; 14 000 000 h ; cap. Riyad.

Arabique (golfe). V. Persique.

Arad, v. de l'O. de la Roumanie ; 187 000 h.

Arafat Yasser (né en 1929), homme politique palestinien, chef de l'O.L.P. depuis 1969.

Arago François (1786-1853), physicien et astronome français.

Aragon, anc. royaume et commun. auton. du N.-E. de l'Espagne ; cap. Saragosse.

Aragon Louis (1897-1982), écrivain français : *les Cloches de Bâle, le Crève-cœur.*

Araméens, tribus sémitiques nomades de la Mésopotamie (XIIe-VIe s. av. J.-C.).

Aran, vallée espagnole des Pyrénées centrales.

Aranjuez, v. d'Espagne ; 35 620 h.

Arany János (1817-1882), poète hongrois.

Ararat (mont), massif d'Arménie, le plus haut sommet de la Turquie (5 165 m).

Araucans, Indiens d'Amérique du Sud.

Aravis, massif des Alpes du N. (2 752 m).

Arawaks, Indiens d'Amérique du Sud.

Araxe, riv. d'Asie (994 km), frontière entre l'Arménie et la Turquie, puis entre l'Azerbaïdjan et l'Iran.

Arbèles, v. d'Assyrie : victoire d'Alexandre sur les Perses (331 av. J.-C.).

Arc (l'), affl. de l'Isère (150 km).

Arcachon, stat. balnéaire de la Gironde, sur le *bassin d'Arcachon* ; 12 164 h.

Arcadie, rég. de la Grèce antique.

Arc-et-Senans, com. du Doubs. Salines de Cl. N. Ledoux.

Archimède (287-212 av. J.-C.), physicien et mathématicien hellénistique ; fondateur de l'hydrostatique.

Archipenko Alexander (1887-1964), sculpteur américain.

Arcimboldo Giuseppe (v. 1527-1593), peintre italien, auteur de portraits fantastiques.

Arcoat, la Bretagne intérieure.

Arcole, bourg d'Italie où Bonaparte vainquit les Autrichiens (1796).

Arcs (Les), stat. de sports d'hiver (Savoie).

Arctique, ensemble formé par l'*océan Arctique*, qui entoure le pôle Nord, et les terres du N. de l'Amérique, de l'Europe et de l'Asie.

Arcturus, étoile géante du ciel boréal.

Arcueil, ch.-l. de cant. du Val-de-Marne ; 20 420 h.

Ardèche, affl. du Rhône (120 km).

Ardèche, dép. français (07) (Rhône-Alpes) ; 5 523 km² ; 283 945 h ; ch.-l. Privas.

Ardenne (l') ou **Ardennes** (les), massif montagneux du N. de la France, de la Belgique et du Luxembourg.

Ardennes, dép. français (08) (Champagne-Ardennes) ; 5 229 km² ; 302 918 h ; ch.-l. Charleville-Mézières.

Arequipa, v. du Pérou ; 545 170 h.

Arès, dieu de la Guerre (*Myth. gr.*).

Arétin (Pietro Aretino, dit l') (1492-1556), écrivain satirique italien.

Arezzo, v. d'Italie (Toscane) ; 91 540 h. Église avec fresques de Piero della Francesca.

Argelès-Gazost, ch.-l. d'arr. des Hautes-Pyrénées ; 3 419 h.

Argentan, ch.-l. d'arr. de l'Orne ; 17 157 h.

Argenteuil, ch.-l. d'arr. du Val-d'Oise ; 96 162 h.

Argentine, État fédéral d'Amérique du Sud ; 2 766 889 km² ; env. 31 900 000 h ; cap. Buenos Aires.

Argolide, rég. de Grèce (Péloponnèse).

Argonautes, héros grecs partis à la conquête de la Toison d'or sous la conduite de Jason.

Argonne, rég. boisée entre la Champagne et la Lorraine.

Argos, v. de Grèce (Péloponnèse) ; 20 700 h.

Argovie, cant. du N. de la Suisse ; ch.-l. Aarau.

Århus, port du Danemark (Jutland), sur la *baie d'Århus ;* 245 000 h.

Ariane, fille de Minos ; elle aida Thésée à sortir du Labyrinthe *(Myth. gr.).*

Ariane, fusée de l'Agence spatiale européenne.

Ariège, affl. de la Garonne (170 km).

Ariège, dép. français (09) (Midi-Pyrénées) ; 4 890 km² ; 140 798 h ; ch.-l. Foix.

Arioste (1474-1533), poète italien : *Roland furieux.*

Arioviste, chef germain battu par César en 58 av. J.-C.

Aristarque de Samos (310-230 av. J.-C.), astronome grec. Il émit l'hypothèse de la rotation de la Terre sur elle-même.

Aristide dit *le Juste* (v. 540-467 av. J.-C.), général et homme politique athénien.

Aristophane (v. 445-v. 380 av. J.-C.), poète comique grec : *la Paix, les Grenouilles.*

Aristote (384-322 av. J.-C.), savant et philosophe grec : *Logique, Politique, Rhétorique.*

Arius (v. 256-336), prêtre hérésiarque, fondateur de l'arianisme.

Arizona, État du S.-O. des États-Unis.

Arkansas, État du S. des États-Unis.

Arkhangelsk, port de Russie ; 408 000 h.

Arlberg, col des Alpes autrichiennes (1 802 m).

Arles, ch.-l. d'arr. des Bouches-du-Rhône ; 52 593 h. Monuments romains et romans.

Arletty (1898-1992), comédienne française.

Arlon, v. de Belgique ; 22 280 h ; ch.-l. de la prov. de Luxembourg.

Armada (l'Invincible), flotte lancée par Philippe II d'Espagne contre l'Angleterre en 1588, détruite par la tempête.

Armagnac, rég. du Gers.

Armagnacs, faction qui s'opposa, durant la guerre de Cent Ans, aux Bourguignons.

Armand (aven), gouffre des Causses (Lozère), haut lieu de la spéléologie.

Armée du Salut, association protestante pour la prédication et les dons aux pauvres.

Arménie, rég. montagneuse d'Asie occidentale.

Arménie, État d'Asie, anc. rép. fédérée de l'U.R.S.S. ; 29 800 km² ; 3 410 000 h ; cap. Erevan.

Armentières, ch.-l. de cant. du Nord ; 26 240 h.

Arminius, chef germain, vainqueur des Romains en 9.

Armor ou **Arvor,** la Bretagne côtière.

armoricain (Massif), région de l'O. de la France.

Armorique, anc. nom de la Bretagne.

Armstrong Louis (1900-1971), jazzman américain.

Armstrong Neil (né en 1930), cosmonaute américain, le premier homme sur la Lune.

Arnaud de Brescia (v. 1090-1155), moine italien réformateur ; exécuté pour hérésie.

Arnauld, famille janséniste du XVIIᵉ s.

Arnhem, v. des Pays-Bas ; 128 110 h ; ch.-l. de la prov. de Gueldre.

Arnim Achim von (1781-1831), poète et romancier romantique allemand.

Arno, fl. d'Italie (241 km), qui arrose Florence et Pise.

Aron Raymond (1905-1983), sociologue français : *Introduction à la philosophie de l'histoire.*

Arp Jean ou Hans (1886-1966), sculpteur, peintre et poète français.

Arras, ch.-l. du Pas-de-Calais ; 42 715 h.

Arrée (monts d'), collines de Bretagne.

Arrhenius Svante (1859-1927), chimiste et physicien suédois.

Arromanches-les-Bains, com. du Calvados où les Alliés débarquèrent le 6 juin 1944.

Ars (curé d'). V. Jean-Marie Vianney.

Arsace, fondateur de l'Empire parthe des **Arsacides** (255 av. J.-C.-224 apr. J.-C.).

Artagnan Charles de Montesquiou, comte d' (v. 1611-1673), gentilhomme gascon, héros des *Trois Mousquetaires* d'A. Dumas.

Artaud Antonin (1896-1948), écrivain et homme de théâtre français.

Artémis, déesse de la Chasse *(Myth. gr.).*

Arthur ou **Artus,** roi légendaire gallois, héros des romans courtois de la Table ronde.

art nouveau ou **modern style,** mouvement européen d'architecture et d'art décoratif (v. 1860-v. 1910).

Artois, anc. prov. de France ; cap. Arras.

Aruba, île néerlandaise des Petites Antilles.

Arunachal Pradesh, État du N.-E. de l'Inde.

Arve, affl. du Rhône (100 km).

Arvernes, peuple de la Gaule (Auvergne).

Aryens, peuples indo-européens de l'Iran et de l'Inde (XVIIIᵉ s. av. J.-C.).

Arziw ou **Arzew,** port d'Algérie ; 41 020 h.

Asad. V. Assad.

Ascension, île britannique de l'Atlantique.

Asclépiade (v. 124-40 av. J.-C.), médecin grec.

Asclépios, dieu grec de la Médecine.

Ases, divinités germaniques et scandinaves.

Asie, le plus vaste des continents ; 44 000 000 de km² ; env. 3 milliards d'h.

Asie Mineure, dans l'Antiquité, nom de l'extrémité occidentale de l'Asie (Turquie).

Asimov Isaac (1920-1992), écrivain américain de science-fiction.

Asmara, v. de l'Éthiopie ; 284 750 h ; cap. de l'Érythrée.

Asmonéens, dynastie sacerdotale et royale de Judée (134-37 av. J.-C.).

Asnières-sur-Seine, ch.-l. de cant. des Hauts-de-Seine ; 72 250 h.

Asoka. V. Açoka.

Aspromonte, massif d'Italie (Calabre).

Asquith Herbert (1852-1928), Premier ministre britannique de 1908 à 1916 (libéral).

Assad ou **Asad** Hafiz al- (né en 1928), président de la république de Syrie depuis 1971.

Assam, État du N.-E. de l'Inde.

Assas Louis, chevalier d' (1733-1760), officier français, mort héroïquement.

Assassins ou **Haschischins** (« fumeurs de haschisch »), secte de musulmans chiites d'Asie occidentale (XI-XIIe s.).

ASSEDIC, Acronyme pour *Association pour l'emploi dans l'industrie et le commerce,* organisme d'aide aux chômeurs.

Assemblée nationale, nom donné à la Chambre des députés dans les Constitutions de 1946 et 1958.

Assiout, v. d'Égypte centrale ; 257 000 h.

Assise, v. d'Italie (Ombrie) ; 24 440 h. Église St-François ; fresques de Cimabue et de Giotto.

Assouan, v. d'Égypte ; 181 000 h. Grand barrage sur le Nil (lac Nasser).

Assuérus, roi biblique de Xerxès Ier.

Assur ou **Assour,** cap. primitive de l'Assyrie (IIIe millénaire av. J.-C.).

Assurbanipal, roi d'Assyrie (669-631 av. J.-C.).

Assy, église de Haute-Savoie décorée par Léger, Lurçat, Chagall, Bonnard, Matisse.

Assyrie, empire mésopotamien (XVIIIe-VIIe s. av. J.-C.).

Astaire Fred (1899-1987), acteur et danseur américain.

Astarté. V. Ishtar.

Astérix, héros gaulois de bande dessinée.

Asti, v. d'Italie (Piémont) ; 76 950 h.

Aston Francis William (1877-1945), physicien britannique.

Astrakhan, v. de Russie ; 519 000 h.

Astrid Bernadotte (1905-1935), reine des Belges, épouse de Léopold III.

Asturias Miguel (1899-1974), poète et romancier guatémaltèque : *le Pape vert.*

Asturies, commun. auton. du N.-O. de l'Espagne ; cap. Oviedo.

Astyanax, fils d'Hector et d'Andromaque (*Myth. gr.*).

Asunción, cap. du Paraguay ; 477 100 h.

Atacama, rég. désertique du N. du Chili.

Atahualpa (1500-1533), dernier empereur inca en 1525 ; mis à mort par Pizarro.

Atatürk. V. Kemal.

Atget Eugène (1857-1927), photographe français.

Athabasca, riv. du Canada (1 200 km).

Athalie, reine de Juda de 841 à 835 av. J.-C.

Athanase saint (295-373), docteur de l'Église, adversaire de l'arianisme.

Athéna, déesse de la Sagesse (*Myth. gr.*).

Athénagoras (1886-1972), patriarche de Constantinople (1948-1972).

Athènes, cap. de la Grèce ; 885 740 h (aggl. 3 027 330 h). Acropole. Foyer de la civilisation grecque classique (Ve s av. J.-C.).

Athis-Mons, ch.-l. de cant. de l'Essonne ; 29 695 h.

Athos (mont), montagne de la Grèce du N. Centre religieux orthodoxe.

Atlanta, v. des États-Unis, cap. de la Georgie ; 426 100 h (aggl. 2 380 000 h).

Atlantic City, stat. balnéaire des États-Unis (New Jersey) ; 36 800 h (aggl. 290 400 h).

Atlantide, île fabuleuse que les Grecs situaient à l'O. de Gibraltar.

Atlantique, océan entre l'Europe et l'Afrique à l'E., et les Amériques à l'O.

Atlas, système montagneux de l'Afrique du Nord (4 165 m au djebel Toubkal).

Atlas, géant de la mythologie grecque.

Atrides, famille à laquelle appartenaient Agamemnon et Ménélas (*Myth. gr.*).

Attila (v. 395-453), chef des Huns (445), vaincu aux champs Catalauniques (451).

Attique, péninsule de la Grèce, où se trouve Athènes.

Attis ou **Atys,** divinité phrygienne.

Attlee Clément (1883-1967), Premier ministre britannique de 1945 à 1954 (travailliste).

Atwood George (1746-1807), physicien anglais.

Aubagne, ch.-l. de cant. des Bouches-du-Rhône ; 41 187 h.

Aube, affl. de la Seine (248 km).

Aube, dép. français (10) (Champagne-Ardennes) ; 6 002 km² ; 296 890 h ; ch.-l. Troyes.

Auber Esprit (1782-1871), compositeur français d'opéras.

Aubervilliers, ch.-l. de cant. de la Seine-Saint-Denis ; 67 836 h.

Aubigné Agrippa d' (1552-1630), écrivain français : *les Tragiques.*

Aubisque, col des Pyrénées-Atlantiques (1 704 m).

Aubrac, plateau du S. du Massif central.

Aubusson, ch.-l. d'arr. de la Creuse ; 5 546 h.

Auch, ch.-l. du Gers ; 24 728 h.

Auckland, port et v. princ. de la Nouvelle-Zélande ; 820 750 h.

Aude, fl. côtier du S. de la France (223 km).

Aude, dép. français (11) (Languedoc-Roussillon) ; 6 232 km² ; 305 447 h ; ch.-l. Carcassonne.

Auden Wystan Hugh (1907-1973), écrivain américain d'origine anglaise : *la Danse de mort.*

Audiberti Jacques (1899-1965), écrivain français : *l'Effet Glapion.*

Audierne (baie d'), baie du S. du Finistère.

Auer Karl (1858-1929), chimiste autrichien.

Auerstaedt, bourg de Saxe où Davout battit les Prussiens (1806).

Aufklärung, nom allemand du Siècle des Lumières.

Auge (pays d'), rég. du bocage normand.

Augereau Pierre (1757-1816), général français.

Augias, roi d'Élide dont Héraclès nettoya les écuries (*Myth. gr.*).

Augsbourg, v. d'Allemagne (Bavière) ; 245 960 h. La *Ligue d'Augsbourg,* formée de 1686 à 1697, réunit de nombreux pays d'Europe contre Louis XIV. La *Confession d'Augsbourg* est la profession de foi luthérienne (1530).

Auguste (63 av. J.-C.-14 apr. J.-C.), premier empereur romain, appelé d'abord Octave.

Augustin saint (354-430), docteur et Père de l'Église : *Confessions, la Cité de Dieu.*

Aulnay-sous-Bois, ch.-l. de cant. de la Seine-Saint-Denis ; 82 537 h.

Aulne, fl. côtier de Bretagne (140 km).

Aumale Henri d'Orléans, duc d' (1822-1897), général français, fils de Louis-Philippe. Il enleva la smala d'Abd el-Kader (1843).

Aunis, anc. prov. française ; cap. La Rochelle.

Aurangabad, v. de l'Inde (Maharashtra) ; 284 610 h. Grottes bouddhiques.

Aurangzeb (1610-1707), dernier empereur moghol de l'Inde (1658-1707).

Auray, ch.-l. de cant. du Morbihan ; 10 589 h.

Aurélien (v. 212-275), empereur romain en 270, restaurateur de l'Empire.

Aurès (les), massif montagneux de l'Atlas saharien (2 328 m au djebel Chelia).

Auric Georges (1899-1983), compositeur français, auteur de musiques de ballets et de films.

Aurigny, une des îles Anglo-Normandes.

Aurillac, ch.-l. du Cantal ; 32 654 h.

Auriol Vincent (1884-1966), premier président de la IVᵉ République (1947-1954).

Aurobindo Sri (1872-1950), philosophe indien : *la Vie divine.*

Auschwitz, le plus grand des camps d'extermination nazis (Auschwitz-Birkenau) en Pologne.

Ausone (v. 310-v. 394), poète latin.

Austen Jane (1775-1817), romancière anglaise : *Orgueil et Préjugé.*

Austerlitz, bourg de Moravie où Napoléon Iᵉʳ battit les Autrichiens et les Russes (1805).

Austin, v. des États-Unis ; cap. du Texas ; 397 000 h.

Austin John (1911-1960), philosophe et logicien anglais, théoricien de la communication.

Australes et Antarctiques françaises (terres), territoire français comprenant les îles Crozet, les îles Kerguelen, la terre Adélie.

Australie, État fédéral d'Océanie ; 7 682 300 km² ; 16 670 000 h ; cap. Canberra. L' **Australie-Méridionale** (cap. Adélaïde) et l' **Australie-Occidentale** (cap. Perth) sont deux des États de la fédération.

Austrasie, royaume oriental de la Gaule mérovingienne ; cap. Metz.

Auteuil, quartier de l'O. de Paris.

Autriche, État fédéral d'Europe centrale ; 83 853 km² ; 7 600 000 h ; cap. Vienne. La **Basse-Autriche** (cap. Sankt Pölten) et la **Haute-Autriche** (cap. Linz) sont deux des Länder de la fédération.

Autriche-Hongrie, nom donné de 1867 à 1918 à l'État monarchique réunissant l'empire d'Autriche et le royaume de Hongrie.

Autun, ch.-l. de la Saône-et-Loire ; 19 422 h. Cathédrale romane.

Auvergne, anc. prov. française et Rég. admin. comprenant l'Allier, le Cantal, la Haute-Loire et le Puy-de-Dôme ; 25 988 km² ; 1 358 609 h ; ch.-l. Clermont-Ferrand.

Auvers-sur-Oise, village du Val-d'Oise, où séjournèrent Corot, Pissarro et Van Gogh, qui s'y donna la mort.

Auxerre, ch.-l. de l'Yonne ; 40 597 h.

Avallon, ch.-l. d'arr. de l'Yonne ; 8 948 h.

Avaloirs (signal des), point culminant du Massif armoricain (417 m), dans la Mayenne.

Avars, peuple qui envahit l'Europe (VIIIᵉ s.) et qui fut arrêté par Charlemagne.

Aventin, une des sept collines de Rome.

Averroès (1126-1198), philosophe et médecin arabe, commentateur d'Aristote.

Avery Tex (1908-1980), réalisateur américain de dessins animés.

Avesnes-sur-Helpe, ch.-l. d'arr. du Nord ; 5 612 h.

Avesta, livres sacrés des mazdéens, attribués à Zarathoustra.

Aveyron, affl. du Tarn (250 km).

Aveyron, dép. français (12) (Midi-Pyrénées) ; 8 735 km² ; 279 253 h ; ch.-l. Rodez.

Avicebron (Salomon Ibn Gabirol, dit) (v. 1020-v. 1058), philosophe et poète mystique juif.

Avicenne (Ibn Sina, dit) (980-1037), philosophe et médecin arabe. Il commenta Aristote.

Avignon, ch.-l. du Vaucluse ; 89 440 h. Siège de la papauté de 1309 à 1378. Pont St-Bénézet, palais des Papes (XIVᵉ s.).

Ávila, v. d'Espagne (Castille et León) ; 40 170 h. Patrie de sainte Thérèse.

Avogadro (1776-1856), chimiste italien. Loi de la constitution moléculaire des gaz.

Avoriaz, stat. hivernale de Haute-Savoie.

Avranches, ch.-l. d'arr. de la Manche ; 9 523 h.

Axe (l'), alliance formée en 1936 par l'Allemagne et l'Italie.

Ax-les-Thermes, stat. thermale de l'Ariège.

Axoum, v. de l'Éthiopie. Cap. de l'anc. *royaume d'Axoum* (Iᵉʳ-Xᵉ s.).

Ayacucho, v. du Pérou ; 68 540 h. Victoire de Sucre sur les Espagnols, qui assura l'indépendance de l'Amérique du Sud (1824).

Ayers Rock ou **Uluru,** rocher sacré des aborigènes d'Australie, au centre du pays.

Aymaras, Indiens du Pérou et de Bolivie.

Aymé Marcel (1902-1967), écrivain français : *la Jument verte.*

Aymon les Quatre Fils, personnages d'une chanson de geste du XIIᵉ s.

Ayoub Khan Muhammad (1907-1974), président du Pakistan (1958-1969).

Ayuthia, v. de Thaïlande ; 60 510 h. Ancienne cap. du Siam.

Ayyubides, dynastie musulmane fondée par Saladin qui régna sur l'Égypte (XIIᵉ-XIIIᵉ s.).

Azay-le-Rideau, ch.-l. de cant. de l'Indre-et-Loire. Château de la Renaissance.

Azerbaïdjan, État d'Asie, anc. rép. de l'U.R.S.S. ; 86 600 km² ; 7 029 000 h ; cap. Bakou.

Azéris, peuple musulman de l'Azerbaïdjan.

Azhar (Al-), mosquée et université islamique du Caire.

Azincourt, victoire, près d'Arras, d'Henri V d'Angleterre sur les Français (1415).

Azov (mer d'), golfe formé par la mer Noire.

Aztèques, peuple indien du Mexique, qui domina l'Amérique centrale. L' *empire aztèque* fut détruit par Cortés (1521).

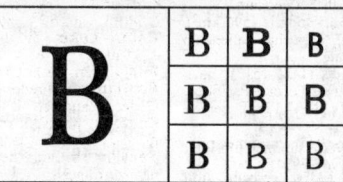

Baal, divinité païenne des peuples sémitiques étrangers aux Hébreux.

Baalbek, v. du Liban ; 18 000 h. Temples.

Baas, parti politique nationaliste panarabe, au pouvoir en Syrie et en Irak.

Bab (Ali Muhammad, dit le) (1819-1850), réformateur musulman persan ; exécuté.

Bab al-Mandab, détroit qui unit la mer Rouge au golfe d'Aden.

Babbage Charles (1792-1871), mathématicien anglais, précurseur de l'informatique.

Babel, nom hébreu de Babylone. *La Tour de Babel* est un édifice que les descendants de Noé prétendaient élever pour atteindre le ciel.

Baber ou **Babur** (1483-1530), fondateur de l'Empire moghol.

Babeuf Gracchus (1760-1797), révolutionnaire français ; auteur d'un système communiste.

Babinski Joseph (1857-1932), neurologue français d'origine polonaise.

Babylone, v. princ. de la Mésopotamie antique, sur l'Euphrate.

Baccarat, ch.-l. de cant. de Meurthe-et-Moselle ; 5 049 h. Cristallerie.

Bacchus, dieu du Vin (*Myth. rom.*).

Bach Jean-Sébastien (1685-1750), compositeur allemand : *Messe en «si», Passion selon saint Matthieu,* 160 cantates, œuvres pour orgue, clavecin, flûte et violoncelle, etc. Quatre de ses fils **Wilhelm Friedemann** (1710-1784), **Carl Philipp Emmanuel** (1714-1788), **Johann Christoph Friedrich** (1732-1782) et **Johann Christian** (1735-1760) furent également musiciens.

Bachelard Gaston (1884-1962), philosophe français : *le Nouvel Esprit scientifique.*

Bachkirie, rép. auton. de Russie ; cap. Oufa.

Bacon Roger (1214-1294), théologien anglais, précurseur de la science expérimentale.

Bacon Francis (1561-1626), homme politique, savant et philosophe anglais ; chancelier de Jacques Ier : *Novum Organum.*

Bacon Francis (1909-1992), peintre britannique.

Bactriane, anc. contrée de l'Asie centrale.

Badajoz, v. d'Espagne (Estrémadure) ; 119 970 h.

Badalona, v. d'Espagne (Catalogne) ; 227 740 h.

Baden-Baden, stat. thermale d'Allemagne (Bade-Wurtemberg) ; 49 260 h.

Baden-Powell Robert (1857-1941), général anglais, fondateur du scoutisme.

Bade-Wurtemberg, Land d'Allemagne ; cap. Stuttgart.

Badinter Robert (né en 1928), homme politique français (socialiste). Il fit voter l'abolition de la peine de mort.

Baffin (terre de), île canadienne, séparée du Groenland par la *mer de Baffin.*

Baffin William (1584-1622), navigateur anglais.

Bagdad, cap. de l'Irak, sur le Tigre ; 4 648 610 h.

Bagnères-de-Bigorre, ch.-l. d'arr. et stat. thermale des Hautes-Pyrénées ; 9 093 h.

Bagneux, ch.-l. de cant. des Hauts-de-Seine ; 39 453 h.

Bagnolet, ch.-l. de cant. de la Seine-Saint-Denis ; 32 739 h.

Bahamas, État de l'Atlantique, au S.-E. de la Floride, formé de 700 îles ou îlots ; 13 864 km² ; 250 000 h ; cap. Nassau.

Bahia, État du N.-E. du Brésil ; cap. Salvador (appelée aussi *Bahia*).

Bahia Blanca, port d'Argentine ; 214 370 h.

Bahrein, État (émirat) du golfe Persique ; 678 km² ; 470 000 h ; cap. Manama.

Baïf Jean Antoine de (1532-1589), poète français, membre de la Pléiade.

Baïkal, lac de Sibérie orientale, le plus profond du monde (1 620 m) ; 31 500 km².

Baïkonour, base spatiale du Kazakhstan.

Bailly Jean Sylvain (1736-1793), astronome et révolutionnaire français, maire de Paris en 1789.

Baïse (la), affl. de la Garonne (190 km).

Bajazet Ier (1347-1403), sultan ottoman de 1389 à 1402.

Ba Jin ou **Pa Kin** (né en 1905), romancier chinois : *Famille.*

Baker Joséphine (1906-1975), artiste de music-hall américaine, naturalisée française.

Bakhtaran. V. Kermanchah.

Baki (1526-1600), poète turc : *Diwan.*

Bakou, cap. de l'Azerbaïdjan et port sur la mer Caspienne ; 1 116 000 h.

Bakounine Mikhaïl (1814-1876), révolutionnaire anarchiste russe. Il s'opposa à Karl Marx.

Balakirev Mili (1837-1910), compositeur russe.

Balance (la), constellation australe et signe du zodiaque (24 septembre-23 octobre).

Balanchine George (1904-1983), danseur et chorégraphe russe, naturalisé américain.

Balaton, lac de l'O. de la Hongrie (596 km²).

Balbo Italo (1896-1940), maréchal italien, un des fondateurs du fascisme.

Balboa Vasco Núñez de (1475-1517), navigateur espagnol. Il découvrit l'océan Pacifique.

Baldung Grien Hans (v. 1484-1545), peintre et graveur allemand.

Baldwin Stanley (1867-1947), homme politique britannique (conservateur).

Baldwin James (1924-1987), écrivain noir américain : *les Élus du Seigneur.*

Bâle, v. de Suisse, sur le Rhin, ch.-l. du *canton de Bâle-Ville* ; 175 420 h.

Baléares, archipel de la Méditerranée (Majorque, Minorque, Ibiza, Formentera et Cabrera) et commun. auton. de l'Espagne ; cap. Palma de Majorque.

Balfour Arthur (1848-1930), homme politique britannique (conservateur). La *déclaration Balfour* (1917) contient la promesse d'un foyer national juif en Palestine.

Bali, île d'Indonésie (E. de Java) ; 2 649 000 h.

Balint Michael (1896-1970), psychanalyste britannique d'origine hongroise.

Balkans, rég. montagneuse du S.-E. de l'Europe, englobant la Croatie, la Serbie, la Bosnie, la Macédoine, l'Albanie, la Bulgarie, la Grèce et la Turquie d'Europe.

Balkhach, lac du Kazakhstan (17 000 km²).

Balmat Jacques (1762-1834), guide français, le premier à gravir le mont Blanc.

Balmer Johann (1825-1898), physicien suisse.

Baloubas, peuple bantou du S. du Zaïre.

Baloutchistan. V. Béloutchistan.

Baltard Victor (1805-1874), architecte français. Anciennes Halles de Paris.

baltes (pays), l'Estonie, la Lettonie et la Lituanie, indépendants depuis 1990.

Balthazar, un des Rois mages (*Évangiles*).

Balthazar, régent de Babylone, tué par Cyrus en 539 av. J.-C.

Balthus (né en 1908), peintre français.

Baltimore, port des États-Unis (Maryland), 763 600 h. (aggl. 2 244 700 h.).

Baltique, mer intérieure de l'Europe du Nord.

Balzac Jean-Louis Guez de (v. 1595-1654), essayiste français, initiateur du classicisme.

Balzac Honoré de (1799-1850), écrivain français, maître du réalisme, auteur de romans rassemblés dans *la Comédie humaine.*

Bamako, cap. du Mali ; 419 240 h.

Bambaras, peuple d'Afrique occidentale.

Bamberg, v. d'Allemagne (Bavière) ; 69 590 h. Cathédrale.

Bamilékés, peuple du S.-O. du Cameroun.

Bamiyan, v. du N. de l'Afghanistan ; 40 000 h. Statues rupestres du Bouddha.

Bandar Seri Begawan, cap. du Brunei ; 55 070 h.

Bandol, stat. balnéaire du Var.

Bandung ou **Bandoeng**, v. d'Indonésie ; 1 462 640 h. La *Conférence afro-asiatique de Bandung* condamna le colonialisme (1955).

Bangalore, v. de l'Inde, cap. du Karnataka ; 2 628 590 h.

Bangkok, cap. de la Thaïlande ; 7 000 000 h.

Bangladesh, État d'Asie, au N.-E. du subcontinent indien ; 143 948 km² ; 114 700 000 h. ; cap. Dhaka. C'est l'ancien Pakistan oriental.

Bangui, cap. du Centrafrique ; 473 820 h.

Banja Luka, v. de Bosnie-Herzégovine ; 123 940 h.

Banjul, cap. de la Gambie ; 49 180 h.

Banting sir Frederick Grant (1891-1941), médecin canadien. Il découvrit l'insuline.

Bantous, populations de l'Afrique sud-équatoriale, parlant des langues de la même famille.

Banville Théodore de (1823-1891), poète parnassien français.

Bao-Daï (né en 1913), empereur d'Annam (1925-1956).

Baotou, v. de Chine (Mongolie) ; 1 075 920 h.

Baoulés, peuple de la Côte-d'Ivoire.

Bara Joseph (1779-1793), jeune soldat français, mort en héros.

Barabbas, agitateur condamné à mort, gracié par Pilate, à la place de Jésus.

Barabudur, monument bouddhique de Java.

Barbade (la), État insulaire des Petites Antilles ; 431 km² ; 270 000 h ; cap. Bridgetown.

Barbares, peuples (Goths, Vandales, Burgondes) qui envahirent l'Europe (IIIᵉ-VIᵉ s.).

Barbarie, anc. nom de l'Afrique du Nord.

Barbe sainte (morte v. 235), vierge et martyre. Patronne des pompiers.

Barberousse. V. Frédéric Iᵉʳ Barberousse.

Barberousse, nom de deux pirates turcs qui régnèrent sur Alger au XVIᵉ s.

Barbès Armand (1809-1870), révolutionnaire français.

Barbey d'Aurevilly Jules (1808-1889), écrivain français : *les Diaboliques.*

Barbizon, com. de Seine-et-Marne, séjour d'un groupe de peintres paysagistes (Th. Rousseau, Corot, Millet) précurseurs de l'impressionnisme.

Barbusse Henri (1873-1935), écrivain français : *le Feu.*

Barcelone, port d'Espagne sur la Méditerranée ; 1 756 910 h ; cap. de la Catalogne.

Barcelonnette, ch.-l. d'arr. des Alpes-de-Haute-Provence ; 3 631 h.

Bardo (Le), v. de Tunisie ; 65 660 h. Le *traité du Bardo* (1881) établit le protectorat français.

Bardot Brigitte (née en 1934), actrice française.

Barents, mer de l'océan Arctique.

Barère de Vieuzac Bertrand (1755-1841), conventionnel français, partisan de la Terreur.

Bari, port d'Italie, sur l'Adriatique ; 368 900 h ; ch.-l. des Pouilles.

Bar-Kokheba, héros national juif, chef de la révolte contre Hadrien (132-135).

Bar-le-Duc, ch.-l. de la Meuse ; 18 577 h.

Barnabé saint (Iᵉʳ s.), disciple de saint Paul.

Barnaoul, v. de Russie, en Sibérie ; 606 000 h.

Barnard Christian (né en 1922), chirurgien sud-africain. Première greffe du cœur (1967).

Barnave Antoine (1761-1793), homme politique français de la Constituante ; guillotiné.

Barnum Phineas Taylor (1810-1891), entrepreneur de spectacles américain.

Baroja Pio (1872-1956), romancier réaliste espagnol : *Mémoires d'un homme d'action.*

Barranquilla, port de Colombie ; 896 650 h.

Barras Paul (1755-1829), homme politique français. Il œuvra à la chute de Robespierre.

Barrault Jean-Louis (1910-1994), acteur et directeur de théâtre français.

Barre Raymond (né en 1924), économiste et homme politique français, Premier ministre (1976-1981).

Barrès Maurice (1862-1923), écrivain français, chantre du nationalisme.

Barrière (Grande), chaîne corallienne bordant le N.-E. de l'Australie.

Barry Jeanne Bécu, comtesse du (1743-1793), favorite de Louis XV.

Bar-sur-Aube, ch.-l. d'arr. de l'Aube ; 6 967 h.

Bart Jean (1650-1702), corsaire français.

Barth Karl (1886-1968), théologien protestant suisse : *Dogmatique.*

Barthélemy saint, un des douze apôtres.

Barthes Roland (1915-1980), critique français : *le Degré zéro de l'écriture.*

Bartholdi Frédéric (1834-1904), sculpteur français : *la Liberté éclairant le monde* (New York).

Bartók Béla (1881-1945), compositeur hongrois : *le Mandarin merveilleux.*

Bartolomeo Fra (1472-1517), peintre florentin ; disciple de Savonarole.

Barye Antoine (1795-1875), sculpteur animalier français.

Barzani Mustafa al- (1903-1979), chef kurde.

Bas-Empire, dernière période de l'Empire romain, à partir du IIIe s.

Basho (1644-1694), poète japonais.

Basie Count (1904-1984), jazzman américain.

Basile le Grand saint (329-379), Père de l'Église grecque. Il combattit l'arianisme.

Basile II le Bulgaroctone (957-1025), empereur byzantin en 963.

Basilicate, rég. admin. d'Italie méridionale.

basque (Pays), rég. des Pyrénées occidentales à cheval sur la France et l'Espagne (commun. auton., ch.-l. Vitoria).

Bassano Jacopo (v. 1510-1592), peintre maniériste italien.

Basse-Terre, ch.-l. de la Guadeloupe, sur l'*île de Basse-Terre* ; 14 107 h.

Bassorah, port d'Irak ; env. 600 000 h.

Bastia, ch.-l. de la Haute-Corse ; 38 728 h.

Bastiat Frédéric (1801-1850), économiste libéral français.

Bastille (la), forteresse construite à Paris au XIVe s., devenue prison d'État, prise par les Parisiens le 14 juillet 1789.

Basutoland. V. Lesotho.

Bata Tomáš (1876-1932), industriel tchèque.

Bataille Georges (1897-1962), écrivain français : *Histoire de l'œil.*

Batalha, v. du Portugal (Estrémadure). Monastère (XIVe-XVIe s.).

Bataves, anc. peuple germanique établi à l'embouchure du Rhin.

Batavia. V. Djakarta.

Bateau-Lavoir (le), immeuble de Montmartre où vécurent Picasso, Juan Gris, Max Jacob.

Bateson Gregory (1904-1980), anthropologue américain.

Bath, v. d'Angleterre. Festival de musique.

Batista Fulgencio (1901-1973), homme politique cubain ; renversé par F. Castro (1959).

Batna, v. d'Algérie ; 184 830 h.

Baton Rouge, v. des États-Unis (Louisiane) ; 238 900 h (aggl. 538 000 h).

Batoumi ou **Batoum,** v. de Géorgie, cap. de l'Adjarie ; 132 000 h.

Battambang, v. du Cambodge ; 38 800 h.

Baty Gaston (1885-1952), metteur en scène de théâtre français.

Batz, île du N. du Finistère.

Baudelaire Charles (1821-1867), poète français : *les Fleurs du mal.*

Baudot Émile (1845-1903), ingénieur français. Premier appareil télégraphique imprimant.

Baudouin Ier (1171-v. 1206), empereur latin d'Orient, un des chefs de la IVe croisade.

Baudouin Ier (1930-1993), roi des Belges en 1951.

Baudouin IV (1160-1185), roi de Jérusalem de 1174 à 1185. Il vainquit par deux fois Saladin.

Baudouin de Courtenay Jan (1845-1929), linguiste polonais, fondateur de la phonologie.

Bauhaus, école d'architecture fondée en 1919 à Weimar par W. Gropius.

Baule-Escoublac (La), stat. balnéaire de la Loire-Atlantique ; 15 018 h.

Baux-de-Provence (Les), com. des Bouches-du-Rhône. Ruines médiévales.

Bavière, Land d'Allemagne ; cap. Munich.

Bayard Pierre (1476-1524), gentilhomme français, *le Chevalier sans peur et sans reproche.*

Bayazid. V. Bajazet.

Bayeux, ch.-l. d'arr. du Calvados ; 15 106 h. *Tapisserie de Bayeux,* ou de *la reine Mathilde* (XIe s.). Cathédrale.

Bayle Pierre (1647-1706), philosophe français : *Dictionnaire historique et critique.*

Bayonne, ch.-l. d'arr. des Pyrénées-Atlantiques ; 41 846 h.

Bayreuth, v. d'Allemagne (Bavière) ; 72 330 h. Festival annuel des œuvres de Wagner.

Bazaine Achille (1811-1888), maréchal de France. Il capitula à Metz devant les Prussiens.

Bazaine Jean (né en 1904), peintre français.

Bazin Hervé (né en 1911), romancier français : *Vipère au poing.*

Béarn, anc. prov. française ; cap. Pau.

Beatles (les), groupe anglais de musique pop (1962-1970).

Béatrice Portinari (v. 1265-1290), héroïne de la *Divine Comédie* de Dante.

Beatrix Ire (née en 1938), reine des Pays-Bas depuis 1980.

Beaucaire, ch.-l. de cant. du Gard ; 13 600 h.

Beauce, plaine du Bassin parisien.

Beauce, rég. du S. du Québec.

Beau de Rochas Alphonse (1815-1893), inventeur français du cycle à quatre temps.

Beauharnais Eugène de (1781-1824), fils de l'impératrice Joséphine, vice-roi d'Italie. V. aussi Hortense de Beauharnais.

Beaujolais, rég. viticole de la bordure orientale du Massif central.

Beaumarchais Pierre Augustin Caron de (1732-1799), auteur dramatique français : *le Barbier de Séville, le Mariage de Figaro.*

Beaune, ch.-l. d'arr. de la Côte-d'Or ; 22 171 h.

Beauvais, ch.-l. de l'Oise ; 56 278 h. Cathédrale gothique.

Beauvoir Simone de (1908-1986), essayiste et romancière française : *le Deuxième sexe.*

Bebel August (1840-1913), homme politique allemand, fondateur du parti social-démocrate.

Beccaria (1738-1794), juriste italien.

Béchar (anc. *Colomb-Béchar*), v. d'Algérie, au N.-O. du Sahara ; 108 380 h.

Bec-Hellouin (Le), abbaye bénédictine du XIᵉs. (Eure).

Bechet Sydney (1897-1959), jazzman américain.

Becker Jacques (1906-1960), cinéaste français : *Casque d'Or.*

Becket Thomas. V. Thomas Becket.

Beckett Samuel (1906-1989), écrivain irlandais d'expression française et anglaise : *En attendant Godot, l'Innommable.*

Becquerel Henri (1852-1908), physicien français. Il découvrit la radioactivité.

Bède saint (dit *le Vénérable*) (673-735), historien anglo-saxon.

Bedford duc de (1389-1435), frère d'Henri V d'Angleterre, régent de France pour Henri VI.

Bédouins, Arabes nomades vivant du Moyen-Orient au Maghreb.

Beecham sir Thomas (1879-1961), chef d'orchestre anglais.

Beecher-Stowe Mrs (1811-1896), romancière américaine : *la Case de l'oncle Tom.*

Beersheba, v. du S. d'Israël ; 115 000 h.

Beethoven Ludwig van (1770-1827), compositeur allemand, auteur de 9 symphonies, de 32 sonates pour piano, de 17 quatuors, etc.

Begin Menahem (1913-1992), Premier ministre d'Israël. Il conclut la paix avec l'Égypte.

Bègles, ch.-l. de cant. de la Gironde ; 22 735 h.

Behan Brendan (1923-1964), dramaturge irlandais, ardent nationaliste.

Béhanzin (1844-1906), dernier roi du Dahomey (1889-1894).

Behring Emil von (1854-1917), médecin allemand, premier prix Nobel de médecine.

Behring. V. **Béring.**

Beijing. V. **Pékin.**

Beira, port du Mozambique ; 113 800 h.

Bejaia (anc. *Bougie*), v. d'Algérie ; 120 100 h.

Béjart, famille de comédiens de la troupe de Molière, dont **Armande**, sa femme (1642-1700).

Béjart Maurice (né en 1927), danseur et chorégraphe français.

Bekaa, plaine de l'E. du Liban.

Belém (anc. *Pará*), port du Brésil, cap. de l'État de Pará ; 1 120 780 h.

Belfast, cap. de l'Irlande du Nord ; 318 600 h.

Belfort (Territoire de), dép. français (90) (Franche-Comté) ; 610 km² ; 137 710 h ; ch.-l. **Belfort** (51 913 h).

Belgique, État fédéral de l'Europe occidentale ; 30 515 km² ; 9 947 800 h ; cap. Bruxelles.

Belgrade, cap. de la Serbie ; 1 500 000 h.

Bélier (le), constellation boréale et signe du zodiaque (21 mars-20 avril).

Bélisaire (v. 500-565), général byzantin, au service de Justinien.

Belize, État de l'Amérique centrale, sur l'Atlantique ; 22 965 km² ; 170 000 h ; cap. Belmopan.

Bell Graham (1847-1922), ingénieur américain, inventeur du téléphone.

Bellac, ch.-l. d'arr. de la Haute-Vienne ; 5 281 h.

Bellay Joachim du (1522-1560), poète français, membre de la Pléiade : *les Regrets.*

Belleau Rémy (1528-1577), poète français, membre de la Pléiade.

Belledonne, massif des Alpes du Nord.

Belle-Île-en-Mer, île du Morbihan.

Belleville, quartier de l'E. de Paris.

Belley, ch.-l. d'arr. de l'Ain ; 8 169 h.

Bellini Giovanni (v. 1430-1516), peintre vénitien de la Renaissance, maître de Giorgione.

Bellini Vincenzo (1801-1835), compositeur italien d'opéras : *la Norma.*

Bellinzona, v. de Suisse, ch.-l. du Tessin ; 17 600 h.

Bellonte Maurice (1896-1984), aviateur français. Il réussit avec D. Costes, le premier vol Paris-New York sans escale.

Bellow Saul (né en 1915), romancier américain : *le Don de Humboldt.*

Belmondo Jean-Paul (né en 1933), acteur français.

Belmopan, cap. du Belize ; 2 910 h.

Belo Horizonte, v. du Brésil ; 2 122 070 h.

Béloutchistan ou **Baloutchistan**, rég. montagneuse d'Iran et du Pakistan.

Belt (Grand- et **Petit-)** détroits du Danemark entre la mer du Nord et la Baltique.

Belzébuth, nom biblique du dieu Baal.

Ben Ali Zine al-Abidin (né en 1936), président de la République de Tunisie depuis 1989.

Bénarès ou **Varanasi**, v. sainte de l'Inde, sur le Gange ; 708 650 h.

Ben Bella Ahmed (né en 1916), président de la République d'Algérie (1963-1965).

Benda Julien (1867-1956), écrivain français.

Benelux, union douanière entre la Belgique, les Pays-Bas et le Luxembourg (1944).

Beneš Edvard (1884-1948), président de la République tchécoslovaque (1935-1938 et 1945-1948).

Bénévent, v. d'Italie (Campanie) ; 61 440 h.

Bengale, rég. du subcontinent indien, sur le *golfe du Bengale*, partagée en 1947 entre l'Inde (État du **Bengale-Occidental** ; cap. Calcutta) et le Pakistan (Pakistan oriental indépendant sous le nom de Bangladesh en 1971).

Benghazi, port de Libye ; 450 000 h.

Ben Gourion David (1886-1973), premier chef de gouvernement (travailliste) d'Israël.

Bénin, anc. royaume d'Afrique occidentale, dont l'apogée se situe au XVIIᵉ s.

Bénin (*Dahomey* av. 1975), État d'Afrique occidentale ; 112 622 km² ; 4 400 000 h ; cap. Porto-Novo.

Benjamin, douzième fils de Jacob (*Bible*).

Benjamin Walter (1892-1940), philosophe allemand.

Ben Jelloun Tahar (né en 1944), écrivain marocain de langue française.

Ben Nevis, point culminant (1 340 m) de la Grande-Bretagne (Écosse).

Bénodet, stat. balnéaire du S. du Finistère.

Benoît XV (1854-1922), pape en 1914.

Benoît de Nursie saint (480-547), fondateur de l'ordre bénédictin.

Bénoué, affl. du Niger (1 400 km).

Bentham Jeremy (1748-1832), philosophe anglais, auteur d'une morale utilitariste.

Benveniste Émile (1902-1976), linguiste français : *Problèmes de linguistique générale.*

Benxi, v. de Chine (Liaoning) ; 773 730 h (aggl. 1 412 120 h).

Ben Yehuda Eliezer (1858-1922), écrivain hébreu, créateur de l'hébreu moderne.

Benz Carl (1844-1929), pionnier allemand de l'automobile.

Béotie, rég. de la Grèce, au N. de l'Attique, qui avait Thèbes pour capitale.

Béranger Pierre Jean de (1780-1857), chansonnier français, très populaire.

Berbères, peuple de l'Afrique du Nord.

Berchtesgaden, v. d'Allemagne (Bavière). Hitler y fit édifier sa résidence favorite.

Berck, stat. climatique et médicale du Pas-de-Calais, sur la Manche ; 14 730 h.

Bercy, quartier du S. de Paris.

Berdiaev Nicolas (1874-1948), philosophe russe (existentialiste chrétien).

Bérégovoy Pierre (1925-1993), homme politique français (socialiste), Premier ministre (1992-1993).

Bérenger Ier (mort en 924), roi d'Italie de 888 à 924, empereur d'Occident en 915.

Bérénice (v. 28-79), princesse juive. Titus renonça à l'épouser.

Berezina, riv. de Biélorussie. Retraite désastreuse de l'armée française (1812).

Berg Alban (1885-1935), compositeur autrichien : *Wozzeck.*

Bergame, v. d'Italie (Lombardie) ; 120 510 h.

Bergen, port de Norvège ; 207 370 h.

Bergen-Belsen, camp d'extermination nazi (Hanovre).

Bergerac, ch.-l. d'arr. de la Dordogne ; 27 886 h.

Bergman Ingrid (1915-1982), comédienne suédoise.

Bergman Ingmar (né en 1918), cinéaste suédois : *le Septième Sceau.*

Bergson Henri (1859-1941), philosophe spiritualiste français : *l'Évolution créatrice.*

Beria Lavrenti (1899-1953), homme politique soviétique ; exécuté après la mort de Staline.

Béring ou **Behring** (détroit de), passage reliant l'océan Arctique au Pacifique (*mer de Béring*) entre l'Asie et l'Amérique.

Berio Luciano (né en 1925), compositeur italien de musique électronique.

Berkeley, v. des États-Unis (Californie) ; 103 800 h. Université.

Berkeley George (1685-1753), théologien et philosophe idéaliste irlandais.

Berlin, cap. de l'Allemagne ; 3 400 000 h.

Berlioz Hector (1803-1869), compositeur français : *la Symphonie fantastique.*

Bermudes, archipel britannique de l'Atlantique au N.-E. des Antilles ; 58 000 h.

Bernadette Soubirous sainte (1844-1879), paysanne française qui eut plusieurs visions de la Vierge, à Lourdes.

Bernadotte Charles Jean-Baptiste (1763-1844), maréchal de France, roi de Suède en 1818 (Charles XIV ou Charles-Jean).

Bernanos Georges (1888-1948), écrivain catholique français : *Sous le soleil de Satan.*

Bernard Claude (1813-1878), médecin français, théoricien de la médecine expérimentale.

Bernard Tristan (1866-1947), écrivain humoriste français.

Bernard Jean (né en 1907), médecin français.

Bernard de Clairvaux saint (1090-1153), fondateur de Clairvaux, docteur de l'Église.

Bernard de Ventadour (XIIe s.), troubadour limousin.

Bernardin de Saint-Pierre Jacques (1737-1814), écrivain français : *Paul et Virginie.*

Bernay, ch.-l. d'arr. de l'Eure ; 10 048 h.

Berne, cap. de la Suisse et ch.-l. du *canton de Berne ;* 139 590 h.

Bernhard Thomas (1931-1989), écrivain autrichien, poète, romancier et dramaturge.

Bernhardt Sarah (1844-1923), actrice française.

Bernin (le) (1598-1680), peintre, sculpteur et architecte baroque italien.

Bernina (la), massif des Alpes suisses (Grisons) (4 052 m).

Bernoulli, famille de mathématiciens de Bâle (XVIe-XVIIIe s.).

Bernstein Eduard (1850-1932), théoricien socialiste allemand.

Bernstein Leonard (1918-1990), compositeur et chef d'orchestre américain : *West side story.*

Béroul, trouvère anglo-normand du XIIe s.

Berre-l'Étang, ch.-l. de cant. des Bouches-du-Rhône, près de l' *étang de Berre ;* 12 723 h.

Berruguete Alonso (v. 1490-1561), peintre et sculpteur baroque espagnol.

Berry, anc. prov. du S. du Bassin parisien.

Berry Jean, duc de (1340-1416), fils du roi Jean le Bon. Il fit exécuter les *Très Riches Heures du duc de Berry,* manuscrit enluminé.

Berry Charles Ferdinand, duc de (1778-1820), fils de Charles X ; assassiné. Sa femme, Marie-Caroline de Bourbon-Sicile, **duchesse de Berry** (1798-1870), tenta de soulever la Vendée contre Louis-Philippe.

Bert Paul (1833-1886), physiologiste et homme politique français.

Berthe, dite *Berthe au grand pied* (morte en 783), reine de France épouse de Pépin le Bref, mère de Charlemagne.

Berthelot Marcellin (1827-1907), chimiste et homme politique français.

Berthier Louis (1753-1815), maréchal français.

Berthollet comte Claude (1748-1822), chimiste français.

Bertin Jean (1917-1975), ingénieur français, inventeur de l'aérotrain.

Bertran de Born (v. 1140-v. 1215), troubadour périgourdin.

Bertrand Aloysius (1807-1841), poète romantique français : *Gaspard de la nuit.*

Bérulle Pierre de (1575-1629), cardinal français, fondateur de l'Oratoire.

Berzelius Jöns (1779-1848), chimiste suédois. Il a inventé la notation chimique moderne.

Besançon, ch.-l. de la Rég. Franche-Comté et du dép. du Doubs ; 119 194 h.

Bessarabie, rég. d'Ukraine et de Moldavie.

Bessarion Jean (v. 1400-1472), humaniste et théologien byzantin.

Bessemer sir Henry (1813-1898), ingénieur anglais, inventeur d'un convertisseur qui transforme la fonte en acier.

Bessin (le), rég. de Bayeux (Calvados).

Betancourt Rómulo (1904-1981), président de la République du Venezuela de 1959 à 1964.

Bételgeuse, étoile géante du ciel boréal.

Béthanie, v. de Palestine, où habitaient Marthe, Marie-Madeleine et Lazare.

Bethe Hans Albrecht (né en 1906), physicien et astronome américain d'origine allemande.

Bethléem, v. de Cisjordanie ; 25 000 h. Lieu où naquit le Christ.

Bethsabée, épouse de David et mère de Salomon (*Bible*).

Béthune, ch.-l. d'arr. du Pas-de-Calais ; 25 261 h.

Bétique (chaîne), massif montagneux du S.-E. de l'Espagne.

Bettelheim Bruno (1903-1990), psychanalyste américain d'origine autrichienne.

Beuys Josef (1921-1986), artiste allemand.

Bevan Aneurin (1897-1960), homme politique britannique (travailliste).

Beveridge lord William (1879-1963), économiste britannique.

Beyle Henri. V. Stendhal.

Beyrouth, cap. du Liban ; env. 1 000 000 h.

Bèze Théodore de (1519-1605), écrivain et théologien protestant ; successeur de Calvin.

Béziers, ch.-l. d'arr. de l'Hérault ; 72 362 h.

Bezons, ch.-l. de cant. du Val-d'Oise ; 25 792 h.

Bhagavad-Gita, poème sanskrit écrit entre le IIIe s. av. J.-C. et le IIIe s. apr. J.-C.

Bhopal, v. de l'Inde, cap. du Madhya Pradesh ; 671 020 h.

Bhoutan, État (royaume) d'Asie, dans l'Himalaya ; 47 000 km² ; 1 447 000 h. ; cap. Thimphu.

Bhubaneswar, v. de l'Inde, cap. de l'Orissa ; 219 210 h. Temples.

Bhutto Zulfikar Ali (1928-1979), homme politique pakistanais. Il fut renversé et exécuté.

Biafra, nom pris par la partie S.-E. du Nigeria, en sécession de 1967 à 1970.

Bialystok, v. de Pologne orientale ; 247 550 h.

Biarritz, ch.-l. de cant. et stat. balnéaire des Pyrénées-Atlantiques ; 28 887 h.

Bible (la), recueil de textes sacrés des juifs et des chrétiens, écrits en deux langues principales, l'hébreu (Ancien Testament) et le grec (Nouveau Testament).

Bibliothèque nationale, bibliothèque d'étude située à Paris, fondée sous Charles V.

Bibracte, v. de Gaule, cap. des Éduens.

Bichat Xavier (1771-1802), médecin français, fondateur de l'anatomie générale.

Bidassoa (la), fl. des Pyrénées-Atlantiques (61 km) ; frontière entre la France et l'Espagne.

Bidault Georges (1899-1983), homme politique français ; un des chefs de la Résistance.

Biedermeier, style d'ameublement allemand (1814-1848).

Biélorussie (*Russie Blanche*), État d'Europe de l'E., anc. rép. fédérée de l'U.R.S.S. ; 207 600 km² ; 10 200 000 h. ; cap. Minsk.

Bienne, v. de Suisse ; 62 700 h.

Bienvenüe Fulgence (1852-1936), ingénieur français, créateur du métro parisien.

Bigorre (la), rég. de France ; cap. Tarbes.

Bihar, État du N.-E. de l'Inde ; cap. Patna.

Bikini, atoll du Pacifique, théâtre d'expériences nucléaires américaines entre 1946 et 1958.

Bilbao, port d'Espagne (Biscaye) ; 420 540 h.

Billaud-Varenne Jean Nicolas (1756-1819), conventionnel français, partisan de la Terreur.

Binche, v. de Belgique (Hainaut) ; 34 200 h. Carnaval.

Binchois Gilles (v. 1400-1460), compositeur franco-flamand.

Binet Alfred (1857-1911), médecin français, créateur avec Simon d'un test d'intelligence.

Bir Hakeim, localité de Libye où les Français résistèrent aux Allemands (1942).

Birmanie, État de l'Asie du S.-E. ; 678 033 km² ; 40 800 000 h ; cap. Rangoon.

Birmingham, v. de Grande-Bretagne, ch.-l. des Midlands ; 920 390 h.

Birmingham, v. des États-Unis (Alabama) ; 279 800 h.

Birobidjan, v. de Russie en Extrême-Orient ; 80 000 h ; ch.-l. de la rép. auton. des Juifs, dite aussi *Birobidjan* (210 000 h).

Biruni Al- (973-1048), savant arabe, d'origine iranienne.

Biscarrosse, stat. balnéaire des Landes.

Biscaye, prov. basque d'Espagne ; ch.-l. Bilbao.

Biskra, v. du S. de l'Algérie ; 128 920 h.

Bismarck, archipel de Mélanésie rattaché à la Papouasie-Nouvelle-Guinée.

Bismarck Otto von (1815-1898), homme politique prussien, artisan de l'unité allemande.

Bissau, cap. de la Guinée-Bissau ; 110 000 h.

Bithynie, anc. royaume d'Asie Mineure.

Bitola (anc. *Monastir*), v. de Macédoine ; 81 000 h.

Bizerte, port de Tunisie ; 94 510 h.

Bizet Georges (1838-1875), compositeur français : *Carmen*.

Björnson Björnstjerne (1832-1910), écrivain norvégien : *Au-delà des forces humaines*.

Blackpool, stat. balnéaire de Grande-Bretagne sur la mer d'Irlande ; 148 000 h.

Blake William (1757-1827), poète, peintre et graveur anglais ; préromantique et visionnaire.

Blanc (mont), point culminant de l'Europe (4 807 m), dans les Alpes françaises.

Blanc (Le), ch.-l. d'arr. de l'Indre ; 7 802 h.

Blanc Louis (1811-1822), journaliste et révolutionnaire socialiste français.

Blanche (mer), mer de l'océan Arctique.

Blanche de Castille (1188-1252), reine de France, épouse de Louis VIII, mère de Saint Louis.

Blanchot Maurice (né en 1907), écrivain français : *Thomas l'obscur*.

Blanc-Mesnil (Le), ch.-l. de cant. de la Seine-Saint-Denis ; 47 093 h.

Blanc-Nez (cap), cap du Pas-de-Calais.

Blanqui Louis (1805-1881), homme politique et théoricien socialiste français.

Blasco Ibañez Vicente (1867-1928), romancier espagnol : *Arènes sanglantes*.

Blavet (le), fl. côtier de Bretagne (140 km).

Blaye, ch.-l. d'arr. de la Gironde ; 4 413 h.

Blériot Louis (1872-1936), aviateur français. Première traversée de la Manche (1909).

Bleu (fleuve). V. Yangziliang.

Blida (auj. *El-Boulaïda*), v. d'Algérie ; 132 270 h.

Blier Bertrand (né en 1939), cinéaste français.

Blixen Karen (1885-1962), romancière danoise : *Ma ferme africaine*.

Bloch Ernst (1885-1977), philosophe marxiste allemand.

Bloch Marc (1886-1944), historien français, fondateur de la revue *Annales*.

Blocus continental, mesures prises par Napoléon Ier en 1806 et 1807 pour ruiner économiquement la Grande-Bretagne.

Bloemfontein, v. d'Afrique du Sud, cap. de l'État libre d'Orange ; 232 980 h.

Blois, ch.-l. du Loir-et-Cher ; 51 549 h.

Blok Alexandre (1880-1921), poète russe.

Blondel Maurice (1861-1949), philosophe catholique français : *l'Action.*

Bloomfield Leonard (1887-1949), linguiste américain.

Bloy Léon (1846-1917), romancier et polémiste catholique français.

Blücher Gebhard, prince (1742-1819), maréchal prussien, un des vainqueurs à Waterloo.

Blum Léon (1872-1950), homme politique français. Socialiste, il présida au Front populaire.

Boabdil (mort apr. 1492), dernier roi maure de Grenade, vaincu par Ferdinand et Isabelle.

Boas Franz (1858-1942), ethnologue américain d'origine allemande.

Bobet Louison (1925-1983), coureur cycliste français.

Bobigny, ch.-l. de la Seine-Saint-Denis ; 44 881 h.

Bobo-Dioulasso, v. du Burkina Faso ; 231 160 h.

Boccace (1313-1375), écrivain italien : *le Décaméron.*

Boccherini Luigi (1743-1805), compositeur et violoncelliste italien.

Bochimans, peuple nomade du désert du Kalahari.

Bochum, v. d'Allemagne (Rhénanie-du-Nord-Westphalie) ; 381 220 h.

Böcklin Arnold (1827-1901), peintre symboliste suisse.

Bodh-Gaya, localité de l'Inde (Bihar). Haut lieu du bouddhisme.

Bodin Jean (1530-1596), philosophe et économiste français : *la République.*

Bodoni Giambattista (1740-1813), imprimeur italien.

Boèce (v. 480-v. 524), philosophe et homme politique romain.

Boehme Jakob (1575-1624), philosophe mystique allemand.

Boers, colons néerlandais qui s'installèrent apr. 1652 dans la région du Cap. Leur refus de l'hégémonie britannique provoqua la *guerre des Boers* (1899-1902).

Bofill Ricardo (né en 1939), architecte espagnol.

Bogart Humphrey (1899-1957), acteur de cinéma américain.

Bogazkale ou **Bogazköy,** site archéologique de Turquie, anc. cap. de l'empire hittite.

Bogomoletz Alexandre (1881-1946), biologiste russe.

Bogotá, cap. de la Colombie ; 3 974 810 h.

Bohême, partie occidentale de la République tchèque, où se trouve la capitale Prague.

Bohémond Iᵉʳ (v. 1050-1111), un des chefs de la première croisade.

Böhm Karl (1894-1981), chef d'orchestre autrichien.

Bohr Niels (1885-1962), physicien danois ; théorie quantique de l'atome.

Boieldieu François Adrien (1775-1834), compositeur français, créateur de l'opéra-comique.

Boileau Nicolas (1636-1711), écrivain classique français : *Satires, Épîtres, Art poétique.*

Bois-Colombes, ch.-l. de cant. des Hauts-de-Seine ; 24 500 h.

Bois-le-Duc, v. des Pays-Bas ; 89 600 h.

Boissy d'Anglas François (1756-1826), homme politique français.

Bokassa Jean Bedel (né en 1921), dictateur centrafricain, au pouvoir de 1966 à 1979.

Bolívar Simón (1783-1830), général et homme politique sud-américain. Principal protagoniste des guerres d'Indépendance des colonies espagnoles d'Amérique du Sud.

Bolivie, État continental d'Amérique du Sud ; 1 098 581 km² ; 6 611 383 h ; cap. La Paz et Sucre.

Böll Heinrich (1917-1985), romancier allemand : *Portrait de groupe avec dame.*

Bologne, v. d'Italie ; ch.-l. de l'Émilie-Romagne ; 445 140 h ;

Bologne Jean de. V. Giambologna.

Bolton, v. de Grande-Bretagne ; 147 000 h.

Boltzmann Ludwig (1844-1906), physicien autrichien, pionnier de la thermodynamique.

Bolzano, v. d'Italie (Haut-Adige) ; 102 830 h.

Bolzano Bernhard (1781-1848), logicien et mathématicien tchèque.

Bombay, deuxième ville et port de l'Inde ; cap. du Maharashtra ; 8 243 410 h.

Bon, cap au N.-E. de la Tunisie.

Bonald Louis, vicomte de (1754-1840), philosophe français (monarchiste et catholique).

Bonaparte, famille corse d'origine italienne. Du mariage de **Charles Marie** (1746-1785) et de **Maria Letizia Ramolino** (1750-1836) sont issus **Joseph** (1768-1844), roi de Naples (1806), puis roi d'Espagne (1808-1813) ; **Napoléon** (V. Napoléon Iᵉʳ) ; **Lucien** (1775-1840), président du Conseil des Cinq-Cents ; **Maria-Anna,** dite Élisa (1777-1820) ; **Louis** (1778-1846), roi de Hollande (1806-1810), père de Napoléon III ; **Marie-Paulette,** dite Pauline (1780-1825) ; **Marie-Annonciade,** dite Caroline (1782-1839), épouse de Murat ; **Jérôme** (1784-1860), roi de Westphalie (1807-1813).

Bonaventure saint (1217-1274), théologien franciscain italien.

Bondy, ch.-l. de cant. de la Seine-Saint-Denis ; 46 880 h.

Bône. V. Annaba.

Bonhoeffer Dietrich (1906-1945), pasteur et théologien allemand ; exécuté par les nazis.

Boniface VIII (1235-1303), pape en 1294. Il excommunia Philippe le Bel.

Bonifacio, ch.-l. de cant. de la Corse-du-Sud ; 2 701 h. Ville médiévale.

Bonn, cap. de l'anc. R.F.A. ; 288 000 h.

Bonnard Pierre (1867-1947), peintre français.

Bonne-Espérance (cap de), pointe méridionale de l'Afrique.

Bonnefoy Yves (né en 1923), poète français.

Bonneville, ch.-l. d'arr. de la Haute-Savoie ; 10 351 h.

Bonnot Jules (1876-1912), anarchiste français.

Boole George (1815-1864), mathématicien et logicien anglais.

Booth William (1829-1912), réformateur anglais, fondateur de l'Armée du Salut.

Bophuthatswana, bantoustan d'Afrique du Sud.

Bopp Franz (1791-1867), linguiste allemand.

Bora Bora, île de la Polynésie française.

Bordeaux, ch.-l. de la Gironde et de la Rég. Aquitaine, sur la Garonne ; 213 274 h (aggl. 696 400 h).

Bordelais, rég. viticole du Bassin aquitain.

Bordet Jules (1870-1961), médecin et microbiologiste belge.

Borel Pétrus (1809-1859), écrivain romantique français : *Madame Putiphar*.

Borel Émile (1871-1956), mathématicien français. Calcul des probabilités.

Borg Björn (né en 1956), joueur de tennis suédois.

Borges Jorge Luis (1899-1986), écrivain argentin : *Fictions, Labyrinthes*.

Borgia, famille romaine dont est issu le pape **Alexandre VI** et ses enfants **César** (1475-1507), cardinal, modèle de Machiavel dans *le Prince* et **Lucrèce** (1480-1519), protectrice des arts.

Borinage (le), rég. de Belgique (Hainaut).

Boris Godounov (v. 1551-1605), tsar de Russie en 1598.

Born Max (1882-1970), physicien allemand naturalisé anglais. Mécanique quantique.

Bornéo, la plus grande île de l'Insulinde (750 000 km²), partagée entre l'Indonésie (Kalimantan), la Malaisie (Sarawak et Sabah) et le sultanat de Brunei.

Bornou, empire noir de la région du lac Tchad (XIVᵉ s.-XIXᵉ s.).

Borodine Alexandre (1833-1887), compositeur russe : *le Prince Igor*.

Borodino, village proche de Moscou où fut livrée la bataille de la Moskova (1812).

Borotra Jean (né en 1898), joueur de tennis français.

Borromée. V. Charles Borromée.

Borromées, îles du lac Majeur.

Borromini Francesco (1599-1667), architecte baroque italien.

Bosch Jérôme (v. 1450-1516), peintre hollandais, maître du fantastique.

Bosco Henri (1888-1976), écrivain français : *l'Âne culotte*.

Bose Satyendranath (1894-1974), physicien indien, pionnier de la mécanique statistique.

Bosnie-Herzégovine, État des Balkans, anc. rép. fédérée de Yougoslavie ; 51 129 km² ; 4 356 000 h ; cap. Sarajevo.

Bosphore, détroit qui relie la mer de Marmara à la mer Noire, entre l'Europe et l'Asie.

Bosse Abraham (1602-1676), graveur français.

Bossuet Jacques (1627-1704), prélat et écrivain classique français : *Oraisons funèbres*.

Boston, port des États-Unis, cap. du Massachusetts ; 507 700 h (aggl. 4 026 000 h).

Botev Hristo (1848-1876), écrivain et patriote bulgare ; héros national.

Botha Louis (1862-1919), général sud-africain, chef de l'armée des Boers.

Botha Pieter (né en 1916), président de la république d'Afrique du Sud de 1984 à 1989.

Botnie (golfe de), partie N. de la Baltique.

Botrange (signal de), point culminant de la Belgique (694 m), dans l'Ardenne.

Botswana, État d'Afrique australe ; 600 370 km² ; 1 300 000 h ; cap. Gaborone.

Botticelli Sandro (1445-1510), peintre italien de la Renaissance : *le Printemps*.

Botzaris Márkos (1788-1823), patriote grec.

Bouchardon Edme (1698-1762), sculpteur néoclassique français.

Boucher François (1703-1770), peintre, graveur et décorateur français.

Boucher Hélène (1908-1934), aviatrice française.

Boucher de Perthes Jacques (1788-1868), préhistorien français.

Bouches-du-Rhône, dép. français (13) (Provence-Alpes-Côte d'Azur) ; 5 112 km² ; 1 777 025 h ; ch.-l. Marseille.

Boucicaut Aristide (1810-1877), commerçant et philanthrope français.

Boucourechliev André (né en 1925), compositeur français (musique aléatoire).

Bouddha ou **Çakyamuni** (v. 560-v. 480 av. J.-C.), fondateur du bouddhisme.

Boudin Eugène (1824-1898), peintre français.

Bougainville, île de l'archipel Salomon.

Bougainville Louis Antoine de (1729-1811), navigateur français.

Bougie. V. Bejaia.

Bougival, com. des Yvelines, séjour de nombreux peintres (Corot, Turner, Renoir).

Bouguereau Adolphe William (1825-1905), peintre français, modèle du pompiérisme.

Boukhara, v. d'Ouzbékistan ; 209 000 h.

Boukharine Nikolaï (1888-1938), économiste et homme politique soviétique ; exécuté.

Boulanger Georges (1837-1891), général français. Il hésita à renverser la République et se suicida.

Boulanger Nadia (1887-1979), compositeur et pédagogue française.

Boulay-Moselle, ch.-l. d'arr. de la Moselle ; 4 453 h.

Boulez Pierre (né en 1925), compositeur et chef d'orchestre français : *Répons*.

Boulgakov Mikhaïl (1891-1940), écrivain russe : *le Maître et Marguerite*.

Boulle André Charles (1642-1732), ébéniste français.

Boullée Louis (1728-1799), architecte français.

Boulogne-Billancourt, ch.-l. d'arr. des Hauts-de-Seine ; 101 971 h.

Boulogne-sur-Mer, ch.-l. d'arr. et port de pêche du Pas-de-Calais ; 44 244 h.

Boumediene Houari (1932-1978), homme politique algérien ; au pouvoir apr. 1965.

Bounine Ivan (1870-1953), romancier russe.

Bourassa Robert (né en 1933), homme politique canadien (libéral).

Bourbaki Nicolas, pseudonyme d'un groupe de mathématiciens français.

Bourbon (île), anc. nom de la Réunion.

Bourbon (maison de), maison souveraine française dont sont issus les rois de France, de Henri IV à Charles X et les rois d'Espagne depuis Philippe V.

Bourbon Charles, duc de (1490-1527), connétable de France, passé au service de Charles Quint.

Bourbon (palais), siège de l'Assemblée nationale.

Bourbonnais, anc. prov. de France (Allier).

Bourboule (La), stat. thermale du Puy-de-Dôme.

Bourdaloue Louis (1632-1704), prédicateur jésuite français.

Bourdelle Antoine (1861-1929), sculpteur français : *Héraclès archer*.

Bourdieu Pierre (né en 1930), sociologue français de la culture et de l'éducation.

Bourgas, port de Bulgarie ; 182 550 h.

Bourg-en-Bresse, ch.-l. de l'Ain ; 42 955 h.

Bourges, ch.-l. du Cher ; 78 773 h.

Bourget, lac de Savoie (44 km²).

Bourget (Le), ch.-l. de cant. de la Seine-Saint-Denis ; 11 728 h.Aéroport.

Bourg-la-Reine, ch.-l. de cant. des Hauts-de-Seine ; 18 635 h.

Bourgogne, anc. prov. française et Rég. admin. comprenant la Côte-d'Or, la Nièvre, la Saône-et-Loire et l'Yonne ; 31 592 km² ; 1 649 517 h ; ch.-l. Dijon.

Bourgoin-Jallieu, ch.-l. de cant. de l'Isère ; 22 749 h.

Bourguiba Habib (né en 1903), président de la République de Tunisie (1957-1987).

Bourguignons, parti opposé aux Armagnacs durant la guerre de Cent Ans.

Bouriatie, rép. auton. de Russie, en Sibérie ; cap. Oulan-Oude.

Bournemouth, stat. balnéaire de Grande-Bretagne, sur la Manche ; 145 000 h.

Bourvil (1917-1970), acteur comique français.

Bouscat (Le), ch.-l. de cant. de la Gironde ; 21 574 h.

Boussada, v. d'Algérie ; 55 000 h.

Bouts Dierick (v. 1415-1475), peintre flamand.

Bouvines, victoire (près de Lille) de Philippe Auguste sur les Anglais, les Allemands et les Flamands coalisés (1214).

Boxers, nationalistes chinois animateurs d'une révolte xénophobe à Pékin (1900).

Boyle sir Robert (1627-1691), physicien et chimiste irlandais.

Brabançonne (la), hymne national belge.

Brabant, anc. duché divisé aujourd'hui entre les Pays-Bas (**Brabant-Septentrional**, ch.-l. Bois-le-Duc) et la Belgique (ch.-l. Bruxelles).

Bradbury Ray (né en 1920), écrivain américain de science-fiction : *Chronique martiennes*.

Bradford, v. de Grande-Bretagne ; 281 000 h.

Bradley James (1693-1762), astronome anglais.

Braga, v. du N. du Portugal ; 63 030 h.

Braga Teófilo (1843-1924), homme politique et écrivain portugais.

Bragance, famille qui a régné au Portugal de 1640 à 1910, et au Brésil de 1822 à 1889.

Bragg sir William Henry (1862-1942), et son fils **William Lawrence** (1890-1971), physiciens anglais. Structure des cristaux.

Brahe Tycho (1546-1601), astronome danois.

Brahma, divinité hindoue.

Brahmapoutre (le), fl. d'Asie (env. 2 900 km).

Brahms Johannes (1833-1897), compositeur romantique allemand.

Braila, v. de Roumanie ; 228 040 h.

Braille Louis (1809-1852), inventeur français d'un alphabet en relief pour les aveugles.

Bramante (1444-1514), peintre et architecte italien de la Renaissance.

Brancusi Constantin (1876-1957), sculpteur français d'origine roumaine.

Brandebourg, anc. prov. et Land d'Allemagne ; cap. Potsdam. La *porte de Brandebourg* est un arc de triomphe au centre de Berlin.

Brandebourg, v. d'Allemagne (Brandebourg) ; 95 000 h.

Brando Marlon (né en 1924), acteur de cinéma américain.

Brandt Willy (1913-1992), chancelier (social-démocrate) de la R.F.A., de 1969 à 1974.

Branly Édouard (1844-1940), physicien français. Il est à l'origine de la télégraphie sans fil.

Branting Hjalmar (1860-1925), homme politique suédois (social-démocrate).

Brantôme Pierre de Bourdeille, seigneur de (v. 1540-1614), écrivain français.

Braque Georges (1882-1963), peintre français. Il inventa le cubisme avec Picasso.

Brasilia, cap. du Brésil ; 1 800 000 h.

Brasillach Robert (1909-1945), écrivain et journaliste français ; fusillé pour collaboration.

Brasov, v. de Roumanie ; 334 990 h.

Brassaï (1899-1984), photographe français d'origine hongroise.

Brassens Georges (1921-1981), auteur-compositeur et chanteur français.

Brasseur Pierre (1905-1972), acteur français.

Bratislava (anc. *Presbourg*), cap. de la Slovaquie ; 413 000 h.

Bratsk, v. de Russie, en Sibérie ; 240 000 h.

Braudel Fernand (1902-1985), historien français.

Braun Wernher von (1912-1977), ingénieur allemand naturalisé américain ; père du V2.

Brauner Victor (1903-1966), peintre surréaliste français d'origine roumaine.

Bravo (río). V. Grande.

Bray (pays de), petite rég. de Normandie.

Brazza Pierre Savorgnan de (1852-1905), explorateur français d'origine italienne.

Brazzaville, cap. du Congo ; 600 000 h.

Brecht Bertolt (1898-1956), poète et dramaturge allemand : *l'Opéra de quat'sous*.

Breda, v. des Pays-Bas ; 120 210 h.

Bregenz, v. d'Autriche (Vorarlberg) ; 24 600 h.

Breguet Louis (1880-1955), ingénieur français, pionnier de l'aéronautique.

Bréhat, île des Côtes-d'Armor.

Brejnev Leonid (1906-1982), homme politique soviétique, au pouvoir apr. 1964.

Brel Jacques (1929-1978), auteur-compositeur et chanteur belge.

Brême, port d'Allemagne sur la Weser ; 521 980 h. Cap. du *Land de Brême*.

Brenn ou **Brennus**, chef gaulois qui prit Rome vers 390 av. J.-C.

Brenner, col des Alpes orientales (1 370 m).

Brentano Clemens (1778-1842), écrivain romantique allemand : *Romances du rosaire*.

Brescia, v. d'Italie (Lombardie) ; 203 190 h.

Brésil, État fédéral d'Amérique du Sud ; 8 511 965 km² ; 147 405 000 h ; cap. Brasilia.

Breslau. V. Wroclaw.

Bresse (la), rég. de l'E. de la France.

Bresson Robert (né en 1907), cinéaste français : *Un condamné à mort s'est échappé*.

Bressuire, ch.-l. d'arr. des Deux-Sèvres ; 18 994 h.

Brest, ch.-l. d'arr. du Finistère, port militaire au fond du *rade de Brest* ; 153 099 h.

Brest (anc. *Brest-Litovsk*), v. de Biélorussie ; 222 000 h. Le *traité de Brest-Litovsk* conclut la paix entre l'Allemagne et les Soviets (1918).

Bretagne, anc. prov. française et Rég. admin. comprenant les dép. des Côtes-d'Armor, du Finistère, de l'Ille-et-Vilaine et du Morbihan ; 27 184 km² ; 2 872 705 h ; ch.-l. Rennes.

Brétigny-sur-Orge, ch.-l. de cant. de l'Essonne ; 20 069 h.

Breton André (1896-1966), écrivain français, théoricien du surréalisme : *Nadja*.

Breuer Marcel (1902-1981), architecte et designer américain d'origine hongroise.

Breughel. V. Bruegel.

Breuil abbé Henri (1877-1961), préhistorien français.

Briançon, ch.-l. d'arr. des Hautes-Alpes ; 12 141 h.

Briand Aristide (1862-1932), homme politique français, apôtre du pacifisme.

Briansk, v. de Russie ; 430 000 h.

Bridgetown, cap. de la Barbade ; 7 470 h.

Brie (la), rég. du Bassin parisien, entre la Marne et la Seine ; v. princ. Melun, Meaux.

Brière, rég. marécageuse de Loire-Atlantique.

Briey, ch.-l. d'arr. de Meurthe-et-Moselle ; 4 823 h.

Brigades internationales, volontaires qui combattirent aux côtés des républicains espagnols (1936-1938).

Bright Richard (1789-1858), médecin anglais.

Brighton, stat. balnéaire de Grande-Bretagne, sur la Manche ; 146 130 h.

Brignoles, ch.-l. d'arr. du Var ; 11 814 h.

Brillat-Savarin Anthelme (1755-1826), gastronome français : *la Physiologie du goût*.

Brindisi, v. d'Italie (Pouilles) ; 88 950 h.

Brioude, ch.-l. d'arr. de la Haute-Loire ; 7 722 h.

Brisbane, port d'Australie, cap. du Queensland ; 1 157 200 h.

Brissot de Warville Jacques (1754-1793), homme politique français. Chef des Girondins, il fut guillotiné.

Bristol, port de Grande-Bretagne sur le *canal de Bristol*, bras de mer entre les pays de Galles et la Cornouailles ; 388 000 h.

Britannicus (v. 41-55 apr. J.-C.), fils de Claude et de Messaline ; assassiné.

Britanniques (îles), archipel comprenant la Grande-Bretagne et l'Irlande.

British Museum, musée et bibliothèque de Londres, créés en 1753.

Britten Benjamin (1913-1976), compositeur anglais : *Peter Grimes*.

Brive-la-Gaillarde, ch.-l. d'arr. de la Corrèze ; 52 677 h.

Brno, v. de la République tchèque (Moravie) ; 384 550 h.

Broadway, grande artère de New York (Manhattan) ; quartier des spectacles.

Broca Paul (1824-1880), chirurgien français. Étude du cerveau et du langage.

Brocéliande, forêt légendaire de Bretagne.

Broch Hermann (1886-1951), écrivain autrichien : *la Mort de Virgile*.

Brodski Iossif (né en 1940), poète américain d'origine russe.

Broglie Louis, duc de (1892-1987), physicien français, créateur de la mécanique ondulatoire.

Bron, ch.-l. de cant. du Rhône ; 40 514 h.

Brongniart Alexandre Théodore (1739-1813), architecte français. Bourse de Paris.

Brontë (les sœurs), romancières anglaises. **Charlotte** (1816-1855) est l'auteur de *Jane Eyre*. **Emily** (1818-1848) a écrit *les Hauts de Hurlevent*. **Anne** (1820-1849) est l'auteur d' *Agnes Grey*.

Bronx, quartier de New York.

Brook Peter (né en 1925), metteur en scène de théâtre et de cinéma anglais.

Brooklyn, quartier de New York.

Brosse Salomon de (v. 1570-1626), architecte français. Palais du Luxembourg.

Brossolette Pierre (1903-1944), résistant français.

Brouckère Charles de (1796-1860), homme politique belge.

Brousse, v. de Turquie ; 476 000 h. Cap. ottomane au XIVᵉ s.

Brousse Paul (1844-1912), homme politique français (socialiste réformiste).

Brown Robert (1773-1858), botaniste écossais. Il a découvert le mouvement brownien.

Browning Elizabeth (1806-1861), poétesse anglaise : *Sonnets de la Portugaise*.

Browning Robert (1812-1889), mari de la préc., poète et dramaturge anglais.

Bruant Libéral (1635-1697), architecte français. Hôtel des Invalides.

Bruant Aristide (1851-1925), chansonnier populaire français.

Bruay-en-Artois, ch.-l. de cant. du Pas-de-Calais ; 23 200 h.

Brücke (die) (*le Pont*), groupe expressionniste qui réunit, à Dresde, Kirchner, Nolde, etc. (1905).

Bruckner Anton (1824-1896), compositeur romantique autrichien.

Bruegel ou **Breughel** Pieter, dit *le Vieux* (v. 1525-1569), peintre flamand : *la Parabole des aveugles*. Ses fils **Pieter**, dit *Bruegel le Jeune* ou *d'Enfer* (1564-1638) et **Jan**, dit *Bruegel de Velours* (1568-1625) furent également peintres.

Bruges, v. de Belgique, ch.-l. de la Flandre-Occidentale ; 118 000 h. Monuments médiévaux, canaux.

Brumaire (18) (9 novembre 1799), coup d'État de Bonaparte contre le Directoire.

Brummell George (1778-1840), dandy anglais.

Brune Guillaume (1763-1815), maréchal de France ; assassiné.

Brunehaut (v. 534-613), reine d'Austrasie, rivale de Frédégonde.

Brunei, État (sultanat) sur la côte N. de Bornéo ; 5 765 km² ; env. 220 000 h ; cap. Bandar Seri Begawan.

Brunelleschi Filippo (1377-1446), sculpteur et architecte florentin de la Renaissance.

Bruno saint (v. 1030-1101), mystique allemand, fondateur de l'ordre des Chartreux.

Bruno Giordano (1548-1600), philosophe italien ; brûlé vif par l'Inquisition.

Brunoy, ch.-l. de cant. de l'Essonne ; 24 594 h.

Brunschvicg Léon (1869-1944), philosophe français ; positiviste.

Brunswick, v. d'Allemagne (Basse-Saxe) ; 248 000 h.

Brunswick duc de (1735-1806), général au service de la Prusse ; vaincu à Valmy. Le *manifeste de Brunswick* menaçait de détruire Paris.

Brutus, consul romain légendaire qui aurait fondé la république (509 av. J.-C.).

Brutus (v. 85-42 av. J.-C.), homme politique romain, l'un des assassins de César.

Bruxelles, cap. de la Belgique et ch.-l. du Brabant ; 139 680 h (agg. 997 290 h).

Buber Martin (1878-1965), philosophe et théologien israélien : *le Je et le Tu*.

Bucaramanga, v. de Colombie ; 341 510 h.

Bucarest, cap. de la Roumanie ; 1 989 820 h.

Bucéphale, cheval d'Alexandre le Grand.

Bucer Martin (1491-1551), théologien alsacien, disciple de Luther.

Buchanan James (1791-1868), président (démocrate) des États-Unis (1857-1861).

Buchenwald, camp de concentration nazi (Thuringe).

Buchez Philippe (1796-1865), philosophe et homme politique français (socialiste chrétien).

Büchner Georg (1813-1837), écrivain romantique allemand : *Mort de Danton, Woyzeck.*

Buck Pearl (1892-1973), romancière américaine : *la Terre chinoise.*

Buckingham George Villiers, duc de (1592-1628), homme politique britannique ; assassiné.

Buckingham Palace, résidence de la famille royale anglaise, à Londres.

Bucovine, rég. des Carpates, partagée entre l'Ukraine et la Roumanie.

Budapest, cap. de la Hongrie, sur le Danube ; 2 073 740 h.

Budé Guillaume (1467-1540), humaniste et philologue français.

Buenos Aires, cap. de l'Argentine, sur le rio de la Plata ; 2 922 830 h (aggl. 10 728 000 h).

Buffalo, v. des États-Unis (New York) ; 339 000 h (aggl. 1 204 800 h).

Buffalo Bill (1846-1917), pionnier américain.

Buffet Bernard (né en 1928), peintre français.

Buffon Georges de (1707-1788), naturaliste français : *Histoire naturelle universelle.*

Bug (le), affl. de la Vistule (856 km).

Bugatti Ettore (1882-1947), industriel français d'origine italienne. Pionnier de l'automobile.

Bugeaud Thomas (1784-1849), maréchal de France. Il assura la conquête de l'Algérie.

Bugey (le), rég. de France, dans le Jura.

Buisson Ferdinand (1841-1932), homme politique et pédagogue français.

Bujumbura, cap. du Burundi ; 272 600 h.

Bulawayo, v. du Zimbabwe ; 429 000 h.

Bulgarie, État des Balkans ; 110 912 km² ; 8 900 000 h ; cap. Sofia.

Bull John, sobriquet donné au peuple anglais.

Bülow Bernhard von (1849-1929), chancelier allemand, successeur de Bismarck.

Bultmann Rudolf (1884-1976), théologien protestant allemand.

Bundesrat, Conseil fédéral de l'Allemagne, représentant les Länder.

Bundestag, Assemblée législative de l'Allemagne, élue au suffrage universel.

Bundeswehr, armée de l'Allemagne.

Bunsen Robert (1811-1899), chimiste et physicien allemand, inventeur du *bec Bunsen.*

Buñuel Luis (1900-1983), cinéaste espagnol : *l'Âge d'or, Viridiana.*

Buonarroti Philippe (1761-1837), révolutionnaire français, disciple de Babeuf.

Burgenland, Land de l'E. de l'Autriche.

Burgess Anthony (1917-1993), romancier anglais : *Orange mécanique.*

Burgondes, peuple germanique venu s'établir sur le Rhin au début du Vᵉ s.

Burgos, v. d'Espagne ; 160 120 h. Cathédrale.

Buridan Jean (v. 1300-apr. 1358), philosophe scolastique français.

Burke Edmund (1729-1797), écrivain et homme politique britannique (conservateur).

Burkina Faso (anc. *Haute-Volta*), État d'Afrique occidentale ; 274 200 km² ; env. 7 900 000 h ; cap. Ouagadougou.

Burne-Jones (1833-1898), peintre anglais de l'école préraphaélite.

Burns Robert (1759-1796), poète écossais.

Burroughs William (né en 1914), écrivain américain : *le Festin nu.*

Burundi, État d'Afrique centrale ; 27 834 km² ; env. 5 500 000 h ; cap. Bujumbura.

Bush George (né en 1924), 41ᵉ président (républicain) des États-Unis de 1988 à 1992.

Bussy-Rabutin (1618-1693), écrivain français : *Histoire amoureuse des Gaules.*

Butor Michel (né en 1926), écrivain français : *la Modification.*

Buttes-Chaumont (les), hauteurs de Paris.

Buxtehude Dietrich (1637-1707), compositeur et organiste danois.

Buzzati Dino (1906-1972), écrivain italien : *le Désert des Tartares.*

Byblos, anc. cité phénicienne.

Bydgoszcz, v. de Pologne ; 363 350 h.

Byrd William (1543-1623), compositeur anglais.

Byrd Richard (1888-1957), aviateur et explorateur américain des pôles.

Byron George, dit Lord (1788-1824), poète romantique anglais : *Don Juan.*

Byzance, anc. nom de Constantinople.

byzantin (Empire), État issu du partage de l'Empire romain à la mort de Théodose (395) et qui disparut en 1453 (prise de Constantinople par les Turcs).

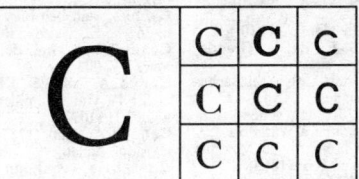

Cabet Étienne (1788-1856), socialiste utopiste français.

Cabochiens (les), faction parisienne décimée par les Armagnacs (1413).

Cabot Jean (v. 1450-v. 1498), navigateur vénitien au service de l'Angleterre.

Cabourg, stat. balnéaire du Calvados.

Cabral Pedro (v. 1467-1526), navigateur portugais. Il découvrit le Brésil.

Cachan, ch.-l. de cant. du Val-de-Marne ; 25 370 h.

Cachemire, anc. État du N.-O. de l'Inde, partagé en 1949 entre l'Union indienne et le Pakistan ; cap. Srinagar.

Cadarache, centre d'études nucléaires (Bouches-du-Rhône).

Cadix, port d'Espagne (Andalousie), sur le *golfe de Cadix* ; 167 010 h.

Cadou René Guy (1920-1951), poète français.

Cadoudal Georges (1771-1804), chef chouan, exécuté pour complot.

Caelius, une des sept collines de Rome.

Caen, ch.-l. de la Rég. Basse-Normandie et du dép. du Calvados ; 115 624 h.

Cafres, nom donné autrefois aux Bantous.

Cage John (1912-1992), compositeur américain, pionnier de la musique aléatoire.

Cagliari, port d'Italie (Sardaigne) ; 224 500 h.

Cagliostro Alexandre (1743-1795), aventurier italien.

Cagnes-sur-Mer, ch.-l. de cant. des Alpes-Maritimes ; 41 303 h.

Cahors, ch.-l. du Lot ; 20 787 h.

Caillaux Joseph (1863-1944), homme politique français (radical).

Caillebotte Gustave (1848-1894), peintre impressionniste français.

Caillié René (1799-1838), voyageur français.

Caillois Roger (1913-1978), écrivain français : *l'Homme et le Sacré.*

Caïmans (îles), archipel britannique de la mer des Antilles.

Caïn, fils aîné d'Adam et d'Ève. Il tua son frère Abel (*Bible*).

Caire (Le), cap. de l'Égypte, sur le Nil ; 6 052 840 h (aggl. 9 000 000 h).

Çakyamuni. V. Bouddha.

Calabre, rég. admin. de l'Italie du S. ; ch.-l. Catanzaro.

Calais, ch.-l. d'arr. du Pas-de-Calais ; 75 836 h.

Calais (pas de), détroit entre la France et la Grande-Bretagne.

Calas Jean (1698-1762), calviniste toulousain, défendu par Voltaire.

Calchas, devin grec (*Iliade*).

Calcutta, port de l'Inde, cap. du Bengale-Occidental ; 3 305 010 h (aggl. 9 194 020 h).

Calder Alexander (1898-1976), sculpteur américain. Mobiles.

Calderón de la Barca Pedro (1600-1681), dramaturge espagnol : *la Vie est un songe.*

Caldwell Erskine (1903-1987), romancier américain : *la Route au tabac.*

Calédonie, nom latin de l'Écosse.

Calédonie. V. Nouvelle-Calédonie.

Calgary, v. du Canada (Alberta) ; 636 100 h.

Cali, v. de Colombie ; 1 323 940 h.

Calicut. V. Kozhikode.

Californie, État de l'O. des États-Unis ; 411 012 km^2 ; 29 000 000 h ; cap. Sacramento ; v. princ. Los Angeles, San Francisco.

Californie (Basse-), péninsule du Mexique entre l'océan Pacifique et le *golfe de Californie.*

Caligula (12-41), empereur romain en 37.

Callao, port du Pérou ; 512 200 h.

Callas Maria (1923-1977), cantatrice grecque.

Callimaque (v. 315-v. 240 av. J.-C.), poète grec d'Alexandrie.

Calliope, muse de l'Épopée (*Myth. gr.*).

Callot Jacques (1592-1635), dessinateur français : *les Misères de la guerre.*

Calmette Albert (1863-1933), bactériologiste français, créateur du B.C.G.

Calonne Charles de (1734-1802), homme politique français, ministre de Louis XVI.

Caluire-et-Cuire, ch.-l. de cant. du Rhône ; 42 155 h.

Calvados, dép. français (14) (Basse-Normandie) ; 5 536 km^2 ; 628 271 h ; ch.-l. Caen.

Calvi, ch.-l. d'arr. de la Haute-Corse ; 4 920 h.

Calvin Jean (1509-1564), réformateur français, fixé à Genève en 1541, fondateur du protestantisme : *l'Institution de la religion chrétienne.*

Calvino Italo (1923-1985), romancier italien.

Calypso, nymphe amoureuse d'Ulysse, qu'elle retint dans son île (*Odyssée*).

Câmara. V. Pessôa Câmara.

Camargue (la), rég. de Provence. Parc naturel.

Cambacérès Jean-Jacques (1753-1824), homme politique français du Consulat et de l'Empire, rédacteur du Code civil.

Cambodge

Cambodge, État d'Asie du S.-E. ;
181 035 km² ; 7 300 000 h ; cap. Phnom Penh.
Cambon Joseph (1756-1820), conventionnel
français.
Cambrai, ch.-l. d'arr. du Nord ; 34 210 h.
Cambridge, v. du S.-E. de la Grande-
Bretagne ; 95 320 h. Université.
Cambridge, v. des États-Unis (Massachu-
setts) ; 107 000 h. Universités.
Cambronne Pierre (1770-1842), général fran-
çais, célèbre pour sa conduite à Waterloo.
Camerone, combat de la guerre du Mexique
où s'illustra la Légion étrangère (1863).
Cameroun, État de l'Afrique occidentale ;
475 442 km² ; 10 446 000 h ; cap. Yaoundé.
Camille, général romain qui chassa les Gau-
lois de Rome (390 av. J.-C.).
Camoëns ou **Camões** Luís de
(v. 1524-1580), poète portugais de la Renais-
sance : *Lusiades.*
Campanella Tommaso (1568-1639), philo-
sophe italien : *la Cité du Soleil.*
Campanie, rég. d'Italie du S. ; ch.-l. Naples.
Camp David (accords de), traité de paix
conclu entre l'Égypte et Israël (1978).
Camp du Drap d'or, rencontre entre Fran-
çois Ier et Henri VIII d'Angleterre (1520).
Campin Robert (v. 1378-1444), peintre fla-
mand. V. Flémalle.
Campinas, v. du Brésil ; 845 060 h.
Campine, plaine du N. de la Belgique.
Campoformio (Vénétie), traité entre Bona-
parte et l'Autriche (1797).
Campo Grande, v. du Brésil (Mato Grosso) ;
384 398 h.
Campra André (1660-1744), compositeur
français : *Requiem.*
Camus Albert (1913-1960), écrivain français :
l'Étranger, la Peste.
Cana, bourg de Galilée. Jésus y accomplit son
premier miracle (*Évangiles*).
Canaan (pays de), Terre promise des Hébreux
(Palestine et Phénicie).
Canada, État fédéral de l'Amérique du Nord ;
9 976 139 km² ; 25 738 000 h ; cap. Ottawa.
Canaletto Giovanni (1697-1768), peintre ita-
lien ; paysagiste.
Canaques ou **Kanaks**, autochtones méla-
nésiens de la Nouvelle-Calédonie.
Canaries, archipel de l'Atlantique et commun.
auton. de l'Espagne ; cap. Las Palmas.
Canaris Wilhelm (1887-1945), amiral alle-
mand ; exécuté sur ordre de Hitler.
Canaveral (cap). V. Kennedy.
Canberra, cap. fédérale de l'Australie ;
273 600 h.
Cancale, stat. balnéaire d'Ille-et-Vilaine.
Cancer (le), constellation boréale et signe du
zodiaque (22 juin-22 juillet).
Cancún, stat. balnéaire du Mexique ; 50 000 h.
Candie. V. Crète et Héraklion.
Candolle Augustin Pyrame de (1778-1841),
botaniste suisse.
Canebière (la), avenue de Marseille.
Canée (La), port de Grèce (Crète) ; 47 340 h.
Canetti Elias (né en 1905), écrivain britan-
nique d'expression allemande : *Autodafé.*
Canguilhem Georges (né en 1904), philo-
sophe français.
Canigou (le), massif des Pyrénées-Orientales
(2 786 m).

Canisius. V. Pierre Canisius.
Cannes, victoire d'Hannibal sur les Romains
(216 av. J.-C.).
Cannes, stat. balnéaire des Alpes-Maritimes ;
69 363 h. Festival de cinéma.
Cannet (Le), ch.-l. de cant. des Alpes-Mari-
times ; 42 005 h.
Canossa, village d'Italie où l'empereur
Henri IV vint s'humilier devant le pape Gré-
goire VII (1077).
Canova Antonio (1757-1822), sculpteur néo-
classique italien.
Cantabrie, commun. auton. du N. de
l'Espagne ; cap. Santander.
Cantabriques (monts), prolongement des
Pyrénées, en Espagne.
Cantal (monts du), massif de l'Auvergne,
culminant au *plomb du Cantal* (1 858 m).
Cantal, dép. français (15) (Auvergne) ;
5 741 km² ; 164 321 h ; ch.-l. Aurillac.
Canterbury, v. de Grande-Bretagne (Kent) ;
34 400 h. Cathédrale.
Canton ou **Guangzhou**, port de Chine, cap.
du Guangdong ; 3 181 510 h (aggl. 5 669 640 h).
Cantor Georg (1845-1918), mathématicien
allemand. Théorie des ensembles.
Cap (Le), port et cap. de l'Afrique du Sud et
de *la province du Cap* ; 854 500 h (aggl.
1 209 420 h).
Cap-Breton, île du Canada, à l'entrée du golfe
du Saint-Laurent.
Capek Karel (1890-1938), écrivain tchèque.
Capet, surnom d'Hugues Ier, fondateur de la
dynastie capétienne.
Cap-Haïtien, port d'Haïti ; 64 400 h.
Capitole, une des sept collines de Rome.
Capo d'Istria Jean (1776-1831), homme poli-
tique grec, pionnier de l'indépendance.
Capone Al (1899-1947), gangster américain.
Caporetto, village de Yougoslavie ; défaite des
Italiens devant les Austro-Allemands (1917).
Capote Truman (1924-1984), romancier amé-
ricain : *De sang-froid.*
Capoue, v. d'Italie (Campanie) ; 18 050 h.
Cappadoce, anc. pays d'Asie Mineure.
Capra Frank (1897-1991), cinéaste américain.
Capri, île touristique d'Italie (Campanie).
Capricorne (le), constellation australe et signe
du zodiaque (22 décembre-20 janvier).
Cap-Vert (îles du), État d'Afrique ; 4 033 km² ;
350 000 h ; cap. Praia.
Caracalla (188-217), empereur romain en
211.
Caracas, cap. du Venezuela ; 1 232 250 h
(aggl. 3 400 000 h).
Caraïbes, groupe ethnique des Antilles.
Caraïbes (mer des). V. Antilles.
Caramanlis Constantin (né en 1907), homme
politique grec.
Caran d'Ache (1859-1909), dessinateur
humoristique français.
Caravage (le) (v. 1573-1610), peintre italien.
Carcassonne, ch.-l. de l'Aude ; 44 991 h.
Enceinte fortifiée médiévale.
Carco Francis (1886-1958), romancier fran-
çais : *Jésus la Caille.*
Cardan Jérôme (1501-1576), mathématicien,
médecin et astrologue italien.
Cárdenas Lázaro (1895-1970), président de la
République du Mexique de 1934 à 1940.

Cardiff, port de Grande-Bretagne ; cap. du pays de Galles ; 273 860 h.

Cardin Pierre (né en 1922), couturier français.

Carélie, rép. auton. du N. de la Russie.

Carême Marie Antoine (1784-1833), cuisinier français.

Carinthie, Land d'Autriche ; cap. Klagenfurt.

Carissimi Giacomo (1605-1674), compositeur italien : *Jephté.*

Carlos don (1788-1855), infant prétendant au trône d'Espagne contre Isabelle II.

Carlsbad. V. Karlovy Vary.

Carlyle Thomas (1795-1881), historien et philosophe écossais : *les Héros.*

Carmagnole (la), chanson en vogue pendant la Révolution française.

Carmaux, ch.-l. de cant. du Tarn ; 11 070 h.

Carmel, ordre religieux catholique né sur le *mont Carmel* (Palestine).

Carmona António (1869-1951), président de la République du Portugal de 1928 à 1951. Il fit appel à Salazar.

Carnac, com. du Morbihan. Monuments mégalithiques.

Carnap Rudolf (1891-1970), philosophe et logicien américain d'origine allemande.

Carnavalet (hôtel), musée de la Ville de Paris.

Carné Marcel (né en 1906), cinéaste français : *les Enfants du paradis.*

Carnéade (v. 215-v. 129 av. J.-C.), philosophe grec.

Carnegie Andrew (1835-1919), industriel et philanthrope américain.

Carniole, anc. nom de la Slovénie.

Carnot Lazare (1753-1823), conventionnel et mathématicien français. Il créa les armées de la République.

Carnot Sadi (1796-1832), fils du préc., physicien français, fondateur de la thermodynamique.

Carnot Sadi (1837-1894), neveu du préc., homme politique français, président de la République en 1887, assassiné par Caserio.

Carnutes, peuple de la Gaule.

Caroline du Nord et **Caroline du Sud,** États du S.-E. des États-Unis.

Carolines (îles), archipel de l'Océanie.

Carolingiens, dynastie franque, fondée par Pépin le Bref en 751.

Carpaccio Vittore (v. 1455-1525 ou 1526), peintre vénitien : *Légende de sainte Ursule.*

Carpates, chaîne de montagnes d'Europe centrale, culminant à 2 663 m dans les Tatras.

Carpeaux Jean-Baptiste (1827-1875), sculpteur français : *la Danse.*

Carpentier Georges (1894-1975), boxeur français.

Carpentier Alejo (1904-1980), écrivain cubain : *le Partage des eaux.*

Carpentras, ch.-l. d'arr. du Vaucluse ; 25 477 h.

Carrache Annibale (1560-1609), peintre italien ; décoration du palais Farnèse, à Rome.

Carrare, v. d'Italie (Toscane) ; 68 460 h. Carrières de marbre.

Carrier Jean-Baptiste (1756-1794), conventionnel français. Il appliqua la Terreur à Nantes ; guillotiné.

Carroll Lewis (Charles Dodgson, dit) (1832-1898), écrivain anglais : *Alice au pays des merveilles.*

Cartagena, port de Colombie, sur la mer des Antilles ; 491 370 h.

Cartan Élie (1869-1951), mathématicien français. Théorie des groupes.

Cartan Henri (né en 1904), fils du préc., mathématicien français, fondateur du groupe Bourbaki.

Carter Jimmy (né en 1924), 39e président (démocrate) des États-Unis (1977-1981).

Carthage, v. de Tunisie. Fondée par les Phéniciens, elle fut détruite par les Romains à la fin de la 3e guerre punique (146 av. J.-C.).

Carthagène, port d'Espagne ; 172 750 h.

Cartier Jacques (1491-1557), navigateur français, découvreur du Canada.

Cartier sir Georges Étienne (1814-1873), homme politique canadien, un des fondateurs de la Confédération.

Cartier-Bresson Henri (né en 1908), photographe français.

Cartouche Louis (1693-1721), célèbre brigand français.

Cartwright Edmund (1743-1823), ingénieur anglais.

Caruso Enrico (1873-1921), ténor italien.

Casablanca, princ. port du Maroc, sur l'Atlantique ; 923 630 h (aggl. 2 408 600 h).

Casamance (la), fl. du Sénégal (300 km).

Casanova Giovanni Giacomo (1725-1798), aventurier et écrivain italien : *Mémoires.*

Cascades (chaîne des), montagnes de l'O. des États-Unis et du Canada.

Caserio Santo (1873-1894), anarchiste italien, assassin de Sadi Carnot.

Caserte, v. d'Italie (Campanie) ; 66 750 h.

Casimir saint (1458-1484), prince polonais, patron de la Pologne.

Casimir III le Grand (1310-1370), roi de Pologne en 1333.

Caspienne, mer intérieure aux confins de l'Europe et de l'Asie (env. 424 000 km2).

Cassandre, princesse troyenne, prophétesse de catastrophes, qui n'était jamais crue (*Iliade*).

Cassavetes John (1929-1989), acteur et cinéaste américain.

Cassin (mont), colline d'Italie du S. où saint Benoît fonda en 529 un monastère.

Cassin René (1887-1976), juriste français, initiateur de la Déclaration universelle des droits de l'homme.

Cassini, famille d'astronomes et de cartographes français (XVIIe-XVIIIe s.).

Cassiodore (v. 480-v. 575), écrivain latin.

Cassiopée, constellation du ciel boréal.

Cassis, stat. balnéaire des Bouches-du-Rhône.

Castel Gandolfo, com. d'Italie (Latium) ; résidence des papes.

Castellane, ch.-l. d'arr. des Alpes-de-Haute-Provence ; 1 359 h.

Castelo Branco Camilo (1825-1890), romancier portugais : *les Nouvelles du Minho.*

Castelsarrasin, ch.-l. d'arr. du Tarn-et-Garonne ; 12 148 h.

Castiglione Baldassarre (1478-1529), écrivain italien : *le Courtisan.*

Castille, anc. royaume du centre de l'Espagne, rég. autour de Madrid, divisée en deux commun. auton. : **Castille et León** (cap. Valladolid) et **Castille-la Manche** (cap. Tolède).

Castillon-la-Bataille, ch.-l. de cant. de la Gironde. En 1453, les Français y battirent les Anglais, mettant fin à la guerre de Cent Ans.

Castor et Pollux, dits *les Dioscures,* fils jumeaux de Léda et de Zeus (*Myth. gr.*).

Castres, ch.-l. d'arr. du Tarn ; 49 292 h.

Castries, cap. de Sainte-Lucie ; 50 000 h.

Castro Fidel (né en 1927), homme politique cubain. Vainqueur de Batista en 1959, il instaura un régime socialiste.

Catalauniques (champs), plaine de Champagne où Attila fut défait par Aetius en 451.

Çatal Hüyük, site néolithique de Turquie.

Catalogne, commun. auton. du N.-E. de l'Espagne ; cap. Barcelone.

Catane, port d'Italie (Sicile) ; 379 040 h.

Catanzaro, v. d'Italie (Calabre) ; 101 960 h.

Cateau-Cambrésis, traités de paix mettant fin aux guerres d'Italie (1559).

Cathelineau Jacques (1759-1793), chef vendéen.

Catherine Ire (1684-1727), impératrice de Russie en 1725.

Catherine II la Grande (1729-1796), impératrice de Russie en 1762.

Catherine d'Alexandrie sainte (morte v. 307), patronne des jeunes filles.

Catherine d'Aragon (1485-1536), première femme d'Henri VIII d'Angleterre.

Catherine Labouré sainte (1806-1876), religieuse française. La Vierge lui apparut.

Catherine de Médicis (1519-1589), reine de France, mère des trois derniers rois Valois : François II, Charles IX et Henri III.

Catherine de Sienne sainte (1347-1380), religieuse mystique italienne.

Catilina (v. 108-62 av. J.-C.), patricien romain, chef d'une conspiration déjouée par Cicéron.

Caton l'Ancien ou **le Censeur** (234-149 av. J.-C.), homme politique romain.

Caton d'Utique (95-46 av. J.-C.), homme politique romain ; adversaire de César.

Catulle (v. 87-v. 54 av. J.-C.), poète latin.

Caucase, chaîne de montagnes séparant l'Europe et l'Asie, entre la mer Noire et la mer Caspienne (5 663 m au mont Elbrouz).

Cauchon Pierre (v. 1371-1442), prélat français. Il présida le procès de Jeanne d'Arc.

Cauchy Augustin (1789-1857), mathématicien français.

Caudines (fourches), défaite humiliante des Romains devant les Samnites (321 av. J.-C.).

Caulaincourt Armand (1772-1827), général et diplomate français.

Causses (les), plateaux calcaires du S. du Massif central.

Cauterets, stat. thermale des Hautes-Pyrénées.

Caux (pays de), rég. de Haute-Normandie.

Cavaignac Louis-Eugène (1802-1857), général français.

Cavaillès Jean (1903-1944), philosophe et logicien français.

Cavaillon, ch.-l. de cant. du Vaucluse ; 23 470 h.

Cavalier Jean (1680-1740), chef camisard.

Cavalli Francesco (1602-1676), compositeur italien, auteur d'opéras.

Cavendish Henry (1731-1810), physicien et chimiste anglais.

Cavour Camillo Benso, comte de (1810-1861), homme politique italien, principal artisan de l'unité italienne.

Cayenne, ch.-l. de la Guyane française ; 41 659 h. Anc. lieu de déportation.

Cayley Arthur (1821-1895), mathématicien anglais.

Cayrol Jean (né en 1911), écrivain français.

Cazotte Jacques (1719-1792), écrivain français : *le Diable amoureux.* Il fut guillotiné.

Ceará, État du N.-E. du Brésil ; cap. Fortaleza.

Ceausescu Nicolae (1918-1989), dictateur roumain, au pouvoir apr. 1965 ; exécuté.

Cebu, île et prov. des Philippines ; ch.-l. Cebu (552 160 h).

C.E.C.A. Sigle de *Communauté européenne du charbon et de l'acier,* association créée en 1951 entre la R.F.A., la France, l'Italie et le Benelux.

Cecil William (1520-1598), homme politique anglais, conseiller d'Élizabeth Ire.

Cécile sainte (morte en 232), vierge et martyre romaine, patronne des musiciens.

C.É.E. Sigle de *Communauté économique européenne* ou Marché commun, association créée en 1957 par le traité de Rome entre les pays de la C.E.C.A., auxquels se sont adjoints le Danemark, l'Irlande et la Grande-Bretagne (1973), la Grèce (1981), l'Espagne et le Portugal (1986).

C.É.I. Sigle de *Communauté des États indépendants,* fédération constituée en 1991 par les républiques de l'ex-U.R.S.S., à l'exception de la Géorgie et des États baltes.

Cela Camilo José (né en 1916), romancier espagnol : *Office des ténèbres.*

Célèbes ou **Sulawesi,** île d'Indonésie ; v. princ. Ujungpandang.

Céline Louis-Ferdinand (1894-1961), écrivain français : *Voyage au bout de la nuit.*

Celle-Saint-Cloud (La), ch.-l. de cant. des Yvelines ; 22 844 h.

Cellini Benvenuto (1500-1571), orfèvre et sculpteur italien : *Persée.*

Celsius Anders (1701-1744), astronome suédois. Graduation centésimale du thermomètre.

Celtes, Indo-Européens qui envahirent l'Europe de l'O. du XIIIe au IVe s. av. J.-C.

Celtibères, anc. peuple du N. de l'Espagne.

Cendrars Blaise (1887-1961), écrivain français : *Moravagine.*

Cendrillon, héroïne d'un conte de Perrault.

Cenis (Mont-), massif des Alpes occidentales (3 320 m).

Cenon, ch.-l. de cant. de la Gironde ; 21 726 h.

Cent Ans (guerre de), conflit qui opposa la France et l'Angleterre de 1337 à 1453.

Cent-Jours (les), période comprise entre le 20 mars (retour de Napoléon Ier de l'île d'Elbe) et son abdication, le 22 juin 1815.

centrafricaine (République) ou **Centrafrique,** État d'Afrique équatoriale ; 622 984 km² ; 2 740 000 h. ; cap. Bangui.

Centre, Rég. admin. comprenant les dép. du Cher, d'Eure-et-Loir, de l'Indre, d'Indre-et-Loire, du Loir-et-Cher et du Loiret ; 39 150 km² ; 2 427 688 h ; ch.-l. Orléans.

Céphalonie, la plus grande des îles Ioniennes.

Cerbère, chien, gardien des Enfers (*Myth. gr.*).

Cerdagne (la), rég. des Pyrénées orientales.

Cerdan Marcel (1916-1949), boxeur français.

Cérès, déesse latine des Moissons.

Céret, ch.-l. d'arr. des Pyrénées-Orientales ; 7451 h.

Cergy, ch.-l. de cant. du Val-d'Oise ; 48 524 h.; noyau de la v. nouvelle de *Cergy-Pontoise*.

Cérulaire Michel (v. 1000-1059), patriarche de Constantinople en 1043.

Cervantès Miguel (1547-1616), écrivain espagnol : *Don Quichotte de la Manche*.

Cerveteri, v. d'Italie ; nécropole étrusque.

Cervin (mont) (en allemand *Matterhorn*), aiguille des Alpes du Valais (4478 m), en Suisse.

Césaire Aimé (né en 1913), écrivain et homme politique français ; anticolonialiste.

César Jules (101-44 av. J.-C.), homme politique romain. Il conquit la Gaule et entra en lutte contre Pompée et le Sénat ; devenu dictateur, il mourut assassiné. Il est l'auteur de Commentaires sur *la Guerre des Gaules* et sur *la Guerre civile*.

César (né en 1921), sculpteur français.

Ceuta, v. espagnole, sur la côte méditerranéenne du Maroc ; 65 260 h.

Cévennes (les), rég. du Massif central (1699 m au mont Lozère).

Ceylan, anc. nom de Sri Lanka.

Cézanne Paul (1839-1906), peintre français. Impressionniste, il annonce le cubisme.

Cèze (la), affl. du Rhône (100 km).

C.F.D.T. Sigle de *Confédération française démocratique du travail*, syndicat français.

C.F.T.C. Sigle de *Confédération française des travailleurs chrétiens*, syndicat français.

C.G.C. Sigle de *Confédération générale des cadres*, syndicat français.

C.G.T. Sigle de *Confédération générale du travail*, syndicat français.

C.G.T.-F.O. Sigle de *Confédération générale du travail-Force ouvrière*, syndicat français.

Chaban-Delmas Jacques (né en 1915), homme politique français (gaulliste), Premier ministre (1969-1972).

Chabrier Emmanuel (1841-1894), compositeur français : *le Roi malgré lui*.

Chaco ou **Gran Chaco,** plaine d'Amérique du Sud (Argentine et Paraguay).

Chadli (né en 1929), président de la République algérienne (1979-1991).

Chadwick sir James (1891-1974), physicien britannique. Il découvrit le neutron.

Chagall Marc (1887-1985), peintre français d'origine russe.

Chalcédoine, anc. v. d'Asie Mineure, sur le Bosphore.

Chalcidique (la), péninsule du N. de la Grèce.

Chalcis, port de Grèce, cap. de l'Eubée ; 44 870 h.

Chaldée, la basse Mésopotamie.

Chaliapine Fedor (1873-1938), chanteur russe d'opéra.

Chalon-sur-Saône, ch.-l. d'arr. de Saône-et-Loire ; 56 259 h.

Châlons-sur-Marne, ch.-l. de la Marne ; 51 533 h.

Cham, second fils de Noé (*Bible*).

Chamberlain Joseph (1836-1914), homme politique britannique, champion de l'impérialisme et du protectionnisme.

Chamberlain Arthur Neville (1869-1940), fils du préc., homme politique britannique. Il signa les accords de Munich.

Chambéry, ch.-l. de la Savoie ; 55 603 h.

Chambord, com. du Loir-et-Cher. Château de la Renaissance.

Chambord Henri de Bourbon, comte de (1820-1883), prince français, prétendant légitimiste au trône en 1871.

Chambre des communes, assemblée britannique, élue au suffrage universel.

Chambre des députés, anc. nom de l'Assemblée nationale.

Chambre des lords, assemblée parlementaire britannique.

Chamfort Nicolas de (1740-1794), écrivain français.

Chamisso Adelbert von (1781-1838), écrivain romantique allemand.

Chamonix-Mont-Blanc, stat. d'alpinisme et de ski de Haute-Savoie.

Champa ou **Tchampa,** anc. royaume (IIᵉ-IXᵉ s.), situé au Viêt-nam.

Champagne, anc. prov. française ; cap. Troyes.

Champagne-Ardenne, Rég. admin. comprenant les dép. des Ardennes, de l'Aube, de la Marne et de la Haute-Marne ; 25 604 km² ; 1 388 402 h ; ch.-l. Châlons-sur-Marne.

Champaigne Philippe de (1602-1674), peintre français, maître du portrait.

Champigny-sur-Marne, ch.-l. de cant. du Val-de-Marne ; 79 778 h.

Champlain Samuel de (v. 1567-1635), explorateur et colonisateur français du Canada.

Champollion Jean-François (1790-1832), égyptologue français. Il déchiffra les hiéroglyphes égyptiens.

champs Élysées, séjour des âmes vertueuses (*Myth. gr.*).

Champs-Élysées, avenue de Paris.

Chamrousse, stat. de sports d'hiver de l'Isère.

Chancelade, site préhistorique de Dordogne.

Chandernagor, v. de l'Inde (Bengale). Comptoir français de 1686 à 1951.

Chandigarh, v. de l'Inde construite par Le Corbusier ; cap. du Pendjab ; 379 660 h.

Chandler Raymond (1888-1959), maître du roman policier américain.

Chandragupta, nom du fondateur de la dynastie Maurya (v. 300 av. J.-C.) et de celui de la dynastie Gupta (v. 320).

Chanel Coco (1883-1971), couturière française.

Changchun, v. de la Chine du N.-E., ch.-l. du Jilin ; 1 747 410 h (aggl. 5 705 230 h).

Chang-hai. V. Shanghai.

Changsha, v. de la Chine centrale, ch.-l. du Hunan ; 1 066 030 h (aggl. 2 459 920 h).

Chans. V. Shans.

Chantilly, ch.-l. de cant. de l'Oise, au N.-O. de la *forêt de Chantilly* ; 11 125 h. Château.

Chantoung. V. Shandong.

Chanzy Alfred (1823-1883), général français.

Chao Phraya. V. Ménam.

Chaplin Charlie (1889-1977), cinéaste anglais. Il créa le personnage de Charlot : *les Temps modernes, le Dictateur.*

Chappe Claude (1763-1805), physicien français, créateur du télégraphe aérien.

Chaptal Jean (1756-1832), chimiste français.

Char René (1907-1988), poète français.

Charbonnerie, société secrète formée en France sous la Restauration.

Charcot Jean Martin (1825-1893), neurologue français.

Charcot Jean (1867-1936), fils du préc., océanographe et explorateur français.

Chardin Jean-Baptiste (1699-1779), peintre français, maître de la nature morte.

Charente (la), fl. de France (360 km).

Charente, dép. français (16) (Poitou-Charentes) ; 5 953 km² ; 352 695 h ; ch.-l. Angoulême.

Charente-Maritime, dép. français (17) (Poitou-Charentes) ; 6 848 km² ; 541 811 h ; ch.-l. La Rochelle.

Charenton-le-Pont, ch.-l. de cant. du Val-de-Marne ; 20 689 h.

Charette François de (1763-1796), chef vendéen.

Chari (le), fl. d'Afrique équatoriale (1 200 km).

Charlemagne (742-814), fils de Pépin le Bref, roi des Francs (768), empereur d'Occident (800).

Charleroi, v. de Belgique (Hainaut) ; 222 240 h. Défaite française en 1914.

Charles Ier (1600-1649), roi d'Angleterre en 1625. Livré à Cromwell, il fut décapité.

Charles Ier (1887-1922), empereur d'Autriche et roi de Hongrie (1916-1918). Il abdiqua.

Charles II le Chauve (823-877), roi de France en 840, empereur d'Occident en 875, fils de Louis le Pieux.

Charles II (1630-1685), roi d'Angleterre en 1660. Il restaura la monarchie.

Charles II (1661-1700), roi d'Espagne en 1665, dernier Habsbourg d'Espagne.

Charles III le Gros (839-888), empereur d'Occident (881-887). Il fut déposé.

Charles III le Simple (879-929), roi de France de 898 à 923. Il fut détrôné.

Charles IV le Bel (1294-1328), roi de France et de Navarre en 1322 ; dernier capétien direct.

Charles IV de Luxembourg (1316-1378), empereur germanique en 1355.

Charles V le Sage (1338-1380), roi de France en 1364. Il restaura l'État.

Charles VI le Bien-Aimé (1368-1422), roi de France en 1380. Il devint fou.

Charles VI (1685-1740), empereur germanique en 1711, père de Marie-Thérèse.

Charles VII (1403-1461), roi de France en 1422. Il bénéficia de l'action de Jeanne d'Arc.

Charles VIII (1470-1498), roi de France en 1483. Il engagea les guerres d'Italie.

Charles IX (1550-1574), roi de France en 1560. Il ordonna la Saint-Barthélemy.

Charles X (1757-1836), roi de France en 1824 ; frère de Louis XVI et de Louis XVIII, renversé en 1830.

Charles XII (1682-1718), roi de Suède en 1697. Il échoua contre les Russes.

Charles XIV ou **Charles-Jean**. V. Bernadotte.

Charles Borromée saint (1538-1584), pionnier de la Réforme catholique.

Charles Martel (v. 685-741), maire du palais d'Austrasie et de Neustrie, vainqueur des Sarrasins à Poitiers (732).

Charles d'Orléans. V. Orléans.

Charles Quint (1500-1558), roi d'Espagne, prince des Pays-Bas, roi de Sicile, empereur germanique (1519-1556). Il abdiqua.

Charles le Téméraire (1433-1477), duc de Bourgogne (1467), adversaire de Louis XI.

Charles-Albert (1798-1849), roi de Sardaigne en 1831.

Charleston, port des États-Unis (Caroline du Sud) ; 67 100 h (aggl. 472 500 h).

Charleville-Mézières, ch.-l. des Ardennes ; 59 439 h.

Charlot. V. Chaplin.

Charlotte, v. des États-Unis (Caroline du Nord) ; 352 070 h (aggl. 1 031 400 h).

Charlotte-Élizabeth de Bavière (1652-1722), princesse Palatine, belle-sœur de Louis XIV et mère du Régent.

Charolais, rég. du Massif central.

Charolles, ch.-l. d'arr. de Saône-et-Loire ; 3 418 h.

Charon, batelier des Enfers (*Myth. gr.*).

Charonton. V. Quarton.

Charpentier Marc Antoine (1636-1704), compositeur français : *Te Deum.*

Charron Pierre (1541-1603), moraliste français : *De la sagesse.*

Chartier Alain (v. 1385-v. 1433), écrivain français : *le Quadrilogue invectif.*

Chartres, ch.-l. de l'Eure-et-Loir ; 41 850 h. Cathédrale gothique.

Chartreuse (La Grande-), monastère fondé par saint Bruno en 1084.

Charybde, tourbillon du détroit de Messine, voisin du rocher de **Scylla** (*Odyssée*).

Chasles Michel (1793-1880), mathématicien français.

Chassériau Théodore (1819-1856), peintre français.

Chateaubriand François René, vicomte de (1768-1848), écrivain français : *le Génie du christianisme, Mémoires d'outre-tombe.*

Châteaubriant, ch.-l. d'arr. de la Loire-Atlantique ; 13 378 h.

Château-Chinon, ch.-l. d'arr. de la Nièvre ; 2 952 h.

Châteaudun, ch.-l. d'arr. de l'Eure-et-Loir ; 15 328 h.

Château-Gaillard. V. Andelys (Les).

Château-Gontier, ch.-l. d'arr. de la Mayenne ; 11 476 h.

Châteauguay, affl. du Saint-Laurent. Victoire des Canadiens sur les Américains (1813).

Châteaulin, ch.-l. d'arr. du Finistère ; 5 614 h.

Châteauroux, ch.-l. de l'Indre ; 52 949 h.

Château-Salins, ch.-l. d'arr. de la Moselle ; 2 719 h.

Château-Thierry, ch.-l. d'arr. de l'Aisne ; 15 830 h.

Châtelet, anc. forteresse du centre de Paris.

Châtellerault, ch.-l. d'arr. de la Vienne ; 35 691 h.

Châtenay-Malabry, ch.-l. de cant. des Hauts-de-Seine ; 29 359 h.

Chatou, ch.-l. de cant. des Yvelines ; 28 077 h.

Châtre (La), ch.-l. d'arr. de l'Indre ; 4 838 h.

Chatt al-Arab, fl. d'Irak (200 km), formé par la réunion du Tigre et de l'Euphrate.

Chattanooga, v. des États-Unis (Tennessee). Victoire de Grant sur les sudistes (1863).

Chaucer Geoffrey (v. 1340-1400), poète anglais : *Contes de Cantorbéry.*

Chaumont, ch.-l. de la Haute-Marne ; 28 900 h.

Chausey (îles), archipel français de la Manche.

Chaussée des Géants, site d'Irlande du Nord constitué par une coulée basaltique.

Chausson Ernest (1855-1899), compositeur français : *le Roi Arthus.*

Chaux-de-Fonds (La), v. de Suisse ; 36 900 h.

Chaval (1915-1968), dessinateur humoristique français.

Chavin de Huantar, site archéologique du Pérou (IXᵉ-IIIᵉ s. av. J.-C.).

Chélif (le), fl. d'Algérie (700 km).

Cheliff (Ech-) (anc. *Orléansville* puis *El-Asnam*), v. d'Algérie ; 104 810 h.

Chelles, ch.-l. de cant. de Seine-et-Marne ; 45 495 h.

Chemin des Dames, route du dép. de l'Aisne, enjeu de combats meurtriers en 1917.

Chemnitz (*Karl-Marx-Stadt* de 1953 à 1990), v. d'Allemagne (Saxe) ; 319 000 h.

Chengdu, v. de Chine, ch.-l. du Sichuan ; 2 499 000 h (aggl. 4 025 180 h).

Chénier André (le 1762-1794), poète français, guillotiné sous la Terreur : *Iambes.*

Chenonceaux, com. d'Indre-et-Loire. Château de la Renaissance.

Chéops ou **Khéops**, pharaon égyptien (v. 2600 av. J.-C.). Pyramide à Gizeh.

Chéphren ou **Khéphren**, pharaon égyptien (v. 2600 av. J.-C.). Pyramide à Gizeh.

Cher (le), affl. de la Loire (320 km).

Cher, dép. français (18) (Centre) ; 7 228 km² ; 329 371 h. ; ch.-l. Bourges.

Cherbourg, ch.-l. d'arr. et port militaire de la Manche ; 28 773 h.

Cherchell, port d'Algérie ; 33 270 h.

Cherokees, Indiens d'Amérique du Nord.

Chéronée (Béotie), victoire de Philippe II sur les Athéniens et les Thébains (338 av. J.-C.).

Cherubini Luigi (1760-1842), compositeur italien, auteur de messes et d'opéras.

Chesapeake, baie de l'E. des États-Unis.

Cheval Ferdinand, dit *le Facteur Cheval*, (1836-1924), artiste naïf français.

Chevalier Maurice (1888-1972), chanteur fantaisiste français.

Cheverny, com. du Loir-et-Cher. Château.

Chevreul Eugène (1786-1889), chimiste français.

Chevtchenko Tarass (1814-1861), poète lyrique et héros national ukrainien.

Cheyennes, Indiens d'Amérique du Nord.

Chiangmai, v. du N. de la Thaïlande ; 158 000 h.

Chiba, port du Japon (Honshu) ; 788 930 h.

Chicago, port des États-Unis sur le lac Michigan ; 2 992 500 h (aggl. 8 035 000 h). L' *école architecturale de Chicago* (fin du XIXᵉ s.) a révolutionné les modes traditionnels de construction. L'*école économique de Chicago* (M. Friedman) prône un libéralisme intégral.

Chichén Itzá, site archéologique maya du Mexique (Yucatán).

Chicoutimi, v. du Canada (Québec) ; 56 350 h.

Chihuahua, v. du Mexique ; 534 000 h.

Chikamatsu Monzaemon (1653-1724), dramaturge japonais.

Childebert Iᵉʳ (v. 495-558), roi mérovingien en 511, fils de Clovis.

Childéric Iᵉʳ (v. 440-481), roi des Francs Saliens en 457, père de Clovis.

Childéric III (v. 711-754), dernier roi mérovingien, déposé en 751 par Pépin le Bref.

Chili, État d'Amérique du Sud ; 756 945 km² ; 12 748 000 h ; cap. Santiago.

Chilpéric Iᵉʳ (539-584), roi de Neustrie en 561, époux de Frédégonde.

Chimborazo, volcan de l'Équateur (6 272 m).

Chine, État d'Asie, le premier du globe par la population ; 9 596 961 km² ; env. 1,2 milliard d'h ; cap. Pékin.

Chine (mer de), partie du Pacifique, longeant la Chine et l'Indochine.

Chinon, ch.-l. d'arr. d'Indre-et-Loire ; 8 961 h.

Chio, île grecque de la mer Égée.

Chippendale Thomas (v. 1718-1779), ébéniste anglais.

Chirac Jacques (né en 1932), homme politique français (gaulliste). Premier ministre (1974-1976 et 1986-1988).

Chiraz, v. d'Iran ; 800 000 h.

Chirico. V. De Chirico.

Chisinau (anc. *Kichinev*), cap. de la Moldavie ; 684 000 h.

Chittagong, port du Bangladesh ; 944 640 h.

Chleuhs, population berbère marocaine.

Choiseul Étienne-François, duc de (1719-1785), ministre de Louis XV.

Choisy-le-Roi, ch.-l. de cant. du Val-de-Marne ; 34 230 h.

Cholet, ch.-l. d'arr. du Maine-et-Loire ; 56 528 h.

Cholokhov Mikhaïl (1905-1984), écrivain soviétique : *le Don paisible.*

Cho Lon, banlieue de Hô Chi Minh-Ville.

Choltitz Dietrich von (1894-1966), général allemand. Il refusa de détruire Paris.

Chomsky Noam (né en 1928), linguiste américain.

Chongju, v. de Corée du Sud ; 426 500 h.

Chongqing, v. de Chine, sur le Yangzijiang (Sichuan) ; 2 673 170 h (aggl. 6 511 130 h).

Chopin Frédéric (1810-1849), pianiste et compositeur romantique polonais.

Chostakovitch Dimitri Dimitrievitch (1906-1975), compositeur soviétique.

Chou En-lai. V. Zhou Enlai.

Chouf (plaine du), rég. du Liban.

Chrétien de Troyes (v. 1135-v. 1183), poète français, auteur de romans courtois.

Christian X (1870-1947), roi du Danemark en 1912.

Christiania. V. Oslo.

Christie Agatha (1891-1976), écrivain anglais, auteur de romans policiers.

Christine de Pisan (v. 1363-v. 1430), poétesse française.

Christine de Suède (1626-1689), reine de Suède (1632-1654) ; elle abdiqua.

Christo (né en 1935), artiste américain d'origine bulgare.

Christophe Henri (1767-1820), roi de Haïti en 1811.

Christophe (Georges Colomb, dit) (1856-1945), écrivain et dessinateur français : *la Famille Fenouillard.*

Chrysostome. V. Jean Chrysostome.

Churchill sir Winston (1874-1965), Premier ministre de Grande-Bretagne (1940-1945 et 1951-1955).

Churchill River. V. Hamilton.

Churriguera, famille d'architectes espagnols dont le style, dit *churrigueresque,* marqua l'apogée du baroque (XVII-XVIIIᵉ s.).

Chypre, État insulaire de la Méditerranée orientale ; 9 251 km² ; 700 000 h ; cap. Nicosie.

C.I.A. Sigle de *Central Intelligence Agency,* organisation de renseignements des U.S.A.

Ciano Galeazzo (1903-1944), homme politique italien, gendre de Mussolini.

Cicéron (106-43 av. J.-C.), écrivain, homme politique et orateur romain.

Cid Campeador (Rodrigo Díaz de Vivar, dit le) (1043-1099), héros espagnol.

Cienfuegos, port de Cuba ; 120 600 h.

Cilicie, anc. nom du S.-E. de l'Anatolie.

Cimabue (v. 1240-v. 1302), peintre italien.

Cimarosa Domenico (1749-1801), compositeur italien : *le Mariage secret.*

Cimbres, peuple germanique écrasé à Verceil par Marius (101 av. J.-C.).

Cimon (v. 510-v. 449 av. J.-C.), général athénien, fils de Miltiade.

Cincinnati, v. des États-Unis (Ohio) ; 370 500 h (aggl. 1 673 500 h).

Cinecittà, cité du cinéma italien, près de Rome.

Cinna Lucius Cornelius (mort en 84 av. J.-C.), général romain, au pouvoir de 87 à 84.

Cinq (groupe des), musiciens russes du XIXᵉ s. (Balakirev, Cui, Moussorgski, Borodine, Rimski-Korsakov).

Cinq-Cents (Conseil des), une des deux assemblées législatives du Directoire.

Cinq-Mars Henri de (1620-1642), favori de Louis XIII ; exécuté.

Cinto, point culminant de la Corse (2 707 m).

Ciotat (La), ch.-l. de cant. des Bouches-du-Rhône ; 30 748 h.

Circassiens. V. Tcherkesses.

Circé, magicienne de l' *Odyssée.*

Cirta, anc. cap. de la Numidie. V. Constantine.

Cisalpine (République), État créé par Bonaparte en Italie du Nord (1797).

Cisjordanie, rég. de Jordanie, à l'O. du Jourdain, occupée par Israël depuis 1967.

Ciskei, bantoustan d'Afrique du Sud.

Cisneros Francisco (1436-1517), prélat et homme politique espagnol.

Cité (la), île de la Seine, à Paris.

Cité interdite, palais impérial à Pékin (XVᵉ s.).

Cîteaux, abbaye bénédictine fondée en 1098 en Bourgogne, berceau de l'ordre cistercien.

Citroën André (1878-1935), ingénieur et industriel français de l'automobile.

City (la), quartier financier de Londres.

Ciudad Juárez, v. du Mexique ; 709 000 h.

Ciudad Trujillo. V. Saint-Domingue.

Çiva, Siva ou **Shiva,** troisième personne de la trinité hindoue (Trimurti).

Civitavecchia, port d'Italie ; 45 840 h.

Ci Xi ou **Ts'eu Hi** (1835-1908), impératrice de Chine en 1875.

Claesz Pieter (v. 1597-1661), peintre hollandais de natures mortes.

Clair René (1898-1981), cinéaste français.

Clairaut Alexis (1713-1765), mathématicien et astronome français.

Claire sainte (v. 1194-1253), fondatrice avec saint François d'Assise de l'ordre des Clarisses.

Clairvaux, abbaye de l'Aube fondée en 1115, centre de la réforme cistercienne.

Clamart, ch.-l. de cant. des Hauts-de-Seine ; 47 755 h.

Clamecy, ch.-l. d'arr. de la Nièvre ; 5 573 h.

Clapeyron Émile (1799-1864), physicien français. Thermodynamique.

Claude Iᵉʳ (10 av. J.-C.-54 apr. J.-C.), empereur romain en 41 ; assassiné par Agrippine.

Claude de France (1499-1524), reine de France, fille de Louis XII et d'Anne de Bretagne, épouse de François Iᵉʳ.

Claudel Paul (1868-1955), poète et dramaturge français : *Tête d'or, le Soulier de satin.*

Claudel Camille (1864-1943), sculpteur français, sœur du précédent.

Clausewitz Carl von (1780-1831), général et théoricien militaire prussien : *De la guerre.*

Clausius Rudolf (1822-1888), physicien allemand. Thermodynamique.

Clay Cassius. V. Ali Muhammad.

Clemenceau Georges (1841-1929), homme politique français, président du Conseil (radical) en 1906-1909 et 1917-1919. Surnommé « le Tigre ».

Clément V, pape de 1305 à 1314. Il s'installa à Avignon.

Clément VII (1342-1394), antipape d'Avignon en 1378. Il est à l'origine du Grand Schisme.

Clément VII (1478-1534), pape en 1523. Il excommunia Henri VIII.

Clément XI (1649-1721), pape en 1700. Il publia la bulle Unigenitus.

Clément d'Alexandrie (v. 150-v. 215), philosophe grec chrétien.

Clément Jacques (1567-1589), dominicain français, assassin d'Henri III.

Clément Jean-Baptiste (1836-1903), chansonnier socialiste français : *le Temps des cerises.*

Clément René (né en 1913), cinéaste français.

Cléopâtre VII (69-30 av. J.-C.), reine d'Égypte, aimée de César puis d'Antoine.

Clermont, ch.-l. d'arr. de l'Oise ; 9 046 h.

Clermont-Ferrand, ch.-l. du Puy-de-Dôme et de la Rég. Auvergne ; 140 167 h.

Cleveland, v. des États-Unis (Ohio) ; 546 500 h (aggl. 2 788 400 h).

Cleveland Stephen Grover (1837-1908), président (démocrate) des États-Unis en 1885-1889 et 1893-1897.

Clichy, ch.-l. de cant. des Hauts-de-Seine ; 48 204 h.

Clinton Bill (né en 1946), 42ᵉ président (démocrate) des États-Unis depuis 1993.

Clio, muse de l'Histoire et de la Poésie épique.

Clisthène (VIᵉ s. av. J.-C.), homme politique athénien. Il établit la démocratie.

Clotaire Iᵉʳ (v. 497-561), roi des Francs en 558, fils de Clovis.

Clotilde sainte (v. 475-545), épouse de Clovis.

Clouet, famille de peintres français de la Renaissance ; portraitistes.

Clovis Ier (465-511), roi des Francs en 481. Il se convertit au christianisme.

Cluj-Napoca, v. de Roumanie ; 299 790 h.

Cluny, ch.-l. de cant. de Saône-et-Loire. Ancienne abbaye bénédictine fondée en 910.

Clusaz (La), stat. hivernale de Haute-Savoie.

Cluses, ch.-l. de cant. de Haute-Savoie ; 16 732 h.

Clyde (la), fl. d'Écosse (170 km).

Clytemnestre, femme d'Agamemnon qu'elle assassina ; mère d'Oreste, d'Électre et d'Iphigénie (*Myth. gr.*).

Cnossos, site archéologique de Crète.

C.N.P.F. Sigle de *Conseil national du patronat français.*

C.N.R.S. Sigle de *Centre national de la recherche scientifique.*

Coblence, v. d'Allemagne (Rhénanie-Palatinat) ; 110 280 h. Lieu de ralliement des émigrés français en 1792.

Cobourg, v. d'Allemagne (Bavière) ; 44 410 h.

Cobra, acronyme pour *COpenhague, BRuxelles, Amsterdam,* mouvement artistique expressionniste (1948).

Cochabamba, v. de Bolivie ; 317 250 h.

Cochin, port de l'Inde (Kerala) ; 513 250 h.

Cochinchine, rég. du S. du Viêt-nam.

Cochise (1812-1876), chef indien apache.

Cockcroft sir John (1897-1967), physicien anglais. Premier accélérateur de particules.

Cocteau Jean (1889-1963), écrivain, artiste et cinéaste français.

Code civil ou **Code Napoléon,** recueil de droit français promulgué en 1804.

Coëtquidan, camp militaire du Morbihan.

Cœur Jacques (v. 1395-1456), négociant français, argentier de Charles VII.

Cognac, ch.-l. d'arr. de la Charente ; 19 932 h.

Cohen Albert (1895-1981), écrivain suisse d'expression française : *Belle du Seigneur.*

Coimbatore, v. de l'Inde (Tamil Nadu) ; 704 500 h.

Coïmbre, v. du Portugal ; 74 620 h. Université.

Coire, v. de Suisse (Grisons) ; 31 000 h.

Colbert Jean-Baptiste (1619-1683), homme d'État français, contrôleur général des Finances de Louis XIV.

Coleman Ornette (né en 1930), jazzman américain.

Coleridge Samuel (1772-1834), philosophe et poète romantique anglais : *Ballades lyriques.*

Colette Sidonie Gabrielle (1873-1954), romancière française : *Sido, Gigi.*

Coli François (1881-1927), aviateur français, mort en vol avec Nungesser dans l'Atlantique.

Coligny Gaspard (1519-1572), chef protestant français, assassiné à la Saint-Barthélemy.

Colisée, amphithéâtre de Rome (Ier s.).

Collège de France, établissement d'enseignement fondé à Paris par François Ier (1530).

Collier de la reine (affaire du), scandale qui marqua la fin de l'Ancien Régime (1785).

Collot d'Herbois Jean-Marie (1750-1796), conventionnel français, partisan de la Terreur.

Colmar, ch.-l. du Haut-Rhin ; 64 889 h.

Cologne (*Köln*), v. d'Allemagne, sur le Rhin ; 914 340 h. Cathédrale.

Colomb Christophe (1450 ou 1451-1506), navigateur italien, au service de l'Espagne. Il découvrit l'Amérique (1492).

Colomb-Béchar. V. Béchar.

Colombes, ch.-l. de cant. des Hauts-de-Seine ; 79 058 h.

Colombey-les-deux-Églises, com. de la Haute-Marne, où résida le général de Gaulle.

Colombie, État d'Amérique du Sud ; 1 138 914 km² ; 31 200 000 h ; cap. Bogotá.

Colombie britannique, prov. de l'O. du Canada ; cap. Victoria ; v. princ. Vancouver.

Colombo ou **Kolamba,** cap. et port du Sri Lanka ; 664 000 h.

Colomiers, com. de Haute-Garonne ; 27 253 h.

Colonnes d'Hercule, nom du détroit de Gibraltar, dans l'Antiquité.

Colorado (rio), fl. de l'O. des États-Unis (2 250 km), tributaire du golfe de Californie. Grand canyon dans le *plateau du Colorado.*

Colorado (rio), fl. du S. des États-Unis (Texas) (1 560 km), tributaire du golfe du Mexique.

Colorado (rio) d'Argentine (1 300 km).

Colorado, État de l'O. des États-Unis ; cap. Denver.

Colorado Springs, v. des États-Unis (Colorado) ; 247 700 h.

Coltrane John (1926-1967), jazzman américain.

Columbia, fl. d'Amérique du Nord (1 953 km).

Columbia, district fédéral des États-Unis, où se trouve Washington.

Columbus, v. des États-Unis, cap. de l'Ohio ; 566 100 h (aggl. 1 279 000 h).

Comanches, Indiens d'Amérique du Nord.

Combes Émile (1835-1921), homme politique français (radical et anticlérical).

Combourg, ch.-l. de cant. d'Ille-et-Vilaine. Château.

Côme, v. d'Italie (Lombardie) sur le *lac de Côme ;* 95 180 h.

Comecon, organisme de coopération économique du camp socialiste, créé à Moscou en 1949, dissous en 1991.

Comédie-Française (la), troupe constituée officiellement en 1680.

Comenius (Jan Amos Komensky, dit) (1592-1670), humaniste et pédagogue tchèque.

Comité de salut public, organisme créé par la Convention, qui exerça le pouvoir effectif et mena la Terreur en 1793 et 1794.

Commercy, ch.-l. d'arr. de la Meuse ; 7 673 h.

Commode (161-192), fils de Marc Aurèle, empereur romain en 180 ; assassiné.

Commonwealth of Nations, ensemble des pays de l'anc. Empire britannique, qui demeurent unis à la couronne britannique.

Communauté économique européenne. V. C.É.E.

Communauté des États indépendants. V. C.É.I.

Commune (la), gouvernement révolutionnaire institué à Paris de mars à mai 1871.

Commynes Philippe de (v. 1447-1511), chroniqueur français : *Chronique de Louis XI.*

Comnène, famille de Byzance qui donna, de 1057 à 1185, six empereurs.

Comores

622

Comores, État insulaire de l'océan Indien ; 1 797 km² ; env. 400 000 h ; cap. Moroni.

Compiègne, ch.-l. d'arr. de l'Oise ; 44 703 h. Château, forêt (144 km²).

Compton Arthur (1892-1962), physicien atomiste américain.

Comtat (le) ou **Comtat Venaissin**, anc. pays de France autour d'Avignon, domaine pontifical de 1274 à 1791.

Comte Auguste (1798-1857), philosophe français, fondateur du positivisme.

Conakry, cap. et port de la Guinée ; 705 280 h.

Concarneau, ch.-l. de cant. et port de pêche du Finistère ; 18 989 h.

Concepción, port du Chili central ; 294 380 h.

Conciergerie (la), anc. prison de Paris.

Concini Concino, dit le *maréchal d'Ancre* (v. 1575-1617), ministre de Marie de Médicis, éliminé par Louis XIII.

Condé Louis II, dit le *Grand Condé* (1621-1686), général français, vainqueur à Rocroi.

Condé Louis Joseph (1736-1818), organisateur de l'armée des émigrés (1792).

Condé Louis, duc d'Enghien (1772-1804), prince français exécuté sur ordre de Bonaparte.

Condillac Étienne Bonnot de (1715-1780), philosophe français : *Traité des sensations*.

Condom, ch.-l. d'arr. du Gers ; 7 953 h.

Condorcet Antoine de (1743-1794), mathématicien, économiste, philosophe et homme politique français. Il se suicida sous la Terreur.

Confédération germanique, union des États allemands placée sous la présidence de l'empereur d'Autriche (1815-1866).

Confédération helvétique. V. Suisse.

Conflans-Sainte-Honorine, ch.-l. de cant. des Yvelines ; 31 857 h.

Confolens, ch.-l. d'arr. de la Charente ; 3 158 h.

Confucius ou **Kongzi** (VIᵉ-Vᵉ s. av. J.-C.), philosophe chinois.

Congo ou **Zaïre**, fl. d'Afrique (4 640 km).

Congo, État d'Afrique équatoriale ; 342 000 km² ; 2 200 000 h ; cap. Brazzaville.

Congo-Kinshasa. V. Zaïre.

Connecticut, État du N.-E. des États-Unis.

Conques, ch.-l. de cant. de l'Aveyron. Église Sainte-Foy du XIᵉ s.

Conrad III de Hohenstaufen, empereur germanique en 1138.

Conrad V ou **Conradin** (1252-1268), empereur germanique, dernier des Hohenstaufen.

Conrad Joseph (1857-1924), écrivain anglais d'origine polonaise : *Typhon, Lord Jim.*

Considérant Victor (1808-1893), économiste français, disciple de Fourier.

Constable John (1776-1837), peintre romantique anglais.

Constance, v. d'Allemagne (Bade-Wurtemberg) sur le *lac de Constance* ; 70 540 h.

Constance Iᵉʳ Chlore (v. 225-306), empereur romain, père de Constantin Iᵉʳ.

Constance II (317-361), empereur romain en 337, fils de Constantin Iᵉʳ.

Constant Benjamin (1767-1830), homme politique et écrivain français : *Adolphe.*

Constanța, port de Roumanie ; 318 800 h.

Constantin Iᵉʳ le Grand (mort en 337), empereur romain. Fondateur de l'Empire chrétien, il transféra la capitale à Constantinople.

Constantin XI Paléologue (1403-1453), dernier empereur byzantin, tué lors de la prise de Constantinople.

Constantine (anc. *Cirta*, auj. *Qacentina*), v. d'Algérie ; 450 740 h.

Constantinople (anc. *Byzance*, auj. *Istanbul*), cap. de l'Empire byzantin, de 330 à 1453.

Constituante (la), première Assemblée nationale de la Révolution française (1789-1791).

Consulat (le), régime politique issu du coup d'État du 18 Brumaire (1799-1804).

Contre-Réforme (la), Réforme catholique qui suivit, au XVIᵉ s., la Réforme protestante.

Contrexéville, stat. thermale des Vosges.

Convention nationale, assemblée constituante française qui gouverna de 1792 à 1795 et proclama la République.

Cook (îles), archipel d'Océanie, en Polynésie, dépendant de la Nouvelle-Zélande.

Cook (mont), point culminant de la Nouvelle-Zélande (3 764 m).

Cook James (1728-1779), navigateur anglais, explorateur de l'océan Pacifique.

Coolidge Calvin (1872-1933), président (républicain) des États-Unis de 1923 à 1929.

Cooper James Fenimore (1789-1851), écrivain américain : *le Dernier des Mohicans.*

Cooper Gary (1901-1961), acteur américain.

Copacabana, stat. balnéaire de Rio de Janeiro.

Copán, site archéologique maya du Honduras.

Copeau Jacques (1879-1949), acteur et directeur de théâtre français.

Copenhague, cap. et port du Danemark ; 478 620 h (aggl. 1 358 540 h).

Copernic Nicolas (1473-1543), astronome polonais. Il démontra que la Terre tourne sur elle-même et autour du Soleil.

Coppée François (1842-1908), poète français.

Corail (mer de), mer du Pacifique, entre la Nouvelle-Guinée et l'Australie.

Coran (le), livre sacré des musulmans, message d'Allah transmis à Mahomet.

Corbeil-Essonnes, ch.-l. de cant. de l'Essonne ; 40 768 h.

Corbière Tristan (1845-1875), poète français.

Corbières (les), bordure N. des Pyrénées orientales françaises. Vignobles.

Corcyre. V. Corfou.

Corday Charlotte (1768-1793), jeune femme qui poignarda Marat.

Cordeliers, club révolutionnaire fondé par Marat et Danton (1790-1794).

Córdoba, v. d'Argentine ; 970 570 h.

Cordoue, v. d'Espagne (Andalousie) ; 298 620 h. Cap. de l' *émirat de Cordoue* (756-1236). Grande mosquée.

Corée, péninsule d'Asie orientale au S. de la Mandchourie, divisée depuis la fin de la *guerre de Corée* (1950-1953) entre deux États, la **Corée du Nord** (120 598 km² ; 22 000 000 h ; cap. Pyongyang) et la **Corée du Sud** (98 477 km² ; env. 43 100 000 h ; cap. Séoul).

Corelli Arcangelo (1653-1713), compositeur et violoniste italien.

Corfou (anc. *Corcyre*), île grecque de la mer Ionienne ; ch-l. Corfou (33 560 h).

Corinthe, port de Grèce, très prospère dans l'Antiquité, sur l' *isthme de Corinthe ;* 22 660 h.

Coriolan (Vᵉ s. av. J.-C.), général romain.

Coriolis Gaspard (1792-1843), mathématicien français.

Cork, port de l'Eire ; 133 270 h.

Corneille Pierre (1606-1684), poète dramatique français : *le Cid, Horace, Polyeucte.*

Cornelius Nepos (v. 99-v. 24 av. J.-C.), historien latin.

Cornouaille, rég. du S. du Finistère.

Cornouailles, comté du S.-O. de l'Angleterre.

Corogne (La), port d'Espagne (Galice) ; 238 760 h.

Coromandel, côte S.-E. de l'Inde.

Corot Jean-Baptiste (1796-1875), peintre paysagiste français.

Corpus Christi, port des États-Unis (Texas) ; 258 100 h.

Corrège (le) (v. 1489-1534), peintre italien.

Corrèze, dép. français (19) (Limousin) ; 5 860 km² ; 248 080 h ; ch.-l. Tulle.

Corse, île française de la Méditerranée, formant une Rég. admin. qui comprend deux départements : la **Haute-Corse** (2B) (4 668 km² ; 134 108 h ; ch.-l. Bastia) et la **Corse-du-Sud** (2A) (4 014 km² ; 119 884 h ; ch.-l. Ajaccio).

Corse (cap), presqu'île formant l'extrémité N. de la Corse.

Cortázar Julio (1914-1984), écrivain argentin, naturalisé français : *Marelle.*

Corte, ch.-l. d'arr. de la Haute-Corse ; 6 065 h.

Cortés Hernán (1485-1547), conquistador espagnol. Il détruisit l'Empire aztèque.

Cortina d'Ampezzo, stat. hivernale d'Italie (Vénétie).

Corvin. V. Mathias Iᵉʳ Corvin.

Cos, île grecque de la mer Égée, proche de la Turquie.

Cosaques, populations guerrières originaires d'Asie centrale, installées au S. de la Russie.

Cosne-Cours-sur-Loire, ch.-l. d'arr. de la Nièvre ; 12 429 h.

Costa Brava, côte de la Catalogne.

Costa del Sol, côte méridionale de l'Espagne.

Costa Rica, État d'Amérique centrale ; 50 900 km² ; 2 613 000 h ; cap. San José.

Costes Dieudonné (1892-1973), aviateur français. V. Bellonte.

Côte d'Azur, côte méditerranéenne française entre Cassis et Menton.

Côte-d'Ivoire, État d'Afrique occidentale ; 322 463 km² ; 10 000 000 h ; cap. Yamoussoukro ; v. princ. Abidjan.

Côte-d'Or, dép. français (21) (Bourgogne) ; 8 765 km² ; 506 933 h ; ch.-l. Dijon.

Cotentin, presqu'île de Normandie (Manche).

Côtes-d'Armor (anc. *Côtes-du-Nord*), dép. français (22) (Bretagne) ; 6 878 km² ; 555 208 h ; ch.-l. Saint-Brieuc.

Cotonou, port et v. princ. du Bénin ; 478 000 h.

Cotopaxi, volcan de l'Équateur (5 897 m).

Cotte Robert de (1656-1735), architecte classique français.

Cottereau Jean, dit *Jean Chouan* (1757-1794), contre-révolutionnaire français.

Coty René (1882-1962), dernier président de la IVᵉ République (1953-1959).

Coubertin Pierre de (1863-1937), créateur français des jeux Olympiques modernes.

Coué Émile (1857-1926), inventeur français d'une méthode d'autosuggestion.

Couesnon, fl. de France (90 km), se jette dans la baie du Mont-Saint-Michel.

Coulomb Charles de (1736-1806), physicien français. Électricité et magnétisme.

Couperin François, dit *le Grand* (1668-1733), claveciniste, organiste et compositeur français.

Coupole du Rocher, mosquée de Jérusalem, construite en 691.

Courbevoie, ch.-l. de cant. des Hauts-de-Seine ; 65 649 h.

Courchevel, stat. de sports d'hiver de Savoie.

Courier Paul-Louis (1772-1825), écrivain français, auteur de pamphlets.

Courlande (la), rég. de Lettonie annexée par la Russie en 1795.

Courneuve (La), ch.-l. de cant. de la Seine-Saint-Denis ; 34 351 h.

Cournot Antoine Augustin (1801-1877), mathématicien et philosophe français.

Courrières, ch.-l. de cant. du Pas-de-Calais ; 12 616 h. En 1906, 1 200 mineurs y furent tués par un coup de grisou.

Courteline Georges (1858-1929), écrivain français, auteur de comédies satiriques.

Courtrai, v. de Belgique ; 75 920 h. Victoire des Flamands sur les Français (1302).

Cousin Victor (1792-1867), philosophe éclectique et homme politique français.

Cousteau Jacques-Yves (né en 1910), océanographe français.

Coustou Guillaume (1677-1746), sculpteur français : *Chevaux de Marly.*

Coutances, ch.-l. d'arr. de la Manche ; 13 439 h. Cathédrale.

Couthon Georges (1755-1794), conventionnel français, guillotiné avec Robespierre.

Covent Garden, opéra de Londres.

Coventry, v. de Grande-Bretagne, dans les Midlands ; 315 000 h.

Coypel Antoine (1661-1722), peintre français.

Coysevox Antoine (1640-1720), sculpteur classique français.

Cracovie, v. du S. de la Pologne ; 743 360 h. Capitale de la Pologne du XIVᵉ au XVIᵉ s.

Craiova, v. du S.-O. de la Roumanie ; 267 470 h.

Cranach Lucas, dit *Cranach l'Ancien* (1472-1553), peintre et graveur allemand de la Renaissance. Son fils **Lucas,** dit *Cranach le Jeune* (1515-1586) continua son œuvre.

Crane Stephen (1871-1900), journaliste et romancier américain.

Crane Hart (1899-1932), poète symboliste américain.

Cranmer Thomas (1489-1556), prélat anglais, promoteur de l'anglicanisme ; exécuté.

Crassus (v. 114-53 av. J.-C.), homme politique romain, membre du premier triumvirat.

Crau (la), plaine des Bouches-du-Rhône.

Crébillon Prosper, dit *Crébillon père*(1674-1762), auteur dramatique français.

Crébillon Claude, dit *Crébillon fils* (1707-1777), auteur de romans libertins.

Crécy-en-Ponthieu, défaite française devant les Anglais (1346).

Creil, ch.-l. de cant. de l'Oise ; 32 501 h.

Crémieux Adolphe (1796-1880), homme politique français.

Crémone, v. d'Italie (Lombardie) ; 80 760 h.

Créon, roi de Thèbes après Œdipe (*Myth. gr.*).

Cresson Édith (née en 1934), femme politique française (socialiste), Premier ministre (1991-1992).

Crésus, dernier roi de Lydie (561-546 av. J.-C.), vaincu par Cyrus.

Crète (anc. *Candie*), île grecque de la Méditerranée orientale ; 8 336 km² ; 514 500 h ; cap. La Canée ; v. princ. Héraklion.

Créteil, ch.-l. du Val-de-Marne ; 71 705 h.

Creuse (la), affl. de la Vienne (255 km).

Creuse, dép. français (23) (Limousin) ; 5 559 km² ; 137 154 h ; ch.-l. Guéret.

Creusot (Le), ch.-l. de cant. de Saône-et-Loire ; 29 320 h.

Crevel René (1900-1935), écrivain surréaliste français : *les Pieds dans le plat.*

Creys-Malville, site d'un surrégénérateur à grande puissance (Isère).

Crick Francis (né en 1916), biologiste britannique. V. Watson.

Crimée, presqu'île de l'Ukraine, dans la mer Noire. La *guerre de Crimée* opposa la Russie à la Turquie alliée à la Grande-Bretagne, à la France et au Piémont qui l'emportèrent (1854-1855).

Cris, Indiens algonkins du Canada.

Crispi Francesco (1818-1901), homme politique italien.

Croatie, État des Balkans, anc. rép. fédérée de la Yougoslavie ; 56 538 km² ; 4 665 000 h ; cap. Zagreb.

Croce Benedetto (1866-1952), critique littéraire, historien et philosophe italien.

Croisades, expéditions parties d'Occident pour délivrer les lieux saints de Palestine de la domination musulmane. Il y eut 8 croisades entre 1096 et 1270.

Croisic (Le), stat. balnéaire et port de la Loire-Atlantique ; 4 448 h.

Croissant fertile, plaines alluviales du Moyen-Orient, où naquit l'agriculture au néolithique.

Croissant-Rouge (le), organisation musulmane correspondant à la Croix-Rouge.

Croix, com. du Nord ; 20 308 h.

Croix-de-Feu (les), association factieuse fondée en 1927, dissoute en 1936.

Croix du Sud (la), constellation australe.

Croix-Rouge (la), organisation internationale fondée à l'instigation d'Henri Dunant, en 1863, pour protéger les victimes des guerres.

Cro-Magnon, site préhistorique de Dordogne (30 000 av. J.-C.).

Crommelynck Fernand (1886-1970), dramaturge belge d'expression française.

Cromwell Oliver (1599-1658), homme politique anglais. Il fit exécuter Charles Iᵉʳ et instaura la république.

Cronos, père de Zeus (*Myth. gr.*).

Cronstadt ou **Kronstadt** base navale de Russie, dans le golfe de Finlande.

Cros Charles (1842-1888), poète et savant français, inventeur du phonographe.

Crotone, port d'Italie (Calabre) ; 58 280 h. Cité grecque antique.

Crozet (îles), archipel français de l'océan Indien.

Crozon, ch.-l. de cant. du Finistère au S. de la *presqu'île de Crozon ;* 8 060 h.

Cuauhtémoc (v. 1497-1525), dernier empereur aztèque ; vaincu par Cortés.

Cuba, État insulaire des Antilles ; 114 524 km² ; 10 000 000 h ; cap. La Havane.

Cuenca, v. de l'Équateur ; 176 870 h.

Cuernavaca, v. du Mexique ; 192 770 h.

Cugnot Nicolas (1725-1804), ingénieur français. Première automobile à vapeur.

Cui César (1835-1918), compositeur russe.

Cujas Jacques (1520-1590), juriste français.

Cukor George (1899-1983), cinéaste américain.

Cumes, v. anc. d'Italie du S. (Campanie).

Cunningham Merce (né en 1919), danseur et chorégraphe américain.

Cupidon, dieu de l'Amour (*Myth. rom.*).

Curaçao, île des Antilles néerlandaises.

Curiaces. V. Horaces.

Curie Pierre (1859-1906), et sa femme **Marie** (1867-1934), physiciens français. Ils ont découvert le radium.

Curitiba, v. du Brésil (Paraná) ; 1 285 030 h.

Curnonsky (1872-1965), gastronome français.

Cushing Harvey (1869-1939), chirurgien américain, fondateur de la neurochirurgie.

Custine Adam de (1740-1793), général français ; guillotiné.

Custine Astolphe, marquis de (1790-1857), voyageur et écrivain français.

Cuvier Georges (1769-1832), zoologiste français, père de la paléontologie et de l'anatomie comparée.

Cuzco, v. du Pérou, dans les Andes ; 235 860 h. Anc. cap. de l'Empire inca.

Cybèle, déesse de la Fécondité (*Myth. gr.*).

Cyclades, archipel grec de la mer Égée.

Cyclopes, géants qui n'avaient qu'un œil, au milieu du front (*Myth. gr.*).

Cynoscéphales (Thessalie), victoire des Romains sur Philippe V (197 av. J.-C.).

Cyrano de Bergerac Savinien de (1619-1655), écrivain français.

Cyrénaïque, rég. de l'E. de la Libye.

Cyrille saint (v. 827-869), prêtre grec, évangélisateur des Slaves et créateur, avec **Méthode,** de l'alphabet cyrillique.

Cyrus II le Grand (mort v. 528 av. J.-C.), fondateur de l'Empire perse des Achéménides.

Cythère, île grecque, au S. du Péloponnèse.

Częstochowa, v. de Pologne ; 247 790 h. Pèlerinage à la Vierge noire.

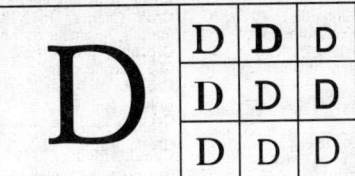

Dabrowski ou **Dombrowski** Jan Henryk (1755-1818), général polonais, au service de la France (1797-1813).

Dacca. V. Dhaka.

Dachau, v. d'Allemagne (Bavière) ; 32 870 h. Camp de concentration nazi.

Dacie, prov. romaine (Roumanie actuelle).

Daghestan, rép. auton. de Russie (Caucase).

Dagobert (v. 604-639), roi des Francs en 629.

Daguerre Louis (1787-1851), inventeur français. Il perfectionna la photographie.

Dahomey. V. Bénin.

Daimler Gottlieb (1834-1900), ingénieur allemand, pionnier de l'automobile.

Dairen. V. Dalian.

Dakar, cap. du Sénégal ; 1 210 800 h.

Dakota du Nord et **Dakota du Sud**, États du centre-nord des États-Unis.

Daladier Édouard (1884-1970), homme politique français (radical).

Da Lat, v. du Viêt-nam central ; 105 000 h.

Dalí Salvador (1904-1989), peintre surréaliste espagnol.

Dalian (anc. *Dairen*), port de la Chine du N.-E. ; 1 480 240 h (aggl. 4 619 060 h).

Dalila, femme qui livra Samson aux Philistins, après lui avoir coupé les cheveux (*Bible*).

Dallas, v. des États-Unis (Texas) ; 974 200 h (aggl. 3 348 000 h).

Dalloz Victor (1795-1869), juriste français.

Dalmatie, rég. du N. de la Croatie.

Dalton John (1766-1844), chimiste anglais.

Damas, cap. de la Syrie ; 1 292 000 h. Grande mosquée du VIIIᵉ s.

Damiette, port d'Égypte ; 102 000 h.

Dammam, port d'Arabie Saoudite ; 127 840 h.

Damoclès (IVᵉ s. av. J.-C.), courtisan de Denys l'Ancien qui l'invita à s'asseoir sous une épée suspendue à un fil.

Damodar (la), affl. de l'Hooghly (Inde) (545 km).

Danaïdes, meurtrières condamnées à remplir un tonneau sans fond (*Myth. gr.*).

Danakils ou **Afars**, peuple d'Éthiopie.

Da Nang, port du Viêt-nam ; 492 200 h.

Danemark, État (royaume) de l'Europe du Nord ; 43 074 km² ; 5 135 400 h ; cap. Copenhague.

Daniel, prophète de la Bible.

D'Annunzio Gabriele (1863-1938), écrivain italien, chantre de l'héroïsme et du nationalisme.

Dante Alighieri (1265-1321), poète italien : *la Divine Comédie*.

Danton Georges (1759-1794), homme politique français ; guillotiné.

Dantzig, nom allemand de *Gdańsk*.

Danube (le), fl. d'Europe, tributaire de la mer Noire (2 850 km).

Dapsang. V. K2.

Daqing, v. de Chine (Heilongjiang) ; 758 430 h.

Dardanelles, détroit de Turquie reliant la mer Égée à la mer de Marmara.

Dar es-Salaam, anc. cap. et port de Tanzanie ; 1 096 000 h.

Darfour, rég. montagneuse du Soudan.

Darien Georges (1862-1921), écrivain français.

Dario Rubén (1867-1916), poète nicaraguayen.

Darios ou **Darius Iᵉʳ** (mort en 486 av. J.-C.), roi de Perse en 522 ; vaincu à Marathon.

Darjiling, v. de l'Inde (Bengale-Occidental) ; 50 000 h.

Darlan François (1881-1942), amiral français.

Darmstadt, v. d'Allemagne ; 133 570 h.

Darwin, port du N. de l'Australie ; 56 480 h.

Darwin Charles (1809-1882), naturaliste anglais, père de l'évolutionnisme.

Dassault Marcel (1892-1986), industriel français de l'aviation.

Datong, v. de la Chine du N. ; 981 000 h.

Daudet Alphonse (1840-1897), écrivain français : *Tartarin de Tarascon.*

Daumier Honoré (1808-1879), dessinateur, lithographe, peintre et sculpteur français.

Dauphiné, prov. de France ; cap. Grenoble.

David, roi d'Israël (v. 1015-975 av. J.-C.), vainqueur de Goliath, fondateur de Jérusalem.

David Gérard (1460-1523), peintre flamand de Bruges.

David Louis (1748-1825), peintre néoclassique français : *le Sacre.*

David d'Angers Pierre-Jean (1788-1856), sculpteur et dessinateur français.

Davis Miles (1926-1991), jazzman américain.

Davis (coupe), compétition internationale de tennis créée en 1900.

Davos, stat. hivernale de Suisse (Grisons).

Davout Louis (1770-1823), maréchal de France.

Davy sir Humphry (1778-1829), chimiste et physicien anglais.

Dawes Charles (1865-1951), financier et homme politique américain.

Dawhah (Al-) ou **Doha (Al)**, cap. du Qatar ; 217 290 h.

Dax, ch.-l. d'arr. et stat. thermale des Landes ; 20 119 h.

Dayaks, peuple de Bornéo.

Dayan Moshé (1915-1981), général et homme politique israélien.

Dean James (1931-1955), acteur américain.

Deauville, stat. balnéaire du Calvados.

Debré Michel (né en 1912), homme politique français (gaulliste), Premier ministre (1959-1962).

Debrecen, v. de l'E. de la Hongrie ; 210 360 h.

Debussy Claude (1862-1918), compositeur français : *Pelléas et Mélisande, la Mer.*

Debye Petrus (1884-1966), physicien américain d'origine néerlandaise.

Decazes Élie, duc (1780-1860), homme politique et industriel français, Premier ministre sous Louis XVIII.

Decazeville, ch.-l. de cant. de l'Aveyron ; 8 182 h.

Deccan. V. **Dekkan.**

De Chirico Giorgio (1888-1978), peintre italien, précurseur du surréalisme.

Décines-Charpieu, com. du Rhône ; 24 608 h.

Déclaration des droits de l'homme et du citoyen, acte voté par l'Assemblée constituante le 26 août 1789.

De Coster Charles (1827-1879), écrivain belge d'expression française.

Decroly Ovide (1871-1932), médecin et pédagogue belge.

Dédale, architecte grec. Il construisit le Labyrinthe en Crète (*Myth. gr.*).

Dedekind Richard (1831-1916), mathématicien allemand. Théorie des idéaux.

Défense (la), quartier d'affaires et ensemble résidentiel de l'O. de la banlieue parisienne.

Défense nationale (gouvernement de la), gouvernement qui succéda au Second Empire (septembre 1870-février 1871).

Deffand Marie, marquise du (1697-1780), femme de lettres française.

Defoe Daniel (1660-1731), écrivain anglais : *Robinson Crusoé.*

Degas Edgar (1834-1917), peintre et sculpteur français.

De Gasperi Alcide (1881-1954), homme politique italien (démocrate-chrétien).

De Graaf Reinier (1641-1673), anatomiste et physiologiste néerlandais.

Dekkan ou **Deccan**, péninsule du S. de l'Inde.

De Kooning Willem (né en 1904), peintre expressionniste américain.

Delacroix Eugène (1798-1863), peintre romantique français : *la Barque de Dante.*

Delalande Michel (1657-1726), compositeur français, musicien officiel de la Cour.

Delamare-Deboutteville Édouard (1856-1901), inventeur français, pionnier de l'automobile.

Delambre (1749-1822), astronome français.

Delaunay Robert (1885-1941), et sa femme **Sonia** (1885-1979), peintres abstraits français.

Delaware, État de l'E. des États-Unis.

Delcassé Théophile (1852-1923), homme politique et diplomate français.

Delémont, v. de Suisse (Jura) ; 11 800 h.

Delft, v. des Pays-Bas ; 88 070 h. Faïenceries.

Delhi, v. de l'Inde du N. dont un quartier *New Delhi* est la cap. fédérale de l'Inde ; 5 714 000 h.

Della Francesca. V. **Piero Della Francesca.**

Della Robbia Luca (v. 1400-1482), sculpteur et céramiste florentin.

Delluc Louis (1890-1924), cinéaste français.

Delon Alain (né en 1935), acteur français.

Delorme Philibert (v. 1510 ou 1515-1570), architecte français.

Delors Jacques (né en 1925), homme politique français, président de la Commission des Communautés européennes depuis 1985.

Délos, îlot des Cyclades qui fut le centre de la Ligue maritime fondée par Athènes (Ve s. av. J.-C.). Nombreux vestiges antiques.

Delphes, v. de l'anc. Grèce, centre du culte d'Apollon qui y rendait des oracles. Nombreux vestiges antiques.

Delvaux Paul (né en 1897), peintre surréaliste belge.

Déméter, déesse des Cultures (*Myth. gr.*).

Démocrite, (v. 460-v. 370 av. J.-C.), philosophe matérialiste grec.

Démosthène (384-322 av. J.-C.), homme politique et orateur athénien.

Denain, ch.-l. de cant. du Nord ; 19 685 h.

Denfert-Rochereau Pierre (1823-1878), colonel français qui défendit Belfort en 1870-1871.

Deng Xiaoping (né en 1904), homme politique chinois, au pouvoir depuis 1977.

Denis saint, premier évêque de Paris (v. 250).

Denis Maurice (1870-1943), peintre et critique d'art français, théoricien du symbolisme.

Denver, v. des États-Unis, cap. du Colorado ; 504 600 h (aggl. 1 194 400 h).

Denys l'Ancien (v. 430-367 av. J.-C.), tyran de Syracuse en 405.

Depardieu Gérard (né en 1948), comédien français.

De Quincey Thomas (1785-1859), écrivain anglais : *Confessions d'un mangeur d'opium.*

Derain André (1880-1954), peintre français.

Derby, v. de Grande-Bretagne ; 215 740 h.

Desbordes-Valmore Marceline (1786-1859), poétesse romantique française.

Descartes René (1596-1650), philosophe et savant français : *Discours de la méthode.*

Deschanel Paul (1855-1922), président de la République française (1920).

De Sica Vittorio (1901-1974), acteur et cinéaste italien : *le Voleur de bicyclette.*

Désirade (la), île des Antilles françaises.

Desmoulins Camille (1760-1794), journaliste et homme politique français ; guillotiné.

Desnos Robert (1900-1945), poète surréaliste français : *Domaine public.*

Des Périers Bonaventure (v. 1510-v. 1544), poète et conteur français.

Des Prés Josquin (v. 1440-1521), compositeur français.

Dessalines Jean-Jacques (av. 1758-1806), empereur d'Haïti en 1804 (Jacques Ier).

Destour, parti nationaliste tunisien, ancêtre du *Néo-Destour* qui fit accéder le pays à l'indépendance (1956).

Destutt de Tracy Antoine (1754-1836), philosophe français.

Detroit, v. des États-Unis (Michigan) ; 1 089 100 h (aggl. 4 577 100 h).

Deutéronome, cinquième livre du Pentateuque (*Bible*).

Deux-Roses (guerre des), guerre civile anglaise entre les York et les Lancastre (1450-1485).

Deux-Sèvres, dép. français (79) (Poitou-Charentes) ; 6 036 km^2 ; 353 870 h ; ch.-l. Niort.

Deux-Siciles, anc. royaume comprenant l'Italie du Sud et la Sicile (1442-1458 et 1816-1861).

De Valera Eamon (1882-1975), fondateur de la république d'Irlande et président de la République (1959-1973).

Dévolution (guerre de), guerre entreprise par Louis XIV contre l'Espagne pour la conquête des Pays-Bas (1667-1668).

Dévoluy, massif des Alpes (2 793 m).

Devon, comté du S. de l'Angleterre.

De Vries Hugo (1848-1935), botaniste néerlandais. Il découvrit les mutations.

Dhaka (anc. *Dacca*), cap. du Bangladesh ; 1 679 570 h (aggl. 3 458 600 h).

Diablerets (les), massif des Alpes suisses.

Diaghilev (1872-1929), créateur des Ballets russes.

Diane, déesse de la Chasse (*Myth. rom.*).

Diane de Poitiers (1499-1566), favorite d'Henri II.

Dias Bartolomeu (v. 1450-1500), navigateur portugais, premier à dépasser le S. de l'Afrique.

Díaz Porfirio (1828-1915), général mexicain, président de la République (1876-1880 et 1884-1911).

Dickens Charles (1812-1870), romancier anglais : *les Aventures de M. Pickwick, David Copperfield.*

Dickinson Emily (1830-1886), poétesse romantique américaine.

Diderot Denis (1713-1784), écrivain et philosophe rationaliste français. Il dirigea l'*Encyclopédie*.

Didon ou **Elissa,** reine légendaire de Tyr, fondatrice de Carthage, héroïne de l'*Énéide*.

Didot, famille d'imprimeurs français de la fin du XVIIIe et du XIXe s.

Die, ch.-l. d'arr. de la Drôme ; 4 361 h.

Diégo-Suarez. V. Antsiranana.

Diên Biên Phu, victoire du Viêt-minh sur les Français dans le N. du Viêt-nam (1954).

Dieppe, ch.-l. d'arr. et port de la Seine-Maritime ; 36 600 h.

Diesel Rudolf (1858-1913), ingénieur allemand, inventeur d'un moteur.

Dietrich Marlène (1901-1992), comédienne et chanteuse américaine d'origine allemande.

Digne-les-Bains, ch.-l. des Alpes-de-Haute-Provence ; 17 425 h.

Dijon, ch.-l. de la Côte-d'Or et de la Rég. Bourgogne ; 151 936 h.

Dilthey Wilhelm (1833-1911), philosophe allemand, pionnier des sciences humaines.

Dimitrov Georgi (1882-1949), homme politique bulgare (communiste).

Dinan, ch.-l. d'arr. des Côtes-d'Armor ; 12 873 h.

Dinant, com. de Belgique (Namur) ; 12 110 h.

Dinard, stat. balnéaire d'Ille-et-Vilaine.

Dinariques (Alpes), chaînes montagneuses des Balkans (2 527 m).

Dioclétien (245-313), empereur romain en 284. Il abdiqua en 305.

Diodore de Sicile (v. 90-20 av. J.-C.), historien grec.

Diogène le Cynique (v. 413-327 av. J.-C.), philosophe grec.

Diois, massif des Préalpes du S.

Dionysos, dieu de la Végétation, de la Vigne et du Vin (*Myth. gr.*).

Diophante (v. 325-v. 410), mathématicien grec.

Dior Christian (1905-1957), couturier français.

Dioscures. V. Castor et Pollux.

Diouf Abdou (né en 1935), président de la république du Sénégal depuis 1981.

Dirac Paul (1902-1984), physicien anglais, pionnier de la mécanique quantique.

Directoire (le), régime politique de la France de 1795 à 1799.

Disney Walt (1901-1966), réalisateur américain de dessins animés.

Disraeli Benjamin (1804-1881), homme politique anglais (conservateur).

Divonne-les-Bains, stat. thermale de l'Ain.

Dix Otto (1891-1969), peintre et graveur expressionniste allemand.

Diyarbakir, v. de Turquie ; 305 940 h.

Djahiz Al- (v. 776-v. 868), écrivain arabe.

Djakarta ou **Jakarta,** cap. de l'Indonésie, au N.-O. de Java ; env. 10 000 000 h.

Djalal ad-Din ar-Rumi (v. 1207-1273), poète persan, fondateur des derviches tourneurs.

Djamal ad-Din al-Afghani (1838-1897), philosophe et homme politique afghan, artisan du réveil musulman au XIXe s.

Djedda, port d'Arabie Saoudite ; 561 000 h.

Djerba, île du S. de la Tunisie. Tourisme.

Djérid (chott el-), dépression du S. de la Tunisie.

Djézireh, rég. comprise entre le Tigre et l'Euphrate.

Djibouti, État d'Afrique orientale, sur la mer Rouge ; 23 000 km^2 ; env. 500 000 h ; cap. Djibouti (365 000 h).

Djurdjura, chaîne de montagnes d'Algérie.

Dniepr (le), fl. de Russie et d'Ukraine (2 201 km).

Dniepropetrovsk. V. Ekaterinoslav.

Dniestr (le), fl. d'Ukraine (1 411 km).

Döblin Alfred (1878-1957), écrivain allemand : *Berlin Alexanderplatz.*

Dobroudja, rég. de Roumanie et de Bulgarie, entre le Danube et la mer Noire.

Dodécanèse, archipel de la mer Égée.

Dodoma, cap. de la Tanzanie ; 85 000 h.

Dodone, anc. v. de Grèce. Temple de Zeus.

Doges (palais des), palais de Venise.

Dogger Bank, haut-fond de la mer du Nord.

Dogons, peuple de l'Afrique noire (Mali).

Doha (Al-). V. Dawhah (Al-).

Doisneau Robert (né en 1912), photographe français.

Dole, ch.-l. d'arr. du Jura ; 27 860 h.

Dolet Étienne (1509-1546), humaniste français. Accusé d'hérésie, il fut brûlé.

Dollfuss Engelbert (1892-1934), homme politique autrichien, assassiné par les nazis.

Döllinger Johann von (1799-1890), théologien allemand. Schisme des « vieux-catholiques ».

Dolomieu Dieudonné de (1750-1801), géologue français.

Dolomites, massif calcaire italien des Alpes orientales (3 360 m à la Marmolada).

Dolto Françoise (1908-1988), psychanalyste française.

Dombasle Mathieu de (1777-1843), agronome français.

Dombes (la), rég. de France, au N. de Lyon.

Dombrowski. V. Dabrowski.

Dôme (monts). V. Puys (chaîne des).

dominicaine (République), État d'Amérique centrale (E. de l'île d'Haïti) ; 48 442 km² ; env. 6 700 000 h ; cap. Saint-Domingue.

Dominique (la), État des Petites Antilles ; 751 km² ; env. 90 000 h ; cap. Roseau.

Dominique de Guzmán saint (v. 1170-1221), fondateur espagnol des Dominicains.

Domitien (51-96 apr. J.-C.), empereur romain en 81 ; assassiné.

Domodossola, v. d'Italie, au débouché du Simplon ; 20 070 h.

Domrémy-la-Pucelle, village des Vosges, où naquit Jeanne d'Arc.

Don (le), fl. de Russie (1 870 km).

Donatello (1386-1466), sculpteur florentin de la Renaissance.

Donbass, bassin houiller d'Ukraine.

Donets (le), affl. du Don (1 016 km).

Donetsk, v. d'Ukraine ; 1 099 000 h.

Dönitz Karl (1891-1980), amiral allemand.

Donizetti Gaetano (1797-1848), compositeur italien d'opéras.

Don Juan, personnage légendaire d'origine espagnole, type du séducteur libertin.

Don Quichotte, héros de Cervantès.

Donzère, com. de la Drôme ; barrage hydroélectrique sur le Rhône.

Doppler Christian (1803-1853), mathématicien et physicien autrichien.

Dorat Jean (1508-1588), humaniste français, membre de la Pléiade.

Dordogne (la), affl. de la Garonne (490 km).

Dordogne, dép. français (24) (Aquitaine) ; 9 184 km² ; 396 268 h ; ch.-l. Périgueux.

Dordrecht, v. des Pays-Bas ; 107 870 h.

Doré Gustave (1832-1883), dessinateur et graveur français.

Dorgelès Roland (1885-1973), romancier français : *les Croix de bois.*

Doriens, peuple de la Grèce ancienne.

Doriot Jacques (1898-1945), homme politique français. Il prôna la collaboration.

Dortmund, v. d'Allemagne (Rhénanie-du-Nord-Westphalie) ; 568 160 h.

Dos Passos John (1896-1970), romancier américain : *Manhattan Transfer.*

Dostoïevski Fiodor (1821-1881), romancier russe : *Crime et Châtiment.*

Douai, ch.-l. d'arr. du Nord ; 44 195 h.

Douala, port du Cameroun ; 1 029 730 h.

Douarnenez, port du Finistère ; 16 701 h.

Douaumont, com. de la Meuse. Combats entre Allemands et Français (1916). Ossuaire.

Doubs (le), affl. de la Saône (430 km).

Doubs, dép. français (25) (Franche-Comté) ; 5 228 km² ; 497 993 h ; ch.-l. Besançon.

Douchanbe, cap. du Tadjikistan ; 596 000 h.

Doukas, famille d'empereurs byzantins (XIe s.).

Doumer Paul (1857-1932), président de la République française (1931) ; assassiné.

Doumergue Gaston (1863-1937), président de la République française (1924-1931).

Douro (le), fl. d'Espagne et du Portugal, qui arrose Porto (850 km).

Douvres, port et stat. balnéaire de Grande-Bretagne, sur le pas de Calais ; 32 840 h.

Dovjenko Alexandre (1894-1956), cinéaste soviétique.

Dowland John (1563-1626), compositeur et luthiste anglais.

Downing Street, rue de Londres où se trouve la résidence du Premier ministre britannique.

Doyle sir Arthur Conan (1859-1930), écrivain anglais ; créateur du détective Sherlock Holmes.

Drac (le), affl. de l'Isère (150 km).

Dracon, (fin VIIe s. av. J.-C.), archonte législateur d'Athènes ; auteur d'un code pénal.

Dracula Vlad (mort en 1476), souverain de Valachie dont les cruautés furent à l'origine d'un personnage de vampire.

Draguignan, ch.-l. d'arr. du Var ; 32 851 h.

Drake sir Francis (v. 1540-1596), marin et corsaire anglais.

Drakensberg, chaîne montagneuse d'Afrique du Sud (3 650 m).

Drancy, ch.-l. de cant. de la Seine-Saint-Denis ; 60 928 h. Camp d'internement sous l'occupation nazie.

Drave (la), affl. du Danube (707 km).

Draveil, ch.-l. de cant. de l'Essonne ; 26 801 h.

Dravidiens, ensemble des peuples du Dekkan.

Dreiser Theodore (1871-1945), romancier naturaliste américain.

Drenthe, prov. du N.-O. des Pays-Bas.

Dresde, v. d'Allemagne (Saxe) ; 521 000 h.

Dreux, ch.-l. d'arr. d'Eure-et-Loir ; 35 866 h.

Dreyer Carl (1889-1968), cinéaste danois.

Dreyfus Alfred (1859-1935), capitaine français. Juif, il fut condamné pour espionnage (1894), ce qui divisa la France en *dreyfusards* et *antidreyfusards ;* il fut réhabilité en 1906.

Drieu La Rochelle Pierre (1893-1945), écrivain français. Il se suicida.

Drôme (la), affl. du Rhône (110 km).

Drôme, dép. français (26) (Rhône-Alpes) ; 6 576 km² ; 422 957 h ; ch.-l. Valence.

Druzes, secte ismaélienne habitant en Syrie, en Jordanie, au Liban et en Israël.

Dryden John (1631-1700), poète et dramaturge classique anglais : *Aureng-Zeb.*

D.S.T. Sigle de *Direction de la surveillance du territoire,* service français de renseignement.

Dubaï ou **Dubay,** ville (265 700 h) et émirat du golfe Persique ; 3 750 km² ; 420 000 h.

Dubcek Alexander (1921-1992), homme politique tchécoslovaque. Il tenta de libéraliser le régime communiste (1968).

Dublin, cap. de la rép. d'Irlande (Eire) ; 502 750 h (aggl. 920 960 h).

Dubois Guillaume (1656-1723), cardinal français, ministre pendant la Régence (1722).

Du Bo!s William (1868-1963), écrivain noir américain, naturalisé ghanéen (1960).

Dubrovnik (anc. *Raguse*), port de Croatie ; 31 000 h. Monuments médiévaux.

Dubuffet Jean (1901-1985), peintre français, théoricien de l'art brut.

Duby Georges (né en 1919), historien français.

Ducasse Isidore. V. Lautréamont.

Duccio di Buoninsegna (v. 1260-1319), peintre italien de l'école siennoise.

Duchamp Marcel (1887-1968), peintre surréaliste français.

Duchamp-Villon Raymond (1876-1918), sculpteur cubiste français, frère du préc.

Ducharme Réjean (né en 1941), romancier canadien d'expression française.

Duclos Jacques (1896-1975), homme politique français (communiste).

Dudley, v. de Grande-Bretagne ; 187 230 h.

Dufay Guillaume (v. 1400-1474), compositeur franco-flamand.

Du Fu ou **Tou Fou** (712-770), poète chinois.

Dufy Raoul (1877-1953), peintre français.

Duguay-Trouin René (1673-1736), corsaire français.

Du Guesclin Bertrand (1315 ou 1320-1380), connétable de France, héros de la lutte contre les Anglais.

Duhamel Georges (1884-1966), écrivain français : *Chronique des Pasquier.*

Duisburg, port d'Allemagne, au confluent de la Ruhr et du Rhin ; 514 630 h.

Dukas Paul (1865-1935), compositeur français.

Dulles John Foster (1888-1959), homme politique et diplomate américain.

Dullin Charles (1885-1949), acteur et metteur en scène de théâtre français.

Duluth, v. des États-Unis (Minnesota) ; 85 600 h. (aggl. 253 800 h).

Dumas Jean-Baptiste (1800-1884), chimiste français, pionnier de la chimie organique.

Dumas Alexandre (1802-1870), écrivain français : *les Trois Mousquetaires.*

Dumas Alexandre (dit *Dumas fils*), (1824-1895), écrivain français, fils du préc. : *la Dame aux camélias.*

Dumézil Georges (1898-1986), historien français des religions.

Dumont d'Urville Jules (1790-1842), explorateur français du Pacifique et de l'Antarctique.

Dumouriez Charles (1739-1823), général français, vainqueur des Prussiens à Valmy (1792).

Dunant Henri (1828-1910), philanthrope suisse, fondateur de la Croix-Rouge.

Duncan, roi d'Écosse, assassiné par Macbeth (1040).

Duncan Isadora (1878-1927), danseuse américaine.

Dundee, port d'Écosse ; 183 340 h.

Dunedin, port de la Nouvelle-Zélande ; 106 860 h.

Dunhuang, site de Chine, célèbre pour ses grottes des « Mille bouddhas ».

Dunkerque, ch.-l. d'arr. et port du Nord ; 71 071 h.

Dunlop John (1840-1921), vétérinaire écossais, inventeur du pneumatique (1888).

Dunois (1403-1468), prince français, compagnon de Jeanne d'Arc.

Dunoyer de Segonzac André (1884-1974), peintre français.

Duns Scot John (1266-1308), théologien et philosophe écossais.

Du Parc (1633-1668), comédienne française, aimée de Racine.

Duparc Henri (1848-1933), compositeur français, auteur de mélodies.

Dupleix Joseph (1697-1763), administrateur français. Il échoua dans la conquête de l'Inde.

Duplessis Maurice (1890-1959), Premier ministre du Québec de 1936 à 1939 et de 1944 à 1959.

Dupont de l'Eure Jacques (1767-1855), homme politique français.

Dupont de Nemours Pierre (1739-1817), économiste français. Il émigra aux États-Unis.

Dupuytren Guillaume (1777-1835), chirurgien français, fondateur de l'anatomie pathologique.

Duquesne Abraham (1610-1688), marin français.

Durance (la), affl. du Rhône (280 km).

Durandal, nom de l'épée de Roland.

Durango, v. du Mexique ; 391 000 h.

Duras Marguerite (née en 1914), écrivain et cinéaste française : *Moderato Cantabile.*

Durban, port d'Afrique du Sud (Natal) ; env. 1 000 000 h.

Dürer Albrecht (1471-1528), peintre et graveur allemand, maître de la Renaissance.

Durham, v. du N.-E. de l'Angleterre ; 26 420 h. Cathédrale gothique.

Durkheim Émile (1858-1917), sociologue français, fondateur de la sociologie.

Duroc (1772-1813), général français de l'Empire.

Durrell Lawrence (1912-1990), romancier anglais : *le Quatuor d'Alexandrie.*

Dürrenmatt Friedrich (1921-1990), écrivain suisse de langue allemande.

Durrës, port d'Albanie ; 75 300 h.

Duruy Victor (1811-1894), historien français, ministre de l'Instruction publique (1863-1869).

Düsseldorf, v. d'Allemagne, sur le Rhin, cap. de la Rhénanie-du-Nord-Wesphalie ; 560 570 h.

Duvalier François (1907-1971), homme politique haïtien, au pouvoir de 1957 à sa mort.

Du Vergier de Hauranne Jean, abbé de Saint-Cyran (1581-1643), théologien janséniste français.

Dvina occidentale (la), fl. de Russie, de Biélorussie et de Lettonie (1 024 km).

Dvorak Antón (1841-1904), compositeur tchèque : *Symphonie du Nouveau Monde.*

Dylan Bob (né en 1941), chanteur et auteur-compositeur américain.

Dzoungarie, rég. de Chine (Xinjiang).

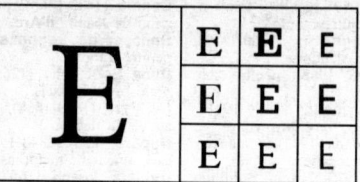

Eanes Ramalho (né en 1935), président de la république du Portugal (1976-1986).

Eastman George (1854-1932), industriel américain, inventeur du film photographique.

Ebert Friedrich (1871-1925), président (social-démocrate) de la République allemande (1919-1925).

Eberth Karl (1835-1926), médecin allemand. Il découvrit l'agent de la fièvre typhoïde.

Ebla, site archéologique de Syrie.

Éboué Félix (1884-1944), administrateur colonial français.

Èbre (l'), fl. d'Espagne (930 km).

Ecbatane (auj. *Hamadhan*), anc. cap. des Mèdes.

Ecclésiaste (l'), livre de l'Ancien Testament.

Échirolles, ch.-l. de cant. de l'Isère ; 34 646 h.

Eckart ou **Eckhart** Johann (dit *Maître*) (v. 1260-v. 1327), dominicain et philosophe mystique allemand.

Eckmühl, village de Bavière, où Napoléon vainquit les Autrichiens (1809).

Eco Umberto (né en 1932), écrivain italien : *le Nom de la rose*.

Écosse, anc. royaume et partie septentrionale de la Grande-Bretagne ; cap. Édimbourg.

Écosse (Nouvelle-). V. Nouvelle-Écosse.

Écouen, ch.-l. de cant. du Val-d'Oise ; 4 922 h. Château Renaissance.

Écrins (barre des), point culminant du Pelvoux (4 103 m).

Edda (les), ouvrages de l'anc. littérature islandaise (VIIe-XIIIe s.).

Eddington sir Arthur (1882-1944), astronome et physicien anglais, auteur de la théorie de l'expansion de l'Univers.

Eden Anthony (1897-1977), homme politique britannique (conservateur).

Édesse (auj. *Urfa*, en Turquie), v. caravanière de Mésopotamie ; cap. du *comté d'Édesse* (1098-1144).

E.D.F.-G.D.F. Sigle de *Électricité de France-Gaz de France*, établissement public.

Edfou ou **Idfu**, v. d'Égypte. Temple d'Horus.

Édimbourg, cap. de l'Écosse ; 444 740 h.

Edirne (anc. *Andrinople*), v. de Turquie d'Europe ; 86 910 h. Mosquée de Sinan.

Edison Thomas (1847-1931), inventeur américain. Il mit au point la lampe à incandescence et le phonographe.

Edmonton, v. du Canada, cap. de l'Alberta ; 573 980 h.

Edo. V. Tokyo.

Édouard (lac), lac d'Afrique entre l'Ouganda et le Zaïre (2 150 km²).

Édouard (dit *le Prince noir*) (1330-1376), prince de Galles, vainqueur de Jean II le Bon à Poitiers (1356).

Édouard Ier (1239-1307), roi d'Angleterre en 1272. Il soumit les Gallois.

Édouard II (1284-1327), roi d'Angleterre en 1307. Il fut déposé par Mortimer.

Édouard III (1312-1377), roi d'Angleterre en 1327. Il conquit l'Écosse et déclencha la guerre de Cent Ans.

Édouard VII (1841-1910), fils de la reine Victoria, roi d'Angleterre en 1901.

Édouard VIII (1894-1972), roi d'Angleterre en 1936, il abdiqua la même année.

Édouard le Confesseur saint (v. 1000-1066), dernier souverain anglo-saxon (1042-1066).

Éduens, peuple de la Gaule celtique.

Effel Jean (1908-1982), dessinateur français.

Égée (mer), mer située entre la Grèce et la Turquie.

Égine, île grecque, en face du Pirée.

Éginhard (770-840), historien franc de la cour de Charlemagne.

Égisthe, roi de Mycènes, meurtrier d'Agamemnon (*Myth. gr.*).

Egmont Lamoral, comte d' (1522-1568), seigneur des Pays-Bas, exécuté sous Philippe II.

Égypte, État d'Afrique du N.-E. ; 1 001 449 km² ; 55 000 000 h ; cap. Le Caire.

Ehrenbourg Ilia (1891-1967), écrivain soviétique : *la Tempête*.

Ehrlich Paul (1854-1915), médecin allemand.

Eichendorff Joseph, von (1788-1857), écrivain romantique allemand.

Eichmann Adolf (1906-1962), fonctionnaire nazi, organisateur du génocide des Juifs.

Eiffel Gustave (1832-1923), ingénieur français. Tour Eiffel, viaduc de Garabit.

Eiger, sommet des Alpes bernoises (3 970 m).

Eindhoven, v. du S. des Pays-Bas ; 191 000 h.

Einstein Albert (1879-1955), physicien et mathématicien allemand, naturalisé suisse, puis américain. Théorie de la relativité.

Eire, nom gaélique de l'Irlande.

Eisenhower Dwight (1890-1969), général commandant des armées alliées, puis président (républicain) des États-Unis (1953-1961).

Eisenstein Sergheï (1898-1948), cinéaste soviétique : *le Cuirassé Potemkine.*

Ekaterinbourg (*Sverdlovsk* de 1924 à 1991), v. de Russie, dans l'Oural ; 1 351 000 h.

Ekaterinoslav (*Dniepropetrovsk* jusqu'en 1991), v. d'Ukraine ; 1 201 000 h.

Ekofisk, gisement sous-marin d'hydrocarbures de la mer du Nord.

Elagabal ou **Héliogabale** (204-222), empereur romain en 218.

Elam, royaume antique du S. de l'Iran, remontant au IVe millénaire ; cap. Suse.

El-Asnam. V. Cheliff (Ech-).

Elath ou **Eilat**, port israélien, sur le golfe d'Akaba ; 18 900 h.

Elbe, fl. d'Europe centrale (1 112 km).

Elbe (île d'), île italienne. Napoléon Ier y régna après sa première abdication (1814-1815).

Elbeuf, ch.-l. de cant. de la Seine-Maritime ; 16 750 h.

El-Boulaïda. V. Blida.

Elbourz, chaîne de montagnes du N. de l'Iran (5 671 m).

Elbrouz, point culminant du Caucase (5 633 m).

Elche, v. d'Espagne ; 175 650 h.

El-Djezaïr. V. Alger.

Eldorado, pays imaginaire d'Amérique du Sud, recherché par les conquistadores.

Electre, fille d'Agamemnon et de Clytemnestre (*Myth. gr.*).

Eleusis, v. de Grèce (Attique), où dans l'Antiquité étaient célébrés les *mystères d'Éleusis*, liés au culte de Déméter.

Eliade Mircea (1907-1986), historien roumain.

Elide, rég. de l'anc. Grèce (Péloponnèse).

Elie, prophète hébreu (IXe s. av. J.-C.).

Eliot George (1819-1880), romancière anglaise : *le Moulin sur la Floss.*

Eliot Thomas (1888-1965), écrivain anglais d'origine américaine, poète et dramaturge : *Meurtre dans la cathédrale.*

Elisabeth sainte, mère de saint Jean-Baptiste.

Elisabeth Ire (1533-1603), reine d'Angleterre et d'Irlande en 1558, fille d'Henri VIII.

Elisabeth II (née en 1926), reine de Grande-Bretagne depuis 1952.

Elisabeth Petrovna (1709-1762), fille de Pierre le Grand, impératrice de Russie en 1741.

Elisabeth de Wittelsbach (dite *Sissi*) (1837-1898), impératrice d'Autriche, épouse de François-Joseph Ier.

Elisabethville. V. Lubumbashi.

Elisée (IXe s. av. J.-C.), prophète hébreu.

Elissa. V. Didon.

Ellice. V. Tuvalu (îles).

Ellington Duke (1899-1974), jazzman américain.

Ellora, site archéologique de l'Inde (Andhra Pradesh) (VIe-VIIIe s.).

Elohim, un des noms de Dieu dans la Bible.

Eloi saint (v. 586-660), trésorier de Dagobert.

El Paso, v. des États-Unis (Texas) ; 491 800 h.

Elseneur, port du Danemark ; 57 000 h.

Eltsine Boris (né en 1931), homme politique russe, président de la Russie (1990).

Eluard Paul (1895-1952), poète français : *Capitale de la douleur.*

Élysée (palais de l'), résidence du président de la République française.

Élysées. V. champs Élysées.

Elytis Odysseus (né en 1911), poète grec.

Elzévir ou **Elsevier**, famille de libraires et d'imprimeurs hollandais (XVIe-XVIIe s.).

Embabéh. V. Imbaba.

Emerson Ralph Waldo (1803-1882), philosophe idéaliste américain.

Emèse. V. Homs.

Émilie-Romagne, Rég. admin. de l'Italie du N.-E. ; ch.-l. Bologne.

Eminescu Mihaïl (1850-1889), poète romantique roumain.

Émirats arabes unis (Fédération des), État du golfe Persique ; 83 600 km^2 ; 1 850 000 h ; cap. Abu Dhabi.

Emmaüs, bourg de Judée, où Jésus se manifesta après sa résurrection.

Empédocle (v. 490-v. 435 av. J.-C.), philosophe grec.

Empire (l') ou **Premier Empire**, régime politique de la France sous Napoléon Ier (1804-1814), rétabli lors des Cent-Jours (1815).

Empire (Second), régime politique de la France sous Napoléon III (1852-1870).

Ems (dépêche d'), télégramme envoyé à Bismarck et tronqué par lui, qui fut à l'origine de la guerre de 1870.

E.N.A. Sigle de *École nationale d'administration.*

Encyclopédie, ouvrage dirigé par D. Diderot et d'Alembert, destiné à faire connaître les progrès des Lumières (1751-1772).

Enée, prince troyen légendaire, héros de l'*Énéide*, de Virgile.

Enesco Georges (1881-1955), violoniste et compositeur roumain.

Enfantin Barthélemy Prosper (1796-1864), économiste socialiste français.

Engadine, vallée de l'Inn, en Suisse.

Engels Friedrich (1820-1895), théoricien socialiste allemand, ami de K. Marx.

Enghien (duc d'). V. Condé.

Enghien-les-Bains, stat. thermale du Val-d'Oise ; 10 103 h.

Ennius Quintus (239-169 av. J.-C.), poète latin.

Énoch, père de Mathusalem (*Bible*).

Enragés (les), en 1793, groupe de révolutionnaires partisans de mesures sévères.

Ensor James (1860-1949), peintre et graveur belge ; expressionniste et fantastique.

Entente cordiale, rapprochement diplomatique entre la France et la Grande-Bretagne à partir du règne de Louis-Philippe.

Entente (triple-), alliance de la France, de l'Angleterre et de la Russie contre l'Allemagne.

Entre-deux-Mers, rég. viticole du Bordelais.

Enver pacha (1881-1922), général et homme politique turc, chef des Jeunes-Turcs.

Éole, dieu des Vents (*Myth. gr.*).

Éoliennes ou **Lipari** (îles), archipel italien de la mer Tyrrhénienne.

Éoliens, peuples de la Grèce ancienne (Asie Mineure).

Éon chevalier d' (1728-1810), diplomate français, souvent habillé en femme.

Eoués. V. Éwés.

Épaminondas (v. 418-362 av. J.-C.), général et homme politique béotien.

Épée l'abbé de l' (1712-1789), pionnier français de l'éducation des sourds-muets.
Épernay, ch.-l. d'arr. de la Marne ; 27 738 h.
Éphèse, anc. v. d'Asie Mineure, célèbre par son temple d'Artémis.
Éphraïm, second fils de Joseph (*Bible*).
Épictète (v. 50-v. 130), philosophe stoïcien latin : *Entretiens*.
Épicure (341-270 av. J.-C.), philosophe grec.
Épidaure, anc. v. de Grèce.
Épinal, ch.-l. des Vosges ; 39 480 h.
Épinay-sur-Seine, ch.-l. de cant. de la Seine-Saint-Denis ; 48 551 h.
Épire, rég. montagneuse du N. de la Grèce.
Epsom and Ewell, stat. thermale d'Angleterre. Courses de chevaux (*derby d'Epsom*).
Epstein Jean (1897-1953), cinéaste français.
Epte, affl. de la Seine (100 km).
Équateur, État d'Amérique du Sud, sur le Pacifique ; 283 561 km² ; 9 900 000 h ; cap. Quito.
Érard Sébastien (1752-1831), facteur d'instruments de musique (piano).
Érasme Didier (1469-1536), humaniste hollandais : *l'Éloge de la folie*.
Érato, muse de la Poésie lyrique (*Myth. gr.*).
Ératosthène (v. 284-v. 192 av. J.-C.), mathématicien, géographe et astronome grec.
Erckmann-Chatrian, nom collectif de deux romanciers français. **Émile Erckmann** (1822-1899)et **Alexandre Chatrian** (1826-1890) : *l'Ami Fritz*.
Erebus, volcan actif de l'Antarctique (4 023 m).
Érechthéion, temple situé sur l'acropole d'Athènes.
Erevan, cap. de l'Arménie ; 1 186 000 h.
Erfurt, v. d'Allemagne (Thuringe) ; 212 010 h.
Erhard Ludwig (1897-1977), chancelier (démocrate-chrétien) de la R.F.A. (1863-1966).
Érié, un des Grands Lacs (25 800 km²).
Erik le Rouge (v. 940-v. 1010), explorateur norvégien. Il découvrit le Groenland.
Érin, nom poétique de l'Irlande.
Érinyes, déesses de la Vengeance (*Myth. gr.*).
Ermenonville, com. de l'Oise. Château (XVIIIᵉ s.) où mourut J.-J. Rousseau.
Ermitage (l'), palais de Catherine II à Saint-Pétersbourg, abritant auj. un riche musée.
Ernst Max (1891-1976), peintre surréaliste français d'origine allemande.
Éros, dieu de l'Amour chez les Grecs.
Érythrée, prov. du N. de l'Éthiopie ; 117 600 km² ; 3 à 4 000 000 h ; ch.-l. Asmara.
Erzeroum, v. de Turquie ; 246 050 h.
Ésaïe. V. Isaïe.
Esaü, fils d'Isaac et de Rébecca (*Bible*).
Escaut, fl. de France, de Belgique et des Pays-Bas (430 km).
Eschine (v. 390-v. 314 av. J.-C.), orateur athénien, rival de Démosthène.
Esch-sur-Alzette, v. du Luxembourg ; 25 140 h.
Eschyle (v. 525-456 av. J.-C.), poète tragique grec : *les Perses*.
Esclangon Ernest (1876-1954), astronome français, créateur de l'horloge parlante.
Esclaves (Grand Lac des), lac du N. du Canada (28 438 km²).
Escorial (el), palais au N.-O. de Madrid, construit par Philippe II.

Esculape, dieu de la Médecine (*Myth. rom.*).
Esdras (livre d'), livre de la Bible.
Eskimos. V. Esquimaux.
Esnault-Pelterie Robert (1881-1957), ingénieur français, pionnier de l'astronautique.
Ésope (VIIᵉ-VIᵉ s. av. J.-C.), fabuliste grec.
Espagne, État (royaume) de la péninsule Ibérique ; 504 750 km² ; 38 924 500 h ; cap. Madrid.
Esquilin, une des sept collines de Rome.
Esquimaux ou **Eskimos**, peuple habitant le Groenland, le Labrador, l'Alaska et la Sibérie extrême-orientale. (V. Inuit).
Esquirol Jean (1772-1840), médecin français, un des fondateurs de la psychiatrie.
Essen, v. d'Allemagne, sur la Ruhr (Rhénanie-du-Nord-Westphalie) ; 615 420 h.
Essenine Sergheï (1895-1925), poète lyrique russe ; il se suicida.
Essex, comté de l'E. de l'Angleterre.
Essling, village d'Autriche où Napoléon vainquit les Autrichiens (1809).
Essonne, dép. français (91) (Île-de-France) ; 1 804 km² ; 1 096 196 h ; ch.-l. Évry.
Este, famille italienne qui régna sur Ferrare et Modène (XIIIᵉ-XVIIIᵉ s.).
Esterel ou **Estérel** (monts de l'), chaîne du S. de la France (Provence).
Esther, jeune fille juive qui épousa le roi de Perse Assuérus et sauva les Juifs (*Bible*).
Estienne (les), famille d'imprimeurs français de la Renaissance : **Robert** (1503-1559) et son fils **Henri** (1531-1598).
Estonie, État d'Europe du N.-E., sur la Baltique, anc. rép. fédérée de l'U.R.S.S. ; 45 100 km² ; 1 600 000 h ; cap. Tallin.
Estrées Gabrielle d' (1573-1599), maîtresse d'Henri IV.
Estrémadure, rég. historique et commun. auton. du S.-O. de l'Espagne ; cap. Mérida.
Estrémadure, rég. côtière du Portugal, au N. de Lisbonne.
E.T.A. Sigle de *Euzkadi Ta Askatasuna*, mouvement nationaliste basque.
Étampes, ch.-l. d'arr. de l'Essonne ; 21 547 h.
État français, gouvernement du maréchal Pétain sous l'occupation allemande (1940-1944).
États de l'Église ou **États pontificaux**, partie de l'Italie administrée directement par les papes jusqu'en 1870.
États-Unis d'Amérique (*United States of America* ou *U.S.A.*), État fédéral d'Amérique du Nord ; 9 363 124 km² ; 248 800 000 h ; cap. Washington.
Etchmiadzine, v. sainte d'Arménie ; pèlerinage.
Éthiopie, État de l'E. de l'Afrique ; 1 221 900 km² ; env. 50 000 000 h ; cap. Addis-Abeba.
Étienne saint, premier martyr chrétien, lapidé à Jérusalem v. 35.
Étienne Iᵉʳ saint (v. 969-1038), roi de Hongrie en 1000, propagateur du christianisme.
Étienne Iᵉʳ Báthory (1533-1586), roi de Pologne en 1576.
Étienne III le Grand (1433-1504), prince de Moldavie. Il lutta contre les Turcs.
Étienne IX Dusan (1308-1355), roi puis tsar des Serbes et des Grecs.

Étienne de Blois (1097-1154), roi d'Angleterre en 1135.

Etna, volcan de la Sicile (3 295 m).

Étolie, rég. montagneuse de la Grèce.

Eton, v. d'Angleterre ; collège fondé en 1440.

Étretat, port de pêche et stat. balnéaire de Seine-Maritime.

Étrurie, anc. pays des Étrusques (actuelle Toscane).

Étrusques, peuple de l'Italie, apparu au VIIIe s. av. J.-C.et soumis par les Romains au IIIe s.

Eubée, île grecque, au N. de l'Attique.

Euclide (IVe-IIIe s. av. J.-C.), mathématicien grec, fondateur de la géométrie.

Eudes (v. 860-898), comte de Paris, puis roi de France en 888.

Eudoxe de Cnide (v. 405-v. 355 av. J.-C.), mathématicien et astronome grec.

Eugène de Savoie-Carignan, dit *le Prince* (1663-1736), général des armées autrichiennes contre Louis XIV et contre les Turcs.

Eugénie de Montijo (1826-1920), impératrice des Français, épouse de Napoléon III.

Eulalie (*Séquence* ou *Cantilène* de sainte), le plus ancien texte en langue d'oïl.

Euler Leonhard (1707-1783), mathématicien suisse.

Eupen, v. de Belgique (Liège) ; 17 850 h.

Euphrate, fl. du Proche-Orient (2 760 km).

Eurasie, ensemble formé par l'Europe et l'Asie.

Euratom, Communauté européenne de l'énergie atomique.

Eure, affl. de la Seine (225 km).

Eure, dép. français (27) (Haute-Normandie) ; 6 037 km² ; 524 690 h. ch.-l. Évreux.

Eure-et-Loir, dép. français (28) (Centre) ; 5 939 km² ; 404 631 h ; ch.-l. Chartres.

Euripide (480-406 av. J.-C.), poète tragique grec : *les Suppliantes, Iphigénie à Aulis.*

Europe, un des cinq continents ; 10 519 793 km² ; 750 000 000 hab.

Europe, jeune fille aimée de Zeus, mère de Minos (*Myth. gr.*).

Europe, satellite de Jupiter, découvert par Galilée en 1610.

Europoort, avant-port de Rotterdam.

Eurotunnel, tunnel sous la Manche.

Eurydice, épouse d'Orphée (*Myth. gr.*).

Euterpe, muse de la Musique (*Myth. gr.*).

Évangiles (les), textes du Nouveau Testament attribués à Matthieu, Marc, Luc et Jean, relatant la vie et le message du Christ.

Evans sir Arthur (1851-1941), archéologue anglais. Il fouilla le site de Cnossos.

Evans Walker (1903-1975), photographe américain.

Evans-Pritchard Edward (1902-1973), ethnologue britannique.

Ève, la première femme, selon la Genèse.

Everest (mont), point culminant du globe (8 848 m ou 8 880 m), dans l'Himalaya.

Evert Chris (née en 1954), joueuse de tennis américaine.

Évian-les-Bains, stat. thermale de Haute-Savoie, sur le lac Léman. Les *accords d'Évian* mirent fin à la guerre d'Algérie.

Évora, v. du Portugal (Alentejo) ; 34 000 h. Monuments médiévaux.

Évreux, ch.-l. de l'Eure ; 51 452 h. Cathédrale.

Évry, v. nouvelle, ch.-l. de l'Essonne ; 45 854 h.

Evtouchenko Ievgueni (né en 1933), poète soviétique : *les Héritiers de Staline.*

Éwés ou **Éoués,** peuple du Togo, du Ghana et du Bénin.

Exeter, port du S. de l'Angleterre (Devon) ; 96 000 h. Cathédrale.

Exode (l'), deuxième livre du Pentateuque.

Extrême-Orient, ensemble des pays d'Asie situés à l'E. du détroit de Malacca.

Eylau (Prusse-Orientale), bataille incertaine entre Napoléon et les Russes et les Prussiens (1807).

Eyskens Gaston (1905-1988), homme politique belge (social-chrétien).

Eyzies-de-Tayac-Sireuil (Les), com. de Dordogne, site de Cro-Magnon.

Ézéchiel (v. 627-v. 570 av. J.-C.), l'un des quatre grands prophètes de la Bible.

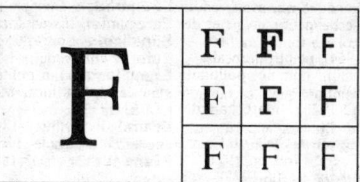

Fabian Society, mouvement socialiste anglais fondé en 1883.

Fabien le colonel (1919-1944), résistant français (communiste).

Fabiola de Mora y Aragón (née en 1928), reine des Belges, épouse de Baudouin Iᵉʳ.

Fabius Laurent (né en 1946), homme politique français (socialiste), Premier ministre (1984-1986).

Fabius Maximus, dit *Cunctator* « le Temporisateur » (v. 275-203 av. J.-C.), consul romain, vainqueur d'Hannibal.

Fabre Jean Henri (1823-1915), entomologiste français : *Souvenirs entomologiques.*

Fabre Henri (1882-1984), ingénieur français. Il mit au point le premier hydravion.

Fabre d'Églantine Philippe (1750-1794), écrivain et homme politique français, auteur du calendrier révolutionnaire.

Fachoda, localité du Soudan. Occupée en 1898 par la mission française de Marchand, elle est remise aux Anglais de Kitchener.

Faenza, v. d'Italie, en Émilie ; 55 200 h.

Fagnes (Hautes), plateau de l'Ardenne belge.

Fahd Ibn Abd al-Aziz (né en 1923), roi d'Arabie Saoudite depuis 1982.

Fahrenheit Gabriel Daniel (1686-1736), physicien allemand, inventeur d'une échelle de température.

Faidherbe Louis (1818-1889), général français, gouverneur du Sénégal.

Fairbanks Douglas (1883-1939), acteur de cinéma américain.

Faisalabad (anc. *Lyallpur*), v. du Pakistan ; 1 092 000 h.

Falashas ou **Falachas,** peuple noir originaire d'Éthiopie, de religion juive.

Falconet Étienne (1716-1791), sculpteur français.

Falkenhayn Erich von (1861-1922), général allemand.

Falkland (en français *Malouines,* en espagnol *Malvinas*), archipel britannique de l'Atlantique Sud, revendiqué par l'Argentine.

Falla Manuel de (1876-1946), compositeur espagnol : *l'Amour sorcier.*

Fallières Armand (1841-1931), président de la République française (1906-1913).

Fallope Gabriel (1523-1562), médecin et anatomiste italien.

Falloux Frédéric (1811-1886), homme politique français, auteur d'une loi autorisant l'enseignement libre.

Falstaff sir John (v. 1379-1459), capitaine anglais, régent de Normandie, mis en scène par Shakespeare.

Famagouste, port de Chypre ; 44 200 h.

Fangs ou **Pahouins,** peuple du Gabon, de la Guinée équatoriale et du Cameroun.

Fangio Juan (né en 1911), pilote de course argentin.

Fantin-Latour Henri (1836-1904), peintre réaliste français.

F.A.O. Organisation des Nations unies pour l'alimentation et l'agriculture, créée en 1945.

Farabi Abu Nasr Al- (872-950), philosophe arabe, commentateur de Platon et d'Aristote.

Faraday Michael (1791-1867), physicien anglais. Induction électromagnétique.

Farman Henri (1874-1958) et son frère **Maurice** (1877-1964), aviateurs et constructeurs d'avions français.

Farnèse (palais), palais construit à Rome par Sangallo le Jeune et Michel-Ange.

Farnèse, maison princière qui régna à Parme de 1545 à 1731.

Farnèse Alexandre (1545-1592), gouverneur des Pays-Bas pour Philippe II d'Espagne.

Farouk Iᵉʳ (1920-1965), roi d'Égypte en 1936, renversé en 1952.

Fars, prov. d'Iran ; cap. Chiraz.

Far West, étendues situées aux États-Unis, à l'O. du Mississippi.

Fassbinder Rainer Werner (1946-1982), cinéaste allemand.

Fatah (El-) ou **Fath (El-),** mouvement de libération palestinien, composante de l'O.L.P.

Fatehpur Sikri, anc. v. de l'Inde, près d'Agra, construite par Akbar.

Fátima, v. du Portugal. Pèlerinage à la Vierge.

Fatima (v. 606- 632 ou 633), fille de Mahomet, épouse d'Ali, mère de Hassan et de Husayn.

Fatimides, dynastie chiite ismaélienne qui régna sur le Maghreb et l'Égypte de 909 à 1171.

Faucille (col de la), col du Jura (1 323 m).

Faulkner William (1897-1962), romancier américain : *le Bruit et la Fureur.*

Faure Félix (1841-1899), président de la République française (1895-1899).

Fauré Gabriel (1845-1924), compositeur français : *Pelléas et Mélisande.*

Faust, personnage légendaire qui avait vendu son âme au diable en échange du savoir et de la jeunesse.

Fautrier Jean (1898-1964), peintre français.

Favre Jules (1809-1880), homme politique français ; opposant à l'Empire.

Fayolle Émile (1852-1928), maréchal de France.

Fayoum (le), oasis d'Égypte au S.-O. du Caire.

Faysal Ier (1883-1933), roi d'Irak en 1921.

Faysal ibn Abd al-Aziz (1906-1975), roi d'Arabie Saoudite en 1964 ; assassiné.

F.B.I. Sigle de *Federal Bureau of Investigation,* police fédérale des États-Unis.

Febvre Lucien (1878-1956), historien français.

Fécamp, ch.-l. de cant. et port de pêche de Seine-Maritime ; 21 143 h.

Fédor Ier (1557-1598), tsar de Russie en 1584. Il laissa le pouvoir à Boris Godounov.

Fellini Federico (1920-1993), cinéaste italien : *La Dolce Vita, Roma.*

F.É.N. Sigle de *Fédération de l'Éducation nationale,* organisation syndicale.

Fénelon François de Salignac de la Mothe- (1651-1715), prélat et écrivain français : *les Aventures de Télémaque.*

Ferdinand Ier le Grand (1017-1065), roi de Castille en 1035.

Ferdinand Ier de Habsbourg (1503-1564), empereur du Saint Empire en 1556, successeur de son frère Charles Quint.

Ferdinand Ier d'Autriche (1793-1875), empereur d'Autriche en 1835. Il abdiqua en 1848.

Ferdinand II le Catholique (1452-1516), roi d'Aragon et de Sicile, roi de Naples, époux d'Isabelle la Catholique.

Ferdinand II de Habsbourg (1578-1637), roi de Bohême et de Hongrie, empereur du Saint Empire en 1619.

Ferdinand III de Habsbourg (1608-1657), roi de Hongrie et de Bohême, empereur du Saint Empire en 1637.

Ferdinand VII (1784-1833), roi d'Espagne en 1808, détrôné par Napoléon et rétabli en 1814.

Ferdousi ou **Firdousi** (v. 930-1020), poète épique persan : *le Livre des rois.*

Fergana ou **Ferghana,** rég. de l'Ouzbékistan.

Fermat Pierre de (1601-1665), mathématicien français ; calcul infinitésimal.

Fermi Enrico (1901-1954), physicien italien ; première pile atomique.

Fernandel (1903-1971), acteur français.

Ferney-Voltaire, ch.-l. de cant. de l'Ain ; 6 437 h. Voltaire y passa la fin de sa vie.

Féroé, archipel danois au N. de l'Écosse.

Ferrare, v. d'Italie (Émilie-Romagne) ; 146 740 h. Château d'Este.

Ferrari Enzo (1898-1988), constructeur automobile italien.

Ferrat (cap), cap à l'E. de Nice.

Ferré Léo (1916-1993), auteur-compositeur et chanteur français.

Ferrol (El), v. d'Espagne (Galice) ; 87 700 h.

Ferry Jules (1832-1893), homme politique français, à l'origine de l'enseignement primaire public et de l'expansion coloniale.

Fès, v. du Maroc ; env. 450 000 h. Métropole religieuse et intellectuelle.

Fessenheim, com. du Haut-Rhin. Usine hydroélectrique et centrale nucléaire.

Feuerbach Ludwig (1804-1872), philosophe allemand : *l'Essence du christianisme.*

Feuillade Louis (1874-1925), cinéaste français : *Fantomas.*

Feuillants, club politique parisien regroupant modérés et monarchistes constitutionnels (1791-1792).

Féval Paul (1817-1887), auteur français de romans populaires : *le Bossu.*

Feydeau Georges (1862-1921), auteur français de vaudevilles.

Feynman Richard (1918-1988), physicien américain.

Feyzin, com. du Rhône ; 8 567 h. Raffinerie de pétrole.

Fezzan, plateau au S.-O. de la Libye.

F.F.I. Sigle de *Forces françaises de l'intérieur,* forces combattantes de la Résistance (1944).

Fianarantsoa, v. de Madagascar ; 130 000 h.

Fichte Johann (1762-1814), philosophe idéaliste allemand.

Ficin Marsile (1433-1499), philosophe platonicien italien de la Renaissance.

Fidji (îles), État du Pacifique Sud, archipel composé de 326 îles ; 18 272 km^2 ; 725 000 h ; cap. Suva.

Fielding Henry (1707-1754), écrivain anglais : *Tom Jones.*

Fields (médaille), prix décerné tous les quatre ans à un ou plusieurs mathématiciens.

Fiesole, com. d'Italie (Toscane) ; 14 500 h. Vestiges étrusques.

Figeac, ch.-l. d'arr. du Lot ; 10 380 h.

Finistère, dép. français (29) (Bretagne) ; 6 785 km^2 ; 862 543 h ; ch.-l. Quimper.

Finisterre (cap), promontoire de la côte espagnole, au N.-O. de la Galice.

Finlande, État d'Europe septentrionale, sur la Baltique ; 337 032 km^2 ; 4 937 000 h ; cap. Helsinki. Le *golfe de Finlande* sépare la Finlande et l'Estonie.

Finnmark, rég. septentrionale de Norvège.

Fionie, île danoise ; ch.-l. Odense.

Firdousi. V. Ferdousi.

Firminy, ch.-l. de cant. de la Loire ; 23 367 h.

Fischer von Erlach Johann Bernhard (1656-1723), architecte baroque autrichien.

Fischer Johann (1692-1766), architecte baroque bavarois.

Fisher Irving (1867-1947), mathématicien et économiste américain.

Fitzgerald Francis Scott (1896-1940), romancier américain : *Gatsby le Magnifique.*

Fitzgerald Ella (née en 1920), chanteuse de jazz américaine.

Fiume. V. Rijeka.

Fizeau Hippolyte (1819-1896), physicien français.

Flaherty Robert (1884-1951), cinéaste américain : *Louisiana Story.*

Flammarion Camille (1842-1925), astronome français : *Astronomie populaire.*

Flandre, plaine maritime de l'Europe du N.-O. qui s'étend de l'Artois à l'estuaire de l'Escaut. Elle constitue deux provinces de Belgique : la **Flandre-Occidentale** (ch.-l. Bruges) et la **Flandre-Orientale** (ch.-l. Gand).

Flaubert Gustave (1821-1880), écrivain réaliste français : *Madame Bovary, l'Éducation sentimentale.*

Flaviens (les), dynastie qui gouverna l'Empire romain de 69 à 96 (Vespasien, Titus et Domitien).

Flavius Josèphe (37-v. 100), historien juif romanisé : *Antiquités judaïques.*

Flèche (La), ch.-l. d'arr. de la Sarthe ; 16 581 h. Prytanée militaire.

Flémalle le Maître de, peintre flamand du début du XVᵉ s., identifié à Robert Campin.

Fleming sir John Ambrose (1849-1945), physicien anglais. Il réalisa la première diode.

Fleming sir Alexander (1881-1955), microbiologiste anglais. Il découvrit la pénicilline.

Flers, ch.-l. de cant. de l'Orne ; 18 467 h.

Fleurus, com. de Belgique (Hainaut) ; 23 000 h. Victoires françaises en 1690 et 1794.

Fleury André, cardinal de (1653-1743), prélat français, ministre de Louis XV apr. 1726.

Fleury-les-Aubrais, ch.-l. de cant. du Loiret ; 20 730 h.

Fleury-Mérogis, com. de l'Essonne. Centre pénitentiaire.

Flevoland, prov. des Pays-Bas, gagnée sur le Zuyderzee.

F.L.N. Sigle de *Front de libération nationale*, mouvement nationaliste algérien, créé en 1954, devenu parti politique en 1962.

F.L.N.C. Sigle de *Front de libération nationale corse*, mouvement indépendantiste.

F.L.N.K.S. Sigle de *Front de libération nationale kanak socialiste*, mouvement indépendantiste de la Nouvelle-Calédonie.

Florac, ch.-l. d'arr. de la Lozère ; 2 104 h.

Flore, déesse romaine de la Végétation.

Florence, v. d'Italie (Toscane) ; 438 300 h. Monuments du Moyen Âge et de la Renaissance.

Flores, île d'Indonésie, à l'E. de Java. La *mer de Flores* sépare Flores des Célèbes.

Florian Jean-Pierre de (1755-1794), écrivain français : *Fables.*

Floride, État du S.-E. des États-Unis ; v. princ. Miami.

Flourens Pierre (1794-1867), physiologiste français.

Flushing Meadow, parc de New York, siège des Internationaux de tennis des États-Unis.

Flynn Errol (1909-1959), acteur de cinéma américain.

F.M.I. Sigle de *Fonds monétaire international.*

Foch Ferdinand (1851-1929), maréchal de France, commandant en chef en 1918.

Foix, ch.-l. de l'Ariège ; 10 446 h.

Fokine Michel (1880-1942), danseur et chorégraphe russe.

Fokker Anthony (1890-1939), aviateur et constructeur d'avions néerlandais.

Folkestone, port du S. de l'Angleterre ; 43 740 h.

Fons, groupe ethnique du S. du Bénin.

Fonseca Manuel Deodoro da (1827-1892), premier président de la république du Brésil en 1891.

Fontaine Pierre (1762-1853), architecte français. Il fut, avec Percier, l'architecte le plus important du Premier Empire.

Fontainebleau, ch.-l. de cant. de Seine-et-Marne ; 18 037 h. Château de la Renaissance.

Fontane Theodor (1819-1898), écrivain réaliste allemand : *Effi Briest.*

Fontenay, abbaye cistercienne de la Côte-d'Or, fondée par saint Bernard en 1119.

Fontenay-aux-Roses, com. des Hauts-de-Seine ; 23 534 h.

Fontenay-le-Comte, ch.-l. d'arr. de la Vendée ; 16 043 h.

Fontenay-sous-Bois, ch.-l. de cant. du Val-de-Marne ; 52 105 h.

Fontenelle Bernard de (1657-1757), écrivain français : *Entretiens sur la pluralité des mondes.*

Fontenoy (Belgique), victoire du maréchal de Saxe, sur les Anglo-Hollandais (1745).

Fontevrault, abbaye bénédictine du Maine-et-Loire, fondée à la fin du XIᵉ s.

Font-Romeu-Odeillo-Via, stat. climatique des Pyrénées-Orientales. Four solaire.

Forbach, ch.-l. d'arr. de la Moselle ; 27 357 h.

Forcalquier, ch.-l. d'arr. des Alpes-de-Haute-Provence ; 4 039 h.

Force ouvrière, organisation syndicale française.

Ford John (1586-v. 1639), dramaturge anglais, maître du théâtre élizabéthain.

Ford Henry (1863-1947), industriel américain, pionnier de l'automobile.

Ford John (1895-1973), cinéaste américain : *la Chevauchée fantastique.*

Ford Gerald (né en 1913), président (républicain) des États-Unis (1974-1976).

Foreign Office, ministère des Affaires étrangères de Grande-Bretagne.

Forêt-Noire, massif du S. de l'Allemagne, symétrique des Vosges par rapport au Rhin.

Forez (le), rég. du Massif central.

Forlì, v. d'Italie (Émilie-Romagne) ; 110 880 h.

Forman Milos (né en 1932), cinéaste tchécoslovaque naturalisé américain : *Amadeus.*

Formentera, la plus petite des îles Baléares.

Formose, anc. nom de Taiwan.

Fortaleza, port du N.-E. du Brésil (Ceará) ; 1 588 710 h.

Fort-Archambault. V. Sarh.

Fort-de-France, ch.-l. de la Martinique ; 101 540 h.

Fort-Lamy. V. N'Djamena.

Foscolo Ugo (1778-1827), poète italien.

Fos-sur-Mer, com. des Bouches-du-Rhône (12 204 h), près du *golfe de Fos.*

Foucauld Charles de (1858-1916), officier, explorateur puis religieux français.

Foucault Léon (1819-1868), physicien français.

Foucault Michel (1926-1984), philosophe français : *les Mots et les Choses.*

Fouché Joseph (1759-1820), homme politique français, ministre de la Police.

Fougères, ch.-l. d'arr. d'Ille-et-Vilaine ; 23 138 h.

Foujita Léonard (1886-1968), peintre français d'origine japonaise.

Foulbés. V. Peuls.

Fouquet Jean (v. 1420-v. 1477), peintre et miniaturiste français.

Fouquet ou **Foucquet** Nicolas (1615-1680), surintendant des Finances de Louis XIV, emprisonné en 1661.

Fouquier-Tinville Antoine (1746-1795), accusateur public du Tribunal révolutionnaire ; guillotiné.

Fourier Joseph (1768-1830), mathématicien français. Travaux sur les séries.

Fourier Charles (1772-1837), philosophe utopiste français.

Fourmies, com. du Nord ; 14 852 h.

Fourons (les), rég. de la Belgique, point chaud de l'opposition entre Flamands et Wallons.

Fourvière, colline dominant Lyon. Basilique.

Fouta-Djalon, massif montagneux de Guinée.

Fox George (1624-1691), prédicateur anglais, fondateur de la secte des quakers.

Fra Angelico. V. Angelico.

Fragonard Jean Honoré (1732-1806), peintre et graveur français.

France, État d'Europe occidentale ; 543 965 km² ; 56 614 493 h (58 543 000 h avec les DOM-TOM) ; cap. Paris.

France (île de), anc. nom de l'île Maurice.

France Anatole (1844-1924), écrivain français.

Francesca. V. Piero Della Francesca.

Francfort-sur-le-Main, v. d'Allemagne (Hesse) ; 592 410 h. Le *traité de Francfort* mit fin à la guerre franco-allemande de 1870 et céda à l'Allemagne l'Alsace et une partie de la Lorraine (1871).

Francfort-sur-l'Oder, v. de l'E. de l'Allemagne (Brandebourg) ; 81 000 h.

Franche-Comté, anc. prov. et Rég. admin. comprenant les dép. du Doubs, du Jura, de la Haute-Saône et le Territoire de Belfort ; 16 232 km² ; 1 130 241 h ; ch.-l. Besançon.

Franchet d'Esperey Louis (1856-1942), maréchal de France.

Franck César (1822-1890), compositeur et organiste français d'origine belge.

franco-allemande (guerre), guerre qui opposa la France et la Prusse (1870-1871) ; perdue par la France, elle scella l'unité allemande (IIᵉ Reich).

Franco Bahamonde Francisco (1892-1975), général espagnol, chef unique (caudillo) de l'Espagne de 1939 à 1975.

François Iᵉʳ (1494-1547), roi de France en 1515. Adversaire de Charles Quint, unificateur du royaume, il favorisa la Renaissance.

François Iᵉʳ de Habsbourg (1708-1765), empereur du Saint Empire en 1745.

François II (1544-1560), roi de France en 1559, fils d'Henri II.

François II (1768-1835), dernier empereur germanique (1792-1806) et premier empereur d'Autriche en 1804 (François Iᵉʳ).

François d'Assise saint (v. 1182-1226), religieux italien, fondateur des Franciscains.

François de Sales saint (1567-1622), docteur de l'Église : *Introduction à la vie dévote*.

François Xavier saint (1506-1552), jésuite espagnol, missionnaire aux Indes et au Japon.

François-Ferdinand de Habsbourg (1863-1914), archiduc d'Autriche, assassiné à Sarajevo, ce qui déclencha la Première Guerre mondiale.

François-Joseph Iᵉʳ (1830-1916), empereur d'Autriche en 1848 et roi de Hongrie en 1867.

Franconie, rég. d'Allemagne (Bavière).

Franconville, ch.-l. de cant. du Val-d'Oise ; 33 874 h.

Francs, peuple germanique qui envahit la Gaule aux IIIᵉ et IVᵉ s.

Frank Anne (1929-1945), adolescente juive allemande dont le *Journal* a été publié après sa mort au camp de Bergen-Belsen.

Frankenstein, héros d'un roman de Mary Shelley, créateur d'un monstre.

Franklin Benjamin (1706-1790), physicien et homme politique américain. Inventeur du paratonnerre et père de l'indépendance américaine.

Fraser (le), fl. du Canada (1 200 km).

Frauenfeld, v. de Suisse (Thurgovie) ; 18 800 h.

Frazer sir James George (1854-1941), ethnologue écossais : *le Rameau d'or.*

Fréchette Louis (1839-1908), écrivain canadien d'expression française.

Frédégonde (545-597), femme de Chilpéric Iᵉʳ, roi de Neustrie, rivale de Brunehaut.

Frédéric Iᵉʳ Barberousse (1122-1190), empereur du Saint Empire en 1152.

Frédéric Iᵉʳ (1657-1713), premier roi de Prusse, en 1701, fils de Frédéric-Guillaume.

Frédéric II (1194-1250), roi de Sicile en 1197, empereur du Saint Empire en 1220.

Frédéric II le Grand (1712-1786), roi de Prusse (1740-1786). Ami des philosophes, il modernisa la Prusse.

Frédéric-Guillaume (dit *le Grand Électeur*) (1620-1688), Électeur de Brandebourg, créateur de l'État prussien.

Frédéric-Guillaume Iᵉʳ (dit *le Roi-Sergent*) (1688-1740), roi de Prusse en 1713.

Frédéric-Guillaume II (1744-1797), roi de Prusse en 1786. Il lutta contre la Révolution française.

Frédéric-Guillaume III (1770-1840), roi de Prusse en 1797, vaincu par Napoléon.

Frédéric-Guillaume IV (1795-1861), roi de Prusse en 1840.

Fredericton, v. du Canada, cap. du Nouveau-Brunswick ; 44 350 h.

Freetown, cap. de la Sierra Leone ; 469 780 h.

Frege Gottlob (1848-1925), mathématicien et logicien allemand.

Freinet Célestin (1896-1966), pédagogue français.

Fréjus, ch.-l. de cant. du Var ; 42 613 h.

Fréjus, col reliant la Maurienne au Piémont.

French John (1852-1925), maréchal anglais.

Frères musulmans (les), mouvement islamiste sunnite panarabe, créé en 1928.

Frescobaldi Girolamo (1583-1643), compositeur et organiste italien.

Fresnel Augustin (1788-1827), physicien français. Travaux sur la lumière.

Fresnes, ch.-l. de cant. du Val-de-Marne ; 27 032 h. Prison.

Freud Sigmund (1856-1939), psychiatre autrichien, fondateur de la psychanalyse : *l'Interprétation des rêves, Totem et Tabou.*

Fribourg, v. de Suisse ; 37 400 h ; ch.-l. du *canton de Fribourg.*

Fribourg-en-Brisgau, v. d'Allemagne (Bade-Wurtemberg) ; 186 160 h. Cathédrale.

Friedland (Prusse-Orientale), victoire de Napoléon sur les Russes (1807).

Friedman Milton (né en 1912), économiste américain de l'école de Chicago.

Friedrich Caspar David (1774-1840), peintre romantique allemand.

Frioul, rég. historique d'Italie ; ch.-l. Trieste.

Frisch Karl von (1886-1982), entomologiste autrichien. Il a décodé la danse des abeilles.

Frisch Max (1911-1991), écrivain suisse d'expression allemande : *Biedermann et les incendiaires.*

Frise, plaine côtière partagée entre l'Allemagne et les Pays-Bas (*province de Frise*).

Froberger Johann Jakob (1616-1667), organiste et compositeur allemand.

Frobisher sir Martin (v. 1535-1594), explorateur anglais des régions arctiques.

Frœschwiller, com. du Bas-Rhin. Victoire des Prussiens sur Mac-Mahon (1870).

Froissart Jean (1333 ou 1337-apr. 1400), écrivain français : *Chroniques.*

Froment Nicolas (v. 1435-1484), peintre français : triptyque du *Buisson ardent.*

Fromentin Eugène (1820-1876), peintre et écrivain français : *Dominique.*

Fronde (la), troubles politiques durant la régence d'Anne d'Autriche et le gouvernement de Mazarin (1648-1653).

Front national, parti politique français d'extrême droite.

Front populaire, gouvernement de gauche qui dirigea la France en 1936-1938 et mena une politique sociale.

Frontenac Louis de (1620-1698), gouverneur de la Nouvelle-France (Canada).

Frontignan, ch.-l. de cant. de l'Hérault ; 16 315 h.

Frounzé. V. Pichpek.

F.T.P.F. ou **F.T.P.** Sigle de *Francs-Tireurs et Partisans français,* organisation militaire de la Résistance (1940-1944).

Fuentes Carlos (né en 1928), écrivain mexicain : *la Mort d'Artemio Cruz.*

Fugger, famille de banquiers d'Augsbourg qui soutinrent Charles Quint.

Fujian, prov. du S.-E. de la Chine ; ch.-l. Fuzhou.

Fuji-Yama ou **Fuji-San,** volcan éteint et point culminant du Japon (3 778 m).

Fukuoka, port du Japon (Kyushu) ; 1 160 000 h.

Fulda, v. d'Allemagne (Hesse). Anc. abbaye.

Fulton Robert (1765-1815), ingénieur américain, constructeur du premier sous-marin.

Funchal, port de Madère ; 44 110 h.

Furetière Antoine (1619-1688), écrivain français : *Dictionnaire universel.*

Fushun, v. de Chine (Liaoning) ; 1 184 940 h (aggl. 2 045 150 h).

Füssli Johann Heinrich (1741-1825), peintre suisse d'inspiration fantastique.

Fustel de Coulanges Numa Denis (1830-1889), historien français : *la Cité antique.*

Fuzhou, port de la Chine du S.-E. ; 1 111 550 h ; ch.-l. du Fujian.

Fuzuli (v. 1490-1556), poète turc, d'origine kurde.

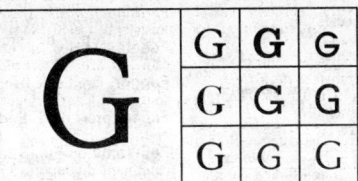

Gabès, port du S. de la Tunisie ; 92 260 h.
Gabin Jean (1904-1976), acteur français.
Gable Clark (1901-1960), acteur américain.
Gabo Naum (1890-1977), sculpteur américain d'origine russe ; il est le frère de Pevsner.
Gabon, État d'Afrique équatoriale ; 267 667 km² ; 1 000 000 h ; cap. Libreville.
Gabor Dennis (1900-1979), physicien britannique.
Gaborone, cap. du Botswana ; 94 710 h.
Gabriel, archange de l'Annonciation (*Évangiles*).
Gabriel Jacques Ange (1698-1782), architecte français. Place de la Concorde.
Gadda Carlo (1893-1973), romancier italien : *la Connaissance de la douleur.*
Gafsa, v. du S.-O. de la Tunisie ; 60 970 h.
Gagarine Youri (1934-1968), cosmonaute soviétique ; premier vol spatial (1961).
Gagny, ch.-l. de cant. de la Seine-Saint-Denis ; 36 151 h.
Gaia ou **Gê,** divinité qui a enfanté les premiers êtres divins (*Myth. gr.*).
Gainsborough Thomas (1727-1788), peintre et dessinateur anglais ; portraitiste.
Galápagos (îles), archipel du Pacifique, prov. de l'Équateur.
Galati, v. de Roumanie ; 286 110 h.
Galatie, anc. pays au centre de l'Asie Mineure.
Galbraith John Kenneth (né en 1908), économiste américain : *le Nouvel État industriel.*
Galibier, col des Hautes-Alpes (2 645 m).
Galibis, Indiens de la Guyane.
Galice, commun. auton. du N.-O. de l'Espagne ; cap. Saint-Jacques-de-Compostelle.
Galicie, rég. d'Europe orientale, partagée en 1945 entre la Pologne et l'Ukraine.
Galien Claude (v. 131-v 201), médecin grec.
Galilée, rég. du N. de la Palestine.
Galilée (1564-1642), physicien, mathématicien et astronome italien. Ayant affirmé que la Terre tourne autour du Soleil, il dut se rétracter devant le Saint-Office.
Gall Franz (1758-1828), médecin allemand, fondateur de la phrénologie.
Gallé Émile (1846-1904), verrier et ébéniste français, fondateur de l'école de Nancy.
Galles (pays de), rég. de l'O. de la Grande-Bretagne ; cap. Cardiff. Le fils aîné du roi d'Angleterre porte le titre de *prince de Galles.*

Gallien (v. 218-268), empereur romain en 260.
Gallieni Joseph (1849-1916), maréchal de France.
Gallimard Gaston (1881-1976), éditeur français.
Gallup George (1901-1984), statisticien américain, promoteur des sondages d'opinion.
Galois Évariste (1811-1832), mathématicien français ; tué en duel.
Galsworthy John (1867-1933), écrivain anglais : *la Saga des Forsyte.*
Galvani Luigi (1737-1798), médecin italien.
Gama Vasco de (v. 1469-1524), navigateur portugais, le premier à atteindre les Indes en doublant le cap de Bonne-Espérance (1498).
Gambetta Léon (1838-1882), homme politique français, un des fondateurs de la IIIᵉ République.
Gambie (la), fl. d'Afrique de l'O. (1 130 km).
Gambie, État d'Afrique occidentale ; 11 295 km² ; 815 000 h ; cap. Banjul.
Gambier (îles), archipel de la Polynésie française.
Gamow George (1904-1968), physicien américain d'origine russe.
Gance Abel (1889-1981), cinéaste français : *Napoléon.*
Gand, port de Belgique, sur l'Escaut, ch.-l. de la Flandre-Orientale ; 239 260 h.
Gandhara, prov. de l'Inde ancienne, auj. au Pakistan.
Gandhi (dit *le Mahatma*) (1869-1948), philosophe et homme politique indien, principal artisan de l'indépendance de l'Inde ; assassiné.
Gandhi Indira (1917-1984), fille de Nehru. Premier ministre de l'Inde de 1966 à 1977 et de 1980 à 1984 ; assassinée.
Gandhi Rajiv (1944-1991), homme politique indien, fils d'Indira Gandhi ; assassiné.
Gange (le), fl. sacré de l'Inde (2 700 km).
Gangtok, v. de l'Inde, cap. du Sikkim.
Gansu, prov. de la Chine du N.-O ; ch.-l. Lanzhou.
Ganymède, le plus gros satellite de Jupiter.
Gao, v. du Mali ; 43 000 h. Cap. de l'Empire songhaï (XIᵉ-XVIᵉ s.).
Gaoxiong ou **Kaosiung,** port de Taiwan ; 828 190 h.
Gap, ch.-l. des Hautes-Alpes ; 35 647 h.
Garabit (viaduc de), pont en fer dans le Cantal, construit par Eiffel.

Garbo Greta (1905-1990), actrice de cinéma suédoise, naturalisée américaine.

Garches, ch.-l. de cant. des Hauts-de-Seine ; 18 091 h. Centre hospitalier.

García Lorca Federico (1899-1936), poète et auteur dramatique espagnol : *Noces de sang*.

García Márquez Gabriel (né en 1928), romancier colombien : *Cent ans de solitude*.

Gard (le), affl. du Rhône (133 km), franchi par un aqueduc romain, *le pont du Gard*.

Gard, dép. français (30) (Languedoc-Roussillon) ; 5 848 km^2 ; 595 872 h ; ch.-l. Nîmes.

Garde (lac de), lac du N. de l'Italie (370 km^2).

Gardes rouges, mouvement politique chinois de la révolution culturelle.

Gargano, massif du S.-E. de l'Italie (1 056 m).

Gargantua, géant des romans de Rabelais.

Garges-lès-Gonesse, ch.-l. de cant. du Val-d'Oise ; 42 236 h.

Garibaldi Giuseppe (1807-1882), révolutionnaire italien, artisan de l'unité italienne.

Garmisch-Partenkirchen, stat. hivernale d'Allemagne (Bavière).

Garnier Robert (1544-1590), poète dramatique français : *Sédécie ou les Juives*.

Garnier Charles (1825-1898), architecte français. Opéra de Paris.

Garonne (la), fl. français né en Espagne (647 km), confluant avec la Dordogne pour former la Gironde.

Garonne (Haute-), dép. français (31) (Midi-Pyrénées) ; 6 309 km^2 ; 940 394 h ; ch.-l. Toulouse.

Garros Roland (1888-1918), aviateur français.

Gary Romain (1914-1980), romancier français : *les Racines du ciel*. Sous le pseudonyme d'Émile Ajar, il publia trois romans.

Gascogne, anc. rég. du S.-O. de la France.

Gascogne (golfe de), golfe de l'Atlantique, entre la France et l'Espagne.

Gaspard, un des Rois mages (*Évangiles*).

Gaspésie, péninsule du Canada (Québec).

Gassendi Pierre (1592-1655), philosophe, astronome et mathématicien français.

Gaston de Foix (1331-1391), comte de Foix, protecteur des arts.

Gâtinais, rég. du Bassin parisien.

GATT, Accord international sur les tarifs douaniers et le commerce (1947).

Gaudí Antonio (1852-1926), architecte espagnol. Sagrada Familia, à Barcelone.

Gauguin Paul (1848-1903), peintre français. Son art visionnaire est aux sources de l'esthétique moderne.

Gaule, nom que les Romains donnèrent à des territoires peuplés par les Celtes : *Gaule transalpine* (France et Belgique actuelles) et *Gaule cisalpine* (Italie du Nord).

Gaulle Charles de (1890-1970), général et homme politique français. Organisateur de la Résistance française, premier président de la Ve République (1959-1969).

Gaumont Léon (1864-1946), inventeur et industriel français, pionnier du cinéma.

Gauss Carl Friedrich (1777-1855), mathématicien, physicien et astronome allemand.

Gautier Théophile (1811-1872), écrivain français : *le Capitaine Fracasse*.

Gavarnie (cirque de), site touristique des Hautes-Pyrénées.

Gay-Lussac Louis (1778-1850), physicien e[t] chimiste français.

Gaza, territoire de Palestine sous contrôl[e] israélien depuis 1967 (630 000 h) ; ch.-l. Gaza

Gaziantep, v. de Turquie orientale ; 478 640 h[.]

Gdańsk (anc. *Dantzig*), port de Pologne 468 000 h.

Gdynia, port de Pologne ; 245 400 h.

Geber, alchimiste et philosophe arabe de l[a] fin du VIIIe s.

Gédéon, cinquième juge d'Israël (*Bible*).

Geiséric ou **Genséric** (mort en 477), premie[r] souverain vandale d'Afrique (428-477).

Gela, port d'Italie (Sicile) ; 74 800 h.

Gelée ou **Gellée** Claude. V. Lorrain (le).

Gell-Mann Murray (né en 1929), physicie[n] américain.

Gelsenkirchen, v. d'Allemagne (Rhénanie-du Nord) ; 283 560 h.

Gemayel Pierre (1905-1984), homme poli[-]tique libanais (chrétien).

Gémeaux (les), constellation du ciel boréal e[t] signe du zodiaque (22 mai-21 juin).

Gênes, port d'Italie, ch.-l. de la Ligurie, su[r] le *golfe de Gênes* ; 742 440 h.

Genèse (la), premier livre de la Bible.

Genet Jean (1910-1986), écrivain français.

Genève, v. de Suisse, sur le lac Léman ch.-l. du *canton de Genève* ; 164 400 h (aggl 384 510 h).

Geneviève sainte (v. 422-v. 502), patronne de Paris qu'elle aurait sauvé d'Attila.

Genevoix Maurice (1890-1980), romancie[r] français : *Raboliot*.

Gengis Khan (v. 1162-1227), fondateur d[u] premier Empire mongol.

Génissiat, barrage sur le Rhône (Ain).

Genk, v. de Belgique (Limbourg) ; 61 500 h.

Gennevilliers, ch.-l. de cant. des Hauts-de Seine ; 45 052 h.

Genseric. V. Geiséric.

Geoffrin Mme (1699-1777), bourgeoise qui tin[t] un salon et subventionna l' *Encyclopédie*.

Geoffroy Saint-Hilaire Étienne (1772-1844) naturaliste français.

George Ier (1660-1727), Électeur de Hanovr[e] puis roi de Grande-Bretagne en 1714.

George II (1683-1760), fils du préc., roi de Grande-Bretagne en 1727.

George III (1738-1820), roi de Grande-Bretagne en 1760 ; il devint fou.

George IV (1762-1830), fils du préc. ; régen[t] en 1811, roi de Grande-Bretagne en 1820.

George V (1865-1936), roi de Grande-Bretagne en 1910.

George VI (1895-1952), fils du préc., roi de Grande-Bretagne en 1936.

George Stefan (1868-1933), poète allemand.

Georges saint, martyr au IVe s. Patron de l'Angleterre.

Georges Ier (1845-1913), roi de Grèce en 1863. Il fut assassiné.

Georges II (1890-1947), roi de Grèce de 1922 à 1923 et de 1935 à 1947.

Georgetown, cap. de la Guyana ; 188 000 h.

George Town. V. Penang.

Géorgie, État du S.-E. des États-Unis ; cap. Atlanta.

Géorgie, État d'Asie, anc. rép. de l'U.R.S.S. 69 700 km^2 ; 5 500 000 h ; cap. Tbilissi.

érardmer, stat. climatique des Vosges.

erbert d'Aurillac (v. 938-1003), moine, éologien et pape en 999 sous le nom de **l**vestre II.

erbier-de-Jonc (mont), sommet du Vivarais la Loire prend sa source.

ergovie, anc. cap. des Arvernes. Victoire de **e**rcingétorix sur César (52 av. J.-C.).

éricault Théodore (1791-1824), peintre fran**is** : *le Radeau de la Méduse*.

ermains, peuples indo-européens installés **a**u. du Rhin et au N. du Danube, qui enva**r**ent l'Empire romain apr. le IIIe s.

ermanicus (15 av. J.-C.-19 apr. J.-C.), géné**r**al romain, vainqueur des Germains.

ermanie, anc. rég. de l'Europe du Nord.

ermano-soviétique (pacte), pacte de non-**r**ression entre Hitler et Staline (1939).

érone, v. d'Espagne (Catalogne) ; 66 160 h.

eronimo (1829-1908), chef indien apache.

ers (le), affl. de la Garonne (178 km).

ers, dép. français (32) (Midi-Pyrénées) ; 291 km² ; 180 312 h ; ch.-l. Auch.

ershwin George (1898-1937), compositeur **a**méricain : *Porgy and Bess*.

estapo (la), police politique du IIIe Reich.

esualdo Carlo (v. 1560-1614), compositeur **e**t luthiste italien : *Madrigaux*.

ethsémani, jardin de Jérusalem, au pied du **m**ont des Oliviers. Jésus y fut arrêté.

ettysburg, v. des États-Unis. Victoire des **n**ordistes sur les sudistes (1863).

évaudan, plateau du Massif central.

ex, ch.-l. d'arr. de l'Ain ; 6 678 h.

hana, État d'Afrique occidentale ; **2**38 538 km² ; 13 700 000 h ; cap. Accra.

hana, anc. empire d'Afrique (IIIe-XIe s.).

hardaïa, oasis d'Algérie ; 62 250 h.

hats, chaînes côtières de l'Inde (Dekkan).

hazali (Al-) ou **Algazel**, (1058-1111), philo-**so**phe, juriste et théologien de l'islam.

helderode Michel de (1898-1962), drama**t**urge belge d'expression française : *Barabbas*.

hiberti Lorenzo (1378-1455), orfèvre, sculp**te**ur et architecte italien de la Renaissance.

hirlandaio Domenico (1449-1494), peintre **flo**rentin de la Renaissance.

iacometti Alberto (1901-1966), sculpteur et **p**eintre suisse.

iambologna (en français *Jean de Bologne*) **1**529-1608), sculpteur d'origine flamande.

iap Võ Nguyên (né en 1912), général et **h**omme politique vietnamien.

ibbs James (1682-1754), architecte anglais.

ibbs Willard (1839-1903), physicien amé**r**icain, père de la thermodynamique.

ibraltar, territoire britannique, à l'extrémité **m**éridionale de l'Espagne, sur le *détroit de ibraltar* ; 29 000 h.

ide André (1869-1951), écrivain français : **le**s *Faux-Monnayeurs*.

ien, ch.-l. de cant. du Loiret ; 17 166 h.

iens, presqu'île du Var.

if-sur-Yvette, ch.-l. de cant. de l'Essonne ; **19** 818 h.

ijón, port d'Espagne (Asturies) ; 256 000 h.

ilbert (îles). V. Kiribati.

ilgamesh, roi sumérien du IIIe millénaire.

illespie Dizzy (1917-1993), jazzman amé**r**icain.

Ginsberg Allen (né en 1926), poète américain de la « beat generation ».

Giolitti Giovanni (1842-1928), homme politique italien.

Giono Jean (1895-1970), romancier français : *le Hussard sur le toit*.

Giordano Luca (1634-1705), peintre et décorateur baroque italien.

Giorgione (v. 1477-1510), peintre vénitien de la Renaissance : *la Tempête*.

Giotto (v. 1266-1337), peintre florentin : fresques de la *Vie de saint François*, à Assise.

Giovanni Pisano (v. 1245-apr. 1314), sculpteur et architecte italien, fils de Nicola Pisano.

Girardin Émile de (1806-1881), journaliste français, créateur de la presse moderne.

Girardon François (1628-1715), sculpteur classique français.

Giraud Henri (1879-1949), général français, coprésident du Comité français de libération nationale (1943).

Giraudoux Jean (1882-1944), écrivain français : *la Folle de Chaillot*.

Gironde (la), estuaire formé par la Garonne et la Dordogne (75 km).

Gironde, dép. français (33) (Aquitaine) ; 10 000 km² ; 1 234 426 h ; ch.-l. Bordeaux.

Girondins, groupe de députés républicains modérés, sous la Révolution française ; éliminés par les Montagnards lors de la Terreur.

Giscard d'Estaing Valéry (né en 1926), président de la République française (1974-1981).

Gisors, ch.-l. de cant. de l'Eure ; 9 673 h.

Givors, ch.-l. de cant. du Rhône ; 19 833 h.

Gizeh, v. d'Égypte, banlieue du Caire ; 1 870 510 h. Grandes pyramides et sphinx.

Glace (mer de), glacier du Mont-Blanc.

Gladstone William (1809-1898), homme politique (libéral) britannique.

Glamorgan, anc. comté du pays de Galles.

Glanum, anc. v. gallo-romaine, près de Saint-Rémy-de-Provence.

Glaris, com. de Suisse ; 5 800 h ; ch.-l. du *canton de Glaris*.

Glasgow, port d'Écosse ; 762 000 h.

Glénan (îles), îlots au S.-O. du Finistère.

Glières (plateau des), plateau de Haute-Savoie, haut lieu de la Résistance (1944).

Glinka Mikhaïl (1804-1857), compositeur russe, fondateur de l'opéra national russe.

Glorieuses (les Trois), journées révolutionnaires des 27, 28 et 29 juillet 1830.

Gloucester, port de Grande-Bretagne ; 92 130 h. Cathédrale.

Gluck Christoph von (1714-1787), compositeur allemand : *Orphée*.

Goa, État de l'Inde, anc. colonie portugaise.

Gobelins (les), manufacture de tapisseries, fondée à Paris par Colbert.

Gobi, désert d'Asie centrale.

Gobineau Joseph, comte de (1816-1882), écrivain français : *les Pléiades*.

Godard Jean-Luc (né en 1930), cinéaste français : *À bout de souffle*.

Godavari, fl. sacré de l'Inde (1 500 km).

Godefroi de Bouillon (v. 1061-1100), duc de Basse-Lorraine, chef de la première croisade, élu roi de Jérusalem (1099).

Gödel Kurt (1906-1978), mathématicien et logicien américain d'origine autrichienne.

Godoy Álvarez de Faria Manuel (1767-1851), homme politique espagnol.

Goebbels Joseph (1897-1945), homme politique allemand ; ministre de la Propagande.

Goering ou **Göring** Hermann (1893-1946), maréchal et homme politique allemand.

Goethe Johann (1749-1832), écrivain allemand : *les Souffrances du jeune Werther, Faust.*

Gogol Nikolaï (1809-1852), écrivain russe : *les Âmes mortes.*

Goiânia, v. du Brésil (Goiás) ; 928 050 h.

Goiás, État du centre du Brésil ; cap. Goiânia.

Golan (plateau du), rég. de Syrie, occupée par Israël en 1974, puis annexée en 1981.

Golconde, v. du Dekkan (Inde), détruite au XVIIe s. par Aurangzeb.

Goldoni Carlo (1707-1793), auteur dramatique italien : *la Locandiera.*

Goldsmith Oliver (1728-1774), écrivain anglais : *le Vicaire de Wakefield.*

Golfe (guerre du), conflit qui a suivi l'annexion du Koweït par l'Irak (1990).

Golgotha, colline où Jésus fut crucifié.

Goliath, géant philistin tué d'un coup de fronde par David (*Bible*).

Golo (le), princ. fl. de Corse (75 km).

Gomar François (1563-1641), théologien néerlandais, adversaire d'Arminius.

Gombrowicz Witold (1904-1969), écrivain polonais : *Ferdydurke.*

Gomel, v. de Biélorussie ; 465 000 h.

Gomorrhe, anc. v. de Palestine, détruite par Dieu en même temps que Sodome (*Bible*).

Gomulka Wladyslaw (1905-1982), homme politique polonais.

Goncourt Edmond (1822-1896) et son frère **Jules** (1830-1870), écrivains français. Par testament, Edmond créa l'*Académie Goncourt.*

Gondar, v. d'Éthiopie ; 80 890 h. Anc. capitale (XVIe-XIXe s.).

Gondwana (le), continent qui regroupait, à l'ère primaire, l'Amérique du Sud, l'Afrique, l'Inde, l'Australie et l'Antarctique.

Góngora y Argote Luis de (1561-1627), poète espagnol au style raffiné.

González Felipe (né en 1942), Premier ministre (socialiste) de l'Espagne depuis 1982.

Goodyear Charles (1800-1860), inventeur américain de la vulcanisation du caoutchouc.

Gorbatchev Mikhaïl (né en 1931), homme politique soviétique, initiateur de profondes réformes (1985-1991).

Gordimer Nadine (née en 1923), romancière sud-africaine d'expression anglaise.

Gorée, îlot du Sénégal, à 4 km de Dakar, base de la traite des esclaves.

Gorgias (v. 487-v. 380 av. J.-C.), sophiste grec.

Gorgones, monstres de la mythologie grecque.

Göring. V. Goering.

Gorki. V. Nijni-Novgorod.

Gorki Maxime (1868-1936), écrivain russe : *la Mère.*

Gosier (Le), ch.-l. de cant. de la Guadeloupe ; 20 708 h.

Gossaert Jan (dit *Mabuse*) (v. 1478-v. 1535), peintre flamand.

Göteborg, port de Suède ; 425 500 h.

Gotha, v. d'Allemagne (Thuringe) ; 57 570 h.

Goths, peuple germanique qui enval l'Empire romain au IVe s. et se divisa entre l Ostrogoths et les Wisigoths.

Gotland, île suédoise de la Baltique.

Göttingen, v. d'Allemagne ; 130 800 h.

Gottwald Klement (1896-1953), homme po tique tchécoslovaque (communiste).

Gouda, v. des Pays-Bas ; 62 320 h.

Goujon Jean (v. 1510-v. 1564 ou 1569), scul teur et architecte français.

Goulette (La), port de Tunisie ; 61 610 h.

Gounod Charles (1818-1893), composite français : *Faust.*

Gouraud Henri (1867-1946), général françai

Gourdon, ch.-l. d'arr. du Lot ; 5 073 h.

Gouvion-Saint-Cyr Laurent (1764-183(maréchal de France.

Goya Francisco de (1746-1828), peintre graveur espagnol, précurseur de l'art modern

Graal ou **Saint-Graal** (le), vase sacré q aurait contenu le sang du Christ.

Gracchus Tiberius (162-133 av. J.-C.) et Cai (154-121 av. J.-C.) (les Gracques), homm politiques romains qui tentèrent une réform agraire et furent assassinés.

Grâces (les trois), déesses romaines de Beauté : Aglaé, Euphrosyne, Thalie.

Gracq Julien (né en 1910), écrivain français.

Gradignan, ch.-l. de cant. de la Gironde 22 115 h.

Graham Martha (1893-1991), danseuse et che régraphe américaine.

Gramme Zénobe (1826-1901), électricie belge. Il inventa la dynamo.

Grampians (monts), massif d'Écosse.

Gramsci Antonio (1891-1937), philosophe homme politique italien (communiste).

Granados Enrique (1867-1916), composite espagnol.

Gran Chaco. V. Chaco.

Grand Canyon, gorges du Colorado, dar l'Arizona (États-Unis).

Grande ou **Grande del Norte** ou **Brav** (rio), fl. d'Amérique du Nord, frontière entre Mexique et les États-Unis (2 900 km).

Grande-Bretagne et Irlande du Nor (Royaume-Uni de), État d'Europe occidentale 244 023 km² ; 57 309 000 h. ; cap. Londres.

Grande-Grèce, colonies grecques d'Italie d Sud et de Sicile (VIIIe s. av. J.-C.).

Grande-Motte (La), stat. balnéaire d l'Hérault.

Grande-Synthe, ch.-l. de cant. du Nord 24 489 h.

Grand Lac Salé, nappe d'eau salé (4 690 km²) des États-Unis.

Grand-Quevilly (Le), ch.-l. de cant. de Seine-Maritime ; 27 909 h.

Grands Lacs (les), ensemble de cinq g d'Amérique du Nord, reliés entre eux et l'Atlantique par le Saint-Laurent (Supérieu Huron, Michigan, Érié, Ontario).

Granville (1803-1847), dessinateur français.

Granique (le), victoire d'Alexandre le Gran sur Darius III (334 av. J.-C.).

Gran Sasso d'Italia, point culminant d l'Apennin (2 914 m).

Grant Ulysses (1822-1885), général américain vainqueur des sudistes, président (républicain de 1869 à 1877.

Grant Cary (1904-1986), acteur américain.

Granville, ch.-l. de cant. et stat. balnéaire de la Manche ; 13 340 h.

Grass Günter (né en 1927), écrivain allemand : *le Tambour.*

Grasse, ch.-l. d'arr. des Alpes-Maritimes ; 42 077 h.

Gravelines, ch.-l. de cant. du Nord ; 12 650 h.

Graz, v. d'Autriche (Styrie) ; 243 500 h.

Grèce, État du S. de l'Europe ; 131 990 km² ; env. 10 000 000 h ; cap. Athènes.

Greco (le) (1541-1614), peintre espagnol d'origine crétoise.

Green Julien (né en 1900), écrivain américain d'expression française : *Mont-Cinère.*

Greene Graham (1904-1991), écrivain anglais : *la Puissance et la Gloire.*

Greenpeace, mouvement écologiste international, créé en 1971.

Greenwich, faubourg de Londres dont le méridien a été adopté comme méridien zéro.

Greenwich Village, quartier de New York (Manhattan).

Grégoire Henri (dit *l'Abbé*) (1750-1831), homme politique français, défenseur des droits de l'homme, chef de l'Église constitutionnelle.

Grégoire Ier le Grand saint (v. 540-604), pape en 590. Il fit de Rome le centre de la chrétienté et réforma le chant liturgique.

Grégoire VII saint (v. 1020-1085), pape en 1073. Il s'opposa à l'empereur Henri IV, dont il obtint la soumission à Canossa.

Grégoire XIII (1502-1585), pape en 1572. Il réforma le calendrier.

Grégoire de Nazianze saint (v. 330-v. 390), docteur de l'Église.

Grégoire de Nysse saint (v. 335-v. 395), docteur de l'Église d'Orient.

Grégoire de Tours saint (v. 538-v. 594), historien français : *Histoire des Francs.*

Grémillon Jean (1902-1959), cinéaste français.

Grenade, v. d'Espagne (Andalousie) ; 259 780 h. Palais de l'Alhambra, jardins. Le *royaume arabe de Grenade,* fondé au XIᵉ s., fut conquis en 1492 par les Espagnols.

Grenade, État des Petites Antilles ; 344 km² ; 115 000 h ; cap. Saint-George's.

Grenadines, îlots des Petites Antilles.

Grenoble, ch.-l. de l'Isère ; 153 973 h.

Gresham sir Thomas (1519-1579), financier anglais.

Grésivaudan, vallée de l'Isère, au N. de Grenoble.

Greuze Jean-Baptiste (1725-1805), peintre français.

Grève (place de), anc. nom de la place de l'Hôtel-de-Ville de Paris.

Grévin (musée), galerie de figures de cire, située à Paris.

Grévy Jules (1807-1891), président de la République française (1879-1887). Il démissionna.

Gribeauval Jean-Baptiste (1715-1789), ingénieur et général français.

Grieg Edvard (1843-1907), compositeur norvégien : *Peer Gynt.*

Griffith David (1875-1948), cinéaste américain : *Naissance d'une nation.*

Grigny, com. de l'Essonne ; 24 969 h.

Grigny Nicolas de (1672-1703), organiste et compositeur français.

Grimaldi, famille génoise dont descendent les princes de Monaco.

Grimbergen, v. de Belgique (Brabant) ; 32 040 h.

Grimm Jacob (1785-1863), philologue et écrivain allemand. Avec son frère **Wilhelm** (1786-1859), il publia un recueil de *Contes.*

Grimmelshausen Hans (v. 1620-1676), écrivain allemand : *Simplicius Simplicissimus.*

Grimsby, port de Grande-Bretagne ; 92 150 h.

Gris Juan (1887-1927), peintre cubiste espagnol.

Gris-Nez (cap), cap du Pas-de-Calais.

Grisons (les), cant. de Suisse ; ch.-l. Coire.

Grock (1880-1959), clown suisse.

Groddeck Georg (1866-1934), psychanalyste allemand, précurseur de la médecine psychosomatique.

Groenland, territoire autonome dépendant du Danemark ; 2 175 600 km² ; 49 630 h ; cap. Nuuk.

Groix (île de), île du Morbihan.

Gromaire Marcel (1892-1971), peintre français.

Gromyko Andreï (1909-1989), homme politique soviétique.

Groningue, v. du N.-E. des Pays-Bas, ch.-l. de la *province de Groningue ;* 168 000 h.

Gropius Walter (1883-1969), architecte allemand, fondateur du Bauhaus.

Gros Antoine (1771-1835), peintre français.

Grossglockner, point culminant des Alpes autrichiennes (3 796 m).

Grosz Georg (1893-1959), peintre et caricaturiste américain d'origine allemande.

Grotius (1583-1645), juriste néerlandais.

Grouchy Emmanuel de (1766-1847), maréchal français.

Groznyï, v. de Russie, cap. de la Rép. des Tchétchènes-Ingouches ; 393 000 h.

Grünewald Matthias (1470-1528), peintre allemand : retable d'Issenheim.

Gstaad, stat. de sports d'hiver de Suisse.

Guadalajara, v. du Mexique ; 1 626 150 h.

Guadalcanal, une des îles Salomon, disputée entre les Japonais et les Américains (1942-1943).

Guadalquivir (le), fl. du S.-O. de l'Espagne (680 km), qui se jette dans l'Atlantique.

Guadarrama (sierra de), chaîne montagneuse du centre de l'Espagne (2 405 m).

Guadeloupe, île des Antilles formant un dép. français d'outre-mer (971) ; 1 704 km² ; 389 097 h ; ch.-l. Basse-Terre.

Guadiana (le), fl. d'Espagne et du Portugal (801 km), qui se jette dans l'Atlantique.

Guam, île principale des Mariannes, base militaire américaine.

Guangdong, prov. de la Chine du S.-E. ; cap. Canton.

Guangxi, prov. de la Chine du Sud ; cap. Nanning.

Guangzhou. V. Canton.

Guantánamo, v. de Cuba ; 199 990 h. Base navale américaine.

Guaranis, Indiens du Paraguay.

Guardi Francesco (1712-1793), peintre italien.

Guatemala, État d'Amérique centrale ; 108 889 km² ; env. 9 000 000 h ; cap. **Guatemala** (754 240 h).

Guayaquil, port de l'Équateur ; 1 387 820 h.

Guderian Heinz (1888-1954), général allemand.

Gudule sainte (morte en 712), patronne de Bruxelles.

Guebwiller (ballon de) ou **Grand Ballon**, point culminant des Vosges (1 424 m).

Guebwiller, ch.-l. d'arr. du Haut-Rhin ; 11 280 h.

Gueldre, prov. des Pays-Bas ; ch.-l. Arnhem.

Guépéou (la), police politique soviétique de 1922 à 1934.

Guérande, ch.-l. de cant. de la Loire-Atlantique ; 12 001 h.

Guerchin (le), (1591-1666), peintre italien.

Guéret, ch.-l. de la Creuse ; 15 718 h.

Guérin Camille (1872-1961), biologiste français. V. Calmette.

Guernesey, une des îles Anglo-Normandes.

Guernica y Luno, v. d'Espagne (Biscaye), détruite par l'aviation allemande au service des franquistes (1937).

Guerre mondiale (Première), conflit qui opposa de 1914 à 1918 la France, la Belgique, l'Angleterre, la Russie et leurs alliés à l'Allemagne, l'Autriche-Hongrie et leurs alliés, qui furent vaincus.

Guerre mondiale (Seconde), conflit qui opposa de 1939 à 1945 les forces de l'Axe (Allemagne, Italie, Japon) aux Alliés (France, Angleterre, États-Unis, U.R.S.S.) qui furent vainqueurs.

Guesclin (Du). V. Du Guesclin.

Guesde Jules (1845-1922), homme politique français (socialiste).

Guevara Ernesto (dit *Che*) (1928-1967), révolutionnaire latino-américain.

Guez de Balzac. V. Balzac.

Guggenheim (musée), musée d'art contemporain à New York, construit par F. L. Wright.

Gui d'Arezzo (v. 990-v. 1050), bénédictin italien, créateur de la notation musicale.

Guillaume Ier le Conquérant (v. 1027-1087), duc de Normandie en 1035, roi d'Angleterre apr. la victoire d'Hastings (1066).

Guillaume Ier de Nassau (dit *le Taciturne*), (1533-1584), stathouder de Hollande en 1572.

Guillaume Ier (1797-1888), roi de Prusse en 1861, empereur d'Allemagne en 1871.

Guillaume II de Nassau (1626-1650), stathouder de Hollande en 1647.

Guillaume II (1859-1941), empereur d'Allemagne (1888-1918). Il abdiqua.

Guillaume III (1650-1702), stathouder des Provinces-Unies (1672), roi d'Angleterre en 1689 après la 2e Révolution d'Angleterre.

Guillaume de Lorris (v. 1200-v. 1238), poète français : *Roman de la Rose.*

Guillaume de Machaut (v. 1300-1377), musicien et poète français.

Guillaume d'Occam (fin XIIIe s.-v. 1349), théologien et philosophe scolastique anglais.

Guillaume Tell, héros légendaire de l'indépendance suisse (XIVe s.).

Guimard Hector (1867-1942), architecte décorateur français de l'art nouveau.

Guimet (musée), musée des arts de l'Extrême-Orient, à Paris.

Guinée, autref., rég. côtière de l'Afrique, entre la Casamance et le Gabon (*golfe de Guinée*).

Guinée, État d'Afrique occidentale 245 857 km² ; 6 400 000 h ; cap. Conakry.

Guinée-Bissau, État d'Afrique occidentale 36 125 km² ; env. 900 000 h ; cap. Bissau.

Guinée équatoriale, État d'Afrique 28 051 km² ; env. 350 000 h ; cap. Malabo.

Guinée (Nouvelle-). V. Nouvelle-Guinée.

Guingamp, ch.-l. d'arr. des Côtes-d'Armor 8 774 h.

Guinness Alec (né en 1914), acteur anglais.

Guipúzcoa, prov. basque d'Espagne ; ch.-Saint-Sébastien.

Guise (maison de), famille ducale de Lorraine. **François** (1519-1563) et son fils **Henri** (1550-1588) furent les chefs du parti catholique pendant les guerres de Religion et furent assassinés.

Guitry Sacha (1885-1957), acteur, cinéaste et auteur dramatique français.

Guiyang, v. de Chine ; cap. du Guizhou 1 350 190 h.

Guizhou, prov. de la Chine du S.-O. ; cap. Guiyang.

Guizot François (1787-1874), historien français. Chef du gouvernement de 1840 à 1848.

Gujerat, État du N.-O. de l'Inde.

Gulf Stream, courant chaud de l'Atlantique Nord.

Gulliver, héros d'un roman de Swift.

Guomindang ou **Kouo-min-tang,** parti nationaliste chinois fondé par Sun Yat-sen en 1900.

Guo Moruo ou **Kouo Mo-jo** (1892-1978) écrivain et homme politique chinois.

Gupta, dynastie indienne (IIIe-VIe s.).

Gurkha, caste militaire du Népal.

Gustave Ier Vasa (1496-1560), roi de Suède en 1523. Il rompit l'Union de Kalmar.

Gustave II Adolphe (1594-1632), roi de Suède en 1611.

Gutenberg Johannes (v. 1399-1468), créateur allemand de l'imprimerie.

Guyana, État du N.-E. de l'Amérique du Sud 214 970 km² ; 1 000 000 h ; cap. Georgetown.

Guyane, dép. français d'outre-mer (973) 90 000 km² ; 115 686 h ; cap. Cayenne.

Guyenne, possessions des rois d'Angleterre en Aquitaine, de 1258 à 1453.

Guynemer Georges (1894-1917), aviateur français.

Guyon Jeanne-Marie, Mme (1648-1717), mystique française qui professa le quiétisme.

Gwalior, v. de l'Inde (Madhya Pradesh) 593 020 h.

Gygès (v. 687-v. 652 av. J.-C.), berger devenu roi de Lydie grâce à un anneau le rendant invisible (*Myth. gr.*).

Győr, v. de Hongrie ; 102 350 h.

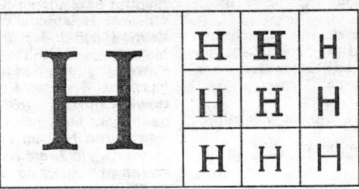

Haarlem, v. des Pays-Bas ; 148 740 h.

Habsbourg, dynastie qui régna sur l'Autriche de 1278 à 1918.

Hachémites, famille arabe issue d'un aïeul de Mahomet et dont les descendants furent, jusqu'en 1924, les gardiens des lieux saints de l'islam et régnèrent sur l'Irak (1920-1958) et sur la Jordanie depuis 1921.

Hachette Jeanne (née v. 1456), héroïne française qui défendit Beauvais en 1472.

Hachette Louis (1800-1864), éditeur français.

Hadès, dieu des Enfers (*Myth. gr.*).

Hadramaout, rég. montagneuse de l'Arabie.

Hadrien ou **Adrien** (76-138), empereur romain en 117. Il consolida l'Empire.

Haendel ou **Händel** Georg Friedrich (1685-1759), compositeur allemand, naturalisé anglais : *le Messie*.

Hafiz (1320-1389), poète lyrique persan.

Hafsides, dynastie berbère qui gouverna l'Afrique du Nord de 1228 à 1574.

Hague (la), cap au N.-O. du Cotentin.

Haguenau, ch.-l. d'arr. du Bas-Rhin ; 30 384 h.

Hahn Reynaldo (1875-1947), compositeur français : *Ciboulette*.

Hahnemann Christian (1755-1843), médecin allemand, fondateur de l'homéopathie.

Haïfa, princ. port d'Israël ; 224 600 h.

Haig Douglas (1861-1928), maréchal britannique.

Hailé Sélassié Ier (1892-1975), empereur d'Éthiopie de 1930 à 1974.

Hainan, île chinoise du golfe du Tonkin.

Hainaut, prov. de Belgique ; ch.-l. Mons.

Haiphong, port du Viêt-nam ; 1 279 000 h.

Haïti (anc. *Hispaniola* ou *Saint-Domingue),* île des Grandes Antilles partagée entre la République dominicaine et la **République d'Haïti** (27 750 km² ; env. 5 500 000 h ; cap. Port-au-Prince).

Hakim Tawfiq Al- (1898-1987), écrivain égyptien : *Journal d'un substitut de campagne.*

Hakodate, port du Japon (Hokkaido), 319 190 h.

Hal, v. de Belgique (Brabant) ; 32 300 h.

Halicarnasse, anc. v. d'Asie Mineure.

Halifax, port du Canada, cap. de la Nouvelle-Écosse ; 113 580 h.

Hall Edwin (1855-1938), physicien américain.

Halladj Al- (858-922), poète mystique persan.

Halle, v. d'Allemagne (Saxe-Anhalt) ; 232 620 h.

Halles (les), quartier du centre de Paris, autrefois marché d'approvisionnement.

Halley Edmund (1656-1742), astronome anglais. Il découvrit la périodicité des comètes.

Hallstatt, bourg de Haute-Autriche, stat. protohistorique (début de l'âge du fer).

Hals Frans (v. 1580-1666), peintre hollandais.

Hamadhan (anc. *Ecbatane*), v. d'Iran ; 234 000 h.

Hambourg, port d'Allemagne, sur l'Elbe, ch.-l. du *Land de Hambourg ;* 1 592 800 h.

Hamhung-Hungnam, conurbation de Corée du Nord ; 775 000 h.

Hamilcar Barca (v. 290-229 av. J.-C.), général carthaginois, père d'Hannibal.

Hamilton ou **Churchill River,** fl. du Canada (1 000 km).

Hamilton, v. du Canada (Ontario) ; 318 490 h (aggl. 564 000 h).

Hamilton Alexander (1755-1804), homme politique américain.

Hamilton William Rowan (1805-1865), mathématicien et astronome irlandais.

Hammamet, stat. balnéaire de Tunisie.

Hammett Dashiell (1894-1961), romancier américain, maître du roman policier.

Hammourabi (XVIIIe s. av. J.-C.), fondateur de l'Empire babylonien, auteur d'un code.

Hampshire, comté du S. de l'Angleterre, ch.-l. Winchester, v. princ. Southampton.

Hampton Lionel (né en 1913), jazzman américain.

Hamsun Knut (1859-1952), romancier norvégien : *la Faim.*

Han, dynastie impériale chinoise (206 av. J.-C.-220 apr. J.-C.).

Händel. V. Haendel.

Handke Peter (né en 1942), écrivain autrichien : *le Malheur indifférent.*

Hangzhou, port de Chine, cap. du Zhejiang ; 1 171 450 h (aggl. 5 234 150 h).

Hannibal (v. 247-183 av. J.-C.), général carthaginois. Il vainquit les Romains à Cannes (216) et fut battu par eux à Zama (202).

Hannon (VIe ou Ve s. av. J.-C.), navigateur carthaginois.

Hanoï, cap. et port du Viêt-nam, sur le delta du fleuve Rouge ; env. 2 878 000 h.

Hanovre, anc. État d'Allemagne du Nord inclus en 1945 dans le Land de Basse-Saxe.

Hanovre, v. d'Allemagne, cap. de la Basse-Saxe ; 505 720 h.

Hanse (la), association de villes marchandes de l'Allemagne du Nord (XIIIe-XVIIe s.).

Hansen Gerhard (1841-1912), médecin norvégien. Il isola le bacille de la lèpre.

Haoussas, peuple du Nigeria.

Harare (anc. *Salisbury*), cap. du Zimbabwe ; 681 000 h.

Harbin, v. de la Chine du N.-E. ; ch.-l. du Heilongjiang ; 2 519 120 h.

Hardouin-Mansart. V. Mansart.

Hardy Thomas (1840-1928), écrivain anglais : *Jude l'Obscur.*

Hardy Oliver. V. Laurel.

Harlem, quartier de Manhattan (New York).

Harold (v. 1022-1066), roi d'Angleterre (1066), vaincu par Guillaume le Conquérant.

Haroun al-Rachid (766-809), cinquième calife abbasside en 786. Son règne marque l'apogée du califat de Bagdad.

Harris Zellig (né en 1909), linguiste américain.

Hartford, v. des États-Unis, cap. du Connecticut ; 136 000 h (aggl. 1 030 400 h).

Hartung Hans (1904-1989), peintre français d'origine allemande.

Harvard, université américaine située à Cambridge (Massachusetts).

Harvey William (1578-1657), médecin anglais. Il découvrit la circulation sanguine.

Haryana, État du N.-O. de l'Inde ; cap. Chandigarh.

Harz, massif d'Allemagne centrale (1 142 m).

Haschinschins. V. Assassins.

Hasdrubal (v. 245-207 av. J.-C.), général carthaginois, frère d'Hannibal ; battu par les Romains (207).

Hasek Jaroslav (1883-1923), écrivain tchèque : *les Aventures du brave soldat Svejk.*

Haskil Clara (1895-1960), pianiste suisse d'origine roumaine.

Hassan (v. 624-669), fils d'Ali et de Fatima, second imam des chiites.

Hassan II (né en 1929), roi du Maroc depuis 1961.

Hasselt, v. de Belgique (Limbourg) ; 65 100 h.

Hassi-Messaoud, centre pétrolier du Sahara algérien.

Hastings, port du S. de l'Angleterre ; 74 800 h. Victoire de Guillaume le Conquérant sur Harold (1066).

Hathor, déesse égyptienne de l'Amour.

Hatshepsout (morte en 1483 av. J.-C.), reine égyptienne, épouse de Thoutmès II.

Hatti, royaume d'Anatolie centrale, soumis au IIe millénaire av. J.-C. par les Hittites.

Hauptmann Gerhart (1862-1946), écrivain naturaliste allemand : *les Tisserands.*

Haussmann Georges, baron (1809-1891), administrateur français. Il modernisa Paris sous le Second Empire.

Haute-Volta. V. Burkina Faso.

Hauts-de-Seine, dép. français (92) (Île-de-France) ; 175 km^2 ; 1 402 493 h ; ch.-l. Nanterre.

Haüy abbé René (1743-1822), minéralogiste français, créateur de la cristallographie.

Haüy Valentin (1745-1822), frère du préc., fondateur de l'Institution des jeunes aveugles.

Havane (La), cap. de Cuba ; 2 014 810 h.

Havel (la), affl. de l'Elbe (341 km).

Havel Václav (né en 1936), écrivain tchèque, président de la République (1989-1992).

Havre (Le), ch.-l. d'arr. et port de la Seine-Maritime ; 197 219 h.

Hawaii îles (anc. *Sandwich*), archipel du Pacifique, État des États-Unis ; cap. Honolulu.

Hawks Howard (1896-1977), cinéaste américain : *Scarface.*

Hawthorne Nathaniel (1804-1864), romancier américain : *la Lettre écarlate.*

Hayange, ch.-l. de cant. de la Moselle ; 15 795 h.

Haydn Joseph (1732-1809), compositeur autrichien : symphonies, quatuors, oratorios.

Haye (La), cap. admin. des Pays-Bas ; 444 310 h.

Hayek Friedrich von (1899-1992), économiste britannique d'origine autrichienne (libéral).

Haykal Muhammad Hussein (1888-1956), écrivain égyptien : *Zaynab.*

Haÿ-les-Roses (L'), ch.-l. d'arr. du Val-de-Marne ; 29 841 h.

Hazebrouck, ch.-l. de cant. du Nord ; 21 115 h.

Hazin (Al-) (965-1039), mathématicien et astronome arabe.

Hearst William Randolph (1863-1951), homme d'affaires américain (journaux).

Heath Edward (né en 1916), homme politique britannique (conservateur).

Heathrow, aéroport de Londres.

Hebei, prov. de Chine du N., englobant Pékin ; ch.-l. Shijiazhuang.

Hébert Jacques (1757-1794), journaliste et homme politique français ; guillotiné.

Hébert Anne (née en 1916), écrivain québécois : *Kamouraska.*

Hébreux, peuple sémite de l'Orient ancien dont l'histoire est racontée par la Bible.

Hébrides (îles), archipel de Grande-Bretagne au N.-O. de l'Écosse.

Hébron, v. de Jordanie ; env. 42 000 h.

H.E.C. Sigle de *École des hautes études commerciales.*

Hector, héros de l'*Iliade,* tué par Achille.

Hécube, femme de Priam (*Iliade*).

Hedjaz, prov. occidentale d'Arabie Saoudite ; ch.-l. La Mecque ; v. princ. Médine, Djedda.

Hefei, v. de Chine, ch.-l. du Anhui ; 795 420 h.

Hegel Friedrich (1770-1831), philosophe allemand : *Phénoménologie de l'esprit.*

Heidegger Martin (1889-1976), philosophe allemand : *l'Être et le Temps.*

Heidelberg, v. d'Allemagne (Bade-Wurtemberg) ; 136 230 h. Université.

Heifetz Jascha (1901-1987), violoniste américain d'origine russe.

Heilongjiang, prov. de la Chine du N.-E. ; ch.-l. Harbin.

Heilongjiang. V. Amour.

Heine Heinrich (1797-1856), poète lyrique allemand : *le Livre des chants.*

Heinsius Anthonie (1641-1720), grand pensionnaire de Hollande (1689-1720).

Heisenberg Werner (1901-1976), physicien allemand. Mécanique quantique.

Hélène, épouse de Ménélas, son enlèvement par Pâris provoqua la guerre de Troie (*Iliade*).

elgoland, ilot allemand, au large de estuaire de l'Elbe. Anc. base militaire.

éliogabale. V. Élagabal.

éliopolis, v. de l'Égypte ancienne consacrée u culte du soleil.

élios, dieu du Soleil (*Myth. gr.*).

ellade, autre nom de la Grèce antique.

ellespont, anc. nom des Dardanelles.

elmholtz Hermann von (1821-1894), physiogiste et physicien allemand.

éloïse (1101-1164), épouse d'Abélard.

elsinki, cap. de la Finlande ; 485 030 h. Les *ccords d'Helsinki* (1975) portent sur la libre rculation des hommes et des idées en Europe.

elvétie, prov. de l'ancienne Gaule, correspondant à la Suisse.

elvétius Claude (1715-1771), philosophe aatérialiste français : *De l'esprit*.

emingway Ernest (1899-1961), romancier méricain : *l'Adieu aux armes*.

émon Louis (1880-1913), romancier français : *Maria Chapdelaine*.

enan, prov. de Chine ; ch.-l. Zhengzhou.

endaye, stat. balnéaire des Pyrénées-Atlanques ; 11 744 h.

énin-Beaumont, ch.-l. de cant. du Pas-de-'alais ; 26 494 h.

enri Iᵉʳ l'Oiseleur (v. 876-936), roi de Germanie en 919.

enri Iᵉʳ (1008-1060), roi de France en 1031.

enri Iᵉʳ Beauclerc (1068-1135), roi 'Angleterre et duc de Normandie en 1100.

enri II (1133-1189), roi d'Angleterre en 1154, uc d'Aquitaine par son mariage avec Aliénor. l fit assassiner Thomas Becket.

enri II (1519-1559), roi de France en 1547, ls de François Iᵉʳ. Il lutta contre Charles Quint t contre les calvinistes.

enri III (1017-1056), empereur germanique n 1039.

enri III (1207-1272), roi d'Angleterre en 216, fils de Jean sans Terre.

enri III (1551-1589), roi de France en 1574. l fut assassiné par un moine fanatique.

enri IV (v. 1050-1106), empereur germanique en 1056. Excommunié par Grégoire VII, l dut s'humilier à Canossa.

enri IV (1367-1413), roi d'Angleterre en 399, fondateur de la dynastie des Lancastre.

enri IV (1553-1610), roi de France en 1589 et oi de Navarre. Il fut assassiné par Ravaillac.

enri V (1081-1125), empereur germanique en 106. Il mit fin à la querelle des Investitures.

enri V (1387-1422), roi d'Angleterre en 1413. l battit les Français à Azincourt.

enri VI (1165-1197), empereur germanique n 1190, fils de Frédéric Barberousse.

enri VI (1421-1471), roi d'Angleterre de 1422 1461. Il perdit les possessions françaises et it le début de la guerre des Deux-Roses.

enri VII (1457-1509), roi d'Angleterre en 485. Fondateur de la dynastie des Tudors, il nit fin à la guerre des Deux-Roses.

enri VIII (1491-1547), roi d'Angleterre en 509. Il fut marié six fois et il provoqua un chisme d'où naîtra l'Église anglicane.

enri le Navigateur (1394-1460), infant de ²ortugal. Il favorisa l'exploration des côtes 'Afrique.

Henriette-Anne d'Angleterre (1644-1670), fille de Charles Iᵉʳ d'Angleterre, épouse de Philippe d'Orléans, frère de Louis XIV.

Henriette-Marie de France (1609-1669), fille d'Henri IV ; épouse de Charles Iᵉʳ d'Angleterre.

Héphaïstos, dieu du Feu (*Myth. gr.*).

Héra, femme de Zeus ; déesse du Mariage et de la Maternité (*Myth. gr.*).

Héraclès, héros de la mythologie grecque que les Latins ont nommé *Hercule*. Il dut accomplir douze exploits.

Héraclite (v. 540-v. 480 av. J.-C.), philosophe présocratique grec.

Héraklion (anc. *Candie*), port de Crète (Grèce) ; 101 630 h.

Herat, v. de l'O. de l'Afghanistan ; 155 890 h.

Hérault (l'), fl. côtier du S. de la France (160 km).

Hérault, dép. français (34) (Languedoc-Roussillon) ; 6 224 km² ; 803 114 h ; ch.-l. Montpellier.

Herculanum, v. de Campanie, ensevelie en 79 lors d'une éruption du Vésuve.

Hercule. V. Héraclès.

Hercule (Colonnes d'), pour les Anciens, entrée du détroit de Gibraltar.

Herder Johann (1744-1803), écrivain allemand.

Heredia José Maria de (1842-1905), poète parnassien français : *les Trophées*.

Hergé (Georges Rémi, dit) (1907-1983), dessinateur belge, créateur de Tintin.

Herisau, v. de Suisse (Appenzell) ; 14 500 h.

Hermès, messager des dieux, protecteur des commerçants et des voleurs (*Myth. gr.*).

Hermès Trismégiste, nom donné par les Grecs au dieu égyptien Thot.

Hermite Charles (1822-1901), mathématicien français. Espaces vectoriels.

Hermosillo, v. du Mexique ; 297 180 h.

Hernández José (1834-1886), poète argentin.

Hérode Iᵉʳ le Grand (73-4 av. J.-C.), roi des Juifs en 37 av. J.-C. Il ordonna le « massacre des Innocents » (*Évangiles*).

Hérode Antipas (v. 20 av. J.-C.- v. 39 apr. J.-C.). Il fit mettre à mort Jean-Baptiste et jugea Jésus (*Évangiles*).

Hérodiade ou **Hérodias** (7 av. J.-C.-39 apr. J.-C.), princesse juive. Elle obtint la mort de Jean-Baptiste (*Évangiles*).

Hérodote (v. 484-v. 420 av. J.-C.), historien grec : *Histoires*.

Héron l'Ancien ou **d'Alexandrie** (Iᵉʳ s. apr. J.-C.), mathématicien grec.

Herrera Francisco (dit *le Vieux*) (v. 1576-1657), peintre baroque espagnol.

Herriot Édouard (1872-1957), homme politique français (radical).

Herschel William (1738-1822), astronome anglais. Il découvrit Uranus.

Herstal, v. de Belgique (Liège) ; 38 590 h.

Hertz Heinrich (1857-1894), physicien allemand. Ondes électromagnétiques.

Herzen Alexandre (1812-1870), écrivain et homme politique russe (socialiste).

Herzl Theodor (1860-1904), écrivain hongrois d'expression allemande, fondateur du sionisme.

Herzog Maurice (né en 1919), alpiniste et homme politique français.

Hésiode (VIIIe s. av. J.-C.), poète grec : *les Travaux et les Jours.*

Hespérides, filles d'Atlas, gardiennes d'un jardin où poussaient des fruits d'or (*Myth. gr.*).

Hess Rudolf (1894-1987), homme politique allemand, adjoint de Hitler.

Hesse, Land d'Allemagne ; cap. Wiesbaden ; v. princ. Francfort.

Hesse Hermann (1877-1962), romancier allemand naturalisé suisse : *le Loup des steppes.*

Hezbollah (le), organisation chiite créée en 1982, au Liban.

Hicks John (né en 1904), économiste britannique.

Hideyoshi Toyotomi (1536-1598), shogoun japonais en 1581. Il unifia le pays.

Highlands, partie septentrionale et montagneuse de l'Écosse.

Highsmith Patricia (née en 1921), romancière américaine : *l'Inconnu du Nord-Express.*

Hikmet Nazim (1902-1963), écrivain turc : *C'est un dur métier que l'exil.*

Hilbert David (1862-1943), mathématicien allemand, fondateur de l'axiomatique.

Hildebrandt Johann von (1668-1745), architecte baroque autrichien.

Hildesheim, v. d'Allemagne (Basse-Saxe) ; 100 560 h. Monuments médiévaux.

Hillary Edmund (né en 1919), alpiniste néo-zélandais, vainqueur de l'Everest.

Himachal Pradesh, État du N. de l'Inde.

Himalaya, chaîne montagneuse d'Asie, au N. de l'Inde (8 880 m à l'Everest).

Himeji, v. du Japon (Honshu) ; 453 000 h. Château du Héron blanc.

Himmler Heinrich (1900-1945), homme politique allemand, organisateur de l'Holocauste.

Hinault Bernard (né en 1954), coureur cycliste français.

Hindemith Paul (1895-1963), compositeur allemand, naturalisé américain.

Hindenburg Paul von (1847-1934), maréchal et homme politique allemand. Il prit Hitler comme chancelier.

Hindou Kouch, chaîne montagneuse au N. de l'Afghanistan (7 680 m).

Hindoustan, la plaine indo-gangétique.

Hipparque de Nicée (IIe s. av. J.-C.), astronome et mathématicien grec.

Hippocrate (460-377 av. J.-C.), médecin grec.

Hippodamos de Milet (Ve s. av. J.-C.), architecte grec.

Hirohito (1901-1989), empereur du Japon en 1926. (Son nom posthume est *Showa tenno.*)

Hiroshige (1797-1858), peintre japonais, maître de l'ukiyo-e.

Hiroshima, port du Japon (Honshu) ; 1 052 500 h. Le 6 août 1945, l'aviation américaine y lança la première bombe atomique.

Hispaniola. V. Haïti.

Hitchcock Alfred (1899-1980), cinéaste anglais naturalisé américain, maître du suspense.

Hitler Adolf (1889-1945), homme politique allemand. Chef du parti national-socialiste, il devint chancelier en 1933 et instaura un régime totalitaire et raciste. Il provoqua la Seconde Guerre mondiale.

Hittites, peuple qui domina l'Asie Mineure du XVIe au XIIIe s. av. J.-C.

Hobart, port d'Australie (Tasmanie) 178 100 h.

Hobbes Thomas (1588-1679), philosop anglais : *le Léviathan.*

Hoche Lazare (1768-1797), général français

Hô Chi Minh (1890-1969), fondateur du Viêt minh et premier président du Viêt-nam.

Hô Chi Minh-Ville (*Saigon* jusqu'en 1975), princ. du Viêt-nam ; env. 3 500 000 h.

Hockney David (né en 1937), peintre britanique.

Hodeïda, port du Yémen ; 155 110 h.

Hodja ou **Hoxha** Enver (1908-1985), homm politique albanais, au pouvoir de 1945 à mort.

Hoffmann Ernst Theodor Amade (1776-1822), écrivain et compositeur roma tique allemand, maître du fantastique.

Hofmannsthal Hugo von (1874-1929), éc vain autrichien : *le Chevalier à la rose.*

Hogarth William (1697-1764), peintre et gr veur anglais, maître de la satire.

Hoggar, massif du Sahara central.

Hohenstaufen, famille allemande qui don cinq empereurs (1138-1254).

Hohenzollern, famille allemande dont u branche acquit la Prusse au XVIe s. et fon l'Empire allemand (1871-1918).

Hohhot, v. de Chine, cap. de la Mongoli Intérieure ; 754 120 h (aggl. 1 206 290 h).

Hohneck, sommet des Vosges (1 361 m).

Hokkaido, île du N. du Japon ; ch.-l. Sappor

Hokusai (1760-1849), peintre et dessinate japonais, maître de l'ukiyo-e.

Holbach Paul, baron d' (1723-1789), phil sophe matérialiste français.

Holbein Hans (dit *le Vieux*) (v. 1465-1524 peintre allemand.

Holbein Hans (dit *le Jeune*) (1497-1543), fi du préc ; peintre et graveur allemand.

Hölderlin Friedrich (1770-1843), poète roma tique allemand : *Hyperion.*

Hollande, rég. des Pays-Bas, sur la mer d Nord, divisée en deux provinces : **Holland Méridionale** (ch.-l. La Haye) et **Holland Septentrionale** (ch.-l. Haarlem).

Hollywood, faubourg de Los Angeles, cent de l'industrie cinématographique.

Holopherne, général assyrien, décapité pa Judith (*Bible*).

Holstein, anc. État d'Allemagne du Nord.

Homère, poète grec du IXe s. av. J.-C, aute de *l'Iliade* et de *l'Odyssée.*

Home Rule, régime d'autonomie revendiqu par l'Irlande de 1870 à 1912.

Homs (anc. *Émèse*), v. de Syrie ; 427 500 h.

Hondo. V. Honshu.

Honduras, État d'Amérique centrale 112 088 km[2] ; 4 658 000 h ; cap. Tegucigalpa.

Honduras Britannique. V. Belize.

Honegger Arthur (1892-1955), compositeu suisse : *Pacific 231.*

Honfleur, ch.-l. de cant. du Calvados ; 8 346 !

Hong Kong, colonie britannique (jusqu'e 1997) située en Chine méridionale ; 1 045 km[2] env. 5 700 000 h ; cap. Victoria.

Hongrie, État d'Europe centrale ; 93 032 km[2] 10 640 000 h ; cap. Budapest.

Honiara, cap. des îles Salomon ; 30 500 h.

Honolulu, cap. de Hawaii (États-Unis) ; 373 200 h (aggl. 805 200 h).

Honorius Flavius (384-423), premier empereur d'Occident en 395.

Honshu (anc. *Hondo*), la plus grande des îles du Japon, où se trouve Tokyo.

Hooghe Pieter de (1629-v. 1684), peintre hollandais de scènes d'intérieur.

Hooghly, bras occidental du delta du Gange qui arrose Calcutta.

Hooke Robert (1635-1703), physicien et astronome anglais.

Hoover Herbert (1874-1964), président (républicain) des États-Unis de 1929 à 1933.

Hope Thomas (1766-1844), chimiste écossais.

Hopis, groupe d'Indiens Pueblos.

Hopkins Gerard (1844-1889), poète symboliste anglais.

Hopper Edward (1882-1967), peintre américain, précurseur du pop' art.

Horace (65-8 av. J.-C.), poète latin.

Horaces (les trois), frères romains légendaires, qui triomphèrent des Curiaces.

Horde d'Or, État mongol qui s'étendait de la Sibérie à la Crimée (XIIIᵉ-XVᵉ s.).

Horeb, autre nom du Sinaï (*Bible*).

Horn (cap), pointe la plus australe de l'Amérique du Sud (Terre de Feu).

Horowitz Vladimir (1904-1989), pianiste américain d'origine russe.

Horta Victor (1861-1947), architecte belge, représentant de l'art nouveau.

Hortense de Beauharnais (1783-1837), fille de l'impératrice Joséphine, reine de Hollande (1806-1810) ; mère de Napoléon III.

Horthy Miklós (1868-1957), amiral hongrois, au pouvoir de 1920 à 1944.

Horus, divinité solaire de l'anc. Égypte.

Hôtel-Dieu, le plus anc. hôpital de Paris.

Hottentots, peuple d'Afrique méridionale.

Hou Che. V. Hu Shi.

Houdon Jean-Antoine (1741-1828), sculpteur français.

Houilles, ch.-l. de cant. des Yvelines ; 30 027 h.

Houphouët-Boigny Félix (1905-1993), président de la Côte-d'Ivoire (1960-1993).

Hourrites, peuple établi en haute Mésopotamie dès le IIIᵉ millénaire.

Houston, port des États-Unis (Texas) ; 1 705 700 h (aggl. 3 565 700 h).

Hoxla. V. Hodja.

Huainan, v. de Chine (Anhui) ; 1 029 220 h.

Huanghe ou **fleuve Jaune**, fl. du N. de la Chine (5 200 km).

Huaxtèques, peuple du Mexique précolombien.

Hubble Edwin (1889-1953), astronome américain.

Hubei, prov. de Chine centrale ; ch.-l. Wuhan.

Hubert saint (mort v. 727), évêque belge patron des chasseurs.

Hudson, fl. des États-Unis (500 km), qui relie New York aux Grands Lacs.

Hudson (baie d'), vaste mer intérieure du N. du Canada.

Huê, v. du Viêt-nam central, anc. cap. de l'Annam ; env. 210 000 h.

Huelva, port d'Espagne (Andalousie) ; 139 190 h.

Hugo Victor (1802-1885), écrivain français. Il fut poète (*les Contemplations*), romancier (*les Misérables*), dramaturge (*Hernani*).

Hugues Capet (v. 941-996), roi de France en 987, fondateur de la dynastie capétienne.

Hulagu (1217-1265), premier prince mongol d'Iran. Il renversa les Abbassides.

Hull. V. Kingston-upon-Hull.

Humbert Iᵉʳ (1844-1900), roi d'Italie en 1878.

Humboldt (courant de), courant froid du Pacifique Sud.

Humboldt Wilhelm von (1767-1835), linguiste et diplomate allemand. Il fonda l'université de Berlin (1809).

Humboldt Alexander von (1769-1859), explorateur et géographe allemand, frère du préc.

Hume David (1711-1776), philosophe empiriste et historien écossais.

Hunan, prov. du S.-E. de la Chine ; ch.-l. Changsha.

Huns, peuplade mongole nomade qui, sous la conduite d'Attila, envahit l'Europe au Vᵉ s.

Huron, un des Grands Lacs américains (61 797 km²).

Hurons, Indiens d'Amérique du Nord, alliés des Français au XVIIᵉ s.

Hus Jan (1369-1415), réformateur religieux tchèque, brûlé pour hérésie.

Husayn (626-680), fils d'Ali et de Fatima, troisième imam des chiites.

Hu Shi ou **Hou Che** (1891-1962), philosophe et romancier chinois.

Hussein Iᵉʳ (né en 1935), roi de Jordanie depuis 1952.

Hussein Saddam (né en 1937), homme politique irakien, au pouvoir depuis 1979.

Husserl Edmund (1859-1938), philosophe allemand, fondateur de la phénoménologie.

Huston John (1906-1987), cinéaste américain.

Hutus, ethnie du Burundi et du Rwanda.

Huxley Aldous (1894-1963), écrivain anglais : *le Meilleur des mondes*.

Huygens Christiaan (1629-1695), physicien, géomètre et astronome néerlandais.

Huysmans Joris-Karl (1848-1907), écrivain français : *A rebours*.

Hyderabad, v. de l'Inde, cap. de l'Andhra Pradesh ; 2 093 490 h.

Hyderabad, v. du Pakistan ; 795 000 h.

Hyères, ch.-l. de cant. du Var dont dépendent les *îles d'Hyères* (Porquerolles, Port-Cros, île du Levant) ; 50 122 h.

Hyksos, peuple qui envahit l'Égypte au XVIIIᵉ s. av. J.-C.

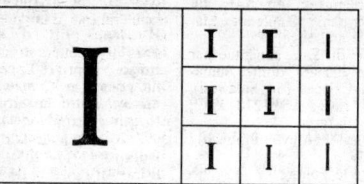

Iahvé. V. Yahvé.

Iakoutie, rép. auton. de Russie (N.-E. de la Sibérie) ; cap. Iakoutsk (184 000 h).

Iaroslavl, v. de Russie, sur la Volga ; 639 000 h.

Iasi, v. de Roumanie (Moldavie) ; 310 000 h.

Ibadan, v. du Nigeria ; 847 000 h.

Ibarruri Dolores (dite *la Pasionaria*) (1895-1989), femme politique espagnole (communiste).

Ibères, anc. peuple d'Aquitaine et d'Espagne, soumis par les Romains.

Ibérique (péninsule), ensemble comprenant l'Espagne et le Portugal.

Ibiza, une des îles des Baléares.

Ibn al-Arabi (1165-1241), écrivain mystique arabe (soufisme).

Ibn Battuta (1304-v. 1377), géographe arabe.

Ibn Gabirol. V. Avicébron.

Ibn Khaldun (1332-1406), philosophe arabe.

Ibn Séoud ou **Sa'ud.** V. Séoud.

Ibos, ethnie de l'E. du Nigeria.

Ibsen Henrik (1828-1906), dramaturge norvégien : *Peer Gynt, Maison de poupée.*

Icare, fils de Dédale avec qui il s'enfuit, en volant, du Labyrinthe, mais il perdit ses ailes et se noya (*Myth. gr.*).

Ida (mont), mont de Crète (2 456 m).

Idaho, État de l'O. des États-Unis.

Idfu. V. Edfou.

Idris Ier (1890-1983), roi de Libye (1951-1969) renversé par le colonel Kadhafi.

Idrisides, dynastie marocaine (789-974).

Iekaterinbourg. V. Ekaterinbourg.

Iekaterinodar. V. Krasnodar.

Iekaterinoslav. V. Ekaterinoslav.

Iéna, v. d'Allemagne ; 104 950 h. Victoire de Napoléon sur les Prussiens (1806).

Ienisseï, fl. de Sibérie (3 800 km).

Ieyasu. V. Tokugawa.

If, îlot méditerranéen, à 2 km de Marseille.

Ife, v. de l'O. du Nigeria ; 215 000 h. Anc. royaume, florissant aux XIIIe et XIVe s.

I.G.N. Sigle de *Institut géographique national.*

Ignace de Loyola saint (1491-1556), fondateur de la Compagnie de Jésus.

Igorot, peuple de l'île de Luçon.

Iguaçu, affl. du Paraná (1 320 km), frontière entre le Brésil et l'Argentine.

Ijevsk, v. de Russie, cap. de la rép. auton. des Oudmourtes ; 643 000 h.

Île-de-France, anc. prov. française et Rég. admin. comprenant les dép. de Paris, de l'Essonne, des Hauts-de-Seine, de la Seine-et-Marne, de la Seine-Saint-Denis, du Val-de-Marne, du Val-d'Oise et des Yvelines ; 12 001 km² ; 10 760 861 h ; ch.-l. Paris.

Île-d'Yeu (L'), ch.-l. de cant. de la Vendée, qui correspond à l'île d'Yeu ; 4 951 h.

Île-Rousse (L'), stat. balnéaire de la Haute-Corse ; 2 350 h.

Ili, fl. d'Asie (1 400 km) qui se jette dans le Balkhach.

Iliade (l'), premier des deux poèmes attribués à Homère, racontant la guerre de Troie.

Iliouchine Sergheï (1894-1977), ingénieur soviétique, constructeur d'avions.

Ill, affl. du Rhin (Alsace) (200 km).

Ill, riv. d'Autriche (75 km), affl. du Rhin.

Ille-et-Vilaine, dép. français (35) (Bretagne) ; 6 758 km² ; 816 486 h ; ch.-l. Rennes.

Illich Ivan (né en 1926), essayiste américain d'origine autrichienne.

Illinois, État du centre des États-Unis ; princ. Chicago.

Illyés Gyula (1902-1983), écrivain hongrois.

Illyrie, anc. nom de la partie N. des Balkans.

Imbaba ou **Embabêh,** v. d'Égypte ; 341 000 h.

Imhotep (v. 2800 av. J.-C.), médecin, architecte et lettré égyptien identifié au dieu Asclépiosh.

Imola, v. d'Italie (Émilie) ; 60 010 h. Circuit automobile.

Incas, anc. peuple du Pérou, qui fonda, au XIIIe s., à Cuzco, un puissant empire qui fut anéanti en 1533 par les Espagnols.

Inchon, port de Corée du Sud ; 1 387 490 h.

Inde, État fédéral d'Asie méridionale ; 3 287 782 km² ; 840 000 000 h ; cap. New Delhi.

Indépendance américaine (guerre de l'), guerre qui, de 1775 à 1782, opposa les treize colonies anglaises d'Amérique du Nord à leur métropole et aboutit à la constitution des États-Unis.

Indes occidentales, nom donné par Ch. Colomb aux îles américaines qu'il découvrit.

Index, catalogue des livres qui étaient prohibés par l'Église catholique.

Indiana, État du centre des États-Unis.

Indianapolis, v. des États-Unis, cap. de l'Indiana ; 710 300 h.

Indien (océan), océan situé entre l'Afrique, l'Asie et l'Australie.

Indochine, grande péninsule du S.-E. du continent asiatique (Birmanie, Thaïlande, Malaisie, Laos, Viêt-nam, Cambodge).

Indonésie, État d'Asie du S.-E. constitué par un archipel de plus de 300 îles, dont : Sumatra, Java, Bornéo, les Célèbes (ou Sulawesi), les Moluques, l'Irian Jaya ; 1 919 270 km^2 ; 184 600 000 d'h ; cap. Djakarta.

Indore, v. de l'Inde (Madhya Pradesh) ; 829 000 h.

Indra, dieu védique de la Foudre.

Indre, affl. de la Loire (265 km).

Indre, dép. français (36) (Centre) ; 6 824 km^2 ; 245 872 h ; ch.-l. Châteauroux.

Indre-et-Loire, dép. français (37) (Centre) ; 6 126 km^2 ; 539 753 h ; ch.-l. Tours.

Indus, fl. d'Asie (Inde et Pakistan) (3 180 km). La *civilisation de l'Indus* s'épanouit de 2500 à 1500 av. J.-C.

Indy Vincent d' (1851-1931), compositeur français, auteur d'opéras, de quatuors.

Inès de Castro (v. 1320-1355), épouse secrète de l'infant Pierre de Portugal ; assassinée.

Ingres Dominique (1780-1867), peintre néo-classique français.

Inn, riv. de Suisse et d'Autriche (525 km), affl. du Danube.

Innocent III (1160-1216), pape en 1198. Son règne marque l'apogée de la papauté médiévale. Il provoqua la quatrième croisade et la croisade des albigeois.

Innocent X (1574-1655), pape en 1644. Il condamna le jansénisme.

Innocent XI (1611-1689), pape en 1676. Il s'opposa à Louis XIV.

Innsbruck, v. d'Autriche, cap. du Tyrol ; 117 300 h.

Inönü Ismet (1884-1973), général et homme politique turc.

Inquisition (l'), tribunal ecclésiastique chargé de poursuivre les hérétiques (XIIIe-XVIe s.).

INRA. Sigle de *Institut national de la recherche agronomique.*

INSEE. Sigle de *Institut national de la statistique et des études économiques.*

INSERM. Sigle de *Institut national de la santé et de la recherche médicale.*

Institut de France, réunion des cinq Académies : française, des sciences, des sciences morales et politiques, des inscriptions et belles-lettres, des beaux-arts.

Insulinde, nom donné autrefois aux îles qui forment l'Indonésie et les Philippines.

Intelligence Service, service de contre-espionnage britannique.

Internationale (l'), groupement de divers partis ouvriers du monde, dont l'objectif est l'avènement mondial du socialisme. Il y eut quatre Internationales.

Internationale (l'), hymne révolutionnaire d'E. Pottier (1871).

Interpol. Abrév. de *Organisation INTERnationale de POLice criminelle* (1923).

Inuit, nom que se donnent les Esquimaux.

Invalides (hôtel des), monument de Paris construit par J. Hardouin-Mansart (1679-1706).

Investitures (querelle des), conflit entre le Saint Empire et la papauté (1073-1122).

Io, prêtresse d'Héra, aimée de Zeus qui la changea en génisse (*Myth. gr.*).

Ionesco Eugène (né en 1912), auteur dramatique français d'origine roumaine : *la Cantatrice chauve.*

Ionie, rég. côtière du centre de l'Asie Mineure antique ; v. princ. Éphèse, Milet.

Ionienne (mer), partie de la Méditerranée centrale, entre la Sicile et la Grèce, où se trouvent les *îles Ioniennes,* archipel grec (Corfou, Cythère, Leucade, etc.).

Iowa, État du centre des États-Unis.

Iphigénie, fille d'Agamemnon, sacrifiée par son père à Artémis (*Myth. gr.*).

Ipoh, v. de Malaisie ; 293 850 h.

Ipousteguy Jean Robert (né en 1920), sculpteur français.

IRA. Sigle de *Irish Republican Army,* armée nationaliste irlandaise, fondée en 1919.

Irak ou **Iraq,** État du Proche-Orient ; 435 000 km^2 ; env. 17 000 000 h ; cap. Bagdad.

Iran, État d'Asie occidentale ; 1 648 000 km^2 ; env. 54 000 000 h ; cap. Téhéran.

Irène (v. 752-803), impératrice d'Orient (797-802).

Irénée saint (v. 130-v. 208), docteur de l'Église.

Irgoun, organisation militaire sioniste, fondée en Palestine (1931-1948).

Irian Jaya ou **Irian Barat,** partie occidentale de la Nouvelle-Guinée, formant une prov. de l'Indonésie.

Iris, messagère des dieux (*Myth. gr.*).

Irkoutsk, v. de Russie (Sibérie) ; 618 000 h.

Irlande, la plus occidentale des îles britanniques, séparée de la Grande-Bretagne par la *mer d'Irlande* et divisée depuis 1921 entre l'*Irlande du Nord* ou *Ulster* (ch.-l. Belfast) qui fait partie du Royaume-Uni et la **République d'Irlande** (ou *Eire*) : 68 895 km^2 ; 3 506 500 h ; cap. Dublin.

Iroise (mer d'), partie de l'Atlantique s'étendant au large de la Bretagne occidentale.

Iroquois, Indiens de la vallée du Saint-Laurent et des Grands Lacs (XVIIe-XVIIIe s.).

Irrawaddy, fl. de Birmanie (2 250 km).

Irtych, affl. de l'Ob (3 000 km).

Irún, v. d'Espagne, à la frontière française ; 53 500 h.

Irving Washington (1783-1859), romancier et historien américain : *le Livre des esquisses.*

Isaac, patriarche hébreu, fils d'Abraham qui faillit le sacrifier, père de Jacob (*Bible*).

Isabelle Ire (dite la *Catholique*) (1451-1504), reine de Castille en 1474, épouse de Ferdinand d'Aragon.

Isabelle II (1830-1904), reine d'Espagne en 1833, elle dut abdiquer en 1868.

Isabeau de Bavière (1371-1435), reine de France, épouse de Charles VI, régente pendant la folie de celui-ci.

Isaïe ou **Ésaïe** (VIIIe s. av. J.-C.), le premier des quatre grands prophètes bibliques.

Isar, riv. de Bavière, affl. du Danube (352 km).

Ischia, île italienne du golfe de Naples.

Ise, v. du Japon (Honshu) ; 105 460 h. Sanctuaires shintoïstes.

Iseran, col de Savoie (2 770 m).

Isère, affl. du Rhône (290 km).

Isère, dép. français (38) (Rhône-Alpes) ; 7 467 km^2 ; 1 033 220 h ; ch.-l. Grenoble.

Ishtar, déesse sémitique de la Fécondité, appelée **Astarté** par les Grecs.

Isidore de Séville saint (v. 560-636), évêque espagnol, docteur de l'Église, auteur d'une somme encyclopédique.

Isis, divinité de l'anc. Égypte, épouse d'Osiris.

Islamabad, cap. du Pakistan ; 201 000 h.

Islande, État insulaire de l'Atlantique Nord ; 102 829 km² ; 247 000 h ; cap. Reykjavik.

Ismaël, fils d'Abraham et d'Agar, considéré comme l'ancêtre des Arabes (*Bible*).

Isma'il Ier (1487-1524), chah de Perse, fondateur de la dynastie des Séfévides.

Ismaïlia, v. d'Égypte, sur le canal de Suez ; 214 000 h.

Ispahan, v. d'Iran ; 927 000 h. Grande mosquée. Anc. cap. des Seldjoukides et des Séfévides.

Israël, surnom donné à Jacob ainsi qu'aux tribus issues de ses douze fils et au peuple juif.

Israël, État du Proche-Orient ; env. 21 000 km² ; env. 5 000 000 h ; cap. Jérusalem.

Issas, peuple de Djibouti, de Somalie et d'Éthiopie.

Issoire, ch.-l. d'arr. du Puy-de-Dôme ; 15 026 h.

Issoudun, ch.-l. d'arr. de l'Indre ; 14 432 h.

Issy-les-Moulineaux, ch.-l. de cant. des Hauts-de-Seine ; 46 734 h.

Istanbul (anc. *Byzance,* puis *Constantinople*), princ. v. et port de Turquie ; 5 475 980 h.

Istiqlal, parti nationaliste marocain fondé en 1937.

Istres, ch.-l. d'arr. des Bouches-du-Rhône ; 36 516 h.

Istrie, presqu'île de Croatie.

Italie, État d'Europe méridionale ; 301 262 km² ; 57 576 400 h ; cap. Rome.

Ithaque, île ionienne, patrie d'Ulysse.

Ivan III le Grand (1440-1505), grand-prince de Moscou.

Ivan IV (dit *le Terrible*) (1530-1584), premier tsar de Russie, fondateur de la Russie moderne.

Ivanovo, v. de Russie ; 474 000 h.

Ivens Joris (1898-1989), cinéaste néerlandais, auteur de documentaires.

Ives Charles (1874-1954), compositeur américain.

Ivry-sur-Seine, ch.-l. de cant. du Val-de-Marne ; 54 106 h.

Ixelles, v. de Belgique ; 76 000 h.

Izmir (anc. *Smyrne*), port de Turquie, sur la mer Égée ; 946 290 h.

Izmit (anc. *Nicomédie*), port de Turquie, sur la mer de Marmara ; 233 340 h.

Iznik. V. Nicée.

Izoard, col des Hautes-Alpes (2 360 m).

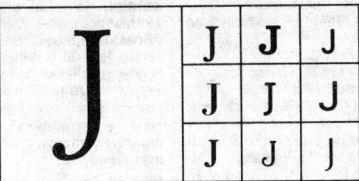

Jabaipur, v. de l'Inde centrale ; 614 160 h.
Jackson Andrew (1767-1845), président (démocrate) des États-Unis de 1829 à 1837.
Jackson John (1834-1911), neurologue anglais, fondateur de la neurologie.
Jackson Mahalia (1911-1972), chanteuse américaine de negro spiritual.
Jacksonville, port des États-Unis (Floride) ; 610 030 h.
Jacob, patriarche hébreu, second fils d'Isaac, père de douze fils, qui fondèrent les douze tribus d'Israël (*Bible*).
Jacob Max (1876-1944), poète français.
Jacob François (né en 1920), biologiste français : *la Logique du vivant.*
Jacobins, club révolutionnaire créé en 1789, qui soutint l'action de Robespierre et des Montagnards.
Jacquard Joseph-Marie (1752-1834), mécanicien français. Il mit au point un métier à tisser.
Jacques saint (dit *le Majeur*) (mort en 44), un des douze apôtres.
Jacques saint (dit *le Juste* ou *le Mineur*) (mort en 62), un des douze apôtres.
Jacques Ier (1566-1625), roi d'Écosse (1567), roi d'Angleterre (1603), fils de Marie Stuart.
Jacques II (1633-1701), roi d'Écosse, d'Angleterre et d'Irlande (1685-1688), détrôné par Guillaume de Nassau.
Jaén, v. d'Espagne (Andalousie) ; 102 740 h.
Jaffa, anc. v. de Palestine, auj. faubourg de Tel-Aviv.
Jagellon, dynastie lituanienne qui régna en Pologne, en Bohême et en Hongrie.
Jaipur, v. de l'Inde, cap. du Rajasthan ; 977 160 h.
Jakarta. V. Djakarta.
Jakobson Roman (1896-1982), linguiste américain d'origine russe.
Jalapa, v. du Mexique central ; 204 590 h.
Jamaïque, État insulaire des Grandes Antilles ; 11 425 km² ; 2 450 000 h ; cap. Kingston.
James William (1842-1910), philosophe américain, fondateur du pragmatisme.
James Henry (1843-1916), frère du préc., romancier américain naturalisé anglais.
Jammes Francis (1868-1938), poète français.
Jammu, v. de l'Inde (Cachemire) ; 206 000 h.
Jamna. V. Yamuna.

Jamshedpur, v. de l'Inde (Bihar) ; 438 390 h.
Janacek Leos (1854-1928), compositeur tchèque.
Janequin Clément (v. 1485-1558), compositeur français, maître de la polyphonie.
Janet Pierre (1859-1947), neurologue français.
Janicule (mont), colline de Rome.
Jankélévitch Vladimir (1903-1985), philosophe français.
Jansénius (1585-1638), théologien hollandais. Son *Augustinus* est à l'origine du jansénisme.
Janssen Jules (1824-1907), physicien et astronome français. Il découvrit l'hélium.
Janus, divinité à deux visages, gardien des portes (*Myth. rom.*).
Japhet, troisième fils de Noé (*Bible*).
Japon, État d'Extrême-Orient, formé d'îles (Hokkaido, Honshu, Shikoku et Kyushu) ; 377 765 km² ; 123 000 000 h ; cap. Tokyo.
Japon (mer du), partie du Pacifique séparant le Japon de la côte asiatique.
Jarretière, ordre de chevalerie anglais.
Jarry Alfred (1873-1907), écrivain français : *Ubu roi.*
Jaruzelski Wojciech (né en 1923), homme politique polonais, au pouvoir de 1981 à 1990.
Jason, chef des Argonautes (*Myth. gr.*).
Jaspers Karl (1883-1969), philosophe allemand : *Philosophie de l'existence.*
Jaune (fleuve). V. Huanghe.
Jaune (mer), partie du Pacifique, entre la Chine et la Corée.
Jaurès Jean (1859-1914), homme politique français (socialiste). Assassiné par un nationaliste.
Java, île la plus peuplée d'Indonésie ; 96 900 000 h. La *mer de Java* est comprise entre Java, Sumatra et Bornéo.
Jdanov. V. Mariupol.
Jdanov Andreï (1896-1948), homme politique soviétique, théoricien du réalisme socialiste.
Jean ou **Jean-Baptiste** saint (mort v. 28), il donna le baptême à Jésus et le reconnut comme le Messie. Il fut décapité.
Jean ou **Jean l'Évangéliste** saint (mort v. 100), un des douze apôtres. On lui attribue le quatrième Évangile et l'Apocalypse.
Jean Ier (1316), roi de France qui ne vécut que quelques jours.

Jean Ier le Grand (1357-1433), roi de Portugal en 1385. Père d'Henri le Navigateur, il fit du Portugal une grande puissance.

Jean II le Bon (1319-1364), roi de France en 1350. Vaincu à Poitiers par les Anglais, il mourut en captivité.

Jean III Sobieski (1624-1696), roi de Pologne en 1674, vainqueur des Turcs.

Jean VI le Clément (1767-1826), roi de Portugal (1816-1826).

Jean XXIII (1881-1963), pape en 1958. Il convoqua le second concile du Vatican.

Jean Bosco saint (1815-1888), prêtre italien qui fonda la congrégation des Salésiens.

Jean Chrysostome saint (v. 344-407), patriarche de Constantinople.

Jean de la Croix saint (1542-1591), mystique espagnol. Il continua le *Roman de la Rose.*

Jean Damascène saint (mort v. 749), docteur de l'Église.

Jean de Meung (v. 1240-v. 1305), écrivain français. Il continua le *Roman de la Rose.*

Jean sans Peur (1371-1419), duc de Bourgogne en 1404 ; il fut assassiné.

Jean sans Terre (1167-1216), roi d'Angleterre en 1199, successeur de son frère Richard Cœur de Lion.

Jean-Marie Vianney saint (1786-1859), prêtre français, appelé le *curé d'Ars.*

Jeanne III d'Albret (1528-1572), reine de Navarre, mère d'Henri IV.

Jeanne d'Arc sainte (dite *la Pucelle d'Orléans*) (1412-1431), héroïne française née à Domrémy. Elle contraignit les Anglais à lever le siège d'Orléans (1429) et fit sacrer Charles VII à Reims. Livrée aux Anglais, elle fut brûlée à Rouen.

Jeanne la Folle (1479-1555), reine de Castille en 1504, mère de Charles Quint.

Jeanne de France ou **de Valois** sainte (1464-1505), reine de France en 1498, épouse de Louis XII, qui la répudia.

Jeanne-Françoise Frémyot de Chantal sainte (1572-1641), religieuse française.

Jeanne Seymour (1509-1537), reine d'Angleterre, une des épouses d'Henri VIII.

Jean-Paul II (né en 1920), pape depuis 1978.

Jean-Paul (Johann Paul Richter, dit) (1763-1825), écrivain romantique allemand.

Jefferson Thomas (1743-1826), un des auteurs de la Déclaration d'indépendance de 1776, président des États-Unis de 1801 à 1809.

Jéhovah, autre nom de Yahvé.

Jéhovah (Témoins de), mouvement religieux fondé en 1874 aux États-Unis.

Jemappes (Hainaut), victoire de Dumouriez sur les Autrichiens (1792).

Jenner Edward (1749-1823), médecin anglais. Il pratiqua la première vaccination.

Jérémie (v. 645-v. 580 av. J.-C.), prophète juif.

Jerez de la Frontera, v. d'Espagne (Andalousie) ; 185 000 h.

Jéricho, v. de Cisjordanie ; 65 000 h. La Bible raconte la prise de la ville par les Hébreux que commandait Josué.

Jéroboam Ier (mort en 910 av. J.-C.), premier roi d'Israël de 930 à 910.

Jérôme saint (v. 347-v. 420), Père et docteur de l'Église, auteur de la Vulgate.

Jerome K. Jerome (1859-1927), écrivain anglais : *Trois Hommes dans un bateau.*

Jersey, la plus grande des îles Anglo-Normandes ; ch.-l. Saint-Hélier.

Jérusalem, cap. de l'État d'Israël depuis 1980 ; 457 500 h. Ville sainte pour les juifs, les chrétiens et les musulmans.

Jésus ou **Jésus-Christ,** fils de Dieu selon la religion chrétienne, fondateur du christianisme. Né à Bethléem, mort crucifié à Jérusalem v. 30.

Jésus (Compagnie de), ordre de clercs réguliers (jésuites), fondé en 1540 par Ignace de Loyola.

Jeu de paume (serment du), serment prêté le 20 juin 1789 par les députés du tiers état de donner une Constitution à la France.

Jeunes-Turcs, groupe d'officiers réformateurs de l'Empire ottoman (début du XXe s.).

Jézabel (IXe s. av. J.-C.), femme d'Achab, roi d'Israël, et mère d'Athalie (*Bible*).

Jiang Jieshi. V. Tchang Kaï-chek.

Jiangsu, prov. de la Chine orientale ; cap. Nankin ; v. princ. Shanghai.

Jiangxi, prov. du S.-E. de la Chine ; cap. Nanchang.

Jilin ou **Kirin,** v. de la Chine du N.-E., dans la *province de Jilin* ; 1 088 420 h (aggl. 3 974 260 h).

Jiménez Juan Ramón (1881-1958), poète espagnol : *Éternités.*

Jinan, v. de Chine, cap. du Shandong ; 1 359 130 h (aggl. 3 375 830 h).

Jinnah Mohammed Ali (1876-1948), homme politique pakistanais, créateur du Pakistan.

Jivaros, Indiens d'Amazonie. Ils réduisaient la tête de leurs ennemis tués.

Joab (Xe s. av. J.-C.), neveu de David (*Bible*).

Joachim saint, époux de sainte Anne, père de la Vierge Marie.

Joachim de Flore (v. 1130-1202), mystique italien.

Joad (IXe s. av. J.-C.), grand prêtre de Jérusalem, qui fit périr Athalie (*Bible*).

João Pessoa, port du N.-E. du Brésil (Paraíba) ; 397 720 h.

Job, personnage de la Bible qui finit par accepter les malheurs que Dieu lui envoyait.

J.O.C. Sigle de *Jeunesse ouvrière chrétienne.*

Jocaste, mère d'Œdipe (*Myth. gr.*).

Jodhpur, v. de l'Inde (Rajasthan) ; 506 000 h.

Joffre Joseph (1852-1931), maréchal de France, généralissime en 1915.

Jogjakarta, v. d'Indonésie (Java) ; 400 000 h.

Johannesburg, v. d'Afrique du Sud (Transvaal) ; 1 360 870 h.

Johns Jasper (né en 1930), peintre et sculpteur américain, créateur du pop' art.

Johnson Samuel (1709-1784), écrivain et lexicographe anglais.

Johnson Andrew (1808-1875), président (républicain) des États-Unis (1865-1869).

Johnson Lyndon (1908-1973), président (démocrate) des États-Unis (1963-1969).

Joinville Jean, sire de (v. 1224-1317), chroniqueur français du règne de Saint Louis.

Joliot-Curie Frédéric (1900-1958) et sa femme **Irène** (1897-1956), physiciens français. Ils découvrirent la radioactivité artificielle.

Jolivet André (1905-1974), compositeur français.

Jonas (VIIIe s. av. J.-C.), un des petits prophètes juifs, à ne pas confondre avec le personnage du *Livre de Jonas* qui passa trois jours dans le ventre d'un poisson.

Jongkind Johan (1819-1891), peintre et graveur hollandais, précurseur de l'impressionnisme.

Jonson Ben (1572-1637), écrivain anglais, maître du théâtre élisabéthain : *Volpone.*

Jonzac, ch.-l. d'arr. de la Charente-Maritime ; 4 873 h.

Jorasses (Grandes-), sommets du massif du Mont-Blanc (4 206 m).

Jordaens Jacob (1593-1678), peintre flamand, maître du style baroque.

Jordanie, État du Proche-Orient ; 97 740 km² ; 3 900 000 h ; cap. Amman.

Jorn Asger (1914-1973), peintre danois.

Josaphat (vallée de), vallée près de Jérusalem, lieu du Jugement dernier (*Bible*).

Joseph, patriarche hébreu, fils de Jacob et de Rachel, vendu par ses frères (*Bible*).

Joseph saint, charpentier de Nazareth, époux de la Vierge Marie.

Joseph le Père (1577-1638), conseiller de Richelieu, surnommé l'Éminence grise.

Joseph II (1741-1790), empereur germanique en 1765, fils de Marie-Thérèse.

Joseph d'Arimathie saint, Juif de Jérusalem qui obtint de Pilate le corps du Christ pour l'ensevelir.

Joséphine (1763-1814), impératrice des Français, épouse du vicomte de Beauharnais puis de Napoléon Bonaparte (1796) ; répudiée en 1809.

Josquin Des Prés. V. Des Prés.

Josué (fin du XIIIe s. av. J.-C.), successeur de Moïse (*Bible*).

Joué-lès-Tours, ch.-l. de cant. d'Indre-et-Loire ; 37 114 h.

Jouffroy d'Abbans Claude François (1751-1832), ingénieur français, constructeur du premier bateau à vapeur.

Jouhandeau Marcel (1888-1979), écrivain français : *Chaminadour.*

Jouhaux Léon (1879-1954), syndicaliste français (C.G.T.).

Joukov Gheorghi (1896-1974), maréchal soviétique.

Joukovski Vassili (1783-1852), poète lyrique russe, préromantique.

Joule James Prescott (1818-1889), physicien anglais. Il détermina l'équivalence entre la chaleur et le travail.

Jourdain, fl. du Proche-Orient (360 km), qui sépare la Jordanie de la Cisjordanie.

Jourdan Jean-Baptiste (1762-1833), maréchal de France, victorieux à Fleurus (1794).

Jouve Pierre Jean (1887-1976), écrivain français : *Noces, Paulina 1880.*

Jouvet Louis (1887-1951), acteur et metteur en scène de théâtre français.

Jouy-en-Josas, ch.-l. des Yvelines ; 7 701 h. Les *toiles de Jouy* étaient produites par la manufacture créée par Oberkampf en 1759.

Joyce James (1882-1941), écrivain irlandais : *Ulysse.*

József Attila (1905-1937), poète hongrois.

Juan Carlos Ier (né en 1938), roi d'Espagne à la mort du général Franco (1975).

Juan-les-Pins, stat. balnéaire des Alpes-Maritimes.

Juárez García Benito (1806-1872), président du Mexique (1861), vainqueur de Maximilien d'Autriche.

Juda, quatrième fils de Jacob (*Bible*).

Juda, royaume (cap. Jérusalem) constitué par les tribus de Juda et de Benjamin v. 931 av. J.-C.

Judas iscariote, apôtre qui trahit Jésus.

Jude ou **Thaddée** saint, un des douze apôtres.

Judée, prov. méridionale de la Palestine.

Judith, héroïne juive qui tua Holopherne, général de Nabuchodonosor (*Bible*).

Juges, chefs que les Hébreux élurent après la mort de Josué (*Bible*).

Juglar Clément (1819-1905), économiste français.

Jugurtha (v. 160-v. 104 av. J.-C.), roi de Numidie, vaincu par les Romains.

Juillet (14), fête nationale française commémorant la prise de la Bastille le 14 juillet 1789.

Juillet (monarchie de), gouvernement de la France sous le règne de Louis-Philippe.

Juin Alphonse (1888-1967), maréchal de France.

Jules II (1443-1513), pape en 1503. Il s'opposa à Venise et à Louis XII (guerres d'Italie).

Julia, famille romaine à laquelle appartenait Jules César.

Juliana Ire (née en 1909), reine des Pays-Bas (1948-1980).

Julien (dit *l'Apostat*), (331-363), empereur romain en 361, neveu de Constantin Ier.

Jung Carl Gustav (1875-1961), psychiatre suisse, créateur de la notion d'inconscient collectif.

Jünger Ernst (né en 1895), écrivain allemand.

Jungfrau, sommet des Alpes suisses (4 166 m).

Junon, déesse romaine, épouse de Jupiter.

Junot Andoche, duc d'Abrantès (1771-1813), général français.

Jupiter, dieu romain, assimilé au Zeus grec, maître du panthéon.

Jupiter, cinquième planète du système solaire.

Jura, système montagneux de France et de Suisse (1 723 m), qui se prolonge en Allemagne (*Jura Souabe* et *Jura franconien*).

Jura, cant. de Suisse ; ch.-l. Delémont.

Jura, dép. français (39) (Franche-Comté) ; 5 053 km² ; 256 609 h ; ch.-l. Lons-le-Saunier.

Jussieu Antoine Laurent de (1748-1836), botaniste français.

Justinien Ier (482-565), empereur d'Orient en 527. Grand législateur, il tenta de reconstituer l'ancien Empire romain.

Juvénal (v. 60-v. 130), poète latin : *Satires.*

Jylland ou **Jutland,** partie péninsulaire du Danemark.

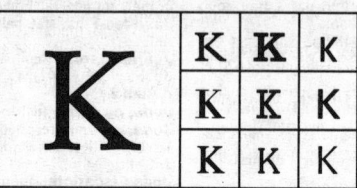

K2 ou **Dapsang,** deuxième sommet de l'Himalaya (Karakoram) ; 8 620 m.

Kaaba (la), édifice cubique dans la mosquée de La Mecque.

Kabardino-Balkarie, rép. auton. de Russie, dans le Caucase.

Kaboul, cap. de l'Afghanistan ; 1 000 000 h.

Kabuto-Cho, la Bourse de Tokyo.

Kabyles, peuple berbère d'Algérie.

Kabylie, rég. montagneuse du N.-E. de l'Algérie.

Kachins, peuple de Birmanie, de Chine (Yunnan) et de l'Inde (Assam).

Kádár János (1912-1989), homme politique hongrois, au pouvoir de 1956 à 1988.

Kadaré Ismaïl (né en 1936), romancier albanais : *le Général de l'armée morte.*

Kadhafi al-Mu'ammar (né en 1942), homme politique libyen, au pouvoir depuis 1969.

Kafka Franz (1883-1924), écrivain tchèque de langue allemande : *le Procès, le Château.*

Kagel Mauricio (né en 1931), compositeur et chef d'orchestre argentin.

Kagoshima, port du Japon (Kyushu) ; 530 500 h.

Kahnweiler Daniel-Henry (1884-1979), marchand de tableaux et écrivain d'art français.

Kaifeng, v. de Chine (Henan) ; 602 230 h.

Kairouan, v. de Tunisie ; 72 250 h. Centre religieux, mosquées.

Kaiserslautern, v. d'Allemagne (Rhénanie-Palatinat) ; 96 770 h.

Kalahari, désert d'Afrique australe.

Kaigan. V. Zhangjiakou.

Kali, divinité hindoue de la Mort et de la Destruction, épouse de Çiva.

Kalimantan, partie indonésienne de Bornéo.

Kalinine. V. Tver.

Kalinine Mikhaïl (1875-1946), homme politique soviétique.

Kaliningrad (anc. *Königsberg*), port de Russie, sur la Baltique ; 385 000 h.

Kalmar, port de Suède ; 54 250 h. L' *Union de Kalmar* a réuni la Suède, la Norvège et le Danemark en un seul royaume.

Kalmouks, peuple mongol de Sibérie (rép. auton. des Kalmouks), de Mongolie et de Chine.

Kamakura, v. du Japon (Honshu) ; 175 500 h. Statue du Bouddha. Anc. capitale (XIIᵉ-XIVᵉ s.).

Kama-sutra, ouvrage sanskrit sur l'amour, écrit entre le IVᵉ et le VIIᵉ s.

Kamenev Lev (1883-1936), homme politique soviétique ; exécuté.

Kamerlingh Onnes Heike (1853-1926), physicien néerlandais. Il découvrit la supraconductivité.

Kampala, cap. de l'Ouganda ; 458 000 h.

Kampuchéa, nom du Cambodge de 1979 à 1989.

Kamtchatka, presqu'île de la Sibérie.

Kanaks. V. Canaques.

Kanáris Constantin (1790-1877), amiral grec ; héros de l'indépendance.

Kanchipuram, v. de l'Inde (Tamil Nadu) ; 130 930 h. Temples.

Kandahar, v. du S. de l'Afghanistan ; 150 000 h.

Kandinsky Wassili (1866-1944), peintre russe, naturalisé allemand puis français, pionnier de l'art abstrait.

Kandy, v. de Sri Lanka ; 120 000 h ; anc. capitale de Ceylan (XVIᵉ-XIXᵉ s.).

Kangxi (1654-1722), empereur de Chine en 1662.

Kano, v. du Nigeria ; 399 000 h. Anc. cap. haoussa.

Kano, école de peinture du Japon (XVᵉ s.).

Kanpur, v. de l'Inde (Uttar Pradesh) ; 1 481 790 h.

Kansas, État du centre des États-Unis.

Kansas City, v. des États-Unis, à cheval sur le Kansas et le Missouri ; 1 476 700 h dans l'agglomération).

Kant Emmanuel (1724-1804), philosophe allemand : *Critique de la raison pure.*

Kantor Tadeusz (1915-1990), metteur en scène de théâtre polonais.

Kaolack, v. du Sénégal ; 140 000 h.

Kaosiung. V. Gaoxiong.

Kapitsa Piotr (1894-1984), physicien soviétique.

Karabakh (Haut-) ou **Nagorno-Karabakh,** prov. d'Azerbaïdjan revendiquée par l'Arménie.

Karachi, port du Pakistan ; 5 103 000 h.

Karaganda, v. du Kazakhstan ; 641 000 h.

Karageorges (1752-1817), fondateur de la dynastie serbe des *Karadjordjević* qui régna sur la Yougoslavie jusqu'en 1941.

Karajan Herbert von (1908-1989), chef d'orchestre autrichien.

Karakalpakie, rép. auton. d'Ouzbékistan.

Karakoram, partie O. de l'Himalaya (8 620 m au K2).

Karbala, v. d'Irak ; 115 000 h. Ville sainte des chiites.

Karens, peuple de Birmanie et de Thaïlande.

Karikal, port de l'Inde ; 60 500 h. Anc. comptoir français.

Karl-Marx-Stadt. V. Chemnitz.

Karlovy Vary (anc. *Carlsbad*), stat. thermale de la République tchèque (Bohême).

Karlsruhe, v. d'Allemagne (Bade-Wurtemberg) ; 268 310 h.

Karnak, village de la Haute-Égypte, sur le site de Thèbes. Temple d'Amon.

Karnataka (anc. *Mysore*), État du S. de l'Inde ; cap. Bangalore.

Kasaï, nom de deux prov. du Zaïre.

Kassel, v. d'Allemagne (Hesse) ; 185 370 h.

Kassem Abd al-Karim (1914-1963), homme politique irakien, renversé par le Baas et exécuté.

Kassites, peuple asiatique, maître de Babylone de 1530 à 1160 av. J.-C.

Kastler Alfred (1902-1984), physicien français.

Katanga. V. Shaba.

Katmandou, cap. du Népal ; 393 490 h.

Katowice, v. de Pologne (Silésie) ; 362 860 h.

Kattégat, large détroit entre la Suède et le Danemark.

Katyn, village de Russie où furent découverts les cadavres de 4 500 officiers polonais massacrés par les Soviétiques en 1940-1941.

Kaunas, v. de Lituanie ; 405 000 h.

Kaunda Kenneth (né en 1924), président de la république de Zambie (1964-1991).

Kautsky Karl (1854-1938), homme politique allemand (social-démocrate).

Kawabata Yasunari (1899-1972), écrivain japonais : *Pays de neige.*

Kawasaki, port du Japon (Honshu) ; 1 104 270 h.

Kayseri, v. de Turquie ; 375 940 h.

Kazakhstan, État d'Asie centrale, anc. rép. fédérée de l'U.R.S.S. ; 2 715 100 km² ; 16 600 000 h ; cap. Alma-Ata.

Kazan, v. de Russie, sur la Volga ; 1 084 000 h.

Kazan Elia (né en 1909), cinéaste américain : *Sur les quais.*

Kazantzákis Nikos (1885-1957), écrivain grec : *le Christ recrucifié.*

Keaton Buster (1896-1966), acteur et cinéaste américain : *le Mécano de la « General ».*

Keats John (1795-1821), poète romantique anglais : *Odes.*

Keitel Wilhelm (1882-1946), feld-maréchal allemand. Il signa la capitulation du IIIe Reich.

Kekkonen Urho (1900-1986), homme politique finlandais.

Keller Gottfried (1819-1890), écrivain suisse d'expression allemande : *Henri le Vert.*

Kellermann François (1735-1820), maréchal de France, vainqueur à Valmy (1792).

Kellogg Frank (1856-1937), diplomate américain, apôtre du pacifisme.

Kelly Gene (né en 1912), acteur et danseur américain.

Kelvin lord. V. Thomson.

Kemal Mustafa (dit *Kemal Atatürk*) (1880-1938), fondateur de la Turquie moderne, président de la République (1923-1938).

Kemal Yasar. V. Yasar Kemal.

Kénitra, port du Maroc ; 188 190 h (aggl. 449 700 h).

Kennedy, aéroport de New York.

Kennedy, centre spatial américain situé près du Cap Canaveral (Floride).

Kennedy John (1917-1963), 35e président (démocrate) des États-Unis en 1961 ; assassiné.

Kent, comté du S.-E. de l'Angleterre.

Kentucky, État du centre-est des États-Unis.

Kenya (mont), un des plus hauts sommets de l'Afrique (5 194 m).

Kenya, État d'Afrique orientale ; 582 646 km² ; env. 22 000 000 h ; cap. Nairobi.

Kenyatta Jomo (v. 1893-1978), premier président du Kenya indépendant (1964-1978).

Kepler Johannes (1571-1630), astronome allemand, disciple de Copernic.

Kerala, État du S.-O. de l'Inde ; cap. Trivandrum.

Kerenski Alexandre (1881-1970), homme politique russe, renversé par les bolcheviks en novembre 1917.

Kerguelen (îles), archipel français de l'Antarctique.

Kermanchah (*Bakhtaran* de 1981 à 1992), v. de l'Iran (Kurdistan) ; 531 000 h.

Kerouac Jack (1922-1969), écrivain américain : *les Clochards célestes.*

Kessel Joseph (1898-1979), écrivain français d'origine russe : *l'Équipage.*

Keynes John (1883-1946), économiste britannique : *Théorie générale de l'emploi, de l'intérêt et de la monnaie.*

K.G.B. (« Comité de sécurité de l'État »), police politique soviétique, chargée de l'espionnage et de la répression (1954-1991).

Khabarovsk, v. de Russie (Sibérie) ; 600 000 h.

Khadidjah (morte en 619), première épouse de Mahomet, mère de Fatima.

Khajuraho, site de l'Inde centrale où s'élèvent de nombreux temples (Xe-XIIIe s.).

Kharezm, anc. royaume d'Asie centrale.

Kharg, île iranienne, dans le golfe Persique.

Kharkov, v. de l'Ukraine ; 1 604 000 h.

Khartoum, cap. du Soudan ; 557 350 h.

Khatchatourian Aram (1903-1978), compositeur arménien : *Gayaneh.*

Khayber, défilé qui fait communiquer le Pakistan et l'Afghanistan.

Khayyam Omar (v. 1050-v. 1123), poète persan.

Khazars, peuple turc qui fonda au VIIe s. un royaume sur les rives de la Caspienne.

Khéops. V. Chéops.

Khéphren. V. Chéphren.

Kherson, port d'Ukraine ; 352 000 h.

Khlebnikov Vélimir (1885-1922), poète futuriste russe.

Khmers, peuple d'Indochine méridionale dont les actuels Cambodgiens sont les descendants.

Khmers rouges, guérilleros communistes cambodgiens qui exercèrent une dictature sanguinaire de 1975 à 1979.

Khomeyni

658

Khomeyni Ruhollah (1902-1989), chef religieux chiite et homme politique iranien, au pouvoir apr. la révolution islamique de 1979.

Khorasan, prov. du N.-E. de l'Iran ; ch.-l. Mechhed.

Khorramchahr, v. d'Iran (Khuzistan) ; 146 000 h.

Khrouchtchev Nikita (1894-1971), homme politique soviétique, au pouvoir de 1958 à 1964.

Khursabad, site archéologique d'Irak, anc. cap. du roi assyrien Sargon II.

Khuzistan, prov. d'Iran, sur le golfe Persique ; ch.-l. Ahwaz, v. princ. Abadan.

Khwarizmi Muhammad al- (mort v. 850), mathématicien musulman, fondateur de l'algèbre.

Kichinev. V. Chisinau.

Kiel, port d'Allemagne, cap. du Schleswig-Holstein ; 243 630 h.

Kielce, v. de Pologne ; 202 280 h.

Kierkegaard Soren (1813-1855), philosophe danois, fondateur de l'existentialisme.

Kiev, cap. de l'Ukraine ; 2 577 000 h. Cathédrale Sainte-Sophie.

Kigali, cap. du Ruanda ; 116 230 h.

Kikuyus, peuple bantou du Kenya.

Kilimandjaro (au. *pic Uhuru*), volcan de Tanzanie, point culminant de l'Afrique (5 895 m).

Killy Jean-Claude (né en 1943), skieur français.

Kimberley, v. d'Afrique du Sud ; 149 670 h.

Kim Il Sung (né en 1912), chef de la République de Corée du Nord depuis 1945.

King Martin Luther (1929-1968), pasteur noir américain, leader de l'intégration et de la promotion des peuples de couleur ; assassiné.

Kingston, cap. de la Jamaïque ; 524 640 h.

Kingston-upon-Hull ou **Hull**, port du N. de l'Angleterre ; 268 300 h.

Kingstown, cap. de Saint-Vincent ; 33 000 h.

Kinsey Alfred (1894-1956), biologiste et sociologue américain, auteur d'enquêtes sur la sexualité.

Kinshasa (anc. *Léopoldville*), cap. du Zaïre ; plus de 3 000 000 h.

Kipling Rudyard (1865-1936), écrivain anglais : *Livres de la jungle.*

Kirchhoff Gustav (1824-1887), physicien, fondateur de l'analyse spectrale.

Kirchner Ernst (1880-1938), peintre expressionniste allemand, membre de die Brücke.

Kirghizistan ou **Kirghizie**, État d'Asie centrale, anc. rép. fédérée de l'U.R.S.S. ; 198 500 km² ; 4 300 000 h ; cap. Pichpek.

Kiribati, État de Micronésie (archipel de Gilbert) ; 728 km² ; 64 000 h ; cap. Bairiki.

Kirin. V. Jilin.

Kirkuk, v. du N. de l'Irak ; 225 000 h.

Kisangani (anc. *Stanleyville*), v. du N. du Zaïre, sur le Zaïre ; 282 650 h.

Kissinger Henry (né en 1923), diplomate américain.

Kistna (la) (anc. *Krichna*), fl. de l'Inde (1 300 km).

Kita-Kyushu, v. du Japon (Kyushu) ; 1 053 290 h.

Kitchener lord Herbert (1850-1916), maréchal britannique, vainqueur des Boers.

Kitzbühel, stat. hivernale d'Autriche (Tyrol).

Kivu, lac d'Afrique, entre le Zaïre et le Ruanda.

Klagenfurt, v. d'Autriche ; 87 300 h ; cap. de la Carinthie.

Klaïpeda (anc. *Memel*), port de Lituanie ; 195 000 h.

Kléber Jean-Baptiste (1753-1800), général français. Vainqueur à Fleurus (1794).

Klee Paul (1879-1940), peintre suisse.

Klein Melanie (1882-1960), psychanalyste britannique d'origine autrichienne.

Kleist Heinrich von (1777-1811), écrivain romantique allemand : *le Prince de Hombourg.*

Klimt Gustav (1862-1918), peintre autrichien.

Klondike, riv. du Canada, cadre de la ruée vers l'or (1896).

Klopstock Friedrich (1724-1803), poète allemand : *Odes.*

Knesset (la), Parlement de l'État d'Israël.

Knox John (v. 1505-1572), réformateur religieux écossais ; presbytérien.

Knud le Grand (955-1035), roi d'Angleterre en 1016, de Danemark en 1018 et de Norvège en 1028.

Kobe, port du Japon (Honshu) ; 1 419 860 h.

Koch Robert (1843-1910), médecin allemand. Il découvrit le bacille de la tuberculose.

Kodály Zoltán (1882-1967), compositeur hongrois : *Psalmus hungaricus.*

Kœnig Marie Pierre (1898-1970), maréchal de France, chef des F.F.I. en 1944.

Koestler Arthur (1905-1983), romancier anglais d'origine hongroise : *le Zéro et l'Infini.*

Kohl Helmut (né en 1930), chancelier (chrétien-démocrate) de l'Allemagne depuis 1982.

Kokoschka Oskar (1886-1980), peintre expressionniste autrichien, naturalisé anglais.

Kola (péninsule de), presqu'île du N. de la Russie.

Kolamba. V. Colombo.

Koltchak Alexandre (1874-1920), amiral russe, chef des contre-révolutionnaires.

Kolwezi, v. du Zaïre (Shaba) ; 383 970 h.

Kolyma, fl. de Sibérie (2 600 km).

Komintern, autre nom de la IIIᵉ Internationale (1919-1943).

Komis. V. Zyrianes.

Komsomolsk, v. de Russie, en Sibérie orientale ; 300 000 h.

Kongzi. V. Confucius.

Königsberg, anc. cap. de la Prusse-Orientale. V. Kaliningrad.

Konya, v. de Turquie ; 439 180 h. Anc. cap. seldjoukide.

Kopa Raymond (né en 1931), footballeur français.

Kornilov Lavr (1870-1918), général russe ; contre-révolutionnaire.

Kosciusko (mont), point culminant de l'Australie (2 228 m).

Kosciuzko Tadeusz (1746-1817), général et héros national polonais.

Kosice, v. de Slovaquie ; 220 210 h.

Kosovo, prov. du S.-O. de la Serbie, surtout peuplée d'Albanais ; cap. Pristina.

Kossuth Lajos (1802-1894), homme politique hongrois, héros de la révolution de 1848.

Koubilaï khan ou **Kubilay khan** (1214-1294), empereur mongol, petit-fils de Gengis khan.

Kouïbychev. V. Samara.

Kouo-min-tang. V. Guomindang.

Kouo Mo-jo. V. Guo Moruo.

Koura (la), fl. de Transcaucasie (1 515 km).

Kouriles (îles), archipel russe du Pacifique, revendiqué par les Japonais.

Kourou, ch.-l. de cant. de la Guyane française. Centre de lancement de la fusée Ariane.

Koutaïssi, v. de Géorgie ; 214 000 h. Monuments médiévaux.

Koutouzov Mikhaïl (1745-1813), maréchal russe, vainqueur de Napoléon en 1812.

Kouzbass, rég. industrielle de Russie, en Sibérie occidentale.

Koweït, État (émirat) d'Arabie, au N.-O. du golfe Persique ; 17 818 km² ; 1 960 000 h ; cap. Koweït (360 000 h).

Koyré Alexandre (1882-1964), philosophe français d'origine russe.

Kozhikode (anc. *Calicut*), port de l'Inde (Kerala) ; 394 450 h.

Krakatoa ou **Krakatau,** île volcanique entre Java et Sumatra dont l'éruption fit 40 000 victimes (1883).

Krasnodar (anc. *Iekaterinodar*), v. de Russie, dans le Caucase ; 632 000 h.

Krasnoïarsk, v. de Russie (Sibérie) ; 912 000 h.

Krebs sir Hans Adolf (1900-1981), biochimiste allemand naturalisé anglais.

Kreisky Bruno (1911-1990), chancelier (social-démocrate) de l'Autriche de 1970 à 1983.

Kremlin (le), anc. palais impérial et citadelle de Moscou, siège du gouvernement russe.

Krichna. V. Kistna.

Krishna, divinité indienne très populaire.

Krivoï-Rog, v. d'Ukraine ; 684 000 h.

Kronstadt. V. Cronstadt.

Kropotkine Piotr, prince (1842-1921), révolutionnaire anarchiste russe.

Kruger Paul (1825-1904), homme politique du Transvaal, âme de la résistance des Boers contre l'Angleterre.

Krupp, industriels allemands de la Ruhr.

Krylov Ivan (1769-1844), fabuliste russe.

Kuala Lumpur, cap. de la Malaisie ; 919 610 h.

Kubrick Stanley (né en 1928), cinéaste américain : *Orange mécanique.*

Ku Klux Klan, société secrète américaine fondée v. 1865 pour lutter contre l'intégration des Noirs.

Kulturkampf, lutte engagée par Bismarck contre l'Église catholique.

Kumamoto, v. du Japon (Kyushu) ; 555 700 h.

Kun Béla (1886-1938), homme politique hongrois, fondateur du parti communiste.

Kundera Milan (né en 1929), romancier tchèque, naturalisé français : *la Plaisanterie.*

Kunduz, v. d'Afghanistan ; 80 000 h.

Kunming, v. de Chine, cap. du Yunnan ; 1 418 640 h.

Kupka Frank (1871-1957), peintre abstrait tchèque.

Kurashiki, v. du Japon (Honshu) ; 414 630 h.

Kurdistan, rég. d'Asie habitée par les Kurdes (env. 25 000 000 h), partagée entre la Turquie, l'Irak, l'Iran et la Syrie.

Kurosawa Akira (né en 1910), cinéaste japonais : *les Sept Samouraïs.*

Kuro-shio, puissant courant chaud du Pacifique occidental.

Kuznets Simon (1901-1985), économiste américain d'origine russe.

Kwakiutls, Indiens du Canada (Vancouver).

Kwangju, v. de Corée du Sud ; 906 130 h.

Kwazulu, bantoustan d'Afrique du Sud.

Kyoto, v. du Japon (Honshu) ; 1 481 130 h. Cap. impériale du VIIIᵉ s. à 1868. Temples.

Kyushu, île du S. du Japon.

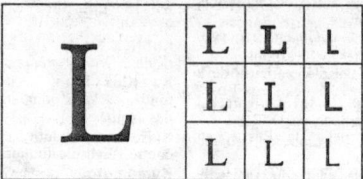

Laâyoune, v. du Maroc, ch.-l. du Sahara occidental ; 100 000 h.

Laban Rudolf von (1879-1958), chorégraphe et théoricien de la danse autrichien.

Labé Louise (v. 1524-1566), poétesse française.

Labiche Eugène (1815-1888), auteur dramatique français, créateur du vaudeville.

La Boétie Étienne de (1530-1563), écrivain français ; ami de Montaigne.

La Bourdonnais Bertrand de (1699-1753), marin et administrateur français.

Labour Party, parti travailliste britannique.

Labrador, presqu'île de l'O. du Canada.

La Bruyère Jean de (1645-1696), écrivain français : *les Caractères.*

Labyrinthe, édifice de Crète, à l'agencement complexe, construit par Dédale et où vivait le Minotaure (*Myth. gr.*).

Lacan Jacques (1901-1981), psychanalyste français.

Lacanau, étang du golfe de Gascogne.

Lacédémone. V. Sparte.

Lacépède Étienne de (1756-1825), naturaliste français, continuateur de Buffon.

Laclos Choderlos de (1741-1803), officier et écrivain français : *les Liaisons dangereuses.*

La Condamine Charles de (1701-1774), voyageur et astronome français.

Laconie, rég. de Grèce, autour de Sparte.

Lacordaire Henri (1802-1861), religieux français.

Lacoste René (né en 1904), joueur de tennis français.

Lacq, gisement de gaz naturel des Pyrénées-Atlantiques.

Lacretelle Jacques de (1888-1985), romancier français : *Silbermann.*

Ladakh, rég. montagneuse du Cachemire.

Ladislas Ier Arpad saint (v. 1040-1095), roi de Hongrie en 1077.

Ladoga (lac), lac de Russie (18 400 km²).

Ladoumègue Jules (1906-1973), athlète français.

Laennec René (1781-1826), médecin français. Il inventa le stéthoscope.

Lafargue Paul (1842-1911), homme politique français (socialiste).

La Fayette ou **Lafayette** Madame de (1634-1693), romancière française : *la Princesse de Clèves.*

La Fayette Marie-Joseph, marquis de (1757-1834), homme politique français, acteur de la guerre d'Indépendance américaine, de la Révolution de 1789 et de la Révolution de 1830.

Laffitte Jacques (1767-1844), banquier et homme politique français.

La Fontaine Jean de (1621-1695), poète français : *Fables, Contes.*

Laforgue Jules (1860-1887), poète symboliste français : *les Complaintes.*

Lagash, anc. cité-État de la basse Mésopotamie (IIIe millénaire av. J.-C.).

Lagerkvist Pär (1891-1974), écrivain suédois : *Barabbas.*

Lagerlöf Selma (1858-1940), romancière suédoise : *le Merveilleux Voyage de Nils Holgersson.*

Lagides, dynastie qui régna sur l'Égypte de 306 à 30 av. J.-C.

Lagos, anc. cap. et port du Nigeria ; 1 097 000 h (aggl. env. 6 000 000 h).

Lagrange Joseph Louis de (1736-1813), mathématicien et astronome français.

Lagrange Léo (1900-1940), homme politique français (socialiste), promoteur du tourisme populaire.

Lahore, v. du Pakistan, ch.-l. du Pendjab ; 2 922 000 h.

Laïos, roi de Thèbes, père d'Œdipe (*Myth. gr.*).

Lakanal Joseph (1762-1845), conventionnel français, organisateur de l'instruction publique.

Lalique René (1860-1945), sculpteur et verrier d'art français, maître de l'art nouveau.

Lally Thomas de (1702-1766), officier français. Il se battit aux Indes.

Lalo Édouard (1823-1892), compositeur français : *Symphonie espagnole.*

Lamarck Jean-Baptiste de (1744-1829), naturaliste français.

Lamartine Alphonse de (1790-1869), poète romantique et homme politique français : *Méditations poétiques.*

Lambaréné, v. du Gabon ; 24 000 h. Centre médical fondé par le docteur Schweitzer.

Lambert Jean Henri (1728-1777), mathématicien, physicien et philosophe français.

La Mennais puis **Lamennais** Félicité de (1782-1854), prêtre et écrivain français : *les Paroles d'un croyant.*

Lamentin (Le), ch.-l. de cant. de la Martinique ; 30 596 h.

La Mettrie Julien Offroy de (1709-1751), médecin et philosophe matérialiste français.

Lancashire, comté d'Angleterre ; ch.-l. Preston ; v. princ. Manchester et Liverpool.

Lancastre, famille anglaise, victorieuse de la maison d'York dans la guerre des Deux-Roses.

Lancelot du Lac, héros du *cycle de Lancelot,* chevalier de la Table ronde.

Land Art, mouvement artistique, apparu vers 1967-1970 aux États-Unis.

Landerneau, ch.-l. de cant. du Finistère ; 15 035 h.

Landes, dép. français (40) (Aquitaine) ; 9 236 km² ; 321 612 h ; ch.-l. Mont-de-Marsan.

Landru Henri Désiré (1869-1922), criminel français.

Landsteiner Karl (1868-1943), médecin américain d'origine autrichienne. Il découvrit l'existence des groupes sanguins.

Lang Fritz (1890-1976), cinéaste autrichien naturalisé américain : *Metropolis.*

Langevin Paul (1872-1946), physicien français.

Langmuir Irving (1881-1957), physicien et chimiste américain.

Langon, ch.-l. d'arr. de la Gironde ; 6 322 h.

Langres, ch.-l. d'arr. de la Haute-Marne ; 11 026 h.

Languedoc, rég. historique du S. de la France.

Languedoc-Roussillon, Rég. admin. regroupant les dép. de l'Aude, du Gard, de l'Hérault, de la Lozère et des Pyrénées-Orientales ; 27 559 km² ; 2 151 346 h ; ch.-l. Montpellier.

Lannemezan, plateau situé au pied des Pyrénées centrales.

Lannes Jean (1769-1809), maréchal de France.

Lannion, ch.-l. d'arr. des Côtes-d'Armor ; 17 738 h.

Lanzarote, île volcanique des Canaries.

Lanzhou, v. de Chine, ch.-l. du Gansu ; 1 364 480 h (aggl. 2 339 750 h).

Laocoon, prêtre d'Apollon à Troie, étouffé par des serpents *(Myth. gr.).*

Laon, ch.-l. de l'Aisne ; 28 670 h.

Laos, État du S.-E. asiatique ; 236 800 km² ; 3 780 000 h ; cap. Vientiane.

Lao-tseu ou **Laozi,** philosophe chinois du VIᵉ s. av. J.-C., fondateur du taoïsme.

La Palice ou **La Palisse** (v. 1470-1525), maréchal de France, tué à Pavie.

La Pérouse Jean François de (1741-1788), navigateur français.

Laplace Pierre Simon de (1749-1827), mathématicien, physicien et astronome français.

Laponie, rég. la plus septentrionale d'Europe, peuplée par les Lapons.

Larbaud Valery (1881-1957), écrivain français : *A.O. Barnabooth.*

Largentière, ch.-l. d'arr. de l'Ardèche ; 2 117 h.

Largillière Nicolas de (1656-1746), peintre français ; portraitiste.

Larionov Michel (1881-1964), peintre russe naturalisé français.

Lárissa, v. de Grèce (Thessalie) ; 102 050 h.

Larnaca, port de Chypre ; 20 000 h.

La Rochefoucauld François de (1613-1680), écrivain français : *Maximes.*

La Rochejaquelein Henri de (1772-1794), chef vendéen.

La Rocque François de (1886-1946), homme politique français (extrême droite).

Larousse Pierre (1817-1875), lexicographe et éditeur français.

Lartigue Jacques Henri (1896-1986), photographe français.

Larzac, causse du S. du Massif central.

La Salle Robert Cavelier de (1643-1687), explorateur français de la Louisiane.

Las Casas Bartolomé de (1474-1566), dominicain espagnol, défenseur des Indiens.

Las Cases Emmanuel de (1766-1842), écrivain français : *Mémorial de Sainte-Hélène.*

Lascaux grotte de Dordogne, ornée de peintures préhistoriques (v. 13 000 av. J.-C.).

Lassalle Ferdinand (1825-1864), homme politique allemand (socialiste).

Lassus Roland de (v. 1531-1594), compositeur wallon de la Renaissance.

Las Vegas, v. des États-Unis (Nevada) ; 183 200 h. Cap. du jeu.

Latécoère Pierre (1883-1943), industriel français, pionnier de l'aviation.

Latium, rég. d'Italie centrale ; ch.-l. Rome.

La Tour Georges de (v. 1593-1652), peintre classique français.

La Tour Maurice Quentin de (1704-1788), pastelliste et peintre français ; portraitiste.

La Tour du Pin René de (1834-1924), penseur chrétien français.

Latran (le), résidence des papes à Rome avant leur départ pour Avignon. Les *accords du Latran* consacrèrent la reconnaissance par le Saint-Siège de l'État italien avec Rome pour capitale (1929).

Lattaquié, port de Syrie ; 239 530 h.

Lattre de Tassigny Jean-Marie de (1889-1952), maréchal de France.

Laue Max von (1879-1960), physicien allemand.

Laurel Stan (1890-1965) et **Hardy** Oliver (1892-1957), tandem d'acteurs comiques américains.

Laurencin Marie (1883-1956), peintre français.

Laurentides (les), rég. du Canada oriental.

Laurier sir Wilfrid (1841-1919), homme politique canadien (libéral).

Lausanne, v. de Suisse, ch.-l. du cant. de Vaud ; 125 610 h.

Lautaret, col des Alpes (2 058 m).

Lautréamont (Isidore Ducasse, dit) (1846-1870), poète français : *les Chants de Maldoror.*

Laval, ch.-l. de la Mayenne ; 53 479 h.

Laval, v. du Canada (Québec) ; 284 160 h.

Laval Pierre (1883-1945), homme politique français. Il préconisa la collaboration avec l'Allemagne ; fusillé à la Libération.

La Vallière Louise, duchesse de (1644-1710), favorite du roi Louis XIV.

Lavigerie Charles (1825-1892), prélat français.

Lavisse Ernest (1842-1922), historien français.

Lavoisier Antoine de (1743-1794), chimiste français, créateur de la chimie moderne ; guillotiné.

Law John (1671-1729), financier écossais, fondateur d'une banque à Paris qui fit une faillite retentissante.

Lawrence Thomas (1769-1830), peintre anglais ; portraitiste.

Lawrence David (1885-1930), romancier anglais : *l'Amant de lady Chatterley.*

Lawrence Thomas (dit *Lawrence d'Arabie*) (1888-1935), officier et écrivain anglais : *les Sept piliers de la sagesse.*

Lawrence Ernest (1901-1958), physicien américain, inventeur du cyclotron.

Laxness Halldór Kiljan (né en 1902), romancier islandais : *Salka Valka.*

Lazare saint, frère de Marthe et de Marie-Madeleine, ressuscité par Jésus (*Évangiles*).

Leakey Louis (1903-1972), paléontologiste anglais.

Léautaud Paul (1872-1956), écrivain français : *Journal littéraire.*

Leblanc Maurice (1864-1941), romancier français : *Arsène Lupin.*

Le Bon Gustave (1841-1931), sociologue français, créateur de la psychologie des foules.

Lebowa, bantoustan d'Afrique du Sud.

Le Brun Charles (1619-1690), peintre classique français.

Lebrun Charles François (1739-1824), homme politique français, troisième consul en 1799.

Lebrun Albert (1871-1950), dernier président de la IIIᵉ République (1932-1940).

Le Carré John (né en 1931), romancier anglais : *L'espion qui venait du froid.*

Lecce, v. d'Italie (Pouilles) ; 91 300 h.

Le Chapelier Isaac (1754-1794), homme politique français, rapporteur de la loi qui interdisait les associations de métier.

Leclair Jean-Marie (1697-1764), compositeur et violoniste français.

Leclerc (Philippe de Hauteclocque, dit) (1902-1947), maréchal de France. Il libéra Paris et Strasbourg (1944).

Leclerc Félix (1914-1988), auteur-compositeur et chanteur canadien.

Le Clézio Jean-Marie (né en 1940), romancier français : *le Procès-Verbal.*

Leconte de Lisle Charles (1818-1894), poète français ; parnassien.

Le Corbusier Édouard (1887-1965), architecte et urbaniste français d'origine suisse.

Léda, femme aimée de Zeus, qui la séduisit sous la forme d'un cygne (*Myth. gr.*).

Ledoux Claude Nicolas (1736-1806), architecte et urbaniste français.

Ledru-Rollin Alexandre Auguste (1807-1874), homme politique français (républicain).

Lê Duc Tho (1911-1990), homme politique vietnamien.

Lee Robert Edward (1807-1870), général américain ; sudiste.

Leeds, v. d'Angleterre (Yorkshire) ; 450 000 h.

Leeuwarden, v. des Pays-Bas, ch.-l. de la Frise ; 85 170 h.

Lefebvre François (1755-1820), maréchal de France.

Lefèvre d'Étaples Jacques (v. 1450-1536), humaniste français, traducteur de la Bible.

Léger Fernand (1881-1955), peintre français.

Légion d'honneur, ordre national français, institué en 1802 par Bonaparte.

Légion étrangère, formation militaire française.

Législative (la), seconde Assemblée nationale de la Révolution française (1791-1792).

Lehár Franz (1870-1948), compositeur autrichien : *la Veuve joyeuse.*

Leibniz Gottfried Wilhelm (1646-1716), philosophe et mathématicien allemand : *Essais de théodicée, Monadologie.*

Leicester, v. d'Angleterre ; 280 000 h.

Leipzig, v. d'Allemagne (Saxe) ; 607 660 h.

Leiris Michel (1901-1990), écrivain et ethnologue français.

Léman (lac), lac franco-suisse (582 km²).

Lemercier Jacques (v. 1585-1654), architecte français, précurseur du classicisme.

Lena (la), fl. de Sibérie (4 270 km).

Le Nain, nom de trois frères, peintres réalistes français du XVIIᵉ s. : **Antoine, Louis** et **Mathieu.**

Lenclos Ninon de (1616-1706), dame française qui tint un salon littéraire.

Lendl Ivan (né en 1960), joueur de tennis tchécoslovaque.

Lénine (Vladimir Ilitch Oulianov, dit) (1870-1924), révolutionnaire russe, fondateur de l'État soviétique.

Leningrad. V. Saint-Pétersbourg.

Le Nôtre André (1613-1700), architecte et paysagiste français (jardin à la française).

Lens, ch.-l. d'arr. du Pas-de-Calais ; 35 278 h.

León, v. du N.-O. de l'Espagne ; 133 540 h ; ch.-l. de la *province de León.* Le *royaume de León*, fondé en 914, fut réuni à la Castille en 1230.

León, v. du Mexique central ; 593 000 h.

Léon (pays de), rég. côtière du N. du Finistère.

Léon Iᵉʳ le Grand, pape de 440 à 461. Il arrêta l'invasion d'Attila.

Léon X (1475-1521), pape en 1513. Il condamna Luther.

Léon XIII (1810-1903), pape en 1878. Il impulsa le christianisme social.

Léonard de Vinci (1452-1519), peintre, architecte, sculpteur, ingénieur et savant italien de la Renaissance : *la Joconde.*

Léonidas (490 à 480 av. J.-C.), roi de Sparte. Il mourut aux Thermopyles.

Leontief Wassily (1906-1980), économiste américain d'origine russe.

Leopardi Giacomo (1798-1837), écrivain romantique italien.

Léopold Iᵉʳ (1640-1705), empereur du Saint Empire en 1658. Il combattit les Turcs.

Léopold Iᵉʳ (1790-1865), premier roi des Belges, élu en 1831.

Léopold II (1835-1909), roi des Belges en 1865, propriétaire de l'État libre du Congo, qu'il céda à la Belgique.

Léopold III (1901-1983), roi des Belges de 1934 à 1951. Il abdiqua.

Léopoldville. V. Kinshasa.

Lépante victoire navale de don Juan d'Autriche sur les Turcs (1571).

Lépide (mort en 13 av. J.-C.), homme politique romain, membre du second triumvirat.

Lépine Louis (1846-1933), administrateur français, fondateur du *concours Lépine* réservé aux inventeurs indépendants.

Lépine Pierre (1901-1989), médecin français, inventeur d'un vaccin contre la poliomyélite.

Lérida, v. d'Espagne (Catalogne) ; 112 120 h.

Lérins (îles de), archipel français des Alpes-Maritimes.

Lermontov Mikhaïl (1814-1841), écrivain romantique russe : *Un héros de notre temps.*

Leroi-Gourhan André (1911-1986), préhistorien français.

Leroux Pierre (1797-1871), philosophe socialiste français.

Leroux Gaston (1868-1927), écrivain français de romans policiers.

Le Roy Ladurie Emmanuel (né en 1929), historien français.

Lesage René (1668-1747), écrivain français : *Gil Blas de Santillane.*

Lesbos ou **Mytilène,** île grecque de la mer Égée.

Lescot Pierre (1515-1578), architecte français de la Renaissance.

Lesotho, État enclavé dans l'Afrique du Sud ; 30 355 km² ; env. 1 560 000 h ; cap. Maseru.

Lesseps Ferdinand de (1805-1894), diplomate français. Il fit percer le canal de Suez.

Lessing Gotthold Ephraim (1729-1781), auteur dramatique allemand : *Nathan le Sage.*

Lessing Doris (née en 1919), écrivain anglais d'origine sud-africaine : *le Carnet d'or.*

Le Sueur Eustache (1616-1655), peintre classique français.

Lesueur ou **Le Sueur** Jean-François (1760-1837), compositeur français.

Le Tellier Michel (1603-1685), homme politique français, ministre de Louis XIV.

Le Tellier François Michel. V. Louvois.

Léthé, un des cinq fl. des Enfers (*Myth. gr.*).

Lettonie, État d'Europe, sur la Baltique, anc. rép. fédérée de l'U.R.S.S. ; 63 700 km² ; 2 681 000 h ; cap. Riga.

Levallois-Perret, ch.-l. de cant. des Hauts-de-Seine ; 47 788 h.

Levant (île du), une des îles d'Hyères.

Levassor Émile (1843-1897), industriel français, pionnier de l'automobile.

Le Vau Louis (1612-1670), architecte classique français.

Le Verrier Urbain (1811-1877), astronome français. Il découvrit Neptune.

Lévesque René (1922-1987), Premier ministre du Québec de 1976 à 1984.

Levi Carlo (1902-1975), écrivain italien : *Le Christ s'est arrêté à Eboli.*

Levi Primo (1919-1987), écrivain italien : *Si c'est un homme.*

Lévi, troisième fils de Jacob (*Bible*).

Léviathan, serpent monstrueux, symbole des forces du mal (*Bible*).

Lévi-Strauss Claude (né en 1908), anthropologue français : *la Pensée sauvage.*

Lévitique (le), troisième livre du Pentateuque.

Lévy-Bruhl Lucien (1857-1939), sociologue français : *la Mentalité primitive.*

Lewin Kurt (1890-1947), psychologue américain, fondateur de la dynamique de groupe.

Lewis Gilbert (1875-1946), physicien et chimiste américain.

Lewis Sinclair (1885-1951), romancier américain : *Babbitt.*

Leyde, v. des Pays-Bas ; 107 890 h.

Lhassa, cap. et v. sainte du Tibet (Chine) ; 343 240 h. Anc. palais du dalaï-lama (Potala).

L'Herbier Marcel (1890-1979), cinéaste français, maître du cinéma impressionniste.

L'Hospital Michel de (1505-1573), homme politique français, apôtre de la tolérance.

L'Hospital Guillaume de (1661-1704), mathématicien français, pionnier du calcul infinitésimal.

Lhote André (1885-1962), peintre et critique d'art français, théoricien du cubisme.

Liaoning, prov. de la Chine du N.-E. ; ch.-l. Shenyang.

Liban, État d'Asie occidentale ; 10 450 km² ; env. 3 000 000 h ; cap. Beyrouth.

Libby Willard (1908-1980), chimiste américain ; datation au moyen du carbone 14.

Libération, période finale de la Seconde Guerre mondiale (1943-1945).

Liberia, État d'Afrique ; 111 369 km² ; env. 23 000 000 h ; cap. Monrovia.

Li Bo ou **Li Po** (v. 701-762), poète chinois.

Libourne, ch.-l. d'arr. de la Gironde ; 21 931 h.

Libreville, cap. du Gabon ; 350 000 h.

Libye, État d'Afrique du Nord ; 1 759 540 km² ; 3 960 000 h ; cap. Tripoli.

Lichtenstein Roy (né en 1923), peintre américain du pop' art.

Lidice, village martyr de Tchécoslovaquie, détruit par les Allemands en 1942.

Lido, flèche de sable qui isole de la mer la lagune de Venise.

Liebig Justus von (1803-1873), chimiste allemand, fondateur de la chimie agricole.

Liebknecht Wilhelm (1826-1900), homme politique allemand (social-démocrate).

Liebknecht Karl (1871-1919), homme politique allemand, fils du préc. Il fonda avec R. Luxemburg le parti communiste allemand ; assassiné.

Liechtenstein, principauté de l'Europe centrale ; 160 km² ; 27 710 h ; cap. Vaduz.

Liège, v. de Belgique, ch.-l. de la *prov. de Liège* ; 196 000 h (aggl. 600 000 h).

Lieux saints (les), les sites de Palestine où vécut le Christ.

Liévin, ch.-l. de cant. du Pas-de-Calais ; 34 012 h.

Lifar Serge (1905-1986), danseur et chorégraphe français.

Ligeti György (né en 1923), compositeur autrichien d'origine hongroise : *le Grand Macabre.*

Ligne Charles, prince de (1735-1814), maréchal autrichien et écrivain d'expression française.

Ligue (Sainte) ou **la Ligue,** organisation catholique française fondée par Henri de Guise (1576) contre les protestants et Henri III.

Ligures, anc. peuple installé au S.-E. de la Gaule et sur le golfe de Gênes.

Ligurie, rég. du N. de l'Italie ; ch.-l. Gênes.

Lilienthal Otto (1848-1896), ingénieur allemand, pionnier de l'aviation.

Lille, ch.-l. du Nord et de la Rég. Nord-Pas-de-Calais ; 178 301 h (aggl. 959 200 h).

Lilliput, pays imaginaire, décrit par Swift dans *les Voyages de Gulliver.*

Lilongwe, cap. du Malawi ; 106 000 h.

Lima, cap. du Pérou ; 5 008 400 h.

Limagnes (les), plaines du Massif central drainées par l'Allier.

Limassol, port de Chypre ; 107 200 h.

Limbourg, prov. du N.-E. de la Belgique ; ch.-l. Hasselt.

Limbourg, prov. du S. des Pays-Bas ; ch.-l. Maastricht.

Limbourg (les frères Pol, Hennequin et Hermann de), miniaturistes français du XVe s. : *les Très Riches Heures du duc de Berry.*

Limerick, port de la rép. d'Irlande ; 56 280 h.

Limoges, ch.-l. de la Haute-Vienne et de la Rég. Limousin ; 136 407 h.

Limousin, anc. prov. française et Rég. admin. comprenant les dép. de la Corrèze, de la Creuse et de la Haute-Vienne ; 16 932 km² ; 746 238 h ; ch.-l. Limoges.

Limoux, ch.-l. d'arr. de l'Aude ; 10 217 h.

Limpopo, fl. d'Afrique australe (1 600 km).

Lin Biao ou **Lin Piao** (1908-1971), maréchal et homme politique chinois.

Lincoln, v. d'Angleterre ; 77 200 h. Cathédrale.

Lincoln Abraham (1809-1865), président (républicain) des États-Unis en 1861. Il mena la guerre de Sécession, fit abolir l'esclavage et mourut assassiné.

Lindbergh Charles (1902-1974), aviateur américain. Première traversée de l'Atlantique (1927).

Linder Max (1883-1925), cinéaste comique français.

Linköping, v. de Suède ; 116 840 h.

Linné Carl von (1707-1778), naturaliste suédois, auteur de la nomenclature systématique des êtres vivants.

Linz, v. d'Autriche, cap. de la Haute-Autriche ; 199 910 h.

Lion (le), constellation boréale et signe du zodiaque (23 juillet-23 août).

Lion (golfe du), golfe de la Méditerranée.

Liouville Joseph (1809-1882), mathématicien français.

Lipari. V. Éoliennes.

Lipchitz Jacques (1891-1973), sculpteur cubiste français d'origine polonaise.

Lipetsk, v. de Russie ; 447 000 h.

Li Po. V. Li Bo.

Lippi Fra Filippo (v. 1406-1469), peintre italien.

Lisbonne, cap. du Portugal, sur l'estuaire du Tage ; 827 800 h.

Lisieux, ch.-l. d'arr. du Calvados ; 24 506 h.

Lister Joseph (1827-1912), chirurgien anglais.

Liszt Franz (1811-1886), compositeur et pianiste romantique hongrois.

Little Rock, v. des États-Unis, cap. de l'Arkansas ; 170 100 h.

Littré Émile (1801-1881), lexicographe français : *Dictionnaire de la langue française.*

Lituanie, État d'Europe, sur la Baltique, anc. rép. fédérée de l'U.R.S.S. ; 65 200 km² ; 3 690 000 h ; cap. Vilnius.

Liu Shaoqi (1898-1969), homme politique chinois, renversé lors de la Révolution culturelle.

Liverpool, port d'Angleterre (Lancashire) ; 510 310 h.

Livie (v. 55 av. J.-C.-29 apr. J.-C.), impératrice romaine, épouse d'Auguste.

Livingstone David (1813-1873), missionnaire et explorateur britannique.

Livonie, anc. prov. balte de la Russie.

Livourne, port d'Italie (Toscane) ; 176 050 h.

Livry-Gargan, ch.-l. de cant. de la Seine-Saint-Denis ; 35 471 h.

Ljubljana, cap. de la Slovénie ; 303 470 h.

Lloyd George David (1863-1945), homme politique britannique (libéral).

Lloyd's, association d'assurances britannique.

Lobatchevski Nikolaï (1792-1856), mathématicien russe. Géométrie non euclidienne.

Lob Nor, lac de Chine (Xinjiang) (2 000 km²).

Locarno, stat. climatique de Suisse.

Loches, ch.-l. d'arr. d'Indre-et-Loire ; 7 133 h. Château médiéval.

Locke John (1632-1704), philosophe empiriste anglais.

Lockyer sir Norman (1836-1920), astrophysicien anglais.

Locride, contrée de la Grèce anc.

Locuste, femme romaine qui empoisonna Claude et Britannicus.

Lodève, ch.-l. d'arr. de l'Hérault ; 7 777 h.

Lodi, v. d'Italie ; 42 870 h. Victoire de Bonaparte (1796).

Lodz, v. du centre de la Pologne ; 849 260 h.

Loewy Raymond (1893-1986), designer américain d'origine française.

Lofoten (îles), archipel côtier de la Norvège ; 5 100 km² ; 25 000 h.

Logan (mont), point culminant du Canada (Yukon) (6 050 m).

Logroño, v. d'Espagne (Rioja) ; 115 660 h.

Loing (le), affl. de la Seine (166 km).

Loir (le), affl. de la Sarthe (312 km).

Loire (la), fl. de France (1 012 km).

Loire, dép. français (42) (Rhône-Alpes) ; 4 774 km² ; 756 254 h ; ch.-l. Saint-Étienne.

Loire (Pays de la), Rég. admin. comprenant la Loire-Atlantique, le Maine-et-Loire, la Mayenne, la Sarthe et la Vendée ; 32 126 km² ; 3 125 342 h ; ch.-l. Nantes.

Loire (Haute-), dép. français (43) (Auvergne) ; 4 965 km² ; 213 818 h ; ch.-l. Le Puy.

Loire-Atlantique, dép. français (44) (Pays de la Loire) ; 6 893 km² ; 1 069 471 h ; ch.-l. Nantes.

Loiret, dép. français (45) (Centre) ; 6 742 km² ; 594 440 h ; ch.-l. Orléans.

Loir-et-Cher, dép. français (41) (Centre) ; 6 314 km² ; 313 721 h ; ch.-l. Blois.

Lombardie, rég. du N. de l'Italie ; ch.-l. Milan.

Lombards, peuple germanique qui envahit l'Italie au VIe s.

Lombok, île d'Indonésie, à l'E. de Bali.

Lombroso Cesare (1835-1909), médecin italien, fondateur de la criminologie.

Lomé, cap. du Togo ; 400 000 h.

Loménie de Brienne Étienne de (1727-1794), prélat français, ministre de Louis XVI.

Lomme, ch.-l. de cant. du Nord ; 26 807 h.

Lomonossov Mikhaïl (1711-1765), écrivain et physicien russe, créateur du russe moderne.

London, v. du Canada (Ontario) ; 269 140 h.

London Jack (1876-1916), romancier américain : *Croc-Blanc.*

Londonderry, port d'Irlande du Nord ; 88 000 h.

Londres (en anglais *London*), cap. de la Grande-Bretagne ; 2 700 000 h (env. 7 000 000 h pour le *Grand Londres*).

Londres Albert (1884-1932), journaliste français, grand reporter.

Long Beach, port de Los Angeles ; 396 280 h.

Longchamp, hippodrome de Paris.

Longfellow Henry (1807-1882), poète américain : *Evangeline.*

Long Island, île où sont bâtis deux quartiers de New York : Brooklyn et Queens.

Longue Marche (la) retraite (octobre 1934-octobre 1935) organisée par Mao Zedong pour échapper au Kouomintang.

Longueuil, v. du Canada (Québec) ; 125 440 h.

Longus (IIIe ou IVe s.), romancier grec : *Daphnis et Chloé.*

Longwy, ch.-l. de cant. de Meurthe-et-Moselle ; 15 647 h.

Lons-le-Saunier, ch.-l. du Jura ; 21 140 h.

Lope de Vega Carpio Felix (1562-1635), auteur dramatique espagnol de quelque 1 800 comédies.

Lorca. V. García Lorca.

Lorelei (la), falaise de la rive droite du Rhin.

Lorentz Hendrik Antoon (1853-1928), physicien néerlandais.

Lorenz Konrad (1903-1989), biologiste autrichien, fondateur de l'éthologie.

Lorenzetti Pietro et Ambrogio, peintres italiens du XIVe s., actifs à Assise et à Sienne.

Lorette, v. d'Italie (Marches). Pèlerinage.

Lorient, ch.-l. d'arr. du Morbihan ; 61 630 h.

Lorrain (Claude Gelée, dit le) (1600-1682), peintre classique français.

Lorraine, anc. prov. française et Rég. admin. comprenant les dép. de Meurthe-et-Moselle, de la Meuse, de la Moselle et des Vosges ; 23 540 km² ; 2 368 366 h ; ch.-l. Metz.

Lorris. V. Guillaume de Lorris.

Los Alamos, v. des États-Unis (Nouveau-Mexique). Laboratoire de la première bombe atomique.

Los Angeles, v. des États-Unis, sur le Pacifique (Californie) ; 3 259 300 h (aggl. 7 818 000 h).

Losey Joseph (1909-1984), cinéaste américain.

Lot, fl., affl. de la Garonne (481 km).

Lot, dép. français (46) (Midi-Pyrénées) ; 5 228 km² ; 160 530 h ; ch.-l. Cahors.

Lot-et-Garonne, dép. français (47) (Aquitaine) ; 5 358 km² ; 313 821 h ; ch.-l. Agen.

Loth ou **Lot**, neveu d'Abraham qui, averti par Yahvé, s'enfuit de Sodome ; sa femme fut changée en statue de sel (*Bible*).

Lothaire (941-986), roi de France en 954.

Lothaire Ier (795-855), empereur d'Occident en 840. Fils aîné de Louis le Pieux, il dut partager l'Empire avec ses frères (traité de Verdun).

Loti Pierre (1850-1923), romancier français : *Pêcheur d'Islande.*

Lotto Lorenzo (1480-1556), peintre italien.

Loubet Émile (1838-1929), président de la République française (1899-1906).

Louhans, ch.-l. d'arr. de Saône-et-Loire ; 6 581 h.

Louis Ier le Pieux (778-840), fils et successeur de Charlemagne, empereur d'Occident et roi des Francs en 814.

Louis II le Germanique (804-876), roi de Germanie après le partage de Verdun (843).

Louis II le Bègue (846-879), roi de France en 877,fils de Charles le Chauve.

Louis II de Wittelsbach (1845-1886), roi de Bavière en 1864.

Louis III (v. 863-882), roi de France en 879.

Louis V (967-987), roi de France en 986, dernier Carolingien.

Louis VI le Gros (v. 1081-1137), roi de France en 1108.

Louis VII (v. 1120-1180), roi de France en 1137. Il répudia Aliénor d'Aquitaine.

Louis VIII (1187-1226), roi de France en 1223,fils de Philippe Auguste.

Louis IX ou **Saint Louis** (1214-1270), roi de France en 1226. Il affermit le pouvoir royal et mena les deux dernières croisades.

Louis X le Hutin (1289-1316), roi de France en 1314, fils de Philippe le Bel.

Louis XI (1423-1483), roi de France en 1461. Il agrandit le royaume au détriment de Charles de Bourgogne.

Louis XII (1462-1515), roi de France en 1498. Il fit la guerre en Italie.

Louis XIII (1601-1643), roi de France en 1610. Avec Richelieu, il combattit la haute noblesse et les protestants.

Louis XIV (1638-1715), roi de France en 1643. Son règne est marqué par une volonté de prééminence européenne et par une politique de mécénat.

Louis XV (1710-1774), roi de France en 1715. Son règne est marqué par de nombreuses guerres (Succession d'Autriche, guerre de Sept Ans).

Louis XVI (1754-1793), roi de France en 1774. Il fut jugé par la Convention, condamné à mort et exécuté.

Louis XVII (1785-1795), fils de Louis XVI. Il mourut dans la prison du Temple.

Louis XVIII (1755-1824), roi de France en 1814 (première Restauration) puis en 1815 après les Cent-Jours (seconde Restauration).

Louise de Marillac sainte (1591-1660), collaboratrice de Vincent de Paul.

Louise de Savoie (1476-1531), régente de France, mère de François Ier.

Louisiane, État du S. des États-Unis ; cap. Baton Rouge ; v. princ. La Nouvelle-Orléans.

Louis-Philippe Ier (1773-1850), duc d'Orléans, roi des Français de 1830 à 1848.

Louisville, v. des États-Unis (Kentucky) ; 289 800 h.

Lourdes, ch.-l. de cant. des Hautes-Pyrénées ; 16 581 h. Grand pèlerinage catholique.

Lourenço Marques. V. Maputo.

Louvain, v. de Belgique (Brabant) ; 85 080 h. Université.

Louverture. V. Toussaint Louverture.

Louvière (La), v. de Belgique (Hainaut) ; 77 330 h.

Louviers, ch.-l. de cant. de l'Eure ; 19 047 h.

Louvois François Michel Le Tellier, marquis de (1641-1691), ministre de Louis XIV. Il réorganisa l'armée.

Louvre (palais du), anc. palais royal, à Paris ; auj. musée national.

Louxor ou **Louksor**, v. de Haute-Égypte, sur le site de Thèbes ; 40 000 h. Temple d'Amon.

Louÿs Pierre (1870-1925), écrivain français.

Lovecraft Howard (1890-1937), écrivain américain ; récits fantastiques.

Lowlands, dépression du centre de l'Écosse, où se trouvent Glasgow et Édimbourg.

Lowry Malcolm (1909-1957), romancier anglais : *Au-dessous du volcan.*

Loyauté (îles), archipel français du Pacifique, dépendance de la Nouvelle-Calédonie.

Loyola. V. Ignace de Loyola.

Lozère (mont), massif des Cévennes.

Lozère, dép. français (48) (Languedoc-Roussillon) ; 5 179 km² ; 77 437 h ; ch.-l. Mende.

Luanda, cap. de l'Angola ; 700 000 h.

Luang Prabang, v. du Laos ; 44 000 h.

Lübeck, port d'Allemagne (Schleswig-Holstein) ; 209 160 h.

Luberon ou **Lubéron**, chaîne calcaire des Alpes du Sud.

Lubitsch Ernst (1892-1947), cinéaste américain d'origine allemande.

Lublin, v. de Pologne ; 325 940 h.

Lubumbashi (anc. *Elisabethville*), v. du Zaïre, ch.-l. du Shaba ; 543 270 h.

Luc saint (mort v. 70), disciple de saint Paul, auteur du troisième Évangile.

Lucain (39-65), poète latin : *la Pharsale.*

Lucanie, anc. contrée de l'Italie du Sud.

Lucas de Leyde (v. 1494-1533), peintre et graveur hollandais.

Lucerne, v. de Suisse centrale ; 63 280 h ; ch.-l. du *canton de Lucerne.*

Lucien de Samosate (v. 125-v. 192), écrivain satirique grec : *Dialogue des morts.*

Lucifer, le démon, Satan.

Lucknow, v. de l'Inde, cap. de l'Uttar Pradesh ; 895 720 h.

Luçon ou **Luzon** (île), la plus grande île des Philippines ; v. princ. Manille.

Lucques, v. d'Italie (Toscane) ; 90 100 h.

Lucrèce (v. 98-55 av. J.-C.), poète et philosophe latin : *De natura rerum.*

Lucullus (v. 106-v. 57 av. J.-C.), général romain, célèbre pour son raffinement.

Lucy, squelette d'hominien femelle, découvert en 1974 et vieux de 3 500 000 années.

Ludendorff Erich von (1865-1937), général allemand, collaborateur de Hindenburg.

Ludovic Sforza le More (1452-1508), duc de Milan de 1494 à 1500.

Ludwigshafen, v. d'Allemagne, sur le Rhin ; 152 160 h.

Luftwaffe (la), l'armée de l'air allemande.

Lugano, stat. climatique de Suisse, sur le *lac de Lugano* ; 27 800 h.

Lukács György (1885-1971), philosophe marxiste et homme politique hongrois.

Lukasiewicz Jan (1878-1956), logicien polonais.

Lulle bienheureux Raymond (v. 1235-1315), théologien, philosophe et poète catalan.

Lully ou **Lulli** Jean-Baptiste (1632-1687), compositeur français d'origine italienne, fondateur de l'opéra en France.

Lumière Louis (1864-1948), industriel français, inventeur du cinématographe avec son frère **Auguste** (1862-1954).

Lumières (les), nom donné au XVIIIᵉ siècle marqué par le rejet du fanatisme et de l'autorité, au nom du progrès et de la raison.

Lumumba Patrice (1925-1961), homme politique congolais. Premier ministre du Congo indépendant, il fut assassiné.

Lund, v. de Suède du Sud ; 81 920 h.

Lunéville, ch.-l. d'arr. de Meurthe-et-Moselle ; 22 393 h.

Luoyang, v. de Chine (Henan) ; 951 610 h.

Lurçat Jean (1892-1966), peintre français, maître de la tapisserie.

Lure, ch.-l. d'arr. de la Haute-Saône ; 10 049 h.

Luristan, rég. montagneuse de l'Iran occidental.

Lusace, rég. du S.-E. de l'Allemagne.

Lusaka, cap. de la Zambie ; 819 000 h.

Lüshun. V. Port-Arthur.

Lusignan, famille du Poitou, qui régna sur Chypre et sur Jérusalem (XIIᵉ s.).

Lusitanie, anc. prov. romaine (Portugal).

Lutèce, v. de Gaule, site primitif de Paris.

Luther Martin (1483-1546), théologien allemand, promoteur de la Réforme protestante.

Luthuli Albert John (1898-1967), leader politique noir d'Afrique du Sud.

Luxembourg (grand-duché de), État d'Europe occidentale ; 2 586 km² ; 378 400 h ; cap. Luxembourg (79 000 h).

Luxembourg, prov. du S.-E. de la Belgique ; ch.-l. Arlon.

Luxembourg François de (1628-1695), maréchal de France, vainqueur à Fleurus, à Steinkerque et à Neerwinden.

Luxembourg (palais du), siège du Sénat, à Paris.

Luxemburg Rosa (1870-1919), révolutionnaire allemande ; assassinée.

Luxeuil-les-Bains, stat. thermale de la Haute-Saône.

Lu Xun (1881-1936), écrivain chinois.

Luzon. V. Luçon.

Lvov, v. d'Ukraine ; 780 000 h.

Lwoff André (né en 1902), biologiste français.

Lyallpur. V. Faisalabad.

Lyautey Louis Hubert (1854-1934), maréchal de France, résident général au Maroc.

Lycabette (le), colline qui domine Athènes.

Lycée (le), école philosophique fondée par Aristote à Athènes (v. 335 av. J.-C.).

Lycurgue, législateur légendaire de Sparte (v. le Xᵉ s. av. J.-C.).

Lydie, anc. rég. d'Asie Mineure ; cap. Sardes.

Lyon, ch.-l. du Rhône et de la Rég. Rhône-Alpes ; 422 444 h (aggl. 1 262 200 h).

Lyot Bernard (1897-1952), astronome et physicien français.

Lys (la), affl. de l'Escaut (214 km).

Lysandre (mort en 395 av. J.-C.), général spartiate, vainqueur des Athéniens.

Lysippe, sculpteur grec du IVᵉ s. av. J.-C.

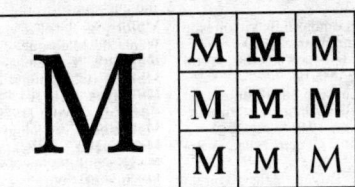

Maastricht, v. des Pays-Bas, ch.-l. du Limbourg ; 115 780 h.

Mably Gabriel Bonnot de (1709-1785), philosophe français, précurseur du socialisme.

McAdam John (1756-1836), ingénieur écossais, inventeur du macadam.

Macao, enclave portugaise, sur la côte chinoise ; 16 km^2 ; env. 500 000 h.

MacArthur Douglas (1880-1964), général américain. Il reçut la capitulation du Japon.

Macbeth (mort en 1057), roi d'Écosse en 1040.

Maccabée, famille de patriotes juifs qui se révoltèrent contre les Séleucides (167 av. J.-C.).

McCarthy Joseph (1909-1957), homme politique américain (anticommuniste).

McCarthy Mary (née en 1911), romancière américaine : *le Groupe.*

McCullers Carson (1917-1967), romancière américaine : *Reflets dans un œil d'or.*

Macdonald sir John Alexander (1815-1891), homme politique canadien ; un des fondateurs de la Confédération.

MacDonald James (1866-1937), homme politique britannique (travailliste).

Macédoine, rég. historique de la péninsule balkanique, auj. partagée entre la Bulgarie, la Grèce (v. princ. Thessalonique) et la **république de Macédoine** (25 713 km^2 ; 2 111 000 h ; cap. Skopje), rép. fédérée de la Yougoslavie jusqu'en 1991.

Maceló, port du Brésil ; 484 090 h.

Mach Ernst (1838-1916), physicien autrichien.

Machado Antonio (1875-1939), poète lyrique espagnol : *Solitudes.*

Machaut. V. Guillaume de Machaut.

Machiavel (1469-1527), homme politique et écrivain florentin : *le Prince.*

Machreq, ensemble des pays arabes d'Asie et du N.-E. de l'Afrique (Libye, Égypte).

Machu Picchu, site inca, au N. de Cuzco.

Mackenzie, fl. du Canada (4 600 km).

Mackenzie William (1795-1861), homme politique canadien.

Mackenzie King William (1874-1950), Premier ministre (libéral) du Canada (1921-1930 et 1935-1948).

McKinley (mont), point culminant de l'Amérique du Nord, en Alaska (6 187 m).

McKinley William (1843-1901), président (républicain) des États-Unis en 1897 ; assassiné.

McLuhan Marshall (1911-1980), sociologue canadien : *la Galaxie Gutenberg.*

Mac-Mahon Patrice de (1808-1893), maréchal de France, président de la République de 1873 à sa démission (1879).

Macmillan Harold (1894-1986), homme politique britannique (conservateur).

MacMillan Edwin (né en 1907), physicien américain.

Mâcon, ch.-l. de la Saône-et-Loire ; 39 866 h.

Mac Orlan Pierre (1882-1970), écrivain français : *le Quai des brumes.*

Macpherson James (1736-1796), écrivain écossais, auteur de poèmes qu'il attribua au barde Ossian.

Madagascar, grande île et État de l'océan Indien ; 587 041 km^2 ; env. 12 000 000 h ; cap. Antananarivo

Madeira (le), affl. de l'Amazone (3 240 km).

Madeleine (la), site préhistorique de Dordogne, éponyme du magdalénien.

Madeleine (la), église néo-classique de Paris.

Madère, archipel portugais de l'Atlantique ; ch.-l. Funchal.

Maderna Bruno (1920-1973), compositeur et chef d'orchestre italien.

Maderno Carlo (1556-1629), architecte italien, précurseur du baroque.

Madhya Pradesh, État de l'Inde centrale, au N. du Dekkan ; cap. Bhopal.

Madison James (1751-1836), président (républicain) des États-Unis (1809-1817).

Madras, port de l'Inde, cap. du Tamil Nadu ; 3 276 620 h.

Madre (Sierra), chaînes de montagnes qui encadrent le plateau mexicain.

Madrid, cap. de l'Espagne et de la *commun. auton. de Madrid* ; 3 053 100 h.

Madura, île d'Indonésie, au N.-O. de Java.

Madurai, v. de l'Inde (Tamil Nadu) ; 820 890 h. Temple.

Maeterlinck Maurice (1862-1949), écrivain symboliste belge d'expression française.

Magdalena (rio), fl. de Colombie (1 700 km).

Magdeburg, v. d'Allemagne (Saxe) ; 287 360 h.

Magellan (détroit de), détroit séparant l'Amérique du Sud de la Terre de Feu.

Magellan Fernand de (1480-1521), navigateur portugais, au service de l'Espagne. Il entreprit le premier tour du monde.

Magenta, v. d'Italie (Lombardie). Victoire de Mac-Mahon sur les Autrichiens (1859).

Maghreb, ensemble des pays d'Afrique du Nord : Tunisie, Algérie, Maroc.

Maginot (ligne), système de fortifications du N.-E. de la France que les Allemands contournèrent par la Belgique en 1940.

Magnani Anna (1908-1973), actrice de cinéma italienne.

Magnitogorsk, v. de Russie, dans l'Oural ; 422 000 h.

Magritte René (1898-1967), peintre surréaliste belge.

Magyars, autre nom des Hongrois.

Mahabalipuram. V. Mavalipuram.

Mahabharata, épopée sanskrite.

Mahajanga (anc. *Majunga*), v. du N.-O. de Madagascar ; 85 000 h.

Mahanadi (la), fl. de l'Inde (820 km).

Maharashtra, État de l'Inde, sur la mer d'Oman ; cap. Bombay.

Mahdia, v. de Tunisie ; 36 830 h.

Mahé, anc. comptoir français de l'Inde.

Mahfouz Naguib (né en 1912), romancier égyptien : *le Passage des miracles*.

Mahler Gustav (1860-1911), compositeur romantique autrichien.

Mahomet (dit *le Prophète*, en arabe *Muhammad* ou *Mohammed*) (v. 570-632), prophète de l'islam, fondateur de la religion musulmane, né à La Mecque et mort à Médine.

mai 1968, mouvement de contestation généralisée qui se développa en France puis en Europe.

Maïakovski Vladimir (1894-1930), poète et auteur dramatique russe. Il se suicida.

Mailer Norman (né en 1923), romancier américain : *les Nus et les Morts*.

Maillet Antonine (née en 1929), romancière canadienne : *Pélagie la Charrette*.

Maillol Aristide (1861-1944), sculpteur et peintre français.

Maimonide Moïse (1135-1204), médecin, philosophe et théologien juif : *Guide des égarés*.

Main (le), affl. du Rhin (Allemagne) (524 km).

Maine (la), affl. de la Loire (10 km), formé par la Mayenne, le Loir et la Sarthe.

Maine (le), prov. de France ; cap. Le Mans.

Maine, État du N.-E. des États-Unis.

Maine de Biran Marie François (1766-1824), philosophe spiritualiste français.

Maine-et-Loire, dép. français (49) (Pays de la Loire) ; 7 131 km² ; 722 675 h ; ch.-l. Angers.

Maintenon Françoise d'Aubigné, marquise de (1635-1719), maîtresse de Louis XIV dont l'épousa par un mariage secret.

Maison-Blanche (la), résidence du président des États-Unis, à Washington.

Maisonneuve Paul de Chomedey de (1612-1676), fondateur français de Montréal.

Maisons-Alfort, ch.-l. de cant. du Val-de-Marne ; 54 065 h.

Maisons-Laffitte, ch.-l. de cant. des Yvelines ; 22 533 h. Champ de courses.

Maistre Joseph de (1753-1821), écrivain français : *les Soirées de Saint-Pétersbourg*.

Majeur (lac), lac des Alpes (212 km²).

Major John (né en 1943), Premier ministre (conservateur) de Grande-Bretagne depuis 1990.

Majorque, la plus grande des Baléares ; cap. Palma de Majorque.

Majunga. V. Mahajanga.

Makalu (le), sommet du Népal (8 515 m).

Makários III (1913-1977), archevêque, président de Chypre (1959-1977).

Makassar. V. Ujungpandang.

Makeïevka, v. d'Ukraine ; 451 000 h.

Makhatchkala, port de Russie, cap. du Daghestan ; 301 000 h.

Malabar (côte de), littoral du S.-O. de l'Inde.

Malabo, cap. de la Guinée équatoriale ; 34 980 h.

Malacca, v. de Malaisie ; 89 000 h. La *presqu'île de Malacca*, entre la mer de Chine et l'océan Indien, est séparée de Sumatra par le *détroit de Malacca*.

Maladetta (la), massif des Pyrénées.

Málaga, port d'Espagne (Andalousie) ; 566 480 h.

Malaisie ou **Malaysia**, État fédéral du Sud-Est asiatique ; 329 747 km² ; env. 18 000 000 h ; cap. Kuala Lumpur.

Malakoff, ch.-l. de cant. des Hauts-de-Seine ; 31 135 h.

Malang, v. d'Indonésie ; 512 000 h.

Malaparte Curzio (1898-1957), écrivain italien : *Kaputt*.

Mälar ou **Mälaren**, lac de Suède, près de Stockholm (1 140 km²).

Malatesta, famille de condottieri italiens, originaire de Rimini (XIIIe-XVe s.).

Malatya, v. de Turquie ; 243 140 h.

Malawi (anc. *Nyassaland*), État d'Afrique orientale ; 118 484 km² ; 8 278 000 h ; cap. Lilongwe.

Malaysia. V. Malaisie.

Maldives, État insulaire de l'océan Indien ; 298 km² ; 195 000 h ; cap. Malé.

Malebranche Nicolas de (1638-1715), philosophe français : *Traité de l'amour de Dieu*.

Malesherbes Chrétien Guillaume de Lamoignon de (1721-1794), magistrat français. Avocat du roi devant la Convention, il fut guillotiné.

Malevitch Kazimir (1878-1935), peintre abstrait russe : *Carré blanc sur fond blanc*.

Malherbe François de (1555-1628), poète français, précurseur du classicisme.

Mali (anc. *Soudan français*), État de l'Afrique occidentale ; 1 240 000 km² ; env. 8 000 000 h ; cap. Bamako.

Malibran (la) (1808-1836), cantatrice française d'origine espagnole.

Malines, v. de Belgique (Anvers) ; 77 270 h.

Malinkés, ethnie d'Afrique occidentale.

Malinovski Rodion (1898-1967), maréchal soviétique.

Malinowski Bronislaw (1884-1942), anthropologue britannique d'origine polonaise.

Mallarmé Stéphane (1842-1898), poète symboliste français : *l'Après-midi d'un faune*.

Malmaison. V. Rueil-Malmaison.

Malmédy, com. de Belgique (Liège) ; 10 040 h.

Malmö, port de la Suède du Sud ; 230 000 h.

Malot Hector (1830-1907), romancier français : *Sans famille*.

Malouines. V. Falkland.

Malpighi Marcello (1628-1694), médecin et anatomiste italien.

Malraux André (1901-1976), écrivain et homme politique (gaulliste) français : *la Condition humaine, l'Espoir*.

Malte, État insulaire de la Méditerranée ; 316 km^2 ; env. 345 000 h ; cap. La Valette.

Malthus Thomas Robert (1766-1834), économiste anglais, partisan de la limitation des naissances.

Malus Étienne Louis (1775-1812), physicien français. Loi de polarisation de la lumière.

Mamelouks, milice de soldats-esclaves qui régna sur l'Égypte de 1250 à 1517.

Mamers, ch.-l. d'arr. de la Sarthe ; 6 424 h.

Man, île anglaise de la mer d'Irlande.

Managua, cap. du Nicaragua ; 682 100 h.

Manama, cap. de Bahreïn ; 121 990 h.

Manaus, v. du Brésil (Amazonas) ; 834 540 h.

Manche (la), rég. aride de Castille.

Manche (la), mer bordière de l'Atlantique, entre la France et l'Angleterre.

Manche, dép. français (50) (Basse-Normandie) ; 5 947 km^2 ; 493 799 h ; ch.-l. Saint-Lô.

Manchester, v. du N. de l'Angleterre, ch.-l. du comté du *Grand Manchester* ; 449 000 h.

Manco Cápac, nom du fondateur mythique de l'Empire inca (XIe s.) et du dernier souverain inca (XVIe s.).

Mandalay, v. du N. de la Birmanie ; 532 900 h.

Mandchoukouo (le), nom de la Mandchourie durant la domination du Japon (1931-1945).

Mandchourie, anc. nom de la Chine du N.-E. (Heilongjiang, Jilin et Liaoning).

Mandchous, peuple qui conquit la Chine au XVIIe s. (dynastie Qing).

Mandel Georges (1885-1944), homme politique français ; assassiné par la Milice.

Mandela Nelson (né en 1918), homme politique noir sud-africain, emprisonné de 1962 à 1990.

Mandelstam Ossip (1891-1938), poète russe.

Mandingues ou **Mandés**, groupe ethnique de l'Afrique occidentale.

Mandrin Louis (1724-1755), contrebandier français ; il fut roué vif.

Manès ou **Mani** (v. 216-v. 273), fondateur du manichéisme.

Manet Édouard (1832-1883), peintre français : *le Déjeuner sur l'herbe*.

Mangalore, port de l'Inde (Karnataka) ; 172 250 h.

Mangin Charles (1866-1925), général français.

Manhattan, île des États-Unis, berceau de la ville de New York.

Manille, cap. et port des Philippines, dans l'île de Luçon ; 1 728 440 h (aggl. 6 720 050 h).

Manipur, État de l'E. de l'Inde.

Manitoba, prov. du Canada central ; cap. Winnipeg.

Mankiewicz Joseph (1909-1993), cinéaste américain : *la Comtesse aux pieds nus*.

Mann Heinrich (1871-1950), écrivain allemand : *Professeur Unrat*.

Mann Thomas (1875-1955), frère du préc., écrivain allemand : *la Montagne magique*.

Mannerheim Carl Gustaf (1867-1951), maréchal et homme politique finlandais.

Mannheim, v. et port fluvial sur le Rhin d'Allemagne (Bade-Wurtemberg) ; 294 650 h.

Manosque, ch.-l. de cant. des Alpes-de-Haute-Provence ; 19 123 h.

Man Ray. V. Ray.

Mans (Le), ch.-l. de la Sarthe ; 148 465 h.

Mansart François (1598-1666), architecte classique français.

Mansart (Jules **Hardouin**-) (1646-1708), petit-neveu du préc., architecte classique français. Dôme des Invalides, château de Versailles.

Mansfield Katherine (1888-1923), écrivain anglais : *la Garden-Party*.

Mansourah, v. d'Égypte, dans le delta du Nil ; 323 000 h.

Mantegna Andrea (1431-1506), peintre et graveur italien de la Renaissance.

Mantes-la-Jolie, ch.-l. d'arr. des Yvelines ; 45 254 h.

Mantoue, v. d'Italie (Lombardie) ; 61 000 h.

Manuel Ier le Grand (1469-1521), roi du Portugal en 1495. Il favorisa la colonisation.

Manuel II (1889-1932), dernier roi de Portugal (1908-1910).

Manzoni Alessandro (1785-1873), écrivain romantique italien : *les Fiancés*.

Mao Dun (1896-1981), écrivain chinois.

Maoris, population polynésienne de la Nouvelle-Zélande.

Mao Zedong ou **Mao Tsé-toung** (1893-1976), homme politique (communiste) chinois. Président de la République (1954-1959), il dirigea la Chine jusqu'à sa mort.

Maputo (anc. *Lourenço Marques*), cap. du Mozambique ; 1 007 000 h.

Maracaibo, v. du Venezuela ; 1 232 250 h.

Marais (le) quartier du centre de Paris.

Marais (le) ou **Plaine** (la), parti modéré de la Législative et de la Convention.

Marais Marin (1656-1728), compositeur et violiste français.

Maranhão, État du N.-E. du Brésil ; cap. São Luís.

Marañón, la principale des branches mères de l'Amazone (1 800 km).

Marat Jean-Paul (1743-1793), révolutionnaire français. Assassiné par Charlotte Corday.

Marathon (Attique), victoire des Athéniens sur les Perses (490 av. J.-C.).

Marbella, stat. balnéaire d'Espagne (Andalousie) ; 65 570 h.

Marc saint, évangéliste, patron de Venise.

Marc Aurèle (121-180), empereur romain en 161. Il est l'auteur de *Pensées*.

Marceau François Séverin (1769-1796), général français, vainqueur à Fleurus.

Marceau Marcel (né en 1923), mime français.

Marcel Étienne (v. 1316-1358), prévôt des marchands de Paris ; assassiné.

Marcel Gabriel (1889-1973), dramaturge et philosophe existentialiste français.

Marcello Benedetto (1686-1739), compositeur italien.

Marchand Jean-Baptiste (1863-1934), général et explorateur français.

Marche (la), anc. prov. française dans le N.-O. du Massif central.

Marché commun. V. C.É.E.

Marches (les), rég. de l'Italie centrale, sur l'Adriatique ; ch.-l. Ancône.

Marconi Guglielmo (1874-1937), physicien italien. Première liaison radio.

Marcos Ferdinand (1917-1989), homme politique philippin, au pouvoir de 1965 à 1986.

Marcq-en-Barœul, ch.-l. de cant. du Nord ; 36 898 h.

Marcuse Herbert (1898-1979), philosophe américain : *Éros et civilisation.*

Mar del Plata, port d'Argentine ; 448 000 h.

Maremme, rég. de l'Italie centrale.

Marengo (Piémont), victoire de Bonaparte sur les Autrichiens (1800).

Marenzio Luca (v. 1553-1599), compositeur italien, maître du madrigal.

Marey Étienne (1830-1904), physiologiste français.

Marguerite d'Angoulême ou **de Navarre** (1492-1549), reine de Navarre, sœur de François Ier. Auteur de contes : *l'Heptaméron.*

Marguerite Valdemarsdotter (1353-1412), reine de Danemark, de Norvège et de Suède.

Marguerite de Valois ou **de France** (1553-1615), reine de France, surnommée la *reine Margot ;* elle fut répudiée par Henri IV.

Mari, anc. v. de Mésopotamie, fondée v. 3000 av. J.-C.

Marianne, la République française.

Mariannes, archipel du Pacifique Nord. Guam est territoire américain ; les **Mariannes du Nord** forment un État associé aux États-Unis (404 km² ; 19 600 h. ; cap. Saipan).

Maribor, v. de Slovénie ; 106 110 h.

Marica. V. Maritza.

Marie sainte (dite la *Vierge Marie* ou la *Sainte Vierge*), mère de Jésus-Christ.

Marie de Bourgogne (1457-1482), fille de Charles le Téméraire, épouse de l'empereur Maximilien Ier.

Marie de France (1154-1189), poétesse française : *Lais.*

Marie de l'Incarnation bienheureuse (1565-1618), religieuse carmélite française.

Marie Leczinska (1703-1768), reine de France, épouse de Louis XV (1725).

Marie de Médicis (1573-1642), reine de France, épouse d'Henri IV, régente pendant la minorité de Louis XIII.

Marie Stuart (1542-1587), reine d'Écosse (1542-1567), reine de France (1559-1560), décapitée sur ordre d'Élisabeth Ire.

Marie Tudor (1516-1558), reine d'Angleterre en 1553. Elle persécuta les protestants.

Marie-Antoinette (1755-1793), reine de France, épouse de Louis XVI ; guillotinée.

Marie-Christine de Habsbourg-Lorraine (1858-1929), régente d'Espagne (1885-1902).

Marie-Galante, dépendance de la Guadeloupe.

Marie-Louise de Habsbourg-Lorraine (1791-1847), épouse de Napoléon Ier.

Marie-Madeleine sainte, nom sous lequel sont honorés trois personnages différents des *Évangiles.*

Marie-Thérèse (1717-1780), impératrice d'Autriche (1740), mère de Joseph II et de Marie-Antoinette.

Marie-Thérèse d'Autriche (1638-1683), reine de France, épouse de Louis XIV.

Mariette Auguste (1821-1881), égyptologue français.

Marignan (Lombardie), victoire de François Ier sur les Suisses (1515).

Marignane, ch.-l. de cant. des Bouches-du-Rhône ; 32 542 h.Aéroport de Marseille.

Marin (Le), ch.-l. d'arr. de la Martinique ; 6 429 h.

Marinetti Filippo (1876-1944), poète italien ; fondateur du futurisme.

Marino ou **Marini** Giambattista, dit le *Cavalier Marin* (1569-1625), poète italien, initiateur de la préciosité.

Mariotte abbé Edme (v. 1620-1684), physicien français, fondateur de la physique expérimentale.

Marioupol (*Jdanov* de 1948 à 1989), port d'Ukraine ; 522 000 h.

Maris (rép. des), rép. auton. de Russie, sur la Volga.

Maritza ou **Marica** (la), fl. de Bulgarie et de Grèce (490 km).

Marius Caius (157-86 av. J.-C.), général et homme politique romain.

Marivaux Pierre de (1688-1763), écrivain français : *le Jeu de l'amour et du hasard.*

Marlborough John, duc de (1650-1722), général anglais qui inspira une chanson populaire.

Marlowe Christopher (1564-1593), poète dramatique anglais : *Faust.*

Marly-le-Roi, ch.-l. de cant. des Yvelines ; 16 775 h. Parc d'un anc. château royal.

Marmande, ch.-l. d'arr. du Lot-et-Garonne ; 18 326 h.

Marmara (mer de), mer entre la mer Égée et la mer Noire.

Marmont Auguste de (1774-1852), maréchal de France.

Marmontel Jean-François (1723-1799), écrivain français.

Marne (la), affl. de la Seine (525 km).

Marne, dép. français (51) (Champagne-Ardenne) ; 8 162 km² ; 575 788 h. ; ch.-l. Châlons-sur-Marne.

Marne (Haute-), dép. français (52) (Champagne-Ardenne) ; 6 211 km² ; 212 806 h. ; ch.-l. Chaumont.

Marne-la-Vallée, v. nouvelle de l'E. de Paris.

Maroc, État (royaume) d'Afrique du Nord ; 458 730 km² (650 000 km² avec l'ancien Sahara espagnol) ; env. 23 376 000 h. ; cap. Rabat.

Maroni (le), fl. séparant la Guyane française du Surinam (680 km).

Marot Clément (1496-1544), poète français.

Marquet Albert (1875-1947), peintre français.

Marquises (îles), archipel de la Polynésie française.

Marrakech, v. du Maroc ; 439 730 h.

Mars, dieu de la Guerre (*Myth. rom.*).

Mars, planète du système solaire.

Marsala, port de Sicile ; 79 090 h.

Marseillaise (la), hymne national français, créé par Rouget de Lisle en 1792.

Marseille, ch.-l. des Bouches-du-Rhône et de la Rég. Provence-Alpes-Côte d'Azur ; 807 726 h (aggl. 1 231 000 h).

Marshall (îles), archipel du Pacifique Nord, État associé aux États-Unis.

Marshall George (1880-1959), général américain, auteur d'un plan d'aide à l'Europe.

Martel Édouard (1859-1938), spéléologue français, fondateur de la spéléologie.

Martenot Maurice (1898-1980), inventeur français d'un instrument de musique électronique, les *ondes Martenot.*

Martens Wilfried (né en 1936), homme politique belge (social-chrétien).

Marthe sainte, sœur de Lazare (*Évangiles*).

Marti José (1853-1895), patriote et écrivain cubain, héros de l'indépendance.

Martial (v. 40-104), poète latin : *Épigrammes*.

Martigues, ch.-l. de cant. des Bouches-du-Rhône ; 42 922 h.

Martin saint (316-397), évêque de Tours, il aurait partagé son manteau avec un pauvre.

Martin V (1368-1431), pape en 1417. Son élection mit fin au grand schisme.

Martin Pierre (1824-1915), ingénieur français, inventeur d'un procédé d'affinage de l'acier.

Martin du Gard Roger (1881-1958), écrivain français : *les Thibault*.

Martinique, île des Antilles formant un dép. français d'outre-mer (972) ; 1 102 km² ; 363 031 h ; ch.-l. Fort-de-France.

Marx Karl (1818-1883), philosophe et révolutionnaire allemand. Théoricien du socialisme : *Manifeste du parti communiste*, *le Capital*.

Marx Brothers (les), trio comique du cinéma américain (Chico, Harpo et Groucho).

Maryland, État de l'E. des États-Unis ; v. princ. Baltimore.

Masaccio Tommaso (1401-1428), peintre italien, précurseur de la Renaissance.

Masaryk Tomáš (1850-1937), fondateur et premier président de la République tchécoslovaque (1918-1935).

Mascara (auj. *Mouaskar*), v. d'Algérie ; 70 450 h.

Mascareignes (îles), archipel de l'océan Indien (la Réunion, Maurice).

Mascate, cap. et port du sultanat d'Oman ; 25 000 h (aggl. 100 000 h).

Mas-d'Azil (le), site préhistorique de l'Ariège.

Maseru, cap. du Lesotho ; 109 400 h.

Masinissa (v. 238-v. 148 av. J.-C.), roi des Numides, allié des Romains.

Masolino da Panicale Tommaso (1383-av. 1447), peintre italien.

Masovie, rég. de Pologne.

Maspero Gaston (1846-1916), égyptologue français.

Masque de fer, prisonnier d'État, maintenu au secret absolu, mort en 1703 à la Bastille.

Massachusetts, État des États-Unis (Nouvelle-Angleterre) ; cap. Boston.

Massada ou **Masada**, forteresse de Palestine, dernier foyer de résistance juive face aux Romains (73).

Massaï, peuple du Kenya et de Tanzanie.

Masséna André (1758-1817), maréchal de France.

Massenet Jules (1842-1912), compositeur français d'opéras : *Manon*, *Werther*.

Massif central, ensemble de hautes terres du centre et du S. de la France.

Masson André (1896-1987), peintre surréaliste français.

Mas-Soubeyran (le), haut-lieu, dans les Cévennes, de la résistance des camisards.

Massy, ch.-l. de cant. de l'Essonne ; 38 972 h.

Mastroianni Marcello (né en 1924), acteur italien.

Mata Hari (1876-1917), espionne néerlandaise au service de l'Allemagne ; fusillée.

Matamoros, v. du N. du Mexique ; 241 000 h.

Matanzas, port du N.-E. de Cuba ; 112 550 h.

Mathias Ier Corvin (1440-1490), roi de Hongrie en 1458, mécène actif.

Mathieu Georges (né en 1921), peintre français non figuratif.

Mathura, v. de l'Inde (Uttar Pradesh) ; 147 490 h. Pèlerinage.

Mathusalem, patriarche qui aurait vécu 969 ans (*Bible*).

Matignon (hôtel), siège des services du Premier ministre français. Les *accords Matignon* furent signés en juin 1936 entre le patronat français et la C.G.T. (semaine de 40 heures, congés payés, droit syndical).

Matisse Henri (1869-1954), peintre français.

Mato Grosso, vaste plateau du Brésil central.

Matsuyama, port du Japon (Shikoku) ; 427 000 h.

Matsys ou **Metsys** Quentin (1465-1530), peintre flamand de la Renaissance.

Matteotti Giacomo (1885-1924), homme politique italien ; assassiné par les fascistes.

Matterhorn. V. Cervin.

Matthieu saint, un des douze apôtres et l'un des quatre évangélistes.

Maturin Charles (1782-1824), romancier irlandais : *Melmoth*.

Maubeuge, ch.-l. de cant. du Nord ; 35 225 h.

Maugham Somerset (1874-1965), écrivain anglais : *le Fil du rasoir*.

Mauna Kea, volcan éteint, point culminant d'Hawaii (4 208 m), proche du *Mauna Loa*, volcan actif (4 168 m).

Maupassant Guy de (1850-1893), écrivain français, maître de la nouvelle.

Maupeou René de (1714-1792), chancelier de France de 1768 à 1774.

Maupertuis Pierre de (1698-1759), géomètre et mathématicien français.

Maures (les), massif du littoral varois.

Maurétanie, anc. royaume berbère qui occupait l'O. du Maghreb, conquis par les Romains (Ier s.) puis par les Arabes (VIIe s.).

Mauriac, ch.-l. d'arr. du Cantal ; 4 776 h.

Mauriac François (1885-1970), écrivain français : *Thérèse Desqueyroux*.

Maurice (île), État de l'océan Indien ; 184 km² ; 1 000 000 h ; cap. Port-Louis.

Maurice de Nassau (1567-1625), stathouder des Provinces-Unies en 1584.

Maurienne, vallée de Savoie.

Mauritanie, État d'Afrique occidentale ; 1 030 700 km² ; 1 900 000 h ; cap. Nouakchott.

Maurois André (1885-1967), écrivain français.

Mauroy Pierre (né en 1928), homme politique français (socialiste), Premier ministre (1981-1984).

Maurras Charles (1868-1952), homme politique français (nationaliste et monarchiste).

Maurya, dynastie de l'Inde ancienne.

Mauss Marcel (1872-1950), sociologue français : *Essai sur le don*.

Mauthausen, camp de concentration nazi (Autriche).

Mavalipuram ou **Mahabalipuram**, site archéologique de l'Inde, près de Madras.

Maxence (280-312), empereur romain, vaincu par Constantin en 306.

Maximien (v. 250-310), empereur romain, associé à Dioclétien en 286.

Maximilien Iᵉʳ (1459-1519), empereur germa-nique en 1493. Il s'opposa à Louis XI.

Maximilien d'Autriche (1832-1867), archiduc d'Autriche promu empereur du Mexique par Napoléon III ; fusillé.

Maxwell James Clerk (1831-1879), physicien anglais ; magnétisme et électricité.

Mayas, peuple d'Amérique centrale, fondateur d'une civilisatin évoluée (VIIᵉ-XVIᵉ s.).

Mayence, port fluvial d'Allemagne ; ch.-l de la Rhénanie-Palatinat ; 189 010 h.

Mayenne (la), affl. de la Sarthe (200 km).

Mayenne, ch.-l. d'arr. de la Mayenne ; 14 583 h.

Mayenne, dép. français (53) (Pays de la Loire) ; 285 022 h ; ch.-l. Laval.

Mayer Julius Robert von (1814-1878), phy-sicien et médecin allemand.

Mayerling, localité d'Autriche, cadre du sui-cide de l'archiduc Rodolphe et de sa maîtresse.

Mayflower, navire qui, en 1620, transporta les premiers colons de l'Amérique du Nord.

Mayotte, île française dans l'archipel des Comores ; 374 km² ; 68 000 h.

Mazamet, ch.-l. de cant. du Tarn ; 13 337 h.

Mazar-i Charif, v. d'Afghanistan ; 105 000 h.

Mazarin Jules (1602-1661), cardinal et homme d'État français. Successeur de Richelieu, il gouverna de 1643 à sa mort et mit fin à la Fronde et à la Guerre de Trente Ans.

Mazatlán, port du Mexique, sur le Pacifique ; 297 000 h.

Mazeppa Ivan (v. 1644-1709), chef des Cosaques d'Ukraine.

Mazurie, rég. du N.-E. de la Pologne.

Mazzini Giuseppe (1805-1872), patriote et révolutionnaire italien.

Mbabane, cap. du Swaziland ; env. 40 000 h.

Mbuji-Mayi, v. du S. du Zaïre ; 423 360 h.

Mead Margaret (1901-1978), anthropologue américaine.

Méandre. V. Menderes.

Meaux, ch.-l. d'arr. de Seine-et-Marne ; 49 409 h.

Mécène (v. 69-8 av. J.-C.), ministre d'Auguste. Il protégea les arts.

Méchain Pierre (1744-1804), astronome fran-çais.

Meched, v. d'Iran, ch.-l. du Khorasan ; 1 750 000 h. Sanctuaire chiite.

Mecklembourg, anc. rég. de l'Allemagne du Nord, sur la Baltique, auj. partie du *Land de Mecklembourg-Poméranie* (cap. Schwerin).

Mecque (La), v. d'Arabie Saoudite ; 370 000 h. Patrie de Mahomet, cap. religieuse de l'islam.

Medan, port d'Indonésie (Sumatra) ; 1 379 000 h.

Medawar Peter (1915-1987), biologiste anglais.

Médée, magicienne, épouse de Jason ; aban-donnée par lui, elle tua ses enfants (*Myth. gr.*).

Medellín, v. de Colombie ; 1 418 550 h.

Mèdes, peuple de l'Iran anc. vaincu par les Perses au VIᵉ s. av. J.-C.

Médicis, famille de marchands qui domina la vie politique de Florence du XVᵉ au XVIIIᵉ s.

Médicis Laurent (dit *le Magnifique*) (1449-1492), banquier florentin qui fit de Flo-rence la capitale intellectuelle de l'Europe.

Médine, v. d'Arabie Saoudite ; 198 000 h. Tombeau de Mahomet et de Fatima.

médiques (guerres), conflits qui opposèrent les Grecs et les Perses de 492 à 448 av. J.-C.

Méditerranée, mer intérieure (2 966 000 km²) entre l'Afrique, l'Asie et l'Europe.

Medjerda (la), fl. d'Afrique du Nord (365 km).

Médoc, rég. viticole au N. de Bordeaux.

Méduse, une des trois Gorgones, dont le regard pétrifiait les vivants (*Myth. gr.*).

Meerut, v. de l'Inde (Uttar Pradesh) ; 417 400 h.

Mégare, v. de Grèce (Attique), prospère dans l'Antiquité.

Megève, stat. hivernale de Haute-Savoie.

Meghalaya, État du N.-E. de l'Inde.

Méhémet-Ali (1769-1849), vice-roi d'Égypte en 1805, créateur de l'Égypte moderne.

Mehmet II (1432-1481), sultan ottoman en 1444. Il prit Constantinople et en fit sa capitale (Istanbul).

Méhul Étienne (1763-1817), compositeur fran-çais : *le Chant du départ*.

Meiji tenno (nom posthume de Mutsuhito) (1852-1912), empereur du Japon en 1867, créateur du Japon moderne (*ère Meiji*).

Meir Golda (1898-1978), femme politique (tra-vailliste) israélienne.

Meknès, v. du Maroc ; 320 000 h.

Mékong (le), fl. d'Indochine (4 180 km).

Melanchthon Philipp (1497-1560), réforma-teur religieux allemand, disciple de Luther.

Mélanésie, partie de l'Océanie peuplée par les Mélanésiens : Papouasie-Nouvelle-Guinée, archipel Bismarck, les Salomon, Nouvelle-Calé-donie, Vanuatu et les Fidji.

Melbourne, port d'Australie, cap. de l'État de Victoria ; 2 916 000 h.

Melchior, un des Rois mages (*Évangiles*).

Méliès Georges (1861-1938), inventeur et cinéaste français, pionnier du cinéma.

Melilla, enclave espagnole au Maroc ; 53 590 h.

Melk, abbaye bénédictine d'Autriche, recons-truite au XVIIIᵉ s. dans le style baroque.

Melpomène, muse de la Tragédie.

Melun, ch.-l. de Seine-et-Marne ; 36 489 h. Noyau de la v. nouvelle de **Melun-Sénart.**

Mélusine, fée des légendes médiévales.

Melville Herman (1819-1891), romancier amé-ricain : *Moby Dick.*

Memel. V. Klaïpeda.

Memling Hans (v. 1433-1494), peintre fla-mand de Bruges.

Memphis, anc. cap. de l'Égypte pharaonique, au S. du Caire.

Memphis, v. des États-Unis (Tennessee) ; 652 640 h.

Ménam ou **Chao Phraya,** fl. de Thaïlande qui arrose Bangkok (1 200 km).

Ménandre (v. 342-v. 292 av. J.-C.), auteur grec de comédies de mœurs.

Mencius, nom latinisé du philosophe confu-céen chinois *Mengzi* (v. 372-289 av. J.-C.).

Mende, ch.-l. de la Lozère ; 12 113 h.

Mendel Gregor (1822-1884), religieux et bota-niste autrichien. Lois de la génétique.

Mendeleïev Dimitri (1834-1907), chimiste russe. Classification périodique des éléments.

Mendelssohn Moses (1729-1786), philosophe allemand.

Mendelssohn-Bartholdy Felix (1809-1847), compositeur romantique allemand.

Menderes (anc. *Méandre),* fl. de Turquie (450 km).

Mendès Catulle (1841-1909), écrivain parnassien français.

Mendès France Pierre (1907-1982), homme politique français. Président du Conseil (1954-1955), il mit fin à la guerre d'Indochine.

Mendoza, v. d'Argentine, au pied des Andes ; 119 090 h (aggl. 668 000 h).

Ménélas, roi légendaire de Sparte (*Iliade*).

Ménélik II (1844-1913), négus d'Éthiopie (1889-1909), vainqueur des Italiens à Adoua.

Mengzi. V. Mencius.

Ménilmontant, quartier de Paris.

Menton, stat. balnéaire des Alpes-Maritimes ; 29 474 h.

Mentor, ami d'Ulysse et précepteur de son fils Télémaque (*Odyssée*).

Menuhin Yehudi (né en 1916), violoniste américain.

Méos, peuple du Viêt-nam et du Laos.

Méphistophélès, le diable (légende de Faust).

Mercantour (le), massif des Alpes-Maritimes.

Mercator (1512-1594), géographe flamand.

Merckx Eddy (né en 1945), coureur cycliste belge.

Mercure, dieu romain, assimilé à Hermès.

Mercure, la planète la plus proche du Soleil.

Meredith George (1828-1909), écrivain anglais : *l'Égoïste.*

Mérida, v. d'Espagne, cap. de l'Estrémadure ; 41 030 h.

Mérida, v. du Mexique (Yucatán) ; 662 000 h.

Mérignac, ch.-l. de cant. de la Gironde ; 58 684 h. Aéroport de Bordeaux.

Mérimée Prosper (1803-1870), écrivain français : *Carmen.*

Mérinas, population de Madagascar.

Merleau-Ponty Maurice (1908-1961), philosophe français.

Merlin (dit *l'Enchanteur*), personnage légendaire des romans bretons.

Mermoz Jean (1901-1936), aviateur français.

Mérovée, roi légendaire des Francs (Ve s.).

Mérovingiens, dynastie qui régna sur la Gaule de 481 à 751.

Mers el-Kébir (auj. *Al-Marsa Al-Kabir*), port d'Algérie ; 11 450 h. En 1940, une escadre française y fut détruite par les Britanniques.

Mersenne Marin (1588-1648), philosophe et savant français, ami de Descartes.

Mersey (la), fl. du N. de l'Angleterre (113 km).

Mersina, port de Turquie ; 314 360 h.

Meseta, plateau du centre de l'Espagne.

Mesmer Franz (1734-1815), médecin allemand. Théorie du magnétisme animal.

Mésopotamie, rég. d'Asie occidentale, entre le Tigre et l'Euphrate, grand foyer de civilisation dans l'Antiquité.

Messali Hadj Ahmad (1898-1974), homme politique algérien.

Messaline (morte en 48), impératrice romaine, épouse de Claude.

Messénie, rég. du S.-O. du Péloponnèse.

Messerschmitt Willy (1898-1978), ingénieur et industriel allemand de l'aviation.

Messiaen Olivier (1908-1992), compositeur français : *Saint François d'Assise.*

Messine, port d'Italie (Sicile) sur le *détroit de Messine ;* 264 850 h.

Messner Reinhold (né en 1944), alpiniste italien.

Métaure (le), fl. d'Italie centrale (110 km).

Metaxás Ioánnis (1871-1941), général et homme politique grec.

Metchnikoff Élie (1845-1916), microbiologiste russe, collaborateur de Pasteur.

Méthode saint. V. Cyrille.

Metsys. V. Matsys.

Metternich-Winneburg Klemens von (1773-1859), homme politique autrichien. Conservateur, il fut renversé par la révolution de 1848.

Metz, ch.-l. de la Moselle et de la Rég. Lorraine ; 123 920 h.

Meudon, ch.-l. de cant. des Hauts-de-Seine ; 46 173 h.

Meurthe (la), affl. de la Moselle (170 km).

Meurthe-et-Moselle, dép. français (54) (Lorraine) ; 5 235 km^2 ; 729 458 h ; ch.-l. Nancy.

Meuse (la), fl. de France, de Belgique et des Pays-Bas (950 km).

Meuse, dép. français (55) (Lorraine) ; 6 220 km^2 ; 205 386 h ; ch.-l. Bar-le-Duc.

Mexicali, v. du N. du Mexique ; 341 560 h.

Mexico, cap. du Mexique, à 2 260 m d'altitude ; 8 831 080 h (aggl. 14 750 180 h).

Mexique, État fédéral de l'Amérique septentrionale et centrale ; 1 972 547 km^2 ; 86 700 000 h ; cap. Mexico. L'*expédition du Mexique* est une campagne entreprise par Napoléon III (1862-1867) pour imposer Maximilien d'Autriche comme empereur du Mexique ; elle tourna au désastre.

Mexique (golfe du), mer bordière de l'Atlantique, entre les États-Unis, le Mexique et Cuba.

Meyerbeer Giacomo (1791-1864), compositeur allemand, auteur d'opéras romantiques.

Meyerhold Vsevolod (1874-1940), metteur en scène de théâtre russe.

Meyzieu, ch.-l. de cant. du Rhône ; 28 212 h.

Mezzogiorno, l'Italie méridionale et insulaire, marquées par le sous-développement.

Miami, port des États-Unis (Floride) ; 372 600 h (aggl. 2 799 300 h).

Michaux Henri (1899-1984), poète et peintre français d'origine belge : *Plume.*

Michel saint, un des archanges (*Bible*).

Michel Ier (né en 1921), roi de Roumanie (1927-1930 et 1940-1947).

Michel III (1596-1645), tsar de Russie en 1613, fondateur de la dynastie des Romanov.

Michel VIII Paléologue (1224-1282), empereur byzantin. Il reprit Constantinople aux Latins (1261).

Michel Louise (1830-1905), révolutionnaire française, figure de la Commune.

Michel-Ange (Michelangelo Buonarroti, dit) (1475-1564), sculpteur, peintre, architecte et poète italien : chapelle Sixtine, *Pietà, Moïse.*

Michelet Jules (1798-1874), écrivain français : *Histoire de la Révolution française.*

Michelin André (1853-1931), industriel français, inventeur avec son frère **Édouard** (1859-1940), du pneu démontable.

Michelson Albert (1852-1931), astronome et physicien américain.

Michigan, un des Grands Lacs (57 994 km²).

Michigan, État du centre-nord des États-Unis ; v. princ. Detroit.

Mickey Mouse, personnage de dessins animés, créé par W. Disney.

Mickiewicz Adam (1798-1855), poète romantique, dramaturge et patriote polonais.

Micronésie, ensemble d'îles du Pacifique, à l'E. des Philippines (Mariannes, Carolines, Marshall, Gilbert).

Midas, roi légendaire de Phrygie, qui changeait en or tout ce qu'il touchait (*Myth. gr.*).

Middle West ou **Midwest**, centre des États-Unis, entre les Appalaches et les Rocheuses.

Midi (canal du), canal reliant l'Atlantique à la Méditerranée par la Garonne.

Midi-Pyrénées, Rég. admin. groupant les dép. de l'Ariège, de l'Aveyron, de la Haute-Garonne, du Gers, du Lot, des Hautes-Pyrénées, du Tarn et du Tarn-et-Garonne ; 45 427 km² ; 2 489 955 h ; ch.-l. Toulouse.

Midlands, rég. industrielle du centre de l'Angleterre ; v. princ. Birmingham.

Midway (îles), atolls du Pacifique, dépendant des États-Unis.

Mies van der Rohe Ludwig (1886-1969), architecte américain d'origine allemande.

Mieszko Ier (mort en 992), prince de Pologne v. 960. Il évangélisa le pays.

Mignard Pierre (1612-1695), peintre français, auteur de portraits.

Milan, v. d'Italie, cap. de la Lombardie ; 1 548 580 h.

Milan Obrenović (1854-1901), prince, puis roi de Serbie. Il dut abdiquer.

Milet, v. grecque d'Asie Mineure antique.

Milhaud Darius (1892-1974), compositeur français : *le Bœuf sur le toit.*

Milice (la), organisation parapolicière créée en 1943 par le gouvernement de Vichy.

Milieu (Empire du), autre nom de la Chine.

Mill John Stuart (1806-1873), philosophe empiriste et économiste anglais.

Millau, ch.-l. d'arr. de l'Aveyron ; 22 458 h.

Mille et Une Nuits (les), recueil de contes populaires arabes (Xᵉ-XIIᵉ s. env.).

Miller Henry (1891-1980), écrivain américain : *Tropique du Cancer.*

Miller Arthur (né en 1915), auteur dramatique américain : *Mort d'un commis voyageur.*

Millerand Alexandre (1859-1943), président de la République française (1920-1924). Il dut démissionner.

Millet Jean-François (1814-1875), peintre français de l'école de Barbizon : *l'Angélus.*

Millevaches, plateau du Limousin.

Millikan Robert (1868-1953), physicien américain.

Milo, île des Cyclades. On y a trouvé, en 1820, la statue dite *Vénus de Milo.*

Miloš Obrenović (1780-1860), prince de Serbie (1817-1839 et 1858-1860).

Milosz (1877-1939), écrivain symboliste français d'origine lituanienne.

Milosz Czeslaw (né en 1911), écrivain polonais, émigré aux États-Unis.

Miltiade (540-v. 489 av. J.-C.), général athénien, vainqueur à Marathon.

Milton John (1608-1674), poète anglais : *le Paradis perdu.*

Milvius (pont), pont sur le Tibre, où Constantin battit Maxence (312 av. J.-C.).

Milwaukee, v. des États-Unis (Wisconsin) ; 620 800 h (aggl. 1 567 600 h).

Minas Gerais, État du S.-E. du Brésil ; cap. Belo Horizonte.

Mindanao, grande île du S. des Philippines.

Mindoro, île des Philippines.

Minerve, déesse de la Sagesse (*Myth. rom.*).

Ming, dynastie chinoise (1368-1644).

Mingus Charlie (1922-1979), jazzman américain.

Minho (le), fl. du N.-O. de la péninsule Ibérique (275 km), frontière nord du Portugal.

Minkowski Hermann (1864-1909), mathématicien lituanien.

Minneapolis, v. des États-Unis (Minnesota) ; 345 000 h (aggl. 2 300 000 h).

Minnelli Vincente (1913-1986), cinéaste américain.

Minnesota, État du centre-nord des États-Unis ; cap. Saint Paul.

Minorque, île des Baléares.

Minos, roi légendaire de Crète, devenu l'un des trois juges des Enfers (*Myth. gr.*).

Minotaure, monstre enfermé dans le Labyrinthe, tué par Thésée (*Myth. gr.*).

Minsk, cap. de la Biélorussie ; 1 583 000 h.

Miquelon. V. Saint-Pierre-et-Miquelon.

Mirabeau Honoré Gabriel, comte de (1749-1791), homme politique français.

Miranda Francisco (1750-1816), patriote vénézuélien, héros de l'indépendance.

Mirande, ch.-l. d'arr. du Gers ; 3 940 h.

Mirbeau Octave (1848-1917), écrivain français : *Journal d'une femme de chambre.*

Miró Joan (1893-1983), peintre et sculpteur surréaliste espagnol.

Mishima Yukio (1925-1970), écrivain japonais. Il se suicida en public.

Mishna (la), partie du Talmud.

Miskolc, v. de Hongrie ; 211 650 h.

Mississippi (le), princ. fl. d'Amérique du Nord (3 780 km ; 6 260 km avec le Missouri).

Mississippi, État du S. des États-Unis.

Missolonghi, v. de Grèce, haut lieu de la lutte contre les Turcs (1822-1826).

Missouri (le), affl. du Mississippi (4 370 km).

Missouri, État du centre des États-Unis ; v. princ. Saint Louis, Kansas City.

Mistinguett (Jeanne Bourgeois, dite) (1875-1956), chanteuse française de music-hall.

Mistra, site byzantin de Grèce, près de Sparte.

Mistral Frédéric (1830-1914), écrivain français d'expression provençale : *Mireille.*

Mistral Gabriela (1889-1957), poétesse chilienne : *Desolación.*

Misurata, port de Libye ; 285 000 h.

Mitanni (royaume de), État antique de Mésopotamie (IIᵉ millénaire av. J.-C.).

Mitchell Margaret (1900-1949), romancière américaine : *Autant en emporte le vent.*

Mithra, divinité des Perses.

Mithridate VI Eupator (dit *le Grand*) (132-63 av. J.-C.), roi du Pont, vaincu par les Romains.

Mitidja (la), plaine d'Algérie, autour d'Alger.

Mitterrand François (né en 1916), président de la République française (socialiste) depuis 1981.

Mixtèques, peuple du Mexique précolombien.

Mizoguchi Kenji (1898-1956), cinéaste japonais : *Contes de la lune vague après la pluie.*

Mizoram, État du N.-E. de l'Inde.

Mnémosyne, déesse de la Mémoire, mère des Muses (*Myth. gr.*).

Mnouchkine Ariane (née en 1939), metteur en scène de théâtre française.

Moabites, peuple de Palestine (*Bible*).

Mobile, port des États-Unis (Alabama) ; 204 900 h.

Möbius August (1790-1868), mathématicien et astronome allemand.

Mobutu (lac) (anc. *lac Albert*), lac d'Afrique équatoriale (4 500 km²).

Mobutu Sese Seko (né en 1930), général zaïrois, au pouvoir depuis 1965.

Moctezuma ou **Montezuma** (1466-1520), dernier empereur aztèque.

Modène, v. d'Italie (Émilie-Romagne) ; 178 660 h.

modern style. V. art nouveau.

Modigliani Amedeo (1884-1920), peintre italien de l'école de Paris ; portraitiste.

Mogadiscio. V. Muqdisho.

Moghilev, v. de Biélorussie ; 343 000 h.

Moghols ou **Mogols,** dynastie turque, qui régna sur l'Inde du Nord du XVIᵉ au XVIIIᵉ s.

Mohács (bataille de), victoire de Soliman le Magnifique sur les Hongrois (1526).

Mohammed. V. Mahomet.

Mohammed V ben Youssef (1909-1961), sultan, puis roi du Maroc. Il obtint l'indépendance du pays (1956).

Mohave ou **Mojave** (désert), rég. du S.-E. de la Californie.

Mohenjo-Daro, site archéologique du Pakistan (civilisation de l'Indus).

Mohicans, Indiens du groupe des Algonkins.

Mohorovičić Andrija (1857-1936), géologue yougoslave.

Moïs, population du S. du Viêt-nam.

Moïse (XIIIᵉ s. av. J.-C.), prophète et législateur d'Israël (*Bible*).

Moissac, ch.-l. de cant. de Tarn-et-Garonne ; 11 213 h. Église et cloître romans.

Mol, v. de Belgique (Anvers) ; 29 800 h.

Moldau. V. Vltava.

Moldavie, anc. principauté roumaine, partagée entre la Roumanie et la **République de Moldavie** (33 700 km² ; 4 500 000 h ; cap. Chisinau), anc. rép. fédérée de l'U.R.S.S.

Molière (Jean-Baptiste Poquelin, dit) (1622-1673), auteur dramatique et comédien français : *Tartuffe, Dom Juan, le Bourgeois gentilhomme, le Malade imaginaire.*

Molina Luis (1536-1600), théologien jésuite espagnol, adversaire du jansénisme.

Molina. V. Tirso de Molina.

Molinos Miguel de (1628-1696), théologien espagnol du quiétisme.

Molise, rég. admin. du S. de l'Italie.

Mollet Guy (1905-1975), homme politique (socialiste) français.

Moloch, divinité phénicienne (*Bible*).

Molotov (1890-1986), diplomate et homme politique soviétique.

Molsheim, ch.-l. d'arr. du Bas-Rhin ; 8 055 h.

Moltke Helmuth von (1800-1891), feld-maréchal prussien.

Moluques (archipel des), prov. d'Indonésie ; ch.-l. Amboine.

Mombasa, port du Kenya ; 442 370 h.

Mommsen Theodor (1817-1903), historien allemand de l'Antiquité.

Monaco, principauté enclavée dans le dép. des Alpes-Maritimes ; 27 063 h.

Monastir, port de Tunisie ; 35 550 h.

Monastir. V. Bitola.

Mönchengladbach, v. d'Allemagne (Rhénanie-du-Nord-Westphalie) ; 255 090 h.

Mondrian Piet (1872-1944), peintre abstrait hollandais.

Monet Claude (1840-1926), peintre français, princ. représentant de l'impressionnisme.

Monge Gaspard (1746-1818), mathématicien français, inventeur de la géométrie descriptive.

Mongolie, État d'Asie, entre la Russie et la Chine ; 1 565 000 km² ; 2 017 000 h ; cap. Oulan-Bator.

Mongolie-Intérieure, rég. auton. du N. de la Chine ; cap. Hohhot.

Mongols, nomades de l'Asie centrale.

Monk George (1608-1670), général anglais. Il restaura la royauté.

Monk Thelonious (1917-1982), jazzman américain.

Monluc ou **Montluc** Blaise de (1502-1577), maréchal de France et chroniqueur.

Monnet Jean (1888-1979), économiste français, promoteur de l'unité européenne.

Monroe James (1758-1831), président (républicain) des États-Unis (1817-1825). Partisan de la non-intervention des États-Unis en Europe, et inversement (*doctrine de Monroe*).

Monroe Marilyn (1926-1962), actrice américaine de cinéma.

Monrovia, cap. du Liberia ; 600 000 h.

Mons, v. de Belgique (Hainaut) ; 94 420 h.

Mons-en-Barœul, com. du Nord ; 26 626 h.

Montagnais, Indiens algonkins du Québec.

Montagne (la), groupe de députés révolutionnaires de la Législative et de la Convention, puis de la IIᵉ République.

Montagne Blanche (bataille de la), défaite infligée aux Tchèques par les impériaux (1620).

Montaigne Michel de (1533-1592), écrivain français : *Essais.*

Montale Eugenio (1896-1981), poète italien.

Montalembert Charles de (1810-1870), homme politique français (catholique libéral).

Montana, État du N.-O. des États-Unis.

Montand Yves (1921-1991), chanteur et comédien français.

Montargis, ch.-l. d'arr. du Loiret ; 16 570 h.

Montauban, ch.-l. du Tarn-et-Garonne ; 53 278 h.

Montbard, ch.-l. d'arr. de la Côte-d'Or ; 7 397 h.

Montbéliard, ch.-l. d'arr. du Doubs ; 30 639 h.

Montbrison, ch.-l. d'arr. de la Loire ; 14 591 h.

Montcalm de Saint-Véran Louis, marquis de (1712-1759), général français, tué en défendant Québec contre les Anglais.

Montceau-les-Mines, ch.-l. de cant. de Saône-et-Loire ; 23 308 h.

Mont-de-Marsan, ch.-l. des Landes ; 31 864 h.

Montdidier, ch.-l. d'arr. de la Somme ; 6 506 h.

Mont-Dore (massif du) ou **monts Dore**, chaîne volcanique du Massif central.
Monte-Albán, site précolombien du Mexique.
Monte-Carlo, quartier de Monaco (casino).
Montélimar, ch.-l. de cant. de la Drôme ; 31 386 h.
Monténégro, État des Balkans, anc. rép. fédérée de Yougoslavie ; 13 812 km² ; 620 000 h ; cap. Titograd.
Montereau, ch.-l. de cant. de Seine-et-Marne ; 18 936 h.
Monterrey, v. du Mexique ; 1 084 700 h.
Montespan Françoise, marquise de (1640-1707), maîtresse de Louis XIV.
Montesquieu Charles de Secondat, baron de (1689-1755), écrivain français : *Lettres persanes, De l'esprit des lois*.
Montessori Maria (1870-1952), pédagogue italienne.
Monteverdi Claudio (1567-1643), compositeur italien, créateur de l'opéra : *le Couronnement de Poppée*.
Montevideo, cap. de l'Uruguay ; 1 247 920 h.
Montezuma. V. Moctezuma.
Montfaucon, anc. lieu-dit, à Paris, où s'élevait un gibet (XIIIᵉ-XVIIIᵉ s.).
Montfort Simon IV, comte de (1150-1218), chef de la croisade contre les albigeois.
Montgenèvre, col des Alpes françaises.
Montgolfier Joseph de (1740-1810) et son frère **Étienne** (1745-1799), industriels français. Ils inventèrent les montgolfières.
Montgomery of Alamein Bernard, vicomte (1887-1976), maréchal britannique, vainqueur de Rommel en Égypte.
Montherlant Henri de (1896-1972), écrivain français : *la Reine morte*.
Montlhéry, circuit automobile (Essonne).
Montluc. V. Monluc.
Montluçon, ch.-l. d'arr. de l'Allier ; 46 660 h.
Montmartre, quartier de Paris. Basilique du Sacré-Cœur.
Montmorency, ch.-l. d'arr. du Val-d'Oise ; 21 003 h.
Montmorency Anne, duc de (1493-1567), conseiller de François Iᵉʳ et d'Henri II.
Montmorillon, ch.-l. d'arr. de la Vienne ; 7 276 h.
Montoire-sur-le-Loir, v. du Loir-et-Cher, où Pétain et Hitler se rencontrèrent (1940).
Montparnasse, quartier de Paris.
Montpellier, ch.-l. de l'Hérault et de la Rég. Languedoc-Roussillon ; 210 866 h.
Montpensier Anne Louise, duchesse de (dite *la Grande Mademoiselle*) (1627-1693). Elle prit part à la Fronde.
Montréal, v. du Canada (Québec), sur le Saint-Laurent ; 1 015 420 h (aggl. 2 921 360 h).
Montreuil ou **Montreuil-sous-Bois**, ch.-l. de cant. de la Seine-Saint-Denis ; 95 038 h.
Montreuil ou **Montreuil-sur-Mer**, ch.-l. d'arr. du Pas-de-Calais ; 2 676 h.
Montreux, v. de Suisse (Vaud) ; 20 000 h.
Montrouge, ch.-l. de cant. des Hauts-de-Seine ; 38 333 h.
Mont-Saint-Michel (Le), com. de la Manche, sur un îlot. Abbaye bénédictine (XIIᵉ-XVIᵉ s.).
Montségur, forteresse qui fut le dernier refuge des albigeois en 1244 (Ariège).
Monza, v. d'Italie (Lombardie) ; 122 450 h. Circuit automobile.

Moore Thomas (1779-1852), poète romantique irlandais : *Mélodies irlandaises*.
Moore Henry (1898-1986), sculpteur anglais.
Morand Paul (1888-1976), écrivain français.
Morandi Giorgio (1890-1964), peintre italien.
Morante Elsa (1912-1985), romancière italienne : *la Storia*.
Morat, com. de Suisse (Fribourg). Victoire des Suisses sur Charles le Téméraire (1476).
Moravia Alberto (1907-1990), romancier italien : *le Mépris*.
Moravie, rég. orientale de la République tchèque ; v. princ. Brno, Ostrava, Olomouc.
Morbihan, dép. français (56) (Bretagne) ; 6 763 km² ; 638 468 h ; ch.-l. Vannes.
Mordovie, rép. auton. de Russie, sur la Volga.
More. V. Thomas More.
Moréas Jean (1856-1910), poète symboliste français.
Moreau Jean Victor (1763-1813), général français. Rival de Napoléon, il s'exila.
Moreau Gustave (1826-1898), peintre symboliste français.
Morée, principauté créée par les croisés dans le Péloponnèse (1205-1259).
Morelia, v. du Mexique central ; 297 540 h.
Moreno Jacob (1892-1974), psychosociologue américain, inventeur du psychodrame.
Morgan Lewis Henry (1818-1881), anthropologue américain.
Morgan Thomas Hunt (1866-1945), biologiste américain, fondateur de la génétique moderne.
Morgan John Pierpont (1867-1943), industriel et philanthrope américain.
Morgane (la fée), personnage fabuleux des romans du cycle breton.
Morgarten, victoire décisive des Suisses sur les Autrichiens (1315).
Morgenstern Oskar (1902-1977), économiste américain d'origine autrichienne.
Morisot Berthe (1841-1895), peintre impressionniste français.
Morlaix, ch.-l. d'arr. du Finistère ; 17 607 h.
Morny Charles, duc de (1811-1865), homme politique français, demi-frère de Napoléon III.
Moro Aldo (1916-1978), homme politique italien (démocrate-chrétien). Il fut assassiné.
Moroni, cap. des Comores ; 17 270 h.
Morphée, dieu des Songes (*Myth. gr.*).
Morris William (1834-1896), écrivain et décorateur anglais, pionnier du modern style.
Morse Samuel (1791-1872), physicien américain, inventeur d'un code télégraphique.
Mort (Vallée de la), fossé d'effondrement désertique des États-Unis (Californie).
Mortagne-au-Perche, ch.-l. d'arr. de l'Orne ; 4 943 h.
Morte (mer), lac de Palestine fortement salé (1 015 km²). Les *manuscrits de la mer Morte*, découverts à Qumran, sont les plus anciens textes connus de la Bible.
Mortimer Roger (1287-1330), homme de guerre gallois. Il fit assassiner Édouard II.
Morvan, rég. montagneuse du centre de la France (902 m).
Morzine, stat. hivernale de Haute-Savoie.
Moscou, cap. de la Russie, sur la Moskova ; 8 675 000 h.
Moscovie, l'État russe du XVᵉ au XVIIᵉ s.
Moselle (la), riv. de France, du Luxembourg et de l'Allemagne (550 km), affl. du Rhin.

Moselle, dép. français (57) (Lorraine) ; 6 214 km² ; 1 035 588 h ; ch.-l. Metz.

Moskova (la), riv. de Russie, qui arrose Moscou (508 km).

Mossadegh Muhammad (1881-1967), homme politique iranien.

Mossis, peuple du Burkina Faso.

Mossoul, port d'Irak, sur le Tigre ; 600 000 h.

Mostaganem ou **Mustaghanim,** port de l'O. de l'Algérie ; 116 570 h.

Mouaskar. V. Mascara.

Moubarak Hosni (né en 1928), président de la république d'Égypte depuis 1981.

Moukden. V. Shenyang.

Moulin Jean (1899-1943), homme politique français ; un des chefs de la Résistance.

Moulins, ch.-l. de l'Allier ; 23 353 h.

Moulmein, port de Birmanie ; 219 990 h.

Mounier Emmanuel (1905-1950), philosophe français : *Qu'est-ce que le personnalisme ?*

Mountbatten of Burma Louis (1900-1979), amiral britannique, dernier vice-roi des Indes.

Mourmansk, port de Russie ; 419 000 h.

Mourmelon-le-Grand, com. de la Marne. Camp militaire.

Mouscron, v. de Belgique (Hainaut) ; 54 590 h.

Moussorgski Modest (1839-1881), compositeur russe : *Boris Godounov.*

Moyen Âge, période qui va de 476 (chute de l'Empire romain) à 1453 (prise de Constantinople) ou 1492 (découverte de l'Amérique).

Moyen-Orient. V. Proche-Orient.

Mozambique (canal de), partie de l'océan Indien, entre l'Afrique et Madagascar.

Mozambique, État d'Afrique de l'Est ; 784 692 km² ; env. 14 000 000 h ; cap. Maputo.

Mozart Wolfgang Amadeus (1756-1791), compositeur autrichien : *Don Giovanni, la Flûte enchantée, Requiem.*

Mu'awiyah (v. 603-680), fondateur de la dynastie des Omeyyades.

Mucha Alfons (1860-1939), peintre et dessinateur tchèque, maître de l'art nouveau.

Muhammad. V. Mahomet.

Muhammad V. V. Mohammed V.

Muhammad Riza. V. Pahlavi.

Mulhouse, ch.-l. d'arr. du Haut-Rhin ; 109 905 h.

Mulroney Brian (né en 1939), homme politique canadien, Premier ministre depuis 1984.

Multan, v. du Pakistan (Pendjab) ; 730 000 h.

Mun Albert de (1841-1914), homme politique français (catholique social).

Munch Edvard (1863-1944), peintre expressionniste norvégien.

Münchhausen Karl, baron von (1720-1797), officier allemand, type du soldat hâbleur.

Munich, v. d'Allemagne, cap. de la Bavière ; 1 274 720 h. Les *accords de Munich,* signés entre la Grande-Bretagne, la France, l'Allemagne et l'Italie, imposèrent le démantèlement de la Tchécoslovaquie (1938).

Münster, v. d'Allemagne (Rhénanie-du-Nord-Westphalie) ; 267 630 h.

Münzer ou **Müntzer** Thomas (1489-1525), réformateur religieux allemand ; anabaptiste.

Muqdisho (anc. *Mogadiscio*), cap. de la Somalie, sur l'océan Indien ; 500 000 h.

Muraille (Grande), fortification de 5 000 km entre la Chine et la Mongolie.

Murano, îlot de la lagune de Venise.

Murasaki Shikibu (v. 978-v. 1020), romancière japonaise : *Genji monogatari.*

Murat Joachim (1767-1815), maréchal de France, roi de Naples (1808-1815).

Murcie, v. d'Espagne, cap. de la *commun. auton. de Murcie* ; 1 006 900 h.

Mur des lamentations, mur du temple de Jérusalem devant lequel les juifs viennent prier.

Murdoch Iris (née en 1919), femme de lettres irlandaise : *l'Élève du philosophe.*

Mureaux (Les), com. des Yvelines ; 33 365 h.

Muret, ch.-l. d'arr. de la Haute-Garonne ; 18 604 h.

Murger Henri (1822-1861), écrivain français : *Scènes de la vie de bohème.*

Murillo Bartolomé (1618-1682), peintre espagnol : *le Jeune Mendiant.*

Murnau Friedrich (1888-1931), cinéaste allemand : *l'Aurore.*

Murray (le), fl. d'Australie (2 574 km).

Mururoa, atoll de la Polynésie française. Centre d'essais nucléaires français.

Muses, les 9 déesses des arts : Calliope, Clio, Érato, Euterpe, Melpomène, Polymnie, Terpsichore, Thalie, Uranie (*Myth gr.*).

Muséum national d'histoire naturelle, établissement scientifique fondé à Paris en 1635.

Musil Robert von (1880-1942), écrivain autrichien : *l'Homme sans qualités.*

Musset Alfred de (1810-1857), écrivain romantique français : *Lorenzaccio.*

Mussolini Benito (1883-1945), homme politique italien. Fondateur du fascisme, il s'allia au IIIᵉ Reich ; il fut exécuté.

Mustafa Kemal. V. Kemal.

Mustaghanim. V. Mostaganem.

Mutsuhito. V. Meiji tenno.

Mycènes, anc. v. de Grèce (Argolide).

Mykérinos (V. 2500 av. J.-C.), pharaon égyptien. Pyramide à Gizeh.

Mykonos, île des Cyclades (Grèce).

Myrdal Karl Gunnar (1898-1987), économiste suédois.

Myrmidons, peuple de Thessalie dont Achille fut le roi (*Myth. gr.*).

Myron, sculpteur grec du Vᵉ s. av. J.-C. : *le Discobole.*

Mysore, v. de l'Inde (Karnataka) ; 441 750 h. Anc. cap. de l'*État de Mysore.*

Mytilène. V. Lesbos.

Mzab, rég. du Saharien algérien.

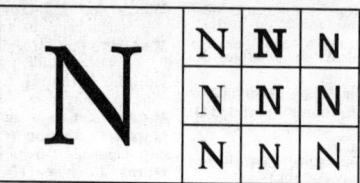

Nabatéens, anc. peuple de l'Arabie (Vᵉ s. av. J.-C.-IIᵉ s. apr. J.-C.).

Nabokov Vladimir (1899-1977), romancier américain d'origine russe : *Lolita.*

Nabuchodonosor II, roi de Babylone de 605 à 562 av. J.-C. Il déporta les Juifs à Babylone.

Nadar (Félix Tournachon, dit) (1820-1910), photographe français.

Nader Ralph (né en1934), avocat américain, promoteur du consumérisme.

Nadir chah (1688-1747), roi de Perse en 1736 ; assassiné.

Nadjd, rég. d'Arabie Saoudite ; ch.-l. Riyad.

Nadjef, v. d'Irak ; 147 860 h.

Nagaland, État du N.-E. de l'Inde.

Nagasaki, port du Japon (Kyushu) ; 449 000 h. La seconde bombe atomique y fut lancée par les Américains le 9 août 1945.

Nagorno-Karabakh. V. Karabakh (Haut-).

Nagoya, port du Japon (Honshu) ; 2 127 580 h.

Nagpur, v. de l'Inde (Maharashtra) ; 1 219 460 h.

Nagy Imre (1896-1958), homme politique hongrois ; communiste réformateur, il fut exécuté.

Naha, v. du Japon, ch.-l. des îles Ryukyu, dans l'île d'Okinawa ; 303 670 h.

Naipaul Vidiadhar (né en 1932), écrivain britannique originaire de la Trinité.

Nairobi, cap. du Kenya ; 1 162 190 h.

Nakhitchevan, rép. auton. de l'Azerbaïdjan, enclavée dans l'Arménie.

Namibie (anc. *Sud-Ouest africain*), État de l'Afrique australe ; 824 292 km² ; env. 15 000 000 h. ; cap. Windhoek.

Namur, v. de Belgique, cap. de la Wallonie et ch.-l. de la *province de Namur* ; 102 320 h.

Nanak (1469-1538), mystique hindou, fondateur de la secte des sikhs.

Nanchang, v. de Chine, cap. du Jiangxi ; 1 075 710 h (aggl. 2 471 070 h).

Nancy, ch.-l. de la Meurthe-et-Moselle ; 102 410 h. Anc. cap. de la Lorraine. L' *école de Nancy* est un groupe de décorateurs, formé à Nancy v. 1890 autour d'É. Gallé.

Nanga Parbat (le), sommet himalayen (8 120 m), au Cachemire.

Nankin ou **Nanjing,** v. de Chine, port sur le Yangzijiang, cap. du Jiangsu ; 2 091 400 h (aggl. 3 682 270 h).

Nanning, port de la Chine du Sud, cap. du Guangxi ; 889 790 h.

Nansen Fridtjof (1861-1930), océanographe et homme politique norvégien.

Nanterre, ch.-l. des Hauts-de-Seine ; 86 627 h.

Nantes, ch.-l. de la Loire-Atlantique et de la Rég. Pays de la Loire ; 252 029 h (aggl. 496 000 h). L'*édit de Nantes,* rendu par Henri IV, donnait un statut légal aux protestants (1598) ; il fut révoqué par Louis XIV (1685).

Nantua, ch.-l. d'arr. de l'Ain ; 2 678 h.

Napier. V. Neper.

Naples, port d'Italie (Campanie), sur le *golfe de Naples* ; 1 207 750 h. Le *royaume de Naples* s'étendait sur le sud de l'Italie et la Sicile (XIᵉ s.-1861).

Naplouse, v. de Cisjordanie ; env. 50 000 h.

Napoléon Iᵉʳ (1769-1821), empereur des Français (1804-1815). Il accéda au pouvoir par le coup d'État du 18 Brumaire (1799). Vaincu par l'Europe coalisée, il dut abdiquer en 1814. De retour d'exil (les Cent-Jours), il fut battu à Waterloo et déporté à Sainte-Hélène (1815).

Napoléon II (1811-1832), fils de Napoléon Iᵉʳ et de Marie-Louise, roi de Rome, duc de Reichstadt. Il ne régna pas.

Napoléon III Charles Louis Napoléon Bonaparte (1808-1873), neveu de Napoléon Iᵉʳ, président de la IIᵉ République, puis empereur des Français après le coup d'État du 2 décembre 1851 ; déchu après la défaite contre la Prusse à Sedan (1870).

Nara, v. du Japon (Honshu) ; 327 700 h. Cap. du Japon au VIIIᵉ s. Temples.

Narbada (la), fl. sacré de l'Inde (1 230 km), frontière entre l'Hindoustan et le Dekkan.

Narbonne, ch.-l. d'arr. de l'Aude ; 47 086 h.

Narcisse, jeune homme d'une grande beauté, épris de ses propres traits (*Myth. gr.*).

Narvik, port du N. de la Norvège ; 19 000 h.

NASA, organisme américain de recherche et d'exploration aéronautique et spatiale.

Nash John (1752-1835), architecte anglais.

Nashville-Davidson, v. des États-Unis, cap. du Tennessee ; 462 500 h (aggl. 890 300 h).

Nassau, cap. des îles Bahamas.

Nasser (lac), retenue du Nil formée par le barrage d'Assouan.

Nasser Gamal Abdel (1918-1970), président de la république d'Égypte de 1956 à sa mort.

Natal, prov. d'Afrique du Sud, sur l'océan Indien ; cap. Pietermaritzburg ; v. princ. Durban.

Natal, port du Brésil (Rio Grande do Norte) ; 512 240 h.

National Gallery, musée de peinture de Londres.

Nattier Jean-Marc (1685-1766), peintre français ; portraitiste.

Nauru, État de Polynésie ; 21 km² ; 8 000 h ; cap. Yaren.

Navahos ou **Navajos,** Indiens des États-Unis (Arizona, Nouveau-Mexique).

Navarin (auj. *Pylos*), port de Grèce, où la flotte turque fut anéantie par les Français, les Russes et les Anglais (1827).

Navarre, anc. royaume peuplé de Basques, et commun. auton. d'Espagne ; cap. Pampelune.

Navas de Tolosa (Las), victoire des rois d'Aragon, de Castille et de Navarre sur les Almohades (1212).

Navratilova Martina (née en 1956), joueuse de tennis américaine d'origine tchécoslovaque.

Naxos, île grecque des Cyclades.

Nazareth, v. d'Israël, en Galilée ; 44 780 h. Séjour de la Sainte Famille (*Évangiles*).

Nazca, site précolombien du S. du Pérou.

N'Djamena (anc. *Fort-Lamy*), cap. du Tchad ; 303 000 h.

Néandertal (homme de), squelette humain du pléistocène, découvert près de Düsseldorf.

Néarque (IVe s. av. J.-C.), amiral d'Alexandre le Grand.

Nébo, montagne à l'E. de la mer Morte, d'où Moïse contempla la Terre promise.

Nebraska, État du centre des États-Unis.

Neckar (le), riv. d'Allemagne, affl. du Rhin (367 km).

Necker Jacques (1732-1804), financier suisse. Directeur général des Finances de Louis XVI, il fit convoquer les états généraux.

Néel Louis (né en 1904), physicien français.

Néfertiti, reine d'Égypte du XIVe s. av. J.-C., femme d'Aménophis IV Akhenaton.

Négritos, peuple de petite taille (Philippines, Malaisie, îles Andaman).

Negro (rio), riv. d'Amérique du Sud (2 200 km), affl. de l'Amazone.

Néguev, rég. désertique du S. d'Israël.

Nehru Cri Jawaharlal (1889-1964), Premier ministre de l'Inde de 1947 à 1964.

Neige (crêt de la), point culminant du Jura (1 723 m).

Neiges (piton des), point culminant de la Réunion (3 069 m).

Neisse de Lusace, affl. de l'Oder (256 km).

Nekrassov Nikolaï (1821-1877), journaliste et poète lyrique russe.

Nelson Horatio (1758-1805), amiral britannique, vainqueur à Aboukir et à Trafalgar où il fut tué.

Némée, vallée du Péloponnèse où Héraclès tua un lion redoutable (*Myth. gr.*).

Némésis, déesse de la Vengeance (*Myth. gr.*).

Nemours, ch.-l. de cant. de Seine-et-Marne ; 12 115 h.

Nemrod, petit-fils de Cham (*Bible*).

Nenni Pietro (1891-1980), homme politique italien (socialiste).

Néo-Destour. V. Destour.

NEP (nouvelle politique économique), retour partiel au libéralisme en U.R.S.S. (1921-1929).

Népal, État (royaume) d'Asie centrale ; 140 797 km² ; 17 400 000 h ; cap. Katmandou.

Neper ou **Napier** John (1550-1617), mathématicien écossais, inventeur des logarithmes.

Neptune, dieu de la Mer (*Myth. rom.*).

Neptune, la plus lointaine des planètes du système solaire.

Nérac, ch.-l. d'arr. de Lot-et-Garonne ; 7 571 h.

Neri. V. Philippe Neri.

Néron (37-68), empereur romain en 54.

Neruda Pablo (1904-1973), poète chilien : *le Chant général*.

Nerva (26-98), empereur romain en 96.

Nerval Gérard de (1808-1855), écrivain français : *les Chimères*.

Nervi Pier Luigi (1891-1979), ingénieur et architecte italien, styliste du béton armé.

Ness (loch), lac d'Écosse, dont les eaux cacheraient un monstre légendaire.

Nessos, centaure tué par Héraclès (*Myth. gr.*).

Nestor, vieux roi grec, célèbre pour sa sagesse (*Iliade*).

Nestorius (v. 380-apr. 451), patriarche de Constantinople, condamné par le concile d'Éphèse pour sa doctrine hérétique (431).

Neuchâtel, v. de Suisse, sur le *lac de Neuchâtel* ; 34 430 h ; ch.-l. du *canton de Neuchâtel*.

Neufchâteau, ch.-l. d'arr. des Vosges ; 15 118 h.

Neuilly-sur-Marne, ch.-l. de cant. de la Seine-Saint-Denis ; 31 603 h.

Neuilly-sur-Seine, ch.-l. de cant. des Hauts-de-Seine ; 62 033 h.

Neumann Johann Balthasar (1687-1753), architecte baroque allemand.

Neumann Johannes von (1903-1957), mathématicien américain d'origine hongroise, auteur de la théorie des jeux.

Neustrie, un des royaumes francs formés en 561 ; v. princ. Paris, Soissons.

Neutra Richard Joseph (1892-1970), architecte américain d'origine autrichienne.

Neva (la), fl. de Russie (74 km), qui arrose Saint-Pétersbourg.

Nevada (sierra), massif montagneux de l'Espagne du Sud (3 478 m).

Nevada (sierra), chaîne de l'O. des États-Unis (4 418 m au mont Whitney).

Nevada, État de l'O. des États-Unis.

Nevers, ch.-l. de la Nièvre ; 43 889 h.

Nevski. V. Alexandre Nevski.

Newark, port des États-Unis (New Jersey) ; 316 300 h (aggl. 1 882 000 h).

Newcastle, port d'Australie (Nouvelle-Galles du Sud) ; 423 300 h.

Newcastle-upon-Tyne, v. d'Angleterre, ch.-l. du Northumberland ; 192 500 h.

New Deal, mesures prises par Roosevelt pour lutter contre la crise aux États-Unis (1933).

New Delhi. V. Delhi.

New Hampshire, État du N.-E. des États-Unis.

New Haven, port des États-Unis (Connecticut) ; 124 200 h. Université Yale.

Ne Win Bo (né en 1911), général birman, au pouvoir depuis 1962.

New Jersey, État du N.-E. des États-Unis.

Newman John Henry (1801-1890), cardinal et théologien anglais.

New Orleans. V. Nouvelle-Orléans (La).

Newton sir Isaac (1642-1727), mathématicien, physicien et astronome anglais. Il établit les lois de la gravitation universelle.

New York, la plus grande ville des États-Unis, port sur l'Atlantique, à l'embouchure de l'Hudson ; 7 300 000 h. Siège de l'O.N.U.

New York, État du N.-E. des États-Unis ; cap. Albany ; v. princ. New York.

Ney Michel (1769-1815), maréchal de France ; fusillé à la Restauration.

Ngazidja (anc. *Grande-Comore*), île principale de l'archipel des Comores.

Niagara (le), fl. d'Amérique du Nord (54 km), coupé par les *chutes du Niagara.*

Niamey, cap. du Niger ; 540 000 h.

Nibelungen, nains possesseurs de richesses souterraines (*Myth. germanique*).

Nicaragua, État d'Amérique centrale ; 139 000 km^2 ; 3 500 000 h ; cap. Managua.

Nice, ch.-l. des Alpes-Maritimes ; 345 674 h.

Nicée, anc. v. d'Asie Mineure (auj. *Iznik*), où se tint en 325 le *concile de Nicée* qui condamna Arius et élabora le *symbole de Nicée.* Cap. de l'*empire grec de Nicée* (1204-1261).

Nicobar (îles), archipel indien dans le golfe du Bengale.

Nicolaïer Arthur (1862-1945), médecin allemand qui identifia le bacille du tétanos.

Nicola Pisano (v. 1220-v. 1287), sculpteur italien.

Nicolas saint, évêque en Asie Mineure au IVᵉs. Il est le Père Noël dans le N. de l'Europe.

Nicolas Iᵉʳ (1796-1855), empereur de Russie en 1825, défenseur de l'autocratie.

Nicolas II (1868-1918), dernier empereur de Russie (1894-1917) ; exécuté.

Nicole Pierre (1625-1695), écrivain français, professeur à l'abbaye de Port-Royal.

Nicolle Charles (1866-1936), bactériologiste français.

Nicomédie (auj. *Izmit*), anc. cap. de la Bithynie et résidence de Dioclétien.

Nicosie, cap. de Chypre ; 180 000 h.

Nicot Jean (v. 1530-1600), diplomate français. Il rapporta le tabac du Portugal.

Nidwald. V. Unterwald.

Niémen (le), fl. de Biélorussie et de Lituanie (880 km).

Niemeyer Oscar (né en 1907), architecte et urbaniste brésilien.

Niepce Nicéphore (1765-1833), physicien français, inventeur de la photographie.

Nietzsche Friedrich (1844-1900), philosophe allemand : *Ainsi parlait Zarathoustra.*

Nièvre (la), affl. de la Loire (53 km).

Nièvre, dép. français (58) (Bourgogne) ; 6 837 km^2 ; 239 458 h ; ch.-l. Nevers.

Niger (le), fl. d'Afrique occidentale (4 200 km).

Niger, État d'Afrique occidentale ; 1 267 000 km^2 ; 7 250 000 h ; cap. Niamey.

Nigeria, État fédéral d'Afrique occidentale ; 923 768 km^2 ; 88 514 500 h ; cap. Abuja.

Niigata, port du Japon (Honshu) ; 475 630 h.

Nijinski Vaslav (1890-1950), danseur et chorégraphe russe d'origine polonaise.

Nijni-Novgorod (*Gorki*de 1932 à 1990), v. de Russie ; 1 438 000 h.

Nikolaïev, port d'Ukraine ; 509 000 h.

Nikon (1605-1681), prélat russe, réformateur de la liturgie orthodoxe.

Nil (le), fl. d'Afrique, le plus long du monde tributaire de la Méditerranée (6 671 km env.).

Nilotiques, populations noires du bassin du haut Nil.

Nimègue, v. des Pays-Bas ; 145 820 h.

Nîmes, ch.-l. du Gard ; 133 607 h. Monuments romains.

Nimier Roger (1925-1962), écrivain français : *le Hussard bleu.*

Nimitz Chester (1885-1966), amiral américain, de la flotte du Pacifique de 1941 à 1945.

Nin Anaïs (1903-1977), écrivain américain.

Ningxia, rég. auton. du N.-O. de la Chine.

Ninive, cap. de l'empire d'Assyrie, sur le Tigre, détruite en 612 av. J.-C.

Niort, ch.-l. des Deux-Sèvres ; 58 660 h.

Nipigon, lac du Canada (4 450 km^2).

Nis, v. de Serbie ; 161 380 h.

Nivernais (le), prov. de France ; cap. Nevers.

Nixon Richard (né en 1913), président (républicain) des États-Unis (1968-1974). Il dut démissionner (scandale du Watergate).

Nizan Paul (1905-1940), écrivain français.

Nkrumah Kwame (1909-1972), premier président du Ghana indépendant (1960-1966).

Noailles Anna de (1876-1933), poétesse française : *le Cœur innombrable.*

Nobel Alfred (1833-1896), chimiste suédois. Il inventa la dynamite et fonda les *prix Nobel* attribués chaque année depuis 1901.

Nobile Umberto (1885-1978), aviateur et explorateur italien des régions boréales.

Nodier Charles (1780-1844), écrivain romantique français : *Contes.*

Noé, patriarche hébreu. Son nom est lié au Déluge : il s'embarqua dans une arche avec sa famille et les animaux (*Bible*).

Nogaret Guillaume de (v. 1260-1313), légiste français, conseiller de Philippe le Bel.

Nogent-le-Rotrou, ch.-l. d'arr. d'Eure-et-Loir ; 12 556 h.

Nogent-sur-Marne, ch.-l. d'arr. du Val-de-Marne ; 25 386 h.

Nogent-sur-Seine, ch.-l. d'arr. de l'Aube ; 5 566 h.

Noir (le Prince). V. Édouard.

Noire (mer) (anc. *Pont-Euxin*), mer intérieure entre l'Europe et l'Asie (435 000 km^2).

Noirmoutier, île de la Vendée.

Noisy-le-Grand, ch.-l. de cant. de la Seine-Saint-Denis ; 54 112 h.

Noisy-le-Sec, ch.-l. de cant. de la Seine-Saint-Denis ; 36 402 h.

Nok, localité du Nigeria, éponyme de la *culture de Nok* (Vᵉ s. av. J.-C.-IIᵉ s. apr. J.-C.).

Nolde Emil (1867-1956), peintre expressionniste allemand, membre du Brücke.

Nono Luigi (1924-1990), compositeur italien.

Nontron, ch.-l. d'arr. de la Dordogne ; 3 954 h.

Nord (mer du), mer bordière de l'Atlantique (547 000 km^2).

Nord (cap), point le plus septentrional d'Europe (Norvège).

Nord, dép. français (59) (Nord-Pas-de-Calais) ; 5 739 km^2 ; 2 560 421 h ; ch.-l. Lille.

Nordeste, partie du N.-E. du Brésil, couvrant neuf États, surpeuplée et sous-développée.

Nord-Ouest (Territoires du), division administrative du Canada ; 3 426 320 km².

Nord-Pas-de-Calais, Rég. admin. groupant les dép. du Nord et du Pas-de-Calais ; 12 378 km² ; 4 011 952 h ; ch.-l. Lille.

Norfolk, comté de Grande-Bretagne, sur la mer du Nord ; ch.-l. Norwich.

Norfolk, port des États-Unis (Virginie) ; 279 000 h (aggl. 1 261 200 h).

Norge Géo (1898-1990), poète belge d'expression française : *l'Imposteur.*

Normandie, anc. prov. de France.

Normandie (Basse-), Rég. admin. groupant les dép. du Calvados, de la Manche et de l'Orne ; 17 583 km² ; 1 422 874 h ; ch.-l. Caen.

Normandie (Haute-), Rég. admin. groupant les dép. de l'Eure et de la Seine-Maritime ; 12 258 km² ; 1 763 615 h ; ch.-l. Rouen.

Normands, pillards scandinaves, également appelés *Vikings* ou *Varègues,* dont certains s'installèrent en Normandie (VIIIe-IXe s.).

Norodom Sihanouk (né en 1922), roi du Cambodge (1941-1955).

Norrköping, port du S. de la Suède ; 118 570 h.

Northampton, v. du centre de l'Angleterre, ch.-l. du Northamptonshire ; 156 850 h.

Northumberland, comté du N. de la Grande-Bretagne ; ch.-l. Newcastle.

Norvège, État (royaume) d'Europe, en Scandinavie ; 323 886 km² ; 4 144 000 h ; cap. Oslo.

Norwich, v. de Grande-Bretagne, ch.-l. du Norfolk ; 122 270 h.

Nostradamus (Michel de Nostre-Dame, dit) (1503-1566), astrologue français.

Notre-Dame, la Vierge Marie.

Notre-Dame de Paris, cathédrale gothique de Paris, dans l'île de la Cité.

Nottingham, v. d'Angleterre, ch.-l. du Nottinghamshire ; 271 080 h.

Nouakchott, cap. de la Mauritanie ; 500 000 h.

Nouméa, port et ch.-l. de la Nouvelle-Calédonie ; 60 200 h.

Noureïev Rudolf (1938-1993), danseur et chorégraphe autrichien d'origine russe.

Nouveau-Brunswick, prov. de l'E. du Canada ; cap. Fredericton.

Nouveau-Mexique, État du S.-O. des États-Unis ; v. princ. Albuquerque.

Nouveau Roman, école littéraire française des années 1950, représentée par N. Sarraute, A. Robbe-Grillet, M. Butor, Cl. Simon.

Nouvelle-Amsterdam, île française du S. de l'océan Indien.

Nouvelle-Angleterre, rég. du N.-E. des États-Unis, sur l'Atlantique.

Nouvelle-Bretagne, île de l'archipel Bismarck.

Nouvelle-Calédonie, île du Pacifique Sud, territoire français d'outre-mer ; 19 058 km² ; 152 000 h ; ch.-l. Nouméa.

Nouvelle-Écosse, prov. du S.-E. du Canada ; cap. Halifax.

Nouvelle-France, nom des possessions françaises du Canada jusqu'en 1763.

Nouvelle-Galles du Sud, État du S.-E. de l'Australie ; cap. Sydney.

Nouvelle-Guinée, grande île (785 000 km²) au N. de l'Australie, divisée entre l'Irian Jaya, prov. d'Indonésie et l'État de Papouasie-Nouvelle-Guinée.

Nouvelle-Irlande, île de l'archipel Bismarck.

Nouvelle-Orléans (La) (en anglais *New Orleans*), port des États-Unis (Louisiane), sur le Mississippi ; 559 100 h (aggl. 1 318 800 h).

Nouvelles-Hébrides. V. Vanuatu.

Nouvelle-Zélande, État insulaire d'Océanie ; 268 675 km² ; 3 310 000 h ; cap. Wellington.

Nouvelle-Zemble, archipel arctique de Russie.

Nova Iguaçu, v. du Brésil ; 1 094 650 h.

Novalis (1772-1801), poète romantique allemand : *Hymnes à la nuit.*

Novare, v. d'Italie (Piémont) ; 102 430 h.

Novgorod, v. de Russie ; 220 000 h. Églises.

Novi Sad, v. de Serbie (Vojvodine) ; 170 020 h.

Novokouznetsk, v. de Russie (Sibérie) ; 577 000 h.

Novossibirsk, v. de Russie (Sibérie) ; 1 440 000 h.

Nowa Huta, v. de Pologne ; 200 000 h.

Noyon, ch.-l. de cant. de l'Oise ; 14 628 h.

Nubie, rég. désertique d'Égypte et du Soudan.

Nuers, population nilotique du Soudan.

Numance, anc. v. d'Espagne, détruite en 133 av. J.-C. par les Romains.

Numa Pompilius (715-672 av. J.-C.), deuxième roi légendaire de Rome.

Numidie, nom de l'Afrique du Nord antique.

Nungesser Charles (1892-1927), aviateur français. V. Coli.

Nuremberg, v. d'Allemagne (Bavière) ; 467 400 h. Le *procès de Nuremberg* fut organisé par les Alliés, pour juger les principaux chefs nazis (1945-1946).

Nuristan, rég. de l'E. de l'Afghanistan.

Nuuk, cap. du Groenland ; 11 650 h.

Nyassaland. V. Malawi.

Nyerere Julius (né en 1922), homme politique tanzanien, au pouvoir de 1962 à 1985.

Nyons, ch.-l. d'arr. de la Drôme ; 6 570 h.

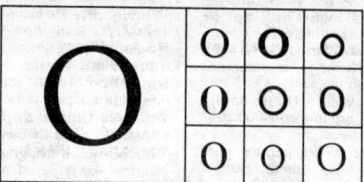

Oahu, l'une des îles Hawaii, où se trouvent Honolulu et Pearl Harbor.

Oakland, port des États-Unis (Californie) ; 356 960 h.

O.A.S. Sigle de *Organisation de l'armée secrète,* mouvement terroriste hostile à l'indépendance de l'Algérie.

Oaxaca de Juárez, v. du S. du Mexique ; 154 220 h. Monuments baroques.

Ob, fl. de Russie (Sibérie) (4 012 km).

Obeïd (El-), site archéologique de Mésopotamie (4400 à 3500 av. J.-C.).

Oberkampf Christophe Philippe (1738-1815), industriel français, créateur à Jouy-en-Josas d'une manufacture de tissus imprimés.

Oberland bernois, rég. de Suisse.

Obernai, ch.-l. de cant. du Bas-Rhin ; 10 077 h.

Obrenović, dynastie serbe qui a régné de 1815 à 1842 et de 1858 à 1903.

Observatoire de Paris, établissement scientifique fondé en 1667.

Obwald. V. Unterwald.

O'Casey Sean (1880-1964), auteur dramatique irlandais : *la Charrue et les étoiles.*

Occam. V. Guillaume d'Occam.

Occident (empire d'), État issu du démembrement de l'Empire romain (395-476). Il fut rétabli par Charlemagne en 800.

Occitanie, ensemble des pays de langue d'oc.

Occupation, période pendant laquelle la France fut occupée par les armées allemandes (1940-1944).

O.C.D.É. Sigle de *Organisation de coopération et de développement économique,* groupe constitué en 1961 par 19 États européens, les États-Unis, le Canada et le Japon.

Océanie, une des cinq parties du monde ; 8 935 124 km² ; 26 830 000 h.

Ockeghem Johannes (v. 1410-v. 1497), compositeur franco-flamand : *Messes, motets.*

O'Connel Daniel (1775-1847), homme politique irlandais, adepte de la non-violence.

Octave, nom de famille du futur empereur Auguste, qui prit le surnom d' *Octavien* quand César l'adopta.

Octavie (v. 70-11 av. J.-C.), sœur d'Auguste, épouse de Marc Antoine.

Octavie (v. 42-62), impératrice romaine, femme de Néron qui la répudia.

Octobre (révolution d'), insurrection bolchevik à Petrograd, qui renversa le gouvernement de Kerenski (1917).

Odense, port du Danemark ; 171 000 h.

Odéon, théâtre de Paris.

Oder, fl. de Pologne (848 km).

Oder-Neisse (ligne), frontière O. de la Pologne, issue des accords de Potsdam (1945).

Odessa, port d'Ukraine ; 1 148 000 h.

Odin, maître des dieux (*Myth. scandinave*).

Odoacre (v. 434-493), roi germanique qui prit Rome en 476 et mit fin à l'empire d'Occident.

Odyssée (l'), poème épique grec attribué à Homère, consacré au retour d'Ulysse.

Œdipe, fils de Laïos et de Jocaste. Enfant abandonné, il tua son père, épousa sa mère ; il se creva les yeux (*Myth. gr.*).

Œrsted ou **Ørsted** Hans Christian (1777-1851), physicien danois.

Œta, montagne de Grèce (Thessalie).

Offenbach Jacques (1819-1880), compositeur français d'origine allemande, maître de l'opérette : *la Belle Hélène.*

Offices (les), palais de Florence occupé auj. par un riche musée.

Ogaden, rég. du S.-E. de l'Éthiopie.

Ogino Kyusaku (1882-1975), gynécologue japonais, auteur d'une méthode de contrôle des naissances.

Ogooué, fl. de l'Afrique équatoriale (970 km).

Ohana Maurice (né en 1914), compositeur français : *Autodafé.*

O'Higgins Bernardo (1776-1842), général chilien. Il proclama l'indépendance du pays.

Ohio, affl. du Mississippi (1 580 km).

Ohio, État du N.-E. des États-Unis ; cap. Columbus ; v. princ. Cleveland, Cincinnati.

Ohm Georg (1787-1854), physicien allemand. Travaux sur les courants électriques.

Ohrid, v. de Macédoine, sur le *lac d'Ohrid* ; 26 500 h. Églises byzantines.

Oisans, rég. des Alpes, au S.-E. de Grenoble.

Oise, affl. de la Seine (302 km).

Oise, dép. français (60) (Picardie) ; 5 857 km² ; 740 203 h ; ch.-l. Beauvais.

Oïstrakh David (1908-1974), violoniste russe.

Oka, princ. affl. de la Volga (1 480 km).

Okayama, v. du Japon (Honshu) ; 572 500 h.

Okhotsk (mer d'), mer bordière du Pacifique à l'E. de la Sibérie.

Orly

Okinawa, princ. île de l'archipel japonais des Ryukyu ; cap. Naha.

Oklahoma, État du centre des États-Unis.

Oklahoma City, v. des États-Unis, cap. de l'Oklahoma ; 443 200 h (aggl. 962 600 h).

Oldenbarnevelt Johan Van (1547-1619), grand pensionnaire de Hollande, créateur des Provinces-Unies.

Oldenbourg, v. d'Allemagne (Basse-Saxe) ; 139 260 h. Cap. de l'anc. *grand-duché d'Oldenbourg.*

Oldenburg Claes (né en 1929), peintre américain (pop'art).

Olduvai, site préhistorique de Tanzanie.

Oléron, île de la Charente-Maritime.

Olier Jean-Jacques (1608-1657), prêtre français, fondateur du séminaire de Saint-Sulpice.

Olinda, v. du N.-E. du Brésil ; 335 890 h.

Olivares (1587-1645), homme d'État espagnol, au pouvoir de 1621 à 1643.

Olivier sir Laurence (1907-1989), acteur et metteur en scène anglais.

Oliviers (mont des), lieu près de Jérusalem, où Jésus alla prier la veille de sa mort.

Olmèques, peuple précolombien du Mexique.

Olomouc, (en all. *Olmütz*), v. de la République tchèque (Moravie) ; 105 910 h.

Oloron (gave d'), affl. du gave de Pau (120 km).

Oloron-Sainte-Marie, ch.-l. d'arr. des Pyrénées-Atlantiques ; 11 770 h.

O.L.P. Sigle de *Organisation de libération de la Palestine,* fondée en 1964 et présidée par Yasser Arafat depuis 1969.

Olympe, massif du N. de la Grèce (2 911 m). Séjour des dieux *(Myth. gr.).*

Olympias (v. 375-316 av. J.-C.), reine de Macédoine, mère d'Alexandre le Grand.

Olympie, sanctuaire du Péloponnèse, lieu des jeux Olympiques antiques.

Oman (sultanat d'), État de l'Arabie, sur la *mer* et le *golfe d'Oman ;* 212 457 km² ; env. 1 380 000 h ; cap Mascate.

Omar. V. Umar.

Ombrie, rég. d'Italie centrale ; ch.-l. Pérouse.

Omdurman, v. du Soudan ; 648 700 h.

Omeyyades, dynastie de califes qui gouverna de 660 à 750 le monde musulman.

O.M.S. Sigle de *Organisation mondiale de la santé,* créée à Genève en 1948.

Omsk, v. de Russie, en Sibérie ; 1 150 000 h.

Onan, second fils de Juda. Contraint d'épouser la veuve de son frère, il eut avec elle des rapports incomplets *(Bible).*

Onega, lac de Russie (9 900 km²).

O'Neill Eugene (1888-1953), auteur dramatique américain : *le deuil sied à Électre.*

Ontario, un des Grands Lacs (18 800 km²).

Ontario, prov. la plus riche et la plus peuplée du Canada ; cap. Toronto.

O.N.U. Sigle de *Organisation des Nations unies,* créée en 1945 à New York.

OPEP. Sigle de *Organisation des pays exportateurs de pétrole,* créée en 1960.

Opéra, théâtre national construit par Ch. Garnier (1862-1874) et consacré aux spectacles chorégraphiques, à Paris.

Opéra-Bastille, théâtre lyrique national, à Paris, inauguré en 1989.

Ophuls Max (1902-1957), cinéaste français d'origine allemande : *Lola Montès.*

Opium (guerre de l'), conflit qui opposa la Grande-Bretagne à la Chine (1840-1842).

Oppenheimer Robert (1904-1967), physicien américain, père de la bombe atomique.

Opus Dei, institution catholique fondée en Espagne en 1928.

Oradour-sur-Glane, com. de la Haute-Vienne, dont les Allemands massacrèrent la population en juin 1944.

Oran (auj. *Wahran),* port d'Algérie ; 610 380 h.

Orange, fl. d'Afrique australe (1 860 km).

Orange, ch.-l. de cant. du Vaucluse ; 28 136 h. Théâtre antique.

Orange (État libre d'), prov. d'Afrique du Sud ; ch.-l. Bloemfontein.

Oratoire (congrégation de l'), société de prêtres fondée à Rome par Philippe Neri (1564). L' *Oratoire de France* fut fondé en 1611 par P. de Bérulle.

Orb, fl. côtier du Languedoc (145 km).

Orcades (en anglais *Orkney),* archipel britannique, au N.-E. de l'Écosse.

Orcagna, peintre, sculpteur et architecte florentin du XIVe s.

Oregon, État du N.-O. des États-Unis ; v. princ. Portland.

Orenbourg, v. de Russie ; 544 000 h.

Orénoque, fl. du Venezuela (2 160 km).

Oreste, fils d'Agamemnon et de Clytemnestre qu'il tua pour venger son père *(Myth. gr.).*

Øresund. V. Sund.

Orff Carl (1895-1982), compositeur allemand : *Carmina Burana.*

Orient (empire d'), l'Empire byzantin.

Origène (v 185-v. 254), théologien et Père de l'Église grecque.

Orion, constellation équatoriale.

Orissa, État du N.-E. de l'Inde ; cap. Bhubaneswar.

Orizaba, v. du Mexique (115 000 h), au pied du *volcan d'Orizaba,*point culminant du Mexique (5 700 m).

Orlando, v. des États-Unis (Floride) ; 137 100 h (aggl. 824 100 h).

Orléanais, anc. prov. de France.

Orléans, ch.-l. du Loiret et de la Rég. Centre, sur la Loire ; 107 965 h.

Orléans (maisons d'), nom de quatre familles princières issues du fils cadet du roi de France. La dernière, fondée par **Philippe** (1640-1701) dit « Monsieur », frère de Louis XIV, accéda au pouvoir avec Louis-Philippe Ier et prétend au trône de France.

Orléans Charles d' (1391-1465), poète français, frère de Charles VI et père de Louis XII.

Orléans Gaston, duc d' (1608-1660), frère de Louis XIII, âme de divers complots contre Richelieu et Mazarin.

Orléans Philippe, duc d' (dit *le Régent)* (1674-1723), neveu de Louis XIV. Il gouverna pendant la minorité de Louis XV.

Orléans Louis Philippe, duc d' (dit *Philippe Égalité)* (1747-1793), député aux états généraux et à la Convention, il vota la mort de Louis XVI ; guillotiné.

Orléansville. V. Cheliff (Ech-).

Orlov Grigori (1734-1783), officier russe, favori de Catherine II.

Orly, ch.-l. de cant. du Val-de-Marne ; 21 824 h. Aéroport de Paris.

Ormuz, détroit qui relie le golfe Persique à la mer d'Oman.

Orne, fl. côtier de Normandie (152 km).

Orne, affl. de la Moselle (86 km).

Orne, dép. français (61) (Basse-Normandie) ; 6 100 km² ; 300 804 h. ; ch.-l. Alençon.

Oronte, fl. du Proche-Orient (570 km).

Orozco José Clemente (1883-1949), peintre muraliste mexicain.

Orphée, aède qui descendit aux Enfers chercher son épouse, Eurydice (*Myth. gr.*).

Orsay, v. de l'Essonne ; 14 931 h. Université.

Orsay (musée d'), musée du XIXe s., à Paris.

Orsini Felice (1819-1858), patriote italien qui tenta d'assassiner Napoléon III (1858).

Ortega y Gasset José (1883-1955), philosophe espagnol.

Orthez, ch.-l. de cant. des Pyrénées-Atlantiques ; 10 760 h. Monuments anciens.

Orvieto, v. d'Italie (Ombrie) ; 22 510 h. Cathédrale décorée de fresques.

Orwell George (1903-1950), écrivain anglais : *1984.*

Osaka, v. du Japon (Honshu) ; 2 642 270 h.

Osborne John (né en 1929), auteur dramatique anglais.

Osée (VIIIe s. av. J.-C.), prophète d'Israël.

Oshima Nagisa (né en 1932), cinéaste japonais.

Osijek, v. de Croatie ; 104 780 h.

Osiris, divinité égyptienne du Bien et de la Vie ; frère et époux d'Isis et père d'Horus.

Oslo (anc. *Christiania*), cap. de la Norvège ; 447 300 h.

Osman Ier Gazi (1258-1326), premier sultan ottoman en 1281.

Osnabrück, v. d'Allemagne (Basse-Saxe) ; 153 780 h.

Osques, anc. peuple du Latium.

Ossètes, peuple du Caucase habitant deux rép. auton. : l'*Ossétie du Nord* (Russie) et l'*Ossétie du Sud* (Géorgie).

Ossian, barde écossais légendaire du IIIe s.

Ostende, port de Belgique (Flandre-Occidentale) ; 69 000 h.

Ostie, port de l'anc. Rome.

Ostrava, v. de la République tchèque (Moravie) ; 326 810 h.

Ostrogoths, Goths orientaux qui conquirent l'Italie, sous la conduite de Théodoric.

OTAN. Sigle de *Organisation du traité de l'Atlantique Nord,* unissant les États-Unis et de nombreux pays européens.

Othman. V. Uthman.

Othon (32-69), empereur romain en 69.

Otrante (canal d'), détroit qui joint l'Adriatique à la mer Ionienne.

Ottawa, cap. fédérale du Canada ; 300 760 h.

Otto Nikolaus (1832-1891), ingénieur allemand. Moteur à quatre temps.

ottoman (Empire), État qui domina le Proche-Orient et l'Europe orientale (XIIIe s.-1922) ; cap. Istanbul (apr. 1453).

Otton Ier le Grand (912-973), roi de Germanie en 936 et d'Italie en 951, premier empereur du Saint Empire en 962.

O.U.A. Sigle de *Organisation de l'unité africaine,* regroupant les États d'Afrique.

Ouagadougou, cap. du Burkina Faso ; 442 220 h.

Ouargla, oasis du S.-E. de l'Algérie ; 75 270 h.

Ouarsenis, massif d'Algérie.

Oubangui, affl. du Zaïre (1 160 km).

Oudmourtes ou **Votiaks,** peuple établi dans la *rép. auton. des Oudmourtes* (cap. Ijevsk).

Oudry Jean-Baptiste (1686-1755), peintre animalier français.

Ouessant, île du Finistère.

Oufa, v. de Russie, cap. de la Bachkirie ; 1 109 000 h.

Ouganda, État d'Afrique orientale ; 236 860 km² ; 15 500 000 h ; cap. Kampala.

Ougarit, anc. cité cananéenne de la côte syrienne.

Ouïgours, peuple turc d'Asie centrale.

Ouistreham, stat. balnéaire du Calvados.

Oujda, v. de l'E. du Maroc ; 260 080 h.

Oulan-Bator (anc. *Ourga*), cap. de la Mongolie ; 511 100 h.

Oulan-Oude, v. de Russie, cap. de la Bouriatie ; 335 000 h.

Oulianovsk. V. Simbirsk.

Oullins, ch.-l. de cant. du Rhône ; 26 400 h.

Oum Kalsoum. V. Umm Kulthum.

Ouolofs. V. Wolofs.

Our. V. Ur.

Oural, chaîne de montagnes peu élevées séparant l'Europe de l'Asie.

Oural, fl. de Russie (2 534 km).

Ouranos, personnification du Ciel (*Myth. gr.*).

Ourartou ou **Urartu,** royaume de l'Orient anc. (IXe-VIIe s. av. J.-C.).

Ourcq, affl. de la Marne (80 km), relié à la Seine par le *canal de l'Ourcq.*

Ourga. V. Oulan-Bator.

Ouro Prêto, v. du Brésil ; 61 500 h. Monuments baroques.

Ourouk ou **Uruk,** v. anc. de la basse Mésopotamie (IIIe millénaire av. J.-C.).

Ouroumtsi. V. Urumqi.

Ourse (la Grande et la Petite), constellations boréales.

Oussouri, affl. de l'Amour (907 km).

Oustachis, nationalistes croates qui luttèrent aux côtés de l'Allemagne nazie (1941-1945).

Ouzbékistan, État d'Asie centrale, anc. rép. fédérée de l'U.R.S.S. ; 449 600 km² ; 19 906 000 h ; cap. Tachkent.

Overijssel, prov. du N. des Pays-Bas.

Ovide (43 av. J.-C.-17 ou 18 apr. J.-C.), poète latin : *les Métamorphoses.*

Oviedo, v. du N.-O. de l'Espagne, cap. des Asturies ; 190 710 h.

Owen Robert (1771-1858), socialiste utopiste anglais.

Owens Jesse (1914-1980), athlète américain.

Oxford, v. d'Angleterre, ch.-l. de l'*Oxfordshire* ; 98 520 h. Université. Le *mouvement d'Oxford* (Pusey, Newman) tenta de réformer l'Église anglicane.

Oyapoc, fl. de Guyane (500 km).

Oya-shio, courant froid du Pacifique Nord.

Oyonnax, ch.-l. de cant. de l'Ain ; 23 992 h.

Ozanam Frédéric (1813-1853), écrivain catholique français.

Ozu Yasujiro (1903-1963), cinéaste japonais.

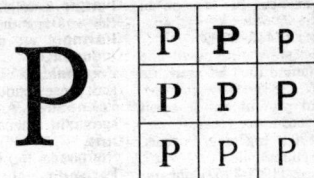

Pabst Georg (1885-1967), cinéaste expressionniste allemand : *Loulou*.

Pachelbel Johann (1653-1706), compositeur et organiste allemand.

Pachtouns, peuple d'Afghanistan.

Pacifique (océan), le plus vaste des océans (env. 180 000 000 km²), qui s'étend entre l'Asie, l'Amérique et l'Australie. La *guerre du Pacifique* opposa le Japon et les États-Unis (1941-1945).

Pactole (le), riv. de Lydie, célèbre par les paillettes d'or qu'elle roulait.

Padang, port d'Indonésie (Sumatra) ; 481 000 h.

Paderewski Ignacy (1860-1941), pianiste, compositeur et homme politique polonais.

Padirac, gouffre du Lot.

Padoue, v. d'Italie (Vénétie) ; 229 950 h.

Pæstum, anc. v. d'Italie, au S. de Naples. Temples grecs.

Pagan, anc. cap. de Birmanie (IXᵉ-XIIIᵉ s.).

Paganini Niccolo (1782-1840), compositeur et violoniste italien.

Pagnol Marcel (1895-1974), écrivain et cinéaste français : *Marius, Fanny, Topaze*.

Pahlavi Riza chah (1878-1944), schah de Perse en 1925. Il abdiqua en 1941.

Pahlavi Muhammad Riza (1919-1980), fils du préc., schah d'Iran en 1941, chassé du pouvoir par la révolution islamique en 1979.

Pahouins. V. Fangs.

Paimpol, ch.-l. de cant. et port de pêche des Côtes-d'Armor ; 8 521 h.

Paimpont (forêt de), forêt d'Ille-et-Vilaine.

Paine Thomas (1737-1809), homme politique américain d'origine anglaise. Il fut député à la Convention (1792).

Painlevé Paul (1863-1933), mathématicien et homme politique français (socialiste).

Pa Kin. V. Ba Jin.

Pakistan, État d'Asie du Sud ; 796 098 km² ; 115 000 000 h ; cap. Islamabad.

Palais-Bourbon. V. Bourbon (palais).

Palaiseau, ch.-l. d'arr. de l'Essonne ; 29 398 h.

Palais-Royal, ensemble de bâtiments de Paris, construit pour Richelieu.

Palamas Kostis (1859-1943), poète grec.

Palaos ou **Palau**, archipel de Micronésie.

Palaouan, île de l'O. des Philippines.

Palatin (mont), une des sept collines de Rome.

Palatinat, rég. d'Allemagne, au N. de l'Alsace.

Palatine (princesse). V. Charlotte-Élisabeth.

Palavas-les-Flots, stat. balnéaire de l'Hérault.

Palembang, port d'Indonésie (Sumatra) ; 788 000 h.

Palenque, anc. v. maya du Mexique.

Paléologue, famille byzantine qui régna de 1261 à 1453.

Palerme, v. d'Italie, cap. de la Sicile ; 714 250 h. Cathédrale.

Palestine, rég. du Proche-Orient. Berceau du judaïsme et du christianisme, c'est la Terre promise des Hébreux. Elle est partagée depuis 1947 entre Israël et la Cisjordanie.

Palestiniens, peuple arabe originaire de Palestine (env. 4 000 000 de personnes).

Palestrina Giovanni da (1525-1594), compositeur italien de musique religieuse.

Palissy Bernard (v. 1510-1589), céramiste et savant français.

Palladio Andrea (1508-1580), architecte italien, maître du classicisme à Venise et à Vicence.

Pallas, surnom d'Athéna (*Myth. gr.*).

Pallava, dynastie de l'Inde du Sud (IVᵉ-XIIᵉ s.).

Palma de Majorque, port d'Espagne, cap. de la commun. auton. des Baléares ; 313 980 h.

Palma le Vieux (v. 1480-1528), peintre italien.

Palma le Jeune (1544-1628), peintre maniériste italien.

Palmas (Las), port d'Espagne, cap. de la commun. auton. des Canaries ; 379 700 h.

Palm Beach, stat. balnéaire de Floride.

Palme Olof (1927-1986), homme politique suédois (social-démocrate). Il fut assassiné.

Palmerston Henry Temple, vicomte (1784-1865), homme politique britannique.

Palmyre, anc. v. de Syrie, ruinée en 273.

Palomar (mont), montagne de Californie où se trouve l' *observatoire du mont Palomar*.

Pamiers, ch.-l. d'arr. de l'Ariège ; 15 191 h.

Pamir, rég. montagneuse d'Asie centrale (Tadjikistan, Afghanistan).

Pampa (la), plaine d'Argentine centrale.

Pampelune, v. d'Espagne ; 184 460 h ; cap. de la Navarre.

Pamphylie, anc. contrée d'Asie Mineure.

Pan, dieu des Bergers (*Myth. gr.*).

Panamá, État d'Amérique centrale, sur l'*isthme de Panamá* entre le Pacifique et l'Atlantique, et coupé en deux par la zone du *canal de Panamá;* 75 650 km² ; env. 2 230 000 h ; cap. **Panamá** (440 000 h).

Pandore, la première femme. Elle ouvrit une boîte où Zeus avait enfermé tous les maux de l'humanité (*Myth. gr.*).

Pangée (la), continent primitif qui se serait fragmenté, pendant le secondaire.

Panhard René (1841-1908), ingénieur français, pionnier de l'industrie automobile.

Panmunjom, conférence (1951-1953) qui mit fin à la guerre de Corée.

Pannonie, anc. contrée d'Europe centrale, entre le Danube et l'Illyrie.

Pantagruel, héros d'un roman de Rabelais.

Panthéon, temple de Rome construit par Agrippa.

Panthéon, monument de Paris construit par Soufflot, lieu de sépulture des grands hommes.

Pantin, ch.-l. de cant. de la Seine-Saint-Denis ; 47 444 h.

Panurge, personnage cynique et astucieux, compagnon de Pantagruel.

Paoli Pascal (1725-1807), patriote corse.

Papadopoulos Georges (né en 1919), général grec, au pouvoir de 1967 à 1985.

Papandréou Georges (1888-1968), homme politique grec (social-démocrate).

Papandréou André (né en 1919), fils du préc., Premier ministre (socialiste) de la Grèce de 1981 à 1989.

Papeete, ch.-l. de la Polynésie française (Tahiti) ; 23 500 h.

Papin Denis (1647-1714), physicien français, inventeur de la machine à vapeur.

Papineau Louis Joseph (1786-1871), homme politique canadien.

Papouasie-Nouvelle-Guinée, État (monarchie) d'Océanie ; 461 691 km² ; env. 3 800 000 h ; cap. Port Moresby.

Papous, population mélanésienne.

Pâques, île chilienne du Pacifique oriental. Statues monumentales.

Pará, État du N. du Brésil ; cap. Belém.

Paracelse (v. 1493-1541), médecin suisse.

Paradis (Grand-), massif italien des Alpes occidentales (4 061 m).

Paraguay (le), affl. du Paraná (2 206 km).

Paraguay, État d'Amérique du Sud ; 406 752 km² ; 3 790 000 h ; cap. Asunción.

Paraíba, État du N.-E. du Brésil ; cap. João Pessoa.

Paramaribo, cap. du Surinam ; 160 000 h.

Paraná (le), fl. d'Amérique du Sud (3 300 km).

Paraná, État du S. du Brésil ; cap. Curitiba.

Paray-le-Monial, ch.-l. de cant. de Saône-et-Loire ; 11 312 h. Basilique romane.

Paré Ambroise (v. 1509-1590), chirurgien français, initiateur de la chirurgie moderne.

Pareto Vilfredo (1848-1923), économiste et sociologue italien.

Paris, cap. de la France, sur la Seine ; 2 175 200 h (aggl. 9 318 800 h). Paris forme un dép. (75) de la Rég. Île-de-France.

Pâris, prince troyen qui provoqua la guerre de Troie par le rapt d'Hélène (*Iliade*).

parisien (Bassin), vaste ensemble sédimentaire qui occupe le quart du territoire français.

Park Chung-hee (1917-1979), président de la Corée du Sud de 1961 à sa mort.

Parker Charlie (1920-1955), jazzman américain, créateur du be-bop.

Parme, v. d'Italie (Émilie-Romagne) ; 177 100 h.

Parménide (VIᵉ-Vᵉ s. av. J.-C.), philosophe grec présocratique.

Parmentier Antoine Augustin (1737-1813), agronome français. Il vulgarisa la pomme de terre.

Parmesan (le) (1503-1540), peintre italien.

Parnasse, montagne de Grèce, au N.-E. de Delphes, consacrée à Apollon et aux Muses.

Parnasse, mouvement littéraire français de la fin du XIXᵉ s., adepte de l'art pour l'art.

Parnell Charles (1846-1891), homme politique irlandais.

Paros, île des Cyclades. Carrières de marbre.

Parques, divinités romaines de la Destinée.

Parthenay, ch.-l. d'arr. des Deux-Sèvres ; 11 163 h.

Parthénon, temple d'Athènes, sur l'Acropole, dédié à Athéna (Vᵉ s. av. J.-C.).

Parthes, peuple guerrier qui constitua un empire en Asie occidentale (IIIᵉ s. av. J.-C.-IIIᵉ s. apr. J.-C.).

Pasadena, v. des États-Unis (Californie) ; 119 300 h. Centre de recherches spatiales.

Pascal Blaise (1623-1662), savant, philosophe et écrivain français. Auteur de travaux sur la pesanteur, le calcul infinitésimal, il défendit les jansénistes : *Provinciales, Pensées.*

Pas-de-Calais, dép. français (62) (Nord-de-Calais) ; 6 639 km² ; 1 451 531 h ; ch.-l. Arras.

Pasiphaé, épouse du roi Minos (*Myth. gr.*).

Pasolini Pier Paolo (1922-1975), écrivain et cinéaste italien : *Une vie violente.*

Passy, quartier de l'O. de Paris.

Pasternak Boris (1890-1960), écrivain russe : *le Docteur Jivago.*

Pasteur Louis (1822-1895), biologiste français ; créateur de la microbiologie, inventeur de la vaccination contre la rage.

Pasteur (Institut), institut privé de recherches biologiques et médicales, à Paris, fondé en 1888.

Patagonie, partie méridionale de l'Argentine.

Patan, anc. cap. du Népal ; 120 000 h.

Patay, village du Loiret où Jeanne d'Arc vainquit les Anglais (1429).

Pathé Charles (1863-1957) et son frère **Émile** (1860-1937), pionniers français de l'industrie phonographique et du cinéma.

Patinir ou **Patenier** Joachim (v. 1480-1524), peintre flamand.

Patmos, île grecque (Dodécanèse).

Patna, v. de l'Inde, cap. du Bihar ; 916 100 h.

Patras, port de Grèce (Péloponnèse), sur le *golfe de Patras;* 141 600 h.

Patrick saint (v. 385-v. 461), patron de l'Irlande, qu'il évangélisa.

Patrocle, héros ami d'Achille (*Iliade*).

Patton George (1885-1945), général américain.

Pau (gave de), affl. de l'Adour (120 km).

Pau, ch.-l. des Pyrénées-Atlantiques ; 83 928 h. Anc. cap. du Béarn et des rois de Navarre.

Paul saint (dit l' *Apôtre des gentils*) (entre 5 et 15 -v. 62 ou 67), auteur de 14 *Épîtres* qui font partie du Nouveau Testament.

Paul Iᵉʳ Petrovitch (1754-1801), empereur de Russie en 1796 ; assassiné.

Paul III (1468-1549), pape en 1534. Il rétablit l'Inquisition, réunit le concile de Trente (1545).

Paul VI (1897-1978), pape en 1963.

Pauli Wolfgang (1900-1958), physicien suisse d'origine autrichienne.

Pauling Linus (né en 1901), biochimiste américain.

Paulus Friedrich (1890-1957), maréchal allemand, vaincu à Stalingrad.

Pausanias, historien grec du IIᵉ s.

Pavelic Ante (1889-1959), homme politique croate, chef des Oustachis.

Pavese Cesare (1908-1950), écrivain italien : *le Bel été.*

Pavie, v. d'Italie (Lombardie) ; 85 060 h. Défaite de François Iᵉʳ devant les Espagnols (1525).

Pavlov Ivan (1849-1936), physiologiste russe. Il découvrit le réflexe conditionnel.

Pavlova Anna (1882-1931), danseuse russe.

Pays-Bas, État (royaume) d'Europe, sur la mer du Nord ; 33 935 km² ; 14 892 600 h ; cap. Amsterdam et La Haye.

Paz (La), cap. de la Bolivie ; 992 590 h.

Paz Octavio (né en 1914), poète mexicain.

P.C.F. Sigle de *parti communiste français,* né en 1920 au congrès de Tours.

Peano Giuseppe (1858-1932), mathématicien et logicien italien.

Pearl Harbor, base aéronavale des États-Unis, dans l'île d'Oahu (Hawaii). L'attaque surprise des Japonais (décembre 1941) provoqua l'entrée en guerre des États-Unis.

Pearson Lester Bowles (1897-1972), homme politique canadien.

Peary Robert (1856-1920), explorateur américain du pôle Nord (1909).

Peaux-Rouges, Indiens d'Amérique du Nord.

Pécs, v. de Hongrie ; 176 290 h.

Peel sir Robert (1788-1850), homme politique britannique (conservateur).

Pégase, cheval ailé symbolisant l'inspiration poétique (*Myth. gr.*).

Pegu, v. de Birmanie ; 254 000 h.

Péguy Charles (1873-1914), écrivain français.

Pei ou **Pei Ieoh Ming** (né en 1917), architecte et urbaniste américain d'origine chinoise.

Peirce Charles Sanders (1839-1914), philosophe et logicien américain.

Pékin ou **Beijing,** cap. de la Chine ; 5 531 460 h (aggl. 9 600 000 h). Cité interdite.

Pélage (v. 360-v. 422), moine hérésiarque.

Pélasges, premiers habitants de la Grèce.

Pelé (né en 1940), footballeur brésilien.

Pelée (montagne), volcan de la Martinique dont l'éruption détruisit Saint-Pierre (1902).

Pellico Silvio (1789-1854), écrivain italien : *Mes prisons.*

Pelloutier Fernand (1867-1901), syndicaliste anarchiste français.

Péloponnèse, presqu'île constituant le S. de la Grèce. La *guerre du Péloponnèse* opposa Sparte et Athènes qui fut vaincue (431-404 av. J.-C.).

Pelvoux, massif des Alpes du Dauphiné (4 103 m à la barre des Écrins).

Penang ou **George Town,** port de Malaisie, dans l' *île de Penang* ; 248 240 h.

Penderecki Krzysztof (né en 1933), compositeur polonais.

Pendjab, rég. du sous-continent indien partagée entre le Pakistan (cap. Lahore) et l'Inde (cap. Chandigarh).

Pénélope, femme d'Ulysse (*Odyssée*).

Penghu (îles). V. Pescadores.

Penmarch, com. du S. du Finistère, près de la *pointe de Penmarch* ; 6 315 h.

Penn William (1644-1718), quaker anglais, fondateur de la Pennsylvanie.

Penn Arthur (né en 1922), cinéaste américain.

Pennine (chaîne), monts du N. de l'Angleterre.

Pennsylvanie, État du N.-E. des États-Unis ; v. princ. Philadelphie, Pittsburgh.

Pentagone, siège de l'état-major des armées américaines, à Washington.

Pentateuque, cinq premiers livres de la Bible.

Penza, v. de Russie ; 547 000 h.

Pépin de Herstal (v. 640-714), maire du palais d'Austrasie en 680, père de Charles Martel.

Pépin le Bref (v. 715-768), maire du palais en 741, puis roi des Francs en 751, le premier des Carolingiens, père de Charlemagne.

Perche (le), rég. de l'Orne et de l'Eure-et-Loir.

Percier Charles (1764-1838), architecte français. V. Fontaine.

Perec Georges (1936-1982), écrivain français : *la Vie, mode d'emploi.*

Pereire Jacob Émile (1800-1875) et son frère **Isaac** (1806-1880), financiers français et hommes politiques du Second Empire.

Père-Lachaise, cimetière de l'E. de Paris.

Peres Shimon (né en 1923), homme politique israélien (travailliste).

Péret Benjamin (1899-1959), poète surréaliste français : *le Grand Jeu.*

Pérez de Cuéllar Javier (né en 1920), diplomate péruvien, secrétaire de l'O.N.U. (1982-1991).

Pergame, cap. d'un royaume hellénistique d'Asie Mineure (IIIᵉ-IIᵉ s. av. J.-C.).

Pergaud Louis (1882-1915), écrivain français : *la Guerre des boutons.*

Pergolèse Jean-Baptiste (1710-1736), compositeur italien : *la Servante maîtresse.*

Péri Gabriel (1902-1941), journaliste français, résistant communiste fusillé par les Allemands.

Périclès (v. 495-429 av. J.-C.), homme d'État athénien, à la tête de l'État de 443 à 429.

Perier Casimir (1777-1832), banquier français, ministre de Louis-Philippe.

Pérignon dom Pierre (1638-1715), bénédictin français, inventeur de la champagnisation.

Périgord, rég. du S.-O. de la France ; v. princ. Périgueux.

Périgueux, ch.-l. de la Dordogne ; 32 848 h.

Perm, v. de Russie, dans l'Oural ; 1 087 000 h.

Permeke Constant (1886-1952), peintre et sculpteur expressionniste belge.

Pernambouc, État côtier du N.-E. du Brésil ; cap. Recife.

Perón Juan (1895-1974), président de la République d'Argentine (1946-1955 et 1973-1974). Son épouse **Eva** (1919-1952) fut très populaire. Sa troisième épouse **Isabel** (née en 1931) lui succéda et fut renversée par un coup d'État (1976).

Péronne, ch.-l. d'arr. de la Somme ; 9 159 h.

Pérotin, compositeur français du XIIIᵉˢ.

Pérou, État d'Amérique du Sud ; 1 285 215 km² ; 20 200 000 h ; cap. Lima.

Pérouse, v. d'Italie (Ombrie) ; 144 510 h.

Perpignan, ch.-l. des Pyrénées-Orientales ; 108 049 h.

Perrault Charles (1628-1703), écrivain français : *Contes de ma mère l'Oye.*

Perrault Claude (1613-1688), frère du préc., architecte français. Colonnade du Louvre.

Perret Auguste (1874-1954), architecte français. Il fut le premier à utiliser le béton.

Perret Jacques (1901-1992), écrivain français : *le Caporal épinglé.*

Perreux-sur-Marne (Le), ch.-l. de cant. du Val-de-Marne ; 28 540 h.

Perrin Jean (1870-1942), physicien français.

Perrin Francis (1901-1992), fils du préc., physicien nucléaire français.

Perros-Guirec, stat. balnéaire des Côtes-d'Armor.

Perroux François (1903-1987), économiste français.

Perse (la), anc. nom de l'Iran, territoire peuplé par les *Perses,* peuple indoeuropéen. L'*Empire perse,* fondé en 550 av. J.-C. par les Achéménides, fut détruit par Alexandre le Grand et restauré par les Sassanides.

Persée, héros qui tua Méduse (*Myth. gr.*).

Perséphone ou **Coré,** fille de Déméter et de Zeus, reine des Enfers (*Myth. gr.*).

Persépolis, une des cap. de l'Empire perse, incendiée par Alexandre le Grand.

Pershing John (1860-1948), général américain, commandant des forces américaines en France (1917-1918).

Persique ou **Arabique** (golfe), partie de l'océan Indien, entre l'Arabie et l'Iran.

Perth, v. d'Écosse ; 43 000 h. Anc. cap. de l'Écosse (XIIIᵉ-XVᵉ s.).

Perth, v. d'Australie, cap. de l'Australie-Occidentale ; 983 000 h.

Perthus (le), col des Pyrénées-Orientales.

Pérugin (le) (1445-1523), peintre italien, maître de Raphaël.

Pesaro, v. d'Italie (Marches) ; 90 150 h.

Pescadores ou **Penghu** (îles), archipel dépendant de Taiwan.

Pescara, v. d'Italie (Abruzzes) ; 132 000 h.

Peshawar, v. du N.-O. du Pakistan ; 550 000 h.

Pessac, ch.-l. de cant. de la Gironde ; 51 424 h.

Pessoa Fernando (1888-1935), poète portugais : *Poésies d'Álvaro de Campos.*

Pessôa Câmara Helder (né en 1909), prélat brésilien, apôtre du tiers-monde.

Pétain Philippe (1856-1951), maréchal de France. Vainqueur de Verdun (1916), chef de l'État français sous l'occupation allemande, il fut condamné à la Libération.

Petchora (la), fl. de Russie (1 800 km).

Peterborough, v. d'Angleterre ; 115 410 h.

Peterhof. V. Petrodvorets.

Pétion (1770-1818), fondateur et président de la République d'Haïti (1807-1818).

Pétion de Villeneuve Jérôme (1756-1794), conventionnel (girondin) français ; il se suicida.

Petipa Marius (1822-1910), danseur et chorégraphe français.

Petit-Quevilly (Le), ch.-l. de cant. de la Seine-Maritime ; 22 718 h.

Petőfi Sándor (1823-1849), poète romantique et héros national hongrois.

Petra, site archéologique de l'anc. cap. des Nabatéens, en Jordanie.

Pétrarque (1304-1374), poète et humaniste italien : *Canzoniere.*

Petrodvorets (jusqu'en 1944 *Peterhof*), v. de Russie ; 4 3000 h. Anc. palais des tsars.

Petrograd. V. Saint-Pétersbourg.

Pétrone (mort en 66), écrivain latin : *Satiricon.*

Petrópolis, v. du Brésil ; 275 080 h.

Petrozavodsk, v. de Russie (Carélie) ; 255 000 h.

Peugeot Eugène (1844-1907) et son cousin **Armand** (1849-1915), industriels français.

Peuls ou **Foulbés,** peuple de pasteurs de l'Afrique de l'Ouest.

Peuples de la Mer, populations indo-européennes qui envahirent l'Asie Mineure, la Syrie et la Phénicie (XIIIᵉ-XIIᵉ s. av. J.-C.).

Peur (la Grande), troubles qui agitèrent les campagnes françaises en juillet et août 1789.

Pevsner Anton (1886-1962), sculpteur français d'origine russe, frère de N. Gabo.

Pézenas, ch.-l. de cant. de l'Hérault ; 7 921 h.

Phaéton, fils d'Hélios, foudroyé par Zeus sur le char de son père (*Myth. gr.*).

Phaïstos, site archéologique de la Crète.

Phalange, formation politique espagnole d'extrême droite fondée en 1933 par J. A. Primo de Rivera.

Pham Van Dong (né en 1906), homme politique vietnamien.

Pharos, île de l'anc. Égypte où fut élevé le phare d'Alexandrie.

Pharsale, victoire de César sur Pompée, en Thessalie (48 av. J.-C.).

Phébus. V. Apollon.

Phèdre, épouse de Thésée (*Myth. gr.*).

Phèdre (v. 15 av. J.-C.-v. 50 apr. J.-C.), fabuliste latin.

Phénicie, littoral syro-palestinien, habité depuis le IIIᵉ millénaire par *les Phéniciens,* peuple sémitique de navigateurs et de commerçants qui créèrent des colonies (Carthage) et inventèrent l'alphabet ; v. princ. Tyr, Sidon, Byblos.

Phidias (v. 490-431 av. J.-C.), architecte et sculpteur athénien, maître d'œuvre de l'Acropole.

Philadelphie, v. des États-Unis (Pennsylvanie) ; 1 646 700 h. (aggl. 5 755 300 h).

Philae, île du Nil. Ruines d'un temple d'Isis.

Philidor (1726-1795), compositeur français d'opéras comiques et champion d'échecs.

Philipe Gérard (1922-1959), acteur français.

Philippe saint, l'un des douze apôtres.

Philippe Iᵉʳ (v. 1052-1108), roi de France en 1060. Il consolida le domaine royal.

Philippe Iᵉʳ le Beau (1478-1506), prince des Pays-Bas en 1482, roi de Castille en 1504 ; père de Charles Quint.

Philippe II (v. 382-336 av. J.-C.), roi de Macédoine en 356. Il vainquit les Thébains et les Athéniens. Père d'Alexandre le Grand.

Philippe II Auguste (1165-1223), roi de France en 1180. Il agrandit considérablement le domaine royal, lutta contre Henri II, Richard Cœur de Lion, entreprit la troisième croisade et remporta la victoire de Bouvines.

Philippe II le Hardi (1342-1404), duc de Bourgogne en 1363, fils de Jean le Bon.

Philippe II (1527-1598), fils de Charles Quint, roi d'Espagne en 1556, de Naples, de Sicile, de Portugal en 1580. Il remporta la victoire de Lépante (1571) et lança contre l'Angleterre l'Invincible Armada (1588).

Philippe III le Hardi (1245-1285), roi de France en 1270, fils de Louis IX.

Philippe III le Bon (1396-1467), duc de Bourgogne en 1419, père de Charles le Téméraire, mécène éclairé.

Philippe IV le Bel (1268-1314), roi de France en 1285. Il supprima l'ordre des Templiers et renforça le pouvoir royal. En lutte avec le pape Boniface VIII, il installa son successeur Clément V à Avignon.

Philippe V (v. 237-179 av. J.-C.), roi de Macédoine en 221 ; vaincu à Cynoscéphales.

Philippe V le Long (v. 1293-1322), roi de France en 1316, deuxième fils de Philippe le Bel.

Philippe V (1683-1746), roi d'Espagne en 1700, petit-fils de Louis XIV, premier des Bourbons d'Espagne.

Philippe VI de Valois (1293-1350), roi de France en 1328. Neveu de Philippe le Bel, son règne inaugure la guerre de Cent Ans.

Philippe Égalité. V. Orléans.

Philippe Neri saint (1515-1595), fondateur de l'Oratoire.

Philippe d'Orléans. V. Orléans.

Philippes, victoire d'Octave et d'Antoine sur Brutus et Cassius en 42 av. J.-C.

Philippeville. V. Skikda.

Philippines, archipel et État d'Asie du Sud-Est ; 300 000 km² ; 64 900 000 h ; cap. Manille.

Philistins, peuple de Palestine qui fut vaincu par David au Xᵉ s. av. J.-C.

Philon d'Alexandrie (v. 20 av. J.-C.-v. 45 apr. J.-C.), philosophe grec d'origine juive.

Phnom Penh, cap. du Cambodge, sur le Mékong ; env. 800 000 h.

Phocée, v. d'Asie Mineure (Ionie).

Phoenix, v. des États-Unis, cap. de l'Arizona ; 853 300 h (aggl. 1 714 800 h).

Photius ou **Photios** (v. 820-895), patriarche de Constantinople. Il lutta contre la papauté.

Phrygie, rég. du N.-O. de l'Asie Mineure.

Phryné (IVᵉ s. av. J.-C.), courtisane grecque, modèle de Praxitèle.

Phuket, île du S. de la Thaïlande.

Piaf Édith (1915-1963), chanteuse française.

Piaget Jean (1896-1980), psychologue et épistémologue suisse.

Piave (la ou le), fl. de l'Italie du Nord (220 km).

Picabia Francis (1879-1953), peintre et écrivain dadaïste français.

Picardie, anc. prov. française et Rég. admin. comprenant l'Aisne, l'Oise et la Somme ; 19 443 km² ; 1 853 550 h ; ch.-l. Amiens.

Picasso Pablo (1881-1973), peintre, dessinateur, graveur, sculpteur et céramiste espagnol : *les Demoiselles d'Avignon, Guernica.*

Piccard Auguste (1884-1962), physicien suisse, inventeur du bathyscaphe.

Piccinni Niccolo (1728-1800), compositeur italien d'opéras, rival de Gluck.

Pic de la Mirandole Jean (1463-1494), humaniste italien, modèle de l'érudit universel.

Pichegru Charles (1761-1804), général français de la Révolution ; il se rallia aux royalistes.

Pichpek (anc. *Frounzé*), cap. du Kirghizistan ; 646 000 h.

Pickford Mary (1893-1979), actrice américaine du cinéma muet.

Pictes, anc. peuple celte d'Écosse.

Pie V saint (1504-1572), pape en 1566. Il continua la Contre-Réforme.

Pie VII (1742-1823), pape en 1800. Il fut retenu à Fontainebleau par Napoléon.

Pie IX (1792-1878), pape en 1846. Il promulga les dogmes de l'Immaculée Conception et de l'infaillibilité pontificale.

Pie X saint (1835-1914), pape en 1903. Il condamna le modernisme.

Pie XI (1857-1939), pape en 1922. Il signa les accords du Latran (1929).

Pie XII (1876-1958), pape en 1939.

Piémont, rég. de l'Italie du Nord ; ch.-l. Turin.

Piero della Francesca (v. 1410 ou 1420-1492), peintre italien de la Renaissance.

Piero di Cosimo (v. 1462-1521), peintre italien.

Pierre saint (mort v. 64), un des douze apôtres, fondateur de la papauté.

Pierre l'abbé (né en 1912), prêtre français, défenseur des sans-abri.

Pierre Iᵉʳ le Justicier (1320-1367), roi de Portugal en 1357, époux d'Inès de Castro.

Pierre Iᵉʳ (dit *Pierre le Grand*) (1672-1725), tsar de Russie en 1682, créateur de la Russie moderne.

Pierre Iᵉʳ (1798-1834), il proclama l'indépendance du Brésil et en devint empereur (1822-1831) puis roi de Portugal (Pierre IV).

Pierre Iᵉʳ Karadjordjević (1844-1921), roi de Serbie en 1903, puis des Serbes, des Croates et des Slovènes en 1918.

Pierre II (1648-1706), roi de Portugal en 1683. Il s'émancipa de la tutelle espagnole.

Pierre II (1825-1891), fils de Pierre Iᵉʳ, empereur du Brésil en 1831 ; il dut abdiquer en 1889 après avoir aboli l'esclavage.

Pierre III (1728-1762), tsar de Russie en 1762. Il fut assassiné par son épouse Catherine II.

Pierre Canisius saint (1521-1597), jésuite hollandais, artisan de la Contre-Réforme.

Pierre l'Ermite (v. 1050-1115), religieux français qui prêcha la première croisade.

Pierre de Montreuil (v. 1200-1267), maître d'œuvre français de la basilique de Saint-Denis et de Notre-Dame.

Pierre le Vénérable (v. 1092-1156), abbé de Cluny en 1122.

Pierrefonds, château féodal du XIᵉ s. dans l'Oise, reconstitué par Viollet-le-Duc.

Pierrelatte, ch.-l. de cant. de la Drôme ; 11 918 h. Usine de traitement de l'uranium.

Pierre-Saint-Martin, gouffre des Pyrénées-Atlantiques, profond de 1 332 m.

Pietermaritzburg, v. d'Afrique du Sud, cap. du Natal ; 192 420 h.

Pieyre de Mandiargues André (1909-1991), écrivain français : *la Motocyclette.*

Pigalle Jean-Baptiste (1714-1785), sculpteur français.

Pilate Ponce, procurateur romain de Judée (26-36), il livra Jésus (*Évangiles*).

Pilâtre de Rozier François (1756-1785), aéronaute français. Premier vol humain en ballon.

Pilcomayo (le), affl. du Paraguay (2 500 km) ; frontière entre l'Argentine et le Paraguay.

Pilon Germain (v. 1535-1590), sculpteur français de la Renaissance.

Pilsen. V. Plzen.

Pilsudski Józef (1867-1935), maréchal polonais, au pouvoir apr. 1919.

Pinay Antoine (né en 1891), homme politique français. Il institua le franc lourd (1959).

Pincevent, site préhistorique magdalénien de la vallée de la Seine, près de Montereau.

Pindare (518-438 av. J.-C.), poète lyrique grec.

Pinde (le), montagne de la Grèce centrale.

Pinel Philippe (1745-1826), médecin français, fondateur de la psychiatrie.

Pinochet Ugarte Agusto (né en 1915), général chilien, au pouvoir de 1973 à 1989.

Pinter Harold (né en 1930), auteur dramatique anglais : *le Gardien*.

Pirandello Luigi (1867-1936), auteur dramatique et romancier italien : *Chacun sa vérité, Henri IV, Feu Mathias Pascal*.

Piranèse (1720-1778), graveur italien.

Pirée (Le), port d'Athènes ; 196 390 h.

Pisan. V. Christine de Pisan.

Pisano. V. Giovanni Pisano et Nicola Pisano.

Piscator Erwin (1893-1966), metteur en scène de théâtre allemand.

Pise, v. d'Italie (Toscane) ; 104 050 h. Tour penchée, cathédrale, baptistère.

Pisistrate (v. 600-527 av. J.-C.), tyran d'Athènes.

Pissarro Camille (1830-1903), peintre impressionniste français.

Pistoia, v. d'Italie (Toscane) ; 93 520 h.

Pithiviers, ch.-l. d'arr. du Loiret ; 9 596 h.

Pitoëff Georges (1884-1939) et sa femme **Ludmilla** (1895-1951), acteurs français d'origine russe, interprètes du théâtre contemporain.

Pitt William (dit *le Premier Pitt*) (1708-1778), homme politique anglais, artisan de la victoire anglaise dans la guerre de Sept Ans.

Pitt William (dit *le Second Pitt*) (1759-1806), fils du préc., homme politique anglais, âme des coalitions antinapoléoniennes.

Pittsburgh, v. des États-Unis (Pennsylvanie) ; 402 600 h. (aggl. 2 372 000 h.).

Pizarro Francisco (v 1475-1541), conquistador espagnol (Pérou).

Plaine (la). V. Marais.

Plaisance, v. d'Italie (Émilie-Romagne) ; 107 310 h.

Planck Max (1858-1947), physicien allemand. Théorie des quanta.

Plantagenêt, dynastie angevine qui régna sur l'Angleterre de 1154 à 1485.

Plata (Rio de la), estuaire des fl. Paraná et Uruguay, entre l'Argentine et l'Uruguay.

Plata (La), v. d'Argentine ; 459 050 h.

Platées (Béotie), victoire des Grecs sur les Perses (479 av. J.-C.).

Platini Michel (né en 1955), footballeur français.

Platon (v. 428-348 ou 347 av. J.-C.), philosophe grec : *le Banquet, la République*.

Plaute (v. 254-184 av. J.-C.), auteur latin de comédies : *Amphitryon*.

Pléiade (la), groupe de sept poètes français, autour de Ronsard et de du Bellay.

Plekhanov Gheorghi (1856-1918), théoricien socialiste (marxiste) russe.

Pleumeur-Bodou, centre de télécommunications spatiales (Côtes-d'Armor).

Pleyel Ignaz (1757-1831), compositeur autrichien et facteur de piano à Paris.

Pline l'Ancien (23-79), écrivain latin : *Histoire naturelle*.

Pline le Jeune (61 ou 62-v. 114), écrivain latin : *Lettres*.

Ploiesti, v. de Roumanie ; 232 460 h.

Plotin (v. 205-v. 270), philosophe alexandrin de langue grecque, maître du néo-platonisme.

Ploutos, dieu de la Richesse (*Myth. gr.*).

Plovdiv, v. de Bulgarie ; 342 130 h.

Plutarque (v. 50-v. 125), historien et moraliste grec : *Vies parallèles*.

Pluton, dieu des Morts (*Myth. rom.*).

Pluton, la plus petite des planètes du système solaire.

Plymouth, port militaire du S. de l'Angleterre ; 243 900 h.

Plzen (en allemand *Pilsen*), v. de la République tchèque (Bohême de l'O.) ; 175 060 h.

Pô (le), fl. de l'Italie du Nord (652 km), qui draine la *plaine du Pô*.

Poblet, monastère cistercien de Catalogne.

Podgorica. V. Titograd.

Poe Edgar Allan (1809-1849), écrivain américain : *Histoires extraordinaires*.

Poincaré Henri (1854-1912), mathématicien français. Théorie de la relativité.

Poincaré Raymond (1860-1934), cousin du préc., président de la République française (1913-1920), président du Conseil (1922-1924 et 1926-1929).

Pointe-à-Pitre, ch.-l. d'arr. de la Guadeloupe ; 26 083 h.

Pointe-Noire, port du Congo ; 298 010 h.

Poiret Paul (1879-1944), couturier français.

Poisson Denis (1781-1840), mathématicien français. Calcul des probabilités.

Poissons (les), constellation boréale et signe du zodiaque (19 février-20 mars).

Poissy, ch.-l. de cant. des Yvelines ; 36 864 h.

Poitiers, ch.-l. de la Vienne et de la Reg. Poitou-Charentes ; 82 507 h. Charles Martel y arrêta les Arabes en 732.

Poitou, anc. prov. française.

Poitou-Charentes, Rég. admin. comprenant les dép. de la Charente, de la Charente-Maritime, des Deux-Sèvres et de la Vienne ; 25 822 km² ; 1 637 625 h ; ch.-l. Poitiers.

Polaire (la), étoile de la Petite Ourse qui indique le nord.

Polanski Roman (né en 1933), cinéaste français d'origine polonaise.

Poliakoff Serge (1906-1969), peintre abstrait français d'origine russe.

Polichinelle, personnage bossu du théâtre de marionnettes issu de la comédie italienne.

Polignac Jules, duc de (1780-1847), homme politique français, ministre de Charles X.

Polisario (Front), mouvement de libération du Sahara occidental.

Pollock Jackson (1912-1956), peintre américain, chef de file de l'Action painting.

Pollux. V. Castor et Pollux.

Polo Marco (1254-1324), voyageur vénitien à la cour de Pékin.

Pologne, État d'Europe orientale ; 312 677 km² ; 38 200 000 h ; cap. Varsovie.

Pol Pot (né en 1928), homme politique cambodgien, chef des Khmers rouges.

Poltava, v. d'Ukraine ; 302 000 h. Pierre le Grand y vainquit le roi de Suède Charles XII (1709).

Polybe (v. 200-entre 125 et 120 av. J.-C.), historien grec : *Histoires.*

Polyclète, sculpteur grec du Vᵉ s. av. J.-C.

Polymnie, muse de la Poésie (*Myth. gr.*).

Polynésie, partie orientale de l'Océanie, peuplée par les Polynésiens. La *Polynésie française,* territoire français d'outre-mer, comprend l'archipel de la Société (Tahiti), les Tuamotu, les Gambier, les Marquises ; 4 200 km² ; env. 189 000 h ; ch.-l. Papeete.

Polyphème, cyclope qui retint Ulysse prisonnier, fils de Poséidon (*Odyssée*).

Pomaré, dynastie tahitienne du XIXᵉ s.

Pombal Sebastião, marquis de (1699-1782), homme d'État portugais, au pouvoir de 1755 à 1777.

Poméranie, rég. de Pologne, sur la Baltique.

Pompadour Antoinette Poisson, marquise de (1721-1764), maîtresse de Louis XV.

Pompée (106-48 av. J.-C.), général romain. Il participa au premier triumvirat et fut vaincu par César à Pharsale.

Pompéi, v. de Campanie, ensevelie sous les cendres du Vésuve (79).

Pompidou Georges (1911-1974), président de la République française de 1969 à sa mort.

Poncelet Jean Victor (1788-1867), mathématicien français.

Pondichéry, port de l'Inde ; 162 640 h. Anc. comptoir français.

Ponge Francis (1899-1988), poète français : *le Parti pris des choses.*

Poniatowski Joseph (1763-1813), général polonais et maréchal de France.

Ponson du Terrail Pierre Alexis (1829-1871), romancier français : *Rocambole.*

Pont, royaume de l'Asie Mineure antique.

Ponta Delgada, ch.-l. de la rég. auton. des Açores, sur l'île de São Miguel ; 21 200 h.

Pont-à-Mousson, ch.-l. de cant. de Meurthe-et-Moselle ; 15 294 h.

Pontarlier, ch.-l. d'arr. du Doubs ; 18 884 h.

Pont-Aven (école de), groupe de peintres qui s'est formé en 1888 autour de Gauguin.

Pont-Euxin (le), anc. nom de la mer Noire.

Pontiac (v. 1720-1769), chef d'une coalition de tribus indiennes, hostile aux Anglais.

Pontianak, port d'Indonésie (Bornéo) ; 304 780 h.

Pontigny, abbaye cistercienne de l'Yonne.

Pontine (plaine) (anc. *marais Pontins*), plaine d'Italie (Latium).

Pontivy, ch.-l. d'arr. du Morbihan ; 14 512 h.

Pont-Neuf (le), le plus ancien pont de Paris.

Pontoise, ch.-l. du Val-d'Oise, partie de la v. nouvelle de *Cergy-Pontoise* ; 28 463 h.

Pontoppidan Henrik (1857-1943), romancier naturaliste danois.

Pontormo (le) (1494-v. 1556), peintre maniériste italien.

Pontus de Tyard (1521-1605), poète français, membre de la Pléiade.

Poona, v. de l'Inde (Maharashtra) ; 1 203 350 h.

Pope Alexander (1688-1744), poète anglais.

Popocatepetl, volcan du Mexique (5 452 m).

Popov Alexandre (1859-1906), physicien russe, pionnier de la radioélectricité.

Poppée (morte en 65), favorite puis femme de Néron qui la tua.

Popper sir Karl (né en 1902), philosophe britannique d'origine autrichienne.

Pornic, stat. balnéaire de la Loire-Atlantique.

Porquerolles (île de), stat. balnéaire du Var.

Port (Le), ch.-l. de cant. de la Réunion ; 34 806 h.

Port-Arthur (auj. *Lüshun*), port de Chine (Mandchourie) ; 150 000 h.

Port-au-Prince, cap. d'Haïti ; 494 000 h.

Port Elizabeth, port d'Afrique du Sud (prov. du Cap) ; 522 880 h.

Portes de Fer (les), défilé du Danube entre les Carpates et les Balkans.

Port-Gentil, port du Gabon ; 85 000 h.

Port Harcourt, port du Nigeria ; 242 000 h.

Portland, port des États-Unis (Oregon) ; 420 000 h (aggl. 1 340 900 h).

Port-Louis, cap. de l'île Maurice ; 136 320 h.

Port Moresby, cap. de la Papouasie-Nouvelle-Guinée ; 118 420 h.

Porto, port et deuxième v. du Portugal, à l'embouchure du Douro ; 327 370 h.

Pôrto Alegre, port du Brésil (Rio Grande do Sul) ; 1 275 480 h.

Port of Spain, cap. de l'État de Trinité-et-Tobago ; 59 650 h.

Porto-Novo, cap. du Bénin ; 144 000 h.

Porto Rico, la plus orientale des Grandes Antilles, État associé aux États-Unis ; 8 897 km² ; env. 3 400 000 h ; cap. San Juan.

Porto-Vecchio, stat. balnéaire de Corse.

Port-Royal, abbaye de femmes, qui fut au XVIIᵉ s. le centre de diffusion du jansénisme ; détruite en 1710 sur ordre de Louis XIV.

Port-Saïd, port d'Égypte, à l'entrée N. du canal de Suez ; 364 000 h.

Portsmouth, port militaire du S. de l'Angleterre (Hampshire) ; 179 420 h.

Port-Soudan, port du Soudan ; 227 970 h.

Portugal, État d'Europe, dans la péninsule Ibérique ; 91 985 km² ; 10 336 900 h ; cap. Lisbonne.

Port-Vendres, stat. balnéaire des Pyrénées-Orientales.

Port-Vila. V. Vila.

Poséidon, dieu des Mers (*Myth. gr.*).

Potala (le), palais du dalaï-lama à Lhassa.

Potemkine Grigori (1739-1791), homme politique et maréchal russe, favori de Catherine II.

Potemkine, cuirassé de la flotte russe de la mer Noire dont l'équipage se mutina en 1905.

Potomac, fl. des États-Unis qui arrose Washington (640 km).

Potosi, v. de Bolivie ; 113 380 h.

Potsdam, v. d'Allemagne, près de Berlin ; 132 540 h. Château de Sans-Souci. La *conférence de Potsdam* (1945) réunit Truman, Staline et Churchill en vue d'organiser la paix en Europe.

Pottier Eugène (1816-1887), chansonnier français, auteur des paroles de *l'Internationale.*

Pouchkine Alexandre (1799-1837), écrivain russe : *Eugène Onéguine.*

Poudovkine Vsevolod (1893-1953), cinéaste soviétique : *la Mère.*

Pougatchev Iemelian (v. 1742-1775), cosaque du Don, chef d'une révolte paysanne.

Pouilles (les) ou **Pouille** (la), rég. d'Italie du Sud ; ch.-l. Bari.

Poulenc Francis (1899-1963), compositeur français : *Dialogue des carmélites.*

Pound Ezra (1885-1972), poète et essayiste américain : *Cantos.*

Pourrat Henri (1887-1959), écrivain français : *Gaspard des montagnes.*

Pourtalet (le), col des Pyrénées-Atlantiques.

Poussin Nicolas (1594-1665), peintre français, maître du classicisme.

Pouzzoles, port d'Italie (Campanie) ; 70 350 h.

Poznan, v. de Pologne ; 576 480 h.

Prades, ch.-l. d'arr. des Pyrénées-Orientales ; 6 445 h.

Prado, musée national espagnol à Madrid.

Prague, cap. de la République tchèque ; 1 190 580 h. Monuments gothiques et baroques.

Praia, cap. de la rép. du Cap-Vert ; 57 750 h.

Prairie (la), rég. centrale des États-Unis.

Prato, v. d'Italie (Toscane) ; 162 140 h.

Praxitèle (v. 390-v. 330 av. J.-C.), sculpteur grec : *Aphrodite de Cnide.*

Préalpes, massifs sédimentaires des Alpes.

Preminger Otto (1906-1986), cinéaste américain d'origine autrichienne.

Presbourg. V. Bratislava.

Presley Elvis (1935-1977), chanteur américain de rock and roll.

Preston, v. d'Angleterre (Lancashire) ; 143 700 h.

Pretoria, cap. admin. de l'Afrique du Sud et cap. du Transvaal ; 544 660 h.

Prévert Jacques (1900-1977), poète et scénariste français : *Paroles.*

Prévost (l'abbé) (1697-1763), écrivain français : *Manon Lescaut.*

Priam, dernier roi de Troie (*Myth. gr.*).

Priape, dieu de la Fécondité (*Myth. gr.*).

Priestley Joseph (1733-1804), chimiste anglais. Il isola l'oxygène.

Prigogine Ilya (né en 1917), chimiste belge d'origine russe.

Primatice (le) (1504-1570), peintre, sculpteur et architecte maniériste italien.

Primo de Rivera Miguel (1870-1930), général espagnol, au pouvoir de 1923 à 1930.

Primo de Rivera José Antonio (1903-1936), fils du préc., homme politique espagnol. Fondateur de la Phalange, il fut fusillé.

Prince-Édouard (île du), prov. du Canada.

Prince Noir (le). V. Édouard.

Princeton, université des États-Unis (New Jersey).

Priscillien, hérésiarque exécuté en 385.

Pristina, v. de Serbie, cap. du Kosovo ; 108 080 h.

Privas, ch.-l. de l'Ardèche ; 10 490 h.

Proche-Orient ou **Moyen-Orient**, ensemble des pays qui bordent la Méditerranée orientale, la mer Rouge et le golfe Persique.

Procuste, brigand tué par Thésée (*Myth. gr.*).

Prokofiev Sergheï (1891-1953), compositeur russe : *Pierre et le Loup.*

Prométhée, Titan qui déroba le feu du Cie pour l'apporter aux hommes (*Myth. gr.*).

Properce (v. 47-v. 15 av. J.-C.), poète latin.

Proserpine, déesse de l'Agriculture, reine des Enfers (*Myth. rom.*).

Protagoras (v. 485-v. 410 av. J.-C.), sophiste grec.

Protée, fils de Poséidon, capable de changer de forme (*Myth. gr.*).

Proudhon Pierre Joseph (1809-1865), théoricien socialiste français : *Qu'est-ce que la propriété ?*

Proust Joseph Louis (1754-1826), chimiste français, fondateur de l'analyse chimique.

Proust Marcel (1871-1922), romancier français : *À la recherche du temps perdu.*

Prout (le), affl. du Danube (950 km), frontière entre la Roumanie et la Moldavie.

Provence, anc. prov. du S.-E. de la France.

Provence-Alpes-Côte d'Azur, Rég. admin. comprenant les Alpes-de-Haute-Provence, les Hautes-Alpes, les Alpes-Maritimes, les Bouches-du-Rhône, le Var et le Vaucluse ; 31 395 km² ; 4 318 817 h ; ch.-l. Marseille.

Providence, port des États-Unis, cap. du Rhode Island ; 154 100 h (aggl. 1 095 000 h).

Provinces-Unies, anc. nom des Pays-Bas.

Provins, ch.-l. d'arr. de Seine-et-Marne ; 12 682 h.

Proxima Centauri, étoile la plus proche de la Terre.

Prud'hon Pierre Paul (1758-1823), peintre néoclassique français.

Prusse, anc. État de l'Allemagne du Nord (XVIe-XIXe s.) qui réalisa autour de lui l'unité allemande. Cap. Berlin.

Prusse-Orientale, anc. prov. allemande partagée en 1945 entre la Russie et la Pologne ; cap. Königsberg.

Przemysl, v. de Pologne ; 66 000 h.

P.S. Sigle de *parti socialiste*, qui succéda en 1971 à la S.F.I.O.

Psyché, princesse aimée d'Éros, à qui fut conférée l'immortalité (*Myth. gr.*).

Ptah, dieu de l'anc. Égypte.

Ptolémée Ier Sôter (v. 360-283), lieutenant d'Alexandre, fondateur de la dynastie des Lagides qui régna sur l'Égypte de 323 à 30 av. J.-C.

Ptolémée Claude (v. 90-v. 168), astronome grec d'Alexandrie. Il imposa le géocentrisme.

Puccini Giacomo (1858-1924), compositeur d'opéras italien : *la Bohème.*

Pucelle Jean (mort en 1334), miniaturiste français.

Puebla, v. du Mexique central ; 1 885 000 h.

Pueblos, Indiens du S.-O. des États-Unis (Zuñis, Hopis).

Pufendorf Samuel von (1632-1694), juriste allemand.

Puget Pierre (1620-1694), sculpteur baroque français : *Milon de Crotone.*

Puget Sound, fjord de la côte O. des États-Unis (Seattle).

Puisaye, rég. du S. du Bassin parisien.

Pulitzer Joseph (1847-1911), journaliste américain fondateur des *prix Pulitzer* qui récompensent journalistes et écrivains.

puniques (guerres), nom des trois guerres qui opposèrent Carthage à Rome (264-146 av. J.-C.).

Punta Arenas, port du S. du Chili ; 111 720 h.

Purcell Henry (1659-1695), compositeur anglais : *Didon et Énée.*

Purus, affl. de l'Amazone (3 380 km).

Pusan, port de la Corée du Sud ; 3 516 810 h.

Pusey Edward Bouverie (1800-1882), théologien anglais, promoteur du mouvement d'Oxford.

Puteaux, ch.-l. de cant. des Hauts-de-Seine ; 42 917 h.

Puvis de Chavannes Pierre (1824-1898), peintre symboliste français.

Puy-de-Dôme, dép. français (63) (Auvergne) ; 7 965 km^2 ; 613 651 h ; ch.-l. Clermont-Ferrand.

Puy-en-Velay (Le), ch.-l. de la Haute-Loire ; 23 434 h.

Puyi (1906-1967), dernier empereur de Chine (1908-1912).

Puymorens, col des Pyrénées-Orientales.

Puys (chaîne des) ou **monts Dôme,** groupe de volcans éteints de l'Auvergne.

Pygmalion, roi de Chypre, auteur d'une statue dont il devint amoureux (*Myth. gr.*).

Pygmées, peuple de petite taille de la forêt équatoriale africaine.

Pylos. V. Navarin.

Pyongyang, cap. de la Corée du Nord ; 1 500 000 h.

Pyrénées, chaîne de montagnes séparant la France de l'Espagne (3 404 m au pic d'Aneto).

Pyrénées (paix des), traité conclu entre la France et l'Espagne en 1659.

Pyrénées-Atlantiques, dép. français (64) (Aquitaine) ; 7 629 km^2 ; 577 644 h ; ch.-l. Pau.

Pyrénées (Hautes-), dép. français (65) (Midi-Pyrénées) ; 4 507 km^2 ; 231 993 h ; ch.-l. Tarbes.

Pyrénées-Orientales, dép. français (66) (Languedoc-Roussillon) ; 4 087 km^2 ; 369 476 h ; ch.-l. Perpignan.

Pyrrhon (v. 365-275 av. J.-C.), philosophe grec, fondateur du scepticisme.

Pyrrhos ou **Néoptolème,** fils d'Achille et maître d'Andromaque. Il tua Priam (*Myth. gr.*).

Pyrrhos ou **Pyrrhus** (v. 318-272 av. J.-C.), roi d'Épire en 295, vaincu par les Romains.

Pythagore (VIe s. av. J.-C.), philosophe et mathématicien grec.

Pythéas (IVe s. av. J.-C.), navigateur grec.

Python, serpent monstrueux tué par Apollon à Delphes (*Myth. gr.*).

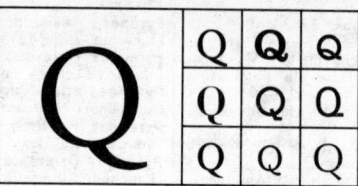

Qacentina. V. Constantine.

Qadjars, dynastie perse (1786-1925).

Qatar, État de la péninsule arabique ; 11 440 km² ; 390 000 h ; cap. Al-Dawhah.

Qing ou **Ts'ing,** dernière dynastie impériale chinoise (1644-1912).

Qingdao, port de Chine (Shandong) ; 1 172 370 h (aggl. 4 204 840 h).

Qinghai, prov. du N. de la Chine.

Qin Shi Huangdi (259-210 av. J.-C.), empereur chinois. Il acheva la Grande Muraille.

Qiqihar, v. de Chine (Heilongjiang) ; 1 209 180 h.

Qom. V. Qum.

Quantz Johann (1697-1773), compositeur allemand.

Quartier latin (le), quartier de Paris situé sur la rive gauche de la Seine.

Quarton ou **Charonton** Enguerrand (v. 1410-apr. 1462), peintre français de l'école d'Avignon.

Quasimodo Salvatore (1901-1968), poète italien : *la Terre incomparable.*

Quatre-Cantons (lac des), lac de Suisse centrale (114 km²).

Québec (le), la plus vaste des prov. canadiennes (dite la *Belle Province*) ; 1 540 681 km² ; 6 627 000 h (dont 80 % de francophones) ; cap. Québec ; v. princ. Montréal.

Québec, v. du Canada, cap. du Québec ; 164 580 h (aggl. 603 270 h).

Quechuas ou **Quichuas,** peuple indien de l'Amérique du Sud (Bolivie, Pérou).

Queens, district de New York.

Queensland, État du N.-E. de l'Australie ; cap. Brisbane.

Queneau Raymond (1903-1976), écrivain français : *Zazie dans le métro.*

Quercy, rég. du S.-O. de la France.

Querétaro, v. du Mexique central ; 215 980 h.

Quesnay François (1694-1774), économiste français ; physiocrate.

Quételet Adolphe (1796-1874), astronome et mathématicien belge.

Quetzalcóatl, divinité du Mexique précolombien, représentée comme un serpent à plumes.

Queuille Henri (1884-1970), homme politique français (radical-socialiste).

Queyras, rég. montagneuse des Hautes-Alpes.

Quezón City, v. et anc. cap. des Philippines près de Manille ; 1 326 030 h.

Quiberon, stat. balnéaire du Morbihan, au S. de la *presqu'île de Quiberon.*

Quichés, Indiens mayas du Guatemala.

Quichuas. V. Quechuas.

Quimper, ch.-l. du Finistère ; 62 541 h.

Quinault Philippe (1635-1688), poète français ; auteur des livrets des opéras de Lully.

Quincey (De). V. De Quincey.

Quine Willard (né en 1908), logicien américain.

Quinet Edgar (1803-1875), historien français.

Quintilien (30-v. 100), rhéteur latin.

Quirinal, une des sept collines de Rome. Le *palais du Quirinal* est la demeure officielle du président de la République italienne.

Quisling Vidkun (1887-1945), homme politique norvégien. Il collabora avec l'occupant allemand et fut exécuté à la Libération.

Quito, cap. de l'Équateur ; 1 003 880 h.

Qum ou **Qom,** v. d'Iran, au S. de Téhéran ; 424 000 h. Pèlerinage chiite.

Qumran, site archéologique de Cisjordanie où furent découverts entre 1946 et 1956 les manuscrits de la mer Morte.

Qurayshites, membres de la tribu arabe dont est issu Mahomet.

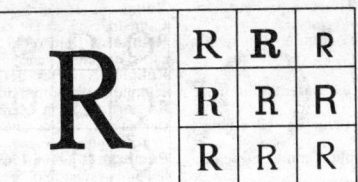

Râ. V. Rê.

Raban Maur bienheureux (v. 780-856), théologien allemand.

Rabat, cap. du Maroc et port sur l'Atlantique ; 556 000 h (aggl. 1 000 000 h).

Rabelais François (v. 1494-1553), écrivain français : *Pantagruel, Gargantua.*

Racan (1589-1670), poète français.

Rachel, épouse de Jacob (*Bible*).

Rachi ou **Rashi** (1040-1105), rabbin de Troyes commentateur du Talmud.

Rachmaninov Sergheï (1873-1943), compositeur et pianiste russe.

Racine Jean (1639-1699), poète dramatique français, principal représentant du classicisme : *Andromaque, Phèdre.*

Radcliffe Ann (1764-1823), romancière, initiatrice du roman noir.

Radcliffe-Brown Alfred (1881-1955), anthropologue britannique.

Radiguet Raymond (1903-1923), écrivain français : *le Diable au corps.*

RAF. Sigle de *Royal Air Force,* armée de l'air britannique.

Rafsandjani Ali Akbar Hachemi (né en 1934), prés. de la rép. islamique d'Iran depuis 1989.

Raguse. V. Dubrovnik.

Rahman cheikh Mujibur (1920-1975), premier président du Bangladesh en 1971 ; assassiné.

Raimond VI (1156-1222), comte de Toulouse en 1194, protecteur des albigeois.

Raimu (1883-1946), acteur français.

Raincy (Le), ch.-l. d'arr. de la Seine-Saint-Denis ; 13 672 h.

Rainier III (né en 1923), prince de Monaco depuis 1949.

Rais ou **Retz** Gilles de (1404-1440), maréchal de France, compagnon de Jeanne d'Arc. Auteur de meurtres d'enfants, il fut exécuté.

Rajasthan, État du N.-O. de l'Inde ; cap. Jaipur.

Rajputs, peuple de l'Inde du Nord.

Rákosi Mátyás (1892-1971), homme politique hongrois (communiste).

Raleigh sir Walter (v. 1552-1618), courtisan et navigateur anglais, favori d'Élizabeth Ire.

Rama, divinité hindoue.

Ramakrishna (1836-1886), mystique hindou.

Raman sir Chandrasekhara Venkata (1888-1970), physicien indien.

Ramayana, épopée racontant la légende de Rama (IVe s. av. J.-C.).

Rambouillet, ch.-l. d'arr. des Yvelines, près de la *forêt de Rambouillet ;* 25 293 h.

Rameau Jean-Philippe (1683-1764), compositeur français : *les Indes galantes.*

Ramsay sir William (1852-1916), chimiste anglais. Il découvrit les gaz rares.

Ramsès II (dit *Ramsès le Grand*), roi d'Égypte de 1301 à 1235 av. J.-C.

Ramsgate, station balnéaire d'Angleterre (Kent).

Ramus (Pierre de La Ramée, dit) (1515-1572), humaniste français ; tué lors de la Saint-Barthélemy.

Ramuz Charles Ferdinand (1878-1947), écrivain suisse d'expression française.

Ranavalona III (1862-1917), dernière reine de Madagascar (1883-1897).

Rance (la), fl. côtier de France (100 km).

Rancé Armand de (1626-1700), religieux français, réformateur de la Trappe.

Rangoun ou **Rangoon,** cap. de la Birmanie, à l'embouchure de l'Irrawaddy ; 2 459 000 h.

Raoul ou **Rodolphe** (mort en 936), duc de Bourgogne et roi de France en 923.

Rapallo, stat. balnéaire d'Italie (Ligurie).

Raphaël, ange de la *Bible.*

Raphaël (Raffaello Sanzio, dit) (1483-1520), peintre italien : *les chambres* du Vatican.

Rashi. V. Rachi.

Rask Rasmus (1787-1832), linguiste danois.

Rasmussen Knud (1879-1933), explorateur danois des régions arctiques.

Raspail François (1794-1878), chimiste et homme politique français (républicain).

Raspoutine (1872-1916), aventurier russe. Il fut assassiné.

Rastrelli Bartolomeo Francesco (v. 1700-1771), architecte baroque italien installé à la cour de Russie : palais d'Hiver à Saint-Pétersbourg.

Ratisbonne, v. d'Allemagne (Bavière) ; 123 802 h.

Ratsiraka Didier (né en 1936), président de la république de Madagascar depuis 1975.

Rauschenberg Robert (né en 1925), peintre américain, initiateur du pop'art.

Ravachol (1859-1892), anarchiste français ; exécuté.

Ravaillac François (1578-1610), assassin d'Henri IV.

Ravel Maurice (1875-1937), compositeur français : *l'Enfant et les sortilèges.*

Ravenne, v. d'Italie (Émilie-Romagne) ; 137 010 h. Cap. de l'Empire romain au Ve s. Monuments byzantins.

Ravensbrück, camp de concentration nazi, près de Potsdam.

Rawalpindi, v. du Pakistan (Pendjab) ; 806 000 h.

Ray Man (1890-1976), photographe et peintre surréaliste américain.

Ray Nicholas (1911-1979), cinéaste américain : *la Fureur de vivre.*

Ray Satyajit (1921-1992), cinéaste indien : *le Monde d'Apu.*

Raz (pointe du), cap situé à l'O. du Finistère.

Razine Stenka (v. 1630-1671), chef cosaque d'une révolte paysanne.

R.D.A. Sigle de *République démocratique allemande,* anc. État d'Europe centrale (1949-1990) ; cap. Berlin-Est.

Ré, île de Charente-Maritime.

Rê ou **Râ,** dieu du Soleil (*Myth. égyptienne*).

Reading, v. d'Angleterre ; 132 040 h.

Reagan Ronald (né en 1911), 40e président (républicain) des États-Unis de 1980 à 1988.

Réaumur René de (1683-1757), physicien français, inventeur de l'échelle thermométrique.

Rébecca, femme d'Isaac (*Bible*).

Récamier Julie (1777-1849), dame française qui tint salon sous l'Empire.

Recife (anc. *Pernambouc*), port du Brésil, cap. du Pernambouc ; 1 289 630 h (aggl. 2 348 360 h).

Reclus Élisée (1830-1905), géographe français. Anarchiste, il fut membre de l'Internationale socialiste et de la Commune.

Reconquista, guerres menées par les chrétiens contre les Arabes en Espagne (VIIIe-XVe s.).

Redon, ch.-l. d'arr. d'Ille-et-Vilaine ; 10 452 h.

Redon Odilon (1840-1916), peintre symboliste français.

Red River, fl. des États-Unis (2 000 km).

Réforme (la), mouvement religieux du XVIe s. qui, sous l'impulsion de Luther et de Calvin, a donné naissance aux Églises protestantes.

Régence (la) (1715-1723), gouvernement de Philippe d'Orléans (minorité de Louis XV).

Reggan, localité du Sahara algérien, où explosa la première bombe atomique française.

Reggio di Calabria, port d'Italie (Calabre) ; 176 440 h.

Reggio nell'Emilia, v. d'Italie (Émilie-Romagne) ; 130 750 h.

Regina, v. du Canada (Saskatchewan) ; 175 060 h.

Regiomontanus (Johann Müller, dit) (1436-1476), astronome allemand.

Regnard Jean-François (1655-1709), poète comique français.

Régnier Mathurin (1573-1613), poète français : *Satires.*

Reich, l'Empire allemand. Le Ier Reich est le Saint Empire romain germanique ; le IIe Reich est l'Empire fondé par Bismarck (1871-1918) ; le IIIe Reich est le régime nazi (1933-1945).

Reich Wilhelm (1897-1957), psychanalyste américain d'origine autrichienne.

Reichstag, chambre législative de l'Allemagne de 1867 à 1945.

Reims, ch.-l. d'arr. de la Marne ; 185 164 h. Cathédrale où étaient sacrés les rois de France.

Reinhardt Django (1910-1953), jazzman français d'origine tzigane.

Religion (guerres de), guerres civiles entre catholiques et protestants (1562-1598).

Remarque Erich Maria (1898-1970), romancier américain d'origine allemande : *À l'Ouest, rien de nouveau.*

Rembrandt (1606-1669), peintre et graveur hollandais, maître du clair-obscur : *la Ronde de nuit, les Pèlerins d'Emmaüs.*

Remi saint (437-533), évêque de Reims. Il convertit Clovis et le baptisa (496).

Remington Philo (1816-1889), industriel américain, fabricant de machines à écrire.

Remus, frère jumeau de Romulus (*Myth. rom.*).

Renaissance (la), période de renouvellement socioculturel de l'Europe (XVe-XVIe s.).

Renan Ernest (1823-1892), écrivain rationaliste français : *Vie de Jésus.*

Renard Jules (1864-1910), écrivain français : *Poil de Carotte.*

Renaud Madeleine (née en 1900), actrice française.

Renaudot Théophraste (1586-1653), médecin français, précurseur du journalisme.

Renault Louis (1877-1944), industriel français de l'automobile.

René Ier d'Anjou (dit le *bon roi René*) (1409-1480), duc d'Anjou, comte de Provence, roi de Naples et de Sicile.

Rennes, ch.-l. de l'Ille-et-Vilaine et de la Rég. Bretagne ; 203 533 h.

Renoir Auguste (1841-1919), peintre impressionniste français : *les Grandes Baigneuses.*

Renoir Jean (1894-1979), fils du préc., cinéaste français : *la Règle du jeu.*

République française, régime proclamé cinq fois en France : la Ire République de 1792 à 1804 ; la IIe République de 1848 à 1852 ; la IIIe République de 1870 à 1940 ; la IVe République de 1944 à 1958 ; la Ve République depuis.

Résistance (la), action clandestine menée pour lutter contre l'occupation allemande durant la Seconde Guerre mondiale.

Resnais Alain (né en 1922), cinéaste français : *Hiroshima mon amour.*

Restauration, régime qui succéda au Premier Empire et fut renversé en 1830.

Restif de La Bretonne Nicolas (1734-1806), écrivain français : *Monsieur Nicolas.*

Rethel, ch.-l. d'arr. des Ardennes ; 8 639 h.

Rethondes, com. de l'Oise où ont été signés, avec l'Allemagne, les armistices du 11 novembre 1918 et du 22 juin 1940.

Retz. V. Rais.

Retz (Paul de Gondi, cardinal de) (1613-1679), homme politique et écrivain français.

Réunion (la) (anc. île *Bourbon*), île de l'océan Indien, formant un dép. français d'outre-mer (974) et une Rég. admin. ; 2 510 km² ; 602 315 h ; ch.-l. Saint-Denis.

Reuter Julius (1816-1899), homme d'affaires anglais, créateur d'une agence de presse.

Revel. V. Tallin.

Reverdy Pierre (1889-1960), poète français, proche des surréalistes.

révolution culturelle, lutte déclenchée en Chine par Mao Zedong pour se maintenir au pouvoir (1966-1970).

révolutions d'Angleterre, guerres civiles du XVIIe s. : la première (1642-1649) fut marquée par l'exécution du roi Charles Ier et l'instauration du Commonwealth dominé par Cromwell ; la seconde (1688-1689) provoqua le départ de Jacques II et l'avènement de Guillaume III (monarchie constitutionnelle).

Révolution française, période, entre 1789 et 1799, qui vit la fin de l'Ancien Régime. On distingue la Constituante (1789-1791), la Législative (1791-1792), la Convention (1792-1795) qui proclama la république, puis le Directoire, renversé par le coup d'État du 18 brumaire qui instaura le Consulat.

révolution française de 1830, mouvement révolutionnaire qui renversa Charles X et donna naissance à la monarchie de Juillet.

révolution française de 1848, mouvement révolutionnaire qui débuta à Paris par les journées de février et se prolongea jusqu'au 26 juin 1848 (émeutes ouvrières durement réprimées).

révolution russe de 1905, série de manifestations qui suivirent la fin de la guerre russo-japonaise.

révolution russe de 1917. V. Octobre.

Reykjavík, cap. de l'Islande ; 87 310 h.

Reynaud Émile (1844-1918), inventeur français, pionnier du dessin animé.

Reynaud Paul (1878-1966), homme politique français, président du Conseil en 1940 ; il dut céder la place au maréchal Pétain.

Reynolds sir Joshua (1723-1792), peintre anglais, auteur de portraits.

Rezé, ch.-l. de cant. de la Loire-Atlantique ; 33 703 h.

R.F.A. Sigle de *République fédérale d'Allemagne,* anc. État d'Europe (1949-1990) ; cap. Bonn.

Rhadamanthe, juge des Enfers *(Myth. gr.).*

Rhaznévides. V. Ghaznévides.

Rhéa, épouse de Cronos et mère de Zeus *(Myth. gr.).*

Rhea Silvia, mère de Romulus et Remus *(Myth. rom.).*

Rhee Syngman (1875-1965), président de la république de Corée du Sud de 1948 à 1960.

rhénan (Massif schisteux), rég. d'Allemagne prolongeant l'Ardenne.

Rhénanie, rég. d'Allemagne, traversée par le Rhin, dont le N. forme le Land de **Rhénanie-du-Nord-Westphalie** (cap. Düsseldorf ; v. princ. Essen, Cologne, Dortmund, Aix-la-Chapelle) et le S. le Land de **Rhénanie-Palatinat** (cap. Mayence ; v. princ. Coblence).

Rhin, fl. de l'Europe du Nord-Ouest qui se jette dans la mer du Nord (1 298 km).

Rhin (Bas-), dép. français (67) (Alsace) ; 4 787 km² ; 968 006 h ; ch.-l. Strasbourg.

Rhin (Haut-), dép. français (68) (Alsace) ; 3 523 km² ; 680 843 h ; ch.-l. Colmar.

Rhode Island, État du N.-E. des États-Unis.

Rhodes, île grecque de la mer Égée (Dodécanèse) ; ch.-l. **Rhodes** (42 000 h). Le *colosse de Rhodes* était une gigantesque statue d'Hélios, en bronze, une des Sept Merveilles du monde.

Rhodes Cecil (1853-1902), homme d'affaires et administrateur colonial anglais.

Rhodes-Extérieures, Rhodes-Intérieures, subdivisions du cant. suisse d'Appenzell.

Rhodésie, rég. de l'Afrique australe, auj. divisée en trois États : la Zambie, le Malawi et le Zimbabwe.

Rhône, fl. de Suisse et de France, qui se jette dans la Méditerranée (812 km).

Rhône, dép. français (69) (Rhône-Alpes) ; 3 215 km² ; 1 531 713 h ; ch.-l. Lyon.

Rhône-Alpes, Rég. admin. comprenant les dép. de l'Ain, de l'Ardèche, de la Drôme, de l'Isère, de la Loire, du Rhône, de la Savoie et de la Haute-Savoie ; 43 738 km² ; 5 446 004 h ; ch.-l. Lyon.

Rialto, principal pont de Venise.

Riazan, v. de Russie ; 515 000 h.

Ribbentrop Joachim von (1893-1946), homme politique et diplomate allemand ; condamné à mort à Nuremberg.

Ribeauvillé, ch.-l. d'arr. du Haut-Rhin ; 4 882 h.

Ribera José de (v. 1588-1652), peintre espagnol : *le Pied-Bot.*

Ribera Pedro de (1683-1742), architecte baroque espagnol.

Ricardo David (1772-1823), économiste anglais.

Richard Ier (dit *Cœur de Lion*) (1157-1199), roi d'Angleterre en 1189. Il participa à la troisième croisade et lutta contre Philippe Auguste et son frère Jean sans Terre.

Richard II (1367-1400), roi d'Angleterre en 1377. Fils du Prince Noir, il fut détrôné en 1399 par Henri de Lancastre.

Richard III (1452-1485), roi d'Angleterre en 1483. Meurtrier de ses neveux, il fut tué par Henri Tudor.

Richardson Samuel (1689-1761), écrivain anglais : *Clarisse Harlowe.*

Richelieu Armand Jean du Plessis, cardinal de (1585-1642), homme d'État français. Premier ministre de Louis XIII, il travailla à renforcer le pouvoir royal et lutta contre les Habsbourg. Il fonda l'Académie française.

Richelieu (Armand Emmanuel du Plessis, duc de) (1766-1822), Premier ministre sous la Restauration.

Richepin Jean (1849-1926), écrivain français : *la Chanson des gueux.*

Richier Ligier (v. 1500-1567), sculpteur français d'inspiration gothique.

Richier Germaine (1904-1959), sculpteur expressionniste français.

Richmond, v. des États-Unis, cap. de la Virginie ; 219 100 h (aggl. 796 100 h). Cap. des sudistes pendant la guerre de Sécession.

Richter Jeremias Benjamin (1762-1807), chimiste allemand.

Richter Charles Francis (1900-1985), géophysicien américain. Il a mis au point l'*échelle de Richter,* qui mesure la magnitude des séismes.

Richter Sviatoslav (né en 1915), pianiste russe.

Ricœur Paul (né en 1913), philosophe français.

Riefenstahl Leni (née en 1902), cinéaste allemande. Réalisatrice officielle du IIIe Reich.

Riel Louis (1844-1885), métis canadien qui dirigea deux rébellions contre l'occupation anglaise. Il fut pendu.

Riemann Bernhard (1826-1866), mathématicien allemand, créateur d'une géométrie non euclidienne.

Rif, chaîne côtière du N. du Maroc. *La guerre du Rif* opposa les Français et les Espagnols à Abd el-Krim (1921-1926).

Rift Valley, suite de dépressions (plaines et lacs) de l'Afrique de l'Est.

Riga, cap. et port de la Lettonie, sur la Baltique ; 913 000 h.

Rigaud Hyacinthe (1659-1743), peintre français, auteur de portraits.

Rigveda, le plus anc. des quatre livres sacrés hindous (entre 1500 et 800 av. J.-C.).

Rijeka (*Fiume* de 1919 à 1947), port de Croatie, sur l'Adriatique ; 159 430 h.

Rilke Rainer Maria (1875-1926), écrivain autrichien : *Élégies de Duino.*

Rimbaud Arthur (1854-1891), poète français : *le Bateau ivre, Une saison en enfer.*

Rimini, stat. balnéaire d'Italie, sur l'Adriatique (Émilie) ; 129 860 h.

Rimski-Korsakov Nikolaï (1844-1908), compositeur russe : *Shéhérazade.*

Rio de Janeiro, port et anc. cap. du Brésil, cap. de l'*État de Rio de Janeiro* ; 5 615 150 h (aggl. 10 217 270 h).

Rio Grande. V. Grande.

Rio Grande do Norte, État du N.-E. du Brésil ; cap. Natal.

Rio Grande do Sul, État du S. du Brésil ; cap. Pôrto Alegre.

Rioja (La), commun. auton. du N. de l'Espagne ; ch.-l. Logroño.

Riom, ch.-l. d'arr. du Puy-de-Dôme ; 19 302 h.

Riopelle Jean-Paul (né en 1923), peintre abstrait canadien.

Risle (la), affl. de la Seine (140 km).

Ris-Orangis, ch.-l. de cant. de l'Essonne ; 24 788 h.

Risorgimento, mouvement nationaliste du XIXᵉ s. qui aboutit à l'unité italienne

Ritsos Yannis (1909-1990), poète grec.

Rivarol Antoine, comte de (1753-1801), écrivain royaliste français.

Rivera Diego (1886-1957), peintre mexicain.

Riviera (la), littoral méditerranéen, de Nice à La Spezia.

Rivoli, bourg d'Italie du N., où Bonaparte vainquit les Autrichiens (1797).

Riyad, cap. de l'Arabie Saoudite ; 667 000 h.

Roanne, ch.-l. d'arr. de la Loire ; 42 848 h.

Robbe-Grillet Alain (né en 1922), écrivain et cinéaste français, initiateur du Nouveau Roman.

Robbia. V. Della Robbia.

Robert Hubert (1733-1808), peintre et graveur préromantique français.

Robert Paul (1910-1980), lexicographe et éditeur français.

Robert Iᵉʳ (v. 865-923), roi de France en 922, ancêtre des Capétiens.

Robert II le Pieux (v. 970-1031), roi de France en 996, fils d'Hugues Capet.

Robert Bellarmin saint (1542-1621), théologien et cardinal italien de la Contre-Réforme.

Robert Courteheuse (v. 1054-1134), duc de Normandie, fils aîné de Guillaume le Conquérant.

Robert Guiscard (v. 1015-1085), aventurier normand qui conquit l'Italie du Sud et la Sicile.

Robert de Molesmes saint (v. 1028-1111), bénédictin français, fondateur de l'abbaye de Cîteaux (1098).

Robert-Houdin Jean Eugène (1805-1871), prestidigitateur français.

Roberval Gilles de (1602-1675), mathématicien et physicien français, inventeur d'une balance.

Robespierre Maximilien de (1758-1794), homme politique français. Député de la Convention, chef des Montagnards, membre du Comité de salut public, il instaura la Terreur ; renversé le 9 thermidor, il fut guillotiné.

Robin des Bois, héros légendaire anglais du Moyen Âge, défenseur des pauvres.

Robinson Ray Sugar (1920-1989), boxeur américain.

Robinson Crusoé, marin naufragé sur une île déserte, héros d'un roman de D. Defoe.

Rob Roy (1671-1734), brigand écossais, devenu figure de légende.

Rocamadour, com. du Lot. Pèlerinage à une Vierge noire.

Rocard Michel (né en 1930), homme politique français (socialiste), Premier ministre (1988-1991).

Rochambeau Jean-Baptiste de (1725-1807), maréchal de France, chef du corps expéditionnaire français lors de la guerre d'Indépendance américaine.

Rochechouart, ch.-l. d'arr. de la Haute-Vienne ; 4 053 h.

Rochefort, ch.-l. d'arr. de la Charente-Maritime ; 26 949 h.

Rochefort Henri (1831-1913), journaliste français, auteur de pamphlets contre Napoléon III.

Rochelle (La), ch.-l. et port de la Charente-Maritime ; 73 744 h.

Rochester, v. des États-Unis (New York) ; 242 600 h (aggl. 989 000 h).

Roche-sur-Yon (La), ch.-l. de la Vendée ; 48 518 h.

Rocheuses (montagnes), chaîne de l'O. de l'Amérique du Nord.

Rockefeller John Davison (1839-1937), industriel et philanthrope américain.

Rocroi (Ardennes), victoire du Grand Condé sur les Espagnols (1643).

Rodez, ch.-l. de l'Aveyron ; 26 794 h.

Rodin Auguste (1840-1917), sculpteur français : *les Bourgeois de Calais.*

Rodolphe. V. Raoul.

Rodolphe (lac). V. Turkana.

Rodolphe Iᵉʳ de Habsbourg (1218-1291), empereur germanique en 1273, fondateur de la puissance des Habsbourg.

Rodolphe de Habsbourg (1858-1889), archiduc d'Autriche, trouvé mort à Mayerling.

Rodtchenko Alexandre (1891-1956), peintre et sculpteur soviétique.

Rohan Édouard, prince de (1734-1803), cardinal français, compromis dans l'affaire du Collier de la reine.

Rois (livre des), livres de l'Ancien Testament, retraçant l'histoire des Hébreux de la mort de David à la destruction du Temple.

Rois (Vallée des), site archéologique d'Égypte, près de Louxor, nécropole des pharaons.

Roissy-en-France, com. du Val-d'Oise. Aéroport de Paris-Charles-de-Gaulle.

Roland, compagnon légendaire de Charlemagne ; héros de la *Chanson de Roland,* chanson de geste du XIIe s.

Rolland Romain (1866-1944), écrivain français : *Jean-Christophe.*

Rolling Stones (les), groupe britannique de musique pop.

Rollon (mort v. 927), chef de pirates normands, premier duc de Normandie.

Rolls-Royce, société britannique fabriquant des voitures de luxe et des moteurs d'avion.

Romagne, anc. prov. d'Italie.

Romain Jules (v. 1499-1546), architecte et peintre maniériste italien.

Romains Jules (1885-1972), écrivain français : *les Hommes de bonne volonté.*

Romainville, ch.-l. de cant. de la Seine-Saint-Denis ; 23 615 h.

Romanov, dynastie russe qui régna de 1613 à 1917.

Romans-sur-Isère, ch.-l. de cant. de la Drôme ; 33 546 h.

Rome, cap. de l'Italie, sur le Tibre ; 2 828 690 h. Fondée, selon la tradition, en 753 av. J.-C., Rome fut la capitale de l'Empire romain, qui disparaît en 476. Résidence des papes, elle fut la capitale de la chrétienté occidentale, puis du catholicisme. Immense richesse monumentale. — *Le traité de Rome* est l'acte fondateur de la C.É. E. (1957).

Romé de l'Isle Jean-Baptiste (1736-1790), minéralogiste français, fondateur de la cristallographie.

Rommel Erwin (1891-1944), maréchal allemand, commandant de l'Afrikakorps.

Romorantin-Lanthenay, ch.-l. d'arr. du Loir-et-Cher ; 18 472 h.

Romulus, fondateur légendaire et premier roi de Rome (*Myth. rom.*).

Roncevaux, col des Pyrénées, où Roland fut tué.

Ronsard Pierre de (1524-1585), poète français, fondateur de la Pléiade : *Amours, Hymnes.*

Röntgen Wilhelm Conrad (1845-1923), physicien allemand. Il découvrit les rayons X.

Roosevelt Theodore (1858-1919), président (républicain) des États-Unis (1901-1908).

Roosevelt Franklin Delano (1882-1945), président (démocrate) des États-Unis de 1933 à sa mort, initiateur du New Deal.

Rorschach Hermann (1884-1922), neuropsychiatre suisse, auteur d'un test fondé sur l'interprétation de taches d'encre.

Rosario, v. d'Argentine, sur le Paraná ; 794 130 h.

Roscoff, stat. balnéaire du N. du Finistère.

Rose (mont), massif des Alpes (4 633 m).

Rose-Croix, confrérie mystique qui se constitua en Allemagne au XVIIe s.

Rosenberg (affaire), campagne internationale d'opinion déclenchée par l'exécution pour espionnage des époux Rosenberg, citoyens américains juifs et communistes (1953).

Rosette (pierre de), stèle trilingue découverte à Rosette (Égypte), qui permit à Champollion de déchiffrer les hiéroglyphes.

Rosi Francesco (né en 1922), cinéaste italien.

Roskilde, v. du Danemark ; 49 000 h. Cap. du royaume jusqu'au XVe s.

Rosny Joseph Henri (dit *Rosny aîné*) (1856-1940) et son frère **Séraphin Justin** (dit *Rosny jeune*) (1859-1948), écrivains français : *la Guerre du feu.*

Rosny-sous-Bois, ch.-l. de cant. de la Seine-Saint-Denis ; 37 779 h.

Ross sir John (1777-1856) et son neveu **sir James Clarke** (1800-1862), explorateurs anglais des rég. arctiques et antarctiques.

Rossellini Roberto (1906-1977), cinéaste néoréaliste italien : *Rome ville ouverte.*

Rossetti Dante Gabriel (1828-1882), peintre et poète anglais, préraphaélite.

Rossi Tino (1907-1983), chanteur français de variétés.

Rossini Gioacchino (1792-1868), compositeur italien d'opéras : *Guillaume Tell.*

Rosso (le) (1494-1540), peintre et décorateur italien de la Renaissance.

Rostand Edmond (1868-1918), auteur dramatique français : *Cyrano de Bergerac.*

Rostand Jean (1894-1977), fils du préc., biologiste français.

Rostock, port d'Allemagne (Mecklembourg-Poméranie) ; 236 010 h.

Rostopchine Fedor, comte (1763-1826), général russe, gouverneur de Moscou en 1812. Père de la comtesse de Ségur.

Rostov-sur-le-Don, v. de Russie ; 1 015 000 h.

Rostropovitch Mstislav (né en 1927), violoncelliste et chef d'orchestre russe.

Roth Joseph (1894-1939), romancier autrichien : *la Marche de Radetzky.*

Roth Philip (né en 1933), romancier américain : *Portnoy et son complexe.*

Rothko Mark (1903-1970), peintre abstrait américain d'origine russe.

Rothschild, famille de financiers israélites d'origine allemande (Francfort) qui se sont également établis à Paris et à Londres.

Rotrou Jean de (1609-1650), auteur dramatique français, préclassique.

Rotterdam, v. des Pays-Bas et premier port du monde ; 574 300 h (aggl. 1 025 500 h).

Rouault Georges (1871-1958), peintre français.

Roubaix, ch.-l. de cant. du Nord ; 98 179 h.

Roublev Andreï (v. 1360-v. 1430), moine russe, peintre d'icônes.

Rouch Jean (né en 1917), cinéaste français : *Moi un Noir.*

Rouen, ch.-l. de la Seine-Maritime et de la Rég. Haute-Normandie ; 105 470 h (aggl. 380 200 h).

Rouergue, rég. du S. de la France ; cap. Rodez.

Rouge (fleuve), fl. du Viêt-nam (1 200 km).

Rouge (mer), mer qui sépare l'Afrique et l'Arabie.

Rouge (place), centre historique de Moscou, entre le Kremlin et la vieille ville.

Rouget de Lisle Claude (1760-1836), officier français, auteur de la *Marseillaise.*

Rouher Eugène (1814-1884), homme politique français du Second Empire.

Roulers, v. de Belgique ; 51 980 h.

Roumanie, État du S.-E. de l'Europe ; 237 500 km² ; env. 23 000 000 h ; cap. Bucarest.

Roumanille Joseph (1818-1891), écrivain français d'expression provençale.

Rousseau Jean-Jacques (1712-1778), écrivain et philosophe genevois : l' *Émile, les Confessions, Du contrat social*.

Rousseau Théodore (1812-1867), peintre français de l'école de Barbizon.

Rousseau Henri (dit *le Douanier*) (1844-1910), peintre naïf français.

Roussel Albert (1869-1937), compositeur français : *le Festin de l'araignée*.

Roussel Raymond (1877-1933), écrivain français : *Locus Solus*.

Roussillon, anc. prov. française ; cap. Perpignan.

Roux Émile (1853-1933), médecin français, collaborateur de Pasteur.

Roxane (morte v. 310 av. J.-C.), épouse d'Alexandre le Grand.

Royan, stat. balnéaire de la Charente-Maritime ; 17 500 h.

Royaume-Uni. V. Grande-Bretagne.

Royaumont, centre culturel situé dans une abbaye du XIIIe s. (Val-d'Oise).

R.P.F. Sigle de *Rassemblement du peuple français*, parti politique fondé par Ch. de Gaulle (1947-1953).

R.P.R. Sigle de *Rassemblement pour la République*, parti fondé par J. Chirac (1976).

Ruanda. V. Rwanda.

Rubens Pierre Paul (1577-1640), peintre baroque flamand.

Rubicon (le), riv. qui séparait la Gaule Cisalpine de l'Italie, que César franchit en 50 av. J.-C., se mettant ainsi dans l'illégalité.

Rubinstein Anton (1829-1894), compositeur et pianiste russe.

Rubinstein Arthur (1887-1982), pianiste américain d'origine polonaise.

Rudaki (mort en 940), poète lyrique persan.

Rude François (1784-1855), sculpteur romantique français : *la Marseillaise*.

Rueil-Malmaison, ch.-l. de cant. des Hauts-de-Seine ; 67 323 h. Château qui fut habité par Bonaparte et Joséphine.

Rugby, v. universitaire d'Angleterre ; 59 560 h.

Ruhr (la), riv. d'Allemagne (235 km), affl. du Rhin, qui a donné son nom à un foyer industriel d'importance mondiale ; v. princ. Essen, Dortmund, Duisburg, Düsseldorf.

Ruisdael. V. Ruysdael.

Rumford Benjamin Thompson, comte (1753-1814), physicien américain.

Rungis, com. du Val-de-Marne ; marché qui a remplacé les Halles de Paris (1969).

Ruskin John (1819-1900), critique d'art et sociologue anglais.

Russell Bertrand (1872-1970), mathématicien, logicien et philosophe britannique : *Principia mathematica*.

Russell Henry Norris (1877-1957), mathématicien et astronome américain.

Russie, État d'Europe orientale et d'Asie (Sibérie), anc. rép. fédérée de l'U.R.S.S. ; 17 075 400 km^2 ; 148 100 000 h ; cap. Moscou. La *campagne de Russie* fut entreprise en 1812 par Napoléon Ier jusqu'à Moscou, où il dut faire retraite dans des conditions désastreuses.

Russie Blanche. V. Biélorussie.

russo-japonaise (guerre), conflit qui opposa le Japon à la Russie, qui, vaincue, dut évacuer la Mandchourie (1904-1905).

Rutebeuf, poète parisien du XIIIe s.

Ruthénie, rég. d'Europe orientale, auj. en Ukraine.

Rutherford of Nelson Ernest, lord (1871-1937), physicien anglais, initiateur de la physique nucléaire.

Ruysbroek. V. Van Ruysbroek.

Ruysdael ou **Ruisdael** Jacob Van (v. 1628-1682), peintre hollandais, paysagiste.

Ruyter Michiel de (1607-1676), amiral néerlandais.

Rwanda ou **Ruanda,** État d'Afrique centrale ; 26 338 km^2 ; env. 7 000 000 h ; cap. Kigali.

Ryswick, v. des Pays-Bas ; 48 660 h. Les *traités de Ryswick* mirent fin à la guerre de la ligue d'Augsbourg (1697).

Ryukyu, archipel japonais dont fait partie Okinawa.

Saadi Mucharrif al-Dîn (v. 1213-v. 1290), poète persan : *le Gulistan*.

Saarinen Eero (1910-1961), architecte et designer américain d'origine finlandaise.

Saba, anc. royaume de l'Arabie, dont la reine rendit visite au roi Salomon (*Bible*).

Sabadell, v. d'Espagne (Catalogne) ; 184 940 h.

Sabah (anc. *Bornéo-Septentrional*), État fédéré de Malaisie (Kalimantan).

Sabins, anc. peuple de l'Italie centrale.

Sables-d'Olonne (Les), ch.-l. d'arr. et stat. balnéaire de la Vendée ; 16 245 h.

Sacco et Vanzetti (affaire), campagne internationale d'opinion déclenchée par la condamnation à mort aux États-Unis de Nicola Sacco et Bartolomeo Vanzetti, immigrés italiens et militants anarchistes (1921-1927).

Sacher-Masoch Leopold von (1836-1895), écrivain autrichien : *la Vénus à la fourrure*.

Sachs Hans (1494-1576), poète-musicien allemand, immortalisé par Wagner.

Sachs Nelly (1891-1970), écrivain suédois d'origine et d'expression allemandes.

Saclay, centre de recherches nucléaires (Essonne).

Sacramento, v. des États-Unis, cap. de la Californie ; 304 100 h (aggl. 1 219 600 h).

Sacré-Cœur (basilique du), église de Paris, sur la butte Montmartre.

Sadate Anouar el- (1918-1981), homme politique égyptien, successeur de Nasser en 1970. Il signa la paix avec Israël ; assassiné.

Sade Donatien, marquis de (1740-1814), écrivain français : *la Philosophie dans le boudoir*.

Sadowa (Bohême), victoire de l'armée prussienne sur les Autrichiens (1866).

Safi, port du Maroc, sur l'Atlantique ; 197 310 h.

Sagan Françoise (née en 1935), écrivain français : *Bonjour tristesse*.

Sagittaire (le), constellation australe et signe du zodiaque (23 novembre-21 décembre).

Sahara, désert du N. de l'Afrique, le plus grand du monde (env. 10 000 000 km²).

Sahara occidental, anc. *Sahara espagnol*, annexé par le Maroc ; v. princ. Laâyoune.

Sahel, rég. sèche de la bordure S. du Sahara.

Saigon. V. Hô Chi Minh-Ville.

Saint-Amand-Montrond, ch.-l. d'arr. du Cher ; 12 377 h.

Saint-Amant Marc Antoine de (1594-1661), poète français.

Saint-André, ch.-l. de cant. de la Réunion ; 35 375 h.

Saint-Ange (château), anc. mausolée d'Hadrien à Rome, transformé en citadelle.

Saint-Barthélemy, île française des Antilles, dépendant de la Guadeloupe.

Saint-Barthélemy (la), massacre des protestants perpétré à Paris dans la nuit du 24 août 1572 sur l'ordre de Charles IX.

Saint-Benoît, ch.-l. d'arr. de la Réunion ; 26 457 h.

Saint-Benoît-sur-Loire, com. du Loiret. Abbaye bénédictine fondée v. 651.

Saint-Bernard (Grand-), col des Alpes, entre la Suisse et l'Italie (2 473 m).

Saint-Bernard (Petit-), col des Alpes, entre la France et l'Italie (2 188 m).

Saint-Bertrand-de-Comminges, com. de la Haute-Garonne. Cathédrale et cloître roman.

Saint-Brieuc, ch.-l. des Côtes-d'Armor ; 47 370 h.

Saint Catharines, v. du Canada (Ontario) ; 123 460 h.

Saint-Chamond, ch.-l. de cant. de la Loire ; 39 262 h.

Saint-Christophe et Niévès (en anglais *Saint Kitts and Nevis*), État des Petites Antilles ; 261 km² ; 45 000 h ; cap. Basseterre.

Saint-Clair-sur-Epte, traité qui laissait la future Normandie à Rollon (911).

Saint-Claude, ch.-l. d'arr. du Jura ; 13 265 h.

Saint-Cloud, ch.-l. de cant. des Hauts-de-Seine ; 28 673 h.

Saint-Cyran, V. Du Vergier.

Saint-Cyr-l'École, ch.-l. de cant. des Yvelines ; 15 838 h. Anc. siège d'une école d'officiers.

Saint-Denis, ch.-l. de cant. de la Seine-Saint-Denis ; 90 806 h. Basilique gothique abritant les tombeaux des rois de France.

Saint-Denis, ch.-l. de la Réunion ; 122 875 h.

Saint-Dié, ch.-l. d'arr. des Vosges ; 23 670 h.

Saint-Dizier, ch.-l. d'arr. de la Haute-Marne ; 35 558 h.

Saint-Domingue. V. Haïti.

Saint-Domingue, cap. de la rép. Dominicaine ; 1 318 200 h.

Sainte-... V. après Saint-Vincent.

Saint Empire romain germanique, empire fondé en 962 par Otton Ier et dissous en 1806.

Saint-Étienne, ch.-l. de la Loire ; 201 569 h.

Saint-Étienne-du-Rouvray, ch.-l. de cant. de la Seine-Maritime ; 31 012 h.

Saint-Évremond Charles de (v. 1614-1703), écrivain libertin français.

Saint-Exupéry Antoine de (1900-1944), aviateur et écrivain français : *Vol de nuit.*

Saint-Flour, ch.-l. d'arr. du Cantal ; 8 347 h.

Saint-Gall, v. du N.-E. de la Suisse ; 75 850 h ; ch.-l. du *canton de Saint-Gall.*

Saint-Gaudens, ch.-l. d'arr. de la Haute-Garonne ; 11 888 h.

Saint George (canal), détroit entre la Grande-Bretagne et l'Irlande.

Saint George's, cap. de l'État de Grenade ; 31 000 h.

Saint-Germain-des-Prés, abbaye parisienne fondée par Childebert Ier v. 558.

Saint-Germain-en-Laye, ch.-l. d'arr. des Yvelines ; 41 710 h.

Saint-Germain-l'Auxerrois, église gothique de Paris, en face du Louvre.

Saint-Girons, ch.-l. d'arr. de l'Ariège ; 7 065 h.

Saint-Gothard, massif des Alpes suisses, où le Rhône et le Rhin prennent leur source.

Saint-Hélier, cap. de Jersey ; 28 000 h.

Saint-Herblain, ch.-l. de cant. de la Loire-Atlantique ; 43 439 h.

Saint-Jacques-de-Compostelle, v. d'Espagne, cap. de la Galice ; 82 400 h. Cathédrale romane (XIIe s.), pèlerinage.

Saint-Jean-Cap-Ferrat, stat. balnéaire des Alpes-Maritimes.

Saint-Jean-d'Angély, ch.-l. d'arr. de la Charente-Maritime ; 8 687 h.

Saint-Jean-de-Luz, ch.-l. de cant. et stat. balnéaire des Pyrénées-Atlantiques ; 13 181 h.

Saint-Jean-de-Maurienne, ch.-l. d'arr. de la Savoie ; 9 830 h.

Saint-John Perse (Alexis Léger, dit) (1887-1975), poète français : *Anabase, Amers.*

Saint John's, cap. d'Antigua ; env. 30 000 h.

Saint John's ou **Saint-Jean,** port du Canada, ch.-l. de Terre-Neuve ; 96 220 h.

Saint-Julien-en-Genevois, ch.-l. d'arr. de la Haute-Savoie ; 8 048 h.

Saint-Just Louis (1767-1794), homme politique français. Membre du Comité de salut public, il fut exécuté avec Robespierre.

Saint Kitts and Nevis. V. Saint-Christophe.

Saint-Laurent, fl. d'Amérique du Nord (3 700 km), reliant les Grands Lacs à l'Atlantique (*golfe du Saint-Laurent*).

Saint-Laurent Louis Stephen (1882-1973), homme politique canadien (libéral).

Saint-Laurent Yves (né en 1936), couturier français.

Saint-Laurent-du-Maroni, ch.-l. d'arr. de la Guyane ; 13 894 h.

Saint-Lô, ch.-l. de la Manche ; 22 819 h.

Saint-Louis, ch.-l. de cant. de la Réunion ; 37 798 h.

Saint-Louis (île), île de la Seine, à Paris.

Saint Louis, v. des États-Unis (Missouri) ; 429 300 h (aggl. 2 398 400 h).

Saint-Louis, port du Sénégal ; 118 200 h.

Saint Louis. V. Louis IX.

Saint-Malo, ch.-l. d'arr. et port d'Ille-et-Vilaine ; 49 274 h. Remparts.

Saint-Marin, petite rép. enclavée en territoire italien ; 61,2 km² ; 24 300 h.

Saint-Martin, île des Petites Antilles, partagée entre la France et les Pays-Bas.

Saint-Martin-d'Hères, ch.-l. de cant. de l'Isère ; 34 501 h.

Saint-Maur-des-Fossés, ch.-l. de cant. du Val-de-Marne ; 77 492 h.

Saint-Michel-de-Provence, observatoire d'astrophysique (Alpes-de-Haute-Provence).

Saint-Moritz, stat. hivernale de Suisse (Grisons).

Saint-Nazaire, ch.-l. d'arr. de la Loire-Atlantique ; 66 087 h.

Saint-Nicolas, v. de Belgique (Flandre-Orientale) ; 68 200 h.

Saint-Office, congrégation pontificale fondée en 1542 afin de combattre la Réforme, devenue Congrégation pour la doctrine de la foi en 1965.

Saint-Omer, ch.-l. d'arr. du Pas-de-Calais ; 15 304 h.

Saint-Ouen, ch.-l. de cant. de la Seine-Saint-Denis ; 42 611 h.

Saint-Paul ou **Saint-Paul-de-Vence,** com. des Alpes-Maritimes. Centre artistique.

Saint-Paul, ch.-l. d'arr. de la Réunion ; 71 952 h.

Saint Paul, v. des États-Unis, cap. du Minnesota ; 265 900 h ; conurbation avec Minneapolis.

Saint-Pétersbourg (*Petrograd* de 1914 à 1924, *Leningrad* de 1924 à 1991), v. de Russie ; 4 995 000 h.

Saint Petersburg, port des États-Unis (Floride) ; 241 300 h.

Saint-Pierre, ch.-l. de cant. de la Martinique ; 5 045 h. Détruite en 1902 par l'éruption de la montagne Pelée (28 000 victimes).

Saint-Pierre, ch.-l. d'arr. de la Réunion ; 59 645 h.

Saint-Pierre de Rome, basilique du Vatican, la plus vaste de la chrétienté (XVIe-XVIIe s.).

Saint-Pierre-et-Miquelon, archipel au S. de Terre-Neuve et dép. français d'outre-mer ; 242 km² ; 6 392 h ; ch.-l. Saint-Pierre (5 415 h).

Saint-Pierre-Port, cap. de Guernesey ; 17 000 h.

Saint-Pol-Roux (Paul Roux, dit) (1861-1940), poète symboliste français.

Saint-Priest, ch.-l. de cant. du Rhône ; 42 131 h.

Saint-Quentin, ch.-l. d'arr. de l'Aisne, sur le *canal de Saint-Quentin* (entre l'Escaut et l'Oise) ; 62 085 h.

Saint-Quentin-en-Yvelines, v. nouvelle créée en 1972 ; 153 998 h.

Saint-Raphaël, stat. balnéaire du Var ; 24 310 h.

Saint-Rémy-de-Provence, ch.-l. de cant. des Bouches-du-Rhône ; 8 439 h. Ruines de Glanum.

Saint-Saëns Camille (1835-1921), compositeur français : *Samson et Dalila.*

Saint-Sébastien, port d'Espagne ; 175 510 h ; ch.-l. de la prov. basque de Guipúzcoa.

Saint-Sépulcre (le), constructions érigées à Jérusalem sur le tombeau du Christ.

Saint-Siège (le), gouvernement de l'Église catholique, à Rome.

Saint-Simon Louis, duc de (1675-1755), écrivain français : *Mémoires*.

Saint-Simon Claude Henri, comte de (1760-1825), philosophe français, théoricien du socialisme : *le Catéchisme des industriels.*

Saint-Sulpice, société de prêtres (sulpiciens), se destinant à la formation des séminaristes.

Saint-Tropez, stat. balnéaire de Provence.

Saint-Vincent, cap au S.-O. du Portugal.

Saint-Vincent et Grenadines, État des Petites Antilles ; 389 km² ; 123 000 h ; cap. Kingstown.

Sainte-Baume (la), massif de Provence.

Sainte-Beuve Charles Augustin (1804-1869), écrivain français, maître de la critique littéraire : *Causeries du lundi.*

Sainte-Chapelle, chapelle gothique située dans l'enceinte du Palais de Justice de Paris.

Sainte-Claire-Deville Henri (1818-1881), chimiste français.

Sainte-Geneviève-des-Bois, ch.-l. de cant. de l'Essonne ; 31 372 h.

Sainte-Hélène, île britannique de l'Atlantique Sud. Napoléon y fut déporté de 1815 à sa mort.

Sainte-Lucie, État des Petites Antilles ; 616 km² ; 136 000 h ; cap. Castries.

Sainte-Maxime, stat. balnéaire du Var.

Sainte-Menehould, ch.-l. d'arr. de la Marne ; 5 410 h.

Sainte-Mère-Église, ch.-l. de cant. de la Manche, où une division américaine fut parachutée le 6 juin 1944.

Sainte-Sophie, anc. basilique de Constantinople (VIᵉ s.), devenue mosquée, puis musée.

Saintes, ch.-l. d'arr. de la Charente-Maritime ; 27 546 h.

Saintes (les), archipel des Antilles, dépendant de la Guadeloupe.

Saintes-Maries-de-la-Mer, ch.-l. de cant. des Bouches-du-Rhône. Pèlerinage gitan.

Saintonge, anc. prov. de France ; cap. Saintes.

Saïs, v. de l'Égypte ancienne, dans le Delta.

Sakai, v. du Japon (Honshu) ; 818 270 h.

Sakalaves, peuple de Madagascar.

Sakhaline, île de Russie, au N. du Japon.

Sakharov Andreï (1921-1989), physicien nucléaire soviétique, défenseur des droits de l'homme en U.R.S.S.

Sakkarah. V. Saqqarah.

Salacrou Armand (1899-1989), auteur dramatique français : *Boulevard Durand.*

Saladin Iᵉʳ (1138-1193), premier sultan ayyubide en 1171. Il reprit Jérusalem aux chrétiens.

Salamanque, v. d'Espagne (Castille et León) ; 152 770 h. Monuments anciens.

Salamine, île de Grèce, au large du Pirée. Victoire navale de Thémistocle sur les Perses (480 av. J.-C.).

Salan Raoul (1899-1984), général français, chef de l'O.A.S.

Salazar Antonio (1889-1970), homme politique portugais, au pouvoir de 1932 à 1968.

Salé, v. du Maroc ; 289 390 h.

Salengro Roger (1890-1936), homme politique français (socialiste). Il se suicida.

Salerne, v. d'Italie (Campanie) ; 156 600 h.

Salieri Antonio (1750-1825), compositeur italien, rival de Mozart.

Salinger Jerome David (né en 1919), romancier américain : *l'Attrape-cœur.*

Salisbury, v. d'Angleterre ; 35 360 h. Cathédrale.

Salisbury. V. Harare.

Salisbury Robert, marquis de (1830-1903), homme politique britannique (conservateur).

Salluste (86-v. 35 av. J.-C.), historien latin.

Salo, v. d'Italie du Nord, siège de la *République sociale italienne* (septembre 1943-avril 1945), fondée par Mussolini.

Salomé (morte v. 72), princesse juive, fille d'Hérodiade, elle obtint la tête de saint Jean-Baptiste.

Salomon (îles), État du Pacifique ; 28 446 km² ; 305 500 h ; cap. Honiara.

Salomon, roi d'Israël de 970 à 931 av. J.-C., fils de David et de Bethsabée.

Salomon Ernst von (1902-1972), écrivain allemand : *les Réprouvés.*

Salon-de-Provence, ch.-l. de cant. des Bouches-du-Rhône ; 35 041 h.

Salonique. V. Thessalonique.

Salouen (le ou la), fl. d'Asie du Sud-Est (Chine, Birmanie) (2 500 km).

Salpêtrière (la), hôpital de Paris.

Saltillo, v. du N.-E. du Mexique ; 284 940 h.

Salt Lake City, v. des États-Unis (Utah) ; 164 800 h (aggl. 1 025 300 h). Temple des mormons.

Saltykov-Chtchedrine (1826-1889), romancier russe satirique.

Salut (Armée du), V. Armée du Salut.

Salvador, État d'Amérique centrale, sur le Pacifique ; 21 041 km² ; env. 5 000 000 h ; cap. San Salvador.

Salvador (anc. *Bahia*), port du Brésil, cap. de l'État de Bahia ; 1 811 370 h.

Salzbourg, v. d'Autriche, cap. du *Land de Salzbourg* ; 139 430 h (aggl. 267 280 h). Festival Mozart.

Sam (Oncle), personnification du peuple des États-Unis.

Samara (*Kouïbychev* de 1935 à 1990), v. de Russie, sur la Volga ; 1 292 000 h.

Samarie, v. de la Palestine centrale et anc. v. qui fut la cap. d'Israël de 880 à 720 av. J.-C.

Samarkand, v. de l'Ouzbékistan ; 371 000 h. Cap. de l'empire de Tamerlan (XVᵉ s.).

Sambre (la), affl. de la Meuse (190 km).

Sammartini Giovanni Battista (v. 1700-1775), compositeur italien.

Samnites, anc. peuple d'Italie centrale.

Samoa, archipel de Polynésie, formé des *Samoa orientales* ou *américaines* et de l' *État des Samoa* (2 842 km² ; 163 000 h ; cap. Apia).

Samory Touré (v. 1837-1900), souverain mandingue qui s'opposa à l'expansion française.

Samos, île grecque de la mer Égée (Sporades).

Samothrace, île grecque du N. de la mer Égée, où fut trouvée une statue de Victoire ailée (Louvre).

Samoyèdes, peuple mongol de Sibérie.

Samson, juge d'Israël, doué d'une force surhumaine (*Bible*).

Samuel, prophète et juge d'Israël (*Bible*).

Samuelson Paul Anthony (né en 1915), économiste américain.

Sanaa, cap. du Yémen ; env. 500 000 h.

Sanaga (la), fl. du Cameroun (520 km).

San Andreas, faille qui fissure la Californie.
San Antonio, v. des États-Unis (Texas) ; 914 350 h.
Sanchi, site archéologique de l'Inde centrale.
Sancho Pança, personnage de Cervantès, écuyer de Don Quichotte.
San Cristóbal, v. du Venezuela ; 230 950 h.
Sancy (puy de), point culminant du Massif central (1 886 m).
Sand (Aurore Dupin, dite George) (1804-1876), écrivain français : *la Mare au diable*.
San Diego, port des États-Unis (Californie) ; 960 500 h (aggl. 2 063 900 h).
Sandino César (1895-1934), patriote nicaraguayen en lutte contre les États-Unis ; assassiné.
Sandwich (îles). V. Hawaii.
San Francisco, port des États-Unis (Californie), sur la *baie de San Francisco* ; 749 000 h (aggl. 4 264 000 h). La *première conférence de San Francisco* (1945) établit la charte des Nations unies ; la *seconde conférence* (1951), un traité de paix avec le Japon.
Sangallo Giuliano da (v. 1445-1516), architecte florentin de la Renaissance.
Sangallo Antonio (dit *le Jeune*) (1483-1546), architecte italien. Palais Farnèse, à Rome.
San Gimignano, cité médiévale de Toscane.
Sangnier Marc (1873-1950), homme politique français, promoteur du christianisme social.
Sanguinaires (les), îles de la Corse, en face d'Ajaccio.
San Jose, v. des États-Unis (Californie) ; 712 080 h (aggl. 1 360 000 h).
San José, cap. du Costa Rica ; 274 830 h.
San Juan, cap. de Porto Rico ; 435 000 h (aggl. env. 1 000 000 h).
Sankt Pölten, v. d'Autriche, cap. de la Basse-Autriche ; 51 000 h. Monuments baroques.
San Luis Potosí, v. du Mexique ; 362 370 h.
San Martín José de (1778-1850), général argentin ; héros de l'Indépendance latino-américaine.
San Miguel de Tucumán, v. du N.-O. de l'Argentine ; 394 120 h.
San Pedro Sula, v. du Honduras ; 397 200 h.
San Remo ou **Sanremo**, stat. balnéaire d'Italie (Ligurie) ; 60 790 h.
San Salvador, cap. du Salvador ; 1 057 000 h.
Sans-Souci (château de), château de Prusse, près de Potsdam, bâti pour Frédéric II.
Santa Anna Antonio López de (1791-1876), homme politique mexicain. Il céda le N. du pays (Texas, Californie) aux États-Unis.
Santa Cruz de la Sierra, v. de Bolivie ; 441 720 h.
Santa Cruz de Tenerife, port des Canaries ; 212 520 h.
Santander, port du N. de l'Espagne, cap. de la Cantabrie ; 188 180 h.
Santiago, cap. du Chili ; 4 913 060 h.
Santiago de Cuba, port de Cuba ; 402 050 h.
Santorin ou **Thêra**, île grecque du S. des Cyclades.
Santos, port du Brésil (São Paulo) ; 461 100 h.
Santos-Dumont Alberto (1873-1932), aéronaute brésilien, pionnier de l'aviation.
Sao Francisco (le), fl. du Brésil (3 161 km).
São Luís do Maranhão, port du Brésil (Nordeste) ; 564 430 h.

São Miguel, principale île des Açores ; ch.-l. Ponta Delgada.
Saône (la), affl. du Rhône (480 km).
Saône (Haute-), dép. français (70) (Franche-Comté) ; 5 343 km^2 ; 237 929 h ; ch.-l. Vesoul.
Saône-et-Loire, dép. français (71) (Bourgogne) ; 8 565 km^2 ; 572 402 h ; ch.-l. Mâcon.
São Paulo, première v. du Brésil, cap. de l'*État de São Paulo* ; 10 099 090 h.
São Tomé et Príncipe, archipel et État du golfe de Guinée ; 964 km^2 ; 120 000 h ; cap. **São Tomé** (25 000 h).
Sapir Edward (1884-1939), linguiste américain.
Sappho ou **Sapho** (v. 620-v. 580 av. J.-C.), poétesse lyrique grecque.
Sapporo, v. du Japon (Hokkaido) ; 1 562 370 h.
Saqqarah ou **Sakkarah**, site archéologique d'Égypte, au S.-O. du Caire.
Sara ou **Sarah**, épouse d'Abraham, mère d'Isaac (*Bible*).
Saragosse, v. d'Espagne ; 592 670 h ; cap. de l'Aragon. Cathédrale.
Sarajevo, cap. de la Bosnie-Herzégovine ; 319 020 h. Le 28 juin 1914, l'assassinat de l'archiduc François-Ferdinand déclencha la Première Guerre mondiale.
Sarakollés ou **Soninkés**, peuple mandingue de l'Afrique occidentale.
Saratoga Springs (bataille de), capitulation des Anglais devant les Américains (1777).
Saratov, v. de Russie, sur la Volga ; 926 000 h.
Sarawak, État de Malaisie (N.-O. de Bornéo).
Sarcelles, ch.-l. de cant. du Val-d'Oise ; 57 121 h.
Sardaigne, île et rég. admin. de l'Italie, au S. de la Corse ; ch.-l. Cagliari.
Sardanapale, dernier souverain d'Assyrie, dans la légende grecque.
Sardes, anc. cap. de la Lydie.
Sargasses (mer des), zone de l'Atlantique Nord, à l'E. des Bahamas.
Sargon II (mort en 705 av. J.-C.), roi d'Assyrie en 722.
Sarh (anc. *Fort-Archambault*), v. du S. du Tchad ; 37 000 h.
Sarlat-la-Canéda, ch.-l. d'arr. de la Dordogne ; 10 648 h.
Sarmates, peuple nomade originaire d'Asie centrale (IIIe-Ier s av. J.-C.).
Sarnath, lieu au N. de Bénarès, où le Bouddha prêcha pour la première fois.
Sarrasins, les musulmans au Moyen Âge.
Sarraute Nathalie (née en 1900), écrivain français : *l'Ère du soupçon*.
Sarre (la), affl. de la Moselle (240 km).
Sarre, Land d'Allemagne ; cap. Sarrebruck.
Sarrebourg, ch.-l. d'arr. de la Moselle ; 15 139 h.
Sarrebruck, v. d'Allemagne, cap. de la Sarre ; 184 350 h.
Sarreguemines, ch.-l. d'arr. de la Moselle ; 23 684 h.
Sartène, ch.-l. d'arr. de la Corse-du-Sud ; 3 649 h.
Sarthe (la), affl. de la Maine (285 km).
Sarthe, dép. français (72) (Pays de la Loire) ; 6 210 km^2 ; 525 554 h ; ch.-l. Le Mans.

Sartre Jean-Paul (1905-1980), philosophe existentialiste et écrivain français : *l'Être et le Néant, la Nausée.*

Sartrouville, ch.-l. de cant. des Yvelines ; 50 440 h.

Saskatchewan (la), prov. du centre du Canada ; cap. Regina.

Sassanides, dynastie perse (226-651), qui succomba à la conquête arabe.

Sassari, v. d'Italie (Sardaigne) ; 119 840 h.

Satan, chef des anges rebelles devenu l'esprit du mal (*Bible*).

Satie Erik (1866-1925), compositeur français.

Satory, camp militaire près de Versailles.

Saturne, divinité italique identifiée au Cronos des Grecs (*Myth. rom.*).

Saturne, planète du système solaire entourée d'un système d'anneaux.

Saül (mort v. 1015 av. J.-C.), premier roi des Hébreux.

Sault-Sainte-Marie, v. du Canada (Ontario) ; 80 910 h.

Saumur, ch.-l. d'arr. de Maine-et-Loire ; 31 894 h.

Saussure Horace Bénédict de (1740-1799), physicien suisse. Il organisa la première ascension du mont Blanc (1786).

Saussure Ferdinand (1857-1913), linguiste suisse, fondateur de la linguistique moderne.

Sauvy Alfred (1898-1990), démographe et économiste français.

Save (la), affl. du Danube (940 km).

Saverne, ch.-l. d'arr. du Bas-Rhin, au pied du *col de Saverne* qui relie l'Alsace et la Lorraine ; 10 448 h.

Savigny-sur-Orge, ch.-l. de cant. de l'Essonne ; 33 651 h.

Savoie, anc. prov. du royaume de Piémont, rattachée à la France en 1860. La *maison de Savoie* a régné sur l'Italie jusqu'en 1946.

Savoie, dép. français (73) (Rhône-Alpes) ; 6 036 km² ; 357 679 h. ; ch.-l. Chambéry.

Savoie (Haute-), dép. français (74) (Rhône-Alpes) ; 4 391 km² ; 579 359 h. ; ch.-l. Annecy.

Savonarole Jérôme (1452-1498), prédicateur florentin ; excommunié et brûlé.

Savone, port d'Italie (Ligurie) ; 75 070 h.

Saxe, Land d'Allemagne ; cap. Dresde.

Saxe (Basse-), Land d'Allemagne ; cap. Hanovre.

Saxe Maurice, comte de (dit le *Maréchal de Saxe*) (1696-1750), maréchal de France, victorieux à Fontenoy (1745).

Saxe-Anhalt, Land d'Allemagne ; cap. Magdeburg.

Saxons, peuple germanique qui s'implanta en Angleterre au Vᵉ s.

Say Jean-Baptiste (1767-1832), économiste français, partisan du libre-échange.

Scala, v. opéra de Milan.

Scanderbeg ou **Skanderbeg** (v. 1403-1468), prince albanais qui lutta contre les Turcs.

Scandinavie, la Norvège, la Suède, le Danemark et la Finlande.

Scanie, rég. du S. de la Suède ; cap. Malmö.

Scarlatti Alessandro (1660-1725), compositeur italien. Il a fixé la forme de l'opéra.

Scarlatti Domenico (1685-1757), fils du préc., compositeur italien : *Sonates pour clavecin.*

Scarpe (la), affl. de l'Escaut (100 km).

Scarron Paul (1610-1660), écrivain français : *le Roman comique.*

Sceaux, ch.-l. de cant. des Hauts-de-Seine ; 18 202 h. Parc de Le Nôtre.

Scève Maurice (v. 1501-v. 1560), poète français de la Renaissance lyonnaise.

Schaeffer Pierre (né en 1910), compositeur français (musique concrète).

Schaffhouse, com. de Suisse ; 34 250 h ; ch.-l. du *canton de Schaffhouse.*

Schatzman Evry (né en 1920), astrophysicien français.

Schéhadé Georges (1907-1989), écrivain libanais d'expression française.

Schelling Friedrich von (1775-1854), philosophe idéaliste allemand.

Schiele Egon (1890-1918), peintre et graveur expressionniste autrichien.

Schiller Friedrich von (1759-1805), écrivain allemand : *Hymne à la joie, Don Carlos.*

Schiltigheim, ch.-l. de cant. du Bas-Rhin ; 29 330 h.

Schirmeck, ch.-l. de cant. du Bas-Rhin. Camp de concentration nazi.

schisme d'Occident (grand), conflit qui divisa l'Église romaine de 1378 à 1417 et qui donna lieu à l'élection de deux papes.

schisme d'Orient, rupture entre l'Église orientale (orthodoxe) et l'Église romaine (1054).

Schlegel August von (1767-1845), écrivain allemand, théoricien du romantisme.

Schleswig-Holstein, Land du N. de l'Allemagne ; cap. Kiel.

Schliemann Heinrich (1822-1890), archéologue allemand. Il découvrit le site de Troie.

Schlucht (la), col des Vosges (1 139 m).

Schmidt Helmut (né en 1918), chancelier (social-démocrate) de la R.F.A. (1974-1982).

Schmitt Florent (1870-1958), compositeur français : *la Tragédie de Salomé.*

Schneider, famille d'industriels français du Creusot.

Schnitzler Arthur (1862-1931), écrivain autrichien : *la Ronde.*

Schœlcher Victor (1804-1893), homme politique français. Il fit abolir l'esclavage (1848).

Schöffer Nicolas (1912-1992), sculpteur français d'origine hongroise. Mobiles.

Schönberg Arnold (1874-1951), compositeur autrichien, théoricien du dodécaphonisme : *Pierrot lunaire.*

Schönbrunn, château impérial, dans la banlieue de Vienne (XVIIIᵉ s.).

Schongauer Martin (v. 1450-1491), peintre et graveur allemand.

Schopenhauer Arthur (1788-1860), philosophe allemand : *le Monde comme volonté et comme représentation.*

Schrödinger Erwin (1887-1961), physicien autrichien. Mécanique ondulatoire.

Schubert Franz (1797-1828), compositeur romantique autrichien.

Schuman Robert (1886-1963), homme politique français. Démocrate-chrétien, il fut l'un des promoteurs de l'idée européenne.

Schumann Robert (1810-1856), compositeur romantique allemand.

Schumpeter Joseph (1883-1950), économiste autrichien.

Schuschnigg Kurt von (1897-1977), chancelier (chrétien-social) de l'Autriche (1934-1938). Il tenta de s'opposer à l'Anschluss.

Schütz Heinrich (1585-1672), compositeur allemand.

Schwann Theodor (1810-1882), physiologiste allemand. Il a défini la cellule.

Schwartz Laurent (né en 1915), mathématicien français.

Schweitzer Albert (1875-1965), pasteur, médecin et musicologue français. Il fonda un hôpital à Lambaréné.

Schwerin, v. d'Allemagne, cap. du Land de Mecklembourg-Poméranie ; 122 260 h.

Schwitters Kurt (1887-1948), peintre, sculpteur et écrivain allemand, auteur de collages.

Schwyz, v. de Suisse, ch.-l. du *canton de Schwyz* ; 12 000 h ;

Sciascia Leonardo (1921-1989), écrivain italien : *Todo modo*.

Scilly (îles), archipel anglais.

Scipion l'Africain (235-183 av. J.-C.), général romain vainqueur d'Hannibal à Zama (202).

Scipion Émilien (v. 185-129 av. J.-C.), général romain. Il détruisit Carthage (146).

Scorpion (le), constellation australe et signe du zodiaque (24 octobre-22 novembre).

Scot. V. Duns Scot.

Scot Érigène (v. 810-v. 877), théologien irlandais.

Scotland Yard, la police londonienne.

Scots, pirates irlandais qui envahirent l'Écosse (VIe s.).

Scott sir Walter (1771-1832), romancier écossais : *Quentin Durward*.

Scott Robert (1868-1912), explorateur anglais de l'Antarctique.

Scriabine ou **Skriabine** Alexandre (1872-1915), compositeur et pianiste russe.

Scribe Eugène (1791-1861), auteur dramatique français : *Adrienne Lecouvreur*.

Scudéry Madeleine de (1607-1701), romancière française, représentative de la préciosité.

Scylla. V. Charybde.

Scythes, peuple indo-européen établi dans l'Antiquité au N. de la mer Noire.

S.D.N. Sigle de *Société des Nations*, organisation internationale créée en 1919 à Genève et remplacée par l'O.N.U.

Seattle, port des États-Unis (Washington) ; 486 200 h (aggl. 1 677 000 h).

Sebastiano del Piombo (v. 1485-1547), peintre italien de la Renaissance.

Sébastien saint, officier romain chrétien martyrisé au IIIe s.

Sébastopol, port d'Ukraine (Crimée) ; 341 000 h. Siège en 1854-1855 par les Anglais et les Français.

Sécession (guerre de), guerre civile (1861-1865) entre les États du N. des États-Unis, et ceux du S., à propos de l'esclavage.

Sedan, ch.-l. d'arr. des Ardennes ; 22 407 h. Capitulation de Napoléon III devant les Prussiens (2 septembre 1870).

Séféris Georges (1900-1971), poète grec.

Séfévides, dynastie persane (1502-1736).

Segalen Victor (1878-1919), écrivain français : *René Leys.*

Ségeste, site archéologique de Sicile.

Ségou, v. du Mali ; 99 000 h ; anc. cap. du *royaume de Ségou* (XVIIe-XIXe s.).

Ségovie, v. d'Espagne (Castille et León) ; 50 760 h. Monuments médiévaux.

Segré, ch.-l. d'arr. de Maine-et-Loire ; 7 078 h.

Séguier Pierre (1588-1672), magistrat français, garde des Sceaux sous Louis XIII et Louis XIV.

Seguin Marc (1786-1875), ingénieur français, pionnier des chemins de fer.

Ségur (Sophie Rostopchine, comtesse de) (1799-1874), écrivain français d'origine russe, auteur de romans pour la jeunesse.

Seifert Jaroslav (1901-1985), poète tchèque.

Sein, île du Finistère.

Seine (la), fl. de France (776 km).

Seine-et-Marne, dép. français (77) (Île-de-France) ; 5 917 km² ; 1 093 656 h ; ch.-l. Melun.

Seine-et-Oise, anc. dép. du Bassin parisien.

Seine-Maritime, dép. français (76) (Haute-Normandie) ; 6 254 km² ; 1 238 925 h ; ch.-l. Rouen.

Seine-Saint-Denis, dép. français (93) (Île-de-France) ; 236 km² ; 1 387 841 h ; ch.-l. Bobigny.

Sei Shonagon, poétesse japonaise de la fin du Xe s. : *Notes de chevet*.

SEITA. Abrév. de *Société nationale d'exploitation industrielle des tabacs et allumettes.*

Seldjoukides, dynastie turkmène sunnite qui domina l'Orient du XIe au XIIIe s.

Sélestat, ch.-l. d'arr. du Bas-Rhin ; 15 896 h.

Séleucides, dynastie hellénistique qui régna sur le Moyen-Orient de 305 à 64 av. J.-C.

Séleucos Ier Nikator (v. 355-280 av. J.-C.), général d'Alexandre, satrape de Babylonie. Il se proclama roi en 305.

Selim Ier le Cruel (1467-1520), sultan ottoman en 1512, grand conquérant.

Sélinonte, site archéologique grec de Sicile.

Sem, fils aîné de Noé, frère de Cham et de Japhet (*Bible*).

Semarang, port d'Indonésie (N. de Java) ; 1 026 000 h.

Sémiramis, reine légendaire de Babylone.

Senancour Étienne Pivert de (1770-1846), romancier français : *Oberman.*

Sénanque, abbaye cistercienne du Vaucluse.

Sénat (le), une des deux assemblées législatives en France, aux États-Unis, en Italie.

Sendai, v. du Japon (Honshu) ; 788 930 h.

Sénégal (le), fl. d'Afrique (1 700 km).

Sénégal, État d'Afrique occidentale ; 196 722 km² ; 6 882 000 h ; cap. Dakar.

Sénèque (v. 4 av. J.-C.-65 apr. J.-C.), philosophe stoïcien, écrivain et homme politique romain. Précepteur de Néron, il dut se suicider.

Senghor Léopold Sédar (né en 1906), président de la république du Sénégal (1960-1980), poète de langue française.

Senlis, ch.-l. d'arr. de l'Oise ; 15 226 h.

Sennett Mack (1880-1960), cinéaste burlesque américain.

Sénoufos, peuple d'Afrique occidentale.

Sens, ch.-l. d'arr. de l'Yonne ; 27 755 h.

Séoud Abd al-Aziz ibn (1881-1953), roi d'Arabie Saoudite en 1932.

Séoul, cap. de la Corée du Sud ; 10 000 000 h.

Sept Ans (guerre de), conflit qui opposa la France et l'Autriche à l'Angleterre et à la Prusse (1756-1763). La France dut céder le Canada et ses possessions aux Indes.

Septembre (massacres de), tueries exécutées par les membres des sections révolutionnaires dans les prisons parisiennes (1792).

Septime Sévère (146-211), empereur romain en 193.

Seraing, v. de Belgique (Liège) ; 64 540 h.

Sérapis, dieu guérisseur gréco-égyptien.

Serbie, État d'Europe balkanique, anc. rép. fédérée de Yougoslavie ; 55 968 km² ; 9 656 000 h ; cap. Belgrade.

Serge de Radonège saint (v. 1321-1391), moine russe, patron de la Russie.

Serguiev Possad (anc. *Zagorsk*), v. de Russie ; 110 000 h. Monastère du XIVe s.

Serre-Ponçon, barrage sur la Durance (Hautes-Alpes).

Serres Olivier de (1539-1619), agronome français : *Théâtre d'agriculture et mesnage des champs.*

Sertorius (v. 123-72 av. J.-C.), général romain ; assassiné.

Sérusier Paul (1864-1927), peintre français, fondateur du groupe des nabis.

Servet Michel (1511-1553), médecin et théologien espagnol. Condamné par Calvin, il fut brûlé vif.

Servius Tullius (578-535 av. J.-C.), sixième roi de Rome.

Sestrières, stat. hivernale d'Italie (Piémont).

Setchouan. V. Sichuan.

Sète, ch.-l. de cant. de l'Hérault ; 41 916 h.

Seth, dieu égyptien du Mal et des Ténèbres.

Seth, troisième fils d'Adam et d'Ève (*Bible*).

Séthi ou **Séti Ier**, pharaon d'Égypte de 1312 à 1298 av. J.-C., père de Ramsès II.

Sétif (auj. *Stif*), v. de l'Algérie orientale ; 186 640 h.

Setúbal, port du S. du Portugal ; 77 890 h.

Seurat Georges (1859-1891), peintre et dessinateur français, théoricien du pointillisme.

Sevan, lac d'Arménie (1 400 km²).

Sévères (les), dynastie d'empereurs romains (193-235).

Severini Gino (1883-1966), peintre italien.

Severn (la), fl. de Grande-Bretagne (338 km).

Seveso, v. d'Italie (Lombardie), site d'un important accident écologique (1976).

Sévigné (Marie de Rabutin-Chantal, marquise de) (1626-1696), épistolière française.

Séville, v. d'Espagne, sur le Guadalquivir, cap. de l'Andalousie ; 673 570 h.

Sevran, ch.-l. de cant. de la Seine-Saint-Denis ; 48 564 h.

Sèvres, ch.-l. de cant. des Hauts-de-Seine ; 22 057 h.

Sèvres (Deux-). V. Deux-Sèvres.

Seychelles (les), archipel et État de l'océan Indien ; 408 km² ; 67 000 h ; cap. Victoria.

Seyne-sur-Mer (La), ch.-l. de cant. du Var ; 60 567 h.

Sfax, port de Tunisie ; 231 910 h.

S.F.I.O. Sigle de *section française de l'Internationale ouvrière*, nom du parti socialiste français de 1905 à 1971.

Sforza, famille italienne qui régna sur le duché de Milan (1450-1535).

Shaba (*Katanga* jusqu'en 1972), rég. du S.-E. du Zaïre ; ch.-l. Lubumbashi.

Shakespeare William (1564-1616), écrivain anglais, auteur de tragédies (*Roméo et Juliette, Hamlet, Othello, le Roi Lear*), de drames

(*Richard III, Henri V*), de comédies (*Comme il vous plaira, la Nuit des rois*) et de poésies (*Sonnets*).

Shamir Itzhak (né en 1915), Premier ministre d'Israël (1983-1984) puis apr. 1986.

Shans ou **Chans**, peuple de la Birmanie.

Shandong, ou **Chantoung**, prov. de la Chine du Nord-Est ; ch.-l. Jinan.

Shang, dynastie chinoise (v. 1800-v. 1100 av. J.-C.).

Shanghai, ou **Chang-hai**, première v. de Chine et port sur l'estuaire du Yangzijiang ; 6 292 960 h (aggl. 12 500 000 h).

Shannon (le), fl. d'Irlande (370 km).

Shanxi, prov. de la Chine du Nord ; cap. Taiyuan.

Shaw George Bernard (1856-1950), écrivain irlandais : *Pygmalion.*

Sheffield, v. d'Angleterre (Yorkshire) ; 477 140 h (aggl. 800 000 h).

Shéhérazade, sultane des *Mille et Une Nuits* qui raconte chaque nuit une nouvelle histoire.

Shelley Percy Bysshe (1792-1822), poète romantique anglais : *Prométhée délivré.*

Shelley Mary (1797-1851), femme du préc., romancière anglaise : *Frankenstein.*

Shenxi, prov. de la Chine du Nord-Est ; cap. Xi'an.

Shenyang (anc. *Moukden*), v. de Chine, ch.-l. du Liaoning ; 3 944 240 h (aggl. 5 054 600 h).

Sheridan Richard (1751-1816), auteur dramatique anglais : *l'École de la médisance.*

Sherman William (1820-1891), général américain (nordiste) de la guerre de Sécession.

Sherpas, peuple du Népal.

Sherrington Charles Scott (1857-1952), physiologiste anglais, fondateur de la neurologie.

Shetland (îles), archipel britannique, au N. de l'Écosse.

Shetland du Sud, archipel au S. de la Terre de Feu, appartenant à la Grande-Bretagne.

Shijiazhuang, v. de Chine, ch.-l. du Hebei ; 1 068 720 h.

Shikoku, la plus petite des quatre îles du Japon ; v. princ. Matsuyama.

Shimonoseki, port du Japon (Honshu), sur le *détroit de Shimonoseki*; 269 170 h.

Shiva. V. Civa.

Shkodra, v. du N. de l'Albanie ; 71 000 h.

Shlonsky Abraham (1900-1973), écrivain israélien : *Pierres brûlées.*

Shoah (la), extermination des Juifs par les nazis.

Siam. V. Thaïlande.

Sian. V. Xi'an.

Sibelius Jean (1865-1957), compositeur finlandais : *Finlandia.*

Sibérie, vaste rég. de Russie, entre l'Oural et le Pacifique ; 12 765 000 km².

Sibiu, v. de Roumanie (Transylvanie) ; 173 120 h.

Sicambres, peuple germanique, soumis par les Romains, puis intégré aux Francs.

Sichuan ou **Setchouan**, prov. de la Chine centrale ; 101 880 000 h ; cap. Chengdu.

Sicile, île et rég. admin. de l'Italie ; cap. Palerme.

Sidi-bel-Abbès, v. d'Algérie ; 156 140 h.

Sidon, anc. cité de Phénicie.

Siegfried, héros de la mythologie germanique, personnage d'un opéra de R. Wagner.

Siemens Werner von (1816-1892), ingénieur et industriel allemand.

Sienkiewicz Henryk (1846-1916), écrivain polonais : *Quo vadis ?*

Sienne, v. d'Italie (Toscane) ; 61 890 h. Monuments médiévaux.

Sierra Leone, État de l'Afrique occidentale ; 71 740 km^2 ; 3 800 000 h ; cap. Freetown.

Sieyès Emmanuel (1748-1836), homme politique français, auteur d'un pamphlet : *Qu'est-ce que le tiers état ?* Il soutint Bonaparte.

Sigebert Ier (535-575), roi d'Austrasie en 561 ; assassiné.

Sigismond de Luxembourg (1368-1437), empereur germanique en 1433.

Signac Paul (1863-1935), peintre français, théoricien du divisionnisme.

Signorelli Luca (v. 1445-1523), peintre italien de la Renaissance.

Signoret Simone (1921-1985), actrice de cinéma française.

Sihanouk. V. Norodom Sihanouk.

Sikkim, État de l'Inde, dans l'Himalaya.

Silène, père nourricier de Dionysos (*Myth. gr.*).

Silésie, rég. de l'Europe centrale (Pologne et République tchèque), drainée par l'Oder.

Silicon Valley, zone industrielle de Californie, entre San Jose et San Francisco.

Sillon alpin, dépression des Alpes françaises.

Silvacane, abbaye cistercienne des Bouches-du-Rhône.

Simbirsk (*Oulianovsk* de 1924 à 1990), v. de Russie, sur la Volga ; 613 000 h.

Simenon Georges (1903-1989), écrivain belge d'expression française, créateur du commissaire Maigret.

Simon saint, un des douze apôtres.

Simon le Magicien, magicien qui voulut acheter à l'apôtre Pierre le pouvoir d'évoquer le Saint-Esprit (*Évangiles*).

Simon Michel (1895-1975), comédien français d'origine suisse.

Simon Claude (né en 1913), écrivain français : *la Route des Flandres*.

Simplon (le), col des Alpes (2 009 m), entre le Valais et le Piémont.

Sinaï, presqu'île égyptienne, au N. de la mer Rouge, où se trouve le *mont Sinaï* où Moïse reçut le décalogue (*Bible*).

Sinan Mi'mar (1489-1588), architecte turc.

Sinatra Frank (né en 1915), chanteur de charme et acteur de cinéma américain.

Sinclair Upton (1878-1968), romancier américain : *la Fin d'un monde*.

Sind (le), prov. du Pakistan ; ch.-l. Karachi.

Singapour, État insulaire de l'Asie du Sud-Est ; 581 km^2 ; 2 650 000 h ; cap. Singapour.

Singer Isaac Bashevis (1904-1991), écrivain américain d'origine polonaise, d'expression yiddish : *le Magicien de Lublin*.

Sin-Xiang. V. Xinjiang.

Sinn Fein, mouvement nationaliste irlandais fondé en 1902.

Sion, colline de Jérusalem.

Sion, v. de Suisse, ch.-l. du Valais ; 23 400 h.

Sioule (la), affl. de l'Allier (150 km).

Sioux, peuple indien d'Amérique du Nord.

Siqueiros David Alfaro (1896-1974), peintre et homme politique mexicain.

Sirius, étoile la plus brillante du ciel.

Sisley Alfred (1839-1899), peintre anglais de l'école impressionniste française.

Sismondi Jean Charles (1773-1842), économiste suisse d'origine italienne.

Sisyphe, roi de Corinthe, condamné à rouler un rocher jusqu'au sommet d'une montagne (*Myth. gr.*).

Sitting Bull (v. 1834-1890), chef des Sioux.

Siva. V. Çiva.

Six (groupe des), groupe de compositeurs français constitué en 1918 (Auric, Durey, Honegger, Milhaud, Poulenc, Tailleferre).

Six-Fours-les-Plages, stat. balnéaire du Var ; 29 178 h.

Six Jours (guerre des), troisième guerre israélo-arabe, remportée par Israël (5-10 juin 1967).

Sixte IV (1414-1484), pape en 1471. Il fit construire la chapelle Sixtine.

Sixte V (dit *Sixte Quint*) (1520-1590), pape en 1585. Il impulsa la Contre-Réforme.

Sixtine, chapelle du Vatican, fondée par Sixte IV et décorée de fresques (Michel-Ange, Signorelli, Botticelli).

Sjælland, la plus grande des îles danoises.

Skanderbeg. V. Scanderbeg.

Skikda (anc. *Philippeville*), port de l'E. de l'Algérie ; 130 880 h.

Skopje, cap. de la Macédoine ; 408 140 h.

Skriabine. V. Scriabine.

Skyros, île grecque de la mer Égée.

Slaves, peuples de l'Europe centrale et orientale (Russes, Ukrainiens, Biélorusses, Polonais, Tchèques, Slovaques, Serbes, Croates, Bulgares, Slovènes, Macédoniens).

Slavonie, rég. de la Croatie.

Slovaquie, État d'Europe centrale ; 49 032 km^2 ; 5 192 570 h ; cap. Bratislava.

Slovénie, État d'Europe, anc. rép. fédérée de Yougoslavie ; 20 251 km^2 ; 1 937 000 h ; cap. Ljubljana.

Sluter Claus (v. 1340 ou 1350-1406), sculpteur hollandais de la cour des ducs de Bourgogne.

Smetana Bedrich (1824-1884), compositeur romantique tchèque : *la Fiancée vendue*.

Smith Adam (1723-1790), économiste écossais, apôtre du capitalisme libéral.

Smith Joseph (1805-1844), fondateur de la secte des mormons.

Smolensk, v. de Russie ; 331 000 h.

Smuts Jan Christiaan (1870-1950), général et homme politique sud-africain.

Smyrne. V. Izmir.

Snorri Sturluson (v. 1179-1241), poète islandais : *l'Edda*.

Snyders Frans (1579-1657), peintre flamand.

Soares Mario (né en 1924), président (socialiste) de la république du Portugal depuis 1986.

Sochaux, ch.-l. de cant. du Doubs ; 4 443 h. Usines Peugeot.

social-démocrate de Russie (parti ouvrier) (P.O.S.D.R.), parti révolutionnaire russe fondé en 1898. Il se scinda en 1903 en bolcheviks et mencheviks.

Société (îles de la), archipel de la Polynésie française ; ch.-l. Papeete.

Socrate (v. 470-399 av. J.-C.), philosophe grec qui nous est connu par Aristophane, Xénophon et Platon. Il fut condamné à boire la ciguë.

Sodoma (1477-1549), peintre maniériste italien.

Sodome, v. de Palestine, dont les habitants débauchés furent anéantis par Dieu (*Bible*).

Soekarno. V. Sukarno.

Sofia, cap. de la Bulgarie ; 1 204 270 h.

Sogdiane (la), anc. pays d'Asie centrale.

Soho, quartier du centre de Londres.

soie (route de la), anc. voie commerciale terrestre entre la Chine et l'Occident.

Soissons, ch.-l. d'arr. de l'Aisne ; 32 144 h.

Solesmes, abbaye bénédictine dans la Sarthe.

Soleure, v. de Suisse ; 15 700 h ; ch.-l. du *canton de Soleure.*

Solferino, bourg de Lombardie, victoire de Napoléon III sur les Autrichiens (1859).

Solidarnosc, union de syndicats polonais, constituée en 1980, interdite de 1982 à 1989.

Soliman le Magnifique (1494-1566), sultan ottoman en 1520. Grand conquérant, législateur et protecteur des arts, allié de François Ier.

Solingen, v. d'Allemagne (Rhénanie-du-Nord-Westphalie) ; 158 400 h.

Soljenitsyne Alexandre (né en 1918), écrivain russe, dénonciateur du stalinisme et du goulag ; expulsé de son pays.

Sologne, rég. du S. du Bassin parisien.

Solon (v. 640-v. 558 av. J.-C.), législateur et poète athénien, fondateur de la démocratie.

Somalie, État de l'Afrique orientale ; 637 657 km² ; 5 700 000 h ; cap. Muqdisho.

Somme (la), fl. de Picardie (245 km).

Somme, dép. français (80) (Picardie) ; 6 176 km² ; 559 429 h ; ch.-l. Amiens.

Sommerfeld Arnold (1868-1951), mathématicien et physicien allemand.

Somport, col des Pyrénées-Atlantiques (1 632 m).

Sonde (archipel de la), chaîne d'îles, correspondant à l'Indonésie.

Song, dynastie chinoise (960-1279).

Songhaïs, peuple du Mali et du Niger.

Soninkés. V. Sarakollés.

Sophia-Antipolis, technopole française des Alpes-Maritimes.

Sophocle (v. 496-406 av J.-C.), poète tragique grec : *Œdipe roi, Antigone, Électre.*

Sorbonne (la), établissement public d'enseignement supérieur, à Paris.

Soseki Natsume (1867-1916), romancier japonais : *Clair obscur.*

Sosnowiec, v. de Pologne ; 257 710 h.

Sotatsu, peintre japonais du début du XVIIe s.

Sotchi, stat. balnéaire de Russie, sur la mer Noire ; 313 000 h.

Sothos, peuple bantou d'Afrique australe.

Sotteville-lès-Rouen, ch.-l. de cant. de la Seine-Maritime ; 29 957 h.

Souabe, anc. rég. d'Allemagne ; ch.-l. Augsbourg.

Souahélis. V. Swahilis.

Soudan, rég. semi-désertique située au S. du Sahara. Le *Soudan français* était le nom de l'actuelle république du Mali.

Soudan, État de l'E. de l'Afrique ; 2 505 813 km² ; 22 000 000 h ; cap. Khartoum.

Soufflot Germain (1713-1780), architecte néoclassique français. Le Panthéon à Paris.

Soufrière (la), volcan actif de la Guadeloupe.

Soukhoumi, v. de Géorgie (Abkhazie) ; 126 000 h.

Soulages Pierre (né en 1919), peintre abstrait français.

Soult Nicolas Jean de Dieu (1769-1851), maréchal de France, ministre de Louis-Philippe.

Soumgaït, v. d'Azerbaïdjan ; 228 000 h.

Soupault Philippe (1897-1990), écrivain surréaliste français.

Souphanouvong prince (né en 1912), homme politique laotien (procommuniste).

Sous-le-Vent (îles), les Petites Antilles situées au N. du Venezuela.

Sousse, port de Tunisie ; 83 510 h.

Southampton, port d'Angleterre (Hampshire), sur la Manche ; 204 410 h.

Soutine Chaïm (1893-1943), peintre expressionniste français d'origine lituanienne.

Souvanna Phouma prince (1901-1984), homme politique laotien (neutraliste).

Souvorov Alexandre (1729-1800), maréchal russe.

Soweto, v. d'Afrique du Sud, banlieue noire de Johannesburg ; env. 2 000 000 h.

Soyinka Wole (né en 1934), écrivain nigérian d'expression anglaise.

Soyouz (« Union »), famille de lanceurs soviétiques, utilisés pour les vols spatiaux habités.

Spa, stat. thermale de Belgique (Liège).

Spaak Paul Henri (1899-1972), homme politique belge (socialiste).

Spartacus (mort en 71 av. J.-C.), esclave thrace, chef d'une grande révolte d'esclaves.

Sparte ou **Lacédémone,** cité de la Grèce antique, dans le Péloponnèse, rivale d'Athènes au Ve s. av. J.-C.

Spencer Herbert (1820-1903), philosophe évolutionniste anglais.

Spenser Edmund (1552-1599), poète lyrique anglais : *la Reine des fées.*

Spezia (La), port d'Italie (Ligurie) ; 111 980 h.

Spinola António de (né en 1910), général portugais, chef du coup d'État de 1974.

Spinoza Baruch de (1632-1677), philosophe hollandais : *l'Éthique ;* rationaliste et panthéiste.

Spire, v. d'Allemagne (Rhénanie-Palatinat) ; 42 870 h. Cathédrale romane.

Spitzberg (le), île de l'archipel du Svalbard.

Split, port de Croatie ; 169 320 h. Palais de Dioclétien.

Splügen (le), col des Alpes (2 117 m), entre la Suisse et l'Italie.

Spolète, v. d'Italie (Ombrie) ; 38 840 h.

Sporades, îles grecques de la mer Égée.

Spoutnik, satellites soviétiques (1957-1961).

Sprée (la), riv. d'Allemagne (403 km) qui arrose Berlin.

Sri Lanka (*Ceylan* jusqu'en 1972), État insulaire de l'Asie, au S. de l'Inde ; 65 610 km² ; 17 000 000 h ; cap. Colombo.

Srinagar, v. de l'Inde, cap. du Cachemire ; 594 780 h.

S.S. Police militarisée du parti nazi, créée en 1925.

Staël (Germaine Necker, dite Mme de) (1766-1817), écrivain préromantique français.

Staël Nicolas de (1914-1955), peintre abstrait français d'origine russe.

Stains, ch.-l. de cant. de la Seine-Saint-Denis ; 35 068 h.

Staline (Joseph Djougatchvili, dit) (1879-1953), homme politique soviétique, d'origine géorgienne. Successeur de Lénine (1924), il instaura une dictature sanglante.

Stalingrad (auj. *Volgograd*), victoire décisive des Soviétiques contre l'armée allemande (septembre 1942-février 1943).

Stanislas saint (1030-1079), évêque de Cracovie ; assassiné. Patron de la Pologne.

Stanislas Iᵉʳ Leczinsky (1677-1766), roi de Pologne (1704-1709 et 1733-1736). Il abdiqua et se retira à Nancy.

Stanislas II Auguste Poniatowski (1732-1798), dernier roi de Pologne (1764-1795).

Stanislavski Constantin (1863-1938), metteur en scène et théoricien russe du théâtre.

Stanley sir Henry Morton (1841-1904), explorateur anglais de l'Afrique.

Stanley Wendell Meredith (1904-1971), biochimiste américain.

Stanleyville. V. Kisangani.

Stauffenberg Claus von (1907-1944), officier allemand, auteur de l'attentat manqué contre Hitler, le 20 juillet 1944.

Stavisky (affaire), scandale financier exploité par la droite contre la IIIᵉ République (émeutes de février 1934).

Stavropol, v. de Russie, au N. du Caucase ; 293 000 h.

Stavropol. V. Toliatti.

Stefan Josef (1835-1893), physicien autrichien.

Stein Gertrude (1874-1946), romancière et essayiste américaine.

Steinbeck John (1902-1968), romancier américain : *les Raisins de la colère.*

Steiner Rudolf (1861-1925), philosophe et pédagogue autrichien.

Steinitz Ernst (1871-1928), mathématicien allemand, fondateur de l'algèbre moderne.

Steinway Henry (1797-1871), facteur de pianos allemand.

Stendhal (Henri Beyle, dit) (1783-1842), écrivain français : *le Rouge et le Noir, la Chartreuse de Parme.*

Stephenson George (1781-1848), ingénieur anglais. Première locomotive à vapeur.

Stern Isaac (né en 1920), violoniste américain d'origine russe.

Sternberg Josef von (1894-1969), cinéaste américain d'origine autrichienne : *l'Ange bleu.*

Sterne Laurence (1713-1768), écrivain anglais : *Tristram Shandy.*

Stevenson Robert (1850-1894), écrivain écossais : *l'Île au trésor.*

Stieglitz Alfred (1864-1946), photographe américain, défenseur du réalisme documentaire.

Stif. V. Sétif.

Stirner Max (1806-1856), philosophe allemand : *l'Unique et sa propriété.*

Stockhausen Karlheinz (né en 1928), compositeur allemand. Musique aléatoire.

Stockholm, cap. de la Suède ; 666 810 h (aggl. 1 461 620 h).

Stofflet Jean Nicolas (1751-1796), chef vendéen ; exécuté.

Stoke-on-Trent, v. d'Angleterre ; 252 350 h.

Stoker Bram (1847-1912), écrivain irlandais : *Dracula.*

Stolypine Piotr (1862-1911), homme politique russe, ministre de Nicolas II ; assassiné.

Stonehenge, site préhistorique du S. de l'Angleterre.

Stoss Veit. V. Stwosz Wit.

Strabon (v. 58 av. J.-C.-v. 25), géographe grec.

Stradivarius (v. 1644-1737), luthier italien de Crémone.

Strasbourg, ch.-l. du Bas-Rhin et de la Rég. Alsace ; 255 937 h. Cathédrale. Les *serments de Strasbourg,* pacte conclu entre Louis le Germanique et Charles le Chauve contre Lothaire (842), sont les premiers documents en langues romane et allemande.

Stratford-upon-Avon, v. d'Angleterre ; 20 860 h. Patrie de Shakespeare.

Strauss Johann (1804-1849), compositeur autrichien, auteur de valses.

Strauss Johann (1825-1899), fils du préc. ; compositeur autrichien : *le Beau Danube bleu.*

Strauss Richard (1864-1949), compositeur allemand : *le Chevalier à la rose.*

Stravinski Igor (1882-1971), compositeur russe, naturalisé français puis américain : *le Sacre du printemps.*

Stresemann Gustav (1878-1929), homme politique et diplomate allemand.

Strindberg August (1849-1912), écrivain suédois : *Mademoiselle Julie.*

Stroheim Eric von (1885-1957), cinéaste et acteur américain d'origine autrichienne : *les Rapaces.*

Stromboli, volcan actif des îles Éoliennes.

Struthof, camp d'extermination nazi (1941-1944), dans le Bas-Rhin.

Stuart, famille qui a régné sur l'Écosse de 1371 à 1724 et sur l'Angleterre de 1603 à 1688.

Stuart Mill. V. Mill John Stuart.

Sturm und Drang, mouvement littéraire préromantique allemand (1770-1790).

Stuttgart, v. d'Allemagne, cap. du Bade-Wurtemberg ; 565 490 h.

Stwosz Wit ou **Stoss** Veit (v. 1440-1533), sculpteur gothique, actif à Cracovie.

Styrie, Land d'Autriche ; cap. Graz.

Styron William (né en 1925), écrivain américain : *le Choix de Sophie.*

Styx (le), un des fleuves des Enfers (*Myth. gr.*).

Subotica, v. de Serbie (Vojvodine) ; 100 520 h.

Succession d'Autriche (guerre de la) (1740-1748), conflit qui opposa une coalition européenne à l'Autriche alliée à l'Angleterre.

Succession d'Espagne (guerre de la) (1701-1714), conflit qui opposa la France et l'Espagne à une coalition européenne à cause de l'accession au trône d'Espagne de Philippe V, petit-fils de Louis XIV.

Sucre, cap. constitutionnelle de la Bolivie ; 86 610 h.

Sucre Antonio José de (1795-1830), patriote sud-américain, lieutenant de Bolivar.

Sudètes, rebord N.-E. de la Bohême, habité, avant la Seconde Guerre mondiale, par les Sudètes, population de langue allemande.

Sud-Ouest africain. V. Namibie.

Sue Eugène (1804-1857), auteur français de romans populaires : *les Mystères de Paris.*

Suède, État (royaume) de Scandinavie ; 449 964 km² ; 8 410 000 h ; cap. Stockholm.

Suétone (v. 69-v. 126), historien latin : *Vie des douze Césars.*

Suez, port d'Égypte ; 274 000 h. Le *canal de Suez* (195 km) relie Suez (sur la mer Rouge) à Port-Saïd (sur la Méditerranée).

Suffolk, comté du S.-E. de l'Angleterre.

Suffren Pierre André (dit *le bailli de*) (1729-1788), vice-amiral français. Il combattit en Amérique et aux Indes.

Suger (v. 1081-1151), abbé de Saint-Denis en 1122, conseiller de Louis VI et de Louis VII.

Suharto (né en 1921), président de la république d'Indonésie depuis 1968.

Suisse ou **Confédération helvétique,** État confédéral (23 cantons) de l'Europe centrale ; 41 293 km² ; 6 610 000 h ; cap. Berne.

Sukarno ou **Soekarno** Achmed (1901-1970), artisan de l'indépendance de l'Indonésie (1945), il en fut le premier président.

Sukhothaï, v. du N. de la Thaïlande ; 23 140 h. Anc. cap. du Siam.

Sulawesi. V. Célèbes.

Süleyman. V. Soliman.

Sulla. V. Sylla.

Sullivan Louis (1856-1924), architecte américain de l'école de Chicago.

Sully Maximilien, duc de (1560-1641), homme d'État français. Ministre d'Henri IV, il redressa les finances.

Sully Prudhomme Armand (1839-1907), poète parnassien français.

Sulu, archipel des Philippines.

Sumatra, grande île d'Indonésie ; 473 606 km².

Sumbava, île d'Indonésie.

Sumer, anc. rég. de basse Mésopotamie, berceau de la civilisation (IVᵉ millénaire).

Sund ou **Øresund,** détroit qui sépare l'île de Sjælland de la côte suédoise.

Sunderland, port du N. de l'Angleterre, sur la mer du Nord ; 196 150 h.

Sun Yat-sen (1866-1925), homme politique chinois, fondateur du Guomindang, président de la République (1921).

Suomi, nom finnois de la Finlande.

Supérieur (lac), le plus vaste des Grands Lacs (84 131 km²).

Supervielle Jules (1884-1960), écrivain français : *Gravitations.*

Surabaya, port d'Indonésie (Java) ; 2 027 910 h.

Surakarta, v. d'Indonésie (Java) ; 469 890 h.

Surat, port de l'Inde (Gujerat) ; 913 000 h.

Surcouf Robert (1773-1827), corsaire français.

Suresnes, ch.-l. de cant. des Hauts-de-Seine ; 36 950 h.

Surinam (anc. *Guyane néerlandaise*), État de l'Amérique du Sud ; 163 265 km² ; env. 400 000 h ; cap. Paramaribo.

Surrey, comté du S. de l'Angleterre.

Suse, anc. cap. d'Élam. Darius en fit la cap. de l'Empire perse.

Su Shi (1036-1101), poète chinois.

Sussex, rég. du S.-E. de l'Angleterre.

Suva, cap. des Fidji ; 96 900 h.

Suwon, v. de Corée du Sud ; 430 830 h.

Suzhou, v. de Chine (Jiangsu) ; 695 400 h.

Svalbard, archipel norvégien de l'Arctique.

Sverdlovsk. V. Ekaterinbourg.

Svevo Italo (1861-1928), romancier italien : *la Conscience de Zeno.*

Swahilis ou **Souahélis,** peuple bantou d'Afrique orientale (Kenya, Tanzanie).

Swansea, port du pays de Galles ; 167 800 h.

Swaziland, État (monarchie) d'Afrique australe ; 17 363 km² ; 706 000 h ; cap. Mbabane.

Swedenborg Emanuel (1688-1772), savant et théosophe suédois.

Swift Jonathan (1667-1745), écrivain irlandais : *les Voyages de Gulliver.*

Swinburne Algernon Charles (1837-1909), poète lyrique anglais.

Sybaris, anc. v. grecque d'Italie du Sud, célèbre pour son luxe.

Sydenham Thomas (1624-1689), médecin et chimiste anglais.

Sydney, v. princ. et port d'Australie, cap. de la Nouvelle-Galles du Sud ; 3 391 600 h.

Sylla ou **Sulla** (138-78 av. J.-C.), général et homme politique romain. Rival de Marius, vainqueur de Mithridate, il s'empara du pouvoir suprême en 83 et abdiqua en 79.

Sylvestre II. V. Gerbert d'Aurillac.

Synge John (1871-1909), auteur dramatique irlandais : *le Baladin du monde occidental.*

Syracuse, port d'Italie (Sicile) ; 118 970 h. Monuments grecs et romains.

Syr-Daria (le), fl. d'Asie (2 860 km), tributaire de la mer d'Aral.

Syrie, État du Proche-Orient ; 185 180 km² ; 10 900 000 h ; cap. Damas.

Syros ou **Syra,** île des Cyclades (Grèce).

Szczecin, port de Pologne ; 391 410 h.

Szeged, v. de Hongrie ; 180 360 h.

Szent-Györgyi Albert (1893-1986), biochimiste hongrois. Il découvrit la vitamine C.

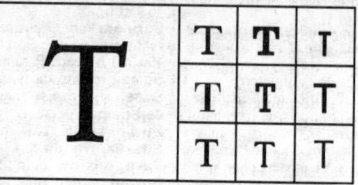

Tabarly Éric (né en 1931), navigateur français.
Table ronde (cycle de la), ensemble de romans mettant en scène les chevaliers du Moyen Âge.
Tabor (mont). V. Thabor.
Tábor, v. de Bohême fondée au XVᵉ s. par les hussites.
Tabriz, v. d'Iran (Azerbaïdjan) ; 852 000 h.
Tachkent, cap. de l'Ouzbékistan ; 2 210 000 h.
Tacite (v. 55-v. 120), historien latin : *Annales, Histoires.*
Tadjikistan, État d'Asie centrale, anc. rép. fédérée de l'U.R.S.S. ; 143 100 km² ; 5 112 000 h ; cap. Douchanbe.
Tadj Mahall ou **Taj Mahal**, mausolée de marbre blanc, à Agra (XVIIᵉ s.).
Taegu, v. de la Corée du Sud, 2 030 670 h.
Taejon, v. de la Corée du Sud ; 866 700 h.
Tafilalet, rég. du Sahara marocain.
Taft William Howard (1857-1930), président (républicain) des États-Unis de 1908 à 1912.
Tagals, peuple des Philippines (Luçon).
Tage (le), fl. de la péninsule Ibérique qui se jette dans l'Atlantique à Lisbonne (1 006 km).
Tagore Rabindranath (1861-1941), écrivain indien d'expression bengali et anglaise.
Tahiti, la plus importante des îles de la Société ; v. princ. Papeete.
Taibei ou **Tai-pei**, cap. de Taiwan, dans le N. de l'île ; 2 637 000 h.
Taïf, v. d'Arabie Saoudite (Hedjaz) ; 204 860 h.
Tailleferre Germaine (1892-1983), compositeur français.
Tainan, port du S.-O. de Taiwan ; 474 840 h.
Taine Hippolyte (1828-1893), critique, philosophe et historien français.
Taiping (révolte des), mouvement populaire qui agita la Chine de 1851 à 1864.
Taiwan (anc. *Formose*), État insulaire d'Asie orientale, séparé de la Chine par le *détroit de Taiwan ;* 36 177 km² ; env. 20 000 000 h ; cap. Taibei.
Taiyuan, v. de Chine, cap. du Shanxi ; 1 745 820 h.
Taizé, communauté chrétienne œcuménique de Saône-et-Loire.
Taizhong, v. de Taiwan ; 715 000 h.
Tajin (El-), site archéologique du Mexique (Totonaques).
Talcahuano, port du Chili ; 231 360 h.

Talence, ch.-l. de cant. de la Gironde ; 36 172 h.
Tallemant des Réaux Gédéon (1619-1690), écrivain français : *Historiettes.*
Talleyrand-Périgord Charles Maurice de (1754-1838), homme politique français. Anc. évêque d'Autun, ministre des Affaires étrangères sous le Directoire et sous l'Empire ; il représenta Louis XVIII au congrès de Vienne.
Tallien Jean-Lambert (1767-1820), homme politique français. Conventionnel montagnard, il fut un des instigateurs du 9 Thermidor.
Tallin (anc. *Revel)*), cap. de l'Estonie ; 484 000 h.
Talma François Joseph (1763-1826), tragédien français.
Talmud, transcription de la tradition orale juive servant de code du droit judaïque.
Tamanrasset (auj. *Tamenghest*), oasis du Sahara algérien, dans le Hoggar ; 38 280 h.
Tamatave (auj. *Toamasina*), port de Madagascar ; 100 000 h.
Tamayo Rufino (1899-1991), peintre muraliste mexicain.
Tamerlan ou **Timur Lang** (1336-1405), conquérant tatar de l'Asie centrale.
Tamil Nadu, État de l'Inde du Sud-Est ; cap. Madras.
Tamise (la), fl. de Grande-Bretagne (336 km) qui arrose Londres.
Tamouls, peuple du Tamil Nadu et du Sri Lanka.
Tampa, v. des États-Unis (Floride) ; 275 500 h (aggl. 1 810 900 h).
Tampere, v. de Finlande ; 168 590 h.
Tampon (Le), ch.-l. de cant. de la Réunion ; 48 436 h.
Tanagra, village de Grèce (Béotie), où étaient fabriquées les statuettes, dites *tanagras.*
Tananarive. V. Antananarivo.
Tancarville, pont routier sur l'estuaire de la Seine (1 420 m).
Tancrède de Hauteville (mort en 1112), héros de la première croisade.
Tang, dynastie chinoise qui régna de 618 à 907.
Tanganyika, lac de l'Afrique orientale (31 900 km²).
Tanger, port du Maroc ; 266 350 h.
Tangshan, v. de Chine (Hebei) ; 1 407 840 h.

Tanguy Yves (1900-1955), peintre surréaliste français naturalisé américain.

Tanis, v. de l'anc. Égypte, dans le delta du Nil, prospère sous Ramsès II.

Tanizaki Junichiro (1886-1965), romancier japonais : *la Confession impudique*.

Tanjore ou **Thanjavur**, v. de l'Inde (Tamil Nadu) ; 184 020 h. Temple de Çiva.

Tannenberg, victoire de Hindenburg sur les Russes, en Prusse-Orientale (août 1914).

Tannhäuser (v. 1205-v. 1268), poète allemand, héros d'un opéra de Wagner.

Tanta, v. d'Égypte, dans le delta ; 344 000 h.

Tantale, roi de Lydie condamné à subir une faim et une soif perpétuelles (*Myth. gr.*).

Tanzanie, État de l'Afrique orientale ; 939 828 km² ; env. 24 000 000 h ; cap. Dodoma ; v. princ. Dar es-Salaam.

Tao Qian (365-427), poète chinois.

Taormina, v. de Sicile, au pied de l'Etna. Monuments antiques.

Tapajós (le), affl. de l'Amazone (1 980 km).

Tàpies Antoni (né en 1923), peintre espagnol.

Tarascon, ch.-l. de cant. des Bouches-du-Rhône ; 11 158 h. Château du roi René.

Tarbes, ch.-l. des Hautes-Pyrénées ; 50 228 h.

Tarentaise (la), vallée supérieure de l'Isère (Savoie).

Tarente, port d'Italie (Pouilles) ; 243 780 h.

Tarim (le), fl. de Chine (2 179 km), dans le Xinjiang.

Tarkovski Andreï (1932-1986), cinéaste russe : *Andreï Roublev*.

Tarn (le), affl. de la Garonne (375 km).

Tarn, dép. français (81) (Midi-Pyrénées) ; 5 751 km² ; 350 751 h. ; ch.-l. Albi.

Tarn-et-Garonne, dép. français (82) (Midi-Pyrénées) ; 3 716 km² ; 205 924 h ; ch.-l. Montauban.

Tarpéienne (roche), rocher de Rome, d'où on précipitait les criminels.

Tarquin l'Ancien, cinquième roi de Rome, de 616 à 579 av. J.-C.

Tarquin le Superbe, septième et dernier roi de Rome, de 534 à 509 av. J.-C.

Tarquinia, v. d'Italie (Latium) ; 13 100 h. Tombes étrusques.

Tarragone, port d'Espagne (Catalogne) ; 116 790 h.

Tarrasa, v. d'Espagne (Catalogne) ; 155 360 h.

Tarski Alfred (1902-1983), logicien américain d'origine polonaise.

Tartaglia (Niccolo Fontana, dit) (v. 1500-1557), mathématicien italien.

Tartare (le), le fond des Enfers (*Myth. gr.*).

Tartarin de Tarascon, héros d'A. Daudet.

Tartou ou **Tartu**, v. d'Estonie ; 111 000 h.

Tarzan, homme sauvage, héros de romans et de films d'aventures.

Tasman Abel Janszoon (1603-1659), navigateur hollandais, explorateur du Pacifique Sud.

Tasmanie, État insulaire du S.-E. de l'Australie ; cap. Hobart.

Tasse (Torquato Tasso, dit le) (1544-1595), poète italien : *Jérusalem délivrée*.

Tata Jamshedji (1839-1904), industriel indien.

Tatars ou peuple de nomades turco-mongols.

Tatars (république) ou **Tatarstan**, rép. auton. de Russie, sur la Volga ; cap. Kazan.

Tate Gallery, musée de Londres.

Tati Jacques (1907-1982), cinéaste et acteur français : *les Vacances de M. Hulot*.

Tatline Vladimir (1885-1953), peintre et sculpteur soviétique.

Tatras (les), massif des Carpates (2 663 m).

Tatum Art (1910-1956), jazzman américain.

Taunus, rég. du Massif schisteux rhénan.

Taureau (le), constellation boréale et signe du zodiaque (21 avril-21 mai).

Tauride, anc. nom de la Crimée.

Taurus, chaîne de montagnes de la Turquie.

Tautavel, site préhistorique des Pyrénées-Orientales.

Taverny, ch.-l. de cant. du Val-d'Oise ; 25 191 h. Base aérienne.

Taylor Frederick Winslow (1856-1915), ingénieur américain, promoteur du taylorisme.

Tazieff Haroun (né en 1914), volcanologue et homme politique français.

Tbessa. V. Tébessa.

Tbilissi (anc. *Tiflis*), cap. de la Géorgie ; 1 211 000 h.

Tchad (lac), lac de l'Afrique centrale (10 000 à 25 000 km²).

Tchad, État de l'Afrique centrale ; 1 284 000 km² ; 5 400 000 h ; cap. N'Djamena.

Tchaïkovski Piotr (1840-1893), compositeur russe : *Eugène Onéguine*, *le Lac des cygnes*.

Tchang Kaï-chek ou **Jiang Jieshi** (1887-1975), général et homme politique chinois. Il combattit les communistes, mais, vaincu par Mao Zedong, il se replia à Taiwan (1949).

Tcheboksary, v. de Russie (rép. des Tchouvaches) ; 389 000 h.

Tchebychev Pafnouti (1821-1894), mathématicien russe.

Tchécoslovaquie, anc. État fédéral de l'Europe centrale (1918-1992).

Tcheka, police politique créée en 1917 par les bolcheviks.

Tchekhov Anton (1860-1904), écrivain russe : *Oncle Vania*.

Tcheliabinsk, v. de Russie, dans l'Oural ; 1 134 000 h.

Tcheou. V. Zhou.

tchèque (République), État d'Europe centrale ; 78 800 km² ; 10 600 000 h ; cap. Prague.

Tcherenkov Pavel (né en 1904), physicien russe des particules.

Tcherkesses ou **Circassiens**, peuple musulman du N. du Caucase.

Tchernobyl, v. d'Ukraine, théâtre d'une pollution nucléaire importante (1986).

Tchernychevski Nikolaï (1828-1889), philosophe, savant et critique russe : *Que faire ?*

Tchétchènes-Ingouches (rép. des), rép. auton. de Russie (Caucase) ; cap. Groznyï.

Tchouktches, peuple du N.-E. de la Sibérie.

Tchouvaches (rép. des), rép. auton. de Russie, sur la Volga ; cap. Tcheboksary.

Tébessa (auj. *Tbessa*), v. de l'Algérie orientale ; 112 010 h.

Tegucigalpa, cap. du Honduras ; 597 510 h.

Téhéran, cap. de l'Iran ; 5 734 000 h.

Teilhard de Chardin Pierre (1881-1955), jésuite, philosophe et paléontologue français.

Tel-Aviv-Jaffa, v. princ. d'Israël, sur la Méditerranée ; 327 270 h (aggl. 1 607 800 h).

Telemann Georg Philipp (1681-1767), compositeur allemand.

Télémaque, fils d'Ulysse (*Odyssée*).

Tell al-Amarnah. V. Amarnah.

Templiers, ordre religieux et militaire (1119-1312).

Tende, col des Alpes-Maritimes (1870 m).

Tène (La), site protohistorique de Suisse.

Ténéré (le), rég. du Sahara (Niger).

Tenerife, la plus grande des îles Canaries.

Teniers David (1610-1690), peintre flamand de scènes de genre.

Tennessee (le), affl. de l'Ohio (1600 km).

Tennessee, État du S.-E. des États-Unis ; cap. Nashville ; v. princ. Memphis.

Tennyson Alfred, lord (1809-1892), poète anglais : *les Idylles du roi*.

Tenochtitlán, anc. cap. des Aztèques, sur l'emplacement de Mexico.

Tenzin Gyatso (né en 1935), quatorzième dalaï-lama.

Teotihuacán, v. précolombienne du Mexique. Pyramides de la Lune et du Soleil.

Terborch Gerard (1617-1681), peintre hollandais de scènes de genre.

Térence (v. 190-159 av. J.-C.), auteur latin de comédies.

Teresa (Mère) (née en 1910), religieuse indienne d'origine macédonienne.

Teresina, v. du Brésil ; 476 100 h.

Terni, v. d'Italie (Ombrie) ; 111 110 h.

Terpsichore, muse du Chant, de la Poésie lyrique et de la Danse (*Myth. gr.*).

Terre de Feu, archipel à la pointe S. de l'Amérique du Sud.

Terre-Neuve, prov. du Canada, comprenant l'*île de Terre-Neuve* (112 300 km²) et le N.-E. du Labrador ; cap. Saint-Jean.

Terreur (la), période de la Révolution française, allant de septembre 1793 à juillet 1794.

Tertullien (v. 155-v. 220), apologiste chrétien, Père de l'Église.

Tessin (le), affl. du Pô (248 km).

Tessin, cant. de Suisse ; ch.-l. Bellinzona.

Testament (Ancien et Nouveau). V. Bible.

Têt (le), fête du nouvel an au Việt-nam.

Téthys, déesse de la Mer (*Myth. gr.*).

Tétouan, v. du N. du Maroc ; 199 620 h.

Teutatès, dieu de la Tribu chez les Celtes.

Teutonique (ordre), ordre hospitalier et militaire, créé en 1198 par des croisés allemands.

Teutons, anc. peuple germanique, vaincu par Marius près d'Aix (102 av. J.-C.).

Texas, État des États-Unis ; 692 402 km² ; 16 682 000 h ; cap. Austin ; v. princ. Houston, Dallas.

Thabor ou **Tabor**, montagne de Galilée.

Thackeray William (1811-1863), écrivain et dessinateur anglais : *la Foire aux vanités*.

Thaddée. V. Jude.

Thaïlande, État (royaume) du S.-E. asiatique ; 514 000 km² ; 55 600 000 h ; cap. Bangkok.

Thaïs, groupe ethnique de l'Asie du Sud-Est.

Thalès, mathématicien et philosophe grec du VIᵉ s. av. J.-C.

Thalie, muse de la Comédie (*Myth. gr.*).

Thanatos, dieu de la Mort (*Myth. gr.*).

Thanjavur. V. Tanjore.

Thann, ch.-l. d'arr. du Haut-Rhin ; 7 783 h.

Thar (le), désert du Pakistan et de l'Inde.

Thatcher Margaret (née en 1925), Premier ministre (conservateur) de la Grande-Bretagne de 1979 à 1990.

Thau (étang de), lagune du dép. de l'Hérault.

Thébaïde, partie méridionale de l'Égypte anc., refuge des premiers ermites chrétiens.

Thèbes, v. de l'anc. Égypte, cap. du Nouvel Empire. Temples à Karnak et à Louxor.

Thèbes, v. de Grèce (Béotie), rivale d'Athènes et de Sparte, détruite par Alexandre le Grand.

Theiler Max (1899-1972), médecin sud-africain. Il isola le virus de la fièvre jaune.

Thélème (abbaye de), communauté de laïcs imaginée par Rabelais.

Thémis, déesse de la Justice (*Myth. gr.*).

Thémistocle (v. 524-v. 459 av. J.-C.), général athénien, vainqueur à Salamine.

Théocrite (v. 315-v. 250 av. J.-C.), poète bucolique grec.

Théodora (v. 500-548), impératrice d'Orient, épouse de Justinien.

Theodorakis Mikis (né en 1925), compositeur grec.

Théodoric Iᵉʳ (mort en 451), roi des Wisigoths en 418, tué aux champs Catalauniques.

Théodoric le Grand (v. 454-526), roi des Ostrogoths en 493. Il constitua un empire éphémère (Italie, Dalmatie, Pannonie).

Théodose Iᵉʳ le Grand (v. 347-395), empereur romain en 379. Il fit du christianisme la religion officielle.

Théophraste (v. 372-v. 287 av. J.-C.), philosophe grec : *les Caractères*.

Théra. V. Santorin.

Thérèse d'Ávila sainte (1515-1582), religieuse mystique espagnole, réformatrice des carmélites : *le Château intérieur*.

Thérèse de l'Enfant-Jésus sainte (1873-1897), religieuse française.

Thermidor an II (9 et 10) (27 et 28 juillet 1794), chute de Robespierre et fin de la Terreur.

Thermopyles (les), défilé de la Grèce où Léonidas Iᵉʳ résista aux Perses (480 av. J.-C.).

Thésée, roi d'Athènes qui tua le Minotaure et épousa Phèdre (*Myth. gr.*).

Thespis (VIᵉ s. av. J.-C.), poète grec, créateur de la tragédie.

Thessalie, rég. de la Grèce centrale.

Thessalonique ou **Salonique**, port de la Grèce du Nord ; 406 410 h (aggl. 706 180 h).

Thétis, mère d'Achille (*Myth. gr.*).

Thiais, ch.-l. de cant. du Val-de-Marne ; 27 933 h.

Thibaut IV (dit *le Chansonnier*) (1201-1253), comte de Champagne, roi de Navarre en 1234 et trouvère.

Thiérache, rég. d'élevage du dép. de l'Aisne.

Thierry IV (mort en 737), roi des Francs en 721, le dernier des Mérovingiens.

Thierry Augustin (1795-1856), historien français : *Récits des temps mérovingiens*.

Thiers, ch.-l. d'arr. du Puy-de-Dôme ; 15 407 h.

Thiers Adolphe (1797-1877), homme politique et historien français, premier président de la IIIᵉ République (1871-1873).

Thiès, v. du Sénégal ; 150 000 h.

Thimphu, cap. du Bhoutan ; 20 000 h.

Thionville, ch.-l. d'arr. de la Moselle ; 40 835 h.

Thiry Marcel (1897-1977), écrivain belge d'expression française.

Thom René (né en 1923), mathématicien français. Théorie des catastrophes.

Thomas saint, un des douze apôtres.

Thomas d'Aquin saint (1225-1274), théologien et philosophe italien, docteur de l'Église : *Somme théologique.*

Thomas Becket saint (1118-1170), prélat anglais, assassiné sur l'ordre d'Henri III.

Thomas More ou **Morus** saint (1478-1535), homme d'État et humaniste anglais : *Utopie.* Il fut décapité sur l'ordre d'Henri VIII.

Thomas Sidney Gilchrist (1850-1885), inventeur anglais d'un procédé métallurgique.

Thomas Dylan (1914-1953), poète gallois.

Thomson sir William, lord Kelvin (1824-1907), mathématicien et physicien anglais, auteur d'une échelle de températures.

Thomson sir Joseph John (1856-1940), physicien britannique.

Thonon-les-Bains, ch.-l. d'arr. de la Haute-Savoie ; 30 667 h.

Thor, dieu du Tonnerre (*Myth. scandinave*).

Thoreau Henry (1817-1862), écrivain américain : *Walden ou la Vie dans les bois.*

Thorez Maurice (1900-1964), homme politique français (communiste).

Thoronet (le), abbaye cistercienne du Var.

Thot, dieu égyptien du Savoir.

Thoune, v. de Suisse (Berne) ; 36 900 h.

Thoutmès III (1504-1450 av. J.-C.), pharaon égyptien, grand conquérant.

Thrace, rég. du N.-E. de la Grèce.

Thrasybule (v. 445-388 av. J.-C.), général athénien. Il renversa les Trente Tyrans.

Thucydide (v. 465-apr. 395 av. J.-C.), historien grec : *Histoire de la guerre du Péloponnèse.*

Thulé, nom donné par les Anciens à la limite nord du monde connu.

Thunder Bay, v. du Canada (Ontario) ; 112 500 h.

Thurgovie, cant. de Suisse, sur le lac de Constance ; ch.-l. Frauenfeld.

Thuringe, Land d'Allemagne ; cap. Erfurt.

Thyssen August (1842-1926), industriel allemand.

Tianjin ou **T'ien-tsin**, v. de la Chine du Nord ; 152 180 h. (aggl. 7 790 160 h.).

Tianshan, chaîne de l'Asie centrale (7 439 m).

Tibère (v. 42 av. J.-C. -37 apr. J.-C.), empereur romain en 14, successeur d'Auguste.

Tibériade, v. d'Israël, sur le *lac de Tibériade* ; 28 240 h.

Tibesti, massif du Sahara (Tchad) (3 415 m).

Tibet, rég. auton. de la Chine ; 1 221 600 km² ; env. 2 000 000 h. ; ch.-l. Lhassa.

Tibre (le), fl. d'Italie, qui traverse Rome (396 km).

Tibulle (v. 50-v. 19 av. J.-C.), poète latin.

Tibur. V. Tivoli.

Tieck Ludwig (1773-1853), écrivain romantique allemand : *le Chat botté.*

Tiepolo Giambattista (1696-1770), peintre et graveur baroque italien.

Tiflis. V. Tbilissi.

Tignes, stat. hivernale de Savoie.

Tigrane le Grand (v. 121-v. 54 av. J.-C.), roi d'Arménie en 95, vaincu par Pompée.

Tigre (le), fl. de Mésopotamie (1 950 km).

Tigré, prov. du N. de l'Éthiopie.

Tijuana, v. du N.-O. du Mexique ; 641 000 h.

Tikal, site archéologique maya du Guatemala.

Tilburg, v. des Pays-Bas ; 154 430 h.

Tilimsen. V. Tlemcen.

Till Eulenspiegel, personnage légendaire d'origine allemande, type du bouffon.

Tilsit (traité de), alliance entre Napoléon I er et le tsar Alexandre Ier (1807).

Timgad, site archéologique romain d'Algérie.

Timisoara, v. de l'O. de la Roumanie ; 309 260 h.

Timmermans Félix (1886-1947), écrivain belge d'expression flamande.

Timor, île de l'E. de l'Indonésie, sur la *mer de Timor* qui la sépare de l'Australie.

Timourides, dynastie de descendants de Tamerlan, qui régna jusqu'en 1507 en Perse.

Timur Lang. V. Tamerlan.

Tinbergen Nikolaas (1907-1988), zoologiste néerlandais.

Tindemans Léo (né en 1922), homme politique belge (socio-chrétien flamand).

Tinguely Jean (1925-1991), sculpteur suisse.

Tintin, héros de bandes dessinées créé par Hergé.

Tintoret (Iacopo Robusti, dit le) (1518-1594), peintre vénitien.

Tipasa, v. d'Algérie ; 15 800 h. Ruines romaines.

Tirana, cap. de l'Albanie ; 215 860 h.

Tirésias, devin de Thèbes (*Myth. gr.*).

Tirpitz Alfred von (1849-1930), amiral allemand.

Tirso de Molina (v. 1583-1648), dramaturge espagnol, auteur de près de 400 pièces.

Tiruchirapalli (anc. *Trichinopoly*), v. de l'Inde (Tamil Nadu) ; 362 050 h. (aggl. 609 550 h.).

Tirynthe, site archéologique mycénien.

Tisza (la), affl. du Danube (1 300 km).

Titanic, transatlantique britannique qui coula après avoir heurté un iceberg (1912).

Titans, fils et filles d'Ouranos et de Gaia vaincus par Zeus (*Myth. gr.*).

Tite-Live (64 ou 59 av. J.-C. -17 apr. J.-C.), historien romain : *Histoire de Rome.*

Titicaca (lac) (8 300 km²) des Andes, à 3 812 m entre le Pérou et la Bolivie.

Titien (Tiziano Vecellio, dit) (v. 1490-1576), peintre vénitien.

Tito (Josip Broz, dit) (1892-1980), maréchal yougoslave, au pouvoir de 1945 à sa mort.

Titograd (anc. *Podgorica*), cap. du Monténégro ; 96 000 h.

Titus (39-81), empereur romain en 79.

Tivoli (anc. *Tibur*), v. d'Italie (Latium) ; 50 970 h. Villa d'Este.

Tizi-Ouzou, v. d'Algérie (Kabylie) ; 92 410 h.

Tjibaou Jean-Marie (1936-1989), dirigeant du F.L.N.K.S. ; assassiné.

Tlaloc, dieu aztèque de la Pluie.

Tlemcen (auj. *Tilimsen*), v. de l'O. de l'Algérie ; 111 590 h.

T.N.P. Abrév. de *Théâtre national populaire*, situé à Paris, puis à Villeurbanne (1972).

Toamasina. V. Tamatave.

Tobago. V. Trinité-et-Tobago.

Tobrouk, port de Libye ; env. 60 000 h.

Tocantins (rio), fl. du Brésil (2 640 km).

Tocqueville Alexis de (1805-1859), écrivain et homme politique français : *De la démocratie en Amérique.*

Toepffer Rodolphe (1799-1846), dessinateur et écrivain suisse d'expression française.

Togliatti Palmiro (1893-1964), homme politique italien (communiste).

Togo, État d'Afrique occidentale ; 56 785 km² ; 3 250 000 h ; cap. Lomé.

Togo Heihachiro (1847-1934), amiral japonais, vainqueur des Russes (1905).

Tojo Hideki (1884-1948), général japonais. Il déclencha l'attaque de Pearl Harbor ; exécuté par les Américains.

Tokugawa, dernière dynastie de shoguns japonais (1603-1867), fondée par Tokugawa Ieyasu (1542-1616), successeur de Hideyoshi.

Tokyo (*Edo* jusqu'en 1868), cap. du Japon (Honshu) ; 8 386 030 h. (aggl. 11 904 370 h).

Tolbiac, victoire de Clovis sur les Alamans (v. 496).

Tolède, v. d'Espagne, sur le Tage, cap. de la commun. auton. de Castille-la Manche ; 54 340 h. Monuments anciens.

Toledo, v. des États-Unis (Ohio) ; 343 900 h (aggl. 610 800 h).

Toliatti (anc. *Stavropol*), v. de Russie, sur la Volga ; 594 000 h.

Tolkien John Ronald Reuel (1892-1973), écrivain britannique : *le Seigneur des anneaux*.

Tolstoï Léon (1828-1910), écrivain russe : *Guerre et Paix, Anna Karénine*.

Tolstoï Alexis (1883-1945), écrivain soviétique : *le Chemin des tourments*.

Toltèques, Indiens du Mexique précolombien.

Toluca de Lerdo, v. du Mexique, près de Mexico ; 308 000 h.

Tombouctou, v. du Mali ; 19 160 h.

Tomsk, v. de Russie, en Sibérie ; 475 000 h.

Tonga, archipel et État d'Océanie ; 700 km² ; env. 100 000 h ; cap. Nukualofa.

Tonkin, rég. du N. du Viêt-nam ; v. princ. Hanoi.

Tonlé Sap, lac du centre du Cambodge.

Tora ou **Torah**, ensemble de la loi juive (la loi écrite consignée dans le Pentateuque et la loi orale consignée dans le Talmud).

Torcello, île de la lagune de Venise.

Tordesillas, traité entre l'Espagne et le Portugal, repoussant à l'O. la ligne séparant les colonies espagnoles et portugaises, et attribuant ainsi le Brésil au Portugal (1493).

Torelli Giuseppe (1658-1709), compositeur et violoniste italien.

Toronto, v. du Canada, cap. de l'Ontario ; 612 290 h (aggl. 3 274 200 h).

Torquemada Tomás de (1420-1498), dominicain espagnol. Inquisiteur, il obtint l'expulsion des juifs d'Espagne (1492).

Torreón, v. du Mexique central ; 257 000 h.

Torres, détroit entre la Nouvelle-Guinée et l'Australie, faisant communiquer l'océan Indien et le Pacifique.

Torricelli Evangelista (1608-1647), mathématicien et physicien italien. Il découvrit la pression atmosphérique.

Tortue (la), île située au N. d'Haïti, anc. base de pirates.

Toruń, v. de Pologne ; 188 030 h.

Toscane, rég. d'Italie centrale ; ch.-l. Florence.

Toscanini Arturo (1867-1957), chef d'orchestre italien.

Totonaques, peuple du Mexique précolombien (Vᵉ-XVᵉ s.).

Touareg, populations berbères nomades du S[ahara] saharien.

Toubkal (djebel), point culminant de l'Afrique du Nord (Atlas) (4 165 m).

Toubous, peuple nomade noir du S. du Sahara.

Toucouleurs, peuple musulman du Sénégal e[t] de Mauritanie.

Tou Fou. V. Du Fu.

Touggourt, oasis d'Algérie ; 23 980 h.

Toukhatchevski Mikhaïl (1893-1937), maréchal soviétique ; exécuté.

Toul, ch.-l. d'arr. de Meurthe-et-Moselle ; 17 752 h.

Toula, v. de Russie, au S. de Moscou ; 541 000 h.

Toulon, port militaire et ch.-l. du Var ; 170 607 h (aggl. 437 650 h).

Toulouse, ch.-l. de la Haute-Garonne, et de la Rég. Midi-Pyrénées, sur la Garonne ; 365 933 h (aggl. 650 350 h).

Toulouse-Lautrec Henri de (1864-1901), peintre, lithographe et affichiste français.

Toungouses ou **Toungouzes**, groupes ethniques de Sibérie orientale.

Touquet-Paris-Plage (Le), stat. balnéaire du Pas-de-Calais.

Tour de France, épreuve cycliste annuelle, depuis 1903.

Touraine, anc. prov. de France, arrosée par la Loire ; cap. Tours.

Tourcoing, ch.-l. de cant. du Nord ; 94 425 h.

Tour-du-Pin (La), ch.-l. d'arr. de l'Isère ; 6 926 h.

Touré Sékou (1922-1984), président de la république de Guinée de 1958 à sa mort.

Tourgueniev Ivan (1818-1883), écrivain russe : *Récits d'un chasseur*.

Tourmalet, col des Pyrénées (2 115 m).

Tournai, v. de Belgique (Hainaut) ; 67 910 h.

Tournon-sur-Rhône, ch.-l. d'arr. de l'Ardèche ; 10 165 h.

Tournus, ch.-l. de cant. de Saône-et-Loire ; 7 036 h. Abbatiale romane.

Tours, ch.-l. de l'Indre-et-Loire ; 133 403 h (aggl. 282 150 h). Le *congrès de Tours* (1920) vit la scission de la S.F.I.O. entre socialistes et communistes.

Tourville Anne de (1642-1701), vice-amiral de France. Il lutta contre les Anglo-Hollandais.

Toussaint Louverture (1743-1803), homme politique haïtien, héros de l'indépendance et de l'émancipation des esclaves.

Toutankhamon, pharaon égyptien du XIVᵉ s. av. J.-C., dont on a retrouvé le tombeau intact.

Touva, rép. auton. de Russie (Sibérie).

Toynbee Arnold (1889-1975), historien britannique des civilisations.

Toyota, v. du Japon (Honshu) ; 308 110 h.

Trafalgar, cap de l'Espagne, près duquel Nelson anéantit la flotte franco-espagnole (1805).

Trajan (53-117), empereur romain en 98. Son règne marque l'apogée de l'Empire.

Trakl Georg (1887-1914), poète autrichien.

Transamazonienne (la), route (4 920 km) du Brésil à travers la forêt amazonienne.

Transcaucasie, rég. au S. du Caucase (Géorgie, Arménie, Azerbaïdjan).

Transkei (le), bantoustan d'Afrique du Sud.

Transoxiane, rég. de l'Asie centrale ancienne.

Transsibérien, voie ferrée (9 000 km) qui relie Moscou à Vladivostok.

Transvaal, prov. du N.-E. de l'Afrique du Sud ; cap. Pretoria.

Transylvanie, rég. du centre de la Roumanie ; v. princ. Cluj-Napoca, Brasov.

Traoré Moussa (né en 1936), président de la république du Mali de 1968 à 1991.

Trappe (la), ordre religieux cistercien fondé en 1140, réformé en 1664 par Rancé.

Trappes, ch.-l. de cant. des Yvelines ; 30 938 h.

Trasimène, lac d'Italie (Ombrie), où Hannibal écrasa l'armée romaine (217 av. J.-C.).

Trébizonde, port de Turquie, sur la mer Noire ; 142 010 h. Cap. de l'*empire grec de Trébizonde* (1204-1461).

Treblinka, camp d'extermination nazi, près de Varsovie.

Trégorrois, rég. du N. de la Bretagne.

Tréguier, ch.-l. de cant. des Côtes-d'Armor ; 2 961 h. Cathédrale.

Trélazé, com. de Maine-et-Loire ; 11 067 h.

Tremblay-en-France, ch.-l. de cant. de la Seine-Saint-Denis ; 31 432 h.

Trenet Charles (né en 1913), chanteur et auteur-compositeur français.

Trent (la), riv. de Grande-Bretagne (270 km).

Trente, v. d'Italie, ch.-l. du Trentin-Haut-Adige ; 98 830 h. Le *concile de Trente* (1545-1563) fonda la Contre-Réforme.

Trente ou **Trente Tyrans** (les), magistrats que les Spartiates imposèrent aux Athéniens en 404 av. J.-C. Ils furent chassés par Thrasybule.

Trente Ans (guerre de), conflit entre catholiques et protestants qui ravagea le Saint Empire de 1618 à 1648 (paix de Westphalie).

Trentin-Haut-Adige, rég. auton. de l'Italie du Nord ; ch.-l. Trente.

Tréport (Le), stat. balnéaire de Seine-Maritime.

Trèves, v. d'Allemagne (Rhénanie-Palatinat) ; 93 080 h. Ruines romaines.

Trévise, v. d'Italie (Vénétie) ; 87 070 h.

Trévoux (Journal de), périodique jésuite qui combattit les encyclopédistes (1745-1762).

Triangle d'or, rég. productrice d'opium entre le Laos, la Thaïlande et la Birmanie.

Trianon, nom de deux châteaux édifiés dans le parc de Versailles, le *Grand Trianon* (1687) et le *Petit Trianon* (1762-1768).

Tribunal révolutionnaire, tribunal d'exception qui fonctionna à Paris de mars 1793 à mai 1795, principal agent de la Terreur.

Tribunat, assemblée législative du Consulat, supprimée en 1807.

Tricastin, usine d'enrichissement de l'uranium (Drôme).

Trichinopoly. V. Tiruchirapalli.

Trieste, port d'Italie, ch.-l. du Frioul-Vénétie Julienne ; 244 980 h.

Trimurti (la), trinité hindoue du panthéon brahmanique : Brahma, Vishnu et Çiva.

Trinité (La), ch.-l. d'arr. de la Martinique ; 11 392 h.

Trinité-et-Tobago (*Trinidad and Tobago*), archipel et État des Petites Antilles ; 5 128 km² ; 1 250 000 h ; cap. Port of Spain.

Trinité-sur-Mer (La), stat. balnéaire et port de plaisance du Morbihan.

Triolet Elsa (1896-1970), écrivain français d'origine russe, épouse de L. Aragon.

Triplice. V. Alliance (Triple-).

Tripoli, port du N. du Liban ; 175 000 h.

Tripoli, cap. et port de la Libye ; 980 000 h.

Tripolitaine, rég. du N.-O. de la Libye.

Tripura, État de l'E. de l'Inde.

Tristan Flora (1803-1844), écrivain français, pionnière du féminisme.

Tristan da Cunha, archipel britannique de l'Atlantique Sud.

Tristan et Iseut, légende médiévale d'origine celtique, sur le thème de l'amour contrarié.

Tristan l'Hermite (François, dit) (v. 1601-1655), écrivain français : *le Page disgracié*.

Trivandrum, port de l'Inde, cap. du Kerala ; 483 090 h.

Trnka Jiri (1912-1969), cinéaste d'animation tchèque.

Trocadero, site fortifié d'Espagne (Andalousie), pris d'assaut par les Français (1823).

Trochu Louis (1815-1896), général français, chef du gouvernement de la Défense nationale.

Troie ou **Ilion**, cité d'Asie Mineure, enjeu d'une guerre relatée dans *l'Iliade* d'Homère.

Trois-Évêchés (les), les trois villes épiscopales, Metz, Toul et Verdun, qui eurent un statut particulier de 1552 à 1648.

Trois-Rivières, port du Canada (Québec) ; 50 120 h (agql. 114 300 h).

Tronchet François Denis (1726-1806), juriste français. Il fut l'un des avocats de Louis XVI.

Trondheim, port de Norvège ; 134 020 h.

Trotski Léon (1879-1940), révolutionnaire russe. Adversaire de Staline, il fonda la IVᵉ Internationale. Il fut assassiné.

Troubetskoï Nikolaï (1890-1938), linguiste russe, fondateur de la phonologie.

Trouville-sur-Mer, stat. balnéaire du Calvados.

Troyat Henri (né en 1911), écrivain français d'origine russe.

Troyes, ch.-l. de l'Aube ; 60 755 h.

Trudeau Pierre Elliott (né en 1919), homme politique canadien (libéral).

Truffaut François (1932-1984), cinéaste français : *Jules et Jim*.

Trujillo, port du Pérou ; 438 700 h.

Trujillo y Molina Rafael (1891-1961), homme politique dominicain, au pouvoir de 1930 à sa mort ; assassiné.

Truman Harry (1884-1972), président (démocrate) des États-Unis de 1945 à 1952.

Tsahal, nom de l'armée israélienne.

Tsaritsyne. V. Volgograd.

Tsarskoïe Selo, résidence d'été des tsars, près de Saint-Pétersbourg.

Ts'eu Hi. V. Ci Xi.

Tsiganes ou **Tziganes**, peuple nomade originaire de l'Inde, disséminé en Europe.

Tsing. V. Qing.

Tsiranana Philibert (1912-1978), premier président de la République malgache (1959-1972).

Tsubouchi Shoyo (1859-1935), écrivain japonais : *la Quintessence du roman*.

Tsugaru (détroit de), bras de mer entre Hokkaido et Honshu.

Tsushima, archipel japonais, entre la Corée et le Japon.

Tuamotu, archipel de la Polynésie française.

Tucson, v. des États-Unis (Arizona); 365 400 h (aggl. 594 800 h).

Tudor, famille qui régna sur l'Angleterre de 1485 à 1603.

Tu Duc (1830-1883), empereur d'Annam en 1848. Il dut céder devant les Français.

Tuileries (palais des), anc. résidence royale, à Paris, incendiée en 1871.

Tula, site archéologique toltèque du Mexique.

Tulle, ch.-l. de la Corrèze; 18 685 h.

Tullus Hostilius, troisième roi de Rome (v. 672-641 av. J.-C.).

Tulsa, v. des États-Unis (Oklahoma); 374 500 h.

Tunis, cap. de la Tunisie; 596 650 h (aggl. 1 500 000 h).

Tunisie, État de l'Afrique du Nord; 154 530 km² ; 7 500 000 h ; cap. Tunis.

Tupis, peuple amérindien du Paraguay et du Brésil.

Tupolev Andreï (1888-1972), ingénieur soviétique, constructeur d'avions.

Turbigo (Lombardie), victoires des Français sur les Autrichiens en 1800 et en 1859.

Turcs, ensemble de populations qui se répartissent aujourd'hui entre la Turquie, l'Azerbaïdjan, le Turkménistan, l'Ouzbékistan, le Kirghizistan et le Xinjiang.

Turenne Henri de (1611-1675), maréchal de France.

Turgot Anne Robert Jacques (1727-1781), économiste français, ministre de Louis XVI.

Turin, v. d'Italie, sur le Pô, ch.-l. du Piémont; 1 059 510 h.

Turing Alan (1912-1954), mathématicien anglais, ancêtre de l'informatique.

Turkana (anc. *lac Rodolphe*), lac du Kenya (8 600 km²).

Turkestan, rég. d'Asie centrale.

Turkmènes ou **Turcomans,** peuple turc d'Asie centrale.

Turkménistan, État d'Asie centrale, anc. rép. fédérée de l'U.R.S.S.; 488 100 km² ; 3 807 000 h ; cap. Achkhabad.

Turks et Caicos, archipel britannique des Antilles.

Turku, port de Finlande; 161 840 h.

Turner William (1775-1851), peintre anglais, précurseur de l'impressionnisme.

Turnhout, v. de Belgique (Anvers); 37 450 h.

Turquie, État de l'Asie occidentale; 779 452 km² ; 55 400 000 h ; cap. Ankara.

Tutsis, peuple du Burundi et du Ruanda.

Tutu Desmond (né en 1931), prélat anglican sud-africain, opposant non violent à l'apartheid.

Tuvalu (anc. *Ellice*), archipel et État du Pacifique central; 24,6 km² ; 8 230 h ; cap. Funafuti.

Tver (*Kalinine* de 1931 à 1991), v. de Russie, sur la Volga; 438 000 h.

Twain Mark (1835-1910), écrivain américain : *les Aventures de Tom Sawyer.*

Tweed (la), fl. de Grande-Bretagne (165 km).

Tycho Brahe. V. Brahe.

Tyr, anc. cité phénicienne (XIIᵉ s.-573 av. J.-C.).

Tyrol, Land d'Autriche ; ch.-l. Innsbruck.

Tyrrhénienne (mer), partie de la Méditerranée entre la Corse, la Sardaigne, la Sicile et l'Italie.

Tzara Tristan (1896-1963), écrivain français d'origine roumaine, fondateur du mouvement dada : *l'Homme approximatif.*

Tziganes. V. Tsiganes.

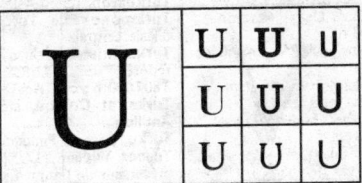

Ucayali (río), riv. du Pérou (1 600 km), une des branches mères de l'Amazone.

Uccello Paolo (1397-1475), peintre florentin de la Renaissance. Scènes de bataille.

Udaipur, v. de l'Inde (Rajasthan); 232 590 h.

U.D.F. Sigle de *Union pour la démocratie française,* formation centriste créée en 1978.

Udine, v. d'Italie (Frioul); 101 070 h.

Ugine, ch.-l. de cant. de la Savoie; 7 490 h.

Uhuru (pic). V. Kilimandjaro.

Ujjain, v. de l'Inde (Madhya Pradesh); 278 450 h. Pèlerinage.

Ujungpandang (anc. *Makassar),* port d'Indonésie (Célèbes); 709 040 h.

Ukraine, État d'Europe orientale, sur la mer Noire, anc. rép. fédérée de l'U.R.S.S.; 603 700 km² ; 51 704 000 h.; cap. Kiev.

Ulbricht Walter (1893-1973), chef de la R.D.A. de 1960 à sa mort.

Ulfila (v. 311-383), évêque arien des Goths.

Ulis (Les), v. de l'Essonne; 27 207 h.

Ulm, v. d'Allemagne (Bade-Wurtemberg); 100 750 h.

Ulsan, port de la Corée du Sud; 551 320 h.

Ulster, rég. du nord de l'Irlande divisée entre l'Eire et le Royaume-Uni (cap. Belfast).

Uluru. V. Ayers Rock.

Ulysse, roi mythique d'Ithaque, dont les aventures sont racontées dans l' *Odyssée.*

Umar ou **Omar** (v. 583-644), deuxième calife de l'islam en 634.

Umm Kulthum ou **Oum Kalsoum** (1898-1975), chanteuse égyptienne.

Unamuno Miguel de (1864-1936), écrivain espagnol : *le Sentiment tragique de la vie.*

Undset Sigrid (1882-1949), romancière norvégienne : *Kristin Lavransdatter.*

Unesco, institution spécialisée de l'O.N.U. pour l'éducation, la science et la culture.

Ungaretti Giuseppe (1888-1970), écrivain italien : *Sentiment du temps.*

Unicef, organisme de l'O.N.U. pour l'enfance.

Unigenitus, bulle par laquelle Clément XI condamna le jansénisme (1713).

Union française, ensemble formé par la France et ses colonies (1946-1958).

Union Jack, drapeau du Royaume-Uni.

Unterwald, cant. de Suisse, divisé en deux demi-cantons : Nidwald (ch.-l. Stans) et Obwald (ch.-l. Sarnen).

Upanishad, texte sanskrit, partie des Veda.

Updike John (né en 1932), romancier américain : *Couples.*

Uppsala, v. de Suède; 154 710 h. Université.

Ur ou **Our,** anc. v. de la Mésopotamie, prospère au IIIe millénaire av. J.-C.

Uranie, muse de l'Astronomie (*Myth. gr.*).

Uranus, septième planète du système solaire.

Urartu. V. Ourartou.

Urbain II bienheureux (v. 1042-1099), pape en 1088. Il fit décider la première croisade.

Urbain VIII (1568-1644), pape en 1623. Il condamna Galilée et le jansénisme.

Urbino, v. d'Italie (Marches); 15 920 h.

Urey Harold (1893-1981), chimiste américain. Il découvrit l'eau lourde.

Urfa (anc. *Édesse),* v. de Turquie; 147 500 h.

Urfé Honoré d' (1567-1625), écrivain français : *l'Astrée.*

Uri, cant. de Suisse; ch.-l. Altdorf.

U.R.S.S. Sigle de *Union des républiques socialistes soviétiques,* anc. État d'Europe et d'Asie (1922-1991).

Uruguay, fl. d'Amérique du Sud (1 580 km).

Uruguay, État d'Amérique du Sud; 177 508 km² ; 2 981 000 h ; cap. Montevideo.

Uruk. V. Ourouk.

Urumqi ou **Ouroumtsi,** v. de Chine du Nord-Ouest, cap. du Xinjiang; 961 240 h.

U.S.A. V. États-Unis.

Ushuaia, v. d'Argentine, en Terre de Feu.

Ussel, ch.-l. d'arr. de la Corrèze; 11 988 h.

Utah, État du centre-ouest des États-Unis; cap. Salt Lake City.

Utamaro Kitagawa (1753-1806), peintre japonais, maître de l'ukiyo-e.

Uthman ou **Othman** (mort en 656), troisième calife de l'islam en 644.

Utique, anc. v. d'Afrique (Tunisie).

Utrecht, v. des Pays-Bas; 230 370 h. L' *Union d'Utrecht* réunit les sept provinces protestantes des Pays-Bas (1579).

Utrillo Maurice (1883-1955), peintre français.

Uttar Pradesh, État du N. de l'Inde; cap. Lucknow.

Uvéa ou **Ouvéa,** la princ. des îles Wallis.

Uzès, ch.-l. de cant. du Gard; 7 955 h.

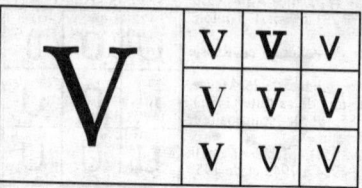

Vaal, affl. de l'Orange (1 200 km).

Vaccarès, étang (6 000 ha) de Camargue.

Vaduz, cap. du Liechtenstein ; 4 900 h.

Vailland Roger (1907-1965), écrivain français : *la Loi.*

Vaillant Édouard (1840-1915), homme politique français (socialiste).

Vaison-la-Romaine, ch.-l. de cant. du Vaucluse ; 5 701 h. Monuments anciens.

Valachie, rég. du centre de la Roumanie.

Valadon Suzanne (1865-1938), peintre français, mère de M. Utrillo.

Valais, cant. de Suisse ; ch.-l. Sion.

Val d'Aoste, rég. auton. d'Italie ; ch.-l. Aoste.

Val-de-Grâce (le), hôpital militaire de Paris.

Val-de-Marne, dép. français (94) (Île-de-France) ; 244 km² ; 1 224 140 h ; ch.-l. Créteil.

Val-d'Isère, stat. de sports d'hiver de Savoie.

Valdo ou **Valdès** Pierre (v. 1140-1217), fondateur français de la secte des vaudois.

Val-d'Oise, dép. français (95) (Île-de-France) ; 1 249 km² ; 1 058 055 h ; ch.-l. Pontoise.

Valence, ch.-l. de la Drôme ; 68 157 h.

Valence, port d'Espagne, sur la Méditerranée, cap. de la *commun. auton. de Valence;* 728 620 h.

Valencia, v. du Venezuela ; 824 010 h.

Valenciennes, ch.-l. d'arr. du Nord ; 39 276 h (aggl. 338 400 h).

Valentin (le) (1591-1632), peintre français.

Valentino Rudolph (1895-1926), acteur de cinéma américain d'origine italienne.

Valera. V. De Valera.

Valérien (mont), colline de la banlieue O. de Paris. Mémorial de la Résistance.

Valérien (mort en 259), empereur romain en 253.

Valéry Paul (1871-1945), écrivain français : *la Jeune Parque, Monsieur Teste.*

Valette (La), cap. de Malte ; 9 240 h.

Valladolid, v. d'Espagne, cap. de la commun. auton. de Castille et León ; 335 370 h.

Vallauris, ch.-l. de cant. des Alpes-Maritimes ; 24 406 h.

Valle-Inclán Ramón del (1866-1936), écrivain espagnol : *Comédies barbares.*

Vallès Jules (1832-1885), journaliste et écrivain français, membre de la Commune.

Vallotton Félix (1865-1925), peintre et graveur français d'origine suisse.

Valmy (Marne), victoire des Français sur les Prussiens (20 septembre 1792).

Valois, dynastie qui régna sur la France de Philippe VI (1328) à Henri III (1589).

Valparaiso, port du Chili ; 278 760 h (aggl. 620 000 h).

Van, lac de l'E. de la Turquie (3 700 km²).

Van Allen James Alfred (né en 1914), physicien et astronome américain.

Vancouver, port du Canada (Colombie britannique), en face de l' *île de Vancouver;* 431 150 h (aggl. 1 368 100 h).

Vandales, Germains qui envahirent la Gaule, l'Espagne et l'Afrique du Nord (Ve s.).

Van der Goes Hugo (v. 1440-1482), peintre flamand : l' *Adoration des bergers.*

Van der Weyden (Rogier de La Pasture, dit) (début du XVe s.-1464), peintre flamand.

Van de Velde Henry (1863-1957), peintre et architecte belge, promoteur de l'art nouveau.

Vandœuvre-lès-Nancy, ch.-l. de cant. de Meurthe-et-Moselle ; 34 420 h.

Van Dongen Kees (1877-1968), peintre français d'origine néerlandaise.

Van Dyck Anton (1599-1641), peintre flamand ; portraitiste.

Van Eyck Jan (v. 1390-1441), peintre flamand : *l'Agneau mystique.*

Van Gogh Vincent (1853-1890), peintre néerlandais qui se fixa à Arles, puis à Auvers-sur-Oise. Il se suicida.

Van Helmont Jan Baptist (1577-1644), chimiste flamand. Il isola le gaz carbonique.

Van Laar Pieter (dit *Bamboccio*) (v. 1592-1642), peintre et graveur hollandais.

Van Loo, famille de peintres français du XVIIIe s.

Vannes, ch.-l. du Morbihan ; 48 454 h.

Vanoise, massif des Alpes de Savoie (3 852 m).

Van Ruysbroek Jan (1293-1381), théologien mystique du Brabant.

Van't Hoff Jacobus Henricus (1852-1911), chimiste néerlandais.

Vanuatu (anc. *Nouvelles-Hébrides*), archipel et État du Pacifique ; 14 763 km² ; 149 000 h ; cap. Vila.

Van Velde Bram (1895-1981), peintre abstrait néerlandais.

Vanzetti. V. Sacco.

Var (le), fl. côtier du S.-E. de la France (120 km).

Var, dép. français (83) (Provence-Alpes-Côte d'Azur) ; 5 999 km² ; 832 291 h ; ch.-l. Toulon.

Varanasi. V. Bénarès.

Varègues, Vikings qui s'installèrent en Russie au IXᵉ s.

Varennes-en-Argonne, village de la Meuse, où Louis XVI fut arrêté lors de sa fuite (1791).

Varèse Edgard (1885-1965), compositeur français naturalisé américain.

Vargas Getúlio (1883-1954), président de la république du Brésil de 1934 à 1945 et de 1950 à 1954. Il se suicida.

Varna, port de Bulgarie ; 295 000 h.

Varron (116-27 av. J.-C.), écrivain latin.

Varsovie, cap. de la Pologne, sur la Vistule ; 1 650 220 h. Le *grand-duché de Varsovie,* État créé par Napoléon Iᵉʳ, disparut en 1815. Le *pacte de Varsovie* fut une alliance militaire entre l'U.R.S.S. et certains pays d'Europe de l'Est (1955-1991).

Vasa. V. Gustave Iᵉʳ Vasa.

Vasarely Victor (né en 1908), peintre abstrait français d'origine hongroise.

Vasari Giorgio (1511-1574), peintre maniériste, architecte et écrivain italien.

Västeras, v. de Suède ; 117 740 h.

Vatican, résidence des papes, État situé à Rome (44 ha) fondé par les accords du Latran (1929). Basilique Saint-Pierre, chapelle Sixtine, Bibliothèque vaticane, musées. Deux conciles s'y réunirent : *Vatican I* (1869-1870) définit le dogme de l'infaillibilité pontificale, *Vatican II* (1962-1965) décida l'adaptation de l'Église au monde contemporain.

Vauban Sébastien Le Prestre de (1633-1707), maréchal de France, responsable des fortifications sous Louis XIV.

Vaucanson Jacques de (1709-1782), ingénieur français. Il créa des automates.

Vaucluse, dép. français (84) (Provence-Alpes-Côte d'Azur) ; 3 566 km² ; 475 819 h ; ch.-l. Avignon.

Vaud, cant. de Suisse ; ch.-l. Lausanne.

Vaugelas Claude Favre de (1585-1650), grammairien français, gardien du bon usage.

Vaughan Williams Ralph (1872-1958), compositeur anglais.

Vaulx-en-Velin, ch.-l. de cant. du Rhône ; 44 535 h.

Vauquelin Nicolas Louis (1763-1829), pharmacien et chimiste français.

Vauvenargues Luc de (1715-1747), écrivain et moraliste français.

Vaux-le-Vicomte, château, près de Melun, construit par Le Vau pour Fouquet.

Veda (les), textes sacrés de l'hindouisme.

Véies, anc. v. étrusque, conquise par Rome v. 400 av. J.-C.

Vélasquez Diego (1599-1660), peintre espagnol : *les Ménines.*

Velay, rég. volcanique du Massif central.

Veliko Tarnovo, v. de Bulgarie ; 65 000 h. Anc. cap. du pays (XIᵉ-XIVᵉ s.).

Vélizy-Villacoublay, ch.-l. de cant. des Yvelines ; 23 034 h. Aérodrome militaire.

Venaissin (comtat). V. Comtat.

Vence, ch.-l. de cant. des Alpes-Maritimes ; 15 364 h.

Venceslas saint (907-929), évangélisateur et patron de la Bohême.

Venceslas IV (1361-1419), roi de Bohême en 1363 et empereur germanique en 1378.

Venda, bantoustan de l'Afrique du Sud.

Vendée, dép. français (85) (Pays de la Loire) ; 6 721 km² ; 522 620 h ; ch.-l. La Roche-sur-Yon. La *guerre de Vendée* fut une insurrection contre-révolutionnaire, catholique et royaliste (1793-1796).

Vendôme, ch.-l. d'arr. de Loir-et-Cher ; 18 359 h.

Vénètes, Indo-Européens qui s'établirent les uns en Vénétie, les autres en Armorique.

Vénétie, rég. de l'Italie du N.-E. ; ch.-l. Venise.

Venezuela, État du N.-O. de l'Amérique du Sud ; 912 050 km² ; 18 500 000 h ; cap. Caracas.

Venise, v. d'Italie, sur la *lagune de Venise* ; 80 000 h. Venise est construite sur 118 îlots, que séparent 177 canaux, 400 ponts. Basilique Saint-Marc, palais des Doges.

Vénissieux, ch.-l. de cant. du Rhône ; 60 744 h.

Venizélos Eleuthérios (1864-1936), homme politique grec, artisan de la Grèce moderne.

Vent (îles du), îles orientales des Antilles (Porto Rico, Trinité, Guadeloupe, Martinique).

Ventoux, mont des Préalpes du Sud (1 912 m).

Vénus, déesse de l'Amour (*Myth. rom.*).

Vénus, deuxième planète du système solaire.

Vêpres siciliennes, massacre de soldats français par les habitants de Palerme (1282).

Veracruz, port du Mexique, sur le golfe du Mexique ; 284 820 h.

Vercell, v. d'Italie (Piémont) ; 51 980 h.

Vercingétorix (v. 72-46 av. J.-C.), chef gaulois, vaincu par César à Alésia.

Vercors (le), massif des Préalpes (2 341 m). Haut lieu de la Résistance (1944).

Verdi Giuseppe (1813-1901), compositeur italien d'opéras : *la Traviata, Aïda.*

Verdon (le), affl. de la Durance (175 km).

Verdun, ch.-l. d'arr. de la Meuse ; 23 427 h. Le *traité de Verdun* (843) partagea l'Empire carolingien entre les trois fils de Louis le Pieux. La *bataille de Verdun* (1916) vit la résistance des Français à l'offensive allemande.

Vergennes Charles Gravier de (1719-1787), diplomate français, ministre de Louis XVI.

Vergniaud Pierre (1753-1793), homme politique français, Girondin. Il fut guillotiné.

Verhaeren Émile (1855-1916), poète symboliste belge d'expression française.

Verkhoïansk, localité de Sibérie, un des points les plus froids du globe.

Verlaine Paul (1844-1896), poète symboliste français : *Poèmes saturniens, Sagesse.*

Vermeer Johannes (dit *Vermeer de Delft*) (1632-1675), peintre hollandais : *la Dentellière.*

Vermont, État du N.-E. des États-Unis.

Verne Jules (1828-1905), écrivain français, auteur de romans d'aventures.

Vernon, ch.-l. de cant. de l'Eure ; 24 943 h.

Vérone, v. d'Italie (Vénétie) ; 261 270 h.

Véronèse Paolo (1528-1588), peintre vénitien : *les Noces de Cana.*

Véronique sainte, femme qui aurait essuyé la face du Christ pendant sa montée au Calvaire.

Verrazano Giovanni da (1485-1528), navigateur italien au service de François Iᵉʳ.

Verrocchio Andrea del (1435-1488), sculpteur et peintre florentin de la Renaissance.

Versailles, ch.-l. des Yvelines ; 91 029 h. Le *château de Versailles*, construit pour Louis XIV à partir de 1661, est le modèle de l'art classique. Le *traité de Versailles* entre les Alliés et l'Allemagne (1919) mit fin à la Première Guerre mondiale.

Verseau (le), constellation australe et signe du zodiaque (21 janvier-18 février).

Vert (cap), point le plus occidental d'Afrique, au N.-O. de Dakar (Sénégal).

Vertov Dziga (1896-1954), cinéaste soviétique.

Verviers, v. de Belgique (Liège) ; 55 370 h.

Vervins, ch.-l. d'arr. de l'Aisne ; 2 923 h.

Vésale André (v. 1515-1564), médecin flamand. Premières dissections du corps humain.

Vesoul, ch.-l. de la Haute-Saône ; 19 404 h.

Vespasien (9-79), empereur romain en 69.

Vespucci Amerigo (dit *Améric Vespuce*) (1454-1512), navigateur italien dont le prénom servit à baptiser l'Amérique.

Vesta, déesse du Foyer (*Myth. rom.*).

Vésuve (le), volcan actif d'Italie, au S.-E. de Naples (1 270 m).

Vevey, v. de Suisse (cant. de Vaud) ; 18 000 h.

Vexin, rég. partagée par l'Epte entre la Normandie et l'Ile-de-France.

Vézelay, ch.-l. de cant. de l'Yonne. Basilique de la Madeleine (XIIᵉ s.).

Vézère (la), affl. de la Dordogne (192 km).

Viala Joseph (1780-1793), jeune patriote français tué par les royalistes.

Vialatte Alexandre (1901-1971), écrivain français, auteur de chroniques.

Vian Boris (1920-1959), écrivain français : *l'Écume des jours*.

Vianney. V. Jean-Marie Vianney.

Viardot Pauline (1821-1910), cantatrice française, sœur de la Malibran.

Viau Théophile de (1590-1626), poète français.

Vicence, v. d'Italie (Vénétie) ; 112 250 h.

Vicente Gil (v. 1470-v. 1537), poète dramatique portugais : *la Trilogie des barques*.

Vichnou. V. Vishnu.

Vichy, ch.-l. d'arr. et stat. thermale de l'Allier ; 28 048 h. Siège du gouvernement de l'État français dirigé par le maréchal Pétain (1940-1944).

Vico Giambattista (1668-1744), historien, philosophe et philologue italien.

Victor Paul-Émile (né en 1907), explorateur français des régions polaires.

Victor-Emmanuel II (1820-1878), roi de Sardaigne en 1849, puis d'Italie en 1861. Il œuvra, avec Cavour, à l'unité du pays.

Victor-Emmanuel III (1869-1947), dernier roi d'Italie (1900-1946). Il dut abdiquer.

Victoria, État du S.-E. de l'Australie ; cap. Melbourne.

Victoria, cap. de Hong Kong ; 690 000 h.

Victoria, port du Canada, cap. de la Colombie britannique ; 66 300 h (aggl. 246 900 h).

Victoria, cap. des Seychelles ; 23 000 h.

Victoria (lac), lac d'Afrique équatoriale, qui alimente le Nil (68 100 km²).

Victoria Iʳᵉ (1819-1901), reine de Grande-Bretagne en 1837, impératrice des Indes en 1876.

Victoria Tomás Luis de (v 1548-v. 1611), compositeur espagnol de musique sacrée.

Vidal de la Blache Paul (1845-1918), géographe français.

Vidocq François (1775-1857), aventurier français, devenu un temps chef de la police.

Vidor King (1894-1982), cinéaste américain.

Vienne (la), affl. de la Loire (372 km).

Vienne, dép. français (86) (Poitou-Charentes) ; 6 985 km² ; 389 249 h ; ch.-l. Poitiers.

Vienne (Haute-), dép. français (87) (Limousin) ; 5 513 km² ; 361 004 h ; ch.-l. Limoges.

Vienne, ch.-l. d'arr. de l'Isère ; 30 386 h.

Vienne, cap. de l'Autriche, sur le Danube ; 1 531 350 h. Le *congrès de Vienne* (novembre 1814-juin 1815) entreprit la réorganisation de l'Europe après la défaite de Napoléon.

Vientiane, cap. du Laos, sur le Mékong ; 377 400 h.

Vierge (la), Marie, mère de Jésus.

Vierge (la), constellation boréale et signe du zodiaque (24 août-23 septembre).

Vierges (îles), archipel des Petites Antilles.

Vierzon, ch.-l. d'arr. du Cher ; 32 900 h.

Viêt-cong, Front national de libération du Viêt-nam du Sud (communiste), pendant la guerre du Viêt-nam (1960-1975).

Viète François (1540-1603), mathématicien français, créateur du calcul algébrique moderne.

Viêt-minh, parti nationaliste et communiste fondé par Hô Chi Minh (1941) pour lutter contre les Japonais puis les Français.

Viêt-nam, État de l'Asie du Sud -Est ; 329 566 km² ; 66 800 000 h ; cap. Hanoi. La *guerre du Viêt-nam* opposa le Viêt-nam du Nord au Viêt-nam du Sud, soutenu par les États-Unis (1954-1975).

Vigan (Le), ch.-l. d'arr. du Gard ; 4 637 h.

Vigée-Lebrun Élisabeth (1755-1842), peintre française ; portraitiste.

Vigneault Gilles (né en 1928), auteur-compositeur et chanteur québécois.

Vignemale (le), point culminant (3 298 m) des Pyrénées françaises.

Vignola (il), (1507-1573), architecte italien.

Vigny Alfred de (1797-1863), écrivain romantique français : *les Destinées*.

Vigo, port d'Espagne (Galice) ; 258 720 h.

Vigo Jean (1905-1934), cinéaste français.

Vijayavada, v. de l'Inde (Andhra Pradesh) ; 454 580 h. Pèlerinages.

Vikings, navigateurs scandinaves qui entreprirent des expéditions, de la Russie à l'Atlantique (VIIIᵉ-XIᵉ s.).

Vila ou **Port-Vila**, cap. de Vanuatu ; 15 100 h.

Vilaine (la), fl. côtier de Bretagne (225 km).

Vilar Jean (1912-1971), acteur et metteur en scène français de théâtre.

Villa Pancho (1878-1923), révolutionnaire mexicain ; assassiné.

Villa-Lobos Heitor (1887-1959), compositeur brésilien.

Villars Claude, duc de (1653-1734), maréchal de France.

Villefranche, stat. balnéaire des Alpes-Maritimes.

Villefranche-de-Rouergue, ch.-l. d'arr. de l'Aveyron ; 13 301 h.

Villefranche-sur-Saône, ch.-l. d'arr. du Rhône ; 29 889 h.

Villehardouin Geoffroi de (v. 1150-v. 1213), chroniqueur français de la quatrième croisade.

Villejuif, ch.-l. de cant. du Val-de-Marne ; 48 761 h.

Villèle Jean-Baptiste de (1773-1854), ministre (ultraroyaliste) de Louis XVIII (1822-1828).

Villemomble, ch.-l. de cant. de la Seine-Saint-Denis ; 27 000 h.

Villeneuve-d'Ascq, ch.-l. de cant. et v. nouvelle du Nord ; 65 695 h.

Villeneuve-lès-Avignon, ch.-l. de cant. du Gard, en face d'Avignon ; 10 785 h.

Villeneuve-Saint-Georges, ch.-l. de cant. du Val-de-Marne ; 27 476 h.

Villeneuve-sur-Lot, ch.-l. d'arr. du Lot-et-Garonne ; 23 760 h.

Villers-Cotterêts, ch.-l. de cant. de l'Aisne ; 8 402 h. L' *ordonnance de Villers-Cotterêts* (1539) imposa le français, au lieu du latin, dans les actes judiciaires et notariés.

Villette (la), anc. abattoirs parisiens remplacés auj. par le *parc de la Villette* (Cité des sciences et de l'industrie, Cité de la musique).

Villeurbanne, ch.-l. de cant. du Rhône ; 119 848 h.

Villiers de L'Isle-Adam Auguste, comte de (1838-1889), écrivain français : *Contes cruels*.

Villon François (1431-apr. 1463), poète français : *Ballade des pendus*.

Villon Jacques (Gaston Duchamp, dit) (1875-1963), peintre et graveur français.

Vilnious ou **Vilnius**, cap. de la Lituanie ; 579 000 h.

Viña del Mar, port du Chili ; 297 290 h.

Vincennes, ch.-l. de cant. du Val-de-Marne ; 42 651 h.

Vincent de Paul saint (1581-1660), prêtre français, aumônier des galères. Il fonda de nombreuses œuvres de charité.

Vinci. V. Léonard de Vinci.

Vinogradov Ivan (1891-1983), mathématicien soviétique.

Vinson (mont), point culminant de l'Antarctique (5 140 m.)

Vintimille, v. d'Italie (Ligurie) ; 26 300 h.

Viollet-le-Duc Eugène (1814-1879), architecte français, restaurateur du patrimoine médiéval.

Vire (la), fl. côtier de Normandie (120 km).

Vire, ch.-l. de cant. du Calvados ; 13 869 h.

Virgile (v. 70-19 av. J.-C.), poète latin : *l'Énéide*, les *Géorgiques*.

Virginie et **Virginie-Occidentale**, États de l'E. des États-Unis.

Viry-Châtillon, com. de l'Essonne ; 30 738 h.

Visconti, famille de Lombardie, qui régna sur Milan de 1277 à 1447.

Visconti Louis Tullius Joachim (1791-1853), architecte français. Mausolée de Napoléon.

Visconti Luchino (1906-1976), cinéaste italien.

Vishakhapatnam, port de l'Inde (Andhra Pradesh) ; 565 320 h.

Vishnu ou **Vichnou**, divinité hindouiste qui fait partie de la Trimurti.

Visigoths. V. Wisigoths.

Viso, sommet des Alpes (3 841 m).

Vistule, fl. de Pologne (1 047 km).

Vitebsk, v. de Biélorussie ; 335 000 h.

Vitellius (15-69), empereur romain en 69.

Vitez Antoine (1930-1990), metteur en scène et directeur de théâtre français.

Vitoria, v. d'Espagne, cap. du Pays basque ; 198 830 h.

Vitrac Roger (1899-1952), écrivain surréaliste français : *Victor ou les Enfants au pouvoir*.

Vitruve (Ier s. av. J.-C.), architecte romain.

Vitry-le-François, ch.-l. d'arr. de la Marne ; 17 843 h.

Vitry-sur-Seine, ch.-l. de cant. du Val-de-Marne ; 82 820 h.

Vittel, stat. thermale des Vosges.

Vittorini Elio (1908-1966), écrivain italien : *les Femmes de Messine*.

Vittorio Veneto, victoire décisive des Italiens sur les Austro-Hongrois, en Vénétie (1918).

Vivaldi Antonio (1678-1741), compositeur italien : *les Quatre Saisons*.

Vivarais, massif de l'E. du Massif central.

Viviani René (1863-1925), homme politique français (socialiste).

Vix, site archéologique de la Côte-d'Or, où fut découverte une tombe du Ve s. av. J.-C.

Vizille, ch.-l. de cant. de l'Isère ; 7 268 h.

Vladimir, v. de Russie ; 331 000 h. Nombreux monuments médiévaux.

Vladimir Ier le Grand (v. 956-1015), prince de Novgorod, grand-prince de Kiev, devenu le saint patron de la Russie.

Vladivostok, port de Russie, sur la mer du Japon ; 627 000 h.

Vlaminck Maurice de (1876-1958), peintre français, créateur du fauvisme.

Vltava (la) (en all. *Moldau*), affl. de l'Elbe, qui arrose Prague (430 km) .

Voiture Vincent (1597-1648), écrivain français.

Vojvodine, prov. du N. de la Serbie.

Volga (la), fl. de Russie, le plus long d'Europe (3 700 km) ; il se jette dans la Caspienne.

Volgograd (anc. *Tsaritsyne, Stalingrad* de 1925 à 1961), v. de Russie ; 981 000 h.

Vollard Ambroise (1868-1939), marchand de tableaux et éditeur d'art français.

Volta, fl. du Ghana (1 600 km), qui alimente le *lac Volta*, retenue de 8 500 km².

Volta Alessandro (1745-1827), physicien italien, inventeur de la pile électrique.

Voltaire (François Marie Arouet, dit) (1694-1778), écrivain français, représentant le plus connu du siècle des Lumières.

Volterra, v. d'Italie (Toscane) ; 14 080 h. Vestiges étrusques.

Volubilis, anc. cité romaine du Maroc.

Vorarlberg, prov. de l'O. de l'Autriche.

Voronej, v. de Russie ; 886 000 h.

Vosges, massif montagneux de l'E. de la France (1 424 m au ballon de Guebwiller).

Vosges, dép. français (88) (Lorraine) ; 5 871 km² ; 397 934 h. ; ch.-l. Épinal.

Votiaks. V. Oudmourtes.

Vouet Simon (1590-1649), peintre français.

Vouziers, ch.-l. d'arr. des Ardennes ; 5 081 h.

Vries (Hugo De). V. De Vries.

Vuillard Édouard (1868-1940), peintre français du groupe des nabis.

Vulcain, dieu du Feu (*Myth. rom.*).

Vulgate (la), traduction latine de la Bible due à saint Jérôme.

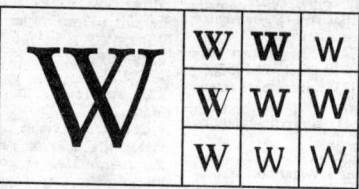

Wagner Richard (1813-1883), compositeur allemand, auteur d'opéras inspirés de la mythologie germanique.
Wagner Otto (1841-1918), architecte autrichien, chef de file de l'art nouveau.
Wagram, victoire de Napoléon sur les Autrichiens, près de Vienne (1809).
Wahhabites, musulmans qui, au XVIIIᵉ s., sous l'impulsion de **Muhammad ibn Abd al-Wahhab** (v. 1696-1792) prêchèrent un retour à l'interprétation littérale du Coran
Wahran. V. Oran.
Wajda Andrzej (né en 1926), cinéaste polonais : *Cendres et diamant.*
Waksman Selman (1888-1973), microbiologiste américain d'origine russe.
Walcott Derek (né en 1930), poète antillais
Waldeck-Rousseau Pierre (1846-1904), homme politique français.
Waldheim Kurt (né en 1918), président de la république d'Autriche (1986-1992).
Walesa Lech (né en 1943), syndicaliste polonais, élu président de la République en 1990.
Walewska Marie (1789-1817), dame polonaise. Elle eut un fils de Napoléon Iᵉʳ.
Walhalla, domaine d'Odin, séjour des héros morts au combat (*Myth. scandinave*).
Wallace Richard (1818-1890), philanthrope anglais qui fit installer des fontaines à Paris.
Wallace Alfred Russel (1823-1913), naturaliste anglais, fondateur de la biogéographie.
Wallenstein ou **Waldstein** Albrecht von (1583-1634), général tchèque au service du Saint Empire pendant la guerre de Trente Ans.
Wallis-et-Futuna (îles), archipel de l'océan Pacifique, territoire français d'outre-mer.
Wallon Henri (1879-1962), psychologue français de l'enfant.
Wallonie, partie méridionale, francophone, de la Belgique ; cap. Namur ; v. princ. Liège.
Wall Street, la Bourse de New York.
Walpole Robert (1676-1745), homme politique anglais. Chef des whigs, il établit les bases du régime parlementaire.
Walpole Horace (1717-1797), fils du préc., écrivain anglais, créateur du roman noir.
Walpurgis sainte (710-779), bénédictine anglaise, dont la fête (le 1ᵉʳ mai) est associée à des pratiques de sorcellerie.
Walras Léon (1834-1910), économiste français.

Warburg Otto (1883-1970), biochimiste allemand, fondateur de l'enzymologie.
Warhol Andy (1931-1987), peintre et cinéaste américain, maître du pop'art.
Washington, cap. fédérale des États-Unis, constituant le district fédéral de Columbia ; 622 800 h (aggl. 3 369 600 h).
Washington, État du N.-O. des États-Unis ; v. princ. Seattle.
Washington George (1732-1799), général et premier président des États-Unis d'Amérique.
Watergate, scandale lié à une affaire d'espionnage politique, qui aboutit à la démission du président Nixon (1972-1974).
Waterloo, défaite de Napoléon devant les Anglais de Wellington et les Prussiens de Blücher, le 18 juin 1815, au S. de Bruxelles.
Watson John (1878-1958), psychologue américain, fondateur du behaviourisme.
Watson James Dewey (né en 1928), biologiste américain. Il découvrit, avec Crick et Wilkins, la structure de l'A.D.N.
Watt James (1736-1819), ingénieur écossais. Il perfectionna la machine à vapeur.
Watteau Antoine (1684-1721), peintre français : *l'Embarquement pour Cythère.*
Wattignies-la-Victoire (Nord), victoire de Jourdan et de Carnot sur les Autrichiens (1793).
Wattrelos, com. du Nord ; 43 784 h.
Waugh Evelyn (1903-1966), romancier anglais.
Wayne John (1907-1979), acteur américain.
Weber Carl Maria von (1786-1826), compositeur romantique allemand d'opéras.
Weber Max (1864-1920), sociologue allemand.
Webern Anton von (1883-1945), compositeur autrichien, représentant du dodécaphonisme.
Wedekind Frank (1864-1918), dramaturge expressionniste allemand : *Lulu.*
Wedgwood Josiah (1730-1795), céramiste et industriel anglais.
Wegener Alfred (1880-1930), géophysicien allemand. Théorie de la dérive des continents.
Wehrmacht (la), ensemble des armées allemandes de 1935 à 1945.
Weierstrass Karl (1815-1897), mathématicien allemand, rénovateur de l'analyse.
Weil Simone (1909-1943), philosophe française : *la Pesanteur et la Grâce.*
Weill Kurt (1900-1950), compositeur allemand. Il collabora avec B. Brecht.

Weimar, v. d'Allemagne (Thuringe) ; 66 730 h. La *république de Weimar* (1919-1933) succéda au II⁰ Reich et fut renversée par Hitler.

Weismann August (1834-1914), biologiste allemand, continuateur de Darwin.

Welzmann Chaïm (1874-1952), premier président de la république d'Israël (1949-1952).

Welles Orson (1915-1985), cinéaste et acteur américain : *Citizen Kane.*

Wellington, cap. de la Nouvelle-Zélande ; 136 910 h (aggl. 325 700 h).

Wellington Arthur, duc de (1769-1852), général britannique, vainqueur à Waterloo.

Wells Herbert George (1866-1946), écrivain anglais de science-fiction.

Wendel (de), famille d'industriels français établis en Lorraine depuis le XVIII⁰ s.

Wenzhou, port de l'E. de la Chine (Zhejiang) ; 515 650 h. (aggl. 5 948 130 h).

Weser (la), fl. d'Allemagne (480 km).

Wesley John (1703-1791), théologien anglais, fondateur du méthodisme.

Westminster, quartier de Londres, où se trouvent le Parlement et l' *abbaye de Westminster,* le Panthéon britannique.

Westphalie, anc. prov. d'Allemagne. Les *traités de Westphalie* (1648) ont mis fin à la guerre de Trente Ans.

West Point, école militaire des États-Unis.

Weygand Maxime (1867-1965), général français,commandant en chef en 1940.

Whistler James (1834-1903), peintre et graveur américain, proche des impressionnistes.

Whitman Walt (1819-1892), poète américain : *Feuilles d'herbe.*

Whitney (mont), sommet des États-Unis, dans la Sierra Nevada (4 418 m).

Whittle sir Frank (né en 1907), ingénieur anglais, inventeur du turboréacteur.

Wiechert Ernst (1887-1950), écrivain néoromantique allemand : *la Forêt des morts.*

Wieland Christoph Martin (1733-1813), écrivain allemand : *Oberon.*

Wiener Norbert (1894-1964), mathématicien américain, fondateur de la cybernétique.

Wiesbaden, v. d'Allemagne, cap. de la Hesse ; 266 540 h.

Wiesel Élie (né en 1928), écrivain juif américain d'expression française : *la Nuit.*

Wight (île de), île britannique de la Manche.

Wilde Oscar (1854-1900), écrivain britannique : *le Portrait de Dorian Gray.*

Wilder Billy (né en 1906), cinéaste américain.

Wilhelmine (1880-1962), reine des Pays-Bas (1890-1948).

Wilkins Maurice Hugh Frederick (né en 1916), biologiste britannique. V. Watson.

Wilkinson John (1728-1808), industriel anglais, pionnier de la sidérurgie.

Williams Tennessee (1911-1983), auteur dramatique américain : *Un tramway nommé Désir.*

Wilson Thomas Woodrow (1856-1924), président (démocrate) des États-Unis (1912-1920), père de la S.D.N.

Wilson sir Harold (né en 1916), homme politique (travailliste) britannique.

Wimbledon, stade de la banlieue de Londres, où a lieu un tournoi annuel de tennis.

Winchester, v. d'Angleterre, ch.-l. du Hampshire ; 30 640 h. Cathédrale.

Windhoek, cap. de la Namibie ; 110 000 h.

Windsor, v. d'Angleterre ; 28 330 h. Château royal. La famille royale britannique a pris le nom de *Windsor.*

Windsor, v. du Canada (Ontario) ; 193 110 h.

Winnicott Donald (1896-1971), pédiatre et psychanalyste anglais.

Winnipeg, v. du Canada, sur le *lac Winnipeg ;* cap. du Manitoba ; 594 550 h.

Winterthur, v. de Suisse (Zurich) ; 86 760 h.

Wisconsin, État du centre des États-Unis.

Wisigoths ou **Visigoths,** Goths qui envahirent l'Italie, la Gaule et l'Espagne au V⁰ s.

Wissembourg, ch.-l. d'arr. du Bas-Rhin ; 7 533 h.

Witkiewicz Stanislaw (1885-1939), romancier dramaturge et peintre polonais.

Witt Jean de (1625-1672), homme d'État hollandais, assassiné avec son frère **Cornelis** lors d'une émeute populaire.

Wittelsbach, famille princière qui régna sur la Bavière de 1180 à 1918.

Wittgenstein Ludwig (1889-1951), philosophe et logicien britannique d'origine autrichienne.

Witz Konrad (v. 1400-v. 1445), peintre souabe.

Woëvre (la), plaine de Lorraine.

Wollo (le), prov. du N.-E. de l'Éthiopie.

Wolofs ou **Ouolofs,** peuple du Sénégal.

Wolsey Thomas (v. 1473-1530), prélat anglais, ministre de Henri VIII.

Wolverhampton, v. d'Angleterre ; 252 450 h.

Woolf Virginia (1882-1941), romancière anglaise : *Mrs Dalloway.*

Worcester, v. d'Angleterre ; 74 790 h.

Wordsworth William (1770-1850), poète romantique anglais : *Ballades lyriques.*

Worms, v. d'Allemagne (Rhénanie-Palatinat) ; 74 000 h. Le *concordat de Worms* (1122) mit fin à la querelle des Investitures.

Wotan. V. Odin.

Wrangel Piotr de (1878-1928), général russe (contre-révolutionnaire).

Wren sir Christopher (1632-1723), architecte anglais. Cathédrale Saint-Paul à Londres.

Wright Frank Lloyd (1867-1959), architecte américain.

Wright Wilbur (1867-1912), et son frère **Orville** (1871-1948), pionniers américains de l'aviation.

Wright Richard (1908-1960), romancier noir américain : *les Enfants de l'oncle Tom.*

Wroclaw (anc. *Breslau*), v. de Pologne ; 637 630 h.

Wuhan, v. de Chine centrale ; ch.-l. du Hubei ; 3 287 720 h (aggl. 4 273 080 h).

Wundt Wilhelm (1832-1920), fondateur allemand de la psychologie expérimentale.

Wuppertal, v. d'Allemagne (Rhénanie-du-Nord-Westphalie) ; 374 220 h.

Wurtemberg, anc. État d'Allemagne, partie auj. du Land de Bade-Wurtemberg.

Würzburg, v. d'Allemagne (Bavière) ; 127 050 h. Monuments médiévaux et baroques.

Wyclif ou **Wycliffe** John (v. 1330-1384), théologien anglais, précurseur de la Réforme.

Wyoming, État de l'O. des États-Unis.

Wyspianski Stanislaw (1869-1907), peintre et dramaturge polonais.

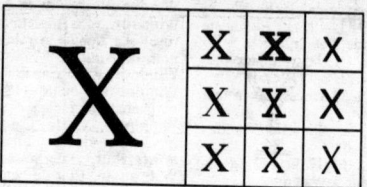

Xenakis Iannis (né en 1922), compositeur français d'origine grecque.

Xénophon (v. 430-355 av. J.-C.), général et écrivain athénien : *les Mémorables, l'Anabase*.

Xerxès Iᵉʳ (v. 519-465 av. J.-C.), roi achéménide de Perse en 486 av. J.-C., fils de Darius Iᵉʳ, vaincu à Salamine par les Grecs.

Xhosas, peuple bantou d'Afrique du Sud.

Xiamen ou **Amoy,** port de Chine (Fujian) ; 507 390 h (aggl. 961 650 h).

Xi'an ou **Sian,** v. de Chine, ch.-l. du Shanxi ; 2 185 040 h (aggl. 2 911 580 h). Anc. cap. des Han et des Tang.

Xijiang, fl. de la Chine du Sud (2 100 km).

Xingu, affl. de l'Amazone (1 980 km).

Xining, v. de Chine, ch.-l. du Qinghai ; 566 650 h (aggl. 927 290 h).

Xinjiang ou **Sin-Kiang** (anc. *Turkestan chinois*), rég. auton. de la Chine du Nord-Ouest ; cap. Urumqi.

Xuzhou, v. de Chine (Jiangsu) ; 776 770 h.

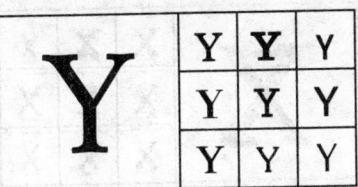

Yahvé, nom de Dieu dans la Bible.

Yale, université américaine, située à New Haven, fondée en 1701.

Yalta, v. d'Ukraine, où en février 1945 Roosevelt, Churchill et Staline effectuèrent un « partage du monde ».

Yalujiang (le), fl. de l'Asie orientale (790 km), frontière entre la Chine et la Corée.

Yamamoto Isoroku (1884-1943), amiral japonais qui dirigea l'attaque de Pearl Harbor.

Yamoussoukro, cap. de la Côte-d'Ivoire, au centre du pays ; 120 000 h.

Yamuna ou **Jamna,** riv. sacrée de l'Inde (1 375 km), affl. du Gange.

Yanaon, anc. comptoir français de l'Inde.

Yangzhou, v. de Chine (Jiangsu) ; 302 090 h. Pavillons des dynasties Song et Ming.

Yangzijiang, Yang-tseu-kiang ou **fleuve Bleu,** fl. de Chine (5 800 km).

Yanomamis, Amérindiens d'Amazonie.

Yaoundé, cap. du Cameroun ; 653 670 h.

Yasar Kemal (né en 1922), romancier turc : *Mèmed le Mince.*

Yeats William Butler (1865-1939), écrivain irlandais : *Deirdre.*

Yellowstone, parc national des États-Unis (Wyoming), traversé par la rivière **Yellowstone** (1 600 km), affl. du Missouri.

Yémen, État de la péninsule arabique ; 482 700 km² ; env. 13 000 000 h ; cap. Sanaa.

Yersin Alexandre (1863-1943), médecin français. Il découvrit le bacille de la peste.

Yeu, île française de la Vendée.

Yezd ou **Yazd,** v. d'Iran ; 193 000 h. Centre religieux des mazdéens.

Yokohama, port du Japon (Honshu) ; 3 037 000 h.

Yonne, affl. de la Seine (295 km).

Yonne, dép. français (89) (Bourgogne) ; 7 425 km² ; 330 724 h ; ch.-l. Auxerre.

York, v. du N. de l'Angleterre ; 99 790 h. Cathédrale gothique.

York, famille anglaise, branche des Plantagenêts, qui disputa le trône à la maison de Lancastre. **Richard, duc d'York** (1411-1460), déclencha la guerre des Deux-Roses.

Yorkshire, rég. du N.-E. de l'Angleterre.

Yorktown (Virginie), victoire de Washington sur les Anglais, qui mit fin à la guerre de l'Indépendance américaine (1781).

Yoroubas, peuple d'Afrique (Nigeria, Bénin).

Yougoslavie, anc. État fédéral d'Europe ; cap. Belgrade (1918-1991).

Young Edward (1683-1765), poète romantique anglais : *Nuits.*

Young Arthur (1741-1820), agronome anglais.

Young Brigham (1801-1877), chef des mormons, fondateur de Salt Lake City.

Yourcenar Marguerite (1903-1987), écrivain français : *Mémoires d'Hadrien.*

Ypres, v. de Belgique (Flandre-Occidentale) ; 34 430 h. Monuments médiévaux.

Ys, v. bretonne légendaire qui aurait été engloutie au IVe s. ou Ve s.

Yser, fl. côtier de Belgique (78 km).

Yssingeaux, ch.-l. d'arr. de la Haute-Loire ; 6 689 h.

Yuan, dynastie mongole qui régna sur la Chine de 1271 à 1368.

Yuan Che-k'aï (1859-1916), général chinois, président de la République (1912-1916).

Yucatán (le), péninsule du Mexique, fermant le golfe du Mexique. Vestiges mayas.

Yukawa Hideki (1907-1981), physicien japonais.

Yukon (le), fl. du Canada et de l'Alaska (2 554 km).

Yukon, territoire du N.-O. du Canada.

Yunnan, prov. montagneuse de la Chine du Sud-Ouest ; cap. Kunming.

Yvelines, dép. français (78) (Île-de-France) ; 2 271 km² ; 1 323 280 h ; ch.-l. Versailles.

Yverdon-les-Bains, stat. thermale de Suisse (Vaud) ; 20 800 h.

Yves saint (1253-1303), patron des gens de loi.

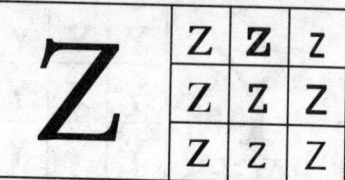

Zadar, port de Croatie ; 116 000 h.

Zadkine Ossip (1890-1967), sculpteur français.

Zagorsk. V. Serguiev Possad.

Zagreb, cap. de la Croatie ; 763 300 h.

Zagros (le), chaîne du S.-O. de l'Iran (4 270 m).

Zahlé, v. du Liban, dans la Bekaa ; 100 000 h.

Zaïre. V. Congo (fleuve).

Zaïre (anc. *Congo belge, Congo-Kinshasa* de 1960 à 1971), État de l'Afrique équatoriale ; 2 344 885 km² ; 34 900 000 h ; cap. Kinshasa.

Zama, victoire de Scipion l'Africain sur Hannibal en Tunisie (202 av. J.-C.).

Zambèze (le), fl. d'Afrique australe (2 660 km).

Zambie (anc. *Rhodésie du Nord*), État de l'Afrique australe ; 752 614 km² ; env. 7 000 000 h ; cap. Lusaka.

Zamenhof Lejzer Ludwik (1859-1917), linguiste polonais, créateur de l'espéranto.

Zamiatine Eugène (1884-1937), écrivain russe : *Nous autres.*

Zanzibar, île de Tanzanie ; 1 658 km² ; 479 000 h ; cap. *Zanzibar* (125 000 h).

Zapata Emiliano (v. 1879-1919), révolutionnaire mexicain ; assassiné.

Zaporogues, Cosaques du Dniepr.

Zaporojie, v. d'Ukraine ; 887 000 h.

Zapotèques, peuple du Mexique précolombien. Vestiges à Monte Albán.

Zarathoustra. V. Zoroastre.

Zaria, v. du Nigeria ; 274 000 h.

Zarqa, v. de Jordanie ; 265 700 h.

Zeami Motokiyo (1363-1443), acteur, auteur et metteur en scène de nô japonais.

Zeebrugge, port de Belgique, relié à Bruges.

Zeeman Pieter (1865-1943), physicien néerlandais.

Zélande, prov. du S.-O. des Pays-Bas.

Zénobie, reine de Palmyre de 266 à 272.

Zénon d'Élée, philosophe grec du Ve s. av. J.-C.

Zénon de Cittium (v. 335-v. 264 av. J.-C.), philosophe grec. Il fonda l'école des stoïciens.

Zeppelin Ferdinand von (1838-1917), industriel allemand, constructeur de dirigeables.

Zermatt, stat. hivernale de Suisse (Valais).

Zermelo Ernst (1871-1953), mathématicien allemand. Théorie des ensembles.

Zeus, dieu suprême de la Grèce antique.

Zhangjiakou (anc. *Kalgan*), v. de Chine (Hebei) ; 617 120 h.

Zhejiang, prov. de Chine ; ch.-l. Hangzhou.

Zhengzhou, v. de Chine ; 1 404 050 h (aggl. 1 942 970 h) ; ch.-l. du Henan.

Zhou ou **Tcheou,** dynastie chinoise qui régna du XIe s. à 221 av. J.-C.

Zhou Enlai ou **Chou En-lai** (1898-1976), Premier ministre de la Chine de 1949 à sa mort, il soutint fermement Mao Zedong.

Zhu De (1886-1976), maréchal chinois.

Zia ul-Haq Mohammad (1924-1988), président du Pakistan de 1978 à 1988.

Zibo, v. de Chine (Shandong) ; 2 280 000 h.

Ziguinchor, port du Sénégal ; 105 250 h.

Zimbabwe (anc. *Rhodésie*), État continental de l'Afrique australe ; 390 308 km² ; 8 690 000 h ; cap. Harare.

Zimmermann Bernd Alois (1918-1970), compositeur allemand : *Die Soldaten.*

Zinoviev (1883-1936), homme politique soviétique ; exécuté.

Zizka Jan (v. 1360 ou 1370-1424), patriote tchèque, chef des hussites.

Zlin, v. de Tchécoslovaquie ; 84 300 h.

Zola Émile (1840-1902), romancier naturaliste français : *les Rougon-Macquart.* Il prit la défense de Dreyfus : *J'accuse.*

Zoroastre ou **Zarathoustra** (VIIIe ou VIIe s. av. J.-C.), réformateur de la religion iranienne.

Zoug, v. de Suisse, ch.-l. du *canton de Zoug* ; 21 400 h.

Zoulous, peuple bantou d'Afrique australe.

Zuñis, groupe d'Indiens Pueblos.

Zurbarán Francisco de (1598-v. 1664), peintre espagnol.

Zurich, v. de Suisse, ch.-l. du *canton de Zurich* ; 351 100 h (aggl. 840 310 h).

Zuyderzee ou **Zuiderzee,** anc. golfe de la mer du Nord, aux Pays-Bas, endigué en 1932.

Zweig Stefan (1881-1942), écrivain autrichien : *la Confusion des sentiments.*

Zwingli Ulrich (1484-1531), propagateur de la Réforme en Suisse.

Zwolle, v. des Pays-Bas (Overijssel) ; 90 570 h.

Zyrianes ou **Komis,** populations du N. de la Russie, peuplant la *rép. auton. des Komis.*

ANNEXES
ET PAGES PRATIQUES

Conjugaison des verbes 730
Accord du participe passé 746
Préfixes et suffixes 747
Éléments chimiques 751
Unités physiques 753
Symboles mathématiques 755
Pays, langues, monnaies 756
Départements français 758
Alphabets grec et cyrillique 759

CONJUGAISON DES VERBES

Le renvoi au modèle de conjugaison est indiqué après l'entrée verbale pour tous les verbes qui présentent une ou plusieurs irrégularités dans leur flexion : **abattre** *vt* [**77**] se conjugue comme *battre* (p. 745). Le renvoi n'est pas indiqué pour les modèles réguliers que sont *aimer* (groupe 1) et *finir* (groupe 2).

1. AIMER

INDICATIF		SUBJONCTIF

présent

j'	aim	e	j'	ai	aimé	(que)	j'	aim	e
tu	aim	es	tu	as	aimé	(que)	tu	aim	es
il	aim	e	il	a	aimé	(qu')	il	aim	e
ns	aim	ons	ns	avons	aimé	(que)	ns	aim	ions
vs	aim	ez	vs	avez	aimé	(que)	vs	aim	iez
ils	aim	ent	ils	ont	aimé	(qu')	ils	aim	ent

présent — *passé composé* — *présent*

imparfait — **plus-que-parfait** — **imparfait**

j'	aim	ais	j'	avais	aimé	(que)	j'	aim	asse
tu	aim	ais	tu	avais	aimé	(que)	tu	aim	asses
il	aim	ait	il	avait	aimé	(qu')	il	aim	ât
ns	aim	ions	ns	avions	aimé	(que)	ns	aim	assions
vs	aim	iez	vs	aviez	aimé	(que)	vs	aim	assiez
ils	aim	aient	ils	avaient	aimé	(qu')	ils	aim	assent

passé simple — **passé antérieur** — **passé**

j'	aim	ai	j'	eus	aimé	(que)	j'	aie	aimé
tu	aim	as	tu	eus	aimé	(que)	tu	aies	aimé
il	aim	a	il	eut	aimé	(qu')	il	ait	aimé
ns	aim	âmes	ns	eûmes	aimé	(que)	ns	ayons	aimé
vs	aim	âtes	vs	eûtes	aimé	(que)	vs	ayez	aimé
ils	aim	èrent	ils	eurent	aimé	(qu')	ils	aient	aimé

futur simple — **futur antérieur** — **plus-que-parfait**

j'	aim	erai	j'	aurai	aimé	(que)	j'	eusse	aimé
tu	aim	eras	tu	auras	aimé	(que)	tu	eusses	aimé
il	aim	era	il	aura	aimé	(qu')	il	eût	aimé
ns	aim	erons	ns	aurons	aimé	(que)	ns	eussions	aimé
vs	aim	erez	vs	aurez	aimé	(que)	vs	eussiez	aimé
ils	aim	eront	ils	auront	aimé	(qu')	ils	eussent	aimé

conditionnel présent — **conditionnel passé**

j'	aim	erais	j'	aurais	aimé
tu	aim	erais	tu	aurais	aimé
il	aim	erait	il	aurait	aimé
ns	aim	erions	ns	aurions	aimé
vs	aim	eriez	vs	auriez	aimé
ils	aim	eraient	ils	auraient	aimé

INFINITIF	PARTICIPE	IMPÉRATIF

présent

aim er — aim ant

aim	e
aim	ons
aim	ez

passé

avoir aimé

aimé, ée
ayant aimé

passé

aie aimé
ayons aimé
ayez aimé

2. FINIR

INDICATIF		SUBJONCTIF

présent

je	fin	is	j'	ai	fini
tu	fin	is	tu	as	fini
il	fin	it	il	a	fini
ns	fin	issons	ns	avons	fini
vs	fin	issez	vs	avez	fini
ils	fin	issent	ils	ont	fini

passé composé

présent

(que)	je	fin	isse
(que)	tu	fin	isses
(qu')	il	fin	isse
(que)	ns	fin	issions
(que)	vs	fin	issiez
(qu')	ils	fin	issent

imparfait

je	fin	issais	j'	avais	fini
tu	fin	issais	tu	avais	fini
il	fin	issait	il	avait	fini
ns	fin	issions	ns	avions	fini
vs	fin	issiez	vs	aviez	fini
ils	fin	issaient	ils	avaient	fini

plus-que-parfait

imparfait

(que)	je	fin	isse
(que)	tu	fin	isses
(qu')	il	fin	ît
(que)	ns	fin	issions
(que)	vs	fin	issiez
(qu')	ils	fin	issent

passé simple

je	fin	is	j'	eus	fini
tu	fin	is	tu	eus	fini
il	fin	it	il	eut	fini
ns	fin	îmes	ns	eûmes	fini
vs	fin	îtes	vs	eûtes	fini
ils	fin	irent	ils	eurent	fini

passé antérieur

passé

(que)	j'	aie	fini
(que)	tu	aies	fini
(qu')	il	ait	fini
(que)	ns	ayons	fini
(que)	vs	ayez	fini
(qu')	ils	aient	fini

futur simple

je	fin	irai	j'	aurai	fini
tu	fin	iras	tu	auras	fini
il	fin	ira	il	aura	fini
ns	fin	irons	ns	aurons	fini
vs	fin	irez	vs	aurez	fini
ils	fin	iront	ils	auront	fini

futur antérieur

plus-que-parfait

(que)	j'	eusse	fini
(que)	tu	eusses	fini
(qu')	il	eût	fini
(que)	ns	eussions	fini
(que)	vs	eussiez	fini
(qu')	ils	eussent	fini

conditionnel présent

je	fin	irais	j'	aurais	fini
tu	fin	irais	tu	aurais	fini
il	fin	irait	il	aurait	fini
ns	fin	irions	ns	aurions	fini
vs	fin	iriez	vs	auriez	fini
ils	fin	iraient	ils	auraient	fini

conditionnel passé

INFINITIF	PARTICIPE	IMPÉRATIF

présent

fin ir

passé

avoir fini

présent

fin issant

passé

fini, ie
ayant fini

présent

fin is
fin issons
fin issez

passé

aie fini
ayons fini
ayez fini

3. OFFRIR

INDICATIF		SUBJONCTIF

présent

j'	offr	e		j'	ai	offert
tu	offr	es		tu	as	offert
il	offr	e		il	a	offert
ns	offr	ons		ns	avons	offert
vs	offr	ez		vs	avez	offert
ils	offr	ent		ils	ont	offert

passé composé

présent

(que)	j'	offr	e
(que)	tu	offr	es
(qu')	il	offr	e
(que)	ns	offr	ions
(que)	vs	offr	iez
(qu')	ils	offr	ent

imparfait

j'	offr	ais		j'	avais	offert
tu	offr	ais		tu	avais	offert
il	offr	ait		il	avait	offert
ns	offr	ions		ns	avions	offert
vs	offr	iez		vs	aviez	offert
ils	offr	aient		ils	avaient	offert

plus-que-parfait

imparfait

(que)	j'	offr	isse
(que)	tu	offr	isses
(qu')	il	offr	ît
(que)	ns	offr	issions
(que)	vs	offr	issiez
(qu')	ils	offr	issent

passé simple

j'	offr	is		j'	eus	offert
tu	offr	is		tu	eus	offert
il	offr	it		il	eut	offert
ns	offr	îmes		ns	eûmes	offert
vs	offr	îtes		vs	eûtes	offert
ils	offr	irent		ils	eurent	offert

passé antérieur

passé

(que)	j'	aie	offert
(que)	tu	aies	offert
(qu')	il	ait	offert
(que)	ns	ayons	offert
(que)	vs	ayez	offert
(qu')	ils	aient	offert

futur simple

j'	offr	irai		j'	aurai	offert
tu	offr	iras		tu	auras	offert
il	offr	ira		il	aura	offert
ns	offr	irons		ns	aurons	offert
vs	offr	irez		vs	aurez	offert
ils	offr	iront		ils	auront	offert

futur antérieur

plus-que-parfait

(que)	j'	eusse	offert
(que)	tu	eusses	offert
(qu')	il	eût	offert
(que)	ns	eussions	offert
(que)	vs	eussiez	offert
(qu')	ils	eussent	offert

conditionnel présent

j'	offr	irais		j'	aurais	offert
tu	offr	irais		tu	aurais	offert
il	offr	irait		il	aurait	offert
ns	offr	irions		ns	aurions	offert
vs	offr	iriez		vs	auriez	offert
ils	offr	iraient		ils	auraient	offert

conditionnel passé

INFINITIF	PARTICIPE	IMPÉRATIF

présent

offr ir

passé

avoir offert

présent

offr ant

passé

offert, te
ayant offert

présent

offr e
offr ons
offr ez

passé

aie offert
ayons offert
ayez offert

4. RECEVOIR

INDICATIF		SUBJONCTIF

INDICATIF

présent

je	reç	ois
tu	reç	ois
il	reç	oit
ns	rec	evons
vs	rec	evez
ils	reç	oivent

passé composé

j'	ai	reçu
tu	as	reçu
il	a	reçu
ns	avons	reçu
vs	avez	reçu
ils	ont	reçu

imparfait

je	rec	evais
tu	rec	evais
il	rec	evait
ns	rec	evions
vs	rec	eviez
ils	rec	evaient

plus-que-parfait

j'	avais	reçu
tu	avais	reçu
il	avait	reçu
ns	avions	reçu
vs	aviez	reçu
ils	avaient	reçu

passé simple

je	reç	us
tu	reç	us
il	reç	ut
ns	reç	ûmes
vs	reç	ûtes
ils	reç	urent

passé antérieur

j'	eus	reçu
tu	eus	reçu
il	eut	reçu
ns	eûmes	reçu
vs	eûtes	reçu
ils	eurent	reçu

futur simple

je	rec	evrai
tu	rec	evras
il	rec	evra
ns	rec	evrons
vs	rec	evrez
ils	rec	evront

futur antérieur

j'	aurai	reçu
tu	auras	reçu
il	aura	reçu
ns	aurons	reçu
vs	aurez	reçu
ils	auront	reçu

conditionnel présent

je	rec	evrais
tu	rec	evrais
il	rec	evrait
ns	rec	evrions
vs	rec	evriez
ils	rec	evraient

conditionnel passé

j'	aurais	reçu
tu	aurais	reçu
il	aurait	reçu
ns	aurions	reçu
vs	auriez	reçu
ils	auraient	reçu

SUBJONCTIF

présent

(que)	je	reç	oive
(que)	tu	reç	oives
(qu')	il	reç	oive
(que)	ns	rec	evions
(que)	vs	rec	eviez
(qu')	ils	reç	oivent

imparfait

(que)	je	reç	usse
(que)	tu	reç	usses
(qu')	il	reç	ût
(que)	ns	reç	ussions
(que)	vs	reç	ussiez
(qu')	ils	reç	ussent

passé

(que)	j'	aie	reçu
(que)	tu	aies	reçu
(qu')	il	ait	reçu
(que)	ns	ayons	reçu
(que)	vs	ayez	reçu
(qu')	ils	aient	reçu

plus-que-parfait

(que)	j'	eusse	reçu
(que)	tu	eusses	reçu
(qu')	il	eût	reçu
(que)	ns	eussions	reçu
(que)	vs	eussiez	reçu
(qu')	ils	eussent	reçu

INFINITIF	PARTICIPE	IMPÉRATIF

INFINITIF

présent

rec evoir

passé

avoir reçu

PARTICIPE

présent

rec evant

passé

reçu, e
ayant reçu

IMPÉRATIF

présent

reç	ois
rec	evons
rec	evez

passé

aie	reçu
ayons	reçu
ayez	reçu

INDICATIF		SUBJONCTIF

présent		*passé composé*		*présent*	
je rend s		j' ai rendu		(que) je rend e	
tu rend s		tu as rendu		(que) tu rend es	
il rend		il a rendu		(qu') il rend e	
ns rend ons		ns avons rendu		(que) ns rend ions	
vs rend ez		vs avez rendu		(que) vs rend iez	
ils rend ent		ils ont rendu		(qu') ils rend ent	

imparfait		*plus-que-parfait*		*imparfait*	
je rend ais		j' avais rendu		(que) je rend isse	
tu rend ais		tu avais rendu		(que) tu rend isses	
il rend ait		il avait rendu		(qu') il rend ît	
ns rend ions		ns avions rendu		(que) ns rend issions	
vs rend iez		vs aviez rendu		(que) vs rend issiez	
ils rend aient		ils avaient rendu		(qu') ils rend issent	

passé simple		*passé antérieur*		*passé*	
je rend is		j' eus rendu		(que) j' aie rendu	
tu rend is		tu eus rendu		(que) tu aies rendu	
il rend it		il eut rendu		(qu') il ait rendu	
ns rend îmes		ns eûmes rendu		(que) ns ayons rendu	
vs rend îtes		vs eûtes rendu		(que) vs ayez rendu	
ils rend irent		ils eurent rendu		(qu') ils aient rendu	

futur simple		*futur antérieur*		*plus-que-parfait*	
je rend rai		j' aurais rendu		(que) j' eusse rendu	
tu rend ras		tu auras rendu		(que) tu eusses rendu	
il rend ra		il aura rendu		(qu') il eût rendu	
ns rend rons		ns aurons rendu		(que) ns eussions rendu	
vs rend rez		vs aurez rendu		(que) vs eussiez rendu	
ils rend ront		ils auront rendu		(qu') ils eussent rendu	

conditionnel présent		*conditionnel passé*	
je rend rais		j' aurais rendu	
tu rend rais		tu aurais rendu	
il rend rait		il aurait rendu	
ns rend rions		ns aurions rendu	
vs rend riez		vs auriez rendu	
ils rend raient		ils auraient rendu	

INFINITIF	PARTICIPE	IMPÉRATIF

présent	*présent*	*présent*
rend re	rend ant	rend s
		rend ons
passé	*passé*	rend ez
avoir rendu	rendu, ue	
	ayant rendu	*passé*
		aie rendu
		ayons rendu
		ayez rendu

6. ÊTRE

INDICATIF		SUBJONCTIF

INDICATIF / SUBJONCTIF

présent

je	suis
tu	es
il	est
ns	sommes
vs	êtes
ils	sont

passé composé

j'	ai	été
tu	as	été
il	a	été
ns	avons	été
vs	avez	été
ils	ont	été

présent

(que)	je	sois
(que)	tu	sois
(qu')	il	soit
(que)	ns	soyons
(que)	vs	soyez
(qu')	ils	soient

imparfait

j'	étais
tu	étais
il	était
ns	étions
vs	étiez
ils	étaient

plus-que-parfait

j'	avais	été
tu	avais	été
il	avait	été
ns	avions	été
vs	aviez	été
ils	avaient	été

imparfait

(que)	je	fusse
(que)	tu	fusses
(qu')	il	fût
(que)	ns	fussions
(que)	vs	fussiez
(qu')	ils	fussent

passé simple

je	fus
tu	fus
il	fut
ns	fûmes
vs	fûtes
ils	furent

passé antérieur

j'	eus	été
tu	eus	été
il	eut	été
ns	eûmes	été
vs	eûtes	été
ils	eurent	été

passé

(que)	j'	aie	été
(que)	tu	aies	été
(qu')	il	ait	été
(que)	ns	ayons	été
(que)	vs	ayez	été
(qu')	ils	aient	été

futur simple

je	serai
tu	seras
il	sera
ns	serons
vs	serez
ils	seront

futur antérieur

j'	aurai	été
tu	auras	été
il	aura	été
ns	aurons	été
vs	aurez	été
ils	auront	été

plus-que-parfait

(que)	j'	eusse	été
(que)	tu	eusses	été
(qu')	il	eût	été
(que)	ns	eussions	été
(que)	vs	eussiez	été
(qu')	ils	eussent	été

conditionnel présent

je	serais
tu	serais
il	serait
ns	serions
vs	seriez
ils	seraient

conditionnel passé

j'	aurais	été
tu	aurais	été
il	aurait	été
ns	aurions	été
vs	auriez	été
ils	auraient	été

INFINITIF	PARTICIPE	IMPÉRATIF

présent

être

passé

avoir été

présent

étant

passé

été (invariable)
ayant été

présent

sois
soyons
soyez

passé

aie	été
ayons	été
ayez	été

INDICATIF		SUBJONCTIF

présent

			passé composé				*présent*		
j'	ai		j'	ai	eu		(que)	j'	aie
tu	as		tu	as	eu		(que)	tu	aies
il	a		il	a	eu		(qu')	il	ait
ns	avons		ns	avons	eu		(que)	ns	ayons
vs	avez		vs	avez	eu		(que)	vs	ayez
ils	ont		ils	ont	eu		(qu')	ils	aient

imparfait   *plus-que-parfait*   *imparfait*

j'	avais		j'	avais	eu		(que)	j'	eusse
tu	avais		tu	avais	eu		(que)	tu	eusses
il	avait		il	avait	eu		(qu')	il	eût
ns	avions		ns	avions	eu		(que)	ns	eussions
vs	aviez		vs	aviez	eu		(que)	vs	eussiez
ils	avaient		ils	avaient	eu		(qu')	ils	eussent

passé simple   *passé antérieur*   *passé*

j'	eus		j'	eus	eu		(que)	j'	aie	eu
tu	eus		tu	eus	eu		(que)	tu	aies	eu
il	eut		il	eut	eu		(qu')	il	ait	eu
ns	eûmes		ns	eûmes	eu		(que)	ns	ayons	eu
vs	eûtes		vs	eûtes	eu		(que)	vs	ayez	eu
ils	eurent		ils	eurent	eu		(qu')	ils	aient	eu

futur simple   *futur antérieur*   *plus-que-parfait*

j'	aurai		j'	aurai	eu		(que)	j'	eusse	eu
tu	auras		tu	auras	eu		(que)	tu	eusses	eu
il	aura		il	aura	eu		(qu')	il	eût	eu
ns	aurons		ns	aurons	eu		(que)	ns	eussions	eu
vs	aurez		vs	aurez	eu		(que)	vs	eussiez	eu
ils	auront		ils	auront	eu		(qu')	ils	eussent	eu

conditionnel présent   *conditionnel passé*

j'	aurais		j'	aurais	eu
tu	aurais		tu	aurais	eu
il	aurait		il	aurait	eu
ns	aurions		ns	aurions	eu
vs	auriez		vs	auriez	eu
ils	auraient		ils	auraient	eu

INFINITIF	PARTICIPE	IMPÉRATIF

présent   *présent*   *présent*

avoir   ayant   aie
                               ayons

passé   *passé*   ayez

avoir eu   eu, eue   *passé*
                ayant eu

aie   eu
ayons eu
ayez eu

8. ALLER

INDICATIF		SUBJONCTIF

présent

		passé composé			présent		
je	vais	je	suis	allé	(que)	j'	aille
tu	vas	tu	es	allé	(que)	tu	ailles
il	va	il	est	allé	(qu')	il	aille
ns	allons	ns	sommes	allés	(que)	ns	allions
vs	allez	vs	êtes	allés	(que)	vs	alliez
ils	vont	ils	sont	allés	(qu')	ils	aillent

imparfait

		plus-que-parfait			imparfait		
j'	allais	j'	étais	allé	(que)	j'	allass e
tu	allais	tu	étais	allé	(que)	tu	allass es
il	allait	il	était	allé	(qu')	il	all ât
ns	allions	ns	étions	allés	(que)	ns	allass ions
vs	alliez	vs	étiez	allés	(que)	vs	allass iez
ils	allaient	ils	étaient	allés	(qu')	ils	allass ent

passé simple

		passé antérieur			passé		
j'	allai	je	fus	allé	(que)	je	sois	allé
tu	allas	tu	fus	allé	(que)	tu	sois	allé
il	alla	il	eut	allé	(qu')	il	soit	allé
ns	allâmes	ns	fûmes	allés	(que)	ns	soyons	allés
vs	allâtes	vs	fûtes	allés	(que)	vs	soyez	allés
ils	allèrent	ils	furent	allés	(qu')	ils	soient	allés

futur simple

		futur antérieur			plus-que-parfait		
j'	irai	je	serai	allé	(que)	je	fusse	allé
tu	iras	tu	seras	allé	(que)	tu	fusses	allé
il	ira	il	sera	allé	(qu')	il	fût	allé
ns	irons	ns	serons	allés	(que)	ns	fussions	allés
vs	irez	vs	serez	allés	(que)	vs	fussiez	allés
ils	iront	ils	seront	allés	(qu')	ils	fussent	allés

conditionnel présent

		conditionnel passé		
j'	irais	je	serais	allé
tu	irais	tu	serais	allé
il	irait	il	serait	allé
ns	irions	ns	serions	allés
vs	iriez	vs	seriez	allés
ils	iraient	ils	seraient	allés

INFINITIF	PARTICIPE	IMPÉRATIF

présent

all er	all ant	va	
		allons	
		allez	

passé

être allé	allé, ée		
	étant allé	passé	
		sois	allé
		soyons	allés
		soyez	allés

INDICATIF		SUBJONCTIF

présent

je	fais		j'	ai	fait
tu	fais		tu	as	fait
il	fais		il	a	fait
ns	faisons		ns	avons	fait
vs	faites		vs	avez	fait
ils	font		ils	ont	fait

passé composé

présent (subjonctif)

(que)	je	fasse
(que)	tu	fasses
(qu')	il	fasse
(que)	ns	fassions
(que)	vs	fassiez
(qu')	ils	fassent

imparfait

je	faisais		j'	avais	fait
tu	faisais		tu	avais	fait
il	faisait		il	avait	fait
ns	faisions		ns	avions	fait
vs	faisiez		vs	aviez	fait
ils	faisaient		ils	avaient	fait

plus-que-parfait

imparfait (subjonctif)

(que)	je	fisse
(que)	tu	fisses
(qu')	il	fît
(que)	ns	fissions
(que)	vs	fissiez
(qu')	ils	fissent

passé simple

je	fis		j'	eus	fait
tu	fis		tu	eus	fait
il	fit		il	eut	fait
ns	fîmes		ns	eûmes	fait
vs	fîtes		vs	eûtes	fait
ils	firent irent		ils	eurent	fait

passé antérieur

passé (subjonctif)

(que)	j'	aie	fait
(que)	tu	aies	fait
(qu')	il	ait	fait
(que)	ns	ayons	fait
(que)	vs	ayez	fait
(qu')	ils	aient	fait

futur simple

je	ferai		j'	aurai	fait
tu	feras		tu	auras	fait
il	fera		il	aura	fait
ns	ferons		ns	aurons	fait
vs	ferez		vs	aurez	fait
ils	feront		ils	auront	fait

futur antérieur

plus-que-parfait (subjonctif)

(que)	j'	eusse	fait
(que)	tu	eusses	fait
(qu')	il	eût	fait
(que)	ns	eussions	fait
(que)	vs	eussiez	fait
(qu')	ils	eussent	fait

conditionnel présent

je	ferais		j'	aurais	fait
tu	ferais		tu	aurais	fait
il	ferait		il	aurait	fait
ns	ferions		ns	aurions	fait
vs	feriez		vs	auriez	fait
ils	feraient		ils	auraient	fait

conditionnel passé

INFINITIF	PARTICIPE	IMPÉRATIF

présent (infinitif)

faire

présent (participe)

fais ant

présent (impératif)

fais
faisons
faites

passé (infinitif)

avoir fait

passé (participe)

fait, te
ayant fait

passé (impératif)

aie fait
ayons fait
ayez fait

1	**indicatif présent**
2	**indicatif imparfait**
3	**indicatif passé simple**
4	**indicatif futur**
5	**conditionnel présent**
6	**subjonctif présent**
7	**subjonctif imparfait**
8	**impératif**
9	**participes présent et passé**

10 placer

1 je place, es, e, ez, ent, ns plaçons
2 je plaçais, ais, ait, aient, ns placions, iez
3 je plaçai, as, a, âmes, âtes ils placèrent
4 je placerai...
5 je placerais...
6 q. je place...
7 q. je plaçasse...
8 place, plaçons, placez
9 plaçant, placé

11 manger

1 je mange, es, e, ez, ent, ns mangeons
2 je mangeais, s, t, ent, ns mangions, iez
3 je mangeai, as, a, âmes, âtes ils mangèrent
4 je mangerai...
5 je mangerais...
6 q. je mange...
7 q. je mangeasse...
8 mange, mangeons, mangez
9 mangeant, mangé

12 céder

1 je cède, es, e, ent, ns cédons, ez
2 je cédais...
3 je cédai...
4 je céderai...
5 je céderais...

6 q. je cède, es, e, ent
  q. ns cédions, iez
7 q. je cédasse...
8 cède, cédons, cédez
9 cédant, cédé

13 assiéger

1 j'assiège, es, e, ent, ns assiégeons, ez
2 j'assiégeais, eais, eait, eaient ns assiégions, iez
3 j'assiégeai...
4 j'assiégerai...
5 j'assiégerais...
6 q. j'assiège...
7 q. j'assiégeasse...
8 assiège, assiégeons, assiégez
9 assiégeant, assiégé

14 répéter

1 je répète, es, e, ent, ns répétons, ez
2 je répétais...
3 je répétai...
4 je répéterai...
5 je répéterais...
6 q. je répète, es, e, ent
  q ns. répétions, iez
7 q. je répétasse...
8 répète, répétons, ez
9 répétant, répété

15 lever

1 je lève, es, e, ent, ns levons, ez
2 je levais...
3 je levai..
4 je lèverai...
5 je lèverais...
6 q. je lève, es, e, ent
  q. ns levions, iez
7 q. je levasse...
8 lève, levons, ez
9 levant, levé

16 geler

1 je gèle, es, e, ent, ns gelons, ez
2 je gelais...
3 je gelai...

4 je gèlerai...
5 je gèlerais...
6 q. je gèle, es, e, ent
  q. ns gelions, iez
7 q. je gelasse...
8 gèle, gelons, gelez
9 gelant, gelé

17 acheter

1 j'achète, es, e, ent, ns achetons, ez
2 j'achetais...
3 j'achetai...
4 j'achèterai...
5 j'achèterais...
6 q. j'achète, es, e, ent
  q. ns achetions, iez
7 q. j'achetasse...
8 achète, achetons, ez
9 achetant, acheté

18 appeler

1 j'appelle, es, e, ent, ns appelons, ez
2 j'appelais...
3 j'appelai...
4 j'appellerai...
5 j'appellerais...
6 q. j'appelle, es, e, ent
  q. ns appelions, iez
7 q. j'appelasse...
8 appelle, appelons, ez
9 appelant, appelé

19 jeter

1 je jette, es, e, ent, ns jetons, ez
2 je jetais...
3 je jetai...
4 je jetterai...
5 je jetterais...
6 q. je jette, es, e, ent
  q. ns jetions, iez
7 q. je jetasse...
8 jette, jetons, jetez
9 jetant, jeté

20 payer

1 je paie, es, e, ent
  ou je paye, es, e, ent, ns payons, ez
2 je payais...
3 je payai...

4 je paierai ou je payerai...
5 je paierais ou je payerais...
6 q. je paie, es, e, ent ou
q. je paye, es, e, ent,
q. ns payions, iez
7 q. je payasse...
8 paie ou paye, payons,
payez
9 payant, payé

21 essuyer

1 j'essuie, es, e, ent,
ns essuyons, ez
2 j'essuyais...
3 j'essuyai...
4 j'essuierai...
5 j'essuierais...
6 q. j'essuie, es, e, ent
q. ns essuyions, iez
7 q. j'essuyasse...
8 essuie, essuyons, ez
9 essuyant, essuyé

22 employer

1 j'emploie, es, e, ent,
ns employons, ez
2 j'employais...
3 j'employai...
4 j'emploierai...
5 j'emploierais...
6 q. j'emploie, es, e, ent
q. ns employions, iez
7 q. j'employasse...
8 emploie, employons, ez
9 employant, employé

23 envoyer

1 j'envoie, es, e, ent,
ns envoyons, ez
2 j'envoyais...
3 j'envoyai...
4 j'enverrai...
5 j'enverrais...
6 q. j'envoie, es, e, ent
q. ns envoyions, iez
7 q. j'envoyasse...
8 envoie, envoyons, ez
9 envoyant, envoyé

24 haïr

1 je hais, s, t,
ns haïssons, ez, ent
2 je haïssais...

3 je hais, s, t
ns haïmes, haïtes, haïrent
4 je haïrai...
5 je haïrais...
6 q. je haïsse, es, e...
7 q. je haïsse, es, t...
8 hais, haïssons, haïssez
9 haïssant, haï

25 courir

1 je cours...
2 je courais...
3 je courus...
4 je courrai...
5 je courrais...
6 q. je coure...
7 q. je courusse...
8 cours, courons, courez
9 courant, couru

26 cueillir

1 je cueille, es, e,
ns cueillons, ez, ent
2 je cueillais...
3 je cueillis...
4 je cueillerai...
5 je cueillerais...
6 q. je cueille...
7 q. je cueillisse...
8 cueille, cueillons,
cueillez
9 cueillant, cueilli

27 assaillir

1 j'assaille, es, e,
ns assaillons, ez, ent
2 j'assaillais...
3 j'assaillis...
4 j'assaillirai...
5 j'assaillirais...
6 q. j'assaille...
7 q. j'assaillisse...
8 assaille, ons, ez
9 assaillant, assailli

28 fuir

1 je fuis, s, t, ent,
ns fuyons, ez
2 je fuyais...
3 je fuis...
4 je fuirai...
5 je fuirais...
6 q. je fuie, es, e, ent

q. ns fuyions, iez
7 q. je fuisse...
8 fuis, fuyons, fuyez
9 fuyant, fui

29 partir

1 je pars, tu pars, il part,
ns tons, tez, tent
2 je partais...
3 je partis...
4 je partirai...
5 je partirais...
6 q. je parte...
7 q. je partisse...
8 pars, partons, partez
9 partant, parti

30 bouillir

1 je bous, s, t,
ns bouillons, ez, ent
2 je bouillais...
3 je bouillis...
4 je bouillirai...
5 je bouillirais...
6 q. je bouille...
7 q. je bouillisse...
8 bous, bouillons, bouillez
9 bouillant, bouilli

31 couvrir

1 je couvre, es, e,
ns couvrons, ez, ent
2 je couvrais...
3 je couvris...
4 je couvrirai...
5 je couvrirais...
6 q. je couvre, es, e, ent
q. ns couvrions, iez
7 q. je couvrisse...
8 couvre, ons, ez
9 couvrant, couvert

32 vêtir

1 je vêts, tu vêts, il vêt,
ns vêtons, ez, ent
2 je vêtais...
3 je vêtis...
4 je vêtirai...
5 je vêtirais...
6 q. je vête...
7 q. je vêtisse...
8 vêts, vêtons, vêtez
9 vêtant, vêtu

<table>
<tr><td>

1 indicatif présent
2 indicatif imparfait
3 indicatif passé simple
4 indicatif futur
5 conditionnel présent
6 subjonctif présent
7 subjonctif imparfait
8 impératif
9 participes présent
  et passé

</td></tr>
</table>

33 mourir

1 je meurs, s, t, ent,
  ns mourons, ez
2 je mourais...
3 je mourus...
4 je mourrai...
5 je mourrais...
6 q. je meure...
7 q. je mourusse...
8 meurs, mourons, mourez
9 mourant, mort

34 acquérir

1 j'acquiers, s, t, ent,
  ns acquérons, ez
2 j'acquérais...
3 j'acquis...
4 j'acquerrai...
5 j'acquerrais...
6 q. j'acquière, es, e, ent
  q. ns acquérions, iez
7 q. j'acquisse...
8 acquiers, acquérons, ez
9 acquérant, acquis

35 venir

1 je viens, s, t, nent,
  nous venons, ez
2 je venais...
3 je vins...
4 je viendrai...
5 je viendrais...
6 q. je vienne, es, e, ent
  q. ns venions, iez
7 q. je vinsse...
8 viens, venons, venez
9 venant, venu

36 gésir

● verbe défectif
1 je gis, tu gis, il gît,
  ns gisons, ez, ent
2 je gisais...
9 gisant

37 ouïr

1 j'ois, s, t,
  ns oyons, ez, ent
2 j'oyais...
3 j'ouïs...
4 j'ouïrai...
5 j'ouïrais...
6 q. j'oie, es, t
  q. ns oyions, iez, ent
7 q. j'ouïsse...
8 ois, oyons, oyez
9 oyant, ouï

38 pleuvoir

1 il pleut
  ils pleuvent
2 il pleuvait
  ils pleuvaient
3 il plut
  ils plurent
4 il pleuvra
  ils pleuvront
5 il pleuvrait
  ils pleuvraient
6 qu'il pleuve
  qu'ils pleuvent
7 qu'il plût
  qu'ils plussent
  (inusité)
9 pleuvant, plu

39 pourvoir

1 je pourvois, s, t, ent,
  ns pourvoyons, ez
2 je pourvoyais...
3 je pourvus...
4 je pourvoirai...
5 je pourvoirais...
6 q. je pourvoie, es, e, ent
  q. ns pourvoyions, iez
7 q. je pourvusse...
8 pourvois, pourvoyons, ez
9 pourvoyant, pourvu

40 asseoir

1 j'assieds, ds, d,
  ns asseyons, ez, ent
  ou j'assois, s, t, ent,
  ns assoyons, ez
2 j'asseyais...
  ou j'assoyais...
3 j'assis...
4 j'assiérai...
  ou j'assoirai...
5 j'assierais...
  ou j'assoirais...
6 q. j'asseye, es, e, ent
  ou q. j'assoie, es, e, ent,
  q. ns assoyions, iez
7 q. j'assisse...
8 assieds, asseyons, ez
  ou assois, assoyons, ez
9 asseyant ou assoyant, assis

41 prévoir

1 je prévois, s, t, ent,
  ns prévoyons, ez
2 je prévoyais...
3 je prévis...
4 je prévoirai...
5 je prévoirais...
6 q. je prévoie, es, e, ent
  q. ns prévoyions, iez
7 q. je prévisse...
8 prévois, prévoyons, ez
9 prévoyant, prévu

42 mouvoir

1 je meus, s, t, vent,
  ns mouvons, ez
2 je mouvais...
3 je mus, s, t, mes, tes, rent
4 je mouvrai...
5 je mouvrais...
6 q. je meuve, es, e, ent
  q. ns mouvions, iez
7 q. je musse...
8 meus, mouvons, ez
9 mouvant, mû

43 recevoir

1 je reçois, s, t, vent,
  ns recevons, ez
2 je recevais...
3 je reçus...
4 je recevrai...
5 je recevrais...
6 q. je reçoive, es, e, ent
  q. ns recevions, iez
7 q. je reçusse...
8 reçois, recevons, ez
9 recevant, reçu

44 valoir/prévaloir

1 je vaux, x, t,
ns valons, ez, ent
2 je valais...
3 je valus...
4 je vaudrai...
5 je vaudrais...
6 q. je vaille, es, e, ent,
q. ns valions, iez
(q. je prévale, es, e,
ions, iez, ent)
7 q. je valusse.
8 vaux, valons, valez
9 valant, valu

45 voir

1 je vois, s, t, ent,
ns voyons, ez
2 je voyais...
3 je vis...
4 je verrai...
5 je verrais...
6 q. je vois, es, e, ent
q. ns voyions, iez
7 q. je visse...
8 vois, voyons, voyez
9 voyant, vu

46 savoir

1 je sais, s, t,
ns savons, ez, ent
2 je savais...
3 je sus...
4 je saurai...
5 je saurais...
6 q. je sache...
7 q. je susse...
8 sache, sachons, sachez
9 sachant, su

47 vouloir

1 je veux, x, t, veulent,
ns voulons, ez
2 je voulais...
3 je voulus...
4 je voudrai...
5 je voudrais...
6 q. je veuille, es, e, ent
q. ns voulions, iez
7 q. je voulusse...

8 veux (veuille), voulions,
voulez (veuillez)
9 voulant, voulu

48 pouvoir

1 je peux, x, t, peuvent,
ns pouvons, ez
2 je pouvais...
3 je pus...
4 je pourrai...
5 je pourrais...
6 q. je puisse...
7 q. je pusse
8 (inusité)
9 pouvant, pu

49 falloir

1 il faut
2 il fallait
3 il fallut
4 il faudra
5 il faudrait
6 qu'il faille
7 qu'il fallût
8 (inusité)
9 le p. présent n'existe pas
fallu.

50 déchoir

1 je déchois, s, t, ent,
ns déchoyons, ez
2 je déchoyais...
3 je déchus...
4 je décherrai...
5 je décherrais...
6 q. je déchoie, es, e, ent
q. ns déchoyions, iez
7 q. je déchusse
8 déchois, déchoyons, ez
9 le p. présent de déchoir n'existe
pas (mais : échéant)
déchu

51 résoudre

1 je résous, s, t,
ns résolvons, ez, ent
2 je résolvais...
3 je résolus...
(absoudre et dissoudre
n'ont pas de passé simple)
4 je résoudrai...
5 je résoudrais...
6 q. je résolve...
7 q. je résolusse

8 résous, résolvons, ez
9 résolvant
résolu (mais : absous/oute,
dissous/oute)

52 boire

1 je bois, s, t, vent,
ns buvons, ez
2 je buvais...
3 je bus...
4 je boirai...
5 je boirais..
6 q. je boive, es, e, ent
q. ns buvions, iez
7 q. je busse...
8 bois, buvons, buvez
9 buvant, bu

53 clore

1 je clos, os, ôt,
ns closons, ez, ent
2 (inusité)
3 (inusité)
4 je clorai...
5 je clorais...
6 q. je close...
7 (inusité)
8 clos
9 closant, clos

54 conclure

1 je conclus, s, t,
ns concluons, ez, ent
2 je concluais...
3 je conclus...
4 je conclurai...
5 je conclurais...
6 q. je conclue...
7 q. je conclusse...
8 conclus, concluons, ez
9 concluant,
conclu (mais : inclus)

55 connaître

1 je connais, s,
ssons, ssez, ssent,
il connaît
2 je connaissais...
3 je connus...
4 je connaîtrai...
5 je connaîtrais...
6 q. je connaisse...
7 q. je connusse...
8 connais, ssons, ssez
9 connaissant, connu

1 indicatif présent
2 indicatif imparfait
3 indicatif passé simple
4 indicatif futur
5 conditionnel présent
6 subjonctif présent
7 subjonctif imparfait
8 impératif
9 participes présent et passé

56 coudre

1 je couds, s, d,
ns cousons, ez, ent
2 je cousais...
3 je cousis...
4 je coudrai...
5 je coudrais...
6 q. je couse...
7 q. je cousisse...
8 couds, cousons, cousez
9 cousant, cousu

57 craindre

1 je crains, s, t
ns craignons, ez, ent
2 je craignais...
3 je craignis...
4 je craindrai...
5 je craindrais...
6 q. je craigne...
7 q. je craignisse...
8 crains, craignons, ez
9 craignant, craint

58 croire

1 je crois, s, t, ent
ns croyons, ez
2 je croyais...
3 je crus...
4 je croirai...
5 je croirais...
6 q. je croie...
7 q. je crusse...
8 crois, croyons, croyez
9 croyant, cru

59 croître

1 je croîs, s, t,
ns croissons, ez, ent
2 je croissais...
3 je crûs...
4 je croîtrai...
5 je croîtrais...
6 q. je croisse...
7 q. je crûsse...
8 croîs, croissons, ez
9 croissant, crû

60 médire

1 je médis, s, t, ent,
ns médisons, ez
(mais : vous dites,
vous redites)
2 je médisais...
3 je médis...
4 je médirai...
5 je médirais...
6 q. je médise, es, e, ent
q. ns médisions, iez
7 q. je médisse...
8 médis, médisons, ez
(mais : dites, redites)
9 médisant, médit

61 écrire

1 j'écris, s, t,
ns écrivons, ez, ent
2 j'écrivais...
3 j'écrivis...
4 j'écrirai...
5 j'écrirais...
6 q. j'écrive...
7 q. j'écrivisse...
8 écris, écrivons, ez
9 écrivant, écrit

62 joindre

1 je joins, s, t,
ns joignons, ez, ent
2 je joignais...
3 je joignis...
4 je joindrai...
5 je joindrais...
6 q. je joigne...
7 q. je joignisse.
8 joins, joignons, ez
9 joignant, joint

63 lire

1 je lis, s, t,
ns lisons, ez, ent
2 je lisais...
3 je lus..
4 je lirai...
5 je lirais...
6 q. je lise...
7 q. je lusse...
8 lis, lisons, lisez
9 lisant, lu

64 mettre

1 je mets, ts, t,
ns mettons, ez, ent
2 je mettais...
3 je mis...
4 je mettrai...
5 je mettrais...
6 q. je mette...
7 q. je misse...
8 mets, mettons, mettez
9 mettant, mis

65 moudre

1 je mouds, ds, d,
nous moulons, ez, ent
2 je moulais...
3 je moulus...
4 je moudrai...
5 je moudrais...
6 q. je moule...
7 q. je moulusse...
8 mouds, moulons, moulez
9 moulant, moulu

66 naître

1 je nais, nais, naît,
ns naissons, ez, ent
2 je naissais...
3 je naquis...
4 je naîtrai...
5 je naîtrais...
6 q. je naisse...
7 q. je naquisse...
8 nais, naissons, ez
9 naissant, né

67 conduire

1 je conduis...
2 je conduisais...
3 je conduisis...
4 je conduirai...

5 je conduirais...
6 q. je conduise...
7 q. je conduisisse...
8 conduis, sons, sez
9 conduisant,
conduit (**mais** : lui, nui)

68 plaire

1 je plais, s, il plaît
(**mais** : il tait)
ns plaisons, ez, ent
2 je plaisais...
3 je plus...
4 je plairai...
5 je plairais...
6 q. je plaise...
7 q. je plusse...
8 plais, plaisons, plaisez
9 plaisant, plu

69 peindre

1 je peins, s, t,
ns peignons, ez, ent
2 je peignais...
3 je peignis...
4 je peindrai...
5 je peindrais...
6 q. je peigne...
7 q. je peignisse...
8 peins, peignons, ez
9 peignant, peint

70 prendre

1 je prends, ds, d,
ns prenons, ez, ils prennent
2 je prenais...
3 je pris...
4 je prendrai...
5 je prendrais....
6 q. je prenne...
7 q. je prisse
8 prends, prenons, ez
9 prenant, pris

71 attendre

1 j'attends, ds, d,
ns attendons, ez, ent
2 j'attendais...
3 j'attendis...
4 j'attendrai...
5 j'attendrais...
6 q. j'attende...
7 q. j'attendisse...

8 attends, ons, ez
9 attendant, attendu

72 rire

1 je ris, s, t,
ns rions, ez, ent
2 je riais, ais, ait, aient,
ns riions, riiez
3 je ris, s, t,
ns rîmes, rîtes, rirent
4 je rirai...
5 je rirais...
6 q. je ris, es, e, ent,
q. ns riions, riiez
7 q. je risse, isses, ît,
q. ns rissions, ssiez, ssent
8 ris, rions, riez
9 riant, ri

73 suivre

1 je suis, suis, suit,
ns suivons, ez, ent
2 je suivais....
3 je suivis...
4 je suivrai...
5 je suivrais...
6 q. je suive...
7 q. je suivisse...
8 suis, suivons, ez
9 suivant, suivi

74 traire

1 je trais, s, t, ent,
ns trayons, ez
2 je trayais...
3 (**inusité**)
4 je trairai...
5 je trairais...
6 q. je traie, es, e, ent
q. ns trayions, iez
7 (**inusité**)
8 trais, trayons, ez
9 trayant, trait

75 vaincre

1 je vaincs, cs, c,
ns vainquons, ez, ent
2 je vainquais...
3 je vainquis...
4 je vaincrai...
5 je vaincrais...
6 q. je vainque...
7 q. je vainquisse...

8 vaincs, vainquons, ez
9 vainquant, vaincu

76 vivre

1 je vis, s, t,
ns vivons, ez, ent
2 je vivais....
3 je vécus...
4 je vivrai...
5 je vivrais...
6 q. je vive...
7 q. je vécusse...
8 vis, vivons, ez
9 vivant, vécu

77 battre

1 je bats, ts, t
ns battons, tez, tent
2 je battais....
3 je battis...
4 je battrai...
5 je battrais...
6 q. je batte...
7 q. je battisse...
8 bats, battons, battez
9 battant, battu

78 rompre

1 je romps, ps, pt,
ns rompons, ez, ent
2 je rompais...
3 je rompis...
4 je romprai...
5 je romprais...
6 q. je rompe...
7 q. je rompisse...
8 romps, rompons, ez
9 rompant, rompu

79 suffire

1 je suffis, s, t,
ns suffisons, ez, ent
2 je suffisais...
3 je suffis...
4 je suffirai...
5 je suffirais...
6 q. je suffise...
7 q. je suffisse...
8 suffis, suffisons, ez
9 suffisant,
suffi (**mais** : confit,
déconfit, frit,
circoncis)

ACCORD DU PARTICIPE PASSÉ

	Accord avec le sujet du verbe	Accord avec le complément d'objet direct (COD) placé avant le verbe	Participe passé invariable
Participe passé conjugué avec l'auxiliaire ÊTRE	La renarde a été apprivoisée. Des renardeaux sont nés. Ils sont allés les voir.		
Participe passé conjugué avec l'auxiliaire AVOIR.		La renarde qu'ils ont apprivoisée... L'avez-vous vue, cette renarde ? Quels noms as-tu choisis ?	■ COD après le verbe : Ils ont vu les renardeaux. Pas de COD : Elles ont beaucoup marché. Elles en ont bénéficié (de cette faveur). ■ COD = pronom neutre LE (L') : Nous le leur avons annoncé. ■ Verbes impersonnels : Quelles démarches il a fallu ! ■ Semi-auxiliaires : La robe que j'ai fait faire... ■ Participe passé suivi d'un verbe à l'infinitif : La maison que j'ai vu construire (construire une maison). Mais : Les renardeaux que j'ai vus téter (j'ai vu les renardeaux téter).

Participe passé des verbes pronominaux
■ Verbes essentiellement pronominaux
■ Verbes pronominaux de sens passif
■ Verbes de sens réfléchi ou réciproque :
  • si SE est COD
  • si SE n'est pas COD
	■ Elle s'est plainte du prix. Elles se sont enfuies.
	■ La cuve s'est vidée lentement.
		■ Ils se sont cachés.
		Elles se sont embrassées.
		■ La maison qu'il s'est trouvée.
		La balle, ils se la sont passée.
			■ COD après le verbe : Ils se sont caché les yeux.
			■ Pas de COD : Elles se sont souri. Nous nous sommes répondu.

PRÉFIXES ET SUFFIXES

acéto- du lat. « vinaigre ».
acro- du gr. « élevé, extrême ».
actino- du gr. « rayon ».
adéno- du gr. « glande ».
1. aéro- du gr. « air ».
2. aéro- de *aéroplane*.
afro- de *Afrique*.
-agogie, -agogue du gr. « qui conduit ».
agro- du gr. « champ ».
algo-, -algie du gr. « douleur ».
allo- du gr. « autre ».
ambi- du lat. « les deux, des deux côtés ».
ambly- du gr. « émoussé, obtus ».
amphi- du gr. « autour de, des deux côtés ».
amylo- du lat. « amidon ».
ana- du gr. « de bas en haut ».
andro- du gr. « homme, mâle ».
anémo- du gr. « vent ».
angio- du gr. « capsule, vaisseau ».
anglo- de *anglais*.
aniso- du gr. « inégal ».
anté- du lat. « avant ».
antho-, -anthe du gr. « fleur ».
anthropo-, -anthrope, -anthropique du gr.
« homme ».
anti- du gr. « contre ».
api- du lat. « abeille ».
apo- du gr. « au loin, à l'écart ».
aqua-, aqui- du lat. « eau ».
archéo- du gr. « ancien ».
archi- du gr., marque la supériorité.
-archie, -arque du gr. « commander ».
artério- du lat. « artère ».
arthro-, -arthrie du gr. « articulation ».
astro- du gr. « astre ».
audio- du lat. « entendre ».
1. auto- du gr. « soi-même ».
2. auto- de *automobile*.
baro- du gr. « pesanteur ».
bary- du gr. « lourd ».
bathy- du gr. « profond ».
bi-, bis- du lat. « deux fois, double ».
biblio- du gr. « livre ».
bio- du gr. « vie ».
blasto-, -blaste du gr. « germe ».
brachy- du gr. « court, bref ».
brady- du gr. « lent ».
broncho- du gr. « bronches ».
bryo- du gr. « mousse ».
caco- du gr. « mauvais ».
calci- calco- du lat. « chaux ».
calli- du gr. « beauté ».
calori- du lat. « chaleur ».
carbo- du lat. « charbon ».
carcino- du gr. « cancer ».
cardio-, -carde, -cardie du gr. « cœur ».
carpo-, -carpe du gr. « jointure » ou « fruit ».
caryo- du gr. « noyau, noix ».

cata- du gr. « en dessous, en arrière ».
-cèle du gr. « tumeur ».
-cène du gr. « récent ».
centi- du lat. « centième ».
centro- du lat. « centre ».
céphalo-, -céphale du gr. « tête ».
chalco- du gr. « cuivre ».
chimio- de *chimie*.
chiro- du gr. « main ».
chloro- du gr. « vert ».
cholé- du gr. « bile ».
chondro- du gr. « cartilage ».
chromo-, chromato-, -chrome, -chromie
du gr. « couleur ».
chrono-, -chrone du gr. « temps ».
chryso- du gr. « or ».
-cide du lat. « meurtre ».
1. ciné-, cinémo- du gr. « mouvement ».
2. ciné- de *cinéma*.
circum-, circon- du lat. « autour ».
-claste, -clase du gr. « brisé ».
cis- du lat. « en deçà ».
clino- du gr. « être couché, penché ».
cœno- ou céno- du gr. « commun ».
-cole du lat. « cultiver, habiter ».
colpo- du gr. « vagin ».
contra- du lat. « contre, en sens contraire ».
copro- du gr. « excrément ».
-coque, -coccie du gr. « grain ».
cortico- du lat. « écorce ».
cosmo-, -cosme du gr. « ordre, univers ».
cranio- du gr. « crâne ».
-crate, -cratie du gr. « force ».
cristallo- du gr. « cristal ».
cryo- du gr. « froid ».
crypto- du gr. « caché ».
-culteur du lat. « qui cultive ».
-culture du lat. « culture ».
cupri-, cupro- du lat « cuivre ».
curvi- du lat. « courbe ».
cyano- du gr. « bleu sombre ».
1. cyclo- du gr. « cercle ».
2. cyclo- de *cycle*.
cyno- du gr. « chien ».
cysto-, -cyste du gr. « vessie ».
cyto-, -cyte du gr. « cavité, cellule ».
déca- du gr. « dix ».
déci- du gr. « dixième ».
démo-, -démie du gr. « peuple ».
dactylo-, -dactyle du gr. « doigt ».
dendro-, -dendron du gr. « arbre ».
dermato-, dermo-, -derme du gr. « peau ».
deuto-, deutéro- du gr. « deuxième ».
dextro-, -dextre du lat. « qui est à droite ».
di- du gr. « deux fois ».
diplo- du gr. « double ».
dodéca- du gr. « douze ».
dolicho- du gr. « long ».

doxo-, -doxie du gr. « opinion ».
dromo-, -drome, -dromie du gr. « course ».
dynamo-, -dynamie du gr. « force ».
-dyne, dyno- du gr. « force ».
dys- du gr. « difficulté, mauvais état ».
échino- du gr. « hérisson ».
1. éco-, -écie du gr. « maison ».
2. éco- de *écologie*.
-ectasie du gr. « dilatation ».
ecto- du gr. « au-dehors ».
-ectomie du gr. « ablation ».
-èdre, -édrie du gr. « face ».
électro- de *électricité*.
embryo- du gr. « embryon ».
-émie du gr. « sang ».
endo- du gr. « au-dedans ».
entéro-, -entère du gr. « intestin ».
entomo- du gr. « insecte ».
éo- du gr. « aurore ».
épi- du gr. « sur, dessus, à la surface de ».
équi- du lat. « égal ».
ergo-, -ergie du gr. « action, travail ».
érythro- du gr. « rouge ».
esthési-, -esthésie du gr. « sensibilité ».
ethno- du gr. « race ».
eu- du gr. « bien ».
euro- de *Europe*.
exo- du gr. « hors de ».
-fère du lat. « porter ».
fibro- de *fibre*.
-forme du lat. « forme ».
franco- de *français*.
-fuge du lat. « fuir » ou « faire fuir ».
gala-, galacto- du gr. « lait ».
galli-, gallo- du lat. « coq ».
gamo-, -game, -gamie du gr. « union ».
gastéro-, gastro-, -gastre du gr. « ventre ».
-genèse, -génésie du gr. « formation ».
géno-, -gène, -génie du gr. « origine ».
géo-, -gée du gr. « terre ».
germano- de *germanique*.
géronto- du gr. « vieillard ».
giga-, gigan- du gr. « géant ».
glosso-, giotto-, -glosse, -glotte du gr. « langue ».
gluco-, glyco- du gr. « doux ».
glypto- du gr. « gravé ».
gnatho-, -gnathe du gr. « mâchoire ».
-gnose, -gnosie du gr. « connaissance ».
gonio-, -gone du gr. « angle ».
-grade du lat. « marcher ».
-gramme du gr. « lettre, écriture ».
grapho-, -graphe, -graphie du gr. « écrire ».
gréco- de *grec*.
gymno- du gr. « nu ».
gynéco-, gynè-, -gyne du gr. « femme ».
gyro-, -gyre du gr. « cercle ».
halo- du gr. « sel ».
haplo- du gr. « simple »
hecto- du gr. « cent ».
hélio-, -hélie du gr. « soleil ».
héma-, hémato-, hémo- du gr. « sang ».
hémi- du gr. « à moitié ».
hendéca- du gr. « onze ».
hépato- du gr. « foie ».
hepta- du gr. « sept ».
hétéro- du gr. « autre ».
hexa- du gr. « six ».
hidro- du gr. « sueur ».
hiéro- du gr. « sacré, saint ».

hippo- du gr. « cheval ».
hispano- de *hispanique*.
histio-, histo- du gr. « tissu ».
holo- du gr. « entier ».
homéo-, homo- du gr. « semblable ».
horo- du gr. « heure ».
hydro-, -hydre du gr. « eau ».
hygro- du gr. « humide ».
hyper- du gr. « au-dessus, au-delà ».
hypno- du gr. « sommeil ».
hypo- du gr. « au-dessous, en deçà ».
hystéro- du gr. « utérus ».
iatro-, -iatre, -iatrie du gr. « médecin ».
ichtyo- du gr. « poisson ».
icono- du gr. « image ».
-ide, -idé du gr. « apparence ».
idéo- du gr. « idée ».
idio- du gr. « qui appartient en propre à ».
igni- du lat. « feu ».
immuno- du lat. « exempt de, libre de ».
indo- de *Inde*.
infra- du lat. « au-dessous, plus bas ».
inter- du lat. « entre ».
intra-, intro- du lat. « à l'intérieur de ».
iso- du gr. « égal ».
judéo- du lat. « juif ».
juxta- du lat. « près de ».
kérato- du gr. « corne, cornée ».
kilo- du gr. « mille ».
kinési-, -kinésie du gr. « mouvement ».
lacti-, lacto- du latin « lait ».
lalo-, -lalie du gr. « parler ».
laryngo- du gr. « gorge, gosier ».
latéro-, -latère du lat. « côté ».
-lâtre, -lâtrie du gr. « adorer ».
lépido- du gr. « écaille ».
lepto- du gr. « mince ».
leuco- du gr. « blanc ».
limno- du gr. « lac ».
lipo- du gr. « graisse ».
litho-, -lithe, -lite du gr. « pierre ».
loco- du lat. « lieu ».
-logie, -logiste, -logue du gr. « théorie ».
logo- du gr. « parole, discours ».
longi- du lat. « long ».
-loque du lat. « parler ».
lyco- du gr. « loup ».
lyo- du gr. « dissoudre ».
lyso-, -lyse du gr. « dissolution, dissociation ».
-lyte, -lytique du gr. « qui peut être dissous ».
-machie du gr. « combat ».
macro- du gr. « long, grand ».
magnéto- du gr. « aimant ».
malaco- du gr. « mou ».
-mancie du gr. « divination ».
1. -mane du lat. « main ».
2. -mane, -manie du gr. « folie ».
mécano- du gr. « machine ».
médico- du lat. « médecin ».
médio- du lat. « moyen ».
méga-, mégalo-, -mégalie du gr. « grand ».
méla-, mélano- du gr. « noir ».
mélo- du gr. « chant ».
méro-, -mère, -mérie du gr. « partie ».
méso- du gr. « au milieu, médian ».
méta- du gr. « changement ».
métallo- du gr. « mine ».
métro-, -mètre, -métrie du gr. « mesure ».
micro- du gr. « petit ».
milli- du lat. « mille ».

mini- du lat. «moins».
miso- du gr. «haïr».
mnémo-, -mnésie du gr. «mèmoire».
mono- du gr. «seul».
morpho-, -morphe, -morphisme du gr. «forme».
moto- de moteur ou de motocyclette.
multi- du lat. «nombreux».
myco-, -myce du gr. «champignon».
myélo-, -myélite du gr. «moelle».
myo- du gr. «muscle».
myria, myrio- du gr. «dizaine de mille».
mytho-, -mythie du gr. «fable».
mytilo- du lat. «moule».
nano- du gr. «petit».
narco- du gr. «engourdissement».
naute du gr. «navigateur».
nautique du gr. «relatif à la navigation».
nécro- du gr. «mort».
néo- du gr. «nouveau».
néphro- du gr. «rein».
neuro-, névro- du gr. «nerf».
nitro- du lat. «nitre».
nivo- du lat. «neige».
nomo-, -nome, -nomie du gr. «loi».
noso-, -nose du gr. «maladie».
nucléo- du lat. «noyau».
nycto- du gr. «nuit».
octa-, octi-, octo- du lat. «huit».
odie du gr. «chant».
odo-, -ode du gr. «route».
odonto- du gr. «dent».
œno- du gr. «vin».
oléi-, oléo- du lat. «huile».
oligo- du gr. «peu nombreux».
omni- du lat. «tout».
oniro- du gr. «rêve».
onto- du gr. «l'étant, l'être, ce qui est».
oo- du gr. «œuf».
ope, -opie du gr. «vue».
ophio- du gr. «serpent».
ophtalmo-, -ophtalmie du gr. «œil».
opo- du gr. «suc».
opsie du gr. «vue, vision».
orchi-, orchido- du gr. «testicule».
ornitho- du gr. «oiseau».
oro- du gr. «montagne».
ortho- du gr. «droit» ou «correct».
ostéo-, -oste du gr. «os».
ostréi- du lat. «huître».
oti-, oto- du gr. «oreille».
oure du gr. «queue».
ovo-, ovi- du lat. «œuf».
paléo- du gr. «ancien».
palin- du gr. «de nouveau».
pan-, panto- du gr. «tout».
. para- du gr. «à côté de».
. para-, pare- du lat. «protéger».
pare, du lat. «engendrer».
patho-, -pathie, -pathe du gr. «maladie».
pédi-, -pède, -pédie du lat. «pied».
. pédo-, -pédie du gr. «enfant» ou «ins-truire».
. pédo- du gr. «sol».
pénie du gr. «manque».
penta- du gr. «cinq».
pepto-, -pepsie du gr. «digestion».
péri- du gr. «autour».

1. pétro- du gr. «pierre, roche».
2. pétro- de pétrole.
-pexie du gr. «fixation».
phago-, -phage, -phagie du gr. «manger».
phallo-, -phalle du gr. «phallus».
philo-, -phile, -philie du gr. «aimer».
phlébo- du gr. «veine».
-phobe, -phobie du gr. «crainte».
phono-, -phone, -phonie du gr. «voix, son».
-phore du gr. «porter».
1. photo- du gr. «lumière».
2. photo- de photographie.
phyco-, -phycée du gr. «algue».
phyllo-, -phylle du gr. «feuille».
-physe du gr. «formation, production».
physio- du gr. «nature».
phyto-, -phyte du gr. «plante».
picro- du gr. «amer».
piézo- du gr. «presser».
pisci- du lat. «poisson».
pithéco-, -pithèque du gr. «singe».
plasmo-, -plasme, -plasie, -plaste, plastie du gr. «modeler».
platy- du gr. «large».
-plégie du gr. «frapper».
pleuro- du gr. «côté».
pluri- du lat. «plusieurs».
pluvio- du lat. «pluie».
pneumo- du gr. «poumon».
pneumato- du gr. «souffle».
podo-, -pode du gr. «pied».
1. -pole du gr. «ville».
2. -pole du gr. «vendre».
poly- du gr. «nombreux».
post- du lat. «après».
potamo- du gr. «fleuve».
pré- du lat. «en avant, devant».
pro- du lat. «pour».
procto- du gr. «anus».
proto-, protéro- du gr. «premier».
pseudo- du gr. «menteur».
psycho-, -psychie du gr. «esprit».
ptéro-, -ptère du gr. «aile».
-pyge, -pygie du gr. «fesse».
pyo- du gr. «pus».
pyro- du gr. «feu».
quinqua- du lat. «cinq».
quint- du lat. «cinquième».
1. radio- du lat. «rayon».
2. radio- de radiodiffusion et de radiographie.
recti- du lat. «droit».
rétro- du lat. «en arrière».
rhéo- du gr. «couler».
rhino- du gr. «nez».
rhizo-, -rhize du gr. «racine».
rhodo- du gr. «rose».
rhombo- du gr. «toupie, losange».
rhyncho-, -rhynque du gr. «groin, bec».
-rostre du lat. «éperon, bec».
-rragie du gr. «jaillir».
-rrhée du gr. «couler».
sacchari-, saccharo- du gr. «sucre».
salpingo- du gr. «trompe».
sapon- du lat. «savon».
sapro- du gr. «pourri, putride».
sarco- du gr. «chair».
-saure, -saurien du gr. «lézard».
saxi- du lat. «rocher, pierre».
scato- du gr. «excrément».
schizo- du gr. «fendre».

scléro- du gr. « dur ».

-scope, -scopie du gr. « regarder, observer ».

séléno- du gr. « lune ».

sémio- ou **séméio-** du gr. « signe ».

sérici- du lat. « soie ».

servo- du lat. « esclave ».

1. sidéro- du lat. « astre ».

2. sidéro- du gr. « fer ».

simili- du lat. « semblable ».

sino- du lat. « Chine ».

sismo- ou **séismo-** du gr. « secousse ».

somato-, -some du gr. « corps ».

sono- du lat. « son ».

spectro- du lat. « image ».

spéléo- du gr. « caverne ».

spermato-, spermo-, -sperme du gr. « semence, graine ».

spléno- du gr. « rate ».

spondylo- du lat. « vertèbre ».

stéaro-, stéato- du gr. « graisse ».

stégo- du gr. « toit ».

sténo- du gr. « étroit ».

stéréo- du gr. « solide, cubique ».

stomato- du gr. « bouche ».

strati-, strato- du lat. « couche ».

strobo- du gr. « rotation ».

sulfo- du lat. « soufre ».

supra- du lat. « au-dessus ».

sylvi- du lat. « forêt ».

syn-, syl-, sym- du gr. « avec ».

syringo- du gr. « canal, tuyau ».

tachy- du gr. « rapide ».

tauto- du gr. « le même ».

taxi-, taxo-, -taxie du gr. « arrangement ».

techno-, -technie du gr. « art, métier ».

1. télé- du gr. « au loin ».

2. télé- de *télévision*.

téléo-, télo-, -télie du gr. « fin, but ».

térato- du gr. « monstre ».

tétra- du gr. « quatre ».

thalasso- du gr. « mer ».

thanato- du gr. « mort ».

théo- du gr. « dieu ».

-thèque du gr. « loge, boîte ».

-thérapie du gr. « soin, cure ».

thermo-, -therme, -thermie du gr. « chaleu

thio- du gr. « soufre ».

thrombo- du gr. « caillot ».

-thymie du gr. « cœur, affectivité ».

tomo-, -tome, -tomie du gr. « couper ».

-tonie du gr. « tension ».

topo-, -tope du gr. « lieu ».

toxo-, toxi-, toxico- du lat. « poison ».

tri- du lat. et du gr. « trois ».

tribo- du gr. « frotter ».

tricho- du gr. « poil, cheveu ».

tropo-, -trope, -tropie, -tropisme du gr. « tour, manège, direction ».

tropho-, -trophie du gr. « nourriture ».

tubi- du lat. « tube ».

turbo- du lat. « tourbillon, toupie ».

typho- du gr. « torpeur ».

typo-, -type, -typie du gr. « empreinte ».

tyro- du gr. « fromage ».

ultra- du lat. « au-delà de ».

unci- du lat. « crochet ».

unguli- du lat. « ongle ».

uni- du lat. « un ».

urano- du gr. « ciel ».

-urge, -urgie du gr. « travail ».

1. uro-, -urèse, -urie du gr. « urine ».

2. uro-, -oure, -ure du gr. « queue ».

-valent du lat. « valoir ».

vaso- du lat. « récipient » ou « canal ».

vermi- du lat. « ver ».

vibro- de *vibrer*.

vidéo- du lat. « je vois ».

vini- du lat. « vin ».

viti- du lat. « vigne ».

-vore du lat. « manger, avaler ».

xantho- du gr. « jaune ».

xéno-, -xène du gr. « étranger » et « étrange

xéro- du gr. « sec ».

xylo- du gr. « bois ».

zoo-, -zoaire, -zoïque du gr. « animal ».

zygo- du gr. « joug ».

zymo-, -zyme du gr. « levain, ferment ».

LISTE DES ÉLÉMENTS CHIMIQUES

OM	SYM-BOLE	N° ATO-MIQUE	NOM	SYM-BOLE	N° ATO-MIQUE
ctinium	Ac	89	Manganèse	Mn	25
luminium	Al	13	*Mendélévium*	Md	101
mericium	Am	95	Mercure	Hg	80
ntimoine	Sb	51	Molybdène	Mo	42
rgent	Ag	47			
rgon	Ar	18	Néodyme	Nd	60
rsenic	As	33	Néon	Ne	10
state	At	85	*Neptunium*	Np	93
zote	N	7	Nickel	Ni	28
			Niobium	Nb	41
aryum	Ba	56	*Nobélium*	No	102
erkelium	Bk	97			
eryllium	Be	4	Or	Au	79
ismuth	Bi	83	Osmium	Os	76
ore	B	5	Oxygène	O	8
rome	Br	35			
admium	Cd	48	Palladium	Pd	46
alcium	Ca	20	Phosphore	P	15
alifornium	Cf	98	Platine	Pt	78
arbone	C	6	Plomb	Pb	82
érium	Ce	58	*Plutonium*	Pu	94
ésium	Cs	55	Polonium	Po	84
hlore	Cl	17	Potassium	K	19
hrome	Cr	24	Praséodyme	Pr	59
obalt	Co	27	*Prométhium*	Pm	61
uivre	Cu	29	Protactinium	Pa	91
urium	Cm	96			
			Radium	Ra	88
ysprosium	Dy	66	Radon	Rn	86
			Rhénium	Re	75
insteinium	Es	99	Rhodium	Rh	45
rbium	Er	68	Rubidium	Rb	37
tain	Sn	50	Ruthénium	Ru	44
uropium	Eu	63			
			Samarium	Sm	62
er	Fe	26	Scandium	Sc	21
ermium	Fm	100	Sélénium	Se	34
luor	F	9	Silicium	Si	14
rancium	Fr	87	Sodium	Na	11
			Soufre	S	16
adolinium	Gd	64	Strontium	Sr	38
allium	Ga	31			
ermanium	Ge	32	Tantale	Ta	73
			Technétium	Tc	43
afnium	Hf	72	Tellure	Te	52
ahnium	Ha	105	Terbium	Tb	65
élium	He	2	Thallium	Tl	81
olmium	Ho	67	Thorium	Th	90
ydrogène	H	1	Thulium	Tm	69
			Titane	Ti	22
ndium	In	49	Tungstène	W	74
ode	I	53			
ridium	Ir	77	Uranium	U	92
ourchatovium	Ku	104	Vanadium	V	23
rypton	Kr	36			
			Xénon	Xe	54
anthane	La	57			
awrencium	Lr	103	Ytterbium	Yb	70
ithium	Li	3	Yttrium	Y	39
utécium	Lu	71			
			Zinc	Zn	30
Magnésium	Mg	12	Zirconium	Zr	40

es éléments artificiels sont en *italique*.

TABLEAU PÉRIODIQUE DES ÉLÉMENTS

	I	II	III	IV	V	VI	VII	VIII	VIII	VIII	I	II	III	IV	V	VI	VII	O
	H 1																	He 2
	Li 3	Be 4											B 5	C 6	N 7	O 8	F 9	Ne 10
	Na 11	Mg 12											Al 13	Si 14	P 15	S 16	Cl 17	Ar 18
	K 19	Ca 20	Sc 21	Ti 22	V 23	Cr 24	Mn 25	Fe 26	Co 27	Ni 28	Cu 29	Zn 30	Ga 31	Ge 32	As 33	Se 34	Br 35	Kr 36
	Rb 37	Sr 38	Y 39	Zr 40	Nb 41	Mo 42	Tc 43	Ru 44	Rh 45	Pd 46	Ag 47	Cd 48	In 49	Sn 50	Sb 51	Te 52	I 53	Xe 54
	Cs 55	Ba 56	La 57	Hf 72	Ta 73	W 74	Re 75	Os 76	Ir 77	Pt 78	Au 79	Hg 80	Tl 81	Pb 82	Bi 83	Po 84	At 85	Rn 86
	Fr 87	Ra 88	Ac 89	Th 90	Pa 91	U 92	Np 93	Pu 94	Am 95	Cm 96	Bk 97	Cf 98	Es 99	Fm 100	Md 101	No 102	Lr 103	Ku 104 · Ha 105 · 106 à 109

Ce 58	Pr 59	Nd 60	Pm 61	Sm 62	Eu 63	Gd 64	Tb 65	Dy 66	Ho 67	Er 68	Tm 69	Yb 70	Lu 71

Légende :
- hydrogène
- gaz rares
- métaux vrais
- non-métaux
- métaux de transition
- « métalloïdes »
- lanthanides
- transuraniens
- ■ éléments radioactifs

* La nomenclature internationale préfère désigner les éléments dont le nombre atomique Z est supérieur à 100 par un nom numérique. Ainsi, le mendelevium (Z = 101) peut être nommé Unnilunium (1 dénote un « 0 » il 1 « un »).

UNITÉS PHYSIQUES

PRÉFIXES UTILISÉS POUR LES MULTIPLES ET LES SOUS-MULTIPLES :

exa	E	10^{18}	déci	d	10^{-1}
peta	P	10^{15}	centi	c	10^{-2}
téra	T	10^{12}	milli	m	10^{-3}
giga	G	10^{9}	micro	μ	10^{-6}
méga	M	10^{6}	nano	n	10^{-9}
kilo	k	10^{3}	pico	p	10^{-12}
hecto	h	10^{2}	femto	f	10^{-15}
déca	da	10	atto	a	10^{-18}

UNITÉS SI DE BASE

Longueur	mètre	m
Masse	kilogramme	kg
Temps	seconde	s
Intensité du courant électrique	ampère	A
Température	kelvin	K
Intensité lumineuse	candela	cd
Quantité de matière	mole	mol

UNITÉS SI DÉRIVÉES

• Géométriques, mécaniques, thermodynamiques

Superficie	mètre carré	m^2
Volume	mètre cube	m^3
Vitesse	mètre par seconde	m/s
Accélération	mètre par seconde carrée	m/s^2
Masse volumique	kilogramme par mètre cube	kg/m^3
Volume massique	mètre cube par kilogramme	m^3/kg
Fréquence	hertz	Hz
Nombre d'ondes	1 par mètre	m^{-1}
Masse linéique	kilogramme par mètre	$kg.m^{-1}$
Masse surfacique	kilogramme par mètre carré	$kg.m^{-2}$
Concentration	kilogramme par mètre cube	$kg.m^{-3}$
Force	newton	N
Pression	pascal	Pa
Énergie, travail, chaleur	joule	J
Puissance, flux énergétique	watt	W
Moment de force	newton-mètre	N.m
Tension capillaire	newton par mètre	N/m
Viscosité dynamique	pascal-seconde	Pa.s
Viscosité cinématique	mètre carré par seconde	$m^2.s^{-1}$
Éclairement énergétique	watt par mètre carré	W/m^2
Chaleur massique, entropie massique	joule par kilogramme-kelvin	$J.kg^{-1}.K^{-1}$
Température	degré Celsius	°C

• Électriques, optiques

Force magnétomotrice	ampère-tour	A.tr
Tension, potentiel, f.é.m.	volt	V
Quantité d'électricité	coulomb	C
Résistance	ohm	Ω
Conductance	siemens	S
Capacité	farad	F
Champ magnétique	tesla	T
Flux magnétique	weber	Wb
Inductance	henry	H
Intensité de courant	ampère par mètre carré	A/m^2
Intensité de champ électrique	volt par mètre	V/m
Intensité de champ magnétique	ampère par mètre	A/m
Permittivité	farad par mètre	F/m
Perméabilité	henry par mètre	H/m

Flux lumineux	lumen	lm
Éclairement	lux	lx
Luminance	nit	nt
Vergence des systèmes optiques	1 par mètre ou dioptrie	m^{-1} ou δ

UNITÉS SI SUPPLÉMENTAIRES

Angle plan	radian	rad
Angle solide	stéradian	sr
Vitesse angulaire	radian par seconde	rad/s
Accélération angulaire	radian par seconde carrée	$rad.s^{-2}$
Intensité énergétique	watt par stéradian	$W.sr^{-1}$
Luminance énergétique	watt par m^2 stéradian	$W.m^{-2}\ sr^{-1}$

UNITÉS HORS SYSTÈME (unité déconseillée = u. déc.)

minute	min	1 min	$= 60$ s
heure	h	1 h	$= 3\,600$ s
jour	d	1 d	$= 86\,400$ s
degré	°	1 °	$= (\pi/180)$rad
minute (d'angle)	'	1'	$= (1/60)°$
seconde (d'angle)	"	1"	$= (1/60°)'$
litre	l	1 l	$= 10^{-3}\ m^3$
tonne	t	1 t	$= 10^3$ kg
électronvolt	eV	1 eV	$= 1,602.10^{-19}$ J
unité astronomique	UA	1 UA	$= 1,496.10^{11}$ m
parsec	pc	1 pc	$= 3,080.10^{18}$ m
année de lumière	a.l	1 a.l	$= 9,461.10^{15}$ m
angström	Å	1 Å	$= 10^{-10}$ m
are	a	1 a	$= 10^2\ m^2$
barn	b	1 b	$= 10^{-28}\ m^2$
bar	bar	1 bar	$= 10^5$ Pa
atmosphère normale	atm	1 atm	$= 1,013.25\,10^5$ Pa
erg (u.C.G.S.)	erg	1 erg	$= 10^{-7}$ J
dyne	dyn	1 dyn	$= 10^{-5}$ N
poise (u.C.G.S.)	P	1 P	$= 0,1$ Pa.s
stokes	St	1 St	$= 10^{-4}\ m^2/s$
gauss (u.C.G.S.)	G	1 G	$= 10^{-4}$ T
œrsted (u.C.G.S.)	Œ	1 Œ	$= 1\,000/4\,\pi$ A/m
maxwell (u.C.G.S.)	Mx	1 Mx	$= 10^{-8}$ Wb
phot (u.C.G.S.)	ph	1 ph	$= 10^4$ lx
stilb (u.C.G.S.)	sb	1 sb	$= 10^4$ nt
torr (u. déc.)	torr	1 torr	$= 1$ mm de mercure
kilogramme force (u. déc.)	kgf	1 kgf	$= 9,806\,65$ N
calorie (u. déc.)	cal	1 cal	$= 4,184$ J
micron (u. déc.)	µ	1 µ	$= 1\ \mu m = 10^{-6}$ m
stère (u. déc.)	st	1 st	$= 1\ m^3$
fermi (u. déc.)	fm	1 fm	$= 10^{-15}$ m
gamma (u. déc.)	γ	1 γ	$= 10^{-9}$ kg

SYMBOLES MATHÉMATIQUES

1. OPÉRATIONS ARITHMÉTIQUES

+	plus	/ ou : ou —	divisé par
−	moins		
× ou ·	multiplié par	±	plus ou moins

2. ÉGALITÉS, IDENTITÉS, INÉGALITÉS

=	égale	<	strictement inférieur à
≡	identique à	⩾	supérieur à
≠	différent de	>	strictement supérieur à
≃	peu différent de	|	divise
⩽	inférieur à		

3. AUTRES SYMBOLES ALGÉBRIQUES

n en exposant	puissance	()	parenthèses
		‖	valeur absolue
√	racine	!	factorielle

4. SYMBOLES LOGIQUES ET DE LA THÉORIE DES ENSEMBLES

¬	non	⊂	inclus dans
⇒	implique	⋂	non inclus dans
⇔	logiquement équivalent à	∈	appartient
∪	réunion	∉	n'appartient pas
∩	intersection	{}	accolades
C	complémentarité	T ou ⊥	té ou anti-té
∅	ensemble vide	∘	rond
∀	quel que soit	*	star ou étoile
∃	il existe		

5. SYMBOLES DE FONCTIONS TRIGONOMÉTRIQUES

sin	sinus	arc sin	arc sinus
cos	cosinus	arc cos	arc cosinus
tan	tangente	arc tan	arc tangente

PAYS, LANGUES, MONNAIES

pays	code	langue(s) officielle(s)	monnaie
Afghanistan	AFG	dari, pachtou	afghani
Afrique du Sud	RSA	afrikaans, anglais	rand
Albanie	AL	albanais	lek
Algérie	DZ	arabe	dinar
Allemagne	D	allemand	mark
Angola		portugais	kwanza
Arabie Saoudite		arabe	riyal
Argentine	RA	espagnol	peso
Arménie		arménien	tram
Australie	AUS	anglais	dollar
Autriche	A	allemand	schilling
Azerbaïdjan		azéri	rouble
Bahrein	BRN	arabe	dinar
Bangladesh	BD	bengali	taka
Belgique	B	français, néerlandais, allemand	franc
Bélize	BH	anglais	dollar
Bénin	DY	français	franc CFA
Biélorussie		biélorusse	rouble
Birmanie	BUR	birman	kyat
Bolivie		espagnol	boliviano
Botswana	RB	anglais, tswana	pula
Brésil	BR	portugais	cruzeiro
Brunei		malais	dollar
Bulgarie	BG	bulgare	lev
Burkina Faso		français	franc CFA
Burundi	WAG	français, rundi	franc
Cambodge		khmer	riel
Cameroun		anglais, français	franc CFA
Canada	CND	anglais, français	dollar
Cap-Vert	GR	portugais	escudo
Centrafricaine (Rép.)	RCA	français	franc CFA
Chili	RCH	espagnol	peso
Chine		chinois	yuan
Chypre	CY	grec, turc	livre
Colombie	CO	espagnol	peso
Congo	RCB	français	franc CFA
Corée	ROK	coréen	won
Costa Rica	CR	espagnol	colón
Côte-d'Ivoire	CI	français	franc CFA
Croatie		serbo-croate	dinar
Cuba	C	espagnol	peso
Danemark	DK	danois	couronne
Dominicaine (Rép.)	DOM	espagnol	peso
Égypte	ET	arabe	livre
Émirats arabes unis	UAE	arabe	dirham
Équateur	EC	espagnol	sucre
Espagne	E	espagnol	peseta
Estonie		estonien	couronne
États-Unis	USA	anglais	dollar
Éthiopie		amharique	birr
Fidji	FJI	anglais	dollar
Finlande	SF	finnois, suédois	mark
France	F	français	franc
Gabon	G	français	franc CFA
Gambie	WAG	anglais	dalasi
Géorgie		géorgien	rouble
Ghana	GH	anglais	cedi
Grèce	GR	grec	drachme
Guatemala	GCA	espagnol	quetzal
Guinée		français	franc
Guinée équatoriale		espagnol	franc CFA
Guinée-Bissau		portugais	peso
Guyana	GUY	anglais	dollar
Haïti	RH	français, créole	gourde
Honduras		espagnol	lempira
Hong Kong	HK	anglais	dollar
Hongrie	H	hongrois	forint
Inde	IND	hindi, anglais	roupie
Indonésie	RI	indonésien	rupiah
Irak	IRK	arabe	dinar
Iran	IR	persan	rial
Irlande	IRL	anglais, irlandais	livre
Islande	IS	islandais	couronne
Israël	IL	hébreu	shekel
Italie	I	italien	lire
Jamaïque	JA	anglais	dollar
Japon	J	japonais	yen
Jordanie	HKJ	arabe	dinar

ays	code	langue(s) officielle(s)	monnaie
Kazakhstan		kazakh, russe	rouble
Kenya	EAK	anglais, swahili	shilling
Kirghizistan		kirghiz, russe	rouble
Koweït	KWT	arabe	dinar
Laos	LAO	lao	kip
Lesotho	LS	anglais, sotho	loti
Lettonie		letton	lats
Liban	RL	arabe	livre
Liberia	LB	anglais	dollar
Libye	LAR	arabe	dinar
Lituanie		lituanien	litas
Luxembourg	L	français	franc
Macao		portugais	pataca
Madagascar	RM	malgache, français	franc
Malaisie	MAL	malais	ringgit
Malawi	MW	anglais	kwacha
Mali	RMM	français	franc
Malte	M	anglais, maltais	livre
Maroc	MA	arabe	dirham
Maurice	MS	anglais	roupie
Mauritanie	RIM	arabe, français	ouguiya
Mexique	MEX	espagnol	peso
Mongolie		khalkha	tugrik
Mozambique		portugais	metical
Namibie	ZA	afrikaans, anglais	rand
Népal		népalais	roupie
Nicaragua	NIC	espagnol	córdoba
Niger	RN	français	franc CFA
Nigeria	WAN	anglais	naira
Norvège	N	norvégien	couronne
Nouvelle-Zélande	NZ	anglais	dollar
Oman		arabe	rial
Ouganda	EAU	anglais, swahili	shilling
Ouzbékistan		ouzbek, russe	rouble
Pakistan	PAK	urdu, anglais	roupie
Panamá	PA	espagnol	balboa
Papouasie-Nouvelle-Guinée	PNG	anglais, néo-mélanésien	kina
Paraguay	PY	espagnol	guaraní
Pays-Bas	NL	néerlandais	florin
Pérou	PE	espagnol, quechua	sol
Philippines	RP	tagalog	peso
Pologne	PL	polonais	zloty
Portugal	P	portugais	escudo
Qatar	Q	arabe	riyal
Roumanie	R	roumain	leu
Royaume-Uni	GB	anglais	livre sterling
Russie		russe	rouble
Rwanda	RWA	français, rwanda	franc
Salvador	ES	espagnol	colón
Sénégal	SN	français	franc CFA
Sierra Leone	WAL	anglais	leone
Singapour	SGP	anglais, chinois, malais, tamoul	dollar
Slovaquie		slovaque	couronne
Slovénie	CO	slovène	tolar
Somalie	SO	somali	shilling
Soudan		arabe	livre
Sri Lanka	CL	cinghalais	roupie
Suède	S	suédois	couronne
Suisse	CH	allemand, français, italien, romanche	franc
Surinam	SME	néerlandais	florin
Syrie	SYR	arabe	livre
Tadjikistan		russe, tadjik	rouble
Taiwan	RC	chinois	dollar
Tanzanie		anglais, swahili	shilling
Tchad		français	franc CFA
Tchèque (République)		tchèque	couronne
Thaïlande	T	thaï	baht
Togo	TG	français	franc CFA
Trinité et Tobago		anglais	dollar
Tunisie	TN	arabe	dinar
Turkménistan		turkmène, russe	rouble
Turquie	TR	turc	livre
Ukraine		ukrainien	grivna
Uruguay	U	espagnol	peso
Venezuela	YV	espagnol	bolívar
Viêt-nam	VN	vietnamien	dong
Yémen		arabe	riyal
Yougoslavie		serbo-croate	dinar
Zaïre	ZRE	français	zaïre
Zambie	ZA	anglais	kwacha
Zimbabwe	ZW	anglais	dollar

DÉPARTEMENTS FRANÇAIS

DÉPARTEMENT	CODE	CHEF-LIEU	DÉPARTEMENT	CODE	CHEF-LIEU
AIN	01	Bourg	LOZÈRE	48	Mende
AISNE	02	Laon	MAINE-ET-LOIRE	49	Angers
ALLIER	03	Moulins	MANCHE	50	Saint-Lô
ALPES-DE-HAUTE-			MARNE	51	Châlons-sur-
PROVENCE	04	Digne			Marne
HAUTES-ALPES	05	Gap	HAUTE-MARNE	52	Chaumont
ALPES-MARITIMES	06	Nice	MARTINIQUE	972	Fort-de-France
ARDÈCHE	07	Privas	MAYENNE	53	Laval
ARDENNES	08	Charleville-	MEURTHE-ET-MOSELLE	54	Nancy
		Mézières	MEUSE	55	Bar-le-Duc
ARIÈGE	09	Foix	MORBIHAN	56	Vannes
AUBE	10	Troyes	MOSELLE	57	Metz
AUDE	11	Carcassonne	NIÈVRE	58	Nevers
AVEYRON	12	Rodez	NORD	59	Lille
BOUCHES-DU-RHÔNE	13	Marseille	OISE	60	Beauvais
CALVADOS	14	Caen	ORNE	61	Alençon
CANTAL	15	Aurillac	PARIS	75	Paris
CHARENTE	16	Angoulême	PAS-DE-CALAIS	62	Arras
CHARENTE-MARITIME	17	La Rochelle	PUY-DE-DÔME	63	Clermont-Ferrand
CHER	18	Bourges	PYRÉNÉES-		
CORRÈZE	19	Tulle	ATLANTIQUES	64	Pau
CORSE-DU-SUD	2A	Ajaccio	HAUTES-PYRÉNÉES	65	Tarbes
HAUTE-CORSE	2B	Bastia	PYRÉNÉES-		
CÔTE-D'OR	21	Dijon	ORIENTALES	66	Perpignan
CÔTES-D'ARMOR	22	Saint-Brieuc	RÉUNION	974	Saint-Denis
CREUSE	23	Guéret	BAS-RHIN	67	Strasbourg
DORDOGNE	24	Périgueux	HAUT-RHIN	68	Colmar
DOUBS	25	Besançon	RHÔNE	69	Lyon
DRÔME	26	Valence	SAINT-PIERRE-ET-		
ESSONNE	91	Évry	MIQUELON	975	Saint-Pierre
EURE	27	Évreux	HAUTE-SAÔNE	70	Vesoul
EURE-ET-LOIR	28	Chartres	SAÔNE-ET-LOIRE	71	Mâcon
FINISTÈRE	29	Quimper	SARTHE	72	Le Mans
GARD	30	Nîmes	SAVOIE	73	Chambéry
HAUTE-GARONNE	31	Toulouse	HAUTE-SAVOIE	74	Annecy
GERS	32	Auch	SEINE-MARITIME	76	Rouen
GIRONDE	33	Bordeaux	SEINE-ET-MARNE	77	Melun
GUADELOUPE	971	Basse-Terre	SEINE-SAINT-DENIS	93	Bobigny
GUYANE	973	Cayenne	DEUX-SÈVRES	79	Niort
HAUTS-DE-SEINE	92	Nanterre	SOMME	80	Amiens
HÉRAULT	34	Montpellier	TARN	81	Albi
ILLE-ET-VILAINE	35	Rennes	TARN-ET-GARONNE	82	Montauban
INDRE	36	Châteauroux	TERRITOIRE		
INDRE-ET-LOIRE	37	Tours	DE BELFORT	90	Belfort
ISÈRE	38	Grenoble	VAL-DE-MARNE	94	Créteil
JURA	39	Lons-le-Saunier	VAL-D'OISE	95	Pontoise
LANDES	40	Mont-de-Marsan	VAR	83	Toulon
LOIR-ET-CHER	41	Blois	VAUCLUSE	84	Avignon
LOIRE	42	Saint-Étienne	VENDÉE	85	La Roche-sur-Yon
HAUTE-LOIRE	43	Le Puy	VIENNE	86	Poitiers
LOIRE-ATLANTIQUE	44	Nantes	HAUTE-VIENNE	87	Limoges
LOIRET	45	Orléans	VOSGES	88	Épinal
LOT	46	Cahors	YONNE	89	Auxerre
LOT-ET-GARONNE	47	Agen	YVELINES	78	Versailles

ALPHABETS

CYRILLIQUE			GREC			
Majuscule	Minuscule	Transcription	Majuscule	Minuscule	Nom de la lettre	Transcription
А	а	a	Α	α	alpha	a
Б	б	b	Β	ϐ	bêta	b
В	в	v		β	bêta initial	b
Г	г	gu	Γ	γ	gamma	g
Д	д	d	Δ	δ	delta	d
Е	е	é/ié	Ε	ε	epsilon	e, é
Ё	ё	io	Ζ	ζ	zêta	z
Ж	ж	j	Η	η	êta	ê, é
З	з	z	Θ	θ	thêta	th
И	и	i	Ι	ι	iota	i
Й	й	ï	Κ	κ	kappa	k
К	к	k	Λ	λ	lambda	l
Л	л	l	Μ	μ	mu	m
М	м	m	Ν	ν	nu	n
Н	н	n	Ξ	ξ	ksi	x
О	о	o	Ο	ο	omicron	o
П	п	p	Π	π	pi	p
Р	р	r	Ρ	ρ	rhô	r
С	с	s	Σ	σ	sigma	s
Т	т	t		ς	sigma final	s
У	у	ou	Τ	τ	tau	t
Ф	ф	f	Υ	υ	upsilon	u *ou* y
Х	х	kh	Φ	φ	phi	ph *ou* f
Ц	ц	ts	Χ	χ	khi	kh *ou* ch
Ч	ч	tch	Ψ	ψ	psi	ps
Ш	ш	ch	Ω	ω	oméga	o
Щ	щ	chtch				
Ъ	ъ	*(signe dur)*				
Ы	ы	y				
Ь	ь	*(mouillure)*				
Э	э	é/è				
Ю	ю	iou				
Я	я	ia				

IMPRIMÉ EN FRANCE PAR BRODARD ET TAUPIN
4698 B-5 - Usine de La Flèche (Sarthe).
LIBRAIRIE GÉNÉRALE FRANÇAISE - 6, rue Pierre-Sarrazin - 75006 Paris.
Collection 03 – Edition 05
Dépôt édit. 3629 – 09/1994

ISBN : 2 - 253 - 06439 - 4

◈ 30/8516/4